स्टडी गाइड

NTA CUET (UG)

कॉमन यूनिवर्सिटी एन्ट्रेन्स टेस्ट 2023

Under Graduate Tests

BHU, AMU, DU, JNU, Jamia Millia

एवं अन्य सभी केन्द्रीय विश्वविद्यालयों के लिए

स्टडी गाइड

NTA
CUET (UG)

कॉमन यूनिवर्सिटी एन्ट्रेन्स टेस्ट 2023

Under Graduate Tests

BHU, AMU, DU, JNU, Jamia Millia

एवं अन्य सभी केन्द्रीय विश्वविद्यालयों के लिए

कॉमर्स
डोमेन
बी.कॉम

अरिहन्त पब्लिकेशन्स (इण्डिया) लिमिटेड

arihant

अरिहन्त पब्लिकेशन्स (इण्डिया) लिमिटेड

卐 **रजि. कार्यालय**

'रामछाया' 4577/15, अग्रवाल रोड, दरिया गंज, नई दिल्ली- 110002
फोन: 011-47630600, 43518550

मुख्य कार्यालय

कालिन्दी, टी०पी० नगर, मेरठ (यूपी)– 250002, **फोन:** 0121-7156203, 7156204

卐 **शाखा कार्यालय**

आगरा, अहमदाबाद, बरेली, बंगलुरु, चेन्नई, दिल्ली, गुवाहाटी, हैदराबाद, जयपुर, झाँसी, कोलकाता, लखनऊ, नागपुर तथा पुणे

卐 **ISBN** 978-93-27196-48-1

PO No : TXT-XX-XXXXXXX-X-XX

PUBLISHED BY ARIHANT PUBLICATIONS (INDIA) LTD.

'अरिहन्त' की पुस्तकों के बारे में अधिक जानकारी के लिए हमारी वेबसाइट **www.arihantbooks.com** पर लॉग इन करें या **info@arihantbooks.com** पर सम्पर्क करें।

Follow us on...

विषय-सूची

CUET (UG) Section IA
हिन्दी भाषा

सॉल्वड़ पेपर 2022*

निर्देश: दिए गए 50 प्रश्न में से किन्हीं भी 40 प्रश्न के उत्तर दें। समय 45 मिनट

निर्देश निम्नलिखित गद्यांश को पढ़कर उसके नीचे दिए गए प्रश्नों के लिए उचित विकल्प का चयन कीजिए–

आज किसी भी व्यक्ति का सबसे अलग एक टापू की तरह जीना संभव नहीं रह गया है। मानव समाज में विभिन्न पन्थों और विविध मत-मतान्तरों के लोग साथ-साथ रह रहे हैं। ऐसे में यह अधिक आवश्यक हो गया है कि लोग एक-दूसरे को जानें; उनकी आवश्यकताओं को, उनकी इच्छाओं-आकांक्षाओं को समझें; उन्हें वरीयता दें और उनके धार्मिक विश्वासों, पद्धतियों, अनुष्ठानों को सम्मान दें। भारत जैसे देश में यह और भी अधिक आवश्यक है, क्योंकि यह देश किसी एक धर्म, मत या विचारधारा का नहीं है। स्वामी विवेकानन्द इस बात को समझते थे और अपने आचार-विचार में वे अपने समय से बहुत आगे थे। उन्होंने धर्म को मनुष्य की सेवा के केन्द्र में रखकर ही आध्यात्मिक चिन्तन किया था।

उन्होंने यह विद्रोही बयान दिया कि इस देश के तैंतीस करोड़ भूखे, दरिद्र और कुपोषण के शिकार लोगों को देवी-देवताओं की तरह मन्दिरों में स्थापित कर दिया जाए और मन्दिरों से देवी-देवताओं की मूर्तियों को हटा दिया जाए। उनका दृढ़ मत था कि विभिन्न धर्मों-सम्प्रदायों के बीच संवाद होना ही चाहिए। वे विभिन्न सम्प्रदायों की अनेकरूपता को उचित और स्वाभाविक मानते थे। स्वामी जी विभिन्न धार्मिक आस्थाओं के बीच सामंजस्य स्थापित करने के पक्षधर थे और सभी को एक ही धर्म का अनुयायी बनाने के विरुद्ध थे। वे कहा करते थे—"यदि सभी मानव एक ही धर्म को मानने लगें, एक ही पूजा-पद्धति को अपना लें और एक-सी नैतिकता का अनुपालन करने लगें, तो यह सबसे दुर्भाग्यपूर्ण बात होगी, क्योंकि यह सब हमारे धार्मिक और आध्यात्मिक विकास के लिए प्राणघातक होगा तथा हमें हमारी सांस्कृतिक जड़ों से काट देगा।"

निम्नलिखित में से निर्देशानुसार विकल्पों का चयन कीजिए।

1. 'टापू की तरह' जीने से लेखक का क्या अभिप्राय है?
(a) घमण्ड में रहना (b) समाज से अलग रहना
(c) समाज से जुड़कर रहना (d) विनम्र बनकर रहना

2. भारत जैसे देश में क्या आवश्यक हो गया है?
(a) धार्मिक स्वतन्त्रता
(b) एक-दूसरे के विपरीत रहना
(c) एक-दूसरे से मिलकर रहना
(c) अपने-अपने घर में रहना

3. विभिन्न पन्थों और मत-मतान्तरों के लोग मिलकर नहीं रहेंगे, तो उसका क्या परिणाम होगा?
(a) समाज में शान्ति स्थापित होगी
(b) धार्मिक संस्थानों में विवाद नहीं होगा
(c) सभी का जीवन और अधिक कठिन हो जाएगा
(d) सभी का जीवन सुखमय हो जाएगा

4. स्वामी विवेकानन्द किस बात को समझते थे?
(a) भारत देश किसी एक धर्म, मत या विचारधारा का नहीं है
(b) भारत में विभिन्न धर्मों, सम्प्रदायों के बीच संवाद नहीं होना चाहिए
(c) भारत में सभी धर्मों को स्थान देना उचित नहीं है
(d) भारत में धार्मिक अनुष्ठानों को महत्त्व नहीं देना चाहिए

5. विवेकानन्द जी ने किसको मनुष्य की सेवा के केन्द्र में रखकर आध्यात्मिक चिन्तन किया?
(a) समाज को (b) रीति-रिवाज को
(c) अनुष्ठानों को (d) धर्म को

निर्देश निम्नलिखित पद्यांश को पढ़कर उसके नीचे दिए गए प्रश्नों के लिए उचित विकल्प का चयन कीजिए

जीवन की आपाधापी में कब वक़्त मिला
कुछ देर कहीं पर बैठ कभी यह सोच सकूँ
जो किया, कहा, माना उसमें क्या बुरा भला।
जिस दिन मेरी चेतना जगी मैंने देखा
मैं खड़ा हुआ हूँ इस दुनिया के मेले में,
हर एक यहाँ पर एक भुलाने में भूला
हर एक लगा है अपनी अपनी दे-ले में
कुछ देर रहा हक्का-बक्का, भौचक्का-सा,
आ गया कहाँ, क्या करूँ यहाँ, जाऊँ किस जा?
फिर एक तरफ़ से आया ही तो धक्का-सा
मैंने भी बहना शुरू किया उस रेले में,
क्या बाहर की ठेला-पेली ही कुछ कम थी,
जो भीतर भी भावों का ऊहापोह मचा,
जो किया, उसी को करने की मजबूरी थी,
जो कहा, वही मन के अन्दर से उबल चला,
जीवन की आपाधापी में कब वक़्त मिला
कुछ देर कहीं पर बैठ कभी यह सोच सकूँ
जो किया, कहा, माना उसमें क्या बुरा भला।

**स्मृति पर आधारित*

6. पद्यांश के अनुसार कवि को किसके लिए समय नहीं मिला?
(a) अपने परिवार के विषय में सोचने का
(b) शान्तिपूर्वक बैठकर आत्मचिन्तन करने का
(c) संसार की सुख-सुविधाएँ भोगने का
(d) लोगों के विचारों को सुनने-समझने का

7. कवि को दुनिया का रूप किसके समान लगा?
(a) स्वर्ग के समान (b) नरक के समान
(c) मेले के समान (d) बाज़ार के समान

8. चेतना जागने पर कवि की क्या स्थिति हुई?
(a) कवि को समझ नहीं आया कि क्या करना है क्या नहीं
(b) कवि को आत्मज्ञान प्राप्त हो गया
(c) कवि को पुनर्जन्म की बातें याद आ गई
(d) कवि में साहस और उत्साह जागृत हो गया

9. 'जो किया, उसी को करने की मजबूरी थी' पंक्ति से क्या भाव प्रकट हो रहा है?
(a) कवि प्रसन्न होकर क्रिया-कलाप कर रहा है
(b) कवि की अपनी मजबूरी स्पष्ट हो रही है
(c) कवि सहज भाव से परिस्थितियों को स्वीकार नहीं करता
(d) कवि अकारण ही चिन्तित हो जाता है

10. एक दिन कवि ने स्वयं को कहाँ पाया?
(a) दुनिया रूपी मेले में (b) मानवीय भावनाओं के बीच
(c) बाहर की ठेला-पेली में (d) भावों की उथल-पुथल में

निर्देश दिए गए वाक्यों में रिक्त स्थानों की पूर्ति के लिए चार-चार विकल्प दिए गए हैं। उपयुक्त विकल्प का चयन करके रिक्त स्थान भरिए।

11. साम्प्रदायिकता राष्ट्रीय एकता के लिए .... है।
(a) वरदान (b) अभिशाप
(c) परिताप (d) पश्चात्ताप

12. हैजा एक .... रोग है।
(a) अभिक्रामक (b) संक्रामक
(c) अतिक्रामक (d) आक्रामक

13. अथक परिश्रम और सतत .... चरमसीमा प्राप्त कर सकता है।
(a) अव्यवसाय
(b) व्यवसाय
(c) मनमाने व्यवहार से
(d) सभवाय

14. मदर टेरेसा का .... संसार भर में फैला हुआ है।
(a) प्रेम (b) समाचार
(c) यश (d) प्रभाव

15. भगवान बड़े दयालु हैं, ... सबकी सुनते हैं।
(a) वे (b) वह
(c) ये (d) आप

निर्देश (प्र. सं. 16-20) में दिए गए शब्दों का उचित विलोम शब्द बताने के लिए उपर्युक्त विकल्प का चयन कीजिए।

16. स्थूल
(a) जड़ (b) सूक्ष्म
(c) क्षुद्र (d) घना

17. शोषक
(a) शोषित (b) पोषित
(c) सेवक (d) पोषक

18. निषेध
(a) विहित (b) विधि
(c) विहत (d) अनिषेध

19. प्रतीची
(a) उदिची (b) पौर्वात्य
(c) प्राची (d) पाश्चात्य

20. आवृत्त
(a) वृत्त (b) अवृत्त
(c) अनावृत्त (d) अनवृत्त

21. 'ऋजु' का विलोम शब्द होगा
(a) अऋजु (b) वक्र (c) सरल (d) आवर्त

22. 'गौरव' का विलोम शब्द है
(a) लाघव (b) अगौरव
(c) लघु (d) अलघु

निर्देश (प्र. सं. 23-29) दिए गए समोच्चारित भिन्नार्थक शब्द युग्मों के सही अर्थ-भेद के लिए उपर्युक्त विकल्प का चयन कीजिए।

23. अब्ज—अब्द
(a) कमल-वर्ष (b) सुन्दर-लगातार
(c) चढ़ाई-घमण्ड (d) मतलब-धन

24. अपर—अपार
(a) विस्तृत—संकुचित (b) दूसरा—असीम
(c) ऊँचा—अथाह (d) छोटा—हिस्सा

25. अम्बुज—अम्बुद
(a) बादल—कमल (b) समुद्र—बादल
(c) कमल—बादल (d) भ्रमर—मकरन्द

26. ऋत—ऋतु
(a) मौसम—वर्षा (b) सत्य—मौसम
(c) अनित्य—सर्दी (d) ईश्वर—गर्मी

27. उपमान—उपकार
(a) उचित-भलाई (b) सत्य-साधन
(c) तुलना-भलाई (d) वाणी-पतित

28. कृतज्ञ—कृतघ्न
(a) उपकार मानने वाला—उपकार न मानने वाला
(b) उपकारी—अपकारी
(c) अपकारी—उपकारी
(d) उपरोक्त में से कोई नहीं

29. कृपण—कृपाण
(a) तलवार—कंजूस (b) कंजूस—तलवार
(c) अपव्ययी—मितव्ययी (d) मितव्ययी—अपव्ययी

30. 'बालू से तेल निकालना' मुहावरे का अर्थ है
(a) शीघ्र नष्ट होने वाली वस्तु (b) असम्भव काम करना
(c) पूर्णत: स्वस्थ होना (d) बहुत साधन सम्पन्न होना

31. 'बाँछें खिलना' मुहावरे का अर्थ है
(a) फसल में फलियाँ आ जाना (b) अत्यन्त प्रसन्न होना
(c) काम पूरा हो जाना (d) खिलखिलाकर हँसना

32. 'निन्यानवे के फेर में पड़ना' का अर्थ है
(a) किसी कार्य को पूरा न करना
(b) वास्तविकता से भिन्न स्थिति
(c) धन संग्रह की चिन्ता में पड़ना
(d) अनुभवहीन होना

33. 'खग जाने खग की भाषा' लोकोक्ति का उचित अर्थ, नीचे दिए विकल्पों में से बताइए
(a) पक्षियों की तरह बोलना
(b) पक्षियों की भाषा न जानना
(c) पक्षी अपनी भाषा स्वयं समझते हैं
(d) समान प्रवृत्ति वाले लोग एक-दूसरे को सराहते हैं

34. नीचे लोकोक्तियाँ और उनके अर्थ दिए गए हैं। इनमें गलत अर्थ वाली लोकोक्ति का चयन कीजिए।
(a) आगे नाथ न पीछे पगहा — बन्धनहीन
(b) ओस चाटे प्यास नहीं बुझती — संगठित होना
(c) एक टकसाल के ढले हैं — सब एक जैसे हैं
(d) आँख के अन्धे गाँठ के पूरे — मूर्ख लेकिन धनवान

निर्देश (प्र.सं. 35-40 तक) **निम्नलिखित प्रश्नों में वाक्यांशों/अनेक शब्दों के स्थान पर एक शब्द के लिए चार-चार विकल्प दिए गए हैं। इनमें से कोई एक विकल्प सही है, आपको सही विकल्प चुनना है, वही आपका उत्तर होगा।**

35. ईश्वर को नहीं मानने वाला
(a) अविश्वासी (b) अधर्मी
(c) दुराचारी (d) नास्तिक

36. ईश्वर में विश्वास करने वाला
(a) आस्तिक (b) भक्तवत्सल
(c) भक्त (d) इनमें से कोई नहीं

37. पेट की अग्नि
(a) दावाग्नि (b) बड़वाग्नि
(c) जठराग्नि (d) मन्दाग्नि

38. दिशाएँ ही जिनके वस्त्र हैं
(a) विश्वम्भर (b) दिक्पाल
(c) पैगम्बर (d) दिगम्बर

39. 'गुरु के समीप रहकर शिक्षा ग्रहण करने वाला' है
(a) गुरुकुलवासी (b) छात्रावासी
(c) अन्तेवासी (d) आश्रमवासी

40. बहुत-सी भाषाओं को जानने वाला
(a) बहुभाषाविद् (b) बहुभाषाभाषी
(c) बहुश्रूत (d) बहुदर्शी

41. निम्नलिखित में से शुद्ध वाक्य का चयन कीजिए
(a) बाल पक जाने से कोई अनुभवी नहीं हो जाता।
(b) बाल पक जाने से लोग अनुभवी हो जाता है।
(c) बाल पक जाने से ही लोग अनुभवी होता है।
(d) बाल पक जाने से लोगों का अनुभव बढ़ते हैं।

42. निम्नलिखित में से शुद्ध वाक्य का चयन कीजिए
(a) कृपया करके खुले पैसे दें।
(b) कृपया खुले पैसे देने की कृपा करें।
(c) कृपया खुले पैसे दें।
(d) कृपया करके खुले पैसे देने की कृपा करें।

43. निम्नलिखित में से शुद्ध वाक्य का चयन कीजिए
(a) चिड़िया ने दनादन पाँच दाना चुग गई।
(b) चिड़िया दनादन पाँचों दाने चुग गई।
(c) चिड़िया दनादन पाँच दाना चुग लिए।
(d) चिड़िया दनादन पाँच दाना चुग गई।

44. निम्नलिखित में से शुद्ध वाक्य का चयन कीजिए
(a) भारत में चंद्रयान-2 लॉन्च की है।
(b) भारत ने चंद्रयान-2 लाँन्च की है।
(c) भारत ने चंद्रयान-2 लॉन्च किए हैं।
(d) भारत ने चंद्रयान-2 लॉन्च किया है।

45. अशुद्ध वाक्य का चयन कीजिए।
(a) पुलिस द्वारा डाकुओं का पीछा किया गया।
(b) देश की वर्तमान मौजूदा हालात ठीक नहीं है।
(c) मैं पुस्तकालय में नित्य समय पर पहुँचता हूँ।
(d) तुम चिन्ता न करों, मैं कोई न कोई रास्ता निकालूँगा।

निर्देश (प्र.सं. 46-50) **निम्नलिखित वाक्यों में उनके प्रथम तथा अन्तिम अंश संख्या 1 और 6 के अन्तर्गत दिए गए हैं। बीच वाले चार अंश (य), (र), (ल), (व) के अन्तर्गत बिना क्रम के हैं। चारों अंशों को उचित क्रमानुसार व्यवस्थित कर उचित विकल्प चुनें।**

46. (1) बुद्धिमान के पास थोड़ा-सा धन
(य) बढ़ता रहता है
(र) हो तो वह भी
(ल) काम करते हुए संयम के द्वारा
(व) वह दक्षतापूर्वक
(6) सर्वत्र प्रतिष्ठा प्राप्त कर लेता है।
(a) र य व ल (b) य र ल व
(c) ल व र य (d) व य ल र

47. (1) पुरुषार्थ उसी में है
(य) जो संकट (र) निर्णय लेने
(ल) की घड़ी में (व) में कोई
(6) संकोच नहीं करता।
(a) य र ल व (b) य ल र व
(c) ल व र य (d) व र ल य

48. (1) पुरुषार्थ करने पर
(य) जपने वाले को
(र) दरिद्रता नहीं रहती,
(ल) मौन होने से कलह नहीं होता
(व) पाप नहीं लगता
(6) और जागने वाले के निकट भय नहीं आता।
(a) य र ल व (b) ल व य र
(c) र य व ल (d) व ल र य

49. (1) जो मनुष्य दूसरों की जीविका
(य) कराते हैं और मित्रों में
(र) हैं, दूसरों की स्त्री या पति से वियोग
(ल) भेद-भाव उत्पन्न करते हैं
(व) नाश करते हैं, दूसरों का घर उजाड़ते
(6) वे अवश्य नरक में जाते हैं।
(a) व र ल य (b) र ल व य
(c) य र ल व (d) व र य ल

50. (1) मानव जीवन का उद्देश्य
(य) उपाय पारमार्थिक भाव से
(र) और उसकी सिद्धि का
(ल) आत्मदर्शन है
(व) मुख्य एवं एकमात्र
(6) जीव मात्र की सेवा करना है।
(a) ल र व य (b) र य ल व
(c) व ल र य (d) य र ल व

उत्तरमाला

1.	(b)	**2.**	(c)	**3.**	(c)	**4.**	(a)	**5.**	(d)	**6.**	(b)	**7.**	(c)	**8.**	(a)	**9.**	(b)	**10.**	(a)
11.	(b)	**12.**	(b)	**13.**	(b)	**14.**	(c)	**15.**	(a)	**16.**	(b)	**17.**	(d)	**18.**	(a)	**19.**	(c)	**20.**	(c)
21.	(b)	**22.**	(a)	**23.**	(a)	**24.**	(a)	**25.**	(b)	**26.**	(b)	**27.**	(c)	**28.**	(a)	**29.**	(b)	**30.**	(b)
31.	(b)	**32.**	(c)	**33.**	(d)	**34.**	(b)	**35.**	(d)	**36.**	(a)	**37.**	(c)	**38.**	(d)	**39.**	(c)	**40.**	(a)
41.	(a)	**42.**	(c)	**43.**	(b)	**44.**	(d)	**45.**	(b)	**46.**	(a)	**47.**	(b)	**48.**	(c)	**49.**	(d)	**50.**	(a)

संकेत एवं हल

1. (b) 'टापू की तरह' जीने से लेखक का अभिप्राय समाज से अलग रहने से है। जिस प्रकार किसी निर्जन व वीरान टापू पर कोई रहना पसन्द नहीं करता, वह बिल्कुल अलग-अलग सा रहता है, उसी तरह समाज से बिल्कुल अलग रहने वाले व्यक्ति को लेखक ने टापू की संज्ञा दी है।

2. (c) भारत जैसे देश में एक-दूसरे से मिलकर रहना आवश्यक हो गया है, क्योंकि भारत में विभिन्न मत-मतान्तरों व धर्मों के लोग रहते हैं। अतः ऐसे में आवश्यक है कि वे एक-दूसरे के धर्म, धार्मिक, विश्वासों, आस्थाओं और मान्यताओं को समझें व उनका सम्मान करें, जिससे उनमें एकता बनी रहे।

3. (c) यदि विभिन्न पन्थों और मत-मतान्तरों के लोग मिलकर नहीं रहेंगे, तो उसका परिणाम यह होगा कि सभी का जीवन कठिन हो जाएगा, क्योंकि उनके बीच सामंजस्य न होने से वे एक-दूसरे का विरोध करेंगे और संघर्ष की स्थिति उत्पन्न हो जाएगी।

4. (a) स्वामी विवेकानन्द इस बात को अच्छी तरह से समझते थे कि भारत देश किसी एक धर्म, मत या विचारधारा का नहीं हैं। इसलिए उनका मानना था कि यदि समाज में एकसाथ मिल-जुलकर रहता है, तो लोगों को एक-दूसरे के धर्मों, पन्थों, मत-मतान्तरों को अच्छी तरह से समझना होगा। साथ ही एक-दूसरे की इच्छाओं व आवश्यकताओं का मान-सम्मान करना होगा।

5. (d) विवेकानन्द जी ने धर्म को मनुष्य की सेवा के केन्द्र में रखकर आध्यात्मिक चिन्तन किया। उनके अनुसार, सबसे बड़ा धर्म सेवा धर्म है। उनका मानना था कि मन्दिरों में स्थापित देवी-देवताओं की मूर्तियों के स्थान पर हमें गरीबों की सेवा करनी चाहिए। उनके लिए धर्म से बढ़कर मानव कल्याण के विषय में सोचना बहुत महत्त्वपूर्ण था।

6. (b) पद्यांश के अनुसार कवि को जीवन में संघर्षों में एक स्थान पर शान्तिपूर्वक बैठकर आत्मचिन्तन करने का अवसर नहीं प्राप्त हुआ।

7. (c) कवि को दुनिया का रूप मेले के समान लगा, क्योंकि हर व्यक्ति भीड़ में केवल अपने में ही डुबा हुआ है, लेकिन फिर भी वह स्वयं के बारे में चिन्तन नहीं कर पा रहा है, क्योंकि वह इस दुनियारूपी आकर्षक मेले में खोया हुआ है।

8. (a) पद्यांश के अनुसार, जब कवि की चेतना जागी तो यह समझ नहीं आया कि अब उसे क्या करना चाहिए और क्या नहीं। उसे यह समझ नहीं आ रहा था कि इस संसार में आने के बाद अब मुझे सबसे पहले कौन-सा काम करना होगा और कौन-सा नहीं।

9. (b) 'जो किया' उसी को करने की मजबूरी थी। पंक्ति से कवि की मजबूरी स्पष्ट हो रही है। कवि के अनुसार जब वह किंकर्तव्यविमूढ़ हो गया तो उसने भी स्वयं को दुनिया के अनुसार ही ढालने की सोची और वह भी उसी कार्य को करने में संलग्न हो गया, जिसमें दुनिया डूबी हुई थी।

10. (a) एक दिन कवि ने स्वयं को दुनियारूपी मेले में पाया। पद्यांश के अनुसार, कवि ने दुनिया को एक मेले की उपमा दी है। जिस प्रकार मेले के आकर्षण में लोग क्या करें, क्या न करें की स्थिति में फँसे रहते हैं। उसी तरह इस दुनिया के आकर्षण में मनुष्य स्वयं को भूलकर दुनिया की उलझनों में फँसा रहता है।

11. (b) दिए गए रिक्त स्थान के लिए उचित शब्द 'अभिशाप होगा। अतः पूर्ण वाक्य होगा- साम्प्रदायिकता राष्ट्रीय एकता के लिए अभिशाप है।

12. (b) दिए गए रिक्त स्थान के लिए उचित शब्द 'संक्रामक' होगा। अतः पूर्ण वाक्य होगा-
हैजा एक संक्रामक रोग है।

13. (b) दिए गए रिक्त स्थान के लिए उचित शब्द 'व्यवसाय होगा। अतः पूर्ण वाक्य होगा।
अथक परिश्रम और सतत व्यवसाय चरम सीमा प्राप्त कर सकता है।

14. (c) दिए गए रिक्त स्थान के लिए उचित शब्द 'यश' होगा।
अतः पूर्ण वाक्य होगा-
मदर टेरेसा का यश संसार भर में फैला हुआ है।

15. (a) दिए गए रिक्त स्थान के लिए उचित शब्द 'वे' होगा। अतः पूर्ण वाक्य होगा।
भगवान बड़े दयालु हैं, वे सबकी सुनते है।

16. (b) 'स्थूल' का उचित विलोम शब्द 'सूक्ष्म' होगा। अन्य विकल्पों में -
जड़ – चेतन
घना – विरल

17. (d) 'शोषक' का उचित विलोम शब्द 'पोषक' होगा। अन्य विकल्पों में-
शोषित – पोषित
सेवक – स्वामी

18. (a) 'निषेध' का विलोम शब्द 'विहित' होगा। अन्य विकल्प असंगत हैं।

19. (c) 'प्रतीची' का विलोम शब्द 'प्राची होगा। अन्य विकल्पों में पौर्वात्य - पाश्चात्य।

20. (c) आवृत्त का विलोम शब्द अनावृत्त होगा। अन्य विकल्प असंगत हैं।

21. (b) 'ऋजु' का विलोम शब्द 'वक्र' होगा। अन्य विकल्पों में सरल-कठिन।

22. (a) 'गौरव' का विलोम शब्द 'लाघव' होगा। अन्य विकल्पों में, लघु-दीर्घ।

23. (a) 'अब्ज-अब्द' समोच्चारित भिन्नार्थक शब्द युग्म हैं। इनके अर्थ होंगे-
अब्ज – कमल
अब्द – वर्ष

24. (b) 'अपर-अपार' समोच्चारित भिन्नार्थक शब्द-युग्म हैं। इनमें अर्थ होंगे-
अपर – दूसरा
अपार – असीम

25. (b) अम्बुज-अम्बुद, समोच्चारित भिन्नार्थक शब्द युग्म हैं। इनके अर्थ होंगे–
अम्बुज – समुद्र
अम्बुद – बादल

26. (b) 'ऋत ऋतु' समोच्चारित भिन्नार्थक शब्द युग्म हैं। इनके अर्थ होंगे-
ऋत – सत्य
ऋतु – मौसम

27. (c) 'उपमान-उपकार' समोच्चारित-भिन्नार्थक शब्द युग्म हैं। इनके अर्थ होंगे–
उपमान – तुलना
उपकार – भलाई

28. (a) 'कृतज्ञ-कृतघ्न' समोच्चारित भिन्नार्थक शब्द-युग्म हैं। इनके अर्थ होंगे-
कृतज्ञ – उपकार मानने वाला
कृतघ्न – उपकार न मानने वाला

29. (b) 'कृपण-कृपाण' समोच्चारित भिन्नार्थक शब्द-युग्म हैं। इनमें अर्थ होंगे- कृपण- कंजूस
कृपाण- तलवार

30. (b) 'बालू से तेल निकालना' मुहावरे का अर्थ होगा- असम्भव काम करना।
वाक्य प्रयोग- मोहन को समझाना बालू से तेल निकालने जैसा है।
उस पर कोई प्रभाव नहीं पड़ेगा।

31. (b) 'बाँछे खिलना' मुहावरे का अर्थ होगा- अत्यन्त प्रसन्न होना।
वाक्य प्रयोग- मैरिट लिस्ट में अपना नाम देखकर कुमार की बाँछे खिल गई।

32. (c) 'निन्यानवे के फेर में पड़ना' मुहावरे का अर्थ है- धन संग्रह की चिन्ता में पड़ना।
वाक्य प्रयोग मनोहर लाल शायद निन्यानवे के फेर में पड़ गया है। वरना इतना पैसा कमाने के बाद भी वह फटे कपड़े क्यों पहनेगा।

33. (d) 'खग जाने खग की भाषा' लोकोक्ति का अर्थ होगा- समान प्रवृत्ति वाले लोग एक-दूसरे को सराहते हैं।
वाक्य प्रयोग विपक्षी पार्टी के नेता भी एक-दूसरे की प्रशंसा करने में लगे हैं। सही बात है, खग ही खग की भाषा जानता है।

34. (b) ओस चाटे प्यास नहीं बुझती लोकोक्ति का अर्थ संगठित होना नहीं होता। इसका अर्थ होता है- कम वस्तु से आवश्यकता की पूर्ति नहीं होती।
वाक्य प्रयोग राहुल ने अपने पिता से मोटरसाइकिल के लिए पचास हजार रुपये माँगे, लेकिन उन्होंने उसे पाँच हजार रुपये दिखा दिए। इस पर राहुल ने कहा- ओस चाटने से प्यास नहीं बुझती/पिताजी, कम-से-कम तीस-चालीस हजार तो दीजिए।

35. (d) 'ईश्वर को नहीं मानने वाला' वाक्यांश के लिए एक शब्द होगा- नास्तिक। अन्य विकल्पों में- अविश्वासी- जिस पर विश्वास नहीं किया जा सकता।
अधर्मी- जो धर्म के काम नहीं करता।
दुराचारी- गलत आचरण करने वाला।

36. (a) 'ईश्वर में विश्वास करने वाला' वाक्यांश के लिए एक शब्द होगा- आस्तिक। अन्य विकल्पों में भक्तवत्सल- भक्त पर स्नेह रखने वाला
भक्त- अनुराग रखने वाला ।

37. (c) 'पेट की अग्नि' वाक्यांश के लिए एक शब्द होगा- जठराग्नि।
अन्य विकल्पों में-
दावाग्नि - वन की अग्नि।
बड़वाग्नि- समुद्र में लगी आग।
मन्दाग्नि- पाचन शक्ति का कमजोर होना।

38. (d) दिशाएँ ही जिनके वस्त्र हैं' वाक्यांश के लिए एक शब्द होगा- दिगम्बर। अन्य विकल्पों में
विश्वंभर- विश्व का भरण-पोषण करने वाला (विष्णु)।
दिक्पाल- दसों दिशाओं का पालन करने वाला ।
पैगम्बर- धर्म या सम्प्रदाय का प्रवर्तक ।

39. (c) 'गुरु के समीप रहकर शिक्षा ग्रहण करने वाला' वाक्यांश के लिए एक शब्द होगा- अन्तेवासी। अन्य विकल्पों में,
गुरुकुलवासी - गुरुकुल में रहने वाला।
छात्रावासी- छात्रावास में रहने वाला।
आश्रमवासी- आश्रम में रहने वाला।

40. (a) बहुत-सी भाषाओं को जानने वाला' वाक्यांश के लिए एक शब्द होगा-बहुभाषाविद्। अन्य विकल्पों में,
बहुभाषाभाषी - बहुत-सी भाषाओं को बोलने वाला।
बहुश्रुत- अनेक विषयों का ज्ञान रखने वाला।
बहुदर्शी- बहुत अधिक जानने वाला (बहुज्ञ)।

41. (a) निम्नलिखित वाक्यों में शुद्ध वाक्य होगा
बाल पक जाने से कोई अनुभवी नहीं हो जाता।
अन्य विकल्प असंगत हैं।

42. (c) निम्नलिखित में शुद्ध वाक्य होगा- कृपया खुले पैसे दें। अन्य विकल्प असंगत हैं।

43. (b) निम्नलिखित में शुद्ध वाक्य होगा- चिड़िया दनादन पाँचों दाने चुग गई।

अन्य विकल्प असंगत हैं।

44. (d) निम्नलिखित में शुद्ध वाक्य होगा- भारत ने चन्द्रयान-2 लॉन्च किया है। अन्य विकल्प असंगत हैं।

45. (b) निम्नलिखित में अशुद्ध वाक्य है। देश की वर्तमान मौजूदा हालात ठीक नहीं है। इसका शुद्ध रूप होगा-

देश के वर्तमान हालात ठीक नहीं है।

अन्य सभी विकल्प शुद्ध हैं।

46. (a) दिए गए वाक्यों का सही क्रम होगा- र य व ल।

(1) बुद्धिमान के पास थोड़ा-सा धन

(र) हो तो वह भी

(य) बढ़ता रहता है

(व) वह दक्षतापूर्वक

(ल) काम करते हुए संयम के द्वारा

(6) सर्वत्र प्रतिष्ठा प्राप्त कर लेता है।

47. (b) दिए गए वाक्यों का सही क्रम होगा- य ल र व

1. पुरुषार्थ उसी में है।

(य) जो संकट

(ल) की घड़ी में

(र) निर्णय लेने

(व) में कोई

(6) संकोच नहीं करता।

48. (c) दिए गए वाक्यों का सही क्रम होगा- र य व ल

(1) पुरुषार्थ करने पर

(र) दरिद्रता नहीं रहती

(य) जपने वाले को

(व) पाप नहीं लगता

(ल) मौन होने से कलह नहीं होता

(6) और जागने वाले के निकट भय नहीं आता।

49. (d) दिए गए वाक्यों का सही क्रम होगा- व र य ल

(1) जो मनुष्य दूसरों की जीविका

(व) नाश करते हैं, दूसरों का घर उजाड़ते

(र) हैं, दूसरों की स्त्री या पति से वियोग

(य) कराते हैं और मित्रों में

(ल) भेदभाव उत्पन्न करते हैं।

(6) वे अवश्य नरक में जाते हैं।

50. (a) दिए गए वाक्यों का सही क्रम होगा- ल र व य

(1) मानव जीवन का उद्देश्य

(ल) आत्मदर्शन है

(र) और उसकी सिद्धि का

(व) मुख्य एवं एकमात्र

(य) उपाय पारमार्थिक भाव से

(6) जीव मात्र की सेवा करना है।

CUET (UG) Section II
कॉमर्स डोमेन (व्यवसाय अध्ययन)

सॉल्वड पेपर 2022*

निर्देश: दिए गए 50 प्रश्न में से किन्हीं भी 40 प्रश्न के उत्तर दें। समय 45 मिनट

1. सेबी के कार्यों में सम्मिलित है
(a) मर्चेन्ट बैंकर का पंजीकरण
(b) प्राथमिक एवं द्वितीयक बाजारों का नियमन करना
(c) विनियोक्ताओं को सुरक्षा प्रदान करना (d) उपरोक्त सभी

2. निम्नलिखित में से प्रतिभूति बाजार की कौन-सी कुप्रथा है?
(a) मूल्य में हेरा-फेरी (b) भेदिया व्यापार
(c) समाधान में देरी (d) ये सभी

3. प्राथमिक बाजार का कौन खिलाड़ी नहीं है?
(a) मर्चेन्ट बैंकर (b) अभिगोपनकर्ता
(c) निर्गमन का रजिस्ट्रार (d) सट्टेबाज

4. ऋण प्रतिभूतियों के लिए नियामक जारी किए जाते हैं
(a) भारतीय रिज़र्व बैंक द्वारा (b) सेबी द्वारा
(c) केन्द्र सरकार द्वारा (d) स्कन्ध विपणि द्वारा

5. एक प्रतिभूति को खरीदना चाहिए जब
(a) बाजार मूल्य इसके पुस्तक मूल्य से कम हो
(b) बाजार मूल्य इसके पुस्तक मूल्य से अधिक हो
(c) बाजार मूल्य इसके पुस्तक मूल्य के बराबर हो
(d) उपरोक्त में से कोई नहीं

6. किस अधिकतम परिपक्वता अवधि के लिए कॉमर्शियल पेपर जारी किए जाते हैं?
(a) तीन माह के लिए (b) छः माह के लिए
(c) नौ माह के लिए (d) बारह माह के लिए

7. कॉमर्शियल पेपर है
(a) पूर्णतया सुरक्षित (b) आंशिक सुरक्षित
(c) असुरक्षित (d) इनमें से कोई नहीं

8. जमा प्रमाण-पत्र का न्यूनतम मूल्यवर्ग है
(a) ₹ 1,00,000 (b) ₹ 2,00,000
(c) ₹ 1,50,000 (d) ₹ 5,00,000

9. निम्नलिखित में से कौन-सा जमा प्रमाण-पत्र का लक्षण है?
(a) बिक्री योग्यता (b) तरलता
(c) हस्तान्तरणीयता (d) ये सभी

10. निम्नलिखित में से कौन-सा ट्रेज़री बिल का गुण नहीं है?
(a) सुरक्षा (b) तरलता
(c) कम प्रत्याय (d) अल्पकालीन फण्ड का स्रोत

11. निम्नलिखित में से कौन-सी ट्रेज़री बिल की विशेषता है?
(a) परक्राम्य
(b) अदायगी जोखिम की अनुपस्थिति
(c) वैधानिक तरलता अनुपात में समावेश की पात्रता
(d) उपरोक्त सभी

12. विनियोगकर्ता के लिए निम्नलिखित में से कौन-सा गुण है जब ऋणपत्रों में विनियोग करता है?
(a) स्थिर प्रत्याय
(b) निश्चित परिपक्वता
(c) ऋणपत्र विलेख द्वारा सुरक्षित
(d) उपरोक्त सभी

13. रेखा तथा स्टाफ संगठन के सन्दर्भ में, स्टाफ होता है
(a) पूर्णतया उत्तरदायी
(b) कुछ परिस्थितियों में आंशिक उत्तरदायी
(c) सभी परिस्थितियों में आंशिक उत्तरदायी
(d) बिल्कुल उत्तरदायी नहीं

14. रेखा संगठन के अनेक लाभ हैं, सिवाय निम्नलिखित के
(a) त्वरित निर्णय (b) बेहतर नियन्त्रण
(c) बहुत खर्चीला (d) त्वरित संदेशवाहन

15. निम्नलिखित में से कौन-सा कथन सही नहीं है?
(a) रेखा संगठन छोटी इकाइयों के लिए अधिक उपयुक्त है
(b) रेखा संगठन में भ्रम की सम्भावना अपेक्षाकृत अधिक होती है
(c) रेखा संगठन में आदेश ऊपर से नीचे की ओर प्रवाहित होता है
(d) रेखा संगठन, संगठन का सबसे आसान प्रारूप है

16. 'चैम्बर ऑफ कॉमर्स' एक उदाहरण है
(a) साधारण मण्डल का
(b) संयुक्त मण्डल का
(c) अपूर्ण संघनन का
(d) पूर्ण संघनन का

**स्मृति पर आधारित*

17. तकनीक गाजर और छड़ी की विधि का उपयोग एक व्यावसायिक संगठन में कहाँ किया जाता है?
(a) अनुपस्थिति को कम करना (b) अभिप्रेरणा
(c) प्रभावी नेतृत्व (d) पुरस्कृत कार्यकर्ता

18. नियोजन के महत्त्व के सन्दर्भ में, निम्नलिखित में से कौन-सा बिल्कुल सही नहीं है?
(a) बर्बादी में कमी (b) अतिशीघ्र निर्णयों पर रोक
(c) जोखिम की समाप्ति (d) लागतों पर नियन्त्रण

19. नियोजन प्रक्रिया में, 'अनुगमन करना' है
(a) पहला कदम (b) मध्य कदम
(c) अन्तिम कदम (d) इनमें से कोई नहीं

20. एक कारखाने में फोरमैन द्वारा बनाई गई योजना, एक उदाहरण है
(a) मध्य स्तरीय योजना का
(b) निम्न स्तरीय योजना का
(c) उच्च स्तरीय योजना का
(d) उच्च-मध्य स्तरीय योजना का

21. नियोजन है
(a) रोजगार उन्मुख (b) लक्ष्य परक
(c) सरकार उन्मुख (d) जनता उन्मुख

22. जब 'संगठन' शब्द का प्रयोग क्रिया के रूप में किया जाता है, तब इसका अभिप्राय होता है
(a) ढाँचे से (b) कार्य से
(c) प्रक्रिया से (d) कम्पनी से

23. निम्नलिखित में से कौन-सी औपचारिक संगठन की विशेषता नहीं है?
(a) कठोर नियम (b) परिभाषित संरचना
(c) स्वत: उत्पन्न (d) कठोर अनुशासन

24. निम्नलिखित में से कौन-सा निर्देशन का तत्त्व नहीं है?
(a) मार्ग-दर्शन (b) आदेश
(c) उत्तरदायित्व (d) पर्यवेक्षण

25. बाह्य समन्वय के सन्दर्भ में, निम्नलिखित में से विषम को इंगित कीजिए
(a) नियोक्ता (b) ग्राहक
(c) कर्मचारीगण (d) समाज

26. निम्नलिखित में से कौन-सा समन्वय का लाभ नहीं है?
(a) अधिक उत्पादन (b) अधिक अनुपस्थिति
(c) अधिक उत्पादकता (d) कम हड़ताल

27. "सभी को संगठन के समान लक्ष्यों की प्राप्ति के लिए प्रयास करना चाहिए।" इस सिद्धान्त को जाना जाता है
(a) आदेश की एकता का सिद्धान्त
(b) व्यक्तिगत सम्पर्क का सिद्धान्त
(c) नियन्त्रण के विस्तार का सिद्धान्त
(d) निर्देशन की एकता का सिद्धान्त

28. व्यवसाय के आर्थिक पर्यावरण में शामिल है
(a) औद्योगिक नीतियाँ (b) आर्थिक नीतियाँ
(c) आर्थिक दशाएँ (d) ये सभी

29. भौतिक वातावरण में शामिल है
(a) प्राकृतिक संसाधन (b) जलवायु
(c) जल (d) ये सभी

30. 'करो या मरो क्यों का प्रश्न नहीं' से सम्बन्धित है
(a) प्रजातान्त्रिक निर्देशन (b) तानाशाही निर्देशन
(c) निर्बाध निर्देशन (d) इनमें से कोई नहीं

31. निम्नलिखित में से समन्वय की सर्वोत्तम तकनीक कौन-सी है?
(a) स्टाफ सभा के द्वारा समन्वय
(b) नेतृत्व के द्वारा समन्वय
(c) स्वयं-समन्वय द्वारा समन्वय
(d) उपरोक्त में से कोई नहीं

32. निम्नलिखित में से कौन-सा सफल निर्देशन का लाभ नहीं है?
(a) न्यून अनुपस्थिति (b) ऊँचा श्रम आवर्तन
(c) ऊँचा आत्म-विश्वास (d) ऊँचा मनोबल

33. एक समस्या की अनुभूति होने से पूर्व जब एक योजना प्रतिपादित की जाती है, उसे कहते हैं
(a) पूर्व-प्रतिक्रियावादी योजना (b) प्रतिक्रियावादी योजना
(c) सूक्ष्म योजना (d) औपचारिक योजना

34. रेखा तथा स्टाफ संगठन के सन्दर्भ में, निम्नलिखित में से कौन-सा स्टाफ पद है?
(a) ऑफिसर ऑन स्पेशल ड्यूटी
(b) व्यक्तिगत सचिव
(c) व्यक्तिगत सहायक
(d) उपरोक्त सभी

35. निम्नलिखित में से कौन-सा नियन्त्रण का भाग नहीं है?
(a) निष्पादन का मापन (b) प्रमापों का अनिर्धारण
(c) प्रतिपुष्टि (d) सुधारात्मक कदम उठाना

36. निम्नलिखित में से किस प्रबन्धकीय कार्य के बाद, निर्देशन की आवश्यकता पड़ती है?
(a) अभिप्रेरण (b) नियोजन
(c) स्टाफिंग (d) संगठन

37. स्टाफ पदों के सन्दर्भ में, निम्नलिखित में से विषम को ज्ञात कीजिए
(a) सुझावों को क्रियान्वित करवा पाने का अधिकार नहीं
(b) गलत सुझावों के लिए कोई उत्तरदायित्व नहीं
(c) गलत सुझावों के लिए कोई उत्तरदेयता नहीं
(d) कोई विशेषज्ञाता युक्त कार्य नहीं

38. निम्नलिखित में से सबसे अधिक मितव्ययी संगठन प्रारूप है
(a) रेखा संगठन (b) रेखा तथा कर्मचारी संगठन
(c) क्रियात्मक संगठन (d) मैट्रिक्स संगठन

39. रेखा व स्टाफ संगठन में स्टाफ में निहित होता है
(a) आदेश जारी करने का कोई अधिकार नहीं
(b) आदेश जारी करने का पूर्ण अधिकार
(c) रेखा की तुलना में आदेश जारी करने का अधिक अधिकार
(d) रेखा की तुलना में आदेश जारी करने का कम अधिकार

40. रेखा संगठन निम्नलिखित में से किस प्रकार की व्यावसायिक इकाईयों के लिए सर्वोत्तम संगठन स्वरूप होता है?
(a) बड़ी व्यावसायिक इकाईयाँ
(b) व्यावसायिक इकाईयाँ जो विस्तृत भौगोलिक क्षेत्र में कार्यरत् हो
(c) व्यावसायिक इकाईयाँ जिसके पास उच्च विविधता भरा उत्पाद शृंखला हो
(d) छोटी व्यावसायिक इकाईयाँ

41. कम्पनी अधिनियम 2013 के अनुसार, एक निजी कम्पनी के सदस्यों की संख्या की सीमा है
(a) पचास (b) सौ
(c) दो सौ (d) असीमित

42. कम्पनी अधिनियम 2013 के अनुसार, एक कम्पनी का निर्माण हो सकता है
(a) केवल एक व्यक्ति से भी
(b) दो से कम व्यक्तियों से नहीं
(c) कम-से-कम सात व्यक्तियों से
(d) कम-से-कम पचास व्यक्तियों से

43. यदि एक को छोड़कर समस्त साझेदार दिवालिया हों, तब
(a) केवल साझेदारी का विघटन हो जाता है
(b) साझेदारी संविदा का विघटन हो जाता है
(c) दिवालिया साझेदार स्वचालित रूप से व्यवसाय से बाहर हो जाते हैं
(d) साझेदारी फर्म का विघटन हो जाता है

44. एक साझेदार का दायित्व
(a) असीमित होता है
(b) लाभ में उसके अंश की सीमा तक सीमित होता है
(c) उसकी पूँजी की सीमा तक सीमित होता है
(d) उसकी हानि के अंश तक सीमित होता है

45. संयुक्त पूँजी वाली कम्पनी के निदेशक मण्डल का चयन किया जाता है
(a) कर्मचारियों द्वारा (b) सामान्य जनता द्वारा
(c) सरकार द्वारा (d) अंशधारियों द्वारा

46. निम्नलिखित में से किसे सोपानिक संगठन के नाम से भी जाना जाता है?
(a) रेखा संगठन (b) कर्मचारी संगठन
(c) क्रियात्मक संगठन (d) परियोजन संगठन

47. निम्नलिखित में से किस अवधारणा का प्रतिपादन एफ. डब्ल्यू. टेलर ने किया है?
(a) समिति संगठन (b) क्रियात्मक संगठन
(c) रेखा व कर्मचारी संगठन (d) रेखा संगठन

48. निर्देश की एकता का उल्लंघन होता है
(a) रेखा संगठन में
(b) रेखा व कर्मचारी संगठन में
(c) क्रियात्मक संगठन में
(d) सोपानिक संगठन में

49. संयुक्त जीवन पॉलिसी संचय खाते को हस्तान्तरित किया जाता है
(a) सभी साझेदारों में उनके पुराने लाभ-हानि अनुपात में
(b) जारी साझेदारों को उनके नवीन अनुपात में
(c) अवकाश ग्रहण साझेदार के पूँजी खाते में
(d) उपरोक्त में से कोई नहीं

50. नवीन साझेदार के प्रवेश के समय, सम्पत्तियों एवं दायित्वों का पुनर्मूल्यांकन किया जाता है
(a) पुराने साझेदारों के लाभ के लिए
(b) नए साझेदारों के लाभ के लिए
(c) पुराने एवं नए साझेदारों के आपसी लाभ के लिए
(d) उपरोक्त में से कोई नहीं

उत्तरमाला

1. (d)	2. (d)	3. (d)	4. (b)	5. (a)	6. (d)	7. (c)	8. (a)	9. (c)	10. (c)
11. (d)	12. (d)	13. (c)	14. (c)	15. (b)	16. (a)	17. (b)	18. (c)	19. (c)	20. (a)
21. (b)	22. (c)	23. (c)	24. (c)	25. (c)	26. (b)	27. (d)	28. (d)	29. (d)	30. (b)
31. (d)	32. (b)	33. (a)	34. (d)	35. (b)	36. (c)	37. (d)	38. (a)	39. (a)	40. (a)
41. (c)	42. (a)	43. (d)	44. (a)	45. (d)	46. (a)	47. (b)	48. (c)	49. (d)	50. (c)

संकेत एवं हल

1. (d) सेबी (सिक्योरिटी एण्ड एक्सचेंज बोर्ड ऑफ इण्डिया) भारत में प्रतिभूति बाजार को विनियमित करने के लिए भारत सरकार द्वारा स्थापित एक वैधानिक नियामक संस्था है। सेबी के मुख्य कार्यों में सम्मिलित हैं–मर्चेन्ट बैंकर का पंजीकरण, प्राथमिक एवं द्वितीयक बाजारों का नियमन करना व विनियोक्ताओं को सुरक्षा प्रदान करना।

2. (d) प्रतिभूति बाजार की मुख्य कुप्रथाएँ, जो प्रचलित हैं, वे हैं–मूल्य में हेरा-फेरी, भेदिया व्यापार, समाधान में देरी, गलत तरीके से व्यापार, गैर अधिकृत व्यापार आदि।

3. (d) मर्चेन्ट बैंकर, अभिगोपनकर्ता व निर्गमन का रजिस्ट्रार प्राथमिक बाजार के खिलाड़ी हैं, जबकि सट्टेबाज को प्राथमिक बाजार के खिलाड़ियों में सम्मिलित नहीं किया जाता है।

4. (b) सेबी ऋण प्रतिभूतियों के सरलीकृत नियामक ढाँचे को प्रदान करने के लिए नियामक जारी किए जाते हैं।

5. (a) जब एक प्रतिभूति का बाज़ार मूल्य इसके पुस्तक मूल्य से कम हो, तब इसे खरीदना चाहिए।

6. (d) कॉमर्शियल पेपर जारी करने की अधिकतम परिपक्वता अवधि 12 माह के लिए होती है।

7. (c) कॉमर्शियल पेपर एक असुरक्षित मनी मार्केट इंस्ट्रूमेंट है, जो एक वचन-पत्र के रूप में जारी किए जाते हैं।

8. (a) जमा प्रमाण-पत्र वाणिज्यिक बैंकों द्वारा जारी किए जाते हैं, जिनका न्यूनतम मूल्यवर्ग ₹ 1,00,000 है।

9. (c) जमा प्रमाण-पत्र की मुख्य विशेषताएँ इस प्रकार हैं, ये अनुसूचित वाणिज्यिक बैंकों द्वारा अंकित मूल्य पर जारी किए जाते हैं और जमा हस्तान्तरणीयता की परिवर्तनशीलता के प्रमाण-पत्र का अर्थ है कि यह आसानी से बेचान और वितरण के बीच हस्तान्तरित किया जा सकता है।

10. (c) ट्रेज़री बिल भारत सरकार द्वारा एक वचन-पत्र के रूप में जारी किए गए मनी मॉर्केट इंस्ट्रूमेंटस हैं। तरलता, सुरक्षा और अल्पकालीन फण्ड का स्रोत इसके मुख्य गुण हैं, परन्तु कम प्रत्याय इसका एक अवगुण है।

11. (d) परक्राम्य, अदायगी जोखिम की अनुपस्थिति और वैधानिक तरलता अनुपात में समावेश की पात्रता ट्रेज़री बिल की मुख्य विशेषता है।

12. (d) विनियोगकर्ता जब ऋणपत्रों में विनियोग करता है, तो निम्न गुण होते हैं–

(i) ऋणपत्र अपने निवेशकों को आय का एक निश्चित, नियमित और स्थिर प्रत्याय स्रोत प्रदान करता है।

(ii) कई निवेशक एक निश्चित परिपक्वता अवधि के कारण ऋणपत्रों को पसंद करते हैं।

(iii) ऋणपत्र धारक का हित ऋणपत्र ट्रस्ट डीड के विभिन्न प्रावधानों और भारतीय प्रतिभूति एवं विनिमय बोर्ड द्वारा जारी दिशा-निर्देशों द्वारा सुरक्षित होते हैं।

13. (c) रेखा तथा स्टाफ संगठन के सन्दर्भ में, स्टाफ सभी परिस्थितियों में आंशिक उत्तरदायी होता है, क्योंकि वे प्रबन्धकों के निर्देशानुसार कार्य करते हैं।

14. (c) रेखा संगठन के अनेक लाभ हैं; जैसे–त्वरित निर्णय, बेहतर नियन्त्रण, त्वरित सन्देशवाहन, मितव्ययिता आदि। अतः बहुत खर्चीला होना रेखा संगठन का लाभ नहीं है।

15. (b) आदेश की एकता रेखा संगठन की मुख्य विशेषता है। अतः रेखा संगठन में भ्रम की सम्भावना नहीं होती है।

16. (a) 'चैम्बर ऑफ कॉमर्स' साधारण मण्डल का एक उदाहरण है, क्योंकि यह व्यापारियों, वित्त कारकों, विनिर्माताओं और अन्य जो व्यवसाय से जुड़े हैं, का एक संघ है।

17. (b) गाजर और छड़ी की विधि का उपयोग एक व्यावसायिक संगठन में अभिप्रेरणा के लिए किया जाता है। इसमें 'गाजर' (सकारात्मक अभिप्रेरणा हेतू तथा 'छड़ी' (नकारात्मक अभिप्रेरणा) के लिए उपयोग के लिए एक रूपक है। अतः 'गाजर और छड़ी' वाक्यांश एक वांछित व्यवहार को प्रेरित करने के लिए इनाम और सजा के संयोजन को सन्दर्भित करता है।

18. (c) नियोजन के महत्त्व के सन्दर्भ में, बर्बादी में कमी, अतिशीघ्र निर्णयों पर रोक, लागतों पर नियन्त्रण व जोखिम में कमी को सम्मिलित किया जाता है, परन्तु जोखिम की समाप्ति को सम्मिलित नहीं किया जाता है।

19. (c) नियोजन प्रक्रिया में अनुगमन करना अन्तिम कदम है। इसका अर्थ है योजनाओं की निरन्तर समीक्षा, ताकि अनिश्चित भविष्य में सफलता सुनिश्चित की जा सके।

20. (a) एक कारखाने में फॉरमेन मध्य स्तर प्रबन्धन के अन्तर्गत आता है। अतः एक कारखाने में फॉरमेन द्वारा बनाई गई योजना मध्य स्तरीय योजना का एक उदाहरण है।

21. (b) नियोजन प्रबन्धन की लक्ष्य परक प्रक्रिया है।

22. (c) जब 'संगठन' शब्द का प्रयोग क्रिया के रूप में किया जाता है, तब इसका अभिप्राय 'प्रक्रिया' होता है।

23. (c) कठोर नियम, परिभाषित संरचना तथा कठोर अनुशासन औपचारिक संगठन की विशेषता है, परन्तु यह स्वतः उत्पन्न नहीं होता।

24. (c) मार्ग-दर्शन, आदेश, पर्यवेक्षण, अनुशासन व प्रेरणा निर्देशन सम्बन्धी तत्त्व हैं, परन्तु उत्तरदायित्व निर्देशन का तत्त्व नहीं है।

25. (c) नियोक्ता, ग्राहक व समाज संगठन के बाह्य समन्वय के अन्तर्गत आते हैं, परन्तु कर्मचारीगण, आन्तरिक समन्वय के अन्तर्गत आते हैं।

26. (b) अधिक उत्पादन, अधिक उत्पादकता व कम हड़ताल समन्वय के मुख्य लाभ हैं, परन्तु अधिक अनुपस्थिति नकारात्मक पहलू है। अतः यह समन्वय का लाभ नहीं है।

27. (d) निर्देशन की एकता के सिद्धान्त के अनुसार 'सभी को संगठन के समान लक्ष्यों की प्राप्ति के लिए प्रयास करना चाहिए।'

28. (d) व्यवसाय के आर्थिक पर्यावरण में किसी भी पर्यावरण की औद्योगिक नीतियाँ, आर्थिक नीतियाँ तथा आर्थिक दशाओं को सम्मिलित किया जाता है।

29. (d) भौतिक तथा सांस्कृतिक दशाओं का सम्पूर्ण योग, जो मानव के चारों ओर व्याप्त होता है तथा उसे प्रभावित करता है, भौतिक वातावरण कहलाता है। भौतिक वातावरण में प्राकृतिक संसाधन, जलवायु तथा जल आदि सम्मिलित होते हैं।

30. (b) तानाशाही निर्देशन एक प्रबन्धन शैली है, जहाँ एक व्यक्ति सभी निर्णयों को नियन्त्रित करता है। 'करो या मरो, क्यों का प्रश्न नहीं' तानाशाही निर्देशन का मुख्य सिद्धान्त है।

31. (d) स्टाफ सभा के द्वारा समन्वय, नेतृत्व के द्वारा समन्वय तथा स्वयं समन्वय द्वारा समन्वय, समन्वय की सर्वोत्तम तकनीकें नहीं है।

अपितु नियोजन, संगठीकरण, सम्प्रेषण आदि समन्वय की तकनीकें हैं।

32. (b) न्यून अनुपस्थिति, ऊँचा आत्मविश्वास व ऊँचा मनोबल सफल निर्देशन की देन है। ऊँचा श्रम आवर्तन सफल निर्देशन द्वारा प्राप्त नहीं किया जा सकता है।

33. (a) पूर्व-प्रतिक्रियावादी योजना एक ऐसी योजना है, जो एक समस्या की अनुभूति होने से पूर्व प्रतिपादित की जाती है।

34. (d) ऑफिसर ऑन स्पेशल ड्यूटी, व्यक्तिगत सचिव तथा व्यक्तिगत सहायक आदि रेखा तथा स्टाफ संगठन के सन्दर्भ में 'स्टाफ पद' है।

35. (b) निष्पादन का मापन, प्रतिपुष्टि तथा सुधारात्मक कदम उठाना नियन्त्रण का भाग है, परन्तु प्रमापों का अनिर्धारण इसमें सम्मिलित नहीं किया जाता है।

36. (c) स्टाफिंग एक ऐसी प्रबन्धकीय प्रक्रिया है, जिसके बाद निर्देशन की आवश्यकता पड़ती है।

37. (d) स्टाफ पदों के सन्दर्भ में, सुझावों को क्रियान्वित करवा पाने का अधिकार नहीं होना, गलत सुझावों के लिए उत्तरदायित्व नहीं होना तथा गलत सुझावों के लिए कोई उत्तरदेयता नहीं होना, समान प्रकार की विशेषताएँ हैं, जोकि विशेषज्ञता युक्त कार्य से पूर्णतः भिन्न है।

38. (a) विभिन्न संगठन प्रारूपों में से रेखा संगठन सबसे अधिक मितव्ययी है।

39. (a) रेखा व स्टाफ संगठन के अन्तर्गत स्टाफ को आदेश जारी करने का कोई अधिकार नहीं होता।

40. (a) रेखा संगठन सम्पूर्ण संगठन के लिए बुनियादी ढाँचा होता है। यह एक न्यूनतम प्रजातान्त्रिक संगठन के स्वरूप के रूप में कार्य करता है। यह बड़ी व्यावसायिक इकाइयों के लिए सर्वोत्तम होता है।

42. (b) कम्पनी अधिनियम, 2013 के अनुसार, केवल एक व्यक्ति द्वारा भी कम्पनी का निर्माण हो सकता है।

43. (d) जब एक को छोड़कर समस्त साझेदार दिवालिया हों, तो ऐसी स्थिति में फर्म का विघटन (समापन) हो जाता है।

44. (a) एक फर्म में साझेदार का दायित्व असीमित होता है, उसकी व्यक्तिगत सम्पत्तियों का उपयोग फर्म के ऋण चुकाने में किया जा सकता है।

45. (d) संयुक्त पूँजी वाली कम्पनी के निदेशक मण्डल का चयन अंशधारियों द्वारा किया जाता है।

47. (b) क्रियात्मक संगठन की अवधारणा के प्रतिपादक एफ. डब्ल्यू. टेलर थे।

48. (c) क्रियात्मक संगठन में निर्देश की एकता का उल्लंघन होता है।

49. (d) संयुक्त जीवन पॉलिसी संचय खाते को संयुक्त जीवन पॉलिसी खाते में हस्तान्तरित करने के पश्चात् संयुक्त जीवन पॉलिसी खाते को सभी साझेदारों के पूँजी खाते में पुराने लाभ-विभाजन अनुपात में बाँटकर बन्द कर दिया जाता है।

50. (c) पुनर्मूल्यांकन से होने वाले लाभ में पुराने साझेदार नए साझेदार को हिस्सा नहीं देना चाहेंगे तथा नया साझेदार पुनर्मूल्यांकन हानि से हिस्सा लेना नहीं चाहेगा, क्योंकि यह लाभ-हानि नए साझेदार के प्रवेश से पहले की है। अतः पुराने एवं नए साझेदारों के आपसी लाभ के लिए नए साझेदार के प्रवेश पर सम्पत्तियों एवं दायित्वों का पुनर्मूल्यांकन किया जाता है।

CUET (UG) Section II
कॉमर्स डोमेन (अर्थशास्त्र)

सॉल्वड पेपर 2022*

निर्देश: दिए गए 50 प्रश्न में से किन्हीं भी 40 प्रश्न के उत्तर दें। समय 45 मिनट

1. अर्थशास्त्र में आवश्यकता विहीन की स्थिति पर किसने बल दिया?
(a) जे.के. मेहता ने (b) जे.बी. से ने
(c) डेविड रिकार्डो ने (d) एडम स्मिथ ने

2. माँग वक्र का बाएँ से दाएँ की ओर झुकाव का कारण है
(a) आय प्रभाव
(b) प्रतिस्थापन प्रभाव
(c) घटती हुई सीमान्त उपयोगिता
(d) उपरोक्त सभी

3. उपभोक्ता की बचत ……… पर आधारित है।
(a) घटती हुई सीमान्त उपयोगिता
(b) माँग के नियम
(c) तटस्थता वक्र दृष्टिकोण
(d) उपरोक्त में से कोई नहीं

4. सीमान्त उपयोगिता ह्रास नियम बताता है कि जैसे-जैसे एक वस्तु की अधिक-से-अधिक इकाइयों का उपभोग किया जाता है, सीमान्त उपयोगिता
(a) बढ़नी शुरू हो जाती है (b) घटनी शुरू हो जाती है
(c) स्थिर रहती है (d) शून्य हो जाती है

5. उपयोगिता का गणनावाचक दृष्टिकोण ……… द्वारा दिया गया है।
(a) अल्फ्रेड मार्शल (b) जे.आर. हिक्स
(c) के.ई. बोल्डिंग (d) ए.सी. पीगू

6. उपभोग के क्षेत्र में, 'सम-सीमान्त उपयोगिता के नियम' को …… भी कहते हैं।
(a) अधिकतम सन्तुष्टि का नियम
(b) सीमान्त उपयोगिता ह्रास नियम
(c) आपूर्ति का नियम
(d) उपभोक्ता की बचत

7. किस बाजार में विज्ञापन व्यय न्यूनतम होते हैं?
(a) द्वयाधिकार (b) एकाधिकार
(c) एकाधिकृत प्रतियोगिता (d) अल्पाधिकार

8. किस प्रकार के बाजार में, एक फर्म मूल्य-ग्रहण (Price-taker) करने वाली होती है?
(a) पूर्ण प्रतियोगिता (b) एकाधिकार
(c) एकाधिकृत प्रतियोगिता (d) अल्पाधिकार

9. अति अल्पकाल में, बाजार मूल्य के निर्धारण में
(a) माँग का अधिक प्रभाव होता है
(b) पूर्ति का अधिक प्रभाव होता है
(c) माँग व पूर्ति दोनों अपना प्रभाव रखते हैं
(d) उपरोक्त में से कोई नहीं

10. एकाधिकृत प्रतियोगिता की अवधारणा ……… द्वारा प्रस्तुत की गई थी।
(a) जे.आर. हिक्स (b) ई.एच. चैम्बरलिन
(c) जी.जे. स्टिगलर (d) पी.ए. सैम्युलसन

11. निम्न में से कौन-सी एकाधिकार की विशेषता नहीं है?
(a) एकल विक्रेता (b) दीर्घकाल में अत्यधिक लाभ
(c) फर्मों का स्वतन्त्र प्रवेश एवं बहिर्गमन
(d) स्वतन्त्र मूल्य नीति

12. दीर्घकाल में पूर्ण प्रतियोगी फर्म ………।
(a) अत्यधिक आर्थिक लाभ अर्जित करती है
(b) आर्थिक हानि उठाती है
(c) शून्य आर्थिक लाभ अर्जित करती है
(d) उपरोक्त में से कोई नहीं

13. 'विकुंचित' (Kink) माँग वक्र की अवधारणा ……… द्वारा प्रतिपादित की गई है।
(a) पॉल स्वीजी (b) ए. फर्गुसन
(c) अल्फ्रेड मार्शल (d) जे.आर. हिक्स

14. स्थिर मूल्यों पर सकल घरेलू उत्पाद कहलाता है
(a) वास्तविक सकल घरेलू उत्पाद
(b) सांकेतिक सकल घरेलू उत्पाद
(c) वास्तविक राष्ट्रीय आय
(d) सांकेतिक प्रतिव्यक्ति आय

**स्मृति पर आधारित*

15. निम्न में से कौन-सी राष्ट्रीय आय को मापने की रीति नहीं है?
(a) उपभोग-बचत रीति (b) आय प्राप्ति रीति
(c) वस्तु सेवा रीति (d) विनियोग रीति

16. किसने सर्वप्रथम 'मिश्रित धातुमान' की बात की?
(a) पीगू ने (b) मार्शल ने
(c) ग्रेसम ने (d) कीन्स ने

17. निम्न में से कौन-सी पूँजीवादी आर्थिक प्रणाली की विशेषता नहीं है?
(a) निजी सम्पत्ति का अधिकार (b) प्रतिस्पर्द्धा की विद्यमानता
(c) अनियोजित अर्थव्यवस्था (d) केन्द्रीय नियोजन

18. सम-विच्छेद बिन्दु पर, स्थिति होती है
(a) आदर्श लाभ की (b) आदर्श लागत की
(c) आदर्श उत्पादन की (d) इनमें से कोई नहीं

19. एक बजट जो भावी परिकल्पनाओं पर बनाया जाता है न कि भूतकालीन अभिलेखों के आधार पर, को कहते हैं
(a) परिवर्तनशील बजट (b) शून्य-आधार बजट
(c) मास्टर बजट (d) श्रम बजट

20. निम्नलिखित में से वस्तुओं का कौन-सा युग्म 'स्थानापन्न' का एक उदाहरण है?
(a) पेट्रोल एवं कार
(b) पेन एवं इंक (कलम एवं स्याही)
(c) सरसों का तेल एवं नारियल का तेल
(d) उपरोक्त में से कोई नहीं

21. सीमान्त उपयोगिता ह्रास नियम का सर्वप्रथम प्रतिपादन किसने किया था?
(a) अल्फ्रेड मार्शल (b) एच. एस. गोसेन
(c) के. ई. वोल्डिंग (d) ए. सी. पीगू

22. मार्शल के अनुसार उपभोक्ता की बचत का आधार है
(a) सीमान्त उपयोगिता ह्रास नियम
(b) सम-सीमान्त उपयोगिता नियम
(c) अनुपातों का नियम
(d) उपरोक्त में से कोई नहीं

23. दीर्घकाल में एक पूर्ण प्रतियोगी फर्म अर्जित करती है
(a) सामान्य लाभ (b) अत्यधिक लाभ
(c) हानि (d) ये सभी

24. एक एकाधिकार फर्म के साम्य के लिए आवश्यक शर्त है?
(a) MR = MC (b) MC cuts MR from below
(c) AR = AC (d) MC = MR = AR = AC

25. एक बाजार ढाँचा जिसमें एक विशेष वस्तु या सेवा का केवल एक क्रेता तथा एक विक्रेता होता है, उसे कहते हैं
(a) द्विपक्षीय एकाधिकार (b) एकाधिकार
(c) अल्पाधिकार (d) इनमें से कोई नहीं

26. एक एकाधिकार की माँग वक्र होती हैं
(a) एक्स अक्षांश के समानान्तर
(b) वाई अक्षांश के समानान्तर
(c) नीचे बाएँ से दाएँ की ओर गिरती हुई
(d) उपरोक्त में से कोई नहीं

27. एक उपभोक्ता को अधिकतम सन्तुष्टि प्राप्त होती है, यदि वह ········· नियम के अनुसार कार्य करता है
(a) उपभोक्ता की बचत (b) सम-सीमान्त उपयोगिता
(c) सीमान्त उपयोगिता ह्रास (d) ये सभी

28. जब एक बाजार में विक्रेताओं की कम संख्या पाई जाती है, उसे कहते हैं
(a) अल्पाधिकार (b) पूर्ण प्रतियोगिता
(c) एकाधिकार (d) इनमें से कोई नहीं

29. प्रतिस्थापन के नियम को भी कहते हैं
(a) माँग का नियम
(b) घटती उपयोगिता का नियम
(c) सम-सीमान्त उपयोगिता का नियम
(d) सीमान्त उत्पादकता का नियम

30. व्यापार सन्तुलन से अभिप्राय होता है
(a) निवेश पर प्राप्त आगम घटा भुगतान
(b) एक पक्षीय हस्तान्तरण का सन्तुलन
(c) वस्तुओं का निर्यात एवं सेवाओं का निर्यात घटा वस्तुओं एवं सेवाओं के आयात का योग
(d) वस्तुओं का निर्यात घटा वस्तुओं का आयात

31. GDP के सम्बन्ध में कौन-सा कथन सही है?
(a) GNP – (X – M) = GDP
(b) मौद्रिक GDP, स्थिर मूल्यों पर GDP का मूल्य है
(c) GDP = मजदूरी + लाभ + ब्याज
(d) 'a' और 'b' दोनों

32. व्यक्तिगत आय की गणना करते समय निम्नलिखित में से किसे राष्ट्रीय आय में जोड़ा जाता है?
(a) व्यक्तियों को मिलने वाली हस्तान्तरण आय
(b) सामाजिक सुरक्षा योगदान
(c) निगम करें
(d) अवितरित लाभ

33. यदि सीमान्त उपयोगिता शून्य है, तो
(a) कुल उपयोगिता अधिकतम होगी
(b) उपभोग की एक अतिरिक्त इकाई, कुल उपयोगिता में कमी लाएगी
(c) उपभोग की एक अतिरिक्त इकाई, कुल उपयोगिता में वृद्धि लाएगी
(d) 'a' और 'b' दोनों

34. शुद्ध एकाधिकार में कीमत एवं सीमान्त आगम के बीच क्या सम्बन्ध होता है?
(a) कीमत सीमान्त आगम से अधिक होती है
(b) कीमत सीमान्त आगम से कम होती है
(c) कोई सम्बन्ध नहीं होता
(d) ये परस्पर बराबर होते हैं

35. निम्नलिखित में से कौन-सी शुद्ध एकाधिकार की विशेषता है?
(a) निम्न माँग की कीमत लोच
(b) फर्म के प्रवेश पर न्यून बाधाएँ
(c) निकट स्थानापन्न उत्पाद
(d) पूर्ण सूचना

36. एक व्यक्तिगत माँग वक्र दाईं ओर नीचे की ओर गिरा होता है, क्योंकि
(a) सीमान्त उपयोगिता ह्रास नियम काम करता है
(b) कीमत में कमी का प्रतिस्थापन प्रभाव काम करता है
(c) कीमत में कमी का आय प्रभाव काम करता है
(d) उपरोक्त सभी

37. यदि किसी वस्तु की कीमत में वृद्धि होती है, तो
(a) पूरक वस्तुओं की माँग में वृद्धि होगी
(b) स्थानापन्न वस्तुओं की माँग में वृद्धि होगी
(c) उस वस्तु की माँग में कमी होगी
(d) 'b' और 'c' दोनों

38. निम्नलिखित में से कौन अल्पाधिकार की विशेषता नहीं है?
(a) फर्मों की कम संख्या
(b) फर्मों की परस्पर निर्भरता का अभाव
(c) फर्मों द्वारा कार्टेल (उत्पादक संघ) बनाने की सम्भावना
(d) उपरोक्त सभी

39. पूर्ण प्रतियोगिता के अन्तर्गत हानि होने के बाद भी एक फर्म तब तक उत्पादन जारी रखेगी, जब
(a) कीमत = AC (b) कीमत = AFC
(c) कीमत = AVC (d) कीमत = TC

40. सम-सीमान्त उपयोगिता नियम को कहा जाता है
(a) प्रतिस्थापन का नियम (b) घटते MU का नियम
(c) ऋणात्मक प्राप्ति का नियम (d) इनमें से कोई नहीं

41. सीमान्त उपयोगिता ह्रास नियम के अनुसार
(a) प्रथम इकाई पर कुल उपयोगिता अधिकतम होती है
(b) उपभोग की इकाई में वृद्धि सीमान्त उपयोगिता में वृद्धि लाती है
(c) अधिक इकाइयों का उपभोग करने से कुल उपयोगिता घटती दर से बढ़ती है
(d) अधिक इकाइयों के उपयोग से सीमान्त उत्पादन घटता है

42. पूर्ण प्रतियोगिता से सम्बन्धित निम्नलिखित में से कौन-सा कथन सही नहीं है?
(a) माँग की कीमत लोच अनन्त होती है
(b) AR और MR बराबर होते हैं
(c) क्रेताओं को बाजार की पूर्ण जानकारी होती है
(d) फर्में दीर्घकाल में अतिरेक लाभ अर्जित कर सकती हैं

43. एक उपभोक्ता सन्तुलन में है, जब
(a) $\frac{-dy}{dx} = \frac{Mu_x}{Mu_y} = \frac{-P_x}{P_y}$ (b) $\frac{-dy}{dx} = \frac{Mu_x}{Mu_y}$
(c) $\frac{-dy}{dx} = \frac{Mu_y}{Mu_x}$ (d) $MRE = \frac{-P_x}{P_y}$

44. सीमान्त उपयोगिता वक्र सदैव होता है
(a) ऊपर की ओर ढलान
(b) ऊपर की ओर कभी भी ढलान नहीं
(c) X-अक्ष के समानान्तर
(d) सामान्य परिस्थितियों में गिरता है

45. एक माँग वक्र पर विभिन्न बिन्दुओं द्वारा दिखाई गई लोच किस दशा में समान होती हैं?
(a) एक आयताकार अतिशयोक्ति की दशा में
(b) एक नीचे की ओर झुकी हुई सीधी रेखा माँग वक्र की दशा में
(c) Y- अक्ष के समानान्तर माँग वक्र की दशा में
(d) एक ऊपर की ओर ढलान माँग वक्र की दशा में

46. उपभोक्ता व्यवहार का मार्शल सिद्धान्त किस पर आधारित है?
(a) योजक उपयोगिताओं की परिकल्पना पर
(b) स्वतन्त्र उपयोगिताओं की परिकल्पना पर
(c) 'a' और 'b' दोनों पर
(d) कमजोर आदेश पर

47. उपभोक्ता का माँग वक्र किससे प्राप्त किया जा सकता है?
(a) आय-उपभोग वक्र से (b) एंजिल वक्र से
(c) मूल्य-उपभोग वक्र से (d) इनमें से कोई नहीं

48. कौन-सा लागत वक्र आयताकार अतिशयोक्ति के नाम से जाना जाता है?
(a) सीमान्त लागत वक्र
(b) औसत परिवर्तनशील लागत वक्र
(c) औसत लागत वक्र
(d) औसत स्थायी लागत वक्र

49. एक फर्म के कौन-सी लागत निहित लागत होगी?
(a) कर्मियों की मजदूरी एवं वेतन की लागत
(b) व्यवसाय के लिए एक भवन के पट्टे हेतु भुगतान
(c) व्यवसाय के लिए उत्पादन की आपूर्ति के लिए भुगतान
(d) फर्म के स्वामी द्वारा रद्द की गई मजदूरियाँ

50. लाभों को अधिकतम करने हेतु एक एकाधिकारी कम्पनी उस मात्रा में उत्पादन करेगी, जिस पर
(a) सीमान्त आगम, औसत कुल लागत के बराबर है
(b) मूल्य, सीमान्त आगम के बराबर है
(c) सीमान्त आगम, सीमान्त लागत के बराबर है
(d) कुल आगम, कुल लागत के बराबर है

उत्तरमाला

1. (a)	2. (c)	3. (a)	4. (b)	5. (a)	6. (a)	7. (b)	8. (b)	9. (a)	10. (b)
11. (c)	12. (c)	13. (a)	14. (a)	15. (d)	16. (c)	17. (c)	18. (c)	19. (c)	20. (c)
21. (b)	22. (a)	23. (a)	24. (a)	25. (a)	26. (c)	27. (b)	28. (b)	29. (a)	30. (c)
31. (d)	32. (a)	33. (a)	34. (d)	35. (a)	36. (a)	37. (c)	38. (c)	39. (c)	40. (a)
41. (a)	42. (d)	43. (a)	44. (d)	45. (c)	46. (c)	47. (c)	48. (c)	49. (a)	50. (c)

संकेत एवं हल

1. (a) जे.के. मेहता ने अर्थशास्त्र को एक विज्ञान के रूप में परिभाषित किया है, जो मानव व्यवहार का अध्ययन आवश्यकताविहीन की स्थिति पर बल देकर करता है।

2. (c) माँग वक्र का बाएँ से दाएँ की ओर झुकाव का कारण घटती हुई सीमान्त उपयोगिता होती है।

3. (a) घटती हुई सीमान्त उपयोगिता के नियम के अनुसार खपत बढ़ने से सीमान्त उपयोगिता गिर जाती है। उपभोक्ता की बचत एक ऐसी घटना है जहाँ किसी उत्पाद से प्राप्त सीमान्त उपयोगिता उस उत्पाद की प्रति यूनिट कीमत से अधिक होती है।

4. (b) सीमान्त उपयोगिता ह्रास नियम बताता है कि जैसे-जैसे एक वस्तु की अधिक-से-अधिक इकाइयों का उपभोग किया जाता है, वैसे-वैसे सीमान्त उपयोगिता घटनी शुरू हो जाती है।

5. (a) उपयोगिता का गणनावाचक दृष्टिकोण अल्फ्रेड मार्शल द्वारा दिया गया है। उन्होंने मूल्य के सिद्धान्त में उपयोगिता के सिद्धान्त द्वारा निभाई गई भूमिका पर पहली बार चर्चा की। मार्शल के सिद्धान्त में उपयोगिता की अवधारणा गणनावाचक है।

6. (a) उपभोग के क्षेत्र में, सम-सीमान्त उपयोगिता के नियम को अधिकतम सन्तुष्टि का नियम भी कहते हैं।

7. (b) एकाधिकार बाजार में विज्ञापन व्यय न्यूनतम होते हैं।

8. (a) पूर्ण प्रतियोगिता के बाजार में फर्मों को 'मूल्य-ग्रहण' कहा जाता है, जब यह बाजार उत्पाद के लिए एक सन्तुलन मूल्य निर्धारित करता है।

9. (a) सामान्य तौर पर समयावधि जितनी कम होगी, मूल्य निर्धारण पर माँग का प्रभाव उतना ही अधिक होगा।

10. (b) एकाधिकृत प्रतियोगिता के सिद्धान्त के 'संस्थापक ' ई.एच. चैम्बरलिन हैं, जिन्होंने इस विषय पर एक अग्रणी पुस्तक, 'एकाधिकृत प्रतियोगिता का सिद्धान्त' लिखी थी।

11. (c) एकाधिकार को कुछ विशेषताओं द्वारा पहचाना जा सकता है, जो इसे अन्य बाजार संरचनाओं से अलग करता है; जैसे–एकल विक्रेता, दीर्घकाल में अत्यधिक लाभ, स्वतन्त्र मूल्य नीति आदि। एकाधिकार में फर्मों का स्वतन्त्र प्रवेश एवं बहिर्गमन निषेध है।

12. (c) दीर्घकाल में पूर्ण प्रतियोगी फर्म शून्य आर्थिक लाभ अर्जित करती है।

13. (a) अमेरिकी अर्थशास्त्री पॉल स्वीजी ने अल्पाधिकार के अन्तर्गत विकुंचित माँग वक्र की अवधारणा प्रतिपादित की थी।

14. (a) वास्तविक सकल घरेलू उत्पाद एक मुद्रास्फीति-समायोजित उपाय है, जो किसी दिए गए वर्ष में अर्थव्यवस्था द्वारा उत्पादित सभी वस्तुओं और सेवाओं के मूल्य को दर्शाता है। स्थिर मूल्यों पर सकल घरेलू उत्पाद वास्तविक सकल घरेलू उत्पाद कहलाता है।

15. (d) राष्ट्रीय आय को मापने के मुख्य तरीके हैं–उपभोग बचत रीति, आय प्राप्ति रीति, वस्तु सेवा रीति आदि। विनियोग रीति के द्वारा राष्ट्रीय आय को नहीं मापा जा सकता।

16. (c) ग्रेसम पहले व्यक्ति थे, जिन्होंने मिश्रित धातुमान के बारे में बात की थी, जिसका अर्थ है कि दो या दो से अधिक धातुओं का उपयोग जोकि एक मानक अनुपात के रूप में तथा एक संकेत अनुपात में सोना और चाँदी संयुक्त है।

17. (c) पूँजीवादी आर्थिक प्रणाली को नियोजित अथवा निर्देशित अर्थव्यवस्था कहा जाता है। अतः अनियोजित अर्थव्यवस्था पूँजीवादी आर्थिक प्रणाली की विशेषता नहीं है।

18. (c) सम-विच्छेद बिन्दु की स्थिति किसी फर्म में उत्पादन का वह बिन्दु है, जहाँ न लाभ न हानि की स्थिति हो। अतः यह आदर्श उत्पादन की स्थिति होती है।

19. (b) ऐसे बजट, जो भावी परिकल्पनाओं के आधार पर निर्मित होते हैं न कि भूतकालीन अभिलेखों के आधार पर बनाए जाते हैं, शून्य आधारित बजट कहलाते हैं।

20. स्थानापन्न वस्तुएँ वे वस्तुएँ होती हैं, जिन्हें दूसरी वस्तु के स्थान पर उपयोग किया जाता है; जैसे–सरसों का तेल या नारियल का तेल, कॉफी या चाय आदि।

21. सीमान्त उपयोगिता ह्रास नियम के अनुसार जब मनुष्य अपनी आवश्यकता की सन्तुष्टि हेतु किसी वस्तु का उपभोग करना चाहता है, तब उसकी इच्छा की तीव्रता अधिक होती है, परन्तु वस्तु के निरन्तर उपभोग से यह तीव्रता कम होती जाती है। इस नियम का प्रतिपादन एच. एस. गोसेन द्वारा किया गया था।

22. मार्शल के अनुसार सीमान्त उपयोगिता ह्रास नियम उपभोक्ता की बचत का आधार होता है।

23. दीर्घकाल में, एक पूर्ण प्रतियोगी फर्म सामान्य लाभ अर्जित करती है। इस फर्म में विक्रेताओं की संख्या की कोई सीमा नहीं होती है। इसके परिणामस्वरूप कोई भी एक उत्पादक बाजार में वस्तु की कीमत पर प्रभाव नहीं डाल सकता।

24. एकाधिकारी बाजार में वस्तु का एक ही उत्पादक होने के कारण फर्म तथा उद्योग में कोई अन्तर नहीं होता है। इसमें फर्म MR = MC अर्थात् सीमान्त आगम के सीमान्त लागत के बराबर होने की स्थिति में साम्य प्राप्त करती है।

25. द्विपक्षीय एकाधिकार में एक विशेष वस्तु या सेवा का केवल एक क्रेता तथा एक विक्रेता होता है।

26. एकाधिकारी का माँग वक्र सदैव नीचे बाएँ से दाएँ की ओर गिरता हुआ होता है, क्योंकि एकाधिकारी केवल उत्पादन की इकाइयों की कीमत को कम करके अधिक उत्पादन बेच सकता है।

27. सम-सीमान्त उपयोगिता नियम सीमान्त उपयोगिता ह्रास नियम से ही आता है। इसे गोसेन का दूसरा नियम भी कहते हैं। उपभोक्ता को इस नियम के अन्तर्गत कार्य करने से अधिकतम सन्तुष्टि प्राप्त होती है।

28. अल्पाधिकार बाजार में विक्रेताओं की संख्या कम पाई जाती हैं अर्थात् इसमें केवल दो विक्रेता ही मौजूद होते हैं।

29. सम-सीमान्त उपयोगिता के नियम को प्रतिस्थापन का नियम भी कहा जाता है। यह एच.एस. गोसेन का दूसरा नियम है।

30. आयात तथा निर्यात के बीच मूल्य में अन्तर को व्यापार सन्तुलन कहते हैं।

31. सकल घरेलू उत्पाद या GDP एक वर्ष में एक राष्ट्र की सीमा के भीतर सभी अन्तिम माल और सेवाओं का बाजार मूल्य है। इसकी गणना करने के निम्न दो सूत्र हैं-

(i) GNP – (X – M) = GDP

(ii) मौद्रिक GDP, स्थिर मूल्यों पर GDP का मूल्य।

32. व्यक्तिगत आय उन सभी आय का योग होती है, जो वास्तव में व्यक्तियों अथवा घरेलू क्षेत्रों द्वारा प्राप्त हैं।

व्यक्तिगत आय = NNP – अवितरित निगम लाभ – सामाजिक सुरक्षा अंशदान + व्यक्तियों को मिलने वाली हस्तान्तरण आय + सार्वजनिक ऋण पर ब्याज

33. किसी वस्तु में मानवीय आवश्यकताओं को सन्तुष्ट करने की क्षमता को उपयोगिता कहते हैं, उपभोक्ता सन्तुलन की दो अवधारणाएँ होती हैं-

(i) कुल उपयोगिता

(ii) सीमान्त उपयोगिता

जैसे ही सीमान्त उपयोगिता शून्य होती है, तो कुल उपयोगिता अधिकतम होगी।

34. शुद्ध एकाधिकार की स्थिति में वस्तु की कीमत व सीमान्त आगम सदैव बराबर होते हैं।

35. शुद्ध एकाधिकार बाजार में एक विक्रेता अथवा अनेक क्रेता होते हैं। इस बाजार में वस्तु का निकट स्थानापन्न उपलब्ध नहीं होने के कारण माँग की कीमत लोच निम्न रहती है।

36. एक व्यक्तिगत माँग वक्र दाईं ओर नीचे की ओर सीमान्त उपयोगिता ह्रास नियम के कारण गिरता है, क्योंकि उपभोक्ता की उपयोगिता में निरन्तर कमी आती है।

37. किसी वस्तु की कीमत में निरन्तर वृद्धि होने पर उसकी निकट स्थानापन्न वस्तु की माँग में वृद्धि हो जाएगी तथा उस वस्तु की माँग में कमी होगी।

38. एक ओलिगोपोली एक बाजार रूप है, जिसमें एक बाजार या उद्योग पर बड़ी संख्या में बड़े विक्रेताओं का प्रभुत्व है। यह बाजार फर्मों द्वारा उत्पादन संघ की स्थापना नहीं करता है।

39. पूर्ण प्रतियोगिता बाजार के अन्तर्गत हानि होने के बाद भी एक फर्म तब तक उत्पादन जारी रखती है, जब तक कि वस्तु की कीमत तथा कुल लागत बराबर न हो जाए।

40. सम-सीमान्त उपयोगिता नियम के अनुसार उपभोक्ता को अधिकतम उपयोगिता प्राप्त करने के लिए अपने सीमित साधनों को इस प्रकार से व्यय करना चाहिए कि प्रयोग की जाने वाली विभिन्न वस्तुओं की अन्तिम इकाइयों से प्राप्त उपयोगिता समान हो, इस नियम को गोसेन का दूसरा नियम व प्रतिस्थापन का नियम भी कहा जाता है।

41. सीमान्त उपयोगिता ह्रास नियम के अनुसार उपभोक्ता द्वारा किसी वस्तु के उपयोग किए जाने पर वस्तु की प्रथम इकाई पर कुल उपयोगिता अधिकतम होती है।

42. पूर्ण प्रतियोगिता बाजार उस रूप को कहते हैं, जिसमें विक्रेताओं की कोई संख्या नहीं होती। अतः फर्म दीर्घकाल में लाभ अर्जित नहीं कर सकती है।

43. एक उपभोक्ता जो दो प्रकार की वस्तुएँ उपभोग करता है, तब सन्तुलन में होता है, जब वस्तु की सीमान्त उपयोगिता का अनुपात दोनों वस्तुओं के मूल्य के अनुपात के बराबर है। इसे इस प्रकार प्रदर्शित किया जाता है $\frac{MU_x}{MU_y} = -\frac{P_x}{P_y}$

44. ह्रासमान सीमान्त उपयोगिता नियम के अन्तर्गत किसी वस्तु के लगातार उपयोग के कारण उस वस्तु की सीमान्त उपयोगिता गिरने लगती है, जिसके कारण सीमान्त उपयोगिता वक्र सामान्य परिस्थितियों के अन्तर्गत गिरता है।

45. Y-अक्ष के समानान्तर माँग वक्र, एक पूर्ण लोचदार माँग वक्र की ओर इंगित करता है। इस वक्र पर प्रत्येक बिन्दु की लोचता समान रहेगी जोकि अनन्त के बराबर है।

46. उपभोक्ता व्यवहार का मार्शल सिद्धान्त इस अवधारणा पर आधारित है कि एक विशेष इकाई के उपभोग से प्राप्त उपयोगिता पिछली इकाई से प्राप्त उपयोगिता की तरह स्वतन्त्र होती है (स्वतन्त्र उपयोगिता की परिकल्पना) तथा सभी इकाइयों के उपभोग से प्राप्त कुल उपयोगिता सीमान्त उपयोगिता का योग है (अतिरिक्त उपयोगिता की परिकल्पना)।

47. मूल्य-उपभोग वक्र, एक उपभोक्ता द्वारा मूल्य परिवर्तन पर क्रय की गई वस्तुओं की विभिन्न राशियों को इंगित करता है। मार्शल माँग वक्र भी विभिन्न मूल्यों पर उपभोक्ता द्वारा माँगी गई वस्तु की विभिन्न राशियों को प्रदर्शित करता है। अत: एक उपभोक्ता का माँग वक्र, मूल्य-उपभोग वक्र से प्राप्त किया जा सकता है।

48. औसत स्थायी लागत, कुल लागत की प्रति इकाई लागत है, क्योंकि कुल स्थायी लागत क्रिया के सभी स्तरों पर समान रहती है। अत: औसत स्थायी लागत (AFC) वक्र के अन्तर्गत क्षेत्र, उत्पाद के विभिन्न स्तरों पर समान रहता है। अत: औसत स्थायी लागत वक्र एक आयताकार अतिशयोक्ति है।

49. निहित लागत स्वयं धारित सम्पत्तियों की वह लागत है, जिस पर कोई भुगतान करना आवश्यक नहीं हैं। अत: फर्म के स्वामी द्वारा छोड़ी गई मजदूरी निहित लागत का उदाहरण है।

50. लाभ को अधिकतम करने हेतु एक एकाधिकारी फर्म को उस मात्रा में उत्पादन करना चाहिए, जिससे निम्नलिखित दोनों शर्तें पूर्ण हों

(i) सीमान्त आगम = सीमान्त लागत

(ii) सन्तुलन के बिन्दु के ऊपर जाते ही सीमान्त लागत बढ़ने लगे।

CUET (UG) Section II
कॉमर्स डोमेन (लेखाशास्त्र)

सॉल्वड पेपर 2022*

निर्देश: दिए गए 50 प्रश्न में से किन्हीं भी 40 प्रश्न के उत्तर दें। समय 45 मिनट

1. क्षैतिज विश्लेषण कहलाता है
(a) गतिशील विश्लेषण (b) संरचनात्मक विश्लेषण
(c) स्थिर विश्लेषण (d) ये सभी

2. तुलनात्मक विवरण प्रारूप है
(a) क्षैतिज विश्लेषण का (b) लम्बवत् विश्लेषण का
(c) 'a' और 'b' दोनों (d) इनमें से कोई नहीं

3. लम्बवत् विश्लेषण एक कम्पनी के वित्तीय समंकों का प्रयोग करती है
(a) विभिन्न वर्षों का (b) एक वर्ष का
(c) दो वर्ष का (d) इनमें से कोई नहीं

4. निम्नलिखित में से कौन-सा कथन सत्य है?
(a) तरलता अनुपात एक संस्था की दीर्घकालीन शोधन क्षमता की माप है
(b) शोधन क्षमता अनुपात दीर्घकालीन शोधन क्षमता का भाग है
(c) स्टॉक तरल सम्पत्तियों का भाग है
(d) सकल लाभ अनुपात एक संस्था की समग्र लाभदायकता की माप है

5. चालू अनुपात 2 : 5 है, चालू दायित्व ₹ 25,000; चालू सम्पत्ति की राशि होगी
(a) ₹ 62,500 (b) ₹ 12,500 (c) ₹ 10,000 (d) ₹ 15,000

6. सकल लाभ अनुपात क्या है?

सकल विक्रय	₹ 7,60,000
विक्रय वापसी	₹ 40,000
ब्याज के बाद शुद्ध लाभ	₹ 40,000
अप्रत्यक्ष व्यय	₹ 60,000
ब्याज का भुगतान ऋणपत्रों पर	₹ 20,000

(a) 16.67% (b) 12.22%
(c) 13.88% (d) 24.44%

7. कर्मचारियों को अन्य की ओर से किया गया नकद भुगतान है
(a) वित्तीयन क्रिया (b) विनियोजन क्रिया
(c) परिचालन क्रिया (d) इनमें से कोई नहीं

8. परिचालन से रोकड़ होगी, यदि कुल विक्रय ₹ 5,00,000, उधार विक्रय ₹ 2,25,000, कुल क्रय ₹ 2,48,000, उधार क्रय ₹ 1,08,000, रोकड़ परिचालन व्यय ₹ 40,000
(a) ₹ 1,30,000 (b) ₹ 1,90,000
(c) ₹ 2,12,000 (d) ₹ 95,000

9. निम्नलिखित में से कौन-सी क्रिया वित्तीयन क्रिया से सम्बन्धित है?
(a) अधिकार शुल्क से प्राप्त रोकड़
(b) अचल सम्पत्तियों के क्रय पर नकद भुगतान
(c) लाभांश का भुगतान
(d) अचल सम्पत्तियों के विक्रय से प्राप्त रोकड़

10. अनुपात का निम्न होना फर्म की अनुकूलता का सूचक होता है। यह किस अनुपात पर लागू होता है?
(a) स्कन्ध आवर्त अनुपात (b) परिचालन लाभ अनुपात
(c) देनदार आवर्त अनुपात (d) परिचालन अनुपात

11. ऋण-समता अनुपात उप-भाग होता है
(a) अल्पकालीन शोधन क्षमता अनुपात का
(b) दीर्घकालीन शोधन क्षमता अनुपात का
(c) देनदार आवर्त अनुपात का
(d) स्कन्ध आवर्त अनुपात का

12. निम्नलिखित में से कौन-सा रोकड़ का बाह्य प्रवाह नहीं है?
(a) स्टॉक में वृद्धि (b) पूर्वदत्त व्ययों में वृद्धि
(c) अदत्त व्ययों में वृद्धि (d) प्राप्य बिलों में वृद्धि

13. परिचालन क्रियाओं से रोकड़ की गणना करने में किन मदों को शुद्ध लाभ में नहीं जोड़ा जाता है?
(i) प्राप्त ब्याज तथा लाभांश
(ii) संचयों में स्थानान्तरण
(iii) अंशों के निर्गमन पर बट्टा
(iv) स्थायी सम्पत्तियों के विक्रय से हानि

कूट
(a) केवल (i) (b) (i) और (ii)
(c) (i), (ii) और (iii) (d) (i), (ii), (iii) और (iv)

स्मृति पर आधारित

14. यदि एक मशीन को क्रय किया जाता है, तो यह ए.एस.-3 (संशोधित) के अनुसार किस प्रकार दिखाया जाना चाहिए?
(a) क्रय क्रिया (b) विनियोजन क्रिया
(c) वित्तीयन क्रिया (d) परिचालन क्रिया

15. समान आकार वाले लाभ-हानि विवरण का मुख्य उद्देश्य होता है
(a) सम्पत्तियों तथा दायित्वों में परिवर्तन प्रस्तुत करना
(b) वित्तीय सुदृढ़ता को परखना
(c) लाभ-हानि विवरण में परिचालन से आय तथा अन्य आय के बीच सम्बन्ध स्थापित करना
(d) उपरोक्त सभी

16. एक कम्पनी ₹ 10 वाले अंशों का निर्गमन करती है, जिस पर ₹ 8 याचित है और एक अंशधारी ने ₹ 2 की याचना का भुगतान नहीं किया है। ऐसे अंशों के सम्बन्ध में अंश पूँजी में राशि क्रेडिट होगी
(a) ₹ 10 (b) ₹ 8 (c) ₹ 6 (d) ₹ 2

17. बजाज सेल्स लि. ने ₹ 20 वाले 20,000 समता अंशों को जनता को निर्गमित किया। राशि निम्न प्रकार देय है

₹ 4 प्रति अंश प्रार्थना पर, ₹ 4 प्रति अंश आवण्टन पर

₹ 6 प्रति अंश प्रथम याचना पर, ₹ 6 प्रति अंश अन्तिम याचना पर

सभी अंशों की रकम प्राप्त हो गई। केवल एक अंशधारी जिसके पास 200 अंश थे वह आवण्टन राशि नहीं दे सका और उसके अंशों को प्रथम याचना के पूर्व ही हरण कर लिया गया। हरण किए गए अंशों को ₹ 18 प्रति अंश की दर से पूर्णदत्त निर्गमित किया गया। पूँजीगत संचय की राशि क्या है?
(a) ₹ 800 (b) ₹ 400 (c) ₹ 1,200 (d) ₹ 200

18. जब निजी ऋणपत्रों को निरस्त किया जाता है, तो निरस्तीकरण पर कोई लाभ हस्तान्तरित किया जाता है
(a) लाभ-हानि खाते में (b) सामान्य संचय में
(c) ऋणपत्र शोधन संचय में (d) पूँजीगत संचय में

19. ऋणपत्रों के निर्गमन पर बट्टा है
(a) आयगत हानि (b) आयगत व्यय
(c) पूँजीगत हानि (d) पूँजीगत व्यय

20. साझेदारी संलेख में कोई प्रावधान के अभाव में, साझेदारी अधिनियम के लिए प्रदान करता है
(a) पूँजी पर ब्याज (b) आहरण पर ब्याज
(c) अग्रिम पर ब्याज (d) इनमें से कोई नहीं

21. संयुक्त जीवन पॉलिसी संचय खाते को हस्तान्तरित किया जाता है
(a) सभी साझेदारों में उनके पुराने लाभ-हानि अनुपात में
(b) जारी साझेदारों को उनके नवीन अनुपात में
(c) अवकाश ग्रहण साझेदार के पूँजी खाते में
(d) उपरोक्त में से कोई नहीं

22. नवीन साझेदार के प्रवेश के समय, सम्पत्तियों एवं दायित्वों का पुनर्मूल्यांकन किया जाता है
(a) पुराने साझेदारों के लाभ के लिए
(b) नए साझेदारों के लाभ के लिए
(c) पुराने एवं नए साझेदारों के आपसी लाभ के लिए
(d) उपरोक्त में से कोई नहीं

23. निम्नलिखित में से कौन-सा मद रोकड़ पुस्तक के डेबिट शेष में बैंक समाधान विवरण बनाते समय जोड़ा जाएगा?
(a) चैक, जो वसूली के लिए बैंक में जमा किए गए, परन्तु अभी तक वसूल नहीं हुए
(b) चैक, जो रोकड़ बही में लिखे गए हैं, लेकिन बैंक वसूली के लिए भेजने से रह गए
(c) चैक, जो रोकड़ बही में बिना लेखा किए बैंक वसूली के लिए भेज दिए गए
(d) उपरोक्त में से कोई नहीं

24. ₹ 1,000 की राशि पासबुक में दो बार डेबिट की गई। जब रोकड़ बही का अधिविकर्ष शुरुआती बिन्दु है, तो
(a) ₹ 1,000 घटाया जाएगा (b) ₹ 1,000 जोड़ा जाएगा
(c) ₹ 2,000 घटाया जाएगा (d) ₹ 2,000 जोड़ा जाएगा

25. साझेदारी में एक अवयस्क साझेदार हो सकता है
(a) किसी भी स्थिति में नहीं
(b) लेकिन एक से अधिक नहीं
(c) लेकिन केवल साझेदारी फर्म के लाभों में ही शामिल हो सकता है
(d) लेकिन केवल गुप्त साझेदार के रूप में

26. कम्पनी अधिनियम, 2013 के अनुसार एक व्यक्ति कम्पनी होती है
(a) सार्वजनिक कम्पनी (b) निजी कम्पनी
(c) साझेदारी कम्पनी (d) सुशुप्त कम्पनी

27. कम्पनी अधिनियम, 2013 के अनुसार, सामान्य तौर पर एक कम्पनी की दो वार्षिक सभाओं के बीच में अधिकतम अन्तर होना चाहिए
(a) बारह महीनों से अधिक नहीं
(b) सोलह महीनों से अधिक नहीं
(c) पन्द्रह महीनों से अधिक नहीं
(d) चौबीस महीनों से अधिक नहीं

28. जब दो या दो से अधिक स्टील निर्माणी कम्पनियाँ संयोजित होती हैं तब यह है
(a) लम्बवत् संयोजन (b) क्षैतिज संयोजन
(c) पार्श्व संयोजन (d) विकर्णीय संयोजन

29. पूल्स और कार्टेल प्रारूप हैं
(a) साझेदारी के (b) संघ के
(c) फेडरेशन के (d) एकीकरण के

30. एकीकरण स्वरूप है
(a) फेडरेशन का (b) पूर्ण विलयन का
(c) कार्टेल का (d) पूल्स का

31. निम्नलिखित में से कौन-सा कथन सत्य नहीं है?
(a) वित्तीय विवरणों को लेखांकन सिद्धान्तों तथा परिपाटियों को ध्यान में रखकर बनाया जाता है
(b) लेखांकन सिद्धान्तों एवं विधियों में किया गया कोई परिवर्तन वित्तीय विवरणों की उपयोगिता प्रभावित करता है।

(c) उच्च स्फीति की अवधि के दौरान चिट्ठे की मदों से सम्बन्धित राशियों को चालू मूल्य स्तर के अनुसार समायोजित किया जाता है
(d) वित्तीय विवरण केवल उन्हीं व्यवहारों का लेखन करता है, जिन्हें केवल मौद्रिक इकाइयों में प्रकट किया जा सकता है

32. तुलनात्मक वित्तीय विवरण दर्शाते हैं
(a) निरपेक्ष आँकड़े रुपये में
(b) निरपेक्ष आँकड़ों में वृद्धि एवं कमी
(c) निरपेक्ष आँकड़ों को प्रतिशत में
(d) उपरोक्त सभी

33. समान आकार वाले विवरण प्रपत्र हैं
(a) क्षैतिज विश्लेषण के (b) लम्बवत् विश्लेषण के
(c) क्रियाशील विश्लेषण के (d) प्रवृत्ति विश्लेषण के

34. सकल लाभ अनुपात क्या है? यदि

कुल विक्रय	₹ 6,00,000
विक्रय वापसी	₹ 50,000
विक्रीत माल की लागत	₹ 4,40,000

(a) 20% (b) 02% (c) 25% (d) 30%

35. कम रहतिया आवर्त अनुपात संकेत करता है
(a) रहतिया में अधिनिवेश (b) शोधन क्षमता स्थिति
(c) एकाधिकार स्थिति (d) इनमें से कोई नहीं

36. दीर्घकालीन शोधन क्षमता का संकेतक है
(a) तरलता अनुपात (b) ऋण समता अनुपात
(c) पूँजी मिलान अनुपात (d) लाभदायकता अनुपात

37. वित्तीय विवरण होते हैं
(a) प्रत्याशित तथ्य (b) अभिलेखित तथ्य
(c) तथ्यों के अनुमान (d) विश्लेषणात्मक तथ्य

38. कौन-सा उच्चतर अनुपात हितकारी नहीं है?
(a) शुद्ध लाभ अनुपात (b) रहतिया आवर्त अनुपात
(c) सकल लाभ अनुपात (d) परिचालन अनुपात

39. रोकड़ प्रवाह विवरण किस प्रकार के वित्तीय नियोजन में सहायता करता है?
(a) दीर्घकालीन (b) अल्पकालीन (c) मध्यकालीन (d) ये सभी

40. AS-3 के अनुसार अंशों के निर्गमन से रोकड़ प्राप्ति है
(a) परिचालन क्रिया (b) वित्तीयन क्रिया
(c) विनियोजन क्रिया (d) इनमें से कोई नहीं

41. निम्नलिखित में से कौन-सा कथन असत्य है?
(a) रोकड़ प्रवाह विवरण लेखांकन के नकद आधार पर आधारित है
(b) रोकड़ प्रवाह विवरण लेखांकन के उपार्जन आधार पर आधारित है
(c) रोकड़ प्रवाह विवरण में लेनदारों की राशि में वृद्धि नकद का स्रोत है
(d) रोकड़ प्रवाह विवरण में देनदारों की राशि में वृद्धि का परिणाम नकद में कमी है

42. रोकड़ प्रवाह विवरण में उपकरण का विक्रय ₹ 90,000 (पुस्तक मूल्य ₹ 1,00,000) कैसे दर्शाया जाना चाहिए?
(a) विनियोजन क्रिया से रोकड़ आना ₹ 1,00,000
(b) वित्तीयन क्रिया के लिए रोकड़ का उपयोग ₹ 1,00,000
(c) विनियोजन क्रिया से रोकड़ आना ₹ 90,000
(d) विनियोजन क्रिया से रोकड़ आना ₹ 10,000

43. जब अंशों को जब्त किया जाता है, तो पूँजी खाते को डेबिट किया जाता है
(a) जब्त की गई राशि से
(b) अंशों की याचित राशि से
(c) अंशों के अंकित मूल्य से
(d) अंशों की चुकता राशि से

44. अंशों के निर्गमन पर प्रीमियम का उपयोग किया जा सकता है
(a) बोनस अंशों के निर्गमन हेतु
(b) लाभों के वितरण हेतु
(c) सामान्य संचय में स्थानान्तरित करने हेतु
(d) उपरोक्त में से कोई नहीं

45. ऋणपत्रों के शोधन के बाद, सिंकिंग फण्ड खाते के शेष को स्थानान्तरित किया जाता है
(a) पूँजी संचय खाते में (b) सामान्य संचय खाते में
(c) लाभ-हानि खाते में (d) गुप्त संचय खाते में

46. ऋणपत्रधारी होते हैं
(a) कम्पनी के लेनदार (b) कम्पनी के ग्राहक
(c) कम्पनी के स्वामी (d) इनमें से कोई नहीं

47. नए साझेदार द्वारा लाई हुई ख्याति पुराने साझेदारों द्वारा बाँटी जाती है
(a) नए लाभ अनुपात में (b) त्याग अनुपात में
(c) पूँजी के अनुपात में (d) बराबर-बराबर

48. X, Y तथा Z $\frac{1}{2}:\frac{2}{5}:\frac{1}{10}$ के अनुपात में साझेदार हैं। X के सेवानिवृत्त होने पर अनुपात क्या होगा ?
(a) 2 : 1 (b) 4 : 1
(c) 5 : 1 (d) 3 : 1

49. एक साझेदार के अवकाश प्राप्ति पर या मृत्यु होने की दशा में संचित लाभ एवं हानि को साझेदारों के पूँजी खाते में हस्तान्तरित किया जाता है
(a) नए लाभ विभाजन अनुपात में
(b) पुराने लाभ विभाजन अनुपात में
(c) पूँजी अनुपात में
(d) उपरोक्त में से कोई नहीं

50. 'X', 'Y' तथा 'Z' साझेदार हैं, जो लाभ-हानि का वितरण क्रमशः 1/5, 1/3 तथा 7/15 के अनुपात में करते हैं। 'Z' अवकाश ग्रहण करता है और उसके हिस्से को 'X' एवं 'Y' ने 3 : 2 के अनुपात में लिया। नया अनुपात क्या होगा?
(a) 11 : 12 (b) 12 : 13
(c) 12 : 14 (d) 10 : 12

उत्तरमाला

1. (a)	2. (a)	3. (b)	4. (b)	5. (c)	6. (a)	7. (c)	8. (d)	9. (c)	10. (d)
11. (b)	12. (c)	13. (a)	14. (b)	15. (c)	16. (b)	17. (b)	18. (d)	19. (c)	20. (c)
21. (d)	22. (c)	23. (c)	24. (b)	25. (c)	26. (b)	27. (c)	28. (b)	29. (c)	30. (b)
31. (c)	32. (d)	33. (b)	34. (a)	35. (a)	36. (b)	37. (b)	38. (d)	39. (b)	40. (b)
41. (a)	42. (c)	43. (b)	44. (a)	45. (b)	46. (a)	47. (b)	48. (b)	49. (b)	50. (b)

संकेत एवं हल

1. (a) क्षैतिज विश्लेषण में कई वर्षों के वित्तीय विवरणों का विश्लेषण किया जाता है। जब एक से अधिक वर्षों के समंकों का विश्लेषण किया जाता है, तब इसे गतिशील विश्लेषण कहते हैं।

2. (a) तुलनात्मक विवरण क्षैतिज विश्लेषण की मुख्य विधि होती है, जबकि समानाकार विवरण लम्बवत् विश्लेषण की मुख्य विधि होती है।

3. (b) लम्बवत् विश्लेषण में एक वर्ष के समंकों का विश्लेषण किया जाता है, जबकि क्षैतिज विश्लेषण में दो या उससे अधिक वर्षों के समंकों का विश्लेषण किया जाता है।

4. (b) शोधन क्षमता अनुपात दीर्घकालीन शोधन क्षमता एवं तरलता अनुपात अल्पकालीन शोधन क्षमता का भाग है। स्टॉक तथा पूर्वदत्त व्यय तरल सम्पत्ति नहीं होती हैं।

5. (c) चालू अनुपात $= \dfrac{\text{चालू सम्पत्तियाँ}}{\text{चालू दायित्व}}$

$$\Rightarrow \quad \frac{2}{5} = \frac{\text{चालू सम्पत्ति}}{25{,}000}$$

$$\text{चालू सम्पत्ति} = \frac{25{,}000}{5} \times 2$$

$$= ₹\,10{,}000$$

6. (a) सकल लाभ अनुपात $= \dfrac{\text{सकल लाभ}}{\text{शुद्ध विक्रय}} \times 100$

शुद्ध विक्रय = सकल विक्रय − वापसी = 7,60,000 − 40,000 = 7,20,000

सकल लाभ = ब्याज के पश्चात् शुद्ध लाभ + अप्रत्यक्ष व्यय + ब्याज

= 40,000 + 60,000 + 20,000 = 1,20,000

$$= \frac{1{,}20{,}000}{7{,}20{,}000} \times 100 = 16.67\%$$

7. (c) परिचालन क्रियाएँ व्यवसाय की उन क्रियाओं से सम्बन्धित होती हैं, जिनसे व्यवसाय में आय उत्पन्न होती है। ये क्रियाएँ संस्था के लाभ तथा हानि का निर्धारण करती हैं। माल का क्रय-विक्रय, कर्मचारियों को नकद भुगतान आदि परिचालन क्रियाएँ हैं।

8. (d) परिचालन से रोकड़

नकद विक्रय (5,00,000 − 2,25,000)	2,75,000
(−) नकद क्रय (2,48,000 − 1,08,000)	(1,40,000)
(−) रोकड़ परिचालन व्यय	(40,000)
	95,000

9. (c) वित्तीय क्रियाएँ वे क्रियाएँ हैं, जिनके परिणामस्वरूप संस्था की पूँजी एवं ऋणों में परिवर्तन आता है। अंशों एवं ऋणपत्रों का निर्गमन एवं शोधन, ब्याज एवं लाभांश का भुगतान आदि वित्तीय क्रियाएँ होती हैं।

10. (d) परिचालन अनुपात संचालन क्रियाओं से आगम तथा बेचे गए माल की लागत एवं परिचालन व्यय के मध्य सम्बन्ध को दर्शाता है। यह अनुपात जितना कम होगा, संस्था को लाभ उतना ही अधिक होगा।

11. (b) ऋण समता अनुपात दीर्घकालीन ऋणों तथा कुल सम्पत्तियों के मध्य का सम्बन्ध बताता है। यह दीर्घकालीन शोधन क्षमता का भाग होता है।

12. (c) चालू सम्पत्तियों में वृद्धि तथा चालू दायित्वों में कमी से रोकड़ बहिर्वाह होता है, जबकि चालू सम्पत्तियों में कमी तथा चालू दायित्वों में वृद्धि से रोकड़ अन्तर्वाह होता है। अतः अदत्त व्ययों में वृद्धि रोकड़ बाह्य प्रवाह नहीं है।

13. (a) परिचालन क्रियाओं से रोकड़ की गणना करने में प्राप्त ब्याज तथा लाभांश को शुद्ध लाभ में नहीं जोड़ा जाता है।

14. (b) स्थायी सम्पत्तियों के क्रय-विक्रय को विनियोजन क्रियाकलापों में वर्गीकृत किया जाता है। अतः मशीन का क्रय एक विनियोजन क्रिया है।

15. (c) समान आकार वाले लाभ-हानि विवरण में परिचालन से आय का लाभ-हानि विवरण की अन्य मदों के साथ सम्बन्ध स्थापित किया जाता है।

16. (b) अंशों पर माँगी गई पूँजी से अंश पूँजी खाता क्रेडिट किया जाता है।

17. (b) 200 अंशों पर प्राप्त राशि

$200 \times 4 = 800$

(−) पुनर्निर्गमन पर बट्टा $200 \times 2 =$	400
पूँजीगत संचय की राशि	400

18. (d) स्वयं के ऋणपत्रों को निरस्त करने से होने वाला लाभ पूँजी संचय खाते में हस्तान्तरित किया जाता है।

19. (c) ऋणपत्रों के निर्गमन पर दिया गया बट्टा एक पूँजीगत हानि होती है, क्योंकि यह पूँजी को प्राप्त करने पर हुई है।

20. (c) साझेदारी संलेख के अभाव में साझेदारों द्वारा दिए गए ऋण एवं अग्रिम पर 6% वार्षिक दर से ब्याज दिया जाता है।

21. (d) संयुक्त जीवन पॉलिसी संचय खाते को संयुक्त जीवन पॉलिसी खाते में हस्तान्तरित करने के पश्चात् संयुक्त जीवन पॉलिसी खाते को सभी साझेदारों के पूँजी खाते में पुराने लाभ-विभाजन अनुपात में बाँटकर बन्द कर दिया जाता है।

22. (c) पुनर्मूल्यांकन से होने वाले लाभ में पुराने साझेदार नए साझेदार को हिस्सा नहीं देना चाहेंगे तथा नया साझेदार पुनर्मूल्यांकन हानि से हिस्सा लेना नहीं चाहेगा, क्योंकि यह लाभ-हानि नए साझेदार के प्रवेश से पहले की है। अतः पुराने एवं नए साझेदारों के आपसी लाभ के लिए नए साझेदार के प्रवेश पर सम्पत्तियों एवं दायित्वों का पुनर्मूल्यांकन किया जाता है।

23. (c) चैक, जो रोकड़ बही में बिना लेखा किए बैंक में वसूली के लिए भेज दिए, इससे रोकड़ बही कम शेष बता रही है। समाधान विवरण बनाते समय इसे रोकड़ बही के शेष में जोड़ दिया जाएगा।

24. (b) पासबुक में डेबिट करने से रोकड़ बही बढ़ रही है। अतः इसे घटाया जाएगा। प्रश्न में अधिविकर्ष दे रखा है अतः इसे रोकड़ बही के अधिविकर्ष में ₹ 1000 से जोड़ा जाएगा।

25. एक अवयस्क व्यक्ति को सभी साझेदारों की सहमति से साझेदार बनाया जा सकता है, लेकिन वह केवल लाभों में शामिल हो सकता है हानि में नहीं।

26. कम्पनी अधिनियम, 2013 के अन्तर्गत ''एक व्यक्ति कम्पनी'' का निर्माण भी किया जा सकता है। एक व्यक्ति कम्पनी का अर्थ है एक प्राइवेट (निजी) लिमिटेड कम्पनी, जिसमें केवल एक व्यक्ति सदस्य होगा (धारा 2(62))।

27. कम्पनी अधिनियम, 2013 के अनुसार, वार्षिक आय बैठक प्रत्येक कम्पनी को वर्ष में एक बार बिना किसी असफलता के आयोजित करनी चाहिए। दो वार्षिक आय बैठकों में पन्द्रह महीनों से अधिक का अन्तर नहीं होना चाहिए।

28. जब दो या दो से अधिक स्टील निर्माणी कम्पनियाँ संयोजित होती हैं, तब यह संयोजन क्षैतिज संयोजन कहलाता है। क्षैतिज संयोजन एक कम्पनी की प्रक्रिया है, जो वस्तुओं एवं सेवाओं के उत्पादन को पूर्ति शृंखला के एक ही हिस्से में बढ़ाती है।

29. पूल्स और कार्टेल फेडरेशन के रूप हैं। पूल्स में सदस्य एक उत्पाद की माँग और आपूर्ति को विनियमित करने के लिए एक साथ जुड़ते हैं। कार्टेल एक ही शाखा के पूँजीवादी उद्यम का एक स्वैच्छिक समझौता है।

30. एकीकरण, दो या दो से अधिक कम्पनियों के पूर्ण विलयन का स्वरूप है।

31. उच्च स्फीति की अवधि के दौरान चिट्ठे की मदों से सम्बन्धित राशियों को चालू मूल्य स्तर के अनुसार समायोजित नहीं किया जाता है। इन्हें ऐतिहासिक लागत पर दर्शाया जाता है।

32. तुलनात्मक वित्तीय विवरणों को निम्न रूपों में प्रस्तुत किया जाता है

(i) विभिन्न अवधियों की विभिन्न मदों के केवल निरपेक्ष समंक दिखाना अर्थात् मदों के केवल मुद्रा मूल्यों को ही दिखाना।

(ii) समंकों में वृद्धि या कमी को मुद्रा मूल्यों में दिखाना।

(iii) समंकों की वृद्धि एवं कमी को प्रतिशत के रूप में दिखाना।

33. समान आकार के विवरण ऐसे विवरण है, जिनमें एक समान आधार पर विभिन्न संख्याओं को प्रतिशत के रूप में परिवर्तित किया जाता है, प्रत्येक मद का प्रतिशत उसके मूल योग से सम्बन्ध को प्रदर्शित करता है। इस प्रकार के विश्लेषण को लम्बवत् विश्लेषण कहा जाता है।

34. कुल बिक्री = कुल बिक्री – बिक्री वापसी = 600000 – 50000

= ₹ 550000

सकल लाभ = कुल बिक्री – बेचे गए माल की लागत

= 550000 – 440000 = ₹ 110000

$$\text{सकल लाभ अनुपात} = \frac{\text{सकल लाभ}}{\text{कुल बिक्री}} \times 100$$

$$= \frac{110000}{550000} \times 100 = 20\%$$

35. स्कन्ध आवर्त अनुपात व्यवसाय में इस तथ्य को प्रकट करता है कि वर्ष में कितनी बार स्कन्ध का विक्रय तथा प्रतिस्थापन हुआ है। यह अनुपात जितना अधिक ऊँचा होता है उतना ही उत्तम माना जाता है। नीचा स्कन्ध आवर्त अनुपात -(i) व्यवसाय में मन्दी (ii) स्कन्ध में अधिक विनियोग (iii) स्कन्ध का गलत मूल्यांकन (iv) स्कन्ध में अप्रचलित सामग्री होने का सूचक है।

36. ऋण समता अनुपात, दीर्घकालीन ऋणों और अंशधारी कोषों के बीच सम्बन्ध को प्रकट करता है। यह अनुपात फर्म की दीर्घकालीन वित्तीय नीतियों की सुदृढ़ता की जाँच करने के लिए निकाला जाता है।

37. वित्तीय विवरण अभिलेखित तथ्य होते हैं।

38. परिचालन अनुपात, बेचे गए माल की लागत और संचालन व्ययों का शुद्ध क्रियाओं से आगम के साथ मिलान करता है। यह अनुपात जितना कम होगा उतना ही अच्छा होता है, क्योंकि यह अनुपात जितना कम होगा शुद्ध लाभ उतना ही अधिक होगा।

39. रोकड़ प्रवाह विवरण फर्म की अल्पकालीन वित्तीय आवश्यकताओं के लिए योजना बनाने के लिए सूचनाएँ प्रदान करता है, क्योंकि यह किसी अवधि के रोकड़ स्रोतों और उपयोगों के विषय में सूचनाएँ प्रदान करता है।

40. वित्तीयन क्रियाएँ वे क्रियाएँ हैं, जिनके परिणामस्वरूप संस्था की पूँजी और ऋणों में परिवर्तन आता है। अंशों के निर्गमन से रोकड़ प्राप्ति से संस्था की पूँजी बढ़ती है अतः यह वित्तीयन क्रिया है।

41. रोकड़ प्रवाह विवरण रोकड़ आधार पर बनाया जाता है। अतः लेखांकन की एक मूलभूत अवधारणा ''उपार्जन आधार'' को छोड़ देता है।

42. विनियोजन सम्बन्धी क्रियाओं में दीर्घकालीन सम्पत्तियों के क्रय और विक्रय के व्यवहार आते हैं। उपकरण के विक्रय से प्राप्त रोकड़ ₹ 90,000 विनियोजन क्रियाओं से रोकड़ प्राप्ति है।

43. जब अंशों को जब्त किया जाता है, तो अंश पूँजी खाते को डेबिट अंशों की याचित राशि से किया जाता है।

44. अंश निर्गमन पर प्रीमियम का उपयोग निम्नलिखित उद्देश्यों के लिए किया जा सकता है

(i) प्रारम्भिक व्ययों को अपलिखित करने के लिए

(ii) अंश या ऋणपत्र निर्गमन के व्यय, कमीशन कटौती को अपलिखित करने के लिए

(iii) बोनस अंशों के निर्गमन के लिए

(iv) शोधन पर देय प्रीमियम को अपलिखित करने के लिए

45. ऋणपत्रों के शोधन के बाद सिंकिंग फण्ड खाते के शेष को सामान्य संचय खाते में हस्तान्तरित कर दिया जाता है।

46. ऋणपत्र ऋण का हिस्सा होता है। अतः ऋणपत्रधारी कम्पनी के लेनदार होते हैं।

47. नए साझेदार द्वारा लाई गई ख्याति की राशि पुराने साझेदारों के मध्य उनके त्याग अनुपात में बाँटी जाती है।

48. X, Y और Z का पुराना अनुपात

$$\frac{1}{2} : \frac{2}{5} : \frac{1}{10} = \frac{5:4:1}{16}$$

अर्थात् 5 : 4 : 1

X के सेवानिवृत्त के बाद Y तथा Z का अनुपात होगा 4 : 1

49 एक साझेदार के अवकाश प्राप्तियाँ मृत्यु होने की दशा में संचित लाभ एवं हानि को सभी साझेदारों में पुराने लाभ विभाजन अनुपात में बाँट दिया जाता है।

50. $$\text{पुराना अनुपात} = \frac{1}{5} : \frac{1}{3} : \frac{7}{15} = \frac{3:5:7}{15} = 3:5:7$$

$$\text{लाभ का अनुपात } x = \frac{7}{15} \times \frac{3}{5} = \frac{21}{75}$$

व $$y = \frac{7}{15} \times \frac{2}{5} = \frac{14}{75}$$

नया अनुपात = पुराना अनुपात + लाभ का अनुपात

$$x = \frac{3}{15} + \frac{21}{75} = \frac{15+21}{75} = \frac{36}{75}$$

$$y = \frac{5}{15} + \frac{14}{75} = \frac{25+14}{75} = \frac{39}{75}$$

नया अनुपात = 36 : 39 = 12 : 13

CUET (UG) Section III
सामान्य परीक्षण

सॉल्वड़ पेपर 2022*

निर्देश: दिए गए 50 प्रश्न में से किन्हीं भी 40 प्रश्न के उत्तर दें। समय 45 मिनट

1. निम्न भारतीय कलाकारों में से किसने वर्ष 2019 का 'जोआन मीरो' पुरस्कार जीता था?
(a) जोगेन चौधरी (b) जितेन ठुकराल
(c) नलिनी मालानी (d) अंजलि इला मेनन

2. निम्नलिखित में से कौन-सा कथन सुभाषचन्द्र बोस द्वारा उद्धृत किया गया था?
(a) खुद को खोजने का सबसे अच्छा तरीका है कि आप खुद को दूसरों की सेवा में लगा दें
(b) पहले वो आपको नजरअंदाज करते हैं, फिर वो आप पर हँसते हैं फिर वो आपसे लड़ते हैं, फिर आप जीत जाते हैं
(c) तुम मुझे खून दो मैं तुम्हें आजादी दूँगा
(d) ऐसे रहिए जैसे कि आप कल मरने वाले हैं, ऐसे सीखिए जैसे कि आपको यहाँ हमेशा रहना है

3. जनगणना 2011 के अनुसार निम्नलिखित में से किस राज्य में महिला लिंगानुपात सबसे कम है?
(a) उत्तर प्रदेश (b) सिक्किम (c) पंजाब (d) हरियाणा

4. .... सप्तपदी अनुष्ठान के पूरा होने पर विवाह को पूर्ण और बाध्यकारी मानता है।
(a) हिन्दू विवाह अधिनियम, 1955
(b) मुस्लिम पर्सनल लॉ (शरीयत) ऐप्लिकेशन अधिनियम, 1937
(c) भारतीय ईसाई विवाह अधिनियम, 1862
(d) पारसी विवाह और तलाक अधिनियम, 1936

5. निम्नलिखित में से कौन-सी मिट्टी काजू की वृद्धि के लिए अधिक उपयुक्त है?
(a) लाल लैटेराइट मिटटी (b) काली कपास मिट्टी
(c) जलोढ़ मिट्टी (d) शुष्क मिट्टी

6. अन्नपूर्णा चोटी हिमालय के किस क्षेत्र से सम्बन्धित है?
(a) कुमाऊँ (b) गढ़वाल (c) भूटान (d) नेपाल

7. ऑस्ट्रेलियन ओपन 2021 की महिला एकल चैम्पियन कौन थी?
(a) जेनिफर ब्रैडी (b) सेरेना विलियम्स
(c) वीनस विलियम्स (d) नाओमी ओसाका

8. अशोक के लघु शिलालेख भारत के विभिन्न भागों में पाए गए हैं। कर्नाटक के निम्नलिखित में से कौन-से स्थल पर अशोक के लघु शिलालेख नहीं मिले हैं?
(a) ब्रह्मगिरि (b) गविमठ (c) मस्की (d) रूपनाथ

9. स्वच्छ पेयजल प्राप्त करने के लिए विसंक्रामक का उपयोग निस्यन्दन के बाद किया जाता है। हालाँकि निस्संक्रामक का उपयोग .... हटाने के लिए नहीं किया जाता है।
(a) खनिज पदार्थ (b) विषाणु
(c) परजीवी (d) जीवाणु

10. 'शंकुक (Gnomon)' .... का एक भाग है।
(a) दूरबीन (b) सौर घड़ी (c) ट्रांसफार्मर (d) बोलोमीटर

11. श्री अकाल तख्त साहिब .... परिसर के भीतर स्थित है।
(a) गुरुद्वारा बंगला साहिब (b) पटना साहिब
(c) स्वर्ण मन्दिर (d) पांवटा साहिब

12. निम्नलिखित में से किस नृत्य में नर्तक अपने सिर पर जले हुए दीयों वाले बर्तनों को सन्तुलित रखते हैं?
(a) तमाशा (b) चरी
(c) कोली (d) धनगरी गजा

13. तरल अपशिष्ट, जल के ऊपर तैरने वाले वसा, ग्रीस और तेल जैसे ठोस पदार्थ .... कहलाते हैं।
(a) स्लज (b) कम्पोस्ट
(c) यूरिया (d) पीट

14. वर्ल्ड प्रेस फोटो ऑफ द ईयर 2021 प्रतियोगिता जीतने वाली तस्वीर का शीर्षक है
(a) इमैन्सिपेशन मेमोरियल डिबेट (b) द फर्स्ट एम्ब्रेस
(c) क्राइंग गर्ल ऑन द बॉर्डर (d) स्ट्रैट वॉइस

15. राष्ट्रीय शहरी स्वच्छता नीति के तहत, कोई ऐसा शहर जो 34 और 66 के बीच अंक प्राप्त करता है और जिसमें काफी सुधार की आवश्यकता होती है, वह .... से रंग कोडित होता है।
(a) नीला (b) काले
(c) हरे (d) लाल

स्मृति पर आधारित

16. अदार पूनावाला ने वर्ष ………… में पुणे में स्वच्छ शहर कार्यक्रम की शुरुआत की थी।
(a) 2012 (b) 2018 (c) 2010 (d) 2015

17. निम्नलिखित में से किस व्यक्ति को अक्टूबर, 2020 में हार्वर्ड बिजनेस स्कूल के डीन के रूप में नामित किया गया था?
(a) अच्युत सामन्त (b) श्रीकान्त दातार
(c) संजीत रॉय (d) नितिन नोहरिया

18. भारत के संविधान का निम्नलिखित में से कौन-सा संशोधन 1993 में नगरपालिका सरकारों को संवैधानिक रूप से मान्यता देने के लिए अधिनियमित किया गया था?
(a) 73वाँ संविधान संशोधन अधिनियम (CAA), 1990
(b) 72वाँ संविधान संशोधन अधिनियम (CAA), 1989
(c) 71वाँ संविधान संशोधन अधिनियम (CAA), 1988
(d) 74वाँ संविधान संशोधन अधिनियम (CAA), 1992
(d) 74वाँ संविधान संशोधन अधिनियम

19. निम्नलिखित में से कौन वर्ष 1946 में मद्रास निर्वाचन क्षेत्र से संविधान सभा के सदस्य बने थे?
(a) हंसा जीवराज मेहता (b) कमला चौधरी
(c) अम्मू स्वामीनाथन (d) बेगम ऐजाज रसूल

20. निम्नलिखित में से कौन भारतीय रिजर्व बैंक (RBI) के पहले भारतीय गवर्नर थे?
(a) पीसी भट्टाचार्य (b) एचवीआर लेंगर
(c) सीडी देशमुख (d) एलके झा

21. अप्रैल, 2021 तक की स्थिति के अनुसार ………… ने किसी भारतीय खिलाड़ी द्वारा महिला वनडे क्रिकेट में सर्वोच्च व्यक्तिगत स्कोर बनाने का रिकॉर्ड बनाया। वह महिलाओं के एकदिवसीय क्रिकेट में छह विकेट लेने वाली एकमात्र भारतीय स्पिनर भी थी।
(a) राधा यादव (b) तानिया भाटिया
(c) पूनम राउत (d) दीप्ति शर्मा

22. वर्ष 1878 में वर्नाक्युलर प्रेस ऐक्ट को वायसराय ………… के कार्यकाल के दौरान निरस्त कर दिया गया था।
(a) लॉर्ड लैन्सडाउन (b) लॉर्ड डफरिन
(c) लॉर्ड रिपन (d) लॉर्ड नॉर्थब्रुक

23. विश्व स्वास्थ्य संगठन (WHO) के अनुसार, निम्नलिखित में से कौन पारम्परिक पेयजल उपचार संयन्त्रों में बने कीटाणुशोधन उप-उत्पादों का उदाहरण नहीं है?
(a) ब्रोमेट (b) टाइटेनिया
(c) क्लोरेट (d) क्लोराइट

24. राजकोषीय उत्तरदायित्व और बजट प्रबन्धन अधिनियम, 2003 ने वर्ष 2021 तक भारत के राजकोषीय घाटे को सकल घरेलू उत्पाद के ………… तक सीमित करने का लक्ष्य रखा है।
(a) 2% (b) 6% (c) 3% (d) 5%

25. भारत सरकार ने केन्द्रीय बजट 2021-22 के माध्यम से पेट्रोल पर ………… प्रति लीटर का कृषि और बुनियादी ढाँचा विकास उपकर लगाया।
(a) ₹ 3.5 (b) ₹ 4 (c) ₹ 2.5 (d) ₹ 3

26. यदि A '+' को, B '×' को, C '–' को और D '÷' को दर्शाता है, तो निम्नलिखित व्यंजक का मान कितना होगा?
(45 D 9) B 5 A 8 B (7 A 3 C 6) C (28 D (4 D 4))
(a) 38 (b) 82 (c) 35 (d) 29

27. उस विकल्प का चयन करें, जो तीसरे अक्षर-समूह से उसी प्रकार सम्बन्धित है, जिस प्रकार दूसरा अक्षर-समूह पहले अक्षर-समूह से सम्बन्धित है।
JST : HPX : : PWJ : ?
(a) MTN (b) MSR (c) NTN (d) NSP

28. उस विकल्प का चयन करें, जो तीसरी संख्या से उसी प्रकार सम्बन्धित है, जिस प्रकार दूसरी संख्या पहली संख्या से सम्बन्धित है।
13 : 1331 : : 17 : ?
(a) 2642 (b) 3375 (c) 1453 (d) 1829

29. निम्नांकित पैटर्न का ध्यानपूर्वक अध्ययन करें और दिए गए विकल्पों में से उस संख्या का चयन करें, जो इसमें प्रश्नवाचक चिह्न (?) के स्थान पर आ सकती है।

13	16	52
15	24	90
23	36	?

(a) 207 (b) 108 (c) 117 (d) 81

30. दिए गए विकल्पों में से उस आकृति का चयन करें, जो निम्न श्रृंखला में प्रश्नवाचक चिह्न (?) के स्थान पर आ सकती है।

प्रश्न आकृतियाँ

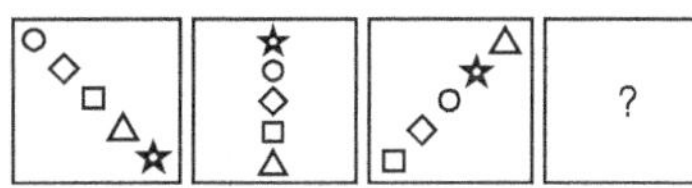

उत्तर आकृतियाँ

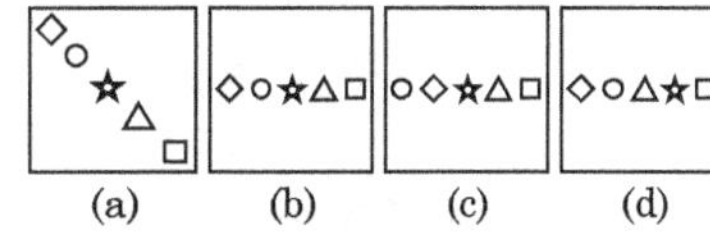

31. दिए गए समीकरण को सन्तुलित करने के लिए किन दो चिह्नों को आपस में बदला जाना चाहिए?
$16 - 18 \times 216 \div 432 + 40 = 20$
(a) × और + (b) ÷ और –
(c) × और ÷ (d) + और –

32. 'A # B' का अर्थ है कि A, B की बहन है।
'A $ B' का अर्थ है कि A, B का पिता है।
'A @ B' का अर्थ है कि A, B' की पत्नी है।
'A % B' का अर्थ है कि A, B का भाई है।
निम्नलिखित में से किस विकल्प का अर्थ है कि J, R का पिता है?
(a) J @ C $ K % M # R (b) C @ J $ K % M # R
(c) C @ J % K $ M # R (d) C @ R $ K % M # J

33. उस वेन आरेख का चयन करें, जो निम्नलिखित के बीच सम्बन्ध को सर्वोत्तम रूप से दर्शाता है?
भारत, दिल्ली, असम, गुवाहाटी

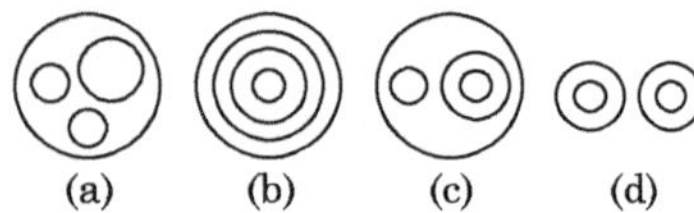

34. उस सही विकल्प का चयन करें, जो नीचे दिए गए शब्दों के उस क्रम को दर्शाता है, जिस क्रम में वे अंग्रेजी शब्दकोश में मौजूद होते हैं।

1. Serenity 2. Serpent
3. Serviceable 4. Sericulture
5. Serotonin

(a) 1, 4, 5, 2, 3 (b) 2, 4, 5, 3, 1
(c) 3, 4, 5, 2, 1 (d) 1, 4, 2, 5, 3

35. एक ही पासे की तीन अलग-अलग स्थितियों को दर्शाया गया है। इसका अध्ययन करें और पहचानें कि निम्नलिखित में से कौन-सा कथन सही है?

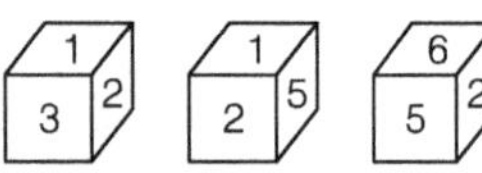

(a) 1, 4 के विपरीत वाले फलक पर है।
(b) 5, 2 के विपरीत वाले फलक पर है।
(c) 6, 1 के विपरीत वाले फलक पर है।
(d) 3, 6 के विपरीत वाले फलक पर है।

36. दो संख्याओं के योग और अन्तर का अनुपात 6:5 है। इन दोनों संख्याओं का अनुपात ज्ञात कीजिए।

(a) 7:5 (b) 2:3
(c) 11:1 (d) 3:2

37. किसी निश्चित कूटभाषा में, 'GANGA' को '21-3-42-21-3' के रूप में कूटबद्ध किया जाता है। और 'KOSHI' को 33-45-57-24-27 के रूप में कूटबद्ध किया जाता है। उसी कूट भाषा में 'GOMTI' को किस रूप में कूटबद्ध किया जाएगा?

(a) 21-30-39-40-18 (b) 14-45-26-60-27
(c) 21-45-39-60-27 (d) 14-30-39-40-18

38. दिए गए संयोजन का जल में निर्मित सही प्रतिबिम्ब चयनित करें।
5 9 2 1 6 R g m
(a) ƨ9ƧƖ6ꓤɑɯ
(b) ƨ9Ƨ⅂6ꓤɑɯ
(c) ƨ6Ƨ⅂6ꓤɑɯ
(d) ƨ9Ƨ⅂6ꓤɓɯ

39. एक पासे के दो अभिविन्यास दिखाए गए हैं। यह पासा किस विकल्प आकृति को रेखाओं के अनुदिश मोड़कर प्राप्त किया जा सकता है?

प्रश्न आकृतियाँ

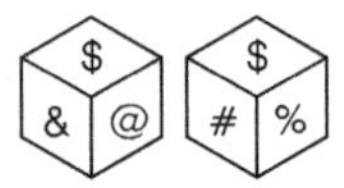

उत्तर आकृतियाँ

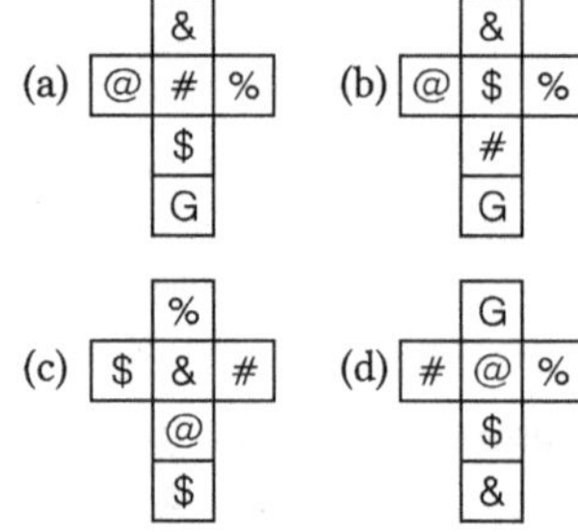

40. दिए गए विकल्पों में से उस संख्या का चयन कीजिए, जो निम्न श्रेणी में प्रश्नवाचक चिह्न (?) के स्थान पर आ सकती है।
1, 1, 2, 2, 6, 10, 42, ? 1806

(a) 1203 (b) 1389 (c) 1010 (d) 1302

41. दिए गए कथनों और निष्कर्षों को ध्यानपूर्वक पढ़ें यह मानते हुए कि कथनों में दी गई जानकारी सत्य है, भले ही वह सामान्य रूप से ज्ञात तथ्यों से भिन्न प्रतीत होती हो, तय करें कि दिए गए निष्कर्षों में से कौन-सा/से निष्कर्ष कथनों का तार्किक रूप से अनुसरण करता/करते हैं?

कथन

1. सभी पीलर, फनल हैं।
2. कुछ पीलर, स्पैटुला हैं।

निष्कर्ष

I. कुछ पीलर, फनल नहीं हैं।
II. कुछ स्पैटुला, पीलर हैं।

(a) न तो निष्कर्ष I और न ही II अनुसरण करता है
(b) निष्कर्ष I और II दोनों अनुसरण करते हैं
(c) केवल निष्कर्ष I अनुसरण करता है
(d) केवल निष्कर्ष II अनुसरण करता है

42. एक निश्चित कूटभाषा में, 'TULIPS' को 'GFORKH' के रूप में लिखा जाता है। उसी कूटभाषा में 'GARDEN' को किस रूप में लिखा जाएगा?

(a) TZIWVM (b) TZIWUM
(c) SZIXVM (d) TBIWVK

43. दिए गए विकल्पों में से उस अक्षर-समूह का चयन करें, जो निम्नलिखित श्रृंखला में प्रश्नचिह्न (?) के स्थान पर आ सकती है।
CALI, ZEGO, WIBU, TMWA, ?

(a) QQRG (b) QSPF
(c) QPSF (d) QRQE

44. आठ मित्र- A, B, C, D, E, F, G और H, चार-चार व्यक्तियों की दो पंक्तियों में बैठे हैं। दोनों पंक्तियाँ एक-दूसरे के आमने-सामने हैं। A, D के सामने है। E, G के ठीक बाईं ओर है। H, B के ठीक दाईं ओर है। C, G के सामने है। F, H के सामने है। B उस व्यक्ति के ठीक दाईं ओर है, जो G के सामने है। D, F के ठीक बाईं ओर है। कौन-से चार व्यक्ति एक ही पंक्ति में बैठे हैं?

(a) C, D, E, F (b) A, C, F, G
(c) B, C, D, H (d) A, B, C, H

45. दिए गए अक्षर-समूहों में से तीन किसी न किसी प्रकार से समान हैं। और एक असंगत है उस असंगत अक्षर-समूह का चयन करें।

(a) CXBH (b) KPUZ
(c) EVAF (d) TGLQ

46. उस विकल्प का चयन करें, जो दी गई आकृति (X) में सन्निहित है। (घुमाने की अनुमति नहीं हैं।)

प्रश्न आकृति

(X)

उत्तर आकृतियाँ

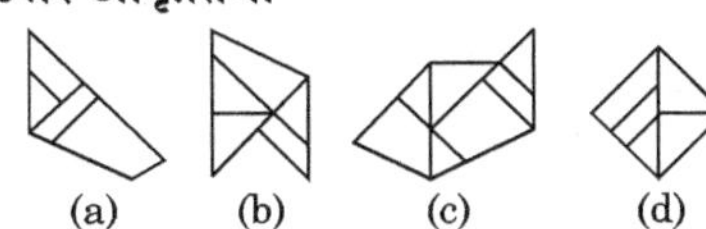
(a) (b) (c) (d)

47. दिए गए विकल्पों में से वह संख्या चुनिए, जो निम्न शृंखला में प्रश्नवाचक चिह्न (?) के स्थान पर आ सकती है।

7, 16, 41, 94, 249, ?

(a) 468 (b) 586
(c) 486 (d) 568

48. एक निश्चित कूटभाषा में, 'are you ready' को '541' लिखा जाता है। 'we are going' को '261' लिखा जाता है और 'she is ready' को '498' लिखा जाता है। उसी भाषा में 'you' को क्या लिखा जाएगा?

(a) 6 (b) 1 (c) 4 (d) 5

49. दिए गए विकल्पों में से उस अक्षर का चयन कीजिए जो, निम्नांकित शृंखला में प्रश्नवाचक चिह्न (?) के स्थान पर आएगा।

E, F, I, N, U, ?

(a) Z (b) A (c) D (d) N

50. निम्न आकृतियों में कागज के एक टुकड़े को मोड़ने का क्रम (आकृति (i) में) दर्शाया गया है और मुड़े हुए कागज को काटने की विधि (आकृति (ii) में) दर्शाई गई है। उस विकल्प का चयन करें, जो आकृति (ii) के खुले हुए रूप से सर्वाधिक मिलता जुलता हो।

प्रश्न आकृतियाँ

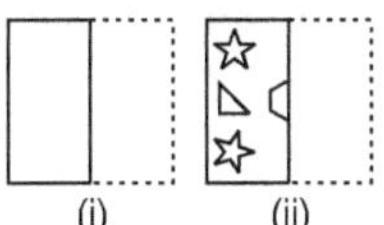
(i) (ii)

उत्तर आकृतियाँ

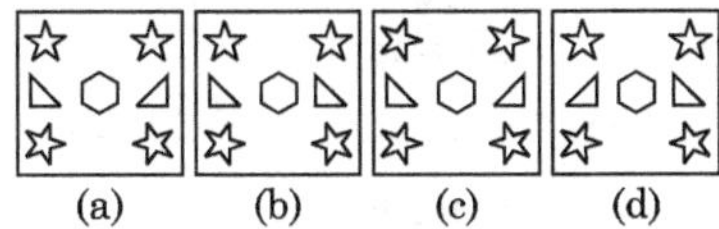
(a) (b) (c) (d)

51. ΔABC में, D, E और F क्रमशः BC, CA और AB के मध्य-बिन्दु हैं। यदि $BC = 25.6$ सेमी, $CA = 18.8$ सेमी और $AB = 20.4$ सेमी है, तो ΔDEF का परिमाप (सेमी में) ज्ञात करें।

(a) 34.4 (b) 36.8
(c) 32.4 (d) 30.6

52. एक त्रिभुजाकार मैदान की भुजाएँ 360 मी, 480 मी और 600 मी हैं। इसका क्षेत्रफल एक वर्गाकार मैदान के क्षेत्रफल के बराबर है। वर्गाकार मैदान की भुजा (मीटर में) क्या है?

(a) $120\sqrt{6}$ (b) $120\sqrt{3}$
(c) $160\sqrt{6}$ (d) $160\sqrt{3}$

53. यदि $(2\cos A + 1)(2\cos A - 1) = 0$, $0° < A \leq 90°$ है, तो A का मान ज्ञात कीजिए।

(a) 45° (b) 90° (c) 30° (d) 60°

54. एक दुकानदार ने ₹ 15 में 10 की दर से टॉफियाँ खरीदीं और उन्हें ₹ 40 में 16 की दर में बेच दीं। उसका प्रतिशत लाभ ज्ञात कीजिए। (दशमलव के दो स्थानों तक सही)

(a) 50.55% (b) 33.33%
(c) 65.05% (d) 66.67%

55. निम्नांकित बार ग्राफ एक व्यावसायिक फर्म के 5 वर्षों की आय और व्यय को दर्शाता है। लाभ = आय − व्यय।
कम्पनी को किस वर्ष में न्यूनतम राशि प्राप्त हुई?

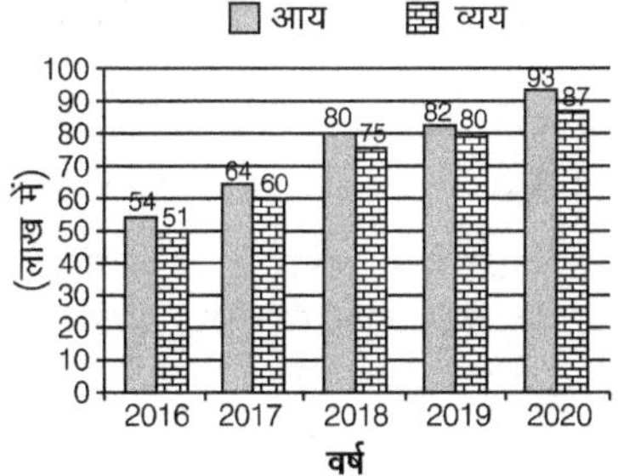

(a) 2018 (b) 2019 (c) 2017 (d) 2016

56. दो स्टेशनों A और B के बीच की दूरी 200 किमी है। एक ट्रेन A से B की ओर 75 किमी/घण्टा की चाल से चलती है, जबकि दूसरी ट्रेन B से A की ओर 85 किमी/घण्टा की चाल से चलती है। दोनों ट्रेनों के एक-दूसरे से मिलने से 3 मिनट पहले उनके बीच की दूरी (किमी में) कितनी होगी?

(a) 6 (b) 5
(c) 8 (d) 10

57. उस सबसे बड़ी और सबसे छोटी संख्या का योग ज्ञात करें, जो संख्या 3281k6 में k को प्रतिस्थापित करके संख्या को 6 से विभाज्य बना सकती हैं

(a) 9 (b) 8
(c) 4 (d) 5

58. निम्नांकित व्यंजक का मान ज्ञात कीजिए।

$$\frac{4\frac{1}{3} + 3\frac{1}{3} \times 1\frac{4}{5} \div 3\frac{3}{4}\left(6\frac{1}{4} \text{ का } 1\frac{1}{15}\right)}{\frac{2}{3} \div \frac{5}{6} \times \frac{2}{3}}$$

(a) $289\frac{3}{8}$ (b) $28\frac{1}{8}$
(c) $\frac{1}{8}$ (d) $12\frac{1}{2}$

59. निम्न पाई-चार्ट में किसी कम्पनी के विभिन्न कार्यालयों (A से E) में कार्य करने वाले कर्मचारियों की कुल संख्या का वितरण दिया गया है।

कर्मचारियों की कुल संख्या = 2400

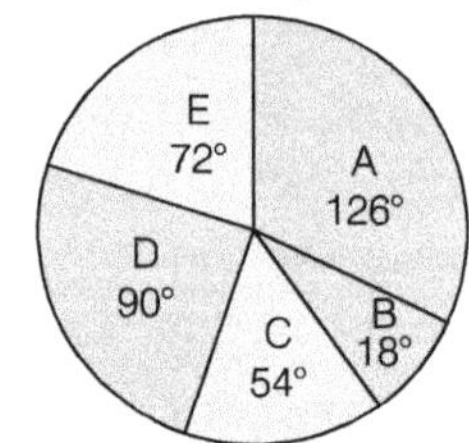

यदि कार्यालय A के 40% कर्मचारियों को, कार्यालय B और E में बराबर-बराबर संख्या में स्थानान्तरित किया जाता है, तो B और C में कर्मचारियों की संख्या का योग क्या होगा?

(a) 648 (b) 735
(c) 545 (d) 72

60. एक व्यक्ति के वेतन में 50% की कमी की गई और बाद में 50% की वृद्धि की गई। उसके वेतन में कितने प्रतिशत की वृद्धि या कमी हुई है?

(a) 18% की कमी (b) 25% की कमी
(c) 15% की वृद्धि (d) 20% की कमी

61. निम्नांकित पाई-चार्ट में 1800 छात्रों का प्रदर्शन ग्रेड में दर्शाया गया है। ग्रेड B प्राप्त करने वाले छात्रों की संख्या, ग्रेड A प्राप्त करने वाले छात्रों की संख्या का कितने प्रतिशत है?

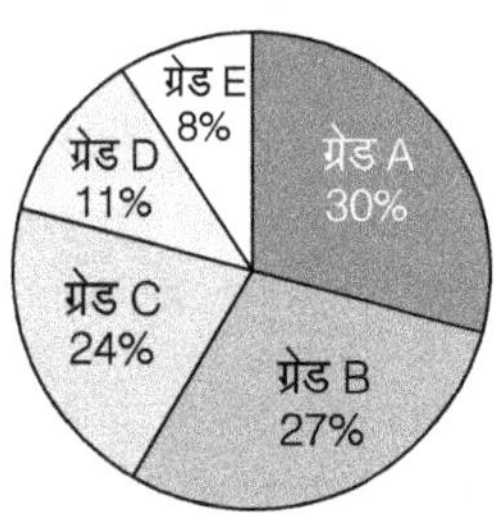

(a) 85% (b) 90%
(c) 95% (d) 97%

62. वह छोटी से छोटी संख्या ज्ञात कीजिए, जिसे 6, 9 और 15 से विभाज्य सबसे छोटी संख्या में जोड़ने पर यह एक पूर्ण वर्ग बन जाए।

(a) 10 (b) 21 (c) 19 (d) 9

63. ΔABC में, $\angle BAC$ का समद्विभाजक BC से बिन्दु D पर इस प्रकार मिलता है, कि $AB = 10$ सेमी, $AC = 15$ सेमी और $BD = 6$ सेमी है BC की लम्बाई (सेमी में) ज्ञात कीजिए।

(a) 15 (b) 9 (c) 17 (d) 11

64. A और B अकेले-अकेले कार्य करते हुए किसी कार्य को क्रमशः 8 दिन और 12 दिन में पूरा कर सकते हैं। उन्होंने एकसाथ मिलकर कार्य करना शुरू किया, लेकिन A ने कार्य पूरा होने से 2 दिन पहले कार्य छोड़ दिया। कार्य कितने दिनों में पूरा हुआ?

(a) 10 (b) 5 (c) 8 (d) 6

65. तीन धनात्मक संख्याएँ 2 : 3 : 4 के अनुपात में हैं। उनके वर्गों का योग 2349 है। पहली दो संख्याओं का औसत ज्ञात कीजिए।

(a) 36 (b) 22.5 (c) 27.5 (d) 18

66. यदि $5x - \frac{1}{4x} = 6, x > 0$ है, तो $25x^2 - \frac{1}{16x^2}$ का मान ज्ञात कीजिए।

(a) $\sqrt{246}$ (b) 36 (c) $6\sqrt{41}$ (d) $6\sqrt{31}$

67. कोई घरेलू उपकरण कम्पनी, फूड प्रोसेसर की बिक्री पर 20% और 35% की दो क्रमागत छूटे देती हैं। ₹ 4580 मूल्य वाले फूड प्रोसेसर का अन्तिम विक्रय मूल्य (लगभग ₹ में) ज्ञात करें।

(a) 3664 (b) 2519 (c) 2977 (d) 2382

68. यदि $A = 30°$ है, तो $\frac{[8\sin A + 11\operatorname{cosec} A - \cot^2 A]}{10\cos 2A}$ का मान ज्ञात करें।

(a) $3\frac{4}{5}$ (b) $5\frac{1}{5}$ (c) $4\frac{2}{5}$ (d) $4\frac{3}{5}$

69. निम्नलिखित व्यंजक का मान ज्ञात कीजिए।

$$\frac{(7.03)^3 - 0.027}{(7.03)^2 + 2.109 + (0.3)^2}$$

(a) 6.73 (b) 7 (c) 7.06 (d) 7.33

70. निम्नांकित हिस्टोग्राम 30 अंकों की एक परीक्षा में 40 छात्रों द्वारा प्राप्त अंकों को दर्शाता है। किसी छात्र को परीक्षा पास करने के लिए कम-से-कम 10 अंक प्राप्त करने होंगे।

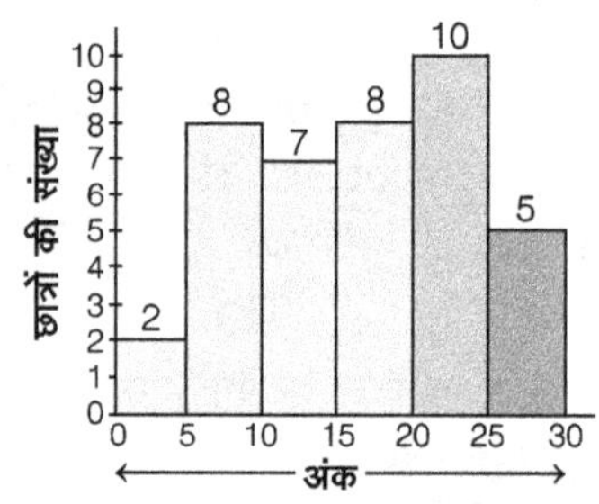

(a) 30% (b) 75% (c) 66.66% (d) 72%

71. केन्द्र O वाले दो संकेन्द्री वृत्तों की त्रिज्याएँ 26 सेमी और 16 सेमी हैं। बड़े वृत्त की जीवा AB, बिन्दु C पर छोटे वृत्त की स्पर्श रेखा है और AD व्यास है। CD की लम्बाई कितनी है?

(a) 36 सेमी (b) 38 सेमी (c) 35 सेमी (d) 42 सेमी

72. O एक ऐसे वृत्त का केन्द्र है, जिसकी त्रिज्या 10 सेमी है। P, वृत्त के बाहर कोई बिन्दु है और PQ वृत्त की स्पर्श रेखा है। यदि OP की लम्बाई 26 सेमी है, तो PQ की लम्बाई (सेमी में) ज्ञात करें।

(a) 25 (b) $2\sqrt{194}$ (c) 24 (d) 20

73. व्यक्ति A ने ₹ 65000 का निवेश करके एक व्यवसाय शुरू किया। कुछ महीनों के बाद, B भी ₹ 50000 का निवेश करके उसके साथ जुड़ गया। B के शामिल होने के तीन महीने बाद, C भी ₹ 55000 के निवेश के साथ दोनों के साथ शामिल हो गया। वर्ष के अन्त में, A को अपने हिस्से के रूप में लाभ का 50% प्राप्त हुआ। A ने अकेले कितने महीनों के लिए व्यवसाय का वित्तपोषण किया?

(a) 3 (b) 4 (c) 2 (d) 5

74. 180 मी ऊँचे जहाज के मास्टहेड से नाव का अवनमन कोण 60° है। जहाज से नाव की दूरी (मीटर में) ज्ञात कीजिए।

(a) $180\sqrt{3}$
(b) 180
(c) 360
(d) $60\sqrt{3}$

75. अनिल ने ₹ 5000 की राशि को 10 वर्षों के लिए साधारण ब्याज पर इस प्रकार उधार दिया कि, ब्याज की दर पहले 2 वर्षों के लिए 6% प्रति वर्ष, अगले 2 वर्षों के लिए 8% प्रति वर्ष और 4 वर्ष के बाद 10% वार्षिक हो, तो 10 वर्ष के अन्त में वह कितना ब्याज (₹ में) अर्जित करेगा?

(a) 4400 (b) 3500 (c) 5000 (d) 4200

उत्तरमाला

1. (c)	2. (c)	3. (d)	4. (a)	5. (a)	6. (d)	7. (d)	8. (d)	9. (a)	10. (b)
11. (c)	12. (b)	13. (a)	14. (b)	15. (b)	16. (d)	17. (b)	18. (d)	19. (c)	20. (c)
21. (d)	22. (c)	23. (b)	24. (c)	25. (c)	26. (d)	27. (c)	28. (b)	29. (a)	30. (b)
31. (c)	32. (b)	33. (c)	34. (a)	35. (c)	36. (c)	37. (c)	38. (b)	39. (b)	40. (c)
41. (d)	42. (a)	43. (a)	44. (d)	45. (a)	46. (b)	47. (d)	48. (d)	49. (c)	50. (a)
51. (c)	52. (a)	53. (d)	54. (d)	55. (b)	56. (c)	57. (b)	58. (b)	59. (a)	60. (b)
61. (b)	62. (a)	63. (a)	64. (d)	65. (b)	66. (c)	67. (d)	68. (d)	69. (a)	70. (b)
71. (b)	72. (c)	73. (a)	74. (d)	75. (a)					

संकेत एवं हल

1. (c) भारतीय कलाकार नलिनी मालानी ने 24 मई, 2019 को वर्ष 2019 का अन्तर्राष्ट्रीय 'जोआन मीरो पुरस्कार' जीता था। यह इस पुरस्कार का 7वाँ संस्करण था। पुरस्कारस्वरूप उन्हें ▯ 70000 ($ 78000) की राशि प्रदान की गई, इसे विश्व के सबसे प्रतिष्ठित कला पुरस्कारों में से एक माना जाता है।

2. (c) सुभाषचन्द्र बोस ने 'तुम मुझे खून दो मैं तुम्हें आजादी दूँगा' का नारा दिया था। इस नारे को देश की आजादी के लिए ब्रह्म (सर्वोच्च) वाक्य का रूप देने वाले नेताजी सुभाषचन्द्र बोस ने देश की आजादी के लिए देश से बाहर रहकर संघर्ष किया।

द्वितीय विश्व युद्ध के दौरान सुभाषचन्द्र बोस जर्मनी चले गए तथा इन्होंने देश के बाहर रहने वाले भारतीयों को संगठित कर उन्हें देश की स्वतन्त्रता के लिए प्रतिबद्ध किया।

3. (d) जनगणना 2011 के अनुसार, हरियाणा राज्य में महिला लिंगानुपात सबसे कम है।
इस राज्य का लिंगानुपात 879 है। लिंगानुपात के मामले में हरियाणा देश का सबसे पिछड़ा हुआ राज्य माना जाता है। इसलिए यहाँ पुरुष एवं महिलाओं की संख्या में अन्तर पाया जाता है। जनगणना 2011 के अनुसार, हरियाणा की कुल जनसंख्या में पुरुषों एवं महिलाओं का अनुपात लगभग 135 : 118 है।

4. (a) हिन्दू विवाह अधिनियम, 1955 सप्तपदी अनुष्ठान के पूरा होने पर विवाह को पूर्ण और बाध्यकारी मानता है। हिन्दू विवाह अधिनियम, 1955 भारत की संसद द्वारा वर्ष 1955 में पारित हुआ एक कानून है।

5. (a) काजू उत्पाद के लिए सर्वाधिक उपयुक्त मिट्टी लाल लैटेराइट मिट्टी है। इस मिट्टी में आयरन एवं एल्युमीनियम की मात्रा अधिक होती है।
लोहे के ऑक्साइड की मात्रा अधिक होने के कारण यह मिट्टी आम तौर पर लाल रंग की होती है। यह मिट्टी भवन निर्माण के लिए भी उपयुक्त होती है।

6. (d) अन्नपूर्णा चोटी हिमालय श्रेणी की (गिरिखण्ड उत्तर मध्य नेपाल) काली, गण्डक एवं मरस्यांदी नदी घाटियों के बीच 48 किमी लम्बी पर्वत श्रेणी का निर्माण करती है, इसमें चार प्रमुख शिखर (चोटियाँ) हैं।

7. (d) जापान की 23 वर्ष की स्टार खिलाड़ी नाओमी ओसाका ने वर्ष 2021 में दूसरी बार ऑस्ट्रेलियन ओपन का खिताब जीतकर इतिहास रच दिया। नाओमी ने फाइनल मुकाबले में जेनिफर ब्रैडी को हराकर (6-4 और 6-3 से) ऑस्ट्रेलियाई ओपन का खिताब अपने नाम किया, यह उनके करियर का चौथा ग्रैण्ड स्लैम खिताब है।

8. (d) अशोक के लघु शिलालेख भारत के विभिन्न भागों में पाए जाते हैं। कर्नाटक के रूपनाथ में अशोक के शिलालेख नहीं मिले हैं, जबकि ब्रह्मगिरी, गविमठ, मस्की में लघु शिलालेख मिले हैं। मौर्य सम्राट अशोक के इतिहास की सम्पूर्ण जानकारी उनके अभिलेखों से मिलती है, अशोक के लगभग 40 अभिलेख प्राप्त हुए हैं, ये ब्राह्मी, खरोष्ठी एवं अरमाइक ग्रीक लिपियों में लिखे गए हैं।

9. (a) स्वच्छ पेयजल प्राप्त करने वाली विसंक्रामक का उपयोग निस्यन्दन के बाद किया जाता है, हालाँकि विसंक्रामक का उपयोग खनिज पदार्थ हटाने के लिए नहीं किया जाता है।

10. (b) सौर घड़ी

11. (c) श्री अकाल तख्त साहिब स्वर्ण मन्दिर परिसर के भीतर स्थित है। अकाल तख्त सिख समुदाय की धार्मिक सत्ता का प्रमुख केन्द्र है। अकाल तख्त अमृतसर सिखों के प्रमुख पूजा स्थल हरिमन्दिर या स्वर्ण मन्दिर के परिसर में स्थित है। यह शिरोमणी अकाली दल का मुख्यालय भी है, जो सिखों में सर्वाधिक प्रभावशाली है।

12. (b) चरी या चेरी नृत्य में नर्तक अपने सिर पर जले हुए दीयों वाले बर्तनों को सन्तुलित रखते हैं। चरी नृत्य किशनगढ़ (अजमेर) का प्रसिद्ध नृत्य है, इस नृत्य में बांकिया ढोल एवं थाली का प्रयोग किया जाता है। गुर्जर जाति के लोग इस नृत्य को पवित्र मानते हैं। इस नृत्य में स्त्रियाँ अपने सिर पर चरियाँ (मटके) रखकर नृत्य करती हैं।

13. (a) स्लज

14. (b) वर्ल्ड प्रेस फोटो ऑफ द ईयर 2021 प्रतियोगिता जीतने वाली तस्वीर का शीर्षक 'द फर्स्ट एम्ब्रेस' है। अप्रैल, 2021 में वर्ल्ड प्रेस फोटो फाउण्डेशन ने 64वीं वार्षिक फोटो प्रतियोगिता और 11वीं वार्षिक डिजिटल स्टोरी टेलिंग प्रतियोगिता के परिणामों की घोषणा की। फोटो प्रतियोगिता 2021 की ज्यूरी द्वारा मैड्स निसेन की तस्वीर द फर्स्ट एम्ब्रेस को वर्ल्ड प्रेस फोटो ऑफ द ईयर 2021 के रूप में चुना गया, जबकि एण्टोनियो फैसिलोंगो द्वारा हबीबी को वर्ल्ड प्रेस फोटो स्टोरी ऑफ द ईयर के रूप में चुना गया।

15. (b) राष्ट्रीय शहरी स्वच्छता नीति के तहत कोई ऐसा शहर जो 34 और 66 के बीच अंक प्राप्त करता है और जिसमें काफी सुधार की आवश्यकता होती है, वह काले रंग से कोडित होता है।

16. (d) अदार पूनावाला ने वर्ष 2015 में पुणे में स्वच्छ शहर कार्यक्रम की शुरुआत की थी। अदार पूनावाला ने जनवरी, 2015 में अपने घरेलू आधार पुणे शहर में पर्यावरण और अपशिष्ट प्रबन्धन में सुधार के एकमात्र उद्देश्य के साथ स्वच्छ शहर कार्यक्रम की शुरुआत की थी।

17. (b) भारतीय मूल के विख्यात शिक्षाविद् श्रीकान्त दातार को अक्टूबर, 2020 में हार्वर्ड बिजनेस स्कूल का डीन नामित किया गया। हार्वर्ड बिजनेस स्कूल 112 वर्ष पुराना है और श्रीकान्त दातार लगातार इस संस्थान के दूसरे भारतीय मूल के डीन होंगे। IIM अहमदाबाद के पूर्व छात्र श्रीकान्त दातार ने 1 जनवरी, 2022 को पदभार सम्भाला है।

18. (d) 74वाँ संविधान संशोधन अधिनियम (CAA) 1992 में नगरपालिकाओं वें को संवैधानिक रूप से मान्यता देने के लिए अधिनियमित किया गया था। 74वें संशोधन अधिनियम ने भारत के संविधान में नया भाग 9 (क) शामिल किया, इसे नगरपालिका नाम दिया गया तथा अनुच्छेद-243(त) से 243 (य, छ) के उपबन्ध शामिल किए गए।

19. (c) अम्मू स्वामीनाथन का जन्म केरल के पालघाट जिले के अनाकारा में स्वर्ण जाति के हिन्दू परिवार में हुआ था। उन्होंने वर्ष 1917 में मद्रास में ऐनी बेसेण्ट, मार्गरेट, मालथी पटवर्धन, दादामाय और अम्बुजमल के साथ महिला भारत संघ का गठन किया था। यह वर्ष 1946 में मद्रास निर्वाचन क्षेत्र से संविधान सभा का हिस्सा बनी थी। यह वर्ष 1952 में लोकसभा के लिए एवं वर्ष 1954 में राज्यसभा के लिए चुनी गई थी।

20. (c) वर्ष 1943 में भारतीय रिजर्व बैंक को अपना पहला भारतीय गवर्नर चिन्तामन द्वारकानाथ देशमुख (सीडी देशमुख) के रूप में मिला, जो एक प्रसिद्ध सिविल सेवक थे, जिन्होंने स्वतन्त्रता के बाद के शुरुआती वर्षों में देश के लिए महत्त्वपूर्ण योगदान दिया।

21. (d) अप्रैल, 2021 तक की स्थिति के अनुसार, दीप्ति शर्मा ने किसी भारतीय खिलाड़ी द्वारा महिला वनडे क्रिकेट में सर्वोच्च व्यक्तिगत स्कोर बनाने का रिकॉर्ड बनाया। ये महिलाओं के एकदिवसीय क्रिकेट में 6 विकेट लेने वाली एकमात्र भारतीय स्पिनर भी थीं।

22. (c) गवर्नर जनरल लॉर्ड लिटन के कार्यकाल में वर्नाक्यूलर प्रेस ऐक्ट को वर्ष 1878 में पारित किया गया था। वायसराय लॉर्ड रिपन द्वारा वर्ष 1882 में वर्नाक्यूलर प्रेस ऐक्ट को निरस्त कर दिया गया। इस अधिनियम के निरसन ने रिपन को भारत में लोकप्रिय बना दिया और साथ ही उसे भारत के लोगों का एकजुट आभार मिला।

23. (b) टाइटेनिया

24. (c) राजकोषीय उत्तरदायित्व एवं बजट प्रबन्धन अधिनियम, 2003 ने वर्ष 2021 तक भारत के राजकोषीय घाटे को सकल घरेलू उत्पाद के 3% तक सीमित करने का लक्ष्य रखा है। राजकोषीय उत्तरदायित्व और बजट प्रबन्धन अधिनियम को अगस्त, 2003 में लागू किया गया तथा अधिनियम को लागू करने के नियमों को जुलाई, 2004 में अधिसूचित किया गया था।

25. (c) भारत सरकार ने केन्द्रीय बजट 2021-22 के माध्यम से पेट्रोल पर ₹ 2.5 प्रति लीटर का कृषि और बुनियादी ढाँचा विकास उपकर लगाया। केन्द्रीय वित्त एवं कॉर्पोरेट कार्य मन्त्री निर्मला सीतारमण ने वर्ष 2021-22 में पहला डिजिटल केन्द्रीय बजट प्रस्तुत किया। केन्द्रीय वित्त मन्त्री निर्मला सितारमण ने देश में कृषि बुनियादी ढाँचे में सुधार के लिए पेट्रोल पर ₹ 2.5 प्रति लीटर तथा डीजल पर ₹ 4 प्रति लीटर के कृषि बुनियादी ढाँचे एवं विकास उपकर की घोषणा की, इससे केन्द्र को ईंधन करों से राजस्व में अधिक हिस्सा मिलने लगेगा।

26. (d) A = +, B = ×, C = –, D = ÷

व्यंजक = (45D9) B5A8B (7A3C6) C (28D (4D4))

$= (45 \div 9) \times 5 + 8 \times (7 + 3 - 6) - (28 \div (4 \div 4))$

$= 5 \times 5 + 8 \times 4 - (28 \div 1)$

$= 25 + 32 - 28 = 57 - 28 = 29$

27. (c)

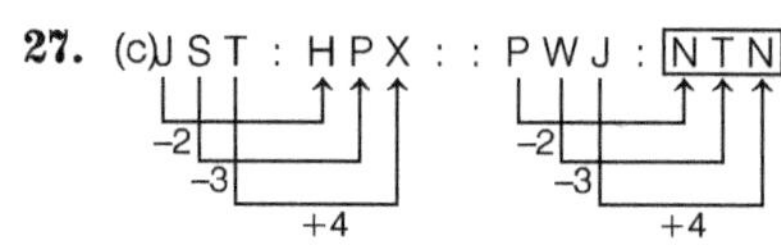

∴ ? = NTN

28. (b) जिस प्रकार, $(13-2)^3 = (11)^3 = 1331$

उसी प्रकार, $(17-2)^3 = (15)^3 = 3375$

29. (a) जिस प्रकार, प्रथम पंक्ति में, $52 \div 13 \times 4 = 16$

द्वितीय पंक्ति में, $90 \div 15 \times 4 = 24$

उसी प्रकार, तृतीय पंक्ति में

$? \div 23 \times 4 = 36$

$\Rightarrow \frac{?}{23} \times 4 = 36 \Rightarrow ? = \frac{36 \times 23}{4}$

$\therefore ? = 207$

अतः अभीष्ट संख्या = 207

30. (b) प्रश्नानुसार, दी गई पहली आकृति में, शृंखला को 45° दक्षिणावर्त दिशा में घुमाया गया है तथा सबसे निचली आकृति को सबसे ऊपर स्थानान्तरित किया गया है। इस प्रकार क्रम का अनुसरण करते हुए प्रश्न चिह्न के स्थान पर उत्तर आकृति (b) आएगी।

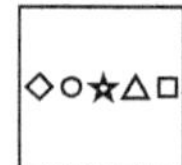

31. (c) $16 - 18 \times 216 \div 432 + 40 = 20$

प्रश्नानुसार, × और ÷ चिह्नों को आपस में बदलने पर,

$\Rightarrow 16 - 18 \div 216 \times 432 + 40 = 20$

$\Rightarrow 16 - 18 \times \frac{1}{216} \times 432 + 40 = 20$

$\Rightarrow 16 - 36 + 40 = 20$

$\Rightarrow 56 - 36 = 20$

∴ अभीष्ट चिह्न = × और ÷

32. (b) # = बहन, $ = पिता, @ = पत्नी, % = भाई

विकल्प (b) से, C @ J $ K % M # R

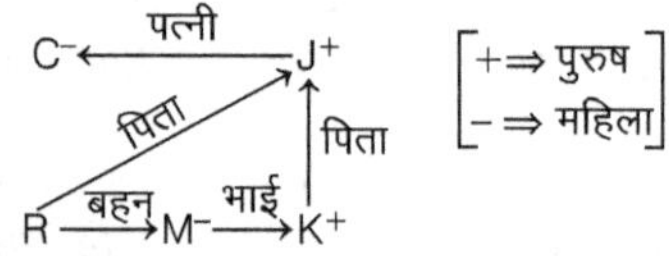

अतः J, R का पिता है।

33. (c) भारत, दिल्ली, असम, गुवाहाटी

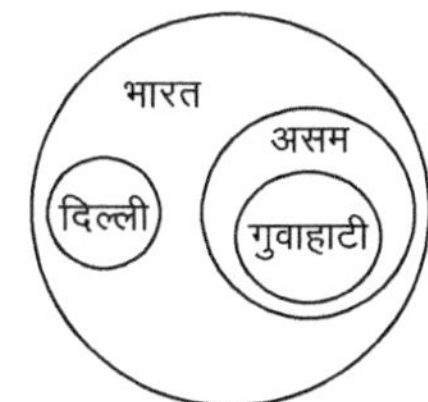

दिल्ली, असम भारत के राज्य/केन्द्रशासित प्रदेश हैं और गुवाहाटी असम का शहर है।

34. (a) शब्दों को अंग्रेजी शब्दकोश के अनुसार क्रम में लगाने पर,

1. Serenity → 4. Sericulture → 5. Serotonin → 2. Serpent → 3. Serviceable

∴ अभीष्ट क्रम = 1, 4, 5, 2, 3

35. (c)

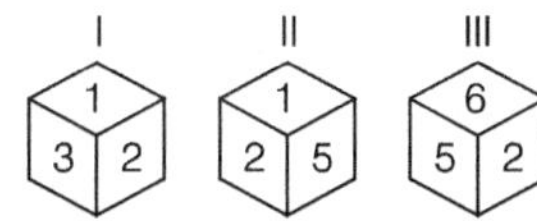

फलकों के विपरीत क्रम स्थिति I और II से,स्थिति II और III से,

1⟷1 2⟷2
2⟷2 5⟷2
3⟷5 1⟷6

∴ 2 ⇔ 4

अतः 6, 1 के विपरीत वाले फलक पर है।

36. (c) माना संख्याएँ x तथा y हैं।

तब, $\frac{x+y}{x-y} = \frac{6}{5}$

$\Rightarrow 5x + 5y = 6x - 6y$

$\Rightarrow x = 11y$

$\therefore \frac{x}{y} = \frac{11}{1} = 11:1$

37. (c)

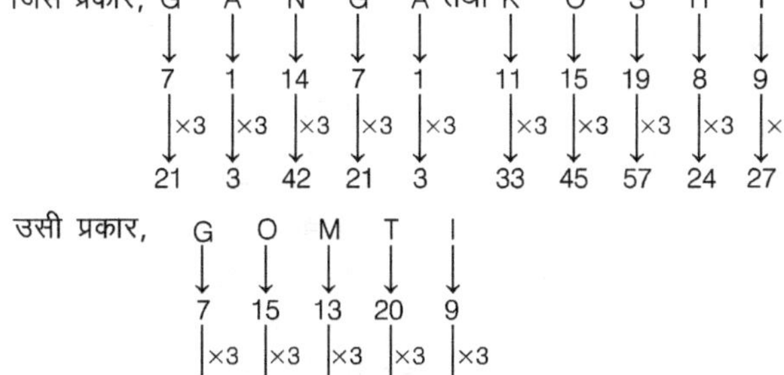

38. (b) दिए गए संयोजन का जल प्रतिबिम्ब निम्न प्रकार है,

59216Rgm

जल प्रतिबिम्ब

39. (b)

पासे को रेखाओं के अनुदिश मोड़ने पर प्राप्त आकृति

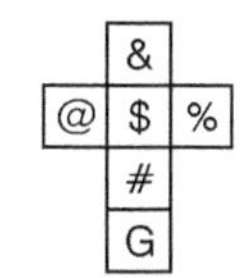

40. (c) श्रृंखला का क्रम निम्न प्रकार है,

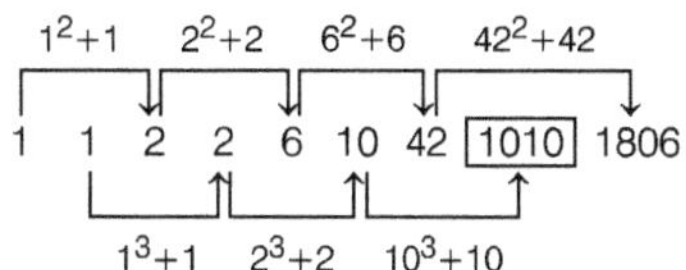

41. (d) कथनानुसार,

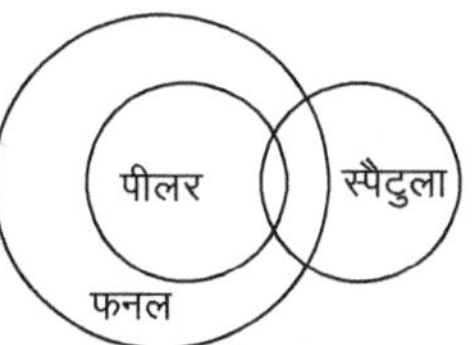

निष्कर्ष

I. कुछ पीलर फनल नहीं हैं। (✗)

II. कुछ स्पैटुला पीलर हैं। (✓)

अतः केवल निष्कर्ष II अनुसरण करता है।

42. (a) जिस प्रकार,

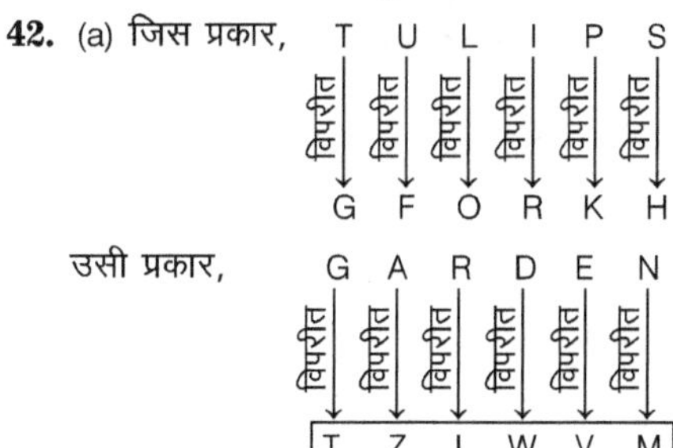

43. (a) श्रृंखला का क्रम निम्न प्रकार है,

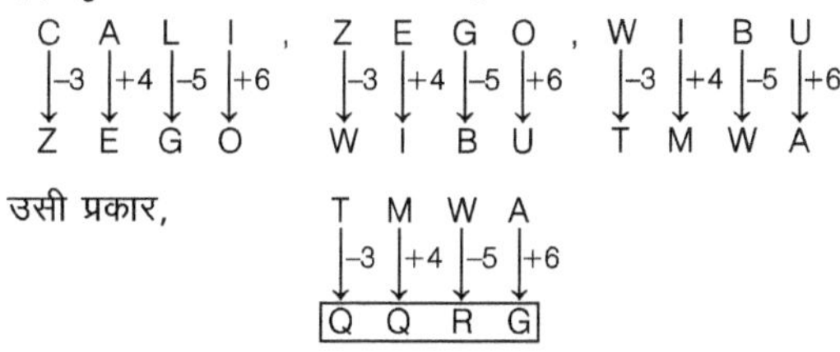

44. (d) प्रश्नानुसार,

↓G E F D

↑C B H A

अतः A, B, C, H चारों व्यक्ति एक ही पंक्ति में बैठे हैं।

45. (a) विकल्पानुसार,

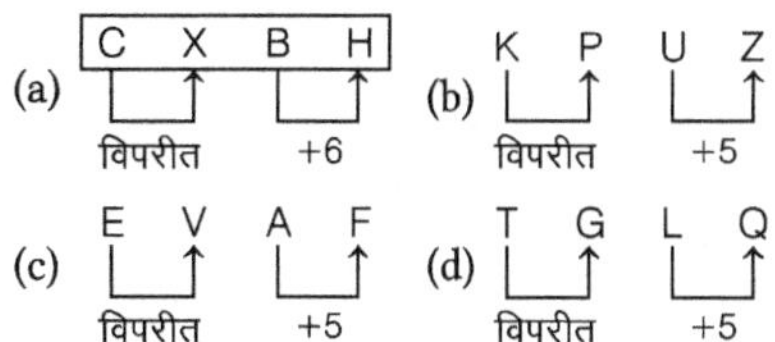

अतः CXBH असंगत अक्षर समूह है।

46. (b) 

दी गई प्रश्न आकृति में विकल्प (b) की आकृति सन्निहित है।

47. (d) दी गई शृंखला निम्न प्रकार है,

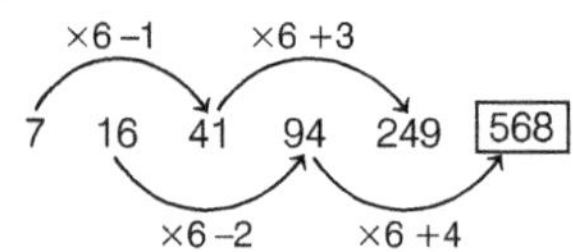

48. (d) दी गई कूटभाषा के अनुसार,

are you ready = 5 4 1

we are going = 2 6 1

she is ready = 4 9 8

अतः you को '5' लिखा जाएगा।

49. (c) दी गई अक्षर शृंखला का क्रम निम्न प्रकार है,

E F I N U D

+1 +3 +5 +7 +9

50. (a) प्रश्न आकृति (ii) को खोलने पर उत्तर आकृति प्राप्त (a) होगी।

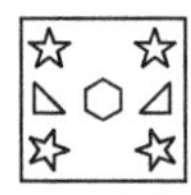

51. (c) दिया है,

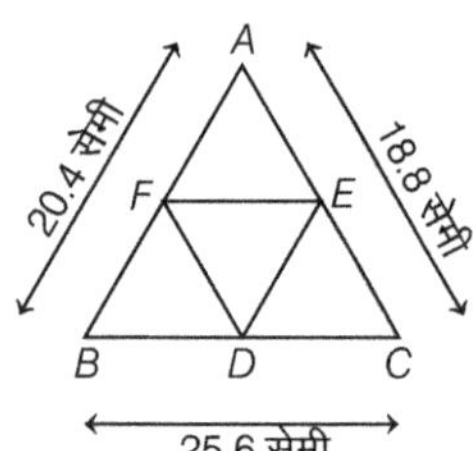

तब, $BC \parallel EF$

$\Rightarrow \quad EF = \frac{25.6}{2} = 12.8$ सेमी

$\Rightarrow \quad DE \parallel AB$

$DE = \frac{20.4}{2} = 10.2$ सेमी

$\Rightarrow \quad DF \parallel AC$

$DF = \frac{18.8}{2} = 9.4$ सेमी

$\therefore \Delta DEF$ का परिमाप $= 12.8 + 10.2 + 9.4 = 32.4$ सेमी

52. (a) दिया है,

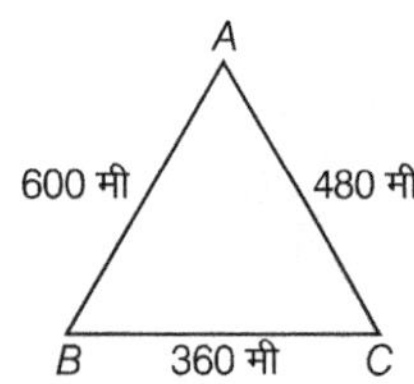

पाइथागोरस प्रमेय से,

$(\text{कर्ण})^2 = (\text{आधार})^2 + (\text{लम्ब})^2$

$(600)^2 = (360)^2 + (480)^2$

अतः त्रिभुज समकोण त्रिभुज है।

प्रश्नानुसार, वर्ग का क्षेत्रफल = त्रिभुज का क्षेत्रफल

वर्ग का क्षेत्रफल $= \frac{1}{2} \times$ आधार $\times$ ऊँचाई

वर्ग का क्षेत्रफल $= \frac{1}{2} \times 360 \times 480$

वर्ग का क्षेत्रफल $= 180 \times 480$

$(\text{भुजा})^2 = 180 \times 480$

$\Rightarrow$ भुजा $= 10\sqrt{18 \times 48} = 10 \times 4 \times 3\sqrt{6}$

$\therefore$ भुजा $= 120\sqrt{6}$ मी

53. (d) दिया है, $(2\cos A + 1)(2\cos A - 1) = 0$, $0° < A \le 90°$

$\Rightarrow 4\cos^2 A - 2\cos A + 2\cos A - 1 = 0$

$\Rightarrow \quad \cos^2 A = \frac{1}{4} \Rightarrow \cos A = \frac{1}{2}$

$\therefore \quad A = 60°$

54. (d) प्रश्नानुसार, 1 टॉफी का मूल्य (क्रय मूल्य) = ₹ $\frac{15}{10}$

तथा 1 टॉफी का विक्रय मूल्य = ₹ $\frac{40}{16}$

$\therefore$ प्रतिशत लाभ $= \frac{\frac{40}{16} - \frac{15}{10}}{\frac{15}{10}} \times 100 = \frac{\frac{400-240}{16 \times 10}}{\frac{15}{10}} \times 100$

$= \frac{160}{16 \times 10} \times \frac{10}{15} \times 100 = \frac{10}{15} \times 100 = 66.67\%$

55. (b) लाभ राशि

वर्ष 2016 में, लाभ = आय – व्यय = 54 – 51 = ₹ 3 लाख

वर्ष 2017 में, लाभ = आय – व्यय = 64 – 60 = ₹ 4 लाख

वर्ष 2018 में, लाभ = आय – व्यय = 80 – 75 = ₹ 5 लाख

तथा वर्ष 2019 में, लाभ = आय – व्यय = 82 – 80 = ₹ 2 लाख

अतः विकल्प (b) सही उत्तर होगा।

56. (c) रेलगाड़ी A की चाल = 75 किमी/घण्टा = $\frac{75}{60}$ किमी/मिनट

= 1.25 किमी/मिनट

रेलगाड़ी B की चाल = 85 किमी/घण्टा = $\frac{85}{60}$ किमी/मिनट

= 1.42 किमी/मिनट

$\therefore$ तय की गई अभीष्ट दूरी $= 1.25 \times 3 + 1.42 \times 3$

$= 3.75 + 4.25$

$= 8.01 \simeq 8$ किमी

57. (b) $\frac{3281k6}{6}$ = पूर्ण विभाज्य

$\Rightarrow$ न्यूनतम संख्या $k = 1$

अधिकतम संख्या $k = 7$

$\therefore$ योग $= 1 + 7 = 8$

अतः विकल्प (b) सही उत्तर होगा।

58. (b) $\Rightarrow ? = \dfrac{4\frac{1}{3} + 3\frac{1}{3} \times 1\frac{4}{5} \div 3\frac{3}{4} \times \left(6\frac{1}{4} \text{ का } 1\frac{1}{15}\right)}{\frac{2}{3} \div \frac{5}{6} \times \frac{2}{3}}$

$\Rightarrow ? = \dfrac{\frac{13}{3} + \frac{10}{3} \times \frac{9}{5} \div \frac{15}{4} \times \left(\frac{25}{4} \text{ का } \frac{16}{15}\right)}{\frac{2}{3} \times \frac{6}{5} \times \frac{2}{3}}$

$\Rightarrow ? = \dfrac{\frac{13}{3} + \frac{10}{3} \times \frac{9}{5} \times \frac{4}{15} \times \frac{25}{4} \times \frac{16}{15}}{\frac{2}{3} \times \frac{6}{5} \times \frac{2}{3}}$

$\therefore\ ? = 28\frac{1}{8}$

59. (a) कर्मचारियों की कुल संख्या $= 2400$

A के कुल कर्मचारियों की संख्या $= \frac{126}{360} \times 2400 = 840$

तथा a के 40% कर्मचारी $= \frac{840 \times 40}{100} = 336$

अब, B में कुल कर्मचारी $= \frac{18}{360} \times 2400 + \frac{336}{2} = 120 + 168 = 288$

$\therefore$ B और C में कुल कर्मचारी $= 288 + \frac{54}{360} \times 2400$

$= 288 + 360 = 648$

60. (b) प्रतिशत वृद्धि/कमी $= -50 + 50 - \frac{50 \times 50}{100} = -25\%$ कमी

61. (b) अभीष्ट प्रतिशत $= \dfrac{\text{ग्रेड B प्राप्त करने वाले छात्रों की संख्या}}{\text{ग्रेड A प्राप्त करने वाले छात्रों की संख्या}} \times 100$

$= \frac{27}{30} \times 100 = 90\%$

62. (a) प्रश्नानुसार, 6, 9 और 15 का ल. स. = 90

पूर्ण वर्ग बनाने के लिए छोटी-से-छोटी संख्या $= 90 + 10 = 100 = (10)^2$

अतः विकल्प (a) सही है।

63. (a) दिया है,

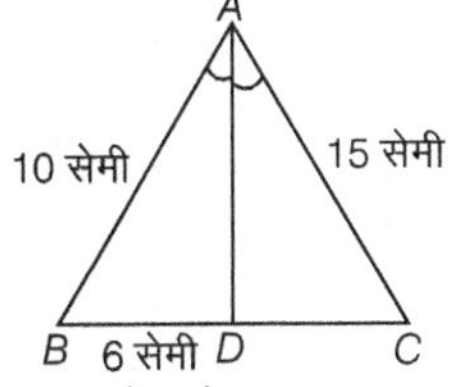

तब, कोण समाद्विभाजक प्रमेय से,

$\frac{AB}{AC} = \frac{BD}{DC}$

$\Rightarrow \quad DC = \frac{BD}{AB} \times AC = \frac{6 \times 15}{10}$

$\therefore \quad DC = 9$ सेमी

अब, $\quad BC = BD + DC$ सेमी $= 6 + 9 = 15$

64. (d) A का 1 दिन का कार्य $= \frac{1}{8}$ इकाई

तथा B का 1 दिन का कार्य $= \frac{1}{12}$ इकाई

प्रश्नानुसार, $\left(\frac{1}{8} + \frac{1}{12}\right) \times x + \frac{1}{12} \times 2 = 1$

$\Rightarrow \quad \left(\frac{3+2}{24}\right) x + \frac{4}{24} = 1$

$\Rightarrow \quad x = 4$ दिन

अतः कुल कार्य पूरा होने में लगा समय = 4 + 2 = 6 दिन

65. (b) माना तीन संख्याएँ $2x$, $3x$ तथा $4x$ हैं।

प्रश्नानुसार, $(2x)^2 + (3x)^2 + (4x)^2 = 2349$

$\Rightarrow \quad 4x^2 + 9x^2 + 16x^2 = 2349$

$\Rightarrow \quad 29x^2 = 2349$

$\Rightarrow \quad x^2 = 81 \Rightarrow x = 9$

$\therefore$ प्रथम दो संख्याओं का औसत $= \frac{2x + 3x}{2} = \frac{5 \times 9}{2} = 22.5$

66. (c) दिया है, $\quad 5x - \frac{1}{4x} = 6 \quad$ ...(i)

दोनों ओर वर्ग करने पर,

$\Rightarrow 25x^2 + \frac{1}{16x^2} - 2\left(\frac{5}{4}\right) = 36$

$\Rightarrow \quad 25x^2 + \frac{1}{16x^2} = 36 + 2\left(\frac{5}{4}\right)$

$\Rightarrow \quad 25x^2 + \frac{1}{16x^2} = 36 + \frac{10}{4}$

$\Rightarrow \quad 25x^2 + \frac{1}{16x^2} = \frac{154}{4} = \frac{77}{2} \quad$ ...(ii)

अब, $\left(5x + \frac{1}{4x}\right)^2 = 25x^2 + \frac{1}{16x^2} + 2\left(\frac{5}{4}\right)$

$\Rightarrow \quad \left(5x + \frac{1}{4x}\right)^2 = \frac{77}{2} + \frac{5}{2} = \frac{82}{2} = 41 \quad$ [समी (ii) से]

$\Rightarrow \quad 5x + \frac{1}{4x} = \sqrt{41} \quad$ ...(iii)

$\therefore \quad 25x^2 - \frac{1}{16x^2} = (5x)^2 - \left(\frac{1}{4x}\right)^2 = \left(5x + \frac{1}{4x}\right)\left(5x - \frac{1}{4x}\right)$

$= \sqrt{41} \times 6 \quad$ [समी (iii) व (i) से]

$= 6\sqrt{41}$

67. (d) फूड का अन्तिम विक्रय मूल्य $= 4580 \times \frac{(100-20)}{100} \times \frac{(100-35)}{100}$

$= 4580 \times \frac{80}{100} \times \frac{65}{100}$

$= \frac{23816000}{100 \times 100} \approx$ ₹ 2382

68. (d) दिया है, $A = 30°$

$\therefore \frac{8 \sin A + 11 \operatorname{cosec} A - \cot^2 A}{10 \cos 2A}$

$= \frac{8 \times \sin 30° + 11 \operatorname{cosec} 30° - \cot^2 30°}{10 \times \cos 60°}$

$= \dfrac{\frac{8}{2} + 11 \times 2 - (\sqrt{3})^2}{10 \times \frac{1}{2}} = \frac{4 + 22 - 3}{5} = \frac{23}{5} = 4\frac{3}{5}$

69. (a) $\frac{(7.03)^3 - 0.027}{(7.03)^2 + 2.109 + (0.3)^2} = \frac{(7.03)^3 - (0.3)^3}{(7.03)^2 + 2.109 + (0.3)^2}$

$= \frac{[7.03 - 0.3][(7.03)^2 + 7.03 \times 0.3 + (0.3)^2]}{(7.03)^2 + (7.03 \times 0.3) + (0.3)^2}$

$= 7.03 - 0.3 = 6.73$

70. (b) अभीष्ट प्रतिशत

$$= \frac{\text{कम-से-कम 10 अंक प्राप्त करने वाले छात्र}}{\text{कुल छात्र}} \times 100$$

$$= \frac{30}{40} \times 100 = 75\%$$

71. (b) दिया है,

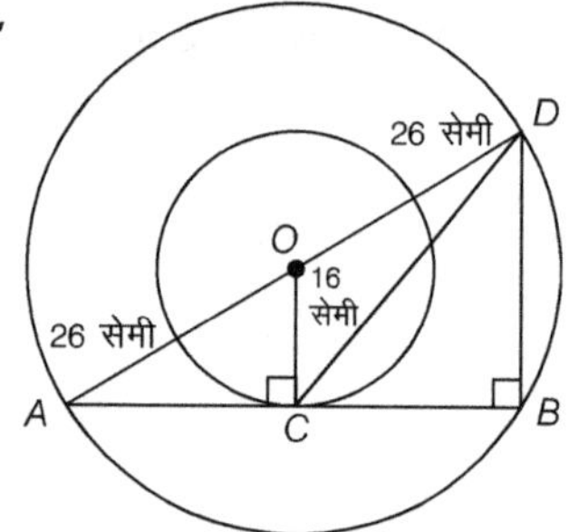

ΔAOC में पाइथागोरस प्रमेय से,

$\Rightarrow \quad AC = \sqrt{(26)^2 - (16)^2}$

$\Rightarrow \quad AC = \sqrt{676 - 256}$

$\Rightarrow \quad AC = \sqrt{420}$

तब, $\quad AB = 2\sqrt{420}$ सेमी

ΔABD में, $\quad BD = \sqrt{(52)^2 - (2\sqrt{420})^2}$

$\Rightarrow \quad BD = \sqrt{2704 - 1680}$

$\Rightarrow \quad BD = \sqrt{1024} = 32$ सेमी

अब, ΔCBD में,

$$CD = \sqrt{(32)^2 + (\sqrt{420})^2}$$

$\Rightarrow \quad CD = \sqrt{1024 + 420}$

$\Rightarrow \quad CD = \sqrt{1444} = 38$ सेमी

72. (c) दिया है,

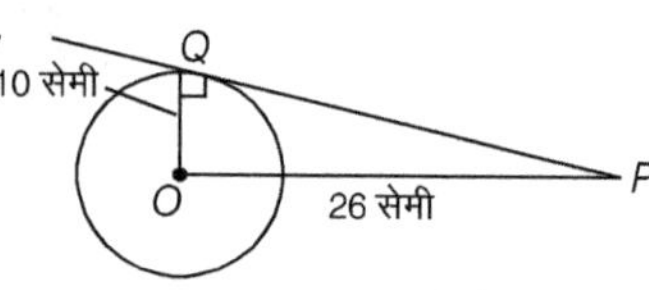

ΔPOQ में, $\quad (PO)^2 = (PQ)^2 + (OQ)^2$

$\Rightarrow \quad (PQ)^2 = (26)^2 - (10)^2$

$\Rightarrow \quad (PQ)^2 = 676 - 100$

$\therefore \quad PQ = \sqrt{576} = 24$ सेमी

73. (a) माना A अकेले x वर्ष व्यापार में रहा

A, B और C के लाभ का अनुपात

$$= 65000 \times 12 : 50000 \times (12 - x) : 55000 \times (9 - x)$$

प्रश्नानुसार,

$$\frac{65000 \times 12}{(65000 \times 12) + \{50000 \times (12 - x)\} + \{55000 \times (9 - x)\}} = \frac{1}{2}$$

$$\Rightarrow \frac{65 \times 12}{(65 \times 12) + \{50 \times (12 - x)\} + \{55 \times (9 - x)\}} = \frac{1}{2}$$

$\Rightarrow \quad 65 \times 24 = 65 \times 12 + 600 - 50x + 495 - 55x$

$\Rightarrow \quad 65 \times 12 - 600 - 495 = -105x$

$\therefore \quad x = 3$

74. (d) माना जहाज से नाव की दूरी $= x$ मी

ΔABC में,

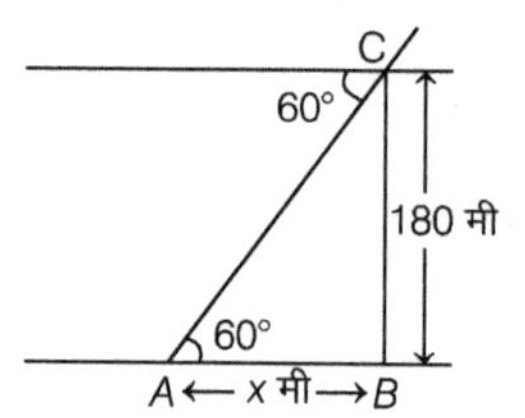

$$\tan 60° = \frac{180}{x}$$

$\Rightarrow \quad \sqrt{3} = \frac{180}{x} \Rightarrow x = \frac{180}{\sqrt{3}}$

$\therefore \quad x = \frac{180}{\sqrt{3}} \times \frac{\sqrt{3}}{\sqrt{3}} = 60\sqrt{3}$ सेमी

75. (a) मूलधन (P) = ₹ 5000

समय (T) = 10 वर्ष

$\therefore$ साधारण ब्याज $= 5000 \times \frac{2 \times 6}{100} + 5000 \times \frac{2 \times 8}{100} + 5000 \times \frac{6 \times 10}{100}$

$= 600 + 800 + 3000$

= ₹ 4400

सेक्शन I

भाषा हिन्दी

बोध (COMPREHENSION)

उद्देश्य

- बोध का उद्देश्य किसी उम्मीदवार की किसी विषय की जानकारी को समझने, व्याख्या करने, किसी निष्कर्ष पर पहुँचने की क्षमता का परीक्षण करने, मूल्यांकन करने और उसके प्रश्नों का उत्तर व्यवस्थित तरीके से देना है।
- इसके माध्यम से परीक्षार्थी की विश्लेषणात्मक और तार्किक क्षमता के साथ शब्दों के सटीक अर्थ को समझने के बाद निर्णय लेने की प्रवृत्ति का परीक्षण किया जाता है।
- बोध में बहुविकल्पीय प्रश्न ही पूछे जाते हैं। इनका उद्देश्य परीक्षार्थी की बोधगम्यता का अवलोकन करते हुए निर्णयन शक्ति का परीक्षण करना है।

बोध को कैसे पढ़ा जाए

बोध पर आधारित प्रश्नों के उत्तर देने हेतु निम्नलिखित दिशा-निर्देश दिए गए हैं

- बोध में प्राय: कुछ ऐसे वाक्य होते हैं, जो विचारों की क्रमबद्धता को निर्धारित करते हैं।
  अत: विद्यार्थियों/परीक्षार्थियों को उनकी पहचान करना आवश्यक है।
- अध्ययन सामग्री को शीघ्रता से पढ़कर एक सामान्य विचार प्राप्त करना चाहिए। तत्पश्चात् पुन: धीरे-धीरे पढ़कर मुख्य विचारों को रेखांकित करना चाहिए।
- कुछ परीक्षार्थी प्रश्नों को पढ़ने के बाद परिच्छेद का अध्ययन करते हैं, किन्तु ऐसा करने से दुविधा भी उत्पन्न हो सकती है और समय की भी हानि हो सकती है। अत: पहले बोध को पढ़ना चाहिए बाद में प्रश्नों को।
- सन्देह की स्थिति उत्पन्न होने पर परीक्षार्थी को स्वयं से प्रश्न करना चाहिए अर्थात् यह विचार करना चाहिए कि लेखक ने ऐसा उदाहरण क्यों दिया, इसका उल्लेख क्यों किया, परिच्छेद का उद्देश्य क्या है, आदि।
- परिच्छेद को न तो बहुत अधिक और न अत्यन्त धीमी गति से पढ़ना चाहिए, बल्कि एक सामान्य गति से और सूझ-बूझ के साथ परिच्छेद पढ़ना चाहिए।
- परिच्छेद पढ़ते समय भावार्थ को समझते हुए तथ्य सम्बन्धी जानकारी; जैसे— तिथि, स्थान एवं व्यक्ति आदि, का भी ध्यान रखना चाहिए।
- परिच्छेद को पढ़ते समय हमारा स्वयं का विचार नहीं वरन् लेखक के विचार एवं तथ्य महत्त्वपूर्ण होते हैं। अत: लेखक के विचार तथा तथ्यों को समझना आवश्यक है।

परीक्षा में पूछे जाने वाले बोध की प्रकृति

सामान्यत: परीक्षा में पूछे जाने वाले बोध की प्रकृति निम्न प्रकार की होती है

1. **वर्णनात्मक शैली** इसमें किसी वस्तु अथवा किसी व्यक्ति के सार को शब्दों में प्रस्तुत किया जाता है। इसमें पाठक के सामने एक चित्र अथवा एक आरेख रखा जाता है, जो वस्तुओं, घटनाओं, कार्यविधियों और संस्थाओं इत्यादि से सम्बन्धित हो सकता है।
2. **निर्वचनात्मक शैली** इस प्रकार के बोध में लेखक के बोध के भाव एवं लेखन प्रक्रिया में संतुलन और दृष्टिकोण को दर्शाया जाता है।
3. **तर्कपूर्ण शैली** इस प्रकार की शैली किसी दृष्टिकोण पर चर्चा तथा इसका समर्थन करती है। इस शैली के माध्यम से यह ज्ञात होता है कि कोई वस्तु अच्छी या बुरी क्यों होती है? कोई घटना क्यों घटित हुई अथवा घटना को क्यों घटित होना चाहिए अथवा नहीं घटित होना चाहिए आदि।
4. **प्रतिबिम्बात्मक शैली** इस शैली में विषयों, घटनाओं, कार्यकलापों और व्यक्तियों पर दृष्टिपात किया जाता है। इसमें यह ज्ञात करने का प्रयास किया जाता है कि विचार किस प्रकार परिवर्तित होते हैं।
5. **आलोचनात्मक शैली** इस शैली के अन्तर्गत लेखक बोध में किसी समूह वर्ग या व्यक्तिगत क्रिया विधि आदि की आलोचना के माध्यम से अपने विचार को प्रकट करता है। इस शैली का प्रयोग उच्च स्तर पर किया जाता है।

परीक्षा में पूछे जाने वाले प्रश्नों की प्रकृति

परीक्षा में पूछे जाने वाले प्रश्नों को निम्न श्रेणियों में वर्गीकृत किया जा सकता है

1. मूल विचार पर आधारित प्रश्न

इस प्रकार के प्रश्न सम्पूर्ण परिच्छेद के बोध पर आधारित होते हैं। इस प्रकार के प्रश्नों द्वारा यह ज्ञात होता है कि पाठक किस सीमा तक विषय-वस्तु को समझ पाता है। इस प्रकार के प्रश्नों का उत्तर बोध में ही मिल जाता है।

उदाहरण

(i) निम्न विकल्पों/कथनों में से कौन-सा परिच्छेद सर्वश्रेष्ठ रूप दर्शाता है?

(ii) निम्न में से कौन-सा वाक्य 'केन्द्रीय विचार' की ओर इंगित करता है?

इसके लिए मुख्य शब्दों और वाक्यांशों का ज्ञान आवश्यक है, क्योंकि ये एक परिच्छेद के भीतर/अन्दर वैचारिक सम्बन्धों को समझने में महत्त्वपूर्ण भूमिका निभाते हैं। ये शब्द निम्नलिखित हैं—

संयोजक शब्द परिणामस्वरूप, इसके साथ ही, इसके अतिरिक्त भी।

विपरीतार्थक शब्द इसके विपरीत, इसके उल्टे, इसके प्रतिकूल।

कारण और प्रभाव के शब्द इसलिए, परिणामस्वरूप, लेकिन।

बल/दबाव आधारित शब्द अधिक महत्त्वपूर्ण, बिल्कुल आवश्यक, सनद रहे।

समय आधारित शब्द पहले ही, इस बीच, इस अवधि, बाद में आदि।

2. लेखक की राय पर आधारित प्रश्न

इस प्रकार के प्रश्न लेखक की राय पर आधारित होते हैं। इनका स्पष्ट रूप से उल्लेख नहीं होता है। मुख्य वाक्यों से इनका अर्थ निकालना पड़ता है।

इन प्रश्नों से पता चलता है कि पाठक लेखक की मनोवृत्ति, ज्ञान, लेखन शैली इत्यादि को विश्लेषित करने की क्षमता रखता है या नहीं।

उदाहरण

(i) पहले परिच्छेद में लेखक का स्वर/लहजा क्या/कैसा है?

(ii) लेखक की दृष्टि में, इस समस्या का सर्वमान्य हल क्या हो सकता है?

(iii) निम्न में से किस विचार के साथ सहमत होने की सम्भावना सर्वाधिक है?

3. स्पष्ट या प्रत्यक्ष जानकारी पर आधारित प्रश्न

इसके अन्तर्गत किसी के नाम, दिनांक, आँकड़े तथा तथ्यों के आधार पर स्पष्ट प्रश्न किए जाते हैं, इन्हें पढ़ने के दौरान ही सरलतापूर्वक नोटिस किया जा सकता है।

उदाहरण

(i) प्रस्तुत परिच्छेद में से कौन-सा विकल्प सत्य नहीं है?

(ii) निम्न में से कौन-सा तत्त्व आज युवाओं के लिए प्रेरणा प्रदान नहीं करता है?

4. अन्तर्निहित सूचना पर आधारित प्रश्न

इस प्रकार के प्रश्न-बोध में प्रश्नों के उत्तर स्पष्ट नहीं होते हैं, बल्कि बोध में ही निहित होते हैं। इस प्रकार के प्रश्नों के उत्तर परिच्छेद में स्पष्ट रूप से परिलक्षित नहीं होते हैं, बल्कि वे परिच्छेद में निहित होते हैं। इस प्रकार के प्रश्नों से परीक्षार्थी की बोध क्षमता के सम्बन्ध में जानकारी मिलती है।

उदाहरण

(i) निम्न में से कौन-सा विकल्प या तर्क परिच्छेद में सबसे उपयुक्त है।

(ii) निम्न में से किस तर्क के साथ लेखक सहमति प्रदर्शित कर रहा है।

5. भाषा अभिव्यक्ति पर आधारित प्रश्न

इस प्रकार के प्रश्नों के उत्तर विशिष्ट शब्द तथा मुहावरा आदि के आधार पर दिए जाते हैं। ये अनुलोम या विलोम पर भी आधारित हो सकते हैं। इनके द्वारा तर्कशक्ति का भी परीक्षण किया जाता है। पाठक का उद्देश्य प्रासंगिक अर्थ को समझना होना चाहिए, न कि शाब्दिक अर्थों को।

उदाहरण

(i) 'क्या अर्थ है', 'क्या करता है', 'जितना अच्छा हो सकता हो' जैसे शब्दों के समूह पर विशेष ध्यान देना।

(ii) दिए गए विकल्पों में से परीक्षार्थी निकटतम शब्द खोजें, जिसका प्रयोग परिच्छेद में किया गया है।

6. बोध के गठन पर आधारित प्रश्न

इस प्रकार के प्रश्न लेखक द्वारा तर्क को व्यक्त करने में साहित्यिक तकनीक के प्रयोग पर भी आधारित होते हैं। इस प्रकार के प्रश्न परिच्छेद की संरचना का विश्लेषण तर्क, मान्यताओं, समाधान करने आदि की हमारी क्षमताओं का परीक्षण करते हैं।

उदाहरण

(i) निम्न में से कौन-सा विकल्प परिच्छेद की संरचना को उत्तम ढंग से दर्शा रहा है?

(ii) निम्न में से किस प्रकार के कथन को लेखक के विश्लेषण का आधार स्वीकार किया जा सकता है?

(iii) 'समाजवाद कभी असफल नहीं होगा' इस धारणा को लेखक ने किस आधार पर विकसित किया है?

7. अनुरूप तर्क पर आधारित प्रश्न

इस प्रकार के प्रश्न भी हमारी समझ और विश्लेषण की क्षमता को परखने पर आधारित होते हैं। तर्क पर आधारित उदाहरणों के सम्बन्ध को पहचानना ही इस प्रकार के प्रश्नों का उद्देश्य होता है।

उदाहरण

(i) निम्न में से कौन-सा चित्रण, दूसरे परिच्छेद में उल्लिखित उदाहरण का प्रतिनिधित्व करता है?

(ii) "मनुष्य गलतियों का पुतला है" यह कथन निम्न में किस स्थिति के लिए उपयुक्त होगा?

8. कथन संयोजन आधारित प्रश्न

इस प्रकार के प्रश्नों में दो-या-दो से अधिक कथनों से प्रश्न पूछे जाते हैं, जिनका उत्तर संयोजन द्वारा; जैसे—केवल कथन I सही है, केवल कथन II सही है या I, II और III सभी सही हैं, आदि प्रकार से दिया जाता है।

साधित उदाहरण

बोध 1

निर्देश (प्र.सं. 1-5) **नीचे दिए गए बोध को ध्यानपूर्वक पढ़कर सही उत्तर का चयन व्याख्या सहित कीजिए।**

किसी भी शोध विषय पर कार्य करने के लिए एक उपयुक्त अनुसन्धान पद्धति की आवश्यकता होती है। एक प्रश्न का उत्तर अकसर एक से अधिक पद्धतियों से दिया जा सकता है। प्रश्नों की प्रकृति के अनुसार अलग-अलग अनुसन्धान पद्धतियों का चयन महत्त्वपूर्ण होता है, क्योकि अधिकांश शोध प्रश्नों के लिए, शोधकर्ता के पास सम्भावित पद्धतियों को चुनने की स्वतन्त्रता होती है, लेकिन यह चुनाव आमतौर पर सीमित होता है, क्योंकि अलग-अलग प्रकृति के प्रश्नों के लिए अलग-अलग शोध पद्धतियाँ निर्धारित की गई हैं।

शोध प्रश्न का सावधानीपूर्वक निर्धारण करने के बाद, शोधकर्ता का सबसे पहला काम उपयुक्त शोध प्रणाली का चयन करना होता है। यह चयन

तकनीकी कसौटियों (अर्थात् प्रश्न और पद्धति के बीच कितनी संगतता है) के अनुसार ही नहीं, बल्कि व्यावहारिकता को भी ध्यान में रखते हुए किया जाना चाहिए। व्यावहारिकता में अनेक बातें शामिल हो सकती हैं; जैसे—अनुसन्धान के लिए उपलब्ध समय की मात्रा, लोगों एवं सामग्री दोनों के रूप में उपलब्ध संसाधन तथा वे परिस्थितियाँ जिनमें शोध किया जाना है इत्यादि। शोध प्रश्न का निर्धारण करने के उपरान्त यदि सही ढंग से शोध प्रणाली का चयन नहीं किया जाता है, तो अभीष्ट परिणाम में बाधा पहुँचती है। अत: बहुत ही सतर्क दृष्टि से शोध प्रणाली का चुनाव आवश्यक हो जाता है।

1. निम्न कथनों पर विचार कीजिए

I. शोध विषय पर कार्य करने के लिए किसी अनुसन्धान पद्धति की कोई आवश्यकता नहीं होती है।

II. एक अनुसन्धान पद्धति सभी प्रश्नों के लिए उपयुक्त हो, ऐसा आवश्यक नहीं है।

उपरोक्त में से कौन-सा/से कथन असत्य है/हैं?

(a) केवल I (b) केवल II
(c) I और II दोनों (d) इनमें में से कोई नहीं

व्याख्या (a) कथन I असत्य है, क्योंकि प्रत्येक अनुसन्धान प्रश्न अर्थात् शोध विषय पर कार्य करने हेतु एक उपयुक्त अनुसन्धान पद्धति की आवश्यकता होती है। उपयुक्त अनुसन्धान पद्धति के अभाव में अनुसन्धान प्रश्न का सही परिणाम प्राप्त करने में बाधा उत्पन्न होती है। कथन II सत्य है, क्योंकि अलग-अलग प्रकृति के प्रश्नों के लिए अलग-अलग और विशिष्ट प्रकार की पद्धतियों की आवश्यकता होती है, सभी प्रश्नों का परिणाम एक ही पद्धति से सम्भव नहीं है, अत: कथन 2 सत्य है। इस प्रकार विकल्प (a) सही होगा।

2. परिच्छेद के सम्बन्ध में निम्न कथनों पर विचार कीजिए।

1. अधिकांश शोध प्रश्नों के लिए शोधकर्ता के पास सम्भावित पद्धतियों को चुनने की स्वतन्त्रता होती है।
2. लेकिन पद्धतियों का चुनाव सामान्यत: सीमित होता है।

उपरोक्त में से कौन-सा/से विकल्प सत्य है/हैं?

(a) केवल 1 (b) केवल 2
(c) 1 और 2 दोनों (d) इनमें से कोई नहीं

व्याख्या (c) कथन 1 सत्य है, क्योंकि शोधकर्ता इस बात के लिए स्वतन्त्र होता है कि वह किसी भी अनुसन्धान पद्धति का चयन कर लें, क्योंकि अनुसन्धान पद्धति ही उसे सही उत्तर प्राप्त करने में सहायक होती है।

कथन 2 भी सत्य है, क्योंकि विशिष्ट प्रकार के प्रश्नों को हल करने के लिए अलग-अलग और विशिष्ट प्रकार की पद्धतियाँ भी विकसित की गई हैं। इस प्रकार पद्धतियों का चुनाव करते समय शोधकर्ता के पास सीमित विकल्प होता है, क्योंकि उसे प्रश्नों की प्रकृति के हिसाब से ही पद्धतियों का चयन करना पड़ता है। यदि ऐसा नहीं होता है, तो परिणाम की सटीकता प्रभावित होती है।

3. शोध प्रणाली का चयन किसकी संगतता के ऊपर निर्भर करता है?

(a) प्रश्न और विधान (b) प्रश्न और बोध
(c) प्रश्न और पद्धति (d) प्रश्न और शोध

व्याख्या (c) बोध के अनुसार, जब तक शोधकर्ता को प्रश्न और पद्धति के मध्य संगत बातों का पता नहीं चल पाता है, तब तक वह शोध के इच्छित लक्ष्य को पूरा नहीं कर पाता है। इसलिए शोधकर्ता को चयन से सम्बन्धित तकनीकी कसौटियों के बारे में पूर्ण जानकारी होनी चाहिए।

4. शोध के सम्बन्ध में व्यावहारिकता में निम्नलिखित कौन कौन-सी बातें शामिल होती हैं?

1. उपलब्ध समय की मात्रा 2. शोध की परिस्थितियाँ
3. उपलब्ध संसाधन 4. तकनीकी कसौटियाँ

कूट

(a) केवल 1 (b) केवल 2
(c) 1, 2 और 3 (d) इनमें से कोई नहीं।

व्याख्या (c) विकल्प (c) सत्य है। शोध प्रश्न के निर्धारण के बाद शोध प्रणाली का चयन आवश्यक होता है। यह चयन तकनीकी कसौटियों (अर्थात् प्रश्न पद्धति के बीच संगतता) के अनुसार ही नहीं अपितु व्यावहारिकता को भी ध्यान में रखकर किया जाना चाहिए। व्यावहारिकता में निम्न बातें शामिल होती हैं, जैसे—अनुसन्धान के लिए उपलब्ध समय की मात्रा, लोगों एवं सामग्री दोनो के रूप में उपलब्ध संसाधन तथा वे परिस्थितियाँ जिसमें शोध आवश्यक है। इस प्रकार विकल्प (c) सत्य है।

5. बोध के अनुसार, शोध चयन में व्यावहारिकता के अतिरिक्त और अन्य किस बात का ध्यान रखा जाना चाहिए?

(a) पद्धति (b) प्रश्न
(c) a और b दोनों (d) सम्प्रत्यय

व्याख्या (c) बोध के अनुसार, शोध प्रणाली अति संवेदनशील व्यवस्था है। जिसमें न केवल विषयों के प्रश्न एवं उनकी पद्धति की तारतम्यता के बारे में जानकारी चाहिए, बल्कि उसमें व्यावहारिक बातों का भी समावेश होना चाहिए। व्यावहारिक बातें ऐसी बातें होती हैं, जो सामान्यत: लोगों के बीच प्रचलित होती हैं और इनका अपना विशेष महत्त्व भी होता है।

बोध 2

चंदा-तारों-सी सहज कांति, नदियों में है मुस्कान भरी,
है पवन-झकोरों में दुलार खेतों में है दौलत बिखरी,
पग-पग मेरा विश्वास भरा,
तप से है यह जीवन निखरा,
प्रखर कर्म का पाठ सतत—
पढ़ती मैं भारत माता हूँ।।
मैं वज्र-सदृश विपदाओं को भी अनायास सह लेती हूँ,
सुधा-दान कर औरों को, मैं विष पीकर मुस्काती हूँ,
धीरज का पाठ पढ़ाती हूँ,
गौरव का मार्ग दिखाती हूँ,
मैं सहज बोध, मैं सहज शक्ति—
सुविवेकी भारत माता हूँ।।
मूर्तियाँ बना डालीं सजीव,
अनगढ़ पत्थर को काट-काट,
बंधुता-प्रेम को फैलाया,
अपना ही अंतर बाँट-बाँट,
जिसके गीतों से जगत मुग्ध,
जिसके नृत्यों पर जगत मुग्ध,
जिसकी कविता-धारा अविरल—
बहती वह भारत माता हूँ।।

1. भारत माता कौन-सा पाठ पढ़ाती रहती है?
(a) देश के प्रति अनुराग का
(b) सदा प्रखर कर्म करने का
(c) कठोर परिश्रम करने का
(d) सदा मुस्कुराते हुए रहने का
व्याख्या (b) सदा प्रखर कर्म करने का

2. 'अपना ही अन्तर बाँट-बाँट' पंक्ति का क्या भाव है?
(a) स्वयं को विभाजित कर लेना
(b) देश का विभिन्न प्रान्तों में बँटा होना
(c) भेदभाव तथा जातिवाद को बढ़ावा देना
(d) समाज से अलग होकर रहना
व्याख्या (b) देश का विभिन्न प्रान्तों में बँटा होना

3. साहित्य और संगीत के क्षेत्र में भारत समृद्ध देश कैसे है?
(a) यहाँ के गीतों को सुनकर विश्व के लोग मुग्ध हो जाते हैं
(b) यहाँ के नृत्यों को देखकर विश्व के लोग मुग्ध हो जाते हैं
(c) यहाँ श्रेष्ठ कवियों द्वारा कविता रचने का कर्म हमेशा चलता रहता है
(d) उपरोक्त सभी
व्याख्या (d) उपरोक्त सभी

4. भारत माता किस प्रकार धीरज का पाठ पढ़ाती है?
(a) वज्र के समान विपदाओं को सहकर
(b) दूसरों को अमृत-दान कर
(c) मुस्कुराते हुए स्वयं विष का पान कर
(d) उपरोक्त सभी
व्याख्या (d) उपरोक्त सभी

5. 'खेतों में है दौलत बिखरी' पंक्ति में निहित मूलभाव यह है कि
(a) किसान सोने की फसल उपजाते हैं
(b) किसान वर्ग बहुत धन संपन्न है
(c) मृदा में खजाना मिलता है
(d) खेतों में अच्छी फसल उत्पन्न होती है
व्याख्या (d) खेतों में अच्छी फसल उत्पन्न होती है

6. प्रस्तुत पद्यांश में कवि ने किन भारतीय कलाओं की चर्चा की है?
(a) धीरज, गौरव, विवेक, सहनशक्ति
(b) तप, कर्म, दान, धर्म
(c) संगीत, नृत्य, कविता कर्म, मूर्तिकला
(d) नदी, चाँद, तारे, अमृत
व्याख्या (c) संगीत, नृत्य, कविता कर्म, मूर्तिकला

7. प्रस्तुत पद्यांश का केंद्रीय भाव क्या है?
(a) भारतमाता की समृद्धि, धैर्य व सौंदर्य का वर्णन करना
(b) कवि के कविता कर्म की प्रशंसा करना
(c) शिल्पकारों के कौशल को अभिव्यक्त करना
(d) प्राकृतिक सौंदर्य का चित्रण करना
व्याख्या (a) भारतमाता की समृद्धि, धैर्य व सौंदर्य का वर्णन करना

8. भारतमाता के संदर्भ में निम्नलिखित में से कौन-सा कथन असत्य है?
(a) गौरव का मार्ग दिखाती है (b) कर्महीनता का संदेश देती है
(c) धीरज का पाठ पढ़ाती है (d) कष्ट सहना सिखाती है
व्याख्या (b) कर्महीनता का संदेश देती है

बोध 3

भाषा का एक प्रमुख गुण है—सृजनशीलता। हिंदी में सृजनशीलता का अद्‌भुत गुण है, अद्‌भुत क्षमता है, जिससे वह निरंतर प्रवाहमान है। हिंदी ही ऐसी भाषा है, जिसमें समायोजन की पर्याप्त और जादुई शक्ति है। अन्य भाषाओं और संस्कृतियों के शब्दों को हिंदी जिस अधिकार और सहजता से ग्रहण करती है, उससे हिंदी की संभावनाएँ प्रशस्त होती हैं। हिंदी के लचीलेपन ने अनेक भाषाओं के शब्दों को ही नहीं, उनके सांस्कृतिक तेवरों को भी अपने में समेट लिया है। यही कारण है कि हिंदी सामाजिक संस्कृति तथा विविध भाषा-भाषियों और धर्मावलंबियों की प्रमुख पहचान बन गई है। अरबी, फ़ारसी, तुर्की, अंग्रेज़ी आदि के शब्द हिंदी की शब्द-संपदा में ऐसे मिल गए हैं, जैसे वे जन्म से ही इसी भाषा परिवार के सदस्य हों। यह समाहार उसकी जीवंतता का प्रमाण है। आज हम परहेज़ी होकर, शुद्धतावाद की जड़ मानसिकता में क़ैद होकर नहीं रह सकते। सूचना-क्रांति, तकनीकी-विकास और वैज्ञानिक आविष्कारों के दबाव ने हमें सबसे संवाद करने के अवसर दिए हैं। विश्व-ग्राम की संकल्पना से हिंदी को निरंतर चलना होगा। इसके लिए आवश्यक है—आधुनिक प्रयोजनों के अनुरूप विकास और भाषा एवं लिपि से संबंधित यांत्रिक साधनों का विकास। इंटरनेट से लेकर बाज़ार तक, राजकाज से लेकर शिक्षा और न्याय के मंदिरों तक हिंदी को उपयोगी और कार्यक्षम बनाने के लिए उसका सरल-सहज होना आवश्यक है और उसकी ध्वनि, लिपि, शब्द-वर्तनी, वाक्य-रचना आदि का मानकीकृत होना भी आवश्यक है।

1. हिंदी के निरंतर प्रवाहमान रहने का क्या कारण है?
(a) संस्कृति (b) सृजनशीलता
(c) सीमित मानसिकता (d) रूढ़िवादिता
व्याख्या (b) सृजनशीलता

2. हिंदी की संभावनाएँ कैसे प्रशस्त होती गई हैं?
(a) अन्य भाषाओं के शब्दों को सहजता से ग्रहण करने से
(b) अपने सांस्कृतिक स्वरूप से
(c) अपनी तटस्थता से
(d) अन्य भाषाओं को तुच्छ समझकर
व्याख्या (a) अन्य भाषाओं के शब्दों को सहजता से ग्रहण करने से

3. हिंदी ने लचीलेपन के कारण क्या किया?
(a) केवल अन्य भाषा के शब्दों को ग्रहण किया
(b) अन्य भाषाओं के शब्दों व सांस्कृतिक तेवरों को अपने में समेट लिया
(c) अपनी सामाजिक पहचान को बनाए रखा
(d) दूसरी भाषाओं को अधिक महत्त्व दिया
व्याख्या (b) अन्य भाषाओं के शब्दों व सांस्कृतिक तेवरों को अपने में समेट लिया

4. हिंदी भाषा के संदर्भ में शुद्धतावादी होने से क्या तात्पर्य है?
(a) गैर-हिंदी भाषाओं के शब्दों को ग्रहण करना
(b) हिंदी की बोलियों और उनके शब्दों को प्रधानता देकर हिंदी का विकास करना
(c) (a) और (b) दोनों
(d) केवल हिंदी को महत्त्व देना
व्याख्या (a) गैर-हिंदी भाषाओं के शब्दों को ग्रहण करना

5. आज हमें सबसे संवाद करने के अवसर किसने दिए हैं?
(a) सूचना क्रांति ने (b) तकनीकी विकास ने
(c) वैज्ञानिक आविष्कारों के दबाव ने (d) ये सभी
व्याख्या (d) ये सभी

6. आधुनिक प्रयोजनों के अनुरूप विकास और भाषा एवं लिपि से संबंधित यांत्रिक साधनों का विकास करने से क्या होगा?
(a) विश्व ग्राम की संकल्पना साकार हो जाएगी
(b) हिंदी की उन्नति अवरुद्ध हो जाएगी
(c) मनुष्य यंत्रवत प्राणी बनकर रह जाएगा
(d) तकनीकी उन्नति होगी

व्याख्या (a) विश्व ग्राम की संकल्पना साकार हो जाएगी

7. हिंदी को उपयोगी और कार्यक्षम बनाने के लिए उसे कैसा होना चाहिए?
(a) समृद्ध (b) क्लिष्ट
(c) सरल-सहज (d) ये सभी

व्याख्या (c) सरल-सहज

8. हिंदी अंतर्राष्ट्रीय सीमाओं में भारत का प्रतिनिधित्व कब करेगी?
(a) जब सरकार की तत्परता होगी
(b) जब जनता की इच्छाशक्ति होगी
(c) जब सरकार की तत्परता के साथ जनता की दृढ़ इच्छाशक्ति को हिंदी से जोड़ देंगे
(d) जब हिंदी को अधिक महत्त्व मिलने लगेगा

व्याख्या (c) जब सरकार की तत्परता के साथ जनता की दृढ़ इच्छाशक्ति को हिंदी से जोड़ देंगे

9. हिंदी ने अन्य भाषाओं के शब्दों को स्वयं में समाहित करते हुए अपना स्वरूप निर्मित करके क्या किया?
(a) भारत की भौगोलिक स्थिति में परिवर्तन किया
(b) भारत की सामाजिक संस्कृति की पहचान बन गई
(c) हिंदी के स्वरूपों को आच्छादित किया
(d) हिंदी के विकास को रोक दिया

व्याख्या (b) भारत की सामाजिक संस्कृति की पहचान बन गई

10. प्रस्तुत गद्यांश किस विषयवस्तु पर आधारित है?
(a) हिंदी भाषा पर (b) हिंदी भाषा और अन्य भाषा पर
(c) हिंदी भाषा और तकनीकी युग पर
(d) हिंदी के विकास पर

व्याख्या (c) हिंदी भाषा और तकनीकी युग पर

बोध 4

निर्देश (प्र.सं. 1-5) **नीचे दिए गए बोध को ध्यानपूर्वक पढ़कर सही उत्तर का चयन कीजिए।**

रूढ़िवादी परिप्रेक्ष्य के कुछ गुण राजनीतिक सुधारों का समर्थन करने वाली सोच पर हावी रहते हैं। सबसे पहले इस बौद्धिक और व्यावहारिक ऊर्जा का मुख्य ध्यान केन्द्रीय सरकार के डिजाइन बदलने पर केन्द्रित होता है। दूसरी अहम बात यह है कि यहाँ भारत से सबसे अच्छी राजनीतिक प्रथाओं को लागू करने के लिए एक अच्छे राजनीतिक या चुनाव प्रणाली की सार्वभौमिक खोज अभी भी जारी है। यद्यपि भारतीय लोकतन्त्र में समकालीन कदाचार के सन्दर्भ में एक रस्म है, जिसके अन्तगर्त इन प्रस्तावों को यहाँ किसी भी विश्लेषण में आश्रय नहीं दिया गया है। इसमें कोई आश्चर्य नहीं है कि परिणाम वैश्विक संवैधानिक दृष्टि से एक प्रकार की-इन्टरनेट शॉपिंग है (अमेरिकी द्वि-पार्टी प्रणाली, जर्मन में आत्मविश्वास का रचनात्मक वोट, अध्यक्षीय और संसदीय प्रणाली का फ्रांसीसी मिश्रण और कई अन्य)। तीसरी बात यहाँ के डिजाइन के जादू में सरलीकृत विश्वास है। कानून में बदलाव करने के लिए केवल समस्या के समाधान की आवश्यकता है। एक बार जब आपके पास सही डिजाइन होता है, तो कार्यवाही के हिस्से के तौर पर परिमाणों के वांछित समुच्चय उसका पालन करेंगे। जिस पर यह विचार नहीं करता, वह अनपेक्षित परिणामों की घटना है, जोकि अनियमित या आकस्मिक नहीं है। सभी संवैधानिक और कानूनी डिजाइनों में जो विचार है, वह राजनीतिक परिणामों का है, जिसे इस प्रकार की सोच वाले व्यक्ति के लिए मोटे तौर पर पूर्वानुमानित किया जा सकता है।

1. दिए गए परिच्छेद में 'डिजाइन के जादू में सरलीकृत विश्वास' का क्या अर्थ है?
1. राजनीतिक सुधारों पर रूढ़िवादी परिप्रेक्ष्य खुद को राजनीति के संस्थानों के साथ सम्बन्धित करता है।
2. राजनीतिक सुधरों पर रूढ़िवादी परिप्रेक्ष्य स्वयं को कानून में परिवर्तनों के परिणामों का निरीक्षण करने वालों की तुलना में कानून परिवर्तन से अधिक सम्बन्धित करता है।

उपरोक्त कथनों में से कौन-सा/से सही है/हैं?
(a) केवल 1 (b) केवल 2
(c) 1 और 2 दोनों (d) न तो 1 और न ही 2

व्याख्या (b) परिच्छेद के अनुसार, कानून में परिवर्तन पर बहुत अधिक बल दिया गया है। वैश्विक संवैधानिक आदर्श में शासन के नए प्रारूप को तलाशना बिना इस बात पर पर्याप्त विचार किए कि उस प्रणाली में क्या अनायास राजनीतिक परिणाम हो सकते हैं। यह 'सरलीकृत विश्वास' है, जिसके बारे में परिच्छेद में कहा गया है। कथन-2 परिच्छेद में निर्दिष्ट किया जा सकता है। लेकिन कथन-1 'डिजाइन के जादू का विश्वास' की व्याख्या नही करता। अत: कथन 2 सही है। इस लिए विकल्प (b) सही उत्तर है।

2. ''भारतीय लोकतन्त्र में रस्मों के सम्बन्ध में समकालीन भ्रष्टाचार।'' परिच्छेद के अनुसार निम्नलिखित में कौन-सा वाक्यांश इस कथन को स्पष्ट करता है?
1. रूढ़िवादी परिप्रेक्ष्य इस प्रकार के भ्रष्टाचार की उपस्थिति का वर्णन करता है।
2. रूढ़िवादी परिप्रेक्ष्य इस प्रकार के भ्रष्टाचार को केवल औपचारिकता के लिए सन्दर्भित करता है।
3. यह वाक्यांश राजनीतिक एवं चुनाव प्रणाली की सार्वभौमिकता की खोज को उजागर करता है।

कूट
(a) केवल 2 (b) 1 और 2
(c) 1 और 3 (d) 1, 2 और 3

व्याख्या (a) परिच्छेद के अनुसार लेखक का तात्पर्य है कि ग्रामीण परिप्रेक्ष्य लोकतन्त्र में समकालीन भ्रष्टाचार को सन्दर्भित करता है तथा यह एक नियमित गतिविधि बन चुकी है। हालांकि इसका यह अर्थ भी है कि रूढ़िवादी परिप्रेक्ष्य इस प्रकार के भ्रष्टाचारों के होने का खण्डन नहीं करता है। अत: केवल कथन 2 परिच्छेद का अनुसरण करता है। इसलिए परिच्छेद के अनुसार दिए गए वाक्यांश का सही उत्तर विकल्प (a) है।

3. परिच्छेद के अनुसार राजनीतिक सुधारों के सम्बन्ध में वर्तमान परिवेश के देखते हुए किन प्रवृत्तियों को अपनाने पर बल दिया गया है?
(a) सरकार की डिजाइन में बदलाव
(b) चुनाव प्रणाली की सार्वभौमिक खोज
(c) (a) और (b) दोनों
(d) समस्या समाधान की आवश्यकता का पूर्वानुमान

व्याख्या (c) परिच्छेद के अनुसार राजनीतिक सुधारों पर बल दिया गया है, जिसमें कुछ लोगों ने केन्द्रीय सरकार के डिजाइन में बदलाव पर बल दिया गया है। वहीं दूसरी ओर कुछ लोगों द्वारा एक अच्छे राजनीतिक प्रणाली की सार्वभौमिक खोज की बात कही गई है, जो अभी जारी है। कुछ लोगों ने कानून में बदलाव हेतु केवल समस्या समाधान की आवश्यकता पर दिया है, न कि राजनीतिक सुधारों के सम्बन्ध पर। अत: विकल्प (c) सही है।

4. परिच्छेद के अनुसार, निम्नलिखित में से भारतीय राजनीतिक सुधारों पर कौन-से रूढ़िवादी परिप्रेक्ष्य का महत्त्व नहीं है?
1. केन्द्रीय सरकार का डिजाइन।
2. सबसे अच्छी राजनीतिक प्रथाएँ।
3. संवैधानिक और कानूनी डिजाइन के परिणाम।
4. वर्तमान स्थितियों के विश्लेषण पर आधारित नीतियाँ।

कूट
(a) 1 और 2 (b) 2 और 3 (c) 3 और 4 (d) 1 और 4

व्याख्या (c) परिच्छेद के अनुसार, राजनीतिक सुधारों पर रूढ़िवादी परिप्रेक्ष्य भारत में सबसे अच्छी राजनीतिक प्रथाओं का आयात करने और केन्द्रीय सरकार की संरचना पर केन्द्रित है, लेकिन भारत की वर्तमान स्थिति के विषय में कोई विवरण नहीं देता है। इस अर्थ में केवल कथन 1 और 2 को रूढ़िवादी परिप्रेक्ष्य में शामिल किया जा सकता है। इस प्रकार दिया गया कथन (3) तथा (4) सही है, जो रूढ़िवादी परिप्रेक्ष्य के महत्त्व का भाग नहीं है। अत: विकल्प (c) सही है।

5. दिए गए परिच्छेद के सन्दर्भ में राजनीतिक सुधारों पर वर्तमान प्रचलित सोच किस प्रकार उसके पूर्ववर्तियों के समान है?
1. उच्च राजनीति के संस्थानों के विकास पर बल।
2. अच्छी राजनीतिक चुनावी प्रणाली के लिए सार्वभौमिक खोज।

कूट
(a) केवल 1 (b) केवल 2
(c) 1 और 2 दोनों (d) न तो 1 और न ही 2

व्याख्या (a) परिच्छेद के अनुसार, राजनीतिक सुधारों या प्रचलित परिपेक्ष्य 'उच्च राजनीति के पूर्वी पूर्ववर्तियों के साथ बाँटता है।' इस प्रकार कथन 1 अनुसरण करता है। कथन 2 को सुधारों पर वर्तमान परिपेक्ष्य की विशेषताओं के तौर पर निर्दिष्ट किया गया है। लेकिन यह निष्कर्षित नहीं किया जा सकता है कि इस प्रकार की 'सार्वभौमिक खोज पूर्ववर्तियों की विशेषता थी की नहीं।' इस प्रकार विकल्प (a) सही है।

बोध 5

निर्देश (प्र.सं. 1-5) नीचे दिए गए बोध को ध्यानपूर्वक पढ़कर सही उत्तर का चयन कीजिए।

मूलत: पारिस्थितिकी तन्त्र एक विशिष्ट पर्यावरण व्यवस्था है, जिसमें पर्यावरण के विभिन्न घटकों में एक सन्तुलन होता है, जो विशिष्ट जीवन समूहों के विकास का कारक होता है—

पारिस्थितिक तन्त्र लोगों को विभिन्न वस्तुएँ और सेवाएँ; जैसे—भोजन, स्वच्छ पानी, स्वच्छ हवा, बाढ़ नियन्त्रण, मिट्टी स्थिरीकरण, परागण प्रक्रिया में सहायता, जलवायु विनियमन आध्यात्मिक पूर्ति और सौन्दर्य-भोग इत्यादि प्रदान करता है। इन लाभों में से अधिकांश को अचल अवस्था में बदलना या उनको प्रतिस्थापित करने के लिए टेक्नॉलाजी का उपयोग करना बहुत ही खर्चीला है; जैसे—सागर के खारे जल को विलवणीकरण द्वारा पेयजल बनाया जा सकता है, किन्तु यह प्रौद्योगिकी काफी महँगी है।

विगत् कुछ दशकों में जनसंख्या में तीव्र वृद्धि हुई है। अत: जनसंख्या की आवश्यकताओं को पूरा करने के परिणामस्वरूप पृथ्वी की पारिस्थितिकी तन्त्र में व्यापक परिवर्तन हुए हैं, विशेषतया भोजन, मीठे जल, लकड़ी, फाइबर और ईंधन आदि में। इनसे आर्थिक विकास और मानव कल्याण में महत्त्वपूर्ण सफलता मिली, लेकिन प्राप्त लाभ समान रूप से वितरित नहीं किए जा सके हैं। कुछ लोगों को इन परिवर्तनों के परिणामस्वरूप हानि भी हुई है। इसके अतिरिक्त, पारिस्थितिक तन्त्र में हुए बदलावों से 'वस्तुओं और सेवाओं' में अल्पकालिक वृद्धि होती है, लेकिन उसकी कीमत दूसरी वस्तुओं एवं सेवाओं के पतन से अदा की जाती है। उदाहरण के लिए, भोजन और फाइबर का उत्पादन बढ़ाने के प्रयासों से स्वच्छ जल की उपलब्धता, बाढ़ विनियमित करने और जैव विविधता की क्षति इत्यादि।

1. परिच्छेद के अनुसार निम्नलिखित प्रश्नों पर विचार कीजिए
1. पारिस्थितिकी तन्त्र एक विशिष्ट पर्यावरण व्यवस्था है।
2. पारिस्थितिकी तन्त्र लोगों को भोजन, स्वच्छ जल, स्वच्छ वायु, जलवायु विनियम, सौन्दर्य भोग इत्यादि विभिन्न वस्तुएँ एवं सेवाएँ प्रदान करता है।
3. पर्यावरण के विभिन्न घटकों के मध्य एक असन्तुलन पाया जाता है, जो विशिष्ट जीवन समूहों के विकास में बाधक होता है।

उपरोक्त में से कौन-सा/से कथन सत्य है/हैं?
(a) केवल 1 (b) केवल 2
(c) केवल 1 और 2 (d) केवल 1 और 3

व्याख्या (c) कथन-1 सत्य है, क्योंकि मूलत: पारिस्थितिकी तन्त्र एक विशिष्ट पर्यावरणीय व्यवस्था है, जिसमें पर्यावरण के विभिन्न घटकों के बीच एक सन्तुलन पाया जाता है। कथन 2 भी सत्य है, क्योंकि बोध के अनुसार पारिस्थितिकी लोगों को विभिन्न वस्तुएँ और सेवाएँ; जैसे-भोजन, स्वच्छ पानी, स्वच्छ हवा, बाढ़ नियंत्रण, मिट्टी स्थिरीकरण परागण प्रक्रिया में सहायता, जलवायु विनियमन आध्यात्मिक पूर्ति और सौन्दर्य-भोग इत्यादि प्रदान करता है। कथन-3 असत्य है, क्योंकि पर्यावरण के विभिन्न घटकों के बीच असन्तुलन नहीं, बल्कि एक सन्तुलन होता है, जिससे पारिस्थितिकी तन्त्र के जीव-जन्तु निरन्तर विकास करते हैं। असन्तुलन की स्थिति में पर्यावरणीय संकट पैदा हो जाएगा।

2. परिच्छेद के अनुसार बढ़ती आबादी प्रतिकूल रूप से प्रभावित करती है
1. व्यापार 2. मीठा पेयजल
3. ईंधन 4. सौन्दर्य-भोग

कूट
(a) 1 और 2 (b) 2 और 3
(c) 3 और 4 (d) इनमें से कोई नहीं

व्याख्या (b) व्यापार और सौन्दर्य-भोग का बढ़ती जनसंख्या से सम्बन्ध प्रदर्शित नहीं किया गया है, जबकि मीठा पेयजल, भोजन, लकड़ी, फाइबर तथा ईंधन इत्यादि बढ़ती आबादी से प्रभावित होने वाले अवयव हैं।

3. परिच्छेद के सन्दर्भ में कौन-सा/कौन-से कथन असत्य है/हैं?
(a) तीव्र गति से बढ़ती जनसंख्या से, कुछ लोग प्रतिकूल रूप से प्रभावित हुए
(b) पारिस्थितिकी तन्त्र में होने वाले परिवर्तनों से कुछ लोगों को अल्पाविधि में हानि हो सकती है, किन्तु दीर्घकाल में इसके लाभदायक परिणाम प्राप्त होंगे
(c) भोजन, फाइबर और ईंधन में वृद्धि हेतु पर्याप्त प्रयास का अभाव मिलता है
(d) (b) और (c) दोनों

व्याख्या (d) उपरोक्त कथनों में से कथन (b) और (c) असत्य हैं। परिच्छेद विकल्प (b) का समर्थन नहीं कर रहा है, क्योंकि विकल्प (c) अप्रासंगिक है। अत: (b) और (c) विकल्प असत्य हैं।

4. पारिस्थितिकी तन्त्र में हुए बदलावों में निम्नलिखित में से किसमें अल्पकालिक वृद्धि होती है?
(a) साधनों और सेवाओं में
(b) साधनों और वस्तुओं में
(c) वस्तुओं और सेवाओं में
(d) उपरोक्त में से कोई नहीं

व्याख्या (c) पारिस्थितिकी तन्त्र में परिवर्तनों से वस्तुओं और सेवाओं में अल्पकालिक वृद्धि होती है, लेकिन इसकी कीमत दूसरी वस्तुओं और सेवाओं में पतन से अदा की जाती है। परिच्छेद में साधनों से इसका कोई सम्बन्ध नहीं दर्शाया गया है।

5. परिच्छेद के सन्दर्भ में निम्नलिखित कथनों पर विचार कीजिए
1. मानव कल्याण के लिए, पृथ्वी के पारिस्थितिकी तन्त्र में बदलाव लाना वांछित है।
2. टेक्नोलॉजी के माध्यम से हम पारिस्थितिकी तन्त्र द्वारा प्रदत्त वस्तुओं एवं सेवाओं को प्रतिस्थापित नहीं कर सकते हैं।

कूट
(a) केवल 1 (b) केवल 2
(c) 1 और 2 दोनों (d) इनमें से कोई नहीं

व्याख्या (b) परिच्छेद में हमारे पारिस्थितिकी तन्त्र में हुए परिवर्तन से उत्पन्न सकारात्मक और नकारात्मक तथ्यों की बात की गई है न कि मानव कल्याण हेतु बदलाव को वांछित माना गया है। अत: कथन 1 असत्य है। जबकि कथन 2 का परिच्छेद में स्पष्ट रूप से उल्लेख मिलता है। अत: कथन 2 सत्य है। इस प्रकार विकल्प (b) सही उत्तर होगा।

चैप्टर प्रैक्टिस

बोध 1

निर्देश (प्र.सं. 1-5) नीचे दिए गए बोध को ध्यानपूर्वक पढ़कर सही उत्तर का चयन कीजिए।

संस्कृति और सभ्यता ये दो शब्द हैं और उनके अर्थ भी अलग-अलग हैं। सभ्यता मनुष्य का वह गुण है, जिससे वह अपनी बाह्य तरक्की/प्रगति करता है। संस्कृति वह गुण है जिससे वह अपनी आन्तरिक उन्नति करता है, अर्थात् प्रेम करुणा और परोपकार सीखता है। आज रेलगाड़ी, मोटर और हवाई जहाज, लम्बी-चौड़ी सड़कें और बड़े-बड़े मकान, अच्छा भोजन और अच्छी पोशाकें, ये सभी सभ्यता की पहचान हैं।

जिस देश में इनकी जितनी अधिकता होती है, उस देश को हम उतना ही सभ्य मानते हैं, लेकिन संस्कृति इन सबसे कहीं अधिक सूक्ष्म वस्तु है। वह मोटर नहीं, मोटर बनाने की कला है; मकान नहीं, मकान बनाने की रुचि है। संस्कृति धन नहीं, गुण है।

विनय और विनम्रता, संस्कृति को अभिव्यक्ति प्रदान करते हैं। एक कहावत प्रचलित है कि सभ्यता वह चीज है, जो हमारे पास है, लेकिन संस्कृति वह गुण है, जो हममें छिपा हुआ है। हमारे पास घर होता है, कपड़े होते हैं, मगर ये सब चीजे हमारी सभ्यता के प्रतीक हैं, जबकि संस्कृति इतने स्पष्ट तौर पर दिखाई नहीं देती, वह बहुत ही सूक्ष्म एवं महान चीज है, जो हमारी हर पसन्द, हर आदत में छिपी रहती है। मकान बनाना सभ्यता का काम है, लेकिन मकान का कौन-सा नक्शा हमें पसन्द है, यह हमारी संस्कृति बतलाती है।

मनुष्य के अन्दर काम, क्रोध, लोभ, मद, मोह और मत्सर ये 6 विकार प्रकृति प्रदत्त हैं। मगर ये विकार अगर बेरोक छोड़ दिए जाएँ, तो आदमी इतना गिर जाए कि उसमें और जानवर में कोई भेद नहीं रह जाए। इन दुर्गुणों पर जो आदमी जितना ज्यादा काबू कर पाता है, उसकी संस्कृति भी उतनी ही ऊँची समझी जाती है। संस्कृति का स्वभाव है कि वह आदान-प्रदान से बढ़ती है।

जब दो देशों या जातियों के लोग आपस में मिलते हैं, तब उन दोनों की संस्कृतियाँ एक-दूसरे को प्रभावित करती हैं। इसलिए संस्कृति की दृष्टि से वह जाति या वह देश बहुत धनी माना जाता है, जिसने ज्यादा-से-ज्यादा देशों या संस्कृतियों से लाभ उठाकर अपनी संस्कृति का विकास किया हो।

1. निम्नलिखित कथनों पर विचार कीजिए
1. सभ्यता मनुष्य की आन्तरिक तरक्की की सूचक होती है।
2. संस्कृति मनुष्य की बाह्य प्रगति को इंगित करती है।
3. संस्कृति और सभ्यता में कोई मूलभूत अन्तर नहीं होता है।
4. मकान, अच्छा भोजन तथा वस्त्र, रेलगाड़ी, मोटर और हवाई जहाज आदि सभी संस्कृति की पहचान हैं।

उपरोक्त में से कौन-सा/से कथन सत्य है/हैं?
(a) केवल 1
(b) केवल 2 और 3
(c) 1, 2 और 4
(d) उपरोक्त में से कोई नहीं

2. संस्कृति सभ्यता से इस रूप में भिन्न है कि संस्कृति
(a) समन्वयपरक है और सभ्यता नितान्त मौलिक होती है।
(b) सभ्यता की तुलना में स्थूल और विशक होती है।
(c) एक आदर्श विधान है और सभ्यता यथार्थ होती है।
(d) सभ्यता की तुलना अत्यकन्त सूक्ष्म होती है।

3. मानव की मानवीयता इस बात में निहित है कि वह
(a) अपने मन से विद्यमान विकारों/दुर्गुणों पर नियन्त्रण रखने का प्रयास करें।
(b) सभ्यता की उच्चता को पाने का प्रयास करें।
(c) अपनी सभ्यता और संस्कृति को पाने का प्रयास करें।
(d) अपनी सस्कृति की समृद्धि हेतु प्रयास करें।

4. निम्नलिखित कथनों पर विचार कीजिए
1. संस्कृति वह चीज है, जो हमारे पास है, लेकिन सभ्यता वह गुण है जो हमारे अन्दर (हममें) छिपा हुआ है।
2. मनुष्य के अन्दर प्रकृति प्रदत्त विकारों की संख्या 5 है।
3. संस्कृति का स्वभाव है कि वह आदान-प्रदान से ही बनती है।

उपरोक्त में से कौन-सा/से कथन सत्य है/हैं?
(a) केवल 1 (b) केवल 2
(c) केवल 3 (d) ये सभी

5. निम्नलिखित में से कौन-सा एक असत्य है?
(a) मनुष्य की विनय और विनम्रता उसकी संस्कृति को स्पष्ट करते हैं
(b) वस्त्र, मकान, गाड़ी, हवाई जहाज इत्यादि सभ्यता की पहचान हैं
(c) परिच्छेद में दिए गए विकारों के अनियन्त्रित होने पर मनुष्य एवं जानवर में कोई अन्तर नहीं रह जाता है
(d) दो अलग-अलग संस्कृतियों के लोग जब आपस में मिलते हैं, तो वे दोनों अपनी-अपनी संस्कृतियों में बन्धे होते हैं तथा दोनों एक-दूसरे की संस्कृतियों से अप्रभावित रहते हैं

बोध 2

निर्देश (प्र.सं. 1-5) **नीचे दिए गए बोध को ध्यानपूर्वक पढ़कर सही उत्तर का चयन कीजिए।**

राजभाषा का अर्थ राजा या राज्य की भाषा है। वह भाषा जिसमें शासक या शासन का काम होता है। राष्ट्रभाषा वह है, जिसका व्यवहार राष्ट्र के सामान्य जन करते हैं। राजभाषा का क्षेत्र सीमित होता है। राष्ट्रभाषा सम्पूर्ण देश की सम्पर्क भाषा है। राष्ट्रभाषा के साथ जनता का भावनात्मक लगाव होता है, क्योंकि उसके साथ जनसाधारण की सांस्कृतिक परम्पराएँ जुड़ी रहती हैं। राजभाषा के प्रति वैसा सम्मान हो भी सकता है और नहीं भी, क्योंकि वह अपने देश की भी हो सकती है और गैर देश से आए शासक की भी हो सकती है।

लोकतान्त्रिक व्यवस्था में आज हिन्दी राष्ट्रभाषा के रूप में ही विराजित है। 14 सितम्बर, 1949 को भारत के संविधान में हिन्दी को मान्यता प्रदान की गई है। संविधान की धारा-120 के अनुसार संसद का कार्य हिन्दी में या अंग्रेजी में किया जाता है। धारा-210 के अन्तर्गत राज्यों के विधानमण्डलों का कार्य अपने-अपने राज्य की राजभाषा या हिन्दी में या अंग्रेजी में किया जा सकता है। अनुच्छेद 343 के अनुसार संघ की भाषा हिन्दी और लिपि देवनागरी होगी। इस भाषा के प्रचार तथा प्रसार में महात्मा गाँधी का महत्त्वपूर्ण योगदान रहा है। अनुच्छेद 344 में राष्ट्रपति को शासकीय कार्य में हिन्दी भाषा का प्रयोग अधिक करने के लिए कहा गया है।

1. राष्ट्रभाषा के साथ जनता का भावनात्मक लगाव होता है क्योंकि
(a) इसका क्षेत्र सीमित होता है
(b) यह सम्पूर्ण देश की भाषा है
(c) इसके साथ जनसाधारण की सांस्कृतिक परम्पराएँ जुड़ी रहती है
(d) उपरोक्त में से कोई नहीं

2. निम्नलिखित कथनों पर विचार कीजिए
1. राष्ट्रभाषा के साथ जनसाधारण की सांस्कृतिक परम्पराएँ जुड़ी होती हैं।
2. लोकतान्त्रिक व्यवस्था में हिन्दी आज राष्ट्रभाषा के रूप में विराजित है।
3. 14 सितम्बर, 1956 को भारत के संविधान में हिन्दी को मान्यता प्रदान की गई।

उपरोक्त कथनों में से कौन-सा/से कथन सत्य है/हैं?
(a) केवल 1 (b) केवल 2
(c) केवल 3 (d) ये सभी

3. निम्नलिखित में से कौन-सी धारा राज्य विधानमण्डलों के कार्य-कलाप सम्बन्धी भाषा का उल्लेख करती है?
(a) धारा-344 (b) धारा-345
(c) धारा-110 (d) धारा-210

4. बोध के अनुसार शासकीय कार्य में हिन्दी भाषा का प्रयोग अधिक करने के लिए किसे कहा गया है?
(a) राष्ट्रपति (b) राज्यपाल
(c) प्रधानमंत्री (d) उपराष्ट्रपति

5. निम्नलिखित कथनों पर विचार कीजिए
1. अनुच्छेद-344 के अनुसार संघ की राजभाषा हिन्दी तथा लिपि देवनागरी होगी।
2. अनुच्छेद-343 में राष्ट्रपति को शासकीय कार्य में हिन्दी भाषा का प्रयोग अधिक करने के लिए कहा गया है।
3. हिन्दी भाषा के प्रचार-प्रसार में गाँधी जी की महत्त्वपूर्ण भूमिका रही है।

उपरोक्त कथनों में से कौन-सा/से कथन असत्य है/हैं?
(a) केवल 1 (b) केवल 1 और 2
(c) केवल 1 और 3 (d) इनमें से कोई नहीं

बोध 3

निर्देश (प्र.सं. 1-5) **नीचे दिए गए बोध को ध्यानपूर्वक पढ़कर सही उत्तर का चयन कीजिए।**

एक लोकतान्त्रिक समाज स्वतन्त्रचेता व्यक्तियों का वह समूह होता है, जहाँ प्रत्येक व्यक्ति अपनी स्वतन्त्र सत्ता रखता है। मगर वह किसी अन्य की स्वतन्त्रता में अतिक्रमण नहीं करता। सबको अपने समान ही मानता है और सबकी गरिमा का आदर करता है। इस आदर में सभी का एक-दूसरे के प्रति प्रेम-भाव शामिल होता है। ऐसा प्रेम-भाव जिसमें किसी दूसरे को मन, वचन, कर्म से पीड़ा पहुँचाने का कोई स्थान नहीं होता है।

क्या आज की हमारी शिक्षा मानवीय रिश्तों का यह भाव सिखाती है? समानता पुरुष और स्त्री के बीच, गोरे और काले के बीच, अलग-अलग धर्मों को मानने वालों के बीच सिखाने की बात शिक्षा की व्यवस्था करने वाले जरूर करते हैं। समाज में सम्पन्न भी होते हैं, विफल भी, धनी भी निर्धन भी। हैसियत वाले और पिछड़े भी होते हैं। इसलिए इन सबके बीच समानता का व्यवहार सिखाने की अपेक्षा भी शिक्षा व्यवस्था से ही की जा सकती है।

शिक्षा से यह भी अपेक्षा की जाती है कि वह समाज में अलगाव की भावना को तिरोहित करके सब में अपनत्व का भाव पैदा करे और ऐसे मानवीय रिश्तों की स्वस्थ भूमि तैयार करें, जिसमें सभी समान रूप से अपने विकास के अवसर प्राप्त कर सकें।

1. निम्नलिखित तथ्यों पर विचार कीजिए
1. एक लोकतान्त्रिक समाज में प्रत्येक व्यक्ति अपनी स्वतन्त्र सत्ता रखता है।
2. एक लोकतान्त्रिक व्यक्ति सबको अपने समान ही समझता है और सबकी गरिमा का सम्मान करता है।

उपरोक्त कथनों में से कौन-सा/से सत्य है/हैं?
(a) केवल 1 (b) दोनों 1 और 2
(c) केवल 2 (d) या तो 1 और या 2

2. बोध के अनुसार लोकतांत्रिक समाज में प्रत्येक व्यक्ति किस प्रकार की सत्ता रखता है?
1. स्वतन्त्र सत्ता 2. परम्परागत सत्ता
3. विविध सत्ता 4. करिशमाई सत्ता
(a) केवल 1 (b) 1 तथा 3
(c) 2, 3 तथा 4 (d) ये सभी

3. हमें अपनी स्वतन्त्रता के साथ-साथ
(a) अपनी गरिमा का भी ध्यान रखना चाहिए
(b) दूसरों की शिक्षा की व्यवस्था भी करनी चाहिए
(c) सभी को मानवीय रिश्तों का महत्त्व बताना चाहिए
(d) दूसरों की स्वतन्त्रता का आदर करना चाहिए

4. "मगर वह किसी अन्य की स्वतन्त्र सत्ता का अतिक्रमण नहीं करता।" वाक्य में अतिक्रमण नहीं करने से क्या तात्पर्य है?
(a) अवहेलना नहीं करना (b) अधिकार नहीं मानना
(c) हस्तक्षेप नहीं करना (d) आक्रमण नहीं करना

5. निम्नलिखित कथनों पर विचार कीजिए
1. अलगाव की भावना को तिरोहित करके सभी में अपनत्व की भावना का विकास शिक्षा से ही सम्भव है।
2. एक लोकतान्त्रिक समाज स्वतन्त्रचेता व्यक्तियों का वह समूह होता है, जहाँ प्रत्येक व्यक्ति अपनी स्वतन्त्र सत्ता रखता है।

उपरोक्त में से कौन-सा/से कथन असत्य है?
(a) केवल 1 (b) केवल 2
(c) केवल 1 और 2 (d) इनमें से कोई नहीं

बोध 4

निर्देश (प्र.सं. 1-5) **नीचे दिए गए बोध को ध्यानपूर्वक पढ़कर सही उत्तर का चयन कीजिए।**

वास्तव में हृदय वही है, जो कोमल भावों और स्वदेश प्रेम से ओत-प्रोत हो। प्रत्येक देशवासी को अपने देश से प्रेम होता है, चाहे उसका देश सूखा, गर्म या दलदलों से युक्त हो। देश-प्रेम के लिए किसी आकर्षण की आवश्यकता नहीं होती, बल्कि वह तो अपनी भूमि के प्रति मनुष्य मात्र की स्वाभाविक ममता है। मानव ही नहीं पशु-पक्षियों तक को अपना देश प्यारा होता है। सन्ध्या के समय पक्षी अपने नीड़ की ओर उड़े चले जाते हैं। देश-प्रेम का अंकुर सभी में विद्यमान है। कुछ लोग समझते हैं कि मातृभूमि के नारे लगाने से ही देश-प्रेम व्यक्त होता है।

दिन-भर वे त्याग, बलिदान और वीरता की कथा सुनाते नहीं थकते, लेकिन परीक्षा की घड़ी आने पर भाग खड़े होते हैं। ऐसे लोग स्वार्थ त्यागकर, जान जोखिम में डालकर देश की सेवा क्या करेंगें? आज ऐसे लोगों की आवश्यकता नहीं है।

1. निम्नलिखित कथनों पर विचार कीजिए
1. हृदय वास्तव में उसे कहा जा सकता है, जो कोमल भावों एवं स्वदेश प्रेम की भावना से युक्त हो।
2. भौगोलिक परिस्थितियाँ चाहे जैसी भी हों, लेकिन लोगों का अपने देश के प्रति एक अद्भुत लगाव होता है।
3. देश प्रेम के लिए किसी न किसी आकर्षण की आवश्यकता होती है।

उपरोक्त में से कौन-सा/से कथन सत्य है/हैं?
(a) 1 और 2 (b) 2 और 3
(c) 1 और 3 (d) ये सभी

2. बोध के अनुसार देश प्रेम किसमें विद्यमान होता है?
(a) मानव (b) पशु-पक्षी
(c) (a) तथा (b) (d) इनमें से कोई नहीं

3. वही देश महान है जहाँ के लोग
(a) बेरोजगार तथा निर्धन नहीं हैं।
(b) कृषि और व्यापार से धनर्जित करते हैं।
(c) त्याग और बलिदान में सदैव अग्रणी रहते हैं।
(d) शिक्षित और प्रशिक्षित हैं।

4. देश-प्रेम से क्या अभिप्राय है?
(a) देश के प्रति कोमल भावों का उदय
(b) देशहित में शत्रु से संघर्ष
(c) देश के प्रति व्यक्ति का स्वाभाविक ममत्व
(d) अनथक प्रयत्न द्वारा देश का निर्माण करना

5. निम्नलिखित कथनों पर विचार कीजिए
1. अपने देश से प्यार की भावना सिर्फ मनुष्यों में ही पाई जाती है, पशु-पक्षियों में नहीं।
2. देश-प्रेम के लिए किसी आकर्षण की आवश्यकता नहीं होती है, बल्कि वह तो अपनी मातृभूमि के प्रति मनुष्य मात्र की स्वाभाविक ममता है।

उपरोक्त में से कौन-सा कथन गलत है?
(a) केवल 1 (b) केवल 2
(c) 1 और 2 दोनों (d) इनमें से कोई नहीं

बोध 5

निर्देश (प्र.सं. 1-5) **नीचे दिए गए बोध को ध्यानपूर्वक पढ़कर सही उत्तर का चयन कीजिए।**

सौर ऊर्जा पृथ्वी पर सर्वत्र उपलब्ध एवं सबसे अधिक विश्वसनीय ऊर्जा है, परन्तु इस ऊर्जा के दोहन का कार्य अभी बहुत पीछे है। वर्तमान में सम्पूर्ण विश्व उन्हीं ऊर्जा स्त्रोतों का उपयोग करने में संलग्न है, जिनका दोबारा प्रयोग नहीं किया जा सकता है, अर्थात् ऊर्जा के ऐसे स्रोत जो समाप्य हैं; जैसे—कोयला, पेट्रोलियम व प्राकृतिक गैस आदि, परन्तु कुछ स्रोत नवीकरणीय योग्य होते हैं; जैसे—सौर ऊर्जा, जल ऊर्जा, पवन ऊर्जा, बायो गैस, भू-ताप आदि। ऊर्जा की लगातार बढ़ती माँग और विश्व में 1973 में उत्पन्न ऊर्जा संकट एवं नवीकरणीय योग्य ऊर्जा संकट का ध्यान रखते हुए, इन नवीकरणीय ऊर्जा स्रोतों का विकास एवं दोहन परम आवश्यक है।

सामान्यत: ऊर्जा के स्रोतों को दो भागों में विभाजित किया जाता है—परम्परागत एवं गैर-परम्परागत। परम्परागत स्रोत उसे कहते हैं, जिनकी उपलब्धता सीमित है तथा इनका पुन: उपयोग हेतु नवीनकरण भी नहीं किया जा सकता है। वर्तमान में विश्व की कुल ऊर्जा माँग का 58% भाग परम्परागत ऊर्जा स्रोत के माध्यम से पूरा किया जाता है। प्रमुख परम्परागत ऊर्जा स्रोत है—जीवाश्म ईंधन (कोयला, पेट्रोलियम व प्राकृतिक गैस), नाभिकीय ऊर्जा आदि। जल ऊर्जा भी एक परम्परागत ऊर्जा स्रोत है, जिसका पुन: प्रयोग भी किया जा सकता है, जबकि गैर परम्परागत स्रोत वह स्रोत है, जिसका पुन: प्रयोग हेतु नवीनीकरण भी किया जा सकता है, इन स्रोतों से ऊर्जा प्राप्ति की प्रौद्योगिकी अपेक्षाकृत महँगी है। वर्तमान में विश्व के कुल ऊर्जा उत्पादन का मात्र-2% गैर-परम्परागत स्रोतों से पूरा होता है। प्रमुख गैर परम्परागत ऊर्जा स्रोत हैं—सौर ऊर्जा, पवन ऊर्जा, लघु पन बिजली, बायो गैस, समुद्र पर आधारित ऊर्जा (ज्वारीय ऊर्जा, तरंग ऊर्जा तथा समुद्री तापीय ऊर्जा) भू-तापीय ऊर्जा आदि।

1. निम्नलिखित कथनों में से कौन-सा/से सही है/हैं?

(a) पवन ऊर्जा पृथ्वी पर सर्वत्र उपलब्ध सर्वाधिक विश्वसनीय ऊर्जा है

(b) कोयला, पेट्रोलियम आदि ऊर्जा के गैर-परम्परागत स्रोत हैं

(c) प्राकृतिक गैस नवीकरणीय ऊर्जा का स्रोत है

(d) भू-तापीय ऊर्जा नवीकरणीय ऊर्जा स्रोत है

2. निम्नलिखित कथनों पर विचार कीजिए

1. लगातार बढ़ रही ऊर्जा की माँग और 1973 में उत्पन्न ऊर्जा संकट को ध्यान में रखते हुए नवीकरणीय ऊर्जा स्रोतों का विकास एवं दोहन परमावश्यक है।
2. परम्परागत ऊर्जा स्रोत में ऊर्जा बहुतायत मात्रा में उपलब्ध होती है तथा इसका पुन: उपयोग हेतु नवीनीकरण भी किया जा सकता है।
3. वर्तमान में विश्व की कुल ऊर्जा खपत का 75% भाग गैर-परम्परागत ऊर्जा स्रोतों के माध्यम से पूरा किया जाता है।
4. कोयला, पेट्रोलियम, प्राकृतिक गैस तथा नाभिकीय ऊर्जा आदि प्रमुख परम्परागत ऊर्जा स्रोत हैं।

उपरोक्त में से कौन-सा/से कथन असत्य है/हैं?

(a) 1 और 2 (b) 2 और 3
(c) 1, 2 और 3 (d) ये सभी

3. बोध के अनुसार किसका पुन: प्रयोग हेतु नवीनीकरण किया जा सकता है?

1. सौर ऊर्जा 2. पवन ऊर्जा
3. पेट्रोलियम 4. बायोगैस 5. प्राकृतिक गैस

कूट

(a) 1, 2 तथा 5 (b) 1, 2 तथा 4
(c) 1, 3, 4 तथा 5 (d) 1 तथा 2

4. निम्नलिखित कथनों पर विचार कीजिए

1. वर्तमान में विश्व के कुल ऊर्जा उत्पादन का 5% गैर-परम्परागत ऊर्जा स्रोतों से पूरा होता है।
2. विश्व की कुल ऊर्जा खपत का 98% भाग परम्परागत ऊर्जा स्रोत के माध्यम से पूरा किया जाता है।
3. समुद्र आधारित ऊर्जा (ज्वारीय ऊर्जा, तरंग ऊर्जा तथा समुद्र तापीय ऊर्जा) गैर-परम्परागत ऊर्जा स्रोत है।

उपरोक्त में से कौन-सा/से कथन असत्य है/हैं?

(a) केवल 1
(b) केवल 2 और 3
(c) केवल 1 और 3
(d) उपरोक्त सभी

5. निम्नलिखित में से कौन-सा असत्य है/हैं?

(a) कोयला, पेट्रोलियम तथा प्राकृतिक गैस समाप्य ऊर्जा स्रोत हैं

(b) बायो-गैस, भू-ताप आदि नवीकरणीय ऊर्जा स्रोत हैं

(c) ऊर्जा स्रोतों को नवीकरणीय एवं गैर-परम्परागत स्रोतों में विभाजित किया जाता है

(d) जल ऊर्जा भी एक परम्परागत ऊर्जा स्रोत है, जिसका पुन: प्रयोग भी किया जा सकता है

बोध 6

निर्देश (प्र.सं. 1-4) **निम्नलिखित बोध को ध्यानपूर्वक पढ़कर नीचे दिए गए प्रश्नों के सही उत्तर दीजिए।**

आधारभूत परिवर्तनों के सन्दर्भ में कामकाजी वर्ग की कठिनाइयों को कम करने के लिए एक प्रतिक्रिया प्रणाली का विकास और क्रियान्वयन सर्वोच्च राष्ट्रीय प्राथमिकता है। वर्तमान में सामाजिक सुरक्षा नीतियों के निर्माता और प्रशासक, विकसित और विकासशील दोनों देशों की ऐसी ही समस्या को सुलझाने की विश्वस्तरीय चर्चा में व्यस्त हैं।

इस चर्चा ने सामाजिक सुरक्षा योजनाओं के निजी प्रबन्धन के विरोध में सार्वजनिक प्रबन्धन का तर्क प्रस्तुत किया। दोनों पक्षों से काफी मजबूत तर्क दिए गए हैं, फिर भी कोई एक ऐसा खाका तय नहीं हो पाया, जिसे सार्वत्रिक रूप से स्वीकार किया जाए। प्रत्येक देश को अपनी राष्ट्रीय परिस्थितियों के सन्दर्भ में उपयुक्त मॉडल स्वीकार करना पड़ेगा। भारतीय सन्दर्भ में निजी प्रबन्धन के अधीन चलने वाली योजना सामाजिक सुरक्षा प्रदान करने का प्राथमिक जरिया नहीं हो सकतीं। इसे एक पूरक योजना के तौर पर लिया जा सकता है या दूसरा स्तम्भ कहा जा सकता है, जो पहले स्तम्भ की योजनाओं को सहयोग प्रदान करें। कामगारों की एक बड़ी जनसंख्या को कोई सामाजिक सुरक्षा उपलब्ध न होनें की स्थिति में भारत में इसी रास्ते आगे बढ़ना पड़ेगा।

सामाजिक सुरक्षा प्रावधानों के प्रसार क्षेत्र में विभिन्न वर्गों के बीच की खाई को पाटने का तरीका दो स्तरों पर विकसित करना होगा। प्रथम स्तर पर संगठित क्षेत्र में विद्यमान अकुशलता, बेकार हो चुके प्रावधानों को हटाने और लाभार्थियों की आवश्यकता और उम्मीदों पर समय के साथ बेहतर सेवा प्रदान करने के लिए वर्तमान सांस्थानिक व्यवस्था को पुनर्विन्यासित करना होगा। यह पूरी प्रक्रिया जैसे कि भागीदारी, अभिलेख व्यवस्थापन और लाभ के वितरण में बड़े बदलाव लाकर और पुनर्अभियन्त्रण को समाविष्ट कर प्राप्त किया जा सकता है। उपलब्ध नई सूचनाओं और संचार तकनीकों को समावेशित कर कार्यकरण क्षमता और कार्यसम्पादन को सुधारा और पुनर्जीवित किया जा सकता है।

1. भारत में कामकाजी वर्ग की सामाजिक सुरक्षा प्रदान करने के सन्दर्भ में निम्नलिखित मान्यताओं पर विचार कीजिए

1. निजी प्रबन्धन के अन्तर्गत चल रही सामाजिक सुरक्षा योजनाएँ देश में इस दिशा में एक त्वरण प्रदान कर सकती है।
2. सामाजिक सुरक्षा के क्षेत्र में आने वाली समस्याएँ विकसित और विकासशील दोनों ही देशों में एक जैसी हैं।

उपरोक्त में से कौन-सी मान्यता/मान्यताएँ सही है/हैं?

(a) केवल 1 (b) केवल 2
(c) 1 और 2 दोनों (d) न तो 1 और न ही 2

2. दिए गए परिच्छेद में 'कोई सामाजिक सुरक्षा उपलब्ध न होने की स्थिति' से लेखक का क्या आशय है?

1. सामाजिक सुरक्षा योजनाओं के लिए उपलब्ध कोष सापेक्षत: सीमित है।
2. सरकार श्रमिकों के एक बड़े समुदाय को सामाजिक सुरक्षा प्रदान नहीं करती है।

कूट

(a) केवल 1 (b) केवल 2
(c) 1 और 2 दोनों (d) न तो 1 और न ही 2

3. लेखक के अनुसार क्यों आधारभूत परिवर्तनों के सन्दर्भ में कामकाजी वर्ग की कठिनाइयों को कम करने के लिए एक पर्याप्त प्रतिक्रिया प्रणाली का विकास और क्रियान्वयन सर्वोच्च राष्ट्रीय प्राथमिकता है?

1. यह वर्तमान सामाजिक सुरक्षा योजनाओं को आधार देने में मदद करेगा।
2. इसका परिणाम सहयोग के संग्रहण में बेहतर प्रबन्धन के रूप में होगा।

कूट

(a) केवल 1 (b) केवल 2
(c) 1 और 2 दोनों (d) न तो 1 और न ही 2

4. दिए गए परिच्छेद में 'कवरेज गैप' से लेखक का क्या आशय है?

1. सामाजिक सुरक्षा योजनाओं का लाभ लेने वाले निजी एवं सार्वजनिक क्षेत्र के कामगारों के बीच विभेद।
2. सामाजिक सुरक्षा योजनाओं का लाभ प्राप्त कामगारों और इसके अन्तर्गत न आने वाले कामगारों के बीच विभेद।

कूट

(a) केवल 1 (b) केवल 2
(c) 1 और 2 दोनों (d) न तो 1 और न ही 2

बोध 7

निर्देश (प्र.सं. 1-5) **निम्नलिखित बोध को पढ़कर सम्बन्धित प्रश्नों के उत्तर दीजिए।**

मैं यह नहीं कहना चाहता कि शिक्षण में मानवतावादी तत्त्व उपयोगितावादी तत्त्वों से कम महत्त्वपूर्ण हैं। कल्पना-शक्ति के सम्पूर्ण विकास के लिए थोड़ा बहुत महान् साहित्य, थोड़ा-बहुत वैश्विक इतिहास और थोड़ा बहुत संगीत, चित्रकला एवं वास्तुकला का ज्ञान अनिवार्य है। सिर्फ कल्पना-शक्ति के माध्यम से ही मनुष्यों को संसार की विविध सम्भावनाओं के बारे में पता चला। इसके बगैर 'प्रगति' यान्त्रिक और खोखली बन जाएगी, लेकिन विज्ञान भी कल्पना को प्रेरित कर सकता है।

मनोविज्ञान, बहुत हाल के वर्षों तक, महज अकादमिक अध्ययन का एक विषय हुआ करता था और व्यावहारिक कार्यों में इसकी उपयोगिता पर्याप्त कम थी। अब यह सब बदल चुका है। उदाहरणस्वरूप अब हमारे पास औद्योगिक मनोविज्ञान है, नैदानिक मनोविज्ञान है, शैक्षणिक मनोविज्ञान है और इन सबका पर्याप्त व्यावहारिक महत्त्व है। हम यह आशा और अपेक्षा कर सकते हैं कि निकट भविष्य में हमारे संस्थानों में मनोविज्ञान का प्रभाव तेजी से बढ़ेगा। शिक्षा के क्षेत्र में तो इसका पहले से ही हितकारी और अच्छा प्रभाव रहा है।

1. बोध के अनुसार, यदि कल्पना-शक्ति का सम्पूर्ण विकास करना है, तो निम्नलिखित में से किसका थोड़ा-बहुत ज्ञान होना चाहिए?

1. साहित्य 2. विश्व इतिहास
3. संगीत 4. राजनीति

निम्नलिखित में से सही विकल्प चुनें

(a) केवल 1 और 2 सही हैं
(b) केवल 1 और 3 सही हैं
(c) केवल 1, 2 और 4 सही हैं
(d) केवल 1, 2 और 3 सही हैं

2. बोध के अनुसार, कल्पना-शक्ति के अभाव में 'प्रगति' क्या हो जाएगी?

(a) मानवतावादी (b) यान्त्रिक
(c) सृजनात्मक (d) यथार्थपरक

3. बोध के अनुसार, बहुत हाल के वर्षों तक मनोविज्ञान का/की बहुत ही कम ....

(a) अकादमिक उन्मुखीकरण था
(b) अकादमिक अनुप्रयोग था
(c) व्यावहारिक उपयोगिता थी
(d) कल्पना-शक्ति के लिए उपयोगिता थी

4. बोध के अनुसार, लोगों को 'संसार की सम्भावनाओं' के बारे में सिर्फ किसके माध्यम से जानकारी मिल सकती है?

(a) साहित्य (b) इतिहास
(c) कल्पना-शक्ति (d) संगीत

5. बोध में लेखक किस बात को लेकर आशान्वित है?

(a) शिक्षण में उपयोगितावादी तत्त्व
(b) शिक्षण में कल्पना-शक्ति की भूमिका में ह्रास
(c) प्रयोगशालाओं में मनोविज्ञान की भूमिका
(d) संस्थानों में मनोविज्ञान के प्रभाव में अभिवृद्धि

बोध 8

निर्देश (प्र.सं. 1-5) **निम्नलिखित बोध को पढ़कर सम्बन्धित प्रश्नों के उत्तर दीजिए।**

समस्त कलाएँ स्वरूप और विषय-वस्तु का मिश्रण होती हैं और इन दोनों से सम्बन्धित कतिपय उत्कृष्टताओं के माध्यम से कलाकार हमारे भीतर कलात्मक दृष्टिकोण विकसित करने में सफल होते हैं। उदाहरण के लिए कविता में विषय-वस्तु की निर्मिति आलंकारिक विचारों और इसके माध्यम से व्यक्त संवेदनाओं से होती है और स्वरूप निर्धारण की अभिव्यक्ति के लिए इसमें प्रयुक्त संगीतमय भाषा है, इनमें से एक कला से दूसरी कला के स्वरूप में काफी बदलाव होता है और यह तकनीकी भी होता है। हम यहाँ इसकी ज्यादा चर्चा नहीं करेंगे और विषय-वस्तु पर ही अपना ध्यान केन्द्रित रखेंगे। हम सिर्फ इस बात को ध्यान में रखेंगे कि स्वरूप वस्तुत: विषय-वस्तु की अपेक्षित भूमिका में ही होता है और यदि इसकी भूमिका ज्यादा प्रभावी हो, तो सम्बन्धित कृति को उत्कृष्ट कला प्रकारता का उदाहरण नहीं कहा जा सकता। कला की विषय-वस्तु को सामान्यत: इसके द्वारा अभिव्यक्त अभिप्राय के सन्दर्भ में परिभाषित किया जा सकता है। इसमें अनेक उत्कृष्टताएँ सन्निहित हो सकती हैं और उन्हें विविध प्रकार से वर्गीकृत भी किया गया है।

1. स्वरूप की वास्तविक भूमिका क्या है?

(a) विषय-वस्तु विपर्यय (b) विषय-वस्तु की अस्वीकृति
(c) विषय-वस्तु में सहायक होना (d) विषय-वस्तु को समाहित कर लेना

2. बोध के अनुसार, कविता की विषय-वस्तु में क्या सन्निहित है?

1. आलंकारिक विचार 2. संगीतमय भाषा
3. अभिव्यक्त संवेदनाएँ

कूट

(a) 1 और 2 (b) 1 और 3
(c) 2 और 3 (d) केवल 2

3. बोध के अनुसार, कविता के स्वरूप के बारे में निम्नलिखित में से कौन सही है?
1. एक कला से दूसरी कला में स्वरूप नहीं बदलता है।
2. इसका स्वरूप तकनीकी है।
3. स्वरूप आंलकारिक होता है।
4. स्वरूप संगीतमय भाषा की रचना करता है।

कूट
(a) 1 और 2 (b) 2 और 4 (c) 2, 3 और 4 (d) 1, 3 और 4

4. बोध के अनुसार, किस प्रकार की कला सर्वोत्तम प्रकारता का उदाहरण है?
(a) वह जिसमें विषय-वस्तु को ज्यादा महत्त्व दिया जाता है
(b) वह जिसमें स्वरूप को ज्यादा महत्त्व दिया जाता है
(c) वह जिसमें स्वरूप, विषय-वस्तु के लिए सहायक होता है
(d) वह जिसमें विषय-वस्तु स्वरूप के लिए सहायक होती है

5. कला की विषय-वस्तु को परिच्छेद में किस प्रकार परिभाषित किया गया है?
(a) इसके द्वारा प्रदर्शित स्वरूप के तौर पर
(b) इसके द्वारा प्रयुक्त भाषा के तौर पर
(c) इसमें समाहित अर्थ के तौर पर
(d) इसके द्वारा अभिव्यक्त अभिप्राय के तौर पर

बोध 9

निर्देश (प्र.सं. 1-5) **निम्नलिखित बोध को पढ़कर सम्बन्धित प्रश्नों के उत्तर दीजिए।**

'सरकारी कूटनीति' पद से विविध विचार और दृष्टिकोण परिलक्षित होते हैं और इस प्रकार इसमें विशिष्ट, सुस्थापित अवधारणा सन्निहित नहीं है। तथापि सरल शब्दों में, सरकारी कूटनीति से विदेशी श्रोताओं पर राष्ट्र का प्रभाव अभिप्रेत है। सरकारी कूटनीति की परिभाषा 'विदेशी व्यक्तियों के चिन्तन और अन्ततोगत्वा उनकी सरकारों को प्रभावित करने के उद्देश्य' से उनके साथ प्रत्यक्ष संवाद के रूप में भी दी जा सकती है।

अत: सरकारी कूटनीति को किसी राष्ट्र द्वारा अन्य देशों की बात सुनने और उनकी आवश्यकताओं को समझने और अंतत: सम्बन्ध स्थापित करने के उद्देश्य से अपने विचार सम्प्रेषित करने की प्रक्रिया के रूप में भी समझा जा सकता है। सरकारी कूटनीति किसी भी राष्ट्र की अस्मिता और पहचान पर आधारित होती है, जो बहुत-से कारकों अर्थात् राजनीतिक, सामाजिक, आर्थिक और सांस्कृतिक घटकों से प्रभावित होता है।

बातचीत शुरू करने, संवाद को जारी रखने और सम्बन्ध बनाने के लिए विश्वास को एक अनिवार्य कारक के रूप में उजागर किया गया है।

सरकारी कूटनीति की परिभाषा में सम्बन्ध विकसित करने पर बल दिए जाने को भी ऐसी प्रक्रिया के रूप में निरूपित किया गया है, जिससे देश की जनता के साथ प्रत्यक्ष सम्बन्धों का अनुसरण किया जाता है, ताकि जिन व्यक्तियों का प्रतिनिधित्व किया जा रहा है, उनके हितों और मूल्यों को बढ़ावा दिया जा सके। इस बात को भी उजागर किया गया है कि सरकारी कूटनीति में सम्बन्धों को विकसित करने के लिए सम्पर्क और संवाद महत्त्वपूर्ण निरूपक हैं।

''प्रभावी सरकारी कूटनीति एक उभयदिशीय मार्ग है, जिसमें स्रोत और जारी संचार प्रक्रिया में शामिल प्राप्तकर्ता दोनों पर परस्पर प्रभाव पड़ता है।'' जारी संवाद की प्रक्रिया के फलस्वरूप विदेशी श्रोतागण के साथ चिरकालिक सम्बन्ध स्थापित हो पाता है, जिससे राष्ट्रों को मृदु शक्ति प्राप्त होती है। मृदु शक्ति वैश्विक मामलों में लाभकारी होती है, जिससे विश्व के अन्य हिस्से में प्रशंसा और सम्मान का भाव उत्पन्न होता है।

किसी देश की मृदु शक्ति तीन कारकों—इसकी संस्कृति, राजनीतिक मूल्य और विदेशी नीतियों से परिभाषित होती है। ये सभी कारक मुख्यत: रणनीतिक संचार कौशल का उपयोग करते हुए अन्य देशों की अधिमान्यता को स्वरूप प्रदान करने में इसकी अभियोग्यता पर आधारित हैं।

हमें स्मरण रखना चाहिए कि सरकारी कूटनीति जनसम्पर्क अभियान नहीं है, बल्कि इसका प्रयोजन सरकारी नीतियों के लिए समर्थकारी वातावरण का निर्माण करना है।

1. निम्नलिखित में से किस प्रयोजनार्थ किसी देश के साथ प्रत्यक्ष सम्बन्ध आवश्यक है?
(a) निहित स्वार्थ हित साधन के लिए
(b) महत्त्वपूर्ण निरूपकों को उजागर करने के लिए
(c) प्रतिनिध्यात्मक मूल्य को बढ़ावा देने के लिए
(d) संचार के स्रोत को प्रभावित करने के लिए

2. किन कारकों से किसी राष्ट्र की पहचान प्रभावित होती है?
(a) विभिन्न विचार
(b) राजनीतिक, सामाजिक, आर्थिक और सांस्कृतिक
(c) विदेशी श्रोतागण
(d) राष्ट्रीय अस्मिता

3. सरकारी कूटनीति के उद्देश्य को पहचानिए
(a) राष्ट्र को प्रभावित करना
(b) जनता के साथ प्रत्यक्ष संवाद
(c) राष्ट्रीय श्रवण की अवधारणा का निर्माण करना
(d) विदेशी सरकारों की सोच को प्रभावित करना

4. इस बोध से क्या निष्कर्ष निकलता है?
1. सरकारी कूटनीति अन्य देशों के साथ अप्रत्यक्ष सम्बन्ध के निमित्त नहीं है।
2. सरकारी कूटनीति से अन्य देशों के साथ सम्बन्ध का निर्माण होता है।
3. किसी भी वार्ता को जारी रखने के लिए न्यास अपेक्षित है।
4. रणनीतिक संचार कौशल से अन्य देशों की अधिमान्यता को स्वरूप प्रदान करने में मदद मिलेगी।
5. सरकारी कूटनीति लोक सम्बन्ध नहीं है।
6. मृदु शक्ति का प्रयोग वैश्विक मामलों में भूमिका के निमित्त नहीं है।

कूट
(a) 1, 2, 3 और 4
(b) 2, 4, 5 और 6
(c) 1, 4, 5 और 6
(d) 2, 3, 4 और 5

5. जारी संचार प्रक्रिया के फलस्वरूप
(a) लाभकारी मृदु शक्ति उत्पन्न होगी
(b) अन्य देशों के प्रति सराहना का भाव उत्पन्न होगा
(c) विदेशी श्रोता समूह का निर्माण होगा
(d) अन्य देशों पर सांस्कृतिक मूल्यों का अध्यारोपण होगा

बोध 10

निर्देश (प्र.सं. 1-5) **निम्नलिखित बोध को पढ़कर सम्बन्धित प्रश्नों के उत्तर दीजिए।**

यदि भारत को अपनी आन्तरिक शक्तियाँ विकसित करनी हैं, तो उसको तीन गतिशील आयामों—जनता, सर्वांगीण अर्थव्यवस्था और सामरिक हितों को ध्यान में रखते हुए प्रौद्योगिकीय अवश्यकरणीयताओं पर ध्यान केन्द्रित करना होगा। ये प्रौद्योगिकीय अवश्यकरणीयताएँ एक 'चौथे आयाम', समय, पर भी ध्यान रखती हैं, जो व्यवसाय, व्यापार एवं प्रौद्योगिकी की आधुनिक गतिशीलता से नि:सृत है और जो निरन्तर बदलते लक्ष्यों की ओर अग्रसर करता है।

हमारा यह मानना है कि इस चौथे आयाम के सन्दर्भ में जनता की आकांक्षाओं में निरन्तर हो रहे परिवर्तन, वैश्विक सन्दर्भ में अर्थव्यवस्था तथा सामरिक महत्त्व वाले हित के परिप्रेक्ष्य में प्रौद्योगिकीय शक्तियाँ विशेष रूप से महत्त्वपूर्ण हैं।

मानव इतिहास के मूल में प्रौद्योगिकी विकास समाया रहता है और इसका उपयोग बढ़ती प्रतिस्पर्द्धा वाले बाजार में प्रौद्योगिकी शक्तियाँ अधिक उत्पादक रोजगार पैदा करने तथा मानव-कौशलों को अद्यतन बनाए रखने की दृष्टि से महत्त्वपूर्ण हैं। प्रौद्योगिकियों के व्यापक अनुप्रयोग के बिना हम आने वाले समय में अपने लोगों का सर्वांगीण विकास नहीं कर सकते। देश की सामरिक शक्तियों के साथ प्रत्यक्ष संलग्नताएँ, विशेष रूप से 1990 के दशक के बाद से अधिकाधिक स्पष्ट होती जा रही हैं। कई मूल अनुक्षेत्रों में स्वयं भारत की शक्ति उसको भू-राजनीतिक सन्दर्भ में यथोचित शक्ति की स्थिति में रखती है।

एक विकसित देश बनने के आकांक्षी किसी भी देश के लिए विभिन्न सामरिक प्रौद्योगिकियों में शक्ति-सम्पन्न होना और स्वयं की सृजनात्मक शक्तियों के माध्यम से उन्हें निरन्तर अद्यतन करते रहने का सामर्थ्य भी आवश्यक है। जन-अभिमुखी कार्यों के लिए भी चाहे विशाल स्तर पर उत्पादनशील रोजगार का सृजन हो या जनता की पोषण एवं स्वास्थ्य सम्बन्धी सुरक्षा सुनिश्चित करनी हो या फिर जीवनयापन की बेहतर स्थितियाँ हों— दोनों दृष्टियों से प्रौद्योगिकी एक महत्त्वपूर्ण आगत है।

प्रौद्योगिकी पर अपेक्षाकृत अधिक बल की अनुपस्थिति से निम्न स्तरीय उत्पादकता और मूल्यवान प्राकृतिक संसाधनों की बर्बादी का मार्ग प्रशस्त हो सकता है। निम्न स्तरीय उत्पादकता या निम्न स्तरीय मूल्य-संवर्द्धन से जुड़े क्रियाकलाप अन्तत: अत्यन्त गरीब लोगों को सबसे अधिक हानि पहुँचाते हैं। हमारी जनता को एक नए जीवन तक पहुँचाना और वह जीवन प्रदान करना, जिसके लिए वह हकदार है, इस बारे में प्रौद्योगिकीय अवश्यकरणीयता महत्त्वपूर्ण है। व्यापार और जीडीपी में वृद्धि की दृष्टि से एक बड़ी आर्थिक शक्ति होने का आकांक्षी भारत विदेश में डिजाइन और निर्मित की गई 'टर्नकी' परियोजनाओं की शक्ति या केवल संयन्त्र मशीनरी, उपकरण और तकनीकी ज्ञान के बल पर सफल नहीं हो सकता। अल्पकालिक यथार्थों पर ध्यान देते हुए हमारे उद्योगों में मध्यम एवं दीर्घकालिक रणनीतियों द्वारा औद्योगिकीय शक्तियों को विकसित करना विकसित भारत की कल्पना को साकार करने के लिए महत्त्वपूर्ण है।

1. विकसित भारत की कल्पना को साकार करने के लिए आवश्यक है
(a) लघुकालिक परियोजनाओं पर ध्यान केन्द्रित करना
(b) संकेन्द्रिक प्रौद्योगिकीय शक्ति का विकास
(c) प्रमुख आर्थिक शक्ति बनने की आकांक्षा
(d) विदेश में तैयार की गई परियोजना पर निर्भरता

2. प्रौद्योगिकी की अनुपस्थिति से किसका मार्ग प्रशस्त होगा?
1. कम प्रदूषण
2. मूल्यवान प्राकृतिक संसाधनों की बर्बादी
3. निम्न स्तरीय मूल्य-संवर्द्धन
4. अत्यन्त गरीब लोगों को सबसे अधिक नुकसान

कूट
(a) 1, 2 और 4 (b) 1, 3 और 4
(c) 1, 2 और 3 (d) 2, 3 और 4

3. उपरोक्त बोध के अनुसार निम्नलिखित में से कौन चौथे आयाम को इंगित करता है?
1. जन-आकांक्षाएँ 2. आधुनिक गतिशीलता
3. वैश्विक परिप्रेक्ष्य में अर्थव्यवस्था
4. सामरिक हित

कूट
(a) 1, 3 और 4 (b) 1, 2 और 4
(c) 1, 2 और 3 (d) 2, 3 और 4

4. अधिक उत्पादक रोजगार पैदा करने के लिए आवश्यक है
(a) भू-राजनीतिक सोच-विचार
(b) विशाल उद्योग
(c) प्रौद्योगिकी का व्यापक अनुप्रयोग
(d) प्रतिस्पर्द्धात्मक बाजार का दायरा सीमित करना

5. प्रौद्योगिकीय आगतों के लाभ का परिणाम होगा
(a) पर्यावरण सम्बन्धी मुद्दों को गौण मानना
(b) हमारे लोगों को गरिमामयी जीवन तक पहुँचाना
(c) अनियन्त्रित प्रौद्योगिकीय संवृद्धि
(d) संयन्त्र मशीनरी का आयात

बोध 11

निर्देश (प्र.सं. 1-5) **निम्नलिखित बोध को पढ़कर सम्बन्धित प्रश्नों के उत्तर दीजिए।**

जलवायु परिवर्तन को समर्थनीय विकास का सर्वाधिक गम्भीर खतरा माना जाता है। इसका पर्यावरण, मानव स्वास्थ्य, खाद्य सुरक्षा, आर्थिक गतिविधि, प्राकृतिक संसाधनों और भौतिक अवसंरचना पर प्रतिकूल प्रभाव पड़ता है। वैश्विक जलवायु स्वाभाविक रूप से परिवर्तित होती रहती है। जलवायु परिवर्तन सम्बन्धी अन्तर को ज्ञापित करने वाले सरकारी पैनल (आई.पी.सी.सी.) के अनुसार जलवायु परिवर्तन के प्रभावों को पहले ही प्रेक्षित किया जा चुका है और वैज्ञानिक निष्कर्ष यह दर्शाते हैं कि सतर्कता और शीघ्रता से कार्रवाई किया जाना आवश्यक है।

जलवायु परिवर्तन के प्रति भेद्यता केवल भूगोल से नहीं जुड़ी है अथवा केवल प्राकृतिक संसाधनों पर ही निर्भर नहीं है, बल्कि जलवायु परिवर्तन के सामाजिक, आर्थिक और राजनीतिक आयाम भी हैं, जो इस बात को प्रभावित करते हैं कि किस प्रकार से जलवायु परिवर्तन विभिन्न समूहों को प्रभावित करते हैं।

निर्धन व्यक्तियों के पास प्राकृतिक आपदाओं; जैसे—सूखा, बाढ़, महाचक्रवात आदि के कारण सम्पत्ति को होने वाली क्षति की पूर्ति करने के लिए शायद ही बीमा होता है। निर्धन समुदाय तो गरीबी और जलवायु बदलाव की विद्यमान चुनौतियों से पहले ही जूझ रहा है और जलवायु परिवर्तन के कारण उससे जूझना और यहाँ तक कि अपना अस्तित्व बचाना मुश्किल हो जाएगा।

यह महत्त्वपूर्ण है कि प्रकृति के बदलते आयामों के साथ सामंजस्य बैठाने में इन समुदायों की सहायता की जानी चाहिए। अनुकूलन वह प्रक्रिया है, जिसके माध्यम से समाज अनिश्चित भविष्य के साथ सामंजस्य स्थापित करने में अपने को बेहतर ढंग से सक्षम बनाता है। जलवायु परिवर्तन के साथ अनुकूलन के तहत समुचित सामंजस्य और परिवर्तन करने के माध्यम से जलवायु परिवर्तन के नकारात्मक प्रभावों को कम करने (सकारात्मक प्रभावों का फायदा उठाने) के लिए सही उपाय किए जाते हैं।

इन उपायों में प्रौद्योगिकीय विकल्प; यथा—बढ़ी हुई समुद्री सुरक्षा अथवा टिलुओं पर बाढ़-रक्षित घर से लेकर व्यक्तिगत स्तर पर व्यवहारगत परिवर्तन; जैसे—सूखे के समय में पानी का कम प्रयोग शामिल है। अन्य रणनीतियों में चरम घटनाओं के लिए पूर्व चेतावनी प्रणाली, बेहतर जल प्रबन्धन, उन्नत जोखिम प्रबन्धन, विभिन्न बीमा विकल्प और जैव-विविधता संरक्षण सम्मिलित हैं। वैश्विक तापन वृद्धि के कारण जिस गति से जलवायु में परिवर्तन हो रहा है, यह अत्यावश्यक हो जाता है कि जलवायु परिवर्तन के प्रति विकासशील देशों की भेद्यता को कम किया जाए और उनकी अनुकूलन क्षमता को बढ़ाया जाए तथा राष्ट्रीय अनुकूलन नीतियाँ कार्यान्वित की जाएँ। जलवायु परिवर्तन के प्रति अनुकूलन समुदाय से राष्ट्रीय और अन्तर्राष्ट्रीय सभी स्तरों पर सामंजस्य और परिवर्तनों की माँग करता है।

वर्तमान और भविष्य के जलवायु के साथ सामंजस्य स्थापित करने हेतु समुदायों को अपने सर्वाधिक पारम्परिक ज्ञान का उपयोग करने और अपनी आजीविका के विविधीकरण के साथ-साथ समुचित प्रौद्योगिकियों को अपनाने सहित अपनी नम्यता बनानी चाहिए। सरकारी और स्थानीय हस्तक्षेपों के साथ तालमेल स्थापित करते हुए, सामंजस्य बिठाने वाली स्थानीय रणनीतियों और ज्ञान का प्रयोग किया जाना चाहिए। अनुकूलन सम्बन्धी हस्तक्षेप राष्ट्रीय परिस्थितियों पर निर्भर करते हैं।

जलवायु सम्बन्धी बदलावों और चरम मौसमी घटनाओं के साथ सामंजस्य स्थापित करने के सम्बन्ध में स्थानीय समुदायों के पास वृहद् ज्ञान और अनुभव है। स्थानीय समुदायों का हमेशा से उद्देश्य अपने जलवायु परिवर्तनों के साथ तालमेल बिठाना रहा है। ऐसा करने के लिए उन्होंने विगत के मौसमी पैटर्नों के अपने अनुभव के आधार पर संसाधनों और संचित ज्ञान के अनुरूप तैयारियाँ की हैं।

इसमें वे समय भी शामिल रहे हैं, जब उन्हें बाढ़, सूखा और तूफान जैसी चरम मौसमी घटनाओं से प्रतिक्रिया करना और उनसे उबरना पड़ा है। सामंजस्य स्थापित करने की स्थानीय रणनीतियाँ अनुकूलन के नियोजन में महत्त्वपूर्ण तत्त्व रही हैं। जलवायु परिवर्तन की वजह से समुदायों को बार-बार चरम जलवायु स्थितियों तथा नई जलवायु स्थितियों और चरम स्थितियों का सामना करना पड़ रहा है। पारम्परिक ज्ञान से उन समुदायों को जो वैश्विक तापन की वजह से जलवायु परिवर्तन के प्रभाव को महसूस कर रहे हैं, जलवायु परिवर्तन के साथ सामंजस्य स्थापित करने तथा कुशल, समुचित और समय सिद्ध उपाय ढूँढने में सहायता मिलेगी।

1. जलवायु परिवर्तन की चुनौती से निपटने के लिए विकासशील देशों को अत्यावश्यक रूप से निम्नलिखित में से क्या करने की आवश्यकता है?
(a) अपने स्तर पर राष्ट्रीय अनुकूलन नीति का कार्यान्वयन
(b) अल्पावधि योजनाएँ अपनाना
(c) प्रौद्योगिकीय समाधान अपनाना
(d) जलवायु परिवर्तन कर लगाना

2. नीचे जलवायु परिवर्तन के प्रति निर्धन व्यक्तियों की भेद्यता के कारक दिए गए हैं। सही उत्तर वाले कूट का चयन करें।
1. प्राकृतिक संसाधनों पर उनकी निर्भरता
2. भौगोलिक कारण
3. वित्तीय संसाधनों की कमी
4. पारम्परिक ज्ञान का अभाव

कूट
(a) 2, 3 और 4 (b) 1, 2, 3 और 4
(c) केवल 3 (d) 1, 2 और 3

3. अनुकूलन एक प्रक्रिया के रूप में समाजों को निम्नलिखित में से किसके साथ सामंजस्य स्थापित करने में समर्थ बनाता है?
1. अनिश्चित भविष्य
2. सामंजस्य और परिवर्तन
3. जलवायु परिवर्तन का नकारात्मक प्रभाव
4. जलवायु परिवर्तन का सकारात्मक प्रभाव

नीचे दिए गए कूट की सहायता से सही उत्तर दीजिए
(a) 1 और 3 (b) 2, 3 और 4
(c) केवल 3 (d) ये सभी

4. इस बोध का संकेन्द्रिक बिन्दु है
(a) क्षेत्रीय और राष्ट्रीय प्रयासों के बीच समन्वय
(b) जलवायु परिवर्तन के प्रति अनुकूलन
(c) जलवायु परिवर्तन के सामाजिक आयाम
(d) पारम्परिक ज्ञान को समुचित प्रौद्योगिकी के साथ जोड़ना

5. इस बोध से क्या निष्कर्ष निकलता है?
1. जलवायु परिवर्तन समर्थनीय विकास का सर्वाधिक गम्भीर खतरा है
2. प्रकृति के बदलते आयामों के साथ सामंजस्य
3. जलवायु परिवर्तन की विभिन्नता
4. जलवायु परिवर्तन के प्रति अनुकूलन
5. औद्योगिक परिवर्तन
6. समय सिद्ध उपाय

कूट
(a) 1, 2, 3, 4 (b) 2, 3, 4, 6
(c) 1, 2, 4 (d) 1, 3, 5, 6

बोध 12

निर्देश (प्र.सं. 1-6) **निम्नलिखित बोध को पढ़कर सम्बन्धित प्रश्नों के उत्तर दीजिए।**

श्रम के परिप्रेक्ष्य में जापानी कार्यकर्ता दशकों तक अपेक्षाकृत कम लागत तथा उच्च गुणवत्ता के आधार पर प्रतिस्पर्द्धी अभिलाभ प्रदान करते रहे हैं, विशेषकर टिकाऊ वस्तुओं एवं उपभोक्ता सम्बन्धी इलेक्ट्रॉनिक्स उद्योगों; जैसे—मशीनरी, ऑटोमोबाइल, टेलीविजन, रेडियो आदि के सन्दर्भ में। तदुपरान्त श्रम आधारित लाभ दक्षिण कोरिया, इसके पश्चात् मलेशिया, मैक्सिको तथा अन्य देशों में अन्तरित हुए। सम्प्रति, श्रम के आधार पर चीन को विशेष लाभ उपलब्ध होता प्रतीत हो रहा है। फिर भी, ऐसी टिकाऊ वस्तुओं, इलेक्ट्रॉनिक्स तथा अन्य उत्पादों के लिए जापानी फर्म बाजार में अपेक्षाकृत अधिक प्रतिस्पर्द्धी योग्यता रखती है। किन्तु अन्य औद्योगिक देशों के विनिर्माताओं के ऊपर प्रतिस्पर्द्धात्मक

अभिलाभ हेतु श्रमबल अब पर्याप्त नहीं है। श्रम आधारित लाभ में इस प्रकार का बदलाव उत्पादन से जुड़े उद्योगों तक स्पष्टत: अनुसीमित नहीं है।

आज सूचना प्रौद्योगिकी एवं सेवा क्षेत्र से जुड़े अधिसंख्य रोजगार की सम्भावनाएँ यूरोप तथा उत्तरी अमेरिका से भारत, सिंगापुर तथा ऐसे ही अन्य देशों की ओर बढ़ रही हैं, जो सापेक्षत: अधिक शिक्षित, कम लागत वाले कार्यबल, तकनीकी कौशल रखते हैं। तथापि, जैसे-जैसे अन्य देशों में शैक्षिक स्तर एवं तकनीकी दक्षताओं में अभिवृद्धि हो रही हैं; जैसे—भारत, सिंगापुर तथा इसी प्रकार के अन्य देश, जिनमें श्रम आधारित अभिलाभ प्रतिस्पर्द्धात्मक स्तर पर विशेष रूप में उपलब्ध रहे हैं, उनके समक्ष नए प्रतिस्पर्द्धियों के आविर्भाव से ऐसे लाभों की सम्भावनाओं को बनाए रखना कठिन प्रतीत होता है। पूँजी की दृष्टि से, सदियों तक स्वर्ण-सिक्कों के काल एवं बाद में कागजी मुद्रा ने भी वित्तीय प्रवाहों को प्रतिबन्धित किया।

इस क्रम में क्षेत्रीय केन्द्रीकरण का अभ्युदय हुआ, जिसमें बड़े बैंक, उद्योग और बाजार सम्मिश्रित हुए। किन्तु आज पूँजी का प्रवाह अन्तर्राष्ट्रीय स्तर पर तीव्रगति से हो रहा है। वैश्विक वाणिज्य अब अपने व्यापारिक प्रतिभागियों से क्षेत्रीय अन्तर्क्रियाओं (विनिमय) की आवश्यकता नहीं रखता। नि:सन्देह, क्षेत्रीय स्तर पर पूँजी-केन्द्रीकरण के पुंज न्यूयॉर्क, लन्दन तथा टोक्यो जैसे स्थानों में अभी भी विद्यमान हैं, किन्तु वे स्पर्द्धात्मक लाभों के लिए विश्व में फैले हुए अन्य पूँजी विनिवेशकों को दृष्टिगत रखते हुए पर्याप्त नहीं हैं।

परिवर्तित परिदृश्य में कोई भी संगठन अपने संसाधनों (यथा: भूमि, श्रम, पूँजी एवं सूचना प्रौद्योगिकी) को जोड़ने, समन्वित करने तथा अनुप्रयोग में प्रभावी रूप से सक्षम हैं तथा जिसे अन्य प्रतिस्पर्द्धियों द्वारा सुविधाजनक रूप में अपनाया न जा सके, तभी उन्हें लम्बे अरसे तक ऐसे अभिलाभों के सम्पोषण का अवसर प्राप्त हो सकेगा। फर्म के ज्ञान-आधारित सिद्धान्त के परिप्रेक्ष्य में इस धारणा से संगठनात्मक ज्ञान को परम्परागत आर्थिक आगतों की सामर्थ्य एवं महत्त्व के समतुल्य संसाधन के रूप में देखा जा सकता है। वह संगठन, जिसमें उत्कृष्ट ज्ञान का संबल विद्यमान है, विशेषत: उन बाजारों में स्पर्द्धात्मक लाभ मिल सकते हैं, जहाँ ज्ञान के अनुप्रयोग के प्रति आकर्षण है। इसके उदाहरण हैं— सेमीकण्डक्टर, जेनेटिक इंजीनियरिंग, फार्मास्युटिकल्स, सॉफ्टवेयर, सैन्य युद्ध कर्म तथा अन्य ज्ञान गहन प्रतिद्वन्द्विता के वे क्षेत्र, जो कालक्रमानुसार सिद्ध एवं वर्तमान में भी प्रभावी हैं।

सेमीकण्डक्टर जैसे कम्प्यूटर चिप्स को ही ले लीजिए, जो प्रमुख रूप से रेत एवं सामान्य धातुओं से बनते हैं। ये सार्वदेशिक एवं शक्तिशाली इलेक्ट्रॉनिक प्रविधियाँ सामान्य कार्यालय भवनों में तैयार की जाती हैं तथा इनमें वाणिज्यिक दृष्टि से उपलब्ध उपकरणों का उपयोग होता है तथा कई औद्योगिक देशों में कारखानों में ही निर्मित होते हैं। फलस्वरूप, सेमीकण्डक्टर उद्योगों में भूमि को महत्त्वपूर्ण प्रतिस्पर्द्धात्मक संसाधन के रूप में नहीं लिया जाता है।

1. किस देश ने ऑटोमोबाइल उद्योग में दशकों तक प्रतिस्पर्द्धी लाभ उठाया है?
(a) दक्षिण कोरिया (b) जापान
(c) मैक्सिको (d) मलेशिया

2. भारत और सिंगापुर के श्रम-आधारित प्रतिस्पर्द्धी लाभ आई. टी. और सेवा क्षेत्रों में क्यों सम्पोषित नहीं किए जा सकते हैं?
(a) दक्षता के ह्रासमान स्तरों के कारण
(b) पूँजी-गहन प्रौद्योगिकी के आने के कारण
(c) नए प्रतिस्पर्द्धियों के कारण
(d) विनिर्माण उद्योगों में श्रम आधारित लाभ के अन्तरण के कारण

3. एक संगठन किस तरह सम्पोषणीय प्रतिस्पर्द्धी लाभ उठा सकता है?
(a) क्षेत्रीय पूँजी प्रवाहों के माध्यम से
(b) व्यापारकर्ताओं के बीच क्षेत्रीय अन्तर्क्रिया के माध्यम से
(c) बड़े बैंकों, उद्योगों और बाजारों को सम्मिश्रित कर
(d) विभिन्न साधकत्वों के प्रभावी प्रयोग द्वारा

4. विशिष्ट बाजारों में प्रतिस्पर्द्धी लाभों को सुनिश्चित करने के लिए क्या आवश्यक है?
(a) पूँजी की सुलभता (b) सामान्य कार्यालय भवन
(c) उत्कृष्ट ज्ञान (d) सामान्य धातुएँ

5. यह उद्धरण किस प्रवृत्ति का उल्लेख करता है?
(a) वैश्विक वित्तीय प्रवाह का
(b) विनिर्माण उद्योग में प्रतिस्पर्द्धा के अभाव का
(c) पूँजीवादियों के क्षेत्रीयकरण का
(d) संगठनात्मक असंगति का

6. इस उद्धरण में लेखक किस पर बल देता है?
(a) अन्तर्राष्ट्रीय वाणिज्य पर (b) श्रम-गहन उद्योग पर
(c) पूँजी-संसाधन प्रबन्धन पर (d) ज्ञान-अनुप्रेरित प्रतिस्पर्द्धा लाभ पर

बोध 13

निर्देश (प्र.सं. 1-5) **निम्नलिखित बोध को पढ़कर सम्बन्धित प्रश्नों के उत्तर दीजिए।**

हाल ही में मैंने वहीं काम किया जहाँ आपको एक बड़े कार्ड पर हस्ताक्षर करने होते हैं और यह काम अपने आप में एक संत्रास है, विशेषकर जबकि उस बड़े कार्ड का धारक मेरे ऊपर झुका हुआ था। मैं अचानक ऐसी स्थिति में था, जैसे अग्रदीप में एक खरगोश या विनोदपूर्ण संवाद भेजने अथवा इन जोक अथवा आरेखन के बीच उधेड़बुन की स्थिति। इसके बजाय उपलब्ध अनेक विकल्पों से अभिभूत होकर मैंने यही लिखने का निर्णय किया : "गुड लक, ठीक है, जोएल।" भयभीत होकर अभी मैंने महसूस किया कि मैं तो लिखना ही भूल गया हूँ। मेरा तो इतना-सा वजूद है "कम्प्यूटर पर अक्षरों को दबाओ।" खरीददारी हेतु मेरी सूची तो मेरे फोन के नोट प्रकार्य में छिपी है। यदि मुझे कुछ याद करने की आवश्यकता पड़ती है, तो मैं अपने आप को ई-मेल भेज देता हूँ। जब मैं कुछ सोच-विचार में संघर्ष कर रहा होता हूँ, तो मैं अपनी कलम चबाने लगता हूँ। कागज कुछ इस तरह से है, जिसे मैं लैपटॉप के नीचे एकत्रित करता हूँ, ताकि टंकण हेतु इसकी ऊँचाई मेरे लिए अधिक सुविधाजनक हो जाए।

लेखन सामग्री विक्रेताओं द्वारा 1,000 किशोर बालकों के सर्वेक्षण में, बिक ने पाया कि उनके 10 में से एक किशोर के पास अपनी कलम नहीं है, उनमें से हर तीसरे ने तो कभी पत्र नहीं लिखा है एवं 13 से 19 वर्ष की आयु के आधे किशोरों को कभी भी बाध्य नहीं किया गया कि वे बैठें और धन्यवाद का पत्र लिखें। 80% से अधिक किशोरों ने तो कभी भी कोई प्रेम पत्र नहीं लिखा, 56% के घर पर पत्र का कागज ही नहीं है। साथ ही एक-चौथाई को तो जन्मदिन के कार्ड लिखने की अनोखी जहमत की कोई जानकारी ही नहीं हुई।

अधिक-से-अधिक यदि किसी किशोर को कलम के प्रयोग की आवश्यकता हुई, तो वह सिर्फ परीक्षा प्रश्न-पत्र का उत्तर लिखने में। बिक, क्या तुमने कभी मोबाइल फोन के बारे में सुना है? क्या तुमने ई-मेल, फेसबुक और स्नैप चैटिंग के बारे में सुना है?

यही भविष्य है। कलम का जमाना गया। कागज का जमाना गया। हस्तलेखन अब स्मृति शेष रह गया है। "हमारे पास हस्तलेखन सर्वाधिक सर्जनात्मक अभिव्यक्ति है तथा इसे रेखाचित्र (स्केचिंग), चित्रकारी अथवा फोटोग्राफी जैसी कला के अन्य रूपों की तरह समान महत्त्व दिया जाना चाहिए।"

1. लेखक के अनुसार, निम्नलिखित में से कौन काम-काज की सर्वाधिक सृजनात्मक अभिव्यक्ति नहीं है?
(a) पढ़ना (b) हस्तलेखन
(c) फोटोग्राफी (d) रेखाचित्र बनाना

2. "एक बड़े कार्ड पर हस्ताक्षर करने की बात आई, तो लेखक को 'अग्रदीप में किसी खरगोश' जैसा अनुभव हुआ।" इस पद का क्या अर्थ है?
(a) वेदना की स्थिति (b) उलझन की स्थिति
(c) प्रसन्नता की स्थिति (d) दुश्चिन्ता की स्थिति

3. बिक के सर्वेक्षण के अनुसार, कितने किशोरों के पास कोई कलम नहीं है?
(a) 100 (b) 800 (c) 560 (d) 500

4. लेखक की सम्पूर्ण सत्ता .... के इर्द-गिर्द घूमती है।
1. कम्प्यूटर 2. मोबाइल फोन
3. टाइपराइटर
नीचे दिए गए कूट की सहायता से सही उत्तर चुनिए
(a) 2 और 3 (b) केवल 2
(c) 1 और 2 (d) 1, 2 और 3

5. लेखक की मुख्य चिन्ता क्या है?
(a) कि किशोर हस्तलेखन की कला भूल गए हैं
(b) कि किशोर संचार हेतु सामाजिक नेटवर्क का उपयोग करते हैं
(c) कि किशोर मोबाइल फोन का उपयोग करते हैं
(d) कि किशोर कम्प्यूटर का उपयोग करते हैं

बोध 14

निर्देश (प्र.सं. 1-5) **निम्नलिखित बोध को पढ़कर सम्बन्धित प्रश्नों के उत्तर दीजिए।**

राजनीति में साहित्यिक अरुचि के सम्बन्ध में ऐसा प्रतीत होता है कि वह साहित्यिक प्रस्तुति के विषय के रूप में काफी हद तक राजनीति के अस्पष्ट व्यवहार पर अधिक ध्यान केन्द्रित नहीं करता है, लेकिन इस बात पर ध्यान केन्द्रित करता है कि इसे साहित्य में प्राय: कैसे चित्रित किया जाता है? अर्थात् ऐसी प्रस्तुति की राजनीति क्या है? राजनीतिक उपन्यास अधिकांशत: केवल राजनीति के बारे में एक उपन्यास नहीं होता है, अपितु उसकी अपनी राजनीति होती है। इसलिए वह हमें केवल यह नहीं बताता है कि चीजें कैसी हैं, अपितु इनसे सम्बन्धित विचारों को स्पष्ट रूप से निश्चित सोच प्रदान करता है कि चीजें कैसी होनी चाहिए? और यह बताता है कि किसी को सही-सही ऐसा सोचना और करना चाहिए कि चीजें वांछित दिशा में अग्रसर हों, संक्षेप में वह पाठकों को कारण या विचारधारा विशेष में बदलना या सूचीबद्ध करना चाहता है। यह प्राय: साहित्य नहीं होता है (यह केवल अत्यधिक परिचित पदबन्ध है) लेकिन एक प्रचार होता है।

इससे साहित्यिक भावना का अतिक्रमण ही होता है, जिससे हम विश्व को भली-भाँति समझते हैं और हमारी सहानुभूतियों का प्रभाव-क्षेत्र व्यापक होता है एवं हमारी सोच और सहानुभूति को कट्टर प्रतिबद्धता से संकीर्ण न करें जैसा कि **जॉन कीट्स** ने कहा है—"हमें ऐसे काव्य से घृणा होती है, जो हम पर लाद दिया जाता है।" दूसरा कारण यह है कि क्यों राजनीति उच्च प्रकार की साहित्यिक प्रस्तुति के प्रति अनुकूल आचरण नहीं करती है। राजनीति अपने स्वभाव से ही विचार और विचारधारा से निर्मित होती है। यदि राजनीतिक स्थिति स्वयं को उपयुक्त साहित्यिक सम्मान नहीं दे पाती है, तो इस सम्बन्ध में राजनीतिक विचार और भी गम्भीर समस्या पैदा करते हैं।

साहित्य के सम्बन्ध में यह तर्क दिया जाता है कि यह बौद्धिक अमूर्त विचारों के बजाय मानव अनुभवों के बारे में होता है। यह मानव जाति की 'महसूस की गई वास्तविकता' पर विचार करता है और नीरस तथा निर्जीव विचारों के बजाय ओजपूर्ण और स्वादपूर्ण (रस) से सम्बन्धित होता है। अमेरिका की उपन्यासकार मैरी मकार्थी ने अपनी पुस्तक 'आइडिया और नॉवल' में इस विषय पर की गई व्यापक चर्चा में कहा है कि "उपन्यास में व्यक्त विचारों के बारे में आज भी यह महसूस किया जाता है कि वे अनाकर्षक होते हैं।"

हालाँकि ऐसा 'पहले' अर्थात् 18वीं और 19वीं सदी में नहीं था। एक ओर विचार और दूसरी ओर उपन्यास के बीच असंगति के स्पष्ट स्वरूप का उनका निरूपण सम्भवत: इस मामले में विभाजित सोच का संकेत है और एक ऐसी दुविधा है, जो कई लेखकों और पाठकों के बीच है। "विचार सशक्त होते हैं, लेकिन मैं प्राय: सोचती हूँ कि उपन्यास में उसकी आवश्यकता होती है। इसके बावजूद उपन्यासकारों के लिए यह महसूस करना काफी सामान्य है।"··· विचारों के विरुद्ध शस्त्र उठाते समय विचारों के प्रति आकर्षण अनुभव करना, वह भी उपहास के हथियारों के साथ।

1. इस बोध के अनुसार एक राजनीतिक उपन्यास प्राय: निम्नलिखित में से क्या बन जाता है?
(a) राजनीति के लिए साहित्यिक अरुचि
(b) राजनीति की साहित्यिक प्रस्तुति
(c) अपनी ही राजनीति वाला उपन्यास
(d) राजनीति की अस्पष्ट परिपाटी का चित्रण

2. एक राजनीतिक उपन्यास से निम्नलिखित में से किसका पता चलता है?
(a) चीजों की वास्तविकता (b) लेखक का बोध
(c) पाठकों की विचारधारा विशेष (d) साहित्य की भावना

3. अपने स्वभाव से राजनीति का ढाँचा होता है
(a) प्रचलित राजनीतिक स्थिति (b) विचार और विचारधाराएँ
(c) राजनीतिक प्रचार (d) मानव स्वभाव की समझ

4. साहित्य में निम्नलिखित में से किस पर चर्चा की जाती है?
(a) राजनीति में मानव अनुभव
(b) बौद्धिक अमूर्त विचार
(c) शुष्क और रिक्त विचार
(d) मानव जीवन की महसूस की गई वास्तविकता

5. इस गद्यांश से क्या निष्कर्ष निकलता है?
1. राजनीति का चित्रण साहित्य में किस प्रकार हो
2. राजनीति अपने स्वभाव से ही विचार और विचारधारा निर्मित करती है
3. राजनीति में साहित्यिक अरुचि
4. राजनीति उपन्यास का विषय है
5. साहित्य की भावना
6. बौद्धिक अमूर्त विचार
कूट
(a) 1, 3, 4 (b) 3, 4, 5 (c) 2, 3, 5 (d) 1, 2, 3

बोध 15

निर्देश (प्र.सं. 1-6) **निम्नलिखित बोध को पढ़कर सम्बन्धित प्रश्नों के उत्तर दीजिए।**

ताजमहल विश्व के ज्ञात सर्वोत्तम स्मारकों में से एक है। सफेद संगमरमर के गुम्बद का यह ढाँचा चार चौकोर बागों के दक्षिणी छोर पर एक चबूतरे पर स्थित है। 305 × 549 मीटर नाप की दीवारों के अन्दर बने ये बाग जन्नत लगते हैं। मुमताज़ाबाद नामक क्षेत्र में दीवारों के बाहर नौकर-चाकरों के रहने के क्वार्टर, बाजार, सराय और स्थानीय व्यापारियों और अभिजात लोगों द्वारा बनाई गई अन्य दुकानें आदि हैं।

मुमताज़ाबाद के गुम्बद परिसर और अन्य शाही भवनों की देख-भाल, गुम्बद की सहायता के लिए विशेष रूप से दिए गए तीस गाँवों की आय से की जाती थी। मुगल इतिहास में ताजमहल नाम का उल्लेख नहीं है, लेकिन इसका प्रयोग भारत के तत्कालीन यूरोपीय लोगों ने किया था।

उनका कहना था कि यह इस गुम्बद का प्रचलित नाम था। तत्कालीन पुस्तकों आदि में सामान्यत: इसे केवल प्रकाशित गुम्बद (रौज़ा-ए-मुनव्वरा) कहा गया था। 1631 ई. में अपने चौदहवें बच्चे को जन्म देने के बाद ही मुमताज़ महल की मृत्यु हो गई थी। मुगल दरबार तब बुरहानपुर में था। शोक-संतप्त बादशाह ने उनके शव को ताप्ती नदी के किनारे स्थित ज़ैनाबाद नामक विशाल बाग में दफनाया था। छ: माह बाद उनके शव को आगरा लाया गया, जहाँ मकबरे के लिए तय की गई जमीन में इसे दफनाया गया। यह जमीन यमुना नदी के किनारे पर मुगल शहर के दक्षिण में स्थित थी। यह जमीन राजा मानसिंह के समय से कछवाहा राजाओं की थी और तत्कालीन राजा जयसिंह से खरीदी गई थी। हालाँकि तत्कालीन इतिहासकारों ने इस बात का उल्लेख किया है कि जयसिंह ने स्वेच्छा से यह लेन-देन किया था, लेकिन उपलब्ध फरमानों (शाही आदेश) से पता चलता है कि मकबरा बनाने का कार्य शुरू किए जाने के लगभग दो वर्ष तक भी अन्तिम कीमत तय नहीं हो पाई थी।

जयसिंह का और सहयोग 1632 और 1637 ई. के बीच जारी किए गए उन शाही आदेशों के जरिए सुनिश्चित किया गया था, जिनमें माँग की गई थी कि वह अपने पूर्वजों की रियासत के अन्दर पड़ने वाले मकराना की खानों से आगरा तक राजमिस्त्री और संगमरमर ले जाने वाली बैलगाड़ियाँ मुहैया करवाएगा, जहाँ ताजमहल और आगरा के किले का शाहजहाँ द्वारा किया जाने वाला परिवर्धन सम्बन्धी निर्माण कार्य साथ-साथ किया जा रहा था।

इस मकबरे का कार्य 1632 ई. के आरम्भ में शुरू किया गया था। लिखित सबूतों से पता चलता है कि अधिकांश गुम्बद का कार्य 1636 ई. तक पूरा हो गया था। 1643 ई. में शाहजहाँ ने मुमताज महल का उर्स समारोह बहुत धूम-धाम से मनाया था, यह सम्पूर्ण परिसर वास्तव में, पूरा हो गया था।

1. ताजमहल के निर्माण के लिए प्रयोग किया जाने वाला मार्बल पत्थर राजा जयसिंह की पैतृक रियासत से लाया गया था। उस स्थान का नाम जहाँ मार्बल की खानें पाई जाती हैं, क्या है?

(a) बुरहानपुर (b) मकराना
(c) आम्बेर (d) जयपुर

2. प्रचलित नाम ताजमहल किसके द्वारा दिया गया था?

(a) शाहजहाँ
(b) पर्यटकों
(c) जनता
(d) यूरोपियन यात्रियों

3. निम्नलिखित में से सही कथन कौन-सा है?

(a) संगमरमर का प्रयोग ताजमहल के निर्माण के लिए नहीं किया गया था
(b) ताजमहल परिसर में रेडसेण्ड पत्थर दिखाई नहीं देता है
(c) ताजमहल के चारों ओर 'चार बाग' नामक चार-चौकोर बाग हैं
(d) ताजमहल का निर्माण मुमताज़ महल के लिए 'उर्स समारोह' मनाने के लिए किया गया था

4. समकालीन ग्रन्थों में ताजमहल किस नाम से जाना जाता है?

(a) मुमताज़ाबाद (b) मुमताज़ महल
(c) ज़ैनाबाद (d) रौज़ा-ए-मुनव्वरा

5. ताजमहल का निर्माण कार्य किस अवधि में पूरा किया गया था?

(a) 1632-1636 ई. (b) 1630-1643 ई.
(c) 1632-1643 ई. (d) 1636-1643 ई.

6. ताजमहल के निर्माण की भूमि के स्वामित्व सम्बन्धी प्रलेखों को कहते हैं

(a) फरमान (b) विक्रय विलेख
(c) विक्रय-क्रय विलेख (d) इनमें से कोई नहीं

बोध 16

निर्देश (प्र.सं. 1-6) **निम्नलिखित बोध को पढ़कर सम्बन्धित प्रश्नों के उत्तर दीजिए।**

विकासशील देशों में और नगरीकरण प्रक्रिया से शहरों का प्रचलित दृष्टिकोण कुछ इस प्रकार का होता है कि तमाम सुख और सुविधाएँ प्राप्त होने के बावजूद इन शहरों के आविर्भाव से पर्यावरणीय अपकर्ष, गन्दी बस्तियों और आबादियों का बसना, नगरीय गरीबी, बेरोजगारी, अपराध, अराजकता और यातायात अव्यवस्था के संकेत मिलते हैं। लेकिन वास्तविकता क्या है? वास्तव में, यह आश्चर्यजनक है कि विकासशील देशों में पिछले 50 वर्षों में शहरी जनसंख्या में वर्ष 1950 से 30 मिलियन से वर्ष 2000 तक 2 बिलियन तक की अभूतपूर्व रूप से वृद्धि होने के बाद भी विश्व ने बुरी तरह नहीं, बल्कि कितनी अच्छी तरह से इसका सामना किया है। सामान्य रूप से शहरी जीवन की गुणवत्ता में जल की उपलब्धता और सफाई के प्रबन्ध, बिजली, स्वास्थ्य और शिक्षा, संचार और परिवहन व्यवस्था की दृष्टि से सुधार हुआ है। उदाहरणत: एशियाई विशाल देशों जैसे कि चीन, भारत, इण्डोनेशिया और फिलिपीन्स के शहरी क्षेत्रों में अधिकांश निवासियों को उन्नत जल सुविधाएँ उपलब्ध करा दी गई हैं।

इसके बावजूद 20वीं शताब्दी के पिछले दशक के दौरान कुल शहरी जनसंख्या की प्रतिशतता के अनुसार उन्नत जल व्यवस्था की उपलब्धता में कमी आई है। हालाँकि इस असीम जनसंख्या में से लाखों अतिरिक्त शहरी निवासियों को उन्नत जल सुविधाएँ उपलब्ध करा दी गई हैं। इन देशों ने स्वच्छता सेवाओं में महत्त्वपूर्ण रूप से प्रगति की है, साथ ही एक दशक में (1990-2000) 293 मिलियन से अधिक नागरिकों के अतिरिक्त जनसमूह के लिए भी सेवाएँ उपलब्ध कराई हैं। इन सुधारों के विषय में तेजी से बढ़ती हुई शहरी जनसंख्या के पृष्ठ-पट, राजकोषीय चरमराहट और क्लिष्ट मानव संसाधनों तथा गुणवत्ता-उन्मुख लोक-प्रबन्ध के मद्देनजर विचार किया जाना चाहिए।

1. विकासशील देशों में शहरीकरण प्रक्रिया का प्रचलित दृष्टिकोण है

(a) सकारात्मक (b) नकारात्मक
(c) तटस्थ (d) अनिर्दिष्ट

2. विकासशील देशों में वर्ष 1950 से 2000 तक शहरी नागरिकों की औसत आगमन वृद्धि किसके करीब थी?
(a) 30 मिलियन (b) 40 मिलियन
(c) 50 मिलियन (d) 60 मिलियन

3. शहरीकरण की वास्तविकता प्रतिबिम्बित होती है
(a) स्थिति को कितनी अच्छी तरह से व्यवस्थित किया गया है
(b) स्थिति कितनी बुरी तरह से नियन्त्रण से बाहर हो गई है
(c) शहरीकरण की रफ्तार कितनी तेज रही है
(d) पर्यावरण में कितनी तेजी से गिरावट आई है

4. निम्नलिखित में से किसको शहरी जीवन की गुणवत्ता का सूचक नहीं माना जाता है?
(a) शहरीकरण की गति
(b) मूल सेवाओं का प्रावधान
(c) सामाजिक सुख-सुविधाओं तक पहुँच
(d) उपरोक्त सभी

5. लेखक ने इस अनुच्छेद में किस विषय पर ध्यान केन्द्रित करने का प्रयास किया है?
(a) ज्ञान का विस्तार (b) पर्यावरणीय चेतना
(c) विश्लेषणात्मक तार्किकता (d) वर्णनात्मक अभिकथन

6. उपरोक्त अनुच्छेद में लेखक क्या अभिव्यक्त करना चाहता है?
(a) शहरी जीवन की कठिनाइयाँ
(b) शहरी जीवन की व्यथा
(c) मानव प्रगति की जागरुकता
(d) विकास की सीमाएँ

बोध 17

विधाता-रचित इस सृष्टि का सिरमौर है मनुष्य, उसकी कारीगरी का सर्वोत्तम नमूना। इस मानव को ब्रह्माण्ड का लघु रूप मानकर भारतीय दार्शनिकों ने 'यत्' पिण्डे तत ब्रह्माण्डे' की कल्पना की थी। उनकी यह कल्पना मात्र कल्पना नहीं थी, प्रत्युत यथार्थ भी थी, क्योंकि मानव-मन में जो विचारणा के रूप में घटित होता है, उसका कृति रूप ही तो सृष्टि है। मन तो मन, मानव का शरीर भी अप्रतिम है। देखने में इससे भव्य, आकर्षक एवं लावण्यमय रूप सृष्टि में अंयत्र कहाँ है? अद्‌भुत एवं अद्वितीय है मानव-सौंदर्य। साहित्यकारों ने इसके रूप-सौंदर्य के वर्णन के लिए कितने ही अप्रस्तुत उपमानों का विधान किया है और इस सौंदर्य राशि से सभी को आप्यायित करने के लिए अनेक काव्य सृष्टियाँ रच डाली हैं। साहित्यशास्त्रियों ने भी इसी मानव की भावनाओं का विवेचन करते हुए अनेक रसों का निरूपण किया है। परंतु वैज्ञानिक दृष्टि से विचार किया जाए, तो मानव-शरीर को एक जटिल यंत्र से उपमित किया जा सकता है। जिस प्रकार यंत्र के एक पुर्जे में दोष आ जाने पर सारा यंत्र गड़बड़ा जाता है, बेकार हो जाता है उसी प्रकार मानव-शरीर के विभिन्न अवयवों में से यदि कोई एक अवयव भी बिगड़ जाता है, तो उसका प्रभाव सारे शरीर पर पड़ता है। इतना ही नहीं, गुर्दे जैसे कोमल एवं नाजुक हिस्से के खराब हो जाने से यह गतिशील वपुयंत्र एकाएक अवरुद्ध हो सकता है, व्यक्ति की मृत्यु हो सकती है।

एक अंग के विकृत होने पर सारा शरीर दंडित हो, वह कालकवलित हो जाए—यह विचारणीय है। यदि किसी यंत्र के पुर्जे को बदलकर उसके स्थान पर एक नया पुर्जा लगाकर यंत्र को पूर्ववत् सुचारु एवं व्यवस्थित रूप से क्रियाशील बनाया जा सकता है, तो शरीर के विकृत अंग के स्थान पर नव्य निरामय अंग लगाकर शरीर को स्वस्थ एवं सामान्य क्यों नहीं बनाया जा सकता? शल्य-चिकित्सकों ने इस दायित्वपूर्ण चुनौती को स्वीकार किया तथा निरंतर अध्यवसाय, पूर्ण साधना के अनंतर अंग-प्रत्यारोपण के क्षेत्र में सफलता प्राप्त की। अंग-प्रत्यारोपण का उद्‌देश्य है कि मनुष्य दीर्घायु प्राप्त कर सके। यहाँ यह ध्यातव्य है कि मानव शरीर हर किसी के अंग को उसी प्रकार स्वीकार नहीं करता, जिस प्रकार हर किसी का रक्त उसे स्वीकार्य नहीं होता।

1. मानव को सृष्टि का लघु रूप माने जाने का क्या कारण है?
(a) मानव में अपराजेय शक्ति है
(b) मानव मन में जो घटित होता है, वही सृष्टि में घटित होता है
(c) लघु मानव ही विधाता की सच्ची सृष्टि है
(d) मन की शक्ति अपराजेय है

2. साहित्यकारों ने मानव सौंदर्य के वर्णन के लिए किसका प्रयोग किया है?
(a) कल्पना का (b) यथार्थ का
(c) अप्रस्तुत उपमान का (d) प्रस्तुत उपमान का

3. मानव सौंदर्य के लिए किस प्रकार के उपमान दिए गए हैं?
(a) अद्‌भुत (b) अद्वितीय
(c) (a) और (b) दोनों (d) अतुलनीय

4. मानव शरीर को यंत्रवत् क्यों कहा गया है?
(a) दृढ़ मांसपेशियों और अवयवों से निर्मित होने के कारण
(b) अवयव रूपी पुर्जों के विकृत होने से शरीर के यंत्रवत् निष्क्रिय हो जाने के कारण
(c) यंत्र की भाँति लावण्यमय होने के कारण
(d) सृष्टि की अनुपम कृति होने के कारण

5. व्यक्ति की मृत्यु किस कारण हो सकती है?
(a) अधिक कार्य करने से (b) गुर्दा खराब होने से
(c) किसी अंग के विकृत होने से (d) निष्क्रिय बने रहने से

6. शल्य चिकित्सकों द्वारा स्वीकार की गई दायित्वपूर्ण चुनौती क्या थी?
(a) मानव शरीर को अमर बनाना
(b) शल्य चिकित्सा को महत्त्व देना
(c) अंग-प्रत्यारोपण द्वारा शरीर को स्वस्थ एवं सामान्य बनाना
(d) जीर्ण-क्षीर्ण शरीर के स्थान पर स्वस्थ शरीर देना

7. शल्य चिकित्सकों का मूल उद्‌देश्य क्या था?
(a) साधन संपन्न चिकित्सालय खोलना
(b) ऊतक परीक्षण करना
(c) अंग-प्रत्यारोपण के क्षेत्र में अनुसंधान करना
(d) शल्य चिकित्सा द्वारा मानव को दीर्घायु प्रदान करना

8. अंग-प्रत्यारोपण से पूर्व किसे अनिवार्य माना गया है?
(a) रक्त वर्ग का परीक्षण (b) ऊतक परीक्षण
(c) हृदय का परीक्षण (d) संपूर्ण शरीर का परीक्षण

9. शल्य चिकित्सा के क्षेत्र में चिकित्सकों की सफलता का रहस्य क्या है?
(a) दायित्वपूर्ण चुनौती (b) निरंतर ऊतक परीक्षण
(c) आवश्यकता की कमी (d) निरंतर श्रमपूर्ण साधना

10. निम्नलिखित में से किसके अतिरिक्त शरीर के सभी अंगों का प्रत्यारोपण संभव हो गया है?
(a) यकृत के (b) हृदय के
(c) मस्तिष्क के (d) गुर्दा के

बोध 18

कोई अपने दुर्भाग्य को कोस रहा है, कोई अपनी पारिवारिक दीनता को दोषी बता रहा है, कोई सहारे के अभाव को अपनी असफलता का आधार मान रहा है—बहुत से असफल व्यक्ति इसी तरह अनेक कारणों को अपनी असफलता का आधार मानते हैं, विभिन्न कारणों की कल्पना कर हाथ-पर-हाथ धरे बैठे रहते हैं। वे अपने जीवन में कुछ कर नहीं पाते। वे समाज के लिए, संसार के लिए कुछ नहीं कर पाते।

ऐसे मनुष्यों को जीवन में कोई राह नहीं मिलती, कोई चारा नहीं दिखता। वे दूसरों से अपेक्षा करते हैं कि कोई उन्हें किसी लक्ष्य प्राप्ति का मार्ग दिखाए, सफलता की सीढ़ी बताए, जिससे वे उस पर आसानी से चढ़ सकें। किंतु, ऐसे लोगों को यह भली-भाँति जानना चाहिए कि जहाँ चाह है, वहीं राह है। हमारी इच्छाशक्ति स्वयं हमारे लिए मार्ग बना देती है। अच्छे कार्य में धन की उतनी आवश्यकता नहीं होती, जितनी इच्छाशक्ति की होती है। 'एमर्सन' ने ठीक ही कहा है कि इतिहास, पुराण सभी साक्षी हैं कि मनुष्य के दृढ़ संकल्प के आगे देव-दानव सभी पराजित होते रहे हैं। दृढ़ इच्छाशक्ति ने भगवान तक को घंटों कच्चे धागे से बाँधकर नचाया है।

हाँ, इतना ध्यान रखना होगा कि हमारी चाह बरसाती बादल का एक टुकड़ा न हो, जिसे हवा का एक झोंका जिधर चाहे उड़ाकर ले जाए। यदि हमारी इच्छाशक्ति क्षुद्र और दुर्बल होगी, तो हमारी मानसिक शक्तियों का कार्य भी वैसा ही होगा। स्वामी विवेकानंद का दिव्य वचन है कि पवित्र और दृढ़ इच्छा सर्वशक्तिमान है।

अत: यह नीति ठीक है कि हमारी चाह ही रास्ता बना जाती है। अंधकार से आच्छन्न मानव ने कभी इच्छा व्यक्त की थी कि प्रकाश हो और प्रकाश हो गया। मनुष्य की इस चाह, इस लगन, इस उत्कट इच्छा-चमत्कार की अनगिनत कहानियाँ हैं।

जब आततायी रावण श्रीरामवल्लभा सीता को हरकर लंका ले गया, तब राम को पता चला कि मार्ग में समुद्र व्यवधान बनकर खड़ा है। राम के अंतर्मन में सीता प्राप्ति की चाह ने सागर पर सेतु-निर्माण किया। चाणक्य के पास आखिर था क्या? किंतु, नंद साम्राज्य के विनाश के उत्कट संकल्प ने उनके लिए मार्ग-निर्माण कर दिया था। हमारे आदर्श नेताजी सुभाषचंद्र बोस के पास क्या साधन था? किंतु, अंग्रेज़ों को भगा देने की दृढ़ चाह ने उनसे इतनी बड़ी 'आज़ाद हिंद फ़ौज' की स्थापना करा दी थी। पं. मदनमोहन मालवीय के पास कौन-सा कुबेर कोष था? किंतु, उन्होंने बनारस हिंदू विश्वविद्यालय की स्थापना की, उनकी इस लगन ने सारे विघ्नों को काटकर मार्ग बना दिया।

1. अधिकांश असफल व्यक्ति कुछ विशेष क्यों नहीं कर पाते हैं?
(a) दूसरों को दोषी ठहराने के कारण
(b) दूसरों से ईर्ष्या-द्वेष के कारण
(c) स्वयं को महान समझने के कारण
(d) ईश्वर को मानने के कारण

2. मानव ने कैसी इच्छा व्यक्त की थी?
(a) अंधकार होने की (b) प्रकाश हो जाने की
(c) धन प्राप्त करने की (d) असफल न होने की

3. अच्छे कार्य करने में किसकी आवश्यकता अधिक होती है?
(a) धन की (b) इच्छाशक्ति की
(c) मधुर वचनों की (d) देवताओं के आर्शीवाद की

4. असफल व्यक्ति किसको दोषी ठहराता रहता है?
(a) दुर्भाग्य को (b) सहारे के अभाव को
(c) पारिवारिक दीनता को (d) ये सभी

5. असफल व्यक्ति दूसरों से क्या अपेक्षा रखता है?
(a) धन प्राप्ति की (b) दु:ख में साथ देने की
(c) लक्ष्य प्राप्ति का मार्ग दिखाने की
(d) प्रत्येक कार्य करके देने की

6. 'बरसाती बादल के टुकड़े' से क्या तात्पर्य है?
(a) क्षणिक (b) सुहावना
(c) अत्यंत विशाल (d) मनोहर

7. हमारी मानसिक शक्तियों का क्षीण या दुर्बल होना किस पर निर्भर करता है?
(a) हृदय पर (b) मस्तिष्क पर
(c) इच्छाशक्ति पर (d) शारीरिक कारकों पर

8. कैसे लोगों को यह भली-भाँति जानना चाहिए कि जहाँ चाह है, वहीं राह है?
(a) सफलता प्राप्त लोगों को (b) असफल लोगों को
(c) स्वार्थी लोगों को (d) समाज-सेवी लोगों को

9. दृढ़ इच्छाशक्ति के परिणामों को किसके उदाहरण द्वारा दर्शाया गया है?
(a) राम के (b) चाणक्य के
(c) नेताजी सुभाषचंद्र बोस के (d) ये सभी

10. प्रस्तुत गद्यांश किस विषयवस्तु पर आधारित है?
(a) धन प्राप्ति के साधन पर (b) राम नाम की महिमा पर
(c) शिक्षा के महत्व पर (d) दृढ़ इच्छाशक्ति पर

बोध 19

वृद्धावस्था की समस्या मशीनीकृत विश्व की उपज है, जो हमारे देश तक ही सीमित नहीं है। यह बहुत से विकसित देशों का भी सिरदर्द है। पहले अधिकांश लोग 45-50 वर्ष की उम्र में वृद्ध हो जाते थे। किंतु अब वृद्धावस्था लगभग सेवा निवृत्ति या साठ वर्षों के बाद ही मानी जाती है। आधुनिक युग में वृद्धावस्था काफी देर से आती है तथा आयु का प्रभाव भी धीरे-धीरे उजागर होता है। औद्योगीकरण एवं पश्चिमी सभ्यता के कारण, संयुक्त परिवार के टूटने के परिणामस्वरूप तथा हमारे सिद्धांतों में परिवर्तन के कारण वृद्ध व्यक्ति कई गंभीर समस्याओं से जूझते हैं एवं उनका जीवन वास्तव में कष्टकर हो जाता है। वृद्धावस्था में वृद्ध व्यक्ति अपने बच्चों से शारीरिक, नैतिक, वित्तीय एवं भावनात्मक सहारे की जरूरत महसूस करते हैं और बच्चे अपने भविष्य को सँवारने की समस्याओं एवं पारिवारिक जीवन में इतने उलझे होते हैं कि वे अपने माता-पिता की जरूरतों पर ध्यान देने तथा उनकी भावना को संतुष्ट करने में अयोग्य होते हैं। वृद्ध व्यक्तियों को परिवार एवं समाज पर बोझ एवं थोपे गए सदस्य की भावना से ग्रसित होकर लोग उनकी उपेक्षा करते हैं। बच्चे, पौत्र-पौत्रियाँ और घरेलू नौकर तक उनकी ओर ध्यान नहीं देते एवं हर बात पर उनका तिरस्कार करते हैं। वृद्ध व्यक्तियों के प्रति उनका रवैया अवमाननापूर्ण एवं अपमानजनक होता है। जब ऐसी बातें होती हैं, तो वृद्ध व्यक्ति निराशा के अथाह सागर में डूब जाते हैं। इस निराशा से वे शारीरिक एवं मानसिक तनाव में रहते हैं। वृद्ध व्यक्ति भी विचित्र स्वभाव द्वारा अपनी प्रतिक्रिया व्यक्त करते हैं तथा युवा लोगों से लंबे तर्क करके स्वयं को मूर्ख बनाते हैं, क्योंकि उनके तर्क कोई सुनना नहीं चाहता। वे सही हो सकते हैं,

किंतु उनकी उम्र सही नहीं होती। उनके अच्छे कार्य भी पसंद नहीं किए जाते। यहाँ तक कि जब वे युवाओं पर अपने प्यार की वर्षा करते हैं, तो उन्हें ऊँची आवाज में बोलकर अपमानित किया जाता है।

वृद्धावस्था की समस्याओं के समाधान काफी आसान एवं हमारी पहुँच के अंदर हैं। यह समस्या आधुनिक समय की उपज है, इसका समाधान वृद्धों के लिए अलग आवास बनाना नहीं है, बल्कि उनका ध्यान रखना, प्यार एवं स्नेह देना है। हमें यह ध्यान रखना चाहिए कि हम भी एक दिन वृद्ध होगें और यदि हमारे बच्चे भी हमारे साथ ऐसा व्यवहार करेंगे, तो हम भी प्रसन्न एवं खुश नहीं रह सकेंगे। इसलिए अपनी प्रवृत्ति में सकारात्मक परिवर्तन ही एकमात्र समाधान है। तभी हम इस समस्या को समाप्त करने में सक्षम होंगे।

1. वृद्धावस्था की समस्या किस जीवन-शैली की देन है?
(a) पौराणिक (b) रूढ़िवादी
(c) मशीनीकृत (d) सामाजिक

2. आधुनिक युग में वृद्धावस्था एवं आयु का प्रभाव किस प्रकार उजागर होता है?
(a) अत्यंत तीव्र गति से (b) धीरे-धीरे से
(c) समान गति से (d) असमान गति से

3. संयुक्त परिवार के टूटने का क्या कारण बताया गया है?
(a) औद्योगीकरण (b) पश्चिमी सभ्यता
(c) (a) और (b) दोनों (d) सुनियोजित जीवन-शैली

4. वृद्ध व्यक्तियों को कई समस्याओं का सामना क्यों करना पड़ रहा है?
(a) संयुक्त परिवार के टूटने के कारण
(b) सिद्धांतों में परिवर्तन के कारण
(c) (a) और (b) दोनों
(d) स्वयं के व्यवहार के कारण

5. अपना भविष्य सुधारने की समस्याओं एवं पारिवारिक जीवन में उलझे रहने का क्या परिणाम होता है?
(a) माता-पिता की जरूरत पर ध्यान न दे पाना
(b) अपने जीवन के स्वर्णिम क्षणों को नष्ट कर देना
(c) जीवन के वास्तविक आनंद में परिचित न होना
(d) निराशा एवं हताश जीवन-शैली

6. वृद्धावस्था में वृद्ध व्यक्ति किसकी जरूरत महसूस करते हैं?
(a) नैतिक (b) वित्तीय
(c) भावनात्मक (d) ये सभी

7. वृद्ध व्यक्तियों के प्रति किनका रवैया अपमानजनक होता है?
(a) बच्चे का (b) घरेलू नौकर का
(c) पौत्र-पौत्रियाँ का (d) ये सभी

8. वृद्ध व्यक्ति विचित्र स्वभाव द्वारा अपनी प्रतिक्रिया कैसे व्यक्त करते हैं?
(a) लंबे तर्क करके (b) सहानुभूति दिखाकर
(c) लड़ाई-झगड़ा करके (d) दयालु बनकर

9. वृद्धावस्था की समस्या का समाधान कैसे किया जा सकता है?
(a) अलग आवास बनाकर (b) उनका ध्यान रखकर
(c) उनसे बातचीत न करके (d) उनसे दूरी बनाकर

10. वृद्ध व्यक्ति निराशा के अथाह सागर में किस कारण डूब जाते हैं?
(a) अवमाननापूर्ण एवं अपमानजनक व्यवहार के कारण
(b) नौकरी से सेवा-निवृत्त हो जाने के कारण
(c) शारीरिक कमजोरियों के कारण
(d) उम्र बीत जाने के कारण

बोध 20

जिस प्रकार हमारे शरीर के लिए भोजन आवश्यक है, उसी प्रकार हमारे मस्तिष्क को भी भोजन की आवश्यकता होती है। मस्तिष्क का सर्वोत्तम भोजन पुस्तकें हैं। इनका अपना ही आनंद है, जो किसी अन्य वस्तु से नहीं मिल सकता। अध्ययन करते समय हम जीवन की चिंताओं और दु:खों को भूल जाते हैं।

अध्ययन कई प्रकार का होता है। पहला प्रकार, हल्का-फुल्का अध्ययन अर्थात् समाचार-पत्रों, पत्र-पत्रिकाओं आदि की पढ़ाई करना होता है, जिनसे वर्तमान की घटनाओं के विषय में विस्तृत ज्ञान प्राप्त होता है। इनके द्वारा हमें विश्व के प्रत्येक भाग की घटनाओं और क्रियाकलापों के विषय में सब कुछ पता चलता रहता है। आज के युग में हम इस प्रकार के हल्के-फुल्के अध्ययन से अलग नहीं रह सकते। बिना समाचार-पत्रों के हम कुएँ के मेंढक के समान हो जाएँगे। इसलिए ऐसे अध्ययन को, जो आनंदमय है और शिक्षाप्रद भी, अनदेखा नहीं किया जा सकता। इसके बाद यात्रा और साहसिक कार्यों से संबद्ध पुस्तकें आती हैं। सामान्यतया व्यक्ति दैनिक जीवन की कठोर वास्तविकताओं से दूर भागना चाहता है, किंतु साहसिक कार्य करने की भावना मानव के रक्त में होती है। यात्रा और साहसिक कार्यों का वर्णन करने वाली पुस्तकें हमारे मन में भी साहस और निर्भीकता की भावना पैदा करती हैं। खाली समय को आनंद से बिताने का सबसे अच्छा साधन है, उपन्यास। शाम के समय अथवा गाड़ी में यात्रा करते समय उपन्यास पढ़ने से बेहतर कोई मनोरंजन नहीं है। कुछ समय के लिए पाठक अपने व्यक्तित्व और सत्ता को ही भूल जाता है। वह उपन्यास के किसी चरित्र के साथ एकाकार हो जाता है।

इससे उसे अपार सुख मिलता है। इनके अतिरिक्त गंभीर अध्ययन की पुस्तकें होती हैं। जिनमें साहित्य, इतिहास, दर्शन आदि की पुस्तकें भी आती हैं, जो सभी काल में पढ़ी जाने योग्य कृतियाँ होती हैं। ऐसी पुस्तकें गंभीर और विचारशील व्यक्तियों के लिए होती हैं। साहित्य का विद्यार्थी सभी युगों के सर्वोत्कृष्ट विद्वानों के संपर्क में आता है और अपने चिंतन के लिए उपयोगी आहार प्राप्त करता है। वे उसे जीवन के आध्यात्मिक मूल्यों की पूरी जानकारी देते हैं। इस प्रकार वह अपने जीवन को श्रेष्ठ और महान् बना सकता है। उसका दृष्टिकोण व्यापक हो जाता है और मानव के प्रति उसकी सहानुभूति बढ़ जाती है। बेकन ने कहा था कि "कुछ पुस्तकों का केवल स्वाद चखना चाहिए, कुछ को निगल जाना चाहिए और कुछ को अच्छी प्रकार से चबाकर पचा लेना चाहिए।" किसी पुस्तक को पाठ्य-पुस्तक के रूप में पढ़ने से अनिवार्यता की भावना आ जाती है। यह अनिवार्यता उपयोगी हो सकती है, परंतु उससे रुचि का हनन हो जाता है। पुस्तकों का वास्तविक प्रेमी तो हर समय इनकी संगति में आनंद का अनुभव करता है। पढ़ने की आदत मनुष्य के सभ्य होने का चिह्न है। यह मनोरंजन का अच्छा साधन है और खाली समय को व्यतीत करने का सबसे अच्छा उपाय है। पुस्तकों का ख़ज़ाना किसी भी राजा के ख़ज़ाने से बड़ा होता है। पुस्तकें कला, साहित्य, विज्ञान और ज्ञानरूपी सोने की खानें हैं।

1. साहित्य, इतिहास, दर्शन आदि से संबंधित पुस्तकें किस श्रेणी में आती हैं?
(a) सामान्य (b) गंभीर
(c) साहसिक (d) मनोरंजन

2. अध्ययन करते समय मनुष्य किस मनोदशा में पहुँच जाता है?
(a) सामान्य (b) उच्च
(c) निम्न (d) मध्यम

3. समाचार-पत्रों के अभाव में मनुष्य की दशा कैसी हो सकती है?
   (a) स्वाभाविक (b) निर्भीक जीव के समान
   (c) आनंदमय (d) कुएँ के मेंढक के समान

4. व्यक्ति के मन में साहस और निर्भीकता की भावना कब पैदा होती है?
   (a) यात्राएँ करके (b) तर्क-वितर्क करके
   (c) साहसिक पुस्तकें पढ़कर (d) गंभीर चिंतन करके

5. लेखक के अनुसार खाली समय को आनंद के साथ बिताने का सबसे अच्छा साधन क्या है?
   (a) विद्वानों के विचार सुनना (b) यात्राएँ करना
   (c) उपन्यास पढ़ना (d) समाचार-पत्र पढ़ना

6. मनुष्य के सभ्य होने का चिह्न किसे माना गया है?
   (a) आदर सहित बात करना (b) पढ़ने की आदत
   (c) सभी को समान समझना (d) खाली समय व्यतीत करना

7. गंभीर अध्ययन की पुस्तकें किनका मनोरंजन करती हैं?
   (a) सामान्य जन का (b) विचारशील व्यक्तियों का
   (c) साहित्य के विद्यार्थियों का (d) उच्च वर्ग के व्यक्तियों का

8. पुस्तकों का प्रेमी किसकी संगति में हर समय आनंद का अनुभव करता है?
   (a) विद्वानों की (b) बुद्धिजीवियों की
   (c) अध्यापकों की (d) पुस्तकों की

9. किस प्रकार के अध्ययन की अनदेखी नहीं की जा सकती है?
   (a) शिक्षाप्रद (b) आनंददायक
   (c) (a) और (b) दोनों (d) गंभीर

10. प्रस्तुत गद्यांश का सर्वाधिक उपयुक्त शीर्षक क्या होगा?
   (a) पुस्तकों का महत्त्व
   (b) यात्रा का महत्त्व
   (c) पाश्चात्य विचारकों का महत्त्व
   (d) समाचार-पत्रों का महत्त्व

बोध 21

संसार का इतिहास राजाओं, शासकों की उच्च महत्त्वाकांक्षाओं से भरा पड़ा है। भूमि और धन-संपत्ति पर आधिपत्य जमाने की लिप्सा के कारण उन्होंने तबाही मचाई। इन मानवता-विरोधी अपराधों से उनकी आत्मा पर कोई प्रभाव नहीं पड़ा। उनकी उच्च महत्त्वाकांक्षा के कारण नैतिकता के सभी नियम धरे के धरे रह गए। ईश्वर से विद्रोह करने वाले शैतान से लेकर, विश्वविजय का सपना देखने वाले बीसवीं शताब्दी के तानाशाहों तक, एक तरफ तो अत्याचार और यातना की कहानी मिलती है और दूसरी तरफ दु:ख और पीड़ा की।

बाइबिल इस ओर इंगित करती है कि किस प्रकार ल्यूसिफर की महत्त्वाकांक्षा के कारण फरिश्तों में अनबन हो गई। महत्त्वाकांक्षा व्यक्ति को झूठा और बेईमान बना देती है। उसके मुँह में राम और बगल में छुरी होती है। वह मित्रता के सभी बंधनों को तोड़कर केवल निजी स्वार्थ से लिप्त रहता है।

महाभारत दुर्योधन की महत्त्वाकांक्षा का ही परिणाम था, जिसके कारण संपूर्ण कुल का विनाश हो गया था। प्रारंभ से ही उसने राजा बनने और शासन करने की महत्त्वाकांक्षा पाल रखी थी। इसी के लिए उसने अपने चचेरे भाइयों, पांडवों को मारने के षड्यंत्र रचे। उसने उन्हें जिंदा जलाने का प्रयास किया और जब वे इससे बच निकले तो जुए में चालाकी से हराकर वनवास भेज दिया। वनवास की शर्त पूरी होने पर भी उसने पांडवों को उनका राज्य नहीं लौटाया। अंतत: महाभारत का युद्ध हुआ, जिससे संपूर्ण देश शताब्दियों तक कमजोर और निर्बल बना रहा। 5,000 वर्ष बीतने के बाद भी भारत उस गौरव और महिमा को प्राप्त करने में असमर्थ रहा है। इस प्रकार उच्च महत्त्वाकांक्षा देशों का विनाश करती है और शांति को नष्ट कर सकती है।

सिकंदर में भी विश्व-विजय की महत्त्वाकांक्षा थी। उसने अपना अभियान मैक्डोनिया से प्रारंभ किया जो ट्राय, पर्सिया और भारतभूमि तक फैला। एच. जी. वेल्स ने अपनी पुस्तक में पर्सियन साम्राज्य की राजधानी पेरिसपोलिज को हथियाने के लिए सिकंदर द्वारा किए गए अमानवीय अत्याचारों का वर्णन किया है। उसने अपने सैनिकों को पर्सिया और पड़ोसी नगरों को तहस-नहस करने तथा सभी वयस्कों को बलि चढ़ाने का आदेश दिया। भारतभूमि में भी उसका व्यवहार इससे अच्छा नहीं था, यद्यपि पोरस के साहस ने इस देश को विनाश से बचा लिया। जब सिकंदर मरा तो वह साम्राज्य जो उसने दूसरों से छीना था, वह छिन्न-भिन्न हो गया। चारों ओर अव्यवस्था और अराजकता फैल गई। शेष कहानी निर्मम तानाशाही और अस्तव्यस्तता की है। हर स्थान पर प्रांतीय शासकों ने अपने छोटे-छोटे राज्य बना लिए। चारों ओर बेईमानी और अपराध का साम्राज्य हो गया और इन शांतिपूर्ण स्थानों पर जीवन नारकीय हो गया, इसीलिए कहा गया है कि महत्त्वाकांक्षा का दूसरा नाम अराजकता है।

1. संसार में तबाही मचने का क्या कारण रहा है?
   (a) युद्ध नीति (b) अनैतिकता
   (c) आधिपत्य जमाने की लिप्सा (d) बंधनों की अधिकता

2. महत्त्वाकांक्षा और नैतिकता के संघर्ष में कौन जीतता रहा है?
   (a) मनुष्य (b) नैतिकता
   (c) अत्याचारी (d) महत्त्वाकांक्षा

3. मानवता विरोधी अपराधों से किनकी आत्मा पर कोई प्रभाव नहीं पड़ा?
   (a) महत्त्वाकांक्षी राजाओं की
   (b) तानाशाहों की
   (c) (a) और (b) दोनों
   (d) ईश्वर को मानने वाले राजाओं की

4. महत्त्वाकांक्षा के कारण व्यक्ति के चरित्र में कौन-सी बुराइयाँ आ जाती है?
   (a) मित्रता की पराकाष्ठा (b) झूठ और बेईमानी
   (c) चोरी और डकैती (d) सद्चरित्रता

5. दुर्योधन ने पांडवों को मारने के लिए कौन-सा षड्यंत्र रचा?
   (a) जिंदा जलाने का प्रयास
   (b) जुए में चालाकी से हराना
   (c) वनवास से लौटने पर राज्य न देना
   (d) उपरोक्त सभी

6. भारत के निर्बल होने का क्या कारण था?
   (a) स्वार्थ भावना (b) महाभारत का युद्ध
   (c) सिकंदर के अत्याचार (d) छोटे-छोटे राज्यों का बनना

7. भारत देश को विनाश से किसने बचा लिया?
   (a) सिंकदर ने (b) दुर्योधन ने
   (c) पोरस ने (d) प्रांतीय शासक ने

8. सिकंदर का राज्य छिन्न-भिन्न होने का क्या परिणाम हुआ?
   (a) देश में शांति की स्थापना
   (b) अव्यवस्था और अराजकता फैल गई
   (c) तानाशाही की स्थापना
   (d) जीवन सहज हो गया

9. पड़ोसी नगरों को नष्ट करने और सभी वयस्कों को बलि चढ़ाने का आदेश किसके द्वारा दिया गया?
(a) एच. जी. वेल्स के (b) सिकंदर के
(c) पोरस के (d) ल्यूसिफर के

10. महत्त्वाकांक्षा का दूसरा नाम किसे माना गया है?
(a) तानाशाही (b) नि:स्वार्थता
(c) अराजकता (d) षड्यंत्र

बोध 22

कवियों, शायरों तथा आम आदमी को सम्मोहित करने वाला 'पलाश' आज संकट में है। वैज्ञानिकों ने चेतावनी दी है कि यदि इसी प्रकार पलाश का विनाश जारी रहा, तो यह 'ढाक के तीन पात' वाली कहावत में ही बचेगा। अरावली और सतपुड़ा पर्वत शृंखलाओं में जब पलाश वृक्ष चैत (वसंत) में फूलता था, तो लगता था कि वन में आग लग गई हो अथवा अग्नि देव फूलों के रूप में खिल उठे हों। पलाश पर एक-दो दिन में ही संकट नहीं आ गया है। पिछले तीस-चालीस वर्षों में दोना-पत्तल बनाने वाले कारखाने बढ़ने, गाँव-गाँव में चकबंदी होने तथा वन माफ़ियाओं द्वारा अंधाधुंध कटान करने के कारण उत्तर प्रदेश, मध्य प्रदेश, बिहार, पश्चिम बंगाल, पंजाब, हरियाणा, राजस्थान, कर्नाटक, महाराष्ट्र आदि प्रांतों में पलाश के वन घटकर 10% से भी कम रह गए हैं। वैज्ञानिकों ने पलाश वनों को बचाने के लिए ऊतक संवर्द्धन (टिशू कल्चर) द्वारा परखनली में पलाश के पौधों को विकसित कर एक अभियान चलाकर पलाश वन रोपने की योजना प्रस्तुत की है। हरियाणा तथा पुणे में ऐसी दो प्रयोगशालाएँ भी खोली गई हैं। एक समय था, जब बंगाल का पलाशी का मैदान तथा अरावली की पर्वत-मालाएँ टेसू के फूलों के लिए दुनियाभर में मशहूर थीं। विदेशों से लोग पलाश के रक्तिम वर्ण के फूल देखने आते थे।

महाकवि पद्माकर ने छंद—"कहैं पद्माकर परागन में, पौन हूँ में, पानन में, पिक में, पलासन पगंत है।" लिखकर पलाश की महिमा का वर्णन किया था। ब्रज, अवधी, बुंदेलखंडी, राजस्थानी, हरियाणवी, पंजाबी लोक गीतों में पलाश के गुण गाए गए हैं। कबीर ने तो 'खांखर भया पलाश' कहकर पलाश की तुलना एक ऐसे सुंदर-सजीले नवयुवक से की है, जो अपनी जवानी में तो सबको आकर्षित कर लेता है, किंतु बुढ़ापे में अकेला रह जाता है। वसंत व ग्रीष्म ऋतु में जब तक टेसू में फूल व हरे-भरे पत्ते रहते हैं, उसे सभी निहारते हैं, किंतु शेष आठ महीने वह पतझड़ का शिकार होकर झाड़-झंखाड़ की तरह रह जाता है। पर्यावरण के लिए प्लास्टिक-पॉलीथीन पर रोक लगने के बाद पलाश की उपयोगिता महसूस की गई, जिसके पत्ते दोने, थैले, पत्तल, थाली, गिलास सहित न जाने कितने उपयोग में आ सकते हैं। पिछले तीस-चालीस वर्षों में 90% वन नष्ट कर डाले गए। बिना पानी के बंजर, ऊसर तक में उग आने वाले इस पेड़ की नई पीढ़ी तैयार नहीं हुई। यदि यही स्थिति रही और समाज जागरूक न हुआ, तो पलाश विलुप्त वृक्ष हो जाएगा।

1. गद्यांश में लेखक की चिंता का क्या कारण है?
(a) पलाश के वृक्षों का घटता स्तर (b) ऊतक संवर्द्धन की कमी
(c) पर्यावरण की सुरक्षा (d) जीवन का संघर्ष

2. अरावली और सतपुड़ा में पलाश के वृक्ष कैसे लगते थे?
(a) वन में लगी आग के समान
(b) ढाक के तीन पात के समान
(c) वर्षा ऋतु में इंद्रधनुष के समान
(d) गाँव में खिले टेसू के फूल के समान

3. पलाश के वनों की संख्या कम होने का क्या कारण है?
(a) गाँव में चकबंदी तथा माफ़ियाओं द्वारा इनका अंधाधुंध काटा जाना
(b) कारखानों में इन्हें महत्त्व न दिया जाना
(c) पलाश के वृक्ष का घटता महत्त्व
(d) जनसंख्या का अधिक होना

4. पलाश के वृक्षों को बचाने के लिए क्या किया जा रहा है?
(a) लोगों में जागरुकता लाकर नए पलाश लगाना
(b) अभियान चलाकर पलाश वन रोपने की योजना प्रस्तुत करना
(c) पलाश के महत्त्व से वंचित रखकर अन्य को महत्त्व देना
(d) उपरोक्त सभी

5. कबीर ने पलाश की तुलना किससे की है?
(a) वृद्ध व्यक्ति से (b) शायरों से
(c) कोयल के कूकने से (d) सुंदर-सजीले नवयुवक से

6. इतिहास में पलाश के फूलों को किसमें स्थान मिला है?
(a) विभिन्न कवियों की रचनाओं में
(b) लोक-गीतों में
(c) (a) और (b) दोनों
(d) कला एवं संस्कृति में

7. पलाश की उपयोगिता कब महसूस की गई?
(a) प्लास्टिक-पॉलीथिन की थैलियों पर रोक लगने के बाद
(b) कवियों द्वारा तिरस्कृत होने के बाद
(c) इतिहास द्वारा विस्मृत होने के बाद
(d) अन्य वृक्षों का महत्त्व कम होने के बाद

8. कवियों, शायरों और आम आदमी को सम्मोहित करने वाला पलाश आज किस संकट से गुजर रहा है?
(a) नव-निर्माण के भय के (b) विलुप्त होने के भय के
(c) महत्त्वहीन होने के भय के (d) अपनेपन के भय के

9. पलाश के गुण किस भाषा के लोक-गीतों में गाए गए हैं?
(a) बुंदेलखंडी (b) पंजाबी
(c) ब्रज (d) ये सभी

10. प्रस्तुत गद्यांश किस विषयवस्तु पर आधारित है?
(a) प्रकृति वर्णन पर (b) पलाश के संकट पर
(c) पर्यावरण सुरक्षा पर (d) साहित्य और पलाश पर

बोध 23

तत्त्ववेत्ता शिक्षाविदों के अनुसार विद्या दो प्रकार की होती है। प्रथम वह, जो हमें जीवन-यापन के लिए अर्जन करना सिखाती है और द्वितीय वह, जो हमें जीना सिखलाती है। इनमें से एक का भी अभाव जीवन को निरर्थक बना देता है। बिना कमाए जीवन-निर्वाह संभव नहीं। कोई भी नहीं चाहेगा कि वह माता-पिता, परिवार के किसी सदस्य, जाति या समाज पर परावलंबी हो। ऐसी विद्या से विहीन व्यक्ति का जीवन दूभर हो जाता है, वह दूसरों के लिए भार बन जाता है। साथ ही, दूसरी विद्या के बिना सार्थक जीवन नहीं जिया जा सकता। बहुत अर्जित कर लेने वाले व्यक्ति का जीवन यदि सुचारु रूप से नहीं चल रहा है, उसमें यदि वह जीवंत-शक्ति नहीं है, जो उसके अपने जीवन को तो सत्पथ पर अग्रसर करती ही है, साथ ही वह अपने समाज, जाति एवं राष्ट्र के लिए भी मार्गदर्शन करती है, तो उसका जीवन भी मानव-जीवन का अभिधान नहीं पा सकता। वह भारवाही गर्दभ बन जाता है या

पूँछ-सींग-विहीन पशु कहा जाता है। वर्तमान भारत में पहली विद्या का प्रायः अभाव दिखाई देता है, परंतु दूसरी विद्या का रूप भी विकृत ही है, क्योंकि न तो स्कूल-कॉलेजों से शिक्षा प्राप्त करके निकला छात्र जीविकार्जन के योग्य बन पाता है और न ही वह उन संस्कारों से युक्त हो पाता है, जिनसे व्यक्ति 'कु' से 'सु' बनता है, सुशिक्षित, सुसभ्य और सुसंस्कृत कहलाने का अधिकारी होता है। वर्तमान शिक्षा-पद्धति के अंतर्गत हम जो विद्या प्राप्त कर रहे हैं, उसकी विशेषताओं को सर्वथा नकारा भी नहीं जा सकता। यह शिक्षा कुछ सीमा तक हमारे दृष्टिकोण को विकसित भी करती है, हमारी मनीषा को प्रबुद्ध बनाती है तथा भावनाओं को चेतन करती है, किंतु कला, शिल्प, प्रौद्योगिकी आदि की शिक्षा नाममात्र की होने के फलस्वरूप इस देश के स्नातक के लिए जीविकार्जन टेढ़ी खीर बन जाता है और बृहस्पति बना युवक नौकरी की तलाश में अर्जियाँ लिखने में ही अपने जीवन का बहुमूल्य समय बर्बाद कर लेता है। जीवन के सर्वांगीण विकास को ध्यान में रखते हुए यदि शिक्षा के क्रमिक सोपानों पर विचार किया जाए, तो भारतीय विद्यार्थी को सर्वप्रथम इस प्रकार की शिक्षा दी जानी चाहिए जो आवश्यक हो, दूसरी जो उपयोगी हो और तीसरी जो हमारे जीवन को परिष्कृत एवं अलंकृत करती हो। ये तीनों सीढ़ियाँ एक के बाद एक आती हैं, इनमें व्यतिक्रम नहीं होना चाहिए। इस क्रम में व्याघात आ जाने से मानव-जीवन का चारु प्रासाद खड़ा करना असंभव है। यह तो भवन की छत बनाकर नींव बनाने के सदृश है। वर्तमान भारत में शिक्षा की अवस्था देखकर ऐसा प्रतीत होता है कि प्राचीन भारतीय दार्शनिकों ने 'अन्न' से 'आनंद' की ओर बढ़ने को जो 'विद्या का सार' कहा था, वह सर्वथा समीचीन ही था।

1. वर्तमान युवक अपना बहुमूल्य समय किसमें बर्बाद कर देते हैं?
(a) मनोरंजन में (b) नौकरी की तलाश में
(c) शिक्षा प्राप्त करने में (d) प्रतिस्पर्द्धा में

2. गद्यांश के अनुसार जीवन-यापन के लिए अर्जन करना कौन सिखाता है?
(a) परिवार (b) प्रथम प्रकार की विद्या
(c) द्वितीय प्रकार की विद्या (d) समाज

3. गद्यांश के अनुसार किसका अभाव जीवन को निरर्थक बना देता है?
(a) धन का (b) शिक्षा का
(c) परिवार का (d) जाति का

4. दूसरों पर किस प्रकार का व्यक्ति भार बन जाता है?
(a) लालची (b) विद्या प्राप्त
(c) स्वावलंबी (d) विद्याहीन

5. 'कु' से 'सु' बनाने में क्या आशय सन्निहित है?
(a) दुर्लभ से सुलभ बनाना (b) दुर्गम से सुगम बनाना
(c) दुष्कर से सुकर बनाना (d) दुर्जन से सुजन बनाना

6. देश के स्नातक के लिए टेढ़ी खीर क्या बन जाता है?
(a) जीविकार्जन (b) शिक्षा
(c) अध्यात्म (d) समाज

7. कुछ सीमा तक हमारे दृष्टिकोण को विकसित कौन करता है?
(a) प्राचीन शिक्षा-पद्धति (b) वर्तमान शिक्षा-पद्धति
(c) धनोपार्जन (d) जीविकोपार्जन

8. भारतीय विद्यार्थी को किस प्रकार की शिक्षा दी जानी चाहिए?
(a) आवश्यक (b) उपयोगी
(c) जीवन को परिष्कृत एवं अलंकृत करने वाली
(d) उपरोक्त सभी

9. अन्न से आनंद की ओर बढ़ने में विद्या का सार निहित है, क्योंकि ऐसी विद्या मनुष्य का
(a) भौतिक विकास करती है (b) आध्यात्मिक विकास करती है
(c) सर्वांगीण विकास करती है (d) सामाजिक विकास करती है

10. प्रस्तुत गद्यांश किस विषयवस्तु पर आधारित है?
(a) जीने की कला पर
(b) वर्तमान भारतीय शिक्षा पर
(c) मानव जीवन की सार्थकता पर
(d) शिक्षा के सोपान पर

बोध 24

आज की दुनिया के संदर्भ में दो बातों का ध्यान रखना आवश्यक है—हम एक ऐसी दुनिया में रह रहे हैं, जहाँ परफेक्शन का बोलबाला है। इसमें से प्रत्येक किसी-न-किसी के प्रति किसी हद तक जवाबदेह है। ऐसे परिदृश्य में सबसे कठिन हो जाता है अपनी आलोचना को स्वीकार कर पाना। हालाँकि यह भी सच है कि कैसी भी आलोचना स्वीकारना मुश्किल ही होता है, भले ही वह हमारी भलाई के लिए ही क्यों न हो। आलोचना एक दोधारी तलवार की तरह होती है। एक ओर आप इसके आधार पर अपने झूठे अहं को दरकिनार कर गहरी समझ विकसित कर सकते हैं, तो एक ओर आलोचना को दिल पर लेकर संबंधित शख़्स से अपने संबंध बिगाड़ सकते हैं। कह सकते हैं कि यह व्यक्ति विशेष पर निर्भर करता है कि वह आलोचना को किस तरह लेता है। उससे अपना विकास करता है या झूठे अहं में पड़ अपने को ही सही मानता रहता है। भले ही आलोचना कितनी ही चोट क्यों न पहुँचाए, लेकिन दूसरे को पूरे ध्यान व गंभीरता के साथ सुनें। आलोचना रूपी सलाह को सिरे से खारिज़ करने से बेहतर होगा कि जो सही हो, उसे आत्मसात् करें। उसे स्वीकार कर स्वयं का विकास करें। इस क्रम में अपनी निर्णायक क्षमता का बेहतर प्रयोग कर वही बातें स्वीकार करें, जो आप पर लागू होती हैं। ऐसा न हो कि आलोचना का वह हिस्सा भी मान लें, जो आप पर लागू ही न होता हो।

भले ही आप कितने ही सफ़ल क्यों न हो जाएँ, लेकिन यह ध्यान रखें कि सुधार की संभावना हमेशा रहती है। इसे मान लेने से सकारात्मक आलोचना अपने हित में लेने की आदत हो जाती है। इसके लिए दिमाग हमेशा खुला रखने की आवश्यकता है। किसी ने कोई बात की, जो आलोचना है, तो तुरंत ही किसी निर्णय पर पहुँचने के बजाय उस बात पर गंभीरता से मनन करें। ईमानदारी से विचार करें कि कही गई बात में कहीं भी कोई रत्तीभर भी सच्चाई है। आलोचनात्मक टिप्पणी की सारगर्भिता का सही आकलन परिपक्वता और विकास की दिशा में उठा पहला कदम होता है। बात भले आचार-व्यवहार, जीवन-शैली में बदलाव की हो या फिर कार्यशैली में परिवर्तन की। हमें हमेशा जागरूक रहना होगा कि हम कैसे इन क्षेत्रों में अपनी शक्ति बढ़ा सकते हैं। आलोचना दो तरह की होती है। एक का मकसद आपकी कमियों को सामने लाकर उसे दूर करना होता है, जबकि एक महज ईर्ष्यावश या पूर्वाग्रह से ग्रसित होती है। आवश्यकता इसके अंतर को समझने की है। कमियों को इंगित करती यानी सकारात्मक आलोचना को अंगीकार करने की आवश्यकता है, जबकि नकारात्मक आलोचना और उसे करने वाले से दूरी बनाने में ही भलाई निहित है।

1. "आलोचना एक दोधारी तलवार की तरह होती है"— पंक्ति का क्या आशय है?
   (a) आलोचना के माध्यम से व्यक्ति अपने अहंकार को दूर कर गहरी समझ विकसित कर सकता है
   (b) आलोचना को दिल पर लेकर संबंधित व्यक्ति से अपने संबंध बिगाड़ सकता है
   (c) (a) और (b) दोनों
   (d) आलोचना के द्वारा व्यक्ति अपना सर्वस्व अस्तित्व समाप्त कर लेता है
2. अपने झूठे अहंकार को एक ओर रखकर गहरी समझ किसके माध्यम से विकसित कर सकते हैं?
   (a) व्यक्ति विशेष के (b) परफेक्शन के
   (c) आलोचना के (d) ध्यान के
3. आलोचना को आत्मसात् करके क्या किया जा सकता है?
   (a) दूसरों की बुराई (b) स्वयं की निंदा
   (c) स्वयं का विकास (d) संबंधों को खराब
4. अपनी निर्णायक क्षमता का बेहतर प्रयोग करके आलोचना में से किसे स्वीकार करना चाहिए?
   (a) वे बातें जो दूसरों पर लागू हो
   (b) वे बातें जो स्वयं पर लागू होती हो
   (c) वे बातें जो पीड़ा पहुँचाएँ
   (d) वे बातें जो दूसरों के हित में हो
5. किस बात को मान लेने से सकारात्मक आलोचना अपने हित में लेने की आदत हो जाती है?
   (a) दूसरों की कही प्रत्येक बात
   (b) मनुष्य गलतियों का पुतला है
   (c) सामाजिक संबंध सर्वोपरि हैं
   (d) सुधार की संभावना हमेशा रहती है
6. आलोचना को स्वीकारना मुश्किल क्यों होता है?
   (a) क्योंकि वर्तमान समय में इसे बुराई का पर्याय माना जाता है
   (b) क्योंकि इसमें सत्य निहित होता है
   (c) क्योंकि यह केवल कमियों की ओर इशारा करती है
   (d) क्योंकि इसमें केवल असत्य का भाव निहित होता है
7. किस प्रकार की आलोचना को स्वीकार करना चाहिए?
   (a) नकारात्मक (b) सकारात्मक
   (c) सामान्य (d) असामान्य
8. कमियों को सामने लाकर उन्हें दूर करना किस प्रकार की आलोचना के अंतर्गत आएगा?
   (a) नकारात्मक आलोचना (b) पूर्वाग्राही आलोचना
   (c) सकारात्मक आलोचना (d) ईर्ष्यावश की गई आलोचना
9. आचार-व्यवहार, जीवन शैली, कार्यशैली आदि क्षेत्रों में हम अपनी शक्ति कैसे बढ़ा सकते हैं?
   (a) चिंतन-मनन करके (b) पूर्वधारणा बनाकर
   (c) जागरूक रहकर (d) समाज से सीखकर
10. प्रस्तुत गद्यांश किस विषयवस्तु पर आधारित है?
   (a) आलोचक के गुण पर
   (b) व्यक्ति विशेष की मन: स्थिति पर
   (c) व्यक्ति की कमियों पर
   (d) आलोचना के महत्त्व पर

बोध 25

विज्ञान आज के मानव-जीवन का अविभाज्य एवं घनिष्ठ अंग बन गया है। मानव-जीवन का कोई भी क्षेत्र विज्ञान के अश्रुतपूर्व आविष्कारों से अछूता नहीं रहा। इसी से आधुनिक युग विज्ञान का युग कहलाता है। आज विज्ञान ने पुरुष और नारी, साहित्यकार और राजनीतिज्ञ, उद्योगपति और कृषक, पूँजीपति और श्रमिक, चिकित्सक और सैनिक, अभियन्ता और शिक्षक तथा धर्मज्ञ और तत्त्वज्ञ सभी को और सभी क्षेत्रों में किसी-न-किसी रूप में अपने अप्रतिम प्रदेय से अनुगृहीत किया है। आज समूचा परिवेश विज्ञानमय हो गया है। विज्ञान के चरण गृहिणी के रसोईघर से लेकर बड़ी-बड़ी प्राचीरों वाले भवनों और अट्टालिकाओं में ही दृष्टिगत नहीं होते, प्रत्युत वे स्थल और जल की सीमाओं को लाँघकर अंतरिक्ष में भी गतिशील हैं। वस्तुत: विज्ञान अद्यतन मानव की सबसे बड़ी शक्ति बन गया है। इसके बल से मनुष्य प्रकृति और प्राणिजगत् का शिरोमणि बन सका है। विज्ञान के अनुग्रह से वह सभी प्रकार की सुविधाओं और संपदाओं का स्वामित्व प्राप्त कर चुका है। अब वह ऋत-ऋतुओं के प्रकोप से भयाक्रांत एवं संत्रस्त नहीं है। विद्युत ने उसे आलोकित किया है, उष्णता और शीतलता दी है, बटन दबाकर किसी भी कार्य को संपन्न करने की ताकत भी दी है। मनोरंजन के विविध साधन उसे सुलभ हैं। यातायात एवं संचार के साधनों के विकास से समय और स्थान की दूरियाँ बहुत कम हो गई हैं और समूचा विश्व एक परिवार-सा लगने लगा है।

कृषि और उद्योग के क्षेत्र में उत्पादन की तीव्र वृद्धि होने के कारण आज दुनिया पहले से अधिक धन-धान्य से संपन्न है। शिक्षा और चिकित्सा के क्षेत्र में विज्ञान की देन अभिनंदनीय है। विज्ञान के सहयोग से मनुष्य धरती और समुद्र के अनेक रहस्य हस्तामलक करके अब अंतरिक्ष लोक में प्रवेश कर चुका है। सर्वोपरि, विज्ञान ने मनुष्य को बौद्धिक विकास प्रदान किया है और वैज्ञानिक चिंतन-पद्धति दी है।

वैज्ञानिक चिंतन-पद्धति से मनुष्य अंधविश्वासों और रूढ़ि-परंपराओं से मुक्त होकर स्वस्थ एवं संतुलित ढंग से सोच-विचार कर सकता है और यथार्थ एवं सम्यक् जीवन जी सकता है। इससे मनुष्य के मन को युगों के अंधविश्वासों, भ्रमपूर्ण और दकियानूसी विचारों, भय और अज्ञानता से मुक्ति मिली है। विज्ञान की यह देन स्तुत्य है। मानव को चाहिए कि वह विज्ञान की इस समग्र देन को रचनात्मक कार्यों में सुनियोजित करें।

1. आज विज्ञान को मनुष्य के जीवन का अभिन्न अंग क्यों माना जा सकता है?
   (a) विज्ञान के आविष्कार अभूतपूर्व हैं
   (b) विज्ञान ने सभी क्षेत्रों में मानव को प्रभावित किया है
   (c) विज्ञान ने आर्थिक उन्नति प्रदान की है
   (d) आधुनिक युग विज्ञान का युग है
2. किसके बल पर मनुष्य प्रकृति और प्राणिजगत् का शिरोमणि बन सका है?
   (a) स्वयं के (b) साधनों के
   (c) विज्ञान के (d) सत्ता के
3. वैज्ञानिक चिंतन पद्धति ने मनुष्य को सबसे पहले किससे मुक्ति दिलाई?
   (a) संतुलित अनुचिंतन
   (b) प्राचीन सांस्कृतिक परंपराओं
   (c) औपचारिकताओं
   (d) भ्रमपूर्ण रूढ़िवादी विचार

4. विज्ञान के चरण गतिशील क्यों कहे जा सकते हैं?
   (a) विज्ञान की तीव्र गति के कारण
   (b) यातायात के साधन आविष्कृत करने के कारण
   (c) विज्ञान के उत्तरोतर विभिन्न दिशाओं में उन्मुख होने के कारण
   (d) प्रगतिशील विचारधारा के कारण

5. समूचा विश्व एक परिवार के समान लगने का क्या कारण है?
   (a) विज्ञान की गतिशील शक्ति
   (b) विज्ञान और जीवन में घनिष्ठता
   (c) यातायात एवं संचार के साधनों का विकास
   (d) विश्वबंधुत्व की भावना का विकास

6. विज्ञान के सहयोग से मनुष्य ने कहाँ प्रवेश कर लिया है?
   (a) मनुष्य के हृदय में
   (b) अंतरिक्ष में
   (c) विदेशों में
   (d) समुद्र में

7. वैज्ञानिक चिंतन पद्धति के प्रभाव से व्यक्ति कैसा जीवन जी सकता है?
   (a) यथार्थ (b) सम्यक्
   (c) (a) और (b) दोनों (d) बनावटी

8. मानव से विज्ञान की देन को किन कार्यों में नियोजित करने की अपेक्षा है?
   (a) लाभप्रद (b) सहयोगप्रद
   (c) रचनात्मक (d) विध्वंसात्मक

9. लेखक की दृष्टि में विज्ञान की सबसे बड़ी देन क्या है?
   (a) संचार सुविधाएँ (b) विद्युत का आविष्कार
   (c) वैज्ञानिक चिंतन पद्धति (d) चिकित्सा और शिक्षा की सुविधाएँ

10. प्रस्तुत गद्यांश किस विषयपस्तु पर आधारित है?
   (a) विज्ञान का मानव जीवन पर प्रभाव
   (b) वैज्ञानिक चिंतन और मानव
   (c) विज्ञान के गतिशील चरण
   (d) विज्ञान के आविष्कार

अपठित पद्यांश

पद्यांश 1

कूड़े के ढेर से
कुछ चुनते हुए बच्चे को देख
एक चित्रकार ने
करुणामय चित्र बना डाला।
कवि ने
एक मार्मिक रचना रच डाली।
एक कहानीकार ने
'उसी बच्चे' पर
कालजयी
कहानी कही।
जनता ने
प्रदर्शनी में चित्र,
मंच पर कविता,
और
पत्रिका में छपी
कहानी को खूब सराहा।
पर उस बच्चे ने चित्र,
कविता और कहानी से क्या पाया?
वो अब भी लगा है......
वहीं कूड़े के ढेर में कुछ खोजने में।
उसे कुछ मिला, नहीं!!!

1. चित्रकार, कहानीकार तथा कवि के कार्य पर जनता ने क्या प्रतिक्रिया व्यक्त की?
   (a) जनता उनके कार्यों से क्रोधित हो गई
   (b) जनता ने उनके कार्य की खूब प्रशंसा की
   (c) जनता का हृदय द्रवित हो गया
   (d) जनता अकारण ही चिंतित हो गई

2. प्रस्तुत पद्यांश का केंद्रीय विषय क्या है?
   (a) जनता की रुचि-अरुचि
   (b) बाल श्रम में व्यतीत बचपन
   (c) साहित्य की उत्कृष्ट रचना
   (d) प्रदर्शन की महत्ता

3. अंत में बच्चे की स्थिति में क्या परिवर्तन आया?
   (a) बच्चे को काम से छुटकारा मिल गया
   (b) बच्चे के काम की सराहना हुई
   (c) बच्चे का भविष्य सुधर गया
   (d) बच्चे की स्थिति में कोई परिवर्तन नहीं आया

4. बच्चे की दशा को देखकर कहानीकार ने क्या किया?
   (a) समाज में उस बच्चे को स्थान दिलाया
   (b) बच्चे के वर्तमान में बदलाव लाया
   (c) बच्चे पर कालजयी कहानी कही
   (d) समाज को जागरूक करने का कार्य किया

5. बच्चे की मार्मिक दशा को देखकर कवि ने किस प्रकार की रचना की?
   (a) प्रेरणास्पद (b) प्रतीकात्मक
   (c) मार्मिक (d) सुखात्मक

6. जनता ने बच्चे के कारुणिक चित्र को कहाँ देखा?
   (a) मंच पर (b) कूड़े के ढेर के पास
   (c) घर के आस-पास (d) प्रदर्शनी में

7. प्रस्तुत पद्यांश में किस बच्चे की बात की गई है?
   (a) कुछ पाने की आशा से कूड़े के ढेर से कुछ चुनते बच्चे की
   (b) गलियों में बेपरवाह खेलते बच्चों की
   (c) काव्य-रचना करते एक छोटे बच्चे की
   (d) हतोत्साहित बच्चे की

8. कूड़े के ढेर से बच्चे को क्या प्राप्त हुआ?
   (a) मूल्यवान वस्तु (b) बासी रोटी
   (c) खिलौने (d) कुछ नहीं

पद्यांश 2

झपटता बाज़
फन उठाए साँप
दो पैर पर खड़ी
काँटों से नन्हीं पत्तियाँ खाती बकरी,
दबे पाँव झाड़ियों में चलता चीता;
डाल पर उलटा लटक
फल कुतरता तोता
या इन सब की जगह
आदमी होता।
जब भी भूख से लड़ने
कोई खड़ा हो जाता
सुंदर दीखने लगता है।

1. बाज़ तथा साँप में कवि को कौन-सा सौंदर्य नज़र आता है?
   (a) जुझारु प्रवृत्ति का वास्तविक एवं गरिमापूर्ण सौंदर्य
   (b) व्याकुल होकर निस्तेज रूप का सौंदर्य
   (c) स्वयं को असहाय समझने का सौंदर्य
   (d) पराधीन होने का सौंदर्य

2. पद्यांश में पशु-पक्षियों की चर्चा किस संदर्भ में की गई है?
   (a) भूख से लड़ने के संदर्भ में
   (b) शिकार करने के संदर्भ में
   (c) प्राकृतिक सौंदर्य के संदर्भ में
   (d) मनुष्य से आगे बढ़ने के संदर्भ में

3. भूख से लड़ता पशु-पक्षी या मनुष्य कवि को कैसा लगता है?
   (a) कुरूप (b) सुंदर (c) चिंतित (d) सहज

4. पद्यांश में दबे पाँव झाड़ियों से चलता हुआ कौन आता है?
   (a) तोता (b) बकरी
   (c) चीता (d) बाज़

5. कवि भूख से लड़ने को किसके प्रतीक के रूप में देखता है?
   (a) प्राकृतिक गतिविधियों के रूप में
   (b) संघर्ष व दृढ़ता के रूप में
   (c) हिंसक जानवरों के प्रतीक के रूप में
   (d) उपरोक्त सभी

6. प्रस्तुत पद्यांश का मूलभाव क्या है?
   (a) जीवन-संघर्ष (b) आदमी की व्यथा
   (c) भुखमरी (d) आदमी-पशु में समानता

7. कवि ने वर्तमान समय की किस समस्या को चित्रित किया है?
   (a) भूख की समस्या
   (b) जहरीले साँप की समस्या
   (c) जंगलों में जानवरों के अभाव की समस्या
   (d) सुंदर दिखने की समस्या

8. प्रस्तुत पद्यांश में बकरी ने पत्तियों का भोजन कहाँ से प्राप्त किया?
   (a) फूलों से (b) पेड़ों से
   (c) धरती से (d) काँटों से

पद्यांश 3

जी हाँ हुज़ूर, मैं गीत बेचता हूँ,
मैं तरह-तरह के गीत बेचता हूँ,
मैं किस्म-किस्म के गीत बेचता हूँ,
जी, माल देखिए, दाम बताऊँगा,
बेकाम नहीं हैं, काम बताऊँगा,
कुछ गीत लिखे हैं मस्ती में मैंने,
कुछ गीत लिखे हैं पस्ती में मैंने,
यह गीत सख्त दर्द भुलाएगा,
यह गीत पिया को पास बुलाएगा,
जी, पहले कुछ शर्म लगी मुझको!
पर बाद-बाद में अक्ल जगी मुझको;
जी, लोगों ने तो बेच दिए ईमान,
जी, आप न हों सुनकर ज़्यादा हैरान।

1. कवि गीत बेचने को मजबूर क्यों हुआ?
   (a) कवि को कोई अन्य कार्य नहीं आता
   (b) वर्तमान व्यवस्था नैतिक मूल्यों की कद्र नहीं करती
   (c) समाज में सब कुछ बिकाऊ है
   (d) कवि के पास भिन्न-भिन्न प्रकार के गीत हैं

2. कवि ने अपने गीतों की क्या विशेषता बताई है?
   (a) मस्ती भरे गीत
   (b) दर्द भुलाने वाले गीत
   (c) पिया को पास बुलाने वाले गीत
   (d) उपरोक्त सभी

3. प्रस्तुत पद्यांश में किस पर व्यंग्य किया गया है?
   (a) कवि की गीत बेचने की प्रवृत्ति पर
   (b) औद्योगिक पूँजीवादी व्यवस्था पर जहाँ सब कुछ बिकाऊ है
   (c) गीतों के विभिन्न प्रकारों पर
   (d) दाम लगाने वाले कवियों पर

4. प्रस्तुत पद्यांश का मूल भाव क्या है?
   (a) गीतों को बेचने का कार्य करना
   (b) वर्तमान भौतिकवादी व्यवस्था का विरोध करना
   (c) गीतकार के दु:ख की अभिव्यक्ति करना
   (d) गीत के प्रकार का अतिशयोक्तिपूर्ण वर्णन करना

5. प्रस्तुत पद्यांश में कवि किस समस्या से व्यथित है?
   (a) काव्य-विषय की समस्या से
   (b) विषय-वस्तु के चुनाव की समस्या से
   (c) बाजारवाद की समस्या से
   (d) गीत बेचने की समस्या से

6. निम्नलिखित में से कौन-सी कवि के गीतों की विशेषता नहीं है?
   (a) सार्थकता (b) विविधता
   (c) पीड़ा का निवारण करने वाला (d) निरर्थकता

7. प्रस्तुत पद्यांश में कवि ने किसकी दुर्दशा को अभिव्यक्त किया है?
   (a) विक्रेता की (b) कला और कलाकार की
   (c) ग्राहक की (d) जनसामान्य वर्ग की

8. 'लोगों ने तो बेच दिए ईमान'—पंक्ति किस ओर संकेत करती है
   (a) पतनोन्मुखी समाज (b) उपभोक्तावादी समाज
   (c) वस्तुवादी समाज (d) ये सभी

पद्यांश 4

मानो, जनता है फूल जिसे अहसास नहीं,
जब चाहो तभी उतार सजा लो दोनों में;
अथवा कोई दुधमुँही जिसे बहलाने के
जंतर-मंतर सीमित हों चार खिलौनों में।
लेकिन होता भूडोल, बवंडर उठते हैं,
जनता जब कोपाकुल हो भृकुटि चढ़ाती है;
दो राह समय के रथ का घर्घर-नाद सुनो,
सिंहासन खाली करो कि जनता आती है।
हुँकारों से महलों की नींव उखड़ जाती,
साँसों के बल से ताज हवा में उड़ता है,

जनता की रोके राह, समय में ताव कहाँ?
वह जिधर चाहती, काल उधर ही मुड़ता है।
अब्दों, शताब्दियों, सहस्राब्द का अंधकार
बीता; गवाक्ष अंबर के दहके जाते हैं;
यह और नहीं कोई, जनता के स्वप्न अजय
चीरते तिमिर का वक्ष उमड़ते जाते हैं।

1. जनता की तुलना फूल से क्यों की गई है?
   (a) जनता फूल के समान कोमल होती है
   (b) जनता फूल के समान संवेदनहीन होती है
   (c) फूल की तरह जनता को कभी सिर-आँखों पर बिठाया जाता है, तो कभी नीचे गिरा दिया जाता है
   (d) फूल तथा जनता दोनों में प्राण होते हैं

2. जनता के क्रोध का क्या परिणाम होता है?
   (a) वह सत्ता को बदल देती है
   (b) वह समाज में तनाव उत्पन्न कर देती है
   (c) वह समाज को अनैतिक बना देती है
   (d) वह स्वयं के विषय में भी नहीं सोचती है

3. कवि किसे चेतावनी दे रहा है?
   (a) क्रोधित जनता को
   (b) समय को
   (c) शासक वर्ग को
   (d) शोषित वर्ग को

4. जनता का मार्ग रोकने की हिम्मत किसमें नहीं है?
   (a) कवि में (b) समाज में
   (c) समय में (d) शासक वर्ग में

5. शताब्दियों से फैला अंधकार किस प्रकार दूर हो रहा है?
   (a) शहरों तथा गाँवों तक बिजली का प्रसार होने के कारण
   (b) जनता द्वारा अपने अधिकारों का प्रयोग किए जाने के कारण
   (c) अज्ञानी जनता द्वारा समझौता करने की विवशताओं के कारण
   (d) शोषकों द्वारा जनता को धन को लालच देने के कारण

6. 'जंतर-मंतर सीमित हो चार खिलौनों में'—पंक्ति में निहित मूलभाव क्या है?
   (a) वायदे मात्र करके जनता को बहलाना
   (b) बच्चों को खिलौने बाँटना
   (c) भारतीय जनता बच्चों के समान कमज़ोर है
   (d) खिलौने रूपी सुंदर बातों द्वारा शासक वर्ग को आकर्षित करना

7. भारतीय जनता के स्वप्न कैसे हैं?
   (a) अजय
   (b) जिसे आसानी से जीता जा सके
   (c) जय
   (d) कल्पित

8. जनता के हुंकारों से महलों की नींव उखड़ने का क्या अभिप्राय है?
   (a) अत्याचार सहन करना
   (b) शोषकों के घर तोड़ना
   (c) अशांति फैलाना
   (d) सत्ता छिनना

पद्यांश 5

निज भाषा उन्नति अहै, सब उन्नति को मूल।
बिनु निज भाषा ज्ञान के, मिटै न हिय को सूल।।
पढ़े संस्कृत जतन करि, पंडित भे विख्यात।
पै निज भाषा ज्ञान बिन, कहि न सकत इक बात।।
अंग्रेज़ी पढ़ कै जदपि, सब गुन होत प्रबीन।
पै निज भाषा ज्ञान बिन रहत हीन के हीन।।
एक भाषा इक जीव मति सब घर के लोग।
तबै बनत है सबन सों, मिटत मूढ़ता सोग।।
और एक अति लाभ यह यामें प्रगट लखात।
निज भाषा में कीजिए, जो विद्या की बात।।

1. संस्कृत पढ़ने वालों को कवि ने क्या माना है?
   (a) विद्वान (b) वाणी विहीन पंडित
   (c) मूर्ख (d) अज्ञानी

2. मूर्खता और शोक का शमन करने की विशिष्टता से युक्त कौन होता है?
   (a) ज्ञानी जन (b) अज्ञानी जन (c) अपनी भाषा (d) अंग्रेजी भाषा

3. 'अंग्रेजी पढ़ कै जदपि, सब गुण होत प्रवीन' का क्या तात्पर्य है?
   (a) अंग्रेजी भाषा पढ़कर ही ज्ञान प्राप्त हो सकता है
   (b) अंग्रेजी भाषा के माध्यम से आधुनिक ज्ञान-विज्ञान की बातें सीखी जा सकती हैं
   (c) केवल अंग्रेजी भाषा ही उन्नति का आधार है
   (d) अंग्रेजी भाषा के ज्ञान से भारतीयों की उन्नति नहीं हो सकती

4. कवि द्वारा निज भाषा में विद्या की बात को महत्त्व देने का क्या कारण हो सकता है?
   (a) अन्य भाषा का बहिष्कार करना
   (b) अपनी भाषा में संप्रेषण की सुगमता अधिक होती है
   (c) अपनी भाषा को विश्व की सर्वश्रेष्ठ भाषा सिद्ध करना
   (d) कठिन विषय अन्य भाषा में जल्दी समझ आता है

5. कवि ने सभी उन्नति का मूल किसे माना है?
   (a) संस्कृत भाषा को (b) अंग्रेजी भाषा को
   (c) मातृभाषा को (d) ग्रामीण भाषा को

6. पद्यांश के अनुसार अपनी भाषा के ज्ञान के बिना क्या होता है?
   (a) मूढ़ता का शोक मिटता है
   (b) हृदय का दुःख दूर नहीं होता
   (c) मनुष्य ज्ञानवान बन जाता है
   (d) व्यक्ति सर्वगुण संपन्न बन जाता है

7. मातृभाषा के संदर्भ में निम्न में से कौन-सा कथन अनुपयुक्त है?
   (a) मातृभाषा के ज्ञान के बिना मनुष्य अज्ञानी रहता है
   (b) मातृभाषा के बिना ज्ञान प्राप्ति असंभव है
   (c) मातृभाषा के ज्ञान से व्यक्ति की उन्नति संभव नहीं है
   (d) मातृभाषा के ज्ञान से शीघ्र विद्या प्राप्त हो जाती है

8. प्रस्तुत पद्यांश में कवि किस भाषा को अपनाने के लिए प्रेरित कर रहा है?
   (a) संस्कृत भाषा को (b) मातृभाषा को
   (c) तमिल भाषा को (d) अंग्रेजी भाषा को

पद्यांश 6

मैं हूँ उनके साथ खड़ी
जो सीधी रखते अपनी रीढ़।
कभी नहीं जो तज सकते हैं
अपना न्यायोचित अधिकार
कभी नहीं जो सह सकते हैं
शीश नवाकर अत्याचार
एक अकेले हों या उनके
साथ खड़ी हो भारी भीड़
मैं हूँ उनके साथ खड़ी
जो सीधी रखते अपनी रीढ़।
निर्भय हो घोषित करते
जो अपने उद्गार-विचार
जिनकी जिह्वा पर होता है
उनके अंतर का अंगार
नहीं जिन्हें चुप कर सकती है
आततायियों की शमशीर
मैं हूँ उनके साथ खड़ी,
जो सीधी रखते अपनी रीढ़।

1. पद्यांश के माध्यम से क्या संदेश दिया गया है?
   (a) शोषित को उखाड़ फेंकने का
   (b) आत्मरक्षा के लिए तलवार उठाने का
   (c) अन्याय, अत्याचार और अमानवीय कृत्यों का निडरतापूर्वक सामना करने का
   (d) चुपचाप सब कुछ सहन करते जाने का

2. निर्भय होकर विचार प्रकट करने वालों की क्या विशेषता होती है?
   (a) उनके अंतर में आत्मबल का आधार सुदृढ़ होता है
   (b) उनके हृदय में कहीं-न-कहीं भय बना रहता है
   (c) उनके विचार हिंसा फैलाने वाले होते हैं
   (d) उनमें मानसिक शक्ति कम होती है

3. 'आततायियों की शमशीर' से क्या तात्पर्य है?
   (a) आतंकवादियों की विचारधारा
   (b) अधिकारियों की जुबान
   (c) विरोधियों की तलवार
   (d) क्रांतिकारी विचारधारा

4. अत्याचार सहन न करने वालों के प्रति कवयित्री की क्या प्रतिक्रिया होती है?
   (a) वह उनके साथ खड़ी होती है
   (b) वह उनके विरुद्ध खड़ी होती है
   (c) वह उनसे सीधे मुँह बात नहीं करती है
   (d) वह उन पर विश्वास नहीं करती है

5. सीधी रीढ़ रखने से कवि का क्या अभिप्राय है?
   (a) सीधा खड़ा होना (b) सीधी बात कहना
   (c) अभिमानी होना (d) आत्मनिर्भर होना

6. पद्यांश के अनुसार कविता किसके साथ में खड़ी है?
   (a) परिस्थितियों से समझौता करने वालों के साथ
   (b) स्वप्न जगत में खोए व्यक्तियों के साथ
   (c) अन्याय और अत्याचार करने वालों के साथ
   (d) सत्य एवं न्याय पथ पर अडिग रहने वालों के साथ

7. कवि के अनुसार, अपने विचारों को किस प्रकार अभिव्यक्त करना चाहिए?
   (a) भयपूर्वक (b) निर्भय होकर
   (c) संदेहपूर्वक (d) संकोच के साथ

8. कवयित्री क्या सहन न कर पाने वाले लोगों के साथ खड़ी है?
   (a) प्रेमभाव (b) संघर्ष (c) अत्याचार (d) अंगारे

पद्यांश 7

जीवन की आपाधापी में कब वक़्त मिला
कुछ देर कहीं पर बैठ कभी यह सोच सकूँ
जो किया, कहा, माना उसमें क्या बुरा भला।
जिस दिन मेरी चेतना जगी मैंने देखा
मैं खड़ा हुआ हूँ इस दुनिया के मेले में,
हर एक यहाँ पर एक भुलाने में भूला
हर एक लगा है अपनी अपनी दे-ले में
कुछ देर रहा हक्का-बक्का, भौचक्का-सा,
आ गया कहाँ, क्या करूँ यहाँ, जाऊँ किस जा?
फिर एक तरफ़ से आया ही तो धक्का-सा
मैंने भी बहना शुरू किया उस रेले में,
क्या बाहर की ठेला-पेली ही कुछ कम थी,
जो भीतर भी भावों का ऊहापोह मचा,
जो किया, उसी को करने की मजबूरी थी,
जो कहा, वही मन के अंदर से उबल चला,
जीवन की आपाधापी में कब वक़्त मिला
कुछ देर कहीं पर बैठ कभी यह सोच सकूँ
जो किया, कहा, माना उसमें क्या बुरा भला।

1. पद्यांश के अनुसार कवि को किसके लिए समय नहीं मिला?
   (a) अपने परिवार के विषय में सोचने का
   (b) शांतिपूर्वक बैठकर आत्मचिंतन करने का
   (c) संसार की सुख-सुविधाएँ भोगने का
   (d) लोगों के विचारों को सुनने-समझने का

2. कवि को दुनिया का रूप किसके समान लगा?
   (a) स्वर्ग के समान (b) नरक के समान
   (c) मेले के समान (d) बाज़ार के समान

3. चेतना जागने पर कवि की क्या स्थिति हुई?
   (a) कवि को समझ नहीं आया कि क्या करना है क्या नहीं
   (b) कवि को आत्मज्ञान प्राप्त हो गया
   (c) कवि को पुनर्जन्म की बातें याद आ गई
   (d) कवि में साहस और उत्साह जागृत हो गया

3. 'जो किया, उसी को करने की मजबूरी थी' पंक्ति से क्या भाव प्रकट हो रहा है?
   (a) कवि प्रसन्न होकर क्रिया-कलाप कर रहा है
   (b) कवि की अपनी मजबूरी स्पष्ट हो रही है
   (c) कवि सहज भाव से परिस्थितियों को स्वीकार नहीं करता
   (d) कवि अकारण ही चिंतित हो जाता है

5. एक दिन कवि ने स्वयं को कहाँ पाया?
   (a) दुनिया रूपी मेले में
   (b) मानवीय भावनाओं के बीच
   (c) बाहर की ठेला-पेली में
   (d) भावों की उथल-पुथल में

6. कवि के हृदय में किस प्रकार का द्वंद्व चल रहा था?
   (a) दुनिया का
   (b) तर्क-वितर्क का
   (c) भावों का
   (d) बुरा-भला सोचने का

7. कवि ने कहाँ बहना शुरू कर दिया?
(a) दुनिया के रेले में
(b) दुनिया की भीड़ में
(c) नदियों में
(d) विचारों के तूफान में

8. कवि क्या देखकर अचंभित हो गया?
(a) मानवीय गतिविधियों को (b) आर्थिक लेन-देन को
(c) भीड़ को (d) ये सभी

पद्यांश 8

यह हार एक विराम है, जीवन महासंग्राम है,
तिल-तिल मिटूँगा पर दया की भीख मैं लूँगा नहीं।
वरदान मागूँगा नहीं।
क्या हार में क्या जीत में, किंचित नहीं भयभीत मैं,
संघर्ष पथ पर जो मिले वह भी सही, यह भी सही।
वरदान मागूँगा नहीं।
लघुता न मेरी अब छुओ,
तुम हो महान्, बने रहो,
अपने हृदय की वेदना मैं व्यर्थ त्यागूँगा नहीं।
वरदान मागूँगा नहीं।
चाहे हृदय को ताप दो,
चाहे मुझे अभिशाप दो,
कुछ भी करो कर्त्तव्य-पथ से किंतु भागूँगा नहीं।
वरदान मागूँगा नहीं।

1. पद्यांश में कवि ने हार किसे माना है?
(a) त्याग को (b) विराम को
(c) वरदान को (d) अभिशाप को

2. कवि ने हार और जीत के माध्यम से क्या बताने का प्रयास किया है?
(a) जीवन के पथ पर हार-जीत जो भी मिले उसे सहर्ष स्वीकार कर लेना चाहिए
(b) जीवन में हार से भयभीत हो जाना चाहिए
(c) जीवन में जीत पर अधिक प्रसन्न नहीं होना चाहिए
(d) जीवन पथ पर हार निश्चित है

3. कर्त्तव्य की राह पर चलते हुए कवि क्या संकल्प धारण करता है?
(a) इस मार्ग में कष्ट आने पर वह अपना मार्ग बदल लेगा
(b) इस मार्ग में चाहे कितने ही कष्ट आए, वह इस मार्ग से भागेगा नहीं
(c) इस मार्ग में असफलता मिलने पर वह दूसरे मार्ग की खोज करेगा
(d) इस मार्ग पर चलकर वह सफल अवश्य होगा

4. कवि संघर्ष के मार्ग में किसे स्वीकार करने की बात कर रहा है?
(a) हार को
(b) जीत को
(c) हार या जीत में जो भी प्राप्त हो
(d) अपने निर्धारित लक्ष्य को

5. प्रस्तुत पद्यांश में कवि ने क्या न त्यागने की बात की है?
(a) कर्त्तव्य मार्ग (b) हृदयगत वेदना
(c) वरदान (d) संघर्ष पथ

6. 'वरदान मागूँगा नहीं' पंक्ति के माध्यम से कवि के व्यक्तित्व की किस विशेषता का पता चलता है?
(a) अहंकारी (b) कायर
(c) दयावान (d) आत्मविश्वासी व स्वाभिमानी

7. तिल-तिल मिटते हुए भी, कवि क्या स्वीकार न करने की बात कह रहा है?
(a) दया (b) भीख (c) हार (d) वरदान

8. कवि किस मार्ग से न भागने की बात कर रहा है?
(a) संघर्ष मार्ग (b) नैतिक मार्ग
(c) कर्त्तव्य मार्ग (d) धार्मिक मार्ग

उत्तरमाला

बोध 1

1. (d) 2. (d) 3. (a) 4. (c) 5. (d)

बोध 2

1. (c) 2. (a) 3. (d) 4. (a) 5. (b)

बोध 3

1. (b) 2. (a) 3. (d) 4. (c) 5. (d)

बोध 4

1. (a) 2. (c) 3. (c) 4. (c) 5. (a)

बोध 5

1. (d) 2. (b) 3. (b) 4. (a) 5. (c)

बोध 6

1. (a) 2. (b) 3. (d) 4. (b)

बोध 7

1. (d) 2. (b) 3. (c) 4. (c) 5. (d)

बोध 8

1. (c) 2. (b) 3. (c) 4. (c) 5. (d)

बोध 9

1. (c) 2. (b) 3. (d) 4. (d) 5. (a)

बोध 10

1. (b) 2. (d) 3. (a) 4. (c) 5. (b)

बोध 11

1. (a) 2. (d) 3. (d) 4. (b) 5. (c)

बोध 12

1. (b) 2. (c) 3. (d) 4. (c) 5. (b)
6. (d)

बोध 13

1. (a) 2. (b) 3. (a) 4. (c) 5. (a)

बोध 14

1. (c) 2. (b) 3. (b) 4. (d) 5. (c)

बोध 15

1. (b) 2. (d) 3. (d) 4. (d) 5. (c)
6. (a)

बोध 16

1. (b) 2. (a) 3. (a) 4. (a) 5. (d)
6. (d)

बोध 17

1. (b) 2. (c) 3. (c) 4. (b) 5. (b)
6. (c) 7. (d) 8. (b) 9. (d) 10. (c)

बोध 18

1. (a) 2. (b) 3. (b) 4. (d) 5. (c)
6. (a) 7. (c) 8. (b) 9. (d) 10. (d)

बोध 19

1. (c) 2. (b) 3. (c) 4. (c) 5. (a)
6. (d) 7. (d) 8. (a) 9. (b) 10. (a)

बोध 20

1. (b) 2. (b) 3. (d) 4. (c) 5. (c)
6. (b) 7. (b) 8. (d) 9. (c) 10. (a)

बोध 21

1. (c) 2. (d) 3. (c) 4. (b) 5. (d)
6. (b) 7. (c) 8. (b) 9. (b) 10. (c)

बोध 22

1. (a) 2. (a) 3. (a) 4. (b) 5. (d)
6. (c) 7. (a) 8. (b) 9. (d) 10. (b)

बोध 23

1. (b) 2. (b) 3. (b) 4. (d) 5. (d)
6. (a) 7. (b) 8. (d) 9. (c) 10. (d)

बोध 24

1. (c) 2. (c) 3. (c) 4. (c) 5. (d)
6. (a) 7. (b) 8. (c) 9. (c) 10. (d)

बोध 25

1. (b) 2. (c) 3. (d) 4. (c) 5. (c)
6. (b) 7. (c) 8. (c) 9. (d) 10. (b)

पद्यांश 1

1. (b) 2. (b) 3. (d) 4. (c) 5. (c)
6. (d) 7. (a) 8. (d)

पद्यांश 2

1. (a) 2. (a) 3. (b) 4. (c) 5. (b)
6. (a) 7. (a) 8. (d)

पद्यांश 3

1. (b) 2. (d) 3. (b) 4. (b) 5. (c)
6. (d) 7. (a) 8. (d)

पद्यांश 4

1. (c) 2. (a) 3. (c) 4. (c) 5. (b)
6. (a) 7. (a) 8. (d)

पद्यांश 5

1. (b) 2. (c) 3. (b) 4. (b) 5. (c)
6. (b) 7. (c) 8. (b)

पद्यांश 6

1. (c) 2. (a) 3. (c) 4. (a) 5. (b)
6. (d) 7. (b) 8. (c)

पद्यांश 7

1. (b) 2. (c) 3. (a) 4. (b) 5. (a)
6. (c) 7. (a) 8. (d)

पद्यांश 8

1. (b) 2. (a) 3. (b) 4. (c) 5. (b)
6. (d) 7. (a) 8. (c)

अध्याय 01

रिक्त स्थानों की पूर्ति

रिक्त स्थानों की पूर्ति सम्बन्धित नियम

रिक्त स्थानों की पूर्ति सम्बन्धित नियम निम्नलिखित हैं

- वाक्य के भाव/अर्थ को समझना चाहिए। वाक्य में प्रयोग किए गए शब्दों की प्रकृति देखिए, वे संस्कृतनिष्ठ या अरबी-फ़ारसी-उर्दू के हो सकते हैं। आपको जिन शब्दों का चयन करना है, वह उनसे मेल खाता होना चाहिए।
- दिए गए शब्दों के अर्थों को व उनकी ध्वनि को ध्यान से समझिए।
- वाक्य में प्रयुक्त क्रिया को ध्यान से देखिए, उसके लिंग और वचन का ध्यान रखिए।
- जिन शब्दों को आप सही समझ रहे हैं, मन-ही-मन उन्हें रिक्त स्थानों पर रख कर देखिए, अनुचित शब्द वाक्य में सदैव ही अटपटा लगता है।
- यदि शब्द को रिक्त स्थान में रखने के बाद वाक्य को पढ़ने में सहजता रहे और अर्थ बन जाए, तो आपने सही शब्द का चयन किया है।
- शब्दों की सही पहचान होने पर ही रिक्त स्थान सहजता से भरे जा सकते हैं। अत: हमें विलोम शब्द, पर्यायवाची शब्द, अनेकार्थी शब्द, समोच्चारित, भिन्नार्थक शब्द आदि का गहन अध्ययन करना चाहिए।

वस्तुनिष्ठ प्रश्न

वाक्य में रिक्त स्थानों की पूर्ति सम्बन्धित प्रश्न

निर्देश (प्र. सं. 1 से 14 तक) *निम्नलिखित वाक्यों में रिक्त स्थानों की पूर्ति के लिए चार-चार विकल्प दिए गए हैं। उपयुक्त विकल्प का चयन करके रिक्त स्थान भरिए।*

1. माताजी को ....।
(a) परिणाम (b) परिमाण
(c) प्रमाण (d) प्रणाम

2. जो व्यक्ति सन्तुष्ट जीवन व्यतीत करना चाहते हैं, उन्हें किसी दूसरे के कार्य से .... नहीं करनी चाहिए।
(a) ईर्ष्या (b) तत्परता
(c) तीव्रता (d) शीघ्रता

3. मैं यह सोच भी नहीं सकता था कि तुम ऐसा जघन्य........ करोगे।
(a) अपराध (b) प्रयास
(c) व्यवहार (d) व्यवसाय

4. विकास के लिए आर्थिक .... आवश्यक होती है।
(a) सक्षमता (b) बहुलता
(c) विविधता (d) आत्मनिर्भरता

5. जिसे उचित उत्तर सूझ जाए वह .... कहलाता है।
(a) आशुकवि
(b) प्रत्युत्पन्नमति
(c) प्रतिभाशाली
(d) प्रज्ञावान

6. शास्त्र से हमें किसी विषय का ज्ञान विधिपूर्वक होता है और कला से हम उस विषय का .... सीखते हैं।
(a) प्रयोग (b) संयोग
(c) उपयोग (d) ज्ञान

7. अंग्रेज़ी में काम करने का अभ्यास होने के कारण अधिकारी व कर्मचारी हिन्दी में अपना काम करने में .... हैं।
(a) झिझकते (b) शर्माते
(c) घबराते (d) डरते

8. प्राचीन काल में मध्य प्रदेश धार्मिक, सांस्कृतिक, आर्थिक और राजनैतिक क्रियाकलापों का मुख्य .... रहा है।
(a) बाजार (b) घर
(c) क्षेत्र (d) केन्द्र

9. सरकार की नीति है कि हिन्दी के प्रयोग को प्रेरणा, प्रोत्साहन व .······· से बढ़ाया जाए।
(a) दबाव (b) सद्भावना
(c) दण्ड (d) धन

10. सच्चरित्र व्यक्तियों की आत्मकथा अन्य व्यक्तियों के लिए ········ का स्रोत बन जाती है।
(a) दर्शन (b) भावना
(c) प्रेरणा (d) ऊर्जा

11. ऐसा व्यक्ति, जिसके आने का दिन, दिनांक और समय पहले से निश्चित नहीं होता, ········ कहलाता है।
(a) असामयिक (b) अभ्यागत
(c) गणमान्य (d) अतिथि

12. स्वतन्त्रता के उपरान्त हमने ज्ञान और विज्ञान के ········ में प्रगति की है।
(a) पक्ष (b) स्रोत
(c) क्षेत्र (d) रूप

13. वह ········ पूर्वक सबके सामने झुक गया।
(a) साग्रह (b) निग्रह
(c) विनय (d) सदय

14. मुझे इस कार्यक्रम का ········ नहीं पहुँचा।
(a) खबर (b) निमन्त्रण
(c) पत्रव्यवहार (d) जानकारी

निर्देश (प्र. सं. 15 से 35 तक) *दिए गए वाक्यों में रिक्त स्थानों की पूर्ति के लिए चार-चार विकल्प दिए गए हैं। उपयुक्त विकल्प का चयन करके रिक्त स्थान भरिए।*

15. साम्प्रदायिकता राष्ट्रीय एकता के लिए ········ है।
(a) वरदान (b) अभिशाप
(c) परिताप (d) पश्चात्ताप

16. हैजा एक ········ रोग है।
(a) अभिक्रामक (b) संक्रामक
(c) अतिक्रामक (d) आक्रामक

17. अथक परिश्रम और सतत ········ चरमसीमा प्राप्त कर सकता है।
(a) अव्यवसाय (b) व्यवसाय
(c) मनमाने व्यवहार से (d) सभवाय

18. मदर टेरेसा का ········ संसार भर में फैला हुआ है।
(a) प्रेम (b) समाचार
(c) यश (d) प्रभाव

19. भगवान बड़े दयालु हैं, ········ सबकी सुनते हैं।
(a) वे (b) वह
(c) ये (d) आप

20. महात्मा बुद्ध करुणा के साक्षात् ········ थे।
(a) अपरिग्रह (b) अनुग्रह
(c) विग्रह (d) परिग्रह

21. उस स्त्री के ········ ने सभी का हृदय द्रवित कर दिया।
(a) संलाप (b) आलाप (c) एकालाप (d) विलाप

22. हमारा देश धीरे-धीरे आत्मनिर्भरता के ········ की ओर बढ़ रहा है।
(a) उद्देश्य (b) मकसद (c) लक्ष्य (d) गन्तव्य

23. आप पधारिए और ········ ग्रहण कीजिए।
(a) आसन्न (b) व्यसन
(c) असन (d) आसन

24. गाँधी जी का अर्थशास्त्र धर्म और ········ पर आधारित है।
(a) प्रशासन (b) अहिंसा
(c) न्याय (d) यश

25. ···दृष्टि राष्ट्रीयता का आधार है।
(a) धर्मानुसार (b) धर्मनिरपेक्ष
(c) धर्मसम्मत (d) धर्मसापेक्ष

26. लोकतन्त्र राज्य जनता में राष्ट्रीय भावना ········ रूप में जागृत करता है।
(a) अनिरंजित (b) स्वाभाविक
(c) संकीर्ण (d) अस्वाभाविक

27. उसका हृदय इतना कोमल है कि मित्र तो क्या वह अपने ········ को भी चोट नहीं पहुँचा सकता।
(a) सहयोगी (b) विपक्षी
(c) प्रतिरोधी (d) शत्रु

28. ताजमहल वास्तुकला की मुगल शैली के स्मारकों में श्रेष्ठतम ········ है।
(a) स्मारक (b) कृति
(c) इमारत (d) मस्जिद

29. ईश्वर की भक्ति ही, सौभाग्यशाली बनने का ········ होना चाहिए।
(a) उद्देश्य (b) साधन
(c) कारण (d) हेतु

30. इस संसार में चरित्र से बढ़कर कोई और ········ गुण नहीं है।
(a) बड़ा (b) श्रेष्ठ
(c) बेहतर (d) ऊँचा

31. काम ऐसा करो जिससे सबका ········ हो।
(a) उपकार (b) नुकसान
(c) भला (d) इलाज

32. शरतचन्द्र की ········ ज्योत्स्ना शीतलता भरी थी।
(a) ठण्डी (b) शीतल
(c) बर्फीली (d) विमल

33. देश की ······ के लिए भारतीय जनता ने बड़े-बड़े बलिदान दिए हैं।
(a) सुरक्षा (b) प्रगति
(c) आज़ादी (d) उन्नति

34. आवेदन लिखते समय शब्दों के ····· में बहुत सावधानी बरतनी चाहिए।
(a) उपयोग (b) प्रयोग
(c) संयोग (d) सुयोग

35. विद्वान अपने गुणों के कारण ········ होते हैं।
(a) कुख्यात (b) विख्यात
(c) बड़े (d) जाने

निर्देश (प्र.सं. 36 से 43 तक) *वाक्य में स्थूलांकित शब्द के उपयुक्त 'विलोम' द्वारा पूर्ति की जानी है, इसके लिए चार-चार विकल्प प्रस्तावित हैं। उचित विकल्प का चयन कीजिए।*

36. मोहन की कविता **मौलिक** न होकर ·········· है।
(a) अमूल्य (b) अनमोल
(c) काल्पनिक (d) अनूदित

37. ईश्वर की कृपा से **मूक** भी .... हो सकता है।
(a) बधिर (b) पंगु
(c) वाचाल (d) विज्ञ

38. कानून की **अनभिज्ञता** क्षम्य नहीं होती, इसलिए उसकी .... आवश्यक है।
(a) अभिज्ञता (b) बहुज्ञता
(c) विज्ञता (d) अल्पज्ञता

39. प्रायः निबन्ध **समास** शैली में और उपन्यास .... शैली में लिखे जाते हैं।
(a) सन्धि (b) विक्षेप
(c) व्यास (d) धारा

40. आजकल **निजी** क्षेत्र के विकास पर अधिक बल दिया जा रहा है तथा ..... क्षेत्र की उपेक्षा की जा रही है।
(a) सरकारी (b) सार्वजनिक
(c) सार्वभौमिक (d) व्यावसायिक

41. प्रत्येक मनुष्य के जीवन में **अनुरक्ति** तथा .... के क्षण आते-जाते रहते हैं।
(a) संसक्ति (b) विमुक्ति
(c) विरक्ति (d) आसक्ति

42. दसवीं की परीक्षा में कतिपय विषय **अनिवार्य** हैं, तो कतिपय .... हैं।
(a) वैकल्पिक (b) अनावश्यक
(c) अपरिहार्य (d) प्रासंगिक

43. व्यक्ति की **संकीर्णता** की तुलना में .... अधिक व्यावहारिक होती है।
(a) विकीर्णता (b) उदारता
(c) समानता (d) संकुलता

निर्देश (प्र.सं. 44-51) *दिए गए वाक्यों के रिक्त स्थानों की पूर्ति उचित विकल्प चुनकर कीजिए।*

44. घर आया .... भी नहीं निकाला जाता।
(a) मेहमान (b) कुत्ता
(c) रिश्तेदार (d) ब्राह्मण

45. धोए जो सौ बार तौ .... होय न श्वेत।
(a) कपड़ा (b) आदमी (c) काजर (d) गन्दा

46. श्रद्धा एक सामाजिक .... है।
(a) भाव (b) प्रभाव (c) विभाव (d) अनुभाव

47. आप जो कुछ पढ़ें उसको .... का अभ्यास करें।
(a) स्मरण (b) विस्मरण (c) लिखने (d) रटने

48. मिलों के .... के लिए जीवन का अर्थ है कि जीवनपर्यन्त एक निरर्थक यान्त्रिक क्रिया की बुद्धिहीन अनवरत् आवृत्ति करते जाना।
(a) श्रमिक (b) मालिक
(c) बोध (d) परिणाम

49. जीवन में अपने परिश्रम में सफलता का .... न पाकर हताश लोग सस्ते मनोरंजन में सांत्वना खोजते हैं।
(a) पसीना (b) मोल
(c) बोध (d) परिणाम

50. शायद संसार के सभी देशों में ऐसा लोक-विश्वास है कि सीपी को कान से लगाकर सुनें, तो उसमें .... का स्वर सुना जा सकता है।
(a) हृदय (b) प्रेम
(c) सागर (d) बादल

51. जैसे ही अध्यापक महोदय आए, कक्षा............हो गई।
(a) भक्त (b) जंगली
(c) शान्त (d) पागल

निर्देश (प्र.सं. 52-57) *रिक्त स्थान को भरने के लिए सबसे उपयुक्त शब्द का चयन करें।*

52. कोयल............रही है।
(a) महक (b) बहक
(c) भौंक (d) कूक

53. विकास.........कमाने वाला सदस्य है।
(a) कहाँ (b) घर
(c) विदेश (d) एकमात्र

54. मीनाक्षी को अपने किए की........मिलेगी।
(a) कुल्हाड़ी (b) सजा
(c) गुड़िया (d) पुरस्कार

55. पारस्परिक कौशल का उद्देश्य कार्यकुशलता में सुधार करना एवं ....को अधिक मूल्यवान बनाना है।
(a) नियोक्ता (b) कर्मचारी
(c) ग्राहक (d) डॉक्टर

56. एक सफल टीम लीडर अपने सदस्यों को ....श्रोता के रूप में चाहता है।
(a) प्रशंसात्मक (b) निष्क्रिय
(c) सक्रिय (d) नाममात्र का

57. "यदि चादर के बाहर............पसारोगे तो पछताओगे।"
(a) हाथ (b) बाजू
(c) टाँग (d) पैर

उत्तरमाला

1. (d)	2. (a)	3. (a)	4. (a)	5. (b)	6. (c)	7. (a)	8. (d)	9. (b)	10. (c)
11. (d)	12. (c)	13. (c)	14. (b)	15. (b)	16. (b)	17. (b)	18. (c)	19. (a)	20. (a)
21. (d)	22. (c)	23. (d)	24. (c)	25. (b)	26. (b)	27. (d)	28. (c)	29. (b)	30. (b)
31. (c)	32. (d)	33. (c)	34. (b)	35. (b)	36. (c)	37. (c)	38. (a)	39. (c)	40. (a)
41. (c)	42. (a)	43. (a)	44. (a)	45. (c)	46. (a)	47. (c)	48. (a)	49. (d)	50. (c)
51. (c)	52. (d)	53. (d)	54. (b)	55. (b)	56. (c)	57. (d)			

अध्याय 02

विलोमार्थक शब्द

'विलोम' शब्द का अर्थ है—उल्टा या विपरीत। अत: किसी शब्द का उल्टा अर्थ व्यक्त करने वाला शब्द विलोमार्थक शब्द कहलाता है। विलोम शब्द का अंग्रेज़ी पर्याय 'Antonyms' होता है। विलोमार्थक शब्दों को विपर्यायवाची, प्रतिलोमार्थक और विलोम शब्द भी कहते हैं।

विपरीतार्थक/विलोम शब्द की रचना

विपरीतार्थक/विलोम शब्द की रचना निम्नलिखित प्रकार से होती है

1. **उपसर्ग जोड़कर** शब्दों के साथ उपसर्ग जोड़कर विलोम शब्द बनाए जाते हैं; जैसे—यश-अपयश, मान-अपमान, राग-विराग, जय-पराजय, सापेक्ष-निरपेक्ष आदि।
2. **उपसर्ग परिवर्तन द्वारा** उपसर्ग में परिवर्तन करके विलोम शब्द बनाए जाते हैं; जैसे—आदान-प्रदान, संयोग-वियोग, सुलभ-दुर्लभ, आयात-निर्यात आदि।
3. **नञ् द्वारा** नञ् अर्थात् निषेध के द्वारा विलोम शब्द बनाए जाते हैं; जैसे—लौकिक-अलौकिक, क्षर-अक्षर, सभ्य-असभ्य, सम्भव-असम्भव आदि।
4. **प्रत्ययवत् प्रयुक्त शब्द-परिवर्तन द्वारा** शब्दों के अन्त में प्रयुक्त होने वाले प्रत्ययों में परिवर्तन करके विलोम शब्द बनाए जाते हैं; जैसे—दयापूर्ण-दयाशून्य, गतिवान-गतिहीन, केंद्राभिगामी-केंद्रापसारी, श्रीयुत-श्रीहीन आदि।
5. **लिंग परिवर्तन द्वारा** शब्दों के लिंग में परिवर्तन करके विलोम शब्द बनाए जाते हैं; जैसे—बेटा-बेटी, भाई-बहन, माता-पिता आदि।
6. **भिन्न शब्द द्वारा** अलग-अलग शब्दों के प्रयोग से भी विलोम शब्द बनते हैं; जैसे—मूक-वाचाल, लाभ-हानि, कटु-मधु, लघु-गुरु आदि।

विद्यार्थियों के अध्ययन हेतु विलोमार्थक शब्दों की सूची प्रस्तुत है

शब्द	विलोम	शब्द	विलोम
	(अ)		
अंत	आदि	अकंटक	कंटकित
अंतरंग	बहिरंग	अक्षत	विक्षत
अंतर्द्वन्द्व	बहिर्द्वन्द्व	अक्षम	सक्षम
अंतर्मुखी	बहिर्मुखी	अदृश्य	दृश्य
अंदर	बाहर	अस्तित्व	अनस्तित्व
अंधकार	प्रकाश	अर्हता	अनर्हता
अकर्मक	सकर्मक	अभिमुख	प्रतिमुख
अकाल	सुकाल	अभिप्रेत	अनभिप्रेत
अग्र	पश्च	अधिमूल्यन	अवमूल्यन
अगला	पिछला	अवर	प्रवर
अच्छा	बुरा	अवनति	उन्नति
अधम	उत्तम	अर्पण	ग्रहण
अध्यवसाय	अनध्यवसाय	अभिज्ञ	अनभिज्ञ
अधोमुखी	ऊर्ध्वमुखी	अनागत	विगत
अधोगामी	ऊर्ध्वगामी	अधिकृत	अनधिकृत
अति	अल्प	अथाह	छिछला
अथ	इति	अनाथ	सनाथ
अनुकूल	प्रतिकूल	अविचल	विचल

शब्द	विलोम	शब्द	विलोम
अर्पण	ग्रहण	अविस्मरणीय	विस्मरणीय
अनिवार्य	वैकल्पिक	अनुराग	विराग
अच्युत	च्युत	अग्रज	अनुज
अस्त	उदय	अवनि	अम्बर
अवनत	उन्नत	अस्त्रीकरण	निरस्त्रीकरण
अनुलोम	प्रतिलोम/विलोम	अवलम्ब	निरालम्ब
अमित	परिमित	अद्यत	अनुद्यत
अपकार	उपकार	अनुक्रिया	प्रतिक्रिया
अस्थिर	स्थिर	अपशकुन	शकुन
आरोह	अवरोह	अचल	चल
अपचय	उपचय	अनायास	सायास
अभिशाप	वरदान	पतन	उत्थान
अपव्यय	मितव्यय	अतिथि	अतिथेय
अनन्त	अन्त	अल्पायु	दीर्घायु
अधूरा	पूरा	अमीर	गरीब
अल्पसंख्यक	बहुसंख्यक	अपना	पराया
अल्पज्ञ	बहुज्ञ	अपेक्षा	उपेक्षा
अशक्त	सशक्त	अत्यधिक	स्वल्प
असीम	ससीम	अनुरक्ति	विरक्ति
अपराध	निरपराध	अर्जन	वर्जन
अभिसरण	अपसरण	अवकाश	अनवकाश

(आ)

शब्द	विलोम	शब्द	विलोम
आकाश	पाताल	आकर्षण	विकर्षण
आहार	निराहार	आक्रमण	प्रतिरक्षण
आगत	अनागत	आस्तिक	नास्तिक
आगामी	विगत	आत्मीय	अनात्मीय
आचार	अनाचार	आत्मविश्वास	आत्मसंशय
आदर	अनादर/निरादर	आलोक	तिमिर
आतुर	अनातुर	आवश्यक	अनावश्यक
आश्रित	अनाश्रित	आरोही	अवरोही
आध्यात्मिक	भौतिक	आय	व्यय
आविर्भाव	तिरोभाव	आयात	निर्यात
आदृत	अनादृत	आत्यन्तिक	परिमित
उत्साह	निरुत्साह	आशंका	विश्वास
आरोहण	अवरोहण	आघात	अनाघात
आग्रह	दुराग्रह	आह्वान	विसर्जन
आधार	निराधार	आकीर्ण	विकीर्ण
आग	पानी	आकस्मिक	सामयिक
आशा	निराशा	आमिष	निरामिष
आशावादी	निराशावादी	आनन्दमय	विषादपूर्ण
आशीष	अभिशाप	आभ्यन्तर	बाह्य
आगमन	प्रस्थान	आर्ष	अनार्ष
आकुंचन	प्रसारण	आराध्य	दुराध्य
आसक्त	अनासक्त	आवर्तक	अनावर्तक/विवर्तक
आहत	अनाहत	आद्य	अन्त्य
आस्था	अनास्था	आरम्भ	अन्त
आरूढ़	अनारूढ़	आहूत	अनाहूत
आज़ादी	गुलामी	आमन्त्रित	अनामन्त्रित
आदि	अन्त/अनादि	आहार्य	अनाहार्य
आवृत्त	अनावृत्त	आडम्बर	सादगी
आश्चर्य	अनाश्चर्य	आर्य	अनार्य
आर्द्र	शुष्क	आज्ञा	अवज्ञा
आरम्भ	अन्त	आदान	प्रदान
आकलन	विकलन	आदर्श	यथार्थ
आदरणीय	निरादरणीय	आच्छादित	अनाच्छादित

(इ/ई)

शब्द	विलोम	शब्द	विलोम
ईडा	निन्दा	इज्जत	बेइज्जत
इष्ट	अनिष्ट	इधर	उधर
इच्छा	अनिच्छा	इहलोक	परलोक
इति	अथ	इतिश्री	श्री गणेश
ईहा	अनीहा	ईश	अनीश
ईश्वर	अनीश्वर	ईप्सित	अनीप्सित
ईमानदार	बेईमान	ईषत्	अलम

(उ/ऊ)

शब्द	विलोम	शब्द	विलोम
उत्तम	अधम	उच्च	निम्न
उदय	अस्त	उपयुक्त	अनुपयुक्त
उपमान	व्यतिरेक	उपादेय	अनुपादेय
उत्तर	दक्षिण	उल्लास	विषाद
उत्थान	पतन	उन्मुख	विमुख
उद्घाटन	समापन	उज्ज्वल	धूमिल
उत्पत्ति	विनाश	ऊर्ध्व	अधो
उन्नयन	पलायन	उस्ताद	चेला
उर्वरा	बंजर	उत्कृष्ट	निकृष्ट
उचित	अनुचित	ऊँच	नीच
उक्त	अनुक्त	उन्मत्त	अनुन्मत्त
उत्तीर्ण	अनुत्तीर्ण	उद्भव	अवसान
उद्गम	विलय	उदात्त	अनुदात्त
उद्धत	विनत	उच्छिष्ट	अनुच्छिष्ट
उषा	संध्या	ऊधम	विनय
उदार	अनुदार/कृपण	उद्वेग	निरुद्वेग
उष्ण	शीतल	उत्तेजन	प्रशमन
उपमेय	अनुपमेय	उपसर्ग	प्रत्यय
उत्कर्ष	अपकर्ष	उपस्थित	अनुपस्थित
उन्मूलन	रोपण	उल्लंघन	अनुल्लंघन
उधार	नकद	उपार्जित	अनुपार्जित
उग्र	सौम्य	उदग्र	अनुदग्र
उदयाचल	अस्ताचल	उन्नत	अवनत
उद्यमी	निरुद्यम	उत्तरार्द्ध	पूर्वार्द्ध
उपयोग	अनुपयोग	उन्मीलन	निमीलन

(ऋ)

शब्द	विलोम	शब्द	विलोम
ऋजु	वक्र	ऋण	धन
ऋत	अनृत	ऋद्धि	विपन्न

(ए/ऐ)

शब्द	विलोम	शब्द	विलोम
एकत्र	विकीर्ण	एकाधिकार	सर्वाधिकार
एक	अनेक	एकेश्वरवाद	बहुदेववाद
एड़ी	चोटी	एकार्थक	अनेकार्थक
एकाग्र	चंचल	एकाग्रचित	अन्यमनस्क
एकता	अनेकता	एषणा	अनैषणा
एकांगी	अनेकांगी	एकल	समूह
एकपक्षीय	बहुपक्षीय	एकमुखी	बहुमुखी
ऐहिक	पारलौकिक	ऐन्द्री	इन्द्र
ऐतिहासिक	अनैतिहासिक	ऐच्छिक	अनैच्छिक
ऐक्य	अनैक्य	ऐश्वर्य	अनेश्वर्य

(ओ/औ)

शब्द	विलोम	शब्द	विलोम
ओजस्वी	निस्तेज	ओछा	गम्भीर
ओतप्रोत	विहीन	ओह	वाह
औरत	मर्द	औरस	दत्तक
औपचारिक	अनौपचारिक	औषधि	अनौषधि
औचित्य	अनौचित्य	औदार्य	अनौदार्य
औदित्य	अनौदित्य	औपन्यासिक	अनौपन्यासिक

शब्द	विलोम	शब्द	विलोम
	(क)		
कर्कश	सुशील	कापुरुष	पुरुषार्थी
कलंकित	निष्कलंक	कसूर	बेकसूर
कनिष्ठ	ज्येष्ठ	कानूनी	गैरकानूनी
काट्य	अकाट्य	कोलाहल	शान्ति
क्रय	विक्रय	कामी	ब्रह्मचारी
कुटिल	सरल	कुंठित	अकुंठित
कर्मठ	निकम्मा	कुपथ	सुपथ
कुरूप	सुरूप	कल्पनातीत	कल्पनीय
कृष्ण	शुक्ल	कुव्यवस्था	सुव्यवस्था
काल	अकाल	कुलीन	अकुलीन
कुशल	अकुशल	कमी	बाहुल्य
कृतज्ञ	अकृतज्ञ/कृतघ्न	कार्य	अकार्य
कृपा	अकृपा/कोप	करुण	निष्ठुर/निस्करुण/अकरुण
कृत	अकृत	कटु	मधुर
कृपण	उदार/दानी	कड़ा	मुलायम
कुफल	सुफल	कपट	निष्कपट
कृश	पुष्ट	कलियुग	सतयुग
कुख्यात	विख्यात	कपूत	सपूत
कुबुद्धि	सुबुद्धि	कोमल	कठोर
कुकृति	सुकृति	कर्मण्य	अकर्मण्य
कुलटा	पतिव्रता	कर्षण	विकर्षण
क्रम	व्यतिक्रम	कुलदीप	कुलांगर
कड़वा	मीठा	कुसुम	वज्र
कीर्ति	अपकीर्ति	कृत्रिम	प्राकृत
क्रोध	क्षमा	कारण	अकारण
कल्याण	अकल्याण	क्रूर	सदय/अक्रूर
कायर	साहसी	कर्ता	अकर्ता
	(ख)		
खण्डन	मण्डन	खाली	भरा
खिलना	मुरझाना	खुशकिस्मत	बदकिस्मत
खगोल	भूगोल	खुशमिज़ाज़	बदमिज़ाज़
खरीदना	बेचना	खूबसूरत	बदसूरत
खुश	नाखुश	खास	आम
खुला	बन्द	खीझना	रीझना
खल	साधु/सज्जन	ख्यात	कुख्यात
खाद्य	अखाद्य	खेचर	भूचर
खर्च	आमदनी	खरा	खोटा
खेद	प्रसन्नता	खुशबू	बदबू
	(ग)		
गणतन्त्र	राजतन्त्र	गहन	विरल
गुप्त	प्रकट	गम्भीर	अगम्भीर
गर्म	ठण्डा	गगन	पृथ्वी
गहरा	छिछला/उथला	ग्रहण	त्याग
गति	अवरोध	गुनाहगार	बेगुनाह
गद्य	पद्य	गम्य	अगम्य
गृही/गृहस्थ	त्यागी/संन्यासी	गीला	सूखा

शब्द	विलोम	शब्द	विलोम
गृहीत	त्यक्त	गमन	आगमन
ग्राम/ग्राम्य	नगर/नागर	ग्रस्त	मुक्त
गोरी	साँवली	ग्रथित	विकीर्ण
गाढ़ा	पतला	गुरु	लघु
गौरव	लाघव	गुण	दोष
गोचर	अगोचर	गुरुत्व	लघुत्व
गरल	सुधा	गूढ़	प्रकट/अगूढ़
गरिमा	लघिमा	गीत	अगीत
गत	आगत	गेय	अगेय
गौरक्षक	गौभक्षक	ग्रीष्म	शीत
	(घ)		
घर	बाहर	घृणा	प्रेम
घटना	बढ़ना	घाटा	लाभ
घटाना	बढ़ाना	घना	विरल
घटक	समुदाय	घना	छितरा
घात	प्रतिघात	घटित	अघटित
घोषित	अघोषित	घरेलू	बाहरी
	(च/छ)		
चर	अचर	चंड	शांत
चतुर	मूढ़	चेतन	अचेतन
चढ़ाव	उतार	चिकना	खुरदरा
चल	अचल	चाहा	अनचाहा
चर्चित	अचर्चित	चैन	बेचैन
चाटुकार	स्वाभिमानी	चिन्तित	निश्चिन्त
चारु	अचारु	चिरायु	अल्पायु
चित्र	विचित्र	चिरंतन	नश्वर
चिर	अचिर	चिरस्थायी	अल्पस्थायी
चोर	साधु	चपल	स्थिर
चंचु	अयशस्वी	चेष्टा	निश्चेष्टा
छल	निश्छल	छूत	अछूत
छली	निश्छली	छोटा	बड़ा
छादन	प्रकाशन	छोरा	छोरी
छाया	आतप	छुटकारा	बन्धन
छात्र	छात्रा	छाँह	धूप
छिन्न	संलग्न/युक्त	छरहरा	मोटा-ताजा
	(ज/झ)		
जड़	चेतन	जाड़ा	गर्मी
जटिल	सरल	जीवन	मरण
जन्म	मृत्यु	जागरण	शयन/निद्रा
जंगम	स्थावर	जागना	सोना
जय	पराजय	ज्येष्ठ	कनिष्ठ
जाति	विजाति	ज्वार	भाटा
जागृत	सुषुप्त	ज्योति	तम
जीत	हार	जेय	अजेय
जड़ता	चेतनता	जीर्ण	अजीर्ण
जल	थल/स्थल/निर्जल	जागर	अनवधानता
जवानी	बुढ़ापा	ज़ालिम	रहमदिल

शब्द	विलोम	शब्द	विलोम
जर्जत	अक्षत	जाली	असली
जननी	जनक	झंझट	निश्चिंतता
जोड़	घटाव	झूठ	सच
झगड़ा	शान्ति	झोपड़ी	महल
झंकृत	निस्तब्ध	झकझकाहट	धुंधला
झंझा	तूफान		

(ट/ठ)

शब्द	विलोम	शब्द	विलोम
टल	अटल	टीका	भाष्य
टकसाली	सामान्य	टूटना	जुड़ना
ठहरना	जाना	ठीक	गलत
ठण्डा	गर्म	ठोस	तरल
ठाठ	सादगी	ठौर	कुठौर

(ड/ढ)

शब्द	विलोम	शब्द	विलोम
डर	निडर	डाल	पत्ती
डाह	सद्भाव	डिम्भ	निराडम्बर
डिम्ब	अक्षोभ	ढाढस	त्रास/निरुत्साह
ढंग	कुढंग/बेढंग	ढाल	तलवार
ढरना	रुकना	ढीठ	विनम्र
ढालू	समतल		

(त/थ)

शब्द	विलोम	शब्द	विलोम
तरल	ठोस	तप्त	शीतल
तरुण	वृद्ध	तृषा	तृप्ति
तट	मझधार	ताजा	बासी
तल	अतल	तीक्ष्ण	कुंठित
तन्द्रा	जागरण	तीव्र	मन्द
तृष्णा	वितृष्णा	तुलनीय	अतुलनीय
तर्कपूर्ण	कुतर्कपूर्ण	तुच्छ	महान्
तृप्त	अतृप्त	तेज	धीमा
त्यक्त	गृहीत	तेजस्वी	निस्तेज
तामसिक	सात्विक	तुकान्त	अतुकान्त
तितिक्षा	असहिष्णुता	त्वरि	मंथर
तिमिर	प्रकाश	थिर	गतिवान
थकावट	स्फूर्ति	थोक	फुटकर/खुदरा
थोड़ा	बहुत	थल	जल

(द/ध)

शब्द	विलोम	शब्द	विलोम
वयालु	निर्वयी	वारा	स्वामी
दृश्य	अदृश्य	दुर्गति	सुगति
दृढ़	अदृढ़	दुश्कर	सुकर
दक्षिण	उत्तर	द्वैत	अद्वैत
दरिद्र	सम्पन्न	दुर्लभ	सुलभ
दानी	कृपण	द्वेष	सद्भावना
दिवा	रात्रि	देशभक्त	देशद्रोही
दीर्घायु	अल्पायु	दुष्प्रभाव	सुप्राप्य
दुर्बल	सबल	दाखिल	खारिज
देनदार	लेनदार	दीर्घ	ह्रस्व/लघु
दण्ड	पुरस्कार	दुराचार	सदाचार
दैत्य	देव	देह	विदेह
दाता	सूम/याचक	देव	दानव
द्वन्द्व	निर्द्वन्द्व	देय	अदेय
दुर्जन	सज्जन	देन	लेन
दुष्ट	भला	देर	सवेर/जल्दी
दूषित	स्वच्छ	दक्ष	अदक्ष
दिव्य	अदिव्य	दक्षिण	वाम
दुःशील	सुशील	धीरता	अधीरता
धरा	गगन	ध्रुव	अस्थिर
धवल	श्याम	धैर्य	अधैर्य
धनी	निर्धन	धनात्मक	ऋणात्मक
धर्म	अधर्म	धीर	अधीर
ध्वंस	निर्माण	धृष्ट	विनीत या विनम्र

(न)

शब्द	विलोम	शब्द	विलोम
नकद	उधार	न्याय	अन्याय
नश्वर	अनश्वर	न्यून	अधिक
नख	शिख	नागरिक	ग्रामीण
नवीन	प्राचीन	नर	नारी
नया	पुराना	निर्गुण	सगुण
निषिद्ध	विहित	निराशा	आशा
निश्चल	चंचल	निरोगी	रोगी
निकट	दूर	निःशुल्क	सशुल्क
निरर्थक	सार्थक	निर्दोष	सदोष
निष्काम	सकाम	नूतन	पुरातन
निर्मल	मलिन	निर्माण	विनाश
नत	उन्नत	निडर	कायर
निरक्षर	साक्षर	निर्धनता	धनाढ्यता
निरामिष	सामिष	निन्दा	स्तुति
नियमित	अनियमित	निश्चित	अनिश्चित
नियन्त्रित	अनियन्त्रित	नित्य	अनित्य
निर्भीक	भयभीत	निर्दय	सदय
निर्लज्ज	सलज्ज	नीरुजता	रुग्णता
निष्ठा	अनिष्ठा	नेकी	बदी
न्यायी	अन्यायी	नैतिक	अनैतिक
नीति	अनीति	नैसर्गिक	अनैसर्गिक
निर्दिष्ट	अनिर्दिष्ट	नमकहलाल	नमकहराम
नीरस	सरस	निष्कुलष	कलुष

(प)

शब्द	विलोम	शब्द	विलोम
पण्डित	मूर्ख	परुष	कोमल
परिचित	अपरिचित	परतन्त्र	स्वतन्त्र
प्रकट	गुप्त/अप्रकट	परिश्रम	विश्राम
प्रवेश	निकास	पारितोष	दण्ड
परमार्थ	स्वार्थ	परा	अपरा
पक्षपाती	निष्पक्ष	पेय	अपेय
पसन्द	नापसन्द	पूरा	अधूरा
प्रसारण	संकुचन	पैना	भोथरा
प्रफुल्ल	म्लान	पूर्ववर्ती	परवर्ती
प्रगति	प्रतिगमन	परिहार्य	अपरिहार्य
पक्का	कच्चा	पटु	अपटु

शब्द	विलोम	शब्द	विलोम
परोक्ष	प्रत्यक्ष/अपरोक्ष	पतन	उत्थान
प्रोत्साहित	हतोत्साहित	परिष्कृत	अपरिष्कृत
प्रधान	गौण	पार्थिव	अपार्थिव
प्रशंसा	निन्दा	पाक	नापाक
प्रत्यय	अप्रत्यय	पाप	पुण्य
प्रभु	भृत्य	प्रगल्भ	अप्रगल्भ
पवित्र	अपवित्र	प्रतिष्ठा	अप्रतिष्ठा
पुरोगामी	पश्चगामी	प्रायः	बहुधा
परिमित	अपरिमित	प्रीति	द्वेष
परिणत	अपरिणत	प्रौढ़	अप्रौढ़
पूर्ण	अपूर्ण	प्रतिपन्न	अप्रतिपन्न
पाच्य	अपाच्य	प्राकृतिक	अप्राकृतिक
पठित	अपठित	पक्ष	विपक्ष
परिग्रही	अपरिग्रही	पात्र	कुपात्र
पोषित	अपोषित	प्राचीन	आधुनिक
पृथक्	संयुक्त	पावन	अपावन
प्रजातन्त्र	राजतन्त्र	पाठ्य	अपाठ्य
पदोन्नत	पदावनत	पालक	घातक
प्रवेश	निर्गम	पारदर्शक	अपारदर्शक
प्रकाश	अन्धकार	पिता	माता
प्रतीची	प्राची	पूर्व	पश्चिम

(फ/ब)

शब्द	विलोम	शब्द	विलोम
फल	अफल	फूल	काँटा
फाटक	हाटक	फुल्ल	म्लान
फैलना	सिकुड़ना	फ़िरना	स्थिर
फ़ायदा	नुकसान	फलदायक	निष्फल
फ़ज़ीहत	इज़्ज़त	बिहान	आज
बलवान	बलहीन	बन्धन	मोक्ष/मुक्ति
बलिष्ठ	दुर्बल	वृहत	लघु
बचपन	यौवन	बहिष्कार	स्वीकार
बड़ा	छोटा	बहिरंग	अन्तरंग
बहुत	थोड़ा	बंध्या	स्वीकार
बढ़िया	घटिया	बोध्य	अबोध्य
बर्बर	सभ्य	बेडौल	सुडौल
बहुतायत	कमी	बिम्ब	प्रतिबिम्ब
बेमेल	संगत	बुढ़ापा	जवानी
बाधित	अबाधित	बुद्धिमान	मूर्ख
बन्धुत्व	शत्रुत्व	बोध	अबोध
बाढ़	सूखा		

(भ)

शब्द	विलोम	शब्द	विलोम
भगवान्	भगवती	भोला	चालाक
भय	साहस	भीषण	सौम्य
भव्य	अभव्य	भग्न	अभग्न
भद्र	अभद्र	भंगुर	अभंगुर
भक्ष्य	अभक्ष्य	भोग्य	अभोग्य
भंजक	योजक	भक्त	अभक्त
भारी	हल्का	भलाई	बुराई
भाग्य	दुर्भाग्य	भिन्न	अभिन्न
भाव	अभाव	भूत	भविष्य
भयभीत	निर्भय	भूगोल	खगोल
भ्रान्त	निर्भ्रान्त	भोगी	योगी
भूषण	दूषण	भोज्य	अभोज्य
भावी	अतीत	भौतिक	आध्यात्मिक
भला	बुरा	भाई	बहन
भेद	अभेद	भीड़	एकांत

(म)

शब्द	विलोम	शब्द	विलोम
महात्मा	दुरात्मा	मनुज	दनुज
मन्द	त्वरित	मौखिक	लिखित
मधु	तिक्त/कटु	मित	अपरिमित
ममता	निर्ममता	मुसीबत	आराम
मानव	दानव	मुख	पृष्ठ/प्रतिमुख
मानवीय	अमानवीय	मार्जित	अमार्जित
मानवता	दानवता/नृशंसता	मूढ़	ज्ञानी
मालिक	नौकर	मिलन	विरह/बिछोह
महीन	मोटा	मृदुल	कठोर
मत	विमत	मिथ्या	सत्य
मसृण	रुक्ष	मैत्री	अमैत्री
मेहमान	मेज़बान	मिश्रित	अमिश्रित
मितव्ययिता	अमितव्ययिता	मूर्त	अमूर्त
मीठा	कड़वा	मित्र	शत्रु
मुदित	खिन्न	मूल	निर्मूल
मूक	वाचाल	मूल्यवान	मूल्यहीन
महायोगी	महाभोगी	मौन	मुखर
मान	अपमान	मोक्ष	बन्धन
मिट	अमिट	मरहूम	जीवित

(य/र/ल)

शब्द	विलोम	शब्द	विलोम
यश	अपयश	योग्यता	अयोग्यता
यथार्थ	कल्पना/आदर्श	यौवन	बुढ़ापा/जरा
याद	भूल	योग्य	अयोग्य
युद्ध	शान्ति	योग	भोग/वियोग
योगी	भोगी	याचक	अयाचक
यंत्रणा	सुख	रोजगार	बेरोजगार
रत	विरत	रूढ़िबद्ध	रूढ़िमुक्त
रक्षक	भक्षक	रुक्ष	मृदु/मसृण
रचना	ध्वंस	रौद्र	अरौद्र
राग	विराग	रद्द	बहाल
राजा/राव	रंक/प्रजा	खाली	भरा
राक्षस	देवता	रुदन	हास्य
रहमदिल	बेरहम	रोगी	निरोगी
राजतन्त्र	जनतन्त्र	राहत	प्रकोप
रागी	विरागी	रिक्त	सिक्त
रात	दिन	रूप	कुरूप
रूढ़िवादी	स्वच्छन्दतावादी	रुचि	अरुचि
रंगीन	रंगहीन	लोलुप	अनासक्त
लक्ष्य	अलक्ष्य	लौकिक	पारलौकिक
लघु	दीर्घ/गुरु	लौह	अलौह
लचीला	कठोर	लाघव	गौरव

शब्द	विलोम	शब्द	विलोम
लम्बाई	चौड़ाई	लुप्त	व्यक्त/प्रकट
लाभ	हानि	लोहित	अलोहित
लिप्त	निर्लिप्त	लापरवाह	सावधान
लिखित	मौखिक	लुभावना	घिनौना
लेन	देन	लक्षित	अलक्षित
लोक	परलोक	लोकातीत	साधारण

(व)

शब्द	विलोम	शब्द	विलोम
वर्तमान	भूत	विश्लेषण	संश्लेषण
व्यस्त	अव्यस्त	व्यास	समास
व्यक्तिगत	सार्वभौम	वनस्थल	मरुस्थल
वाद	प्रतिवाद	विरत	निरत
विकारी	अविकारी	विशालकाय	क्षीणकाय
विजय	पराजय	विदग्ध	अविदग्ध
विकास	ह्रास	विचारित	अविचारित
विराट/विशाल	क्षुद्र	विबुध	अविबुध
विशेष	साधारण/सामान्य	विकृत	अविकृत
विनत	उद्दण्ड	वसन्त	पतझड़
विभव	पराभव	विकल	अविकल
वर	वधू	विद्यमान	अविद्यमान
विधवा	सधवा/सुहागिन	वर्ण्य	अवर्ण्य
विपन्न	सम्पन्न	विभक्त	अविभक्त
विदाई	स्वागत	विहित	अविहित/निषिद्ध
व्यष्टि	समष्टि	वैदिक	अवैदिक
विचलित	अविचलित	वक्ता	श्रोता
विज्ञ	अविज्ञ	विलम्ब	अविलम्ब
विपद	सपद	विनीत	धृष्ट/दुर्विनीत
विरल	सुलभ	विस्तारण	संक्षेपण
व्याप्त	अव्याप्त	विश्वास	अविश्वास
व्यग्र	अव्यग्र	विस्मरण	स्मरण
वैमनस्य	सौमनस्य	विशिष्ट	सामान्य
विश्वस्त	अविश्वस्त	वीर	कायर
विस्तीर्ण	अविस्तीर्ण	विहित	निषेध
व्यवहृत	अव्यवहृत	विद्वान्	मूर्ख
वन	मरु	वेदना	परमानन्द
वृद्ध	बालक	विनम्र	उच्छृंखल
विदेशी	स्वदेशी	विस्तृत	संक्षिप्त

(श/ष/स)

शब्द	विलोम	शब्द	विलोम
शकुन	अपशकुन	शयन	जागरण
शब्द	निःशब्द	शान्ति	अशान्ति
शक्ति	क्षीणता	शासक	शासित
शरण	अशरण	शालीन	धृष्ट
शत्रुता	मित्रता	शिख	नख
शस्त्र	अस्त्र	शोषक	पोषक
शिष्ट	अशिष्ट	शोभनीय	अशोभनीय
शिक्षित	अशिक्षित	शाश्वत	क्षणिक
शिक्षा	अशिक्षा	शाप	वरदान
शीर्ष/शिखर	तल	श्लील	अश्लील
शिष्य	गुरु	शर्मदार	बेशर्म
शीतल	उष्ण	शुष्क	आर्द्र
शुभ	अशुभ	शूर	भीरु
शुद्धि	अशुद्धि	श्वास	उच्छ्वास
शुक्ल	कृष्ण	शोहरत	बदनामी
शुल्क	निःशुल्क	शोधित	अशोधित
शुचि	अशुचि	शंक	निशंक
शेष	अशेष	शहरी	देहाती
शोभन	अशोभन	शोर	शान्ति
सभ्य	असभ्य	स्वामी	सेवक
सम्पन्न	विपन्न	स्वार्थी	परार्थी
सत्कार	तिरस्कार	स्पष्ट	अस्पष्ट
सबल	दुर्बल	संकल्प	विकल्प
समावेश	अनावेश	स्वजाति	विजाति
सनाथ	अनाथ	स्वीकृति	अस्वीकृति
सनातनी	प्रगतिवादी	सामयिक	असामयिक
ससीम	असीम	सामिष	निरामिष
सदाचार	दुराचार	साहस	भय
सरल	कठिन	सात्विक	तामसिक
सवर्ण	असवर्ण	साक्षर	निरक्षर
समूल	निर्मूल	साहचर्य	पृथक्करण
सत्य	झूठ/असत्य	सन्निविष्टन	निस्तारण
सपूत	कपूत	स्थूल	सूक्ष्म
सक्षम	अक्षम	स्वदेशी	विदेशी
सुकृति	कुकृति	सुनाम	दुर्नाम
सुदूर	निकट	सुमुख	दुर्मुख
सुमार्ग	कुमार्ग	सेवित	असेवित
सुपथ	कुपथ	स्तब्ध	अस्तब्ध
सुन्दर	कुरूप	सुसाध्य	दुःसाध्य
सुपात्र	कुपात्र	सुस्ती	चुस्ती
सुशील	दुःशील	सुसंगति	कुसंगति
सुगन्ध	दुर्गन्ध	स्खलित	अस्खलित
सुधा	गरल	स्थिरचित्त	अस्थिरचित्त
सूक्ष्म	स्थूल	सुसमय	कुसमय
सुलभ	दुर्लभ	सुलक्षण	कुलक्षण
सौम्य	उग्र	सुकाल	दुष्काल
सचेत	अचेत	सुगति	दुर्गति
सजल	निर्जल	सुधार्य	असुधार्य
सुरीति	कुरीति	सैद्धान्तिक	असैद्धान्तिक
स्पृश्य	अस्पृश्य	स्मरणीय	विस्मरणीय

(ह)

शब्द	विलोम	शब्द	विलोम
हर्ष	विषाद	हमदर्द	बेदर्द
हमारा	तुम्हारा	हत	अहत
हँसना	रोना	हिंसा	अहिंसा
ह्रस्व	दीर्घ	हास	रुदन
हित	अहित	ह्रास	वृद्धि
हेय	ग्राह्य	हार	जीत
होनी	अनहोनी	हानि	लाभ

शब्द	विलोम	शब्द	विलोम
	(क्ष/त्र/ज्ञ)		
क्षर	अक्षर	क्षति	लाभ
क्षमा	दण्ड	क्षुद्र	महत्/विराट
क्षणिक	शाश्वत	क्षुब्द	शान्त
क्षय	अक्षय	क्षोभ	प्रसन्नता
क्षीण	स्वस्थ	त्रिकुटी	भृकुटी
त्रिकोण	षट्कोण	ज्ञेय	अज्ञेय

शब्द	विलोम	शब्द	विलोम
ज्ञान	अज्ञान	ज्ञानी	मूढ़/मूर्ख
ज्ञात	अज्ञात		
	(श्र)		
श्राप	आशीर्वाद	श्रोता	वक्ता
श्रद्धा	अश्रद्धा	श्रवण	दर्शन
श्रीमान	श्रीमती	श्रांत	प्रसन्न
शृंखला	विशृंखला	श्रव्य	दृश्य

वस्तुनिष्ठ प्रश्न

1. 'अध:' शब्द के साथ प्रयुक्त 'उपरि' शब्द किस प्रकार की शब्द कोटि में आएगा?
(a) पर्याय (b) अनेकार्थी
(c) अनाधिक (d) विलोम

2. 'कृपा' किस शब्द का विलोम है?
(a) कोप (b) कटु
(c) क्रोध (d) क्रूर

निर्देश (प्र.सं. 3-7) *में दिए गए विलोम शब्द का चयन उसके नीचे दिए गए विकल्पों में से कीजिए।*

3. अनुरक्ति
(a) आसक्ति (b) विरक्ति
(c) उक्ति (d) विज्ञप्ति

4. स्वप्न
(a) निद्रा (b) जागरण
(c) ध्यान (d) मनन

5. निम्नलिखित में से विलोम शब्दों की दृष्टि से एक युग्म गलत है, वह है
(a) विधि-निषेध (b) आह्वान-विसर्जन
(c) आग्रह-विग्रह (d) अमिय-हलाहल

6. विलोम शब्द की दृष्टि से इनमें से सही युग्म है
(a) आकीर्ण-विकीर्ण (b) ईप्सित-अभीप्सित
(c) आदृत-निरादृत (d) दोष-सदोष

7. 'आविर्भूत' का सही विलोम शब्द है
(a) अनास्था (b) अनेकता
(c) तिरोभूत (d) अनावृष्टि

8. 'सूक्ष्म' शब्द का विलोम है
(a) सूक्ष्म (b) सूक्ष्महीन
(c) स्थूल (d) अस्थूल

9. 'सुस्ती' का विलोम है
(a) तन्दुरुस्ती (b) चुस्ती
(c) ताज़गी (d) सुस्तीविहीन

10. 'मिथ्या' का विलोम शब्द कौन-सा है?
(a) आडम्बर (b) धुंधला
(c) दिखाना (d) सत्य

11. 'अथ' का विलोम शब्द है
(a) अन्त (b) इति
(c) अर्थ (d) अघ

12. 'शोषक' शब्द का विलोम चुनिए
(a) शोषित (b) पोषक
(c) पोसक (d) पोषित

13. 'हर्ष' शब्द के लिए चार विकल्प दिए गए हैं। सही विलोम शब्द का चयन कीजिए
(a) खेद (b) वेदना
(c) दु:ख (d) विषाद

निर्देश (प्र.सं. 14-16) *निम्नलिखित में दिए गए शब्द के विलोम के लिए चार-चार विकल्प प्रस्तावित हैं। उचित विकल्प का चयन कीजिए।*

14. अविश्वास
(a) श्वास (b) विश्वास
(c) सन्तोष (d) उच्छ्वास

15. उदय
(a) अस्त (b) लाल
(c) भासित (d) बलिष्ठ

16. पुण्य
(a) दोष (b) असंगति
(c) पाप (d) पीड़ा

17. 'साक्षर' शब्द का विलोम क्या है?
(a) अशिक्षित (b) अनपढ़
(c) सुरक्षर (d) निरक्षर

18. 'उद्धत' शब्द का विलोम है?
(a) विनय (b) अवनति
(c) अनुदार (d) विनीत

19. 'आरोह' का विलोम शब्द है
(a) अवरोह (b) क्रमबद्ध
(c) क्रमानुसार (d) लगातार

20. 'सन्मार्ग' शब्द का विलोम है
(a) सहज मार्ग (b) सुमार्ग
(c) अमार्ग (d) कुमार्ग

21. निम्नलिखित विकल्पों में से 'कृश' का विलोम शब्द चुनिए
(a) हृष्ट-पुष्ट (b) केश
(c) भव (d) विटप

22. 'अल्पज्ञ' का विलोम दिए गए विकल्पों में से चुनिए
(a) अभिज्ञ (b) अवज्ञ
(c) कृतज्ञ (d) सर्वज्ञ

23. 'अंतरंग' का विलोम शब्द है
(a) बाहरी (b) बहिरंग
(c) ऊपरी (d) बाह्य

24. 'अक्षत' का विलोम है
(a) क्षति (b) चावल
(c) विक्षत (d) पूर्ण

25. निम्नलिखित अनुलोम-विलोम युग्मों में से कोई एक युग्म सही नहीं है
(a) अन्तरंग-बहिरंग (b) उचित-अनुचित
(c) सुख-कष्ट (d) सुसाध्य-दु:साध्य

26. 'मसृण' का विलोम है
(a) कम (b) रुक्ष
(c) साबुत (d) गाफिल

27. 'अभिज्ञ' का विलोम शब्द है
(a) अज्ञ (b) नज्ञ
(c) प्रज्ञ (d) चतुर

28. 'निरर्थक' शब्द का विलोम शब्द है
(a) सार्थक (b) अर्थक
(c) निरर्थ (d) निरक्ष

29. विलोम शब्दों के सही युग्म का चयन कीजिए।

शब्द	विलोम
(a) पक्षपाती	निष्पक्ष
(b) प्राचीन	नवीन
(c) बलवान	निर्बल
(d) उपरोक्त सभी	

30. 'उद्‌घाटन' का विलोम शब्द है
(a) समाप्ति (b) लोकार्पण
(c) विमोचन (d) समापन

31. 'एक' का विलोम शब्द है
(a) दो (b) अधिक
(c) बहुत (d) अनेक

32. 'ऐश्वर्य' का विलोम शब्द है
(a) अनैश्वर्य (b) नैभव
(c) विलासिता (d) दरिद्रता

33. 'ऋजु' का विलोम शब्द है
(a) त्रिकोण (b) सरल
(c) सीधा (d) वक्र

34. 'वारुण' का विलोम शब्द है
(a) कृतघ्न (b) कृथित
(c) शीलवान (d) निष्ठुर

35. 'कृतज्ञ' का विलोम शब्द है
(a) कृतघ्न (b) कृतार्थ
(c) निन्दक (d) प्रत्युपकार

36. 'कृत्रिम' का विलोम शब्द है
(a) सहज (b) असली
(c) प्राकृतिक (d) निर्मित

37. 'छिन्न' का विलोम शब्द है
(a) भिन्न (b) अभिन्न
(c) प्रक्षिप्त (d) संलग्न

38. 'जंगम' का विलोम शब्द है
(a) स्थावर (b) प्रवाह
(c) सबल (d) दुर्बल

39. 'नैसर्गिक' का विलोम शब्द है
(a) समानार्थक (b) कृत्रिम
(c) चमत्कार (d) इनमें से कोई नहीं

40. 'भोला' का विलोम है
(a) चालाक (b) तेजस्वी
(c) बुद्धिमान (d) चंचल

41. 'यथार्थ' का विलोम शब्द है
(a) कृत्रिम (b) आदर्श
(c) उचित (d) अनुचित

42. 'विग्रह' का विलोम शब्द है
(a) सन्धि (b) अविग्रह
(c) आग्रह (d) ग्रहण

43. 'संकीर्ण' का विलोम शब्द है
(a) संक्षेप (b) विस्तार
(c) विकीर्ण (d) विस्तीर्ण

44. 'साधु' का विलोम शब्द है
(a) साधुनी (b) संन्यासिन
(c) साध्वी (d) असाधु

45. 'आपेक्ष' का विलोम शब्द है
(a) असापेक्ष (b) निष्पक्ष
(c) निरपेक्ष (d) सापेक्ष

46. 'अपेक्षा' का विलोम शब्द है
(a) निन्दा (b) अनुपेक्षा
(c) उपेक्षा (d) तिरस्कार

47. 'स्वाधीन' शब्द का विलोम है
(a) स्वतन्त्र (b) स्वच्छन्द
(c) पराधीन (d) निरंकुश

48. 'सृष्टि' का बिलोग शब्द है
(a) विनाश (b) विध्वंस
(c) प्रलय (d) सृजन।

49. 'राजा' का विलोम शब्द है
(a) प्रजा (b) रानी
(c) सेनापति (d) रंक

50. निम्नलिखित में से कौन-सा विलोम शब्द युग्म गलत है?
(a) इष्ट-अनिष्ट
(b) छली-निश्छल
(c) उत्कर्ष-निष्कर्ष
(d) सानुनासिक-निरनुनासिक

51. निम्नलिखित में से सही विलोम शब्द-युग्म कौन-सा है?
(a) पाठ्य-सुपाठ्य
(b) नत-अवनत
(c) शिष्ट-विशिष्ट
(d) संश्लिष्ट-विश्लिष्ट

52. विलोम शब्द का कौन-सा युग्म सही नहीं है?
(a) निष्पक्ष-पक्षधर
(b) तिक्त-मधुर
(c) कल्पित-स्वप्निल
(d) अकिंचन-सम्पन्न

निर्देश (प्र.सं. 53-66) *में दिए विलोम शब्द का चयन उसके नीचे दिए गए विकल्पों में से कीजिए।*

53. गोचर
(a) अगोचर (b) उभयचर
(c) जलचर (d) नभचर

54. ज्योतिर्मय
(a) प्रकाशमय (b) तमोमय
(c) विभावरी (d) शर्वरी

55. पाश्चात्य
(a) प्रतीची (b) प्राची
(c) पौर्वात्य (d) प्रत्यक्ष

56. क्षमा
(a) बुरा (b) अनहित
(c) दण्ड (d) प्रताड़न

57. खेचर
(a) भूचर (b) जलचर
(c) परिचर (d) नभचर

58. गम्भीर
(a) शरारती (b) उत्पाती
(c) वाचाल (d) सतर्क

59. अनादर
(a) मान (b) सम्मान
(c) आदर (d) सत्कार

60. धरा
(a) क्षिति (b) इला
(c) गगन (d) अन्तरिक्ष

61. इष्ट
(a) विरोधी (b) अनिष्ट
(c) प्रतिद्वन्द्वी (c) शत्रु

62. कर्षण
(a) आकर्षण (b) विकर्षण
(c) प्रक्षेपण (d) फेंकना

63. खण्डन
(a) एकीकरण (b) प्रस्फुटन
(c) विघटन (d) मण्डन

64. 'भौतिक' का विलोम शब्द है
(a) आध्यात्मिक (b) दार्शनिक
(c) सांस्कृतिक (d) राजनीतिक

65. 'प्राची' शब्द का विपरीतार्थक है
(a) उदीची (b) प्रतीची
(c) नवीन (d) समीची

66. 'समष्टि' का विलोम शब्द है
(a) विशिष्ट (b) व्यष्टि
(c) अशिष्ट (d) अपुष्टि

67. 'स्वर्ग' शब्द का विलोम है
(a) बैकुंठ (b) देवलोक
(c) नरक (d) परमधाम

68. 'राग' शब्द का विलोम है
(a) अनुराग (b) विराग
(c) आसक्ति (d) अनुरक्ति

69. 'सूक्ष्म' शब्द का विलोम है
(a) स्थूल (b) बारीक
(c) क्षीण (d) पतला

70. 'कौटिल्य' का विलोम शब्द है
(a) मृदुलता (b) आर्तव
(c) मार्दव (d) आर्जव

उत्तरमाला

1. (d)	**2.** (a)	**3.** (b)	**4.** (b)	**5.** (c)	**6.** (c)	**7.** (c)	**8.** (c)	**9.** (b)	**10.** (d)
11. (b)	**12.** (b)	**13.** (d)	**14.** (b)	**15.** (a)	**16.** (c)	**17.** (d)	**18.** (d)	**19.** (a)	**20.** (d)
21. (a)	**22.** (d)	**23.** (b)	**24.** (c)	**25.** (c)	**26.** (b)	**27.** (a)	**28.** (a)	**29.** (d)	**30.** (d)
31. (d)	**32.** (a)	**33.** (d)	**34.** (d)	**35.** (a)	**36.** (c)	**37.** (d)	**38.** (a)	**39.** (b)	**40.** (a)
41. (b)	**42.** (a)	**43.** (d)	**44.** (d)	**45.** (c)	**46.** (c)	**47.** (c)	**48.** (c)	**49.** (d)	**50.** (c)
51. (b)	**52.** (c)	**53.** (a)	**54.** (b)	**55.** (c)	**56.** (c)	**57.** (a)	**58.** (c)	**59.** (c)	**60.** (c)
61. (b)	**62.** (b)	**63.** (d)	**64.** (a)	**65.** (b)	**66.** (b)	**67.** (c)	**68.** (b)	**69.** (a)	**70.** (c)

अध्याय 03

समोच्चारित भिन्नार्थक शब्द

समोच्चारित-भिन्नार्थक शब्दों को 'युग्म-शब्द', 'समध्वन्यात्मक शब्द', 'समानाभास शब्द' भी कहते हैं; जैसे—'अनल' और 'अनिल' शब्द का उच्चारण समान-सा है, लेकिन 'अनल' का अर्थ है—'आग' और 'अनिल' का अर्थ है—'वायु'।

विद्यार्थियों के अध्ययन हेतु समोच्चारित भिन्नार्थक शब्दों की तालिका प्रस्तुत है

शब्द	अर्थ	शब्द	अर्थ
अकर	न करने योग्य	अधूत	निर्भय
आकर	खान/खदान	अवधूत	योगी
अग	सूर्य/अचल	अब्ज	कमल
अघ	पाप	अब्द	वर्ष
अचल	स्थिर	अभिराम	सुन्दर
अंचल	साड़ी का छोर/किनारा	अविराम	लगातार
अंचित	गुथा हुआ/पूजित	अपकार	बुराई
अचित्	जड़/चेतन रहित	अपमान	तिरस्कार
अजय	जो जीता न जा सके	अभिहित	पीटा गया
अजया	भाँग/बकरी	अभिहत	पुकारा गया
अतप	शीतल	अभियान	चढ़ाई
आतप	धूप	अभिमान	घमण्ड
अनल	आग	अविरोध	मेल
अनिल	वायु	अवरोध	रुकावट
अंगना	स्त्री	अविलम्ब	तुरन्त
अँगना	छोटा/आँगन	अवलम्ब	सहारा
अन्त	समाप्ति	अर्जन	संग्रह
अन्त्य	नीच	अर्चन	पूजा
अन्तर	भिन्नता	अर्घ	जलदान
अनन्तर	बाद में	अर्घ्य	पूजाद्रव्य
अपर	दूसरा	अजर	जो पुराना न हो
अपार	असीग	अजिर	आँगन
अम्बुज	कमल	अलिक	ललाट
अम्बुद	बादल	अलीक	झूठ
अंश	भाग/हिस्सा	अलि	भौंरा
अंस	कन्धा	आली	सखी
अतल	जिसका तल न हो	अवलि	पंक्ति
अतुल	जिसकी तुलना न हो	आविल	गन्दा
उपेक्षा	तिरस्कार/उदासीनता	अशक्त	असमर्थ
अपेक्षा	तुलना में/आशा	असक्त	उदासीन
अचार	खट्टा खाद्य पदार्थ	अपत	बिना पत्ते का
आचार	व्यवहार	अपट	वस्त्रहीन
अभ्यास	किसी काम को करना	अश्म	पत्थर
अभ्याश	निकट	अश्व	घोड़ा

शब्द	अर्थ	शब्द	अर्थ
अम्ब	माता	अविज्ञ	मूर्ख
अम्बु	जल	अभिज्ञ	जानकार
अगम	दुर्लभ	अभय	निर्भय
आगम	शास्त्र/उत्पत्ति	उभय	दोनों
अणी	नोंक/अनी	आहूत	बुलाया हुआ
आणि	तलवार की धार	आहूति	होम
अभिज्ञ	जानकार	आवृत्ति	दोहराना
अनभिज्ञ	अनजान	आवृत्त	घिरा हुआ
अभिसार	प्रेमी से छिपकर मिलना	आदी	अभ्यस्त
अभीसार	आक्रमण	आदि	आरम्भ
अरथी	टिकठी/झाँजी	आसकत	सुस्ती
अर्थी	चाहने वाला	आसक्त	लिप्त
अरबी	अरब की भाषा	आकर	खान
अरवी	कन्द या घुइयाँ	आकार	आकृति
अनिष्ट	बुराई/हानि	आसन्न	निकट
अनिष्ठ	निष्ठाहीन	आसन	लेटने/बैठने का वस्त्र
अमित	बहुत/अधिक	आँठी	गुठली
अमीत	दुश्मन	आँटी	सूत का लच्छा
अमूल	बेजड़	आरती	धूप-दीप दिखाना
अमूल्य	अनमोल	आरति	दुख/विरक्ति
अन्य	दूसरा	आभरण	आभूषण
अन्न	अनाज	आवरण	पर्दा/पट
इति	अन्त	कुम्हार	बर्तन बनाने वाला
ईति	आपदा	कुमार	बिना ब्याहा
इन्दिरा	लक्ष्मी	कृती	पुण्यात्मा/विद्वान
इन्द्रा	इन्द्राणी	कृति	रचना
इत्र	सुगन्ध	कृपाण	तलवार
इतर	दूसरा/चरस	कृपण	कंजूस
इस्तरी	प्रेस	केस	मुकदमा
स्त्री	महिला	केश	बाल
ईश	स्वामी/मालिक	केसर	जाफरान/कुमकुम
ईष	शिव का एक अनुचर	केशर	सिंह की गर्दन के बाल
ईसा	हरिष/बल/ईसा मसीह	कौशल	नैपुण्य
ईशा	ऐश्वर्य/सुख	कोशल	अवध प्रदेश

शब्द	अर्थ	शब्द	अर्थ
उपमान	तुलना	कौड़ी	कपर्दिका
अपमान	तिरस्कार	कोड़ी	बीस या बीस का समूह
उपल	पत्थर	कौर	ग्रास
उपला	कण्डा	कोर	किनारा
उबारना	बचाना	कपीश	हनुमान/सुग्रीव
उभारना	उकसाना/ऊँचा करना	कपिश	मटमैला
उपयुक्त	उचित	करता	करना
उपर्युक्त	ऊपर कहा गया	कर्ता	एक प्रकार का कारक
उद्धत	अक्खड़/उद्दण्ड	कथा	कहानी
उद्यत	तैयार	कत्था	खैर का सत
उपस्थिति	उपलब्धता	कड़ी	सख्त
उपस्थिति	हाजिर	कढ़ी	दही और बेसन का सालन
उत्कच	गंजा	कटिबन्ध	नाड़ा
उत्कट	तीव्र/प्रबल	कटिबद्ध	तैयार
उद्धार	कष्ट से मुक्ति	कोश	शब्द
उधार	कर्ज	कोष	खजाना
ऋत्	सत्य/मोक्ष	करण	साधन
ऋतु	मौसम	कर्ण	कान
ओटना	बिनौले अलग करना	काख	बगल
औटना	खौलने की क्रिया	काक	कौआ
ओर	तरफ	कड़ाई	कड़ापन
और	तथा	कढ़ाई	कशीदाकारी
कटौती	कमी	खर्राच	अमितव्ययी/खर्चीला
कठौती	काठ का बर्तन	खरोंच	छिल जाने का चिह्न
कीला	खूँटी/कील	ग्रह	सूर्य/चन्द्र आदि नक्षत्र
किला	गढ़	गृह	घर
कुल	वंश	गाड़ी	सवारी/यान
कूल	किनारा	गाढ़ी	घनी
कुट	किला/घर	गिरि	पर्वत
कूट	पहाड़ की चोटी/व्यंग्य	गिरी	बीज का गूदा
कँटीला	काँटेदार	गिरा	वाणी
कटीला	काटने वाला	गिरा	पतित
कांता	सुन्दर स्त्री	गेय	गाने वाला
कांतार	जंगल	ज्ञेय	जो जाना जा सके
कुच	स्तन	गूँथना	सानना
कूच	प्रस्थान	गूथना	पिरोना
चरित	जीवनी	ताक	घूरकर देखना
चरित्र	आचरण	ताख	दीवार का आला
चित्त	मन	तरणि	सूर्य
चित	पड़ा हुआ	तरणी	नाव
चिर	दीर्घ	तोष	सन्तुष्टि
चीर	कपड़ा	तोश	हिंसा
चपत	थप्पड़	तरंग	लहर
चम्पत	गायब	तुरंग	घोड़ा
चरस	गाँजा/अतर	थति	धरोहर
चरसा	चमड़े का थैला	तिथि	दिनांक
चक्रवाक	चकवा पक्षी	दशा	हालत
चक्रवात	बवण्डर	दिशा	ओर/तरफ
चिता	मुर्दा (जलने वाला)	दारू	शराब/उपचार
चिन्ता	सोचनीय भाव	दारु	लकड़ी
छात्र	विद्यार्थी	दशन	काटना
छत्र	छत	दंशन	दाँत

शब्द	अर्थ	शब्द	अर्थ
जूठा	उच्छिष्ट भोजन	दिया	देना
झूठा	असत्यवादी	दीया	दीपक
जरा	थोड़ा/अल्प	दिन	दिवस
जरा	बुढ़ापा	दीन	गरीब
जन्ता	चक्की	दीप	दीपक
जनता	लोग	द्वीप	टापू
जरठ	बूढ़ा	देव	देवता
जठर	पेट	दैव	भाग्य
जुड़ा	संलग्न	दारा	स्त्री
जूड़ा	केशों का बन्धन	द्वारा	मार्फत
जुआ	बैलों के कन्धे की लकड़ी	द्रव	तरल पदार्थ
जूआ	द्यूत क्रीड़ा	द्रव्य	वस्तु
जगत	संसार	धूरा	धूल
जगत	कुएँ का चबूतरा	धुरा	अक्ष
छर	छर्रों के वेग का शब्द	धान	अन्न विशेष
झर	पानी गिरने का स्थान	धन्य	सराहना
डोल	लोहे का बर्तन	नीत	लाया हुआ
डौल	ढाँचा	नीति	सदाचार पद्धति
डोंगी	छोटी नाव	नन्दी	शिवजी का बैल
ढोंगी	पाखण्डी	नान्दी	मंगलाचरण
डीठ	नजर	नाइ	तरह/समान
ढीठ	धृष्ट	नाई	बाल काटने वाला
डाल	वृक्ष की शाखा	नाड़ी	शिरा या नब्ज
ढाल	रक्षक/ढलान	नारी	स्त्री
ढलाई	ढालने की क्रिया	नित	प्रतिदिन
ढिलाई	शिथिलता	नत	झुका हुआ
तप्त	गरम	निर्वाण	मोक्ष
तृप्त	संतुष्ट	निर्माण	बनाना
ताकत	शक्ति/बल	नावक	छोटा तीर
तखत	चारपाई	नाविक	मल्लाह
तरुण	युवा	निमित्त	हेतु
तरु	वृक्ष	नमित	झुका हुआ
नीर	पानी	परिणति	समाप्ति
नीड़	घोंसला	परिणत	रूपान्तरित
निसान	झण्डा	पीड़ा	दर्द
निशान	चिह्न	पीढ़ा	चौकी
निहित	छिपा हुआ/मौज	पुरी	नगरी
निहत	मारा हुआ	पूरी	पूड़ी/सम्पूर्ण
नियत	निश्चित	पूछ	पूछने की क्रिया
नियति	भाग्य	पूँछ	दुम
नीरद	बादल	प्रेषित	भेजा हुआ
नीरज	कमल	प्रोषित	प्रवासी
परुष	कठोर	फल	खाने वाला फल
पुरुष	नर/मर्द	फाल	हल की नोंक
पट	वस्त्र	फन	सर्प का फन
पट्ट	तख्ती	फन	कला/गुण
परिणाम	फल	बहु	बहुत
परिमाण	मात्रा	बहू	वधू
पास	निकट	बहन	सहोदरा
पाश	बन्धन	वहन	ढोना
प्रदीप	दीपक	बान	आदत
प्रतीप	उल्टा	बाण	तीर

शब्द	अर्थ	शब्द	अर्थ
प्रसाद	भोग/कृपा	बार	दफा
प्रासाद	महल	वार	दिन
प्रणाम	अभिवादन शब्द	बास	गंध
प्रमाण	सबूत	वास	निवास
पता	ठिकाना	बात	वार्ता
पत्ता	पर्ण	वात	वायु
पतन	गिरना	बाग	लगाम
पत्तन	बन्दरगाह	बाग़	उद्यान
पड़ना	गिरना	बुरा	खराब
पढ़ना	अध्ययन	बूरा	शक्कर
पथ	रास्ता	बलि	नैवेद्य/पशु बलि
पंथ	मत/सम्प्रदाय	बली	बलवान
पवन	हवा	बाड़	फसल रक्षा घेरा
पावन	पवित्र	बाढ़	प्राकृतिक आपदा
प्रवाह	बहाव	भीत	डरा हुआ
परवाह	फिक्र/ध्यान	भित्ति	दीवार
प्रदेश	प्रान्त	भुवन	संसार
परदेश	विदेश	भवन	घर
प्रचारक	प्रचार करने वाला	मणि	रत्न
परिचारक	सेवक	मणी	साँप
परिणय	विवाह	मानक	स्तर
प्रणय	प्रेम	मानिक	लाल रंग का रत्न
प्रकृत	यथार्थ	मनोज	कामदेव
प्राकृत	एक भाषा	मनोज्ञ	सुन्दर
परिहार	त्याग	मेध	यज्ञ
प्रहार	चोट	मेधा	बुद्धि
मेदा	पेट	स्वजन	सम्बन्धी/मित्र
मैदा	आटा	श्वजन	कुत्ते का बच्चा
तथागत	भगवान बुद्ध	साम	गेय वेद मन्त्र
यथागत	मूर्ख	शाम	सायं
रसा	तरी	संकरी	संकर का स्त्रीलिंग
रस्सा	मोटी रस्सी	सँकरी	तंग
रेखा	लकीर	श्याम	कृष्ण
लेखा	हिसाब-किताब	स्याम	एशिया का एक देश
लक्ष	लाख	संखिया	विष
लक्ष्य	ध्येय	संख्या	गिनती

शब्द	अर्थ	शब्द	अर्थ
बँसी	मछली का काँटा	सूत	धागा
वंशी	मुरली	सुत	बेटा
बदन	शरीर	सर्ग	अध्याय
वदन	चेहरा	स्वर्ग	तीसरा लोक
ब्याज	सूद	सती	पतिव्रता
व्याज	कपट/फरेब	शती	शताब्दी
बादी	गरिष्ठ भोजन	सप्त	सात
वादी	मुद्दई/वक्ता	शप्त	श्राप पाया हुआ
वाद	तर्क	सदेह	सशरीर
विवाद	झगड़ा	सन्देह	शक
वस्तु	चीज़	सागर	समुद्र
वास्तु	मकान	सागर	प्याला
विलक्षण	अद्भुत	सुधि	स्मरण
विचक्षण	चतुर	सुधी	समझदार
व्यग	अपंग	सजा	सजाया हुआ
व्यंग्य	परिहास	सजा	दण्ड
व्यजन	पंखा	सत्त्व	सार
व्यंजन	वर्ण/खाद्य पदार्थ	स्वत्त्व	अधिकार
सकल	सम्पूर्ण	हाल	समाचार
शकल	टुकड़ा	हाला	शराब
शकठ	मचान	हेम	स्वर्ण
शकट	बैलगाड़ी	हिम	बर्फ
संकर	मिश्रित	हंसी	मादा हंस
शंकर	शिवजी	हँसी	हँसने की क्रिया
शशधर	चन्द्रमा	हंसमुख	हंस का मुख
शशिधर	शिव	हँसमुख	मजाकिया
साला	पत्नी का भाई	हल्का	कम वजन
शाला	घर	हलका	क्षेत्र
शिरा	नाड़ी/नालिका	क्षत्र	मुकुट
सिरा	छोर/किनारा	क्षात्र	क्षत्रिय
शूर	वीर	क्षिति	पृथ्वी
सूर	अन्धा	क्षति	हानि
शुक्ल	सफेद	क्षमा	माफ करना
शुल्क	फीस	छमाही	छः महीने का
षष्टि	साठ	ज्ञानी	बुद्धिमान
षष्ठी	छठी	ज्ञान	बुद्धि

वस्तुनिष्ठ प्रश्न

निर्देश (प्र. सं. 1-60 तक) *सभी प्रश्नों के शब्द-युग्म के सही अर्थ-भेद का चयन कीजिए।*

1. अब्ज—अब्द
(a) कमल-वर्ष (b) सुन्दर-लगातार
(c) चढ़ाई-घमण्ड (d) मतलब-धन

2. अपर—अपार
(a) विस्तृत—संकुचित (b) दूसरा—असीम
(c) ऊँचा—अथाह (d) छोटा—हिस्सा

3. अम्बुज—अम्बुद
(a) बादल—कमल (b) समुद्र—बादल
(c) कमल—बादल (d) भ्रमर—मकरन्द

4. अपेक्षा—उपेक्षा
(a) ग्रहण—त्याग (b) निकट—दूर
(c) तिरस्कार—आशा (d) आशा—तिरस्कार

5. अगम—आगम
(a) दुर्लभ—उत्पत्ति (b) शास्त्र—शास्त्री
(c) उत्पत्ति—दुर्लभ (d) स्वानुभूत—अनजान

6. अवर—अपर
(a) अतिरिक्त-निम्न (b) निम्न-अन्य
(c) उच्च-निम्न (d) निम्न-उच्च

7. अभियुक्त—अभ्युक्ति
(a) वादी—प्रतिवादी (b) टिप्पणी—अपराधी
(c) अपराधी—टिप्पणी (d) अभ्यर्थी—नियोक्ता

8. अभिराम—अविराम
(a) सामर्थ्य—उन्नति (b) प्रात:काल—सायंकाल
(c) लगातार—सुन्दर (d) सुन्दर—लगातार

9. अमित—अमीत
(a) बहुत—शत्रु (b) शत्रु—मित्र
(c) पर्याप्त—अधिक (d) अधिक—न्यून

10. अविरोध—अवरोध
(a) तुरन्त-सहारा (b) मेल-रुकावट
(c) असमर्थ-आरम्भ (d) मेल-तुरन्त

11. आभास—अभ्यास
(a) दृश्य—परिश्रम (b) अनुभूति—कसरत
(c) भ्रम—आदत (d) छाया—प्रतिछाया

12. आसन—आसन्न
(a) योग—ध्यान (b) निकट—दूर
(c) चटाई—बिछाया हुआ (d) बिछौना—निकट आया हुआ

13. आयुक्त—अयुक्त
(a) कमिश्नर—जो उचित न हो (b) अधिकारी—जो कहा न जाए
(c) अनुचित—उच्चाधिकारी (d) संलग्न—अनुचित

14. आद्य—अद्य
(a) वर्तमान—भूत (b) पहला—आज
(c) मर्यादा—अनुचित (d) प्रकाश—वर्तमान

15. आचार—आचार्य
(a) प्रकृति—पुरुष (b) शिक्षक—स्वभाव
(c) रीति-व्यवहार—विद्वान् (d) अनुष्ठान—कथावाचक

16. ईशा—ईषा
(a) महान्—तपस्वी
(b) परोपकारी—प्रभुत्व
(c) त्याग—ऐश्वर्य
(d) ऐश्वर्य—हल की लम्बी लकड़ी

17. उपल—उत्पल
(a) ओला—कमल (b) ऊपरी—पानी
(c) जवाब—वर्षा (d) कमल—शैवाल

18. ऋत—ऋतु
(a) मौसम—वर्षा (b) सत्य—मौसम
(c) अनित्य—सर्दी (d) ईश्वर—गर्मी

19. उपमान—उपकार
(a) उचित-भलाई (b) सत्य-साधन
(c) तुलना-भलाई (d) वाणी-पतित

20. कर्ण—करण
(a) ऊपर—कर्ता (b) ऊपरी—इन्द्रिय
(c) कोण की भुजा—कारक (d) कान—साधन

21. कंकाल—कंगाल
(a) अस्थिपंजर—दरिद्र (b) कर्कश—भिखारी
(c) अकिंचन—बेईमान (d) दरिद्रता—तुच्छत

22. कक्षा—कच्छा
(a) जाँघिया—छात्र समूह (b) छात्र समूह—जाँघिया
(c) घेरा—परिधान (d) चक्र—व्यायाम

23. कुल—कूल
(a) समस्त—शान्ति (b) योग—ठण्डा
(c) वंश—किनारा (d) ठण्डाई—योग

24. कल्मष—कुल्माष
(a) मन का मैल—सात्विक (b) पाप—पुण्य
(c) कुल्थी, उर्द—कालिख (d) कालिख—कुल्थी, उर्द

25. कृतज्ञ—कृतघ्न
(a) उपकार मानने वाला—उपकार न मानने वाला
(b) उपकारी—अपकारी
(c) अपकारी—उपकारी
(d) उपरोक्त में से कोई नहीं

26. कृपण—कृपाण
(a) तलवार—कंजूस (b) कंजूस—तलवार
(c) अपव्ययी—मितव्ययी (d) मितव्ययी—अपव्ययी

27. कटिबद्ध—कटिबन्ध
(a) करधनी—तैयार (b) तटबंध—कटुत्व
(c) तैयार—कमरबंद (d) कटुत्व—तटबंध

28. केश—केस
(a) मामला—घोड़े की गर्दन के बाल
(b) केसर—कस्तूरी
(c) हल्दी—दूब (d) बाल—मुकदमा

29. खाद—खाद्य
(a) उर्वरक—खाने योग्य (b) सड़न—पथ्य
(c) पाथेय—अन्न (d) शीतलपेय—भोजन

30. गणना—गड़ना
(a) संख्या—दबाना (b) गिनती—चुभना
(c) जोड़ना—घटाना (d) योग—भोग

31. गृह—ग्रह
(a) निवास—कक्षा (b) नक्षत्र—मगरमच्छ
(c) घर—नक्षत्र (d) घड़ियाल—तारागण

32. चित्त—चित
(a) दुविधा—थका हुआ (b) पराजित—अन्त:करण
(c) चंचल—पराजित (d) मन—पीठ के बल पड़ा हुआ

33. अण—अनु
(a) कण—पश्चात् (b) पश्चात्—कण
(c) मिट्टी—पत्थर (d) अनाज-पश्चात्

34. छत्र—क्षत्र
(a) मुकुट—छाता (b) छाता—क्षत्रिय
(c) राजा—सेनापति (d) विद्यार्थी—सैनिक

35. जर-जरा
(a) मूल—रोग (b) बुखार—जला हुआ
(c) दौलत—थोड़ा, अल्प (d) ज्वार-भाटा

36. जुड़ा-जूड़ा
(a) बन्धन—संलग्न (b) व्यसन—द्यूत क्रिया
(c) यौगिक—मिश्रण (d) संलग्न—केश बन्धन

37. तरंग—तुरंग
(a) लहर—घोड़ा (b) आवेश—त्वरित क्रिया
(c) आनन्द—हाथी (d) वैभव—तीव्रगामी

38. तृण—त्राण
(a) साधारण—शोषण (b) तिनका—मुक्ति, छुटकारा
(c) विनम्र—कुटिल (d) कुश की नोंक—आसन

39. तनु—तनू
(a) हल्का—तीक्ष्ण (b) शरीर—प्रिय
(c) पतला—शरीर, देह (d) पुत्र—पतला

40. द्वार—द्वारा
(a) प्रवेश—निकास (b) घर—गृहस्थ
(c) माध्यम—पत्नी (d) दरवाजा—माध्यम

41. धरा—धारा
(a) पृथ्वी—प्रवाह (b) आधार—आवेश
(c) रखा हुआ—तीव्र वेग (d) स्थिर—अस्थिर

42. धन—धना
(a) योग—पत्नी (b) सम्पत्ति—प्रीतम
(c) लाभ—धानी रंग (d) रुपया—भू-सम्पत्ति

43. नारी—नाड़ी
(a) मादा—कमरबन्द (करधनी) (b) महिला—जल निकास
(c) स्त्री—नब्ज (d) एक प्रकार का साग—बथुआ

44. नित—नत
(a) मोक्ष-बनाना (b) वाण-मल्लाह
(c) पानी-ताड़ का रस (d) प्रतिदिन-झुका हुआ

45. निर्वाद—निर्विवाद
(a) भ्रम, निन्दा—बिना विवाद के (b) गन्दगी—समझौता
(c) निष्कासन—भाईचारा (d) सद्‌गुण—मित्रता

46. परुष—पुरुष
(a) कायर—निडर (b) कठोर—आदमी
(c) निर्भय—बलवान (d) लचीला—बहादुर

47. प्रहार—परिहार
(a) आक्रमण—अपनाना (b) हमला—रक्षा करना
(c) मारना—त्यागना (d) उत्पीड़न—प्रतिज्ञा

48. पर्जन्य—पारंजन
(a) आत्मीयजन—सामाजिक लोग (b) अन्न उगाना—आत्मीयजन
(c) सिंचाई—उपकार करना (d) मेघ—परिवार के लोग

49. यथागत—तथागत
(a) मूर्ख—भगवान् बुद्ध
(b) आज्ञाकारी—भगवान् महावीर
(c) किंकर्तव्यविमूढ़—पार्श्वनाथ
(d) ज्ञानी—नागार्जुन

50. सकल—शकल
(a) सफेद-फीस (b) सम्पूर्ण-टुकड़ा
(c) मचान-बैलगाड़ी (d) विष-गिनती

51. 'अम्बर-अम्बार' युग्म का सही अर्थ है
(a) अमर—अमराई (b) वस्त्र—अत्यधिक
(c) आकाश—एक फल विशेष (d) कपड़ा—सिलाई

52. 'मन्दिर-मन्दिरा' युग्म का उपयुक्त अर्थ वाला युग्म कौन है?
(a) पूजागृह—पुजारी (b) मकान—सवारी
(c) गुफा—बड़ी गुफा (d) देवालय—अश्वशाला

53. 'धात्र-धात्री' शब्द युग्म का सही अर्थ वाला विकल्प पहचानिए
(a) बर्तन—माता (b) आकाश—धरती
(c) तम्बाकू—रस कलश (d) झण्डा—धारण करने वाला

54. 'नौटंकी-नौटंका' शब्द युग्म का सही अर्थ क्या है?
(a) ड्रामा—अभिनेता (b) लोकनाट्य—अत्यन्त हल्का
(c) संगीत—धूर्तता (d) दिखावा—पहनावा

55. 'परिषद्य-परिषिक्त' शब्द युग्म का सही अर्थ है
(a) स्वीकृत—त्याज्य
(b) सदन—संचालन
(c) परिषद् का सदस्य—सींचा गया
(d) परिषद्—पदाधिकारी

56. 'प्रतिकूल-प्रतिकूला' शब्द युग्म का सही अर्थ वाला विकल्प चुनिए
(a) विरोधी—विरोधाभास (b) प्रतिद्वन्द्वी—सहयोगी
(c) प्रतियोगी—वियोगी (d) विपरीत—सपत्नीक

57. 'बड़ाई-बढ़ाई' शब्द युग्म का सही अर्थ है
(a) प्रशंसा—बढ़ोतरी (b) महानता—कारपेण्टर
(c) सम्मान—तक्षक (d) खुशामद—आमद

58. 'इति-ईति' शब्द युग्म का सही अर्थ है
(a) समाप्त—शुभ (b) प्रारम्भ—विघ्न
(c) विघ्न—समाप्त (d) समाप्त—विघ्न

59. 'कुच-कूच' शब्द युग्म का सही अर्थ है
(a) उरोज—सेना (b) सेना—स्तन
(c) उरोज—प्रस्थान (d) स्तन—कली

60. 'सम-शम' शब्द युग्म का सही अर्थ वाला युग्म है
(a) शान्ति—चावल (b) शान्ति—मोक्ष
(c) चावल—शान्ति (d) समान—मोक्ष

उत्तरमाला

1. (a)	2. (b)	3. (c)	4. (d)	5. (a)	6. (b)	7. (c)	8. (d)	9. (a)	10. (b)
11. (c)	12. (d)	13. (a)	14. (b)	15. (c)	16. (d)	17. (a)	18. (b)	19. (c)	20. (d)
21. (a)	22. (b)	23. (c)	24. (d)	25. (a)	26. (b)	27. (c)	28. (d)	29. (a)	30. (b)
31. (c)	32. (d)	33. (a)	34. (b)	35. (c)	36. (d)	37. (a)	38. (b)	39. (c)	40. (d)
41. (a)	42. (b)	43. (c)	44. (d)	45. (a)	46. (b)	47. (c)	48. (d)	49. (a)	50. (b)
51. (b)	52. (d)	53. (a)	54. (b)	55. (c)	56. (d)	57. (a)	58. (d)	59. (c)	60. (d)

अध्याय 04

मुहावरे

मुहावरा

'मुहावरा' शब्द अरबी भाषा से लिया गया है, जिसका अर्थ है 'अभ्यास होना' या 'उत्तर देना'। इस प्रकार मुहावरा शब्द अपने-आप में स्वयं मुहावरा है, क्योंकि यह अपने सामान्य अर्थ को छोड़कर असामान्य अर्थ प्रकट करता है। वाक्यांश शब्द से स्पष्ट है कि मुहावरा संक्षिप्त होता है, परन्तु अपने इस संक्षिप्त रूप में ही किसी बड़े विचार या भाव को प्रकट करता है।

जैसे एक मुहावरा है-**काठ का उल्लू**। इसका अर्थ यह नहीं कि 'लकड़ी का उल्लू' बना दिया गया है, अपितु इससे यह अर्थ निकलता है कि जो उल्लू (मूर्ख) काठ का है, वह हमारे किस काम का, उसमें सजीवता तो है ही नहीं। इस प्रकार हम इसका अर्थ लेते हैं—'महामूर्ख' से।

हिन्दी के महत्त्वपूर्ण मुहावरे तथा उनके अर्थ

(अ/आ)

- *अंक में समेटना* — गोद में लेना, आलिंगनबद्ध करना
- *अंकुश लगाना* — पाबन्दी या रोक लगाना
- *अंकुश न मानना* — न डरना
- *अंग बन जाना* — सदस्य बनना या हो जाना
- *अंग लगाना* — आलिंगन करना
- *अंग न समाना* — अत्यन्त प्रसन्न होना
- *अंग-अंग ढीला होना* — बहुत थक जाना
- *अंग टूटना* — थकावट से शरीर में दर्द होना
- *अँगूठा दिखाना* — इनकार करना
- *अँगूठे पर मारना* — परवाह न करना
- *अँगूठी का नगीना* — सजीला और सुन्दर
- *अंधे की लकड़ी* — एक मात्र सहारा
- *अंधे के आगे रोना* — व्यर्थ प्रयत्न करना
- *अंधे के हाथ बटेर लगना* — अनायास ही मिलना
- *अँधेरे घर का उजाला* — इकलौता बेटा
- *अंधेर नगरी* — जहाँ धाँधली हो
- *अंधाधुंध लुटाना* — बहुत अपव्यय करना
- *अन्धा बनाना* — मूर्ख बनाकर धोखा देना
- *अक्ल के अंधे* — मूर्ख, बुद्धिहीन
- *अक्ल खर्च करना* — समझ को काम में लाना
- *अक्ल पर पत्थर पड़ना* — कुछ समझ में न आना
- *अक्ल के पीछे लट्ठ लिए फिरना* — मूर्खतापूर्ण कार्य करना
- *अक्ल का अंधा/अक्ल का दुश्मन होना* — महामूर्ख होना
- *अक्ल के घोड़े दौड़ाना* — केवल कल्पनाएँ करते रहना
- *अक्ल चरने जाना* — बुद्धिमत्ता गायब हो जाना
- *अपनी खिचड़ी अलग पकाना* — अलग-थलग रहना, किसी की न मानना
- *अपनी खाल में मस्त रहना* — अपनी दशा से सन्तुष्ट रहना
- *अपनी हाँकना* — आत्म श्लाघा करना/अपनी ही बात को महत्ता देना
- *अपना उल्लू सीधा करना* — स्वार्थ सिद्ध करना
- *अपना सा मुँह लेकर रह जाना* — लज्जित होना
- *अपने मुँह मियाँ मिट्ठू बनना* — आत्मप्रशंसा करना
- *अन्न-जल उठना* — प्रस्थान करना, एक स्थान से दूसरे स्थान पर चले जाना
- *अन्न का टन्न करना* — बनी चीज को बिगाड़ देना
- *अन्न-जल बदा होना* — कहीं का जाना और रहना अनिवार्य हो जाना
- *अन्न न लगना* — खाकर-पीकर भी मोटा न होना
- *अंगारे उगलना* — क्रोध में लाल-पीला होना
- *अंगारे बरसना* — कड़ी धूप होना
- *अंगारों पर पैर रखना* — स्वयं को खतरे में डालना
- *आँख लगना* — झपकी आना
- *आँखों से गिरना* — आदर भाव घट जाना
- *आँखों पर चर्बी चढ़ना* — अहंकार से ध्यान तक न देना
- *आँखें नीची होना* — लज्जित होना
- *आँखें मूँदना* — मर जाना
- *आँखों का पानी ढलना* — निर्लज्ज होना
- *आँख का काँटा* — बुरा होना
- *आँख में खटकना* — बुरा लगना
- *आँख का उजाला* — अति प्रिय व्यक्ति
- *आँख मारना* — इशारा करना
- *आँखों पर परदा पड़ना* — धोखा होना
- *आँखें बिछाना* — स्वागत, सम्मान करना
- *आँखों में धूल डालना* — धोखा देना
- *आँख में घर करना* — हृदय में बसना
- *आँख लगाना* — बुरी अथवा लालचभरी दृष्टि से देखना

- *आँखें ठण्डी करना* — प्रिय-वस्तु को देखकर सुख प्राप्त करना
- *आँखें फाड़कर देखना* — आश्चर्य से देखना
- *आँखें चार करना* — आमना-सामना करना
- *आँखें फेरना* — उपेक्षा करना
- *आँख भरकर देखना* — इच्छा भर देखना
- *आँख खिल उठना* — प्रसन्न हो जाना
- *आँख चुराना* — कतराना/सामने आने से परहेज़ करना
- *आँख का काजल चुराना* — सामने से देखते-देखते माल गायब कर देना
- *आँख निकलना* — विस्मय होना
- *आँखों में धूल झोंकना* — धोखा देना
- *आँखें दिखाना* — डराने-धमकाने के लिए रोष भरी दृष्टि से देखना
- *आँखें तरेरना* — क्रोध से देखना
- *आँखों का तारा* — अत्यन्त प्रिय
- *आँखों में खून उतरना* — अत्यधिक क्रोधित होना
- *आकाश में उड़ना* — कल्पना क्षेत्र में घूमना
- *आकाश-पाताल एक करना* — कठिन परिश्रम करना
- *आकाश-कुसुम होना* — दुर्लभ होना
- *आकाश से बातें करना* — काफी ऊँचा होना
- *आसमान सिर पर उठाना* — उपद्रव मचाना
- *आसमान से तारे तोड़ना* — असम्भव काम करना
- *आसमान से गिरकर खजूर के पेड़ पर अटकना* — एक विपत्ति के बाद दूसरी विपत्ति आना
- *आसमान टूटना* — विपत्ति आना
- *आग पर तेल छिड़कना* — और भड़काना
- *आग पर पानी डालना* — झगड़ा मिटाना
- *आग-पानी या आग और फूस का बैर होना* — स्वाभाविक शत्रुता होना

(इ/ई)

- *इधर-उधर की हाँकना* — अप्रासंगिक बातें करना
- *इधर की उधर करना* — चुगली करके भड़काना
- *इज़्ज़त उतारना* — सम्मान को ठेस पहुँचाना
- *इतिश्री करना* — कर्त्तव्य पूरा करना/सुखद अन्त होना
- *इशारों पर नाचना* — गुलाम बनकर रह जाना
- *इन्द्र की परी* — अत्यन्त सुन्दर स्त्री
- *इन तिलों में तेल नहीं* — किसी भी लाभ की आशा न करना
- *ईंट से ईंट बजाना* — नष्ट-भ्रष्ट कर देना
- *ईंट का जवाब पत्थर से देना* — दुष्ट के साथ दुष्टता करना
- *ईद का चाँद होना* — बहुत दिनों बाद दिखाई देना
- *ईंट-ईंट बिक जाना* — सर्वस्व नष्ट हो जाना
- *ईमान देना/बेचना* — झूठ बोलना अथवा अपने धर्म, सिद्धान्त आदि के विरुद्ध आचरण करना

(उ/ऊ)

- *उँगली उठाना* — इशारा करना, आलोचना करना
- *उँगली पर नचाना* — वश में रखना
- *उँगलियों पर गिनने योग्य* — संख्या में न्यूनतम/बहुत थोड़े
- *उँगली पकड़ते ही पहुँचा पकड़ना* — अल्प सहारा पाकर सम्पूर्ण की प्राप्ति हेतु उत्साहित होना
- *उल्टी गंगा बहाना* — नियम के विरुद्ध कार्य करना
- *उल्टी खोपड़ी होना* — ऐसा व्यक्ति जो उचित ढंग के विपरीत आचरण करता हो
- *उल्टी पट्टी पढ़ाना* — बहकाना
- *उड़ती चिड़िया पहचानना* — दूरदर्शी होना
- *उजाला करना* — कुल का नाम रोशन करना
- *उल्लू बोलना* — उजाड़ होना
- *उल्टे छुरे से मूँडना* — किसी को मूर्ख बनाकर उससे धन ऐंठना या अपना काम निकालना
- *उन्नीस-बीस होना* — दो वस्तुओं में थोड़ा बहुत अन्तर होना
- *उड़न छू होना* — गायब हो जाना
- *उबल पड़ना* — एकदम गुस्सा हो जाना
- *उल्टी माला फेरना* — अहित सोचना
- *उखाड़-पछाड़ करना* — त्रुटियाँ दिखाकर कटूक्तियाँ करना
- *उम्र का पैमाना भर जाना* — जीवन का अन्त नज़दीक आना
- *ऊँचे-नीचे पैर पड़ना* — बुरे काम में फँसना
- *ऊँट की चोरी झुके-झुके* — किसी निन्दित, किन्तु बड़े कार्य को गुप्त ढंग से करने की चेष्टा करना
- *ऊधौ का लेना न माधौ का देना* — किसी से किसी प्रकार का सम्बन्ध न रखना

(ए/ऐ)

- *एक ही लकड़ी से हाँकना* — अच्छे-बुरे की पहचान न करना
- *एक ही थैली के चट्टे-बट्टे होना* — सभी का एक जैसा होना
- *एक म्यान में दो तलवारें* — एक वस्तु या पद पर दो शक्तिशाली व्यक्तियों का अधिकार नहीं हो सकता
- *एक ढेले से दो शिकार* — एक कार्य से दो उद्देश्यों की पूर्ति करना
- *एक की चार लगाना* — छोटी बातों को बढ़ाकर कहना
- *एक आँख से देखना* — सबको बराबर समझना
- *एक-एक नस पहचानना* — सब कुछ समझना
- *एक पंथ दो काज* — एक कार्य के साथ दूसरा कार्य भी पूरा करना
- *एक और एक ग्यारह होते हैं* — संघ में बड़ी शक्ति है
- *एड़ियाँ घिसना / रगड़ना* — सिफ़ारिश के लिए चक्कर लगाना
- *एड़ी-चोटी का पसीना एक करना* — घोर परिश्रम करना
- *ऐसी-तैसी करना* — दुर्दशा करना
- *ऐबों पर परदा डालना* — अवगुण छुपाना

(ओ/औ)

- *ओखली में सिर देना* — जानबूझकर अपने को जोखिम में डालना
- *ओस पड़ जाना* — लज़्ज़ित होना
- *ओले पड़ना* — विपत्ति आना
- *औने-पौने करना* — जो कुछ मिले उसे उसी मूल्य पर बेच देना
- *औंधे मुँह गिरना* — पराजित होना
- *औंधी खोपड़ी* — मूर्ख होना
- *औकात पहचानना* — यह जानना कि किसमें कितनी सामर्थ्य है
- *और का और हो जाना* — पहले जैसा ना रहना, बिल्कुल बदल जाना

(क)

- *कंधा देना* — अरथी में कंधा लगाना/सहारा देना
- *कंधे से कंधा छिलना* — भारी भीड़ होना
- *कंचन बरसना* — अधिक आमदनी होना
- *कच्चा चिट्ठा खोलना* — सब भेद खोल देना

- *कच्चा खा/चबा जाना* — पूरी तरह नष्ट कर देने की धमकी देना
- *कब्र में पाँव लटकना* — वृद्ध या जर्जर हो जाना/मरने के करीब होना
- *कलेजे पर पत्थर रखना* — धैर्य धारण करना
- *कलेजे का टुकड़ा* — बहुत प्यारा
- *कलेजे पर साँप लोटना* — ईर्ष्या से कुढ़ना
- *कलेजा धक से रह जाना* — डर जाना
- *कलेजा ठण्डा होना* — मन को शान्ति मिलना
- *कलेजा मुँह को आना* — दु:ख होना/घबरा जाना
- *कलम का धनी* — अच्छा लेखक
- *कली खिलना* — खुश होना
- *कान में तेल डालना* — चुप्पी साधकर बैठे रहना
- *कान भरना* — चुगली करना
- *कान का कच्चा* — किसी भी बात पर विश्वास कर लेना
- *कान गरम करना* — दण्ड देना
- *कान कतरना* — अधिक होशियार हो जाना
- *कान पर जूँ तक न रेंगना* — बिलकुल ध्यान न देना
- *कान काटना* — चालाकी में बढ़कर होना
- *कान खड़े होना* — आशंका या खटका होने पर चौकन्ना होना
- *कान खाना/खा जाना* — ज़्यादा बातें करके कष्ट पहुँचाना
- *कान में डाल देना* — सुना देना या अवगत कराना
- *कुत्ते की मौत मरना* — बुरी मौत मरना
- *कुत्ते की दुम* — वैसे का वैसा
- *कौड़ी के मोल* — व्यर्थ होकर रह जाना
- *कौड़ी-कौड़ी पर जान देना* — कंजूस होना
- *कूच कर जाना* — चले जाना
- *कूच का डंका बजना* — सेना का युद्ध के लिए निकलना
- *कूपमण्डूक* — सीमित ज्ञान
- *कुएँ में ही भाँग पड़ना* — सभी लोगों की मति भ्रष्ट होना
- *कुआँ खोदना* — हानि पहुँचाना
- *काँटों पर लेटना* — बेचैन होना
- *काँटा दूर होना* — बाधा दूर होना
- *कच्ची गोली खेलना* — अनुभवहीन होना
- *कोढ़ में खाज होना* — एक दु:ख पर दूसरा दु:ख होना
- *काटने दौड़ना* — चिड़चिड़ाना/क्रोध करना
- *काम तमाम करना* — मार डालना
- *कीचड़ उछालना* — बदनाम करना
- *कट जाना* — अलग होना
- *कदम उखड़ना* — भाग खड़े होना
- *किए कराए पर पानी फेरना* — बिगाड़ देना
- *काफूर होना* — गायब हो जाना
- *काजल की कोठरी* — कलंक लगने का स्थान
- *कागजी घोड़े दौड़ाना* — केवल लिखा-पढ़ी करते रहना
- *कागज काले करना* — अनावश्यक लिखना
- *काला नाग* — खोटा या घातक व्यक्ति
- *किरकिरा हो जाना* — विघ्न पड़ना
- *काया पलट जाना* — और ही रूप हो जाना
- *काले कोसों* — बहुत दूर
- *कलम तोड़ देना/कर रख देना* — प्रभावपूर्ण लेखन करना

(ख)

- *खून खुश्क होना* — भयभीत होना
- *खून के घूँट पीना* — बुरी लगने वाली बात को सह लेना
- *खून पीना* — तंग करना/मार डालना
- *खून सफेद हो जाना* — दया न रह जाना
- *खून-पसीना एक करना* — कठिन परिश्रम करना
- *खून खौलना* — गुस्सा चढ़ना
- *खून सवार होना* — किसी को मार डालने के लिए उद्यत होना
- *खरी-खोटी सुनाना* — बुरा-भला कहना
- *खीरा-ककड़ी समझना* — दुर्बल और तुच्छ समझना
- *खरा खेल फर्रुखाबादी* — निष्कपट व्यवहार
- *ख्याली पुलाव पकाना* — कल्पनाएँ करना
- *खाक में मिलना* — पूर्णत: नष्ट होना
- *खाक छानना* — दर-दर भटकना
- *खालाजी का घर* — जहाँ मनमानी चले
- *खिचड़ी पकाना* — गुप्त मन्त्रणा करना
- *खेल-खेल में* — आसानी से
- *खेत रहना* — युद्ध में मारा जाना
- *खोपड़ी को मान जाना* — बुद्धि का लोहा मानना
- *खाल उधेड़ना* — कड़ा दण्ड देना
- *खुले हाथ* — उदारता से
- *खूँटे के बल कूदना* — कोई सहारा मिलने पर अकड़ना

(ग/घ)

- *गले का हार होना* — अत्यन्त प्रिय होना
- *गड़े मुर्दे उखाड़ना* — पुरानी बातों पर प्रकाश डालना
- *गढ़ जीतना* — कठिन कार्य पूरा होना
- *गिरगिट की तरह रंग बदलना* — किसी बात पर स्थिर न रहना
- *गुरु घण्टाल* — बहुत धूर्त
- *गुस्सा नाक पर रहना* — जल्दी क्रोधित हो जाना
- *गुस्सा पी जाना* — क्रोध रोकना
- *गूलर का फूल* — असम्भव बात/अदृश्य होना
- *गाँठ बाँधना* — याद रखना
- *गोबर गणेश* — बुद्धू
- *गाल फुलाना* — रूठना
- *गाल बजाना* — डींग हाँकना
- *गँवार की अक्ल गर्दन में* — मूर्ख को दण्ड मिले, तभी होश में आता है।
- *गीदड़-भभकी* — दिखावटी क्रोध
- *गागर में सागर भरना* — थोड़े में बहुत कुछ कहना
- *गोल कर जाना* — गायब कर देना
- *घड़ों पानी पड़ना* — बहुत लज्जित होना
- *घोड़े बेचकर सोना* — निश्चिन्त होकर सोना
- *घोड़े पर चढ़े आना* — उतावली में होना
- *घोड़े दौड़ाना* — अत्यधिक कोशिश करना
- *घर फूँक तमाशा देखना* — अपना नुकसान करके आनन्द मनाना
- *घर काटे खाना* — मन न लगना/सूनापन अखरना
- *घर में गंगा बहना* — अनायास लाभ प्राप्त होना
- *घर का न घाट का* — कहीं का नहीं

- *घट में बसना* — मन में बसना
- *घाट-घाट का पानी पीना* — बहुत अनुभव प्राप्त करना
- *घाव पर नमक छिड़कना* — दु:खी को और दु:खी करना
- *घास छीलना* — व्यर्थ समय बिताना
- *घात लगाना* — ताक में रहना/उचित अवसर की प्रतीक्षा में रहना
- *घी के दीए जलाना* — खुशियाँ मनाना
- *घी खिचड़ी होना* — खूब मिल-जुल जाना
- *घिग्घी बँधना* — डर के कारण बोल न पाना
- *घाव हरा करना* — भूले दु:ख की याद दिलाना
- *घुटने टेकना* — अपनी हार/असमर्थता स्वीकार करना

(च)

- *चक जमाना* — पूरी तरह से अधिकार या प्रभुत्व स्थापित होना
- *चंगुल में फँसना* — मीठी-मीठी बातों से वश में करना
- *चाँदी का जूता मारना* — रिश्वत या घूस देना
- *चाँद पर थूकना* — भले व्यक्ति पर लाँछन लगाना
- *चाँद खुजलाना* — पिटने की इच्छा होना
- *चार चाँद लगना* — शोभा बढ़ जाना
- *चित्त पर चढ़ना* — सदा स्मरण रहना
- *चादर से बाहर पाँव पसारना* — सीमा के बाहर जाना
- *चुल्लू भर पानी में डूब मरना* — शर्म के मारे मुँह न दिखाना
- *चूलें ढीली करना* — अधिक परिश्रम के कारण बहुत थकावट होना
- *चुटिया हाथ में होना* — संचालन-सूत्र हाथ में होना, पूर्णत: नियन्त्रण में होना
- *चेरी बनाना/बना लेना* — दास या गुलाम बना लेना
- *चूना लगाना* — धोखा देना
- *चारपाई से लगना* — बीमारी से उठ न पाना
- *चण्डाल चौकड़ी* — निकम्मे बदमाश लोग
- *चार दिन की चाँदनी* — कम दिनों का सुख
- *चल बसना* — मर जाना
- *चींटी के पर निकलना* — मरने के दिन निकट आना
- *चोली दामन का साथ* — अत्यन्त निकटता
- *चैन की बंशी बजाना* — मौज़ करना
- *चिराग तले अँधेरा* — अपना दोष स्वयं दिखाई नहीं देता
- *चोर की दाढ़ी में तिनका* — अपराधी सदैव सशंक रहता है
- *चेहरे पर हवाइयाँ उड़ना* — आश्चर्य
- *चूड़ियाँ पहनना* — कायर होना

(छ)

- *छक्के छूटना* — हिम्मत हारना
- *छक्के छुड़ाना* — हिम्मत पस्त करना
- *छक्का-पंजा भूलना* — कुछ भी याद न रहना
- *छप्पर फाड़कर देना* — अनायास ही धन की प्राप्ति
- *छाती पर मूँग दलना* — निरन्तर दु:ख देना
- *छाती भर आना* — दिल पसीजना
- *छाँह न छूने देना* — पास तक न आने देना
- *छठी का दूध याद दिलाना* — संकट में डाल देना
- *छूमन्तर होना* — गायब हो जाना
- *छाती ठोंकना* — साहस दिखाना

(ज/झ)

- *जान के लाले पड़ना* — जान पर संकट आ जाना
- *जान में जान आना* — चैन मिलना
- *जान हथेली पर रखना* — प्राणों की परवाह न करना
- *जबान कैंची की तरह चलना* — बढ़-चढ़कर तीखी बातें करना
- *जबान में लगाम न होना* — बिना सोचे समझे बिना लिहाज के बातें करना
- *जलती आग में घी डालना* — क्रोध भड़काना
- *जड़ जमना* — अच्छी तरह प्रतिष्ठित या प्रस्थापित होना
- *जहर का घूँट पीना* — कड़ी और कड़वी बात सुनकर भी चुप रहना
- *जिगरी दोस्त* — घनिष्ठ मित्र
- *ज़िन्दगी के दिन पूरे करना* — कठिनाई में समय बिताना
- *जीती मक्खी निगलना* — जान बूझकर अन्याय सहना
- *जी चुराना* — किसी काम या परिश्रम से बचने की चेष्टा करना
- *जी खट्टा होना* — विरक्त होना/खराब अनुभव होना
- *जी भर आना* — दु:खी होना
- *ज़मीन पर पैर न रखना* — अकड़कर चलना
- *जोड़-तोड़ करना* — उपाय करना
- *जली-कटी सुनाना* — बुरा-भला कहना
- *जूतियाँ चाटना* — चापलूसी करना
- *जितने मुँह उतनी बातें* — एक ही विषय पर अनेक मत होना
- *जोंक होकर लिपटना* — बुरी तरह पीछे पड़ना
- *जहर उगलना* — कड़वी बातें करना
- *झण्डा गाड़ना* — अधिकार जमाना
- *झकझोर देना* — हिला देना/पूर्णत: त्रस्त कर देना
- *झाँव-झाँव होना* — जोरों से कहा-सुनी होना
- *झाड़ू फिरना/फिर जाना* — नष्ट करना
- *झुरमुट मारना* — बहुत से लोगों का घेरा बनाकर खड़े होना
- *झूमने लगना* — आनन्द-विभोर हो जाना

(ट/ठ)

- *टिप्पस लगाना* — सिफारिश करवाना
- *टूट पड़ना* — आक्रमण करना
- *टेढ़ी खीर* — कठिन काम या बात
- *टका-सा जवाब देना* — साफ़ इनकार कर देना
- *टाट उलटना* — दिवाला निकलना
- *टोपी उछालना* — बेइज़्ज़ती करना
- *टाँग अड़ाना* — व्यवधान डालना
- *टांय-टांय फिस होना* — काम बिगड़ जाना
- *ठण्डे कलेजे से* — शान्त होकर/शान्त भाव से
- *ठूँठ होना* — निष्प्राण होना
- *ठन-ठन गोपाल* — पैसा पास न होना
- *ठौर-ठिकाने लगना* — आश्रय मिलना
- *ठीकरा फोड़ना* — दोष लगाना

(ड/ढ)

- *डंक मारना* — घोर कष्ट देना
- *डंका बजना* — ख्याति होना
- *डंड पेलना* — निश्चिन्ततापूर्वक जीवनयापन करना

- *डाली देना* — अधिकारियों को प्रसन्न रखने के लिए कुछ भेंट देना
- *डींग मारना* — अनावश्यक बातें कहना
- *डूबना-उतराना* — संशय में रहना
- *डेढ़ चावल की खिचड़ी पकाना* — बहुमत से अलग रहना
- *डेढ़ बीता कलेजा करना* — अत्यधिक साहस दिखाना
- *ढोंग रचना* — किसी को मूर्ख बनाने के लिए पाखण्ड करना
- *ढिंढोरा पीटना* — प्रचार करना
- *ढाई दिन की बादशाहत* — थोड़े समय के लिए पूर्ण अधिकार मिलना

(त/थ)

- *तीन-तेरह करना* — पृथकता की बात करना
- *तीन-पाँच करना* — टाल-मटोल करना
- *तंग आ जाना* — परेशान हो जाना
- *तकदीर का खेल* — भाग्य में लिखी हुई बात
- *ताक पर रखना* — व्यर्थ समझकर दूर हटाना
- *तीसमार खाँ बनना* — अपने को शूरवीर समझ बैठना
- *तिल का ताड़ बनाना* — किसी बात को बढ़ा-चढ़ाकर कहना
- *तार-तार होना* — पूरी तरह फट जाना
- *तेली का बैल* — हर समय काम में लगे रहना
- *तुर्की-ब-तुर्की बोलना* — जैसे को तैसा
- *तालू से जीभ न लगना* — बोलते रहना
- *तूती बोलना* — रौब जमाना
- *तेल की कचौड़ियों पर गवाही देना* — सस्ते में काम करना
- *तालू में दाँत जमना* — विपत्ति या बुरा समय आना
- *तेवर चढ़ना* — गुस्सा होना
- *तारे गिनना* — रात को नींद न आना
- *तलवे चाटना* — खुशामद करना
- *थाली का बैंगन* — ढुलमुल विचारों वाला/सिद्धान्तहीन व्यक्ति
- *थुड़ी-थुड़ी होना* — बदनामी होना
- *थैली का मुँह खोलना* — खुले दिल से व्यय करना
- *थूककर चाटना* — कही हुई बात से मुकर जाना
- *थाह लेना* — किसी गुप्त बात का भेद जानना

(द/ध)

- *दंग रह जाना* — अत्यधिक चकित रह जाना
- *दाँतों तले उँगली दबाना* — आश्चर्यचकित होना
- *दाल में काला होना* — सन्देह होना
- *दुम दबाकर भागना/भाग जाना/भाग खड़े होना* — चुपचाप भाग जाना
- *दूध का दूध और पानी का पानी* — पूर्ण न्याय करना
- *दूध का धुला होना* — बहुत पवित्र होना
- *दूध के दाँत न टूटना* — ज्ञान व अनुभव न होना
- *दो नावों पर सवार होना* — दुविधापूर्ण स्थिति में होना या खतरे में डालना
- *द्वार झाँकना* — दान, भिक्षा आदि के लिए किसी के दरवाजे पर जाना
- *दिन-रात एक करना* — प्रयास करते रहना
- *दिन दूनी रात चौगुनी होना* — बहुत शीघ्र उन्नति करना
- *दिन पहाड़ होना* — कार्य के अभाव में समय गुजारना
- *दिन में तारे दिखाई देना* — बुद्धि चकराने लगना
- *दिनों का फेर होना* — भाग्य का चक्कर
- *दिमाग दिखाना* — अहम् भाव प्रदर्शित करना
- *दिमाग आसमान पर चढ़ना* — बहुत घमण्ड होना
- *दाँत काटी रोटी* — घनिष्ठ मित्रता
- *दाँत खट्टे करना* — पराजित करना
- *दाँत पीसकर रह जाना* — क्रोध रोक लेना
- *दाना पानी उठना* — जगह छोड़ना
- *दिल का गुबार निकालना* — मन की बात कह देना
- *दिल भर आना* — शोकाकुल होना या भावुक होना
- *दिल में फफोले पड़ना* — अत्यन्त कष्ट होना
- *दाहिना हाथ* — बहुत बड़ा सहायक होना
- *दमड़ी के तीन होना* — सस्ते होना
- *दम भरना* — भरोसा करना
- *दर-दर की ठोकरें खाना* — बहुत कष्ट उठाना
- *दाल जूतियों में बँटना* — अनबन होना
- *देवता कूच कर जाना* — घबरा जाना
- *दो दिन का मेहमान* — जल्दी मरने वाला
- *दमड़ी के लिए चमड़ी उधेड़ना* — छोटी-सी बात के लिए अधिक माँग करना या दण्ड देना
- *दुम दबाकर भागना* — डरकर कुत्ते की भाँति भागना
- *धोती ढीली होना* — घबरा जाना
- *धौंस जमाना* — रौब दिखाना/आतंक जमाना
- *ध्यान टूटना* — एकाग्रता भंग होना
- *ध्यान रखना* — देखभाल करना/सावधान रहना
- *धज्जियाँ उड़ाना* — दुर्गति करना
- *धूप में बाल सफ़ेद होना* — अनुभवहीन होना

(न)

- *नाक भौं चढ़ाना* — असन्तोष प्रकट करना
- *नाक में नकेल डालना* — वश में करना
- *नाक कटना* — इज़्ज़त चली जाना
- *नाक रगड़ना* — बहुत विनती करना
- *नाक का बाल होना* — अत्यन्त प्रिय होना
- *नाकों-चने चबाना* — बहुत तंग होना
- *नंगा कर देना* — वास्तविकता प्रकट करना/असलियत खोलना
- *नंगे हाथ* — खाली हाथ
- *नमक-मिर्च लगाना* — बढ़ा-चढ़ाकर कहना/कमी निकालना
- *निन्यानवे के फेर में पड़ना* — धन संग्रह की चिन्ता में पड़ना/लोभ में पड़ना
- *नौ दो ग्यारह होना* — भाग जाना
- *नाच नचाना* — मनचाही करना/परेशान करना
- *नीला-पीला होना* — गुस्सा होना
- *नीचा दिखाना* — अपमानित करना
- *नमक अदा करना* — उपकारों का बदला चुकाना
- *नकेल हाथ में होना* — वश में होना
- *नहले पर दहला मारना* — करारा जवाब देना
- *नानी याद आना* — मुसीबत का एहसास होना
- *नस-नस पहचानना* — किसी के अवांछित व्यवहार को विस्तार से जानना
- *नाव में धूल उड़ाना* — व्यर्थ बदनाम करना

(प)

- *पत्थर की लकीर होना* — स्थिर होना या दृढ़ विश्वास होना
- *पहाड़ टूट पड़ना* — मुसीबत आना
- *पाँचों उँगली घी में होना* — पूर्ण लाभ में होना
- *पानी उतर जाना* — लज्जित हो जाना
- *पानी-पानी होना* — शर्मसार होना
- *पानी में आग लगाना* — असम्भव कार्य करना
- *पेट में दाढ़ी होना* — चालाक होना
- *पेट में चूहे दौड़ना* — भूख लगना
- *पेट का पानी न पचना* — अत्यन्त अधीर होना
- *पेट का हल्का* — बात को अपने तक छिपा न सकने वाला
- *पीठ में छुरा भोंकना* — विश्वासघात करना
- *पीठ पर हाथ रखना* — पक्ष मज़बूत बनाना
- *पीठ दिखाना* — पराजय स्वीकार करना
- *पैरों पर खड़ा होना* — स्वावलम्बी होना
- *पाँव तले ज़मीन खिसकना* — घबरा जाना
- *पाँव फूँक-फूँक कर रखना* — सतर्कता से कार्य करना
- *पाँव उखड़ जाना* — पराजित होकर भाग जाना
- *पगड़ी रखना* — इज़्ज़त रखना
- *पत्थर पर दूब जमना* — अप्रत्याशित घटित होना
- *पापड़ बेलना* — विषम परिस्थितियों से गुज़रना
- *पटरी बैठना* — अच्छे सम्बन्ध होना
- *पंख न मारना* — पहुँच न होना

(फ)

- *फ़रिश्ता निकलना* — बहुत भला और परोपकारी सिद्ध होना
- *फिकरा कसना* — व्यंग्य करना
- *फीका लगना* — घटकर या हल्का प्रतीत होना
- *फूटी आँखों न भाना* — बिल्कुल अच्छा न लगना
- *फूला न समाना* — बहुत प्रसन्न होना
- *फूल सूँघकर रह जाना* — अत्यन्त थोड़ा भोजन करना
- *फूलकर कुप्पा होना* — बहुत प्रसन्न होना
- *फूँक-फूँक कर कदम रखना* — अत्यन्त सतर्कता के साथ काम करना
- *फूँक मारना* — किसी को चुपचाप बहकाना
- *फावड़ा चलाना* — मेहनत करना
- *फट पड़ना* — एकदम गुस्से में हो जाना

(ब/भ)

- *बाल बाल बचना* — किसी संकट से किसी प्रकार बचना/मुश्किल से बच पाना
- *बाल बाँका न होना* — कुछ भी हानि या कष्ट न होना
- *बालू में से तेल निकालना* — असम्भव को सम्भव कर देना
- *बंटाधार होना* — चौपट या नष्ट होना
- *बहती गंगा में हाथ धोना* — बिना प्रयास ही यश पाना
- *बाग-बाग होना* — अति प्रसन्न होना
- *बीड़ा उठाना* — दृढ़ संकल्प करना
- *बेपर की उड़ाना* — अफवाहें फैलाना/निराधार बातें चारों ओर करते फिरना
- *बट्टा लगाना* — दोष या कलंक लगना
- *बाँछें खिलना* — अत्यन्त प्रसन्न होना
- *बखिया उधेड़ना* — भेद खोलना
- *बच्चों का खेल* — सरल काम
- *बाएँ हाथ का खेल* — अति सरल काम
- *बात का धनी होना* — वचन का पक्का होना
- *बेसिर पैर की बात करना* — व्यर्थ की बातें करना
- *बछिया का ताऊ* — अत्यधिक मूर्ख व्यक्ति
- *बड़े घर की हवा खाना* — जेल जाना
- *बेपेंदी का लोटा* — अपनी बात पर स्थिर न रहना
- *बल्लियाँ उछलना* — बहुत खुश होना
- *बावन तोले पाव रत्ती* — बिल्कुल ठीक हिसाब
- *बाज़ार गर्म होना* — काम-धंधा तेज़ होना
- *बात ही बात में* — तुरन्त/अतिशीघ्र
- *बात न पूछना* — आदर न करना
- *बरस पड़ना* — अति क्रुद्ध होकर डाँटना
- *बिल्ली के गले में घण्टी बाँधना* — स्वयं को संकट में डालना
- *भण्डा फोड़ना* — रहस्य खोलना/भेद प्रकट करना
- *भविष्य पर आँख होना* — आगे का जीवन सुधारने के लिए प्रयत्नशील रहना
- *भिरड़ के छत्ते में हाथ डालना* — जान-बूझकर संकट अपने पीछे लगाना
- *भीगी बिल्ली बनना* — डर जाना
- *भूमिका निभाना* — निष्ठापूर्वक अपने काम का निर्वाह करना
- *भेड़िया धसान* — अंधानुकरण
- *भाड़े का टट्टू* — पैसे लेकर ही काम करने वाला
- *भाड़ झोंकना* — समय व्यर्थ खोना
- *भैंस के आगे बीन बजाना* — बेसमझ आदमी को उपदेश देना
- *भागीरथ प्रयत्न करना* — कठोर परिश्रम

(म)

- *मुँह पर नाक न होना* — कुछ भी लज्जा या शर्म न होना
- *मुँह में पानी आना* — लालच भरी दृष्टि से देखना/खाने हेतु लालच
- *मुँह बनाना* — खीझ प्रकट करना
- *मुँह काला करना* — कलंकित करना
- *मुँह की खाना* — हार जाना/अपमानित होना
- *मुँह पकड़ना* — बोलने न देना
- *मुँह धो रखना* — आशा रखना
- *मुख से फूल झड़ना* — मधुर वचन बोलना
- *मन के लड्डू खाना* — व्यर्थ की आशा पर प्रसन्न होना
- *मन ही मन में रह जाना* — इच्छाएँ पूरी न होना
- *मन मैला करना* — खिन्न होना
- *मीठी छुरी चलाना* — प्यार से मारना/विश्वासघात करना
- *मुट्ठी गरम करना* — रिश्वत देना
- *मुट्ठी में करना* — वश में करना
- *मीनमेख निकालना* — त्रुटि निकालना
- *मंच पर आना* — सामना करना
- *मिट्टी का माधो* — मूर्ख
- *मक्खी नाक पर न बैठने देना* — इज़्ज़त खराब न होने देना
- *मोहर लगा देना* — पुष्टि करना
- *मीठी छुरी चलाना* — विश्वासघात करना
- *मैदान मारना* — विजय प्राप्त करना
- *मुहर्रमी सूरत* — शोक मनाने वाला चेहरा
- *मक्खी मारना* — बेकार बैठे रहना

- *माथे पर शिकन न आना* — कष्ट में थोड़ा भी विचलित न होना
- *माथे पर शिकन आना* — मुखाकृति से अप्रसन्नता/रोष आदि प्रकट होना
- *म्याऊँ का ठौर पकड़ना* — खतरे में पड़ना

(य/र)

- *यम की यातना* — असह्य कष्ट
- *यमराज का द्वार देख आना* — मरकर जीवित हो जाना
- *युग बोलना* — बहुत समय बाद होना
- *युधिष्ठिर होना* — अत्यन्त सत्य-प्रिय होना
- *रफ़ूचक्कर होना* — भाग जाना
- *राई का पहाड़ बनाना* — बढ़ा-चढ़ाकर कहना
- *रातों की नींद हराम होना* — चिन्ता, भय, दु:ख आदि के कारण रातभर नींद न आना
- *रीढ़ टूटना* — आधारहीन रहना
- *रोंगटे खड़ा होना* — भय से रोमांचित हो जाना
- *रास्ते पर लाना* — सुधार करना
- *रो-धोकर दिन काटना* — जैसे-तैसे जीवन व्यतीत करना
- *रंग में भंग होना* — आनन्द में विघ्न आना
- *रंग लाना* — हालात पैदा करना
- *रंग बदलना* — बदलाव होना
- *रँगा सियार* — धोखेबाज़ होना
- *रास्ता नापना* — चले जाना

(ल/व)

- *लंगोटी बिकवाना* — दरिद्र कर देना
- *लंगोटिया यार* — बचपन का मित्र
- *लंगोटी में फाग खेलना* — दरिद्रता में आनन्द मनाना
- *लकीर का फकीर होना* — रूढ़िवादी होना
- *लेने के देने पड़ना* — लाभ के बदले हानि
- *लासा लगाना* — किसी को फँसाने की युक्ति करना
- *लोहे के चने चबाना* — कठिनाइयों का सामना करना
- *लौ लगाना* — मग्न हो जाना/आसक्त हो जाना
- *ललाट में लिखा होना* — भाग्य में लिखा होना
- *लम्बी तानकर सोना* — निष्क्रिय होकर बैठना
- *लाल-पीला होना* — गुस्से में होना
- *लल्लो-चप्पो करना* — चिकनी-चुपड़ी बातें करना
- *लहू के आँसू पीना* — दु:ख सह लेना
- *लुटिया डुबोना* — कार्य खराब कर देना
- *वकालत करना* — पक्ष का समर्थन करना
- *वक्त की आवाज़* — समय की पुकार
- *वारी हो जाना* — न्योछावर हो जाना
- *विधि बैठना* — युक्ति सफल होना/संगति बैठना
- *विष उगलना* — क्रोधित होकर बोलना
- *विष की गाँठ* — उपद्रवी/हानि पहुँचाने वाला
- *विष घोलना* — गड़बड़ पैदा करना/ईर्ष्या पैदा करना

(श्र/श/स)

- *श्रीगणेश करना* — कार्य आरम्भ करना
- *शहद लगाकर चाटना* — किसी व्यर्थ की वस्तु को सँभालकर रखना
- *शैतान के कान कतरना/काटना* — बहुत चालाक होना
- *शान में बट्टा लगना* — शान घटना
- *शेर की सवारी करना* — खतरनाक कार्य करना
- *शेर और बकरी का एक घाट पर पानी पीना* — ऐसी स्थिति होना जिसमें दुर्बल को सबल का कुछ भी भय न हो
- *शिकंजा कसना* — नियन्त्रण और कठोर करना
- *सिर आँखों पर* — विनम्रता तथा सम्मानपूर्वक ग्रहण करना
- *सिर ऊँचा करना* — सम्मान बढ़ाना
- *सिर पर भूत सवार होना* — धुन लग जाना
- *सिर पर कफ़न बाँधना* — बलिदान देने के लिए तैयार होना
- *सिर गंजा करना* — बुरी तरह पीटना
- *सिर पर पाँव रखकर भागना* — तुरन्त भाग जाना
- *सिर उठाना* — विरोध करना
- *सिर मुँड़ाते ओले पड़ना* — काम शुरू होते ही बाधा आना
- *सिर पर हाथ होना* — सहारा होना
- *सिर झुकाना* — पराजय स्वीकार करना
- *सिर खपाना* — व्यर्थ ही सोचना
- *सोने की चिड़िया* — बहुत कीमती वस्तु
- *सफ़ेद झूठ* — सर्वथा असत्य
- *साँप को दूध पिलाना* — शत्रु पर दया करना

(ह)

- *हाथ खाली होना* — पैसा न होना
- *हाथ खींचना* — सहायता बन्द कर देना
- *हाथ का मैल* — तुच्छ और त्याज्य वस्तु
- *हाथ को हाथ न सूझना* — घना अँधेरा होना
- *हाथ-पैर मारना* — कोशिश करना
- *हाथ डालना* — शुरू करना
- *हाथ साफ़ करना* — बेईमानी से लेना या चोरी करना
- *हाथों हाथ रखना* — देखभाल के साथ रखना
- *हाथ धो बैठना* — किसी व्यक्ति या वस्तु को खो देना
- *हाथों के तोते उड़ जाना* — होश हवास खो जाना
- *हाथ पीले कर देना* — लड़की की शादी कर देना
- *हाथ-पाँव फूल जाना* — डर से घबरा जाना
- *हाथ मलना या हाथ मलते रह जाना* — पश्चाताप करना
- *हाथ पर हाथ धरे रहना* — बेकाम रहना
- *हाथी के पैर में सबका पैर* — बड़ी चीज के साथ छोटी का साहचर्य
- *हाल पतला होना* — दयनीय दशा होना
- *हवाई किले बनाना* — कोरी कल्पना करना
- *हथियार डालना* — संघर्ष बन्द कर देना
- *हक्का-बक्का रह जाना* — अचम्भे में पड़ जाना

वस्तुनिष्ठ प्रश्न

1. मुहावरा है
(a) एक वाक्यांश (b) एक पूर्ण वाक्य
(c) निरर्थक शब्द समूह (d) सार्थक शब्द समूह

2. 'मुहावरा' शब्द है
(a) अरबी भाषा का (b) फ़ारसी भाषा का
(c) उर्दू भाषा का (d) हिन्दी भाषा का

3. मुहावरे का प्रयोग वाक्य में किया जाता है
(a) भाषा में सजीवता लाने के लिए
(b) भाषा का सौन्दर्य बढ़ाने के लिए
(c) भाषा को आकर्षक बनाने के लिए
(d) भाषा में आडम्बर या चमत्कार के लिए

4. मुहावरे का अक्षय कोष है
(a) हिन्दी और उर्दू भाषा के पास (b) हिन्दी और फ़ारसी भाषा के पास
(c) हिन्दी और अरबी भाषा के पास (d) इनमें से कोई नहीं

5. 'आधा तीतर आधा बटेर' मुहावरे का अर्थ है
(a) आधी-आधी चीजों को साथ रखना
(b) बेमेल चीजों का सम्मिश्रण
(c) सुमेल चीजों को बटोरना
(d) आधी-आधी चीजों को मिलाकार एक करना

6. 'कलेजे पर पत्थर रखना' का अर्थ है
(a) घोर दु:ख या शोक को कठोर हृदय के साथ सहन करना
(b) पहले जैसा न रहना
(c) धोखा खाना
(d) क्रोध में आकर किसी को मिटा देना

7. 'गुदड़ी का लाल' मुहावरे का अर्थ है
(a) असुविधाओं में उन्नत होने वाला (b) गरीबी में घिरा होना
(c) गुदड़ी का लाल रंग का होना (d) महत्त्वपूर्ण व्यक्ति होना

8. निम्नलिखित में से किस मुहावरे का अर्थ शर्मिंदा होना नहीं है?
(a) पानी-पानी होना (b) अपना-सा मुँह लेकर रह जाना
(c) टका-सा मुँह लेकर रहना (d) मुँह में पानी आना

9. 'आदमी बनना' मुहावरे का उपयुक्त अर्थ है
(a) किसी अन्य जीव का आदमी में परिवर्तित होना
(b) आदमी जैसा दिखना
(c) अच्छा व्यवहार सीखना
(d) कृत्रिम ढंग से आदमी का प्रतिरूप बनाना

10. राई का पहाड़ बनाना मुहावरे का अर्थ क्या है?
(a) बढ़ा चढ़ा कर कहना (b) असम्भव कार्य करना
(c) कलंकित करना (d) पुष्टि करना

11. 'किताब का कीड़ा होना' का उपयुक्त अर्थ है
(a) बहुमूल्य वस्तु को नष्ट करने वाला
(b) अनुपयुक्त जगह रहने वाला
(c) बहुत अधिक पढ़ने वाला
(d) ज्ञान का दुश्मन

12. 'कच्चा चिट्ठा खोलना' का उपयुक्त अर्थ है
(a) सारा भेद खोल देना (b) कच्चे काम को पक्का करना
(c) भेद छिपाना (d) कान का कच्चा होना

13. दाँतों तले उँगली दबाना
(a) आश्चर्य करना (b) हीनता प्रकट करना
(c) बहुत हैरान होना (d) मुसीबत में पड़ना

14. "मनोज ने तो अपने बाल धूप में सफेद किए हैं" का आशय है
(a) मनोज बहुत समझदार है (b) मनोज बूढ़ा हो गया है
(c) मनोज अब तक मूर्ख है (d) मनोज ने उम्र भर परिश्रम किया है

15. निम्नलिखित में से उस विकल्प का चयन करें जो 'अक्ल पर पत्थर पड़ना' मुहावरे का अर्थ व्यक्त करता है?
(a) घायल होना (b) अक्ल को पत्थर से मारना
(c) बुद्धि भ्रष्ट हो जाना (d) अक्ल को पत्थर पर रखना

16. निम्नलिखित में से उस विकल्प का चयन करें जो 'आँखों में धूल झोंकना' मुहावरे का अर्थ व्यक्त करता है।
(a) धोखा देना (b) अपमानित करना
(c) आँखों से धूल उड़ाना (d) घायल करना

17. 'गंगाजली उठाना' मुहावरे का अर्थ है
(a) गंगा नहाना (b) एक पात्र में गंगाजल भरना
(c) कसम खाना (d) बड़बोलापन

18. 'सिर आँखों पर बैठाना' इस मुहावरे का अर्थ है
(a) बहुत सम्मान देना (b) बगावत करना
(c) जबरदस्ती का लगाव (d) पास आकर बैठना

19. "घड़ों पानी पड़ जाना" का सही अर्थ है
(a) स्नान करना (b) परेशान करना
(c) अत्यन्त लज्जित होना (d) सिर पर पानी डालना

20. 'आँख खुलना' मुहावरे का सही अर्थ है
(a) ज्ञान होना (b) भ्रम में पड़ना
(c) आँख किरकिराना (d) लज्जा दूर होना

21. नीचे दिए गए मुहावरों में से कौन-सा मुहावरा, दर्शाए गए व्यवहार का सबसे सटीक वर्णन करता है? कुछ लोगों की सोच तो साधारण होती है; मगर उनका मुँह हमेशा चलता रहता है।
(a) मन-मन भाए मुण्डी हिलाए (b) नाच ना जाने आँगन टेढ़ा
(c) जितनी लम्बी चादर उतने लम्बे पैर (d) अधजल गगरी छलकत जाए

22. रवि का मन आज पढ़ाई में नहीं लग रहा था उसे आज चाट पकोड़ी खाने का मन था, वो अपनी माँ के पास गया और बोला, "माँ, तुम आज बहुत सुन्दर दिख रही हो।"
कौन-सा मुहावरा रवि के इस व्यवहार को सबसे बखूबी दर्शाता है?
(a) मन-मन भाए मुण्डी हिलाए (b) नाच ना जाने आँगन टेढ़ा
(c) अपना उल्लू सीधा करना (d) ना नौ मन तेल होगा ना राधा नाचेगी

23. 'सिर पर सवार रहना' मुहावरे का अर्थ है
(a) पीछे पड़ना (b) मरने-मारने पर उतारू होना
(c) भाग जाना (d) बाधक होना

24. 'आँख उठाकर न देखना' का सही अर्थ है
(a) पलकें बन्द रखना (b) आँख न खोलना
(c) उपेक्षा करना (d) तपस्या करना

25. 'मिट्टी का माधो' होने का अर्थ है
(a) समझदार होना (b) बहुत ही मूर्ख
(c) कृष्णा की मूर्ति (d) मिट्टी की मूर्ति

26. नीचे दिए गए वाक्य के लिए सही मुहावरा बताइए।
'युवकों को·····होने पर ही विवाह करना चाहिए।'
(a) अपने पैरों पर दोड़ने योग्य
(b) अपने पैर पसारने के बाद
(c) अपने पैरों पर खड़े
(d) अपने मुँह मिया मिट्ठू

27. 'आँखों का पानी ढलकना'
(a) अत्यन्त प्रिय होना (b) बेशर्म बन जाना
(c) अक्ल आ जाना (d) धोखा देना

28. आकाश से बातें करना
(a) असम्भव काम कर दिखाना (b) घमण्ड करना
(c) काफी ऊँचा होना (d) आकाशवाणी में काम करना

29. नीचे दिए गए मुहावरे का अर्थ बताइए।
'दाग लगना'
(a) स्पष्ट कहना (b) कलंक लगना
(c) बहुत रुलाना (d) हर सम्भव कष्ट देना

30. 'कान फूँकना' का अर्थ है
(a) चौकन्ना करना (b) गुरुमन्त्र देना
(c) जादू-टोना करना (d) चुगली करना

31. नीचे दिए गए वाक्य के लिए सटीक मुहावरा बताइए।
'बहुत अधिक परिश्रम करने वाला'
(a) कोल्हू का बैल (b) बैलगाड़ी का बैल
(c) मेहनती (d) कामकाजी

32. नीचे दिए गए वाक्य के लिए सही मुहावरा बताइए।
'राम उससे जब पुस्तक माँगने लगा तो वह······करने लगा।'
(a) अना-कनी (b) आना-कनी
(c) आना-कानी (d) काना-कानी

33. नीचे दिए गए वाक्य के लिए सही मुहावरा बताइए।
'कुर्सी की होड़ ने सरकार को जनता की.....।'
(a) ठोकरों में गिरा दिया (b) पैरों में गिरा दिया
(c) आँखों में गिरा दिया (d) आँखों में बिठा दिया

34. 'गोल कर जाना' मुहावरे का सही अर्थ है
(a) मोटा होना (b) भाग जाना
(c) गुस्सा होना (d) गायब कर देना

35. निम्न में से कौन-सा युग्म गलत है?
(a) लुटिया डूबना-सारा काम चौपट होना
(b) सब्ज बाग दिखलाना-हरा-भरा करना
(c) मुट्ठी गरम करना-रिश्वत देना
(d) माई का लाल-साहसी व्यक्ति

36. 'सावधान करना' के अर्थ में मुहावरा है
(a) आँख दिखाना (b) कान खोलना
(c) ओंठ चबाना (d) खून पीना

37. 'अँगूठा चूसना' के लिए सही विकल्प है
(a) खुशामद करना (b) सम्मान करना
(c) बहुत विनय प्रकट करना (d) ये सभी

38. नीचे पंक्तियों के सामने उनके अर्थ लिखे हैं। इनमें से गलत अर्थ वाली पंक्ति छाँटिए
(a) लंगोटी में फाग खेलना — दरिद्रता में आनन्द
(b) गाल बजाना — डींग मारना
(c) पटरी बैठना — विचार मिलना
(d) कौड़ी का तीन — बहुत अच्छा होना

39. "बेवकूफ मत समझना ········" वाक्य को पूरा करो।
(a) मैं भी उल्टी गंगा बहाना जानता हूँ
(b) मैंने कच्ची गोलियाँ नहीं खेली हैं
(c) मैं दु:खती रग पर हाथ रख सकता हूँ
(d) मैं भी दिन में तारे देख सकता हूँ

40. 'गरीब के घर में गुणवान का उत्पन्न होना' के लिए उपयुक्त विकल्प होगा।
(a) गुदड़ी का लाल (b) छप्पर फाड़ के देना
(c) घी के दीए जलाना (d) दिन दूना रात चौगुना

41. निम्नलिखित युग्मों में से कौन-सा गलत है?
(a) लोहा लेना-सामना करना
(b) रास्ता नापना-आकलन करना
(c) रग-रग जानना-अच्छी तरह से परिचित होना
(d) शैतान के कान काटना-बहुत चतुर होना

42. 'अपना उल्लू सीधा करना' मुहावरे का अर्थ है
(a) अपना मतलब निकालना (b) कार्य पूरा हो जाना
(c) दूसरे से कार्य करवाना (d) अपना कार्य पूरा करना

43. 'गाँठ का पूरा' मुहावरे का क्या अर्थ है?
(a) ईमानदार (b) दुकानदार
(c) लापरवाह (d) मालदार

44. 'पाखण्डी व्यक्ति' के लिए उपयुक्त मुहावरा है
(a) बछिया के ताऊ (b) बगुला भगत
(c) पैंतरेबाज (d) माई का लाल

45. 'त्रिशंकु होना' का उपयुक्त अर्थ है
(a) चारों ओर ध्यान होना (b) किसी ओर का न रहना
(c) तीन ओर ध्यान देना (d) केवल ऊपर देखना

46. तलवार की धार पर चलना
(a) नुकीला होना (b) पराजित कर देना
(c) ईर्ष्या करना (d) कठिन कार्य करना

47. विहंगम दृष्टि
(a) तीखी नजर (b) मन्द नजर
(c) सरसरी नजर (d) गहरी नजर

48. काटो तो खून नहीं
(a) बिल्कुल निर्जीव हो जाना (b) भय के कारण स्तब्ध हो जाना
(c) गुस्सा शान्त हो जाना (d) पीड़ा शान्त हो जाना

49. एक आँख न भाना
(a) विरक्त होना (b) तटस्थ होना
(c) बिल्कुल अच्छा न लगना (d) उपेक्षा करना

50. उँगली उठाना
(a) अपना महत्त्व व्यक्त करना (b) दोष की ओर संकेत करना
(c) अस्वीकार करना (d) क्षमा करना

51. 'नई ज़मीन तोड़ना' के चार अर्थ दिए गये हैं, सही का चयन कीजिए
(a) पुराने को मिटाना (b) लिखे हुए को काटना
(c) अनूठा प्रयोग (d) बड़ी लकीर खींचना

52. 'सोने में सुगन्ध' मुहावरा का सही अर्थ है
(a) सुन्दर वस्तु में और गुण होना (b) सुगन्ध से युक्त आभूषण
(c) सुन्दर आभूषण होना (d) सुगन्धित सोना

53. 'कान का कच्चा होना' मुहावरे का अर्थ है
(a) बहरा होना
(b) सुनी-सुनायी बातों पर विश्वास करना
(c) सभी पर अविश्वास करना
(d) कम सुनायी देना

54. 'घुटने टेकना' मुहावरे का अर्थ है:
(a) घुटने में दर्द होना (b) दुःखी होना
(c) हार मान लेना (d) विजय प्राप्त करना

55. 'खिचड़ी पकाना' मुहावरे का अर्थ है:
(a) भोजन बनाना (b) चावल-दाल मिलाकर बनाना
(c) किसी षड्यन्त्र की तैयारी करना (d) किसी के लिए खाना पकाना

56. 'औंधी खोपड़ी' मुहावरे का अर्थ है
(a) मूर्ख होना (b) कुछ निर्णय न कर पाना
(c) किंकर्त्तव्यविमूढ़ होना (d) झगड़ालू होना

57. 'आँखे फेर लेना' का अर्थ है
(a) दूसरी तरफ देखना
(b) किसी और की चाहत
(c) उदासीन हो जाना (प्रतिकूल हो जाना)
(d) नाराज हो जाना

58. 'नाक का बाल होना' मुहावरे का अर्थ है
(a) अधिक समीप होना (b) कष्ट होना
(c) अधिक प्रिय होना (d) पालतू होना

59. 'कलेजे पर साँप लोटना' मुहावरे का अर्थ है
(a) दुःखी होना (b) ईर्ष्या से जल उठना
(c) दुश्मनी निकालना (d) दीनता प्रकट करना

60. 'अपना हाथ जगन्नाथ' का अर्थ है
(a) मनमानी करना
(b) अपना हाथ पूज्यनीय होता है
(c) अपने आप से काम करना ही उपयुक्त होता है
(d) अपने हाथ से दान करना

61. 'अवसर का लाभ उठाना' के लिए उपयुक्त है
(a) बहती गंगा में हाथ धोना
(b) आकाश-पाताल एक करना
(c) फूले न समाना
(d) अंगारों पर पैर रखना

62. 'बाधा डालना' मुहावरे का अर्थ है
(a) पाला पड़ना (b) रोड़ा अटकाना
(c) बरस पड़ना (d) दाँतों में जीभ होना

63. 'पारा उतरना' मुहावरे का अर्थ है
(a) तापमान कम होना (b) क्रोध कम होना
(c) बुखार उतरना (d) सर्दी पड़ना

64. 'खेत रहना' मुहावरे का शाब्दिक अर्थ है
(a) सम्पत्ति का बचा रह जाना (b) इज्जत बच जाना
(c) वीरगति को प्राप्त हो जाना (d) शत्रु से मुकाबला होना

65. 'चाँद पर थूकना' मुहावरे का आशय है
(a) असम्भव काम करना (b) निरर्थक काम करना
(c) सौन्दर्य का अनादर करना (d) सम्मानीय का अनादर करना

66. 'जूतियों में दाल बाँटना' मुहावरे का सही अर्थ है
(a) दुःखी होना (b) अपमान करना
(c) चापलूसी करना (d) लड़ाई-झगड़ा हो जाना

67. 'पौ बारह होना' मुहावरे का सही अर्थ है
(a) सब तरह की सुख-सुविधाओं का होना
(b) उपद्रव करना
(c) पलायन करना
(d) प्रयासरत करना

68. 'नक्कारखाने में तूती की आवाज' मुहावरा का अभिप्राय है
(a) तूती की आवाज सबसे ऊँची होती है
(b) नक्कारखाने में तूती नहीं बोलती
(c) नकारे लोगों की सर्वत्र तूती बोलती रहती है
(d) समर्थ व्यक्ति के सामने असमर्थ व्यक्ति का प्रभाव नहीं पड़ता

69. कौन मुहावरा नहीं है?
(a) लाल पीला रहना (b) सब्ज बाग दिखाना
(c) पीला मुँह करना (d) हरा ही हरा सूझना

70. 'गड़े मुर्दे उखाड़ना' का अभिप्राय है
(a) व्यर्थ श्रम करना (b) कब्रिस्तान में शरीर उखाड़ना
(c) अन्तिम संस्कार करना (d) पुरानी बातों को दुहराना

उत्तरमाला

1. (a)	**2.** (a)	**3.** (a)	**4.** (a)	**5.** (b)	**6.** (a)	**7.** (a)	**8.** (d)	**9.** (c)	**10.** (a)
11. (c)	**12.** (a)	**13.** (a)	**14.** (c)	**15.** (c)	**16.** (a)	**17.** (c)	**18.** (a)	**19.** (c)	**20.** (a)
21. (d)	**22.** (c)	**23.** (a)	**24.** (c)	**25.** (b)	**26.** (c)	**27.** (b)	**28.** (c)	**29.** (b)	**30.** (b)
31. (a)	**32.** (c)	**33.** (c)	**34.** (d)	**35.** (b)	**36.** (b)	**37.** (d)	**38.** (d)	**39.** (b)	**40.** (a)
41. (b)	**42.** (a)	**43.** (d)	**44.** (b)	**45.** (b)	**46.** (d)	**47.** (c)	**48.** (b)	**49.** (c)	**50.** (b)
51. (c)	**52.** (a)	**53.** (b)	**54.** (c)	**55.** (c)	**56.** (a)	**57.** (c)	**58.** (c)	**59.** (b)	**60.** (c)
61. (a)	**62.** (b)	**63.** (b)	**64.** (c)	**65.** (a)	**66.** (d)	**67.** (a)	**68.** (d)	**69.** (c)	**70.** (d)

अध्याय 05

वाक्यांश के लिए एक शब्द

अपठित गद्यांश से सम्बन्धित सारांश, भावार्थ, आशय, मुख्यार्थ और संक्षेपण व वाक्यांश के लिए एक शब्द का ज्ञान बहुउपयोगी होता है, क्योंकि इन्हें हल करने के लिए संक्षिप्तता पर विशेष बल दिया जाता है। वाक्यांशों के लिए एक शब्द सूत्रात्मक या समास शैली पर आधारित होते हैं। छात्रों के लिए विभिन्न प्रतियोगी परीक्षाओं की दृष्टि से महत्त्वपूर्ण वाक्यांशों के लिए तालिका दी गई है

वाक्यांश	एक शब्द
(अ)	
हाथी हाँकने का लोहे का डण्डेदार हुक	अंकुश
जिसको गोद में स्थान मिला हो	अंकस्थ
गोद में सोने वाली स्त्री	अंकशायिनी
जम्हाई के साथ अंग को तानना	अँगड़ाई
शरीर के किसी अवयव का टूटना	अंगभंग
अण्डे से उत्पन्न होने वाला	अण्डज
गुरु के समीप रहने वाला विद्यार्थी	अंतेवासी
महल का भीतरी भाग	अंत:पुर
जिसका जन्म अन्त्य (छोटी) जाति में हुआ हो	अंत्यज
जो कहा न जा सके	अकथनीय
न करने योग्य	अकरणीय
जिस क्रिया का कर्म न हो	अकर्मक
जो बात न कही गई हो	अकथित
जो दण्ड पाने योग्य न हो	अदण्डनीय
जो न जाना गया हो	अज्ञात
वह रोग जिसका ठीक होना कठिन हो	असाध्य
अन्य माता से पैदा हुआ भाई	अन्योदर/सौतेला
जो अभियोग लगाए/जो शिकायत करे	अभियोगी
जो दूसरे के बलबूते पर हो	अपरबल
जो बिना ढका हो	अनावृत्त
जो दूसरों से सम्बन्धित न हो	अनन्य
जो व्यवहार में न लाया गया हो	अव्यवहृत
पूरे जीवन में	आजीवन
जो पान करने योग्य नहीं है	अपेय
आवश्यकता से अधिक धन का ग्रहण न करना	अपरिग्रह
आवश्यकता या उचित मात्रा से अधिक खर्च करने वाला	अपव्ययी
थोड़ा खर्च करने वाला	अल्पव्ययी
जिसका अस्तित्व अल्पकाल तक रहे	अल्पकालिक
जिसके पास कुछ न हो	अकिंचन
मल्लयुद्ध का स्थान	अखाड़ा
जो खाने योग्य न हो	अखाद्य
पूर्व और दक्षिण का कोना	अग्निकोण
आगे का विचार करने वाला	अग्रसोची
बड़ा भाई (जिसका जन्म पहले हुआ हो)	अग्रज
जिस पर अभियोग लगाया गया हो	अभियुक्त
जिस व्यक्ति का कोई अंग टूटा या खराब हो	अपंग
जिसका जन्म बाद में हुआ हो	अनुज
जिसका खण्डन न किया जा सके	अखण्डनीय
जो गिना न जा सके	अगणित
जिसकी गिनती प्रमुख व्यक्तियों में हो	अग्रणी
जिसका ज्ञान इन्द्रियों द्वारा न हो	अगोचर/इन्द्रियातीत
जिसकी चिन्ता न हो	अचिन्त्य
जो छुआ न गया हो	अछूता
जो जीता न जा सके	अजेय
जिसका कभी जन्म न हो	अजन्मा
जिसका कोई शत्रु उत्पन्न न हुआ हो	अजातशत्रु
जिसकी समता न हो सके या जिसकी तुलना न हो सके	अतुल
सीमा का अनुचित उल्लंघन	अतिक्रमण
जिसके आने की तिथि ज्ञात न हो	अतिथि
आवश्यकता से अधिक वर्षा	अतिवृष्टि
किसी बात को बढ़ा-चढ़ाकर कहना	अतिशयोक्ति
जो बीत चुका हो	अतीत
जिसका अनुभव इन्द्रियों द्वारा न किया जा सके	अतीन्द्रिय
जो कभी दिखाई न देता हो	अदृश्य
जिसके जोड़ या बराबरी का कोई न हो	अद्वितीय
जो देखा न गया हो (भाग्य)	अदृष्ट
अधिकार में आया हुआ	अधिकृत
विशेष आदेश जो किसी निश्चित अवधि तक लागू हो	अध्यादेश
पढ़ाने-लिखने का कार्य	अध्यापन
वह स्त्री जिसका पति दूसरा विवाह कर ले	अध्यूढ़ा
जिसका कहीं अन्त न होता हो	अनन्त

वाक्यांश	एक शब्द
(आ)	
अचानक होने वाला	आकस्मिक
भगवान के सहारे अनिश्चित आय	आकाशवृत्ति
जिस पर आक्रमण हो	आक्रान्त
वह नायिका जिसका पति परदेश से लौटा हो	आगतपतिका
जो इधर-उधर से घूमता-फिरता आ जाए	आगन्तुक
जो सूँघने योग्य हो	आघ्रेय
जो अपने आचरण से पवित्र है	आचारपूत
दूसरों के सुख के लिए आत्मसुख को त्यागना	आत्मोत्सर्ग
अपने प्राण अपने आप लेने वाला	आत्मघाती/आत्महन्ता
वह स्त्री जिसका पति आने वाला हो	आगमिस्यत्पतिका
स्वयं पर अभिमान करना	आत्माभिमान
अत्याचार करने वाला	आततायी
अतिथि की सेवा करने वाला	आतिथेयी
अतिथि की सेवा	आतिथ्य
जो जन्म लेते ही गिर या मर गया हो	आदण्डपात
आदर्शमूलक भावना को प्रश्रय देने वाला मत	आदर्शवाद
किसी मत का सर्वप्रथम प्रवर्तन करने वाला	आदि प्रवर्तक
आदि से अन्त तक	आद्यान्त
देवता अथवा भूतादि के द्वारा होने वाला दुःख	आधिदैविक
जीवों या शरीरधारियों के द्वारा प्राप्त दुःख	आधिभौतिक
नवीन बनाने की क्रिया	आधुनिकीकरण
आत्मा से सम्बन्ध रखने वाला	आध्यात्मिक
जिसका अहंकार चूर हो गया हो	आन्तगर्व
परम्परा से सुना हुआ	आनुश्राविक
जो किसी वंश में बराबर होता आया हो	आनुवंशिक
जिसकी समस्त कामनाएँ पूरी हो गई हों	आप्तकाम
सिर से पैर तक	आपादमस्तक
ऐसा व्रत जो मरने पर ही समाप्त हो	आमरणव्रत
जड़ से चोटी तक	आमूलचूल
देश में विदेश से माल आने की क्रिया	आयात
रुपये-पैसे से सम्बन्ध रखने वाला	आर्थिक
आलोचना करने वाला	आलोचक
जन्म लेना और मरना	आवागमन
ईश्वर, धर्मग्रन्थ आदि में विश्वास करने वाला	आस्तिक
(इ/ई)	
इतिहास को जानने वाला	इतिहासज्ञ; इतिहासवेत्ता
इन्द्र को जीतने वाला	इन्द्रजीत
इन्द्रियों को वश में रखने वाला	इन्द्रियजीत
जिसकी आकांक्षा हो	इष्ट
केवल इसी लोक से सम्बन्धित	इहलौकिक
जो इन्द्रियों की पहुँच से बाहर हो	इन्द्रियातीत
जिस वस्तु को चाहा गया हो	ईप्सित
जो दूसरों से ईर्ष्या करता हो	ईर्ष्यालु
पूरब और उत्तर के बीच की दिशा	ईशान
(ए/ऐ)	
केवल एक आँख वाला	एकाक्ष
जिस पर किसी एक का ही अधिकार हो	एकाधिकार
व्यक्ति की इच्छा पर निर्भर	ऐच्छिक

वाक्यांश	एक शब्द
इन्द्रियों को भ्रमित करने वाला	ऐन्द्रजालिक
इन्द्रियों से सम्बन्धित	ऐन्द्रिय
इस लोक से सम्बन्धित	ऐहिक
(उ/ऊ, औ)	
सूरज के निकलने से पूर्व का काल	उषाकाल
जिसने ऋण चुका दिया हो	उऋण
सबसे ऊँचा	उच्चतम
ऊपर से नीचे लाना	उतारना/अवरोहण
जो पास हो गया हो	उत्तीर्ण
छाती के बल चलने वाला	उदक (सर्प)
जिसकी वृत्ति उदार हो	उदारचेता
ऊपर कहा गया	उपरोक्त/उपर्युक्त
पर्वत के पास की भूमि	उपत्यका
जिसका उपकार किया गया हो	उपकृत
सूर्य जिस स्थान से निकलता है	उदयाचल
जिसके दाँत न जन्मे हों	उदन्त
जिसके विषय में लिखना आवश्यक हो	उल्लेखनीय
जिस भूमि में बहुत अन्न पैदा होता हो	उर्वरा
ऊपर की ओर जाने वाला	ऊर्ध्वगामी
ऊँचे स्वर से उच्चारण किया गया	ऊर्ध्वोच्चारित
जिस भूमि में कुछ न पैदा होता हो	ऊसर
विवाहित स्त्री से उत्पन्न पुत्र	औरस
जो केवल कहने सुनने के लिए हो	औपचारिक
(क/ख)	
वह कथा जो जन साधारण में प्रचलित हो	किंवदन्ती
काँटों या बाधाओं से भरा हुआ	कंटकाकीर्ण
जो कहा गया है	कथित
जो फूल अभी खिला न हो	कली
कर्म करने वाला	कर्मठ
जिसे यह न सूझ पड़े कि अब क्या करना चाहिए और क्या नहीं करना चाहिए	किंकर्त्तव्यविमूढ़
जिसकी उत्पत्ति स्वभावगत न हो	कृत्रिम
जिस लड़की का विवाह न हुआ हो	कुमारी
तीक्ष्ण बुद्धि वाला व्यक्ति	कुशाग्रबुद्धि
पद, वय आदि के विचारों से अन्य की अपेक्षा छोटा	कनिष्ठ
जो अच्छे कुल में उत्पन्न हुआ हो	कुलीन
जिसे बाहरी जगत् का ज्ञान न हो	कूपमण्डूक
अहसान मानने वाला	कृतज्ञ
अहसान न मानने वाला	कृतघ्न
किसी की कृपा से परम सन्तुष्ट	कृतार्थ
जो अपने काम से जी चुराता है	कामचोर
केन्द्र से दूर जाने की प्रवृत्ति रखने वाला	केन्द्रापसारी
केन्द्र की ओर उन्मुख होने वाला	केन्द्राभिमुख
जो पाप-पुण्य से रहित हो	केवलात्मा
सुन्दर बड़े बालों वाली स्त्री	केशिनी
किसी वस्तु या बात के विषय में जानने की प्रबल इच्छा	कौतूहल/जिज्ञासा

वाक्यांश	एक शब्द
(ग/घ)	
बहुत गप्पे हाँकने वाला	गपोड़िया
जो शीघ्र न पचे	गरिष्ठ
गणित का ज्ञाता	गणितज्ञ
वह नाटक जिसमें गीत अधिक हों	गीतरूपक
गाँव में रहने वाला	ग्रामीण
जो छिपाने के योग्य हो	गोपनीय
गायों के रहने का स्थान	गौशाला/गोष्ठ
परम्पराओं (रूढ़ियों) के अनुसार चलने वाला	गतानुगतिका/रूढ़िवादी
रात और संध्या के बीच की बेला	गोधूलि
हाथी का बच्चा	गजशावक/कलभ
घृणा करने योग्य	घृणास्पद
जिसकी घोषणा की गई हो	घोषित
(च/छ)	
चन्द्र है चूड़ा पर जिसके	चन्द्रचूड़
जो चक्र धारण करता है	चक्रधर
सम्पूर्ण पृथ्वी के राजा	चक्रवर्ती
चार मासों का समूह	चौमासा
चार पैरों वाला	चतुष्पद
जिसके हाथ में चक्र सुदर्शन है	चक्रपाणि
वह काव्य जिसमें पद्य एवं गद्य मिश्रित हो	चम्पू
ऐसा वस्त्र जो पुराना एवं फटा हुआ हो	चिरकुट
जो चर्चा का विषय हो	चर्चित
स्वार्थवश किसी का गुणगान करने वाला/चापलूसी करने वाला	चाटुकार
जिसकी चार भुजाएँ हों	चतुर्भुज
किसी वस्तु का चौथा भाग	चतुर्थांश
किसी को सावधान करने के लिए कही जाने वाली बात	चेतावनी
महीने के किसी पक्ष की चौथी तिथि	चतुर्थी/चौथ
अधिक दिनों तक जीने वाला	चिरंजीवी
बहुत दिनों तक रहने वाला	चिरस्थायी
जो हर समय दूसरों की बुराइयाँ खोजते हैं	छिद्रान्वेषी
सेना के ठहरने का स्थान	छावनी
अचानक किया जाने वाला हमला	छापा
किसी को दोषारोपण करके छेड़ना	छींटाकशी
(ज/झ)	
जिसकी इन्द्रियाँ वश में हों	जितेन्द्रिय
पेट की अग्नि	जठराग्नि
जल में रहने वाले जन्तु	जलचर
जल में जन्म लेने वाला/जल में पैदा होने वाला	जलज
जेठ का पुत्र	जेठौत
जानने की इच्छा वाला	जिज्ञासु
जीतने की इच्छा	जिगीषु
जीने की इच्छा	जिजीविषा

वाक्यांश	एक शब्द
जन्म से सौ वर्ष का समय	जन्मशती
जो यान जल में चलता हो	जलयान
जोतने का काम	जुताई
जान से मारने की इच्छा	जिघांसा
बिखरे हुए बड़े-बड़े बालों वाला	झबरा
वह कपड़ा जिससे कोई चीज झाड़ी जाए	झाड़न
झीं-झीं की तेज आवाज करने वाल कीड़ा	झींगुर
झूठ बोलने वाला	झूठा
(ट/ठ)	
सिक्कों की ढलाई का स्थान	टकसाल
वस्तुएँ प्रदान करने की रस्म	टीका
अधिक देर तक चलने वाला	टिकाऊ
छोटे कद वाला	ठिगना
बर्तन बनाने वाला	ठठेरा
(ड/ढ)	
डाका डालने वाला	डकैत
डण्डी मारने वाला	डण्डीमार
अधिक डरने वाला	डरपोक
स्थल तथा जल के बड़े खण्डों को मिलाने वाला सँकरा या पतला स्थान	जलडमरूमध्य
ढिंढोरा पीटने वाला	ढिंढोरिया
ढलान वाला स्थान	ढाल
ढोंग करने वाला	ढोंगी
ढोलक बजाने वाला	ढोलकिया
ढालने का काम	ढलाई
(त/थ)	
तैरने, तरने या पार होने की इच्छा	तितीर्षा
अपने काम में निष्ठा से लगा हुआ	तत्पर
गुटों से अलग रहने वाला	तटस्थ
तत्त्व जानने वाला	तत्त्वविद्
त्याग करने योग्य	त्याज्य
थाने का प्रधान अधिकारी	थानेदार
चौपायों को बाँधने का स्थान	थान
पुलिस की बड़ी चौकी	थाना
जमी हुई गाढ़ी चीज की मोटी तह	थक्का
(द/ध)	
स्वामी के स्नेह से रहित स्त्री	दुर्भगा
जिसको पकड़ने में दिक्कतों का सामना करना पड़े	दुरभिग्रह
अनुचित बातों के लिए आग्रह	दुराग्रह
किसी काम को चित्त लगाकर करने वाला	दत्तचित्त
जो दो बार जन्म लेता हो	द्विज
जिसे कठिनता से धारण किया जा सके	दुर्वह
जिसका दमन करना कठिन हो	दुर्दम्य

वाक्यांश	एक शब्द
वह व्यक्ति जो अपने ऋणों को चुकता करने में असमर्थ हो गया हो	दिवालिया
स्त्री और पुरुष का जोड़ा	दम्पति
गोद लिया हुआ पुत्र	दत्तक
जिसे दबाया या सताया गया हो	दलित
जंगल की आग	दावानल
संकीर्ण (संकुचित) विचारों वाला व्यक्ति	दकियानूसी
जहाँ जाना कठिन हो	दुर्गम
जिसे करना कठिन हो	दुष्कर
बहुत दूर की बात सोचने वाला/देखने वाला	दूरदर्शी
वह रोग जिसमें सूर्य की तेज किरणों के कारण दिन में बहुत कम दिखाई देता हो।	दिनौंधी
यात्रियों के ठहरने के लिए धर्मार्थ बना हुआ घर	धर्मशाला
धारण करने वाला	धारक
धर्म में आस्था रखने वाला	धर्मात्मा
मछली पकड़ने/बेचने वाली जाति	धीवर
बहुत प्रचण्ड, चंचल और अपने गुणों का अपने आप वर्णन करने वाला नायक	धीरोद्धत

(न)

वाक्यांश	एक शब्द
जो ममत्व से रहित हो	निर्मम
जिस पर कोई कलंक न लगा हो	निष्कलंक
चन्द्रमास के किसी पक्ष की नौवीं तिथि	नवमी
हाल की ब्याही स्त्री	नवोढ़ा
निशा (रात्रि) में विचरण करने वाला	निशाचर
जिसमें तेज न हो	निस्तेज
हाल ही में उत्पन्न हुआ बालक	नवजात
जिसे किसी बात की स्पृहा (आकांक्षा) न हो	निःस्पृह
जहाँ किसी बात का डर या खतरा न हो	निरापद
जो नष्ट होने वाला हो	नश्वर
जो ईश्वर पर विश्वास न करता हो	नास्तिक
तथ्यों के आधार पर दोषारोपण	निन्दा
जिसके मन में भय न हो	निर्भीक
जिसका कोई आकार न हो	निराकार
नख से शिखा तक के सब अंग	नखशिख
मांस न खाने वाला	निरामिष
जो अक्षर भी न जानता हो	निरक्षर
जिसके हृदय में दया न हो	निर्दय
बिना पलक झपकाए	निर्निमेष
जो निन्दा के योग्य हो	निन्दनीय
जिसका कोई आधार न हो	निराधार
जो कामना रहित हो	निष्काम
जो उत्तर न दे सके	निरुत्तर

(प)

वाक्यांश	एक शब्द
पशु के ढंग का	पाश्विक
पूर्ण रूप से फूला, पका या पचा हुआ	परिपक्व
वह जो प्रार्थना करता है	प्रार्थी
जिसकी प्रताड़ना की गई हो	प्रताड़ित
प्रश्न के रूप में पूछे जाने योग्य	प्रष्टव्य
इतिहास के पूर्व काल से सम्बन्धित	प्रागैतिहासिक
अगुआ बनकर मार्ग दिखाने वाला	पथ-प्रदर्शक
परलोक से सम्बन्धित	पारलौकिक
ऐसी बुद्धि वाला जो किसी बात का हल तुरन्त निकाल सके/जिसे तुरन्त उत्तर सूझ जाए	प्रत्युत्पन्नमति
ऐसा लेख अथवा कहानियाँ जो हास्यरस से पूर्ण हों	प्रहसन
एक बार कही बात को दुहराते रहना	पिष्टपेषण
वह भावना जिसमें प्रतिकार की गन्ध हो	प्रतिचिकीर्षा
उत्तर पाने पर दिया हुआ उत्तर	प्रत्युत्तर
जो दूसरों के अधीन हो	पराधीन
जो आँखों के सामने हो	प्रत्यक्ष
जो आँख के सामने न हो	परोक्ष
सामान्य विचार-विमर्श	परामर्श
जिसके पार देखा जा सके	पारदर्शी
जिसका कारण पृथ्वी है या जो पृथ्वी से सम्बद्ध है	पार्थिव
जो प्रतिकूल पक्ष का है	प्रतिपक्षी
दोष या पाप मिटाने के लिए शास्त्रानुकूल कर्म या कृत्य	प्रायश्चित
पाने की इच्छा वाला	पिपासु
कुत्ते का बच्चा	पिल्ला
जो बात बार-बार कही जाए	पुनरुक्ति
उपकार के बदले किया गया उपकार	प्रत्युपकार
दोपहर से पहले का समय	पूर्वाह्न
किसी आदमी के निधन की वार्षिक तिथि	पुण्यतिथि

(फ, ब)

वाक्यांश	एक शब्द
फल की आकांक्षा वाला	फलासक्त
केवल फल खाकर जीवन व्यतीत करने वाला	फलाहारी
आय से अधिक व्यर्थ खर्च करने वाला	फिजूलखर्ची
घूम-फिरकर सौदा बेचने वाला	फेरीवाला
जिस कागज पर मानचित्र, विवरण या कोष्ठक अंकित हो	फलक
रात्रि के चार बजे का समय	ब्रह्ममुहूर्त
बहुत-से लोगों की मिलकर एक राय	बहुमत
अत्यधिक मूल्यवान वस्तु	बहुमूल्य
बहुत-सी भाषाओं को जानने वाला	बहुभाषाविद्
जो बालकों के लिए उपयोगी हो	बालोपयोगी
जिसकी जीविका बुद्धि के माध्यम से चलती हो	बुद्धिजीवी

(भ/म)

वाक्यांश	एक शब्द
किसी गूढ़ विषय की वृहत टीका	भाष्य
टूटे-फूटे पदार्थ के बचे टुकड़े	भग्नावशेष
भय उत्पन्न करने वाला	भयानक
वर्तमान से पूर्व का	भूतपूर्व
भूगोल से सम्बन्ध रखने वाला	भौगोलिक
किसी बात का गूढ़ रहस्य जानने वाला	मर्मज्ञ
किसी विषय का गम्भीर मनन और विचार करने वाला	मीमांसक
मन के मलिन होने की स्थिति या भाव	मनोमालिन्य
मन के दुर्बल होने की स्थिति या भाव	मनोदौर्बल्य

वाक्यांश	एक शब्द
वह दानी जो खुले हाथ दान करे	मुक्तहस्त
मृत्यु की इच्छा	मुमूर्षा
मधुर बोलने वाला	मृदुभाषी
मत के अनुसार चलने वाला	मतानुयायी
झूठ बोलने वाला	मिथ्यावादी/मिथ्याभाषी
जो फूल आधा खिला हो	मुकुल
मछली के समान जिसकी आँखें हों	मीनाक्षी
हिरण की आँख के समान आँखों वाली	मृगनयनी
थोड़ा और नपा-तुला भोजन करने वाला	मिताहारी
जिसके हृदय को चोट पहुँची हो	मर्माहत
वह व्यक्ति जो मार्क्स की विचारधारा को मानता हो	मार्क्सवादी

(य/र/ल)

वाक्यांश	एक शब्द
अपने युग का बहुत बड़ा व्यक्ति	युगपुरुष
लड़ाई लड़ने को उत्सुक या युद्ध की इच्छा रखने वाला	युयुत्सु
युद्ध करने की इच्छा	युयुत्सा
यश ही जिसका धन हो	यशस्वी
यन्त्र से सम्बन्धित	यान्त्रिक
जहाँ तक सम्भव हो	यथासम्भव
शक्ति के अनुसार	यथाशक्ति
जो कोई वस्तु या भिक्षा माँगता हो	याचक
जिससे रोंगटे खड़े हो जाएँ	रोमांचित
वह काव्य जिसका अभिनय हो सके	रूपक
खून से रँगा हुआ या लथ-पथ	रक्त-रंजित
वह रोग जिसमें रात को दिखाई नहीं देता	रतौंधी
राष्ट्र का प्रधान	राष्ट्रपति
पच्चीस वर्ष पूरे करने के उपलक्ष्य में होने वाला	रजत जयंती
वह व्यक्ति जो लोहे को पीटकर अपना गुजारा करता है	लोहार
वह व्यक्ति जो लकड़ियाँ काटकर अपना रोजगार करता है	लकड़हारा
लम्बे या मोटे उदर (पेट) वाला	लम्बोदर
लुभाया या ललचाया हुआ	लुब्ध
जो भूमि का लेखा-जोखा रखता हो	लेखपाल
जो लोक या संसार में न हो	लोकोत्तर
जनसाधारण के गीत	लोकगीत

(व)

वाक्यांश	एक शब्द
कन्या का विवाह कर देने का वचन देने की रस्म	वाग्दान
जिससे हिलोरें पैदा की जा सकें	विलोड़नीय
जिसे जीत लिया गया हो	विजित
जो किसी विकार से ग्रस्त हो	विकृत
भले-बुरे की पहचान का ज्ञान	विवेक
जो पत्नी को अपने साथ न रखे हो	विपत्नीक
जिसका वर्णन न हो सके	वर्णनातीत
जो दूसरे को वाणी से देने को कह चुका हो	वाग्दत्त
जिसके हाथ में वज्र हो	वज्रपाणि
बाल्यावस्था और युवावस्था के बीच का समय	वय:सन्धि
जो कोई वस्तु वहन करता है	वाहक
जो अच्छा बोलता है	वाग्मी
जो विषय विचार में आ सकता है	विचारगम्य
बिजली की तरह तीव्र वेग वाला	विद्युतवेग
किसी विषय को विशेष रूप से जानने वाला	विशेषज्ञ
वेतन पर काम करने वाला	वैतनिक
जो वचन से परे हो	वचनातीत
जो मुकदमा दायर करता है	वादी/मुद्दई
जो अपने धर्म के विपरीत आचरण करता हो	विधर्मी
बोलने की इच्छा	विवक्षा
जो व्याकरण का ज्ञाता हो	वैयाकरण
जो बहुत और व्यर्थ बोलता हो	वाचाल
अनुचित यौन सम्बन्ध रखने वाला	व्यभिचारी
सौतेली माँ	विमाता
विपत्ति उत्पन्न करने वाला	विपत्तिजनक
जो विश्वास करने योग्य हो	विश्वसनीय
जिसका विद्या से विशेष अनुराग हो	विद्याव्यसनी

(श/स)

वाक्यांश	एक शब्द
शिव की उपासना करने वाला	शैव
जिसे शास्त्रों की अच्छी जानकारी हो	शास्त्रज्ञ
शक्ति की आराधना करने वाला	शाक्त
तरकारी और फलों का भोजन करने वाला	शाकाहारी
शरण में आया हुआ	शरणागत
शत्रु का हनन करने वाला	शत्रुघ्न
जो शरण का इच्छुक हो	शरणार्थी
सदैव रहने वाला	शाश्वत
सावधान रहने वाला व्यक्ति	सतर्क
बाएँ हाथ से कार्य करने वाला	सव्यसाची
चोरी के लिए मकान की दीवार में किया गया बड़ा-सा छेद	सेंध
अपने ही पति की अनुरागिनी स्त्री	स्वकीया
जो अपने आप उत्पन्न हुआ हो	स्वयंभू
इच्छानुसार अपना पति चुनने वाली कन्या	स्वयंवरा
अलग-अलग अवयवों को एक में जोड़ना	संश्लेषण
जो स्पष्ट किया हुआ हो	स्पष्टीकृत
वह व्यक्ति जिसके सिद्धान्त हों	सिद्धान्तवादी
जिसको एक स्थान से दूसरे पर न ले जाया जा सके	स्थावर
जो स्त्री के वशीभूत या उसके स्वभाव का हो	स्त्रैण
वे वस्तुएँ जो एक प्रकृति की हों	सजातीय
छूत या संसर्ग से फैलने वाला रोग	संक्रामक
जो पढ़ना-लिखना जानता हो	साक्षर
स्वतन्त्रता प्राप्ति के बाद	स्वातन्त्र्योत्तर

(ह)

वाक्यांश	एक शब्द
जिसे देख-सुनकर हृदय फटता हो	हृदयविदारक
किसी व्यक्ति द्वारा शपथपत्र के साथ लिखा हुआ न्यायालय में प्रस्तुत पत्र	हलफ़नामा
हाथ की चतुराई	हस्तलाघव
वह सामग्री जो हवन के लिए हो	हवि

वाक्यांश	एक शब्द
किसी वस्तु को दूसरे के हाथों देना	हस्तान्तरित
हाथ की कारीगरी	हस्तकौशल
भलाई की इच्छा रखने वाला	हितैषी
(क्ष/त्र/ज्ञ)	
जिसका हाथ बहुत तेज़ चलता हो	क्षिप्रहस्त
जिसका कुछ क्षणों में ही नाश हो जाए	क्षणभंगुर
जो क्षमा पाने योग्य हो	क्षम्य
क्षमा करने वाला व्यक्ति	क्षमाशील
भूख से व्याकुल	क्षुधातुर
छुटकारा दिलाने वाला	त्राता
तीनों कालों को जानने वाला	त्रिकालज्ञ
जो तीन माह में एक बार हो	त्रैमासिक
ज्ञान प्रदान करने वाला	ज्ञानदा
बताने का काम	ज्ञापन
जो जानने योग्य हो	ज्ञेय
अपने यौवन का ज्ञान रखने वाले	ज्ञात यौवना

वस्तुनिष्ठ प्रश्न

निर्देश (प्र.सं. 1-8) *निम्न प्रश्नों में दिए गए वाक्यों के लिए एक शब्द का चयन कीजिए।*

1. जो पहले कभी नहीं हुआ हो
(a) अद्‌भुत (b) अप्रत्याशित
(c) अनुपम (d) अभूतपूर्व

2. जो सब कुछ जानता हो
(a) सर्वज्ञ (b) अज्ञ
(c) विशेषज्ञ (d) कृतज्ञ

3. जिसकी गर्दन सुन्दर हो
(a) सुदर्शन (b) सुगर्दन
(c) सुग्रीव (d) सुगद

4. अपनी हत्या करने वाला
(a) पराघाती (b) मित्रघाती
(c) सर्वघाती (d) आत्मघाती

5. जिसे बुलाया न गया हो
(a) अनाहूत (b) अनबोला
(c) अतिथि (d) अभ्यागत

6. जो आँखों के सामने न हो
(a) प्रत्यक्ष (b) अप्रत्यक्ष
(c) अद्रष्टव्य (d) अपरोक्ष

7. जो कम बोलता हो
(a) अल्पभाषी (b) मितव्ययी
(c) प्रत्युत्पन्नमति (d) वाचाल

8. किसी के उपकार की उपेक्षा करने वाला
(a) कृतज्ञ (b) कृतघ्न (c) अजातशत्रु (d) दूरदर्शी

9. जो हर समय अपना मतलब साधता हो, उसे क्या कहा जाता है?
(a) स्वारथी (b) मतलबी
(c) परमार्थी (d) स्वार्थी

निर्देश (प्र.सं. 10-12) *दिए गए प्रत्येक वाक्यांश के लिए एक शब्द चुनिए।*

10. समुद्र में लगने वाली आग
(a) जठराग्नि (b) वनाग्नि
(c) दावाग्नि (d) वड़वाग्नि

11. मन को आनन्दित करने वाला
(a) प्रिय (b) श्रेयस् (c) मनोरंजन (d) मोहित

12. जिसको प्राप्त न किया जा सके
(a) अलभ्य (b) दुर्लभ्य (c) दुष्कर (d) दुष्प्राप्य

13. राकेश बहुत मेहनत करने वाला लड़का है। रेखांकित अंश के लिए एक शब्द बताइए
(a) परिश्रमी (b) संघर्षरत (c) श्रमिक (d) श्रमवान

14. किस वाक्यांश के लिए दिया हुआ एक शब्द सही नहीं है?
(a) जिस स्त्री को कोई संतान न हो — बाँझ
(b) जो बहुत बोलता हो — मितभाषी
(c) क्रम के अनुसार — यथाक्रम
(d) जो स्मरण रखने योग्य है — स्मरणीय

निर्देश (प्र.सं. 15-26) *दिए गए प्रत्येक वाक्यांश के लिए शब्द दीजिए। इसके लिए चार-चार विकल्प दिए गए हैं। उचित विकल्प का चुनाव कीजिए।*

15. तेज चलने वाला
(a) गतिशील (b) चुस्त
(c) कर्मठ (d) द्रुतगामी

16. बिना स्वार्थ के कार्य करने वाला
(a) सहायक (b) नि:स्वार्थी
(c) पुण्यात्मा (d) हितैषी

17. किसी की सहायता करने वाला
(a) सहकार (b) सहायक
(c) सहृदय (d) सहचर

18. जिसका निवारण करना कठिन हो
(a) अनिवार्य (b) अपरिहार्य
(c) दुर्निवार (d) अवश्यम्भावी

19. आशा जगाने वाला
(a) आशाजनक (b) आशातीत
(c) आशानुगत (d) आशीष

20. जो सबके लिए हो
(a) सार्वजनिक (b) सार्वभौमिक
(c) सार्वकालिक (d) सार्वदेशिक

21. पर्वत की तलहटी
(a) बेसिन (b) घाटी
(c) उपत्यका (d) द्रोण

22. कंजूसी से धन व्यय करने वाला
(a) मसृण (b) मितव्ययी
(c) अल्पव्ययी (d) कृपण

23. 'वीर पुत्र को जन्म देने वाली स्त्री' के लिए एक शब्द है
(a) वसुन्धरा (b) माते
(c) वीरप्रसू (d) इनमें से कोई नहीं

24. जो सबसे आगे रहता हो उसको ……… कहते हैं।
(a) अग्रणी (b) अनादि
(c) अनुकरणीय (d) अवैध

25. वाक्यांश के लिए एक शब्द से सम्बन्धित कौन-सा जोड़ा गलत है?
(a) जिसका इलाज कठिन हो-दु:साध्य
(b) जो मनुष्यता से दूर हो-अमानुषिक
(c) जो कम खर्च करने वाला हो-अपव्ययी
(d) जो इतिहास लिखे जाने के युग से पूर्व का हो-प्रागैतिहासिक

26. निम्नलिखित वाक्यांशों के लिए एक शब्द में से कौन-सा सुमेलित नहीं है?
(a) जो वर्णन के बाहर है - वर्णनातीत
(b) जो देखा नहीं जा सकता - अदृश्य
(c) जो आमिष नहीं खाता - सामिष
(d) जो पहरा देता है - प्रहरी

निर्देश (प्र. सं. 27-29) ***इन प्रश्नों में दिए गए प्रत्येक वाक्य खण्ड के अर्थ को एक शब्द में व्यक्त करने वाला शब्द दिए गए विकल्पों में से चुनिए।***

27. रंगमंच पर पर्दे के पीछे का स्थान
(a) पृष्ठमंच (b) दर्शकदीर्घा
(c) नाट्यस्थल (d) नेपथ्य

28. जिसके सिर पर चन्द्रमा हो
(a) चन्द्रवदन (b) चन्द्रहास (c) चन्द्रशेखर (d) सिरमौर

29. फेंक कर चलाया जाने वाला हथियार
(a) प्रक्षिप्त (b) प्रक्लेदित (c) शस्त्र (d) अस्त्र

निर्देश (प्र.सं. 30-34) ***वाक्यांशों के लिए दिए गए विकल्पों में से प्रयुक्त शब्द का चयन कीजिए।***

30. जो देखने में प्रिय लगे
(a) प्रियदर्शी (b) प्रियांशु (c) प्रियंवदा (d) प्रियसखी

31. जो खाने योग्य न हो
(a) अखाद्य (b) पथ्य (c) अपाच्य (d) अलभ्य

32. विशिष्ट अवसर पर विशिष्ट लोगों के समक्ष दिया गया विद्वत्तापूर्ण भाषण
(a) सम्भाषण (b) अभिभाषण
(c) अपभाषण (d) अनुभाषण

33. जिसके पास घर न हो
(a) गृही (b) अनिकेत
(c) अभिषेक (d) अकिंचन

34. 'जिसके पास कुछ न हो' उसके लिए उपयुक्त शब्द है
(a) अभावग्रस्त (b) अकिंचन
(c) दीनहीन (d) महादीन

निर्देश (प्र.सं. 35-37) ***इन प्रश्नों में दिए गए वाक्यांश के अर्थ को व्यक्त करने वाला सही शब्द दिए गए विकल्पों में से चुनिए।***

35. बिना प्रयास/परिश्रम के
(a) आकस्मिक (b) अप्रत्याशित
(c) अनायास (d) अचानक

36. जानने की इच्छा रखने वाला
(a) उत्साही (b) जिज्ञासु
(c) तत्पर (d) जिज्ञासा

37. दूसरों की बात सहन करने वाला
(a) कृपालु (b) सहिष्णु
(c) उदार (d) तटस्थ

38. 'शक्तिशाली, दयालु, शान्त-धीर और योद्धा नायक' के लिए एक शब्द है
(a) धीरललित (b) धीरोद्धत
(c) धीरोदात्त (d) इनमें से कोई नहीं

39. 'जो प्रमाण से सिद्ध न हो सके' के लिए एक शब्द है
(a) अप्रमाणित (b) अप्रमेय
(c) अपरिमित (d) अनप्रमाणित

40. 'वन में लगने वाली आग' वाक्यांश के लिए एक शब्द है
(a) बड़वाग्नि (b) दावाग्नि
(c) विरहाग्नि (d) जठराग्नि

41. 'वह नायिका जो अपने पति के परदेश में होने के कारण दु:खी हो' वह है
(a) प्रोषितपतिका (b) वियोगिनी
(c) विरहविदग्धा (d) खण्डिता

42. 'मोक्ष की इच्छा रखने वाला' वाक्यांश के लिए सार्थक शब्द है
(a) मुमुक्षु (b) मुमूर्षु
(c) बुभुक्षु (d) जिगीषु

43. 'इन्द्रियों को जीत लिया हो जिसने', वाक्यांश के लिए सही विकल्प का चयन कीजिए।
(a) इन्द्रजीत (b) इन्द्र
(c) जितेन्द्रिय (d) इन्द्रिपति

44. 'जिसका उपचार न हो सके' के लिए एक शब्द है
(a) दु:साह्य (b) असाध्य
(c) श्रमसाध्य (d) साधनहीन

निर्देश (प्र.सं. 45-48 तक)निम्नलिखित प्रश्नों में वाक्यांशों/अनेक शब्दों के स्थान पर एक शब्द के लिए चार-चार विकल्प दिए गए हैं। इनमें से कोई एक विकल्प सही है, आपको सही विकल्प चुनना है, वही आपका उत्तर होगा।

45. ईश्वर को नहीं मानने वाला
(a) आस्तिक (b) अधर्मी
(c) दुराचारी (d) नास्तिक

46. ईश्वर में विश्वास करने वाला
(a) आस्तिक (b) नास्तिक
(c) भक्त (d) इनमें से कोई नहीं

47. पेट की अग्नि
(a) दावाग्नि (b) बड़वाग्नि
(c) जठराग्नि (d) मन्दाग्नि

48. दिशाएँ ही जिनके वस्त्र हैं
(a) विश्वम्भर (b) दिक्पाल
(c) पैगम्बर (d) दिगम्बर

49. 'गुरु के समीप रहकर शिक्षा ग्रहण करने वाला' के लिए एक शब्द है
(a) गुरुकुलवासी (b) छात्रावासी
(c) अन्तेवासी (d) आश्रमवासी

50. बहुत-सी भाषाओं को जानने वाला
(a) बहुभाषाविद् (b) बहुभाषाभाषी
(c) बहुश्रूत (d) बहुदर्शी

51. 'जो वाणी द्वारा व्यक्त न किया जा सके'
(a) आत्मसाक्षात्कार (b) स्वानुभूति
(c) अनिर्वचनीय (d) रहस्य

52. पूरब और उत्तर के बीच की दिशा
(a) अग्निकोण (b) उदीची
(c) प्राची (d) ईशान

53. 'जो अच्छे कुल में उत्पन्न हुआ हो' इस शब्द समूह के लिए एक शब्द क्या है?
(a) कुलीन (b) समृद्ध (c) धनी (d) कृपण

54. जिसका जन्म कन्या के गर्भ से हुआ हो
(a) कन्यापुत्र (b) कानीन
(c) अवैधपुत्र (d) कुमारीसुत

55. हवन में जलाने वाली लकड़ी
(a) हवन सामग्री (b) वनकाष्ठ
(c) शुष्ककाष्ठ (d) समिधा

56. सत्, रज् व तम् से परे
(a) गुणातीत (b) गूढ़ोक्ति
(c) गुढ़ोत्तर (d) गवेषण

57. आधी रात का समय
(a) शर्वरी (b) विभावरी
(c) निशा (d) निशीथ

58. कमल से युक्त जलाशय
(a) सरोवर (b) शतदल
(c) नीरज (d) पद्माकर

59. 'जिसका अनुभव किया गया हो'
(a) अनुभवी (b) अनुभूत
(c) अनुभवयोग्य (d) अनुभाव्य

60. 'जो बनावटी हो', वाक्यांश के लिए एक शब्द होगा
(a) प्राकृतिक (b) कृत्रिम
(c) प्राकृत (d) नैसर्गिक

उत्तरमाला

1. (d)	**2.** (a)	**3.** (c)	**4.** (d)	**5.** (a)	**6.** (b)	**7.** (a)	**8.** (b)	**9.** (b)	**10.** (d)
11. (c)	**12.** (a)	**13.** (a)	**14.** (b)	**15.** (d)	**16.** (b)	**17.** (b)	**18.** (c)	**19.** (a)	**20.** (a)
21. (c)	**22.** (b)	**23.** (c)	**24.** (a)	**25.** (c)	**26.** (c)	**27.** (d)	**28.** (c)	**29.** (d)	**30.** (a)
31. (a)	**32.** (a)	**33.** (b)	**34.** (b)	**35.** (c)	**36.** (b)	**37.** (b)	**38.** (c)	**39.** (b)	**40.** (b)
41. (a)	**42.** (a)	**43.** (c)	**44.** (b)	**45.** (d)	**46.** (a)	**47.** (c)	**48.** (d)	**49.** (c)	**50.** (a)
51. (c)	**52.** (d)	**53.** (a)	**54.** (b)	**55.** (d)	**56.** (a)	**57.** (d)	**58.** (d)	**59.** (b)	**60.** (b)

अध्याय 06

वाक्यगत अशुद्धियाँ और उनका शोधन

वाक्य भाषा की मुख्य इकाई है। इसलिए वाक्य का शुद्ध होना आवश्यक है। वाक्य लिखते समय निम्नलिखित बातों को ध्यान में रखना आवश्यक है

- वाक्य रचना में संज्ञा, सर्वनाम, कर्म, विशेषण, क्रिया-विशेषण, वचन, लिंग, कारक का प्रयोग आवश्यकतानुसार होना चाहिए।
- वाक्य में अपेक्षित पदक्रम का प्रयोग होना चाहिए।
- विराम-चिह्नों का सही प्रयोग होना चाहिए।
- शब्दों का प्रयोग सन्दर्भ के अनुसार होना चाहिए।
- वाक्य में भाषा का प्रयोग तर्कसंगत और सार्थक होना चाहिए।
- ऐसे दो पर्यायवाची शब्दों का प्रयोग न हो जो एक ही अर्थ के वाचक हों।
- कोई भी वाक्य समाज, धर्म, इतिहास के विरुद्ध नहीं होना चाहिए।
- मुहावरों और लोकोक्ति का प्रयोग सन्दर्भ के अनुसार होना चाहिए।

हिन्दी में वाक्यगत अशुद्धियाँ

हिन्दी में निम्न प्रकार की वाक्यगत अशुद्धियाँ होती हैं

- व्याकरण की अशुद्धियाँ
- अनावश्यक शब्द प्रयोग की अशुद्धियाँ
- शब्द ज्ञान सम्बन्धी अशुद्धियाँ
- शब्द निर्माण की अशुद्धियाँ
- वर्तनीगत अशुद्धियाँ

व्याकरण की अशुद्धियाँ

संज्ञा, लिंग, वचन, कारक, सर्वनाम, विशेषण, क्रिया, क्रिया-विशेषण, अव्यय, पदक्रम आदि से सम्बन्धित अशुद्धियों को व्याकरण की अशुद्धियाँ कहते हैं। व्याकरण की अशुद्धियों के कुछ उदाहरण निम्नलिखित हैं

संज्ञा सम्बन्धी

अशुद्ध	शुद्ध
ये **लड़किए** परीक्षा में प्रथम आई है।	यह **लड़की** परीक्षा में प्रथम आई है।
आज **घोड़ा दौड़** भी होगी।	आज **घुड़दौड़** भी होगी।
चिड़ियामार पक्षी बेचता है।	**चिड़ीमार** पक्षी बेचता है।
लौहार लोहा का सामान बनाता है।	**लुहार लोहे** का सामान बनाता है।
क्या कुछ **अशगुन** हो गया?	क्या कुछ **अपशकुन** हो गया?
भिखारिणी को देखकर दया आ गई।	**भिखारिन** को देखकर दया आ गई।
अल्मोड़े की बालमिठाई मशहूर है।	**अल्मोड़ा** की बालमिठाई मशहूर है।
अपने **घोड़ा** का इलाज करो।	अपने **घोड़े** का इलाज करो।
वह **आगरे** से है।	वह **आगरा** से है।
वह अंग्रेज़ी बोलने की **कसरत** कर रहा है।	वह अंग्रेज़ी बोलने का **अभ्यास** कर रहा है।
आपने वहाँ जाकर बड़ी **अशुद्धि** की।	आपने वहाँ जाकर बड़ी **गलती** की।
कामायनी एक **उपन्यास** है।	कामायनी एक **महाकाव्य** है।
गड़ित मेरा प्रिय विषय है।	**गणित** मेरा प्रिय विषय है।
'सेवासदन' **मुन्सी प्रेमचन्द्र** का उपन्यास है।	'सेवासदन' **मुंशी प्रेमचन्द** का उपन्यास है।

लिंग सम्बन्धी

अशुद्ध	शुद्ध
कल विद्यालय बन्द **रहेगी**।	कल विद्यालय बन्द **रहेगा**।
कृष्ण और राधा मधुवन में **गई**।	कृष्ण और राधा मधुवन में **गए**।
आपकी लिखावट बहुत **अच्छा** है।	आपकी लिखावट बहुत **अच्छी** है।
दही बहुत **खट्टी** है।	दही बहुत **खट्टा** है।
सुधा बड़ी **बुद्धिमान** है।	सुधा बड़ी **बुद्धिमती** है।
सभी स्त्रियाँ **गुणवान** नहीं होती हैं।	सभी स्त्रियाँ **गुणवती** नहीं होती हैं।
उसके मन में लालच बहुत बढ़ **रही** है।	उसके मन में लालच बहुत बढ़ **रहा** है।
सभा को अनेक **विद्वान** महिलाओं ने सम्बोधित किया।	सभा को अनेक **विदुषी** महिलाओं ने सम्बोधित किया।
सुरेश **का** आदत **बड़ा** खराब है।	सुरेश **की** आदत **बड़ी** खराब है।
पुत्री **आयुष्मान्** भव।	पुत्री! **आयुष्मती** भव।
'कल्याणी' इस महाकाव्य की **नायकी** है।	'कल्याणी' इस महाकाव्य की **नायिका** है।
आपके काम करने **का** विधि **अच्छा** है।	आपके काम करने **की** विधि **अच्छी** है।
तुम्हारी कल कब **आएगी**?	**तुम्हारा** कल कब **आएगा**?
कोयल मीठे स्वर में बोल **रहा** है।	कोयल मीठे स्वर में बोल **रही** है।
कौआ बोल **रही** है।	कौआ बोल **रहा** है।
उसके सामने **मेरी** होश उड़ **गई**।	उसके सामने **मेरे** होश उड़ **गए**।
महारानी **धनवान** है।	महारानी **धनवती** है।
कमरे में बन्दूक **रखा** है।	कमरे में बन्दूक **रखी** है।
राजा और रानी भोजन **कर रही हैं**।	राजा और रानी भोजन **कर रहे हैं**।

वचन सम्बन्धी

अशुद्ध	शुद्ध
प्यास से मेरे होंठ सूख **रहा है**।	प्यास से मेरे होंठ सूख **रहे हैं**।
पिताजी **आ रहा है**।	पिताजी **आ रहे हैं**।
चार **आदमी** ने नगर की यात्रा की।	चार **आदमियों** ने नगर की यात्रा की।

हमारी कमीज में पाँच **बटनें** हैं।	हमारी कमीज में पाँच **बटन** हैं।
पाँच किलो आलुओं के दाम पचास रुपये हैं।	**पाँच किलो आलू** के दाम पचास रुपये हैं।
उसने **चार-पाँच जलेबी** खाईं।	उसने **चार-पाँच जलेबियाँ** खाईं।
मैं **मोटरसाइकिलों** पर सवार होकर गया।	मैं **मोटरसाइकिल** पर सवार होकर गया।
खगवृन्द **कलरव कर रहा था**।	खगवृन्द **कलरव कर रहे थे।**
दस सिपाही **एक साथ आ रहा है।**	दस सिपाही **एक साथ आ रहे हैं।**
आज चेला भी गुरु **का** कान काट रहा है।	आज चेला भी गुरु **के** कान काट रहा है।
अपनी-अपनी **पुस्तकें** लाओ।	अपनी-अपनी **पुस्तक** लाओ।
प्रेमचन्द ने **अनेकों** उपन्यास लिखे।	प्रेमचन्द ने **अनेक** उपन्यास लिखे।
महाभारत **अट्ठारह** दिनों तक चलता रहा।	महाभारत **अट्ठारह दिन** तक चलता रहा।
हमारे **सामानों** का ध्यान रखना।	हमारे **सामान** का ध्यान रखना।
वह मेरे घर **कई दिनों** तक रहा।	वह मेरे घर **कई दिन** तक रहा।

कारक सम्बन्धी

अशुद्ध	**शुद्ध**
आप अपनी साइकिल **को** भी लाए हैं।	आप अपनी साइकिल भी लाए हैं।
अतुल घर नहीं है।	अतुल घर **में** नहीं है।
कवि सम्मेलन का दायित्व **आपके ऊपर** है।	कवि सम्मेलन का दायित्व **आप पर** है।
जनता **के अन्दर** असन्तोष है।	जनता **में** असन्तोष है।
आपने यह काम करना है।	**आपको** यह काम करना है।
आपके हाथ **में** कुछ नहीं आया।	आपके हाथ कुछ नहीं आया।
वह चाँद **को** देखता है।	वह चाँद देखता है।
आपके नए पते **से** पत्र भेजा है।	आपके नए पते **पर** पत्र भेजा है।
तुमको क्या कहें?	**तुम्हें** क्या कहें?
मैंने अपनी आँखों **की** वह घटना देखी।	मैंने अपनी आँखों **से** वह घटना देखी।
गंगा हिमालय **पर से** निकलती है।	गंगा हिमालय **से** निकलती है।
लड़का पेड़ **पर** गिरा।	लड़का पेड़ **से** गिरा।
इस बात मैं अच्छी तरह समझता हूँ।	इस बात **को** मैं अच्छी तरह समझता हूँ।
उसने यही कहना था।	**उसको** यही कहना था।
फोड़े **में** मरहम लगाओ।	फोड़े **पर** मरहम लगाओ।

सर्वनाम सम्बन्धी

अशुद्ध	**शुद्ध**
वह बड़े विद्वान् व्यक्ति हैं।	**वे** बड़े विद्वान् व्यक्ति हैं।
पिताजी **तुम कहाँ जा रहे हो**?	पिताजी **आप कहाँ जा रहे हैं**?
आप **आपके** विद्यालय जाएँ।	आप **अपने** विद्यालय जाएँ।
उसके पास जो कलम है **यह** हमारा है।	उसके पास जो कलम है **वह** हमारा है।
दूध में **कौन** पड़ गया?	दूध में **क्या** पड़ गया?
वहाँ **क्या** जा रहा है?	वहाँ **कौन** जा रहा है?
सन्दूक में **कौन-कौन-सी** वस्तुएँ हैं?	सन्दूक में **क्या-क्या** वस्तुएँ हैं?
हम **हमारे** घर जाएँगे।	हम **अपने** घर जाएँगे।

अशुद्ध	**शुद्ध**
उनने हमारे यहाँ चाय पिया।	**उन्होंने** हमारे यहाँ चाय पी।
मैंने अल्मोड़ा जाना है।	**मुझे** अल्मोड़ा जाना है।
वह वही लड़का है जो कल मिला था।	**यह** वही लड़का है जो कल मिला था।
गीता आई और कहा।	गीता आई और **उसने** कहा।
यह **उन्हें** समझ में नहीं आएगा।	यह **उनकी** समझ में नहीं आएगा।
यह **जो** कलम है गोपाल की है।	यह कलम गोपाल की है।
यह मेरा भाई है **यह** मेरे साथ रहता है।	यह मेरा भाई है **जो** मेरे साथ रहता है।
वह सब अच्छे आदमी हैं।	**वे** सब अच्छे आदमी हैं।

विशेषण सम्बन्धी

अशुद्ध	**शुद्ध**
अधिकांश लोगों का यही हाल है।	**अधिकतर** लोगों का यही हाल है।
आकाश बहुत **ऊँचा** है।	आकाश बहुत **विशाल** है।
सभी लोग **अपना** काम करें।	सभी लोग **अपना-अपना** काम करें।
किसी **और** लड़के को बुलाओ।	किसी **दूसरे** लड़के को बुलाओ।
निरपराधी को दण्ड देना पाप है।	**निरपराध** को दण्ड देना पाप है।
यह **हमारा वाला** घर है।	यह **हमारा** घर है।
मेरे घर **सुपुत्री** का जन्म हुआ है।	मेरे घर **पुत्री** का जन्म हुआ है।
निराला की दशा **गम्भीर** थी।	निराला की दशा **चिन्ताजनक** थी।
नीरज की **सौभाग्यवती** कन्या का विवाह कल होगा।	नीरज की **सौभाग्यकांक्षिणी** कन्या का विवाह कल होगा।
रमा ने उस दृश्य का सुन्दर चित्रण **उपस्थित** किया।	रमा ने उस दृश्य का सुन्दर चित्रण किया।
छोटी-छोटी बालक स्कूल जा रहे हैं।	**छोटे-छोटे** बालक स्कूल जा रहे हैं।
मन्त्री जी की **चिन्ताजनक** मुद्रा देखकर मैं बहुत प्रभावित हुआ।	मन्त्री जी की **गम्भीर** मुद्रा देखकर मैं बहुत प्रभावित हुआ।
उसे बहुत **वजन** दुःख हुआ।	उसे **बहुत** दुःख हुआ।
आपकी कविता **श्रेष्ठतम** है।	आपकी कविता **श्रेष्ठ** है।
यहाँ **कोई एक भी व्यक्ति** नहीं है।	यहाँ कोई व्यक्ति नहीं है।
पठित समाज में अंधविश्वास नहीं है।	**शिक्षित समाज** में अंधविश्वास नहीं है।
दुर्घटना में **हताहत हुए** लोगों की मरहम-पट्टी की गई।	दुर्घटना में **हताहत** लोगों की मरहम-पट्टी की गई।

क्रिया सम्बन्धी

अशुद्ध	**शुद्ध**
क्या **यह सम्भव हो सकता है**?	क्या **यह सम्भव** है?
मैं इसका कारण **दे सकता** हूँ।	मैं इसका कारण **बता सकता** हूँ।
वहाँ अकस्मात् **अट्टहास हो** उठा।	वहाँ अकस्मात् **अट्टहास हुआ**।
तुम चार बजे तक मेरी **प्रतीक्षा देखना।**	तुम चार बजे तक मेरी **प्रतीक्षा करना।**
इस कथन **का** स्पष्टीकरण **करने** की आवश्यकता है।	इस कथन **के** स्पष्टीकरण की आवश्यकता है।
पुस्तक मेज पर **डाल दो**।	पुस्तक मेज पर **रख दो**।

मैंने बहुत **परिश्रम उठाकर** धन कमाया है।	मैंने बहुत **परिश्रम करके** धन कमाया है।
वह डरकर **दौड़ खड़ा हुआ**।	वह डरकर **भाग खड़ा हुआ**।
उसने नहाकर **भोजन खाया**।	उसने नहाकर **भोजन किया**।
आप इन्हें इतना परेशान क्यों **बना** रहे हैं?	आप इन्हें इतना परेशान क्यों **कर** रहे हैं?

क्रिया-विशेषण सम्बन्धी

अशुद्ध	शुद्ध
यह पुस्तक **विद्वत्तापूर्ण** लिखी गई है।	यह पुस्तक **विद्वत्तापूर्वक** लिखी गई है।
यह कार्य आपके स्वभाव के **अनुरूप** है।	यह कार्य आपके स्वभाव के **अनुकूल** है।
आपकी आज्ञा के **अनुकूल** कार्य होगा।	आपकी आज्ञा के **अनुसार** कार्य होगा।
आप इस कार्य को **सरलतापूर्ण** कर सकता हैं।	आप इस कार्य को **सरलता से/सरलतापूर्वक** कर सकते हैं।
आपसे मिलकर **महानतम्** प्रसन्नता हुई।	आपसे मिलकर **अत्यन्त** प्रसन्नता हुई।

अव्यय सम्बन्धी

अशुद्ध	शुद्ध
यह पाप है या कि पुण्य।	यह पाप है **या** पुण्य/यह पाप है कि पुण्य।
सीता **तथा** गीता और राधा एक साथ पढ़ती हैं।	सीता, गीता और राधा एक साथ पढ़ती हैं।
शिक्षक ने छात्रों से कहा कि भारत **उनका** देश है।	शिक्षक ने छात्रों से कहा कि भारत **हमारा** देश है।
यदि वह आता **तब** मैं जाता।	यदि वह आता **तो** मैं जाता।
वह आ जाए तो **कैसी रहेगी**?	वह आ आए तो **कैसा रहेगा**?
जब मैं पढ़ता हूँ **जभी** तुम आ जाते हो।	जब मैं पढ़ता हूँ **तभी** तुम आ जाते हो।
ज्यों ही मैं स्टेशन पहुँचा **वैसे ही** गाड़ी चल दी।	ज्यों ही मैं स्टेशन पहुँचा **त्यों ही** गाड़ी चल दी।

पदक्रम-सम्बन्धी

अशुद्ध	शुद्ध
कई बैंक के कर्मचारियों ने प्रदर्शन किया	**बैंक के कई कर्मचारियों** ने प्रदर्शन किया।
कुंभ के मेले में **चार दिल्ली** के व्यक्ति भी थे।	कुंभ के मेले में **दिल्ली के चार** व्यक्ति भी थे।
मंत्री जी ने मुख्य अतिथि को **एक फूलों की माला** पहनाई।	मंत्री जी ने मुख्य अतिथि को **फूलों की एक माला** पहनाई।
यहाँ **ताजे गन्ने का रस** बिकता है।	यहाँ **गन्ने का ताजा रस** बिकता है।

अनावश्यक शब्द प्रयोग की अशुद्धियाँ

इन अशुद्धियों का सम्बन्ध शब्दों के अनावश्यक एवं अनपेक्षित प्रयोग से है। इस प्रकार जब अनावश्यक शब्द का प्रयोग किया जाता है, तो वाक्य के अर्थ में नीरसता उत्पन्न हो जाती है। अनावश्यक शब्द प्रयोग की अशुद्धियों के कुछ उदाहरण निम्नलिखित हैं

अशुद्ध	शुद्ध
कुछ लोग परस्पर **आपस** में बातें कर रहे थे।	कुछ लोग परस्पर बातें कर रहे थे।
मैंने उनकी बात पर आपत्ति **प्रकट** की।	मैंने उनकी बात पर आपत्ति की।
वह **समस्त** प्राणिमात्र का हितैषी है।	वह प्राणिमात्र का हितैषी है।
सभी छात्रों में गोपाल **बहुत** श्रेष्ठ है।	सभी छात्रों में गोपाल श्रेष्ठ है।
नेताजी को सब **कोई** जानते हैं।	नेताजी को सब जानते हैं।
व्यापारी ने सारा माल मनोहर के हाथ **में** बेच दिया है।	व्यापारी ने सारा माल मनोहर के हाथ बेच दिया है।
कवि ने प्रकृति की **सुन्दर** शोभा का वर्णन किया है।	कवि ने प्रकृति की शोभा का वर्णन किया है।
पत्र किसके नाम **पर** लिखा गया है?	पत्र किसके नाम लिखा गया है?
इस समय बच्चे स्कूल **को** जा रहे हैं।	इस समय बच्चे स्कूल जा रहे हैं।
तब **शायद** यह काम **अवश्य** हो जाएगा।	तब यह काम अवश्य हो जाएगा।
मुझसे यह काम सम्भव नहीं **हो सकता**।	मुझसे यह काम सम्भव नहीं।
कृपया आप ही यह **बताने का अनुग्रह** करें।	कृपया आप ही यह बताएँ।
हमारे यहाँ **तरुण** नवयुवकों की शिक्षा की अच्छी व्यवस्था है।	हमारे यहाँ नवयुवकों की शिक्षा की अच्छी व्यवस्था है।
जवाहरलाल नेहरू भारत के **प्रमुख** प्रधानमन्त्री थे।	जवाहरलाल नेहरू भारत के प्रथम प्रधानमन्त्री थे।
वह नगर का **बढ़िया** सर्वोत्तम खिलाड़ी है।	वह नगर का सर्वोत्तम खिलाड़ी है।
तमाम देशभर में बात फैल गई है।	देशभर में बात फैल गई है।
न जाने कितने बेशुमार जीव पैदा होते हैं।	न जाने कितने जीव पैदा होते हैं।
केवल पाँच रुपये **मात्र** दीजिए।	केवल पाँच रुपये दीजिए।
उसका **आचरण स्वभाव** अच्छा है।	उसका आचरण अच्छा है।
पर्वतों में हिमालय सबसे **बहुत** ऊँचा है।	पर्वतों में हिमालय सबसे ऊँचा है।
आप **सब लोग** विश्राम करें।	आप सब विश्राम करें।
आपस में मिलकर **परस्पर** सहयोग करो।	आपस में मिलकर सहयोग करो।
खिलाड़ियों में रामू **बहुत बहुत** श्रेष्ठ है।	खिलाड़ियों में रामू श्रेष्ठ है।
वह लड़का **विलाप** करके **रोने** लगा।	वह लड़का रोने लगा।
आपको **उचित न्याय** मिलेगा।	आपको न्याय मिलेगा।
सभा में **प्रायः** सभी उपस्थित थे।	सभा में सभी उपस्थित थे।
मैं **सायंकाल के समय** बाजार गया।	मैं सायंकाल बाजार गया।
वह **लगभग** गायब हो गया।	वह गायब हो गया।
दिल्ली के **अन्दर** में मलेरिया का प्रकोप है।	दिल्ली में मलेरिया का प्रकोप है।

शब्द ज्ञान सम्बन्धी अशुद्धियाँ

इन अशुद्धियों का सम्बन्ध शब्दों के चुनाव से है। हम बोलते व लिखते समय वाक्यों में शब्द का गलत चुनाव कर लेते हैं और तब शब्द चयन की अशुद्धियाँ होती हैं। शब्द चयन की अशुद्धियों के कुछ उदाहरण निम्नलिखित हैं

अशुद्ध	शुद्ध
मन की चंचलता घटने पर **एकाग्रचित्तता** बढ़ती है।	मन की चंचलता घटने पर **एकाग्रता** बढ़ती है।
इस पुस्तक की यही **अच्छाई** है।	इस पुस्तक की यही **विशेषता** है।
आपके कथन से मुझे **शक्ति** मिली है।	आपके कथन से मुझे **बल** मिला है।
रंगशाला में **नाटक का खेल** हुआ।	रंगशाला में **नाटक खेला गया**।
गले में पराधीनता की बेड़ियाँ पड़ गईं।	**पैरों** में पराधीनता की बेड़ियाँ पड़ गईं।
आयकर जमा करने में ही तुम्हारी **अच्छाई** है।	आयकर जमा करने में ही तुम्हारी **भलाई** है।
कार्यक्रम की **सभापति** श्रीमती रेखा जैन है	कार्यक्रम की **सभानेत्री** श्रीमती रेखा जैन हैं।

अशुद्ध	शुद्ध
चिड़ियाँ **बोल** रही हैं।	चिड़ियाँ **चहक** रही हैं।
प्रेम करना तलवार की **नोंक** पर चलना है।	प्रेम करना तलवार की **धार** पर चलना है।
छात्रों में पारस्परिक **युद्ध** हो गया।	छात्रों में पारस्परिक **लड़ाई** हो गई।
स्वनिर्मित गीत की दो-चार **लड़ियाँ** सुनाओ।	**स्वरचित** गीत की दो-चार **कड़ियाँ** सुनाओ।
सफलता के मार्ग में कुछ **संकट** हैं।	सफलता के मार्ग में कुछ **बाधाएँ** हैं।
शोक है कि मैं आपकी सहायता न कर सका।	**खेद** है कि मैं आपकी सहायता न कर सका।
उसे भाषा-विज्ञान का अच्छा **बोध** है।	उसे भाषा-विज्ञान का अच्छा **ज्ञान** है।
जीवन और साहित्य का **घोर** सम्बन्ध है।	जीवन और साहित्य का **घनिष्ठ** सम्बन्ध है।
मेरे लिए गणित **कठोर** विषय है।	मेरे लिए गणित **कठिन** विषय है।
महात्मा जी अपना **भावी** जीवन यहीं बिताएँगे।	महात्मा जी अपना **शेष** जीवन यहीं बिताएँगे।
मन्त्री जी के निधन से **अपूर्ण** क्षति हुई है।	मन्त्री जी के निधन से **अपूरणीय** क्षति हुई है।
निदेशक महोदय **अत्यन्त** सख्त हैं।	निदेशक महोदय **बहुत** सख्त हैं।
मैं आपके **प्रतिकूल** कुछ भी नहीं कहूँगा।	मैं आपके **विरुद्ध** कुछ भी नहीं कहूँगा।
हम अपने वचन पर **स्थायी** हैं।	हम अपने वचन पर **दृढ़** हैं।
मेरा आपसे **आग्रहपूर्ण** निवेदन है कि....	मेरा आपसे **आग्रहपूर्वक** निवेदन है कि....

शब्द निर्माण की अशुद्धियाँ

हिन्दी भाषा में शब्दों का निर्माण कई प्रकार से होता है। लिखते व बोलते समय जब हम शब्द निर्माण सम्बन्धी नियमों का अनुपालन नहीं करते तो वहाँ शब्द निर्माण सम्बन्धी अशुद्धियाँ उत्पन्न हो जाती हैं। शब्द निर्माण की अशुद्धियों के कुछ उदाहरण निम्नलिखित हैं

अशुद्ध	शुद्ध
भारत सबसे बड़ा **लोकतंत्रिक** देश है।	भारत सबसे बड़ा **लोकतान्त्रिक** देश है।
समस्या का **तत्कालिक** समाधान करें।	समस्या का **तात्कालिक** समाधान करें।
गिरीश जी **लब्धप्रतिष्ठित** नेता हैं।	गिरीश जी **लब्धप्रतिष्ठ** नेता हैं।
इस इमारत की **इतिहासिकता** संदिग्ध है।	इस इमारत की **ऐतिहासिकता** संदिग्ध है।
आपकी **मनोकामना** पूरी हो।	आपकी **मनःकामना** पूरी हो।
महात्मा जी **यावत्जीवन** काशी में रहे।	महात्मा जी **यावज्जीवन** काशी में रहे।
संगम तट पर भिखारियों की **बाहुल्यता** है।	संगम तट पर भिखारियों का **बाहुल्य** है।
श्रद्धामान् को ही ज्ञान की प्राप्ति होती है।	**श्रद्धावान्** को ही ज्ञान की प्राप्ति होती है।
भगवान् श्रीकृष्ण को **योगीराज** कहा जाता है।	भगवान् श्रीकृष्ण को **योगिराज** कहा जाता है।
उसकी **बुद्धिमानता** सराहनीय है।	उसकी **बुद्धिमत्ता/बुद्धिमानी** सराहनीय है।
अजोध्या सिंह उपाध्याय 'हरीऔध' 'वैदेही वनवास' के रचनाकार हैं।	**अयोध्या सिंह उपाध्याय 'हरिऔध'** 'वैदेही वनवास' के रचनाकार हैं।
विनय पतृका तुलसीदास की **स्रेस्ठ** रचना है।	**विनय पत्रिका** तुलसीदास की **श्रेष्ठ** रचना है।

अशुद्ध	शुद्ध
नारद अस्म्रति में **बिधवा** को **पुर्नबियाह** की अनुमति दी गई है।	**'नारद स्मृति'** में **विधवा** को **पुनर्विवाह** की अनुमति दी गई है।
मेरी प्रथम **न्युक्ति कस्टम** अधिकारी पद पर हुई थी।	मेरी प्रथम **नियुक्ति कस्टम** अधिकारी पद पर हुई थी।
अन्तर्साक्ष्य के आधार पर सूर जन्मांध नहीं थे।	**अन्तःसाक्ष्य** के आधार पर सूर जन्मांध नहीं थे।
उपन्यासकार की जीवनी **बहिर्साक्ष्य** पर आधारित है।	उपन्यासकार की जीवनी **बहिःसाक्ष्य** पर आधारित है।
यह भारत का **आँतरिक** मामला है।	यह भारत का **आन्तरिक** मामला है।
स्वालम्बन पर प्राण निछावर।	**स्वावलम्बन** पर प्राण निछावर।
निस्वार्थ सेवा का आनन्द ही कुछ और है।	**निःस्वार्थ** सेवा का आनन्द ही कुछ और है।

वर्तनीगत अशुद्धियाँ

वर्तनीगत अशुद्धियाँ दो प्रकार की होती हैं

1. **स्वर सम्बन्धी अशुद्धियाँ** वे अशुद्धियाँ जो बोलते व लिखते समय अ, आ, इ, ई, उ, ऊ, ए, ऐ, ओ, औ आदि हिन्दी वर्णमाला के स्वरों से सम्बन्धित होती हैं, स्वर सम्बन्धी अशुद्धियाँ कहलाती हैं। स्वर सम्बन्धी अशुद्धियों के कुछ उदाहरण निम्नलिखित हैं

अशुद्ध	शुद्ध
महंत जी को **आध्यात्म** का अच्छा ज्ञान है।	महंत जी को **अध्यात्म** का अच्छा ज्ञान है।
महादेवि आधुनीक युग की मीरा हैं।	**महादेवी आधुनिक** युग की मीरा हैं।
मेरा **परिक्षा-परणाम** कल घोषित होगा।	मेरा **परीक्षा-परिणाम** कल घोषित होगा।
अहिल्या का उद्धार राम ने किया था।	**अहल्या** का उद्धार राम ने किया था।
धोबन अपनी **पड़ोसन** के बच्चों को प्यार करने लगी।	**धोबिन** अपनी **पड़ोसिन** के बच्चों को प्यार करने लगी।
श्रीलंका **भरत** के **आधीन** था।	श्रीलंका **भारत** के **अधीन** था।
वाल्मीकी संस्कृत के **आदिकवी** माने जाते हैं।	**वाल्मीकि** संस्कृत के **आदिकवि** माने जाते हैं।
विधाएक जी **अगामी** रविवार को आएँगे।	**विधायक** जी **आगामी** रविवार को आएँगे।
मेरी **अवाज** संसद में गूँजेगी।	मेरी **आवाज़** संसद में गूँजेगी।
जब गरीब **जगेगा** तब **क्रान्ती** होगी।	जब गरीब **जागेगा** तब **क्रान्ति** होगी।
होली में **कूर्ता-पजामा** पहनूँगा।	होली में **कुर्ता-पाजामा** पहनूँगा।
दिपावलि हिन्दुओं का प्रमुख **त्यौहर** है।	**दीपावली** हिन्दुओं का प्रमुख **त्योहार** है।
मुझे **राहूल** का पता **मालुम** है।	मुझे **राहुल** का पता **मालूम** है।
उनके **तलाब** में सुन्दर-सुन्दर **मछलीयाँ** है।	उनके **तालाब** में सुन्दर-सुन्दर **मछलियाँ** हैं।

2. **व्यंजन सम्बन्धी अशुद्धियाँ** वे अशुद्धियाँ जो बोलते व लिखते समय क, ख, ग, प, फ, य, र, ल आदि हिन्दी वर्णमाला के व्यंजनों से सम्बन्धित होती हैं, व्यंजन सम्बन्धी अशुद्धियाँ कहलाती हैं। व्यंजन सम्बन्धी अशुद्धियों के कुछ उदाहरण निम्नलिखित हैं

अशुद्ध	शुद्ध
प्रातः **प्राड़ायाम** करो।	प्रातः **प्राणायाम** करो।
मैं **तुमारी इक्षा** पूरी करूँगा।	मैं **तुम्हारी इच्छा** पूरी करूँगा।
शरोवर में कमल के **पुस्प** खिले हैं।	**सरोवर** में कमल के **पुष्प** खिले हैं।
हिन्दी भाषा का **श्रोत संस्क्रत** है।	हिन्दी भाषा का **स्रोत संस्कृत** है।
हमारा **संघटन** मजबूत है।	हमारा **संगठन** मज़बूत है।
सोहन **जबरजस्त** आदमी है।	सोहन **ज़बरदस्त** आदमी है।
भगवान् **भाष्कर** को **प्रड़ाम** करो।	भगवान् **भास्कर** को **प्रणाम** करो।
हिन्दी संघ की **राज्यभासा** है।	हिन्दी संघ की **राजभाषा** है।
वरिष्ट अधिकारी से **सर्म्पक** करो।	**वरिष्ठ** अधिकारी से **सम्पर्क** करो।
हमें अपना **आर्शीवाद** दें।	हमें अपना **आशीर्वाद** दें।
आपका **स्वास्थ** कैसा है?	आपका **स्वास्थ्य** कैसा है?

अशुद्ध	शुद्ध
अपनी **सब्द-सामर्थ** बढ़ाएँ।	अपनी **शब्द-सामर्थ्य** बढ़ाएँ।
दलाईलामा **अधात्मिक** धर्म-गुरु हैं।	दलाईलामा **आध्यात्मिक** धर्म-गुरु हैं।
यह कर्मचारी-हित पर **कुटाराघात** है।	यह कर्मचारी-हित पर **कुठाराघात** है।
निबन्ध में **संसोधन** किया है।	निबन्ध में **संशोधन** किया है।
आपका सामान **सुरच्छित** रहेगा।	आपका सामान **सुरक्षित** रहेगा।
बालक बहुत **उछृंखल** है।	बालक बहुत **उच्छृंखल** है।
कौव्वा कॉव-कॉव करता है।	**कौआ काँव-काँव** करता है।
आपका **भविस्य उज्जवल** हो।	आपका **भविष्य उज्ज्वल** हो।
माता-पिता **पूज्यनीय** हैं।	माता-पिता **पूजनीय** हैं।
दुरबासा ऋषि ने शकुन्तला को **श्राप** दे दिया।	**दुर्वासा** ऋषि ने शकुन्तला को **शाप** दे दिया।

वस्तुनिष्ठ प्रश्न

1. निम्नांकित में शुद्ध वाक्य छाँटिए
(a) रेखा ने भोजन कर ली है। (b) रेखा भोजन कर ली है।
(c) रेखा भोजन कर ली। (d) रेखा ने भोजन किया है।

2. सही वाक्य है
(a) सीता ने अपनी सहेलियाें को बुलाई।
(b) सीता ने अपनी सहेलियों को बुलाई।
(c) सीता ने अपनी सहेलियों को बुलाए।
(d) सीता ने अपनी सहेलियों को बुलाया।

3. निम्नलिखित में कौन-सा वाक्य अशुद्ध है?
(a) यह एक गम्भीर समस्या है। (b) मुझे बड़ी भूख लगी है।
(c) मैंने राम से पूछा। (d) वह घर गया

4. सही वाक्य क्या है?
(a) वह सप्रमाण सहित अपनी बात बताएगा।
(b) वह प्रमाण सहित अपनी बात बताएगा।
(c) वह सप्रमाण के साथ अपनी बात बताएगा।
(d) वह प्रमाण के सहित अपनी बात बताएगा।

निर्देश (प्र.सं. 5-8) *प्रश्नों में चार वाक्यों में तीन त्रुटिपूर्ण हैं। त्रुटिरहित वाक्य छाँटकर उसे चिह्नित करें।*

5. (a) एक गीतों की पुस्तक ला दीजिए।
(b) एक गीत की पुस्तक ला दीजिए।
(c) गीतों की एक पुस्तक ला दीजिए।
(d) गीतों की एक पुस्तकें ला दीजिए।

6. (a) मैं पूरी रात में जागता रहा।
(b) मैं सारी रात जागता रहा।
(c) मैं सारी रात भर जागता रहा।
(d) मैं पूरी रात भर जागता रहा।

7. (a) जब तक मैं न आऊँ उस समय तब तुम पढ़ते रहना।
(b) जब तक मैं नहीं आऊँ तब तक तुम पढ़ते रहना।
(c) जब तक मैं नहीं आऊँ उस समय तक तुम पढ़ते रहनां
(d) जब तक मैं न आऊँ तब तक तुम पढ़ते रहना।

8. (a) यह काम मैं आसानीपूर्वक कर सकता हूँ।
(b) यह काम मैं आसानी के साथ कर सकता हूँ।
(c) यह काम मैं आसानी सहित कर सकता हूँ।
(d) यह काम मैं आसानी से कर सकता हूँ।

निर्देश (प्र.सं. 9-14) *निम्नलिखित प्रश्नों में कौन-सा वाक्य शुद्ध है?*

9. (a) वह सब लोग भले हैं।
(b) भीड़ में चार जयपुर के व्यक्ति थे।
(c) मनुष्य ईश्वर की उत्कृष्टतम कृति है।
(d) वह सारे गुप्त रहस्य प्रकट कर देगा।

10. (a) राम को अनुत्तीर्ण होने की आशंका है।
(b) राम को अनुत्तीर्ण होने का शक है।
(c) जंगल में प्रात:काल के समय बहुत सुहावना दृश्य होता है।
(d) मेरे से मत पूछो।

11. (a) बन्दूक एक उपयोगी अस्त्र है। (b) यह मेरा पुस्तक है।
(c) इन्हें एक पुत्र है। (d) भारत में अनेकों जातियाँ हैं।

12. (a) रागिनी अपने आप चली गई। (b) रागिनी खुद चली गई।
(c) रागिनी अपने से ही चली गई। (d) रागिनी आपके आप चली गई।

13. (a) आपने आपके घर जाएँ। (b) आप ही आपके घर जाएँ।
(c) आप अपने घर जाएँ। (d) आप आपकी घर जाएँ।

14. शुद्ध वाक्य छाँटिए
(a) नेताजी को आज वहाँ जाना है। (b) नेताजी ने आज वहाँ जाना है।
(c) आज वहाँ नेताजी ने जाना है। (d) वहाँ आज नेताजी ने जाना है।

निर्देश (प्र.सं. 15-18) *प्रश्नों में दिए गए वाक्यों में से शुद्ध वाक्य का चयन कीजिए।*

15. (a) मैंने तेरे को बोला था। (b) मैंने तुमको कहा था।
(c) मैंने तुमसे कहा था। (d) मैंने तेरे से कहा था।

16. (a) आज बेहद गर्मी है। (b) आज बेशुमार गर्मी है।
(c) आज अधिक गरमी है। (d) आज अनाधिक गरमी है।

17. (a) मैं मेरा काम करता हूँ। (b) मैं मेरी काम करता हूँ।
(c) मैं अपुन का काम करता हूँ। (d) मैं अपना काम करता हूँ।

18. (a) फल बच्चे को काटकर खिलाओ।
(b) बच्चे को काटकर फल खिलाओ।
(c) बच्चे को फल काटकर खिलाओ।
(d) काटकर फल बच्चे को खिलाओ।

19. निम्नलिखित में से अशुद्ध वाक्य है
(a) वहाँ बहुत से पशु और पक्षी उड़ते और चरते हुए दिखाई दिए।
(b) देश भर में यह बात फैल गई।
(c) बाघ और बकरी एक घाट पर पानी पीते हैं।
(d) न जाने कितने जीव पैदा होते हैं।

20. वाक्य शुद्ध है
(a) मोहन और गीता गा रही है (b) गीता और मोहन गा रहा है
(c) मोहन और गीता गा रहे हैं (d) मोहन और गीता गा रही है

21. 'उसे मृत्युदण्ड की सजा मिली' प्रस्तुत वाक्य की अशुद्धि स्पष्ट करें
(a) संस्कृत के शब्दों को प्रयोग हुआ है।
(b) विदेशी शब्द 'सजा' का प्रयोग हुआ है।
(c) दण्ड और सजा समानार्थी शब्दों का प्रयोग हुआ है।
(d) कोई अशुद्धियाँ नहीं है।

22. दिए गए वाक्यों में कौन-सा वाक्य सर्वाधिक सही है?
(a) यद्यपि तुम अजनबी हो, परन्तु मैं तुम्हें अपना मानता हूँ।
(b) यद्यपि तुम अजनबी हो, मैं तुम्हें अपना मानता हूँ।
(c) यद्यपि तुम अजनबी हो, किन्तु मैं तुम्हें अपना मानता हूँ।
(d) यद्यपि तुम अजनबी हो, तथापि मैं तुम्हें अपना मानता हूँ।

निर्देश (प्र.सं. 23-25) *निम्नलिखित वाक्यों के जिस अंश में त्रुटि है उसका चयन कीजिए।*

23. बुरा-से-बुरा व्यक्ति भी सम्मान और प्रशंसा पाना चाहता है
(a) सम्मान और प्रशंसा। (b) बुरा-से-बुरा व्यक्ति भी।
(c) कोई त्रुटि नहीं। (d) पाना चाहता है।

24. शीर्षक को चयन करते समय अवतरण में निहित भावों और विचारों की परख कर लेनी चाहिए।
(a) अवतरण में निहित।
(b) कोई त्रुटि नहीं।
(c) भावों और विचारों की परख कर लेनी चाहिए।
(d) शीर्षक को चयन करते समय।

25. खुले हुए भोजन पर मक्खियाँ हर क्षण भिनभिनाती हुई रहती हैं।
(a) भिनभिनाती हुई रहती हैं (b) खुले हुए भोजन पर
(c) कोई त्रुटि नहीं (d) मक्खियाँ हर क्षण

निर्देश (प्र.सं. 26-27) *दिए गए वाक्यों में रेखांकित खण्ड को प्रतिस्थापित करने के लिए सबसे उपयुक्त विकल्प का चयन करें।*

26. जैसे ही मैंने शेर देखा, डर के मारे <u>मेरा तो प्राण निकल गया।</u>
(a) मेरा तो प्राण निकल गई। (b) प्राण मेरे तो निकल गए।
(c) मेरे तो प्राण निकल गया। (d) मेरे तो प्राण निकल गए।

27. मेरे <u>दादाजी की चित्र बहुत पुराना है।</u> यह चित्र मुझे बहुत प्रिय है।
(a) दादाजी का चित्र बहुत पुराना है।
(b) दादाजी की चित्र बहुत पुरानी है।
(c) दादाजी का चित्र बहुत पुरानी है।
(d) चित्र बहुत पुराना दादाजी को है।

28. कौन-सा वाक्य शुद्ध है?
(a) खेतों में लम्बे-लम्बे घास उग आए।
(b) परशुराम की क्रोधाग्नि ने क्षत्रियों को जला दिया।
(c) गलियों को चौड़ा करना आवश्यक है।
(d) वृक्षों पर कोयल कूक रही है।

निर्देश (प्र.सं. 29-33) *निम्नलिखित वाक्यों के जिस भाग में त्रुटि है उसका चयन कीजिए।*

29. शीला/अस्वस्थ होने के लिए/आज विद्यालय नहीं गई/कोई त्रुटि नहीं
(a) शीला। (b) अस्वस्थ होने के लिए।
(c) आज विद्यालय नहीं गई। (d) कोई त्रुटि नहीं।

30. सड़क में/बारिश का पानी/भर गया है/कोई त्रुटि नहीं
(a) सड़क में (b) बारिश का पानी
(c) भर गया है। (d) कोई त्रुटि नहीं

31. आकाश में/बादल/गरजा रहे हैं/कोई त्रुटि नहीं
(a) आकाश में (b) बादल
(c) गरजा रहे हैं (d) कोई त्रुटि नहीं

32. विद्यालय में/जलपान को/उत्तम प्रबन्ध है/कोई त्रुटि नहीं।
(a) विद्यालय में (b) जलपान को
(c) उत्तम प्रबन्ध है (d) कोई त्रुटि नहीं है

33. मुझे/रेलगाड़ी में यात्रा करना/अच्छी लगती है/कोई त्रुटि नहीं
(a) मुझे। (b) रेलगाड़ी में यात्रा करना।
(c) अच्छी लगती है। (d) कोई त्रुटि नहीं।

34. कौन-सा वाक्य अशुद्ध है?
(a) साहित्य और जीवन का अभिन्न सम्बन्ध है।
(b) श्रीकृष्ण के अनेकों नाम हैं।
(c) हमारे शिक्षक प्रश्न करते हैं।
(d) यह काम आप पर निर्भर है।

35. मैं तुम्हारे घर आया, किन्तु तुम मिले नहीं थे। अशुद्ध वाक्य का शुद्ध रूप बतलाइए।
(a) मैं तुम्हारे घर आया; पर तुम थे नहीं
(b) मैं तुम्हारे घर गया कि तुम नहीं मिले
(c) मैं तुम्हारे घर आया; और तुम, वहाँ नहीं थे
(d) मैं तुम्हारे घर गया; पर तुम वहाँ नहीं थे

निर्देश (प्र.सं. 36-40) *निम्नलिखित प्रश्न में तीन वाक्यांश दिए गए हैं। त्रुटि वाले वाक्यांश को चुनिए और उसके अनुरूप* (a), (b), (c) *पर चिह्न लगाइए। यदि वाक्य त्रुटिहीन हो, तो* (d) *पर चिह्न लगाइए।*

36. (a) 'रामचरितमानस' भक्तिकाल (b) की सबसे श्रेष्ठतम
(c) रचना मानी जाती है। (d) कोई त्रुटि नहीं

37. (a) ठण्ड के दिनों में (b) प्रात:काल के समय
(c) सर्दी काफी बढ़ जाती है। (d) कोई त्रुटि नहीं

38. (a) जब मोहन सभा स्थल (b) पर पहुँचा तब सभा
(c) विसर्जन हो चुकी थी। (d) कोई त्रुटि नहीं

39. (a) मैं जिस बस से (b) जा रहा था वह
(c) बहुत भरी हुई थी (d) कोई त्रुटि नहीं

40. (a) उसने लिखा था कि (b) उसकी दुकान पर शुद्ध गाय
(c) का घी मिलता है। (d) कोई त्रुटि नहीं

41. सही रूप है
(a) पिताजी मुझे कुछ रुपये दिए। (b) पिताजी ने मुझे कुछ रुपया दिए।
(c) पिताजी ने मुझे कुछ रुपये दिए। (d) पिताजी ने मुझे कुछ रुपया दिए।

42. सही रूप है
(a) उनके पास बहुत सोने हैं।
(b) उनके पास बहुत सोना हैं।
(c) उनके पास बहुत सोना है।
(d) उनके पास बहुत सोने है।

43. शुद्ध वाक्य छाँटिए
(a) आज रविवार का दिन है।
(b) कल रविवार का दिन था।
(c) रविवार का दिन बहुत मजेदार होता है।
(d) रविवार को हम दिन में सिनेमा देखते हैं।

44. शुद्ध वाक्य छाँटिए
(a) पिछले सोमवार को स्कूल बन्द है।
(b) पिछले सोमवार को स्कूल बन्द रहेगा।
(c) पिछले सोमवार को स्कूल बन्द होना है।
(d) पिछले सोमवार को स्कूल बन्द था।

45. इस वाक्य के अशुद्ध भाग का चयन कीजिए
(a) तुष्टीकरण करने की (b) नीति अपना कर
(c) न तो व्यक्ति आगे बढ़ सकता है (d) और न राष्ट्र आगे बढ़ सकता है

46. 'मैं इतना मीठा चाय नहीं पी सकता' इस वाक्य में दोष है
(a) अन्विति का (b) पदक्रम का
(c) क्रिया का (d) सर्वनाम का

47. 'मैंने यह कुर्सी सौ रुपये की खरीदी है' इस वाक्य में दोष है
(a) विशेषण का (b) क्रिया का
(c) परसर्ग का (d) क्रिया-विशेषण का

48. इस वाक्य के अशुद्ध भाग का चयन कीजिए
(a) जो स्त्री अपनी (b) नौकरी को परिवार से
(c) अधिक महत्त्व देती है (d) वह विवाह नहीं करती

49. शुद्ध वाक्य छाँटिए
(a) लहराते खेत हरे-भरे (b) हरे-भरे लहराते खेत
(c) खेत हरे-भरे लहराते (d) हरे लहराते खेत भरे

50. शुद्ध वाक्य छाँटिए
(a) उसकी आयु तीस वर्ष है इस समय
(b) इस समय उसकी अवस्था तीस वर्ष है
(c) तीस वर्ष की अवस्था है इस समय उसकी
(d) इस समय तीस वर्ष की अवस्था है उसकी

51. शुद्ध वाक्य का चयन कीजिए
(a) मध्यकालीन युग में कलाओं की बहुत उन्नति हुई।
(b) साहब ने किसी को अन्दर न जाने दिया जाए।
(c) इस मोहन की आयु 20 वर्ष है।
(d) वे चाहे भले ही न आएँ, पर तुम्हें आना होगा।

52. शुद्ध वाक्य का चयन कीजिए
(a) इस ग्रन्थ का निर्माण तुलसीदास ने किया।
(b) समाज की वर्तमान दिशा चिन्ताजनक है।
(c) मैंने तरह-तरह के रेशम के कपड़े पसन्द किए।
(d) तुम्हारी दृष्टि तुम्हारी पुस्तक पर होनी चाहिए।

53. शुद्ध वाक्य का चयन कीजिए
(a) माता-पिता की शुश्रूषा करनी चाहिए।
(b) तुफान आने का सन्देह है।
(c) अनेक निरपराध दण्ड के भागी हुए।
(d) इसके मात्र दो कारण हो सकते हैं।

54. निम्नलिखित में से शुद्ध वाक्य का चयन कीजिए
(a) गन्दा पानी उबालकर पिएँ।
(b) पड़ोसी ने मुझे स्वतन्त्रता दिवस की बधाई दिया।
(c) यमुना का पानी गन्दा और प्रदूषित है।
(d) बच्चा लोग क्रिकेट खेलता है।

55. निम्नलिखित में से शुद्ध वाक्य का चयन कीजिए
(a) सीधी लकीर खींचना बहुत कठिन है।
(b) जंक फूड से मोटापा बढ़ती है।
(c) हरा पेड़ ऑक्सीजन देते हैं।
(d) मेरे घर में तुम्हारी स्वागत है।

56. दिए गए वाक्य में रेखांकित खण्ड को प्रतिस्थापित करने के लिए सबसे उपयुक्त विकल्प का चयन करें। वक्ताओं ने श्रोताओं की मन मोह लिया।
(a) श्रोताओं को मन मोह लिया। (b) श्रोताओं के मन मोह लिया।
(c) श्रोताओं का मन मोह लिया। (d) श्रोताओं से मन मोह लिया।

57. दिए गए वाक्य का वह भाग ज्ञात करें जिसमें कोई त्रुटि है। भारत की संस्कृति कृषक-संस्कृति है और भारतीय किसान बड़ा कठोरता जीवन जीता है।
(a) भारत की संस्कृति। (b) कृषक-संस्कृति है।
(c) और भारतीय किसान (d) बड़ा कठोरता जीवन जीता है।

58. 'नौ बजने को दस मिनट है।' इस वाक्य का शुद्ध रूप क्या होगा?
(a) नौ बज कर दस मिनट है। (b) नौ बजने में दस मिनट है।
(c) नौ बजने तक दस मिनट है। (d) नौ बजने पर दस मिनट है।

59. 'पेड़ों पर मैना बैठी है' इस वाक्य का शुद्ध रूप क्या होगा?
(a) पेड़ पर मैना बैठी है। (b) पेड़ों पर मैना बैठे है।
(c) पेड़ों पर मैनों बैठी है। (d) पेड़ों में मैना बैठी है।

60. 'कंचन एक कृशंगिनी युवती है।' इस वाक्य में कौन-सी अशुद्धि है?
(a) शब्द चयन सम्बन्धी अशुद्धि। (b) वर्तनीगत अशुद्धि।
(c) व्याकरण अशुद्धि। (d) शब्द-निर्माण की अशुद्धि।

उत्तरमाला

1.	(d)	2.	(d)	3.	(b)	4.	(b)	5.	(c)	6.	(b)	7.	(d)	8.	(d)	9.	(c)	10.	(a)
11.	(a)	12.	(a)	13.	(c)	14.	(a)	15.	(c)	16.	(a)	17.	(d)	18.	(c)	19.	(a)	20.	(c)
21.	(c)	22.	(d)	23.	(b)	24.	(d)	25.	(a)	26.	(d)	27.	(a)	28.	(c)	29.	(b)	30.	(a)
31.	(c)	32.	(b)	33.	(c)	34.	(b)	35.	(d)	36.	(b)	37.	(b)	38.	(c)	39.	(d)	40.	(b)
41.	(c)	42.	(c)	43.	(d)	44.	(d)	45.	(a)	46.	(a)	47.	(c)	48.	(a)	49.	(b)	50.	(b)
51.	(d)	52.	(a)	53.	(a)	54.	(a)	55.	(a)	56.	(c)	57.	(d)	58.	(b)	59.	(a)	60.	(b)

अध्याय 07

क्रम व्यवस्थापन

विभिन्न प्रतियोगी परीक्षाओं में 'क्रम व्यवस्थापन' सम्बन्धी प्रश्न पूछे जाते हैं। ऐसे प्रश्नों में अव्यवस्थित क्रम को सुव्यवस्थित करना होता है। क्रम व्यवस्थापन पर आधारित प्रश्न दो प्रकार से पूछे जाते हैं—'वाक्य-क्रम व्यवस्थापन' और 'अनुच्छेद-क्रम व्यवस्थापन।'

वाक्य-क्रम व्यवस्थापन के प्रश्नों में अव्यवस्थित वाक्यांशों से एक सही क्रमबद्ध वाक्य बनाना होता है।

अनुच्छेद-क्रम व्यवस्थापन के प्रश्नों में अव्यवस्थित वाक्यों से एक सही क्रमबद्ध अनुच्छेद बनाना होता है। परीक्षा में, एक क्रमबद्ध सही वाक्य को छः हिस्सों में बाँट दिया जाता है। पहला, छठा हिस्सा तो सही स्थान पर रहता है, जबकि बीच के चार हिस्सों को ऊपर-नीचे कर देते हैं और परीक्षार्थियों से अपेक्षा रखी जाती है कि वह उन ऊपर-नीचे किए गए चार वाक्य खण्डों को उनकी मूल स्थिति में रख वाक्य को सही रूप दें।

क्रम–व्यवस्थापन सम्बन्धित नियम

- प्रश्न में दिए गए संख्या (1) वाले वाक्य को ध्यान में रखकर उसे आगे दिए गए (य), (र), (ल) तथा (व) वाले वाक्य खण्डों के साथ जोड़िए।
- प्रश्न में दिए गए वाक्य (1) व (6) के स्थान में परिवर्तन नहीं करना चाहिए।
- प्रत्येक वाक्य का एक प्रवाह होता है। जैसे ही आप (1) को सही वाक्य-खण्ड से जोड़ेंगे, वाक्य के अर्थ का प्रवाह आरम्भ हो जाएगा, जिसे आप सरलता से अनुभव कर सकते हैं।
- याद रखिए, बेमेल वाक्य/वाक्यांश आपको सदैव अटपटा-सा लगेगा; क्योंकि सरलता, सहजता और प्रवाह को अनुभव किया जा सकता है।
- पहले और दूसरे वाक्य-खण्डों के मिलते ही शेष दो वाक्य खण्ड/वाक्य तो सरलता से मिल ही जाते हैं।

वस्तुनिष्ठ प्रश्न

वाक्य–क्रम व्यवस्थापन सम्बन्धी प्रश्न

निर्देश (प्र. सं. 1-29) *निम्नलिखित वाक्यों में उनके प्रथम तथा अंतिम अंश संख्या 1 और 6 के अन्तर्गत दिए गए हैं। बीच वाले चार अंश (य), (र), (ल), (व) के अन्तर्गत बिना क्रम के हैं। चारों अंशों को उचित क्रमानुसार व्यवस्थित कर सही विकल्प चुनिए।*

1. (1) सामान्य व्यक्ति
(य) तो असीम सुख और सन्तोष का
(र) अपने प्रेम की सीमा रेखा अपने परिवार
(ल) लेकिन यदि इसका क्षेत्र और व्यापक किया जा सके
(व) प्रियजन व मित्रों तक सीमित रखते हैं
(6) आनन्द प्राप्त हो सकता है।
(a) ल व र य
(b) र व ल य
(c) व य र ल
(d) य र ल व

2. (1) भारत की लोकतान्त्रिक
(य) केन्द्रीय तथा राज्य — (र) व्यवस्था केवल
(ल) सरकारों तक ही — (व) सीमित नहीं है
(6) स्थानीय स्तर पर भी वह लोकतान्त्रिक है।
(a) र य ल व
(b) ल र व य
(c) य र ल व
(d) व र ल य

3. (1) प्राचीन परम्परा के अनुसार
(य) सारी रात होता है
(र) जिसमें शहर के लोग
(ल) मणिपुरी नृत्य में रास
(व) एकत्र होकर
(6) रास का आनन्द लेते हैं।
(a) य र ल व — (b) ल य र व
(c) य व र ल — (d) ल र य व

4. (1) मुरली की स्वर लहरी पर
(य) चुम्बक की भाँति गोपिकाएँ
(र) नृत्य करते हुए
(ल) खिंची चली आती हैं
(व) और कृष्ण के चारों ओर
(6) सुध-बुध खो बैठती हैं।
(a) व ल य र (b) र ल व य
(c) य ल व र (d) य र ल व

5. (1) भरतनाट्यम् नर्तकी का शृंगार
(य) की जाती है कि उसका रूप
(र) सूक्ष्मता व चतुरता से
(ल) लावण्य व आकर्षण अपने
(व) व साज-सज्जा इतनी सावधानी
(6) चरम सौन्दर्य पर पहुँच जाता है।
(a) य र ल व (b) य व र ल
(c) य व ल र (d) व र य ल

6. (1) सिर्फ धुंधला-सा
(य) संघर्ष अन्तर्द्वन्द्व और ताप जैसे
(र) संवेदन इतना अवश्य था कि जैसे बर्फ की सिल के
(ल) वैसे ही हिमालय की शीतलता माथे को छू रही है और
(व) सामने खड़े होने पर मुँह पर ठण्डी-ठण्डी भाप लगती है
(6) नष्ट हो रही है।
(a) र व य ल (b) य र ल व
(c) व ल र य (d) ल य र व

7. (1) पौराणिक दृष्टान्त के अनुसार
(य) कदाचित् इसीलिए वैष्णव भक्तों ने
(र) भगवान विष्णु ने लोगों को
(ल) मोहिनी का रूप धारण किया था
(व) आकृष्ट करने के लिए
(6) इस नृत्य-नाटिका को 'मोहिनीअट्टम्' की संज्ञा से विभूषित किया।
(a) य र ल व (b) र व ल य
(c) ल व य र (d) र य व ल

8. (1) क्रोध से मूढ़ता
(य) भ्रम से बुद्धि का नाश होता है
(र) स्मृति में भ्रम होता है,
(ल) उत्पन्न होती है, मूढ़ता से
(व) और बुद्धि नष्ट होने से
(6) प्राणी स्वयं नष्ट हो जाता है।
(a) व ल र य (b) र ल व य
(c) ल र य व (d) य र ल व

9. (1) यदि हम सम्पूर्ण विश्व की खोज करें
(य) के लिए जिसे
(र) ऐसे देश का पता लगाने
(ल) शक्तिशाली और सुन्दर बनाया है
(व) प्रकृति ने सर्वसम्पन्न
(6) तो मैं भारतवर्ष की ओर संकेत करूँगा।
(a) ल य व र (b) व ल य र
(c) य र ल व (d) र य व ल

10. (1) भाग्य के भरोसे
(य) भाग्य भी सोया
(र) बाँधकर खड़े होने पर
(ल) रहता है और हिम्मत
(व) बैठे रहने पर
(6) भाग्य भी उठ खड़ा होता है।
(a) व य ल र (b) ल र य व
(c) य र ल व (d) र ल व य

11. (1) अच्छी तरह सोचना
(य) काम को पूरा करना
(र) उत्तम है और अच्छी तरह
(ल) अच्छी योजना बनाना
(व) बुद्धिमत्ता है
(6) सबसे अच्छी बुद्धिमत्ता है।
(a) य र ल व (b) व ल र य
(c) व य र ल (d) र व य ल

12. (1) मैं कोई काम
(य) प्रार्थना के बिना (र) के लिए प्रार्थना
(ल) नहीं करता, मेरी आत्मा (व) उतनी ही अनिवार्य है
(6) जितना शरीर के लिए भोजन।
(a) र ल व य (b) व ल र य
(c) य ल र व (d) ल र व य

13. (1) हमारी प्रार्थना
(य) सर्व-सामान्य की भलाई
(र) क्योंकि ईश्वर
(ल) के लिए होनी चाहिए
(व) जानता है कि
(6) हमारे लिए अच्छा क्या है?
(a) र ल य व (b) व र ल य
(c) ल र व य (d) य ल र व

14. (1) लोकतन्त्र में सरकार
(य) निश्चित एवं (र) होती है
(ल) जब जनता का मत (व) तब मजबूत
(6) निर्णयात्मक होता है।
(a) व र ल य (b) य र ल व
(c) ल य र व (d) र य ल व

15. (1) बुद्धिमान के पास थोड़ा-सा धन
(य) बढ़ता रहता है
(र) हो तो वह भी
(ल) काम करते हुए संयम के द्वारा
(व) वह दक्षतापूर्वक

(6) सर्वत्र प्रतिष्ठा प्राप्त कर लेता है।
(a) र य व ल (b) य र ल व
(c) ल व र य (d) व य ल र

16. (1) पुरुषार्थ उसी में है
(य) जो संकट (र) निर्णय लेने
(ल) की घड़ी में (व) में कोई
(6) संकोच नहीं करता।
(a) य र ल व (b) य ल र व
(c) ल व र य (d) व र ल य

17. (1) पुरुषार्थ करने पर
(य) जपने वाले को (र) दरिद्रता नहीं रहती,
(ल) मौन होने से कलह नहीं होता
(व) पाप नहीं लगता
(6) और जागने वाले के निकट भय नहीं आता।
(a) य र ल व (b) ल व य र
(c) र य व ल (d) व ल र य

18. (1) जो मनुष्य दूसरों की जीविका का
(य) कराते हैं और मित्रों में
(र) हैं दूसरों की स्त्री या पति से वियोग
(ल) भेद-भाव उत्पन्न करते हैं
(व) नाश करते हैं, दूसरों का घर उजाड़ते
(6) वे अवश्य नरक में जाते हैं।
(a) व र ल य (b) र ल व य
(c) य र ल व (d) व र य ल

19. (1) मानव जीवन का उद्देश्य
(य) उपाय पारमार्थिक भाव से (र) और उसकी सिद्धि का
(ल) आत्मदर्शन है (व) मुख्य एवं एकमात्र
(6) जीव मात्र की सेवा करना है।
(a) ल र व य (b) र य ल व
(c) व ल र य (d) य र ल व

20. (1) आण्विक अस्त्रों के विरोध में
(य) उद्घाटन करते हुए राजेन्द्र बाबू ने भारत को
(र) अपनी सेनाएँ विघटित कर दे तो
(ल) यह सुझाव दिया था कि यह देश
(व) दिल्ली में जो सार्वभौम समारोह हुआ था, उसका
(6) इससे संसार को एक नया रास्ता मिल सकता है।
(a) र व य ल (b) ल य र व
(c) व य ल र (d) य ल व र

21. (1) आचार्य हजारी प्रसाद द्विवेदी
(य) और नवयुग की चेतना लेकर निबन्ध के
(र) एवं विचारात्मक कोटियों में रखे जा सकते हैं जो
(ल) प्राचीन सांस्कृतिक परम्परा का गम्भीर ज्ञान
(व) क्षेत्र में अवतरित हुए तथा इनके निबन्ध भावात्मक
(6) इनके व्यक्तित्व की छाप लिए हुए हैं।
(a) व र ल य (b) य र ल व
(c) र व य ल (d) ल य व र

22. (1) जाति देश और काल की सीमाओं में
(य) साहित्यिक मूल्यांकन प्रस्तुत करेंगे, तो
(र) सामयिक आवश्यकता-रागात्मक एकता
(ल) साहित्य के उद्देश्य तथा
(व) बँधे रहकर यदि हम
(6) से ही दूर जा पड़ेंगे।
(a) व य ल र (b) ल र य व
(c) व र ल य (d) य ल र व

23. (1) सच्ची बात तो यह है कि
(य) वह अपना मनोरंजन संगीत और अभिनय जैसे
(र) किसी भी युग का प्राणी ऐसा नीरस
(ल) आनन्ददायक साधनों के
(व) और हृदयहीन नहीं होता कि
(6) द्वारा नहीं करता।
(a) य र ल व (b) र व य ल
(c) ल व र य (d) व र ल य

24. (1) बहुत दिनों की इच्छा
(य) अभी तक पूरी नहीं हुई (र) ठीक जिसके चरित में
(ल) एक मानव-चरित लिखूँ
(व) चरित नायक नहीं मिल रहा था
(6) नायकत्व प्रधान हो।
(a) य ल व र (b) ल र व य
(c) र ल व य (d) व य र ल

25. (1) स्वप्न में देखा
(य) आकाश की नीली लता में सूर्य, चन्द्र और ताराओं के फूल
(र) पृथ्वी की लता पर पृथ्वी के फूल
(ल) हाथ जोड़े खिले हुए एक अज्ञात शक्ति की समीर से हिल रहे हैं
(व) हाथ जोड़े आकाश को
(6) नमस्कार कर रहे हैं।
(a) र ल य व (b) ल य र व
(c) र व य ल (d) य ल र व

26. (1) मनुष्य पाँव से चलता है
(य) समुदाय से चलता है
(र) तब उसे जीवन कहते हैं
(ल) प्राणों से चलता है
(व) तब उसे यात्रा कहते हैं
(6) तब उसे समाज कहते हैं।
(a) व ल र य (b) य र ल व
(c) र ल व य (d) ल य र व

27. (1) संक्षेपत: कहा जा सकता है कि
(य) अनायास ही मानव-जीवन की सर्वोपयोगी
(र) सरस साधन काव्य ही है, जिसका
(ल) चारों पदार्थों की प्राप्ति का सुलभ तथा
(व) अनुशीलन करने पर अल्पबुद्धि वाले प्राणी भी

(6) वस्तुओं को प्राप्त कर सकते हैं।

(a) र य व ल (b) ल र व य
(c) य र ल व (d) व ल र य

28. (1) गत अस्सी वर्षों के

(य) हमारे दिमाग को इतना भोथरा
(र) सुकुमार दुनिया हमारी पथराई आँखों के
(ल) बना दिया है कि संस्कृति की
(व) राजनीतिक आर्थिक संघर्षों ने

(6) सामने आकर भी नहीं आ पाती।

(a) ल र य व (b) र ल य व
(c) व य ल र (d) य र ल व

29. (1) मनोविनोद की क्षमता से युक्त होने के

(य) जहाँ एक ओर हास्य कविता की लोकप्रियता बढ़ी है
(र) कि उसमें घटिया और भौंडी बातों के समावेश से
(ल) और इसीलिए कवि-सम्मेलनों के आश्रय में विकसित होने के कारण
(व) वहीं दूसरी ओर एक हानि यह भी हुई है

(6) सूक्ष्म और परिष्कृत हास्य का स्तर गिर गया है।

(a) य र ल व (b) र व ल य
(c) व य र ल (d) ल य व र

अनुच्छेद-क्रम व्यवस्थापन सम्बन्धी प्रश्न

नीचे दिए गए प्रत्येक प्रश्न में अनुच्छेद के पहले और अंतिम भागों को क्रमशः (1) और (6) की संख्या दी गई है। इनके बीच में आने वाले चार वाक्य को (य), (र), (ल), (व) की संख्या दी गई है। ये चारों वाक्य उचित क्रम में नहीं हैं। इन्हें ध्यान से पढ़कर दिए गए विकल्पों में से उचित क्रम चुनिए तथा सही अनुच्छेद का निर्माण कीजिए।

30. (1) नखधर मनुष्य अब एटम बम पर भरोसा करके आगे की ओर चल पड़ा है

(य) अब भी वह याद दिला देती है कि
(र) अब भी प्रकृति मनुष्य को उसके भीतर वाले अस्त्र से वंचित नहीं कर सकी है।
(ल) पर उसके नाखून अब भी बढ़ रहे हैं।
(व) तुम्हारे नाखून को भुलाया नहीं जा सकता।

(6) तुम वही लाख वर्ष पहले के नख-दन्तावलम्बी जीव हो, पशु के साथ एक सतह पर विचरने वाले और चरने वाले।

(a) ल र व य (b) य र ल व
(c) र ल य व (d) व य र ल

31. (1) सच्चे वीर पुरुष धीर, गम्भीर और आज़ाद होते हैं

(य) उनके मन की गम्भीरता और शान्ति समुद्र की तरह विशाल और गहरी होती है।
(र) सच है कि सच्चे वीरों की नींद आसानी से नहीं खुलती
(ल) रामायण में वाल्मीकि ने कुम्भकर्ण की गाढ़ी नींद में वीरता का चिह्न दिखलाया है।
(व) वे कभी चंचल नहीं होते।

(6) वे सत्त्वगुण के क्षीर समुद्र में ऐसे डूबे रहते हैं कि उनको दुनिया की खबर ही नहीं होती।

(a) र ल व य (b) य व ल र
(c) ल य व र (d) व ल र य

32. (1) भाषा को सीखना उसके साहित्य को मानना है

(य) जब हम साहित्य के स्वर में बोलते हैं तब वे स्वर दुस्तर समुद्रों पर सेतु बाँधकर
(र) और साहित्य को जानना मानव-एकता की स्वानुभूति है
(ल) दुर्लंघ्य पर्वतों को राजपथ बनाकर
(व) मनुष्य की सुख-दुःख की कथा

(6) मनुष्य तक अनायास पहुँचा देते हैं।

(a) ल र व य (b) व र य ल (c) र य ल व (d) य र ल व

33. (1) दहेज प्रथा का जन्म पुरानी सामाजिक प्रथाओं में ढूँढा जा सकता है।

(य) उसे नई गृहस्थी बसानी होती है।
(र) विवाह के बाद लड़की नए घर में जाती है।
(ल) अपना नया घोंसला बनाने में उसे अधिक असुविधा न हो, इसलिए उसे कुछ उपहार देने का रिवाज था।
(व) उपहार में उसे गृहस्थी में काम आने वाली वस्तुएँ स्वेच्छा से दी जाती थीं, कोई बाध्यता नहीं होती थी।

(6) पर धीरे-धीरे इसमें बुराइयाँ आती गईं।

(a) ल य र व (b) व र य ल
(c) य र ल व (d) र य ल व

34. (1) कला के सम्बन्ध में हमारा दृष्टिकोण

(य) ईमानदारी के प्रति ही आग्रहशील होना चाहिए
(र) वस्तुतः कलात्मक सौन्दर्य केवल कल्पना विलास
(ल) आदर्श अथवा यथार्थ सम्बन्धी पूर्वाग्रहों के स्थान पर अनुभूति की
(व) अथवा यथार्थ के प्रत्यांकन में निहित न होकर

(6) इन दोनों के समन्वय में निहित है।

(a) ल य र व (b) य र ल व (c) र ल य व (d) व र ल य

35. (1) हिन्दी साहित्य के इतिहास का कालविभाजन कालक्रम की दृष्टि से चार कालों—आदि, पूर्व मध्य, उत्तर मध्य और आधुनिक में किया जाता है।

(य) अपभ्रंश काल में जैन, नाथ, सिद्ध कवियों द्वारा लिखित जो सामग्री उपलब्ध है, उसे वे साहित्य की कोटि में रखने को तैयार नहीं हैं।
(र) इसलिए वे आदिकाल को 'वीरगाथा काल' कहना उचित समझते हैं।
(ल) पं. रामचन्द्र शुक्ल ने काल क्रम से विभाजित इन कालखण्डों का नामकरण इस प्रकार किया—आदिकाल को अपभ्रंश काव्य और देशभाषा काव्य में विभाजित करके देशभाषा काव्य को 'वीरगाथा' नाम दिया।
(व) उनके अनुसार देशभाषा काव्य की वीरगाथात्मकता समूचे आदिकाल की साहित्यिक प्रवृत्ति है।

(6) पूर्व-मध्यकाल को वे भक्तिकाल, उत्तर मध्यकाल को रीतिकाल और आधुनिक काल को गद्यकाल कहना उचित समझते हैं।

(a) य र ल व (b) ल य व र (c) र ल व य (d) व र ल य

36. (1) साहस और आत्मविश्वास के साथ जीना ही सच्चा जीवन है।
(य) ऐसे व्यक्ति के सामने पहाड़ भी अपना सिर झुका लेते हैं।
(र) एक बार असफल होने पर भी नई उमंग, नए विश्वास व नए साहस से फिर प्रयत्न करता है।
(ल) और दुराशा उसके पास तक नहीं फटकती।
(व) साहसी व्यक्ति कभी-भी अपना कर्म नहीं छोड़ता।
(6) ऐसे ही व्यक्ति अपने राष्ट्र व समाज के नेता होते हैं।
(a) र ल व य (b) ल र व य (c) व र य ल (d) य र ल व

37. (1) छायावादी युग प्रधानत: मुक्तक गीतों का युग है।
(य) रामकुमार वर्मा के गीत भी लोकप्रिय हुए हैं।
(र) चित्रमयी कल्पना तथा लाक्षणिक प्रतीकात्मक शैली को अपनाकर छायावादी कवियों ने कविता को सजीव और सरस बना दिया।
(ल) निराला और महादेवी के काव्य में गीति का सुन्दर विधान है।
(व) ये मुक्तक गीत गेय तथा संगीतात्मक हैं।
(6) भावानुकूल छंद चयन करने में भी उन्होंने अपनी मौलिकता का प्रदर्शन किया है।
(a) ल य र व (b) य र ल व
(c) र य ल व (d) व ल य र

38. (1) मानस-सिन्धु में उठने वाली स्मृति-तरंगें
(य) जो कभी हमारे थे
(र) पर वे अपनी मूक भाषा में एक सन्देश हमें दे जाती हैं
(ल) और उन क्षणों को
(व) काल के विषम तट से टकराकर विलीन भले ही हो जाएँ
(6) पुनर्जीवित-सा कर जाती हैं।
(a) व र ल य (b) य र ल व (c) र ल व य (d) ल य र व

39. (1) रेखाचित्र शब्द अंग्रेजी के 'स्केच' शब्द का हिन्दीकृत रूप है तथा दो शब्दों 'रेखा' और 'चित्र' के योग से बना है।
(य) रेखाचित्र में चित्रकला तथा साहित्य का सुन्दर सामंजस्य दिखलाई पड़ता है।
(र) इसमें शब्दों की कलात्मक रेखाओं के द्वारा किसी व्यक्ति, वस्तु अथवा घटना के बाह्य तथा आन्तरिक स्वरूप का शब्द चित्र इस प्रकार प्रस्तुत किया जाता है कि पाठक के हृदय में उसका सजीव तथा यथार्थ चित्र अंकित हो जाता है।
(ल) रेखाचित्रकार शब्द शिल्पी होता है तथा चुने हुए शब्दों एवं विशिष्ट वाक्यों के द्वारा एक काल्पनिक, किन्तु सजीव चित्र प्रस्तुत करता है।
(व) जिस प्रकार चित्रकार तूलिका तथा रंगों के माध्यम से किसी सजीव चित्र का निर्माण करता है, उसी प्रकार रेखाचित्रकार शब्दों के द्वारा ऐसा भावपूर्ण चित्र प्रस्तुत करता है, जो उसकी वास्तविक संवेदना को मूर्त रूप प्रदान करने में सफल होता है।
(6) इसमें लेखक की निजी अनुभूति यथार्थ रूप से अभिव्यक्त होती है।
(a) य र ल व (b) र य व ल
(c) व र ल य (d) ल र य व

40. (1) भू-धर और सागर के बीच अपनापन खोजने में सरिता को जो कठिनाई होती है
(य) वह बेचारी बार-बार अपने गंतव्य को भूलती-सी
(र) पछाड़ें खाकर लोट-लोट जाना चाहती है
(ल) मरुस्थल की अनन्त प्यास बुझाने के लिए
(व) इसे आज तक कोई नहीं जान पाया
(6) पर स्वयं अपनी ही बनाई तटों की कारा में बहने के लिए विवश है।
(a) ल र य व (b) र ल व य
(c) व य ल र (d) य र ल व

41. (1) रिपोर्ताज मूलत: फ्रांसीसी शब्द है और अंग्रेजी के 'रिपोर्ट' शब्द का पर्यायवाची तथा साहित्यिक नाम है।
(य) इसमें कुछ महत्त्वपूर्ण घटनाओं तथा पाठकों की विशिष्टताओं का निजी सूक्ष्म निरीक्षण के आधार पर मनोवैज्ञानिक विवेचन तथा विश्लेषण होता है।
(र) वह इस प्रकार लिखता है कि वह जो कुछ लिख रहा है मानो उसका आँखों देखा ही हो।
(ल) रिपोर्ताज के लेखक को अपने वर्ण्य विषय का पूर्ण ज्ञान होता है।
(व) रिपोर्ताज में किसी घटना का इस प्रकार वर्णन किया जाता है कि पाठक उससे प्रभावित हो जाता है।
(6) इसकी शैली विवरणात्मक तथा वर्णनात्मक होती है, जिसमें सरलता, रोचकता, आत्मीयता तथा प्रभावपूर्णता का विशेष महत्त्व होता है।
(a) ल र व य (b) र ल य व
(c) य र ल व (d) व ल र य

42. (1) यदि वह विज्ञान का विद्यार्थी है
(य) यदि वह संस्कृत का आचार्य शास्त्री है
(र) किन्तु दोनों दूसरों का उपकरण ही बन सकते हैं
(ल) तो वह कुशल शिल्पी बन सकता है
(व) तो वह पौरोहित्य या अध्यापन का कार्य कर सकता है।
(6) और समाज और राजनीति के संचालन में वह अपने को असमर्थ पाते हैं।
(a) ल य व र (b) य र ल व
(c) र व य ल (d) व ल र य

43. (1) गद्य की नवीन विधाओं में निबन्ध सर्वाधिक महत्त्वपूर्ण तथा विकसित है।
(य) आलोचकों ने निबन्ध को गद्य की कसौटी माना है।
(र) गद्य की भाषा की अभिव्यंजना शक्ति का सबसे अधिक प्रसार इसी विधा में होता है।
(ल) निबन्ध का प्रयोग दार्शनिक तथा बौद्धिक अभिव्यक्ति के लिए होता था, किन्तु आधुनिक हिन्दी निबन्ध संस्कृत के निबन्ध से पूर्णत: भिन्न है तथा अंग्रेज़ी के 'एस्से' के अधिक निकट है।
(व) इसके विषय की सीमा मानव जीवन के समान ही विस्तृत है।
(6) यद्यपि इसमें बुद्धि तत्त्व की प्रधानता रहती है तथापि उसका सम्बन्ध हृदय तत्त्व से बना रहता है।
(a) र य व ल (b) य ल र व
(c) ल व य र (d) व र ल य

44. (1) स्वतन्त्रता के बाद हमारे इतिहासकारों को समझना चाहिए था
(य) भारत के इतिहास का रूप ही बदल दिया
(र) तथा हमारे अन्दर हीनता की भावना उत्पन्न करने के लिए
(ल) कि अंग्रेजों ने अपने आपको
(व) मुगलों का कानूनी उत्तराधिकारी सिद्ध करने के लिए
(6) आधुनिक इतिहासकारों को नए इतिहास की खोज करनी चाहिए।
(a) व ल र य (b) र ल व य (c) ल व र य (d) य र ल व

45. (1) कहानी आधुनिक साहित्य की सबसे अधिक लोकप्रिय विधा है।
(य) इसका शीर्षक आकर्षक तथा रोचक होता है तथा कहानी के मूलभाव अथवा संवेदना की व्यंजना करने में समर्थ होता है।
(र) कहानी कलात्मक छोटी रचना होती है, जो छोटी होते हुए बड़े-से-बड़े भाव की व्यंजना भी करने में समर्थ होती है।
(ल) कहानी तथा उपन्यास की कला एक-दूसरे से भिन्न हैं।
(व) इसका लक्ष्य किसी पात्र, घटना, भाव, संवेदना आदि की मार्मिक अभिव्यंजना करना होता है।
(6) इसका आरम्भ तथा अन्त कलात्मक तथा प्रभावपूर्ण होता है।
(a) ल र व य (b) य र ल व
(c) र ल य व (d) व य ल र

46. (1) क्रोध अत्यन्त कठोर होता है।
(य) लेकिन मौन वह मन्त्र है, जिसके आगे उसकी सारी शक्ति विफल हो जाती है।
(र) वह मौन को सहन नहीं कर सकता।
(ल) वह देखना चाहता है कि मेरा एक-एक वाक्य निशाने पर बैठता है या नहीं।
(व) उसकी शक्ति अपार है, ऐसा कोई घातक अस्त्र नहीं है जिससे बढ़कर काट करने वाले मन्त्र उसकी शस्त्रशाला में न हों।
(6) मौन उसके लिए अजेय है।
(a) ल र व य (b) य व र ल (c) र ल व य (d) व र ल य

47. (1) संस्मरण का अर्थ है—'सम्यक् स्मरण' अर्थात् संस्मरण में लेखक स्वयं अपनी अनुभव की हुई किसी वस्तु, व्यक्ति तथा घटना का आत्मीयता तथा कलात्मकता के साथ विवरण प्रस्तुत करता है।
(य) रेखाचित्र में किसी के चरित्र का कलात्मक चित्र प्रस्तुत किया जाता है, किन्तु संस्मरण में किसी के चरित्र का यथातथ्य रूप प्रदर्शित किया जाता है।
(र) इसमें किसी विशिष्ट व्यक्ति का स्वरूप, आकार-प्रकार, रूप-रंग, स्वभाव, भाव-भंगिमा व्यवहार, जीवन के प्रति दृष्टिकोण, अन्य व्यक्तियों के साथ सम्बन्ध, बातचीत आदि सभी बातों का विश्वसनीय रूप में आत्मीयता के साथ वर्णन होता है।
(ल) इसमें लेखक अपनी अपेक्षा उस व्यक्ति को अधिक महत्त्व देता है, जिसका वह संस्मरण लिखता है।
(व) इसका सम्बन्ध प्राय: महापुरुषों से होता है।
(6) हिन्दी के प्रमुख संस्मरण लेखकों में श्रीनारायण चतुर्वेदी, बनारसी दास चतुर्वेदी, पद्मसिंह शर्मा आदि हैं।
(a) य र ल व (b) व ल र य
(c) र ल व य (d) ल व य र

48. (1) भारत कृषि-प्रधान देश है।
(य) कृषि हमारे देश के अर्थतन्त्र की रीढ़ है।
(र) यहाँ के लगभग सत्तर प्रतिशत निवासियों का व्यवसाय कृषि है।
(ल) इसी पर हमारे अन्य उद्योगों का विकास निर्भर है।
(व) यही कारण है कि हमारी विभिन्न आर्थिक समस्याएँ कृषि समस्या से जुड़ी हैं।
(6) उन्हीं में से एक खाद्य समस्या भी है।
(a) ल य व र (b) व ल र य
(c) र य ल व (d) य र ल व

49. (1) गद्यकाव्य 'गद्य' तथा 'काव्य' के बीच की विधा है।
(य) इसमें गद्य के माध्यम से किसी भावपूर्ण विषय की काव्यात्मक अभिव्यक्ति होती है।
(र) इसमें विचारों की अभिव्यक्ति की अपेक्षा भावों की सरस अभिव्यक्ति की ओर लेखक का अधिक ध्यान रहता है।
(ल) इसमें लेखक अपने हृदय की संवेदना की अभिव्यक्ति इस प्रकार करता है कि पाठक उसे पढ़कर रसमय हो जाता है।
(व) इसका गद्य भी सामान्य गद्य से अधिक सरस, भावात्मक, अलंकृत, संवेदनात्मक तथा संगीतात्मक होता है।
(6) यह निबन्ध की अपेक्षा संक्षिप्त वैयक्तिक तथा एकतथ्यता लिए होता है।
(a) ल र य व (b) र ल व य (c) य र ल व (d) य व ल र

50. (1) जीवन एक संघर्ष है।
(य) असहाय स्थिति में भी संघर्ष में कूदा जा सकता है।
(र) मान लिया कि आपके पास साधनों का अभाव है, लेकिन आप तो हैं।
(ल) भले ही आप कमजोर हैं, लेकिन विपदाओं से भिड़ने का, कुछ न कुछ करने का साहस तो आप में है।
(व) इस संघर्ष में अपने आप को असहाय समझना और संघर्ष से मुँह मोड़ लेना उचित नहीं है।
(6) यही बहुत है।
(a) र ल व य (b) य र व ल
(c) व य र ल (d) य व र ल

उत्तरमाला

1. (b)	**2.** (a)	**3.** (b)	**4.** (c)	**5.** (d)	**6.** (a)	**7.** (b)	**8.** (c)	**9.** (d)	**10.** (a)
11. (b)	**12.** (c)	**13.** (d)	**14.** (a)	**15.** (a)	**16.** (b)	**17.** (c)	**18.** (d)	**19.** (a)	**20.** (c)
21. (d)	**22.** (a)	**23.** (b)	**24.** (a)	**25.** (d)	**26.** (a)	**27.** (b)	**28.** (c)	**29.** (d)	**30.** (a)
31. (b)	**32.** (c)	**33.** (d)	**34.** (a)	**35.** (b)	**36.** (c)	**37.** (d)	**38.** (a)	**39.** (b)	**40.** (c)
41. (d)	**42.** (a)	**43.** (b)	**44.** (c)	**45.** (d)	**46.** (a)	**47.** (b)	**48.** (c)	**49.** (d)	**50.** (c)

सेक्शन IA : भाषा हिन्दी

प्रैक्टिस सैट्स

प्रैक्टिस सेट 01

निर्देश: दिए गए 50 प्रश्न में से किन्हीं भी 40 प्रश्न के उत्तर दें। समय 45 मिनट

गद्यांश 1

जो लोग यह सोचते हैं कि महिलाओं को घरों की चहारदीवारियों में ही कैद रहना चाहिए, उनकी मानसिकता संकीर्ण है। ऐसा इसलिए कि महिलाएँ भी तो मानव हैं। उन्हें भी अपने अच्छे-बुरे के संबंध में सोचने तथा विकास करने का अधिकार है। 'मनुष्य एक विवेकशील प्राणी है'—यह सर्वमान्य सिद्धांत केवल पुरुषों के लिए तो नहीं है। महिलाएँ भी विवेकशील हैं और वे भी अपना अच्छा-बुरा समझती हैं। हाँ, इतना अवश्य है कि जिस समाज में इतनी लंबी अवधि तक महिलाओं को दबाकर रखा गया है, वहाँ आरंभ में उनके उत्थान के लिए आरक्षण जैसी व्यवस्था करनी ही पड़ेगी। जब हमारे देश में अनुसूचित जातियों एवं जनजातियों के उत्थान के लिए लगातार अनेक वर्षों तक आरक्षण की व्यवस्था की जा सकती है, तो महिलाओं के लिए क्यों नहीं? आखिर कब तक महिलाएँ मनु की उस सूक्ति का पालन करती रहेंगी, जिसमें कहा गया है कि महिलाओं को बाल्यकाल में पिता, युवावस्था के बाद पति और वृद्धावस्था में पुत्र के संरक्षण में अपना जीवन व्यतीत करना चाहिए। महिलाओं को अबला कहा जाता है और जीवन के व्यावहारिक क्षेत्र में उनकी उपेक्षा की जाती है। *'अबला जीवन हाय तुम्हारी यही कहानी, आँचल में है दूध और आँखों में पानी'* कहकर उन्हें उनके हाल पर ही छोड़ दिया जाता है, परंतु पुरुषों को यह ज्ञात होना चाहिए कि समय आने पर महिलाएँ दुर्गा और काली का रूप भी धारण कर सकती हैं और अपने आत्मसम्मान की प्राप्ति एवं उसकी रक्षार्थ कुछ भी कर सकती हैं।

1. मनु की सूक्ति के अनुसार, वृद्धावस्था में महिलाएँ किसके संरक्षण में अपना जीवन व्यतीत करती हैं?

(a) स्वयं के (b) पति के
(c) ईश्वर के (d) पुत्र के

2. जीवन के किस क्षेत्र में महिलाओं की सर्वाधिक उपेक्षा की जाती है?

(a) सैद्धान्तिक (b) व्यावहारिक
(c) नैतिक (d) राजनीतिक

3. महिलाओं के उत्थान के लिए सर्वप्रथम किसकी व्यवस्था की जानी चाहिए?

(a) आरक्षण
(b) चहारदीवारी के भीतर प्रगति के अवसर उपलब्ध कराना
(c) बौद्धिकता की परीक्षा लेना
(d) (a) और (b) दोनों

4. महिलाएँ निम्न में से किसकी रक्षा हेतु काली व दुर्गा का रूप ग्रहण कर लेती हैं?

(a) स्वाभिमान (b) धन
(c) विवेक (d) नैतिक मूल्य

5. महिलाओं को घर में ही कैद रहना चाहिए यह किस मानसिकता का सूचक है?

(a) अविवेकी (b) व्यापक
(c) सामर्थ्यवान (d) संकुचित

गद्यांश 2

साहित्य की शाश्वतता का प्रश्न एक महत्त्वपूर्ण प्रश्न है। क्या साहित्य शाश्वत होता है? यदि हाँ, तो किस मायने में? क्या कोई साहित्य अपने रचनाकाल के सौ वर्ष बीत जाने पर भी उतना ही प्रासंगिक रहता है, जितना वह अपनी रचना के समय था? अपने समय या युग का निर्माता साहित्यकार क्या सौ वर्ष बाद की परिस्थितियों का भी युग निर्माता हो सकता है? समय बदलता रहता है, परिस्थितियाँ और भावबोध बदलते हैं, साहित्य बदलता है और इसी के समानांतर पाठक की मानसिकता और अभिरुचि भी बदलती है। अत: कोई भी कविता अपने सामयिक परिवेश के बदल जाने पर ठीक वही उत्तेजना पैदा नहीं कर सकती, जो उसने अपने रचनाकाल के दौरान की होगी। कहने का तात्पर्य यह है कि एक विशेष प्रकार के साहित्य के श्रेष्ठ अस्तित्व मात्र से वह साहित्य हर युग के लिए उतना ही विशेष आकर्षण रखे, यह आवश्यक नहीं है। यही कारण है कि वर्तमान युग में इंगला-पिंगला, सुषुम्ना, अनहद, नाद आदि पारिभाषिक शब्दावली मन में विशेष भावोत्तेजन नहीं करती। साहित्य की श्रेष्ठता मात्र ही उसके नित्य आकर्षण का आधार नहीं है। उसकी श्रेष्ठता का युगयुगीन आधार, वे जीवन-मूल्य तथा उनकी अत्यंत कलात्मक अभिव्यक्ति है, जो मनुष्य की स्वतंत्रता तथा उच्चतर मानव विकास के लिए पथ-प्रदर्शक का काम करती हैं। पुराने साहित्य का केवल वही श्री-सौंदर्य हमारे लिए ग्राह्य होगा, जो नवीन जीवन-मूल्यों के विकास में सक्रिय सहयोग दे अथवा स्थिति रक्षा में सहायक हो।

कुछ लोग साहित्य की सामाजिक प्रतिबद्धता को अस्वीकार करते हैं। वे मानते हैं कि साहित्यकार निरपेक्ष होता है और उस पर कोई भी दबाव आरोपित नहीं होना चाहिए, किंतु वे भूल जाते हैं कि साहित्य के निर्माण की मूल प्रेरणा मानव जीवन में ही विद्यमान रहती है। जीवन के लिए ही उसकी सृष्टि होती है। तुलसीदास जब 'स्वांत: सुखाय' काव्य रचना करते हैं, तब अभिप्राय यह नहीं

रहता कि मानव समाज के लिए इस रचना का कोई उपयोग नहीं है, बल्कि उनके अंत:करण में संपूर्ण संसार की सुख-भावना एवं हित-कामना सन्निहित रहती है। जो साहित्यकार अपने संपूर्ण व्यक्तित्व को व्यापक लोक जीवन में सन्निविष्ट कर देता है, उसी के हाथों स्थायी एवं प्रेरणाप्रद साहित्य का सृजन हो सकता है।

6. कविता सदैव एकसमान उत्तेजना पैदा क्यों नहीं कर पाती?
(a) सामयिक पारिवेशिक परिवर्तन के कारण
(b) साहित्यकार बदलने के कारण
(c) कविता के उपयुक्त शीर्षक का अभाव
(d) अलंकारयुक्त भाषा प्रयोग न होने के कारण

7. स्थायी साहित्य निर्माण के लिए अनिवार्य रूप से क्या आवश्यक है?
(a) उच्च शिक्षा प्राप्त साहित्यकार
(b) साहित्यकार के व्यक्तित्व की अभिव्यक्ति
(c) सांसारिक हित की उपेक्षा
(d) जीवन मूल्यों के विकास में सहयोगी

8. साहित्य के निर्माण की मूल प्रेरणा किसमें विद्यमान रहती है?
(a) प्राकृतिक सौन्दर्य में (b) स्व सुख भावना में
(c) मानव जीवन में (d) स्वहित कामना में

9. समय परिवर्तन के साथ-साथ किस-किसमें परिवर्तन दिखाई पड़ता है?
(a) पाठक की अभिरुचि (b) विचार एवं भावबोध
(c) साहित्यिक विषय (d) ये सभी

10. साहित्य की शाश्वतता से क्या अभिप्राय है?
(a) व्याकरणिक नियमों का पालन
(b) साहित्य की प्रासंगिकता
(c) जीवन मूल्यों का विकास
(d) पाठक के विचारों की अभिव्यक्ति

गद्यांश 3

अपने कार्य को स्वयं ही करना स्वावलंबन कहलाता है। यदि मनुष्य जीवन की किसी भी स्थिति में अपना कार्य स्वयं करे, तो वह स्वावलंबी कहलाता है। स्वावलंबी होना नागरिक का महान् गुण है। स्वावलंबन बड़प्पन का गुण है। कहते हैं कि एक दिन प्रसिद्ध विद्वान् ईश्वरचंद्र विद्यासागर रेलवे स्टेशन के बाहर खड़े थे, तभी भीतर से एक व्यक्ति हाथ में एक छोटा बक्सा लिए उनके पास आया। उन्हें साधारण वेश में देखकर भूल से कुली समझ बैठा और बोला, ''मेरा सामान ले चलोगे?'' ईश्वरचंद्र बिना कुछ बोले उसका सामान उठाकर चल दिए। लक्ष्य पर पहुँचकर जब वह उन्हें मज़दूरी देने लगा तो वे बोले, ''मज़दूरी नहीं चाहिए। तुम अपना काम स्वयं नहीं कर सकते, इसलिए मैंने तुम्हारी सहायता कर दी।'' व्यक्ति लज्जित हुआ।

जब उसे यह पता चला कि वह कुली बंगाल का प्रसिद्ध विद्वान् है, तो वह उनके पैरों में गिर पड़ा। अपना कार्य स्वयं करने की सौगंध ली। तात्पर्य यह है कि कोई कितना भी बड़ा अधिकारी, साहूकार या धनवान क्यों न हो, उसे स्वावलंबी बनना चाहिए। आप डॉक्टर या इंजीनियर बनना चाहते हैं, वकील या प्राध्यापक बनना चाहते हैं, व्यापारी या नेता बनना चाहते हैं—स्वावलंबन सबके लिए अनिवार्य है। बड़ा व्यक्ति बनने के मार्ग में अनेक बाधाएँ आती हैं। यदि उनके कारण हम निराश हो जाएँ, संघर्ष से जी चुराएँ या मेहनत से दूर रहें, तो भला हमें बड़प्पन कहाँ से मिलेगा? आपने भारत के स्वर्गीय प्रधानमंत्री श्री लाल बहादुर शास्त्री का नाम सुना होगा, जिन्होंने वर्ष 1965 में भारत-पाकिस्तान युद्ध में देश का नेतृत्व किया था। देश को विजयी बनाया था और जनता को 'जय जवान, जय किसान' के प्रेरणावर्द्धक शब्द दिए थे।

वे बड़े निर्धन परिवार से संबंधित थे। नदी पार स्कूल में जाने के लिए नौका वाले को पैसे भी नहीं दे सकते थे, किंतु उनमें आलस्य नहीं था। अत: प्रतिदिन तैर कर नदी पार करते थे। उन्होंने निराशा को कभी मन में नहीं आने दिया था।

इसी मेहनत और स्वावलंबन का परिणाम था कि एक दिन वे प्रधानमंत्री बने। जब वे प्रधानमंत्री थे, तब भी वे चपरासियों और सहायकों पर आश्रित नहीं रहते थे। अपना कोई भी काम उन्हें छोटा नहीं लगता था। डॉक्टर बनकर यदि आप रोगी की आंशिक देखभाल करें, इंजीनियर बनकर दूसरों पर हुक्म चलाएँ अथवा व्यापारी बनकर अपना हिसाब-किताब स्वयं न देखें, तो व्यवसाय तो डूबेगा ही आपको भी डूबना होगा। दूसरों से कार्य लेते समय भी स्वयं सक्रिय रहना सफलता की प्रथम सीढ़ी है।

11. किसी भी नागरिक का महान गुण क्या है?
(a) परावलंबी (b) स्वावलंबी
(c) बौद्धिकता (d) नैतिकता

12. लाल बहादुर शास्त्री ने देशवासियों को कौन-से प्रेरणावर्द्धक शब्द दिए?
(a) वंदे मातरम् (b) करो या मरो
(c) इकलाब जिन्दाबाद (d) जय जवान, जय किसान

13. दूसरों से सहयोग लेने के साथ-साथ स्वयं भी सक्रिय रहना किसकी प्रथम सीढ़ी है?
(a) सफलता (b) स्वावलंबन
(c) पराधीनता (d) विफलता

14. अपने किन गुणों के कारण लाल बहादुर शास्त्री प्रधानमंत्री बने?
(a) आशावादी दष्टिकोण (b) परिश्रम
(c) स्वावलंबन (d) ये सभी

15. लाल बहादुर शास्त्री कैसे परिवार से संबंधित थे?
(a) धनी (b) निर्धन
(c) मध्यमवर्गीय (d) उच्चवर्गीय

16. पर्यायवाची शब्द का कौन-सा युग्म सही नहीं है?
(a) वसुमती-धरती (b) वाजि-सिंह
(c) मरीचि-किरण (d) वहिन- आग

17. सुधाकर शब्द किसका पर्यायवाची है?
(a) सिन्धु (b) जलाशय
(c) चन्द्रमा (d) बादल

18. 'सम्भव' शब्द का आशय है
(a) जन्म (b) घटित होना
(c) संयोग (d) ये सभी

19. 'अगोचर' का आशय है
(a) ब्रह्म
(b) इन्द्रियातीत
(c) वह जो देखा या जाना न जा सके
(d) उपरोक्त सभी

20. नीचे दिए गए शब्दों के अर्थ बताइए।
'अमूल—अमूल्य'
(a) जकड़रहित—कीमत (b) जालरहित—कीमती
(c) जड़रहित—कीमती (d) जलरहित—कीमती

21. 'छिन्न' का विलोम शब्द है
(a) भिन्न (b) अभिन्न
(c) प्रक्षिप्त (d) संलग्न

22. 'जंगम' का विलोम शब्द है
(a) स्थावर (b) प्रवाह (c) सबल (d) दुर्बल

23. 'नैसर्गिक' का विलोम शब्द है
(a) समानार्थक (b) कृत्रिम
(c) चमत्कार (d) इनमें से कोई नहीं

24. निम्नलिखित में से कौन-सा शब्द 'लक्ष्मी' का पर्यायवाची नहीं है?
(a) रमा (b) इंदिरा
(c) कमला (d) भारती

25. निम्नलिखित मे से कौन-सा शब्द 'कपड़ा' का पर्यायवाची नहीं है?
(a) वस्त्र (b) पट
(c) वसन (d) वासन

26. उसका हृदय इतना कोमल है कि मित्र तो क्या वह अपने ········ को भी चोट नहीं पहुँचा सकता।
(a) सहयोगी (b) विपक्षी
(c) प्रतिरोधी (d) शत्रु

27. शास्त्र से हमें किसी विषय का ज्ञान विधिपूर्वक होता है और कला से हम उस विषय का .... सीखते हैं।
(a) प्रयोग (b) संयोग
(c) उपयोग (d) ज्ञान

28. अंग्रेज़ी में काम करने का अभ्यास होने के कारण अधिकारी व कर्मचारी हिन्दी में अपना काम करने में ········ हैं।
(a) झिझकते (b) शर्माते (c) घबराते (d) डरते

29. जो व्यक्ति सन्तुष्ट जीवन व्यतीत करना चाहते हैं, उन्हें किसी दूसरे के कार्य से ········ नहीं करनी चाहिए।
(a) ईर्ष्या (b) तत्परता
(c) तीव्रता (d) शीघ्रता

30. मैं यह सोच भी नहीं सकता था कि तुम ऐसा जघन्य········ करोगे।
(a) अपराध (b) प्रयास
(c) व्यवहार (d) व्यवसाय

31. (1) हमारा देश त्योहारों का देश है।
(य) ये त्योहार उल्लास जगाते हैं।
(र) यहाँ अनेक त्योहार मनाए जाते हैं।
(ल) समन्वय की भावना भी उत्पन्न करते हैं।
(व) जनमानस में देश-भक्ति जगाते हैं।
(6) इन अवसरों पर हम सब खुशियाँ मनाते हैं।
(a) र ल व य (b) र य व ल
(c) ल व य र (d) व य र ल

32. (1) आचार्य रामचन्द्र शुक्ल गम्भीर विचारक थे।
(य) परिणामत: उन्होंने अपने निबन्धों में जिस भी विषय को उठाया, उसके नए आयामों का उद्‌घाटन किया।
(र) उन्होंने अपने निबन्धों में इन तीनों का सामंजस्य स्थापित किया।
(ल) उनका अध्ययन गहन एवं विस्तृत था।
(व) उनका जीवनानुभव ठोस था।
(6) भाव या मनोविकार निबन्ध इसका स्पष्ट प्रमाण है।
(a) ल व र य (b) व ल र य
(c) य व र ल (d) य ल व र

33. (1) हमें यह समझ लेना चाहिए कि
(य) एक सुन्दर स्वरूप है और यह भी मानना होगा कि
(र) धर्म की भाषा अधिक स्पष्ट, मूर्त और परिष्कृत
(ल) होती गई है और इसके लिए बहुत हद तक
(व) धर्म मानव जाति की मूलभूत अनुभूतियों का
(6) विज्ञान ही उत्तरदायी है।
(a) य र ल व
(b) र ल व य
(c) व य र ल
(d) व य ल र

34. (1) दूरदर्शन पर प्रदर्शित दो धारावाहिक
(य) लोग इनकी पहले से प्रतीक्षा करते रहते हैं
(र) इतने लोकप्रिय रहे हैं कि
(ल) और इन्हें देखने के लिए
(व) पहले 'रामायण' और अब 'महाभारत'
(6) अपने सारे काम-काज छोड़ देते हैं।
(a) ल व य र (b) र य ल व
(c) य व ल र (d) व र य ल

35. हिन्दी के एक पूर्ण वाक्य को चार भागों में बाँट दिया गया है। आपको चारों भागों को चुनकर सही क्रम में लगाना है
1. परन्तु अधिक संगठित और शक्तिशाली भी है
2. विश्वासराव को तथागत की विशाल सेना का अनुमान था
3. नहीं होगा, क्योंकि तथागत की सेना न केवल संख्या में अधिक है
4. और उसने विचार बना लिया था कि ये साधारण युद्ध
(a) 4, 3, 2, 1 (b) 2, 3, 1, 4
(c) 2, 4, 1, 3 (d) 2, 4, 3, 1

36. (1) हिन्दी साहित्य के इतिहास का कालविभाजन कालक्रम की दृष्टि से चार कालों—आदि, पूर्व मध्य, उत्तर मध्य और आधुनिक में किया जाता है।
(य) अपभ्रंश काल में जैन, नाथ, सिद्ध कवियों द्वारा लिखित जो सामग्री उपलब्ध है, उसे वे साहित्य की कोटि में रखने को तैयार नहीं हैं।
(र) इसलिए वे आदिकाल को 'वीरगाथा काल' कहना उचित समझते हैं।
(ल) पं. रामचन्द्र शुक्ल ने काल क्रम से विभाजित इन कालखण्डों का नामकरण इस प्रकार किया—आदिकाल को अपभ्रंश काव्य और देशभाषा काव्य में विभाजित करके देशभाषा काव्य को 'वीरगाथा' नाम दिया।
(व) उनके अनुसार देशभाषा काव्य की वीरगाथात्मकता समूचे आदिकाल की साहित्यिक प्रवृत्ति है।
(6) पूर्व-मध्यकाल को वे भक्तिकाल, उत्तर मध्यकाल को रीतिकाल और आधुनिक काल को गद्यकाल कहना उचित समझते हैं।
(a) य र ल व (b) ल य व र
(c) र ल व य (d) व र ल य

37. (1) साहस और आत्मविश्वास के साथ जीना ही सच्चा जीवन है।
(य) ऐसे व्यक्ति के सामने पहाड़ भी अपना सिर झुका लेते हैं।
(र) एक बार असफल होने पर भी नई उमंग, नए विश्वास व नए साहस से फिर प्रयत्न करता है।
(ल) और दुराशा उसके पास तक नहीं फटकती।
(व) साहसी व्यक्ति कभी-भी अपना कर्म नहीं छोड़ता।
(6) ऐसे ही व्यक्ति अपने राष्ट्र व समाज के नेता होते हैं।
(a) र ल व य (b) ल र व य
(c) व र य ल (d) य र ल व

38. (1) छायावादी युग प्रधानत: मुक्तक गीतों का युग है।
(य) रामकुमार वर्मा के गीत भी लोकप्रिय हुए हैं।
(र) चित्रमयी कल्पना तथा लाक्षणिक प्रतीकात्मक शैली को अपनाकर छायावादी कवियों ने कविता को सजीव और सरस बना दिया।
(ल) निराला और महादेवी के काव्य में गीति का सुन्दर विधान है।
(व) ये मुक्तक गीत गेय तथा संगीतात्मक हैं।
(6) भावानुकूल छंद चयन करने में भी उन्होंने अपनी मौलिकता का प्रदर्शन किया है।
(a) ल य र व (b) य र ल व
(c) र य ल व (d) व ल य र

39. (1) रिपोर्ताज मूलत: फ्रांसीसी शब्द है और अंग्रेजी के 'रिपोर्ट' शब्द का पर्यायवाची तथा साहित्यिक नाम है।
(य) इसमें कुछ महत्त्वपूर्ण घटनाओं तथा पाठकों की विशिष्टताओं का निजी सूक्ष्म निरीक्षण के आधार पर मनोवैज्ञानिक विवेचन तथा विश्लेषण होता है।
(र) वह इस प्रकार लिखता है कि वह जो कुछ लिख रहा है मानो उसका आँखों देखा ही हो।
(ल) रिपोर्ताज के लेखक को अपने वर्ण्य विषय का पूर्ण ज्ञान होता है।
(व) रिपोर्ताज में किसी घटना का इस प्रकार वर्णन किया जाता है कि पाठक उससे प्रभावित हो जाता है।
(6) इसकी शैली विवरणात्मक तथा वर्णनात्मक होती है, जिसमें सरलता, रोचकता, आत्मीयता तथा प्रभावपूर्णता का विशेष महत्त्व होता है।
(a) ल र व य (b) र ल य व
(c) य र ल व (d) व ल र य

40. निम्नलिखित शब्दों में से सही शब्द का चयन कीजिए
(a) तरफ़ (b) आना
(c) वर्ना (d) गड़बड़

41. तुर्की शब्द का चयन कीजिए
(a) आका (b) अखरोट
(c) जमालगोव (d) लुच्चा

42. पुर्तगाली शब्द का चयन कीजिए
(a) पिस्तोल (b) टेनिस (c) साइंस (d) तमना

43. फारसी शब्द का चयन कीजिए
(a) अफसोस (b) आना
(c) अरकल (d) भड़ास

44. संकर शब्द का चयन कीजिए
(a) अख़बारवाला (b) कौडी
(c) किस्सा (d) आदत

45. पश्तो शब्द का चयन कीजिए
(a) तलाश (b) दरोगा (c) भाड़ा (d) मटरगश्ती

46. वाक्यांश के लिए एक शब्द से सम्बन्धित कौन-सा जोड़ा गलत है?
(a) जिसका इलाज कठिन हो-दु:साध्य
(b) जो मनुष्यता से दूर हो-अमानुषिक
(c) जो कम खर्च करने वाला हो-अपव्ययी
(d) जो इतिहास लिखे जाने के युग से पूर्व का हो-प्रागैतिहासिक

47. निम्नलिखित वाक्यांशों के लिए एक शब्द में से कौन-सा सुमेलित नहीं है?
(a) जो वर्णन के बाहर है - वर्णनातीत
(b) जो देखा नहीं जा सकता - अदृश्य
(c) जो आमिष नहीं खाता - सामिष
(d) जो पहरा देता है - प्रहरी

48. 'जो प्रमाण से सिद्ध न हो सके' के लिए एक शब्द है
(a) अप्रमाणित (b) अप्रमेय
(c) अपरिमित (d) अनप्रमाणित

49. 'वन में लगने वाली आग' वाक्यांश के लिए एक शब्द है
(a) बड़वाग्नि (b) दावाग्नि
(c) विरहाग्नि (d) जठराग्नि

50. 'वह नायिका जो अपने पति के परदेश में होने के कारण दु:खी हो' वह है
(a) प्रोषितपतिका (b) वियोगिनी
(c) विरहविदग्धा (d) खण्डिता

उत्तरमाला

1.	(d)	2.	(b)	3.	(a)	4.	(a)	5.	(d)	6.	(a)	7.	(d)	8.	(c)	9.	(d)	10.	(b)
11.	(d)	12.	(d)	13.	(a)	14.	(d)	15.	(c)	16.	(b)	17.	(c)	18.	(d)	19.	(d)	20.	(c)
21.	(d)	22.	(a)	23.	(b)	24.	(d)	25.	(d)	26.	(d)	27.	(c)	28.	(a)	29.	(a)	30.	(a)
31.	(b)	32.	(a)	33.	(c)	34.	(d)	35.	(d)	36.	(b)	37.	(c)	38.	(d)	39.	(d)	40.	(a)
41.	(a)	42.	(a)	43.	(a)	44.	(a)	45.	(d)	46.	(c)	47.	(c)	48.	(b)	49.	(b)	50.	(a)

प्रैक्टिस सेट 02

निर्देश: दिए गए 50 प्रश्न में से किन्हीं भी 40 प्रश्न के उत्तर दें। समय 45 मिनट

गद्यांश 1

लंबे सफ़र पर निकलते हुए घर मानो घेर लेता है और उससे लौटते हुए घर मानो खींच लेता है। फूल की तरह सुबह को घर खिलते हैं और संदूक की तरह रात में बंद हो जाते हैं। आराम है, तो घर में; बीमारी है, तो घर में। रोज़गार करते हैं, तो घर के लिए; बाहर दौड़ते हैं, तो घर के लिए। आदमी की पहचान भी घर है। पति है, तो वह घरवाला है; स्त्री है, तो वह घरवाली है। तबीयत खराब है, तो घर में; नाराज़ हैं, तो घर के लोग। चर्चा चलती है, घर-घर निंदा होती है, तो घर-घर पूछते हैं—तुम्हारा घर कहाँ है? लोग कहते हैं—अब तो घर कर लो। निठल्ले हैं, तो घर बैठे हैं, काम-काजी हैं, तो घर भरने में लगे हैं। लोगों को घर-बार से फुरसत ही नहीं मिलती। फिर जितना बड़ा घर, उतनी बड़ी बातें। अपने घर की कौन कहेगा? घर तो बँधता ही है, लेकिन घर से सब बँधे रहते हैं। घर की फूट बुरी होती है और घर फोड़ने की बात अच्छी नहीं होती, फिर भी घर फूँक कर तमाशा देखने वाले भी घर में ही रहते हैं। ऐसा है यह घर। मालूम नहीं, सबसे पहले घर किसने बनाया था और क्यों बनाया था? धूप-सर्दी और हवा-पानी से बचने के लिए बनाया होगा। मैं तो समझता हूँ कि घर बनाने वाला पहला आदमी स्वर्ग और नरक दोनों देखकर इस दुनिया में आया होगा, मगर शायद ऐसा भी नहीं। घर बना, तो स्वर्ग भी बन गया और घर बिगड़ा, तो नरक भी बन गया। प्यार-दुलार, एकता और संगठन है, तो घर स्वर्ग है। वैर-अविचार, फूट और झगड़ा है, तो घर नरक है।

1. लेखक के अनुसार, सर्वप्रथम घर का निर्माण करने वाला व्यक्ति क्या देखकर दुनिया में आया होगा?
(a) स्वर्ग (b) गृह-क्लेश
(c) नरक (d) 'a' और 'c' दोनों

2. घर के सदस्यों के मध्य आपसी बैर-भाव होने पर घर किसके समान हो जाता है?
(a) सन्दूक (b) निन्दा
(c) फूल (d) नरक

3. आदमी की पहचान किससे है?
(a) पारिवारिक सदस्यों से (b) रोजगार से
(c) घर से (d) लम्बे सफर से

4. घर जलाकर तमाशा देखने वाले कहाँ रहते हैं?
(a) पड़ोस में (b) नरक में (c) स्वर्ग में (d) घर में

5. घर के बिगड़ने पर क्या बनता है?
(a) रिश्ते (b) निंदनीय विषय
(c) नरक (d) चर्चा का विषय

गद्यांश 2

भारतीय संस्कृति के संबंध में कुछ लोगों का कहना है कि भारतीय संस्कृति पर रूढ़िवादिता हावी है—नवीनता के साथ परिवर्तनीयता का बिल्कुल अभाव है और इसी कारण इसका विज्ञान एवं प्रौद्योगिकी के साथ सामंजस्य स्थापित नहीं हो सका है। पाश्चात्य विद्वानों ने इस तरह के विचारों को प्रचारित-प्रसारित किया है। उनका कहना है कि भारतीय संस्कृति का संबंध इस दुनिया से न होकर किसी और दुनिया से है, किंतु उनके द्वारा प्रचारित की जा रही ये बातें बिल्कुल तथ्यहीन हैं, सत्यता से परे हैं। भारतीय संस्कृति द्वारा निर्धारित जीवन-पद्धति के दो पक्ष हैं—पुरुषार्थ और आत्मसातीकरण।

पहले पक्ष के अनुसार, धर्म, अर्थ, काम और मोक्ष मनुष्य जीवन के चार आधारभूत तत्त्व हैं। इनमें से किसी एक की भी कमी रह जाने से मानव जीवन निष्फल हो जाता है—ऐसी मान्यता है भारतीय संस्कृति एवं दर्शन की। पाश्चात्य विचारकों ने 'मोक्ष' एवं 'काम' को प्रमुखता प्रदान कर 'कर्म' को गौण कर दिया और इसी कारण से उन्हें भारतीय संस्कृति तथा विज्ञान एवं प्रौद्योगिकी में सामंजस्यता नहीं दिखी। विज्ञान एवं प्रौद्योगिकी का भारत में सुदीर्घ इतिहास है और इसे सैंधव काल से ही प्रामाणिक रूप में देखा जा सकता है। अंग्रेज़ों के दो सौ वर्षों के शासनकाल में इस क्षेत्र में थोड़ी-सी शिथिलता ज़रूर आई थी, किंतु स्वतंत्रता प्राप्ति के बाद से हमने इस क्षेत्र में तीव्र गति से प्रगति की है और यह प्रगति तब स्वत: सिद्ध हो जाती है, जब विज्ञान एवं प्रौद्योगिकी के कुछ क्षेत्रों में भारत से अनेक देशों द्वारा सहायता की माँग की जाती है।

समाज एवं संस्कृति के क्षेत्र में भारत ने विकास किया है। हाँ, इस बात से भी इनकार नहीं किया जा सकता कि हमारे समाज में रूढ़िवादिता एवं नकल की प्रवृत्ति-सदृश कुछ बुराइयाँ भी विद्यमान हैं। यदि इन बुराइयों को दूर करने में सफलता प्राप्त हो सकी, तो हम विकास के पथ पर सतत अग्रसर हो सकेंगे—ऐसी आशा की जा सकती है।

6. भारतीय संस्कृति में निहित अर्थ, धर्म, काम और मोक्ष किस जीवन पद्धति के मूल तत्त्व हैं?
(a) आत्मसातीकरण (b) पुरुषार्थ
(c) आध्यात्मिकता (d) भौतिकता

7. पाश्चात्य विचारकों ने भारतीय संस्कृति में निहित किस तत्त्व को गौण रूप प्रदान किया है?
(a) काम (b) अर्थ
(c) मोक्ष (d) कर्म

8. भारतीय संस्कृति में जीवन-पद्धति से सम्बन्धित कितने पक्ष निर्धारित किए गए हैं?
(a) तीन (b) पाँच
(c) दो (d) चार

9. किस समय में विज्ञान एवं प्रौद्योगिकी के क्षेत्र में भारत की प्रगति क्षीण हो गई थी?
(a) अंग्रेजी शासनकाल में (b) स्वतन्त्रता प्राप्ति के बाद
(c) मुगलकाल में (d) भक्तिकाल में

10. किन विद्वानों द्वारा भारतीय संस्कृति पर विज्ञान एवं प्रौद्योगिकी के साथ सामंजस्य न कर पाने का प्रचार-प्रसार किया गया?
(a) रूसी विद्वान (b) पाश्चात्य विद्वान
(c) फ्रांसीसी विद्वान (d) भारतीय विद्वान

गद्यांश 3

तत्त्ववेत्ता शिक्षाविदों के अनुसार, विद्या दो प्रकार की होती है। प्रथम वह, जो हमें जीवन-यापन के लिए अर्जन करना सिखाती है और द्वितीय वह, जो हमें जीना सिखलाती है। इनमें से एक का भी अभाव जीवन को निरर्थक बना देता है। बिना कमाए जीवन-निर्वाह संभव नहीं। कोई भी नहीं चाहेगा कि वह परावलंबी हो, माता-पिता, परिवार के किसी सदस्य, जाति या समाज पर। ऐसी विद्या से विहीन व्यक्ति का जीवन दूभर हो जाता है, वह दूसरों के लिए भार बन जाता है।

साथ ही दूसरी विद्या के बिना सार्थक जीवन नहीं जिया जा सकता। बहुत अर्जित कर लेने वाले व्यक्ति का जीवन यदि सुचारु रूप से नहीं चल रहा, यदि उसमें वह जीवन-शक्ति नहीं है, जो उसके अपने जीवन को तो सत्यपथ पर अग्रसर करने के साथ ही अपने समाज, जाति एवं राष्ट्र के लिए मार्गदर्शन करती हो, तो उसका जीवन भी मानव-जीवन का अभिधान नहीं पा सकता। वह भारवाही गर्दभ बन जाता है या पूँछ एवं सींगविहीन पशु कहा जाता है।

वर्तमान भारत में पहली विद्या का स्पष्टत: अभाव दिखाई देता है, परंतु दूसरी विद्या का रूप भी विकृत ही है, क्योंकि न तो स्कूल-कॉलेजों में शिक्षा प्राप्त करके निकला छात्र जीविकोपार्जन के योग्य बन पाता है और न ही वह उन संस्कारों से युक्त हो पाता है, जिनसे व्यक्ति 'कु' से 'सु' बनता है। सुशिक्षित, सुसभ्य और सुसंस्कृत कहलाने का अधिकारी होता है। वर्तमान शिक्षा के अंतर्गत हम जो विद्या प्राप्त कर रहे हैं, उसकी विशेषताओं को सर्वथा नकारा भी नहीं जा सकता। यह शिक्षा कुछ सीमा तक हमारे दृष्टिकोण को विकसित करती है, हमारी मनीषा को प्रबुद्ध बनाती है तथा भावनाओं को चेतन करती है, किंतु कला, शिल्प, प्रौद्योगिकी आदि की शिक्षा नाममात्र की होने के फलस्वरूप इस देश के स्नातक के लिए जीविकोपार्जन टेढ़ी खीर बन जाता है और बृहस्पति बना युवक नौकरी की तलाश में अर्जियाँ लिखने में ही अपने जीवन का बहुमूल्य समय बर्बाद कर लेता है।

जीवन के सर्वांगीण विकास को ध्यान में रखते हुए यदि शिक्षा के क्रमिक सोपानों पर विचार किया जाए, तो भारतीय विद्यार्थी को सर्वप्रथम इस प्रकार की शिक्षा दी जानी चाहिए, जो क्रमश: आवश्यक हो, उपयोगी हो और हमारे जीवन को परिष्कृत एवं अलंकृत करती हो। ये तीनों सीढ़ियाँ एक के बाद एक आती हैं, इनमें व्यतिक्रम नहीं होना चाहिए। इस क्रम में व्याघात आ जाने से मानव-जीवन का चारु प्रासाद खड़ा करना असंभव है। यह तो भवन की छत बनाकर नींव बनाने के सदृश है। वर्तमान भारत में शिक्षा की अवस्था देखकर ऐसा ही प्रतीत होता है। प्राचीन भारतीय दार्शनिकों ने 'अन्न' से 'आनंद' की ओर बढ़ने को 'विद्या का सार' कहा था, जो सर्वथा समीचीन ही था।

11. गद्यांश में प्रयुक्त 'बृहस्पति' शब्द से क्या अभिप्राय है?
(a) ज्ञान (b) दिन
(c) ग्रह (d) संतोष

12. वर्तमान शिक्षा पद्धति के क्या लाभ हैं?
(a) तार्किकता का विकास (b) मनीषा को प्रबुद्धता
(c) भावनाओं की सक्रियता (d) ये सभी

13. जीविकोपार्जन से विहीन व्यक्ति का जीवन दूसरों के लिए कैसा बन जाता है?
(a) भार (b) प्रिय
(c) विकृत (d) सार्थक

14. गद्यांश में प्रयुक्त 'टेढी खीर' मुहावरे का अर्थ क्या है?
(a) कडवा व्यंजन (b) दुर्लभ वस्तु
(c) कठिन काम (d) असंभव कार्य

15. जीवन निर्वाह किस प्रकार संभव नहीं है?
(a) सुसभ्यता के बिना (b) सुसंस्कृत हुए बिना
(c) कमाए बिना (d) परावलंबी हुए बिना

16. 'व्यवहार' और 'मत' शब्दों के सही पर्याय हैं
(a) आचार और विचार (b) आचरण और सिद्धान्त
(c) विचार और राय (d) बरताव और निर्णय

17. निम्न विकल्पों में से जो 'चतुर' शब्द का समानार्थी नहीं है वह छाँटिए।
(a) नागर (b) पटु
(c) देवप्रिय (d) दक्ष

18. 'कर' का अर्थ है
(a) कल, किरण, टैक्स (b) हाथ, रात्रि, टैक्स
(c) हाथ, किरण, व्यवसाय (d) हाथ, किरण, टैक्स

19. 'आदि' का अर्थ है
(a) दूसरा (b) आखरी
(c) इनमें से कोई नहीं (d) प्रथम

20. अधोलिखित शब्द-युग्म का सही अर्थ विकल्प चुनिए।
'अनुलम्ब—अनुलग्न'
(a) ऊर्ध्वाकार-समय के अनुसार
(b) ऊपरी-जुड़ा हुआ
(c) अनिश्चित-किसी के साथ जुड़ा हुआ
(d) लम्बाई के अनुसार-शुभकाल

21. 'विग्रह' का विलोम शब्द है
(a) सन्धि (b) अविग्रह
(c) आग्रह (d) ग्रहण

22. 'संकीर्ण' का विलोम शब्द है
(a) संक्षेप (b) विस्तार
(c) विकीर्ण (d) विस्तीर्ण

23. 'उसके प्राण-पखेरू उड़ गये।' इस वाक्य में 'पखेरू' शब्द किसका पर्यायवाची है?
(a) पक्षी (b) जल्दी (c) पखवाड़ा (d) पखरना

24. निम्नलिखित में से कौन-सा शब्द 'चन्द्रमा' का पर्यायवाची नहीं है?
(a) सुधांशु (b) सुधाकर (c) सुधाधर (d) सलिल

25. निम्नांकित शब्दों में से एक शब्द 'माता' का पर्यायवाची नहीं है? वह है
(a) अम्ब (b) अम्बु (c) अम्बा (d) जननी

26. आजकल **निजी** क्षेत्र के विकास पर अधिक बल दिया जा रहा है तथा ····· क्षेत्र की उपेक्षा की जा रही है।
(a) सरकारी (b) सार्वजनिक
(c) सार्वभौमिक (d) व्यावसायिक

27. मिलों के ·········· के लिए जीवन का अर्थ है कि जीवनपर्यन्त एक निरर्थक यान्त्रिक क्रिया की बुद्धिहीन अनवरत् आवृत्ति करते जाना।
(a) श्रमिक (b) मालिक (c) बोध (d) परिणाम

28. पारस्परिक कौशल का उद्देश्य कार्यकुशलता में सुधार करना एवं ·············को अधिक मूल्यवान बनाना है।
(a) नियोक्ता (b) कर्मचारी (c) ग्राहक (d) डॉक्टर

29. जीवन में अपने परिश्रम में सफलता का ·········· न पाकर हताश लोग सस्ते मनोरंजन में सांत्वना खोजते हैं।
(a) पसीना (b) मोल'
(c) बोध (d) परिणाम

30. शायद संसार के सभी देशों में ऐसा लोक-विश्वास है कि सीपी को कान से लगाकर सुनें, तो उसमें ·········· का स्वर सुना जा सकता है।
(a) हृदय (b) प्रेम
(c) सागर (d) बादल

निर्देश (प्र. सं. 31-38) *निम्नलिखित वाक्यों में उनके प्रथम तथा अंतिम अंश संख्या 1 और 6 के अन्तर्गत दिए गए हैं। बीच वाले चार अंश (य), (र), (ल), (व) के अन्तर्गत बिना क्रम के हैं। चारों अंशों को उचित क्रमानुसार व्यवस्थित कर सही विकल्प चुनिए।*

31. (1) दहेज प्रथा का जन्म पुरानी सामाजिक प्रथाओं में ढूँढा जा सकता है।
(य) उसे नई गृहस्थी बसानी होती है।
(र) विवाह के बाद लड़की नए घर में जाती है।
(ल) अपना नया घोंसला बनाने में उसे अधिक असुविधा न हो, इसलिए उसे कुछ उपहार देने का रिवाज था।
(व) उपहार में उसे गृहस्थी में काम आने वाली वस्तुएँ स्वेच्छा से दी जाती थीं, कोई बाध्यता नहीं होती थी।
(6) पर धीरे-धीरे इसमें बुराइयाँ आती गईं।
(a) ल य र व (b) व र य ल
(c) य र ल व (d) र य ल व

32. (1) सच्चे वीर पुरुष धीर, गम्भीर और आज़ाद होते हैं
(य) उनके मन की गम्भीरता और शान्ति समुद्र की तरह विशाल और गहरी होती है।
(र) सच है कि सच्चे वीरों की नींद आसानी से नहीं खुलती।
(ल) रामायण में वाल्मीकि ने कुम्भकर्ण की गाढ़ी नींद में वीरता का चिह्न दिखलाया है।
(व) वे कभी चंचल नहीं होते।
(6) वे सत्त्वगुण के क्षीर समुद्र में ऐसे डूबे रहते हैं कि उनको दुनिया की खबर ही नहीं होती।
(a) र ल व य (b) य व ल र
(c) ल य व र (d) व ल र य

33. (1) मनोविनोद की क्षमता से युक्त होने के
(य) जहाँ एक ओर हास्य कविता की लोकप्रियता बढ़ी है
(र) कि उसमें घटिया और भौंडी बातों के समावेश से
(ल) और इसीलिए कवि-सम्मेलनों के आश्रय में विकसित होने के कारण
(व) वहीं दूसरी ओर एक हानि यह भी हुई है
(6) सूक्ष्म और परिष्कृत हास्य का स्तर गिर गया है।
(a) य र ल व (b) र व ल य
(c) व य र ल (d) ल य व र

34. (1) कुल मिलाकर आत्मरक्षा
(य) की रपट तथा पुलिस अधिकारियों की
(र) बातों से यही निष्कर्ष सामने आता है कि
(ल) छात्राओं की आत्मरक्षा के लिए सुरक्षा के तरीकों में
(व) के मामले में महिला आयोग
(6) निपुण किया जाता है।
(a) व य र ल (b) य र ल व
(c) ल य र व (d) र ल व य

35. (1) स्वप्न में देखा
(य) आकाश की नीली लता में सूर्य, चन्द्र और ताराओं के फूल
(र) पृथ्वी की लता पर पृथ्वी के फूल
(ल) हाथ जोड़े खिले हुए एक अज्ञात शक्ति की समीर से हिल रहे हैं
(व) हाथ जोड़े आकाश को
(6) नमस्कार कर रहे हैं।
(a) र ल य व (b) ल य र व
(c) र व य ल (d) य ल र व

36. (1) संक्षेपत: कहा जा सकता है कि
(य) अनायास ही मानव-जीवन की सर्वोपयोगी
(र) सरस साधन काव्य ही है, जिसका
(ल) चारों पदार्थों की प्राप्ति का सुलभ तथा
(व) अनुशीलन करने पर अल्पबुद्धि वाले प्राणी भी
(6) वस्तुओं को प्राप्त कर सकते हैं।
(a) र य व ल (b) ल र व य
(c) य र ल व (d) व ल र य

37. (1) यदि हम सम्पूर्ण विश्व की खोज करें
(य) के लिए जिसे
(र) ऐसे देश का पता लगाने
(ल) शक्तिशाली और सुन्दर बनाया है
(व) प्रकृति ने सर्वसम्पन्न
(6) तो मैं भारतवर्ष की ओर संकेत करूँगा।
(a) ल य व र
(b) व ल य र
(c) य र ल व
(d) र य व ल

38. (1) भाग्य के भरोसे
(य) भाग्य भी सोया
(र) बाँधकर खड़े होने पर
(ल) रहता है और हिम्मत
(व) बैठे रहने पर
(6) भाग्य भी उठ खड़ा होता है।
(a) व य ल र (b) ल र य व
(c) य र ल व (d) र ल व य

39. 'गुरु के समीप रहकर शिक्षा ग्रहण करने वाला' के लिए एक शब्द है
(a) गुरुकुलवासी (b) छात्रावासी
(c) अन्तेवासी (d) आश्रमवासी

40. दिए गए अनेक शब्दों के लिए एक उपयुक्त शब्द पहचानिए 'पच्चीस वर्ष पूरे करने के उपलक्ष्य में होने वाला उत्सव'
(a) सुवर्ण जयन्ती (b) वीर जयन्ती
(c) कांस्य जयन्ती (d) रजत जयन्ती

41. 'जो स्त्री सूर्य भी न देख सके' के लिए एक शब्द है
(a) विदुषी (b) अलक्ष्या
(c) असूर्यपश्या (d) शास्त्रज्ञा

42. वाक्यांश के लिए कौन-सा शब्द अशुद्ध है?
(a) क्षण में या शीघ्र टूटने वाला—खण्डहर
(b) जिसकी आशा न की गई हो—अप्रत्याशित
(c) जिसे जाना न जा सके—अज्ञेय
(d) दोपहर के पहले का समय—पूर्वाह्न

43. अरबी शब्द का चयन कीजिए।
(a) अदब (b) आमदनी
(c) आईना (d) आफत

44. फारसी शब्द का चयन कीजिए।
(a) आतिशबाजी (b) दफ्तर
(c) दमा (d) मुगल

45. तुर्की शब्द का चयन कीजिए।
(a) लफंगा (b) गुण्डा (c) पवन (d) नगाड़ा

46. अंग्रेजी शब्द का चयन कीजिए।
(a) ड्राइवर (b) किण्डरगार्टन
(c) चाय (d) रेडियो

47. पुर्तगाली (पुर्तगीज) शब्द का चयन कीजिए।
(a) एजेण्डा (b) मनीआर्डर
(c) कॉलेज (d) मोटर

48. संकर शब्द का चयन कीजिए।
(a) कपड़ा-मिल (b) धीरे-धीरे
(c) आवारा (d) अनार

49. 'अवनि' का विलोम शब्द है।
(a) धरा (b) शशांक (c) अम्बर (d) सितारा

50. 'लक्ष्य' का अनेकार्थक शब्द है।
(a) निशाना, उद्देश्य (b) नाम, बल
(c) गति, चाल (d) सही, गलत

उत्तरमाला

1.	(a)	2.	(d)	3.	(a)	4.	(a)	5.	(c)	6.	(a)	7.	(b)	8.	(b)	9.	(a)	10.	(b)
11.	(a)	12.	(b)	13.	(a)	14.	(c)	15.	(b)	16.	(d)	17.	(c)	18.	(d)	19.	(d)	20.	(c)
21.	(a)	22.	(d)	23.	(a)	24.	(d)	25.	(b)	26.	(a)	27.	(a)	28.	(b)	29.	(d)	30.	(c)
31.	(d)	32.	(b)	33.	(d)	34.	(a)	35.	(d)	36.	(b)	37.	(d)	38.	(a)	39.	(c)	40.	(d)
41.	(c)	42.	(a)	43.	(a)	44.	(a)	45.	(a)	46.	(a)	47.	(a)	48.	(a)	49.	(c)	50.	(a)

सेक्शन II : कॉमर्स डोमेन

व्यवसाय अध्ययन

अध्याय 1

प्रबन्ध की प्रकृति और महत्त्व

प्रबन्ध का अर्थ (Meaning of Management)

प्रबन्ध से आशय उस वैज्ञानिक प्रक्रिया से है, जो पूर्व-निर्धारित व्यावसायिक लक्ष्यों की प्राप्ति के लिए किसी मानव समूह के प्रयासों का नियोजन, समन्वय, निर्देशन और नियन्त्रण करती है। प्रबन्ध दूसरों से कार्य कराने का एक सशक्त माध्यम है, जिसके द्वारा एक ही व्यापार से जुड़े विभिन्न लोग समन्वय में कार्य करते हुए व्यापार के पूर्व निर्धारित उद्देश्यों की पूर्ति करते हैं।

प्रबन्ध की अवधारणा (Concept of Management)

प्रबन्ध की अवधारणा समय एवं परिस्थितियों के अनुसार बदलती रहती है। प्रबन्ध को विभिन्न व्यक्तियों ने भिन्न-भिन्न रूपों, स्थितियों व दृष्टिकोणों से देखा है। प्रबन्ध को प्रत्येक संगठन के लिए आवश्यक क्रिया के रूप में माना गया है, जिसमें लोग समूह के रूप में कार्य करते हैं।

क्रीटनर के अनुसार, ''प्रबन्ध परिवर्तनशील पर्यावरण में सीमित संसाधनों का कुशलतापूर्वक उपयोग करते हुए संगठन के उद्देश्यों को प्रभावी ढंग से प्राप्त करने के लिए दूसरों से मिलकर एवं उनके माध्यम से कार्य करने की प्रक्रिया है।''

एफ. डब्ल्यू टेलर के अनुसार, ''प्रबन्ध में निर्धारित उद्देश्यों को प्राप्त करने के लिए नियोजन, संगठन, निर्देशन और नियन्त्रण की प्रक्रिया द्वारा सभी संसाधनों का प्रभावी उपयोग अन्तर्निहित है।''

प्रबन्ध की विशेषताएँ (Characteristics of Management)

प्रबन्ध एक विशिष्ट कार्य ही नहीं अपितु कार्यों की प्रक्रिया भी है। *प्रबन्ध की प्रमुख विशेषताएँ निम्नलिखित हैं–*

1. प्रबन्ध एक उद्देश्यपूर्ण प्रक्रिया है
2. प्रबन्ध सर्वव्यापी है
3. प्रबन्ध बहुआयामी है
4. प्रबन्ध एक निरन्तर चलने वाली प्रक्रिया है
5. प्रबन्ध एक सामूहिक क्रिया है
6. प्रबन्ध एक गतिशील कार्य है
7. प्रबन्ध एक अमूर्त शक्ति है
8. अन्य व्यक्तियों से कार्य करवाने की प्रक्रिया

प्रबन्ध के उद्देश्य (Objectives of Management)

प्रत्येक संस्था की स्थापना कुछ उद्देश्यों या महत्त्वपूर्ण कार्यों को पूरा करने के लिए की जाती है। अतः प्रत्येक संस्था के प्रबन्धकों को अपने उद्देश्यों को स्पष्ट रूप से निर्धारित करना होता है, ताकि संस्था का प्रत्येक व्यक्ति उन उद्देश्यों की प्राप्ति के लिए अपनी क्षमताओं तथा संस्था के संसाधनों का अधिक कुशलता के साथ उपयोग कर सके। *इन उद्देश्यों को निम्न रूप से वर्गीकृत किया जा सकता है–*

संगठनात्मक उद्देश्य (Organisational Objectives)

संगठन के उद्देश्यों को निर्धारित करने एवं उन्हें पूरा करने के लिए प्रबन्ध उत्तरदायी होता है। प्रबन्ध को संस्था के सभी संगठनों; जैसे-अंशधारियों, कर्मचारियों, ग्राहकों आदि सभी के हितों का ध्यान रखना होता है।

संगठन व्यक्तियों का ऐसा समूह होता है जो संस्था के निश्चित उद्देश्यों की प्राप्ति के लिए भौतिक संसाधनों का श्रेष्ठतम उपयोग करता है। *ये उद्देश्य निम्न हो सकते हैं–*

1. **जीवित रहना** किसी भी व्यवसाय का मूलभूत उद्देश्य उसका अस्तित्व एक लम्बे समय तक बनाए रखना होता है।
2. **लाभ** (Profit) प्रत्येक व्यावसायिक संगठन की स्थापना का उद्देश्य लाभार्जन करना होता है।
3. **बढ़ोतरी** (Growth) प्रत्येक संगठन का विकासशील होना आवश्यक है। जो प्रबन्ध द्वारा विकास के अवसरों का लाभ उठाकर किया जाना चाहिए।

सामाजिक उद्देश्य (Social Objectives)

सामाजिक उद्देश्य समाज एवं स्थानीय समुदाय के प्रति दायित्वों को पूरा करने के लिए निर्धारित किए जाते हैं। हम सभी यह जानते हैं कि व्यवसाय समाज में और समाज के संसाधनों का प्रयोग करके ही किया जाता है।

कर्मचारीगण सम्बन्धी उद्देश्य (Employees' Related Objectives)

प्रत्येक संगठन/संस्था में अनेक कर्मचारी कार्य करते हैं। प्रत्येक कर्मचारी की व्यक्तिगत एवं सामाजिक आवश्यकताएँ होती हैं। संगठन भी इनके व्यक्तिगत लक्ष्य/उद्देश्य निर्धारित करता है, जिनकी प्राप्ति के लिए वह कर्मचारी संगठन में कार्य करता है।

प्रबन्ध का महत्त्व (Importance of Management)

आधुनिक युग में प्रबन्ध सर्वव्यापी है। इसका महत्त्व दिन-प्रतिदिन बढ़ता जा रहा है। यह साधनों की उत्पादकता, कर्मचारियों की आय एवं उपभोक्ताओं की सन्तुष्टि में वृद्धि कर सम्पूर्ण संस्था की सफलता में योगदान देता है। यह व्यावसायिक संस्था के लिए ही नहीं, बल्कि समाज एवं राष्ट्र के लिए भी महत्त्वपूर्ण है।

प्रबन्ध का महत्त्व निम्न बिन्दुओं से दृष्टिगत होता है–

1. प्रबन्ध सामूहिक लक्ष्यों को प्राप्त करने में सहायक होता है
2. प्रबन्ध क्षमता में वृद्धि करता है
3. प्रबन्ध गतिशील संगठन का निर्माण करता है
4. प्रबन्ध व्यक्तिगत उद्देश्यों की प्राप्ति में सहायक होता है
5. प्रबन्ध समाज के विकास में सहायक है

प्रबन्ध की प्रकृति (Nature of Management)

प्रबन्ध की प्रकृति बहु-आयामी है, क्योंकि कोई इसे 'कला' कहता है, कोई 'विज्ञान' तो कोई इसे 'पेशा' समझता है। वस्तुतः प्रबन्ध को विभिन्न व्यक्ति भिन्न-भिन्न दृष्टिकोणों से देखते हैं, जिसके कारण प्रबन्ध की प्रकृति स्पष्ट नहीं हो पाती है। प्रबन्ध की प्रकृति को समझने के लिए इसकी कुछ प्रमुख विशेषताओं का अध्ययन करना अनिवार्य है। यहाँ हम उन्हीं विशेषताओं में से कुछ प्रमुख विशेषताओं का विस्तृत अध्ययन करेंगे, जिससे प्रबन्ध की प्रकृति को सही रूप से समझने में सुविधा होगी।

प्रबन्ध एक कला के रूप में (Management as an Art)

अध्ययन व अनुभव से प्राप्त ज्ञान या चातुर्य के उपयोग से कार्यों को करना ही कला है। **टैरी** के अनुसार, ''चातुर्य के प्रयोग से इच्छित परिणाम प्राप्त करना कला है।'' दूसरे शब्दों में ज्ञान, अध्ययन, अनुभव, चातुर्य तथा सिद्धान्तों आदि के व्यावहारिक उपयोग से इच्छित परिणामों को प्राप्त करना ही कला है।

कला से सम्बन्धित विशेषताएँ (Characteristics Related to Art)

कला के आधारभूत लक्षण निम्न हैं–

1. कला में कुछ सैद्धान्तिक ज्ञान होता है, जिन्हें कला के विद्वानों द्वारा क्रमबद्ध एवं व्यवस्थित किया गया है।
2. कला मानवीय गुण है, यह केवल कल्पना मात्र से प्राप्त नहीं होती, बल्कि इसको उपयोग एवं दक्षता के साथ प्राप्त किया जा सकता है।
3. कला व्यावहारिक ज्ञान है अर्थात् यह ज्ञान का व्यावहारिक पक्ष है। यह सृजनात्मक एवं रचनात्मकता पर आधारित है जो प्रत्येक व्यक्ति की बौद्धिक योग्यता, दूरदर्शिता तथा आत्मज्ञान से प्रभावित होती है।

प्रबन्ध एक विज्ञान के रूप में (Management as a Science)

विज्ञान, ज्ञान की किसी भी शाखा का क्रमबद्ध अध्ययन है, जिसमें कारण एवं परिणाम का सम्बन्ध पाया जाता है। दूसरे शब्दों में विज्ञान किसी भी विषय का वह व्यवस्थित ज्ञान है जो अध्ययन एवं व्यवहार से प्राप्त किया जाता है।

विज्ञान से सम्बन्धित विशेषताएँ (Characteristics Related to Science)

विज्ञान की मूलभूत विशेषताएँ निम्न हैं–

1. विज्ञान किसी विषय का क्रमबद्ध एवं व्यवस्थित ज्ञान का समूह है। इसके द्वारा प्रत्येक कार्य में कारण एवं परिणाम का सम्बन्ध स्थापित किया जा सकता है।
2. विज्ञान के सिद्धान्त तथ्यों, अवलोकनों, परीक्षणों तथा अनुसन्धानों पर आधारित होते हैं। इन सिद्धान्तों का विकास निरन्तर अवलोकन, प्रयोगों एवं अनुभवों के आधार पर किया गया है।
3. विज्ञान के सिद्धान्त सार्वभौमिक होते हैं। इसके ज्ञान को अर्जित एवं हस्तान्तरित किया जा सकता है।

निष्कर्ष: प्रबन्ध कला एवं विज्ञान का सम्मिश्रण है (Conclusion : Management is Combination of Art and Science)

उपर्युक्त विवेचन से स्पष्ट है कि प्रबन्ध कला भी है और विज्ञान भी है। कला की सफलता के लिए विज्ञान आवश्यक है। ये दोनों एक ही गाड़ी के दो पहिए या एक ही सिक्के के दो पहलू हैं। कला एवं विज्ञान एक-दूसरे के पूरक हैं।

संक्षेप में, यह कह सकते हैं कि प्रबन्ध कला एवं विज्ञान का संगम है। प्रबन्ध क्रमबद्ध ज्ञान से सम्बन्धित व्यावहारिक विज्ञान है, जिसका प्रबन्धक अपने कार्यों में अपनी चतुराई से उपयोग करता है तथा श्रेष्ठतम परिणाम प्राप्त करता है।

प्रबन्ध एक पेशे के रूप में (Management as a Profession)

प्रबन्ध एक पेशा है या नहीं। इस प्रश्न के उत्तर के लिए पहले पेशे के अर्थ एवं विशेषताओं का अध्ययन करना अति आवश्यक है।

पेशे का अर्थ (Meaning of Profession)

पेशा आजीविका का वह साधन है, जिसमें विशिष्ट ज्ञान की आवश्यकता होती है तथा जो लाभ की अपेक्षा सेवा भावना से अधिक प्रभावित होता है; जैसे-डॉक्टर, वकील तथा चार्टर्ड एकाउण्टेण्ट आदि।

पेशे की विशेषताएँ (Characteristics of Profession)

पेशे की निम्न विशषताएँ हैं–

1. सभी पेशे पूर्ण रूप से परिभाषित एवं व्यवस्थित ज्ञान के समूह के रूप में होते हैं, जिसके शिक्षण एवं प्रशिक्षण की व्यवस्था होती है।
2. किसी पेशे की योग्यता को प्राप्त करने हेतु निश्चित शैक्षणिक योग्यता का होना आवश्यक है; जैसे-चार्टर्ड एकाउण्टेन्ट बनने के लिए भारतीय चार्टर्ड एकाउण्टेन्ट संस्थान द्वारा आयोजित विशेष परीक्षा पास करनी होगी।
3. सभी पेशे किसी-न-किसी पेशागत परिषद् संगठन से जुड़े होते हैं। ये पेशागत परिषद् सम्बन्धित पेशे का नियमन (Regulation) करते हैं, उस पेशे का कार्य करने हेतु सदस्यता देते हैं और कार्य करने की अनुमति प्रदान करते हैं।
4. सभी पेशों की आचार संहिता (Ethics) होती है जो उन्हें कार्य करने में दिशा-निर्देश प्रदान करती है। यह आचार संहिताएँ उनकी संस्थाओं द्वारा तैयार की जाती है।
5. पेशे का मूल उद्देश्य सेवा भावना से कार्य करते हुए आजीविका कमाना होता है; जैसे-एक डॉक्टर मरीज का इलाज करता है तथा उसे स्वस्थ करने की कामना करता है।

प्रबन्ध के स्तर (Levels of Management)

प्रबन्ध के स्तरों से आशय किसी संस्था के प्रबन्धकीय पदों या परतों से है। प्रबन्ध के स्तरों से किसी संस्था के प्रबन्धकीय पदानुक्रम या आदेश की श्रृंखला को ज्ञात किया जा सकता है। प्रत्येक व्यक्ति समूह में एक-दूसरे से कार्यों को करने तथा कराने के लिए जुड़े रहते हैं।

इस कार्य को करने की श्रृंखला में प्रत्येक व्यक्ति का कार्य विशेष के प्रति उत्तरदायित्व (Liability) होता है। इस उत्तरदायित्व को पूरा करने के लिए उसे कुछ अधिकार (Authority) दिए जाते हैं जैसे निर्णय लेने का अधिकार (Right to Decision-Making)। अधिकार एवं उत्तरदायित्व का यह सम्बन्ध अधिकारी एवं अधीनस्थ का रूप ले लेता है। इससे संगठन में स्तरों का निर्माण होता है।

किसी व्यक्ति का प्रबन्धकीय स्तर संस्था में उसके अधिकारों एवं उत्तरदायित्वों को स्पष्ट करता है, जिससे संस्था के प्रत्येक सदस्य को पृथक् रूप से जाना एवं पहचाना जा सकता है।

व्यवहार में प्रत्येक संस्था में प्रबन्धकीय स्तर भिन्न-भिन्न बातों से प्रभावित होते हैं। *फिर भी एक अच्छी मध्यम स्तर की संस्था में प्रायः तीन प्रबन्धकीय पदानुक्रम स्तर पाए जाते हैं-*

1. उच्चस्तरीय प्रबन्ध 2. मध्यस्तरीय प्रबन्ध 3. पर्यवेक्षीय अथवा प्रचालन प्रबन्ध

1. **उच्चस्तरीय प्रबन्ध** (Top Management) ये संगठन के उच्चतम कार्यकारी अधिकारी होते हैं। इसमें संचालक मण्डल, मुख्य कार्यकारी अधिकारी, चेयरमैन तथा मुख्य प्रबन्धक आते हैं। मुख्य कार्यकारी अधिकारी संस्था की नीतियों को कार्यान्वित करवाने के लिए उत्तरदायी होता है। इस हेतु वह नीतियों की व्याख्या करता है, नियम बनाता है तथा उनके क्रियान्वयन के लिए आवश्यक निर्देश जारी करता है।

   उच्चस्तरीय प्रबन्धक वर्ग की संस्था में प्रमुख भूमिका होती है। ये सम्पूर्ण संगठन के बीच सम्पर्क बनाए रखना, उद्देश्यों को स्पष्ट करना, सम्पूर्ण संस्था का समन्वय करना, आदेश-निर्देश प्रसारित करना आदि महत्त्वपूर्ण कार्यों के लिए उत्तरदायी होते हैं। ये संगठन के हित में बाह्य वातावरण का अध्ययन कर उचित कदम उठाते हैं। इनका कार्य जटिल एवं तनावपूर्ण होता है। उच्चस्तरीय प्रबन्धक संगठन का सभी मंचों पर प्रतिनिधित्व करते हैं।

2. **मध्यस्तरीय प्रबन्ध** (Middle Management) मध्यस्तरीय प्रबन्ध के स्तर में वे सभी अधिकारी एवं प्रबन्धक सम्मिलित हैं जो पर्यवेक्षीय प्रबन्धकों तथा उच्चस्तरीय प्रबन्धकों के बीच कार्यों के समन्वय में योगदान करते हैं। ये दोनों के बीच की कड़ी होती हैं। इनके प्रबन्धक प्रथम रेखीय प्रबन्धकों के अधिकारी के रूप में होते हैं। इन्हें विभाग प्रमुख भी कहा जाता है।

   इनके द्वारा निम्नलिखित कार्य किए जाते हैं–

   (*i*) उच्चस्तरीय प्रबन्धकों द्वारा बनाई गई नीतियों की पर्यवेक्षीय प्रबन्ध को व्याख्या करते हैं अथवा उन्हें विस्तार से समझाते हैं।

   (*ii*) कार्य के संचालन हेतु विस्तृत निर्देश देते हैं और इसके लिए कर्मचारियों की संख्या सुनिश्चित करते हैं।

   (*iii*) दैनिक परिचालन कार्यों की प्रगति की जानकारी प्राप्त कर उनका मूल्यांकन करते हैं एवं विभाग के विभिन्न कार्यों में समन्वय करने में सहयोग देते हैं।

   (*iv*) पर्यवेक्षीय प्रबन्ध को आवश्यक प्रशिक्षण देते हैं एवं उनकी समस्याओं को हल करते हैं। इसके अतिरिक्त ये पर्यवेक्षीय प्रबन्ध वर्ग द्वारा किए गए कार्यों के लिए उत्तरदायी भी होते हैं।

3. **पर्यवेक्षीय अथवा प्रचालन प्रबन्ध** (Supervisory or Operational Management) पर्यवेक्षीय या प्रचालन प्रबन्ध संस्था का प्रथम पंक्ति पदानुक्रम स्तर है। यह वह प्रबन्धकीय स्तर है जो कार्यों के क्रियान्वयन के स्तर पर होता है तथा कर्मचारियों से प्रत्यक्ष कार्य करवाता है। प्रबन्ध के इस स्तर में हम कार्यालय/कारखाने के अधीक्षक, मुख्य लिपिक, फोरमैन (Foreman), विक्रय अधिकारी, लेखा अधिकारी आदि प्रथम पंक्ति के प्रबन्धकों को सम्मिलित करते हैं।

   इस स्तर के अधिकार एवं कर्त्तव्य उच्च प्रबन्धकों द्वारा बनाई गई योजनाओं एवं उनके नियमों द्वारा निर्धारित होते हैं। ये संस्था के दैनिक कार्यों के निष्पादन में महत्त्वपूर्ण भूमिका निभाते हैं। ये उच्च अधिकारियों द्वारा निर्धारित उत्पादन या कार्य के लक्ष्यों को प्राप्त करने के लिए योजनाओं का क्रियान्वयन, श्रमिकों को आवश्यक प्रशिक्षण, अन्य विभागों से समन्वय, कर्मचारियों के कार्यों का मूल्यांकन आदि महत्त्वपूर्ण कार्य करते हैं। इन्हीं के द्वारा माल की गुणवत्ता बनाए रखी जाती है एवं हानि को न्यूनतम किया जाता है, जो इनके परिश्रम अनुशासन एवं कार्यकुशलता का परिणाम होता है।

प्रबन्ध के कार्य (Functions of Management)

प्रबन्ध कार्यों की प्रक्रिया है। इसमें प्रत्येक प्रबन्धक को नियोजन, संगठन, निर्देशन, नियन्त्रण आदि कार्यों को करना होता है। यदि प्रबन्ध इस प्रक्रिया से कार्य करे तो संस्था के उद्देश्यों को पूर्ण कुशलता के साथ प्राप्त किया जा सकता है।

इस प्रकार प्रबन्ध के कार्य निम्न प्रकार हैं–

1. **नियोजन** (Planning) नियोजन एक ऐसी प्रक्रिया है, जिसके द्वारा संस्था के उद्देश्यों को निर्धारित किया जाता है तथा उन उद्देश्यों की प्राप्ति के लिए क्रियाओं, आवश्यक संसाधनों, नियमों, नीतियों, कार्यविधियों, पद्धतियों, कार्यक्रमों, व्यूह रचनाओं आदि को भी निर्धारित किया जाता है।

   नियोजन निर्धारित करता है कि कार्य कब, कहाँ, किस प्रकार, किन संसाधनों एवं किस प्रक्रिया से पूरे किए जाएँगे। यह किसी समस्या को पैदा होने से रोक नहीं सकता, किन्तु पूर्वानुमान द्वारा पैदा होने पर समस्या का समाधान कैसे होगा? यह योजना बना सकता है।

2. **संगठन** (Organising) प्रबन्धकीय कार्य के रूप में संगठन एक प्रक्रिया है, जिसके अन्तर्गत किसी संस्था के सम्पूर्ण कार्यों को निश्चित कर वर्गीकृत किया जाता है। इसके पश्चात् विभिन्न व्यक्तियों के बीच अधिकारों एवं कार्यों का बँटवारा किया जाता है तथा उन सभी व्यक्तियों के बीच आपसी सम्बन्धों की स्थापना की जाती है।

   संगठन के उद्देश्यों को प्राप्त करने के लिए विशिष्ट योजना बनाई जाती है। संगठन इस योजना के क्रियान्वयन के लिए उपलब्ध संसाधनों की जाँच करता है और यह निर्णय लेता है कि किस कार्य को कौन, कब और किस संसाधन प्रक्रिया से करेगा।

3. **कर्मचारी नियुक्तिकरण** (Employee Staffing) कर्मचारी नियुक्तिकरण से आशय सही कार्य के लिए उचित व्यक्ति को ढूँढ़कर वह कार्य आवण्टित करना या कार्य सौंपना है। प्रबन्ध संगठन के उद्देश्यों के अनुरूप कार्य के लिए सही योग्यता वाले कर्मचारी को सही स्थान पर एवं सही समय पर उपलब्ध करवाना सुनिश्चित करता है। इसे मानव संसाधन कार्य भी कहते हैं। इसमें भर्ती, चयन, कार्य पर नियुक्ति एवं प्रशिक्षण सम्मिलित हैं।

4. **निर्देशन** (Directions) निर्देशन में वे सभी प्रबन्धकीय क्रियाएँ सम्मिलित हैं जिनके द्वारा कर्मचारियों को आदेश-निर्देश दिए जाते हैं, उनका मार्गदर्शन एवं नेतृत्व किया जाता है तथा उन्हें कार्यों को स्वेच्छा से पूरा करने के लिए अभिप्रेरित किया जाता है, ताकि संस्था में कार्य के अनुकूल वातावरण का निर्माण हो सके एवं संस्था के उद्देश्यों को प्राप्त किया जा सके। इसमें अभिप्रेरणा एवं नेतृत्व दो मूल तत्त्व हैं। अभिप्रेरण (Motivation) कर्मचारियों को इच्छित लक्ष्यों की प्राप्ति हेतु कार्य करने के लिए प्रेरित करना है। नेतृत्व (Leadership) का अर्थ दूसरों को इस प्रकार प्रभावित करना है कि वह स्वेच्छा से एवं उत्साहपूर्वक नेतृत्व करने वाले व्यक्ति के इच्छित कार्य सम्पन्न करे।

5. **नियन्त्रण** (Controlling) नियन्त्रण से तात्पर्य कार्यों को जाँचना तथा उनमें सुधार करने से है, ताकि यह सुनिश्चित किया जा सके कि सभी कार्य निर्धारित योजनाओं के अनुरूप सम्पन्न हो रहे हैं अथवा नहीं। नियन्त्रण प्रबन्ध का एक प्रमुख कार्य है।

   अतः नियन्त्रण एक प्रक्रिया है, जिसके द्वारा कार्यों का निरीक्षण किया जाता है, ताकि आवश्यकता पड़ने पर उसमें सुधार भी किया जा सके। इसके लिए प्रबन्धकों को यह निर्धारित करना होता है कि सफलता के लिए क्या कार्य एवं उत्पादन महत्त्वपूर्ण है। इसका मापन कहाँ और किस विधि से किया जाएगा और सुधार की आवश्यकता होने पर उसके लिए कौन अधिकृत है।

समन्वय प्रबन्ध का सार है

(Co-ordination is the Essence of Management)

समन्वय उन सभी प्रक्रियाओं का योग है, जिनके द्वारा किसी संस्था के सभी व्यक्तिगत एवं सामूहिक प्रयासों में एकरूपता या समरूपता स्थापित होती है, ताकि अधिकतम कुशलता के साथ संस्था के उद्देश्यों को प्राप्त किया जा सके।

समन्वय प्रबन्ध का सार है, क्योंकि समन्वय प्रबन्धकीय कार्यों को एक सूत्र में पिरोने में महत्त्वपूर्ण भूमिका निभाता है। यदि समन्वय प्रबन्धकीय कार्यों की माला का धागा है, तो प्रबन्धकीय कार्य उस माला के मोती या फूल हैं। मोतियों एवं फूलों की माला तभी बनती है, जब उन्हें एक धागे में पिरोया जाए।

इस प्रकार प्रबन्धकीय कार्यों से प्रबन्ध प्रक्रिया तभी बनती है, जब प्रबन्धकीय कार्यों के बीच समन्वय हो। जब प्रबन्धकीय कार्यों में समन्वय होने लगता है, तो प्रबन्धकीय कार्य स्वतः आसानी से होने लगते हैं। समन्वय सामूहिक लक्ष्यों को प्राप्त करने के लिए व्यक्तिगत प्रयत्नों में एकता लाता है।

समन्वय की प्रकृति (Nature of Co-ordination)

उपरोक्त परिभाषाओं से समन्वय की निम्न विशेषताएँ स्पष्ट होती हैं-

1. समन्वय सामूहिक कार्यों में एकरूपता लाता है
2. समन्वय कार्यवाही में एकता लाता है
3. समन्वय निरन्तर चलने वाली प्रक्रिया है
4. समन्वय सर्वव्यापी है
5. समन्वय सभी प्रबन्धकों का उत्तरदायित्व है
6. समन्वय सोचा-समझा कार्य है

समन्वय का महत्त्व (Importance of Co-ordination)

समन्वय का महत्त्व निम्न बिन्दुओं से स्पष्ट होता है-

1. **संगठन का आकार** बड़ी संस्था में कर्मचारियों की संख्या अधिक होती है। अतः वहाँ समन्वय करना कठिन होता है। ऐसी संस्थाओं में भिन्न-भिन्न विचारों, भावनाओं, मान्यताओं तथा धर्मों के लोग कार्य करते हैं। प्रबन्धक कुशल समन्वय के द्वारा इन सभी व्यक्तियों में कार्य के प्रति समान विचारभाव उत्पन्न कर सकता है तथा इन सभी के विचारों में समरूपता स्थापित कर सकता है। समन्वय से कार्यों का दोहराव रुक जाता है और बची हुई कार्य क्षमता का अन्य कार्यों में उपयोग किया जा सकता है।
2. **कार्यात्मक विभेदीकरण** संगठन के कार्यों को किसी संस्था के विभिन्न विभागों, उप-विभागों एवं वर्गों (कर्मचारियों) में बाँटा जाता है। यदि कार्यों का युक्तिसंगत बँटवारा न हो, तो कर्मचारियों में असन्तोष की भावना पैदा हो जाती है। ऐसी स्थिति में संगठन में प्रभावी ढंग से कार्य करने के लिए समन्वय अत्यन्त आवश्यक है।
3. **विशिष्टीकरण** आधुनिक व्यवसाय में विशिष्टीकरण की विशेष महत्ता है, किन्तु विशिष्टीकरण के लाभों को तभी प्राप्त किया जा सकता है, जबकि विभिन्न विशिष्ट व्यक्तियों के कार्यों में पूर्ण समन्वय स्थापित किया जाए। अतः जहाँ विशिष्टीकरण है वहाँ समन्वय करना ही पड़ेगा।
4. **मानवीय सम्बन्धों पर जोर** समन्वय मानवीय सम्बन्धों को अधिक महत्त्वपूर्ण बनाता है। संगठन का मनोबल समन्वय से भी प्रभावित होता है। यदि संगठन में पर्याप्त समन्वय नहीं है, तो संगठन के कर्मचारियों में अनिश्चितता का भय उत्पन्न हो जाएगा।

समन्वय प्रबन्धकीय कार्यों नियोजन, संगठन, निर्देशन, अभिप्रेरण, नियन्त्रण आदि की कुँजी है। एक नियोजन के विभिन्न तत्त्वों, संगठन के विभिन्न भागों, नियन्त्रण के विभिन्न स्तरों में समन्वय करना अति आवश्यक है। अतः प्रबन्ध का प्रत्येक कार्य समन्वय का अभ्यास है एवं समन्वय प्रबन्ध का सार है।

अभ्यास प्रश्न

1. ''प्रबन्ध व्यक्तियों का विकास है न कि वस्तुओं का निर्देशन। उक्त परिभाषा दी है
(a) एफ. डब्ल्यू. टेलर ने (b) हेनरी फेयोल ने
(c) लॉरेन्स एप्पले ने (d) जार्ज. आर. टेरी ने

2. ''कोई भी कार्य समय पर पूर्ण होना ही पर्याप्त नहीं होता उसे न्यूनतम लागत पर सही ढंग से किया जाना भी आवश्यक है।'' प्रबन्ध की कौन-सी दो अवधारणाएँ इससे सम्बन्धित है?
(a) निर्देशन एवं कुशलता (b) नियन्त्रण एवं प्रभावपूर्णता
(c) कुशलता एवं प्रभावपूर्णता (d) समन्वय एवं नियन्त्रण

3. प्रबन्ध की सम्पूर्ण क्रियाएँ किससे सम्बन्धित है?
(a) प्रकृति (b) मनुष्य
(c) उत्पादन (d) लाभ

4. निम्न में से कौन-सा प्रबन्ध का उद्देश्य नहीं है?
(a) लाभ अर्जित करना (b) संगठन का विकास
(c) रोजगार उपलब्ध कराना (d) नीति निर्धारण करना

5. प्रबन्ध एक जटिल क्रिया है, जिसमें निम्न में से कौन-सी क्रिया सम्मिलित है?
(a) कार्य का प्रबन्ध (b) लोगों का प्रबन्ध
(c) परिचालन का प्रबन्ध (d) ये सभी

6. प्रबन्ध का सामाजिक उत्तरदायित्व है
(a) कर्मचारियों के प्रति (b) सरकार के प्रति
(c) उपभोक्ता के प्रति (d) ये सभी

7. संगठन की विकास क्षमता का पूर्ण रूप से उपयोग करना, प्रबन्ध के किस उद्देश्य से सम्बन्धित है?
(a) सामाजिक उद्देश्य (b) व्यक्तिगत उद्देश्य
(c) संगठनात्मक उद्देश्य (d) आर्थिक उद्देश्य

8. प्रबन्ध को हमेशा 'हम' द्वारा इंगित किया जाता है, न कि 'मैं' द्वारा क्योंकि-
(a) यह एक उच्च प्रबन्ध का कार्य है
(b) यह निरन्तर चलने वाली प्रक्रिया है
(c) यह अदृश्य है
(d) यह एक सामूहिक प्रक्रिया है

9. प्रबन्ध की प्रकृति है
(a) एक कला (b) एक विज्ञान
(c) एक पेशा (d) बहुआयामी

10. प्रबन्ध दूसरों से कार्य करवाने की है
(a) कला (b) विज्ञान (c) चातुर्य (d) योग्यता

11. चातुर्य के प्रयोग से इच्छित परिणाम प्राप्त करना कहलाता है
(a) कला (b) विज्ञान (c) प्रबन्ध (d) समन्वय

12. प्रबन्ध विज्ञान है, क्योंकि उसमें विशेषता होती है
(a) क्रमबद्ध ज्ञान समूह की
(b) परीक्षण पर आधारित सिद्धान्त की
(c) व्यापक वैधता की
(d) उपरोक्त सभी

13. प्रबन्ध एक विज्ञान के रूप में है, क्योंकि
(a) यह क्रमबद्ध ज्ञान समूह है
(b) यह सैद्धान्तिक ज्ञान है
(c) यह व्यक्तिगत योग्यतानुसार उपयोग है
(d) यह व्यवहार एवं रचनात्मकता पर आधारित है

14. प्रबन्ध है
(a) एक कला (b) एक विज्ञान
(c) कला एवं विज्ञान दोनों (d) कला एवं विज्ञान कोई नहीं

15. व्यवस्थित ज्ञान को क्या कहते हैं?
(a) कला (b) विज्ञान
(c) राजनीति (d) चार्तुय

16. पेशे का मूल उद्देश्य होता है
(a) संस्था के हित में अधिकतम लाभार्जन करना
(b) सेवा भावना से कार्य करते हुए आजीविका कमाना
(c) शून्य लाभ पर सेवार्थ कार्य करना
(d) अवैधानिक तरीकों से लाभार्जन करना

17. पेशे के अन्तर्गत सदस्यों के व्यवहारों के मार्गदर्शन व नियन्त्रण हेतु जो दिशा-निर्देश दिए जाते हैं, उसे क्या कहते हैं?
(a) आचार संहिता (b) कानून
(c) परम्परा (d) नीति

18. प्रबन्ध की आवश्यकता है
(a) उच्चतम स्तर पर (b) मध्यम स्तर पर
(c) निम्नतम स्तर पर (d) सभी स्तरों पर

19. संचालक मण्डल प्रबन्धकीय पदानुक्रम में किस स्तर पर पाए जाते हैं?
(a) उच्चस्तरीय (b) मध्यम स्तरीय
(c) पर्यवेक्षीय (d) निम्न स्तरीय

20. बाह्य वातावरण के साथ सम्पर्क करना किसका कार्य है?
(a) उच्च स्तर का (b) मध्यम स्तर का
(c) पर्यवेक्षकीय स्तर का (d) ये सभी

21. नीति निर्धारण कार्य है
(a) उच्च स्तरीय प्रबन्धकों का (b) मध्य स्तरीय प्रबन्धकों का
(c) परिचालन प्रबन्ध का (d) ये सभी

22. फोरमैन प्रबन्ध के किस स्तर से सम्बन्धित कर्मचारी है?
(a) उच्च स्तरीय प्रबन्ध (b) मध्य स्तरीय प्रबन्ध
(c) निम्न स्तरीय प्रबन्ध (d) उपरोक्त में से कोई नहीं

23. कर्मचारियों के कार्यों का मूल्यांकन प्रबन्ध के किस स्तर पर किया जाता है?
(a) उच्चस्तरीय (b) मध्यस्तरीय
(c) पर्यवेक्षीय स्तर (d) इनमें से कोई नहीं

24. प्रबन्ध के किस स्तर में कर्मचारियों के कार्यों को देखना सम्मिलित है?
(a) उच्च स्तरीय प्रबन्ध (b) मध्यम स्तरीय प्रबन्ध
(c) पर्यवेक्षीय प्रबन्ध (d) इनमें से कोई नहीं

25. नीतियाँ निर्धारित करना प्रबन्ध के किस स्तर का कार्य है?
(a) उच्च स्तरीय (b) पर्यवेक्षीय
(c) मध्यम स्तरीय (d) निम्न स्तरीय

26. समन्वय की आवश्यकता प्रबन्ध के किस स्तर पर होती है?
(a) उच्च स्तरीय (b) मध्यम स्तरीय
(c) निम्न स्तरीय (d) सभी स्तरों पर

27. कौन-सा कार्य प्रबन्ध का कार्य नहीं है?
(a) नियोजन (b) नियुक्तिकरण
(c) सहयोग (d) नियन्त्रण

28. प्रबन्ध कार्यों में सम्मिलित है
(a) नियोजन (b) संगठन (c) समन्वय (d) ये सभी

29. सही कार्य के लिए उचित व्यक्ति को ढूँढ़कर वह कार्य आवण्टित करना या कार्य सौंपना, कहलाता है
(a) नियोजन (b) निर्देशन (c) नियुक्तिकरण (d) नियन्त्रण

30. प्रबन्ध का कौन-सा कार्य योजना अनुसार कार्य का निष्पादन सुनिश्चित करना है?
(a) निर्देशन (b) नियोजन
(c) नियन्त्रण (d) संगठन

31. प्रबन्धकीय कार्यों की कुँजी किसे कहा जाता है?
(a) नियोजन (b) समन्वय (c) संगठन (d) नियन्त्रण

32. प्रबन्ध का कौन-सा कार्य प्रबन्ध का आधारभूत (प्राथमिक) कार्य माना जाता है?
(a) नियोजन (b) संगठन (c) निर्देशन (d) नियन्त्रण

33. समन्वय
(a) प्रबन्ध का कार्य है (b) प्रबन्ध का सार है
(c) प्रबन्ध का उद्देश्य है (d) इनमें से कोई नहीं

उत्तरमाला

1.	(a)	2.	(c)	3.	(b)	4.	(d)	5.	(d)	6.	(d)	7.	(c)	8.	(d)	9.	(d)	10.	(a)
11.	(a)	12.	(d)	13.	(a)	14.	(c)	15.	(b)	16.	(b)	17.	(a)	18.	(d)	19.	(a)	20.	(a)
21.	(a)	22.	(c)	23.	(c)	24.	(c)	25.	(a)	26.	(d)	27.	(c)	28.	(d)	29.	(c)	30.	(c)
31.	(b)	32.	(a)	33.	(b)														

अध्याय 2

प्रबन्ध के सिद्धान्त

सामान्य एवं सरल शब्दों में, किसी कार्य या ज्ञान के सम्बन्ध में सिद्धान्त वे आधारभूत मार्गदर्शक बातें हैं, जो अनुभव शोध, विश्लेषण एवं परीक्षण के आधार पर निर्धारित की जाती हैं।

टैरी के अनुसार, ''सिद्धान्त को एक आधारभूत कथन या सत्य के रूप में परिभाषित किया जा सकता है जो किसी कार्य या विचार का मार्गदर्शन करता है''। प्रबन्ध के सिद्धान्त एक आधार सत्य होते हैं। जो सामान्य कारण तथा उसके परिणाम में सम्बन्ध स्थापित करते हैं। इनके आधार पर प्रबन्धक अपने संस्था के भविष्य की कल्पना कर सकते हैं और साथ ही इन सिद्धान्तों को ध्यान में रखकर गलतियों से बचा जा सकता है।

प्रबन्ध के सिद्धान्त-एक अवधारणा

(Principles of Management -A Concept)

एडविन बी. फिलप्पों के अनुसार, प्रबन्ध के सिद्धान्त एक आधारभूत सत्य होता है और यह कारण एवं परिणाम में सम्बन्ध स्थापित करते हैं।

प्रबन्ध के क्षेत्र में प्रभावी प्रबन्ध व्यवस्था व प्रबन्ध की सफलता के लिए जिन मान्यताओं व नीतियों का पालन किया जाता है उन्हें ही प्रबन्ध के सिद्धान्त कहते हैं।

प्रबन्ध के सिद्धान्त की प्रकृति (Nature of Principles of Management)

प्रबन्ध में विज्ञान एवं कला दोनों के गुण विद्यमान हैं। अतः प्रबन्ध के सिद्धान्तों को विकसित करना विज्ञान है, तो इनके उपयोग को कला माना जा सकता है। कला में ज्ञान एवं चातुर्य का प्रयोग किया जाता है, जबकि विज्ञान में प्रबन्ध का व्यवस्थित ज्ञान उपलब्ध है, जिसमें कारण एवं परिणाम का सम्बन्ध पाया जाता है।

निम्न बिन्दुओं की सहायता से प्रबन्ध के सिद्धान्तों की प्रकृति को स्पष्ट रूप से समझा जा सकता है–

1. **सर्वयुक्त या सार्वभौमिक** (Universal Application) ये सिद्धान्त प्रत्येक संगठन, समूह एवं सभी स्थानों पर समान रूप से लागू होते हैं। प्रत्येक व्यावसायिक (औद्योगिक उपक्रम) तथा गैर-व्यावसायिक (शिक्षण संस्थाएँ, सरकारी कार्यालय, खेल का मैदान, कृषि फार्म, सेना, क्लब एवं सामाजिक संस्थान) सभी को अपने उद्देश्य की प्राप्ति के लिए इन सिद्धान्तों को समान रूप से अपनाना होता है।
2. **सामान्य मार्गदर्शन** (General Guidelines) प्रबन्ध के सिद्धान्त मार्गदर्शन का कार्य करते हैं, लेकिन ये सभी परिस्थितियों में शत-प्रतिशत सत्य नहीं होते हैं। इसका कारण है कि परिस्थितियाँ बड़ी जटिल एवं गतिशील होती हैं, परन्तु फिर भी इनकी महत्ता अत्यधिक होती है, क्योंकि छोटे-से-छोटा दिशा-निर्देश भी किसी समस्या के समाधान में सहायक हो सकता है।
3. **व्यवहार एवं शोध द्वारा निर्मित** (Formed by Practice and Experiments) प्रबन्ध के सिद्धान्तों का निर्माण प्रबन्धक के ज्ञान, व्यवहार, अनुभव एवं शोध के आधार पर किया जाता है। यह सिद्धान्त पूर्णतः मानवीय व्यवहारों पर केन्द्रित होता है, इसलिए इसको बनाने से पहले उचित अवलोकन और प्रयोग किए जाते हैं, जो सिद्धान्तों के रूप में मान्य हो जाता है।
4. **लोच** (Flexibile) प्रबन्ध के सिद्धान्तों की एक विशेषता यह है कि ये सिद्धान्त लोचशील होते हैं। इन्हें परिस्थितियों के अनुरूप समायोजित करके अपनाया जा सकता है। अतः इन सिद्धान्तों को अपनाते समय सहज एवं सरल भाव रखना चाहिए न कि कठोर दृष्टिकोण।
5. **मानवीय व्यवहार द्वारा प्रभावित** (Effected by Human Behaviour) प्रबन्ध के सिद्धान्तों की सफलता काफी सीमा तक मानवीय व्यवहार से प्रभावित होती है।
6. **कारण एवं परिणाम का सम्बन्ध** (Relation of Reason and Result) प्रबन्ध के सिद्धान्त कारण एवं परिणाम का सम्बन्ध स्थापित करते हैं जिससे प्रबन्धक इनका उपयोग सभी स्तरों पर समान परिस्थितियों में कर लेते हैं। प्रबन्ध के सिद्धान्त यह बताते हैं कि एक विशेष परिस्थिति में सिद्धान्तों का उपयोग करने पर क्या परिणाम प्राप्त होंगे, क्योंकि वातावरण एवं परिस्थितियाँ लगातार बदलती रहती हैं। फिर भी प्रबन्ध के सिद्धान्त, कारण एवं परिणाम में सम्बन्ध स्थापित करने में काफी सीमा तक प्रभावी होते हैं जिससे इनकी उपयोगिता बढ़ जाती है।
7. **अनिश्चित** (Uncertain) प्रबन्ध एक गतिशील वातावरण में कार्य करता है, अतः उसके सिद्धान्त भी गतिशील एवं अनिश्चित होते हैं। वे समय एवं परिस्थितियों के साथ परिवर्तित होते रहते हैं। उनमें सुधार भी होता रहता है। ऐसा प्रबन्ध के क्षेत्र में शोध एवं परीक्षणों से ही सम्भव हो पाता है।

प्रबन्ध के सिद्धान्तों का महत्त्व

(Importance of Principles of Management)

प्रबन्ध के सिद्धान्त प्रबन्धकों के लिए अति महत्त्वपूर्ण होते हैं, क्योंकि ये सिद्धान्त उनके लिए पथ-प्रदर्शक का कार्य करते हैं। उन्हीं के आधार पर वे अपने प्रबन्धकीय कार्यों को करने का प्रयत्न करते हैं। *प्रबन्ध के सिद्धान्तों का महत्त्व निम्नलिखित कारणों से होता है–*

1. **प्रबन्धकों को वास्तविकता का उपयोगी सूक्ष्म ज्ञान प्रदान करना** (Providing Micro Knowledge to Managers of Reality) प्रबन्ध के सिद्धान्त, प्रबन्धकों के लिए मार्गदर्शक का कार्य करते हैं। इन सिद्धान्तों की जानकारी होने से प्रबन्धक अपनी समस्याओं तथा कार्यों के सम्बन्ध में सही दिशा एवं दृष्टिकोण से विचार कर सकते हैं जिससे उनकी योग्यता, ज्ञान एवं कार्यप्रणाली का विकास होता है।
2. **संसाधनों का अधिकतम उपयोग एवं प्रभावी प्रशासन** (Optimum Utilisation of Resources and Effective Administration) प्रबन्ध के सिद्धान्तों की सहायता से प्रबन्धक अपने निर्णयों में कारण एवं परिणाम का सम्बन्ध स्थापित करते हैं, जिससे वे पूर्वानुमान लगाकर त्रुटि करने से बच जाते हैं। प्रबन्ध के सिद्धान्त प्रभावी प्रशासन में भी उपयोगी होते हैं, क्योंकि ये प्रबन्धकों को व्यक्तिगत पसन्द एवं पक्षपात से मुक्त रखते हैं।

3. **वैज्ञानिक निर्णय** (Scientific Decisions) संस्था के निर्णय विचारणीय एवं न्यायोचित होने चाहिए जो संस्था के उद्देश्यों को ध्यान में रखकर लिए जाने होते हैं। ये निर्णय समय, परिस्थिति एवं वातावरण के अनुकूल होते हैं, जिससे उपलब्ध संसाधनों का श्रेष्ठ ढंग से प्रयोग करके उचित निर्णय लिया जा सकता है।
4. **बदलते पर्यावरण की आवश्यकताओं को पूरा करना** (Fulfilling the Needs of Changing Environment) प्रबन्ध के सिद्धान्त परिवर्तनशील, गतिशील एवं लोचपूर्ण होते हैं। ये प्रबन्धकों को बदलते पर्यावरण की आवश्यकताओं को पूरा करने में सहायक होते हैं। इनके सिद्धान्त व्यावसायिक वातावरण के अनुरूप समायोजित किए जा सकते हैं।
5. **सामाजिक उत्तरदायित्वों को पूरा करना** (Fulfilling Social Responsibility) वर्तमान में व्यवसाय समाजोन्मुख हो गए हैं। समाज भी अपने कार्यों एवं अधिकारों के प्रति जागरूक हो गया है। अतः व्यवसाय का सामाजिक उत्तरदायित्व बढ़ गया है। प्रबन्ध के सिद्धान्त प्रबन्धक को अपना प्रत्येक कार्य या निर्णय सामाजिक हितों एवं मूल्यों को ध्यान में रखकर लेने पर बल देता है।
6. **प्रबन्ध प्रशिक्षण, शिक्षा एवं अनुसन्धान** (Management Training, Education and Research) प्रबन्ध के सिद्धान्तों का विकास व्यवस्थित ज्ञान एवं प्रशिक्षण के रूप में किया जाता है। वर्तमान में प्रबन्धकीय शिक्षण एवं प्रशिक्षण का विकास हुआ है, जिससे इसका व्यवस्थित पाठ्यक्रम बना है।

टेलर का वैज्ञानिक प्रबन्ध

(Scientific Management of Tayler)

एफ. डब्ल्यू. टेलर का विश्वास था कि प्रबन्ध का मुख्य उद्देश्य स्वामियों को अधिकतम सम्पन्नता प्रदान करना और प्रत्येक कर्मचारी का अधिकतम कल्याण करना होना चाहिए। टेलर ने इसके लिए प्रबन्ध के क्षेत्र में नई विचारधारा लागू करने पर बल दिया। इस सम्बन्ध में आवश्यक सुझाव ही नहीं दिए, बल्कि जिन कारखानों में वे काम करते थे, उनमें उन्होंने यह सिद्ध करके दिखाया कि श्रमिक अपनी कार्यकुशलता में कैसे वृद्धि कर सकते हैं।

वैज्ञानिक प्रबन्ध के सिद्धान्त (Principles of Scientific Management)

वैज्ञानिक प्रबन्ध या प्रबन्ध के सिद्धान्तों की टेलर ने निम्न प्रकार से विवेचना की है–

विज्ञान पद्धति न कि, अँगूठा टेक नियम (Science, Not Rule of Thumb)

प्रबन्ध के क्षेत्र में टेलर ने अँगूठा टेक नियम के स्थान पर वैज्ञानिक पद्धति की शुरुआत की। टेलर का मानना था कि अधिकतम कार्यक्षमता में वृद्धि केवल एक सर्वोत्तम विधि थी। इस विधि में समय अध्ययन, गति अध्ययन, थकान अध्ययन, कार्य अध्ययन को सम्मिलित किया जाता है। यह पद्धति मानवीय शक्ति एवं समय की बचत करती है।

सहयोग न कि टकराव (Harmony, Not Discord)

टेलर का मानना था कि प्रबन्धक व्यवसाय के स्वामी और श्रमिकों के बीच एक कड़ी होते हैं। प्रबन्धक उच्च पदों पर होते हैं, इसलिए उन्हें श्रमिकों से कार्य करवाने का अधिकार होता है। प्रबन्धक कार्य पूर्ण व अधिक उत्पादन करवाने के लिए कई तरीके श्रमिकों पर अपनाते रहते हैं जिसे श्रमिक वर्ग अपनी प्रताड़ना समझते हैं। फलस्वरूप दोनों में टकराव की स्थिति बनी रहती है।

इस सम्बन्ध में टेलर ने स्पष्ट किया कि दोनों में टकराव रहने पर मालिक वर्ग और श्रमिक वर्ग दोनों की हानि है, किन्तु सहयोग से कार्य करने पर दोनों वर्गों को लाभ होता है। इसके लिए मानसिक बदलाव लाना आवश्यक है। टेलर ने इस टकराव को सहयोग में बदलने के लिए बताया कि यदि कम्पनी को अच्छा लाभ होता है, तो इसमें श्रमिकों की भागीदारी सुनिश्चित करें। कर्मचारियों को भी अधिकतम लाभ के लिए भरसक प्रयास एवं ईमानदारी से कार्य करना चाहिए।

सहयोग न कि व्यक्तिवाद (Co-operation, Not Individualism)

टेलर ने बताया कि प्रबन्ध में व्यक्तिवाद के स्थान पर सहयोग की भावना होनी चाहिए। सहयोग का सिद्धान्त प्रतिस्पर्द्धा के स्थान पर सहयोग से कार्य करने पर बल देता है। यदि कोई कर्मचारी अच्छे सुझाव देता है, तो उसे अपनाना चाहिए। कर्मचारी को अच्छे सुझावों के लिए सम्मानित भी करना चाहिए। कोई भी नया निर्णय या नई तकनीक लागू करने से पहले श्रमिकों को विश्वास में ले लेना चाहिए। इससे उसे लागू करने में उनका भी सहयोग मिल जाता है।

प्रत्येक व्यक्ति का उसकी अधिकाधिक क्षमता एवं समृद्धि के लिए विकास

(Development of Workers to their Greatest Efficiency and Prosperity)

टेलर ने अवगत कराया कि श्रमिकों का वैज्ञानिक विधि से चुनाव एवं प्रशिक्षण किसी भी संस्था के लिए अत्यन्त आवश्यक है, इसलिए श्रमिकों का चुनाव करने से पहले प्रबन्धक को यह निश्चित कर लेना चाहिए कि उस व्यक्ति में क्या-क्या गुण होने चाहिए, क्योंकि कर्मचारी की क्षमता एवं समृद्धि की शुरुआत उसके चयन से ही प्रारम्भ हो जाती है। कर्मचारी को कार्य उसकी शारीरिक, मानसिक एवं बौद्धिक योग्यता के अनुरूप देना चाहिए तथा उसकी अधिकाधिक क्षमता एवं समृद्धि के लिए प्रशिक्षण की व्यवस्था भी होनी चाहिए।

वैज्ञानिक प्रबन्ध की तकनीक

(Techniques of Scientific Management)

टेलर ने वैज्ञानिक प्रबन्ध लागू करने के लिए कई तकनीकों पर शोध एवं अनुसन्धान किया। उनकी सफलता के पश्चात् ही उन्हें वैज्ञानिक प्रबन्ध की तकनीकों में सम्मिलित किया गया। *ये तकनीकें निम्न हैं–*

कार्यात्मक फोरमैनशिप (Functional Formanship)

फोरमैन का कारखाने के चारों ओर उत्पादन, नियोजन, क्रियान्वयन आदि क्रियाओं पर उसका नियन्त्रण रहता है।

संगठन की परम्परागत प्रणाली में प्रायः सभी कार्यों को एक ही व्यक्ति द्वारा किया जाता था, परन्तु वैज्ञानिक प्रबन्ध के दृष्टिकोण से यह प्रणाली ठीक नहीं मानी गई और टेलर ने कार्यात्मक फोरमैनशिप के आधार पर दो मुख्य विभाग बनाए-योजना विभाग (Planning Department) एवं उत्पादन विभाग (Production Department)। प्रत्येक विभाग में चार नायक (Boss) होते हैं, जोकि अपनी विशिष्टता एवं योग्यता रखते हैं।

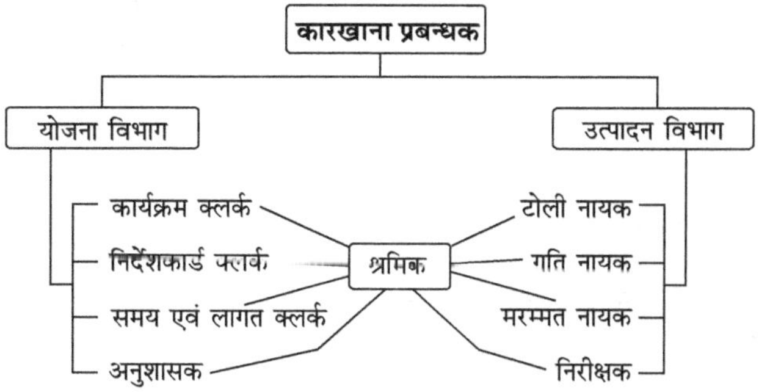

योजना विभाग (Planning Department)

योजना विभाग का कार्य उपक्रम के लिए योजना बनाना है। *उसके चार अधिकारी (नायक) निम्नलिखित हैं-*

1. **कार्यक्रम क्लर्क** (Route Clerk) कार्यक्रम क्लर्क उत्पादन की प्रक्रिया निर्धारित करता है।

2. **निर्देशन कार्ड क्लर्क** (Instruction Card Clerk) निर्देशन कार्ड क्लर्क के द्वारा कर्मचारियों को निर्देश दिए जाते हैं कि कौन-सा कार्य किया जाना है।
3. **समय एवं लागत क्लर्क** (Time and Cost Clerk) समय तथा लागत क्लर्क द्वारा उत्पादन की विभिन्न अवस्थाओं में लगने वाला समय निर्धारित किया जाता है एवं लागत-पत्र तैयार किया जाता है।
4. **कारखाना अनुशासक** (Factory Disciplinarian) कारखाना अनुशासक श्रमिकों में अनुशासन एवं शान्ति बनाए रखता है।

उत्पादन विभाग (Production Department)

उत्पादन विभाग का कार्य योजना विभाग द्वारा बनाई गई योजना के अनुसार उत्पादन करना होता है। *इस विभाग में चार अधिकारी निम्नलिखित हैं-*

1. **टोली नायक** (Gang Boss) टोली नायक श्रमिक उपलब्ध कराता है।
2. **गति नायक** (Speed Boss) गति नायक कार्य की गति बनाए रखता है।
3. **मरम्मत नायक** (Repairs Boss) मरम्मत नायक विभिन्न मशीनों का रख-रखाव एवं मरम्मत का कार्य करता है।
4. **निरीक्षक** (Inspector) निरीक्षक श्रमिकों द्वारा बनाई गई वस्तुओं की किस्म एवं मात्रा का निरीक्षण करता है।

कार्यात्मक फोरमैनशिप श्रम विभाजन एवं विशिष्टीकरण के सिद्धान्त पर आधारित है। फोरमैन में बुद्धि, शिक्षा, चातुर्य, निर्णय शक्ति, विशेष योग्यता, शारीरिक दक्षता, ईमानदारी आदि गुण होने आवश्यक हैं। ये सभी गुण एक ही व्यक्ति में नहीं मिल सकते, इसलिए टेलर ने श्रमिकों के निम्न स्तर पर आठ विशेषज्ञों की टीम को दो विभागों में विभाजित कर उनकी योग्यतानुसार उन्हें कार्य सौंपे जाने का सुझाव दिया।

कार्य का प्रमापीकरण एवं सरलीकरण

(Standardisation and Simplification of Work)

टेलर ने कार्य का प्रमापीकरण एवं सरलीकरण को वैज्ञानिक प्रबन्ध का महत्त्वपूर्ण अंग माना है। प्रमापीकरण से आशय व्यावसायिक प्रक्रिया के लिए मानक निर्धारित करने से है। इन मानकों का उत्पादन प्रक्रिया के दौरान पालन करना होता है। ये मशीन, यन्त्र, कच्चा माल, कार्य करने की दशाएँ आदि के सम्बन्ध में होते हैं।

इनके प्रमापीकरण के उद्देश्य निम्न हैं–

1. उत्पादन को निश्चित आकार, प्रकार, विशेषताओं एवं गुणों के साथ उत्पादित करना।
2. तैयार माल और उत्पादन की विभिन्न शाखाओं में विनिमय की स्वीकृति देना।
3. माल को गुणवत्ता मानकों के अनुरूप तैयार करना।
4. व्यक्ति एवं मशीन के कार्य निष्पादन मानकों को निर्धारित करना।
5. कच्चे माल के अपव्यय को रोकना।
6. श्रमिकों की कार्य दशाओं में सुधार कर कार्यकुशलता को बढ़ाना।

कार्य अध्ययन (Work Study)

यह विधि व्यावसायिक संस्थान में कम कीमत पर अधिकतम उत्पादन प्राप्ति को प्रोत्साहन देती है तथा यह प्रत्येक दृष्टिकोण से कुशल उत्पादन में उचित योगदान देती है। *इस विधि में निम्नलिखित अध्ययनों को सम्मिलित किया जाता है-*

कार्य पद्धति अध्ययन (Work Study Method)

किसी भी निर्माणी संस्था में कार्यकुशलता बढ़ाने के लिए कार्य पद्धति अध्ययन बहुत महत्त्वपूर्ण है। इस पद्धति अध्ययन में उत्पादन की सम्पूर्ण प्रक्रियाओं की जाँच-पड़ताल एवं विश्लेषण किया जाता है और सर्वश्रेष्ठ पद्धति की खोज की जाती है।

गति अध्ययन (Motion Method)

किसी कार्य को करने में कर्मचारी को और मशीनों को विभिन्न प्रकार की चेष्टाएँ या मुद्राएँ करनी पड़ती हैं; जैसे–उठना, बैठना, रखना, पकड़ना, ले जाना, घुमाना, छेद करना आदि। इन सभी का अध्ययन गति अध्ययन अथवा मुद्रा अध्ययन कहलाता है। गति अध्ययन का मुख्य उद्देश्य श्रम के न्यूनतम अपव्यय के लिए सर्वोत्तम प्रणाली को ज्ञात करना तथा लागू करना है।

समय अध्ययन (Time Study)

श्रमिकों के द्वारा उत्पादन क्रिया को करने में लगने वाले समय की जाँच करना, उसका लेखा रखना तथा उचित समय निर्धारित करना समय अध्ययन कहलाता है। प्रत्येक कार्य को छोटे-छोटे उपभागों में विभाजित करके कर्मचारियों द्वारा लगने वाले समय को नोट किया जाता है। समय नोट करने के लिए टेलर ने स्टॉप वॉच का प्रयोग किया था।

थकान अध्ययन (Fatigue Study)

यह एक वास्तविकता है कि एक कर्मचारी की कार्यक्षमता पूरे दिन समान नहीं बनी रहती है। इसका मुख्य कारण कर्मचारियों को थकान का अनुभव होना है। एक कर्मचारी निरन्तर कार्य करते हुए जैसे-जैसे थकता जाता है उसकी कार्यक्षमता एवं कार्यकुशलता भी घटती जाती है। इस सम्बन्ध में टेलर ने सूक्ष्म अध्ययन किया और ज्ञात किया कि थकान के कई कारण हैं; जैसे-लगातार कार्य करना, अनुपयुक्त कार्य करना, कार्यदशाएँ खराब होना आदि।

विभेदात्मक पारिश्रमिक प्रणाली (Differential Piece-wage System)

यह तकनीक कर्मचारियों के लिए मजदूरी की विभिन्न दर का भुगतान करने पर बल देती है। उनकी इस विधि को प्रेरणात्मक पारिश्रमिक भुगतान करने की विधियों में सम्मिलित किया जाता है। इसके अन्तर्गत कुशल श्रमिकों को पारिश्रमिक का भुगतान उच्च दरों पर किया जाता है, जो प्रत्येक श्रमिक की उत्पादन मात्रा पर निर्भर करता है।

टेलर ने सुझाव दिया कि कम्पनी को अपने लक्ष्य या उत्पादन को उत्पादित करने वाले श्रमिकों के लिए मजूदरी की मानक दर निश्चित करनी चाहिए। ऐसे श्रमिक जो लक्ष्य से अधिक उत्पादन करते हैं उन्हें उच्च दर से भुगतान करना चाहिए और जो मानक उत्पादन से कम उत्पादन करते हैं, उन्हें मानक दर से कम दर का भुगतान करना चाहिए।

फेयोल के प्रबन्ध के सिद्धान्त

(Fayol's Principles of Management)

फ्रांस के प्रसिद्ध उद्योगपति एवं प्रबन्ध विशेषज्ञ हेनरी फेयोल अमेरिका के विश्वविख्यात इन्जीनियर श्री फ्रेडरिक विंस्लो टेलर के समकालीन थे। एक गहन अनुभव के बाद उन्होंने प्रबन्ध सम्बन्धी अनेक सिद्धान्तों का प्रतिपादन किया, उनके नाम पर ही उनकी विचारधारा को फेयोलवाद (Fayolism) भी कहा जाता है।

प्रबन्ध के सिद्धान्त (Principles of Management)

हेनरी फेयोल ने प्रबन्ध के 14 सिद्धान्तों का प्रतिपादन किया है जिनका संक्षिप्त वर्णन निम्न प्रकार है–

कार्य-विभाजन का सिद्धान्त (Principle of Division of Work)

हेनरी फेयोल के इस सिद्धान्त के अनुसार प्रत्येक व्यक्ति को उसकी क्षमता तथा योग्यता के आधार पर कार्य सौंपा जाना चाहिए। इसमें विशिष्टीकरण और प्रमापीकरण का अधिकतम लाभ प्राप्त करने में सहायता मिलती है। **फेयोल** के अनुसार, ''कार्य विभाजन का उद्देश्य एक बार के परिश्रम से अधिक उत्पादन एवं श्रेष्ठ कार्य करना है। विशिष्टीकरण मानवीय शक्ति के उपयोग करने का कुशलतम तरीका है।''

अधिकार और उत्तरदायित्व का सिद्धान्त
(Principle of Authority and Responsibility)

अधिकार का आशय किसी कार्य को करने के लिए आज्ञा देने तथा निर्देश देने से है। प्रशासन में अधिकारी को उचित एवं पर्याप्त अधिकार भी प्रदान किए जाने चाहिए जिससे कि वह अपने उत्तरदायित्वों का भली-भाँति निर्वाह कर सके। **हेनरी फेयोल** के अनुसार, ''अधिकार आदेश देने एवं आज्ञा पालन करने का अधिकार है, जबकि उत्तरदायित्व अधिकार का उप-सिद्धान्त है।''

अनुशासन का सिद्धान्त (Principle of Discipline)

अनुशासन का आशय कर्मचारियों में नियमों एवं नौकरी की शर्तों का पालन करना, आज्ञा पालन, परिश्रम से कार्य करना, व्यावहारिकता आदि से है। प्रत्येक व्यवसाय के लिए उसके कर्मचारियों में अनुशासन होना अत्यन्त आवश्यक है। हेनरी फेयोल के अनुसार, ''बुरा अनुशासन एक बुराई है, जो बुरे नेतृत्व से आता है।''

आदेश की एकता का सिद्धान्त
(Principle of Unity of Command)

इस सिद्धान्त का आशय है कि कर्मचारियों को कार्य करने के लिए एक ही अधिकारी द्वारा आदेश दिए जाने चाहिए। आदेश की एकरूपता के अभाव में कर्मचारी भ्रमित हो सकता है। इससे प्रशासन में अव्यवस्था एवं गड़बड़ी उत्पन्न हो जाती है तथा उत्पादन में भी शिथिलता आ जाती है।

निर्देश की एकता का सिद्धान्त (Principle of Unity of Direction)

किसी उपक्रम के समान लक्ष्य एवं उद्देश्य वाली विभिन्न क्रियाओं का संचालन एक योजना एवं एक प्रबन्धक के अन्तर्गत होना चाहिए जिससे कि उन समस्त क्रियाओं को एक ही लक्ष्य की प्राप्ति हेतु निर्देशित किया जा सके। इससे क्रियाओं एवं साधनों के मध्य सामंजस्य स्थापित किया जा सकता है।

सामूहिक हितों के लिए व्यक्तिगत हितों का समर्पण
(Surrender of Individual Interest of Collective Interests)

यद्यपि सर्वोच्च प्रशासकों एवं प्रबन्धकों को सामूहिक तथा व्यक्तिगत हितों को समन्वित रखना चाहिए, किन्तु यदि इन दोनों में कभी किसी कारण से संघर्ष पैदा हो, तो सामूहिक हित के लिए उन्हें व्यक्तिगत हितों का समर्पण (छोड़) करना चाहिए। फेयोल का मानना था कि प्रत्येक कार्य किसी व्यक्ति विशेष के लाभ हेतु नहीं बल्कि सम्पूर्ण उपक्रम एवं समाज के हितों को ध्यान में रखकर किया जाना चाहिए।

पारिश्रमिक का सिद्धान्त (Principle of Remuneration)

इस सिद्धान्त के अनुसार, कर्मचारियों को उनके कार्य के लिए प्रतिफल देने की पद्धति न्यायपूर्ण होनी चाहिए अर्थात् कर्मचारी को उनकी योग्यता के अनुसार व कार्यों के अनुरूप पारिश्रमिक दिया जाना चाहिए जिससे कर्मचारी एवं नियोक्ता दोनों सन्तुष्ट रहें, श्रम एवं प्रबन्ध में मधुर सम्बन्ध बने रहें एवं उत्पादन में भी वृद्धि हो।

केन्द्रीकरण एवं विकेन्द्रीकरण का सिद्धान्त
(Principles of Centralisation and Decentralisation)

यदि अधिकार एवं सत्ता किसी व्यक्ति विशेष के पास केन्द्रित है, तो इसे केन्द्रीकरण कहते हैं और यदि अधिकार एवं सत्ता एक से अधिक व्यक्तियों के पास है, तो इसे विकेन्द्रीकरण कहते हैं। संस्था में केन्द्रीकरण की मात्रा व्यक्तियों की योग्यता के आधार पर निश्चित की जाती है। किस उपक्रम में कितना केन्द्रीकरण हो, यह उसकी परिस्थितियों पर निर्भर करता है।

सोपान शृंखला का सिद्धान्त (Principle of Scalar Chain)

संस्था में उच्च पदाधिकारियों से लेकर निम्न स्तरीय कर्मचारियों तक सम्पर्क का मार्ग सीधा होना चाहिए अर्थात् सन्देश देने तथा प्राप्त करने का मार्ग एक सीधी रेखा के रूप में स्पष्ट एवं निश्चित होना चाहिए। इस सम्बन्ध में हेनरी फेयोल ने एक संगठन चार्ट का उल्लेख किया है।

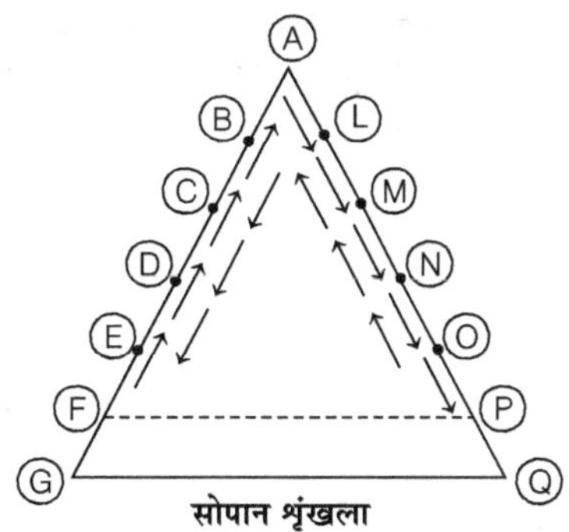

सोपान शृंखला

इस सोपान शृंखला में यदि F, P से सम्पर्क करना चाहता है, तो उसे E → D → C → B → A → L → M → N → O से P शृंखला से गुजरना होगा। यदि यह शृंखला टूटती, है तो गलत होगा। फेयोल का मानना था कि इसकी अवहेलना नहीं की जानी चाहिए, यदि यह कुशलता में बाधक है या आकस्मिक परिस्थितियाँ हैं तो इसका उल्लंघन किया जा सकता है।

व्यवस्था का सिद्धान्त (Principle of Order)

इस सिद्धान्त के अनुसार, यदि सही व्यक्ति को सही कार्य मिले तथा प्रत्येक वस्तु को उचित स्थान एवं उचित क्रम में व्यवस्थित किया जाए, तो प्रबन्ध प्रक्रिया कुशलता से निष्पादित की जा सकती है। **फेयोल** के अनुसार, ''अधिकतम कार्य-कुशलता के लिए प्रत्येक वस्तु और प्रत्येक व्यक्ति के लिए एक निश्चित स्थान होना चाहिए जिससे किसी व्यक्ति और वस्तु की खोज में समय व शक्ति व्यर्थ न हो।''

समता का सिद्धान्त (Principle of Equity)

यह सिद्धान्त इस बात पर बल देता है कि संगठन में प्रत्येक कर्मचारी के साथ न्यायसंगत, निष्पक्ष तथा समानता का व्यवहार किया जाना चाहिए। फेयोल के अनुसार, ''सभी कर्मचारियों के प्रति निष्पक्षता सुनिश्चित करने के लिए सद्बुद्धि एवं अनुभव की आवश्यकता होती है।'' अतः किसी भी कर्मचारी के साथ लिंग, धर्म, भाषा, क्षेत्र आदि के आधार पर भेदभाव नहीं किया जाना चाहिए।

कर्मचारियों की उपयुक्तता का सिद्धान्त
(Principle of Utility of Employees)

फेयोल के अनुसार, ''संगठन की कार्यकुशलता को बनाए रखने के लिए कर्मचारियों की आवर्त को न्यूनतम किया जाना चाहिए।'' कर्मचारियों का चयन, भर्ती के लिए उचित एवं कठोर प्रक्रिया अपनाई जा सकती है, किन्तु नियुक्ति के पश्चात् उनका कार्यकाल स्थिर होना चाहिए, क्योंकि स्थायी कर्मचारियों से ही अच्छे एवं दीर्घकालीन परिणामों की आशा की जाती है।

कर्मचारियों के स्थायित्व से संगठन में गोपनीयता भी बनी रहती है और कर्मचारी निश्चितता एवं तत्परता से कार्य भी करते हैं। यदि कर्मचारी बार-बार संगठन

छोड़कर जाएँगे तो संस्था की साख खराब होगी और भर्ती, चयन तथा प्रशिक्षण की लागत भी वहन करनी होगी।

पहलपन का सिद्धान्त (Principle of Initiative)

यह सिद्धान्त बताता है कि प्रत्येक प्रबन्धक को अपने कर्मचारियों को उनके कार्यों की योजनाएँ बनाने तथा उन्हें क्रियान्वित करने की स्वतन्त्रता देनी चाहिए जिससे कर्मचारियों में पहलपन की भावना का विकास हो। पहलपन का अर्थ है-स्वयं अपनी इच्छा से कार्य को पहले करना। फेयोल का कहना है कि ''कर्मचारियों को सुधार के लिए अपनी योजनाओं को बनाने, उनका विकास करने और उन्हें लागू करने के लिए प्रोत्साहित करना चाहिए।'' पहल क्षमता दिखाने के लिए कर्मचारियों को रीति-नीति के विरुद्ध कार्य नहीं करना चाहिए। एक बार प्रबन्धक द्वारा निर्णय लिए जाने पर कर्मचारियों को इनका अनुसरण करना चाहिए। ऐसा करने पर लागत एवं समय की बचत होती है।

सहयोग की भावना का सिद्धान्त

(Principle of Feeling of Co-operation)

हेनरी फेयोल ने पारस्परिक सहयोग अथवा आपस में मिलकर काम करने की भावना पर विशेष बल दिया है। इसके लिए उच्च अधिकारियों को कर्मचारियों के साथ सद्भावनापूर्ण व्यवहार करना चाहिए तथा कर्मचारियों से बातचीत करते समय 'मैं' के स्थान पर 'हम' शब्द का प्रयोग करना चाहिए। इससे कर्मचारियों में अपनत्व की भावना पैदा होती है और वे आपसी सहयोग एवं समन्वय के लिए भी तैयार रहते हैं।

अभ्यास प्रश्न

1. प्रबन्ध के सिद्धान्त होते हैं
(a) लोचशील (b) व्यवहार एवं शोध द्वारा निर्मित
(c) अनिश्चित (d) ये सभी

2. प्रबन्ध के सिद्धान्तों की एक विशेषता यह है कि ये सिद्धान्त होते हैं
(a) लोचशील (b) अलोचशील
(c) पूर्णतया वैज्ञानिक (d) स्थिर

3. प्रबन्ध के सिद्धान्त नहीं हैं
(a) सार्वभौमिक (b) लोचपूर्ण
(c) सम्पूर्ण (d) व्यावहारिक

4. प्रबन्ध के सिद्धान्तों की रचना किस प्रकार की जाती है?
(a) एक प्रयोगशाला में
(b) प्रबन्धकों के अनुभव द्वारा
(c) ग्राहकों के अनुभव द्वारा
(d) परिवर्तित तकनीकों को अपनाकर

5. प्रबन्ध के सिद्धान्तों की प्रकृति है
(a) सर्वयुक्त (b) लोच
(c) अनिश्चित (d) ये सभी

6. 'सही व्यक्ति को सही काम' सफलता का आधार है
(a) नियोजन (b) संगठन
(c) समन्वय (d) नियुक्तिकरण

7. वैज्ञानिक प्रबन्ध टेलर की प्रारम्भिक प्रबन्ध की ऐसी विचारधारा है जिसे कहा जाता है
(a) लॉ ऑफ मैनेजमेंट (b) क्लासिकल विचारधारा
(c) प्रशासनिक विचारधारा (d) मॉर्डन विचारधारा

8. क्रियात्मक फोरमैनशिप किस सिद्धान्त पर आधारित है?
(a) श्रम विभाजन एवं विशिष्टीकरण
(b) श्रम प्रबन्ध एवं समय पाबन्द
(c) श्रम पारिश्रमिक एवं विशिष्टीकरण
(d) उपरोक्त सभी

9. निम्न में से कौन-सा टेलर का प्रबन्ध का सिद्धान्त नहीं है?
(a) विज्ञान न कि रुढ़िवादिता
(b) कार्यात्मक फोरमैनशिप
(c) अधिकतम न की सीमित उत्पादन
(d) उपरोक्त सभी

10. टेलर ने कार्यात्मक फोरमैनशिप के आधार पर कौन-से दो मुख्य विभाग बनाए?
(a) योजना एवं बिक्री विभाग
(b) योजना एवं उत्पादन विभाग
(c) उत्पादन एवं विज्ञापन विभाग
(d) उत्पादन एवं प्रबन्ध विभाग

11. कार्यात्मक फोरमैनशिप के योजना विभाग में कार्यक्रम क्लर्क क्या कार्य करता है?
(a) उत्पादन की प्रक्रिया निर्धारित करता है।
(b) उत्पादन में लगने वाला समय निर्धारित करता है।
(c) श्रमिकों में अनुशासन एवं शान्ति बनाए रखता है।
(d) लागत पत्र तैयार करता है।

12. कार्यात्मक फोरमैनशिप प्रणाली में टेलर ने कितने नायक बताएँ हैं
(a) 2 (b) 4 (c) 6 (d) 8

13. उत्पादन विभाग में कौन-सा नायक श्रमिक उपलब्ध कराता है?
(a) टोली नायक (b) गति नायक
(c) मरम्मत नायक (d) निरीक्षक

14. कार्यकुशलता बढ़ाने के लिए कौन-सी पद्धति का अध्ययन किया जाता है?
(a) कार्य पद्धति अध्ययन (b) थकान अध्ययन
(c) समय अध्ययन (d) गति अध्ययन

15. थकान अध्ययन का मुख्य उद्देश्य है
(a) श्रमिकों को थका देने वाली गतिविधियो को समाप्त करना।
(b) आराम अंतराल की आवृत्ति, संख्या तथा अवधि निर्धारित करना।
(c) श्रमिकों की उत्पादक तथा गैर-उत्पादक गतिविधियों को अलग करना।
(d) उपरोक्त सभी

16. टेलर ने श्रमिकों की उत्पादकता को वैज्ञानिक विधियों से बढ़ाने के लिए निम्न में से किस पर जोर दिया?
(a) कार्य की विधियों में सुधार
(b) श्रमिकों का सही चुनाव एवं प्रशिक्षण
(c) काम के घण्टों में सुधार
(d) उपरोक्त सभी

17. वैज्ञानिक प्रबन्धन का जनक किसे माना जाता है?
(a) एफ. डब्ल्यू. टेलर को (b) हेनरी फेयोल को
(c) प्रो. हेरोल्ड कुँज को (d) क्रीटनर को

18. हेनरी फेयोल एक ………… थे।

(a) पायलेट (b) खनन इंजीनियर
(c) लेखाकार (d) उत्पादन इंजीनियर

19. फेयोल को 'प्रबन्ध विशेषज्ञ' माना जाता है, क्योंकि

(a) उन्होंने प्रबन्ध में उच्च स्तरीय डिग्री प्राप्त की थी।
(b) उन्होंने प्रबन्ध की कार्यकुशलता को बढ़ाने सम्बन्धी सिद्धान्तों का प्रतिपादन किया है।
(c) उन्होंने प्रबन्ध के सिद्धान्तों का सफलतापूर्वक उपयोग कर काफी सफलता प्राप्त की है।
(d) उन्होंने प्रबन्ध के सिद्धान्तों का विस्तार से अध्ययन करा है।

20. फेयोल द्वारा रचित 'एडमिनिस्ट्रेशन इण्डस्टेली एट जनरेली' कब प्रकाशित हुई

(a) वर्ष 1910 में (b) वर्ष 1912 में
(c) वर्ष 1916 में (d) वर्ष 1920 में

21. प्रबन्ध के सिद्धान्तों का जनक किसे माना है?

(a) हेनरी फेयोल (b) फ्रेडरिक विंस्लो टेलर
(c) प्रो. हेरॉल्ड कूँज (d) क्रीटनर

22. फेयोल के नाम पर उनकी विचारधारा को नाम दिया गया

(a) विस्लो विचारधारा (b) हेनरी विचारधारा
(c) फेयोलवाद (d) फेलेशिप

23. हेनरी फेयोल द्वारा प्रतिपादित प्रबन्ध के सिद्धान्त हैं

(a) 10 (b) 8
(c) 14 (d) 5

24. आदेश की एकता का सिद्धान्त कहता है

(a) कर्मचारियों को एक ही अधिकारी द्वारा आदेश दिए जाने चाहिए
(b) संस्था में आदेश के लिए एक ही अधिकारी होना चाहिए
(c) अधिकारी अनेक हों किन्तु कर्मचारी समूह एक होना चाहिए
(d) उपरोक्त में से कोई नहीं

25. पहल का सिद्धान्त कर्मचारियों के

(a) मनोबल को बढ़ाता है।
(b) मनोबल को कम करता है।
(c) मनोबल पर कोई प्रभाव नहीं डालता है
(d) उपरोक्त में से कोई नहीं

उत्तरमाला

1.	(d)	**2.**	(a)	**3.**	(c)	**4.**	(d)	**5.**	(b)	**6.**	(d)	**7.**	(b)	**8.**	(a)	**9.**	(b)	**10.**	(b)
11.	(a)	**12.**	(d)	**13.**	(a)	**14.**	(a)	**15.**	(b)	**16.**	(d)	**17.**	(b)	**18.**	(b)	**19.**	(b)	**20.**	(c)
21.	(b)	**22.**	(c)	**23.**	(c)	**24.**	(a)	**25.**	(a)										

अध्याय 3

व्यावसायिक पर्यावरण

व्यावसायिक पर्यावरण का अर्थ एवं परिभाषाएँ

(Meaning and Definitions of Business Environment)

व्यावसायिक पर्यावरण दो शब्दों से मिलकर बना है व्यवसाय + पर्यावरण। 'व्यावसायिक पर्यावरण' शब्द से अभिप्राय सभी व्यक्ति, संस्थान और अन्य सभी विपणन शक्तियों के योग से है, जो व्यावसायिक उद्यम के चारों ओर उपस्थित होते हैं और इसके परिचालन को प्रभावित करने की क्षमता रखते हैं अर्थात् वे सभी घटक जो किसी भी इकाई के चारों ओर रहते हैं तथा जिनकी परिधि के अन्तर्गत व्यवसाय को कार्य करना पड़ता है, व्यावसायिक पर्यावरण के अन्तर्गत सम्मिलित होते हैं।

व्यावसायिक पर्यावरण का महत्त्व

(Importance of Business Environment)

व्यवसाय अपने आस-पास के वातावरण से न केवल प्रभावित होता है वरन् स्वयं अपनी गतिविधियों से पर्यावरण के निर्माण में योगदान भी देता है। आज वैश्वीकरण के युग में जहाँ अनेक आन्तरिक एवं बाह्य घटक व्यवसाय के निर्धारक होते हैं वहीं व्यवसाय के प्रबन्धकों एवं संचालकों द्वारा यदि पर्यावरण को उचित रूप से समझा जाए, तो वह बाह्य शक्तियों की पहचान एवं उनका विश्लेषण आसानी से कर सकेंगे, जिससे व्यवसाय अपने पूर्व निर्धारित उद्देश्यों को और अधिक प्रभावपूर्णता के साथ प्राप्त कर सकता है।

अतः व्यावसायिक पर्यावरण के महत्त्व एवं उनके लाभों को निम्न प्रकार से समझा जा सकता है–

अवसरों एवं सम्भावनाओं की पहचान करना तथा लाभ प्राप्ति हेतु पहल करना (Identifying Opportunities and Possibilities and taking Initiative to Grab the benefits)

अवसरों एवं सम्भावनाओं का आशय सकारात्मक बाहरी रुझानों अथवा परिवर्तनों से है जो किसी भी फर्म के कुशल संचालन एवं अधिकतम लाभ प्राप्ति में सहायक होते हैं। पर्यावरण द्वारा फर्म की सफलता हेतु अनेक अवसर प्रदान किए जाते हैं जिनकी पहचान प्रबन्धक या व्यवसायी द्वारा यदि प्रारम्भ में ही कर ली जाए, तो व्यावसायिक फर्म अपने प्रतियोगियों से अधिक लाभ प्राप्त कर सकती हैं तथा बाजार में बड़ा अंश रख सकती हैं।

संकट की पहचान एवं समय से पूर्व चेतावनी में सहायक

(Helpful in Crisis Identification and Early Warning)

एक व्यावसायिक फर्म में संकटों का आशय उन परिवर्तनों से है जो फर्म के संचालन में बाधक होते हैं। पर्यावरण जहाँ विभिन्न अवसर प्रदान करता है, वहीं यह खतरों का संकेतक भी होता है। यदि व्यवसायियों द्वारा इन खतरों का पूर्वानुमान लगा लिया जाए, तो वह अपने व्यवसाय में यथानुसार परिवर्तन कर सकते हैं।

संसाधनों का एकत्रीकरण एवं उनका उपयोग

(Aggregation and Utilization of Resources)

व्यावसायिक पर्यावरण व्यवसाय के कुशल संचालन में सहायक अनिवार्य संसाधनों; (जैसे-बिजली, पानी, कच्चा माल, मशीनें आदि) का स्रोत है। व्यवसाय अपने उत्पाद व सेवाओं की वृद्धि के लिए आवश्यक संसाधनों को पर्यावरण से ही प्राप्त करता है।

शीघ्रता से हो रहे बदलावों का सामना (Facing Rapid changes)

व्यावसायिक पर्यावरण में गतिशीलता के कारण तीव्रता से परिवर्तन हो रहे हैं। इन परिवर्तनों में वस्तु के प्रति उपभोक्ता का आकर्षण कम होना, उपभोक्ता की माँग में वृद्धि या कमी होना, फैशन में परिवर्तन तथा प्रौद्योगिकी में होने वाले परिवर्तन आदि सम्मिलित होते हैं। इन सभी परिवर्तनों का व्यवसाय पर अत्यधिक प्रभाव पड़ता है।

नियोजन और नीति निर्धारण में सहायक

(Helpful in Determination of Planning and Policy)

पर्यावरण, व्यवसाय के लिए अवसर होने के साथ-साथ ही खतरा भी है। व्यवसायी पर्यावरण का विश्लेषण करके अवसर को प्राप्त करने एवं खतरों से होने वाली क्षति से बचने के लिए नई नीतियों का निर्धारण एवं नियोजन करता है।

निष्पादन में संशोधन (Improvement in performance)

व्यावसायिक पर्यावरण के निरन्तर विश्लेषण एवं जाँच से प्राप्त निष्कर्षों के अनुसार ही व्यवसायी व्यवसाय की नीतियाँ एवं नियोजन बनाता है, जिससे व्यवसाय के कार्य निष्पादन में प्रभावपूर्णता प्राप्त होगी अर्थात् कार्य निष्पादन में सुधार होगा।

व्यावसायिक पर्यावरण के आयाम

(Dimensions of Business Environment)

सामान्य पर्यावरण व्यावसायिक पर्यावरण का मुख्य आयाम है, क्योंकि कोई भी व्यवसायी सामान्य पर्यावरण को प्रभावित या नियन्त्रित नहीं कर सकता, बल्कि वह सामान्य पर्यावरण में होने वाले परिवर्तनों के अनुसार अपनी योजनाओं एवं नीतियों में परिवर्तन करता है।

सामान्य पर्यावरण के अंग (Components of General Environment)

सामान्य व्यावसायिक पर्यावरण के मुख्य तत्त्वों को निम्न प्रकार से समझा जा सकता है–

आर्थिक पर्यावरण (Economic Environment)

आर्थिक पर्यावरण, व्यावसायिक पर्यावरण का मुख्य घटक है जो देश की अर्थव्यवस्था को प्रत्यक्ष रूप से प्रभावित करता है। आर्थिक पर्यावरण के अन्तर्गत ब्याज की दर, मूल्य वृद्धि दर, लोगों की व्यय योग्य आय में परिवर्तन,

उत्पादकता तथा रोजगार दर, सरकार की औद्योगिक, मौद्रिक एवं राजकोषीय नीति आदि तत्त्व सम्मिलित होते हैं।

आर्थिक पर्यावरण को निम्नलिखित कारक प्रभावित करते हैं–

1. लघुकालिक एवं दीर्घकालिक ब्याज दर उत्पाद एवं सेवाओं की माँग को प्रत्यक्ष रूप से प्रभावित करती है।
2. सकल घरेलू उत्पाद में वृद्धि के फलस्वरूप लोगों की खर्च करने योग्य आय में वृद्धि होती है तथा उत्पाद की माँग में वृद्धि होती है जिससे आर्थिक विकास प्रभावित होता है।
3. निजी एवं सार्वजनिक क्षेत्रों में किया गया व्यय आर्थिक विकास में सहायक होता है।
4. उच्चमुद्रा स्फीति दर से कीमतों एवं माँग में वृद्धि होती है। परिणामस्वरूप आर्थिक पर्यावरण प्रभावित होता है।
5. अर्थव्यवस्था में मुद्रा आपूर्ति भी आर्थिक विकास को प्रभावित करती है, क्योंकि आपूर्ति अधिक होने पर विकास की गति तीव्र रहती है।

सामाजिक पर्यावरण (Social Environment)

सामाजिक पर्यावरण में उन सभी तत्त्वों का समावेश होता है जिनको व्यवसाय न तो प्रभावित कर सकता है और न ही नियन्त्रित कर सकता है, लेकिन सामाजिक पर्यावरण में सम्मिलित तत्त्वों के अनुसार कार्य करके अधिकतम लाभ अवश्य कमा सकता है। इन तत्त्वों में रीति-रिवाज, मूल्य, सामाजिक बदलाव, आदि तत्त्व सम्मिलित होते हैं। यहाँ रीति-रिवाजों से आशय उन सामाजिक रीतियों से है जो दशाब्दियों तथा शताब्दियों से चली आ रही हैं; जैसे-होली, दीपावली, ईद आदि।

तकनीकी पर्यावरण (Technological Environment)

तकनीकी पर्यावरण से आशय उन सभी नवीन विधियों, नव-प्रवर्तनों तथा खोजों से है जिनके प्रयोगों के परिणामस्वरूप व्यवसाय में समय, श्रम व लागत की बचत होती है तथा लाभ व उत्पादन की गुणवत्ता में वृद्धि होती है। तकनीकी परिवर्तन के द्वारा ही व्यवसाय ग्राहकों को कुछ नया व बेहतर प्रदान करते हैं। तकनीकी परिवर्तन जहाँ एक ओर कुछ व्यवसायों के लिए अधिक लाभकारी होते हैं वहीं दूसरी ओर कुछ व्यवसायों के लिए हानिकारक भी सिद्ध होते हैं। अतः इन्हीं परिवर्तनों के कारण व्यवसाय के प्रबन्धक को सतर्क रहना चाहिए।

राजनीतिक वातावरण (Political Environment)

किसी भी देश की राजनीति वहाँ के व्यावसायिक पर्यावरण को बहुत अधिक प्रभावित करती है। किसी देश में प्रचलित राजनीतिक प्रणाली उस देश की व्यावसायिक गतिविधियों को बढ़ावा देती है तथा उसका निर्देशन एवं नियन्त्रण करती है। राजनीतिक पर्यावरण व्यावसायिक लेन-देनों पर अतिशीघ्र प्रभाव डालता है, इसलिए व्यवसायी को पर्यावरण का विश्लेषण निरन्तर करते रहना चाहिए। राजनीतिक अशान्ति एवं कानूनी व्यवस्था में खतरे के कारण व्यावसायिक क्रियाओं में अनिश्चितताएँ उत्पन्न हो जाती है, राजनीतिक स्थिरता दीर्घकालिक परियोजनाओं में निवेश करने के लिए व्यवसायियों में आत्मविश्वास उत्पन्न करती है।

विधिक पर्यावरण (Legal Environment)

भारत में सफलतापूर्वक कार्य संचालन हेतु निम्न अधिनियमों की जानकारी अवश्य होनी चाहिए

श्रमिक संघ अधिनियम, 1926, कम्पनी अधिनियम, 2013, औद्योगिक अधिनियम, 1951, प्रतिस्पर्द्धा अधिनियम 2002, उपभोक्ता संरक्षण अधिनियम, 1986, आदि।

वैधानिक पर्यावरण के कुछ मुख्य घटक निम्नलिखित हैं

1. लाइसेंसिंग तथा विदेशी व्यापार से सम्बन्धित कानूनी नीतियाँ।
2. विदेशी मुद्रा विनियमन तथा प्रबन्धन अधिनियम।
3. उत्पाद के लेबल पर वैधानिक चेतावनियाँ मुद्रित होना।
4. विज्ञापनों पर दृष्टि रखने वाला कानून।

भारत में आर्थिक पर्यावरण

(Economic Environment in India)

भारत में आर्थिक पर्यावरण की प्रकृति गत्यात्मक तथा परिवर्तनशील है। इसमें निरन्तर परिवर्तन होते रहते हैं। आर्थिक पर्यावरण में उन सभी समष्टि (व्यापक) स्तर के कारक सम्मिलित होते हैं, जो व्यवसाय एवं उद्योगों पर प्रत्यक्ष प्रभाव डालते हैं। *इन तत्त्वों में निम्न को शामिल किया जाता है–*

देश के आर्थिक विकास की स्थिति

(State of Economic Development of the Country)

भारत एक विकासशील देश है। जनसंख्या की दृष्टि से भारत का विश्व में दूसरा स्थान है। देश की जनसंख्या का एक बड़ा भाग गरीबी रेखा के नीचे जीवनयापन कर रहा है, जो मूलभूत सुविधाओं से भी वंचित है। यद्यपि देश में प्रचुर मात्रा में प्राकृतिक एवं मानवीय संसाधन उपलब्ध हैं, जो देश की आर्थिक स्थिति को सुधारने में सहायक होते हैं, क्योंकि किसी भी देश की आर्थिक स्थिति वहाँ के आर्थिक पर्यावरण को प्रभावित करती है।

देश की आर्थिक प्रणाली (Economic System of Country)

देश की आर्थिक प्रणाली का आर्थिक पर्यावरण पर प्रत्यक्ष एवं सकारात्मक प्रभाव पड़ता है। किसी भी देश की आर्थिक प्रणाली जिसमें पूँजीवादी, समाजवादी एवं मिश्रित अर्थव्यवस्था सम्मिलित होती है, देश के आर्थिक पर्यावरण को भिन्न-भिन्न ढंग से प्रभावित करती है।

आर्थिक नीतियाँ (Economic Policies)

किसी भी देश की आर्थिक नीतियाँ उसके व्यवसाय, उद्योग तथा आर्थिक क्रियाओं को प्रभावित करती हैं। आर्थिक क्रियाओं के अन्तर्गत उतार-चढ़ाव स्थानीकरण, निर्यात संवर्द्धन तथा शोध आदि आते हैं, जो सम्बन्धित देश की आर्थिक नीतियों से प्रभावित होते हैं। एक विकासशील देश में आर्थिक नीतियों का निर्धारण, आर्थिक समानता, रोजगार, बचत, वितरण, विनियोजन की स्वतन्त्रता, मुद्रास्फीति, गरीबी निवारण व संकुचन पर नियन्त्रण आय व स्थायित्व के आधार पर सरकार द्वारा किया जाता है।

आर्थिक सुधार या नई आर्थिक नीति

(Economic Reform or The New Economic Policy)

1990 के दशक में देश में विपरीत आर्थिक स्थितियों के समाधान हेतु वर्ष 1991 में नई सुधार नीति की शुरुआत की गई। इसका ध्येय सार्वजनिक क्षेत्रों में प्रशासनिक नियन्त्रण को कम करते हुए निजी क्षेत्रों को प्रोत्साहन देना तथा आर्थिक क्रियाओं में सरकार के हस्तक्षेप को कम करना था।

भारत की नवीन व उदार औद्योगिक नीति, 1991 की प्रमुख विशेषताएँ एवं तत्त्व निम्न प्रकार हैं-

1. **सार्वजनिक क्षेत्र के सम्बन्ध में नीति** (Policy Related to Public Sector) *वर्तमान औद्योगिक नीति में सार्वजनिक क्षेत्र के सम्बन्ध में निम्न बातें सम्मिलित की गई हैं-*

   (*i*) **कुछ विशिष्ट उद्योगों में ही विनियोग** (Invest in Certain Industries only) सरकार द्वारा उपभोक्ता वस्तुओं एवं सेवा उद्योगों में विनियोग नहीं किया जाएगा, किन्तु सुरक्षा तथा सामाजिक महत्त्वों के उद्योगों, मूलभूत संसाधनों तथा उच्च तकनीक वाले उद्योगों में निवेश किया जाएगा।

   (*ii*) **कुल उद्योगों का आरक्षण** (Reservation to Certain Industries) वर्तमान परिशिष्ट में 8 उद्योगों के स्थान पर मात्र 3 उद्योगों को ही सार्वजनिक क्षेत्र के लिए आरक्षित रखा गया है। *ये निम्न प्रकार हैं-*

   (*a*) आणविक ऊर्जा (*b*) रेलवे परिवहन

   (c) अणुशक्ति के लिए आवश्यक खनिज जो अणुशक्ति आदेश, वर्ष 1953 में अनुसूचित है, परन्तु जून, 2011 से मात्र दो उद्योग ऊर्जा एवं रेल परिवहन ही आरक्षित हैं।

(*iii*) **सार्वजनिक उपक्रमों का अंश विक्रय** (Sale of Public Industries in Share) सरकार अपने द्वारा निर्धारित लोक उपक्रमों के कुछ अंशों को बाजार में विक्रय करेगी जो केवल सहयोग निधियों, वित्तीय संस्थाओं, कर्मचारियों तथा सामान्य जनता को ही विक्रय किए जा सकेंगे।

(*iv*) **निजी क्षेत्र को अनुमति एवं विनियोग हेतु आमन्त्रण** (Invitation and Permission to Private Sector for Investing) पिछले लगभग 2 वर्षों में खनिज तेल की खोज व शोध से सम्बन्धित उद्योगों में निजी क्षेत्र को अनुमति प्रदान कर दी गई है, परन्तु विपणन कार्य का अधिकार व दायित्व केन्द्रीय सरकार के पास ही है।

2. **निजी क्षेत्र के सम्बन्ध में नीति** (Policy Related to Private Sector) *इस क्षेत्र से भी सम्बन्धित निम्न बिन्दू हैं-*

(*i*) **महत्त्वपूर्ण भूमिका** (Important Role) इस नीति में निजी क्षेत्र को आगे बढ़ाने के अवसर दिए गए। इसके लिए परिशिष्ट प्रथम को छोड़कर सभी उद्योगों को निजी क्षेत्र के लिए खोल दिया गया।

(*ii*) **रजिस्ट्रेशन व्यवस्था की समाप्ति** (End of Registration System) व्यवसायियों को अपने उद्योगों के रजिस्ट्रेशन की आवश्यकता नहीं है, लेकिन नवीन परियोजना तथा महत्त्वपूर्ण विस्तार की स्थिति में उद्यमी को मात्र एक 'सूचना सम्बन्धी-पत्र' भरकर प्रस्तुत करना होगा।

(*iii*) **लाइसेन्स प्रक्रिया से मुक्ति** (Immunity from Licence Process) जुलाई, 2002 से 18 उद्योगों के स्थान पर मात्र 5 उद्योगों को ही लाइसेन्स की अनिवार्यता है। *ये निम्न प्रकार हैं-*

(*a*) मादक पेय पदार्थ का निर्माण
(*b*) सभी प्रकार के इलेक्ट्रॉनिक्स
(*c*) अन्तरिक्ष यान तथा रक्षा उपकरण
(*d*) औद्योगिक विस्फोट से सम्बन्धित
(*e*) खतरनाक रसायन, ड्रग फार्मास्यूटिकल्स, आदि।

3. **लघु क्षेत्र के सम्बन्ध में नीति** (Policy Related to Small Sector) *लघु क्षेत्र के सम्बन्ध में औद्योगिक नीति की प्रमुख विशेषताएँ निम्न हैं-*

(*i*) **आरक्षित व्यवस्था जारी** (Continuation of Reserved System) लघु उद्योगों के उत्पादन हेतु बनाई गई आरक्षण सूची (जिसके अन्तर्गत 749 वस्तुएँ शामिल हैं) पूर्ववत् नियमित जारी रहेगी।

(*ii*) **कोई लाइसेन्स नहीं** लघु उद्योगों को सभी लाइसेन्स प्रक्रियाओं से मुक्त रखा जाएगा। यदि दूसरे परिशिष्ट के 14 उद्योगों (जोकि अब 5 उद्योग) में से किसी उद्योग/वस्तु का लघु उद्योग क्षेत्र के लिए आरक्षण किया जाता है, तो उत्पादन के लिए वस्तु उद्योगों को कोई लाइसेन्स भी नहीं लेना होगा।

(*iii*) **रजिस्ट्रेशन की अनिवार्यता से मुक्ति** (Exemption from Necessity of Registration) लघु उद्योगों को अब किसी भी सुविधा को प्राप्त करने के लिए केवल अपने राज्य के उद्योग निदेशालय में ही रजिस्ट्रेशन करवाना होगा।

(*iv*) **पूँजी में बड़े उपक्रमों को सहभागिता** (Participation of Large Enterprises in Capital) नवीन औद्योगिक नीति के तहत् अब कोई भी लघु उद्योग अपनी अंश पूँजी में से 24% तक अंश किसी बड़े औद्योगिक उद्योगों को आवण्टित कर सकेगा।

4. **एकाधिकारी एवं बड़े घराने के सम्बन्ध में नीति** (Policy Regarding Monopoly and Big House) *इस नीति से सम्बन्धित विशेषताएँ निम्न हैं-*

(*i*) **एम. आर. टी. पी. कमीशन द्वारा जाँच** (Audit by MRTP Commission) इस आयोग को नए अधिकार दिए गए हैं, जिससे वह स्वयं की ओर से तथा किसी उपभोक्ता या उसके संघों द्वारा शिकायत करने पर प्रतिबन्धात्मक एकाधिकारी व्यापार, शोषणकारी प्रवृत्तियों की छानबीन करे तथा दोषी पक्षकार को दण्डित करे व उपभोक्ता को क्षतिपूर्ति दिलवाए।

(*ii*) **सम्पत्तियों की सीमा समाप्ति** (End Limit of Assets) एकाधिकारी कम्पनियों व बड़े घरानों के लिए निर्धारित सम्पत्तियों की सीमा को समाप्त कर दिया गया है।

5. **विदेशी पूँजी विनियोग के सम्बन्ध में नीति** (Policy Regarding Foreign Capital Investment) *इस नीति से सम्बन्धित विशेषताएँ निम्न प्रकार हैं–*

(*i*) **विदेशी पूँजी की अनुमति** (Permission to Foreign Capital) जो कम्पनियाँ निर्यात कार्यों में लगी हुई हैं, उन्हें व्यापारिक कम्पनियों में 51% विदेशी पूँजी की अनुमति प्रदान कर दी जाएगी, जिससे अन्तर्राष्ट्रीय बाजारों में स्थान बनाया जा सके।

(*ii*) **उच्च प्राथमिकता वाले उद्योग** (High Priority Enterprises) इन उद्योगों के लिए 51% तक विदेशी पूँजी प्रस्तावों पर अनुमति प्रदान की गई है, बस शर्त यह है कि आयात किए जाने वाले पूँजीगत माल के लिए आवश्यक विदेशी मुद्रा की पूर्ति होने वाली विदेशी पूँजी से हो जाती है।

(*iii*) **विशेष बोर्ड की स्थापना** (Stablisation of Specific Board) विदेशी विनियोग से अनुमोदन प्राप्त करने के लिए विशेष बोर्ड की स्थापना की गई है, जिससे बड़े अन्तर्राष्ट्रीय संस्थानों का अनुबन्ध करने और विदेशी विनिमय का अनुमोदन करने का विशेष अधिकार होगा।

उदारीकरण (Liberalisation)

उदारीकरण, निजीकरण तथा भूमण्डलीकरण की नीति को लागू करने के परिणामस्वरूप देश की आर्थिक समस्याओं को विश्व पटल पर देखने का अवसर मिला। साथ ही इससे एक खुली अर्थव्यवस्था की स्थापना को भी बल मिला।

उदारीकरण वह प्रक्रिया है, जिसमें देश के शासन तन्त्र द्वारा अपनाए जा रहे लाइसेंस, नियन्त्रण कोष प्रशुल्क आदि प्रशासनीय अवरोधों को कम किया जाता है, ताकि देश को आर्थिक विकास के मार्ग पर लाया जा सके। उदारीकरण में निजी क्षेत्र को उन उद्योगों का संचालन करने की भी स्वीकृति दी जाती है, जो पहले सार्वजनिक क्षेत्र के लिए आरक्षित थे। उदारीकरण से निजी क्षेत्र के सम्बन्ध में लगे प्रतिबन्धों एवं नियमों में भी छूट दी जाती है।

निजीकरण (Privatisation)

निजीकरण का आशय उस प्रक्रिया से है, जिसके अन्तर्गत देश की आर्थिक गतिविधियों में सार्वजनिक क्षेत्र की भागीदारी को कम तथा निजी क्षेत्र की भागीदारी को बढ़ा दिया जाता है अर्थात् सार्वजनिक क्षेत्र के उद्योगों का प्रबन्ध तथा नियन्त्रण निजी क्षेत्र को सौंप दिया जाता है। निजीकरण में सरकारी सम्पत्तियों या ऐसे अधिकारों (जो पहले केवल सरकार के पास थे) को निजी व्यवसायों/व्यवसायियों को हस्तान्तिरत कर दिया जाता है या उन प्रतिबन्धों को हटा दिया जाता है जो पहले निजी क्षेत्रों पर लगाए गए थे।

वैश्वीकरण (Globalisation)

सामान्य भाषा में वैश्वीकरण का आशय देश की अर्थव्यवस्था को विश्व के अन्य देशों की अर्थव्यवस्था से जोड़ने से है। इसका प्रमुख कारण व्यावसायिक क्रियाओं का अन्तर्राष्ट्रीय स्तर पर विस्तार करना है।

अन्य शब्दों में, वैश्वीकरण एक ऐसी प्रक्रिया है, जिसके द्वारा एक देश की अर्थव्यवस्था को सम्पूर्ण विश्व की अर्थव्यवस्था के साथ इस उद्देश्य से एकीकृत किया जाता है, जिससे सम्पूर्ण विश्व एक ही अर्थव्यवस्था और एक ही बाजार के रूप में कार्य कर सके।

अभ्यास प्रश्न

1. निम्न में से कौन-सी व्यावसायिक पर्यावरण की विशेषता नहीं है?
(a) शहरीकरण (b) कर्मचारी (c) तुलनात्मकता (d) अनिवार्यता

2. व्यावसायिक पर्यावरण का सर्वश्रेष्ठ द्योतक/संकेतक है
(a) पहचान करना (b) निष्पादन करना
(c) परिवर्तनों का सामना करना (d) ये सभी

3. व्यावसायिक पर्यावरण का महत्त्व नहीं है
(a) अवसरों की पहचान
(b) समय से पूर्व-चेतावनी में सहायक
(c) शीघ्रता से हो रहे बदलावों का सामना
(d) जीवन की गुणवत्ता में बदलाव

4. व्यावसायिक पर्यावरण की विशिष्ट शक्तियों में सम्मिलित है
(a) निवेशक (b) आपूर्तिकर्त्ता (c) उपभोक्ता (d) ये सभी

5. व्यावसायिक पर्यावरण के अध्ययन की आवश्यकता क्यों होती है?
(a) व्यावसायिक घटकों के पारस्परिक प्रभावों की जानकारी होती है
(b) अनिश्चितताओं एवं जोखिमों का आकलन होता है
(c) व्यावसायिक खतरों की जानकारी होती है
(d) उपरोक्त सभी

6. व्यवसायिक पर्यावरण की निम्न में से कौन विशिष्ट शक्तियों में सम्मिलित हैं?
(a) निवेशक (b) आपूर्तिकर्त्ता (c) प्रतिस्पर्धी (d) ये सभी

7. व्यवसाय के आर्थिक पर्यावरण को प्रभावित करने वाला तत्त्व है
(a) आर्थिक नीति (b) आर्थिक प्रणाली
(c) आर्थिक विकास (d) ये सभी

8. किसी भी देश की आर्थिक नीतियों में किस नीति का महत्त्वपूर्ण स्थान है?
(a) मौद्रिक नीति (b) राजकोषीय नीति
(c) 'a' और 'b' दोनों (d) इनमें से कोई नहीं

9. निम्न में से कौन-सा सामाजिक पर्यावरण का उदाहरण है?
(a) अर्थव्यवस्था में धन की आपूर्ति (b) उपभोक्ता संरक्षण अधिनियम
(c) देश की संरचना (d) परिवार का गठन

10. निम्न में से कौन-सा घटक, सामाजिक वातावरण से सम्बन्धित है?
(a) संवैधानिक प्रावधान (b) कर नीतियाँ
(c) जाति व वर्ग-व्यवस्था (d) विदेशी नीति

11. सामाजिक पर्यावरण से सम्बन्धित है
(a) ग्राहकों की आदतें (b) जनसंख्या में बदलाव
(c) शैक्षिक पद्धति एवं साक्षरता दर (d) ये सभी

12. रीति-रिवाज, मूल्य, सामाजिक बदलाव आदि किस पर्यावरण से सम्बन्धित तत्त्व है?
(a) सामाजिक पर्यावरण (b) तकनीकी पर्यावरण
(c) राजनीतिक पर्यावरण (d) विधिक पर्यावरण

13. व्यावसायिक संचालन हेतु पारित अधिनियम है
(a) कम्पनी अधिनियम, 2013
(b) प्रतिस्पर्द्धा अधिनियम, 2002
(c) उपभोक्ता संरक्षण अधिनियम, 1986
(d) उपरोक्त सभी

14. प्रौद्योगिकी पर्यावरण में सम्मिलित नहीं है
(a) सूचना प्रौद्योगिकी का विकास एवं कम्प्यूटर में तकनीकी लाभ
(b) प्रौद्योगिकी का आयात-निर्यात
(c) कार्बन पेपर व्यवसाय की बन्द
(d) वर्तमान राजनीतिक नीतियाँ

15. उन विभिन्न दरों अथवा संकेतकों से जो देश के आर्थिक विकास को विभिन्न विधियों से परिभाषित करते हैं क्या कहलाते हैं?
(a) आर्थिक सूचकांक (b) पर्यावरण सूचकांक
(c) राजनीतिक सूचकांक (d) मौद्रिक सूचकांक

16. राजकोषीय नीति को कौन-सी नीति माना जाता है?
(a) आर्थिक नीति (b) राजनीतिक नीति
(c) पारिवारिक नीति (d) सामाजिक नीति

17. नई आर्थिक नीति के मुख्य भाग है
(a) उदारीकरण (b) निजीकरण (c) विमुद्रीकरण (d) ये सभी

18. नई आर्थिक नीति किस वर्ष घोषित हुई?
(a) वर्ष 1991 (b) वर्ष 1990 (c) वर्ष 1992 (d) वर्ष 2001

19. नवीन व उदार औद्योगिक नीति 1991 कितने उद्योगों को सार्वजनिक क्षेत्र के लिए आरक्षित रखा गया?
(a) 8 (b) 3 (c) 5 (d) 12

20. वर्ष 1991 की सुधार नीति में किस उद्योग को सार्वजनिक क्षेत्र के लिए आरक्षित रखा गया है?
(a) आणविक ऊर्जा
(b) रेलवे परिवहन
(c) अणुशक्ति के लिए आवश्यक खनिज
(d) उपरोक्त सभी

21. जुलाई, 2002 से कितने उद्योगों को लाइसेन्स की अनिवार्यता है?
(a) 2 (b) 5 (c) 7 (d) 13

22. लघु उद्योगों के उत्पादन हेतु बनाई गई आरक्षण सूची में औद्योगिक नीति 1991 में कितनी वस्तुएँ सम्मिलित हैं?
(a) 749 (b) 850 (c) 1226 (d) 1350

23. वह प्रक्रिया जिसमें देश के शासन तन्त्र द्वारा अपनाए जा रहे लाइसेन्स, नियन्त्रण कोष प्रशुल्क आदि प्रशासनीय अवरोधों को कम किया जाता है ताकि देश को आर्थिक विकास के मार्ग पर लाया जा सके, क्या कहलाता है?
(a) उदारीकरण (b) निजीकरण
(c) राष्ट्रीयकरण (d) संयुक्तीकरण

24. निजीकरण हेतु सरकार द्वारा उठाए गए कदम हैं
(a) सरकारी कोषों में वृद्धि
(b) उद्योगों की संचालन शक्ति को बेहतर बनाना
(c) आर्थिक विकास की गति को तीव्र करना
(d) उपरोक्त सभी

25. वैश्वीकरण की विशेषता नहीं है?
(a) आयात शुल्क में कमी (b) आयात शुल्क में वृद्धि
(c) निर्यात शुल्क को हटाना (d) बहुराष्ट्रीय कम्पनियों का विकास

उत्तरमाला

1.	(b)	**2.**	(d)	**3.**	(d)	**4.**	(d)	**5.**	(d)	**6.**	(d)	**7.**	(d)	**8.**	(c)	**9.**	(d)	**10.**	(c)
11.	(d)	**12.**	(a)	**13.**	(d)	**14.**	(d)	**15.**	(a)	**16.**	(a)	**17.**	(d)	**18.**	(a)	**19.**	(b)	**20.**	(d)
21.	(b)	**22.**	(a)	**23.**	(a)	**24.**	(d)	**25.**	(b)										

अध्याय 4

नियोजन

नियोजन का अर्थ एवं परिभाषाएँ
(Meaning and Definitions of Planning)

नियोजन वह प्रक्रिया है, जिसके द्वारा भावी उद्देश्यों एवं उनकी प्राप्ति के लिए किए जाने वाले कार्यों को निर्धारित किया जाता है। अन्य शब्दों में, नियोजन का अर्थ यह निश्चित करना होता है कि भविष्य (Future) में क्या और कैसे करना है?

इसके अतिरिक्त, इस प्रक्रिया में किए जाने वाले कार्यों के सम्बन्ध में महत्त्वपूर्ण प्रश्नों के उत्तर भी निर्धारित किए जाते हैं; जैसे-कब, कहाँ, किस प्रकार, किसके द्वारा, किन साधनों द्वारा कार्य पूर्ण किए जाएँगें।

कुण्ट्ज एवं **ओ डोनेल** के अनुसार, ''नियोजन अग्रिम रूप से यह निर्धारित करता है कि क्या करना है, इसे किस प्रकार करना है, कब करना है तथा इसे किसके द्वारा किया जाना है? इसमें उपलब्ध विकल्पों में से उद्देश्यों, नीतियों, कार्यविधियों, कार्यक्रमों का चयन करना भी सम्मिलित है।''

हेनरी फेयोल के अनुसार, ''कार्य योजना से अभिप्राय उन परिणामों से है जिनको प्राप्त करना है, कार्य की उस रूपरेखा से है जिसका पालन करना है, उन अवस्थाओं से है जिनसे होकर कार्य को गुजरना है तथा उन विधियों से है जिसका प्रयोग किया जाना है।''

नियोजन का महत्त्व (Importance of Planning)

नियोजन की आवश्यकता, महत्त्व एवं लाभों को निम्न शीर्षकों में समझा जा सकता है–

1. **नियोजन निर्देशन की व्यवस्था करता है** (Planning Provides Direction) नियोजन पूर्व निर्धारित उद्देश्यों को प्राप्त करने की प्रक्रिया का प्रथम चरण है, जिसके अन्तर्गत नियोजन व्यवसाय के कर्मचारियों को निर्देशित करता है कि पूर्व लक्षित उद्देश्य को किस प्रकार प्राप्त करना है तथा इसके लिए सर्वप्रथम क्या करना है, कैसे करना है, किसके द्वारा करना है आदि।
2. **नियोजन अनिश्चितता की जोखिम को कम करता है** (Planning Reduces the Risks of Uncertainties) नियोजन में वातावरण का अध्ययन करके भावी घटनाओं एवं जोखिमों का अनुमान लगाया जाता है, जिसके परिणामस्वरूप व्यवसाय की अनिश्चितताओं की जोखिम में कमी की जा सकती है।
3. **नियोजन अतिव्यापित तथा अपव्ययी क्रियाओं को कम करता है** (Planning Overlapping Wasteful Activities) नियोजन के प्रयोग से संस्था के उद्देश्य स्पष्ट रहते हैं, नीतियाँ एवं नियम निश्चित हो जाते हैं तथा कार्यविधियाँ एवं कार्यक्रम भी तय रहते हैं। इससे नियोजन के सभी कार्य व्यवस्थित रूप से पूरे किए जाते हैं। फलतः कार्य में दोहराव तथा अपव्यय नहीं होता है।
4. **नियोजन, नव-प्रवर्तन विचारों को प्रोत्साहित करता है** (Planning Promotes Innovative Ideas) यह एक बौद्धिक प्रक्रिया है, जिसमें विशिष्ट कार्य के निष्पादन हेतु सर्वश्रेष्ठ विचार एवं विधि का चयन किया जाता है। नियोजन के अन्तर्गत नवीन विचारों को प्रोत्साहित किया जाता है तथा उनको स्थायी विचारों में परिवर्तित किया जाता है।
5. **नियोजन निर्णय लेने को सरल बनाता है** (Planning Facilitates Decision Making) प्रबन्ध निरन्तर निर्णय लेने की प्रक्रिया है, जिसमें विभिन्न पहलुओं पर ध्यान दिया जाता है एवं वैकल्पिक दशाओं में से उत्तम कार्यविधि का चुनाव किया जाता है।
6. **नियोजन नियन्त्रण के मानकों का निर्धारण करता है** (Planning Establishes Standards for Controlling) नियोजन प्रक्रिया में उद्देश्यों एवं लक्ष्यों का निर्धारण करना शामिल है। प्रबन्धकीय कार्यों में नियोजन, संगठन, भर्ती, निर्देशन एवं नियन्त्रण कार्य आते हैं। यह वास्तविक कार्य निष्पादन की तुलना मानक कार्य से करता है, जिससे यह ज्ञात होता है कि प्रमापित कार्य से वास्तविक कार्य में क्या कमी रही। यदि कोई कार्य मानक न हो तो भिन्नताओं का पता लगाना असम्भव होगा जो नियन्त्रण का आवश्यक अंग है। नियोजन का एक लाभ यह भी है कि इससे नियन्त्रण करना सरल हो जाता है।

नियोजन की विशेषताएँ (Features of Planning)

प्रबन्ध के कार्य के रूप में नियोजन की कुछ मुख्य विशेषताएँ निम्न हैं–

1. **नियोजन का केन्द्र-बिन्दु लक्ष्य प्राप्ति होता है** (Objective is the Main Focus of Planning) नियोजन पूर्व निर्धारित उद्देश्यों की पूर्ति के लिए किया जाता है। नियोजन के द्वारा ही उद्देश्यों तथा उनकी पूर्ति के लिए कार्यों, साधनों, कार्यविधियों आदि का निर्धारण किया जाता है। नियोजन का केन्द्र-बिन्दु संस्था के उद्देश्यों को न्यूनतम लागत एवं प्रयासों से अधिकतम सफलता के साथ पूरा करना होता है। अतः नियोजन उद्देश्यपूर्ण होता है।
2. **नियोजन प्रबन्ध का प्राथमिक कार्य है** (Planning is Primary Function of Management) नियोजन प्रबन्ध का आधारभूत एवं प्राथमिक कार्य है। यह वह कार्य है जिससे प्रबन्ध प्रक्रिया प्रारम्भ होती है। नियोजन के अनुरूप ही संस्था की संगठन संरचना तैयार की जाती है, ताकि संस्था के कार्यों को भली प्रकार कुशलतापूर्वक सम्पन्न करवाया जा सके।
3. **नियोजन सर्वव्यापी है** (Planning is Pervasive) नियोजन सम्पूर्ण संस्था में सर्वव्यापी प्रक्रिया है। नियोजन संस्था के प्रत्येक विभाग के प्रत्येक स्तर पर किया जाता है। केवल संस्था के उच्च स्तरों पर ही नियोजन नहीं किया जाता है, बल्कि नियोजन निचले स्तरों पर भी होता है। प्रबन्ध के उच्च स्तरों पर नियोजन व्यापक होता है, तो निम्न स्तरों पर इसका क्षेत्र संकुचित होता चला जाता है।

4. **नियोजन अविरत है** (Planning is Continuous Process) नियोजन एक प्रक्रिया है, जो निरन्तर रूप से चलती रहती है तथा एक के बाद अनेक कार्यों के लिए की जाती है। जैसे-जैसे व्यवसाय का विकास होता है, वैसे-वैसे नियोजन प्रक्रिया भी बढ़ती जाती है। अतः नियोजन पुराने कार्यों की कमियों को दूर करने के लिए तथा नए विकास कार्यों को गति प्रदान करने के लिए अविरत निरन्तर चलने वाली प्रक्रिया है।
5. **नियोजन भविष्यवादी है** (Planning is Futuristic) नियोजन में भविष्य में किए जाने वाले कार्यों का निर्धारण किया जाता है। इसके द्वारा पूर्वानुमान करके भविष्य में झाँका जा सकता है। नियोजन भविष्योन्मुख होता है। नियोजन करते समय भावी अवसरों एवं चुनौतियों दोनों को ध्यान में रखा जाता है। नियोजन अवसरों के अनुरूप किया जाता है।
6. **नियोजन में निर्णय रचना निहित है** (Planning Involves Decision-Making) नियोजन में निर्णयन प्रक्रिया भी सम्मिलित होती है। बिना निर्णय लिए नियोजन किया ही नहीं जा सकता है। निर्णयन में उपलब्ध विकल्पों में से श्रेष्ठ विकल्प का चयन करना होता है। इसी प्रकार नियोजन प्रक्रिया में भी सर्वश्रेष्ठ विकल्प का चयन करना होता है।
7. **नियोजन एक मानसिक अभ्यास है** (Planning is Intellectual Process) नियोजन कोई अटकलबाजी या तुक्केबाजी नहीं है। यह एक बौद्धिक प्रक्रिया है जिसमें विवेकपूर्ण ढंग से विश्लेषण करके निर्णय लिए जाते हैं अर्थात् यह एक मानसिक अभ्यास है।

नियोजन की सीमाएँ (Limitations of Planning)

नियोजन की प्रमुख सीमाएँ/बाधाएँ निम्नानुसार है–

1. **नियोजन दृढ़ता उत्पन्न करता है** (Planning Leads to Rigidility) नियोजन में संस्था के लक्ष्य को प्राप्त करने के लिए सुनियोजित योजना बनाई जाती है, जिसके कारण निर्धारित लक्ष्य एवं योजनाएँ लोचहीन हो जाती हैं तथा उनमें परिवर्तन करना कठिन हो जाता है।
2. **परिवर्तनशील वातावरण में नियोजन प्रभावी नहीं रहता है** (Planning may not Effective in Dynamic Environment) आधुनिक वातावरण बहुत ही परिवर्तनशील है। इसमें कभी-कभी बहुत तीव्र गति से परिवर्तन होते हैं। इन परिवर्तनों में आर्थिक, राजनीतिक, भौतिक, कानूनी तथा सामाजिक आयाम सम्मिलित होते हैं जो संस्था की आय, स्थिति तथा प्रबन्ध पर प्रभाव डालते हैं। इन बदलती परिस्थितियों के कारण लक्ष्य एवं उद्देश्यों में संशोधन करना आवश्यक हो जाता है और पूर्वनिर्धारित नियोजन अर्थहीन हो जाता है।
3. **नियोजन रचनात्मकता को कम करता है** (Planning Reduces Creatibility) नियोजन कर्मचारियों में सृजनात्मकता को कम करता है। नियोजन प्रक्रिया के कारण कर्मचारी केवल आज्ञा पालन में विश्वास करते हैं तथा वे स्वयं की सोच एवं रचनात्मकता को समाप्त कर देते हैं, जिसके परिणामस्वरूप व्यवसाय में नव-प्रवर्तन का विकास नहीं होता है।
4. **नियोजन में भारी लागत आती है** (Planning Involves Huge Cost) नियोजन में भारी व्यय करने पड़ते हैं, क्योंकि एक तो यह बौद्धिक प्रक्रिया है तथा दूसरा इस प्रक्रिया को करने के लिए पेशेवर, कुशल तथा अनुभवी व्यक्तियों की आवश्यकता होती है। इन विशेषज्ञों को वेतन के साथ-साथ समय तथा श्रम का भी व्यय उठाना होता है।
5. **नियोजन समय नष्ट करने वाली प्रक्रिया है** (Planning is Time Consuming) नियोजन में काफी समय लगता है जिससे कभी-कभी कार्य को करने में देरी भी हो जाती है। इससे व्यवसाय में कई अवसर खोने पड़ जाते हैं। इसलिए नियोजन को समय नष्ट करने वाली प्रक्रिया के रूप में भी देखा जाता है।
6. **नियोजन सफलता का आश्वासन नहीं है** (Planning does not Guarantee of Success) कभी-कभी व्यापक नियोजन कर लेने के बाद प्रबन्धक यह सोचकर निश्चिन्त हो जाते हैं कि अब संस्था की सफलता निश्चित है। यह तभी सम्भव है जब सभी कार्य समुचित योजनाओं के अनुरूप हों, किन्तु वास्तव में यह सम्भव नहीं हो पाता।

नियोजन प्रक्रिया (Planning Process)

नियोजन भविष्य में किए जाने वाले कार्यों का निर्धारण है। *इस प्रक्रिया को पूरा करने के लिए निम्न चरण आवश्यक होते हैं–*

1. **उद्देश्यों का निर्धारण** (Setting Objectives) नियोजन प्रक्रिया में सर्वप्रथम कार्य उद्देश्यों का निर्धारण करना होता है। इन उद्देश्यों को विभागों एवं उसके कर्मचारियों को स्पष्ट कर देना चाहिए। उद्देश्यों के निर्धारण प्रक्रिया में प्रबन्धकों को अपने विचार एवं सहयोग पूर्ण रूप से देना चाहिए। यदि संस्था के कर्मचारियों को उद्देश्य एवं लक्ष्य स्पष्ट होते हैं, तो उनकी प्राप्ति होना आसान होता है।
2. **विकासशील आधार** (Developing Premises) नियोजन अनिश्चित भविष्य के लिए तैयार किया गया एक ढाँचा होता है। नियोजन करने के लिए प्रबन्धक को कुछ मान्यताएँ निर्धारित कर लेनी चाहिए।
   ये मान्यताएँ या अवधारणाएँ आधार कहलाती हैं। ये अवधारणाएँ वास्तव में नियोजन की सीमाएँ हैं जिनके भीतर रहकर नियोजन करना होता है। इन मान्यताओं/अवधारणाओं के लिए नियोजन करने वाले सभी प्रबन्धकों को एकमत रहना चाहिए।
3. **कार्यवाही की वैकल्पिक विधियों की पहचान** (Determination of Alternative Courses) उद्देश्यों का निर्धारण एवं मान्यताएँ निश्चित कर लेने के पश्चात् उन पर कार्यवाही करना नियोजन प्रक्रिया का अगला चरण होता है। कार्य को करने या उद्देश्य प्राप्त करने के लिए प्रबन्धक के पास अनेक विकल्प होते हैं। नियोजन को अन्तिम रूप देने से पूर्व विभिन्न विकल्पों की खोज करनी चाहिए। विकल्प की खोज करते समय प्रबन्धकों को दूरदर्शिता एवं अनुभव का उपयोग करना चाहिए। यदि नियोजन संस्था की किसी महत्त्वपूर्ण इकाई का है तो उससे सम्बन्धित संगठन सदस्यों से भी विकल्पों पर चर्चा कर लेनी चाहिए।
4. **विकल्पों का मूल्यांकन** (Evaluation of Alternative Courses) विभिन्न विकल्पों की खोज के पश्चात् उनका मूल्यांकन करना आवश्यक है। विकल्पों का मूल्यांकन अनेक तथ्यों एवं उद्देश्यों को ध्यान में रखकर किया जाना चाहिए। इन तथ्यों में विकल्प पर विनियोजित राशि, आय, जोखिम आदि प्रमुख हैं। इसके अतिरिक्त विकल्पों का मूल्यांकन उनकी सम्भाव्यता एवं परिणामों को ध्यान में रखकर किया जाना चाहिए।
5. **श्रेष्ठ विकल्पों का चुनाव** (Selection of Best Option) सभी विकल्पों का मूल्यांकन करने के बाद प्रबन्धक सर्वश्रेष्ठ विकल्प का चयन करता है। यह विकल्प प्रबन्धकों को विद्यमान परिस्थितियों में सर्वश्रेष्ठ प्रतीत होता है। सर्वश्रेष्ठ विकल्प सैद्धान्तिक आधारों पर ही श्रेष्ठ नहीं होता है, बल्कि सर्वाधिक लाभकारी संस्था की आवश्यकताओं, परिस्थितियों, लागतों के सन्दर्भों में भी श्रेष्ठ होना चाहिए।
6. **विकल्पों को लागू करना** (Implementing the Option) संस्था के नियोजन के बाद उसके क्रियान्वयन हेतु आवश्यक योजनाओं का निर्माण कर संसाधनों का आवण्टन किया जाता है। नियोजन की सफलता योजना के सफल क्रियान्वयन पर निर्भर करती है। अतः इस चरण में प्रबन्धक यह प्रयास करता है कि योजना का सफलतापूर्वक क्रियान्वयन हों।

7. **अनुवर्तन** (Follow-up) नियोजन के इस चरण में क्रियान्वयन का अनुवर्तन (Follow-up) किया जाता है। इस चरण में प्रबन्धक योजना के क्रियान्वयन पर ध्यान रखता है तथा योजना के परिणामों की नियोजन के लक्ष्यों से तुलना करता है।

योजना (Plan)

योजना नियोजन का वह भाग है, जिसमें व्यावसायिक संस्था के पूर्व निर्धारित उद्देश्य को प्राप्त करने के लिए एक ढाँचा तैयार किया जाता है। इस ढाँचे में नियोजन के उन सभी प्रश्नों के उत्तर उल्लेखित होते हैं, जिसमें नियोजन के अनुसार सम्पूर्ण कार्य का निष्पादन होता है; जैसे-कौन-सा कार्य किसके द्वारा, कब, कहाँ, क्यों और कैसे किया जाना है आदि तथा उद्देश्य प्राप्ति तक यह योजना दस्तावेज/प्रारूप अति महत्त्वपूर्ण माना जाता है।

योजना के प्रकार (Types of Plan)

योजना के प्रमुख प्रकार निम्नानुसार हैं–

एकल प्रयोग योजना (Single Use Plan)

ये योजनाएँ बहुत ही अल्पावधि के लिए होती हैं। सामान्यतः ये योजना साप्ताहिक, पाक्षिक, त्रैमासिक, अर्द्धवार्षिक या वार्षिक हो सकती हैं। एकल प्रयोग योजना को केवल एक बार घटित घटनाओं अथवा परियोजनाओं के लिए तैयार किया जाता है अर्थात् इनकी क्रियाविधि बार-बार दोहराई नहीं जाती। इनका परिचालन प्रायः प्रबन्धकों या प्रथम पंक्ति प्रबन्धकों द्वारा किया जाता है।

यह उच्च प्रबन्धकों द्वारा निर्धारित उद्देश्यों एवं नीतियों के अन्तर्गत ही किया जाता है। इस नियोजन के निर्माण एवं क्रियान्वयन में बजट, नियमों एवं कार्यविधियों का विशेष महत्त्व होता है।

स्थायी योजना (Fixed Plan)

दीर्घकालीन उद्देश्यों की प्राप्ति के लिए बनाई गई योजना स्थायी योजना कहलाती है। ऐसी योजना में वर्तमान में लिए जाने वाले निर्णयों का भविष्य में पड़ने वाले प्रभावों को ध्यान में रखा जाता है। स्थायी योजना एक समयावधि के दौरान बार-बार घटित होने वाली क्रियाओं हेतु प्रयोग की जाती है। ऐसी योजनाएँ संस्था में एक बार तैयार की जाती हैं और बार-बार प्रयोग में ली जाती हैं। आवश्यकता पड़ने पर इनमें संशोधन कर दिया जाता है। स्थायी योजनाओं में दीर्घकालीन उद्देश्यों, व्यूहरचनाओं, कार्यक्रमों, नीतियों को निर्धारित किया जाता है।

योजना के तत्त्व (Components of Plan)

योजना तैयार करने तथा उनको लागू करने में अनेक घटकों या तत्त्वों की सक्रिय भूमिका होती है। *नियोजन के प्रमुख घटक/तत्त्व निम्नानुसार हैं–*

उद्देश्य (Objective)

उद्देश्य वे अन्तिम बिन्दु हैं, जिनकी प्राप्ति के लिए योजनाएँ बनाई जाती हैं तथा इसके साथ ही संस्था के सम्पूर्ण प्रयास उसी दिशा में कार्यरत् रहते हैं। ये वे लक्ष्य या ध्येय हैं जिनकी प्राप्ति के लिए सम्पूर्ण संस्था के संसाधन एक साथ एक ही दिशा में कार्य करते हैं।

व्यूह रचना (Strategy)

प्रबन्ध के क्षेत्र में व्यूहरचना से तात्पर्य उस योजना से है, जो संस्था को प्रतिस्पर्द्धी वातावरण में सफल बनाने के लिए बनाई जाती है। यह संस्था की रूपरेखा है, जो दीर्घकालीन निर्णय तथा निर्देशन में सम्बन्ध स्थापित करती है। व्यूह रचना एक व्यापक योजना है, *जिसके निम्नलिखित तीन आयाम होते हैं–*

(*i*) दीर्घकालीन लक्ष्यों का निर्धारण करना।

(*ii*) निर्धारित कार्य की क्रियाविधि निर्धारित करना।

(*iii*) उद्देश्यों की प्राप्ति के लिए आवश्यक संसाधनों का निर्धारण करना।

नीति (Policy)

नीतियों का निर्धारण करना नियोजन का दूसरा महत्त्वपूर्ण अंग है। नीतियों से हमारा आशय उन सामान्य विवरणों एवं सहमतियों से है जो व्यावसायिक उपक्रम के कार्यों तथा निर्णयों के लिए मार्गदर्शन प्रदान करती हैं। वस्तुतः नीतियाँ उन सीमाओं का निर्धारण करती है, जिनके भीतर रहकर निर्णय किए जा सकते हैं। ये उद्देश्यों की प्राप्ति के लिए निर्णय करने के लिए मार्गदर्शन करती है।

प्रक्रिया (Process)

प्रक्रिया भावी कार्यों को करने के लिए पूर्व में निर्धारित चरणों की एक शृंखला होती है, जिसमें कार्यों को कैसे सम्पन्न करना है या कराना है आदि का विस्तृत उल्लेख होता है। दूसरे शब्दों में, प्रक्रिया उन विभिन्न चरणों की क्रमबद्ध शृंखला है, जो किसी विशिष्ट कार्य को पूरा करने के लिए निर्धारित की जाती है। प्रत्येक संस्था में प्रत्येक कार्य को करने की पूर्व निर्धारित प्रक्रिया होती है।

प्रक्रिया एवं नीतियों में कुछ आधार अन्तर है, जो निम्न हैं–

(*i*) नीतियाँ निर्णयन में मार्गदर्शन करती हैं, जबकि प्रक्रिया कार्य को निपटाने में मार्गदर्शन करती है।

(*ii*) नीतियाँ प्रायः उच्च प्रबन्धकों द्वारा निर्धारित की जाती हैं, जबकि प्रक्रिया प्रायः मध्यवर्ती एवं परिचालन प्रबन्धकों द्वारा निर्धारित की जाती है।

(*iii*) नीतियों का क्षेत्र व्यापक होता है। इनके भीतर ही प्रक्रिया को निर्धारित किया जाता है।

विधि (Method)

विधि या प्रणाली या रीति वह उपयोजना है जो किसी प्रक्रिया का चरण पूरा करने के लिए की जाने वाली क्रियाओं की प्रकिया को निर्धारित करती है। इस प्रकार विधि प्रक्रिया का आवश्यक अंग है। यह विधि प्रत्येक कार्य हेतु अलग-अलग हो सकती है। प्रबन्धक नियोजन प्रक्रिया के दौरान उपयुक्त विधि का चयन करते हैं। इससे समय, धन तथा श्रम को बचाया जा सकता है।

नियम (Rules)

नियम कार्य या व्यवहार की वे मार्गदर्शक बातें या योजनाएँ हैं, जिनका संस्था में सभी व्यक्तियों को अनिवार्य रूप से पालन करना पड़ता है। ये वे मापदण्ड हैं, जिनके अनुसार संस्था में कोई कार्य या व्यवहार किया अथवा नहीं किया जा सकता है। इनका पालन न करने पर या अवहेलना करने पर दण्ड का प्रावधान होता है। ये सबसे सरल योजनाएँ होती हैं, क्योंकि इनमें परिवर्तन नहीं होता और न ही इनके लिए कोई समझौता होता है।

कार्यक्रम (Programme)

कार्यक्रम वह योजना है, जिसमें उन सभी क्रियाओं का व्यवस्थित क्रमबद्ध विवरण होता है जिनसे किसी विशिष्ट कार्य या उद्देश्य की पूर्ति होती है। इसका निर्माण संस्था की नीतियों में बताई गई मार्गदर्शक बातों के आधार पर किया जाता है। कार्यक्रम अस्थायी योजना है। कार्यक्रम में इस बात का भी उल्लेख होता है कि कौन-सी क्रिया, किसके द्वारा, किस समय, किन साधनों से एवं किस विधि से पूरी की जाएगी। इसमें संगठन की सभी क्रियाएँ तथा नीतियाँ सम्मिलित होती हैं।

बजट (Budget)

बजट वह योजना है, जिसमें भावी निश्चित अवधि के सम्भावित परिणामों को आँकड़ों में या परिमाणात्मक रूप में प्रस्तुत किया जाता है। **टैरी** के अनुसार, ''बजट भावी आवश्यकताओं का एक अनुमान है, जो क्रमानुसार व्यवस्थित होता है, जिसमें निश्चित समय की एक संस्था की कुछ या सम्पूर्ण क्रियाओं का समावेश होता है।''

अभ्यास प्रश्न

1. नियोजन है
(a) प्रबन्ध का प्राथमिक कार्य (b) प्रबन्ध का अन्तिम कार्य
(c) प्रबन्ध का स्वैच्छिक कार्य (d) प्रबन्ध का औपचारिक कार्य

2. वह प्रक्रिया जिसके द्वारा भावी उद्देश्यों तथा उन उद्देश्यों की प्राप्ति के लिए किए जाने वाले कार्यों को निर्धारित किया जाता है, कहलाता है
(a) नियम (b) संगठन
(c) नियोजन (d) समन्वय

3. क्या, कैसे, कौन, कब किया जाएगा, ये तत्त्व हैं
(a) नियोजन (b) समन्वय
(c) नियन्त्रण (d) संगठन

4. नियोजन की आवश्यकता है, क्योंकि
(a) नियोजन निर्देशन की व्यवस्था करता है।
(b) नियोजन अनिश्चितता की जोखिम को कम करता है।
(c) नियोजन नव-प्रवर्तन विचारों को प्रोत्साहित करता है।
(d) उपरोक्त सभी

5. नियोजन प्रबन्ध का कैसा कार्य है?
(a) महत्त्वपूर्ण (b) ऐच्छिक
(c) अपव्ययी (d) अनावश्यक

6. नियोजन का केन्द्र-बिन्दु होता है
(a) लक्ष्य प्राप्ति (b) समन्वय
(c) नियन्त्रण (d) भय पैदा करना

7. नियोजन का कार्य है
(a) शारीरिक (b) तकनीकी
(c) मानसिक (d) राजनीतिक

8. नियोजन की विशेषता होती है
(a) नियोजन का केन्द्र-बिन्दु लक्ष्य प्राप्ति होता है।
(b) नियोजन प्रबन्धन का प्राथमिक कार्य है।
(c) नियोजन सर्वव्यापी है
(d) उपरोक्त सभी

9. प्रबन्ध का प्राथमिक कार्य है
(a) नियन्त्रण (b) संगठन (c) नियोजन (d) समन्वय

10. नियोजन की सीमाएँ हैं
(a) नियोजन दृढ़ता उत्पन्न करता है
(b) परिवर्तनशील वातावरण में नियोजन प्रभावी नहीं रहता है
(c) नियोजन रचनात्मकता को कम करता है
(d) उपरोक्त सभी

11. नियोजन की सीमा नहीं है
(a) नियोजन रचनात्मकता को कम करता है।
(b) परिवर्तनशील वातावरण में नियोजन प्रभावी नहीं रहता है।
(c) नियोजन पर व्यय अपव्यय है।
(d) नियोजन दृढ़ता उत्पन्न करता है।

12. नियोजन एक प्रक्रिया है जिसमें होता है
(a) मानसिक अभ्यास (b) अटकलबाजी
(c) तुक्केबाजी (d) शर्त

13. नियोजन प्रक्रिया में विकल्पों को लागू कब किया जाता है?
(a) उद्देश्यों का निर्धारण कर लेने के पश्चात्
(b) विकल्पों का मूल्यांकन करने के पश्चात्
(c) श्रेष्ठ विकल्प का चुनाव कर लेने के पश्चात्
(d) वैकल्पिक विधि की पहचान करके

14. नियोजन एक ऐसी प्रक्रिया है, जो
(a) सर्वव्यापी है (b) अविरत है
(c) भविष्यवादी है (d) ये सभी

15. नियोजन एक .... प्रक्रिया है।
(a) शारीरिक (b) बौद्धिक
(c) समन्वित (d) सामूहिक

16. एकल प्रयोग योजना की अवधि कितनी हो सकती है?
(a) साप्ताहिक (b) पाक्षिक
(c) त्रैमासिक (d) ये सभी

17. नियोजन प्रक्रिया का प्रथम चरण होता है
(a) वैकल्पिक विधियों की पहचान
(b) विकल्पों का मूल्यांकन
(c) श्रेष्ठ विकल्प का चुनाव
(d) उद्देश्यों का निर्धारण

18. पूर्व-निर्धारित उद्देश्यों को प्राप्त करने की प्रक्रिया का प्रथम चरण कौन-सा है?
(a) नियोजन (b) नियन्त्रण
(c) संगठन (d) समन्वय

19. नियोजन का अन्तिम चरण कौन-सा होता है?
(a) विकल्पों को लागू करना (b) अनुवर्तन
(c) श्रेष्ठ विकल्प का चुनाव (d) इनमें से कोई नहीं

20. नियोजन का क्रियान्वयन किस स्तर पर होता है?
(a) उच्च स्तर (b) मध्यम स्तर
(c) पर्यवेक्षक स्तर (d) ये सभी

21. एकल प्रयोग योजना की अवधि होती है
(a) अल्पकालीन (b) दीर्घकालीन
(c) मध्यकालीन (d) जीवन पर्यन्त

22. स्थायी योजनाओं में निर्धारित किया जाता है
(a) व्यूहरचनाओं को (b) कार्यक्रमों को
(c) नीतियों को (d) ये सभी

23. दीर्घकालीन उद्देश्यों की प्राप्ति के लिए बनाई गई योजना कहलाती है
(a) एकल प्रयोग योजना
(b) स्थायी योजना
(c) परिवर्तनशील योजना
(d) आकस्मिक योजना

24. वे अन्तिम बिन्दु जिनकी प्राप्ति हेतु योजनाएँ बनाई जाती हैं, कहलाते हैं
(a) उद्देश्य (b) नीतियाँ
(c) नियम (d) व्यूहरचना

25. व्यूहरचना में निम्न में से कौन-सा आयाम सम्मिलित है?
(a) दीर्घकालीन लक्ष्यों का निर्धारण करना
(b) निर्धारित कार्य की क्रियाविधि निर्धारित करना
(c) उद्देश्यों की प्राप्ति के लिए आवश्यक संसाधनों का निर्धारण करना
(d) उपरोक्त सभी

26. पूर्व-निर्धारित मार्गदर्शक बातें जो निर्णयन में मार्गदर्शन करती हैं, कहलाती हैं
(a) व्यूहरचना (b) नियम
(c) नीतियाँ (d) उद्देश्य

27. उन विभिन्न चरणों की क्रमबद्ध श्रृंखला जो किसी विशिष्ट कार्य को पूरा करने के लिए निर्धारित की जाती है, कहलाती है
(a) नीतियाँ (b) नियम
(c) प्रक्रिया (d) विधियाँ

28. वह योजना, जिसमें भावी निश्चित अवधि के सम्भावित परिणामों को आँकड़ों में या परिमाणात्मक रूप से प्रस्तुत किया जाता है, क्या कहलाता है?
(a) बजट (b) पूर्वानुमान
(c) भविष्यवाणी (d) कार्यक्रम

29. बजट का अर्थ है
(a) निष्पादन का नियोजित लक्ष्य
(b) भविष्य के कार्यकलाप का प्रयोग
(c) संसाधनों का सही वितरण
(d) आशान्वित परिणामों का अंकों में वितरण

30. सर्वोत्तम विकल्प का चयन किस पर आधारित है?
(a) पूर्वानुमान (b) कार्यविधि
(c) मूल्यांकन (d) नीति

उत्तरमाला

1.	(a)	2.	(c)	3.	(a)	4.	(d)	5.	(a)	6.	(a)	7.	(c)	8.	(d)	9.	(c)	10.	(d)
11.	(c)	12.	(a)	13.	(c)	14.	(d)	15.	(b)	16.	(d)	17.	(d)	18.	(a)	19.	(b)	20.	(d)
21.	(a)	22.	(d)	23.	(b)	24.	(a)	25.	(d)	26.	(c)	27.	(c)	28.	(a)	29.	(d)	30.	(c)

अध्याय 5

संगठन

संगठन का अर्थ एवं परिभाषाएँ
(Meaning and Definitions of Organising)

संगठन व्यक्तियों का एक ऐसा समूह है जो अपने सामान्य उद्देश्यों की पूर्ति हेतु अपनी संस्था के संसाधनों तथा मानवीय प्रयासों में इस प्रकार सम्बन्ध स्थापित करता है जिससे न्यूनतम प्रयासों से अधिकतम परिणाम प्राप्त किया जा सके। इसे व्यक्तियों का समूह भी कहा जाता है।

प्रबन्धकीय कार्य के रूप में संगठन एक प्रक्रिया है, जिसके अन्तर्गत किसी संस्था के सम्पूर्ण कार्यों तथा अधिकारों एवं दायित्वों का विभिन्न व्यक्तियों के बीच विभाजन किया जाता है। इसके अतिरिक्त सभी व्यक्तियों के बीच आपसी सम्बन्धों की स्थापना भी की जाती है।

लुईस ऐलन के अनुसार, ''संगठन एक प्रक्रिया है जो कार्य को समझने तथा वर्गीकृत करने, अधिकार अन्तरण को परिभाषित करने तथा मनुष्यों को अत्यधिक कार्य-कुशलता के साथ लक्ष्यों की प्राप्ति हेतु कार्य करने के सम्बन्ध स्थापित करता है।''

थियो हैमेन के अनुसार, ''संगठन एक ऐसी प्रक्रिया है, जिसके द्वारा उपक्रम के कार्यों को परिभाषित एवं वर्गीकृत किया जाता है और उन्हें विभिन्न व्यक्तियों को सौंपकर उनके अधिकार सम्बन्धों को निश्चित किया जाता है।''

संगठन का महत्त्व (Importance of Organising)

संक्षेप में अच्छे संगठन का महत्त्व निम्नलिखित हैं–

1. **विशिष्टीकरण के लाभ** (Advantages of Specialisation)
   संस्था के कार्यों को प्रारम्भ से अन्त तक निष्पादित करने के लिए संगठन के माध्यम से विशिष्टीकरण सम्भव होता है जिसके अन्तर्गत व्यक्तियों में उनकी योग्यतानुसार कार्यों का विभाजन कर दिया जाता है। इससे व्यवसाय की कुशलता में वृद्धि होती है तथा विशिष्टीकरण को प्रोत्साहन मिलता है।
2. **कार्य करने में सम्बन्धों का स्पष्टीकरण** (Clarity in Working Relationship) संगठन प्रक्रिया में प्रत्येक कर्मचारी एवं अधिकारी के कार्य-क्षेत्र की सीमा का स्पष्ट निर्धारण किया जाता है। इससे कोई कर्मचारी अन्य कर्मचारी के कार्य-क्षेत्र में हस्तक्षेप भी नहीं कर पाता और आपसी मधुर सम्बन्ध भी बने रहते हैं। इससे सन्देशों का आदान-प्रदान भी सरल हो जाता है।
3. **संसाधनों का अनुकूलतम उपयोग** (Optimum Utilisation of Resources) एक अच्छा एवं सन्तुलित संगठन व्यवसाय के संसाधनों के अनुकूलतम उपयोग को सम्भव बनाता है। यह कार्यों के निष्पादन में लगने वाले समय में मितव्ययिता लाता है तथा कार्यों के दोहराव को रोकता है और कर्मचारियों में आपसी मतभेद को भी समाप्त करता है।
4. **परिवर्तनों का अनुकूलन** (Adaptation of Changes) संगठन प्रक्रिया से व्यावसायिक इकाइयाँ परिवर्तनशील वातावरण में समायोजित हो जाती हैं तथा यह व्यावसायिक संस्थाओं को उपयुक्त वातावरण बनाने में सहायता करती हैं और उन्नति एवं विकास हेतु मार्ग प्रशस्त कराती हैं।
5. **प्रभावी प्रशासन** (Effective Administration) संगठन प्रक्रिया के द्वारा संस्था के अधिकारियों एवं कर्मचारियों के उद्देश्यों, कार्यों, दायित्वों एवं आपसी सम्बन्धों को निश्चित किया जाता है, जिससे उनके कार्य करने की प्रक्रिया में कुशलता, मितव्ययिता आती है तथा दोहराव में कमी के साथ-साथ उनमें सुगम संदेशवाहन भी सम्भव हो पाता है, जिससे कार्य निष्पादन सरल हो जाता है एवं प्रशासन प्रभावपूर्णता से कार्य कर पाता है।
6. **विकास एवं विस्तार** (Development and Expansion) एक श्रेष्ठ संगठन किसी व्यावसायिक संस्था के उत्पादन प्रक्रिया में नव-प्रवर्तन को प्रोत्साहित करता है, जिससे संस्था की कार्य-कुशलता में वृद्धि होती है। परिणामस्वरूप संस्था का विकास एवं विस्तार होता है।

संगठन-प्रक्रिया के चरण (Steps of Organising Process)

संगठन की प्रक्रिया प्रत्येक स्तर के प्रबन्धक को पूरी करनी पड़ती है। *इस प्रक्रिया में चरण कम या अधिक हो सकते हैं, किन्तु संगठन प्रक्रिया के चरण निम्न हैं–*

1. **कार्य की पहचान तथा विभाजन करना** (Identification and Division of Work) संगठन की प्रक्रिया का प्रथम चरण संस्था के उद्देश्यों के अनुसार कार्य की पहचान करना तथा उनका अनेक व्यक्तियों में विभाजन करना है। इस प्रक्रिया के अन्तर्गत प्रबन्धकों द्वारा संस्था के कार्यों की एक विस्तृत सूची तैयार की जाती है फिर इन कार्यों को कर्मचारियों में इस प्रकार से विभाजित किया जाता है कि संस्था के उद्देश्यानुसार कार्य के प्रत्येक महत्त्वपूर्ण भाग को कर्मचारियों द्वारा स्पष्ट रूप से समझा जा सके।
2. **विभागीकरण** (Departmentalisation) संगठन के द्वितीय चरण में संस्था के एक-समान या एक-दूसरे से सम्बन्धित क्रियाओं का विभागों अथवा क्षेत्रों में विभाजन करना तत्पश्चात् उन विभागों या क्षेत्रीय क्रियाओं को खण्डों तथा उपखण्डों में विभाजित करना विभागीकरण कहलाता है।
   कार्यों का विभागीकरण निम्न दो प्रकार से किया जा सकता है-
   (*i*) **कार्यात्मक विभागीकरण** (Functional Departmentalisation) इस पद्धति के अन्तर्गत कार्यों को उनकी प्रकृति के आधार पर विभाजित किया जाता है; जैसे-विक्रय से सम्बन्धित सभी क्रियाओं को विक्रय विभाग के अन्तर्गत रखा जाएगा।
   (*ii*) **प्रभागीय विभागीकरण** (Divisional Departmentalisation) जब एक संगठन दो या दो से अधिक उत्पादों का उत्पादन करता है तब वह इस प्रकार के विभागीयकरण को अपनाता है।

3. **कर्त्तव्यों का निर्धारण** (Determination of Duties) क्रियाओं का सामूहिक विभागीकरण करने के पश्चात् इन क्रियाओं को करने वाले व्यक्तियों के कर्त्तव्यों का निर्धारण किया जाता है तथा इनकी स्पष्ट व्याख्या लिखित अथवा मौखिक रूप से कर दी जाती है। इसके अन्तर्गत कार्य को उसकी प्रकृति के अनुसार योग्य व्यक्ति को सौंपा जाता है और इसके लिए यदि कर्मचारी को आवश्यक प्रशिक्षण की आवश्यकता है, तो उत्पादक द्वारा वह प्रशिक्षण भी दिया जाता है।
4. **वृतान्त रिपोटिंग सम्बन्ध स्थापन** (Establishing Reporting Relationship) किसी कार्य को प्रारम्भिक चरण से अन्तिम चरण तक करने के लिए संस्था द्वारा अपने कर्मचारी को कुछ अधिकार दिए जाते हैं। ये अधिकार कर्मचारी को दिए गए कार्य की प्रकृति, आकार तथा अनिवार्यता के आधार पर निश्चित किए जाते हैं। इसके पश्चात् विभिन्न व्यक्तियों एवं विभिन्न विभागों के बीच आपसी सम्बन्धों का भी निर्धारण किया जाता है; जैसे-कौन व्यक्ति किसके अधीनस्थ होगा, कर्मचारी को किससे आदेश प्राप्त होंगे तथा वह किसके प्रति जवाबदेह होगा, इन बातों की स्पष्ट रूप से व्याख्या कर दी जाती है।

   इस प्रकार का स्पष्ट सम्बन्ध स्थापन, कर्मचारियों का सोपानिक ढाँचा तैयार करने में सहायता करता है।

संगठन ढाँचा (Organisational Structure)

किसी भी संस्था की सफलता में संगठन ढाँचे का महत्त्वपूर्ण योगदान होता है। इसके द्वारा संस्था की क्रियाओं, संस्था के अधिकार एवं दायित्व का निर्धारण किया जाता है। विषय के महान् विशेषज्ञ पीटर ड्रकर ने संगठन ढाँचे की महत्ता को बताते हुए कहा है कि ''संगठन ढाँचा एक अनिवार्य माध्यम है एवं अनुपयुक्त संगठन ढाँचा व्यवसाय की कार्य निष्पत्ति को हानि पहुँचा सकता है या इसे समाप्त कर सकता है।'' संगठन ढाँचे से आशय सम्पूर्ण संस्था के सम्बन्धों एवं कार्यों की व्यवस्था से है। अन्य शब्दों में, संगठन ढाँचा संस्था की वह सम्पूर्ण व्यवस्था है जो व्यक्तियों के मध्य उन सम्बन्धों को व्यक्त करती है, जिसके अन्तर्गत वे संस्था के कार्यों को करते हैं। यह अधिकार एवं दायित्वों के केन्द्रों एवं प्रवाह को भी प्रदर्शित करते हैं, जिसके अनुरूप संस्था में आदेश-निर्देश प्रसारित किए जाते हैं। यह व्यावसायिक संस्था के लक्ष्यों को प्राप्त करने में भी सहयोग प्रदान करता है।

संगठन ढाँचों के प्रकार (Types of Organisational Structures)

संगठन के उद्देश्य, कार्य एवं प्रकृति के अनुसार संगठन ढाँचा अलग-अलग होता है। *मुख्यतः संगठन ढाँचे को दो श्रेणियों में विभाजित किया जा सकता है, जो निम्न हैं–*

1. कार्यात्मक संगठन ढाँचा
2. प्रभागीय संगठन ढाँचा

कार्यात्मक संगठन ढाँचा (Functional Organisational Structure)

कार्यात्मक संगठन ढाँचे के जन्म का श्रेय वैज्ञानिक प्रबन्ध के जन्मदाता एफ. डब्ल्यू. टेलर को दिया जाता है। **टेलर** के अनुसार, ''कार्यात्मक संगठन ढाँचे का आशय इस प्रकार के विभाजन से है, जिसके अन्तर्गत सहायक अधीक्षक से लेकर नीचे तक के व्यक्तियों को इतने कार्य दिए जाएँ जितने वे आसानी से पूरे कर सकें। यदि सम्भव हो सकें तो प्रबन्ध के प्रत्येक व्यक्ति को केवल एक ही महत्त्वपूर्ण कार्य दिया जाना चाहिए।''

कार्यात्मक संगठन के अन्तर्गत व्यावसायिक संस्था की क्रियाओं का समूहीकरण कार्यों की प्रकृति के आधार पर किया जाता है जिसमें प्रत्येक कार्य-क्षेत्र के लिए एक विभाग बनाया जाता है; जैसे-विपणन के लिए विपणन विभाग, क्रय के लिए क्रय विभाग आदि। इसके पश्चात् प्रत्येक विभाग को अनेक उपविभागों में विभाजित किया जाता है। जिसमें प्रत्येक कार्य को छोटे-छोटे भागों में विभाजित करके एक अधिकारी या विशिष्ट ज्ञान वाले व्यक्ति को नियुक्त किया जाता है। यह व्यक्ति अपने कार्य से सम्बन्धित आदेश एवं निर्देश दे सकता है, क्योंकि वह अपने कार्य से सम्बन्धित पूरे अधिकार रखता है तथा दायित्वों को वहन करता है। इस प्रकार के कार्यात्मक संगठन में एक-समान कार्य करने वाले समूह होते हैं।

कार्यात्मक या क्रियात्मक संगठन संरचना के लाभ/गुण

(Merits or Advantages of Functional Sturcture of Organisational)

कार्यात्मक या क्रियात्मक संगठन संरचना के लाभ/गुण निम्नलिखित हैं

1. **विशिष्टीकरण** संगठन की इस प्रणाली में विशिष्टीकरण को प्रोत्साहन मिलता है।
2. **शोध एवं अनुसन्धान** विशेषज्ञों की नियुक्ति से शोध एवं अनुसन्धान को बढ़ावा मिलता है।
3. **कार्य निश्चित एवं सीमित** नायक का काम निश्चित तथा सीमित रहता है।
4. **सहयोग की भावना** इस प्रणाली में सहयोग की भावना अधिक पाई जाती है।
5. **लोचपूर्ण** यह प्रणाली लोचपूर्ण है, इसलिए बिना किसी बड़े परिवर्तन के उपक्रम के आकार में विस्तार किया जा सकता है।
6. **बड़े पैमाने का उत्पादन** विवेकीकरण के फलस्वरूप बड़े पैमाने का उत्पादन किया जा सकता है।
7. **कौशल को प्रोत्साहन** इस प्रणाली में संगठन कौशल को प्रोत्साहन मिलता है।
8. **सुधार एवं सुझाव** इस प्रणाली में अध्ययन, सुधार तथा सुझाव का पर्याप्त अवसर मिलता है।
9. **अधिकतम योग्यता का प्रदर्शन** प्रत्येक व्यक्ति अपनी अधिकतम योग्यता का प्रदर्शन करने का अवसर प्राप्त करता है।
10. **कार्यों में भेद** इसमें मानसिक तथा शारीरिक कार्यों में भेद किया जाता है।

कार्यात्मक या क्रियात्मक संगठन संरचना के दोष/हानियाँ

(Demerits or Disadvantage of Functional Sturcture of Organisational)

कार्यात्मक या क्रियात्मक संगठन संरचना के दोष/हानियाँ निम्नलिखित हैं–

1. **परस्पर प्रतिद्वंद्विता** एक ही काम पर कई अधिकारी होते हैं, जिससे उत्तरदायित्व सुनिश्चित नहीं रहता है तथा अधिकारियों में परस्पर प्रतिद्वंद्विता पनपने लगती है।
2. **अनुपयुक्त** यह प्रणाली छोटे संस्थानों के लिए अनुपयुक्त सिद्ध होती है।
3. **औपचारिकताएँ** इस प्रणाली में कागजी कार्यवाही तथा औपचारिकताएँ अधिक रहती हैं।
4. **अव्यावहारिक** यह प्रणाली बोझिल तथा अव्यावहारिक है। इसमें नियन्त्रण का विभाजन कर दिया जाता है।
5. **समन्वय में कठिनाई** इस प्रणाली की सफलता प्रभावी नेतृत्व पर निर्भर करती है, जिसका प्रायः अभाव पाया जाता है इसलिए समन्वय में कठिनाई आती है।
6. **अनुशासन कमजोर** इसमें अनुशासन प्रायः कमजोर हो जाता है, क्योंकि अनुशासन पर अपेक्षाकृत कम ध्यान दिया जाता है।
7. **केन्द्रीयकरण** इस प्रणाली में केन्द्रीयकरण की प्रवृत्ति पनपने लगती है।
8. **आदेश की एकता के सिद्धान्त का उल्लंघन** इस प्रणाली में 'आदेश की एकता' के सिद्धान्त का उल्लंघन होता है।
9. **मूल्यांकन कठिन** इस प्रणाली में कार्य निष्पादन का सही-सही मूल्यांकन करना कठिन हो जाता है।
10. **भ्रमात्मक** नियन्त्रण क्रियाओं की दृष्टि से यह प्रणाली भ्रमात्मक सिद्ध होती है।

प्रभागीय संगठन ढाँचा (Divisional Organisational Structure)

जब किसी विशाल व्यावसायिक संस्था को छोटी-छोटी प्रशासकीय इकाइयों में बाँटकर उसका संचालन किया जाता है, तब उसे प्रभागीय संगठन ढाँचा कहते

हैं। प्रभागीय संगठन ढाँचे के अन्तर्गत संस्था की विभिन्न क्रियाओं को विभिन्न विभागों के रूप में विभाजित किया जाता है। ऐसा संगठन ढाँचा उन विस्तृत संस्थाओं में अपनाया जाता है जहाँ एक से अधिक उत्पादों का उत्पादन तथा बाजार में उनका वितरण किया जाता है।

यह संरचना उस दशा में उपयोगी सिद्ध होती है, जब उत्पाद के विस्तार विविधिकरण, निर्माण तथा विपणन को प्राथमिकता दी जाती है। जहाँ उत्पाद जटिल प्रकृति का हो और यन्त्र, मशीनरी, उपक्रम आदि के लिए पूँजी विनियोग बड़ी मात्रा में आवश्यक हो, वहाँ सामान्यतया यह संगठन संरचना अपनाई जाती है; जैसे-ओटोमोबाईल तथा इलेक्ट्रॉनिक उद्योग आदि।

नोट *प्रभागीय संगठन में प्रत्येक विभाग कार्यात्मक ढाँचे की ओर अभिमुख प्रतीत होता है। प्रत्येक विभाग लक्ष्य हेतु कार्य करता है और विभाग का प्रबन्धक उसके लाभ–हानि हेतु उत्तरदायी होता है।*

प्रभागीय संगठन संरचना के लाभ/गुण
(Advantages or Merits of Divisional Organisational Structure)

उत्पाद आधारित संगठन संरचना के लाभ/गुण निम्न प्रकार हैं–

1. **सामंजस्य** विभिन्न विभागों में सामंजस्य बना रहता है।
2. **समन्वित** किसी उत्पाद विशेष से सम्बद्ध सारी गतिविधियाँ समन्वित रूप से सम्पन्न होती हैं।
3. **व्यक्तिगत ध्यान** प्रत्येक उत्पाद पर व्यक्तिगत ध्यान दिया जाता है।
4. **विस्तार एवं विविधिकरण** उत्पाद का विस्तार एवं विविधिकरण करने में सुविधा होती है।
5. **विशिष्टीकरण** भौतिक सुविधाओं का विशिष्टीकरण होता है।
6. **मूल्यांकन सरल** प्रत्येक उत्पाद डिवीजन के निष्पादन तथा समग्र परिणामों में उसके योगदान का मूल्यांकन करने में आसानी रहती है।
7. **उत्तरदायित्व का निर्धारण** प्रत्येक उत्पाद के उत्पादन के लिए उत्पादन प्रबन्धक पर उत्तरदायित्व का निर्धारण किया जा सकता है।
8. **उत्तम प्रशिक्षण** प्रत्येक उत्पाद डिवीजन अर्द्ध-स्वायत्त डिवीजन के रूप में कार्य करता है और प्रबन्धकीय कर्मचारियों को उत्तम प्रशिक्षण दे सकता है।
9. **अधिक लचीली** यह अधिक लचीली संरचना होती है तथा आवश्यकता पड़ने पर इसमें परिवर्तन करना आसान होता है।

प्रभागीय संगठन संरचना की हानि/दोष
(Disadvantages or Demerit of Divisional Organisational Structure)

उत्पाद आधारित संगठन संरचना में निम्नांकित हानियाँ/दोष पाए जाते हैं–

1. **दोहरापन** इस प्रणाली में भौतिक सुविधाओं तथा कार्यों का दोहरापन पाया जाता है।
2. **लागत अधिक** इसमें संचालन लागत अधिक होती है, क्योंकि प्रत्येक उत्पाद डिवीजन को अपने कर्मचारियों एवं सुविधाओं का पृथक्-पृथक् भार वहन करना पड़ता है।
3. **केन्द्रीयकरण का लाभ नहीं** कुछ गतिविधियों (जैसे-वित्त, लेखांकन एवं वितरण आदि) के केन्द्रीयकरण के लाभ नहीं मिल पाते हैं।
4. **उत्पादन क्षमता का पूर्ण उपयोग नहीं** जब उत्पाद विशेष की माँग पर्याप्त नहीं हो तो कारखाने की उत्पादन क्षमता का पूरा-पूरा उपयोग नहीं हो पाता है।
5. **परिवर्तन के अनुरूप असमर्थ** माँग तथा टेक्नोलॉजी में होने वाले परिवर्तनों के अनुरूप फर्म अपने आपको ढालने में असमर्थ रहती है।

औपचारिक संगठन (Formal Organisation)

औपचारिक संगठन से आशय ऐसे संगठन से है, जिसमें प्रबन्ध के प्रत्येक स्तर पर अधिकारियों के अधिकारों, कर्त्तव्यों एवं उत्तरदायित्वों की स्पष्ट रूप से व्याख्या कर दी जाती है। ऐसे संगठन में सत्ता का भारार्पण ऊपर से नीचे की ओर किया जाता है तथा संगठन संरचना का निर्माण संस्था के उद्देश्यों को प्राप्त करने के लिए किया जाता है।

लुईस ऐलन के अनुसार, ''औपचारिक संगठन से तात्पर्य कार्यों की समुचित ढंग से परिभाषित पद्धति से है जिसमें प्रत्येक के अधिकार, उत्तरदायित्व तथा जवाबदेही की निश्चित परिमाप होती है।''

औपचारिक संगठन के लक्षण
(Features of Formal Organisation)

औपचारिक संगठन के प्रमुख लक्षण निम्न हैं–

1. इस संगठन को पूर्व निर्धारित उद्देश्यों की प्राप्ति के लिए स्थापित किया जाता है।
2. यह जान-बूझकर एवं सोच-समझकर बनाया गया संगठन है। इसे उच्च स्तरीय प्रबन्ध द्वारा सिद्धान्तों के आधार पर बनाया जाता है।
3. इसके निर्माण में व्यक्तियों का नहीं, बल्कि संगठन के कार्यों/उद्देश्यों का अधिक महत्त्व होता है।
4. इसका संचालन संस्था की नीतियों, नियमों, कार्य-प्रक्रियाओं, प्रणालियों आदि के आधार पर किया जाता है।
5. इसके द्वारा संगठन के प्रत्येक अधिकारी/कर्मचारी के अधिकारों, दायित्वों एवं भूमिका को निर्धारित किया जाता है। यह स्पष्ट करता है कि कौन किसको रिपोर्ट करेगा?
6. इसमें आदेश की एकता को सदैव ध्यान में रखा जाता है।
7. इस संगठन में विभिन्न विभागों को समन्वित, अन्तःसम्बन्ध तथा एकीकृत किया जाता है।

अनौपचारिक संगठन (Informal Organisation)

अनौपचारिक संगठन औपचारिक संगठन से विपरीत प्रकृति का होता है। अनौपचारिक संगठन से आशय एक ऐसे संगठन से है, जिसका निर्माण किसी विशेष उद्देश्य के लिए नहीं किया जाता है, बल्कि आपसी व्यक्तिगत एवं सामाजिक सम्बन्धों के बनने पर स्वतः ही हो जाता है। इसकी कोई पूर्व निर्धारित संरचना भी नहीं होती है। इसका निर्माण तब होता है जब संगठन में कार्य करने वाले लोग आपस में मिलते हैं और व्यक्तिगत एवं सामाजिक सम्बन्ध बना लेते हैं।

अनौपचारिक संगठन के लक्षण
(Features fo Informal Organisation)

अनौपचारिक संगठन के प्रमुख लक्षण निम्न हैं–

1. ऐसे संगठन जान-बूझकर नहीं बनाए जाते, बल्कि स्वतः ही बनते हैं।
2. ऐसे संगठन नियोजित ढंग से नहीं बनते हैं।
3. ये सामाजिक संगठन होते हैं इनका कोई निश्चित रूप या ढाँचा नहीं होता है।
4. प्रबन्ध के सभी स्तरों पर इस प्रकार के संगठन पाए जाते हैं।
5. ऐसे संगठनों की भी परम्पराएँ एवं नियम होते हैं, जिनका सामान्यतः पालन होता है। यद्यपि नियम व्यावहारिक सम्बन्धों से बनाए जाते हैं।
6. ऐसे संगठनों का निर्माण सामाजिक समूहों के रीति-रिवाजों, सीमाओं, सम्बन्धों एवं आदतों के द्वारा होता है।
7. इन संगठनों में सम्प्रेषण स्वतन्त्र होता है, जो संगठन सदस्यों द्वारा विकसित होता है।

अधिकार प्रत्यायोजन/ भारार्पण/अन्तरण

(Delegation of Authority)

अधिकार अन्तरण से आशय दूसरों को कार्य सौंपना तथा उनके सम्बन्ध में आवश्यक अधिकारों को प्रदान करना है। यह वह प्रक्रिया है, जिसके द्वारा प्रबन्धक अपनी योजनाओं का क्रियान्वयन करता है। अधिकार की प्रक्रिया के द्वारा प्रबन्धक अपने कार्य के प्रति उत्पन्न होने वाले दायित्वों से मुक्त नहीं होता और न ही अपने अधिकार या पद का त्याग करता है, बल्कि यह प्रबन्धक के कार्यक्षेत्र में वृद्धि करता है।

टैरी के अनुसार, ''अन्तरण का अर्थ एक अधिकारी अथवा संगठन की किसी इकाई से दूसरी इकाई या अधिकारी को अधिकारों के सौंपने से है।''

मूनी के अनुसार, ''एक उच्चाधिकारी द्वारा विशिष्ट अधिकारों का (दूसरों को) सौंपना अन्तरण है।''

अधिकार अन्तरण के तत्त्व

(Elements of Authority Delegation)

उपरोक्त परिभाषाओं के अध्ययन से स्पष्ट है कि अधिकार अन्तरण में निम्नलिखित तत्त्व हैं–

अधिकार (Authority)

अधिकार से तात्पर्य किसी अधिकारी की उस शक्ति से है जिसका प्रयोग करके वह अपने अधीनस्थों से कार्य करवाता है। वह उसकी निर्णय शक्ति होती है जो किसी कार्य या उत्तरदायित्व हेतु अतिआवश्यक है। औपचारिक संगठन में व्यक्ति को प्राप्त अधिकार उसके पद एवं उत्तरदायित्व के अनुसार प्राप्त होते हैं।

अधिकार प्रबन्धकीय कार्यों को सम्पन्न करने के लिए अति आवश्यक है। कोई भी प्रबन्धक अधिकार के बिना किसी भी कार्य को सम्पन्न नहीं करवा सकता। अधिकार देने का मुख्य उद्देश्य संगठन के लक्ष्यों को पूरा करना होता है।

उत्तरदायित्व (Responsibility)

उत्तरदायित्व का जन्म अधिकार का उपयोग करने से होता है। उत्तरदायित्व किसी भी कार्य को करने का प्रबन्धन है। यह एक ऐसा दायित्व है जिसके अन्तर्गत एक व्यक्ति को सौंपे गए कर्त्तव्य को वह अपनी सर्वश्रेष्ठ क्षमता से सम्पन्न करता है। यह बन्धन अधिकारी एवं अधीनस्थ के आपसी सम्बन्धों के कारण उत्पन्न होता है। यह किसी कार्य विशेष के लिए या निरन्तर रूप से उत्पन्न होता है तथा इसका हस्तान्तरण नहीं किया जा सकता है।

व्यवसाय की दृष्टि से इसको निम्नलिखित दो भागों में बाँटा जा सकता है–

1. **विशिष्ट उत्तरदायित्व** जब किसी पेशेवर व्यक्ति को किसी विशेष कार्य को करने के लिए आदेश या आज्ञा दी जाती है, तो यह उत्तरदायित्व विशिष्ट उत्तरदायित्व कहलाएगा। जैसे ही कार्य का निष्पादन होगा वैसे ही उत्तरदायित्व समाप्त हो जाएगा।
2. **सामान्य उत्तरदायित्व** जब कोई उत्तरदायित्व सामान्य व्यक्ति को किसी सामान्य कार्य के निष्पादन के लिए दिया जाता है, तो उस कार्य को करने का उत्तरदायित्व ही सामान्य उत्तरदायित्व कहलाता है।

उत्तरदेयता या जवाबदेही (Accountability)

जवाबदेही से तात्पर्य किसी कर्मचारी या अधिकारी के उस उत्तरदायित्व से है जो किसी औपचारिक अधिकार को प्राप्त करने एवं उसका उपयोग करने के पश्चात् उत्पन्न होता है। अधीनस्थ कर्मचारी द्वारा अपने उच्च अधिकारी से प्राप्त किए गए कार्य स्वीकार करके यह वचन दिया जाता है कि वह सम्बन्धित कार्य को पूरा करने के लिए सर्वश्रेष्ठ ढंग अपनाएगा। कार्य निष्पादन की स्वीकृति के बाद अधीनस्थ उसे पूरा करने के लिए नैतिक रूप से बाध्य हो जाता है तथा परिणामों के लिए जवाबदेह ठहराया जाता है।

अन्तरण का महत्त्व (Importance of Delegation)

प्रत्येक व्यक्ति के कार्य करने की कुछ सीमाएँ होती हैं तथा सभी कार्य वह स्वयं भी नहीं कर सकता है। अतः उसके अधिकारों के अन्तर्गत जो कार्य आते हैं, उनमें से कुछ कार्य दूसरों को सौंपकर अपना कार्य-भार हल्का कर लेता है। इसके अतिरिक्त, दूसरे व्यक्तियों के तकनीकी ज्ञान एवं अनुभव का लाभ उठाने के लिए भी वह अपने कुछ अधिकारों का अन्तरण करता है। *अधिकार अन्तरण का महत्त्व, आवश्यकता तथा लाभों को निम्न शीर्षकों के अन्तर्गत स्पष्ट किया जा सकता है–*

1. **प्रभावी प्रबन्धन** (Effective Management) प्रबन्धकों द्वारा अधिकारों का अन्तरण करने से प्रबन्धक व्यवसाय से सम्बन्धित अन्य महत्त्वपूर्ण कार्यों में अपना ध्यान केन्द्रित कर सकते हैं। अतः उन्हें अन्य कार्यों को करने के लिए अतिरिक्त समय मिल जाता है, जिससे प्रभावी प्रबन्ध व्यवस्था करना आसान हो जाता है।
2. **कर्मचारियों का विकास** (Employees' Development) अधिकारों का अन्तरण करने से अधीनस्थों को अधिकार प्राप्त होते हैं और वे अपने विवेक के अनुसार कार्य करते हैं। इससे अधीनस्थ कर्मचारियों में धीरे-धीरे उन कार्यों को करने की कुशलता तथा दक्षता आ जाती है, जिससे उनका संख्या में आर्थिक तथा मानसिक विकास होता है। इस प्रकार सतत् अधिकारों के अन्तरण से अधीनस्थ कर्मचारियों की योग्यता का विकास होता है।
3. **कर्मचारियों को प्रेरणा** (Motivation of Employees) अधिकार अन्तरण से अधीनस्थों की कई सामाजिक एवं मनोवैज्ञानिक आवश्यकताओं की सन्तुष्टि होती है, जिसके परिणामस्वरूप उन्हें अधिकाधिक कार्य करने की प्रेरणा मिलती है। कर्मचारी अधिकारों को प्राप्त कर अपनी प्रतिभा को विकसित करते हैं, जिससे उनको मनोवैज्ञानिक लाभ मिलता है तथा उनमें उत्तरदायित्व की भावना का भी विकास होता है।
4. **विकास का सरलीकरण** (Simplification of Development) अधिकार अन्तरण से अधीनस्थ को अपनी क्षमताओं को दिखाने का अवसर मिलता है और साथ ही उसमें उच्च स्तर के अवसरों को परखने की क्षमता होती है। इससे पूरे संगठन का विकास होता है। संगठन के अन्दर निर्णय लेने में समक्ष कर्मचारियों के पर्याप्त मात्रा में उपलब्ध होने के कारण व्यवसाय का विस्तार (Expantion), आधुनिकीकरण (Modernisation) तथा विविधिकरण (Diversification) पूरे विश्वास के साथ किया जाता है।
5. **प्रबन्ध सोपानिकी** (पदानुक्रम) **का आधार** (Basis of Management Hierarchy) अधिकारों का प्रत्यायोजन किए बिना संगठन संरचना का निर्माण सम्भव नहीं है, क्योंकि संस्था में ऊपर से नीचे तक अधिकार प्रत्यायोजन की प्रक्रिया चलती है। इसलिए अधिकार अन्तरण के आधार पर ही संगठन में पदानुक्रम व्यवस्था जन्म लेती है।
6. **उत्तम सामंजस्य** (Better Coordination) अधिकार अन्तरण की प्रक्रिया से सभी कर्मचारियों में अधिकारों के साथ-साथ कार्य भी बँट जाते हैं तथा अधिकार अन्तरण के द्वारा विशेषज्ञों की सेवाएँ भी प्राप्त होती हैं, कार्य, समय एवं लागत में कमी आती है और कर्मचारियों में कार्य की पुनरावृत्ति रुक जाती है। अधिकारों के अन्तरण प्रक्रिया से सभी कर्मचारियों को अपने कार्य, अधिकार एवं उत्तरदायित्वों का ज्ञान रहता है। परिणामस्वरूप संस्था में उत्तम सामंजस्य का निर्माण होता है।
7. **प्रभावकारी निरीक्षण** (Effective Inspection) अधिकार अन्तरण के बाद भी अन्तिम उत्तरदायित्व अधिकारी का ही रहता है। अतः वह अपने अधीनस्थों पर प्रभावकारी निरीक्षण व्यवस्था लागू रखता है।
8. **शीघ्र निर्णय** (Fast Decision Making) अधिकारों का अन्तरण कर देने से संस्था के सभी सदस्य अपने ही स्तर पर निर्णय कर सकते हैं। उन्हें अपने कार्यों से सम्बन्धित निर्णय करने के लिए दूसरों पर आश्रित नहीं रहना पड़ता। अतः निर्णय शीघ्र लिए जा सकते हैं।

9. **अच्छे निर्णय** (Good Decisions) अधिकार अन्तरण के कारण जहाँ कार्य का वास्तविक निष्पादन होता है, वही निर्णय लिए जा सकते हैं। ये निर्णय समय एवं परिस्थितियों के अनुरूप लिए जाते हैं। फलतः ये निर्णय अधिक अच्छे एवं प्रभावी होते हैं।

विकेन्द्रीकरण (Decentralisation)

विकेन्द्रीकरण भारार्पण का ही एक विकसित रूप है, जब किसी उच्चाधिकारी द्वारा अधीनस्थ कर्मचारी को अपेक्षाकृत अधिक मात्रा में अधिकारों का भारार्पण किया जाता है, तो वह विकेन्द्रीकरण कहलाता है। प्रशासन की शब्दावली में विकेन्द्रीकरण वह स्थिति है जब प्रशासन से सम्बन्धित अधिकांश निर्णय उन्हीं लोगों द्वारा लिए जाएँ, जो उन निर्णयों से सम्बन्ध रखते हों तथा उस स्तर पर लिए जाएँ जिस स्तर पर निर्णय को लागू किया जाए।

ऐलन के अनुसार, ''विकेन्द्रीकरण कार्य-निष्पादन के स्तरों पर व्यवस्थित एवं स्थायी रूप से अधिकारों का प्रत्यायोजन है।''

लुईस ऐलन के अनुसार, ''विकेन्द्रीकरण से तात्पर्य केवल केन्द्रीय बिन्दुओं पर ही प्रयोग किए जाने वाले अधिकारों को छोड़कर शेष सभी अधिकारों को व्यवस्थित रूप से निम्न स्तरों को सौंपने से है।''

विकेन्द्रीकरण का महत्त्व (Importance of Decentralisation)

आधुनिक व्यावसायिक संगठनों में अनेक व्यावसायिक जटिलताएँ होती हैं। उच्च प्रबन्धक अन्य व्यावसायिक महत्त्वपूर्ण कार्यों में व्यस्त रहते हैं। ऐसी स्थिति में विकेन्द्रीकरण अत्यन्त आवश्यक होता है। *विकेन्द्रीकरण का महत्त्व निम्न बिन्दुओं से समझा जा सकता है–*

1. **अधीनस्थों में पहलपन भावना का विकास** (Develops Initiate Among Subordinates) विकेन्द्रीकरण से अधीनस्थों में कार्य करने की इच्छा स्वतः जाग्रत होती है और उनका मनोबल बढ़ता है। जब निम्नस्तरीय प्रबन्धक स्वयं निर्णय लेने लग जाते हैं, तो वे कार्य में रुचि लेने लगते हैं तथा कार्य में आने वाली समस्याओं का स्वयं समाधान खोजने लग जाते हैं। इससे उनमें पहलपन की भावना का विकास होता है।
2. **भविष्य के लिए प्रबन्धकीय प्रतिभा का विकास** (Develops Managerial Talent for future) कर्मचारियों में प्रबन्धकीय चातुर्य बढ़ाने के लिए प्रशिक्षण दिया जाता है। जब यह प्रशिक्षण स्वयं के कार्य अनुभव द्वारा लिया जाता है, तो वह उस कर्मचारी की प्रबन्धकीय प्रतिभा को और अधिक निखार देता है। अतः विकेन्द्रीकरण कर्मचारी को उसके प्रबन्धकीय चातुर्य और प्रतिभा को दिखाने का सुअवसर भी प्रदान करता है, जिससे भविष्य में पदोन्नति देकर उसकी प्रबन्धकीय प्रतिभा का उपयोग किया जा सकता है।
3. **शीघ्र निर्णय** (Fast Decision-Making) केन्द्रीकरण प्रबन्ध व्यवस्था में सभी निर्णय उच्च प्रबन्धकों द्वारा लिए जाते हैं। इससे सूचनाओं का प्रवाह धीमा रहता है। निर्णय की प्रतिक्रिया में भी समय अधिक लग जाता है। किन्तु विकेन्द्रीकरण में निर्णय कार्य करने वाले कर्मचारी द्वारा ही लिए जाते हैं, जिससे उसे कई स्तरों से गुजरना नहीं पड़ता। इसकी प्रक्रिया तीव्र रहती है। किसी प्रकार की अनुमति या स्वीकृति की आवश्यकता नहीं रहती। परिणामस्वरूप विकेन्द्रीकरण में शीघ्र निर्णय लिए जाते हैं।
4. **शीर्ष प्रबन्ध को राहत** (Relif to Higher Management) विकेन्द्रीकरण करने का सबसे बड़ा लाभ यह है कि इससे उच्चाधिकारियों को संचालकीय कार्यों से मुक्ति मिल जाती है। इससे उच्चाधिकारी नीति निर्धारण करने, नियोजन करने, समन्वय तथा अन्य महत्त्वपूर्ण कार्यों को करने के लिए समय दे पाते हैं और दिन-प्रतिदिन के छोटे-छोटे कार्यों में उनका समय व्यर्थ नहीं होता है। वास्तव में विकेन्द्रीकरण में निम्नस्तरीय प्रबन्धन द्वारा लिए गए निर्णयों के निरीक्षण की भी आवश्यकता नहीं रहती, जिससे शीर्ष प्रबन्ध को काफी राहत मिलती है।
5. **विकास को सरल बनाता है** (Simplifies Development) विकेन्द्रीकरण निम्नस्तरीय प्रबन्धकों की योग्यता को विकसित करता है तथा उनके कार्य में सुधार लाता है, जिससे संस्था के उत्पादन एवं लाभों में वृद्धि होती है तथा संस्थान के विकास को गति मिलती है।
6. **श्रेष्ठ निर्णय** (Best Decision) विकेन्द्रीकरण से संस्था में सभी निर्णय कार्य स्थल पर स्वयं लिए जाते हैं। उन्हें अपने कार्यों से सम्बन्धित निर्णय लेने के लिए उच्चस्तरीय प्रबन्धकों की प्रतीक्षा नहीं करनी पड़ती। इसके अन्तर्गत जहाँ कार्य का वास्तविक निष्पादन होता है, वही समय एवं परिस्थितियों के अनुरूप निर्णय लिए जा सकते हैं। फलतः जो निर्णय लिए जाते हैं, वे श्रेष्ठ एवं प्रभावी होते हैं।

अधिकार अन्तरण एवं विकेन्द्रीकरण में अन्तर

अन्तर का आधार	अधिकार अन्तरण	विकेन्द्रीकरण
प्रकृति	यह प्रत्येक संस्था द्वारा किया जाने वाला आवश्यक कार्य है, क्योंकि कोई भी व्यक्ति समस्त कार्यों को स्वयं नहीं कर सकता।	यह उच्च प्रबन्धकों द्वारा अपनाई जाने वाली ऐच्छिक नीति है।
कार्य की स्वतन्त्रता	इसमें अधीनस्थ कर्मचारियों के पास कार्य की स्वतन्त्रता सीमित होती है। इन पर उच्चाधिकारियों का नियन्त्रण बना रहता है।	इसमें कार्य की स्वतन्त्रता अधिक होती है, क्योंकि उच्चाधिकारी प्रबन्धक का नियन्त्रण बहुत कम होता है।
स्थिति	यह एक प्रक्रिया है, जिसमें कार्य विभाजन कर अधिकारों का अन्तरण किया जाता है।	यह उच्च प्रबन्धकों द्वारा निर्धारित नीतियों के अन्तर्गत की जाने वाली प्रक्रिया है।
क्षेत्र	इसका क्षेत्र सीमित होता है। इसमें उच्चाधिकारी कार्य अनुसार ही अधिकारों का अन्तरण करते हैं।	इसका क्षेत्र विस्तृत होता है। इसमें निम्न स्तर तक अधिकारों का अन्तरण किया जाता है।
उद्देश्य	अधिकार अन्तरण का उद्देश्य प्रबन्धकों के कार्यभार को कम करना होता है।	विकेन्द्रीकरण का उद्देश्य संगठन में निम्न स्तर तक की भूमिका में वृद्धि करना है।

अभ्यास प्रश्न

1. व्यक्तियों का विशिष्ट समूह जो उद्देश्यों की प्राप्ति में अपने प्रयासों का योगदान देता है, कहलाता है
(a) प्रबन्धक (b) समन्वय
(c) संगठन (d) सरकार

2. ''बुरा संगठन अच्छे उत्पादक को मिट्टी में मिला सकता है''। यह कथन है
(a) सी. केनिन (b) मैकफॉरलैण्ड
(c) डेविस (d) नोबेल

3. संगठन का लक्षण नहीं है
(a) व्यक्तियों का समूह (b) क्रियात्मक प्रक्रिया
(c) प्रबन्ध का साधन एवं कार्य (d) एक अधिकारी की सत्ता

4. संगठन ढाँचा का प्रकार है
(a) कार्यात्मक संगठन ढाँचा (b) प्रभागीय संगठन ढाँचा
(c) 'a' और 'b' दोनों (d) इनमें से कोई नहीं

5. एक लम्बा ढाँचा होता है
(a) प्रबन्ध की सिकुड़ी हुई शृंखला (b) प्रबन्ध की फैली हुई शृंखला
(c) प्रबन्ध की कोई शृंखला (d) प्रबन्ध के कम स्तर

6. प्रबन्ध के विस्तार से तात्पर्य है
(a) प्रबन्धकों की संख्या
(b) एक प्रबन्ध की नियुक्ति के समय की सीमा जिसके लिए उसे नियुक्ति दी गई है
(c) एक उच्चाधिकारी के अन्तर्गत कार्य करने वाले अधीनस्थों की गणना
(d) शीर्ष प्रबन्धन के सदस्यों की गणना

7. कार्यात्मक संगठन ढाँचा कहाँ उपयुक्त है?
(a) जब एक ही प्रकार के उत्पाद का उत्पादन किया जाता है
(b) जब अलग-अलग प्रकार के उत्पादों का उत्पादन किया जाता है
(c) भविष्य में विभिन्न उत्पादों की योजना हो
(d) उत्पादों का विशिष्टीकरण करना हो

8. किसी एक वस्तु का उत्पादन करने वाली संस्था के लिए कौन-सा संगठन स्वरूप उपयुक्त होगा?
(a) कार्यात्मक संगठन (b) विभागीय संगठन
(c) अनौपचारिक संगठन (d) अनार्थिक संगठन

9. कार्य के आधार पर सामूहिक क्रिया अंग है
(a) विकेन्द्रीकृत संगठन का (b) प्रभागीय संगठन का
(c) कार्यात्मक संगठन का (d) केन्द्रीकृत संगठन का

10. कार्यात्मक संगठन के कौन-से गुण है?
(a) विशिष्टीकरण (b) शोध एवं अनुसन्धान
(c) लोचपूर्ण (d) ये सभी

11. उत्पादन रेखा पर आधारित सामूहिक क्रिया अंग है
(a) अन्तरित संगठन का (b) प्रभागीय संगठन का
(c) कार्यात्मक संगठन का (d) स्थायत्तशासित संगठन का

12. बहुउत्पाद वाली संस्थाओं के लिए उपयुक्त संगठन ढाँचा है
(a) कार्यात्मक संगठन ढाँचा (b) प्रभागीय संगठन ढाँचा
(c) समिति संगठन ढाँचा (d) ग्रिड संगठन ढाँचा

13. प्रभागीय संगठन संरचना के कौन-से गुण नहीं है?
(a) समन्वित (b) व्यक्तिगत ध्यान
(c) उत्तम प्रशिक्षण (d) कार्यों में भेद

14. प्रभागीय संगठन संरचना के कौन-से दोष हैं?
(a) दोहरापन (b) लागत अधिक
(c) 'a' और 'b' दोनों (d) इनमें से कोई नहीं

15. औपचारिक संगठन में सत्ता का भारार्पण किया जाता है
(a) ऊपर से नीचे की ओर (b) नीचे से ऊपर की ओर
(c) 'a' और 'b' दोनों (d) समतल दिशा की ओर

16. वह संगठन जो किसी उपक्रम में प्रबन्ध द्वारा तैयार की गई सुविचारित संरचना है, कहलाता है
(a) औपचारिक संगठन (b) अनौपचारिक संगठन
(c) प्रबन्धकीय संगठन (d) सरकारी संगठन

17. अनौपचारिक संगठनों की उत्पत्ति होती है
(a) नियमानुसार
(b) आपसी सामाजिक सम्बन्धों के परिणामस्वरूप
(c) वैधानिक नियमों के अनुरूप
(d) सरकारी योजनाओं के क्रियान्वयन पर

21. अनौपचारिक संगठन का गुण है
(a) सूचनाएँ शीघ्र पहुँचती हैं
(b) अपनत्व की भावना रहती है
(c) निरीक्षण एवं समन्वय सरल होता है
(d) उपरोक्त सभी

18. अफवाहों को बढ़ावा देने वाले संगठन स्वरूप को समझा जाता है
(a) केन्द्रीकृत संगठन (b) औपचारिक संगठन
(c) विकेन्द्रीकृत संगठन (d) अनौपचारिक संगठन

19. कार्य करते हुए अन्त: क्रिया से अचानक बना सामाजिक सम्बन्ध संगठन कहलाता है
(a) औपचारिक संगठन (b) अनौपचारिक संगठन
(c) केन्द्रीकरण (d) भारार्पण

20. निम्नलिखित में से कौन-सा शृंखला सोपान का अनुकरण नहीं करता?
(a) कार्यात्मक संगठन
(b) प्रभागीय संगठन
(c) औपचारिक संगठन
(d) अनौपचारिक संगठन

22. भारार्पण कहलाता है
(a) प्रबन्धकों को अधिकार सौंपना
(b) कार्य करने के लिए कार्य सौंपना
(c) अधीनस्थों को निश्चित सीमा के अन्तर्गत कार्य करने का अधिकार देना
(d) कुशल, श्रमिकों को अतिरिक्त कार्य एवं अतिरिक्त मजदूरी देना

23. अधिकार अन्तरण किया जाता है
(a) उच्चाधिकारियों को (b) अधीनस्थों को
(c) स्वामी को (d) ये सभी

24. अन्तरण को प्रभावी बनाने के लिए आवश्यक है कि उत्तरदायित्व के साथ हो

(a) अधिकार
(b) जनशक्ति
(c) प्रोत्साहन
(d) प्रवर्तन

25. निम्नलिखित में से कौन-सा अन्तरण का तत्त्व नहीं है?

(a) अधिकार
(b) अनौपचारिक संगठन
(c) उत्तरदायित्व
(d) जवाबदेही

26. अन्तरण किया जा सकता है

(a) उत्तरदायित्व का पूर्ण रूपेण
(b) अधिकारों का
(c) जवाबदेही का
(d) उपरोक्त सभी

27. उत्तरदायित्व का जन्म कब होता है?

(a) अधिकार का उपयोग करने से
(b) कार्य का अन्तरण करने से
(c) उत्तरदायित्व का हस्तान्तरण करने से
(d) जवाबदेही होने से

28. जवाबदेही की विशेषता है

(a) जवाबदेही को दूसरे व्यक्ति को नहीं सौंपा जा सकता
(b) जवाबदेही का आधार अधिकारी-अधीनस्थ सम्बन्ध है
(c) जवाबदेही की उत्पत्ति अधिकार सौंपने के कारण होती है
(d) उपरोक्त सभी

29. विकेन्द्रीकरण उच्च प्रबन्धको द्वारा अपनाई जाने वाली नीति है

(a) ऐच्छिक
(b) अऐच्छिक
(c) 'a' और 'b' दोनों
(d) इनमें से कोई नहीं

30. पूर्ण विकेन्द्रीकरण व्यवस्था में समस्त अधिकारों का अन्तरण किसे कर दिया जाता है?

(a) उच्च स्तर के प्रबन्धकों को
(b) निम्न स्तर के कर्मचारियों को
(c) केवल निम्न स्तरीय कर्मचारियों को
(d) उपरोक्त सभी

उत्तरमाला

1.	(c)	2.	(b)	3.	(d)	4.	(c)	5.	(a)	6.	(d)	7.	(a)	8.	(a)	9.	(c)	10.	(d)
11.	(b)	12.	(b)	13.	(d)	14.	(c)	15.	(a)	16.	(a)	17.	(b)	18.	(d)	19.	(b)	20.	(d)
21.	(d)	22.	(c)	23.	(b)	24.	(a)	25.	(b)	26.	(b)	27.	(a)	28.	(d)	29.	(a)	30.	(b)

अध्याय 6

नियुक्तिकरण

नियुक्तिकरण का अर्थ एवं परिभाषाएँ

(Meaning and Definitions of Staffing)

नियुक्तिकरण से आशय उस प्रक्रिया से है, जिसके अन्तर्गत मानव संसाधनों की भर्ती, चयन, स्थापना, मूल्यांकन तथा प्रशिक्षण एवं विकास का कार्य सम्मिलित किया जाता है। नियुक्तिकरण, प्रबन्ध का प्रमुख प्रशासनिक कार्य (Administrative Function) है जिसका अर्थ है, संगठन में विभिन्न पदों हेतु विभिन्न व्यक्तियों को उनकी योग्यतानुसार पदों पर नियुक्त करना अर्थात् सही व्यक्ति को सही कार्य सौंपना ही नियुक्तिकरण की सफलता का आधार माना जाता है। अतः कहा जा सकता है कि नियुक्तिकरण, प्रबन्धकीय और गैर-प्रबन्धकीय दोनों प्रकार के सेविवर्गीयों की नियुक्ति करने की प्रक्रिया से सम्बन्धित है।

जॉर्ज आर टैरी के अनुसार, ''नियुक्तिकरण से तात्पर्य सन्तोषजनक एवं सन्तुष्ट कार्यशक्ति को प्राप्त करना एवं उसे बनाए रखना है।''

बैंजामिन के अनुसार, ''नियुक्तिकरण वह प्रक्रिया है, जिसमें कार्य हेतु व्यक्तियों की पहचान करना, परीक्षण करना, स्थापना करना, मूल्यांकन करना तथा विकास करना सम्मिलित है।''

नियुक्तिकरण की आवश्यकता तथा महत्त्व

(Need and Importance of Staffing)

किसी भी संस्था एवं उद्यम को प्रत्येक क्षेत्र में कार्य निष्पादन के लिए विभिन्न कर्मचारियों की आवश्यकता होती है। इस आवश्यकता की पूर्ति करने हेतु संस्था द्वारा नियुक्तिकरण की प्रक्रिया को पूर्ण किया जाता है। इसके अतिरिक्त नियुक्तिकरण की आवश्यकता संस्था को कई स्थितियों में होती है; जैसे–यदि कोई व्यक्ति संस्था छोड़कर जाता है या सेवानिवृत्त होता है या उसकी पदोन्नति अथवा स्थानान्तरण होता है अर्थात् प्रत्येक स्थिति में किसी नए व्यक्ति की नियुक्ति की आवश्यकता होती है। इसलिए नियुक्तिकरण की आवश्यकता को समझना अत्यन्त महत्त्वपूर्ण है। यह संस्था की आन्तरिक आवश्यकता एवं बाहरी आवश्यकता दोनों से सम्बन्धित होता है। अतः प्रबन्ध में नियुक्तिकरण महत्त्वपूर्ण है। *निम्नलिखित तथ्य नियुक्तिकरण की आवश्यकता/महत्त्व एवं लाभों को स्पष्ट करते हैं–*

1. **रोजगार प्राप्ति एवं जीवन स्तर में सुधार** (Improvement in Employment and Standard of Living) नियुक्तिकरण के अन्तर्गत व्यक्ति को कर्मचारी या अधिकारी के रूप में नियुक्ति मिलती है। जिससे व्यक्ति की आय में वृद्धि के साथ उसके जीवन स्तर में भी सुधार आता है। साथ ही उसे अच्छे वातावरण में कार्य करने का अवसर प्राप्त होता है तथा प्रशिक्षण एवं अनुभव की प्राप्ति होती है, जिससे उसकी मानसिक क्षमता का भी विकास होता है।
2. **श्रम शक्ति का अधिकतम प्रयोग** (Maximum use of Manpower) समय के साथ-साथ औद्योगिकी में बहुत प्रगति हुई है। यद्यपि संस्थाओं में कई मशीनों का प्रयोग किया जाने लगा है, परन्तु फिर भी मानवीय श्रम शक्ति का महत्त्व कम नहीं हुआ है। मानव की मानसिक योग्यता, बुद्धि, कला-कौशल व ज्ञान का समुचित प्रयोग हो इसके लिए नियुक्तिकरण करना अत्यन्त महत्त्वपूर्ण है।
3. **उद्देश्यों की प्राप्ति हेतु नियुक्तिकरण आवश्यक** (Appointment Required to Achieve the Objectives) सभी संस्थाओं के अपने कुछ विशेष उद्देश्य होते हैं, जिनकी पूर्ति करने हेतु संस्था द्वारा प्रमुख नीतियों का निर्धारण किया जाता है और जिनके आधार पर वहाँ के कर्मचारी कार्य करते हैं। अतः लाभ प्राप्ति हेतु नियुक्तिकरण करना आवश्यक है।
4. **कार्यों को समय पर पूर्ण करने हेतु** (To Complete the Works on Time) प्रत्येक व्यवसाय एवं संस्था में उद्देश्यों के अनुरूप उत्पादन एवं वितरण से सम्बन्धित कार्य होते हैं, जिसे उच्च प्रबन्धक या कुछ कर्मचारियों द्वारा समय पर पूर्ण करना सम्भव नहीं होता है। अतः इसे पूर्ण करने हेतु प्रत्येक विभाग से सम्बन्धित सदस्यों की नियुक्ति करना आवश्यक हो जाता है।
5. **मानव संसाधन के अनुकूलतम उपयोग में सहायक** (Helps in Optimed Utilisation of Human Resources) नियुक्तिकरण के अन्तर्गत मानव संसाधन से सम्बन्धित समस्त क्रियाओं को व्यवस्थित ढंग से किया जाता है। इसके फलस्वरूप कर्मचारियों का अनुकूलतम प्रयोग करना सम्भव होता है। साथ ही श्रम लागतों में भी कमी आती है।
6. **उपक्रम के निरन्तर जीवित रहने व विकास में सहायक** (Assisted in the Continued Survival and Development of the Enterprice) उपक्रम के दीर्घावधि तक अस्तित्व में रहने और निरन्तर विकास के लिए अच्छे मानवीय संसाधनों का होना आवश्यक है, नियुक्तिकरण द्वारा इस आवश्यकता को पूरा किया जाता है। नियुक्तिकरण के अन्तर्गत प्रबन्धकों को संस्था में आने वाली समस्याओं का सामना करने के योग्य बनाया जाता है।
7. **अन्य महत्त्व** (Other Importance)
   - (*i*) प्रशिक्षण संस्थाओं की स्थापना होती है।
   - (*ii*) उपक्रम के आकार में वृद्धि होती है।
   - (*iii*) मानवीय विकास होता है।
   - (*iv*) राष्ट्रीय स्तर पर वस्तु की गुणवत्ता में सुधार व लागत में कमी आती है।

नियुक्तिकरण-मानव संसाधन प्रबन्धन के रूप में

(Staffing as a Human Resources Management)

प्रत्येक व्यावसायिक संस्था का आर्थिक विकास केवल उसके भौतिक संसाधनों अथवा पूँजी पर ही निर्भर नहीं करता, वरन् उसके मानवीय संसाधनों पर भी निर्भर करता है। यद्यपि आधुनिक युग मशीनीकरण का युग है, परन्तु बिना मानवीय प्रयत्नों के कोई भी कार्य सम्पन्न नहीं हो सकता है। इसके लिए अनेक

पदों पर कर्मचारियों की नियुक्ति की जाती है। नियुक्ति करना प्रबन्धन का कार्य है, इसलिए नियुक्तिकरण को प्रबन्धन के एक व्यापक कार्य के रूप में देखा जा सकता है।

मानव संसाधन प्रबन्धन (Human Resources Management)

मानव संसाधन प्रबन्धन, प्रबन्ध प्रक्रिया का एक भाग है जो किसी संगठन के अन्तर्गत मानवीय संसाधनों के प्रबन्ध से सम्बन्धित होता है। मानव संसाधनों के बिना गैर-मानव संसाधन (Non-Human Resources) जैसे-सामग्री, मशीन, वित्त आदि भी व्यर्थ पड़े रहते हैं। इन गैर-मानव संसाधनों को क्रियाशील बनाने हेतु मानव संसाधनों का उपयोग करना अत्यन्त आवश्यक है।

अतः मानव संसाधन प्रबन्धन का आशय सक्षम श्रम शक्ति को प्राप्त करने, विकसित करने तथा सँभालने की उस कला से है, जिससे संगठन के वांछित लक्ष्यों को कुशलतापूर्वक प्राप्त किया जा सके। मानव संसाधन प्रबन्धन कार्य निष्पादन में निपुण तथा सक्षम कर्मचारियों का नियुक्तिकरण संगठन के लिए होता है जो दीर्घकाल तक निष्पादन का वांछित स्तर कायम रख सके और संगठन के निर्धारित लक्ष्यों को पूरा करने में समर्पित ढंग से अपने कर्त्तव्यों एवं उत्तरदायित्वों का निर्वाह कर सके।

मानव संसाधन प्रबन्धन के क्षेत्र/कर्त्तव्य
(Scope of Human Resources Management)

मानव संसाधन प्रबन्धन में अनेक विशेष क्रियाओं तथा कर्त्तव्यों का सम्मिश्रण समाहित है जिनका निष्पादन होने से संस्था के कर्मचारियों को सन्तुष्टि की प्राप्ति होती है। *ये क्रियाएँ अथवा कार्य निम्न हैं–*

1. कार्य के प्रति लग्नशील, योग्य व शिक्षित कर्मियों की खोज करना।
2. संस्था के कार्यों का विश्लेषण करना, कार्यों के विषय में उपयुक्त सूचना एकत्रित करना तथा उन सूचनाओं के आधार पर कार्य निष्पत्ति की योजना बनाना।
3. कर्मचारियों के हित को ध्यान में रखकर क्षतिपूर्ति तथा प्रोत्साहन योजनाओं का विकास करना।
4. सही पारिश्रमिक का निर्धारण करना।
5. समय-समय पर प्रशिक्षण, विकास तथा पदोन्नति करना।
6. मानवीय विकास हेतु आवश्यक कदम उठाना।
7. संस्था के कार्यों का कुशल निष्पादन तथा कर्मचारियों के जीवन स्तर में वृद्धि हेतु प्रशिक्षण तथा विकास को बढ़ावा देना।
8. कर्मचारियों की प्रत्येक शिकायत का निष्पादन करना तथा कर्मचारियों को सन्तुष्ट करना।
9. कर्मचारियों के कल्याण तथा सामाजिक सुरक्षा हेतु योजनाएँ बनाना।
10. कानूनी वाद-विवादों में संस्था की सुरक्षा करना तथा बचाव करना।

उपरोक्त सभी मानव संसाधन के क्षेत्र हैं। इस प्रकार स्पष्ट होता है कि संसाधन का क्षेत्र काफी विस्तृत है। अतः एक उपक्रम में किसी भी कर्मचारियों की नियुक्ति हेतु अलग से मानव संसाधन विभाग की स्थापना की जाती है।

नियुक्तिकरण प्रक्रिया (Staffing Process)

नियुक्तिकरण की प्रक्रिया का प्रथम कार्य संगठन में कार्य शक्ति की आवश्यकताओं को समय पर पूर्ण करना है।

नियुक्तिकरण की प्रक्रिया भर्ती से प्रारम्भ होती है। भर्ती, प्रत्याशित कर्मचारियों की खोज करने एवं उन्हें संगठन में आवेदन करने के लिए प्रोत्साहित करने की प्रक्रिया है। भर्ती में कार्य करने के लिए इच्छुक व्यक्तियों को आवेदन-पत्र देने हेतु प्रोत्साहित किया जाता है।

नियुक्तिकरण की प्रक्रिया में भर्ती होने वाले प्रत्याशित कर्मचारी के गुणों, जैसे-अभिवृत्ति, योग्यता, वचनबद्धता निष्ठा तथा लग्नशीलता आदि का भी ध्यान रखा जाता है।

कर्मचारी प्रशिक्षण तथा विकास भी नियुक्तिकरण प्रक्रिया कुछ अन्य पहलू हैं। *इन पहलुओं का विस्तृत वर्णन निम्न प्रकार है–*

मानव-शक्ति आवश्यकताओं का आकलन
(Estimating Manpower Requirement)

नियुक्तिकरण प्रक्रिया में मानव-शक्ति का आकलन करना प्रथम चरण है, जिसका अर्थ है कि भविष्य में संस्था को कितने और किस प्रकार के कर्मचारियों की आवश्यकता होगी। किस प्रकार के कर्मचारियों की आवश्यकता से अभिप्राय उनकी शैक्षणिक योग्यता, कौशल, पूर्ण-अनुभव आदि से है।

मानव-शक्ति आवश्यकता के आकलन में निम्न तीन चरणों को सम्मिलित किया जाता है-

1. **कार्यभार विश्लेषण** (Work-load Analysis) कार्यभार विश्लेषण के अन्तर्गत संस्था में संगठनिक उद्देश्य की पूर्ति करने हेतु किस प्रकार के कर्मचारियों की तथा कितने कर्मचारियों की आवश्यकता होगी आदि का निर्धारण किया जाता है।
2. **कार्य-शक्ति विश्लेषण** (Work-force Analysis) कार्य-शक्ति विश्लेषण के अन्तर्गत संस्था में पहले से कार्यरत् कर्मचारियों का विश्लेषण किया जाता है। इस विश्लेषण से पता चलता है कि संस्था में किस संख्या में किस प्रकार के मानव-संसाधन उपलब्ध हैं।
3. **तुलना** (Comparison) कार्यभार विश्लेषण तथा कार्य-शक्ति विश्लेषण के बाद प्रबन्धक द्वारा नियुक्तियाँ अधिक होने पर कर्मचारियों को हटाया जाता है अथवा उन्हें स्थानान्तरित किया जाता है। इसके विपरीत यदि नियुक्तियाँ कम होती हैं, तो नए कर्मचारियों की नियुक्ति की जाती है।

भर्ती (Recruitment)

भर्ती से आशय उस प्रक्रिया से है जिसके माध्यम से कार्य करने के इच्छुक व्यक्तियों का पता लगाया जाता है तथा संस्था में नियुक्ति हेतु अधिक-से-अधिक व्यक्तियों को आवेदन करने के लिए प्रोत्साहित किया जाता है, ताकि योग्य एवं कुशल कर्मचारियों का चयन किया जा सके।

भर्ती के अन्तर्गत रिक्त पदों का विज्ञापन तैयार किया जाता है जिसमें रिक्त पदों की जानकारी; जैसे-पद का नाम, पदों की संख्या, पदों के लिए आवश्यक आर्हता/योग्यता, चयन की प्रक्रिया, चरण तथा परिणाम आने की तिथि आदि का विवरण होता है। वर्तमान में आधुनिक तकनीकों के चलते रिक्त पदों की भर्ती हेतु विज्ञापन इण्टरनेट पर प्रेषित किया जाता है, जिससे अधिक-से-अधिक लोग विज्ञापन को देखें और योग्य व्यक्ति कार्यालय में सम्पर्क स्थापित कर सकें।

चयन (Selection)

चयन वह प्रक्रिया है, जिसमें विभिन्न सम्भावित कर्मचारियों का परीक्षण किया जाता है, क्योंकि भर्ती के सम्बन्ध में अनेक आवेदन-पत्र प्राप्त होते हैं तथा प्राप्त आवेदन-पत्रों में से जिन आवेदक की योग्यता, अनुभव आदि कार्य विशिष्टता के अनुरूप होते हैं, उनका चयन कर लिया जाता है। *चयन प्रक्रिया निम्न दो मुख्य प्रयोजनों की पूर्ति करती है–*

(*i*) यह चयन कर्मचारियों की योग्यता, अनुभव तथा कार्य विशिष्टता को सुनिश्चित करता है।

(*ii*) यह चयन कर्मचारियों के स्वयं के सम्मान तथा प्रतिष्ठा को बढ़ाता है। इस प्रक्रिया में परीक्षाएँ एवं साक्षात्कार शामिल होते हैं।

अनुस्थापन तथा अभिविन्यास (Placement and Orientation)

अनुस्थापन प्रक्रिया से आशय कर्मचारियों द्वारा कार्यभार सँभालने से है, जिसके लिए उनका चयन किया जाता है। इस प्रक्रिया में कर्मचारियों को अपने उच्च अधिकारियों, अधीनस्थों तथा सहकर्मियों से परिचित करवाया जाता है तथा कार्यस्थल पर ले जाकर उन्हें उस पद का पदभार दे दिया जाता है जिसके लिए उनका चयन किया गया है। अभिविन्यास प्रक्रिया के अन्तर्गत बड़े-बड़े व्यावसायिक संस्थान में विद्यमान कर्मचारियों के साथ नए कर्मचारियों का परिचय करवाने हेतु अभिविन्यास आयोजित किया जाता है

तथा लघु संस्थानों में नए कर्मचारी को संस्था के कार्यस्थल की परिक्रमा के लिए ले जाया जाता है जिससे उनका परिचय संस्था में कार्यरत् सभी कर्मचारियों से कराया जा सके। अभिविन्यास के अन्तर्गत नए कर्मचारियों को संगठन की नीति एवं नियमों से भी अवगत कराया जाता है।

प्रशिक्षण तथा विकास (Training and Development)

किसी भी संगठन की कार्यकुशलता उसमें कार्य करने वाले कर्मचारियों की कुशलता पर निर्भर करती है और किसी व्यक्ति की कार्यक्षमता इस बात पर निर्भर करती है कि उसमें उस कार्य को करने की कितनी योग्यता है। पहले सेविवर्गीयों को प्रशिक्षण देने हेतु बल दिया जाता था, किन्तु आजकल संगठनों में कार्यरत् सेविवर्गीयों को औपचारिक रूप से तथा वैज्ञानिक ढंग से प्रशिक्षण दिया जाने लगा है।

इस प्रशिक्षण के द्वारा सेविवर्गीयों के ज्ञान, कुशलता, मनोवृत्ति, अभिमुखता आदि में सुधार लाया जा सकता है, क्योंकि इस सुधार के फलस्वरूप, कर्मचारियों की उत्पादकता में वृद्धि होती है। इस प्रक्रिया से संस्थानों को लाभ प्राप्त होता है तथा उनकी कार्यक्षमता में वृद्धि होती है जिससे वे उचित रूप से कार्यभार सँभाल सकते हैं।

कार्य निष्पादन मूल्यांकन (Work Performance Appraisal)

कार्य निष्पादन मूल्यांकन का उद्देश्य यह निर्धारित करना होता है कि कर्मचारी चयनित पद पर अपने कार्य निष्पादन की पूर्ति में कितना सफल है। संगठन और नियोक्ता दोनों की ही दृष्टि से कार्य करने वाले कर्मचारियों की योग्यता का और कार्य निष्पादन का समय-समय पर सापेक्ष मूल्यांकन किया जाना चाहिए। यह मूल्यांकन कर्मचारियों की पदोन्नति एवं पारिश्रमिक से सम्बन्धित उद्देश्य के लिए महत्त्वपूर्ण है।

पदोन्नति एवं करियर नियोजन (Promotion and Carrier Planning)

पदोन्नति से आशय किसी व्यक्ति विशेष को उसके कार्य से सन्तुष्ट होकर पदस्थिति, कार्यसत्ता, वेतनमान के रूप में उच्च पद पर आसीन करने से है। कर्मचारी को पदोन्नति देना प्रबन्ध का एक मुख्य कार्य है। कर्मचारियों की रुचि एवं कौशल के आधार पर उन्हें अन्य उच्च पदों पर हस्तान्तरित कर उनका करियर नियोजन किया जाता है जिससे वह अपने कार्य के सम्बन्ध में अधिक-से-अधिक जानकारी व अनुभव प्राप्त कर जीवन में आगे बढ़ सके।

पारिश्रमिक (Remuneration)

पारिश्रमिक से आशय कर्मचारियों को उनके कार्य के बदले दिए जाने वाले भुगतान से है। अन्य शब्दों में, कोई भी कर्मचारी संस्था को अपनी सेवाएँ संस्था से प्राप्त होने वाले वेतन, सुविधाएँ एवं प्रलोभन के लिए देता है।

सुविधाओं से आशय संस्था द्वारा कर्मचारी को प्रदान किए जाने वाले अनुलाभों (Perquisite) से है; जैसे-बीमा, चिकित्सा, मनोरंजन अवकाश आदि।

प्रलोभन से आशय संस्था द्वारा कर्मचारियों को प्रदान किए जाने वाले बोनस, कमीशन एवं लाभ में हिस्सेदारी से है।

उपरोक्त विवेचन से ज्ञात होता है कि नियुक्तिकरण एक प्रक्रिया के रूप में किसी भी संस्थान के अत्यन्त महत्त्वपूर्ण संसाधन जो मानवीय पूँजी हैं, उनका अधिग्रहण, प्रतिधारण तथा विकास करती है।

नियुक्तिकरण के विभिन्न पहलू (Various Aspects of Staffing)

नियुक्तिकरण के तीन महत्त्वपूर्ण तत्त्व एवं पहलू निम्न प्रकार हैं–

भर्ती (Recruitment)

भर्ती से आशय एक ऐसी प्रक्रिया से है जिसके अन्तर्गत संगठन द्वारा किसी कार्य या पद हेतु सम्भावित कर्मचारियों को आवेदन करने हेतु प्रोत्साहित किया जाता है।

भर्ती के द्वारा व्यावसायिक संस्थान तथा व्यक्तियों के व्यक्तिगत उद्देश्यों की पूर्ति होती है इसलिए यह एक सकारात्मक प्रक्रिया है।

एडविन बी. फिलिप्पो के अनुसार, ''भर्ती भावी कर्मचारियों की खोज करने और उन्हें रिक्त कार्यों के लिए आवेदन करने हेतु प्रेरणा देने व प्रोत्साहित करने की प्रक्रिया है।''

भर्ती के स्रोत (Sources of Recruitment)

मूल रूप से भर्ती के निम्न दो स्रोत हैं जिनमें, आन्तरिक तथा बाहरी स्रोत का वर्णन निम्नलिखित है-

आन्तरिक स्रोत (Internal Sources)

संगठन के अन्दर ही सर्वश्रेष्ठ कर्मचारी पाए जा सकते हैं इसलिए जब भी संगठन में कोई रिक्त पद होता है, तो यह पद पूर्व कार्यरत् कर्मचारी को दिया जा सकता है। आन्तरिक स्रोतों में स्थानान्तरण तथा पदोन्नति को सम्मिलित किया जाता है।

1. **स्थानान्तरण** (Transfer) इसके अन्तर्गत किसी कर्मचारी को एक पद से हटाकर दूसरे समान पद पर स्थानान्तरित कर दिया जाता है। इसलिए इसे समतल पद-परिवर्तन भी कहा जाता है। इस प्रक्रिया से कर्मचारी की जिम्मेदारी तथा प्रतिष्ठा में कोई परिवर्तन नहीं आता है, परन्तु उसके कर्त्तव्यों तथा उत्तरदायित्वों में परिवर्तन आ सकता है।
2. **पदोन्नति** (Promotion) इसके अन्तर्गत कर्मचारियों को बेहतर प्रतिष्ठा, उच्च जिम्मेदारियों तथा अधिक वेतन वाले पदों पर स्थानान्तरित करना होता है। रिक्त उच्च पदों को संगठन के अन्दर से ही भरा जा सकता है। इस प्रकार की प्रक्रिया कर्मचारियों की निष्ठा, अभिप्रेरणा तथा सन्तोष में वृद्धि करती है।

आन्तरिक स्रोतों के लाभ (Advantages of Internal Sources)

भर्ती के आन्तरिक स्रोतों से प्राप्त होने वाले लाभ निम्नलिखित हैं–

1. कर्मचारी प्रतिबद्धता व निष्ठा से कार्य करते हैं तथा अपने कार्य से सन्तुष्ट रहते हैं।
2. यह विधि लागत प्रभावी है, क्योंकि विज्ञापन और साक्षात्कार के लिए कोई अतिरिक्त लागत नहीं लगती है।

आन्तरिक स्रोतों की कमियाँ/हानियाँ

(Disadvantages of Internal Sources)

भर्ती के आन्तरिक स्रोतों के उपयोग करने की कमियाँ निम्न प्रकार हैं–

1. यह संगठन से बाहर के सक्षम लोगों को संगठन से जुड़ने के लिए हतोत्साहित करता है।
2. आन्तरिक स्रोत से कर्मचारीगण अकर्मण्य हो सकते हैं, यदि उन्हें समयबद्ध पदोन्नति के लिए आश्वस्त किया गया है।

बाह्य स्रोत (External Sources)

अनेक बार भर्ती के आन्तरिक स्रोत कम पड़ जाते हैं या आन्तरिक स्रोतों से भर्ती करना लाभप्रद नहीं होता या संस्था के अन्दर कार्यरत् कर्मचारी उपयुक्त नहीं होते हैं, तो सभी संगठनों को उच्च पदों पर भर्ती करने के लिए बाहरी स्रोतों का उपयोग करना पड़ता है। संस्था में कार्यों का और व्यवसाय का विस्तार करने हेतु अधिक व्यक्तियों की आवश्यकता होती है। संगठन के अन्दर उपयुक्त उम्मीदवारों की अनुपलब्धता के कारण उन्हें बाहरी स्रोतों से कर्मचारी का चयन करना होता है। *भर्ती के बाह्य स्रोत निम्नलिखित हैं–*

1. **प्रत्यक्ष भर्ती** (Direct Recruitment) इस प्रकार की भर्ती उपक्रम के सेविवर्गीय विभाग या भर्ती शाखा द्वारा की जाती है। इसके अन्तर्गत विधिवत् रिक्त स्थानों की सूचना व शर्तों आदि की जानकारी कार्यालय के सूचना पटल पर लगाई जाती है। कार्य पाने के इच्छुक व्यक्ति एक निश्चित तिथि पर कार्यालय में एकत्रित होते हैं। यह विधि आकस्मिक भर्ती हेतु अत्यन्त महत्त्वपूर्ण होती है तथा इसमें चयनित कर्मचारी आकस्मिक अथवा बदली कर्मचारी कहलाते हैं। इसमें कर्मचारियों को दैनिक मजदूरी के आधार पर भुगतान किया जाता है। यह विधि अत्यन्त सस्ती होती है तथा इसका प्रयोग संस्था में स्थायी

कर्मचारियों के अवकाश या आकस्मिक रिक्त पदों को भरने या अत्यधिक कार्य करवाने के लिए किया जाता है।

2. **प्रतीक्षा सूची** (Waiting List) अनेक बड़ी-बड़ी व्यावसायिक इकाइयाँ अनियमित आवेदनों के लिए एक अलग फाइल तैयार करती हैं। इन आवेदकों को उस समय पर नियुक्त किया जाता है जब कोई पद रिक्त रह गया हो। उस स्थिति में उन आवेदनों की जाँच तथा विश्लेषण किया जाता है। ऐसे व्यक्ति मानव-शक्ति के महत्त्वपूर्ण स्रोत सिद्ध होते हैं।
3. **विज्ञापन** (Advertisement) दैनिक समाचार-पत्र, पत्रिकाओं, रोजगार समाचार, रोजगार नियोजन आदि में पद का विस्तृत वर्णन, प्रकृति, आवश्यक योग्यताएँ, आवेदन के तरीके आदि का विवरण दिया जाता है। विज्ञापन, कई योग्य उम्मीदवार उपलब्ध करवाता है, जिनमें से रिक्त पदों हेतु चयन किया जाता है। इससे कई अयोग्य उम्मीदवारों के आवेदन-पत्र भी प्राप्त होते हैं, जिससे संस्थाओं को सफल, अनुभवी व शिक्षित व्यक्ति का चयन करने में अनेक कठिनाइयों का सामना करना पड़ता है।
4. **रोजगार कार्यालय** (Employment Office) केन्द्र सरकार ने प्रायः सभी जिलों में रोजगार केन्द्रों की स्थापना की है। इन कार्यालयों के पास रोजगार के इच्छुक व्यक्तियों का नाम, पता, योग्यता, रोजगार के प्रकार व अन्य जानकारियाँ होती हैं। उपक्रम या नियुक्तिकर्ता इन केन्द्रों से योग्य कर्मचारियों की भर्ती कर सकते हैं। परन्तु कई बार बहुत से ऐसे उम्मीदवार भी उनमें शामिल होते हैं, जो रिक्त पद हेतु अयोग्य होते हैं।
5. **स्थापन एजेन्सी तथा प्रबन्ध परामर्शदाता** (Placement Agencies and Management Consultant) सम्पूर्ण देश में कई ऐसी एजेन्सियाँ हैं जो कर्मचारियों की माँग तथा पूर्ति जैसी सेवाएँ दे रही हैं। इन एजेन्सियों द्वारा कर्मचारियों का पूर्ण विवरण रखा जाता है तथा यह नियुक्तिकर्ताओं को योग्य व्यक्तियों के बारे में सम्पूर्ण जानकारी देती हैं। इन एजेन्सियों द्वारा अपने इन कार्यों का पारिश्रमिक लिया जाता है। इनके पास उन व्यक्तियों के व्यक्तिगत ब्यौरें रखे जाते हैं, जिनके पास भिन्न योग्यताएँ तथा कौशल हैं, जिससे व्यावसायिक संस्था को भर्ती प्रक्रिया में आसानी होती है।
6. **शैक्षणिक एवं अन्य संस्थाओं द्वारा भर्ती** (Recruitment by Eductional and other Institutions) वर्तमान में निजी क्षेत्र के अनेक संगठन शैक्षणिक संस्थाओं के माध्यम से भर्ती कार्य को श्रेष्ठ मानते हैं, क्योंकि विश्वविद्यालय, प्रबन्धकीय तथा प्रौद्योगिकी संस्थान तकनीकी, व्यावसायिक तथा प्रबन्धकीय पदों की भर्ती के लिए इसी प्रणाली को अत्यधिक महत्त्वपूर्ण व लोकप्रिय मानते हैं। शिक्षण संस्थाओं में रोजगार ब्यूरों केन्द्र के माध्यम से अध्ययनरत् योग्य छात्रों का विभिन्न परीक्षण कर भर्ती करना श्रेष्ठ समझा जाता है। इस माध्यम को परिसर भर्ती, विश्वविद्यालय भर्ती या कैम्पस चयन भी कहा जाता है।
7. **सेवानिवृत्त सैन्य कर्मचारी** (Retirement Military personnel) सेना में सेवानिवृत्ति की आयु 45 से 50 वर्ष के मध्य होती है। सेना के कर्मचारी अनुशासित, योग्य, ईमानदार तथा अनुभवी माने जाते हैं। अतः सैन्य सेवा से निवृत्ति के बाद इच्छुक कर्मचारियों को अन्य सरकारी व गैर-सरकारी संगठनों में भर्ती करना एक अच्छा माध्यम माना जाता है।
8. **पूर्व कर्मचारियों की पुनर्नियुक्ति** (Re-appointment Former Employee) ऐसे कर्मचारी जो उपक्रम में पूर्व में कार्य कर चुके हैं तथा सेवानिवृत्त हो चुके हैं या सेवानिवृत्ति के पूर्व किसी कारणवश सेवा छोड़ चुके हैं, दोबारा कार्यक करने के इच्छुक होने पर इनकी पुनर्नियुक्ति उपक्रम में कर दी जाती है। इन कर्मचारियों के विश्वासपात्र, कार्यकुशल एवं अनुभवी होने के कारण इन पर प्रशिक्षण व्यय भी कम होता है।
9. **कर्मचारी द्वारा अनुशंसा** (Recommendation by Employee) वर्तमान कर्मचारियों द्वारा सिफारिश किए गए आवेदक अथवा उनके अपने मित्र तथा सम्बन्धी, भर्ती का एक अच्छा स्रोत सिद्ध होते हैं। ऐसे आवेदक अच्छे कर्मचारी हो सकते हैं, क्योंकि उनकी पृष्ठभूमि के बारे में ज्ञान होता है। एक प्रकार से पहली जाँच-परख इसी प्रारम्भिक स्तर पर हो जाती है, क्योंकि वर्तमान कर्मचारी कम्पनी तथा प्रत्याशी दोनों को ही जानता है तथा दोनों को ही सन्तुष्ट करने का प्रयास करता है।
10. **जॉबर एवं ठेकेदार** (Jobber and Contractor) ये जॉबर एवं ठेकेदार सम्भावित मजदूरों से सम्पर्क बनाए रखते हैं तथा कम समय के नोटिस पर भी वांछित संख्या में कुशल श्रमिकों को उपलब्ध कराने में सक्षम होते हैं। मजदूरों की भर्ती इन्हीं ठेकेदारों के माध्यम से होती है, जो स्वयं संगठन के कर्मचारी हैं। इस प्रणाली की कमी यह है कि यदि ठेकेदार स्वयं ही संस्था छोड़ने का निर्णय लेता है तो सभी मजदूर भी जो उसके द्वारा लगाए गए हैं, उसका अनुकरण करके काम छोड़ देते हैं।
11. **वैब प्रसारण** (Web Broadcost) इण्टरनेट आज के समय में भर्ती का एक आम स्रोत बनता जा रहा है। ऐसे कुछ वेबसाइट विशेष रूप से बनाए तथा समर्पित किए गए हैं जो कार्य पाने के इच्छुक तथा नए प्रवेशकों से सम्बन्धित सूचनाएँ देते हैं। इस वेबसाइट पर सम्भावित कर्मचारी तथा संस्थाएँ जो योग्य व्यक्तियों को ढूँढ रही हैं, जाकर सूचनाएँ देखती हैं।

बाह्य स्रोत के लाभ (Advantages of External Sources)

भर्ती के बाह्य स्रोत के लाभ निम्न प्रकार हैं–

1. नई प्रतिभाओं को उपक्रम में सम्मिलित होने का अवसर मिलता है।
2. यह नए विचारों, बेहतर तकनीकों और बेहतर तरीकों को संगठन में लाने में सहायता करता है।

बाह्य स्रोत की कमियाँ/हानियाँ (Disadvantages of External Sources)

भर्ती के बाह्य स्रोत की कमियाँ निम्न हैं–

1. यह कार्यरत् कर्मचारियों के मध्य असुरक्षा की भावना पैदा करता है।
2. यह लागत में वृद्धि करता है, क्योंकि विज्ञापन, प्रशिक्षण तथा सुविधाओं के लिए उपक्रम को अलग से लागत देनी पड़ती है।

चयन (Selection)

रिक्त स्थानों के सम्बन्ध में अनेक आवेदन-पत्र प्राप्त होते हैं। प्राप्त आवेदन-पत्रों में से जिस आवेदक की योग्यता, अनुभव आदि कार्य विशिष्टता के अनुरूप होते हैं उसका चयन कर लिया जाता है।

वस्तुतः चयन एक ऐसी प्रक्रिया है जिसके द्वारा संस्था के रिक्त पदों की पूर्ति की जाती है। इसके अन्तर्गत उपयुक्त प्रार्थियों को रोजगार प्रदान किया जाता है तथा अनुपयुक्त प्रार्थियों को अलग कर दिया जाता है। चयन करते समय उपक्रम के विभिन्न विभागों में आवश्यक व्यक्तियों की संख्या ज्ञात करके रिक्त स्थानों की जानकारी प्राप्त की जाती है। कार्य विवरणों की सहायता से निर्धारित योग्यताओं एवं व्यक्ति की योग्यता का मिलान करके उपयुक्तता का चुनाव किया जाता है।

चयन प्रक्रिया (Selection Process)

चयन प्रक्रिया के मुख्य चरणों का विवरण निम्न प्रकार से है–

1. **आवेदन-पत्र प्राप्त करना तथा उनकी जाँच करना** (Receive Application and their Testing) सर्वप्रथम प्रार्थियों से आवेदन-पत्र माँगे जाते हैं। इस आवेदन में प्रार्थियों की आयु, शैक्षिक योग्यता, अनुभव, अपेक्षित वेतन आदि के बारे में सूचना उल्लेखित होती है।

इसके बाद इन आवेदन-पत्रों की गहनता से जाँच की जाती है तथा पूर्णतः अनुपयुक्त व्यक्तियों को इसी प्रारम्भिक अवस्था में छाँटकर अलग कर दिया जाता है तथा उपयुक्त उम्मीदवार को आगे की प्रक्रिया के लिए सूचना प्रेषित कर दी जाती है।

2. **मनोवैज्ञानिक या चयन परीक्षण** (Psychology or Selection Test) चुनाव प्रक्रिया में परीक्षण का महत्त्वपूर्ण स्थान है, इसलिए किसी व्यक्ति की संस्था के कार्य हेतु उपयुक्तता की जाँच अपेक्षित होती है और उस व्यक्ति की कार्यानुसार परीक्षा भी ली जाती है। परीक्षण द्वारा कर्मचारियों की शारीरिक एवं मानसिक योग्यता की जाँच की जा सकती है। *इस परीक्षण के अनेक रूप होते हैं–*
   - (*i*) **बुद्धि या ज्ञान परीक्षण** (Knowledge Test) बुद्धि परीक्षण प्रार्थी के मानसिक स्तर का पता लगाने के लिए किया जाता है। मानसिक स्थिति की जाँच करने के लिए किसी समस्या को समझने तथा उसके सम्बन्ध में तर्क देने की क्षमता का पता लगाया जाता है व बुद्धि की प्रमुख विशेषताओं का मूल्यांकन किया जाता है।
   - (*ii*) **रुचि परीक्षण** (Interesting Test) रुचि प्रशिक्षण का उद्देश्य प्रार्थियों की कार्य के प्रति रुचि तथा व्यवहार को मापना है। जिस कार्य में उनकी रुचि है उसे वही कार्य दिया जाए, क्योंकि रुचि के अनुरूप कार्य मिलने पर व्यक्ति अधिक कार्य कर सकता है।
   - (*iii*) **प्रवृत्ति परीक्षण** (Aptitude Test) व्यक्तित्व परीक्षण चयन परीक्षण की सबसे जटिल प्रक्रिया है। इस परीक्षण से व्यक्ति के गुणों की जाँच की जाती है कि वह अपने सहभागियों के साथ कैसा व्यवहार करता है तथा उसमें नेतृत्व के गुण हैं या नहीं। इस परीक्षण का प्रयोग पर्यवेक्षकों तथा उच्च श्रेणी के व्यक्तियों के चयन के लिए किया जाता है।
   - (*iv*) **व्यापार परीक्षण** (Trade Test) यह परीक्षण प्रार्थी के व्यापार और तकनीकी के क्षेत्र में ज्ञान और कुशलता के स्तर का मूल्यांकन करने में सहायता करता है व्यापार परीक्षण तथा रुचि परीक्षण में पर्याप्त अन्तर है। व्यापार परीक्षण व्यक्ति के वर्तमान को पहचानने में सहायता करता है जबकि रुचि परीक्षण भविष्य में कौशल प्राप्त करने की क्षमता को मापने में सहायता करता है।
   - (*v*) **कौशल परीक्षण** (Aptitude Test) यह परीक्षण उम्मीदवार में नए कार्य को सीखने की सम्भावित कुशलता का पता लगाने के लिए की जाती है। कितनी शीघ्रता से उम्मीदवार नए कौशल और नई तकनीक को सीखता है यह जाँच यह जानने में सहायता करती है कि उम्मीदवार भविष्य में कार्य का निष्पादन कैसे करेगा।
3. **रोजगार साक्षात्कार** (Employment Interview) साक्षात्कार एक औपचारिक प्रक्रिया है जिसमें विभिन्न प्रकार के परीक्षणों के पश्चात् सफल प्रार्थियों को साक्षात्कार के लिए बुलाया जाता है तथा उनसे अनेक क्षेत्रों के विषय में विस्तृत चर्चा करके उनके ज्ञान, अभिवृत्ति, विषय ज्ञान, व्यवहार पृष्ठभूमि तथा रुचि व कौशल का मूल्यांकन किया जाता है इसलिए साक्षात्कार, चयन करने की अत्यन्त लोकप्रिय तथा प्रचलित प्रणाली है।
4. **सन्दर्भ तथा पृष्ठभूमि परीक्षण** (Reference and Background Test) जब उम्मीदवार साक्षात्कार को पास कर लेता है, तब संगठन उम्मीदवार के व्यक्तिगत चरित्र के बारे में पता करने के लिए सन्दर्भों की जाँच को प्राथमिकता देता है। इसके लिए आवेदन-पत्र में उम्मीदवार को दो सन्दर्भों के नाम देने के लिए कहा जाता है। संगठन उम्मीदवार द्वारा दी गई सूचना का सन्दर्भों के साथ प्रति-परीक्षण (Cross-Check) कर सकते हैं।
5. **चयन निर्णय** (Selection Decision) जो उम्मीदवार परीक्षण, साक्षात्कार और सन्दर्भों की जाँच को पास कर लेते हैं, उन्हें चयन सूची में शामिल किया जाता है और प्रबन्धक उस सूची से अधिक उपयुक्त उम्मीदवार को चुनते हैं। चयन निर्णयन प्रक्रिया में प्रबन्धक के विचार, सामान्यतः अन्तिम चयन में निर्णायक सिद्ध होते हैं, क्योंकि नए कर्मचारी के निष्पादन के लिए वही उत्तरदायी रहता है।
6. **शारीरिक एवं डॉक्टरी जाँच** (Body and Medical Test) चयन निर्णय के पश्चात् उन उम्मीदवारों का शारीरिक परीक्षण करवाया जाता है जो चयनित हो चुके हैं। शारीरिक परीक्षण कराने का उद्देश्य उम्मीदवार के शारीरिक स्वस्थता की जाँच कराना है तथा पता लगाना है कि वह शारीरिक रूप से कार्य करने के लिए उपयुक्त है या नहीं।
7. **पद प्रस्ताव** (Post Proposal) इस प्रक्रिया में विभिन्न परीक्षाओं तथा शारीरिक जाँच में उत्तीर्ण उम्मीदवारों को नौकरी का प्रस्ताव दिया जाता है। यह प्रस्ताव नियुक्ति-पत्र के माध्यम से दिया जाता है। इस पत्र में एक निश्चित तिथि, कार्य के नियम तथा शर्तों व स्थान आदि का उल्लेख लिखा होता है जिस पर चयनित कर्मचारियों को कार्यस्थल पर आना होता है।
8. **भौतिक सत्यापन** (Physical Verification) यह चयन प्रक्रिया का अन्तिम चरण होता है। इस चरण में चयनित उम्मीदवार से सम्पूर्ण जीवनवृत्त माँगा जाता है तथा पुलिस विभाग से भौतिक सत्यापन करवाया जाता है। इसके पश्चात् एक लिखित रोजगार समझौता बनवाया जाता है, जिसमें प्रार्थी का पद-परिचय, उसके दायित्व, वेतन दर, कार्य घण्टे, भत्ता, अवकाश नियम, अनुशासन सम्बन्धी कार्यप्रणाली, तिथि जिस पर वह नियुक्त हुआ है तथा रोजगार समाप्ति इत्यादि का पूर्ण विवरण होता है।

   इस स्तर पर उम्मीदवार को एक विशेष फॉर्म, जिसे अनुप्रमाणित प्रपत्र (Attestation from) भी कहा जाता है, को भरने के लिए कहा जाता है। इसमें उम्मीदवार अपने बारे में कुछ महत्त्वपूर्ण सूचना भरता है जिसे भविष्य में सन्दर्भों के रूप में प्रयोग किया जा सकता है। रोजगार के अनुबन्ध में प्रवेश करते समय उम्मीदवार को विभिन्न प्रमाणित दस्तावेजों को जमा करना होता है और संलग्न भी कई सूचनाएँ जैसे कि पद शीर्षक, कर्त्तव्य, उत्तरदायित्व इत्यादि प्रदान करता है। विभिन्न अनुशासनीय नियम और कार्यविधियों को भी रोजगार अनुबन्ध में वर्णित किया जाता है।

प्रशिक्षण तथा विकास (Training and Development)

प्रशिक्षण तथा विकास एक ऐसी प्रक्रिया है जिसके द्वारा विशेष कार्यों को करने के लिए कर्मचारियों की रुचि, योग्यता और निपुणता में वृद्धि की जाती है। यह कर्मचारियों के वर्तमान तथा भविष्य के निष्पादन स्तर को सुधारने की एक क्रिया है।

डेल एस. ब्रीच के अनुसार, ''प्रशिक्षण एक ऐसी संगठित क्रिया है जिसके द्वारा व्यक्ति एक निश्चित उद्देश्य की पूर्ति हेतु ज्ञान एवं चातुर्य सीखते हैं।''

फिलिप्पो के अनुसार, ''प्रशिक्षण किसी विशेष कार्य को करने के लिए एक कर्मचारी के ज्ञान एवं कौशल में रुचि उत्पन्न करता है।''

प्रशिक्षण विधियाँ (Training Methods)

प्रशिक्षण की कई विधियाँ हैं *जिन्हें निम्न दो भागों में विभक्त किया जा सकता है–*

1. ऑन द जॉब विधियाँ-जिनका कार्यस्थल पर उपयोग किया जाता है।
2. ऑफ द जॉब विधियाँ–जिनका प्रयोग कार्यस्थल से दूर किया जाता है।

ऑन द जॉब विधियाँ (On the Job Methods)

1. **शिक्षण** (Education) इस विधि में एक उच्च अधिकारी तथा प्रशिक्षक एक शिक्षक की भाँति प्रशिक्षणार्थी को सिखाता है। इस विधि में एक उद्देश्य निर्धारित किया जाता है जो एक निश्चित समयावधि में शिक्षार्थी द्वारा पूरा किया जाता है। निश्चित समयावधि पर शिक्षार्थी के कार्य का पुनरीक्षण किया जाता है तथा पता लगाया जाता है कि शिक्षार्थी में किस प्रकार के परिवर्तन की आवश्यकता है।

2. **स्थानबद्ध प्रशिक्षण** (Localised Training) यह एक ऐसा प्रशिक्षण कार्यक्रम है जो चयनित प्रशिक्षार्थियों हेतु संस्थानों द्वारा चलाए जाते हैं। इस विधि में प्रशिक्षणार्थी निश्चित अवधि के लिए व्यावहारिक ज्ञान हेतु उस कार्यालय में कार्य भी करते हैं।
3. **प्रशिक्षणार्थी कार्यक्रम** (Trainee Programme) इस विधि के अन्तर्गत प्रशिक्षार्थी को एक प्रवीण कर्मचारी के साथ रखा जाता है। इस विधि का उद्देश्य उच्च स्तर के कौशल को प्राप्त करना होता है। इसमें मन्द गति से सीखने वाले शिक्षार्थियों तथा तीव्र गति से सीखने वाले शिक्षार्थियों को एक साथ रखा जाता है।
4. **कार्य बदली** (Job Change) इस प्रशिक्षण विधि में कर्मचारियों का स्थानान्तरण शामिल है। यह विधि कर्मचारियों को दूसरे कर्मचारियों से मिलने का अवसर देती है। इस विधि द्वारा कर्मचारी उपक्रम की सभी नीतियों तथा नियमों की जानकारी प्राप्त कर लेता है जिसके परिणामस्वरूप वे अपने कार्य में अधिक पारंगत हो जाते हैं।

   इस प्रक्रिया द्वारा कर्मचारी को अपनी क्षमता तथा योग्यता को परखने का मौका मिलता है। जब कर्मचारी इस पद्धति द्वारा प्रशिक्षित होते हैं, तो वह आसानी से पदोन्नत, स्थानापन्न तथा स्थानान्तरित किए जा सकते हैं।

ऑफ द जॉब विधियाँ (Off the Job Methods)

1. **प्रकोष्ठशाला प्रशिक्षण** (Call Training) इस विधि में कार्य का प्रशिक्षण कारखाने से अलग एक विशेष प्रशिक्षणशाला में दिया जाता है, जिसे प्रकोष्ठशाला कहते हैं। इसमें प्रशिक्षण एक सुव्यवस्थित कार्यक्रम के अनुसार दिया जाता है। प्रशिक्षण अनुभवी व कुशल प्रशिक्षकों द्वारा दिया जाता है। अतः यह प्रशिक्षण कारखाने के कार्य स्थल से दूर एक विशेष-प्रशिक्षण कक्ष में अनुभवी प्रशिक्षकों द्वारा एक सुव्यवस्थित कार्यक्रम के अनुसार दिया जाता है।
2. **विशिष्ट सम्मेलन** (Specific Seminar) इस पद्धति द्वारा प्रशिक्षणार्थियों में निर्णय क्षमता, नेतृत्व, कुशल सन्देशवाहन जैसे गुणों का विकास करने का प्रयास किया जाता है। सम्मेलन की समयावधि प्रायः दो या तीन दिन की होती है। इस विधि के अन्तर्गत सभी प्रशिक्षणार्थी या प्रबन्धक विचार-विमर्श के लिए एक स्थान पर एकत्रित होते हैं। इसमें कोई एक व्यक्ति या सभी एकत्रित व्यक्ति किसी विशिष्ट समस्या के समाधान हेतु आयोजित सम्मेलन में अपने-अपने दृष्टिकोण को प्रस्तुत करते हैं।
3. **समस्या की समाधान विधि** (Methods of Solutions for Problem) इस पद्धति का प्रयोग प्रशिक्षणार्थियों की निर्णय क्षमता एवं समस्या सुलझाने की क्षमता का विकास करने हेतु किया जाता है। संस्था की संगठन संरचना व्यावसायिक स्थिति उद्देश्यों आदि का विस्तृत विवरण उन्हें दिया जाता है।। इसके बाद प्रशिक्षणार्थी अपने-अपने ज्ञान, कौशल एवं क्षमता के अनुसार वैकल्पिक हल निकालने का प्रयत्न करते हैं।
4. **कम्प्यूटर प्रतिमान** (Computer Standards) यह विधि कम्प्यूटर में प्रोग्राम की नकल पर आधारित होती है। इसमें प्रशिक्षणार्थी को बिना किसी जोखिम तथा कम लागत पर प्रशिक्षित किया जाता है।

अभ्यास प्रश्न

1. नियुक्तिकरण है
(a) प्रबन्धकीय प्रक्रिया (b) गैर-प्रबन्धकीय प्रक्रिया
(c) 'a' और 'b' दोनों (d) इनमें से कोई नहीं

2. नियुक्तिकरण की सफलता का आधार माना जाता है
(a) चयन प्रक्रिया को
(b) सही मालिक को
(c) सही संगठन को
(d) सही व्यक्ति को सही काम देने को

3. वह प्रक्रिया जिसमें कार्य हेतु व्यक्तियों की पहचान करना, परीक्षण करना, स्थापना करना, मूल्यांकन करना तथा विकास करना सम्मिलित हैं, क्या कहलाता है?
(a) नियुक्तिकरण (b) नियोजन
(c) संगठन (d) प्रशिक्षण

4. नियुक्तिकरण किस तत्त्व से सम्बन्धित है?
(a) प्रबन्ध से (b) वस्तुओं से
(c) मानव से (d) पेशे से

5. नियुक्तिकरण एक अंग है
(a) मानव संसाधन प्रबन्ध का (b) वित्तीय प्रबन्ध का
(c) विपणन प्रबन्ध का (d) इनमें से कोई नहीं

6. नियुक्तिकरण उचित है
(a) छोटे संगठन के लिए (b) बड़े संगठन के लिए
(c) 'a' और 'b' दोनों (d) इनमें से कोई नहीं

7. नियुक्तिकरण की विशेषताओं में सम्मिलित नहीं है
(a) एक निरन्तर प्रक्रिया (b) एक जटिल प्रक्रिया
(c) प्रबन्धकीय कार्य (d) ये सभी

8. नियुक्तिकरण आवश्यक है
(a) जीवन स्तर में सुधार हेतु
(b) उद्देश्यों की प्राप्ति हेतु
(c) उपक्रम को निरन्तर जीवित रखने हेतु
(d) उपरोक्त सभी

9. नियुक्तिकरण प्रक्रिया में प्रथम चरण है
(a) मानव शक्ति का आकलन करना
(b) विज्ञापन जारी करना
(c) कर्मचारी की खोज करना
(d) भर्ती करना

10. गानव संसाधन प्रबन्ध निम्न में से है
(a) बड़े संगठन के लिए
(b) छोटे संगठन के लिए
(c) 'a' और 'b' दोनों
(d) उपरोक्त में से कोई नहीं

11. वर्तमान कर्मचारियों का विश्लेषण जाना जाता है
(a) कार्यभार विश्लेषण के रूप में
(b) कार्यबल विश्लेषण के रूप में
(c) प्रशिक्षण के रूप में
(d) विकास के रूप में

12. अनुस्थापन है
(a) कर्मचारियों द्वारा कार्यभार सँभालना
(b) कर्मचारियों की पदोन्नति
(c) कर्मचारियों का स्थानान्तरण
(d) उपरोक्त सभी

13. अनुस्थापन प्रक्रिया से आशय है
(a) कर्मचारियों द्वारा कार्यभार सँभालने से है।
(b) कर्मचारियों के कार्य हेतु प्रशिक्षण से है।
(c) कर्मचारियों के कार्य में रुची पता लगाने से है।
(d) सही कार्य हेतु सही कर्मचारियों का पता लगाने से है।

14. कार्य निष्पादन मूल्यांकन का उद्देश्य क्या है?
(a) यह निर्धारित करना कि कर्मचारी चयनित पद पर कार्य कर रहा है अथवा नहीं
(b) यह निर्धारित करना कि कर्मचारी चयनित पद पर अपने कार्य की पूर्ति में कितना सफल है
(c) यह मूल्यांकन करना कि अधिकारी कर्मचारी से कितना खुश है
(d) उपरोक्त सभी

15. कार्य निष्पादन मूल्यांकन का उद्देश्य क्या है?
(a) किसी कर्मचारी को उसके कार्य हेतु संतुष्टि प्रदान करना
(b) यह निर्धारित करना होता है कि कर्मचारी चयनित पद पर अपने कार्य निष्पादन की पूर्ति में कितना सफल है
(c) कर्मचारियों को उनके कार्य हेतु दिए जाने वाले भुगतान हेतु मूल्यांकन करना
(d) उपरोक्त सभी

16. अभिविन्यास प्रक्रिया के अन्तर्गत नए कर्मचारियों को किससे अवगत कराया जाता है?
(a) उच्च अधिकारियों (b) अधीनस्थों
(c) सहकर्मियों (d) ये सभी

17. भर्ती के कार्य हैं
(a) उपयुक्त स्रोतों को चुनना
(b) वैधता निर्धारण
(c) श्रम-पूर्ति के विभिन्न स्रोतों की पहचान
(d) उपरोक्त सभी

18. कर्मचारियों की भर्ती का आन्तरिक स्रोत है
(a) कार्यालय में सीधी भर्ती (b) पदोन्नति
(c) श्रम संघ (d) परिसर भर्ती

19. भर्ती के आन्तरिक स्रोत में सम्मिलित नहीं है
(a) स्थानान्तरण (b) पदोन्नति
(c) 'a' और 'b' दोनों (d) प्रत्यक्ष भर्ती

20. भर्ती का बाह्य स्रोत कौन-सा है?
(a) प्रत्यक्ष भर्ती (b) प्रतीक्षा सूची
(c) विज्ञापन (d) ये सभी

21. भर्ती का बाह्य स्रोत कौन-सा है?
(a) प्रतीक्षा सूची (b) विज्ञापन
(c) स्थापन्न एजेन्सी (d) ये सभी

22. किस प्रक्रिया में विभिन्न सम्भावित कर्मचारियों का परीक्षण किया जाता है?
(a) नियुक्तिकरण (b) भर्ती
(c) चयन (d) अनुस्थापन

23. चयन परीक्षण में मानसिक स्तर का पता लगाने के लिए कौन-सा परीक्षण किया जाता है?
(a) रुचि परीक्षण (b) ज्ञान परीक्षण
(c) प्रवृत्ति परीक्षण (d) कौशल परीक्षण

24. प्रशिक्षण तथा विकास आवश्यक है
(a) संगठन के लिए (b) कर्मचारियों के लिए
(c) 'a' और 'b' दोनों (d) इनमें से कोई नहीं

25. कौन-सी प्रक्रिया द्वारा विशेष कार्यों को करने के लिए कर्मचारियों की रुचि, योग्यता और निपुणता में वृद्धि की जाती है?
(a) प्रशिक्षण तथा विकास (b) नई भर्ती
(c) छँटनी (d) कार्य घण्टों में वृद्धि

26. कार्यस्थल पर प्रयोग की जाने वाली प्रशिक्षण विधि है
(a) ऑफ द जॉब विधि (b) ऑन द जॉब विधि
(c) स्थानाबद्ध प्रशिक्षण विधि (d) ये सभी

27. प्रशिक्षण की ऑन द जॉब विधि कौन-सी है?
(a) विशिष्ट सम्मेलन
(b) समस्या की समाधान विधि
(c) कार्य बदली
(d) प्रकोष्ठशाला प्रशिक्षण

28. ऑफ द जॉब विधियों में सम्मिलित है
(a) प्रकोष्ठशाला विधि (b) कम्प्यूटर प्रतिमान
(c) विशिष्ट सम्मेलन (d) ये सभी

उत्तरमाला

1.	(a)	2.	(d)	3.	(a)	4.	(c)	5.	(a)	6.	(a)	7.	(b)	8.	(d)	9.	(a)	10.	(a)
11.	(b)	12.	(a)	13.	(a)	14.	(d)	15.	(b)	16.	(d)	17.	(d)	18.	(b)	19.	(d)	20.	(d)
21.	(d)	22.	(c)	23.	(b)	24.	(c)	25.	(a)	26.	(b)	27.	(c)	28.	(d)				

अध्याय 7

निर्देशन

निर्देशन का अर्थ एवं परिभाषाएँ
(Meaning and Definitions of Directing)

निर्देशन का अभिप्राय अधीनस्थों/कर्मचारियों (Subordinate/Employee) का मार्गदर्शन (Guidance) तथा पर्यवेक्षण (Supervision) करना है। निर्देशन के द्वारा एक योग्य निर्देशक अपने अधीनस्थों को प्रभावपूर्ण दल के रूप में संयोजित करके सर्वोत्तम परिणाम प्राप्त करने में समर्थ होता है। अन्य शब्दों में, निर्देशन एक ऐसी प्रक्रिया है जिसके अन्तर्गत निर्देशक द्वारा अपने अधीनस्थों को इस प्रकार आदेश या निर्देश दिया जाता है कि संस्था के सभी व्यावसायिक कार्य एक निश्चत प्रक्रिया के अन्तर्गत ही पूरे हो जाएँ। अतः निर्देशन कार्य एक व्यापक कार्य है, जिसमें प्रबन्धक/निर्देशक आदेश-निर्देश के साथ-साथ कर्मचारियों को उचित नेतृत्व भी प्रदान करता है तथा इसमें कर्मचारियों को अभिप्रेरित भी किया जाता है।

थियो हैमेन के अनुसार, ''निर्देशन में वे प्रक्रियाएँ तथा तकनीकें सम्मिलित हैं जिनका उपयोग निर्देश जारी करने तथा यह सुनिश्चित करने के लिए किया जाता है कि समस्त क्रियाएँ मूल योजना के अनुरूप हो रही हैं।''

निर्देशन का महत्त्व (Importance of Directing)

व्यवसाय में प्रबन्धकों द्वारा अपने अधीनस्थों से कार्य करवाने हेतु निर्देशन करने की आवश्यकता होती है। प्रबन्ध दूसरों से कार्य करवाने की एक कला है।

अतः इसकी महत्ता एक संस्था के लिए अत्यधिक है जो निम्न बिन्दुओं द्वारा स्पष्ट है-

1. **कार्यों का निष्पादन करने के लिए** संस्था के प्रत्येक कार्य को अन्तिम परिणाम तक पहुँचाने के लिए निर्देशन कार्य करना होता है। यह संस्था का वह आधारभूत कार्य है, जिससे अन्य सभी कार्य परस्पर सम्बन्धित होते हैं। अतः सभी कार्यों का निष्पादन करने के लिए निर्देशन कार्य की आवश्यकता होती है।
2. **उद्देश्यों की प्राप्ति में सहायक** प्रभावकारी निर्देशन से केवल संस्था के ही नहीं वरन् कर्मचारियों के व्यक्तिगत एवं सामूहिक उद्देश्यों की पूर्ति करना भी सरल हो जाता है।
3. **सामूहिक कार्यों की सफलता में सहायक** सभी सामूहिक कार्यों की सफलता के लिए निर्देशन करना आवश्यक है। जब दो या दो से अधिक व्यक्ति मिलकर कार्य करते हैं, तो उन्हें निर्देशन की आवश्यकता पड़ती है। छोटे-बड़े, सामाजिक, राजनीतिक, धार्मिक तथा व्यावसायिक सभी प्रकार के संगठनों में निर्देशन एक महत्त्वपूर्ण कार्य है।
4. **कर्मचारियों का मार्गदर्शन** निर्देशन कर्मचारियों का मार्गदर्शन करता है। जब प्रबन्धक अपने अधीनस्थों को आदेश-निर्देश देते हैं, अभिप्रेरित करते हैं या नेतृत्व प्रदान करते हैं, तो उनमें धीरे-धीरे कार्यक्षमता का विकास होता है और कार्य के प्रति लग्नशीलता में वृद्धि होती है, जिससे वे संस्था के सभी संसाधनों का पूर्ण कुशलता के साथ उपयोग करते हैं और जिसके परिणामस्वरूप संस्था अपने उद्देश्यों को सफलतापूर्वक प्राप्त करती है।
5. **परिवर्तनों के प्रबन्ध में सुविधा** निर्देशन प्रक्रिया के द्वारा परिवर्तनों को सरलता से लागू किया जा सकता है, क्योंकि निर्देशन यह बताता है कि केवल आदेश-निर्देश से ही नहीं, बल्कि उचित अभिप्रेरणा एवं नेतृत्व के द्वारा कर्मचारियों के विचारों एवं व्यवहार को आसानी से परिवर्तनों के अनुकूल बनाया जा सकता है, जिसके परिणामस्वरूप वे परिवर्तनों का विरोध न करके उनमें रुचि लेने लगते हैं।
6. **संस्था में स्थिरता एवं सन्तुलन बनाए रखने में सहायक** प्रभावी निर्देशन संस्था में स्थिरता एवं सन्तुलन बनाए रखने में सहायक होता है, क्योंकि यह संस्था के सभी व्यक्तियों, विभागों तथा कार्यों में समन्वय स्थापित करता है। इसके अतिरिक्त यह बाह्य पक्षकारों; जैसे-सरकार, ग्राहक और आपूर्तिकर्ता आदि सभी से सन्तुलन बनाए रखता है जिससे संस्था में स्थिरता आती है।
7. **अन्य प्रबन्धकीय कार्यों के संयोजन में सहायक** निर्देशन प्रबन्ध के सभी कार्यों के बीच की एक महत्त्वपूर्ण कड़ी है, क्योंकि निर्देशन के द्वारा ही अन्य प्रबन्धकीय कार्यों में संयोजन किया जा सकता है।

निर्देशन के सिद्धान्त (Principles of Directing)

व्यवसाय के सन्दर्भ में कुशल निर्देशन करना एक चुनौतीपूर्ण कार्य है, क्योंकि इसके अन्तर्गत प्रबन्धक को उन सभी व्यक्तियों के साथ सम्बन्ध स्थापित करना होता है जिनकी पृष्ठभूमि भिन्न-भिन्न है, जो निर्देशन की प्रक्रिया को जटिल बना देती है। *निर्देशन के सिद्धान्त, निर्देशन प्रक्रिया को सरल तथा सफलतापूर्वक कार्य निष्पादित करने में सहायक होते हैं। ये सिद्धान्त निम्नलिखित हैं–*

1. **अधिकतम व्यक्तिगत योगदान का सिद्धान्त** (Principle of Maximum Peoples Contribution) इस सिद्धान्त के अनुसार निर्देशन में ऐसी विधियों एवं तकनीकों को अपनाना चाहिए, जिससे प्रत्येक व्यक्ति अपनी अधिकतम क्षमता एवं योग्यता के साथ संस्था के उद्देश्यों की पूर्ति में योगदान दे सकें, क्योंकि उन्हें विश्वास होता है कि उनके प्रयासों का उन्हें उपयुक्त पारिश्रमिक मिलेगा।
2. **उद्देश्यों में सामंजस्य का सिद्धान्त** (Principle of Harmony of Objectives) इस सिद्धान्त के अनुसार संस्थागत एवं कर्मचारियों के व्यक्तिगत उद्देश्यों में सामंजस्य होना चाहिए। यदि संस्था का उद्देश्य अधिकतम लाभ कमाना होता है, तो कर्मचारियों का उद्देश्य अधिकाधिक वेतन, सुविधाएँ एवं भागीदारी प्राप्त करना होता है। इन दोनों के उद्देश्य में समन्वय स्थापित करके ही निर्देशन में सफलता प्राप्त की जा सकती है।
3. **आदेश की एकता का सिद्धान्त** (Principle of Unity of Directions) निर्देशन का एक महत्त्वपूर्ण सिद्धान्त आदेश की एकता का सिद्धान्त है। इस

सिद्धान्त के अनुसार प्रत्येक अधीनस्थ को एक समय पर एक ही अधिकारी से आदेश प्राप्त होने चाहिए। यदि किसी अधीनस्थ को दो या दो से अधिक अधिकारियों से एक साथ आदेश प्राप्त होते हैं तो वह उनका सही पालन नहीं कर सकेगा। इससे अधिकारी या कर्मचारी में आपसी संघर्ष एवं अनुशासनहीनता भी उत्पन्न हो सकती है। अतः प्रत्येक कर्मचारी को एक समय में एक ही अधिकारी से आदेश प्राप्त होने चाहिए।

4. **निर्देशन तकनीकों की उपयुक्तता का सिद्धान्त** (Principle of Appropriateness of Direction Techniques) इस सिद्धान्त के अनुसार प्रभावशाली निर्देशन हेतु प्रबन्धकों को उपयुक्त निर्देशन तकनीक; जैसे-प्रभावी ढंग से पर्यवेक्षण, कुशल नेतृत्व, खुला सन्देशवाहन आदि का चुनाव करना चाहिए। ये तकनीकें कर्मचारियों की प्रकृति तथा विद्यमान परिस्थितियों के अनुरूप होनी चाहिए।
5. **प्रबन्धकीय सम्प्रेषण का सिद्धान्त** (Principle of Managerial Communication) इस सिद्धान्त के अनुसार निर्देशन की कुशलता तथा सफलता अधिकारी और उसके अधीनस्थ के मध्य सम्प्रेषण की विधि पर आधारित होती है। इसके अनुसार, अधिकारी के द्वारा अधीनस्थ को दिया गया निर्देश पूर्ण एवं स्पष्ट होना चाहिए तथा वह उसकी समझ में आने योग्य होना चाहिए। ऐसा होने पर ही निर्देशन के अन्तर्गत दिए गए सन्देशों को अधीनस्थ द्वारा सही रूप से तथा सही अर्थों में समझा जा सकेगा जिससे अधीनस्थ का कार्य सरल तथा प्रभावी होगा।
6. **अनौपचारिक संगठन के प्रयोग का सिद्धान्त** (Principle of Use of Informal Organisation) इस सिद्धान्त के अनुसार संस्था के अधिकारियों तथा अधीनस्थों में स्वतन्त्र आदान-प्रदान होना चाहिए। निर्देशन की सफलता सूचनाओं के प्रवाह पर निर्भर करती है। ये सूचनाएँ औपचारिक तथा अनौपचारिक दोनों माध्यमों से प्रेषित हो सकती हैं। इस सिद्धान्त के अनुसार, प्रबन्धक को अनौपचारिक संगठन पर अधिक ध्यान देना चाहिए, जिससे संस्था में निर्देशन प्रक्रिया को सकुशल संचालित किया जा सके।
7. **उपयुक्त नेतृत्व शैली का सिद्धान्त** (Principle of Appropriate Leadership Style) इस सिद्धान्त के अनुसार, प्रभावशाली निर्देशन हेतु प्रबन्धकों को उपयुक्त नेतृत्व शैली का उपयोग करना चाहिए। नेतृत्व की अनेक शैलियाँ हैं जिनमें से परिस्थितियों के अनुरूप उपयुक्त शैली का चुनाव किया जाना चाहिए। नेतृत्व शैली लोगों की भावनाओं, विचारों एवं सुझावों को ध्यान में रखकर अपनाई जानी चाहिए। इससे सभी का सहयोग प्राप्त किया जा सकता है।

   ***नोट** नेतृत्व शैली का विस्तृत वर्णन आगे किया गया है।*
8. **अनुसरण करना** (Follow up) निर्देशन में आदेश देना ही पर्याप्त नहीं होता है, क्योंकि यह निरन्तर चलने वाली प्रक्रिया है। अतः यह सिद्धान्त इस बात पर बल देता है कि निर्देशक द्वारा दिए गए निर्देश के अनुरूप ही प्रक्रिया का निरन्तर अवलोकन किया जाना चाहिए तथा इसमें पाई गई कमियों को दूर करने का प्रयास करना चाहिए।
9. **निर्देशन के उद्देश्यों का सिद्धान्त** (Principle of Directing Objectives) निर्देशन का सबसे महत्त्वपूर्ण सिद्धान्त यह है कि निर्देशन से पूर्व सभी अधीनस्थों को संस्था के उद्देश्यों से भली प्रकार अवगत करा देना चाहिए।

निर्देशन के तत्त्व/क्षेत्र/तकनीकें/घटक

(Elements/Scope/Techniques/Factors of Directing)

निर्देशन एक व्यापक प्रबन्धकीय कार्य है। इसमें कई क्रियाएँ शामिल होती हैं। इन क्रियाओं को निर्देशन के तत्त्व या घटक या तकनीकों के नाम से भी जाना जाता है। *इन्हें मुख्यतः चार वर्गों में विभाजित किया गया है जो निम्न हैं–*

1. पर्यवेक्षण 2. अभिप्रेरणा 3. नेतृत्व 4. सम्प्रेषण

पर्यवेक्षण (Supervision)

पर्यवेक्षण शब्द का अर्थ दो रूपों में लिया जाता है। पहला, निर्देशन का महत्त्वपूर्ण घटक या तत्त्व के रूप में तथा दूसरा, संस्था के क्रम शृंखला में पर्यवेक्षक द्वारा किए गए कार्य के रूप में।

निर्देशन के घटक या तत्त्व के रूप में पर्यवेक्षण के अन्तर्गत प्रबन्धक अपने अधीनस्थों के कार्यों को देखता है तथा यह सुनिश्चित करता है कि कार्य निर्धारित योजना के अनुसार हो रहा है या नहीं। यदि कार्य योजना के अनुसार नहीं हो रहा है, तो प्रबन्धक उनमें सुधार हेतु आवश्यक मार्गदर्शन करते हैं। पर्यवेक्षण के अन्तर्गत पर्यवेक्षक (Supervisor) अपने उच्च प्रबन्धकों से प्राप्त आदेशों एवं निर्देशों की व्याख्या करता है तथा कर्मचारियों को उन्हीं के अनुरूप कार्य करने के लिए आवश्यक दिशा-निर्देश भी देता है। पर्यवेक्षण कर्मचारियों के कार्यों की समस्याओं के निवारण में भी सक्रिय सहयोग करता है।

पर्यवेक्षण के अन्तर्गत निम्नलिखित मुख्य कार्यों को सम्मिलित किया जाता है–

(*i*) अधीनस्थ कर्मचारियों को आदेश एवं निर्देश देना।
(*ii*) आवश्यक मार्गदर्शन करना।
(*iii*) अनुशासन को बनाए रखना।
(*iv*) कर्मचारियों के सभी कार्यों की उचित जाँच करना।

पर्यवेक्षण का महत्त्व

(Importance of Supervision)

आधुनिक युग में प्रबन्ध का क्षेत्र व्यापक हो गया है। समय के साथ इस क्षेत्र में पर्यवेक्षण क्रियाओं का भी महत्त्व बढ़ गया है। पर्यवेक्षण में मुख्य कार्यकर्ता पर्यवेक्षक होता है। *अतः पर्यवेक्षक द्वारा निभाई गई विविध भूमिकाओं को पर्यवेक्षण के महत्त्व के रूप में समझा जा सकता है, जिनका विवरण नीचे दिया गया है–*

1. **मैत्रीपूर्ण सम्बन्धों का निर्माण** (Build Friendly Relations) पर्यवेक्षक श्रमिकों के प्रत्यक्ष सम्पर्क में रहता है। एक अच्छा पर्यवेक्षक श्रमिकों के साथ सहयोग एवं मैत्रीपूर्ण व्यवहार करता है तथा उनकी समस्याओं को सुलझाने एवं उच्च प्रबन्धकों तक पहुँचाने का कार्य भी करता है।
2. **प्रबन्धक एवं श्रमिकों की कड़ी** (Clinch of Manager and Worker) पर्यवेक्षक प्रबन्धक एवं श्रमिकों के मध्य एक कड़ी के रूप में कार्य करता है। वह श्रमिकों की समस्याएँ प्रबन्धकों तक पहुँचाता है एवं प्रबन्धकों के आदेश-निर्देश श्रमिकों तक पहुँचाता है।
3. **आन्तरिक एकता बनाए रखना** (Maintaining Internal Unity) पर्यवेक्षक अपने अधीनस्थ श्रमिकों को अपने नियन्त्रण में रखने का कार्य करता है तथा वह उनके आन्तरिक मतभेदों, आपसी विवादों को सुलझाता है और उनमें आन्तरिक एकता बनाए रखने का प्रयास करता है।
4. **लक्ष्यों के अनुरूप कार्य निष्पादन** (Job Performance According to Objectives) पर्यवेक्षक अपने अधीनस्थ श्रमिकों का मार्गदर्शन करता है, उनका निरीक्षण करता है तथा उनके कार्यों को संस्था के लक्ष्यों के अनुरूप निष्पादित करने हेतु अभिप्रेरित करता है।
5. **प्रशिक्षण** (Training) पर्यवेक्षक समय-समय पर श्रमिकों के कार्य प्रशिक्षण की व्यवस्था करता है और स्वयं भी उन्हें प्रशिक्षित करता रहता है। एक अच्छा पर्यवेक्षक श्रमिकों को उनके कार्य में कुशलता प्रदान करने हेतु स्वयं कार्य स्थल पर उनको प्रशिक्षण देता है।
6. **उच्च मनोवृत्ति का विकास** (Development of High Attitude) एक अच्छा पर्यवेक्षक संगठन के श्रमिकों का अच्छा नेतृत्व एवं मार्गदर्शन करता है। वह श्रमिकों को अपने व्यवहार एवं कार्य पद्धति से प्रभावित करता है। इससे वह श्रमिकों में उच्च मनोवृत्ति का विकास कर सकता है।

7. **कार्य विश्लेषण** (Job Analysis) एक अच्छा पर्यवेक्षक कर्मचारियों द्वारा किए गए कार्य का विश्लेषण करता है। वह देखता है कि कार्य निर्धारित प्रमाप के अनुसार हुआ है या नहीं। तथा निर्धारित लक्ष्यों की उपलब्धि का स्तर क्या रहा है। वह अपने अधीनस्थों से इस हेतु सलाह एवं विचार-विमर्श भी करता है।

अभिप्रेरणा (Motivation)

अभिप्रेरणा से तात्पर्य उन शक्तियों या कारणों से है जो किसी भी व्यक्ति को किसी कार्य करने हेतु प्रेरित करती हैं या क्रियाशील बनाती हैं। इन शक्तियों या कारणों में व्यक्ति की आवश्यकताएँ, इच्छाएँ, लालसाएँ या प्रबल प्रेरणाएँ आदि आती हैं।

अभिप्रेरणा का महत्त्व (Importance of Motivation)

संक्षेप में अभिप्रेरणा की आवश्यकता एवं महत्त्व निम्न हैं–

1. **उद्देश्यों की प्राप्ति में सहायक** (Helpful in Achieving the Objectives) अभिप्रेरणा के द्वारा कर्मचारियों को उन कार्यों को करने के लिए अभिप्रेरित किया जाता है जिनसे संस्था के उद्देश्यों को प्राप्त किया जाता है।
2. **सकारात्मक परिवर्तन में सहायक** (Helpful in Positive Change) अभिप्रेरणा के द्वारा कर्मचारियों के नकारात्मक दृष्टिकोण को सकारात्मक दृष्टिकोण में आसानी से परिवर्तित किया जा सकता है।
3. **कर्मचारियों के छोड़कर जाने में कमी** (Reduction in drop out of Employees) अभिप्रेरणा से अच्छे श्रम सम्बन्धों का निर्माण होता है, कार्य-कुशलता में वृद्धि होती है एवं आवश्यकताओं की पूर्ति होती है।
4. **अनुपस्थिति में कमी करने में सहायक** (Helpful in Reducing Absenteeism) अभिप्रेरणा कर्मचारियों में कार्य के प्रति लगन उत्पन्न करने हेतु भी दी जाती है। यदि कर्मचारियों में एक बार कार्य के प्रति लगन/रुचि उत्पन्न हो जाए, तो उसकी कार्य पर अनुपस्थिति कम हो जाती है।
5. **कर्मचारियों की आवश्यकताओं की सन्तुष्टि** (Satisfaction of Employees' Need) कर्मचारियों की सामाजिक, व शारीरिक आवश्यकताओं की पूर्ति हेतु अभिप्रेरणा आवश्यक है। उपयुक्त अभिप्रेरणा कर्मचारियों की आवश्यकता को सन्तुष्ट करके कार्य निष्पादन पर केन्द्रित करती है।
6. **अनुकूल कार्य वातावरण का निर्माण** (Environment of Making Fovourable Work) अभिप्रेरणा के द्वारा कर्मचारियों की इच्छाओं, आवश्यकताओं एवं भावनाओं को सन्तुष्ट किया जाता है। इसके परिणामस्वरूप संस्था में कार्य के प्रति अच्छे वातावरण का निर्माण किया जा सकता है।
7. **कार्यकुशलता एवं उत्पादकता में वृद्धि** (Growth in Work Efficiency and Production) अभिप्रेरणा से मानवीय आवश्यकताओं की सन्तुष्टि होती है। फलस्वरूप कर्मचारियों में कार्य करने की इच्छा उत्पन्न होती है। इससे कर्मचारियों की कार्यकुशलता एवं उत्पादकता में वृद्धि होती है।
8. **मानसिक शान्ति** (Peace of Mind) अभिप्रेरणा देने से संस्था में अच्छे मानवीय सम्बन्धों, औद्योगिक शान्ति तथा अनुकूल वातावरण का निर्माण होता है। जिससे फलस्वरूप कर्मचारियों व प्रबन्धकों दोनों को मानसिक शान्ति का अनुभव होता है।

मास्लो की आवश्यकता-क्रम अभिप्रेरणा का सिद्धान्त

(Maslow's Theory of Need Hierarchy Motivation)

अभिप्रेरणा की आवश्यकता अनुक्रम विचारधारा (Need Hierarchy Theory) के प्रतिपादन का श्रेय महान् मनोवैज्ञानिक अब्राहम मास्लो को दिया जाता है। इसे अभिप्रेरणा की सर्वश्रेष्ठ विचारधाराओं में से एक विचारधारा माना जाता है। उनकी इस विचारधारा के अनुसार प्रत्येक व्यक्ति अपनी आवश्यकताओं से प्रेरित या अभिप्रेरित होकर ही कोई कार्य करता है।

मास्लो के अनुसार प्रत्येक व्यक्ति में पाँच आवश्यकताओं का अनुक्रम विद्यमान है। *यह अनुक्रम निम्न प्रकार है-*

1. **शारीरिक आवश्यकताएँ** (Physiological Needs) मनुष्य की वे आवश्यकताएँ जिन पर मानव शरीर की कार्यप्रणाली का संचालन निर्भर होता है, शारीरिक आवश्यकताएँ कहलाती हैं। ये आवश्यकताएँ सबसे प्रभावी आवश्यकताएँ होती हैं, क्योंकि प्रत्येक मनुष्य इन आवश्यकताओं को पहले सन्तुष्ट करना चाहता है। ये आवश्यकताएँ आवश्यकता-अनुक्रम में निम्नतर स्तर पर होती हैं। इनमें खाना, कपड़ा, मकान, मानव शरीर सम्बन्धी आदि अनिवार्य आवश्यकताएँ सम्मिलित होती हैं।
2. **सुरक्षा सम्बन्धी आवश्यकताएँ** (Safety or Security Needs) ये वे आवश्यकताएँ होती हैं जिनके अभाव में व्यक्ति भविष्य में स्वयं को असुरक्षित महसूस करता है। व्यक्ति को भविष्य में शारीरिक तथा मानसिक रूप से किसी भी प्रकार की समस्या का सामना न करना पड़े। इसलिए उसे अपने भविष्य की सुरक्षा हेतु कुछ आवश्यकताओं की पूर्ति करनी होती है; जैसे-रोजगार की गारण्टी, वृद्धावस्था पेंशन, जीवन बीमा आदि।
3. **सामाजिक आवश्यकताएँ** (Social Needs) जब किसी व्यक्ति में सामाजिक समूहों में जाने की, दूसरों से मित्रता करने की, आपस में प्यार व स्नेह रखने की इच्छा उत्पन्न होती है, तो उन्हें उसकी सामाजिक आवश्यकताएँ कहते हैं। इन आवश्यकताओं की पूर्ति के लिए प्रबन्धक कार्य समूह को प्राथमिकता देते हैं और औपचारिक तथा अनौपचारिक (Get to Gether) सभा की व्यवस्था करते हैं ताकि कर्मचारी सामाजिक सम्बन्धों का विकास कर सकें।
4. **मान-सम्मान** (प्रतिष्ठा) **की आवश्यकताएँ** (Esteem Needs) मास्लो के अनुक्रम में चौथे स्थान पर मान-सम्मान की आवश्यकताएँ आती हैं। इसमें दो प्रकार की आवश्यकताएँ होती हैं प्रथम, आत्म सम्मान की और द्वितीय, दूसरों के सम्मान की आवश्यकताएँ। इस प्रकार की आवश्यकताएँ उच्च स्तर के कर्मचारियों में अधिक सामान्य होती हैं तथा ये आवश्यकताएँ अमौद्रिक प्रेरणाओं द्वारा सन्तुष्ट की जा सकती हैं।

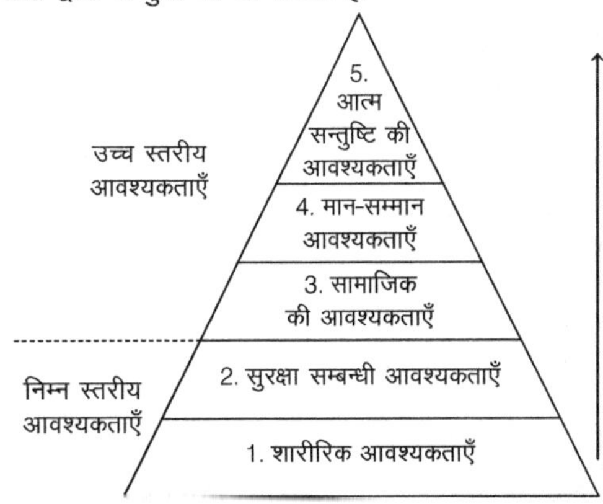

मास्लो का आवश्यकता अनुक्रम क्रमशः ऊपर की ओर बढ़ता हुआ

5. **आत्म सन्तुष्टि की आवश्यकताएँ** (Self-Actualisation Needs) जब किसी व्यक्ति में आत्म सन्तुष्टि की आवश्यकताएँ जन्म लेती हैं तब वह अपनी क्षमताओं, योग्यताओं के बल पर आगे बढ़ने का प्रयास करता है एवं अपने भीतर छिपी हुई शक्तियों को उजागर कर और अधिक एवं अच्छा कार्य करने हेतु प्रेरित होता है।

वित्तीय तथा गैर-वित्तीय प्रोत्साहन/अभिप्रेरणा
(Financial and Non-financial Incentive/Motivation)

प्रोत्साहन से आशय उन सभी साधन, तकनीकों या उपायों से है जिनका उपयोग करके व्यक्तियों को कार्य निष्पादन के लिए प्रोत्साहित किया जाता है। इन प्रोत्साहनों से कर्मचारियों के कार्य, व्यवहार में सुधार आता है।

इन्हें दो वर्गों में विभक्त किया जा सकता है-

1. वित्तीय प्रोत्साहन
2. गैर-वित्तीय प्रोत्साहन

वित्तीय प्रोत्साहन
(Financial Incentives)

वित्तीय प्रोत्साहन या अभिप्रेरणा प्रत्यक्ष या अप्रत्यक्ष रूप से मुद्रा से सम्बन्धित होते हैं। मुद्रा एक महत्त्वपूर्ण अभिप्रेरक तत्त्व है। यह भौतिक सुख के साथ-साथ सामाजिक एवं मान-सम्मान की आवश्यकताओं को भी सन्तुष्ट करती है। इन्हें व्यक्तिगत अथवा समूह के रूप में दिया जा सकता है। *प्रमुख वित्तीय प्रोत्साहन का उल्लेख निम्न हैं–*

1. **वेतन तथा भत्ता** (Salary and Allowances) प्रत्येक कर्मचारी को दिया जाने वाला वेतन एवं भत्ता वित्तीय प्रोत्साहन है। इनमें प्रत्येक वर्ष वार्षिक वृद्धि, अधिसमय वेतन तथा कई प्रकार के भत्ते सम्मिलित हैं।
2. **उत्पादकता सम्बन्धित पारिश्रमिक/मजदूरी प्रोत्साहन** (Wage Incentive Based on Productivity) उत्पादन बढ़ाने हेतु दिया जाने वाला पारिश्रमिक उत्पादन के आधार पर दिया जाता है। इसमें उत्पादन जितना अधिक होगा मजदूर/श्रमिक को उतनी अधिक मजदूरी मिलेगी।
3. **बोनस/अधिलाभांश** (Bonus) व्यावसायिक संस्था द्वारा लाभ अधिक होने पर कर्मचारियों को प्रोत्साहित करने के लिए वेतन के अतिरिक्त बोनस भी दिया जाता है। यह विशेष अवसर; जैसे- दिवाली, वार्षिक उत्सव आदि पर दिया जा सकता है।
4. **लाभ में भागीदारी** (Share in Profit) संस्था में अधिकतम लाभ उद्देश्य को प्राप्त करने के लिए कर्मचारियों को लाभों में भागीदारी दी जा सकती है। उन्हें लाभों का एक निश्चित प्रतिशत दिया जा सकता है। इसके अतिरिक्त निश्चित दर से अधिक लाभ होने पर उसमें हिस्सा भी दिया जा सकता है।
6. **सेवानिवृत्ति लाभ** (Retirement Benefits) कर्मचारी के सेवानिवृत्त हो जाने के पश्चात् उनको सुरक्षा प्रदान करने के लिए कुछ लाभ दिए जाते हैं; जैसे-पेंशन, भविष्य निधि, ग्रेच्युटी, चिकित्सा आदि। ये लाभ उन्हें वित्तीय सुरक्षा प्रदान करते हैं और संस्था से जुड़े रहने के लिए प्रेरित करते हैं। इनसे कर्मचारियों में सुरक्षा की भावना भी बनी रहती है।

गैर-वित्तीय प्रोत्साहन (Non-financial Incentives)

गैर-वित्तीय प्रोत्साहन या अभिप्रेरणा वे हैं जो किसी भी प्रकार के धन से सम्बन्ध नहीं रखती हैं। यह अभिप्रेरणा मनोवैज्ञानिक होती हैं। जो मनुष्य की आन्तरिक भावनाओं को सन्तुष्टि प्रदान करती है। *कुछ महत्त्वपूर्ण गैर-वित्तीय प्रोत्साहन या अभिप्रेरणा की तकनीकों का वर्णन निम्न है–*

1. **पद प्रतिष्ठा/ओहदा** (Position/ Status) संगठन में पद का अर्थ व्यक्ति के स्थान, अधिकार, दायित्व, पहचान या प्रतिष्ठा से है। यह पद छोटा या बड़ा हो सकता है। छोटे पद पर कार्यरत् कर्मचारी उच्च पद हेतु प्रयासरत् रहता है। कर्मचारी को उसके अच्छे कार्य हेतु पद प्रतिष्ठा देकर उसकी मनोवैज्ञानिक एवं सामाजिक आवश्यकता की पूर्ति की जा सकती है।
2. **जीवनवृत्ति विकास के सुअवसर** (Career Advancement Opportunity) प्रत्येक कर्मचारी जिस पद पर कार्यरत् है वह उससे उच्च पद को पाना चाहता है। वह बेहतर प्रदर्शन करके अपने लक्ष्यों को प्राप्त करने हेतु प्रोत्साहित रहता है। इसके लिए प्रबन्धकों को ठोस पदोन्नति नीति अपनानी चाहिए तथा यह नीति स्पष्ट होनी चाहिए। इसमें पक्षपात या द्वेषभावना नहीं होनी चाहिए। पदोन्नति कर्मचारियों में सुधार लाने व संगठन के उद्देश्यों को प्राप्त करने का सबसे अच्छा साधन है।
3. **पद संवर्द्धन** (Job Enrichment) पद संवर्द्धन या कार्य संवर्द्धन में कर्मचारी को अधिक अधिकार एवं दायित्व सौंपे जाते हैं, जिनसे कर्मचारी को अधिक ज्ञानार्जन, अनुभव एवं विकास का अवसर मिलता है और उसका मान-सम्मान एवं पारिश्रमिक बढ़ता है। ऐसा होने से कर्मचारी के कार्य अधिक रुचिकर, प्रेरणादायी एवं लाभदायी हो जाते हैं।

   पद संवर्द्धन के कारण कर्मचारी को अपने कार्यों के नियोजन, निर्णयन एवं क्रियान्वयन की पूर्ण स्वतन्त्रता होती है तथा अपने कार्यों के लिए आवश्यक संसाधनों पर भी पूर्ण नियन्त्रण होता है। फलतः कर्मचारी प्रोत्साहित होकर और अधिक बेहतर कार्य परिणाम दे पाते हैं।
4. **पद सुरक्षा/स्थायित्व** (Job Security/Stability) कर्मचारियों को पद सुरक्षा या सेवा सुरक्षा प्रदान करके भी प्रोत्साहित किया जा सकता है। पद सुरक्षा का तात्पर्य उनको निरन्तर कार्य उपलब्ध कराना एवं पद से हटाने के भय से मुक्त करना है। सभी कर्मचारी अपने भविष्य के लिए चिन्तित रहते हैं कि उन्हें पद से हटा तो नहीं दिया जाएगा। यदि उन्हें स्थायित्व की गारण्टी मिलती है तो वे भय मुक्त होकर अच्छा कार्य करेंगे और उनमें अपनत्व की भावना जाग्रत होगी।

नेतृत्व (Leadership)

नेतृत्व से आशय किसी भी व्यक्ति विशेष के उस विशिष्ट गुण से है, जिसके द्वारा वह अन्य व्यक्तियों का मार्ग-प्रशस्त करता है तथा मार्गदर्शन करता है। इतना ही नहीं, नेता के रूप में उनकी क्रियाओं का संचालन भी करता है। एक नेतृत्वकर्ता के पीछे उसके अधीनस्थों/कर्मचारियों का एक समूह होता है, जो उसके निर्देशानुसार ही कार्य करता है। एक उपक्रम में उच्च कोटि का नेतृत्व संगठन के प्रत्येक स्तर पर आवश्यक है।

नेतृत्व का महत्त्व (Importance of Leadership)

नेतृत्व एक गतिशील एवं रचनात्मक शक्ति है, जो प्रत्येक सामूहिक प्रयास की सफलता के लिए आवश्यक है। कुशल नेतृत्व के अभाव में कोई भी संस्था अपने उद्देश्यों में सफल नहीं हो सकती है। नेतृत्व एक व्यावहारिक गुण या व्यवहार है, जिसके द्वारा एक व्यक्ति (नेतृत्वकर्ता) दूसरे व्यक्ति को स्वेच्छा से संस्था के उद्देश्यों की प्राप्ति हेतु कार्य करने के लिए प्रभावित करता है और प्रेरणा देता है। *नीचे कुछ शीर्षकों में हम प्रबन्धकीय नेतृत्व के महत्त्व को स्पष्ट करने का प्रयास करते हैं–*

1. **अभिप्रेरणा प्रदान करना** (To Provide Motivation) नेतृत्व कर्मचारियों की अभिप्रेरणा का स्रोत है जो लोगों की इच्छाओं, आवश्यकताओं, भावनाओं को समझता है और उन्हें सन्तुष्ट करता है। इसके परिणामस्वरूप कर्मचारियों में कार्य करने की प्रेरणा उत्पन्न होती है।
2. **सकारात्मक रूप से योगदान** (Positively Contribution) अच्छे नेता के नेतृत्व से प्रभावित होकर ही कर्मचारी सकारात्मक रूप से निर्धारित उद्देश्यों की पूर्ति में सहयोग देने के लिए प्रेरित रहते हैं।
3. **परिवर्तनों में सुविधा** (Convenience in Changes) एक कुशल नेता अपने अच्छे नेतृत्व के कारण ही अपने अधीनस्थों को विश्वास में लेकर परिवर्तन कर सकता है। अतः कुशल नायक परिवर्तन प्रक्रिया का केन्द्र-बिन्दु होता है जो परिवर्तन लाने में सहायक है।

4. **विवादों को रोकने में सहायक** (Helpful in Preventing Disputes) एक कुशल नायक अपने प्रभावपूर्ण नेतृत्व से होने वाले विवादों एवं उसके दुष्परिणामों को उत्पन्न होने से रोकने में सहायक होता है।
5. **अधीनस्थों को प्रशिक्षण** (Training to Subordinates) एक अच्छा नायक अपने अधीनस्थों के प्रशिक्षण की व्यवस्था करता है या स्वयं उन्हें प्रशिक्षण देता है। वह अगले नेतृत्व के लिए प्रतिनिधि तैयार करता है, ताकि नेतृत्व प्रक्रिया चलती रहे।
6. **समूह भावना का विकास** (Development of Group Spirit) प्रभावकारी नेतृत्व सभी लोगों में समूह भावना का विकास करता है तथा अधीनस्थों को अपनी भावनाएँ व्यक्त करने का अवसर भी देता है।

नेता/नायक/नेतृत्वकर्ता (Leader)

वह व्यक्ति जो किसी समूह या संगठन का नेतृत्व करता है, नेता/नायक/नेतृत्वकर्ता कहलाता है। नेता के कई अधीनस्थ होते हैं जिनका वह नेतृत्व या मार्गदर्शन करता है। किसी संगठन की सफलता का श्रेय भी उसके नेता को ही दिया जाता है। वह अपने कौशल, ज्ञान, प्रतिबद्धता, सहयोग की भावना तथा सामूहिक मनोवृत्ति इत्यादि विशेषताओं के कारण एक प्रभावी नेता माना जाता है।

एक अच्छे नेता के गुण

(Merits/Qualities of Good Leader)

नेतृत्व में सफलता प्राप्त करने के लिए नेता में कुछ विशिष्ट गुणों का होना आवश्यक है। अनेक विद्वानों ने नेता के विभिन्न गुणों का उल्लेख किया है। *यहाँ हम कुछ प्रमुख विद्वानों के अनुसार नेता के गुणों का उल्लेख करते हैं-*

इन विद्वानों के विचारों को ध्यान में रखकर एक सफल नेता में निम्नलिखित गुण होने चाहिए–

1. **शारीरिक विशेषताएँ** (Physical Features) प्रायः यह कहा जाता है कि ''स्वस्थ शरीर में ही स्वस्थ मस्तिष्क का निवास होता है।'' अतः एक प्रभावकारी एवं सफल नेता का शरीर सुदृढ़ एवं स्वस्थ होना चाहिए, उसमें पर्याप्त स्फूर्ति एवं कार्यशक्ति होनी चाहिए, जिससे वह प्रसन्न मुद्रा में कार्य कर सके।
2. **ज्ञान** (Knowledge) एक नेता में शिक्षण योग्यता एवं पर्याप्त ज्ञान का होना आवश्यक है। उसमें अधीनस्थों के कार्यों का अवलोकन करने, उनकी गलतियाँ खोजने तथा उनमें सुधार हेतु मार्गदर्शन करने की क्षमता होना आवश्यक है।
3. **सत्यनिष्ठा/ईमानदारी** (Integrity/Honesty) एक नेता में सत्यनिष्ठा एवं ईमानदारी का गुण अवश्य होना चाहिए, क्योंकि वह अपने अधीनस्थों का आदर्श होता है और अधीनस्थ उसके मार्गदर्शन के अनुसार ही कार्य करते हैं। अतः वह सत्यनिष्ठ और ईमानदार होना चाहिए।
4. **पहलपन** (Initiative) एक नेता में पहलपन की भावना होनी चाहिए। उसे यह प्रतीक्षा नही करना चाहिए कि जब अवसर मिलेगा तभी कार्य करेंगें उसे आगे बढ़कर कार्य करने का प्रयास करना चाहिए तथा अपने अधीनस्थों को भी इन्ही पद-चिन्हों पर चलाना चाहिए।
5. **सम्प्रेषण कौशल** (Communication Skills) नेता को अपने अधीनस्थों का मार्गदर्शन करना होता है तथा उसे निरन्तर लिखित, मौखिक, सांकेतिक रूप में अपने सन्देश अधीनस्थों तक पहुँचाने होते हैं। अतः उसमें सम्प्रेषण की कला होनी चाहिए। जिससे वह अपनी बात, सन्देश, भावना, विचार, संवेग आदि को सही रूप में अपने अधीनस्थों तक पहुँचा सके।
6. **अभिप्रेरणा कौशल** (Motivational Skills) नेता की सफलता उसके अधीनस्थों की अभिप्रेरणा पर निर्भर करती है। अतः नेता में अपने अधीनस्थों को अभिप्रेरित करने का गुण होना चाहिए। उसमें अधीनस्थों की इच्छाओं, आवश्यकताओं को समझने तथा सन्तुष्ट करने की क्षमता होनी चाहिए।
7. **आत्मविश्वास** (Confidence) एक अच्छे नेता में उच्च श्रेणी का आत्मविश्वास एवं सुदृढ़ इच्छा शक्ति होनी चाहिए। उसे कठिन परिस्थितियों में भी अपना आत्मविश्वास नहीं खोना चाहिए, क्योंकि नेता का यही गुण उसके लिए आशा का संचार करता है।
8. **निर्णयन क्षमता** (Decisiveness) प्रभावकारी नेतृत्व के लिए नेता में उच्च किस्म की निर्णयन क्षमता होनी चाहिए, जिससे वह परिस्थितियों को समझकर उनके अनुरूप शीघ्र निर्णय ले सके।
9. **सामाजिक कौशल** (Social Skills) एक नेता में मिलनसार एवं व्यवहार कुशलता भी होनी चाहिए। उसमें लोगों के साथ मिल-जुलकर सहयोग से कार्य कराने तथा उनके साथ मैत्रीपूर्ण व्यवहार करने की योग्यता भी होनी चाहिए।
10. **दूरदर्शिता** (Foresightness) एक नेता में सफल नेतृत्व के लिए दूरदर्शिता का गुण भी होना चाहिए, जिससे वह भविष्य का अनुमान लगा सके।

सम्प्रेषण (Communication)

सम्प्रेषण शब्द की उत्पत्ति लैटिन भाषा के 'कम्यूनिस' से हुई है इसका अर्थ है 'समान'। 'समान' शब्द से अभिप्राय सभी की समझ एक जैसी बनाने से है। अन्य शब्दों में, सम्प्रेषण वह प्रक्रिया है जिसके द्वारा दो या अधिक व्यक्ति सन्देशों के आदान-प्रदान के साथ-साथ उनसे सम्बन्धित अर्थों, भावनाओं, तथ्यों, सम्पत्तियों, तर्कों, सूचनाओं, विश्वास, आपसी समझ आदि का भी आदान-प्रदान करते हैं। यह प्रक्रिया तब पूर्ण मानी जाती है जबकि सन्देश प्राप्तकर्ता सन्देश को ठीक उसी अर्थ एवं भावना के साथ समझ लेता है जिस अर्थ एवं भावना के साथ सन्देशदाता सन्देश देता है।

सम्प्रेषण का महत्त्व

1. समन्वय के आधार के रूप में कार्य करता है।
2. उद्यम के निर्विघ्न चलने में सहायता करता है।
3. निर्णय लेने की क्षमता के आधार के रूप में कार्य करता है।
4. प्रबन्धकीय कुशलता को बढ़ाता है।
5. सहयोग तथा औद्योगिक शान्ति को बढ़ाता है।
6. प्रभावी नेतृत्व को स्थापित करता है।
7. मनोवृत्ति बढ़ाता है तथा अभिप्रेरित करता है।

औपचारिक तथा अनौपचारिक सम्प्रेषण

(Formal and Informal Communication)

सम्बन्धों अथवा संचार श्रृंखलाओं के आधार पर सम्प्रेषण को दो वर्गों में विभक्त किया जा सकता है-

1. औपचारिक सम्प्रेषण
2. अनौपचारिक सम्प्रेषण

औपचारिक सम्प्रेषण (Formal Communication)

औपचारिक सम्प्रेषण वह सम्प्रेषण है, जो उपक्रम के विभिन्न कर्मचारियों के मध्य संगठन द्वारा निर्धारित सम्बन्धों के कारण प्रयोग में लाया जाता है। यह औपचारिक श्रेणीबद्ध प्रणाली के अनुसार कार्य करता है। इसका प्रयोग मुख्यतः प्रबन्धक व अधिकारी वर्ग द्वारा अपने अधीनस्थों को आदेश, निर्देश व सम्बन्धित कार्यों की सूचना प्रदान करने के लिए किया जाता है। इसी प्रकार अधीनस्थों द्वारा अपने अधिकारियों को प्रार्थना व शिकायत हेतु इसी सम्प्रेषण प्रणाली का प्रयोग किया जाता है।

औपचारिक सम्प्रेषण के तन्त्र

(Components of Formal Communications)

इस प्रतिरूप में विभिन्न सम्प्रेषण तन्त्र कार्य कर सकते हैं। यह संस्था के अन्दर होता है।

कुछ प्रचलित सम्प्रेषण तन्त्र निम्न हैं-

1. **एकल शृंखला** (Single Chain) इस तन्त्र में एक पर्यवेक्षक तथा उसके अधीनस्थ के मध्य सम्प्रेषण का प्रवाह होता है। इसमें सम्प्रेषण का प्रवाह पर्यवेक्षक से अधीनस्थ की ओर होता है।

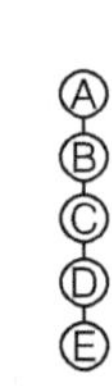

एकल शृंखला

2. **चक्र** (Wheel) इस तन्त्र में सम्पूर्ण सम्प्रेषण अधिकारी के माध्यम से होता है जो चक्र का केन्द्र-बिन्दु होता है।

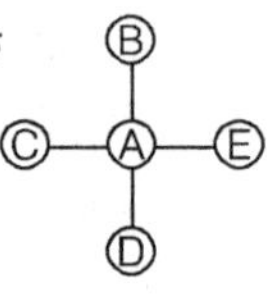

चक्र

3. **गोला** (Circular) गोला सम्प्रेषण तन्त्र में गोले के समान या गोले से जुड़े कर्मचारियों में ही सन्देश का प्रवाह होता है। प्रत्येक कर्मचारी केवल अपने दो कर्मचारियों को ही सन्देश का प्रवाह कर सकते हैं।
4. **स्वतन्त्र प्रवाह** (Free Flow) इस प्रकार के तन्त्र में प्रत्येक कर्मचारी एवं अधिकारी आपस में सन्देशों का आदान-प्रदान करने के लिए स्वतन्त्र होते हैं। उनमें कोई बाधा नहीं होती। इस प्रकार के तन्त्र में सम्प्रेषण तीव्र गति से होता है।
5. **विलोम** (Inverted-V) इस प्रकार के तन्त्र में अधीनस्थ को केवल ठीक ऊपर के अधिकारी से ही सम्प्रेषण की अनुमति होती है। इससे केवल निर्धारित सम्प्रेषण ही सम्भव है।

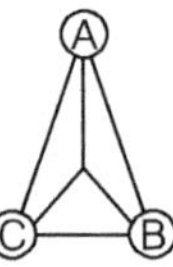

विलोम V

अनौपचारिक/अंगूरीलता सम्प्रेषण

(Informal Grapevine Communication)

जब किसी संस्था के दो या दो से अधिक प्रबन्धक या कर्मचारी आपस में सन्देशों का आदान-प्रदान अपनी औपचारिक स्थिति के कारण न करके अपने आपसी व्यक्तिगत या सामाजिक सम्बन्धों के कारण करते हैं, तो वह अनौपचारिक सम्प्रेषण कहलाता है। ऐसी सम्प्रेषण व्यवस्था में कोई नियम या सिद्धान्त नहीं होते हैं। यह सम्प्रेषण संस्था में आपसी सामाजिक सम्बन्धों के आधार पर होता है इसलिए इनका नियमन एवं नियन्त्रण भी उनके सामाजिक सिद्धान्तों से ही होता है। यह मान्यता प्राप्त सम्प्रेषण व्यवस्था नहीं होती है। इसे जन प्रसंवाद या अंगूरीलता सम्प्रेषण के नाम से जाना जाता है।

अंगूरीलता सम्प्रेषण विभिन्न प्रकार के तन्त्र द्वारा हो सकता है। उनमें मुख्यतः चार तन्त्र प्रमुख हैं–

अंगूरीलता तन्त्र (Grapevine Network)

1. **इकहरी शृंखला या एक लड़ी शृंखला** (Single Strand Network) इस शृंखला के नाम से ही स्पष्ट होता है कि इसमें सन्देश एक व्यक्ति से दूसरे व्यक्ति को क्रमशः पहुँचता है। इसमें सन्देश का प्रवाह बहुत धीमी गति से होता है।

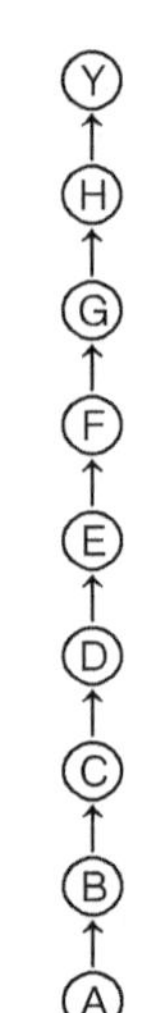

2. **गपशप शृंखला** (Gossip Network) इस शृंखला में कोई एक ही व्यक्ति अनेक व्यक्तियों को सन्देश की विषय-वस्तु अपने तरीके से बताता है। इस शृंखला का उपयोग कार्य से असम्बन्धित बातों को फैलाने के लिए किया जाता है। ये बातें रुचिकर होती हैं, इसलिए इन्हें गपशप शृंखला कहते हैं।

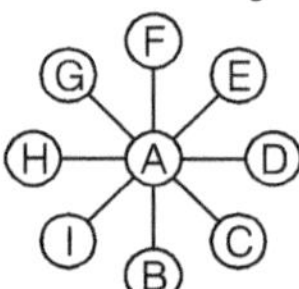

3. **समूह या भीड़ शृंखला** (Cluster Network) सम्प्रेषण की यह शृंखला तब बनती है जब कोई व्यक्ति अपने पास उपलब्ध सूचना को लोगों के सूमह या भीड़ को बताता है। इसी क्रम में उनमें से कुछ व्यक्ति एकाकी रूप में किसी अन्य भीड़ या समूह को बताते हैं।

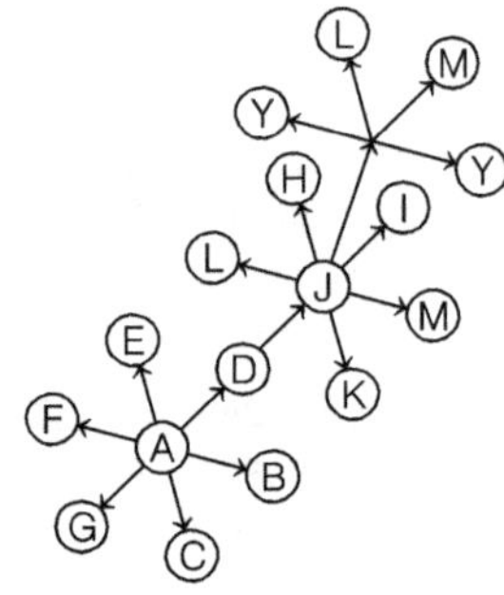

4. **सम्भावना शृंखला** (Probability Network) जब कोई व्यक्ति अपने पास उपलब्ध किसी सूचना को अपनी इच्छानुसार कुछ व्यक्तियों को जब चाहे तब बता देता है, तो उसे सम्भावना शृंखला कहते हैं।

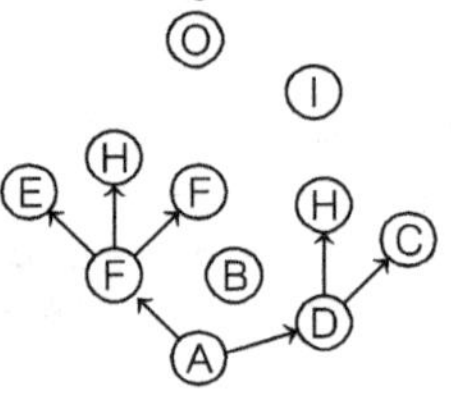

प्रभावी सम्प्रेषण की बाधाएँ

(Barriers of Effective Communication)

सम्प्रेषण की बाधाएँ प्रभावी सम्प्रेषण को प्रदूषित करती हैं जिससे सम्प्रेषण का अर्थ बदल जाता है। प्रभावशाली सम्प्रेषण की अनेक बाधाएँ हैं जो कई कारणों से उत्पन्न होती हैं। *इनमें से प्रमुख बाधाओं का संक्षिप्त विवरण निम्न है–*

1. **सांकेतिक/संकेतीय/अर्थपूर्ण बाधाएँ** (Semantic Barriers) सांकेतिक भाषा शब्दों या वाक्यों के अर्थ से सम्बन्ध रखती है। इसमें बाधा संकेतों में दिए गए सन्देश को भाषा में परिवर्तित करते समय आती है। यह बाधा गलत अर्थ निकालने, गलत शब्दों का प्रयोग करने से सम्बन्धित हो सकती है। *यह बाधाएँ निम्न हैं-*
   - (*i*) **सन्देश की अनुपयुक्त अभिव्यक्ति** (Badly Expressed Message) इस प्रकार की सम्प्रेषण बाधा में प्रबन्धक शब्दों की कमी, शब्दों के गलत चयन, आवश्यक शब्दों का प्रयोग न करने के कारण या द्विअर्थी शब्दों के प्रयोग करने के कारण सन्देश को अधीनस्थों को सही अर्थ में नहीं समझा पाते हैं।
   - (*ii*) **विभिन्न अर्थों सहित संकेतक** (Symbols with Different Meanings) जब किसी शब्द के अनेक अर्थ निकलते हैं और उनका प्रयोग सन्देश में किया जाता है, तो सन्देश भेजने वाला उस शब्द का प्रयोग अन्य अर्थ के लिए करता है और सन्देश प्राप्तकर्ता उसे अन्य अर्थ में समझ लेता है तो इससे भी सम्प्रेषण में बाधा उत्पन्न होती है।
   - (*iii*) **त्रुटिपूर्ण रूपान्तर/अनुवाद** (Faulty Translation) जब सन्देश मूलरूप से एक भाषा में हो और उसका रूपान्तरण अन्य भाषा में किया जा रहा हो तब अनुवादक द्वारा गलत/त्रुटिपूर्ण अनुवाद कर देने पर सन्देश सही रूप में नहीं पहुँचेगा।
   - (*iv*) **अस्पष्ट संकल्पनाएँ** (Unclarified Assumptions) कुछ सन्देशों के सम्प्रेषण की व्याख्या या संकल्पनाएँ अलग-अलग हो सकती हैं, जिसके कारण सम्प्रेषण बाधा उत्पन्न हो जाती है।
   - (*v*) **तकनीकी विशिष्ट शब्दावली** (Technical Jargon) विशेषज्ञों द्वारा सन्देश तैयार करते समय तकनीकी भाषा का उपयोग कर लिया जाता है। जब यह सन्देश किसी अन्य व्यक्ति द्वारा समझाया जाता है तो वह उसके वास्तविक अर्थ को समझा नहीं पाता है।
   - (*vi*) **शारीरिक भाषा तथा हाव-भाव की अभिव्यक्ति की डिकोडिंग** (Body Language and Gesture Decoding) सन्देश देते समय सन्देश देने वाले के हाव-भाव, हाथ-पैर के इशारे या आँखों के देखने का नजरिया सन्देश के अर्थ से मिलान नहीं करता है, तो सुनने वाला इन शारीरिक भाषा या हाव-भाव से गलत अर्थ निकाल लेता है।
2. **मनोवैज्ञानिक बाधाएँ** (Psycological Barriers) प्रेषक एवं प्रेषिति भावनाएँ भी सम्प्रेषण की प्रभावशीलता में बाधाएँ उत्पन्न कर सकती हैं। कभी प्रेषक एवं प्रेषिति बहुत खुश होते हैं, तो कभी बहुत दुःखी होते हैं। कभी ये आशावादी हो सकते हैं तो कभी निराश हो सकते हैं। भावनात्मक एवं मानसिक स्थिति का प्रभाव सन्देश प्रक्रिया पर बहुत गहरा होता है। फलतः सन्देश को सही रूप, अर्थ एवं भावना के साथ पहुँचाने एवं प्राप्त करने में बाधाएँ आती हैं। *ये बाधाएँ निम्न हैं-*
   - (*i*) **असमयिक मूल्यांकन** (Premature Evaluation) कभी-कभी सन्देश प्राप्तकर्ता अधूरे सन्देश पर ही सन्देश का अर्थ निकाल लेते हैं या उसका मूल्यांकन कर लेते हैं जो उनकी पूर्वकल्पित धारणाओं के आधार पर होता है। इससे सम्प्रेषण में बाधा आती है।
   - (*ii*) **सावधानी का अभाव** (Lack of Attention) सन्देश प्राप्तकर्ता का ध्यान सन्देश मिलते समय कहीं ओर है या वह सन्देश की ओर ध्यान नहीं दे रहा और बाद में अपने अनुसार सन्देश बना लेता है या उसका अर्थ निकाल लेता है जोकि गलत होता है। इससे मुख्य सन्देश में बाधा आती है।
   - (*iii*) **सम्प्रेषण के प्रसार में लोप/क्षय तथा अपर्याप्त प्रतिधारण** (Loss by Transmission and Poor Retention) जब सन्देश कई स्तरों से सम्प्रेषित होता है और विभिन्न स्तरों से गुजरते समय वह अशुद्ध हो रहा है या उसमें क्षय हो रहा है तब ऐसे सन्देश का मूल अर्थ बदल जाता है। ऐसा अधिकतर मौखिक सम्प्रेषण में होता है।
   - (*iv*) **अविश्वास** (Distrust) जब सन्देश देने वाले एवं प्राप्त करने वाले दोनों एक-दूसरे पर विश्वास नहीं करते हैं तब सन्देश को सही एवं मूल अर्थों में नहीं समझा जाता।
3. **संगठनिक बाधाएँ** (Organisational Barriers) संगठन में जितने भी अधिक स्तर होंगे, संचार में उतनी ही अधिक बाधाएँ उत्पन्न होंगी। अधिक स्तरों से गुजरने से बहुत से सन्देश प्रायः उन स्तरों पर कार्य करने वालों द्वारा ही रोक दिए जाते हैं। *प्रमुख संगठनिक बाधाएँ निम्न हैं–*
   - (*i*) **संगठनिक नीति** (Organisational Policy) यदि संगठनिक नीतियाँ स्पष्ट या सम्प्रेषण प्रवाह में सहायक न हों, तो प्रभावी सम्प्रेषण ही बाधक बनता है।
   - (*ii*) **नियम तथा अधिनियम** (Rules and Regulations) जब संस्था में कठोर नियम एवं अस्पष्ट प्रक्रियाएँ हों, तो ऐसे नियम एवं प्रक्रियाएँ सम्प्रेषण में बाधक बन जाते हैं।
   - (*iii*) **पद** (Status) जब अधिकारी अपने पद का दुरुपयोग करें या अपने अधीनस्थों पर पद का दबाव बनाएँ तो अधीनस्थों एवं प्रबन्धकों में आपस में पद को लेकर मनोवैज्ञानिक दूरी बन जाती है, जिससे प्रभावी सम्प्रेषण में बाधा आती है।
   - (*iv*) **संगठन की संरचना में जटिलता** (Complexity in Organisation) जब संस्था में प्रबन्धकीय स्तर अधिक होते हैं, तो सम्प्रेषण में देरी होती है और सन्देश में त्रुटि होने की सम्भावनाएँ भी अधिक हो जाती हैं।
   - (*v*) **संगठनिक सुविधाएँ** (Organisational Facilities) जब संस्था में सम्प्रेषण के लिए निर्बाध स्पष्ट एवं समय पर सुविधाएँ; जैसे-सुझाव पेटी, सांस्कृतिक कार्यक्रम, सामाजिक सभाएँ, विचार-विमर्श हेतु आमन्त्रण आदि उपलब्ध नहीं होती हैं, तो प्रभावी सम्प्रेषण में बाधा आती है।
4. **व्यक्तिगत बाधाएँ** (Personal Barriers) प्रेषक तथा सन्देश प्राप्तकर्ता के व्यक्तिगत कारक भी प्रभावी सम्प्रेषण व्यवस्था में बाधक बन सकते हैं। *कुछ व्यक्तिगत कारक निम्न हैं–*
   - (*i*) **सत्ता के सामने चुनौती का भय** (Fear of Challenge to Authority) जब किसी अधिकारी को किसी सूचना या सन्देश के फैलने से यह लगता है कि वह मेरे पद या सत्ता के विरुद्ध है, तो वह ऐसे सम्प्रेषण को रोक देता है या प्रतिबन्ध लगा देता है।
   - (*ii*) **अधिकारी का अपने अधीनस्थों में विश्वास का अभाव** (Lack of Confidence of Superior on his Subordinates) जब अधिकारी अपने अधीन कार्यरत् कर्मचारियों पर शक करता है या उन पर उसका विश्वास नहीं करता है, तब वह सन्देश का आदान-प्रदान नहीं करता है। इससे सम्प्रेषण बाधित होता है।
   - (*iii*) **सम्प्रेषण में अनिच्छा** (Unwillingness to Communicate) कभी-कभी कर्मचारी अपने अधिकारियों से या अधिकारी अपने अधीनस्थों से सम्प्रेषण नहीं करना चाहते क्योंकि वे ऐसा मानने लगते हैं कि वे उनके हितों में नहीं हैं, तो उस सम्प्रेषण को रोक देते हैं या उनके प्रति अनिच्छा जाहिर करते हैं।
   - (*iv*) **उपयुक्त प्रोत्साहनों का अभाव** (Lack of Proper Incentives) जब अधीनस्थों को सम्प्रेषण के लिए उपयुक्त अभिप्रेरण या प्रोत्साहन नहीं मिलता, तो वे उस सम्प्रेषण के प्रति उदासीन हो जाते हैं जो प्रभावी सम्प्रेषण में बाधक होता है।

अभ्यास प्रश्न

1. निर्देशन प्रक्रिया का निरन्तर अवलोकन किया जाना चाहिए तथा इसमें पाई गई कमियों को दूर करने का प्रयास करना चाहिए। निर्देशन का कौन-सा सिद्धान्त है?
   (a) अनुसरण करने का सिद्धान्त
   (b) उपयुक्त नेतृत्व शैली का सिद्धान्त
   (c) उद्देश्यों का सिद्धान्त
   (d) प्रभावशाली संचार का सिद्धान्त
2. निर्देशन किस दिशा में प्रवाहित होता है?
   (a) ऊपर से नीचे (b) नीचे से ऊपर
   (c) सीधे समतल दिशा में (d) आगे से पीछे
3. अधीनस्थों के पथ-प्रदर्शन एवं मार्गदर्शन का कार्य कहलाता है
   (a) निर्देशन (b) नियन्त्रण
   (c) प्रशिक्षण (d) पर्यवेक्षण
4. निर्देशन प्रक्रिया का प्रत्यक्ष सम्बन्ध किससे होता है?
   (a) तकनीकी संसाधन (b) मानवीय संसाधन
   (c) सरकारी संसाधन (d) आर्थिक संसाधन
5. निम्न में से कौन-सा निर्देशन का तत्त्व नहीं है?
   (a) अभिप्रेरणा (b) सम्प्रेषण
   (c) हस्तान्तरण (d) पर्यवेक्षण
6. निर्देशन के तत्त्वों को मुख्यत: कितने भागों में बाँटा गया है?
   (a) 15 (b) 20
   (c) 10 (d) 4
7. पर्यवेक्षक प्रबन्धकीय क्रम शृंखला में किस स्तर पर कार्यरत् पद है?
   (a) उच्चस्तरीय प्रबन्धक (b) मध्यमस्तरीय प्रबन्धक
   (c) क्रियात्मक स्तर (d) सहायक स्तर
8. लोगों को इच्छित लक्ष्य की प्राप्ति हेतु कार्य करने के लिए प्रेरित करने की प्रक्रिया कहलाती है
   (a) सम्प्रेषण (b) अभिप्रेरणा (c) पर्यवेक्षण (d) नेतृत्व
9. किसी लक्ष्य या पुरस्कार प्राप्त करने हेतु क्षमताओं के उपयोग की उत्सुकता क्या कहलाती है?
   (a) अभिप्रेरणा (b) नेतृत्व
   (c) सम्प्रेषण (d) पर्यवेक्षण
10. सकारात्मक अभिप्रेरणा का उदाहरण है
    (a) अधिक वेतन (b) भत्ते
    (c) मान-सम्मान (d) ये सभी
11. नकारात्मक अभिप्रेरणा है
    (a) भय (b) पदोन्नति
    (c) अधिक साधन (d) अधिक सुविधाएँ
12. अभिप्रेरणा का सिद्धान्त जो आवश्यकताओं को क्रमबद्ध करता है, किसके द्वारा प्रतिपादित किया गया था?
    (a) फ्रेड लुथांस (b) स्कॉट
    (c) अब्राहम मास्लो (d) पीटर एफ ड्रकर
13. मास्लो के अनुसार प्रत्येक व्यक्ति में कितनी आवश्यकताओं का अनुक्रम विद्यमान है?
    (a) 2 (b) 4
    (c) 5 (d) 8
14. आवश्यकता अनुक्रम में निम्नतम स्तर की आवश्यकता होती है
    (a) मान-सम्मान आवश्यकताएँ (b) सामाजिक आवश्यकताएँ
    (c) सुरक्षात्मक आवश्यकताएँ (d) शारीरिक आवश्यकताएँ
15. अब्राहम मास्लो की आवश्यकता सीढ़ी में सबसे उच्च आवश्यकता स्तर है
    (a) सुरक्षा आवश्यकता (b) सम्बन्ध आवश्यकता
    (c) आत्म सन्तुष्टि की आवश्यकता (d) प्रतिष्ठा आवश्यकता
16. निम्न में से कौन-सा वित्तीय प्रोत्साहन है?
    (a) पदोन्नति (b) रहतिया प्रोत्साहन
    (c) पद सुरक्षा (d) कर्मचारी भागीदारी
17. वित्तीय प्रोत्साहन किससे सम्बन्धित होता है?
    (a) मुद्रा (b) सुविधा
    (c) मान-सम्मान (d) स्थानान्तरण
18. गैर-वित्तीय प्रोत्साहन का उदाहरण है
    (a) चिकित्सा सेवाएँ (b) वेतन
    (c) भत्ता (d) पेंशन
19. गैर-वित्तीय प्रोत्साहन की तकनीक है
    (a) भत्ते (b) अधिलाभांश
    (c) सेवानिवृत्ति लाभ (d) पद संवर्द्धन
20. व्यक्तियों को प्रभावित करने की कला जिससे वे स्वेच्छा से सामूहिक उद्देश्यों के लिए प्रतिस्पर्द्धित हो सकें, क्या कहलाता है?
    (a) नियन्त्रण (b) नेतृत्व
    (c) समन्वय (d) संगठन
21. वह व्यक्ति जो किसी समूह या संगठन का नेतृत्व करता है कहलाता है?
    (a) प्रबंधक (b) मालिक
    (c) पर्यवेक्षक (d) नेता
22. ऑर्डवे टीड के अनुसार नेता में प्रमुख कितने गुण होने चाहिए?
    (a) 2 (b) 5 (c) 10 (d) 20
23. जार्ज टैरी के अनुसार नेता में कितने गुण होने चाहिए?
    (a) 4 (b) 6
    (c) 8 (d) 10
24. एक व्यक्ति से दूसरे व्यक्ति की सूचनाएँ तथा समझ पहुँचाने की प्रक्रिया कहलाती है
    (a) समन्वय (b) निर्देशन
    (c) सम्प्रेषण (d) आदेश
25. सन्देश होता है
    (a) लिखित (b) मौखिक
    (c) सांकेतिक (d) ये सभी

26. सन्देश को सम्प्रेषण प्रतीकों में बदलने की प्रक्रिया को जाना जाता है
(a) माध्यम (b) एनकोडिंग
(c) प्रतिपुष्टि (d) डिकोडिंग

27. निम्न में से कौन-सा सम्प्रेषण प्रक्रिया का तत्त्व नहीं है?
(a) डिकोडिंग (b) सम्प्रेषण
(c) माध्यम (d) सन्देश प्राप्तकर्ता

28. सन्देश प्राप्त होने पर जो प्रतिक्रिया होती है, उसे कहते हैं
(a) प्रतिपुष्टि (b) सम्प्रेषण
(c) निर्देशन (d) शोर

29. किस नेतृत्व शैली में नेता सर्वेसर्वा होता है?
(a) एकतन्त्रीय (b) लोकतन्त्रीय
(c) प्रजातन्त्रीय (d) उदारवादी

30. अंगूरीलता है
(a) औपचारिक सम्प्रेपण
(b) अनौपचारिक सम्प्रेषण
(c) गैर-सांकेतिक बाधा
(d) मनोवैज्ञानिक बाधा

31. एक व्यक्ति से दूसरे व्यक्ति को सन्देश पहुँचाना अंगूरीलता सम्प्रेषण का कौन-सा तन्त्र है?
(a) एक लड़ी शृंखला (b) गपशप शृंखला
(c) समूह शृंखला (d) सम्भावना शृंखला

32. जब सन्देश एक व्यक्ति से दूसरे व्यक्ति को क्रमशः पहुँचता है, तो वह सम्प्रेषण कहलाता है
(a) इकहरी शृंखला (b) गपशप शृंखला
(c) भीड़ शृंखला (d) सम्भावना शृंखला

33. पद भिन्नता किस प्रकार की सम्प्रेषण बाधा के अन्तर्गत आती है?
(a) सांकेतिक बाधा
(b) संगठनिक बाधा
(c) गैर-सांकेतिक बाधा
(d) मनोवैज्ञानिक बाधा

उत्तरमाला

1.	(a)	2.	(a)	3.	(a)	4.	(b)	5.	(c)	6.	(d)	7.	(c)	8.	(b)	9.	(a)	10.	(d)
11.	(a)	12.	(c)	13.	(c)	14.	(d)	15.	(c)	16.	(b)	17.	(a)	18.	(a)	19.	(d)	20.	(b)
21.	(d)	22.	(c)	23.	(c)	24.	(c)	25.	(d)	26.	(b)	27.	(b)	28.	(a)	29.	(a)	30.	(b)
31.	(a)	32.	(a)	33.	(b)														

अध्याय 8

नियन्त्रण

नियन्त्रण का अर्थ एवं परिभाषाएँ
(Meaning and Definitions of Controlling)

किसी उपक्रम या उसके विभाग के उद्देश्यों को प्राप्त करने के लिए अपनाई गई योजनाएँ नियमित रूप से चल रही हैं या नहीं, इस बात की जाँच करने के लिए अधीनस्थों की जाँच-पड़ताल करने एवं आवश्यक सुधार करने को नियन्त्रण कहते हैं।

नियन्त्रण वह प्रक्रिया है जिसके द्वारा निर्धारित कार्यों की देख-रेख करना तथा यह सुनिश्चित करना है कि कहीं निर्दिष्ट नियमों, प्रणालियों व कार्यक्रमों का उल्लंघन तो नहीं हो रहा है यदि कोई त्रुटि अथवा अनियमितता हो रही है, तो इनमें सुधार करना भी नियन्त्रण का ही कार्य है।

नियन्त्रण का महत्त्व (Importance of Controlling)

नियन्त्रण प्रबन्ध का एक महत्त्वपूर्ण कार्य है। उच्चकोटि की योजनाएँ भी नियन्त्रण प्रक्रिया के द्वारा ही सफलतापूर्वक कार्य पद्धति में लागू की जाती हैं। *एक संस्था हेतु नियन्त्रण के महत्त्व को निम्न प्रकार से समझा जा सकता है–*

1. नियन्त्रण, कार्य पद्धति के पूर्व निर्धारित मानकों से कार्य के वास्तविक प्रदर्शन की तुलना करने में सहायक होता है।
2. प्रबन्धक द्वारा नियन्त्रण कार्य करते समय वास्तविक कार्य व कार्य प्रमापों की तुलना करता है तथा वह जाँचता है कि प्रबन्ध द्वारा निर्धारित प्रमाप वास्तविक कार्य से कम अथवा अधिक तो नहीं हैं।
3. नियन्त्रण संचालन के प्रत्येक चरण में कर्मचारियों के द्वारा किए जाने वाले कार्यों की जाँच करता है।
4. एक अच्छी नियन्त्रण प्रणाली से कर्मचारियों को पूर्व ज्ञान होता है कि उन्हें क्या कार्य करना है तथा उनसे किन लक्ष्यों की पूर्ति की आशा की जाती है।
5. नियन्त्रण द्वारा संस्था में कार्यरत् कर्मचारियों का निकटता से विश्लेषण किया जाता है। इस विश्लेषण द्वारा कर्मचारियों के भ्रष्टाचार, असहयोग, कार्य में देरी एवं बेईमानी जैसे तुच्छ व्यवहार को कम करने में सहायता मिलती है।
6. नियन्त्रण किसी भी कार्य को नियन्त्रित करके संगठनात्मक लक्ष्यों की प्राप्ति के लिए विभिन्न विभागों की सभी गतिविधियों और व्यक्तियों के प्रयासों को एक सामान्य दिशा प्रदान करने में सहायता करता है।

नियन्त्रण की सीमाएँ (Limitations of Controlling)

नियन्त्रण, प्रबन्ध का महत्त्वपूर्ण कार्य होते हुए भी इसमें कई दोष विद्यमान हैं जो निम्न प्रकार हैं–

1. **मात्रात्मक मानकों को स्थापित करने में जटिलता** प्रमाप नियन्त्रण का आधार है, किन्तु किसी भी कार्य के सम्बन्ध में प्रत्यक्ष एवं अप्रत्यक्ष दो प्रकार के प्रमाप होते हैं। अप्रत्यक्ष प्रमाप का निर्धारण करना कठिन कार्य है इसमें कर्मचारियों का मनोबल, स्वाभिमान, उनकी लगन इत्यादि शामिल हैं।
2. **बाह्य परिस्थितियाँ** (External Circumstances) नियन्त्रण केवल आन्तरिक परिस्थितियों पर सम्भव है बाह्य परिस्थितियों पर नहीं। किसी उद्योग अथवा व्यवसाय में कई बार ऐसे बाह्य कारण सामने आते हैं, जिन पर संगठन का कोई नियन्त्रण नहीं होता है; जैसे-सरकारी नीति, आयात प्रतिबन्ध, मुद्रा का अवमूल्यन आदि।
3. **कर्मचारियों द्वारा विरोध** (Protest By Employees) कुछ स्थितियों में नियन्त्रण व्यवस्था संस्था के कार्यों पर इतनी हावी हो जाती है कि कर्मचारी इनका विरोध करना प्रारम्भ कर देते हैं, यहाँ तक कि वे इसे उनके ऊपर जबरदस्ती बल प्रयोग या स्वतन्त्रता में रुकावट मानने लगते हैं, जिसके परिणामस्वरूप नियन्त्रण व्यवस्था असफल हो जाती है।
4. **अत्यधिक व्यय** (Excess Expenditure) कभी-कभी संस्था के विभिन्न कार्यकलापों के विचलन को ज्ञात करना इतना मुश्किल एवं कठिन होता है कि उसके लिए अत्यधिक धन व्यय करना होता है, जो संस्था के नियन्त्रण में नहीं होता तथा नियन्त्रण कार्य नहीं किया जा सकता है।
5. **व्यक्तिगत उत्तरदायित्व निर्धारण में कठिनाई** (Problem in Determination of Personal Liability) प्रबन्धकीय व्यवस्था में कोई कार्य अनेक बार एक या एक से अधिक व्यक्तियों के प्रयासों द्वारा किया जाता है। ऐसे में किसी त्रुटि या विचलन के होने पर किसी व्यक्ति विशेष को उत्तरदायी नहीं माना जा सकता है। इस प्रकार नियन्त्रण व्यवस्था सामूहिक कार्यों का निष्पादन करने की दशा में व्यक्तिगत उत्तरदायित्व के निर्धारण में कठिनाई का अनुभव करती है।

नियोजन एवं नियन्त्रण में सम्बन्ध
(Relation Between Planning and Controlling)

नियोजन और नियन्त्रण प्रबन्ध के दो स्वतन्त्र कार्य हैं, परन्तु फिर भी वे निकटता से सम्बन्धित हैं। नियोजन के बिना गतिविधियों को नियन्त्रित करना आधारहीन हो जाता है और नियन्त्रण के बिना नियोजन एक व्यर्थ अभ्यास बन जाता है। नियन्त्रण के अभाव में, किसी भी उद्देश्य की पूर्ति नहीं की जा सकती है, इसलिए नियोजन और नियन्त्रण एक-दूसरे को सुदृढ़ करते हैं।

नियोजन और नियन्त्रण के मध्य सम्बन्ध को निम्न प्रकार से समझा जा सकता है–

1. **नियोजन नियन्त्रण के लिए आधार/मानक निर्धारित करता है** किसी भी व्यवसाय में जब तक निश्चित मानक निर्धारित नहीं किए जाते हैं, तब तक वास्तविक निष्पादन से तुलना करना असम्भव प्रतीत होता है और यह पता नहीं लगाया जा सकता कि निष्पादन उत्तम है, खराब है या अनुचित है।
2. **भावी नियोजन को सफल बनाता है** नियन्त्रण नियोजित कार्य को नियन्त्रित करके समय तथा श्रम का सदुपयोग करवाता है तथा भविष्य के

नियोजन के लिए आधार प्रस्तुत करता है जिससे नियोजन सफलतापूर्वक लक्ष्यों को प्राप्त करता है।

3. **नियन्त्रण नियोजन के अभाव में नेत्रहीन है** (Controlling is Blind without Planning) नियन्त्रण प्रक्रिया के अन्तर्गत वास्तविक कार्य निष्पादन की तुलना निर्धारित प्रमापों से की जाती है। अतः यदि प्रमाप निर्धारित ही न हों तो नियन्त्रण का कोई औचित्य ही नहीं रह जाएगा क्योंकि प्रमाप नियोजन के अन्तर्गत ही निश्चित किए जाते हैं इसलिए कहा जाता है कि नियन्त्रण नियोजन के अभाव में नेत्रहीन है।

नियन्त्रण प्रक्रिया (Controlling Process)

नियन्त्रण प्रक्रिया संगठनात्मक लक्ष्यों की पूर्ति हेतु अत्यन्त महत्त्वपूर्ण है, इसमें निम्न चरण निहित हैं–

मानकों या प्रमापों का निर्धारण (Setting up of Standards)

नियन्त्रण का प्रथम चरण मानक या प्रमाप निर्धारित करना होता है। प्रमाप का निर्धारण नियोजन करते समय किया जाता है, जिसमें वास्तविक निष्पादन को मानक निष्पादन के आस-पास रखने के प्रयास किए जाते हैं।

मानक विभिन्न प्रकार के हो सकते हैं; जैसे-प्रति घण्टे उत्पादन की इकाइयों की संख्या, उत्पादन की प्रति इकाई लागत, अवशिष्ट की प्रतिदिन के लिए स्वीकृत मात्रा, उत्पाद की गुणवत्ता आदि। व्यावसायिक संस्था के प्रशासन द्वारा निर्धारित मानक प्राप्त होने योग्य होने चाहिए न कि बहुत ही ऊँचे और न ही बहुत कम।

कार्य निष्पादन का मापन (Measuring of Performance)

नियन्त्रण का द्वितीय चरण किए गए कार्य निष्पादन का मापन करना होता है। निष्पादन की माप उद्देश्यपूर्ण तथा विश्वसनीय विधि से होनी चाहिए। निष्पादनों की माप की बहुत-सी तकनीकियाँ हैं। इन तकनीकों में व्यक्तिगत देख-रेख, नमूना जाँच, निष्पादन रिर्पोट आदि को सम्मिलित किया जाता है जहाँ तक सम्भव हो निष्पादन की माप उसी इकाई में की जानी चाहिए जिसमें उसका निर्धारण किया गया है।

वास्तविक निष्पादन की मानकों से तुलना

नियन्त्रण प्रक्रिया के तृतीय चरण में निर्धारित मानकों की तुलना वास्तविक रूप से निष्पादित कार्य करने से है।

वास्तविक कार्य और निर्धारित मानक कार्य की तुलना से निम्न तीन परिणाम निकलते हैं–

(*i*) किया गया वास्तविक कार्य मानक कार्य के बराबर है या

(*ii*) उससे अधिक हो या

(*iii*) उससे कम हो।

यदि वास्तविक कार्य मानक कार्य के बराबर है, तो किसी भी कार्यवाही की आवश्यकता नहीं है और संस्था में उत्पादन कार्य सुचारु रूप से चल रहा है ऐसा माना जाता है परन्तु यदि मानक व वास्तविक कार्य में अन्तर है, तो सुधारात्मक कार्यवाही की आवश्यकता होती है जिसके अन्तर्गत प्रबन्धकों को यह निश्चित करना होता है कि क्या ये अन्तर क्षम्य सीमा के अन्दर है अथवा नहीं। यदि ये अन्तर क्षम्य-सीमा के अन्दर हैं, तो सुधारात्मक कार्य की आवश्यकता पड़ती है और यदि ये अन्तर क्षम्य से बाहर है तब सुधारात्मक कार्यों की आवश्यकता नहीं पड़ती।

प्रबन्धकीय नियन्त्रण की तकनीक

प्रबन्धकीय नियन्त्रण की तकनीकों से आशय उन विधियों से है जो व्यावसायिक संस्था के कुशल संचालन, पूर्व निर्धारित उद्देश्य की प्राप्ति के लिए अपनाई जाती है। प्रबन्धकीय नियन्त्रण की तकनीकों को निम्न दो भागों में विभक्त किया गया है–

1. पारम्परिक तकनीकें
2. आधुनिक तकनीकें

पारम्परिक तकनीकें

पारम्परिक तकनीकें वह तकनीकें हैं जो लम्बे समय से प्रबन्धकों द्वारा उपयोग में लाई जा रही हैं। प्राचीनकाल से प्रयोग में लाने के बाद भी यह तकनीकें अप्रचलित नहीं हुई हैं। संगठनात्मक प्रबन्धकों द्वारा आज भी इनका उपयोग किया जा रहा है। *पारम्परिक तकनीकों में निम्न तकनीकों को सम्मिलित किया जाता है–*

1. **व्यक्तिगत अवलोकन** यह नियन्त्रण की सबसे पारम्परिक तकनीक है। यह विधि कर्मचारियों के प्रदर्शन की जानकारी एकत्रित करने में प्रबन्धक की सहायता करती है। यह कर्मचारियों पर उनके प्रदर्शन को सुधारने के लिए मनोवैज्ञानिक दबाव बनाती है, क्योंकि कर्मचारी को ज्ञात होता है कि वे प्रबन्धक की निगरानी में हैं।
2. **सांख्यिकीय प्रतिवेदन** विभिन्न क्षेत्रों में प्रतिशत, अनुपात, औसत आदि के रूप में सांख्यिकीय विश्लेषण संस्था के प्रबन्धकों को एक संगठन के प्रदर्शन के बारे में उपयोगी जानकारी प्रदान करता है।
3. **बिना लाभ-हानि व्यापार विश्लेषण** बिक्री की मात्रा, लागत और लाभ के बीच सम्बन्धों का अध्ययन करने के लिए प्रबन्धकों द्वारा उपयोग की जाने वाली तकनीक को बिना लाभ-हानि व्यापार विश्लेषण के रूप में जाना जाता है। यह तकनीक विभिन्न स्तरों पर गतिविधियों के लाभ का आकलन करने में प्रबन्धकों की सहायता करती है। इसलिए बिक्री या वह आकार जिससे न लाभ हो तथा न हानि 'बिना लाभ-हानि बिन्दु' कहलाता है।

बजटीय नियन्त्रण

बजटरी नियन्त्रण बजट अनुमानों तथा वास्तविक परिणामों में तुलना करने की क्रिया को कहते हैं। बजट सांख्यिकी रूप में व्यक्त प्रत्याशित परिणामों और प्रत्याशित लागत का विवरण होता है। बजट एक विवरण है जो भावी परिणामों को जानने के लिए हमारी सहायता करता है, जैसे-संस्था से सम्बन्धित इन परिणामों को प्राप्त करने के लिए संस्था को कितना धन खर्च करने की आवश्यकता होती है।

बजटीय नियन्त्रण के प्रकार

बजटीय नियन्त्रण के प्रकार निम्नलिखित हैं–

1. **बिक्री बजट** यह बजट एक निश्चित अवधि के लिए बिक्री की योजना का प्रतिनिधित्व करता है।
2. **नकद बजट** यह प्रत्याशित प्राप्तियों और एक निश्चित अवधि के लिए भुगतान के साथ-साथ परिणामी अधिशेष या घाटे का विवरण है।
3. **पूँजी बजट** इस प्रकार का बजट संयन्त्र, मशीनरी, उपकरण और अन्य मदों पर प्रकाशित व्यय को दर्शाता है।
4. **उत्पादन बजट** यह एक निश्चित अवधि के लिए उत्पादन की मात्रा को माल, श्रम और मशीनरी आवश्यकताओं के साथ मिलकर दर्शाता है।
5. **माल बजट** यह बजट एक ऐसा विवरण है जो भविष्य में कितने माल की आवश्यकता तथा उसकी कितनी लागत होगी का अनुमान लगाता है।

आधुनिक तकनीकें

आधुनिक तकनीक वे तकनीकें है जो प्रबन्ध के क्षेत्र में नई हैं। ये तकनीकें किसी संगठन की गतिविधियों को नियन्त्रित करने के लिए विभिन्न नए पहलू प्रदान करती है। *ये तकनीकें निम्न प्रकार हैं–*

निवेश पर प्रत्याय

निवेश पर प्रत्याय यह निर्धारित करने के लिए बहुत उपयोगी तकनीक है कि व्यवसाय में निवेश की गई पूँजी का प्रभावी रूप से उपयोग किया गया है या नहीं।

यह विभिन्न विभागों के प्रदर्शन को मापने और तुलना करने में एक प्रभावी नियन्त्रण उपकरण के रूप में कार्य करता है। यह विभागीय प्रबन्धकों को उन

समस्याओं का पता लगाने में भी सहायक होता है जो किसी संगठन को प्रभावित करते हैं। *इसकी गणना निम्न सूत्र द्वारा की जा सकती है–*

$$\text{निवेश पर प्रत्याय} = \frac{\text{निवल आय}}{\text{विनियोजित पूँजी}}$$

कर से पूर्व या बाद की शुद्ध आय का उपयोग तुलनात्मक अध्ययन के लिए किया जाता है। निवेश पर प्रत्याय से उच्च स्तरीय प्रबन्धन को विभिन्न विभागों के निष्पादन की तुलना में सहायता मिलती है।

अनुपात विश्लेषण

अनुपात विश्लेषण विभिन्न अनुपातों की गणना करके किसी व्यावसायिक फर्म के वित्तीय विवरणों का विश्लेषण करने की एक तकनीक है।

सबसे अधिक उपयोग किए जाने वाले अनुपातों को निम्नलिखित श्रेणियों के अन्तर्गत वर्गीकृत किया गया है–

1. **तरलता अनुपात** तरलता अनुपात की गणना व्यापार की अल्पकालिक वित्तीय स्थिति और अल्पकालिक देनदारियों का भुगतान करने की क्षमता को निर्धारित करने के लिए की जाती है। इसमें वर्तमान अनुपात और त्वरित अनुपात सम्मिलित होते हैं।
   इनका सूत्र निम्न प्रकार है–
   (*i*) $\text{चालू अनुपात} = \frac{\text{चालू सम्पत्तियाँ}}{\text{चालू दायित्व}}$
   (*ii*) $\text{त्वरित/तरल अनुपात} = \frac{\text{नकद / रोकड़} + \text{देनदार}}{\text{चालू दायित्व}}$
2. **शोधन क्षमता अनुपात** शोधन क्षमता अनुपात की गणना व्यवसाय की दीर्घकालीन शोधन क्षमता और उसके दीर्घकालिक ऋणों का भुगतान करने की क्षमता जानने के लिए की जाती है। इसमें ऋण समता अनुपात, स्वामित्व अनुपात आदि शामिल हैं।
   इनका सूत्र निम्न प्रकार है–
   (*i*) $\text{ऋण समता अनुपात} = \frac{\text{दीर्घकालीन ऋण}}{\text{शुद्ध निधि}} = \frac{\text{ऋण}}{\text{समता अंशधारी कोष}}$
   (*ii*) $\text{स्थायित्व अनुपात} = \frac{\text{अंशधारी कोष या स्वामित्व कोष}}{\text{कुल सम्पत्तियाँ}}$
3. **लाभप्रदता अनुपात** लाभप्रदता अनुपात; जैसे-सकल लाभ अनुपात, शुद्ध लाभ अनुपात, परिचालन अनुपात, आदि किसी व्यवसाय की लाभप्रदंता स्थिति का विश्लेषण करने में सहायक होते हैं।
   इनका सूत्र निम्न प्रकार है–
   (*i*) $\text{सकल लाभ अनुपात} = \frac{\text{सकल लाभ}}{\text{शुद्ध विक्रय}} \times 100$
   (*ii*) $\text{शुद्ध-लाभ अनुपात} = \frac{\text{शुद्ध लाभ}}{\text{शुद्ध विक्रय}} \times 100$
   (*iii*) $\text{विनियोजित पूँजी पर प्रत्याय} = \frac{\text{शुद्ध आय}}{\text{विनियोग}}$
4. **आवर्त अनुपात** ये अनुपात यह बताने में सहायक होते हैं कि कोई संस्था अपने व्यवसाय में लगी हुई सम्पत्तियों का कितनी कार्यकुशलता से उपयोग कर रही है। आवर्त अनुपात संसाधनों के बेहतर उपयोग को भी दर्शाता है।
   (*i*) $\text{रहतिया आवर्त अनुपात} = \frac{\text{विक्रय की लागत}}{\text{औसत रहतिया}}$
   (*ii*) $\text{देनदार आवर्त अनुपात} = \frac{\text{शुद्ध उधार विक्रय}}{\text{औसत देनदार}}$

अभ्यास प्रश्न

1. नियन्त्रण है
(a) आगे देखने का कार्य (b) पीछे देखने का कार्य
(c) 'a' और 'b' दोनों (d) इनमें से कोई नहीं

2. नियन्त्रण की सीमा है
(a) मात्रात्मक मानकों को स्थापित करने में जटिलता
(b) कर्मचारियों द्वारा विरोध
(c) व्यक्तिगत उत्तरदायित्व निर्धारण में कठिनाई
(d) उपरोक्त सभी

3. नियन्त्रण प्रबन्ध के किस कार्य पर आधारित होता है?
(a) नियोजन (b) निर्देशन
(c) अभिप्रेरण (d) पर्यवेक्षण

4. नियन्त्रण किस पर आधारित होता है?
(a) व्यक्तिगत मान्यताओं
(b) भावनाओं
(c) तथ्यों एवं सांख्यिकीय आँकड़ों
(d) व्यक्तिगत योग्यता

5. नियन्त्रण और नियोजन है
(a) स्वतन्त्र कार्य (b) परस्पर निर्भर कार्य
(c) a और b दोनों (d) इनमें से कोई नहीं

6. नियन्त्रण प्रक्रिया का प्रथम चरण क्या है?
(a) कार्य निष्पादन का मापन
(b) मानकों या प्रमापों का निर्धारण
(c) विचलनो का विश्लेषण
(d) अपवाह द्वारा प्रबन्ध

7. नियन्त्रण प्रक्रिया है
(a) नकारात्मक प्रक्रिया (b) ऋणात्मक प्रक्रिया
(c) सुधारात्मक प्रक्रिया (d) इनमें से कोई नहीं

8. नियन्त्रण प्रक्रिया में वास्तविक निष्पादन की तुलना किससे की जाती है
(a) निर्धारित मानकों से (b) राष्ट्रीय स्तर मानकों से
(c) प्रतिस्पर्धी व्यवसाय से (d) भविष्य की योजनाओं से

9. प्रबन्धकीय नियन्त्रण की पारम्परिक तकनीक कौन-सी है
(a) व्यक्तिगत अवलोकन
(b) सांख्यिकीय प्रतिवेदन
(c) बिना लाभ-हानि व्यापार विश्लेषण
(d) उपरोक्त सभी

10. नियन्त्रण की तकनीक नहीं है
(a) अपवाद द्वारा नियन्त्रण (b) बजट नियन्त्रण
(c) लागत नियन्त्रण (d) दण्डात्मक नियन्त्रण

11. बिक्री या वह आकार जिससे न लाभ हो तथा न हानि हो कहलाता है
(a) सम-विच्छेद बिन्दु
(b) आधिम्य बिन्दु
(c) सुदृढ़ बिन्दु
(d) विपरित बिन्दु

12. बजट अनुमानों तथा वास्तविक परिणामों में तुलना करने की क्रिया को कहते हैं
(a) प्रबन्धकीय नियन्त्रण
(b) बजटीय नियन्त्रण
(c) विचलनों का विश्लेषण
(d) संकट बिन्दु नियन्त्रण

13. बजटीय नियन्त्रण के लिए तैयारी आवश्यक है
(a) प्रशिक्षण समय सारणी (b) बजट
(c) नेटवर्क आरेख (d) उत्तरदायित्व

14. बजटीय नियन्त्रण का प्रकार है
(a) बिक्री बजट (b) नकद बजट
(c) पूँजी बजट (d) ये सभी

15. निवेश पर प्रत्याय का सूत्र है
(a) $\frac{\text{निवल आय}}{\text{विनियोजित पूँजी}}$ (b) $\frac{\text{दीर्घ कालीन ऋण}}{\text{शुद्ध निधि}}$
(c) $\frac{\text{सकल लाभ}}{\text{शुद्ध विक्रय}} \times 100$ (d) $\frac{\text{विक्रय लागत}}{\text{औसत रहतिया}}$

16. नियन्त्रण की विशेषता नहीं है
(a) प्रबन्धकीय कार्य (b) ऋणात्मक प्रक्रिया
(c) सुधारात्मक प्रक्रिया (d) इनमें से कोई नहीं

17. निम्न में से क्या नियन्त्रण की कमी नहीं है?
(a) व्ययशील
(b) प्रमाप निर्धारण में कठिनाई
(c) उत्तरदायित्व निर्धारण में कठिनाई
(d) विचलन का ज्ञान

18. एक संगठन का नियन्त्रण करना कार्य है
(a) आगे देखना (b) पीछे देखना
(c) 'a' और 'b' दोनों (d) उपरोक्त सभी

19. वास्तविक निष्पादन के मापन के साधन होते हैं
(a) लक्ष्य (b) प्रमाप
(c) कसौटी (d) विचलन

उत्तरमाला

1.	(a)	**2.**	(d)	**3.**	(a)	**4.**	(c)	**5.**	(b)	**6.**	(b)	**7.**	(c)	**8.**	(a)	**9.**	(d)	**10.**	(d)
11.	(a)	**12.**	(b)	**13.**	(b)	**14.**	(d)	**15.**	(a)	**16.**	(b)	**17.**	(d)	**18.**	(d)	**19.**	(b)		

अध्याय 9

वित्तीय प्रबन्ध

वित्तीय प्रबन्ध का अर्थ एवं परिभाषाएँ
(Meaning and Definitions of Financial Management)

वित्तीय प्रबन्ध (Financial Management) प्रत्येक व्यावसायिक संस्थान के लिए महत्त्वपूर्ण क्रिया है। वित्तीय प्रबन्ध के अन्तर्गत पूँजी कोष (Capital Fund) का अनुमान लगाना, उसकी प्राप्ति तथा अर्जित आय एवं लागत का प्रबन्ध करना आदि सम्मिलित होता है। वित्तीय प्रबन्ध के अन्तर्गत व्यवसाय की क्या-क्या वित्तीय आवश्यकताएँ हैं? वित्त किन-किन स्रोतों से प्राप्त होगा तथा वित्तीय स्रोतों में कौन-सा विकल्प व्यवसाय के लिए उपयुक्त होगा आदि की पहचान की जाती है? वित्तीय प्रबन्ध में वित्त के स्रोतों के जोखिम, लागत तथा आय का विश्लेषण किया जाता है। इसके पश्चात् वित्त की निवेश/प्राप्ति उस स्रोत में/से की जाती है, जिसमें अल्प जोखिम तथा अधिक आय अर्जन की प्राप्ति हो। अन्य शब्दों में, वित्तीय प्रबन्ध व्यवसाय की आवश्यकतानुसार वित्त की समुचित व्यवस्था करना है।

वेस्टन एवं ब्राइम के अनुसार, ''वित्तीय प्रबन्ध वित्तीय निर्णय लेने का वह क्षेत्र है, जो व्यक्तिगत उद्देश्यों और उपक्रम के लक्ष्यों में समन्वय स्थापित करता है।''

वित्तीय प्रबन्ध की भूमिका (Role of Financial Management)

प्रत्येक व्यावसायिक क्रिया में वित्त की आवश्यकता होने के कारण वित्तीय प्रबन्ध की भूमिका अति महत्त्वपूर्ण हो जाती है।

वित्तीय प्रबन्ध की भूमिका निम्न बिन्दुओं के माध्यम से समझी जा सकती है-

1. **स्थिर सम्पत्तियों का आकार एवं सम्मिश्रण** (Size and Composition of Fixed Assets) वित्तीय प्रबन्ध द्वारा यह निर्णय लिया जाता है कि स्थायी सम्पत्तियों में कितना विनियोग किया जाना है एवं इसका चालू सम्पत्तियों की तुलना में क्या अनुपात रहेगा?
2. **चालू सम्पत्तियों की मात्रा, रोकड़, स्कन्ध आदि का आकार** (The Quantum of Current Assets and Composition of Cash and Stock) वित्तीय प्रबन्ध चालू सम्पत्तियों की मात्रा एवं आकार आदि को निर्धारित करता है। इसके अतिरिक्त देनदारों को दी जाने वाली उधार अवधि, स्टॉक की मात्रा, नकद शेष आदि भी वित्तीय प्रबन्ध ही निर्धारित करता है।
3. **दीर्घकालीन एवं अल्पकालीन वित्तीय राशियों को उपयोग में लाना** (The Amount of Long-term and Short-term Fund to be used) वित्तीय प्रबन्ध दीर्घकालीन एवं अल्पकालीन वित्त (Long-term and Short-term Finance) में अनुपात निर्धारित करता है।
4. **दीर्घकालीन वित्त का ऋण तथा समता में विभाजन** (Break-up of long-term Financing into Debt and Equity) वित्तीय प्रबन्ध यह निर्णय लेता है कि दीर्घकालीन वित्त की व्यवस्था ऋण लेकर की जाए अथवा समता अंश पूँजी को निर्गमित करके की जाए। इस प्रकार ऋण की मात्रा तथा अंश पूँजी (समता तथा पूर्वाधिकार) वित्तीय निर्णयों से प्रभावित होती हैं, जोकि वित्तीय प्रबन्ध का ही एक अभिन्न अंग है।
5. **लाभ-हानि खाते की मदों का प्रभावित होना** वित्त प्रबन्ध के निर्णय ही व्यवसाय के लाभ-हानि खाते की सभी मदों; जैसे-व्यय, ब्याज, लाभांश, ह्रास आदि को प्रभावित करते हैं।

वित्तीय प्रबन्ध के उद्देश्य
(Objectives of Financial Management)

फर्म का वित्तीय उद्देश्य स्वामियों अर्थात् अंशधारियों के आर्थिक हितों को अधिकतम करना माना गया है। इसके दो मापदण्ड हैं, जो वित्तीय प्रबन्ध के उद्देश्य माने जाते हैं। *इन दोनों मापदण्डों का संक्षिप्त विवरण निम्न हैं–*

1. **सम्पदा अधिकतम करना** (Wealth Maximisation) वित्तीय प्रबन्ध का उद्देश्य समता अंशधारियों की सम्पदा को अधिकतमीकरण करना है। इस कारण वित्त प्रबन्धन में दीर्घकालीन एवं चालू सम्पत्तियों सम्बन्धी वित्तीय निर्णय शामिल होते हैं।
2. **लाभ अधिकतम करना** (Profit Maximisation) प्रत्येक आर्थिक क्रिया का मूल उद्देश्य अधिक से अधिक लाभ कमाना होता है। इस उद्देश्य को ध्यान में रखकर वित्तीय प्रबन्ध उपक्रम के विनियोग, वित्त पूर्ति तथा लाभांश सम्बन्धी निर्णय लेता है। इसके लिए वह लागत को कम कर मूल्य में वृद्धि करने का प्रयास करता है।

वित्तीय निर्णय (Financial Decisions)

किसी व्यावसायिक संस्था में वित्तीय व्यवहारों से सम्बन्धित लिए गए निर्णयों को ही वित्तीय निर्णय (Financial Decision) कहा जाता है। *इन्हें मुख्यतः तीन वर्गों में विभक्त किया जाता है*, निवेश सम्बन्धी निर्णय, वित्तीय निर्णय व लाभांश निर्णय।

वित्तीय नियोजन (Financial Planning)

वित्तीय नियोजन का आशय संस्था के मूल उद्देश्य की प्राप्ति के लिए वित्तीय क्रियाओं का अग्रिम निर्धारण है। वित्तीय नियोजन के अन्तर्गत फर्म के लिए आवश्यक साधनों का अनुमान लगाने, उनको प्राप्त करने, विभिन्न साधनों का चुनाव करने तथा वित्तीय नीतियों के निर्धारण एवं उनको लागू करने आदि को शामिल किया जाता है।

इस प्रकार वित्तीय नियोजन से तात्पर्य एक व्यावसायिक संगठन के भविष्य में होने वाली वित्तीय क्रियाओं का स्वरूप (Structure) तैयार करना है।

वित्तीय नियोजन का महत्त्व

निम्नलिखित बिन्दु वित्तीय नियोजन के महत्त्व पर प्रकाश डालते हैं–

1. **परिस्थितियों का पूर्वानुमान** (For Casting of Circumstances) वित्तीय नियोजन व्यवसाय से सम्बन्धित भविष्य की समस्त परिस्थितियों का पूर्वानुमान लगाकर उन पर होने वाले व्ययों तथा आय का खाका/स्वरूप तैयार कर प्रबन्ध को प्रेषित करता है तथा उससे होने वाले परिणाम के लिए व्यवसाय को तैयार करता है।

2. **सुगम संचालन में सहायक** (Helpful in Smooth Operation) वित्तीय नियोजन से प्रवर्तन, विस्तार, नए उत्पादन या आधुनिकीकरण सभी परिस्थितियों में पर्याप्त एवं समयानुकूल वित्त व्यवस्था बनी रहती है। यह विभिन्न परिस्थितियों में व्यवसाय के सुगम संचालन में सहायता करती है।
3. **भविष्य निर्माण** (Future Creation) वित्तीय नियोजन आकस्मिक वित्तीय समस्याओं से बचाने में सहायक है तथा भविष्य निर्माण में भी इसका महत्त्वपूर्ण योगदान है।
4. **पर्याप्त तरलता** (Adequate Liquidity) कुशल वित्तीय नियोजन से लेनदारों के दायित्वों का भुगतान करने के लिए पर्याप्त तरलता रखना सम्भव हो पाता है। इससे संस्था की प्रतिस्थापन क्षमता सुदृढ़ हो पाती है।
5. **संचालन क्रियाओं में मितव्ययिता और समन्वय** (Economic and Co-ordination in Operating Process) वित्तीय नियोजन जटिल संचालन क्रियाओं में मितव्ययिता लाने और अपव्यय रोकने में भी सहायक है। इसके अतिरिक्त वित्तीय नियोजन से विभिन्न संचालन क्रियाओं में समन्वय स्थापित हो पाता है।
6. **पूँजी की सुरक्षा** (Security of Capital) वित्तीय नियोजन द्वारा संस्था को अपनी पूँजी की सुरक्षा करने में भी बहुत सहायता मिलती है। यह वर्तमान को भविष्य से जोड़ने का प्रयत्न करता है।
7. **पूँजी साधनों में उचित समन्वय** (Proper Co-ordination in Capital Resources) विभिन्न साधनों से प्राप्त पूँजी की लागत भिन्न-भिन्न होती है। इनमें वित्तीय नियोजन द्वारा न्यूनतम लागत पर अनुकूलतम पूँजी संरचना निर्धारित करने में सहायता मिलती है। इसके अतिरिक्त यह निवेश तथा वित्तीय निर्णयों में लगातार सम्पर्क स्थापित कर समन्वय रखता है।
8. **सरल मूल्यांकन** (Simple Valuation) वित्तीय नियोजन विभिन्न व्यावसायिक खंडों के उद्देश्यों की स्पष्ट व्याख्या करके वास्तविक निष्पादन का सरलता से मूल्यांकन करने में सहायक है।
9. **विनियोजित पूँजी पर उचित प्रत्याय** (Proper Retained Earning on Invested Capital) कुशल वित्तीय नियोजन से एक ओर वित्त के अभाव से व्यापार में कोई रुकावट नहीं आती और दूसरी ओर वित्तीय साधन भी संस्था में अनावश्यक नहीं रहते। परिणामस्वरूप व्यवसाय में विनियोजित पूँजी पर उचित प्रत्याय प्राप्त होती है।

पूँजी बजटन निर्णय

(Capital Budgeting Decisions)

इस निर्णय में उन सम्पत्तियों में विनियोग करने या न करने का निर्णय लिया जाता है जिनमें कोषों का विनियोग लम्बी अवधि के लिए होता है। ऐसे निर्णय उन सम्पत्तियों की लागत एवं उनसे होने वाले लाभों के आधार पर लिए जाते हैं।

ये निर्णय सम्पत्ति के आकार, लाभदायकता तथा तुलनात्मकता आदि पर प्रभाव डालते हैं। इसी कारण इनमें अनिश्चितता एवं जोखिम की मात्रा अधिक होती है, क्योंकि ये दीर्घकाल में फर्म की लाभदायकता क्षमता (Profitability Efficiency) को प्रभावित करते हैं।

ऐसे निर्णय लेने के पश्चात् इनमें परिवर्तन करना अत्यन्त मुश्किल होता है, अतः ये निर्णय अत्यन्त सोच-विचारकर लिए जाने चाहिए इस प्रकार के निर्णयों के लिए विशेषज्ञों की सलाह ले लेनी चाहिए, क्योंकि एक गलत पूँजी बजटन निर्णय कई वित्तीय समस्याएँ पैदा कर सकता है। इसलिए कहा जाता है कि पूँजी बजटिंग निर्णय में व्यवसाय के वित्तीय भाग्य को बदलने की क्षमता है।

पूँजी बजटन निर्णयों को प्रभावित करने वाले कारक

(Factors Affecting Capital Budgeting Decisions)

पूँजी बजटन निर्णयों को प्रत्यक्ष या अप्रत्यक्ष रूप से प्रभावित करने वाले प्रमुख घटक निम्नलिखित हैं–

1. **परियोजना में रोकड़ प्रवाह** (Cash Flow of the Project) जब कोई व्यावसायिक संस्था एक बड़ी धनराशि किसी विशेष परियोजना में विनियोजित/निवेश (Invest) करती है, तो वह संस्था विनियोजित धनराशि से अधिक राशि के प्रवाह का अनुमान लगाती है जोकि व्यवसाय में विनियोजित धन पर हुए व्यय से सम्बन्धित होती है। अतः संस्था को रोकड़ के प्रवाह का पूर्वानुमान भी लगा लेना चाहिए।
2. **आय की दर** (The Rate of Return) परियोजना का सबसे महत्त्वपूर्ण कारक है उससे होने वाली आय। अतः किसी भी परियोजना को चुनने या उसमें निवेश करने से पहले उनमें निहित जोखिम तथा आय की दर का विश्लेषण कर लेना चाहिए।

   उदाहरण X और Y दो परियोजनाएँ हैं, जिनमें समान जोखिम की सम्भावना है। परन्तु आय की दर क्रमशः 8 व 10 है तो स्पष्ट है कि व्यवसाय Y परियोजना को ही चुनेगा क्योंकि यहाँ आय की दर अधिक है।
3. **निवेश कसौटी** (Investment Criteria) किसी परियोजना में निवेश करने से पूर्व उसकी आय-व्यय सम्बन्धी अनेक गणनाएँ; जैसे-निवेश की लागत, ब्याज, रोकड़ प्रवाह तथा उससे होने वाली आय आदि करनी पड़ती है। इनके मूल्यांकन हेतु अनेक तकनीकें प्रचलित हैं, जिन्हें पूँजी बजटिंग तकनीकों (Techniques of Capital Budgeting) के नाम से जाना जाता है। अतः किसी विशेष परियोजना में निवेश करने से पूर्व इन तकनीकी का उपयोग कर लेना चाहिए।

अल्पकालीन निवेश निर्णय या चालू पूँजी निर्णय

(Short-term Investment Decision)

इसके अन्तर्गत व्यवसाय की चालू सम्पत्तियों; जैसे-स्कन्ध, देनदार, अल्पकालीन जमा, रोकड़ शेष आदि से सम्बन्धित निर्णय लिये जाते हैं। इन सम्पत्तियों का उपयोग व्यवसाय के दैनिक कार्य संचालन के दौरान होता है। इसी कारण ये व्यवसाय की देयता तथा लाभदायकता को प्रभावित करते हैं। एक कुशल अल्पकालीन निवेश निर्णयों (Short-term Investment Decisions) के द्वारा रोकड़ प्रबन्ध, स्कन्ध प्रबन्ध तथा प्राप्यनीय खातों के प्रबन्ध का निर्धारण किया जाता है।

वित्तीयन निर्णय (Financing Decisions)

इस प्रकार के निर्णय उपक्रम की दीर्घकालीन पूँजी (Long-term Capital) सम्बन्धी आवश्यकताओं से सम्बन्धित होते हैं। इसके अन्तर्गत पूँजी की मात्रा का निर्धारण, पूँजी संरचना का निर्माण तथा वित्त के स्रोतों के चयन सम्बन्धी महत्त्वपूर्ण निर्णय लिए जाते हैं।

पूँजी की मात्रा का निर्धारण संस्था की स्थायी सम्पत्तियों, चालू सम्पत्तियों एवं अमूर्त सम्पत्तियों में विनियोजित की जाने वाली राशि का पूर्वानुमान लगाकर किया जाता है।

पूँजी संरचना का निर्धारण कुल विनियोजित पूँजी में अंशधारी कोष एवं उधार निधियों के अनुपात द्वारा किया जाता है। अंशधारी कोष का तात्पर्य समता अंश पूँजी तथा प्रतिधारित अर्जनों से होता है। उधार निधियों का आशय ऋणपत्रों या अन्य संस्थाओं से लिए गए ऋण से होता है।

ऋण पूँजी के अधिक उपयोग से उपक्रम की लाभदायकता की सीमा में वृद्धि होती है, क्योंकि इससे कर दायित्व कम बनता है, किन्तु साथ ही क्षमता से अधिक ऋण का उपयोग जोखिम में भी वृद्धि करता है, क्योंकि ऋण पर निश्चित दर से ब्याज समय पर देना होता है चाहे कम्पनी को लाभ हो अथवा हानि।

पूँजी सरंचना (Capital Structure)

पूँजी संरचना में इस बारे में निर्णय लिया जाता है कि कुल आवश्यक पूँजी का कितना भाग अंश निर्गमन से एवं कितना भाग ऋणपत्र निर्गमन से एकत्र किया जाए। पूँजी संरचना के अन्तर्गत किसी व्यावसायिक संस्था द्वारा निर्गमित की जाने वाली प्रतिभूतियों के प्रकार तथा प्रत्येक प्रकार की प्रतिभूति के सापेक्षित अनुपात के बारे में निर्णय लिया जाता है, ताकि पूँजी मिश्रण की सही जानकारी मिल सके।

इस प्रकार वित्त के स्रोतों को मुख्यतः दो भागों में विभाजित कर सकते हैं। प्रथम स्वामिगत स्रोत तथा द्वितीय ऋण स्रोत। स्वामिगत स्रोत में समता एवं पूर्वाधिकार अंश पूँजी, संचय, आधिक्य तथा प्रतिधारित अर्जनें शामिल की जाती हैं। ऋण स्रोत में ऋण, ऋणपत्र, सार्वजनिक जमा आदि को शामिल करते हैं।

वित्तीय उत्तोलक (Financial Leverage)

एक संस्था की पूँजी संरचना में स्वामियों की पूँजी के साथ-साथ स्थायी भार वाले कोषों अर्थात् ऋण कोषों के स्रोतों का उपयोग वित्तीय उत्तोलक कहलाता है। ऋण कोष के साथ कम्पनियों के कोष और आय में वृद्धि होती है, क्योंकि ऋण वित्त का एक सस्ता स्रोत है, परन्तु पूँजी ढाँचे में अधिक ऋण शामिल करना जोखिमपूर्ण (Risky) होता है। ऋण केवल तब ही कम्पनी के लिए उपयोगी होगा जब उस पर दिए जाने वाले ब्याज उससे प्राप्त आय से कम होगा।

समता पर व्यापार (Trade of Equity)

वित्तीय उत्तोलक ऋण पूँजी के उपयोग द्वारा समता पूँजी पर प्रत्याय दर को बढ़ाने की एक प्रक्रिया है, इसलिए इसे 'समता पर व्यापार' भी कहा जाता है।

अन्य शब्दों में, समता पर व्यापार से आशय समता अंशधारियों की आय में वृद्धि का होना है।

जेस्टनबर्ग के शब्दों में, ''जब एक व्यक्ति या निगम अपनी अंशपूँजी के साथ-साथ ऋण भी लेकर अपने नियमित व्यापार का संचालन करता है, तो यह समता पर व्यापार कहलाता है।''

पूँजी संरचना को प्रभावित करने वाले घटक

(Factors Affecting the Capital Structure)

पूँजी संरचना को प्रभावित करने वाले प्रमुख घटक/कारक निम्न हैं–

1. **व्यवसाय का आकार** (Size of Business) पूँजी संरचना का निर्धारण करते समय व्यवसाय के आकार को ध्यान में रखना अति आवश्यक है। छोटे आकार के व्यवसाय में कम पूँजी एवं बड़े आकार के व्यवसाय में अधिक पूँजी की आवश्यकता होती है।
2. **व्यवसाय की प्रकृति** (Nature of Business) पूँजी संरचना के निर्धारण में व्यवसाय की प्रकृति का भी पर्याप्त प्रभाव पड़ता है। जैसे कि व्यापारिक संस्थाओं में कार्यशील पूँजी की तुलना में स्थिर पूँजी की आवश्यकता कम होती है, जबकि इसके विपरीत निर्माणी संस्थाओं में कार्यशील पूँजी की अधिक आवश्यकता होती है।
3. **ब्याज आवरण अनुपात** (Interest Retained Earning, IRE) यह अनुपात संस्था की ऋण सेवा अनुपात की माप करता है। इसकी गणना परिचालन लाभों अथवा ब्याज एवं कर से पूर्व के शुद्ध लाभों में ब्याज की राशि का भाग देकर की जाती है।

   $$\text{ब्याज आवरण अनुपात} = \frac{\text{ई. बी. आई. टी.}}{\text{ब्याज}}$$
4. **ऋण सेवा अनुपात** (Debt Services Ratio) यह अनुपात किसी संस्था की ऋण सेवा क्षमता की माप करता है, विशेषकर जहाँ दीर्घकालीन ऋणों पर ब्याज का भुगतान करना है *इसकी गणना निम्न प्रकार की जाती है*

   $$\text{सूत्र} = \frac{\text{ब्याज एवं कर से पूर्व आय}}{\text{स्थायी ब्याज चार्ज}}$$

   यह अनुपात जितना अधिक होगा, संस्था की ब्याज शोधन क्षमता उतनी ही अधिक होगी तथा ऋणदाताओं को उतनी ही अधिक सुरक्षा प्राप्त होगी।
5. **निवेश पर आय** (Return on Investment, ROI) भविष्य में आय नियमित एवं निश्चित रूप से प्राप्त होगी अथवा नहीं। इस सम्बन्ध में पूँजी निर्धारण करते समय ध्यान रखना आवश्यक है, क्योंकि यह पूँजी संरचना को प्रभावित करती है।
6. **ऋण की लागत** (Cost of Loan) ऋण की लागत तथा खर्चों का भी पूँजी संरचना पर महत्त्वपूर्ण प्रभाव पड़ता है। ऋण की लागत में अभिगोपन कमीशन, दलाली, बट्टा, विज्ञापन आदि व्यय आते हैं, जिससे ऋण की लागत बढ़ जाती है। अतः जिस ऋण की लागत कम होती है, उन्हें पूँजी संरचना में प्राथमिकता दी जाती है।
7. **पूँजी दन्तीकरण अनुपात** (Capital Gearing Ratio) यह अनुपात किसी व्यावसायिक संस्था की पूँजी संरचना में अस्थिर लागत वाली तथा स्थिर लागत वाली पूँजी के मध्य सम्बन्ध स्थापित करता है। यह अनुपात जितना अधिक होगा अर्थात् समता अंश पूँजी स्थिर लागत वाली पूँजी की तुलना में जितनी अधिक होगी व्यवसाय के लाभों पर स्थिर वित्तीय व्ययों का भार उतना ही कम होगा। इस स्थिति को पूँजी का निम्न दन्तीकरण (Low Gearing) कहते हैं।
8. **कराधान** (Taxation) ब्याज कुल लाभ से हटाया जाने वाला कारक है तथा ऋण की लागत कर-दर से प्रभावित होती है। कर की दर ऋणों को अपेक्षाकृत सस्ता करती है तथा समता में वृद्धि की सम्भावना को बढ़ाती है।
9. **समता की लागत** (Cost of Equity) प्रत्येक अंशधारी निवेश पूँजी पर जोखिम अनुपात की तुलना आय से करता है। व्यावसायिक संस्था में ऋण की मात्रा बढ़ने पर वित्तीय जोखिम बढ़ जाती है, किन्तु लाभांश भी बढ़ जाता है। अतः व्यवसाय को ऋणों का उपयोग एक निश्चित बिंदु तक ही करना चाहिए अन्यथा अंशपत्रों का मूल्य तेजी से कम होने लगेगा।
10. **प्रवर्तन लागत** (Promotional Cost) कम्पनी प्रवर्तन में नए स्रोतों पर कुछ व्यय करना पड़ता है, इसके लिए अंशों तथा ऋणपत्रों का निर्गमन किया जाता है। इसके अतिरिक्त संस्था से ऋण लिया जा सकता है। दोनों की लागत की तुलना कर प्रवर्तन हेतु स्रोत जुटाए जाने चाहिए, जो पूँजी संरचना को प्रभावित करते हैं।

स्थायी पूँजी (Fixed Capital)

प्रत्येक व्यवसाय को सुचारु रूप से चलाने के लिए स्थायी पूँजी की आवश्यकता होती है। स्थायी पूँजी व्यवसाय के दीर्घकाल आय (Emblematic) को दर्शाती है। इसका विनियोजन स्थायी सम्पत्तियों एवं दीर्घकालीन विनियोगों में किया जाता है। स्थायी सम्पत्तियाँ व्यवसाय की वे सम्पत्तियाँ होती हैं जिनकी आयु एक वर्ष से अधिक होती है और दीर्घकाल तक कार्यान्वित रहती हैं। **उदाहरण** संयन्त्र एवं मशीन, फर्नीचर, भूमि एवं भवन आदि।

स्थायी पूँजी का विनियोग निर्णय बहुत सोच-विचार कर लेना चाहिए, क्योंकि इसमें पूँजी की बड़ी मात्रा दीर्घकाल के लिए लगाई जाती है। ऐसे विनियोजन अपरिवर्तनीय एवं अलोचशील होते हैं। ऐसे विनियोगों को करने से भविष्य में व्यय से अधिक राशि आय के रूप में प्राप्त होने की सम्भावना होती है।

स्थायी पूँजी की आवश्यकता को प्रभावित करने वाले घटक

(Factors Affecting the Requirement of Fixed Capital)

स्थायी पूँजी की आवश्यकता को प्रभावित करने वाले घटक निम्नलिखित हैं–

1. व्यवसाय की प्रकृति
2. संक्रिया का मापदण्ड
3. तकनीक का विकल्प
4. तकनीकी उत्थान
5. विकास प्रत्याशा
6. विविधीकरण
7. सहयोग का स्तर
8. गैर-आर्थिक घटक
9. प्रबन्ध का प्रकार

कार्यशील पूँजी (Working Capital)

कार्यशील पूँजी कुल पूँजी का वह भाग होती है, जो नियमित व्यावसायिक क्रियाओं के संचालन में प्रयोग की जाती है। इसे अल्पकालीन पूँजी, चक्रशील पूँजी, तरल पूँजी आदि नामों से जाना जाता है।

कार्यशील पूँजी को प्रभावित करने वाले घटक/कारक

कार्यशील पूँजी को प्रभावित करने वाले घटक/कारक निम्नलिखित हैं–

1. **व्यवसाय की प्रकृति** (Nature of Business) व्यवसाय की प्रकृति का कार्यशील पूँजी की मात्रा पर महत्त्वपूर्ण प्रभाव पड़ता है। अधिक और नियमित माँग वाले व्यवसायों में अपेक्षाकृत कम कार्यशील पूँजी की आवश्यकता होती है।
2. **संचालन का स्तर** (Level of Operation) ऐसे उद्योग जिनका संचालन स्तर उच्च कोटि का होता है, उन्हें अधिक कार्यशील पूँजी की आवश्यकता होती है, क्योंकि ऐसे उद्यमों में स्टॉक मात्रा या देनदार अधिक होते हैं।
3. **व्यापार चक्र** (Trade Cycle) यह व्यावसायिक चक्र की विभिन्न दशाएँ एक संस्था की कार्यशील पूँजी की मात्रा को प्रभावित करती है। व्यापार दशाएँ अनुकूल रहने पर बिक्री एवं उत्पादन दोनों में वृद्धि होती है।
4. **व्यवसाय की मौसमी प्रकृति** (Seasonal Nature of Business) ऐसे व्यवसाय जिनके उत्पादन की माँग मौसम विशेष में ही रहती है, उनकी कार्यशील पूँजी की आवश्यकता मौसम परिवर्तन के साथ बदलती रहती है।
5. **उत्पादन चक्र** (Production Cycle) उत्पादन चक्र से तात्पर्य कच्चे माल को निर्मित माल में परिवर्तित होने वाली अवधि से है। यह माल की प्रकृति के अनुसार अल्पकालीन दीर्घकालीन अवधि का हो सकता है।
6. **उधार विक्रय सुविधा** (Credit Sale Services) यदि माल का विक्रय नकद किया जाता है तो कम कार्यशील पूँजी से काम चल जाता है, किंतु उधार सुविधा देने या उधार अवधि अधिक होने पर कार्यशील पूँजी की मात्रा अधिक होती है।
7. **उधार क्रय सुविधा** (Credit Availed Service) क्रय की सुविधा उधार मिलने पर या इसकी अवधि अधिक होने पर कार्यशील पूँजी की कम आवश्यकता होती है। इसके विपरीत उधार सुविधा न मिलने पर कार्यशील पूँजी अधिक चाहिए।
8. **संचालन कार्य या कुशलता** (Operating Efficiency) ऐसे व्यावसायिक संस्थान जिनके संचालन में कार्य कुशलता है अर्थात् जिन संस्थानों का उच्च स्कन्ध, आवर्त अनुपात तथा अच्छा प्राप्कीय आवर्त अनुपात है। ऐसे प्रबन्धक कम माल से ही काम चला लेते हैं, जिससे कम कार्यशील पूँजी की आवश्यकता होती है।
9. **कच्चे माल की पूर्ति** (Availability of Raw Material) जिन उद्योगों को कच्चा माल अनियमित रूप से मिलता है अथवा मौसम विशेष में ही मिल पाता है, उन्हें कच्चे माल का स्टॉक वर्ष पर्यन्त करना पड़ता है, जिससे कार्यशील पूँजी की अधिक आवश्यकता होती है। इसके विपरीत पूर्ति वर्ष पर्यन्त रहने पर कम आवश्यकता रहती है।
10. **विकास प्रत्याशा** (Growth Prospectus) यदि किसी व्यवसाय में विकास की सम्भावनाएँ अधिक हैं और नई परियोजनाएँ प्रारम्भ की जाती हैं, तो ऐसे व्यवसाय में कार्यशील पूँजी की आवश्यकता अधिक होगी।
11. **प्रतियोगिता का स्तर** (Level of Competition) उच्च स्तरीय प्रतिस्पर्द्धा की स्थिति में तैयार माल की आवश्यकता अधिक रहती है, जिससे ग्राहकों को तुरन्त आदेशानुसार माल की पूर्ति की जा सके तथा ग्राहकों को विभिन्न किस्मों का माल दिखाकर आकर्षित किया जा सके। ऐसी दशा में उधार विक्रय भी दिया जाता है, जिससे अधिक कार्यशील पूँजी की आवश्यकता रहती है।
12. **मुद्रा स्फीति** (Inflation) मुद्रा स्फीति की स्थिति में वस्तुओं का मूल्य बढ़ जाता है, जिससे उत्पादन एवं बिक्री को बनाए रखने के लिए कार्यशील पूँजी की अधिक आवश्यकता होती है।
13. **परिचालन चक्र की अवधि** (Operating Cycle) किसी संस्था की कार्यशील पूँजी की मात्रा परिचालन चक्र की अवधि के द्वारा निर्धारित की जाती है। यह अवधि सामग्री प्राप्ति, निर्मित माल के रूपान्तरण, विक्रय एवं देनदारों से वसूली आदि क्रियाओं में लगने वाला समय है।

13\. **लाभांश नीति** (Dividend Policy) यदि लाभांश वितरण नकद किया जाता है, तो अधिक कार्यशील पूँजी की आवश्यकता होगी। दूसरी ओर, यदि लाभांश में अधिलाभांश अंशों का निर्गमन किया जाता है, तो कम कार्यशील पूँजी की आवश्यकता होगी।

14\. **व्यवसाय का आकार** (Size of Business) बड़े आकार वाले व्यावसायिक संस्थानों में स्थायी व कार्यशील पूँजी दोनों की अधिक आवश्यकता होती है, जबकि बहुत छोटे संस्थानों में कार्यशील पूँजी से ही काम चल जाता है, किन्तु मध्यम आकार के व्यवसायों में बड़े आकार के व्यवसायों से तुलनात्मक रूप से कम कार्यशील पूँजी की आवश्यकता रहती है।

15\. **अन्य कारण** (Other Reasons) उपरोक्त कारणों के अतिरिक्त संस्था की कार्यशील पूँजी की मात्रा देश के औद्योगिक विकास की गति, परिवहन तथा संचार की व्यवस्था, राजनीतिक स्थिरता, सरकारी नियन्त्रण आदि कारणों से भी प्रभावित होती है।

अभ्यास प्रश्न

1. व्यावसाय के प्रारम्भ से अंत तक की क्रियाओं में कार्यशील घन को कहते हैं
(a) व्यावसायिक वित्त (b) वित्तीय प्रबंध
(c) स्थायी पूँजी (d) कार्यशली पूँजी

2. वित्त का प्रमुख कार्य है
(a) व्यवसाय के लिए स्थायी विनियोजन की व्यवस्था करना
(b) व्यवसाय के लिए आवश्यक कोषों की व्यवस्था करना
(c) व्यवसाय के प्रबन्ध में निर्णय लेना
(d) उपरोक्त में से कोई नहीं

3. वित्तीय प्रबन्ध का उद्देश्य है
(a) सम्पदा अधिकतम करना (b) लाभ अधिकतम करना
(c) a और b दोनों (d) इनमें से कोई नहीं

4. किसी व्यावसायिक संस्था में वित्तीय व्यवहारों से सम्बन्धित लिए गए निर्णयों को कहा जाता है
(a) वित्तीय निर्णय (b) वित्तीय पूर्वानुमान
(c) निवेश निर्णय (d) पूँजी बजटन निर्णय

5. मध्यकालीन वित्तीय नियोजन की अवधि कितनी होती है?
(a) पाँच वर्ष से अधिक (b) एक से पाँच वर्ष
(c) एक वर्ष से कम (d) निश्चित अवधि नहीं

6. वित्तीय नियोजन का महत्त्व है?
(a) पूँजी संरचना (b) सरल मूल्यांकन
(c) पर्याप्त तरलता (d) ये सभी

7. पूँजी बजटन निर्णय निम्न में से किस पर प्रभाव डालते हैं?
(a) सम्पत्ति के आकार (b) लाभदायकता
(c) तुलनात्मकता (d) ये सभी

8. स्थायी सम्पत्तियों में विनियोग सम्बन्धी निर्णय लेने को क्या कहते हैं?
(a) पूँजी बजटन निर्णय
(b) लाभांश निर्णय
(c) वित्त पूर्ति निर्णय
(d) वित्त व्यवस्था निर्णय

9. स्कन्ध की मात्रा सम्बन्धी निर्णय किसमें लिया जाता है?
(a) पूँजी बजटन निर्णय (b) चालू पूँजी निर्णय
(c) लाभांश निर्णय (d) इनमें से कोई नहीं

10. वित्तीयन निर्णय किससे सम्बन्धित होते हैं?
(a) दीर्घकालिन पूँजी सम्बन्धी आवश्यकता
(b) अल्पकालिन पूँजी सम्बन्धी आवश्यकता
(c) लाभांश वितरण सम्बन्धी
(d) बिक्री में वृद्धि सम्बन्धी

11. ऋण पूँजी के उपयोग द्वारा समता पूँजी पर प्रत्याय दर को बढ़ाने की एक प्रक्रिया कहलाती है
(a) समता पर व्यापार (b) संचालन उत्तोलक
(c) पूँजी संरचना (d) ऋण की लागत

12. पूँजी संरचना को प्रभावित करने वाले घटक नहीं है
(a) निवेश पर आय (b) ऋण की लागत
(c) पूँजी दन्तीकरण अनुपात (d) सहयोग का स्तर

13. ब्याज आवरण अनुपात का सूत्र है
(a) $\frac{\text{ब्याज}}{\text{ई.बी.आई.टी.}}$ (b) $\frac{\text{ई.बी.आई.टी.}}{\text{ब्याज}}$
(c) $\frac{\text{ई.बी.टी.}}{\text{ब्याज}}$ (d) $\frac{\text{ब्याज}}{\text{ई.बी.टी.}}$

14. ऋण सेवा अनुपात का प्रयोग है?
(a) ऋण सेवा क्षमता की माप करना
(b) पर्याप्त तरलता की माप करना
(c) निवेश की माप करना
(d) उपरोक्त में से कोई नहीं

15. ऋण की लागत में सम्मिलित किया जाता है
(a) अभिगोपन कमीशन (b) दलाली
(c) विज्ञापन (d) ये सभी

16. ऐसी लागतें जो प्रतिभूतियों के निर्गमन से सम्बन्धित होती है, कहलाती है
(a) स्थायी लागतें (b) परिवर्तनशील लागतें
(c) प्रवर्तन लागतें (d) नियन्त्रण लागतें

17. स्थायी पूँजी को प्रभावित करने वाले घटक नहीं है
(a) व्यवसाय की प्रकृति (b) संक्रिया का मानदण्ड
(c) सहयोग का स्तर (d) प्रवर्तन लागत

18. चालू सम्पत्तियों का चालू दायित्वों पर आधिक्य कहलाता है
(a) स्थायी पूँजी (b) कार्यशली पूँजी
(c) लाभ (d) हानि

19. ऋण समता अनुपात का सूत्र है
(a) $\frac{\text{ऋण}}{\text{समता}}$ (b) $\frac{\text{ऋण}}{\text{लाभ}}$
(c) $\frac{\text{ऋण}}{\text{कुल विनियोग}}$ (d) $\frac{\text{समता}}{\text{ऋण}}$

20. कार्यशील पूँजी को अन्य किस नाम से जाना जाता है?
(a) अल्पकालीन पूँजी के (b) चक्रशील पूँजी के
(c) तरल पूँजी के (d) ये सभी

उत्तरमाला

1.	(a)	2.	(b)	3.	(c)	4.	(a)	5.	(b)	6.	(d)	7.	(d)	8.	(a)	9.	(b)	10.	(a)
11.	(a)	12.	(d)	13.	(b)	14.	(a)	15.	(d)	16.	(c)	17.	(d)	18.	(b)	19.	(a)	20.	(d)

अध्याय 10

वित्तीय बाजार

वित्तीय बाजार का अर्थ (Meaning of Financial Market)

किसी भी अर्थव्यवस्था में मुख्य रूप से दो क्षेत्र होते हैं, **घरेलू क्षेत्र** (Domestic Sector) जो पूँजी को बचाता है तथा **व्यावसायिक इकाइयाँ** (Industrial Units) जो पूँजी को निवेशित करती हैं।

वित्तीय बाजार, अर्थव्यवस्था के इन दोनों क्षेत्रों को जोड़ने का कार्य करता है। यह बचतकर्ता की पूँजी को, उन व्यक्तियों या व्यावसायिक इकाइयों को हस्तान्तरित करता है, जिन्हें पूँजी की आवश्यकता होती है अर्थात् वित्तीय बाजार ऋणदाताओं तथा ऋण लेने वालों को एक साथ लाता है।

वित्तीय बाजार, वित्तीय सम्पत्तियों के विनिमय (Exchange) एवं सर्जन (Creation) के लिए स्थापित किया गया बाजार है। यह बाजार वहीं अस्तित्व में आता है, जहाँ वित्तीय लेन-देन होते हैं, जैसे कि फर्म द्वारा शेयर या ऋणपत्र (Debentures) तथा बन्धपत्रों (Bonds) आदि का लेन-देन।

द्रव्य या मुद्रा बाजार (Money Market)

मुद्रा बाजार उन अल्पकालीन प्रतिभूतियों का बाजार होता है, जिनकी परिपक्वता अवधि (Maturity Period) एक वर्ष तक होती है।

मुद्रा बाजार में कम जोखिम, आरक्षित तथा अल्पकालीन (Short- term) ऋणपत्र होते हैं, जो उच्च तरल (High Liquid) होते हैं। इनकी भुगतान अवधि कम होने के कारण, इन्हें निकट मुद्रा (Near Money) भी कहते हैं।

मुद्रा बाजार की प्रकृति (Nature of Money Market)

मुद्रा बाजार की प्रकृति निम्नलिखित हैं–

1. इसमें ऐसी संस्थाओं को सम्मिलित किया जाता है, जो अल्पकालीन कोषों (निधियों/परिसम्पत्तियों) में व्यवसाय करती हैं।
2. मुद्रा बाजार का कोई विशेष क्षेत्र नहीं होता है।
3. मुद्रा बाजार की प्रमुख प्रतिभागी संस्थाएँ केन्द्रीय बैंक, व्यापारिक बैंक, सहकारी बैंक आदि हैं।
4. मुद्रा बाजार के सामान्य उपकरण; जैसे-प्रतिज्ञा-पत्र, माँग-मुद्रा, विनिमय बिल, ट्रेज़री बिल, जमा प्रमाण-पत्र आदि हैं।
5. इसमें कम जोखिम, आरक्षित तथा अल्पकालिक अवधि के ऋण-पत्र होते हैं।
6. यह एकल बाजार नहीं है, बल्कि कई उपकरणें के लिए बाजारों का संग्रह है।

मुद्रा बाजार के उपकरण (Instruments of Money Market)

मुद्रा बाजार में कोष प्रवाह (Fund Flow) हेतु विभिन्न उपकरण प्रयोग में लाए जाते हैं, जो अल्पकालीन वित्तीय आवश्यकताओं की पूर्ति हेतु होते हैं। *ये सभी उपकरण अथवा प्रपत्र मुख्यतः निम्न प्रकार हैं–*

1. ट्रेज़री/राजकोषीय बिल (Treasury Bills)

सरकार अपनी अल्पकालीन वित्तीय आवश्यकताओं की पूर्ति ट्रेज़री बिल जारी करके करती है। भारत सरकार द्वारा भारतीय रिज़र्व बैंक के माध्यम से जारी किया जाने वाला यह सर्वाधिक सुरक्षित अल्पकालीन उपकरण है। इसे शून्य कूपन बन्धपत्र (Zero Coupon Bonds) के नाम से भी जाना जाता है, क्योंकि इन प्रपत्रों पर कोई ब्याज नहीं दिया जाता है।

2. वाणिज्यिक (तिज़ारती) प्रपत्र (Commercial Papers)

मुद्रा बाजार में ख्याति प्राप्त संस्थाएँ बैंकों से सीधे उधार लेने के स्थान पर अल्पावधि के व्यावसायिक प्रपत्र जारी करती हैं। इन प्रपत्रों में निश्चित समयावधि के पश्चात् धनराशि लौटाने का वचन दिया जाता है। इनकी अवधि प्रायः 15 दिन से लेकर एक वर्ष तक की होती है। व्यापारिक पत्रों का वास्तविक उद्देश्य अल्पकालीन मौसमी एवं आकस्मिक पूँजी की आवश्यकता की पूर्ति हेतु पूँजी एकत्रित करना होता है।

3. शीघ्रावधि द्रव्य/माँग मुद्रा (Early Period Liquid/Call Money)

माँग मुद्रा ऐसे प्रपत्र होते हैं जिनका भुगतान ऋणदाता अथवा ऋणी की इच्छा पर अल्प सूचना देकर किया जा सकता है। इनकी परिपक्वता अवधि (Maturity Period) 1 दिन से 15 दिन तक होती है।

4. बचत/जमा प्रमाण-पत्र (Certificates of Savings/Deposits, CD)

जमा प्रमाण-पत्र एक विनिमय साध्य प्रपत्र/प्रमाण-पत्र है, जिसको एक निश्चित अवधि के पश्चात बेचान (Endorse) किया जा सकता है। इन प्रपत्रों का निर्गमन अनुसूचित वाणिज्यिक बैंक तथा भारतीय वित्तीय संस्थाओं; जैसे-IDBI, ICICI, IFCI, EXIM तथा SIDBI द्वारा किया जाता है।

5. विनिमय बिल या वाणिज्यिक बिल (Bill of Exchange)

वाणिज्यिक बिल एक व्यावसायिक फर्म द्वारा दूसरी फर्म पर लिखा जाने वाला विनिमय/वाणिज्यिक बिल है जिसे सरलता से हस्तान्तरित किया जा सकता है। इसका प्रयोग उधार बिक्री हेतु वित्त व्यवस्था करने के लिए किया जाता है। इस बिल को विक्रेता लिखता है तथा क्रेता स्वीकार करता है। इस बिल में क्रेता द्वारा दी जाने वाली धनराशि, भुगतान की तिथि, विक्रय का स्थान तथा क्रेता के हस्ताक्षर आदि सम्मिलित होते हैं। क्रेता द्वारा बिल स्वीकार करने के पश्चात् बिल की परिपक्वता तिथि पर क्रेता द्वारा भुगतान कर दिया जाता है।

पूँजी बाजार (Capital Market)

पूँजी बाजार वह स्थान अथवा व्यवस्था है, जहाँ पर एक वर्ष से अधिक (दीर्घकालीन) अवधि की प्रतिभूतियों का लेन-देन होता है। इस बाजार में सामान्यतः दीर्घकालीन ऋणपत्र, अंश-पत्र, बन्ध-पत्र, सरकारी प्रतिभूतियों आदि का क्रय-विक्रय होता है।

यह बाजार अर्थव्यवस्था के विभिन्न क्षेत्रों की दीर्घकालीन वित्तीय आवश्यताओं को पूरा करने में सहायता प्रदान करता है।

पूँजी बाजार की प्रकृति

(Nature of Capital Market)

पूँजी बाजार की निम्नलिखित प्रकृति होती हैं–

1. पूँजी बाजार में मध्यकालीन तथा दीर्घकालीन प्रतिभूतियों का लेन-देन होता है।
2. पूँजी बाजार एक स्वतन्त्र एवं संगठित बाजार है, जिस पर भारतीय प्रतिभूति एवं विनिमय बोर्ड (Securities and Exchange Board of India, SEBI) का नियन्त्रण होता है।
3. पूँजी बाजार में दो प्रकार के बाजार, जिसमें प्राथमिक बाजार नवीन प्रतिभूतियों के निर्गमन हेतु एवं द्वितीयक बाजार पहले से निर्गमित प्रतिभूतियों हेतु होते हैं।
4. पूँजी बाजार का संचालन बैंकर्स, स्कन्ध, दलाल और अभिगोपकों आदि के द्वारा किया जाता है।
5. पूँजी बाजार बचतकर्ता को निवेश के अवसर प्रदान करता है अर्थात् पूँजी बाजार बचतकर्ताओं को बचत के आकर्षक अवसरों से अधिक लाभ कमाने की प्रक्रिया का संचालन करता है।

पूँजी बाजार के प्रकार (Types of Capital Market)

पूँजी बाजार को निम्न दो भागों में विभाजित किया जा सकता है–

1. प्राथमिक पूँजी बाजार
2. द्वितीयक पूँजी बाजार

1. प्राथमिक पूँजी बाजार (Primary Capital Market)

प्राथमिक पूँजी बाजार वह बाजार होता है, जिसमें दीर्घकालीन पूँजी एकत्रित करने के लिए कम्पनियों द्वारा अंशों, ऋणपत्रों व अन्य प्रतिभूतियों को प्रथम बार निर्गमित किया जाता है। ऐसे बाजार का सम्बन्ध नए निर्गमनों (Issues) से होता है, इसलिए प्राथमिक पूँजी बाजार को नव-निर्गमन बाजार (New issue market) भी कहते हैं। ऐसे बाजार के माध्यम से नई तथा पुरानी दोनों प्रकार की कम्पनियाँ पूँजी एकत्रित कर सकती हैं।

2. द्वितीयक पूँजी बाजार (Secondary Capital Market)

द्वितीयक बाजार उन निर्गमित प्रतिभूतियों में लेन-देन करता है, जो प्राथमिक बाजार द्वारा पूर्व में निर्गमित की जा चुकी हैं। द्वितीयक बाजार क्रेता तथा विक्रेता की तरलता की आवश्यकता की पूर्ति हेतु प्रतिभूतियों का क्रय-विक्रय करता है। द्वितीयक बाजार में लेन-देन केवल दलालों के माध्यम से किया जाता है। यहाँ प्रतिभूतियों में व्यापार केवल स्कन्ध बाजारों तक ही सीमित होता है। अतः यह वह बाजार है, जो स्टॉक एक्सचेन्ज में अंशों और ऋणपत्रों का व्यापार करता है। इस बाजार को स्टॉक मार्केट तथा शेयर/स्कन्ध विपणि भी कहा जाता है।

मुद्रा बाजार एवं पूँजी बाजार में अन्तर

अन्तर का आधार	मुद्रा बाजार	पूँजी बाजार
भाग लेने वाली संस्थाएँ	इसमें सक्रिय संस्थाओं में व्यापारिक बैंकों, गैर-बैकिंग वित्तीय संस्थाओं, केन्द्रीय बैंक आदि का वर्चस्व होता है।	पूँजी बाजार में स्कन्ध विनिमय, सरकार, जीवन बीमा निगम, यूनिट ट्रस्ट, संयुक्त स्कन्ध कम्पनियाँ आदि मुख्य वित्तीय संस्थाएँ होती हैं।
उपकरण/प्रलेख	इसमें प्रयुक्त उपकरणों में विनिमय प्रतिज्ञा-पत्र तथा सरकार द्वारा जारी अल्पकालीन प्रतिभूतियाँ, ट्रेज़री बिल आदि आते हैं।	इसमें अंश-पत्र, ऋणपत्र, बन्ध-पत्र तथा सरकार द्वारा जारी दीर्घकालीन प्रतिभूतियाँ मुख्य उपकरण हैं।
निवेश राशि	मुद्रा बाजार में अधिक धन निवेश की आवश्यकता होती है।	पूँजी बाजार प्रतिभूतियों का मूल्य काफी कम होता है, जिससे अधिक निवेश आवश्यक नहीं है।
समयावधि	मुद्रा बाजार अल्पकालीन प्रतिभूतियों का बाजार है। यह अल्पकालीन वित्तीय आवश्य- कताओं की पूर्ति करता है।	पूँजी बाजार दीर्घकालीन प्रतिभूतियों का बाजार है, जो दीर्घकाल के लिए वित्तीय आवश्यकताओं की पूर्ति करता है।
तरलता	मुद्रा बाजार में प्रतिभूतियों की तरलता का स्तर उच्च होता है।	पूँजी बाजार की प्रतिभूतियों को तरल निवेश माना जाता है, किन्तु यह मुद्रा बाजार की तुलना में कम होता है।
सुरक्षा	मुद्रा बाजार में प्रपत्रों के मूल्य की वापसी एवं उन पर प्रतिफल का जोखिम कम रहता है अर्थात् इसमें गड़बड़ी की सम्भावना कम रहती है।	पूँजी बाजार में प्रपत्रों के मूल्य की वापसी एवं उन पर प्रतिफल दोनों का जोखिम रहता है।
सम्भावित प्रतिफल	मुदा बाजार में सम्भावित प्रतिफल दर अल्प अवधि के कारण कम होती है।	पूँजी बाजार में अधिक ऊँची दर से प्रत्याय मिलता है। इनमें प्रतिफल की सम्भावना अधिक होती है।
स्थान	मुद्रा बाजार में सौदों के लिए कोई औपचारिक स्थान नहीं होता है।	पूँजी बाजार में सामान्यतः स्कन्ध विनिमय के माध्यम से सौदे किए जाते हैं।

स्टॉक एक्सचेन्ज/शेयर बाजार

(Stock Exchange/Share Market)

स्टॉक एक्सचेन्ज एक ऐसा बाजार है, जिसमें सूचीकृत/रजिस्टर्ड (Scheduled/Registered) प्रतिभूतियाँ खरीदी एवं बेची जाती हैं। यह बाजार कम्पनियों को पूँजी एकत्र करने एवं तरलता बनाए रखने में सहायक होता है तथा निवेशकों को सुरक्षित निवेश की सुविधा प्रदान करता है। वर्तमान आधुनिक युग में स्टॉक एक्सचेन्ज में सभी क्रय-विक्रय कम्प्यूटर पर इण्टरनेट के माध्यम से किए जाते हैं, जिससे प्रतिभूतियों का क्रय-विक्रय और अधिक आसान एवं सुविधाजनक हो गया है।

स्टॉक एक्सचेन्ज/शेयर बाजार के उद्देश्य/कार्य

(Objectives/Functions of Stock Exchange/Share Market)

एक शेयर बाजार के निम्नलिखित कार्य होते हैं–

1. निवेशकों को प्रतिभूतियों में द्रव्यता तथा विनियोग उपलब्ध कराना
2. प्रतिभूतियों का मूल्यन/भाव
3. लेन-देन की सुरक्षा
4. आर्थिक प्रगति हेतु भागीदारी
5. समता का प्रसार
6. सट्टेबाजी के लिए अवसर उपलब्ध कराना

भारत में शेयर बाजार का इतिहास

भारत में सर्वप्रथम स्टॉक एक्सचेन्ज 1875 ई. को बम्बई में 'द नेटिव शेयर एण्ड स्टॉक ब्रोकर एसोसिएशन' के नाम से स्थापित हुआ। इसे वर्तमान में बॉम्बे स्टॉक एक्सचेन्ज (BSE) के नाम से जाना जाता है। इसके पश्चात् 1894 ई. में अहमदाबाद, वर्ष 1908 के कलकत्ता तथा वर्ष 1937 में मद्रास एक्सचेन्जों की स्थापना हुई। भारतीय प्रतिभूति अनुबन्ध (नियमन) 1956 पारित हुआ, जिसके अन्तर्गत 16 स्टॉक एक्सचेन्जों को ही मान्यता दी गई। वर्ष 1990 तक शेयर बाजार स्थानीय क्षेत्रों तक सीमित थे। *वर्ष 1991 के पश्चात् द्वितीयक बाजार त्रिस्तरीय हो गए, जो निम्न हैं–*

- क्षेत्रीय शेयर बाजार
- राष्ट्रीय शेयर बाजार
- ओवर द काउण्टर एक्सचेन्ज ऑफ इण्डिया (OTCEI)

व्यापारिक एवं निपटान प्रक्रिया के चरण

(Steps of Trade and Settlement Procedure)

वर्ष 2003 से पूर्व जब शेयर बाजार में प्रतिभूतियाँ क्रय-विक्रय की जाती थीं, तब निपटान अवधि साप्ताहिक/पाक्षिक होती थी, परन्तु वर्ष 2003 से व्यापार की तिथि से 2 दिन में लेन-देन का निपटान होना अनिवार्य कर दिया गया है, जिसे T + 2 (लेन-देन का दिन और दो दिन) की अवधि कहा जाता है। इसे चल निपटान भी कहा जाता है। चल निपटान के प्रभावी क्रियान्वयन हेतु इलेक्ट्रॉनिक निधि अन्तरण तथा अंशों के विभौतिकीकरण की आवश्यकता महसूस की गई। अतः प्रतिभूतियों के क्रय-विक्रय हेतु स्क्रीन आधारित व्यापार की शुरुआत हुई।

स्क्रीन आधारित व्यापार हेतु निम्न चरण सम्मिलित होते हैं-

1. दलाल से समझौता
2. डी-मैट खाता खोलना
3. आदेश देना
4. सर्वोत्तम मूल्य का मिलान
5. पुष्टि की पर्ची जारी करना
6. संविदा नोट जारी करना
7. शेयर बाजार को भुगतान अथवा सुपुर्दगी देना
8. दूसरे मध्यस्थ (दलाल) को भुगतान अथवा सुपुर्दगी देना

विभौतिकीकरण (Dematerialisation, D-mat)

प्रतिभूतियों की चोरी, नकली अंतरण, निपटान में देरी, भौतिक रूप से प्रतिभूतियों की सुपुर्दगी में देरी एवं क्रय-विक्रय में अनेक समस्याएँ होने के कारण शेयर बाजार में विभौतिकीकरण (Dematerialisation) की प्रकिया को अपनाया गया। विभौतिकीकरण में सम्पूर्ण कार्य कम्प्यूटर टर्मिनल के माध्यम से किया जाता है, जिसमें प्रतिभूतियों के क्रय-विक्रय को इलेक्ट्रॉनिक बहीखाता प्रविष्टि के रूप में रिकॉर्ड किया जाता है और इन प्रतिभूतियों के निवेशक को एक यूनिक संख्या (Unique Code) दे दी जाती है तथा उन प्रतिभूतियों के भौतिक स्वरूप को रद्द कर दिया जाता है। इसी प्रक्रिया को विभौतिकीकरण अथवा विद्रव्यीकरण कहा जाता है। विभौतिकीकरण के लिए निवेशक का डी-मैट खाता होना अनिवार्य है।

विभौतिकीकरण के लाभ (Advantages of Dematerialisation)

विभौतिकीकरण के लाभ निम्नलिखित हैं–

1. वर्तमान में सभी प्रारम्भिक सार्वजनिक निर्गम (IPOs) विभौतिकीकरण रूप में ही जारी किए जाते हैं तथा 99% से अधिक आवर्त का निपटान डी-मैट के रूप में अनिवार्य कर दिया गया है।
2. डी-मैट के रूप में प्रतिभूतियों का लेन-देन काफी सरल एवं सुविधाजनक हो जाता है।
3. इसमें भौतिक अंशों को इलेक्ट्रॉनिक रूप में और इलेक्ट्रॉनिक अंशों को भौतिक रूप में परिवर्तित भी किया जा सकता है।
4. डी-मैट को ऋण के लिए बन्धक अथवा गिरवी रखा जा सकता है। इस खाते में रखे हुए अंशों की चोरी या अन्य प्राकृतिक आपदा आग, बाढ़ आदि से कोई खतरा नहीं रहता है।
5. इस खाते में अंशों की सही संख्या को जमा या नाम करना दलाल का मुख्य उत्तरदायित्व होता है।

डी-मैट प्रणाली की कार्यविधि

1. निवेशक को निक्षेपी के साथ खाता खोलने से पूर्व एक निक्षेपागार प्रतिभागी (Depository Participant, DP) का चयन करना होता है, जो एक बैंक, दलाल अथवा कोई वित्तीय सेवा कम्पनी हो सकती है।

   नोट निक्षेपी तथा निक्षेपागार को आगे विस्तृत रूप में समझाया गया है।
2. निवेशक को खाता खोलने का फॉर्म भर लेना चाहिए, जिसमें आवश्यक प्रलेख; जैसे- पेन कार्ड, फोटो, आधार कार्ड, मुख्यतारनामा (Affidavit) आदि संलग्न कर देने चाहिए।
3. निक्षेपागार प्रतिभागी (DP) को भौतिक प्रमाण-पत्र के साथ विभौतिकीकरण हेतु फॉर्म जमा कराना चाहिए।
4. यदि आरम्भिक सार्वजनिक प्रस्ताव (IPOs) में अंश आवेदन किया गया है, तो उसमें डी. पी. तथा डी-मैट खाते का विवरण देना होता है, जिससे अंश आवण्टित होने की दशा में अंश डी-मैट खाते में जमा हो जाते हैं।
5. यदि अंशों का विक्रय किया जाना है, तो अंशों की संख्या का विवरण डी. पी. को देकर निर्देशित किया जाता है कि डी-मैट खाते को नाम (डेबिट) किया जाए।
6. दलाल अपने डी.पी. को अंशों की सुपुर्दगी हेतु अनुदेश देता है।
7. इसके पश्चात् दलाल भुगतान प्राप्त करके अंश बेचने वाले व्यक्ति को भुगतान कर देता है।
8. अंशों की सुपुर्दगी तथा क्रेता से भुगतान T + 2 अवधि में पूर्ण हो जाता है।

भारत का राष्ट्रीय शेयर बाजार

(National Stock Exchange of India, NSEI)

वर्ष 1992 में ₹ 25 करोड़ की समता पूँजी के साथ राष्ट्रीय शेयर बाजार की स्थापना हुई। इसकी सिफारिश 1991 में फेर्वानी समिति ने की थी, जिसे अप्रैल, 1993 में शेयर बाजार के रूप में मान्यता मिली। इसका मुख्यालय मुम्बई में है। नेशनल स्टॉक एक्सचेन्ज भारत का सबसे बड़ा और तकनीकी रूप से अग्रणी स्टॉक एक्सचेन्ज है। व्यापार की दृष्टि से यह विश्व का तीसरा सबसे बड़ा स्टॉक एक्सचेन्ज है।

राष्ट्रीय शेयर बाजार के उद्देश्य

(Objectives of National Share Market)

राष्ट्रीय शेयर बाजार को स्थापित करने के निम्नलिखित उद्देश्य हैं–

1. सभी कम्पनियों की प्रतिभूतियों को राष्ट्र स्तर के व्यापार की सुविधा देना।
2. इण्टरनेट ट्रेडिंग द्वारा देशभर में निवेशकों की पहुँच बाजार तक करना।
3. इलेक्ट्रॉनिक ट्रेडिंग प्रणाली से निवेशकों को निष्पक्ष, पारदर्शी एवं नियन्त्रित बाजार उपलब्ध कराना।
4. सूचीबद्ध प्रतिभूतियों के लिए नियमित एवं सुविधापूर्ण बाजार उपलब्ध करवाना।
5. विभिन्न प्रतिभूतियों के दिन-प्रतिदिन का पूर्ण विवरण रखना और मूल्य एवं विक्रय की मात्रा को नियमित सूचना प्रेस एवं संचार माध्यमों से देते रहना।

6. लेन-देन एवं निवेश में सुरक्षा प्रदान करना।
7. अन्तर्राष्ट्रीय ऊँचाइयों एवं मानकों को पूरा करना।

भारतीय प्रतिभूति एवं विनिमय बोर्ड, सेबी

(Securities Exchange Board of India, SEBI)

प्रतिभूति बाजार के प्रभावी नियमन एवं नियन्त्रण को सुनिश्चित करने के लिए भारत सरकार द्वारा 12 अप्रैल, 1988 को भारतीय प्रतिभूति एवं विनिमय बोर्ड (सेबी) की स्थापना एक अन्तरिम प्रशासनिक निकाय के रूप में की गई थी। 30 जनवरी, 1992 को इसे वैधानिक निकाय के रूप में मान्यता मिली। अप्रैल, 1993 में इसे शेयर बाजार के रूप में मान्यता मिल गई। इसने वर्ष 1994 से अपना कार्य प्रारम्भ किया। जिसका मुख्यालय मुम्बई में है।

सेबी के उद्देश्य (Objectives of SEBI)

सेबी के निम्न उद्देश्य हैं-

1. स्टॉक एक्सचेन्जों अथवा किसी अन्य प्रतिभूति बाजार के व्यवसाय को विनियमित करना तथा उसका नियन्त्रण करना, ताकि शेयर बाजार को क्रमबद्ध तरीके से बढ़ावा मिले।
2. निवेशकों एवं प्रतिभूति बाजारों से जुड़े प्रतिभागियों के अधिकारों एवं हितों की रक्षा करना तथा इनके शिक्षण व प्रशिक्षण पर बल देना।
3. प्रतिभूति बाजारों के सम्बन्ध में कपटपूर्ण तथा अनुचित व्यवहारों को रोकना।
4. प्रतिभूतियों में आन्तरिक व्यापार को प्रतिबन्धित करना।
5. स्टॉक ब्रोकर्स, सब-स्टॉक ब्रोकर्स, शेयर हस्तान्तरण एजेण्ट, निर्गमन बैंकर्स, प्रन्यासी, निर्गमन के पंजीयक, मर्चेण्ट बैंकर्स, विनियोजक परामर्शदाता तथा अन्य मध्यवर्ती व्यक्तियों का पंजीकरण करना। इनके द्वारा एक आचार संहिता एवं निष्पक्ष व्यवहार को, उन्हें प्रतियोगी एवं व्यावसायिक बनाने के दृष्टिकोण के साथ विकसित एवं विनियमित करना।
6. स्वतः नियन्त्रित संगठनों का विकास एवं नियमन करना।
7. भारतीय प्रतिभूति अनुबन्ध (नियमन) अधिनियम, 1956 के प्रावधानों के अन्तर्गत ऐसे कार्य करना तथा ऐसी शक्तियों को लागू करना, जो केन्द्रीय सरकार द्वारा उसको सौंपे जाएँ।

सेबी के कार्य (Functions of SEBI)

सेबी के मुख्य रूप से तीन कार्य निम्नलिखित हैं-

1. **सुरक्षात्मक कार्य** (Partective Work) *सेबी द्वारा विनियोगकर्ताओं और अन्य प्रतिभागियों के हितों की सुरक्षा के लिए निम्न कार्य किए जाते हैं-*
   (*i*) स्टॉक एक्सचेन्ज में प्रतिभूतियों के व्यवहार को नियमित एवं नियन्त्रित करना।
   (*ii*) प्रतिभूति बाजार में कलहपूर्ण एवं कुरीतियाँ जनित क्रियाओं को रोकना।
   (*iii*) इनसाइडर ट्रेडिंग में लिप्त होने की आशंका होने पर किसी सूचीकृत या अन्य पब्लिक लिमिटेड कम्पनी से आवश्यक रिकॉर्ड एवं जानकारी प्राप्त करना।
   (*iv*) प्रतिभूति बाजार में कपटपूर्ण एवं अनुचित कार्यों पर प्रतिबन्ध लगाना।
   (*v*) प्रतिभूतियों के बाजार मूल्यों में कमी अथवा वृद्धि को हेरा-फेरी के उद्देश्य से रोकना।
   (*vi*) प्रतिभूतियों के निवेशकों के हितों की रक्षा करना तथा ऐसे उपायों द्वारा प्रतिभूति बाजार का नियन्त्रण करना, जिससे उसको विकसित बनाया जा सके।

   उसके इन उपायों में निम्न उपाय सम्मिलित हैं-
   (*a*) स्टॉक एक्सचेन्जों तथा अन्य प्रतिभूति बाजार के व्यवसाय का नियन्त्रण।
   (*b*) स्टॉक ब्रोकर्स, उप-ब्रोकर्स, अंश हस्तान्तरण एजेण्ट, निर्गमन के रजिस्ट्रार, मर्चेण्ट बैंकर्स अभिगोपक, पोर्टफोलियो प्रबन्धक, विनियोजन परामर्शदाता तथा ऐसे अन्य व्यक्तियों का पंजीकरण तथा उनके कार्य का नियन्त्रण।
   (*c*) डिपॉजिटरी भागीदार, प्रतिभूतियों के संरक्षक, विदेशी संस्थागत निवेशक, क्रेडिट रेटिंग एजेन्सीज तथा ऐसे ही अन्य मध्यस्थों का पंजीकरण तथा उनके काम का नियन्त्रण, करना जिसके लिए बोर्ड ने अधिसूचना जारी की है।
2. **नियामक कार्य** (Regulatory Functions) *सेबी नियमन सम्बन्धी निम्न कार्य करती है-*
   (*i*) स्टॉक बाजार मध्यस्थों की क्रियाओं का नियमन।
   (*ii*) वेंचर कैपिटल कोष (Venture Capital Fund, VCF) तथा सामूहिक निवेश योजना का नियमन एवं नियन्त्रण।
   (*iii*) स्वयं नियमित संगठन का प्रवर्तन एवं नियमन।
   (*iv*) इनसाइडर ट्रेडिंग को निषेध करना।
   (*v*) कम्पनी के अधिग्रहण के प्रयासों को नियमित करना।
   (*vi*) किसी सौदे की जाँच पड़ताल के सम्बन्ध में किसी बैंक, अधिकारी, अधिकरण, बोर्ड, निगम आदि से आवश्यक सूचना रिकॉर्ड प्राप्त करना।
   (*vii*) केन्द्रीय सरकार द्वारा एस.सी.आर. के अन्तर्गत अपने अधिकारों के प्रत्यार्पण पर आवश्यक कार्यवाही करना।
   (*viii*) कोई शुल्क तथा फीस इत्यादि निर्धारित करना एवं वसूल करना।
3. **विकास कार्य** (Development Work) *सेबी के विकासपूर्ण कार्य निम्न हैं-*
   (*i*) स्टॉक एक्सचेन्ज म्युचुअल फण्ड तथा अन्य मध्यस्थों के कार्यकलापों की जाँच, अंकेक्षण एवं अनुसन्धान करना।
   (*ii*) शोध एवं अनुसन्धान करना।
   (*iii*) निवेशकों को सूचनाएँ एवं आवश्यक जानकारी प्रदान कर शिक्षित करना।
   (*iv*) मध्यस्थों को नियमों एवं सौदों को क्रियान्वित करवाने हेतु आवश्यक प्रशिक्षण देना।

   सेबी किसी मामले की जाँच-पड़ताल के बाद निवेशकों के हित में या प्रतिभूति बाजार के हित में निम्न दण्डकारी उपाय अपना सकती है, जो उसे इस सम्बन्ध में उचित लगे।
   (*a*) किसी स्टॉक एक्सचेन्ज में किसी प्रतिभूति में व्यवहार का स्थगन (Cancellation)।
   (*b*) किसी विशेष व्यक्ति, संस्था निगम को प्रतिभूतियों में व्यवहार करने से रोकना।
   (*c*) किसी स्टॉक एक्सचेन्ज के अधिकारी को निलम्बित करना।
   (*d*) अनुसन्धान के अन्तर्गत 'सौदे' की विक्रय राशि को रोकना या जब्त करना।
   (*e*) प्रथम श्रेणी न्यायिक मजिस्ट्रेट की पूर्व स्वीकृति से किन्हीं बैंक खातों को सील करना।
   (*f*) किसी मध्यस्थ अथवा प्रतिभूति बाजार से जुड़े हुए व्यक्ति को सम्पत्तियों के निपटारे से रोकना।

अभ्यास प्रश्न

1. वित्तीय बाजार को कितने भागों में वर्गीकृत किया जा सकता है
(a) 2 (b) 4 (c) 6 (d) 8

2. मुद्रा बाजार किन प्रतिभूतियों का बाजार होता है
(a) अल्पकालीन (b) दीर्घकालीन (c) जोखिम (d) सरकारी

3. अल्पकालीन प्रतिभूतियों की परिपक्वता अवधि मुद्रा बाजार के दृष्टिकोण से कितनी होती है
(a) 3 माह (b) 6 माह (c) 9 माह (d) 12 माह

4. वह बाजार अथवा क्षेत्र जहाँ अल्पकालीन पूँजी का लेन-देन होता है कहलाता है
(a) रिजर्व बैंक ऑफ इण्डिया (b) द्रव्य या मुद्रा बाजार
(c) पूँजी बाजार (d) वित्तीय कम्पनियाँ

5. मुद्रा बाजार का उपकरण है
(a) ट्रेजरी बिल (b) तिजारती प्रपत्र
(c) वाणिज्यिक बिल (d) ये सभी

6. मुद्रा बाजार का उपकरण है
(a) राजकोषीय बिल (b) वाणिज्यिक बिल
(c) माँग मुद्रा (d) ये सभी

7. ट्रेज़री बिल जारी किया जाता है
(a) सरकार द्वारा (b) कम्पनी द्वारा
(c) ऋणदाता द्वारा (d) ऋणी द्वारा

8. ट्रेजरी बिल अधिकतम कितने दिवस के लिए जारी किए जाते हैं?
(a) 80 (b) 90 (c) 120 (d) 364

9. सर्वाधिक सुरक्षित अल्पकालीन उपकरण है
(a) ट्रेजरी बिल (b) तिजारती
(c) शिघ्रावधि द्रव्य (d) बचत प्रमाण पत्र

10. ऐसे प्रपत्र जिनका भुगतान ऋणदाता अथवा ऋणी की इच्छा पर अल्प सूचना देकर किया जा सकता है। जिनकी परिपक्वता अवधि 1 से 15 दिन तक होती है। ऐसे प्रपत्र कहलाते हैं
(a) ट्रेजरी बिल (b) वाणिज्यिक प्रपत्र
(c) माँग मुद्रा (d) बचत प्रमाण पत्र

11. कठिन तरलता अवधि के दौरान मुद्रा बाजार में उपयोग लिया जाने वाला उपकरण है
(a) ट्रेज़री बिल (b) विनिमय बिल
(c) जमा प्रमाण-पत्र (d) वाणिज्यिक बिल

12. पूँजी बाजार के प्राथमिक बाजार में व्यापार होता है
(a) नए निर्गमन का (b) पुराने धारित निर्गमन का
(c) नए एवं पुराने निर्गमन का (d) इनमें से कोई नहीं

13. द्वितीयक बाजार में लेन-देन किसके द्वारा किया जाता है
(a) कम्पनी (b) मालिक (c) दलाल (d) बैंक

14. बॉम्बे स्टॉक एक्सचेंज की स्थापना कब हुई?
(a) सन् 1870 में (b) वर्ष 1875 में
(c) सन् 1902 में (d) वर्ष 1975 में

15. भारत में सर्वप्रथम स्टॉक एक्सचेन्ज बम्बई में 'द नेटिव शेयर एण्ड स्टॉक ब्रोकर एसोसिएशन' कब स्थापित हुआ।
(a) 1875 (b) 1880 (c) 1885 (d) 1890

16. T + 2 की अवधि कब से लागू हुई?
(a) वर्ष 2003 (b) वर्ष 2005
(c) वर्ष 2008 (d) वर्ष 2010

17. निवेशकर्ता जिस खाते में प्रतिभूतियों को इलेक्ट्रॉनिक रूप में रखता है उस खाते को कहते हैं
(a) बैंक खाता (b) डी-मैट खाता
(c) बचत खाता (d) अंश खाता

18. E-IPOs क्या है
(a) इलेक्ट्रॉनिक आरम्भिक सार्वजनिक निर्गमन
(b) इलेक्ट्रॉनिक विनियोजन सार्वजनिक निर्गमन
(c) इलेक्ट्रॉनिक आरम्भिक पोस्ट ऑफिस निर्गमन
(d) इलेक्ट्रॉनिक विनियोग प्रथम संगठन निर्गमन

19. सर्वप्रथम वर्ष 1992 में कितनी समता पूँजी के साथ राष्ट्रीय शेयर बाजार की स्थापना हुई।
(a) ₹ 20 करोड़ (b) ₹ 25 करोड़
(c) ₹ 30 करोड़ (d) ₹ 35 करोड़

20. राष्ट्रीय शेयर बाजार (NSE) का निपटान (उधार चुकता) चक्र है
(a) T + 5 (b) T + 3 (c) T + 2 (d) T + 1

21. राष्ट्रीय शेयर बाजार की स्थापना कब हुई?
(a) वर्ष 1990 में (b) वर्ष 1991 में
(c) वर्ष 1992 में (d) वर्ष 1993 में

22. राष्ट्रीय शेयर बाजार का मुख्यालय कहाँ स्थित है
(a) दिल्ली में (b) मुम्बई में
(c) कलकत्ता में (d) चेन्नई में

23. राष्ट्रीय शेयर बाजार का सूचकांक है
(a) निफ्टी (b) सेंसेक्स (c) कोटेड (d) नैसडेक

24. भारतीय प्रतिभूति एवं विनिमय बोर्ड की स्थापना कब हुई?
(a) 15 अगस्त, 1980 को (b) 26 जनवरी, 1985 को
(c) 1 अप्रैल, 1987 को (d) 12 अप्रैल, 1988 को

25. सेबी को वैधानिक निकाय के रूप में कब मान्यता मिली।
(a) 30 जनवरी, 1992 (b) 12 अप्रैल, 1988
(c) 30 जनवरी, 1993 (d) 1 जनवरी, 1994

26. भारत में कितने प्रकार की डिपॉजिटरी है?
(a) 2 (b) 4 (c) 6 (d) 8

27. एन.एस.ई. के किलयरिंग एवं निपटारा क्रियाकलाप किसके द्वारा वहन किए जाते हैं?
(a) NSDL (b) NSCCL (c) SBI (d) CDLL

उत्तरमाला

1.	(a)	2.	(a)	3.	(d)	4.	(b)	5.	(a)	6.	(d)	7.	(a)	8.	(d)	9.	(a)	10.	(a)
11.	(c)	12.	(a)	13.	(c)	14.	(b)	15.	(a)	16.	(a)	17.	(b)	18.	(a)	19.	(b)	20.	(c)
21.	(c)	22.	(b)	23.	(a)	24.	(d)	25.	(a)	26.	(a)	27.	(a)						

अध्याय 11

विपणन

विपणन का अर्थ (Meaning of Marketing)

विपणन के अर्थ को परम्परागत रूप से उन व्यावसायिक क्रियाओं का निष्पादन माना गया है जिन क्रियाओं में वस्तु एवं सेवा के उत्पादन से लेकर उपभोक्ता तक पहुँचाने की क्रियाएँ शामिल की जाती हैं; जैसे-उत्पाद का रूपांकन, पैकेजिंग, भण्डारण, परिवहन, ब्रांडिग, विक्रय, विज्ञापन, मूल्य निर्धारण आदि सभी क्रियाएँ विपणन क्रियाएँ कहलाती हैं।

विपणन की विचारधारा/अवधारणा (Concepts of Marketing)

विपणन का वास्तविक अर्थ वस्तुओं व सेवाओं के क्रय एवं विक्रय से लगाया जाता है, किन्तु विपणन केवल वस्तुओं के क्रय व विक्रय तक ही सीमित नहीं है। विपणन के अर्थ को भली प्रकार समझने के लिए हम इसको दो विचारधाराओं से जोड़कर देख सकते हैं। एक परम्परागत विचारधारा, जो संकीर्ण रूप में विपणन को व्यक्त करती है और दूसरी नवीन विचारधारा, जो विपणन को आधुनिक दृष्टिकोण से देखती है। *विपणन को समझने के लिए हम दोनों विचारधाराओं का निम्न प्रकार से अध्ययन करेंगे–*

विपणन की परम्परागत विचारधारा

(Traditional Concept of Marketing)

विपणन की परम्परागत विचारधारा को मानने वालों में प्रमुख रूप से प्रो. पाइल, टाउसले, क्लार्क एवं क्लार्क व एडवर्ड एवं डेविड हैं। *इनके द्वारा दी गई विपणन की परिभाषाएँ निम्नलिखित हैं–*

प्रो. पाइल के अनुसार, ''विपणन में क्रय व विक्रय दोनों ही क्रियाओं को शामिल किया जाता है। ''

टाउसले, क्लार्क एवं **क्लार्क** के अनुसार, ''विपणन में वे सभी प्रयत्न सम्मिलित हैं, जो वस्तुओं और सेवाओं के हस्तान्तरण को प्रभावित करते हैं और उनके भौतिक वितरण की व्यवस्था करते हैं।''

एडवर्ड एवं **डेविड** के अनुसार, ''विपणन एक आर्थिक रीति है, जिसके द्वारा वस्तुओं व सेवाओं को बदला जाता है तथा उसके मूल्य मुद्रा में तय किए जाते हैं।''

विपणन की आधुनिक विचारधारा

(Modern Concept of Marketing)

विपणन की आधुनिक विचारधारा ग्राहक सन्तुष्टि तथा विक्रय पूर्व बाजार अनुसन्धान पर बल देती है। *आधुनिक विचारधारा की विभिन्न विद्वानों द्वारा दी गई परिभाषाएँ निम्नलिखित हैं*

कण्डिफ, स्टिल एवं **गोवोनी** के अनुसार, ''विपणन एक प्रबन्धकीय प्रक्रिया है, जिसके द्वारा बाजारों की आवश्यकताओं के अनुरूप वस्तुएँ बनाई जाती हैं और उनके स्वामित्व का हस्तान्तरण किया जाता है।''

प्रो. मेकार्थी के अनुसार, ''उपभोक्ता माँगों की आवश्यकताओं के अनुरूप उत्पादन योग्यताओं को समायोजित करने की आवश्यकताओं का व्यापारियों द्वारा दिया जाने वाला उत्तर विपणन कहलाता है।''

विपणन की विशेषताएँ (Characteristics of Marketing)

विपणन की विशेषताएँ निम्नलिखित हैं-

1. **आवश्यकता एवं अपेक्षा** (Need and Wants) विपणन का मुख्य केन्द्र बिन्दु 'ग्राहक' है। विपणन में अनेक व्यावसायिक गतिविधियों की बातचीत शामिल होती है, जिसका अन्तिम उद्देश्य उपभोक्ताओं की आवश्यकताओं (Needs) व इच्छाओं (Wants) की सन्तुष्टि करना है।
2. **उत्पाद का सृजन** (Formation of Product) उत्पाद सृजन का कार्य उपभोक्ता की आवश्यकताओं को पहचानने से प्रारम्भ होता है जिसमें विपणनकर्ता बाजार के उपभोक्ता की आवश्यकता के अनुसार उत्पाद की प्रस्तावना तैयार करते हैं। उत्पाद की प्रस्तावना से आशय किसी वस्तु अथवा सेवा के सम्पूर्ण विवरण; जैसे- उसका नाम, प्रकार, रंग, आकार तथा गुणवत्ता आदि के वर्णन से है जो एक निर्धारित मूल्य पर निश्चित बाजार अथवा स्थान पर उपलब्ध होता है।
3. **ग्राहक के योग्य मूल्य** (Value for Customer) उपभोक्ता किसी वस्तु को क्रय करने से पहले उसके मूल्य की तुलना अपनी आवश्यकता की पूर्ति से करता है। वह देखता है कि उसके द्वारा चुकाया गया मूल्य उसकी अधिकतम आवश्यकता की सन्तुष्टि किस स्तर तक करेगा। इसके अतिरिक्त वह प्रतियोगी फर्मों के उत्पाद के मूल्य को भी देखता है।
4. **विनिमय पद्धति** (Barter System) विपणन प्रक्रिया पूर्णतः विनिमय पद्धति पर आधारित होती है। इसके अन्तर्गत मुद्रा या किसी वस्तु के बदले मुद्रा या कोई अन्य वस्तु प्राप्त की जाती है। विपणन की इस सम्पूर्ण प्रक्रिया में दो पक्षकार (लेनदार-देनदार अथवा क्रेता-विक्रेता) होते हैं जिसमें दोनों पक्षों का सन्तुष्ट होना अनिवार्य है।

   अतः विपणन वह प्रक्रिया है जिसमें ग्राहक धन के बदले अपनी आवश्यकताओं और इच्छाओं की पूर्ति करता है।

विपणन प्रबन्ध (Marketing Management)

विपणन क्रियाओं का नियोजन, संगठन, समन्वय एवं नियन्त्रण 'विपणन प्रबन्ध' कहलाता है। विपणन प्रबन्ध व्यावसायिक क्रिया की वह शाखा है जो विक्रय से सम्बन्धित है। इस प्रकार विक्रय प्रबन्ध तथा विपणन प्रबन्ध एक-दूसरे के पर्यायवाची कहे जा सकते हैं।

विपणन बनाम विक्रय (Marketing v/s Sales)

कुछ लोग विक्रय को ही विपणन मानते हैं, जबकि विपणन एवं विक्रय में अनेक मूलभूत अन्तर हैं; जैसे-विक्रय में विक्रेता उपभोक्ता को वस्तु बेचकर सन्तुष्ट हो जाता है तथा उपभोक्ता की सन्तुष्टि पर कोई ध्यान नहीं देता, जबकि विपणन उत्पाद का निर्माण

उपभोक्ता की आवश्यकता एवं इच्छा अर्थात् उसकी सन्तुष्टि को ध्यान में रखकर करता है।

विपणन तथा विक्रय में अनेक अन्तर हैं *जिनको निम्न प्रकार से समझा जा सकता है–*

अन्तर का आधार	विपणन	विक्रय
परिभाषा	विपणन खरीदार और विक्रेता को व्यवस्थित योजना कार्यान्वयन और नियन्त्रित व्यावसायिक गतिविधियों द्वारा साथ लाने को कहते हैं।	विक्रय दो समूहों के मध्य एक लेन-देन है, जहाँ क्रेता को वस्तु या माल प्राप्त होता है तथा विक्रेता को उसका मूल्य।
दृष्टिकोण	यह उपभोक्ता माँग को उत्पन्न करता है तथा उन माँगों से फर्म द्वारा उत्पादित वस्तुओं का मिलान करता है। यह दीर्घकालीन दृष्टिकोण है।	विक्रय का दृष्टिकोण वस्तुओं व सेवाओं के अधिकाधिक विक्रय से लाभ कमाना होता है। यह अल्पकालीन दृष्टिकोण है।
क्षेत्र	विपणन का क्षेत्र बहुत व्यापक है। विपणन के अन्तर्गत बाजार अनुसन्धान से लेकर विज्ञापन व विक्रय तथा विक्रयोपरान्त सेवाएँ तथा उपभोक्ता सन्तुष्टि को सम्मिलित किया जाता है।	विक्रय का क्षेत्र सीमित है। विक्रय वस्तुओं के उत्पादित होने पर प्रारम्भ होता है तथा इनके भौतिक वितरण पर समाप्त हो जाता है।
उद्देश्य	विपणन का उद्देश्य उपभोक्ता सन्तुष्टि द्वारा अधिक लाभ कमाना है।	विक्रय का उद्देश्य अधिक विक्रय द्वारा अधिक लाभ अर्जित करना है।

विपणन प्रबन्ध दर्शन

(Marketing Management Philosophies/Concepts/Ideas)

विपणन प्रबन्ध दर्शन से आशय उस सम्पूर्ण प्रक्रिया से है जिसके आधार पर विपणन का कार्य निष्पादन किया जाता है। इसमें विपणन प्रबन्ध दर्शन के उद्देश्य, वर्तमान तथा प्राचीन स्थिति तथा विद्वानों द्वारा मूल्यांकन आदि का अध्ययन किया जाता है।

विपणन प्रबन्ध की अवधारणाएँ या दर्शन निम्न हैं-

उत्पादन की अवधारणा (Production Concept)

यह विपणन की परम्परागत अवधारणा है। इस अवधारणा के अनुसार औद्योगिक उत्पादों की माँग उत्पादन से अधिक होती है। व्यावसायिक क्रियाएँ वस्तुओं के उत्पाद पर केन्द्रित होती हैं तथा बाजार विक्रय प्रधान होते हैं। इस अवधारणा में उत्पादकों की मान्यता है कि यदि ग्राहकों को उनके सामर्थ्य के अनुसार मूल्य पर तथा सुविधानुसार स्थान पर उत्पाद उपलब्ध कराया जाए तो व्यवसाय को अधिकतम लाभ होगा।

उत्पाद की अवधारणा (Product Concept)

प्रारम्भ मे उत्पादन में वृद्धि पर बल दिया गया, परिणामस्वरूप उपभोक्ता को आवश्यकता की वस्तुएँ उसकी माँग के अनुरूप आसानी से मिलने लगी। वस्तुओं की पूर्ति माँग से अधिक होने पर उपभोक्ता उन वस्तुओं की माँग करने लगे जो गुणवत्ता, किस्म एवं लक्षण की दृष्टि से श्रेष्ठ थीं।

बिक्री की अवधारणा (Selling Concept)

समय के साथ-साथ विपणन पर्यावरण में भी परिवर्तन आने लगा। उत्पादक बड़े पैमाने पर अच्छी गुणवत्ता वाली वस्तुओं का उत्पादन कर पूर्ति करने लगे, जिससे विक्रेताओं के बीच प्रतिस्पर्द्धा होने लगी। परिणामस्वरूप, वस्तुओं को विक्रय करने के लिए विज्ञापन, व्यक्तिगत विक्रय एवं विक्रय प्रवर्तन जैसे विक्रय संवर्द्धन तकनीकों का प्रयोग किया जाने लगा।

विपणन की अवधारणा (Marketing Concept)

यह अवधारणा व्यवसाय की सफलता की ओर संकेत करती है, जोकि उपभोक्ता की आवश्यकताओं की सन्तुष्टि पर निर्भर है। वर्तमान में कोई भी व्यावसायिक संगठन अधिकतम लाभ प्राप्त करना चाहता है। इसके लिए उसे वर्तमान ग्राहकों एवं सम्भावित ग्राहकों की आवश्यकता को पहचानकर उन्हें सन्तुष्ट करना आवश्यक है।

विपणन की सामाजिक अवधारणा (Social Concept of Marketing)

विगत दो दशकों में विपणन विद्वानों ने सामाजिक समस्याओं की ओर विपणन दर्शन का ध्यान आकर्षित करवाया है। सामाजिक समस्याएँ; जैसे पर्यावरण प्रदूषण, जनसंख्या वृद्धि, प्राकृतिक संसाधनों का अन्धाधुन्ध विदोहन, मुद्रा स्फीति आदि पर विपणन का ध्यान दिया जाना आवश्यक माना गया है। ऐसी व्यावसायिक क्रियाएँ जो मानवीय आवश्यकता की सन्तुष्टि तो करती हों, लेकिन समाज के हितों के विरुद्ध हों तो उन्हें किया जाना अनुचित है। ऐसी क्रियाएँ करना व्यवसाय की दूरदर्शिता में कमी मानी जाएगी।

विपणन के कार्य (Functions of Marketing)

विपणन का सम्बन्ध विनिमय से है जो उपभोक्ताओं की आवश्यकताओं की सन्तुष्टि करता है। *विपणन प्रबन्ध के कार्य निम्न हैं-*

1. **बाजार सम्बन्धी सूचना एकत्रित करना तथा उसका विश्लेषण करना** (Gathering and Analysing Market Information)
   एक विपणनकर्ता का विपणन सम्बन्धी महत्त्वपूर्ण कार्य बाजार सम्बन्धी सूचनाएँ एकत्र कर उनका विश्लेषण करना है। बाजार एवं ग्राहकों की आवश्यकताओं की पहचान करने तथा वस्तुओं एवं सेवाओं के सफल विपणन के लिए संगठन की सुदृढ़ता एवं कमजोरियों का विश्लेषण करना भी आवश्यक है।
2. विपणन नियोजन में ग्राहकों की आवश्यकताओं को समझना, फर्म के पास उपलब्ध साधनों का निर्धारण करना, संगठनात्मक एवं नीति मूलक निर्णय लेना और निर्णयों का क्रियान्वयन करना व इनके परिणाम का विश्लेषण करना।
3. **उत्पाद का रूपांकन एवं विकास** (Product Designing and Development) उत्पाद के रूपांकन एवं विकास में इस बात का ध्यान रखा जाता है कि बनाया जाने वाला उत्पाद लक्षित ग्राहकों की आवश्यकता के अनुरूप हो तथा उनको आकर्षित करने वाला हो।
4. **प्रमापीकरण एवं श्रेणीयन** (Standardisation and Grading) इस समय प्रमापीकरण और श्रेणीयन विपणन के दो महत्त्वपूर्ण कार्य हैं। ये दोनों कार्य विपणन कार्यों को आसान, उत्पादन को एक रूपरेखा में तथा विपणन को और अधिक व्यापक बनाने में सहायक होते हैं।
   प्रमापीकरण प्रक्रिया में उत्पादक एक सामान्य प्रमापक या माप के आधार पर यह सुनिश्चित करता है कि कौन-सा उत्पाद किस मात्रा में, किस रूपरेखा एवं डिजाइन में तैयार किया जाना है।
5. **पैकेजिंग व लेबलिंग** (Packaging and Labelling) पैकेजिंग का अर्थ है वस्तुओं को बाँधने या ढकने के लिए उचित प्रकार के डिब्बे, टिन, पेटियाँ , बोतलें आदि का प्रयोग करना। पैकेज, एक वस्तु को एक प्रकार का लपेटने वाला या ढकने वाला अथवा रखने वाला आवरण या खोखा होता है, जो वस्तु को परिवहन एवं संग्रह के दौरान सुरक्षित रखता है। इससे वस्तु के टूटने-फूटने, खराब होने, टपकने आदि की जोखिम कम हो जाती है।
6. **ब्राण्ड निर्धारण** (Branding) ब्राण्ड काफी व्यापक शब्द है, जोकि अपने में किसी उत्पाद का नाम अथवा उसकी पहचान कराने वाले किसी अक्षर, शब्द, प्रतीक आदि को शामिल करता है।
   यदि वस्तुओं को उनके लाक्षणिक नाम से विक्रय किया जाता है, तो विपणनकर्ताओं को अपने प्रतिस्पर्द्धियों के उत्पादों से अपने उत्पादों में अन्तर

करना कठिन हो जाता है, इसलिए अधिकांश विपणनकर्ता अपने उत्पादों को कोई विशेष नाम देते हैं, जिससे कि उनके उत्पादों को अलग से पहचाना जा सके तथा प्रतिस्पर्द्धी उत्पादों के साथ उनका अन्तर किया जा सके। किसी उत्पाद को नाम, चिह्न अथवा कोई प्रतीक आदि देने की प्रक्रिया को ब्राण्डिंग कहा जाता है।

7. **ग्राहक समर्थन सेवाएँ** (Customer Support Services) ग्राहक समर्थन सेवाओं से आशय विपणनकर्ता द्वारा उत्पाद विक्रय के पश्चात् ग्राहक को दी जाने वाली सेवाओं के समूह से है जिनमें उत्पाद से सम्बन्धित शिकायतों का समाधान, मरम्मत एवं रख-रखाव सेवाएँ, उत्पाद प्रशिक्षण सेवाएँ, तकनीकी सेवाएँ आदि को सम्मिलित किया जाता है।
8. **उत्पाद का मूल्य निर्धारण** (Pricing of Products) उत्पाद का मूल्य वह राशि है, जिसका भुगतान उत्पाद को प्राप्त करने के लिए क्रेता द्वारा विक्रेता को किया जाता है। मूल्य निर्धारण विपणन का एक महत्त्वपूर्ण अंग है। यदि उत्पाद का मूल्य ग्राहक की दृष्टि में अधिक है, तो ग्राहक उस उत्पाद के स्थान पर किसी अन्य उत्पाद को क्रय कर लेगा।
9. **संवर्द्धन** (Promotion) संवर्द्धन एक ऐसी प्रक्रिया है, जिसके द्वारा सम्भावित ग्राहक को कोई वस्तु या सेवा क्रय करने के लिए प्रेरित किया जाता है, जिसका विक्रेता के लिए वाणिज्यिक महत्त्व हो। संवर्द्धन का उद्देश्य ग्राहकों को सूचना देना तथा शिक्षा या प्रशिक्षण प्रदान करना होता है।
10. **वितरण** (Distribution) विपणनकर्ता का महत्त्वपूर्ण कार्य वस्तुओं एवं सेवाओं के भौतिक वितरण का प्रबन्ध करना है। इस कार्य में दो निर्णय महत्त्वपूर्ण हैं- प्रथम वितरण के माध्य अर्थात् विपणन मध्यस्थ एवं द्वितीय उत्पाद स्थल से ग्राहक के उपभोग स्थल तक ले जाना। इन निर्णयों में संग्रहित माल का प्रबन्धन करना कि माल का स्टॉक किस स्तर तक रखना है एवं माल को भण्डारण स्थल से किस स्थान पर ले जाना है।
11. **परिवहन** (Transportation) परिवहन का अर्थ माल को एक स्थान से दूसरे स्थान तक पहुँचाना है। यह एक ऐसा कार्य है जो उत्पाद को स्थान उपयोगिता प्रदान करता है। यह कार्य जल, थल एवं वायु परिवहन के माध्यम से किया जा सकता है।
12. **संग्रहण अथवा भण्डारण** (Storage and Warehousing) सामान्यतया वस्तुओं का उत्पादन एवं बिक्री अथवा उपभोग के समय में अन्तर होता है या कई उत्पादों की माँग मौसमी होती है, जिसके कारण माल के संग्रहण अथवा भण्डारण की आवश्यकता रहती है। इसके लिए विपणनकर्ता को उचित संग्रहण की व्यवस्था करनी होती है।

विपणन मिश्रण (Marketing Mix)

सामान्य अर्थ में ऐसे समस्त विपणन निर्णय, जोकि विक्रय को प्रेरित या प्रोत्साहित करते हैं, 'विपणन मिश्रण' कहलाते हैं। विपणन मिश्रण व्यवसाय के प्रत्येक क्षेत्र के लिए महत्त्वपूर्ण होता है, फिर चाहे वह कीमत क्षेत्र हो संवर्द्धन क्षेत्र हो, वितरण या उत्पादन क्षेत्र हो। विपणन मिश्रण एक गत्यात्मक अवधारणा है, जोकि बाजार की दशाओं एवं पर्यावरण परिवर्तन होने के साथ बदलती रहती है। यह किसी फर्म के कुल विपणन कार्यक्रम का प्रतिनिधित्व करती है।

आर.एस. डावर के अनुसार, ''निर्माताओं द्वारा बाजार में सफलता प्राप्त करने के लिए प्रयोग की जाने वाली नीतियाँ विपणन मिश्रण का निर्माण करती हैं।''

मेकार्गे द्वारा इन्हें मुख्यतः चार वर्गों में विभक्त किया गया है जो

चार P_s के नाम से जाने जाते हैं, ये निम्न प्रकार हैं-

1. उत्पाद 2. मूल्य 3. स्थान एवं 4. प्रवर्तन।

इनका वर्णन निम्नलिखित है–

1. **उत्पाद** (Product) उत्पाद से आशय उस वस्तु या सेवा तथा उससे जुड़ी सभी सुविधाओं; जैसे-गारण्टी, पैकेजिंग, वारण्टी, ब्राण्ड आदि से है जो उत्पादक के द्वारा उपभोक्ता की किसी आवश्यकता को पूरा करने के लिए प्रस्तुत की जाती है। उत्पाद प्रबन्ध में उत्पादक मिश्र, सही नियोजन, संगठन व आयोजन, पुराने उत्पाद का जीवन चक्र, उत्पाद की किस्म, रूप-रंग आदि के सम्बन्ध में निर्णय लिए जाते हैं अर्थात् उत्पाद ऐसा होना चाहिए, जिससे उपभोक्ता की आवश्यकता की पूर्ति हो सके तथा उसे अधिकतम सन्तुष्ट किया जा सके।

   इसके लिए उपभोक्ता का चयन किया जाता है तथा उसके पश्चात् उस वर्ग की आवश्यकताओं, रुचि, सुविधा, फैशन आदि का पता लगाया जाता है फिर उसके अनुरूप ही उत्पाद तैयार किया जाता है।
2. **मूल्य** (Pricing) उत्पाद के मूल्यांकन को पैसे में अभिव्यक्त करना मूल्य कहलाता है। उत्पाद का मूल्य निर्धारण निर्माता द्वारा लिया गया एक बहुत महत्त्वपूर्ण निर्णय होता है। मूल्यों का निर्धारण निर्माता के लिए एक अत्यन्त जटिल कार्य है, क्योंकि इस निर्णय पर फर्म की सफलता एवं असफलता निर्भर करती है। उत्पाद के मूल्य निर्धारण के लिए बहुत अधिक अभ्यास एवं नवाचार की आवश्यकता होती है, जो फर्म को उसके उत्पादों को आसानी से बेचने में सक्षम बनाती है।

   मूल्य नीतियों के निर्धारण में उपभोक्ताओं की माँग, उत्पादन की लागत, प्रतिस्पर्द्धा की जड़ता, उत्पाद की गुणवत्ता, विपणन नीतियाँ, सरकारी नीतियाँ एवं उपभोक्ता की क्रय क्षमताएँ आदि घटकों पर विचार किया जाता है।
3. **स्थान** (Place) स्थान से आशय यहाँ वस्तुओं एवं सेवाओं को उत्पादन स्थान से उपभोक्ता तक पहुँचाने की क्रियाओं से है। स्थान तत्त्व के अन्तर्गत सही उत्पाद को सही बाजार में सही समय पर वितरण के माध्यम से उपलब्ध कराया जाता है। वितरण के अन्तर्गत स्टॉक का प्रबन्धन, संग्रहण एवं भण्डारण तथा वस्तुओं एवं सेवाओं को उनके उत्पादन स्थान से उपभोक्ता स्थान तक पहुँचाना आदि निर्णय लिए जाते हैं।
4. **संवर्द्धन** (Promotion) संवर्द्धन एक प्रबन्धन प्रक्रिया है, जो संगठन उपभोक्ताओं को नए उत्पादों की जानकारी देता है तथा उनको क्रय करने के लिए प्रेरित करता है। संवर्द्धन मिश्रण निर्णयों में विज्ञापन, व्यक्तिगत विक्रय, विक्रय संवर्द्धन, प्रचार, प्रत्यक्ष विपणन (Direct Marketing) एवं उपभोक्ता सम्बन्ध इत्यादि घटक सम्मिलित होते हैं। संवर्द्धन योजना को विभाजित करने के लिए विपणन प्रबन्धन उपभोक्ताओं के प्रकार, उत्पाद का स्वभाव, संवर्द्धन का बजट, उपभोक्ताओं की माँग आदि घटकों पर विचार करता है।

उत्पाद (Product)

सामान्यतः उत्पाद का अर्थ किसी भौतिक वस्तु से लगाया जाता है; जैसे- मोबाइल, फ्रिज आदि, परन्तु विपणन में उत्पाद का अर्थ उस भौतिक तथा अभौतिक वस्तु। से लगाया जाता है जिसके प्रयोग से क्रेता की आवश्यकताओं की पूर्ति होती है तथा उपभोक्ता उसके प्रयोग से पूर्णतः सन्तुष्ट होता है।

एल्डरसन के अनुसार, ''उत्पाद उपयोगिताओं की एक गठरी है, जिसमें उत्पाद के विभिन्न लक्षण और आवश्यक सेवाएँ सम्मिलित होती हैं।''

आर.एस. डावर के अनुसार, ''विपणन की दृष्टि से उत्पाद उन लाभों का पुलिन्दा है, जोकि उपभोक्ता को प्रस्तुत किया जाता है।''

इस उत्पाद को क्रय करने से ग्राहक को कुछ लाभ पहुँचता है जो निम्न तीन प्रकार का होता है-

(*i*) कार्यात्मक लाभ (*ii*) मनोवैज्ञानिक लाभ एवं (*iii*) सामाजिक लाभ

उत्पादों का वर्गीकरण (Classification of Products)

विपणन की दृष्टि से उत्पादों को प्रमुख दो वर्गों में बाँटा गया है-

औद्योगिक उत्पाद (Industrial Product)

औद्योगिक उत्पाद तथा माल से आशय उन वस्तुओं से है, जिनके उपभोग द्वारा अन्य वस्तुएँ उत्पादित की जाती हैं अथवा सेवाएँ प्रदान की जाती हैं; जैसे- कच्चा माल, इंजन, मशीन, औजार आदि।

औद्योगिक उत्पाद के प्रकार (Types of Industrial Products)

औद्योगिक उत्पादों को निम्न श्रेणियों में वर्गीकृत किया जा सकता है–

1. **माल एवं पुर्जे** (Material and Parts) इनमें वे वस्तुएँ सम्मिलित की जाती हैं जो पूर्ण रूप से विनिर्माताओं के उत्पादों को निर्मित करने में प्रयोग की जाती हैं। *ये वस्तुएँ निम्न दो प्रकार की होती हैं–*
   (*i*) **कच्चा माल** (Raw Material) ये उत्पाद भी दो प्रकार के होते हैं- प्रथम कृषि उत्पाद; जैसे-रुई, गन्ना एवं तिल तथा द्वितीय प्राकृतिक उत्पाद; जैसे-कच्चा पेट्रोल, कच्चा लोहा, खनिज आदि।
   (*ii*) **विनिर्मित माल** (Constructed Goods) ये उत्पाद भी दो प्रकार के होते हैं- प्रथम घटक वस्तुएँ; जैसे-काँच, लोहा, प्लास्टिक आदि तथा द्वितीय घटक पुर्जे; जैसे-टायर, बिजली के बल्ब, बैटरी आदि।
2. **पूँजीगत वस्तुएँ** (Capital Items) ऐसी वस्तुएँ जिनका उपयोग कर उत्पाद को अन्तिम चरण तक लाया जाता है, पूँजीगत वस्तुएँ कहलाती हैं। ये वस्तुएँ दो प्रकार की हो सकती हैं प्रथम संयन्त्र एवं द्वितीय उपकरण।
3. **आपूर्ति एवं व्यावसायिक सेवाएँ** (Supplies and Business Services) ऐसी वस्तुएँ एवं सेवाएँ जो कम समय के लिए उपयोगी होती हैं तथा तैयार वस्तु को विकसित करने अथवा उसके परिचालन में सहायक होती हैं, आपूर्ति एवं व्यावसायिक सेवाएँ कहलाती हैं। इस प्रकार ये वस्तुएँ दो प्रकार की हो सकती हैं- प्रथम रख-रखाव एवं मरम्मत की वस्तुएँ; जैसे-रंगरोगन, पेंच आदि एवं द्वितीय परिचालन आपूर्ति वस्तुएँ; जैसे-स्टेशनरी, कागज आदि।

उपभोक्ता उत्पाद (Consumer Products)

ऐसे उत्पाद या सेवाएँ जो उपभोग के लिए पूर्ण रूप से तैयार होती हैं या जो अन्तिम उपभोक्ता को उसके प्रयोग करने के लिए दी जाती हैं तथा जिन्हें अब किसी प्रक्रिया की आवश्यकता नहीं होती है, उपभोक्ता वस्तुएँ कहलाती हैं; जैसे-पेन, स्याही, साबुन, कपड़ा आदि।

उपभोक्ता वस्तुओं (उत्पाद) के प्रकार (Types of Consumer Products)

उपभोक्ता वस्तुओं को निम्नलिखित दो आधारों पर वर्गीकृत किया जाता है–

ग्राहक के क्रय व्यवहार अथवा दृष्टिकोण के आधार पर

इस आधार पर उपभोक्ता वस्तुओं के प्रकार निम्नलिखित हैं–

1. **सुविधा उत्पाद** (Convenient Goods) सुविधा उत्पादों से आशय उन वस्तुओं से है, जिन्हें उपभोक्ता न्यूनतम प्रयत्नों के साथ शीघ्र ही योग्य स्थानों से खरीदता है और जिनका वितरण भी व्यापक स्तर पर किया जाता है। ऐसी वस्तुएँ उपभोक्ता बार-बार क्रय करता है और क्रय करते समय अन्य वस्तुओं से उनकी तुलना भी नहीं करता है। ये वस्तुएँ प्रायः कम कीमत वाली होती हैं जिन्हें ग्राहक अपने स्वभाव अथवा आदत के कारण खरीदता है। ऐसी वस्तुएँ सुविधा उत्पाद कहलाती हैं; जैसे- पेन, पेन्सिल, स्याही, कागज, साबुन, सिगरेट, तम्बाकू, बीड़ी, माचिस, अखबार आदि।
2. **क्रय योग्य वस्तुएँ अथवा सौदा उत्पाद** (Shopping Goods) क्रय योग्य उत्पाद से आशय उन वस्तुओं से है, जिन्हें उपभोक्ता उनकी कीमत, किस्म, डिजाइन, रंग, शैली आदि आधारों पर तुलना करके खरीदते हैं। उदाहरण के लिए, फर्नीचर, जूते, पहनने के वस्त्र, रेडियो, टेलीविजन आदि वस्तुएँ क्रय योग्य वस्तुएँ अथवा सौदा उत्पाद कहलाती हैं।
3. **विशिष्ट उत्पाद** (Specific Goods) विशिष्ट उत्पाद से आशय उन वस्तुओं से है, जिनके प्रति उपभोक्ता का एक विशेष आकर्षण होता है, क्योंकि इन वस्तुओं में कुछ विशेष लक्षण होते हैं। इन्हें खरीदने के लिए उपभोक्ता विशेष प्रयास करने हेतु तत्पर रहते हैं। इनके क्रेता भी बहुत अधिक होते हैं। घड़ियाँ, कारें, दुर्लभ वस्तुएँ, चित्रकारी की वस्तुएँ आदि विशिष्ट उत्पाद के उदाहरण हैं। ऐसी वस्तुओं की माँग मूल्य में वृद्धि होने पर भी उनकी माँग घटती नहीं है।

टिकाऊपन के आधार पर

उत्पादों का वर्गीकरण उनके प्रयोग एवं जीवनकाल के आधार पर भी किया जा सकता है। *इस दृष्टि से वस्तुओं को निम्न दो श्रेणियों में विभक्त किया जा सकता है–*

1. **गैर-टिकाऊ उत्पाद** (Non-durable Products) गैर-टिकाऊ उत्पाद से आशय उन वस्तुओं से है जो सामान्यतया एक बार अथवा कुछ बार प्रयोग में लेने के बाद समाप्त हो जाती हैं; जैसे-साबुन, खाद्य पदार्थ, दूध, खेल का सामान, बीड़ी-सिगरेट आदि वस्तुओं को गैर-टिकाऊ माल की श्रेणी में सम्मिलित किया जाता है।
2. **टिकाऊ उत्पाद** (Durable Products) टिकाऊ उत्पाद वे उत्पाद हैं जो अनेक बार प्रयोग में लाए जाते हैं। प्रायः इनका मूल्य अधिक होता है तथा इनका जीवनकाल दीर्घावधि तक होता है।

उत्पाद मिश्र (Product Mix)

उत्पाद मिश्रण से आशय उन नीतियों अथवा निर्णयों के योग से है जो उत्पाद के सम्बन्ध में लिए गए हैं। इनमें मुख्यतः ब्राण्डिंग, पैकेजिंग, लेबलिंग, रंग, डिजाइन, किस्में, आकार, विक्रय के बाद सेवा, वस्तु का भार आदि सम्मिलित होते हैं। यही निर्णय बाजार के ग्राहक को उत्पाद की ओर आकर्षित करते हैं।

इनका क्रमिक विवरण/वर्णन निम्न प्रकार है-

ब्राण्डिंग (Branding)

विपणनकर्ता को ब्राण्ड के सम्बन्ध में एक महत्त्वपूर्ण निर्णय लेना होता है कि फर्म के उत्पादों का विपणन किस ब्राण्ड के नाम से किया जाए। उत्पादों की ब्राण्डिंग करने से प्रतियोगी फर्म के उत्पादों में अन्तर करना उपभोक्ता के लिए आसान हो जाता है। ब्राण्ड शब्द काफी व्यापक है, जोकि अपने में वस्तु के नाम अथवा उसकी पहचान कराने वाले किसी अक्षर, शब्द, प्रतीक आदि को सम्मिलित किए होता है। **अमेरिकन मार्केटिंग एसोसिएशन** के अनुसार, ''ब्राण्ड एक नाम, शब्द, प्रतीक अथवा डिजाइन या उनका संयोजन है, जिसका उद्देश्य एक विक्रेता या विक्रेताओं के समूह की वस्तुओं या सेवाओं को पहचानना और उनको प्रतियोगियों की वस्तुओं या सेवाओं से भिन्न बताना है।''

एक अच्छे ब्राण्ड नाम की विशेषताएँ (Characteristics of a Good Brand Name)

इसका चयन करते समय निम्न बातों का ध्यान रखना आवश्यक है–

1. ब्राण्ड नाम संक्षिप्त होना चाहिए, जिससे उसे बोलना, पहचान करना एवं याद रखना सरल हो जाता है। विज्ञापन की दृष्टि से भी संक्षिप्त नाम सही माने जाते हैं, क्योंकि इससे इनकी लागत कम हो जाती है एवं उत्पाद पैकिंग पर भी लिखना आसान रहता है; जैसे- लक्स, मैगी, रिन, विम आदि।
2. ब्राण्ड नाम ऐसा होना चाहिए, जिससे उस वस्तु के बारे में जानकारी मिल सके, उसके गुणों को प्रकट कर सके; जैसे-वज्रदन्ती मंजन, वॉटर कूलर, फेयर एण्ड लवली क्रीम आदि।
3. ब्राण्ड नाम ऐसा होना चाहिए जिसे पैकिंग, लेबलिंग, विज्ञापन एवं विभिन्न भाषाओं में आसानी से प्रयोग किया जा सके।
4. ब्राण्ड नाम ऐसा होना चाहिए जिसे कानूनी संरक्षण प्राप्त करने में अधिक बाधाएँ न आए अर्थात् पंजीयन योग्य होना चाहिए।

पैकेजिंग (Packaging)

पैकेजिंग, उत्पाद मिश्र में एक सामान्य समूह की गतिविधियों से सम्बन्धित है, जो पैकेज के लिए डिजाइन बनाने एवं उत्पाद के लिए एक आकर्षक आधानपात्र या आवरण के उत्पादन पर केन्द्रित है। पैकेजिंग वस्तुओं को कहीं ले जाने या भण्डारण करने या उपभोक्ताओं को मिलने से पहले उन्हें ढकने, आवरण चढ़ाने या उन्हें पैकेज में बन्द करने की एक प्रक्रिया है।

लेबलिंग (Labelling)

लेबल वस्तुतः वह सूचना होती है जो उस उत्पाद या पैकेज पर लगाई जाती है और उत्पाद की विशेषताओं के बारे में बताती है। इस लेबल पर उत्पाद का ब्राण्ड नाम, उत्पादक का नाम व पता, उत्पाद में प्रयोग की गई सामग्री, प्रयोग विधि, निर्माण तिथि, प्रयोग की अन्तिम तिथि, प्रयोग के लिए सामान्य निर्देश व सावधानियाँ, वजन, मूल्य इत्यादि सूचनाएँ दी जाती हैं।

मूल्य निर्धारण (Price Determination)

सामान्य अर्थ में मूल्य (कीमत) शब्द से हम भली-भाँति परिचित हैं। व्यवहार में सभी के द्वारा इस शब्द का प्रयोग किया जाता है। एक साधारण व्यक्ति की दृष्टि में मूल्य से आशय उस राशि से है, जो किसी उत्पाद को क्रय करने हेतु दी जाती है। वस्तु के मौद्रिक मूल्य को दर्शाने के लिए 'मूल्य' शब्द का प्रयोग किया जाता है।

दूसरे शब्दों में, "जब किसी वस्तु के मूल्य को मुद्रा के रूप में व्यक्त करते हैं, तो वह उसका मूल्य कहलाता है।"

इस प्रकार एक उपभोक्ता जब किसी उत्पाद को क्रय करता है, तो वह कुछ राशि का भुगतान करता है। वह राशि उपभोक्ता द्वारा उत्पाद को प्राप्त करने अथवा उपभोग के बदले में चुकाई जाने वाली होती है, इसे ही उस उत्पाद का मूल्य कहते हैं।

मूल्य निर्धारण की प्रतिस्पर्द्धी व्यापार में महत्त्वपूर्ण भूमिका रहती है। इसे एक प्रभावी हथियार के रूप में माना जाता है। पूर्ण प्रतियोगिता में अधिकांश फर्में इस तत्त्व का विशेष उपयोग करती हैं। यह फर्म की आयगत प्राप्ति एवं लाभ को प्रभावित करने वाला तत्त्व है।

मूल्य/कीमत निर्धारण के निर्धारक तत्त्व

(Factors Affecting Price Determination)

मूल्य/कीमत निर्धारण को प्रभावित/निर्धारित करने वाले मुख्य तत्त्व निम्नलिखित हैं–

1. **वस्तु की लागत** (Cost of Product) उत्पाद मूल्य निर्धारित करते समय सबसे महत्त्वपूर्ण तत्त्व उसकी लागत है। लागत में वस्तु के उत्पादन, विक्रय तथा वितरण की लागतें शामिल होती हैं। प्रत्येक उत्पादक वस्तु का विक्रय करते समय अपनी पूरी लागत वसूलना चाहता है। इसके अतिरिक्त वह अधिकतम लाभ भी कमाना चाहता है। प्रत्येक फर्म अपनी लागत दीर्घावधि में अवश्य वसूल कर लेती है। लागत तीन प्रकार की होती है-स्थायी लागत, परिवर्तनशील लागत एवं अर्द्ध-परिवर्तनशील लागत।

   स्थिर लागतें वे लागतें होती हैं जो उत्पादन, बिक्री के कम या अधिक होने पर परिवर्तित नहीं होती हैं अर्थात् स्थिर रहती है; जैसे- भवन का किराया, ऋण पर ब्याज आदि।

   परिवर्तनशील लागतें ऐसी लागतें होती हैं जो उत्पादन एवं बिक्री के बढ़ने पर बढ़ जाती हैं और घटने पर कम हो जाती हैं अर्थात् ऐसी लागतें उत्पादन एवं बिक्री के अनुसार घटती-बढ़ती रहती हैं; जैसे- कच्चा माल, श्रम आदि।

   अर्द्ध-परिवर्तनशील लागतें ऐसी लागतें होती हैं जो उत्पादन के एक स्तर तक स्थिर रहती हैं, उसके पश्चात् उत्पादन के अनुसार घटने या बढ़ने लग जाती हैं।

2. **उपयोगिता एवं माँग** (Utility of Demand) क्रेता जो मूल्य उत्पाद के लिए देना चाहता है उसका निम्न स्तर उत्पाद की लागत होती है, जबकि उत्पाद की उपयोगिता एवं माँग की तीव्रता उसके ऊपर के स्तर को निर्धारित करती है। वास्तव में मूल्य के लिए क्रेता एवं विक्रेता दोनों का हित होना आवश्यक है। क्रेता अधिक-से-अधिक उतना मूल्य चुकाने को तैयार होता है जितनी उसके लिए उस उत्पाद की उपयोगिता है।

   दूसरी ओर विक्रेता कम-से-कम अपने उत्पाद की लागत के बराबर कीमत वसूल करना चाहता है। माँग के नियम के अनुसार उपभोक्ता कम कीमत होने पर अधिक मात्रा का क्रय करते हैं। किसी वस्तु का मूल्य माँग की लोच पर निर्भर करता है। यदि माँग लोचपूर्ण है, तो मूल्य में थोड़ा-सा परिवर्तन करने पर माँग में अधिक परिवर्तन हो जाता है। यदि माँग बेलोच है, तो मूल्य में अधिक परिवर्तन कर देने पर भी माँग में बहुत कम परिवर्तन होता है। यदि माँग बेलोच है, तो फर्म ऊँचा मूल्य निर्धारित करने की स्थिति में होती है।

3. **बाजार में प्रतियोगिता की सीमा** (Limit of Competition in Market) बाजार में प्रतियोगिता का स्तर भी मूल्य निर्धारण में महत्त्वपूर्ण भूमिका निभाता है। यदि बाजार में प्रतियोगी फर्मे कम हैं, तो मूल्य अधिक रखा जा सकता है। इसके विपरीत प्रतियोगिता अधिक होने पर प्रतियोगी फर्मों द्वारा निर्धारित मूल्यों से अधिक मूल्य निर्धारित नहीं किया जा सकता। इसके लिए विपणनकर्ता को मूल्य के साथ प्रतियोगी फर्मों के उत्पादों के गुण, मात्रा एवं अन्य लक्षणों को भी देख लेना चाहिए।

4. **सरकार एवं कानूनी नियम** (Government Regulations) उत्पाद के मूल्य को निर्धारित करते समय सरकारी नियमों का पालन करना अति महत्त्वपूर्ण है। सरकार समय-समय पर वस्तुओं की कीमत को नियन्त्रित करने के लिए तथा उनके उचित वितरण हेतु नियम बनाती है। इसके लिए सरकार किसी भी उत्पाद को आवश्यक वस्तु घोषित कर उसके मूल्य का नियमन कर सकती है।

5. **उद्देश्य** (Objective) उत्पाद का मूल्य निर्धारण उसके निर्माता/उत्पादकों के उद्देश्यों को ध्यान में रखकर किया जाता है। एक फर्म यदि अल्पकाल में अधिक लाभ कमाना चाहती है, तो उसे अधिक मूल्य रखना होगा और यदि दीर्घकाल में अधिकतम लाभ कमाना चाहती है, तो प्रति इकाई विक्रय मूल्य कम रखना होगा, जिससे दीर्घकाल में बाजार के बड़े हिस्से में अधिक बिक्री कर अधिक लाभ कमा सके। *इसके अतिरिक्त फर्म के निम्न अन्य उद्देश्य हैं जो कीमत निर्धारण को प्रभावित करते हैं-*

   (*i*) **बाजार में भागीदारी में अग्रणी** (Obtaining Market Share Leadership) यदि किसी फर्म का उद्देश्य बाजार में ग्राहकों की संख्या बढ़ाकर अपनी भागीदारी में वृद्धि करना है, तो उसे अपना उत्पाद मूल्य कम निर्धारित करना होगा।

   (*ii*) **प्रतियोगी बाजार में टिके रहना** (Surviving in a Competitive Market) यदि बाजार में पूर्ण प्रतिस्पर्द्धा की स्थिति है या प्रतियोगी फर्मों द्वारा पूरक उत्पाद बाजार में लाया गया है, तो फर्म को अपने उत्पाद मूल्य में कमी करनी होगी।

   (*iii*) **उत्पाद गुणवत्ता में अग्रिम स्थान पाना** (Attaining Product Quality Leadership) यदि फर्मे उच्च गुणवत्ता का माल विक्रय करना चाहती हैं तथा उसकी किस्म, गुणों में कमी नहीं करना चाहती हैं, तो उन्हें बनाए रखने के लिए उत्पाद का मूल्य ऊँचा रखना होगा।

6. **विपणन की पद्धतियाँ** (Marketing Methods) मूल्य निर्धारण में विपणन की विभिन्न पद्धतियों को ध्यान में रखना आवश्यक है। इसमें विपणनकर्ता को यह देखना होता है कि व्यवसाय द्वारा किन पद्धतियों को काम में लिया जा रहा है; जैसे-किसी उत्पाद को निःशुल्क घर पहुँचाने की सुविधा प्रदान की गई है या उसे स्थापित कर चालू करने की सुविधाएँ प्रदान की जा रही है, तो इनकी लागत को ध्यान में रखकर मूल्य निर्धारण किया जाना चाहिए।

भौतिक वितरण व इसका महत्व

(Physical Distribution and its Importance)

भौतिक वितरण से आशय सही समय एवं स्थान पर सही मात्रा में उत्पादों को पहुँचाने से है। इस सम्बन्ध में विपणनकर्ता का दायित्व होता है कि वह ग्राहक को वस्तुएँ एवं सेवाएँ उस स्थान पर उपलब्ध कराए जहाँ ग्राहक उन्हें खरीदना चाहता है। भौतिक वितरण में परिवहन, संग्रहण, माल का रख-रखाव एवं स्कन्ध नियन्त्रण आदि महत्त्वपूर्ण क्रियाएँ शामिल हैं।

भौतिक वितरण के घटक (Components of Physical Distribution)

वस्तुओं के भौतिक वितरण के प्रमुख घटक निम्न हैं–

1. **आदेश का प्रक्रियण** (Order Processing) ग्राहक को भौतिक रूप से वितरण करने के लिए उससे आदेश प्राप्त करना पहला चरण है। उत्पाद का प्रवाह वितरण विभिन्न माध्यमों से ग्राहक की ओर होता है, जबकि आदेश इसके विपरीत दिशा में चलता है अर्थात् यह ग्राहक से निर्माता की ओर होता है।

   एक आदेश प्रक्रिया के विभिन्न चरण निम्नलिखित हैं–

   (*i*) ग्राहक द्वारा विक्रयकर्ता को आदेश देना (*ii*) विक्रयकर्ता द्वारा आदेश कम्पनी को भेजना (*iii*) कम्पनी कार्यालय में आदेश की प्रविष्टि करना (*iv*) ग्राहक की साख जाँचना (*v*) स्टॉक मात्रा देखना व उत्पादन सूची तैयार करना (*vi*) आदेश अनुसार माल की पूर्ति करना।

   एक अच्छी वितरण प्रणाली की विशेषता होती है कि ग्राहक द्वारा आदेश दिए जाने पर उसकी पूर्ति शीघ्र एवं उचित ढंग से की जाए, क्योंकि वितरण में देरी होने पर या मात्रा में त्रुटि होने पर ग्राहक असन्तुष्ट होगा और इससे व्यवसाय की स्थिति को क्षति होगी।

2. **परिवहन** (Transportation) परिवहन का अर्थ वस्तुओं को एक स्थान से दूसरे स्थान पर ले जाने या उत्पादन केन्द्र या भण्डार गृह से वस्तुओं को ग्राहकों तक पहुँचाने से है। परिवहन के साधन, सड़क परिवहन, रेल परिवहन, जल परिवहन, वायु परिवहन आदि हैं। परिवहन के साधनों का निर्धारण करते समय प्रत्येक साधन की लागत तथा उसकी विशेषताओं का ध्यान अवश्य रखना चाहिए। यदि कोई साधन महँगा है, तो उसके स्थान पर दूसरा सस्ता साधन अपनाया जाना चाहिए।

   परिवहन का भौतिक वितरण में बहुत महत्त्व है। परिवहन स्थान उपयोगिता (Place Utility) में वृद्धि करता है, वस्तु का बाजार व्यापक बनाता है, क्षेत्रीय विशिष्टताओं को प्रोत्साहन देता है, श्रम विभाजन को बढ़ावा देता है तथा बड़े पैमाने के उत्पादन को सम्भव बनाता है।

3. **भण्डारण** (Storage) सामान्यतः उत्पादक द्वारा जो भी उत्पाद निर्मित किया जाता है उसको बेचने में समय लगता है। इसलिए प्रत्येक उत्पादक के लिए निर्मित उत्पाद को तब तक संग्रह करने की आवश्यकता होती है, जब तक उन्हें बाजार में बेच न दिया जाए। ऐसा सामान्यतः मौसमी वस्तुओं/उत्पादों में ही होता है। अतः भण्डारण से आशय, भावी विक्रय की दृष्टि से वस्तुओं को किसी स्थान (भण्डारगृह) पर एकत्र कर सुरक्षित रखने से है।

   भण्डारण का मुख्य उद्देश्य, उत्पादन तथा वितरण के मध्य समन्वय स्थापित करना है। भण्डारण में माल का संग्रह करने के पश्चात् विक्रेता उन्हें क्रेता की आवश्यकताओं के अनुसार धीरे-धीरे बेचता रहता है। भण्डारण गृह कारखाने के भीतर या उसके निकट स्थान पर या वितरण केन्द्रों पर स्थापित किए जा सकते हैं। भण्डार गृह अनेक प्रकार के होते हैं; जैसे-निजी, सार्वजनिक, सरकारी, बैंकों के, रेलवे के शीत भण्डार गृह कोठे व खत्तियाँ, केन्द्रीय भण्डार गृह, निगम के भण्डार गृह, बन्धक भण्डार गृह, आदि।

   भण्डार गृहों के प्रयोग में लागत आती है। अतः लाभ व उपयोगिता का विश्लेषण करने के पश्चात् ही भण्डार गृहों का प्रयोग करना चाहिए।

4. **संग्रहित माल पर नियन्त्रण** (Control at Storage Goods) भण्डार गृह में संग्रहित माल को सुरक्षित रखने के सम्बन्ध में फर्म को निर्णय लेना होता है कि स्टॉक का स्तर क्या हों एवं उसकी मात्रा अधिकतम कितनी रखनी है। अधिक माल की मात्रा स्टॉक में रखने से ग्राहकों को तुरन्त सुपुर्दगी देना सम्भव हो पाता है, किन्तु आवश्यकता से अधिक मात्रा रखने से लागतें बढ़ती हैं और साथ-ही साथ मूल्य परिवर्तन तथा स्टॉक खराब होने का भी जोखिम बढ़ जाता है। अतः स्टॉक की सन्तुलित मात्रा भण्डार गृह में रखने का निर्णय महत्त्वपूर्ण है।

प्रवर्तन व इसका महत्व (Promotion and its Importance)

एक व्यावसायिक फर्म अच्छी किस्म का उत्पादन कर उचित कीमत निर्धारित कर सकती है तथा ग्राहकों को सुगमतापूर्वक उत्पाद उपलब्ध करा सकती है, लेकिन तब भी माल का अधिक मात्रा में विक्रय न होने पर ग्राहक व फर्म के मध्य उचित सम्प्रेषण की आवश्यकता होती है। उचित सम्प्रेषण के अभाव में ग्राहकों की आवश्यकता एवं उनकी सन्तुष्टि का पता नहीं लगाया जा सकता।

- प्रवर्तन में ग्राहकों को वस्तु के सम्बन्ध में जानकारी दी जाती है और उन्हें क्रय करने के लिए प्रोत्साहित किया जाता है।
- प्रवर्तन संचार/सम्प्रेषण (Communication) का ही रूप है।
- प्रवर्तन में व्यक्तिगत विक्रय, विज्ञापन, विक्रय प्रवर्तन आदि सभी विक्रय उपकरण शामिल हैं।

प्रवर्तन विपणन मिश्र का एक महत्त्वपूर्ण तत्त्व है, जिसके माध्यम से विपणनकर्ता बाजार में बिक्री को बढ़ाने के लिए विभिन्न तकनीकों का प्रयोग करते हैं।

प्रवर्तन मिश्र (Promotion Mix)

प्रवर्तन मिश्र से आशय उन संचारों से है, जोकि उत्पादकों, निर्माताओं, थोक व्यापारियों, फुटकर व्यापारियों, एजेन्सियों एवं उपभोक्ताओं के मध्य वस्तुओं और सेवाओं के विपणन हेतु सम्पन्न किए जाते हैं। इसमें संगठन द्वारा अपने सम्प्रेषण के उद्देश्यों को प्राप्त करने के लिए सभी तकनीकों को मिलाकर प्रयोग किया जाता है।

ये तकनीक निम्न हैं-

1. विज्ञापन
2. वैयक्तिक विक्रय
3. विक्रय संवर्द्धन एवं
4. प्रचार

इन तकनीकों को 'प्रवर्तन मिश्र के तत्त्व' भी कहा जाता है।

विज्ञापन (Advertising)

विज्ञापन माँग की रचना एवं वृद्धि करने की एक ऐसी कला है, जिसमें मौखिक, लिखित तथा चित्रित शब्दों के माध्यम से वस्तुओं, सेवाओं तथा विचारों को प्रस्तुत किया जाता है या उनको क्रय करने के लिए उपभोक्ता को प्रेरित किया जाता है। विज्ञापन के अन्तर्गत वे सभी क्रियाएँ शामिल हैं जिनके द्वारा अव्यक्तिगत रूप से जनता को वस्तुओं व सेवाओं की सूचना दी जाती है और उन्हें इनको क्रय करने के लिए प्रेरित किया जाता है। विज्ञापन के मुख्य माध्यम समाचार-पत्र, टेलीविजन, रेडियो, स्टेज शो एवं दीवार लेखन हैं।

विज्ञापन के महत्व (Importance of Advertising)

विज्ञापन सम्प्रेषण का सबसे अच्छा माध्यम है। इसका महत्त्व निम्न है–

1. **बड़ी संख्या में लोगों तक पहुँचना** विज्ञापन के माध्यम से दूर-दूर तक फैले हुए ग्राहक समूह तक पहुँचकर उन्हें उत्पाद की सम्पूर्ण जानकारी दी जा सकती है।
2. **ग्राहक सन्तुष्टि एवं विश्वास में वृद्धि** विज्ञापन से ग्राहकों में विश्वास पैदा किया जा सकता है, क्योंकि विज्ञापन के माध्यम से ग्राहक उत्पाद की गुणवत्ता एवं किस्म के बारे में पूर्ण जानकारी प्राप्त कर लेते हैं, जिससे ग्राहक उत्पाद के प्रति सहजता व सन्तुष्टि अनुभव करता है।
3. **स्पष्टता** (Clearity) आधुनिक युग में विज्ञापन को चित्र, आवाजें, डिजाइन विभिन्न सॉफ्टवेयरों से आकर्षक एवं स्पष्ट बनाया जाता है, जिससे उत्पाद की जानकारी सरल एवं आकर्षक बन जाती है।
4. **मितव्ययिता** (Austerity) विज्ञापन सम्प्रेषण का एकमात्र ऐसा माध्यम है जिसकी सहायता से बड़ी संख्या में ग्राहकों तक कम खर्च में उत्पाद की जानकारी दी जा

सकती है। विज्ञापन का क्षेत्र असीमित होता है जिसके परिणामस्वरूप प्रति इकाई लागत बहुत कम आती है।

विज्ञापन की आलोचना (Criticism of Advertising)

विज्ञापन के समर्थक इसे विपणन सम्प्रेषण का सबसे अच्छा माध्यम और व्यापार के लिए उपयोगी बताते हैं, क्योंकि यह प्रति इकाई लागत को कम करता है तथा अर्थव्यवस्था में विकास भी लाता है। परन्तु विज्ञापन के आलोचकों का कहना है कि विज्ञापन पर किया गया व्यय अपव्यय है। इससे लागत में वृद्धि होती है और सामाजिक मूल्यों का हनन होता है।

इसकी आलोचना एवं समर्थन के तर्क निम्न हैं–

1. **लागत में वृद्धि** (Add to Costs) विज्ञापन आलोचकों का तर्क है कि विज्ञापन के कारण उत्पादन की लागत में अनावश्यक वृद्धि हो जाती है जो उपभोक्ता को वहन करनी पड़ती है। इस पर होने वाला व्यय अनुत्पादक होता है, जिससे विक्रेता उत्पादन का मूल्य बढ़ा देता है।
   विज्ञापन समर्थकों ने इसका खण्डन करते हुए कहा है कि विज्ञापन से लागत में वृद्धि होती है, किन्तु इससे उत्पाद की जानकारी बड़े क्रेता समूहों को हो जाती है और माँग में वृद्धि होती है। उत्पादक माँग बढ़ने से बड़े पैमाने पर उत्पादन करते हैं और प्रति इकाई लागत में कमी आ जाती है। इससे मूल्य में वृद्धि न होकर कमी होती है।
2. **सामाजिक मूल्यों में कमी** (Undermines Social Values) विज्ञापनों से सामाजिक मूल्यों में कमी आने लगती है, क्योंकि विज्ञापन में नए-नए उत्पाद एवं आधुनिक जीवन शैली को आकर्षित रूप में दिखाया जाता है, जिससे व्यक्ति अपनी वर्तमान स्थिति से असन्तुष्ट होकर उन्हें पाने की लालसा में लग जाता है और अनुचित कार्य भी कर बैठता है।
   यह आलोचना पूर्ण रूप से सत्य नहीं है, क्योंकि विज्ञापन नए उत्पाद की सूचना देकर ग्राहक को क्रय करने में सहायता करते हैं। वह अन्य उत्पादों से तुलना कर श्रेष्ठ उत्पाद क्रय करने में सक्षम हो जाता है। विज्ञापन का कार्य सूचना देना होता है। वस्तु को क्रय करना नहीं। उसका अन्तिम निर्णय क्रेता स्वयं अपने विवेक से ही लेता है।
3. **क्रेताओं में असमंजस** (Confuses the Buyers) एक ही प्रकार के उत्पाद के कई विज्ञापन देखकर क्रेता असमंजस की स्थिति में आ जाता है। प्रत्येक उत्पाद का विज्ञापन समान दावे एवं गारण्टी देता है; जैसे-क्रीम के विज्ञापन। सभी क्रीमों के उत्पादक अपने विज्ञापन में गोरा होना एवं चमकीली त्वचा होने की बात करते हैं। ऐसी स्थिति में क्रेता असमंजस की स्थिति में चला जाता है।
   विज्ञापन समर्थक इस आलोचना का भी खण्डन करते हैं कि क्रेता विवेकशील होता है। क्रेता विज्ञापन से सूचना लेकर उसे अन्य स्रोतों से विश्लेषण कर क्रय करता है।
4. **घटिया उत्पादों की बिक्री को प्रोत्साहन** (Encourages Sale of Inferior Products) विज्ञापन से घटिया वस्तुओं को भी बढ़ा-चढ़ाकर प्रदर्शित किया जाता है, जिससे श्रेष्ठ एवं घटिया वस्तु में अन्तर नहीं रहता।
   यह आलोचना भी गलत है, क्योंकि झूठे एवं भ्रामक विज्ञापन प्रदर्शित करना कानूनन अपराध है। ग्राहक विज्ञापन में दिखाई गई विशेषताएँ एवं गुण न होने पर उस उत्पादनकर्ता पर वाद प्रस्तुत कर सकता है।

वैयक्तिक विक्रय (Personal Selling)

वैयक्तिक विक्रय के अन्तर्गत क्रेता-विक्रेता प्रत्यक्ष रूप से आमने-सामने रहकर उत्पाद के विषय में जानकारियाँ आदान-प्रदान करते हैं। इसमें सम्भावित ग्राहकों को बातचीत कर या मौखिक सन्देश द्वारा उत्पाद को क्रय के लिए प्रोत्साहित किया जाता है। कम्पनियाँ नए उत्पाद को बाजार में लाने के लिए प्रायः वैयक्तिक विक्रय का उपयोग करती हैं। इसके लिए विक्रयकर्ताओं की नियुक्ति की जाती है जो उत्पाद के सम्बन्ध में जानकारी देने तथा उत्पाद की पसन्द विकसित करने का कार्य करते हैं।

अभ्यास प्रश्न

1. एक व्यावसायिक संगठन की सफलता उपभोक्ता की आवश्यकताओं की सन्तुष्टि पर निर्भर है। यह विपणन प्रबन्धन की कौन-सी अवधारणा है?
(a) उत्पाद की अवधारणा (b) उत्पादन की अवधारणा
(c) बिक्री की अवधारणा (d) विपणन की अवधारणा

2. विपणन निम्न में से किसका किया जा सकता है?
(a) भौतिक पदार्थ (b) सेवाएँ
(c) विचार (d) ये सभी

3. विपणन की गई सेवा का उदाहरण है
(a) टेलीविजन (b) सुरक्षा
(c) शेयर (d) दौड़ का आयोजन

4. विपणन की आधुनिक विचारधारा है
(a) व्यवसायिक क्रियाओं का निष्पादन
(b) वस्तु एवं सेवा के उत्पादन से लेकर उपभोक्ता तक पहुँचाने की क्रियाएँ
(c) ग्राहक सन्तुष्टि तथा विक्रय पूर्व बाजार अनुसन्धान
(d) उपरेक्त में से कोई नहीं

5. विपणन का मुख्य केन्द्र बिन्दु है
(a) ग्राहक (b) उत्पाद (c) विज्ञापन (d) पैकेजिंग

6. विपणन क्रियाओं का नियोजन, संगठन, समन्वय एवं नियन्त्रण क्या कहलाता है
(a) विपणन प्रबन्ध (b) विपणन व्यूह रचना
(c) विपणन चक्र (d) विपणन अवधारणा

7. विपणन प्रबन्ध प्रक्रिया का प्रथम चरण क्या है?
(a) बाजार में ग्राहक वृद्धि करना (b) श्रेष्ठ मूल्यों का निर्माण
(c) बाजार का चयन (d) उत्पादन वृद्धि करना

8. किस अवधारणा के अनुसार औद्योगिक उत्पादों की माँग उत्पादन से अधिक है?
(a) उत्पादन की अवधारणा (b) उत्पाद की अवधारणा
(c) बिक्री की अवधारणा (d) विपणन की अवधारणा

9. विपणन का सम्बन्ध किससे है?
(a) ब्राण्ड (b) विनिमय
(c) श्रेणियन (d) लेबलिंग

10. विपणन का कार्य है
(a) विपणन नियोजन (b) उत्पाद का रूपांकन एवं विकास
(c) प्रमापीकरण (d) ये सभी

11. विपणन मिश्रण में मेकार्थी द्वारा कितने P_s बताए हैं?
(a) 1 (b) 4 (c) 6 (d) 8

12. कच्चे माल का उदाहरण है
(a) रुई (b) गन्ना
(c) कच्चा लोहा (d) ये सभी

13. कच्चा माल, इंजन, मशीन आदि उत्पाद है
(a) उपभोक्ता उत्पाद (b) औद्योगिक उत्पाद
(c) विशिष्ट उत्पाद (d) सुविधा उत्पाद

14. औद्योगिक उत्पाद का प्रकार नहीं है
(a) माल एवं पुर्जे (b) सुविधा उत्पाद
(c) पूँजीगत वस्तुएँ (d) आपूर्ति एवं व्यावसायिक सेवाएँ

15. ऐसे स्वाद जिन्हें उपभोक्ता न्यूनतम प्रयत्नों के साथ शीघ्र ही योग्य स्थानों से खरीदता है और जिनका वितरण भी व्यापक स्तर पर किया जाता है वे है
(a) सुविधा उत्पाद (b) सौदा उत्पाद
(c) विशिष्ट उत्पाद (d) औद्योगिक उत्पाद

16. टिकाऊ उत्पाद निम्न में से है
(a) साबुन (b) दूध (c) घड़ी (d) सिगरेट

17. ब्राण्ड में शामिल है
(a) ब्राण्ड नाम (b) ब्राण्ड चिह्न
(c) ट्रेडमार्क (d) ये सभी

18. ट्रैडमार्क किस एक्ट के अन्तर्गत रजिस्टर्ड होता है
(a) The Trade Mark Act, 1991
(b) The Trade Mark Act, 1995
(c) The Trade Mark Act, 1999
(d) The Trade Mark Act, 2000

19. पैकेजिंग में प्राथमिक पैकेजिंग का उदाहरण है
(a) टूथपेस्ट पैक (b) साबुनों का कार्टन
(c) शेविंग क्रीम (d) माचिस

20. पैकेजिंग के कितने स्तर है
(a) 2 (b) 3 (c) 4 (d) 5

21. उत्पाद पर लगाई गई सूचना जो उत्पाद की विशेषताएँ बताती है कहलाती है
(a) लेबल (b) वैधानिक सूचना
(c) उत्पाद विशेषता (d) पेकेजिंग

22. विज्ञापन, वैयक्तिक विक्रय, विक्रय संवर्द्धन एवं प्रचार को मिलाकर प्रयोग करने को कहा जाता है
(a) प्रवर्तन मिश्र (b) व्यापक प्रचार
(c) विक्रय संवर्द्धन (d) नए उत्पाद का विज्ञापन

23. संवर्द्धन की निम्न में से कौन-सी विधि है?
(a) विज्ञापन (b) वैयक्तिक विक्रय एवं प्रचार
(c) विक्रय संवर्द्धन (d) ये सभी

24. प्रचार की लागत कितनी होती है
(a) शून्य (b) तय लागत
(c) विज्ञापन लागत (d) सबसे अधिक

25. विनिमय में कितने पक्षकार न्यूनतम होते हैं?
(a) 1 (b) 2 (c) 3 (d) 4

26. विनिमय के लिए आवश्यक शर्त है
(a) दो पक्षों का होना
(b) पक्षकारों के लिए लाभकारी होना
(c) धन, वस्तु व सेवा की आवश्यकता का होना
(d) उपरोक्त सभी

27. वस्तु के मौद्रिक मूल्य को दर्शाने के लिए किस शब्द का प्रयोग किया जाता है
(a) मूल्य (b) कीमत
(c) 'a' और 'b' दोनों (d) इनमें से कोई नहीं

28. ऐसे लागतें जो उत्पादन एवं बिक्री के अनुसार घटती-बढ़ती है, कौन-सी लागतें कहलाती है
(a) उत्पादन लागतें (b) मूल लागत
(c) स्थिर लागतें (d) परिवर्तनशील लागतें

उत्तरमाला

1.	(d)	2.	(d)	3.	(b)	4.	(c)	5.	(a)	6.	(a)	7.	(c)	8.	(a)	9.	(b)	10.	(d)
11.	(b)	12.	(d)	13.	(b)	14.	(b)	15.	(a)	16.	(c)	17.	(d)	18.	(c)	19.	(d)	20.	(b)
21.	(a)	22.	(a)	23.	(c)	24.	(a)	25.	(b)	26.	(d)	27.	(c)	28.	(d)				

अध्याय 12

उपभोक्ता संरक्षण

उपभोक्ता संरक्षण का अर्थ
(Meaning of Consumer Protection)

उपभोक्ता संरक्षण एक प्रकार का सरकारी नियन्त्रण है जो उपभोक्ताओं के हितों की रक्षा करता है। आज उपभोक्ता जमाखोरी, कालाबाज़ारी, बिना मानक की वस्तुओं की बिक्री, कम नाप-तौल आदि संकटों से घिरा हुआ है। अतः इन सभी समस्याओं से निपटने हेतु सरकार द्वारा उपभोक्ता के हित के लिए विभिन्न कानून बनाए गए हैं, परन्तु जो लोग गैर-कानूनी कार्य करते हैं; जैसे-जमाखोरी, कालाबाज़ारी, मिलावट आदि को तो राजनीतिक संरक्षण प्राप्त हो जाता है और ग्राहक न्याय प्राप्त करने के लिए सरकार पर निर्भर हो जाता है। इसलिए उपभोक्ता के हित को ध्यान में रखते हुए तथा उन्हें धोखाधड़ी, ठगी आदि से बचाने के लिए ही उपभोक्ता संरक्षण कानून बनाया गया है।

उपभोक्ताओं को कानूनी संरक्षण (Legal Protection to Customers)

उपभोक्ताओं को संरक्षण प्रदान करने तथा उनके हितों की रक्षा करने हेतु भारत सरकार द्वारा कई कानून पारित किए गए। *इनमें से मुख्य नियम एवं कानून निम्न प्रकार हैं–*

1. **उपभोक्ता संरक्षण अधिनियम, 1986** (Consumer Protection, Act, 1986) उपभोक्ता संरक्षण अधिनियम, 1986 के अन्तर्गत उपभोक्ताओं को वस्तुओं और सेवाओं के उपयोग किए जाने हेतु सुरक्षा का अधिकार प्रदान किया गया है। यह अधिनियम उपभोक्ताओं को वस्तुओं और सेवाओं के उपभोग से सम्बन्धित दोषपूर्ण वस्तुओं, घटिया स्तर की सेवाओं, अनुचित व्यापार क्रियाओं तथा अन्य प्रकार के शोषण के विरुद्ध सुरक्षा प्रदान करता है। इसके अन्तर्गत तीन-स्तरीय तन्त्र की स्थापना की गई है, जो निम्न हैं-जिला स्तर पर-जिला फोरम, राज्य स्तर पर-राज्य आयोग तथा राष्ट्रीय स्तर पर-राष्ट्रीय आयोग।
2. **प्रसंविदा/अनुबन्ध अधिनियम, 1982** (The Contract Act, 1982) यह अधिनियम उन दायित्वों को निर्धारित करता है जो किसी अनुबन्ध के पक्षकारों (क्रेता एवं विक्रेता) द्वारा किए गए वायदों को पूरा करने के लिए बाध्य होते हैं। यह अधिनियम उन अधिकारों की व्याख्या भी करता है। जो पीड़ित पक्षकार को अनुबन्ध का उल्लंघन करने वाले पक्षकार के विरुद्ध प्राप्त होते हैं।
3. **वस्तु-विक्रय अधिनियम, 1930** (The Sale of Goods Act, 1930) यह अधिनियम क्रेता द्वारा क्रय की गई वस्तुओं को शर्तों एवं वारण्टी के अनुसार न होने पर सुरक्षा प्रदान करता है।
4. **आवश्यक वस्तु अधिनियम, 1955** (The Essential Commodities Act, 1955) यह अधिनियम वस्तुओं की सहजता से उपलब्धता सुनिश्चित कराने तथा कपटी व्यापारियों के शोषण से उनकी रक्षा करने के लिए बनाया गया है। इस अधिनियम में उन वस्तुओं के उत्पादन, वितरण और मूल्य निर्धारण को विनियमित एवं नियन्त्रित करने की व्यवस्था की गई है, जिनकी आपूर्ति बनाए रखने या बढ़ाने तथा उनका समान वितरण प्राप्त करने और उचित मूल्य पर उनकी उपलब्धता के लिए अनिवार्य घोषित किया गया है।
5. **कृषि उत्पाद** (श्रेणीकरण एवं चिह्नांकन) **अधिनियम, 1937** (Agricultural Produce (Grading and Marking) Act, 1937) इस अधिनियम के अन्तर्गत कृषि उत्पादों एवं पशुओं के लिए उत्पाद की गुणवत्ता के प्रमाप निर्धारित किए जाते हैं। यह मानकों के उपयोग को निर्धारित करने की शर्तें एवं नियम तय करने के साथ ही कृषि उत्पादों के श्रेणीकरण, चिह्नांकन एवं पैकिंग के लिए प्रक्रिया भी तय करता है। इसके अन्तर्गत कृषि उत्पादों की गुणवत्ता को प्रदर्शित करने के लिए 'एगमार्क' (Agricultural Marking, AGMARK,) चिह्न का उपयोग किया जाता है।
6. **खाद्य मिलावट अवरोध अधिनियम, 1954** (The Prevention of Food Adulteration Act, 1954) यह अधिनियम खाद्य वस्तुओं में मिलावट को रोकने के लिए पारित/लागू किया गया है। इस अधिनियम के अन्तर्गत सभी खाद्य व्यवसाय प्रचालकों को या तो पंजीकरण कराना होगा या फिर लाइसेंसिंग अथॉरिटी में लेना अनिवार्य होगा।
7. **माप-तौल मानक अधिनियम, 1976** (The Standards of Weights and Measures Act, 1976) यह अधिनियम कम तोलने व कम मापने के विरुद्ध उपभोक्ताओं को संरक्षण प्रदान करता है। यह उस स्थिति में लागू नहीं होता जब वस्तुओं का सही वजन, माप अथवा वितरण किया जाता है।
8. **ट्रेडमार्क अधिनियम, 1999** (The Trade Mark Act, 1999) यह अधिनियम व्यापार एवं वाणिज्य चिह्न अधिनियम 1958 के स्थान पर बनाया गया है। यह अधिनियम उत्पादों पर गलत चिह्नों के प्रयोग से उपभोक्ताओं को संरक्षण प्रदान करता है।
9. **प्रतियोगिता अधिनियम, 2002** (The Competition Act, 2002) भारत का यह अधिनियम भारत में स्वस्थ प्रतिस्पर्द्धा को बढ़ावा देने के उद्देश्य से पारित किया गया था। इस अधिनियम ने एकाधिकार तथा अवरोधक व्यवहार अधिनियम, 1969 का स्थान लिया। यह अधिनियम बाजार प्रतियोगिता में बाधा डालने वाली कार्यवाहियों के विरुद्ध उपभोक्ताओं को संरक्षण प्रदान करता है।
10. **भारतीय मानक ब्यूरो अधिनियम, 1986** (The Bureau of Indian Standards Act, 1986) इसके अन्तर्गत भारतीय मानक संस्थान की स्थापना की गई। *इस संस्थान की मुख्य दो क्रियाएँ हैं–*
    (*i*) विभिन्न वस्तुओं के लिए गुणवत्ता प्रमाप (Quality Standards) निर्धारित करना तथा जिस कम्पनी द्वारा इन प्रमापों को पूरा किया जाता है, उसे BIS प्रमाणीकरण योजना के अन्तर्गत 'ISI' मार्क का उपयोग सुनिश्चित करना।

(*ii*) ISI उत्पादों के विरुद्ध शिकायतों की सुनवाई हेतु शिकायत केन्द्र की स्थापना की गई।

उपरोक्त सभी कानूनों में अति महत्त्वपूर्ण उपभोक्ता संरक्षण अधिनियम है जिसके अन्तर्गत उपभोक्ताओं को छः अधिकार प्रदान किए गए जिनका वर्णन आगे किया गया है।

उपभोक्ता संरक्षण अधिनियम, 2019 (Consumer Protection Act, 2019)

यह अधिनियम 2019 में संसद द्वारा पास किया गया इस अधिनियम के तहत् उपभोक्ता के हितों की रक्षा एवं उनकी शिकायतों का निवारण किया जाता है। यह अधिनियम उपभोक्ताओं को वस्तुओं एवं सेवाओं के उपभोग से सम्बन्धित अधिकार प्रदान करते हैं। इस अधिनियम के तहत् प्रत्येक वह व्यक्ति जो किसी फर्म, हिन्दू अविभाजित परिवार और उनके द्वारा निर्माण की गई किसी वस्तु एवं सेवा का उपयोग करने व ई-कॉमर्स कार्यों और सेवा प्रदाताओं को सम्मिलित किया गया है।

उपभोक्ताओं के अधिकार (Consumer Rights)

उपभोक्ता संरक्षण अधिनियम के अन्तर्गत भारत में उपभोक्ताओं को वस्तुओं और सेवाओं के उपयोग से सम्बन्धित छः मुख्य अधिकारों का प्रावधान है। *यह अधिकार निम्नलिखित हैं–*

1. **सुरक्षा का अधिकार** (Right to Safety) उपभोक्ता का प्रथम अधिकार सुरक्षा का अधिकार है। उसे ऐसी वस्तुओं एवं सेवाओं से सुरक्षा प्राप्त करने का अधिकार है जिनसे उसके शरीर एवं सम्पत्ति को हानि पहुँचती है। इसलिए व्यक्तियों की सुरक्षा एवं स्वास्थ्य को ध्यान में रखते हुए व्यापारी ऐसी किसी भी वस्तु को, जो उन्हें हानि पहुँचाए, प्रचलन में न लाने का पूर्णतः उत्तरदायी होगा।
2. **सूचना का अधिकार** (Right to Information) सूचना के अधिकार, 2005 के लागू होने से पहले ही उपभोक्ता संरक्षण अधिनियम, 1986 के अन्तर्गत उपभोक्ताओं को वस्तुओं एवं सेवाओं के गुण, मात्रा, क्षमता, शुद्धता, मानक एवं कीमत के बारे में सूचना पाने का अधिकार था जिससे वस्तु एवं सेवा प्रदान करने वाले व्यक्ति अथवा संस्था के दुर्व्यवहार से उपभोक्ता की सुरक्षा हो सके।
3. **चयन का अधिकार** (Right to Choose) यह अधिकार बाजार और बाजारी सेवा के ऐसे संगठन की आवश्यकता पर बल देता है जो इस बात को सुनिश्चित करे कि विक्रेता ऐसी वस्तु या सेवा प्रदान करें जो उपभोक्ताओं के हित में हो। उपभोक्ता अपने इस अधिकार के अन्तर्गत विभिन्न निर्माताओं द्वारा निर्मित विभिन्न ब्राण्ड, किस्म, गुण, रूप, रंग तथा मूल्य की वस्तुओं में से किसी भी वस्तु का चुनाव करने को स्वतन्त्र होगा।
4. **शिकायत का अधिकार** (Right to Complaint) उपभोक्ता को अपने हितों को प्रभावित करने वाली सभी बातों को उपयुक्त मंच के समक्ष प्रस्तुत करने का अधिकार है। वे अपने इस अधिकार का उपयोग करके व्यवसायी एवं सरकार को अपने हितों के अनुरूप निर्णय लेने तथा नीतियाँ बनाने के लिए बाध्य कर सकते हैं।

   इस अधिकार के अन्तर्गत उपभोक्ता अपनी शिकायत को व्यक्त कर सकता है तथा अपने अन्य उपभोक्ता अधिकारों की रक्षा कर सकता है।
5. **क्षतिपूर्ति का अधिकार** (Right to Seek Redressed) यह अधिकार उपभोक्ताओं को यह आश्वासन प्रदान करता है कि यदि क्रय की गई वस्तु या सेवा उचित एवं सन्तोषजनक ढंग से उपयोग में नहीं लाई जा सकेगी तो उसे उसकी क्षतिपूर्ति प्राप्त करने का अधिकार होगा।
6. **उपभोक्ता शिक्षा का अधिकार** (Right to Consumer Education) उपभोक्ता को उन सभी बातों की जानकारी प्राप्त करने का अधिकार है जो उपभोक्ता के लिए आवश्यक होती हैं। उपभोक्ता को उनकी आवश्यकतानुसार उत्पाद या सेवा के चयन में दी गई सीमित जानकारी के कारण वह प्रायः ठगे जाते हैं। इस स्थिति में उपभोक्ता को जानकारी प्राप्त करने का पूरा अधिकार है।

उपभोक्ताओं के उत्तरदायित्व (Consumers' Responsibilities)

अधिकारों के साथ-साथ उपभोक्ताओं के कुछ उत्तरदायित्व भी होते हैं, जो निम्न प्रकार हैं–

1. **अपने अधिकारों का सही-सही प्रयोग करना** (Use One's Right Correctively) प्रत्येक उपभोक्ता को अपने अधिकारों के प्रति सजग रहना चाहिए। जिस उपभोक्ता को पूर्ण जानकारी है, उसे कम जानकारी रखने वाले या गलत जानकारी रखने वाले उपभोक्ता की सहायता करनी चाहिए। वस्तुओं तथा सेवाओं को क्रय करते समय या उपयोग करते समय उपभोक्ता को अपने अधिकारों के प्रति सचेत रहना चाहिए।
2. **सावधानियाँ रखना** (Keep in Mind/Beware) उपभोक्ता विभिन्न कानूनों के अन्तर्गत की जाने वाली कार्रवाइयों का सहारा लिए बिना, स्वयं ही सावधानियों के द्वारा अपना संरक्षण कर सकते हैं।

   वस्तु या सेवा को क्रय करते समय उपभोक्ता को निम्नलिखित सावधानियाँ बरतनी चाहिए–

   (*i*) क्रय की जाने वाली वस्तु या सेवा का चयन करते समय उससे सम्बन्धित सारी जानकारी प्राप्त करने पर जोर देना चाहिए। इससे उसे यह फैसला करने में सुविधा होगी कि किसी दुकान विशेष से वस्तु या सेवा को क्रय किया जाए या नहीं।

   (*ii*) उसे वस्तु के नाम, निर्माता के नाम, वस्तु के प्रयोग के सम्बन्ध में जारी निर्देश, उपयोग करते समय रखी जाने वाली सावधानी, शुद्ध वजन, प्रमापीकरण का चिह्न, खाद्य तथा दवाई के सम्बन्ध में निर्माण की तिथि एवं उपयोग बन्द करने की अवधि की तिथि, खुदरा मूल्य (कर सहित या कर रहित) आदि।

   (*iii*) उपभोक्ता को विभिन्न निर्माताओं के माल की गुणवत्ता, कीमत, टिकाऊपन आदि की तुलना करनी चाहिए। यह तभी सम्भव है, जब बाजार में प्रतिस्पर्द्धी कीमतों पर अनेक प्रकार की वस्तुएँ उपलब्ध हों।

   (*iv*) उसे यह देखना चाहिए कि वस्तुएँ खतरनाक नहीं हों।

   (*v*) विक्रेता से उसको यह आश्वासन मिलना चाहिए कि वस्तु में कोई दोष विद्यमान नहीं है।
3. **शिकायत दर्ज करना** (Register a Complaint) उपभोक्ता का यह उत्तरदायित्व बनता है कि उसे होने वाले उचित नुकसार, कष्ट, पीड़ा या असुविधा के सम्बन्ध में विक्रेता के विरुद्ध उपयुक्त अधिकारी के समक्ष शिकायत दर्ज करें। उसे हर प्रकार के शोषण के विरुद्ध आवाज बुलन्द करनी चाहिए, जो व्यापार या उद्योग द्वारा वस्तु या सेवा की गुणवत्ता के सम्बन्ध में उपभोक्ता को प्राप्त अधिकारों का उल्लंघन करने के कारण हो। ऐसे शोषण के विरुद्ध त्वरित कानूनी कार्रवाई करनी चाहिए।
4. **वस्तु या सेवा की गुणवत्ता के प्रति जागरुकता** (Awareness about Quality of Goods and Service) उपभोक्ता को सदैव 'आई.एस.आई.', 'एगमार्क', 'एफ.पी.ओ.' मार्क द्वारा प्रमाणित गुणवत्ता वाली वस्तु खरीदने पर ही जोर देना चाहिए तथा उनकी सही-सही पहचान सुनिश्चित करनी चाहिए।
5. **लुभावने विज्ञापन के चक्कर में नहीं आना** (Don't be Tempted by Tempting Advertisement) उपभोक्ता को मिथ्या, लुभावने तथा वस्तु या सेवा के बारे में अतिशयोक्तिपूर्ण विज्ञापन से बचकर रहना चाहिए। उसे वस्तु या सेवा की उपयोगिता, गारण्टी, आश्वासन आदि की भली-भाँति जाँच कर लेनी चाहिए तथा विज्ञापन में वर्णित उपयोग की तुलना वास्तविक उपयोग से कर लेनी चाहिए। यदि कोई अन्तर पाया जाए, तो इसे विज्ञापन के प्रायोजक के ध्यान में लाना चाहिए।

6. **केश मेमो पर जोर देना** (Emphasis on Cash Memo) वस्तु खरीदते समय और विशेषतः टिकाऊ वस्तु, दवाई तथा डिब्बे बन्द वस्तु के नकद क्रय की स्थिति में, उपभोक्ता को केश मेमो प्राप्त करने तथा उधार क्रय की दशा में बीजक अथवा बिल प्राप्त करने पर जोर देना चाहिए।

उपभोक्ता संरक्षण के तरीके एवं साधन

(Ways and Means of Consumer Protection)

उपभोक्ता संरक्षण के उद्देश्यों को प्राप्त करने हेतु कई विधियाँ हैं जो निम्नलिखित हैं–

1. **व्यवसाय द्वारा स्वयं नियमन** (Self Regulation by Business) विकसित व्यावसायिक इकाइयाँ उपभोक्ताओं को उचित सेवाएँ प्रदान करने में अपना दीर्घकालीन हित समझती हैं। ये इकाइयाँ सामाजिक उत्तरदायित्व को महत्त्वपूर्ण मानते हुए अपने उपभोक्ताओं से नैतिक व्यवहार करती हैं तथा उनकी शिकायतों एवं समस्याओं के समाधान हेतु स्वयं उपभोक्ता सेवा एवं शिकायत कक्षों की स्थापना करती हैं।
2. **व्यावसायिक संगठन** (Business Association) व्यावसायिक संघ व्यवसायियों के लिए आचार-संहिता का निर्माण करते हैं। इस आचार-संहिता में व्यावसायियों हेतु दिशा-निर्देश लिखे होते हैं कि उन्हें अपने ग्राहकों के प्रति किस तरह का व्यवहार करना चाहिए।
3. **उपभोक्ता जागरूकता** (Consumer Awareness) एक उपभोक्ता, यदि शिक्षित एवं अपने अधिकारों के प्रति जागरूक है, तो वह अपने प्रति हो रहे अनुचित व्यवहार एवं शोषण के विरुद्ध आवाज उठा सकता है। इसके साथ ही यदि उपभोक्ता को अपने दायित्वों का ज्ञान है तो वह अपने हितों की रक्षा कर सकेगा। इस सन्दर्भ में भारत सरकार द्वारा एक अभियान 'जागो ग्राहक जागो' चलाया गया जिसका उद्‌देश्य उपभोक्ताओं को उनके अधिकारों एवं दायित्वों के प्रति जागरूक करना है।
4. **उपभोक्ता संगठन** (Consumer Organisation) उपभोक्ता संगठन उपभोक्ताओं को उनके अधिकारों एवं दायित्वों के प्रति जागरूक करने में महत्त्वपूर्ण भूमिका अदा करते हैं। उपभोक्ता संगठनों का मुख्य कार्य व्यावसायिक इकाइयों को अनुचित आचरण एवं उपभोक्ताओं के शोषण से दूर रहने के लिए बाध्य करते हैं।
5. **सरकार** (Government) सरकार द्वारा विभिन्न नियम एवं कानून बनाए जाते हैं जो उपभोक्ता के हितों की रक्षा करते हैं। जैसे उपभोक्ता संरक्षण अधिनियम, सरकार द्वारा शोषित उपभोक्ताओं को संरक्षण प्रदान करने में महत्त्वपूर्ण भूमिका निभाता है। इसके अन्तर्गत केन्द्र एवं राज्य स्तर पर कई काउन्सिल स्थापित की गई है, जो उपभोक्ता के अधिकारों की सुरक्षा करती हैं।

उपभोक्ता संरक्षण अधिनियम, 1986 के अन्तर्गत शिकायत निवारण एजेन्सियाँ

(Redressal Agencies under the Consumer Protection Act)

उपभोक्ता संरक्षण अधिनियम, 1986 ग्राहकों को जागरूक करने के साथ-साथ किसी समस्या विशेष के उत्पन्न होने पर उसके विवादों का समाधान भी प्रस्तुत करता है। *इस सन्दर्भ में इसमें त्रि-स्तरीय अर्द्ध न्यायिक तन्त्र की स्थापना की गई है, जो निम्न प्रकार है–*

(*i*) जिला मंच (*ii*) राज्य आयोग (*iii*) राष्ट्रीय आयोग

इन्हें संक्षिप्त में जिला फोरम, राज्य कमीशन एवं राष्ट्रीय कमीशन भी कहा जाता है। राष्ट्रीय कमीशन की स्थापना केन्द्रीय सरकार करती है, तो राज्य कमीशन एवं जिला फोरम की स्थापना प्रत्येक राज्य एवं जिलों से सम्बन्धित राज्य सरकार द्वारा की जाती है।

उपभोक्ता संरक्षण के अनुसार उपभोक्ता क्या है तथा कौन इस अधिनियम के अनुसार शिकायत दर्ज करा सकता है, के बारे में अध्ययन करेंगे।

उपभोक्ता (Consumer)

उपभोक्ता संरक्षण अधिनियम, 1986 के अनुसार कोई व्यक्ति जो अपने उपयोग के लिए वस्तुएँ अथवा सेवाएँ क्रय करता है, उपभोक्ता होता है। *उपभोक्ता अधिनियम के अनुसार उपभोक्ता को निम्न प्रकार समझा जा सकता है–*

1. उपभोक्ता वह व्यक्ति है जिसने किसी भी वस्तु या सेवा को प्राप्त करने के लिए भुगतान किया हो अथवा अंशतः भुगतान किया हो या भुगतान करने का वचन दिया हो।
2. वह व्यक्ति जो सेवाओं को भाड़े पर लेता है या उपयोग करता है। वाणिज्यिक प्रयोजनों के लिए सेवाएँ लेने वाला व्यक्ति उपभोक्ता की श्रेणी में नहीं आता, परन्तु स्वनियोजन द्वारा अपनी जीविका उपार्जन के प्रयोजन के लिए ली गई सेवाएँ अथवा वस्तुएँ उपभोक्ता की श्रेणी में आती हैं।

शिकायत कौन कर सकता है? (Who can File a Complaint?)

किसी भी उपभोक्ता फोरम में निम्नलिखित के द्वारा शिकायत दर्ज करवाई जा सकती है–

1. कोई भी पंजीकृत उपभोक्ता
2. किसी मृतक उपभोक्ता के कानूनी उत्तराधिकारी
3. केन्द्रीय एवं राज्य सरकार
4. कोई भी उपभोक्ता स्वयं शिकायत दर्ज करवा सकता है, उसे किसी वकील की आवश्यकता नहीं होती।
5. समान हित रखने वाले उपभोक्ताओं की ओर से कोई भी एक उपभोक्ता या एक से अधिक उपभोक्ता।

उपभोक्ता संरक्षण अधिनियम द्वारा उपभोक्ता शिकायत निवारण हेतु त्रि-स्तरीय न्यायिक तन्त्र निम्नलिखित हैं–

1. **जिला फोरम** (District Forum) उपभोक्ता संरक्षण अधिनियम के अनुसार राज्य सरकार राजपत्र जारी करके, उपभोक्ता की समस्याओं के समाधान हेतु प्रत्येक जिले में एक या एक से अधिक जिला उपभोक्ता मंच का गठन कर सकती है।

   इससे सम्बन्धित महत्त्वपूर्ण बिन्दु निम्नलिखित हैं–

   (*i*) इसमें कुल तीन सदस्य होते हैं जिसमें जिला न्यायाधीश की योग्यता रखने वाला इसका सभापति तथा दो अन्य व्यक्ति, जिसमें एक महिला सदस्य होनी अनिवार्य है।

   (*ii*) जिला मंच में शिकायत करने वाला व्यक्ति उस जिले का निवासी हो अथवा वह वहाँ व्यवसाय संचालित करता हो या उसकी शाखा कार्यालय वहीं हो।

   (*iii*) जिला फोरम में ₹ 20 लाख तक के मूल्य के विवादों से सम्बन्धित शिकायतों का समाधान किया जाता है।

   (*iv*) आवश्यकता होने पर वस्तु या उसके नमूने को प्रयोगशाला में परीक्षण हेतु भेजा जाता है।

   (*v*) परीक्षण के बाद माल के दोषपूर्ण स्थिति में विरोधी पक्षकार को निम्न में से कोई भी एक आदेश दिया जा सकता है।
   - वस्तु के दोषों का निवारण किया जाए।
   - दोषपूर्ण वस्तु के स्थान पर नई वस्तु दी जाए।
   - क्षतिपूर्ति का आदेश दिया जाए।
2. **राज्य कमीशन** (State Commission) इस आयोग में सभापति सहित कुल तीन सदस्य होते हैं। सभापति की नियुक्ति राज्य के उच्च न्यायालय के मुख्य न्यायाधीश से परामर्श करके राज्य सरकार द्वारा होगी। वेतन तथा सेवा भत्तों का निर्धारण सरकार के द्वारा ही किया जाता है।

इससे सम्बन्धित महत्त्वपूर्ण बिन्दु निम्नलिखित हैं–

(*i*) जिला फोरम के निर्णय से यदि कोई पक्षकार सन्तुष्ट नहीं होता है, तो इसके विरुद्ध 30 दिन के अन्दर राज्य आयोग के समक्ष अपील कर सकता है।

(*ii*) राज्य आयोग में ₹ 20 लाख से अधिक तथा ₹ 1 करोड़ तक के मूल्यों के विवादों से सम्बन्धित शिकायतों का समाधान किया जाता है।

(*iii*) शिकायत दर्ज होने के बाद राज्य योजना आयोग द्वारा इसकी सूचना विरोधी पक्षकार को भेजी जाती है।

(*iv*) यदि कोई पक्षकार राज्य आयोग के निर्णय से सन्तुष्ट नहीं होता है, तो वह 30 दिन के अन्दर राष्ट्रीय आयोग के समक्ष अपील कर सकता है।

3. **राष्ट्रीय आयोग** (National Commission) भारतवर्ष में उपभोक्ता के विवादों का समाधान करने वाली यह एक स्वतन्त्र एवं वैधानिक संस्था है। इसे राष्ट्रीय उपभोक्ता विवाद निवारण आयोग भी कहा जाता है। *इससे सम्बन्धित महत्त्वपूर्ण बिन्दु निम्नलिखित हैं–*

(*i*) राष्ट्रीय आयोग में कुल पाँच सदस्य होते हैं, जिनमें एक सभापति तथा चार अन्य सदस्य जिसमें एक महिला सदस्य अवश्य होती है।

(*ii*) सभापति की नियुक्ति उच्चतम न्यायालय के न्यायाधीश से परामर्श करने के बाद किसी ऐसे व्यक्ति की नियुक्ति की जाती है, जो उच्चतम न्यायालय का न्यायाधीश हो या रह चुका हो।

(*iii*) यह आयोग उन दावों की सुनवाई करता है जिनमें क्षतिपूर्ति की राशि ₹ 1 करोड़ से अधिक है।

(*iv*) शिकायत दर्ज होने पर इसकी सूचना विरोधी पक्षकार को भेज दी जाती है।

(*v*) यदि कोई पक्षकार राष्ट्रीय आयोग के निर्णय से सन्तुष्ट नहीं होता तो वह 30 दिन के अन्दर उच्च न्यायालय के समक्ष अपील कर सकता है।

उपलब्ध राहत (Relief Available)

उपभोक्ता अदालत के शिकायत की यर्थाथता से सन्तुष्ट होने के उपरान्त ही विरोधी पक्ष को निम्न में से कोई भी एक निर्देश दिया जा सकता है–

1. वस्तु अथवा सेवाओं के भुगतान को वापस लौटाना।
2. दोषपूर्ण वस्तु के स्थान पर दोषमुक्त वस्तु देना।
3. वस्तुओं के दोष को दूर करना।
4. खतरनाक वस्तुओं की बिक्री पर रोक लगाना।
5. विरोधी पक्ष की लापरवाही से उपभोक्ताओं को हुई हानि के लिए क्षतिपूर्ति देना।
6. खतरनाक वस्तुओं के उत्पादन पर रोक तथा हानिकारक सेवाएँ प्रदान न करना।
7. अनैतिक विज्ञापनों पर रोक लगाना।
8. उचित पक्ष को पर्याप्त लागत का भुगतान करना।

उपभोक्ता संगठन की भूमिका

उपभोक्ताओं को संरक्षण प्रदान करने हेतु सरकार की ओर से अनेक प्रयास किए गए हैं। जिनसे उपभोक्ता जागरुक हो सके।

इन संगठनों के प्रमुख कार्य निम्नलिखित हैं–

1. उपभोक्ता संगठनों का प्रथम कार्य उपभोक्ता को अपने अधिकारों के प्रति जागरूक करना है। इसके लिए इनके द्वारा कई पत्र-पत्रिकाएँ भी प्रकाशित की जाती हैं।
2. उपभोक्ता संगठन समय-समय पर विभिन्न उत्पादों के नमूने एकत्रित कर उनका निरीक्षण करते हैं तथा निरीक्षण के परिणामों को उपभोक्ताओं तक पहुँचाते हैं। इस प्रकार ये संगठन विभिन्न उत्पादों की सही अथवा गलत सूचना देकर उपभोक्ता संरक्षण प्रदान करते हैं।
3. जिन वस्तुओं के मूल्य लगातार अनावश्यक रूप से बढ़ते रहते हैं, उपभोक्ता संगठन ऐसी प्रवृत्ति के विरुद्ध पहल करते हैं।
4. जब कोई पीड़ित उपभोक्ता अपनी शिकायत के विरुद्ध पहल करने में सफल नहीं होता तो उपभोक्ता संगठन उनकी ओर से न्यायालय में मुकदमा दायर करते हैं। इनके द्वारा उपभोक्ताओं हेतु ऐच्छिक शिकायत केन्द्र भी चलाए जाते हैं।
5. उपभोक्ता संगठन मिलावट, बनावटी कमी, घटिया गुणवत्ता उत्पाद तथा अन्य बुराइयों के बारे में सरकारी एजेन्सी को सूचित करके सरकार की सहायता करते हैं।
6. ये मिलावट, जमाखोरी, कालाबाजारी तथा कम तोल की बिक्री जैसी बुराइयों को रोकने में महत्त्वपूर्ण भूमिका निभाते हैं।

उपभोक्ताओं के हितों को संरक्षण प्रदान करने वाले कुछ मुख्य उपभोक्ता के संगठन एवं गैर-सरकारी संगठन निम्न प्रकार है–

(*i*) उपभोक्ता संगठन, कोलकाता

(*ii*) उपभोक्ता संरक्षण परिषद्, अहमदाबाद

(*iii*) उपभोक्ता समन्वय परिषद्, दिल्ली

(*iv*) उपभोक्ता शिक्षण एवं अनुसन्धान केन्द्र, अहमदाबाद

(*v*) कर्नाटक उपभोक्ता सेवा समिति, बैंगलोर

(*vi*) उपभोक्ता शिक्षण हितार्थ स्वयंसेवी संगठन

(*vii*) मुम्बई ग्राहक पंचायत, मुम्बई

(*viii*) कॉमन कॉज, दिल्ली

(*ix*) कंज्यूमर गाइडैंस सोसाइटी ऑफ इण्डिया, मुम्बई।

अभ्यास प्रश्न

1. उपभोक्ता संरक्षण अधिनियम के प्रावधान किस वर्ष लागू हुए?
(a) वर्ष 1986 में (b) वर्ष 1987 में
(c) वर्ष 1988 में (d) वर्ष 1991 में

2. उपभोक्ता संरक्षण अधिनियम 1986 के अन्तर्गत भारत में उपभोक्ताओं को वस्तुओं एवं सेवाओं के उपयोग से सम्बन्धित कितने अधिकारों का प्रावधान है
(a) 60 (b) 6
(c) 100 (d) 10

3. प्रसंविदा अधिनियम कब लागू हुआ?
(a) वर्ष 1982 में (b) वर्ष 1983 में
(c) वर्ष 1984 में (d) वर्ष 1985 में

4. कौन-सा अधिनियम क्रेता द्वारा क्रय की गई वस्तुओं को शर्तों एवं वारण्टी के अनुसार न होने पर सुरक्षा प्रदान करता है
(a) अनुबन्ध अधिनियम 1982
(b) उपभोक्ता संरक्षण अधिनियम 1986
(c) वस्तु विक्रय अधिनियम 1930
(d) आवश्यक वस्तु अधिनियम 1955

5. वस्तुओं की सहजता से उपलब्धता सुनिश्चित कराने के लिए बनाया गया अधिनियम है
(a) आवश्यक वस्तु अधिनियम
(b) वस्तु-विक्रय अधिनियम
(c) श्रेणीकरण एवं चिह्नांकन अधिनियम
(d) खाद्य मिलावट अधिनियम

6. आवश्यक वस्तु अधिनियम 1955 का उद्देश्य है
(a) वस्तुओं की सहजता से उपलब्धता एवं व्यापारियों के शोषण से रक्षा
(b) कृषि उत्पादों एवं पशुओं के लिए उत्पाद गुणवत्ता
(c) वस्तुओं में मिलावट रोकना
(d) आवश्यक वस्तुएँ उपभोक्ता को घर तक पहुँचाना

7. व्यापार एवं वाणिज्य चिह्न अधिनियम 1958 के स्थान पर कौन-सा अधिनियम बनाया गया है?
(a) ट्रेडमार्क अधिनियम 1999
(b) प्रतियोगिता अधिनियम 1999
(c) भारतीय मानक ब्यूरो अधिनियम 1986
(d) आवश्यक वस्तु अधिनियम 1955

8. उपभोक्ता संरक्षण अधिनियम कब लागू होता है?
(a) अचल माल पर
(b) चल माल पर
(c) विशिष्ट वस्तुओं और सेवाओं पर
(d) सभी वस्तुओं और सेवाओं पर

9. उपभोक्ता को उनके अधिकारों के बारे में सूचित करना किसका हिस्सा है?
(a) सुरक्षा का अधिकार (b) सूचना का अधिकार
(c) 'a' और 'b' दोनों (d) इनमें से कोई नहीं

10. उपभोक्ता को आई.एस.आई. चिह्नित विद्युत उपकरण का उपयोग करना चाहिए, इसका एक उदाहरण है
(a) सुरक्षा का अधिकार (b) सूचना का अधिकार
(c) चयन का अधिकार (d) सुनवाई का अधिकार

11. प्रतिस्पर्द्धी कीमतों पर विभिन्न प्रकार की वस्तुओं और सेवाओं तक जब भी सम्भव हो, उपभोक्ता को आश्वस्त किया जाना चाहिए।
(a) उपभोक्ता संरक्षण अधिनियम का अधिकार
(b) चयन का अधिकार
(c) सुरक्षा का अधिकार
(d) सुनवाई का अधिकार

12. उपभोक्ता संरक्षण हेतु स्थापित त्रि-स्तरीय तन्त्र है
(a) जिला मंच, राज्य आयोग, राष्ट्रीय आयोग
(b) सेशन न्यायालय, उच्च न्यायालय, उच्चतम न्यायालय
(c) जिला परिषद्, राज्य सरकार, केन्द्रिय सरकार
(d) उपरोक्त में से कोई नहीं

13. उपभोक्ता फोरम में शिकायत कौन कर सकता है?
(a) कोई भी पंजीकृत उपभोक्ता
(b) केन्द्रीय एवं राज्य सरकार
(c) मृतक उपभोक्ता के कानूनी उत्तराधिकारी
(d) उपरोक्त सभी

14. जिला फोरम के निर्णय से यदि कोई पक्षकार संतुष्ट नहीं होता है, तो इसके विरुद्ध कितने दिनों के अन्दर राज्य आयोग के समक्ष अपील कर सकता है
(a) 10 दिन (b) 15 दिन (c) 30 दिन (d) 90 दिन

15. ₹ 20 लाख तक के मूल्य के निपटारे कहाँ किए जाते हैं?
(a) जिला फोरम में (b) राज्य कमीशन में
(c) राष्ट्रीय आयोग में (d) इनमें से कोई नहीं

16. राष्ट्रीय कमीशन की स्थापना कौन करता है?
(a) केन्द्रीय सरकार (b) राज्य सरकार
(c) अन्तर्राष्ट्रीय संगठन (d) जिला स्तरीय संगठन

17. यदि माल या सेवाओं का मूल्य ₹ 20 लाख से अधिक है, लेकिन ₹ 1 करोड़ से कम है, तो उपभोक्ता शिकायत दर्ज कहाँ कर सकता है?
(a) जिला फोरम में (b) राज्य आयोग में
(c) राष्ट्रीय आयोग में (d) उपरोक्त सभी

18. यदि कोई ग्राहक राज्य आयोग के निर्णय से सन्तुष्ट नहीं है, तो वह अपील दायर कर सकता है
(a) जिला फोरम में (b) उच्चतम न्यायालय में
(c) उच्च न्यायालय में (d) राष्ट्रीय आयोग में

19. राष्ट्रीय आयोग के निर्णय से यदि कोई पक्षकार संतुष्ट नहीं है, तो वह उसकी अपील कर सकता है
(a) केन्द्रिय सरकार के समक्ष (b) उच्च न्यायालय के समक्ष
(c) उच्चतम न्यालालय के समक्ष (d) राष्ट्रपति के समक्ष

उत्तरमाला

1.	(a)	**2.**	(b)	**3.**	(a)	**4.**	(c)	**5.**	(a)	**6.**	(a)	**7.**	(a)	**8.**	(d)	**9.**	(c)	**10.**	(a)
11.	(b)	**12.**	(a)	**13.**	(d)	**14.**	(c)	**15.**	(a)	**16.**	(a)	**17.**	(b)	**18.**	(d)	**19.**	(b)		

अध्याय 13

उद्यमिता विकास

उद्यमी का अर्थ व परिभाषाएँ

(Meaning and Definitions of Entrepreneur)

उद्यमी वह व्यक्ति या व्यक्तियों का समूह है, जो अपने वातावरण में नवीन अवसरों एवं परिवर्तनों की खोज करता है एवं उनका लाभ उठाने हेतु नवकरण करता है, उपक्रम की स्थापना करता है, आवश्यक संसाधन जुटाता है तथा उसमें निहित जोखिम को वहन करता है।

उद्यमी को विभिन्न विद्वानों द्वारा भिन्न-भिन्न रूप से प्रकट किया गया है, जो निम्न प्रकार से है-

एफ. बी. हैने के अनुसार, ''उत्पादन में निहित जोखिम उठाने वाला व्यक्ति उद्यमी कहलाता है।''

रिचर्ड केण्टीलॉन के अनुसार, ''उद्यमी वह व्यवसायी है, जो उत्पादन के साधन को निश्चित मूल्य पर बेचता है।''

उद्यमी की विशेषताएँ (Characteristics of Entrepreneur)

उद्यमी की निम्नांकित विशेषताएँ हैं-

1. **एक-कार्मिक** उद्यमी एक कार्यरत् व्यवसाय में कर्मचारी के रूप में होता है। वह स्वयं सम्पूर्ण कार्य सम्भालता है तथा पूर्ण रूप से कार्य को पूरा करता है एवं उससे सम्बन्धित सभी क्रियाओं का संचालन करता है।
2. **नवीन उपक्रम की स्थापना** उद्यमी समय-समय पर कुछ नया एवं कुछ अलग प्रस्तुत करना चाहता है। इसलिए वह उत्पादन तथा विवरण कार्य करके कुछ नया सृजन करता है, जिससे व्यवसाय की गति विकासप्रद हो सके।
3. **सकारात्मक सोच** उद्यमी स्वयं अपने आप में एक सकारात्मक सोच का व्यक्ति होता है, जो सफलता पाने की आशा से प्रत्येक पक्ष के विषय में सकारात्मक सोच रखता है।
4. **जोखिम वहनकर्ता** उद्यमी स्वयं जोखिम वहन करता है, क्योंकि कोई भी व्यवसाय बिना जोखिम के नहीं चलाया जा सकता है। एक व्यवसाय पूर्ण रूप से जोखिम से घिरा हुआ होता है तथा एक उद्यमी ही अपने व्यवसाय का बचाव करता है तथा सम्पूर्ण जोखिम को सूझ-बूझ से व्यवसाय पर हावी नहीं होने देता है।
5. **आशावादी** उद्यमी स्वयं प्रयत्नशील कार्य करने के इच्छुक होते हैं तथा स्वयं सम्पूर्ण कार्य को सम्भव करने की इच्छा रखते हैं, जिससे वह बाधाओं से भयभीत न होकर दृढ़ता से उनका सामना करते हैं।
6. **साधनों का संगठनकर्ता** उद्यमी विभिन्न प्रकार के संघटकों का संयोजन करता है, जिससे उत्पादन कार्यों का संचालन तीव्र गति से किया जा सके एवं विभिन्न संस्थाओं व निगमों का सहयोग भी लेता है।
7. **कार्य ही लक्ष्य एवं सन्तुष्टि** उद्यमी के लिए उसका कार्य सबसे महत्त्वपूर्ण होता है, जो लक्ष्य एवं सन्तुष्टि का बड़ा स्रोत होता है। इसलिए उद्यमियों के लिए कार्य ही प्रेरणा एवं पूँजी होती है।
8. **कार्य एवं गतिशील प्रतिनिधि** उद्यमी ऐसा व्यक्ति होता है, जो अपने ज्ञान एवं चातुर्य के बल पर व्यवसाय में सफल परिवर्तन करके सम्पूर्ण अर्थव्यवस्था को गतिशील बनाता है। उद्यमी जब तक उत्पादन के साधन का सृजन नहीं करता, तब तक वह साधन ही बने रहते हैं तथा उद्यमी अनेक प्रकार से साधनों का उपयोग कर नई वस्तुओं का निर्माण करता है।
9. **उच्च उपलब्धियाँ** उद्यमी हमेशा कुछ-न-कुछ ऐसा करते हैं, जो असम्भव के समान होता है तथा उनमें अपने आप को अलग साबित करने की इच्छा अधिक होती है, जिससे वह कठोर से कठोर कार्य को करने तथा उच्च प्राप्तियों को पाने में विश्वास रखते हैं।
10. **स्वतन्त्रता प्रेमी** उद्यमी स्वतन्त्र स्वभाव का होता है। प्रत्येक कार्य को अपने तरीके से करने की इच्छा रखता है तथा अपने साहस के बल पर कार्यों को करने के लिए तत्पर होता है तथा किसी भी कार्य को जल्द-से-जल्द करने की भावना रखता है एवं स्वतन्त्रतापूर्वक अपने कार्यों का निर्वाह करता है।

उद्यमी के कार्य

उद्यमी को उपक्रम की स्थापना से लेकर वस्तुओं के विक्रय तक विभिन्न प्रकार के कार्य करने होते हैं। उद्यमी के कई कार्य आर्थिक विकास के स्तर, मानवीय एवं भौतिक संसाधनों के विकास, सामाजिक स्थिति, राष्ट्रीय प्राथमिकताओं, आदि पर भी निर्भर करते हैं। इस प्रकार उद्यमी के कुछ कार्य समय, स्थान तथा परिस्थितियों के अनुसार भिन्न हो सकते हैं। उद्यमी के कार्यों के सम्बन्ध में सभी विद्वान एकमत नहीं है।

केण्टीलॉन के अनुसार उद्यमी के कार्य निम्नलिखित हैं-

1. निश्चित मूल्य पर माल क्रय करना
2. अनिश्चित मूल्य पर माल बेचना
3. जोखिम उठाना

एच. एन. पाठक ने उद्यमी के निम्न दो मुख्य कार्यों का वर्णन किया है-

1. अवसरों का ज्ञान करना तथा
2. इस ज्ञान के आधार पर औद्योगिक इकाई की स्थापना करना

हॉस के मतानुसार एक उद्यमी के प्रमुख कार्य निम्नलिखित हैं-

1. अनिश्चितता वहन करना
2. उत्पादन के साधनों में समन्वय करना
3. नव-प्रवर्तन का कार्य
4. पूँजी की व्यवस्था करना

जेम्स बर्ना ने उद्यमी के प्रमुख कार्य निम्न प्रकार बतलाए हैं-

1. व्यवसाय का प्रवर्तन करना
2. पूँजी की व्यवस्था करना
3. जोखिम वहन करना।
4. तकनीकी प्रवर्तन करना तथा उन्हें अपनाना तथा
5. व्यवसाय का प्रबन्ध करना।

पीटर किल्बी के अनुसार उद्यमी के प्रमुख कार्य निम्नलिखित हैं-

1. **विनिमय सम्बन्धी कार्य** (Exchange Related Functions)
   (i) बाजार अवसरों का ज्ञान
   (ii) दुर्लभ संसाधनों पर नियन्त्रण
   (iii) आदानों (Inputs) का क्रय
   (iv) उत्पाद का विपणन एवं प्रतिस्पर्धा के समायोजन
2. **प्रशासनिक कार्य** (Administrative Functions)
   (i) सरकारी अधिकारियों के साथ व्यवहार
   (ii) संस्था के भीतर मानवीय सम्बन्धों का प्रबन्ध
   (iii) उपभोक्ताओं व पूर्तिकर्ता के सम्बन्धों का प्रबन्ध
3. **प्रबन्ध नियन्त्रण कार्य** (Management Control Functions)
   (i) वित्तीय प्रबन्ध (ii) उत्पादन प्रबन्ध
4. **प्रौद्योगिकीय कार्य** (Technological Functions)
   (i) कार्यस्थल पर सामग्री की प्राप्ति एवं संयोजन
   (ii) औद्योगिक अभियन्त्रीकरण
   (iii) वस्तु की किस्म एवं प्रक्रियाओं का संवर्द्धन
   (iv) नवीन उत्पाद एवं उत्पादन विधियों का क्रियान्वयन

उद्यमी के समस्त कार्यों को व्यवस्थित रूप से निम्न तीन श्रेणियों में विभाजित किया जा सकता है-

1. **स्थापना सम्बन्धी कार्य** (Establishment Related Functions)
   (i) पर्याप्त कल्पना शक्ति एवं विचारशीलता के द्वारा किसी सृजनात्मक विचार की खोज करना
   (ii) प्रारम्भिक विचार बन जाने के पश्चात् विचार की जाँच-पड़ताल एवं मूल्यांकन करना
   (iii) व्यावसायिक उपक्रम की सफलता हेतु परियोजना को नियोजित करना
   (iv) परियोजना/सम्भाव्यता प्रतिवेदन तैयार करना
   (v) परियोजना का अनुमोदन करना
   (vi) उपक्रम स्थापित करना
2. **प्रबन्ध एवं संचालन सम्बन्धी कार्य** (Management and Operation Related Functions)
   (i) उपक्रम की संगठन संरचना तैयार करना एवं प्रबन्ध करना
   (ii) वित्तीय योजना के अनुसार विभिन्न स्रोतों से आवश्यक वित्त की व्यवस्था करना
   (iii) कुशल विपणन व्यवस्था करना
   (iv) उत्पादन के प्रत्येक साधन को उसकी सेवाओं के बदले उचित पारिश्रमिक प्रदान करना
   (v) व्यवसाय के संचालन एवं विकास की अनेक जोखिमों को वहन करना
3. **आधुनिक कार्य** (Modern Functions)
   (i) नए-नए उत्पादों को विकसित कर, उत्पाद विभेदीकरण करना
   (ii) उद्यमिता विकास कार्यक्रमों में भाग लेना एवं उन्हें अपनाना
   (iii) राष्ट्रीय विकास में योगदान देना
   (iv) व्यवसाय के भविष्य को सुरक्षित बनाना

उद्यमिता का अर्थ व परिभाषा
(Meaning and Definition of Entrepreneurship)

उद्यमिता वह प्रक्रिया है, जिसमें कोई सृजनात्मक, कल्पनाशील, महत्त्वाकाँक्षी एवं जोखिम प्रेमी व्यक्ति या व्यक्तियों का समूह अपने वातावरण में उपलब्ध अवसरों की खोज करता है, फिर उन अवसरों के विश्लेषण द्वारा कुछ नवाचार करता है तथा नवाचारों को अंगीकार करने हेतु आवश्यक संसाधनों को प्राप्त कर किसी संगठन का निर्माण एवं संचालन करता है, जिससे समाज की आवश्यकताओं को सन्तुष्ट किया जा सकें।

रोबिन्स तथा **कोटलर** के अनुसार, ''उद्यमिता वह प्रक्रिया है, जिसमें कोई व्यक्ति अथवा व्यक्तियों का समूह अपने नियन्त्रण के अधीन संसाधनों की परवाह किए बिना उपयोगिता का सृजन करने तथा नवाचार द्वारा विकास के अवसरों को खोजने में समय एवं धन का जोखिम उठाता है।''

उद्यमिता की अवधारणा (Concept of Entrepreneurship)

'उद्यमिता' शब्द के अर्थ को भिन्न-भिन्न विद्वानों द्वारा विभिन्न अर्थों एवं दृष्टिकोणों से देखा तथा समझा गया है। सभी विद्वानों के मन-मस्तिष्क में उद्यमिता के विषय में पृथक्-पृथक् धारणाएँ एवं विचार हैं। ये विभिन्न विचार एवं रूप ही उद्यमिता की विभिन्न अवधारणाएँ हैं।

ऑर्थर कोल के अनुसार, ''उद्यमी का अध्ययन करना आर्थिक गतिविधि में मुख्य पात्र का अध्ययन करने की भाँति होता है।''

उद्यमिता के सम्बन्ध में विभिन्न विद्वानों के विचार
(Views of Various Scholars Regarding Entrepreneurship)

विभिन्न विद्वानों द्वारा उद्यमिता के सम्बन्ध में अपने विचार प्रकट किए गए हैं, जिनमें से कुछ प्रमुख अवधारणाएँ निम्नलिखित हैं-

1. **जोखिम वहनकर्ता के रूप में** कुछ विद्वानों ने उद्यमिता को जोखिम वहनकर्ता के रूप में बताया है। इस अवधारणा में सर्वप्रथम नाम **रिचर्ड केन्टीलॉन** का है। उनके अनुसार, ''उद्यमिता जोखिम एवं अनिश्चितता वहन करने की क्षमता या भावना है।'' केन्टीलॉन का मानना है कि उद्यमिता को अपनाने में जोखिम एवं अनिश्चितता का सामना करना पड़ता है और कुछ जोखिम एवं अनिश्चितता ऐसी होती हैं, जिनका बीमा करवाना असम्भव है। अतः उद्यमिता उन जोखिमों को वहन करने की क्षमता या भावना है, जिनका बीमा नहीं करवाया जा सकता है।
2. **नवाचारी के रूप में** शुम्पीटर ने उद्यमिता की अवधारणा को नवाचारी कार्य के रूप में व्यक्त किया है। उनके अनुसार, उद्यमिता के द्वारा नवीन उत्पादों, नवीन प्रक्रियाओं, नवीन तकनीकों इत्यादि को जन्म दिया एवं अपनाया जाता है।
3. **संगठन निर्माण की क्षमता के रूप में** कुछ विद्वानों ने उद्यमिता को संगठन निर्माण की क्षमता या योग्यता के रूप में प्रकट किया है। **जे. बी. से** के अनुसार, ''उद्यमिता वह आर्थिक घटक है, जो उत्पादन के समस्त संसाधनों को संगठित करता है।'' अर्थात् यह श्रम, पूँजी, भूमि इत्यादि को संगठित करने एवं उनका सदुपयोग करने की प्रक्रिया है।
4. **प्रबन्धकीय एवं नेतृत्व कुशलता के रूप में** उद्यमिता को प्रबन्धकीय एवं नेतृत्व कुशलता के रूप में प्रकट करने वाले प्रमुख विद्वान हॉसलिज तथा जे. एस. मिल हैं। **हॉसलिज** के अनुसार, ''प्रबन्धकीय एवं नेतृत्व कौशल उद्यमिता के महत्त्वपूर्ण पहलू हैं।''
   जे. एस. मिल के अनुसार, ''निरीक्षण, निर्देशन तथा नियन्त्रण उद्यमिता के आवश्यक उपकरण हैं।''
5. **अवसर खोजने की प्रकिया के रूप में** **स्वीवेन्सन** तथा **जारिल्लो** के अनुसार, ''उद्यमिता वह प्रक्रिया है, जिसके अन्तर्गत लोग अपने नियन्त्रण वाले संसाधनों की परवाह किए बिना अवसरों की खोज करते हैं।'' अर्थात् अवसरों को खोजकर नव-प्रवर्तन किया जा सकता है। पीटर एफ. ड्रकर ने कहा है कि ''अवसरों को अधिकाधिक करना ही उद्यमिता की सही परिभाषा है।''
6. **उच्च उपलब्धि क्षमता मेक्लीलैण्ड** ने उद्यमिता को उच्च उपलब्धि की आकांक्षा के रूप में व्यक्त किया है। उनके अनुसार, ''जो व्यक्ति उपलब्धि की उच्च आकांक्षा रखते हैं, उनमें उद्यमिता उच्च स्तर की होती है।'' अतः उद्यमिता व्यक्ति की उपलब्धि की उच्च क्षमता का ही परिणाम है।
   अतः निष्कर्ष रूप में कहा जा सकता है कि उद्यमिता जोखिम करने नवाचार को प्रोत्साहित करने प्रबन्धकीय कुशलता, नेतृत्व कुशलता अक्सर खोज करने की एक क्षमता है या प्रक्रिया है।

उद्यमिता की आवश्यकता/महत्व/भूमिका

उद्यमिता का जन-सामान्य के जीवन में बहुत ही महत्त्व है। *इनके जीवन में उद्यमिता के महत्त्व/भूमिका को नीचे के कुछ शीर्षकों द्वारा स्पष्ट किया जा सकता है–*

1. **स्वतन्त्रता को प्रोत्साहन** उद्यमिता लोगों को वैयक्तिक स्वतन्त्रता प्रदान करती है, जो लोग उद्यमिता को अपनाते हैं, वे अपनी स्वेच्छा से जब चाहे, जैसा चाहे तथा जिस प्रकार चाहे, अपना कार्य कर सकते हैं। इससे उन्हें व्यक्तिगत स्वतन्त्रता के साथ-साथ आर्थिक स्वतन्त्रता भी प्राप्त होती है।
2. **महिला उद्यमियों का विकास** उद्यमिता के विकास के कारण महिला उद्यमियों के विकास को बल मिला है। उद्यमिता को अपनाकर महिलाओं ने उद्योग के क्षेत्र में नई ऊँचाइयों को छुआ है। छोटे उपक्रम ही नहीं, कई बड़े उपक्रम भी महिलाओं ने स्थापित करके अपनी क्षमताओं का विकास किया है।
3. **समाज सेवा का अवसर** कुछ लोग उद्यमिता को समाज सेवा का माध्यम समझकर अपनाते हैं। छोटे उद्यमी समाज एवं ग्राहकों से निकट सम्बन्ध बनाकर उनकी अनेक प्रकार से सेवा करते हुए अपना लाभ अर्जित करते हैं। बड़े उद्योगपति समाज के परोपकारी कार्यों में आर्थिक एवं नैतिक सहयोग प्रदान कर समाज सेवा का अवसर प्राप्त करते हैं।
4. **नवाचार को प्रोत्साहन** उद्यमिता व्यावसायिक जगत में नवाचारों के विकास में महत्त्वपूर्ण भूमिका निभाती है। नवाचार द्वारा समाज के उपभोक्ता वर्ग की सन्तुष्टि में अभिवृद्धि होती है।
5. **नवीन उपक्रम की स्थापना** जिन लोगों द्वारा उद्यमिता को अपनाया जाता है, वे कोई न कोई नया कार्य या व्यवसाय प्रारम्भ करते हैं। फलस्वरूप, उद्यमिता से नवीन उपक्रमों को प्रोत्साहन मिलता है। कई बार तो यह भी देखा जाता है कि उद्यमिता को अपनाने वाले व्यक्ति आजीवन कुछ-न-कुछ नए उपक्रमों की स्थापना करते रहते हैं, जिससे देश के आर्थिक विकास को बल मिलता है।
6. **रोजगार के अवसरों में योगदान** उद्यमिता रोजगार के अवसरों में अभिवृद्धि करने में योगदान देती है। उद्यमिता के कारण जब नए उपक्रम स्थापित होते हैं, नए उत्पादों का निर्माण होता है, नए बाजारों का विकास होता है, तो रोजगार के नए अवसर कई लोगों को प्रत्यक्ष एवं परोक्ष रूप से प्राप्त होते हैं।
7. **अन्तर्राष्ट्रीय व्यवसाय को प्रोत्साहन** उद्यमिता को अपनाने से नए-नए एवं भिन्न-भिन्न उत्पादों एवं सेवाओं का विकास निर्माण सम्भव है। इससे नए-नए बाजारों का विकास करना भी सम्भव है। कई उद्यमी अन्य देशों में अपने उत्पादन केन्द्र एवं व्यावसायिक कार्यालय खोल लेते हैं। कई उद्यमी अन्य देशों के उद्यमियों के साथ आपसी सहयोग के समझौते कर लेते हैं। इन सबके परिणामस्वरूप, अन्तर्राष्ट्रीय या भूमण्डलीय व्यवसाय को प्रोत्साहन मिलता है।
8. **राजकीय नीतियों एवं योजनाओं के क्रियान्वयन में योगदान** उद्यमिता राजकीय नीतियों एवं योजनाओं के क्रियान्वयन में महत्त्वपूर्ण भूमिका निभाती है। औद्योगिक नीति, आयात-निर्यात नीति, तकनीकी नीति इत्यादि के अनुरूप उद्यमकर्ता अपने उपक्रम स्थापित करते हैं तथा उत्पादों एवं सेवाओं का उत्पादन करते हैं।
9. **सामाजिक समस्याओं के निवारण में सहायक** उद्यमिता प्रक्रिया सामाजिक समस्याओं अशिक्षा, बेकारी, बीमारी इत्यादि के निवारण में प्रभावी रूप से सहायक होती है।
10. **संसाधनों का सदुपयोग** देश में अनेक प्रकार के संसाधन हैं; जैसे-वायु, जल, पहाड़, पठार, नदियाँ, समुद्र एवं समुद्र-तट, वन-सम्पदा, पशु-सम्पदा, कृषि उपज, खनिज पदार्थ, मानव इत्यादि। उद्यमिता इन सभी संसाधनों का सदुपयोग करके इनकी उपयोगिता में अभिवृद्धि कर सकती है। परिणामस्वरूप, देश का सामाजिक एवं आर्थिक विकास होगा।
11. **आर्थिक विकास में योगदान** उद्यमिता का विकास करके एवं उद्यमिता की प्रक्रिया को तीव्र करके व्यावसायिक गतिविधियों का विकास किया जा सकता है। इससे न केवल संसाधनों का विकास होगा, अपितु रोजगार में भी वृद्धि होगी और पूँजी निर्माण की गति में भी वृद्धि होगी। इससे सम्पूर्ण देश का चहुँमुखी विकास होगा।

भारत में उद्यमिता का विकास

(Evolution of Entrepreneurship in India)

प्राचीनकाल से ही भारतीय उद्यमी अपनी कला-कौशल एवं व्यावसायिक दक्षता के लिए विश्व-विख्यात रहे हैं। चीनी यात्री ह्वेनसांग ने भारत के औद्योगिक वैभव, हस्त-कौशल एवं शिल्पकारिता की प्रशंसा अपनी यात्रा वर्णनों में की है। भारत में उद्यमिता के विकास की कहानी इसके प्राचीनकाल के उद्यमियों से प्रारम्भ होकर वृहत् औद्योगिक गृहों के निर्माण तक पहुँचती है।

टवर्नियर के अनुसार, ''भारत में निर्माण की जाने वाली वस्तुएँ इतनी सुन्दर एवं आकर्षित हैं कि हमारे पास होते हुए भी हमें उनका आभास नहीं हो पाता है कि वे हमारे पास हैं।''

उद्यमिता के विकास का अध्ययन विभिन्न चरणों में विभाजित किया गया है-

1. **सर्वप्रथम अवस्था** इस अवस्था में व्यापारी दूरस्थ देशों मे जाकर अपने देश का माल बेचते थे। इस अवस्था में ही व्यापारिक मार्गों की स्थापना हुई थी। उद्यमी अपने देश का माल दूरस्थ देशों में ले जाकर बेचता था। वह किसी धनी व्यक्ति (पूँजीपति) से माल उधार खरीदता और दूसरे देशों में जाकर माल बेच आता, जो कुछ लाभ होता, उसका अधिकांश भाग (लगभग 75%) उसी धनी व्यक्ति को दे देता था और शेष अपने लाभ के रूप में रखता था।
2. **मध्य युग** 15वीं शताब्दी के मध्य व्यवसायी एक कार्यकर्ता एवं बड़ी-बड़ी परियोजनाओं में प्रबन्धक की भूमिका के रूप में कार्य करता था।
3. **17वीं शताब्दी** 17वीं शताब्दी सरकार द्वारा विभिन्न प्रकार की सेवाओं व योजनाओं में सहायता की जाने लगी थी।
4. **18वीं एवं 19वीं शताब्दी** 18वीं एवं 19वीं शताब्दी में दुनिया भर में औद्योगिक क्रान्ति की लहर फैल गई। इस दौरान उत्पादन प्रक्रिया में यन्त्रों का उपयोग बढ़ने लगा तथा वृहत् स्तरीय उत्पादन होने लगा। परिणामस्वरूप, उद्योगपति एवं पूँजीपतियों का बोलबाला बढ़ गया।
5. **20 वीं शताब्दी** बीसवीं शताब्दी के मध्य तक उद्यमी को पुनः एक नए रूप में समझा एवं पहचाना जाने लगा और तब उसे नवाचार करने वाले व्यक्ति के रूप में पहचाना जाने लगा।
6. **21वीं शताब्दी** इस शताब्दी में नव-प्रवर्तनशील कार्यों में प्रयास और अधिक तीव्र गति से होने लगा तथा प्रतिस्पर्धा का सामना करने के लिए कठोर निर्णयों की शुरूआत की जाने लगी।

अभिप्रेरणा घटक (Motivation Factor)

उद्यमिता के विकास में अभिप्रेरणा व्यक्ति की महत्त्वपूर्ण ऊर्जा है। इसके अभाव में व्यक्ति साहसिक कार्यों की ओर प्रेरित नहीं होता है। अभिप्रेरणा व्यक्ति की एक आन्तरिक इच्छा एवं शक्ति है, जो उसे लक्ष्य की ओर बढ़ने व सफलता प्राप्त करने का उत्साह प्रदान करती है अर्थात् अभिप्रेरणा के घटकों में ऐसे घटकों का समावेश होता है, जो उद्यम के लिए अधिक-से-अधिक बेहतर कार्य करने की प्रेरणा देते हैं।

अभिप्रेरित करने वाले घटक *अभिप्रेरित करने वाले घटक निम्नलिखित हैं-*

अभिप्रेरित करने वाले घटक

मौद्रिक या वित्तिय अभिप्रेरणाएँ	अमौद्रिक या अवित्तिय अभिप्रेरणाएँ
1. मजदूरी	1. भय दिखाकर
2. प्रीमियम	2. स्थायित्व
3. बोनस	3. प्रशंसा
4. इनाम	4. योग्य नेतृत्व
5. विनियोग पर आय	5. न्यायपूर्ण व्यवहार
	6. रचनात्मक प्रकृति
	7. व्यक्तिगत स्थिति
	8. जिज्ञासा
	9. सहभागिता

अभ्यास प्रश्न

1. उत्पादन में निहित जोखिम उठाने वाला व्यक्ति कहलाता है
(a) उद्यमी (b) सैनिक
(c) सरकार (d) व्यवसायी

2. उद्यमी का कार्य है
(a) स्थापना सम्बन्धी (b) प्रबन्ध एवं संचालन सम्बन्धी
(c) उत्पाद विभेदीकरण सम्बन्धी (d) ये सभी

3. एक प्रवर्तन एवं नव प्रर्वनात्मक गतिविधि जो स्वामित्व की तुलना में एक नेतृत्व का कार्य करती है कहलाती है
(a) आधुनिकिकरण (b) उद्यमिता
(c) औद्योगिकरण (d) नव सृजन

4. उद्यमिता की प्रवृत्ति है
(a) संगठनात्मक (b) विभेदीकरण
(c) रचनात्मक (d) एकीकरण

5. उद्यमिता की विशेषता है
(a) सृजनात्मक प्रक्रिया (b) नव प्रवर्तन
(c) जोखिमपूर्ण (d) ये सभी

6. उद्यमिता प्रोत्साहित करता है
(a) नवाचार (b) आयात
(c) निर्यात (d) श्रम संघ

7. मौद्रिक अभिप्रेरणा है
(a) मजदूरी (b) बोनस
(c) प्रीमियम (d) ये सभी

8. अमौद्रिक अभिप्रेरणा है
(a) इनाम (b) भय
(c) वेतन वृद्धि (d) बोनस

9. उद्यमी की विशेषता नहीं है
(a) एक कार्मिक
(b) नवीन उपक्रम की स्थापना
(c) जोखिम वहनकर्ता
(d) तानाशाह

10. उपक्रम को हमेशा लाभ की दशा में अग्रसित करने की क्रिया उद्यमी की कौन-सी विशेषता दर्शाती है?
(a) गतिशील प्रतिनिधि (b) जोखिम वहनकर्ता
(c) कार्य सन्तुष्टि (d) आशावादी

11. हमेशा कुछ-न-कुछ ऐसा करते हैं जो असम्भव प्रतीत होता है यह विशेषता उद्यमी को हमेशा प्रदान करती है
(a) उच्च उपलब्धियाँ (b) कठिन परिश्रम
(c) सतत कर्मशील (d) इनमें से कोई नहीं

12. उद्यमी के कार्य हैं
(a) व्यवसाय का प्रवर्तन करना
(b) जोखिम वहन करना
(c) बाजार अवसरों का ज्ञान रखना
(d) उपरोक्त सभी

13. उद्यमी को निम्न में से किन रूप में जाना जाता है?
(a) जोखिम वहनकर्ता के रूप में (b) नवाचारी के रूप में
(c) प्रबन्धकीय क्षमता के रूप में (d) उपरोक्त सभी

14. निम्नलिखित में से किस क्षेत्र को उद्यमिता की आवश्यकता नहीं है
(a) स्वतन्त्रता को प्रोत्साहन के लिए
(b) महिला उद्यमिता के विकास के लिए
(c) समाज सेवा का अवसर
(d) उपरोक्त सभी

15. अभिप्रेरणा के घटक हैं
(a) मजदूरी (b) प्रीमियम
(c) बोनस (d) ये सभी

16. अमौद्रिक अभिप्रेरणा नहीं है
(a) प्रशंसा (b) जिज्ञासा
(c) सहभागिता (d) मजदूरी

17. मौद्रिक अभिप्रेरणा है
(a) सहभागिता (b) इनाम
(c) न्यायपूर्ण व्यवहार (d) भय

उत्तरमाला

1.	(a)	2.	(d)	3.	(b)	4.	(c)	5.	(d)	6.	(a)	7.	(d)	8.	(b)	9.	(d)	10.	(d)
11.	(a)	12.	(d)	13.	(d)	14.	(d)	15.	(d)	16.	(d)	17.	(b)						

सेक्शन II : कॉमर्स डोमेन

प्रैक्टिस सैट्स

प्रैक्टिस सेट 1

निर्देश 50 में से 40 प्रश्न करने अनिवार्य हैं। **समय** : 45 मिनट

1. "प्रबन्ध व्यक्तियों का विकास है न कि वस्तुओं का निर्देशन। उक्त परिभाषा दी है
(a) एफ. डब्ल्यू. टेलर ने (b) हेनरी फेयोल ने
(c) लॉरेन्स एप्पले ने (d) जार्ज. आर. टेरी ने

2. "कोई भी कार्य समय पर पूर्ण होना ही पर्याप्त नहीं होता उसे न्यूनतम लागत पर सही ढंग से किया जाना भी आवश्यक है।" प्रबन्ध की कौन-सी दो अवधारणाएँ इससे सम्बन्धित है?
(a) निर्देशन एवं कुशलता (b) नियन्त्रण एवं प्रभावपूर्णता
(c) कुशलता एवं प्रभावपूर्णता (d) समन्वय एवं नियन्त्रण

3. निम्न में से कौन-सा प्रबन्ध का उद्देश्य नहीं है?
(a) लाभ अर्जित करना (b) संगठन का विकास
(c) रोजगार उपलब्ध कराना (d) नीति निर्धारण करना

4. प्रबन्ध एक जटिल क्रिया है, जिसमें निम्न में से कौन-सी क्रिया शामिल है?
(a) कार्य का प्रबन्ध (b) लोगों का प्रबन्ध
(c) परिचालन का प्रबन्ध (d) ये सभी

5. प्रबन्ध का सामाजिक उत्तरदायित्व है
(a) कर्मचारियों के प्रति (b) सरकार के प्रति
(c) उपभोक्ता के प्रति (d) ये सभी

6. प्रबन्ध के सिद्धान्त होते हैं
(a) लोचशील (b) व्यवहार एवं शोध द्वारा निर्मित
(c) अनिश्चित (d) ये सभी

7. प्रबन्ध के सिद्धान्तों की एक विशेषता यह है कि ये सिद्धान्त होते हैं
(a) लोचशील (b) अलोचशील
(c) पूर्णतया वैज्ञानिक (d) स्थिर

8. प्रबन्ध के सिद्धान्त नहीं हैं
(a) सार्वभौमिक (b) लोचपूर्ण
(c) सम्पूर्ण (d) व्यावहारिक

9. वैज्ञानिक प्रबन्ध टेलर की प्रारम्भिक प्रबन्ध की ऐसी विचारधारा है जिसे कहा जाता है
(a) लॉ ऑफ मैनेजमेंट
(b) क्लासिकल विचारधारा
(c) प्रशासनिक विचारधारा
(d) मॉर्डन विचारधारा

10. प्रबन्ध के सिद्धान्तों की रचना किस प्रकार की जाती है?
(a) एक प्रयोगशाला में
(b) प्रबन्धकों के अनुभव द्वारा
(c) ग्राहकों के अनुभव द्वारा
(d) परिवर्तित तकनीकों को अपनाकर

11. निम्न में से कौन-सी व्यावसायिक पर्यावरण की विशेषता नहीं है?
(a) शहरीकरण (b) कर्मचारी
(c) तुलनात्मकता (d) अनिवार्यता

12. व्यावसायिक पर्यावरण का सर्वश्रेष्ठ द्योतक/संकेतक है
(a) पहचान करना (b) निष्पादन करना
(c) परिवर्तनों का सामना करना (d) ये सभी

13. व्यावसायिक पर्यावरण का महत्त्व नहीं है
(a) अवसरों की पहचान
(b) समय से पूर्व-चेतावनी में सहायक
(c) शीघ्रता से हो रहे बदलावों का सामना
(d) जीवन की गुणवत्ता में बदलाव

14. व्यावसायिक संचालन हेतु पारित अधिनियम है
(a) कम्पनी अधिनियम, 2013
(b) प्रतिस्पर्द्धा अधिनियम, 2002
(c) उपभोक्ता संरक्षण अधिनियम, 1986
(d) उपरोक्त सभी

15. निम्न में से कौन-सा घटक, सामाजिक वातावरण से सम्बन्धित है?
(a) संवैधानिक प्रावधान
(b) कर नीतियाँ
(c) जाति व वर्ग-व्यवस्था
(d) विदेशी नीति

16. नियोजन का क्रियान्वयन किस स्तर पर होता है?
(a) उच्च स्तर (b) मध्यम स्तर
(c) पर्यवेक्षक स्तर (d) ये सभी

17. एकल प्रयोग योजना की अवधि होती है
(a) अल्पकालीन (b) दीर्घकालीन
(c) मध्यकालीन (d) जीवन पर्यन्त

18. नियोजन की सीमा नहीं है
(a) नियोजन रचनात्मकता को कम करता है।
(b) परिवर्तनशील वातावरण में नियोजन प्रभावी नहीं रहता है।
(c) नियोजन पर व्यय अपव्यय है।
(d) नियोजन दृढ़ता उत्पन्न करता है।

19. नियोजन एक प्रक्रिया है जिसमें होता है
(a) मानसिक अभ्यास (b) अटकलबाजी
(c) तुक्केबाजी (d) शर्त

20. नियोजन प्रक्रिया में विकल्पों को लागू कब किया जाता है?
(a) उद्देश्यों का निर्धारण कर लेने के पश्चात्
(b) विकल्पों का मूल्यांकन करने के पश्चात्
(c) श्रेष्ठ विकल्प का चुनाव कर लेने के पश्चात्
(d) वैकल्पिक विधि की पहचान करके

21. एकल प्रयोग योजना की अवधि होती है
(a) अल्पकालीन (b) दीर्घकालीन
(c) मध्यकालीन (d) जीवन पर्यन्त

22. वह योजना जिसमें भावी निश्चित अवधि के सम्भावित परिणामों को आँकड़ों में या परिमाणात्मक रूप से प्रस्तुत किया जाता है, क्या कहलाता है?
(a) बजट (b) पूर्वानुमान
(c) भविष्यवाणी (d) कार्यक्रम

23. बजट का अर्थ है
(a) निष्पादन का नियोजित लक्ष्य
(b) भविष्य के कार्यकलाप का प्रयोग
(c) संसाधनों का सही वितरण
(d) आशान्वित परिणामों का अंकों में वितरण

24. उत्तरदायित्व का जन्म कब होता है?
(a) अधिकार का उपयोग करने से
(b) कार्य का अन्तरण करने से
(c) उत्तरदायित्व का हस्तान्तरण करने से
(d) जवाबदेही होने से

25. जवाबदेही की विशेषता है
(a) जवाबदेही को दूसरे व्यक्ति को नहीं सौंपा जा सकता
(b) जवाबदेही का आधार अधिकारी-अधीनस्थ सम्बन्ध है
(c) जवाबदेही की उत्पत्ति अधिकार सौंपने के कारण होती है
(d) उपरोक्त सभी

26. पूर्ण विकेन्द्रीकरण व्यवस्था में समस्त अधिकारों का अन्तरण किसे कर दिया जाता है?
(a) उच्च स्तर के प्रबन्धकों को
(b) निम्न स्तर के कर्मचारियों को
(c) केवल निम्न स्तरीय कर्मचारियों को
(d) उपरोक्त सभी

27. केन्द्रीकरण से तात्पर्य होता है
(a) निर्णय लेने में अधिकारों को सुरक्षित रखना
(b) निर्णय लेने में अधिकारों का बिखराव करना
(c) प्रभागों का लाभ केन्द्र बनाना
(d) नए केन्द्रों तथा शाखाओं को खोलना

28. अभिविन्यास प्रक्रिया के अन्तर्गत नए कर्मचारियों को किससे अवगत कराया जाता है?
(a) उच्च अधिकारियो (b) अधिनस्थो
(c) सहकर्मियों (d) सभी से

29. भर्ती का बाह्य स्रोत कौन-सा है?
(a) प्रतीक्षा सूची (b) विज्ञापन
(c) स्थापन्न एजेन्सी (d) ये सभी

30. अनुस्थापन प्रक्रिया से आश्य है
(a) कर्मचारियों द्वारा कार्यभार संभालने से है।
(b) कर्मचारियों के कार्य हेतु प्रशिक्षण से है।
(c) कर्मचारियों के कार्य में रूची पता लगाने से है।
(d) सही कार्य हेतु सही कर्मचारियों का पता लगाने से है।

31. सन्देश को सम्प्रेषण प्रतीकों में बदलने की प्रक्रिया को जाना जाता है
(a) माध्यम (b) एनकोडिंग
(c) प्रतिपुष्टि (d) डिकोडिंग

32. वह सम्प्रेषण तन्त्र जिसमें सभी अधीनस्थ जो पर्यवेक्षक के अन्तर्गत हैं, केवल पर्यवेक्षक के द्वारा संवाद करते हैं
(a) एकल प्रणाली शृंखला (b) इंवर्टेड
(c) पहिया (d) किसी भी दिशा में

33. जार्ज टैरी के अनुसार नेता में कितने गुण होने चाहिए?
(a) 4 (b) 6 (c) 8 (d) 10

34. नियन्त्रण किस पर आधरित होता है?
(a) व्यक्तिगत मान्यताओं (b) भावनाओं
(c) तथ्यों एवं सांख्यिकीय आँकड़ो (d) व्यक्तिगत योग्यता

35. नियन्त्रण की सीमा है
(a) मात्रात्मक मानको को स्थापित करने में जटिलता
(b) कर्मचारियों द्वारा विरोध
(c) व्यक्तिगत उत्तरदायित्व निर्धारण में कठिनाई
(d) उपरोक्त सभी

36. नियन्त्रण की तकनीक नहीं है
(a) अपवाद द्वारा नियन्त्रण (b) बजट नियन्त्रण
(c) लागत नियन्त्रण (d) दण्डात्मक नियन्त्रण

37. चालू सम्पत्तियों का चालू दायित्वों पर अधिम्य कहलाता है
(a) स्थायी पूँजी (b) कार्यशली पूँजी
(c) लाभ (d) हानि

38. वित्त का प्रमुख कार्य है
(a) व्यवसाय के लिए स्थायी विनियोजन की व्यवस्था करना
(b) व्यवसाय के लिए आवश्यक कोषों की व्यवस्था करना
(c) व्यवसाय के प्रबन्ध में निर्णय लेना
(d) उपरोक्त में से कोई नहीं

39. पूँजी संरचना को प्रभावित करने वाले घटक नहीं है?
(a) निवेश पर आय (b) ऋण की लागत
(c) पूँजी त्रीकरण अनुपात (d) सहयोग का स्तर

40. अल्पकालीन प्रतिभूतियों की परिपक्वता अवधि मुद्रा बाजार के दृष्टिकोण से कितनी होती है
(a) 3 माह (b) 6 माह (c) 9 माह (d) 12 माह

41. वह बाजार अथवा क्षेत्र जहाँ अल्पकालीन पूँजी का लेन-देन होता है कहलाता है
(a) रिजर्व बैंक ऑफ इण्डिया (b) द्रव्य या मुद्रा बाजार
(c) पूँजी बाजार (d) वित्तीय कम्पनियाँ

42. द्वितीयक बाजार में लेन-देन किसके द्वारा किया जाता है
(a) कम्पनी (b) मालिक
(c) दलाल (d) बैंक

43. भारत में सर्वप्रथम स्टॉक एक्सचेन्ज बम्बई में द नेटिव शेयर एण्ड स्टॉक ब्रोकर एसोसिएशन कब स्थापित हुआ।
(a) 1875 (b) 1880
(c) 1885 (d) 1890

44. किस अवधारणा के अनुसार औद्योगिक उत्पादों की मांग उत्पादन से अधिक है?
(a) उत्पादन की अवधारणा (b) उत्पाद की अवधारणा
(c) बिक्री की अवधारणा (d) विपणन की अवधारणा

45. विपणन का सम्बन्ध किससे है?
(a) ब्राण्ड (b) विनिमय
(c) श्रेनियन (d) लेबलिंग

46. आवश्यक वस्तु अधिनियम 1955 का उद्देश्य है
(a) वस्तुओं की सहजता से उपलब्धता एवं व्यापारियों के शोषण से रक्षा
(b) कृषि उत्पादों एवं पशुओं के लिये उत्पाद गुणवत्ता
(c) वस्तुओं में मिलावट रोकना
(d) आवश्यक वस्तुएँ उपभोक्ता को घर तक पहुँचाना

47. राष्ट्रीय कमीशन की स्थापना कौन करता है
(a) केन्द्रीय सरकार (b) राज्य सरकार
(c) अन्तर्राष्ट्रीय संगठन (d) जिला स्तरीय संगठन

48. उपभोक्ता संरक्षण हेतु स्थापित त्रि-स्तरीय तंत्र है
(a) जिला मंच, राज्य आयोग, राष्ट्रीय आयोग
(b) सेशन न्यायालय, उच्च न्यायालय, उच्चतम न्यायालय
(c) जिला परिषद् राज्य सरकार, केन्द्रिय सरकार
(d) उपरोक्त में से कोई नहीं

49. प्रबन्ध है
(a) एक कला
(b) एक विज्ञान
(c) कला एवं विज्ञान दोनों
(d) कला एवं विज्ञान कोई नहीं

50. पेशे का मूल उद्देश्य होता है
(a) संस्था के हित में अधिकतम लाभार्जन करना
(b) सेवा भावना से कार्य करते हुए आजीविका कमाना
(c) शून्य लाभ पर सेवार्थ कार्य करना
(d) अवैधानिक तरीकों से लाभार्जन करना

उत्तरमाला

1.	(a)	2.	(c)	3.	(d)	4.	(d)	5.	(d)	6.	(d)	7.	(a)	8.	(c)	9.	(b)	10.	(d)
11.	(b)	12.	(d)	13.	(d)	14.	(d)	15.	(c)	16.	(d)	17.	(a)	18.	(c)	19.	(a)	20.	(c)
21.	(a)	22.	(a)	23.	(d)	24.	(a)	25.	(d)	26.	(b)	27.	(a)	28.	(d)	29.	(d)	30.	(a)
31.	(b)	32.	(c)	33.	(c)	34.	(c)	35.	(d)	36.	(d)	37.	(b)	38.	(b)	39.	(d)	40.	(d)
41.	(b)	42.	(c)	43.	(a)	44.	(a)	45.	(a)	46.	(a)	47.	(a)	48.	(a)	49.	(c)	50.	(b)

CUET (UG) सेक्शन II : कॉमर्स डोमेन (व्यवसाय अध्ययन)

प्रैक्टिस सेट 2

निर्देश 50 में से 40 प्रश्न करने अनिवार्य हैं। **समय** : 45 मिनट

1. प्रबन्ध है
(a) एक कला
(b) एक विज्ञान
(c) कला एवं विज्ञान दोनों
(d) कला एवं विज्ञान कोई नहीं

2. पेशे का मूल उद्देश्य होता है
(a) संस्था के हित में अधिकतम लाभार्जन करना
(b) सेवा भावना से कार्य करते हुए आजीविका कमाना
(c) शून्य लाभ पर सेवार्थ कार्य करना
(d) अवैधानिक तरीकों से लाभार्जन करना

3. प्रबन्ध की आवश्यकता है
(a) उच्चतम स्तर पर (b) मध्यम स्तर पर
(c) निम्नतम स्तर पर (d) सभी स्तरों पर

4. वैज्ञानिक प्रबन्धन का जनक किसे माना जाता है?
(a) एफ. डब्ल्यू. टेलर को (b) हेनरी फेयोल को
(c) प्रो. हेरोल्ड कुँज को (d) क्रीटनर को

5. हेनरी फेयोल एक ………… थे।
(a) पायलेट (b) खनन इंजीनियर
(c) लेखाकार (d) उत्पादन इंजीनियर

6. आदेश की एकता का सिद्धान्त कहता है
(a) कर्मचारियों को एक ही अधिकारी द्वारा आदेश दिए जाने चाहिए
(b) संस्था में आदेश के लिए एक ही अधिकारी होना चाहिए
(c) अधिकारी अनेक हों किन्तु कर्मचारी समूह एक होना चाहिए
(d) उपरोक्त में से कोई नहीं

7. प्रबन्ध के सिद्धान्तों का जनक किसे माना है?
(a) हेनरी फेयोल (b) फ्रेडरिक विंस्लो टेलर
(c) प्रो. हेरॉल्ड कूँज (d) क्रीटनर

8. वैश्वीकरण की विशेषता नहीं है?
(a) आयात शुल्क में कमी
(b) आयात शुल्क में वृद्धि
(c) निर्यात शुल्क को हटाना
(d) बहुराष्ट्रीय कम्पनियों का विकास

9. व्यावसायिक पर्यावरण की विशिष्ट शक्तियों में सम्मिलित है
(a) निवेशक (b) आपूर्तिकर्त्ता
(c) उपभोक्ता (d) ये सभी

10. नई आर्थिक नीति के मुख्य भाग है
(a) उदारीकरण (b) निजीकरण
(c) विमुद्रीकरण (d) ये सभी

11. नई आर्थिक नीति किस वर्ष घोषित हुई?
(a) वर्ष 1991 (b) वर्ष 1990
(c) वर्ष 1992 (d) वर्ष 2001

12. लघु उद्योगों के उत्पादन हेतु बनाई गई आरक्षण सूची में औद्योगिक नीति 1991 में कितनी वस्तुएँ शामिल हैं?
(a) 749 (b) 850
(c) 1226 (d) 1350

13. नियोजन का केन्द्र-बिन्दु होता है
(a) लक्ष्य प्राप्ति (b) समन्वय
(c) नियन्त्रण (d) भय पैदा करना

14. नियोजन का कार्य है
(a) शारीरिक (b) तकनीकी
(c) मानसिक (d) राजनीतिक

15. वह योजना जिसमें भावी निश्चित अवधि के सम्भावित परिणामों को आँकड़ों में या परिमाणात्मक रूप से प्रस्तुत किया जाता है, क्या कहलाता है?
(a) बजट (b) पूर्वानुमान
(c) भविष्यवाणी (d) कार्यक्रम

16. बजट का अर्थ है
(a) निष्पादन का नियोजित लक्ष्य
(b) भविष्य के कार्यकलाप का प्रयोग
(c) संसाधनों का सही वितरण
(d) आशान्वित परिणामों का अंकों में वितरण

17. संगठन का लक्षण नहीं है
(a) व्यक्तियों का समूह (b) क्रियात्मक प्रक्रिया
(c) प्रबन्ध का साधन एवं कार्य (d) एक अधिकारी की सत्ता

18. "बुरा संगठन अच्छे उत्पादक को मिट्टी में मिला सकता है"। यह कथन है
(a) सी. केनिन (b) मैकफॉरलैण्ड
(c) डेविस (d) नोबेल

19. उत्पादन रेखा पर आधारित सामूहिक क्रिया अंग है
(a) अन्तरित संगठन का (b) प्रभागीय संगठन का
(c) कार्यात्मक संगठन का (d) स्थायत्तशासित संगठन का

20. बहुउत्पाद वाली संस्थाओं के लिए उपयुक्त संगठन ढाँचा है
(a) कार्यात्मक संगठन ढाँचा (b) प्रभागीय संगठन ढाँचा
(c) समिति संगठन ढाँचा (d) ग्रिड संगठन ढाँचा

21. एक लम्बा ढाँचा होता है
(a) प्रबन्ध की सिकुड़ी हुई शृंखला
(b) प्रबन्ध की फैली हुई शृंखला
(c) प्रबन्ध की कोई शृंखला
(d) प्रबन्ध के कम स्तर

22. नियुक्तिकरण है
(a) प्रबन्धकीय प्रक्रिया (b) गैर-प्रबन्धकीय प्रक्रिया
(c) 'a' और 'b' दोनों (d) इनमें से कोई नहीं

23. नियुक्तिकरण की सफलता का आधार माना जाता है
(a) चयन प्रक्रिया को
(b) सही मालिक को
(c) सही संगठन को
(d) सही व्यक्ति को सही काम देने को

24. नियुक्तिकरण किस तत्त्व से सम्बन्धित है?
(a) प्रबन्ध से (b) वस्तुओं से
(c) मानव से (d) पेशे से

25. नियुक्तिकरण एक अंग है
(a) मानव संसाधन प्रबन्ध का (b) वित्तीय प्रबन्ध का
(c) विपणन प्रबन्ध का (d) इनमें से कोई नहीं

26. नेतृत्व की किस शैली में आपसी परामर्श एवं सहभागिता को महत्व दिया जाता है
(a) एकतन्त्रीय (b) लोकतन्तीत्र
(c) अबन्ध (d) निरकुंश

27. सन्देश प्राप्त होने पर जो प्रतिक्रिया होती है, उसे कहते हैं
(a) प्रतिपुष्टि (b) सम्प्रेषण
(c) निर्देशन (d) शोर

28. अंगूरीलता है
(a) औपचारिक सम्प्रेपण (b) अनौपचारिक सम्प्रेषण
(c) गैर-सांकेतिक बाधा (d) मनोवैज्ञानिक बाधा

29. निम्न में से कौन-सा निर्देशन का तत्त्व नहीं है?
(a) अभिप्रेरणा (b) सम्प्रेषण
(c) हस्तान्तरण (d) पर्यवेक्षण

30. प्रबन्धकीय नियन्त्रण की पारम्परिक तकनीक कौन-सी है
(a) व्यक्तिगत अवलोकन
(b) सांख्यिकीय प्रतिवेदन
(c) बिना लाभ-हानि व्यापार विश्लेषण
(d) ये सभी

31. बिक्री या वह आकार जिससे न लाभ हो तथा न हानि हो कहलाता है
(a) सम-विच्छेद बिन्दु (b) आधिम्य बिन्दु
(c) सुदृढ़ बिन्दु (d) विपरित बिन्दु

32. नियन्त्रण की विशेषता नहीं है
(a) प्रबन्धकीय कार्य (b) ऋणात्मक प्रक्रिया
(c) सुधारात्मक प्रक्रिया (d) इनमें से कोई नहीं

33. नियन्त्रण प्रक्रिया में वास्तविक निष्पादन की तुलना किससे की जाती है
(a) निर्धारित मानको से
(b) राष्ट्रीय स्तर मानको से
(c) प्रतिस्पर्धी व्यवाय से
(d) भविष्य की योजनाओं से

34. वित्तीय प्रबन्ध का उद्देश्य है
(a) सम्पदा अधिकतम करना (b) लाभ अधिकतम करना
(c) a और b दोनों (d) इनमें से कोई नहीं

35. किसी व्यवसायिक संस्था में वित्तीय व्यवहारों से सम्बन्धित लिये गये निर्णयों को कहा जाता है
(a) वित्तीय निर्णय (b) वित्तीय पूर्वानुमान
(c) निवेश निर्णय (d) पूँजी बजटन निर्णय

36. वित्तीय नियोजन का महत्व है?
(a) पूँजी संरचना (b) सरल मूल्यांकन
(c) पर्याप्त तरलता (d) ये सभी

37. कार्यशील पूँजी को अन्य किस नाम से जाना जाता है?
(a) अल्पकालीन पूँजी के (b) चक्रशील पूँजी के
(c) तरल पूँजी के (d) ये सभी

38. मुद्रा बाजार का उपकरण है
(a) ट्रेज़री बिल (b) तिजारती प्रपत्र
(c) वाणिज्यिक बिल (d) ये सभी

39. ट्रेज़री बिल जारी किया जाता है
(a) सरकार द्वारा (b) कम्पनी द्वारा
(c) ऋणदाता द्वारा (d) ऋणी द्वारा

40. T + 2 की अवधि कब से लागू हुई?
(a) वर्ष 2003 (b) वर्ष 2005
(c) वर्ष 2008 (d) वर्ष 2010

41. राष्ट्रीय शेयर बाजार (NSE) का निपटान (उधार चुकता) चक्र है
(a) T + 5 (b) T + 3
(c) T + 2 (d) T + 1

42. सर्वप्रथम वर्ष 1992 में कितनी समता पूँजी के साथ राष्ट्रीय शेयर बाजार की स्थापना हुई।
(a) ₹ 20 करोड़ (b) ₹ 25 करोड़
(c) ₹ 30 करोड़ (d) ₹ 35 करोड़

43. विपणन का कार्य है
(a) विपणन नियोजन (b) उत्पाद का रूपांकन एवं विकास
(c) प्रमापीकरण (d) ये सभी

44. विपणन मिश्र में मेकार्थी द्वारा कितने P_s बताए हैं?
(a) 1 (b) 4
(c) 6 (d) 8

45. विपणन का सम्बन्ध किससे है?
(a) ब्राण्ड (b) विनिमय
(c) श्रेनियन (d) लेबलिंग

46. प्रसंविदा अधिनियम कब लागू हुआ?
(a) वर्ष 1982 में (b) वर्ष 1983 में
(c) वर्ष 1984 में (d) वर्ष 1985 में

47. वस्तुओं की सहजता से उपलब्धता सुनिश्चित कराने के लिए बनाया गया अधिनियम है

(a) आवश्यक वस्तु अधिनियम
(b) वस्तु-विक्रय अधिनियम
(c) श्रेणीकरण एवं चिह्नांकन अधिनियम
(d) खाद्य मिलावट अधिनियम

48. यदि माल या सेवाओं का मूल्य ‘ 20 लाख से अधिक है, लेकिन ₹1 करोड़ से कम है तो, उपभोक्ता शिकायत दर्ज कहाँ कर सकता है?

(a) जिला फोरम में (b) राज्य आयोग में
(c) राष्ट्रीय आयोग में (d) उपरोक्त सभी

49. जिला फोरम के निर्णय से यदि कोई पक्षकार संतुष्ट नहीं होता है, तो इसके विरुद्ध कितने दिनों के अन्दर राज्य आयोग के समक्ष अपील कर सकता है

(a) 10 दिन (b) 15 दिन
(c) 30 दिन (d) 90 दिन

50. उपभोक्ता संरक्षण अधिनियम 1986 के अन्तर्गत भारत में उपभोक्ताओं को वस्तुओं एवं सेवाओं के उपयोग से सम्बन्धित कितने अधिकारों का प्रावधान है

(a) 60 (b) 6
(c) 100 (d) 10

उत्तरमाला

1.	(c)	**2.**	(b)	**3.**	(d)	**4.**	(b)	**5.**	(b)	**6.**	(a)	**7.**	(b)	**8.**	(b)	**9.**	(d)	**10.**	(d)
11.	(a)	**12.**	(a)	**13.**	(a)	**14.**	(c)	**15.**	(a)	**16.**	(d)	**17.**	(d)	**18.**	(b)	**19.**	(b)	**20.**	(b)
21.	(a)	**22.**	(a)	**23.**	(d)	**24.**	(c)	**25.**	(a)	**26.**	(b)	**27.**	(a)	**28.**	(b)	**29.**	(c)	**30.**	(d)
31.	(a)	**32.**	(b)	**33.**	(a)	**34.**	(c)	**35.**	(a)	**36.**	(d)	**37.**	(d)	**38.**	(a)	**39.**	(a)	**40.**	(a)
41.	(c)	**42.**	(b)	**43.**	(d)	**44.**	(b)	**45.**	(a)	**46.**	(a)	**47.**	(a)	**48.**	(b)	**49.**	(c)	**50.**	(b)

सेक्शन II : कॉमर्स डोमेन

अर्थशास्त्र

अध्याय 1

अर्थशास्त्र का परिचय व केन्द्रीय समस्याएँ

अर्थशास्त्र का अर्थ (Meaning of Economics)

मनुष्य अपने दैनिक जीवन में अनेक प्रकार की आर्थिक क्रियाओं में संलग्न रहता है, जिसका एकमात्र उद्देश्य धन की प्राप्ति करना होता है। धन अर्जित करने के उद्देश्य से किया गया कोई भी कार्य आर्थिक क्रियाओं की श्रेणी में आता है। इन्हीं आर्थिक क्रियाओं का अध्ययन अर्थशास्त्र में किया जाता है। अतः ''अर्थशास्त्र वह विषय है, जिसमें मनुष्य की विभिन्न आवश्यकताओं एवं इन आवश्यकताओं की पूर्ति के लिए मनुष्य द्वारा की गई आर्थिक क्रियाओं का अध्ययन किया जाता है।''

आर्थिक क्रियाएँ और अनार्थिक क्रियाएँ (Economic Activities and Non-economic Activities)

अर्थशास्त्र में समस्त क्रियाएँ दो भागों में विभाजित की जाती हैं

1. **आर्थिक क्रियाएँ** आर्थिक क्रियाओं में उन क्रियाओं को सम्मिलित किया जाता है, जिसमें सीमित साधनों के प्रयोग से आय अर्जित की जा सकती है; जैसे-शिक्षक, चिकित्सक, व्यापारी आदि।
2. **अनार्थिक क्रियाएँ** अनार्थिक क्रियाओं में उन क्रियाओं को सम्मिलित किया जाता है, जिससे सम्पूर्ण समाज का हित हो। यह सामाजिक (social), धार्मिक (religious) आदि जरूरतों की पूर्ति हेतु की जाने वाली क्रियाएँ हैं; जैसे-मन्दिर जाना, दान देना आदि।

अर्थशास्त्र की उत्पत्ति का मूल कारण (Main Causes of the Origin of Economics)

अर्थशास्त्र की उत्पत्ति का मूल कारण आर्थिक समस्याएँ (Economics Problems) हैं। आर्थिक समस्याएँ सामान्यतः इसलिए उत्पन्न होती हैं, क्योंकि व्यक्ति विशेष की इच्छाएँ उसकी आवश्यकताओं से अधिक हैं एवं इन इच्छाओं को पूर्ण करने के संसाधन सीमित हैं। अतः अर्थशास्त्र के अध्ययन से हमें यह शिक्षा मिलती है कि हम संसाधनों का इष्टतम उपयोग किस प्रकार कर सकते हैं, जिससे हमें अधिकतम सन्तुष्टि प्राप्त हो सकें।

आर्थिक समस्या के अन्तर्गत निम्नलिखित समस्याएँ होती हैं

1. **चयन की समस्या** अर्थशास्त्र के मूल में 'चयन की समस्या' के सन्दर्भ में चुनाव करने की कला का अध्ययन किया जाता है। यह समस्या *निम्न कारणों के चलते उत्पन्न होती है*
   (*i*) संसाधन दुर्लभ होते हैं।
   (*ii*) संसाधन के वैकल्पिक प्रयोग होते हैं।
   (*iii*) मनुष्य की इच्छाएँ असीमित होती हैं।

   इनके चलते हमें उन इच्छाओं का चुनाव करना पड़ता है जो हमारे लिए आवश्यक हैं अथवा जो हमें अधिक सन्तुष्टि देंगी। अतः यदि हमारे पास ₹ 1000 हैं और हमें पढ़ाई हेतु किताबें चाहिए तथा एक जींस भी खरीदनी है, तो यहाँ पर हम दोनों कार्य नहीं कर सकते। हमें चुनाव करना होगा कि दोनों में से हमारे लिए अधिक आवश्यक क्या है। अतः यहाँ पर हम एक आर्थिक समस्या का सामना कर रहे हैं।
2. **संसाधनों की समस्या** संसाधनों से हमारा अभिप्राय उन वस्तुओं तथा सेवाओं से है, जिनका उपयोग अन्य वस्तुओं तथा सेवाओं का उत्पादन करने में होता है; जैसे- भूमि, श्रम, औजार, मशीनें इत्यादि।
3. **वस्तु और सेवाएँ** वस्तु से अभिप्राय भौतिक मूर्त पदार्थों से है, जिसके उपयोग से लोगों की इच्छाओं एवं आवश्यकताओं की पूर्ति हो सकती है; जैसे-कपड़े, टी. वी. आदि। सेवाओं से अभिप्राय भौतिक-अभौतिक अमूर्त पदार्थों से है, जो हमारी इच्छाएँ एवं आवश्यकताएँ पूर्ण करती हैं, जैसे-अध्यापक एवं डॉक्टर की सेवाएँ।
4. **व्यक्ति विशेष** व्यक्ति विशेष से आशय अपना निर्णय लेने में सक्षम इकाई से है। यह एक व्यक्ति, फर्म आदि हो सकते हैं।

अर्थशास्त्र की प्रकृति (Nature of Economics)

अर्थशास्त्र एक कला है एवं एक विज्ञान भी है। एक कला के रूप में अर्थशास्त्र हमें एक उद्देश्य की प्राप्ति हेतु एक सर्वोत्तम मार्ग का चुनाव करने में सहायता प्रदान करता है एवं विज्ञान के रूप में अर्थशास्त्र विभिन्न चरों के मध्य कारण एवं प्रभाव सम्बन्ध (Cause and Effect Relationship) को समझने में सहायता प्रदान करता है। *इसके अतिरिक्त विज्ञान के रूप में अर्थशास्त्र को निम्न शीर्षकों के अन्तर्गत समझा जा सकता है*

1. **अर्थशास्त्र एक वास्तविक विज्ञान के रूप में** (Economics as a Positive Science) एक वास्तविक विज्ञान के रूप में अर्थशास्त्र केवल मदों के मध्य कारण एवं प्रभाव सम्बन्ध को परिभाषित करने तक सीमित रहता है।

   इस रूप में केवल 'क्या है' पर जोर दिया जाता है। इसमें अर्थशास्त्री 'क्या होना चाहिए' पर मंथन नहीं करते हैं। इसमें सही एवं गलत अथवा मूल्यपरक सन्देश नहीं दिया जाता है। इसमें तथ्यों को जैसे वह हैं, वैसे ही प्रदर्शित किया जाता है। उदाहरणार्थ,
   (i) भारत में बेरोजगारी की दर अधिक है।
   (ii) भारत में जनसंख्या 100 करोड़ से अधिक है।
   (iii) भारत में कीमतों के बढ़ने के क्या कारण हैं?
2. **अर्थशास्त्र एक आदर्श विज्ञान के रूप में** (Economics as a Normative Science) एक आदर्श विज्ञान के रूप में अर्थशास्त्र इस बात पर जोर देता है कि 'क्या होना चाहिए'। यह वास्तविक परिस्थितियों को मूल्यों एवं आदर्शों के परिदृश्य में अवलोकित करता है एवं यह विवेचना करता है कि जो स्थितियाँ हैं वह वांछित हैं अथवा नहीं। यह मूल्यपरक सन्देश देता है एवं अवांछित परिस्थितियों से बचने के तरीके सुझाता है। उदाहरणार्थ,
   (i) भारत में बेरोजगारी कैसे कम की जाए?
   (ii) क्या नोटबन्दी का निर्णय सही था?
   (iii) क्या जी. एस. टी. को लागू करने का निर्णय देशहित में था?

अर्थशास्त्र की विषय-सामग्री (Subject Matter of Economics)

अर्थशास्त्र की विषय-सामग्री को निम्न प्रकार से वर्गीकृत किया जा सकता है

1. **व्यष्टि अर्थशास्त्र** (Micro-economics)

व्यष्टि अर्थशास्त्र में आर्थिक मुद्दों का अध्ययन एक व्यक्तिगत इकाई (Individual unit), जैसे-एक व्यक्ति, एक फर्म, एक उद्योग, एक उपभोक्ता, एक वस्तु आदि के स्तर पर किया जाता है।

इसके अन्तर्गत सामान्यतः यह अध्ययन किया जाता है कि वस्तुओं एवं सेवाओं के मूल्य का निर्धारण कैसे किया जाता है, इसलिए व्यष्टि अर्थशास्त्र को 'कीमत का सिद्धान्त' (Theory of Price) भी कहा जाता है।

व्यष्टि अर्थशास्त्र के अन्तर्गत निम्न महत्त्वपूर्ण सिद्धान्तों का अध्ययन किया जाता है

(*i*) उपभोक्ता व्यवहार सिद्धान्त (Theory of Consumer behaviour)
(*ii*) माँग का सिद्धान्त (Theory of Demand)
(*iii*) उत्पादक व्यवहार सिद्धान्त (Theory of Producer behaviour)
(*iv*) पूर्ति का सिद्धान्त (Theory of Supply)
(*v*) कीमत का सिद्धान्त (Theory of Price)

2. **समष्टि अर्थशास्त्र** (Macro-economics)

समष्टि अर्थशास्त्र में आर्थिक मुद्दों का अध्ययन सम्पूर्ण अर्थव्यवस्था को ध्यान में रखकर किया जाता है। इसके अन्तर्गत समग्रों (Aggregates) का अध्ययन किया जाता है, जोकि पूरी अर्थव्यवस्था को समझने में सहायक होते हैं।

समष्टि अर्थशास्त्र के अन्तर्गत निम्न महत्त्वपूर्ण सिद्धान्तों का अध्ययन किया जाता है

(*i*) अर्थव्यवस्था में सन्तुलन का सिद्धान्त (Theory of Equilibrium in an Economy)
(*ii*) अर्थव्यवस्था में असन्तुलन का सिद्धान्त (Theory of Disequilibrium in an Economy)
(*iii*) समग्र माँग एवं समग्र पूर्ति का सिद्धान्त (Theory of Aggregate Demand and Supply)
(*iv*) राष्ट्रीय आय (National Income)

अर्थव्यवस्था से आशय (Meaning of Economy)

अर्थव्यवस्था एक ऐसी प्रणाली है, जिसमें एवं जिसके द्वारा जनसाधारण को आजीविका के साधन उपलब्ध होते हैं, जिससे वह अपनी आवश्यकताओं की पूर्ति कर सकते हैं।

एक अर्थव्यवस्था में उत्पादन, उपभोग, निवेश एवं विनिमय मुख्य प्रक्रियाएँ हैं, *जो इस प्रकार हैं*

1. **उत्पादन** (Production) अर्थशास्त्र में उत्पादन का अर्थ 'उपयोगिता के सृजन' से है। यह एक ऐसी प्रक्रिया है, जिसमें कच्ची सामग्री को वस्तुओं में परिवर्तित किया जाता है, जोकि मानव की विभिन्न आवश्यकताओं की पूर्ति करने में सक्षम होती हैं।
2. **उपभोग** (Consumption) यह एक ऐसी प्रक्रिया है, जिसमें एक वस्तु या सेवा का पूर्णतः उपयोग किया जाता है अथवा किसी अन्य स्वरूप में परिवर्तित किया जाता है।
3. **निवेश** (Investment) यह उत्पादन का वह भाग है, जिसे भविष्य में आय अर्जित करने के लिए प्रयोग में लाया जाता है।
4. **विनिमय** (Exchange) यह वह प्रक्रिया है, जिसके द्वारा स्वामित्व का हस्तान्तरण विक्रेता से क्रेता को किसी प्रतिफल (Consideration) के बदले किया जाता है।

अर्थव्यवस्था की केन्द्रीय समस्याएँ (Central Problems of an Economy)

अर्थव्यवस्था की केन्द्रीय समस्याओं से आशय ऐसी समस्याओं से है, जो प्रत्येक अर्थव्यवस्था में पाई जाती हैं। *यह आधारभूत समस्याएँ निम्न हैं*

1. **क्या उत्पादित किया जाए?** (What to Produce)

प्रत्येक अर्थव्यवस्था में कई प्रकार की वस्तुओं एवं सेवाओं की आवश्यकता होती है, परन्तु संसाधनों की कमी के चलते उन सभी वस्तुओं एवं सेवाओं का उत्पादन नहीं किया जा सकता।

अतः प्रत्येक अर्थव्यवस्था को यह निर्णय करना पड़ता है कि प्रत्येक सम्भावित वस्तुओं तथा सेवाओं में से वह किन-किन वस्तुओं और सेवाओं का कितना उत्पादन करेगा। उदाहरणार्थ, यह निर्णय लेना पड़ेगा कि खाद्य पदार्थों या आवासों का निर्माण किया जाए अथवा विलासिता की वस्तुओं का उत्पादन किया जाए। *इस समस्या के निम्न दो पहलू हैं*

(*i*) **उत्पादित की जाने वाली वस्तु का प्रकार** (Type of goods to be produced) इसके अन्तर्गत यह निर्णय लिया जाता है कि कौन-सी वस्तु का उत्पादन किया जाए।
(*ii*) **उत्पादित की जाने वाली वस्तु की मात्रा** (Quantity of goods to be produced) इसके अन्तर्गत यह निर्णय लिया जाता है कि वस्तु का उत्पादन कितनी मात्रा में किया जाए।

2. **कैसे उत्पादन किया जाए?** (How to produce)

यह दूसरी केन्द्रीय समस्या है, जिसके अन्तर्गत प्रत्येक अर्थव्यवस्था को यह निर्णय करना पड़ता है कि वस्तुओं एवं सेवाओं का उत्पादन कैसे किया जाए। वस्तुतः यह उत्पादन की तकनीक के चुनाव से सम्बन्धित है।

उत्पादन की तकनीक निम्न दो प्रकार की होती हैं

(*i*) **श्रम-आधारित तकनीक** (Labour Intensive Technique) इस तकनीक में श्रम का उपयोग पूँजी (मशीनों) से अधिक किया जाता है, जिस देश में जनसंख्या अधिक हो जैसे-चीन, वहाँ पर इस तकनीक का प्रयोग किया जाता है।
(*ii*) **पूँजी-आधारित तकनीक** (Capital Intensive Technique) इस तकनीक में पूँजी का उपयोग श्रम से अधिक किया जाता है, जिस देश में जनसंख्या कम हो, जैसे-अमेरिका, वहाँ पर इस तकनीक का प्रयोग किया जाता है।

3. **किसके लिए उत्पादित किया जाए?** (For whom to Produce)

इस केन्द्रीय समस्या का सम्बन्ध आय के विभाजन से है। इसमें यह निर्धारित किया जाता है कि आय में प्रत्येक उत्पादन घटक (Factor of Production) का क्या हिस्सा होगा, जैसे-श्रम को कितनी मजदूरी दी जाए, भूमि को लगान कितना दिया जाए, पूँजी पर ब्याज की क्या दर दी जाए एवं साहसी को कितना लाभ प्राप्त हो। आय के विभाजन के पश्चात् ही यह सुनिश्चित होता है कि उपभोक्ताओं के पास वस्तु एवं सेवाओं का क्रय करने हेतु पर्याप्त संसाधन हैं अथवा नहीं।

अर्थशास्त्र की इस समस्या को निम्न रूप से भी समझा जा सकता है, संसाधनों के सीमित भाग में होने के कारण कोई भी अर्थव्यवस्था अपने समाज के सभी वर्गों के लिए आवश्यक मात्रा में वस्तुओं का उत्पादन नहीं कर सकती है, यदि उत्पादन निर्धन वर्ग के लिए किया जाता है, तो इससे सामाजिक न्याय को तो प्रोत्साहन मिलेगा, परन्तु इसमें उत्पादकों का लाभ कम होगा तथा सकल घरेलू उत्पाद में वृद्धि निम्न होगी तथा अर्थव्यवस्था लम्बे समय तक पिछड़ी रहेगी। इस अर्थव्यवस्था के समक्ष चयन की समस्या उत्पन्न होती है, अतः सामाजिक न्याय को बढ़ावा दिया जाए या सकल घरेलू उत्पाद को संवर्द्धित किया जाए।

उत्पादन सम्भावना वक्र (Production Possibility Curve)

उत्पादन सम्भावना वक्र एक ऐसा वक्र है, जो दी गई वस्तुओं के सभी वैकल्पिक उत्पादन सम्भावनाओं को प्रदर्शित करता है, जबकि संसाधन एवं उत्पादन तकनीक स्पष्ट रूप से परिभाषित हों। यह केन्द्रीय समस्याओं को हल करने हेतु एक महत्त्वपूर्ण उपकरण है। यह एक उत्पादन सम्भावना सारणी को वक्र के रूप में प्रदर्शित करता है।

दी गई उत्पादन सम्भावना सारणी के आधार पर बनाया गया उत्पादन *सम्भावना वक्र निम्न है*

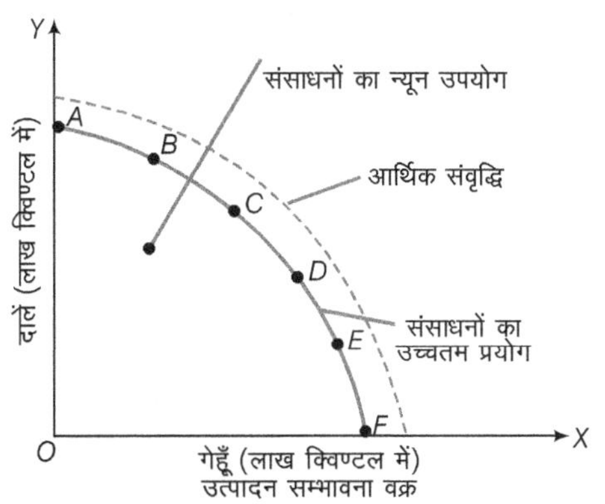

उत्पादन सम्भावना वक्र

नोट *दी गई सारणी एवं वक्र से यह स्पष्ट है कि अर्थव्यवस्था में उपलब्ध संसाधनों के प्रयोग से A, B, C, D, E एवं F सम्भावनाओं के अनुसार उत्पादन किया जा सकता है। यदि सम्भावना 'A' का चुनाव किया जाए तो गेहूँ का उत्पादन शून्य होगा एवं दालों का उत्पादन 15 लाख क्विण्टल होगा। उसके पश्चात् जैसे-जैसे गेहूँ का उत्पादन बढ़ाया जाएगा, वैसे-वैसे दालों का उत्पादन कम होगा। अर्थव्यवस्था अपनी आवश्यकताओं को ध्यान में रखते हुए विकल्प का चुनाव करेगी।*

उत्पादन सम्भावना वक्र की विशेषताएँ

(Characteristics of Production Possibility Curve)

उत्पादन सम्भावना वक्र में निम्न दो विशेषताएँ पाई जाती हैं

1. उत्पादन सम्भावना वक्र बाएँ से दाएँ नीचे की ओर ढलवा (Downward sloping curve from left to right) होता है। ऐसा इसलिए होता है कि एक वस्तु का उत्पादन बढ़ाने हेतु दूसरी वस्तु का उत्पादन कम किया जाता है। संसाधनों के स्थिर होने के कारण दोनों वस्तुओं के उत्पादन में एक साथ वृद्धि नहीं की जा सकती।
2. उत्पादन सम्भावना वक्र मूल बिन्दु की ओर नतोदर अथवा उन्मुख (concave) होता है। ऐसा सीमान्त अवसर लागत के बढ़ने के कारण होता है।

अभ्यास प्रश्न

1. आर्थिक क्रियाओं में किसको सम्मिलित किया जाता है?
(a) चिकित्सा (b) मन्दिर जाना
(c) दान देना (d) इनमें से कोई नहीं

2. दुर्लभ साधनों के .... प्रयोग होते हैं।
(a) वैकल्पिक (b) सीमित
(c) निश्चित (d) शून्य

3. निम्न में से कौन-सा चुनाव की समस्या से सम्बन्धित नहीं है?
(a) आय का अधिक होना
(b) संसाधनों के वैकल्पिक उपयोग
(c) असीमित आवश्यकताएँ
(d) दुर्लभ संसाधन

4. निम्नलिखित में से कौन-सा व्यष्टि अर्थशास्त्र का अंग नहीं है?
(a) एक उपभोक्ता (b) एक फर्म
(c) एक अर्थव्यवस्था (d) एक परिवार इकाई

5. एक स्वतन्त्र उद्यम वाली पूँजीवादी अर्थव्यवस्था में 'क्या और कितना उत्पादन किया जाए' का निर्धारण .... के द्वारा किया जाता है।
(a) सरकार (b) कीमत तन्त्र
(c) मुद्रा तन्त्र (d) निजी फर्म

6. समष्टि अर्थशास्त्र के प्रवर्तक कौन थे?
(a) जे. आर. हिक्स (b) ए. एच. हेन्सन
(c) जे. एम. केन्स (d) ए. सी. पीगू

7. केन्द्रीय समस्याएँ वे समस्याएँ हैं, जो पाई जाती हैं
(a) बाजार अर्थव्यवस्था में (b) केन्द्रीकृत अर्थव्यवस्था में
(c) मिश्रित अर्थव्यवस्था में (d) इन सभी में

8. उत्पादन व उत्पादन की विधियाँ किससे सम्बन्धित हैं?
(a) साधनों की उपलब्धता से
(b) पूँजीवादी प्रणाली से
(c) केन्द्रीय समस्याएँ से
(d) आर्थिक प्रणाली से

9. माँग के अनुपात में वस्तुओं के उत्पादन से अर्थव्यवस्था की किस आधारभूत समस्या का समाधान किया जा सकता है?
(a) किन वस्तुओं का उत्पादन किया जाए
(b) क्या उत्पादन किया जाए
(c) उत्पादन कैसे किया जाए
(d) उत्पादित वस्तुओं का वितरण कैसे किया जाए

10. आर्थिक संगठन के तीन मूलभूत प्रश्न
(a) बेरोजगारी, गरीबी एवं वृद्धि
(b) उत्पादन क्या करना है तथा किसके लिए करना है?
(c) उत्पादन क्या करना है तथा कैसे करना है?
(d) उत्पादन क्या करना है, कैसे करना है तथा किसके लिए करना है?

11. केन्द्रीय समस्याओं का कारण है
(a) वस्तुओं की दुर्लभता
(b) आवश्यकताओं की असीमितता
(c) 'a' और 'b' दोनों
(d) आरक्षण

12. समस्या से प्रायः सभी अर्थव्यवस्थाएँ पीड़ित रहती हैं
(a) मुद्रा-संकुचन (b) मुद्रा-स्फीति
(c) मुद्रा (d) उत्पादन

13. निम्नांकित में से अर्थव्यवस्था की आधारभूत समस्या 'किन वस्तुओं का उत्पादन किया जाए' का सम्बन्ध किससे है?
(a) पूँजीगत वस्तुओं व उपभोक्ता वस्तुओं में से किसका उत्पादन किया जाए
(b) वर्तमान की आवश्यकताओं हेतु उत्पादन किया जाए अथवा भविष्य हेतु
(c) उपभोक्ता वस्तुओं अथवा दुर्लभ वस्तुओं की पूर्ति की जाए
(d) उपरोक्त सभी

14. उत्पादन लागत को कमतर करना तथा संसाधनों का उचित संयोजन करके किस आधारभूत आर्थिक समस्या का निदान किया जा सकता है?
(a) कैसे उत्पादन किया जाए
(b) किन वस्तुओं का उत्पादन किया जाए
(c) क्या उत्पादन किया जाए
(d) उत्पादन का वितरण कैसे किया जाए

15. उत्पादन की समस्या के हल हेतु आर्थिक प्रणाली का ध्यान किस पर होना चाहिए?
(a) समाज की सापेक्षिक आवश्यकताओं की ओर
(b) साधनों की उपलब्धता की ओर
(c) उत्पादन तकनीक की ओर
(d) उपरोक्त सभी

16. श्रम प्रधान द्वारा उत्पादन किस प्रकार के देशों द्वारा किया जाता है?
(a) विकसित देश (b) विकासशील देश
(c) अल्प विकसित देश (d) इनमें से कोई नहीं

17. उत्पादन सम्भावना वक्र की ढाल ऋणात्मक है। यह कथन है
(a) सत्य (b) असत्य
(c) अंशतः सत्य (d) अंशतः असत्य

18. एक अर्थव्यवस्था के समक्ष उपस्थित विभिन्न उत्पादन सम्भावनाओं को प्रदर्शित करता है
(a) उत्पादन सम्भावना वक्र (b) तटस्थता वक्र
(c) उपभोग सम्भावना वक्र (d) आर्थिक उत्पादन वक्र

19. उत्पादन सम्भावना वक्र को इस रूप में भी जाना जाता है
(a) रूपान्तर वक्र (b) उत्पादन वक्र
(c) आर्थिक वृद्धि वक्र (d) विस्तार वक्र

20. उत्पादन सम्भावना वक्र सामान्यत: वस्तुओं के वैकल्पिक उत्पादन को प्रदर्शित करता है
(a) दो (b) तीन
(c) चार (d) पाँच

21. यदि आर्थिक संवृद्धि हो, तो उत्पादन सम्भावना वक्र
(a) बायी ओर खिसकेगा (b) दायीं ओर खिसकेगा
(c) स्थिर रहेगा (d) इनमें से कोई नहीं

22. उत्पादन सम्भावना वक्र का ढलान होता है
(a) मूल बिन्दु की ओर नतोदर (b) मूल बिन्दु की ओर उन्नतोदर
(c) एक सीधी रेखा (d) इनमें से कोई नहीं

23. उत्पादन सम्भावना वक्र सामान्यत:
(a) मूल बिन्दु की ओर नतोदर होता है
(b) मूल बिन्दु की ओर उत्तल होता है
(c) एक सीधी रेखा होती है
(d) उपरोक्त में से कोई नहीं

24. उत्पादन सम्भावना वक्र की दायीं ओर खिसकाव का/के कारण
(a) संसाधनों में वृद्धि
(b) उच्च तकनीक
(c) 'a' और 'b' दोनों
(d) उपरोक्त में से कोई नहीं

25. एक स्वतन्त्र अर्थव्यवस्था में संसाधनों का आवण्टन किस आधार पर किया जाता है?
(a) उपभोक्ताओं के वोट द्वारा
(b) एक केन्द्रीकृत नियोजन संगठन द्वारा
(c) उपभोक्ताओं की पसन्द के आधार पर
(d) लाभ के स्तर के आधार पर

26. माँग की तुलना में पूर्ति निम्न रहने पर राशनिंग द्वारा उपलब्ध पूर्ति का वितरण इस प्रकार किया जाता है कि
(a) माँग में वृद्धि हो सके
(b) सभी को वस्तुएँ उपलब्ध हो सकें
(c) अति आवश्यक लोगों को वस्तुएँ मिल सकें
(d) उपरोक्त सभी

27. संसाधनों का विकास का निहितार्थ है PPC का
(a) घूमना (b) दायी ओर खिसकना
(c) बायी ओर खिसकना (d) इनमें से कोई नहीं

28. संसाधनों के विकास में निहित है कि PPC
(a) अपरिवर्तित रहना
(b) बायीं ओर खिसकना
(c) 'a' और 'b' दोनों
(d) इनमें से कोई नहीं

उत्तरमाला

1.	(a)	2.	(b)	3.	(a)	4.	(c)	5.	(b)	6.	(c)	7.	(d)	8.	(d)	9.	(d)	10.	(d)
11.	(c)	12.	(b)	13.	(a)	14.	(a)	15.	(c)	16.	(c)	17.	(a)	18.	(a)	19.	(b)	20.	(a)
21.	(b)	22.	(b)	23.	(a)	24.	(c)	25.	(c)	26.	(b)	27.	(b)	28.	(b)				

अध्याय 2

उपभोक्ता सन्तुलन

उपभोक्ता सन्तुलन से आशय

(Meaning of Consumer's Equilibrium)

उपभोक्ता अपने दैनिक जीवन में बहुत-सी वस्तुओं का उपभोग करता है। उसके उपभोग की प्रवृत्ति बहुत से घटकों से प्रभावित होती है। वह अपनी सीमित आय का उपयोग अपनी विभिन्न आवश्यकताओं की पूर्ति हेतु करता है तथा वस्तुओं के ऐसे संयोजन को प्राप्त करने का प्रयत्न करता है, जो उसे अधिकतम सन्तोष प्रदान कर सकें। अर्थशास्त्र में यह माना जाता है कि जब उपभोक्ता अधिकतम सन्तोष प्राप्त कर रहा है, तब उस स्थिति में वह सन्तुलन में है।

उपभोक्ता सन्तुलन के सिद्धान्त (Principles of Consumer's Equilibrium)

उपभोक्ता सन्तुलन के निम्न दो सिद्धान्त है–

1. ह्रासमान सीमान्त उपयोगिता का नियम एवं उपभोक्ता का सन्तुलन
2. तटस्थता वक्र विश्लेषण एवं उपभोक्ता का सन्तुलन

उपयोगिता (तुष्टिगुण) का अर्थ (Meaning of Utility)

सामान्यतः 'उपयोगिता' का अर्थ किसी वस्तु के लाभदायक गुण से लगाया जाता है। अर्थशास्त्र में 'तुष्टिगुण या उपयोगिता' किसी भी वस्तु का वह गुण या शक्ति होती है, जिससे मनुष्य की किसी-न-किसी इच्छा की पूर्ति होती है। तुष्टिगुण सदैव वस्तु एवं सेवा के सापेक्ष होता है।

उपयोगिता (तुष्टिगुण) की माप के दृष्टिकोण

उपयोगिता (तुष्टिगुण) की माप के सन्दर्भ में निम्न दो दृष्टिकोण प्रचलित हैं–

1. गणनावाचक दृष्टिकोण
2. क्रमवाचक दृष्टिकोण

उपयोगिता (तुष्टिगुण) की माप

1. **कुल तुष्टिगुण** उपभोक्ता द्वारा किसी वस्तु की उपभोग की गई समस्त इकाइयों से प्राप्त तुष्टिगुणों का योग ही 'कुल तुष्टिगुण या उपयोगिता' कहलाता है। कुल उपयोगिता वक्र प्रारम्भ में ऊपर उठता है, फिर नीचे गिरता है।

   इसकी गणना निम्न सूत्र द्वारा की जा सकती है–

   N इकाइयों के उपभोग से प्राप्त कुल उपयोगिता

   $$TU_n = U_1 + U_2 + U_3 \ldots U_n \text{ or } \Sigma EU$$

2. **सीमान्त तुष्टिगुण** एक अतिरिक्त इकाई का उपभोग बढ़ाने पर कुल उपयोगिता में होने वाले परिवर्तन को सीमान्त उपयोगिता कहा जाता है। सीमान्त उपयोगिता के शून्य होने पर कुल उपयोगिता अधिकतम हो जाती है।

   इसकी गणना निम्न सूत्र द्वारा की जा सकती है–

   $MU_{nth} = TU_n - TU_{n-1}$

   MU_{nth} = सीमान्त उपयोगिता, TU_n = n इकाइयों पर कुल उपयोगिता

   TU_{n-1} = $(n-1)$ इकाइयों की कुल उपयोगिता *अथवा*

   $$MU = \frac{\text{कुल उपयोगिता में परिवर्तन } (\Delta TU)}{\text{उपभोग की गई इकाइयों में परिवर्तन } (\Delta Q)}$$

सीमान्त तुष्टि तथा कुल तुष्टिगुण में परस्पर सम्बन्ध

(Relationship between Marginal Utility and Total Utility)

सीमान्त तुष्टिगुण तथा कुल तुष्टिगुण में परस्पर घनिष्ठ सम्बन्ध है, जैसा कि निम्न तथ्यों से स्पष्ट है

1. प्रारम्भिक अवस्था में वस्तु के उपभोग से सीमान्त तुष्टिगुण घटता है, परन्तु कुल तुष्टिगुण बढ़ता है।
2. जब तक सीमान्त तुष्टिगुण धनात्मक रहता है, तब तक कुल तुष्टिगुण भी बढ़ता रहता है।
3. जिस बिन्दु पर सीमान्त तुष्टिगुण शून्य हो जाता है, उस बिन्दु पर कुल तुष्टिगुण अधिकतम होता है। यह बिन्दु पूर्ण तृप्ति का बिन्दु कहलाता है।
4. यदि पूर्ण तृप्ति के पश्चात् भी उपभोक्ता वस्तु का उपभोग करता है, तो सीमान्त तुष्टिगुण ऋणात्मक हो जाता है तथा कुल तुष्टिगुण घटने लगता है।

सीमान्त व कुल तुष्टिगुण में सम्बन्ध का रेखाचित्र द्वारा स्पष्टीकरण

(Clarification of the Relation between Marginal and Total Utility by Diagram)

कुल तुष्टिगुण में दी गई तालिका द्वारा सीमान्त व कुल तुष्टिगुण को रेखाचित्र द्वारा निम्न प्रकार स्पष्ट किया गया है

रेखाचित्र में रेखा OX पर उपभोग किए गए केलों की इकाइयाँ तथा रेखा OY पर प्राप्त उपयोगिता दिखाई गई है। AC रेखा सीमान्त तुष्टिगुण की है।

जैसे-जैसे अगले केले का उपभोग करते हैं, वैसे-वैसे सीमान्त तुष्टिगुण रेखा गिरती जाती है और कुल तुष्टिगुण रेखा ऊपर की ओर बढ़ती जाती है।

पूर्ण तृप्ति बिन्दु 'U' पर सीमान्त तुष्टिगुण शून्य तथा कुल तुष्टिगुण रेखा अधिकतम है। जैसे ही अगले (छठे) केले का उपभोग किया जाता है, तो सीमान्त तुष्टिगुण रेखा ऋणात्मक हो जाती है और कुल तुष्टिगुण रेखा भी गिरने लगती है।

व्याख्या रेखाचित्र से स्पष्ट है कि सीमान्त तुष्टिगुण रेखा जैसे-जैसे गिरती जाएगी, कुल तुष्टिगुण रेखा ऊपर की ओर उठती रहेगी। सीमान्त तुष्टिगुण रेखा जैसे ही शून्य बिन्दु पर होगी, कुल तुष्टिगुण रेखा स्थिर (अधिकतम) बिन्दु पर होगी। जैसे ही सीमान्त तुष्टिगुण रेखा ऋणात्मक होगी, कुल तुष्टिगुण रेखा भी नीचे की ओर गिर जाएगी।

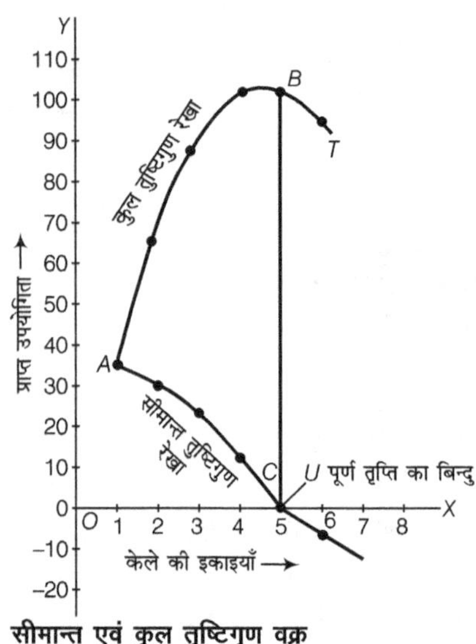

सीमान्त एवं कुल तुष्टिगुण वक्र

सीमान्त उपयोगिता ह्रासमान (क्षीणता) नियम

जब मनुष्य अपनी किसी आवश्यकता की सन्तुष्टि हेतु किसी वस्तु का उपभोग करना चाहता है, तब उसकी इच्छा की तीव्रता अधिक होती है, परन्तु वस्तु के निरन्तर उपभोग से यह तीव्रता कम होती जाती है। जैसे-जैसे व्यक्ति उस वस्तु का उपभोग करता जाता है, वैसे-वैसे उसे उस वस्तु से प्राप्त होने वाली सीमान्त उपयोगिता में कमी होने लगती है। उपयोगिता में होने वाली यह कमी ही 'सीमान्त उपयोगिता ह्रासमान नियम' कहलाती है। इस नियम का प्रतिपादन सर्वप्रथम एम.एच. गौसेन द्वारा किया गया था, जिस कारण इसे 'गौसेन का प्रथम नियम' कहा जाता है।

सीमान्त उपयोगिता ह्रासमान नियम की मान्यताएँ

सीमान्त उपयोगिता ह्रासमान नियम की निम्न मान्यताएँ हैं–

1. वस्तु की समस्त इकाइयाँ गुण में समान होनी चाहिए।
2. वस्तु की इकाइयों का उपभोग निरन्तर होना चाहिए।
3. वस्तु की इकाइयों का परिमाण समान होना चाहिए।
4. वस्तु के मूल्य में परिवर्तन नहीं होना चाहिए।
5. उपभोक्ता की रुचि, आदत, स्वभाव, फैशन व आय में परिवर्तन नहीं होना चाहिए।
6. स्थानापन्न वस्तुओं के मूल्य अपरिवर्तित रहने चाहिए।

सीमान्त उपयोगिता ह्रासमान नियम के अपवाद

सीमान्त उपयोगिता ह्रासमान नियम के निम्न अपवाद हैं–

1. जब किसी मादक या नशीली वस्तु का किसी व्यक्ति द्वारा उपभोग किया जाता है, तो मादक वस्तु की अगली इकाई से व्यक्ति को अधिक सन्तुष्टि प्राप्त होती है।
2. जब उपभोग की जाने वाली वस्तु की इकाइयाँ बहुत छोटी हों।
3. दुर्लभ, अप्राप्य व फैशन की वस्तुओं के संग्रह में जितनी वृद्धि होती जाती है, उपयोगिता (तुष्टिगुण) उतनी ही बढ़ती जाती है।
4. मनुष्य की धन की इच्छा धन के साथ-साथ बढ़ती जाती है।
5. रोचक व अच्छी पुस्तक की मनभावन कविता तथा मधुर गाने सुनना।
6. उपभोग की प्रारम्भिक अवस्था में नियम का लागू न होना।

ह्रासमान सीमान्त उपयोगिता नियम एवं उपभोक्ता का सन्तुलन

(Law of Diminishing Marginal Utility and Consumer's Equilibrium)

जैसा कि हम पहले पढ़ चुके हैं, उपभोक्ता का सन्तुलन उस स्थिति को दर्शाता है, जिसमें एक दी हुई आय को वह विभिन्न वस्तुओं के क्रय पर इस प्रकार व्यय करता है, जिससे उसे अधिकतम सन्तुष्टि प्राप्त हो।

ह्रासमान उपयोगिता नियम के अन्तर्गत उपभोक्ता के सन्तुलन को निम्न स्थितियों के सापेक्ष समझा जा सकता है

1. एक वस्तु के उपभोग की स्थिति में उपभोक्ता का सन्तुलन

(Consumer's Equilibrium in Case of Single Commodity)

जब व्यक्ति एक ही वस्तु का उपभोग कर रहा है तो वह निम्न स्थिति में सन्तुलन प्राप्त करेगा

मुद्रा की सीमान्त उपयोगिता (MU_M)

$$= \frac{X \text{ वस्तु से प्राप्त सीमान्त उपयोगिता } (MU_X)}{X \text{ वस्तु की कीमत } (P_X)}$$

अथवा $$\frac{MU_X}{MU_M} = P_X$$

इसका आशय यह है कि सन्तुलन की स्थिति में X वस्तु की सीमान्त उपयोगिता एवं मुद्रा की सीमान्त उपयोगिता के मध्य का अनुपात वस्तु की कीमत के बराबर होना चाहिए।

यदि हम मुद्रा की सीमान्त उपयोगिता को एक मान लें $(MU_M = 1)$, तो उस स्थिति में सन्तुलन निम्न स्थिति में प्राप्त होगा

$$MU_X = P_Y$$

इसका आशय यह है कि यदि मुद्रा की सीमान्त उपयोगिता को एक मान लिया जाए तो उस स्थिति में उपभोक्ता को सन्तुलन तब प्राप्त होता है, जब वस्तु X की सीमान्त उपयोगिता उसकी कीमत के बराबर हो।

इसे निम्न सारणी द्वारा समझा जा सकता है

उपभोक्ता का सन्तुलन एक वस्तु की स्थिति में मुद्रा की सीमान्त उपयोगिता को 2 यूटिल्स माना जा रहा है

उपभोग की गई इकाइयाँ	वस्तु की कीमत (P_X)	वस्तु की सीमान्त उपयोगिता (MU_X)	वस्तु की सीमान्त उपयोगिता रुपये में $[MU_X/2]$	लाभ/(हानि) रुपये
1	3	10	5	2
2	3	8	4	1
3	3	6	3	0
4	3	4	2	(1)
5	3	2	1	(2)
6	3	0	0	(3)

उपरोक्त सारणी में जब उपभोक्ता 1 इकाई का उपभोग कर रहा है, तब उसे ₹ 5 के बराबर की उपयोगिता प्राप्त हो रही है, जबकि वह मात्र ₹ 3 व्यय कर रहा है। यहाँ पर उसे लाभ हो रहा है।

अतः वह एक और इकाई का उपयोग करने को प्रेरित होगा। दूसरी इकाई के उपभोग पर भी उसे लाभ हो रहा है। अतः वह तीसरी इकाई का उपभोग भी करेगा। जब वह तीसरी इकाई का उपभोग कर रहा है तो उसे ₹ 3 के बराबर की उपयोगिता प्राप्त हो रही है एवं वह ₹ 3 की व्यय कर रहा है। अतः यहाँ पर वह सन्तुलन में है। यदि हम यह मान ले कि व्यक्ति आरम्भ में 6 इकाइयों का उपभोग कर रहा है तो उसे प्राप्त होने वाली सीमान्त उपयोगिता शून्य है, परन्तु उसे ₹ 3 का व्यय करना पड़ रहा हैं। अतः यहाँ पर उसे हानि हो रही है।

अतः वह अपना उपभोग तब तक कम करेगा, जब तक कि वह सन्तुलन प्राप्त नहीं करता।

उपरोक्त सारणी को निम्न चित्र की सहायता से प्रदर्शित किया जा सकता है

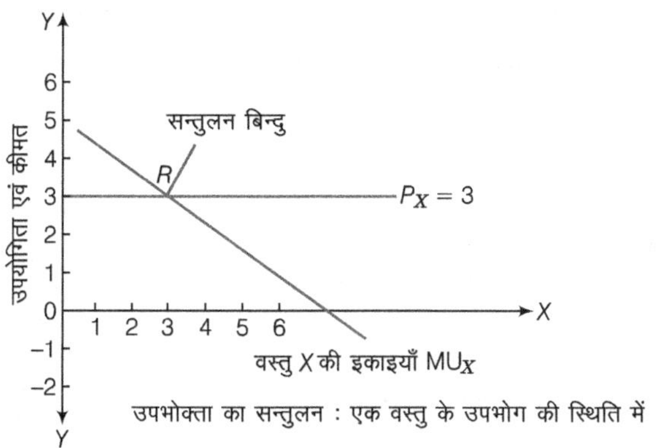

उपभोक्ता का सन्तुलन : एक वस्तु के उपभोग की स्थिति में

उपरोक्त चित्र में यह स्पष्ट है कि जब उपभोक्ता 3 इकाइयों का उपभोग कर रहा है तब वह सन्तुलन में है।

2. दो वस्तुओं के उपभोग की स्थिति में उपभोक्ता का सन्तुलन (Consumer's Equilibrium in Case of Two Commodities)

जब व्यक्ति दो वस्तुओं का उपभोग करता है तो वह निम्न स्थितियों में सन्तुलन प्राप्त करेगा

(i) $$\frac{\text{वस्तु } X \text{ की सीमान्त उपयोगिता } (MU_X)}{\text{वस्तु } X \text{ की कीमत } (P_X)} = \frac{\text{वस्तु } Y \text{ की सीमान्त उपयोगिता } (MU_Y)}{\text{वस्तु } Y \text{ की कीमत } (P_Y)}$$

$$= \text{मुद्रा की सीमान्त उपयोगिता } (MU_M)$$

इससे आशय यह है कि उपभोक्ता के सन्तुलन की स्थिति में वस्तुओं की सीमान्त उपयोगिता एवं उनकी कीमतों के मध्य का अनुपात मुद्रा की सीमान्त उपयोगिता के बराबर होता है।

(ii) $$\frac{\text{वस्तु } X \text{ की सीमान्त उपयोगिता } (MU_X)}{\text{वस्तु } X \text{ की कीमत } (P_X)} = \frac{\text{वस्तु } Y \text{ की सीमान्त उपयोगिता } (MU_Y)}{\text{वस्तु } Y \text{ की कीमत } (P_Y)}$$

इससे आशय यह है कि यदि मुद्रा की सीमान्त उपयोगिता को एक मान लिया जाए तो उपभोक्ता तभी सन्तुलन प्राप्त करेगा, जब किसी वस्तु की सीमान्त उपयोगिता एवं उसकी कीमतों के मध्य का अनुपात दूसरी वस्तु की सीमान्त उपयोगिता एवं उसके मध्य के अनुपात के बराबर हो। *उपरोक्त शर्त को निम्न प्रकार भी लिखा जा सकता है*

$$\frac{\text{वस्तु } X \text{ की सीमान्त उपयोगिता } (MU_X)}{\text{वस्तु } Y \text{ की सीमान्त उगयोगिता } (MU_Y)} = \frac{\text{वस्तु } X \text{ की कीमत } (P_X)}{\text{वस्तु } Y \text{ की कीमत } (P_Y)}$$

उपभोक्ता के सन्तुलन को निम्न सारणी द्वारा समझा जा सकता है

वस्तु 'X' की इकाइयाँ	वस्तु 'X' की सीमान्त उपयोगिता 'MU_X'	वस्तु 'X' की कीमत (P_X)	वस्तु 'X' की सीमान्त उपयोगिता रुपये में (MU_X / P_X)	वस्तु 'Y' की इकाइयाँ	वस्तु 'Y' की सीमान्त उपयोगिता (MU_Y)	वस्तु 'Y' की कीमत (P_Y)	वस्तु 'Y' की सीमान्त उपयोगिता रुपये में (MU_Y / P_Y)
1	100	10	10	1	24	2	12
2	80	10	8	2	22	2	11
3	60	10	6	3	20	2	10
4	40	10	4	4	18	2	9
5	20	10	2	5	16	2	8

उपरोक्त सारणी में, $\frac{MU_X}{P_X} = \frac{MU_Y}{P_Y}$, जब उपभोक्ता वस्तु 'X' की इकाई एवं वस्तु 'Y' की 3 इकाइयों का उपभोग कर रहा है और तब भी जब वह वस्तु 'X' की 2 इकाइयों एवं वस्तु 'Y' की 5 इकाइयों का उपभोग कर रहा है। अब हम मान लेते हैं कि उपभोक्ता की आय ₹ 30 है। प्रथम संयोजन के लिए वह $1 \times 10 + 3 \times 2 =$ ₹ 16 का भुगतान करेगा जोकि उसकी आय से कम है और इस स्तर पर उसकी प्राप्त उपयोगिता 166 यूटिल्स (100 + 24 + 22 + 20) हैं। द्वितीय संयोजन के लिए वह, $2 \times 10 + 5 \times 2 =$ ₹ 30, का भुगतान करेगा जोकि उसकी आय के बराबर है। इस स्तर पर उसकी प्राप्त उपयोगिता 280 यूटिल्स (100 + 80 + 24 + 22 + 20 + 18 + 16) हैं। अतः द्वितीय संयोजन पर उपभोक्ता की आय भी पूर्णतः खर्च हो रही है एवं उसकी प्राप्त उपयोगिता भी अधिक है। अतः उपभोक्ता द्वितीय संयोजन के उपयोग पर ही सन्तुलन में होगा। इसे निम्न चित्र द्वारा समझा जा सकता है

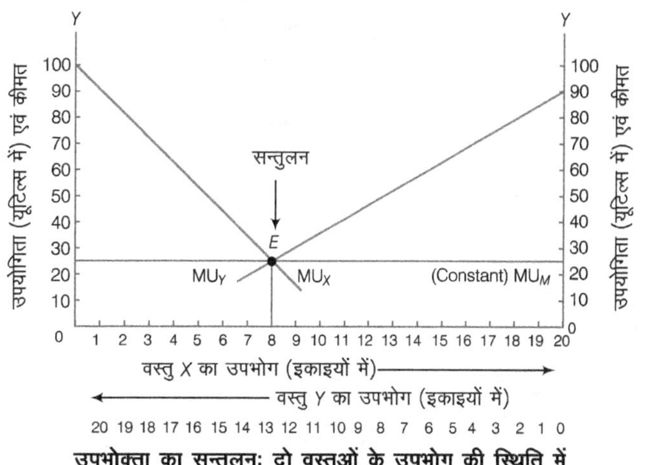

उपभोक्ता का सन्तुलनः दो वस्तुओं के उपभोग की स्थिति में

अभ्यास प्रश्न

1. तुष्टिगुण होता है
(a) वस्तुगत (b) सापेक्ष
(c) निरपेक्ष (d) मूर्त

2. किस विद्वान् ने यह विचार दिया कि तुष्टिगुण मापनीय है?
(a) हिक्स (b) पैरेटो
(c) एलन (d) मार्शल

3. तुष्टिगुण की माप के सन्दर्भ में प्रचलित दृष्टिकोण है
(a) क्रमवाचक (b) गणनावाचक
(c) 'a' और 'b' दोनों (d) इनमें से कोई नहीं

4. उपयोगिता मापन/विश्लेषण का गणनावाचक दृष्टिकोण किसने प्रतिपादित किया था?
(a) मार्शल ने (b) हिक्स ने
(c) एडम स्मिथ ने (d) रिकार्डो ने

5. उपयोगिता मापन का क्रमवाचक दृष्टिकोण किसने प्रतिपादित किया?
(a) मार्शल ने (b) हिक्स ने
(c) सैम्युल्सन ने (d) पीगू ने

6. कुल उपयोगिता वक्र
(a) सदैव ऊपर उठता हुआ होता है
(b) सदैव नीचे गिरता हुआ होता है
(c) प्रारम्भ में ऊपर उठता है, फिर नीचे गिरता है
(d) की रचना नहीं की जा सकती है

7. एक अतिरिक्त इकाई के उपभोग से मिलने वाली उपयोगिता को कहते हैं
(a) कुल उपयोगिता (b) औसत उपयोगिता
(c) सामान्य उपयोगिता (d) सीमान्त उपयोगिता

8. किसी वस्तु की उपयोगिता क्या होती है?
(a) वस्तु की उत्पादन क्षमता
(b) व्यक्ति की किसी आवश्यकता को सन्तुष्ट करने की क्षमता
(c) वस्तु का स्वाद
(d) वस्तु की उपलब्धता

9. कुल उपयोगिता के अधिकतम होने पर सीमान्त उपयोगिता हो जाती है
अथवा जब कुल तुष्टिगुण अधिकतम होता है, तब सीमान्त तुष्टिगुण
(a) शून्य होता है (b) धनात्मक होता है
(c) ऋणात्मक होता है (d) इनमें से कोई नहीं

10. निम्नलिखित में से उपभोक्ता की पूर्ण तृप्ति की स्थिति कौन-सी है?
(a) शून्य सीमान्त उपयोगिता
(b) घटती सीमान्त उपयोगिता
(c) बढ़ती सीमान्त उपयोगिता
(d) अधिकतम सीमान्त उपयोगिता

11. सीमान्त उपयोगिता घटेगी यदि
(a) उपभोग बढ़ेगा (b) उपभोग कम होगा
(c) उपभोग स्थिर होगा (d) इनमें से कोई नहीं

12. जब सीमान्त तुष्टिगुण शून्य होता है तब कुल तुष्टिगुण होता है
(a) न्यूनतम (b) अधिकतम
(c) स्थिर (d) अस्थायी

13. औसत तुष्टिगुण बराबर होता है
(a) $\dfrac{\text{कुल तुष्टिगुण}}{\text{सीमान्त तुष्टिगुण}}$
(b) $\dfrac{\text{कुल तुष्टिगुण}}{\text{उपभोग की गई वस्तु की कीमत}}$
(c) $\dfrac{\text{कुल तुष्टिगुण}}{\text{उपभोग की गई इकाइयों की संख्या}}$
(d) सीमान्त तुष्टिगुण × उपभोग की गई इकाइयों की संख्या

14. कुल उपयोगिता (तुष्टिगुण) उस समय घटती है, जब सीमान्त उपयोगिता हो जाती है
(a) धनात्मक (b) ऋणात्मक
(c) शून्य (d) स्थिर

15. तुष्टिगुण कब बदलता है?
(a) समय के अनुसार (b) स्थान के अनुसार
(c) परिस्थिति के अनुसार (d) ये सभी

16. सीमान्त तुष्टिगुण ह्रास नियम की विस्तृत व्याख्या किसके द्वारा की गई?
(a) गौसेन (b) फ्रेडरिक (c) मार्शल (d) फ्रेजर

17. वस्तु के निरन्तर उपभोग से उसकी तीव्रता पर क्या प्रभाव पड़ता है?
(a) बढ़ती है (b) कम होती है
(c) 'a' और 'b' दोनों (d) इनमें से कोई नहीं

18. जब सीमान्त तुष्टिगुण शून्य होता है, तब कुल तुष्टिगुण .... होता है।
(a) ऋणात्मक (b) धनात्मक (c) सर्वाधिक (d) शून्य

19. सामान्यत: किसी वस्तु का निरन्तर प्रयोग करने से उसकी सीमान्त उपयोगिता में क्या परिवर्तन आता है?
(a) बढ़ती जाती है (b) घटती जाती है
(c) स्थिर रहती है (d) इनमें से कोई नहीं

20. निम्नलिखित में से कौन-सी मान्यता उपयोगिता ह्रास नियम की नहीं है?
(a) फैशन अपरिवर्तित है
(b) कीमत स्थिर है
(c) उपभोग की इकाइयाँ समरूप हैं
(d) उपभोग में समय अन्तराल हो सकता है

21. मधुर संगीत सुनने की दशा में सीमान्त तुष्टिगुण ह्रास नियम लागू
(a) होता है (b) नहीं होता है
(c) कभी-कभी लागू होता है (d) इनमें से कोई नहीं

22. यदि सीमान्त प्रतिस्थापन दर निरन्तर स्थिर रहे, तो अनधिमान वक्र
(a) x-अक्ष के समानान्तर होगा
(b) नीचे की ओर ढलवा अवतल होगा
(c) नीचे की ओर ढलवा उत्तल होगा
(d) नीचे की ओर ढलवा सीधी रेखा में होगा

23. सामान्यत: एक अनधिमान/तटस्थता वक्र
(a) बाएँ से दाएँ ऊपर को उठता है।
(b) Y-अक्ष के समान्तर होता है।
(c) मूल बिन्दु के प्रति उत्तल होता है।
(d) मूल बिन्दु के प्रति अवतल होता है।

24. एक उपभोक्ता केवल दो वस्तुओं का उपभोग करता है। यदि दोनों में से एक वस्तु की कीमत गिरती है, तो अनधिमान वक्र
(a) ऊपर की ओर खिसकता है
(b) नीचे की ओर खिसकता है
(c) ऊपर और नीचे दोनों ओर खिसक सकता है
(d) नहीं खिसकता है

25. कुल उपयोगिता की गणना का सूत्र है
(a) $TU_n = U_1 + U_2 + U_3 \ldots U_n$ (b) ΣEU
(c) 'a' और 'b' दोनों (d) इनमें से कोई नहीं

26. एक वस्तु की उपभोग की स्थिति में उपभोक्ता का सन्तुलन होता है
(a) $\frac{MU_x}{MU_M} = P_x$ (b) $\frac{MU_y}{MU_x} = MU_N$
(c) $\frac{P_x}{P_y} = MU_n$ (d) इनमें से कोई नहीं

27. सीमान्त उपयोगिता ज्ञात करने का सही सूत्र है
(a) $MU_n = TC_n - TC_{n-1}$ (b) $MU_n th = TU_n - TU_{n-1}$
(c) $MU_n = MU_1 + MU_2$ (d) $MU_n = TU_n - TC_n$

उत्तरमाला

1.	(b)	**2.**	(d)	**3.**	(b)	**4.**	(a)	**5.**	(b)	**6.**	(c)	**7.**	(d)	**8.**	(b)	**9.**	(a)	**10.**	(a)
11.	(a)	**12.**	(b)	**13.**	(c)	**14.**	(b)	**15.**	(d)	**16.**	(c)	**17.**	(b)	**18.**	(c)	**19.**	(b)	**20.**	(d)
21.	(b)	**22.**	(d)	**23.**	(c)	**24.**	(d)	**25.**	(c)	**26.**	(a)	**27.**	(b)						

अध्याय 3

माँग

माँग का अर्थ (Meaning of Demand)

किसी वस्तु की वह मात्रा, जिसे एक उपभोक्ता, वस्तुओं की कीमतों एवं अपनी रुचियों एवं अनधिमानों को ध्यान में रखते हुए खरीदने को तत्पर हो एवं खरीदने की क्षमता रखता हो, वस्तु की माँग कहलाती है।

अर्थशास्त्र में माँग से तात्पर्य किसी वस्तु या सेवा की उस सम्भव मात्रा से है, जिसे उपभोक्ता एक निश्चित समय में वस्तु की विभिन्न सम्भव कीमतों पर खरीदने के लिए तैयार रहता है।

माँग के लिए आवश्यक तत्त्व (Necessary Elements of Demand)

उक्त विवेचना एवं परिभाषाओं के अनुसार माँग के लिए निम्न तत्त्वों का होना आवश्यक है

1. किसी वस्तु विशेष हेतु इच्छा का होना अर्थात् किसी वस्तु को प्राप्त करने की इच्छा होना।
2. इच्छापूर्ति के लिए पर्याप्त साधन होना।
3. साधनों को इच्छापूर्ति के लिए व्यय करने की तत्परता होना।

इसे निम्न प्रकार से प्रदर्शित किया जा सकता है

माँग = इच्छा + पर्याप्त साधन + साधन व्यय करने की तत्परता

माँग को प्रभावित करने वाले घटक/तत्त्व (Factors Affecting of Demand)

माँग निम्न घटकों या तत्त्वों द्वारा प्रभावित होती है

1. **वस्तु का मूल्य** (कीमत) वस्तु की कीमत वस्तु की माँग को अत्यधिक प्रभावित करती है। यदि वस्तु की कीमत कम होती है, तो उस वस्तु की माँग की मात्रा अधिक हो जाती है। इसके विपरीत, यदि वस्तु की कीमत अधिक होती है, तो उसकी माँग की मात्रा अपेक्षाकृत कम होती है। अतः वस्तु की कीमत में परिवर्तन होने पर उसकी माँग की मात्रा में भी परिवर्तन होता है।

   माँग एवं वस्तु के मूल्य के मध्य के सम्बन्ध को निम्न प्रकार प्रदर्शित किया जा सकता है

   $$X = f(P)$$

   जहाँ पर X वस्तु की माँगी गई मात्रा एवं P वस्तु की कीमत इंगित करता है।

2. **उपभोक्ताओं की रुचि, पसन्द तथा फैशन** वस्तु की माँग उपभोक्ता की रुचि, पसन्द एवं फैशन से भी प्रभावित होती है, जो वस्तु उपभोक्ता की रुचि, पसन्द एवं फैशन के अनुकूल होती है, तो उसकी माँग अधिक होती है तथा उसमें वृद्धि होती जाती है। इसके विपरीत, जो वस्तु फैशन से निकल जाती है, उसका मूल्य कम होने पर भी वस्तु की माँग बढ़ती नहीं है, बल्कि घटती जाती है।

3. **सम्बन्धित वस्तुओं की कीमतों में परिवर्तन** सम्बन्धित वस्तुओं की कीमतों में परिवर्तन होने से माँग भी प्रभावित होती है तथा *इसको निम्न शीर्षकों के अन्तर्गत समझा जा सकता है*

   (i) **स्थानापन्न वस्तुएँ** (Substitute Goods) स्थानापन्न वस्तुएँ वह वस्तुएँ हैं, जिन्हें एक के बदले दूसरे का प्रयोग किया जा सकता है। उदाहरणार्थ, चाय व कॉफी। इन वस्तुओं के सापेक्ष यह पाया जाता है कि जब एक वस्तु की कीमत कम होती है तो दूसरी वस्तु की माँग कम हो जाती है। अतः यदि कॉफी की कीमत कम होगी तो चाय की माँग कम हो जाएगी। ऐसा इसलिए होगा क्योंकि लोग चाय पीना कम कर देंगे और कॉफी का उपभोग बढ़ा देंगे।

   (ii) **पूरक वस्तुएँ** (Complementary Goods) पूरक वस्तुएँ वह वस्तुएँ हैं जिन्हें एक साथ प्रयोग किया जाता है। उदाहरणार्थ, कार एवं पेट्रोल। इन वस्तुओं के सापेक्ष यह पाया जाता है कि जब एक वस्तु की कीमत कम होती है तो दूसरी वस्तु की माँग बढ़ जाती है। अतः यदि पेट्रोल की कीमतों में कमी होगी तो कार की माँग बढ़ जाएगी। ऐसा इसलिए होगा क्योंकि पेट्रोल की कीमतें कम होने पर कार चलाने का खर्चा भी कम हो जाएगा एवं अधिक लोग क्रय करेंगे।

4. **उपभोक्ताओं की आय में परिवर्तन** उपभोक्ताओं का आय स्तर वस्तु की माँग को प्रभावित करता है। यह परिवर्तन इस तथ्य से प्रभावित होता है कि वस्तु सामान्य है अथवा निम्नस्तरीय। *इसको निम्न शीर्षकों के अन्तर्गत समझा जा सकता है*

   (i) **सामान्य वस्तुएँ** (Normal Goods) यदि आय बढ़ने पर एक वस्तु पर किए जाने वाले व्यय में भी वृद्धि होती है तो ऐसी वस्तु को सामान्य वस्तु कहा जाता है।

   यदि अन्य घटकों में कोई परिवर्तन न हो तो आय बढ़ने पर सामान्य वस्तु की माँग में भी वृद्धि होती है एवं आय कम होने पर माँग कम हो जाती है।

   (ii) **निम्नस्तरीय वस्तुएँ** (Inferior Goods) यदि आय बढ़ने पर एक वस्तु पर किए जाने वाले व्यय में कमी होती है तो ऐसी वस्तु को निम्नस्तरीय वस्तु कहा जाता है।

   यदि अन्य घटकों में कोई परिवर्तन न हो तो आय बढ़ने पर निम्नस्तरीय वस्तु की माँग में कमी होती है एवं आय कम होने पर माँग बढ़ जाती है।

5. **जलवायु और मौसम** विभिन्न वस्तुओं की माँग पर जलवायु तथा मौसम का प्रभाव पड़ता है; जैसे-गर्मी के मौसम में सूती कपड़े, पंखे, बर्फ आदि की माँग बढ़ जाती है। इसी प्रकार, सर्दी के मौसम में गर्म (ऊनी) कपड़े, चाय आदि की माँग में वृद्धि होती है।

6. **देश में मुद्रा की मात्रा में परिवर्तन** देश में मुद्रा की मात्रा बढ़ने पर लोगों के पास धन की उपलब्धता अधिक हो जाती है, जिससे वस्तुओं की माँग बढ़ती है तथा मुद्रा की मात्रा में कमी होने पर लोगों के पास पर्याप्त धन का अभाव हो जाता है, जिससे वस्तुओं की माँग घट जाती है।

7. **जनसंख्या में परिवर्तन** यदि किसी देश में जनसंख्या लगातार बढ़ती जा रही होती है, तो वहाँ सभी वस्तुओं की माँग बढ़ती जाती है, परन्तु जिस देश में जनसंख्या स्थिर हो जाती है, वहाँ जनसंख्या के आयु ढाँचे में परिवर्तन के अनुसार वस्तुओं की माँग में परिवर्तन होते हैं।
8. **भविष्य में मूल्य परिवर्तन की सम्भावनाएँ** यदि निकट भविष्य में वस्तु के मूल्यों में वृद्धि की सम्भावना रहती है, तो वस्तु की माँग बढ़ती है तथा भविष्य में मूल्य घटने की सम्भावना होती है, तो वर्तमान में वस्तु की माँग कम होती है।

माँग तालिका, माँग सारणी या माँग अनुसूची (Demand Schedule)

किसी वस्तु विशेष की किसी समयावधि में विभिन्न मूल्यों पर माँगी जाने वाली मात्राओं को एक तालिका के रूप में प्रकट करने को 'माँग की तालिका' कहते हैं। माँग तालिका वह तालिका है, जो किसी वस्तु की विभिन्न कीमतों पर खर्च की जाती है, उस वस्तु की मात्रा को प्रकट करती है। माँग की तालिका मूल्य एवं माँगी गई मात्रा में कार्यात्मक सम्बन्ध को व्यक्त करती है।

बेन्हम के अनुसार, ''किसी बाजार में एक निश्चित समय पर दिए हुए मूल्य पर जितनी बिक्री होती है। यदि उसे एक सारणी के रूप में प्रस्तुत किया जाए तो वह माँग अनुसूची कहलाती है।''

माँग तालिका के सम्बन्ध में कुछ तथ्य महत्त्वपूर्ण हैं

1. माँग तालिका किसी वस्तु-विशेष, समय व स्थान से सम्बन्धित होती है।
2. माँग तालिका पूर्व सुनिश्चित नहीं होती। यह सदैव काल्पनिक होती है, क्योंकि वस्तुओं की माँग उपभोक्ताओं की इच्छा पर निर्भर होती है।

माँग तालिका के प्रकार (Types of Demand Schedule)

माँग की तालिका दो प्रकार की होती है

1. व्यक्तिगत माँग तालिका (Individual Demand Schedule)

व्यक्तिगत माँग तालिका इस बात की जानकारी देती है कि एक निश्चित समय पर एक व्यक्ति विभिन्न मूल्यों पर वस्तु विशेष की कितनी मात्रा माँगता है या क्रय करता है। *व्यक्तिगत माँग तालिका को निम्न उदाहरण द्वारा स्पष्ट किया जा सकता है*

तालिका 3.1 व्यक्तिगत माँग तालिका

(P_X) कीमत (मूल्य) प्रति इकाई	माँगी गई (X) वस्तु की इकाइयाँ (Q_X)
2.50	5
2.00	7
1.50	10
1.00	15

तालिका 3.1 को देखने से स्पष्ट होता है कि जैसे-जैसे वस्तु की कीमत कम होती जाती है, वैसे-वैसे वस्तु की माँग की इकाइयों में वृद्धि होती जाती है।

2. बाजार माँग तालिका (Market Demand Schedule)

बाजार माँग तालिका से आशय ऐसी तालिका से है, जो किसी विशेष समय पर किसी वस्तु विशेष की विभिन्न कीमतों पर उसके लिए समस्त बाजार की माँग को प्रदर्शित करती है।

इसे किसी एक वस्तु के लिए विभिन्न कीमतों पर उसके सभी क्रेताओं की व्यक्तिगत माँग तालिकाओं का योग करके प्राप्त किया जाता है। माना सन्तरों के बाजार में केवल तीन ही क्रेता हैं, जो X, Y तथा Z हैं। *इस परिस्थिति में बाजार माँग तालिका निम्न प्रकार होगी*

तालिका 3.2 बाजार माँग तालिका

	सन्तरों का प्रति दर्जन मूल्य (₹)	सन्तरों की माँग (दर्जनों में)			बाजार में तीनों उपभोक्ताओं की कुल माँग
		X	Y	Z	
A	10	5	4	6	15
B	8	6	5	7	18
C	6	7	6	8	21
D	4	8	7	9	24
E	3	9	8	10	27

उपरोक्त तालिका यह दर्शाती है कि सभी उपभोक्ता (क्रेता) सन्तरों की विभिन्न कीमतों पर कुल कितनी-कितनी मात्राएँ खरीदने के लिए तैयार होंगे।

माँग फलन (Demand Function) किसी वस्तु की माँग तथा उसको निर्धारित करने वाले विभिन्न तत्त्वों के बीच सम्बन्ध को जिस फलन द्वारा प्रकट किया जाता है, माँग फलन कहलाता है। माँग फलन दो प्रकार का होता है, व्यक्तिगत माँग फलन व बाजार माँग फलन।

व्यक्तिगत माँग फलन एवं बाजार माँग फलन (Individual Demand Function and Market Demand Function)

व्यक्तिगत माँग फलन यह दर्शाता है कि एक व्यक्ति विशेष की माँग किन कारकों से प्रभावित होती है। *इसे निम्न प्रकार से प्रदर्शित किया जाता है*

$D_X = f(P_X, P_R, Y, T, E)$, यहाँ पर,

D_X = एक व्यक्ति द्वारा वस्तु X की माँगी गई मात्रा

P_X = वस्तु X की कीमत

P_R = सम्बन्धित वस्तुओं की कीमत

Y = व्यक्ति की आय

T = व्यक्ति की रुचि एवं प्राथमिकता

E = उपभोक्ता की सम्भावना

बाजार माँग फलन यह दर्शाता है कि बाजार माँग किन कारकों से प्रभावित होती है। *इसे निम्न प्रकार प्रदर्शित किया जाता है*

$MD_X = f(P_X, P_R, Y, T, E, N, T_X, D_Y)$, यहाँ पर

MD_X = बाजार में वस्तु X की माँगी गई मात्रा

P_X = वस्तु X की कीमत

P_R = सम्बन्धित वस्तुओं की कीमत

Y = व्यक्ति की आय

T = व्यक्ति की रुचि एवं प्राथमिकता

E = भविष्य में मूल्य परिवर्तन की सम्भावना

N = जनसंख्या का आकार

T_X = सरकार की कर-नीति

D_Y = आय का वितरण

माँग वक्र या माँग रेखा (Demand Curve)

माँग वक्र से आशय माँग अनुसूची के ज्यामितीय रूप से है अर्थात् जब माँग अनुसूची (तालिका) को रेखाचित्र द्वारा प्रदर्शित किया जाता है, तो इस प्रकार निर्मित वक्र या रेखा को माँग वक्र या माँग रेखा कहते हैं। यह वस्तु के विभिन्न मूल्यों एवं उन मूल्यों पर वस्तु की माँगी जाने वाली मात्रा के मध्य सम्बन्ध को प्रदर्शित करता है।

माँग वक्र के प्रकार (Types of Demand Curve)

माँग तालिका के दोनों प्रकारों को प्रदर्शित करने के लिए माँग वक्र भी निम्नलिखित दो प्रकारों से बनाए जाते हैं

1. **व्यक्तिगत माँग वक्र** (Individual Demand Curve)

व्यक्तिगत माँग तालिका के आधार पर बनाया गया रेखाचित्र, व्यक्तिगत माँग वक्र कहलाता है। *यदि दी गई व्यक्तिगत माँग सारणी को चित्र के रूप में प्रदर्शित किया जाए तो यह निम्न स्वरूप लेगा*

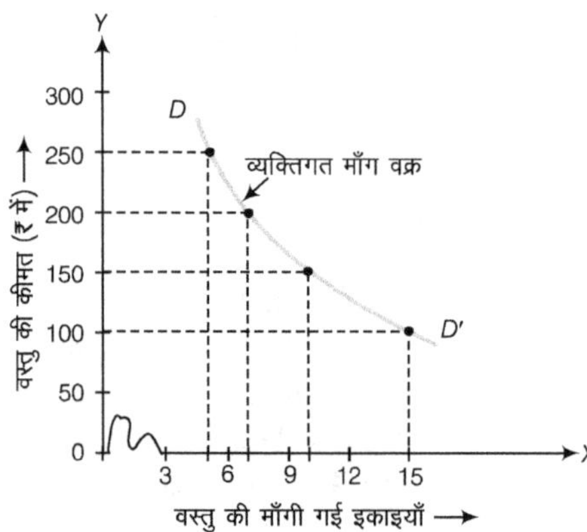

उपरोक्त रेखाचित्र में वस्तु की कीमत को Y-अक्ष पर तथा वस्तु की माँगी गई इकाइयों को X-अक्ष पर दर्शाया गया है और तालिका 3.1 के आधार पर DD' माँग वक्र का निर्माण किया गया है, जो बाएँ से दाएँ नीचे की ओर गिर रहा है अर्थात् जिसका ढाल ऋणात्मक है। अतः रेखाचित्र से स्पष्ट होता है कि वस्तु की कीमत बढ़ने पर वस्तु की माँग घटती है और कीमत घटने पर माँग बढ़ती है।

2. **बाजार माँग वक्र** (Market Demand Curve)

बाजार माँग तालिका के आधार पर बनाया गया रेखाचित्र, बाजार माँग वक्र कहलाता है। *यदि दी गई बाजार माँग सारणी को चित्र के रूप में प्रदर्शित किया जाए तो यह निम्न स्वरूप लेगा*

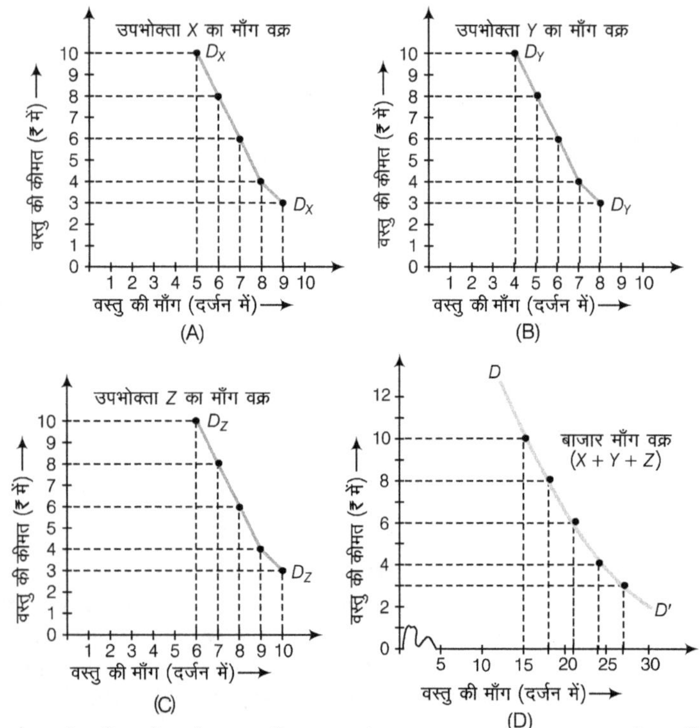

उपरोक्त रेखाचित्र में सर्वप्रथम तालिका 3.2 के आधार पर अलग-अलग उपभोक्ताओं के व्यक्तिगत रेखाचित्रों (A), (B) व (C) को खींचा गया है तथा अन्त में सभी के योग द्वारा बाजार माँग वक्र (D) की रचना की गई है। चित्र प्रदर्शित करता है कि बाजार माँग वक्र ऊपर से नीचे की ओर झुकता हुआ है।

अतः स्पष्ट होता है कि कीमत के बढ़ने तथा घटने पर माँग में भी कमी व वृद्धि होती है, जो यह व्यक्त करता है कि कीमत तथा माँग में विपरीत सम्बन्ध होता है।

माँग का नियम (Law of Demand)

'अन्य बातों के समान रहने पर', किसी वस्तु की कीमत तथा उसकी माँगी जाने वाली मात्रा के बीच पाए जाने वाले विपरीत सम्बन्ध को व्यक्त करने वाला नियम ही 'माँग का नियम' कहलाता है।

इस नियम के अनुसार, किसी वस्तु की माँगी जाने वाली मात्रा उसकी कीमत के विपरीत दिशा में परिवर्तित होती है अर्थात् कीमत बढ़ने पर वस्तु की कम मात्रा और इसके विपरीत, कीमत घटने पर वस्तु की अधिक मात्रा माँगी जाती है।

माँग के नियम की विशेषताएँ

(Characteristics of Law of Demand)

माँग के नियम की प्रमुख विशेषताएँ निम्न हैं

1. अन्य बातें समान रहने पर ही यह नियम क्रियाशील होता है। अतः यह नियम तभी लागू होगा, जब उपभोक्ता की आय, सम्बन्धित वस्तुओं की कीमतों, जलवायु आदि में कोई परिवर्तन नहीं होता है।
2. माँग एवं कीमत में विपरीत सम्बन्ध पाया जाता है।
3. माँग का नियम, माँग व कीमत में आनुपातिक सम्बन्ध स्थापित नहीं करता है।

अर्थात् यह नियम वस्तु की कीमत में परिवर्तन होने पर उसी मात्रा में होने वाले परिवर्तन की दिशा (Change in Direction) तो बताता है, किन्तु परिवर्तन की मात्रा नहीं बताता है, इसलिए माँग का नियम एक गुणात्मक (Qualitative) कथन है न कि परिमाणात्मक (Quantitative) कथन।

माँग के नियम की मान्यताएँ

(Assumptions of the Law of Demand)

माँग का नियम तभी क्रियाशील होता है, 'जब अन्य बातें अर्थात् माँग की दशाएँ समान रहें।' यह उपरोक्त वाक्यांश और कुछ न होकर माँग के नियम की मान्यताओं की ओर संकेत करता है।

माँग का नियम मूल रूप में निम्नलिखित मान्यताओं पर आधारित है

1. सर्वप्रथम माँग का नियम इस मान्यता पर आधारित है कि उपभोक्ता की आय में परिवर्तन नहीं होना चाहिए, वह यथावत् बनी रहनी चाहिए।
2. उपभोक्ता के स्वभाव, रुचि, पसन्दगी, अधिमान, फैशन एवं आदत में परिवर्तन नहीं होना चाहिए।
3. विचाराधीन वस्तु की सम्बन्धित वस्तुओं/पूरक वस्तुओं के मूल्य में भी परिवर्तन नहीं होना चाहिए।
4. वस्तु के मूल्य में निकट भविष्य में भी परिवर्तन की आशंका या सम्भावना नहीं होनी चाहिए अन्यथा माँग का नियम लागू नहीं होगा।
5. वस्तु प्रतिष्ठामूलक नहीं होनी चाहिए अर्थात् वस्तु ऐसी होनी चाहिए कि जिसकी कीमत बढ़ने पर उपभोक्ता के लिए उसकी उपयोगिता बढ़ जाती है।
6. मुद्रा की मात्रा में स्थिरता होनी चाहिए।
7. देश में आय के वितरण में किसी प्रकार का परिवर्तन नहीं होना चाहिए।
8. उपभोक्ता को वस्तु की नई स्थानापन्न वस्तु का पता नहीं लगना चाहिए।

9. वस्तु की किस्म में कोई परिवर्तन नहीं होना चाहिए।
10. जलवायु तथा मौसम अपरिवर्तित रहने चाहिए।
11. देश में परिस्थितियाँ समान होनी चाहिए।

उपरोक्त मान्यताओं के अभाव में माँग का नियम लागू नहीं होगा।

माँग के नियम की क्रियाशीलता के कारण अथवा माँग वक्र के बाएँ से दाएँ नीचे गिरने के कारण

(Causes of the Operation of Law of Demand or Causes of the Demand Curve from Left to Right)

माँग का नियम कीमत (मूल्य) तथा माँगी गई मात्रा के मध्य ऋणात्मक सम्बन्ध को दर्शाता है, जिस कारण माँग वक्र बाएँ से दाएँ नीचे गिरता है।

अतः कीमत तथा माँग के मध्य विपरीत सम्बन्ध निम्न कारणों से पाया जाता है

1. **सीमान्त उपयोगिता ह्रास नियम** किसी वस्तु का अधिकाधिक उपयोग करने से उसकी उपयोगिता कम हो जाती है। साथ ही इसकी सीमान्त उपयोगिता भी कम हो जाती है, जिसे 'सीमान्त उपयोगिता ह्रास नियम' कहते हैं। सीमान्त उपयोगिता ह्रास नियम में वस्तु की मात्रा और उसकी उपयोगिता में विपरीत ऋणात्मक सम्बन्ध होता है। इस कारण माँग वक्र ऋणात्मक ढाल वाला होता है।
2. **आय का प्रभाव** उपभोक्ता की कुल खर्च योग्य आय को 'वास्तविक आय' कहते हैं। वास्तविक आय और वस्तु की कीमतों में विपरीत ऋणात्मक सम्बन्ध पाया जाता है। यदि वस्तु की कीमतें बढ़ जाती हैं, तो वास्तविक आय कम हो जाती है और यदि कीमतें कम हो जाती हैं, तो वास्तविक आय बढ़ जाती है, जिसके कारण माँग वक्र ऋणात्मक ढाल वाला होता है।
3. **कीमत का प्रभाव** वस्तु की कीमत बढ़ती है, तो माँग की मात्रा कम होती है और यदि वस्तु की कीमत कम होती है, तो माँग की मात्रा बढ़ती है। वस्तु की कीमत और माँग की मात्रा में विपरीत ऋणात्मक सम्बन्ध पाया जाता है।
4. **क्रेताओं की संख्या में परिवर्तन** वस्तुओं के मूल्य में कमी व वृद्धि होने पर क्रेताओं की संख्या में भी कमी व वृद्धि होती है, क्योंकि वस्तुओं के मूल्यों के आधार पर ही वस्तुओं की माँग की जाती है।
5. **वस्तु के विभिन्न उपयोग** कुछ वस्तुओं का उपयोग विभिन्न कार्यों में किया जाता है; जैसे-दूध, बिजली आदि। वस्तु के मूल्यों में वृद्धि होने पर वस्तु का उपयोग केवल महत्त्वपूर्ण कार्यों के लिए किया जाता है तथा वस्तु के मूल्यों में कमी होने पर वस्तु का उपयोग विभिन्न कार्यों में प्रयोग किया जाता है।
6. **प्रतिस्थापन व पूरक वस्तुओं का प्रभाव** जब स्थानापन्न वस्तु के मूल्यों में सापेक्ष रूप से कमी होती है तो उपभोक्ता उस वस्तु के उपभोग में वृद्धि कर देते हैं। उदाहरणार्थ, पेट्रोल का स्थानापन्न सी.एन.जी गैस द्वारा किया जा रहा है, क्योंकि सी.एन.जी का मूल्य पेट्रोल के सापेक्ष कम है।

माँगी गई मात्रा में परिवर्तन/माँग वक्र पर संचलन

(Change in Quantity Demanded or Movement along Demand Curve)

यदि अन्य घटक समान रहें, तो माँग की कीमत में परिवर्तन के कारण माँग की मात्रा में हुए परिवर्तन को 'माँगी गई मात्रा में परिवर्तन' कहते हैं। इस स्थिति में माँग वक्र बदलता नहीं है, बल्कि एक ही माँग वक्र पर कीमत में हुए परिवर्तन के कारण माँग की मात्रा घटती एवं बढ़ती रहती है।

माँग की मात्रा में परिवर्तन प्रायः दो प्रकार से होता है

1. माँग का विस्तार (Extension of Demand)

जब वस्तु की कीमत घटती है, तो उसकी माँग बढ़ जाती है, इस स्थिति को माँग का विस्तार कहते हैं।

तालिका द्वारा स्पष्टीकरण

वस्तु की कीमत (मूल्य) (₹)	**माँग की मात्रा** (इकाइयों में)
50 (P)	5 (Q)
40 (P_1)	8 (Q_1)

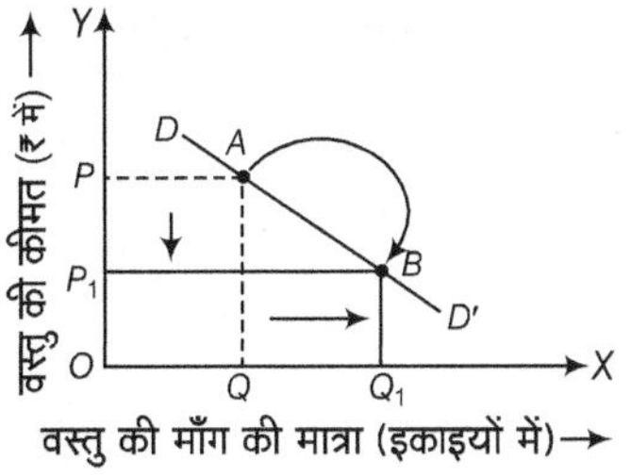

उपरोक्त रेखाचित्र में वस्तु की कीमत को Y-अक्ष पर तथा वस्तु की माँग की मात्रा को X-अक्ष पर दर्शाया गया है। वस्तु के मूल्य P पर वस्तु की Q इकाइयों की माँग की जाती है। जब मूल्य P से घटकर P_1 हो जाता है, तो वस्तु की माँग Q से बढ़कर Q_1 हो जाती है, जिससे माँग वक्र DD' दाएँ ओर $A \longrightarrow B$ तक गिरता है। अतः यह वस्तु की माँग में विस्तार को दर्शाता है।

2. माँग का संकुचन (Contraction of Demand)

जब वस्तु की कीमत बढ़ती है, तो इसकी माँग घट जाती है, इस स्थिति को माँग का संकुचन कहते हैं।

तालिका द्वारा स्पष्टीकरण

वस्तु की कीमत (मूल्य) (₹)	**माँग की मात्रा** (इकाइयों में)
40 (P)	8 (Q_1)
50 (P_1)	5 (Q)

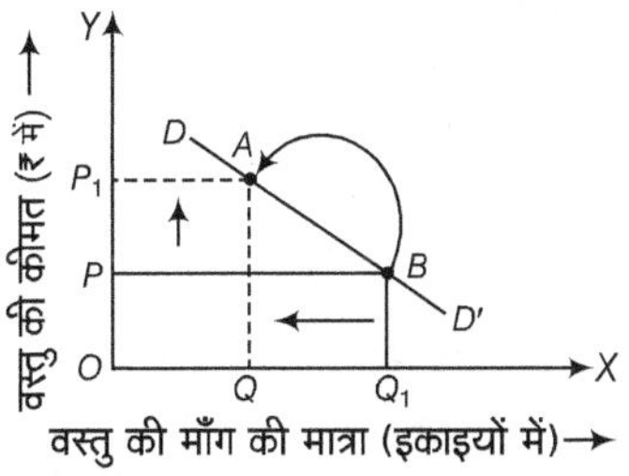

उपरोक्त रेखाचित्र में वस्तु की कीमत को Y-अक्ष पर तथा वस्तु की माँग की मात्रा को X-अक्ष पर दर्शाया गया है। *वस्तु के मूल्य* P पर वस्तु की Q_1 इकाइयों की माँग की जाती है, परन्तु जब वस्तु की कीमत P से बढ़कर P_1 हो जाती है, तो वस्तु की माँग Q_1 से घटकर Q हो जाती है, जिससे माँग वक्र DD' बाएँ ओर $B \rightarrow A$ तक उठता है। अतः यह वस्तु की माँग में संकुचन को दर्शाता है।

माँग में परिवर्तन या माँग वक्र का खिसकना

(Change in Demand or Shift in Demand Curve)

जब वस्तु की कीमत के अतिरिक्त अन्य घटकों (तत्त्वों); जैसे-जनसंख्या, उपभोक्ताओं की आय, स्थानापन्न वस्तुओं की प्राप्ति आदि में हुए परिवर्तन के कारण वस्तु की माँग में परिवर्तन होता है, तो इसे माँग में परिवर्तन कहते हैं। इस स्थिति में माँग वक्र खिसक जाता है।

माँग में परिवर्तन निम्न दो प्रकार का होता है

1. माँग में वृद्धि (Increase in Demand)

जब कीमत के अतिरिक्त अन्य तत्त्वों में हुए परिवर्तन के कारण वस्तु की माँग बढ़ जाती है, तो इसे वस्तु की माँग में वृद्धि कहते हैं। *वस्तु की माँग में वृद्धि करने वाले तत्त्व निम्नलिखित हैं*

(i) सामान्य वस्तुओं की स्थिति में उपभोक्ता की आय में वृद्धि।
(ii) स्थानापन्न वस्तुओं की कीमत में वृद्धि।
(iii) पूरक वस्तुओं की कीमत में कमी आदि।

तालिका द्वारा स्पष्टीकरण

वस्तु की कीमत (₹)	आय	वस्तु की माँग की मात्रा (इकाइयों में)
50	5,000	5
50	8,000	8

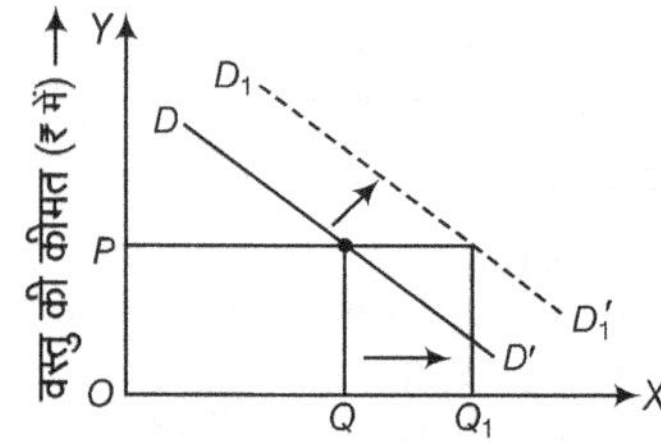

उपरोक्त रेखाचित्र में वस्तु की कीमत को Y-अक्ष पर तथा माँग की मात्रा को X-अक्ष पर दर्शाया गया है। कीमत P के अतिरिक्त अन्य किसी तत्त्व में परिवर्तन होने पर वस्तु की माँग P कीमत पर ही Q से बढ़कर Q_1 हो जाती है, जिससे वस्तु का माँग वक्र DD' से दाएँ ओर खिसक कर D_1D_1' हो जाता है। अतः यह माँग में वृद्धि को प्रदर्शित करता है।

2. माँग में कमी (Decrease in Demand)

जब कीमत के अतिरिक्त अन्य तत्त्वों में हुए परिवर्तन के कारण वस्तु की माँग घट जाती है, तो इसे वस्तु की माँग में कमी कहते हैं।

वस्तु की माँग में कमी निम्न तत्त्वों में हुए परिवर्तन के कारण हो सकती है

(i) निम्न किस्म की वस्तुओं की स्थिति में उपभोक्ता की आय में वृद्धि
(ii) स्थानापन्न वस्तुओं की कीमत में कमी।
(iii) पूरक वस्तुओं की कीमत में वृद्धि आदि।

तालिका द्वारा स्पष्टीकरण

वस्तु की कीमत (₹)	आय	वस्तु की माँग की मात्रा (इकाइयों में)
50	8,000	8
50	5,000	5

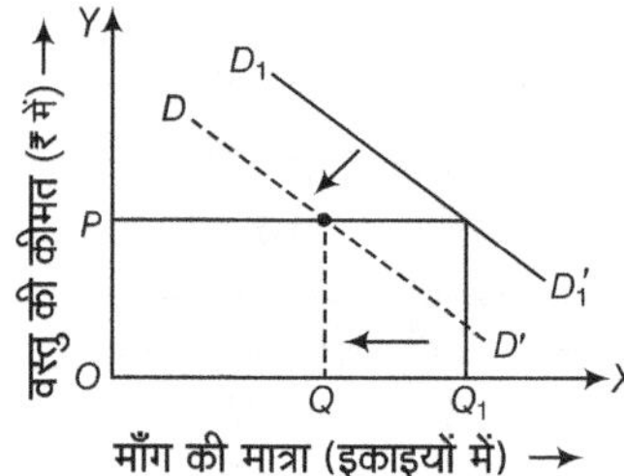

उपरोक्त रेखाचित्र में वस्तु की कीमत को Y-अक्ष पर व माँग की मात्रा को X-अक्ष पर दर्शाया गया है। वस्तु की कीमत P के अतिरिक्त अन्य किसी तत्त्व में परिवर्तन होने पर वस्तु की माँग Q से घटकर Q_1 हो जाती है, जिससे वस्तु का माँग वक्र D_1D_1' से बाएँ ओर खिसक कर DD' हो जाता है। अतः यह माँग में कमी को प्रदर्शित करता है।

माँग की लोच

(Meaning and Definitions of Elasticity of Demand)

वस्तु की माँग की मात्रा में, उपभोक्ता की आय, वस्तु की कीमत तथा अन्य कारणों से जो परिवर्तन होता है, उसे माँग की लोच या मूल्य-सापेक्षता (Elasticity of demand) कहते हैं।

प्रो. मार्शल के अनुसार, ''किसी बाजार में माँग की मूल्य-सापेक्षता का अधिक या कम होना इस बात पर निर्भर है कि कीमत में एक नियत गिरावट आने पर माँग में अधिक या थोड़ी वृद्धि होती है और कीमत में एक नियत वृद्धि होने पर माँग में अधिक या थोड़ी कमी होती है।''

माँग की लोच के रूप (Types of Elasticity of Demand)

माँग की लोच के निम्नलिखित तीन रूप हैं

1. **माँग की कीमत लोच** (Price Elasticity) किसी वस्तु की कीमत में आनुपातिक परिवर्तन होने से उसकी माँगी गई मात्रा में होने वाले आनुपातिक परिवर्तन को माँग की लोच अथवा माँग की कीमत लोच कहते हैं।
   माँग की कीमत लोच
   $$(e_d) = \frac{\text{माँग की मात्रा में आनुपातिक / प्रतिशत परिवर्तन}}{\text{वस्तु की कीमत में आनुपातिक / प्रतिशत परिवर्तन}}$$
2. **माँग की आय लोच** (Income Elasticity) उपभोक्ता की आय में होने वाले आनुपातिक परिवर्तन के फलस्वरूप वस्तु की मात्रा में होने वाले आनुपातिक परिवर्तन की माप को माँग की आय लोच कहा जाता है। यह लोच इस मान्यता पर आधारित है कि विश्लेषण अवधि में वस्तु की कीमतें स्थिर हों।
   माँग की आय लोच
   $$(e_i) = \frac{\text{माँग में आनुपातिक / प्रतिशत परिवर्तन}}{\text{आय में आनुपातिक / प्रतिशत परिवर्तन}}$$
3. **माँग की तिरछी अथवा आड़ी लोच** (Cross Elasticity) स्थानापन्न वस्तुओं की माँग एक-दूसरे की प्रतिस्पर्धी होती है।
   अतः एक वस्तु की कीमत में परिवर्तन का दूसरी वस्तु की मात्रा पर प्रभाव पड़ता है। इसे ही माँग की आड़ी लोच कहते हैं।
   माँग की आड़ी लोच
   $$(e_c) = \frac{x \text{ वस्तु की माँग में आनुपातिक / प्रतिशत परिवर्तन}}{y \text{ वस्तु की कीमत में आनुपातिक / प्रतिशत परिवर्तन}}$$

माँग की कीमत लोच की श्रेणियाँ

(Categories of Price Elasticity of Demand)

समस्त वस्तुओं की माँग की लोच एक जैसी नहीं होती। उनमें पर्याप्त भिन्नता होती है अर्थात् *इस प्रकार माँग की लोच को पाँच श्रेणियों में विभाजित किया गया है*

1. पूर्णतः लोचदार माँग/अनन्त लोचदार

(Perfectly Elastic Demand, $E_d = \infty$)

जब किसी वस्तु के मूल्यों में परिवर्तन न होने (नाममात्र का परिवर्तन) अथवा बहुत कम परिवर्तन होने पर वस्तु की माँगी गई मात्रा में अनन्त परिवर्तन (माँग में बहुत अधिक कमी या बहुत अधिक वृद्धि) होता है, तो ऐसी वस्तु की माँग को पूर्णतः लोचदार अथवा अनन्त लोचदार माँग कहते हैं। वस्तु की पूर्णतः लोचदार माँग वस्तु के व्यवहार में देखने को नहीं मिलती है।

इसे निम्न सारणी द्वारा प्रदर्शित किया जा सकता है

वस्तु की कीमत (P_X)	वस्तु की माँग (D_X)
10	1000
11	0

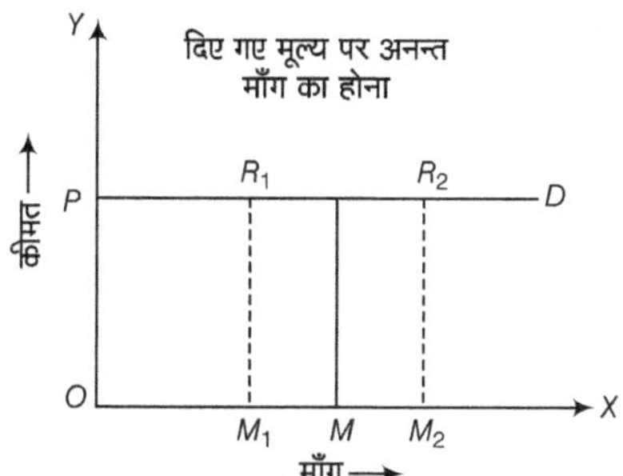

चित्र 7.1 पूर्णतः लोचदार माँग

यह एक काल्पनिक धारणा है। इसका माँग वक्र सदैव समतल (OX के समानान्तर) या अनन्त होता है।

रेखाचित्र में OX रेखा पर वस्तु की माँगी जाने वाली मात्रा तथा OY रेखा पर कीमत को प्रदर्शित किया गया है। PD वह माँग रेखा है, जो OX के पूर्णतः समानान्तर है। अतः PD रेखा द्वारा यह दर्शाया गया है कि वस्तु के दिए गए मूल्य पर वस्तु की माँग की मात्रा अनन्त है।

2. **अत्यधिक लोचदार माँग**

(Relativity Elastic Demand, $E_d > 1$)

जब किसी वस्तु के मूल्य में थोड़ा-सा परिवर्तन होने पर उसकी माँग में आनुपातिक रूप से अधिक परिवर्तन होता है, तो उस वस्तु की माँग को अत्यधिक लोचदार माँग कहते हैं।

इसे निम्न सारणी द्वारा प्रदर्शित किया जा सकता है

वस्तु की कीमत (P_X)	वस्तु की माँग (D_X)
10	100
11	60

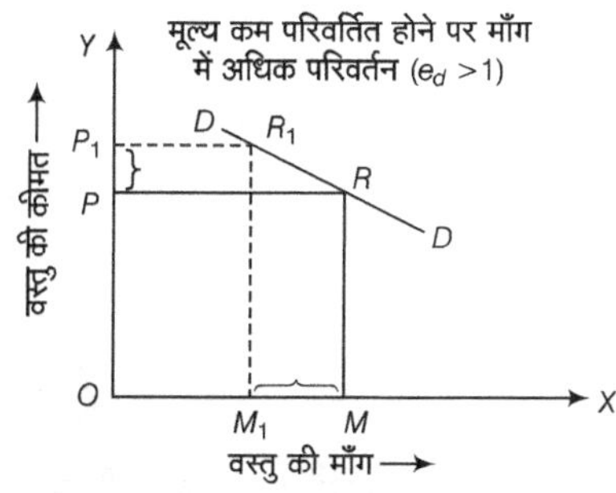

चित्र 7.2 अत्यधिक लोचदार माँग

व्याख्या उपरोक्त रेखाचित्र में OP वस्तु की कीमत तथा OM वस्तु की माँग है। वस्तु का मूल्य बढ़कर OP_1 होने पर माँगी जाने वाली मात्रा भी कम होकर OM_1 रह जाती है। यह स्थिति अत्यधिक लोचदार माँग की स्थिति कहलाएगी।

3. **इकाई लोचदार माँग** (Unitary Elastic Demand, $E_d = 1$)

जब किसी वस्तु के मूल्य में परिवर्तन होने पर उसी अनुपात में वस्तु की माँग में परिवर्तन होता है, तो उस वस्तु की माँग को लोचदार माँग कहा जाता है।

इसे निम्न सारणी द्वारा प्रदर्शित किया जा सकता है

वस्तु की कीमत (P_X)	वस्तु की माँग (D_X)
10	100
12	80

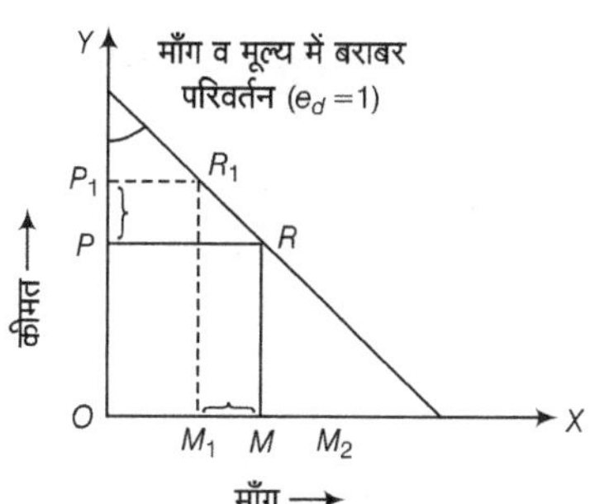

चित्र 7.3 इकाई लोचदार माँग

व्याख्या उपरोक्त रेखाचित्र में OP मूल्य तथा OM माँग की मात्रा है। यदि मूल्य बढ़कर OP_1 हो जाता है तो माँग की मात्रा में कमी आ जाती है तथा माँग घटकर OM_1 हो जाती है। चित्र में 'RR' रेखा लोचदार माँग की स्थिति बताती हैं।

4. **बेलोचदार माँग** (Inelastic Demand, $E_d < 1$)

जब वस्तु के मूल्य में अधिक परिवर्तन होने पर उसकी माँग में अपेक्षाकृत बहुत कम परिवर्तन होते हैं, तो उस वस्तु की माँग को बेलोचदार माँग कहते हैं।

इसे निम्न सारणी द्वारा प्रदर्शित किया जा सकता है

वस्तु की कीमत (P_X)	वस्तु की माँग (D_X)
10	100
12	90

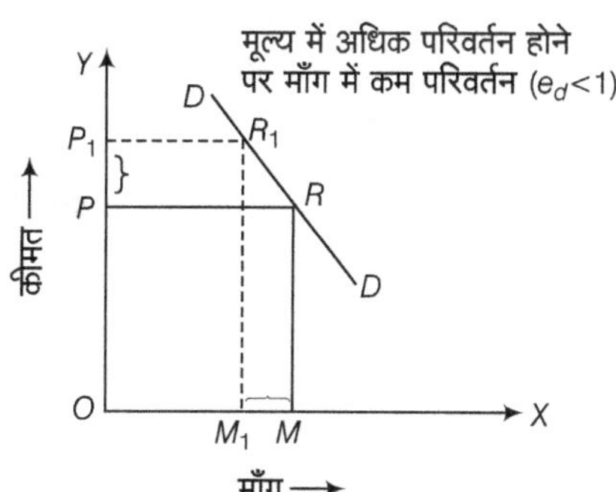

चित्र 7.4 बेलोचदार माँग

व्याख्या उपरोक्त रेखाचित्र में OP कीमत तथा OM मूल रूप से माँगी जाने वाली वस्तु की मात्रा है। यदि कीमत बढ़कर OP_1 हो जाती है, तब माँगी जाने वाली मात्रा घटकर OM_1 रह जाती है। चित्र में 'DD' रेखा, बेलोचदार माँग की स्थिति बताती है।

5. **पूर्णतः बेलोचदार माँग**

(Perfectly Inelastic Demand, $E_d = 0$)

जब किसी वस्तु के मूल्य में अधिक परिवर्तन होने पर भी उसकी माँग पर कोई प्रभाव नहीं पड़ता है, तो ऐसी वस्तु की माँग, पूर्णतः बेलोचदार होती है।

इसे निम्न सारणी द्वारा प्रदर्शित किया जा सकता है

वस्तु की कीमत (P_X)	वस्तु की माँग (D_X)
10	100
12	100
8	100

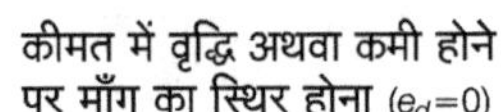

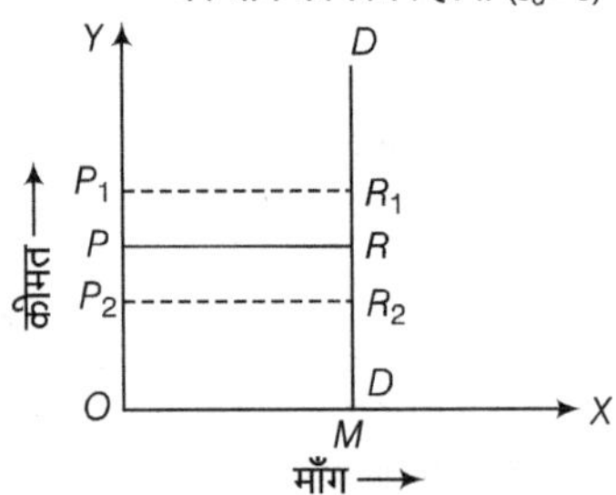

चित्र 7.5 पूर्णतः बेलोचदार माँग

व्याख्या उपरोक्त रेखाचित्र से स्पष्ट है कि वस्तु के मूल्य में व्यापक परिवर्तन होने के बाद भी (अर्थात् मूल्य के OP से बढ़कर OP_1 होने पर भी) वस्तु की माँग OM अपरिवर्तित रहती है। इसी प्रकार कीमत घटकर OP_2 होने पर भी माँग अपरिवर्तित OM रहती है।

माँग की कीमत लोच को मापने की विधियाँ

(Methods of Measuring Price Elasticity of Demand)

1. आनुपातिक अथवा फलक्स की प्रतिशत विधि

(Propotional Method or Flux's Percentage Method)

इस विधि का प्रतिपादन फलक्स द्वारा किया गया था। इस विधि के अनुसार, माँग की लोच (e_d) ज्ञात करने के लिए 'माँगी गई मात्रा में प्रतिशत परिवर्तन (Percentage change in quantity demanded)' को 'कीमत में प्रतिशत परिवर्तन (Percentage change in price)' से विभाजित किया जाता है। माँगी गई मात्रा तथा कीमत में ऋणात्मक सम्बन्ध को दर्शाने के लिए ऋण (–) चिह्न का प्रयोग किया जाता है।

$$E_d = (-)\frac{\text{माँगी गई मात्रा में प्रतिशत परिवर्तन}}{\text{कीमत में प्रतिशत परिवर्तन}}$$

$$= (-)\frac{\frac{\Delta Q}{Q}\times 100}{\frac{\Delta P}{P}\times 100} = (-)\frac{\frac{\Delta Q}{Q}}{\frac{\Delta P}{P}}$$

$$= (-)\frac{\Delta Q}{Q}\times\frac{P}{\Delta P} = (-)\frac{\Delta Q}{\Delta P}\times\frac{P}{Q}$$

ΔQ = माँग में परिवर्तन, Q = प्रारम्भिक माँग, ΔP = कीमत में परिवर्तन,

P = प्रारम्भिक कीमत

2. **कुल व्यय विधि या प्रो. मार्शल की इकाई विधि** (Total Expenses Method or Prof. Marshall's Unit Method) कुल व्यय विधि का प्रयोग सर्वप्रथम प्रो. मार्शल के द्वारा किया गया था। इस विधि में हम यह पता लगाते हैं कि कीमत में परिवर्तन होने पर वस्तु पर किए जाने वाले कुल व्यय में क्या परिवर्तन होता है।

   सूत्रानुसार, कुल व्यय = कीमत × माँग की मात्रा

   इस विधि के अन्तर्गत वस्तु की माँग की मूल्य-सापेक्ष तीन प्रकार से व्यक्त की जा सकती है-

(i) **माँग की मूल्य-सापेक्षता इकाई के बराबर** यदि मूल्य में परिवर्तन के फलस्वरूप वस्तु पर किए गए कुल व्यय में कोई परिवर्तन नहीं होता या कुल व्यय स्थिर रहता है, तो वस्तु की माँग की मूल्य-सापेक्षता की माप इकाई के बराबर होती है।

इसे निम्नलिखित तालिका द्वारा स्पष्ट किया जा सकता है—

वस्तु का प्रति इकाई मूल्य (₹)	माँगी गई वस्तु की मात्रा	कुल व्यय (₹)	माँग की मूल्य-सापेक्षता की माप
4	200	800	
8	100	800	$e_P = 1$
2	400	800	

(ii) **माँग की मूल्य-सापेक्षता इकाई से अधिक** यदि किसी निश्चित समय में किसी वस्तु पर व्यय की जाने वाली धनराशि उसके मूल्य में कमी होने पर बढ़ जाती है तथा मूल्य में वृद्धि के साथ घट जाती है, तो माँग की मूल्य-सापेक्षता इकाई से अधिक होती है। विलासिता की वस्तुओं की माँग प्रायः इसी प्रकार की होती है। *माँग की मूल्य-सापेक्षता की इस माप को निम्नलिखित तालिका द्वारा स्पष्ट किया जा सकता है-*

वस्तु का प्रति इकाई मूल्य (₹)	माँगी गई वस्तु की मात्रा	कुल व्यय (₹)	माँग की मूल्य-सापेक्षता की माप
4	200	800	
8	66	528	$e_P > 1$
2	500	1000	

(iii) **माँग की मूल्य-सापेक्षता इकाई से कम** जब किसी वस्तु पर व्यय की जाने वाली कुल धनराशि कीमत के गिरने पर घटती है और कीमत के बढ़ने पर बढ़ती है, तो माँग की मूल्य-सापेक्षता की माप इकाई से कम होती है। *माँग की मूल्य-सापेक्षता की इस माप को निम्नलिखित तालिका द्वारा स्पष्ट किया जा सकता है-*

वस्तु का प्रति इकाई मूल्य (₹)	माँगी गई वस्तु की मात्रा	कुल व्यय (₹)	माँग की मूल्य-सापेक्षता की माप
4	200	800	
8	120	960	$e_P > 1$
2	300	600	

3. **बिन्दु विधि या रेखागणितीय विधि** (Pointer Method or Geometrical Method) माँग की मूल्य सापेक्षता को मापने की इस विधि को ज्यामितीय विधि भी कहा जाता है। इस विधि की सहायता से माँग वक्र के किसी भी बिन्दु पर माँग की मूल्य-सापेक्षता का पता लगाया जा सकता है। माँग वक्र के जिस बिन्दु पर मूल्य-सापेक्षता का पता लगाना होता है, उस बिन्दु पर एक स्पर्श रेखा खींचकर माँग की मूल्य-सापेक्षता को मापा जा सकता है। *माँग की मूल्य-सापेक्षता निम्नांकित सूत्र द्वारा ज्ञात की जा सकती है-*

$$e_P = \frac{\text{नीचे का भाग (Lower Sector)}}{\text{ऊपर का भाग (Upper Sector)}} \text{ या } e_P = \frac{PK}{PR}$$

रेखाचित्र द्वारा स्पष्टीकरण (Explanation of Graph) संलग्न चित्र में DQ' एक माँग वक्र है, जिसके P बिन्दु पर माँग की मूल्य-सापेक्षता ज्ञात करनी है। वक्र को P बिन्दु पर स्पर्श करती हुई रेखा खींची गई है। यह रेखा OX अक्ष को K बिन्दु पर और OY अक्ष को R बिन्दु पर काटती है। चित्र में PR ऊपरी भाग तथा PK निचला भाग है। ग्राफ पर माप कर इनकी लम्बाई ज्ञात कर ली जाती है। सूत्रानुसार, इन दोनों भागों की लम्बाई का अनुपात ही 'माँग की मूल्य-सापेक्षता की माप' होगी। *मूल्य-सापेक्षता को निम्न चित्र द्वारा प्रदर्शित किया जा सकता है-*

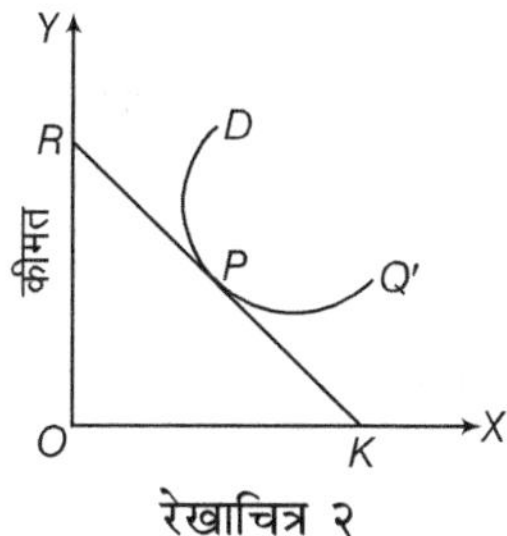

रेखाचित्र २

(i) यदि 'P' माँग वक्र पर मध्य बिन्दु है और स्पर्श रेखा के दोनों भाग बराबर हैं, तो माँग की कीमत लोच इकाई के बराबर होगी ($e_P = 1$)।

(ii) यदि 'P' माँग वक्र पर मध्य बिन्दु से ऊपर है, तो ऊपरी भाग छोटा तथा निचला भाग बड़ा आएगा। अतः माँग की कीमत लोच इकाई से अधिक होगी ($e_P > 1$)।

(iii) यदि 'P' माँग वक्र पर मध्य बिन्दु से नीचे है, तो स्पर्श रेखा का निचला भाग छोटा तथा ऊपरी भाग बड़ा होगा। इस प्रकार माँग की कीमत लोच इकाई से कम होगी ($e_P < 1$)।

अभ्यास प्रश्न

1. माँग के आवश्यक तत्त्व हैं
(a) किसी वस्तु को पाने की इच्छा होना
(b) इच्छापूर्ति के लिए साधनों का होना
(c) साधनों को व्यय करने की तत्परता
(d) उपरोक्त सभी

2. माँग के प्रकार हैं
(a) कीमत माँग (b) व्यक्तिगत माँग
(c) प्रत्यक्ष एवं अप्रत्यक्ष माँग (d) ये सभी

3. व्युत्पन्न माँग होती है
(a) प्रत्यक्ष माँग (b) अप्रत्यक्ष माँग
(c) व्यक्तिगत माँग (d) बाजार माँग

4. सामान्यतः माँग और आय में सम्बन्ध होता है
(a) ऋणात्मक (b) धनात्मक
(c) गुणात्मक (d) विपरीत

5. उपभोक्ता की आय में परिवर्तन का प्रभाव नहीं पड़ता है
(a) आवश्यकता की वस्तुओं पर (b) साधारण वस्तुओं पर
(c) निम्न वस्तुओं पर (d) इनमें से कोई नहीं

6. किसी वस्तु की वह मात्रा जिसे एक उपभोक्ता दी हुई कीमत तथा आय पर क्रय करता है उसे .... कहते हैं।
(a) खरीदने की इच्छा (b) वस्तु की माँग
(c) वस्तु की मात्रा (d) वस्तु की पूर्ति

7. सामान्यतः एक वस्तु का माँग वक्र होता है
(a) x-अक्ष के समानान्तर
(b) y-अक्ष के समानान्तर
(c) बाएँ से दाएँ नीचे की ओर गिरता हुआ
(d) बाएँ से दाएँ ऊपर की ओर उठता हुआ

8. माँग का नियम व्यक्त करता है
(a) कीमत और माँगी गई मात्रा के सम्बन्ध को
(b) किसी वस्तु की माँग और पूर्ति के बीच सम्बन्ध को
(c) किसी वस्तु की कीमत और गुणवत्ता के सम्बन्ध को
(d) आय और माँगी गई मात्रा के सम्बन्ध को

9. माँग का नियम किसी वस्तु की माँगी गई मात्रा तथा कीमत में क्या सम्बन्ध बताता है?
(a) सीधा (b) आनुपातिक
(c) विपरीत (d) धनात्मक

10. माँग के नियम के अनुसार सामान्यतः किसी वस्तु की माँग तब परिवर्तित होती है, जब
(a) उपभोक्ता की आय परिवर्तित होती है
(b) वस्तु की माँग की लोच अधिक होती है
(c) उस वस्तु की कीमत परिवर्तित होती है
(d) जनसंख्या परिवर्तित होती है

11. निम्न में से कौन-सा कथन सत्य है?
(a) माँग का नियम एक मात्रात्मक कथन है
(b) माँग का नियम एक गुणात्मक कथन है
(c) माँग का नियम विलासिता की वस्तुओं पर लागू नहीं होता
(d) माँग का नियम आरामदायक वस्तुओं पर लागू नहीं होता

12. माँग का नियम लागू नहीं होता, यदि
(a) अन्य वस्तुओं की कीमत बदल जाती है
(b) उपभोक्ता की आय बदल जाती है
(c) रुचि बदल जाती है
(d) उपरोक्त सभी

13. माँग का नियम लागू होता है, यदि
(a) अन्य परिस्थितियाँ समान रहें
(b) उपभोक्ता की आदत बदल जाए
(c) उपभोक्ता की रुचि बदल जाए
(d) फैशन बदल जाए

14. सामान्यतः जब किसी वस्तु की कीमत गिरती है तब उसकी माँग
(a) घटती है (b) बढ़ती है
(c) स्थिर रहती है (d) अनन्त हो जाती है

15. गिफिन वस्तु वह वस्तु है, जिसकी माँग
(a) कीमत बढ़ने से बढ़ती है (b) कीमत घटने से घटती है
(c) आय बढ़ने से बढ़ती है (d) आय बढ़ने से घटती है

16. उपभोक्ता की आय में वृद्धि होने के साथ-साथ निकृष्ट वस्तुओं की माँग
(a) में वृद्धि होती है। (b) में गिरावट (कमी) होती है।
(c) स्थिर रहती है। (d) अज्ञात रहती है।

17. भविष्य में किसी वस्तु के दुर्लभ होने की आशंका होने पर वर्तमान में उस वस्तु पर क्या प्रभाव पड़ता है?
(a) उसकी कीमत बढ़ जाती है (b) उसकी माँग बढ़ जाती है
(c) 'a' और 'b' दोनों (d) मूल्य कम हो जाता है

18. जब उपभोक्ता की आय गिरती है तो घटिया वस्तु के कीमत–माँग वक्र पर यह प्रभाव पड़ता है
(a) दायीं ओर खिसकता है
(b) बायीं ओर खिसकता है
(c) माँग वक्र पर ऊपर की ओर चलन होता है
(d) माँग वक्र पर नीचे की ओर चलन होता है

19. यदि वस्तु – x की कीमत गिरने से वस्तु – y की माँग बढ़ती है, तो दोनों वस्तुएँ परस्पर हैं
(a) प्रतिस्थापी (b) पूरक
(c) सम्बन्धित नहीं (d) प्रतियोगी

20. यदि वस्तु – y की कीमत में वृद्धि से वस्तु – x की माँग बढ़ती है, तो दोनों वस्तुओं के बीच यह सम्बन्ध है
(a) प्रतिस्थापी (b) पूरक
(c) सम्बन्धित नहीं (d) एक साथ माँग की जाने वाली

21. एक वस्तु की माँग के बारे में कोई भी वक्तव्य पूर्ण माना जाता है जब उसमें निम्नलिखित का वर्णन हो
(a) वस्तु की कीमत (b) वस्तु की मात्रा
(c) समय अवधि (d) ये सभी

22. यदि किसी वस्तु की माँग रेखा क्षैतिज अक्ष के समानान्तर हो तो उस वस्तु की माँग की कीमत लोच होगी
(a) अत्यधिक लोचदार (b) पूर्णतः लोचदार
(c) अत्यधिक बेलोचदार (d) पूर्णतः बेलोचदार

23. माँग की लोच जब अनन्त होती है तब माँग वक्र
(a) पूर्णतः लोचदार होता है (b) पूर्णतः बेलोचदार होता है
(c) लोचदार होता है (d) अधिक लोचदार होता है

24. यदि किसी वस्तु की माँग पूर्णतः लोचदार हो तो माँग रेखा होगी
(a) मूल से 45° कोण वाली (b) X-अक्ष के समानान्तर
(c) Y-अक्ष के समानान्तर (d) इनमें से कोई नहीं

25. पूर्णतः लोचदार माँग वक्र पर माँग की लोच
(a) इकाई के बराबर (b) इकाई से कम
(c) अनन्त (d) शून्य

26. विलासिता की वस्तुओं की माँग की कीमत लोच होती है
(a) शून्य (b) असीमित
(c) एक से कम (d) एक से अधिक

27. यदि माँग की कीमत लोच शून्य हो तो माँग रेखा होती है
(a) Y-अक्ष के समानान्तर (b) X-अक्ष के समानान्तर
(c) ऊपर से नीचे गिरती हुई (d) नीचे से ऊपर उठती हुई

28. एक आवश्यक वस्तु के लिए माँग की कीमत लोच होती है
(a) शून्य (b) एक
(c) एक से अधिक (d) एक से कम

29. पूर्णतः बेलोचदार माँग की स्थिति में जब कीमत में 4% की वृद्धि होती है, तो वस्तु की माँगी जाने वाली मात्रा में कमी होगी
(a) 8% (b) 4% (c) 2% (d) शून्य

30. पूर्णतः बेलोचदार माँग वक्र पर माँग की लोच
(a) अनन्त होती है (b) शून्य होती है
(c) इकाई से कम होती है (d) इकाई से अधिक होती है

31. निम्नलिखित में से किस वस्तु की माँग बेलोचदार होती है?
(a) मोटर कार (b) टूथपेस्ट
(c) नमक (d) टेलीविजन

32. यदि एक वस्तु की माँग पूर्णतः बेलोचदार है तो कीमत बढ़ जाने पर वस्तु की माँग हो जाएगी
(a) न्यूनतम (b) अपरिवर्तित
(c) शून्य (d) अधिकतम

33. यदि किसी वस्तु की माँग रेखा क्षैतिज अक्ष के समानान्तर हो तो उस वस्तु की कीमत लोच होगी
(a) अत्यधिक लोचदार (b) पूर्णतः लोचदार
(c) अत्यधिक बेलोचदार (d) पूर्णतः बेलोचदार

34. जब किसी वस्तु (टी.वी., फ्रीज) के प्रयोग को भविष्य के लिए स्थगित किया जा सकता है, तो वैसी वस्तु की माँग होगी
(a) लोचदार (b) बेलोचदार
(c) 'a' और 'b' दोनों (d) इनमें से कोई नहीं

35. यदि किसी वस्तु का मूल्य 20% कम हो जाए तथा उसकी माँग में 40% की वृद्धि हो जाए, तो उस वस्तु की माँग की लोच होगी
(a) इकाई से कम (b) इकाई से अधिक
(c) इकाई के बराबर (d) शून्य

36. आवश्यक वस्तुओं की माँग होती है
(a) लोचदार (b) बेलोचदार
(c) पूर्णतः लोचदार (d) इकाई

37. नमक की माँग की लोच होती है
(a) अत्यधिक लोचदार (b) पूर्णतः लोचदार
(c) इकाई लोचदार (d) अत्यधिक बेलोचदार

38. यदि माँग की लोच इकाई के बराबर है तो माँग वक्र होगा
(a) क्षैतिज (b) ऊर्ध्व
(c) सरल रेखा (d) इनमें से कोई नहीं

39. निम्नलिखित में से कौन माँग की लोच के व्यावहारिक महत्त्व के अन्तर्गत सम्मिलित नहीं है?
(a) विभेदात्मक एकाधिकार
(b) राशिपातन
(c) उपभोक्ता का आय स्तर
(d) अन्तर्राष्ट्रीय व्यापार

उत्तरमाला

1.	(d)	2.	(d)	3.	(b)	4.	(b)	5.	(a)	6.	(b)	7.	(c)	8.	(a)	9.	(c)	10.	(c)
11.	(b)	12.	(d)	13.	(a)	14.	(b)	15.	(b)	16.	(b)	17.	(c)	18.	(a)	19.	(b)	20.	(a)
21.	(d)	22.	(b)	23.	(a)	24.	(b)	25.	(c)	26.	(d)	27.	(a)	28.	(a)	29.	(d)	30.	(b)
31.	(c)	32.	(b)	33.	(b)	34.	(a)	35.	(b)	36.	(b)	37.	(d)	38.	(c)	39.	(c)		

अध्याय 4

उत्पादक व्यवहार

उत्पादन से आशय (Meaning of Production)

उत्पादन वह प्रक्रिया है, जिसके द्वारा आगतों (inputs) को निर्गत (output) अथवा उत्पाद में परिवर्तित किया जाता है। एक उत्पादक (Producer or Manufacturer) विभिन्न आगतों; जैसे-श्रम, मशीन, भूमि, कच्चा माल आदि को प्राप्त करता है। इन आगतों का प्रयोग करके वह वस्तु अथवा सेवा का उत्पादन करता है। इन वस्तुओं एवं सेवाओं का उपयोग उपभोक्ताओं द्वारा अपनी किसी जरूरत अथवा इच्छा की सन्तुष्टि के लिए अथवा किसी अन्य उत्पादक द्वारा किसी अन्य वस्तु के उत्पादन के लिए किया जा सकता है।

उत्पादन के घटक (Factors of Production)

उत्पादन प्रक्रिया में प्रयुक्त निर्गतों को उत्पादन के घटक कहा जाता है। *उत्पादन के घटकों को निम्न प्रकार वर्गीकृत किया जा सकता है*

1. कारक आदान (Factor Inputs)

भूमि, श्रम, पूँजी एवं साहसी (Entrepreneur) को कारक आदानों के अन्तर्गत वर्गीकृत किया जाता है। इन कारकों की सेवा स्वरूप क्रमश: उनको किराया, वेतन, ब्याज एवं लाभ प्राप्त होता है। *इन कारकों को भी आगे निम्न प्रकार से वर्गीकृत किया जा सकता है*

(*i*) **स्थिर घटक** (Fixed Factors) यह वे घटक हैं, जोकि उत्पादन के स्तर के साथ परिवर्तित नहीं होते हैं। **उदाहरणार्थ** भूमि, मशीन आदि।

(*ii*) **परिवर्तनशील घटक** (Variable Factors) यह वे घटक हैं, जोकि उत्पादन के स्तर के साथ परिवर्तित होते हैं। **उदाहरणार्थ** श्रम।

2. गैर-कारक आदान (Non-factor Inputs)

गैर-कारक आदानों में कच्ची सामग्री (Raw Material), पावर (Power) आदि को सम्मिलित किया जाता है।

उत्पादन फलन (Production Function)

उत्पादन फलन उपयोग में लाए गए आगतों तथा फर्म द्वारा उत्पादित निर्गतों के मध्य का सम्बन्ध दर्शाता है। एक उत्पादन फलन एक दी हुई प्रौद्योगिकी के लिए परिभाषित किया जाता है। प्रौद्योगिकी का स्तर ही उत्पादन के अधिकतम स्तर को निर्धारित करता है।

यदि प्रौद्योगिकी (technology) में सुधार होता है तो उत्पादन के उच्च स्तर को प्राप्त किया जा सकता है एवं एक नया उत्पादन फलन प्राप्त होता है। यहाँ पर यह तथ्य भी उल्लेखनीय है कि उत्पादन फलन उत्पादन के उस अधिकतम स्तर को प्रदर्शित करता है, जिसे दिए हुए आगतों की सहायता से प्राप्त किया जा सकता है।

इसे निम्न प्रकार दर्शाया जा सकता है

$$Q_x = f(L, K),$$

यहाँ पर

Q_X = 'X' वस्तु की उत्पादित इकाइयाँ

L = श्रम (Labour)

K = पूँजी (Capital)

नोट *उपरोक्त उत्पादन फलन में यह माना गया है कि उत्पादन हेतु मात्र श्रम एवं पूँजी आवश्यक हैं।*

वॉटसन के अनुसार, ''किसी फर्म के भौतिक साधनों तथा उत्पाद की भौतिक मात्रा के सम्बन्ध को उत्पादन फलन कहते हैं।''

लेफ्टविच के अनुसार, ''उत्पादन फलन उस भौतिक सम्बन्ध के लिए प्रयुक्त किया जाता है, जो एक फर्म की इकाइयों और प्रति इकाइयों के समयानुसार प्राप्त वस्तुओं एवं सेवाओं के बीच पाया जाता है।''

उत्पादन में समयावधि की अवधारणा
(Concept of Time Period in Production)

समयावधि को निम्न प्रकार वर्गीकृत किया जा सकता है

1. **अति लघु अवधि/बाजार अवधि** (Very Short Period/Market Period) यह वह अवधि है, जिसमें उत्पादन के घटकों में परिवर्तन नहीं किया जा सकता। अतः इस अवधि में उत्पादन के स्तर में परिवर्तन नहीं किया जा सकता। अत: इस अवधि में उत्पादन प्रभावित नहीं होता है।
2. **लघु अवधि** (Short Period) यह वह अवधि है, जिसमें उत्पादक केवल परिवर्तनशील घटकों में परिवर्तन कर सकता है, जबकि स्थिर घटकों में कोई परिवर्तन नहीं किया जा सकता। अत: इस अवधि में उत्पादन एक सीमित स्तर तक ही प्रभावित होता है।
3. **दीर्घ अवधि** (Long Period) यह वह अवधि है, जिसमें उत्पादक परिवर्तनशील एवं स्थिर, दोनों प्रकार के घटकों में परिवर्तन कर सकता है। अन्य शब्दों में यह कहा जाता है कि दीर्घ अवधि में सभी घटक परिवर्तनशील होते हैं। अतः इस अवधि में उत्पादन को किसी भी स्तर तक प्रभावित किया जा सकता है।

नोट *लघु अवधि एवं दीर्घ अवधि को दिनों, महीनों अथवा वर्षों के सापेक्ष परिभाषित नहीं किया जा सकता। यह विभिन्न उत्पादन प्रक्रियाओं के लिए अलग-अलग हो सकती है।*

उत्पादन की माप (Measures of Production)

उत्पादन की तीन प्रमुख माप हैं, *जिनकी विवेचना निम्न प्रकार से की गई है*

1. कुल उत्पाद/कुल भौतिक उत्पाद
(Total Product/Total Physical Product)

यह दिए गए स्थिर घटकों तथा परिवर्तनशील घटकों के संयोजन से उत्पादित सभी इकाइयों का योग है।

अन्य शब्दों में, उत्पादन के विभिन्न साधनों द्वारा एक निश्चिय अवधि में किसी फर्म द्वारा जो उत्पादन किया जाता है उसे कुल उत्पादन कहते हैं।

उदाहरणार्थ यदि एक मशीन पर 4 मजदूर कार्यरत हैं एवं उन मजदूरों द्वारा उत्पादित इकाइयाँ क्रमश: 10, 12, 8 एवं 15 हैं, तो उस स्थिति में कुल उत्पादन 45 इकाइयों का होगा। *इसे निम्न सूत्र द्वारा ज्ञात किया जा सकता है*

कुल उत्पाद $(TP) = \Sigma MP$

जहाँ पर ΣMP = सीमान्त उत्पादों का योग

2. सीमान्त उत्पाद/सीमान्त भौतिक उत्पाद

(Marginal Product/Marginal Physical Product)

उत्पादन के अन्य साधनों को स्थिर रखकर परिवर्तनशील (Variable) साधनों की एक अतिरिक्त इकाई का उत्पादन में प्रयोग करने से कुल उत्पादन में जो वृद्धि होती है उसे ही सीमान्त उत्पादन कहते हैं। **उदाहरणार्थ** जब एक मशीन पर 4 मजदूर कार्यरत हैं तो कुल 45 इकाइयों का उत्पादन होता है, जब मजदूरों की संख्या 5 हो जाती है तो कुल उत्पादन 55 इकाइयों का होता है। इस स्थिति में सीमान्त उत्पाद 10 इकाइयों का होगा। *इसे निम्न सूत्र द्वारा ज्ञात किया जाता है*

सीमान्त उत्पाद $(MP) = TP_N - TP_{N-1}$

यहाँ पर, TP_N = N परिवर्तनशील घटकों पर कुल उत्पादन

$TP_{N-1} = N - 1$ परिवर्तनशील घटकों पर कुल उत्पादन

अथवा

$MP = \frac{\Delta TP}{\Delta L}$ यहाँ MP = सीमान्त उत्पाद, ΔTP = कुल उत्पाद में परिवर्तन

ΔL = श्रम की इकाइयों में परिवर्तन

3. औसत उत्पाद/औसत भौतिक उत्पाद

(Average Product/Average Physical Product)

अल्पकाल में परिवर्तनशील साधनों की प्रति इकाई उत्पादन को औसत उत्पादन कहते हैं। यदि कुल उत्पाद को परिवर्तनशील साधनों की इकाइयों द्वारा भाग किया जाए तो प्राप्त भागफल औसत उत्पाद को प्रदर्शित करेगा, औसत उत्पाद ऋणात्मक हो सकता है पर शून्य नहीं हो सकता। **उदाहरणार्थ** यदि एक मशीन पर 5 मजदूर कार्यरत हैं तथा कुल 55 इकाइयों का उत्पादन होता है, तो इस स्थिति में औसत उत्पाद 11 इकाइयाँ $(55 \div 5)$ होगा। *इसे निम्न सूत्र द्वारा ज्ञात किया जाता है*

औसत उत्पाद $(AP) = \frac{TP}{L}$

यहाँ पर, TP = कुल उत्पाद

L = श्रम की इकाइयाँ

कुल, सीमान्त एवं औसत उत्पाद का सारणी द्वारा प्रदर्शन

(Tabular Presentation of Total, Marginal and Average Product)

श्रम परिवर्तनशील साधन (इकाइयों में)	कुल उत्पाद (TP)	औसत उत्पाद (AP)	सीमान्त उत्पाद (MP) $TP_n - TP_{n-1}$
0	0	0	0
1	20	20	20
2	50	25	30
3	90	30	40
4	120	30	30
5	140	28	20
6	150	25	10
7	150	21.43	0
8	140	17.5	-10
9	120	13.33	-20

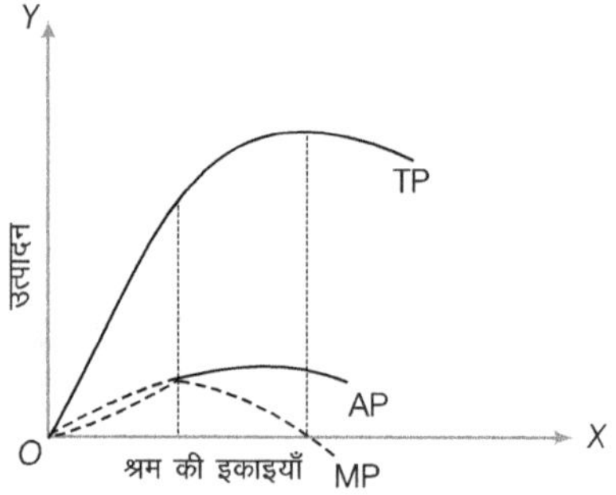

कुल, सीमान्त और औसत उत्पाद

OX -आधार रेखा पर श्रम की इकाइयाँ तथा OY रेखा पर उत्पादन को दिखाया गया है। कुल उत्पाद वक्र शुरू में तेजी से फिर धीरे-धीरे बढ़ता है। अन्त में कुल उत्पाद अधिकतम स्तर पर पहुँचकर गिरना प्रारम्भ कर देता है। श्रम की इकाइयों को बढ़ाने से औसत उत्पाद और सीमान्त उत्पाद दोनों बढ़ते हैं फिर अपने अधिकतम बिन्दु पर पहुँचकर घटना प्रारम्भ कर देते हैं। औसत उत्पाद और सीमान्त उत्पाद वक्रों की आकृति अंग्रेजी के U से उल्टे आकार की होती है। सीमान्त उत्पाद घटते हुए ऋणात्मक भी हो जाता है, परन्तु औसत उत्पाद कभी-भी शून्य या ऋणात्मक नहीं होता है।

ह्रासमान प्रतिफल नियम या क्रमागत उत्पत्ति ह्रास नियम अथवा उत्पत्ति के परिवर्तनशील अनुपातों का नियम

(Law of Diminishing Returns or Law of Variable Proportion)

इस नियम के अनुसार, जब लघु-अवधि में उत्पादन बढ़ाने हेतु उत्पादक द्वारा परिवर्तनशील घटक को बढ़ाया जाता है, तब आरम्भ में कुल उत्पाद बढ़ते हुए दर पर बढ़ता है, फिर घटते हुए दर पर और फिर कम होना शुरू हो जाता है। अन्य शब्दों में, यदि उत्पादन के किसी एक या अधिक संसाधनों की मात्रा को स्थिर रखते हुए अन्य साधनों में धीरे-धीरे वृद्धि की जाए, तो एक बिन्दु के पश्चात् परिवर्तनशील साधनों की प्रत्येक अतिरिक्त इकाई से प्राप्त होने वाली उपज में कमी आती है।

परिवर्तनशील अनुपात नियम की मान्यताएँ

(Assumptions of Law of Variable Proportions)

परिवर्तनशील अनुपात नियम निम्न मान्यताओं पर आधारित है

1. उत्पादन के साधनों के अनुपात को परिवर्तित कर सकते हैं।
2. परिवर्तनशील साधन की समस्त इकाइयाँ समान होनी चाहिए।
3. परिवर्तनशील साधन की पर्याप्त इकाइयों का प्रयोग हो जाने के पश्चात् ही यह नियम क्रियाशील होगा।
4. इस नियम के क्रियाशील होने के लिए यह आवश्यक है कि कुछ साधन स्थिर व कुछ साधन परिवर्तनशील रहें।
5. यह नियम वस्तु की केवल भौतिक मात्रा से सम्बन्ध रखता है। उत्पादित वस्तुओं के मूल्य (कीमत) से इसका कोई सम्बन्ध नहीं होता है।
6. इस नियम के अन्तर्गत उत्पादन, संगठन, कला आदि में कोई परिवर्तन नहीं होता है।
7. परिवर्तनशील साधन की इकाइयों को सूक्ष्म इकाइयों में बाँटा जा सकता है।
8. साधन आपस में पूर्ण स्थानापन्न नहीं होने चाहिए।
9. लागत को दृष्टिगत रखते हुए इस नियम पर विचार करने के लिए आवश्यक है कि सभी साधनों (स्थिर तथा परिवर्तनशील) की उत्पादनों की कीमतें दी हुई हों, तभी लागत वृद्धि नियम क्रियाशील होगा।

परिवर्तनशील अनुपात नियम की अवस्थाएँ

(Stages of Law of Variable Proportions)

परिवर्तनशील अनुपात नियम की निम्नलिखित तीन अवस्थाएँ हैं

1. वृद्धिमान प्रतिफल की अवस्था

(Stage of Increasing Returns)

इस अवस्था में जब उत्पादक अपने उत्पादन के साधनों के किसी एक साधन को पूर्ववत् रखने पर तथा अन्य में परिवर्तन करता है तो कुल उत्पाद आनुपातिक परिवर्तन से अधिक दर पर बढ़ता है।

इस अवस्था में उत्पादन के परिवर्तनशील साधन अर्थात् श्रम व पूँजी की इकाइयों में वृद्धि करने के परिणामस्वरूप संगठन में सुधार होता है, जब संगठन में सुधार हो जाता है, तो उत्पादन उस अनुपात से अधिक होता है, जिस अनुपात में पूँजी व श्रम में वृद्धि की जाती है। इसका परिणाम यह होता है कि सीमान्त एवं औसत उत्पादन में वृद्धि होती है।

श्रीमती जॉन रोबिन्सन के अनुसार, ''जब किसी उद्योग में किसी उत्पत्ति के साधन की अधिक मात्रा लगाई जाती है, तो प्रायः संगठन में सुधार हो जाता है, जिससे उत्पत्ति के साधनों की स्वाभाविक इकाइयाँ अधिक कुशल हो जाती हैं। ऐसी स्थिति में उत्पादन को बढ़ाने के साधनों की भौतिक मात्रा में आनुपातिक वृद्धि करने की आवश्यकता नहीं होती है।''

माना किसी कपड़े की मिल में श्रम व पूँजी की इकाइयों में वृद्धि की जाती है, किन्तु उत्पादन के अन्य उपादानों (साधनों) को पूर्ववत् ही रखा जाता है, *तब उसमें निम्न तालिका के अनुसार उत्पादन में वृद्धि होती है*

तालिका द्वारा स्पष्टीकरण

श्रम व पूँजी की इकाइयाँ	कुल उत्पादन (मी)	सीमान्त उत्पादन (मी)	औसत उत्पादन
1.	1,000	1,000	1,000
2.	2,500	1,500	1250
3.	4,500	2,000	1500
4.	7,000	2,500	1750
5.	10,000	3,000	2000

उपरोक्त तालिका में श्रम और पूँजी की पहली इकाई लगाने पर सीमान्त उत्पादन एवं कुल उत्पादन दोनों बराबर ही प्राप्त होते हैं। इसके पश्चात् दूसरी, तीसरी, चौथी और पाँचवीं श्रम की इकाइयों को लगाने से क्रमशः बढ़ती हुई दर पर सीमान्त उत्पादन प्राप्त होता है, जैसा कि तालिका स्पष्ट करती है।

दूसरी इकाई का सीमान्त उत्पादन 1,500 मी है। तीसरी इकाई का 2,000 मी. है तथा चौथी का 2,500 मी. है। इस प्रकार से श्रम व पूँजी की प्रत्येक अतिरिक्त इकाई से बढ़ती हुई दर पर सीमान्त उत्पादन प्राप्त होता है।

इस प्रकार के उत्पादन में सीमान्त उत्पादन में वृद्धि होती है तथा कुल उत्पादन में वृद्धि बढ़ती हुई दर से होती है।

रेखाचित्र द्वारा स्पष्टीकरण (Clarification by Graph)

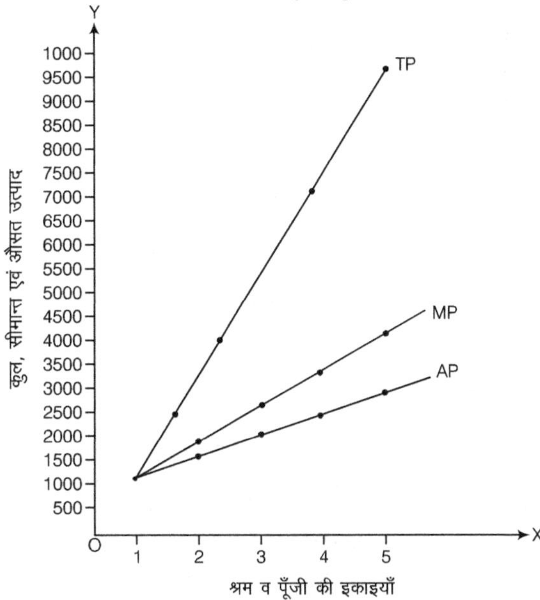

उपरोक्त रेखाचित्र में *OX* रेखा पर श्रम व पूँजी की इकाइयाँ तथा *OY* रेखा पर कपड़े का कुल, औसत एवं सीमान्त उत्पाद मीटरों में दर्शाया गया है।

उपरोक्त चित्र से स्पष्ट है कि प्रत्येक अगली श्रम व पूँजी की इकाई से उत्पादन में वृद्धि बढ़ती दर से हो रही है।

2. ह्रासमान प्रतिफल की अवस्था

इस अवस्था में जब एक उत्पादक अपने उत्पादन के परिवर्तनशील घटकों में उत्पादन बढ़ाने हेतु वृद्धि करता है तो कुल उत्पाद में आनुपातिक रूप से कम वृद्धि होती है। इस अवस्था में औसत एवं सीमान्त उत्पाद में कमी आती है, परन्तु कुल उत्पाद में वृद्धि होती है।

तालिका द्वारा स्पष्टीकरण

परिवर्तनशील साधन, श्रम व पूँजी की इकाइयाँ	कुल उत्पाद (TP) (किलोग्राम में)	औसत उत्पादन (AP) (किलोग्राम में)	सीमान्त उत्पादन (MP)	
1	15	15	15	
2	25	12.5	10	} द्वितीय अवस्था
3	30	10	3	

श्रम व पूँजी साधन की इकाइयाँ बढ़ाने पर यह स्पष्ट है कि औसत एवं सीमान्त उत्पाद कम हो रहे हैं, परन्तु कुल उत्पाद वृद्धि दर्शा रहा है। श्रम व पूँजी साधन की 2 से 3 इकाई लगाने पर सीमान्त उत्पाद घटने लगता है और कुल उत्पाद घटती हुई दर से बढ़ता है। अतः उत्पत्ति ह्रास की अवस्था क्रियाशील हो रही है।

रेखाचित्र द्वारा स्पष्टीकरण (Clarification by Graph)

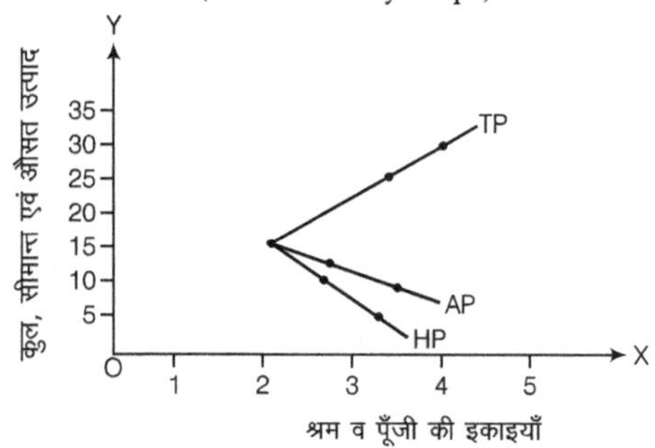

उपरोक्त रेखाचित्र से यह स्पष्ट हो रहा है कि जैसे-जैसे श्रम व पूँजी की इकाइयों को बढ़ाया जा रहा है, वैसे-वैसे औसत एवं सीमान्त उत्पाद कम हो रहा है और कुल उत्पाद घटती दर पर बढ़ रहा है।

3. **ऋणात्मक प्रतिफल की अवस्था** (Stage of Negative Returns)

इस अवस्था में जब एक उत्पादक अपने उत्पादन के परिवर्तनशील घटकों में उत्पाद बढ़ाने हेतु वृद्धि करता है तो कुल, सीमान्त एवं औसत उत्पाद बढ़ने के स्थान पर घटने लगते हैं एवं सीमान्त उत्पाद ऋणात्मक हो जाता है।

तालिका द्वारा स्पष्टीकरण

परिवर्तनशील साधन, श्रम व पूँजी की इकाइयाँ	कुल उत्पाद (*TP*)	औसत उत्पाद (*AP*)	सीमान्त उत्पाद (*MP*)
1	30	30	30
2	26	13	– 4
3	241	7	– 5

रेखाचित्र द्वारा स्पष्टीकरण (Clarification by Graph)

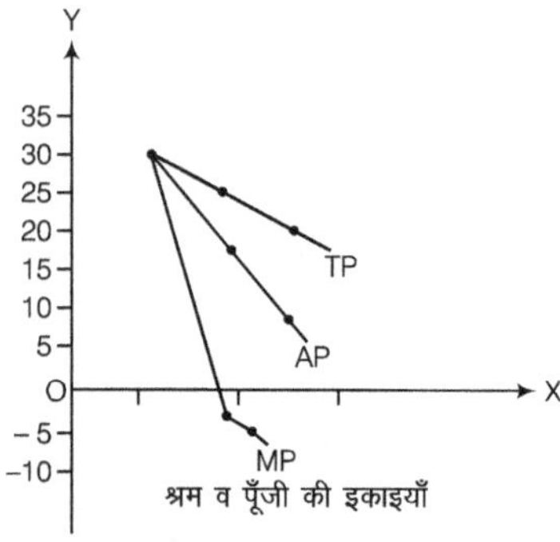

उपरोक्त तालिका व रेखाचित्र से यह स्पष्ट हो रहा है कि जैसे-जैसे श्रम व पूँजी की इकाइयों को बढ़ाया जा रहा है, वैसे-वैसे कुल, औसत एवं सीमान्त उत्पाद में कमी आ रही है एवं सीमान्त उत्पाद ऋणात्मक हो रहा है।

तीनों अवस्थाओं का एक तालिका एवं रेखाचित्र द्वारा स्पष्टीकरण (Clarification of all the three stages through table and graph)

तीनों अवस्थाओं को निम्न तालिका एवं रेखाचित्र द्वारा समझा जा सकता है

परिवर्तनशील साधन, श्रम व पूँजी की इकाइयाँ	कुल उत्पाद (*TP*)	औसत उत्पाद (*AP*)	सीमान्त उत्पाद (*MP*)	
1	2	2	2	प्रथम अवस्था
2	5	2.5	3	
3	9	3	4	
4	12	3	3	द्वितीय अवस्था
5	14	2.8	2	
6	15	2.5	1	
7	15	2.14	0	
8	14	1.75	– 1	तृतीय अवस्था

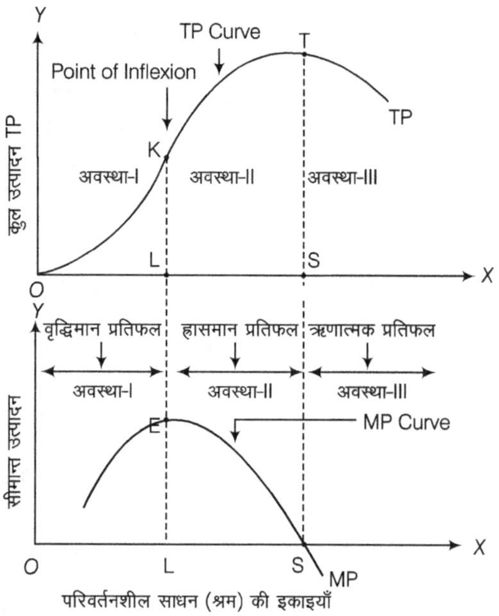

परिवर्तनशील अनुपात नियम के तीन अवस्थाएँ

चित्र में, अवस्था I में MP बढ़ रहा है और TP बढ़ती दर से बढ़ रहा है। अवस्था II में MP घट रहा है और TP घटती दर से बढ़ रहा है। अवस्था III में TP गिरना शुरू हो जाता है, क्योंकि MP ऋणात्मक है।

पैमाने के प्रतिफल (Law of Return to Scale) दीर्घकाल में फर्म के लिए उत्पादन के सभी साधनों अथवा आगतों की मात्रा में परिवर्तन किया जाना सम्भव है अर्थात् सभी साधन परिवर्ती होते हैं, इसलिए दीर्घकाल में उत्पत्ति के साधनों को समानुपात में बदलने से उत्पत्ति पर जो प्रभाव पड़ता है, उसे पैमाने के प्रतिफल कहते हैं।

पैमाने के प्रतिफल के प्रकार (Types of Law of Return to Scale) *पैमाने के प्रतिफल के तीन प्रकार हैं, जिन्हें रेखाचित्रों की सहायता से निम्न प्रकार स्पष्ट कर सकते हैं–*

1. **वृद्धिमान पैमाने के प्रतिफल** (Increasing Return to Scale) जब उत्पादन के साधनों की मात्रा में एक निश्चित अनुपात से वृद्धि करने पर उत्पादन की मात्रा उस अनुपात से अपेक्षाकृत अधिक तीव्र दर से बढ़ती हो, तो उसे वृद्धिमान पैमाने के प्रतिफल कहते हैं।

2. **स्थिर पैमाने के प्रतिफल** (Constant Return to Scale) जब उत्पादन प्रक्रिया में उत्पत्ति की मात्रा में ठीक उसी अनुपात में वृद्धि होती है, जिस अनुपात में साधनों की मात्रा बढ़ाई जाती है, तो उसे पैमाने के समता प्रतिफल अथवा स्थिर पैमाने के प्रतिफल कहते हैं।
3. **ह्रासमान पैमाने के प्रतिफल** (Diminishing Return to Scale) जब उत्पादन के साधनों में वृद्धि करने पर कुल उत्पादन में अनुपात से अपेक्षाकृत कम वृद्धि होती हो, तो उसे पैमाने के ह्रासमान या घटता प्रतिफल कहते हैं।

लागत (Cost)

लागत से अभिप्राय उन सभी भुगतानों से होता है, जिन्हें कोई उत्पादक वस्तुओं के उत्पादन में प्रयुक्त साधनों के उपयोग के लिए करता है। अन्य शब्दों में, लागत से अभिप्राय किसी वस्तु की निश्चित मात्रा के उत्पादन पर होने वाले कुल मौद्रिक (Monetary) एवं गैर-मौद्रिक (Non-Monetary) व्यय से होता है।

प्रो. मार्शल के अनुसार, ''उत्पादन लागत वह समस्त मौद्रिक लागत है, जो उद्यमी को अपने व्यवसाय में उत्पादन के विभिन्न साधनों को आकर्षित करने के लिए लगानी पड़ती है। इसमें कच्चे माल की कीमत, मजदूरी और वेतन, पूँजी पर ब्याज, लगान, प्रबन्ध सम्बन्धी सामान्य आय, करों का भुगतान तथा अन्य व्यापारिक कार्य आदि सम्मिलित होते हैं।''

उत्पादन लागत = लगान + कच्चे माल का मूल्य + मजदूरी + ब्याज + वेतन + मूल्य ह्रास + बीमा व्यय + सामान्य लाभ

लागत फलन

लागत फलन उत्पादन एवं उत्पादन की लागत के मध्य का सम्बन्ध दर्शाता है। *यह निम्न है*

जहाँ, $C = f(Q)$

C = लागत

Q = उत्पादन है।

यह फलन दर्शाता है कि लागत उत्पादन की मात्रा पर लागत फलन उत्पादन की मात्रा एवं उत्पादन के घटकों, भूमि, श्रम, पूँजी आदि की कीमतों से प्रभावित होता है।

लागत का वर्गीकरण

लागत को निम्न वर्गों में विभाजित किया जाता है–

मौद्रिक लागत

मौद्रिक लागत अथवा द्राव्यिक लागत से तात्पर्य उस धनराशि से है, जिसका उपयोग किसी वस्तु के उत्पादन हेतु उत्पत्ति के विभिन्न साधनों पर किया जाता है। आधुनिक अर्थशास्त्रियों द्वारा मौद्रिक लागत की अवधारणा को विस्तार प्रदान किया गया है। *इसमें तीन प्रकार की मदों को शामिल किया गया है, जो निम्नलिखित हैं*

1. **स्पष्ट लागतें** वे नकद भुगतान जो फर्म द्वारा बाहरी व्यक्तियों को उनकी सेवाओं तथा वस्तुओं के बदले में दी जाती हैं; जैसे
   (i) उत्पादन लागत *(ii) विक्रय लागत*
   (iii) अन्य लागत
2. **अस्पष्ट लागतें** वे लागतें जिनको उत्पादक स्वयं के द्वारा लगाए गए साधनों पर लगाता है; जैसे- एक उद्यमी अपनी पूँजी का ब्याज, भूमि व मकान का किराया, स्वयं का वेतन आदि।
3. **सामान्य लाभ** वह न्यूनतम लाभ जो किसी उद्यमी को उस विशेष उद्योग में बनाए रखता है।
   मौद्रिक लागत = स्पष्ट लागतें + अस्पष्ट लागतें + सामान्य लाभ

वास्तविक लागत

वास्तविक लागत उन सभी कष्टों, प्रयत्नों तथा त्यागों से है, जो किसी वस्तु के उत्पादन में करने पड़ते हैं; जैसे–वस्तु का उत्पादन करने के लिए मजदूरों को श्रम के रूप में त्याग करना पड़ता है, पूँजीपतियों को आवश्यक पूँजी प्रदान करने हेतु प्रतीक्षा या उपभोग स्थान के रूप में कष्ट उठाना पड़ता है।

अवसर लागत

अवसर लागत को वैकल्पिक लागत, विस्थापित लागत तथा हस्तान्तरण लागत के नामों से भी जाना जाता है। अवसर लागत में उत्पत्ति के साधन सीमित होते हैं और उसके वैकल्पिक प्रयोग होते हैं।

स्थिर लागत

स्थिर लागत से अभिप्राय उस लागत से है, जो अल्पकाल में उत्पादन में परिवर्तन होने पर परिवर्तित नहीं होती, बल्कि स्थिर रहती है। उत्पादन की मात्रा में वृद्धि तथा कमी होने पर भी ऐसी लागतें अपरिवर्तित रहती हैं।

परिवर्तनशील या प्रमुख लागत

परिवर्तनशील लागत से अभिप्राय उस लागत से है, जो उत्पादन की मात्रा में परिवर्तन होने के साथ-साथ परिवर्तित होती रहती है।

कुल लागत

किसी वस्तु की उत्पन्न की गई समस्त इकाइयों की मौद्रिक लागत का योग कुल लागत कहलाता है। कुल लागत में मुद्रा के रूप में किए गए सभी व्ययों को सम्मिलित किया जाता है।

कुल लागत (TC) = कुल स्थिर लागत (TFC) + कुल परिवर्तनशील लागत (TVC)

औसत लागत

औसत लागत से अभिप्राय उस लागत से है, जो किसी वस्तु के प्रति इकाई उत्पादन में प्रयुक्त होती है। सामान्यतया किसी वस्तु के उत्पादन की प्रति इकाई लागत **औसत लागत** कहलाती है।

$$\text{औसत लागत (AC)} = \frac{\text{कुल लागत (TC)}}{\text{उत्पादित इकाइयों की मात्रा } (Q)}$$

औसत स्थिर लागत

कुल स्थिर लागत को उत्पादन की मात्रा से भाग देने पर जो भागफल आता है, उसे औसत स्थिर लागत कहते हैं।

$$\text{औसत स्थिर लागत} = \frac{\text{कुल स्थिर लागत (TFC)}}{\text{कुल उत्पादित इकाइयाँ (P)}}$$

औसत परिवर्तनशील लागत

जब कुल परिवर्तनशील लागत में उत्पादित इकाइयों की मात्रा से भाग दिया जाता है, तो उससे औसत परिवर्तनशील लागत ज्ञात होती है।

$$\text{औसत परिवर्तनशील लागत} = \frac{\text{कुल परिवर्तनशील लागत (TVC)}}{\text{कुल उत्पादित इकाइयाँ (Q)}}$$

सीमान्त लागत

एक अतिरिक्त इकाई का उत्पादन करने से कुल लागत में जितनी वृद्धि होती है, उसे उस इकाई विशेष की सीमान्त लागत कहा जाता है। यदि हमें nवीं इकाई की सीमान्त लागत निकालनी है, तब हमें n इकाइयों की कुल लागत में से $(n-1)$वीं इकाई की कुल लागत घटानी पड़ेगी।

$$MC_n = TC_n - TC_{(n-1)} = TVC_n - TVC_{n-1}$$

यहाँ, MC_n = nवीं इकाइयों की सीमान्त लागत

TC_n = n इकाइयों की कुल लागत

TVC_n = n इकाइयों की कुल परिवर्तित लागत

TVC_{n-1} = n – 1 इकाइयों की कुल परिवर्तित लागत

TC_{n-1} = n – 1 इकाइयों की कुल लागत

औसत लागत तथा सीमान्त लागत में सम्बन्ध
(Relation between Marginal Cost and Average Cost)

औसत लागत व सीमान्त लागत के बीच के सम्बन्ध का विशेष महत्त्व है, जिसका अध्ययन दिए गए चित्र के आधार पर कर सकते हैं

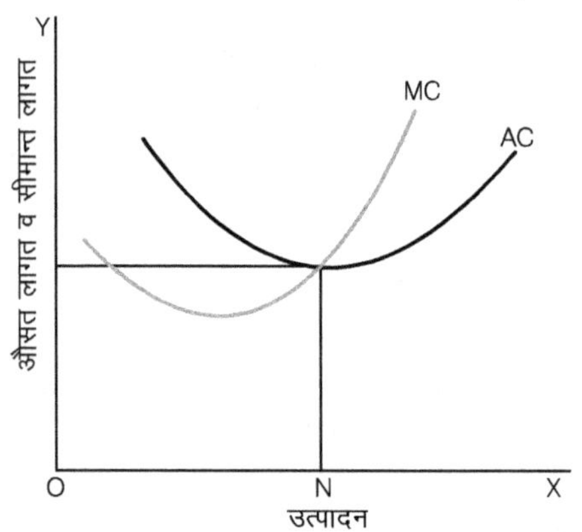

1. **औसत लागत के कम होने पर सीमान्त लागत भी कम होती है** इसको समझने के लिए रेखाचित्र की सहायता ली जा सकती है। प्रस्तुत रेखाचित्र के माध्यम से इसको आसानी से समझा जा सकता है कि किस प्रकार औसत लागत के कम होने पर सीमान्त लागत भी कम होती है।
2. **औसत लागत के बढ़ने पर सीमान्त लागत हमेशा औसत लागत से अधिक होती है** रेखाचित्र के द्वारा स्पष्ट होता है कि सीमान्त लागत में वृद्धि औसत लागत की अपेक्षा अधिक तेजी से होती है।
3. **सीमान्त लागत वक्र औसत लागत वक्र को उसके न्यूनतम बिन्दु पर नीचे से काटता है** जैसा कि रेखाचित्र से स्पष्ट है कि सीमान्त लागत वक्र, औसत लागत वक्र को नीचे से काटता हुआ ऊपर बढ़ता है।

   एक बात महत्त्वपूर्ण होती है कि सीमान्त लागत का न्यूनतम बिन्दु हमेशा औसत लागत के न्यूनतम बिन्दु से पहले आता है।

   औसत लागत स्थिर होने पर सीमान्त लागत और औसत लागत दोनों बराबर होती हैं।

आगम (Revenue)

आय से तात्पर्य उस धनराशि से होता है, जो कोई व्यक्ति विशेष अपने समस्त साधनों से प्राप्त करता है, परन्तु अर्थशास्त्र में आय से अभिप्राय उस धनराशि से है, जो किसी वस्तु को बेचकर प्राप्त की जाती है।

आगम का वर्गीकरण

आगम को निम्नलिखित वर्गों में विभाजित किया जाता है–

कुल आगम

जब कोई फर्म या उत्पादक अपने उत्पादन का विक्रय करता है, तो उससे प्राप्त होने वाली धनराशि कुल आय (Total Revenue, TR) कहलाती है।

कुल आय (TR) = वस्तु की बेची गई इकाइयों की संख्या (Q) × प्रत्येक इकाई का मूल्य (P)

औसत आगम

किसी फर्म की कुल आय को वस्तु की बेची गई इकाइयों की संख्या से भाग देने पर जो भागफल आता है, उसे औसत आय (Average Revenue, AR) कहते हैं।

$$\text{औसत आय } (AR) = \frac{\text{कुल आय } (TR)}{\text{कुल बेची गई मात्रा } (Q)}$$

सीमान्त आगम

जब कोई विक्रेता किसी वस्तु की एक अतिरिक्त इकाई बेचता है, तो उससे कुल आय में जो वृद्धि होती है, वह सीमान्त आय (Marginal Revenue, MR) कहलाता है।

$$\text{सीमान्त आय } (MR) = \frac{\text{कुल आय में अन्तर } (\Delta TR)}{\text{वस्तु की बेची गई इकाइयों में अन्तर } (\Delta Q)}$$

कुल आय, औसत आय एवं सीमान्त आय का सम्बन्ध
(Relationship Between Total, Average and Marginal Revenue)

कुल आय, औसत आय तथा सीमान्त आय का सम्बन्ध बाजार दशाओं से प्रभावित होता है। बाजार दशाओं को दो वर्गों में बाँटकर औसत आय और सीमान्त आय का सम्बन्ध *निम्न प्रकार से देखा जा सकता है*

1. पूर्ण प्रतियोगिता में कुल आय, औसत आय तथा सीमान्त आय
(Total Revenue, Average Revenue and Marginal Revenue Under Perfect Competition)

पूर्ण प्रतियोगिता की दशा में वस्तु की कीमत का निर्धारण उद्योग द्वारा किया जाता है, इसलिए जो भी कीमत निर्धारित होती है, उसे फर्म द्वारा स्वीकार किया जाता है।

इस बाजार में कोई फर्म या उत्पादक अपने द्वारा उत्पादित व विक्रय की गई वस्तुओं में कमी या वृद्धि तो कर सकता है, लेकिन कीमत को परिवर्तित नहीं कर सकता है। ऐसी दशा में प्रचलित कीमत स्थिर होने के कारण औसत आय तथा सीमान्त आय बराबर होती है तथा कुल आय एक निश्चित दर पर बढ़ती है।

निम्न तालिका व रेखाचित्र द्वारा पूर्ण प्रतियोगिता के अन्तर्गत कुल आय, औसत आय और सीमान्त आय के प्रदर्शन को स्पष्ट किया जा सकता है

बेची गई इकाइयाँ (Q)	कुल आय (TR) (₹ में)	औसत आय (AR) (₹ में)	सीमान्त आय (MR) (₹ में)
1	200	200	200
2	400	200	200
3	600	200	200
4	800	200	200
5	1000	200	200

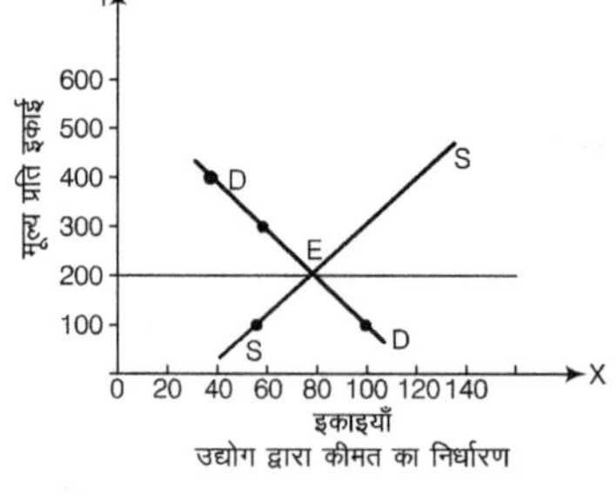

उद्योग द्वारा कीमत का निर्धारण

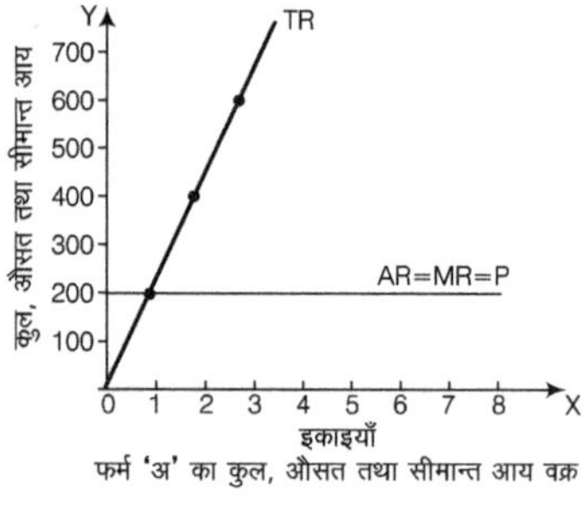

फर्म 'अ' का कुल, औसत तथा सीमान्त आय वक्र

व्याख्या उपरोक्त चित्रों में प्रथम चित्र सम्पूर्ण उद्योग का माँग तथा पूर्ति वक्र दर्शा रहा है। उपरोक्त चित्र में माँग तथा पूर्ति वक्रों का सन्तुलन बिन्दु *E* है। इस बिन्दु पर प्रति इकाई मूल्य ₹ 200 है।

इस उद्योग में कार्यरत सभी फर्में अपने द्वारा उत्पादित वस्तुओं को ₹ 200 प्रति इकाई पर विक्रय करेगी। इस दशा में फर्म 'अ' का औसत आगम वक्र तथा सीमान्त आगम वक्र एक ही होगा, जो *OX* अक्ष के समानान्तर होगा तथा कुल आय वक्र उत्पत्ति बिन्दु से शुरू होकर एक ऊपर उठती सीधी रेखा होगी। छात्रों को यह भी ध्यान रखना चाहिए कि प्रथम इकाई के विक्रय पर कुल, औसत तथा सीमान्त आय बराबर होती हैं।

नोट *एक फर्म का औसत आय वक्र उस फर्म के माँग वक्र को भी दर्शाता है।*

2. अपूर्ण प्रतियोगिता में कुल आय, औसत आय तथा सीमान्त आय

(Total Revenue, Average Revenue and Marginal Revenue Under Imperfect Competition)

अपूर्ण प्रतियोगिता वाले बाजार में सभी फर्म एवं उत्पादकों की वस्तुओं में समानता नहीं होती है, जिससे वस्तु विभेद की स्थिति पाई जाती है। निकट स्थानापन्न वस्तुओं के बीच होने वाली अपूर्ण प्रतियोगिता के कारण उत्पादक अपनी वस्तु की अधिक इकाइयाँ बेचने के लिए इकाइयों का मूल्य घटाता चला जाता है, जिसके कारण औसत आय तथा सीमान्त आय में कमी आती है। कुल आय शुरू में बढ़ती है तथा एक सीमा के बाद घटनी शुरू हो जाती है।

बिक्री की इकाइयाँ (*Q*)	कीमत (*P*)	कुल आय (*TR*) (₹ में)	औसत आय (*AR*) (₹ में)	सीमान्त आय (*MR*) (₹ में)
1	200	200	200	200
2	180	360	180	160
3	160	480	160	120
4	140	560	140	80
5	120	600	120	40
6	100	600	100	00
7	80	560	80	–40
8	60	480	60	–80

चित्र में *OX* अक्ष पर वस्तु की बेची गई इकाइयों को तथा *OY* अक्ष पर फर्म की कुल आय, औसत आय व सीमान्त आय को दर्शाया गया है। वस्तु की 5 इकाइयों की ब्रिकी तथा *TR* बढ़ता है, किन्तु 6 इकाई के *MR* के शून्य होने के कारण *TR* ₹ 600 पर स्थिर हो जाता है। उसके बाद *MR* के ऋणात्मक होने पर *TR* घटने लगता है। औसत आय तथा सीमान्त आय दोनों रेखाओं का रुझान प्रारम्भ से ही गिरने की ओर है,

किन्तु औसत आय की तुलना में सीमान्त आय में तीव्रता से कमी आती है। इसके अतिरिक्त औसत आय तो धनात्मक ही रहती है, किन्तु सीमान्त आय प्रारम्भ में धनात्मक, फिर शून्य और बाद में ऋणात्मक हो जाती है।

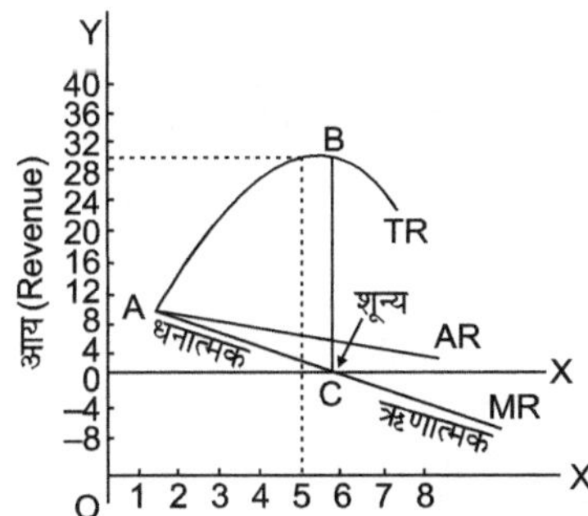

संक्षेप में, अपूर्ण प्रतियोगिता में कुल आय, औसत आय तथा सीमान्त आय के मध्य निम्न सम्बन्ध दृष्टिगोचर होता है

(*i*) औसत आय तथा सीमान्त आय में अतिरिक्त इकाइयाँ बेचने से कमी आती है।
(*ii*) सीमान्त आय औसत आय से कम होती है।
(*iii*) सीमान्त आय शून्य तथा ऋणात्मक हो सकती है, परन्तु औसत आय हमेशा धनात्मक होती है।
(*iv*) जब सीमान्त आय शून्य होती है, तो कुल आय सर्वाधिक होती है।
(*v*) कुल आय शुरू में बढ़ती है, एक निश्चित मात्रा पर स्थिर हो जाती है, तत्पश्चात् गिरने लगती है।
(*vi*) जब सीमान्त आय ऋणात्मक होती है, तो कुल आय में कमी आने लगती है।
(*vii*) सैद्धान्तिक रूप से सीमान्त आय ऋणात्मक होनी सम्भव है, किन्तु व्यावहारिकता में यह असम्भव है।

नोट *पूर्ण प्रतियोगिता बाजार एक काल्पनिक अवधारणा है। अतः अपूर्ण प्रतियोगिता में कुल आय, औसत आय तथा सीमान्त आय के मध्य सम्बन्ध को सामान्य सम्बन्ध माना जाता है।*

उत्पादक का सन्तुलन (Producer's Equilibrium)

एक उत्पादक उत्पादन के घटकों का प्रयोग कर वस्तुओं एवं सेवाओं का निर्माण करता है। उत्पादक उत्पादन के उस स्तर पर सन्तुलन में रहता है, जबकि उसका लाभ अधिकतम होता है। उत्पादन के इस स्तर को परिवर्तित करने की उत्पादक की कोई प्रवृत्ति नहीं होती है। यदि वह उत्पादन के इस स्तर को परिवर्तित करेगा, तो वह पहले से कम लाभ अर्जित करेगा अर्थात् उत्पादन का स्तर बढ़ाने एवं घटाने, दोनों परिस्थितियों में, उसका लाभ कम ही होगा।

साधारणतया लाभ से आशय कुल प्राप्तियाँ (Total Revenue) एवं कुल लागत (Total Cost) के मध्य के अन्तर से है। सूत्रानुसार,

लाभ (π) = कुल प्राप्तियाँ (TR) – कुल लागत (TC)

जब यह अन्तर अधिकतम होता है, तो उत्पादन का वह स्तर उत्पादक के सन्तुलन को प्रदर्शित करता है।

सीमान्त आय एवं सीमान्त लागत के आधार पर उत्पादक का सन्तुलन

(Conditions for Producer's Equilibrium on the basis of Marginal Revenue and Marginal Cost)

सीमान्त आय एवं सीमान्त लागत के आधार पर उत्पादक निम्न दो शर्तों के पूर्ण होने पर सन्तुलन प्राप्त करता है

1. सीमान्त आय (*MR*) = सीमान्त लागत (*MC*)
2. सीमान्त आय वक्र का ढलाव सीमान्त लागत वक्र के ढलाव से कम होना चाहिए। अन्य शब्दों में, यह उस बिन्दु पर होना चाहिए, जहाँ पर सीमान्त लागत वक्र सीमान्त आय वक्र को नीचे से काटे।
   यहाँ पर यह भी ध्यान में रखना चाहिए कि सन्तुलन बिन्दु के पश्चात् सीमान्त लागत में वृद्धि होनी चाहिए।

पूर्ण प्रतियोगिता में उत्पादक के सन्तुलन को निम्न सारणी एवं चित्र द्वारा समझा जा सकता है

उत्पादन की इकाइयाँ	सीमान्त आय (*MR*) ₹	सीमान्त लागत (*MC*) ₹
1	8	10
2	8	8
3	8	7
4	8	8
5	8	9

उपरोक्त सारणी में सीमान्त आय एवं सीमान्त लागत उत्पादन की 2 एवं 4 इकाइयों पर बराबर हैं, परन्तु उत्पादक का सन्तुलन 4 इकाइयों पर होगा, क्योंकि उत्पादन के इस स्तर के पश्चात् सीमान्त लागत में वृद्धि हो रही है। अतः यदि उत्पादक 4 से ज्यादा इकाइयों का उत्पादन करता है तो सीमान्त लागत सीमान्त आय से अधिक हो जाएगी एवं उत्पादक को असामान्य हानि वहन करनी होगी। वहीं वह 2 इकाइयों पर इसलिए सन्तुलन पर नहीं होगा, क्योंकि उत्पादन बढ़ने पर सीमान्त लागत कम हो रही है। अतः यदि उत्पादन बढ़ाया जाएगा तो लाभ में वृद्धि होगी।

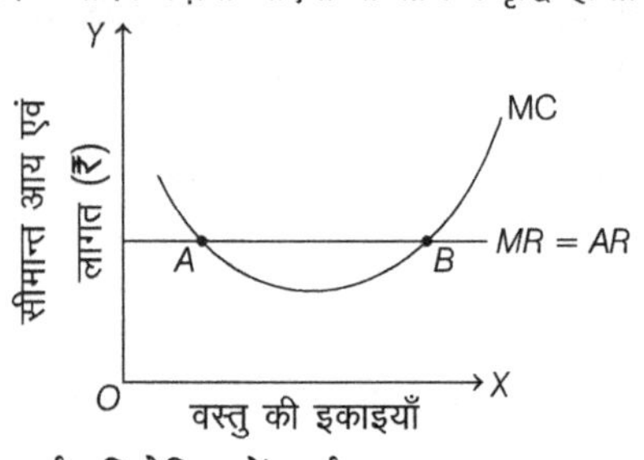

पूर्ण प्रतियोगिता में फर्म का साम्य

चित्र में MC वक्र A और B दो बिन्दु पर कटाव करता है। बिन्दु A और B पर $MR = AR$ है। दोनों बिन्दुओं पर फर्म को कोई लाभ प्राप्त नहीं होगा, परन्तु दोनों कटाव बिन्दुओं के नीचे फर्म को लाभ प्राप्त होगा।

उत्पादक के सन्तुलन की मान्यताएँ
(Assumptions of Producer's Equilibrium)

एक उपभोक्ता का सन्तुलन निम्न मान्यताओं पर आधारित होता है

1. उत्पादक विवेकशील (Rational) है अर्थात् वह लाभ को अधिकतम करना चाहता है।
2. उत्पादक अपनी नीतियों में परिवर्तन नहीं करता है।
3. उत्पादक उत्पादन हेतु दो घटकों का प्रयोग करता है, मशीनें एवं श्रम।

अभ्यास प्रश्न

1. उत्पत्ति वृद्धि (वर्द्धमान प्रतिफल) नियम में
(a) सीमान्त उत्पाद में वृद्धि होती है
(b) औसत उत्पाद ऋणात्मक होता है
(c) कुल उत्पाद नहीं बढ़ता है
(d) उपरोक्त में से कोई नहीं

2. उत्पत्ति वृद्धि नियम की क्रियाशीलता की दशा में औसत लागत की प्रवृत्ति होती है
(a) घटने की (b) बढ़ने की
(c) स्थिर रहने की (d) इनमें से कोई नहीं

3. उत्पादन के साधनों के संयोग में एक साधन का अनुपात ज्यों-ज्यों बढ़ाया जाता है, त्यों-त्यों एक बिन्दु के बाद उस साधन का सीमान्त उत्पादन
(a) बढ़ेगा (b) घटेगा
(c) स्थिर रहेगा (d) अधिकतम हो जाएगा

4. उत्पादन फलन क्या है?
(a) उत्पादन प्रक्रिया
(b) आगतों तथा निर्गत के बीच एक तकनीकी सम्बन्ध
(c) किसी फर्म का उत्पादन ढाँचा
(d) उत्पादन की योजना

5. ह्रासमान प्रतिफल नियम के अन्तर्गत सीमान्त उत्पादन होता है
(a) शून्य (b) ऋणात्मक
(c) घटता हुआ (d) बढ़ता हुआ

6. अल्पकाल में उत्पादन के कितने साधन स्थिर होते हैं?
(a) कोई भी नहीं (b) सभी
(c) कम से कम एक (d) अनिश्चित

7. क्रमागत उत्पत्ति ह्रास नियम की वक्र रेखा रेखाचित्र में
(a) आधार रेखा के समान्तर रहती है
(b) आधार रेखा पर लम्ब बनाती है
(c) ऊपर की ओर बढ़ती है
(d) आधार रेखा पर झुकती जाती है

8. ह्रासमान प्रतिफल नियम के अन्तर्गत सीमान्त उत्पादन
अथवा उत्पत्ति ह्रास नियम के क्रियाशील होने पर परिवर्तनशील साधन का सीमान्त उत्पादन
(a) बढ़ने लगता है
(b) घटने लगता है
(c) स्थिर हो जाता है
(d) पहले घटता है, फिर बढ़ने लगता है

9. उत्पत्ति ह्रास नियम लागू होता है
(a) केवल कृषि में (b) केवल उद्योगों में
(c) उत्पादन के सभी क्षेत्रों में (d) केवल उपभोग में

10. यदि कृषि कला में उन्नति न की जाए तो नियम लागू होता है
(a) उत्पत्ति समता नियम (b) उत्पत्ति वृद्धि नियम
(c) उत्पत्ति ह्रास नियम (d) इनमें से कोई नहीं

11. निम्न समीकरणों में से कौन-सा समीकरण गलत है
(a) $AP = TP \times L$ (b) $MP = TP_N \times TP_N - 1$
(c) $AP = QTP \div L$ (d) $TP = AP \times L$

12. जब सीमान्त उत्पाद औसत उत्पाद को अपने उच्चतम बिन्दु पर काटता है, तब
(a) $MP < AP$ (b) $MP = AP$
(c) $MP > AP$ (d) इनमें से कोई नहीं

13. आगत प्राप्त करने के लिए एक फर्म द्वारा किया जाने वाला व्यय कहलाता है
(a) लाभ (b) लागत
(c) आगम (d) उत्पादन

14. निम्नलिखित में से किसको द्राव्यिक लागत भी कहा जाता है?
(a) मौद्रिक लागत को
(b) अवसर लागत को
(c) सीमान्त लागत को
(d) कुल लागत को

15. अल्पकाल में निर्गत (उत्पादन) में इकाई वृद्धि होने पर परिवर्तनशील लागत में होने वाली वृद्धि को ……… कहते हैं।
(a) औसत परिवर्तनशील लागत (b) म्औसत स्थिर लागत
(c) औसत लागत (d) सीमान्त लागत

16. निम्नलिखित में से असंगत को छाँटिए
(a) अवसर लागत (b) वैकल्पिक लागत
(c) हस्तान्तरण आय (d) वास्तविक लागत

17. कुल लागत = कुल स्थिर लागत + ………?
(a) कुल अवसर लागत (b) कुल वास्तविक लागत
(c) कुल मौद्रिक लागत (d) कुल परिवर्तनीय लागत

18. निम्नलिखित में से किसे उत्पादन की स्थिर लागत में सम्मिलित किया जाता है?
(a) कच्चे माल की कीमत (b) अस्थायी श्रमिकों की मजदूरी
(c) फैक्ट्री भवन का किराया (d) यातायात व्यय

19. निम्नलिखित में से स्थिर लागत कौन-सी है?
(a) कच्चे माल पर व्यय (b) यातायात व्यय
(c) मशीनों पर व्यय (d) श्रमिकों की मजदूरी

20. फर्म में उत्पादन प्रक्रिया स्थगित रहने पर किस प्रकार की लागत का भुगतान करना होता है?
(a) स्थिर लागत (b) परिवर्तनशील लागत
(c) 'a' और 'b' दोनों (d) इनमें से कोई नहीं

21. कच्चे माल की कीमत है
(a) स्पष्ट लागत (b) अस्पष्ट लागत
(c) सामान्य लागत (d) इनमें से कोई नहीं

22. कुल उत्पादन बढ़ने पर उत्पादन की परिवर्तनशील लागत
(a) घटती है (b) बढ़ती है
(c) पहले बढ़ती, फिर घटती है (d) अपरिवर्तित रहती है

23. जब औसत लागत न्यूनतम होती है, तब
(a) औसत लागत < सीमान्त लागत
(b) औसत लागत = सीमान्त लागत
(c) औसत लागत > सीमान्त लागत
(d) उपरोक्त में से कोई नहीं

24. जब सीमान्त लागत घटती है, तो औसत लागत
(a) स्थिर रहती है (b) तेजी से गिरती है
(c) तेजी से बढ़ती है (d) इनमें से कोई नहीं

25. एक फर्म उस समय सन्तुलन में होती है, जब उसकी सीमान्त लागत
(a) सीमान्त आगम से अधिक होती है
(b) सीमान्त आगम से कम होती है
(c) सीमान्त आगम के बराबर होती है
(d) उपरोक्त में से कोई नहीं

26. औसत लागत वक्र की सीमान्त लागत वक्र सदैव उसके ……… पर काटता है।
(a) न्यूनतम बिन्दु (b) अधिकतम बिन्दु
(c) ऊपरी भाग (d) निचले भाग

27. आय से तात्पर्य है
(a) वस्तु की बिक्री से प्राप्त होने वाली आय
(b) साधनों की बिक्री से प्राप्त होने वाली आय
(c) सीमान्त आगम
(d) औसत आगम

28. कुल आय का क्या सूत्र है?
(a) वस्तु की बेची गई मात्रा × कीमत
(b) वस्तु की बेची गई मात्रा ÷ कीमत
(c) वस्तु की बेची गई मात्रा + कीमत
(d) वस्तु की बेची गई मात्रा − कीमत

29. किस बाजार में औसत आय एवं सीमान्त आय सदैव बराबर होती हैं?
(a) एकाधिकारिक बाजार (b) पूर्ण प्रतियोगी बाजार
(c) अपूर्ण प्रतियोगी बाजार (d) इनमें से कोई नहीं

30. पूर्ण प्रतियोगिता के अन्तर्गत किसी फर्म की कीमत होती है
(a) कम परिवर्तनशील (b) अधिक परिवर्तनशील
(c) पूर्णतः परिवर्तनशील (d) पूर्णतः अपरिवर्तनशील

31. पूर्ण प्रतिस्पर्द्धी बाजार के लिए निम्नलिखित में से कौन-सी दशा सही है?
(a) औसत आय = सीमान्त आय (b) औसत आय > सीमान्त आय
(c) औसत आय < सीमान्त आय (d) इनमें से कोई नहीं

32. $AR = MR$ निम्नलिखित में से किस बाजार की एक आवश्यक दशा है?
(a) एकाधिकार (b) पूर्ण प्रतियोगिता
(c) अपूर्ण प्रतियोगिता (d) विवेचनात्मक एकाधिकार

33. अपूर्ण प्रतियोगिता में फर्म की औसत आय रेखा होती है
(a) गिरती हुई रेखा (b) उठती हुई रेखा
(c) क्षैतिज रेखा (d) ऊर्ध्व रेखा

34. अपूर्ण प्रतियोगिता में औसत आय वक्र होता है
(a) बाएँ से दाएँ गिरता हुआ (b) बाएँ से दाएँ उठता हुआ
(c) X-अक्ष के समानान्तर (d) Y-अक्ष के समानान्तर

35. अपूर्ण प्रतियोगिता में किसी वस्तु की कीमत का निर्धारण होता है
(a) उद्योग द्वारा (b) क्रेता द्वारा
(c) फर्म द्वारा (d) ये सभी

36. कुल प्राप्तियों एवं कुल लागत के बीच अधिकतम अन्तर तब होता है, जब
(a) $MC = AC$ (b) $MC = AC$
(c) $MR = MC$ (d) $AR = MR$

37. यदि कुल प्राप्तियाँ कुल लागत से अधिक हों तो यह ……… की स्थिति है।
(a) सामान्य लाभ (b) असामान्य लाभ
(c) असामान्य हानि (d) सम-विच्छेद

38. एक उत्पादक पूर्ण प्रतियोगिता में सन्तुलन प्राप्त करता है, जब
(a) $AR = MR$ (b) $AC = MC$
(c) $MR = MC$ (d) $AR = AC$

39. सन्तुलन की स्थिति में एक उत्पादक को
(a) सामान्य लाभ हो सकता है (b) असामान्य हानि हो सकती है
(c) असामान्य लाभ हो सकता है (d) ये सभी

40. उत्पादक सन्तुलन बिन्दु पर $MR = MC$ एवं
(a) MC वक्र MR वक्र को नीचे से काटता है
(b) MC वक्र MR वक्र को ऊपर से काटता है
(c) MR वक्र MC वक्र को नीचे से काटता है
(d) MR वक्र MC वक्र को ऊपर से काटता है

41. सामान्य लाभ तब प्राप्त होते हैं, जब

(a) $TR > TC$ (b) $AR = AC$
(c) $AR < AC$ (d) $AR > AC$

42. असामान्य हानि तब प्राप्त होती है, जब

(a) $TR < TC$ (b) $AR > AC$
(c) $TR > TC$ (d) $AR = AC$

43. सम-विच्छेद बिन्दु पर

(a) $TR = TC$ (b) $AR = AC$
(c) 'a' और 'b' दोनों (d) इनमें से कोई नहीं

44. AR < AVC क्या दर्शाता है?

(a) उत्पादन बन्द बिन्दु (b) सम-विच्छेद बिन्दु
(c) उत्पादन जारी बिन्दु (d) इनमें से कोई नहीं

45. जब फर्में केवल परिवर्तनशील लागत ही निकाल पाती हैं, तो ऐसा होता है

(a) सन्तुलन बन्द बिन्दु
(b) उत्पादन बन्द करने वाले बिन्दु पर
(c) सम-विच्छेद बिन्दु
(d) उपरोक्त में से कोई नहीं

उत्तरमाला

1.	(a)	**2.**	(a)	**3.**	(b)	**4.**	(b)	**5.**	(c)	**6.**	(c)	**7.**	(d)	**8.**	(b)	**9.**	(c)	**10.**	(c)
11.	(a)	**12.**	(b)	**13.**	(b)	**14.**	(a)	**15.**	(a)	**16.**	(c)	**17.**	(d)	**18.**	(c)	**19.**	(c)	**20.**	(a)
21.	(a)	**22.**	(b)	**23.**	(b)	**24.**	(b)	**25.**	(c)	**26.**	(a)	**27.**	(a)	**28.**	(a)	**29.**	(b)	**30.**	(d)
31.	(a)	**32.**	(b)	**33.**	(a)	**34.**	(a)	**35.**	(c)	**36.**	(c)	**37.**	(b)	**38.**	(c)	**39.**	(c)	**40.**	(a)
41.	(b)	**42.**	(a)	**43.**	(c)	**44.**	(a)	**45.**	(b)										

अध्याय 5

पूर्ति का सिद्धान्त व लोच

पूर्ति से आशय (Meaning of Supply)

पूर्ति से आशय एक वस्तु की उन इकाइयों से है, जो एक विक्रेता एक समयावधि में विभिन्न कीमतों पर बेचने को तैयार है।

अन्य शब्दों में, यह कहा जा सकता है कि पूर्ति एक वस्तु की वह मात्रा है जोकि एक विक्रेता विभिन्न कीमतों पर बेचने को तत्पर है।

यहाँ पर यह ध्यान में रखना चाहिए कि पूर्ति एक वांछनीय मात्रा (Desired Quantity) है अर्थात् यह वह मात्रा है जोकि विक्रेता बेचने को तैयार है, न कि वह मात्रा जोकि वह वास्तविक में बेचता है।

पूर्ति अनुसूची (Supply Schedule)

पूर्ति अनुसूची वह तालिका है, जो यह प्रदर्शित करती है कि विक्रेता विभिन्न कीमतों पर वस्तु की कितनी मात्रा बेचने को तैयार है। यह कीमत तथा पूर्ति की गई मात्रा के मध्य धनात्मक (positive) सम्बन्ध को दर्शाती है।

पूर्ति अनुसूची निम्न दो प्रकार की हो सकती है

1. **व्यक्तिगत पूर्ति अनुसूची** (Individual Supply Schedule) व्यक्तिगत पूर्ति अनुसूची वह तालिका है जो यह प्रदर्शित करती है कि एक व्यक्तिगत विक्रेता विभिन्न कीमतों पर वस्तु की कितनी मात्रा बेचने को तैयार है। *इसका उदाहरण निम्न है*

व्यक्तिगत पूर्ति अनुसूची

कीमत (₹)	पूर्ति की गई मात्रा (इकाइयों में)
10	100
20	200
30	300
40	400
50	500

नोट *उपरोक्त सारणी से यह स्पष्ट है कि कीमत बढ़ने पर पूर्ति की गई मात्रा में भी वृद्धि हो रही है।*

2. **बाजार पूर्ति अनुसूची** (Market Supply Schedule) बाजार पूर्ति अनुसूची वह तालिका है जो यह प्रदर्शित करती है कि विभिन्न विक्रेता विभिन्न कीमतों पर वस्तु की कितनी मात्रा बेचने को तैयार है।
इसका उदाहरण निम्न है–

बाजार पूर्ति अनुसूची

कीमत	फर्म 'A' द्वारा पूर्ति की गई मात्रा	फर्म 'B' द्वारा पूर्ति की गई मात्रा	बाजार पूर्ति ($A + B$)
10	100	125	225
20	200	250	450
30	300	375	675
40	400	425	825
50	500	650	1150

नोट *यह माना गया है कि बाजार में मात्र दो ही फर्में हैं।*

- *बाजार पूर्ति अनुसूची सभी फर्मों द्वारा पूर्ति की गई मात्रा का योग है।*

पूर्ति वक्र (Supply Curve)

पूर्ति वक्र पूर्ति अनुसूची अथवा सारणी का चित्रमय प्रदर्शन (Diagrammatic Presentation) है। पूर्ति वक्र भी वस्तु की कीमत एवं पूर्ति की गई मात्रा के मध्य धनात्मक सम्बन्ध को दर्शाता है। पूर्ति वक्र की ढलान धनात्मक (Positive Stoke) होती है।

पूर्ति वक्र भी निम्न दो प्रकार का होता है

1. **व्यक्तिगत पूर्ति वक्र** (Individual Supply Curve) एक व्यक्तिगत फर्म की पूर्ति अनुसूची के चित्रमय प्रदर्शन को व्यक्तिगत पूर्ति वक्र कहा जाता है। यह बाईं से दाईं ऊपर की ओर जाती हुई एक रेखा है।
इसे निम्न चित्र द्वारा प्रदर्शित किया जा रहा है

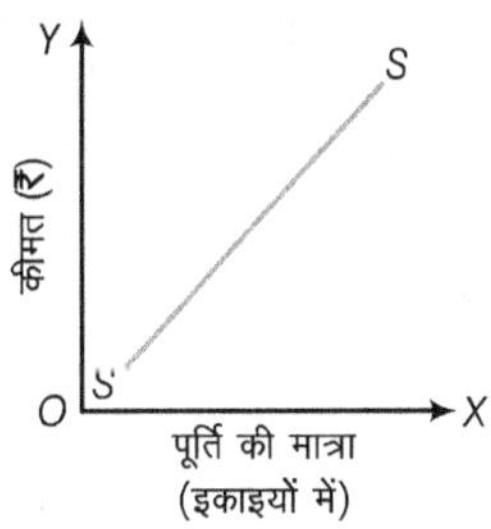

नोट *पूर्ति वक्र की धनात्मक ढलान कीमत एवं पूर्ति की गई मात्रा के मध्य प्रत्यक्ष सम्बन्ध को दर्शाता है।*

2. **बाजार पूर्ति वक्र** (Market Supply Curve) बाजार में उपस्थित सभी फर्मों की पूर्ति अनुसूची के चित्रमय प्रदर्शन को बाजार पूर्ति वक्र कहा जाता है। यह व्यक्तिगत पूर्ति

वक्रों का समस्तरीय जोड़ (Horizontal Summation) है। यह भी बाईं से दाईं ऊपर की ओर जाती हुई एक रेखा है। *इसे निम्न चित्र द्वारा प्रदर्शित किया जा रहा है*

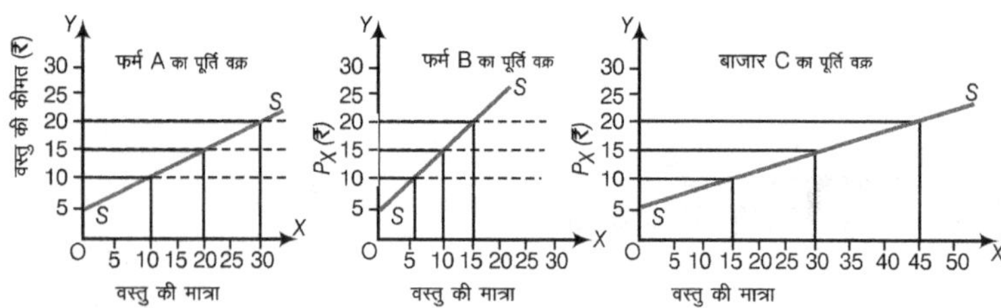

उपरोक्त चित्र *A* और *B* व्यक्तिगत पूर्ति वक्रों तथा *C* बाजार पूर्ति वक्र को दर्शा रहा है, जब कीमत ₹10 है तो बाजार पूर्ति 15 इकाइयाँ हैं और जब कीमत ₹15 है तो बाजार पूर्ति 30 इकाइयाँ है, जब कीमत बढ़कर ₹20 हो जाती है तो बाजार पूर्ति 45 इकाइयाँ हैं। बाजार पूर्ति वक्र बाजार में किसी एक वस्तु का उत्पादन करने वाली सभी फर्मों के पूर्ति वक्रों का समस्त योग है।

पूर्ति फलन/पूर्ति के निर्धारक घटक
(Supply Function/Determinants of Supply)

किसी वस्तु की पूर्ति तथा इसके निर्धारक घटकों के बीच के फलनात्मक सम्बन्ध (Functional Relationship) को पूर्ति फलन कहा जाता है। यह फलन यह प्रदर्शित करता है कि एक वस्तु की पूर्ति की मात्रा किन घटकों से प्रभावित होती है।

इसे निम्न समीकरण के द्वारा दर्शाया जा रहा है

$$S_X = f\,[P_X, P_R, G, P_F, T, N_F, E_X, Y_P]$$

यहाँ पर, S_X = वस्तु X की पूर्ति की मात्रा
P_X = वस्तु X की कीमत
P_R = सम्बन्धित वस्तुओं की कीमत
G = फर्म का उद्देश्य
P_F = उत्पादन के घटकों की कीमत
T = तकनीक का स्तर
N_F = उद्योग में फर्मों की संख्या
E_X = व्यावहारिक आशंसाएँ
Y_P = सरकार की नीति

पूर्ति का नियम (Law of Supply)

पूर्ति के नियम के अनुसार, अन्य घटकों के स्थिर रहने पर, कीमत बढ़ने पर पूर्ति की गई इकाइयों की मात्रा में वृद्धि होती है एवं कीमत कम होने पर पूर्ति की गई इकाइयों की मात्रा कम होती है। पूर्ति का नियम वस्तु की कीमत एवं पूर्ति की गई मात्रा के मध्य प्रत्यक्ष सम्बन्ध को दर्शाता है। इस नियम के अनुसार कीमत का पूर्ति की गई मात्रा से सीधा सम्बन्ध है। *इस नियम को निम्न अनुसूची तथा चित्र से दर्शाया जा रहा है*

कीमत (₹)	**पूर्ति की गई मात्रा** (इकाइयों में)
10	100
15	200
20	300

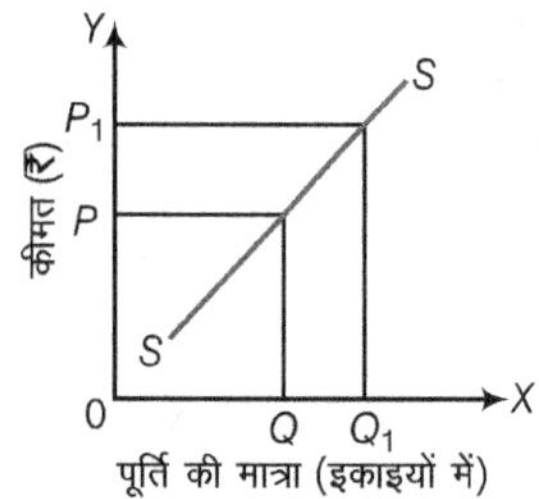

उपरोक्त वक्र बाईं से दाईं ऊपर की ओर उठ रहा है। यह वस्तु की मात्रा एवं कीमत के मध्य धनात्मक सम्बन्ध को दर्शा रहा है। इस वक्र से यह स्पष्ट हो रहा है कि कीमत बढ़ने पर पूर्ति की मात्रा में भी वृद्धि हो रही है।

पूर्ति के नियम की मान्यताएँ
(Assumptions of Law of Supply)

पूर्ति का नियम निम्न मान्यताओं पर आधारित है

1. सम्बन्धित वस्तुओं की कीमत में कोई परिवर्तन नहीं।
2. फर्म के उद्देश्य में कोई परिवर्तन नहीं।
3. उत्पादन के घटकों की कीमत में कोई परिवर्तन नहीं।
4. उत्पादन की तकनीक में कोई परिवर्तन नहीं।
5. व्यावसायिक आशंसाएँ अपरिवर्तित रहेंगी।
6. सरकारी नीति भी अपरिवर्तित रहेगी।

पूर्ति के नियम के अपवाद
(Exceptions of the Law of Supply)

कुछ वस्तुएँ पूर्ति के नियम का पालन नहीं करतीं अर्थात् इस वस्तुओं की कीमत बढ़ने पर पूर्ति की मात्रा नहीं बढ़ती एवं कम होने पर पूर्ति की मात्रा कम नहीं होती। *यह वस्तुएँ निम्न हैं*

1. **कृषि उत्पाद** (Agricultural Goods) कृषि उत्पादों पर पूर्ति का नियम लागू नहीं होता, क्योंकि कृषि उत्पादों का उत्पादन प्राकृतिक घटकों से प्रभावित होता है।
2. **नाशवान वस्तुएँ** (Perishable Goods) नाशवान वस्तुएँ जैसे कि फल, सब्जियाँ, दूध आदि को ज्यादा समय तक नहीं रखा जा सकता। अतः विक्रेता इन्हें कम कीमतों पर भी बेचने को तैयार रहते हैं, क्योंकि उन्हें लगता है कि वस्तुएँ खराब हो जाएगीं।
3. **एण्टीक वस्तुएँ** (Antique Goods) एण्टीक वस्तुओं की कीमतें बहुत अधिक होती हैं, परन्तु इनकी पूर्ति में वृद्धि नहीं होती, क्योंकि ऐसी वस्तुएँ सीमित होती हैं।

पूर्ति वक्र में संचलन/पूर्ति की गई मात्रा में बदलाव
(Movement Along the Supply Curve/Change in Quantity Supplied)

पूर्ति वक्र में संचलन वस्तु की कीमतों में परिवर्तन के फलस्वरूप होता है, जबकि अन्य घटकों में कोई परिवर्तन न हो। इसे पूर्ति की गई मात्रा में बदलाव भी कहा जाता है। अतः जब एक वस्तु की पूर्ति की गई मात्रा में कीमतों में परिवर्तन के कारण बदलाव होता है तो यह पूर्ति वक्र में संचलन कहलाता है।

यह निम्न दो प्रकार का हो सकता है

1. **पूर्ति का विस्तार** (Extention/Expansion of Supply) जब वस्तु की कीमतें बढ़ने पर पूर्ति की गई मात्रा में भी वृद्धि होती है तो यह पूर्ति के विस्तार को दर्शाता है। इसमें हम पूर्ति वक्र में दाईं ओर (rightward) संचलन करते हैं।
इसे निम्न सारणी एवं चित्र द्वारा प्रदर्शित किया जा रहा है

कीमत (₹)	**पूर्ति की गई मात्रा** (इकाइयों में)
10	100
20	200
30	300

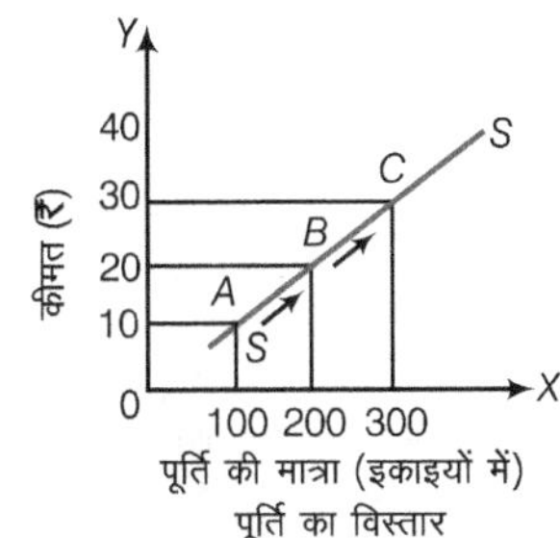

पूर्ति का विस्तार

पूर्ति के विस्तार को बिन्दु 'A' से बिन्दु 'B' तक के संचलन एवं बिन्दु 'B' से बिन्दु 'C' तक के संचलन से दर्शाया गया है। कीमत में वृद्धि होने पर पूर्ति की मात्रा में भी वृद्धि हो रही है। अतः जब कीमत ₹ 10 से ₹ 20 हुई तो वस्तु की पूर्ति की मात्रा भी 100 इकाइयों से बढ़कर 200 इकाइयाँ हो गईं।

2. **पूर्ति का संकुचन** (Contraction of Supply) जब वस्तु की कीमतें कम होने पर पूर्ति की गई मात्रा में भी कमी होती है तो यह पूर्ति के संकुचन को दर्शाता है। इसमें हम पूर्ति वक्र में बाईं (leftward) ओर संचलन करते हैं।

इसे निम्न सारणी एवं चित्र द्वारा प्रदर्शित किया जा रहा है

कीमत (₹)	**पूर्ति की गई मात्रा** (इकाइयों में)
30	300
20	200
10	100

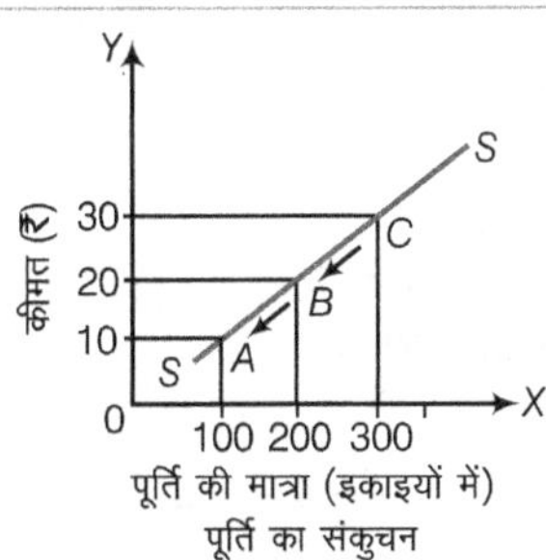

पूर्ति का संकुचन

पूर्ति के संकुचन को बिन्दु 'C' से बिन्दु 'B' तक के संचलन एवं बिन्दु 'B' से बिन्दु 'A' तक के संचलन से दर्शाया जा रहा है। कीमत में कमी होने पर पूर्ति की मात्रा में भी कमी हो रही है। अतः कीमत ₹ 30 से ₹ 20 हुई तो वस्तु की पूर्ति की मात्रा भी 300 इकाइयों से कम होकर 200 इकाइयाँ हो गईं।

पूर्ति वक्र में खिसकाव/पूर्ति में बदलाव
(Shift in Supply Curve/Change in Supply)

पूर्ति वक्र में खिसकाव को पूर्ति में बदलाव भी कहा जाता है एवं इसमें एक नया पूर्ति वक्र अस्तित्व में आता है। *यह निम्न दो प्रकार का हो सकता है*

1. **पूर्ति में वृद्धि** (Increase in Supply) जब वस्तु की पूर्ति में वृद्धि अन्य घटकों में वांछनीय (Favourable) परिवर्तनों के चलते होती है, तो इसे पूर्ति में वृद्धि कहा जाता है। इस स्थिति में अपरिवर्तित कीमत पर वस्तु की अधिक इकाइयों की पूर्ति की जाती है। यह तब भी उत्पन्न हो सकती है जब कीमत कम होने के बाद भी पूर्ति में कोई कमी न हो।

इसे निम्न सारणी एवं चित्र द्वारा प्रदर्शित किया गया है

कीमत (₹)	**पूर्ति की मात्रा** (इकाइयों में)
10	100
10	200

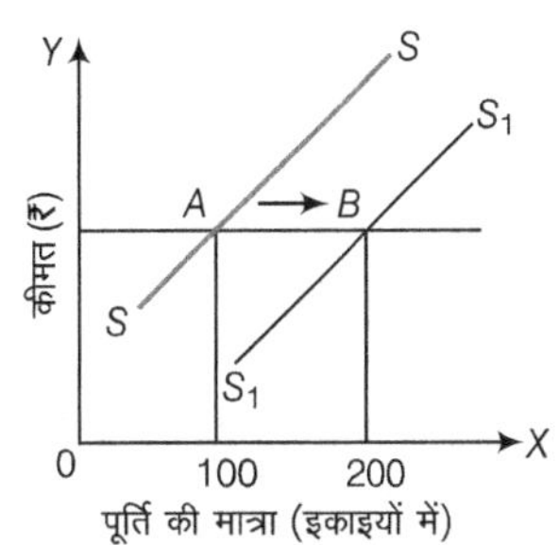

उपरोक्त सारणी एवं चित्र से यह स्पष्ट हो रहा है कि वस्तु की कीमत अपरिवर्तित है, फिर भी पूर्ति में वृद्धि हो रही है। इसके चलते माँग वक्र SS दाईं (Rightward) ओर खिसककर S_1S_1 पर आ गया है।

2. **पूर्ति में कमी** (Decrease in Supply) जब वस्तु की पूर्ति में कमी, अन्य घटकों में अवांछनीय (unfavourable) परिवर्तनों के चलते होती है, तो इसे पूर्ति में कमी कहा जाता है। इस स्थिति में अपरिवर्तित कीमत पर वस्तु की कम इकाइयों की पूर्ति की जाती है। यह तब भी उत्पन्न हो सकती है, जब कीमत बढ़ने के बाद भी पूर्ति में वृद्धि न हो।

इसे निम्न सारणी एवं चित्र द्वारा प्रदर्शित किया गया है

कीमत (₹)	**पूर्ति की मात्रा** (इकाइयों में)
10	200
10	100

उपरोक्त सारणी एवं चित्र से यह स्पष्ट हो रहा है कि वस्तु की कीमत अपरिवर्तित है, फिर भी पूर्ति में कमी हो रही है। इसके चलते पूर्ति वक्र SS बाईं ओर (Leftward) खिसककर S_1S_1 आ गया है।

पूर्ति की लोच के प्रकार (Types of Elasticity of Supply)

पूर्ति की लोच निम्न प्रकार की हो सकती है

1. **पूर्णतः बेलोचदार पूर्ति** (Perfectly Inelastic Supply) [$E_S = 0$] जब कीमत में परिवर्तन होने के बाद भी पूर्ति में कोई परिवर्तन नहीं होता तो यह पूर्णतः बेलोचदार पूर्ति की स्थिति है। इस स्थिति में पूर्ति वक्र *y*-अक्ष के समानान्तर एक सीधी रेखा होती है।

इसे निम्न सारणी एवं चित्र द्वारा प्रदर्शित किया जा रहा है

कीमत (₹)	**पूर्ति की मात्रा** (इकाइयों में)
10	20
20	20
30	20

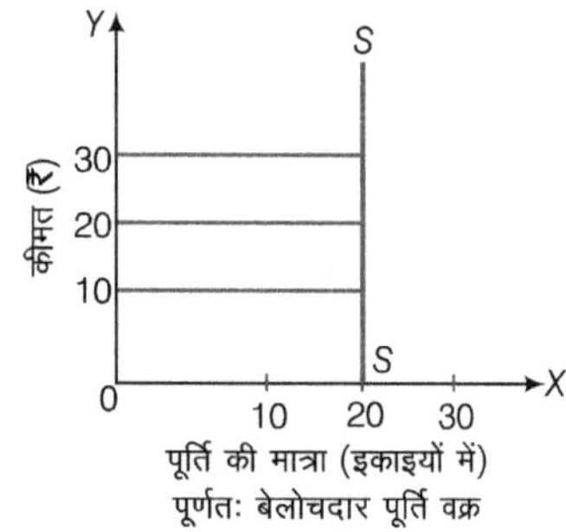

पूर्णतः बेलोचदार पूर्ति वक्र

2. **पूर्णतः लोचदार पूर्ति** (Perfectly Elastic Supply) [$E_S = \infty$] जब उत्पादक एक दी गई कीमत पर तो वस्तु की असंख्य इकाइयों की पूर्ति को उद्यत है, परन्तु कीमत के थोड़ा कम होते ही उसकी पूर्ति शून्य हो जाती है तो यह पूर्णतः लोचदार पूर्ति कही जाती है। यह एक काल्पनिक स्थिति है। इस स्थिति में पूर्ति वक्र x-अक्ष के समानान्तर एक सीधी रेखा होती है।

इसे निम्न चित्र एवं सारणी द्वारा प्रस्तुत किया जा रहा है

कीमत (₹)	पूर्ति की मात्रा (इकाइयों में)
10	10,000
9.5	0

पूर्ति की मात्रा (इकाइयों में)

पूर्णतः लोचदार पूर्ति वक्र

3. **इकाई लोच पूर्ति** (Unit Elastic Supply) [$E_S = 1$] जब कीमत में होने वाला प्रतिशत परिवर्तन पूर्ति की मात्रा में होने वाले प्रतिशत परिवर्तन के बराबर होता है तो यह इकाई लोच को प्रदर्शित करता है। इस स्थिति में पूर्ति वक्र मूल बिन्दु से गुजरता है।

इसे निम्न सारणी एवं चित्र के द्वारा प्रदर्शित किया जा रहा है

कीमत (₹)	पूर्ति की मात्रा (इकाइयों में)
10	20
20	40

पूर्ति की मात्रा (इकाइयों में) इकाई लोच वक्र

4. **बेलोचदार पूर्ति** (Inelastic Supply) [$E_S < 1$] यदि पूर्ति की मात्रा में होने वाला प्रतिशत परिवर्तन कीमत में होने वाले प्रतिशत परिवर्तन से कम हो, तो यह बेलोचदार पूर्ति की स्थिति को प्रदर्शित करता है। इस स्थिति में पूर्ति वक्र x-अक्ष को काटता है। *इसे निम्न सारणी एवं चित्र से प्रदर्शित किया जा रहा है*

कीमत (₹)	पूर्ति की मात्रा
10	20
20	25

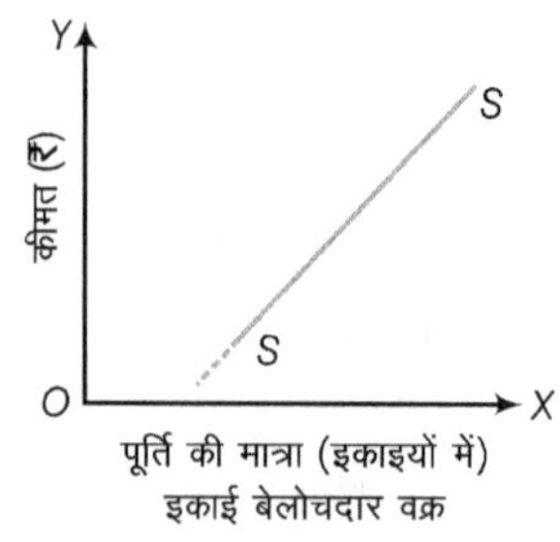

इकाई बेलोचदार वक्र

5. **लोचदार पूर्ति** (Elastic Supply) [$E_S > 1$] यदि पूर्ति की मात्रा में होने वाला प्रतिशत परिवर्तन पूर्ति की कीमत में होने वाले परिवर्तन से अधिक हो तो यह लोचदार पूर्ति को दर्शाता है। इस स्थिति में पूर्ति वक्र y-अक्ष को काटता है।

इसे निम्न सारणी एवं चित्र द्वारा प्रदर्शित किया जा सकता है

कीमत (₹)	पूर्ति की मात्रा
10	20
11	40

पूर्ति की मात्रा इकाई लोचदार पूर्ति वक्र

पूर्ति की कीमत लोच की माप

(Measurement of Price Elasticity of Supply)

पूर्ति की कीमत लोच की माप निम्न विधियों से की जाती है।

प्रतिशत परिवर्तन विधि Percentage Change Method)

प्रतिशत परिवर्तन विधि के अनुसार, पूर्ति की कीमत लोच को *निम्न सूत्र द्वारा ज्ञात किया जा सकता है*

$$E_S = \frac{\text{पूर्ति की गई मात्रा में प्रतिशत परिवर्तन}}{\text{कीमत में प्रतिशत परिवर्तन}}$$

or $$\frac{\frac{\Delta Q}{Q} \times 100}{\frac{\Delta P}{P} \times 100} = \frac{\Delta Q}{\Delta p} \times \frac{P}{Q}$$

यहाँ पर, ΔQ = पूर्ति की मात्रा में परिवर्तन
ΔP = कीमत में परिवर्तन
Q = आरम्भिक मात्रा
P = आरम्भिक कीमत

2. **ज्यामितिक विधि** (Geometric Method)

इस विधि के अनुसार, पूर्ति की लोच पूर्ति वक्र के उद्‌गम पर निर्भर करती है। इस विधि को बिन्दु विधि भी कहते हैं।

इसमें पूर्ति की लोच निम्न होती है

(i) जब पूर्ति वक्र मूल बिन्दू से आरम्भ होता है, तो पूर्ति की लोच इकाई के बराबर होती है।
(ii) जब पूर्ति वक्र X-अक्ष से प्रारम्भ होता है, तो पूर्ति की लोच इकाई से कम होती है।
(iii) जब पूर्ति वक्र Y-अक्ष से प्रारम्भ होता है, तो पूर्ति की लोच इकाई से अधिक होती है।
(iv) जब पूर्ति वक्र Y-अक्ष के समान्तर होता है, तब पूर्ति की लोच शून्य होती है।
(v) जब पूर्ति वर्क X अक्ष के समान्तर होता है तब पूर्ति की लोच अनन्त होती है।

अभ्यास प्रश्न

1. कम कीमत पर पूर्ति स्टॉक से ……… होती है।
(a) अधिक (b) कम
(c) समान (d) इनमें से कोई नहीं

2. निम्नलिखित में से कौन पूर्ति अनुसूची का प्रकार नहीं है?
(a) व्यक्तिगत पूर्ति अनुसूची (b) बाजार पूर्ति अनुसूची
(c) 'a' और 'b' दोनों (d) कीमत पूर्ति अनुसूची

3. पूर्ति के नियम के अनुसार
(a) पूर्ति तथा कीमत के बीच स्थिर सम्बन्ध होता है
(b) पूर्ति तथा कीमत के बीच धनात्मक सम्बन्ध होता है
(c) पूर्ति तथा कीमत के बीच ऋणात्मक सम्बन्ध होता है
(d) उपरोक्त में से कोई नहीं

4. पूर्ति के नियम को निम्न में से कौन-सा फलन प्रदर्शित करता है?
(a) $s = f(P)$ (b) $s = f(1/p)$
(c) $s = f(Q)$ (d) ये सभी

5. कीमत में वृद्धि के कारण पूर्ति की गई मात्रा में वृद्धि को कहते हैं
(a) पूर्ति में कमी (b) पूर्ति में वृद्धि
(c) पूर्ति का विस्तार (d) इनमें से कोई नहीं

6. पूर्ति अधिक लोचदार होती है
(a) अति अल्पकाल की स्थिति में
(b) दीर्घकाल की स्थिति में
(c) अल्पकाल की स्थिति में
(d) उपरोक्त सभी

7. शीघ्र नष्ट होने वाली वस्तुओं की पूर्ति ……… होती है।
(a) पूर्णतः लोचदार (b) लोचदार
(c) बेलोचदार (d) कम लोचदार

8. पूर्ति में वृद्धि या कमी से आशय है
(a) पूर्ति में कमी के चलते परिवर्तन
(b) पूर्ति में अन्य घटकों के चलते परिवर्तन
(c) 'a' और 'b' दोनों
(d) उपरोक्त में से कोई नहीं

9. यदि पूर्ति वक्र x-अक्ष के समानान्तर रेखा है तो यह प्रदर्शित कर रही है
(a) पूर्णतः बेलोचदार पूर्ति (b) पूर्णतः लोचदार पूर्ति
(c) बेलोचदार पूर्ति (d) इनमें से कोई नहीं

10. यदि पूर्ति बेलोचदार है, तो
(a) $E_S = 0$ (b) $E_S = 1$
(c) $E_S > 1$ (d) $E_S < 1$

11. निम्नलिखित में से कौन पूर्ति की लोच के प्रकारों में सम्मिलित हैं?
(a) पूर्णतः बेलोचदार पूर्ति (b) इकाई के बराबर लोचदार पूर्ति
(c) पूर्णतः लोचदार पूर्ति (d) ये सभी

12. पूर्ति का विस्तार होता है
(a) वस्तु की कीमत में वृद्धि के कारण
(b) वस्तु की अपनी कीमत में कमी के कारण
(c) 'a' और 'b' दोनों
(d) वस्तु की कीमत के अतिरिक्त अन्य तत्त्वों के कारण

13. पूर्ति वक्र के ढलान का सूत्र है
(a) $\frac{\Delta Q}{\Delta P}$ (b) $\frac{\Delta P}{\Delta Q}$
(c) $\frac{P}{Q}$ (d) $\frac{Q}{P}$

14. निम्नलिखित में से कौन पूर्णतः लोचदार पूर्ति की माप है?
(a) $e_s = 0$ (b) $e_s = 1$
(c) $S_s = \infty$ (d) इनमें से कोई नहीं

15. $E = 0$ कौन-सी अवस्था में होता है?
(a) लोचदार पूर्ति (b) बेलोचदार पूर्ति
(c) पूर्णतः बेलोचदार पूर्ति (d) इकाई पूर्ति लोच

16. पूर्ति से सम्बन्धित निम्नलिखित तथ्यों पर विचार कीजिए
1. पूर्ति का नियम पूर्ति की कीमत के साथ प्रत्यक्ष सम्बन्ध को प्रकट करता है।
2. कीमत में वृद्धि होने पर पूर्ति बढ़ती है और कीमत कम होने पर पूर्ति घटती है।
3. कीमत में वृद्धि उत्पादकों को एक वस्तु की पूर्ति बढ़ाने के लिए प्रेरित करती है।

उपरोक्त कथनों में से कौन-सा/से कथन सही है/हैं?
(a) केवल 1 (b) 1 और 2
(c) 2 और 3 (d) 1, 2 और 3

17. निम्नलिखित कथनों पर विचार कीजिए
1. पूर्ति का नियम वस्तु की कीमत और वस्तु की पूर्ति के सम्बन्ध को व्यक्त करता है।
2 वस्तु पर भारी मात्रा में कर आरोपित करने से वस्तु की पूर्ति बाधित होती है।

उपरोक्त कथनों में से कौन-सा/सा कथन सही है/हैं?
(a) केवल 1 (b) केवल 2
(c) 1 और 2 दोनों (d) न तो 1 और न ही 2

18. जब पूर्ति वक्र बायीं ओर खिसकता है, तो क्या परिणाम होता है?
(a) सन्तुलन कीमत में वृद्धि
(b) सन्तुलन कीमत में कमी
(c) सन्तुलन कीमत में कमी और मात्रा में वृद्धि
(d) सन्तुलन कीमत में वृद्धि और मात्रा में कमी

19. जब पूर्ति वक्र दायीं ओर खिसकता है, तो क्या परिणाम होता है?
(a) सन्तुलन कीमत में कमी
(b) सन्तुलन कीमत में वृद्धि
(c) सन्तुलन कीमत में कमी और मात्रा में वृद्धि
(d) सन्तुलन कीमत और मात्रा में कमी

20. जब पूर्ति वक्र X-अक्ष से आरम्भ होता है तो पूर्ति लोच …… के बराबर होगी।
(a) इकाई से अधिक (b) इकाई से कम
(c) इकाई (d) इनमें से कोई नहीं

21. जब पूर्ति वक्र Y-अक्ष से आरम्भ होता है तो पूर्ति लोच …… के बराबर होगी।
(a) इकाई से अधिक
(b) इकाई से कम
(c) इकाई
(d) इनमें से कोई नहीं

22. पूर्ति का विस्तार होता है।
(a) वस्तु की अपनी कीमत में वृद्धि के कारण
(b) वस्तु की अपनी कीमत में कमी के कारण
(c) वस्तु की अपनी कीमत के अतिरिक्त अन्य तत्त्वों के कारण
(d) 'a' और 'b' दोनों

23. एक वस्तु की अपनी कीमत के अतिरिक्त दूसरे तत्त्वों के कारण यदि पूर्ति में कमी होती है, तो यह दर्शाता है
(a) पूर्ति में संकुचन
(b) पूर्ति में विस्तार
(c) पूर्ति में कमी
(d) इनमें से कोई नहीं

24. X-अक्ष से आरम्भ होता हुआ ऊपर की ओर ढलान वाला सरल रेखा पूर्ति वक्र को दर्शाता है
(a) पूर्ति की लोच शून्य के बराबर है
(b) पूर्ति की लोच एक से अधिक है
(c) पूर्ति की लोच एक के बराबर है
(d) पूर्ति की लोच एक से कम है

25. एक वस्तु की पूर्ति की कीमत लोच 2 है। इसकी कीमत कितने प्रतिशत बढ़नी चाहिए जिससे कि इसकी पूर्ति 30% बढ़े?
(a) 15% (b) 60% (c) 10% (d) 20%

26. एक वस्तु की पूर्ति की कीमत लोच 0.8 है। इसकी कीमत 50% बढ़ती है। इसकी पूर्ति में होने वाली प्रतिशत वृद्धि का परिकलन कीजिए।
(a) 40% (b) 62.5% (c) 30% (d) 20%

27. एक पूर्ति वक्र बढ़ाने पर मूल बिन्दु से मिलता है। यह मूल बिन्दु के साथ 75° का कोण बनाता है, तो पूर्ति की कीमत लोच कितनी है?
(a) $ES_p = 0$ (b) $ES_p = 1$
(c) $ES_p < 1$ (d) $ES_p > 1$

उत्तरमाला

1.	(b)	**2.**	(d)	**3.**	(a)	**4.**	(a)	**5.**	(a)	**6.**	(b)	**7.**	(c)	**8.**	(b)	**9.**	(b)	**10.**	(c)
11.	(d)	**12.**	(a)	**13.**	(b)	**14.**	(d)	**15.**	(c)	**16.**	(d)	**17.**	(c)	**18.**	(d)	**19.**	(c)	**20.**	(b)
21.	(a)	**22.**	(a)	**23.**	(c)	**24.**	(a)	**25.**	(b)	**26.**	(a)	**27.**	(b)						

अध्याय 6

बाजार एवं पूर्ण प्रतियोगिता में मूल्य निर्धारण

बाजार (Market)

सामान्य शब्दों में, बाजार से तात्पर्य किसी ऐसे स्थान से होता है, जहाँ क्रेता और विक्रेता एकत्रित होकर वस्तु खरीदने एवं बेचने का कार्य करते हैं। अन्य शब्दों में, बाजार को हाट या मण्डी (Mart) भी कहा जाता है।

अर्थशास्त्र में बाजार का अर्थ अर्थशास्त्र में बाजार शब्द का प्रयोग अत्यन्त व्यापक अर्थ में किया जाता है। अर्थशास्त्र में बाजार से अभिप्राय किसी स्थान विशेष से नहीं होता, बल्कि ऐसे सम्पूर्ण क्षेत्र से होता है, जहाँ किसी वस्तु के क्रेता एवं विक्रेता फैले होते हैं तथा उनके मध्य इस प्रकार का सम्पर्क पाया जाता है, जिससे उस क्षेत्र में उस वस्तु की कीमत में समान होने की प्रवृत्ति पाई जाए।

कूर्नो के अनुसार, ''अर्थशास्त्री बाजार शब्द का अर्थ किसी स्थान विशेष से नहीं लेते, जहाँ वस्तुएँ खरीदी और बेची जाती हैं, बल्कि उस समस्त क्षेत्र से लेते हैं, जिसमें क्रेताओं और विक्रेताओं के मध्य इस प्रकार का स्वतन्त्र सम्पर्क होता है, जिससे एक ही प्रकार की वस्तु की कीमत में सुगमता तथा शीघ्रता से समान होने की प्रवृत्ति पाई जाती है।''

बाजार के विभिन्न रूप

1. पूर्ण प्रतियोगिता
2. एकाधिकार
3. अल्पाधिकार
3. एकाधिकारी प्रतियोगिता बाजार

पूर्ण प्रतियोगिता (Perfect Competition)

बाजार की वह स्थिति, जिसमें क्रेताओं और विक्रेताओं की संख्या अधिक हो तथा उनके बीच पूर्ण एवं स्वतन्त्र प्रतियोगिता पाई जाती हो, साथ ही कोई क्रेता या विक्रेता इस स्थिति में न हो कि वह बाजार की कीमत को प्रभावित कर सके, पूर्ण प्रतियोगिता बाजार कहलाता है।

प्रो. फर्ग्यूसन के अनुसार, ''एक उद्योग पूर्ण प्रतियोगिता वाला तब होता है, जब समस्त बाजार की तुलना में प्रत्येक क्रेता तथा विक्रेता *इतना छोटा होता है कि वह अपनी खरीद अथवा उत्पादन में परिवर्तन करके बाजार कीमत को प्रभावित नहीं कर सकता है।''*

पूर्ण प्रतियोगिता की विशेषताएँ

1. क्रेताओं और विक्रेताओं की संख्या अधिक होती है।
2. समरूप वस्तुओं की उपस्थिति होती है।
3. वस्तु समरूप होने के साथ-साथ वस्तु का मूल्य भी समान होता है।
4. क्रेताओं एवं विक्रेताओं को बाजार का पूर्ण ज्ञान होता है।
5. विक्रय लागतों की अनुपस्थिति होती है।
6. पूर्ण प्रतियोगिता के अन्तर्गत फर्मों को उद्योग में प्रवेश व उद्योग से बाहर जाना दोनों ही स्थिति में स्वतन्त्रता प्राप्त होती है।

एक पूर्ण प्रतियोगी बाजार का माँग वक्र निम्न चित्र द्वारा दर्शाया जा सकता है

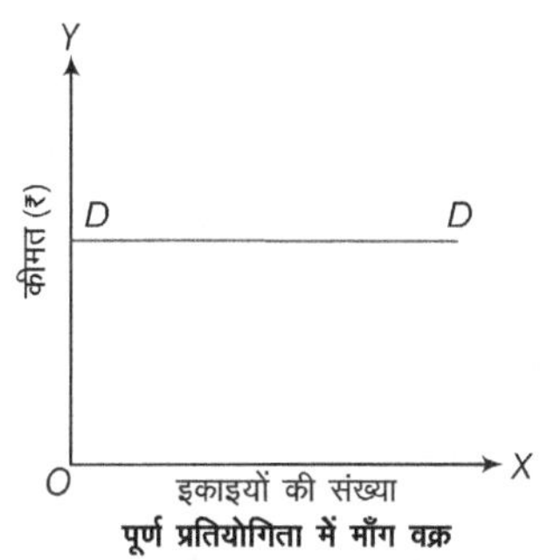

पूर्ण प्रतियोगिता में माँग वक्र

उपरोक्त रेखा चित्र में *DD* माँग वक्र है, जोकि पूर्णतः लोचदार माँग को दर्शाता है।

शुद्ध प्रतियोगिता

पूर्ण प्रतियोगिता एक काल्पनिक बाजार है, क्योंकि इसके लिए परिभाषित सभी विशेषताएँ किसी एक बाजार में वास्तविक रूप में नहीं पाई जाती हैं। इसी तथ्य को ध्यान में रखते हुए अर्थशास्त्रियों द्वारा शुद्ध प्रतियोगिता बाजार की अवधारणा का प्रतिपादन किया गया।

प्रो. चैम्बरलिन के अनुसार, शुद्ध प्रतियोगिता बाजार वह बाजार है, *जिसमें निम्नलिखित विशेषताएँ पाई जाती हैं*

1. अधिक संख्या में क्रेता तथा विक्रेता
2. समरूप वस्तुएँ
3. प्रतिबन्धों का अभाव

यह एक वास्तविक परिकल्पना है तथा कृषि उद्योग इसका एक उदाहरण हो सकता है।

एकाधिकार (Monopoly)

यह एक ऐसा बाजार है जहाँ पर एक वस्तु विशेष का केवल एक ही उत्पादक होता है एवं उस वस्तु विशेष की कोई निकट स्थानापन्न वस्तु भी बाजार में उपलब्ध नहीं होती है। इस बाजार में फर्म एवं उद्योग में कोई अन्तर नहीं पाया जाता है। आज के प्रतिस्पर्द्धा युग में ऐसा बाजार सामान्यतः नहीं पाया जाता है, परन्तु हमारे देश में रेलवे इसका एक उदाहरण है, जिस पर भारत सरकार का एकाधिकार है।

एकाधिकार की विशेषताएँ

1. एक विक्रेता एवं कई क्रेता
2. नई फर्मों के प्रवेश पर प्रतिबन्ध
3. स्थानापन्न वस्तुओं का अभाव
4. कीमत पर पूर्ण नियन्त्रण
5. कीमत-विभेद
6. माँग वक्र में परिवर्तन

एकाधिकार का बाजार का भाग वक्र निम्न चित्र द्वारा दर्शाया जा सकता है

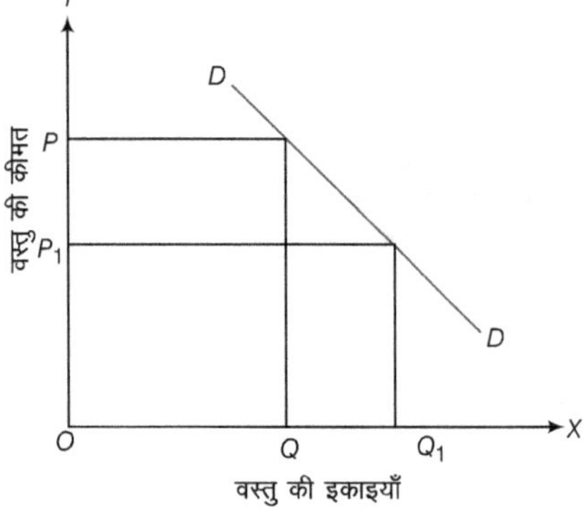

उपरोक्त रेखा चित्र से यह स्पष्ट है कि जब वस्तु की कीमत OP से कम होकर OP_1 हो जाती है तो वस्तु की माँग OQ से बढ़कर OQ_1 हो जाती है।

एकाधिकारी प्रतियोगिता बाजार
(Monopolistic Competition Market)

यह एक ऐसा बाजार है, जिसमें एक उत्पाद के कई विक्रेता हैं और प्रत्येक विक्रेता का उत्पाद दूसरे विक्रेता से कुछ अलग है। अन्य शब्दों में यह एक ऐसा बाजार है, जिसमें विक्रेता विभेदात्मक (differentiated) वस्तु का विक्रय करते हैं। यह बाजार पूर्ण प्रतियोगिता एवं एकाधिकार बाजार का मिश्रण है। इसमें कुछ विशेषताएँ पूर्ण प्रतियोगिता की पाई जाती हैं एवं कुछ विशेषताएँ एकाधिकार की पाई जाती हैं।

एकाधिकारी प्रतियोगिता की विशेषताएँ

1. इस बाजार में एक उत्पाद के अनेक विक्रेता एवं अनेक क्रेता होते हैं।
2. इस बाजार की एक मुख्य विशेषता यह है कि इसमें वस्तु विभेद (Product differentiation) पाया जाता है।
3. इस बाजार में फर्में 'समूह' (group) में बिना किसी प्रतिबन्ध के प्रवेश कर सकती हैं एवं बिना किसी प्रतिबन्ध के निकासी भी कर सकती हैं।
4. इस बाजार में क्रेताओं एवं विक्रेताओं को बाजार की परिस्थितियों का पूर्ण ज्ञान (perfect knowledge) नहीं होता है।
5. एकाधिकार प्रतियोगिता बाजार में एक फर्म को विक्रय लागतें वहन करनी पड़ती हैं, ताकि वह अपने उत्पाद की माँग में वृद्धि कर सकें।

पूर्ण प्रतियोगिता में कीमत निर्धारण
(Price Determination Under Perfect Competition)

पूर्ण प्रतियोगिता बाजार में कीमत का निर्धारण उद्योग द्वारा किया जाता है तथा उद्योग द्वारा निर्धारित कीमत पर प्रत्येक फर्म अथवा उत्पादक अपने द्वारा उत्पादित वस्तु का विक्रय करता है। उद्योग द्वारा उस मूल्य पर कीमत निर्धारित की जाती है, जिस मूल्य पर वस्तु की माँग तथा पूर्ति बराबर हों।

इसे निम्न तालिका तथा चित्र द्वारा समझा जा सकता है

वस्तु 'अल्फा' की कीमत (' में)	**वस्तु 'अल्फा' की माँग** (इकाइयों में)	**वस्तु 'अल्फा' की पूर्ति** (इकाइयों में)
100	20	4
200	16	8
300	12	12
400	8	16
500	4	20

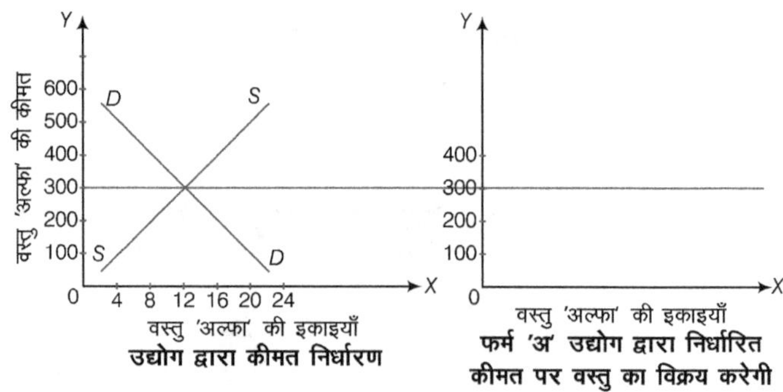

उपरोक्त तालिका व चित्र द्वारा स्पष्ट होता है कि उद्योग द्वारा कीमत का निर्धारण उस मूल्य पर किया गया है, जिस पर वस्तु की माँग तथा पूर्ति बराबर हैं। उद्योग में उपस्थित प्रत्येक फर्म द्वारा इसी मूल्य पर वस्तु का विक्रय किया जाएगा।

सन्तुलन कीमत एवं मात्रा का निर्धारण
(Determination of Equilibrium Price and Quantity)

बाजार में किसी भी वस्तु की कीमत निर्धारित करने के लिए विक्रेता तथा क्रेता में प्रतियोगिता होती है। विक्रेता यह कोशिश करता है कि वह वस्तु को अधिक-से-अधिक कीमत पर बेचे और वस्तु उसकी सीमान्त लागत से कम मूल्य पर न बेची जाए। इसके विपरीत क्रेता यह कोशिश करता है कि उसे बाजार से वस्तु कम-से-कम कीमत पर मिल जाए। क्रेता वस्तु की जो अधिक-से-अधिक कीमत दे सकता है, वह वस्तु के सीमान्त तुष्टिगुण (Marginal Utility) के बराबर होती है।

मार्शल के अनुसार, ''वस्तु के मूल्य निर्धारण के लिए माँग व पूर्ति दोनों ही आवश्यक हैं। वस्तु का मूल्य उस बिन्दु पर निर्धारित होता है, जहाँ वस्तु की माँग एवं वस्तु की पूर्ति आपस में बराबर होती हैं।''

माँग और पूर्ति में परिवर्तन का सन्तुलन कीमत पर प्रभाव (Effects on Equilibrium Price due to Change in Demand and Supply)

सन्तुलन कीमत हमेशा स्थिर नहीं रहती है, बल्कि इसमें वस्तु की माँग तथा पूर्ति में परिवर्तन से बदलाव आता रहता है। *वस्तु की माँग तथा पूर्ति में परिवर्तन के सन्तुलन कीमत पर पड़ने वाले प्रभाव निम्न प्रकार हैं*

माँग में परिवर्तन का सन्तुलन कीमत पर प्रभाव
(Effect of Change in Demand on Equilibrium Price)

माँग में परिवर्तन का सन्तुलन कीमत पर निम्न दो प्रकार से प्रभाव पड़ सकता है (यह मानते हुए कि पूर्ति में कोई बदलाव नहीं है)

1. **माँग में वृद्धि होने पर** यदि वस्तु की पूर्ति स्थिर रहती है, तो माँग में वृद्धि होने पर वस्तु के मूल्य में भी वृद्धि हो जाती है, *जैसा कि निम्न चित्र से स्पष्ट है*

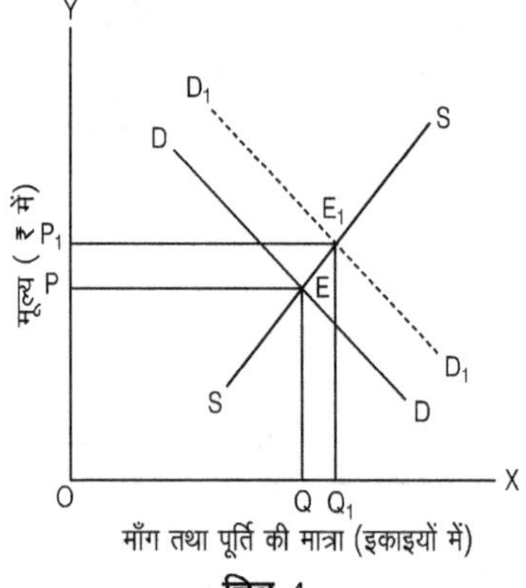

चित्र 4

व्याख्या उपरोक्त चित्र में वस्तु का शुरुआती माँग वक्र *(DD)* व पूर्ति वक्र *(SS)* एक-दूसरे को *E* बिन्दु पर काटते हैं। इस स्थिति में वस्तु की माँगी गई मात्रा *OQ* है।

इस बिन्दु पर साम्य मूल्य *OP* है। माँग में वृद्धि होने पर माँग वक्र *(DD)* दाईं ओर खिसककर D_1D_1 हो जाता है तथा माँग की मात्रा *OQ* से OQ_1 हो जाती है। अब साम्य बिन्दु E_1 है। इस बिन्दु पर साम्य मूल्य OP_1 है, जोकि *OP* से अधिक है।

2. **माँग में कमी होने पर** यदि वस्तु की पूर्ति स्थिर रहती है, तो माँग में कमी होने पर वस्तु के मूल्य में भी कमी हो जाती है, *जैसा कि निम्न चित्र से स्पष्ट है*

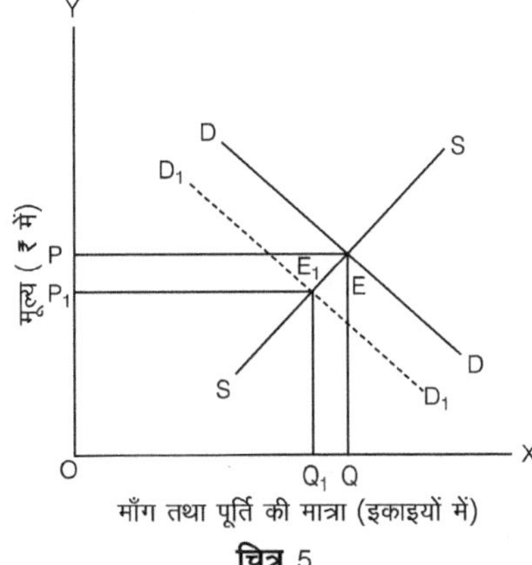

चित्र 5

व्याख्या उपरोक्त चित्र में वस्तु का शुरुआती माँग वक्र *(DD)*, जहाँ वस्तु की माँग की गई मात्रा *OQ* है तथा पूर्ति वक्र *(SS)* एक-दूसरे को *E* बिन्दु पर काटते हैं। इस बिन्दु पर साम्य मूल्य *OP* है।

माँग में कमी होने पर माँग वक्र *(DD)* बाईं ओर खिसककर D_1D_1 हो जाता है, जहाँ वस्तु की माँग *OQ* से घटकर OQ_1 हो जाती है। अब साम्य बिन्दु E_1 है। इस बिन्दु पर साम्य मूल्य OP_1 है, जोकि *OP* से कम है।

पूर्ति में परिवर्तन का सन्तुलन कीमत पर प्रभाव

(Effect of Change in Supply on Equilibrium Price)

पूर्ति में परिवर्तन का सन्तुलन कीमत पर निम्न दो प्रकार से प्रभाव पड़ सकता है (यह मानते हुए कि माँग में कोई बदलाव नहीं है)

1. **पूर्ति में वृद्धि होने पर** यदि वस्तु की माँग स्थिर रहती है, तो पूर्ति में वृद्धि होने से वस्तु के मूल्य में कमी हो जाती है, *जैसा कि निम्न चित्र से स्पष्ट है*

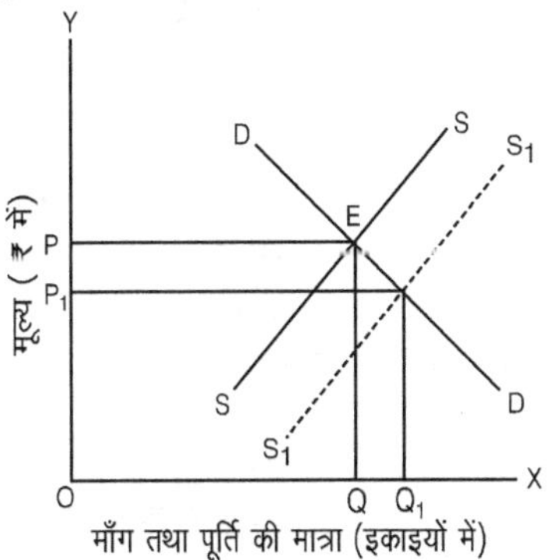

व्याख्या उपरोक्त चित्र में वस्तु का शुरुआती माँग वक्र *(DD)*, वस्तु की मात्रा *(OQ)* तथा पूर्ति वक्र *(SS)* एक-दूसरे को *E* बिन्दु पर काटते हैं। इस बिन्दु पर साम्य मूल्य *OP* है। पूर्ति में वृद्धि होने (*OQ* से OQ_1) पर पूर्ति वक्र दाईं ओर खिसककर S_1S_1 हो जाता है। अब साम्य बिन्दु E_1 है। इस बिन्दु के सापेक्ष साम्य मूल्य OP_1 है, जोकि *OP* से कम है अर्थात् कीमत में कमी होगी।

2. **पूर्ति में कमी होने पर** यदि वस्तु की माँग स्थिर रहती है, तो पूर्ति में कमी होने से वस्तु के मूल्य में वृद्धि हो जाती है, *जैसा कि निम्न चित्र से स्पष्ट है*

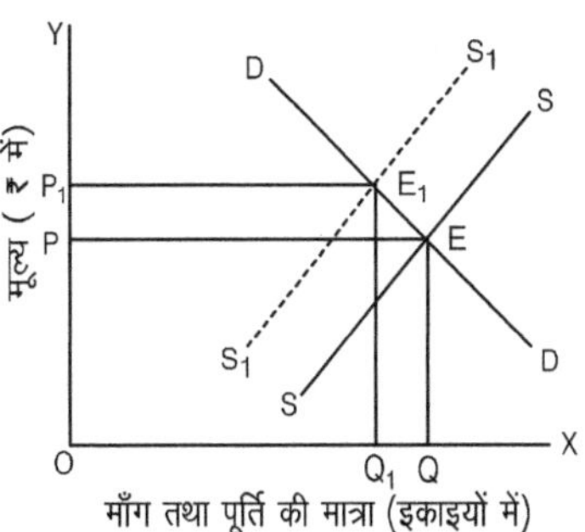

व्याख्या उपरोक्त चित्र में वस्तु का शुरुआती माँग वक्र *(DD)*, वस्तु की मात्रा *(OQ)* तथा पूर्ति वक्र *(SS)* एक-दूसरे को *E* बिन्दु पर काटते हैं। इस बिन्दु पर साम्य मूल्य *OP* है। पूर्ति में कमी (*OQ* से OQ_1) होने पर पूर्ति वक्र बाईं ओर खिसककर S_1S_1 हो जाता है। अब साम्य बिन्दु E_1 है। इस बिन्दु के समक्ष साम्य मूल्य OP_1 है, जोकि *OP* से अधिक है अर्थात् कीमत में वृद्धि हो जाएगी।

नोट *विद्यार्थियों को यह ध्यान रखना चाहिए कि पूर्ति में वृद्धि होने पर पूर्ति वक्र दाईं ओर खिसकता है तथा कमी होने पर बाईं ओर खिसकता है।*

माँग और पूर्ति में एक साथ वृद्धि का सन्तुलन कीमत पर प्रभाव

(Effect of Simultaneous Increase in Demand and Supply on Equilibrium Price)

जब माँग और पूर्ति में एक साथ वृद्धि होती है, तो इससे कीमत पर भी प्रभाव प्रदर्शित होता है, *जो निम्नलिखित है*

1. **जब माँग और पूर्ति में वृद्धि समान हो** जब माँग और पूर्ति में वृद्धि समान होती है, तो कीमत में बदलाव नहीं होता है अर्थात् कीमत सामान्य स्तर पर बनी रहती है। *इसे निम्न चित्र द्वारा स्पष्ट किया जा सकता है*

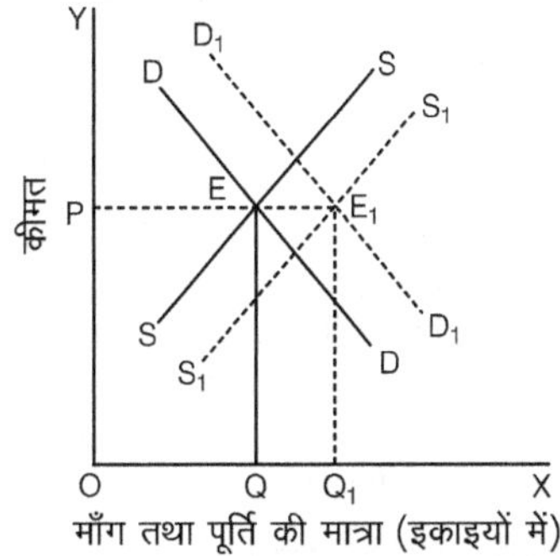

व्याख्या चित्र में *OX* अक्ष पर माँग व पूर्ति की मात्रा तथा *OY* अक्ष पर कीमत को दर्शाया गया है। प्रारम्भिक माँग वक्र (*DD*) तथा पूर्ति वक्र (*SS*) *E* बिन्दु पर एक-दूसरे को काटते हैं अर्थात् साम्य बिन्दु *E* है, जहाँ कीमत ***OP*** है तथा वस्तु की मात्रा *OQ* है। अब माँग तथा पूर्ति में वृद्धि होने से माँग वक्र D_1D_1 तथा पूर्ति वक्र S_1S_1 हो जाता है। ये दोनों वक्र बिन्दु E_1 पर एक-दूसरे को काटते हैं। इस बिन्दु पर वस्तु की मात्रा *OQ* से बढ़कर OQ_1 हो जाती है, किन्तु कीमत ***OP*** ही बनी रहती है। अतः स्पष्ट होता है कि माँग एवं पूर्ति में समान वृद्धि होने से कीमत स्तर पर कोई प्रभाव नहीं पड़ता है।

2. **माँग में अधिक तथा पूर्ति में कम वृद्धि हो** जब वस्तु की पूर्ति की तुलना में माँग में अधिक वृद्धि होती है, तो सन्तुलन कीमत बढ़ जाती है। *इसे निम्न चित्र की सहायता से स्पष्ट किया जा सकता है*

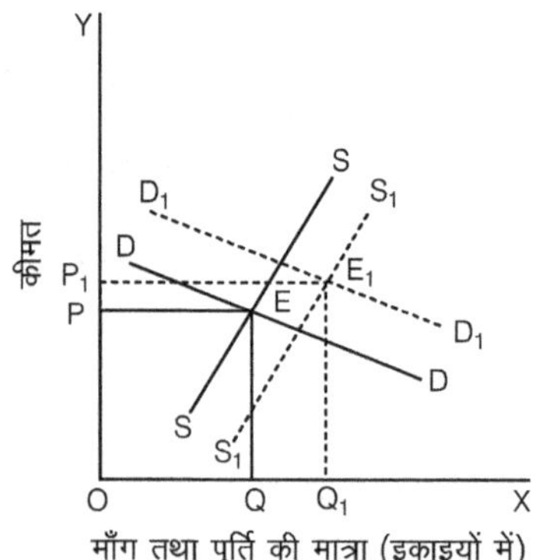

व्याख्या चित्र में प्रारम्भिक माँग वक्र *DD* तथा पूर्ति वक्र *SS* है। ये दोनों वक्र *E* बिन्दु पर एक-दूसरे को काटते हैं। इस बिन्दु पर कीमत *OP* है तथा वस्तु की मात्रा *OQ* है। माँग तथा पूर्ति में वृद्धि के फलस्वरूप माँग वक्र D_1D_1 तथा पूर्ति वक्र S_1S_1 हो जाता है। ये दोनों वक्र E_1 बिन्दु पर एक-दूसरे को काटते हैं। इस बिन्दु पर वस्तु की मात्रा *OQ* से बढ़कर OQ_1 हो जाती है तथा कीमत *OP* से बढ़कर OP_1 हो जाती है। चित्र से स्पष्ट है कि मात्रा में कीमत के अनुपात में ज्यादा वृद्धि होती है।

3. **माँग में कम तथा पूर्ति में अधिक वृद्धि हो** जब वस्तु की पूर्ति में वृद्धि वस्तु की माँग की तुलना में अधिक होती है, तो सन्तुलन कीमत कम हो जाती है। *इसे निम्न चित्र द्वारा स्पष्ट किया गया है*

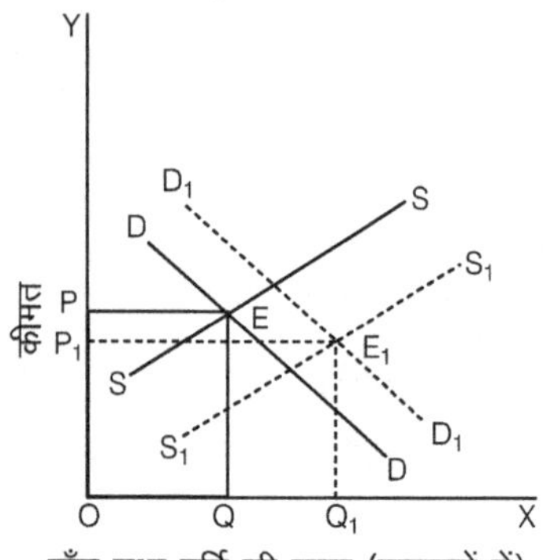

व्याख्या चित्र में प्रारम्भिक माँग वक्र *DD* तथा पूर्ति वक्र *SS* है। ये दोनों वक्र *E* बिन्दु पर एक-दूसरे को काटते हैं। इस बिन्दु पर कीमत *OP* है तथा वस्तु की मात्रा *OQ* है। माँग तथा पूर्ति में वृद्धि के फलस्वरूप माँग वक्र D_1D_1 तथा पूर्ति वक्र S_1S_1 हो जाता है। ये दोनों वक्र E_1 बिन्दु पर एक-दूसरे को काटते हैं। इस बिन्दु पर वस्तु की मात्रा *OQ* से बढ़कर OQ_1 हो जाती है तथा कीमत *OP* से घटकर OP_1 हो जाती है।

माँग तथा पूर्ति वक्रों के उपकरणों का सरल प्रयोग

(Simple Applications of Tools of Demand and Supply Curves)

इसके अन्तर्गत निम्न दो अवधारणाओं को समझना आवश्यक है

उच्चतम कीमत (Price Ceiling)

बाजार में कीमत का निर्धारण माँग एवं पूर्ति की शक्तियों के द्वारा होता है, परन्तु कई बार ऐसा देखने को मिलता है कि नितान्त आवश्यक वस्तुओं की पूर्ति में कमी के कारण उनकी कीमतें आसमान छूने लगती हैं एवं अधिकांश लोगों द्वारा इन वस्तुओं को खरीदना असम्भव हो जाता है। ऐसी परिस्थिति में सरकार 'उच्चतम कीमत' का प्रयोग कर स्थिति को सुधारने का प्रयास करती है। इसके अन्तर्गत सरकार एक उच्चतम कीमत की घोषणा करती है, जोकि सन्तुलन कीमत से कम होती है। उत्पादक अपने उत्पाद इस कीमत पर बेचने को बाध्य होते हैं। इससे आम जनता को फायदा तो होता है, परन्तु बाजार में कालाबाजारी भी उत्पन्न होती है। *इसे निम्न चित्र द्वारा दर्शाया जा रहा है*

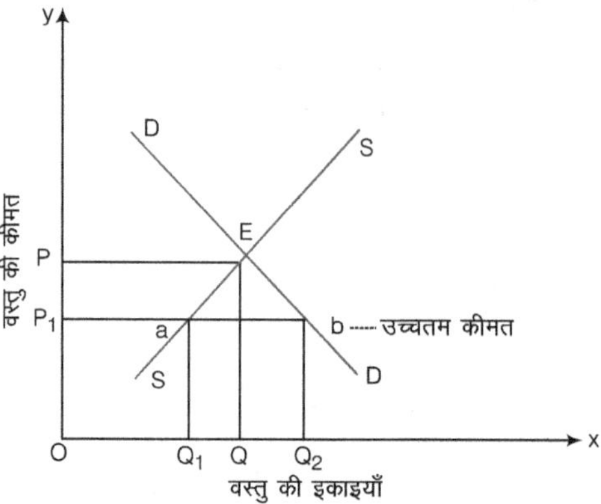

व्याख्या उपरोक्त चित्र में माँग एवं पूर्ति वक्रों के सापेक्ष सन्तुलन कीमत *OP* है। सरकार उच्चतम कीमत का निर्धारण OP_1 पर करती है। इस कीमत पर पूर्ति की मात्रा OQ_1 एवं माँग की मात्रा OQ_2 है। इस कीमत पर बाजार में माँग अधिक होती हैं। अतः इस स्थिति से निपटने के लिए सरकार 'राशनिंग' का सहारा लेती है।

न्यूनतम कीमत (Floor Price)

कृषि उत्पादों के साथ प्रायः यह देखने को मिलता है कि कटाई के मौसम में इन उत्पादों की पूर्ति में अचानक वृद्धि हो जाती है तथा कीमतें एकदम से गिरने लगती हैं, जिससे किसानों को बहुत नुकसान होता है। इस स्थिति से बचाव के लिए सरकार इन उत्पादों की एक न्यूनतम कीमत निर्धारित कर देती है। यह वह कीमत है, जिसमें कम कीमत पर बाजार में उस वस्तु को बेचा नहीं जा सकता है। इससे किसानों को अपने उत्पादों का एक निश्चित मूल्य प्राप्त होता है। *इसे निम्न चित्र द्वारा दर्शाया जा रहा है*

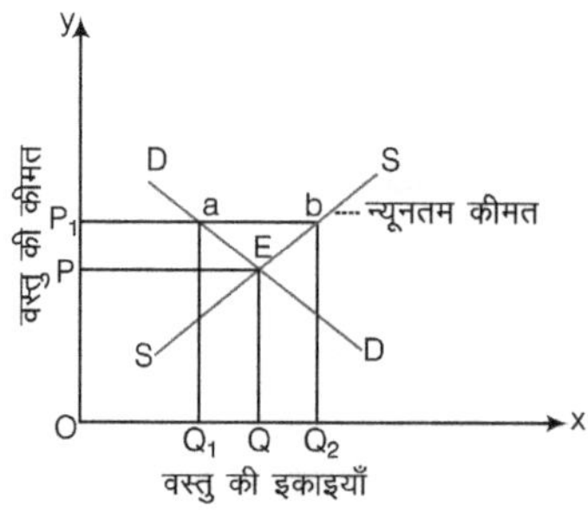

व्याख्या उपरोक्त चित्र में यह स्पष्ट हो रहा है कि सन्तुलन कीमत तो *OP* है, परन्तु न्यूनतम कीमत का निर्धारण OP_1 पर किया गया है। इस कीमत पर माँगी गई मात्रा OQ_1 है, परन्तु पूर्ति की मात्रा OQ_2 है।

अतः इस कीमत पर बाजार में पूर्ति अधिक होगी। इस स्थिति से निपटने के लिए सरकार प्रायः आधिक्य उत्पादन का क्रय कर बफर स्टॉक (Buffer Stock) का निर्माण करती है, जिसे सार्वजनिक वितरण हेतु प्रयोग किया जाता है।

अभ्यास प्रश्न

1. अर्थशास्त्र में 'बाजार' शब्द से अभिप्राय है
(a) एक निश्चित स्थान के बाजार से
(b) एक वस्तु के बाजार से
(c) अनेक वस्तुओं के बाजार से
(d) फुटकर व्यापार से

2. बाजार की शक्तियों से क्या अभिप्राय है?
(a) माँग और पूर्ति (b) माँग और कीमत
(c) पूर्ति और कीमत (d) इनमें से कोई नहीं

3. अन्तर्राष्ट्रीय बाजार में क्रय-विक्रय की जाने वाली वस्तु का उदाहरण है
(a) सोना-चाँदी (b) दूध
(c) सब्जियाँ (d) ईंट

4. अम्बुजा सीमेण्ट किस प्रकार के बाजार से सम्बन्धित है?
(a) मिश्रित बाजार (b) विशिष्ट बाजार
(c) ट्रेडमार्क द्वारा बिक्री का बाजार (d) ग्रेड द्वारा बिक्री का बाजार

5. पूर्ण प्रतियोगिता के अन्तर्गत किसी वस्तु की कीमत का निर्धारण होता है
(a) क्रेताओं की माँग के द्वारा
(b) विक्रेताओं की पूर्ति के द्वारा
(c) उद्योग की माँग व पूर्ति के द्वारा
(d) फर्मों की लागतों के द्वारा

6. पूर्ण प्रतियोगिता के अन्तर्गत किसी फर्म की माँग रेखा होती है
(a) कम लोचदार (b) अधिक लोचदार
(c) पूर्णतः लोचदार (d) पूर्णतः बेलोचदार

7. पूर्ण प्रतियोगिता में फर्म असामान्य लाभ प्राप्त करती है, जब
(a) औसत आय >औसत लागत
(b) सीमान्त आय <सीमान्त लागत
(c) सीमान्त आय <औसत आय
(d) औसत आय < सीमान्त आय

8. पूर्ण प्रतियोगिता के अन्तर्गत एक फर्म की औसत आय
(a) सीमान्त आय से कम होती है।
(b) सीमान्त आय से अधिक होती है।
(c) सीमान्त आय के बराबर होती है।
(d) सीमान्त आय से सम्बन्धित नहीं होती है।

9. पूर्ण प्रतियोगिता में एक फर्म सामान्य लाभ तब प्राप्त करती है, जब
(a) औसत आय = सीमान्त लागत = औसत आय = औसत लागत
(b) औसत आय = औसत लागत
(c) औसत आग = सीमान्त लागत
(d) उपरोक्त सभी

10. पूर्ण प्रतियोगिता की स्थिति में सीमान्त लागत वक्र
(a) 'U' आकार का होता है (b) 'V' आकार का होता है
(c) 'C' आकार का होता है (d) 'L' आकार का होता है

11. पूर्ण प्रतियोगिता बाजार की स्थिति में एक फर्म की औसत आय तथा सीमान्त आय रेखा का आकार होता है
(a) ऊर्ध्वाधर अक्ष के समानान्तर
(b) क्षैतिज अक्ष के समानान्तर
(c) अंग्रेजी के L अक्षर के समान
(d) मूल बिन्दु से ऊपर की ओर उठता हुआ

12. निम्नलिखित में से कौन-सा बाजार, बाजार की एक मॉडल स्थिति है, न कि वास्तविक?
(a) पूर्ण प्रतियोगिता बाजार (b) अपूर्ण प्रतियोगिता बाजार
(c) 'a' और 'b' दोनों (d) इनमें से कोई नहीं

13. निम्नलिखित में से किस बाजार में विक्रय लागत अनुपस्थित होती है?
(a) पूर्ण प्रतियोगिता बाजार (b) अपूर्ण प्रतियोगिता बाजार
(c) 'a' और 'b' दोनों (d) इनमें से कोई नहीं

14. एक कम्पनी द्वारा कीमत निर्धारण किस स्थिति में नहीं हो सकता?
(a) अल्पाधिकार (b) एकाधिकार
(c) पूर्ण प्रतियोगिता (d) अपूर्ण प्रतियोगिता

15. पूर्ण प्रतिस्पर्द्धा बाजार में एक फर्म होती है
(a) कीमत स्वीकारक (b) कीमत निर्धारक
(c) बाजार निर्धारक (d) माँग निर्धारक

16. पूर्ण प्रतियोगिता में फर्म का माँग वक्र पूर्णतः होता है
(a) क्षैतिज (b) लम्बवत्
(c) ऋणात्मक (d) धनात्मक ढाल

17. दीर्घकाल में मूल्य एक होने के कारण पूर्ण प्रतियोगिता के अन्तर्गत वस्तु की माँग रेखा X-अक्ष के समानान्तर होती है अर्थात्
(a) माँग पूर्णतः बेलोचदार होती है।
(b) माँग पूर्णतः लोचदार होती है।
(c) माँग अत्यधिक बेलोचदार होती है।
(d) माँग बेलोचदार होती है।

18. निम्नलिखित में से कौन-सा पूर्ण प्रतियोगिता का लक्षण नहीं है?
(a) क्रेताओं की अधिक संख्या (b) समरूप वस्तु
(c) कीमत विभेद (d) विक्रेताओं की अधिक संख्या

19. वस्तु विभेद किस बाजार में पाया जाता है?
(a) पूर्ण प्रतियोगिता (b) एकाधिकार
(c) अपूर्ण प्रतियोगिता (d) इनमें से कोई नहीं

20. निम्नलिखित में से कौन-सी पूर्ण प्रतियोगिता की विशेषता नहीं है?
(a) क्रेताओं की अत्यधिक संख्या (b) अकेला विक्रेता
(c) समरूप वस्तु (d) फर्मों का स्वतन्त्र प्रवेश

21. एक फर्म के उत्पाद की कीमत और माँग के बीच विपरीत सम्बन्ध होता है
(a) केवल एकाधिकार में
(b) केवल एकाधिकारिक प्रतियोगिता में
(c) एकाधिकार और एकाधिकारी प्रतियोगिता में
(d) केवल पूर्ण प्रतियोगिता में

22. इस बाजार में एक फर्म का माँग वक्र पूर्णतया लोचदार होता है
(a) पूर्ण प्रतियोगिता में (b) एकाधिकार में
(c) एकाधिकारिक प्रतियोगिता में (d) अल्पाधिकार में

23. किस बाजार में उत्पाद विभेदन पाया जाता है?
(a) पूर्ण प्रतियोगिता (b) अपूर्ण प्रतियोगिता
(c) एकाधिकार (d) 'a' और 'c' दोनों

24. 'समरूप वस्तु (उत्पाद) किस बाजार की विशेषता है?
(a) पूर्ण प्रतियोगिता (b) अपूर्ण प्रतियोगिता
(c) एकाधिकार (d) अल्पाधिकार

25. सन्तुलन कीमत का निर्धारण होता है
(a) माँग द्वारा
(b) पूर्ति द्वारा
(c) 'a' और 'b' दोनों
(d) इनमें से कोई नहीं

26. सामान्य कीमत के निर्धारण में किसका प्रभाव अधिक होता है?
(a) माँग का
(b) पूर्ति का
(c) 'a' और 'b' दोनों
(d) इनमें से कोई नहीं

27. बाजार सन्तुलन की स्थिति में
(a) बाजार माँग = बाजार पूर्ति
(b) बाजार माँग < बाजार पूर्ति
(c) बाजार माँग > बाजार पूर्ति
(d) इनमें से कोई नहीं

28. अतिरिक्त पूर्ति की स्थिति में, बाजार कीमत
(a) घटती है
(b) बढ़ती है
(c) समान रहती है
(d) इनमें से कोई नहीं

29. बाजार कीमत सम्बन्धित है
(a) अल्पकाल से
(b) दीर्घकाल से
(c) अति अल्पकाल से
(d) अति दीर्घकाल से

30. अति अल्पकालीन बाजार में ……… पक्ष कीमत निर्धारण में अधिक प्रभावी होता है।
(a) परिवर्तन
(b) साम्य
(c) माँग
(d) बाजार

31. एक बाजार उस समय सन्तुलन की अवस्था में होता है, जब वस्तु की माँग
(a) वस्तु की आपूर्ति से कम होती है।
(b) वस्तु की आपूर्ति से अधिक होती है।
(c) वस्तु की आपूर्ति के बराबर होती है।
(d) वस्तु की आपूर्ति से असम्बद्ध होती है।

32. वस्तुओं की पूर्ति में कमी के कारण सरकार द्वारा अपनाई गई नीति है
(a) उच्चतम कीमत
(b) न्यूनतम कीमत
(c) 'a' और 'b' दोनों
(d) इनमें से कोई नहीं

33. बाजार में कीमत की तुलना में माँग के अधिक होने पर निम्न में से किसका सहारा लिया जाता है?
(a) राशनिंग का
(b) हेजिंग का
(c) 'a' और 'b' दोनों
(d) इनमें से कोई नहीं

उत्तरमाला

1.	(b)	2.	(a)	3.	(a)	4.	(c)	5.	(c)	6.	(c)	7.	(a)	8.	(c)	9.	(b)	10.	(a)
11.	(b)	12.	(a)	13.	(a)	14.	(c)	15.	(a)	16.	(a)	17.	(b)	18.	(c)	19.	(c)	20.	(b)
21.	(c)	22.	(a)	23.	(b)	24.	(a)	25.	(c)	26.	(b)	27.	(a)	28.	(a)	29.	(c)	30.	(c)
31.	(c)	32.	(a)	33.	(a)														

अध्याय 7

राष्ट्रीय आय

समष्टि अर्थशास्त्र का अर्थ (Meaning of Macro-Economics)

समष्टि अर्थशास्त्र में समग्र अर्थव्यवस्था और इसकी समस्याओं एवं सम्भावनाओं का अध्ययन किया जाता है। समष्टि अर्थशास्त्र क्षेत्रीय, राष्ट्रीय व अन्तर्राष्ट्रीय अर्थव्यवस्थाओं की आत्मनिर्भरता को समझाने का प्रयास करता है। इस अर्थशास्त्र के अन्तर्गत सामूहिक इकाइयों पर विचार किया जाता है। यह व्यक्तिगत आय से नहीं, अपितु राष्ट्रीय आय से सम्बन्धित होता है। इसके अन्तर्गत विशाल समूहों; जैसे–कुल रोजगार, कुल राष्ट्रीय उत्पादन अथवा आय, सामान्य कीमत स्तर आदि का अध्ययन किया जाता है।

प्रो. बोल्डिंग के अनुसार, ''समष्टि अर्थशास्त्र में व्यक्तिगत मात्राओं का अध्ययन नहीं किया जाता है, अपितु इन मात्राओं के योग का भी अध्ययन किया जाता है। इसका सम्बन्ध व्यक्तिगत आय से नहीं, बल्कि राष्ट्रीय आय से होता है।''

समष्टि अर्थशास्त्र का उद्भव

समष्टि अर्थशास्त्र का उद्भव एक अलग शाखा के रूप में ब्रिटिश अर्थशास्त्री जॉन मेनार्ड ने अपनी प्रसिद्ध पुस्तक 'द जनरल थ्योरी ऑफ इम्प्लॉयमेण्ट, इण्टरेस्ट एण्ड मनी' में वर्ष 1936 में किया। केन्स की इस पुस्तक ने समस्त दृष्टिकोण को बदलते हुए एक नई कार्यप्रणाली तथा अर्थव्यवस्था के विभिन्न क्षेत्रों की परस्पर निर्भरता का परीक्षण करते हुए 'समष्टि अर्थशास्त्र' को जन्म दिया।

समष्टि अर्थशास्त्र की विषय-वस्तु

समष्टि अर्थशास्त्र की विषय-वस्तु के अन्तर्गत निम्न तथ्यों को सम्मिलित किया गया है–

1. राष्ट्रीय आय व रोजगार का सिद्धान्त
2. सामान्य मूल्य स्तर और मुद्रास्फीति
3. व्यापार-चक्र का सिद्धान्त
4. आर्थिक विकास का निर्धारण
5. भुगतान और विनिमय दर का सन्तुलन

समष्टि अर्थशास्त्र का महत्त्व

समष्टि अर्थशास्त्र का निम्न महत्त्व है–

1. अर्थशास्त्र की कार्यप्रणाली को समझने में सहायक
2. आर्थिक नीति-निर्धारण में सहायक
3. आर्थिक नियोजन में सहायक
4. मौद्रिक समस्याओं व सामान्य बेरोजगारी के विश्लेषण में सहायक
5. व्यापार-चक्रों व व्यष्टि अर्थशास्त्र के विश्लेषण व विकास में सहायक

समष्टि और व्यष्टि में पारस्परिक निर्भरता

समष्टि और व्यष्टि में पारस्परिक निर्भरता को निम्न बिन्दुओं के अन्तर्गत समझने का प्रयास किया जा सकता है–

1. जब तक व्यक्तिगत इकाइयों की जानकारी प्राप्त नहीं होती, तब तक व्यापक स्तर पर आर्थिक निष्कर्ष नहीं निकाले जा सकते हैं। उदाहरण के लिए, राष्ट्रीय आय ज्ञात करने के लिए व्यक्तिगत इकाइयों की आय का ज्ञान भी आवश्यक है।
2. सामान्य कीमत स्तर की विवेचना में वस्तुओं एवं साधनों के कीमत सिद्धान्त का विश्लेषण भी आवश्यक है।
3. व्यक्तिगत आर्थिक क्रियाओं का योग ही अर्थव्यवस्था की आर्थिक क्रियाओं का निर्धारण करता है। उपभोग, बचत, विनियोग, रोजगार आदि का निर्धारण व्यक्तिगत आर्थिक क्रियाओं पर आधारित है।

वस्तुओं का अर्थ (Meaning of Things)

वस्तुओं में सभी भौतिक पदार्थ, प्राकृतिक अथवा मानव निर्मित, जिन्हें मापा जा सकता है या जिसकी कीमत को बाजार में आँका जा सकता है, को सम्मिलित किया जाता है। वस्तुओं में भौतिक पदार्थ (दृश्य वस्तुएँ) और सेवाएँ (अदृश्य वस्तुएँ) दोनों को शामिल किया जाता है।

वस्तुओं के प्रकार

वस्तुओं को मुख्यतः दो प्रकार से वर्गीकृत किया जा सकता है–

मध्यवर्ती वस्तुएँ एवं अन्तिम वस्तुएँ

1. **मध्यवर्ती वस्तुएँ** ये वे वस्तुएँ होती हैं, जिन्हें दोबारा बेचने अथवा पुनः उत्पादन के लिए उसी वर्ष में खरीदा जाता है।
2. **अन्तिम वस्तुएँ** ये वे वस्तुएँ होती हैं, जो निजी उपभोग तथा विनियोग के लिए खरीदी जाती हैं। ये वस्तुएँ 'अन्तिम उपयोगकर्ता' तक पहुँचती हैं।
   अन्तिम वस्तुओं को निम्न दो वर्गों में विभाजित किया जा सकता है–
   (i) **अन्तिम उपभोक्ता वस्तुएँ** इन वस्तुओं को अन्तिम रूप से उपभोक्ताओं द्वारा अपनी आवश्यकताओं को सन्तुष्ट करने के लिए खरीदा जाता है।
   (ii) **अन्तिम उत्पादक वस्तुएँ** वे वस्तुएँ जो अपने अन्तिम प्रयोगकर्ताओं द्वारा उपयोग के लिए तैयार होती हैं और उत्पादक उनके अन्तिम प्रयोगकर्ता होते हैं।

उपभोग वस्तुएँ एवं पूँजीगत वस्तुएँ

1. **उपभोग में आने वाली वस्तुएँ** ये वस्तुएँ उन वस्तुओं को इंगित करती हैं, जो उपभोक्ताओं की इच्छाओं को सीधे सन्तुष्ट करती हैं।
   उपभोग वस्तुओं को निम्न उपश्रेणियों में विभाजित किया जा सकता है–
   (i) **टिकाऊ वस्तुएँ** इन वस्तुओं का प्रयोग लगातार एक लम्बी समयावधि हेतु किया जा सकता है।
   (ii) **अर्द्ध-टिकाऊ वस्तुएँ** इन वस्तुओं का प्रयोग एक सीमित समयावधि हेतु किया जाता है। इन वर्गीकृत वस्तुओं का काल लगभग एक वर्ष निश्चित किया गया है।

(iii) **गैर-टिकाऊ वस्तुएँ** इन वस्तुओं में उन्हें सम्मिलित किया जाता है, जिसका प्रयोग एक बार ही किया जा सकता है।

(iv) **सेवाएँ** इस समूह में उन गैर-भौतिक वस्तुओं को सम्मिलित किया जाता है, जो मानवीय आवश्यकताओं को प्रत्यक्ष रूप से सन्तुष्ट करती है, लेकिन इस समूह में शामिल गतिविधियों को स्पर्श नहीं किया जा सकता। यह सेवाओं की कोटि में शामिल है।

2. **पूँजीगत वस्तुएँ** ये वे अन्तिम वस्तुएँ हैं, जो दूसरी वस्तुओं और सेवाओं के उत्पादन में सहायता करती हैं; जैसे- चाय-पत्ती।

आधारभूत निवेश और मूल्यह्रास

निवेश

निवेश से तात्पर्य समय की एक निश्चित अवधि के दौरान भौतिक पूँजी; जैसे—भवन, संयन्त्र, यन्त्र, उपकरण व मशीन आदि के स्टॉक में वृद्धि होने से है। इसे पूँजी संघटन भी कहा जाता है। इससे अर्थव्यवस्था की नीतियों की उत्पादक क्षमता में वृद्धि होती है।

$I = \Delta K \longrightarrow$ यहाँ, I = निवेश

K = पूँजी का स्टॉक

ΔK = वर्ष के दौरान पूँजी के स्टॉक में परिवर्तन

(पूँजी निर्माण Capital Formation)

निवेश के घटक/अवयव

निवेश के निम्न दो घटक होते हैं–

1. **स्थिर निवेश** अर्थशास्त्र में स्थिर निवेश से तात्पर्य स्थिर पूँजी में निवेश से है या निक्षेपित स्थिर पूँजी के प्रतिस्थापन से है। इस प्रकार, स्थिर (निश्चित) निवेश भौतिक सम्पत्ति; जैसे—भूमि, मशीनरी, भवन, प्रतिष्ठान, वाहन या प्रौद्योगिकी में निवेश को दर्शाता है। स्थिर निवेश को स्थिर पूँजी निर्माण (Fixed Capital Formation) भी कहा जाता है।
2. **माल-सूची निवेश** किसी वर्ष में उत्पादित वस्तुओं (उत्पादन) और बेची गई वस्तुओं (बिक्री) के बीच के अन्तर को माल-सूची निवेश या इण्वेण्ट्री निवेश कहा जाता है।

माल-सूची निवेश = उत्पादन - बिक्री

निवेश के प्रकार

निवेश को निम्न दो रूपों में वर्गीकृत किया जा सकता है–

1. **सकल निवेश** सकल निवेश से अभिप्राय एक समयकाल के दौरान कुल भौतिक पूँजी के स्टॉक में हुई कुल वृद्धि से है।
   सकल निवेश = लेखा वर्ष के दौरान स्थिर परिसम्पत्ति को खरीदने पर व्यय + लेखा वर्ष के दौरान माल-सूची स्टॉक का व्यय
   अथवा सकल निवेश = शुद्ध निवेश + मूल्यह्रास
2. **शुद्ध निवेश** शुद्ध निवेश से तात्पर्य एक समयकाल (एक लेखा वर्ष) के दौरान भौतिक पूँजी में हुई शुद्ध वृद्धि से है।

शुद्ध निवेश = सकल निवेश – मूल्यह्रास

मूल्यह्रास

मूल्यह्रास से आशय अनुमानित अप्रचलन या प्रत्याशित अप्रचलन तथा उत्पादन की प्रक्रिया में सामान्य टूट-फूट के कारण स्थिर परिसम्पत्तियों के मूल्य में हुई गिरावट या हानि से है।

स्टॉक तथा प्रवाह

स्टॉक का अर्थ स्टॉक को एक विशिष्ट समय बिन्दु पर मापा जाता है, जो उस विशिष्ट समय में मौजूद वस्तुओं की मात्रा का प्रतिनिधित्व करता है। यहाँ पर वस्तुओं की मात्रा से अभिप्राय मुद्रा पूर्ति एवं राष्ट्रीय सम्पत्ति आदि से है।

प्रवाह का अर्थ प्रवाह को एक समयावधि में मापा जा सकता है अर्थात् प्रवाह का एक समयकाल होता है अर्थात् प्रवाह किसी समयावधि में उपस्थित वस्तुओं की मात्रा को दर्शाता है।

आय

किसी व्यक्ति या समूह को मजदूरी, वेतन, किराया, ब्याज, लाभ इत्यादि माध्यमों से जो धन प्राप्त होता है वह आय कहलाती है। आय में बेरोजगारी भत्ता, पेंशन आदि को भी जोड़ा जाता है।

आय के प्रकार

अर्थशास्त्र में आय के कई प्रकार हैं। वैयक्तिक या समूह की आय के विभिन्न स्वरूप होते हैं, जिन्हें अलग-अलग शब्दावलियों द्वारा निरूपित किया जाता है।

वैयक्तिक आय

घरेलू क्षेत्र द्वारा प्राप्त आय को ही वैयक्तिक आय (Personal Income) कहते हैं। यह देशवासियों द्वारा वास्तव में प्राप्त आय है। वैयक्तिक आय को ज्ञात करने के लिए राष्ट्रीय आय में से निगम करों तथा निगमों द्वारा अवितरित लाभांश एवं सामाजिक सुरक्षा योजना के लिए भुगतान को जोड़ा या घटाया जाता है।

वैयक्तिक आय = राष्ट्रीय आय—निगम व कम्पनियों पर कर

\+ कम्पनी के अवितरित लाभ

\+ प्रॉविडेण्ड फण्ड में अंशदान

– (सरकार द्वारा सामाजिक सुधार पर व्यय)

उपभोग्य आय

1. राष्ट्रीय आय का वह भाग जिसको लोग अपनी इच्छा से जब चाहें खर्च कर सकते हैं, उसे व्यय योग्य वैयक्तिक आय (Disposable Personal Income) कहा जाता है।
2. सभी प्रकार के प्रत्यक्ष कर चुकाने के बाद जो आय बचती है, उसको लोग अपनी इच्छानुसार व्यय कर सकते हैं या बचत कर सकते हैं।

DPI = उपभोग + बचत

DPI = व्यक्तिगत आय - प्रत्यक्ष कर + सब्सिडी

वास्तविक आय

1. व्यय योग्य आय में से जब उस समय की मुद्रास्फीति के प्रभाव को घटाते हैं, तो वास्तविक आय Real की राशि प्राप्त होती है। इसे वास्तविक मजदूरी (Real Wage) भी कहा जाता है।
2. वास्तविक आय देश की जनता के व्यय-व्यवहार, उनके उपभोग, बचत और निवेश को प्रत्यक्षतः प्रभावित करती है।

निजी आय

निजी आय का आशय उस आय से होता है जो किसी देश में एक वर्ष की अवधि में व्यक्तियों तथा परिवारों को प्राप्त होती है।

आय का चक्रीय प्रवाह (Circular Flow of Income)

आय के चक्रीय प्रवाह का अर्थ मुद्रा के प्रवाह के रूप में परिभाषित किया जाता है। आय के चक्रीय प्रवाह से अभिप्राय, अर्थव्यवस्था के विभिन्न क्षेत्रों में मौद्रिक आय के प्रवाह या वस्तुओं-सेवाओं के चक्रीय रूप में प्रवाह से है।

आय के चक्रीय प्रवाह के चरण (Phases of Circular Flow of Income)

आय के चक्रीय प्रवाह को तीन विभिन्न चरणों में वर्गीकृत किया जाता है, जो निम्न हैं

1. **उत्पादन चरण** (Generation phase) इस चरण में फर्म, साधन सेवाओं की सहायता से वस्तुओं एवं सेवाओं का उत्पादन करती है।

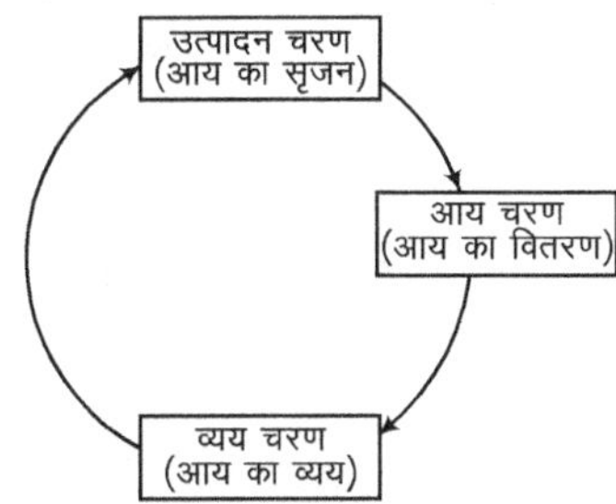

2. **वितरण चरण** (Distribution phase) इस चरण में साधन आय (किराया, मजदूरी तथा ब्याज) का फर्म से परिवार क्षेत्र की ओर प्रवाह होता है।
3. **उपभोग व्यय चरण** (Disposition phase) इस चरण में उत्पादन के साधनों द्वारा प्राप्त आय को उत्पादित वस्तुओं एवं सेवाओं पर व्यय किया जाता है।

चक्रीय प्रवाह के प्रकार (Types of Circular Flow)

चक्रीय प्रवाह को दो भागों में बाँटा जाता है

1. **वास्तविक प्रवाह** (Real Flow) वास्तविक प्रवाह से तात्पर्य साधन सेवाओं का परिवार से फर्म की ओर प्रवाह तथा ठीक उसी प्रकार वस्तुओं एवं सेवाओं का फर्म से परिवार की ओर प्रवाह से है। परिवार फर्म को साधन सेवाएँ प्रदान करता है तथा फर्म परिवार की उत्पादक सेवाओं के बदले वस्तुएँ एवं सेवाएँ प्रदान करता है। इन साधन सेवाओं में भूमि, श्रम बल, पूँजी तथा उद्यम आदि शामिल हैं।

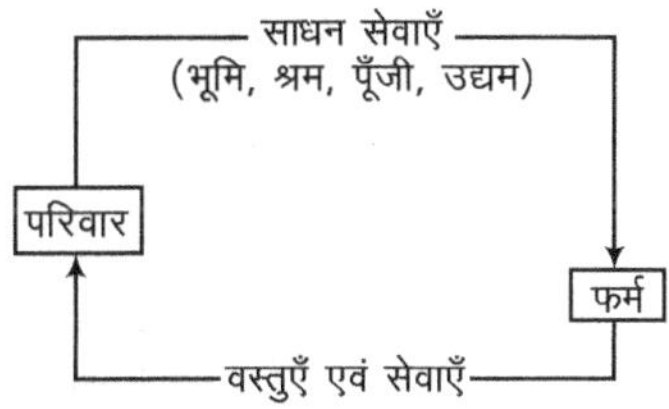

(i) वास्तविक प्रवाह को **भौतिक प्रवाह** के नाम से भी जाना जाता है। यह एक अर्थव्यवस्था के आकार को निर्धारित करने में सहायक है।

2. **मौद्रिक प्रवाह** (Money Flow) मौद्रिक प्रवाह से अभिप्राय एक फर्म द्वारा परिवार को उनके साधन सेवाओं के लिए साधन भुगतान के प्रवाह से है और ठीक उसी प्रकार परिवार से फर्म को उनके द्वारा उत्पादित वस्तुओं एवं सेवाओं के क्रय हेतु किए गए उपभोग व्यय से है। यहाँ साधन भुगतान के रूप में किराया, मजदूरी, ब्याज और लाभ आदि से है।

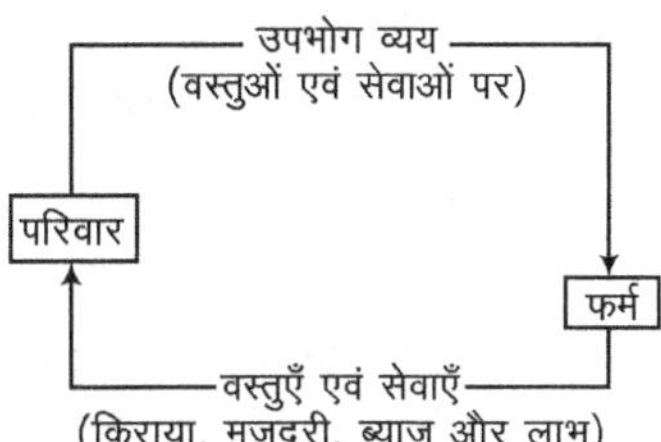

(i) मौद्रिक प्रवाह को **नाम का प्रवाह** (Nominal flow) के रूप में भी जाना जाता है। इस प्रवाह-चक्र में दो क्षेत्रों के बीच में मुद्रा का विनिमय होता है।

राष्ट्रीय आय (Nation Income)

किसी देश की राष्ट्रीय आय देश में प्रतिवर्ष उत्पादित अन्तिम वस्तुओं और सेवाओं के मौद्रिक मूल्य का योग होता है। राष्ट्रीय आय की गणना में अन्तिम वस्तुओं के मौद्रिक मूल्य को शामिल किया जाता है, जिससे दोहरी गणना न हो सके। राष्ट्रीय आय की गणना वित्तीय वर्ष (1 अप्रैल से 31 मार्च) के आधार पर की जाती है, साथ ही राष्ट्रीय आय में विदेशों से प्राप्त शुद्ध आय भी शामिल की जाती है। अन्य शब्दों में, यह कहा जा सकता है कि राष्ट्रीय आय एक देश के सामान्य निवासियों (Normal Residents) द्वारा, देश की घरेलू सीमा (Domestic Territory) एवं विदेशों से अर्जित आय का योग है।

अल्फ्रेड मार्शल के अनुसार, ''देश के प्राकृतिक साधनों पर श्रम तथा पूँजी द्वारा कार्य करने पर प्रतिवर्ष भौतिक एवं अभौतिक वस्तुओं और सेवाओं का जो वास्तविक योग प्राप्त होता है, वही शुद्ध वार्षिक आय कहलाती है।''

राष्ट्रीय आय से सम्बन्धित समुच्चय एवं अवधारणाएँ

राष्ट्रीय आय या राष्ट्रीय उत्पाद की गणना हेतु कई महत्त्वपूर्ण अवधारणाओं का प्रयोग किया जाता है, जिनका विवरण निम्न प्रकार है

बाजार मूल्य पर सकल घरेलू उत्पाद (GDP_{MP})

देश की घरेलू सीमा व भौगोलिक सीमा के अन्दर किसी वर्ष में की गई उत्पादित अन्तिम वस्तुओं और सेवाओं के बाजार मूल्यों के समग्र योग को GDP कहा जाता है। इसमें विदेशों से अर्जित आय शामिल नहीं होती है।

सकल घरेलू उत्पाद को निम्न तरीके से ज्ञात किया जा सकता है

$$GDP_{MP} = P \times Q$$

यहाँ, GDP_{MP} = बाजार मूल्य पर सकल घरेलू उत्पाद
P = बाजार कीमत
Q = उत्पादित अन्तिम वस्तुओं तथा सेवाओं की मात्रा

नोट *बाजार कीमत पर सकल घरेलू उत्पाद को सकल घरेलू आय भी कहा जाता है।*

बाजार मूल्य पर शुद्ध घरेलू उत्पाद (NDP_{MP})

सकल घरेलू उत्पाद में से मूल्यह्रास या घिसावट को घटाने के बाद जो शेष बचता है, उसे बाजार मूल्य पर शुद्ध घरेलू उत्पाद कहा जाता है। *इसे निम्न रूप में व्यक्त किया जा सकता है*

$$NDP_{MP} = GDP_{MP} - \text{Depreciation}$$

नोट *मूल्यह्रास में मशीनों की घिसावट/गिरावट/मूल्यों की कमी या इमारतों की टूट-फूट की अनुमानित लागत शामिल होती है।*

बाजार मूल्य पर सकल राष्ट्रीय उत्पाद (GNP_{MP})

बाजार मूल्य पर सकल राष्ट्रीय उत्पाद में सकल घरेलू उत्पाद तथा विदेशों से प्राप्त शुद्ध आय शामिल होती है। इसे भी बाजार कीमत पर सकल राष्ट्रीय आय कहा जाता है। *इसे निम्न प्रकार लिखा जा सकता है*

Gross National Product,
GNP_{MP} = Gross Domestic Product (GDP) + A – B
Where, A = Income earned abroad by Indian Means
B = Earned earning in India by Foreign Means

अन्त में सकल राष्ट्रीय उत्पाद को इस प्रकार लिखा जाता है

$GNP_{MP} = GDP_{MP}$ + Net Income eaned from abroad

बाजार मूल्य पर शुद्ध राष्ट्रीय उत्पाद (NNP_{MP})

सकल राष्ट्रीय उत्पाद में से मूल्यह्रास (मशीनों की गिरावट/घिसावट/मूल्य ह्रास की अनुमानित लागत) को घटाने से शुद्ध राष्ट्रीय आय या शुद्ध राष्ट्रीय उत्पाद प्राप्त होता है।

इसे बाजार कीमत पर शुद्ध राष्ट्रीय उत्पाद अथवा शुद्ध राष्ट्रीय आय भी कहा जाता है। *इसे निम्न प्रकार लिखा जा सकता है*

$$NNP_{MP} = GNP_{MP} - \text{Depreciation}$$

साधन लागत पर शुद्ध राष्ट्रीय उत्पाद (NNP_{FC})

बाजार मूल्यों पर शुद्ध राष्ट्रीय उत्पाद में से अप्रत्यक्ष करों को घटाने एवं सब्सिडी को जोड़ने से जो राशि प्राप्त होती है, वह साधन लागत पर शुद्ध राष्ट्रीय उत्पाद कहलाती है।

इसे राष्ट्रीय आय भी कहा जाता है। *इसे निम्न रूपों में लिखा जा सकता है*

$$NNP_{FC} = NNP_{MP} - \text{Indirect Tax} + \text{Subsidies}$$

साधन लागत पर सकल घरेलू उत्पाद (GDP_{FC})

बाजार कीमत पर सकल घरेलू उत्पाद (GDP_{MP}) तथा साधन लागत (Factor Cost, FC) पर सकल घरेलू उत्पाद (GDP_{FC}) के मध्य अन्तर पाया जाता है। यह परोक्ष कर तथा सब्सिडी की मात्रा या निवल राष्ट्रीय उत्पाद के कारण होता है।

$$GDP_{FC} = GDP_{MP} - \text{Net Indirect Tax}$$
or
$$GDP_{FC} = GDP_{MP} - \text{Indirect Tax} + \text{Subsidies}$$

साधन लागत पर सकल राष्ट्रीय उत्पाद (GNP_{FC})

इससे आशय एक देश के सामान्य निवासियों द्वारा एक वर्ष की अवधि के दौरान उत्पादित सभी अन्तिम वस्तुओं और सेवाओं के सकल मौद्रिक मूल्य से है।

$$GNP_{FC} = GNP_{MP} - \text{Net Indirect tax}$$
or
$$GNP_{FC} = GNP_{MP} - \text{Indirect Tax} + \text{Subsidies}$$

साधन लागत पर शुद्ध घरेलू उत्पाद (NDP_{FC})

इससे आशय एक देश की घरेलू सीमा के अन्दर एक वर्ष के समय अन्तराल के दौरान उत्पादित सभी अन्तिम वस्तुओं और सेवाओं के मौद्रिक मूल्य से है।

$$NDP_{FC} = GDP_{MP} - \text{Net Indirect Tax} - \text{Depreciation}$$

राष्ट्रीय आय का मापन/राष्ट्रीय आय मापने की विधियाँ

(Methods of Measuring National Income)

उत्पादन विधि/मूल्य संवर्द्धित विधि

इस विधि में किसी देश में एक वर्ष में उत्पादित सभी प्रकार की अन्तिम वस्तुओं तथा सेवाओं का मौद्रिक मूल्य जोड़ा जाता है, जो बाजार की कीमतों पर आधारित होता है, जिसे सकल घरेलू उत्पाद कहा जाता है।

उत्पादन विधि अथवा मूल्य संवर्द्धित विधि द्वारा राष्ट्रीय आय की गणना निम्न चरणों में की जाती है

1. ***वस्तुओं के विक्रय मूल्य का निर्धारण*** सर्वप्रथम एक लेखांकन वर्ष में बिक्रीत वस्तु एवं सेवाओं के बाजार मूल्य का निर्धारण किया जाता है। अन्य शब्दों में, यह कुल विक्रय को दर्शाता है।
2. ***स्टॉक में परिवर्तन का निर्धारण*** एक लेखांकन वर्ष के अन्तिम स्टॉक एवं प्रारम्भिक स्टॉक के मध्य के अन्तर का निर्धारण किया जाता है। सूत्रानुसार,

   Changes in Stock = Closing Stock – Opening Stock
3. ***निर्गत के मूल्य का निर्धारण*** निर्गत के मूल्य का निर्धारण इस सूत्र द्वारा किया जा सकता है

   Value of Issue = Net Sales + Changes in Stock
4. ***मूल्य संवर्द्धन का निर्धारण*** मूल्य संवर्द्धन से आशय विक्रय मूल्य का वस्तु की लागत पर आधिक्य से है। *इसकी गणना निम्न प्रकार की जाती है*

   Value Addition = Value of Issue – Intermediate Consumption

सूत्रानुसार,

राष्ट्रीय आय कारक लागत पर

(National Income/Net National Product at Factor Cost (NNP_{FC}) = Gross Domestic Product at Market Price – Depreciation – Net Indirect Taxes + Net Factor Income from Abroad

आय विधि

इस विधि के अन्तर्गत देश के विभिन्न क्षेत्रों में उत्पादन के सभी साधनों से प्राप्त आय के योग को शुद्ध घरेलू आय कहा जाता है। शुद्ध घरेलू आय में विदेशों से प्राप्त शुद्ध साधन को जोड़कर राष्ट्रीय आय या साधन लागत पर शुद्ध राष्ट्रीय आय प्राप्त की जाती है। इसे व्यावसायिक गणना विधि भी कहा जाता है।

इस विधि में राष्ट्रीय आय की गणना निम्न चरणों में की जाती है

1. सर्वप्रथम कर्मचारियों का पारिश्रमिक (Compensation of employees) ज्ञात किया जाता है। *इसे निम्न प्रकार ज्ञात किया जाता है*

   (Compensation of Employees = Wages and Salaries in Cash + Payments in kind + Employer's Contribution to Social Security + Pension on Retirement)
2. *इसके पश्चात् प्रचालन अधिशेष की गणना निम्न प्रकार की जाती है*

   (Operating Surplus = Rent + Interest + Profit)

   यहाँ पर यह भी जानना आवश्यक है कि लाभ के अन्तर्गत लाभांश, निगम लाभ कर एवं अवितरित लाभ को सम्मिलित किया जाता है

   सूत्रानुसार,

   (Profit = Dividend + Corporate Profit Tax + Undistributed Profit)
3. इसके पश्चात् स्वनियोजित व्यक्तियों की मिश्रित आय (Mixed Income of Self-employed) ज्ञात की जाती है। अतः, उनके द्वारा अर्जित लाभ में मजदूरी, लगान एवं ब्याज का तत्त्व पाया जाता है। अतः इसे मिश्रित आय कहा जाता है।
4. कर्मचारियों का पारिश्रमिक, प्रचालन अधिशेष एवं स्वनियोजित व्यक्तियों की मिश्रित आय के योग से कारक लागत पर शुद्ध घरेलू उत्पाद ज्ञात किया जाता है। इसमें विदेशों से प्राप्त आय जोड़ दी जाए, तो राष्ट्रीय आय प्राप्त होती है।

   सूत्रानुसार,

   (National Income (NNP_{FC}) = Compensation of Employees + Operating Surplus + Mixed Income of Self-employed + Net Factor Income from Abroad)

व्यय विधि

इस गणना विधि में उपभोक्ताओं द्वारा वस्तुओं के उपभोग पर किए गए कुल व्यय एवं समस्त बचतों के योग को शामिल किया जाता है, अन्ततः समस्त बचतें निवेश में परिवर्तित हो जाती हैं। इस प्रकार किसी वर्ष विशेष में उपभोग व्यय और निवेश व्यय का योग राष्ट्रीय आय कहलाती है। इसमें निजी अन्तिम उपभोग व्यय एवं

निवेश व्यय, सरकारी उपभोग व्यय एवं निवेश व्यय तथा शुद्ध विदेशी निवेश को शामिल किया जाता है।

नोट *यह विधि कम ही व्यावहारिक है, क्योंकि उपभोक्ताओं के व्यय तथा बचत की जानकारी प्राप्त करना कठिन होता है।*

इसके अन्तर्गत राष्ट्रीय आय की गणना निम्न चरणों में की जाती है

1. ***निजी अन्तिम उपभोग व्यय (C) की गणना*** सर्वप्रथम व्यक्तियों, परिवारों तथा गैर-लाभ वाली निजी संस्थाओं या सेवा संस्थाओं द्वारा अन्तिम वस्तुओं तथा सेवाओं पर किए गए व्यय की गणना की जाती है।
2. ***सरकारी अन्तिम उपभोग व्यय (G) की गणना*** उपरोक्त के पश्चात् सरकार द्वारा अन्तिम वस्तुओं तथा सेवाओं पर किए जाने वाले व्यय; जैसे, सेना हेतु हथियारों का क्रय आदि की गणना की जाती है।
3. ***निवेश व्यय (I) की गणना*** इसके पश्चात् उत्पादकों द्वारा अन्तिम वस्तुओं की खरीद पर किए गए व्यय की गणना की जाती है। इन वस्तुओं का उत्पादन प्रक्रिया में प्रयोग किया जाता है। जैसे, किसानों द्वारा ट्रैक्टर खरीदने पर किया गया व्यय।
4. ***शुद्ध निर्यात (X-M) की गणना*** शुद्ध निर्यातों से अभिप्राय एक लेखा वर्ष में किसी देश द्वारा शेष विश्व को किए गए निर्यात तथा शेष विश्व से किए गए आयात के अन्तर से है। सबसे अन्त में इसकी गणना की जाती है।
5. ***GDP_{MP} की गणना*** एक लेखा वर्ष में घरेलू सीमा में उत्पादित वस्तुओं और सेवाओं पर हुए व्यय को जोड़कर बाजार कीमत पर सकल घरेलू उत्पाद (GDP_{MP}) प्राप्त किया जाता है।

   सूत्रानुसार,

   (Gross Domestic Product at Market Price = Private Final Consumption Expenditure + Govt. Final Consumption Expenditure + Investment Expenditure + Net Exports)
6. ***राष्ट्रीय आय की गणना*** सबसे अन्त में GDP_{MP} से ह्रास एवं शुद्ध अप्रत्यक्ष करों को घटाया जाता है एवं विदेशों से प्राप्त शुद्ध आय को जोड़ा जाता है तो राष्ट्रीय आय प्राप्त होती है।

   सूत्रानुसार,

   (National Income (NNP_{FC}) = Compensation of Employees + Operating Surplus + Mixed Income of Self-employed + Net Factor Income from Abroad)

अभ्यास प्रश्न

1. अर्थशास्त्र की एक अलग शाखा के रूप में समष्टि अर्थशास्त्र का आरम्भ किसने किया?
(a) एडम स्मिथ ने (b) जॉन मार्शल ने
(c) प्रो. पीगू ने (d) मेनार्ड कीन्स ने

2. समष्टि अर्थशास्त्र आवश्यक है
(a) सम्पूर्ण संगठन एवं संचालन हेतु
(b) आर्थिक नीतियों के निर्धारण हेतु
(c) मौद्रिक समस्याओं के विश्लेषण हेतु
(d) उपरोक्त सभी

3. निम्नलिखित में से एक टिकाऊ उपभोक्ता वस्तु नहीं है
(a) फ्रिज (b) तौलिया (c) मेज (d) भोजन

4. अन्य वस्तुओं के उत्पादन में आगत के रूप में प्रयुक्त होने वाली वस्तुएँ कहलाती हैं
(a) अन्तिम वस्तुएँ (b) मध्यवर्ती वस्तुएँ
(c) 'a' और 'b' दोनों (d) उपभोग वस्तुएँ

5. निम्नलिखित में से किसे पूँजीगत वस्तुओं में सम्मिलित किया जाता है?
(a) टेलीफोन सेट (b) स्टील की चादर
(c) चाय-पत्ती (d) उपकरण

6. आय के चक्रीय प्रवाह का मॉडल किसने विकसित किया?
(a) फॉस्वा क्यूसने ने (b) रिचर्ड कैंटिलोन ने
(c) मार्शल ने (d) हिक्स ने

7. राष्ट्रीय आय को निम्नलिखित में से किससे निर्धारित किया जाता है?
(a) सकल घरेलू उत्पाद + विदेशों से प्राप्त निवल साधन आय
(b) सकल घरेलू उत्पाद – मूल्यह्रास
(c) देश की सीमा में उत्पादित सभी वस्तुओं और सेवाओं का मौद्रिक मूल्य
(d) सकल घरेलू उत्पाद + मूल्यह्रास

8. एक देश की राष्ट्रीय आय माप है, उसके
(a) कुल निर्यात के मौद्रिक मूल्य की
(b) कुल आयात के मौद्रिक मूल्य की
(c) कुल उत्पादन के मौद्रिक मूल्य की
(d) कुल निवेश की

9. राष्ट्रीय आय को मापा जाता है
(a) देश के कुल उत्पादन द्वारा (b) देश के कुल विनियोग द्वारा
(c) देश के कुल उपभोग द्वारा (d) देश के कुल राजस्व द्वारा

10. सकल घरेलू उत्पाद =?
(a) शुद्ध घरेलू उत्पाद – घिसावटें
(b) शुद्ध घरेलू उत्पाद + घिसावटें
(c) शुद्ध राष्ट्रीय उत्पाद – सब्सिडी
(d) शुद्ध राष्ट्रीय उत्पाद + सब्सिडी

11. राष्ट्रीय आय का अर्थ है
(a) साधन लागत पर शुद्ध राष्ट्रीय उत्पाद
(b) देश के कुल निर्यात की मात्रा
(c) देश के कुल आयात की मात्रा
(d) देश की सरकार का व्यय

12. राष्ट्रीय आय बराबर होती है
(a) सकल राष्ट्रीय उत्पाद (b) निवल राष्ट्रीय उत्पाद
(c) सकल घरेलू उत्पाद (d) निवल घरेलू उत्पाद

13. निम्नलिखित में से क्या सकल घरेलू उत्पाद (GDP) में सम्मिलित नहीं होता?
(a) एक वर्ष में उत्पादित अन्तिम वस्तुओं व सेवाओं का मौद्रिक मूल्य
(b) अप्रत्यक्ष कर
(c) विदेशों से प्राप्त शुद्ध आय
(d) मूल्यह्रास

14. सकल राष्ट्रीय उत्पाद (GNP) है
अथवा सकल राष्ट्रीय उत्पाद =
(a) सकल घरेलू उत्पाद + (निर्यात – आयात)
(b) सकल घरेलू उत्पाद – (कर – सब्सिडी)
(c) सकल घरेलू उत्पाद + (सब्सिडी – कर)
(d) सकल घरेलू उत्पाद + (निर्यात / आयात)

15. सकल राष्ट्रीय उत्पाद बराबर है
(a) सकल घरेलू उत्पाद + विदेशों से प्राप्त शुद्ध आय
(b) सकल घरेलू उत्पाद – विदेशों से प्राप्त शुद्ध आय
(c) सकल घरेलू उत्पाद + मूल्यह्रास
(d) सकल घरेलू उत्पाद – मूल्यह्रास

16. बाजार कीमतों पर राष्ट्रीय आय बराबर होती है
(a) सकल घरेलू उत्पाद (GDP) के
(b) शुद्ध घरेलू उत्पाद (NDP) के
(c) शुद्ध राष्ट्रीय उत्पाद (NNP) के
(d) उपरोक्त में से कोई नहीं

17. निम्न में से आर्थिक कल्याण की सर्वोत्तम माप कौन-सी है?
(a) सकल राष्ट्रीय उत्पाद (GNP) (b) सकल घरेलू उत्पाद (GDP)
(c) शुद्ध घरेलू उत्पाद (NDP) (d) शुद्ध राष्ट्रीय उत्पाद (NNP)

18. सकल घरेलू उत्पाद का अर्थ है
(a) किसी देश में गृहणियों द्वारा किए गए कुल उत्पादन का मूल्य
(b) घरेलू उपयोग के लिए किए गए उत्पादन का कुल मूल्य
(c) किसी देश की सीमा के अन्तर्गत उत्पादित वस्तुओं व सेवाओं का कुल मूल्य
(d) कृषि-उत्पादन का कुल मूल्य

19. राष्ट्रीय आय को अकसर आंकलित किया जाता है
(a) सकल घरेलू उत्पाद के रूप में
(b) सकल राष्ट्रीय उत्पाद के रूप में
(c) निवल घरेलू उत्पाद के रूप में
(d) निवल राष्ट्रीय उत्पाद के रूप में

20. निम्नलिखित में से सही उत्तर का चयन कीजिए
(a) NNP = GDP + NFIA – Depreciation
(b) NNP = GDP – NFIA – Depreciation
(c) NNP = GDP + NFIA + Depreciation
(d) NNP = GDP – NFIA + Depreciation

21. सकल राष्ट्रीय उत्पाद (बाजार कीमतों पर) – मूल्यह्रास =
(a) राष्ट्रीय आय
(b) शुद्ध राष्ट्रीय उत्पाद (बाजार कीमतों पर)
(c) व्यक्तिगत आय
(d) व्यय योग्य (प्रयोज्य) आय

22. राष्ट्रीय आय में असम्मिलित होने वाली मदें हैं
(a) पूँजी निर्माण
(b) सरकार द्वारा मुफ्त सेवाएँ
(c) पूँजीगत लाभ तथा पूँजीगत हानि
(d) देश में विदेशी यात्री द्वारा किया गया खर्च

23. साधन लागत पर राष्ट्रीय आय बराबर है
(a) NNP + अप्रत्यक्ष कर + अनुदान
(b) NNP + अप्रत्यक्ष कर – अनुदान
(c) NNP – अप्रत्यक्ष कर + अनुदान
(d) NNP – अप्रत्यक्ष कर – अनुदान

24. बाजार कीमत पर निवल राष्ट्रीय उत्पाद (NNP) – अप्रत्यक्ष कर + सरकारी सहायता है
(a) साधन लागतों पर निवल राष्ट्रीय उत्पाद
(b) बाजार कीमतों पर निवल राष्ट्रीय उत्पाद
(c) बाजार कीमतों पर निवल घरेलू उत्पाद
(d) साधन लागतों पर निवल घरेलू उत्पाद

25. राष्ट्रीय आय की गणना की रीति है
(a) उत्पादन गणना रीति (b) आय गणना रीति
(c) व्यय गणना रीति (d) ये सभी

26. व्यय योग्य आय बराबर है
(a) सकल राष्ट्रीय उत्पाद – ह्रास
(b) विशुद्ध राष्ट्रीय उत्पादन – अप्रत्यक्ष कर + आर्थिक अनुदान
(c) उपभोग + बचत
(d) उपरोक्त में से कोई नहीं

27. निम्नलिखित में से कौन-सी संस्था राष्ट्रीय आय के समंकों का संकलन करती है?
अथवा भारत में राष्ट्रीय आय का अनुमान कौन करता है?
(a) केन्द्रीय सांख्यिकीय संगठन
(b) राष्ट्रीय प्रतिदर्श सर्वेक्षण संगठन
(c) योजना आयोग
(d) वित्त आयोग

28. निम्नलिखित में से कौन राष्ट्रीय आय मापने की विधि नहीं है?
(a) बचत गणना विधि
(b) उत्पादन गणना विधि
(c) व्यय गणना विधि
(d) आय गणना विधि

29. शुद्ध घरेलू उत्पाद =
(a) सकल घरेलू उत्पाद – घिसावटें
(b) सकल घरेलू उत्पाद + घिसावटें
(c) सकल राष्ट्रीय उत्पाद – सब्सिडी
(d) सकल राष्ट्रीय उत्पाद + सब्सिडी

30. वैयक्तिक आय बराबर होती है
(a) सकल राष्ट्रीय उत्पाद - घिसावट
(b) शुद्ध राष्ट्रीय उत्पाद - अप्रत्यक्ष कर + अनुदान
(c) व्यय योग्य आय + वैयक्तिक प्रत्यक्ष कर
(d) उपरोक्त में से कोई नहीं

उत्तरमाला

1.	(d)	2.	(d)	3.	(d)	4.	(b)	5.	(c)	6.	(a)	7.	(c)	8.	(c)	9.	(a)	10.	(b)
11.	(a)	12.	(d)	13.	(c)	14.	(a)	15.	(b)	16.	(b)	17.	(d)	18.	(c)	19.	(d)	20.	(a)
21.	(b)	22.	(c)	23.	(c)	24.	(d)	25.	(d)	26.	(c)	27.	(a)	28.	(a)	29.	(a)	30.	(c)

अध्याय 8

आय एवं रोजगार निर्धारण

आय तथा रोजगार का निर्धारण

(Determination of Income and Employment)

क्लासिकल अर्थशास्त्रियों का मत था कि अर्थव्यवस्था में हमेशा पूर्ण रोजगार की स्थिति बनी रहती है। उनका यह विचार **'से के नियम'** से प्रभावित था। उनका मानना था कि यदि किसी देश में बेरोजगारी की स्थिति उत्पन्न हो जाती है, तो ऐसी आर्थिक शक्तियाँ अपने आप कार्य करने लग जाएँगी, जिससे फिर से पूर्ण रोजगार की स्थिति स्थापित हो जाएगी। वर्ष 1929-33 के दौरान पूँजीवादी देशों में बड़ी मन्दी की स्थिति आई, जिससे उनमें व्यापक रूप से बेरोजगारी फैल गई।

सकल घरेलू उत्पाद तथा राष्ट्रीय आय का स्तर गिर गया। इस कारण उत्पादन घटा, कल कारखाने बन्द हो गए तथा प्रति व्यक्ति निम्न आय के कारण जनता को विपत्तियों तथा कष्ट का सामना करना पड़ा। अतः विद्वानों का प्रतिष्ठित आर्थिक सिद्धान्त से विश्वास उठ गया। अतः जॉन मेनार्ड कीन्स ने अपनी पुस्तक, 'General Theory of Employment Interest and Money' (वर्ष 1936) में क्लासिकी आधार पर तत्त्वों को एक सिरे से नकार दिया। उसने नवीन अर्थशास्त्र का विकास किया, जिसने आर्थिक विचारधारा तथा नीति में क्रान्ति ला दी।

परम्परागत अर्थशास्त्रियों जे एच मिल तथा पीगू ने सामान्य सिद्धान्त का समर्थन किया, जिसकी कीन्स तथा कीन्सवादी अर्थशास्त्रियों ने खण्डन करते हुए आलोचना की।

पूर्ण रोजगार

जब योग्य और काम करने के इच्छुक समस्त व्यक्तियों को विद्यमान पारिश्रमिक दर पर रोजगार प्राप्त हो तो उस स्थिति को पूर्ण रोजगार कहते हैं। साधारण अर्थों में, पूर्ण रोजगार से आशय उस स्थिति से है, जिसमें एक दी हुई मजदूरी दर के अनुरूप, श्रम के लिए माँग के बराबर श्रम की पूर्ति हो अर्थात् श्रम बाजार में सन्तुलन की स्थिति हो। इसमें वृद्धजनों और बच्चों को शामिल नहीं किया जाता है।

अल्प रोजगार

श्रमिकों का उनकी क्षमता के अनुसार काम न मिलना अल्प रोजगार कहलाता है। यह ऐसी समस्या है, जिसके अन्तर्गत व्यक्ति श्रम का उपयोग मानक स्तर तक नहीं पाता है।

केन्स का रोजगार सिद्धान्त

केन्स के रोजगार सिद्धान्त (Keynes' Theory of Employment) के अनुसार, एक अर्थव्यवस्था में आय और रोजगार का स्तर मुख्य रूप से 'प्रभावपूर्ण माँग' के द्वारा निर्धारित होता है।

इस सिद्धान्त के अनुसार, आय तथा रोजगार स्तर का निर्धारण तब होगा, जब समग्र (सामूहिक) माँग के बराबर समग्र (सामूहिक) पूर्ति होगी। इसके लिए पूर्ण रोजगार स्तर का होना आवश्यक नहीं है। यह सिद्धान्त उपभोग के मनोवैज्ञानिक नियम पर आधारित है। यह सिद्धान्त अल्पकालीन मान्यता पर आधारित है। इस सिद्धान्त के अनुसार, बचत और निवेश में समानता आय में परिवर्तन द्वारा स्थापित होती है।

कीन्स के रोजगार सिद्धान्त की व्याख्या

इस सम्बन्ध में निम्नांकित तथ्य महत्त्वपूर्ण हैं–

1. रोजगार प्रभावपूर्ण माँग पर निर्भर करता है, जहाँ पर, प्रभावपूर्ण माँग = कुल उत्पादन = कुल आय = कुल रोजगार
2. प्रभावी माँग कुल माँग फलन *(ADF)* तथा कुल पूर्ति फलन *(ASF)* द्वारा निर्धारित होती है।
3. प्रभावी माँग पर मुख्य प्रभाव कुल माँग फलन का पड़ता है, क्योंकि कुल पूर्ति फलन अल्पकाल में स्थिर रहता है।
4. कुल माँग फलन उपभोग व्यय *(C)*; निवेश व्यय *(I)* तथा सरकारी व्यय *(G)* से शासित होती है। केन्स सरकारी व्यय के पक्ष में नहीं थें।
5. उपभोग व्यय दो बातों द्वारा निर्धारित होता है-आय का आकार और उपभोग प्रवृत्ति।
6. निवेश व्यय भी दो बातों पर निर्भर करता है- पूँजी की सीमान्त दक्षता *(MEC)* तथा ब्याज की दर *(r)*।
7. पूँजी सीमान्त दक्षता (Marginal Efficiency of Capital) दो बातों पर निर्भर करती है-पूँजी परिसम्पत्ति की पूर्ति कीमत पर तथा पूँजी परिसम्पत्ति की सम्भावित आय पर।
8. ब्याज की दर दो बातों से प्रभावित होती है-तरलता पसन्दगी तथा द्रव्य की पूर्ति।
9. तरलता पसन्दगी लेन-देन उद्‌देश्य (Transaction motive), सावधानी उद्‌देश्य (Precautionary motive) तथा सट्‌टा उद्‌देश्य (Speculation motive) द्वारा निर्धारित होती है।
10. द्रव्य की पूर्ति प्रत्यक्ष रूप से बैंकिंग प्रणाली द्वारा निर्धारित होती है।

अल्पकाल की अवधारणा (Concept of Short-Run)

केन्स ने अल्पकाल (Short-run) को एक ऐसी समय अवधि के रूप में बताया है, जिसके दौरान अर्थव्यवस्था में रोजगार के स्तर द्वारा उत्पादन के स्तर का निर्धारण होता है। इस अवधारणा में तकनीक (जो उत्पादन का एक महत्त्वपूर्ण निर्धारक तत्त्व है) को स्थिर माना जाता है। तकनीक स्थिर रहने पर, उत्पादन तथा रोजगार में आनुपातिक (proportionate) सम्बन्ध होता है। अतः केन्सीयन अर्थशास्त्र में उत्पादन (या GDP) के सन्तुलन स्तर से अभिप्राय रोजगार सन्तुलन से है।

सन्तुलन उत्पादन (Equilibrium Output)

केन्स के सिद्धान्त के अनुसार, सन्तुलन स्थिति सामान्यतः समग्र माँग *(AD)* और समग्र पूर्ति *(AS)* के रूप में व्यक्त की जाती है अर्थात् सन्तुलन उत्पादन

(Equilibrium Output) से आशय अर्थव्यवस्था में उत्पादन के उस स्तर से है, जहाँ एक दी हुई समय अवधि के दौरान उत्पादक जो उत्पादन करना चाहता है तथा जो क्रेता खरीदना चाहते हैं के बराबर है। इसे निम्न समीकरण द्वारा स्पष्ट किया जा सकता है

$$AD = AS \quad \text{... (i)}$$

यहाँ पर, *AS* = एक दी हुई समय अवधि के दौरान उत्पादक जो उत्पादन करना चाहता है। (या योजना बनाता है) तथा

AD = एक दी हुई समय अवधि के दौरान क्रेता जो खरीदना चाहता है (या योजना बनाता है)।

इस प्रकार एक अर्थव्यवस्था सन्तुलन में तब होती है, जब एक निश्चित समय अवधि के दौरान वस्तुओं और सेवाओं की समग्र माँग *(AD)* समग्र पूर्ति (AS) के बराबर होती है।

जैसा कि पहले से ज्ञात है कि *AD* उपभोग *(C)* और निवेश *(I)* का कुल योग है,

$$AD = C + I \quad \text{... (ii)}$$

उसी प्रकार *AS* उपभोग और बचत (*S*) का कुल योग है,

$$AS = C + S \quad \text{... (iii)}$$

समीकरण (i) में (ii) और (iii) को प्रतिस्थापित करने पर,

$$C + I = C + S$$

या, $I = S$ या, निवेश = बचत

उत्पादन सन्तुलन का निर्धारण (Determination of Equilibrium Output)

केन्स के अनुसार, एक अर्थव्यवस्था में आय और रोजगार के सन्तुलन स्तर का निर्धारण करने की दो विधियाँ होती हैं, *जो निम्नलिखित हैं*

1. समग्र माँग = समग्र पूर्ति विधि (*AD* = *AS* विधि)

एक अर्थव्यवस्था में आय और रोजगार के सन्तुलन स्तर का निर्धारण समग्र माँग के बराबर समग्र पूर्ति (*AS*) के होने पर किया जा सकता है। *इसे निम्न तालिका एवं चित्र की सहायता से समझा जा सकता है*

AD = *AS* सन्तुलन तालिका (₹ लाखों में)

आय (*Y*)	उपभोग (*C*)	निवेश(*I*)	बचत (*S*)	*AD*(*C* + *I*)	*AS*(*C* + *S*)	स्पष्टीकरण
0	100	100	–100	200	0	
100	150	100	–50	250	100	*AD* < *AS*
200	200	100	0	300	200	
300	250	100	50	350	300	
400	300	100	100	400	400	*AD* = *AS*
500	350	100	150	450	500	*AD* < *AS*
600	400	100	200	500	600	

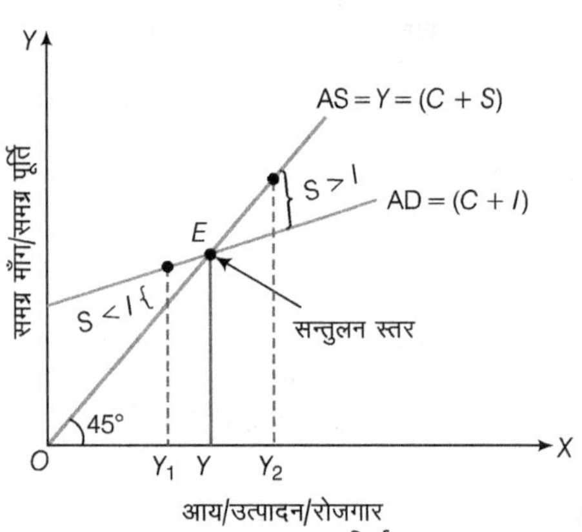

उत्पादन सन्तुलन का निर्धारण

यहाँ *AD* वक्र उपभोक्ता और फर्म द्वारा आय के प्रत्येक स्तर पर वांछित उपभोग का स्तर दिखाता है। अर्थव्यवस्था *E* बिन्दु पर सन्तुलन में है, जहाँ *AD* वक्र 45° रेखा को काटता है। *E* सन्तुलन बिन्दु है, क्योंकि इस बिन्दु पर, उपभोग और निवेश पर वांछित व्यय का स्तर कुल उत्पादन के स्तर के बराबर होता है।

क्या होता है यदि $AD > AS$?

जब $AD > AS$ होती है तब *AD* वक्र 45° रेखा के ऊपर रहता है। इसका अर्थ है कि फर्म जितना उत्पादन करना चाहती है उससे अधिक वस्तुओं को खरीदने के लिए उपभोक्ता और फर्म दोनों तैयार हैं।

इस कारण से उत्पादक अपनी उत्पादन क्षमता का विस्तार करेंगे, जिसके चलते पूर्ति में वृद्धि होगी एवं अर्थव्यवस्था फिर सन्तुलन के स्तर को प्राप्त करेगी, जहाँ पर समग्र माँग समग्र पूर्ति के बराबर होगी।

क्या होता है यदि $AD < AS$?

जब $AD < AS$ होती है तब *AD* वक्र 45° रेखा के नीचे रहती है। इसका अर्थ है कि फर्म जितना उत्पादन करना चाहती है उससे कम वस्तुओं को उपभोक्ता और फर्म खरीदना चाहती है अर्थात् कुछ वस्तुओं की खरीद नहीं है, वे बची रह जाएँगी। इस कारण से उत्पादक अपना उत्पादनकम करेंगे एवं अर्थव्यवस्था फिर सन्तुलन के उस स्तर को प्राप्त करेगी, जहाँपर समग्र पूर्ति समग्र माँग के बराबर होगी।

2. बचत = निवेश विधि (*S* = *I* विधि)

उत्पादन/आय के सन्तुलन स्तर का निर्धारण उस स्तर पर होगा, जहाँ नियोजित बचत (*S*) नियोजित निवेश (*I*) के बराबर होती है। इसे चित्र की सहायता से समझा जा सकता है

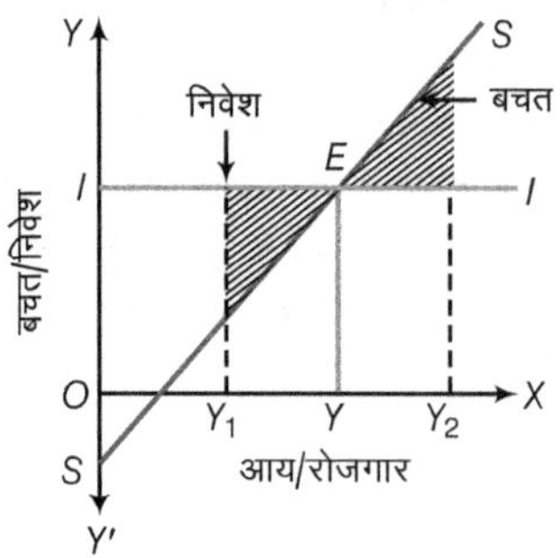

चित्र में निवेश की स्वायत्त प्रकृति के कारण निवेश वक्र (*II*) *X* – अक्ष के समानान्तर है। बचत वक्र (*SS*) की ढलान ऊपर की ओर होती है। अर्थव्यवस्था *E* बिन्दु पर सन्तुलन में है जहाँ बचत (*S*) और निवेश (*I*) एक-दूसरे को काटते हैं।

क्या होता है यदि $S > I$?

यदि नियोजित बचत (*S*) नियोजित निवेश (*I*) से अधिक हो तो, इसका अर्थ है कि परिवार इतना उपभोग नहीं कर रहे हैं, जितना फर्म उनसे अपेक्षा करती है। इस वजह से मालसूची, वांछित स्तर से ऊपर हो जाती है तथा कुछ उत्पादन बिना बिका रह जाएगा और उत्पादकों के पास अवांछित स्टॉक जमा हो जाएगा। अतः उत्पादक अपना उत्पादन कम करेंगे।

क्या होता है यदि $S < I$?

यदि नियोजित बचत प्रायोजित निवेश (*I*) से कम हो तो इसका अर्थ है कि परिवार फर्मों की अपेक्षा से अधिक उपभोग कर रहे हैं तथा बचत कम कर रहे हैं। इस कारण से प्रायोजित मालसूची वांछित स्तर के नीचे गिर जाएगी। इस स्थिति का सामना करने के लिए उत्पादक अधिक उत्पादन करने की योजना बनाएँगे।

निवेश गुणक की अवधारणा
(Concept of Investment Multiplier)

केन्स के रोजगार सिद्धान्त का एक महत्त्वपूर्ण अंग गुणक है। केन्स का गुणक 'निवेश गुणक' है।

केन्स का विचार है कि जब किसी देश की अर्थव्यवस्था में निवेश की मात्रा में वृद्धि की जाती है, तो उस देश की आय केवल निवेश की मात्रा के बराबर नहीं बढ़ती, बल्कि इससे कई गुना अधिक बढ़ती है।

निवेश की मात्रा में जितनी गुना वृद्धि होती है उसे ही केन्स ने 'गुणक' कहा है। केन्स ने सीमान्त बचत प्रवृत्ति *(MPS)* के शर्त पर निम्नलिखित सूत्र दिया

$$K = \frac{1}{MPS}$$

इसे प्राप्त करने का तरीका निम्न प्रकार से है

$$K = \frac{\Delta Y}{\Delta I}$$

$$Y = C + I \qquad \text{(सन्तुलन की अवस्था में)}$$

इसके अनुसार $\Delta Y = \Delta C + \Delta I$

$$\Delta I = \Delta Y - \Delta C \qquad \text{... (i)}$$

ΔI = निवेश में परिवर्तन, ΔY = आय में परिवर्तन, ΔC = उपभोग में परिवर्तन।

$$\because \quad K = \frac{\Delta Y}{\Delta I}$$

इसमें ΔI का मूल्य लगाने पर

$$K = \frac{\Delta Y}{\Delta Y - \Delta C} \qquad \text{(जैसा समीकरण (i) में है)}$$

समीकरण के दाएँ भाग में ΔY से भाग देने पर,

$$K = \frac{\frac{\Delta Y}{\Delta Y}}{\frac{\Delta Y}{\Delta Y} - \frac{\Delta C}{\Delta Y}} = \frac{1}{1 - \frac{\Delta C}{\Delta Y}} = \frac{1}{1 - MPC}$$

$$\therefore \quad MPC = \frac{\Delta C}{\Delta Y}$$

$$\therefore \quad K = \frac{1}{1 - MPC}$$

चूँकि $MPC + MPC = 1$ या, $MPS = 1 - MPC$। तो इसे लिखा जा सकता है कि

$$K = \frac{1}{MPS}$$

इसका अर्थ गुणक सीमान्त बचत प्रवृत्ति *(MPS)* का व्युत्क्रम (reciprocal) है। गुणक के द्वारा केन्स ने यह बताया है कि सरकार निवेश में जिस अनुपात में वृद्धि करती है, गुणक के कारण आय कई गुना बढ़ जाती है।

समग्र माँग (Aggregate Demand)

समग्र माँग से अभिप्राय एक लेखा वर्ष के दौरान देश में उत्पादित वस्तुओं तथा सेवाओं पर किए जाने वाले व्यय एवं निवेश के कुल जोड़ से है। समग्र माँग को

(i) अर्थव्यवस्था में सामान्य कीमत स्तर के सन्दर्भ में, तथा

(ii) लोगों की आय के स्तर के सन्दर्भ में मापा जा सकता है।

समग्र माँग को कुल व्यय भी कहा जा सकता है। समग्र माँग प्रायः एक लेखा वर्ष की अवधि के लिए मापा जाता है, इसलिए यह एक प्रवाह (flow) अवधारणा है।

इसे निम्न प्रकार से दर्शाया जा सकता है

समग्र माँग = उपभोग व्यय (Consumption Expenditure)
+ निवेश (Investment)

तालिका एवं चित्र द्वारा AD का प्रदर्शन

आय (*Y*)	उपभोग (*C*)	निवेश (*I*)	*AD*
0	40	40	80
60	80	40	120
120	100	40	140
150	120	40	160
180	160	40	200

समग्र माँग के अवयव (Components of Aggregate Demand)

समग्र माँग के अवयव निम्नलिखित हैं

1. **निजी उपभोग व्यय** (Consumption Expenditure, C) देश के सभी परिवार अपने उपभोग के लिए वस्तुएँ व सेवाएँ खरीदते हैं। वस्तुओं व सेवाओं के लिए व्यय करना होता है। यह व्यय उपभोग व्यय कहलाता है। व्यय ही वस्तुओं और सेवाओं की माँग को जन्म देता है। परिवारों की निजी उपभोग व्यय ही देश का निजी उपभोग का माँग बन जाती है।
2. **निजी निवेश व्यय** (Investment Expenditure, I) निजी निवेश व्यय से आशय सभी निजी फर्मों द्वारा पूँजीगत वस्तुओं पर किए गए कुल खर्च से है। सभी उत्पादक निवेश करने के लिए वस्तुएँ खरीदते हैं, जिसे निवेश व्यय कहते हैं। निजी निवेश का तात्पर्य निजी फर्मों द्वारा पूँजीगत वस्तुओं जैसे-मशीन, औजार, इमारत, उपकरण आदि पर किए गए कुल खर्च से है।
3. **सरकारी व्यय** (Government Expenditure, G) सरकारी व्यय से अभिप्राय सरकार द्वारा अर्थव्यवस्था की आम आवश्यकताओं की पूर्ति के लिए उपभोक्ता वस्तुओं और पूँजीगत वस्तुओं पर किए गए कुल व्यय से है। सरकार का व्यय सामाजिक कल्याण के लिए होता है। सरकार दो महत्त्वपूर्ण तरीके से सरकारी व्यय करती है। आम आवश्यकता की पूर्ति के लिए उपभोक्ता वस्तुओं के लिए सरकार उपभोग व्यय करती है।
   इसके अन्तर्गत शिक्षा, चिकित्सा, यातायात, सेना आदि आवश्यकताएँ आती हैं। वहीं दूसरी ओर, आम आवश्यकता की पूर्ति के लिए किए गए व्यय को निवेश व्यय कहते हैं। इसके अन्तर्गत हाईवे का निर्माण, सड़कें, विद्युत घर आदि आते हैं। इस प्रकार सरकारी व्यय से अभिप्राय सरकार द्वारा किए गए कुल व्यय (सरकार उपभोग व्यय और निवेश व्यय) से है।
4. **शुद्ध निर्यात** (Net Export, (X–M)) निर्यात और आयात के बीच के अन्तर को शुद्ध निर्यात माना जाता है। निर्यात साधारणतः देश की घरेलू सीमा के अन्दर उत्पादित वस्तुओं की शेष विश्व द्वारा की गई माँग को दर्शाता है। निर्यात से देश के अन्दर आय, उत्पादन और रोजगार को बढ़ावा मिलता है।
   इसके विपरीत, आयात से अभिप्राय देश के निवासियों द्वारा विदेश में उत्पादित माँग से है। इससे देश की आय विदेशों में चली जाती है।
   अतः, समग्र माँग को निम्न प्रकार दर्शाया जा सकता है

समग्र माँग = निजी उपभोग व्यय (C) + निजी निवेश व्यय (I)
+ सरकारी व्यय (G) + शुद्ध निर्यात (X–M)

समग्र पूर्ति (Aggregate Supply)

किसी अर्थव्यवस्था में एक निश्चित समय में सभी उत्पादक जितनी वस्तुओं व सेवाओं की पूर्ति करने के लिए तैयार रहते हैं, उन सभी का मौद्रिक मूल्य, समग्र पूर्ति कहलाता है।

समग्र पूर्ति राष्ट्रीय आय (National Income) के बराबर होती है। इसका कारण यह है कि कुल उत्पाद का मूल्य उत्पादक के साधनों के बीच किराया, मजदूरी, ब्याज और लाभ के रूप में वितरित कर दिया जाता है। *इसे तालिका एवं चित्र द्वारा निम्न प्रकार प्रदर्शित किया जा सकता है*

तालिका एवं चित्र द्वारा *AS* का प्रदर्शन

आय (*Y*)	**उपभोग** (*C*)	**बचत** (*S*)	*AS* (C + S)
0	80	– 80	0
200	240	– 40	200
400	400	0	400
600	560	40	600
800	720	80	800
1000	880	120	1000

समग्र पूर्ति के अवयव (Components of Aggregate Supply)

समग्र पूर्ति के दो घटक निम्नलिखित हैं

1. **उपभोग** (C) आय का वह भाग, जो वस्तुओं और सेवाओं पर निर्धारित समय में खर्च किया जाता है। उसे उपभोग (Consumption) कहा जाता है।
2. **बचत** (S) आय का वह भाग, जो खर्च नहीं किया जाता बचत (Saving) कहलाता है। आय (*Y*) से व्यय (*I*) को घटाने पर बचत (*S*) प्राप्त होती है। समग्र पूर्ति को इस प्रकार से लिखा जा सकता है।

   समग्र पूर्ति $= C + S$

   जॉन मेनार्ड केन्स ने अपनी पुस्तक "General Theory of Employment Interest and Money (1936)" में आय और रोजगार के निर्धारण सिद्धान्त को प्रतिपादित किया है। आय और रोजगार का निर्धारण समग्र माँग तथा समग्र पूर्ति के द्वारा होता है।

उपभोग फलन (Consumption Function)

अर्थव्यवस्था में समग्र माँग एवं पूर्ति का एक महत्त्वपूर्ण घटक 'उपभोग व्यय' है। उपभोग व्यय आय का वह भाग है जो एक दिए गए आय के स्तर पर वस्तुओं और सेवाओं पर खर्च होता है। इसका आय (*Y*) से प्रत्यक्ष रूप से सम्बन्ध होता है। उपभोग फलन से अभिप्राय उपभोग (*C*) और आय (*Y*) के बीच फलनात्मक सम्बन्ध (बीजगणितीय सम्बन्ध) से है।

उपभोग फलन दर्शाता है कि यदि आय में परिवर्तन किया जाए तो उपभोग में भी स्वाभाविक अन्तर आएगा। इसे 'उपभोग प्रवृत्ति' (Propensity to Consume) भी कहते हैं। एक दी हुई समयावधि में परिवार की वस्तुओं और सेवाओं के क्रय करने की इच्छा को उपभोग फलन दर्शाता है। इसमें उपभोक्ता की पसन्द, आदत आदि सम्मिलित होती हैं। *इसे निम्न प्रकार दर्शाया जा सकता है*

$C = f(Y)$,

यहाँ पर, f = फलनात्मक सम्बन्ध

C = उपभोग

Y = आय

उपभोग फलन

आय (*Y*) **(₹)**	**उपभोग** (*C*) **(₹)**
0	40
100	120
200	200
300	280

उपभोग प्रवृत्ति के प्रकार

उपभोग प्रवृत्ति उपभोग एवं आय के मध्य के अनुपात को दर्शाता है। यह आय के दिए हुए स्तर पर उपभोग का स्तर दर्शाता है। *यह निम्न दो प्रकार का हो सकता है*

1. **औसत उपभोग प्रवृत्ति** (APC) किसी निश्चित आय स्तर पर कुल उपभोग व्यय व कुल आय के अनुपात को औसत उपभोग प्रवृत्ति (Average Propensity to Consume) कहते हैं। सूत्रानुसार,

$$APC = \frac{\text{उपभोग } (C)}{\text{आय } (Y)}$$

APC कुल आय के प्रति इकाई उपभोग को दर्शाती है। *इसे निम्न अनुसूची और चित्र की सहायता से समझा जा सकता है–*

औसत उपभोग प्रवृत्ति

आय (*Y*)	**उपभोग** (*C*)	**औसत उपभोग प्रवृत्ति** (*APC*)
0	50	–
60	90	$1.5\left(=\frac{90}{60}\right)$
100	100	$1\left(=\frac{100}{100}\right)$
160	130	$0.8\left(=\frac{130}{160}\right)$

2. **सीमान्त उपभोग प्रवृत्ति** (MPC) यह समाज में लोगों की आय में हुए परिवर्तन के परिणामस्वरूप उपभोग व्यय में हुए परिवर्तन के अनुपात को दर्शाती है अर्थात् सीमान्त उपभोग प्रवृत्ति (Marginal Propensity to Consume) में उपभोग में परिवर्तन (ΔC) तथा आय में परिवर्तन (ΔY) के अनुपात को प्राप्त किया जाता है। सूत्रानुसार,

$$MPC = \frac{\text{उपभोग में परिवर्तन } (\Delta C)}{\text{आय में परिवर्तन } (\Delta Y)}$$

इस प्रकार, *MPC* आय में प्रति इकाई परिवर्तन के फलस्वरूप उपभोग में परिवर्तन है। *इसे निम्न अनुसूची और चित्र की सहायता से समझा जा सकता है–*

सीमान्त उपभोग प्रवृत्ति

आय (*Y*)	**उपभोग** (*C*)	ΔC	ΔY	$MPC = \frac{\Delta C}{\Delta Y}$
0	20	—	—	—
50	60	40	50	$0.8\left(=\frac{40}{50}\right)$
100	100	40	50	$0.8\left(=\frac{40}{50}\right)$
150	140	40	50	$0.8\left(=\frac{40}{50}\right)$
200	180	40	50	$0.8\left(=\frac{40}{50}\right)$

उपभोग फलन का समीकरण

आय का वह भाग जो दिए गए आय के स्तर पर वस्तुओं व सेवाओं के क्रय पर कम होता है, उपभोग कहलाता है। उपभोग फलन से तात्पर्य उपभोग और राष्ट्रीय आय के बीच फलनात्मक सम्बन्ध से है। *उपभोग फलन को निम्न प्रकार दर्शाया जा सकता है–*

$C = \overline{C} + cY$

यहाँ C = उपभोग

$\overline{C}$ = स्वायत्त उपभोग तथा

c = उपभोग की सीमान्त प्रवृत्ति (MPC)

Y = कर देने के पश्चात् आय

C उपभोग फलन का ढाल है। C का मूल्य जितना अधिक होता है, रेखीय उपभोग फलन का ढाल भी उतना ही अधिक होता है।

बचत फलन (Saving Function)

आय तथा उपभोग के बीच के अन्तर को बचत कहा जाता है। बचत भी आय के स्तर पर निर्भर करती है, जिस स्तर की आय होगी, बचत भी उसी स्तर की होगी। साधारण अर्थ में बचत आय का वह भाग है, जो खर्च नहीं किया जाता है।

बचत को इस प्रकार व्यक्त किया जा सकता है–

$$\text{बचत } (S) = \text{आय } (Y) - \text{उपभोग } (C)$$

बचत फलन से अभिप्राय बचत और आय के बीच के फलनात्मक सम्बन्ध से है। *इसे निम्न तरीके से व्यक्त करते हैं–*

$$S = f(Y)$$

यहाँ पर S = बचत
f = फलनात्मक सम्बन्ध
Y = आय

बचत फलन

आय (Y) ₹	**उपभोग** (C) ₹	**बचत** (S) ₹
0	20	–20
40	50	–10
75	75	0
100	90	10
150	130	20

बचत प्रवृत्ति के प्रकार

यह बचत (S) एवं आय के मध्य के अनुपात को दर्शाता है। *बचत प्रवृत्ति के दो प्रकार हैं*

1. **औसत बचत प्रवृत्ति** (APS) साधारणतः बचत का आय से अनुपात को औसत बचत प्रवृत्ति (Average Propensity to Save) कहते हैं। अर्थात् कुल बचत में कुल आय से भाग देने पर प्राप्त भागफल ही औसत बचत प्रवृत्ति कहलाएगा। सूत्रानुसार,

$$APS = \frac{\text{बचत}(S)}{\text{आय}(Y)}$$

इसे निम्न तालिका एवं चित्र द्वारा समझा जा सकता है–

औसत बचत प्रवृत्ति

आय (Y) ₹	**बचत** (S) ₹	$APS = \frac{S}{Y}$
0	– 20	—
50	– 10	$-0.20\left(=\frac{-10}{50}\right)$
100	0	0
150	10	$0.06\left(=\frac{10}{150}\right)$

2. **सीमान्त बचत प्रवृत्ति** (MPS) आय में परिवर्तन के कारण बचत में परिवर्तन होता है। आय और बचत में हुए परिवर्तन का जब अनुपात निकाला जाता है तो उसे ही सीमान्त बचत प्रवृत्ति (Marginal Propensity to Save) कहते हैं।

इसे निम्न सूत्र के द्वारा स्पष्ट किया जा सकता है–

$$MPS = \frac{\text{बचत में परिवर्तन } (\Delta S)}{\text{आय में परिवर्तन } (\Delta Y)}$$

इस प्रकार, MPS से अभिप्राय बचत में परिवर्तन (ΔS) और आय में परिवर्तन (ΔY) के बीच एक समयावधि में अनुपात से है। *इसे निम्न तालिका एवं चित्र द्वारा समझा जा सकता है*

सीमान्त बचत प्रवृत्ति

आय (Y) ₹	**बचत** (S) ₹	**बचत में परिवर्तन** ΔS ₹	**आय में परिवर्तन** ΔY ₹	MPS
0	– 40	—	—	—
100	– 20	20	100	$0.20\left(=\frac{20}{100}\right)$
200	0	20	100	$0.20\left(=\frac{20}{100}\right)$
300	20	20	100	$0.20\left(=\frac{20}{100}\right)$

बचत फलन का समीकरण

रेखीय उपभोग फलन (Linear Consumption Function) के समीकरण की सहायता से रेखीय बचत फलन (Linear Saving Function) के समीकरण को प्राप्त किया जा सकता है।

$$S = Y - C \quad \text{...(i)}$$

और

$$C = \bar{C} + cY \quad \text{...(ii)}$$

समीकरण (i) में C का मूल्य रखने पर,

$$S = Y - (\bar{C} + cY)$$

$$S = -\bar{C} + (1 - c)Y$$

यहाँ

$\bar{C}$ = शून्य आय स्तर पर ऋणात्मक बचत की राशि

$$1 - c = MPS$$

$$Y = \text{आय}$$

व्यय और बचत के बीच सम्बन्ध

APC और APS में सम्बन्ध

APC और APS का योग इकाई के बराबर होता है। *इसे निम्न तरीके से ज्ञात किया जा सकता है–*

$$Y = C + S$$

यदि दोनों ओर Y से भाग दिया जाए तो

$$\frac{Y}{Y} = \frac{C}{Y} + \frac{S}{Y} \qquad \left(\because \frac{C}{Y} = APC \text{ और } \frac{S}{Y} = APS\right)$$

तो $1 = APC + APS$ अर्थात्, $APC + APS = 1$

या, $APC = 1 - APS$ या, $APS = 1 - APC$

MPC और MPS में सम्बन्ध

MPC और MPS का योग इकाई के बराबर होता है। *इसे निम्न तरीके से ज्ञात किया जा सकता है* $\Delta Y = \Delta C + \Delta S$

दोनों ओर ΔY से भाग दिया जाए तो

$$\frac{\Delta Y}{\Delta Y} = \frac{\Delta C}{\Delta Y} + \frac{\Delta S}{\Delta Y}$$

$$\left(\because \frac{\Delta C}{\Delta Y} = MPC \text{ और } \frac{\Delta S}{\Delta Y} = MPS\right)$$

तो, $1 = MPC + MPS$ या, $MPC + MPS = 1$

या, $MPC = 1 - MPS$ या, $MPS = 1 - MPC$

अतिरेक (अत्यधिक) माँग (Excess Demand)

किसी भी अर्थव्यवस्था में रोजगार एवं आय का सन्तुलन उस बिन्दु पर होगा जहाँ कुल माँग एवं कुल पूर्ति बराबर होती हैं। अतिरेक माँग (Excess Demand) का अर्थ है समग्र माँग (AD) की अधिकता, जब यह संसाधनों के पूर्ण उपयोग के लिए आवश्यक माँग से अधिक होती है तब माँग अधिक (Excess) मानी जाती है। इसे 'अधिमाँग' भी कहते हैं।

अतिरेक माँग के प्रभाव

1. **उत्पादन पर प्रभाव** असन्तुष्ट माँग को पूरा करने के लिए उत्पादक वस्तुओं और सेवाओं का उत्पादन करने का प्रयास करते हैं। इस उद्देश्य के लिए वे अपने उत्पत्ति के साधनों का कुशलता से प्रयोग करते हैं। वे अपनी उत्पादन क्षमता का अधिक प्रयोग करके अपने उत्पादन को अधिकतम करना चाहेगें।
2. **रोजगार पर प्रभाव** पूर्ण रोजगार सन्तुलन की स्थिति में अर्थव्यवस्था में श्रमिकों को उनके अपने सन्तुष्टि स्तर पर रोजगार प्राप्त हुआ रहता है। इसमें अनैच्छिक बेरोजगारी नहीं होती है।
3. **कीमत पर प्रभाव** अतिरेक माँग के कारण वस्तुओं और सेवाओं के सामान्य कीमत-स्तर में वृद्धि होती है, जिसे मुद्रास्फीति कहते हैं। इस स्थिति में समग्र माँग समग्र पूर्ति से अधिक होती है।
4. **स्थिर** GDP जब समग्र माँग का स्तर पूर्ण रोजगार स्तर से अधिक हो जाता है तो भी *GDP* के स्तर में वृद्धि नहीं होती। वह स्थिर रहता है। यह वह स्थिति है, जब उच्च माँग अर्थव्यवस्था में उच्च *GDP* को सृजित करने में असफल होती है।

अतिरेक माँग को सुधारने के उपाय

राजकोषीय उपाय

1. **बचत का बजट बनाना** अतिरेक माँग की स्थिति में सरकार को बचत का बजट बनाना होता है। इससे जनता की क्रयशक्ति सरकार के पास आ जाएगी और सरकार उस क्रयशक्ति का प्रयोग नहीं करती। इसे अपने कोष में जमा कर देती है। इसका परिणाम यह होगा कि देश की समग्र माँग कम होकर अतिरेक माँग को ठीक करने में सहायक हो जाएगी।
2. **ऋण प्राप्ति** अतिरेक माँग की स्थिति में सरकार ज्यादा से ज्यादा ऋण पत्र बेचती है। साथ ही सरकार ऋण पत्र खरीदने के लिए लोगों को प्रोत्साहित भी करती है। इससे अतिरेक माँग को ठीक करने में सहायता मिलती है।
3. **बचतों का प्रोत्साहन** अतिरेक माँग की स्थिति में सरकार बैंकों और डाकघरों के माध्यम से ऐसी नीतियाँ कार्यान्वित करती हैं, जिससे लोगों को बचत के लिए प्रोत्साहन मिल सके। इसके लिए सरकार आकर्षक ब्याज की दर उपलब्ध करा सकती है।
4. **सरकारी व्यय में कमी करके** सरकार बहुत बड़ी राशि आधारित संरचनाओं और प्रशासनिक गतिविधियों पर खर्च करती है। अतिरेक माँग की स्थिति को नियन्त्रित करने के लिए सरकार को अपने खर्चों को अधिकतम सम्भव सीमा तक कम करना चाहिए।
5. **करों में वृद्धि करके** सरकार करों की दरों को बढ़ा देती है और कुछ नए करों को भी लगा देती है। कर भार को बढ़ाकर सरकार लोगों की उपभोग योग्य आय (Disposable Income) को कम करती है। इससे समग्र माँग कम हो जाती है, जिससे अतिरेक माँग की स्थिति को नियन्त्रित करने में सहायता मिलती है।

मौद्रिक उपाय

अतिरेक माँग को सुधारने के लिए कुल मुद्रा पूर्ति को कम कर देना चाहिए। *इससे सम्बन्धित निम्न उपाय हैं*

मात्रात्मक उपकरण

1. **मुद्रा निर्गमन सम्बन्धी कठोर नियम** सरकार मुद्रा निकालने सम्बन्धी नियमों को कड़ा कर देती है, जिससे RBI को अतिरिक्त मुद्रा निकालने में अधिक कठिनाई हो। इससे अत्यधिक अतिरेक माँग पर अंकुश लगाया जा सकता है।
2. **पुरानी से नई मुद्रा पाना** अत्यधिक अतिरेक माँग की दशा से साधारण उपचार उपयोगी नहीं हो सकता। तब पुरानी सभी मुद्राएँ समाप्त कर उनके बदले में नई मुद्राएँ दे दी जाती है। इसके द्वारा अत्यधिक माँग पर अंकुश लगाया जा सकता है।
3. **साख स्फीति को कम करना** अत्यधिक (अतिरेक) माँग को कम करने के लिए साख-स्फीति को कम करना आवश्यक हो जाता है। इसके लिए केन्द्रीय बैंक द्वारा बैंक दर बढ़ाकर, प्रतिभूतियाँ बेचकर तथा बैंकों से अधिक कोष माँगकर साख कम कर सकती है। इससे भी अत्यधिक माँग पर अंकुश लगाया जा सकता है।
4. **वैधानिक कोष से प्रभाव** अत्यधिक (अतिरेक) माँग को ठीक करने के लिए RBI, CRR या/और SLR को बढ़ाती है। यह वाणिज्यिक बैंकों के प्रभावी नकद संसाधनों को कम करता है। इससे साख उपलब्धता कम होती है।

गुणात्मक उपकरण

1. **सीमान्त आवश्यकताओं में वृद्धि** सीमान्त आवश्यकताओं से आशय प्रतिभूति के बाजार मूल्य और उधार दी गई राशि के मूल्य में अन्तर से है। अतिरेक माँग में RBI सीमान्त आवश्यकता को बढ़ा देती है, जो बैंकों की साख सृजन की क्षमता को सीमित करती है।
2. **नैतिक अपील** अतिरेक माँगों की स्थिति में केन्द्रीय बैंक व्यापारिक बैंकों को सट्टा या गैर-आवश्यक गतिविधियों के लिए साख न देने पर परामर्श, अपील या निर्देश दे सकती है। यह साख की उपलब्धता को कम करके *AD* को कम करने में सहायता करती है।
3. **चयनात्मक साख नियन्त्रण** RBI साख के अत्यधिक प्रवाह को रोकने के लिए साख की राशनिंग व्यवस्था करती है। इससे सट्टा उद्देश्य को क्षति पहुँचती है।

अन्य उपाय

1. **आयात और निर्यात** जब आयात में वृद्धि और निर्यात में कमी कर दी जाए तो *AD* नियन्त्रित हो जाती है। इससे अतिरेक माँग पर अंकुश लगाया जा सकता है।
2. **उद्योग में निवेश** जब सरकार अतिरेक माँग को ठीक करना चाहेगी तो निवेश पर भी ध्यान देगी। इसके लिए उचित निवेश नीति तैयार करेगी, जिससे उद्योगों में उचित निवेश हो सके।

अभावी (न्यून) माँग (Deficient Demand)

न्यून माँग (Deficient Demand) का तात्पर्य समग्र माँग (*AD*) की न्यूनता से है। यदि सन्तुलन स्तर पूर्ण रोजगार स्तर से कम होता है तब यह न्यून माँग की स्थिति कहलाती है। इसे ऐसे भी कहा जा सकता है कि जब पूर्ण रोजगार स्तर पर कुल माँग, कुल पूर्ति से कम होती है, तो वह न्यून माँग या अभावी माँग कहलाती है।

माँग को 'न्यून' तब समझा जाता है, जब यह संसाधनों के पूर्ण उपयोग के लिए आवश्यक माँग से कम होती है। समग्र तब न्यून होती है, जब यह उत्पादन क्षमता (Production Capacity) के पूर्ण उपयोग की अनुमति नहीं देती है।

अभावी माँग के प्रभाव

1. **उत्पादन पर प्रभाव** माँग की कमी के कारण उत्पादक वस्तुओं एवं सेवाओं का उत्पादन घटाने के लिए बाध्य हो जाते हैं। इस कारण वे अपनी वर्तमान उत्पादन क्षमता का पूर्ण उपयोग नहीं कर पाते हैं। इसका प्रभाव यह होता है कि देश की उत्पत्ति के साधनों का पूर्ण उपयोग नहीं हो पाता है। इसके वजह से कुछ वर्तमान फर्में अपना कार्य बन्द कर देती हैं। इसके परिणामस्वरूप उत्पादन की लागत में वृद्धि हो जाती है।
2. **रोजगार पर प्रभाव** माँग की कमी के कारण उत्पादकों को वस्तुओं एवं सेवाओं के उत्पादन में कमी करनी पड़ेगी, जिससे देश में रोजगार स्तर में कमी आ जाएगी, क्योंकि उत्पादन कम होने से श्रमिक भी कम लगेगें। यदि देश में अपूर्ण रोजगार की

स्थिति है तो इसका अर्थ यह होगा कि कुछ लोगों के पास रोजगार नहीं है। अब उपरोक्त दोनों स्थिति एक साथ आ गई तो स्थिति विकट हो जाएगी।

3. **सामान्य कीमत स्तर पर प्रभाव** यदि देश में कुल माँग, कुल पूर्ति की तुलना में कम है तो इसका सामान्य प्रभाव यह होगा कि देश में मूल्य-स्तर में कमी आ जाएगी। मूल्य स्तर में कमी आने से उत्पादकों के लाभ के अन्तर में कमी आ जाएगी, जिसका लाभ उपभोक्ताओं को मिलेगा और वे सस्ते मूल्य पर ही वस्तु और सेवाएँ प्राप्त कर लेगें।
4. **अवांछित स्टॉक** निम्न समग्र माँग की स्थिति में उत्पादक की सभी वस्तुएँ नहीं बिक पाती हैं। अवांछित स्टॉक इकट्ठा हो जाता है। अवांछित स्टॉक की समाप्ति के कारण प्रायः कीमतों में गिरावट तथा आगे के वर्ष के लिए नियोजित उत्पादनों में गिरावट आती है। ये दोनों कारक अर्थव्यवस्था में अवस्फीतिक जाल को बनाते हैं।

अभावी माँग को सुधारने के उपाय

राजकोषीय नीति

राजकोषीय नीति का अर्थ सरकार की आय और व्यय नीति से है। इसे बजट नीति भी माना जाता है। *इसके अन्तर्गत निम्न उपाय हैं*

1. **सरकारी व्यय** न्यून माँग के दौरान लोगों को अतिरिक्त आय प्रदान करने के लिए सरकार सार्वजनिक कार्यों जैसे; सड़क, फ्लाईओवर आदि के निर्माण पर खर्चों को बढ़ावा देती है। इससे समग्र माँग बढ़ेगी और न्यून माँग की स्थिति में सुधार आएगा। सरकारी व्यय में वृद्धि अर्थव्यवस्था में आय के चक्रीय प्रवाह में समावेश (injection) की भूमिका निभाती है।
2. **कर** जब सरकार कुछ करों को हटा देती है तो लोगों की क्रयशक्ति बढ़ती है, जिससे उनकी उपभोग योग्य आय में वृद्धि हो जाती है, जिस कारण वे उपभोग और निवेश पर अधिक खर्च करने को समर्थ होते है, जिससे समग्र माँग बढ़ जाती है और न्यून माँग को नियन्त्रित किया जा सकता है।
3. **सार्वजनिक ऋण** सरकार सार्वजनिक ऋण का निर्माण उधार लेकर करती है। न्यून माँग के स्थिति में सरकार उधार लेना कम कर देती है, जिससे लोगों के पास अधिक तरलता बच जाए तथा समग्र माँग ऊँची बनी रहे।
4. ***RBI* से उधार** अवस्फीतिक अन्तराल में सरकार RBI से अधिक उधार लेती है, जिससे सरकार के पास जनता से कम उधार लेना पड़ता है। अधिक उधार के कारण अर्थव्यवस्था में अधिक तरलता आती है, जो न्यून माँग की स्थिति को ठीक करने के लिए आवश्यक होती है।

मौद्रिक नीति

मौद्रिक नीति के घटकों से न्यून माँग की स्थितियों को ठीक करने में सहयोग मिलता है। *मौद्रिक नीति के अन्तर्गत निम्न उपकरणों की सहायता से न्यून माँग की स्थिति को सुधारा जा सकता है*

मात्रात्मक उपकरण

1. **बैंक दर में कमी** बैंक दर का अर्थ ऐसे दर से है, जिस पर केन्द्रीय बैंक वाणिज्यिक बैंकों को अन्तिम ऋणदाता के रूप में ऋण देता है। न्यून माँग के दौरान, केन्द्रीय बैंक साख के विस्तार के लिए बैंक दर को कम करता है। इससे ब्याज कम होता है और लोग अधिक ऋण लेने के लिए प्रोत्साहित होते हैं। न्यून माँग ठीक करने के लिए यह एक कारगर उपाय है।
2. **खुले बाजार की क्रिया** इसका अर्थ RBI द्वारा खुले बाजार में प्रतिभूतियों (Securities) के क्रय-विक्रय से है। यह अर्थव्यवस्था में मुद्रापूर्ति के स्तर को सीधे तरीके से प्रभावित करता है। न्यून माँग के दौरान केन्द्रीय बैंक (RBI) खुले बाजार में प्रतिभूतियों का क्रय शुरू कर देता है। यह मुद्रा पूर्ति को बढ़ाता है, क्रयशक्ति को बढ़ाता है तथा अर्थव्यवस्था में समग्र माँग के स्तर को बढ़ाता है।
3. **वैधानिक कोष से प्रभाव** सभी वाणिज्यिक बैंक वैधानिक कोष (Legal Reserve) रखने के लिए बाध्य होते हैं। *वैधानिक कोष के दो महत्त्वपूर्ण घटक हैं*
   (*i*) **CRR** नकद आरक्षित अनुपात (Cash Reserve Ratio) शुद्ध माँग और सावधि देयता का न्यूनतम प्रतिशत है, जो वाणिज्यिक बैंक को अपने पास रखना होता है।
   (*ii*) **SLR** वैधानिक तरलता अनुपात (Statutory Liquidity Ratio) से आशय शुद्ध माँग और सावधि देयता के न्यूनतम प्रतिशत से है, जो वाणिज्यिक बैंकों को अपने पास रखना पड़ता है।
   न्यून माँग को ठीक करने के लिए, CRR या SLR को कम करते हैं। यह वाणिज्यिक बैंकों के प्रभावी नकद कोषों की राशि को बढ़ाता है और साख सृजन शक्ति को बढ़ाता है। इससे ऋण लेने के स्तर को बढ़ाया जाता है और न्यून माँग को ठीक किया जाता है।

गुणात्मक उपकरण

1. **सीमान्त आवश्यकताओं में कमी** सीमान्त आवश्यकताओं से आशय प्रतिभूति के बाजार मूल्य और उधार दी गई राशि के मूल्य के बीच के अन्तर (मार्जिन) से है। न्यून माँग के दौरान RBI मार्जिन घटाता है तो बैंकों की सृजन शक्ति बढ़ जाती है। मार्जिन में कमी के साथ वाणिज्यिक बैंक उसी मूल्य की प्रतिभूति के बदले पहले से ज्यादा ऋण दे सकते हैं। इससे समग्र माँग को बढ़ाने में सहायता करता है।
2. **ऋण प्रोत्साहन के लिए परामर्श** न्यून माँग के दौरान RBI व्यापारिक बैंकों को साख प्रोत्साहित करने का परामर्श अपील या निर्देश दे सकते हैं। यह साख की उपलब्धता को बढ़ाने और समग्र माँग को बढ़ाने में सहायता करता है।
3. **चयनात्मक साख नियन्त्रण** यह एक ऐसा तरीका है, जिसमें RBI दूसरे बैंकों को विशेष क्षेत्रों में निश्चित उद्देश्यों के लिए साख देने या न देने के लिए निर्देश देता है। न्यून माँग के दौरान, RBI साख राशनिंग को वापिस ले लेता है। इससे साख प्रोत्साहन में सहायता मिलती है, जिससे समग्र माँग को बढ़ाने में सहायता मिलती है।

अभ्यास प्रश्न

1. इनमें से किन्हें पूर्ण रोजगार में सम्मिलित नहीं किया जाता है?
(a) साधारण ग्रेजुएट बच्चे (b) MBA पुरुष
(c) बच्चे (d) शिक्षक

2. वह अवस्था जब रोजगार तो हो, परन्तु व्यक्ति करना ही नहीं चाहता
(a) स्वैच्छिक बेरोजगारी (b) अनैच्छिक बेरोजगारी
(c) संरचनात्मक बेरोजगारी (d) अल्प रोजगार

3. केन्सीयन अर्थशास्त्र में उत्पादन के सन्तुलन स्तर से क्या अभिप्राय है?
(a) रोजगार सन्तुलन से (b) उत्पादन सन्तुलन से
(c) उपभोग सन्तुलन से (d) बचत सन्तुलन से

4. उपभोग व्यय किन बातों द्वारा निर्धारित होता है?
(a) निवेश व्यय (b) आय का आकार
(c) उपभोग प्रवृत्ति (d) 'b' और 'c' दोनों

5. इनमें से कौन-सा समीकरण नहीं है?
(a) $AD = C + S$ (b) $AD = S + I$
(c) $AD = I + C$ (d) $AD = C$

6. सन्तुलन उत्पादन का निर्धारण इनमें से कौन-सी विधि से होता है?
(a) $AD = C + S$ (b) $AD = S + I$
(c) $S = I$ (d) $C = S$

7. इनमें से कौन समग्र माँग का घटक नहीं है?
(a) शुद्ध निर्यात (b) सरकारी व्यय
(c) उपभोग व्यय (d) सम्भावित गुणक

8. समग्र पूर्ति इनमें से किसके बराबर होती है?
(a) NNP (b) PI
(c) DI (d) PNP

9. 45° ढाल का सम्बन्ध इनमें से किससे होता है?
(a) समग्र माँग (b) समग्र पूर्ति
(c) गुणक (d) ब्याज

10. पुस्तक 'General Theory of Employment Interest and Money' किसने लिखी है?
(a) कीन्स ने (b) जॉन मेनार्ड ने
(c) प्रो. मार्शल ने (d) प्रो. रिकॉर्डो ने

11. आय के शून्य होने पर AS किसके बराबर होगी?
(a) ऋणात्मक मूल्य के (b) 1
(c) 0 (d) PI

12. APC इनमें से किसके बराबर होता है?
(a) $\frac{C}{Y}$ (b) $\frac{C}{I}$
(c) $\frac{C}{S}$ (d) $\frac{C}{P}$

13. जब उपभोग से आय अधिक हो, तो
(a) $APS < 1$ (b) $AS < 1$
(c) $AC < 1$ (d) $APC < 1$

14. निम्न में से किसका ऋणात्मक मूल्य हो सकता है?
(a) APS (b) MPS
(c) MPC (d) APC

15. APC की तालिका में इनमें से कौन नहीं होता है?
(a) Y (b) C
(c) 'a' और 'b' दोनों (d) I

16. APS इनमें से किसके बराबर होता है?
(a) $\frac{C}{Y}$ (b) $\frac{S}{Y}$
(c) $\frac{C}{S}$ (d) $\frac{Y}{C}$

17. निम्न में से किसका मूल्य इकाई से अधिक हो सकता है?
(a) APS (b) MPS
(c) APC (d) MPC

18. APC और APS का योग इनमें से किसके बराबर होता है?
(a) शून्य (b) एक (c) – 1 (d) 2

19. बचत को निर्धारित करने वाले तत्त्व हैं
(a) दूरदर्शिता (b) ब्याज की दर
(c) MPS (d) APS

20. बचत और उपभोग के बीच सम्बन्ध होता है
(a) प्रत्यक्ष (b) विपरीत
(c) 'a' और 'b' दोनों (d) इनमें से कोई नहीं

21. MPC शून्य होने पर गुणक क्या होगी?
(a) शून्य (b) 1
(c) – 1 (d) परिवर्तन नहीं

22. यदि उपभोग $(C) = 450$ तथा आय $(Y) =$ ₹ 1,000 है, तो औसत उपभोग प्रवृत्ति होगी
(a) 7,500 (b) 0.75
(c) 4,500 (d) 0.45

23. यदि $Y = 150$ और $C = 140$ हो, तब APC क्या होगा?
(a) 150 (b) 140
(c) 0.93 (d) 1.5

24. न्यून माँग से क्या आशय है?
(a) AD का कम होना।
(b) AD का AS की तुलना में अधिक होना।
(c) AD का AS की तुलना में कम होना।
(d) AS का AD की तुलना में नहीं होना।

25. न्यून माँग का कारण है
(a) उपभोग प्रवृत्ति में वृद्धि (b) स्वायत्त निवेश में वृद्धि
(c) निर्यातों में वृद्धि (d) करों में वृद्धि

26. न्यून माँग दर्शाती है
(a) पूर्ण रोजगार से परे सन्तुलन
(b) पूर्ण रोजगार सन्तुलन
(c) अल्प रोजगार सन्तुलन
(d) अल्प रोजगार एवं पूर्ण रोजगार सन्तुलन

27. न्यून माँग को ठीक करने का उपाय है
(a) अतिरेक का बजट बनाना (b) करों में कमी
(c) साख निर्माण में कमी (d) बैंक दर में वृद्धि

28. यदि सन्तुलन स्तर पूर्ण रोजगार स्तर से कम होता है, तब यह कौन-सी स्थिति है?
(a) न्यून माँग (b) अतिरेक माँग
(c) कुल माँग (d) पूर्ण माँग

29. किसी वस्तु का सन्तुलन निर्धारित होता है, जब उसकी
(a) माँग > पूर्ति (D > S) (b) माँग < पूर्ति (D < S)
(c) माँग = पूर्ति (D = S) (d) ये सभी

30. अतिरेक माँग की दशा में रोजगार का स्तर
(a) बढ़ेगा (b) घटेगा
(c) स्थिर रहेगा (d) कुछ नहीं होगा

31. अतिरेक माँग को सन्तुलित करने का सर्वोत्तम उपाय है
(a) उत्पादन में वृद्धि करना
(b) ब्याज की दर को बढ़ाना
(c) मजदूरी की दर में वृद्धि रोकना
(d) बजट के घाटे को कम करना

32. अतिरेक माँग को ठीक करने के लिए मौद्रिक नीति के निम्नलिखित घटकों में से कौन-सा घटक अपनाया जा सकता है?
(a) रेपो दर में वृद्धि (b) सीमान्त आवश्यकता में वृद्धि
(c) 'a' और 'b' दोनों (d) नकद आरक्षित अनुपात में कमी

33. सुमेलित कीजिए

सूची I	सूची II
A. समर्थ माँग	1. एक अर्थव्यवस्था में वह माँग है जहाँ रोजगार स्तर, उत्पादन स्तर तथा आय स्तर तीनों बराबर होते हैं।
B. बाजार का नियम	2. पूर्ति माँग को स्वयं जन्म देती है, जिसके कारण अर्थव्यवस्था में सामान्य अति उत्पादन तथा सामान्य बेरोजगारी कभी उत्पन्न नहीं होती।
C. त्वरक	3. प्रेरणात्मक विनियोग से सम्बन्धित है और उपभोग पर विनियोग की निर्भरता स्पष्ट है।
D. प्रेरित विनियोग	4. आय के प्रति लोचदार होता है।

कूट

	A	B	C	D		A	B	C	D
(a)	1	2	3	4	(b)	4	3	2	1
(c)	3	2	1	4	(d)	4	2	1	3

34. सुमेलित कीजिए

सूची I	सूची II
A. समग्र माँग	1. फलनात्मक सम्बन्ध (आय)
B. समग्र पूर्ति	2. उपभोग व्यय + निवेश
C. उपभोग फलन	3. आय-उपभोग
D. बचत फलन	4. उपभोग + बचत

कूट

	A	B	C	D		A	B	C	D
(a)	1	2	3	4	(b)	2	4	3	1
(c)	2	4	1	3	(d)	4	2	1	3

35. सुमेलित कीजिए

सूची I	सूची II
A. समग्र माँग	1. उपभोग और आय के मध्य फलनात्मक सम्बन्ध
B. समग्र पूर्ति	2. बचत और आय के बीच का फलनात्मक सम्बन्ध
C. बचत फलन	3. एक निश्चित समय में वस्तुओं एवं सेवाओं का योग
D. उपभोग फलन	4. एक लेखा वर्ष के दौरान देश में उत्पादित वस्तुओं एवं सेवाओं का योग

कूट

	A	B	C	D		A	B	C	D
(a)	1	2	3	4	(b)	2	1	3	4
(c)	4	3	2	1	(d)	3	2	1	4

36. शुद्ध निर्यात माँग से सम्बन्धित निम्नलिखित तथ्यों पर विचार कीजिए

1. यदि निर्यात आयात से कम हो तो शुद्ध निर्यात माँग धनात्मक होगी।
2. यदि निर्यात एवं आयात दोनों समान हों तो शुद्ध निर्यात माँग शून्य होगी।
3. यदि निर्यात आयात से अधिक हो तो शुद्ध निर्यात माँग धनात्मक होगी।

उपरोक्त कथनों में से कौन-सा/से कथन सत्य है/हैं?

(a) केवल 1 (b) 1 और 2
(c) 2 और 3 (d) 1, 2 और 3

उत्तरमाला

1.	(c)	**2.**	(a)	**3.**	(a)	**4.**	(d)	**5.**	(c)	**6.**	(c)	**7.**	(d)	**8.**	(a)	**9.**	(b)	**10.**	(a)
11.	(c)	**12.**	(a)	**13.**	(d)	**14.**	(a)	**15.**	(d)	**16.**	(b)	**17.**	(a)	**18.**	(b)	**19.**	(a)	**20.**	(b)
21.	(b)	**22.**	(d)	**23.**	(c)	**24.**	(c)	**25.**	(d)	**26.**	(c)	**27.**	(a)	**28.**	(a)	**29.**	(c)	**30.**	(a)
31.	(a)	**32.**	(c)	**33.**	(a)	**34.**	(b)	**35.**	(c)	**36.**	(c)								

अध्याय 9

मुद्रा एवं बैंकिंग

वस्तु-विनिमय या प्रत्यक्ष विनिमय
(Barter or Direct Exchange)

प्राचीन समय में मुद्रा के प्रचलन से पूर्व लोग अपनी आवश्यक वस्तुओं की पूर्ति परस्पर अपनी वस्तुओं या सेवाओं के आदान-प्रदान के बिना किसी माध्यम की सहायता से प्रत्यक्ष रूप से करते थे। दूसरे शब्दों में, एक वस्तु का किसी दूसरी वस्तु से आदान-प्रदान करना ही वस्तु-विनिमय या प्रत्यक्ष विनिमय कहलाता है इसे 'C – C अर्थव्यवस्था' भी कहते हैं।

वस्तु-वस्तु अर्थव्यवस्था (C-C Economy)

यहाँ C का अर्थ वस्तु है। वह अर्थव्यवस्था जहाँ वस्तुओं का विनिमय वस्तुओं से होता है अर्थात् वस्तु को वस्तु से बदला जाता है, वस्तु-वस्तु अर्थव्यवस्था कहलाती है।

वस्तु-विनिमय प्रणाली की कठिनाइयाँ/दोष
(Difficulties/Disadvantages of Barter System)

समाज के आर्थिक व सामाजिक विकास के कारण वस्तु-विनिमय प्रणाली में अनेक कठिनाइयाँ अनुभव हुईं, जो निम्नलिखित हैं

1. **आवश्यकताओं के दोहरे संयोग का अभाव** वस्तु-विनिमय प्रणाली की प्रथम असुविधा यह है कि आवश्यकता उत्पन्न होने पर ऐसे दो व्यक्तियों का संयोग होना बहुत कठिन है, जो अपनी-अपनी वस्तुओं के बदले में दूसरे की वस्तुएँ स्वीकार करें।
2. **विषम वस्तुओं के विभाजन की असुविधा** वस्तु-विनिमय प्रणाली ऐसी वस्तुओं के सम्बन्ध में असुविधाजनक प्रतीत होती है, जिन्हें छोटी-छोटी इकाइयों में विभाजित करना सम्भव नहीं होता। यदि उन वस्तुओं का विभाजन कर दिया जाए तो उनकी उपयोगिता कम या समाप्त हो सकती है।
3. **भविष्य के लिए वस्तु के मूल्य का अनुमान लगाना कठिन** बहुत-से सामाजिक लेन-देन इस प्रकार के होते हैं, जिनका भुगतान तुरन्त न होकर भविष्य में किया जाता है।
   वस्तु-विनिमय प्रणाली में इस स्थगित देयमान के भुगतान के लिए कोई उपयुक्त वस्तु नहीं होती, क्योंकि सभी वस्तुओं के मूल्य में स्थिरता का अभाव होता है।
4. **मूल्य निर्धारण करने में कठिनाई** इस प्रणाली के अन्तर्गत वस्तुओं के मूल्य मापने की कोई सर्वमान्य माप नहीं होती है। इस कारण, वस्तुओं के मूल्य निर्धारण करने में कठिनाई होती है।
5. **मूल्य के संचय की कठिनाई** वस्तु-विनिमय प्रणाली के अन्तर्गत मूल्य का संचय वस्तुओं के मूल्य में ही होता है, परन्तु वस्तुओं के नाशवान प्रकृति के होने के कारण अर्थ संचय बहुत समय तक नहीं हो सकता।
6. **मूल्य के हस्तान्तरण का अभाव** इस प्रणाली के अनुसार, मूल्य अथवा क्रयशक्ति (Purchasing power) को एक स्थान से दूसरे स्थान पर हस्तान्तरित नहीं किया जा सकता, क्योंकि सभी वस्तुओं का हस्तान्तरण सम्भव नहीं होता।
7. **सेवाओं का विनिमय असम्भव** वस्तु-विनिमय प्रणाली के अन्तर्गत सेवाओं का आदान-प्रदान करना असम्भव प्रतीत होता है।

मुद्रा के विकास के विभिन्न युग
(Different Era of Development of Money)

1. **वस्तु-मुद्रा का युग** (Era of Commodity of Money) मुद्रा के विकास के सम्बन्ध में मुद्रा का प्रारम्भिक रूप वस्तु मुद्रा का ही रूप था। वस्तु-मुद्रा के युग में मानव सभ्यता के विकास के विभिन्न चरणों में अलग-अलग वस्तुओं को मुद्रा के रूप में अपनया गया, *जो निम्न प्रकार से हैं*

   (*i*) **आखेट युग में वस्तु-मुद्रा** (Commodity of Money in Hunting Era) आखेट युग मानव विकास की आरम्भिक अवस्था थी। इस युग में मनुष्यों की आजीविका का साधन पशुओं का शिकार था। इसमें मानव जंगली जानवरों का शिकार करके अपना पेट पालते थे। पशुओं की खालें उनके पहनने, बिछाने एवं ढँकने के काम में आती थी। इस समय में जानवरों की खालों एवं हड्डियों, चमड़े, पत्थर व शिकार के हथियारों को ही मुद्रा के रूप में प्रयोग किया जाता था।

   (*ii*) **चारागाह युग में वस्तु-मुद्रा** (Commodity of Money in Postoral Era) इस युग में मनुष्यों के जीने का साधन जानवरों के शिकार के स्थान पर पशुपालन हो गया, जिसके परिणामस्वरूप विभिन्न पशुओं (गाय, बैल, बकरी, भेड़ आदि) का महत्त्व काफी अधिक हो गया, जिससे इनका प्रयोग मुद्रा के रूप में होने लगा। विभिन्न मान्यताओं के आधार पर; जैसे- ॠग्वेद के अनुसार, वैदिक काल में गाय का प्रयोग मुद्रा के रूप में होने लगा।

   (*iii*) **कृषि युग में वस्तु-मुद्रा** (Commodity of Money in Agricultural Era) सम्भवतः इस युग में मनुष्य ने कृषि का कार्य करना प्रारम्भ कर दिया था। सभी व्यक्तियों को अनाज की आवश्यकता होती थी, सम्भवतः इसलिए विभिन्न खाद्यान्नों को मुद्रा के रूप में प्रयोग किया गया। इसमें पहले गेहूँ, चावल, मक्का आदि को अपनाया गया तो बाद में नमक, तम्बाकू, कौड़िया, बादाम, सीप, शंख को मुद्रा के रूप में प्रयोग किया गया।

   (*iv*) **शिल्प युग में वस्तु-मुद्रा** (Commodity of Money in Handicraft Era) इस युग में मनुष्य आजीविका के लिए विभिन्न प्रकार की वस्तुओं का उत्पादन करने लगा; जैसे-मिट्टी एवं धातु के बर्तन, कताई-बुनाई एवं लोहे की वस्तु आदि। इसके परिणामस्वरूप, इस समय में मिट्टी एवं धातु के बर्तन तथा लोहे के हथियार आदि वस्तुओं का प्रयोग मुद्रा के रूप में किया जाने लगा। इस युग के प्रारम्भ से ही आत्मनिर्भर समाज की व्यवस्था का अन्त हो गया।

2. **धातु-मुद्रा का युग** (Era of Metallic Money)समयानुसार सभ्यता के निरन्तर विकास ने वस्तु-मुद्रा को प्रचलन से बाहर कर दिया एवं इसके स्थान पर धातु-मुद्रा को स्थापित कर दिया, क्योंकि वस्तु-मुद्रा में विभिन्न प्रकार की कठिनाइयाँ; जैसे- मूल्य संचय, मूल्य निर्धारण तथा प्रमाणिकता का अभाव पाया जाता है, इसलिए बुद्धिजीवियों ने एक ऐसी वस्तु की खोज मुद्रा के रूप में की जो जल्दी नष्ट न हों, मूल्यवान हों, समरूप हों एवं सर्वमान्य हों।

   फलस्वरूप, धातु-मुद्रा अस्तित्व में आई। मनुष्यों ने सर्वप्रथम लोहा, सीसा, रंगा, पीतल, ताँबा आदि धातुओं का प्रयोग मुद्रा के रूप में किया। तत्पश्चात् सोने एवं चाँदी का प्रयोग किया जाने लगा।

3. **पत्र-मुद्रा का युग** (Era of Paper Money) धातु-मुद्रा से उत्पन्न कठिनाइयों को दूर करने के लिए पत्र-मुद्रा का विकास हुआ। यह एक सांकेतिक मुद्रा के रूप में कार्य करता है। इसके विकास के क्रम में सबसे पहले व्यापारी वर्ग सुरक्षा की दृष्टि से किसी प्रतिष्ठित व्यक्तियों से जमा प्रमाण-पत्र लेकर व्यापार यात्रा करने लगे, जो आधुनिक यात्री चेकों एवं विनिमय-प्रपत्रों के जैसा था। पत्र-मुद्रा का प्रारम्भ जमा प्रमाण-पत्रों के आधार पर ही हुआ। अतः इसे पत्र-मुद्रा का प्राचीन रूप माना जा सकता है।
4. **साख-मुद्रा का युग** (Era of Credit Money) विश्व के कुछ राष्ट्रों के तीव्र आर्थिक विकास के परिणामस्वरूप, कई देशों में बैंकिंग का विकास हुआ। पत्र-मुद्रा के बढ़ते जोखिमों ने भी साख-मुद्रा के विकास को बल दिया। बैंकों द्वारा साख के आधार पर धन जमा करने एवं ऋण दिए जाने का कार्य किया जाने लगा, जिसके कारण साख-मुद्रा/पत्रों का व्यापक स्तर पर विकास हुआ। चेक, विनिमय-पत्र, बैंक ड्राफ्ट, प्रतिज्ञा-पत्र एवं हुण्डी आदि साख-मुद्रा के रूप में प्रयोग किए जाते हैं।

मुद्रा का अर्थ एवं परिभाषाएँ (Meaning and Definitions of Money)

सरकार द्वारा मान्यता प्राप्त वह वस्तु या संकेत, जिसके द्वारा मनुष्य अपनी इच्छानुसार विभिन्न वस्तुओं व सेवाओं का क्रय-विक्रय कर सकता है, मुद्रा (Money) कहलाती है अर्थात् कोई ऐसी वस्तु जिसे विनिमय के माध्यम के रूप में व लेखे की इकाई में स्वतन्त्र रूप से सामान्यतः स्वीकृत किया जाता है, मुद्रा कहलाती है। भिन्न-भिन्न अर्थशास्त्रियों ने मुद्रा को विभिन्न प्रकार से परिभाषित किया है।

वैधानिक परिभाषाएँ (Legal Definitions)

मुद्रा के सम्बन्ध में कुछ अर्थशास्त्रियों का विचार है कि किसी भी देश में वही वस्तु मुद्रा मानी जा सकती है, जिसे सरकार ने मुद्रा के रूप में घोषित किया हो और मान्यता प्रदान की हो।

मुद्रा की प्रमुख वैधानिक परिभाषा निम्नलिखित है

- **प्रो. नैप** के अनुसार, ''कोई भी वस्तु जो राज्य द्वारा मुद्रा घोषित की जाती है, मुद्रा कहलाती है।''

संकुचित परिभाषाएँ (Limited Definitions)

इस वर्ग के अनुसार, मुद्रा में केवल धातु के सिक्कों को ही सम्मिलित किया जाता है। कागजी नोटों का मुद्रा से कोई सम्बन्ध नहीं होता।

इस वर्ग की प्रमुख परिभाषाएँ निम्नलिखित हैं

- **प्रो. प्राइस** के अनुसार, ''केवल धात्विक सिक्के ही मुद्रा कहलाते हैं।''
- **रॉबर्टसन** के अनुसार, ''मुद्रा एक ऐसी वस्तु का प्रतीक है, जो माल के बदले में अथवा व्यापारिक दायित्व को निपटाने में विस्तृत रूप से स्वीकार की जाती है।''

विस्तृत परिभाषाएँ (Detailed Definitions)

इस वर्ग के अनुसार, मुद्रा में धातु के सिक्के, पत्र-मुद्रा, साख-पत्रों आदि को सम्मिलित किया जाता है।

इस वर्ग के अन्तर्गत आने वाली प्रमुख परिभाषा निम्नलिखित है

- **कोल** के अनुसार, ''मुद्रा केवल क्रयशक्ति है अर्थात् ऐसी वस्तु है, जिससे वस्तुएँ खरीदी जा सकती हैं। यह एक ऐसी वस्तु है, जो सामान्यतः व्यापक पैमाने पर भुगतान के रूप में प्रयोग की जाती है तथा ऋणों के भुगतान में स्वीकार की जाती है।''

सन्तुलित परिभाषाएँ (Balanced Definitions)

इस वर्ग में अर्थशास्त्रियों ने उपरोक्त दोनों विचारधाराओं के मध्य रहकर अपने विचारों को परिभाषित किया है, जिसके अनुसार मुद्रा में धात्विक सिक्कों तथा कागजी नोटों को ही सम्मिलित किया जाता है, परन्तु साख-पत्रों को मुद्रा में कोई स्थान नहीं दिया गया है।

इस वर्ग की प्रमुख परिभाषा निम्नलिखित हैं

- **एली** के अनुसार, ''मुद्रा ऐसी कोई भी वस्तु है, जिसका विनिमय के माध्यम के रूप में स्वतन्त्रतापूर्वक हस्तान्तरण होता है तथा जो ऋणों के अन्तिम भुगतान में सामान्य रूप से ग्रहण की जाती है।''

मुद्रा के रूप (Forms of Money)

मुद्रा के महत्त्वपूर्ण रूपों का विवरण निम्न प्रकार है

1. **आदेश मुद्रा** (Fiat Money) वह मुद्रा जो सरकार के आदेश द्वारा जारी की जाती है, आदेश मुद्रा कहलाती है। इसके अन्तर्गत सभी नोट तथा सिक्कों को सम्मिलित किया जाता है, जिसे देश के लोग कानूनी तौर पर विनिमय के माध्यम के रूप में स्वीकार करने के लिए बाध्य हैं।
2. **न्यास मुद्रा या ऐच्छिक मुद्रा** (Fiduciary Money or optional money) ऐसी मुद्रा, जो साधारणतया जनता द्वारा स्वीकार तो की जाती है, परन्तु इसको स्वीकार करने हेतु किसी व्यक्ति को वैधानिक रूप से बाध्य नहीं किया जा सकता, ऐच्छिक मुद्रा कहलाती है।

   दूसरे शब्दों में, इस मुद्रा को वैधानिक मुद्रा का पद प्राप्त नहीं होता है। इस प्रकार की मुद्रा की स्वीकृति व्यक्ति-विशेष की इच्छा पर निर्भर करती है। विभिन्न प्रकार के साख-पत्र; जैसे-चैक, बैंक ड्राफ्ट, हुण्डी आदि इस मुद्रा के उदाहरण हैं। इस मुद्रा की स्वीकृति भुगतान देने वाले व्यक्ति की बाजार में साख (Credit) पर निर्भर करती है। अतः इसे वैकल्पिक या साख बैंक-मुद्रा के नाम से भी जाना जाता है।
3. **पूर्णकाय मुद्रा** (Full Bodied Money) वह मुद्रा जो सिक्के के रूप में होती है; पूर्णकाय मुद्रा कहलाती है। इस मुद्रा को जारी करते समय इनका वस्तु मूल्य मौद्रिक मूल्य के बराबर होता है।
4. **साख मुद्रा** (Credit Money) वह मुद्रा जिसका मौद्रिक मूल्य वस्तु मूल्य से अधिक होता है। साख मुद्रा कहलाती है। इस मुद्रा में बैंकों के जमा, चेक, ड्राफ्ट, विनिमय-पत्र तथा हुण्डी आदि शामिल होते हैं। इस मुद्रा को कोई व्यक्ति अपनी इच्छानुसार स्वीकार कर भी सकता है और नहीं भी।

   साख मुद्रा > वस्तु मूल्य
5. **पत्र-मुद्रा** (Paper Money) कागजी नोटों के रूप में निर्गमित मुद्रा को 'पत्र-मुद्रा' कहा जाता है। पत्र-मुद्रा को निर्गत करने का अधिकार भारतीय रिजर्व बैंक को है, जबकि इस पर लिखी गई राशि के भुगतान का अन्तिम दायित्व भारत सरकार का होता है। वर्तमान समय में भारत में ' 1, 2, 5, 10, 20, 50, 100, 200, 500 तथा 2000 के नोट प्रचलित हैं।

मुद्रा के कार्य

1. प्राथमिक/मुख्य कार्य (Primary Functions)

मुद्रा के निम्नलिखित दो प्राथमिक कार्य हैं

(*i*) **विनिमय का माध्यम** मुद्रा विनिमय (Exchange) का एक उचित माध्यम है। इसके द्वारा एक वस्तु को बेचकर दूसरी वस्तु खरीद सकते हैं। इसके प्रयोग से वस्तु-विनिमय प्रणाली की कठिनाइयों का भी निवारण हो गया है। मुद्रा में

सर्वमान्यता तथा क्रयशक्ति होने के कारण प्रत्येक व्यक्ति इसे अपनी वस्तु अथवा सेवा के बदले लेने के लिए तत्पर रहता है।

(*ii*) **मूल्य-मापन की इकाई** मुद्रा विभिन्न वस्तुओं का मूल्यांकन करने में सहायक होती है। वस्तुओं का विनिमय मुद्रा के माध्यम द्वारा होने के कारण मुद्रा उन वस्तुओं के मूल्य-मापन (Measure of value) का साधन होती है।

2. गौण/सहायक कार्य (Secondary Functions)

मुद्रा के निम्नलिखित तीन गौण कार्य होते हैं

(*i*) **भविष्यगामी भुगतान का आधार** आज की सम्पूर्ण आर्थिक व्यवस्था साख पर आधारित है तथा उधार देते समय ब्याज की दर व भुगतान की किस्तें मुद्रा में ही निश्चित की जाती हैं, जिससे ऋणी निश्चित रहता है कि उसे कब कितनी राशि का भुगतान करना है। इस स्थिति में मुद्रा में सामान्य स्थिरता रहनी आवश्यक होती है।

(*ii*) **कोष का आधार** मुद्रा मूल्य संचय करने में सहायता प्रदान करती है। लोग भविष्य के लिए मूल्य या विनिमय-शक्ति संगृहीत करना पसन्द करते हैं, चूँकि मुद्रा अधिक समय तक स्थिर रूप में रहती है, इसलिए मुद्रा के रूप में क्रयशक्ति का संचय अधिक सुविधाजनक होता है।

(*iii*) **मूल्य हस्तान्तरण** मुद्रा मूल्य हस्तान्तरण (Transfer of value) का सर्वोत्तम साधन बन गया है। इसका हस्तान्तरण एक स्थान से दूसरे स्थान एवं एक व्यक्ति से दूसरे व्यक्ति को अत्यन्त सरलता से किया जा सकता है।

बैंकों के द्वारा प्रदान की जाने वाली विभिन्न सुविधाएँ; जैसे-चेक, बैंक ड्राफ्ट आदि के द्वारा बड़ी-से-बड़ी धनराशि का भी सरलता से हस्तान्तरण किया जा सकता है।

3. आकस्मिक कार्य (Contingent Functions)

मुद्रा के छः मुख्य आकस्मिक कार्य निम्नलिखित हैं

(*i*) **सामाजिक आय के वितरण में सहायक** वर्तमान युग में वस्तुओं का उत्पादन बड़ी मात्रा में किए जाने के लिए साधनों की आवश्यकता प्रचुर मात्रा में होती है। भूमि, श्रम, पूँजी एवं साहस के प्रयोग से ही उच्च-स्तर पर उत्पादन सम्भव हो सका है। मुद्रा न केवल समस्त राष्ट्रीय आय का अनुमान लगाती है, बल्कि प्रत्येक वर्ग को उसके योगदान के अनुपात में पुरस्कार देने का भी आधार बन गई है।

(*ii*) **विभिन्न इकाइयों का उचित मूल्यांकन** मुद्रा उत्पादन कार्य में सहायक विभिन्न इकाइयों का उचित मूल्यांकन करती है। अतः उत्पादक अपने कारखाने में न्यूनतम मूल्य पर अधिकतम उत्पादन की व्यवस्था कर सकता है। फलस्वरूप, इकाइयों की कार्यक्षमता में भी तीव्र गति से वृद्धि सम्भव होती है।

(*iii*) **साख का आधार** मुद्रा साख के आधार पर कार्य करती है। वर्तमान समय में साख-पत्र (Credit instruments); जैसे-चेक, हुण्डी आदि का प्रयोग मुद्रा की ही भाँति होता है। बैंक तथा अन्य संस्थाएँ मुद्रा के आधार पर ही साख-पत्रों को जारी करती हैं, जिसे साख का आधार कहा जाता है।

इसके साथ-साथ व्यावसायिक एवं व्यक्तिगत साख का मूल्यांकन भी किया जाता है। मुद्रा ऋणों के आदान-प्रदान का माध्यम होती है, जोकि न केवल व्यक्ति, फर्म या सरकार के मध्य होती है, बल्कि राष्ट्रों के मध्य भी ऋणों की पारस्परिक क्रियाएँ होती हैं।

(*iv*) **सम्पत्ति की तरलता** मुद्रा सम्पत्ति को तरल रूप प्रदान करती है। भूमि, मकान आदि के क्रय करने पर मुद्रा प्राप्त होती है, जो अधिकतम लाभ प्रदान करने वाले क्षेत्रों में सरलता से भेजी जा सकती है। इस प्रकार अधिक लाभ अर्जित किया जा सकता है।

(*v*) **निर्णय का आधार** मुद्रा को विभिन्न निर्णयों का आधार माना जाता है, क्योंकि व्यक्ति अपनी इच्छानुसार संचित मुद्रा का उपयोग कर सकता है। फलस्वरूप, मुद्रा के इस गुण ने व्यक्ति की क्रयशक्ति में भी वृद्धि की है। अब प्रत्येक व्यक्ति अपनी आवश्यकतानुसार वस्तुओं व सेवाओं का क्रय कर सकता है।

(*vi*) **उपभोक्ता सन्तुष्टि** उपभोक्ता को अधिकतम सन्तुष्टि तब प्राप्त होती है, जब वह वस्तुओं का अधिकतम उपभोग कर सके। उपभोक्ता को अधिकतम सन्तुष्टि तभी प्राप्त होगी, जब वह अपने व्यय को इस प्रकार सुनियोजित करे कि विभिन्न वस्तुओं से मिलने वाला सीमान्त तुष्टिगुण एक-दूसरे के बराबर हो।

4. अन्य कार्य (Other Functions)

मुद्रा के कुछ विविध या अन्य कार्य निम्नलिखित हैं

(*i*) **भुगतान स्थिति का सूचक** किसी भी व्यक्ति के पास मुद्रा तरल सम्पत्ति (Liquid assets) के भुगतान करने की क्षमता की गारण्टी होती है, यदि बैंक के पास अपने ग्राहक को भुगतान के लिए पर्याप्त मात्रा में धन न हो, तो वह दिवालिया घोषित हो सकता है। अतः मुद्रा किसी संस्था की आर्थिक स्थिति की सूचक भी मानी जाती है।

(*ii*) **पूँजी को तरलता प्रदान करने में सहायक प्रो. कीन्स** के अनुसार, ''मुद्रा पूँजी को तरलता प्रदान करने में सहायक होती है। मुद्रा के रूप में उपलब्ध पूँजी को हम अपनी इच्छानुसार प्रयुक्त कर सकते हैं।''

मुद्रा की पूर्ति (Supply of Money)

अर्थव्यवस्था में एक विशेष समय बिन्दु पर जनता के पास उपलब्ध मुद्रा की कुल मात्रा को मुद्रा की पूर्ति कहते हैं। सरकार के पास मुद्रा के स्टॉक तथा देश की समस्त बैंकिंग व्यवस्था के पास मुद्रा के स्टॉक को मुद्रा की पूर्ति में सम्मिलित नहीं किया जाता है।

मुद्रा की पूर्ति में, मुद्रा के केवल उस स्टॉक को सम्मिलित किया जाता है, जो उन लोगों के पास होता है, जो मुद्रा की माँग करते हैं, न कि जो मुद्रा की पूर्ति करते हैं।

मुद्रा की पूर्ति के माप (Measurement of Money Supply)

भारतीय रिजर्व बैंक वर्ष 1967-68 तक मुद्रा पूर्ति के केवल संकुचित माप का प्रयोग करता था, परन्तु वर्ष 1977 से मुद्रा पूर्ति के चार वैकल्पिक माप [M_1, M_2, M_3 और M_4] विकसित हुए।

1. **M_1** यह मुद्रा पूर्ति का प्रथम और आधारभूत माप है। इसे लेन-देन मुद्रा भी कहा जाता है, क्योंकि इसका प्रयोग सीधे लेन-देन के लिए होता है। M_1 आपके पॉकेट में रखी हुई मनी है तथा आपके अकाउण्ट में जमा की गई मनी है, जिसे आप जब चाहे निकाल सकते हैं, इसलिए यह सबसे अधिक तरल है।

M_1 = जनता के पास सिक्के और करेन्सी + व्यापारिक बैंकों की माँग जमाएँ + RBI के पास अन्य जमाएँ

2. **M_2** M_1 की अपेक्षा यह मुद्रा पूर्ति की विस्तृत अवधारणा है इसमें M_1 के अतिरिक्त डाकघर बचत बैंक के बचत खातों को भी सम्मिलित किया जाता है। क्योंकि डाकघर के बचत बैंक के खातों से चेक द्वारा धन नहीं निकाला जा सकता है, इसलिए M_2 को विकसित किया गया।

$M_2 = M_1$ + डाकघर बचत बैंक के बचत खाते

3. **M_3** M_3 को Aggregate Monetary Resources (AMR) भी कहते हैं। यह मुद्रा पूर्ति के आकलन करने के लिए सबसे उपयुक्त है, क्योंकि यह सबसे अधिक व्यापक/विस्तृत है।

M_1 के अतिरिक्त इसमें शुद्ध सावधिक जमाएँ भी सम्मिलित होती हैं।

$M_3 = M_1$ + बैंकों के पास शुद्ध सावधिक जमाएँ

4. **M_4** इस माप में M_3 के अतिरिक्त बचत बैंक की कुल जमाएँ भी सम्मिलित होती हैं। यह सबसे कम तरल माप है।

$M_4 = M_3$ + डाकघर बचत बैंक की कुल जमाएँ

बैंक उस वित्तीय संस्था को कहते हैं, जो जनता से धनराशि जमा करने तथा जनता को ऋण देने का काम करती है। लोग अपनी-अपनी बचत राशि को सुरक्षा की दृष्टि से अथवा ब्याज कमाने हेतु इन संस्थाओं में जमा करते हैं और आवश्यकता अनुसार समय-समय पर निकालते रहते हैं। आर्थिक आयोजन के वर्तमान युग में कृषि, उद्योग एवं व्यापार के विकास के लिए बैंक एवं बैंकिंग व्यवस्था एक अनिवार्य आवश्यकता मानी जाती है। आधुनिक अर्थव्यवस्था में मुद्रा के अन्तर्गत नकदी एवं बैंक जमाएँ आती हैं। सम्पूर्ण व्यवस्था को दो भागों में बाँटा जा सकता है; वाणिज्यिक बैंक तथा केन्द्रीय बैंक व्यवस्था।

वाणिज्यिक बैंक (Commercial Bank)

वाणिज्यिक बैंक वे बैंकिंग संस्थान हैं, जो जनसाधारण से जमा स्वीकार करते हैं तथा अपने ग्राहकों को अल्प अवधि ऋण देते हैं। दिए जाने वाली ब्याज दर, उधार लेने वालों से वसूली जाने वाली ब्याज दर से कम होती है। इन दो प्रकार की ब्याज दरों का अन्तर 'स्प्रेड' कहलाता है, जो बैंक का लाभ होता है। वाणिज्यिक बैंकों के पास मुद्रा जारी करने का अधिकार नहीं है, किन्तु वे मुद्रा के पूर्तिकर्ता हैं, क्योंकि वे माँग जमाओं के माध्यम से मुद्रा का सृजन करते हैं।

वाणिज्यिक बैंक के कार्य (Functions of Commercial Bank)

वर्तमान समय में बैंकों के कार्यों को हम तीन वर्गों में बाँट सकते हैं

I. प्राथमिक या मुख्य कार्य (Primary or Main Functions)

इसमें मुख्य रूप से दो कार्य सम्मिलित हैं

1. **जमा स्वीकार करना** (Accepting Deposits) जमा स्वीकार करना बैंक के मूल कार्य में आता है। बैंक समाज में विभिन्न हितधारकों के अनुरूप विभिन्न प्रकार के खातों की व्यवस्था करता है। प्रायः किसी एक बैंक की प्रतिष्ठा उसकी निक्षेप (जमा) प्राप्त करने की क्षमता पर निर्भर करती है।

   बैंकों द्वारा निम्नलिखित खाते खोलकर जमा स्वीकार की जाती है

   (*i*) **बचत खाता** (Saving account) बचत खाते के द्वारा बैंक छोटे बचतकर्ताओं को लक्षित करता है। इस खाते में धन जमा करने पर कोई प्रतिबन्ध नहीं होता है, लेकिन धन निकासी की सीमा निर्धारित होती है। ऐसे खातों में जमाराशि पर उपभोक्ता को ब्याज भी दिया जाता है। यह ब्याज छमाही आधार पर दिया जाता है।

   (*ii*) **चालू खाता** (Current account) चालू खाते के लिए व्यापारी एवं व्यवसायी वर्ग लक्षित होते हैं। इसके अन्तर्गत आवश्यकतानुसार दिन में कई बार धन जमा व निकाला जा सकता है।

   इस खाते पर बैंक द्वारा कोई ब्याज देय नहीं होता है, बल्कि कुछ धनराशि बैंक के द्वारा व्यय के रूप में वसूल की जाती है।

   (*iii*) **सावधि जमा खाता** (Fixed deposit account) सावधि जमा खाते वे खाते होते हैं, जिनमें धनराशि अधिक अवधि (1, 2, 3, 4 व 5 वर्ष) के लिए जमा की जाती है। इस प्रकार इनमें जमाराशि पर ब्याज का प्रतिशत भी सबसे अधिक होता है। ब्याज की दर, जमाराशि की अवधि व धनराशि के अनुसार निश्चित की जाती है।

   (*iv*) **आवर्ती जमा खाता** (Recurring deposit account) आवर्ती जमा खाते में जमाकर्ता द्वारा प्रत्येक महीने एक निश्चित धनराशि जमा करानी होती है। यह किस्त न्यूनतम ' 5 से लेकर 5 के गुणकों में होती है, उदाहरणस्वरूप; 10, 20, 25 आदि।

   निश्चित समयावधि के पूरे होने पर बैंक खाते में जमाराशि को ब्याज सहित वापस करता है।

   (*v*) **वार्षिकी या निवृत्ति योजनाएँ** (Pensioner retirement plans) इसमें उपभोक्ता को एक निश्चित धनराशि एकमुश्त या किस्तों में बैंक में जमा करानी होती है। इसके उपरान्त बैंक द्वारा उस उक्त व्यक्ति को जीवनपर्यन्त प्रतिमाह या वार्षिक धनराशि दी जाती है।

   (*vi*) **प्रतिदिन बचत जमा खाता** (Regular savings account) कुछ बैंक जमा की प्रवृत्ति को बढ़ाने एवं प्रोत्साहित करने के लिए लोगों को इस प्रकार का खाता खोलने की सुविधा देते हैं। बैंक किसी व्यक्ति को संग्रह का कार्य करने हेतु नियुक्त कर देता है। संग्रहकर्ता प्रतिदिन बैंक के प्रतिनिधि के रूप में बैंक के ग्राहकों के पास जाकर बचत जमाराशि प्राप्त करता है तथा उस जमाराशि को सम्बन्धित व्यक्ति के खाते में जमा कर देता है।

2. **ऋण तथा अग्रिम देना** (Loans and Advances) जमाकर्ता बैंक में जो धनराशि जमा करता है, बैंक उस धनराशि को उद्यमियों, व्यापारियों आदि को ऋण के रूप में प्रदान करता है। बैंक इस धनराशि से प्राप्त ब्याज का लाभ उठाते हैं।

   बैंक अपने उपभोक्ता अथवा ग्राहक को निम्न प्रकार से ऋण देता है

   (*i*) **साधारण ऋण** (Ordinary loan) बैंक द्वारा ग्राहकों को उनकी वित्तीय आवश्यकताओं की पूर्ति के लिए अल्पकालीन एवं दीर्घकालीन ऋण दिए जाते हैं। इन ऋणों पर बैंक द्वारा ब्याज लिया जाता है, जिसकी दर, ऋण की राशि एवं समयावधि पर निर्भर करती है। इस प्रकार के ऋण प्रायः उचित जमानत पर दिए जाते हैं।

   (*ii*) **नकद साख** (Cash credit) बैंक ऋण माँगने वाले ग्राहक को उसके माल या सम्पत्ति की जमानत पर ऋण प्रदान करता है। बैंक ऋणी का खाता खोलकर उसमें ऋण की राशि जमा करता है, जिसको ऋणी अपनी आवश्यकतानुसार निष्कासित करता है।

   ऋणी को केवल निकाली गई धनराशि पर ही ब्याज देना पड़ता है। ऐसे में बैंक उस गोदाम में भी अपना प्रभुत्व रखता है, जहाँ ग्राहक अपना माल रखता है।

   (*iii*) **विनिमय-प्रपत्रों को भुनाना** (Discounting of bills) बैंक अपने ग्राहकों को अल्पकालीन ऋण प्रदान करने के लिए विनिमय-प्रपत्रों व व्यापारिक बिलों को भुनाने का कार्य भी करता है। सावधि बिलों पर बट्टा प्रदान करके भी बैंक व्यापारियों को तत्काल भुगतान करने का कार्य करता है। जोखिम की दृष्टि से आवश्यकता होने पर बिल को केन्द्रीय बैंक से पुनः भुनाया भी जा सकता है। बैंक इस प्रकार के विनिमय-प्रपत्रों को भुनाने हेतु कमीशन के रूप में ग्राहकों से ब्याज वसूलता है।

   (*iv*) **बैंक अधिविकर्ष** (Bank overdraft) बैंक के वह विश्वसनीय जमाकर्ता जिनका बैंक में चालू खाता है, बैंक उन्हें जमा की गई धनराशि से अधिक धन निकालने की सुविधा प्रदान करता है। इसी सुविधा को 'बैंक ओवरड्राफ्ट' या 'अधिविकर्ष सुविधा' कहा जाता है। यदि जमाकर्ता जमा की गई राशि से अधिक राशि निकालता है, तो इसे उस राशि पर ब्याज देना पड़ता है।

केन्द्रीय बैंक (Central Bank)

केन्द्रीय बैंक किसी भी देश का सर्वोच्च बैंक होता है। सम्बन्धित देश के विधान के अन्तर्गत इसे कुछ विशेषाधिकार तथा शक्तियाँ प्राप्त होती हैं, जो अन्य बैंकों को प्राप्त नहीं होती हैं। अतः केन्द्रीय बैंक वह संस्था है, जिसे सामान्य जनहित में मुद्रा की मात्रा में विस्तार तथा संकुचन की व्यवस्था करने का दायित्व सौंपा गया हो।

भारतीय रिज़र्व बैंक भारत का केन्द्रीय बैंक है, जिसे 1 अप्रैल, 1935 में 5 करोड़ की चुकता पूँजी से चालू किया गया था।

केन्द्रीय बैंक के कार्य (The Functions of Central Bank)

रिज़र्व बैंक ऑफ इण्डिया के केन्द्रीय बैंकिंग सम्बन्धी कार्य निम्नलिखित हैं

1. **पत्र-मुद्रा का निर्गमन** पत्र-मुद्रा का निर्गमन करना रिज़र्व बैंक का प्रमुख कार्य है। यह बैंक ₹ 2 से लेकर ₹ 2,000 तक के नोटों को निर्गमित करता है। ₹ 1 का नोट भारत सरकार द्वारा निर्गमित किया जाता है। नोटों के निर्गमन सम्बन्धित कार्य इस बैंक के निर्गमन विभाग द्वारा किए जाए।

2. **सरकार के बैंकर के रूप में कार्य**
सरकार के बैंकर के रूप में यह निम्नलिखित कार्य करता है
(i) रिज़र्व बैंक ऑफ इण्डिया केन्द्र सरकार को अल्पकालीन ऋण प्रदान करता है, जिससे सरकार अपने सार्वजनिक व्यय तथा सार्वजनिक प्राप्ति के बीच अस्थायी घाटे को पूरा कर सके।
(ii) पहले केन्द्र सरकार ट्रेजरी बिलों के माध्यम से बिना किसी सीमा के रिज़र्व बैंक से उधार लेने के लिए अधिकृत थी, परन्तु अब राज्य सरकारों की ही भाँति अधिक-से-अधिक 3 माह के लिए ऋण प्राप्त कर सकती है।
(iii) रिज़र्व बैंक पूर्णतः सार्वजनिक ऋण की व्यवस्था करता है। यह भारत सरकार तथा राज्य सरकारों के लिए विदेशी विनिमय की व्यवस्था करता है। इसके साथ-साथ रिज़र्व बैंक ऑफ इण्डिया भारत सरकार के लिए एक परामर्शदायी संस्था के रूप में भी कार्य करता है।
(iv) यह बैंक राज्य सरकार एवं केन्द्र सरकार दोनों के लिए अर्थोपाय अग्रिम की व्यवस्था करता है।
3. **बैंकों के बैंकर के रूप में कार्य** व्यापारिक बैंकों को उस समय ऋण देना या तरलता की आपूर्ति करना, जिस समय उन्हें बाह्य स्रोतों से ऋण सरलता से न मिल सके, अन्तिम ऋणदाता का कार्य कहलाता है।
4. **साख नियन्त्रण एवं मौद्रिक नीति** साख मुद्रा कुल मुद्रा का एक महत्त्वपूर्ण भाग है, जिसका सृजन व्यापारिक बैंकों के द्वारा किया जाता है। इसके साथ ही साख मुद्रा का उचित नियमन भी आवश्यक है, क्योंकि इसके कारण मुद्रा में वृद्धि और मुद्रा के मूल्य में गिरावट होगी, जिसका भारतीय अर्थव्यवस्था पर नकारात्मक प्रभाव पड़ेगा। इस प्रकार रिज़र्व बैंक ऑफ इण्डिया का सर्वाधिक महत्त्वपूर्ण कार्य देश की आवश्यकता को ध्यान में रखते हुए, साख का नियमन एवं नियन्त्रण करना है।
5. **कृषि साख व्यवस्था** रिज़र्व बैंक ऑफ इण्डिया ने कृषि क्षेत्र हेतु वित्त की अनेक व्यवस्थाएँ की हैं। वित्त की समुचित व्यवस्था हेतु ही रिज़र्व बैंक ऑफ इण्डिया ने कृषि साख को कार्यों के आधार पर चार उप-विभागों में बाँटा है, *जोकि निम्नलिखित हैं*
   - योजना विभाग
   - निरीक्षण व वित्तीय सहायता विभाग
   - सहकारी प्रशिक्षण व प्रकाशन विभाग
   - हस्तशिल्प उद्योग का वित्तीय सहायता विभाग

केन्द्रीय बैंक द्वारा मुद्रा पूर्ति का नियन्त्रण (Control of Money Supply by the Central Bank)

केन्द्रीय बैंक अर्थव्यवस्था में मुद्रा की पूर्ति को नियन्त्रित करने के लिए विभिन्न माप अपनाते हैं। ये माप वाणिज्यिक बैंकों द्वारा साख सृजित करने से सम्बन्धित हैं, इसलिए केन्द्रीय बैंक की मौद्रिक नीति को प्रायः इसकी साख नियन्त्रित नीति कहा जाता है।

1. मात्रात्मक उपकरण (Quantitative Instruments)

इनका सम्बन्ध अर्थव्यवस्था की समग्र मुद्रा पूर्ति से है; जैसे-बैंक दर, रेपो दर आदि। *इनका विवरण निम्न प्रकार है*

(i) **बैंक दर** (Bank Rate) रिज़र्व बैंक ऑफ इण्डिया एक्ट के अनुसार, बैंक दर वह दर होती है, जिस पर रिज़र्व बैंक बिल ऑफ एक्सचेंज या अन्य व्यापारिक-प्रपत्रों को जिन्हें एक्ट के अन्तर्गत क्रय योग्य ठहराया गया है, क्रय करने या पुनर्कटौती (Rediscount) करने के लिए तैयार रहता है। मुद्रा प्रसार की स्थिति में बैंक दर में वृद्धि करके तथा मुद्रा संकुचन की स्थिति में बैंक दर में कमी करके साख नियन्त्रण करता है।

(ii) **रेपो दर** (Repo Rate) रेपो दर वह दर होती है, जिस ब्याज दर पर रिज़र्व बैंक ऑफ इण्डिया अन्य व्यापारिक बैंकों को अल्प अवधि ऋण देता है। रेपो दर को पुर्नखरीद दर भी कहा जाता है। यह ऋण देना बाजार की तरलता में वृद्धि करता है, जबकि रिवर्स रेपो दर (Reverse repo rate) रेपो दर के ठीक विपरीत होता है अर्थात् इसके अन्तर्गत रिज़र्व बैंक ऑफ इण्डिया व्यापारिक बैंकों से अल्प अवधि के ऋण प्राप्त करता है। इसके द्वारा बाजार में तरलता में कमी की जाती है।

(iii) **रिवर्स रेपो दर** यह रेपो दर के विपरीत है, जब वाणिज्यिक बैंक अपने पास उपलब्ध अतिरिक्त धन को RBI में रखते हैं, तो उस पर वाणिज्यिक बैंकों को जो ब्याज मिलता है, उसे रिवर्स रेपो दर (Reverse Repo Rate) कहते हैं।
RBI तरलता प्रबन्धन के अन्तर्गत रेपो तथा रिवर्स रेपो का प्रयोग करता है। रेपो दर में कमी करने से वाणिज्यिक बैंकों को अपनी प्रतिभूतियों पर कम ब्याज दर पर ऋण प्राप्त हो जाता है।
फलतः बाजार में मौद्रिक तरलता बढ़ जाती है। रेपो दर में वृद्धि के कारण वाणिज्यिक बैंकों को प्रतिभूतियों पर अधिक ब्याज दर पर ऋण प्राप्त होता है फलतः वाणिज्यिक बैंक अधिक ऋण नहीं लेते हैं, जिससे बाजार में मौद्रिक तरलता में कमी आती है। रिवर्स रेपो दरों में वृद्धि RBI वाणिज्यिक बैंकों को अपने यहाँ धन जमा करने का लालच देता है। यह स्थिति भी मौद्रिक तरलता को कम करती है।

(iv) **नकद संचय/कोष अनुपात** (Cash Reserve Ratio) रिज़र्व बैंक अनुसूचित बैंकों को उनके सम्पूर्ण जमा देयता (माँग जमा तथा समय जमा) का 3 से 15% तक नकद रिज़र्व बैंक के पास रखने के लिए बाध्य कर सकता है। नकद कोष अनुपात की दर जितनी ऊँची होगी, बैंकों के पास उतना ही कम नकद शेष उधार देने तथा साख सृजन के लिए होगा।

(v) **वैधानिक तरलता अनुपात** (Statutory Liquidity Ratio) यह वह अनुपात होता है, जिसके अन्तर्गत प्रत्येक व्यापारिक बैंक को सदैव अपने निवल माँग और मियादी देयताओं (Net Demand and Time Liabilities or NDTL) का एक निर्धारित भाग तरल समाप्ति; (जैसे- रोकड़, स्वर्ण तथा अन्य सरकारी प्रतिभूतियाँ आदि) के रूप में स्वयं के पास अनिवार्य रूप से रखना होता है। बैंकिंग नियमन अधिनियम, 1949 की धारा 24 के अनुसार, व्यापारिक बैंकों को अपनी जमा का कम-से-कम 25% (अधिकतम 40%) तरल सम्पत्ति के रूप में रखना होता है। वैधानिक तरलता अनुपात की निचली सीमा को (2007 से) समाप्त कर दिया है।

(vi) **खुले बाजार की क्रियाएँ** (Open Market-Operations) खुले बाजार की क्रिया के अन्तर्गत रिज़र्व बैंक अर्थव्यवस्था में मुद्रा की पूर्ति को नियन्त्रित करने के लिए जनता तथा बैंकों से अपनी सरकारी प्रतिभूतियों एवं प्रथम श्रेणी के बिलों व प्रतिज्ञा-पत्रों का क्रय-विक्रय करता है।
इस प्रकार मुद्रा-प्रसार की स्थिति में प्रतिभूतियों के विक्रय द्वारा रिज़र्व बैंक अधिक-से-अधिक मुद्रा चलन से निकाल सकता है तथा मन्दी या अवसाद की स्थिति में प्रतिभूतियों के क्रय की नीति अपना सकता है, जिससे अर्थव्यवस्था में मुद्रा प्रवाहित हो सके।

2. गुणात्मक उपकरण (Qualitative Instruments)

इनका सम्बन्ध अर्थव्यवस्था के चयनात्मक क्षेत्रों से होता है। *मौद्रिक नीति के गुणात्मक उपकरण निम्न हैं*

(i) **सीमान्त आवश्यकता** (Margin Requirement) सीमान्त आवश्यकता से तात्पर्य बैंक द्वारा दिए गए ऋण तथा ऋणों के लिए प्रदान की गई जमानत वाली वस्तु के वर्तमान मूल्य के अन्तर से है।
जब सीमान्त आवश्यकता को बढ़ा दिया जाता है, तब साख की पूर्ति को कम करने की आवश्यकता होती है, और जब सीमान्त आवश्यकता को कम कर दिया जाता है, तब साख की पूर्ति को बढ़ाने की आवश्यकता होती है।

(ii) **साख की राशनिंग** (Rationing of Credit) यह साख का गुणात्मक (Qualitative) नियन्त्रण करने का एक महत्त्वपूर्ण तरीका है। इसका उददेश्य बैंकों की साख निर्माण शक्ति को सीमित करना है।
अन्तिम ऋणदाता (Lender of the Last Resort) के रूप में केन्द्रीय बैंक जब अन्य बैंकों की माँग को पूर्णरूप से पूरा नहीं कर पाता, तो वह इसका राशनिंग

कर देता है अर्थात् यह निश्चित कर देता है कि प्रत्येक बैंक को कितनी साख दी जाएगी।

(*iii*) **नैतिक दबाव** (Moral Suasion) गुणात्मक विधि में रिज़र्व बैंक ऑफ इण्डिया ने नैतिक दबाव नीति का भी प्रयोग किया है, जिसके अन्तर्गत बैंकों के प्रतिनिधियों की मीटिंग तथा पत्रों के द्वारा रिज़र्व बैंक उन्हें नैतिक जिम्मेदारी के प्रति जाग्रत करके साख नियन्त्रण कर सकता है।

नवीन/प्रवर्तक बैंकिंग (प्रणालीगत सुधार)

भारत में सार्वजनिक क्षेत्र के बैंकों ने भी अब बैंकिंग क्षेत्र में नवाचारी (Innovative) गतिविधियों को प्रोत्साहन देना प्रारम्भ किया है। *इन गतिविधियों का संक्षिप्त विवरण निम्नलिखित है*

अपने ग्राहक को जानिए

अपने ग्राहक को जानिए (Know Your Customer, KYC) दिशा-निर्देशों का उपयोग ग्राहक पहचान प्रक्रिया के लिए किया जाता है। इसमें खातों के हितार्थी स्वामी की सही पहचान, निधि के स्रोत, ग्राहक के उद्योग का स्वरूप, ग्राहक के कारोबार के सम्बन्ध में खाते के परिचालन में उचितता इत्यादि शामिल हैं, जिससे बैंकों को विवेकसम्मत जोखिम प्रबन्धन से सहायता मिलती है।

घधउ प्रक्रिया में छूट

नो फ्रिल अकाउण्ट के तहत् व्यक्तिगत स्तर पर निम्न आय समूह के लोगों को KYC नियमों में छूट दी जाएगी। निम्न आय समूह के अन्तर्गत वह ग्राहक शामिल होंगे, जिनके अपने किसी भी खाते में (FDR/SB/CA) ₹ 50,000 से अधिक या सभी का कुल योग ₹ 1 लाख वार्षिक से अधिक न हों।

घधउ सम्बन्धी नए दिशा-निर्देश

भारतीय रिज़र्व बैंक ने बैंकों के द्वारा अपने ग्राहकों की पहचान हेतु कराए जा रहे KYC प्रक्रियाओं को पूरा करने में आ रही व्यावहारिक समस्याओं से निपटने के लिए KYC मानदण्डों में संशोधन किया। RBI द्वारा इस सम्बन्ध में 23 जुलाई, 2013 को दिशा-निर्देश जारी किए गए।

RBI के द्वारा संशोधित नियमों के अनुसार बैंक अधिक जोखिम वाले ग्राहकों से दो वर्ष में एक बार, मध्यम जोखिम वाले ग्राहकों से आठ वर्षों में एक बार तथा निम्न जोखिम वाले ग्राहकों से 10 वर्षों में एक बार KYC औपचारिकताओं को पूरा करने के आदेश दिए गए।

RBI के नए नियमों के तहत् बैंकों को अपने ग्राहकों से कारोबारी सम्बन्ध प्रगाढ़ बनाने के लिए वर्तमान पहचान प्रणाली को ही अपनाए रखने की भी छूट होगी।

बैंकिंग लोकपाल योजना

बैंकिंग लोकपाल योजना 14 जून, 1995 से प्रारम्भ हुई है। यह योजना भारतीय रिज़र्व बैंक के नियन्त्रण और देख-रेख में कार्य करती है। विवादों को शीघ्र और कम खर्च में निपटाने की कानूनी शक्तियों के साथ बैंकिंग लोकपाल योजना एक स्वतन्त्र संस्था हैं। रिज़र्व बैंक ने पूरे देश में 15 बैंकिंग लोकपाल नियुक्त किए हैं। इस व्यवस्था का उद्देश्य ज्यादा कानूनी पेचीदगियों के बिना शिकायतों का शीघ्र निपटारा सुनिश्चित करना है। कोई भी ग्राहक जिसकी शिकायत का बैंक द्वारा सन्तोषजनक समाधान न किया गया हो, बैंकिंग लोकपाल के पास जा सकता है।

बैंकों का निजीकरण (Privatisation of Banks)

निजीकरण का अभिप्राय यह है कि आर्थिक क्रियाओं में सरकारी हस्तक्षेप को उत्तरोत्तर कम किया जाए व प्रेरणा और प्रतिस्पर्धा पर आधारित निजी क्षेत्र को प्रोत्साहित किया जाए। सरकारी खजाने पर भार बन चुके अलाभकारी सरकारी प्रतिष्ठानों को विक्रय अथवा विनिवेश के माध्यम से निजी स्वामित्व एवं नियन्त्रण सौंप दिया जाए। प्रबन्ध की कुशलता को सुनिश्चित करने के लिए सरकारी प्रतिष्ठानों में निजी निवेशकों की सहभागिता बढ़ाई जाए और नए व्यावसायिक एवं औद्योगिक प्रतिष्ठानों की स्थापना करते समय निजी क्षेत्र को प्राथमिकता दी जाए। निजीकरण, राष्ट्रीयकरण का प्रतिलोम है।

भारत में बैंकों के राष्ट्रीयकरण के असफल होने के पश्चात् बैंकों का निजीकरण प्रारम्भ किया गया। वर्ष 2002 तक 19 राष्ट्रीयकृत बैंकों में से 5 राष्ट्रीयकृत बैंकों का निजीकरण कर दिया गया था। *ये 5 बैंक निम्न थे-*

(*i*) बैंक ऑफ इण्डिया (*ii*) बैंक ऑफ बड़ौदा
(*iii*) देना बैंक (*iv*) कॉर्पोरेशन बैंक
(*v*) ओरिएण्टल बैंक ऑफ कॉमर्स

बैंकों के निजीकरण की यह प्रक्रिया वर्ष 1986 से लेकर वर्ष 2003 तक चलती रही। अतः वर्ष 2005 तक केवल चार बैंक ऐसे थे, जिनकी पूँजी में शत-प्रतिशत हिस्सेदारी सरकार के पास थी।

अभ्यास प्रश्न

1. दो पक्षों के बीच वस्तुओं का आदान-प्रदान कहलाता है
(a) व्यवसाय (b) क्रय-विक्रय
(c) घरेलू व्यवसाय (d) वस्तु-विनिमय

2. "दो पक्षों के बीच होने वाले ऐच्छिक, वैधानिक तथा पारस्परिक धन के हस्तान्तरण को ही विनिमय कहते हैं।" यह कथन दिया था
(a) मार्शल ने (b) जेवन्स ने
(c) रिकार्डो ने (d) एडम स्मिथ ने

3. निम्नलिखित में से कौन एक विनिमय का लाभ नहीं है?
(a) पारस्परिक आर्थिक निर्भरता
(b) प्राकृतिक साधनों का अनुचित प्रयोग
(c) बड़े पैमाने पर उत्पादन
(d) अन्तर्राष्ट्रीय द्वेष

4. वस्तु-विनिमय की कठिनाइयाँ हैं
(a) दोहरे संयोग का अभाव (b) मूल्यों की अस्थिरता
(c) 'a' और 'b' दोनों (d) इनमें से कोई नहीं

5. वर्तमान युग में वस्तु-विनिमय प्रणाली प्रचलित है
(a) ग्रामीण क्षेत्रों में (b) आर्थिक संकट में
(c) पिछड़े क्षेत्रों में (d) ये सभी

6. मुद्रा प्रयोग की जाती है
(a) भुगतान के साधन के रूप में
(b) दायित्व के रूप में
(c) सम्पत्ति के रूप में
(d) पदार्थ के रूप में

7. मुद्रा की संकुचित परिभाषा के अनुसार, मुद्रा मानी जाती है
(a) धातु के सिक्कों को (b) पत्र-मुद्रा को
(c) साख-पत्र को (d) ये सभी

8. मुद्रा से सम्बन्धित है
(a) साख-मुद्रा (b) पत्र-मुद्रा
(c) सभी चलन मुद्रा (d) ये सभी

9. निम्नलिखित में से कौन-सा मुद्रा विनिमय का लाभ नहीं है?
(a) बाजार का विस्तार (b) वस्तु के विभाजन की कठिनाइयाँ
(c) दोनों पक्षों को लाभ (d) रोजगार में वृद्धि

10. मुद्रा का प्राथमिक कार्य है
(a) विनिमय का माध्यम (b) मूल्य का संचय
(c) निर्णय का वाहक (d) मूल्य का हस्तान्तरण

11. एक रुपये के नोट पर किसके हस्ताक्षर होते हैं?
(a) भारत के राष्ट्रपति के
(b) भारत के प्रधानमन्त्री के
(c) केन्द्रीय सरकार के वित्त सचिव के
(d) रिज़र्व बैंक के गवर्नर के

12. पाँच रुपये के नोटों पर किसके हस्ताक्षर होते हैं?
(a) भारत के वित्त सचिव के (b) रिज़र्व बैंक के गवर्नर के
(c) भारत के राष्ट्रपति के (d) भारत के प्रधानमन्त्री के

13. भारतीय मुद्रा प्रणाली में गुण हैं
(a) सरलता का (b) मितव्ययिता का
(c) लोचता का (d) ये सभी

14. जिस मुद्रा को सरकार के आदेश द्वारा जारी किया जाता है, वह क्या कहलाती है?
(a) न्यास मुद्रा (b) साख मुद्रा
(c) पूर्णकाय मुद्रा (d) आदेश मुद्रा

15. वह मुद्रा जो विनिमय के माध्यम के रूप में स्वीकार की जाती है कहलाती है
(a) साख मुद्रा (b) न्यास मुद्रा
(c) पूर्णकाय मुद्रा (d) इनमें से कोई नहीं

16. निम्न में से कौन-सी मुद्रा सिक्के के रूप में होती है?
(a) पूर्णकाय मुद्रा (b) साख मुद्रा
(c) आदेश मुद्रा (d) न्यास मुद्रा

17. भारत में मुद्रा की पूर्ति कौन करता है?
(a) सरकार (b) रिजर्व बैंक
(c) वाणिज्यिक बैंक (d) ये सभी

18. मुद्रा पूर्ति है एक
(a) स्टॉक चर (b) वास्तविक चर
(c) प्रवाह चर (d) ये सभी

19. मुद्रा पूर्ति के M_1 माप का घटक कौन-सा है?
(a) माँग जमा (b) वाणिज्यिक बैंक के नकद कोष
(c) सावधि जमा (d) उपरोक्त सभी

20. भारत में सिक्के कौन जारी करता है?
(a) वित्त मन्त्रालय (b) शहरी विकास मन्त्रालय
(c) रिजर्व बैंक (d) भारतीय स्टेट बैंक

21. मुद्रा पूर्ति की किस माप को AMR कहा जाता है?
(a) M_1 (b) M_2 (c) M_3 (d) M_4

22. विमुद्रीकरण के अन्तर्गत किन नोटों की नई श्रृंखला शुरू की गई?
(a) 100 व 200 (b) 500 व 2,000
(c) 1,000 व 100 (d) 50 व 100

23. वाणिज्यिक बैंकों के पास निम्न में से कौन-सा अधिकार नहीं है?
(a) जमा स्वीकार करना (b) ऋण देना
(c) मुद्रा जारी करना (d) मुद्रा पूर्ति का

24. वाणिज्यिक बैंकों द्वारा मुद्रा का सृजन किस माध्यम से किया जाता है?
(a) विनिमय बिल से (b) माँग जमाओं से
(c) ट्रेजरी बिल से (d) अन्य जमाओं से

25. निम्न में से कौन-सी शब्दावली बैंकिंग से सम्बन्धित नहीं है?
(a) साख निर्माण (b) सी. आर. आर
(c) बैंक दर (d) राजस्व घाटा

26. अतिरिक्त कोष = वास्तविक कोष
(a) + आवश्यक कोष (b) – आवश्यक कोष
(c) + निवल कोष (d) – निवल कोष

27. माँग जमाओं का वह प्रतिशत, जो वाणिज्यिक बैंकों को अपनी तरल परिसम्पत्तियों के रूप में रखना पड़ता है, क्या कहलाता है?
(a) रेपो दर (b) रिवर्स रेपो दर
(c) CRR (d) SLR

28. वाणिज्यिक बैंकों द्वारा सृजित मुद्रा/साख =
(a) $RR \times 100$ (b) $RR \times$ नकद कोष
(c) $\frac{100}{RR}$ (d) $\frac{1}{RR} \times$ नकद कोष

29. वाणिज्यिक बैंको को अपनी कुल जमाओं का जो अनुपात भारतीय रिजर्व बैंक के पास रखना होता है, उसे
(a) सांविधिक तरलता अनुपात कहते हैं
(b) जमा अनुपात कहते हैं
(c) आरक्षित नकद अनुपात कहते हैं
(d) वैधानिक कोष अनुपात कहते हैं

30. साख-निर्माण ………… द्वारा किया जाता है।
(a) केन्द्रीय बैंक (b) केन्द्रीय सरकार
(c) वित्त मन्त्रालय (d) व्यापारिक बैंकों

31. किस प्रकार की जमाओं की उत्पत्ति लोगों को ऋण देते समय होती है?
(a) प्राथमिक (b) गौण
(c) सावधि (d) इनमें से कोई नहीं

32. वर्तमान में भारतीय रिज़र्व बैंक के गवर्नर कौन हैं?
(a) शक्तिकान्त दास (b) रघुराम राजन
(c) उर्जित आर. पटेल (d) इनमें से कोई नहीं

उत्तरमाला

1.	(d)	**2.**	(a)	**3.**	(d)	**4.**	(c)	**5.**	(d)	**6.**	(a)	**7.**	(a)	**8.**	(d)	**9.**	(b)	**10.**	(a)
11.	(c)	**12.**	(b)	**13.**	(d)	**14.**	(d)	**15.**	(b)	**16.**	(a)	**17.**	(d)	**18.**	(a)	**19.**	(a)	**20.**	(a)
21.	(c)	**22.**	(b)	**23.**	(c)	**24.**	(b)	**25.**	(d)	**26.**	(b)	**27.**	(d)	**28.**	(d)	**29.**	(c)	**30.**	(d)
31.	(b)	**32.**	(a)																

अध्याय 10

भारतीय अर्थव्यवस्था : सरकारी बजट

सरकारी बजट (Government Budget)

किसी भी देश की सरकार को देश चलाने में की जाने वाली गतिविधियों के लिए धन की आवश्यकता होती है। साथ ही बहुत-सी गतिविधियाँ ऐसी होती हैं, जिनसे सरकार को धन प्राप्त होता है। अतः सरकार को अपने आय-व्यय का लेखा-जोखा रखना पड़ता है। सरकार द्वारा बनाए गए आय-व्यय का लेखा-जोखा ही सरकारी बजट कहलाता है।

सरकारी बजट वित्तीय वर्ष (1 अप्रैल से 31 मार्च) की अवधि के दौरान आय तथा व्यय के अनुमानों को दिखाने वाला एक वार्षिक विवरण है।

भारत में 1 फरवरी वह दिन है, जब वित्तमन्त्री सरकार का वार्षिक बजट प्रस्तुत करते हैं। भारत में बजट लोकसभा में प्रस्तुत होने से पूर्व संसद द्वारा अनुमोदित किया जाता है।

सार्वजनिक वस्तुएँ

वे वस्तुएँ जिन्हें बाजार तन्त्र के द्वारा उपलब्ध नहीं कराया जा सकता तथा उन्हें सरकार उपलब्ध कराती है, वे सार्वजनिक वस्तुएँ कहलाती हैं; जैसे-राष्ट्रीय सुरक्षा, सड़कें तथा सरकारी प्रशासन आदि।

निजी वस्तुएँ

वे वस्तुएँ जिन्हें वस्तुओं के तौर पर उपभोक्ता और उत्पादक के बीच होने वाले लेन-देन अर्थात् बाजार तन्त्र के द्वारा उपलब्ध कराया जा सकें, निजी वस्तुएँ कहलाती हैं; जैसे-कपड़ा, खाद्य पदार्थ आदि।

सरकारी बजट के उद्देश्य

1. **संसाधनों का पुनः वितरण** बजट के द्वारा सरकार देश की आर्थिक और सामाजिक प्राथमिकताओं के आधार पर संसाधनों का पुनः वितरण करती है। *सरकार निम्न कार्यों के द्वारा संसाधनों के पुनः वितरण को प्रभावित करती है*
   (*i*) **आर्थिक सहायता द्वारा** सरकार द्वारा निवेश को प्रोत्साहित करने के लिए उत्पादकों को आर्थिक सहायता, कर रियायतें आदि दी जाती हैं।
   (*ii*) **वस्तुओं और सेवाओं का उत्पादन** वस्तुओं और सेवाओं के उत्पादन में यदि निजी क्षेत्र रुचि नहीं लेता है, तो सरकार इन वस्तुओं और सेवाओं का सीधे ही उत्पादन कर सकती है।
2. **आय तथा सम्पत्ति की असमानताओं को कम करना** सरकार बजट सम्बन्धी नीति के माध्यम से आय और सम्पत्ति की असमानताओं को कम करने का लक्ष्य निर्धारित करती है। अतः सरकार द्वारा अमीर व्यक्तियों पर कर बढ़ाकर गरीबों के कल्याण पर अधिक खर्च किया जाता है।
3. ***GDP* संवृद्धि** सरकार की बजटीय नीति का एक केन्द्रीय उद्देश्य है, GDP संवृद्धि। इसे निम्न प्रकार प्राप्त किया जाता है—आधारित संरचना पर सार्वजनिक निवेश द्वारा तथा कर छूट द्वारा निजी निवेश को प्रोत्साहित करके।

1. **आर्थिक स्थिरता** सरकारी बजट का उपयोग आर्थिक स्थिरता के उद्देश्य को प्राप्त करने के लिए, स्फीति या मन्दी के व्यावसायिक उच्चावचनों को रोकने के लिए होता है। सरकार द्वारा व्यय को कम करके तथा राजस्व को बढ़ाकर स्फीतिक अन्तराल को ठीक किया जाता है।
2. **रोजगार के अवसर** बजटीय नीति द्वारा रोजगार के अवसरों की ओर ध्यान केन्द्रित किया जाता है। सरकारी उद्यमों में निवेश तथा प्रशासकीय सेवाओं का प्रावधान रोजगार उत्पन्न करते हैं।
3. **सार्वजनिक उद्यमों का प्रबन्धन** अनेक सार्वजनिक क्षेत्र के उद्यम ऐसे हैं, जो जनता के सामाजिक कल्याण के लिए स्थापित किए जाते हैं। ऐसे उद्यमों के प्रबन्धन के लिए प्रावधान बनाने तथा उन्हें वित्तीय सहायता प्रदान करने के उद्देश्य को ध्यान में रखकर बजट तैयार किया जाता है।

बजट के प्रभाव

1. यह समग्र राजकोषीय अनुशासन स्तर लाता है, जैसे कि बजट सरकार के राजस्व और व्यय के बीच एक आदर्श सन्तुलन बनाए रखने की कोशिश करता है।
2. यह संसाधनों का बेहतर आवण्टन करता है जैसे सरकार बजट के माध्यम से उन क्षेत्रों को संसाधन आवण्टित करती है, जहाँ यह सामाजिक रूप से वांछनीय है।
3. बजट के माध्यम से सरकार सामाजिक कल्याण कार्यक्रमों की प्रभावी ढंग से योजना बनाकर उन्हें लागू कर सकती है।

बजट के प्रकार

1. **सन्तुलित बजट** ऐसा बजट जिसमें सार्वजनिक व्यय और कुल राजस्व प्राप्तियाँ बराबर हों, सन्तुलित बजट कहलाता है।
2. **अधिशेष बजट** इस प्रकार के बजट में कुल राजस्व प्राप्तियाँ, प्रस्तावित सकल सार्वजनिक व्यय की तुलना में अधिक होती हैं, आमतौर पर अर्थव्यवस्था में माँग में कमी करने और आर्थिक क्रियाओं के स्तर को घटाने के उद्देश्य से यह बजट पेश किया जाता है।

   कुल प्राप्तियाँ > कुल व्यय
3. **घाटे का बजट** यदि किसी अवधि में व्यय, संप्राप्ति (रेवेन्यू) से अधिक हो तो इसे घाटे की वित्त व्यवस्था या घाटे का बजट कहते हैं।

   कुल प्राप्तियाँ < कुल व्यय

बजट के घटक

बजट के घटकों से अभिप्राय बजट की संरचना से है। *बजट के दो मुख्य घटक हैं, जो निम्नलिखित हैं*

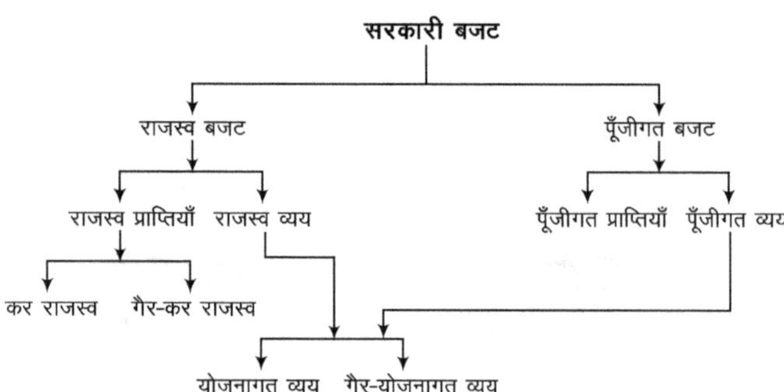

राजस्व बजट

राजस्व बजट एक राजकोषीय कर्ता के लिए अनुमानित राजस्व प्राप्तियों व अनुमानित राजस्व व्ययों का लेखा-जोखा होता है।

राजस्व बजट के निम्न दो भाग होते हैं

राजस्व प्राप्तियाँ

ऐसी प्राप्तियाँ जो न तो कोई देयता उत्पन्न करती हैं और न ही सरकार की परिसम्पत्ति में कोई कमी लाती हैं। *कोई भी प्राप्तियाँ राजस्व प्राप्तियाँ तभी होती हैं, जब वह निम्न शर्तों को पूर्ण करती हैं*

1. सरकार के लिए देयता उत्पन्न न करें।
2. प्राप्तियों से सरकार की परिसम्पत्तियों में कोई कमी न हो।

राजस्व प्राप्तियों के अन्तर्गत कर राजस्व तथा गैर-कर राजस्व को शामिल किया जाता है।

राजस्व व्यय

राजस्व व्यय केन्द्र सरकार का भौतिक या वित्तीय परिसम्पत्तियों के सृजन के अतिरिक्त अन्य उद्देश्यों के लिए किया गया व्यय है। इसका सम्बन्ध सरकारी विभागों के सामान्य कार्यों तथा विविध सेवाओं, सरकार द्वारा उपगत ऋण, ब्याज अदायगी, राज्य सरकारों और अन्य दलों को प्रदत्त अनुदानों आदि पर किए गए व्यय से होता है।

राजस्व व्यय के स्रोत

सरकार द्वारा किया गया व्यय, राजस्व व्यय कहलाएगा, यदि *वह निम्न शर्तों को पूरा करेगा*

1. व्यय सरकार के लिए कोई सम्पत्ति उत्पन्न न करें।
2. व्यय देयता को कम न करें।

पूँजीगत बजट

इसका सम्बन्ध बजट के पूँजीगत पहलू के साथ होता है। पूँजीगत बजट सरकार की उन सम्पत्तियों व देनदारियों (Liabilities) का लेखा होता है, जो पूँजी में परिवर्तन से प्रभावित होता है। इसके अन्तर्गत पूँजीगत प्राप्तियाँ तथा पूँजीगत व्यय आते हैं। *पूँजीगत बजट के निम्न दो भाग हैं*

पूँजीगत प्राप्तियाँ

सरकार की ऐसी सभी मौद्रिक प्राप्तियाँ, जिनसे देयता पैदा हो या वित्तीय सम्पत्तियाँ कम हों, पूँजीगत प्राप्तियाँ कहलाती हैं। एक प्राप्ति पूँजीगत प्राप्ति है, *यदि वह निम्न शर्तों में से एक को पूरा करें*

1. प्राप्तियों से सरकार की देयता उत्पन्न हो।
2. प्राप्तियों से सरकारी सम्पत्ति में कमी आती हो।

पूँजीगत प्राप्तियों के स्रोत

1. उधार
2. ऋणों की वसूली
3. अन्य प्राप्तियाँ

(*i*) विनिवेश (*ii*) लघु बचतें

पूँजीगत व्यय

ये सरकार के वे व्यय हैं, जिसके परिणामस्वरूप भौतिक या वित्तीय परिसम्पत्तियों का सृजन या वित्तीय दायित्वों में कमी होती है। पूँजीगत व्यय के अन्तर्गत भूमि अधिग्रहण, भवन निर्माण, मशीनरी, उपकरण, शेयरों में निवेश और केन्द्र सरकार के द्वारा राज्य सरकारों एवं संघशासित प्रदेशों, सार्वजनिक उपक्रमों तथा अन्य पक्षों को प्रदान किए गए ऋण और अग्रिम सम्बन्धी व्ययों को शामिल किया जाता है। सरकार द्वारा किया गया व्यय पूँजीगत व्यय कहलाएगा, *यदि वह निम्न शर्तों को पूरा करें*

1. सरकार के लिए परिसम्पत्तियों का निर्माण करें।
2. सरकार की देयता कम करें।

> **विकासात्मक व्यय और गैर-विकासात्मक व्यय**
>
> भारत सरकार के बजट में दो तरह के व्यय प्रदर्शित किए जाते हैं; जैसे-
>
> ***विकासात्मक व्यय*** वह व्यय जो उत्पादन कार्यों में खर्च किए जाते हैं, जैसे–कारखानों, बाँधों, सड़कों, शोध संस्थानों आदि के निर्माण पर होने वाला खर्च।
>
> ***गैर-विकासात्मक व्यय*** वह व्यय जो उपभोग के क्षेत्र में होने वाले खर्च को प्रदर्शित करते हैं; जैसे–वेतन, पेंशन, आन्तरिक और बाह्य ऋणों पर अदा किए जाने वाले व्यय।

बजट घाटा (Budget Deficit)

जब सरकार राजस्व प्राप्ति से अधिक व्यय करती है, तो इस स्थिति को बजटीय घाटा कहा जाता है। इस घाटे की पूर्ति के लिए कई उपाय किए जाते हैं, जिनका किसी अर्थव्यवस्था पर अलग-अलग प्रभाव पड़ता है। *भारत सरकार के बजट से सम्बन्धित निम्नलिखित तीन प्रकार के बजट घाटे हैं–*

1. राजस्व घाटा (Revenue Deficit)

राजस्व घाटा सरकार की राजस्व प्राप्तियों के ऊपर राजस्व व्यय के अधिशेष को बताता है।

राजस्व घाटा = राजस्व व्यय – राजस्व प्राप्तियाँ

राजस्व घाटे के प्रभाव (Implications of Revenue Deficit)

राजस्व घाटे के प्रभाव निम्न हैं

(*i*) राजस्व घाटे से ज्ञात होता है कि सरकार अर्थव्यवस्था के दूसरे क्षेत्रों की बचत का उपयोग अपने उपभोग व्यय के वित्तीयन के लिए कर रही है।

(*ii*) इससे यह भी ज्ञात होता है कि राजस्व घाटा या तो उधार के रूप में देनदारी बढ़ाता है या विनिवेश के माध्यम से सम्पत्ति कम करता है।

(*iii*) अधिक राजस्व घाटा सरकार के लिए चेतावनी का संकेत है कि या तो सरकार व्यय को कम करें या राजस्व को बढ़ाए।

(*iv*) यह प्रस्तावित बजट में नियमित और आवर्ती खर्च को पूरा करने में सरकार की असमर्थता को दर्शाता है।

राजस्व घाटा कम करने के उपाय (Measures to reduce revenue deficit)

राजस्व घाटा कम करने के उपाय निम्न हैं

(i) **व्यय में कमी** सरकार को व्यय कम करने के लिए उपाय करने चाहिए तथा अनावश्यक व्यय को कम करना चाहिए।

(ii) **राजस्व में वृद्धि** सरकार को कर और गैर-कर राजस्व के विभिन्न स्रोतों से अपनी प्राप्तियों को बढ़ाना चाहिए।

2. राजकोषीय घाटा (Fiscal Deficit)

राजकोषीय घाटा सरकार के कुल व्यय और ऋण-ग्रहण को छोड़कर कुल प्राप्तियों का अन्तर है।

राजकोषीय घाटा = कुल व्यय - (राजस्व प्राप्तियाँ + गैर – ऋण से सृजित पूँजीगत प्राप्तियाँ)

राजकोषीय घाटे के प्रभाव (Implications of fiscal deficit)

राजकोषीय घाटे के प्रभाव निम्नलिखित हैं

(i) **ऋण-जाल** (Debt Trap) राजकोषीय घाटे के द्वारा सरकार की कुल उधार आवश्यकताएँ प्रदर्शित होती हैं। ब्याज भुगतान राजस्व व्यय में वृद्धि करता है, जो राजस्व घाटे की ओर ले जाता है।

इसके द्वारा राजकोषीय और राजस्व घाटे का एक दुष्चक्र उत्पन्न हो जाता है, जिसके परिणामस्वरूप सरकार पुराने ऋण चुकाने के लिए और ऋण लेती है, जिसके कारण देश ऋण-जाल में फँस जाता है।

(ii) **दूसरे देशों पर निर्भरता** (Foreign dependence) सरकार द्वारा विश्व के अन्य देशों से भी ऋण लिया जाता है, जिसके कारण दूसरे देशों पर निर्भरता बढ़ती है।

(iii) **मुद्रास्फीति** (Inflation) सरकार द्वारा राजकोषीय घाटे को पूरा करने के लिए भारतीय रिज़र्व बैंक से ऋण लिया जाता है। रिज़र्व बैंक घाटे को पूरा करने के लिए नई मुद्रा छापता है, जिसके कारण अर्थव्यवस्था में मुद्रा पूर्ति बढ़ती है।

(iv) **भावी विकास में बाधक** (Hampers the future Growth) उधार भावी पीढ़ी के लिए वित्तीय बोझ बढ़ाता है, जिसके कारण भावी संवृद्धि और विकास प्रभावित होता है।

3. **प्राथमिक घाटा** (Primary Deficit)

प्राथमिक घाटे के प्रभाव निम्न हैं

प्राथमिक घाटे से तात्पर्य चालू वर्ष के राजकोषीय घाटे और पिछले उधार पर ब्याज भुगतान के बीच अन्तर से है।

प्राथमिक घाटा = राजकोषीय घाटा – ब्याज भुगतान

प्राथमिक घाटा उस विस्तार को दर्शाता है, जहाँ तक ब्याज अदायगी ने सरकार को चालू अवधि में ऋण लेने पर बाध्य किया है।

प्राथमिक घाटे का प्रभाव (Implications of primary deficit)

(i) इसके द्वारा ज्ञात होता है कि किस प्रकार ब्याज के भुगतान के अतिरिक्त सरकार के उधार अन्य व्यय को पूरा करते हैं।

(ii) राजकोषीय घाटे और प्राथमिक घाटे के बीच में अन्तर पूर्व में लिए गए उधार पर ब्याज की राशि के भुगतान को दिखाता है।

(iii) कम या शून्य प्राथमिक घाटा दर्शाता है कि ब्याज की अदायगी ने सरकार को उधार लेने के लिए बाध्य किया है।

अभ्यास प्रश्न

1. भारत में बजट लोकसभा में प्रस्तुत होने से पूर्व किसके द्वारा अनुमोदित किया जाता है?
(a) प्रधानमन्त्री (b) वित्तमन्त्री
(c) संसद (d) राज्यसभा

2. राष्ट्रीय सुरक्षा किस प्रकार की वस्तुओं के अन्तर्गत हैं?
(a) सार्वजनिक (b) निजी
(c) 'a' और 'b' दोनों (d) इनमें से कोई नहीं

3. निम्न में से कौन-सा सरकारी बजट का एक उद्देश्य नहीं है?
(a) आर्थिक स्थिरता
(b) आर्थिक विकास
(c) बढ़ती क्षेत्रीय असमानताएँ
(d) संसाधनों का पुनः आवण्टन

4. जिसमें सार्वजनिक व्यय और कुल राजस्व प्राप्तियाँ बराबर होती हैं ऐसा बजट क्या कहलाता है?
(a) सन्तुलित बजट (b) अधिशेष बजट
(c) घाटे का बजट (d) इनमें से कोई नहीं

5. अर्थव्यवस्था में माँग में कमी करने और आर्थिक क्रियाओं के स्तर को घटाने के उद्देश्य से कौन-सा बजट पेश किया जाता है?
(a) अधिशेष बजट (b) सन्तुलित बजट
(c) घाटे का बजट (d) ये सभी

6. राजस्व प्राप्तियों की अवधारणा को निम्न में से कौन-सी शर्तें सन्तुष्ट करती हैं?
(a) परिसम्पत्तियों में कमी नहीं (b) देयताएँ उत्पन्न नहीं
(c) 'a' और 'b' दोनों (d) इनमें से कोई नहीं

7. वह कर प्रणाली जिसके अन्तर्गत आय में वृद्धि होने के साथ कर में भी वृद्धि होती है क्या कहलाती है?
(a) प्रगतिशील कर
(b) प्रतिगामी कर
(c) मूल्य वृद्धि कर
(d) विशिष्ट कर प्रणाली

8. मूल्य वृद्धि कर किस प्रकार का कर है?
(a) प्रत्यक्ष (b) अप्रत्यक्ष
(c) प्रतिगामी कर (d) इनमें से कोई नहीं

9. सरकारी कॉलेज की फीस एक राजस्व प्राप्ति है, क्योंकि
(a) यह सरकार की देयता उत्पन्न करती है
(b) सरकार की परिसम्पत्तियों में वृद्धि करती है
(c) न परिसम्पत्ति उत्पन्न करती है न देयता में कमी करती है
(d) न तो देयता उत्पन्न करती है न ही परिसम्पत्तियों में कमी करती है

10. निम्न में से कौन-सा प्रत्यक्ष कर है?
(a) उत्पाद शुल्क (b) सीमा शुल्क
(c) मनोरंजन कर (d) आय कर

11. निम्न में से कौन-सा अप्रत्यक्ष कर है?
(a) उपहार कर (b) निगम कर
(c) सेवा कर (d) सम्पत्ति कर

12. निमलिखित में कौन-सा अप्रत्यक्ष कर है?
(a) सीमा शुल्क (b) आय कर
(c) भू-राजस्व (d) निगम कर

13. गैर-कर राजस्व के स्रोत कौन-से हैं?
(a) ब्याज (b) शुल्क
(c) जब्ती (d) ये सभी

14. प्रत्यक्ष कर को सीधे निम्न से संगृहित किया जाता है?
(a) वस्तुओं के खरीदारों से
(b) वस्तु बेचने वाले विक्रेताओं से
(c) आय अर्जित करने वालों से
(d) वस्तु उत्पादित करने वालों से

15. 'एसचीट' किसका एक उदाहरण है?
(a) राजस्व प्राप्तियों का (b) राजस्व व्यय का
(c) पूँजीगत व्यय का (d) पूँजीगत प्राप्तियों का

16. पूँजीगत प्राप्तियों में क्या सम्मिलित है?
(a) उधार
(b) विश्व बैंक से अनुदान
(c) गैर-कर राजस्व
(d) कर राजस्व

17. लघु बचतें किस प्रकार की प्राप्तियाँ हैं?
(a) राजस्व
(b) पूँजीगत
(c) 'a' और 'b' दोनों
(d) इनमें से कोई नहीं

18. गैर-योजनागत व्यय में किसे सम्मिलित किया जाता है?
(a) उपादान
(b) रक्षा सेवाएँ
(c) वेतन और पेंशन
(d) ये सभी

19. बजटीय घाटा बराबर है
(a) कुल व्यय – राजस्व प्राप्तियाँ
(b) पूँजीगत व्यय – पूँजीगत प्राप्तियाँ
(c) कुल व्यय – कुल प्राप्तियाँ
(d) कुल व्यय – कुल प्राप्तियाँ (उधार के अतिरिक्त)

20. सरकार के बजट में उधार होता है?
(a) प्राथमिक घाटा
(b) राजकोषीय घाटा
(c) राजस्व घाटा
(d) करों में कमी

21. सरकार के बजट में प्राथमिक घाटा किसके बराबर होता है।
(a) उधार के अतिरिक्त ब्याज भुगतान के
(b) ब्याज भुगतान के
(c) ब्याज भुगतान के अतिरिक्त उधार से
(d) उपरोक्त में से कोई नहीं

22. भारत में निम्नलिखित में से किस विधि द्वारा घाटे के बजट को कम किया जा सकता है?
(a) राजस्व व्यय को घटाकर
(b) निर्यात को बढ़ावा देकर
(c) विदेशी निवेश को बढ़ाकर
(d) ये सभी

23. निम्नलिखित में से कौन बजट के कार्यों में सम्मिलित नहीं हैं?
(a) कार्यपालिका की वित्तीय जवाबदेही सुनिश्चित करना।
(b) सरकारी कार्यों एवं सेवाओं का कुशल क्रियान्वयन करना।
(c) प्रशासनिक प्रबन्धन एवं समन्वय को जटिल करना।
(d) सामाजिक, आर्थिक नीति का कार्य निर्धारण, वितरण एवं स्थिरीकरण करना।

24. निम्नलिखित में से सही कथन हैं
(a) मन्दी के साथ अतिरिक्त बजट बनाना चाहिए।
(b) आधुनिक युग में राज्य के कार्य घट रहे हैं।
(c) सार्वजनिक व्यय लोकवित्त एक सामान्य कार्य का प्रोत्साहित हिस्सा है।
(d) सार्वजनिक व्यय लोकवित्त का एक केन्द्र-बिन्दु है।

उत्तरमाला

1.	(c)	2.	(a)	3.	(c)	4.	(a)	5.	(a)	6.	(c)	7.	(a)	8.	(b)	9.	(d)	10.	(d)
11.	(c)	12.	(a)	13.	(d)	14.	(c)	15.	(a)	16.	(a)	17.	(b)	18.	(d)	19.	(c)	20.	(b)
21.	(c)	22.	(d)	23.	(c)	24.	(d)												

अध्याय 11

भुगतान सन्तुलन तथा विदेशी विनिमय दर

भुगतान सन्तुलन (Balance of Payment)

किसी निश्चित समयावधि (सामान्यतः 1 वर्ष) में किसी देश के विश्व के अन्य देशों के साथ हुए सभी आर्थिक लेन-देन (आयात-निर्यात) के विवरण को भुगतान-शेष (Balance of Payment-BoP) कहते हैं। ये लेन-देन एक देश के व्यक्तियों, फर्मों तथा सरकार द्वारा किए जा सकते हैं।

प्रो. बेनहम के अनुसार, ''किसी देश का भुगतान सन्तुलन उसका शेष विश्व के साथ एक समयावधि में किए जाने वाले मौद्रिक लेन-देन का विवरण है।''

भुगतान सन्तुलन में शामिल किए जाने वाले आर्थिक लेन-देन

भुगतान सन्तुलन में व्यापारिक या वाणिज्यिक व्यवहार का विवरण तैयार किया जाता है। *इसे निम्न श्रेणियों में वर्गीकृत किया जा सकता है*

1. **दृश्य मदें** सभी प्रकार की भौतिक वस्तुएँ, जिनका आयात तथा निर्यात किया जाता है, दृश्य मदों के अन्तर्गत सम्मिलित की जाती हैं; जैसे-दवाएँ, मशीनरी, खाद्य-पदार्थ आदि।
2. **अदृश्य मदें** इसके अन्तर्गत सभी प्रकार की सेवाएँ; जैसे-बैंकिंग, बीमा, जहाजरानी इत्यादि शामिल हैं, जिसे देखा, छुआ या मापा नहीं जा सकता। इन मदों के द्वारा सेवाएँ मुहैया कराई जाती हैं और प्राप्त की जाती हैं।
3. **पूँजीगत हस्तान्तरण** इस प्रकार के हस्तान्तरण का सम्बन्ध उधार या परिसम्पत्ति की बिक्री के माध्यम से पूँजी प्राप्ति तथा परिसम्पत्ति के क्रय के माध्यम से पूँजी भुगतान से है।
4. **एक पक्षीय हस्तान्तरण** इस प्रकार के हस्तान्तरण में उपहार, व्यक्तिगत प्रेषणाएँ और एकतरफा सौदों को शामिल किया जाता है। चूँकि ये सौदे पुनर्भुगतान के कोई दावे शामिल नहीं करते हैं। अतः इन्हें अनिष्ट हस्तान्तरण (Unrequited Transfers) भी कहते हैं।

भुगतान सन्तुलन की संरचना

किसी देश द्वारा शेष विश्व के साथ हुए आर्थिक सौदों को रिकॉर्ड करने के लिए भुगतान सन्तुलन में लेखांकन की द्विप्रविष्टि प्रणाली का प्रयोग किया जाता है, दूसरे शब्दों में, व्यापार खातों की भाँति, भुगतान *सन्तुलन खाते के भी दो भाग होते हैं*

1. **लेनदारी भाग** विदेशी विनिमय के सभी अन्तः प्रवाह या स्रोत लेनदारी भाग में रिकॉर्ड होते हैं।
2. **देनदारी भाग** विदेशी विनिमय के सभी बाह्य प्रवाह या उपभोग देनदारी भाग में रिकॉर्ड होते हैं।

लेखांकन की दृष्टि से भुगतान सन्तुलन हमेशा सन्तुलित रहता है, क्योंकि इसे दोहरी लेखांकन प्रणाली या द्विप्रविष्टि प्रणाली के आधार पर तैयार किया जाता है, परन्तु आर्थिक दृष्टि से भुगतान सन्तुलन का हमेशा एक समान होना आवश्यक नहीं है। *इसका अर्थ है कि भुगतान सन्तुलन निम्न प्रकार का हो सकता है*

(i) **सन्तुलित भुगतान सन्तुलन** भुगतान सन्तुलन तब सन्तुलित होता है, जब विदेशी विनिमय की प्राप्ति विदेशी विनिमय के भुगतान के बराबर होती है।

(ii) **अतिरेक भुगतान सन्तुलन** भुगतान सन्तुलन में अतिरेक तब होता है, जब विदेशी विनिमय की प्राप्तियाँ विदेशी विनिमय के भुगतान से अधिक होती हैं।

(iii) **घाटे का भुगतान सन्तुलन** भुगतान सन्तुलन में घाटा तब होता है, जब विदेशी विनिमय की प्राप्तियाँ, विदेशी विनिमय के भुगतान से कम होती हैं।

भुगतान सन्तुलन : घटक

1. चालू खाता

जिस खाते में उन प्राप्तियों व भुगतानों का लेखा किया जाता है, जो चालू वर्ष (एक वर्ष) में पूर्ण किए जाते हैं, चालू खाता कहलाता है। चालू खाता दृश्य मदों, अदृश्य मदों और एक पक्षीय हस्तान्तरण से सम्बन्धित प्राप्तियों और भुगतान का समावेश करता है।

चालू खाते के घटक

(i) वस्तुओं का आयात तथा निर्यात

(ii) सेवाओं का आयात तथा निर्यात

(iii) विदेशों को और विदेशों से एक पक्षीय हस्तान्तरण

(iv) विदेशों से आय प्राप्तियाँ और विदेशों को भुगतान

(v) ''चालू खाता शुद्ध आय को दिखाता है''

चालू खाता में अतिरेक/घाटा

(i) चालू खाते में अतिरेक तब होता है, जब लेनदारी मदें देनदारी मदों से अधिक होती हैं। यह विदेशी विनिमय के शुद्ध अन्तःप्रवाह को दर्शाता है।

(ii) चालू खाते में घाटा तब होता है, जब देनदारी मदें लेनदारी मदों से अधिक होती हैं। यह विदेशी विनिमय के शुद्ध बाह्य प्रवाह को दर्शाता है।

2. पूँजीगत खाता

भुगतान सन्तुलन का पूँजीगत खाता देश के निवासियों और शेष विश्व के बीच में हुए उन सभी सौदों का रिकॉर्ड रखता है, जो देश के निवासियों या उनकी सरकार की सम्पत्ति या देयता में परिवर्तन लाते हैं। यह वित्तीय प्रकृति के दावों और देयता से सम्बन्धित होते हैं।

पूँजीगत खाते का प्रयोग चालू खाते में घाटे को वित्तीयन करने या चालू खाते के अतिरेक का शोषण करने के लिए प्रयोग किए जाते हैं। पूँजीगत खाता वित्तीय हस्तान्तरण के साथ सम्बन्धित होता है, इसलिए इसका देश की आय, उत्पादन और रोजगार पर कोई प्रत्यक्ष प्रभाव नहीं पड़ता है।

पूँजीगत खते के घटक

(i) विदेशों को उधार और विदेशों से उधार

(ii) विदेशों में और विदेशों से निवेश

विदेशों में और विदेशों से निवेश में दो प्रकार के निवेश सम्मिलित होते हैं

(*i*) विदेशी प्रत्यक्ष निवेश

(*ii*) पोर्टफोलियो निवेश

(iii) विदेशी विनिमय कोष में परिवर्तन

पूँजीगत खाते में अतिरेक/घाटा

(i) पूँजीगत खाते में अतिरेक तब होता है, जब लेनदारी मदें, देनदारी मदों से अधिक होती हैं। यह पूँजी के शुद्ध अन्तःप्रवाह को दर्शाता है।

(ii) पूँजीगत खाते में घाटा तब होता है, जब देनदारी मदें, लेनदारी मदों से अधिक होती हैं। यह पूँजी के शुद्ध बाह्य प्रवाह को दर्शाता है।

भुगतान सन्तुलन में शामिल की जाने वाली स्वतन्त्र तथा सुविधाजनक मदें

भुगतान सन्तुलन में हस्तान्तरणों की प्रवृत्ति के आधार पर मदों को दो रूपों में वर्गीकृत किया जा सकता है। दूसरे शब्दों में कहें तो, *भुगतान सन्तुलन खातों में रिकॉर्ड किए गए सौदों को दो भागों में वर्गीकृत किया जाता है*

1. **स्वतन्त्र मदें** इसे 'स्वायत्त' या 'स्वप्रेरित' मदों के नाम से भी जाना जाता है। भुगतान सन्तुलन में हस्तान्तरण स्वतन्त्र तब होगा, जब वह वाणिज्यिक प्रेरणा या राजनीतिक विचार-विमर्श के प्रत्युत्तर में हो एवं इसे भुगतान सन्तुलन में स्वतन्त्र रूप से सम्मिलित किया गया हो।
2. **सुविधाजनक मदें** इसे 'समायोजक मदों' के रूप में भी जाना जाता है। सुविधाजनक मदें वह हैं, जो कुल स्वायत्त जमा व देय के अन्तर को पूरा करने के लिए किए जाते हैं। इस प्रकार अन्तराल को पाटने के लिए देश के विदेशी विनिमय अधिकारी द्वारा किए गए हस्तान्तरण सुविधाजनक मदों की प्रकृति के होते हैं।

भुगतान सन्तुलन में घाटा या अतिरेक

भुगतान सन्तुलन में घाटे एवं अतिरेक का विचार नया नहीं है यद्यपि इसकी महत्ता को हाल के वर्षों में स्वीकार किया गया है। एक लम्बे समय तक चालू खाते पर सन्तुलन को अतिरेक या घाटे का आधार बनाया गया है। भुगतान सन्तुलन में अतिरेक कुछ अधिक समस्या उत्पन्न नहीं करता है, परन्तु घाटा अर्थव्यवस्था के लिए अक्सर कठिन समस्या उत्पन्न करता है।

1. भुगतान सन्तुलन में घाटा तब उत्पन्न होता है, जब वाणिज्यिक आयातों की वाणिज्यिक निर्यातों पर अधिकता की स्थिति होती है।
2. भुगतान सन्तुलन में अतिरेक तब उत्पन्न होता है, जब वाणिज्यिक निर्यातों की वाणिज्यिक आयातों पर अधिकता की स्थिति होती है।

विदेशी विनिमय दर (Foreign Exchange Rate)

विदेशी विनिमय का अर्थ किसी देश की उपलब्ध विदेशी मुद्रा से है, जैसे भारत के पास विदेशी विनिमय का अर्थ भारतीय रिज़र्व बैंक के पास उपलब्ध विदेशी मुद्राओं के स्टॉक से है।

उदाहरणार्थ, भारत की घरेलू करेन्सी भारतीय रुपया है और सभी दूसरी करेन्सी; जैसे-यूएस डॉलर, ब्रिटेन पौण्ड और कुवैती दीनार आदि विदेशी विनिमय हैं।

क्राउथर के अनुसार, ''विनिमय दर उस सीमा की माप है, जिसके अनुसार किसी देश की मुद्रा की एक इकाई के बदले दूसरे देश की मुद्रा इकाइयाँ प्राप्त की जाती हैं।''

विदेशी विनिमय की माँग

विदेशी विनिमय की माँग (या बाह्य प्रवाह) का सम्बन्ध उन व्यक्तियों से है, जिनकी विदेशी करेन्सी में भुगतान के लिए इसकी आवश्यकता पड़ती है। *इसकी माँग घरेलू निवासियों द्वारा निम्न कारणों से की जाती है*

1. **वस्तुओं एवं सेवाओं का आयात** विदेशी विनिमय की माँग वस्तुओं एवं सेवाओं के आयात के पश्चात् भुगतान करने हेतु की जाती है।
2. **विदेशों में सम्पत्ति की खरीद** विदेशों में सम्पत्ति के रूप में; जैसे–भूमि, शेयर बॉण्ड आदि क्रय करने के लिए, जो भुगतान किए जाते हैं, वह विदेशी विनिमय की माँग को दर्शाते हैं।
3. **पर्यटन सेवाएँ** विदेशी विनिमय की माँग पर्यटन सेवाओं की पूर्ति हेतु भी की जाती है।
4. **एक पक्षीय हस्तान्तरण हेतु** विदेशी विनिमय की माँग दूसरे देशों को एक पक्षीय हस्तान्तरण, जैसे–उपहार भेजने आदि के लिए भी की जाती है।
5. **सट्टेबाजी** विदेशी विनिमय की माँग तब उत्पन्न होती है, जब लोग मुद्रा की मूल्यवृद्धि से लाभ (अर्थात् सट्टेबाजी के रूप में) उठाना चाहते हैं।

विदेशी विनिमय की पूर्ति

1. **वस्तुओं एवं सेवाओं का निर्यात** विदेशी विनिमय की पूर्ति का सबसे महत्त्वपूर्ण स्रोत वस्तुओं एवं सेवाओं के निर्यात से है। इसके निर्यात से विदेशी करेन्सी का अन्तः प्रवाह होता है।
2. **विदेशों से एक पक्षीय हस्तान्तरण** विदेशों से उपहार एवं व्यक्तिगत प्रेषणाओं के माध्यम से देश में विदेशी विनिमय की पूर्ति होती है।
3. **घरेलू निवेश में भागीदारी** विदेशों द्वारा देश में घरेलू निवेश करने से करेन्सी में बढ़ोतरी होती है, जिससे विदेशी विनिमय की पूर्ति बढ़ती है।
4. **सट्टेबाजी** विदेशी विनिमयी मूल्य पर सट्टा लगाने से भी विदेशी विनिमय की पूर्ति बढ़ती है।

विदेशी विनिमय दर का निर्धारण

विदेशी विनिमय दर का निर्धारण विदेशी विनिमय की माँग और विदेशी विनिमय की पूर्ति के आधार पर किया जाता है। विदेशी विनिमय की साम्य दर वह होती है, जिस पर विदेशी विनिमय की माँग उसकी पूर्ति के बराबर हो जाती है।

जैसा कि चित्र में दिखाया गया है कि विदेशी विनिमय की माँग और पूर्ति *X*-अक्ष पर मापी गई है और विदेशी विनिमय की दर *Y*-अक्ष पर मापी गई है। *SS* ऊपर की ओर ढलान वाला विदेशी विनिमय का पूर्ति वक्र है तथा *DD* नीचे की ओर ढलान वाला विदेशी विनिमय का माँग वक्र है।

विदेशी विनिमय की माँग (*DD*) एवं विदेशी विनिमय की पूर्ति (*SS*) वक्र एक-दूसरे को *E* बिन्दु पर काटते हैं, जो विदेशी विनिमय की साम्य दर को प्रदर्शित करता है। अतः सन्तुलन विनिमय दर *OR* पर निर्धारित होती है।

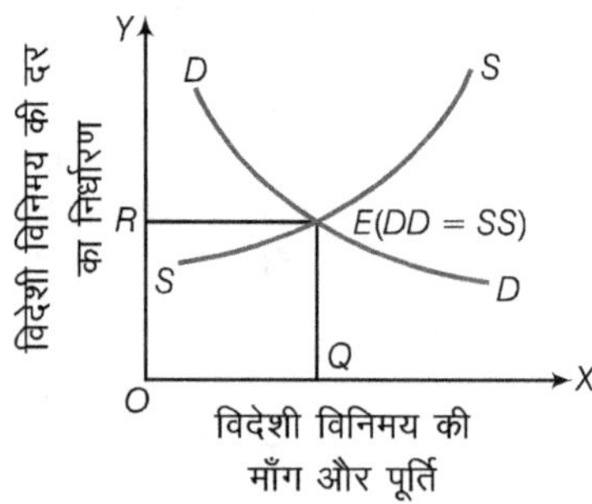

विदेशी विनिमय दर के प्रकार

1. **नाममात्र विनिमय दर** इससे अभिप्राय घरेलू मुद्रा की इकाइयों की संख्या से है, जो किसी दिए गए विदेशी मुद्रा की एक इकाई को खरीदने के लिए आवश्यक होता है।
2. **नाममात्र प्रभावी विनिमय दर** इससे अभिप्राय एक अनुचित भारित औसत दर से है, जिस पर एक देश की मुद्रा कई विदेशी मुद्राओं के लिए व्यापक तौर पर विनिमय करती है।

3. **वास्तविक विनिमय दर** इससे अभिप्राय यह है कि इस विनिमय दर को विदेश में मूल्य स्तर के अनुपात और घरेलू मूल्य स्तर के रूप में परिभाषित किया जाता है, जहाँ विदेशी मुद्रा स्तर को वर्तमान नाममात्र विनिमय दर के माध्यम से घरेलू मुद्रा इकाइयों में परिवर्तित किया जाता है।

4. **वास्तविक प्रभावी विनिमय दर** इससे अभिप्राय मुद्रास्फीति के प्रभावों के लिए समायोजित अन्य प्रमुख मुद्राओं की एक सूचकांक के सम्बन्ध में देश की मुद्रा के भारित औसत से है।

अभ्यास प्रश्न

1. चलन मुद्राओं की पारस्परिक कीमतों को कहते हैं?
(a) सन्तुलन दर
() अवमूल्यन
(c) विदेशी विनिमय दर
() स्थिर विनिमय दर

2. किसी अन्य देश की मुद्रा के सम्बन्ध में एक देश की मुद्रा का मूल्य कहलाता है
(a) विनिमय दर (b) सन्तुलन दर
(c) नम्य विनिमय दर (d) स्थिर विनिमय दर

3. कुवैत की घरेलू करेन्सी क्या कहलाती है?
(a) कुवैती येन (b) कुवैती दीनार
(c) कुवैती दिरहम (d) 'b' और 'c' दोनों

4. विदेशी विनिमय की माँग किन कारणों से की जाती है?
(a) सट्टेबाजी में लाभ कमाने
(b) वस्तुओं एवं सेवाओं के निर्यात से
(c) द्विपक्षीय हस्तान्तरण
(d) उपरोक्त सभी

5. विदेशी विनिमय की पूर्ति के लिए कौन-से तत्त्व उत्तरदायी हैं?
(a) वस्तुओं एवं सेवाओं का निर्यात
(b) घरेलू निवेश में भागीदारी
(c) विदेशों से एक पक्षीय हस्तान्तरण
(d) उपरोक्त सभी

6. विनिमय दर निर्धारण में कौन-सा कारक महत्त्वपूर्ण भूमिका निभाता है?
(a) मुद्रास्फीति (b) ब्याज दरें
(c) सार्वजनिक कर्ज (d) ये सभी

7. जिस प्रणाली में विनिमय दर को सरकार द्वारा निर्धारित किया जाता है, कहलाती है
(a) लोचशील विनिमय दर (b) नम्य विनिमय दर
(c) स्थिर विनिमय दर (d) प्रबन्धित तरणशीलता

8. अवमूल्यन सम्बन्धित होता है
(a) प्रबन्धित तरणशीलता से
(b) नम्य विनिमय दर प्रणाली से
(c) स्थिर विनिमय दर प्रणाली से
(d) सन्तुलन दर से

9. निम्न में से कौन-सा कारक विदेशी विनिमय बाजार में हस्तक्षेप करके विनिमय दर को प्रभावित करता है?
(a) बाजार की शक्तियाँ (b) केन्द्रीय बैंक
(c) 'a' और 'b' दोनों (d) इनमें से कोई नहीं

10. विदेशी मुद्रा बाजार के सन्दर्भ में देश की अन्तर्राष्ट्रीय प्रतिस्पर्द्धा का सूचक किसे माना जाता है?
(a) नाममात्र विनिमय दर को
(b) वास्तविक विनिमय दर को
(c) नाममात्र प्रभावी विनिमय दर को
(d) वास्तविक प्रभावी विनिमय दर को

11. कौन-सा विनिमय दर माँग की पूर्ति द्वारा निर्धारित होता है?
(a) स्थिर विनिमय दर (b) वास्तविक विनिमय दर
(c) नम्य विनिमय दर (d) नाममात्र विनिमय दर

12. विदेशी विनिमय बाजार में शामिल हैं
(a) व्यक्ति (b) फर्म
(c) केन्द्रीय बैंक (d) ये सभी

13. जिस दर पर विदेशी मुद्रा खरीदी और बेची जाती है, कहलाती है
(a) सन्तुलन दर (b) विनिमय दर
(c) चालू विनिमय दर (d) वायदा बाजार

14. कौन-सा बाजार भविष्य में होने वाले लेन-देन के सिद्धान्त पर कार्य करता है?
(a) चालू बाजार (b) वायदा बाजार
(c) सन्तुलन बाजार (d) विनिमय बाजार

15. "वायदा सौदे" की अवधि क्या होती है?
(a) 2 महीने (b) 40 दिन
(c) 90 दिन (d) 70 दिन

16. भुगतान सन्तुलन में सम्मिलित होते हैं
(a) एक देश के निवासी (b) शेष विश्व
(c) 'a' और 'b' दोनों (d) इनमें से कोई नहीं

17. भुगतान सन्तुलन में एक देश के निवासी और शेष विश्व के बीच के किन अवयवों के लेन-देन का विवरण होता है?
(a) वस्तु (b) सेवा
(c) परिसम्पत्ति (d) ये सभी

18. सभी प्रकार की भौतिक वस्तुएं, जिनका आयात-निर्यात होता है, किन मदों के अन्तर्गत सम्मिलित होती हैं?
(a) दृश्य (b) अदृश्य
(c) पूँजीगत (d) द्विपक्षीय

19. एक पक्षीय हस्तान्तरण में सम्मिलित नहीं है?
(a) उपहार (b) व्यक्तिगत प्रेषणाएँ
(c) एक तरफा सौदा (d) पुनर्भुगतान सौदे

20. विदेशी विनिमय के सभी अन्त: प्रवाह रिकॉर्ड होते हैं।
(a) लेनदारी में (b) देनदारी में
(c) वर्तुल प्रवाह में (d) चक्रीय प्रवाह में

21. भुगतान सन्तुलन के द्वारा हमें किन बातों की जानकारी मिलती है?
(a) मुद्रा के अवमूल्यन का प्रभाव
(b) विदेशी विनिमय कोष की स्थिति
(c) राष्ट्रीय आय पर पड़ने वाले प्रभाव
(d) उपरोक्त सभी

22. भुगतान सन्तुलन सदैव रहता है
(a) सन्तुलित (b) असन्तुलित
(c) 'a' और 'b' दोनों (d) इनमें से कोई नहीं

23. भुगतान सन्तुलन को किस प्रणाली के आधार पर तैयार किया जाता है?
(a) आधार लेखा प्रणाली (b) प्रविष्टि प्रणाली
(c) द्विप्रविष्टि प्रणाली (d) ये सभी

24. भुगतान सन्तुलन के घटकों का वर्गीकरण कितने रूपों में किया जा सकता है?
(a) दो (b) तीन (c) चार (d) आठ

25. चालू खाते में सम्मिलित विभिन्न आर्थिक सौदों में सम्मिलित हैं
(a) सेवाओं का निर्यात (b) वस्तुओं का आयात
(c) अनिष्ट हस्तान्तरण (d) ये सभी

26. विदेशों को तथा विदेशों से निवेश सम्मिलित है
(a) चालू खाते में (b) पूँजीगत खाते में
(c) 'a' और 'b' दोनों (d) इनमें से कोई नहीं

27. 'रेखा से ऊपर की मदें' किस का अन्य नाम है?
(a) स्वतन्त्र मदें (b) स्वायत्त मदें
(c) स्वप्रेरित मदें (d) ये सभी

28. स्वतन्त्र मदों में सम्मिलित सौदे में सम्मिलित नहीं है
(a) यात्री व्यय (b) विनियोग आय
(c) विनिमय कोष (d) वाणिज्यिक व्यापार

29. सुविधाजनक मदों में सम्मिलित है
(a) चालू खाता (b) पूँजी खाता
(c) 'a' और 'b' दोनों (d) इनमें से कोई नहीं

30. निम्नलिखित में से कौन-सा भुगतान सन्तुलन के समाधान हेतु सरकार द्वारा उठाया गया कदम नहीं है?
(a) निर्यात प्रोत्साहन
(b) आयात प्रोत्साहन
(c) विदेशी निवेश नीति का उदारीकरण
(d) चालू खाते में रुपये को पूर्ण परिवर्तनीय करना

उत्तरमाला

1.	(c)	2.	(a)	3.	(b)	4.	(d)	5.	(d)	6.	(d)	7.	(c)	8.	(c)	9.	(b)	10.	(c)
11.	(c)	12.	(d)	13.	(c)	14.	(b)	15.	(c)	16.	(c)	17.	(d)	18.	(a)	19.	(d)	20.	(a)
21.	(d)	22.	(a)	23.	(c)	24.	(a)	25.	(d)	26.	(b)	27.	(d)	28.	(c)	29.	(b)	30.	(b)

सेक्शन II : कॉमर्स डोमेन

प्रैक्टिस सैट्स

प्रैक्टिस सेट 1

निर्देश 50 में से 40 प्रश्न करने अनिवार्य हैं। **समय** : 45 मिनट

1. आर्थिक क्रियाओं में किसको सम्मिलित किया जाता है?
(a) चिकित्सा (b) मन्दिर जाना
(c) दान देना (d) इनमें से कोई नहीं

2. दुर्लभ साधनों के ·········· प्रयोग होते हैं।
(a) वैकल्पिक (b) सीमित
(c) निश्चित (d) शून्य

3. निम्न में से कौन-सा चुनाव की समस्या से सम्बन्धित नहीं है?
(a) आय का अधिक होना
(b) संसाधनों के वैकल्पिक उपयोग
(c) असीमित आवश्यकताएँ
(d) दुर्लभ संसाधन

4. एक अर्थव्यवस्था के समक्ष उपस्थित विभिन्न उत्पादन सम्भावनाओं को प्रदर्शित करता है
(a) उत्पादन सम्भावना वक्र (b) तटस्थता वक्र
(c) उपभोग सम्भावना वक्र (d) आर्थिक उत्पादन वक्र

5. उत्पादन सम्भावना वक्र को इस रूप में भी जाना जाता है
(a) रूपान्तर वक्र (b) उत्पादन वक्र
(c) आर्थिक वृद्धि वक्र (d) विस्तार वक्र

6. किस विद्वान् ने यह विचार दिया कि तुष्टिगुण मापनीय है?
(a) हिक्स (b) पैरेटो
(c) एलन (d) मार्शल

7. तुष्टिगुण की माप के सन्दर्भ में प्रचलित दृष्टिकोण है
(a) क्रमवाचक (b) गणनावाचक
(c) 'a' और 'b' दोनों (d) इनमें से कोई नहीं

8. तुष्टिगुण कब बदलता है?
(a) समय के अनुसार (b) स्थान के अनुसार
(c) परिस्थिति के अनुसार (d) ये सभी

9. सीमान्त तुष्टिगुण ह्रास नियम की विस्तृत व्याख्या किसके द्वारा की गई?
(a) गौसेन (b) फ्रेडरिक (c) मार्शल (d) फ्रेजर

10. यदि सीमान्त प्रतिस्थापन दर निरन्तर स्थिर रहे, तो अनधिमान वक्र
(a) x-अक्ष के समानान्तर होगा
(b) नीचे की ओर ढलवा अवतल होगा
(c) नीचे की ओर ढलवा उत्तल होगा
(d) नीचे की ओर ढलवा सीधी रेखा में होगा

11. माँग के आवश्यक तत्त्व हैं
(a) किसी वस्तु को पाने की इच्छा होना
(b) इच्छापूर्ति के लिए साधनों का होना
(c) साधनों को व्यय करने की तत्परता
(d) उपरोक्त सभी

12. माँग के प्रकार हैं
(a) कीमत माँग (b) व्यक्तिगत माँग
(c) प्रत्यक्ष एवं अप्रत्यक्ष माँग (d) ये सभी

13. माँग के नियम के अनुसार सामान्यत: किसी वस्तु की माँग तब परिवर्तित होती है, जब
(a) उपभोक्ता की आय परिवर्तित होती है
(b) वस्तु की माँग की लोच अधिक होती है
(c) उस वस्तु की कीमत परिवर्तित होती है
(d) जनसंख्या परिवर्तित होती है

14. निम्न में से कौन-सा कथन सत्य है?
(a) माँग का नियम एक मात्रात्मक कथन है
(b) माँग का नियम एक गुणात्मक कथन है
(c) माँग का नियम विलासिता की वस्तुओं पर लागू नहीं होता
(d) माँग का नियम आरामदायक वस्तुओं पर लागू नहीं होता

15. गिफिन वस्तु वह वस्तु है, जिसकी माँग
(a) कीमत बढ़ने से बढ़ती है (b) कीमत घटने से घटती है
(c) आय बढ़ने से बढ़ती है (d) आय बढ़ने से घटती है

16. उत्पत्ति वृद्धि नियम की क्रियाशीलता की दशा में औसत लागत की प्रवृत्ति होती है
(a) घटने की (b) बढ़ने की
(c) स्थिर रहने की (d) इनमें से कोई नहीं

17. उत्पादन के साधनों के संयोग में एक साधन का अनुपात ज्यों-ज्यों बढ़ाया जाता है, त्यों-त्यों एक बिन्दु के बाद उस साधन का सीमान्त उत्पादन
(a) बढ़ेगा (b) घटेगा
(c) स्थिर रहेगा (d) अधिकतम हो जाएगा

18. उत्पादन फलन क्या है?
(a) उत्पादन प्रक्रिया
(b) आगतों तथा निर्गत के बीच एक तकनीकी सम्बन्ध
(c) किसी फर्म का उत्पादन ढाँचा
(d) उत्पादन की योजना

19. यदि कृषि कला में उन्नति न की जाए तो नियम लागू होता है
(a) उत्पत्ति समता नियम (b) उत्पत्ति वृद्धि नियम
(c) उत्पत्ति ह्रास नियम (d) इनमें से कोई नहीं

20. निम्न समीकरणों में से कौन-सा समीकरण गलत है
(a) $AP = TP \times L$ (b) $MP = TP_N \times TP_N - 1$
(c) $AP = QTP \div L$ (d) $TP = AP \times L$

21. AR < AVC क्या दर्शाता है?
(a) उत्पादन बन्द बिन्दु (b) सम-विच्छेद बिन्दु
(c) उत्पादन जारी बिन्दु (d) इनमें से कोई नहीं

22. जब फर्में केवल परिवर्तनशील लागत ही निकाल पाती हैं, तो ऐसा होता है
(a) सन्तुलन बन्द बिन्दु
(b) उत्पादन बन्द करने वाले बिन्दु पर
(c) सम-विच्छेद बिन्दु
(d) उपरोक्त में से कोई नहीं

23. कम कीमत पर पूर्ति स्टॉक से ·········· होती है।
(a) अधिक (b) कम
(c) समान (d) इनमें से कोई नहीं

24. निम्नलिखित में से कौन पूर्ति अनुसूची का प्रकार नहीं है?
(a) व्यक्तिगत पूर्ति अनुसूची (b) बाजार पूर्ति अनुसूची
(c) 'a' और 'b' दोनों (d) कीमत पूर्ति अनुसूची

25. जब पूर्ति वक्र बायीं ओर खिसकता है, तो क्या परिणाम होता है?
(a) सन्तुलन कीमत में वृद्धि
(b) सन्तुलन कीमत में कमी
(c) सन्तुलन कीमत में कमी और मात्रा में वृद्धि
(d) सन्तुलन कीमत में वृद्धि और मात्रा में कमी

26. जब पूर्ति वक्र दायीं ओर खिसकता है, तो क्या परिणाम होता है?
(a) सन्तुलन कीमत में कमी
(b) सन्तुलन कीमत में वृद्धि
(c) सन्तुलन कीमत में कमी और मात्रा में वृद्धि
(d) सन्तुलन कीमत और मात्रा में कमी

27. X-अक्ष से आरम्भ होता हुआ ऊपर की ओर ढलान वाला सरल रेखा पूर्ति वक्र को दर्शाता है
(a) पूर्ति की लोच शून्य के बराबर है
(b) पूर्ति की लोच एक से अधिक है
(c) पूर्ति की लोच एक के बराबर है
(d) पूर्ति की लोच एक से कम है

28. एक वस्तु की पूर्ति की कीमत लोच 2 है। इसकी कीमत कितने प्रतिशत बढ़नी चाहिए जिससे कि इसकी पूर्ति 30% बढ़े?
(a) 15% (b) 60%
(c) 10% (d) 20%

29. एक पूर्ति वक्र बढ़ाने पर मूल बिन्दु से मिलता है। यह मूल बिन्दु के साथ 75° का कोण बनाता है, तो पूर्ति की कीमत लोच कितनी है?
(a) $ES_p = 0$ (b) $ES_p = 1$
(c) $ES_p < 1$ (d) $ES_p > 1$

30. पूर्ण प्रतियोगिता के अन्तर्गत किसी वस्तु की कीमत का निर्धारण होता है
(a) क्रेताओं की माँग के द्वारा
(b) विक्रेताओं की पूर्ति के द्वारा
(c) उद्योग की माँग व पूर्ति के द्वारा
(d) फर्मों की लागतों के द्वारा

31. पूर्ण प्रतियोगिता के अन्तर्गत किसी फर्म की माँग रेखा होती है
(a) कम लोचदार (b) अधिक लोचदार
(c) पूर्णतः लोचदार (d) पूर्णतः बेलोचदार

32. पूर्ण प्रतियोगिता की स्थिति में सीमान्त लागत वक्र
(a) 'U' आकार का होता है (b) 'V' आकार का होता है
(c) 'C' आकार का होता है (d) 'L' आकार का होता है

33. पूर्ण प्रतियोगिता बाजार की स्थिति में एक फर्म की औसत आय तथा सीमान्त आय रेखा का आकार होता है
(a) ऊर्ध्वाधर अक्ष के समानान्तर
(b) क्षैतिज अक्ष के समानान्तर
(c) अंग्रेजी के L अक्षर के समान
(d) मूल बिन्दु से ऊपर की ओर उठता हुआ

34. अतिरिक्त पूर्ति की स्थिति में, बाजार कीमत
(a) घटती है (b) बढ़ती है
(c) समान रहती है (d) इनमें से कोई नहीं

35. अर्थशास्त्र की एक अलग शाखा के रूप में समष्टि अर्थशास्त्र का आरम्भ किसने किया?
(a) एडम स्मिथ ने (b) जॉन मार्शल ने
(c) प्रो. पीगू ने (d) मेनार्ड कीन्स ने

36. समष्टि अर्थशास्त्र आवश्यक है
(a) सम्पूर्ण संगठन एवं संचालन हेतु
(b) आर्थिक नीतियों के निर्धारण हेतु
(c) मौद्रिक समस्याओं के विश्लेषण हेतु
(d) उपरोक्त सभी

37. राष्ट्रीय आय को मापा जाता है
(a) देश के कुल उत्पादन द्वारा (b) देश के कुल विनियोग द्वारा
(c) देश के कुल उपभोग द्वारा (d) देश के कुल राजस्व द्वारा

38. सकल घरेलू उत्पाद =?
(a) शुद्ध घरेलू उत्पाद − घिसावटें
(b) शुद्ध घरेलू उत्पाद + घिसावटें
(c) शुद्ध राष्ट्रीय उत्पाद − सब्सिडी
(d) शुद्ध राष्ट्रीय उत्पाद + सब्सिडी

39. निम्नलिखित में से कौन राष्ट्रीय आय मापने की विधि नहीं है?
(a) बचत गणना विधि
(b) उत्पादन गणना विधि
(c) व्यय गणना विधि
(d) आय गणना विधि

40. उपभोग व्यय किन बातों द्वारा निर्धारित होता है?
(a) निवेश व्यय (b) आय का आकार
(c) उपभोग प्रवृत्ति (d) 'b' और 'c' दोनों

41. इनमें से कौन-सा समीकरण नहीं है?
(a) $AD = C + S$ (b) $AD = S + I$
(c) $AD = I + C$ (d) $AD = C$

42. न्यून माँग का कारण है
(a) उपभोग प्रवृत्ति में वृद्धि
(b) स्वायत्त निवेश में वृद्धि
(c) निर्यातों में वृद्धि
(d) करों में वृद्धि

43. न्यून माँग दर्शाती है
(a) पूर्ण रोजगार से परे सन्तुलन
(b) पूर्ण रोजगार सन्तुलन
(c) अल्प रोजगार सन्तुलन
(d) अल्प रोजगार एवं पूर्ण रोजगार सन्तुलन

44. सुमेलित कीजिए

	सूची I		सूची II
A.	समर्थ माँग	1.	एक अर्थव्यवस्था में वह माँग है जहाँ रोजगार स्तर, उत्पादन स्तर तथा आय स्तर तीनों बराबर होते हैं।
B.	बाजार का नियम	2.	पूर्ति माँग को स्वयं जन्म देती है, जिसके कारण अर्थव्यवस्था में सामान्य अति उत्पादन तथा सामान्य बेरोजगारी कभी उत्पन्न नहीं होती।
C.	त्वरक	3.	प्रेरणात्मक विनियोग से सम्बन्धित है और उपभोग पर विनियोग की निर्भरता स्पष्ट है।
D.	प्रेरित विनियोग	4.	आय के प्रति लोचदार होता है।

कूट

	A	B	C	D		A	B	C	D
(a)	1	2	3	4	(b)	4	3	2	1
(c)	3	2	1	4	(d)	4	2	1	3

45. "दो पक्षों के बीच होने वाले ऐच्छिक, वैधानिक तथा पारस्परिक धन के हस्तान्तरण को ही विनिमय कहते हैं।" यह कथन दिया था
(a) मार्शल ने (b) जेवन्स ने
(c) रिकार्डो ने (d) एडम स्मिथ ने

46. निम्नलिखित में से कौन एक विनिमय का लाभ नहीं है?
(a) पारस्परिक आर्थिक निर्भरता
(b) प्राकृतिक साधनों का अनुचित प्रयोग
(c) बड़े पैमाने पर उत्पादन
(d) अन्तर्राष्ट्रीय द्वेष

47. भारतीय मुद्रा प्रणाली में गुण हैं
(a) सरलता का (b) मितव्ययिता का
(c) लोचता का (d) ये सभी

48. जिस मुद्रा को सरकार के आदेश द्वारा जारी किया जाता है, वह क्या कहलाती है?
(a) न्यास मुद्रा (b) साख मुद्रा
(c) पूर्णकाय मुद्रा (d) आदेश मुद्रा

49. गैर-कर राजस्व के स्रोत कौन-से हैं?
(a) ब्याज (b) शुल्क
(c) जब्ती (d) ये सभी

50. भुगतान सन्तुलन के द्वारा हमें किन बातों की जानकारी मिलती है?
(a) मुद्रा के अवमूल्यन का प्रभाव
(b) विदेशी विनिमय कोष की स्थिति
(c) राष्ट्रीय आय पर पड़ने वाले प्रभाव
(d) उपरोक्त सभी

उत्तरमाला

1.	(a)	**2.**	(b)	**3.**	(a)	**4.**	(a)	**5.**	(b)	**6.**	(d)	**7.**	(b)	**8.**	(d)	**9.**	(c)	**10.**	(d)
11.	(d)	**12.**	(d)	**13.**	(c)	**14.**	(b)	**15.**	(b)	**16.**	(a)	**17.**	(b)	**18.**	(b)	**19.**	(c)	**20.**	(a)
21.	(a)	**22.**	(b)	**23.**	(b)	**24.**	(d)	**25.**	(d)	**26.**	(c)	**27.**	(a)	**28.**	(b)	**29.**	(b)	**30.**	(c)
31.	(c)	**32.**	(a)	**33.**	(b)	**34.**	(a)	**35.**	(d)	**36.**	(d)	**37.**	(a)	**38.**	(b)	**39.**	(a)	**40.**	(d)
41.	(c)	**42.**	(d)	**43.**	(c)	**44.**	(a)	**45.**	(a)	**46.**	(d)	**47.**	(d)	**48.**	(d)	**49.**	(d)	**50.**	(d)

प्रैक्टिस सेट 2

निर्देश 50 में से 40 प्रश्न करने अनिवार्य हैं।

समय : 45 मिनट

1. एक स्वतन्त्र अर्थव्यवस्था में संसाधनों का आवण्टन किस आधार पर किया जाता है?
(a) उपभोक्ताओं के वोट द्वारा
(b) एक केन्द्रीकृत नियोजन संगठन द्वारा
(c) उपभोक्ताओं की पसन्द के आधार पर
(d) लाभ के स्तर के आधार पर

2. माँग की तुलना में पूर्ति निम्न रहने पर राशनिंग द्वारा उपलब्ध पूर्ति का वितरण इस प्रकार किया जाता है कि
(a) माँग में वृद्धि हो सके
(b) सभी को वस्तुएँ उपलब्ध हो सकें
(c) अति आवश्यक लोगों को वस्तुएँ मिल सकें
(d) उपरोक्त सभी

3. निम्नलिखित में से कौन–सा व्यष्टि अर्थशास्त्र का अंग नहीं है?
(a) एक उपभोक्ता (b) एक फर्म
(c) एक अर्थव्यवस्था (d) एक परिवार इकाई

4. एक स्वतन्त्र उद्यम वाली पूँजीवादी अर्थव्यवस्था में 'क्या और कितना उत्पादन किया जाए' का निर्धारण .... के द्वारा किया जाता है।
(a) सरकार (b) कीमत तन्त्र
(c) मुद्रा तन्त्र (d) निजी फर्म

5. केन्द्रीय समस्याओं का कारण है
(a) वस्तुओं की दुर्लभता (b) आवश्यकताओं की असीमितता
(c) 'a' और 'b' दोनों (d) आरक्षण

6. उपयोगिता मापन/विश्लेषण का गणनावाचक दृष्टिकोण किसने प्रतिपादित किया था?
(a) मार्शल ने (b) हिक्स ने
(c) एडम स्मिथ ने (d) रिकार्डो ने

7. उपयोगिता मापन का क्रमवाचक दृष्टिकोण किसने प्रतिपादित किया?
(a) मार्शल ने (b) हिक्स ने
(c) सैम्युल्सन ने (d) पीगू ने

8. कुल उपयोगिता वक्र
(a) सदैव ऊपर उठता हुआ होता है
(b) सदैव नीचे गिरता हुआ होता है
(c) प्रारम्भ में ऊपर उठता है, फिर नीचे गिरता है
(d) की रचना नहीं की जा सकती है

9. जब सीमान्त तुष्टिगुण शून्य होता है, तब कुल तुष्टिगुण .... होता है।
(a) ऋणात्मक (b) धनात्मक (c) सर्वाधिक (d) शून्य

10. मधुर संगीत सुनने की दशा में सीमान्त तुष्टिगुण ह्रास नियम लागू
(a) होता है (b) नहीं होता है
(c) कभी-कभी लागू होता है (d) इनमें से कोई नहीं

11. किसी वस्तु की वह मात्रा जिसे एक उपभोक्ता दी हुई कीमत तथा आय पर क्रय करता है उसे .... कहते हैं।
(a) खरीदने की इच्छा (b) वस्तु की माँग
(c) वस्तु की मात्रा (d) वस्तु की पूर्ति

12. सामान्यत: एक वस्तु का माँग वक्र होता है
(a) x-अक्ष के समानान्तर
(b) y-अक्ष के समानान्तर
(c) बाएँ से दाएँ नीचे की ओर गिरता हुआ
(d) बाएँ से दाएँ ऊपर की ओर उठता हुआ

13. जब उपभोक्ता की आय गिरती है तो घटिया वस्तु के कीमत–माँग वक्र पर यह प्रभाव पड़ता है
(a) दायीं ओर खिसकता है
(b) बायीं ओर खिसकता है
(c) माँग वक्र पर ऊपर की ओर चलन होता है
(d) माँग वक्र पर नीचे की ओर चलन होता है

14. पूर्णत: बेलोचदार माँग की स्थिति में जब कीमत में 4% की वृद्धि होती है, तो वस्तु की माँगी जाने वाली मात्रा में कमी होगी
(a) 8% (b) 4% (c) 2% (d) शून्य

15. पूर्णत: बेलोचदार माँग वक्र पर माँग की लोच
(a) अनन्त होती है (b) शून्य होती है
(c) इकाई से कम होती है (d) इकाई से अधिक होती है

16. निम्नलिखित में से कौन माँग की लोच के व्यावहारिक महत्त्व के अन्तर्गत सम्मिलित नहीं है?
(a) विभेदात्मक एकाधिकार
(b) राशिपातन
(c) उपभोक्ता का आय स्तर
(d) अन्तर्राष्ट्रीय व्यापार

17. ह्रासमान प्रतिफल नियम के अन्तर्गत सीमान्त उत्पादन होता है
(a) शून्य (b) ऋणात्मक
(c) घटता हुआ (d) बढ़ता हुआ

18. अल्पकाल में उत्पादन के कितने साधन स्थिर होते हैं?
(a) कोई भी नहीं (b) सभी
(c) कम से कम एक (d) अनिश्चित

19. आगत प्राप्त करने के लिए एक फर्म द्वारा किया जाने वाला व्यय कहलाता है
(a) लाभ (b) लागत
(c) आगम (d) उत्पादन

20. निम्नलिखित में से किसको द्राव्यिक लागत भी कहा जाता है?
(a) मौद्रिक लागत को (b) अवसर लागत को
(c) सीमान्त लागत को (d) कुल लागत को

21. फर्म में उत्पादन प्रक्रिया स्थगित रहने पर किस प्रकार की लागत का भुगतान करना होता है?
(a) स्थिर लागत (b) परिवर्तनशील लागत
(c) 'a' और 'b' दोनों (d) इनमें से कोई नहीं

22. कच्चे माल की कीमत है
(a) स्पष्ट लागत (b) अस्पष्ट लागत
(c) सामान्य लागत (d) इनमें से कोई नहीं

23. एक उत्पादक पूर्ण प्रतियोगिता में सन्तुलन प्राप्त करता है, जब
(a) $AR = MR$ (b) $AC = MC$
(c) $MR = MC$ (d) $AR = AC$

24. पूर्ति अधिक लोचदार होती है
(a) अति अल्पकाल की स्थिति में
(b) दीर्घकाल की स्थिति में
(c) अल्पकाल की स्थिति में
(d) उपरोक्त सभी

25. शीघ्र नष्ट होने वाली वस्तुओं की पूर्ति .... होती है।
(a) पूर्णतः लोचदार (b) लोचदार
(c) बेलोचदार (d) कम लोचदार

26. जब पूर्ति वक्र X-अक्ष से आरम्भ होता है तो पूर्ति लोच .... के बराबर होगी।
(a) इकाई से अधिक (b) इकाई से कम
(c) इकाई (d) इनमें से कोई नहीं

27. जब पूर्ति वक्र Y-अक्ष से आरम्भ होता है तो पूर्ति लोच ...... के बराबर होगी।
(a) इकाई से अधिक (b) इकाई से कम
(c) इकाई (d) इनमें से कोई नहीं

28. एक वस्तु की पूर्ति की कीमत लोच 0.8 है। इसकी कीमत 50% बढ़ती है। इसकी पूर्ति में होने वाली प्रतिशत वृद्धि का परिकलन कीजिए।
(a) 40% (b) 62.5%
(c) 30% (d) 20%

29. निम्नलिखित में से कौन पूर्ति की लोच के प्रकारों में सम्मिलित हैं?
(a) पूर्णतः बेलोचदार पूर्ति
(b) इकाई के बराबर लोचदार पूर्ति
(c) पूर्णतः लोचदार पूर्ति
(d) ये सभी

30. पूर्ति के नियम को निम्न में से कौन-सा फलन प्रदर्शित करता है?
(a) $s = f(P)$ (b) $s = f(1/p)$
(c) $s = f(Q)$ (d) ये सभी

31. बाजार की शक्तियों से क्या अभिप्राय है?
(a) माँग और पूर्ति (b) माँग और कीमत
(c) पूर्ति और कीमत (d) इनमें से कोई नहीं

32. अन्तर्राष्ट्रीय बाजार में क्रय-विक्रय की जाने वाली वस्तु का उदाहरण है
(a) सोना-चाँदी (b) दूध
(c) सब्जियाँ (d) ईंट

33. पूर्ण प्रतिस्पर्द्धा बाजार में एक फर्म होती है
(a) कीमत स्वीकारक (b) कीमत निर्धारक
(c) बाजार निर्धारक (d) माँग निर्धारक

34. पूर्ण प्रतियोगिता में फर्म का माँग वक्र पूर्णतः होता है
(a) क्षैतिज (b) लम्बवत्
(c) ऋणात्मक (d) धनात्मक ढाल

35. वस्तुओं की पूर्ति में कमी के कारण सरकार द्वारा अपनाई गई नीति है
(a) उच्चतम कीमत (b) न्यूनतम कीमत
(c) 'a' और 'b' दोनों (d) इनमें से कोई नहीं

36. निम्नलिखित में से एक टिकाऊ उपभोक्ता वस्तु नहीं है
(a) फ्रिज (b) तौलिया
(c) मेज (d) भोजन

37. अन्य वस्तुओं के उत्पादन में आगत के रूप में प्रयुक्त होने वाली वस्तुएँ कहलाती हैं
(a) अन्तिम वस्तुएँ (b) मध्यवर्ती वस्तुएँ
(c) 'a' और 'b' दोनों (d) उपभोग वस्तुएँ

38. राष्ट्रीय आय बराबर होती है
(a) सकल राष्ट्रीय उत्पाद
(b) निवल राष्ट्रीय उत्पाद
(c) सकल घरेलू उत्पाद
(d) निवल घरेलू उत्पाद

39. निम्नलिखित में से क्या सकल घरेलू उत्पाद (GDP) में सम्मिलित नहीं होता?
(a) एक वर्ष में उत्पादित अन्तिम वस्तुओं व सेवाओं का मौद्रिक मूल्य
(b) अप्रत्यक्ष कर
(c) विदेशों से प्राप्त शुद्ध आय
(d) मूल्यह्रास

40. सकल राष्ट्रीय उत्पाद बराबर है
(a) सकल घरेलू उत्पाद + विदेशों से प्राप्त शुद्ध आय
(b) सकल घरेलू उत्पाद − विदेशों से प्राप्त शुद्ध आय
(c) सकल घरेलू उत्पाद + मूल्यह्रास
(d) सकल घरेलू उत्पाद − मूल्यह्रास

41. अतिरेक माँग की दशा में रोजगार का स्तर
(a) बढ़ेगा (b) घटेगा
(c) स्थिर रहेगा (d) कुछ नहीं होगा

42. अतिरेक माँग को सन्तुलित करने का सर्वोत्तम उपाय है
(a) उत्पादन में वृद्धि करना
(b) ब्याज की दर को बढ़ाना
(c) मजदूरी की दर में वृद्धि रोकना
(d) बजट के घाटे को कम करना

43. वह अवस्था जब रोजगार तो हो, परन्तु व्यक्ति करना ही नहीं चाहता

(a) स्वैच्छिक बेरोजगारी (b) अनैच्छिक बेरोजगारी
(c) संरचनात्मक बेरोजगारी (d) अल्प रोजगार

44. केन्सीयन अर्थशास्त्र में उत्पादन के सन्तुलन स्तर से क्या अभिप्राय है?

(a) रोजगार सन्तुलन से (b) उत्पादन सन्तुलन से
(c) उपभोग सन्तुलन से (d) बचत सन्तुलन से

45. 45° ढाल का सम्बन्ध इनमें से किससे होता है?

(a) समग्र माँग (b) समग्र पूर्ति
(c) गुणक (d) ब्याज

46. मुद्रा प्रयोग की जाती है

(a) भुगतान के साधन के रूप में
(b) दायित्व के रूप में
(c) सम्पत्ति के रूप में
(d) पदार्थ के रूप में

47. मुद्रा की संकुचित परिभाषा के अनुसार, मुद्रा मानी जाती है

(a) धातु के सिक्कों को
(b) पत्र-मुद्रा को
(c) साख-पत्र को
(d) उपरोक्त सभी

48. मुद्रा पूर्ति है एक

(a) स्टॉक चर (b) वास्तविक चर
(c) प्रवाह चर (d) ये सभी

49. बजटीय घाटा बराबर है

(a) कुल व्यय – राजस्व प्राप्तियाँ
(b) पूँजीगत व्यय – पूँजीगत प्राप्तियाँ
(c) कुल व्यय – कुल प्राप्तियाँ
(d) कुल व्यय – कुल प्राप्तियाँ (उधार के अतिरिक्त)

50. 'रेखा से ऊपर की मदें' किस का अन्य नाम है?

(a) स्वतन्त्र मदें (b) स्वायत्त मदें
(c) स्वप्रेरित मदें (d) ये सभी

उत्तरमाला

1.	(c)	**2.**	(b)	**3.**	(c)	**4.**	(b)	**5.**	(c)	**6.**	(a)	**7.**	(b)	**8.**	(c)	**9.**	(c)	**10.**	(b)
11.	(b)	**12.**	(c)	**13.**	(a)	**14.**	(d)	**15.**	(b)	**16.**	(c)	**17.**	(c)	**18.**	(c)	**19.**	(b)	**20.**	(a)
21.	(a)	**22.**	(a)	**23.**	(c)	**24.**	(b)	**25.**	(c)	**26.**	(b)	**27.**	(a)	**28.**	(a)	**29.**	(d)	**30.**	(a)
31.	(a)	**32.**	(a)	**33.**	(a)	**34.**	(a)	**35.**	(a)	**36.**	(d)	**37.**	(b)	**38.**	(d)	**39.**	(c)	**40.**	(b)
41.	(a)	**42.**	(a)	**43.**	(a)	**44.**	(a)	**45.**	(b)	**46.**	(a)	**47.**	(a)	**48.**	(a)	**49.**	(c)	**50.**	(d)

सेक्शन II : कॉमर्स डोमेन

लेखाशास्त्र

अध्याय 1

अलाभकारी संस्थाओं के लिए लेखांकन

अलाभकारी संस्थाओं से आशय

अलाभकारी संस्थाओं (Non-profit Organisation) से आशय ऐसी संस्थाओं से है, जिनका मुख्य उद्देश्य लाभ कमाना न होकर सेवा प्रदान करना व समाज का विकास करना होता है। इस प्रकार की संस्थाओं में क्लब, अस्पताल, शैक्षणिक संस्था, पुस्तकालय, आदि संस्थाएँ आती हैं।

अलाभकारी संस्थाओं द्वारा तैयार खाते

अलाभकारी संस्थाएँ निम्न खाते तैयार करती हैं–

1. प्राप्ति-भुगतान खाता
2. आय-व्यय खाता
3. आर्थिक चिट्ठा

प्राप्ति-भुगतान खाता (आगम–शोधन खाता)

आगम-शोधन खाता (Receipt and Payment Account) वास्तविक खाता होता है। इस खाते के डेबिट पक्ष में समस्त नकद प्राप्तियाँ व क्रेडिट पक्ष में समस्त नकद भुगतान लिखे जाते हैं। अलाभकारी संस्थाएँ अपने दिन-प्रतिदिन के लेन-देन पहले रोकड़ बही में दर्ज करती हैं तथा रोकड़ बही की सहायता से प्राप्ति एवं भुगतान खाता तैयार किया जाता है। अतः यह रोकड़ बही का संक्षिप्त रूप है।

कार्टर के अनुसार, ''प्राप्ति एवं भुगतान खाता रोकड़ बही (नकद एवं बैंक व्यवहारों) के सारांश से कुछ भी अधिक नहीं है, जोकि उपयुक्त शीर्षकों में विश्लेषण एवं वर्गीकृत होता है। अतः यह खाते का एक ऐसा प्रारूप है, जिसका प्रयोग अधिकांश समितियों, क्लबों, संघों, आदि के कोषाध्यक्षों द्वारा वर्ष के कार्य संचालन के परिणाम को प्रस्तुत करते हुए किया जाता है।''

प्राप्ति–भुगतान खाते का प्रारूप

Receipt and Payment A/c

Dr for the year ended... Cr

Receipts	Amt (₹)	Payments	Amt (₹)
To Balance b/d (Opening Balance)		By Balance b/d (Opening)	...
Cash in Hand	...	(In case of Bank Overdraft)	
Cash at Bank	...	**Revenue Payments**	
Revenue Receipts		By Salary	...
To Subscriptions (Present, Past and Future)	...	By Rent	...
To Entrance Fees (in recurring nature)	...	By Postage Expenses	...
To General Donations	...	By Advertisement Expenses	...
To Locker's Rent	...	By Newspapers and Magazines, etc.	...
To General Grants	...	By Repairs	...
To Sale of Newspapers, Grass, etc.	...	By Entertainment Expenses	...
To Interest on Investments	...	By Maintenance Expenses	...
To Sale of Old Used Sports Materials	...	By Insurance	...
To Proceeds from Entertainment	...	By Secretary's Honorarium	...
To Income from Concerts/Lectures	...	By Lecturer's Honorarium	...
To Receipts from Show	...	By Municipal Tax	...
To Dividends	...	By Gardening	...
To Rent	...	By Prize Distributed	...
To Interest	...	By Office Expenses	...
To Miscellaneous Receipts	...	By Expenses on Show	...

Receipts	Amt (₹)	Payments	Amt (₹)
Capital Receipts		By Miscellaneous Payments	...
To Life Membership Fees	...	**Capital Payments**	
To Subscriptions for Specific Purpose	...	By Purchase of Fixed Assets (e.g., furniture)	...
To Donation for Specific Purpose	...	By Sports Equipment	...
To Grant for Specific Purpose	...	By Investments	...
To Entrance Fees (non-recurring)	...	By Books	...
To Legacies	...	By Loan (Repayment)	...
To Endowment Fund	...	By Building Construction	...
To Sale of Fixed Assets	...	By Balance c/d (closing balance)	
To Receipts on Account of Special Fund	...	Cash in Hand	...
(i.e., match fund, prize fund, etc.)		Cash at Bank	...
	...		...

प्राप्ति-भुगतान खाते की विशेषताएँ

1. इस खाते का प्रारम्भ व अन्त रोकड़ शेष से होता है।
2. इसके डेबिट पक्ष में समस्त प्राप्तियाँ (पूँजीगत व आयगत) तथा क्रेडिट पक्ष में समस्त भुगतान (पूँजीगत व आयगत) लिखे जाते हैं।
3. इसमें केवल नकद व्यवहारों का लेखा किया जाता है।
4. इस खाते में वर्षभर में प्राप्त व भुगतान राशि का लेखा किया जाता है, चाहे इनका सम्बन्ध किसी भी वर्ष से हो।
5. यह खाता लेखाकर्म का प्रमुख अंग नहीं होता है।
6. आगम-शोधन खाते में ह्रास का लेखा नहीं होता है।

आय-व्यय खाता

आय-व्यय खाता (Income and Expenditure Account) अलाभकारी संस्थाओं द्वारा बनाया जाता है। यह एक अवास्तविक या नाममात्र खाता होता है। इस खाते के डेबिट पक्ष में समस्त आयगत खर्चे व क्रेडिट पक्ष में समस्त आयगत आय दिखाई जाती है। इस खाते को बनाने का उद्देश्य वर्ष का लाभ-हानि ज्ञात करना होता है, परन्तु गैर-व्यापारिक संस्थाएँ लाभ-हानि नहीं दिखा सकतीं, इसलिए ये संस्थाएँ लाभ की जगह आधिक्य (Surplus) अर्थात् आय का व्यय पर आधिक्य व हानि की जगह कमी (Deficit) अर्थात् व्ययों का आय पर आधिक्य दिखाती हैं।

आय-व्यय खाते का प्रारूप

Income and Expenditure A/c

Dr **for the period ended ...** Cr

Expenditure		Amt (₹)	Income		Amt (₹)
To Salary	...		By Subscriptions	...	
(+) Outstanding at the End	...		(+) Outstanding at the End	...	
	...		(+) Advance in the Beginning	...	
(–) Outstanding in the Beginning	...	...		...	
To Rent		...	(–) Outstanding in the Beginning	...	
To Insurance Premium	...			...	
(–) Prepaid	...	...	(–) Advance at the End	...	...
To Audit Fees		...	By Entrance Fees		...
To Printing and Stationery		...	(only that amount which is treated as revenue)		
To Honorarium		...	By Donations		...
To Telephone Expenses		...	By Sale of Old Newspapers		...
To Repairs		...	By Hall Rent		...
			By Govt. Grant		
To Depreciation on Building		...	By Sundry Receipts		...
To Sports Material Use		...	By Deficit (or excess of expenditure over income)		...
To Surplus (or excess of income over expenditure)*		...			
		...			...

आय-व्यय खाते की विशेषताएँ

1. इसमें केवल आयगत मदें ही दिखाई जाती हैं।

2. इसमें नकद के साथ-साथ उधार व्यवहारों का भी लेखा किया जाता है; जैसे– बकाया खर्चे व बकाया आय, आदि।
3. यह खाता लाभ-हानि खाते की भाँति होता है, परन्तु लाभ के स्थान पर आधिक्य व हानि के स्थान पर कमी को दर्शाया जाता है।
4. यह खाता आगम-शोधन खाते से तथा अन्य अतिरिक्त सूचनाओं के आधार पर बनाया जाता है।
5. इस खाते के शेष को पूँजी निधि (Capital Fund) में अन्तरित किया जाता है। आधिक्य को पूँजी निधि में जोड़ा जाता है व कमी को पूँजी निधि में से घटाया जाता है।

विशिष्ट मदों का आय-व्यय खाते में लेखांकन

(Accounting of Special Items in Income and Expenditure Account)

प्राप्ति एवं भुगतान खाते में मदों का लेखा नकद भुगतान अथवा नकद प्राप्ति के आधार पर किया जाता है, परन्तु आय एवं व्यय खाते में लेखा केवल आयगत मदों का किया जाता है और वह भी उपार्जन के आधार पर। *अतः आय-व्यय खाते में दिखाई जाने वाली कुछ विशिष्ट मदों का लेखांकन नीचे समझाया गया है, जो निम्न प्रकार हैं-*

1. **दान** (Donation) किसी व्यक्ति, फर्म, कम्पनी या अन्य संस्था से भेंट स्वरूप प्राप्त राशि को 'दान' कहते हैं। *दान दो प्रकार के हो सकते हैं-*
   (i) **विशिष्ट दान** (Specific Donation) जब दान किसी विशेष उद्देश्य के लिए दिया जाता है, तो उसे विशेष दान कहते हैं; जैसे-पुस्तकालय या खेल का मैदान या भवन बनाने के लिए प्राप्त दान आदि। ये दान बार-बार प्राप्त नहीं होते हैं। ऐसे दान की राशि को पूँजीगत प्रकृति का मानते हुए आर्थिक चिट्ठे के दायित्व पक्ष में दर्शाया जाता है।
   (ii) **सामान्य दान** (General Donation) जब दान किसी विशेष उद्देश्य के लिए नहीं दिए जाते हैं, तो उस स्थिति में दान की राशि को आयगत प्रकृति का मानते हुए, आय एवं व्यय खाते के क्रेडिट पक्ष में दर्शाया जाता है।
2. **चन्दा** (Subscription) गैर-लाभकारी संस्थाओं में सदस्यों द्वारा दिया गया चन्दा आय का प्रमुख स्रोत होता है। आय एवं व्यय खाते में चन्दे की उस राशि को ही दर्शाया जाता है, जोकि चालू वर्ष से सम्बन्धित होती है।
   आय-व्यय खाते में दर्शाई जाने वाली चन्दे की राशि निम्न प्रकार ज्ञात की जा सकती है-

Particulars		Amt (₹)
Subscription received during the year		—
(+) Outstanding subscription at the end of the year	—	
(+) Advance subscription at the beginning of the year	—	—
(–) Outstanding subscription at the beginning of the year	—	
(–) Advance subscription at the end of the year	—	—
Net amount of subscription credited in income and expenditure account		—

4. **प्रवेश शुल्क** (Entrance Fees) गैर-व्यापारिक संस्था में नया सदस्य बनने के लिए जो राशि प्रवेश हेतु प्राप्त की जाती है, उसे 'प्रवेश शुल्क' कहते हैं। प्रश्न में स्पष्ट सूचना के अभाव में प्रवेश शुल्क को आयगत प्राप्ति मानकर आय एवं व्यय खाते के क्रेडिट पक्ष में लिखा जाता है। यदि प्रश्न में प्रवेश शुल्क को पूँजीगत प्राप्ति मानने के लिए निर्देश दिए गए हैं, तो इसे आर्थिक चिट्ठे के दायित्व पक्ष में दर्शाना चाहिए।
5. **उत्तरदान या वसीयत से प्राप्त राशि** (Legacy) उत्तरदान या वसीयत से प्राप्त राशि वह राशि होती है, जो मृत्यु के उपरान्त इच्छा-पत्र (will) के कारण गैर-लाभकारी संस्था को प्राप्त होती है। यह संस्था की आय तो मानी जाती है, किन्तु ऐसी आय आवर्तक प्रकृति की नहीं होती है। इसलिए इसे पूँजीगत आय मानते हुए, आर्थिक चिट्ठे के दायित्व पक्ष में दर्शाया जाता है।
6. **समर्पित कोष या आधार कोष** (Endowment Fund) कोह्लर के अनुसार, ''यह एक ऐसा कोष है, जो किसी वसीयत या उपहार के कारण उत्पन्न हुआ है और जिसकी आय किसी विशेष उद्देश्य के लिए ही प्रयोग की जा सकती है।'' अतः इस कोष हेतु प्राप्त राशि को पूँजीगत आय मानते हुए, आर्थिक चिट्ठे के दायित्व पक्ष में दर्शाया जाता है।
7. **पुराने समाचार-पत्रों की बिक्री** (Sale of Old Newspapers) पुराने समाचार-पत्रों की बिक्री से प्राप्त आय को आवर्तक प्रकृति की होने के कारण आयगत मानते हैं तथा इसे आय एवं व्यय खाते में क्रेडिट किया जाता है।
8. **मानदेय** (Honorarium) प्रायः गैर-लाभकारी संस्थाएँ संगठन के कुछ कार्यों के लिए संस्था से बाहर के व्यक्तियों की सहायता लेती हैं; जैसे- विद्वान/पेशेवर व्यक्तियों को विशेष व्याख्यान के लिए आमन्त्रित करना, कलाकारों को प्रदर्शन के लिए आमन्त्रित करना आदि। इस प्रकार की सेवाओं के लिए दी जाने वाली राशि को मानदेय कहा जाता है, जिसे आय एवं व्यय खाते में डेबिट किया जाता है।
9. **अदत्त व्यय** (Outstanding Expenses) चालू वर्ष के अन्तर्गत देय किन्तु भुगतान न किए गए व्यय को 'अदत्त व्यय' कहते हैं। आय एवं व्यय खाते के डेबिट पक्ष में चालू वर्ष के अदत्त व्यय को सम्बन्धित व्यय में जोड़ा जाता है तथा गत वर्ष के अदत्त व्यय को सम्बन्धित व्यय से घटाया जाता है।

Particulars	Amt (₹)
Expenses paid during the year	—
(+) Outstanding expenses at the end of the year	—
	—
(–) Outstanding expenses at the beginning of the year	—
Net amount of expenses debited to income and expenditure account	—

10. **पूर्वदत्त व्यय** (Prepaid Expenses) चालू वर्ष के अन्तर्गत भुगतान किए गए, किन्तु देय न होने वाले व्यय को 'पूर्वदत्त व्यय' कहते हैं। आय एवं व्यय खाते के डेबिट पक्ष में चालू वर्ष के पूर्वदत्त व्यय सम्बन्धित व्यय से घटाए जाते हैं तथा गत वर्ष के पूर्वदत्त व्यय सम्बन्धित व्यय में जोड़े जाते हैं।

Particulars	Amt (₹)
Expenses paid during the year	—
(–) Prepaid expenses at the end of the year	—
	—
(+) Prepaid expenses at the beginning of the year	—
Net amount of expenses debited to income and expenditure account	—

11. **उपभोग्य वस्तुएँ** (Consumable Goods) लेखन-सामग्री, डाक सामग्री, खेल का सामान, खाद्य सामग्री, दवाएँ आदि उपभोग्य वस्तुओं की श्रेणी में आती हैं। *ऐसे पदार्थों के सम्बन्ध में आय एवं व्यय खाते के डेबिट पक्ष में लेखांकन निम्न प्रकार किया जाएगा-*

Particulars	Amt (₹)
Payment made for consumable goods during the year	—
(+) Opening stock of consumable goods	—
	—
(–) Closing stock of consumable goods	—
(+) Creditor at the end	—
(–) Creditor at the beginning	—
Net amount of consumed goods debited to income and expenditure account	—

12. **सम्पत्तियों का विक्रय** (Sale of Assets) सम्पत्ति के विक्रय से होने वाला लाभ आय-व्यय खाते के क्रेडिट पक्ष में तथा हानि डेबिट पक्ष में दर्शाई जाती है। विक्रय की गई सम्पत्ति की लागत चिट्ठे में सम्बन्धित सम्पत्ति में से घटाकर दर्शाई जाती है।

13. **विशिष्ट कोष** (Specific Fund) गैर-लाभकारी संस्थाएँ प्रायः विशिष्ट उद्देश्यों के लिए विशिष्ट कोष भी बनाती हैं; जैसे-खेल कोष, पारितोषिक कोष, प्रतियोगिता कोष आदि। विशिष्ट कोष के निवेश से प्राप्त आय को सम्बद्ध कोष में जोड़ना चाहिए तथा इसी प्रकार विशिष्ट उद्देश्यों के लिए किए गए व्ययों को विशिष्ट कोष में से घटाकर शेष राशि को आर्थिक चिट्ठे के दायित्व पक्ष में दर्शाने चाहिए।
विशेष कोष को गैर-लाभकारी संस्थाओं के वित्तीय विवरणों में निम्न प्रकार दर्शाया जाता है-

विशेष कोष का प्रारम्भिक शेष		....
(+) कोष के लिए प्राप्त दान	—	
(+) कोष निवेश से आय	—	
(–) कोष से सम्बन्धित व्यय		......
चिट्ठे के दायित्व पक्ष में दर्शाई जाने वाली राशि		....

यदि यह राशि ऋणात्मक आती है अर्थात् कोष के शेष से व्यय अधिक है, तो ऋणात्मक राशि को आय-व्यय खाते के डेबिट पक्ष में दर्शाया जाएगा। कोष के लिए किया गया विनियोग तथा उस पर बकाया ब्याज को चिट्ठे के सम्पत्ति पक्ष में दर्शाया जाएगा।

आर्थिक चिट्ठा

लाभ अर्जित करने वाली व्यावसायिक संस्थाओं की तरह अलाभकारी संस्थाएँ भी अपनी वित्तीय स्थिति ज्ञात करने के लिए लेखांकन वर्ष के अन्त में आय एवं व्यय खाता बनाने के उपरान्त एक निश्चित तिथि को संस्था का आर्थिक चिट्ठा (Balance Sheet) तैयार करती हैं। आर्थिक चिट्ठे में केवल पूँजीगत मदें अर्थात् सम्पत्तियाँ, दायित्व एवं पूँजी कोष ही दर्शाए जाते हैं।

पूँजी कोष की गणना

प्रारम्भिक पूँजी कोष की गणना करते समय प्रारम्भिक सम्पत्तियों में से प्रारम्भिक दायित्वों को घटा दिया जाता है। सम्पत्तियों व दायित्वों में अदत्त एवं पूर्वदत्त व्ययों तथा उपार्जित व अनुपार्जित आय का ध्यान रखा जाता है। प्रारम्भिक पूँजी कोष में चालू वर्ष का आधिक्य जोड़कर अथवा चालू वर्ष की कमी घटाकर अन्तिम पूँजी कोष ज्ञात किया जाता है।

अभ्यास प्रश्न

1. गैर-व्यापारिक संस्थाओं का मुख्य उद्देश्य होता है
(a) समाज सेवा करना
(b) सदस्यों का मनोरंजन करना
(c) सामाजिक व धार्मिक विकास करना
(d) उपरोक्त सभी

2. एक क्लब के दिन-प्रतिदिन के नकद लेन-देनों को दर्ज किया जाता है
(a) प्राप्ति-भुगतान खाते में (b) आय-व्यय खाते में
(c) लाभ-हानि खाते में (d) रोकड़ बही में

3. प्राप्ति एवं भुगतान खाता है
(a) व्यक्तिगत खाता (b) वास्तविक खाता
(c) नाममात्र खाता (d) अवास्तविक खाता

4. गैर-व्यापारिक संस्थाओं की आयगत प्राप्तियाँ एवं भुगतान दिखाए जाते हैं
(a) लाभ-हानि खाते में (b) आय-व्यय खाते में
(c) प्राप्ति एवं भुगतान खाते में (d) इनमें से कोई नहीं

5. आगम-शोधन खाता .... द्वारा बनाया जाता है।
(a) एकल व्यापार (b) फर्म
(c) कम्पनी (d) गैर-व्यापारिक संस्था

6. आगम-शोधन खाते में ह्रास का लेखा कहाँ किया जाता है?
(a) आगम-शोधन खाते के डेबिट पक्ष में
(b) आगम-शोधन खाते के क्रेडिट पक्ष में
(c) आगम-शोधन खाते में लेखा नहीं होता
(d) उपरोक्त में से कोई नहीं

7. आय-व्यय खाता है
(a) व्यक्तिगत खाता (b) वास्तविक खाता
(c) नाममात्र खाता (d) इनमें से कोई नहीं

8. आय-व्यय खाता बनाया जाता है
(a) क्लबों द्वारा (b) शैक्षणिक संस्थाओं द्वारा
(c) धर्मार्थ संस्थाओं द्वारा (d) ये सभी

9. आय-व्यय खाता प्रदर्शित करता है
(a) आधिक्य या कमी को (b) नकद शेष को
(c) शुद्ध लाभ को (d) पूँजी खाते को

10. गैर-व्यापारिक संस्थाओं में 'आय का व्यय पर आधिक्य' होने पर शब्दावली प्रयोग की जाती है
(a) लाभ (b) आधिक्य
(c) हानि (d) इनमें से कोई नहीं

11. गैर-व्यापारिक संस्थाओं में 'व्यय का आय पर आधिक्य' होने पर शब्दावली प्रयोग की जाती है
(a) लाभ (b) आधिक्य
(c) हानि (d) कमी

12. निम्न में से कौन आय-व्यय खाता तैयार करते हैं?
(a) व्यापारिक संस्थान (b) निर्माण फर्म
(c) शिक्षण संस्थान (d) कम्पनियाँ

13. गैर-व्यापारिक संस्था की आय ज्ञात करने के लिए निम्न में से क्या तैयार किया जाता है?
(a) आगम-शोधन खाता (b) आय-व्यय खाता
(c) लाभ-हानि खाता (d) आर्थिक चिट्ठा

14. आय-व्यय खाता नहीं बनाया जाता है
(a) क्लबों द्वारा (b) शिक्षण संस्थाओं द्वारा
(c) व्यापारियों द्वारा (d) धर्मार्थ संस्थानों द्वारा

15. गैर-व्यापारिक संस्थाएँ आयगत आय और आयगत व्यय को किस खाते में दिखाती हैं?
(a) प्राप्ति एवं शोधन खाते में (b) आय-व्यय खाते में
(c) लाभ-हानि खाते में (d) इनमें से कोई नहीं

16. चालू वर्ष के लिए प्राप्त चन्दे हैं
(a) आय (b) दायित्व
(c) सम्पत्ति (d) इनमें से कोई नहीं

17. चालू वर्ष के दौरान अग्रिम प्राप्त चन्दे हैं
(a) आय (b) सम्पत्ति
(c) दायित्व (d) इनमें से कोई नहीं

18. गैर-व्यापारिक संस्था द्वारा लिया गया आजीवन सदस्यता शुल्क है
(a) आयगत आय (b) पूँजीगत आय
(c) सम्पत्ति (d) इनमें से कोई नहीं

19. एक क्लब के लिए कौन-सा पूँजीगत भुगतान होगा? ***(2010)***
(a) वेतन हेतु भुगतान (b) सामान हेतु भुगतान
(c) मशीनरी हेतु भुगतान (d) नगरपालिका कर हेतु भुगतान

20. एक क्लब द्वारा घास की बिक्री से प्राप्त राशि को माना जाना चाहिए
(a) पूँजीगत प्राप्ति (b) आयगत प्राप्ति
(c) सम्पत्ति (d) उपार्जित आय

21. एक विद्यालय के वार्षिक उत्सव के लिए प्राप्त किया गया चन्दा माना जाना चाहिए
(a) पूँजीगत प्राप्ति (b) आयगत प्राप्ति
(c) सम्पत्ति (d) उपार्जित आय

22. संस्था के भवन हेतु प्राप्त दान होता है
(a) व्यय (b) दायित्व
(c) पूँजीगत हानि (d) सम्पत्ति

23. विशेष उद्देश्य के लिए प्राप्त किया गया चन्दा
(a) आय-व्यय खाते में क्रेडिट किया जाता है
(b) आर्थिक चिट्ठे के दायित्व पक्ष में दर्शाया जाता है
(c) आर्थिक चिट्ठे के सम्पत्ति पक्ष में दर्शाया जाता है
(d) लेखा नहीं किया जाता है

24. यदि एक मैच कोष है, तो मैच के व्ययों और मैच की आय को हस्तान्तरित किया जाएगा
(a) आय-व्यय खाते में
(b) आर्थिक चिट्ठे के दायित्व पक्ष में
(c) आर्थिक चिट्ठे के सम्पत्ति पक्ष में
(d) आय-व्यय खाते तथा आर्थिक चिट्ठे दोनों में

25. प्रवेश शुल्क का पूँजीकृत भाग दर्शाया गया है
(a) आय-व्यय खाते के क्रेडिट पक्ष में
(b) प्राप्ति एवं भुगतान खाते के प्राप्ति पक्ष में
(c) आर्थिक चिट्ठे के दायित्व पक्ष में
(d) 'b' और 'c' दोनों

26. निम्न स्थिति में आप व्यय खाते में डेबिट की जाने वाली राशि होगी।

	1-4-2020	1-4-2021
स्टेशनरी के लेनदार	800	600
स्टेशनरी स्टाक	300	320

वर्ष 2020-21 के दौरान स्टेशनरी के लिए ₹ 6,000 का भुगतान किया
(a) ₹ 5,780 (b) ₹ 6,180
(c) ₹ 6,220 (d) ₹ 5,720

27. एक क्लब का आय-व्यय खाता वर्ष 2014 के लिए ₹ 150 की बचत बताता है। इस खाते में अग्रिम वेतन ₹ 50, अग्रिम प्राप्त आय ₹ 300 एवं अप्राप्त चन्दा ₹ 80 के समायोजन के बाद आय-व्यय खाता बताएगा
(a) ₹ 20 घाटा (b) ₹ 30 बचत
(c) ₹ 230 घाटा (d) ₹ 530 घाटा

28. एक क्लब ने चन्दा प्राप्त किया ₹ 30,000, जिसमें पिछले वर्ष के चन्दे के ₹ 10,000 व आगामी वर्ष के चन्दे के ₹ 5,000 है। प्राप्ति एवं भुगतान खाते में राशि दिखाई जाएगी
(a) ₹ 15,000 (b) ₹ 30,000
(c) ₹ 35,000 (d) ₹ 25,000

29. एक क्लब के सदस्यों की संख्या 250 है तथा प्रत्येक सदस्य ₹ 500 वार्षिक चन्दा देता है। क्लब को वर्ष में कूल चन्दा ₹ 97,500 प्राप्त हुआ तथा वर्ष के अन्त में बकाया चन्दा ₹ 47,500 था अग्रिम प्राप्त चन्दे की राशि होगी।
(a) ₹ 27,500 (b) ₹ 77,500
(c) ₹ 20,000 (d) ₹ 25,000

30. 1 जनवरी, 2021 को लेखन सामग्री का स्टॉक ₹ 5,000 था। वर्ष के दौरान ₹ 11,000 की लेखन सामग्री क्रय की। 1 जनवरी, 2021 को सामग्री के ₹ 3,000 बकाया थे। 31 दिसम्बर, 2021 को लेखन सामग्री के ₹ 2500 बकाया थे तथा सामग्री का स्टॉक ₹ 1000 था। आय व्यय खाते में लेखन सामग्री थी डेबिट की जाने वाली राशि होगी।
(a) ₹ 14,500 (b) ₹ 16,500 (c) ₹ 16,000 (d) ₹ 15,500

31. रॉयल क्लब का 31 दिसम्बर, 2014 को समाप्त होने वाले वर्ष का आय-व्यय खाता ₹ 770 घाटा बताता है। इस खाते में किराये की अग्रिम चुकाई गई ₹ 200 की राशि और ₹ 1,000 की उपार्जित ब्याज की राशि का समायोजन किया जाना है। समायोजन के बाद आय-व्यय खाता बताएगा
(a) ₹ 30 बचत (b) ₹ 230 घाटा
(c) ₹ 430 बचत (d) ₹ 530 घाटा

32. स्टॉक 1-1-2014 खेल सामग्री ₹ 1,200

बकाया भुगतान 1-1-2014	₹ 300
वर्ष में भुगतान किया	₹ 2,000
बकाया लेनदार	₹ 400
स्टॉक 31-12-2014	₹ 500

वर्ष 2014 के लिए खेल सामग्री के व्यय की राशि होगी
(a) ₹ 2,600 (b) ₹ 2,800
(c) ₹ 3,300 (d) ₹ 3,400

33. एक क्लब का आय-व्यय खाता ₹ 2,000 की बचत बताता है। इस खाते को बनाते समय उपार्जित ब्याज ₹ 400, बकाया वेतन ₹ 100, पूर्वदत्त बीमा ₹ 150 का समायोजन करने के बाद आय-व्यय खाता बताएगा
(a) ₹ 2,350 बचत (b) ₹ 2,400 बचत
(c) ₹ 2,450 बचत (d) ₹ 1,850 बचत

34. प्रतियोगिता निधि फण्ड ₹ 1,500 तथा प्रतियोगिता खर्च ₹ 1,200 है। आय-व्यय खाते में कितनी राशि खताई जाएगी?
(a) ₹ 1,500 (b) ₹ 1,200
(c) ₹ 300 (d) ₹ 3,700

35. ब्याज प्राप्त हुआ ₹ 850, जिसमें पूर्व वर्ष का अर्जित ब्याज ₹ 100 सम्मिलित है। आय-व्यय खाते में राशि दिखाई जाएगी
(a) ₹ 750 (b) ₹ 950
(c) ₹ 850 (d) ₹ 180

36. क्रॉकरी का विक्रय मूल्य ₹ 360 व पुस्तक मूल्य ₹ 320 है। आय-व्यय खाते में कितनी राशि खताई जाएगी?
(a) ₹ 360 (b) ₹ 320
(c) ₹ 40 (d) ₹ 680

37. वर्ष 2014 में प्राप्त चन्दा ₹ 7,800, 1 जनवरी, 2014 को बकाया चन्दा ₹ 150, 31 दिसम्बर, 2014 को बकाया चन्दा ₹ 340 चन्दे के लिए प्राप्ति एवं भुगतान खाते में राशि दिखाई जाएगी?
(a) ₹ 7,800 (b) ₹ 7,950
(c) ₹ 8,140 (d) ₹ 7,650

38. आय-व्यय खाता ₹ 100 का घाटा दिखाता है। इस खाते में किराये की अग्रिम राशि ₹ 20 तथा उपार्जित ब्याज की राशि ₹ 200 का लेखा अभी समायोजित करना है। समायोजन के पश्चात् यह खाता बताएगा
(a) ₹ 120 बचत (b) ₹ 120 घाटा
(c) ₹ 100 बचत (d) ₹ 200 बचत

उत्तरमाला

1.	(d)	**2.**	(d)	**3.**	(b)	**4.**	(c)	**5.**	(d)	**6.**	(c)	**7.**	(c)	**8.**	(d)	**9.**	(a)	**10.**	(b)
11.	(d)	**12.**	(c)	**13.**	(b)	**14.**	(c)	**15.**	(b)	**16.**	(a)	**17.**	(c)	**18.**	(b)	**19.**	(c)	**20.**	(b)
21.	(a)	**22.**	(b)	**23.**	(b)	**24.**	(b)	**25.**	(d)	**26.**	(a)	**27.**	(a)	**28.**	(b)	**29.**	(c)	**30.**	(a)
31.	(c)	**32.**	(b)	**33.**	(c)	**34.**	(c)	**35.**	(a)	**36.**	(c)	**37.**	(a)	**38.**	(a)				

अध्याय 2

साझेदारी लेखे-सामान्य परिचय

साझेदारी (Partnership)

साझेदारी (Partnership) एक ऐसा व्यावसायिक संगठन है, जिसमें दो या दो से अधिक व्यक्ति मिलकर एक अनुबन्ध के अन्तर्गत व्यवसाय में हुए लाभों को पूर्व-निर्धारित अनुपात में विभाजित करते हैं। साझेदारी संगठन के सदस्यों को साझेदार कहा जाता है।

भारतीय साझेदारी अधिनियम, 1932 की धारा 4 के अनुसार, *''साझेदारी उन व्यक्तियों के पारस्परिक सम्बन्ध को कहते हैं, जिन्होंने ऐसे व्यापार के लाभ को आपस में बाँटने का अनुबन्ध किया है, जिसे वे सभी अथवा उन सभी की ओर से कार्य करते हुए, उनमें से कोई एक व्यक्ति चलाता है।''*

साझेदारी के तत्व या विशेषताएँ

- **व्यवसाय संचालन व प्रबन्ध** साझेदारी व्यापार का संचालन सभी साझेदारों की सहमति से अथवा एक या उससे अधिक साझेदारों द्वारा किया जा सकता है।
- **असीमित दायित्व** एक साझेदारी संस्था में साझेदारों का व्यवसाय में असीमित दायित्व होता है। यदि व्यवसाय की सम्पत्ति से दायित्वों की पूर्ति नहीं हो पाए, तो साझेदारों की व्यक्तिगत सम्पत्ति भी ली जा सकती है।
- **साझेदारों की संख्या** साझेदारी व्यवसाय हेतु अनुबन्ध योग्य न्यूनतम दो या दो से अधिक व्यक्तियों का होना आवश्यक है। भारतीय कम्पनी अधिनियम, 1956 की धारा (11) के अन्तर्गत, सामान्य व्यापार वाली साझेदारी में सदस्यों की अधिकतम संख्या 20 तथा बैंकिंग के व्यापार में 10 हो सकती थी, परन्तु कम्पनी अधिनियम, 2013 ने सभी प्रकार की साझेदारी में अधिकतम सदस्यों की संख्या को बढ़ाकर 50 कर दिया।
- **वैध व्यवसाय का होना** साझेदारी व्यवसाय हेतु यह अत्यन्त आवश्यक होता है कि उसमें किया जाने वाला व्यवसाय वैध हो।
- **अनुबन्ध का होना** साझेदारों के मध्य अनुबन्ध ही साझेदारी है। अनुबन्ध लिखित अथवा मौखिक हो सकता है
- **ऐच्छिक पंजीयन** भारत में साझेदारी का पंजीयन भारतीय साझेदारी अधिनियम, 1932 के अन्तर्गत होता है, जिसके अनुसार साझेदारी का पंजीयन ऐच्छिक है।

सीमित दायित्व साझेदारी

सीमित दायित्व साझेदारी अधिनियम 2008 के अन्तर्गत स्थापित एक निगम है। यह एक कृत्रिम व्यक्ति है, इसका पृथकृं वैधानिक अस्तित्व है तथा शाश्वत जीवन है, जिसकी सार्वमुद्रा है जो सीमित दायित्व पर आधारित है। सीमित दायित्व साझेदारी में साझेदारों का दायित्व सीमित होता है। साझेदारों की निजी सम्पत्तियों पर साझेदारी फर्म का कोई अधिकार नहीं होता है।

साझेदारी के अधिकार

- व्यवसाय संचालन में भाग लेने का अधिकार
- फर्म की सम्पत्ति में अधिकार
- पूँजी पर ब्याज
- लाभ-हानि में समान अधिकार
- फर्म से निष्कासन साझेदार
- फर्म छोड़ने की स्वतन्त्रता साझेदारों
- अतिरिक्त पूँजी पर ब्याज

साझेदार बनने के लिए आवश्यक योग्यताएँ

साझेदारी की सफलता उसके साझेदारों पर निर्भर करती है। अतः साझेदारी में साझेदार का निपुण होना आवश्यक होता है। *साझेदारों का चयन करते समय निम्न तत्वों को ध्यान में रखना चाहिए*

- ***अनुबन्ध हेतु योग्यता का होना***
  (i) वह स्वस्थ मस्तिष्क का हो।
  (ii) वह 18 वर्ष या इससे अधिक आयु का हो।
  (iii) वह दिवालिया घोषित न हो।
  (iv) वह भारत अथवा अन्य मित्र देश का नागरिक हो तथा कैदी या अपराधी न हो।
- ***प्रभावशाली व्यक्तित्व का होना*** साझेदार चुनते समय यह अवश्य ध्यान रखना चाहिए कि वह परिश्रमी, ईमानदार, विश्वसनीय, कर्त्तव्यपरायण, सहनशील आदि हो।
- ***व्यावसायिक आवश्यकताओं की पूर्ति*** साझेदार का चयन करते समय यह अवश्य ध्यान में रखना चाहिए कि साझेदार में वे समस्त गुण अवश्य हों, जो व्यवसाय की समस्त आवश्यकताओं की पूर्ति करते हों।

साझेदारी संलेख (Partnership Deed)

साझेदारी का निर्माण दो या दो से अधिक व्यक्तियों द्वारा लिखित या मौखिक अनुबन्ध होता है। साझेदारों में आपसी सम्बन्धों की मधुरता बनाए रखने के लिए यह आवश्यक होता है कि अनुबन्ध लिखित में हो तथा पंजीकृत हो, ताकि कोई मतभेद की आंशका न रहे तथा साझेदारी संगठन में स्थायित्व आ जाए। यही लिखित प्रलेख जिसमें साझेदारी के उद्देश्य, शर्तें, पारस्परिक कर्त्तव्य एवं अधिकार, आदि का उल्लेख होता है, उसे 'साझेदारी संलेख', 'साझेदारी के अन्तर्नियम' या 'साझेदारी अनुबन्ध' भी कहते हैं।

साझेदारी संलेख के महत्त्वपूर्ण तथ्य

- ***फर्म का नाम व पता*** साझेदारी संलेख में फर्म का सही नाम व पता लिखा जाना चाहिए। फर्म का नाम साझेदारों की स्वेच्छा से चुना जा सकता है। बशर्तें वह अन्य संस्थाओं के नामों से भिन्न हों।
- ***साझेदारों के नाम व पते*** साझेदारों के नाम व उनके आवासीय पते का पूर्ण उल्लेख इसमें अवश्य होना चाहिए।

- ***व्यवसाय की अवधि*** व्यवसाय की अवधि क्या होगी अर्थात् यदि व्यवसाय की अवधि निश्चित है या अनिश्चित, तो यह साझेदारी संलेख में लिखा जाना चाहिए।
- ***पूँजी की मात्रा*** व्यवसाय में साझेदारों के द्वारा लगाई गई कुल पूँजी का वर्णन साझेदारी संलेख में किया जाना चाहिए।
- ***व्यापार का स्वरूप व सीमाएँ*** साझेदारी संलेख में यह स्पष्टत: वर्णित किया जाना चाहिए कि व्यवसाय का स्वरूप कैसा होगा तथा उसकी सीमाएँ क्या होंगी।
- ***पूँजी पर ब्याज*** साझेदारों द्वारा व्यवसाय में लगाई गई पूँजी पर ब्याज देय होगा या नहीं, यह स्पष्ट रूप से साझेदारी संलेख में वर्णित होना चाहिए।
- ***अतिरिक्त पूँजी पर ब्याज*** यदि किसी साझेदार द्वारा विकट परिस्थिति में अतिरिक्त पूँजी लाई जाती है, तो उस पर ब्याज देय होगा अथवा नहीं, यह स्पष्ट लिखा जाना चाहिए।
- ***आहरण सीमा*** प्रत्येक साझेदार द्वारा व्यवसाय से आहरण की सीमा तथा मात्रा का उल्लेख होना चाहिए।
- ***आहरण पर ब्याज*** साझेदार द्वारा दिए गए आहरण पर ब्याज देय होगा या नहीं, यदि होगा तो उसकी दर का साझेदारी संलेख में वर्णन किया जाना चाहिए।
- ***साझेदारों को वेतन*** साझेदारों को व्यवसाय के कार्य के लिए वेतन व कमीशन तभी दिया जाता है, जब साझेदार व्यवसाय के कार्य संचालन में पूर्ण रूप से भाग लेता है। इसका उल्लेख साझेदारी संलेख में अवश्य होना चाहिए।

साझेदारी संलेख का महत्व या तैयार करने के उद्देश्य

- यह साझेदारों के अधिकारों, दायित्वों एवं कर्त्तव्यों को स्पष्ट करता है।
- साझेदारी से सम्बन्धित समस्त सूचनाएँ इसमें स्पष्ट होती है। अत: यह साझेदारों के मध्य होने वाली गलतफहमी दूर करने में सहायक है।
- साझेदारों में विवाद होने पर इसकी सहायता से निपटारा आसानी से किया जा सकता है।

साझेदारी संलेख के अभाव में लागू होने वाले नियम

साझेदारों के बीच में यदि कोई लिखित समझौता नहीं है, तो ऐसी स्थिति में भारतीय साझेदारी अधिनियम 1932 की धारा 12 से 17 तक वर्णित नियम लागू किए जाएँगे। *ये नियम निम्न प्रकार हैं*

- कोई साझेदार यदि फर्म के संचालन में सक्रिय रूप से भाग लेता है, तो उसे इसके लिए अलग से कोई वेतन या पारिश्रमिक नहीं दिया जाएगा।
- कोई साझेदार यदि फर्म में कार्य करता है, तो उसे इसके लिए कोई अतिरिक्त मजदूरी, वेतन या लाभांश नहीं दिया जाएगा।
- सभी साझेदारों में लाभ-हानि का वितरण समान रूप से किया जाएगा।
- किसी साझेदार ने यदि फर्म को कोई ऋण दिया है, तो उसे इस पर 6% वार्षिक ब्याज की दर से ब्याज दिया जाएगा।
- साझेदारों को पूँजी पर कोई ब्याज नहीं दिया जाएगा।
- साझेदारों से आहरण पर कोई ब्याज नहीं लिया जाएगा।
- किसी साझेदार को यदि पूँजी पर ब्याज देय है, तो वह ब्याज केवल लाभ की दशा में दिया जाएगा, हानि की दशा में नहीं।

साझेदारी खातों से सम्बन्धित विशेष पहलू
(Special Aspects of Partnership Accounts)

साझेदारों की पूँजी पर ब्याज

साझेदारों को पूँजी पर ब्याज उसी दशा में दिया जाता है, जब साझेदारी संलेख में यह स्पष्ट रूप से उल्लेखित हो तथा फर्म को लाभ हुआ हो। हानि होने पर पूँजी पर ब्याज नहीं दिया जाता है। यदि वर्ष के अन्त में हुए लाभ की राशि पूँजी पर ब्याज की राशि से कम है, तो ब्याज हेतु उस लाभ का विभाजन पूँजी के अनुपात में किया जाता है।

पूँजी पर ब्याज की गणना समय के आधार पर प्रारम्भिक पूँजी पर की जाती है। यदि वर्ष के दौरान फर्म में अतिरिक्त पूँजी लाई जाती है, तो उस पर भी समयावधि के आधार पर ब्याज की गणना की जाएगी।

पूँजी पर ब्याज की गणना

पूँजी पर ब्याज की गणना हेतु निम्नलिखित सूत्र का प्रयोग किया जाता है

$$\text{Interest on Capital} = \text{Amount of Capital} \times \frac{\text{Rate}}{100} \times \text{Time}$$

आहरण पर ब्याज

साझेदारों द्वारा अपने व्यक्तिगत उपयोग हेतु फर्म में से जो नकद राशि या माल निकाला जाता है, उसे 'आहरण' (Drawings) कहते हैं। साझेदारों के आहरण पर ब्याज उसी दशा में लिया जा सकता है, जब साझेदारी संलेख में इसका प्रावधान हो। इसकी गणना समय के आधार पर की जाती है।

आहरण पर ब्याज की गणना

- ***मासिक आहरण विधि*** आहरण पर ब्याज की गणना करने के लिए तीन दशाएँ होंगी; जैसे-

  (i) जब आहरण प्रत्येक माह की प्रथम तिथि पर किया जाता है, तो ब्याज की गणना 6.5 माह के लिए की जाएगी।

  $$\left[\text{Total amount of drawings during the year} \times \frac{\text{Rate of Interest}}{100} \times \frac{6.5}{12}\right]$$

  (ii) जब आहरण प्रत्येक माह के मध्य में किया जाता है, तो ब्याज की गणना 6 माह के लिए की जाएगी।

  $$\left[\text{Total amount of drawings during the year} \times \frac{\text{Rate of Interest}}{100} \times \frac{6}{12}\right]$$

  (iii) जब आहरण प्रत्येक माह की अन्तिम तिथि को किया जाता है, तो ब्याज की गणना 5.5 माह के लिए की जाएगी।

  $$\left[\text{Total amount of drawings during the year} \times \frac{\text{Rate of Interest}}{100} \times \frac{5.5}{12}\right]$$

- ***गुणनफलन विधि***

  $$\text{Interest} = \left[\text{Sum of Product} \times \text{Rate of Interest} \times \frac{1}{\text{Number of Days or Months}}\right]$$

- **औसत भुगतान तिथि विधि**

  $$\text{Interest} = \left(\text{Withdrawn Amount} \times \frac{\text{Rate}}{100} \times \frac{6}{12}\right)$$

साझेदारों को वेतन या कमीशन

भारतीय साझेदारी अधिनियम, 1932 की धारा 13(c) के अनुसार, साझेदारी संलेख के अभाव में फर्म का कोई भी साझेदार अपने कार्यों के लिए वेतन अथवा कमीशन प्राप्त करने का अधिकारी नहीं होता है, परन्तु यदि कोई साझेदार अन्य साझेदारों से अधिक कार्य करता है, तो संलेख के आधार पर उसे वेतन अथवा कमीशन के रूप में पारिश्रमिक दिया जा सकता है।

साझेदारों को कमीशन निम्न दो प्रकार से दिया जा सकता है-

- कमीशन देने से पूर्व लाभ पर कमीशन

= Net Profit (Before Commission) × $\frac{\text{Rate}}{100}$

- कमीशन देने के पश्चात् लाभ पर कमीशन

 = Net Profit (After Commission) × $\frac{\text{Rate}}{100}$

साझेदार द्वारा फर्म को दिए गए ऋण पर ब्याज

साझेदार द्वारा फर्म को दिए जाने वाले ऋण पर फर्म द्वारा एक निश्चित दर से ब्याज दिया जाता है। प्रायः ब्याज की दर का उल्लेख साझेदारी संलेख में होता है, परन्तु साझेदारी संलेख के अभाव में ऋण की राशि पर 6% प्रतिवर्ष की दर से ब्याज दिया जाता है।

साझेदारों में लाभों का विभाजनः लाभ-हानि नियोजन खाता

एकाकी व्यापार (Sole-proprietorship) में लाभ-हानि खाते का शेष सीधे पूँजी खाते में स्थानान्तरित (Transfer) कर दिया जाता है, किन्तु साझेदारी फर्म में लाभ-हानि खाते द्वारा प्रदर्शित लाभों को साझेदारी संलेख के अनुसार, साझेदारों में विभाजित करने के लिए लाभ-हानि नियोजन खाता बनाया जाता है। लाभ-हानि नियोजन खाता एक नाममात्र खाता (Nominal account) है। इस खाते के धनी (Cr) पक्ष में शुद्ध लाभ, आहरण पर ब्याज तथा ऋणी (Dr) पक्ष में पूँजी पर ब्याज, साझेदारों का वेतन, कमीशन, संचय आदि का लेखा किया जाता है।

लाभ-हानि नियोजन खाते की विशेषताएँ

- यह लाभ-हानि खाते का विस्तार है।
- यह खाता साझेदारी फर्म तथा कम्पनी द्वारा तैयार किया जाता है।
- यह खाता शुद्ध लाभों के नियोजन को दर्शाता है।
- इस खाते में प्रविष्टियाँ साझेदारी संलेख के अनुसार की जाती हैं।

लाभ-हानि खाता तथा लाभ हानि नियोजन खाते में अन्तर

आधार	लाभ हानि खाता	लाभ हानि नियोजन खाता
बनाने का समय	यह खाता व्यापार खाते के पश्चात् बनाया जाता है	यह खाता लाभ-हानि खाते के पश्चात् बनाया जाता है।
निष्कर्ष	यह खाता शुद्ध लाभ या हानि को दर्शाता है।	यह खाता दर्शाता है कि शुद्ध लाभ का नियोजन किस प्रकार किया है।
शेष	इस खाते के प्रारम्भिक एवं अन्तिम शेष नहीं होते हैं।	इस खाते के प्रारम्भिक एवं अन्तिम शेष हो सकते हैं।
सिद्धान्त	इस खाते को बनाते समय मिलान सिद्धान्त का पालन किया जाता है।	इस खाते को बनाते समय मिलान सिद्धान्त का पालन नहीं किया जाता है।

लाभ-हानि नियोजन खाते का प्रारप

Dr Profit and Loss Appropriation A/c Cr

Particulars	Amt (₹)	Particulars	Amt (₹)
To Interest on Capital A/c X — Y —	—	By Profit & Loss A/c (Profit)	—
To Partner's Salary A/c	—	By Interest on Drawings A/c X — Y —	—
To Partner's Commission A/c	—		
To Reserve A/c	—		
To Profit Transferred to Capital/Current A/c* X — Y —	—		
	—		—

साझेदारों के पूँजी खाते

फर्म की पुस्तकों में साझेदारों से सम्बन्धित समस्त व्यवहारों का लेखा उनके पूँजी खातों के माध्यम से अभिलेखित किया जाता है।

साझेदारी फर्म में पूँजी खाते रखने की निम्न दो विधियाँ हैं

स्थिर/स्थायी पूँजी पद्धति

इस विधि के अन्तर्गत साझेदारों के पूँजी खाते में केवल पूँजी का ही लेखा किया जाता है। ऐसी स्थिति में साझेदारों की पूँजी स्थिर रहती है तथा साझेदारों से सम्बन्धित अन्य व्यवहारों; जैसे- आहरण, आहरण पर ब्याज, पूँजी पर ब्याज, वेतन, कमीशन, लाभ-हानि आदि का लेखा करने के लिए सभी साझेदारों के चालू खाते (Current account) खोले जाते हैं।

इस विधि में दो खाते खोले जाते हैं

- ***साझेदारों का पूँजी खाता*** इस खाते में साझेदार द्वारा फर्म में लगाई गई तथा निकाली गई पूँजी का लेखा किया जाता है। इस विधि के अन्तर्गत पूँजी खाते में केवल पूँजी का लेखा होता है। अतः इसमें साझेदारों की पूँजी का शेष प्रायः समान रहता है। इस खाते का शेष साधारणतः धनी (Cr) होता है।
- ***साझेदारों का चालू खाता*** इस खाते में साझेदार तथा फर्म के मध्य पूँजी के अतिरिक्त होने वाले अन्य सभी व्यवहारों का लेखा किया जाता है। इस खाते के ऋणी (Dr) पक्ष में आहरण, आहरण पर ब्याज, हानि आदि तथा धनी (Cr) पक्ष में पूँजी पर ब्याज, वेतन, कमीशन, लाभ आदि मदों का लेखा किया जाता है। इस खाते का जमा शेष अथवा नाम शेष दोनों हो सकता है।

परिवर्तनशील पूँजी पद्धति

साझेदारों से सम्बन्धित व्यवहारों का लेखा रखने के लिए केवल उनके व्यक्तिगत पूँजी खाते खोले जाते हैं इनके ऋणी (Dr) पक्ष में आहरण, आहरण पर ब्याज, शुद्ध हानि (यदि हो) एवं धनी (Cr) पक्ष में साझेदारों द्वारा लगाई गई पूँजी, पूँजी पर ब्याज, वेतन, कमीशन, लाभ आदि का लेखा किया जाता है। जिन्हे परिवर्तन खाते कहते हैं।

स्थिर पूँजी पद्धति तथा परिवर्तनशील पूँजी पद्धति में अन्तर

आधार	स्थिर पूँजी पद्धति	परिवर्तनशील पूँजी पद्धति
खातों की संख्या	स्थिर पूँजी पद्धति में दो खाते खोले जाते हैं - पूँजी खाता एवं चालू खाता।	परिवर्तनशील पूँजी पद्धति में केवल साझेदारों के पूँजी खाते खोले जाते हैं।
शेष	स्थिर पूँजी पद्धति में पूँजी खाते का धनी शेष होता है।	परिवर्तनशील पूँजी पद्धति में पूँजी खाते का ऋणी शेष एवं धनी शेष दोनों हो सकते हैं।
पूँजी	स्थिर पूँजी पद्धति में पूँजी खाते प्रायः स्थिर रहते हैं।	परिवर्तनशील पूँजी पद्धति में पूँजी खाते परिवर्तनशील होते हैं।
लेखांकन	स्थिर पूँजी पद्धति में पूँजी के अतिरिक्त अन्य व्यवहारों का लेखा चालू खाते में किया जाता है।	परिवर्तनशील पूँजी पद्धति में समस्त व्यवहारों का लेखा पूँजी खाते में किया जाता है।

नोट *चालू और परिवर्तनशली पूँजी खाते के अन्तर उपरोक्त ही मान्य किए जाते हैं।*

साझेदारी खातों को बन्द करने के पश्चात् समायोजन

सामान्यतः वर्ष के अन्त में खाते बन्द करने से पूर्व ही वर्ष के दौरान हुए समस्त व्यवहारों का लेखा कर लिया जाता है, परन्तु कई बार खाते बन्द करने के बाद कुछ अशुद्धियों का पता चलता है; जैसे-किसी व्यवहार के लेखांकन में भूल या त्रुटि आदि। यदि इन अशुद्धियों का सुधार नहीं किया जाए, तो फर्म के अन्तिम खाते सही आर्थिक स्थिति नहीं दर्शाएँगे।

अतः इन भूलों का सुधार समायोजन प्रविष्टि या संशोधित प्रविष्टि द्वारा किया जाता है, जिससे अशुद्धि का प्रभाव समाप्त हो जाता है।

प्रायः निम्नलिखित व्यवहारों का समायोजन किया जाता है

- पूँजी पर ब्याज के लेखे में अशुद्धि; जैसे-लेखा करना भूल जाना, कम या अधिक ब्याज लग जाना आदि।
- आहरण पर ब्याज का लेखा न करना।
- साझेदारों को देय वेतन/कमीशन का लेखा न करना।
- लाभ-हानि विभाजन अनुपात में कोई परिवर्तन होना।
- गलत अनुपात में लाभ का विभाजन।

प्रारम्भिक पूँजी की गणना

साझेदारों को पूँजी पर ब्याज देने के लिए प्रारम्भिक पूँजी की गणना निम्न प्रकार से की जाती है

विवरण	धनराशि (₹)
अन्तिम पूँजी	—
(+) आहरण	—
(–) लाभ में हिस्सा	—
प्रारम्भिक पूँजी	—

साझेदार को लाभ की प्रत्याभूति या गारण्टी

(Guarantee of Profit to a Partner)

कभी-कभी फर्म के सभी साझेदारों में से किसी एक साझेदार से फर्म का यह अनुबन्ध होता है कि फर्म में चाहे लाभ हो या हानि, उसे एक न्यूनतम राशि लाभ के रूप में अवश्य मिलेगी। इसे प्रत्याभूति अथवा गारण्टी कहते हैं। यह गारण्टी सभी साझेदारों द्वारा सामूहिक रूप से या किसी एक या एक से अधिक साझेदार द्वारा दी जा सकती है, *ये निम्नलिखित हैं*

- सभी साझेदारों द्वारा सामूहिक रूप से या फर्म द्वारा गारण्टी
- किसी एक साझेदार द्वारा गारण्टी
- एक से अधिक साझेदार द्वारा गारण्टी

एकाकी व्यापार और फर्म के लेखों में अन्तर

आधार	एकाकी व्यापार	साझेदारी फर्म
पूँजी खाते	एकाकी व्यापारी अलग से पूँजी खाता नहीं बनाता है।	फर्म में साझेदारों के पूँजी खाते बनाए जाते हैं।
लाभ-हानि नियोजन खाता	एकाकी व्यापारी लाभ हानि नियोजन खाता नहीं बनाता है।	फर्म में लाभों के बँटवारें एवं नियोजन के लिए लाभ-हानि नियोजन खाता बनाया जाता है।

अभ्यास प्रश्न

1. साझेदारी की स्थापना का उद्देश्य है
(a) कम्पनी के दोषों को दूर करना
(b) एकल व्यापार की कमियों को दूर करना
(c) दायित्व को सीमित करना
(d) उपरोक्त में से कोई नहीं

2. साझेदारी संस्था में अधिकतम साझेदार हो सकते हैं
(a) 15 (b) 20 (c) 25 (d) 50

3. साझेदारी का पंजीयन कराना ………. है।
(a) अनिवार्य (b) आवश्यक
(c) ऐच्छिक (d) इनमें से कोई नहीं

4. यदि साझेदारी के अनुबन्ध में साझेदारी की अवधि का उल्लेख नहीं किया गया हो, तो ऐसी साझेदारी को कहा जाएगा
(a) सीमित साझेदारी (b) ऐच्छिक साझेदारी
(c) अवैध साझेदारी (d) विशिष्ट साझेदारी

5. ऐसी साझेदारी जो किसी विशेष कार्य हेतु शुरू की जाती है, ……… साझेदारी कहलाती है।
(a) ऐच्छिक (b) विशिष्ट (c) अवैध (d) सीमित

6. किस साझेदारी व्यवसाय में व्यवसाय का पंजीयन अनिवार्य होता है?
(a) ऐच्छिक साझेदारी (b) विशिष्ट साझेदारी
(c) वैध साझेदारी (d) सीमित साझेदारी

7. साझेदारी संगठन में साझेदारों के बीच सम्बन्ध होता है
(a) क्रेता व विक्रेता का (b) प्रधान तथा अभिकर्ता का
(c) 'a' और 'b' दोनों (d) इनमें से कोई नहीं

8. एक साझेदारी फर्म के पंजीयन न कराने का/के क्या प्रभाव होता है/होते हैं?
1. साझेदार बाहरी व्यक्तियों पर दावा नहीं कर सकते।
2. बाहरी व्यक्ति फर्म पर दावा नहीं कर सकते।
3. एक साझेदार फर्म के विघटन के लिए दावा नहीं कर सकता।
4. एक साझेदार फर्म पर या फर्म के किसी अन्य साझेदार पर दावा नहीं कर सकता।

कूट
(a) 2, 3 और 4 (b) 3 और 4 (c) केवल 4 (d) 1 और 2

9. साझेदारी संगठन अवैध माना जाता है, जब
(a) साझेदारों की संख्या दो हो
(b) व्यवसाय का उद्देश्य कानूनी हो
(c) विदेशी शत्रुओं के साथ व्यवसाय करने पर
(d) उपरोक्त में से कोई नहीं

10. ऐसा साझेदार जो केवल व्यवसाय के लाभों में भाग लेता है, कहलाता है
(a) सक्रिय साझेदार (b) साधारण साझेदार
(c) नाममात्र का साझेदार (d) केवल लाभों में साझेदार

11. ऐसा व्यक्ति जो वास्तविक रूप में व्यवसाय में साझेदार नहीं होता, परन्तु अन्य साझेदारों द्वारा उसे साझेदार के रूप में प्रदर्शित किया जाता है, ऐसा व्यक्ति

(a) गत्यारोध द्वारा साझेदार है (b) प्रदर्शन द्वारा साझेदार है
(c) नाममात्र का साझेदार है (d) कार्यकारी का साझेदार है

12. 18 वर्ष से कम आयु के साझेदार को कहते हैं

(a) सीमित साझेदार (b) निष्क्रिय साझेदार
(c) वयस्क साझेदार (d) अवयस्क साझेदार

13. साझेदारों में लाभ-हानि का बँटवारा किया जाना चाहिए

(a) पूँजी के अनुपात में (b) बराबर-बराबर
(c) साझेदारी संलेख के अनुसार (d) ये सभी

14. साझेदारी संलेख के अभाव में लाभ-हानि विभाजन किया जाएगा

(a) बराबर-बराबर (b) पूँजी अनुपात में
(c) विशेष अनुपात में (d) किसी भी अनुपात में

15. साझेदारी संलेख है

(a) करारनामा (b) अनुबन्ध (c) राजीनामा (d) ये सभी

16. साझेदारी संलेख के अन्तर्गत समझौता होता है

(a) साझेदारों के मध्य
(b) फर्म एवं अन्य पक्षकारों के मध्य
(c) फर्म एवं साझेदारों के मध्य
(d) साझेदारों एवं अन्य पक्षकारों के मध्य

17. किसी स्पष्ट समझौते के अभाव में साझेदारों को

(a) वेतन दिया जाएगा
(b) वेतन नहीं दिया जाएगा
(c) उन साझेदारों को वेतन दिया जाएगा, जो फर्म में कार्य करते हैं
(d) उपरोक्त में से कोई नहीं

18. सहमति की अनुपस्थिति में साझेदार

(a) पूँजी पर लाभ की स्थिति में 6% ब्याज
(b) पूँजी पर कोई ब्याज नहीं
(c) लाभ की स्थिति में पूँजी पर बैंक दर से ब्याज
(d) उपरोक्त में से कोई नहीं

19. साझेदारी में परिवर्तनशील पूँजी खाते में

(a) आहरण एवं उस पर ब्याज धनी करते हैं
(b) आहरण एवं आहरण पर ब्याज को ऋणी करते हैं
(c) ऋण पर ब्याज को धनी करते हैं
(d) लाभ का भाग एवं पूँजी पर ब्याज ऋणी करते हैं

20. आहरण पर ब्याज की गणना की जाती है

(a) गुणनफल विधि द्वारा (b) मासिक आहरण विधि द्वारा
(c) 'a' और 'b' दोनों (d) इनमें से कोई नहीं

21. लाभ-हानि नियोजन खाता .... एक भाग है।

(a) व्यापार खाते का (b) लाभ-हानि खाते का
(c) पूँजी खाते का (d) चालू खाते का

22. A एक फर्म में साझेदार है। वह प्रतिमाह की अन्तिम तिथि को ₹ 300 का आहरण करता है। 30 जून को समाप्त होने वाली छमाही के लिए आहरण पर ब्याज की राशि क्या होगी, यदि ब्याज की दर 6% वार्षिक है?

(a) ₹ 24.50 (b) ₹ 23 (c) ₹ 22.50 (d) ₹ 45

23. A तथा B एक फर्म में साझेदार हैं। वे लाभ की आशा से क्रमशः ₹ 500, ₹ 400 प्रतिमाह के मध्य में आहरण करते हैं। 30 सितम्बर, 2007 को समाप्त होने वाली छमाही के लिए ब्याज की गणना कीजिए, यदि ब्याज की दर 6% वार्षिक है।

(a) क्रमशः ₹ 45, ₹ 36
(b) क्रमशः ₹ 44, ₹ 35
(c) क्रमशः ₹ 46, ₹ 37
(d) क्रमशः ₹ 45.50, ₹ 35.50

24. साझेदार के चालू खाते का डेबिट शेष दिखाया जाता है

(a) पूँजी खाते के क्रेडिट पक्ष की ओर
(b) चिट्ठे के दायित्व में
(c) लाभ-हानि खाते के डेबिट पक्ष की ओर
(d) चिट्ठे की सम्पत्तियों में

25. साझेदारी खाते बन्द होने के पश्चात् अशुद्धि का सुधार किया जाता है

(a) काँट-छाँट कर (b) संशोधित प्रविष्टि द्वारा
(c) नहीं किया जाता (d) वापिस खाते बनाकर

26. निम्नलिखित में से साझेदारों के अधिकार के सम्बन्ध में सत्य कथन हैं

1. प्रत्येक साझेदार को अधिकार है कि वह केवल लाभों में हिस्सा लें, परन्तु हानियों में नहीं।
2. प्रत्येक साझेदार फर्म की सम्पत्तियों का संयुक्त स्वामी होता है।
3. प्रत्येक साझेदार को अधिकार है कि वह किसी को भी नया साझेदार बना सकता है।
4. प्रत्येक साझेदार को फर्म के संचालन में भाग लेने का अधिकार होता है।
5. प्रत्येक साझेदार को फर्म की लेखन पुस्तकें जाँच करने का अधिकार होता है।

(a) 1, 4 और 5 (b) 2, 4 और 5
(c) 3, 4 और 5 (d) 2, 3 और 4

27. निम्नलिखित में से कौन-सा कथन सही नहीं है?

(a) साझेदारों की अधिकतम संख्या पर कोई प्रतिबन्ध नहीं है
(b) अवयस्क साझेदार को हानि में हिस्सा लेने को बाध्य नहीं किया जा सकता है
(c) साझेदारी संलेख को साझेदारी के अन्तर्नियमन भी कहा जा सकता है
(d) नए साझेदार का प्रवेश सभी साझेदारों की सहमति से ही हो सकता है

28. निम्नलिखित में से कौन-सा/से कथन सही है/हैं? सही कूट बताइए

1. साझेदारी व्यवस्था का उद्देश्य लाभोपार्जन होना चाहिए।
2. साझेदारी की उत्पत्ति ठहराव से होती है न कि कानून से
3. प्रत्येक साझेदार फर्म के लिए किए गए अन्य साझेदार के कार्यों के लिए बाध्य नहीं है।
4. साझेदारों का दायित्व सीमित होता है।

कूट

(a) 1 और 2 (b) केवल 1
(c) 2 और 3 (d) 1 और 4

निर्देश (प्र.सं. 29-32) *नीचे दिए गए कथनों एवं कारणों को ध्यानपूर्वक पढ़कर कूटों की सहायता से सही उत्तर का चयन कीजिए।*

कूट

(a) A और R दोनों सही हैं तथा R, A की सही व्याख्या है
(b) A और R दोनों सही हैं, परन्तु R, A की सही व्याख्या नहीं है
(c) A सही है परन्तु R असत्य है
(d) A गलत है परन्तु R सत्य है

29. कथन (A) किसी सम्पत्ति के सह-स्वामी होना ही साझेदारी नहीं है।
कारण (R) साझेदारी का निर्माण लाभोर्जन के उद्देश्य से व्यवसाय को करने के लिए होना चाहिए।

30. कथन (A) साझेदारी संलेख कानून के अनुसार बनाना अनिवार्य नहीं है।
कारण (R) साझेदारी संलेख के अभाव में भी साझेदारों को आहरण पर ब्याज दिया जा सकता है।

31. कथन (A) प्रारम्भिक पूँजी की गणना करते समय अन्तिम पूँजी में आहरण की राशि जोड़ी जाती है।
कारण (R) आहरण की राशि को पूँजी में से पहले घटा दिया गया है।

32. कथन (A) एकाकी व्यापारी के लिए लाभ-हानि नियोजन खाता बनाना आवश्यक नहीं है।
कारण (R) व्यवसाय के समस्त लाभें पर एकाकी व्यवसायी का ही अधिकार होता है।

निर्देश (प्र.सं. 33-35) *निम्नलिखित कथनों को पढ़कर कूटों की सहायता से सही उत्तर का चयन कीजिए।*

कूट

(a) कथन I सही है, किन्तु II गलत है
(b) कथन II सही है, किन्तु I गलत है
(c) कथन I और II कथन दोनों सही हैं
(d) कथन I और II दोनों ही गलत हैं

33. कथन I साझेदार आपसी ठहराव द्वारा किसी एक अथवा एक से अधिक साझेदारों को हानियों में हिस्सा लेने में मुक्त कर सकते हैं।
कथन II प्रत्येक साझेदार फर्म का एजेण्ट भी होता है तथा स्वामी भी।

34. कथन I एक अवयस्क साझेदार को केवल फर्म के लाभों में भाग लेने के लिए साझेदार बनाया जा सकता है।
कथन II अवयस्क साझेदार के अधिकार एवं दायित्व व्यस्क साझेदार जैसे ही होते हैं।

35. कथन I साझेदारी व्यवसाय का संचालन सभी साझेदारों के द्वारा होना चाहिए।
कथन II साझेदारी व्यवसाय का संचालन लाभों के लिए होना चाहिए।

36. सुमेलित कीजिए

	सूची I		सूची II
A.	पूँजी पर ब्याज	1.	लाभों पर प्रभार
B.	ऋण पर ब्याज	2.	दो
C.	साझेदारों की न्यूनतम संख्या	3.	6.5 माह
D.	प्रत्येक माह की पहली तिथि को आहरण पर ब्याज	4.	लाभों का नियोजन

कूट

	A	B	C	D		A	B	C	D
(a)	4	1	2	3	(b)	4	1	2	3
(c)	2	3	4	1	(d)	1	3	2	4

37. सुमेलित कीजिए

	सूची I		सूची II
A.	साझेदारी संलेख के अभाव में पूँजी पर ब्याज	1.	6% वार्षिक
B.	ऋण पर ब्याज	2.	नहीं दिया जाएगा
C.	लाभ हानि का बटँवारा	3.	नहीं लिया जाएगा।
D.	आहरण पर ब्याज	4.	बराबर

कूट

	A	B	C	D		A	B	C	D
(a)	2	1	4	3	(b)	1	2	4	3
(c)	2	1	4	3	(d)	3	2	1	4

38. सुमेलित कीजिए

	सूची I (साझेदारी अधिनियम का प्रावधान)		सूची II (विषय)
A.	6% प्रति वर्ष की दर से ब्याज लगाने की अनुमति होनी चाहिए	1.	साझेदारी द्वारा आहरण
B.	कुछ भी ब्याज नहीं दिया जाएगा	2.	एक लेखा वर्ष की फर्म की निवल हानि
C.	कुछ भी ब्याज नहीं लगाया जाएगा	3.	साझेदारों द्वारा लगाई गई पूँजी
D.	जब तक इसके विरुद्ध कोई समझौता न हो, यह फर्म के सभी साझेदारों में बराबर बाँटा जाएगा	4.	साझेदार द्वारा फर्म को दिया गया ऋण

कूट

	A	B	C	D		A	B	C	D
(a)	1	3	4	2	(b)	4	2	1	3
(c)	1	2	4	3	(d)	4	3	1	2

उत्तरमाला

1.	(b)	2.	(d)	3.	(c)	4.	(b)	5.	(b)	6.	(d)	7.	(b)	8.	(c)	9.	(c)	10.	(d)
11.	(b)	12.	(d)	13.	(c)	14.	(a)	15.	(d)	16.	(a)	17.	(b)	18.	(b)	19.	(b)	20.	(c)
21.	(b)	22.	(c)	23.	(a)	24.	(d)	25.	(b)	26.	(b)	27.	(a)	28.	(a)	29.	(a)	30.	(c)
31.	(c)	32.	(a)	33.	(a)	34.	(c)	35.	(b)	36.	(a)	37.	(a)	38.	(d)				

अध्याय 3

साझेदारी फर्म का पुनर्गठनः वर्तमान साझेदारों के लाभ-विभाजन अनुपात में परिवर्तन

साझेदारी फर्म का पुनर्गठन

जब भी साझेदारी समझौते में किसी प्रकार का परिवर्तन होता है तथा फर्म चालू रहती है, तब परिवर्तन के परिणामस्वरूप उसका पुनर्गठन हो जाता है अर्थात् जब एक फर्म की विद्यमानता को प्रभावित किए बिना साझेदारी समझौते में परिवर्तन हो जाए, तब इसे साझेदारी फर्म का पुनर्गठन कहते हैं।

फर्म का पुनर्गठन निम्न परिस्थितियों में होता है–

1. वर्तमान साझेदारों के मध्य लाभ-विभाजन अनुपात में परिवर्तन होने पर।
2. नए साझेदार के प्रवेश होने पर।
3. साझेदार के अवकाश ग्रहण करने तथा मृत्यु होने पर।
4. दो साझेदारी फर्मों के एकीकरण पर।

साझेदारी फर्म के पुनर्गठन की विशेषताएँ

साझेदारी फर्म के पुनर्गठन की विशेषताएँ निम्नलिखित हैं–

1. साझेदारों के मध्य आपसी समझौते में परिवर्तन हो जाता है।
2. फर्म का व्यवसाय चालू रहता है।
3. साझेदारों का पुराना समझौता समाप्त होकर नया समझौता प्रारम्भ होता है।
4. साझेदारों के मध्य लाभ-हानि विभाजन नए अनुपात में होता है।

लाभ-विभाजन अनुपात में परिवर्तन के समय किए जाने वाले समायोजन

लाभ-विभाजन अनुपात में परिवर्तन करते समय निम्नलिखित समायोजनों की आवश्यकता होती है-

I. त्याग अनुपात एवं लाभ प्राप्ति अनुपात की गणना
II. ख्याति तथा ख्याति का मूल्यांकन
III. संचय तथा अवितरित लाभ-हानि का लेखांकन
IV. सम्पत्तियों एवं दायित्वों का पुनर्मूल्यांकन
V. पूँजी का समायोजन

त्याग अनुपात तथा लाभ प्राप्ति अनुपात

त्याग अनुपात = पुराना अनुपात – नया अनुपात

लाभ प्राप्ति अनुपात = नया अनुपात – पुराना अनुपात

ख्याति

ख्याति (Goodwill) व्यवसाय के सम्पर्कों एवं प्रसिद्धि से उत्पन्न होती है तथा व्यवसाय के लाभों पर निर्भर करती है। जैसे-जैसे व्यवसाय के लाभों में वृद्धि होती है, वैसे-वैसे ख्याति का मूल्य भी बढ़ता जाता है। यह एक अमूर्त तथा अदृश्य सम्पत्ति (Intangible Assets) है अर्थात् इसको देखा एवं छुआ नहीं जा सकता, केवल महसूस किया जा सकता है। यह नाममात्र सम्पत्ति नहीं बल्कि वास्तविक सम्पत्ति (Real Assets) होती है। व्यापार से पृथक् इसका कोई मूल्य नहीं होता है।

लॉर्ड एल्डन के अनुसार, ''ख्याति इस सम्भावना के अतिरिक्त कुछ नहीं है कि पुराने ग्राहक पुराने स्थान पर ही जाएँगे।''

नोट इन्स्टीट्यूट ऑफ चार्टर्ड एकाउण्टेण्ट्स ऑफ इण्डिया (ICAI)के लेखांकन प्रमाप -26 के अनुसार, ''ख्याति के प्रतिफल में मुद्रा के भुगतान को छोड़कर अन्य किसी भी स्थिति में ख्याति खाता नहीं खोला जाएगा, न ही आर्थिक चिट्ठे में दर्शाया जाएगा।''

ख्याति को प्रभावित करने वाले तत्त्व

ख्याति के मूल्य को प्रभावित करने वाले तत्त्व निम्न हैं–

1. व्यवसाय का आकार
2. व्यवसाय का स्थान
3. व्यवसाय की अवधि
4. प्रबन्ध कौशल
5. वस्तु की गुणवत्ता
6. लाइसेंस या परमिट होना
7. जोखिम
8. सरकारी नीतियाँ
9. अन्य घटक

ख्याति का मूल्यांकन

ख्याति के मूल्यांकन की आवश्यकता निम्नलिखित दशाओं में होती है–

1. फर्म में नए साझेदार के प्रवेश होने पर।
2. किसी साझेदार के अवकाश-ग्रहण करने या मृत्यु होने पर।
3. साझेदारों के लाभ-हानि अनुपात में परिवर्तन होने पर।
4. फर्म को बेचने अथवा किसी अन्य फर्म के साथ एकीकरण होने पर।
5. फर्म का कम्पनी के रूप में परिवर्तन करने पर।
6. लाभ-हानि ज्ञात करने की विधि में परिवर्तन करने पर।

ख्याति के मूल्यांकन की विधियाँ

ख्याति के मूल्यांकन करने की निम्न चार विधियाँ हैं

1. **औसत लाभ विधि** इस विधि में गत वर्षों के (सामान्यत: 3 से 5) औसत लाभ का योग करके वर्षों की संख्या से भाग कर दिया जाता है। निर्देशानुसार प्राप्त राशि को क्रय वर्ष से गुणा करने पर ख्याति की राशि प्राप्त हो जाती है।

$$\text{Goodwill} = \frac{\text{Total Profit}}{\text{Number of Years}} \times \text{No. of Year's Purchased}$$

2. **अधिलाभ विधि** औसत लाभों का सामान्य लाभों पर आधिक्य अधिलाभ (Super Profit) कहलाता है।

इस विधि में ख्याति का मूल्य निम्न प्रकार से ज्ञात किया जाता है–

Goodwill = Super Profit × No. of Year's Purchased

Where, Super Profit = Average Profit – Normal Profit

3. **पूँजीकरण विधि** इस विधि में लाभों की गणना करके सामान्य दर पर उसका पूँजीकरण (Capitalisation) किया जाता है। यह पूँजीकृत मूल्य ही ख्याति का मूल्य होता है।

   (i) अधिलाभों की पूँजीकरण विधि

$$\text{Goodwill} = \frac{\text{Super Profit}}{\text{Normal Rate}} \times 100$$

(सामान्य लाभ की दर)

   (ii) औसत लाभों की पूँजीकरण विधि

$$\text{Goodwill} = \left(\frac{\text{Average Profit}}{\text{Normal Rate}} \times 100\right) - \text{Capital Employed}$$

(विनियोजित पूँजी)

Where, Capital Employed = Assets – Outside Liabilities

4. **वार्षिकी विधि** इस विधि में ख्याति का मूल्य भविष्य में उपार्जित किए जाने वाले अधिलाभों के वर्तमान मूल्य के बराबर माना जाता है।

Goodwill (ख्याति) = Super Profit (अधिलाभ) × Present Value of Annuity (वार्षिकी का वर्तमान मूल्य)

वर्तमान साझेदारों के लाभ-विभाजन अनुपात में परिवर्तन होने की दशा में ख्याति का लेखांकन

जब साझेदार अपने लाभ-विभाजन अनुपात में परिवर्तन करने को सहमत होते हैं, तो जिस साझेदार को लाभ होता है, उसे हानि वहन करने वाले साझेदार को अपने लाभ के बराबर ख्याति की राशि चुकानी होती है।

ख्याति की राशि के समायोजन के लिए निम्न प्रविष्टि की जाती है-

Gaining Partner Capital/ Current A/c (लाभ प्राप्ति अनुपात में)	Dr
To Sacrificing Partner Captial/Current A/c (त्याग अनुपात में)	

संचय तथा अवितरित लाभ-हानि का लेखांकन

(Accounting of Reserve and Accumulated Profit and Loss)

लाभ-विभाजन अनुपात में परिवर्तन होने पर फर्म के चिट्ठे में दिखाए गए संचय तथा अवितरित लाभ-हानि का लेखांकन निम्न दो प्रकार से किया जाता है–

1. संचय तथा लाभ या हानि खातों को बन्द करने पर/अथवा पूँजी खातों में हस्तान्तरित करने पर

इस स्थिति में संचय तथा लाभ या हानि खातों को समस्त साझेदारों के पुराने लाभ-विभाजन अनुपात में बाँट दिया जाता है।

इसके लिए निम्न प्रविष्टियाँ होती हैं-

(i) संचयों एवं संचित लाभों को बाँटने पर

Reserve (Any) A/c	Dr	संचय (कोई भी) खाता ऋ.
Reserve Fund A/c	Dr	संचित कोष खाता ऋ.
Profit and Loss A/c (Cr. Bal.)	Dr	लाभ-हानि खाता (धनी शेष) ऋ.
Workmen Compensation Reserve A/c (Excess of reserve over liability)	Dr	कर्मचारी क्षतिपूर्ति संचय ऋ.
Investment Fluctuation Reserve A/c (Excess of reserve difference between book value and market value)	Dr	विनियोग उतार-चढ़ाव संचय ऋ.
To All Partner's Capital A/c		सभी सोझदारों के पूँजी खाते का
(Being amount of reserve and accumulated profit and loss transferred to all partners capital account)		(संचयों तथा अवितरित लाभ-हानि को सभी साझेदारों के पूँजी खाते में हस्तान्तरित किया)

(ii) संचित हानियों को बाँटने पर

All Partners' Capital A/c	Dr	साझेदारों का पूँजी खाता ऋ.
To Profit and Loss A/c (Dr. Bal.)		लाभ-हानि खाते का (ऋणी शेष)
To Deffered Revenue Expenses A/c		स्थगित आयगत व्यय खाते का
To Advertisement Suspence A/c		विज्ञापन उचन्त खाते का
(Being debit balance of profit and loss account and Accumulated losses is distributed among partners)		(लाभ-हानि खाते के ऋणी शेष तथा संचित हानियों को सभी साझेदारों के मध्य बाँटा गया)

2. संचय तथा लाभ/हानि खातों को बन्द न करने पर

जब लाभ-विभाजन अनुपात में परिवर्तन होता है तथा संचय व लाभ/हानि को अवितरित रहने का निर्णय लिया जाता है, तो इसके लिए एक समायोजन प्रविष्टि की आवश्यकता होती है। इसके लिए पहले संचित लाभ तथा संचित हानियों को समायोजित करके शुद्ध प्रभाव ज्ञात किया जाता है।

शुद्ध प्रभाव की गणना

सामान्य संचय	....
लाभ-हानि का क्रेडिट शेष	......
अन्य संचय एवं कोष	......
(–) लाभ-हानि का डेबिट शेष	(......)
स्थगित आयगत व्यय	(.......)
विज्ञापन व्यय	(.......)
शुद्ध प्रभाव	.....

यदि शुद्ध प्रभाव धनात्मक है, तो लाभ प्राप्त साझेदार को लाभ प्राप्ति अनुपात से डेबिट तथा त्यागकर्ता साझेदार को त्याग अनुपात से क्रेडिट किया जाएगा और यदि शुद्ध प्रभाव ऋणात्मक है, तो त्यागकर्ता साझेदार को त्याग अनुपात से डेबिट तथा लाभ प्राप्तकर्ता साझेदार को लाभ प्राप्ति अनुपात से क्रेडिट किया जाएगा।

सम्पत्तियों एवं दायित्वों का पुनर्मूल्यांकन

(Revaluation of Assets and Liabilities)

सम्पत्तियों एवं दायित्वों के वास्तविक मूल्य उनके चिट्ठे में दिखाए गए मूल्य से भिन्न हो सकते हैं। इसलिए लाभ-विभाजन अनुपात में परिवर्तन होने पर सम्पत्तियों एवं दायित्वों का पुनर्मूल्यांकन किया जाता है। इसका कारण यह है कि सम्पत्तियों एवं दायित्वों के मूल्यों में परिवर्तन लाभ-विभाजन अनुपात में परिवर्तन से पूर्व की अवधि के हैं। अतः इसे साझेदारों के पुराने लाभ-विभाजन अनुपात में बाँटना आवश्यक है।

सम्पत्तियों एवं दायित्वों के पुनर्मूल्यांकन का लेखा निम्न दो प्रकार से किया जाता है-

1. **जब परिवर्तित मूल्यों को पुस्तकों में लेखांकित किया जाना है** लाभ-विभाजन अनुपात में परिवर्तन सम्पत्तियों एवं दायित्वों के पुनर्मूल्यांकन हेतु पुनर्मूल्यांकन खाता खोला जाता है। पुनर्मूल्यांकन खाता अवास्तविक अथवा नाममात्र खाता है। इसके ऋणी (Dr) पक्ष में सम्पत्तियों के मूल्य में हुई कमी एवं दायित्वों के मूल्य में हुई वृद्धि तथा धनी (Cr) पक्ष में सम्पत्तियों के मूल्य में हुई वृद्धि तथा दायित्वों के मूल्य में हुई कमी का लेखा किया जाता है।

   यदि धनी पक्ष, ऋणी पक्ष से अधिक है, तो अन्तर की राशि (लाभ) को ऋणी (Dr) पक्ष में सभी साझेदारों के पूँजी खातों में उनके पुराने लाभ-हानि अनुपात में बाँट दिया जाता है।

   यदि ऋणी पक्ष, धनी पक्ष से अधिक है, तो अन्तर की राशि (हानि) को धनी (Cr) पक्ष में सभी साझेदारों के पूँजी खातों में उनके पुराने लाभ-हानि अनुपात में बाँट दिया जाता है। पुनर्मूल्यांकन खाते को लाभ-हानि समायोजन खाता (Profit and Loss Adjustment Account) भी कहते हैं।

पुनर्मूल्यांकन खाते का प्रारूप

Dr Revaluation A/c Cr

Particulars	Amt (₹)	Particulars	Amt (₹)
To Asset A/c (Decreased)	–	By Asset A/c (Increased)	–
To Liability A/c (Increased)	–	By Liability A/c (Decreased)	–
To Liability A/c (Unrecorded)	–	By Asset A/c (Unrecorded)	–
To Profit Transferred to All Partners' Capital A/c	–	By Loss Transferred to All Partners' Capital A/c	–
	–		–

2. **जब सम्पत्तियों एवं दायित्वों को पुराने मूल्य पर ही दिखाना हो** जब साझेदार आपस में यह समझौता कर लेते हैं कि सम्पत्तियों एवं दायित्वों को पुस्तकों में उनके पुराने मूल्य पर ही दर्शाया जाएगा तो इस स्थिति में एक समायोजित प्रविष्टि करके सम्पत्तियों एवं दायित्वों में पुनर्मूल्यांकन से होने वाले प्रभाव को समाप्त कर दिया जाता है। *पुनर्मूल्यांकन से होने वाले प्रभाव की गणना निम्न प्रकार की जाती है-*

विवरण	धनराशि (₹)
सम्पत्तियों में वृद्धि	......
दायित्वों में कमी	....
सम्पत्तियों में कमी	(.....)
दायित्वों में वृद्धि	(......)
शुद्ध प्रभाव	(......)

शुद्ध प्रभाव यदि धनात्मक है, तो यह पुनर्मूल्यांकन लाभ होगा और यदि ऋणात्मक है, तो यह हानि होगी।

नोट सम्पत्तियों में वृद्धि तथा दायित्वों में कमी 'लाभ' तथा सम्पत्तियों में कमी एवं दायित्वों में वृद्धि 'हानि' होती है।

इसके लिए निम्न प्रविष्टि की जाएगी–

लाभ होने पर

Gaining Partner Capital A/c Dr (Gaining Ratio)	लाभ प्राप्त साझेदार का ऋ पूँजी/चालू खाता
To Sacrificing Partner Capital A/c (Sacrificing Ratio)	त्यागकर्ता साझेदार का पूँजी/चालू खाते का (त्याग अनुपात)

हानि होने पर

Sacrificing Partner Capital A/c Dr	त्यागकर्ता साझेदार का ऋ पूँजी/चालू खाता (त्याग अनुपात)
To Gaining Partner Capital A/c	लाभ प्राप्त साझेदार के पूँजी/चालू खाते का

अभ्यास प्रश्न

- *सही विकल्प चुनिए।*

1. वर्तमान साझेदारों के सम्बन्धों में कोई परिवर्तन जिससे वर्तमान समझौता समाप्त हो जाता है और नया समझौता करना पड़ता है, कहा जाता है

(a) साझेदारी का पुनर्मूल्यांकन
(b) साझेदारी का पुनर्गठन
(c) साझेदारी का समापन
(d) उपरोक्त में से कोई नहीं

2. साझेदारी का पुनर्गठन कब होता है?

(a) जब लाभ-विभाजन अनुपात मे परिवर्तन किया जाता है
(b) नए साझेदार के प्रवेश पर
(c) साझेदार के अवकाश ग्रहण करने पर
(d) उपरोक्त सभी

3. त्याग अनुपात का समीकरण है

(a) पुराना अनुपात - नया अनुपात
(b) नया अनुपात + पुराना अनुपात
(c) नया अनुपात – पुराना अनुपात
(d) उपरोक्त में से कोई नहीं

4. प्राप्ति अनुपात का समीकरण है

(a) पुराना अनुपात – नया अनुपात
(b) नया अनुपात + पुराना अनुपात
(c) नया अनुपात – पुराना अनुपात
(d) उपरोक्त में से कोई नहीं

5. ख्याति है

(a) अमूर्त सम्पत्ति (b) मूर्त सम्पत्ति
(c) चालू सम्पत्ति (d) कृत्रिम सम्पत्ति

6. निम्नलिखित में से कौन-सा कथन सत्य है?

(a) ख्याति का एक निश्चित स्वरूप होता है
(b) ख्याति एक बनावटी सम्पत्ति है
(c) ख्याति पर मूल्यह्रास का आयोजन नहीं किया जाता है
(d) उपरोक्त सभी

7. ख्याति के सम्बन्ध में कौन-सा कथन सत्य नहीं है?

(a) यह एक अदृश्य सम्पत्ति है (b) यह एक कृत्रिम सम्पत्ति है
(c) इसका विक्रय मूल्य होता है (d) इनमें से कोई नहीं

8. फर्म की ख्याति प्रभावित नहीं होती है

(a) फर्म के स्थान (b) फर्म की प्रसिद्धि
(c) बेहतर ग्राहक सेवा (d) इनमें से कोई नहीं

9. यदि व्यवसाय में जोखिम एवं हानि अधिक है, तो ख्याति का मूल्य

(a) कम होगा (b) अधिक होगा
(c) अप्रभावित होगा (d) इनमें से कोई नहीं

10. जब ख्याति क्रय नहीं की जाती है, तो इसे

(a) पुस्तकों में कभी नहीं दिखाया जा सकता है।
(b) पुस्तकों में दिखाया जा सकता है।
(c) पुस्तकों में आंशिक रूप से दिखाया जा सकता है।
(d) साझेदारों में ठहराव के अनुसार दिखाया जा सकता है।

11. ख्याति का मूल्य अधिक होगा, यदि
(a) व्यापार में जोखिम की मात्रा कम है।
(b) व्यापार में जोखिम की मात्रा अधिक है।
(c) विक्रय की जाने वाली वस्तु की माँग अस्थिर है।
(d) ग्राहकों का रुख प्रतिकूल है।

12. ख्याति का मूल्य कम होगा, यदि
(a) विक्रय की जाने वाली वस्तु की माँग स्थिर है
(b) व्यापारिक अनुबन्ध व्यापार के अनुकूल है
(c) विक्रय की जाने वाली वस्तु की स्थानापन्न वस्तु उपलब्ध हो
(d) उपरोक्त में से कोई नहीं

13. ख्याति ज्ञात करने की भारित औसत पद्धति का प्रयोग किया जाता है, जब
(a) लाभ समान न हो
(b) लाभ प्रवृत्ति दिखाते हैं
(c) लाभों में उतार-चढ़ाव है
(d) उपरोक्त में से कोई नहीं

14. एक व्यवसाय की सम्पत्तियों का मूल्य ₹ 5,40,000 था और इसके दायित्व ₹ 1,50,000 थे। व्यवसाय का क्रय प्रतिफल ₹ 6,00,000 था, ख्याति का मूल्य होगा
(a) ₹ 2,00,000 (b) ₹1,90,000
(c) ₹2,10,000 (d) ₹60,000

15. एक फर्म के वास्तविक औसत लाभ ₹ 35,000 है। सामान्य प्रत्याय की दर 10% है। औसत विनियोजित पूँजी ₹ 2,50,000 है। लाभों की पूँजीकरण विधि से ख्याति का मूल्य होगा
(a) ₹90,000 (b) ₹1,00,000
(c) ₹1,50,000 (d) ₹70,000

16. 10% प्रतिवर्ष ब्याज की दर से पाँच वर्षों के लिए ₹ 1 की वार्षिक वृत्ति का वर्तमान मूल्य ₹ 3.78 है तथा अधिलाभ ₹ 30,000 है, तो ख्याति की राशि होगी
(a) ₹1,13,400 (b) ₹1,11,400
(c) ₹1,12,400 (d) ₹1,14,400

17. 1 मार्च को ₹ 5,00,000 पूँजी विनियोजित है। इसके औसत लाभ ₹ 60,000 हैं। इसी प्रकार के अन्य व्यवसायों में लाभ की सामान्य दर 10% है। अधिलाभ की राशि क्या होगी?
(a) ₹ 50,000 (b) ₹ 10,000
(c) ₹ 6,000 (d) ₹ 56,000

18. एक फर्म की शुद्ध सम्पत्तियाँ ₹ 5,000 की कृत्रिम सम्पत्तियाँ सम्मिलित करते हुए ₹ 85,000 है। फर्म के शुद्ध दायित्व ₹ 30,000 हैं। सामान्य दर 10% है और फर्म के औसत लाभ ₹ 8,000 हैं। अधिलाभों के पूँजीकरण के आधार पर ख्याति की गणना कीजिए।
(a) ₹20,000 (b) ₹30,000
(c) ₹25,000 (d) इनमें से कोई नहीं

19. फर्म में कुल विनियोजित पूँजी ₹ 8,00,000 है, उचित लाभ दर 15% और वर्ष के लाभ ₹ 12,00,000 हैं। पूँजीकरण विधि के अनुसार फर्म की ख्याति का मूल्य होगा
(a) ₹ 82,00,000 (b) ₹ 12,00,000
(c) ₹ 72,00,000 (d) ₹ 42,00,000

20. एक फर्म की औसत विनियोजित पूँजी ₹ 4,00,000 है तथा प्रत्याय की सामान्य दर 15% है। फर्म का औसत लाभ ₹ 80,000 प्रतिवर्ष है। साझेदारों को अनुमानित पारिश्रमिक ₹ 10,000 वार्षिक देना हो, तो अधिलाभ के दो वर्षों के क्रय के आधार पर ख्याति का मूल्य होगा
(a) ₹ 10,000 (b) ₹ 20,000
(c) ₹ 60,000 (d) ₹ 80,000

21. फर्म के गत चार वर्षों के लाभ निम्नलिखित हैं— ₹ 12,000, ₹ 15,000, ₹ 18,000 एवं ₹ 5,000 (हानि)। फर्म के सामान्य लाभ ₹ 3,000 हैं। औसत अधिलाभों के दो वर्ष के क्रय मूल्य के आधार पर ख्याति का मूल्य होगा
(a) ₹ 14,000 (b) ₹ 15,000
(c) ₹ 18,000 (d) ₹ 20,000

22. रमेश तथा सुरेश एक फर्म में साझेदार हैं। उनकी पूँजी क्रमशः ₹ 90,000 तथा ₹ 50,000 है। सामान्य संचय ₹ 20,000 है। पिछले चार वर्षों का औसत लाभ ₹ 30,000 था। सामान्य प्रत्याय की दर 15% मानते हुए अधिलाभों के चार वर्ष के क्रय के आधार पर ख्याति का मूल्य होगा।
(a) ₹ 30,000 (b) ₹ 26,000
(c) ₹ 24,000 (d) ₹ 15,000

23. अ, ब तथा स 7 : 3 : 2 के अनुपात में साझेदार हैं। वे 1 अप्रैल, 2020 से लाभ-हानि को 8 : 4 : 3 के अनुपात में बाँटने का निर्णय लेते हैं। ख्याति की गणना लाभ विभाजन अनुपात में परिवर्तन में पहले के तीन वर्षों के औसत लाभ के आधार पर की जाएगी। वर्ष 2017, 2018, 2019 तथा 2020 के लाभ क्रमशः ₹ 52,000, ₹ 48,000, ₹ 60,000 तथा ₹ 90,000 थे। ख्याति के सम्बन्ध में आवश्यक प्रविष्टि होगी।
(a) डेबिट ब 1,100, स 2,200 तथा क्रेडिट अ 3,300
(b) डेबिट ब 2,200, स 1,100, क्रेडिट अ 3,300
(c) डेबिट ब 1,200, स 1,500, क्रेडिट अ 2,700
(d) डेबिट ब 1,500 स 1,200, क्रेडिट अ 2,700

24. अ तथा ब एक फर्म में 3 : 2 के अनुपात में लाभ-हानि बाँटते हुए साझेदार हैं। फर्म की ख्याति ₹ 1,000 मूल्यांकित की गई है। भविष्य में दोनों साझेदार लाभ-हानि बराबर-बराबर बाँटेंगे। ख्याति के समायोजन हेतु जर्नल प्रविष्टि होगी
(a) ब डेबिट ₹ 100, अ क्रेडिट ₹ 100
(b) ब क्रेडिट ₹ 100, अ डेबिट ₹ 100
(c) ब डेबिट ₹ 200, अ क्रेडिट ₹ 200
(d) ब क्रेडिट ₹ 200, अ डेबिट ₹ 200

25. आर और एस एक फर्म में बराबर लाभ विभाजन अनुपात में साझेदार थे। 1 अप्रैल, 2022 से उन्होंने अपना लाभ विभाजन अनुपात 4 : 3 करने पर सहमत हुए। लाभ विभाजन अनुपात में परिवर्तन के कारण आर का त्याग या लाभ होगा
(a) $\frac{1}{14}$ त्याग (b) $\frac{1}{14}$ लाभ
(c) $\frac{2}{7}$ त्याग (d) $\frac{2}{7}$ लाभ

26. अ और ब एक फर्म में 2 : 3 अनुपात में लाभ-विभाजन करते हुए साझेदार थे। 1 अप्रैल, 2022 से उन्होंने बराबर लाभ-विभाजन करने पर सहमत हुए। लाभ विभाजन में परिवर्तन के कारण ब का त्याग या लाभ होगा

(a) $\frac{1}{5}$ त्याग
(b) $\frac{1}{5}$ लाभ
(c) $\frac{1}{10}$ त्याग
(d) $\frac{1}{10}$ लाभ

27. P, Q तथा R 3 : 2 : 5 के लाभ-विभाजन अनुपात में साझेदार हैं। उन्होंने भविष्य में लाभ-विभाजन बराबर-बराबर बाँटने का निर्णय लिया। त्याग तथा लाभ का अनुपात होगा

(a) P $\frac{1}{30}$ लाभ, Q $\frac{4}{30}$ लाभ, R $\frac{5}{30}$ त्याग
(b) P $\frac{1}{30}$ त्याग, Q $\frac{4}{30}$ त्याग, R $\frac{5}{30}$ लाभ
(c) P $\frac{1}{15}$ त्याग, Q $\frac{2}{15}$ त्याग, R $\frac{3}{15}$ लाभ
(d) P $\frac{1}{15}$ लाभ, Q $\frac{2}{15}$ लाभ, R $\frac{3}{15}$ त्याग

28. राम तथा श्याम 5 : 3 के लाभ-विभाजन अनुपात में साझेदार हैं। वे भविष्य में लाभों को बराबर-बराबर बाँटने का निश्चय करते हैं। त्याग तथा लाभ का अनुपात होगा

(a) राम $\frac{1}{8}$ त्याग, श्याम $\frac{1}{8}$ लाभ
(b) राम $\frac{1}{4}$ त्याग, श्याम $\frac{1}{4}$ लाभ
(c) राम $\frac{1}{8}$ लाभ, श्याम $\frac{1}{8}$ त्याग
(d) राम $\frac{1}{4}$ लाभ, श्याम $\frac{1}{4}$ त्याग

29. शिवांगी, निशा तथा शैली 4 : 3 : 1 के अनुपात में साझेदार हैं। वे भविष्य में लाभ-विभाजन 5 : 4 : 3 के अनुपात में करना चाहते हैं। त्याग तथा लाभ का अनुपात होगा

(a) शिवांगी $\frac{2}{24}$ लाभ, निशा $\frac{1}{24}$ लाभ, शैली $\frac{3}{24}$ त्याग
(b) शिवांगी $\frac{1}{12}$ लाभ, निशा $\frac{2}{12}$ लाभ, शैली $\frac{3}{12}$ त्याग
(c) शिवांगी $\frac{1}{12}$ त्याग, निशा $\frac{2}{12}$ त्याग, शैली $\frac{3}{12}$ लाभ
(d) शिवांगी $\frac{2}{24}$ त्याग, निशा $\frac{1}{24}$ त्याग, शैली $\frac{3}{24}$ लाभ

30. X, Y और Z 2 : 3 : 4 के लाभ-विभाजन अनुपात में साझेदार हैं। वे भविष्य में लाभ-विभाजन 1 : 2 : 3 के अनुपात में परिवर्तित करने का निर्णय लेते हैं। त्याग तथा लाभ का अनुपात होगा

(a) X $\frac{1}{9}$ त्याग, Z $\frac{1}{9}$ लाभ
(b) X $\frac{1}{9}$ लाभ, Z $\frac{1}{9}$ त्याग
(c) X $\frac{1}{18}$ त्याग, Z $\frac{1}{18}$ लाभ
(d) X $\frac{1}{18}$ लाभ, Z $\frac{1}{18}$ त्याग

31. X, Y तथा Z एक फर्म में 5 : 3 : 2 के लाभ-विभाजन अनुपात में साझेदार हैं। वे भविष्य में लाभ-विभाजन अनुपात बराबर रखना चाहते हैं। त्याग तथा लाभ प्राप्ति अनुपात होगा

(a) X $\frac{5}{30}$ त्याग, Y $\frac{1}{30}$ लाभ, X $\frac{4}{30}$ लाभ
(b) X $\frac{5}{30}$ लाभ, Y $\frac{1}{30}$ त्याग, Z $\frac{4}{30}$ त्याग
(c) X $\frac{5}{15}$ त्याग, Y $\frac{1}{15}$ लाभ, Z $\frac{4}{15}$ लाभ
(d) X $\frac{5}{15}$ लाभ, Y $\frac{1}{15}$ त्याग, Z $\frac{4}{15}$ त्याग

32. संजीव, मोहन तथा आशीष एक फर्म में 2 : 3 : 4 के लाभ-विभाजन अनुपात में साझेदार हैं। उन्होंने भविष्य में लाभ-हानि विभाजन अनुपात 4 : 3 : 2 रखने का निर्णय लिया। उनके चिट्ठे में निम्न शेष थे

विवरण	धनराशि (₹)
सामान्य संचय	80,000
लाभ-हानि (क्रेडिट)	40,000
विज्ञापन व्यय (डेबिट)	30,000

उन्होंने निर्णय लिया कि उपरोक्त खातों को बन्द न किया जाए। आवश्यक समायोजन प्रविष्टि में होगा

(a) संजीव 20,000 (Dr), आशीष 20,000 (Cr)
(b) संजीव 20,000 (Cr), आशीष 20,000 (Dr)
(c) संजीव 10,000 (Dr), आशीष 10,000 (Cr)
(d) संजीव 10,000 (Cr), आशीष 10,000 (Dr)

33. अ, ब एवं स एक फर्म में 3 : 3 : 2 के लाभ-विभाजन अनुपात में साझेदार हैं। वे 1 अप्रैल, 2020 से समान अनुपात में लाभ-विभाजन का निर्णय लेते हैं। इस तिथि पर लाभ-हानि खाता ₹ 48,000 क्रेडिट शेष दिखा रहा है। अनुपात परिवर्तन पर लाभ-हानि खाते को समाप्त करने के स्थान पर इसके लिए समायोजन बनाने का निर्णय लिया गया। आवश्यक समायोजन प्रविष्टि में होगा।

(a) डेबिट स 4,000, क्रेडिट अ 2,000, क्रेडिट ब 2,000।
(b) डेबिट स 3,000, क्रेडिट अ 2,000, क्रेडिट ब 1,000।
(c) डेबिट अ 4,000, क्रेडिट ब 2,000, क्रेडिट स 2,000।
(d) डेबिट ब 4,000, क्रेडिट अ 2,000, क्रेडिट स 2,000।

उत्तरमाला

1.	(b)	**2.**	(d)	**3.**	(a)	**4.**	(c)	**5.**	(a)	**6.**	(c)	**7.**	(b)	**8.**	(d)	**9.**	(a)	**10.**	(a)
11.	(a)	**12.**	(c)	**13.**	(b)	**14.**	(c)	**15.**	(b)	**16.**	(a)	**17.**	(b)	**18.**	(b)	**19.**	(c)	**20.**	(b)
21.	(a)	**22.**	(c)	**23.**	(a)	**24.**	(a)	**25.**	(a)	**26.**	(c)	**27.**	(a)	**28.**	(a)	**29.**	(d)	**30.**	(c)
31.	(a)	**32.**	(a)	**33.**	(a)														

अध्याय 4

साझेदारी फर्म का पुनर्गठन एवं नए साझेदार का प्रवेश

साझेदारी फर्म में सभी साझेदारों की आपसी सहमति से नए साझेदार का प्रवेश हो सकता है। नए साझेदार के प्रवेश के बाद सभी साझेदार नया अनुबन्ध करते हैं एवं व्यवसाय का संचालन करते हैं। एक फर्म में व्यष्टि, फर्म, हिन्दू अविभाजित परिवार, कम्पनी, साझेदार बन सकते हैं।

भारतीय साझेदारी अधिनियम, 1932 की धारा 31(1) के अनुसार, *''किसी नए साझेदार का प्रवेश विद्यमान साझेदारों की अनुमति से ही हो सकता है। नए साझेदार के प्रवेश पर विद्यमान साझेदारी समझौता समाप्त हो जाता है तथा एक नया समझौता प्रभाव में आ जाता है।''*

नए साझेदार के प्रवेश की आवश्यकता

- व्यवसाय के कुशल संचालन हेतु किसी योग्य व्यक्ति की आवश्यकता होने पर।
- व्यवसाय के विकास एवं विस्तार हेतु अधिक पूँजी की आवश्यकता होने पर।
- किसी कर्मचारी को प्रोत्साहन हेतु साझेदार बनाना हो।
- किसी विख्यात व्यक्ति को साझेदार बनाकर व्यवसाय की ख्याति में वृद्धि करने हेतु।
- फर्म की आन्तरिक एवं बाह्य परिस्थितियों की माँग के अनुसार।

साझेदार की वैधानिक स्थिति

साझेदारी अधिनियम की धारा 31(1) के अनुसार, *''नया साझेदार फर्म में प्रवेश करने के पश्चात् फर्म द्वारा किए गए सभी कार्यों के लिए उत्तरदायी होता है, परन्तु धारा 31(2) के अनुसार, वह साझेदार बनने से पूर्व फर्म द्वारा किए गए किसी भी कार्य के लिए तब तक उत्तरदायी नहीं हो सकता, जब तक कि वह लिखित समझौते द्वारा उसका उत्तरदायित्व अपने ऊपर नहीं ले लेता है।''*

नए साझेदार के अधिकार फर्म की सम्पत्तियों में हिस्सा प्राप्त करने का अधिकार

जब नया साझेदार फर्म में प्रवेश करता है, तो उसके द्वारा निर्धारित अनुपात में पूँजी की राशि लाई जाती है। इस राशि को उसके पूँजी खाते में धनी (Cr) कर दिया जाता है। पूँजी की राशि लाने के साथ ही वह फर्म की सम्पत्तियों में हिस्सा प्राप्त करने का अधिकारी हो जाता है।

फर्म के भावी लाभों में हिस्सा प्राप्त करने का अधिकार

नया साझेदार अपने हिस्से की पूँजी लाने के साथ-साथ अपनी योग्यता, प्रबन्धकीय क्षमता, विशिष्ट ज्ञान, व्यावसायिक सम्बन्ध एवं ख्याति भी लाता है, जिसका लाभ साझेदारी व्यवसाय को मिलता है और व्यवसाय का लाभ बढ़ जाता है। इसके प्रतिफल में पुराने साझेदारों द्वारा अपने लाभ के कुछ भाग का त्याग किया जाता है, जिसे नए साझेदार को दे दिया जाता है। अतः इस प्रकार नया साझेदार फर्म के भावी लाभों में हिस्सा प्राप्त करने का अधिकारी बन जाता है। अधिकार प्राप्त करने के लिए नए साझेदार को भी पुराने साझेदारों को कुछ अतिरिक्त धनराशि का भुगतान करना पड़ता है, जिसे ख्याति (Goodwill) कहते हैं।

नए साझेदार के फर्म में प्रवेश करने पर किए जाने वाले समायोजन

नए साझेदार के प्रवेश करने पर फर्म की लेखा पुस्तकों में निम्नलिखित समायोजन किए जाते हैं

नए साझेदार द्वारा लाई गई पूँजी का लेखांकन

नए साझेदार द्वारा फर्म में प्रवेश करने पर जो राशि लाई जाती है, उसे पूँजी कहते हैं। यह पूँजी नकद में अथवा सम्पत्ति के रूप में या दोनों में लाई जा सकती है। पूँजी की मात्रा साझेदारों के आपसी अनुबन्ध द्वारा निश्चित की जाती है।

नए साझेदार द्वारा फर्म में पूँजी लाने पर निम्नलिखित प्रविष्टियाँ की जाती हैं-

- ***पूँजी नकद में लाने पर***

Cash/Bank A/c	Dr
To New Partner's Capital A/c	
(Being capital brought by new partner)	

- ***पूँजी नकद के अतिरिक्त सम्पत्ति के रूप में लाने पर***

Particular Asset A/c	Dr
To New Partner's Capital A/c	
(Being capital brought by new partner in asset)	

- ***कुछ पूँजी नकद एवं कुछ सम्पत्ति के रूप में लाने पर***

Cash/Bank A/c	Dr
Particular Asset A/c	Dr
To New Partner's Capital A/c	
(Being capital brought by new partner in cash and asset both)	

नए लाभ-हानि विभाजन अनुपात तथा त्याग के अनुपात की गणना

नए साझेदार के फर्म में प्रवेश करने पर पुराने साझेदार, नए साझेदार के पक्ष में अपने लाभ के कुछ हिस्से का त्याग करते हैं, जिससे नया साझेदार फर्म के भावी लाभों में हिस्सा प्राप्त करने का अधिकारी हो जाता है। जिस अनुपात में पुराने साझेदारों द्वारा अपने लाभों के कुछ भाग का त्याग किया जाता है, उसे **त्याग अनुपात** (Sacrificing ratio) कहते हैं। इस कारण सभी साझेदारों के लाभ-हानि विभाजन अनुपात में परिवर्तन हो जाता है। फलस्वरूप, नए लाभ-हानि विभाजन अनुपात की गणना की जाती है।

इसकी गणना निम्न प्रकार से की जा सकती है

- ***नया लाभ-हानि विभाजन अनुपात***

= पुराना लाभ-हानि विभाजन अनुपात – त्याग का अनुपात

(Old Profit and Loss Sharing Ratio – Sacrificing Ratio)

- **त्याग का अनुपात**
  = पुराना लाभ हानि विभाजन अनुपात – नया लाभ-हानि विभाजन अनुपात
  (Old Profit and Loss Sharing Ratio – New Profit and Loss Sharing Ratio)

नए लाभ-हानि विभाजन अनुपात तथा त्याग अनुपात में अन्तर

आधार	नया लाभ-हानि विभाजन अनुपात	त्याग अनुपात
आशय	जिस अनुपात में नए एवं पुराने सभी साझेदारों द्वारा फर्म के लाभ-हानि का बँटवारा किया जाता है, नया लाभ-हानि विभाजन अनुपात कहलाता है।	जिस अनुपात में पुराने साझेदारों द्वारा अपने लाभों का कुछ भाग नए साझेदार को समर्पित किया जाता है, त्याग अनुपात कहलाता है।
साझेदार	यह अनुपात नए एवं पुराने सभी साझेदारों का होता है।	यह अनुपात केवल पुराने साझेदारों का होता है।
उपयोगिता	नए लाभ-हानि विभाजन अनुपात में सभी साझेदारों (पुराने साझेदार एवं नए साझेदार दोनों) के मध्य लाभ-हानि का वितरण किया जाता है।	पुराने साझेदारों द्वारा त्याग अनुपात में नए साझेदार द्वारा लाई गई ख्याति की राशि का वितरण किया जाता है।
गणना	नया लाभ-हानि विभाजन अनुपात = पुराना लाभ-हानि विभाजन अनुपात – त्याग का अनुपात	त्याग अनुपात = पुराना लाभ-हानि विभाजन अनुपात – नया लाभ-हानि विभाजन अनुपात

ख्याति का लेखांकन

फर्म की पुस्तकों में ख्याति से सम्बन्धित निम्न समायोजन किए जाते हैं

जब नए साझेदार द्वारा ख्याति का व्यक्तिगत रूप से भुगतान किया जाता है

जब नए साझेदार द्वारा ख्याति की राशि का पुराने साझेदारों को व्यक्तिगत रूप से भुगतान किया जाता है, तो फर्म की पुस्तकों में इसका लेखा नहीं किया जाता है, क्योंकि यह राशि फर्म में नहीं लाई गई है, अपितु व्यक्तिगत रूप से भुगतान की गई है।

जब नए साझेदार द्वारा ख्याति की सम्पूर्ण राशि नकद लाई जाती है

- ***ख्याति की राशि नकद लाने पर***

Cash/Bank A/c Dr
To Goodwill A/c
(Being amount of goodwill brought by new partner in cash)

- ***नए साझेदार द्वारा नकद लाई गई ख्याति की राशि पुराने साझेदारों में त्याग के अनुपात में बाँटने पर***

Goodwill A/c Dr
To Old Partner's Capital A/c
or To Old Partner's Current A/c
(Being amount of goodwill distributed among partner's in sacrificing ratio)

- ***ख्याति की राशि पुराने साझेदारों द्वारा निकालने पर***

Old Partner's Capital/ Current A/c Dr
To Bank/Cash A/c
(Being amount of goodwill withdrawn by old partners)

जब नए साझेदार द्वारा ख्याति की राशि नकद नहीं लाई जाती है

ICAI द्वारा निर्धारित लेखांकन प्रमाप (Accounting Standard) 26 के अनुसार, *''ख्याति को पुस्तकों में तभी लेखांकित किया जा सकता है, जब इसके प्रतिफल स्वरूप नकद अथवा किसी अन्य रूप में मूल्य चुकाया गया हो। इसके अनुसार सिर्फ क्रय की गई ख्याति को ही पुस्तकों में लिखा जा सकता है, स्वयं अर्जित ख्याति को नहीं। इसके अतिरिक्त किसी साझेदार के प्रवेश, अवकाश-ग्रहण, मृत्यु के समय अथवा वर्तमान साझेदारों के लाभ-विभाजन अनुपात में परिवर्तन के समय फर्म की लेखा-पुस्तकों में ख्याति खाता नहीं खोला जा सकता।''*

अतः जब नए साझेदार द्वारा ख्याति की राशि नकद नहीं लाई जाती है, तो साझेदारों के पूँजी खातों से ख्याति का समायोजन किया जाता है। इसके लिए नए साझेदार के चालू या पूँजी खाते को उसके हिस्से की ख्याति की राशि से ऋणी (Dr) किया जाता है तथा पुराने साझेदारों के पूँजी खातों को उनके त्याग अनुपात में राशि विभाजन से धनी (Cr) किया जाता है।

इसके लिए निम्न प्रविष्टि की जाती है

New Partner's Current/ Capital A/c Dr
To Old Partners' Capital A/c
(Being new partner's share of goodwill is divided among old partners in their sacrificing ratio)

जब पुस्तकों में ख्याति पहले से विद्यमान हो

ऐसी स्थिति में सबसे पहले ख्याति खाते को पुराने साझेदारों के पुराने लाभ-विभाजन अनुपात से अपलिखित किया जाएगा। *इसकी निम्न प्रविष्टि होती है*

Old Partner's Capital A/c Dr
To Goodwill A/c
(Being goodwill account write off)

ख्याति के सम्बन्ध में अन्य प्रविष्टियाँ

सम्पत्ति के रूप में ख्याति लाने पर

Assets A/c Dr
To Premium For Goodwill A/c

ख्याति का पुनःमूल्यांकन करने पर

- ***मूल्य बढ़ने पर***

Goodwill A/c Dr
To Revaluation A/c

- ***मूल्य घटने पर***

Revaluation A/c Dr
To Goodwill A/c

- ***ख्याति की राशि से ऋण खाता खोलने पर***

Goodwill A/c
To Partner's Loan A/c

सम्पत्तियों एवं दायित्वों का पुनर्मूल्यांकन

नए साझेदार के प्रवेश से पूर्व साझेदार द्वारा साझेदारी फर्म में फर्म के अन्तिम खातों का अध्ययन एवं निरीक्षण किया जाता है कि सम्पत्तियाँ एवं दायित्व उचित मूल्य पर दिखाए गए हैं अथवा नहीं।

सामान्यतः पुराने साझेदार भी इस बात से सहमत होते है कि किसी भी नए साझेदार के प्रवेश पर फर्म की सभी सम्पत्तियों एवं दायित्वों का पुनर्मूल्यांकन कर लेना चाहिए, ताकि भविष्य में किसी विवाद की सम्भावना न रहे। अतः नए साझेदार के प्रवेश की तिथि पर फर्म की सम्पत्तियों एवं दायित्वों का पुनर्मूल्यांकन करना तथा उन्हें वास्तविक मूल्य से पुस्तकों में दिखाना नए एवं पुराने साझेदारों के आपसी अनुबन्ध के लिए आवश्यक है।

पुनर्मूल्यांकन खाता

नए साझेदार के प्रवेश पर सम्पत्तियों एवं दायित्वों के पुनर्मूल्यांकन हेतु पुनर्मूल्यांकन खाता खोला जाता है। पुनर्मूल्यांकन खाता अवास्तविक अथवा नाममात्र खाता है। इसके ऋणी (Dr) पक्ष में सम्पत्तियों के मूल्य में हुई कमी एवं

दायित्वों के मूल्य में हुई वृद्धि तथा धनी (Cr) पक्ष में सम्पत्तियों के मूल्य में हुई वृद्धि तथा दायित्वों के मूल्य में हुई कमी का लेखा किया जाता है।

यदि धनी पक्ष, ऋणी पक्ष से अधिक है, तो अन्तर की राशि (लाभ) को ऋणी (Dr) पक्ष में पुराने साझेदारों के पूँजी खातों में उनके पुराने लाभ-हानि अनुपात में बाँट दिया जाता है। यदि ऋणी पक्ष, धनी पक्ष से अधिक है, तो अन्तर की राशि (हानि) को धनी (Cr) पक्ष में पुराने साझेदारों के पूँजी खातों में उनके पुराने लाभ-हानि अनुपात में बाँट दिया जाता है। पुनर्मूल्यांकन खाते को **लाभ-हानि समायोजन खाता** (Profit and Loss Adjustment Account) भी कहते हैं।

लेखांकन व्यवहार

सम्पत्ति के मूल्य में वृद्धि होने पर	(Particular) Asset A/c Dr To Revaluation A/c (Being the appreciation in value of … on revaluation with the amount of ` … appreciated)
सम्पत्ति के मूल्य में कमी होने पर	Revaluation A/c Dr To (Particular) Asset A/c (Being the depreciation in value of … on revaluation with the amount of ` … depreciated)
सम्पत्तियाँ, जिन्हें चिट्ठे में प्रदर्शित नहींकिया गया था	(Particular) Asset A/c Dr To Revaluation A/c (Being … was not recorded in books, now recorded on revaluation)
दायित्व के मूल्य में वृद्धि होने पर	Revaluation A/c Dr To (Particular) liability A/c (Being the appreciation in value of … on revaluation with the amount of ` … depreciated)
दायित्व के मूल्य में कमी होने पर	(Practicular) Liability A/c Dr To Revaluation A/c (Being the depreciation in value of …on revaluation with the amount of ` … depreciated)
दायित्व, जिन्हें चिट्ठे में प्रदर्शित नहीं किया गया था	Revaluation A/c Dr To (Partcular) Liability A/c (Being … was not recorded in book, now recorded on revaluation)
पुनर्मूल्यांकन पर लाभ होने पर, उसे पुराने साझेदारों में बाँटने पर	Revaluation A/C Dr To Old Partners Capital A/c (being the profit on revaluation is transferred to old partners'capital account in old ratio)
पुनर्मूल्यांकन पर हानि होने पर, उसे पुराने साझेदारों में बाँटने पर	Old Partners' Capital A/c Dr To Revaluation A/c (Being the loss on revaluation is transferred to old partners capital account in old ratio)

नोट *कुछ ऐसी सम्पत्तियाँ एवं दायित्व होते हैं, जिनका पुस्तकों में लेखा करना रह जाता है, इन्हें अलिखित सम्पत्तियाँ (Unrecorded Assets) वे अलिखित दायित्व (Unrecorded Liabilities) कहते हैं। इनका लेखा भी ठीक उसी प्रकार किया जाता है, जैसाकि अन्य सम्पत्तियों व दायित्वों के बढ़ने या घटने पर किया जाता है।*

संचय, अवितरित लाभ तथा हानि का विभाजन

- ***लाभ-हानि खाते के क्रेडिट शेष*** (अर्थात् अवितरित लाभ) ***या संचय बाँटने के लिए*** यदि फर्म के आर्थिक चिट्ठे में संचय, संचित कोष अथवा लाभ-हानिक खाते का शेष दिया हुआ होता है, तो नए साझेदार के प्रवेश पर इन शेषों को पुराने साझेदारों के मध्य उनके पुराने लाभ-हानिक विभाजन अनुपात में बाँट दिया जाता है।

इसका लेखा निम्न प्रकार से किया जाता है

Reserve (Any) A/c	Dr
Reserve Fund A/c	Dr
Profit & Loss A/c (Cr. Bal.)	Dr
To Old Partner's Capital A/c	
(Being amount of reserves and accumulated profit and loss transferred to old partners capital account)	

- ***लाभ-हानि खाते का डेबिट शेष*** इसके लिए उपरोक्त प्रविष्टि की विपरीत प्रविष्टि की जाएगी।

साझेदारों की पूँजी का समायोजन

फर्म में नए साझेदार के प्रवेश पर पुराने साझेदारों का लाभ-हानि विभाजन अनुपात परिवर्तित हो जाता है। अतः नए अनुपात में साझेदारों की पूँजी का समायोजन किया जाता है। साथ ही नए साझेदार द्वारा भी फर्म में पूँजी लाई जाती है, जिसके कारण आर्थिक चिट्ठे में पुराने एपवं नए साझेदारों के पूँजी खाते समायोजित किए जाते हैं।

साझेदारों की पूँजी का समायोजन निम्न दो प्रकार से किया जा सकता है

नए साझेदार की पूँजी के आधार पर पुराने साझेदारों के पूँजी खातों का समायोजन करना

- सर्वप्रथम नए साझेदार की पूँजी एवं लाभ के हिस्से की सहयता से फर्म की कुल पूँजी ज्ञात की जाती है। इसके पश्चात् सभी साझेदारों की पूँजी की गणना उनके नए लाभ-हानि विभाजन अनुपात में की जाती है।
- यदि किसी साझेदार की वर्तमान पूँजी की राशि ज्ञात नई पूँजी की राशि से अधिक है, तो अन्तर की राशि उसके द्वारा फर्म से निकाल ली जाएगी अर्थात् फर्म द्वारा उसे भुगतान कर दिया जाएगा।

इसके लिए निम्नलिखित प्रविष्टि की जाती है

Old Partners' Capital A/c	Dr
To Bank A/c or	
To Partner's Current A/c	Dr
(being excess amount of capital is withdrawn by old partners)	

- इसके विपरीत यदि किसी साझेदार की वर्तमान पूँजी की राशि ज्ञात नई पूँजी की राशि से कम है, तो अन्तर की राशि उसके द्वारा नकद लाई जाएगी अर्थातउसके द्वारा फर्म को भुगतान की जाएगी।

इसके लिए निम्नलिखित प्रविष्टि की जाती है

Bank A/c	Dr
or Partner's Current A/c	Dr
To Old Partners Capital A/c	
(Being amount of capital brought by old partner's)	

पुराने साझेदारों की पूँजी के आधर पर नए साझेदारों द्वारा लाई जाने वाली पूँजी की राशि की गणना करना

जब प्रश्न में नए साझेदार द्वारा लाई जाने वाली पूँजी की राशि नहीं लिखी होती है, तो पुराने साझेदारों की पूँजी के आधार पर नए साझेदार द्वारा लाई जाने वाली पूँजी की गणना की जाती है, *जो इस प्रकार है*

- सर्वप्रथम पुराने साझेदारों की पूँजी एवं उनके लाभ के हिस्से से फर्म की कुल पूँजी ज्ञात की जाती है।
- फर्म की कुल पूँजी में से नए साझेदार के हिस्से के हिस्से की पूँजी की गणना की जाती है।

अभ्यास प्रश्न

1. किसी नए साझेदार का प्रवेश ……… किया जाता है।
(a) स्वेच्छा से (b) सर्व-सहमति से
(c) किसी एक साझेदार द्वारा (d) ये सभी

2. नए साझेदार के प्रवेश का कारण है
(a) व्यवसाय के कुशल संचालन हेतु
(b) व्यवसाय के विस्तार हेतु
(c) ख्याति में वृद्धि हेतु
(d) उपरोक्त सभी

3. पुराने साझेदारों द्वारा अपने लाभों का कुछ भाग नए साझेदार को दिया जाता है, उसे ………… कहते हैं।
(a) लाभ अनुपात (b) हानि अनुपात
(c) त्याग अनुपात (d) पूँजी अनुपात

4. नए साझेदार के प्रवेश पर निम्न में से कौन-सी दशा उत्पन्न होती है?
(a) पुरानी फर्म का समापन हो जाता है।
(b) पुरानी साझेदारी का समापन हो जाता है।
(c) पुरानी साझेदारी एवं फर्म दोनों का समापन हो जाता है।
(d) न ही साझेदारी तथा न ही फर्म का समापन होता है।

5. A, B व C एक फर्म में साझेदार हैं तथा लाभ-हानि को 5 : 3 : 2 के अनुपात में बाँटते हैं। उन्होंने D को फर्म में 1/5 भाग के लिए साझेदार बनाया। उनका नया लाभ-हानि विभाजन अनुपात होगा
(a) 10 : 6 : 4 : 5 (b) 10 : 4 : 6 : 5
(c) 6 : 10 : 4 : 5 (d) 4 : 5 : 10 : 6

6. एक्स तथा वाई एक फर्म में बराबर के साझेदार हैं। उन्होंने अ तथा ब को क्रमशः $\frac{1}{4}$ तथा $\frac{1}{5}$ भाग के लिए प्रवेश दिया। नया लाभ-विभाजन अनुपात होगा
(a) 11 : 10 : 11 : 8 (b) 6 : 5 : 4 : 3
(c) 5 : 6 : 3 : 4 (d) 11 : 11 : 10 : 8

7. जय एवं वीरू एक फर्म में साझेदार हैं तथा लाभ-हानि को 1 : 2 के अनुपात में बाँटते हैं। उन्होंने बसन्ती को नया साझेदार बनाया, जिसे जय अपने हिस्से का 3/10 एवं वीरू अपने हिस्से का 1/10 भाग देते हैं। सभी साझेदारों का नया लाभ-हानि विभाजन अनुपात होगा।
(a) 7 : 18 : 5 (b) 18 : 7 : 5
(c) 6 : 4 : 5 (d) 18 : 6 : 6

8. ए, बी तथा सी एक फर्म में साझेदार थे तथा 3 : 2 : 1 के अनुपात में लाभ बाँटते थे। उन्होंने लाभ के 1/8 भाग के लिए डी को एक नया साझेदार बनाया जिसे उसने 1/16 भाग बी से तथा 1/16 भाग सी से प्राप्त किया। ए, बी, सी तथा डी का नया लाभ अनुपात होगा
(a) 10 : 11 : 5 : 6 (b) 24 : 13 : 5 : 6
(c) 15 : 13 : 12 : 10 (d) 16 : 17 : 7 : 10

9. हरिमोहन एवं मनमोहन साझेदार हैं, जिनका लाभ-हानि विभाजन अनुपात 7 : 3 है। उन्होंने राधामोहन को 2/5 भाग के लिए साझेदार बनाया। राधामोहन दोनों साझेदारों से समान अनुपात में हिस्सा प्राप्त करता है। साझेदारों का नया लाभ-हानि विभाजन अनुपात होगा
(a) 6 : 6 : 8 (b) 4 : 2 : 4
(c) 5 : 1 : 4 (d) 5 : 4 : 1

10. अ तथा ब एक फर्म में 3 : 2 के अनुपात में साझेदार थे। 1 अप्रैल, 2020 को उन्होंने $\frac{1}{4}$ भाग के लिए स को प्रवेश दिया। 1 जून, 2020 को उन्होंने द को $\frac{1}{6}$ भाग के लिए प्रवेश दिया जिसका वह अ, ब, स से बराबर प्राप्त करता है। अ, ब, स तथा द का नया लाभ-विभाजन अनुपात होगा
(a) 71 : 44 : 35 : 30 (b) 72 : 43 : 35 : 30
(c) 70 : 45 : 35 : 30 (d) 61 : 54 : 35 : 30

11. जय और यश एक फर्म में बराबर के साझेदार हैं। उन्होंने निशा को फर्म में साझेदार बनाया, उनका नया अनुपात 5 : 4 : 3 है। त्याग अनुपात होगा
(a) 1 : 2 (b) 2 : 1
(c) 1 : 3 (d) 3 : 1

12. अ तथा ब एक फर्म में 3 : 2 के अनुपात में साझेदार हैं। उन्होंने स को प्रवेश दिया। अ, ब तथा स का नया अनुपात 3 : 2 : 2 होगा। त्याग अनुपात होगा
(a) 2 : 3 (b) 3 : 2
(c) 2 : 1 (d) 1 : 2

13. A और B एक फर्म में 3 : 2 के अनुपात में लाभ का विभाजन करने वाले साझेदार हैं। वे फर्म के लाभ में 1/3 हिस्सेदारी के लिए X को एक साझेदार के रूप में शामिल करते हैं। A, B और X का नया लाभ-विभाजन अनुपात क्या होगा?
(a) 3 : 2 : 1 (b) 3 : 2 : 3
(c) 3 : 2 : 2 (d) 6 : 4 : 5

14. X और Y अपने लाभों को 7 : 3 में अंशभाजित करते थे, वे एक नई फर्म में 3/7 अंश के लिए Z को शामिल करते हैं, जिसमें वह X से 2/7 और Y से 1/7 प्राप्त करता है। X, Y और Z का नया अनुपात क्या होगा?
(a) 7 : 3 : 3 (b) 4 : 2 : 3
(c) 14 : 6 : 15 (d) 29 : 11 : 30

15. A, B तथा C एक फर्म में साझेदार हैं, जो 4 : 3 : 2 के अनुपात में लाभ-हानि का बँटवारा करते हैं। D को साझेदारी में सम्मिलित करने पर सहमत होते हुए उन्होंने उसे 1/8 हिस्सा प्रदान किया। उनके नए लाभ-विभाजन अनुपात क्या होंगे?
(a) 4 : 3 : 2 : 1 (b) 28 : 21 : 14 : 19
(c) 28 : 21 : 14 : 8 (d) 4 : 1 : 2 : 1

16. X और Y एक फर्म में साझेदार हैं और 2 : 1 के अनुपात में लाभ बाँटते हैं। Z को 1/3 लाभ अनुपात के साथ प्रवेश दिया जाता है। अब X, Y और Z का नया लाभ साझा अनुपात क्या होगा?
(a) 3 : 3 : 3 (b) 2 : 4 : 3
(c) 4 : 2 : 3 (d) 2 : 3 : 4

17. A तथा B 3 : 2 के लाभ अनुपात में साझेदार हैं, C को साझेदारी में सम्मिलित किया गया। A, B तथा C का नया लाभ-विभाजन अनुपात 5 : 3 : 2 है। त्याग अनुपात ज्ञात कीजिए।
(a) 1 : 1 (b) 1 : 2 (c) 1 : 4 (d) 2 : 3

18. ए तथा बी लाभ-हानि को 7:3 के अनुपात में बाँटते हुए साझेदार है। वे सी को नया साझेदार बनाते हैं। ए अपने हिस्से का 1/7 और बी अपने हिस्से का 1/3 सी के पक्ष में त्याग करते हैं। ए, बी तथा सी का नया लाभ-विभाजन अनुपात होगा

(a) 2 : 1 : 1 (b) 3 : 1 : 1
(c) 3 : 2 : 1 (d) 5 : 3 : 2

19. यदि नए साझेदार द्वारा अपने हिस्से की ख्याति नकद लाई जाती है, तो इसे ………… में ऋणी करेंगे।

(a) रोकड़ खाता
(b) ख्याति खाता
(c) नए साझेदार का पूँजी खाता
(d) पुराने साझेदार का पूँजी खाता

20. P और Q समान अनुपात में लाभ-हानि साझा करते हैं। उन्होंने R को लाभ में $\frac{1}{2}$ भाग के लिए प्रवेश दिया। उनका नया लाभ-हानि विभाजन अनुपात है

(a) 1 : 1 : 1 (b) 2 : 2 : 1
(c) 1 : 1 : 2 (d) 3 : 2 : 1

21. अमन और अनमोल 2 : 1 के अनुपात में साझेदार हैं। वे अतुल को $\frac{1}{4}$ अंश के लिए प्रवेश देते हैं। अतुल अपने अंश की ख्याति के लिए ₹ 6,000 अंशदान करता है। फर्म की ख्याति का कुल मूल्य है

(a) ₹ 10,000 (b) ₹ 24,000
(c) ₹ 20,000 (d) ₹ 16,000

22. त्याग के अनुपात का प्रयोग किसे बाँटने के लिए किया जाता है?

(a) ख्याति (b) संचय
(c) पुनर्मूल्यांकन लाभ (d) लाभ-हानि खाते का शेष

23. X और Y के फर्म की ख्याति का मूल्य ₹ 30,000 है। यह बहीखाते में ₹ 12,000 लिखी गई है। Z को 1/4 हिस्से के लिए प्रवेश दिया गया है। वह ख्याति के लिए कितनी राशि लाएगा?

(a) ₹ 3,000 (b) ₹ 4,500
(c) ₹ 7,500 (d) ₹ 10,500

24. A और B साझेदार हैं और 3 : 2 के अनुपात में लाभ बाँटते हैं। उनकी बही ₹ 3,000 की ख्याति दर्शाती है। C को लाभ 1/4 हिस्से के साथ सम्मिलित किया जाता है और वह ₹ 10,000 अपनी पूँजी के रूप में लाता है, परन्तु वह ख्याति ₹ 3,000 के अपने हिस्से के लिए नकद नहीं ला पाता है। आप इसे किस प्रकार लेंगे?

(a) ख्याति की रकम को बढ़ाकर ₹ 12,000 कर दिया जाता है
(b) C ₹ 3,000 के लिए ऋणी रहेगा
(c) C के खाते को ₹ 3,000 के लिए डेबिट कर दिया जाता है
(d) ख्याति की रकम को बढ़ाकर ₹ 9,000 कर देते हैं

25. पुनर्मूल्यांकन खाता है

(a) व्यक्तिगत खाता (b) वास्तविक खाता
(c) अवास्तविक खाता (d) इनमें से कोई नहीं

26. नए साझेदार के प्रवेश के पश्चात् सम्पत्तियों एवं दायित्वों को चिट्ठे में किस मूल्य पर दर्शाया जाता है?

(a) मूल मूल्य पर (b) वसूली मूल्य पर
(c) पुनर्मूल्यांकन मूल्य पर (d) बाजार मूल्य पर

27. ए तथा बी फर्म में साझेदार हैं और इनकी पूँजी शेष क्रमश: ₹ 54,000 और ₹ 36,000 है। वह सी को 1/3 हिस्से के लिए साझेदारी में प्रवेश देते हैं और सी को आनुपातिक पूँजी लानी है। सी की पूँजी की राशि होगी

(a) ₹ 45,000 (b) ₹ 50,000
(c) ₹ 60,000 (d) ₹ 40,000

28. समस्त अवितरित लाभों को साझेदारों के पूँजी खाते में हस्तान्तरित किया जाता है

(a) त्याग के अनुपात में (b) पुराने अनुपात में
(c) नए लाभ-विभाजन अनुपात में (d) पूँजी अनुपात में

29. अ, ब और स लाभों को 3 : 2 : 1 में विभाजित करते हैं। अब यह निर्णय लिया गया कि भविष्य में सभी साझी समान अनुपात में लाभ-विभाजन करेंगे। इस दशा में त्याग अनुपात होगा

(a) बराबर (b) 3 : 2 : 1
(c) केवल स द्वारा त्याग 1/6 (d) केवल अ द्वारा त्याग 1/6

30. नए साझेदार के प्रवेश पर ख्याति के सम्बन्ध में कौन-सा कथन सत्य नहीं है?

(a) नए साझेदार द्वारा लाई गई नकद ख्याति को पुराने साझेदार त्याग अनुपात में बाँटते हैं
(b) नकद में लाई गई ख्याति को पुराने साझेदार फर्म से निकाल सकते हैं
(c) नए साझेदार द्वारा व्यक्तिगत रूप से प्रदान की गई ख्याति का पुस्तकों में लेखा नहीं होता है
(d) नए साझेदार द्वारा नकद ख्याति न लाने पर फर्म में ख्याति खाता खोल दिया जाता है

31. ए तथा बी लाभ-हानि को 7 : 3 के अनुपात में बाँटते हुए साझेदार हैं। वह सी को नया साझेदार बनाते हैं। ए अपने हिस्से का 1/7 और बी अपने हिस्से का 1/3 सी के पक्ष में त्याग करते हैं। ए, बी तथा सी का नया लाभ-विभाजन अनुपात होगा

(a) 2 : 1 : 1 (b) 3 : 1 : 1
(c) 3 : 2 : 1 (d) 5 : 3 : 2

32. अ और ब 7 : 3 में लाभ बाँटते हैं। अ अपने हिस्से का 1/7 और ब अपने हिस्से का 1/3 स को प्रवेश पर देते हैं। अ और ब का त्याग का अनुपात होगा

(a) 1 : 1 (b) 3 : 7
(c) 3 : 2 (d) 5 : 3

33. यदि नए साझेदार के प्रवेश पर कुछ सम्पत्तियाँ व दायित्व के मूल्य में परिवर्तन न दिखाया जाए, तो इस हेतु आवश्यक खाता तैयार किया जाता है

(a) स्मरणार्थ पुनर्मूल्यांकन खाता
(b) पुनर्मूल्यांकन खाता
(c) स्थिति विवरण
(d) वसूली खाता

34. एक फर्म की पुस्तकों में ख्याति खाता ₹ 1,00,000 पर विद्यमान है। जेड को 1/5 हिस्से हेतु ख्याति की राशि ₹ 60,000 नकद लेकर प्रवेश दिया जाता है, नए चिट्ठे में ख्याति की राशि प्रकट होगी

(a) ₹ 60,000 (b) शून्य
(c) ₹ 1,60,000 (d) ₹ 40,000

35. रमेश व महेश ₹ 32,000 व ₹ 24,000 की पूँजी के साथ साझेदार हैं। उन्होंने नरेश को फर्म में $\frac{1}{4}$ भाग के लिए प्रवेश दिया। वह ₹ 30,000 पूँजी लाता है। फर्म की ख्याति की राशि होगी

(a) ₹ 1,20,000 (b) ₹ 34,000
(c) ₹ 51,000 (d) ₹ 86,000

36. राम तथा श्याम एक फर्म में 2 : 1 के अनुपात में लाभ-विभाजन करते हैं मोहन को 1/4 हिस्से के लिए फर्म में प्रवेश दिया जाता है। मोहन अपना हिस्सा 3/4 राम से और 1/4 श्याम से प्राप्त करता है। साझेदारों का नया लाभ विभाजन अनुपात होगा

(a) 2 : 1 : 1 (b) 3 : 2 : 1
(c) 4 : 1 : 1 (d) 23 : 13 : 12

37. राम और श्याम एक फर्म में साझेदार हैं, जिनकी पूँजी क्रमश: ₹ 4,80,000 एवं ₹ 3,10,000 है। उन्होंने लाभ-हानि में 1/4 हिस्से के साथ गणेश को एक साझेदार के रूप में प्रवेश दिया। गणेश द्वारा ₹ 3,00,000 पूँजी के रूप में लाए गए। गणेश के हिस्से की ख्याति होगी

(a) ₹ 1,10,000 (b) ₹ 27,500
(c) ₹ 17,500 (d) ₹ 70,000

उत्तरमाला

1.	(b)	**2.**	(d)	**3.**	(c)	**4.**	(b)	**5.**	(a)	**6.**	(d)	**7.**	(a)	**8.**	(b)	**9.**	(c)	**10.**	(a)
11.	(a)	**12.**	(b)	**13.**	(d)	**14.**	(d)	**15.**	(b)	**16.**	(c)	**17.**	(a)	**18.**	(b)	**19.**	(a)	**20.**	(c)
21.	(b)	**22.**	(a)	**23.**	(c)	**24.**	(c)	**25.**	(c)	**26.**	(c)	**27.**	(a)	**28.**	(b)	**29.**	(d)	**30.**	(d)
31.	(b)	**32.**	(a)	**33.**	(a)	**34.**	(b)	**35.**	(b)	**36.**	(d)	**37.**	(b)						

अध्याय 5

साझेदार का अवकाश ग्रहण व मृत्यु

साझेदार का अवकाश ग्रहण करना

जब साझेदारी संस्था का कोई सदस्य किसी कारणवश संस्था से अपना सम्बन्ध समाप्त कर लेता है, तो इसे 'साझेदार द्वारा अवकाश ग्रहण करना' कहते हैं तथा ऐसे साझेदार को 'अवकाश ग्रहण करने वाला साझेदार' (Retiring Partner) अथवा 'बाहर जाने वाला साझेदार' (Outgoing Partner) कहते हैं एवं शेष बचे साझेदारों को चालू साझेदार (Continuing Partners) कहते हैं।

भारतीय साझेदारी अधिनियम, 1932 की धारा 32 के अनुसार, एक साझेदार

- अन्य समस्त साझेदारों की सहमति से,
- साझेदारों के स्पष्ट अनुबन्ध (Express Agreement) के अनुसार,
- ऐच्छिक साझेदारी (Partnership at will) की दशा में अपने अवकाश ग्रहण करने के निर्णय की अन्य साझेदारों को लिखित में सूचना देकर, अधिनियम के प्रावधानों के अनुसार फर्म से अवकाश ग्रहण कर सकता है।

साझेदार का फर्म से निष्कासन

जब किसी साझेदार द्वारा साझेदारी संलेख (Partnership Deed) में उल्लेखित शर्तों एवं नियमों का उल्लंघन किया जाता है, तो अन्य साझेदार साझेदारी संलेख में प्रदत्त शक्तियों का प्रयोग करके उस साझेदार को फर्म से निष्कासित कर सकते हैं।

यहाँ ध्यान देने योग्य बात यह है कि साझेदार का निष्कासन तभी सम्भव है जब साझेदारी संलेख इस बात की अनुमति प्रदान करता हो। निष्कासित साझेदार के सम्बन्ध में अवकाश ग्रहण करने वाले साझेदार की भाँति पुस्तकों में लेखे किए जाते हैं।

साझेदार के अवकाश ग्रहण करने के फलस्वरूप साझेदारी संस्था (फर्म) की वैधानिक स्थिति

किसी साझेदार द्वारा फर्म से अवकाश ग्रहण करने पर साझेदारों के मध्य हुई साझेदारी का अनिवार्य रूप से समापन हो जाता है, किन्तु साझेदारी संस्था (फर्म) का विघटन तब तक नहीं होता है, जब तक कि साझेदारी संलेख में इस बात का स्पष्ट उल्लेख न हो अर्थात् किसी साझेदार के अवकाश ग्रहण करने पर फर्म के अस्तित्व पर कोई प्रभाव नहीं पड़ता है, अपितु वह पुराने साझेदारों अथवा पुराने तथा अन्य साझेदारों के साथ एक नई साझेदारी के फलस्वरूप चलती रहती है। अतः इस प्रकार साझेदारी फर्म नई साझेदारी के द्वारा पुनः संचालित होती रहती है तथा यह स्थिति फर्म का पुनर्गठन कहलाती है।

साझेदार के अवकाश ग्रहण करने पर आवश्यक समायोजन

नए लाभ-विभाजन अनुपात की गणना

नया लाभ-वितरण अनुपात से तात्पर्य उस अनुपात से है, जिसमें शेष साझेदार फर्म के भविष्य के लाभ अथवा हानि का वितरण करेंगे। नए लाभ-वितरण अनुपात का फर्म की स्थिति पर कोई प्रभाव नहीं पड़ता है, अपितु यह तो मात्र शेष बचे साझेदारों के मध्य लाभ-हानि के वितरण हेतु ज्ञात किया जाता है। इस अनुपात को ज्ञात करने हेतु प्रत्येक साझेदार का हिस्सा निम्न सूत्र द्वारा ज्ञात किया जाता हैं

फर्म के भावी लाभ में प्रत्येक बचे साझेदार का भाग

= पुराना भाग + अवकाश प्राप्त/मृत साझेदार के हिस्से का भाग

किसी साझेदार द्वारा अवकाश ग्रहण करने पर नए लाभ-वितरण अनुपात की गणना विभिन्न परिस्थितियों के अनुसार निम्न प्रकार की जाएगी

- ***जब प्रश्न में केवल अवकाश प्राप्त/मृत साझेदार का नाम दिया हो*** इस स्थिति में यह माना जाता है कि शेष साझेदार, अवकाश प्राप्त/मृत साझेदार का हिस्सा पुराने लाभ-वितरण अनुपात में प्राप्त करेंगे।
  अतः इस प्रकार शेष साझेदारों का पुराना लाभ-वितरण अनुपात ही नए लाभ-वितरण अनुपात में परिवर्तित हो जाता है।
- ***जब अवकाश ग्रहण करने वाले साझेदार का हिस्सा शेष साझेदार किसी निर्धारित अनुपात में लेते हों*** इस स्थिति में शेष साझेदार अवकाश प्राप्त/मृत साझेदार के भाग को दिए गए निर्धारित अनुपात में बाँट लेते हैं तथा नया लाभ-वितरण अनुपात ज्ञात करने हेतु पुराने भाग में अवकाश प्राप्त/मृत साझेदार के भाग को जोड़ दिया जाता है।
- ***जब एक साझेदार अवकाश ग्रहण करने वाले साझेदार का सम्पूर्ण हिस्सा क्रय कर लेता है*** इस स्थिति में अवकाश ग्रहण करने वाले साझेदार के भाग से केवल क्रय करने वाले साझेदार के भाग में वृद्धि होती है। अतः इस प्रकार क्रय करने वाले साझेदार का नया भाग ज्ञात करने के लिए उसमें अवकाश प्राप्त साझेदार के भाग को जोड़ दिया जाता है।
  क्रय करने वाले साझेदार का नया भाग
  = पुराना भाग + अवकाश प्राप्त साझेदार का भाग

लाभ-प्राप्ति अनुपात की गणना

शेष साझेदारों द्वारा अवकाश प्राप्त/मृत साझेदार के हिस्से को जिस अनुपात में प्राप्त किया जाता है, उसे 'लाभ-प्राप्ति अनुपात' कहते हैं।

अन्य शब्दों में, शेष साझेदारों के फर्म के लाभ में नए भाग तथा पुराने भाग के अन्तर से प्राप्त अनुपात को ही 'लाभ-प्राप्ति अनुपात' कहते हैं।

लाभ-प्राप्ति अनुपात की गणना मुख्यतः निम्न दो प्रकार से की जा सकती है

- ***यदि प्रश्न में नए लाभ-वितरण अनुपात के विषय में कुछ भी नही दिया गया हो*** इस स्थिति में सदैव यह माना जाता है कि अवकाश प्राप्त/मृत साझेदार के भाग को शेष साझेदारों द्वारा पुराने लाभ-वितरण अनुपात में बाँटा गया है। अतः पुराना लाभ-वितरण अनुपात ही शेष साझेदारों के मध्य लाभ-प्राप्ति अनुपात होगा।
  यहाँ ध्यान देने योग्य बात यह है कि इस स्थिति में नया लाभ-वितरण अनुपात तथा लाभ-प्राप्ति अनुपात सदैव समान होगा।

- ***यदि लाभ-वितरण अनुपात दिया गया हो*** इस स्थिति में लाभ-प्राप्ति अनुपात सदैव शेष साझेदारों के नए भाग तथा पुराने भाग के अन्तर को निकालकर ही ज्ञात किया जाता है।

त्याग अनुपात और लाभ-प्राप्ति अनुपात में अन्तर

आधार	त्याग अनुपात	लाभ-प्राप्ति अनुपात
अनुपात ज्ञात करने का समय	किसी नए साझेदार के फर्म में प्रवेश होने पर इस अनुपात को ज्ञात किया जाता है।	किसी साझेदार द्वारा अवकाश ग्रहण करने पर अथवा किसी साझेदार की मृत्यु होने पर इस अनुपात को ज्ञात किया जाता है।
अनुपात ज्ञात करने का सूत्र	त्याग अनुपात = पुराना भाग – नया भाग	लाभ-प्राप्ति अनुपात = नया भाग – पुराना भाग
प्रभाव	इस अनुपात के फलस्वरूप पुराने साझेदारों के लाभ के भाग में कमी आ जाती है।	इस अनुपात के फलस्वरूप साझेदारों के लाभ के भाग में वृद्धि हो जाती है।
ख्याति का समायोजन	नए साझेदार के हिस्से की ख्याति की राशि को त्याग अनुपात में बाँटकर पुराने साझेदारों के पूँजी खातों में धनी कर दिया जाता है तथा कुल राशि से नए साझेदार का पूँजी खाता ऋणी कर दिया जाता है।	अवकाश प्राप्त/मृत साझेदार के हिस्से की ख्याति की राशि को लाभ-प्राप्ति अनुपात में बाँटकर शेष साझेदारों के पूँजी खातों में ऋणी कर दिया जाता है तथा कुल राशि से अवकाश प्राप्त/मृत साझेदार का पूँजी खाता धनी कर दिया जाता है।

ख्याति का लेखांकन व्यवहार

लेखांकन प्रमाप-26 (Accounting Standard-26) के अनुसार, ख्याति को पुस्तकों में केवल तभी अभिलेखित किया जा सकता है। जब उसके प्रतिफल के रूप में नकद अथवा नकद तुल्य किसी अन्य वस्तु का भुगतान किया गया हो। आन्तरिक जनित अथवा स्वयं अर्जित ख्याति का लेखा पुस्तकों में नहीं किया जाता है, क्योंकि इसमें किसी भी प्रकार का वित्तीय लेन-देन नहीं होता है।

अतः उक्त अध्ययन करने के पश्चात् यह निष्कर्ष निकलता है कि केवल किसी भी साझेदार के अवकाश ग्रहण करने अथवा मृत्यु के समय ख्याति खाता फर्म की पुस्तकों में नहीं खोला जाएगा।

अतः अवकाश प्राप्त साझेदार/मृत साझेदार के वैधानिक प्रतिनिधि को उसके हिस्से की ख्याति का लाभ पूँजी/चालू खातों के माध्यम से दिया जाएगा।

ख्याति के लेखांकन से सम्बन्धित निम्न परिस्थितियों को ध्यान में रखना चाहिए

- ***जब फर्म के आर्थिक चिट्ठे में ख्याति दी गई हो*** यदि फर्म के आर्थिक चिट्ठे में ख्याति दी हुई हो तो उसे पुराने अनुपात में अपलेखित (write off) कर दिया जाता है।
  ख्याति खाते को अपलिखित करने हेतु निम्न प्रविष्टि बनाई जाएगी

All Partners' Capital/Current A/c	Dr
To Goodwill A/c	
(Being the existing goodwill shown in the balance sheet written off in old ratio)	

- ***जब अवकाश प्राप्त/मृत साझेदार को ख्याति में उसका हिस्सा दिया जाता है*** अवकाश प्राप्त/मृत साझेदार को ख्याति में उसका हिस्सा शेष बचे साझेदार अपने लाभ-प्राप्ति अनुपात (Gyaining ratio) में देते हैं। *इससे सम्बन्धित प्रविष्टि निम्न हैं*

Gaining Partners' Capital/Current A/c	Dr
To Outgoing/Retired/Deceased Partner's Capital/Current A/c	
(Being the adjustment made for goodwill on retirement or death of a partner in gaining ratio)	

प्रच्छन्न या गुप्त ख्याति

सामान्यतः प्रश्न में किसी साझेदार के अवकाश ग्रहण करने के समय अथवा साझेदार की मृत्यु के समय ख्याति की राशि दी गयी होती है, परन्तु यदि यह राशि न दी गयी हो तथा फर्म अवकाश प्राप्त साझेदार अथवा मृत साझेदार के वैधानिक प्रतिनिधि को एकमुश्त राशि के भुगतान करने का निश्चय करती है, तो इस स्थिति में फर्म द्वारा अवकाश प्राप्त साझेदार/मृत साझेदार के पूँजी खाते के शेष (पुनर्मूल्यांकन लाभ अथवा हानि तथा पुराने संचयों को वितरित करने के पश्चात्) से जितनी अधिक राशि का भुगतान किया जाता है, वह उस अवकाश प्राप्त/मृत साझेदार के हिस्से की ख्याति मानी जाती है।

सम्पत्तियों एवं दायित्वों का पुनर्मूल्यांकन

अवकाश प्राप्त करने वाला/मृत साझेदार को उसके अवकाश ग्रहण करने के दिन/मृत्यु के दिन तक सम्पत्ति एवं दायित्वों के मूल्य में होने वाली कमी अथवा वृद्धि में परस्पर हिस्सा प्राप्त करने का अधिकार होता है। अतः इस उद्देश्य की पूर्ति हेतु पुनर्मूल्यांकन खाता/लाभ-हानि समायोजन खाता बनाया जाता है।

पुनर्मूल्यांकन खाता ठीक उसी प्रकार तैयार किया जाएगा, जिस प्रकार किसी नए साझेदार के प्रवेश के समय पूर्व अध्याय में बताया गया है। साझेदार के अवकाश ग्रहण करने या मृत्यु के बाद तैयार किए जाने वाले आर्थिक चिट्ठे में समस्त सम्पत्ति एवं दायित्वों को पुनर्मूल्यांकित मूल्य पर दर्शाया जाता है।

स्मरणार्थ पुनर्मूल्यांकन खाता

इस खाते के प्रथम भाग को साधारण पुनर्मूल्यांकन खाते के भाँति जैसा कि पूर्व में बताया जा चुका है, तैयार किया जाता है तथा इसके द्वितीय भाग में प्रथम भाग में किए गए लेखों को उलट (Reverse) दिया जाता है। सामान्यतः इस खाते का प्रयोग, तब किया जाता है जब साझेदार पुनर्मूल्यांकन के पश्चात् भी सम्पत्तियों व दायित्वों को आर्थिक चिट्ठे में पुराने मूल्य पर ही दर्शाना चाहते हैं।

पुनर्मूल्यांकन खाता तथा स्मारक पुनर्मूल्यांकन खाते में अन्तर

आधार	पुनर्मूल्यांकन खाता	स्मारक पुनर्मूल्यांकन खाता
परिवर्तन	इस खाते को बनाने के बाद सम्पत्तियों व दायित्वों में परिवर्तन हो जाता है।	इस खाते को बनाने के बाद सम्पत्तियों एवं दायित्वों में परिवर्तन नहीं होता है।
लाभ-हानि	इस खाते से ज्ञात लाभ या हानि पुराने साझेदारों के मध्य पुराने अनुपात में बाँटा जाता है।	इस खाते के पहले भाग की लाभ-हानि पुराने साझेदारों में तथा दूसरे भाग का शेष सभी साझेदारों के मध्य नए अनुपात में बाँटा जाता है।
चिट्ठे में लेखा	इस खाते के बाद सम्पत्तियों एवं दायित्वों को चिट्ठे में नए मूल्य पर दिखाते हैं।	इसको बनाने के बाद सम्पत्तियों एवं दायित्वों को चिट्ठे में पुराने ही मूल्य पर दिखाते हैं।

संचय एवं अवितरित लाभ अथवा हानि

फर्म के स्थिति विवरण में किसी साझेदार के अवकाश ग्रहण करने अथवा मृत्यु होने से ठीक पहले उपलब्ध संचय, सामान्य संचय, संचय कोष एवं अवितरित

लाभ अथवा हानि आदि को समस्त साझेदारों के मध्य, पुराने लाभ-वितरण अनुपात में बाँट दिया जाना चाहिए।

इस सम्बन्ध में पुस्तकों में निम्न प्रविष्टि बनाई जाती हैं

- ***आर्थिक चिट्ठे के दायित्व पक्ष में दर्शाए गए संचय, संचय कोष, सामान्य संचय एवं लाभ-हानि खाते के धनी शेष** (लाभ) **को***

General Reserve A/c	Dr
Reserve Fund A/c	Dr
Profit & Loss A/c	Dr
Workmen Compensation Reserve A/c	Dr
Investment Fluctuation Reserve A/c	Dr
To All Partners' Capital A/c	
(Being balance of general reserve/reserve fund/ profit and loss account/workmen compensation reserve/ investment fluctuation reserve transferred to partner's capital account)	

- ***आर्थिक चिट्ठे के सम्पत्ति पक्ष में दर्शाए गए लाभ-हानि खाते के ऋणात्मक शेष (हानि) तथा अन्य व्यय*** जैसे कि स्थगित आयगत व्यय (Deferred revenue expenditure), प्रारम्भिक व्यय (Preliminary expenses) को अपलिखित करने पर

All Partners' Capital A/c (in old profit sharing ratio)	Dr
To Profit & Loss A/c	
(Being debit balance of profit and loss account and Other expenses transferred to partner's capital account)	

संयुक्त जीवन बीमा पॉलिसी में हिस्सा

संयुक्त जीवन बीमा पॉलिसी के सम्बन्ध में विस्तार से आगे समझाया गया है। यहाँ केवल इतना जानना आवश्यक है कि किसी साझेदार के अवकाश ग्रहण करने पर साझेदारी फर्म द्वारा समस्त साझेदारों के जीवन पर ली गई संयुक्त जीवन बीमा पॉलिसी को बीमा कम्पनी को परिपक्वता अवधि से पूर्व ही समर्पित कर दिया जाता है तथा प्रतिफल में समर्पित मूल्य प्राप्त कर लिया जाता है। बीमा पॉलिसी के परिपक्वता से पूर्व ही उसे समर्पण करने से बीमा कम्पनी से जो राशि प्राप्त होती है। उसे समर्पण मूल्य कहते हैं। इस समर्पित मूल्य को सभी पुराने साझेदार पुराने लाभ-वितरण अनुपात में बाँट लेते हैं। *इस सम्बन्ध में निम्न प्रविष्टि फर्म की पुस्तकों में बनाई जाती है*

Joint Life Policy A/c (Surrender value)	Dr
To All Partners' Capital A/c	
(Being surrender value of joint life policy credited to all partners' capital account in their profit sharing ratio at the time of retirement)	

अवकाश ग्रहण करने वाले साझेदार को देय राशि का निर्धारण

अवकाश ग्रहण करने वाले साझेदार का पूँजी खाता तैयार करके उसे दी जाने वाली राशि का निर्धारण सरलतापूर्वक किया जा सकता है।

अवकाश प्राप्त साझेदार के पूँजी खाते का प्रारूप

Dr Retiring Partner's Capital A/c Cr

Particulars	Amt (₹)	Particulars	Amt (₹)
To Revaluation A/c	—	By Balance b/d	—
To Share in Accumulated Losses	—	By Profit & Loss Suspense A/c	—
To Drawings A/c	—		
To Interest on Drawings A/c	—		—
To Goodwill A/c	—	By Revaluation A/c	
	—	By Share of Goodwill	—
		By Profit & Loss A/c	—
To Profit & Loss Suspense A/c	—	By General Reserve A/c	—
To Retiring Partner's Loan A/c (Transfer) (Bal. fig.)	—	By Interest on Capital A/c	—
		By Salary/Commission A/c	—
		By Joint Life Policy A/c	—
	—		—

अवकाश ग्रहण करने वाले साझेदार को देय राशि का भुगतान

- ***अवकाश प्राप्त साझेदार को देय राशि का एकमुश्त भुगतान*** यदि फर्म की आर्थिक स्थिति सुदृढ़ हो तो निवृत्त साझेदार का सम्पूर्ण भुगतान एक ही बार में कर दिया जाता है।

इस स्थिति में निम्न प्रविष्टि बनाई जाएगी

Retiring Partner's Capital A/c	Dr
To Cash/Bank A/c	
(Being full and final payment made to retiring partner)	

- ***अवकाश प्राप्त साझेदार को देय राशि का किस्तों में भुगतान*** यदि फर्म अवकाश प्राप्त साझेदार को दी जाने वाली धनराशि की व्यवस्था एक साथ नहीं कर पाती है, तो इस स्थिति में निवृत्त साझेदार को देय धनराशि को उसके ऋण खाते में अन्तरित कर दिया जाता है तथा इस ऋण का बराबर किस्तों में ब्याज-सहित भुगतान किया जाता है। ब्याज की गणना सदैव अवशेष ऋण की राशि पर की जाती है।

इस स्थिति में निम्न प्रविष्टियाँ बनाई जाती हैं

(i) ***निवृत्तसाझेदार को देय राशि को उसके ऋण खाते में हस्तान्तरित करने पर***

Retiring Partner's Capital A/c	Dr
To Retiring Partner's Loan A/c	
(Being retiring partner's capital account balance transferred to his loan account)	

(ii) ***ऋण पत्र ब्याज हेतु***

Interest on Loan A/c	Dr
To Retiring Partner's Loan A/c	
(Being interest made due)	

(iii) ***ब्याज-सहित किस्त का भुगतान करने पर***

Retiring Partner's Loan A/c	Dr
To Cash/Bank A/c	
(Being installment with interest paid)	

- ***अवकाश प्राप्त साझेदार को देय राशि का आंशिक रूप से नकद तथा शेष किस्तों में भुगतान*** यदि निवृत्त साझेदार द्वारा देय राशि का आंशिक भुगतान नकद तथा शेष राशि को ऋण के रूप में माँगने पर यह सम्भव है कि निवृत्त साझेदार को कुछ भुगतान अवकाश के समय नकद कर दिया जाए तथा शेष देय राशि को उसके ऋण खाते में हस्तान्तरित कर दिया जाए।
- *इस स्थिति में निम्न प्रविष्टि बनाई जाएगी*

Retiring Partner's Capital A/c	Dr
To Cash/Bank A/c	
To Retiring Partner's Loan A/c	
(Being part payment made at the time of retirement and balance transferred to his loan account)	

- ***वार्षिकी के माध्यम से भुगतान*** शेष साझेदारों द्वारा अवकाश ग्रहण करने वाले साझेदार को देय राशि का भुगतान आने वाले कुछ निर्धारित वर्षों में अथवा निवृत साझेदार के सम्पूर्ण जीवनकाल में एक निश्चित राशि का प्रतिवर्ष भुगतान करके किया जा सकता है, जिसे 'वार्षिकी' कहते हैं। इस स्थिति में निवृत साझेदार को देय राशि को 'वार्षिकी उचन्त खाते' में हस्तान्तरित कर दिया जाता है तथा इस खाते को अवशेष राशि पर एक निश्चित ब्याज की दर से प्रतिवर्ष क्रेडिट किया जाता है तथा निवृत साझेदार को प्रतिवर्ष दी जाने वाली राशि से इस खाते को डेबिट किया जाता है।

इस सम्बन्ध में पुस्तकों में निम्न प्रविष्टियाँ बनाई जाएँगी

(i) ***निवृत्त साझेदार के पूँजी खाते के शेष को वार्षिकी उचन्त खाते में हस्तान्तरित करने पर***

Retiring Partner's Capital A/c	Dr
To Annuity Suspense A/c	
(Being balance of retiring partner's capital account transferred to annuity suspense account)	

(ii) ***अवशेष राशि पर ब्याज के देय होने पर***

Interest A/c
To Annuity Suspense A/c
(Being interest due on balance amount)

(iii) ***वार्षिकी का भुगतान करने पर***

Annuity Suspense A/c	Dr
To Cash/Bank A/c	
(Being payment made by annuity)	

पूँजी का समायोजन

यदि किसी साझेदार के अवकाश ग्रहण करने के पश्चात् शेष साझेदारों (Continuing partners) द्वारा यह तय किया जाए कि उनकी पूँजी उसी अनुपात में फर्म में रहेगी, जिस अनुपात में वह भविष्य में लाभ-हानि का वितरण करेंगे, तो इस स्थिति में उनकी पूँजी का समायोजन किया जाता है।

सामान्यतः पूँजी के समायोजन हेतु तीन परिस्थितियाँ देखने को मिलती हैं

जब नई फर्म की कुल पूँजी दी गई हो

- सर्वप्रथम शेष साझेदार की समायोजित पूँजी (नए लाभ-वितरण अनुपात में समायोजन से पूर्व) ज्ञात की जाती है।
- तत्पश्चात् बताई गई पूँजी को नए लाभ-वितरण अनुपात में निर्धारित करके शेष साझेदारों की नई पूँजी ज्ञात की जाती है।
- इसके पश्चात् प्रथम बिन्दु में निकाली गई समायोजित पूँजी तथा द्वितीय बिन्दु में निर्धारित की गई नई पूँजी का अन्तर ज्ञात किया जाता है।

यदि समायोजित पूँजी नई पूँजी से कम होती है, तो अन्तर की राशि पूँजी की कमी (Deficit) कहलाती है तथा इस कमी को सम्बन्धित साझेदार से नकद मँगाकर अथवा उसके चालू खाते में डेबिट करके पूरा किया जाता है।

जब नई फर्म की कुल पूँजी नहीं दी गई हो

- सर्वप्रथम शेष साझेदारों की समायोजित पूँजी ज्ञात की जाएगी।
- तत्पश्चात् प्रथम बिन्दु में दी गई प्रत्येक साझेदार की पृथक्-पृथक् निकाली गई समायोजित पूँजी का एक साथ योग लगाया जाएगा तथा इस योग को ही नई फर्म की कुल पूँजी माना जाएगा।
- बिन्दु (ii) से ज्ञात नई फर्म की कुल पूँजी को शेष साझेदारों में नए लाभ-वितरण अनुपात में बाँटकर उनकी नई पूँजी ज्ञात कर ली जाती है।
- इसके पश्चात् पूर्व की भाँति समायोजित तथा नई पूँजी का अन्तर निकालकर पूँजी की कमी अथवा आधिक्य हेतु पूर्व की भाँति प्रविष्टियाँ की जाती हैं।

जब निवृत साझेदार को शेष साझेदारों द्वारा फर्म में इस प्रकार राशि लाकर भुगतान किया जाए कि उनकी पूँजी नए लाभ–विभाजन अनुपात में हो जाए

- शेष साझेदारों की समस्त समायोजनाओं के पश्चात् समायोजित पूँजी ज्ञात करते हैं।
- अवकाश ग्रहण करने वाले साझेदार को देय राशि में जो रोकड़ की कमी आ रही है, उसे ज्ञात किया जाता है।
- तत्पश्चात् प्रथम बिन्दु (i) तथा द्वितीय बिन्दु (ii) का योग करने के पश्चात् नई फर्म की कुल पूँजी ज्ञात की जाती है।
- उक्त नई फर्म की पूँजी में शेष साझेदारों के मध्य नए लाभ-वितरण अनुपात में वितरित करके साझेदारों की नई पूँजी ज्ञात कर ली जाती है।
- अब समायोजित पूँजी तथा नई पूँजी का अन्तर निकालकर पूँजी की कमी अथवा आधिक्य ज्ञात कर लिया जाता है तथा इस सम्बन्ध में पूर्व की भाँति जर्नल प्रविष्टियाँ बनाई जाती हैं।

साझेदार की मृत्यु

किसी साझेदार की मृत्यु होने पर उनके मध्य स्थापित साझेदारी का ठीक उसी प्रकार समापन हो जाता है, जिस प्रकार किसी साझेदार के अवकाश ग्रहण करने पर होता है, परन्तु दोनों ही परिस्थितियों में साझेदारी फर्म शेष बचे साझेदारों के साथ नई साझेदारी के फलस्वरूप चलती रहती है।

मृतक साझेदार का उत्तराधिकारी साझेदारी संलेख में निहित प्रावधानों के तहत मृतक साझेदार का फर्म में हिस्सा पाने का अधिकारी होता है। मृतक साझेदार का फर्म में हिस्सा निवृत्त साझेदार की भाँति ही (जैसा कि पूर्व में बताया जा चुका है) ज्ञात किया जाता है।

अतः किसी साझेदार के अवकाश ग्रहण एवं मृत्यु में आधारभूत अन्तर इस प्रकार है

- किसी साझेदार के अवकाश ग्रहण करने की तिथि पूर्व निर्धारित होती है, जबकि मृत्यु लेखांकन वर्ष के दौरान कभी भी घटित हो सकती है।
- किसी साझेदार के अवकाश ग्रहण करने पर उसको देय राशि का भुगतान, स्वयं अवकाश प्राप्त साझेदार को प्राप्त होता है, जबकि मृत्यु की स्थिति में यह भुगतान मृतक साझेदार के उत्तराधिकारी/वैधानिक प्रतिनिधि को प्राप्त होता है।

वैधानिक प्रतिनिधि

किसी साझेदार की मृत्यु होने के पश्चात् उसे फर्म द्वारा देय राशि का भुगतान जिस व्यक्ति को दिया जाता है वह वैधानिक प्रतिनिध का उत्तराधिकारी कहलाता है।

मृतक साझेदार के उत्तराधिकारी/वैधानिक प्रतिनिधि को दी जाने वाली देय राशि की गणना

मृतक साझेदार को देय राशि की गणना भी निवृत्त साझेदार की भाँति पूँजी खाता तैयार करके की जाती है।

नोट *मृतक साझेदार का पूँजी खाता अवकाश प्राप्त साझेदार के पूँजी खाते की भाँति ही बनाया जाता है।*

कुछ विशिष्ट मदों की गणना

साझेदार की मृत्यु पर नए अनुपात तथा लाभ-प्राप्ति अनुपात की गणना उसी प्रकार की जाती है, जिस प्रकार अवकाश ग्रहरण करने के समय की जाती हैं। ख्याति का लेखांकन सम्पत्तियों एवं दायित्वों का पुनर्मूल्यांकन तथा संचय एवं अवितरित लाभों का विभाजन भी उसी प्रकार किया जाता है। जैसा अवकाश ग्रहण करने पर किया जाता है। उपरोक्त समायोजनाओं के अतिरिक्त कुछ अन्य समायोजनाएँ हैं, जिसकी गणना व लेखांकन का अध्ययन आगे किया जा रहा है;

- **विगत वर्ष/वर्षों के लाभों के आधार पर** $Z = \frac{A \times B \times C}{365/366\text{दिन}/12\text{महीने}}$
- **विक्रय के आधार पर** $Z = \frac{A}{D} \times E \times C$

जहाँ,

Z = मृत साझेदार का पिछले चिट्ठे से मृत्यु तक की अवधि के लाभ में हिस्सा
A = पिछले कुछ वर्षों का औसत लाभ/हानि अथवा पिछले वर्ष का लाभ/हानि
B = पिछले चिट्ठे से साझेदार की मृत्यु की तिथि तक की अवधि
C = मृत साझेदार का लाभ- वितरण अनुपात
D = पिछले कुछ सम्बन्धित वर्षों का विक्रय/पिछले वर्ष का विक्रय
E = पिछले चिट्ठे से साझेदार की मृत्यु की तिथि तक हुई विक्रय की राशि

लेखांकन वर्ष के मध्य में साझेदार की मृत्यु पर पिछले चिट्ठे से मृत्यु तिथि तक अर्जित लाभ का लेखांकन व्यवहार

- ***जब शेष साझेदारों का नया लाभ-वितरण अनुपात पुराने लाभ-वितरण अनुपात से भिन्न न हो***

  (*i*) लाभ होने की स्थिति में

Profit & Loss Suspense A/c	Dr
To Deceased Partner's Capital A/c	
(Being share of profit earned from last balance sheet to the death/retirement of partner credited to his capital account)	

  (*ii*) हानि होने की स्थिति में इस सिथति में बिन्दु (i) में की गई प्रविष्टि की विपरीत प्रविष्टि की जाएगी।

- ***जब शेष साझेदारों का नया लाभ-वितरण अनुपात पुराने लाभ-वितरण अनुपात से भिन्न हो***

  (*i*) लाभ होने की स्थिति में

Gaining Partner's Capital A/c	Dr
To Deceased / Retired Partner's Capital A/c	
(Being share of profit adjusted through gaining partner's capital account)	

  (*ii*) हानि होने की स्थिति में इस स्थिति में बिन्दु (*i*) में की गई प्रविष्टि की विपरीत प्रविष्टि की जाती है।

नोट *यदि प्रश्न में नया लाभ-वितरण अनुपात न दिया गया हो तो सदैव पुराने लाभ-वितरण अनुपात को ही नया लाभ-वितरण अनुपात माना जाएगा।*

संयुक्त जीवन बीमा पॉलिसी

जब फर्म द्वारा अपने समस्त साझेदारों के जीवन पर सामूहिक रूप से एक ही जीवन बीमा पॉलिसी खरीदी जाती है, तो उसे संयुक्त जीवन बीमा पॉलिसी कहते हैं।

प्रायः इस पॉलिसी का भुगतान निम्न में से किसी भी एक घटना के पहले घटने पर फर्म को प्राप्त हो जाता है

- पॉलिसी की परिपक्वता अवधि के पूर्ण होने पर, अथवा
- किसी साझेदार की मृत्यु होने पर अथवा किसी साझेदार द्वारा फर्म से

संयुक्त जीवन बीमा पॉलिसी का लेखा फर्म की पुस्तकों में निम्न में से किसी एक विधि के अनुसार किया जा सकता है-

जब जीवन बीमा प्रीमियम को व्यापारिक व्यय माना जाए

इस स्थिति में फर्म की पुस्तकों में संयुक्त बीमा पॉलिसी का खाता विद्यमान नहीं होता है तथा वार्षिकी प्रीमियम की राशि को व्यापारिक व्यय मानकर लाभ-हानि खाते के 'डेबिट पक्ष' में लिख दिया जाता है।

जब जीवन बीमा प्रीमियम को सम्पत्ति माना जाए

इस स्थिति में प्रीमियम की राशि से संयुक्त जीवन बीमा पॉलिसी के खाते को 'डेबिट' तथा बैंक खाते को 'क्रेडिट' किया जाता है। इस विधि में वर्ष के अन्त में समर्पण मूल्य से अधिक दिए गए प्रीमियम को हानि मानते हुए लाभ-हानि खाते में हस्तान्तरित कर दिया जाता है तथा समर्पण मूल्य को प्रतिवर्ष चिट्ठे में विनियोग के रूप में दिखाया जाता है।

जब जीवन बीमा प्रीमियम को सम्पत्ति माना जाए तथा संयुक्त जीवन बीमा पॉलिसी संचय खाता बनाया जाए

इस विधि में प्रीमियम के बराबर राशि से लाभ-नियोजन खाते के माध्यम से संयुक्त जीवन बीमा पॉलिसी संचय खाता बनाया जाता है तथा सर्वप्रथम मूल्य से अधिक दी गई प्रीमियम की राशि को इस संचय में से समायोजित किया जाता है। जीवन बीमा पॉलिसी चिट्ठे के सम्पत्ति पक्ष में तथा संयुक्त जीवन बीमा पॉलिसी संचय चिट्ठे के दायित्व पक्ष में दर्शाया जाता है।

समस्त साझेदारों के जीवन पर पृथक्-पृथक् जीवन बीमा पॉलिसी

साझेदारी फर्म द्वारा अपने साझेदारों के जीवन पर सामूहिक बीमा पॉलिसी लेने के स्थान पर पृथक्-पृथक् पॉलिसी भी ली जा सकती है। इस स्थिति में प्रत्येक साझेदार के जीवन बीमा प्रीमियम का भुगतान साझेदारी-फर्म द्वारा ही किया जाता है। यदि किसी साझेदार की मृत्यु हो जाती है, तो उस स्थिति में केवल मृत साझेदार को ही पॉलिसी का भुगतान बीमा कम्पनी से प्राप्त होता है।

इस प्रकार कहा जा सकता है कि अवकाश प्राप्त/मृत साझेदार को स्वयं के जीवन पर ली गयी पॉलिसी में आनुपातिक हिस्सा प्राप्त करने के साथ-साथ फर्म द्वारा अन्य साझेदारों के जीवन पर ली गयी पॉलिसी के समर्पण मूल्य में भी आनुपातिक हिस्सा प्राप्त करने का अधिकार होता है।

इस सम्बन्ध में लेखांकन प्रविष्टियाँ संयुक्त जीवन बीमा पॉलिसी की भाँति ही होंगी।

अवकाश ग्रहण एवं मृत्यु के अन्तर

आधार	अवकाश ग्रहण	साझेदार की मृत्यु
पूँजी खाते	अवकाश ग्रहण करने पर सभी साझेदारों के पूँजी खाते बनाए जाते हैं।	साझेदार की मृत्य पर केवल मृत साझेदार का पूँजी खाता बनाया जाता है।
जीवन बीमा पॉलिसी	अवकाश गृहण करने पर जीवन बीमा पालिसी को सर्म्पूण मूल्य पर बाँटा जाता है।	साझेदार की मृत्यु होने पर पालिसी की सम्पूर्ण राशि को बाँटा

अभ्यास प्रश्न

1. किसी साझेदार द्वारा फर्म से अवकाश ग्रहण किया जा सकता है
(a) आपसी अनुबन्ध के अनुसार
(b) अन्य समस्त साझेदारों की सहमति से
(c) लिखित सूचना देकर
(d) उपरोक्त सभी

2. यदि किसी साझेदार द्वारा फर्म से अवकाश ग्रहण कर लिया जाता है, तो
(a) पुरानी साझेदारी फर्म समाप्त हो जाती है
(b) पुरानी साझेदारी समाप्त हो जाती है
(c) 'a' और 'b' दोनों
(d) उपरोक्त में से कोई नहीं

3. L, M तथा N 4 : 3 : 1 के अनुपात में साझेदार हैं। L के सेवानिवृत्त होने पर शेष साझेदारों का नया अनुपात क्या होगा?
(a) 3 : 1 (b) 4 : 1
(c) 4 : 3 (d) 2 : 1

4. अ, ब तथा स $\frac{1}{2}:\frac{2}{5}:\frac{1}{10}$ के अनुपात से साझेदार हैं। अ के सेवानिवृत्त होने पर शेष साझेदारों का नया अनुपात क्या होगा?
(a) 4 : 1 (b) 5 : 1
(c) 3 : 1 (d) 2 : 1

5. सुभाष, दिनेश तथा गावस्कर जो क्रमशः $\frac{1}{4}$, $\frac{1}{5}$ तथा $\frac{1}{6}$ के अनुपात में साझेदार हैं। दिनेश के सेवानिवृत्त होने पर शेष साझेदारों का नया अनुपात क्या होगा?
(a) 3 : 1 (b) 3 : 2
(c) 2 : 3 (d) 1 : 3

6. अली, खली और बली लाभ को 2 : 2 : 1 के अनुपात में बाँटते हैं। बली ने व्यवसाय से अवकाश ग्रहण किया तथा उसका हिस्सा अली तथा खली द्वारा बराबर-बराबर खरीदा गया। नया लाभ-विभाजन अनुपात होगा
(a) 1 : 1 (b) 2 : 1
(c) 1 : 2 (d) इनमें से कोई नहीं

7. रवि, कवि तथा छवि 3 : 4 : 3 के अनुपात में लाभ का विभाजन करते हैं। कवि अवकाश ग्रहण करता है। कवि के हिस्से को रवि तथा छवि द्वारा 1 : 2 के अनुपात में ले लिया जाता है। नया लाभ-वितरण अनुपात ज्ञात कीजिए
(a) 13 : 17 (b) 17 : 13
(c) 9 : 8 (d) 8 : 5

8. अनुज, तरुण तथा मयंक तीन साझेदार हैं, जो लाभों को $\frac{9}{15}:\frac{3}{15}:\frac{3}{15}$ के अनुपात में बाँटते हैं। मयंक अवकाश ग्रहण करता है और उसका हिस्सा तरुण द्वारा खरीद लिया जाता है। नया लाभ-विभाजन अनुपात होगा
(a) $\frac{9}{15}:\frac{6}{15}$ (b) $\frac{7}{15}:\frac{3}{15}$ (c) $\frac{3}{15}:\frac{1}{15}$ (d) $\frac{4}{15}:\frac{6}{15}$

9. मनराल, बसनाल और खाती 7 : 5 : 3 के लाभ-वितरण अनुपात में एक फर्म में साझेदार हैं। खाती द्वारा फर्म से अवकाश ग्रहण कर लिया जाता है। प्राप्ति अनुपात ज्ञात कीजिए
(a) 5 : 7 (b) 7 : 5
(c) 3 : 5 (d) 5 : 3

10. बंगारी, माहोड़ी तथा रावत एक फर्म में क्रमशः $\frac{1}{7}:\frac{1}{8}:\frac{1}{4}$ भाग के लिए साझेदार थे। रावत के सेवानिवृत्त होने के फलस्वरूप प्राप्ति अनुपात ज्ञात कीजिए
(a) 8 : 7 (b) 1 : 2
(c) 7 : 8 (d) 2 : 1

11. अ, ब और स साझेदार हैं, जो लाभ-हानि को $\frac{1}{2}, \frac{3}{10}$ एवं $\frac{1}{5}$ के अनुपात में बाँटते हैं। ब अवकाश ग्रहण करता है तथा अ और स निर्णय करते हैं कि वे भविष्य में लाभ-हानि का बँटवारा 3 : 2 में करेंगे। लाभ-प्राप्ति अनुपात होगा
(a) 1 : 2 (b) 3 : 2
(c) 2 : 3 (d) इनमें से कोई नहीं

12. P, Q तथा R तीन साझेदार हैं जिनकी पूँजी क्रमशः ₹ 2,00,000; ₹ 1,50,000 व ₹ 1,00,000 है। वे पूँजी के अनुपात में लाभ का वितरण करते हैं। R द्वारा अवकाश ग्रहण कर लिया जाता है। P तथा Q उसका भाग 3 : 2 के अनुपात में ले लेते हैं। लाभ-प्राप्ति अनुपात ज्ञात कीजिए
(a) 3 : 2 (b) 2 : 2 (c) 2 : 3 (d) 4 : 3

13. क, ख तथा ग एक फर्म में समान साझेदार हैं। ग अवकाश ग्रहण करता है। क तथा ख के मध्य नया अनुपात 1 : 2 है। लाभ-प्राप्ति अनुपात ज्ञात कीजिए
(a) 3 : 2 (b) 2 : 1
(c) 4 : 1 (d) केवल 'ख' $\frac{1}{3}$ भाग प्राप्त करेगा

14. P, Q तथा R 2 : 2 : 1 के अनुपात में साझेदार हैं। Q के अवकाश ग्रहण के समय ख्याति का मूल्य ₹ 60,000 है। P तथा R द्वारा Q को दिया गया क्षतिपूर्ति अंशदान होगा
(a) ₹ 16,000 और ₹ 8,000 (b) ₹ 10,000 और ₹ 5,000
(c) ₹ 7,500 और ₹ 7,500 (d) ₹ 15,000 और ₹ 7,500

15. नमीता, निशा तथा नीरू एक फर्म में 4 : 3 : 1 के अनुपात में साझेदार हैं। नीरू द्वारा फर्म से अवकाश ग्रहण कर लिया जाता है तथा उसके पूँजी खाते का शेष समस्त समायोजनाओं के पश्चात् ₹ 65,000 था। नमीता तथा निशा द्वारा नीरू को अन्तिम रूप से ₹ 85,000 देना तय किया गया। नीरू के हिस्से की ख्याति की राशि होगी
(a) ₹ 20,000 (b) ₹ 15,000
(c) ₹ 30,000 (d) ₹ 65,000

16. पुनर्मूल्यांकन खाते का ऋणी पक्ष दर्शाता है
(a) सम्पत्तियों में कमी
(b) दायित्वों में वृद्धि
(c) सम्पत्तियों में कमी तथा दायित्वों में वृद्धि
(d) उपरोक्त में से कोई नहीं

17. किसी साझेदार के अवकाश ग्रहण करने पर पुस्तकों में निम्न शेष थे
देनदार—₹ 32,000
अशोध्य ऋण हेतु आयोजन—₹ 1,600

इसके अतिरिक्त यह बताया गया है कि देनदारो में सम्मिलित ₹ 2,200 को अपलिखित किया जाएगा तथा देनदारों पर अशोध्य ऋण हेतु आयोजन वर्तमान दर पर किया जाएगा। अशोध्य ऋण हेतु आयोजन की राशि होगी

(a) ₹ 1,490 (b) ₹ 1,520
(c) ₹ 1,410 (d) ₹ 1,570

18. किसी साझेदार के अवकाश ग्रहण करने पर, पुस्तकों में उपलब्ध अवितरित लाभों को साझेदारों के पूँजी खातों में हस्तान्तरित किया जाता है

(a) नए लाभ-विभाजन अनुपात में
(b) पूँजी अनुपात में
(c) पुराने लाभ-विभाजन अनुपात में
(d) उपरोक्त में से कोई नहीं

19. किसी साझेदार के अवकाश ग्रहण करने पर प्राप्त संयुक्त जीवन बीमा पॉलिसी के समर्पण मूल्य को क्रेडिट किया जाता है

(a) समस्त साझेदारों के पूँजी खातों में
(b) केवल अवकाश प्राप्त साझेदार के पूँजी खाते में
(c) समस्त साझेदारों (निवृत्त साझेदार को छोड़कर) के पूँजी खातों में
(d) उपरोक्त में से कोई नहीं

20. साझेदार के अवकाश ग्रहण करने पर प्राप्त होता है

(a) उसकी जमा पूँजी (b) फर्म के लाभ-हानि में हिस्सा
(c) ख्याति में हिस्सा (d) ये सभी

21. अवकाश ग्रहण करने वाले या साझेदार को देय राशि में से ऋण के रूप में रखी जाने वाली राशि पर कोई समझौता न होने पर साझेदारी अधिनियम के अनुसार ब्याज दिया जाता है

(a) 6% वार्षिक (b) 8% वार्षिक
(c) 12% वार्षिक (d) 24% वार्षिक

22. विपिन, जय और अजय एक फर्म में 5 : 3 : 2 के लाभ–वितरण अनुपात में साझेदार थे। 1 अप्रैल, 2017 को जय ने अवकाश ग्रहण कर लिया। इस तिथि को सभी समायोजन कर लेने के पश्चात् विपिन, जय तथा अजय की पूँजी क्रमशः ₹ 17,500, ₹ 17,000 तथा ₹ 15,500 थी। समायोजन की प्रविष्टि कर लेने के पश्चात् नई फर्म की पूँजी ₹ 40,000, विपिन तथा अजय के मध्य 5/8 और 3/8 के अनुपात में निश्चित की गई है। विपिन द्वारा लाई जाने वाली अथवा निकाली जाने वाली राशि होगी

(a) ₹ 7,500 फर्म में लाए जाएँगे
(b) ₹ 7,500 फर्म से निकाले जाएँगे
(c) ₹ 2,000 फर्म में लाए जाएँगे
(d) ₹ 2,000 फर्म से निकाले जाएँगे

23. किसी साझेदार की मृत्यु होने पर, मृत्यु की तिथि तक अर्जित लाभ का समायोजन 'लाभ–हानि उचन्त खाते' के माध्यम से किया जाता है

(a) यदि शेष साझेदारों का नया तथा पुराना लाभ-वितरण अनुपात एक समान हो
(b) यदि शेष साझेदारों का नया तथा पुराना लाभ-वितरण अनुपात एक समान न हो
(c) 'a' और 'b' दोनों
(d) उपरोक्त में से कोई नहीं

24. यदि आर्थिक चिट्ठे में संयुक्त जीवन बीमा विद्यमान है, तो वह दर्शाता है

(a) पॉलिसी का समर्पण मूल्य
(b) फर्म द्वारा दिया गया कुल प्रीमियम
(c) जीवन बीमा पॉलिसी का वार्षिक प्रीमियम
(d) पॉलिसी की नियत तिथि पर मिलने वाली राशि

25. L, M तथा N एक फर्म में 2 : 1 : 1 के लाभ-वितरण अनुपात में साझेदार हैं। फर्म द्वारा ₹ 1,20,000 की एक संयुक्त जीवन बीमा पॉलिसी क्रय की गयी है तथा स्थिति विवरण में यह ₹ 20,000 के समर्पण मूल्य पर दर्शायी गयी है। L की मृत्यु पर इस पॉलिसी को किस प्रकार साझेदारों के मध्य बाँटा जाएगा?

(a) 50,000 : 25,000 : 25,000
(b) 60,000 : 30,000 : 30,000
(c) 40,000 : 35,000 : 25,000
(d) सम्पूर्ण ₹ 1,20,000 'L' को दे दिए जाएँगे

26. राम और श्याम एक फर्म में साझेदार हैं। वे लाभ–हानि को 3 : 2 के अनुपात में बाँटते हैं। एक नये साझेदार हरि के प्रवेश के बाद उनका लाभ–हानि अनुपात 6 : 3 : 2 हो जाता है। त्याग अनुपात होगा

(a) 0 : 1 (b) 1 : 1
(c) 2 : 3 (d) 3 : 7

27. K, L व M एक फर्म में 3 : 2 : 1 के अनुपात में साझेदार हैं। L फर्म से अवकाश ग्रहण करता है। K तथा M उसका हिस्सा समान अनुपात में क्रय करते हैं। शेष साझेदारों का नया अनुपात होगा

(a) 1 : 2 (b) 2 : 1
(c) 2 : 3 (d) 3 : 2

निर्देश (प्र. सं. 28-30) *निम्नलिखित को ध्यानपूर्वक पढ़कर कूटों की सहायता से सही उत्तर का चयन कीजिए।*

कूट

(a) कथन I सही है, किन्तु II गलत है
(b) कथन II सही है, किन्तु I गलत हैं
(c) कथन I और II कथन दोनों सही हैं
(d) कथन I और II दोनों ही गलत हैं

28. **कथन I** यदि निवृत्त साझेदार उसकी निवृत्ति की सार्वजनिक सूचना नहीं देता है तो निवृत्त के बाद भी साझेदार पर देयताओं की जिम्मेदारी बनी रहती है।

कथन II साझेदार के निवृत्त होने पर साझेदारी का समापन हो जाता है।

29. **कथन I** अवकाश ग्रहण करने वाले साझेदार को अवितरित लाभों में हिस्सा दिया जाता है।

कथन II अवकाश ग्रहण पर बीमा पॉलिसी के समर्पण मूल्य को सभी साझेदारों में बाँटा जाता है।

30. **कथन I** स्मरर्णाथ पुनर्मूल्यांकन खाता बनाने के पश्चात् सम्पत्तियों एवं दायित्वों को चिट्टे में पुराने मूल्य पर ही दर्शाया जाता है।

कथन II निवृत्त साझेदार को सम्पत्तियों एवं दायित्वों के पुनर्मूल्यांकन का लाभ में हिस्सा दिया जाता है।

निर्देश (प्र.सं. 31-32) *नीचे दिए गए कथन एवं कारणों को ध्यानपूर्वक पढ़कर कूट की सहायता से सही उत्तर का चयन कीजिए।*

(1) A और R दोनों सत्य हैं तथा R, A की सही व्याख्या है
(2) A और R दोनों सत्य हैं, परन्तु R, A की सही व्याख्या नही है
(3) A सत्य है, किन्तु R असत्य है
(4) A असत्य है, किन्तु R सत्य है

31. कथन (A) सयुक्त बीमा पालिसी से प्राप्त राशि को सभी साझेदारों में उनके लाभ विभाजन अनुपात में बाँटा जाता है।

कारण (R) क्योंकि बीमा पालिसी के प्रीमियम की राशि फर्म का एक व्यय अथवा विनियोग होता है।

32. कथन (A) अवकाश ग्रहण करने वाले साझेदार को फर्म की ख्याति में से हिस्सा दिया जाता है।

कारण (R) अवकाश ग्रहण करने वाला साझेदार भविष्य में लाभों में हिसा नहीं लेगा। अत: इसके बदले उस ख्याति की राशि क्षतिपूर्ति में दी जाती है।

उत्तरमाला

1.	(d)	2.	(b)	3.	(a)	4.	(a)	5.	(b)	6.	(a)	7.	(a)	8.	(a)	9.	(b)	10.	(a)
11.	(a)	12.	(a)	13.	(d)	14.	(a)	15.	(a)	16.	(c)	17.	(a)	18.	(c)	19.	(a)	20.	(d)
21.	(a)	22.	(a)	23.	(a)	24.	(a)	25.	(a)	26.	(d)	27.	(b)	28.	(c)	29.	(c)	30.	(c)
31.	(a)	32.	(a)																

संकेत एवं हल

6. *(a)* अली, खली और बली का पुराना अनुपात 2 : 2 : 1

अली का लाभ प्राप्ति अनुपात $\frac{1}{5} \times \frac{1}{2} = \frac{1}{10}$

बली का लाभ प्राप्ति अनुपात $\frac{1}{5} \times \frac{1}{2} = \frac{1}{10}$

नया अनुपात = पुराना अनुपात + लाभ प्राप्ति अनुपात

अली का नया अनुपात $= \frac{2}{5} + \frac{1}{10} = \frac{4+1}{10} = \frac{5}{10}$

खली का नया अनुपात $= \frac{2}{5} + \frac{1}{10} = \frac{4+1}{10} = \frac{5}{10}$

अली एवं खली का नया अनुपात $= \frac{5}{10} : \frac{5}{10} = 1 : 1$

7. *(a)* नया अनुपात = पुराना अनुपात + लाभ प्राप्ति अनुपात

रवि का लाभ प्राप्ति अनुपात $= \frac{4}{10} \times \frac{1}{3} = \frac{4}{30}$

छवि का लाभ प्राप्ति अनुपात $= \frac{4}{10} \times \frac{2}{3} = \frac{8}{30}$

रवि का नया अनुपात $= \frac{3}{10} + \frac{4}{30} = \frac{9+4}{30} = \frac{13}{30}$

छवि का नया अनुपात $= \frac{3}{10} + \frac{8}{30} = \frac{9+8}{30} = \frac{17}{30}$

रवि व छवि का नया अनुपात = 13 : 17

8. *(a)* तरुण का नया अनुपात $= \frac{3}{15} + \frac{3}{15} = \frac{6}{15}$

अनुज का नया अनुपात $= \frac{9}{15}$

अनुज व तरूण का नया अनुपात $= \frac{9}{15} : \frac{6}{15}$

11. *(a)* लाभ प्राप्ति अनुपात = नया अनुपात − पुराना अनुपात

अ का लाभ प्राप्ति अनुपात $= \frac{3}{5} - \frac{1}{2} = \frac{6-5}{10} = \frac{1}{10}$

स का लाभ प्राप्ति अनुपात $= \frac{2}{5} - \frac{1}{5} = \frac{1}{5}$

लाभ प्राप्ति अनुपात $\frac{1}{10} : \frac{1}{5}$ या 1 : 2

12. *(a)* P, Q और R का पुराना अनुपात

20 : 15 : 10 या 4 : 3 : 2

P का लाभ प्राप्ति अनुपात $= \frac{2}{9} \times \frac{3}{5} = \frac{6}{45}$

Q का लाभ प्राप्ति अनुपात $= \frac{2}{9} \times \frac{2}{5} = \frac{4}{45}$

P और Q का लाभ प्राप्ति अनुपात $= \frac{6}{45} : \frac{4}{45}$ or 3 : 2

अध्याय 6

साझेदारी फर्म का विघटन

फर्म का विघटन या समापन (Dissolution of Firm)

फर्म के सभी साझेदारी का पृथक् होना ही फर्म का विघटन कहलाता है। साझेदारों के बीच सम्बन्धों की समाप्ति होने पर फर्म का अन्त हो जाता है। भारतीय साझेदारी अधिनियम , 1932 की धारा 39 के अनुसार, ''किसी फर्म के सभी साझेदारों के बीच साझेदारी की समाप्ति ही फर्म का विघटन कहलाती हैं।'' फर्म के विघटन पर साझेदारी का विघटन स्वतः ही हो जाता है, परन्तु किसी साझेदार के अवकाश ग्रहण अथवा मृत्यु होने पर फर्म का विघटन नहीं होता है।

फर्म के समापन से निम्न प्रभाव होते हैं।

- सभी साझेदारों के मध्य साझेदारी समाप्त हो जाती है।
- फर्म व्यवसाय करना बन्द कर देती है।
- फर्म की सम्पत्तियों से वसूली तथा दायित्वों को भुगतान करने की प्रक्रिया शुरू हो जाती है।

किसी फर्म का विघटन निम्न परिस्थितियों में हो सकता है

- ***फर्म का अनिवार्य विघटन***
  (*i*) सभी साझेदार दिवालिया हो जाएँ।
  (*ii*) एक को छोड़कर सभी साझेदार दिवालिया हो जाएँ।
  (*iii*) फर्म का व्यापार अवैधानिक हो जाए।
  (*iv*) साझेदारों की संख्या निर्धारित सीमा से अधिक अथवा कम हो जाएँ।
- ***समझौते के अनुसार फर्म का विघटन*** फर्म के सभी साझेदारों के आपसी समझौते के अनुसार भी फर्म का विघटन हो जाता है। यदि साझेदारों द्वारा अपने व्यापार को समाप्त करने का निश्चय कर लिया जाता है, तो फर्म को भंग कर दिया जाता है।
- ***सूचना द्वारा विघटन*** ऐच्छिक साझेदारी की दशा में किसी भी साझेदार द्वारा अन्य साझेदारों को लिखित सूचना देकर फर्म का विघटन किया जा सकता है। इस सूचना में दी गई तिथि से ही फर्म को विघटित हुआ माना जाता है।
- ***न्यायालय द्वारा समापन*** फर्म के किसी भी साझेदार द्वारा वाद प्रस्तुत करने पर, न्यायालय द्वारा अनेक आधारों पर फर्म के विघटन का आदेश दिया जा सकता है। *ये आधार निम्न हैं*
  (*i*) यदि कोई साझेदार पागल हो गया है।
  (*ii*) यदि कोई साझेदार स्थायी रूप से अयोग्य हो गया है।
  (*iii*) यदि कोई साझेदार अनैतिकता का दोषी है और व्यवसाय पर इसका बुरा असर पड़ रहा है।
  (*iv*) यदि किसी साझेदार ने फर्म में अपना सम्पूर्ण हित अन्य साझेदारों की सहमति लिए बिना तृतीय पक्ष को हस्तान्तरित कर दिया है।
  (*v*) यदि फर्म का कोई साझेदार किसी नियम का उल्लंघन कर रहा है तथा इससे फर्म के व्यवसाय पर बुरा प्रभाव पड़ रहा है।
  (*vi*) यदि फर्म के व्यवसाय में निरन्तर हानि हो रही है।

साझेदारी के समापन एवं साझेदारी फर्म के समापन में अन्तर

आधार	साझेदारी का समापन	साझेदारी फर्म का समापन
सम्बन्धों का अन्त	साझेदारी के समापन के फलस्वरूप केवल साझेदारी के स्वरूप में परिवर्तन होता है।	साझेदारी फर्म के समापन के फलस्वरूप समस्त साझेदारों के मध्य सम्बन्ध अनिवार्य रूप से समाप्त हो जाते हैं।
व्यवसाय का अस्तित्व	साझेदारी के समापन पर व्यवसाय के अस्तित्व का अन्त हो, यह आवश्यक नहीं है।	साझेदारी फर्म का समापन होने पर व्यवसाय के अस्तित्व का अनिवार्य रूप से अन्त हो जाता है।
परस्पर निर्भरता	साझेदारी के समापन पर साझेदारी फर्म का समापन होना आवश्यक नहीं है।	जबकि साझेदारी फर्म के समापन होने पर उनके मध्य स्थापित साझेदारी अनुबन्ध का अनिवार्य रूप से समापन हो जाता है।
प्रकृति	साझेदारी का समापन साझेदारी संलेख में निहित प्रावधानों के अनुसार होता है। अतः यह प्रकृतिवश ऐच्छिक होता है।	साझेदारी फर्म का समापन ऐच्छिक अथवा अनिवार्य दोनों प्रकृति का हो सकता है।
न्यायालय द्वारा हस्तक्षेप	प्रायः साझेदारी के समापन में न्यायालय का किसी भी प्रकार का हस्तक्षेप नहीं होता है।	साझेदारी के समापन में न्यायालय स्वयं के विवेक से हस्तक्षेप कर सकता है।

साझेदारी फर्म के समापन (विघटन) पर उत्पन्न होने वाली समस्याएँ

हिसाब-किताब का निपटारा

जब किसी फर्म का विघटन होता है, तो सर्वप्रथम समस्या यही होती है कि फर्म के हिसाब-किताब को किस प्रकार से निपटाया जाए। यहाँ यह ध्यान देने योग्य है कि यद्यपि फर्म के विघटन के पश्चात् फर्म के साझेदार स्वतन्त्र होते हैं तथापि जब तक फर्म के हिसाब-किताब का अन्तिम रूप से निपटारा नहीं हो जाता है, तब तक वह फर्म की लेनदारियों तथा देनदारियों के प्रति पहले की भाँति ही उत्तरदायी होते हैं। यदि निपटारे के कार्य को करने में अधिक समय लगने की आंशका होती है, तो प्रायः समस्त साझेदारों द्वारा अपने मध्य में से किसी एक साझेदार को कुछ पारिश्रमिक देकर यह कार्य सौंप दिया जाता है।

समस्त साझेदारों के दिवालिया होने की स्थिति में इस कार्य को एक सरकारी

प्रापक (कर्मचारी) के माध्यम से कराया जाता है, जिसके सम्बन्ध में होने वाले व्यय विघटन व्यय (Dissolution expenses) कहलाते हैं।

यदि साझेदारी संलेख में इस हेतु कोई प्रावधान निहित नहीं है, तो भारतीय साझेदारी अधिनियम, 1932 की धारा 48 के अनुसार, *हिसाब-किताब का निपटारा निम्न रीति के अनुसार किया जाता है*

- ***हानियों की पूर्ति*** धारा 48 (अ) के अनुसार, *फर्म की हानियों (पूँजी की कमी सहित) की पूर्ति निम्न इस प्रकार की जाएगी*
  - (*i*) सर्वप्रथम उपलब्ध लाभों में से
  - (*ii*) तत्पश्चात् साझेदारों की पूँजी में से
  - (*iii*) अन्ततः यदि फिर भी आवश्यकता हो तो समस्त साझेदारों द्वारा व्यक्तिगत रूप से लाभ-वितरण अनुपात में वहन की जाएगी।
- ***सम्पत्तियों का प्रयोग*** धारा 48 (ब) के अनुसार, *फर्म की सम्पत्तियों (किसी साझेदार द्वारा पूँजी की कमी की पूर्ति हेतु लाई गई धनराशि सहित) का प्रयोग निम्न प्रकार से किया जाएगा*
  - (*i*) सर्वप्रथम फर्म की सम्पत्तियों को बाह्य दायित्वों के भुगतान हेतु प्रयोग किया जाता है।
  - (*ii*) तत्पश्चात् साझेदारों द्वारा दिए गए ऋणों के भुगतान हेतु प्रयोग किया जाता है।
  - (*iii*) इसके पश्चात् साझेदारों की पूँजी का भुगतान किया जाता है।
  - (*iv*) अन्ततः समस्त देयताओं के भुगतान के पश्चात् भी यदि कुछ शेष बचता है, तो उसे समस्त साझेदारों के मध्य उनके लाभ-वितरण अनुपात में बाँट दिया जाता है।

फर्म के ऋणों तथा साझेदारों के व्यक्तिगत ऋणों का भुगतान (धारा 49)

यदि किसी साझेदार के व्यक्तिगत ऋण तथा फर्म के सामूहिक ऋण दोनों दिए गए हों, तो इस स्थिति में भारतीय साझेदारी अधिनियम, 1932 की धारा 49 के अनुसार, *निम्न प्रकार से भुगतान किया जाएगा*

- फर्म की सम्पत्तियों का प्रयोग सर्वप्रथम फर्म के दायित्वों का भुगतान करने के लिए किया जाएगा। यदि इसके पश्चात् भी कुछ शेष बचता है, तो इसका प्रयोग आनुपातिक आधार पर साझेदारों के व्यक्तिगत ऋणों का भुगतान करने अथवा साझेदारों को भुगतान करने के लिए किया जाएगा।
- साझेदार की व्यक्तिगत सम्पत्तियों का प्रयोग सर्वप्रथम उसके व्यक्तिगत दायित्वों का भुगतान करने के लिए किया जाएगा। यदि इसके पश्चात् कुछ राशि शेष बचती है, तो उसका प्रयोग फर्म के दायित्वों के भुगतान हेतु किया जाता है।

फर्म के ऋण तथा निजी ऋण में अन्तर

आधार	**फर्म के ऋण** (सामूहिक ऋण)	**निजी ऋण** (व्यक्तिगत ऋण)
अर्थ	फर्म द्वारा बाह्य पक्षों को जो भुगतान करने होते हैं, उन्हें 'फर्म के ऋण' कहते हैं।	साझेदारों द्वारा व्यक्तिगत रूप से बाह्य पक्षों को जो भुगतान करने होते हैं, उन्हें 'निजी ऋण' कहते हैं।
दायित्व की प्रकृति	फर्म के ऋणों के प्रति साझेदारों के दायित्व, सामूहिक के साथ-साथ व्यक्तिगत भी होते हैं।	इन ऋणों के प्रति साझेदारों के व्यक्तिगत दायित्व होते हैं।
फर्म की सम्पत्तियों का प्रयोग	फर्म की सम्पत्तियों को बेचकर सर्वप्रथम फर्म के दायित्वों का भुगतान किया जाता है।	फर्म के दायित्वों के भुगतान के पश्चात् यदि कुछ शेष बचता है, तो उसका प्रयोग आनुपातिक आधार पर आवश्यकता होने पर निजी ऋणों के भुगतान हेतु किया जा सकता है।
निजी सम्पत्तियों का प्रयोग	निजी दायित्वों के भुगतान के पश्चात् यदि कुछ शेष बचता है, तो आवश्यकता होने पर उसका प्रयोग फर्म के ऋणों के भुगतान के लिए किया जा सकता है।	निजी सम्पत्तियों का प्रयोग सर्वप्रथम निजी दायित्वों के भुगतान हेतु किया जाता है।

फर्म के समापन पर लेखांकन व्यवहार

फर्म का विघटन होने पर फर्म का व्यवसाय पूर्ण रूप से समाप्त हो जाता है। अतः *उसकी हिसाब की बहियों को बन्द करने हेतु निम्न खाते बनाए जाते हैं*

वसूली खाता

जिस खाते के माध्यम से फर्म की सम्पत्तियों तथा दायित्वों का निपटारा किया जाता है, उसे 'वसूली खाता' कहते हैं। यह एक अवास्तविक खाता है। इस खाते को फर्म की सम्पत्तियों तथा दायित्वों के निपटारे के फलस्वरूप उत्पन्न होने वाले लाभ अथवा हानि को ज्ञात करने के उद्देश्य से तैयार किया जाता है।

वसूली खाते का प्रारूप

Dr **Realisation A/c** Cr

Particulars	Amt (₹)	Particulars	Amt (₹)
To Sundry Assets A/c {Excluding cash, bank, fictitious assets, accumulated losses, debit balance of partners' capital/current accounts, loans to partner(s)} To Provision on any Liability A/c To Bank/Cash A/c (Amount paid for discharging liabilities) To Bank/Cash A/c (Amount paid for unrecorded liabilities) To Bank/Cash A/c (Expenses on realisation) To Partner's Capital/Current A/c (Liability taken over by a partner or remuneration/commission paid to him or any expenses beared by him) To Partners' Capital/Current A/c (Profit on realisation)* (Transferred to partners' capital/current accounts in their profit sharing ratio)*		By Sundry Liabilities A/c (Excluding partners' capital, loan from partner(s), reserve, accumulated profits, etc.) By Provision on any Asset A/c By Bank/Cash A/c (Amount received on realisation of assets) By Bank/Cash A/c (Amount received from unrecorded assets) By Partner's Capital/Current A/c (Assets taken over by a partner recorded or unrecorded) By Partners' Capital/Current A/c (Loss on realisation transferred to partners' capital/current accounts in their profit sharing ratio)*	

पुनर्मूल्यांकन खाता तथा वसूली खाता में अन्तर

आधार	पुनर्मूल्यांकन खाता	वसूली खाता
उद्देश्य	इस खाते को बनाने का प्रमुख उद्देश्य सम्पत्तियों तथा दायित्वों के पुनर्मूल्यांकन के फलस्वरूप उत्पन्न लाभ अथवा हानि को ज्ञात करना है।	इस खाते को बनाने का प्रमुख उद्देश्य सम्पत्तियों की बिक्री तथा बाह्य दायित्वों के भुगतान के पश्चात् उत्पन्न लाभ अथवा हानि को ज्ञात करना है।
तैयार करने का समय	इस खाते को प्रायः साझेदारी फर्म के पुनर्गठन के समय तैयार किया जाता है।	इस खाते को साझेदारी फर्म के विघटन पर तैयार किया जाता है।
खातों पर प्रभाव	इस खाते को बनाने के पश्चात् भी फर्म की पुस्तकों में विद्यमान खाते प्रायः बने रहते हैं।	इस खाते को बनाने के पश्चात् फर्म की पुस्तकों में विद्यमान समस्त खाते बन्द हो जाते हैं।

साझेदारों के पूँजी खाते

- ***स्थायी*** (अपरिवर्तनशील) ***पूँजी पद्धति*** इस स्थिति में पूँजी खाते स्थिर रहते हैं तथा विघटन सम्बन्धी समस्त कार्यों को साझेदारों के चालू खातों के माध्यम से सम्पन्न किया जाता है तथा अन्त में चालू खातों के शेषों को उनके साझेदारों के पूँजी खातों में हस्तान्तरित कर दिया जाता है अर्थात् विघटन के समय स्थिति विवरण में दिए गए समस्त अवितरित लाभों तथा हानियों एवं संचय, संचय कोषों को चालू खातों में समायोजित किया जाता है तथा इसके पश्चात् इन खातों के शेषों को उनके पूँजी खातों में हस्तान्तरित कर दिया जाता है तथा इसके बाद पूँजी खाते के शेषों को ज्ञात किया जाता है।

  यदि धनी शेष आता है, तो इसका तात्पर्य यह है कि फर्म के समस्त दायित्वों के भुगतान के पश्चात् इतनी धनराशि नकद फर्म के पश्चात् बची है, जिसका भुगतान सम्बन्धित साझेदार को कर दिया जाता है। यदि यह ऋणी शेष होता है, तो इतनी धनराशि को सम्बन्धित साझेदार से नकद मँगवा लिया जाता है।

इस हेतु निम्न प्रविष्टियाँ फर्म की पुस्तकों में बनाई जाती हैं

(*i*) ***किसी साझेदार का डेबिट शेष होने पर तथा उसके द्वारा फर्म में रुपया लाने पर***

Cash/Bank A/c	Dr
To Respective Partner's Capital A/c	
(Being cash brought by the partner)	

(*ii*) ***किसी साझेदार का क्रेडिट शेष होने पर तथा उसकी पूँजी का भुगतान करने पर***

Respective Partner's Capital A/c	Dr
To Cash/Bank A/c	
(Being payment made to partner)	

- ***अस्थायी*** (परिवर्तनशील) ***पूँजी पद्धति*** इस स्थिति में समस्त विघटन सम्बन्धी कार्यों को प्रत्यक्ष रूप से साझेदारों के पूँजी खातों के माध्यम से सम्पन्न किया जाता है, उसके पश्चात् पूँजी खाते के ऋणी अथवा धनी शेष के सम्बन्ध में उक्त (*i*) एवं (*ii*) की भाँति प्रविष्टियाँ की जाती हैं।

साझेदार का ऋण खाता

साझेदार द्वारा फर्म को दिये ऋण की राशि को इस खाते के क्रेडिट पक्ष में लिखा जाता है तथा इस दायित्व का भुगतान फर्म द्वारा समस्त बाह्य दायित्वों के भुगतान के पश्चात्, किन्तु पूँजी का भुगतान करने से पूर्व किया जाता है। अतः इस खाते को पृथक् से बनाया जाना चाहिए तथा उसी खाते के माध्यम से इस ऋण का भुगतान किया जाना चाहिए। यदि ऋण का भुगतान उसके वास्तविक मूल्य से कम अथवा अधिक पर किया जा रहा हो, तो उस स्थिति में अन्तर की राशि को वसूली खाते में हस्तान्तरित कर देना चाहिए।

रोकड़ अथवा बैंक खाता

किसी फर्म के विघटन होने की स्थिति में सबसे अन्त में रोकड़ अथवा बैंक खाता तैयार किया जाता है। यह एक वास्तविक खाता होता है, जिसके डेबिट पक्ष में इस खाते का प्रारम्भिक शेष तथा सम्पत्तियों से प्राप्त धनराशि एवं किसी साझेदार द्वारा फर्म में लाई गई राशि को तथा क्रेडिट पक्ष में समस्त खर्चों तथा दायित्वों का भुगतान एवं साझेदारों को किया गया अन्तिम भुगतान दर्शाया जाता है। यदि फर्म के स्थिति विवरण में विघटन के समय रोकड़ तथा बैंक शेष दोनों विद्यमान हों, तो इस स्थिति में दोनों खातों के स्थान पर किसी एक खाते को खोलना सुविधाजनक होता है।

अतः इस हेतु निम्न विकल्पों में से किसी एक को अपनाया जा सकता है

- रोकड़ खाते के शेष को बैंक में जमा की प्रविष्टि करके बैंक खाते में हस्तान्तरित कर दिया जाए। इस स्थिति में पुस्तकों में केवल बैंक खाता खुला रह जाता है, अथवा
- बैंक खाते के शेष को बैंक से रुपया निकालने की प्रविष्टि करके रोकड़ खाते में हस्तान्तरित कर दिया जाए। इस स्थिति में पुस्तकों में केवल रोकड़ खाता खुला रह जाता है।

इस प्रकार उक्त समस्त कार्य को करने के पश्चात् रोकड़ अथवा बैंक खाते के डेबिट तथा क्रेडिट पक्षों का योग एक समान आ जाता है तथा यह खाता स्वतः ही बन्द हो जाता है।

अभ्यास प्रश्न

1. एक साझेदारी फर्म विघटित हो जाती है
(a) फर्म के विद्यमान व्यवसाय के अवैध हो जाने पर
(b) किसी साझेदार की मृत्यु या दिवालिया हो जाने पर
(c) किसी साझेदार द्वारा लिखित सूचना देने पर
(d) उपरोक्त सभी

2. समस्त साझेदारों के दिवालिया होने पर विघटन का कार्य पूर्ण किया जाता है
(a) न्यायालय द्वारा नियुक्त सरकारी प्रापक (कर्मचारी) द्वारा
(b) दिवालिया साझेदारों में से किसी एक साझेदार के द्वारा
(c) 'a' और 'b' दोनों
(d) उपरोक्त में से कोई नहीं

3. एक साझेदारी फर्म अनिवार्यतः समाप्त नहीं होगी, यदि
(a) कोई एक साझेदार दिवालिया हो जाए
(b) फर्म का व्यापार अवैध हो जाए
(c) यदि फर्म अनेक व्यापार कर रही हो, जो एक-दूसरे से अलग हों तथा कोई एक व्यापार अवैध हो जाए
(d) फर्म द्वारा चलाए जाने वाले व्यापार अलग-अलग न किए जा सकते हों

4. जब एक साझेदार को छोड़कर शेष सभी साझेदार दिवालिया हो जाते हैं, तब फर्म का .... हो जाता है।
(a) अनिवार्य समापन (b) ऐच्छिक समापन
(c) नवीनीकरण (d) समझौते द्वारा समापन

5. वसूली खाता है
(a) व्यक्तिगत खाता (b) वास्तविक खाता
(c) नाममात्र खाता (d) इनमें से कोई नहीं

6. फर्म के समापन पर सबसे पश्चात् बनाया जाने वाला खाता है।
(a) रोकड़ खाता (b) वसूली खाता
(c) साझेदारों के पूँजी खाते (d) साझेदारों के ऋण खाते

7. फर्म के समापन पर पुस्तकों में दर्ज न की गई सम्पत्तियों से वसूली की राशि को क्रेडिट किया जाता है
(a) वसूली खाते में (b) रोकड़ खाते में
(c) साझेदारों के पूँजी खाते में (d) सम्पत्ति खाते में

8. फर्म के समापन पर साझेदारों की व्यक्तिगत सम्पत्तियों का सबसे पहले किस भुगतान में प्रयोग किया जाएगा?
(a) फर्म के दायित्व (b) व्यक्तिगत दायित्व
(c) 'a' और 'b' दोनों (d) इनमें से कोई नहीं

9. फर्म के समापन पर बैंक अधिविकर्ष को हस्तान्तरित किया जाता है
(a) रोकड़ खाते में (b) बैंक खाते में
(c) वसूली खाते में (d) साझेदारों के पूँजी खाते में

10. फर्म के समापन पर चिट्ठे में दर्शाया गया सामान्य सन्दर्भ हस्तान्तरित किया जाएगा
(a) वसूली खाते में (b) साझेदारों के पूँजी खाते में
(c) रोकड़ खाते में (d) लेनदारों के खाते में

11. फर्म के समापन पर साझेदारों के ऋण को हस्तान्तरित किया जाता है
(a) वसूली खाते में (b) साझेदारों के पूँजी खाते में
(c) साझेदारों के ऋण खाते में (d) पूनर्मूल्यांकन खाते में

12. फर्म के समापन पर ख्याति खाते को हस्तान्तरित किया जाता है
(a) साझेदारों के पूँजी खाते में (b) वसूली खाते के डेबिट पक्ष में
(c) वसूली खाते के क्रेडिट पक्ष में (d) रोकड़ खाते में

13. फर्म के समापन पर साझेदारों के पूँजी खाते बन्द किए जाते हैं
(a) वसूली खाते से (b) आहरण खाते से
(c) ऋण खाते से (d) रोकड़ खाते से

14. फर्म के समापन के समय कृत्रिम सम्पत्तियों को हस्तान्तरित किया जाता है
(a) वसूली खाते में (b) रोकड़ खाते में
(c) साझेदारों के पूँजी खाते में (d) साझेदारों के ऋण खाते में

15. फर्म के समापन पर साझेदार द्वारा सम्पत्ति लेने पर कौन-सा खाता डेबिट किया जाता है?
(a) वसूली खाता (b) साझेदार का पूँजी खाता
(c) रोकड़ खाता (d) साझेदार का ऋण खाता

16. निम्नलिखित में से कौन-सी सम्पत्ति को वसूली खाते में हस्तान्तरित नहीं करते हैं?
(a) ख्याति (b) एकस्व (c) रोकड़ (d) विनियोग

17. फर्म के विघटन पर सम्पत्तियों के विक्रय से प्राप्त धनराशि का प्रयोग निम्न में किसका सर्वप्रथम भुगतान करने के लिए किया जाएगा?
(a) लेनदारों का
(b) साझेदारों द्वारा दिए गए ऋण का
(c) साझेदारों की पूँजी का
(d) उपरोक्त में से कोई नहीं

18. साझेदारी फर्म के समापन पर सर्वप्रथम कौन-सा खाता तैयार किया जाता है?
(a) वसूली खाता (b) पुनर्मूल्यांकन खाता
(c) लाभ-हानि खाता (d) बैंक खाता

19. फर्म के विघटन पर संदिग्ध ऋणों हेतु आयोजन को लिखा जाता है
(a) वसूली खाते के धनी पक्ष में
(b) वसूली खाते के ऋणी पक्ष में
(c) पुनर्मूल्यांकन खाते के ऋणी पक्ष में
(d) पुनर्मूल्यांकन खाते के धनी पक्ष में

20. फर्म के समापन पर सम्पत्तियों को वसूली खाते में हस्तान्तरित किया जाता है
(a) पुस्तक मूल्य पर (b) प्राप्य मूल्य पर
(c) विक्रय मूल्य पर (d) बाजार मूल्य पर

21. वसूली सम्बन्धी व्यय साझेदारी फर्म के होते हैं
(a) व्यय (b) आय
(c) 'a' और 'b' दोनों (d) इनमें से कोई नहीं

22. किसी साझेदार द्वारा किसी दायित्व के भुगतान की जिम्मेदारी स्वयं लेने पर
(a) वसूली खाता डेबिट किया जाता है
(b) सम्बन्धित साझेदार व पूँजी खाता क्रेडिट किया जाता है
(c) 'a' और 'b' दोनों
(d) उपरोक्त में से कोई नहीं

23. यदि फर्म के विघटन पर विविध सम्पत्तियों का पुस्तक मूल्य ज्ञात न हो, तो उसे ज्ञात किया जाता है
(a) स्मरणार्थ आर्थिक चिट्ठा तैयार करके
(b) वसूली खाता तैयार करके
(c) 'a' और 'b' दोनों
(d) उपरोक्त में से कोई नहीं

24. साझेदारी फर्म के विघटन की दशा में सम्पत्तियों के विक्रय से वसूली गई राशि का प्रयोग सर्वप्रथम किया जाएगा
(a) विघटन सम्बन्धी व्ययों के भुगतान हेतु
(b) तीसरे पक्षकार को भुगतान हेतु
(c) साझेदारों के निजी लेनदारों के भुगतान हेतु
(d) उपरोक्त में से कोई नहीं

25. एक फर्म के समापन की दशा में निम्नलिखित लेनदारों का भुगतान क्रम में होना चाहिए
1. फर्म की सम्पत्तियों पर चल प्रभार प्राप्त लेनदार
2. निस्तारक का पारिश्रमिक
3. कर्मचारियों को देय भविष्य निधि
4. बैंक अधिविकर्ष

कूट
(a) 3, 2, 1, 4 (b) 1, 2, 3, 4
(c) 4, 3, 2, 1 (d) 4, 1, 3, 2

26. साझेदारी के विघटन पर हानियाँ सबसे पहले चुकाई जाएँगी
(a) लाभ में से (b) साझेदारों के ऋण खाते में से
(c) साझेदारों की पूँजी में से (d) इनमें से कोई नहीं

27. साझेदारी एक सूचना जारी करके समाप्त की जा सकती है, जब
(a) साझेदारी ऐच्छिक हो
(b) साझेदारी विशेष उद्देश्य हेतु हो
(c) साझेदारी निश्चित अवधि हेतु हो
(d) साझेदारी निश्चित अवधि हेतु न हो

28. एक फर्म में साझेदारों की पूँजी ₹ 20,000 व दायित्व ₹ 15,000 तथा रोकड़ ₹ 1,000 है। फर्म के समापन पर विविध सम्पत्तियों से ₹ 9,000 वसूल हुए, निम्न में से वसूली से हानि होगी
(a) ₹ 9,000 (b) ₹ 25,000
(c) ₹ 35,000 (d) ₹ 26,000

29. फर्म के एक साझेदार की दुर्घटना में मृत्यु होने के परिणामस्वरूप
(a) साझेदारी का समापन होगा
(b) फर्म का समापन होगा
(c) फर्म व साझेदारी दोनों का समापन होगा
(d) न फर्म का और न ही साझेदारी का समापन होगा

30. फर्म के समापन की स्थिति में सम्पत्तियों से वसूल की गई राशि का प्रयोग सर्वप्रथम किया जाएगा
(a) साझेदारों के ऋणों के भुगतान में
(b) तीसरे पक्षकारों को बकाया भुगतान में
(c) साझेदारों की पूँजी भुगतान में
(d) साझेदारों के निजी लेनदारों के भुगतान में

31. भारतीय साझेदारी अधिनियम, 1932 की किन धाराओं के मध्य फर्म के विघटन की विभिन्न रीतियों का उल्लेख किया गया है?
(a) धारा 39 से 43 (b) धारा 40 से 45
(c) धारा 41 से 46 (d) धारा 40 से 44

32. सुमेलित कीजिए

सूची I	सूची II
A. अनिवार्य समापन	1. किसी साझेदार का दिवालिया होना
B. विशेष घटना के घटित होने पर	2. किसी साझेदार का पागल होना
C. ऐच्छिक साझेदारी	3. जब फर्म का व्यवसाय अवैध हो जाए
D. न्यायालय द्वारा समापन	4. साझेदार द्वारा नोटिस

कूट

	A	B	C	D
(a)	1	4	2	3
(b)	2	1	4	3
(c)	3	1	4	2
(d)	3	1	2	4

33. फर्म के समापन के समय लेनदार ₹ 70,000 साझेदारों की पूँजी ₹ 1,20,000 नकद शेष ₹ 10,000, है। सम्पत्तियों से वसूली ₹ 1,50,000 हुई वसूली खाते का लाभ-हानि होगा
(a) ₹ 30,000 (हानि) (b) ₹ 30,000 (लाभ)
(c) ₹ 40,000 (लाभ) (d) ₹ 40,000 (हानि)

34. यदि लेनदार ₹ 10,000 पूँजी ₹ 1,00,000 तथा नकद शेष ₹ 5,000 है, तो विविध सम्पत्तियों की राशि होगी

(a) ₹ 95,000 (b) ₹ 1,05,000
(c) ₹ 1,00,000 (d) ₹ 1,10,000

35. दिया गया है, साझेदारों के पूँजी खातों का क्रेडिट शेष ₹ 50,000 एवं ₹ 80,000 सम्पत्तियों की बिक्री का दायित्वों पर आधिक्य ₹ 1,50,000 वसूली पर लाभ-हानि होगी

(a) ₹ 20,000 लाभ (b) ₹ 20,000 हानि
(c) ₹ 1,00,000 लाभ (d) ₹ 1,50,000 हानि

36. 31 मार्च, 2014 को फर्म के खातों के शेष निम्न थे—पूँजी खाते ₹ 1,00,000, सामान्य संचय ₹ 60,000, दायित्व ₹ 40,000, रोकड़ शेष ₹ 10,000। फर्म का समापन हो गया। वसूली की हानि ₹ 30,000 थी। 31 मार्च, 2014 को रोकड़ के अतिरिक्त फर्म की सम्पत्तियों का पुस्तक मूल्य होगा

(a) ₹ 1,60,000 (b) ₹ 1,70,000
(c) ₹ 1,90,000 (d) ₹ 2,00,000

निर्देश (प्र.सं. 37-39) *निम्नलिखित अभिकथन (A) और तर्क (R) के दो कथनों से सही कूट इंगित कीजिए।*

कूट

(a) अभिकथन (A) तथा तर्क (R) दोनों सही हैं और (R), (A) की सही व्याख्या करता है।
(b) अभिकथन (A) तथा तर्क (R) दोनों सही हैं, लेकिन (R), (A) की सही व्याख्या नहीं करता है।
(c) अभिकथन (A) सही है, किन्तु तर्क (R) सही नहीं है।
(d) अभिकथन (A) सही नहीं है, किन्तु तर्क (R) सही है।

37. अभिकथन (A) न्यायालय एक फर्म के समापन का आदेश दे सकती है।

तर्क (R) जब फर्म के द्वारा भविष्य में लाभ होने की सम्भावना न हो।

38. अभिकथन (A) फर्म के समापन पर सम्पत्तियों एवं दायित्वों को वसूली खाते में हस्तान्तरण किया जाता है।

तर्क (R) संचित लाभ तथा हानियों को वसूली खाते में हस्तान्तरित नहीं करते हैं।

39. अभिकथन (A) फर्म के समापन पर साझेदार का ऋण खाता अलग से बनाया जाता है।

तर्क (R) फर्म के समापन पर साझेदार के ऋण का भुगतान उसकी पूँजी के भुगतान से पहले किया जाता है।

निर्देश (प्र.सं. 40-41) *निम्नलिखित कथनों के सही या गलत होने के सम्बन्ध में सही कूट इंगित कीजिए।*

कूट

(a) कथन I सत्य है, परन्तु II असत्य है
(b) कथन I असत्य है, परन्तु II सत्य है
(c) कथन I और II दोनों सही हैं
(d) कथन I और II दोनों गलत हैं

40. कथन I फर्म के समापन पर बनाए जाने वाले वसूली खाते में सम्पत्तियों को उनके बाजार मूल्य पर हस्तान्तरित किया जाता है।

कथन II वसूली खाता एक अवास्तविक खाता होता है।

41. कथन I साझेदारी के विघटन और साझेदारी फर्म के विघटन में कोई अन्तर नहीं है।

कथन II साझेदारी की निजी सम्पत्ति का प्रयोग सर्वप्रथम साझेदार के फर्म के दायित्वों के भुगतान हेतु किया जाता है।

उत्तरमाला

1.	(d)	**2.**	(a)	**3.**	(c)	**4.**	(a)	**5.**	(c)	**6.**	(a)	**7.**	(a)	**8.**	(b)	**9.**	(c)	**10.**	(b)
11.	(c)	**12.**	(b)	**13.**	(d)	**14.**	(c)	**15.**	(a)	**16.**	(c)	**17.**	(a)	**18.**	(a)	**19.**	(a)	**20.**	(a)
21.	(a)	**22.**	(c)	**23.**	(a)	**24.**	(a)	**25.**	(a)	**26.**	(a)	**27.**	(a)	**28.**	(b)	**29.**	(a)	**30.**	(b)
31.	(d)	**32.**	(c)	**33.**	(a)	**34.**	(a)	**35.**	(a)	**36.**	(a)	**37.**	(a)	**38.**	(b)	**39.**	(a)	**40.**	(b)
41.	(d)																		

अध्याय 7

कम्पनी खातेः अंश पूँजी का लेखांकन

कम्पनी (Company)

कम्पनी लाभ के लिए बनाई गई ऐसी संस्था है, जिसकी स्थापना तत्कालीन कम्पनी अधिनियम के अन्तर्गत की जाती है। इसमें पूँजी हस्तान्तरणीय अंशों में विभाजित होती है अर्थात् कम्पनी के अंश सरलता से खरीदे (क्रय) व बेचे (विक्रय) जा सकते हैं।

न्यायाधीश जेम्स के अनुसार, *''एक कम्पनी किसी विशेष उद्देश्य के लिए संगठित व्यक्तियों का एक संघ है।''*

भारतीय कम्पनी अधिनियम, 2013 की धारा 2(20) के अनुसार, *''कम्पनी का आशय इस अधिनियम के अधीन समामेलित या पूर्ववर्ती किसी कम्पनी अधिनियम के अन्तर्गत समामेलित कम्पनी से है।''*

कम्पनी की विशेषताएँ

- कम्पनी विधान द्वारा निर्मित एक कृत्रिम व्यक्ति होता है, जिसका स्वरूप प्रायः निर्जीव एवं अमूर्त होता है।
- कम्पनी को समामेलन के बाद अपने सदस्यों से पृथक् वैधानिक अस्तित्व प्राप्त हो जाता है।
- कम्पनी के सदस्यों का दायित्व अंशों पर अदत्त पूँजी तक सीमित होता है।
- एक कम्पनी का अस्तित्व अंशधारियों की मृत्यु अथवा दिवालिया घोषित होने से प्रभावित नहीं होता।
- संयुक्त पूँजी कम्पनी में प्रत्येक सदस्य अपने अंशों का हस्तान्तरण सुविधापूर्वक कर सकता है।
- कम्पनी का संचालन सदस्यों द्वारा चुने गए संचालकों द्वारा ही किया जाता है।
- कम्पनी द्वारा सार्वमुद्रा का प्रयोग किया जाता है, जिस पर कम्पनी का नाम अंकित होता है।
- इसका समापन विधान द्वारा निर्धारित नियमों एवं प्रावधानों के आधार पर ही किया जा सकता है।

साझेदारी और कम्पनी में अन्तर

आधार	साझेदारी	कम्पनी
अधिनियम	साझेदारी पर भारतीय साझेदारी अधिनियम, 1932 के नियम लागू होते हैं।	कम्पनी पर भारतीय कम्पनी अधिनियम, 2013 के नियम लागू होते हैं।
सदस्यों की संख्या	साझेदारी व्यवसाय में सदस्यों की न्यूनतम संख्या 2 एवं अधिकतम संख्या 50 होती है।	कम्पनी में सदस्यों की न्यूनतम संख्या 2 एवं अधिकतम संख्या 200 होती है।
पृथक् अस्तित्व	साझेदारी का अपने सदस्यों से पृथक् अस्तित्व नहीं होता है।	कम्पनी का अपने सदस्यों से पृथक् अस्तित्व होता है।
पंजीयन	साझेदारी व्यवसाय का पंजीयन कराना अनिवार्य नहीं होता, अपितु ऐच्छिक होता है।	कम्पनी को रजिस्ट्रार के पास पंजीकृत कराकर समामेलन का प्रमाण-पत्र लेना अनिवार्य होता है।
'प्राइवेट लिमिटेड' शब्द का प्रयोग	साझेदारी में फर्म के नाम में 'प्राइवेट लिमिटेड' शब्द का प्रयोग नहीं किया जाता है।	इसमें कम्पनी के नाम के साथ 'प्राइवेट लिमिटेड' शब्द का प्रयोग करना अनिवार्य है।
दायित्व	साझेदारी फर्म में प्रत्येक साझेदार का दायित्व पृथक् तथा संयुक्त होता है।	इसके अन्तर्गत सदस्यों का दायित्व उनके द्वारा लिए गए अंशों के मूल्य तक सीमित होता है।

कम्पनी का वर्गीकरण

सदस्यों के दायित्व के आधार पर कम्पनी के निम्न प्रकार है

सीमित कम्पनी

ऐसी कम्पनी जिसके सदस्यों का दायित्व सीमित होता है, उसे सीमित कम्पनी कहते हैं।

- ***अंश द्वारा सीमित कम्पनी*** ऐसी कम्पनी जिसके सदस्यों का दायित्व उनके द्वारा क्रय किए गए अंशों के अंकित मूल्य तक सीमित होता है, उसे अंश सीमित कम्पनी कहा जाता है। जब अंशधारियों द्वारा अंशों का पूर्ण भुगतान कर दिया जाता है, तो उनका दायित्व भी समाप्त हो जाता है।
- ***प्रत्याभूति द्वारा सीमित कम्पनी*** ऐसी कम्पनी में सदस्यों का दायित्व सदस्यों द्वारा दिए गए आश्वासन तक ही सीमित होता है, प्रत्याभूति सीमित कम्पनी कहलाती है।

असीमित कम्पनी

ऐसी कम्पनी में अंशधारियों का दायित्व असीमित होता है अर्थात् कम्पनी का प्रत्येक सदस्य व्यक्तिगत एवं सामूहिक दोनों ही प्रकार से कम्पनी के ऋणों एवं दायित्वों को चुकाने हेतु उत्तरदायी होता है तथा अंशधारियों को अपनी निजी सम्पत्ति द्वारा कम्पनी के दायित्वों का भुगतान करना पड़ सकता है।

स्थापना या समामेलन के आधार पर कम्पनी के निम्न प्रकार हैं

चार्टर्ड कम्पनी

जब किसी कम्पनी की स्थापना राज्य से आज्ञा-पत्र प्राप्त करके की जाती है, उसे चार्टर्ड कम्पनी कहा जाता है। इन कम्पनियों की स्थापना का प्रमुख उद्देश्य किसी क्षेत्र में शासन करना या सैन्य शक्ति को बढ़ाना इत्यादि होता है।

वैधानिक कम्पनी

ऐसी कम्पनी जिसका निर्माण संसद या विधानसभा में पारित किसी विशेष अधिनियम के अन्तर्गत किया जाता है, उसे वैधानिक कम्पनी कहते हैं।

स्वामित्व के आधार पर कम्पनी के निम्न प्रकार है

सरकारी कम्पनी

भारतीय कम्पनी अधिनियम, 2013 की धारा 2(45) के अनुसार, जब कम्पनियों की पूँजी का कम-से-कम 51% हिस्सा सरकार के अधीन होता है, तो उसे सरकारी कम्पनी कहा जाता है। यह हिस्सा केन्द्र सरकार, राज्य सरकार अथवा केन्द्र तथा राज्य सरकार दोनों का हो सकता है।

गैर-सरकारी कम्पनी

जिन कम्पनियों का नियन्त्रण एवं स्वामित्व सरकार के हाथों में नहीं होता, उन्हें गैर-सरकारी कम्पनियाँ कहा जाता है।

सहायक कम्पनी

ऐसी कम्पनी, जिनके संचालक मण्डल के गठन पर एवं उनकी पूँजी के 50% से अधिक भाग पर किसी दूसरी कम्पनी का अधिकार हो, तो उसे सहायक कम्पनी कहा जाता है।

सूत्रधारी कम्पनी

कम्पनी अधिनियम, 2013 के अनुसार, वह कम्पनी जो स्वयं किसी अन्य कम्पनी की सहायक हो तथा जिसकी पूँजी के 50% से अधिक भाग पर भी उसका स्वामित्व हो तो उसे सूत्रधारी कम्पनी कहा जाता है।

राष्ट्रीयता के आधार पर कम्पनी के निम्न प्रकार हैं

देशी कम्पनी

ऐसी कम्पनी जो भारतीय कम्पनी अधिनियम के अन्तर्गत कार्य करती हो तथा जिसका समामेलन देश के अन्दर ही किया गया हो, देशी कम्पनी कहलाती है।

विदेशी कम्पनी

भारतीय कम्पनी अधिनियम, 2013 की धारा 2(42) के अनुसार, ऐसी कम्पनियाँ जो व्यापार तो भारत में कर रही हों, परन्तु उनका रजिस्ट्रेशन विदेशों में हुआ हो, 'विदेशी कम्पनी' कहलाती है।

सदस्यों की संख्या के आधार पर कम्पनी के निम्न प्रकार हैं

निजी कम्पनी

कम्पनी अधिनियम, 2013 की धारा 2(68) के अनुसार, निजी कम्पनी का आशय ऐसी कम्पनी से है, जिसकी चुकता अर्थात् प्रदत्त पूँजी निर्धारित की गई राशि की है तथा जो अपने अन्तर्नियमों द्वारा-

- अंशों के हस्तान्तरण पर रोक (प्रतिबन्ध) लगाती है।
- कम्पनी में सदस्यों की संख्या अधिक-से-अधिक 200 या कम-से-कम 2 होती है। इन सदस्यों में उनको सम्मिलित नहीं किया जाता, जो कम्पनी के सदस्य होने के साथ-साथ कम्पनी के कर्मचारी भी हैं अथवा कर्मचारी थे।
- जनता को अपने अंशों व ऋणपत्रों को क्रय करने हेतु आमन्त्रित भी नहीं करती।

सार्वजनिक कम्पनी

कम्पनी अधिनियम, 2013 की धारा 2(71) के अनुसार, सार्वजनिक कम्पनी से आशय एक ऐसी कम्पनी से है, जो एक निजी कम्पनी नहीं होती है तथा जिसकी चुकता अर्थात् प्रदत्त पूँजी निर्धारित की गई राशि की है।

एक व्यक्ति कम्पनी

जिन कम्पनियों का निर्माण केवल एक ही व्यक्ति द्वारा किया जाता है अर्थात् ऐसी कम्पनी जिसमें लाभ एवं हानि को एक ही व्यक्ति द्वारा वहन किया जाता है, उसे 'एक व्यक्ति कम्पनी' कहते हैं। कम्पनी अधिनियम की धारा 2(62) के अनुसार, एक व्यक्ति कम्पनी से आशय ऐसी कम्पनी से है जिसका कोई एक व्यक्ति ही सदस्य होता है।

एकल कम्पनी, निजी कम्पनी एवं सार्वजनिक कम्पनी में अन्तर

एकल कम्पनी	निजी कम्पनी	सार्वजनिक कम्पनी
इस कम्पनी में केवल एक व्यक्ति ही सदस्य होता है।	निजी कम्पनी में सदस्यों की न्यूनतम संख्या 2 और अधिकतम 200 होती है।	सार्वजनिक कम्पनी में सदस्यों की न्यूनतम संख्या 7 और अधिकतम सदस्य संख्या पर कोई प्रतिबन्ध नहीं होता है।
इस कम्पनी में व्यापार प्रारम्भ करना निजी व सार्वजनिक कम्पनी की अपेक्षा सरल होता है।	निजी कम्पनी में समामेलन का प्रमाण-पत्र प्राप्त होते ही व्यापार को प्रारम्भ किया जा सकता है।	सार्वजनिक कम्पनी में व्यापार को प्रारम्भ करने के प्रमाण-पत्र के प्राप्त होने के पश्चात् ही व्यापार प्रारम्भ किया जा सकता है।

कम्पनी का निर्माण (Formation of a Company)

कम्पनी निर्माण की प्रक्रियों तीन अवस्थाओं में विभाजित किया जा सकता है

कम्पनी का प्रवर्तन

प्रवर्तन (Promotion), कम्पनी के निर्माण की आधारभूत एवं प्रथम सीढ़ी होती है। सामान्य रूप में, प्रवर्तन का आशय प्रारम्भ करने से होता है। इसके द्वारा ही कम्पनी अस्तित्व में आती है। प्रवर्तन क्रिया का आरम्भ किसी व्यवसाय को शुरू करने के विचार के साथ होता है तथा उस समय तक चलता रहता है जब तक पूर्ण व्यवसाय संगठित नहीं हो जाता। इस प्रकार कम्पनी की स्थापना के विचार से लेकर कम्पनी का पंजीयन कराने तक के समस्त कार्य प्रवर्तन में सम्मिलित होते हैं।

कम्पनी का समामेलन या पंजीयन

कम्पनी के समामेलन या पंजीयन से आशय कम्पनी अधिनियम के अनुसार कम्पनी का पंजीयन कराना तथा समस्त वैधानिक कार्यवाहियों को पूर्ण कर समामेलन का प्रमाण-पत्र प्राप्त करने से है। कम्पनी को समामेलन का प्रमाण-पत्र प्राप्त होने पर ही वह वैधानिक अस्तित्व प्राप्त कर व्यवसाय का कुशल संचालन करने योग्य हो सकती है।

कम्पनी हेतु पूँजी की व्यवस्था तथा व्यापार प्रारम्भ करना

व्यवसाय का समामेलन प्रमाण-पत्र प्राप्त होने के बाद निजी कम्पनी तो व्यापार प्रारम्भ कर सकती है, क्योंकि व्यवसाय के समामेलन से पूर्व ही कम्पनी के पास पूँजी का प्रबन्ध हो जाता है, परन्तु सार्वजनिक कम्पनी को पूँजी एकत्रित करने हेतु जनता को अपने अंशों को खरीदने के लिए आमन्त्रित करना पड़ता है। इसके अतिरिक्त उसे पूँजी एकत्रित करने के लिए एक प्रविवरण पत्र को जनता के सामने प्रस्तुत करना पड़ता है।

व्यवसाय प्रारम्भ करने हेतु प्रमाण-पत्र का नमूना

मैं प्रमाणित करता हूँ कि श्रीराम कम्पनी लिमिटेड, ग्वालियर, जो कम्पनी अधिनियम, 2013 के अन्तर्गत दिनांक 1 मई, 2015 को समामेलित हुई थी और जिसने आज निर्धारित प्रपत्र पर इस आशय का प्रमाणित घोषणा-पत्र जमा कर दिया है कि कम्पनी अधिनियम की सभी शर्तें पूरी कर दी गई हैं, व्यापार प्रारम्भ करने की अधिकारी है।

ग्वालियर में आज दिनांक 1 दिसम्बर, 2015 को मेरे हस्ताक्षर कर दिए गए हैं।

सार्वमुद्रा — हस्ताक्षर

कम्पनी रजिस्ट्रार

कम्पनी के महत्वपूर्ण प्रलेख

(Important Documents of Company)

पार्षद सीमानियम एवं पार्षद अन्तर्नियम दोनों ही कम्पनी के समामेलन तथा संचालन हेतु आवश्यक एवं महत्त्वपूर्ण प्रलेख होते हैं। यह दोनों प्रलेख ही कम्पनी के आन्तरिक ढाँचे के विकास एवं निर्माण हेतु अत्यन्त अनिवार्य होते हैं। अतः यह कहा जा सकता है कि उक्त दोनों ही प्रलेख कम्पनी के स्वरूप की आधारशिला होते हैं तथा कम्पनी द्वारा व्यवसाय के कुशल संचालन हेतु अत्यन्त आवश्यक होते हैं।

पार्षद सीमानियम

प्रत्येक कम्पनी के लिए पार्षद सीमानियम तैयार करना अनिवार्य होता है। पार्षद सीमानियम कम्पनी के अधिकारों एवं उद्देश्यों की सीमा को निर्धारित एवं स्पष्ट करता है। यह एक ऐसा सार्वजनिक प्रलेख होता है, जिसका प्रमुख उद्देश्य कम्पनी के अंशधारियों, ऋणदाताओं एवं कम्पनी के साथ व्यवहार करने वाले व्यक्तियों को कम्पनी के अनुमत क्षेत्र (Permitted Acts) का ज्ञान कराना होता है।

कम्पनी अधिनियम, 2013 की धारा 2(56) के अनुसार, *''पार्षद सीमानियम का आशय ऐसे पार्षद सीमानियम से है, जिन्हें विगत कम्पनी अधिनियम या इस अधिनियम के अन्तर्गत मूल रूप से तैयार किया हो या समय-समय पर परिवर्तित किया गया हो।''*

पार्षद सीमानियम की विशेषताएँ

- यह कम्पनी का अनिवार्य एवं महत्त्वपूर्ण प्रलेख होता है जिसे प्रत्येक कम्पनी को तैयार करना होता है।
- इसमें कम्पनी के आधारभूत उद्देश्य होते हैं।
- इसमें कम्पनी के प्रधान कार्यालय, सदस्यों के दायित्व, उद्देश्य तथा अंश पूँजी का उल्लेख होता है।
- यह कम्पनी का अपरिवर्तनीय प्रलेख होता है।
- यह सार्वजनिक प्रलेख होता है।
- इस पर कम्पनी के निर्माण करने वाले सदस्यों के हस्ताक्षर होते हैं।

पार्षद अन्तर्नियम

कम्पनी के समामेलन हेतु आवश्यक प्रपत्रों में पार्षद अन्तर्नियम भी एक आवश्यक प्रपत्र है। पार्षद अन्तर्नियम में पार्षद सीमानियम में निहित उद्देश्यों को प्राप्त करने तथा कम्पनी के व्यवसाय के सम्बन्ध में नियमों एवं उपनियमों का समावेश होता है। अतः **इसे पार्षद सीमानियम का सहायक प्रलेख** भी कहा जाता है। इसके द्वारा कम्पनी के अंशधारियों, ऋणपत्रधारियों एवं संचालकों इत्यादि के अधिकारों का निर्धारण होता है। एक निजी कम्पनी के लिए अन्तर्नियम बनाना आवश्यक होता है।

पार्षद अन्तर्नियम की विशेषताएँ

- पार्षद अन्तर्नियम कम्पनी अधिनियम तथा पार्षद सीमानियम दोनों के अधीन होते हैं।
- यह कम्पनी का द्वितीय महत्त्वपूर्ण प्रलेख है।
- इसमें कम्पनी के आन्तरिक प्रबन्ध व्यवस्था को चलाने के लिए नियमों व उपनियमों का समावेश होता है।
- यह कम्पनी के सदस्यों के मध्य सम्बन्ध स्थापित करता है।
- यह सार्वजनिक प्रलेख है।
- यह कम्पनी के अधिकारियों के अधिकार, दायित्व एवं कर्त्तव्यों की व्यवस्था करता है।
- यह एक परिवर्तनीय प्रलेख होता है।
- यह मुद्रित हस्ताक्षरित तथा अनुच्छेदों में विभाजित होता है।

भारतीय कम्पनी अधिनियम, 2013 की धारा 2(5) के अनुसार, *''पार्षद अन्तर्नियम से आशय कम्पनी के उन अन्तर्नियमों से है, जो पिछले कम्पनी अधिनियमों अथवा इस अधिनियम के अधीन मूल रूप से बनाए गए हों अथवा समय-समय पर परिवर्तित किए जाते रहे हों।''*

प्रविवरण

सार्वजनिक कम्पनी द्वारा समामेलन के पश्चात् जनता को अपने अंशों एवं ऋणपत्रों को क्रय करने हेतु आमन्त्रित किया जाता है, ताकि कम्पनी आवश्यक पूँजी एकत्रित कर सके। इस उद्देश्य के लिए उसे अपने पूर्ण विवरण का एक प्रलेख जनता के सामने प्रस्तुत करना होता है, जिसमें कम्पनी की भावी योजनाओं एवं उद्देश्यों का उल्लेख होता है। इस प्रलेख को ही **प्रविवरण** या **नियन्त्रण-पत्र** कहते हैं।

कम्पनी अधिनियम, 2013 की धारा 2(70) के अनुसार, *''प्रविवरण का आशय ऐसे प्रपत्र से है जो प्रविवरण के रूप में वर्णित या जारी किया गया है, उसमें रेड हेरिंग प्रोस्पेक्टस या शैल्फ प्रोस्पेक्टस या कोइ सूचना, परिपत्र, विज्ञापन या अन्य दस्तावेज भी शामिल हैं, जो किसी निर्गमित संस्था (Body corporate) की किन्हीं प्रतिभूतियों के अभिवादन या क्रय के लिए जनता को आमन्त्रित करता है।''*

प्रविवरण की विशेषताएँ

- प्रविवरण एक प्रलेख है जिसे विवरण पत्रिका के रूप में निर्गमित किया जाता है।
- इसका प्रकाशन सूचना विज्ञान के रूप में हो सकता है।
- यह किसी समामेलित संख्या द्वारा ही जारी किया जाता है।
- इसे निजी कम्पनी जारी नहीं कर सकती है।
- यह एक निमन्त्रण पत्र है जिसके द्वारा कम्पनी के अंशों एवं ऋणपत्रों को क्रय के लिए जनता को आमन्त्रित किया जाता है।
- प्रत्येक प्रविवरण पर तिथि तथा संचालक के हस्ताक्षर होते हैं।

प्रविवरण निर्गमन के उद्देश्य

- प्रविवरण के निर्गमन का प्रमुख उद्देश्य कम्पनी के अंशों एवं ऋणपत्रों को क्रय करने हेतु जनता को आमन्त्रित करना होता है।
- प्रविवरण निर्गमन के माध्यम से जनता द्वारा जिन शर्तों पर अंशों एवं ऋणपत्रों को क्रय किया गया है, उसका लिखित प्रमाण या विवरण जनता को सौंपा जाता है।
- प्रविवरण में सम्मिलित बातों हेतु संचालकों को उत्तरदायी घोषित करना भी इसका उद्देश्य होता है।

स्थानापन्न प्रविवरण

स्थानापन्न प्रविवरण (Statement in lieu of prospectus) प्रायः प्रविवरण की अनुपस्थिति में तैयार किया जाता है। यदि किसी सार्वजनिक कम्पनी द्वारा प्रविवरण नहीं छपवाया जाता है, तो वह तब तक अपने अंशों एवं ऋणपत्रों को निर्गमित नहीं कर सकती, जब तक की वह प्रथम आवण्टन के तीन दिन पहले स्थानापन्न प्रविवरण की एक प्रतिलिपि को रजिस्ट्रार के कार्यालय में न भेज दें। नवीन कम्पनी अधिनियम, 2013 में इसकी आवश्यकता को पूर्णतः समाप्त कर दिया गया है।

कम्पनी की वैधानिक बहियाँ

- ***सदस्यों का रजिस्टर*** प्रत्येक कम्पनी को अपने सदस्यों का पूर्ण विवरण रखने के लिए एक रजिस्टर रखना पड़ता है जिसमें सदस्यों द्वारा क्रय किए गए अंशों का विवरण दर्ज किया जाता है।
- ***सदस्यों की सूची*** प्रत्येक कम्पनी जिसके सदस्यों की संख्या 50 से अधिक होती है, अपने सदस्यों के नामों की सूची रखनी होती है। यह सूची कार्ड अनुक्रमणिका के रूप में हो सकती है।

- ***लेखा पुस्तकें*** कम्पनी अधिनियम के अनुसार प्रत्येक कम्पनी को ऐसी लेखा पुस्तकें रखना अनिवार्य है जो कम्पनी की आर्थिक स्थिति का उचित चित्र प्रस्तुत करने तथा उसके व्यवहारों की व्याख्या कर सकने में सहायक हों। इसके लिए आवश्यक है कि लेखा पुस्तकें दोहरे लेखा प्रणाली पर आधारित हों।

प्रारम्भिक व्यय

ऐसे व्यय जो कम्पनी के समामेलन के सम्बन्ध में किए जाते हैं, प्रारम्भिक व्यय कहलाते हैं, ये व्यय पूँजीगत व्यय होते हैं।

वैधानिक प्रलेखों को तैयार करने के व्यय, प्रविवरण छापने के व्यय, आवेदन-पत्र छापने के व्यय, अंशों व ऋणपत्रों पर दिया गया अधिगोपन कमीशन आदि प्रारम्भिक व्ययों के उदाहरण हैं।

अंश (Share)

किसी कम्पनी द्वारा अपनी पूँजी को छोटे-छोटे मात्रकों (इकाइयों) में विभक्त कर दिया जाता है, जिसे अंश कहते हैं। प्रत्येक अंश का एक निश्चित मूल्य होता है, यह निश्चित मूल्य 'अंकित मूल्य' कहलाता है।

- **कम्पनी अधिनियम, 2013 की धारा 2(84)** के अनुसार, *''अंश का आशय कम्पनी की अंश पूँजी से है और उसमें स्कन्ध को भी सम्मिलित किया गया है।''*
- **न्यायाधीश लिण्डले** के अनुसार, *''पूँजी का आनुपातिक भाग जिसका प्रत्येक सदस्य अधिकारी होता है, उसका अंश कहलाता है।''*

अंश की प्रकृति

- कम्पनी के अंश चल सम्पत्ति होती है।
- अंश का हस्तान्तरण किया जा सकता है।
- वस्तु विक्रय अधिनियम, 1930 के अनुसार कम्पनी के अंश को माल माना जाता है।
- अंश को गिरवी रखा जा सकता है तथा इस पर वसीयत भी की जा सकती है।

स्कन्ध या रहतिया

कम्पनी की पूर्णतः चुकता अंश राशि जो एकत्रित की गयी है तथा छोटे-छोटे भाग में विभाज्य होती है, स्कन्ध कहलाती है। अंशों की राशि पूर्णदत्त होने के बाद ही स्कन्ध में परिवर्तित की जा सकती है।

अंश व स्कन्ध (रहतिया) में अन्तर

आधार	अंश	स्कन्ध (रहतिया)
वर्ग व अंकित मूल्य	इनका एक निश्चित वर्ग व अंकित मूल्य होता है।	इनका एक निश्चित वर्ग व अंकित मूल्य नहीं होता है।
रजिस्ट्रेशन तथा मूल्य समानता	ये रजिस्टर्ड होते हैं। इनका अंकित मूल्य समान होता है।	ये रजिस्टर्ड नहीं होते हैं। इनका अंकित मूल्य सुविधानुसार विभाजित किया जा सकता है।
सदस्य का होना	कम्पनी का अंशधारी कम्पनी का सदस्य होता है।	स्कन्धधारियों का कम्पनी का सदस्य होना आवश्यक नहीं है।
क्रम संख्या तथा निर्गमन	इनकी विशिष्ट क्रम संख्या है। अंशों के निर्गमन का अधिकार समामेलन के बाद प्राप्त होता है।	इनकी विशिष्ट क्रम संख्या नहीं होती है। अंश के पूर्ण चुकता होने पर इन्हें स्कन्ध में परिवर्तित किया जा सकता है।

अंशों के प्रकार

पूर्वाधिकार अंश

- अंशों पर एक निश्चित दर से लाभांश प्राप्त करने का अधिकार होता है। यह लाभांश समता अंशधारकों को लाभांश देने से पूर्व दिया जाएगा।
- कम्पनी के समापन पर इन अंशों के अंशधारियों को सर्वप्रथम पूँजी की वापसी में प्राथमिकता प्रदान की जाती है।

पूर्वाधिकार अंशों की विशेषताएँ

- ऐसे अंशों पर लाभांश समता अंशों की अपेक्षा पूर्व ही दे दिया जाता है।
- पूर्वाधिकार अंशों पर कम्पनी के समापन की दशा में समता अंशों की तुलना में पुनः पूँजी प्राप्त करने का अधिकार होता है।
- ऐसे अंशों पर पूर्व-निर्धारित दर से लाभांश प्राप्त होता है।
- ऐसे अंशों के अंशधारियों को केवल उन्हीं प्रस्तावों पर मत देने का अधिकार होता है, जिनका उनसे सम्बन्ध होता है।

पूर्वाधिकार अंशों के प्रकार

- साधारण या असंचयी पूर्वाधिकार अंश
- संचयी पूर्वाधिकार अंश
- भागयुक्त पूर्वाधिकार अंश
- अभागयुक्त पूर्वाधिकार अंश
- शोध्य पूर्वाधिकार अंश
- अशोध्य पूर्वाधिकार अंश
- परिवर्तनशील पूर्वाधिकार अंश
- प्रत्याभूतित पूर्वाधिकार अंश

पूर्वाधिकार अंशों के लाभ

- पूर्वाधिकार अशों के निर्गमन पर कम्पनी को अपनी सम्पत्तियों पर किसी प्रकार का प्रभार उत्पन्न नहीं करना पड़ता, जिससे भविष्य में अतिरिक्त पूँजी प्राप्ति में कठिनाई नहीं होती है।
- पूर्वाधिकार अंशधारियों को सामान्य प्रशासन के सम्बन्ध में मताधिकार नहीं होता है। अतः ये कम्पनी के नियन्त्रण सम्बन्धी नीतियों को प्रभावित नहीं करते हैं।
- पूर्वाधिकार अंशों का लाभांश कम्पनी का स्थायी वित्तीय भार नहीं होता है, अपर्याप्त लाभों की स्थिति में इसे स्थगित किया जा सकता है।

पूर्वाधिकार अंशों की हानियाँ

- पूर्वाधिकार अंशों पर निश्चित दर से लाभांश दिया जाता है। लाभ कम होने पर कम्पनी इन अंशों पर लाभांश नहीं देती है। इससे कम्पनी की साख गिर सकती है।
- जिस वर्ष कम्पनी को लाभ कम होता है, उस वर्ष लाभांश का अधिकांश भाग पूर्वाधिकार अंशधारियों में वितरित हो जाता है, इससे समता अंशधारियों को हानि होती है।

समता या साधारण अंश

ऐसे अंश जिन पर पूर्वाधिकार अंशों पर लाभांश देने के बाद ही लाभांश प्राप्त होता है, उसे समता या साधारण अंश कहते हैं तथा कम्पनी के समापन की अवधि में भी इनकी पूँजी की वापसी पूर्वाधिकार अंशों के पूर्ण भुगतान के पश्चात् ही होती है। कम्पनी (संशोधन) अधिनियम, 2000 के अनुसार, अब भविष्य में कम्पनियों द्वारा केवल दो प्रकार के समता अंशों को ही निर्गमित किया जा सकता है

- मताधिकार सहित समता अंश
- विभेदात्मक अधिकार वाले समता अंश

समता अंशों की विशेषताएँ

- समता अंशधारी ही कम्पनी के वास्तविक स्वामी होते हैं।
- समता अंशधारियों को कम्पनी के सभी प्रस्तावों पर अपना समर्थन या मत देने का अधिकार होता है।
- समता अंशधारियों के लाभांश की दर प्रत्येक वर्ष भिन्न-भिन्न होती है।
- समता अंशधारियों को पूर्वाधिकार अंशों के अंशधारियों को लाभांश देने के पश्चात् ही लाभांश दिया जाता है।

- पूर्वाधिकार अंशधारियों की अपेक्षा समता अंशधारियों की पूँजी की वापसी सबसे अन्त में होती है।

समता अंशों के लाभ

- समता अंशों के निर्गमन से दीर्घकाल के लिए स्थायी पूँजी की प्राप्ति हो जाती है।
- समता अंश पूँजी कम्पनी की ऋण क्षमता में वृद्धि करती है।
- समता अंशों पर दिया जाने वाला लाभांश लाभों पर प्रभार नहीं होता है। इन अंशों का लाभांश लाभों की उपलब्धता तथा संचालकों के विवेक पर निर्भर करता है।

समता अंशों की हानियाँ

- कभी-कभी कुछ व्यक्ति अपने स्वार्थ के लिए अधिकांश अंशों को क्रय करके संस्था का नियन्त्रण एवं प्रबन्ध अपने हाथों में ले लेते हैं, जिससे कम्पनी का संचालन कार्य प्रभावित होता है।
- यदि कम्पनी केवल समता अंश निर्गमन से पूँजी जुटाती है, तो उसे समता पर व्यापार का लाभ नहीं हो सकता है। समता पर व्यापार के लाभ के लिए स्थायी ब्याज वाली प्रतिभूतियों, जैसे—ऋणपत्रों का निर्गमन आवश्यक है।
- अत्यधिक समता अंशों के निर्गमन से कम्पनी को अति-पूँजीकरण की समस्या का सामना करना पड़ सकता है। अति-पूँजीकरण से प्रति अंश लाभांश कम हो जाता है।

पूर्वाधिकार तथा समता अंशों में अन्तर

आधार	पूर्वाधिकार अंश	समता अंश
लाभांश को प्राथमिकता	पूर्वाधिकार अंशों को समता अंशों के पहले लाभांश प्राप्त करने का अधिकार होता है।	समता अंशों को पूर्वाधिकार अंशों को लाभांश चुकाने के पश्चात् लाभांश प्राप्त होता है।
मूल्य	पूर्वाधिकार अंशों का अंकित मूल्य अधिक होता है।	समता अंशों का अंकित मूल्य कम होता है।
लाभांश की दर	इन अंशों की लाभांश दर पूर्व-निश्चित होती है।	इन अंशों की लाभांश दर निश्चित नहीं होती है।
मताधिकार	पूर्वाधिकार अंशों के अंशधारियों को सभी प्रस्तावों पर अपना मत देने का अधिकार नहीं होता है।	समता अंशों के अंशधारियों को सभी प्रस्तावों पर अपना मत देने का अधिकार होता है।

अंश प्रमाण पत्र

अंश प्रमाण पत्र कम्पनी की सामान्य मुहर के तहत् निर्गमित एक ऐसा प्रमाण-पत्र है जिसमें यह निर्दिष्ट होता है कि प्रमाण-पत्र का धारक कितने अंशों का स्वामी है। वस्तुतः अंश प्रमाण-पत्र उसके निर्दिष्ट अंशों पर किसी सदस्य के अधिकार होने का मूल प्रमाण है।

शेयर वारण्ट

शेयर वारण्ट एक ऐसा दस्तावेज होता है जो दर्शाता है कि इसका धारक उसमें उल्लेखित अंशों का हकदार है। यह एक वाहक दस्तावेज है जिसे मात्र वितरण द्वारा हस्तान्तरित किया जा सकता है।

अंश प्रमाण पत्र एवं अंश वारण्ट पत्र में अन्तर

आधार	अंश प्रमाण पत्र	अंश वारण्ट पत्र
अर्थ	यह एक कानूनी प्रमाण है, जो धारक का अंशों पर कब्जे को साबित करता है।	यह एक दस्तावेज है जो बताता है कि धारक अंशों का हकदार है।
जारी करना	इसे सार्वजनिक एवं निजी दोनों कम्पनियाँ जारी करती हैं।	इसे केवल सार्वजनिक कम्पनी जारी करती हैं।
सरकार की मंजूरी	इसे जारी करने के लिए केन्द्र सरकार की स्वीकृति आवश्यक नहीं है।	इसे जारी करने के लिए केन्द्र सरकार की स्वीकृति आवश्यक है।
समय	इसे अंश आवण्टन के 3 माह के अन्दर जारी करना आवश्यक है।	इसे जारी करने की कोई समय सीमा नहीं है।
परक्राम्य लिखित	यह परक्राम्य लिखित नहीं है।	यह परक्राम्य लिखित होता है।

स्वेट समता अंश

कम्पनी अधिनियम की धारा 54 के अनुसार स्वेट समता अंशों से तात्पर्य ऐसे समता अंशों से है जो कम्पनी द्वारा अपने कर्मचारियों या संचालकों को उनके द्वारा प्रदान की गई तकनीकी जानकारी या उनके द्वारा प्रदान किए गए बौद्धिक सम्पदा अधिकार या मूल्यवर्द्धन के प्रतिफल स्वरूप बट्टे पर या रोकड़ के अतिरिक्त अन्य प्रतिफल के बदले जारी किए गए हों।

यदि कम्पनी अपने वर्तमान अंशधारियों को बिना कोई राशि लिए अंशों का आवण्टन करती है, तो ऐसे अंश 'बोनस अंश' कहलाते हैं।

कम्पनी अधिनियम की धारा 205 (3) के अनुसार, लाभांश का भुगतान केवल नकद में से किया जाएगा, किन्तु यदि कम्पनी पूर्णदत्त बोनस अंश निर्गमित करके लाभों का पूँजीकरण करना चाहती है, तो उस पर कोई प्रतिबन्ध नहीं है। इस प्रकार संचय एवं लाभों का पूँजीकरण करने के उद्देश्य से कम्पनी अपने विद्यमान अंशधारियों को मुफ्त में नए पूर्णदत्त अंश (बोनस अंश) निर्गमित करती है, तो उसे 'लाभों का पूँजीकरण' कहते हैं। *बोनस अंशों का वितरण निम्नलिखित लाभों एवं संचयों में से किया जा सकता है*

- आधिक्य खाते के शेष से
- आयगत संचयों से
- पूँजीगत लाभों एवं पूँजीगत संचयों से
- प्रतिभूति प्रीमियम खाते से
- पूँजी शोधन संचय से

अंश पूँजी

अंश पूँजी से आशय उस पूँजी से है, जो कम्पनी के अंशों के निर्गमन से प्राप्त हुई है या प्राप्त करनी है।

कम्पनी अधिनियम, 2013 के प्रावधानों के अन्तर्गत कम्पनी की पूँजी संरचना में साधारणतः निम्नलिखित अंश पूँजी के स्वरूप होते हैं

- ***अधिकृत पूँजी*** कम्पनी अधिनियम, 2013 की धारा 2 (8) के अनुसार, ''अधिकृत पूँजी कम्पनी की अंश पूँजी की वह अधिकतम राशि है, जो कम्पनी के पार्षद सीमानियम द्वारा अधिकृत होती है।''
- ***निर्गमित पूँजी*** कम्पनी अधिनियम, 2013 की धारा 2 (50) के अनुसार, ''निर्गमित अंश पूँजी से आशय ऐसी पूँजी से है, जो कम्पनी अभिदान के लिए समय-समय पर निर्गमित की जाती है।''
- ***प्रार्थित पूँजी*** कम्पनी अधिनियम, 2013 की धारा 2(86) के अनुसार, ''पूँजी का वह भाग, जो उस समय तक कम्पनी के सदस्यों के द्वारा प्रार्थित किया जाता है, उसे प्रार्थित पूँजी कहते हैं।''
- ***याचित पूँजी*** प्रार्थित पूँजी का वह भाग, जो अंशधारियों से माँगा जाता है, उसे याचित या माँगी गई पूँजी कहते हैं।

- ***अयाचित पूँजी*** प्रार्थित पूँजी का वह भाग, जो अंशधारियों से नहीं माँगा जाता है, उसे अयाचित या न माँगी गई पूँजी कहते हैं।

अधिकृत पूँजी एवं निर्गमित पूँजी में अन्तर

आधार	अधिकृत पूँजी	निर्गमित पूँजी
अर्थ	इसका अर्थ कम्पनी के पार्षद सीमानियम के पूँजी वाक्य में प्रदर्शित राशि से है।	यह अधिकृत पूँजी का वह भाग है जो जनता को क्रय हेतु निर्गमित की जाती है।
अनुमान	इसका अनुमान वर्तमान तथा भविष्य की आवश्यकताओं को ध्यान में रखकर लगाया जाता है।	इसका अनुमान वर्तमान की आवश्यकताओं को ध्यान में रखकर लगाया जाता है।

अधिकृत पूँजी एवं चुकता पूँजी में अन्तर

आधार	अधिकृत पूँजी	चुकता पूँजी
अर्थ	यह कम्पनी की अधिकतम पूँजी होती है।	यह निर्गमित पूँजी का वह भाग है जिसका अंशधारियों ने भुगतान कर दिया है।
चिट्ठा	इसे चिट्ठे के योग में सम्मिलित नहीं किया जाता है।	इसे चिट्ठे के योग में सम्मिलित किया जाता है।

- ***प्रदत्त पूँजी*** कम्पनी अधिनियम, 2013 की धारा 2 (64) के अनुसार, ''निर्गमित अंशों के सम्बन्ध में प्रदत्त या चुकता अंश पूँजी के रूप में क्रेडिट राशि का कुल योग प्राप्त राशि के बराबर होता है तथा इसमें कम्पनी के अंशों के सम्बन्ध में चुकता हुई क्रेडिट किसी भी राशि को सम्मिलित किया जाता है, किन्तु ऐसे अंशों के सम्बन्ध में प्राप्त किसी अन्य राशि को सम्मिलित किया जाता है, चाहे उसे किसी भी नाम से जाना जाए।''
- ***आरक्षित या संचित पूँजी*** कम्पनी कभी-कभी विशेष प्रस्ताव के द्वारा यह प्रावधान कर लेती है कि अयाचित या न माँगी गई पूँजी का सम्पूर्ण भाग या कुछ भाग कम्पनी के जीवनकाल में नहीं माँगा जाएगा। अयाचित पूँजी के इस भाग को 'आरक्षित या संचित पूँजी' कहते हैं।

संचित पूँजी तथा पूँजीगत संचय में अन्तर

आधार	संचित पूँजी	पूँजीगत संचय
अर्थ	अयाचित पूँजी का वह भाग, जिसकी याचना कम्पनी के समापन की दशा में ही की जा सकती है, उसे संचित पूँजी कहते हैं।	पूँजीगत संचय पूँजीगत लाभों से बनाया जाता है।
निर्माण	अयाचित पूँजी के सम्पूर्ण भाग या कुछ भाग को कम्पनी के जीवनकाल में न माँग के संचित पूँजी का निर्माण किया जाता है।	स्थायी सम्पत्तियों की बिक्री या पुनर्मूल्यांकन पर उत्पन्न लाभ, अपहरित अंशों के पुनर्निर्गमन पर लाभ आदि से पूँजीगत लाभ होते हैं, जिन्हें पूँजीगत संचय में स्थानान्तरित किया जाता है।

अंशों का निर्गमन

कम्पनी द्वारा अपनी पूँजी एकत्रित करने के लिए अपनी कुल पूँजी को छोटे-छोटे अंशों में विभक्त करती है तथा आवश्यकतानुसार उस अंश पूँजी को निर्गमित करती है।

अंशों के निर्गमन की आवश्यकता

कम्पनी को व्यवसाय चलाने के लिए स्थायी पूँजी की आवश्यकता होती है। इस उद्देश्य की पूर्ति के लिए अंश निर्गमन की आवश्यकता होती है। वे व्यक्ति जो पूँजी में अंशदान करते हैं, कम्पनी के सदस्य या अंशधारी कहलाते हैं।

जब कम्पनी अपनी पूँजी एकत्रित करने के लिए प्रविवरण को जनता में पूँजी माँगने के उद्देश्य से निर्मित करती है, तो उसका मूल उद्देश्य अपने अंशों का निर्गमन होता है।

अंश निर्गमन के प्रकार

अंशों को अधिकारों के वृहत् दृष्टिकोण दो आधार पर दो भागों में बाँटा गया है।

सम-मूल्य पर निर्गमन

कम्पनी अपने अंशों को अंकित मूल्य (Face value) पर निर्गमित करती है, तो इसे 'अंशों का सम-मूल्य पर निर्गमन' कहते हैं। उदाहरण-यदि कोई कम्पनी ₹ 100 अंकित मूल्य वाले 1,000 अंश ₹ 100 पर ही निर्गमित करती है, तो ऐसे निर्गमन को सम-मूल्य पर निर्गमन कहा जाएगा।

प्रीमियम पर निर्गमन

जब कम्पनी अपने अंशों को अंकित मूल्य (Face value) से अधिक मूल्य पर निर्गमित करती है, तो इसे 'अंशों का प्रीमियम पर निर्गमन' कहते हैं। अंश के निर्गमन मूल्य का उसके अंकित मूल्य पर आधिक्य प्रीमियम कहलाता है।

कम्पनी अधिनियम, 2013 में अंशों को प्रीमियम पर निर्गमित करने के सम्बन्ध में कोई प्रतिबन्ध नहीं है। कम्पनी अपने अंशों को जितना चाहे उतने प्रीमियम पर निर्गमित कर सकती है, परन्तु प्रीमियम की राशि के उपयोग हेतु कुछ प्रतिबन्ध हैं।

अंश निर्गमन की विधियाँ

नकद के लिए अंशों का निर्गमन

अंशों की निजी व्यवस्था

ऐसी दशा में कम्पनी जनता को अपने अंश खरीदने के लिए निमन्त्रण नहीं देती है, बल्कि अपने अंशों को निजी रूप से प्रवर्तकों, उनके मित्रों, सम्बन्धियों, उसी समूह की अन्य कम्पनी के अंशधारियों, सामूहिक कोषों (Mutual Funds) वित्तीय संस्थाओं, जैसे कि भारतीय यूनिट ट्रस्ट आदि चयनित व्यक्तियों एवं संस्थाओं को अंशों को क्रय करने के लिए आमन्त्रित करती है।

अंशों का सार्वजनिक निर्गमन

इस स्थिति में कम्पनी जनता को सार्वजनिक रूप से अपने अंश खरीदने के लिए निमन्त्रण देती है।

एक सीमित दायित्व वाली कम्पनी अपने अंशों का सार्वजनिक निर्गमन करने के लिए निम्नलिखित प्रक्रिया अपनाती है

- ***प्रविवरण का निर्गमन*** इसमें वैधानिक बातों के अतिरिक्त निर्गमन के लिए प्रस्तावित अंशों की संख्या, प्रकार, निर्गमन की शर्तें, न्यूनतम अभिदान, अभिदान प्रारम्भ एवं बन्द करने की तिथि, भुगतान विधि आदि दिया जाता है।
- ***आवेदन-पत्रों की प्राप्ति*** कम्पनी के अंश क्रय करने के लिए इच्छुक व्यक्ति निर्धारित आवेदन-पत्र, आवेदन राशि सहित निर्देशित अनुसूचित बैंक में जमा करते हैं और यह आवेदन राशि अंश के निर्गमन मूल्य के 25% से कम नहीं होनी चाहिए।
- ***अंशों का आवण्टन*** अंशों के आवण्टन से तात्पर्य अंशों का आवेदकों में वितरण (बँटवारा) करने से है। जब कम्पनी द्वारा निर्गमित किए गए अंशों का **न्यूनतम अभिदान** प्राप्त कर लिया जाता है, तो कम्पनी उन अंशों के प्रार्थियों को भारतीय प्रतिभूति एवं विनिमय बोर्ड (SEBI) के निर्देशों के अनुसार अंशों का आवण्टन कर देती है। न्यूनतम अभिदान की राशि निर्गमन राशि के 90% से कम नहीं होनी चाहिए।
- ***अंशों पर माँग*** अंशों की राशि का भुगतान एकमुश्त या किस्तों में किया जाता है। यदि आवेदन एवं आवण्टन के साथ समस्त राशि नहीं माँगी जाती है, तो

संचालकों के द्वारा शेष राशि को एक या अधिक किस्तों में मँगाया जा सकता है। आवण्टन के बाद अंशों पर देय किस्त की राशि माँग या याचना (call) कहलाती है। अन्तर्नियमों के अभाव में कम्पनी अधिनियम, 2013 की Table-F के प्रावधान लागू हो जाते हैं, *जो निम्नवत् हैं*

(i) माँग की राशि अंश के अंकित मूल्य के 25% से अधिक नहीं होनी चाहिए।

(ii) माँगों के मध्य कम-से-कम एक माह का अन्तर होना चाहिए।

(iii) माँग की राशि का भुगतान करने के लिए अंशधारी को कम-से-कम 14 दिन का नोटिस अवश्य दिया जाना चाहिए।

(iv) ₹ 500 करोड़ से कम राशि के निर्गमन की दशा में आवण्टन की तिथि के 12 माह के अन्दर अंशों पर समस्त राशि की माँग कर ली जानी चाहिए।

(v) एक ही वर्ग के समस्त अंशों पर समान रूप से माँग की जानी चाहिए।

अंशों के निर्गमन पर लेखा

अंशों के निर्गमन पर लेखा अंशों का भुगतान प्राप्त करने की विधि से प्रभावित होता है। *एक कम्पनी निम्न दो प्रकार से अंशों पर देय राशि प्राप्त कर सकती है*

- ***अंशों के निर्गमन पर लेखा एकमुश्त भुगतान की दशा में***

आवेदन राशि प्राप्त होने पर	Bank A/c To Share Application and Allotment A/c (Being application money received on......... shares @ ....per share)	Dr
अंशों के आवण्टन होने पर, यदि अंश सम-मूल्य पर निर्गमित किए गए हों	Share Application and Allotment A/c To Share Capital A/c (Being shares allotted and application money transferred to share capital account)	Dr
अंशों के आवण्टन होने पर यदि अंश प्रीमियम पर निर्गमित किए गए हों	Share Application and Allotment A/c To Share Capital A/c To Securities Premium Reserve A/c (Being share allotted and application money transferred to share capital account and securities premium reserve account)	Dr

- ***किस्तों में भुगतान प्राप्त होने की दशा में लेखा***

आवेदन राशि प्राप्त होने पर	Bank A/c To Share Application A/c (Being application money received on...... shares @ ₹ per share)	Dr
आवेदन राशि को पूँजी खाते में स्थानान्तरित करने पर	Share Application A/c To Share Capital A/c (Being application money transferred to share capital account)	Dr
आवण्टन राशि देय होने पर, यदि अंशों का निर्गमन सम-मूल्य पर किया गया हो	Share Allotment A/c To Share Capital A/c (Being allotment money due on......shares @ ......per share)	Dr
आवण्टन राशि देय होने पर, यदि अंशों का निर्गमन प्रीमियम पर किया गया हो	Share Allotment A/c To Share Capital A/c To Securities Premium Reserve A/c (Being share allotment money due, including securities premium)	Dr
आवण्टन राशि प्राप्त होने पर	Bank A/c To Share Allotment A/c (Being allotment money received on...... shares @...per share)	Dr
प्रथम माँग की राशि देय होने पर	Share First Call A/c To Share Capital A/c (Being call money due on......shares @ ₹ ... per share)	Dr
प्रथम माँग की राशि प्राप्त होने पर	Bank A/c To Share First Call A/c (Being share first call money received on......shares @ ₹ ...per share)	Dr

अंशों का न्यून-अभिदान व अधि-अभिदान

- ***अंशों का न्यून-अभिदान*** जब जनता से अभिदान के लिए प्रस्तावित अंशों से कम अंशों के लिए आवेदन प्राप्त होते हैं, तो इसे 'अंशों का न्यून-अभिदान' कहते हैं। ऐसी स्थिति में आवेदित अंशों (Applied shares) को आधार मानकर जर्नल प्रविष्टियाँ की जाती हैं, न कि निर्गमित अंशों की संख्या के आधार पर।

- ***अंशों का अधि-अभिदान*** प्रायः आर्थिक दृष्टि से सुदृढ़ एवं लोकप्रिय कम्पनी जितने अंश जनता को निर्गमित करना चाहती है, उससे अधिक अंशों के लिए आवेदन कम्पनी के पास आ जाते हैं। अभिदान की इस स्थिति को 'अधि-अभिदान' कहते हैं।

अंशों के न्यून-अभिदान तथा अधि-अभिदान में अन्तर

आधार	न्यून-अभिदान	अधि-अभिदान
आवेदन की स्थिति	आवेदित अंशों की संख्या कम्पनी द्वारा निर्गमित अंशों से कम होती है।	आवेदित अंशों की संख्या कम्पनी द्वारा निर्गमित अंशों से अधिक होती है।
स्वीकृति	इस स्थिति में समस्त आवेदनों को स्वीकार किया जाता है।	अधि-अभिदान की स्थिति में समस्त आवेदनों को स्वीकार नहीं किया जाता है।
न्यूनतम अभिदान	इस स्थिति में न्यूनतम अभिदान की समस्या उत्पन्न हो सकती है।	इस स्थिति में न्यूनतम अभिदान की समस्या उत्पन्न नहीं हो सकती है।
राशि की वापसी	न्यूनतम अभिदान प्राप्त होने की स्थिति में आवेदन राशि की वापसी नहीं होती है।	कम्पनी उन आवेदकों को राशि वापस कर देती है, जिनके आवेदन अस्वीकार कर दिए जाते हैं।

अवशिष्ट याचना तथा अग्रिम याचना

- ***अदत्त या अवशिष्ट याचना*** कभी-कभी कम्पनी द्वारा आवण्टित अंशों पर माँगी गई राशि का भुगतान अंशधारी समय से नहीं कर पाते हैं, ऐसी अदत्त राशि को 'अदत्त या अवशिष्ट याचना' कहते हैं। कम्पनी को अदत्त याचना पर देय तिथि से वास्तविक भुगतान की तिथि तक की अवधि के लिए अन्तर्नियमों में वर्णित दर से ब्याज लेने का अधिकार होता है।
- ***अग्रिम याचना*** कम्पनी के द्वारा आवण्टित अंशों पर अंशधारी द्वारा याचना की राशि देय होने से पूर्व ही भुगतान कर दी जाए, तो ऐसी भुगतान की गई राशि 'अग्रिम याचना' कहलाती है। कम्पनी अधिनियम, 2013 की धारा 92 के अनुसार, कम्पनी के अन्तर्नियमों में प्रावधान किए जाने पर कम्पनी के द्वारा आवण्टित अंशों पर अग्रिम याचना की राशि स्वीकार की जा सकती है।

बकाया माँग एवं अग्रिम प्राप्त माँग में अन्तर

आधार	बकाया माँग	अग्रिम प्राप्त माँग
अर्थ	माँगी गई राशि का समय पर भुगतान न करना बकाया माँग होती है।	न माँगी गई राशि का समय पूर्व भुगतान अग्रिम प्राप्त माँग होती है।
ब्याज	कम्पनी द्वारा इन पर ब्याज लिया जाता है।	कम्पनी इन भागों पर ब्याज देती है।
दर	सारणी 'एफ' के अनुसार अधिकतम दर 10% बार्षिक है।	सारणी 'एफ' के अनुसार अधिकतम दर 12% वार्षिक है।

नकद के अतिरिक्त अन्य प्रतिफल के लिए अंशों का निर्गमन

कम्पनी के द्वारा नकद के अतिरिक्त अन्य प्रतिफल के लिए भी अंशों का निर्गमन किया जा सकता है, *निम्नलिखित उद्देश्यों की पूर्ति हेतु नकद के अतिरिक्त अन्य प्रतिफल के रूप में अंशों का निर्गमन किया जा सकता है*

- क्रय की गयी कम्पनी या सम्पत्ति के क्रय-प्रतिफल (Purchases Consideration) का भुगतान विक्रेताओं (Vendors) को पूर्णदत्त अंश निर्गमित करके किया जा सकता है।
- एक कम्पनी अपने प्रवर्तकों को उनकी प्रवर्तन की सेवाओं के भुगतान में उन्हें अपने पूर्णदत्त अंश निर्गमित करके कर सकती है।
- अभिगोपकों (Underwriters) को अभिगोपन कमीशन (Underwriting Commission) का भुगतान कम्पनी पूर्णदत्त अंश निर्गमित करके कर सकती है।

इस सम्बन्ध में लेखा प्रविष्टियाँ

सम्पत्तियों को क्रय करने पर	Sundry Assets A/c To Vendor (Being purchase of sundry assets)	Dr
व्यवसाय को क्रय करने पर	Sundry Assets A/c Goodwill A/c (if any) To Sundry Liabilities A/c To Vendor To Capital Reserve A/c (If any) (Being business purchased)	Dr Dr
विक्रेता को सम-मूल्य पर अंशों का निर्गमन	Vendor To Share Capital A/c (Being purchase consideration paid by issue of .... shares to vendors @ ₹ ...... per share)	Dr
आंशिक रूप से नकद एवं आंशिक रूप से अंशों में भुगतान करने पर	Vendor To Bank A/c To Share Capital A/c (Being payment made to vendor)	Dr
विक्रेता को प्रीमियम पर अंशों का निर्गमन	Vendor To Share Capital A/c To Securities Premium Reserve A/c (Being purchase consideration paid by issue of ...... shares to vendors @ ₹ .... per share at a premium of ₹ ... per share)	Dr
अभिगोपकों को उनकी सेवाओं के बदले अंशों का निर्गमन करने पर	Underwriting (commission) Expenses A/c To Underwriter (Being underwriting commission due)	Dr
	Underwriter To Share Capital A/c (Being .... shares issued @ ₹ .... per share to underwriters)	Dr
प्रवर्तकों को अंशों का निर्गमन	Incorporation or formation Expenses A/c To Share Capital A/c (Being issue of .... shares @ ₹ .... per share to promoters)	Dr

अंशों का हरण (Forfeiture of Shares)

अंशों के हरण से आशय, अंशों पर की गई याचना का भुगतान न किए जाने के कारण दण्डस्वरूप अंशधारी के अंशों को जब्त करके उसकी सदस्यता समाप्त कर उसका नाम सदस्यों के रजिस्टर से हटाने से है। यदि कोई अंशधारी आवण्टन या किसी याचना की राशि का भुगतान नहीं करता है, तो कम्पनी को ऐसे अंशधारी के अंशों से प्राप्त राशि को जब्त करते हुए अंशों का हरण करने का अधिकार होता है।

अंशों के हरण की वैधानिक प्रक्रिया

- कम्पनी के संचालक अंशों के हरण की कार्यवाही तभी कर सकते हैं, जबकि कम्पनी के अन्तर्नियमों में उन्हें ऐसा करने का अधिकार दिया हो अथवा कम्पनी ने कम्पनी अधिनियम, 2013 की अनुसूची I की Table-F के प्रावधानों को अपना लिया हो।
- अंशों का हरण करने से पूर्व अंशधारी को इस आशय का एक नोटिस भेजा जाता है कि वह अपने अंशों पर अदत्त राशि ब्याज-सहित (यदि कोई हो) का भुगतान निर्धारित समय-सीमा के अन्दर कर दे।
- भुगतान करने के लिए सूचना में जो तिथि निर्धारित की जाए, वह अंशधारी को सूचना प्राप्त होने के कम-से-कम 14 दिन बाद की होनी चाहिए।
- नोटिस में निर्धारित तिथि तक भुगतान प्राप्त न होने पर अंशों का हरण कर लिया जाता है।

अंश हरण के प्रभाव

अंश हरण के बाद कम्पनी द्वारा अंशधारी का नाम सदस्यों के रजिस्टर से हटा दिया जाता है तथा उसकी सदस्यता समाप्त कर दी जाती है।

अपहृत अंशों के सम्बन्ध में लेखा प्रविष्टियाँ

सम-मूल्य पर निर्गमित अंशों का हरण

Share Capital A/c	Dr
To Forfeited Share A/c	
To Share Allotment A/c	
To Share Unpaid Call A/c	
(Being forfeiture of .... shares for non-payment of call @ ₹ ...... per share)	

नोट *यदि अंशों का निर्गमन प्रीमियम पर किया गया है तथा प्रीमियम की राशि प्राप्त हो चुकी है, तो उस दशा में अंशों के हरण के लिए भी उपरोक्त दी गई प्रविष्टियाँ ही की जाएँगी।*

प्रीमियम पर निर्गमित अंशों का हरण (जब प्रीमियम की राशि प्राप्त नहीं हुई हो)

Share Capital A/c	Dr
Securities Premium Reserve A/c	Dr
To Forfeited Share A/c	
To Share Allotment A/c	
To Share Unpaid Calls A/c	
(Being forfeiture of .... shares for non-payment of allotment and call @ ₹ .... per share)	

नोट *यदि अवशिष्ट याचना खाता खोला गया है, तो अंश आवण्टन तथा अंश याचना खातों के स्थान पर तीनों परिस्थितियों में अवशिष्ट याचना खाता क्रेडिट किया जाएगा।*

बट्टे पर निर्गमित अंशों का हरण

Share Capital A/c	Dr
Discount on Issue of Share A/c	Dr
To Share Forfeited A/c	
To Share Allotment A/c	
To Share Unpaid Calls A/c	
(Being forfeiture of .... shares for non-payment of allotment and calls @ ₹ .... per share)	

हरण किए गए अंशों का पुनर्निर्गमन

कम्पनी हरण किए गए अंशों का पुनर्निर्गमन कर सकती है। तालिका-F कम्पनी को हरण किए गए अंशों के पुनर्निर्गमन का अधिकार प्रदान करती है। पुनर्निर्गमन के समय अंशों के बाजार मूल्य की स्थिति के अनुसार हरण किए गए अंशों को सम-मूल्य पर, प्रीमियम पर या कटौती पर निर्गमित किया जा सकता है।

कटौती की राशि को सामान्यतः अंश हरण खाते से पूरा किया जाता है, किन्तु अंशों का निर्गमन यदि बट्टे पर किया गया हो तथा तत्पश्चात् उसका हरण करके पुनर्निर्गमन किया जा रहा हो, तो उस स्थिति में पुनर्निर्गमित अंशों की कटौती की राशि को सर्वप्रथम हरण किए गए अंशों के कटौती खाते से समायोजित किया जाएगा तत्पश्चात् यदि कोई शेष बचता है, तो उसे अंश हरण खाते से पूरा किया जाएगा। पुनर्निर्गमन के पश्चात् अंश हरण खाते के शेष को पूँजी संचय खाते में हस्तान्तरित कर दिया जाता है।

जब्त अंशों के पुनर्निर्गमन को आवण्टन नहीं कहा जा सकता है, क्योंकि आवण्टन अंश वितरण की प्रक्रिया होती है, जबकि पुर्निर्गमन स्वामित्व के हस्तान्तरण की प्रक्रिया होती है।

हरण किए गए अंशों के पुनर्निर्गमन के सम्बन्ध में लेखा प्रविष्टियाँ

यदि अंशों का पुनर्निर्गमन सम-मूल्य पर किया जाता है	Bank A/c To Share Capital A/c (Being .... forfeited shares re-issued @ ₹ .... per share)	Dr
यदि अंशों का पुनर्निर्गमन प्रीमियम पर किया जाता है	Bank A/c To Share Capital A/c To Securities Premium Reserve A/c (Being ……forfeited shares re-issued @ ₹..... per share)	Dr
यदि अंशों का पुनर्निर्गमन कटौती पर किया जाता है	Bank A/c Forfeited Share A/c To Share Capital A/c (Being .... forfeited shares re-issued @ ₹ .... per share)	Dr Dr

नोट *अंशों के पुनर्निर्गमन पर दिया जाने वाला बट्टा अंशों पर हरण की गई राशि से अधिक नहीं होना चाहिए।*

अपहृत अंश खाते के शेष को पुनर्निर्गमन के बाद पूँजी संचय खाते में हस्तान्तरित करना	Forfeited Share A/c Dr To Capital Reserve A/c (Being balance of share forfeiture account transferred to capital reserve account)

कर्मचारी स्टाक विकल्प योजना

कम्पनी अधिनियम, 2013 की धारा 62 (1) (b) के अनुसार, *''कर्मचारी स्टाक विकल्प'' का तात्पर्य कम्पनी के संचालकों (पूर्णकालीन एवं अंशकालीन) कर्मचारियों व अधिकारियों को कम्पनी के अंश पूर्व निर्धारित मूल्य पर भविष्य की किसी तिथि को खरीदने के अधिकार (दायित्व नहीं) का विकल्प दिया जाता है।*

विकल्पों के मूल्य की गणना इस प्रकार की जाती है

Value of options = No. of option × (Market Price of Share – Exercise Price of the Shares)

लाभांश

लाभों का वह भाग, जो कम्पनी द्वारा अंशधारियों में वितरित करने के लिए निर्धारित एवं घोषित कर दिया जाता है, 'लाभांश' कहलाता है। *लाभांश निम्न स्वरूप ले सकता है-*

- ***अन्तिम लाभांश*** वर्ष के अन्त में कम्पनी की सामान्य सभा में यह लाभांश वर्ष भर के लाभों के आधार पर प्रबन्ध संचालकों द्वारा घोषित किया जाता है।

- ***अन्तरिम लाभांश*** भावी लाभ की आशा में वित्तीय वर्ष के दौरान वार्षिक साधारण सभा से पूर्व घोषित एवं वितरित किए गए लाभांश को अन्तरिम लाभांश कहते हैं। इसे वित्तीय वर्ष के दौरान एक या एक से अधिक बार घोषित किया जा सकता है।
- ***अयाचित लाभांश*** लाभांश घोषित करने की तिथि के 30 दिन के अन्दर उसका भुगतान कम्पनी द्वारा नहीं किया गया है या अंशधारी द्वारा नहीं माँगा गया है, तो ऐसा लाभांश अयाचित लाभांश कहलाता है। 30 दिन की उक्त अवधि के समाप्त होने के पश्चात् 7 दिन के अन्दर ऐसे लाभांश की राशि को कम्पनी द्वारा एक अनुसूचित बैंक में 'न चुकाए गए बैंक' खाते में जमा कराना आवश्यक है।

अधिकार निर्गमन

कम्पनी अधिनियम, 2013 की धारा 62 के अनुसार, यदि कोई सार्वजनिक कम्पनी अपनी प्रार्थित पूँजी में वृद्धि करना चाहती है, तो इसे नए अंश अपने वर्तमान समता अंशधारियों को उनके वर्तमान अंशों के अनुपात में प्रस्तावित करने होंगे। अंशों के ऐसे निर्गमन को अधिकार निर्गमन कहा जाता है।

अंशों का पुनर्क्रय

कम्पनी अधिनियम, 2013 धारा 68 कम्पनियों को अपने अंशों को वापसी खरीद करने की अनुमति प्रदान करती है। कम्पनी द्वारा स्वयं के समता अंशों को वापस खरीद लेना अंशों का पुनर्क्रय कहलाता है।

पुनर्क्रय हेतु साधन कम्पनी द्वारा पुनर्क्रय हेतु निम्न साधनों का प्रयोग किया जाता है

- स्वयं के स्वतन्त्र कोष
- प्रतिभूति प्रीमियम खाता

अंशों के निर्गमन से प्राप्त राशि

कम्पनी के आर्थिक चिट्ठे में अंश पूँजी का प्रकटीकरण

(Disclosure of Share Capital in a Company's Balance Sheet)

कम्पनी अधिनियम, 2013 की अनूसूची III के अन्तर्गत कम्पनी के आर्थिक चिट्ठे में अंश पूँजी का प्रकटीकरण निम्न प्रकार से किया जाता है-

Balance Sheet

Name of the Company......(Here enter the name of Company)

Balance Sheet as at......(Here enter the date at which the balance sheet is made out)

Particulars	Note No.	Current Year (₹)	Previous Year (₹)
I. **EQUITY AND LIABILITIES**			
1. **Shareholders' Funds**			
*(a) Share Capital	1	......	......

नोट कम्पनी अधिनियम, 2013 की अनुसूची III के अन्तर्गत कम्पनी के आर्थिक चिट्ठे में अंश पूँजी की केवल शुद्ध राशि (Net Amount) को ही दर्शाया जाएगा, तथा इससे सम्बन्धित मदों की व्याख्या लेखों से सम्बन्धित टिप्पणियों (Notes to Accounts) में दी जाएगी। टिप्पणी संख्या (Notes Number) आर्थिक चिट्ठे में अंश पूँजी के सामने लिख दी जाएगी।

कम्पनी के आर्थिक चिट्ठे में अंश पूँजी का प्रकटीकरण टिप्पणियों (Notes to Accounts) में निम्न प्रकार किया जाएगा-

Notes to Accounts

Particulars	Amt (₹)
Share Capital	
Authorised Capital	
.... Equity Shares of ₹ ... each	......
.... Preference Shares of ₹ ... each	......
Issued Capital	
.........Equity Shares of ₹ ... each	......
.........Preference Shares of ₹ ... each	......
Subscribed Capital	
Subscribed and Fully paid-up	......
.........Equity Shares of ₹... each	......
.........Preference Shares of ₹... each	......
Subscribed but not Fully paid-up	
.........Equity Shares of ₹ ...each	......
(−) Calls-in-arrears	
.... Preference Shares of ₹ ...each	......
(−) Calls-in-arrears	
(+) Forfeited Shares	
Total Amount to be Shown in the Balance Sheet	......

अभ्यास प्रश्न

1. कम्पनी किसके द्वारा निर्मित होती है?
(a) अंशधारियों द्वारा (b) प्रवर्तकों द्वारा
(c) विधान द्वारा (d) ऋणपत्रधारियों द्वारा

2. संयुक्त पूँजी कम्पनी का पंजीकरण है
(a) अनिवार्य (b) ऐच्छिक
(c) अनावश्यक (d) इनमें से कोई नहीं

3. कम्पनी की विशेषताओं में सम्मिलित है
(a) सार्वमुद्रा (b) ऐच्छिक संघ (c) सीमित दायित्व (d) ये सभी

4. चार्टर्ड कम्पनी का उदाहरण है
(a) स्टेट बैंक ऑफ इण्डिया
(b) ईस्ट इण्डिया कम्पनी
(c) इम्पीरियल बैंक ऑफ इण्डिया
(d) उपरोक्त में से कोई नहीं

5. निजी कम्पनी में न्यूनतम सदस्यों की संख्या होती है
(a) 2 (b) 7
(c) 5 (d) इनमें से कोई नहीं

6. कौन-सी कम्पनी अपने अंशों और ऋणपत्रों को क्रय करने के लिए जनता को आमन्त्रित नहीं करती?
(a) सार्वजनिक कम्पनी
(b) अपरिमित दायित्व वाली कम्पनी
(c) निजी कम्पनी
(d) औद्योगिक कम्पनी

7. निजी कम्पनी में अधिकतम सदस्यों की संख्या सीमित होती है
(a) 50 (b) 100
(c) 200 (d) इनमें से कोई नहीं

8. सार्वजनिक कम्पनी (पब्लिक कम्पनी) में न्यूनतम सदस्यों की संख्या होती है
(a) 2 (b) 5
(c) 7 (d) इनमें से कोई नहीं

9. किस प्रकार की कम्पनी के नाम के साथ केवल 'लिमिटेड' शब्द का प्रयोग किया जाता है?
(a) निजी कम्पनी (b) सार्वजनिक कम्पनी
(c) राजाज्ञा द्वारा निर्मित कम्पनी (d) विशेष व्यक्ति

10. सार्वजनिक कम्पनी में अधिकतम सदस्यों की संख्या सीमित होती है
(a) 100 (b) 200
(c) 1,000 (d) असीमित

11. सार्वजनिक कम्पनी के लिए अन्तर्नियम बनाया जाना है
(a) अनिवार्य (b) ऐच्छिक
(c) अनावश्यक (d) इनमें से कोई नहीं

12. कम्पनी के अधिकारों एवं उद्देश्यों की सीमा को कौन-सा प्रलेख निर्धारित एवं स्पष्ट करता है?
(a) पार्षद सीमानियम (b) पार्षद अन्तर्नियम
(c) प्रविवरण (d) इनमें से कोई नहीं

13. जिस प्रलेख के माध्यम से जनता को कम्पनी की अंश पूँजी अथवा ऋणपत्र क्रय करने के लिए आमन्त्रित किया जाता है, कहलाता है
(a) प्रविवरण (b) आमन्त्रण पत्र
(c) पार्षद सीमानियम (d) ये सभी

14. कम्पनी की अधिकृत पूँजी से आशय है
(a) सरकार द्वारा निर्धारित पूँजी
(b) पार्षद सीमानियम में उल्लेखित पूँजी
(c) पार्षद अन्तर्नियमों में उल्लेखित पूँजी
(d) उपरोक्त में से कोई नहीं

15. कम्पनी की निर्गमित पूँजी से आशय है
(a) जनता को निर्गमित की गई पूँजी
(b) पार्षद सीमानियम में उल्लेखित पूँजी
(c) पार्षद अन्तर्नियमों द्वारा निर्धारित पूँजी
(d) उपरोक्त में से कोई नहीं

16. निर्गमित पूँजी का वह भाग, जिसे लेने के लिए जनता द्वारा आवेदन किया जाता है, कहलाएगा
(a) अधिकृत पूँजी (b) संचित पूँजी
(c) निर्गमित पूँजी (d) प्रार्थित पूँजी

17. अंशधारियों को प्रतिफल में प्राप्त होता है
(a) ब्याज (b) कमीशन
(c) लाभांश (d) वेतन

18. किन अंशधारियों को एक निश्चित अवधि के पश्चात् पूँजी का भुगतान कर दिया जाता है?
(a) शोध्य पूर्वाधिकार अंशधारी
(b) अशोध्य पूर्वाधिकार अंशधारी
(c) संचयी पूर्वाधिकार अंशधारी
(d) भागयुक्त पूर्वाधिकार अंशधारी

19. निम्नलिखित विवरण समता/पूर्वाधिकार अंशों के विषय में है। इनमें से कौन-सा केवल पूर्वाधिकार अंशों पर लागू होता है?
(a) अंशधारियों को विनियोग का जोखिम होता है
(b) हानि की दशा में अंशधारियों को लाभांश प्राप्त न होने का जोखिम होता है
(c) अंशधारियों को प्रायः वोट देने का अधिकार होता है
(d) प्रत्येक वित्तीय वर्ष में लाभांश प्रायः निश्चित राशि के ही दिए जाते हैं

20. जब तक स्पष्ट वर्णित न हो, एक पूर्वाधिकार अंश माना जाता है
(a) संचयी, भागयुक्त एवं अपरिवर्तनीय
(b) गैर-संचयी, अभागयुक्त एवं अपरिवर्तनीय
(c) संचयी, अभागयुक्त एवं अपरिवर्तनीय
(d) गैर-संचयी, भागयुक्त एवं अपरिवर्तनीय

21. अंकित पूँजी .... ।
(a) अधिकृत पूँजी का वह भाग है, जो कम्पनी द्वारा निर्गमित किया गया है
(b) पूँजी का वह भाग है, जो सम्भावित अंशधारियों द्वारा वास्तव में आवेदित किया गया है
(c) पूँजी का वह भाग है, जो अंशधारियों द्वारा वास्तव में चुकाया गया है
(d) अधिकतम अंश पूँजी है, जिसे कम्पनी को निर्गमित करने का अधिकार है

22. पूँजी का वह भाग, जो केवल कम्पनी के समापन पर ही माँगा जा सकता है, ... कहलाता है।
(a) अधिकृत पूँजी (b) माँगी गई पूँजी
(c) न माँगी गई पूँजी (d) संचित पूँजी

23. कम्पनी के स्थिति विवरण के जोड़ में सम्मिलित की जाने वाली पूँजी कहलाती है
(a) निर्गमित पूँजी (b) प्रार्थित पूँजी
(c) माँगी गई पूँजी (d) अधिकृत पूँजी

24. पूँजीगत संचय में हस्तान्तरित किया जाता है
(a) स्थायी सम्पत्तियों को बेचने से लाभ
(b) अंश निर्गमन करने पर प्रीमियम
(c) अंशों के हरण से प्राप्त लाभ
(d) उपरोक्त सभी

25. एक कम्पनी के चिट्ठे में अंश पूँजी शीर्षक के अन्तर्गत सबसे अन्त में दर्शाई जाती है
(a) अधिकृत पूँजी (b) प्रार्थित अंश पूँजी
(c) निर्गमित अंश पूँजी (d) आरक्षित अंश पूँजी

26. एक कम्पनी की अधिकृत पूँजी का उल्लेख होता है
(a) पार्षद सीमानियम में (b) पार्षद अन्तर्नियम में
(c) प्रविवरण में (d) स्थानापन्न प्रविवरण में

27. अंशों के निजी विक्रय की स्थिति में कम्पनी पूँजी एकत्रित करने के लिए आम जनता को
(a) प्रविवरण के द्वारा आमन्त्रित करती है
(b) आमन्त्रित नहीं करती है
(c) विज्ञापन के द्वारा आमन्त्रित करती है
(d) पार्षद सीमानियम के द्वारा आमन्त्रित करती है

28. एक कम्पनी के द्वारा अपने कर्मचारियों अथवा संचालकों को 'बौद्धिक सम्पदा अधिकार' के प्रतिफल के लिए जारी किए गए अंशों को कहते हैं
(a) अधिकार समता अंश
(b) निजी समता अंश
(c) स्वेट समता अंश
(d) बोनस समता अंश

29. समता अंशों को निम्न उद्देश्य के लिए जारी नहीं किया जा सकता है
(a) नकद प्राप्ति के लिए
(b) सम्पत्ति क्रय के लिए
(c) ऋणपत्रों का शोधन करने के लिए
(d) लाभांश वितरण के लिए

30. किन अंशधारियों को भविष्य के लाभों में से अदत्त लाभांश प्राप्त करने का अधिकार होता है?
(a) शोध्य पूर्वाधिकार अंशधारी
(b) भागयुक्त पूर्वाधिकार अंशधारी
(c) संचयी पूर्वाधिकार अंशधारी
(d) असंचयी पूर्वाधिकार अंशधारी

31. अंशों के प्रीमियम की अधिकतम सीमा होती है
(a) अंकित मूल्य का 5% (b) अंकित मूल्य का 10%
(c) अंकित मूल्य का 15% (d) कोई सीमा निर्धारित नहीं है

32. न्यूनतम अभिदान की 90% राशि किस अंश पूँजी से सम्बन्धित है?
(a) अधिकृत पूँजी (b) निर्गमित पूँजी
(c) चुकता पूँजी (d) आरक्षित पूँजी

33. अंश आवेदन-पत्र खाता किस प्रकृति का होता है?
(a) वास्तविक खाता (b) व्यक्तिगत खाता
(c) नाममात्र खाता (d) इनमें से कोई नहीं

34. सेबी के दिशा-निर्देशों के अनुसार, प्रति अंश आवेदन की राशि अंश के निर्गमन मूल्य के ······ से कम नहीं होनी चाहिए।
(a) 10% (b) 15%
(c) 25% (d) 50%

35. न्यूनतम अभिदान प्राप्त करने की अवधि कितनी है?
(a) 20 दिन (b) 30 दिन
(c) 40 दिन (d) 50 दिन

36. न्यूनतम अभिदान प्राप्त न होने की स्थिति में आवेदकों से प्राप्त राशि कितने दिनों में लौटानी होगी?
(a) 15 दिन (b) 20 दिन
(c) 25 दिन (d) 30 दिन

37. किन अंशों का निर्गमन बट्टे पर किया जा सकता है?
(a) समता अंश (b) पूर्वाधिकार अंश
(c) अधिकार अंश (d) स्वेट समता अंश

38. बकाया माँग पर प्राप्त ब्याज को हस्तान्तरित किया जाता है
(a) लाभ-हानि खाते में (b) लाभ-हानि के विवरण में
(c) चिट्ठे में (d) इनमें से कोई नहीं

39. अंशों के निर्गमन पर प्राप्त प्रीमियम का प्रयोग किया जा सकता है
(a) प्रारम्भिक व्ययों को अपलिखित करने हेतु
(b) अंशों के पुनर्क्रय हेतु
(c) पूर्णदत्त बोनस अंशों के निर्गमन हेतु
(d) उपरोक्त सभी

40. सेबी के अनुसार न्यूनतम अभिदान की राशि निर्धारित की गई है
(a) कुल निर्गमन की 45%
(b) कुल निर्गमन की 90%
(c) कुल निर्गमन की 99%
(d) इनमें से कोई नहीं

41. 'तालिका-F' अपनाने वाली कम्पनी बकाया माँग पर किस दर से ब्याज वसूल कर सकती है?
(a) 5% (b) 10%
(c) 7% (d) 12%

42. 'तालिका F' अपनाने वाली कम्पनी अग्रिम माँग पर किस दर से ब्याज का भुगतान कर सकती है?
(a) 5% (b) 10% (c) 7% (d) 12%

43. आवेदन राशि के आधिक्य को हस्तान्तरित करने पर डेबिट किया जाता है
(a) अंश पूँजी खाते को (b) अंश आवेदन खाते को
(c) अंश आवण्टन खाते को (d) बैंक खाते को

44. आवेदन राशि लौटाने पर डेबिट किया जाता है
(a) बैंक खाते को (b) अंश पूँजी खाते को
(c) अंश आवेदन खाते को (d) अंश आवण्टन खाते को

45. आवण्टन राशि माँगने पर डेबिट किया जाता है
(a) अंश आवण्टन खाते को (b) अंश पूँजी खाते को
(c) बैंक खाते को (d) इनमें से कोई नहीं

46. प्रवर्तकों को सेवा के बदले आवण्टित अंशों के लिए किस खाते को डेबिट किया जाता है?
(a) प्रवर्तक खाते को (b) बैंक खाते को
(c) प्रारम्भिक व्यय खाते को (d) इनमें से कोई नहीं

47. अधिकार अंशों का निर्गमन कम्पनी अधिनियम, 2013 की किस धारा के अनुसार होता है?
(a) धारा 51 (b) धारा 54
(c) धारा 62 (d) धारा 66

48. अधिकार अंशों का निर्गमन किया जाता है
(a) कर्मचारियों को (b) जन-साधारण को
(c) वर्तमान अंशधारियों को (d) इनमें से कोई नहीं

49. कम्पनी अधिनियम, 2013 की धारा 62 के प्रावधान लागू नहीं होते
(a) निजी कम्पनी पर (b) सार्वजनिक कम्पनी पर
(c) सीमित दायित्व वाली कम्पनी पर (d) इनमें से कोई नहीं

50. अंशों के अपहरण के समय अंश पूँजी खाते को डेबिट किया जाता है
(a) अंकित मूल्य से (b) माँगी गई राशि से
(c) चुकता मूल्य से (d) निर्गमित मूल्य से

51. स्थिति विवरण में अंश हरण खाते के शेष को ········ शीर्षक के अन्तर्गत दिखाया जाता है।
(a) अंश पूँजी खाता (b) संचय एवं आधिक्य
(c) चालू दायित्व एवं आयोजन (d) आरक्षित ऋण

52. अंशों का हरण करने से पूर्व अंशधारियों को ······· नोटिस दिया जाना आवश्यक होता है।
(a) 7 दिन का (b) 14 दिन का
(c) 21 दिन का (d) इनमें से कोई नहीं

53. अंश हरण खाते का शेष कम्पनी के आर्थिक चिट्ठे के किस शीर्षक के अन्तर्गत दर्शाया जाता है?
(a) अन्य चालू दायित्व (b) संचय एवं आधिक्य
(c) अंश पूँजी (d) दीर्घकालीन ऋण

54. जब अंशों का हरण किया जाता है, तो पूँजी खाते को ······· से डेबिट किया जाता है।
(a) अंशों पर प्रदत्त राशि (b) हरण खाता
(c) लाभ-हानि खाता (d) अवशिष्ट याचना

55. अपहरित अंशों के पुनर्निर्गमन के बाद अपहरित अंश खाते के शेष को अन्तरित किया जाता है
(a) लाभ-हानि खाते में (b) अंश प्रीमियम खाते में
(c) पूँजी संचय खाते में (d) सामान्य संचय खाते में

56. अपहरित अंशों के पुनर्निर्गमन पर दी गई कटौती को डेबिट किया जाता है
(a) अंश पूँजी खाते के रूप में (b) अंश हरण खाते के रूप में
(c) लाभ-हानि खाते के रूप में (d) इनमें से कोई नहीं

57. अंश हरण पर अंशों पर प्राप्त पूँजी से क्रेडिट किया जाएगा
(a) माँग खाते को (b) अंश हरण खाते को
(c) अंश पूँजी खाते को (d) इनमें से कोई नहीं

58. अंशों को पुनर्निर्गमित किया जा सकता है
(a) सम-मूल्य पर (b) बट्टे पर
(c) प्रीमियम पर (d) ये सभी

59. ₹ 10 वाले 500 अंश, जो पूर्ण याचित थे तथा जिन पर ₹ 7 का भुगतान किया जा चुका है, का हरण किया गया। इनमें से 300 अंश पूर्णदत्त रूप में ₹ 8.50 प्रति अंश पर पुनर्निर्गमित किए गए। पूँजी संचय खाते में हस्तान्तरित की जाने वाली राशि होगी
(a) ₹ 5,000 (b) ₹ 3,500
(c) ₹ 1,650 (d) इनमें से कोई नहीं

60. ₹ 10 वाले 500 अंश, जिन पर ₹ 8 की याचना की गई थी और ₹ 6 का भुगतान किया जा चुका है, का हरण किया गया। इनमें से 300 अंश पूर्णदत्त रूप में ₹ 9 प्रति अंश पर पुनर्निर्गमित किए गए। अपहरित अंश खाते का शेष होगा
(a) ₹ 1,500 (b) ₹ 1,200
(c) ₹ 3,000 (d) इनमें से कोई नहीं

61. एक अंशधारी, जिसके पास 600 अंश थे, ₹ 5 प्रति अंश याचना की राशि 01 नवम्बर, 2013 को भेज दी, जबकि याचना 01 मार्च, 2014 को देय थी। अग्रिम याचना पर अधिकतम ब्याज होगा
(a) ₹ 45 (b) ₹ 120
(c) ₹ 50 (d) ₹ 60

62. एक कम्पनी ने 100000 अंशों के लिए आवेदन आमन्त्रित किए और इसे 150000 अंशों के आवेदन प्राप्त हुए। 30000 अंशों के आवेदन अस्वीकृत किए गए तथा शेष का समानुपात आवण्टन किया गया। 3000 अंशों के आवेदक को कितने अंश आवण्टित किए जाएँगे?
(a) 2500 अंश (b) 3600 अंश
(c) 4500 अंश (d) 2000 अंश

63. एक कम्पनी ने ₹ 10 वाले 4000 समता अंश सम-मूल्य पर निर्गमित किए। भुगतान इस प्रकार होना था—आवेदन पर ₹ 3, आवण्टन पर ₹ 2, प्रथम याचना पर ₹ 4, अन्तिम याचना पर ₹ 1, 10000 अंशों के लिए आवेदन प्राप्त हुए। समानुपातिक आधार पर आवण्टन किया गया। आवण्टन पर कितनी राशि प्राप्त होगी?
(a) ₹ 8,000 (b) ₹ 12,000
(c) शून्य (d) इनमें से कोई नहीं

64. एक कम्पनी ने ₹ 100 वाले 5000 समता अंश सम-मूल्य पर निर्गमित किए। भुगतान इस प्रकार होना था- आवेदन पर ₹ 40, आवण्टन पर ₹ 50, याचना पर ₹ 10; 8000 अंशों के लिए आवेदन-पत्र प्राप्त हुए। समानुपातिक आधार पर आवण्टन किया गया। आवण्टन पर कुल नकद राशि कितनी प्राप्त होगी?
(a) ₹ 2,50,000 (b) ₹ 1,20,000
(c) ₹ 1,30,000 (d) ₹ 50,000

65. *A* लिमिटेड ने ₹ 10 वाले 2000 पूर्णतया माँगे गए अंशों का हरण किया, जिन पर अन्तिम याचना के ₹ 2 नहीं चुकाए गए हैं। इनमें से 1200 अंशों को ₹ 7 प्रति अंश पूर्णतया चुकता मानते हुए पुनर्निर्गमित किया। पूँजी संचय खाते में कितनी राशि हस्तान्तरित की जाएगी?
(a) ₹ 7,600 (b) ₹ 1,200
(c) ₹ 12,400 (d) ₹ 6,000

66. एक कम्पनी में ₹ 10 वाले 1000 अंश हरण कर लिए, जिन पर ₹ 8 प्रति अंश माँगा जा चुका था तथा ₹ 3 प्रति अंश की प्रथम माँग कम्पनी को नहीं मिली। अंश हरण खाते की राशि होगी
(a) ₹ 8,000 (b) ₹ 4,000
(c) ₹ 5,000 (d) ₹ 3,000

67. कम्पनी ने ₹ 10 वाले 700 अंशों का हरण किया, जिन पर ₹ 5 प्रति अंश चुकाया गया था। इनमें 200 अंशों को ₹ 9 प्रति अंश की दर से पुनर्निर्गमित कर दिया गया। अंश हरण खाते से पूँजी संचय खाते में राशि हस्तान्तरित की जाएगी
(a) ₹ 800 (b) ₹ 200
(c) ₹ 3,500 (d) ₹ 2,500

68. एक कम्पनी ने ₹ 10 वाले पूर्ण यचित 1000 अंशों का हरण किया, जिन पर ₹ 6,000 भुगतान किया गया था। इनमें से 800 अंश ₹ 6,600 में पुनर्निर्गमित कर दिए गए। पूँजी संचय में कितनी राशि हस्तान्तरित की जाएगी?
(a) ₹ 4,800 (b) ₹ 6,000
(c) ₹ 4,600 (d) ₹ 3,400

69. *'B'* लिमिटेड ने ₹ 100 वाले 300 अंशों का, जिन पर ₹ 70 माँगे गए थे, ₹ 20 प्रति अंश की प्रथम याचना का भुगतान न किए जाने पर हरण किया। इनमें से 200 अंशों को ₹ 60 प्रति अंश पर ₹ 70 चुकता मानते हुए पुनर्निर्गमन किया। पूँजी संचय खाते में कितनी राशि हस्तान्तरित की जाएगी?
(a) ₹ 13,000 (b) ₹ 8,000
(c) ₹ 2,000 (d) ₹ 7,000

70. P लिमिटेड ने ₹ 10 वाले 150 अंशों का हरण किया, जो ₹ 2 प्रीमियम पर निर्गमित किए गए थे और जिन्होंने ₹ 3 को अन्तिम याचना नहीं दी थी। इनमें से 100 अंशों को ₹ 11 प्रति अंश पर पुनर्निर्गमित किया गया। पूँजी संचय में कितनी राशि हस्तान्तरित की जाएगी?
(a) ₹ 700 (b) ₹ 500
(c) ₹ 1,200 (d) ₹ 300

उत्तरमाला

1.	(c)	**2.**	(a)	**3.**	(d)	**4.**	(b)	**5.**	(a)	**6.**	(c)	**7.**	(c)	**8.**	(c)	**9.**	(b)	**10.**	(d)
11.	(b)	**12.**	(a)	**13.**	(a)	**14.**	(b)	**15.**	(a)	**16.**	(d)	**17.**	(c)	**18.**	(a)	**19.**	(d)	**20.**	(b)
21.	(d)	**22.**	(d)	**23.**	(c)	**24.**	(d)	**25.**	(b)	**26.**	(a)	**27.**	(b)	**28.**	(c)	**29.**	(d)	**30.**	(b)
31.	(d)	**32.**	(b)	**33.**	(b)	**34.**	(c)	**35.**	(b)	**36.**	(a)	**37.**	(d)	**38.**	(b)	**39.**	(d)	**40.**	(b)
41.	(b)	**42.**	(d)	**43.**	(c)	**44.**	(c)	**45.**	(d)	**46.**	(a)	**47.**	(c)	**48.**	(c)	**49.**	(a)	**50.**	(b)
51.	(a)	**52.**	(b)	**53.**	(c)	**54.**	(a)	**55.**	(c)	**56.**	(b)	**57.**	(b)	**58.**	(d)	**59.**	(c)	**60.**	(a)
61.	(b)	**62.**	(a)	**63.**	(c)	**64.**	(c)	**65.**	(d)	**66.**	(c)	**67.**	(a)	**68.**	(d)	**69.**	(b)	**70.**	(a)

संकेत एवं हल

59. (*c*) पुनर्निर्गमित 300 अंशों पर प्राप्त राशि = 300 × 7 = ₹ 2,100

(–) पुनर्निर्गमन पर बट्टा 300 × 1.5 = 450

पूँजी संचय की राशि 1,650

60. (*a*) पुनर्निर्गमित 300 अंशों पर प्राप्त राशि = 300 × 6 = 1,800

(–) पुनर्निर्गमन पर बट्टा 300 × 1 = 300

पूँजी संचय की राशि 1,500

61. (*b*) ब्याज = 600 × 5 = 300 × $\frac{12}{100} \times \frac{4}{12}$ = ₹ 120

(ब्याज की अवधि 1 नवम्बर से 1 मार्च = 4 माह)

62. (*a*) 1,20,000 आवेदकों को अंश = 1,00,000

30000 अंशों के आवेदकों को अंश

$= \frac{1,00,000}{1,20,000} \times 30,000 = 2,500$

63. (*c*) आवदेन पर आधिक्य प्राप्त राशि

= (10,000 × 3) – (4,000 × 3) = ₹ 18,000

आवण्टन पर माँगी गई समस्त राशि आवेदन के आधिक्य पर समायोजित होगी तथा आवण्टन पर प्राप्त राशि शून्य होगी।

64 (*c*) आवण्टन पर माँगी गई राशि = 5,000 × 50 = ₹ 2,50,000

(–) आवेदन पर आधिक्य राशि = 3,000 × 40 = 1,20,000

आवण्टन पर प्राप्त राशि 1,30,000

65. (*d*) पुनर्निर्गमित 1,200 अंशों पर प्राप्त राशि = 1200 × 8 = 9,600

(–) पुनर्निर्गमन पर बट्टा = 1200 × 3 = 3,600

पूँजी संचय की राशि = 6,000

66. (*c*) 1000 अंशों पर माँगी गई राशि = 1,000 × 8 = 8,000

(–) न प्राप्त राशि = 1,000 × 3 = 3,000

प्राप्त या हरण की राशि = 5,000

67. (*a*) पुनर्निर्गमित 200 अंशों पर प्राप्त राशि = 200 × 5 = 1,000

(–) पुनर्निर्गमन पर बट्टा = 200 × 1 = 200

पूँजी संचय की राशि = 800

68. (*d*) 800 अंशों पर प्राप्त राशि = $\frac{6,000}{1,000} \times 800 = 4,800$

(–) पुनर्निर्गमन पर बट्टा (8,000 – 6,600) = 1,400

पूँजी संचय की राशि = 3,400

69. (*b*) पुनर्निर्गमित 200 अंशों पर प्राप्त राशि = 200 × 50 = 10,000

(–) पुनर्निर्गमन पर बट्टा = 200 × 10 = 2,000

पूँजी संचय की राशि = 8,000

70. (*a*) 150 अंशों पर पूँजी की प्राप्त राशि = 150 × 7 = ₹ 1,050

100 अंशों पर प्राप्त राशि $\frac{1,050}{150} \times 100 = 700$

(–) पुनर्निर्गमन पर बट्टा

पूँजी संचय की राशि = 700

अध्याय 8

ऋणपत्रों का निर्गमन एवं शोधन

ऋणपत्र (Debenture)

ऋणपत्र से आशय एक ऐसे विलेख से है, जो कम्पनी द्वारा ऋणदाता को ऋण प्राप्ति के लिखित प्रमाण के रूप में निर्गमित किया जाता है, जिस पर कम्पनी की सार्वमुद्रा (Common seal) अंकित होती है तथा मूलधन की वापसी, ब्याज दर, सम्पत्तियों पर प्रभार आदि सभी शर्तों का उल्लेख होता है। ऋणपत्रों के निर्गमन से प्राप्त धनराशि (ऋण) को 'ऋण पूँजी' कहते हैं।

कम्पनी अधिनियम, 2013 की धारा 2(30) के अनुसार, *''ऋणपत्र में ऋणपत्र स्टॉक, बॉण्ड्स तथा कम्पनी द्वारा जारी किए गए अन्य विलेख, जो ऋण के साक्ष्य हों, सम्मिलित हैं, चाहे वे कम्पनी की सम्पत्तियों पर प्रभार रखते हों अथवा नहीं।''*

बॉण्ड

बॉण्ड भी ऋणपत्रों के समान ही होते हैं। पहले इनका निर्गमन सरकार द्वारा ही किया जाता था, परन्तु वर्तमान में इनका निर्गमन अर्द्ध-सरकारी संस्थाओं एवं निजी संस्थाओं द्वारा भी ऋण के प्रमाणस्वरूप किया जाता है।

बॉण्ड तथा ऋणपत्र में अन्तर

बॉण्ड तथा ऋणपत्र में मूल अन्तर उनकी निर्गमन की शर्तों के आधार पर किया जाता है। बॉण्ड का निर्गमन बिना पूर्व निर्धारित ब्याज दर के आधार पर भी किया जा सकता है, जबकि ऋणपत्रों का निर्गमन पूर्व निर्धारित ब्याज दर के आधार पर ही किया जाता है।

ऋणपत्र तथा ऋणपत्र स्टॉक में अन्तर

आधार	ऋणपत्र	ऋणपत्र स्टॉक
अर्थ	ऋणपत्र एक निश्चित इकाई का प्रमाण पत्र है।	यह पूर्ण प्रदत्त ऋणपत्रों का समूह होता है।
प्रदत्त	यह आंशिक रूप से प्रदत्त हो सकता है।	यह सदैव पूर्ण प्रदत्त होता है।
क्षेत्र	इसका क्षेत्र व्यापक है, इसमें ऋणपत्र स्टॉक भी सम्मिलित होता है।	इसमें सभी ऋणपत्र सम्मिलित नही होते हैं।

ऋणपत्रों की विशेषताएँ/प्रकृति

- ऋणपत्र एक विलेख है, जो कम्पनी द्वारा ऋणदाता को ऋण प्राप्ति के लिखित प्रमाण के रूप में निर्गमित किया जाता है।
- ऋणपत्र पर कम्पनी की सार्वमुद्रा (Common seal) अंकित होती है।
- ऋणपत्र के मूलधन की राशि का शोधन निर्धारित शर्तों के अन्तर्गत किया जाता है।
- ऋणपत्रों पर निर्धारित दर से ब्याज का भुगतान किया जाता है, चाहे कम्पनी लाभ अर्जित कर रही हो या नहीं। इस ब्याज दर को कूपन दर (Coupon rate) भी कहा जाता है।
- ऋणपत्र प्रायः कम्पनी की सम्पत्तियों पर प्रभार (Charge) उत्पन्न करते हैं।
- ऋणपत्रों के माध्यम से कम्पनी द्वारा लिया गया ऋण दीर्घकालीन प्रकृति का होता है।
- एक कम्पनी अपने ऋणपत्रों को विनियोगों के रूप में क्रय कर सकती है।
- अदत्त याचनाओं का ऋणपत्रधारकों द्वारा भुगतान न किए जाने पर ऋणपत्रों का हरण नहीं किया जा सकता है।

प्रभार

ऋणपत्रों के भुगतान के लिए कम्पनी की सम्पत्तियों को प्रतिभूति (जमानत) बनाया जाना ही प्रभार कहलाता है। यदि निर्गमन की शर्तों के अनुसार ऋणपत्रों का भुगतान करने में कम्पनी असमर्थ रहती है, तो ऋणपत्रधारक प्रभार युक्त सम्पत्तियों के विक्रय से प्राप्त राशि से अपना ऋण वसूल कर सकते हैं।

कम्पनी की सम्पत्तियों पर प्रभार निम्न दो प्रकार के होते हैं

स्थिर प्रभार कम्पनी की स्थायी एवं विशिष्ट सम्पत्तियों (fixed and specific assets) पर प्रभार होने को ही स्थायी प्रभार कहा जाता है; जैसे-भूमि एवं भवन, संयन्त्र, मशीन, फर्नीचर आदि।

चल प्रभार कम्पनी की चल सम्पत्तियों (floating assets) पर प्रभार होने को ही चल प्रभार कहा जाता है। ऐसी सम्पत्तियों का स्वरूप एवं मूल्य परिवर्तित होता रहता है; जैसे- स्टॉक, देनदार, प्राप्य विपत्र, नकद एवं नकद के समतुल्य आदि।

ऋणपत्र ट्रस्ट अनुबन्ध

ऋणपत्रों के निर्गमन के लिए प्रविवरण निर्गमन से पूर्व कम्पनी के लिए यह आवश्यक है कि वह ऋणपत्रधारियों की सुरक्षा के लिए एक या अधिक ऋणपत्र ट्रस्टी नियुक्त करे। ऋणपत्र निर्गमन करने वाली कम्पनी न्याय विलेख तैयार करती है तथा इसके द्वारा वह कम्पनी की सम्पत्तियों का स्वामित्व इन ट्रस्टियों को सौंप देती है।

ऋणपत्र निर्गमन के उद्देश्य

- ऋणपत्र सामान्यतः कम्पनी द्वारा दीर्घाविधि के लिए ऋण प्राप्त करने के उद्देश्य से निर्मित किए जाते हैं।
- ऋणपत्र निर्गमन का उद्देश्य कम्पनी की पूँजी को समान रखकर बाह्य पूँजी प्राप्त करना है।
- ऋणपत्र किसी विशेष उद्देश्य को पूरा करने के लिए निर्गमित किए जाते है, जैसे किसी परियोजना को पूरा करने के लिए।
- ऋणपत्र कम्पनी द्वारा पूँजी से अतिरिक्त धन प्राप्त करने के लिए निर्गमित किए जाते हैं।

ऋणपत्रों के प्रकार

सुरक्षा के आधार पर

- ***असुरक्षित या साधारण ऋणपत्र*** असुरक्षित ऋणपत्र बिना किसी प्रतिभूति के निर्गमित किए जाते हैं। इन ऋणपत्रों के मूलधन एवं ब्याज के भुगतान के लिए कम्पनी की सम्पत्तियाँ बन्धक नहीं होती हैं।
- ***सुरक्षित या बन्धक ऋणपत्र*** सुरक्षित ऋणपत्र कम्पनी की सम्पत्तियों को बन्धक रखकर निर्गमित किए जाते हैं। इन ऋणपत्रों के मूलधन एवं ब्याज के भुगतान के लिए कम्पनी की सम्पत्तियों पर प्रभार (Charge) होता है।

प्राथमिकता के आधार पर

- ***प्रथम ऋणपत्र*** प्रथम ऋणपत्र वे होते हैं, जिन पर बन्धक सम्पत्तियों से ऋणपत्रधारकों को अपनी राशि वसूल करने का प्रथम अधिकार होता है।
- ***द्वितीय ऋणपत्र*** ऐसे ऋणपत्र जिन पर बन्धक सम्पत्तियों से ऋणपत्रधारकों को अपनी राशि वसूल करने का अधिकार प्रथम ऋणपत्रधारकों का भुगतान करने के बाद होता है, द्वितीय ऋणपत्र कहलाते हैं।

शोधन के आधार पर

- ***शोध्य ऋणपत्र*** शोध्य ऋणपत्र वे होते हैं, जिनका शोधन कम्पनी के जीवनकाल में ही कर दिया जाता है। ये ऋणपत्र एक निश्चित अवधि के पश्चात् शोध्य होते हैं।
- ***अशोध्य ऋणपत्र*** अशोध्य ऋणपत्र वे होते हैं, जिनका शोधन कम्पनी के जीवनकाल में नहीं किया जाता है।

रजिस्ट्रेशन के आधार पर

- ***वाहक ऋणपत्र*** वाहक ऋणपत्र वे होते हैं, जिनके धारकों का नाम व पता कम्पनी के किसी रजिस्टर में नहीं लिखा जाता है। अतः वाहक ऋणपत्रधारक ही इनके मूलधन व ब्याज लेने का अधिकार रखते हैं। ऐसे ऋणपत्रों के स्वामित्व का हस्तान्तरण केवल सुपुर्दगी द्वारा ही हो जाता है।
- ***पंजीकृत ऋणपत्र*** पंजीकृत ऋणपत्रधारकों का नाम व पता कम्पनी के 'ऋणपत्रधारियों के रजिस्टर' में लिखा जाता है तथा ये धारक ही मूलधन व ब्याज पाने का अधिकार रखते हैं। ऐसे ऋणपत्रों के स्वामित्व का हस्तान्तरण निर्धारित विधि द्वारा ही सम्भव होता है।

परिवर्तन के आधार पर

- ***परिवर्तनशील ऋणपत्र*** परिवर्तनशील ऋणपत्र वे होते हैं, जिनके धारकों को एक निर्धारित अवधि के बाद निर्धारित शर्तों पर अपने ऋणपत्रों की सम्पूर्ण राशि अथवा उसके एक भाग के बदले में अंश या अन्य प्रतिभूतियाँ प्राप्त करने का विकल्प होता है।
- ***अपरिवर्तनशील ऋणपत्र*** अपरिवर्तनशील ऋणपत्र वे होते हैं, जिनके धारकों को अपने ऋणपत्रों की सम्पूर्ण राशि अथवा उसके एक भाग के बदले में अंश या अन्य प्रतिभूतियाँ प्राप्त करने का अधिकार नहीं होता है

ब्याज दर के आधार पर

- ***विशिष्ट कूपन दर ऋणपत्र*** ऐसे ऋणपत्र जिन पर निर्गमन की शर्तों के अनुसार निर्धारित दर से ब्याज का भुगतान किया जाता है, चाहे कम्पनी लाभ अर्जित कर रही हो या नहीं, विशिष्ट कूपन दर ऋणपत्र कहलाते हैं।
- ***शून्य कूपन दर ऋणपत्र या बॉण्ड*** ऐसे ऋणपत्र जिनका निर्गमन बिना पूर्व निर्धारित ब्याज दर के आधार पर किया जाता है, शून्य कूपन दर ऋणपत्र या बॉण्ड कहलाते हैं। इनका निर्गमन अत्यधिक कटौती (Deep discount) पर किया जाता है। ऋणपत्र के निर्गमन मूल्य तथा शोधन मूल्य के अन्तर को ही 'कुल ब्याज' माना जाता है, जिसे बॉण्ड की कुल अवधि में विभाजित कर दिया जाता है।

अंश एवं ऋणपत्र में अन्तर

आधार	अंश	ऋणपत्र
प्रकृति	'अंश' कम्पनी की स्वामित्व पूँजी का भाग होता है।	'ऋणपत्र' कम्पनी की ऋण पूँजी का भाग होता है।
कम्पनी में स्थिति	अंशधारक कम्पनी के स्वामी होते हैं।	ऋणपत्रधारक कम्पनी के लेनदार होते हैं।
प्रतिफल	अंशों पर प्रतिफल के रूप में लाभांश दिया जाता है।	ऋणपत्रों पर प्रतिफल के रूप में ब्याज दिया जाता है।
प्रत्याय दर	अंशों पर लाभांश की दर निश्चित नहीं होती है।	ऋणपत्रों पर निर्धारित दर से ब्याज का भुगतान किया जाता है।
कटौती पर निर्गमन	अंशों का कटौती पर निर्गमन प्रतिबन्धित है।	ऋणपत्रों को कटौती पर निर्गमित करने के सम्बन्ध में कोई प्रतिबन्ध नहीं है।

अंशधारी तथा ऋणपत्रधारी में अन्तर

आधार	अंशधारी	ऋणपत्रधारी
मताधिकार	अंशधारकों को कम्पनी की सभाओं में मताधिकार होता है।	इनके धारकों को मत देने का अधिकार नहीं होता है।
जोखिम	अंशधारक अधिक जोखिम की स्थिति में होते हैं।	इनके धारक कम जोखिम की स्थिति में होते हैं।

ऋणपत्र निर्गमन के लाभ

- ऋणपत्रों के निर्गमन से कम्पनी को सस्ती दर पर पूँजी उपलब्ध हो जाती है, *इसके निम्न कारण हैं*
  (i) ऋणपत्रों की ब्याज दर अधिमान अंशों के लाभांश दर से कम होती है।
  (ii) ऋणपत्रों का ब्याज एक स्वीकृत व्यय है तथा यह कर-योग्य आय को कम करता है, जबकि लाभांश एक स्वीकृत व्यय नहीं है।
  (iii) ऋणपत्रों पर अभिगोपन कमीशन 2.5% है तथा अंशों पर स्वीकृत कमीशन की दर 5% है, जोकि ऋणपत्रों से अधिक है।
- पूँजी लागत सस्ती होने के कारण कम्पनी द्वारा समता पर व्यापार की नीति अपनाई जा सकती है, जिससे समता अंशधारियों की आय बढ़ती है।
- ऋणपत्रों की राशि पूँजी आवश्यकता न होने पर लौटाई जा सकती है तथा आवश्यकता होने पर अतिरिक्त ऋणपत्रों का निर्गमन किया जा सकता है, जिससे पूँजी योजना में लोच बनी रहती है।
- मन्दीकाल में कम्पनी की लाभोपार्जन क्षमता कम होती है। इस समय विनियोक्ता वर्ग अंशों पर पूँजी लगाना पसन्द नहीं करते हैं। ऐसे समय में ऋणपत्र पूँजी एकत्रित करने के अच्छे साधन होते हैं।

कम्पनी के आर्थिक चिट्ठे में ऋणपत्रों का प्रकटीकरण

कम्पनी के आर्थिक चिट्ठे में ऋणपत्रों का प्रकटीकरण इस तथ्य पर निर्भर होता है कि ऋणपत्रों का शोधन आर्थिक चिट्ठे की तिथि से 12 माह बाद अथवा 12 माह से पहले किया जाना है।

- ***यदि ऋणपत्रों का शोधन आर्थिक चिट्ठे की तिथि से 12 माह बाद किया जाना है*** यदि ऋणपत्रों का शोधन निर्गमन की तिथि से 12 माह बाद किया जाता है या परिचालन चक्र (Operating Cycle) की अवधि के बाद किया जाता है, तो ऋणपत्रों को गैर-चालू दायित्व (Non-current Liabilities) शीर्षक के उप-शीर्षक दीर्घकालीन ऋण (Long-term Borrowings) के रूप में दर्शाया जाएगा।
- ***यदि ऋणपत्रों का शोधन आर्थिक चिट्ठे की तिथि से १२ माह से पहले ही किया जाना है*** यदि ऋणपत्रों का शोधन आर्थिक चिट्ठे की तिथि से 12 माह के अन्तर्गत किया जाता है या परिचालन चक्र की अवधि के अन्तर्गत किया जाना है, तो

ऋणपत्रों को चालू दायित्व (Current Liabilities) शीर्षक के उप-शीर्षक अल्पकालीन ऋण (Short-term Borrowings) के रूप में दर्शाया जाएगा।

ऋणपत्र निर्गमन की शर्तें

- भारतीय कम्पनी अधिनियम 2013 के अनुसार संचालक मण्डल ऋण पत्र निर्गमित करके पूँजी में वृद्धि कर सकते हैं, किन्तु वर्तमान में जारी किए जाने वाले ऋणपत्र तथा पूर्व में जारी ऋणपत्र व लिए गए ऋणों का योग यदि कम्पनी की प्रदत्त अंश पूजी व मुक्त संचय के योग से अधिक है, तो नए निर्गमन से पूर्व संचालक मण्डल को अंशधारियों की सभा में इसकी स्वीकृति प्राप्त करनी होगी।
- कोई भी कम्पनी ऐसे ऋणपत्रों का निर्गमन नहीं कर सकती है, जिन्हें कम्पनी में मतदान का अधिकार है।
- ऋणपत्र निगर्मन में पूर्व प्रविवरण की एक प्रति रजिस्ट्रार के पास जमा करानी चाहिए।
- सुरक्षित ऋणपत्रों का निर्गमन निर्धारित नियमों के अनुसार ही किया जा सकता है।
- प्रविवरण द्वारा ऋणपत्रों के निर्गमन से पूर्व किसी मान्यता प्राप्त स्कन्ध निर्माण में ऋणपत्रों के लेन-देन की अनुमति का आवेदन आवश्यक है।
- कम्पनी अधिनियम के अनुसार कम्पनी को ऋणपत्रों के आवण्टन की स्थिति में 6 माह के अन्दर ऋणपत्र प्रमाण पत्र जारी करना आवश्यक है।

ऋणपत्रों का निर्गमन (Issue of Debentures)

- दीर्घकालीन वित्त की व्यवस्था करने के लिए
- व्यापार विक्रेताओं को क्रय प्रतिफल का भुगतान करने के लिए
- बैंक ऋण के जमानत के रूप में

नकद के लिए निर्गमन

कम्पनी ऋणपत्रों का निर्गमन सम-मूल्य, प्रीमियम या बट्टे पर कर सकती है। कम्पनी निर्गमन पर राशि एक मुश्त या किस्तों में प्राप्त कर सकती है।

इसके लिए निम्न प्रविष्टियाँ की जाती हैं

- ***यदि आवेदन पर सम्पूर्ण राशि प्राप्त की जाए***

आवेदन राशि प्राप्त करने पर	Bank A/c Dr To Debenture Application and Allotment A/c (Being application and allotment money received on .... debentures @ ₹ .... each)
ऋणपत्रों का आवण्टन करने पर	Debenture Application and Allotment A/c Dr To Debentures A/c (Being debenture application and allotment money transferred to debenture account)

- ***यदि ऋणपत्रों की राशि किस्तों में प्राप्त की जाए***

आवेदन राशि प्राप्त करने पर	Bank A/c Dr To Debenture Application A/c (Being debenture application money received)
आवेदन राशि ऋण खाते में हस्तान्तरित करने पर	Debenture Application A/c Dr To Debenture A/c (Being debenture application money transferred to debenture account)
आवण्टन राशि देय होने पर, यदि ऋणपत्र सम-मूल्य पर निर्गमित हैं	Debenture Allotment A/c Dr To Debenture A/c (Being debenture allotment money due)
आवण्टन राशि देय होने पर, यदि ऋणपत्र प्रीमियम पर निर्गमित हैं	Debenture Allotment A/c Dr To Debenture A/c To Securities Premium Reserve A/c (Being debenture aallotment money due with premium)
आवण्टन राशि देय होने पर यदि ऋणपत्र बट्टे पर निर्गमित हैं	Debenture Allotment A/c Dr Discount on Issue of Debenture A/c Dr To Debenture A/c (Being debenture allotment money due on discount)
आवण्टन राशि प्राप्त होने पर	Bank A/c Dr To Debenture Allotment A/c (Being debenture allotment money received)
प्रथम माँग की राशि देय होने पर	Debenture First Call A/c Dr To Debenture A/c (Being debenture first call money due)
प्रथम माँग की राशि प्राप्त होने पर	Bank A/c Dr To Debenture First Call A/c (Being debenture issued as collateral security for bank loan)

नोट

1. *ऋणपत्रों पर भी अंशों की भाँति अग्रिम याचना प्राप्त होने अथवा याचना बकाया रहने की स्थिति उत्पन्न हो सकती है। अतः ऋणपत्रों के लिए भी अग्रिम याचना अथवा बकाया याचना का लेखा अंशों की भाँति किया जाएगा। अन्तर केवल इतना है कि अंश पूँजी (Share capital) के स्थान पर 'ऋणपत्र' (Debenture) शब्दों का प्रयोग किया जाएगा। ऋणपत्रों की स्थिति में भी यदि कम्पनी के अन्तर्नियमों में व्यवस्था हो, तो अग्रिम राशि पर ब्याज दिया जा सकता है।*
2. *अधिअभिदान की स्थिति में अधिक आवेदन राशि लोटा दी जाती है या यथानुपात बण्टन कर दिया जाता है। इन दोनों विकल्पों का मिश्रण प्रयोग किया जा सकता है।*

नकद के अतिरिक्त अन्य प्रतिफल के लिए निर्गमन

जब कम्पनी सम्पत्तियों के क्रय का भुगतान या विक्रेता को क्रय प्रतिफल का भुगतान ऋणपत्रों के निर्गमन द्वारा करती है, *तब निम्न प्रविष्टियाँ की जाती हैं*

- ***विकेता को भुगतान ऋणपत्रों के निर्गमन द्वारा करने पर***

यदि ऋणपत्र सम-मूल्य पर निर्गमित किए गए हैं	Vendor's A/c Dr To Debenture A/c (Being debentures issued at par in purchase consideration to vendor)
यदि ऋणपत्र प्रीमियम पर निर्गमित किए गए हैं	Vendor's A/c Dr To Debenture A/c To Securities Premium Reserve A/c (Being debenture issued at a premium in purchase consideration to vendor)
यदि ऋणपत्र बट्टे पर निर्गमित किए गए हैं	Vendor's A/c Dr Discount on Issue of Debenture A/c Dr To Debenture A/c (Being debenture issued at a discount in purchase consideration to vendor)

सहायक प्रतिभूति के रूप में निर्गमन

कम्पनी बैंकों या वित्तीय संस्थानों से ऋण लेने पर बन्धक के रूप में स्वयं के ऋणपत्र रख देती है, जिसे सहायक प्रतिभूति के रूप में निर्गमन कहा जाता है। *इसकी लेखांकन प्रविष्टियाँ निम्नलिखित दो विधियों से की जाती हैं*

- ***प्रथम विधि*** ऋणपत्रों को सहायक प्रतिभूति के रूप में निर्गमन की प्रविष्टि नहीं की जाए

बैंक से ऋण लेने पर	Bank A/c To Bank Loan A/c (Being the loan taken from bank and issue debentures as collateral security)	Dr

- ***द्वितीय विधि*** ऋणपत्रों को सहायक प्रतिभूति के रूप में निर्गमन की प्रविष्टि की जाए

बैंक से ऋण लेने पर	Bank A/c To Bank Loan A/c (Being the loan taken from bank and issue debentures as collateral security)	Dr
सहायक प्रतिभूति के रूप में निर्गमन करने पर	Debenture Suspense A/c To Debenture A/c (Being debenture issued as collateral security for bank loan)	Dr

कम्पनी के आर्थिक चिट्ठे में ऋणपत्रों का प्रकटीकरण (Disclosure of Debentures in a Company's Balance Sheet)

कम्पनी के आर्थिक चिट्ठे में ऋणपत्रों का प्रकटीकरण इस तथ्य पर निर्भर होता है कि ऋणपत्रों का शोधन आर्थिक चिट्ठे की तिथि से 12 माह बाद अथवा 12 माह से पहले किया जाना है।

1. यदि ऋणपत्रों का शोधन आर्थिक चिट्ठे की तिथि से 12 माह बाद किया जाना है (If debentures are to be redeemed after 12 months from the date of balance sheet)

यदि ऋणपत्रों का शोधन निर्गमन की तिथि से 12 माह बाद किया जाता है या परिचालन चक्र (Operating Cycle) की अवधि के बाद किया जाता है, तो ऋणपत्रों को गैर-चालू दायित्व (Non-current Liabilities) शीर्षक के उप-शीर्षक दीर्घकालीन ऋण (Long-term Borrowings) के रूप में दर्शाया जाएगा।

2. यदि ऋणपत्रों का शोधन आर्थिक चिट्ठे की तिथि से 12 माह से पहले ही किया जाना है (If debentures are to be redeemed within 12 months of the date of balance sheet)

यदि ऋणपत्रों का शोधन आर्थिक चिट्ठे की तिथि से 12 माह के अन्तर्गत किया जाता है या परिचालन चक्र की अवधि के अन्तर्गत किया जाता है, तो ऋणपत्रों को चालू दायित्व (Current Liabilities) शीर्षक के उप-शीर्षक अल्पकालीन ऋण (Short-term Borrowings) के रूप में दर्शाया जाएगा।

शोधन की शर्तों के अन्तर्गत ऋणपत्रों के निर्गमन का लेखांकन

जब ऋणपत्रों का निर्गमन सम-मूल्य पर तथा शोधन सम-मूल्य पर किया जाता है	Bank A/c To X% Debenture Application & Allotment A/c (Being application and allotment money received)	Dr
	X% Debenture Application & Allotment A/c To X% Debenture A/c (Being application and allotment money transferred to debenture account)	Dr
जब ऋणपत्रों का निर्गमन प्रीमियम पर तथा शोधन सम-मूल्य पर किया जाता है	Bank A/c To X% Debenture Application & Allotment A/c (Being application and allotment money received)	Dr
	X% Debenture Application & Allotment A/c To X% Debenture A/c To Securities Premium Reserve A/c (Being application and allotment money transferred to debenture account and securities premium account)	Dr
जब ऋणपत्रों का निर्गमन कटौती तथा शोधन सम-मूल्य पर किया जाता है	Bank A/c To X% Debenture Application and Allotment A/c (Being application & allotment money received)	Dr
	X% Debenture Application & Allotment A/c Discount on Issue of Debenture A/c To X% Debenture A/c (Being application and allotment money and discount transferred to debenture account)	Dr Dr

जब ऋणपत्रों का निर्गमन सम-मूल्य पर तथा शोधन प्रीमियम पर किया जाता है	Bank A/c To X% Debenture Application and Allotment A/c (Being application & allotment money received)	Dr
	X% Debenture Application & Allotment A/c Loss on Issue of Debenture A/c To X% Debenture A/c To Premium on Redemption of Debenture A/c (Being application and allotment money transferred to debenture account and loss on issue accounted)	Dr Dr
जब ऋणपत्रों का निर्गमन प्रीमियम पर तथा शोधन भी प्रीमियम पर किया जाता है	Bank A/c To X% Debenture Application and Allotment A/c (Being application & allotment money received)	Dr
	X% Debenture Application & Allotment A/c Loss on Issue of Debenture A/c To X% Debenture A/c To Securities Premium Reserve A/c To Premium on Redemption of Debenture A/c (Being application and allotment money transferred to debenture account and securities premium account and loss on issue accounted)	Dr Dr
जब ऋणपत्रों का निर्गमन कटौती पर तथा शोधन प्रीमियम पर किया जाता है	Bank A/c To X% Debenture Application and Allotment A/c (Being application & allotment money received)	Dr
	X% Debenture Application & Allotment A/c Discount on Issue of Debenture A/c Loss on Issue of Debenture A/c To X% Debenture A/c To Premium on Redemption of Debenture A/c (Being application and allotment money and discount on issue transferred to debenture account and loss on issue accounted)	Dr Dr Dr

ऋणपत्रों पर ब्याज का लेखा

ऋणपत्रों पर एक निश्चित दर पर ब्याज देय होता है। ऋणपत्रों पर देय ब्याज प्रभार होता है तथा अपर्याप्त लाभ अथवा हानि की दशा में भी ब्याज देय होता है। ऋणपत्रों पर ब्याज सामान्यतः अर्द्धवार्षिक देय होता है।

ब्याज से सम्बन्धित निम्न प्रविष्टियाँ की जाती हैं

ऋणपत्रों पर ब्याज देय होने पर	Interest on Debenture A/c To Debentureholders A/c To TDS Payable A/c (Being interest due and tax deducted at sourced)	Dr
ऋणपत्रों पर ब्याज का भुगतान करने पर	Debentureholders A/c To Bank A/c (Being interest paid to debentureholders)	Dr
स्रोत पर आयकर की कटौती सरकार के खाते में जमा करने पर	TDS Payable A/c To Bank A/c (Being TDS deposited)	Dr
ऋणपत्रों पर ब्याज लाभ एवं हानि विवरण में हस्तान्तरित करने पर	Statement of Profit & Loss A/c To Interest on Debenture A/c (Being interest on debenture transferred to statement of profit and loss)	Dr

नोट *सहायक प्रतिभूति के रूप में निर्गमित गणपत्रों पर ब्याज देय नहीं होता। ब्याज गणपत्र के सम-मूल्य पर देय होता है।*

ऋणपत्रों का शोधन (Redemption of Debentures)

ऋणपत्रों के शोधन से आशय, कम्पनी द्वारा निश्चित अवधि की समाप्ति पर ऋणपत्रों पर देय राशि का भुगतान करके ऋणपत्रधारकों के प्रति दायित्व को समाप्त करना है अर्थात् ऋणपत्रधारकों को ऋणपत्रों की राशि का भुगतान करना 'ऋणपत्रों का शोधन' कहलाता है।

शोधन के स्रोत (सेबी के दिशा निर्देशों द्वारा)

एक कम्पनी ऋणपत्रों के शोधन के लिए निम्नलिखित स्रोतों से वित्त की व्यवस्था कर सकती है-

- ***ऋणपत्रों का पूँजी से शोधन*** जब कम्पनी के द्वारा ऋणपत्रों का शोधन करने के लिए लाभों का प्रयोग नहीं किया जाता है, अपितु पूँजी स्रोतों का प्रयोग करके ऋणपत्रों का शोधन किया जाता है, तो इसे 'ऋणपत्रों का पूँजी से शोधन' कहा जाता है। ऋणपत्रों का पूँजी से शोधन करने से कम्पनी की कार्यशील पूँजी पर विपरीत प्रभाव पड़ता है तथा कम्पनी के लाभों में से कोई भी राशि ऋणपत्र शोधन संचय (DRR) में हस्तान्तरित नहीं की जाती है। कम्पनी अधिनियम के प्रावधानों के अनुसार, सूचित कम्पनी अपने समस्त ऋणपत्रों का शोधन पूँजी में से कर सकती है, परन्तु असूचित कम्पनी सम्पूर्ण ऋणपत्रों का शोधन पूँजी से नहीं कर सकती। कम-से-कम 10% ऋणपत्रों का शोधन लाभों द्वारा किया जाना अनिवार्य है।
- ***ऋणपत्रों का लाभों से शोधन*** ऋणपत्रों का लाभों से शोधन करने के लिए, शोधन किए जाने वाले ऋणपत्रों के लिए पर्याप्त राशि को लाभ एवं हानि विवरण के आधिक्य से ऋणपत्र शोधन संचय खाते में हस्तान्तरित किया जाता है। ऋणपत्रों का लाभों से शोधन किए जाने के कारण लाभांश हेतु उपलब्ध लाभों (Divisible Profits) में कमी हो जाती है।

ऋणपत्र शोधन के लिए सेबी के दिशा निर्देश

- DRR का निर्माण केवल गैर-परिवर्तनीय एवं अंशतः परिवर्तनीय ऋणपत्रों के केवल गैर-परिवर्तनीय हिस्से के लिए ही करना अनिवार्य है।
- शोधन प्रारम्भ करने से पूर्व शोधनीय ऋणपत्रों की कुल राशि का कम-से-कम 10% के बराबर DRR बनाया जाएगा।
- DRR का निर्माण केवल चालू वर्ष के लाभों में से किया जाएगा।
- कम्पनी जिसके लिए DRR बनाया अनिवार्य है, वह अगले वर्ष 31 मार्च को देय होने वाले ऋणपत्रों की राशि का कम-से-कम 15% प्रत्येक वर्ष 30 अप्रैल तक बैंक जमा करेगी अथवा विनियोजित करेगी।

ऋणपत्रों के शोधन की विधियाँ

- ***परिपक्वता पर एकमुश्त ऋणपत्रों का शोधन*** इस विधि में निश्चित अवधि के पश्चात् ऋणपत्रों की सम्पूर्ण राशि का भुगतान एकमुश्त कर दिया जाता है। *इसकी निम्न लेखांकन प्रविष्टियाँ की जाती हैं*

ऋणपत्र शोधन संचय का सृजन करने पर	Surplus A/c Dr To Debenture Redemption Reserve A/c (Being debenture redemption reserve created equal to 25%/100% of the nominal value of debentures)

नोट *यदि गणपत्रों का शोधन पूँजी से किया जा रहा है, तो 25% राशि हस्तान्तरित की जाती है तथा यदि लाभों से किया जा रहा है, तो 100% राशि हस्तान्तरित की जाती है।*

ऋणपत्र शोधन संचय की राशि का प्रतिभूतियों में विनियोग करने पर	Debenture Redemption Investment A/c Dr To Bank A/c (Being investment made in specified securities)
शोधन से पूर्व विनियोग को भुनाने पर	Bank A/c Dr To Debenture Redemption Investment A/c (Being investment encashed at book value)
ऋणपत्रों का शोधन सम-मूल्य पर देय होने पर	X% Debenture A/c Dr To Debentureholders' A/c (Being redemption of debenture due at par)
ऋणपत्रों का शोधन प्रीमियम पर देय होने पर	X% Debenture A/c Dr Premium on Redemption of Debentures A/c Dr To Debentureholders' A/c (Being redemption of debenture due at premium)
ऋणपत्रधारकों को भुगतान करने पर	Debentureholders' A/c Dr To Bank A/c (Being payment made to debentureholders)
शोधन के पश्चात् ऋणपत्र शोधन संचय की राशि को सामान्य संचय में हस्तान्तरित करने पर	Debenture Redemption Reserve A/c Dr To General Reserve A/c (Being balance of debenture redemption reserve transferred to general reserve account)

- ***आहरण या लॉटरी विधि द्वारा किस्तों में ऋणपत्रों का शोधन*** इस विधि में वार्षिक किस्त द्वारा जिन ऋणपत्रों का शोधन करना होता है, उनका चयन लॉटरी विधि द्वारा किया जाता है। इस विधि में भी पूर्व में वर्णित जर्नल प्रविष्टियाँ की जाती हैं।
- ***खुले बाजार से स्वयं के ऋणपत्रों को क्रय करके शोधन*** कम्पनी स्वयं के ऋणपत्रों को खुले बाजार से क्रय करके शोधन कर सकती है। *ऐसी स्थिति में कम्पनी के पास निम्नलिखित दो विकल्प होते हैं, जिसकी प्रविष्टियाँ निम्न हैं–*
  (i) ***खुले बाजार से स्वयं के ऋणपत्रों को क्रय करके तुरन्त निरस्त करने के सम्बन्ध में लेखा प्रविष्टियाँ***

स्वयं के ऋणपत्रों को क्रय करने पर	Own Debentures A/c Dr To Bank A/c (Being ...... debenture @ ₹...... each purchased for immediate cancellation)
ऋणपत्र निरस्त करने पर, यदि क्रय सम-मूल्य पर किया गया हो	X% Debenture A/c Dr To Own Debentures A/c (Being own debentures cancelled)
ऋणपत्र निरस्त करने पर, यदि क्रय सम-मूल्य से कम मूल्य पर किया गया हो	X% Debenture A/c Dr To Own Debentures A/c To Gain or Profit on Cancellation of Own Debentures A/c (Being own debentures cancelled)
ऋणपत्र निरस्त करने पर, यदि क्रय सम-मूल्य से अधिक मूल्य पर किया गया हो	X% Debenture Own Debentures A/c Dr Loss on Cancellation of Own Debentures A/c Dr To Own Debentures A/c (Being own debentures cancelled)

ऋणपत्रों को निरस्त करने पर होने वाले लाभ को पूँजी संचय खाते में हस्तान्तरित करने पर	Profit on Cancellation of Own Debenture A/c Dr To Capital Reserve A/c (Being profit on cancellation of own debentures transferred to capital reserve account)
ऋणपत्रों को निरस्त करने पर होने वाली हानि को पूँजी संचय खाते में हस्तान्तरित करने पर	Capital Reserve A/c Dr To Loss on Cancellation of Own Debentures A/c (Being loss on cancellation of debentures transferred to capital reserve account)

(ii) ***खुले बाजार में स्वयं के ऋणपत्रों को विनियोग के रूप में क्रय करने के सम्बन्ध में लेखा प्रविष्टियाँ***

स्वयं के ऋणपत्रों को विनियोग के रूप में क्रय करने पर	Investment in Own Debentures A/c Dr To Bank A/c (Being .... debentures @ ₹ ...... each purchased for investment)
कम्पनी द्वारा ऋणपत्रों में विनियोग को रद्द करने पर	X% Debenture A/c Dr Loss on Cancellation of Own Debentures A/c Dr To Investment in Own Debentures A/c To Profit on Cancellation of Own Debentures A/c (Being investment in own debentures cancelled)
कम्पनी द्वारा ऋणपत्रों में विनियोगों का विक्रय करने पर	Bank A/c Dr* Loss on Sale of Own Debentures A/c Dr* To Investment in Own Debentures A/c To Profit on Sale of Own Debentures A/c (Being investment in own debentures sold in the market)

- ***ब्याज सहित एवं ब्याज रहित क्रय*** यदि स्वयं के ऋणपत्रों को देय ब्याज की तिथि के अतिरिक्त अन्य किसी तिथि को क्रय किया जाता है, तो ब्याज के सम्बन्ध में भी समायोजन किया जाना आवश्यक ही ब्याज सहित क्रय की दशा में क्रय मूल्य में सौदे की तिथि तक अर्जित ब्याज भी सम्मिलित रहता है, जबकि ब्याज रहित क्रय की दशा में सौदे की तिथि तक का ब्याज क्रय मूल्य में सम्मिलित नहीं रहता है वरन् इसे अलग से चुकाना होता है। देय ब्याज की स्थिति से क्रय की तिथि तक का ब्याज ऋणपत्रों को रद्द करने की प्रविष्टि के समय डेबिट किया जाता है।
- ***अपने ही ऋणपत्रों पर ब्याज*** यदि कोई कम्पनी स्वयं के ऋणपत्रों को क्रय करके उन्हें रद्द नहीं करती है और इन्हें विनियोग मानकर स्वयं के पास ही रख लेती है। ऐसी स्थिति में इन ऋणपत्रों का ब्याज कम्पनी के पास ही रहता है। इस ब्याज को कम्पनी के लाभ-हानि विवरण में ''अन्य आय'' की तरह दर्शाया जाता है।
- ***परिवर्तन द्वारा शोधन*** कम्पनी के अन्तर्नियमों में प्रावधान होने पर एक कम्पनी ऋणपत्रधारियों को विकल्प देकर अंशों में परिवर्तन द्वारा शोधन करती है। *इससे सम्बन्धित प्रविष्टियाँ निम्नलिखित हैं*

ऋणपत्रों का शोधन सम-मूल्य पर देय होने पर	X% Debenture A/c Dr To Debentureholders' A/c (Being redemption of debenture due at par)
ऋणपत्रों का शोधन प्रीमियम पर देय होने पर	X% Debenture A/c Dr Premium on Redemption of Debentures A/c Dr To Debentureholders' A/c (Being redemption of debenture due at premium)
ऋणपत्रधारकों को अंश अथवा नए ऋणपत्र सम-मूल्य पर निर्गमित करने पर	Debentureholders' A/c Dr To Share Capital/New Debentures A/c (Being debentures converted into shares/new debentures at par)
ऋणपत्रधारकों को अंश अथवा नए ऋणपत्र प्रीमियम पर निर्गमित करने पर	Debentureholders' A/c Dr To Share Capital/New Debentures A/c To Securities Premium Reserve A/c (Being debentures converted into shares/new debentures at premium)

नोट *अंशतः परिवर्तनीय गणपत्रों के सम्बन्ध में ऋणपत्र शोधन संचय तथा ऋणपत्र शोधन निवेश से सम्बन्धित प्रविष्टियाँ पूर्व की भाँति ही की जाएँगी, जबकि पूर्णत परिवर्तित ऋणपत्रों को नए ऋणपत्रों व अंशों में परिवर्तित करने पर ऋण-पत्र शोधन संचय का सृजन नही किया जाता है।*

- ***ऋणपत्र शोधन कोष द्वारा शोधन*** ऋणपत्र शोधन कोष विधि के अन्तर्गत कम्पनी आधिक्य (Surplus) से ऋणपत्र शोधन कोष का निर्माण करती है।

इस कोष में एकत्रित राशि विनियोग कर दी जाती है और शोधन वाले वर्ष में इन्हें विक्रय कर शोधन कर देती हैं। *शोधन से सम्बन्धित प्रविष्टियाँ निम्नलिखित हैं*

(i) ***प्रथम वर्ष के अन्त में***

आधिक्य नियोजन खाते से वार्षिक धनराशि अन्तरित करने पर

Surplus A/c Dr
To Debenture Sinking Fund A/c
(Being annual sum transferred to debenture sinking fund account)

शोधन कोष में अन्तरित राशि को विनियोजित करने पर

Debenture Sinking Fund Investment A/c Dr
To Bank A/c
(Being amount of sinking fund invested in securities)

(ii) ***प्रथम वर्ष के पश्चात् अगले प्रत्येक वर्ष के अन्त में***

वार्षिक राशि अन्तरित करने पर

Surplus A/c Dr
To Debenture Sinking Fund A/c
(Being annual sum transferred to debenture sinking fund account)

गत वर्ष के विनियोगों पर ब्याज प्राप्त करने पर

Bank A/c Dr
To Debenture Sinking Fund A/c
(Being interest received on sinking fund investments)

वार्षिक राशि तथा ब्याज़ का विनियोजन करने पर

Debenture Sinking Fund Investment A/c Dr
To Bank A/c
(Being annual installment and interest invested)

(iii) **अन्तिम वर्ष के अन्त में** (जब ऋणपत्रों का शोधन किया जाता है) अन्तिम वर्ष में जब ऋणपत्रों का शोधन करना हो, तो उस वर्ष की किस्त और प्राप्त ब्याज का विनियोग नहीं किया जाएगा।

गत वर्षों के विनियोगों पर ब्याज प्राप्त करने पर
Bank A/c Dr
To Debenture Sinking Fund A/c
(Being interest received on sinking fund investments)

शोधन कोष में राशि अन्तरित करने पर
Surplus A/c Dr
To Debenture Sinking Fund A/c
(Being annual sum transferred to debenture sinking fund account)

विनियोगों के विक्रय करने पर
Bank A/c Dr
To Debenture Sinking Fund Investment A/c
(Being sinking fund investments sold)

विनियोगों के विक्रय पर लाभ होने पर
Debenture Sinking Fund Investment A/c Dr
To Debenture Sinking Fund A/c
(Being profit on sale of investments transferred to debenture sinking fund account)

नोट हानि होने पर उपरोक्त प्रविष्टि की विपरीत प्रविष्टि की जाएगी।

ऋणपत्रों का शोधन करने पर
Debenture A/c Dr
To Bank A/c
(Being debenture redeemed)

सिंकिंग फण्ड के शेष को सामान्य संचय में अन्तरित करने पर
Debenture Sinking Fund A/c Dr
To General Reserve A/c
(Being balance transferred to general reserve account)

अभ्यास प्रश्न

1. ऋणपत्रों में सम्मिलित किया जाता है
(a) ऋणपत्र स्कन्ध
(b) बॉण्ड्स
(c) ऋण के प्रमाण के रूप में अन्य प्रतिभूतियाँ
(d) उपरोक्त सभी

2. ऋणपत्र प्रदर्शित करते हैं
(a) कम्पनी के संचालकों की भागीदारी
(b) कम्पनी में दीर्घकालीन दायित्व
(c) कम्पनी में अंशधारियों द्वारा किया गया निवेश
(d) कम्पनी के ग्राहकों की अग्रिम राशि

3. रक्षित ऋणपत्रों के लिए कम्पनी की सम्पत्तियों पर प्रभार का अर्थ होता है
(a) केवल ऋणपत्रों के मूलधन का भुगतान
(b) केवल ऋणपत्रों के ब्याज का भुगतान
(c) ऋणपत्रों के मूलधन एवं ब्याज का भुगतान
(d) उपरोक्त में से कोई नहीं

4. ऐसे ऋणपत्र, जिनके धारकों को एक निर्धारित अवधि के बाद निर्धारित शर्तों पर ऋणपत्रों की सम्पूर्ण राशि या उसके एक भाग के बदले में अंश या अन्य प्रतिभूतियाँ प्राप्त करने का विकल्प होता है, कहलाते हैं
(a) अपरिवर्तनशील ऋणपत्र (b) शोध्य ऋणपत्र
(c) परिवर्तनशील ऋणपत्र (d) पंजीकृत ऋणपत्र

5. ऋणपत्रों के निर्गमन पर हानि को अपलिखित किया जा सकता है
(a) ऋणपत्रों के निर्गमन के वर्ष में
(b) ऋणपत्रों के जीवनकाल में
(c) ऋणपत्रों के शोधन के वर्ष में
(d) उपरोक्त में से कोई नहीं

6. शून्य कूपन बॉण्ड निर्गमित किए जाते हैं
(a) शून्य ब्याज दर पर
(b) पूर्व निर्धारित ब्याज दर पर
(c) बिना पूर्व निर्धारित ब्याज दर पर
(d) इनमें से कोई नहीं

7. ऋणपत्रों पर देय ब्याज है
(a) कम्पनी के लाभों का नियोजन
(b) कम्पनी के लाभों पर प्रभार
(c) सिंकिंग फण्ड विनियोग में हस्तान्तरण
(d) सामान्य संचय में हस्तान्तरण

8. निम्नलिखित में से कौन-सा कथन असत्य है?
(a) ऋणपत्रों पर एक निश्चित दर से ब्याज दिया जाता है
(b) ऋणपत्रधारी कम्पनी के लेनदार होते है
(c) ऋणपत्रधारी को वोट देने का अधिकार है
(d) उपरोक्त सभी

9. निम्नलिखित में से कौन-सा कथन सत्य है?
(a) ऋणपत्र का अंकित मूल्य निर्धारित होता है
(b) ऋणपत्रों का निर्गमन कम्पनी की सार्वमुद्रा के अन्तर्गत किया जाता है
(c) सामान्यतः ऋणपत्र कम्पनी की सम्पत्तियों से चल प्रभार द्वारा सुरक्षित होते हैं
(d) उपरोक्त सभी

10. ऐसे ऋणपत्र, जिन पर कोई भी सम्पत्ति गिरवी या प्रभार स्वरूप नहीं रखी होती है, कहलाते हैं
(a) वाहक ऋणपत्र (b) नग्न ऋणपत्र
(c) शोधनीय ऋणपत्र (d) अशोधनीय ऋणपत्र

11. सुरक्षित ऋणपत्रों का निर्गमन किया जा सकता है
(a) 5 वर्ष के लिए (b) 10 वर्ष के लिए
(c) 15 वर्ष के लिए (d) इनमें से कोई नहीं

12. कम्पनी अधिनियम के अनुसार, ऋणपत्रों के आवण्टन की कितनी अवधि के भीतर ऋणपत्र प्रमाण-पत्र जारी करना आवश्यक है?
(a) 2 माह (b) 5 माह
(c) 6 माह (d) 9 माह

13. निम्नलिखित में से कौन-सा कथन असत्य है?
(a) ऋणात्मक एवं सार्वजनिक ऋण का माध्यम है
(b) यह प्रचलन है कि ऋणपत्रों से पूर्व निर्धारित ब्याज की दर लिखी जाए
(c) ऋणपत्र ब्याज लाभों पर प्रभार है
(d) ऋणपत्रों के निर्गमन मूल्य और शोधन मूल्य में अन्तर नहीं हो सकता है

14. निम्नलिखित में से कौन-सी एक वाहक ऋणपत्र की विशेषता नहीं है?
(a) ये विनिमय-साध्य लेखपत्र माने जाते हैं
(b) इन्हें हस्तान्तरण करने के लिए एक हस्तान्तरण प्रलेख की आवश्यकता होती है
(c) ये केवल सुपुर्दगी से हस्तान्तरणीय होते हैं
(d) इन पर ब्याज इनके धारक को उसकी पहचान के बिना ही दिया जाता है

15. निम्नलिखित में से कौन-सा कथन असत्य है?
(a) परिपक्वता पर ऋणपत्रधारी अपना धन वापिस प्राप्त करते हैं
(b) ऋणपत्रों की याचना राशि न चुकाने पर हरण किया जा सकता है
(c) कम्पनी के स्थिति विवरण में ऋणपत्रों को दीर्घकालीन ऋण शीर्षक के अन्तर्गत दिखाया जाता है
(d) ऋणपत्रों पर ब्याज लाभों पर प्रभार है

16. निम्नलिखित में से कौन-सा कथन असत्य है?
(a) एक कम्पनी शोधनीय ऋणपत्र निर्गमित कर सकती है
(b) एक कम्पनी वोटिंग अधिकार रखने वाले ऋणपत्र निर्गमित कर सकती है
(c) एक कम्पनी परिवर्तनीय ऋणपत्र निर्गमित कर सकती है
(d) एक कम्पनी अपने ही ऋणपत्रों एवं अंशों का क्रय कर सकती है

17. ऋणपत्र निर्गमन पर दी गई छूट को दिखाया जाना चाहिए
(a) लाभ-हानि विवरण में व्यय के रूप में
(b) स्थिति विवरण के समता एवं दायित्व पक्ष में
(c) स्थिति विवरण के सम्पत्ति पक्ष में
(d) लाभ-हानि विवरण में आय के रूप में

18. ऋणपत्र निर्गमन पर दी गई छूट को अपलिखित किया जा सकता है
(a) आयगत लाभ से (b) पूँजीगत लाभ से
(c) आयगत या पूँजीगत लाभ से (d) इनमें से कोई नहीं

19. 'ए' लिमिटेड ने 'बी' लिमिटेड से ₹ 5,40,000 की सम्पत्ति खरीदी, उसके बदले में 'ए' लिमिटेड ने ₹ 100 वाले 10% ऋणपत्र 10% कटौती पर निर्गमित किए। 'बी' लिमिटेड को ऋणपत्र मिलेंगे
(a) 54,000 (b) 5,400
(c) 60,000 (d) इनमें से कोई नहीं

20. कम्पनी के ऋणपत्रों को निर्गमित किया जा सकता है
(a) नकदी के बदले (b) बिना नकद प्रतिफल के
(c) सहायक प्रतिभूति के रूप में (d) ये सभी

21. ऋणपत्रों को सहायक प्रतिभूति के रूप में निर्गमित करने पर कौन-सा खाता क्रेडिट किया जाता है?
(a) ऋणपत्र खाता (b) बैंक ऋण खाता
(c) ऋणपत्र धारण खाता (d) ऋणपत्र सस्पेन्स खाता

22. सहायक प्रतिभूति के रूप में निर्गमित किए गए ऋणपत्रों पर ब्याज दिया जाता है
(a) ऋणपत्रों के अंकित मूल्य पर (b) कोई ब्याज नहीं दिया जाता
(c) ऋणपत्रों के बाजार मूल्य पर (d) ऋणपत्रों के चुकता मूल्य पर

23. जब ऋणपत्रों का शोधन प्रीमियम पर किया जाना है, तो ऋणपत्रों के निर्गमन के समय एक अतिरिक्त प्रविष्टि करनी पड़ती है, इस प्रविष्टि में कौन-सा खाता क्रेडिट किया जाता है?
(a) ऋणपत्रों के निर्गमन पर हानि खाता
(b) ऋणपत्र शोधन प्रीमियम खाता
(c) बैंक खाता
(d) ऋणपत्रधारकों का खाता

24. ऋणपत्रों को सहायक प्रतिभूतियों के रूप में निर्गमन पर डेबिट किया जाएगा
(a) बैंक खाता (b) ऋणपत्र उचन्त खाता
(c) ऋणपत्र खाता (d) इनमें से कोई नहीं

25. निम्नलिखित में से कौन-सा कथन सत्य है?
(a) ऋणपत्रों की ब्याज दर अनिश्चित होती है
(b) कम्पनी को हानि की दशा में ऋणपत्रों पर ब्याज नहीं दिया जाता है
(c) ऋणपत्रों पर ब्याज पंजीकृत स्वामी को दिया जाता है
(d) उपरोक्त सभी

26. ऋणपत्रों का शोधन है
(a) सम-मूल्य पर (b) प्रीमियम पर
(c) कटौती पर (d) ये सभी

27. कम्पनी अधिनियम के प्रावधानों के अनुसार शोधन किए जाने वाले ऋणपत्रों के अंकित मूल्य की कितनी प्रतिशत राशि से ऋणपत्र शोधन संचय बनाना अनिवार्य है?
(a) 10% (b) 50%
(c) 75% (d) 100%

28. ऋणपत्र शोधन संचय को आर्थिक चिट्ठे में दर्शाया जाता है
(a) चालू दायित्व शीर्षक में
(b) गैर-चालू दायित्व शीर्षक में
(c) अंशधारकों के कोष शीर्षक में
(d) इनमें से कोई नहीं

29. ऋणपत्रों के शोधन के पश्चात् 'ऋणपत्र शोधन संचय' का शेष हस्तान्तरित किया जाता है
(a) पूँजी संचय खाते में (b) सामान्य संचय खाते में
(c) लाभ एवं हानि विवरण में (d) सिंकिंग फण्ड खाते में

30. निम्न में से किसे कम्पनी (अंश पूँजी एवं ऋणपत्र) नियम, 2014 के अनुसार 'ऋणपत्र शोधन संचय' के सृजन की आवश्यकता नहीं होती है?
(a) भारतीय रिज़र्व बैंक द्वारा विनियमित अखिल भारतीय वित्तीय संस्थान को
(b) बैंकिंग कम्पनियों को
(c) राष्ट्रीय आवास बैंक को
(d) उपरोक्त सभी

31. कम्पनी (अंश पूँजी एवं ऋणपत्र) नियम, 2014 के अनुसार शोधन किए जाने वाले ऋणपत्रों के अंकित मूल्य के कितने प्रतिशत राशि प्रभार मुक्त प्रतिभूतियों में विनियोजित करनी अनिवार्य है?
(a) 10% (b) 15%
(c) 50% (d) 80%

32. स्वयं के ऋणपत्रों को क्रय करके निरस्त करने पर लाभ को हस्तान्तरित किया जाता है
(a) पूँजी संचय खाते में (b) सामान्य संचय खाते में
(c) लाभ एवं हानि विवरण में (d) सिंकिंग फण्ड खाते में

33. प्रतिभूति एवं विनिमय बोर्ड ऑफ इण्डिया (सेबी) द्वारा जारी किए गए दिशा-निर्देशों के अनुसार परिवर्तनशील ऋणपत्रों की अवस्था में ऋणपत्रों के शोधन से पूर्व, ऋणपत्रों की राशि का कितने प्रतिशत 'ऋणपत्र शोधन संचय' बनाने के लिए आवश्यक है?
(a) 25% (b) 50%
(c) 100% (d) 0%

34. 'एक्स' लिमिटेड ₹ 100 वाले 5,000 ऋणपत्र 5% प्रीमियम पर शोधन करना चाहती है। इसे कितनी राशि में हस्तान्तरित करनी होगी, यदि इसके पास पहले ही में ₹ 1,00,000 का शेष हो?
(a) ₹ 4,00,000 (b) ₹ 25,000
(c) ₹ 2,00,000 (d) ₹ 2,50,000

35. 4,000, 12% ऋणपत्र, जो प्रत्येक ₹ 100 का है, का निर्गमन 4% प्रीमियम पर किया, जिनका शोधन 10% प्रीमियम पर होना है। ऐसी दशा में
(a) निर्गमन पर हानि को ₹ 24,000 से डेबिट किया जाएगा
(b) निर्गमन पर हानि को ₹ 56,000 से डेबिट किया जाएगा
(c) निर्गमन पर हानि को ₹ 40,000 से डेबिट किया जाएगा
(d) शोधन पर प्रीमियम को ₹ 24,000 से क्रेडिट किया जाएगा

36. एक कम्पनी के 'स्वयं के ऋणपत्र' क्रय करने और रद्द न करने पर स्थिति विवरण में दिखाया जाएगा
(a) सम्पत्ति पक्ष में अदृश्य सम्पत्ति शीर्षक के अन्तर्गत
(b) सम्पत्ति पक्ष में गैर-चालू विनियोग शीर्षक के अन्तर्गत
(c) समता एवं दायित्व पक्ष में दीर्घकालीन ऋण शीर्षक के अन्तर्गत
(d) समता एवं दायित्व पक्ष में ऋणपत्र शीर्षक के अन्तर्गत

37. 'एक्स' लिमिटेड ने 'वाई' लिमिटेड से ₹ 20 लाख की सम्पत्तियाँ तथा ₹ 20 हजार के लेनदार लिए। 'एक्स' लिमिटेड ने क्रय प्रतिफल में ₹ 200 वाले 8% ऋणपत्र 10% छूट पर निर्गमित किए। ऋणपत्रों की संख्या होगी
(a) 11,000 (b) 9,000
(c) 10,000 (d) 10,100

38. 'एक्स' लिमिटेड ने ₹ 60,00,000 का एक भवन खरीदा, जिसका 20% नकद चुकाया तथा शेष ₹ 500 के 8% ऋणपत्र 20% प्रीमियम पर देकर चुकाया। निर्गमित किए गए ऋणपत्रों की संख्या होगी
(a) 9,600 (b) 8,000 (c) 12,000 (d) 10,000

39. यदि विक्रेताओं को ₹ 1,00,000 की शुद्ध सम्पत्तियों के प्रतिफल के बदले ₹ 80,000 के ऋणपत्र निर्गमित किए जाते हैं, तो शेष ₹ 20,000 क्रेडिट किए जाएँगे
(a) लाभ-हानि विवरण में (b) ख्याति खाते में
(c) सामान्य संचय खाते में (d) पूँजी संचय खाते में

40. यदि विक्रेताओं को ₹ 5,00,000 की सम्पत्तियों तथा ₹ 1,00,000 के दायित्वों के बदले ₹ 4,40,000 के ऋणपत्र निर्गमित किए जाते हैं, तो शेष ₹ 40,000 डेबिट किए जाएँगे
(a) सामान्य संचय खाते में (b) पूँजी संचय खाते
(c) ख्याति खाते में (d) लाभ-हानि विवरण में

41. 'ए' लिमिटेड ने ₹ 100 वाले 1,000, 10% ऋणपत्र 5% प्रीमियम पर निर्गमित किए। एक वर्ष का कुल ब्याज होगा
(a) ₹ 10,500 (b) ₹ 10,000 (c) ₹ 40,000 (d) ₹ 25,000

42. 1 अप्रैल, 2007 को सनराइज लिमिटेड ने ₹ 100 वाले 5,000, 8% ऋणपत्र 5% कटौती पर निर्गमित किए। 31 मार्च, 2008 को समाप्त वर्ष के लिए कुल ब्याज कितना होगा?
(a) ₹ 38,000 (b) ₹ 42,000 (c) ₹ 40,000 (d) ₹ 25,000

43. ग्लोब लिमिटेड ने ₹ 100 वाले 20,000, 9% ऋणपत्र 5% कटौती पर निर्गमित किए, जिनका शोधन 5 वर्ष पश्चात् 6% प्रीमियम पर किया जाना है। निर्गमन पर हानि होगी
(a) ₹ 1,00,000 (b) ₹ 1,20,000
(c) ₹ 2,80,000 (d) ₹ 2,20,000

44. 5,000, 12% ऋणपत्र, जो प्रत्येक ₹ 100 का है, का निर्गमन 2% कटौती पर किया, जिनका शोधन 5% प्रीमियम पर होना है। ऐसी दशा में
(a) निर्गमन पर हानि को ₹ 35,000 से क्रेडिट किया जाएगा
(b) निर्गमन पर हानि को ₹ 35,000 से डेबिट किया जाएगा
(c) शोधन पर प्रीमियम को ₹ 25,000 से डेबिट किया जाएगा
(d) शोधन पर प्रीमियम को ₹ 35,000 से क्रेडिट किया जाएगा

उत्तरमाला

1.	(c)	**2.**	(b)	**3.**	(c)	**4.**	(c)	**5.**	(b)	**6.**	(c)	**7.**	(b)	**8.**	(c)	**9.**	(d)	**10.**	(b)
11.	(b)	**12.**	(c)	**13.**	(d)	**14.**	(b)	**15.**	(b)	**16.**	(b)	**17.**	(b)	**18.**	(c)	**19.**	(d)	**20.**	(d)
21.	(a)	**22.**	(b)	**23.**	(b)	**24.**	(b)	**25.**	(c)	**26.**	(d)	**27.**	(a)	**28.**	(c)	**29.**	(b)	**30.**	(b)
31.	(b)	**32.**	(a)	**33.**	(d)	**34.**	(b)	**35.**	(c)	**36.**	(b)	**37.**	(a)	**38.**	(b)	**39.**	(d)	**40.**	(c)
41.	(b)	**42.**	(c)	**43.**	(d)	**44.**	(c)												

अध्याय 9

कम्पनियों के वित्तीय विवरण

वित्तीय विवरण (Financial Statement)

वित्तीय विवरण एक निश्चित समय पर संस्था की वित्तीय स्थिति तथा एक समयावधि की क्रियाओं के परिणामों का चित्रण है।

जॉन मायर के अनुसार, *''वित्तीय विवरण एक व्यावसायिक संस्था के लेखों का सारांश होता है, जिसमें चिट्ठा एक निश्चित तिथि पर सम्पत्तियों, दायित्वों एवं पूँजी को दर्शाता है और आय विवरण एक निश्चित अवधि के परिणाम एवं परिचालनों को दर्शाता है।'' कम्पनी अधिनियम, 2013 की धारा 2(40) के अनुसार, कम्पनी के वित्तीय विवरणों में निम्नलिखित को सम्मिलित किया जाएगा*

- स्थिति विवरण
- लाभ-हानि का विवरण
- रोकड़-प्रवाह विवरण
- समता में परिवर्तनों का विवरण
- स्पष्टीकरण नोट

विभिन्न प्रतिवेदन रिपोर्ट

संचालक मण्डल द्वारा वित्तीय विवरणों को कम्पनी की प्रत्येक वार्षिक साधारण सभा में अंशधारियों की स्वीकृति के लिए प्रस्तुत करना अनिवार्य है कम्पनी के वित्तीय विवरणों के साथ अंकेक्षकों की रिर्पोट एवं संचालकों की रिर्पोट भी लगाना आवश्यक है।

- ***मण्डल या संचालकों की रिर्पोट*** संचालक इस रिर्पोट में अपनी सन्तुष्टि व गैर-सन्तुष्टि प्रकट करते हैं, जिसमें वह कम्पनी के व्यवसाय के प्रति अपने अंशधारियों के हित को ध्यान में रखकर निर्णय लेते हैं।
- ***अंकेक्षण की रिर्पोट*** इस रिर्पोट में अंकेक्षक अपने द्वारा किया गया विवरणों के अंकेक्षण से सम्बन्धित जानकारी प्रदान करता है, जिसमें वह कम्पनी के विवरणों की सत्यता व असत्यता को दर्शाता है।

वित्तीय विवरणों की प्रकृति

- वित्तीय विवरण उन लेन-देनों पर आधारित होते हैं, जिनका लेखा पुस्तकों में किया गया है।
- वित्तीय विवरण लेखांकन सिद्धान्तों व परम्पराओं (Conventions) पर आधारित होते हैं।
- वित्तीय विवरण व्यक्तिगत निर्णयों से प्रभावित होते हैं।
- लेखांकन अवधारणाएँ वित्तीय विवरण बनाने में सहायक होती हैं।

वित्तीय विवरणों के उद्देश्य

- आवश्यक सूचनाएँ उपलब्ध कराना।
- संस्था की लाभार्जन शक्ति का अनुमान लगाना।
- संसाधनों का प्रभावपूर्ण उपयोग करना।
- वित्तीय पूर्वानुमान उपलब्ध कराना।
- वित्तीय विवरण तैयार करना।
- भावी रोकड़ प्रवाह का अनुमान लगाना।

वित्तीय विवरणों की सीमाएँ

- इसमें तथ्यों की सूक्ष्मता का अभाव होता है।
- इसमें गैर-मौद्रिक लेन-देनों का अभाव होता है।
- ऊपरी दिखावों से वास्तविकता छिप जाती है।
- वित्तीय विवरण पूर्व घटनाओं पर आधारित होते हैं।
- इसमें भावी घटनाओं का आभास नहीं हो पाता है।
- मूल्य-स्तर में परिवर्तन से तुलना की समस्या होती है।
- इसमें पक्षपात होने की सम्भावना रहती है।
- यह अन्तरिम प्रतिवेदन का आधार है।

आदर्श वित्तीय विवरणों की विशेषताएँ

- ***प्रसांगिकता*** वित्तीय विवरणों में केवल उन्हीं सूचनाओं को प्रकट किया जाना चाहिए जो कम्पनी के उद्देश्यों को स्पष्ट करती हों।
- ***बोधगम्यता*** वित्तीय विवरणों में दी जाने वाली सूचनाएँ स्पष्ट, सरल व बोधगम्य होनी चाहिए जिन्हें एक साधारण व्यक्ति भी समझ सके।
- ***विश्वसनीयता*** वित्तीय विवरणों में दी जाने वाली सूचनाएँ विश्वसनीय होनी चाहिए।
- ***तुलनात्मकता*** वित्तीय विवरण इस प्रकार तैयार किया जाना चाहिए जिसकी तुलना गत वर्ष से की जा सके।
- ***पूर्णता*** वित्तीय विवरणों में दी जाने वाली सूचनाएँ स्वयं में पूर्ण होनी चाहिए। सूचनाओं का अर्थ स्पष्ट करने के लिए टिप्पणी, तालिका का प्रयोग किया जाना चाहिए।
- ***तत्परता*** वित्तीय विवरण एक निश्चित अवधि के लिए तैयार किए जाते हैं। अतः इस अवधि के अन्त में इन्हें तैयार व अंकेक्षित करवाकर सम्बन्धित पक्षकारों को उचित समय पर इनकी सूचनाएँ प्रेषित कर देनी चाहिए।

चिट्ठे का प्रारूप (Format of the Balance Sheet)

कम्पनी अधिनियम, 2013 की अनुसूची III के भाग I के अन्तर्गत चिट्ठे का निर्धारित प्रारूप इस प्रकार है

Name of the Company ....

Balance Sheet
as at .... (₹ in......)

Particulars	Note No.	Figures as at the end of the Current Reporting Period	Figures as at the end of the Previous Reporting Period
1	2	3	4
I. EQUITY AND LIABILITIES			
1. **Shareholders Funds**			
(a) Share Capital			
(b) Reserves and Surplus			
(c) Money Received against Share Warrants			
2. **Share Application Money Pending Allotment**			
3. **Non-current Liabilities**			
(a) Long-term Borrowings			
(b) Deferred Tax Liabilities (Net)			
(c) Other Long-term Liabilities			
(d) Long-term Provisions			
4. **Current Liabilities**			
(a) Short-term Borrowings			
(b) Trade Payables			
(c) Other Current Liabilities			
(d) Short-term Provisions			
Total		......	......
II. **ASSETS**			
1. **Non-current Assets**			
(a) Fixed Assets			
(i) Tangible Assets			
(ii) Intangible Assets			
(iii) Capital Work-in-Progress			
(iv) Intangible Assets under Development			
(b) Non-current Investment			
(c) Deferred Tax Assets (Net)			
(d) Long-term Loans and Advances			
(e) Other Non-current Assets			
2. **Current Assets**			
(a) Current Investments			
(b) Inventories			
(c) Trade Receivable			
(d) Cash and Cash Equivalents			
(e) Short-term Loans and Advances			
(f) Other Current Assets			
Total		......	......

आर्थिक चिट्ठे में दिखाई जाने वाली मदों का स्पष्टीकरण

समता एवं दायित्व

अंशधारी कोष

इसके अन्तर्गत उन मदों को सम्मिलित किया जाता है, जिन पर कम्पनियों के अंशधारियों (स्वामियों) का अधिकार होता है।

- ***अंश पूँजी*** कम्पनी द्वारा अंशों के निर्गमन से प्राप्त राशि को 'अंश पूँजी' कहा जाता है। *इसे लेखा टिप्पणियों में निम्न प्रकार दर्शाते हैं*

(i) ***अधिकृत पूँजी*** यह कम्पनी की पूँजी की अधिकतम सीमा होती है, जिसे कम्पनी अपने जीवनकाल में निर्गमित कर सकती है।

(ii) ***निर्गमित पूँजी*** अधिकृत पूँजी के उस भाग के अंकित मूल्य को, जो जनता को नकद धन या अन्य किसी प्रतिफल के बदले निर्गमित किया जाता है, निर्गमित पूँजी कहलाता है।

(iii) ***प्रार्थित या अभिदत्त पूँजी*** निर्गमित पूँजी के उस भाग को कहते हैं, जिसका अभिदान जनता द्वारा किया जाता है अर्थात् जिसके लिए जनता द्वारा आवेदन-पत्र दिए जाते हैं, प्रार्थित या अभिदत्त पूँजी कहलाती है।

(iv) ***माँगी गई पूँजी*** कम्पनी अधिनियम, 2013 की धारा 2(15) के अनुसार, माँगी गई पूँजी से आशय पूँजी के उस भाग से है, जिसे भुगतान हेतु माँगा गया हो।

(v) ***प्रदत्त पूँजी*** कम्पनी अधिनियम, 2013 की धारा 2(64) के अनुसार, प्रदत्त अंश पूँजी से आशय जमा की गई उन समस्त राशियों के योग के समतुल्य है, जोकि निर्गमित किए गए अंशों पर प्राप्त की गई हो।

- ***संचय तथा आधिक्य***

(i) पूँजी संचय (ii) पूँजी शोधन संचय
(ii) प्रतिभूति प्रीमियम संचय (iv) ऋणपत्र शोधन संचय
(v) पुनर्मूल्यांकन संचय (vi) अंश विकल्प अदत्त खाता
(vii) अन्य संचय; जैसे-कर्मचारी दुर्घटना संचय, विनियोग उच्चावचन संचय आदि।
(viii) आधिक्य (Surplus) अर्थात् लाभांश, बोनस अंश एवं संचयों में हस्तान्तरण के पश्चात् लाभ-हानि विवरण खाते का शेष *जिसे निम्न प्रकार से निकाला जाता है*

Particulars		Amt (₹)
Profit of Last Year		—
(+) Current Year Profit after tax		—
(−) Appropriation		
(i) Transfer to Reserves	—	
(ii) Transfer to Funds	—	
(iii) Proposed Dividend	—	—
Balance Carried to Balance Sheet		—

- ***अंश वारण्टों के प्रति प्राप्त धन*** इसे अनुसूची (III) के अनुसार चिट्ठे के नए प्रारूप में 'अंशधारियों के कोष' शीर्षक के अन्तर्गत दिखाया जाता है। यह कम्पनी द्वारा अंशधारक को जारी किया गया प्रलेख होता है, जिसमें उसके द्वारा धारित अंशों की संख्या और अंश अधिपत्र जारी करने से प्राप्त राशि का उल्लेख होता है। अंश अधिपत्र जारी करने से प्राप्त राशि को इस शीर्षक में लिखा जाता है।

आवण्टन लम्बित रहने के दौरान अंश आवेदन राशि

यदि कम्पनी के पास अन्तिम खाते बनाने की तिथि को अंश आवेदन राशि शेष है, जिसके विरुद्ध अंश आवण्टित नहीं किए गए हैं, तो इसे चिट्ठे में समता और दायित्व (Equity and Liabilities) पक्ष में अलग से दिखाया जाना अनिवार्य है।

गैर-चालू दायित्व

अनुसूची III के अनुसार, ऐसे दायित्व जो चालू दायित्व नहीं हैं, गैर-चालू दायित्व कहलाते हैं। *इसमें निम्न को सम्मिलित किया जाता है*

- ***दीर्घकालीन ऋण*** कम्पनी के ऐसे ऋण जिनका भुगतान आर्थिक चिट्ठे की तिथि के 12 माह पश्चात् देय हो, वे कम्पनी के दीर्घकालीन ऋण कहलाते हैं; जैसे-ऋणपत्र (Debentures), बॉण्ड्स (Bonds), सावधि ऋण (Term Loans), निक्षेप (Deposits) आदि।

यदि कम्पनी ने इन ऋणों को लेते समय कोई प्रतिभूति (Security) दी है, तो इसका विवरण लेखा टिप्पणी (Notes to Accounts) में दीर्घकालीन ऋण के नीचे लिखकर दिया जाएगा।

- ***स्थगित कर दायित्व*** आयकर नियमों के अनुसार ज्ञात की गई आय कर-योग्य आय कहलाती है, जबकि संस्था के प्रचलित लेखांकन प्रणालियों के आधार पर निर्धारित आय लेखांकन आय कहलाती है। यह दोनों आय भिन्न हो सकती हैं।
  यदि कर-योग्य आय लेखांकन आय से कम है, तो अन्तर की राशि पर कर दायित्व 'स्थगित कर दायित्व' कहलाएगा।
- ***अन्य दीर्घकालीन दायित्व*** ऐसे दीर्घकालीन दायित्व, जो दीर्घकालीन ऋण नहीं हैं, अन्य दीर्घकालीन ऋण कहलाते हैं; जैसे-ऋणपत्रों या अधिमान अंशों के शोधन पर देय प्रीमियम, 12 माह पश्चात् देय व्यापार (Trade Payable) एवं अन्य।
- ***दीर्घकालीन आयोजन*** ऐसे दायित्व जिनके भविष्य में उत्पन्न होने की आशंका है और जिनकी राशि निश्चित नहीं है, ऐसे दायित्वों का आयोजन दीर्घकालीन आयोजन के अन्तर्गत लिखा जाता है; जैसे-कर्मचारियों का लाभार्थ, आयोजन, वारण्टी आदि।

चालू दायित्व

अनुसूची III के अनुसार, किसी दायित्व को चालू दायित्व तभी माना जाएगा, जब इसका भुगतान स्थिति विवरण तैयार होने की तिथि से 12 माह के अन्दर किए जाने की सम्भावना है अथवा इसका भुगतान सामान्य संचालन चक्र अवधि में किए जाने की सम्भावना है।

चालू दायित्व निम्न प्रकार के हो सकते हैं

- ***अल्पकालीन उधार*** वह धनराशि जो चिट्ठे की तिथि से 12 माह के अन्दर भुगतान करनी होती है, अल्पकालीन उधार कहलाती है; जैसे-माँग पर देय ऋण, सम्बद्ध पक्षकारों से ऋण तथा अग्रिम, जमाएँ तथा अन्य ऋण एवं अग्रिम आदि।
- ***व्यापार देय*** वह धनराशि जो व्यापार के माल के उधार क्रय एवं सेवाओं के बदले देय होती है, व्यापार देय कहलाती है; जैसे-व्यापारिक लेनदार एवं देय विपत्र, जिन्हें 12 माह के अन्दर भुगतान किया जाता है।
- ***अन्य चालू दायित्व***
  (*i*) दीर्घकालीन ऋण, जो वर्तमान में देय हैं।
  (*ii*) ऋणों पर अदत्त ब्याज
  (*iii*) अग्रिम प्राप्त आयगत आय
  (*iv*) अदत्त या बकाया लाभांश
  (*v*) अंशों पर प्राप्त आवेदन राशि, जो वापिस लौटानी है तथा उस पर देय ब्याज
  (*vi*) वे ऋणपत्र जिनके शोधन का समय हो चुका है तथा उन पर देय ब्याज
  (*vii*) अंशों पर अग्रिम प्राप्त राशि (Calls-in-Advance)
  (*vii*) व्यापार के सामान्य संचालन के बकाया व्यय
  (*ix*) अयाचित लाभांश
  (*x*) न चुकाया गया लाभांश आदि।
- ***अल्पकालीन आयोजन या प्रावधान*** ऐसे दायित्व जिनका भुगतान 12 माह की अवधि में देय है किन्तु राशि अनिश्चित है, ऐसे दायित्व के लिए किया गया आयोजन इस मद के अन्तर्गत दिखाया जाता है; जैसे-
  (*i*) संदिग्ध ऋणों के लिए आयोजन
  (*ii*) कर्मचारी हितों के लिए प्रावधान
  (*iii*) कर के लिए आयोजन

सम्पत्तियाँ

अनुसूची III के अनुसार, सम्पत्तियों को दो श्रेणियों में विभाजित किया गया है

गैर-चालू सम्पत्तियाँ

ऐसी सम्पत्तियाँ जो चालू सम्पत्तियाँ नहीं होती हैं, गैर-चालू सम्पत्तियाँ कहलाती हैं। *इन सम्पत्तियों को पाँच भागों में विभक्त किया गया है, जो निम्न हैं-*

- ***स्थायी सम्पत्तियाँ*** ऐसी सम्पत्तियाँ जो दीर्घकालीन अवधि के लिए व्यवसाय में विक्रय के उद्देश्य से क्रय न करके लाभोपार्जन उद्देश्य से क्रय की जाती हैं, स्थायी सम्पत्तियाँ कहलाती हैं।
  स्थायी सम्पत्तियाँ निम्न प्रकार की होती हैं
  (*i*) ***मूर्त सम्पत्तियाँ*** मूर्त सम्पत्तियाँ ऐसी सम्पत्तियाँ होती हैं, जिनका भौतिक अस्तित्व होता है; जैसे-भवन, फर्नीचर, संयन्त्र, मशीनरी आदि।
  (*ii*) ***अमूर्त सम्पत्तियाँ*** ऐसी सम्पत्तियाँ जिनका कोई भौतिक अस्तित्व नहीं होता है; जैसे-ख्याति, पेटेण्ट्स, कॉपीराइट्स, व्यापार चिह्न, लाइसेंस आदि।
  (*iii*) ***पूँजीगत कार्य जो प्रगति पर है*** ऐसी सम्पत्तियाँ जिनका निर्माण कार्य पूरा नहीं हुआ है; जैसे-अर्द्धनिर्मित भवन, प्लाण्ट एवं संयन्त्र आदि।
  (*iv*) ***विकासाधीन अमूर्त सम्पत्तियाँ*** ऐसी अमूर्त सम्पत्तियाँ जो कम्पनी द्वारा स्वयं बनाई जा रही हैं; जैसे-एकस्व (Patents)।
- ***गैर-चालू विनियोग*** ऐसे विनियोग जो 12 माह से अधिक की अवधि के लिए क्रय किए गए हों, गैर-चालू विनियोग कहलाते हैं।
  इन्हें दो भागों में विभक्त किया जाता है
  (*i*) ***व्यापारिक विनियोग*** इनको क्रय करने का मुख्य उद्देश्य व्यापार में वृद्धि करना होता है।
  (*ii*) ***अन्य विनियोग***
  (*a*) विनियोग सम्पत्ति
  (*b*) समता एवं पूर्वाधिकार अंशों में विनियोग
  (*c*) ऋणपत्रों अथवा बॉण्ड्स में विनियोग
  (*d*) म्यूच्युअल फण्ड्स में विनियोग
  (*e*) अन्य गैर-चालू विनियोग
- ***स्थगित कर सम्पत्तियाँ*** (शुद्ध) जब लेखांकन आय कर-योग्य आय से कम होती है, तो स्थगित कर सम्पत्तियाँ (शुद्ध) उत्पन्न होती हैं।
- ***दीर्घकालीन ऋण तथा अग्रिम*** ऐसे ऋण तथा अग्रिम, जिनका भुगतान 12 माह बाद प्राप्त होगा, दीर्घकालीन ऋण तथा अग्रिम कहलाते हैं।
  ये निम्न प्रकार के होते हैं
  (*i*) पूँजी अग्रिम
  (*ii*) प्रतिभूति या जमानती निक्षेप
  (*iii*) सम्बन्धित पक्षकारों को ऋण तथा अग्रिम
  (*vi*) अन्य ऋण तथा अग्रिम
- ***अन्य गैर-चालू सम्पत्तियाँ*** ऐसी सम्पत्तियाँ जो उपरोक्त किसी भी मद में नहीं आती हैं, गैर-चालू सम्पत्तियाँ कहलाती हैं, उन्हें इस मद में लिखा जाएगा; जैसे-पूर्वदत्त व्यय, उपार्जित आय आदि।

चालू सम्पत्तियाँ

संशोधित अनुसूची VI के अनुसार, किसी सम्पत्ति को चालू सम्पत्ति तभी माना जाता है, जब उस सम्पत्ति की राशि 12 माह के अन्दर वसूल होने की सम्भावना हो अथवा इसकी वसूली सामान्य संचालन चक्र से होने की सम्भावना हो।

चालू सम्पत्तियों में निम्नलिखित छः उप-शीर्षकों को सम्मिलित किया जाता है

- ***चालू विनियोग*** ऐसे विनियोग जो 12 माह से कम अवधि के लिए किए गए हों, चालू विनियोग कहलाते हैं।
- ***स्टॉक*** ऐसा माल जो पुनः विक्रय करने के उद्देश्य से क्रय किया गया है अथवा निर्मित किया गया है, स्टॉक कहलाता है।
  इसमें निम्नलिखित को सम्मिलित किया जाता है
  (*i*) कच्चा माल (*ii*) अर्द्धनिर्मित माल
  (*iii*) निर्मित माल (*iv*) व्यापारिक रहतिया
  (*v*) स्टोर्स तथा स्पेयर्स (*vi*) छोटे औजार तथा अन्य

- ***व्यापारिक प्राप्य*** कम्पनी द्वारा माल का या सेवा का उधार विक्रय करने से जो लेनदारी उत्पन्न होती है, व्यापारिक प्राप्य कहलाती है। इसके अन्तर्गत देनदार (Debtors) और प्राप्य विपत्र (Bills Receivable) दोनों को सम्मिलित किया जाता है।
- ***नकद और नकद तुल्य*** इसमें बैंक शेष, रोकड़ शेष, चेक, ड्राफ्ट, अति अल्पकालिक अथवा उच्च तरल विनियोगों आदि को सम्मिलित किया जाता है।
- ***अल्पकालीन ऋण तथा अग्रिम*** इसके अन्तर्गत दिए गए ऐसे ऋण एवं अग्रिम सम्मिलित किए जाते हैं, जो 12 माह के अन्दर प्राप्त हो जाएँगे।
- ***अन्य चालू सम्पत्तियाँ*** इसके अन्तर्गत उन चालू सम्पत्तियों को लिखा जाता है, जो उपरोक्त किसी भी मद के अन्तर्गत नहीं लिखी गई हैं; जैसे-पूर्वदत्त व्यय (Prepaid Expenses), उपार्जित आय (Accrued Income) आदि।

चिट्ठे की विशेषताएँ

- यह एक निश्चित तिथि पर बनाया जाता है, सामान्यतया वित्तीय वर्ष के अन्तिम दिन।
- यह एक विवरण-पत्र होता है, खाता नहीं।
- यह व्यवसाय की वित्तीय स्थिति बतलाता है।
- यह लेखाकंन की मान्यताओं, प्रक्रियाओं व व्यक्तिगत निर्णयों से प्रभावित होता है।
- इसमें संस्था के दायित्वों, सम्पत्तियों व पूँजी ब्यौरा होता है।

अनुसूची (III) के भाग (II) के अनुसार लाभ-हानि विवरण का प्रारूप

अनुसूची-(III) के भाग (II) में लाभ-हानि खाते के लिए भी शीर्ष प्रारूप (Vertical Form) निर्धारित किया गया है, जिसका शीर्षक लाभ-हानि का विवरण (Statement of Profit and Loss) रखा गया है।

Part II: Format of Statement of Profit & Loss

Name of the Company.........

Profit and Loss Statement for the year ended

(₹ in ...)

Particulars	Note No.	Figures for the Current Reporting Period (`)	Figures for the Previous Reporting Period (`)
I. **Revenue from Operations**		—	—
II. **Other Income**		—	—
III. **Total Revenue** (I + II)		—	—
IV. **Expenses**			
Cost of Materials Consumed		—	—
Purchases of Stock-in-Trade		—	—
Changes in Inventories of Finished Goods,			
Work-in-Progress and Stock-in-Trade		—	—
Employee Benefit Expenses		—	—
Finance Cost		—	—
Depreciation and Amortisation Expenses		—	—
Other Expenses		—	—
Total Expenses		—	—
V. Profit before Tax (III – IV)		—	—
VI. Tax		—	—
VII. Profit After Tax (V – VI)		—	—

लाभ-हानि विवरण की मदों के सम्बन्ध में लेखांकन टिप्पणियाँ

(Notes to Accounts Regarding Statements of Profit and Loss)

1. **संचालन क्रियाओं से आगम** (Revenue from Operation) यह वह आगम होता है जो कम्पनी की मुख्य व्यावसायिक क्रियाओं से अर्जित होता है। *इसके अन्तर्गत निम्न को सम्मिलित किया जाएगा–*
   (*i*) माल के विक्रय से आगम (सकल) (Revenue from Sale of Product (gross)
   घटाइए-वापसी (Less-return)
   (*ii*) सेवाओं के विक्रय से आगम (Revenue from Sale of Service)
   (*iii*) अन्य संचालन आय (Other Operation Revenue)
   (*a*) अवशेष का विक्रय (Sale of Scrap)
   (*b*) प्राप्त कमीशन (Commission Received)
   - **नोट** *एक वित्तीय कम्पनी की दशा में निम्नलिखित को संचालन क्रियाओं से आगम माना जाएगा*

   (*i*) ब्याज की आय (Interest Income)
   (*ii*) लाभांश की आय (Dividend Income)
   (*iii*) विनियोग विक्रय से शुद्ध लाभ/हानि (Net gain/loss on sale of Investment)
   (*iv*) अन्य वित्तीय सेवाओं से आय (Revenue from other financial services)
2. **अन्य आय** (Other Income) यह वह आय होती है जो व्यवसाय की मुख्य क्रियाओं से अर्जित नहीं होती है। *इसमें निम्न को सम्मिलित किया जाता है–*
   (*i*) ब्याज की आय (Interest Income) (ब्याज प्राप्त किया अथवा अर्जित किया)
   (*ii*) लाभांश की आय (Dividend Income)
   (*iii*) Gain on Sale of Investments
   (–) : Loss on Sale of Investments
   यदि Gain की तुलना में Loss अधिक है, तो Net Loss को 'Other Expenses' के अन्तर्गत दिखाया जाएगा।
   (*iv*) अन्य गैर संचालन आय (Other Non-Operating Income) such as :
   (*a*) किराया प्राप्त किया (Rent Received)
   (*b*) कटौती प्राप्त की (Discount Received)
   (*c*) हस्तान्तरण शुल्क (Transfer Fees)
   (*d*) अपलिखित किए गए विविध लेनदार (Sundry Creditors Written back)
   (*e*) अपलिखित किया गया डूबत ऋणों का आधिक्य आयोजन (Excess Provision for Bad Debts Written Back)
   (*f*) स्थायी सम्पत्तियों के विक्रय पर लाभ (Profit on Sale of Fixed Assets)
   (*g*) पूर्व की अवधि की आय (Prior Period Income)
   (*h*) विविध मदों का विक्रय (Sale of Miscellaneous items such as Newspapers etc.)
   (*i*) प्रोजेक्ट परामर्श से आय (Revenue from Project Consultancy)
   (*j*) ऋण उपलब्ध कराने से प्राप्त फीस (Fees Received for Arranging Loans)
   (*k*) कर वापसी (Refund of Income Tax)

3. **सामग्री उपभोग की लागत** (Cost of Material Consumed)

यह एक अवधि में उपभोग की गई सामग्री की लागत को दर्शाता है। *इसकी गणना निम्न प्रकार से की जाती है-*

उपभोग सामग्री की लागत = प्रारम्भिक रहतिया (Opening Stock)
+ शुद्ध क्रय (Net Purchase) – अन्तिम रहतिया (Closing Stock)

4. **व्यापारिक रहतिया का क्रय** (Purchase of Stock-in-Trade)

किसी व्यापारिक संस्था के द्वारा जो माल पुनः विक्रय के उद्देश्य से क्रय किया जाता है, उसे 'Purchase of Stock-in-Trade' कहा जाता है। इसके अतिरिक्त कोई भी माल किसी अन्य माल के उत्पादन प्रक्रिया में प्रयोग करने हेतु खरीदा गया है, तो उसकी लागत सामग्री उपभोग की लागत में सम्मिलित की जाती है।

5. **निर्मित माल, अर्द्ध निर्मित माल तथा व्यापारिक रहतिये के स्टॉक में परिवर्तन**

(Change in Inventories of Finished Goods, Work-in-progress and Stock-in-Trade) *इसे निम्न प्रकार दिखाया जाएगा*

	Particulars		Amt (₹)
(i)	Opening Inventory of Finished Goods	....	
	(–) Closing Inventory of Finished Goods	....	....
(ii)	Opening Inventory of Work-in-Progress	....	
	(–) Closing Inventory of Work-in-Progress	....	....
(iii)	Opening Inventory of Stock-in-Trade	....	
	(–) Closing Inventory of Stock-in-Trade	....	....
	Total (a + b + c)		....

नोट *प्रारम्भिक रहतिये तथा अन्तिम रहतिये का शुद्ध अन्तर धनात्मक/ ऋणात्मक हो सकता है।*

6. **कर्मचारियों के हित के व्यय** (Employee Benefit Expenses) ऐसे व्यय जो कर्मचारियों से सम्बन्धित हैं तथा उनके हित के लिए किए गए हैं, *उन्हें निम्न शीर्षकों के अन्तर्गत दिखाया जाएगा; जैसे-*
   (*i*) वेतन एवं मजदूरी, बोनस, छुट्टियों के बदले नकद भुगतान
   (*ii*) प्रोविडेण्ट फण्ड या अन्य कोषों में अंशदान
   (*iii*) ग्रेच्युटी फण्ड में अंशदान
   (*iv*) कर्मचारी कल्याण व्यय; जैसे- कैण्टिन व्यय, चिकित्सा व्यय आदि।

7. **वित्तीय लागतें** (Finance cost) *इनका वर्गीकरण निम्न है–*
   (*i*) **ब्याज व्यय** (Interest Expenses) (a) बैंक से लिए गए दीर्घकालीन ऋण पर ब्याज का भुगतान। (b) बैंक अधिविकर्ष नकद साख सीमा (Bank overdraft and cash credit limit) पर ब्याज का भुगतान। (c) ऋणपत्र, वचनपत्र (Bonds) तथा सार्वजनिक जमाओं पर ब्याज का भुगतान।
   (*ii*) **अन्य ऋण लेने की लागत** (Other Borrowing Cost)-(a) ऋणपत्रों के निर्गमन पर बट्टा (Discount) या हानि (Loss) का अपलेखन। (b) ऋणपत्रों के शोधन पर देय प्रीमियम। (c) ऋण प्रोसेसिंग फीस (Loan processing fees) (d) गारण्टी शुल्क (Guarantee charges) (e) जमा एकत्रित करने के लिए दिया जाने वाला कमीशन (Commission paid for deposit mobilisation) आदि।

8. **ह्रास तथा अपलेखन व्यय** (Depreciation and Amortisation Expenses) व्यापार में स्थायी सम्पत्तियों के लगातार उपयोग से उनके मूल्य में जो कमी आती है, उसे 'मूल्य ह्रास' कहते हैं। इस प्रकार अमूर्त सम्पत्तियों के मूल्य में कमी को 'अपलेखन करना' कहते हैं। जैसे-ख्याति, एकस्व तथा कम्प्यूटर सॉफ्टवेयर का अपलेखन करना। इन्हें पृथक्-पृथक् टिप्पणियों में दिखाकर दोनों का योग कर लाभ-हानि विवरण में दिखाते हैं।

9. **अन्य व्यय** (Other Expenses) जो व्यय उपरोक्त किसी भी शीर्षक के अन्तर्गत नहीं आते हैं, उनकी अन्य व्यय में व्याख्या कर उन्हें टिप्पणी में दिखाते हैं। ये व्यय प्रत्यक्ष एवं अप्रत्यक्ष दोनों प्रकार के हो सकते हैं।

अभ्यास प्रश्न

1. कम्पनी अधिनियम, 2013 की किस धारा के अनुसार वित्तीय विवरण तैयार करना आवश्यक है?
(a) 140 (b) 129
(c) 156 (d) 151

2. कम्पनी अधिनियम, 2013 की धारा 2(40) के प्रावधानों के अनुसार कम्पनी के वित्तीय विवरण में सम्मिलित है
(a) चिट्ठा (b) लाभ-हानि का विवरण
(c) रोकड़ प्रवाह विवरण (d) ये सभी

3. एक व्यक्ति कम्पनी के वित्तीय विवरणों में सम्मिलित नहीं किया जाता
(a) चिट्ठा (b) लाभ-हानि का विवरण
(c) रोकड़ प्रवाह विवरण (d) इनमें से कोई नहीं

4. कम्पनी अधिनियम, 2013 की धारा 2(41) के अनुसार कम्पनी का वित्तीय वर्ष होगा
(a) 1 जनवरी से 31 दिसम्बर (b) 1 जुलाई से 30 जून
(c) 1 अप्रैल से 31 मार्च (d) इनमें से कोई नहीं

5. वित्तीय विवरण तैयार किए जाते हैं
(a) व्यवसाय के प्रारम्भ में (b) लेखा वर्ष के अन्त में
(c) व्यवसाय के समापन के समय (d) इनमें से कोई नहीं

6. वह विवरण, जो कम्पनी की वित्तीय स्थिति को दर्शाता है
(a) स्थिति विवरण (b) रोकड़ प्रवाह विवरण
(c) लाभ-हानि विवरण (d) समता में परिवर्तनों का विवरण

7. निम्न में से किस कम्पनी को रोकड़ प्रवाह विवरण बनाना अनिवार्य है?
(a) निष्क्रिय कम्पनी (b) सार्वजनिक कम्पनी
(c) एक व्यक्ति कम्पनी (d) लघु कम्पनी

8. वह विवरण, जो कम्पनी वर्ष के लाभों को ज्ञात करने के लिए वर्ष के अन्त में बनती है
(a) व्यापार खाता (b) लाभ-हानि खाता
(c) चिट्ठा (d) लाभ-हानि विवरण

9. संशोधित अधिनियम के अनुसार चिट्ठा कितने प्रारूपों में बनाया जा सकता है?
(a) एक (b) दो
(c) तीन (d) चार

10. वित्तीय विवरण उपयोगी होते हैं
(a) कर्मचारियों के लिए
(b) प्रबन्धकों के लिए
(c) अंशधारियों के लिए
(d) सभी के लिए

11. कम्पनी के चिट्ठे में समता एवं दायित्वों भाग के मुख्य शीर्षकों की संख्या है
(a) 1 (b) 2
(c) 3 (d) 4

12. कम्पनी के स्थिति विवरण में सम्पत्तियों भाग के मुख्य शीर्षकों की संख्या है
(a) 1 (b) 2
(c) 3 (d) 4

13. चालू दायित्वों की भुगतान अवधि होती है
(a) 6 माह (b) 12 माह
(c) 2 वर्ष (d) 4 वर्ष

14. किस दायित्व को आर्थिक चिट्ठे के योग में सम्मिलित नहीं करते हैं?
(a) अयाचित लाभांश (b) आयकर हेतु प्रावधान
(c) सम्भाव्य दायित्व (d) असुरक्षित ऋण

15. चालू दायित्व है
(a) लेनदार (b) देय बिल
(c) बैंक अधिविकर्ष (d) ये सभी

16. अमूर्त सम्पत्ति है
(a) पेटेण्ट (b) प्रारम्भिक व्यय
(c) अभिगोपन कमीशन (d) अंशों के निर्गमन पर बट्टा

17. अवास्तविक सम्पत्तियों में सम्मिलित किया जाता है
(a) प्रारम्भिक व्यय (b) अभिगोपन कमीशन
(c) विकास व्यय (d) ये सभी

18. कौन-सी सम्पत्ति चालू सम्पत्ति नहीं है?
(a) देनदार (b) पूर्वदत्त व्यय
(c) ख्याति (d) स्टॉक

19. अंशधारियों के कोष को कितने उप-शीर्षकों में दर्शाया जाता है?
(a) 1 (b) 2
(c) 3 (d) 4

20. गैर-चालू दायित्वों को कितने उप-शीर्षकों में दर्शाया जाता है?
(a) 1 (b) 2
(c) 3 (d) 4

21. चालू दायित्वों को कितने उप-शीर्षकों में दर्शाया जाता है?
(a) 1 (b) 2
(c) 3 (d) 4

22. गैर-चालू सम्पत्तियों को कितने उप-शीर्षकों में दर्शाया जाता है?
(a) 1 (b) 2
(c) 3 (d) 5

23. स्थायी सम्पत्तियों को कितने उप शीर्षकों में दर्शाया जाता है?
(a) 1 (b) 2
(c) 3 (d) 4

24. चालू सम्पत्तियों को कितने उप-शीर्षकों में दर्शाया जाता है
(a) 3 (b) 4
(c) 5 (d) 6

25. जब लेखांकन आय कर-योग्य आय से अधिक होती है, तो उत्पन्न होता है
(a) स्थगित कर दायित्व (b) स्थगित कर सम्पत्ति
(c) दीर्घकालीन ऋण (d) इनमें से कोई नहीं

26. निम्न में से कौन-सा व्यय कर्मचारी हित का व्यय नहीं है?
(a) वेतन (b) भविष्य निधि अंशदान
(c) मरम्मत व्यय (d) ग्रेच्युइटी भुगतान

27. जब लेखांकन आय कर योग्य आय से कम होती है, तो उत्पन्न होता है
(a) स्थगित कर दायित्व (b) स्थगित कर सम्पत्ति
(c) दीर्घकालीन ऋण (d) इनमें से कोई नहीं

28. अल्पकालीन आयोजन है
(a) संदिग्ध ऋणों के लिए आयोजन
(b) कर्मचारी कल्याण आयोजन
(c) कर आयोजन
(d) उपरोक्त सभी

29. अमूर्त सम्पत्ति है
(a) ख्याति (b) खनिज अधिकार
(c) प्रकाशन अधिकार (d) ये सभी

30. कम्पनी के चिट्ठे में अधिगोपन कमीशन को किस शीर्षक में दर्शाया जाएगा?
(a) परिशोधन व्यय (b) चालू दायित्व
(c) चालू सम्पत्तियाँ (d) गैर चालू सम्पत्तियाँ

31. अंश निर्गमन के व्यय को कम्पनी के चिट्ठे में किस शीर्षक के अन्तर्गत दर्शाया जाएगा?
(a) अपलेखन व्यय (b) चालू दायित्व
(c) चालू सम्पत्तियाँ (d) संदिग्ध दायित्व

32. पूर्वदत्त व्यय को कम्पनी के चिट्ठे में किस शीर्षक के अन्तर्गत दर्शाया जाता है?
(a) अमूर्त सम्पत्तियाँ (b) चालू सम्पत्तियाँ
(c) अन्य चालू सम्पत्तियाँ (d) गैर चालू सम्पत्तियाँ

33. चालू वर्ष में प्रस्तावित लाभांश है
(a) चालू दायित्व (b) अल्पकालीन आयोजन
(c) गैर चालू दायित्व (d) संदिग्ध दायित्व

34. प्रारम्भिक व्यय है
(a) चालू सम्पत्ति (b) चालू दायित्व
(c) अपलेखन व्यय (d) गैर चालू सम्पत्ति

35. लम्बवत् विश्लेषण माना जाता है
(a) संरचनात्मक विश्लेषण (b) स्थैतिक विश्लेषण
(c) गतिशील विश्लेषण (d) इनमें से कोई नहीं

निर्देश (प्र.सं. 36-37) *निम्न कथनों के सही अथवा गलत होने से सम्बन्धित सही कूट का चयन कीजिए।*

कूट
(a) कथन I सही है, किन्तु II गलत है
(b) कथन II सही है, किन्तु I गलत है
(c) कथन I और II दोनों ही सही हैं
(d) कथन I और II दोनों ही गलत हैं

36. **कथन** I कम्पनी अधिनियम की अनुसूची III के पहले भाग में स्थिति विवरण वे दूसरे भाग में लाभ-हानि विवरण का प्रारूप है।
कथन II वित्तीय विवरण लिपिबद्ध होते हैं।

37. **कथन** I तुलनात्मक वित्तीय विवरणों से व्यवसाय के परिवर्तन की दशा को ज्ञात किया जा सकता है।
कथन II शीर्ष विश्लेषण में कई वर्षो के वित्तीय विवरणों का तुलनात्मक अध्ययन किया जाता है।

निर्देश (प्र.सं. 38-39) *नीचे दिए गए कथन एवं कारणों को ध्यानपूर्वक पढ़कर कूटों की सहायता से सही उत्तर का चयन कीजिए।*

कूट
(a) A और R दोनों सत्य हैं तथा R, A की सही व्याख्या है
(b) A और R दोनों सत्य हैं, परन्तु R, A की सही व्याख्या नहीं है
(c) A सत्य है, परन्तु R असत्य है
(d) A असत्य है, परन्तु R सत्य है

38. **कथन** (A) माल के विक्रय से आगम प्राप्ति संचालन क्रियाओं से आगम प्राप्ति कहलाती है।
कारण (R) यह वह आगम है, जो कम्पनी की व्यावसायिक क्रियाओं से अर्जित होती है।

39. **कथन** (A) क्षैतिज विश्लेषण में दो अवधियों के विवरण की मदों के अन्तर को धन (+) या ऋण(–) चिह्नों से प्रकट किया जाता है।
कारण (R) क्षैतिज विश्लेषण में वित्तीय विवरणों का समीक्षात्मक विश्लेषण किया जाता है।

उत्तरमाला

1.	(b)	**2.**	(d)	**3.**	(c)	**4.**	(c)	**5.**	(b)	**6.**	(a)	**7.**	(b)	**8.**	(d)	**9.**	(a)	**10.**	(d)
11.	(d)	**12.**	(b)	**13.**	(b)	**14.**	(c)	**15.**	(d)	**16.**	(a)	**17.**	(d)	**18.**	(c)	**19.**	(c)	**20.**	(d)
21.	(d)	**22.**	(d)	**23.**	(d)	**24.**	(d)	**25.**	(a)	**26.**	(c)	**27.**	(b)	**28.**	(d)	**29.**	(d)	**30.**	(a)
31.	(a)	**32.**	(c)	**33.**	(d)	**34.**	(c)	**35.**	(b)	**36.**	(c)	**37.**	(a)	**38.**	(a)	**39.**	(a)		

अध्याय 10

वित्तीय विवरण विश्लेषण

वित्तीय विवरण विश्लेषण (Financial Statement Analysis)

वित्तीय विश्लेषणों से आशय किसी व्यवसाय की आर्थिक स्थिति एवं लाभार्जन शक्ति का पता लगाने के लिए विवरण-पत्रों में प्रस्तुत किए गए तथ्यों को किसी वैज्ञानिक रीति द्वारा सुविधाजनक अवयवों में वर्गीकृत एवं विन्यासित करना है, जिससे इनसे अर्थपूर्ण निष्कर्ष निकाले जा सकें।

कैनेडी एवं **मैकमुलन** के अनुसार, *''वित्तीय विवरणों का विश्लेषण एवं निर्वचन सूचना को इस प्रकार प्रस्तुत करना है, जिससे व्यवसाय के प्रबन्धकों, विनियोगकर्ताओं, लेनदारों एवं अन्य वर्गों, जो व्यवसाय की वित्तीय स्थिति व परिचालन परिणामों में रुचि रखते हैं, निर्णय में सहायक हो सकें।''*

अतः वित्तीय विवरणों में मुख्यतः स्थिति विवरण, लाभ-हानि खाता एवं कोष-प्रवाह विवरण को सम्मिलित किया जाता है।

वित्तीय विवरण विश्लेषण के उद्देश्य/आवश्यकता

वित्तीय विश्लेषण का मुख्य उद्देश्य व्यावसायिक संस्था के चिट्ठे से उसकी शोधन क्षमता ज्ञात करना, आय विवरण से लाभदायकता अथवा प्रक्रियाओं की कुशलता निर्धारित करना तथा समान स्थिति वाली संस्थाओं की तुलना में वित्तीय शक्ति का मूल्यांकन करना है।

वित्तीय विश्लेषण के मुख्य उद्देश्य निम्न हैं

- ***वित्तीय सुदृढ़ता की माप*** व्यवसाय अपनी वित्तीय सुदृढ़ता का मापन विभिन्न अनुपातों की गणना करके करता है। यदि यह प्रतिकूल पाई जाती है, तो सुधारात्मक कदम उठाए जाते हैं।
- ***शोधन क्षमता की माप*** लेनदार सदैव शोधन क्षमता अर्थात् अपने व्यवसाय सम्बन्धी ऋणों का भुगतान करने की क्षमता में रुचि रखते हैं। अल्पकालीन ऋणों के भुगतान के लिए तरलता तथा दीर्घकालीन ऋणों के भुगतान के लिए ऋण समता अनुपात ज्ञात किया जाता है।
- ***लाभदायकता की माप*** लाभदायकता की माप के लिए सकल लाभ, शुद्ध लाभ, व्यय एवं परिचालन अनुपातों की गणना की जाती है। इन अनुपातों के अधिक व कम होने की स्थिति में निष्पादन के लिए उत्तरदायी कारणों का मूल्यांकन किया जा सकता है।
- ***भावी कार्यवाही का निर्धारण*** विश्लेषण व्यवसाय की लाभदायकता, निष्पादन तथा वित्तीय सुदृढ़ता के बारे में पर्याप्त सूचनाएँ देता है। इन सूचनाओं के आधार पर प्रभावी पूर्वानुमान, बजटन एवं नियोजन किया जा सकता है।
- ***वृद्धि सामर्थ्य का मूल्यांकन*** व्यवसाय की प्रवृत्ति एवं गतिशील विश्लेषण व्यवसाय की वृद्धि सामर्थ्य दर्शाने के लिए पर्याप्त सूचनाएँ उपलब्ध करवाता है। यदि प्रवृत्ति कमजोर चित्र प्रस्तुत करती है, तो इसे सुधारने के लिए प्रभावी उपाय किए जा सकते हैं।
- ***उपलब्धियों की प्रवृत्ति दर्शाना*** गत वर्षों के वित्तीय विवरणों की तुलना करके विभिन्न व्ययों, क्रय-विक्रय, सकल लाभ, शुद्ध लाभ सम्बन्धी प्रवृत्तियों को ज्ञात किया जाता है।

वित्तीय विवरण विश्लेषण की आवश्यकता/महत्त्व

वित्तीय विश्लेषण का महत्त्व व्यवसाय के आन्तरिक प्रबन्ध तक ही सीमित नहीं है, बल्कि इसका प्रयोग अन्य पक्षों तथा विनियोजकों, ऋणदाताओं तथा श्रमिकों द्वारा भी किया जाता है।

वित्तीय विश्लेषण मुख्यतः निम्न पक्षों के लिए अधिक महत्त्व रखता है

- ***ऋणदाताओं के लिए*** वित्तीय विश्लेषण अल्पकालीन व दीर्घकालीन दोनों प्रकार के ऋणदाताओं के लिए महत्त्वपूर्ण है। इसकी सहायता से इन्हें इस बात की जानकारी हो जाती है कि नकद कोष कब होगा व संस्था भुगतान के लिए पर्याप्त धन रखेगी या नहीं।
- ***विनियोजकों के लिए*** वित्तीय विश्लेषण की सहायता से विनियोजकों को इस बात की जानकारी हो जाती है कि संस्था में विनियोग करना सुरक्षित है अथवा नहीं। इसके लिए वे लाभांश प्रति अंश, आय प्रति अंश, आदि की गणना करते हैं।
- ***सरकार के लिए*** सरकार की वित्तीय नीतियों के संचालन में वित्तीय विश्लेषण एक कम्पनी से दूसरी कम्पनी तथा उद्योग से तुलना में सहायक होते हैं। लाभार्जन अनुपात तथा आवर्त अनुपात सरकार के लिए विशेष महत्त्व के होते हैं।
- ***कर्मचारियों के लिए*** वित्तीय विश्लेषण की सहायता से कर्मचारी यह पता लगा सकते हैं कि कम्पनी कितना अधिक लाभ अर्जित कर रही है। यदि कम्पनी लाभ अर्जित नहीं कर रही है, तो ऐसी स्थिति में कर्मचारी यह जान जाते हैं कि उनकी माँगें पूरी नहीं होंगी।
- ***प्रबन्ध के लिए*** वित्तीय विश्लेषण सबसे अधिक प्रबन्ध के लिए महत्त्वपूर्ण है, क्योंकि प्रबन्धकों को इससे नीतियों व निर्णयों की प्रभावशीलता मापने में सहायता मिलती है।

वित्तीय विवरणों का निर्वचन

वित्तीय विवरणों को विश्लेषण के आधार पर स्पष्ट करना निर्वचन कहलाता है। अतः निर्वचन विश्लेषण की अगली सीढ़ी होती है। निर्वचन का आशय एक संस्था की वित्तीय स्थिति एवं अर्जन क्षमता को सरल भाषा में इस प्रकार समझना है, जिससे कि एक साधारण व्यक्ति जिसे लेखांकन का ज्ञान नहीं है, उन्हें आसानी से समझ सके। इस प्रकार, यह एक निश्चित अवधि के अन्तर्गत विश्लेषित वित्तीय व्यवहारों का आलोचनात्मक परीक्षण करके और निष्कर्ष निकालना है।

स्पाइसर पेगलर के अनुसार, *''निर्वचन वह कला एवं विज्ञान है जिसके द्वारा वित्तीय विवरण में दिए गए अंकों के अर्थ इस प्रकार स्पष्ट किए जाते हैं,*

जिससे कि उनसे किसी व्यवसाय की आर्थिक शक्ति अथवा कमजोरी कारणों सहित प्रकट हो।''

विश्लेषण एवं निर्वचन में अन्तर

आधार	विश्लेषण	निर्वचन
समय	विश्लेषण निर्वचन से पूर्व होता है।	निर्वचन विश्लेषण के पश्चात् होता है।
आवश्यकता	विश्लेषण कार्य के लिए निर्वचन आवश्यक नहीं होता है।	निर्वचन के लिए विश्लेषण आवश्यक होता है।
माध्यम	विश्लेषण के माध्यम से जटिल आँकड़ों को सरल रूप में प्रस्तुत किया जाता है।	निर्वचन के माध्यम से आँकड़ों के सर्वाधिक सरल रूप के महत्त्व पर प्रकाश डाला जाता है।

वित्तीय विवरण विश्लेषण की कार्यविधि/प्रक्रिया

- ***वित्तीय विवरणों की पुनर्रचना*** वित्तीय तथ्यों का प्रभावपूर्ण अध्ययन करने के लिए यह आवश्यक है कि आर्थिक चिट्ठे व लाभ-हानि विवरण के तथ्यों को किसी तर्कसंगत क्रम में उनके प्रमुख अंगों व अवयवों में बाँटा जाए।
- ***संख्याओं का सन्निकटन*** विश्लेषण क्रिया में सरलीकरण के लिए संख्याओं को निकटतम हजार या लाख या करोड़ में व्यक्त किया जाता है। ऐसा करने से विभिन्न तथ्यों में सम्बन्ध स्थापित करना सरल हो जाता है।
- ***अवयवों से सम्बन्ध स्थापित करना*** वित्तीय सूचनाओं से निष्कर्ष निकालने हेतु दिए गए तथ्यों में तुलनात्मक सम्बन्ध स्थापित किया जाता है। इसके लिए वित्तीय विश्लेषक विश्लेषण की विभिन्न तकनीकों का प्रयोग करता है।
- ***प्रवृत्ति का अध्ययन*** वित्तीय विवरण के तथ्यों में तुलनात्मक सम्बन्ध स्थापित करने के पश्चात् विश्लेषक महत्त्वपूर्ण तथ्यों की भावी प्रवृत्तियों को मापता है। निर्वचन के लिए प्रवृत्ति अध्ययन एक महत्त्वपूर्ण आधार प्रस्तुत करता है।
- ***निष्कर्ष ज्ञात करना*** यह निर्वचन की अन्तिम प्रक्रिया होती है। इसका उद्देश्य तथ्यों की व्याख्या करके संस्था की लाभदायकता एवं वित्तीय सुदृढ़ता के सम्बन्ध में राय प्रकट करना होता है। वित्तीय विश्लेषक इन निष्कर्षों को प्रबन्ध के समक्ष इस दृष्टिकोण से प्रस्तुत करता है कि वे प्रबन्धकों के निर्णय में सहायक हो सके।

वित्तीय विवरण विश्लेषण के मानक

वित्तीय विवरण विश्लेषण के लिए आमतौर पर तीन मानक प्रयोग किए जाते हैं- 'अँगूठा माप, कम्पनी का पिछला प्रदर्शन और उद्योगों के मानदण्ड के नियम'। साक्ष्य की कमी के कारण अँगूठा माप नियम कमजोर माने जाते हैं जिन्हें व्यापक रूप से लागू किया जा सकता है।

किसी कम्पनी का पिछला प्रदर्शन सुधार को मापने के लिए एक दिशा-निर्देश प्रदान कर सकता है, लेकिन अन्य कम्पनियों के सापेक्ष प्रदर्शन को पहचानने में सहायक नहीं है। हालाँकि उद्योग के मानदण्डों का उपयोग इस अन्तिम समस्या को समाप्त करता है, लेकिन इसका नुकसान यह है कि समान उद्योग में भी फर्म हमेशा तुलनीय नहीं होती है।

वित्तीय विवरण विश्लेषण की सीमाएँ

- ***तुलना का उचित आधार होना*** वित्तीय विवरणों के विश्लेषण के आधार पर लिए गए निष्कर्ष अर्थपूर्ण हो सकते हैं, किन्तु उचित नहीं, क्योंकि परिस्थितियाँ एक संस्था से दूसरी संस्था में भिन्न होती हैं।
- ***मूल्य स्तर में परिवर्तन की अवहेलना*** वित्तीय विवरणों से निकाले गए निष्कर्ष, मूल्यों में परिवर्तनों के कारण अर्थहीन हो जाते हैं। इन विवरणों में जो भी सूचनाएँ प्रस्तुत की जाती हैं, वे मुद्रा में प्रकट की जाती हैं, जिसे स्थिर माना जाता है, किन्तु मूल्य स्तर में परिवर्तन के कारण उनके मूल्य स्थिर नहीं रहते, बदलते रहते हैं।
- ***मानव तत्त्व के अधीन*** वित्तीय विश्लेषण मानव के हाथों में होता है, जिसका उचित प्रयोग उसकी योग्यता, कुशलता व ईमानदारी पर निर्भर है, किन्तु यदि विश्लेषक ईमानदार व पक्षपातरहित नहीं है, तो उसके द्वारा निकाले गए निष्कर्ष भ्रामक हो सकते हैं।
- ***विश्वसनीयता में कमी*** वित्तीय विवरण केवल वित्तीय घटनाओं, जो मुख्यतः मुद्रा में प्रकट की जाती हैं, का उल्लेख होता है। यदि इनके विश्लेषण से प्राप्त सूचनाओं की व्याख्या अन्य स्रोतों से प्राप्त की गई सूचनाओं व गैर-मौद्रिक पहलुओं के साथ नहीं की गई, तो निष्कर्षों के विश्वसनीय होने की सम्भावना कम हो जाती है।
- ***ऐतिहासिक समंक*** वित्तीय विवरणों की मद भूतकाल में घटित घटनाओं से सम्बन्धित होती है। इन घटनाओं में अकुशलताएँ एवं कमियाँ भी रह जाती हैं। अतः इनसे निकाले गए निष्कर्ष गलत हो सकते हैं।
- ***भ्रामक निष्कर्ष*** यदि वित्तीय विवरणों में विशेष रूप से आर्थिक चिट्ठे व लाभ-हानि विवरण में ऊपरी दिखावटी मदों का प्रयोग किया गया हो, तो इन वित्तीय आर्थिक विवरणों के विश्लेषण के आधार पर निकाले गए निष्कर्ष भ्रमपूर्ण ही निकलेंगे।
- ***अपूर्ण सूचनाएँ*** प्रायः विश्लेषण हेतु पूर्ण सूचनाएँ प्राप्त नहीं हो पाती हैं। अतः पूर्ण सूचनाओं के अभाव में लिए गए निर्णय विश्वसनीय नहीं होते हैं।

वित्तीय विवरण विश्लेषण के प्रकार

प्रयुक्त सामग्री के अनुसार

- ***आन्तरिक विश्लेषण*** यह विश्लेषण साधारणतः प्रबन्धकीय उद्देश्य के लिए किया जाता है। यह विश्लेषण संस्था के ही कर्मचारियों द्वारा किया जाता है, जिन्हें सभी आवश्यक सूचनाएँ प्राप्त होती हैं। अतः आन्तरिक विश्लेषण अधिक विश्वसनीय है, किन्तु इसमें व्यक्तिगत पक्षपात का भय भी रहता है।
- ***बाह्य विश्लेषण*** यह विश्लेषण बाह्य पक्षों द्वारा किया जाता है, जिनकी पहुँच संस्था के लेखों तक नहीं होती है। ये पक्ष केवल प्रकाशित वार्षिक खातों व अन्य प्राप्त सूचनाओं के आधार पर ही विश्लेषण करते हैं। सूचना के अभाव में बाह्य पक्षों द्वारा किया गया विश्लेषण अपूर्ण होता है, किन्तु पक्षपातरहित होता है।

कार्यप्रणाली के अनुसार

- ***क्षैतिज विश्लेषण*** जब एक मद का विभिन्न समयान्तराल पर अध्ययन किया जाता है, तो इसे क्षैतिज विश्लेषण कहते हैं। इसके अन्तर्गत यह देखा जाता है कि तुलनात्मक विवरण के अन्तर्गत दिखाई गई विभिन्न मदों या तत्त्वों में क्या प्रवृत्ति रही है अर्थात् समय के व्यतीत होने के साथ-साथ उनमें कमी हुई है या वृद्धि।
- ***लम्बवत् विश्लेषण*** इसके अन्तर्गत एक विशिष्ट समय के अन्तर्गत विवरण में दिए गए विभिन्न मदों का सापेक्षिक अध्ययन किया जाता है। इसको स्थिर विश्लेषण भी कहा जाता है, क्योंकि इस विधि के प्रयोग में विवरण में दी गई मदों को साधारणतया योग के प्रतिशत रूप में व्यक्त किया जाता है।

क्षैतिज विश्लेषण एवं लम्बवत् विश्लेषण में अन्तर

आधार	क्षैतिज विश्लेषण	लम्बवत् विश्लेषण
प्रकृति	यह गतिशील विश्लेषण है	यह स्थिर विश्लेषण होता है।
अवधि	इसमें दो अवधियों के वित्तीय विवरणों की तुलना की जाती है।	इसमें एक अवधि के ही वित्तीय विवरणों का विश्लेषण किया जाता है।
उपयोगी	यह विधि उपयोगी होती है क्योंकि इसमें दो अवधियों के विवरणों की तुलना की जाती है।	यह विधि अधिक उपयोगी नहीं है, क्योंकि इसमें किसी संस्था के वित्तीय विवरणों में हुए परिवर्तनों का अनुमान नहीं लगाया जाता है।
उच्चावचन	यह विश्लेषण वित्तीय स्थिति का उच्चावचन दर्शाता है।	यह विश्लेषण केवल वर्तमान सम्बन्धों को ही दर्शाता है।

वित्तीय विवरणों के विश्लेषण की तकनीकें

- ***तुलनात्मक वित्तीय विवरण विश्लेषण*** तुलनात्मक वित्तीय विवरण वे विवरण होते हैं, जिनमें अनेक वर्षों से सम्बन्धित लेखांकन समंकों की व्यक्तिगत मदों में हुए परिवर्तनों को सम्मिलित करते हुए संक्षिप्त करके प्रस्तुत किया जाता है। इन्हें क्षैतिज विश्लेषण भी कहते हैं।

  वित्तीय विश्लेषण हेतु दो प्रकार के तुलनात्मक विवरण बनाए जाते हैं—तुलनात्मक चिट्ठा व तुलनात्मक लाभ-हानि विवरण।

  (i) ***तुलनात्मक चिट्ठा*** तुलनात्मक चिट्ठा विश्लेषण एक ही व्यावसायिक संस्था की विभिन्न तिथियों के दो या दो से अधिक चिट्ठों में समान मदों के समूह एवं संगठित मदों की प्रवृत्ति का अध्ययन है।

  तुलनात्मक चिट्ठे के लाभ

  (a) तुलनात्मक चिट्ठा से दो अवधियों के लेखों के मध्य उनमें हुए परिवर्तन को मापा जा सकता है।

  (b) तुलनात्मक चिट्ठे द्वारा व्यवसाय की प्रवृत्ति की जानकारी प्राप्त हो जाती है।

  (c) तुलनात्मक चिट्ठे द्वारा यह पता लगाया जा सकता है कि संचालन परिणाम का संस्था की सम्पत्तियों एवं दायित्वों पर क्या प्रभाव पड़ा है।

  (ii) ***तुलनात्मक लाभ-हानि विवरण*** तुलनात्मक लाभ-हानि विवरण व्यवसाय की अनेक लेखांकन अवधियों के परिचालानात्मक परिणाम दर्शाता है ताकि एक अवधि से दूसरी अवधि के निरपेक्ष अंकों में हुए परिवर्तनों को मुद्रा मूल्य या प्रतिशत में व्यक्त किया जा सके।

समान आकार के विवरण (Common Size Statements)

वित्तीय समंकों को लम्बवत् प्रतिशतों के रूप में दर्शाने वाले वित्तीय विवरण समानाकार विवरण कहलाते हैं। इन विवरणों में प्रत्येक मद को समान आधार पर प्रतिशत के रूप में व्यक्त किया जाता है। प्रत्येक मद का प्रतिशत उसके कुल योग से सम्बन्ध को दर्शाता है।

इस प्रकार के विश्लेषण को शीर्ष विश्लेषण भी कहते हैं, क्योंकि प्रत्येक मद का विश्लेषण शीर्ष रूप में किया जाता है। समानाकार के विवरणों में समानाकार चिट्ठा तथा समानाकार लाभ-हानि विवरण तैयार किया जाता है। इन्हें 100% विवरण भी कहते हैं।

समानाकार स्थिति विवरण

स्थिति विवरण में दर्शाई गई प्रत्येक सम्पत्ति की कुल सम्पत्तियों के प्रतिशत के रूप में तथा प्रत्येक दायित्व को कुल समता एवं दायित्वों के प्रतिशत के रूप में प्रदर्शित करने वाला विवरण समानाकार स्थिति विवरण कहलाता है। इसमें कुल सम्पत्तियों अथवा समता एवं दायित्वों के योग को 100 मान लिया जाता है और सभी मदों को इस योग के प्रतिशत के रूप में व्यक्त किया जाता है।

समानाकार लाभ-हानि विवरण

(Common Size Statement of Profit and Loss)

शुद्ध संचालन क्रियाओं से आगम (शुद्ध विक्रय) की राशि को 100 मानकर, अन्य सभी लाभ-हानि विवरण के मदों की राशियों को शुद्ध संचालन क्रियाओं से आगम के प्रतिशत के रूप में प्रदर्शित करने वाला विवरण समानाकार लाभ-हानि विवरण कहलाता है। समानाकार लाभ-हानि विवरण की सहायता से शुद्ध संचालन क्रियाओं से आगम पर व्यय की विभिन्न मदों के सापेक्षिक भाग की गणना की जा सकती है और किसी प्रमाप से उनकी तुलना की जा सकती है।

- ***प्रवृत्ति विश्लेषण*** तुलनात्मक विवरणों में किसी संस्था के दो वर्षों के वित्तीय विवरणों की मदों में हुए परिवर्तनों का अध्ययन किया जाता है। ऐसे विवरणों में संस्था का रूख उन्नति की ओर है अथवा अवनति की ओर, इस बात की जानकारी नहीं मिलती। यह रुख जानने के लिए अनेक वर्षों के आँकड़ों का विश्लेषण किया जाना आवश्यक है। इसके लिए वित्तीय विवरण की प्रत्येक मद के आधार वर्ष की उसी मद से प्रतिशत सम्बन्ध की गणना की जाती है। आधार वर्ष तुलना में निहित सबसे पहला वर्ष या बीच का कोई भी वर्ष हो सकता है। *इस प्रकार के विश्लेषण हेतु तीन विधियाँ अपनाई जाती हैं*

  (i) ***प्रवृत्ति प्रतिशत*** इस विधि में सर्वप्रथम कई वर्षों के वित्तीय विवरणों की सूचनाओं का सारणीयन कर लेते हैं। तत्पश्चात् किसी एक अवधि या वर्ष को आधार मानकर अन्य वर्षों की प्रतिशत वृद्धि या कमी ज्ञात कर ली जाती है। ये प्रतिशत ही प्रवृत्ति प्रतिशत कहलाते हैं।

  (ii) ***प्रवृत्ति अनुपात*** प्रवृत्ति प्रतिशत भी तुलना हेतु उपयुक्त नहीं माने जाते, क्योंकि इनमें धन (+) तथा ऋण (–) चिन्हों का प्रयोग किया जाता है। इसलिए प्रवृत्ति अनुपातों का प्रयोग सबसे उचित होता है। इसमें किसी एक वर्ष को आधार मानकर उसकी प्रत्येक मद की राशि को 100 मान लिया जाता है तथा अन्य वर्षों की राशियों को उसी अनुपात में परिवर्तित कर लिया जाता है।

  (iii) ***बिन्दु रेखीय प्रदर्शन*** प्रवृत्ति प्रदर्शन के लिए व्यावसायिक संस्थाएँ साधारणतया वार्षिक वित्तीय विवरणों में रेखाचित्रों एवं दण्ड चित्रों का भी प्रयोग करती हैं। कुछ संस्थाएँ केवल निरपेक्ष मूल्यों को ही रेखाचित्रों पर प्रदर्शित करती हैं, जबकि कुछ प्रवृत्ति अनुपातों को।

प्रवृत्ति विश्लेषण में सावधानियाँ

(i) प्रवृत्ति अनुपातों की तुलना करने के लिए लेखांकन सिद्धान्त एवं अवधारणाओं का समान रूप से पालन करना चाहिए।

(ii) किसी अकेले मद की प्रवृत्ति की सापेक्षिक तुलना किसी अन्य मद की प्रवृत्ति से की जानी चाहिए।

(iii) सत्यता की जाँच के लिए मूल संमकों के परिवर्तनों की जाँच करनी चाहिए।

(iv) संस्था की गतिविधियों के बारे में उचित निष्कर्ष निकालने के लिए आधार वर्ष सामान्य होना चाहिए।

- ***अनुपात विश्लेषण*** अनुपात विश्लेषण में अनुपात का अर्थ दो संख्याओं के बीच के सम्बन्ध को प्रकट करता है। सामान्य शब्दों में, संख्याओं का परिमाणात्मक सम्बन्ध इस प्रकार ज्ञात किया जाता है कि एक संख्या का दूसरी संख्या के साथ सम्बन्ध पता चल जाए। एक अकेला अनुपात निर्वचन के लिए इतना उपयोगी नहीं होता जितना कि एक-दूसरे से सम्बन्धित अनुपातों का एक समूह। अनुपात विश्लेषण परिमाणात्मक स्थिति को संक्षिप्त रूप में प्रकट करता है।
- ***कोष-प्रवाह विश्लेषण*** किसी संस्था के दो स्थिति विवरणों के बीच संस्था के कोषों में परिवर्तन के अध्ययन के लिए बनाया गया विवरण कोष-प्रवाह विवरण कहलाता है। यह विवरण बताता है कि संस्था में कार्यशील पूँजी कोषों के विभिन्न स्रोत क्या रहे तथा इन कोषों का संस्था में किस प्रकार उपयोग किया गया है।
- ***रोकड़-प्रवाह विश्लेषण*** रोकड़-प्रवाह विवरण एक विशिष्ट प्रकार का विवरण होता है, जो दैनिक, साप्ताहिक, मासिक, त्रैमासिक या अन्य किसी निश्चित समय के अन्तर से तैयार किया जा सकता है। यह विवरण किन्हीं दो अवधियों के मध्य व्यवसाय के नकद शेष में हुए परिवर्तन के कारणों की व्याख्या करता है। रोकड़-प्रवाह विवरण लेखा मानक-3 के अनुसार बनाया जाता है।
- ***सम-विच्छेद विश्लेषण*** यह एक अल्पकालीन अवधारणा है। इसके अन्तर्गत लागतों को स्थायी व परिवर्तनशील में विभक्त किया जाता है तथा लागत, लाभ व विक्रय के मध्य सम्बन्ध स्थापित किया जाता है। सम-विच्छेद बिन्दु उस स्तर को कहते हैं, जिस पर उत्पादक को न तो लाभ होता है और न ही हानि।

अभ्यास प्रश्न

1. विश्लेषण का तात्पर्य आँकड़ों के······से है।
(a) सरलीकरण (b) प्रस्तुतीकरण (c) निर्वचन (d) ये सभी

2. वित्तीय विश्लेषण हेतु उपयोगी है
(a) क्षैतिज विश्लेषण (b) शीर्ष विश्लेषण
(c) अनुपात विश्लेषण (d) ये सभी

3. निम्न में से किसे समस्तर विश्लेषण भी कहते हैं?
(a) क्षैतिज विश्लेषण को (b) शीर्ष विश्लेषण को
(c) अनुपात विश्लेषण को (d) ये सभी

4. निम्न में से किसे लम्बवत् विश्लेषण कहते हैं?
(a) क्षैतिज विश्लेषण को (b) शीर्ष विश्लेषण को
(c) अनुपात विश्लेषण को (d) ये सभी

5. समग्र विश्लेषण के लिए आवश्यक है
(a) शीर्ष विश्लेषण (b) क्षैतिज विश्लेषण
(c) 'a' और 'b' दोनों (d) इनमें से कोई नहीं

6. वित्तीय विश्लेषण के उद्देश्य हैं
(a) वित्तीय सुदृढ़ता को मापना (b) शोधन क्षमता को मापना
(c) लाभदायकता को मापना (d) ये सभी

7. वित्तीय विश्लेषण की सीमाएँ हैं
(a) वित्तीय विवरणों की सीमाओं से प्रभावित
(b) झूठे दिखावों से प्रभावित
(c) मूल्य स्तरों में परिवर्तनों की अवहेलना
(d) उपरोक्त सभी

8. वित्तीय विश्लेषण हेतु सामान्यत: उपयोग किए जाने वाले उपकरण हैं
(a) अनुपात विश्लेषण (b) क्षैतिज विश्लेषण
(c) लम्बवत् विश्लेषण (d) ये सभी

9. तुलनात्मक विवरण का दूसरा नाम क्या है?
(a) क्रियाशील विश्लेषण (b) क्षैतिज विश्लेषण
(c) लम्बवत् विश्लेषण (d) बाह्य विश्लेषण

10. क्षैतिज विश्लेषण में किस तकनीक या उपकरण का प्रयोग किया जाता है?
(a) चिट्ठे का (b) तुलनात्मक विवरण का
(c) समानाकार चिट्ठे का (d) समानाकार लाभ-हानि खाते का

11. क्षैतिज विश्लेषण में ······ लेखांकन अवधियों के वित्तीय विवरणों की आवश्यकता होती है।
(a) दो या अधिक (b) केवल एक
(c) 'a' और 'b' दोनों (d) इनमें से कोई नहीं

12. तुलनात्मक चिट्ठा-चिट्ठे की प्रत्येक मद में होने वाले किस परिवर्तन को बताता है?
(a) सापेक्ष (b) निरपेक्ष
(c) 'a' और 'b' दोनों (d) इनमें से कोई नहीं

13. समानाकार विवरण प्रस्तुत किए जाते हैं
(a) अनुपातों के रूप में (b) प्रतिशत के रूप में
(c) 'a' और 'b' दोनों (d) इनमें से कोई नहीं

14. किस विवरण को 100 प्रतिशत विश्लेषण भी कहते हैं?
(a) तुलनात्मक विवरण को (b) समानाकार विवरण को
(c) अनुपात विश्लेषण को (d) इनमें से कोई नहीं

15. समानाकार विवरण होते हैं
(a) लम्बवत् विश्लेषण (b) शीर्ष विश्लेषण
(c) अनुपात विश्लेषण (d) रोकड़ प्रवाह विश्लेषण

16. समानाकार स्थिति विवरण में किसके आधार पर प्रतिशत ज्ञात किया जाता है?
(a) अंश पूँजी के आधार पर
(b) स्थायी सम्पत्तियों के आधार पर
(c) कुल सम्पत्तियों के आधार पर
(d) चालू सम्पत्तियों के आधार पर

17. समानाकार स्थिति विवरण में कुल सम्पत्तियों को माना जाता है
(a) 1 (b) 10 (c) 100 (d) 1000

18. समानाकार लाभ-हानि विवरण में किसके आधार पर प्रतिशत ज्ञात किया जाता है?
(a) संचालन क्रियाओं से आगम के आधार पर
(b) सकल लाभ के आधार पर
(c) शुद्ध लाभ के आधार पर
(d) कुल आय के आधार पर

19. समानाकार लाभ-हानि विवरण में संचालन से आगम को माना जाता है
(a) 1 (b) 10 (c) 100 (d) 1000

20. प्रवृत्ति विश्लेषण का उद्देश्य है
(a) तुलनात्मक अध्ययन करना (b) दिशा की जानकारी प्राप्त करना
(c) पूर्वानुमान लगाना (d) ये सभी

21. निम्नलिखित में से कौन-सी वित्तीय विश्लेषण की तकनीक नहीं है?
(a) लेखांकन अनुपात (b) सम-विच्छेद विश्लेषण
(c) रोकड़ प्रवाह विश्लेषण (d) कार्यशील पूँजी प्रबन्ध

22. किस विश्लेषण में कुल लागत कुल आगम के बराबर होती है?
(a) प्रवृत्ति विश्लेषण में (b) सम-विच्छेद विश्लेषण में
(c) रोकड़ प्रवाह विश्लेषण में (d) अनुपात विश्लेषण में

23. एक कम्पनी के चालू दायित्व ₹ 4,00,000 से घटकर ₹ 3,00,000 हो जाते हैं, तो प्रतिशत परिवर्तन होगा
(a) 20% (b) 25% (c) 33.33% (d) 40%

24. एक कम्पनी की स्थायी सम्पत्तियाँ ₹ 3,00,000 से बढ़कर ₹ 4,00,000 हो जाती है, तो प्रतिशत परिवर्तन होगा
(a) 20% (b) 25% (c) 33.33% (d) 40%

25. तुलनात्मक विवरणों में विभिन्न मदों में परिवर्तन को दर्शाया जाता है
(a) मुद्रा मूल्य में (b) प्रतिशत में
(c) 'a' और 'b' दोनों (d) इनमें से कोई नहीं

उत्तरमाला

1.	(b)	2.	(d)	3.	(c)	4.	(c)	5.	(b)	6.	(a)	7.	(b)	8.	(d)	9.	(a)	10.	(d)
11.	(d)	12.	(b)	13.	(b)	14.	(c)	15.	(d)	16.	(a)	17.	(d)	18.	(c)	19.	(c)	20.	(d)
21.	(d)	22.	(b)	23.	(b)	24.	(c)	25.	(c)										

अध्याय 11

लेखांकन अनुपात

अनुपात (Ratio)

दो सम्बन्धित संख्याओं के पारस्परिक सम्बन्ध की गणितीय अभिव्यक्ति को 'अनुपात' कहते हैं। यह दो संख्याओं के मध्य सम्बन्ध को अंकों में अभिव्यक्त करता है। अनुपात की गणना एक संख्या को दूसरी संख्या से भाग देकर ज्ञात की जाती है।

कैनेडी एवं **मैकमूलर** के अनुसार, *''साधारण गणितीय स्वरूप में दो मदों के बीच सम्बन्ध को अनुपात कहते हैं।''*

लेखांकन अनुपात

लेखांकन अनुपात या वित्तीय अनुपात से आशय ऐसे अनुपातों से है, जो लेखांकन सूचना (Accounting Information) के आधार पर बनाए जाते हैं। यह अनुपात आर्थिक विवरणों में दी हुई दो मदों अथवा दो मदों के समूह के मध्य के सम्बन्ध को गणितीय रूप में व्यक्त करते हैं। यह अनुपात व्यवसाय की वित्तीय स्थिति पर प्रकाश डालते हैं, इसलिए इन्हें वित्तीय अनुपात भी कहते हैं।

अनुपात विश्लेषण (Ratio Analysis)

अनुपात विश्लेषण का आशय वित्तीय विवरणों (Financial Statements) की मदों के मध्य सम्बन्ध स्थापित करके लेखांकन अनुपातों के आधार पर व्यवसाय के वित्तीय विश्लेषण से होता है। अनुपात विश्लेषण वित्तीय विवरणों के अर्थपूर्ण विश्लेषण की एक महत्त्वपूर्ण तकनीक है, जिसके अन्तर्गत निर्दिष्ट उद्देश्यों की पूर्ति के लिए वित्तीय विवरणों की दो या दो से अधिक मदों के मध्य लेखांकन अनुपात ज्ञात करके एक निश्चित निष्कर्ष पर पहुँचा जा सकता है।

विक्सन, केल एवं **बेडफोर्ड** के अनुसार, *''अनुपात विश्लेषण विवरणों में मदों एवं मदों के समूह के सम्बन्ध निर्धारित करने एवं प्रस्तुत करने की प्रक्रिया है।''*

अनुपात विश्लेषण के उद्देश्य/महत्त्व/लाभ

- ***प्रवृत्ति का अध्ययन*** अनेक वर्षों के अनुपातों के आधार पर यह ज्ञात किया जा सकता है कि संस्था की वित्तीय स्थिति में सुधार हो रहा है अथवा नहीं। साथ ही विश्लेषक यह भी ज्ञात कर सकता है कि प्रवृत्ति अनुकूल है या प्रतिकूल।
- ***नियन्त्रण में सहायक*** अनुपात विश्लेषण का प्रयोग निष्पादनों और लागतों पर नियन्त्रण के लिए भी किया जा सकता है।
- ***कार्यकुशलता का मापन*** अनुपातों की सहायता से विभिन्न कालों में हुए परिवर्तनों को या विभिन्न व्यावसायिक संस्थाओं में किसी लेखा अवधि में हुए परिवर्तनों को मापा जा सकता है।
- ***तरलता का ज्ञान*** अनुपातों के कई प्रकारों में से तरलता अनुपात बहुत महत्त्वपूर्ण होते हैं, जिनकी सहायता से फर्मों की तरलता की स्थिति की जानकारी प्राप्त की जा सकती है।
- ***समन्वय में सहायक*** प्रमुख अनुपातों के बीच पाए गए सम्बन्धों का प्रयोग व्यावसायिक क्रियाओं में वांछनीय समन्वय के लिए किया जा सकता है।
- ***प्रमाप निर्धारण*** अनुपातों के माध्यम से संस्था की सामान्य कार्यकुशलता को ध्यान में रखते हुए संस्था की सामान्य गतिविधियों के मानक निर्धारित किए जा सकते हैं।
- ***दीर्घकालीन शोधन क्षमता का ज्ञान*** संस्था की शोधन क्षमता की जानकारी दीर्घकालीन लेनदारों, प्रतिभूति विश्लेषकों तथा वर्तमान एवं भावी विनियोजकों के लिए उपयोगी होती है।

अनुपात विश्लेषण की सीमाएँ

- ***एक अकेले अनुपात का सीमित महत्त्व*** केवल एक अनुपात किसी स्थिति का सम्पूर्ण चित्र प्रदर्शित नहीं करता है।
- ***गुणात्मक विश्लेषण का अभाव*** अनुपात किसी समस्या के परिमाणात्मक पक्ष को व्यक्त करता है, उसके गुणात्मक कारणों का स्पष्टीकरण नहीं करता।
- ***झूठे दिखावों से प्रभावित*** वित्तीय विवरणों में कभी-कभी कुछ झूठे दिखावे भी होते हैं, जिनका प्रभाव वित्तीय अनुपातों पर पड़ता है।
- ***निर्वचन के लिए साधन मात्र*** अनुपात विश्लेषण उन पहलुओं पर अधिक ध्यान केन्द्रित करता है जिनकी अधिक जाँच-पड़ताल आवश्यक है।
- ***लेखांकन अभिलेखों की स्वाभाविक सीमाओं का प्रभाव*** अनुपातों की गणना लेखांकन अभिलेखों के आधार पर की जाती है। अतः इनमें वे सभी कमियाँ रह जाती हैं।
- ***उचित प्रमापों का अभाव*** सभी प्रकार की संस्थाओं के लिए किसी एक अनुपात को प्रमाप अनुपात नहीं कहा जा सकता।
- ***केवल सापेक्षिक स्थिति का प्रदर्शन*** अनुपात केवल सापेक्षिक स्थिति प्रदर्शित करते हैं। अतः अनुपातों को वास्तविक आँकड़ों का स्थानापन्न नहीं समझना चाहिए।

अनुपात का वर्गीकरण (Classification of Ratio)

अनुपातों का प्रयोग भिन्न-भिन्न व्यक्तियों व संस्थाओं द्वारा किया जाता है, लेकिन यह आवश्यक नहीं है कि सभी व्यक्ति या संस्थाएँ एक समान अनुपातों की गणना करें। इन सभी को अपने उद्देश्यों को ध्यान में रखते हुए श्रेष्ठ अनुपातों की गणना करनी होती है। *एक व्यापार की लाभदायकता, तरलता तथा आर्थिक पुष्टि मापने के महत्त्वपूर्ण अनुपात निम्नलिखित हैं*

तरलता अनुपात या अल्पकालीन शोधन क्षमता अनुपात

ये अनुपात एक व्यवसाय की अल्पकालीन वित्तीय स्थिति का विश्लेषण करने में महत्त्वपूर्ण भूमिका निभाते हैं। किसी व्यवसाय की तरलता का आशय उसके द्वारा अपने चालू दायित्वों का यथासमय भुगतान करने की क्षमता से है।

कुछ महत्त्वपूर्ण तरलता अनुपात निम्न हैं-

- ***चालू अनुपात*** चालू सम्पत्तियों व चालू दायित्वों के मध्य के सम्बन्ध को चालू अनुपात या कार्यशील पूँजी अनुपात कहते हैं।

$$\text{Current Ratio} = \frac{\text{Current Assets}}{\text{Current Liabilities}}$$

(i) **चालू सम्पत्तियाँ** Cash in Hand, Cash at Bank, Inventory, Debtors, Bills Receivable, Short-term Investment, Prepaid Expenses, Advance Payments etc.

(ii) **चालू दायित्व** Creditors, Bills Payable, Bank Overdraft, Short-term Loans, Outstanding Expenses, Tax Provision, Proposed Dividend etc.

- ***तरल अनुपात/त्वरित अनुपात/अम्ल-परख अनुपात*** यह अनुपात यह जानने के लिए ज्ञात किया जाता है कि यदि संस्था को अपने चालू दायित्वों का भुगतान निकट भविष्य में करना पड़े, तो क्या यह भुगतान किया जा सकता है।

$$\text{Quick Ratio} = \frac{\text{Quick Assets}}{\text{Current Liabilities}}$$

Quick Assets = Current Assets – Stock – Prepaid Expenses

चालू अनुपात एवं तरल अनुपात में अन्तर

आधार	चालू अनुपात	तरल अनुपात
अनुपात के अंग	चालू सम्पत्तियाँ एवं चालू दायित्व चालू अनुपात के अंग होते हैं।	तरल सम्पत्तियाँ एवं चालू दायित्व तरल अनुपात के अंग होते हैं।
गणना	चालू अनुपात को ज्ञात करने के लिए चालू सम्पत्तियों को चालू दायित्वों से भाग दिया जाता है।	तरल अनुपात को ज्ञात करने के लिए तरल सम्पत्तियों को चालू दायित्वों से भाग दिया जाता है।
आदर्श अनुपात	चालू अनुपात का आदर्श अनुपात 2 : 1 होता है।	तरल अनुपात का आदर्श अनुपात 1 : 1 होता है।

- ***पूर्ण तरलता अनुपात***

$$\frac{\text{Absolute Liquid Assets}}{\text{Current Liabilities}}$$

पूँजी संरचना अनुपात या दीर्घकालीन शोधन क्षमता अनुपात

पूँजी संरचना अनुपात या उत्तोलक अनुपातों की गणना एक संस्था की दीर्घकालीन शोधन क्षमता अथवा वित्तीय स्थिति जाँचने के लिए की जाती है। इसका सम्बन्ध व्यवसाय के स्वामियों द्वारा लगाई गई पूँजी तथा ऋणदाताओं से प्राप्त की गई राशि के बीच सम्बन्ध से होता है।

- ***ऋण-समता अनुपात*** यह अनुपात संस्था की सम्पत्तियों के विरुद्ध स्वामियों तथा ऋणदाताओं के सापेक्षिक दायित्व को प्रस्तुत करता है।

$$\text{Debt-Equity Ratio} = \frac{\text{Long - term Debts}}{\text{Shareholder's Fund}}$$

Where,
Long-term Loan = Long-terms Loan + Debenture
Shareholder's Fund = Equity Share Capital + Preference Share Capital + Reserve and Surplus + Retained Earnings etc.

आदर्श अनुपात 1 : 1

- ***स्वामित्व अनुपात*** यह अनुपात संस्था की कुल सम्पत्तियों व स्वामियों के कोषों के मध्य सम्बन्ध व्यक्त करता है अर्थात् इस अनुपात से यह ज्ञात होता है कि व्यवसाय की कुल सम्पत्तियों में स्वामियों के कोष किस सीमा तक लगे हुए हैं।

$$\text{Proprietory Ratio} = \frac{\text{Shareholder's Fund}}{\text{Total Assets}}$$

यह अनुपात जितना अधिक होगा, लेनदार की स्थिति उतनी ही मजबूत होगी व जितना कम होगा, लेनदारों का जोखिम भी उतना ही अधिक होगा।

- ***शोधन-क्षमता अनुपात*** यह अनुपात व्यवसाय की दीर्घकालीन शोधन-क्षमता की माप करता है। यह कुल सम्पत्तियों तथा कुल बाह्य दायित्वों के बीच सम्बन्ध को प्रदर्शित करता है।

$$\text{Solvency Ratio} = \frac{\text{Total Liabilities}}{\text{Total Assets}}$$

- ***स्थायी सम्पत्ति अनुपात*** यह अनुपात इस बात की जानकारी देता है कि प्रबन्धकों द्वारा पूँजी के दीर्घकालीन उपयोगों और साधनों में उचित ताल-मेल स्थापित किया गया है या नहीं।

$$\text{Fixed Assets Ratio} = \frac{\text{Net Fixed Assets}}{\text{Long - term Funds}}$$

- ***पूँजी दन्तीकरण अनुपात*** यह अनुपात मुख्यतः एक कम्पनी की पूँजी संरचना का विश्लेषण करने के लिए प्रयुक्त किया जाता है। यह अनुपात किसी व्यावसायिक संस्था की पूँजी संरचना में अस्थिर लागत वाली तथा स्थिर लागत वाली पूँजी के मध्य सम्बन्ध स्थापित करता है।

Capital Gearing Ratio

$$= \frac{\text{Equity Capital + Reserve and Surplus}}{\text{Preference Capital + Debenture + Loans}}$$

- ***ऋण-सेवा अनुपात*** इसे ब्याज व्याप्ति अनुपात भी कहते हैं। यह अनुपात किसी संस्था की आय में कमी की उस सीमा को बताता है, जिसके पश्चात् वर्तमान आय में कमी से संस्था स्थिर ब्याज प्रभारों को पूरा करने में असमर्थ हो जाएगी।

Interest Coverage Ratio

$$= \frac{\text{Net Profit before Interest and Tax}}{\text{Fixed Interest Charges}}$$

- ***ऋण का कुल कोष अनुपात*** यह अनुपात दर्शाता है कि व्यवसाय के कुल कोषों का कितना भाग दीर्घकालीन ऋणों से प्राप्त किया गया है।

Long-term Loans and Total Funds

Long-term Loans = Debentures + Long Period Loans + Long Period Provision

Total Fund = Equity Share Capital + Preference Share Capital + Reserves and Surplus – Fictitious Assets + Long-term Loans

- ***कुल सम्पत्तियों का ऋण अनुपात*** कुल सम्पत्तियों का ऋण अनुपात कुल सम्पत्तियों एवं दीर्घकालीन ऋणों के मध्य सम्बन्ध को प्रदर्शित करता है। यह अनुपात दर्शाता है कि कुल सम्पत्तियों का कितना भाग व्यवसाय के दीर्घकालीन ऋणों से प्राप्त किया गया है।

Total Assets and Long-term Loans

Total Assets = Total Fixed and Current Assets (Excluding Fictitious Assets)

Long-term Loans = Debentures + Long Period Loan + Long Period Provision

- ***रोकड़ ऋण-सेवा अनुपात*** कुछ विद्वान् ऋण-सेवा अनुपात के स्थान पर इस अनुपात का प्रयोग अधिक उचित मानते हैं। उनका तर्क यह है कि ब्याज प्रभारों का भुगतान नकद में करना होता है। अतः संस्था की दीर्घकालीन तरलता के अध्ययन के लिए शुद्ध आय के स्थान पर रोकड़ अन्तर्वाहों का प्रयोग करना अधिक उचित रहता है।

Cash to Debt-service Ratio

$$= \frac{\text{Annual Cash Flow before Interest and Tax}}{\text{Interest} + \dfrac{\text{Sinking Fund Appropriation on Debt}}{1 - \text{Tax Rate}}}$$

नोट *आर्थिक पुष्टि को मापने हेतु पूँजी संरचना अनुपात व क्रियाशीलता अनुपातों की गणना की जाती है।*

- ***ऋण सेवा या ब्याज आवरण अनुपात*** ऋण सेवा अनुपात ऋणदाताओं की दृष्टि से अत्यन्त महत्त्वपूर्ण है, जो परिचालन लाभ या ब्याज एवं कर से पूर्व के शुद्ध लाभ एवं दीर्घकालीन ऋणों पर देय ब्याज के मध्य सम्बन्ध को प्रदर्शित करता है।
  यह अनुपात जितना अधिक होगा, संस्था की ब्याज भुगतान करने की क्षमता उतनी ही अधिक होगी तथा ऋणदाताओं को उतनी ही अधिक सुरक्षा प्राप्त होगी।

  Debt Service Ratio or Interest Coverage Ratio
  $$= \frac{\text{Operating Profit or Net Profit before Interest and Tax}}{\text{Interest on Long - term Debts}}$$

लाभदायकता अनुपात

लाभदायकता अनुपात को निम्नलिखित प्रकार से वर्गीकृत किया गया है

बिक्री पर आधारित अनुपात

- ***सकल लाभ अनुपात*** यह अनुपात सकल लाभ की शुद्ध विक्रय पर अर्जन क्षमता को प्रदर्शित करता है। यह अनुपात बताता है कि व्यवसाय के उपरिव्यय को छोड़ते हुए अर्जन क्षमता क्या है।
  $$\text{Gross Profit Ratio} = \frac{\text{Gross Profit}}{\text{Net Sales}} \times 100$$
- ***शुद्ध लाभ अनुपात*** यह अनुपात सम्पूर्ण व्यवसाय की लाभदायकता तथा कार्यकुशलता का प्रतीक अथवा सूचक होता है।
  $$\text{Net Profit Ratio} = \frac{\text{Net Profit}}{\text{Net Sales}} \times 100$$
  सकल लाभ अनुपात का महत्त्व यह अनुपात व्यापारिक कुशलता का प्रतीक होता है। इससे यह ज्ञात होता है कि व्यवसाय की सकल लाभदायकता (अप्रत्यक्ष व्ययों को छोड़कर) क्या है?
  यह अनुपात जितना ही अधिक होगा, व्यवसाय की लाभदायकता उतनी ही अधिक होगी। इसके विपरीत इस अनुपात का कम होना इस बात का प्रतीक होता है कि व्यवसाय का लाभ विक्रय के अनुपात में कम है, प्रत्यक्ष लागत में वृद्धि हुई है आदि। विक्रय मूल्य में कमी एवं बिक्री की लागत अपरिवर्तित होने की स्थिति में भी यह अनुपात कम होगा। इस अनुपात का अध्ययन कर प्रबन्ध बिक्री की लागत में कमी करने एवं बिक्री को बढ़ाने का प्रयास कर सकता है, जिससे व्यवसाय की लाभदायकता बढ़ाई जा सके।
- ***परिचालन लाभ अनुपात*** इसे शुद्ध परिचालन आय अनुपात भी कहते हैं। यह अनुपात परिचालन लाभ तथा शुद्ध विक्रय में सम्बन्ध स्थापित करता है।
  $$\text{Operating Profit Ratio} = \frac{\text{Operating Profit}}{\text{Net Sales}} \times 100$$
  Where,
  ∴ Operating Profit = Gross Profit – Operating Expenses
  Or
  = Net Profit + Non-operating Expenses– Non-operating Incomes
- ***परिचालन अनुपात*** यह अनुपात संस्था की परिचालन कुशलता की माप करने हेतु ज्ञात किया जाता है।
  $$\text{Operating Ratio} = \frac{\text{Operating Cost}}{\text{Net Sales}} \times 100$$
  Operating Cost = Cost of Goods Sold + Operating Expenses
- ***व्यय अनुपात*** उत्पादन लागत एवं परिचालन व्यय की प्रत्येक मद का परिचालन से आगम अर्थात् शुद्ध विक्रय (Revenue from Operations i.e. Net Sales) के मध्य सम्बन्ध को प्रदर्शित करने के लिए व्यय अनुपातों की गणना की जाती है। ये अनुपात यह प्रदर्शित करते हैं कि परिचालन से आगम अर्थात् शुद्ध विक्रय का कितना भाग विभिन्न परिचालन व्ययों को पूरा करने में लगा है।
  Expenses Ratio
  $$= \frac{\text{Particular Expenses}}{\text{Revenue from Operations i.e. Net Sales}} \times 100$$

विनियोजित पूँजी पर आधारित अनुपात

- ***विनियोजित पूँजी पर प्रत्याय*** व्यवसाय की पूर्ण लाभदायकता का यह एक महत्त्वपूर्ण मापक है। यह अनुपात व्यवसाय में लगाए गए कोषों के प्रयोग में प्रबन्ध की कुशलता का मूल्यांकन करता है।
  Return on Capital Employed
  $$= \frac{\text{Net Profit before Interest and Tax}}{\text{Gross / Net / Average Capital Employed}} \times 100$$
  Where,
  Gross Capital Employed = Current Assets + Fixed Assets
  Net Capital Employed = Fixed Assets + Working Capital
  Or
  = Equity Share Capital + Preference Share Capital + Reserve and Surplus + Long-term Loans
  Average Capital Employed
  $$= \frac{\text{Capital Employed at Beginning} + \text{Capital Employed at End}}{2}$$

नोट *यदि प्रश्न को हल करने हेतु कोई भी सूचना नहीं दी गई है, तो शुद्ध विनियोजित पूँजी का ही प्रयोग करना चाहिए।*

- ***स्वामित्व कोषों पर प्रत्याय*** यह अनुपात बताता है कि अंशधारियों के कोषों पर अर्जन दर क्या है। यह अर्जन दर समता पर व्यापार की नीति के सम्बन्ध में निर्णय लेने में भी सहायक होती है।
  Return on Shareholder's Fund
  $$= \frac{\text{Net Profit after Interest and Tax}}{\text{Shareholder's Fund}} \times 100$$
- ***समता पूँजी पर प्रत्याय*** यह अनुपात बताता है कि चुकता अंश पूँजी पर अर्जन दर क्या रही है। इस अनुपात के आधार पर यह निर्णय लिया जा सकता है कि संस्था के नए अंशों में विनियोजन किया जाए या नहीं।
  Return on Equity Capital
  $$= \frac{\text{Net Profit after Tax} - \text{Preference Dividend}}{\text{Paid - up Equity Share Capital}} \times 100$$
- ***कुल सम्पत्तियों पर प्रत्याय*** यह अनुपात कुल सम्पत्तियों की लाभदायकता को प्रदर्शित करता है।
  Return on Total Assets
  $$= \frac{\text{Net Profit after Tax} + \text{Interest}}{\text{Total Assets}} \times 100$$

अंशों पर अर्जित लाभांश पर आधारित अनुपात

- ***प्रति अंश अर्जन*** अंशों पर लाभांश की दर संस्था के लाभों की मात्रा पर निर्भर करती है। सभी व्ययों व अधिमान अंशों पर लाभांश का भुगतान करने के पश्चात् जो भी शेष बचता है, उस पर समता अंशधारियों का अधिकार होता है
  $$\text{EPS} = \frac{\text{Net Profit after Tax} - \text{Preference Dividend}}{\text{Number of Equity Shares}}$$
- ***मूल्य-अर्जन अनुपात*** यह अनुपात बताता है कि समता अंश का प्रति अंश बाजार मूल्य अर्जनों का कितने गुना है।
  $$\text{Price Earning Ratio} = \frac{\text{Market Price}}{\text{Earning Per Share}} = \frac{\text{MPS}}{\text{EPS}}$$
- ***प्रति अंश लाभांश*** EPS इस तथ्य का प्रतीक है कि अंशधारी सैद्धान्तिक रूप से संस्था से कितना लाभांश प्राप्त करने का अधिकारी है। किन्तु उनके हिस्से का एक भाग संस्था में रोक लिया जाता है तथा शेष राशि ही लाभांश के रूप में वितरित की जाती है।
  $$\text{Dividend Per Share} = \frac{\text{Dividend Paid to Equity Shareholders}}{\text{Number of Equity Shares Outstanding}}$$

- ***लाभांश भुगतान अनुपात*** यह अनुपात यह जानने के लिए निकाला जाता है कि प्रबन्धक कर के पश्चात् शुद्ध लाभ का कितना भाग नकद लाभांश के रूप में वितरित करते हैं तथा कितना भाग व्यवसाय में रोकी गई आय के रूप में रखते हैं।

$$\text{Dividend Pay-out Ratio} = \frac{\text{Dividend Per Share}}{\text{Earning Per Share}} \times 100$$

- ***लाभांश प्राप्ति अनुपात*** यह अनुपात अंशधारियों को अंशों के बाजार मूल्य के आधार पर लाभांश के रूप में प्रत्याय अर्थात् उनके विनियोग पर वास्तविक प्रत्याय दर दर्शाता है।

$$\text{Dividend Yield Ratio} = \frac{\text{Dividend Per Share}}{\text{Market Price Per Share}}$$

क्रियाशीलता या कार्यकुशलता अनुपात

ये अनुपात व्यवसाय में कार्य-निष्पादनों पर प्रकाश डालते हैं तथा इनकी गणना का प्रमुख उद्देश्य संस्था की कार्य-निष्पत्ति तथा प्रबन्धकों की कार्यकुशलता का मूल्यांकन करना होता है। *ये अनुपात निम्न हैं*

- ***स्कन्ध आवर्त अनुपात*** इस अनुपात की गणना स्कन्ध में लगाई गई पूँजी के औचित्य व मात्रा की पर्याप्तता पर विचार करने के लिए की जाती है। यह अनुपात बताता है कि संस्था के स्कन्ध में विनियोजित प्रति रुपये से कितनी बिक्री की जा सकती है।

$$\text{Inventory Turnover Ratio} = \frac{\text{Cost of Goods Sold}}{\text{Average Inventory}}$$

Cost of Goods Sold = Sales − Gross Profit

Or Opening Stock + Net Purchases + Direct Expenses − Closing Stock

$$\text{Average Inventory} = \frac{\text{Opening Stock + Closing Stock}}{2}$$

नोट *स्कन्ध गति की तीव्रता की माप महीनों में भी की जा सकती है।*

$$\text{Stock Velocity} = \frac{\text{Average Stock}}{\text{Cost of Goods Sold}} \times 12$$

- ***देनदार आवर्त अनुपात*** इसे प्राप्त आवर्त अनुपात भी कहते हैं। इसकी गणना का उद्देश्य संस्था की विपणन और साख नीति तथा देनदारों की वसूली का गुणात्मक विश्लेषण करना होता है।

$$\text{Debtors Turnover Ratio} = \frac{\text{Net Credit Sales}}{\text{Average Trade Receivables}}$$

Where,

Net Credit Sales = Total Sales − Cash Sales − Sales Return

$$\text{Average Trade Receivables} = \frac{\text{Opening Debtor and B / R + Closing Debtor and B / R}}{2}$$

नोट *देनदारों से धन संग्रह या वसूली के औसत समय को निम्न सूत्र से ज्ञात किया जा सकता है*

$$\text{Average Collection Period} = \frac{\text{360 or 365 dyas / 12Months / 52weeks}}{\text{Debtas Turnover Ratio}}$$

- ***लेनदार आवर्त अनुपात*** इसे देय आवर्त अनुपात भी कहते हैं। व्यवसाय के अल्पकालीन ऋणदाता तथा लेनदारों के लिए इस अनुपात का बहुत महत्त्व है। यह अनुपात उधार क्रय एवं व्यापारिक लेनदारों के बीच सम्बन्ध प्रदर्शित करता है।

$$\text{Creditors Turnover Ratio} = \frac{\text{Net Credit Purchases}}{\text{Average Trade Payables}}$$

where,

Net Credit Purchases = Total Purchases − Cash Purchases − Purchases Return

$$\text{Average Trade Payables} = \frac{\text{Opening Creditors and B / P + Closing Creditorsand B / P}}{2}$$

नोट *लेनदारों को धन चुकाने के औसत समय को निम्न सूत्र से ज्ञात किया जा सकता है*

$$\text{Payment Period} = \frac{\text{365 Days / 12 Months / 52 Weeks}}{\text{Creditors Turnover Ratio}}$$

- ***कुल सम्पत्ति आवर्त अनुपात*** यह अनुपात व्यवसाय में विनियोजित सम्पूर्ण सम्पत्तियों तथा उनके आधार पर होने वाले विक्रय या बेची गई वस्तु की लागत में सम्बन्ध स्थापित करता है। इसे कुल विनियोग आवर्त अनुपात भी कहते हैं।

$$\text{Total Assets Turnover Ratio} = \frac{\text{Net Sales or Cost of Goods Sold}}{\text{Total Assets}}$$

- ***स्थायी सम्पत्ति आवर्त अनुपात*** यह अनुपात स्थायी सम्पत्तियों के कुशल एवं लाभदायक प्रयोग का सूचक होता है। यह अनुपात निर्माणी संस्थाओं के लिए महत्त्वपूर्ण है।

$$\text{Fixed Assets Turnover Ratio} = \frac{\text{Net Sales or Cost of Goods Sold}}{\text{Net Fixed Assets}}$$

- ***चालू सम्पत्ति आवर्त अनुपात*** यह अनुपात चालू सम्पत्तियों की कार्यकुशलता तथा कार्यशील पूँजी की क्षमता पर प्रभाव डालता है। यह गैर-निर्माणी संस्थाओं के लिए महत्त्वपूर्ण है।

$$\text{Current Assets Turnover Ratio} = \frac{\text{Net Sales or Cost of Goods Sold}}{\text{Current Assets}}$$

- ***पूँजी आवर्त अनुपात*** यह अनुपात विनियोजित पूँजी के प्रयोग में कुशलता का मापक है। पूँजी का कुशल प्रयोग व्यवसाय की लाभार्जन क्षमता तथा प्रबन्धकीय कुशलता का प्रतीक है।

$$\text{Capital Turnover Ratio} = \frac{\text{Net Sales or Cost of Goods Sold}}{\text{Capital Employed}}$$

- ***शुद्ध मूल्य आवर्त अनुपात*** यह अनुपात व्यवसाय में अंशधारियों द्वारा विनियोजित पूँजी के प्रयोग में कुशलता का सूचक है।

$$\text{Net Worth Turnover Ratio} = \frac{\text{Net Sales or Cost of Goods Sold}}{\text{Net Worth}}$$

Net Worth = Shareholder's Fund

कार्यशील पूँजी आवर्त अनुपात कार्यशील पूँजी आवर्त अनुपात परिचालन से आगम अथवा शुद्ध विक्रय एवं कार्यशील पूँजी (Working Capital) के मध्य सम्बन्ध को व्यक्त करता है। कार्यशील पूँजी एवं विक्रय के मध्य व्यवसाय विशेष का आवश्यकतानुसार उचित अनुपात होना चाहिए, किन्तु कार्यशील पूँजी की तुलना में अत्यधिक विक्रय या कम विक्रय क्रमशः अति-व्यापार या अल्प-व्यापार (Under-trading) के प्रतीक होते हैं। ये दोनों ही स्थितियाँ व्यवसाय के लिए हानिकारक होती हैं।

$$\text{Working Capital Turnover Ratio} = \frac{\text{Revenue from Operations i. e. Net Sales}}{\text{Working Capital}}$$

where,

Revenue from Operations/Net Sales = Total Sales − Sales Return

Working Capital = Current Assets − Current Liabilities

अभ्यास प्रश्न

1. निम्नलिखित में से कौन-सा अनुपात एक व्यावसायिक संस्था की अल्पकालीन वित्तीय स्थिति की सुदृढ़ता को दर्शाता है?
(a) लाभदायकता अनुपात (b) चालू अनुपात
(c) तरलता अनुपात (d) शोधन क्षमता अनुपात

2. चालू अनुपात माप है
(a) अल्पकालीन शोधन क्षमता की (b) लाभप्रदता की
(c) विनियोगों पर आय की (d) उपरोक्त में से कोई नहीं

3. निम्न चालू अनुपात का अर्थ होता है
(a) कार्यशील पूँजी की पर्याप्तता (b) कार्यशील पूँजी की कमी
(c) अनुकूलतम कार्यशील पूँजी (d) उपरोक्त में से कोई नहीं

4. तरलता अनुपात उत्तम माना जाता है
(a) 2 : 3 (b) 1 : 1
(c) 3 : 1 (d) 1 : 2

5. निम्न स्वामित्व अनुपात सूचक है
(a) अति व्यापार का (b) अल्प व्यापार का
(c) अनुकूलतम व्यापार का (d) इनमें से कोई नहीं

6. दीर्घकालीन शोधन क्षमता प्रदर्शित की जाती है
(a) तरल अनुपात द्वारा
(b) ऋण-समता अनुपात द्वारा
(c) कार्यशील पूँजी आवर्त अनुपात द्वारा
(d) उपरोक्त में से कोई नहीं

7. एक निम्न स्वामित्व अनुपात संकेत देता है
(a) सुदृढ़ वित्तीय स्थिति का (b) औसत वित्तीय स्थिति का
(c) निम्न वित्तीय स्थिति का (d) इनमें से कोई नहीं

8. स्वामित्व अनुपात ज्ञात किया जाता है
(a) तरलता ज्ञात करने के लिए
(b) शोधन क्षमता ज्ञात करने के लिए
(c) लाभदायकता ज्ञात करने के लिए
(d) क्रियाशीलता ज्ञात करने के लिए

9. एक कम्पनी की क्रियाशीलता किस अनुपात द्वारा मापी जा सकती है?
(a) तरलता अनुपात के द्वारा (b) चालू अनुपात के द्वारा
(c) परिचालन अनुपात के द्वारा (d) स्टॉक आवर्त अनुपात के द्वारा

10. निम्न स्टॉक आवर्त अनुपात सूचक है
(a) स्टॉक में अति विनियोग का (b) कुशल स्टॉक नीति का
(c) स्टॉक में निम्न तिनिगोग का (d) इनमें से कोई नहीं

11. परिचालन अनुपात है
(a) निष्पादन अनुपात (b) शोधन क्षमता अनुपात
(c) तरलता अनुपात (d) लाभप्रदता अनुपात

12. "अनुपात जितना ही ऊँचा होता है, उतना ही अनुकूल होता है।" यह निम्न में से किस पर लागू नहीं होता है?
(a) संचालन अनुपात (b) स्टॉक आवर्त अनुपात
(c) शुद्ध लाभ अनुपात (d) इनमें से कोई नहीं

13. X लिमिटेड का चालू अनुपात 2:1 और त्वरित अनुपात 1.5:1 है। यदि उसके चालू दायित्व ₹ 80,000 हैं, तो स्टॉक का मूल्य होगा
(a) ₹ 1,60,000 (b) ₹ 1,20,000
(c) ₹ 40,000 (d) ₹ 80,000

14. यदि माल की विक्रय लागत ₹ 1,00,000, प्रारम्भिक स्टॉक का मूल्य ₹ 20,000 और अन्तिम रहतिया का मूल्य ₹ 80,000 है, तो स्टॉक आवर्त अनुपात होगा
(a) 5 गुना (b) 4 गुना
(c) 2 गुना (d) 1 गुना

15. दिया है

स्टॉक	₹ 14,000
देनदार	₹ 20,000
स्टॉक आवर्त	5 बार
देनदारों से रकम वसूल होने की अवधि	73 दिन
लेनदार	₹ 20,000
अदत्त व्यय	लेनदारों का

चालू परिसम्पत्तियों की आवर्त दर होगी
(a) 2.06 (b) 2.94 (c) 1.52 (d) 2.6

16. दिया है

अन्तिम स्टॉक	— ₹ 30,000
प्रारम्भिक स्टॉक	— ₹ 20,000
विक्रय	— ₹ 1,00,000
प्रशासनिक और विक्रय खर्चे	— ₹ 20,000
क्रय	— ₹ 70,000

परिचालन अनुपात होगा
(a) 50% (b) 65% (c) 75% (d) 80%

17. यदि चालू अनुपात 2:1 दिया गया हो और शुद्ध कार्यशील पूँजी ₹ 60,600 हो, तो चालू दायित्व की रकम होगी
(a) ₹ 30,300 (b) ₹ 60,600
(c) ₹ 1,21,200 (d) ₹ 90,900

18. दिया है
स्थायी परिसम्पत्ति — ₹ 10,00,000
चालू परिसम्पत्ति — ₹ 6,00,000
कुल शुद्ध लाभ — ₹ 2,60,000
चालू देयताएँ — ₹ 3,00,000
निम्नलिखित में से कौन-सा आर ओ आई होगा?
(a) 26% (b) 25% (c) 20% (d) 16.5%

19. यदि प्रारम्भिक स्टॉक ₹ 2,45,000, क्रय ₹ 15,00,000, विक्रय ₹ 17,40,000 तथा सकल लाभ दर बिक्रीत माल की लागत पर 20%, तब रहतिया होगा
(a) ₹ 3,53,000 (b) ₹ 2,95,000
(c) ₹ 2,45,000 (d) ₹ 1,95,000

20. जब चालू अनुपात 3:2 है और चालू दायित्व ₹ 40,000 है, तब चालू परिसम्पत्तियों की राशि क्या होगी?
(a) ₹ 60,000 (b) ₹ 70,000
(c) ₹ 80,000 (d) ₹ 1,00,000

21. यदि औसत वसूली अवधि 15 दिन है और औसत पुस्तकीय प्राप्यताएँ ₹ 45,000 हैं, तो कुल वार्षिक उधार बिक्री क्या होगी?
(a) ₹ 10,80,000 (b) ₹ 16,20,000
(c) ₹ 6,75,000 (d) ₹ 1,87,500

22. कम्पनी का कर पूर्व लाभ ₹ 2,00,000 है। यदि ब्याज आवर्त 5 है, तो ब्याज की रकम कितनी होगी?
(a) ₹ 20,000 (b) ₹ 33,333
(c) ₹ 40,000 (d) ₹ 50,000

23. यदि शुद्ध लाभ-बिक्री अनुपात 10%, कुल सम्पत्ति आवर्त 2 और कुल दायित्व कुल सम्पत्ति अनुपात 0.6 है, तो समता पर प्रत्याय दर होगी
(a) 20% (b) 50% (c) 33.33% (d) 40%

24. यदि कुल बिक्री ₹ 1,00,000, कुल बिक्री शामिल नकद बिक्री ₹ 20,000, विक्रय वापस ₹ 7,000, 31 मार्च, 2019 को बिक्री के लिए कुल देनदार ₹ 9,000 तथा 31 मार्च, 2019 का प्राप्य बिल ₹ 2,000 हो तो, औसत भुगतान अवधि वर्ष 2018-19 के लिए होगी
(a) 60 दिन (b) 45 दिन (c) 90 दिन (d) 55 दिन

25. यदि व्यापारिक लेनदार ₹ 10,000, अदत्त व्यय लेनदार के 10%, चालू अनुपात 2 : 1 और स्टॉक ₹ 7,000 हो, तो तरल परिसम्पत्ति होगी
(a) ₹ 10,000 (b) ₹ 12,000
(c) ₹ 14,000 (d) ₹ 15,000

26. एक फर्म की कुल चालू सम्पत्तियाँ ₹ 10,000 हैं (जिसमें ₹ 4,000 का स्टॉक भी सम्मिलित है) तथा कुल चालू दायित्व ₹ 3,000 है। तरल अनुपात को 1.5 करने के लिए अल्पकालीन बैंक ऋण आवश्यक होगा
(a) ₹ 11,000 (b) ₹ 5,000
(c) ₹ 3,000 (d) ₹ 1,000

27. एक फर्म का चालू अनुपात 5 : 3 है। इसकी कार्यशील पूँजी ₹ 20,000 है। इसकी चालू सम्पत्तियों का मूल्य होगा
(a) ₹ 30,000 (b) ₹ 50,000
(c) ₹ 20,000 (d) ₹ 60,000

28. एक फर्म से ₹ 5,00,000 का लाभ देने की अपेक्षा है और सामान्य अपेक्षा 16% है। यदि फर्म की निवल परिसम्पत्ति का मूल्य ₹ 21,00,000 है, तो पूँजीकरण पद्धति से आकलन करने पर उसके सुनाम का मूल्य क्या होगा?
(a) ₹ 31,25,000 (b) ₹ 21,00,000
(c) ₹ 10,25,000 (d) ₹ 1,25,000

29. एक कम्पनी ने अपने शेयरधारियों को ₹ 100 वाले प्रत्येक तीन शेयरों के लिए, प्रत्येक ₹ 100 वाला शेयर ₹ 150 में क्रय करने के अधिकार का प्रस्ताव किया। प्रत्येक शेयर का बाजार मूल्य ₹ 200 है। निम्नलिखित में से कौन-सा एक शेयर का अधिकार मूल्य है?
(a) ₹ 12.50 (b) ₹ 10.00
(c) ₹ 12.00 (d) ₹ 11.50

30. चालू अनुपात का आदर्श स्तर कहेंगे
(a) 5 : 1 (b) 4 : 1
(c) 2 : 1 (d) 1 : 1

31. आवर्त अनुपात प्रबन्धन में सहायता करता है
(a) वित्त का नियोजन करने में
(b) संसाधनों के प्रबन्ध में
(c) कार्य निष्पादन का मूल्यांकन करने में
(d) उपरोक्त सभी

32. निम्न में से कौन-सा अनुपात सामान्य लाभदायकता अनुपात के अन्तर्गत आता है?
(a) सकल लाभ अनुपात (b) देनदार आवर्त अनुपात
(c) लेनदार आवर्त अनुपात (d) स्कन्ध आवर्त अनुपात

33. देनदार आवर्त अनुपात का सूत्र है

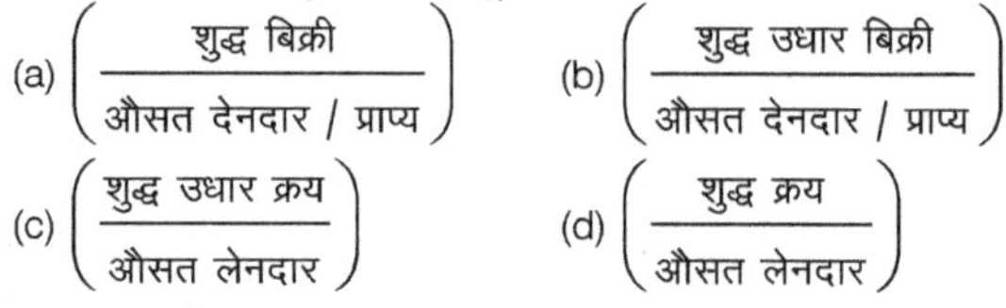

(a) $\left(\frac{\text{शुद्ध बिक्री}}{\text{औसत देनदार / प्राप्य}}\right)$ (b) $\left(\frac{\text{शुद्ध उधार बिक्री}}{\text{औसत देनदार / प्राप्य}}\right)$
(c) $\left(\frac{\text{शुद्ध उधार क्रय}}{\text{औसत लेनदार}}\right)$ (d) $\left(\frac{\text{शुद्ध क्रय}}{\text{औसत लेनदार}}\right)$

34. औसत वसूली अवधि का सूत्र बताइए।
(a) $\left[\frac{\text{Average Debtors / Receivables}}{\text{Net Credit Sales}} \times 365 \text{ or } 12\right]$
(b) $\left[\frac{\text{Net Credit Sales}}{\text{Average Debtors}}\right]$
(c) $\left[\frac{\text{Cost of Goods Sold}}{\text{Average Stock}}\right]$
(d) उपरोक्त में से कोई नहीं

35. विनियोजित पूँजी पर प्रत्याय के अन्तर्गत आता है
(a) सामान्य लाभदायकता अनुपात
(b) सम्पूर्ण लाभदायकता अनुपात
(c) आवर्त अनुपात
(d) उपरोक्त में से कोई नहीं

36. संचालन अनुपात किस प्रकार ज्ञात किया जाता है?
(a) $\left(\frac{\text{Net Operating Profit}}{\text{Net Sales}} \times 100\right)$
(b) $\left(\frac{\text{Cost of Goods Sold + Operating Exp.}}{\text{Net Sales}} \times 100\right)$
(c) $\left(\frac{\text{Net Profit}}{\text{Net Sales}} \times 100\right)$
(d) उपरोक्त में से कोई नहीं

37. स्वामित्व अनुपात ज्ञात कीजिए यदि स्वामित्व कोष = ₹ 1,67,250 कुल सम्पत्तियाँ = ₹ 3,00,000
(a) 55.75% (b) 80%
(c) 44.20% (d) इनमें से कोई नहीं

38. देनदार आवर्त अनुपात क्या होगा तो, यदि बिक्री ₹ 1,80,000; देनदार ₹ 11,260 है,
(a) 18 times (b) 16 times
(c) 14 times (d) 12 times

39. निम्नलिखित सूचनाओं से देय आवर्त ज्ञात कीजिए।

लेनदार	24,000
देय विपत्र	6,000
विक्रय	1,06,000
क्रय	68,000
क्रय वापसी	1,500
पूर्वदत्त व्यय	4,000

(a) 2.217 times (b) 3.214 times
(c) 2.111 times (d) 4.146 times

40. एक व्यवसाय में शुद्ध मूल्य से क्या आशय है?
(a) कम्पनी की कुल सम्पत्तियों का मूल्य
(b) स्थायी सम्पत्तियाँ – चालू सम्पत्तियाँ
(c) कुल सम्पत्तियाँ – कुल बाह्य दायित्व
(d) कुल अंश पूँजी

41. ROI किसके बीच अनुपात है?
(a) विनियोग तथा लाभ (b) शुद्ध लाभ तथा पूँजी निवेश
(c) बिक्री एवं पूँजी निवेश (d) इनमें से कोई नहीं

42. कार्यशील पूँजी का आधिक्य है
(a) स्थायी सम्पत्तियों का स्थायी दायित्वों पर
(b) चालू सम्पत्तियों का चालू दायित्वों पर
(c) चालू सम्पत्तियों का स्थायी सम्पत्तियों पर
(d) चालू सम्पत्तियों का स्थायी दायित्वों पर

43. चालू अनुपातों में किसके द्वारा वृद्धि हो जाती है?
(a) पुरानी मशीन की नकद बिक्री द्वारा
(b) देनदारों से नकद वसूली द्वारा
(c) ऋणपत्रों का समान अंश पूँजी में परिवर्तन द्वारा
(d) उपरोक्त में से कोई नहीं

44. पूँजी निवेश पर ऊँची प्रत्याय दर का क्या अर्थ है?
(a) ऋण का उपयोग प्रभावी ढंग से किया गया है
(b) पूँजी का उपयोग प्रभावी ढंग से किया गया है
(c) कुल कोषों का उपयोग प्रभावी ढंग में किया गया है
(d) उपरोक्त सभी

45. पे-आऊट अनुपात का क्या अर्थ है?
(a) रोके गए लाभ में से लाभ वितरण अनुपात
(b) देनदार लेनदार अनुपात
(c) आय में से लाभांश के रूप में वितरण अनुपात
(d) उपरोक्त सभी

46. विनियोजित पूँजी पर प्रत्याय की गणना के लिए लाभ की राशि का कैसे प्रयोग किया जाता है?
(a) ब्याज के उपरान्त, कर से पूर्व आय
(b) कर तथा ब्याज के बाद आय
(c) कर तथा ब्याज से पूर्व आय
(d) उपरोक्त में से कोई नहीं

47. व्यवसाय की कुल सम्पत्तियाँ ₹ 25,0000 तथा दायित्व ₹ 15,00,00 हैं, तो पूँजी होगी
(a) ₹ 1,00,000 (b) ₹ 2,50,000
(c) ₹ 4,00,000 (d) ₹ 1,50,000

48. प्रति अंश अर्जन का क्या सूत्र है?
(a) $\left(\frac{\text{Net Profit after Tax} - \text{Preference Dividend}}{\text{No. of Equity Shares}}\right)$
(b) $\left[\frac{\text{Cost of Goods Sold}}{\text{Average Stock}}\right]$
(c) $\left[\frac{\text{Profit}}{\text{Capital Employed}} \times 100\right]$
(d) उपरोक्त में से कोई नहीं

49. स्कन्ध आवर्त अनुपात ज्ञात कीजिए

बिक्री	₹ 3,20,000
सकल लाभ प्रत्याय	25% बिक्री पर
प्रारम्भिक रहतिया	₹ 31,000
अन्तिम रहतिया	₹ 29,000

तब Stock Turnover Ratio $= \left(\frac{\text{Cost of Goods Sold}}{\text{Average Stock}}\right)$

(a) 8 times (b) 10 times
(c) 6 times (d) 4 times

50. स्कन्ध आवर्त अनुपात की गणना कीजिए

बिक्री	₹ 2,00,000
सकल हानि दर	25%
औसत स्कन्ध	₹ 50,000

(a) 5 times (b) 10 times
(c) 15 times (d) 20 times

51. देनदार आवर्त अनुपात की गणना कीजिए

प्रारम्भिक देनदार	₹ 40,000
उधार बिक्री	₹ 2,60,000
माल वापिस आया	₹ 10,000
प्राप्त रोकड़	₹ 2,20,000
देय छूट	₹ 10000

(a) 2 times (b) 4 times
(o) 5 times (d) उपरोक्त में से कोई नहीं

उत्तरमाला

1.	(c)	2.	(a)	3.	(b)	4.	(b)	5.	(a)	6.	(b)	7.	(c)	8.	(b)	9.	(d)	10.	(a)
11.	(d)	12.	(a)	13.	(c)	14.	(c)	15.	(b)	16.	(d)	17.	(b)	18.	(c)	19.	(b)	20.	(a)
21.	(a)	22.	(c)	23.	(a)	24.	(d)	25.	(d)	26.	(c)	27.	(b)	28.	(c)	29.	(a)	30.	(c)
31.	(c)	32.	(a)	33.	(b)	34.	(a)	35.	(b)	36.	(b)	37.	(c)	38.	(b)	39.	(a)	40.	(c)
41.	(b)	42.	(b)	43.	(a)	44.	(c)	45.	(c)	46.	(c)	47.	(a)	48.	(a)	49.	(a)	50.	(a)
51.	(c)																		

अध्याय 12

रोकड़ प्रवाह विवरण

रोकड़ प्रवाह विवरण का अर्थ (Meaning of Cash Flow Statement)

रोकड़ प्रवाह विवरण किसी व्यावसायिक संस्था के लेखांकन अवधि में रोकड़ के विभिन्न स्रोतों (Sources)

एवं उपयोगों (Applications) को प्रदर्शित करता है। यह विवरण बताता है कि व्यवसाय में किन-किन स्रोतों से रोकड़ प्राप्त हुई है तथा इसके विभिन्न उपयोग किस प्रकार किए गए हैं। **लेखा मानक-3** (Accounting Standard-3) के अनुसार, रोकड़ प्रवाह विवरण हेतु रोकड़ से आशय रोकड़ कोषों (Cash Funds) से है, जिनमें

1. रोकड़ (Cash)
2. रोकड़ तुल्य (Cash Equivalents) शामिल हैं।

यहाँ रोकड़ तुल्य से आशय अल्पकालीन तथा उच्च तरल विनियोगों से है, जो तुरन्त नकद में परिवर्तनीय हो। कोषागार बिल, जमा प्रमाण-पत्र, वाणिज्यिक-पत्र तथा मुद्रा बाजार आदि जमाएँ ऐसे विनियोगों के उदाहरण हैं, जिन्हें रोकड़ तुल्य माना जाता है।

रोकड़ प्रवाह विवरण में रोकड़ एवं रोकड़ तुल्यों के मध्य के व्यवहारों को सम्मिलित नहीं किया जाता है, क्योंकि ये घटक एक संस्था की परिचालन, विनियोजन तथा वित्त पूर्ति क्रियाएँ एवं रोकड़ प्रबन्ध का अंग हैं।

रोकड़ प्रवाह विवरण पिछली अवधि तथा आगामी अवधि के लिए बनाया जा सकता है।

भारत के इन्स्टीट्यूट ऑफ कॉस्ट एण्ड वर्क्स एकाउण्टेण्ट्स के अनुसार, ''रोकड़ प्रवाह विवरण किसी दी हुई अवधि में रोकड़ आवश्यकताओं के निर्धारण एवं उनकी पर्याप्त व्यवस्था करने के उद्देश्य से विभिन्न शीर्षकों के अन्तर्गत रोकड़ के साधनों एवं उनके उपयोगों से बनाया गया रोकड़ के प्रवाह का विवरण है।''

रोकड़ प्रवाह विवरण के उद्देश्य (Objectives of Cash Flow Statement)

रोकड़ प्रवाह विवरण बनाने के निम्नलिखित उद्देश्य हैं–

1. रोकड़ प्रवाह विवरण नकद कोषों की स्थिति में हुए परिवर्तनों का विश्लेषण करने में सहायक है।
2. रोकड़ प्रवाह विवरण एक विशेष अवधि के दौरान संचालन (Operating) क्रियाकलाप, निवेश (Investing) क्रियाकलाप तथा वित्तीय (Financing) क्रियाकलापों से नकद तथा नकद तुल्यों की प्राप्तियों अथवा स्रोतों की जानकारी प्रदान करता है।
3. यह विवरण व्यवसाय के संचालन, निवेश तथा वित्तीय क्रियाओं के अन्तर्गत नकद व नकद तुल्यों के भुगतानों अर्थात् उपयोगों की जानकारी देता है।
4. इस विवरण की सहायता से उन प्रमुख क्रियाओं की जानकारी प्राप्त की जा सकती है, जिनके फलस्वरूप एक विशेष अवधि के दौरान रोकड़ प्राप्त हुई है अथवा रोकड़ का भुगतान किया गया है।

रोकड़ प्रवाह विवरण के उपयोग एवं महत्त्व

1. **संस्था की वर्तमान रोकड़ स्थिति के मूल्यांकन में सहायक** चूँकि रोकड़ प्रवाह विवरण, रोकड़ आधार लेखांकन पर आधारित होता है, जिससे रोकड़ की स्थिति के मूल्यांकन में इससे काफी सहायता मिलती है। इस विवरण की सहायता से संस्था का रोकड़ बजट भी तैयार किया जाता है। रोकड़ की प्राप्ति एवं भुगतान के अन्तर से रोकड़ की आवश्यकता या आधिक्य की जानकारी होती है।
2. **दायित्व शोधन क्षमता की जानकारी** इसकी सहायता से यह जानकारी प्राप्त की जा सकती है कि फर्म की दायित्व शोधन क्षमता क्या है? यदि प्रबन्ध यह जानना चाहे कि फर्म की एक माह बाद शोधन क्षमता क्या होगी? तो इसकी जानकारी रोकड़ प्रवाह विवरण की सहायता से की जा सकती है। वास्तव में, वित्तीय विश्लेषण का समय जितना कम होता है, इस विवरण का महत्त्व उतना ही बढ़ जाता है।
3. **प्रबन्ध में सहायक** यह स्पष्ट किया जा चुका है कि रोकड़ प्रवाह विवरण से रोकड़ बजट का भी निर्माण किया जा सकता है। इन दोनों की तुलना करके प्रबन्ध यह निश्चित कर सकता है कि रोकड़ का प्रयोग योजनाबद्ध ढंग से हुआ है या नहीं।
4. **महत्त्वपूर्ण तथ्यों की जानकारी** रोकड़-प्रवाह से ऐसे तथ्यों की जानकारी होती है, जिनके कारण व्यवसाय में लाभ की स्थिति में भी रोकड़ की कमी रहती है तथा हानि होने पर भी रोकड़ की मात्रा प्रचुर रहती है।
5. **नीति के निर्धारण में सहायक** इस विवरण की सहायता से दीर्घकालीन ऋणों को चुकता करने, स्थायी सम्पत्तियों का विस्तार अथवा पुनर्स्थापन करने एवं लाभांश घोषित करने सम्बन्धी नीतियों का निर्माण किया जा सकता है।
6. **बाह्य पक्षों के लिए उपयोगी** यह विवरण बाह्य पक्ष विशेष बैंकर्स के लिए एक महत्त्वपूर्ण विवरण होता है। वर्तमान में वित्तीय संस्थाएँ अपने ग्राहकों को वित्तीय स्थिति के अध्ययन में रोकड़ प्रवाह विवरण का अध्ययन करती हैं, जिसके आधार पर वे उन्हें ऋण प्रदान करने या नहीं करने का निर्णय लेती हैं।

रोकड़ प्रवाह विवरण की सीमाएँ

1. रोकड़ प्रवाह विवरण रोकड़ के अन्तर्गमन एवं बाह्यगमन को स्पष्ट करता है, किन्तु रोकड़ के रूप में मानी जाने वाली मदों को छोड़ देने से फर्म की तरलता के सम्बन्ध में सही जानकारी प्राप्त नहीं होती है।
2. रोकड़ की सही-सही परिभाषा देना एक कठिन कार्य है। वस्तुतः रोकड़ के अन्तर्गत चैक, पोस्टल ऑर्डर, स्टाम्प आदि रखे जाने चाहिए।
3. किसी संस्था के सम्बन्ध में रोकड़ प्रवाह विवरण की तुलना में कोष प्रवाह विवरण से अधिक स्पष्ट चित्र प्रस्तुत होता है।

4. रोकड़ प्रवाह विवरण आय विवरण के समकक्ष नहीं हो सकता, क्योंकि आय विवरण में रोकड़ मदों के अतिरिक्त गैर-रोकड़ मदों को भी शामिल किया जाता है। अतः रोकड़ प्रवाह विवरण से व्यवसाय की शुद्ध आय की जानकारी नहीं हो सकती।

रोकड़ प्रवाह विवरण तथा रोकड़ बजट में अन्तर

आधार	रोकड़ प्रवाह विवरण	रोकड़ बजट
उद्देश्य	इस विवरण में यह प्रदर्शित किया जाता है कि एक अवधि में रोकड़ कहाँ-कहाँ से प्राप्त की गई तथा किन-किन उपयोगों में प्रयुक्त की गई।	इसका उद्देश्य यह अनुमान लगाना है कि भावी अवधि में कितनी रोकड़ की किस कार्य हेतु आवश्यकता होगी तथा वह किन स्रोतों से प्राप्त की जा सकेगी।
प्रकृति	यह भूतकालीन प्रकृति का होता है।	यह भविष्यकालीन प्रकृति का होता है।
अवधि	इस विवरण की अवधि प्रायः एक वर्ष होती है।	यह बजट साप्ताहिक, मासिक, तिमाही, अर्द्ध-वार्षिक व वार्षिक हो सकता है।
उपयोगिता	यह विवरण रोकड़ के स्रोतों एवं उपयोगों के विश्लेषण के लिए उपयोगी रहता है।	इसकी उपयोगिता अस्थायी या मौसमी रोकड़ आवश्यकताओं की पूर्ति के लिए वित्तीय प्रबन्ध में है।
स्वरूप	यह विवरण रोकड़ बजट की अपेक्षा कम विवरणात्मक होता है।	यह बजट अधिक विवरणात्मक होता है।

रोकड़ प्रवाहों का वर्गीकरण

लेखांकन मानक-3 (संशोधित) के अनुसार, ऐसे रोकड़ अन्तर्वाह तथा बहिर्वाह परिचालन, विनियोजन एवं वित्त पूर्ति क्रियाओं के कारण होते हैं।

इन्हें निम्न प्रकार से स्पष्ट किया गया है-

परिचालन क्रियाओं से रोकड़ प्रवाह

परिचालन क्रियाएँ व्यवसाय की उन क्रियाओं से सम्बन्धित होती हैं जिनसे व्यवसाय में आय उत्पन्न होती है। अन्य क्रियाएँ, जैसे विनियोजन एवं वित्तीय क्रियाओं से सम्बन्ध नहीं रखती हैं इसलिए ये उन लेन-देनों का परिणाम होती हैं, जो संस्था के लाभ अथवा हानि का निर्धारण करती हैं।

परिचालन क्रियाओं से रोकड़ प्रवाह में निम्न क्रियाएँ सम्मिलित हैं-

	रोकड़ अन्तर्वाह	रोकड़ बहिर्वाह
(i)	नकद विक्रय	नकद क्रय
(ii)	अधिकार शुल्क, फीस, कमीशन से रोकड़ की प्राप्ति	लेनदारों तथा व्यापारिक देयों का नकद भुगतान
(iii)	देनदारों तथा व्यापारिक प्राप्यों से प्राप्त रोकड़	संचालन व्ययों का नकद भुगतान
(iv)	वित्तीय कम्पनियों के लिए ब्याज एवं लाभांश की प्राप्ति	आयकर का भुगतान
(v)	प्रतिभूतियों के विक्रय से रोकड़ प्राप्ति	वित्तीय कम्पनियों के लिए ब्याज का नकद भुगतान
(vi)	तृतीय पक्षकारों से ऋण एवं अग्रिमों से प्राप्ति	प्रतिभूतियों का नकद क्रय
		तृतीय पक्षकारों को दिए गए ऋण तथा अग्रिम

विनियोजन क्रियाओं से रोकड़ प्रवाह

विनियोजन क्रियाओं में दीर्घकालीन या स्थायी सम्पत्तियों का क्रय एवं निस्तारण, अंश, ऋणपत्रों या अन्य प्रतिभूतियों का क्रय-विक्रय आदि सम्मिलित है। विनियोजन क्रियाओं में उन विनियोगों का क्रय-विक्रय भी सम्मिलित किया जाता है, जिन्हें रोकड़ तुल्य में सम्मिलित नहीं किया जाता है।

इसमें निम्न क्रियाएँ सम्मिलित होती हैं-

	रोकड़ अन्तर्वाह	रोकड़ बहिर्वाह
(i)	स्थायी सम्पत्तियों के विक्रय से रोकड़ प्राप्त	स्थायी सम्पत्तियों का रोकड़ी क्रय
(ii)	गैर-चालू विनियोगों के विक्रय से रोकड़ प्राप्त	गैर-चालू विनियोगों का नकद क्रय
(iii)	विनियोगों से प्राप्त ब्याज	
(iv)	अंशों से प्राप्त लाभांश	
(v)	किराया प्राप्त	

वित्त पूर्ति क्रियाओं से रोकड़ प्रवाह

वित्त सम्बन्धी क्रियाएँ वे क्रियाएँ हैं, जिनके परिणामस्वरूप संस्था की पूँजी एवं ऋणों की राशि में परिवर्तन आता है। वित्त पूर्ति क्रियाओं को पृथक् से दर्शाना महत्त्वपूर्ण है, क्योंकि इससे कोष प्रदायकों (पूँजी एवं ऋण) के भावी रोकड़ प्रवाहों पर दावों की भविष्यवाणी की जा सकती है।

इसमें निम्न क्रियाएँ सम्मिलित होती हैं–

	रोकड़ अन्तर्वाह		रोकड़ बहिर्वाह
(i)	अंशों एवं ऋणपत्रों के निर्गमन से नकद प्राप्ति	(i)	अंशों एवं ऋणपत्रों के शोधन पर नकद भुगतान
(ii)	दीर्घकालीन एवं अल्पकालीन ऋणों से नकद प्राप्ति	(ii)	क्षमता अंशों का पुनः क्रय
(iii)	बैंक अधिविकर्ष तथा नकद साख के शेष में वृद्धि	(iii)	दीर्घकालीन एवं अल्पकालीन ऋणों का भुगतान
		(iv)	बैंक अधिविकर्ष तथा नकद साख के शेष में कमी
		(v)	लाभांश तथा ब्याज का भुगतान
		(vi)	प्रारम्भिक व्यय, अंश निर्गमन व्यय, अभिगोपन कमीशन का नकद भुगतान

रोकड़ प्रवाह विवरण का प्रारूप

अप्रत्यक्ष विधि के अन्तर्गत इसका प्रारूप निम्न प्रकार से है–

XYZ Ltd.
Cash Flow Statement
for the year ended.........
(Indirect Method)
as per Accounting Standard-3 Revised

Particulars		Figure/ Amount of Current Year (₹)	Figure/ Amount of Previous Year (₹)
A. Cash Flows from Operating Activities			
Net Profit before Tax (See Note No. 1)		......	
Adjustments for Non-cash and Non-operating items			
(+) Depreciation	....		
Preliminary Expenses/Discount on Issue of Shares and Debentures Written-off	....		

Goodwill, Patents and Trademarks Amortised	......		
Interest on long-term Borrowings	......		
Loss on Sale of Fixed Assets		......	
(–) Interest Income	(.....)		
Dividend Income	(.......)		
Rental Income	(........)		
Profit on Sale of Fixed Assets	(........)	(.....)	
Operating Profit before Working Capital Changes		....	
(+) Decrease in Current Assets	....		
Increase in Current Liabilities	....	......	
(–) Increase in Current Assets	(.......)	......	
Decrease in Current Liabilities	(.......)	(.....)	
Cash Generated from Operations		......	
(–) Income Tax Paid (Net of Tax Refund Received)		(.....)	
Net Cash from (or used in) Operating Activities		....	......
B. Cash Flows from Investing Activities			
Proceeds from Sale of Tangible Fixed Assets		....	
Proceeds from Sale of Intangible Fixed Assets like Goodwill		......	
Proceeds from Sale of Non-current Investments		....	
Interest and Dividend Received		......	
Rent Received		....	
Purchase of Tangible Fixed Assets		(.....)	
Purchase of Intangible Fixed Assets like Goodwill		(.....)	
Purchase of Non-current Investments		(.....)	
Net-Cash from (or used in) Investing Activities		......	....
C. Cash Flows from Financing Activities			
Proceeds from Issue of Shares and Debentures		....	
Proceeds from Other Long-term Borrowings		......	
Proceeds from Short-term Borrowing			
(i) Increase in the Balance of Bank Overdraft and Cash Credit		......	
(ii) Decrease in the Balance of Bank Overdraft and Cash Credit		(.....)	
Final Dividend Paid		(.....)	
Interim Dividend Paid		(.....)	
Interest Paid on Long-term Borrowings		(.....)	
Repayment of Loans (Whether Short-term or Long-term)		(.....)	
Redemption of Debentures		(.....)	
Net-Cash from (or used in) Financing Activities		......	......
Net Increase (or Decrease) **in Cash and Cash Equivalents** (A + B + C)			......
(+) Cash and Cash Equivalents in the beginning of the year			.....
Cash and Cash Equivalents at the end of the year			......

गणनाएँ : **Calculation of Net Profit before Tax**

Particulars	Amt (₹)
Net Profit of the Current Year (after appropriations)	......
(+) Transfer to Reserves (All transfers to Reserves from balances of the Statement f Profit and Loss)	......
Proposed Dividend for Previous year	.....
Interim Dividend Paid During the Year	......
Provision for Tax made During the Current Year	.....
(–) Refund of Tax	(.....)
Net Profit before Tax	....

नोट *ब्रेकिट की राशियाँ ऋणात्मक मदें (Negative Items) हैं अर्थात् वह राशियाँ जिन्हें घटाया जाना है।*

वित्तीय एवं गैर-वित्तीय कम्पनियों में रोकड़ प्रवाह

बैंक, विनियोग कम्पनियाँ तथा म्यूच्युअल फण्ड कम्पनियाँ वित्तीय कम्पनियाँ होती हैं। व्यापारिक कम्पनियाँ, निर्माण कम्पनियाँ तथा अन्य व्यावसायिक कम्पनियाँ गैर-वित्तीय कम्पनियाँ होती हैं। कुछ मदों को वित्तीय एवं गैर-वित्तीय कम्पनियों के लिए अलग-अलग क्रियाकलापों में वर्गीकृत किया जाता है; जैसे–

मदें	वित्तीय कम्पनियों के लिए	गैर-वित्तीय कम्पनियों के लिए
(i) प्राप्त ब्याज	संचालन क्रिया	निवेश क्रिया
(ii) प्राप्त लाभांश	संचालन क्रिया	निवेश क्रिया
(iii) ब्याज का भुगतान	संचालन क्रिया	वित्तीय क्रिया
(iv) लाभांश का भुगतान	वित्तीय क्रिया	वित्तीय क्रिया

1. वित्तीय कम्पनियों (जैसे बैंकिंग कम्पनी, विनियोग कम्पनी) के लिए प्रतिभूतियों के क्रय और विक्रय से भुगतान एवं प्राप्त रोकड़ को संचालन क्रियाओं से रोकड़ प्रवाह माना जाता है, क्योंकि इन कम्पनियों के लिए प्रतिभूतियों का क्रय-विक्रय मुख्य आय अर्जित करने वाली क्रियाओं का अंग होता है। इसके अतिरिक्त वित्तीय कम्पनी की दशा में चुकाया गया ब्याज, प्राप्त ब्याज, प्राप्त लाभांश भी संचालन क्रियाओं से रोकड़ प्रवाह माना जाता है।
2. एक बीमा कम्पनी के लिए प्रीमियम प्राप्त करना तथा दावों का भुगतान करना संचालन क्रियाओं से रोकड़ प्रवाह माना जाता है, क्योंकि यह मुख्य आय अर्जित करने वाली क्रियाएँ हैं।
3. भवन निर्माण करने वाली कम्पनी के लिए भूमि एवं भवन का क्रय-विक्रय करना तथा किराया प्राप्त करना संचालन क्रियाएँ मानी जाएँगी, क्योंकि यह इनकी मुख्य आय उत्पन्न करने वाली क्रियाएँ हैं।

कुछ विशेष मदों का व्यवहार

रोकड़ प्रवाहों के अतिरिक्त प्रमाप-3 (संशोधित) में नीचे दी गई कुछ विशेष मदों से रोकड़ प्रवाह सम्बन्धी व्यवहारों के बारे में बताया गया है, *जो इस प्रकार हैं*

1. **ब्याज एवं लाभांश** वित्तीय संस्था की दशा में भुगतान व प्राप्त किया गया ब्याज व लाभांश प्रचालन क्रियाओं से होने वाले रोकड़ प्रवाह में शामिल किया जाना चाहिए। गैर-वित्तीय संस्था की दशा में ब्याज व लाभांश भुगतान को वित्तीय क्रियाओं में शामिल करेंगे व ब्याज व लाभांश प्राप्ति को विनियोजन क्रियाओं में शामिल करेंगे।
2. **आय पर कर** आय पर करों से उत्पन्न रोकड़ प्रवाहों को अलग से प्रकट किया जाना चाहिए तथा संचालन क्रियाओं से उत्पन्न रोकड़ प्रवाह मानना चाहिए जब तक कि इनकी वित्तीय व विनियोग क्रियाओं से उत्पन्न होने के कारण की स्पष्ट पहचान न की जाती हो।

3. **विदेशी मुद्रा रोकड़ प्रवाह** विदेशी मुद्रा में लेन-देनों से उत्पन्न रोकड़ प्रवाहों को रोकड़ प्रवाह विवरण की तिथि पर दोनों में प्रचलित विनिमय दर में परिवर्तित करके दर्शाया जाना चाहिए। विदेशी विनिमय दरों में परिवर्तन से उत्पन्न लाभ या हानियों को रोकड़ प्रवाह नहीं माना जाता है। यद्यपि विदेशी मुद्रा में रखी गईं रोकड़ या रोकड़ तुल्यों पर विनिमय दरों में परिवर्तन के प्रभाव को अवधि के प्रारम्भ एवं अन्त के रोकड़ व रोकड़ तुल्यों के मिलान के लिए रोकड़ प्रवाह में दिखाया जा सकता है, किन्तु इसे परिचालन, विनियोजन व वित्तीय क्रियाओं से पृथक् दर्शाया जाना चाहिए।
4. **असाधारण मदें** परिचालन, विनियोजन एवं वित्तीय क्रियाओ में से उत्पन्न असाधारण मदों; जैसे- डूबते ऋणों की वसूली, बीमा कम्पनियों से दावे, लॉटरी जीत आदि को रोकड़ प्रवाह विवरण में पृथक् से दर्शाया जाना चाहिए।
5. **अन्य महत्त्वपूर्ण गैर-नकद व्यवहार** कुछ विनियोजन एवं वित्तीय क्रियाओं में रोकड़ या रोकड़ तुल्यों की आवश्यकता नहीं होती है; जैसे- ऋणपत्रों के निर्गमन द्वारा सम्पत्तियों का क्रय, व्यापार क्रय, ऋणपत्रों का अंशों में परिवर्तन, बोनस अंशों का निर्गमन, आदि। ऐसे गैर-रोकड़ लेन-देनों को रोकड़ प्रवाह विवरण में सम्मिलित नहीं करना चाहिए, बल्कि पृथक् अनुसूची में या रोकड़ प्रवाह विवरण में नीचे टिप्पणी के रूप में दर्शाया जाना चाहिए।

आयकर आयोजन (Provision for Tax)

1. पिछले वर्ष की कर आयोजन राशि को संचालन क्रियाओं से रोकड़ प्रवाह ज्ञात करते समय घटा दिया जाएगा, क्योंकि इस राशि का भुगतान चालू वर्ष के दौरान किया हुआ माना जाएगा।
2. चालू वर्ष की कर आयोजन राशि को 'कर से पूर्व लाभ' ज्ञात करते समय लाभों में जोड़ा जाएगा।

प्रस्तावित लाभांश (Proposed Dividend)

लेखांकन प्रमाप-4 (संशोधित) के अनुसार, अंशों पर प्रस्तावित लाभांश को अल्पकालीन आयोजन नहीं माना जाएगा, क्योंकि इसे लेखा टिप्पणी में संदिग्ध दायित्व के रूप में लिखा जाता है। इसका कारण यह है कि प्रस्तावित लाभांश अंशधारियों द्वारा वार्षिक साधारण सभा में घोषित होने के बाद देय होता है। वार्षिक साधारण सभा वर्ष की समाप्ति पर अर्थात् अगले वित्तीय वर्ष में होती है। इसका रोकड़ प्रवाह विवरण पर निम्नलिखित प्रभाव होगा

1. **पिछले वर्ष का प्रस्तावित लाभांश** इसे रोकड़ प्रवाह विवरण में वित्तीय क्रियाओं में Cash outflow में दिखाया जाएगा तथा ''कर से पूर्व शुद्ध लाभ'' ज्ञात करते समय शुद्ध-लाभ में जोड़ा जाएगा।
2. **चालू वर्ष का प्रस्तावित लाभांश** इसे लेखा टिप्पणी में सदिंग्ध दायित्व के रूप में लिखा जाता है। अतः इसका रोकड़ प्रवाह विवरण पर कोई प्रभाव नहीं होगा।

स्थायी सम्पत्ति खाता बनाकर लुप्त मद ज्ञात करना

यदि स्थायी सम्पत्तियों पर ह्रास, क्रय, विक्रय, विक्रय से होने वाला लाभ अथवा हानि की राशि ज्ञात नहीं है, तो यह राशि स्थायी सम्पत्ति खाता बनाकर ज्ञात करते हैं। इस खाते के दोनों पक्षों का योग बराबर करके लुप्त मद ज्ञात हो जाती है। *यह खाता निम्न प्रकार बनता है–*

Dr **Fixed Assets A/c** Cr

Particulars	Amt (₹)	Particulars	Amt (₹)
To Balance b/d		By Bank A/c	
(Opening Balance)	—	(Sale Proceed)	—
To Profit on Sale	—	By Depreciation A/c	—
To Bank A/c (Purchase)	—	By Loss on Sale A/c	—
		By Balance c/d	
		(Closing Balance)	—
	.....		......

जब स्थिति विवरण में ह्रास आयोजन की राशि दे रखी होती है, तो इसका अर्थ है, चिट्ठे में स्थायी सम्पत्तियों को लागत मूल्य पर दिखाया गया है। ऐसी स्थिति में स्थायी सम्पत्ति खाता तथा ह्रास आयोजन खाता दोनों बनाने चाहिए। स्थायी सम्पत्ति खाते से क्रय-विक्रय ज्ञात हो जाता है तथा ह्रास आयोजन खाते से वर्ष के कुल ह्रास की राशि ज्ञात हो जाती है।

अभ्यास प्रश्न

1. निम्नलिखित में से कौन–सा एक, रोकड़ प्रवाह विवरण द्वारा, विवरण में अथवा उसकी अलग अनुसूची में, नहीं दिखाया जाता है?
(a) सकल रोकड़ प्राप्तियों के प्रमुख वर्ग
(b) आयकर भुगतान की राशि
(c) निवल आय का प्रचालनों से हुए निवल रोकड़ प्रवाहों के साथ समाधान
(d) अन्तिम प्रतिधारित उपार्जनों का प्रचालनों से हुए निवल रोकड़ प्रवाहों के साथ समाधान

2. रोकड़ प्रवाह विवरण में वित्तीय क्रियाओं का उदाहरण है
(a) मशीन का क्रय (b) ह्रास का आयोजन
(c) अंशों का निर्गमन (d) फर्नीचर का विक्रय

3. रोकड़ प्रवाह विवरण बनाया जाता है
(a) आर्थिक चिट्ठे से (b) लाभ-हानि खाते से
(c) अतिरिक्त सूचनाओं से (d) ये सभी

4. रोकड़ प्रवाह विवरण किस प्रकार के वित्तीय नियोजन में सहायक है?
(a) अल्पकालीन (b) दीर्घकालीन
(c) 'a' और 'b' दोनों (d) इनमें से कोई नहीं

5. लेनदारों को देय राशि में वृद्धि दर्शाती है
(a) रोकड़ में कमी (b) रोकड़ में वृद्धि
(c) रोकड़ में कोई परिवर्तन नहीं (d) इनमें से कोई नहीं

6. निम्नलिखित में कौन–सा रोकड़ बाह्य बहाव नहीं है?
(a) लेनदारों में वृद्धि (b) देनदारों में वृद्धि
(c) स्कन्ध में वृद्धि (d) विनिमय-विपत्र में वृद्धि

7. रोकड़ प्रवाह विवरण हेतु रोकड़ प्राप्ति के साधन हैं
(a) परिचालन क्रियाकलापों से प्राप्ति (b) विनियोजन क्रियाकलापों से प्राप्ति
(c) वित्तीय क्रियाकलापों से प्राप्ति (d) ये सभी

8. चालू वर्ष का प्रस्तावित लाभांश है
(a) संचालन क्रिया (b) वित्तीय क्रिया
(c) निवेश क्रिया (d) इनमें से कोई नहीं

9. कौन–सी मद वित्तीय कम्पनी के लिए संचालन क्रिया और गैर–वित्तीय कम्पनी के लिए निवेश क्रिया है?
(a) प्राप्त ब्याज (b) ब्याज भुगतान
(c) लाभांश भुगतान (d) कमीशन भुगतान

10. निम्न में से कौन–सी मद वित्तीय तथा गैर–वित्तीय दोनों कम्पनियों के लिए संचालन क्रिया है?
(a) लाभांश का भुगतान (b) प्राप्त ब्याज
(c) प्राप्त लाभांश (d) ब्याज का भुगतान

11. निम्न में से कौन–से व्यवहार से रोकड़ प्रवाह होगा?
(a) बैंक में जमा कराये ₹ 5,000
(b) बैंक से निकाले ₹ 5,000
(c) फर्नीचर विक्रेता को भुगतान के ₹ 5,000 के अंश दिए
(d) लेनदारों को भुगतान ₹ 5,000

12. रोकड़ प्रवाह विवरण में बैंक में रोकड़ जमा कराना कौन–सी क्रिया है?
(a) वित्तीय (b) निवेश
(c) संचालन (d) रोकड़ एवं रोकड़ तुल्य

13. एक बीमा कम्पनी द्वारा कर्मचारियों को बोनस का भुगतान कौन–सी क्रिया है?
(a) निवेश (b) संचालन
(c) वित्तीय (d) 'b' और 'c' दोनों

14. निम्न में से कौन–सा उदाहरण वित्तीय क्रिया का नहीं है?
(a) बैंक ऋण का भुगतान
(b) ऋणपत्रों पर ब्याज का भुगतान
(c) माल का ऑर्डर देना
(d) सार्वजनिक जमा प्राप्त करना

15. निम्नलिखित में से संचालन क्रियाकलाप नहीं है
(a) नकद विक्रय (b) देनदारों से नकद प्राप्त
(c) नकद क्रय (d) भवन का क्रय

16. निम्नलिखित में से निवेश क्रियाकलाप नहीं है
(a) मशीन विक्रय (b) विनियोग क्रय
(c) विक्रय व्यय का भुगतान (d) ख्याति का क्रय

17. निम्नलिखित में से वित्तीय क्रियाकलाप नहीं है
(a) समता अंशों का निर्गमन (b) दीर्घकालीन ऋणों का ब्याज
(c) ऋणपत्रों का निर्गमन (d) देनदारों से प्राप्त राशि

18. निम्नलिखित में से किसे रोकड़ तुल्य राशियों में सम्मिलित नहीं किया जाता है?
(a) नकद जमा (b) बैंक जमा
(c) प्राप्त किराया (d) अल्पकालीन प्रतिभूतियाँ

19. यदि वर्ष का शुद्ध लाभ ₹ 60,000 है और प्रारम्भिक व अन्तिम रहतिया ₹ 10,000 तथा ₹ 20,000 है, तो संचालन क्रियाओं से रोकड़ प्रवाह होगा
(a) ₹ 50,000 (b) ₹ 70,000
(c) ₹ 60,000 (d) ₹ 90,000

20. यदि वर्ष का शुद्ध लाभ ₹ 70,000 है तथा वर्ष के दौरान प्राप्य विपत्र ₹ 20,000 से कम हो गए, तो संचालन क्रियाओं से रोकड़ प्रवाह होगा
(a) ₹ 90,000 (b) ₹ 50,000
(c) ₹ 70,000 (d) ₹ 30,000

21. जब परिचालन क्रियाओं से रोकड़ की गणना की जाती है, तो निम्न में से किसे नहीं जोड़ा जाता है?
(a) लेनदारों में वृद्धि को (b) रहतिया के मूल्य में कमी को
(c) देनदारों में वृद्धि को (d) बकाया व्ययों में वृद्धि को

22. जब परिचालन क्रियाओं से रोकड़ की गणना की जाती है तो निम्न में से किसे नहीं घटाया जाता है?
(a) देनदारों में वृद्धि को (b) लेनदारों में वृद्धि को
(c) देय विपत्रों में कमी को (d) रहतिया के मूल्य में कमी को

23. रोकड़ प्रवाह विवरण हेतु रोकड़ प्राप्ति के साधन हैं
(a) परिचालन क्रियाओं से प्राप्ति
(b) विनियोजन क्रियाओं से प्राप्ति
(c) वित्तीय क्रियाओं से प्राप्ति
(d) ये सभी

24. लेखामानक-3 के अनुसार चुकाया गया कर शामिल होगा
(a) परिचालन क्रियाओं से रोकड़ प्रवाह में
(b) विनियोजन क्रियाओं से रोकड़ प्रवाह में
(c) वित्तीय क्रियाओं से रोकड़ प्रवाह में
(d) उपरोक्त में से कोई नहीं

25. यदि वर्ष में कमाया लाभ ₹ 40,000 हो तथा लेनदारों में ₹ 10,000 की वृद्धि हुई हो, तो संचालन से रोकड़ होगी
(a) ₹ 50,000 (b) ₹ 30,000
(c) ₹ 40,000 (d) ₹ 10,000

26. देनदारों की राशि में कमी से रोकड़ में परिवर्तन होगा
(a) कमी होगी (b) वृद्धि होगी
(c) 'a' और 'b' दोनों (d) रोकड़ में परिवर्तन नहीं होगा

27. यदि वर्ष का शुद्ध लाभ ₹ 50,000 हो तथा चालू सम्पत्तियों में वृद्धि तथा कमी क्रमशः ₹ 20,000 और ₹ 10,000 हो तो संचालन से लाभ होगा
(a) ₹ 40,000 (b) ₹ 50,000
(c) ₹ 60,000 (d) ₹ 70,000

28. लाभांश भुगतान दर्शाया जाता है
(a) परिचालन क्रियाओं में (b) विनियोजन क्रियाओं में
(c) वित्तीय क्रियाओं में (d) ये सभी

29. नकदी प्रवाह विवरण के सन्दर्भ में निम्न में से कौन-सा वित्तीय गतिविधियों का एक उदाहरण नहीं है?
(a) बैंक ऋण का भुगतान
(b) ऋणपत्रों पर ब्याज/लाभांश भुगतान
(c) सार्वजनिक जमाओं से नकदी आगम
(d) स्थिर परिसम्पत्तियों का विक्रय

30. रोकड़ प्रवाह विवरण के सन्दर्भ में निम्नलिखित में से कौन-सा प्रचालन क्रियाकलाप नहीं है?
1. नकद बिक्री
2. मशीन की खरीद
3. देनदारों से नकद प्राप्ति
4. अंशों का निर्गमन
कूट
(a) 2 और 4 (b) 1 और 3
(c) 3 और 2 (d) 2 और 3

31. रोकड़ प्रवाह विवरण के सन्दर्भ में निम्नलिखित में से कौन-सा निवेश क्रियाकलाप नहीं है?
1. विनियोग का क्रय 2. विक्रय व्ययों का भुगतान
3. ख्याति का क्रय 4. ऋणों का भुगतान
कूट
(a) 1 और 4 (b) 2 और 3
(c) 1 और 3 (d) 2 और 4

32. एक कम्पनी के वित्तीय विवरणों से निम्नलिखित सूचना उपलब्ध है

निवल लाभ	—	₹ 20,000
प्रारम्भिक स्टॉक	—	₹ 20,000
अन्तिम स्टॉक	—	₹ 24,000
प्रारम्भिक देनदार	—	₹ 40,000
अन्तिम देनदार	—	₹ 50,000

कम्पनी के प्रचालन से रोकड़ कितना है?
(a) ₹ 10,000 (b) ₹ 15,000
(c) ₹ 12,000 (d) ₹ 6,000

उत्तरमाला

1.	(d)	2.	(c)	3.	(d)	4.	(a)	5.	(b)	6.	(a)	7.	(d)	8.	(d)	9.	(a)	10.	(a)
11.	(d)	12.	(d)	13.	(b)	14.	(c)	15.	(d)	16.	(c)	17.	(d)	18.	(c)	19.	(a)	20.	(a)
21.	(c)	22.	(b)	23.	(d)	24.	(a)	25.	(a)	26.	(b)	27.	(a)	28.	(c)	29.	(d)	30.	(a)
31.	(d)	32.	(d)																

सेक्शन II : कॉमर्स डोमेन

प्रैक्टिस सैट्स

प्रैक्टिस सेट 1

निर्देश 50 में से 40 प्रश्न करने अनिवार्य हैं। **समय** : 45 मिनट

1. गैर-व्यापारिक संस्थाओं का मुख्य उद्देश्य होता है
(a) समाज सेवा करना
(b) सदस्यों का मनोरंजन करना
(c) सामाजिक व धार्मिक विकास करना
(d) उपरोक्त सभी

2. एक क्लब के दिन-प्रतिदिन के नकद लेन-देनों को दर्ज किया जाता है
(a) प्राप्ति-भुगतान खाते में (b) आय-व्यय खाते में
(c) लाभ-हानि खाते में (d) रोकड़ बही में

3. आगम-शोधन खाता .... द्वारा बनाया जाता है।
(a) एकल व्यापार (b) फर्म
(c) कम्पनी (d) गैर-व्यापारिक संस्था

4. प्रवेश शुल्क का पूँजीकृत भाग दर्शाया गया है
(a) आय-व्यय खाते के क्रेडिट पक्ष में
(b) प्राप्ति एवं भुगतान खाते के प्राप्ति पक्ष में
(c) आर्थिक चिट्ठे के दायित्व पक्ष में
(d) 'b' और 'c' दोनों

5. साझेदारी की स्थापना का उद्देश्य है
(a) कम्पनी के दोषों को दूर करना
(b) एकल व्यापार की कमियों को दूर करना
(c) दायित्व को सीमित करना
(d) उपरोक्त में से कोई नहीं

6. साझेदारी संस्था में अधिकतम साझेदार हो सकते हैं
(a) 15 (b) 20
(c) 25 (d) 50

7. साझेदारी खाते बन्द होने के पश्चात् अशुद्धि का सुधार किया जाता है
(a) काँट-छाँट कर (b) संशोधित प्रविष्टि द्वारा
(c) नहीं किया जाता (d) वापिस खाते बनाकर

8. निम्नलिखित में से साझेदारों के अधिकार के सम्बन्ध में सत्य कथन हैं
1. प्रत्येक साझेदार को अधिकार है कि वह केवल लाभों में हिस्सा लें, परन्तु हानियों में नहीं।
2. प्रत्येक साझेदार फर्म की सम्पत्तियों का संयुक्त स्वामी होता है।
3. प्रत्येक साझेदार को अधिकार है कि वह किसी को भी नया साझेदार बना सकता है।
4. प्रत्येक साझेदार को फर्म के संचालन में भाग लेने का अधिकार होता है।
5. प्रत्येक साझेदार को फर्म की लेखन पुस्तकें जाँच करने का अधिकार होता है।

(a) 1, 4 और 5 (b) 2, 4 और 5
(c) 3, 4 और 5 (d) 2, 3 और 4

9. ख्याति है
(a) अमूर्त सम्पत्ति (b) मूर्त सम्पत्ति
(c) चालू सम्पत्ति (d) कृत्रिम सम्पत्ति

10. निम्नलिखित में से कौन-सा कथन सत्य है?
(a) ख्याति का एक निश्चित स्वरूप होता है
(b) ख्याति एक बनावटी सम्पत्ति है
(c) ख्याति पर मूल्यह्रास का आयोजन नहीं किया जाता है
(d) उपरोक्त सभी

11. ख्याति ज्ञात करने की भारित औसत पद्धति का प्रयोग किया जाता है, जब
(a) लाभ समान न हो
(b) लाभ प्रवृत्ति दिखाते हैं
(c) लाभों में उतार-चढ़ाव है
(d) उपरोक्त में से कोई नहीं

12. एक व्यवसाय की सम्पत्तियों का मूल्य ₹ 5,40,000 था और इसके दायित्व ₹ 1,50,000 थे। व्यवसाय का क्रय प्रतिफल ₹ 6,00,000 था, ख्याति का मूल्य होगा
(a) ₹ 2,00,000 (b) ₹1,90,000
(c) ₹2,10,000 (d) ₹60,000

13. नए साझेदार के प्रवेश पर निम्न में से कौन-सी दशा उत्पन्न होती है?
(a) पुरानी फर्म का समापन हो जाता है।
(b) पुरानी साझेदारी का समापन हो जाता है।
(c) पुरानी साझेदारी एवं फर्म दोनों का समापन हो जाता है।
(d) न ही साझेदारी तथा न ही फर्म का समापन होता है।

14. A, B व C एक फर्म में साझेदार हैं तथा लाभ-हानि को 5 : 3 : 2 के अनुपात में बाँटते हैं। उन्होंने D को फर्म में 1/5 भाग के लिए साझेदार बनाया। उनका नया लाभ-हानि विभाजन अनुपात होगा

(a) 10 : 6 : 4 : 5 (b) 10 : 4 : 6 : 5
(c) 6 : 10 : 4 : 5 (d) 4 : 5 : 10 : 6

15. त्याग के अनुपात का प्रयोग किसे बाँटने के लिए किया जाता है?

(a) ख्याति (b) संचय
(c) पुनर्मूल्यांकन लाभ (d) लाभ-हानि खाते का शेष

16. X और Y के फर्म की ख्याति का मूल्य ₹ 30,000 है। यह बहीखाते में ₹ 12,000 लिखी गई है। Z को 1/4 हिस्से के लिए प्रवेश दिया गया है। वह ख्याति के लिए कितनी राशि लाएगा?

(a) ₹ 3,000 (b) ₹ 4,500
(c) ₹ 7,500 (d) ₹ 10,500

17. यदि किसी साझेदार द्वारा फर्म से अवकाश ग्रहण कर लिया जाता है, तो

(a) पुरानी साझेदारी फर्म समाप्त हो जाती है
(b) पुरानी साझेदारी समाप्त हो जाती है
(c) 'a' और 'b' दोनों
(d) उपरोक्त में से कोई नहीं

18. L, M तथा N 4 : 3 : 1 के अनुपात में साझेदार हैं। L के सेवानिवृत्त होने पर शेष साझेदारों का नया अनुपात क्या होगा?

(a) 3 : 1 (b) 4 : 1
(c) 4 : 3 (d) 2 : 1

19. बंगारी, माहोड़ी तथा रावत एक फर्म में क्रमशः $\frac{1}{7}:\frac{1}{8}:\frac{1}{4}$ भाग के लिए साझेदार थे। रावत के सेवानिवृत्त होने के फलस्वरूप प्राप्ति अनुपात ज्ञात कीजिए

(a) 8 : 7 (b) 1 : 2
(c) 7 : 8 (d) 2 : 1

20. अ, ब और स साझेदार हैं, जो लाभ-हानि को $\frac{1}{2}, \frac{3}{10}$ एवं $\frac{1}{5}$ के अनुपात में बाँटते हैं। ब अवकाश ग्रहण करता है तथा अ और स निर्णय करते हैं कि वे भविष्य में लाभ-हानि का बँटवारा 3 : 2 में करेंगे। लाभ-प्राप्ति अनुपात होगा

(a) 1 : 2 (b) 3 : 2
(c) 2 : 3 (d) इनमें से कोई नहीं

21. जब एक साझेदार को छोड़कर शेष सभी साझेदार दिवालिया हो जाते हैं, तब फर्म का .... हो जाता है।

(a) अनिवार्य समापन (b) ऐच्छिक समापन
(c) नवीनीकरण (d) समझौते द्वारा समापन

22. वसूली खाता है

(a) व्यक्तिगत खाता (b) वास्तविक खाता
(c) नाममात्र खाता (d) इनमें से कोई नहीं

23. फर्म के समापन के समय कृत्रिम सम्पत्तियों को हस्तान्तरित किया जाता है

(a) वसूली खाते में
(b) रोकड़ खाते में
(c) साझेदारों के पूँजी खाते में
(d) साझेदारों के ऋण खाते में

24. फर्म के समापन पर साझेदार द्वारा सम्पत्ति लेने पर कौन-सा खाता डेबिट किया जाता है?

(a) वसूली खाता (b) साझेदार का पूँजी खाता
(c) रोकड़ खाता (d) साझेदार का ऋण खाता

25. संयुक्त पूँजी कम्पनी का पंजीकरण है

(a) अनिवार्य (b) ऐच्छिक
(c) अनावश्यक (d) इनमें से कोई नहीं

26. कम्पनी की विशेषताओं में सम्मिलित है

(a) सार्वमुद्रा (b) ऐच्छिक संघ
(c) सीमित दायित्व (d) ये सभी

27. सार्वजनिक कम्पनी में अधिकतम सदस्यों की संख्या सीमित होती है

(a) 100 (b) 200
(c) 1,000 (d) असीमित

28. सार्वजनिक कम्पनी के लिए अन्तर्नियम बनाया जाना है

(a) अनिवार्य (b) ऐच्छिक
(c) अनावश्यक (d) इनमें से कोई नहीं

29. ऐसे ऋणपत्र, जिन पर कोई भी सम्पत्ति गिरवी या प्रभार स्वरूप नहीं रखी होती है, कहलाते हैं

(a) वाहक ऋणपत्र (b) नग्न ऋणपत्र
(c) शोधनीय ऋणपत्र (d) अशोधनीय ऋणपत्र

30. सुरक्षित ऋणपत्रों का निर्गमन किया जा सकता है

(a) 5 वर्ष के लिए (b) 10 वर्ष के लिए
(c) 15 वर्ष के लिए (d) इनमें से कोई नहीं

31. ऋणपत्र निर्गमन पर दी गई छूट को दिखाया जाना चाहिए

(a) लाभ-हानि विवरण में व्यय के रूप में
(b) स्थिति विवरण के समता एवं दायित्व पक्ष में
(c) स्थिति विवरण के सम्पत्ति पक्ष में
(d) लाभ-हानि विवरण में आय के रूप में

32. ऋणपत्र निर्गमन पर दी गई छूट को अपलिखित किया जा सकता है

(a) आयगत लाभ से (b) पूँजीगत लाभ से
(c) आयगत या पूँजीगत लाभ से (d) इनमें से कोई नहीं

33. एक व्यक्ति कम्पनी के वित्तीय विवरणों में सम्मिलित नहीं किया जाता

(a) चिट्ठा (b) लाभ-हानि का विवरण
(c) रोकड़ प्रवाह विवरण (d) इनमें से कोई नहीं

34. कम्पनी अधिनियम, 2013 की धारा 2(41) के अनुसार कम्पनी का वित्तीय वर्ष होगा

(a) 1 जनवरी से 31 दिसम्बर (b) 1 जुलाई से 30 जून
(c) 1 अप्रैल से 31 मार्च (d) इनमें से कोई नहीं

35. अमूर्त सम्पत्ति है

(a) पेटेण्ट (b) प्रारम्भिक व्यय
(c) अभिगोपन कमीशन (d) अंशों के निर्गमन पर बट्टा

36. अवास्तविक सम्पत्तियों में सम्मिलित किया जाता है

(a) प्रारम्भिक व्यय (b) अभिगोपन कमीशन
(c) विकास व्यय (d) ये सभी

37. विश्लेषण का तात्पर्य आँकड़ों के·····से है।
(a) सरलीकरण (b) प्रस्तुतीकरण
(c) निर्वचन (d) ये सभी

38. वित्तीय विश्लेषण हेतु उपयोगी है
(a) क्षैतिज विश्लेषण (b) शीर्ष विश्लेषण
(c) अनुपात विश्लेषण (d) ये सभी

39. तुलनात्मक विवरण का दूसरा नाम क्या है?
(a) क्रियाशील विश्लेषण (b) क्षैतिज विश्लेषण
(c) लम्बवत् विश्लेषण (d) बाह्य विश्लेषण

40. क्षैतिज विश्लेषण में किस तकनीक या उपकरण का प्रयोग किया जाता है?
(a) चिट्ठे का (b) तुलनात्मक विवरण का
(c) समानाकार चिट्ठे का (d) समानाकार लाभ-हानि खाते का

41. निम्न चालू अनुपात का अर्थ होता है
(a) कार्यशील पूँजी की पर्याप्तता (b) कार्यशील पूँजी की कमी
(c) अनुकूलतम कार्यशील पूँजी (d) उपरोक्त में से कोई नहीं

42. तरलता अनुपात उत्तम माना जाता है
(a) 2 : 3 (b) 1 : 1
(c) 3 : 1 (d) 1 : 2

43. कम्पनी का कर पूर्व लाभ ₹ 2,00,000 है। यदि ब्याज आवर्त 5 है, तो ब्याज की रकम कितनी होगी?
(a) ₹ 20,000 (b) ₹ 33,333
(c) ₹ 40,000 (d) ₹ 50,000

44. यदि शुद्ध लाभ-बिक्री अनुपात 10%, कुल सम्पत्ति आवर्त 2 और कुल दायित्व कुल सम्पत्ति अनुपात 0.6 है, तो समता पर प्रत्याय दर होगी
(a) 20% (b) 50%
(c) 33.33% (d) 40%

45. विनियोजित पूँजी पर प्रत्याय के अन्तर्गत आता है
(a) सामान्य लाभदायकता अनुपात
(b) सम्पूर्ण लाभदायकता अनुपात
(c) आवर्त अनुपात
(d) उपरोक्त में से कोई नहीं

46. रोकड़ प्रवाह विवरण किस प्रकार के वित्तीय नियोजन में सहायक है?
(a) अल्पकालीन (b) दीर्घकालीन
(c) 'a' और 'b' दोनों (d) इनमें से कोई नहीं

47. लेनदारों को देय राशि में वृद्धि दर्शाती है
(a) रोकड़ में कमी (b) रोकड़ में वृद्धि
(c) रोकड़ में कोई परिवर्तन नहीं (d) इनमें से कोई नहीं

48. निम्नलिखित में से वित्तीय क्रियाकलाप नहीं है
(a) समता अंशों का निर्गमन (b) दीर्घकालीन ऋणों का ब्याज
(c) ऋणपत्रों का निर्गमन (d) देनदारों से प्राप्त राशि

49. निम्नलिखित में से किसे रोकड़ तुल्य राशियों में सम्मिलित नहीं किया जाता है?
(a) नकद जमा (b) बैंक जमा
(c) प्राप्त किराया (d) अल्पकालीन प्रतिभूतियाँ

50. यदि वर्ष का शुद्ध लाभ ₹ 70,000 है तथा वर्ष के दौरान प्राप्य विपत्र ₹ 20,000 से कम हो गए, तो संचालन क्रियाओं से रोकड़ प्रवाह होगा
(a) ₹ 90,000 (b) ₹ 50,000
(c) ₹ 70,000 (d) ₹ 30,000

उत्तरमाला

1.	(d)	2.	(d)	3.	(d)	4.	(d)	5.	(b)	6.	(d)	7.	(b)	8.	(b)	9.	(a)	10.	(c)
11.	(b)	12.	(c)	13.	(b)	14.	(a)	15.	(a)	16.	(c)	17.	(b)	18.	(a)	19.	(a)	20.	(a)
21.	(a)	22.	(c)	23.	(c)	24.	(a)	25.	(a)	26.	(d)	27.	(d)	28.	(b)	29.	(b)	30.	(b)
31.	(b)	32.	(c)	33.	(c)	34.	(c)	35.	(a)	36.	(d)	37.	(d)	38.	(d)	39.	(b)	40.	(b)
41.	(b)	42.	(b)	43.	(c)	44.	(a)	45.	(b)	46.	(a)	47.	(b)	48.	(d)	49.	(c)	50.	(a)

प्रैक्टिस सेट 2

निर्देश 50 में से 40 प्रश्न करने अनिवार्य हैं। **समय** : 45 मिनट

1. ब्याज प्राप्त हुआ ₹ 850, जिसमें पूर्व वर्ष का अर्जित ब्याज ₹ 100 सम्मिलित है। आय-व्यय खाते में राशि दिखाई जाएगी
(a) ₹ 750 (b) ₹ 950
(c) ₹ 850 (d) ₹ 180

2. वर्ष 2014 में प्राप्त चन्दा ₹ 7,800, 1 जनवरी, 2014 को बकाया चन्दा ₹ 150, 31 दिसम्बर, 2014 को बकाया चन्दा ₹ 340 चन्दे के लिए प्राप्ति एवं भुगतान खाते में राशि दिखाई जाएगी?
(a) ₹ 7,800 (b) ₹ 7,950
(c) ₹ 8,140 (d) ₹ 7,650

3. आय-व्यय खाता ₹ 100 का घाटा दिखाता है। इस खाते में किराये की अग्रिम राशि ₹ 20 तथा उपार्जित ब्याज की राशि ₹ 200 का लेखा अभी समायोजित करना है। समायोजन के पश्चात् यह खाता बताएगा
(a) ₹ 120 बचत (b) ₹ 120 घाटा
(c) ₹ 100 बचत (d) ₹ 200 बचत

4. एक क्लब का आय-व्यय खाता वर्ष 2014 के लिए ₹ 150 की बचत बताता है। इस खाते में अग्रिम वेतन ₹ 50, अग्रिम प्राप्त आय ₹ 300 एवं अप्राप्त चन्दा ₹ 80 के समायोजन के बाद आय-व्यय खाता बताएगा
(a) ₹ 20 घाटा (b) ₹ 30 बचत
(c) ₹ 230 घाटा (d) ₹ 530 घाटा

5. 18 वर्ष से कम आयु के साझेदार को कहते हैं
(a) सीमित साझेदार (b) निष्क्रिय साझेदार
(c) वयस्क साझेदार (d) अवयस्क साझेदार

6. साझेदारों में लाभ-हानि का बँटवारा किया जाना चाहिए
(a) पूँजी के अनुपात में (b) बराबर-बराबर
(c) साझेदारी संलेख के अनुसार (d) ये सभी

7. ऐसी साझेदारी जो किसी विशेष कार्य हेतु शुरू की जाती है, ……… साझेदारी कहलाती है।
(a) ऐच्छिक (b) विशिष्ट
(c) अवैध (d) सीमित

8. किस साझेदारी व्यवसाय में व्यवसाय का पंजीयन अनिवार्य होता है?
(a) ऐच्छिक साझेदारी (b) विशिष्ट साझेदारी
(c) वैध साझेदारी (d) सीमित साझेदारी

9. P, Q तथा R 3 : 2 : 5 के लाभ-विभाजन अनुपात में साझेदार हैं। उन्होंने भविष्य में लाभ-विभाजन बराबर-बराबर बाँटने का निर्णय लिया। त्याग तथा लाभ का अनुपात होगा
(a) P $\frac{1}{30}$ लाभ, Q $\frac{4}{30}$ लाभ, R $\frac{5}{30}$ त्याग
(b) P $\frac{1}{30}$ त्याग, Q $\frac{4}{30}$ त्याग, R $\frac{5}{30}$ लाभ
(c) P $\frac{1}{15}$ त्याग, Q $\frac{2}{15}$ त्याग, R $\frac{3}{15}$ लाभ
(d) P $\frac{1}{15}$ लाभ, Q $\frac{2}{15}$ लाभ, R $\frac{3}{15}$ त्याग

10. साझेदारी का पुनर्गठन कब होता है?
(a) जब लाभ-विभाजन अनुपात मे परिवर्तन किया जाता है
(b) नए साझेदार के प्रवेश पर
(c) साझेदार के अवकाश ग्रहण करने पर
(d) उपरोक्त सभी

11. त्याग अनुपात का समीकरण है
(a) पुराना अनुपात - नया अनुपात (b) नया अनुपात + पुराना अनुपात
(c) नया अनुपात – पुराना अनुपात (d) इनमें से कोई नहीं

12. ख्याति के सम्बन्ध में कौन-सा कथन सत्य नहीं है?
(a) यह एक अदृश्य सम्पत्ति है (b) यह एक कृत्रिम सम्पत्ति है
(c) इसका विक्रय मूल्य होता है (d) इनमें से कोई नहीं

13. नए साझेदार के प्रवेश का कारण है
(a) व्यवसाय के कुशल संचालन हेतु
(b) व्यवसाय के विस्तार हेतु
(c) ख्याति में वृद्धि हेतु
(d) उपरोक्त सभी

14. पुराने साझेदारों द्वारा अपने लाभों का कुछ भाग नए साझेदार को दिया जाता है, उसे ………… कहते हैं।
(a) लाभ अनुपात (b) हानि अनुपात
(c) त्याग अनुपात (d) पूँजी अनुपात

15. अ और ब 7 : 3 में लाभ बाँटते हैं। अ अपने हिस्से का 1/7 और ब अपने हिस्से का 1/3 स को प्रवेश पर देते हैं। अ और ब का त्याग का अनुपात होगा
(a) 1 : 1 (b) 3 : 7
(c) 3 : 2 (d) 5 : 3

16. यदि नए साझेदार के प्रवेश पर कुछ सम्पत्तियाँ व दायित्व के मूल्य में परिवर्तन न दिखाया जाए, तो इस हेतु आवश्यक खाता तैयार किया जाता है
(a) स्मरणार्थ पुनर्मूल्यांकन खाता (b) पुनर्मूल्यांकन खाता
(c) स्थिति विवरण (d) वसूली खाता

17. सुभाष, दिनेश तथा गावस्कर जो क्रमशः $\frac{1}{4}, \frac{1}{5}$ तथा $\frac{1}{6}$ के अनुपात में साझेदार हैं। दिनेश के सेवानिवृत्त होने पर शेष साझेदारों का नया अनुपात क्या होगा?
(a) 3 : 1 (b) 3 : 2
(c) 2 : 3 (d) 1 : 3

18. अली, खली और बली लाभ को 2 : 2 : 1 के अनुपात में बाँटते हैं। बली ने व्यवसाय से अवकाश ग्रहण किया तथा उसका हिस्सा अली तथा खली द्वारा बराबर-बराबर खरीदा गया। नया लाभ-विभाजन अनुपात होगा
(a) 1 : 1 (b) 2 : 1
(c) 1 : 2 (d) इनमें से कोई नहीं

19. साझेदार के अवकाश ग्रहण करने पर प्राप्त होता है
(a) उसकी जमा पूँजी (b) फर्म के लाभ-हानि में हिस्सा
(c) ख्याति में हिस्सा (d) ये सभी

20. अवकाश ग्रहण करने वाले या साझेदार को देय राशि में से ऋण के रूप में रखी जाने वाली राशि पर कोई समझौता न होने पर साझेदारी अधिनियम के अनुसार ब्याज दिया जाता है
(a) 6% वार्षिक (b) 8% वार्षिक
(c) 12% वार्षिक (d) 24% वार्षिक

21. फर्म के समापन पर बैंक अधिविकर्ष को हस्तान्तरित किया जाता है
(a) रोकड़ खाते में (b) बैंक खाते में
(c) वसूली खाते में (d) साझेदारों के पूँजी खाते में

22. फर्म के समापन पर चिट्ठे में दर्शाया गया सामान्य संचय हस्तान्तरित किया जाएगा
(a) वसूली खाते में (b) साझेदारों के पूँजी खाते में
(c) रोकड़ खाते में (d) लेनदारो के खाते में

23. सुमेलित कीजिए

सूची I	सूची II
A. अनिवार्य समापन	1. किसी साझेदार का दिवालिया होना
B. विशेष घटना के घटित होने पर	2. किसी साझेदार का पागल होना
C. ऐच्छिक साझेदारी	3. जब फर्म का व्यवसाय अवैध हो जाए
D. न्यायालय द्वारा समापन	4. साझेदार द्वारा नोटिस

कूट

	A	B	C	D		A	B	C	D
(a)	1	4	2	3	(b)	2	1	4	3
(c)	3	1	4	2	(d)	3	1	2	4

24. फर्म के समापन के समय लेनदार ₹ 70,000 साझेदारों की पूँजी ₹ 1,20,000 नकद शेष ₹ 10,000, हो सम्पतियों से वसूली ₹ 1,50,000 हुई वसूली खाते का लाभ-हानि होगा
(a) ₹ 30,000 (हानि) (b) ₹ 30,000 (लाभ)
(c) ₹ 40,000 (लाभ) (d) ₹ 40,000 (हानि)

25. जिस प्रलेख के माध्यम से जनता को कम्पनी की अंश पूँजी अथवा ऋणपत्र क्रय करने के लिए आमन्त्रित किया जाता है, कहलाता है
(a) प्रविवरण (b) आमन्त्रण पत्र
(c) पार्षद सीमानियम (d) ये सभी

26. कम्पनी की अधिकृत पूँजी से आशय है
(a) सरकार द्वारा निर्धारित पूँजी
(b) पार्षद सीमानियम में उल्लेखित पूँजी
(c) पार्षद अन्तर्नियमों में उल्लेखित पूँजी
(d) उपरोक्त में से कोई नहीं

27. अधिकार अंशों का निर्गमन कम्पनी अधिनियम, 2013 की किस धारा के अनुसार होता है?
(a) धारा 51 (b) धारा 54
(c) धारा 62 (d) धारा 66

28. अधिकार अंशों का निर्गमन किया जाता है
(a) कर्मचारियों को (b) जन-साधारण को
(c) वर्तमान अंशधारियों को (d) इनमें से कोई नहीं

29. कम्पनी अधिनियम के प्रावधानों के अनुसार शोधन किए जाने वाले ऋणपत्रों के अंकित मूल्य की कितनी प्रतिशत राशि से ऋणपत्र शोधन संचय बनाना अनिवार्य है?
(a) 10% (b) 50%
(c) 75% (d) 100%

30. ऋणपत्र शोधन संचय को आर्थिक चिट्ठे में दर्शाया जाता है
(a) चालू दायित्व शीर्षक में
(b) गैर-चालू दायित्व शीर्षक में
(c) अंशधारकों के कोष शीर्षक में
(d) इनमें से कोई नहीं

31. यदि विक्रेताओं को ₹ 5,00,000 की सम्पत्तियों तथा ₹ 1,00,000 के दायित्वों के बदले ₹ 4,40,000 के ऋणपत्र निर्गमित किए जाते हैं, तो शेष ₹ 40,000 डेबिट किए जाएँगे
(a) सामान्य संचय खाते में (b) पूँजी संचय खाते
(c) ख्याति खाते में (d) लाभ-हानि विवरण में

32. 'ए' लिमिटेड ने ₹ 100 वाले 1,000, 10% ऋणपत्र 5% प्रीमियम पर निर्गमित किए। एक वर्ष का कुल ब्याज होगा
(a) ₹ 10,500 (b) ₹ 10,000
(c) ₹ 40,000 (d) ₹ 25,000

33. कौन-सी सम्पत्ति चालू सम्पत्ति नहीं है?
(a) देनदार (b) पूर्वदत्त व्यय
(c) ख्याति (d) स्टॉक

34. अंशधारियों के कोष को कितने उप-शीर्षकों में दर्शाया जाता है?
(a) 1 (b) 2
(c) 3 (d) 4

35. पूर्वदत्त व्यय को कम्पनी के चिट्ठे में किस शीर्षक के अन्तर्गत दर्शाया जाता है?
(a) अमूर्त सम्पत्तियाँ
(b) चालू सम्पत्तियाँ
(c) अन्य चालू सम्पत्तियाँ
(d) गैर चालू सम्पत्तियाँ

36. चालू वर्ष में प्रस्तावित लाभांश है
(a) चालू दायित्व (b) अल्पकालीन आयोजन
(c) गैर चालू दायित्व (d) संदिग्ध दायित्व

37. तुलनात्मक चिट्ठा-चिट्ठे की प्रत्येक मद में होने वाले किस परिवर्तन को बताता है?
(a) सापेक्ष (b) निरपेक्ष
(c) 'a' और 'b' दोनों (d) इनमें से कोई नहीं

38. समानाकार विवरण प्रस्तुत किए जाते हैं
(a) अनुपातों के रूप में (b) प्रतिशत के रूप में
(c) 'a' और 'b' दोनों (d) इनमें से कोई नहीं

39. एक कम्पनी की स्थायी सम्पत्तियाँ ₹ 3,00,000 से बढ़कर ₹ 4,00,000 हो जाती है, तो प्रतिशत परिवर्तन होगा।
(a) 20% (b) 25%
(c) 33.33% (d) 40%

40. तुलनात्मक विवरणों में विभिन्न मदो में परिवर्तन को दर्शाया जाता है
(a) मुद्रा मूल्य में (b) प्रतिशत में
(c) 'a' और 'b' दोनों (d) इनमें से कोई नहीं

41. स्वामित्व अनुपात ज्ञात कीजिए यदि स्वामित्व कोष = ₹ 1,67,250 कुल सम्पत्तियाँ = ₹ 3,00,000
(a) 55.75% (b) 80%
(c) 44.20% (d) इनमें से कोई नहीं

42. देनदार आवर्त अनुपात क्या होगा तो, यदि बिक्री ₹ 1,80,000; देनदार ₹ 11,260 है,
(a) 18 times (b) 16 times
(c) 14 times (d) 12 times

43. कार्यशील पूँजी का आधिक्य है
(a) स्थायी सम्पत्तियों का स्थायी दायित्वों पर
(b) चालू सम्पत्तियों का चालू दायित्वों पर
(c) चालू सम्पत्तियों का स्थायी सम्पत्तियों पर
(d) चालू सम्पत्तियों का स्थायी दायित्वों पर

44. चालू अनुपातों में किसके द्वारा वृद्धि हो जाती है?
(a) पुरानी मशीन की नकद बिक्री द्वारा
(b) देनदारों से नकद वसूली द्वारा
(c) ऋणपत्रों का समान अंश पूँजी में परिवर्तन द्वारा
(d) उपरोक्त में से कोई नहीं

45. पे-आऊट अनुपात का क्या अर्थ है?
(a) रोके गए लाभ में से लाभ वितरण अनुपात
(b) देनदार लेनदार अनुपात
(c) आय में से लाभांश के रूप में वितरण अनुपात
(d) उपरोक्त सभी

46. निम्न में से कौन-से उदाहरण वित्तीय क्रिया का नहीं है?
(a) बैंक ऋण का भुगतान
(b) ऋणपत्रों पर ब्याज का भुगतान
(c) माल का ऑर्डर देना
(d) सार्वजनिक जमा प्राप्त करना

47. रोकड़ प्रवाह विवरण में वित्तीय क्रियाओं का उदाहरण है
(a) मशीन का क्रय (b) ह्रास का आयोजन
(c) अंशों का निर्गमन (d) फर्नीचर का विक्रय

48. निम्नलिखित में से संचालन क्रियाकलाप नहीं है
(a) नकद विक्रय (b) देनदारों से नकद प्राप्त
(c) नकद क्रय (d) भवन का क्रय

49. यदि वर्ष में कमाया लाभ ₹ 40,000 हो तथा लेनदारों में ₹ 10,000 की वृद्धि हुई हो, तो संचालन से रोकड़ होगी
(a) ₹ 50,000 (b) ₹ 30,000
(c) ₹ 40,000 (d) ₹ 10,000

50. देनदारों की राशि में कमी से रोकड़ में परिवर्तन होगा
(a) कमी होगी
(b) वृद्धि होगी
(c) 'a' और 'b' दोनों
(d) रोकड़ में परिवर्तन नहीं होगा

उत्तरमाला

1.	(a)	2.	(a)	3.	(a)	4.	(a)	5.	(d)	6.	(c)	7.	(b)	8.	(d)	9.	(a)	10.	(d)
11.	(a)	12.	(b)	13.	(d)	14.	(c)	15.	(a)	16.	(a)	17.	(b)	18.	(a)	19.	(d)	20.	(a)
21.	(c)	22.	(b)	23.	(c)	24.	(a)	25.	(a)	26.	(b)	27.	(c)	28.	(c)	29.	(a)	30.	(c)
31.	(c)	32.	(b)	33.	(c)	34.	(c)	35.	(c)	36.	(d)	37.	(b)	38.	(b)	39.	(c)	40.	(c)
41.	(c)	42.	(b)	43.	(b)	44.	(a)	45.	(c)	46.	(c)	47.	(c)	48.	(d)	49.	(a)	50.	(b)

सेक्शन II : कॉमर्स डोमेन

गणित

अध्याय 01

सम्बन्ध एवं फलन

Relations and Functions

क्रमित युग्म

यदि दो अवयवों वाले समुच्चय $\{a, b\}$ में a का प्रथम स्थान तथा b का द्वितीय स्थान निर्धारित कर दिया जाए, तो इस प्रकार निर्मित समुच्चय क्रमित युग्म कहलाता है इसे (a, b) द्वारा निरूपित किया जाता है।

यहाँ $(a, b) \neq (b, a)$

समुच्चयों का कार्तीय गुणन

यदि A और B कोई दो अरिक्त समुच्चय हों (अर्थात् $A \neq \phi, B \neq \phi$) तथा $a \in A, b \in B$, तो सभी सम्भव क्रमित युग्मों (a, b) से बने समुच्चय को A और B का कार्तीय गुणन कहते हैं। इसे $A \times B$ से निरूपित किया जाता है और इसे 'A क्रॉस B' पढ़ते हैं।

यदि $A = \{1, 2, 3\}$ तथा $B = \{4, 5\}$ तब $A \times B = \{(1,4), (1, 5), (2, 4), (2, 5), (3, 4), (3, 5)\}$ तथा $B \times A = \{(4,1), (4,2), (4, 3), (5,1), (5,2), (5, 3)\}$

सम्बन्ध

यदि A व B दो समुच्चय हैं, तो $A \times B$ का कोई उपसमुच्चय, A से B में एक सम्बन्ध R कहलाता है,

अर्थात् $\quad R \subseteq A \times B$

यदि समुच्चय A का कोई अवयव a, समुच्चय B के किसी अवयव b से सम्बन्ध R से सम्बन्धित हो, तब $(a,b) \in R$ । इसे aRb भी लिखते हैं और 'a का सम्बन्ध b से' पढ़ते हैं। यदि a, b से, सम्बन्ध R से सम्बन्धित नहीं है, तब इसे $(a,b) \notin R$ या $a\not R b$ से दर्शाते हैं।

नोट *यदि किसी समुच्चय A में कोई सम्बन्ध R, A × A का उपसमुच्चय होता है, तो इस प्रकार प्राप्त सम्बन्ध को समुच्चय A से एक द्विआधारी सम्बन्ध कहा जाता है।*

सम्बन्ध का प्रान्त, परिसर तथा सहप्रान्त

माना R समुच्चय A से B में एक सम्बन्ध है, तब

$R \subseteq A \times B$

यहाँ, प्रान्त $(R) = \{x : x \in A$ तथा $(x, y) \in R\}$

परिसर $(R) = \{y : y \in B$ तथा $(x, y) \in R\}$

तथा सहप्रान्त = परिसर $\subseteq$ सहप्रान्त

अतः स्पष्ट है कि प्रान्त $(R) \subseteq A$ तथा परिसर $(R) \subseteq B$

सम्बन्धों के प्रकार

किसी अरिक्त समुच्चय A पर सम्बन्धों के विभिन्न प्रकार निम्न हैं

1. **रिक्त सम्बन्ध** किसी समुच्चय A में, $R = \phi \subseteq A \times A$, यहाँ ϕ, समुच्चय A पर रिक्त सम्बन्ध कहलाता है।

   जैसे—यदि $A = \{1, 2, 3, 8, 10, 11\}$ तथा A में कोई सम्बन्ध R इस प्रकार है कि $R = \{(a, b) : a - b = 4\}$ स्पष्ट है कि $A \times A$ का कोई भी अवयव (a, b), $a - b = 4$ को सन्तुष्ट नहीं करता। अतः R एक रिक्त सम्बन्ध है।

2. **सार्वत्रिक सम्बन्ध** किसी समुच्चय A में, $R = A \times A$, यहाँ $A \times A$, समुच्चय A पर सार्वत्रिक सम्बन्ध कहलाता है।

   नोट *रिक्त सम्बन्ध एवं सार्वत्रिक सम्बन्ध को तुच्छ सम्बन्ध भी कहते हैं।*

3. **तत्समक सम्बन्ध** समुच्चय A में, सम्बन्ध R तत्समक सम्बन्ध कहलाता है, यदि

   $$(x, y) \in R \forall x, y \in A \Rightarrow x = y$$

4. **स्वतुल्य** (स्वसम) **सम्बन्ध** समुच्चय A में सम्बन्ध R स्वतुल्य सम्बन्ध कहलाता है, यदि $(x, x) \in R \forall x \in A$

5. **सममित सम्बन्ध** समुच्चय A में, सम्बन्ध R सममित सम्बन्ध कहलाता है, यदि $(x, y) \in R \Rightarrow (y, x) \in R$, जहाँ $x, y \in A$

6. **संक्रमक सम्बन्ध** समुच्चय A में, सम्बन्ध R संक्रमक सम्बन्ध कहलाता है, यदि $(x, y) \in R$ तथा $(y, z) \in R \Rightarrow (x, z) \in R$

तुल्यता सम्बन्ध

समुच्चय A में कोई सम्बन्ध R तुल्यता सम्बन्ध कहलाता है, यदि R स्वतुल्य, सममित तथा संक्रमक हो।

तुल्यता वर्ग

माना किसी अरिक्त समुच्चय X पर एक सम्बन्ध R एक समतुल्य सम्बन्ध है, जहाँ $x \in X$ तब X के उन सभी अवयवों का समुच्चय जो x से सम्बन्धित हो, R पर तुल्यता वर्ग x कहलाता है तथा इसे $[x]$ से निरूपित करते हैं।

अर्थात् $[x] = \{y : y \in X, xRy\}$

फलन (प्रतिचित्रण) एक नियम के रूप में

यदि दो अरिक्त समुच्चय A तथा B किसी नियम f द्वारा इस प्रकार सम्बन्धित हो कि A का प्रत्येक अवयव B के एक निश्चित एवं अद्वितीय अवयव से सम्बन्धित हो, तब f, A से B में फलन कहलाता है और इसे $f : A \rightarrow B$ या $A \xrightarrow{f} B$ से निरूपित करते हैं।

फलन प्रतिचित्रण (क्रमित युग्मों के समुच्चय के रूप में)

दो अरिक्त समुच्चय A तथा B में कोई सम्बन्ध, A से B में फलन (f से निरूपित) होगा, यदि वह निम्न प्रतिबन्ध को सन्तुष्ट करता है

(i) प्रत्येक $a \in A$ के लिए, $b \in B$ का अस्तित्व इस प्रकार है कि $(a, b) \in f$

(ii) $(a, b) \in f$ तथा $(a, c) \in f \Rightarrow b = c$

नोट *प्रत्येक फलन एक सम्बन्ध होता है परन्तु प्रत्येक सम्बन्ध एक फलन नहीं होता है।*

फलन का प्रान्त, सहप्रान्त तथा परिसर

यदि समुच्चय A का समुच्चय B में फलन $f : A \to B$ इस प्रकार है कि समुच्चय A के प्रत्येक अवयव का B में एक अद्वितीय प्रतिबिम्ब है, तब पहले सम्पूर्ण समुच्चय A को f का प्रान्त व दूसरे सम्पूर्ण समुच्चय B को सहप्रान्त कहते हैं तथा समुच्चय B के उन सभी अवयवों का समुच्चय, जोकि A के अवयवों के प्रतिबिम्ब हैं, फलन f का परिसर या परास कहलाता है तथा इसे $f[A]$ से प्रदर्शित करते हैं।

फलनों के प्रकार

फलनों के विभिन्न प्रकार निम्न हैं

एकैकी (या एकैक) फलन

फलन $f : A \to B$ एकैकी (या एकैक) फलन है, यदि f के अन्तर्गत A के भिन्न अवयवों के प्रतिबिम्ब भी भिन्न हों, अर्थात् यदि $x_1 = x_2 \Rightarrow f(x_1) = f(x_2), \forall\ x_1, x_2 \in A$ हो।

बहुएक फलन

फलन $f : A \to B$ बहुएक फलन है, यदि f के अन्तर्गत A के दो या दो से अधिक अवयवों का प्रतिबिम्ब B में एक समान अवयव हो,

अर्थात् यदि $x_1 \neq x_2 \ \Rightarrow\ f(x_1) = f(x_2), \forall\ x_1, x_2 \in A$ हो।

आच्छादक (या आच्छादी) फलन

फलन $f : A \to B$ आच्छादक फलन है, यदि f के अन्तर्गत B का प्रत्येक अवयव, A के किसी-न-किसी अवयव का प्रतिबिम्ब होता है।

अर्थात् $b \in B, \exists\ a \in A$ इस प्रकार है कि $f(a) = b$

अन्त: क्षेपी फलन

फलन $f : A \to B$ अन्तःक्षेपी होगा, यदि सहप्रान्त B में कम-से-कम एक ऐसा अवयव हो, जो प्रान्त A के किसी भी अवयव का प्रतिबिम्ब नहीं हो।

f का परिसर $\subset f$ का सहप्रान्त

एकैकी तथा आच्छादक या एकैकी आच्छादी फलन

यदि फलन $f : A \to B$ एकैकी और आच्छादक दोनों हो, तब उसे एकैकी तथा आच्छादक फलन या एकैकी आच्छादी फलन कहते हैं।

अर्थात् प्रत्येक $y \in B$ के लिए $x \in A$ इस प्रकार अस्तित्व में हो कि $f(x) = y$

फलनों का संयोजन

यदि $f : A \to B$ तथा $g : B \to C$ दो फलन हैं, तो f एवं g का संयोजन, gof द्वारा निरूपित होता है तथा फलन $gof : A \to C, gof(x) = g(f(x)), \forall\ x \in A$ द्वारा परिभाषित होता है।

प्रमेय यदि $f : x \to y, g : y \to z$ और $h : z = x$ फलन है, तब $ho(gof) = (hog)of$

फलनों के संयोजन के महत्त्वपूर्ण गुण

(i) यदि $f : A \to B$ तथा $g : B \to C$ एकैकी फलन है, तब $gof : A \to C$ भी एकैकी फलन होगा।

(ii) यदि $f : A \to B$ तथा $g : B \to C$ आच्छादक है, तब $gof : A \to C$ भी आच्छादक होगा।

(iii) माना $f : A \to B$ तथा $g : B \to C$ दो फलन हैं, तब

(a) $gof : A \to C$ आच्छादक है $\Rightarrow$ $g : B \to C$ आच्छादक है।

(b) $gof : A \to C$ एकैकी है $\Rightarrow f : A \to B$ एकैकी है।

(c) $gof : A \to C$ आच्छादक है तथा $g : B \to C$ एकैकी है।
$\Rightarrow f : A \to B$ आच्छादक है।

(d) $gof : A \to C$ एकैकी है तथा $f : A \to B$ आच्छादक है।
$\Rightarrow g : B \to C$ एकैकी है।

व्युत्क्रमणीय फलन

यदि फलन $f : A \to B$ एक एकैकी आच्छादक फलन है, तो फलन $f^{-1} : B \to A$ जो प्रत्येक $y \in B$ को एक अद्वितीय $x \in A$ से सम्बद्ध करता है, f का प्रतिलोम फलन कहलाता है।

अर्थात् $\quad f(x) = y \Leftrightarrow f^{-1}(y) = x$

नोट
- f^{-1} का प्रान्त = f का परिसर तथा f^{-1} का परिसर = f का प्रान्त।
- f^{-1} का अस्तित्व तब ही है जबकि फलन f एकैकी आच्छादक हो।

प्रतिलोम फलन के गुण

(i) प्रतिलोम फलन का प्रतिलोम सदैव अद्वितीय (Unique) होता है।

(ii) आच्छादी फलन का प्रतिलोम सदैव एक आच्छादी फलन होता है।

(iii) यदि f एक प्रतिलोम फलन है, तब $(f^{-1})^{-1} = f$

द्विआधारी संक्रिया

संक्रिया '*' किसी अरिक्त समुच्चय A पर एक द्विआधारी संक्रिया कहलाती है, यदि $A * A$ का प्रत्येक अवयव (a, b), * के अन्तर्गत A के अद्वितीय अवयव c (माना) से सम्बद्ध हो अर्थात् $a * b \in A \times A \Rightarrow c \in A$

नोट
- **संवृत्ती गुण** किसी अरिक्त समुच्चय A पर संक्रिया * को संवृत्ती गुण कहते हैं, यदि प्रत्येक $a, b \in A$ के लिए, $a * b \in A$
- यदि * किसी अरिक्त समुच्चय A पर एक द्विआधारी संक्रिया है, तब * संवृत्ती गुण को सन्तुष्ट करेगा, क्योंकि परिभाषा से, $*(a, b)$ या $a * b \in A$
- यदि किसी समुच्चय A में n अवयव हैं, तब द्विआधारी संक्रियाओं की कुल संख्या n^{n^2} होगी।

द्विआधारी संक्रियाओं के गुण

(i) **क्रमविनिमेय गुण** $a * b = b * a \ \forall a, b \in S$

(ii) **साहचर्य गुण** $(a * b) * c = a * (b * c), \forall a, b, c \in S$ जहाँ S कोई समुच्चय है।

द्विआधारी संक्रिया का तत्समक अवयव

किसी प्रदत द्विआधारी संक्रिया $* : A \times A \to A$ के लिए, एक अवयव $e \in A$ यदि इसका अस्तित्व है, तत्समक अवयव कहलाता है, यदि

$$a * e = a = e * a, \forall a \in S$$

किसी अवयव का प्रतिलोम अवयव

माना संक्रिया '*' समुच्चय S के लिए एक द्विआधारी संक्रिया है तथा e संक्रिया '*' का तत्समक अवयव है, तब अवयव $a \in S$ के लिए यदि S में एक अवयव b इस प्रकार है कि $a * b = e = b * a$, तब b को a का प्रतिलोम अवयव (Inverse element) कहते हैं तथा a के प्रतिलोम अवयव को a^{-1} द्वारा निरूपित करते हैं। अत: $b = a^{-1}$

अभ्यास प्रश्न

1. माना $A = \{0, 1, 2, 3\}$ तथा A में एक सम्बन्ध R निम्नलिखित प्रकार से परिभाषित कीजिए

$$R = \{(0, 0), (0, 1)(0, 3), (1, 0), (1, 1), (2, 2), (3, 0), (3, 3)\}$$

(a) स्वतुल्य तथा सममित (b) सममित तथा संक्रमक
(c) स्वतुल्य तथा संक्रमक (d) तुल्यता सम्बन्ध

2. $f(x) = \dfrac{x}{x^2 + 1}, \forall\, x \in R$ द्वारा परिभाषित फलन $f : R \to R$ है

(a) एकैकी तथा आच्छादक (b) ना तो एकैकी ना आच्छादक
(c) एकैकी (d) आच्छादक

3. मान $f(x) = |x| + x$ तथा $g(x) = |x| = x, \forall\, x \in R$ द्वारा परिभाषित $f, g : R \to R$ दो फलन हैं, तो fog तथा gof क्रमशः हैं

(a) $\begin{cases} 0, x > 0 \text{ तथा } 0 \\ -4x, x < 0 \end{cases}$ (b) $\begin{cases} 0, x > 0 \text{ तथा } 0 \\ 2x, x < 0 \end{cases}$

(c) 0 तथा $\begin{cases} 0, x > 0 \\ -4x, x < 0 \end{cases}$ (d) इनमें से कोई नहीं

4. माना R प्राकृत संख्याओं के समुच्चय N में एक सम्बन्ध है, जो nRm, यदि n विभाजित करता है m को, द्वारा परिभाषित है, तो R

(a) स्वतुल्य एवं सममित है
(b) संक्रमक एवं सममित है
(c) तुल्यता सम्बन्ध है
(d) स्वतुल्य, संक्रमक है परन्तु सममित नहीं है

5. माना $f : R \to R, f(x) = x^2 + 1$ द्वारा परिभाषित है, तो 17 तथा -3 के पूर्व प्रतिबिम्ब क्रमशः

(a) $\phi, \{4, -4\}$ (b) $\{3, -3\}, \phi$
(c) $\{4, -4\}, \phi$ (d) $\{4, -4\}, \{2, -2\}$

6. यदि $f(x) = \{4 - (x - 7)^3\}$, तब $f^{-1}x$ है

(a) $7 + (4 - x)^{1/3}$ (b) $7 + (4 - x)^3$
(c) $7 + (x - 4)^{1/3}$ (d) $7 + (x - 4)^3$

7. समस्त पूर्णांकों के समुच्चय Z में, $R = \{(x, y) : x - y$ एक पूर्णांक है$\}$ द्वारा परिभाषित सम्बन्ध R

(a) स्वतुल्य तथा सममित (b) केवल संक्रमक
(c) सममित लेकिन संक्रमक नहीं (d) एकसमान सम्बन्ध

8. $A = \{x \in Z : 0 \le x \le 12\}$ में दिए गए सम्बन्ध $R = \{(a, b) : |a - b|, 4$ का एक गुणज है

(a) केवल स्वतुल्य (b) स्वतुल्य नहीं
(c) तुल्यता सम्बन्ध (d) इनमें से कोई नहीं

9. किसी समतल में स्थित बिन्दुओं के समुच्चय में, $R = \{(P, Q) :$ बिन्दु P की मूलबिन्दु से दूरी, बिन्दु Q की मूलबिन्दु से दूरी के समान है$\}$ द्वारा प्रदत्त सम्बन्ध R एक है

(a) तुल्यता सम्बन्ध (b) केवल सममित
(c) स्वतुल्य नहीं (d) इनमें से कोई नहीं

10. माना समस्त $n \in N$ के लिए,

$$f(n) = \begin{cases} \dfrac{n+1}{2}, \text{ यदि } n \text{ विषम संख्या है।} \\ \dfrac{n}{2}, \text{ यदि } n \text{ सम संख्या है} \end{cases}$$, द्वारा परिभाषित एक

फलन $f : N \to N$ है, तब फलन f है

(a) आच्छादक (b) एकैकी
(c) एकैकी आच्छादक (d) इनमें से कोई नहीं

11. माना $A = R - \{3\}$ तथा $B = R - \{1\}$ है। $f(x) = \left(\dfrac{x-2}{x-3}\right)$ द्वारा परिभाषित फलन $f : A \to B$ पर विचार कीजिए।

(a) f केवल एकैकी फलन है
(b) f एकैकी है लेकिन आच्छादक नहीं है
(c) f एकैकी है तथा आच्छादक है
(d) उपरोक्त में से कोई नहीं

12. यदि $f(x) = \dfrac{(4x+3)}{(6x-4)}, x \ne \dfrac{2}{3}$, तो सभी $x \ne \dfrac{2}{3}$ के लिए $fof(x) = x$ है। f का प्रतिलोम फलन क्या है?

(a) $\dfrac{1}{x}$ (b) x^2 (c) x (d) $\dfrac{1}{x^2}$

13. माना $f(x) = \dfrac{4x}{3x+4}$ द्वारा परिभाषित एक फलन $f : R - \left\{-\dfrac{4}{3}\right\} \to R$ है। f का प्रतिलोम अर्थात् प्रतिचित्र (Map) $g :$ परिसर $f \to R - \left\{-\dfrac{4}{3}\right\}$, निम्नलिखित में से किसके द्वारा प्राप्त होगा ?

(a) $g(y) = \dfrac{3y}{3 - 4y}$ (b) $g(y) = \dfrac{4y}{4 - 3y}$
(c) $g(y) = \dfrac{4y}{3 - 4y}$ (d) $g(y) = \dfrac{3y}{4 - 3y}$

14. माना $A = \{-1, 0, 1, 2\}, B = \{-4, -2, 0, 2\}$ और $f, g : A \to B$ क्रमशः $f(x) = x^2 - x, x \in A$ और $g(x) = 2\left|x - \dfrac{1}{2}\right| - 1, x \in A$ द्वारा परिभाषित फलन हैं। क्या f तथा g समान हैं?

(a) उपस्थित नहीं है (b) बराबर नहीं है
(c) बराबर है (d) इसमें से कोई नहीं

15. यदि $A = \{1, 2, 3\}$ हो, तो अवयव $(1, 2)$ वाले तुल्यता सम्बन्धों की संख्या है

(a) 1 (b) 2 (c) 3 (d) 4

16. माना $f : R \to R$ है, तब निम्नलिखित प्रकार से परिभाषित चिह्न फलन है

$f(x) = \begin{cases} 1, & x > 0 \\ 0, & x = 0 \\ -1, & x < 0 \end{cases}$ तथा $g : R \to R, g(x) = [x]$, द्वारा प्रदत्त महत्तम पूर्णांक फलन है, जहाँ $[x]$, x से कम या x के बराबर पूर्णांक है, तो क्या fog तथा gof अन्तराल $[0, 1]$ में सम्पाती हैं?

(a) $[0, 1)$ (b) $[0, 1]$ (c) $(0, 1)$ (d) $(0, 1]$

17. माना $f : R \to R$ में, $f(x) = \cos x, \forall\, x \in R$ द्वारा परिभाषित फलन है, तब f है

(a) एकैकी तथा आच्छादक (b) केवल एकैकी
(c) केवल आच्छादक (d) ना तो एकैकी ना आच्छादक

18. यदि $f(x) = \dfrac{a^x + a^{-x}}{2}$ तथा $f(x+y) + f(x-y) = kf(x)f(y)$, तब k बराबर है

(a) 2 (b) 4
(c) −2 (d) इनमें से कोई नहीं

19. $f(x) = \log_{0.2}\log_{0.5}\log_{0.25} x$ का प्रान्त है

(a) $(1, \infty)$ (b) $\left(\frac{1}{4}, \infty\right)$
(c) $\left(\frac{1}{4}, 1\right)$ (d) इनमें से कोई नहीं

20. $f(x) = x^3 + 3x^2 + 20x - \sin x$ के क्रमशः प्रान्त तथा परास है

(a) R, R (b) R, R^+
(c) R^+, R (d) इनमें से कोई नहीं

21. यदि $f(x+2) + f(x) = f(x+1)$, तब

(a) $f(x+1) = f(x)$ (b) $f(x+1) = 2f(x)$
(c) $f(x+2) = 2f(x)$ (d) $f(x)$ एक आवर्ती फलन है

22. फलन $g(x) = a|\sin x| + a^2|\cos x| + f(a)$ का आवर्त $\pi/2$, तब a बराबर है

(a) 2 (b) 3
(c) 1 (d) इनमें से कोई नहीं

23. $f(x) = \dfrac{|\sin x| + |\cos x|}{|\sin x - \cos x|}$ का आवर्त है

(a) $\pi/4$ (b) 2π (c) $\pi/2$ (d) π

24. यदि $f: \left[\frac{\pi}{2}, \frac{3\pi}{2}\right] \to [-1, 1]$, $f(x) = \sin x$ द्वारा परिभाषित है, तब $f^{-1}(x)$

(a) $\sin^{-1} x$ (b) $\pi + \sin^{-1} x$
(c) $\pi - \sin^{-1} x$ (d) इनमें से कोई नहीं

25. माना $E = \{1, 2, 3, 4\}$ व $F = \{1, 2\}$, तब E से F पर आच्छादक फलनों की संख्या है

(a) 14 (b) 16 (c) 12 (d) 8

26. यदि $af(x) + bf\left(\frac{1}{x}\right) = x + \frac{5}{x}, (a \neq b)$, तब $f(x)$ का मान है

(a) $\dfrac{1}{a^2 - b^2}\left(x + \dfrac{1}{x}\right)$

(b) $\dfrac{1}{a^2 - b^2}\left[x(5a - b) + \dfrac{1}{x}(5b - a)\right]$

(c) $\dfrac{1}{a^2 - b^2}\left[x(a - 5b) + \dfrac{1}{x}(5a - b)\right]$

(d) उपरोक्त में से कोई नहीं

27. यदि $g[f(x)] = |\sin x|$ व $f[g(x)] = (\sin\sqrt{x})^2$, तब

(a) $f(x) = \sin^2 x, g(x) = \sqrt{x}$
(b) $f(x) = \sin x, g(x) = |x|$
(c) $f(x) = x^2, g(x) = \sin\sqrt{x}$
(d) उपरोक्त में से कोई नहीं

उत्तर सहित व्याख्या

1. (a) R स्वतुल्य तथा सममित है लेकिन संक्रमक नहीं चूँकि $(1, 0) \in R$ तथा $(0, 3) \in R$ के लिए जोकि $(1, 3) \notin R$

2. (b) $x_1, x_2 \in R$ के लिए,

माना $f(x_1) = f(x_2)$

$\Rightarrow \dfrac{x_1}{x_1^2 + 1} = \dfrac{x_2}{x_2^2 + 1}$

$\Rightarrow x_1 x_2^2 + x_1 = x_2 x_1^2 + x_2$

$\Rightarrow x_1 x_2 (x_2 - x_1) = x_2 - x_1$

$\Rightarrow x_1 = x_2$

या $x_1 x_2 = 1$

3. (d) यहाँ, $f(x) = |x| + x$

जिसे निम्नलिखित प्रकार से पुनः परिभाषित कर सकते हैं

$$f(x) = \begin{cases} 2x, & \text{यदि } x \geq 0 \\ 0, & \text{यदि } x < 0 \end{cases}$$

इसी प्रकार, $g(x) = |x| - x$ द्वारा परिभाषित फलन g निम्नलिखित प्रकार से पुनः परिभाषित किया जा सकता है

$$g(x) = \begin{cases} 0, & \text{यदि } x \geq 0 \\ -2x, & \text{यदि } x < 0 \end{cases}$$

4. (d) सही विकल्प (d) है

क्योंकि n विभाजित करता है n को, $\forall\ n \in N$, तो R स्वतुल्य है। R सममित नहीं है क्योंकि $3, 6 \in N$ परन्तु ${}^3R_6 \neq 6\,R3$, R संक्रमक है क्योंकि n, m, r के लिए जब-जब n/m तथा $m/r \Rightarrow n/r$ अर्थात् जब-जब n विभाजित करता है r को।

5. (c) सही विकल्प (c) है क्योंकि $f^{-1}(17) = x$

$\Rightarrow f(x) = 17$ या $x^2 + 1 = 17 \Rightarrow x = 4$ या $f^{-1}(17) = \{4, -4\}$ तथा $f^{-1}(-3)$ के लिए $f^{-1}(-3) = x$

$\Rightarrow f(x) = -3 \Rightarrow x^2 + 1 = -3$

$\Rightarrow x^2 = -4$

अतः $f^{-1}(-3) = \phi$

6. (a) दिया गया है कि,

$f\{(x) = (4 - (x - 7)^3\}$

माना $y = \{4 - (x - 7)^3\}$

$\Rightarrow (x - 7)^3 = 4 - y$

$\Rightarrow (x - 7) = (4 - y)^{1/3}$

$\Rightarrow x = 7 + (4 - y)^{1/3} = f^{-1}(y)$

$\therefore f^{-1}(x) = 7 + (4 - x)^{1/3}$

7. (d) दिया है, $A = Z$ = समस्त पूर्णांकों का समुच्चय तथा $R = \{(x, y) : x - y$ एक पूर्णांक है$\}$

(a) स्वतुल्य सम्बन्ध के लिए,

चूँकि $x - x = 0$, जोकि एक पूर्णांक है। अतः $(x, x) \in R, \forall\ x \in A$

(b) सममित सम्बन्ध के लिए,

माना $(x, y) \in R \Rightarrow x - y$ एक पूर्णांक है।

जैसे— $x - y = \lambda$, जहाँ λ एक पूर्णांक है।

$\Rightarrow y - x = -\lambda \Rightarrow y - x$ एक पूर्णांक है।

$\Rightarrow (y, x) \in R$ अतः R एक सममित सम्बन्ध है।

(c) संक्रमक सम्बन्ध के लिए,

माना $(x, y) \in R$ तथा $(y, z) \in R$

$\Rightarrow x - y$ एक पूर्णांक है

तथा $y - z$ एक पूर्णांक है।

$\Rightarrow x - z$ एक पूर्णांक है।

$\Rightarrow (x, z) \in R$

अतः R एक संक्रमक सम्बन्ध है।

8. (c) दिया है, $A = \{x \in Z : 0 \leq x < 12\}$

$= \{0, 1, 2, 3, 4, 5, 6, 7, 8, 9, 10, 11, 12\}$

(i) $R = \{(a, b) : |a - b|, 4$ का एक गुणज है।$\}$

चूँकि प्रत्येक $a \in A$ के लिए $|a - a| = 0$ जोकि 4 का गुणज है। अतः R, स्वतुल्य सम्बन्ध है। अब, माना

$(a, b) \in R \Rightarrow |a - b|$, 4 का गुणज है।

$\Rightarrow |-(b - a)|$, 4 का गुणज है।

$\Rightarrow |b - a|$, 4 का गुणज है।

$\Rightarrow (b, a) \in R, \forall\ a, b \in R$

अत: R सममित सम्बन्ध है। अब, माना $(a, b), (b, c) \in R$, तब $|a - c|$ तथा $|b - c|$, 4 के गुणज हैं। $|a - c|$, 4 का गुणज है।

$\therefore (a, c) \in R$

$\therefore R$ संक्रमक सम्बन्ध है। अत: R एक तुल्यता सम्बन्ध है।

अब, चूँकि $|1 - 1| = 0$, जोकि 4 का गुणज है।

$|5 - 1| = 4$, जोकि 4 का गुणज है।

$|9 - 1| = 8$, जोकि 4 का गुणज है।

$\therefore$ 1 से सम्बन्धित अवयव 1, 5, 9 हैं।

$\therefore [1] = \{1, 5, 9\}$

9. (*a*) दिया है, $R = \{(P, Q)$: बिन्दु P की मूलबिन्दु से दूरी, बिन्दु Q की मूलबिन्दु से दूरी के समान है} चूँकि किसी बिन्दु P की मूलबिन्दु से दूरी, बिन्दु P की मूलबिन्दु से दूरी के बराबर होती है। अत: $(P, P) \in R, \forall P \in A$, अत: R स्वतुल्य सम्बन्ध है। अब, माना $(P, Q) \in R$

$\Rightarrow$ बिन्दु P की मूलबिन्दु से दूरी, बिन्दु Q की मूलबिन्दु से दूरी के बराबर है।

$\Rightarrow$ बिन्दु Q की मूलबिन्दु से दूरी, बिन्दु P की मूलबिन्दु से दूरी के बराबर है।

$\Rightarrow (Q, P) \in R, \forall P, Q \in A$, अत: R एक सममित सम्बन्ध है।

पुन: माना $(P, Q), (Q, S) \in P$

$\Rightarrow$ बिन्दु P की मूलबिन्दु से दूरी, बिन्दु Q की मूलबिन्दु से दूरी के बराबर है तथा बिन्दु Q की मूलबिन्दु से दूरी, बिन्दु S की मूलबिन्दु से दूरी के बराबर है।

$\Rightarrow$ बिन्दु P की मूलबिन्दु से दूरी, बिन्दु S की मूलबिन्दु से दूरी के बराबर है।

$\Rightarrow (P, S) \in R$

अत: R एक संक्रमक सम्बन्ध है। अत: R एक तुल्यता सम्बन्ध है।

10. (*c*) फलन $f : N \to N$ में,

$$f(n) = \begin{cases} \dfrac{n+1}{2}, & \text{यदि } n \text{ विषम है।} \\ \dfrac{n}{2}, & \text{यदि } n \text{ सम है।} \end{cases}$$

द्वारा परिभाषित फलन है

चूँकि $f(1) = \dfrac{1+1}{2} = 1$

तथा $f(2) = \dfrac{2}{2} = 1$

$\therefore f(1) = f(2) = 1$ लेकिन $1 \neq 2$

$\therefore f$ एकैकी फलन नहीं है।

माना $n \in N$

***स्थिति* I** जब n विषम हो।

अत: $n = 2r + 1, r \in N$

तब, $4r + 1 \in N$ इस प्रकार विद्यमान है कि

$$f(4r + 1) = \frac{4r + 1 + 1}{2} = 2r + 1$$

$\therefore f$ आच्छादक फलन है।

***स्थिति* II** जब n सम हो, तो $n = 2r$, तो $4r \in N$ इस प्रकार विद्यमान है कि

$$f(4r) = \frac{4r}{2} = 2r$$

$\therefore f$ आच्छादक फलन है।

अत: f एकैकी आच्छादक फलन है।

11. (*c*) दिया है, $A = R - \{3\}$

तथा $B = R - \{1\}$

अब, $f : A \to B$ में, $f(x) = \dfrac{x - 2}{x - 3}$ द्वारा परिभाषित फलन है।

माना $x, y \in A$ इस प्रकार है कि $f(x) = f(y)$

$$\Rightarrow \frac{x - 2}{x - 3} = \frac{y - 2}{y - 3}$$

$$\Rightarrow (x - 2)(y - 3) = (y - 2)(x - 3)$$

$$\Rightarrow xy - 3x - 2y + 6 = xy - 3y - 2x + 6$$

$$\Rightarrow -3x - 2y = -3y - 2x$$

$$\Rightarrow 3x - 2x = 3y - 2y$$

$$\Rightarrow x = y$$

$\therefore f$ एकैकी फलन है।

माना $y \in B = R - \{1\}$

$\therefore y \neq -1$

तब, f आच्छादक फलन होगा, यदि $x \in A$ इस प्रकार विद्यमान हो कि $f(x) = y$

$$\Rightarrow \frac{x - 2}{x - 3} = y \Rightarrow x - 2 = xy - 3y$$

$$\Rightarrow x(1 - y) = -3y + 2$$

$$\Rightarrow x = \frac{2 - 3y}{1 - y} \in A \qquad (y \neq 1)$$

अत: प्रत्येक $y \in B$ के लिए,

$$x = \frac{2 - 3y}{1 - y} \in A$$

इस प्रकार है कि

$$f(x) = f\left(\frac{2 - 3y}{1 - y}\right) = \frac{\left(\dfrac{2 - 3y}{1 - y}\right) - 2}{\left(\dfrac{2 - 3y}{1 - y}\right) - 3}$$

$$= \frac{2 - 3y - 2 + 2y}{2 - 3y - 3 + 3y} = \frac{-y}{-1} = y$$

$\therefore f$ आच्छादक फलन है। अत: f एकैकी आच्छादक फलन है।

12. (*c*) दिया है, $f(x) = \dfrac{(4x + 3)}{(6x - 4)}, x \neq \dfrac{2}{3}$

$$\therefore (fof)(x) = f\{f(x)\} = f\left[\frac{(4x + 3)}{(6x - 4)}\right]$$

$$= \frac{4\left(\dfrac{4x + 3}{6x - 4}\right) + 3}{6\left(\dfrac{4x + 3}{6x - 4}\right) - 4}$$

$$= \frac{16x + 12 + 18x - 12}{24x + 18 - 24x + 16}$$

$$= \frac{34x}{34} = x$$

$$\therefore (fof)(x) = x, \forall x \neq \frac{2}{3}$$

$$\Rightarrow fof = 1$$

अत: दिया गया फलन f प्रतिलोमीय है तथा $f^{-1} = f$

13. (*b*) फलन $f : R - \left\{-\dfrac{4}{3}\right\} \to R$ में,

$f(x) = \dfrac{4x}{3x + 4}, \forall x \in R - \left\{\dfrac{4}{3}\right\}$ द्वारा परिभाषित फलन है।

माना $y \in R$ के लिए $x \in R - \left\{-\dfrac{4}{3}\right\}$ इस प्रकार विद्यमान है कि

$$f(x) = y \Rightarrow \frac{4x}{3x + 4} = y$$

$$\Rightarrow 3xy + 4y = 4x$$

$$\Rightarrow x(4 - 3y)\ 4y \Rightarrow x = \frac{4y}{4 - 3y}$$

माना $g : f$ का परास $\to R - \left\{-\dfrac{4}{3}\right\}$ में,

$g(y) = \dfrac{4y}{4 - 3y}$ द्वारा परिभाषित फलन है।

अब, $(gof)(x) = g(f(x)) = g\left(\dfrac{4x}{3x + 4}\right)$

$$= \frac{4\left(\dfrac{4x}{3x + 4}\right)}{4 - 3\left(\dfrac{4x}{3x + 4}\right)}$$

$$= \frac{16x}{12x + 16 - 12x} = \frac{16x}{16} = x$$

तथा $(fog)(y) = f(g)(y)) = f\left(\dfrac{4y}{4 - 3y}\right)$

$$= \frac{4\left(\dfrac{4y}{4 - 3y}\right)}{3\left(\dfrac{4y}{4 - 3y}\right) + 4} = \frac{16y}{12y + 16 - 12y}$$

$$= \frac{16y}{16} = y$$

$\therefore \quad gof = I_{R-\left\{-\frac{4}{3}\right\}}$ तथा $fog = I_R$

अत: f का प्रतिलोम g है अर्थात् $f^{-1} = g$

14. (c) दिया है, $A = \{-1, 0, 1, 2\}$

तथा $B = \{-4, -2, 0, 2\}$

अब, $f, g : A \to B$ क्रमश:

$f(x) = x^2 - x, x \in A$

तथा $g(x) = 2\left|x - \frac{1}{2}\right| - 1, x \in A$

द्वारा परिभाषित फलन है।

चूँकि $f(-1) = (-1)^2 - (-1) = 1 + 1 = 2$

तथा $g(-1) = 2\left|(-1) - \frac{1}{2}\right| - 1$

$= 2\left(\frac{3}{2}\right) - 1 = 3 - 1 = 2$

$\Rightarrow f(-1) = g(-1)$

पुन: $f(0) = (0)^2 - 0 = 0$

$g(0) = 2\left|0 - \frac{1}{2}\right| - 1 = 2\left(\frac{1}{2}\right) - 1$

$= 1 - 1 = 0 \Rightarrow f(0) = g(0)$

पुन: $f(1) = (1)^2 - 1 = 1 - 1 = 0$

तथा $g(1) = 2\left|1 - \frac{1}{2}\right| - 1 = 2\left(\frac{1}{2}\right) - 1$

$= 1 - 1 = 0 \Rightarrow f(1) = g(1)$

पुन: $f(2) = (2)^2 - 2 = 4 - 2 = 2$

तथा $g(2) = 2\left|2 - \frac{1}{2}\right| - 1 = 2\left(\frac{3}{2}\right) - 1$

$= 3 - 1 = 2 \Rightarrow f(2) = g(2)$

$\therefore f(a) = g(a), \forall a \in A$ अत: f तथा g समान हैं।

15. (b) दिया गया है कि, $A = \{1, 2, 3\}$ एक तुल्यता सम्बन्ध, स्वतुल्य, सममित तथा संक्रमक होता है। (1, 2) को समाहित करने वाला सबसे छोटा सम्बन्ध

$R_1 = \{(1, 1), (2, 2), (3, 3), (1, 2), (2, 1)\}$ है जिसमें केवल चार अवयव

(2, 3), (3, 2), (1, 3) तथा (3, 1) नहीं हैं।

अब, यदि $(2, 3) \in R_1$ हो, तो सममित सम्बन्ध के लिए $(3, 2) \in R_1$ भी होगा। पुन: संक्रमक सम्बन्ध के लिए (1, 3) तथा (3, 1) भी R_1 में होंगे। अत: R_1 से बड़ा सम्बन्ध केवल सार्वत्रिक सम्बन्ध होगा। अत: (1, 2) को समाहित करने वाले तुल्यता सम्बन्धों की संख्या केवल दो है।

16. (d) दिया गया चिह्न फलन $f : R \to R$ में,

$$f(x) = \begin{cases} 1, & x > 0 \\ 0, & x = 0 \\ -1, & x < 0 \end{cases}$$

द्वारा परिभाषित फलन है

तथा $g : R \to R, g(x) = [x]$

द्वारा परिभाषित फलन है। जहाँ $[x]$, x से कम या x के बराबर पूर्णांक है। अब, माना $x \in [0, 1]$, तो

$$[x] = \begin{cases} 1, & \text{यदि } x = 1 \\ 0, & \text{यदि } 0 < x < 1 \end{cases}$$

$\therefore (fog)(x) = f(g(x)) = f([x])$

$$= \begin{cases} f(1), & \text{यदि } x = 1 \\ f(0), & \text{यदि } 0 < x < 1 \end{cases}$$

$$= \begin{cases} 1, & \text{यदि } x = 1 \\ 0, & \text{यदि } 0 < x < 1 \end{cases} (\because x > 0)$$

तथा

$(gof)(x) = g(f(x)) = g(1) = [1] = 1$

$\therefore$ जब $x \in (0, 1)$

$(fog)(x) = 0$ तथा $(gof)(x) = 1$

लेकिन $(fog)(1) \neq (gof)(1)$

अत: gof तथा fog, (0, 1] में सम्पाती नहीं हैं।

17. (d) दिया गया फलन $f : R \to R$ में,

$f(x) = \cos x, \forall x \in R$ द्वारा परिभाषित फलन है।

माना $x, y \in R$ इस प्रकार है कि

$f(x) = f(y) \Rightarrow \cos x = \cos y$

चूँकि $f(0) = f(2\pi) = 1$ लेकिन $1 \neq 2\pi$

$\therefore f$ एकैकी फलन नहीं है।

माना $y \in R$ इस प्रकार है कि

$f(x) = y \Rightarrow \cos x = y$

लेकिन $2 \in R$ के लिए R में कोई x इस प्रकार नहीं है कि $\cos x = 2$

$\therefore f$ आच्छादक फलन नहीं है।

18. (a) $y = 0$ रखने पर, दिया गया सम्बन्ध

$f(x) + f(x) = kf(x)f(0)$

$\Rightarrow \quad 2f(x) = kf(x) \quad [\because f(0) = 1]$

$\Rightarrow \quad k = 2$

19. (c) $f(x) = \log_{0.2} \log_{0.5} \log_{0.25} x$

$\log_{(1/2)} \log_{(1/4)} x > 0$

$\Rightarrow \quad 0 < \log_{1/4} x < 1$

$\Rightarrow \quad 1 > x > \frac{1}{4} \Rightarrow \frac{1}{4} < x < 1$

20. (a) $f(x) = x^3 + 3x^2 + 20x - \sin x$

$f'(x) = 3x^2 + 6x + 20 - \cos x$

$= 3\left[(x + 1)^2 + \frac{17}{3}\right] - \cos x$

$\Rightarrow f'(x) > 0, \forall x \in R$

$\Rightarrow f(x)$ सभी $x \in R$ पर विद्यमान फलन है।

$\Rightarrow f(x)$ का परास वास्तविक संख्याओं का समुच्चय है तथा

$\Rightarrow f(x)$ का प्रान्त भी वास्तविक संख्याओं का समुच्चय है।

21. (d) $f(x + 2) + f(x) = f(x + 1) \quad \ldots(i)$

$\Rightarrow \quad f(x + 3) + f(x + 1) = f(x + 2) \ldots(ii)$

समी (i) व (ii) को जोड़ने पर,

$f(x + 3) = -f(x)$

$\Rightarrow f(x + 6) = -f(x + 3)$

$\Rightarrow \quad f(x) = f(x + 6)$

$\therefore f(x)$ एक आवर्ती फलन है।

22. (c) यदि

$a = 1, g(x) = |\sin x| + |\cos x| + f(1)$

हो, तो $g(x)$ का आवर्त $\frac{\pi}{2}$ है।

23. (d) $|\sin x| + |\cos x|$ व $|\sin x - \cos x|$ का आवर्त क्रमश: $\frac{\pi}{2}$ व π है। इसलिए

$\frac{|\sin x| + |\cos x|}{|\sin x - \cos x|}$ का आवर्त π है।

24. (c) $\because f$ एकैकी आच्छादक है। इसलिए f^{-1} का अस्तित्व है।

$-\frac{\pi}{2} \leq \sin^{-1} x \leq \frac{\pi}{2},$

$\frac{\pi}{2} \leq \pi - \sin^{-1} x \leq \frac{3\pi}{2}$

25. (a) आच्छादक फलन के लिए, प्रतिबिम्ब समुच्चय = परास

अब, प्रान्त E के प्रत्येक अवयव के लिए सहप्रान्त में दो सम्भव प्रतिबिम्ब

1 व 2 हैं।

$\therefore$ कुल फलनों की संख्या $= 2^4 = 16$

इनमें से दो फलन आच्छादक नहीं हैं।

अत: कुल आच्छादक फलनों की संख्या

$= 16 - 2 = 14$

26. (c) $af(x) + bf\left(\frac{1}{x}\right) = x + \frac{5}{x} \quad \ldots(i)$

$af\left(\frac{1}{x}\right) + bf(x) = \frac{1}{x} + 5x \quad \ldots(ii)$

समी (i) व (ii) से,

$(a^2 - b^2)f(x) = ax + \frac{5a}{x} - \frac{b}{x} - 5bx$

$$\Rightarrow \quad f(x) = \frac{1}{(a^2 - b^2)} \left\{x(a - 5b) + \frac{1}{x}(5a - b)\right\}$$

27. (a) जब $f(x) = \sin^2 x$ तथा $g(x) = \sqrt{x}$

$\therefore \quad (fog)(x) = f[(g(x)]$

$= f(\sqrt{x}) = (\sin\sqrt{x})^2$

जब $\quad f(x) = \sin x, g(x) = |x|$

$\therefore \quad (fog)(x) = f[g(x)]$

$= f(\sin\sqrt{x}) = (\sin\sqrt{x})^2$

तथा

$(gof)(x) = g[f(x)] = g(x^2) = \sin\sqrt{x^2}$

$= \sin|x| \neq |\sin x|$

अध्याय 02

प्रतिलोम त्रिकोणमितीय फलन

Inverse Trigonometric Functions

फलन का प्रतिलोम

यदि $f: X \rightarrow Y$, एक एकैकी आच्छादक फलन है, तो एक अद्वितीय फलन $g: Y \rightarrow X$ इस प्रकार परिभाषित किया जा सकता है कि $g(y) = x$, जहाँ $x \in X$ इस प्रकार है कि $y = f(x)$, तब फलन g को f का प्रतिलोम फलन कहते हैं, जिसे f^{-1} से प्रदर्शित किया जाता है।

नोट • $\sin^{-1} x \neq (\sin x)^{-1}$

• $(\sin x)^{-1} = \dfrac{1}{\sin x} = \text{cosec } x$

प्रतिलोम त्रिकोणमितीय फलनों के प्रान्त तथा परास

फलन	प्रान्त	मुख्य मान अन्तराल या परास
(i) $y = \sin^{-1} x$	$-1 \leq x \leq 1$	$-\dfrac{\pi}{2} \leq y \leq \dfrac{\pi}{2}$
(ii) $y = \cos^{-1} x$	$-1 \leq x \leq 1$	$0 \leq y \leq \pi$
(iii) $y = \tan^{-1} x$	$-\infty < x < \infty$	$-\dfrac{\pi}{2} < y < \dfrac{\pi}{2}$
(iv) $y = \cot^{-1} x$	$-\infty < x < \infty$	$0 < y < \pi$
(v) $y = \sec^{-1} x$	$x \geq 1$ या $x \leq -1$	$0 \leq y \leq \pi, y \neq \dfrac{\pi}{2}$
(vi) $y = \text{cosec}^{-1} x$	$x \geq 1$ या $x \leq -1$	$-\dfrac{\pi}{2} \leq y \leq \dfrac{\pi}{2}, y \neq 0$

नोट *किसी प्रतिलोम त्रिकोणमितीय फलन का वह मान, जो उसके मुख्य मान अन्तराल में स्थित है, उस प्रतिलोम त्रिकोणमितीय फलन का **मुख्य मान** कहलाता है।*

प्रतिलोम त्रिकोणमितीय फलनों के प्रगुण

प्रतिलोम त्रिकोणमितीय फलनों के प्रगुण निम्नलिखित हैं

प्रगुण I

(i) $\sin^{-1}(\sin x) = x, x \in \left[-\dfrac{\pi}{2}, \dfrac{\pi}{2}\right]$ (ii) $\cos^{-1}(\cos x) = x, x \in [0, \pi]$

(iii) $\tan^{-1}(\tan x) = x, x \in \left(-\dfrac{\pi}{2}, \dfrac{\pi}{2}\right)$ (iv) $\cot^{-1}(\cot x) = x, x \in (0, \pi)$

(v) $\text{cosec}^{-1}(\text{cosec } x) = x, x \in \left[-\dfrac{\pi}{2}, \dfrac{\pi}{2}\right] - \{0\}$

(vi) $\sec^{-1}(\sec x) = x, x \in [0, \pi] - \left\{\dfrac{\pi}{2}\right\}$

प्रगुण II

(i) $\sin(\sin^{-1} x) = x, x \in [-1, 1]$

(ii) $\cos(\cos^{-1} x) = x, x \in [-1, 1]$

(iii) $\tan(\tan^{-1} x) = x, x \in R$

(iv) $\cot(\cot^{-1} x) = x, x \in R$

(v) $\text{cosec}(\text{cosec}^{-1} x) = x, x \in (-\infty, -1] \cup [1, \infty)$

(vi) $\sec(\sec^{-1} x) = x, x \in (-\infty, -1] \cup [1, \infty)$

प्रगुण III

(i) $\sin^{-1}\left(\dfrac{1}{x}\right) = \text{cosec}^{-1} x, x \in (-\infty, -1] \cup [1, \infty)$

(ii) $\cos^{-1}\left(\dfrac{1}{x}\right) = \sec^{-1} x, x \in (-\infty, -1] \cup [1, \infty)$

(iii) $\tan^{-1}\left(\dfrac{1}{x}\right) = \begin{cases} \cot^{-1} x, & x > 0 \\ -\pi + \cot^{-1} \dfrac{1}{x}, & x < 0 \end{cases}$

प्रगुण IV

(i) $\sin^{-1}(-x) = -\sin^{-1} x, x \in [-1, 1]$

(ii) $\cos^{-1}(-x) = \pi - \cos^{-1} x, x \in [-1, 1]$

(iii) $\tan^{-1}(-x) = -\tan^{-1} x, x \in R$

(iv) $\cot^{-1}(-x) = \pi - \cot^{-1} x, x \in R$

(v) $\sec^{-1}(-x) = \pi - \sec^{-1} x, |x| \geq 1$

(vi) $\text{cosec}^{-1}(-x) = -\text{cosec}^{-1} x, |x| \geq 1$

प्रगुण V

(i) $\sin^{-1} x + \cos^{-1} x = \dfrac{\pi}{2}, x \in [-1, 1]$

(ii) $\tan^{-1} x + \cot^{-1} x = \dfrac{\pi}{2}, x \in R$

(iii) $\text{cosec}^{-1} x + \sec^{-1} x = \dfrac{\pi}{2}, |x| \geq 1$

प्रगुण VI

(i) $\tan^{-1} x + \tan^{-1} y = \tan^{-1}\left(\dfrac{x + y}{1 - xy}\right), xy < 1$

(ii) $\tan^{-1} x - \tan^{-1} y = \tan^{-1}\left(\dfrac{x - y}{1 + xy}\right), xy > 1$

प्रगुण VII

(i) $2\tan^{-1}x = \sin^{-1}\left(\frac{2x}{1+x^2}\right)$, $|x| \le 1$ या $-1 \le x \le 1$

(ii) $2\tan^{-1}x = \cos^{-1}\left(\frac{1-x^2}{1+x^2}\right)$, $0 \le x < \infty$

(iii) $2\tan^{-1}x = \tan^{-1}\left(\frac{2x}{1-x^2}\right)$, $-1 < x < 1$

प्रतिस्थापन द्वारा प्रतिलोम त्रिकोणमितीय फलनों पर आधारित प्रश्नों को हल करना इस प्रकार के प्रश्नों में हम दिए गए प्रतिलोम त्रिकोणमितीय फलन की कुछ प्रतिस्थापन या त्रिकोणमितीय सूत्र का प्रयोग करके तथा प्रतिलोम त्रिकोणमितीय फलनों के प्रगुणों का प्रयोग करके हल करते हैं।

कुछ बीजीय व्यंजक में त्रिकोणमितीय प्रतिस्थापन इस प्रकार दिए गए हैं

क्र. सं.	व्यंजक	प्रतिस्थापन
1.	$\sqrt{a^2+x^2}$	$x = a\tan\theta$ या $x = a\cot\theta$
2.	$\sqrt{a^2-x^2}$	$x = a\sin\theta$ या $x = a\cos\theta$
3.	$\sqrt{x^2-a^2}$	$x = a\sec\theta$ या $x = a\operatorname{cosec}\theta$
4.	$\sqrt{a+x}$ या $\sqrt{a-x}$	$x = a\cos\theta$ या $x = a\cos 2\theta$
5.	$\sqrt{1+x^2} \pm \sqrt{1-x^2}, \sqrt{\frac{1+x^2}{1-x^2}}, \sqrt{\frac{1-x^2}{1+x^2}}$	$x^2 = \cos 2\theta$
6.	$\sqrt{a^2+x^2} \pm \sqrt{a^2-x^2}, \sqrt{\frac{a^2+x^2}{a^2-x^2}}, \sqrt{\frac{a^2-x^2}{a^2+x^2}}$	$x^2 = a^2\cos 2\theta$
7.	$\sqrt{1+x} \pm \sqrt{1-x}, \sqrt{\frac{1+x}{1-x}}, \sqrt{\frac{1-x}{1+x}}$	$x = \cos 2\theta$
8.	$\sqrt{a+x} \pm \sqrt{a-x}, \sqrt{\frac{a+x}{a-x}}, \sqrt{\frac{a-x}{a+x}}$	$x = a\cos 2\theta$

अभ्यास प्रश्न

1. $\sin^{-1}\left(\cos\frac{33\pi}{5}\right)$ का मान है

(a) $\frac{3\pi}{5}$ (b) $\frac{7\pi}{5}$ (c) $\frac{\pi}{10}$ (d) $-\frac{\pi}{10}$

2. यदि $\cos^{-1}x > \sin^{-1}x$, तब

(a) $x < 0$ (b) $-1 < x < 0$
(c) $0 \le x < \frac{1}{\sqrt{2}}$ (d) $-1 \le x < \frac{1}{\sqrt{2}}$

3. फलन $f(x) = \sin^{-1}\sqrt{x-1}$ प्रान्त द्वारा परिभाषित है

(a) [1, 2] (b) [−1, 1]
(c) [0, 1] (d) इनमें से कोई नहीं

4. फलन $\cos^{-1}(2x-1)$ का प्रान्त है

(a) [0, 1] (b) [−1, 1] (c) (−1, 1) (d) [0, π]

5. यदि $3\tan^{-1}x + \cot^{-1}x = \pi$, तब x बराबर है

(a) 0 (b) 1 (c) −1 (d) $\frac{1}{2}$

6. यदि $\tan^{-1}x + \tan^{-1}y = \frac{4\pi}{5}$, तब $\cot^{-1}x + \cot^{-1}y$ बराबर है

(a) $\frac{\pi}{5}$ (b) $\frac{2\pi}{5}$ (c) $\frac{3\pi}{5}$ (d) π

7. $\cot\left[\cos^{-1}\left(\frac{7}{25}\right)\right]$ का मान है

(a) $\frac{25}{24}$ (b) $\frac{25}{7}$ (c) $\frac{24}{25}$ (d) $\frac{7}{24}$

8. $\tan^{-1}\left(\tan\frac{5\pi}{6}\right) + \cos^{-1}\left(\cos\frac{13\pi}{6}\right)$ का मान है

(a) 2 (b) 1 (c) 0 (d) −1

9. $\tan^{-1}\left(-\frac{1}{\sqrt{3}}\right) + \cot^{-1}\left(\frac{1}{\sqrt{3}}\right) + \tan^{-1}\left\{\sin\left(\frac{-\pi}{2}\right)\right\}$ का मान है

(a) $\frac{\pi}{5}$ (b) $\frac{3\pi}{5}$ (c) $-\frac{\pi}{12}$ (d) $\frac{\pi}{12}$

10. $\cos^{-1}\left(\frac{3}{5}\cos x + \frac{4}{5}\sin x\right)$ का सरल रूप है, जहाँ $x \in \left[\frac{-3\pi}{4}, \frac{\pi}{4}\right]$

(a) $\tan^{-1}\frac{4}{3} - x$ (b) $\tan^{-1}\frac{1}{3} - x$
(c) $\tan^{-1}\frac{4}{3} + x$ (d) इनमें से कोई नहीं

11. यदि $\cos^{-1}x + \cos^{-1}y = \frac{\pi}{2}$ तथा $\tan^{-1}x - \tan^{-1}y = 0$, तब $x^2 + xy + y^2$ का मान है

(a) 0 (b) $\frac{1}{\sqrt{2}}$ (c) $\frac{3}{2}$ (d) $\frac{1}{8}$

12. $\sin\{2\tan^{-1}(0.75)\}$ का मान है

(a) 0.75 (b) 1.5 (c) 0.96 (d) sin 1.5

13. यदि $\sin^{-1}\left(\frac{2a}{1+a^2}\right) + \cos^{-1}\left(\frac{1-a^2}{1+a^2}\right) = \tan^{-1}\left(\frac{2x}{1-x^2}\right)$, जहाँ $a, x \in [0, 1]$, तब x का मान है

(a) 0 (b) $\frac{a}{2}$ (c) a (d) $\frac{2a}{1-a^2}$

14. यदि $\tan^{-1}\frac{x-1}{x+2} + \tan^{-1}\frac{x+1}{x+2} = \frac{\pi}{4}$, तब x बराबर है

(a) $\frac{1}{\sqrt{2}}$ (b) $-\frac{1}{\sqrt{2}}$ (c) $\pm\sqrt{\frac{5}{2}}$ (d) $\pm\frac{1}{2}$

15. व्यंजक $\tan\left(\frac{1}{2}\cos^{-1}\frac{2}{\sqrt{5}}\right)$ का मान है

(a) $2+\sqrt{5}$ (b) $\sqrt{5}-2$ (c) $\frac{\sqrt{5}+2}{2}$ (d) $5+\sqrt{2}$

16. यदि $x\in\left(-\frac{\pi}{2},\frac{\pi}{2}\right)$, तब

$\tan^{-1}\left(\frac{\tan x}{4}\right)+\tan^{-1}\left(\frac{3\sin 2x}{5+3\cos 2x}\right)$ का मान है

(a) $\frac{x}{2}$ (b) $2x$ (c) $3x$ (d) x

17. $\cot^{-1}\frac{xy+1}{x-y}+\cot^{-1}\frac{yz+1}{y-z}+\cot^{-1}\frac{zx+1}{z-x}$ का मान है

(a) 0
(b) 1
(c) $\cot^{-1}x+\cot^{-1}y+\cot^{-1}z$
(d) उपरोक्त में से कोई नहीं

18. व्यंजक $\sin\left(2\tan^{-1}\frac{1}{3}\right)+\cos(\tan^{-1}2\sqrt{2})$ का मान है

(a) $\frac{13}{15}$ (b) $\frac{14}{15}$
(c) $\frac{11}{15}$ (d) इनमें से कोई नहीं

19. $\tan\left[\frac{1}{2}\sin^{-1}\left(\frac{2a}{1+a^2}\right)+\frac{1}{2}\cos^{-1}\left(\frac{1-a^2}{1+a^2}\right)\right]$ बराबर है

(a) $\frac{2a}{1+a^2}$ (b) $\frac{1-a^2}{1+a^2}$
(c) $\frac{2a}{1-a^2}$ (d) इनमें से कोई नहीं

20. यदि $2\tan^{-1}(\cos x)=\tan^{-1}(2\operatorname{cosec} x)$, तब x का मान है

(a) $\frac{3\pi}{4}$ (b) $\frac{\pi}{4}$
(c) $\frac{\pi}{3}$ (d) इनमें से कोई नहीं

21. $\cos^{-1}[\cos\{2\cot^{-1}(\sqrt{2}-1)\}]$ बराबर है

(a) $\sqrt{2}-1$ (b) $\frac{\pi}{4}$
(c) $\frac{3\pi}{4}$ (d) इनमें से कोई नहीं

22. $x=\frac{1}{5}$ के लिए $\cos(2\cos^{-1}x+\sin^{-1}x)$ का मान होगा

(a) 1 (b) 3 (c) 0 (d) $-\frac{2\sqrt{6}}{5}$

23. समीकरण $\cot^{-1}x+\sin^{-1}\frac{1}{\sqrt{5}}=\frac{\pi}{4}$ का हल है

(a) $x=3$ (b) $x=\frac{1}{\sqrt{5}}$
(c) $x=0$ (d) इनमें से कोई नहीं

24. अनन्त श्रेणी
$\cot^{-1}2+\cot^{-1}8+\cot^{-1}18+\cot^{-1}32+\ldots$ का योग होगा

(a) π (b) $\frac{\pi}{2}$
(c) $\frac{\pi}{4}$ (d) इनमें से कोई नहीं

25. यदि $\sin^{-1}a+\sin^{-1}b+\sin^{-1}c=\pi$, तब
$a\sqrt{(1-a^2)}+b\sqrt{(1-b^2)}+c\sqrt{(1-c^2)}$ का मान होगा

(a) $2abc$ (b) abc (c) $\frac{1}{2}abc$ (d) $\frac{1}{3}abc$

उत्तर सहित व्याख्या

1. (*d*) $\cos\left(\frac{33\pi}{5}\right)=\cos\left(6\pi+\frac{3\pi}{5}\right)$

$=\cos\frac{3\pi}{5}$

$=\sin\left(\frac{\pi}{2}-\frac{3\pi}{5}\right)=\sin\left(-\frac{\pi}{10}\right)$

$=\sin^{-1}\sin\left(-\frac{\pi}{10}\right)=-\frac{\pi}{10}$

2. (*d*) $\cos^{-1}x, \sin^{-1}x$ वास्तविक होंगे, यदि
$-1\le x\le 1$

लेकिन $\cos^{-1}x>\sin^{-1}x$

$\Rightarrow\quad 2\cos^{-1}x>\frac{\pi}{2}\Rightarrow\cos^{-1}x=\frac{\pi}{4}$

$\therefore\cos(\cos^{-1}x)<\cos\frac{\pi}{4}\Rightarrow x<\frac{1}{\sqrt{2}}$

अत: उभयनिष्ठ मान $-1\le x<\frac{1}{\sqrt{2}}$ है।

3. (*a*) दिया है,

$f(x)=\sin^{-1}\sqrt{x-1}$

$f(x)$ के प्रान्त के लिए,

$-1\le\sqrt{x-1}\le 1$

$\Rightarrow\quad 0\le(x-1)\le 1$

$\Rightarrow\quad 1\le x\le 2$

$\therefore\quad x\in[1,2]$

4. (*a*) $\cos^{-1}(2x-1)$ के प्रान्त के लिए,

$-1\le(2x-1)\le 1$

$\Rightarrow\quad 0\le 2x\le 2$

$\Rightarrow\quad 0\le x\le 1$

$\therefore\quad x\subset[0,1]$

5. (*b*) दिया है, $3\tan^{-1}x+\cot^{-1}x=\pi$

$\therefore 2\tan^{-1}x+(\tan^{-1}x+\cot^{-1}x)=\pi$

$\Rightarrow\quad 2\tan^{-1}x+\frac{\pi}{2}=\pi$

$\Rightarrow\quad 2\tan^{-1}x=\frac{\pi}{2}$

$\Rightarrow\quad \tan^{-1}x=\frac{\pi}{4}=\tan^{-1}1$

$\Rightarrow\quad x=1$

6. (*a*) दिया है,

$\tan^{-1}x+\tan^{-1}y=\frac{4\pi}{5}\quad\ldots(i)$

$\therefore\ \cot^{-1}x+\cot^{-1}y=\frac{\pi}{2}-\tan^{-1}x+\frac{\pi}{2}-\tan^{-1}y$

$=\pi-(\tan^{-1}x+\tan^{-1}y)$

$=\pi-\left(\frac{4\pi}{5}\right)=\frac{\pi}{5}$

7. (d) $\cot\left[\cos^{-1}\left(\frac{7}{25}\right)\right]$

$=\cot\left[\cot^{-1}\frac{7}{\sqrt{(25)^2-(7)^2}}\right]$

$\left[\because\cos^{-1}\left(\frac{x}{y}\right)=\cot^{-1}\frac{x}{\sqrt{y^2-x^2}}\right]$

$=\frac{7}{\sqrt{625-49}}=\frac{7}{\sqrt{576}}$

$=\frac{7}{24}$

8. (c) $\tan^{-1}\left(\tan\frac{5\pi}{6}\right)+\cos^{-1}\left(\cos\frac{13\pi}{6}\right)$

$=\tan^{-1}\left[\tan\left(\frac{\pi}{2}+\frac{\pi}{3}\right)\right]+\cos^{-1}\left[\cos\left(2\pi+\frac{\pi}{6}\right)\right]$

$=\tan^{-1}\left(-\cot\frac{\pi}{3}\right)+\cos^{-1}\left(\cos\frac{\pi}{6}\right)$

$\left[\because \tan\left(\frac{\pi}{2}+\theta\right)=-\tan\theta\right.$ तथा $\left.\cos(2\pi+\theta)=\cos\theta\right]$

$=\tan^{-1}\left[-\tan\left(\frac{\pi}{2}-\frac{\pi}{3}\right)\right]+\cos^{-1}\left[\cos\frac{\pi}{6}\right]$

$\left[\because \tan\left(\frac{\pi}{2}-\theta\right)=\cot\theta\right]$

$=\tan^{-1}\left[-\tan\frac{\pi}{6}\right]+\cos^{-1}\left[\cos\left(\frac{\pi}{6}\right)\right]$

$=\tan^{-1}\left[\tan\left(-\frac{\pi}{6}\right)\right]+\frac{\pi}{6}$

$[\because \tan(-\theta)=-\tan\theta]$

$=-\frac{\pi}{6}+\frac{\pi}{6}=0$

9. (c) $\tan^{-1}\left(-\frac{1}{\sqrt{3}}\right)+\cot^{-1}\left(\frac{1}{\sqrt{3}}\right)+\tan^{-1}\left[\sin\left(\frac{-\pi}{2}\right)\right]$

$=\tan^{-1}\left(-\frac{1}{\sqrt{3}}\right)+\cot^{-1}\left(\frac{1}{\sqrt{3}}\right)+\tan^{-1}\left(-\sin\frac{\pi}{2}\right)$

$=\frac{-\pi}{6}+\frac{\pi}{3}-\tan^{-1}\left(\sin\frac{\pi}{2}\right)$

$=\frac{\pi}{6}-\tan^{-1}(1)=\frac{\pi}{6}-\frac{\pi}{4}=-\frac{\pi}{12}$

10. (a) माना $E=\cos^{-1}\left(\frac{3}{5}\cos x+\frac{4}{5}\sin x\right)$

पुनः माना $\cos\theta=\frac{3}{5}$ ...(i)

तब, $\sin\theta=\frac{4}{5}$ ...(ii)

समी (ii) को समी (i) से भाग करने पर,

$\tan\theta=\frac{4}{3}\Rightarrow\theta=\tan^{-1}\frac{4}{3}$ ...(iii)

$\therefore E=\cos^{-1}\left(\frac{3}{5}\cos x+\frac{4}{5}\sin x\right)$

$=\cos^{-1}(\cos\theta\cos x+\sin\theta\sin x)$ [समी (i) तथा (ii) से]

$=\cos^{-1}[\cos(\theta-x)]$ $[\because \cos(a-b)=\cos a\cos b+\sin a\sin b]$

$=\theta-x=\tan^{-1}\frac{4}{3}-x$ [समी (iii) से]

11. (c) $\because \tan^{-1}x-\tan^{-1}y=0$

$\Rightarrow x=y$

पुनः $\cos^{-1}x+\cos^{-1}y=\frac{\pi}{2}$

$\Rightarrow 2\cos^{-1}x=\frac{\pi}{2}$

$\Rightarrow \cos^{-1}x=\frac{\pi}{4}$

$\Rightarrow x=\frac{1}{\sqrt{2}}\Rightarrow x^2=\frac{1}{2}$

अतः $x^2+xy+y^2=3x^2=\frac{3}{2}$

12. (c) $\sin\{2\tan^{-1}(0.75)\}$

$=\sin\left[\tan^{-1}\left\{\frac{2(0.75)}{1-(0.75)^2}\right\}\right]$

$=\sin\left[\tan^{-1}\left\{\frac{1.5}{1-0.5625}\right\}\right]$

$=\sin\left\{\tan^{-1}\left(\frac{1.5}{0.4375}\right)\right\}$

$=\sin\left\{\tan^{-1}\left(\frac{24}{7}\right)\right\}$

$=\sin\left[\sin^{-1}\left\{\frac{24}{\sqrt{(24)^2+(7)^2}}\right\}\right]$

$=\sin\left(\sin^{-1}\frac{24}{\sqrt{476+49}}\right)$

$=\sin\left(\sin^{-1}\frac{24}{25}\right)=\frac{24}{25}=0.96$

13. (d) दिया है,

$\sin^{-1}\left(\frac{2a}{1+a^2}\right)+\cos^{-1}\left(\frac{1-a^2}{1+a^2}\right)=\tan^{-1}\left(\frac{2x}{1-x^2}\right)$

$\therefore 2\tan^{-1}a+2\tan^{-1}a=2\tan^{-1}x$

$\Rightarrow 4\tan^{-1}a=2\tan^{-1}x$

$\Rightarrow 2\tan^{-1}a=\tan^{-1}x$

$\Rightarrow \tan^{-1}\frac{2a}{1-a^2}=\tan^{-1}x$

$\Rightarrow x=\frac{2a}{1-a^2}$

14. (c) दिया है,

$\tan^{-1}\frac{x-1}{x+2}+\tan^{-1}\frac{x+1}{x+2}=\frac{\pi}{4}$

$\Rightarrow \tan^{-1}\left[\frac{\frac{x-1}{x+2}+\frac{x+1}{x+2}}{1-\left(\frac{x-1}{x+2}\right)\left(\frac{x+1}{x+2}\right)}\right]=\frac{\pi}{4}$

$\Rightarrow \left[\frac{2x(x+2)}{x^2+4+4x-x^2+1}\right]=\tan\frac{\pi}{4}$

$\Rightarrow \frac{2x(x+2)}{4x+5}=1$

$\Rightarrow 2x^2+4x=4x+5$

$\Rightarrow x=\pm\sqrt{\frac{5}{2}}$

15. (b) $\tan\left(\frac{1}{2}\cos^{-1}\frac{2}{\sqrt{5}}\right)$

$=\sqrt{\frac{1-\cos\cos^{-1}\left(\frac{2}{\sqrt{5}}\right)}{1+\cos\cos^{-1}\left(\frac{2}{\sqrt{5}}\right)}}$

$=\sqrt{\frac{1-\frac{2}{\sqrt{5}}}{1+\frac{2}{\sqrt{5}}}}=\sqrt{\frac{\sqrt{5}-2}{\sqrt{5}+2}\times\frac{\sqrt{5}+2}{\sqrt{5}+2}}$

$=\frac{\sqrt{(\sqrt{5})^2-2^2}}{\sqrt{5}+2}=\frac{\sqrt{5-4}}{\sqrt{5}+2}$

$=\frac{1}{\sqrt{5}+2}\times\frac{\sqrt{5}-2}{\sqrt{5}-2}$

$=\frac{\sqrt{5}-2}{\sqrt{(5)^2-2^2}}$

$=\frac{\sqrt{5}-2}{5-4}=\sqrt{5}-2$

16. (d) $\tan^{-1}\left(\frac{\tan x}{4}\right)+\tan^{-1}\left(\frac{3\sin 2x}{5+3\cos 2x}\right)$

$=\tan^{-1}\left(\frac{\tan x}{4}\right)+\tan^{-1}\left\{\frac{\frac{6\tan x}{1+\tan^2 x}}{5+\frac{3(1-\tan^2 x)}{1+\tan^2 x}}\right\}$

$=\tan^{-1}\left(\frac{\tan x}{4}\right)+\tan^{-1}\left(\frac{6\tan x}{8+2\tan^2 x}\right)$

$=\tan^{-1}\left(\frac{\tan x}{4}\right)+\tan^{-1}\left(\frac{3\tan x}{4+\tan^2 x}\right)$

$=\tan^{-1}\left\{\frac{\frac{\tan x}{4}+\frac{3\tan x}{4+\tan^2 x}}{1-\frac{3\tan^2 x}{4(4+\tan^2 x)}}\right\}$

$=\tan^{-1}\left(\frac{16\tan x+\tan^3 x}{16+\tan^2 x}\right)$

$=\tan^{-1}(\tan x)=x$

17. (a) $\cot^{-1}\dfrac{xy+1}{x-y}+\cot^{-1}\dfrac{yz+1}{y-z}+\cot^{-1}\dfrac{zx+1}{z-x}$

$=\cot^{-1}y-\cot^{-1}x+\cot^{-1}z-\cot^{-1}y+\cot^{-1}x-\cot^{-1}z$

$=0$

18. (b) माना

$E=\sin\left(2\tan^{-1}\dfrac{1}{3}\right)+\cos(\tan^{-1}2\sqrt{2})$

अब, $2\tan^{-1}\dfrac{1}{3}=\tan^{-1}\left\{\dfrac{2\times\frac{1}{3}}{1-\left(\frac{1}{3}\right)^2}\right\}$

$=\tan^{-1}\left(\dfrac{\frac{2}{3}}{\frac{8}{9}}\right)$

$=\tan^{-1}\left(\dfrac{3}{4}\right)=\sin^{-1}\left\{\dfrac{\frac{3}{4}}{\sqrt{1+\left(\frac{3}{4}\right)^2}}\right\}$

$=\sin^{-1}\left(\dfrac{\frac{3}{4}}{\frac{5}{4}}\right)=\sin^{-1}\left(\dfrac{3}{5}\right)$

तथा

$\tan^{-1}(2\sqrt{2})=\cos^{-1}\dfrac{1}{\sqrt{1+(2\sqrt{2})^2}}$

$=\cos^{-1}\left(\dfrac{1}{3}\right)$

$\therefore\quad E=\sin\left(2\tan^{-1}\dfrac{1}{3}\right)+\cos(\tan^{-1}2\sqrt{2})$

$=\sin\left(\sin^{-1}\dfrac{3}{5}\right)+\cos\left(\cos^{-1}\dfrac{1}{3}\right)$

$=\dfrac{3}{5}+\dfrac{1}{3}=\dfrac{9+5}{15}=\dfrac{14}{15}$

19. (c) $\tan\left[\dfrac{1}{2}\sin^{-1}\left(\dfrac{2a}{1+a^2}\right)+\dfrac{1}{2}\cos^{-1}\left(\dfrac{1-a^2}{1+a^2}\right)\right]$

$=\tan\left[\dfrac{1}{2}\cdot 2\tan^{-1}a+\dfrac{1}{2}\cdot 2\tan^{-1}a\right]$

$=\tan(2\tan^{-1}a)$

$=\tan\left[\tan^{-1}\left(\dfrac{2a}{1-a^2}\right)\right]=\dfrac{2a}{1-a^2}$

20. (b) $2\tan^{-1}(\cos x)=\tan^{-1}(2\operatorname{cosec}x)$

$\Rightarrow\quad \tan^{-1}\left(\dfrac{2\cos x}{1-\cos^2 x}\right)=\tan^{-1}(2\operatorname{cosec}x)$

$\Rightarrow\quad \dfrac{2\cos x}{\sin^2 x}=2\operatorname{cosec}x$

$\Rightarrow\quad \sin x=\cos x\ \Rightarrow\ x=\dfrac{\pi}{4}$

21. (c) $\cos^{-1}[\cos\{2\cot^{-1}(\sqrt{2}-1)\}]$

$=\cos^{-1}[\cos\{2(67.5^\circ)\}]$

$=\cos^{-1}\{\cos(135^\circ)\}=135^\circ$

$=\dfrac{3\pi}{4}$

22. (d) $\cos(2\cos^{-1}x+\sin^{-1}x)$

$=\cos[2(\cos^{-1}x+\sin^{-1}x)-\sin^{-1}x]$

$=\cos(\pi-\sin^{-1}x)=-\cos(\sin^{-1}x)$

$=-\cos\left[\sin^{-1}\left(-\dfrac{1}{5}\right)\right]\qquad\left(\because x=\dfrac{1}{5}\right)$

$=-\cos\left(\cos^{-1}\dfrac{2\sqrt{6}}{5}\right)=-\dfrac{2\sqrt{6}}{5}$

23. (a) $\because\ \cot^{-1}x+\sin^{-1}\dfrac{1}{\sqrt{5}}=\dfrac{\pi}{4}$

$\Rightarrow\quad \tan^{-1}\dfrac{1}{x}+\tan^{-1}\dfrac{1}{2}=\tan^{-1}1$

$\Rightarrow\quad \tan^{-1}\dfrac{1}{x}=\tan^{-1}1-\tan^{-1}\dfrac{1}{2}$

$\Rightarrow\quad \tan^{-1}\dfrac{1}{x}=\tan^{-1}\left(\dfrac{1-\frac{1}{2}}{1+\frac{1}{2}}\right)$

$\Rightarrow\quad \tan^{-1}\dfrac{1}{x}=\tan^{-1}\dfrac{1}{3}$

$\Rightarrow\quad x=3$

24. (c) माना

$S_\infty=\cot^{-1}2+\cot^{-1}8+\cot^{-1}18+\cot^{-1}32+\dots$

$\therefore\quad T_n=\cot^{-1}2n^2=\tan^{-1}\dfrac{1}{2n^2}$

$=\tan^{-1}\left(\dfrac{2}{4n^2}\right)=\tan^{-1}\left[\dfrac{(2n+1)-(2n-1)}{1+(2n+1)(2n-1)}\right]$

$=\tan^{-1}(2n+1)-\tan^{-1}(2n-1)$

$\therefore\ S_n=\sum_{n=1}^{\infty}\{\tan^{-1}(2n+1)-\tan^{-1}(2n-1)\}$

$=\tan^{-1}\infty-\tan^{-1}1$

$=\dfrac{\pi}{2}-\dfrac{\pi}{4}=\dfrac{\pi}{4}$

25. (a) माना $\sin^{-1}a=A$, $\sin^{-1}b=B$

और $\sin^{-1}c=C$

$\therefore\quad \sin A=a,$

$\sin B=b,\quad \sin C=c\qquad\dots$(i)

तथा $A+B+C=\pi$

तब, $\sin 2A+\sin 2B+\sin 2C=4\sin A\sin B\sin C\qquad\dots$(ii)

$\Rightarrow\ \sin A\cos A+\sin B\cos B+\sin C\cos C$

$=2\sin A\sin B\sin C$

$\Rightarrow\ \sin A\sqrt{(1-\sin^2 A)}+\sin B\sqrt{(1-\sin^2 B)}+\sin C\sqrt{(1-\sin^2 C)}$

$=2\sin A\sin B\sin C\quad\dots$(iii)

$\Rightarrow\ a\sqrt{(1-a^2)}+b\sqrt{(1-b^2)}+c\sqrt{(1-c^2)}=2abc$

अध्याय 03

आव्यूह
Matrix

संख्याओं के एक निकाय (System) की आयताकार सारणी (Rectangular array) के रूप में व्यवस्था आव्यूह (Matrix) कहलाती है।

आव्यूह का क्रम या कोटि

यदि आव्यूह में m पंक्तियाँ (Rows) तथा n स्तम्भ (Columns) हैं, तो उसे $m \times n$ क्रम का आव्यूह कहते हैं। व्यापक रूप में $m \times n$ क्रम के आव्यूह को $A = [a_{ij}]_{m \times n}$ द्वारा निरूपित करते हैं, जहाँ अवयव a_{ij}, iवीं पंक्ति तथा jवें स्तम्भ में हैं।

जैसे– $A = \begin{bmatrix} a_{11} & a_{12} & a_{13} \\ a_{21} & a_{22} & a_{23} \\ a_{31} & a_{32} & a_{33} \end{bmatrix}$

इस आव्यूह में 3 पंक्तियाँ तथा 3 स्तम्भ हैं। अतः यह 3×3 कोटि का आव्यूह है तथा $a_{11}, a_{12}, \ldots, a_{33}$ को आव्यूह के अवयव (Elements) कहते हैं।

नोट • आव्यूह का क्रम लिखते समय सदैव पहले पंक्तियों की संख्या तथा इसके बाद स्तम्भों की संख्या लिखी जाती है।
- यदि किसी आव्यूह में m पंक्तियाँ तथा n स्तम्भ हैं, तो उस आव्यूह में अवयवों की संख्या $m \times n$ होगी।

आव्यूहों के प्रकार

1. **पंक्ति आव्यूह** यदि आव्यूह में केवल एक पंक्ति हो, तो उसे पंक्ति आव्यूह (Row matrix) कहते हैं।
2. **स्तम्भ आव्यूह** यदि आव्यूह में केवल एक स्तम्भ हो, तो उसे स्तम्भ आव्यूह (Column matrix) कहते हैं।
3. **शून्य या रिक्त आव्यूह** यदि आव्यूह का प्रत्येक अवयव शून्य हो, तो उसे शून्य आव्यूह (Zero or null matrix) कहते हैं।
4. **वर्ग आव्यूह** यदि आव्यूह में पंक्तियों तथा स्तम्भों की संख्या बराबर हो अर्थात् $m = n$ हो, तो उसे वर्ग आव्यूह (Square matrix) कहते हैं।
5. **विकर्ण आव्यूह** यदि किसी वर्ग आव्यूह में मुख्य विकर्ण के अवयवों को छोड़कर अन्य सभी अवयव शून्य हों, तो उसे विकर्ण आव्यूह (Diagonal matrix) कहते हैं।
6. **अदिश आव्यूह** यदि किसी विकर्ण आव्यूह के विकर्ण के सभी अवयव बराबर हों तथा शेष सभी अवयव शून्य हों, तो उसे अदिश आव्यूह (Scalar matrix) कहते हैं।
7. ***इकाई या तत्समक् आव्यूह*** यदि किसी विकर्ण आव्यूह के सभी अवयव 1 हों, तो उसे इकाई या तत्समक् आव्यूह (Unit or identity matrix) कहते हैं। व्यापक रूप में, $A = [a_{ij}]_{n \times n}$ एक इकाई या तत्समक् आव्यूह होगा, यदि $a_{ij} = 1$, जब $i = j$ तथा $a_{ij} = 0$, जब $i \neq j$

नोट • प्रत्येक इकाई आव्यूह एक विकर्ण आव्यूह होता है।
- प्रत्येक इकाई आव्यूह एक अदिश आव्यूह होता है।
- प्रत्येक अदिश आव्यूह एक विकर्ण आव्यूह होता है।

आव्यूहों की समानता

दो आव्यूह $A = [a_{ij}]$ तथा $B = [b_{ij}]$ समान आव्यूह कहलाते, यदि

(i) दोनों आव्यूह एक ही क्रम के हों।

(ii) दोनों आव्यूहों A तथा B के संगत अवयव बराबर हों अर्थात् i तथा j के प्रत्येक मान के लिए $a_{ij} = b_{ij}$ हो।

आव्यूहों का योग

दो समान क्रम के आव्यूहों A तथा B का योग, उनके संगत अवयवों के योग के बराबर होता है।

यदि $A = [a_{ij}]_{m \times n}$ तथा $B = [b_{ij}]_{m \times n}$ हो, तो $A + B = [a_{ij}]_{m \times n} + [b_{ij}]_{m \times n}$
$$= [a_{ij} + b_{ij}]_{m \times n}$$

नोट • यदि A तथा B समान क्रम के नहीं हैं, तो $A + B$ परिभाषित नहीं होगा।
- आव्यूह $A = [a_{ij}]_{m \times n}$ का योज्य प्रतिलोम $-A = [-a_{ij}]_{m \times n}$ होता है।

आव्यूह योग के गुणधर्म

- यदि दो आव्यूह A और B समान क्रम $(m \times n)$ के आव्यूह हैं, तब
$$A + B = B + A$$
- यदि आव्यूह A, B तथा C समान क्रम $(m \times n)$ के आव्यूह हैं, तब
$$(A + B) + C = A + (B + C)$$
- यदि A एक $m \times n$ क्रम का आव्यूह है तथा O, $m \times n$ क्रम का शून्य आव्यूह है, तब $A + O = O + A = A$
- यदि A एक $m \times n$ क्रम का आव्यूह है, तब आव्यूह $-A$ इस प्रकार होगा कि $A + (-A) = (-A) + A = O$, जहाँ O, $m \times n$ क्रम का शून्य आव्यूह है।

आव्यूहों का अन्तर

यदि दो आव्यूह A तथा B समान क्रम के हों, तो उनका अन्तर संगत अवयवों को घटाने से प्राप्त होता है। यदि आव्यूह $A = [a_{ij}]_{m \times n}$ तथा $B = [b_{ij}]_{m \times n}$ हो, तो
$$A - B = [a_{ij}]_{m \times n} - [b_{ij}]_{m \times n} = [a_{ij} - b_{ij}]_{m \times n}$$

नोट *यदि A तथा B समान क्रम के आव्यूह हैं, तो $A - B = A + (-B)$*

एक आव्यूह का एक अदिश द्वारा गुणन

यदि एक आव्यूह $A = [a_{ij}]_{m \times n}$ तथा k कोई अशून्य अदिश संख्या है, तो आव्यूह A के प्रत्येक अवयव को k से गुणा कर प्राप्त आव्यूह को आव्यूह A का k गुना आव्यूह कहते हैं तथा इसे kA द्वारा प्रदर्शित किया जाता है।

अर्थात् $kA = [ka_{ij}]_{m \times n} = [k(a_{ij})]_{m \times n}$

आव्यूह के अदिश गुणन के गुणधर्म

यदि A एवं B समान क्रम के दो आव्यूह हैं तथा k एवं l दो अदिश राशियाँ हैं, तब

(i) $(k + l)\, A = kA + lA$

(ii) $k(A + B) = kA + kB$

(iii) $k(lA) = l\,(kA) = (lk)\, A$

ऋणात्मक आव्यूह

किसी दिए गए आव्यूह $A = [a_{ij}]$ के ऋणात्मक आव्यूह को $-A$ द्वारा निर्दिष्ट किया जाता है तथा इसे $-A = (-1)A = [-a_{ij}]$ द्वारा परिभाषित करते हैं।

आव्यूहों का गुणन

यदि A तथा B दो आव्यूह हैं, तो इनका गुणनफल AB तभी सम्भव है, जब A में स्तम्भों की संख्या B में पंक्तियों की संख्या के बराबर हो।

यदि $A = [a_{ij}]_{m \times n}$ तथा $B = [b_{jk}]_{n \times p}$ दो आव्यूह हैं, तो

$$AB = C = [C_{ik}]_{m \times p}, \text{ जहाँ } C_{ik} = \sum_{j=1}^{n} a_{ij} b_{jk}$$

नोट • यदि आव्यूह AB अस्तित्व में है, तो आव्यूह BA का अस्तित्व में होना आवश्यक नहीं है।

• किसी आव्यूह का एक शून्य आव्यूह के साथ गुणनफल एक शून्य आव्यूह होता है।

आव्यूह के गुणन के गुणधर्म

- यदि A, B तथा C कोई तीन आव्यूह हैं, तब $(AB)C = A(BC)$
- यदि A, B व C तीन आव्यूह हैं, तब
  (i) $A(B + C) = AB + AC$
  (ii) $(A + B)C = AC + BC$
- प्रत्येक वर्ग आव्यूह A के लिए समान कोटि के एक आव्यूह I का अस्तित्व इस प्रकार है कि $IA = AI = A$
- यदि A एवं B दो आव्यूह हैं तथा AB एवं BA दोनों परिभाषित हों, तब यह आवश्यक नहीं है कि $AB = BA$ हो।
- दो अशून्य आव्यूहों का गुणन एक शून्य आव्यूह हो सकता है।

वर्ग आव्यूह की धन पूर्णांक घात

जब वर्ग आव्यूह A को स्वयं से गुणा करते हैं, तो गुणनफल को A^2 से तथा A^2 को A से गुणा करने पर प्राप्त गुणनफल को A^3 से व इसी प्रकार आव्यूह A^{n-1} को जब A से गुणा करते हैं, तो प्राप्त आव्यूह को A^n से व्यक्त करते हैं।

परिवर्त आव्यूह

किसी आव्यूह A की पंक्तियों को स्तम्भों में तथा स्तम्भों को पंक्तियों में बदलने से प्राप्त आव्यूह को दिए गए आव्यूह A का परिवर्त आव्यूह (Transpose matrix) कहते हैं तथा इसे A' अथवा A^T से प्रदर्शित करते हैं।

जैसे– $A = \begin{bmatrix} a & b & c \\ d & e & f \end{bmatrix}$, तो $A' = \begin{bmatrix} a & d \\ b & e \\ c & f \end{bmatrix}$

व्यापक रूप में, यदि $A = [a_{ij}]_{m \times n}$, है, तो इसका परिवर्त आव्यूह $A' = [a_{ji}]_{n \times m}$ होगा।

परिवर्त आव्यूह के गुणधर्म

यदि A तथा B दो आव्यूह हैं, तो

(i) $(A')' = A$

(ii) $(A + B)' = A' \perp B'$

(iii) $(KA)' = K \cdot A'$, जहाँ K एक अदिश राशि है।

(iv) $(AB)' = B'A'$

सममित आव्यूह

एक वर्ग आव्यूह $A = [a_{ij}]$ सममित आव्यूह (Symmetric matrix) कहलाता है, यदि $A' = A$ अर्थात् $[a_{ij}] = [a_{ji}], \forall i, j$ हो।

विषम सममित आव्यूह

एक वर्ग आव्यूह $A = [a_{ij}]$ विषम सममित आव्यूह (Skew-symmetric matrix) कहलाता है, यदि $A' = -A$ अर्थात् $a_{ji} = -a_{ij}, \forall i, j$ हो।

नोट • विषम सममित आव्यूह के मुख्य विकर्ण के सभी अवयव शून्य होते हैं।

• यदि आव्यूह A एक वर्ग आव्यूह है, तो $(A + A')$ एक सममित आव्यूह होगा।

• यदि A एक वर्ग आव्यूह है, तो $(A - A')$ एक विषम सममित आव्यूह होगा।

• प्रत्येक वर्ग आव्यूह को एक सममित तथा एक विषम सममित आव्यूह के योग के रूप में लिखा जा सकता है अर्थात्

$$A = \frac{1}{2}(A + A') + \frac{1}{2}(A - A')$$

व्युत्क्रमणीय आव्यूह

यदि A तथा B दो वर्ग आव्यूह इस प्रकार हैं कि $AB = BA = I$, तो आव्यूह B, A का प्रतिलोम या व्युत्क्रम आव्यूह कहलाता है तथा इसे A^{-1} द्वारा प्रदर्शित करते हैं।

नोट • किसी भी अव्युत्क्रमणीय आव्यूह (Non-singular matrix) का व्युत्क्रम अद्वितीय (Unique) होता है अर्थात् यदि A का व्युत्क्रम आव्यूह B है, तब B का व्युत्क्रम आव्यूह A होगा।

• $(AB)^{-1} = B^{-1}A^{-1}$

आव्यूह पर प्रारम्भिक संक्रियाएँ (रूपान्तरण)

(i) दो पंक्तियों या स्तम्भों को परस्पर बदलने को निम्न प्रकार लिखा जाता है

$$R_i \leftrightarrow R_j \text{ या } C_i \leftrightarrow C_j$$

(ii) किसी पंक्ति या स्तम्भ के अवयवों को किसी अशून्य संख्या से गुणा करने को निम्न प्रकार लिखते हैं $R_i \to kR_i$ या $C_i \to kC_i$

(iii) किसी पंक्ति या स्तम्भ के अवयवों में किसी अन्य पंक्ति या स्तम्भ के अवयवों को किसी अशून्य संख्या से गुणा करके जोड़ने को निम्न प्रकार लिखते हैं

$$R_i \to R_i + kR_j \quad \text{या} \quad C_i \to C_i + kC_j$$

प्रारम्भिक संक्रियाओं द्वारा आव्यूह का व्युत्क्रम ज्ञात करना

प्रारम्भिक संक्रियाओं द्वारा आव्यूह का व्युत्क्रम ज्ञात करने के लिए निम्न चरणों का प्रयोग करते हैं

***चरण* 1.** दिए गए आव्यूह A को $A = IA$ के रूप में लिखिए, जहाँ I उसी कोटि का एक इकाई आव्यूह है, जिस कोटि का आव्यूह A है।

***चरण* 2.** अलग-अलग संक्रियाओं को लागू करके बाएँ पक्ष के आव्यूह A को इकाई आव्यूह I में परिवर्तित कीजिए तथा उन सभी संक्रियाओं को दाएँ पक्ष के I पर भी लगाइए (दाएँ पक्ष के A पर कोई संक्रिया नहीं लगाते हैं)।

***चरण* 3.** चरण 2 से निम्न रूप में समीकरण प्राप्त होती है

$I = XA$, जहाँ X, आव्यूह A का व्युत्क्रम A^{-1} होगा।

अभ्यास प्रश्न

1. एक 2×2 क्रम का आव्यूह $A=[a_{ij}]$ जिनके अवयवों को निम्न प्रकार परिभाषित किया गया है $a_{ij}=\frac{(i+2j)^2}{2}$ का मान है

(a) $\begin{bmatrix}1 & 1/2\\2 & 1\end{bmatrix}_{2\times2}$
(b) $\begin{bmatrix}9/2 & 25/2\\8 & 8\end{bmatrix}_{2\times2}$
(c) $\begin{bmatrix}8 & 9/2\\25/2 & 8\end{bmatrix}_{2\times2}$
(d) इनमें से कोई नहीं

2. आव्यूह $P=\begin{bmatrix}0 & 0 & 4\\0 & 4 & 0\\4 & 0 & 0\end{bmatrix}$ है

(a) वर्ग आव्यूह
(b) विकर्ण आव्यूह
(c) ऐकिक आव्यूह
(d) इनमें से कोई नहीं

3. यदि $\begin{bmatrix}2x+y & 4x\\5x-7 & 4x\end{bmatrix}=\begin{bmatrix}7 & 7y-13\\y & x+6\end{bmatrix}$, तो x तथा y का मान है

(a) $x=3, y=1$
(b) $x=2, y=3$
(c) $x=2, y=4$
(d) $x=3, y=3$

4. यदि A तथा B क्रमशः $3\times m$ तथा $3\times n$ कोटि के दो आव्यूह हैं तथा $m=n$, तब आव्यूह $(5A-2B)$ की कोटि है

(a) $m\times3$
(b) 3×3
(c) $m\times n$
(d) $3\times n$

5. यदि $A=\begin{bmatrix}0 & 1\\1 & 0\end{bmatrix}$, तब A^2 का मान है

(a) $\begin{bmatrix}0 & 1\\1 & 0\end{bmatrix}$
(b) $\begin{bmatrix}1 & 0\\1 & 0\end{bmatrix}$
(c) $\begin{bmatrix}0 & 1\\0 & 1\end{bmatrix}$
(d) $\begin{bmatrix}1 & 0\\0 & 1\end{bmatrix}$

6. यदि आव्यूह $A=[a_{ij}]_{2\times2}$ इस प्रकार है कि $a_{ij}=\begin{bmatrix}1, & \text{यदि } i\neq j\\0, & \text{यदि } i=j\end{bmatrix}$, तब A^2 का मान है

(a) I
(b) A
(c) 0
(d) इनमें से कोई नहीं

7. यदि A एक $m\times n$ कोटि का आव्यूह है तथा B एक आव्यूह इस प्रकार है कि AB' तथा $B'A$ दोनों परिभाषित हैं, तब आव्यूह B की कोटि है

(a) $m\times m$
(b) $n\times n$
(c) $n\times m$
(d) $m\times n$

8. यदि A तथा B समान कोटि के आव्यूह हैं, तब $(AB'-BA')$ है

(a) विषम सममित आव्यूह
(b) शून्य आव्यूह
(c) सममित आव्यूह
(d) ऐकिक आव्यूह

9. यदि A एक वर्ग आव्यूह इस प्रकार है कि $A^2=I$, तब $(A-I)^3+(A+I)^3-7A$ का मान है

(a) A
(b) $I-A$
(c) $I+A$
(d) 3A

10. यदि $A=B$ हो, तो a और b के मान हैं, जहाँ

$$A=\begin{bmatrix}a+4 & 3b\\8 & -6\end{bmatrix} \text{ और } B=\begin{bmatrix}2a+2 & b^2+2\\8 & b^2-5b\end{bmatrix} \text{ है}$$

(a) $a=2$ तथा $b=1,2$
(b) $a=1$ तथा $b=3$
(c) $a=-2$ तथा $b=\frac{1}{2},-1$
(d) इनमें से कोई नहीं

11. आव्यूह समीकरण $x\begin{bmatrix}2x & 2\\3 & x\end{bmatrix}+2\begin{bmatrix}8 & 5x\\4 & 4x\end{bmatrix}=2\begin{bmatrix}(x^2+8) & 24\\(10) & 6x\end{bmatrix}$ को सन्तुष्ट करने वाले x के शून्येत्तर मान हैं

(a) 1
(b) 2
(c) 3
(d) 4

12. यदि $A=\begin{bmatrix}0 & 1\\1 & 1\end{bmatrix}$ तथा $B=\begin{bmatrix}0 & -1\\1 & 0\end{bmatrix}$ है, तो निम्न में से कौन-सा सत्य है?

(a) $(A+B)\cdot(A-B)\neq A^2-B^2$
(b) $(A+B)\cdot(A-B)=A^2-B^2$
(c) $(A+B)\cdot(A-B)=I$
(d) इनमें से कोई नहीं

13. यदि $A=\begin{bmatrix}\cos\alpha & \sin\alpha\\-\sin\alpha & \cos\alpha\end{bmatrix}$ तथा $A^{-1}=A'$ हो, तब α का मान है

(a) $\in R$
(b) $\in R\sim\left\{\frac{\pi}{2}\right\}$
(c) 0
(d) $\frac{\pi}{2}$

14. यदि A इस प्रकार का आव्यूह है कि $A^2=I$, तब $(A+I)^3$ बराबर है

(a) $A+1$
(b) $7A+I$
(c) $3A+I$
(d) $A-I$

15. यदि $A=\begin{bmatrix}0 & -\tan\frac{\alpha}{2}\\\tan\frac{\alpha}{2} & 0\end{bmatrix}$ तथा I, 2×2 कोटि का एक तत्समक आव्यूह है, तब $(I-A)\begin{bmatrix}\cos\alpha & -\sin\alpha\\\sin\alpha & \cos\alpha\end{bmatrix}$ बराबर है

(a) A
(b) I
(c) $I+A$
(d) इनमें से कोई नहीं

16. यदि $A=\begin{bmatrix}1 & 0 & 2\\0 & 2 & 1\\2 & 0 & 3\end{bmatrix}$, तब A^3-6A^2+7A बराबर है

(a) I
(b) O
(c) $-2I$
(d) $2I$

17. यदि $2X+3Y=\begin{bmatrix}2 & 3\\4 & 0\end{bmatrix}$ तथा $3X+2Y=\begin{bmatrix}2 & -2\\-1 & 5\end{bmatrix}$ हो, तो X तथा Y का मान है

(a) $\begin{bmatrix}-5 & 0\\-1 & 4\end{bmatrix}$ तथा $\begin{bmatrix}2 & 0\\-1 & -1\end{bmatrix}$
(b) $\begin{bmatrix}5/2 & 0\\1 & 0\end{bmatrix}$ तथा $\begin{bmatrix}2 & 1\\0 & 1\end{bmatrix}$
(c) $\begin{bmatrix}4 & 1\\3/2 & 2\end{bmatrix}$ तथा $\begin{bmatrix}1 & 1\\1 & 5/2\end{bmatrix}$
(d) $\begin{bmatrix}\frac{2}{5} & \frac{-12}{5}\\\frac{-11}{5} & 3\end{bmatrix}$ तथा $\begin{bmatrix}\frac{2}{5} & \frac{13}{5}\\\frac{14}{5} & -2\end{bmatrix}$

18. यदि $A=\begin{bmatrix}0 & 2\\3 & -4\end{bmatrix}$ तथा $kA=\begin{bmatrix}0 & 3a\\2b & 24\end{bmatrix}$, तब k, a, b के मान क्रमशः हैं

(a) $-6, -12, -18$
(b) $-6, 4, 9$
(c) $-6, -4, -9$
(d) $-6, 12, 18$

19. यदि $A=\begin{bmatrix}2 & -1\\-1 & 2\end{bmatrix}$ तथा I एक 2 कोटि का इकाई आव्यूह है, तब A^2 का मान है

(a) $4A-3I$
(b) $3A-4I$
(c) $A-I$
(d) $A+I$

20. यदि $A + 2B = \begin{bmatrix} 2 & -4 \\ 1 & 6 \end{bmatrix}$, $A' + B' = \begin{bmatrix} 1 & 2 \\ 0 & -1 \end{bmatrix}$, तब A का मान है

(a) $\begin{bmatrix} 0 & 4 \\ 3 & -8 \end{bmatrix}$ (b) $\begin{bmatrix} 1 & -4 \\ -1 & 7 \end{bmatrix}$

(c) $\begin{bmatrix} 0 & -4 \\ 3 & 8 \end{bmatrix}$ (d) $\begin{bmatrix} 1 & 4 \\ 1 & -7 \end{bmatrix}$

21. यदि $X + Y = \begin{bmatrix} 7 & 0 \\ 2 & 5 \end{bmatrix}$ तथा $X - Y = \begin{bmatrix} 3 & 0 \\ 0 & 3 \end{bmatrix}$, तब आव्यूह $3X - 4Y$ के अवयवों के योग का मान है

(a) 14 (b) 16 (c) 12 (d) 25

22. समीकरण निकाय $\alpha x + y + z = \alpha - 1$

$x + \alpha y + z = \alpha - 1$

$x + y + \alpha z = \alpha - 1$

का कोई हल नहीं है, यदि α है

(a) 2 नहीं है (b) 1 (c) −2 (d) −2 या 1

23. यदि $P = \begin{bmatrix} i & 0 & -i \\ 0 & -i & i \\ -i & i & 0 \end{bmatrix}$ तथा $Q = \begin{bmatrix} -i & i \\ 0 & 0 \\ i & -i \end{bmatrix}$, तब PQ का मान है

(a) $\begin{bmatrix} -2 & 2 \\ 1 & -1 \\ 1 & -1 \end{bmatrix}$ (b) $\begin{bmatrix} 2 & -2 \\ -1 & 1 \\ -1 & 1 \end{bmatrix}$ (c) $\begin{bmatrix} 2 & -2 \\ -1 & 1 \end{bmatrix}$ (d) $\begin{bmatrix} 1 & 0 & 0 \\ 0 & 1 & 0 \\ 0 & 0 & 1 \end{bmatrix}$

24. k के किस मान के लिए आव्यूह $A = \begin{bmatrix} 1 & 0 & -k \\ 2 & 1 & 3 \\ k & 0 & 1 \end{bmatrix}$ प्रतिलोमणीय है?

(a) $k = 1$ (b) $k = -1$

(c) $k = \pm 1$ (d) इनमें से कोई नहीं

25. यदि $A = \begin{bmatrix} 1 & \tan \frac{\theta}{2} \\ -\tan \frac{\theta}{2} & 1 \end{bmatrix}$ तथा $AB = I$, तब B का मान है

(a) $\cos^2 \frac{\theta}{2} \cdot A$ (b) $\cos^2 \frac{\theta}{2} \cdot A^T$ (c) $\cos^2 \theta \cdot I$ (d) $\sin^2 \frac{\theta}{2} \cdot A$

26. यदि $A = \begin{bmatrix} 0 & 3 \\ 2 & 0 \end{bmatrix}$ तथा $A^{-1} = \lambda \, (\text{adj}\, A)$, तब λ का मान है

(a) $-\frac{1}{6}$ (b) $\frac{1}{3}$ (c) $-\frac{1}{3}$ (d) $\frac{1}{6}$

27. समीकरण निकाय $x_2 - x_3 = 1, -x_1 + 2x_3 = -2, x_1 - 2x_2 = 3$ के हलों की संख्या है

(a) शून्य (b) एक (c) दो (d) अनन्त

28. कोई 2×2 कोटि के आव्यूह के लिए, यदि $A(\text{Adj}A) = \begin{bmatrix} 10 & 0 \\ 0 & 10 \end{bmatrix}$, तब $|A|$ का मान है

(a) 0 (b) 10 (c) 20 (d) 100

उत्तर सहित व्याख्या

1. (b) यहाँ, $A = \begin{bmatrix} a_{11} & a_{12} \\ a_{21} & a_{22} \end{bmatrix}_{2 \times 2}$,

जहाँ $a_{ij} = \frac{(i + 2j)^2}{2}$

$\therefore a_{11} = \frac{(1+2)^2}{2} = \frac{9}{2}, a_{12} = \frac{(1+4)^2}{2} = \frac{25}{2},$

$a_{21} = \frac{(2+2)^2}{2} = 8$

तथा $a_{22} = \frac{(2+4)^2}{2} = 18$

अत: अभीष्ट आव्यूह,

$A = \begin{bmatrix} 9/2 & 25/2 \\ 8 & 8 \end{bmatrix}_{2 \times 2}$

2. (a) दिया हुआ आव्यूह,

$P = \begin{bmatrix} 0 & 0 & 4 \\ 0 & 4 & 0 \\ 4 & 0 & 0 \end{bmatrix}$ एक अदिश वर्ग आव्यूह है।

3. (b) दिया है, $\begin{bmatrix} 2x + y & 4x \\ 5x - 7 & 4x \end{bmatrix} = \begin{bmatrix} 7 & 7y - 13 \\ y & x + 6 \end{bmatrix}$

समान आव्यूह की परिभाषा से,

$4x = x + 6$

$\Rightarrow 3x = 6 \Rightarrow x = 2$

तथा $2x + y = 7$

$\Rightarrow 2(2) + y = 7 \Rightarrow y = 7 - 4$

$\therefore y = 3$

4. (d)

5. (d) दिया है, $A = \begin{bmatrix} 0 & 1 \\ 1 & 0 \end{bmatrix}$

$\therefore A^2 = A \cdot A = \begin{bmatrix} 0 & 1 \\ 1 & 0 \end{bmatrix} \cdot \begin{bmatrix} 0 & 1 \\ 1 & 0 \end{bmatrix}$

$= \begin{bmatrix} 0+1 & 0+0 \\ 0+0 & 1+0 \end{bmatrix} = \begin{bmatrix} 1 & 0 \\ 0 & 1 \end{bmatrix}$

6. (a) दिया है, $a_{ij} = \begin{cases} 1, & \text{यदि } i \neq j \\ 0, & \text{यदि } i = j \end{cases}$

तब, $A = [a_{ij}]_{2 \times 2} = \begin{bmatrix} 1 & 0 \\ 0 & 1 \end{bmatrix}$

$\therefore A^2 = A \cdot A = \begin{bmatrix} 1 & 0 \\ 0 & 1 \end{bmatrix} \cdot \begin{bmatrix} 1 & 0 \\ 0 & 1 \end{bmatrix}$

$= \begin{bmatrix} 1 & 0 \\ 0 & 1 \end{bmatrix} = I$

7. (d) दिया है, A की कोटि $= m \times n$

चूँकि AB' तथा $B'A$ दोनों परिभाषित हैं, तब AB' के लिए B' की कोटि $n \times p$ होगी ...(i)

तथा $B'A$ के लिए B' की कोटि $q \times m$ होगी ...(ii)

समी (i) तथा (ii) से,

आव्यूह B' की कोटि $n \times m$ होगी।

अत: आव्यूह B की कोटि $m \times n$ है।

8. (a) माना $P = AB' - BA'$ कोई आव्यूह है

अब, $P' = (AB' - BA')'$

$= (AB')' - (BA')'$

$= (B')'(A') - (A')'(B')$

$= (B)(A') - (A)(B')$

$= -[AB' - BA'] = -P$

$\because P' = -P$

$\therefore P$ एक विषम सममित आव्यूह है।

9. (a) दिया है, $A^2 = I$ ...(i)

$\therefore (A - I)^3 + (A + I)^3 - 7A$

$= (A)^3 - I^3 - 3AI(A - I)$

$+ (A)^3 + I^3 + 3AI(A + I) - 7A$

$= 2(A)^3 - 3A(A - I)$

$+ 3A(A + I) - 7A$

$= 2(A^2 \cdot A$

$- 3A(A - I - A - I) - 7A$

$= 2(I \cdot A) - 3A(-2I) - 7A$

$= 2A + 6A \cdot I - 7A$

$= 2A + 6A - 7A$

$= 8A - 7A = A$

10. (*a*) दिया है, $A = B$

$$\begin{bmatrix} a+4 & 3b \\ 8 & -6 \end{bmatrix} = \begin{bmatrix} 2a+2 & b^2+2 \\ 8 & b^2-5b \end{bmatrix}$$

समान आव्यूह के संगत अवयवों को बराबर करने पर,

$a + 4 = 2a + 2$ तथा $3b = b^2 + 2$

$a = 2$ तथा $b^2 - 3b + 2 = 0$

$\Rightarrow \quad b^2 - 2b - b + 2 = 0$

$\Rightarrow \quad b(b-2) - 1(b-2) = 0$

$\Rightarrow \quad (b-2)(b-1) = 0$

$\Rightarrow \quad b = 1, 2$

11. (*d*) दिया है, $x\begin{bmatrix} 2x & 2 \\ 3 & x \end{bmatrix} + 2\begin{bmatrix} 8 & 5x \\ 4 & 4x \end{bmatrix}$

$$= 2\begin{bmatrix} (x^2+8) & 24 \\ 10 & 6x \end{bmatrix}$$

$$\Rightarrow \begin{bmatrix} 2x^2+16 & 2x+10x \\ 3x+8 & x^2+8x \end{bmatrix} = \begin{bmatrix} 2x^2+16 & 48 \\ 20 & 12x \end{bmatrix}$$

समान आव्यूह के संगत अवयवों को समान रखने पर,

$3x + 8 = 20$

$\Rightarrow \quad 3x = 12$

$\Rightarrow \quad x = 4$

12. (*a*) दिया है,

$$A = \begin{bmatrix} 0 & 1 \\ 1 & 1 \end{bmatrix} \text{ तथा } B = \begin{bmatrix} 0 & -1 \\ 1 & 0 \end{bmatrix}$$

$$A+B = \begin{bmatrix} 0 & 1 \\ 1 & 1 \end{bmatrix} + \begin{bmatrix} 0 & -1 \\ 1 & 0 \end{bmatrix} = \begin{bmatrix} 0 & 0 \\ 2 & 1 \end{bmatrix}$$

$$A-B = \begin{bmatrix} 0 & 1 \\ 1 & 1 \end{bmatrix} - \begin{bmatrix} 0 & -1 \\ 1 & 0 \end{bmatrix} = \begin{bmatrix} 0 & 2 \\ 0 & 1 \end{bmatrix}$$

$$A^2 = A \cdot A = \begin{bmatrix} 0 & 1 \\ 1 & 1 \end{bmatrix}\begin{bmatrix} 0 & 1 \\ 1 & 1 \end{bmatrix} = \begin{bmatrix} 1 & 1 \\ 1 & 2 \end{bmatrix}$$

$$\text{तथा } B^2 = B \cdot B = \begin{bmatrix} 0 & -1 \\ 1 & 0 \end{bmatrix} \cdot \begin{bmatrix} 0 & -1 \\ 1 & 0 \end{bmatrix} = \begin{bmatrix} -1 & 0 \\ 0 & -1 \end{bmatrix}$$

$$\therefore \quad A^2 - B^2 = \begin{bmatrix} 1 & 1 \\ 1 & 2 \end{bmatrix} - \begin{bmatrix} -1 & 0 \\ 0 & -1 \end{bmatrix} = \begin{bmatrix} 2 & 1 \\ 1 & 3 \end{bmatrix}$$

$$\text{तथा } (A+B)(A-B) = \begin{bmatrix} 0 & 0 \\ 2 & 1 \end{bmatrix}\begin{bmatrix} 0 & 2 \\ 0 & 1 \end{bmatrix} = \begin{bmatrix} 0+0 & 0+0 \\ 0+0 & 4+1 \end{bmatrix} = \begin{bmatrix} 0 & 0 \\ 0 & 5 \end{bmatrix}$$

अतः $(A+B)(A-B) \neq A^2 - B^2$

13. (*a*) दिया है, $A = \begin{bmatrix} \cos\alpha & \sin\alpha \\ -\sin\alpha & \cos\alpha \end{bmatrix}$

$\therefore$ A का परिवर्त अर्थात्

$$A' = \begin{bmatrix} \cos\alpha & -\sin\alpha \\ \sin\alpha & \cos\alpha \end{bmatrix} \quad \text{... (i)}$$

$$\text{adj }(A) = \begin{bmatrix} \cos\alpha & \sin\alpha \\ -\sin\alpha & \cos\alpha \end{bmatrix}' = \begin{bmatrix} \cos\alpha & -\sin\alpha \\ \sin\alpha & \cos\alpha \end{bmatrix}$$

$|A| = \cos^2\alpha + \sin^2\alpha = 1$

$$\therefore A^{-1} = \frac{\text{adj } A}{|A|} = \frac{\begin{bmatrix} \cos\alpha & -\sin\alpha \\ \sin\alpha & \cos\alpha \end{bmatrix}}{1} = \begin{bmatrix} \cos\alpha & -\sin\alpha \\ \sin\alpha & \cos\alpha \end{bmatrix} \quad \text{...(ii)}$$

समी (i) तथा (ii) से, $A' = A^{-1}, \forall \alpha \in R$

14. (*b*) दिया है, $A^2 = A$ ...(i)

$\therefore \quad (I + A)^3 = (I)^3 + (A)^3 + 3I \cdot A\,(I + A)$

$= I + A^2 \cdot A + 3A\,(I + A)$

$= I + A \cdot A + 3A(I + A)$

$= I + A^2 + 3\,(A \cdot I + A^2)$

$= I + A + 3\,(A + A)$

$= I + A + 3(2A)$

$= I + A + 6A$

$= 7A + I$

15. (*c*) दिया है, $A = \begin{bmatrix} 0 & -t \\ t & 0 \end{bmatrix}$,

जहाँ $\quad t = \tan\left(\frac{\alpha}{2}\right)$

$$\text{अब,} \quad \cos\alpha = \frac{1 - \tan^2\left(\frac{\alpha}{2}\right)}{1 + \tan^2\left(\frac{\alpha}{2}\right)} = \frac{1-t^2}{1+t^2}$$

$$\text{तथा} \quad \sin\alpha = \frac{2\tan\left(\frac{\alpha}{2}\right)}{1 + \tan^2\left(\frac{\alpha}{2}\right)} = \frac{2t}{1+t^2}$$

$$\therefore (I - A)\begin{bmatrix} \cos\alpha & -\sin\alpha \\ \sin\alpha & \cos\alpha \end{bmatrix} = \left[\begin{pmatrix} 1 & 0 \\ 0 & 1 \end{pmatrix} - \begin{pmatrix} 0 & -t \\ +t & 0 \end{pmatrix}\right] \begin{bmatrix} \frac{1-t^2}{1+t^2} & \frac{-2t}{1+t^2} \\ \frac{2t}{1+t^2} & \frac{1-t^2}{1+t^2} \end{bmatrix}$$

$$= \begin{bmatrix} 1 & t \\ -t & 1 \end{bmatrix}\begin{bmatrix} \frac{1-t^2}{1+t^2} & \frac{-2t}{1+t^2} \\ \frac{2t}{1+t^2} & \frac{1-t^2}{1+t^2} \end{bmatrix}$$

$$= \begin{bmatrix} \frac{1+t^2}{1+t^2} & \frac{-t(1+t^2)}{1+t^2} \\ \frac{t(1+t^2)}{1+t^2} & \frac{1+t^2}{1+t^2} \end{bmatrix} = \begin{bmatrix} 1 & -t \\ t & 1 \end{bmatrix} \quad \text{...(i)}$$

$$\text{अब, } I + A = \begin{bmatrix} 1 & 0 \\ 0 & 1 \end{bmatrix} + \begin{bmatrix} 0 & -t \\ t & 0 \end{bmatrix}$$

$$= \begin{bmatrix} 0+1 & -t+0 \\ t+0 & 0+1 \end{bmatrix} = \begin{bmatrix} 1 & -t \\ t & 1 \end{bmatrix} \quad \text{...(ii)}$$

दोनों पक्षों में t का मान रखने पर,

$$\begin{bmatrix} 1 & -\tan\left(\frac{\alpha}{2}\right) \\ \tan\left(\frac{\alpha}{2}\right) & 1 \end{bmatrix} = \begin{bmatrix} 1 & -\tan\left(\frac{\alpha}{2}\right) \\ \tan\left(\frac{\alpha}{2}\right) & 1 \end{bmatrix}$$

$$\therefore \quad (I - A)\begin{bmatrix} \cos\alpha & -\sin\alpha \\ \sin\alpha & \cos\alpha \end{bmatrix} = I + A$$

16. (*c*) $A^2 = A \times A = \begin{bmatrix} 1 & 0 & 2 \\ 0 & 2 & 1 \\ 2 & 0 & 3 \end{bmatrix}\begin{bmatrix} 1 & 0 & 2 \\ 0 & 2 & 1 \\ 2 & 0 & 3 \end{bmatrix}$

$$= \begin{bmatrix} 1+0+4 & 0+0+0 & 2+0+6 \\ 0+0+2 & 0+4+0 & 0+2+3 \\ 2+0+6 & 0+0+0 & 4+0+9 \end{bmatrix} = \begin{bmatrix} 5 & 0 & 8 \\ 2 & 4 & 5 \\ 8 & 0 & 13 \end{bmatrix}$$

$$A^3 = A^2 \times A = \begin{bmatrix} 5 & 0 & 8 \\ 2 & 4 & 5 \\ 8 & 0 & 13 \end{bmatrix}\begin{bmatrix} 1 & 0 & 2 \\ 0 & 2 & 1 \\ 2 & 0 & 3 \end{bmatrix} = \begin{bmatrix} 21 & 0 & 34 \\ 12 & 8 & 23 \\ 34 & 0 & 55 \end{bmatrix}$$

$$\therefore A^3 - 6A^2 + 7A + 2I = \begin{bmatrix} 21 & 0 & 34 \\ 12 & 8 & 23 \\ 34 & 0 & 55 \end{bmatrix} - 6\begin{bmatrix} 5 & 0 & 8 \\ 2 & 4 & 5 \\ 8 & 0 & 13 \end{bmatrix} + 7\begin{bmatrix} 1 & 0 & 2 \\ 0 & 2 & 1 \\ 2 & 0 & 3 \end{bmatrix} + 2\begin{bmatrix} 1 & 0 & 0 \\ 0 & 1 & 0 \\ 0 & 0 & 1 \end{bmatrix}$$

$$= \begin{bmatrix} 21-30+7+2 & 0-0+0+0 & 34-48+14+0 \\ 12-12+0+0 & 8-24+14+2 & 23-30+7+0 \\ 34-48+14+0 & 0-0+0+0 & 55-78+21+2 \end{bmatrix}$$

$$=\begin{bmatrix}0&0&0\\0&0&0\\0&0&0\end{bmatrix}=0$$

$\therefore\ A^3-6A^2+7A=-2I$

17. (*d*) दिया है, $2X+3Y=\begin{bmatrix}2&3\\4&0\end{bmatrix}$ ...(i)

तथा $3X+2Y=\begin{bmatrix}2&-2\\-1&5\end{bmatrix}$ ...(ii)

समी (i) को 2 से तथा समी (ii) को 3 से गुणा कर समी (ii) को समी (i) में से घटाने पर,

$$2(2X+3Y)-3(3X+2Y)=2\begin{bmatrix}2&3\\4&0\end{bmatrix}-3\begin{bmatrix}2&-2\\-1&5\end{bmatrix}$$

$$\Rightarrow 4X+6Y-9X-6Y=\begin{bmatrix}4&6\\8&0\end{bmatrix}-\begin{bmatrix}6&-6\\-3&15\end{bmatrix}$$

$$\Rightarrow -5X=\begin{bmatrix}4-6&6+6\\8+3&0-15\end{bmatrix}=\begin{bmatrix}-2&12\\11&-15\end{bmatrix}$$

$$\Rightarrow X=-\frac{1}{5}\begin{bmatrix}-2&12\\11&-15\end{bmatrix}=\begin{bmatrix}2/5&-12/5\\-11/5&3\end{bmatrix}$$

तब, समी (i) से,

$$3Y=\begin{bmatrix}2&3\\4&0\end{bmatrix}-2X=\begin{bmatrix}2&3\\4&0\end{bmatrix}-2\begin{bmatrix}2/5&-12/5\\-11/5&3\end{bmatrix}$$

$$=\begin{bmatrix}2-\frac{4}{5}&3+\frac{24}{5}\\4+\frac{22}{5}&0-6\end{bmatrix}=\begin{bmatrix}6/5&39/5\\42/5&-6\end{bmatrix}$$

$$\therefore Y=\frac{1}{3}\begin{bmatrix}6/5&39/5\\42/5&-6\end{bmatrix}=\begin{bmatrix}2/5&13/5\\14/5&-2\end{bmatrix}$$

18. (c) $\because\ kA=\begin{bmatrix}0&3a\\2b&24\end{bmatrix}$

$$\Rightarrow k\begin{bmatrix}0&2\\3&-4\end{bmatrix}=\begin{bmatrix}0&3a\\2b&24\end{bmatrix}$$

$$\Rightarrow \begin{bmatrix}0&2k\\3k&-4k\end{bmatrix}=\begin{bmatrix}0&3a\\2b&24\end{bmatrix}$$

$\Rightarrow 2k=3a,\ \ 3k=2b,\ \ -4k=24$

$\Rightarrow a=\dfrac{2k}{3},\ \ b=\dfrac{3k}{2},\ \ k=-6$

$\therefore\ a=-4,\ \ b=-9$ and $k=-6$

19. (*a*) $\because A^2=A\cdot A=\begin{bmatrix}2&-1\\-1&2\end{bmatrix}\begin{bmatrix}2&-1\\-1&2\end{bmatrix}$

$$=\begin{bmatrix}4+1&-2-2\\-2-2&1+4\end{bmatrix}=\begin{bmatrix}5&-4\\-4&5\end{bmatrix}$$

तथा $4A-3I=4\begin{bmatrix}2&-1\\-1&2\end{bmatrix}-3\begin{bmatrix}1&0\\0&1\end{bmatrix}$

$$=\begin{bmatrix}8&-4\\-4&8\end{bmatrix}-\begin{bmatrix}3&0\\0&3\end{bmatrix}=\begin{bmatrix}5&-4\\-4&5\end{bmatrix}$$

$\therefore\ A^2=4A-3I$

20. (*a*) $A+B=(A'+B')'=\begin{bmatrix}1&0\\2&-1\end{bmatrix}$

$\therefore\ A=2(A+B)-(A+2B)$

$$=\begin{bmatrix}2&0\\4&-2\end{bmatrix}-\begin{bmatrix}2&-4\\1&6\end{bmatrix}=\begin{bmatrix}0&4\\3&-8\end{bmatrix}$$

21. (*a*) $X+Y+X-Y=2X$

$\therefore\ 2X=(X+Y)+(X-Y)$

$$=\begin{bmatrix}7&0\\2&5\end{bmatrix}+\begin{bmatrix}3&0\\0&3\end{bmatrix}=\begin{bmatrix}10&0\\2&8\end{bmatrix}$$

$$\therefore\ X=\frac{1}{2}\begin{bmatrix}10&0\\2&8\end{bmatrix}=\begin{bmatrix}5&0\\1&4\end{bmatrix}$$

$$2Y=(X+Y)-(X-Y)=\begin{bmatrix}7&0\\2&5\end{bmatrix}-\begin{bmatrix}3&0\\0&3\end{bmatrix}=\begin{bmatrix}4&0\\2&2\end{bmatrix}$$

$$\therefore\ Y=\frac{1}{2}\begin{bmatrix}4&0\\2&2\end{bmatrix}=\begin{bmatrix}2&0\\1&1\end{bmatrix}$$

$$3X-4Y=3\begin{bmatrix}5&0\\1&4\end{bmatrix}-4\begin{bmatrix}2&0\\1&1\end{bmatrix}=\begin{bmatrix}7&0\\-1&8\end{bmatrix}$$

$3X-4Y$ के अवयवों का योग

$=7+0-1+8=14$

22. (*c*) कोई हल नहीं या अनन्त हल के लिए,

$$\begin{vmatrix}\alpha&1&1\\1&\alpha&1\\1&1&\alpha\end{vmatrix}=0\Rightarrow\alpha=1,\alpha=2$$

किन्तु $\alpha=1$ के लिए स्पष्ट रूप से अनन्त हल है तथा जब हम $\alpha=-2$ दिए हुए समीकरण निकाय रखकर साथ-साथ जोड़ते हैं, तब बायाँ पक्ष $\neq$ दायाँ पक्ष $\Rightarrow$ कोई हल नहीं।

23. (*b*) चूँकि $P=\begin{bmatrix}i&0&-i\\0&-i&i\\-i&i&0\end{bmatrix}$

तथा $Q=\begin{bmatrix}-i&i\\0&0\\i&-i\end{bmatrix}$

$$\therefore\ PQ=\begin{bmatrix}i&0&-i\\0&-i&i\\-i&i&0\end{bmatrix}\begin{bmatrix}-i&i\\0&0\\i&-i\end{bmatrix}=\begin{bmatrix}2&-2\\-1&1\\-1&1\end{bmatrix}$$

24. (*d*) चूँकि A प्रतिलोमणीय है।

$$\therefore\ |A|\neq 0\Rightarrow\begin{vmatrix}1&0&-k\\2&1&3\\k&0&1\end{vmatrix}\neq 0$$

$\Rightarrow\ 1(1-0)+k(0-k)\neq 0$

$\Rightarrow\ 1-k^2\neq 0\ \Rightarrow\ k\neq\pm 1$

25. (*b*) दिया है, $AB=I\ \Rightarrow\ B=A^{-1}$

अब, $A^{-1}=\dfrac{\text{adj}(A)}{|A|}$

$$=\frac{\begin{bmatrix}1&-\tan\frac{\theta}{2}\\\tan\frac{\theta}{2}&1\end{bmatrix}}{1+\tan^2\frac{\theta}{2}}$$

$$=\frac{A^T}{\sec^2\frac{\theta}{2}}=\cos^2\frac{\theta}{2}A^T$$

26. (*a*) दिया है, $A^{-1}=\lambda\,(\text{adj}\,A)$

$A^{-1}=\dfrac{1}{|A|}\text{adj}\,(A)$ से तुलना करने पर,

$\lambda=\dfrac{1}{|A|}$

अब, $|A|=\begin{vmatrix}0&3\\2&0\end{vmatrix}=0-6=-6$

$\Rightarrow\ \lambda=-\dfrac{1}{6}$

27. (*a*) माना $A=\begin{bmatrix}0&1&-1\\-1&0&2\\1&-2&0\end{bmatrix}$

$$\therefore |A|=\begin{vmatrix}0&1&-1\\-1&0&2\\1&-2&0\end{vmatrix}$$

$$=0\begin{vmatrix}0&2\\-2&0\end{vmatrix}-1\begin{vmatrix}-1&2\\1&0\end{vmatrix}-1\begin{vmatrix}-1&0\\1&-2\end{vmatrix}$$

$=0+2-2=0$

$\Rightarrow\ |A|=0$

अब, $(\text{adj}\,A)\,B=\begin{bmatrix}4&2&2\\2&1&1\\2&1&-1\end{bmatrix}\begin{bmatrix}1\\-2\\3\end{bmatrix}$

$$=\begin{bmatrix}4-4+6\\2-2+3\\2-2-3\end{bmatrix}=\begin{bmatrix}6\\3\\-3\end{bmatrix}\neq O$$

अत: दिया हुआ समीकरण निकाय असंगत है, इसलिए इसका कोई हल नहीं है।

28. (*b*) चूँकि $A[\text{adj}\cdot A]=|A|\cdot I$

$$\therefore\ \begin{bmatrix}10&0\\0&10\end{bmatrix}=|A|\begin{bmatrix}1&0\\0&1\end{bmatrix}=\begin{bmatrix}|A|&0\\0&|A|\end{bmatrix}$$

$\therefore\ |A|=10$

अध्याय 04

सारणिक

Determinants

वर्ग आव्यूह के संख्यात्मक मान को सारणिक कहते हैं तथा इसे $\det(A)$ या $|A|$ से प्रदर्शित करते हैं।

नोट *जो आव्यूह वर्ग आव्यूह नहीं होती है, उसके सारणिक का मान ज्ञात नहीं किया जा सकता है।*

सारणिक का विस्तार

प्रथम कोटि के सारणिक का विस्तार

यदि आव्यूह $A = [a_{11}]$, तब $|A| = a_{11}$ अर्थात् एक कोटि के आव्यूह का सारणिक स्वयं वह अवयव होता है।

द्वितीय कोटि के सारणिक का विस्तार

$$|A| = \begin{vmatrix} a_{11} & a_{12} \\ a_{21} & a_{22} \end{vmatrix} = a_{11}a_{22} - a_{12}a_{21}$$

तृतीय कोटि के सारणिक का विस्तार

$$|A| = \begin{vmatrix} a_{11} & a_{12} & a_{13} \\ a_{21} & a_{22} & a_{23} \\ a_{31} & a_{32} & a_{33} \end{vmatrix}$$

$$= a_{11}\begin{vmatrix} a_{22} & a_{23} \\ a_{32} & a_{33} \end{vmatrix} - a_{12}\begin{vmatrix} a_{21} & a_{23} \\ a_{31} & a_{33} \end{vmatrix} + a_{13}\begin{vmatrix} a_{21} & a_{22} \\ a_{31} & a_{32} \end{vmatrix}$$

$$= a_{11}(a_{22}a_{33} - a_{23}a_{32}) - a_{12}(a_{21}a_{33} - a_{31}a_{23}) + a_{13}(a_{21}a_{32} - a_{31}a_{22})$$

नोट

- *गणना (Calculation) को सरल करने के लिए, हम सारणिक का उस पंक्ति या स्तम्भ के अनुदिश विस्तार करेंगे, जिसमें शून्यों की संख्या अधिकतम होती है। सारणिकों का विस्तार करते समय $(-1)^{i+j}$ से गुणा करने के स्थान पर, हम $(i + j)$ के सम या विषम होने के अनुसार +1 या −1 से गुणा कर सकते हैं।*

  अथवा

- *कोटि 3 वाले सारणिक का विस्तार करते समय हम निम्नलिखित क्रम में चिन्ह का प्रयोग करते हैं।*

$$\begin{vmatrix} + & - & + \\ - & + & - \\ + & - & + \end{vmatrix}$$

सारणिकों के गुणधर्म

(i) यदि किसी सारणिक की पंक्तियों को स्तम्भों में तथा स्तम्भों को पंक्तियों में परिवर्तित कर दिया जाए, तो उस सारणिक के मान में कोई परिवर्तन नहीं होता है।

(ii) यदि किसी सारणिक की किन्हीं दो पंक्तियों (स्तम्भों) को परस्पर बदल दिया जाए, तो सारणिक के मान में परिवर्तन नहीं होता, परन्तु उसका चिन्ह परिवर्तित हो जाता है।

(iii) यदि किसी सारणिक की एक पंक्ति (स्तम्भ) के अवयव किसी दूसरी पंक्ति (स्तम्भ) के अवयवों के सर्वसम (समान) हों, तो सारणिक का मान शून्य होता है।

(iv) यदि किसी सारणिक की किसी पंक्ति (स्तम्भ) के सभी अवयवों को एक अचर k से गुणा किया जाए, तो सारणिक का मान भी k गुना हो जाता है।

(v) यदि किसी सारणिक की किसी पंक्ति (स्तम्भ) के सभी अवयव शून्य हों, तो सारणिक का मान शून्य होता है।

(vi) यदि किसी सारणिक की कोई दो पंक्तियाँ (स्तम्भ) समानुपाती हैं, तब सारणिक का मान शून्य होता है।

(vii) यदि किसी सारणिक की किसी पंक्ति (स्तम्भ) का प्रत्येक अवयव दो या दो से अधिक पदों का योगफल हो, तब सारणिक को उसी क्रम के दो या दो से अधिक सारणिकों के योग के रूप में व्यक्त किया जा सकता है।

(viii) यदि किसी सारणिक की किसी एक पंक्ति अथवा किसी एक स्तम्भ के सभी अवयवों में किसी अचर से गुणा करके किसी अन्य पंक्ति अथवा किसी अन्य स्तम्भ के संगत अवयवों में जोड़ या घटा दिया जाए, तो सारणिक का मान अपरिवर्तित रहता है।

निर्देशांक ज्यामिति में सारणिकों के अनुप्रयोग

- **त्रिभुज का क्षेत्रफल** माना ABC एक त्रिभुज है, जिसके शीर्षों के निर्देशांक क्रमशः $A(x_1, y_1)$, $B(x_2, y_2)$ तथा $C(x_3, y_3)$ हैं, तब

$$\Delta ABC \text{ का क्षेत्रफल} = \frac{1}{2}\begin{vmatrix} x_1 & y_1 & 1 \\ x_2 & y_2 & 1 \\ x_3 & y_3 & 1 \end{vmatrix}$$

नोट *त्रिभुज का क्षेत्रफल सदैव धनात्मक होता है।*

- **तीन बिन्दुओं के संरेख होने का प्रतिबन्ध** यदि तीन बिन्दु $A(x_1, y_1)$, $B(x_2, y_2)$ तथा $C(x_3, y_3)$ हैं, तब A, B तथा C संरेख होंगे, यदि

$$\Delta ABC \text{ का क्षेत्रफल } (\Delta) = 0 \text{ या } \begin{vmatrix} x_1 & y_1 & 1 \\ x_2 & y_2 & 1 \\ x_3 & y_3 & 1 \end{vmatrix} = 0$$

- **दो बिन्दुओं से होकर जाने वाली रेखा का समीकरण** यदि $A(x_1, y_1)$ व $B(x_2, y_2)$ दो दिए गए बिन्दु तथा बिन्दुओं को मिलाने वाली रेखा पर एक अन्य बिन्दु $P(x, y)$ स्थित है, तब रेखा का समीकरण होगा

$$\begin{vmatrix} x & y & 1 \\ x_1 & y_1 & 1 \\ x_2 & y_2 & 1 \end{vmatrix} = 0$$

उपसारणिक

माना $A=[a_{ij}]$ एक n कोटि का वर्ग आव्यूह है, तब a_{ij} का उपसारणिक M_{ij}, $(n-1)$ कोटि के वर्ग आव्यूह का सारणिक होता है जिसे A की iवीं पंक्ति व jवें स्तम्भ को छोड़कर प्राप्त किया जाता है।

जैसे–यदि $A=\begin{vmatrix} a_{11} & a_{12} & a_{13} \\ a_{21} & a_{22} & a_{23} \\ a_{31} & a_{32} & a_{33} \end{vmatrix}$ हो, तब

उपसारणिक, $M_{11}=\begin{vmatrix} a_{22} & a_{23} \\ a_{32} & a_{33} \end{vmatrix}$, $M_{12}=\begin{vmatrix} a_{21} & a_{23} \\ a_{31} & a_{33} \end{vmatrix}$

तथा $M_{13}=\begin{vmatrix} a_{21} & a_{22} \\ a_{31} & a_{32} \end{vmatrix}$

सहगुणनखण्ड (सहखण्ड)

किसी वर्ग आव्यूह A के (i, j)वें अवयव a_{ij} का सहगुणनखण्ड,

$C_{ij}=(-1)^{i+j}M_{ij}$ होता है।

जहाँ, $i=1, 2, 3, \ldots ; j=1, 2, 3, \ldots$ तथा M_{ij}, a_{ij} का उपसारणिक है।

जैसे–यदि $A=\begin{vmatrix} a_{11} & a_{12} & a_{13} \\ a_{21} & a_{22} & a_{23} \\ a_{31} & a_{32} & a_{33} \end{vmatrix}$, तब

सहगुणनखण्ड, $C_{11}=\begin{vmatrix} a_{22} & a_{23} \\ a_{32} & a_{33} \end{vmatrix}$ तथा $C_{12}=-\begin{vmatrix} a_{21} & a_{23} \\ a_{31} & a_{33} \end{vmatrix}$

नोट • *सारणिक में अवयवों तथा उनके संगत सहगुणनखण्डों के गुणनफल का योग सारणिक के मान के बराबर होता है।*

• *किसी पंक्ति या स्तम्भ के अवयवों की किसी अन्य पंक्ति या स्तम्भ के संगत अवयवों के सहगुणनखण्डों से गुणा का योग शून्य होता है।*
जैसे– $a_{11}C_{11}+a_{12}C_{22}+a_{13}C_{33}=0$

व्युत्क्रमणीय आव्यूह

यदि किसी वर्ग आव्यूह A के सारणिक का मान शून्य के बराबर न हो अर्थात् $|A| \neq 0$, तो उसे व्युत्क्रमणीय आव्यूह कहते हैं।

अव्युत्क्रमणीय आव्यूह

यदि किसी वर्ग आव्यूह A के सारणिक का मान शून्य हो अर्थात् $|A|=0$, तब उसे अव्युत्क्रमणीय आव्यूह कहते हैं।

आव्यूह का सहखण्डज

माना A एक $n \times n$ क्रम का वर्ग आव्यूह है, तो A का सहखण्डज आव्यूह निम्न है

$$\text{adj}(A)=C^T$$

जहाँ, $C=[c_{ij}]$, आव्यूह A के अवयवों के सहगुणनखण्डों से बना आव्यूह है।

कुछ महत्त्वपूर्ण प्रमेय

- **प्रमेय 1** यदि A एक n कोटि का वर्ग आव्यूह है, तब

$$A \cdot (\text{adj}\, A)=(\text{adj}\, A) \cdot A=|A| \cdot I_n$$

- **प्रमेय 2** यदि A तथा B दोनों एक ही कोटि के व्युत्क्रमणीय आव्यूह हों, तब AB तथा BA भी उसी कोटि के व्युत्क्रमणीय आव्यूह होते हैं।
- **प्रमेय 3** $|AB|=|A|\,|B|$, जहाँ A तथा B समान कोटि के वर्ग आव्यूह हैं।

आव्यूह के सहखण्डज के गुण

माना A तथा B समान कोटि n के व्युत्क्रमणीय आव्यूह हैं, तब

(i) $|\text{adj}\, A|=|A|^{n-1}$

(ii) $\text{adj}(A^T)=(\text{adj}\, A)^T$

(iii) $\text{adj}(AB)=(\text{adj}\, B) \cdot (\text{adj}\, A)$

(iv) $\text{adj}(\text{adj}\, A)=|A|^{n-2} \cdot A$

(v) $\text{adj}(kA)=k^{n-1}(\text{adj}\, A), k \in R$

(vi) $|\text{adj}\, [\text{adj}\, (A)]|=|A|^{(n-1)^2}$

आव्यूह का व्युत्क्रम

यदि A एक व्युत्क्रमणीय आव्यूह है, तब $A^{-1}=\frac{1}{|A|}\text{adj}\,(A)$

अतः A^{-1} विद्यमान होगा, यदि $|A| \neq 0$

नोट *एक वर्ग आव्यूह A के व्युत्क्रम का अस्तित्व है, यदि और केवल यदि वह एक व्युत्क्रमणीय आव्यूह है।*

आव्यूह के व्युत्क्रम के गुण

माना A तथा B समान कोटि के दो वर्ग व्युत्क्रमणीय आव्यूह हैं, तब

(i) $(A^{-1})^{-1}=A$ (ii) $(AB)^{-1}=B^{-1}A^{-1}$

(iii) $(A^T)^{-1}=(A^{-1})^T$ (iv) $|A^{-1}|=|A|^{-1}$

(v) $AA^{-1}=A^{-1}A=I$ (vi) $(kA)^{-1}=\frac{1}{k}A^{-1}, k \neq 0$

संगत तथा असंगत निकाय

यदि समीकरण निकाय का हल विद्यमान है, तो यह संगत निकाय कहलाता है अन्यथा असंगत निकाय कहलाता है।

निकाय का संगत अथवा असंगत होने का प्रतिबन्ध

आव्यूह समीकरण $AX=B$ में,

(i) यदि $|A| \neq 0$, तो समीकरण निकाय संगत होगा और इसका एक अद्वितीय हल होगा।

(ii) यदि $|A|=0$ तथा $(\text{adj}\, A)B \neq 0$, तो समीकरण निकाय का कोई हल नहीं होगा अर्थात् निकाय असंगत होगा।

(iii) यदि $|A|=0$ तथा $(\text{adj}\, A)B=0$, तो समीकरण निकाय संगत होगा और इसके अनन्त हल होंगे।

आव्यूह विधि द्वारा रैखिक समीकरणों का हल

माना समीकरण निकाय निम्न है

$a_1x+b_1y+c_1z=d_1$, $a_2x+b_2y+c_2z=d_2$ तथा $a_3x+b_3y+c_3z=d_3$

इस समीकरण निकाय को हम आव्यूह रूप में निम्न प्रकार लिखते हैं,

$AX=B$ जहाँ, $A=\begin{bmatrix} a_1 & b_1 & c_1 \\ a_2 & b_2 & c_2 \\ a_3 & b_3 & c_3 \end{bmatrix}$, $X=\begin{bmatrix} x \\ y \\ z \end{bmatrix}$ तथा $B=\begin{bmatrix} d_1 \\ d_2 \\ d_3 \end{bmatrix}$

तब, निकाय का हल $X=A^{-1}B$ है।

अभ्यास प्रश्न

1. सारणिक $\begin{vmatrix} x & \sin\theta & \cos\theta \\ -\sin\theta & -x & 1 \\ \cos\theta & 1 & x \end{vmatrix}$ का मान है

(a) θ से स्वतन्त्र (b) θ से परतन्त्र
(c) θ तथा x से स्वतन्त्र (d) इनमें से कोई नहीं

2. $\begin{vmatrix} \cos\alpha\cos\beta & \cos\alpha\sin\beta & -\sin\alpha \\ -\sin\beta & \cos\beta & 0 \\ \sin\alpha\cos\beta & \sin\alpha\sin\beta & \cos\alpha \end{vmatrix}$ का मान है

(a) $\sin(\alpha+\beta)$ (b) $\cos(\alpha+\beta)$ (c) 0 (d) 1

3. यदि $\begin{vmatrix} 2x & 5 \\ 8 & x \end{vmatrix} = \begin{vmatrix} 6 & -2 \\ 7 & 3 \end{vmatrix}$, तब x का मान होगा

(a) 3 (b) ± 3 (c) ± 6 (d) 6

4. यदि $A = \begin{bmatrix} 1 & 0 & 1 \\ 0 & 1 & 2 \\ 0 & 0 & 4 \end{bmatrix}$, तब

(a) $|3A| = 3|A|$ (b) $|3A| = 9|A|$
(c) $|3A| = 27|A|$ (d) इनमें से कोई नहीं

5. $\begin{vmatrix} 1 & bc & a(b+c) \\ 1 & ca & b(c+a) \\ 1 & ab & c(a+b) \end{vmatrix}$ का मान है

(a) $a+b+c$ (b) abc (c) 0 (d) इनमें से कोई नहीं

6. $\begin{vmatrix} -a^2 & ab & ac \\ ba & -b^2 & bc \\ ca & cb & -c^2 \end{vmatrix}$ का मान है

(a) $a^2b^2c^2$ (b) $2a^2b^2c^2$ (c) $4a^2b^2c^2$ (d) $8a^2b^2c^2$

7. $\begin{vmatrix} x & x^2 & yz \\ y & y^2 & zx \\ z & z^2 & xy \end{vmatrix}$ का मान है

(a) $(x-y)(y-z)(z-x)(x+y+z)$
(b) $(x-y)(y-z)(z-x)(xy+yz+zx)$
(c) $(x+y)(y+z)(z+x)(xy+yz+zx)$
(d) उपरोक्त में से कोई नहीं

8. $\begin{vmatrix} y+k & y & y \\ y & y+k & y \\ y & y & y+k \end{vmatrix}$ का मान है

(a) $k(y+k)$ (b) $k^2(y+k)$ (c) $k^2(3y+k)$ (d) $k^2(y+3k)$

9. $\begin{vmatrix} a-b-c & 2a & 2a \\ 2b & b-c-a & 2b \\ 2c & 2c & c-a-b \end{vmatrix}$ का मान है

(a) $2(a+b+c)^2$ (b) $(a+b+c)^3$
(c) $2(a+b+c)^3$ (d) $(a+b+c)^2$

10. यदि $\begin{vmatrix} x+y+2z & x & y \\ z & y+z+2x & y \\ z & x & z+x+2y \end{vmatrix} = k(x+y+z)^3$, तब k का मान होगा

(a) 1 (b) 2 (c) 4 (d) 8

11. $\begin{vmatrix} \alpha & \alpha^2 & \beta+\gamma \\ \beta & \beta^2 & \gamma+\alpha \\ \gamma & \gamma^2 & \alpha+\beta \end{vmatrix}$ का मान है

(a) $(\beta-\gamma)(\gamma-\alpha)(\alpha-\beta)$ (b) $(\alpha+\beta)(\beta+\gamma)(\gamma+\alpha)$
(c) $(\alpha+\beta+\gamma)(\alpha\beta+\beta\gamma+\gamma\alpha)$ (d) इनमें से कोई नहीं

12. $\begin{vmatrix} x & x^2 & 1+px^3 \\ y & y^2 & 1+py^3 \\ z & z^2 & 1+pz^3 \end{vmatrix}$ का मान है, जहाँ p कोई एक अचर है

(a) $(1+pxyz)(x-y)(y-z)(z-x)$
(b) $(1-pxyz)(x+y)(y+z)(z+x)$
(c) $(1-pxyz)(x-y)(y-z)(z-x)$
(d) $pxyz(x-y)(y-z)(z-x)$

13. यदि $\begin{vmatrix} 3a & -a+b & -a+c \\ -b+a & 3b & -b+c \\ -c+a & -c+b & 3c \end{vmatrix} = k(a+b+c)(ab+bc+ca)$, तब k का मान है

(a) 1 (b) 2 (c) 3 (d) 9

14. सारणिक $\begin{vmatrix} b^2-ab & b-c & bc-ac \\ ab-a^2 & a-b & b^2-ab \\ bc-ac & c-a & ab-a^2 \end{vmatrix}$ बराबर है

(a) $abc(b-c)(c-a)(a-b)$
(b) $(b-c)(c-a)(a-b)$
(c) $(a+b+c)(b-c)(c-a)(a-b)$
(d) उपरोक्त में से कोई नहीं

15. यदि $\Delta = \begin{vmatrix} 1 & x & x^2 \\ 1 & y & y^2 \\ 1 & z & z^2 \end{vmatrix}$ तथा $\Delta_1 = \begin{vmatrix} 1 & 1 & 1 \\ yz & zx & xy \\ x & y & z \end{vmatrix}$, तब $\Delta + \Delta_1$ का मान होगा

(a) $\Delta \cdot \Delta_1$ (b) 1
(c) 0 (d) इनमें से कोई नहीं

16. $\Delta = \begin{vmatrix} \operatorname{cosec}^2\theta & \cot^2\theta & 1 \\ \cot^2\theta & \operatorname{cosec}^2\theta & -1 \\ 42 & 40 & 2 \end{vmatrix}$ का मान है

(a) 1 (b) 32 (c) $\tan\theta$ (d) 0

17. माना $\Delta = \begin{vmatrix} Ax & x^2 & 1 \\ By & y^2 & 1 \\ Cz & x^2 & 1 \end{vmatrix}$ तथा $\Delta_1 = \begin{vmatrix} A & B & C \\ x & y & z \\ zy & zx & xy \end{vmatrix}$, तब

(a) $\Delta_1 = -\Delta$ (b) $\Delta \neq \Delta_1$
(c) $\Delta - \Delta_1 = 0$ (d) इनमें से कोई नहीं

18. $\begin{vmatrix} y^2z^2 & yz & y+z \\ z^2x^2 & zx & z+x \\ x^2y^2 & xy & x+y \end{vmatrix}$ का मान है

(a) yxz (b) $x^2y^2z^2$
(c) 0 (d) $(x+y+z)$

19. $\begin{vmatrix} a^2+2a & 2a+1 & 1 \\ 2a+1 & a+2 & 1 \\ 3 & 3 & 1 \end{vmatrix}$ का मान है

(a) $(a-1)$ (b) $(a-1)^2$ (c) $(a-1)^3$ (d) $(a-1)^4$

20. यदि x, y, z शून्य से भिन्न हों तथा

$\Delta = \begin{vmatrix} a & b-y & c-z \\ a-x & b & c-z \\ a-x & b-y & c \end{vmatrix} = 0$, तब व्यंजक $\frac{a}{x}+\frac{b}{y}+\frac{c}{z}$ का मान है

(a) 0 (b) –1 (c) 1 (d) 2

21. त्रिभुज का क्षेत्रफल 9 वर्ग इकाई है, जिसके शीर्ष बिन्दु $(-3, 0), (3, 0)$ तथा $(0, k)$ हैं, तब k का मान होगा

(a) 9 (b) 3 (c) –9 (d) 6

22. यदि भुजा a वाले समबाहु त्रिभुज के शीर्षों के निर्देशांक $(x_1, y_1), (x_2, y_2)$ तथा (x_3, y_3) हों, तब $\begin{vmatrix} x_1 & y_1 & 1 \\ x_2 & y_2 & 1 \\ x_3 & y_3 & 1 \end{vmatrix}$ का मान है

(a) $\frac{a^4}{4}$ (b) $\frac{3a^2}{4}$ (c) $\frac{5a^4}{4}$ (d) $\frac{3a^4}{4}$

23. $\Delta = \begin{vmatrix} 1 & 1 & 1 \\ 1 & 1+\sin\theta & 1 \\ 1+\cos\theta & 1 & 1 \end{vmatrix}$ का अधिकतम मान होगा (θ एक वास्तविक संख्या है)

(a) $\frac{1}{2}$ (b) $\frac{\sqrt{3}}{2}$ (c) $\sqrt{2}$ (d) $\frac{2\sqrt{3}}{4}$

24. माना $A = \begin{vmatrix} 1 & \sin\theta & 1 \\ -\sin\theta & 1 & \sin\theta \\ -1 & -\sin\theta & 1 \end{vmatrix}$, जहाँ $0 \le \theta \le 2\pi$, तब परिसर $|A|$ है

(a) $(2, 4)$ (b) $[2, 4]$ (c) $[2, 4)$ (d) ये सभी

25. माना $f(t) = \begin{vmatrix} \cos t & t & 1 \\ 2\sin t & t & 2t \\ \sin t & t & t \end{vmatrix}$, तब $\lim_{t \to 0} \frac{f(t)}{t^2}$ का मान होगा

(a) 0 (b) –1 (c) 2 (d) 3

उत्तर सहित व्याख्या

1. (a) माना $A = \begin{vmatrix} x & \sin\theta & \cos\theta \\ -\sin\theta & -x & 1 \\ \cos\theta & 1 & x \end{vmatrix}$

प्रथम पंक्ति के संगत विस्तार करने पर,

$$A = x\begin{vmatrix} -x & 1 \\ 1 & x \end{vmatrix} - \sin\theta\begin{vmatrix} -\sin\theta & 1 \\ \cos\theta & x \end{vmatrix} + \cos\theta\begin{vmatrix} -\sin\theta & -x \\ \cos\theta & 1 \end{vmatrix}$$

$$= x(-x^2-1) - \sin\theta(-x\sin\theta - \cos\theta) + \cos\theta(-\sin\theta + x\cos\theta)$$

$$= -x^3 - x + x(\sin^2\theta + \cos^2\theta)$$

$$= -x^3 - x + x$$

$$= -x^3$$

अत: A, θ से स्वतन्त्र है।

2. (d) माना सारणिक

$$A = \begin{vmatrix} \cos\alpha\cos\beta & \cos\alpha\sin\beta & -\sin\alpha \\ -\sin\beta & \cos\beta & 0 \\ \sin\alpha\cos\beta & \sin\alpha\sin\beta & \cos\alpha \end{vmatrix}$$

प्रथम पंक्ति के अवयवों के संगत विस्तार करने पर,

$$A = \cos\alpha\cos\beta(\cos\alpha\cos\beta - 0) - \cos\alpha\sin\beta(-\cos\alpha\sin\beta - 0) - \sin\alpha(-\sin^2\beta\sin\alpha - \cos^2\beta\sin\alpha)$$

$$= \cos^2\alpha\cos^2\beta + \cos^2\alpha\sin^2\beta + \sin^2\alpha(\sin^2\beta + \cos^2\beta)$$

$$= \cos^2\alpha(1) + \sin^2\alpha(1)$$

$$= \cos^2\alpha + \sin^2\alpha = 1$$

3. (c) दिया है, $\begin{vmatrix} 2x & 5 \\ 8 & x \end{vmatrix} = \begin{vmatrix} 6 & -2 \\ 7 & 3 \end{vmatrix}$

सारणिक का प्रसार करने पर,

$$2x^2 - 40 = 18 + 14$$

$$\Rightarrow \quad 2x^2 = 40 + 32 = 72$$

$$\Rightarrow \quad x^2 = 36$$

$$\therefore \quad x = \pm 6$$

4. (c) दिया है, $A = \begin{bmatrix} 1 & 0 & 1 \\ 0 & 1 & 2 \\ 0 & 0 & 4 \end{bmatrix}$

चूँकि प्रथम स्तम्भ में दो अवयव शून्य हैं। अत: सारणिक का विस्तार प्रथम स्तम्भ के अवयवों के संगत करने पर,

$$|A| = 1\begin{vmatrix} 1 & 2 \\ 0 & 4 \end{vmatrix} - 0\begin{vmatrix} 0 & 1 \\ 0 & 4 \end{vmatrix} + 0\begin{vmatrix} 0 & 1 \\ 1 & 2 \end{vmatrix}$$

$$= 1(1 \times 4 - 0 \times 2) = 4$$

$$\therefore 27|A| = 27 \times 4 = 108 \quad \ldots(i)$$

अब, $3A = 3\begin{bmatrix} 1 & 0 & 1 \\ 0 & 1 & 2 \\ 0 & 0 & 4 \end{bmatrix} = \begin{bmatrix} 3 & 0 & 3 \\ 0 & 3 & 6 \\ 0 & 0 & 12 \end{bmatrix}$

$$\therefore \quad |3A| = \begin{vmatrix} 3 & 0 & 3 \\ 0 & 3 & 6 \\ 0 & 0 & 12 \end{vmatrix}$$

चूँकि प्रथम स्तम्भ के दो अवयव शून्य हैं। अत: सारणिक का विस्तार प्रथम अवयव के संगत करने पर,

$$|3A| = 3\begin{vmatrix} 3 & 6 \\ 0 & 12 \end{vmatrix} - 0\begin{vmatrix} 0 & 3 \\ 0 & 12 \end{vmatrix} + 0\begin{vmatrix} 0 & 3 \\ 3 & 6 \end{vmatrix}$$

$$= 3(3 \times 12 - 0 \times 6)$$

$$\Rightarrow |3A| = 3(36) = 108 \quad \ldots(ii)$$

समी (i) तथा (ii) से, $|3A| = 27|A|$

5. (c) माना $A = \begin{vmatrix} 1 & bc & a(b+c) \\ 1 & ca & b(c+a) \\ 1 & ab & c(a+b) \end{vmatrix}$

$$= \begin{vmatrix} 1 & bc & ab+ac+bc \\ 1 & ca & bc+ba+ca \\ 1 & ab & ca+cb+ab \end{vmatrix}$$

($C_3 \to C_3 + C_2$ से)

C_3 से $ab+bc+ca$ उभयनिष्ठ लेने पर,

$$A = (ab+bc+ca)\begin{vmatrix} 1 & bc & 1 \\ 1 & ca & 1 \\ 1 & ab & 1 \end{vmatrix}$$

$$= (ab+bc+ca) \times 0 = 0$$

(चूँकि C_1 तथा C_3 समान हैं)

6. (c) (i) पंक्ति R_1, R_2, R_3 से क्रमश: a, b, c को उभयनिष्ठ लेते हैं।

(ii) स्तम्भ C_1, C_2, C_3 से क्रमश: a, b, c उभयनिष्ठ लेते हैं।

इस प्रकार सारणिक सरल रूप में प्राप्त होता है जिसे आसानी से हल किया जा सकता है।

$$\begin{vmatrix} -a^2 & ab & ac \\ ba & -b^2 & bc \\ ca & cb & -c^2 \end{vmatrix} = abc\begin{vmatrix} -a & b & c \\ a & -b & c \\ a & b & -c \end{vmatrix}$$

(R_1 से a, R_2 से b तथा R_3 से c उभयनिष्ठ लेने पर)

$$= (abc)(abc)\begin{vmatrix} -1 & 1 & 1 \\ 1 & -1 & 1 \\ 1 & 1 & -1 \end{vmatrix}$$

(C_1 से a, C_2 से b तथा C_3 से c उभयनिष्ठ लेने पर)

$$= a^2b^2c^2\begin{vmatrix} 0 & 0 & 2 \\ 0 & -2 & 2 \\ 1 & 1 & -1 \end{vmatrix}$$

($R_1 \to R_1 + R_2$ तथा $R_2 \to R_2 - R_3$ से)

अब, प्रथम पंक्ति के संगत विस्तार करने पर,

$$= a^2b^2c^2\left[0\begin{vmatrix} -2 & 2 \\ 1 & -1 \end{vmatrix} - 0\begin{vmatrix} 0 & 2 \\ 1 & -1 \end{vmatrix} + 2\begin{vmatrix} 0 & -2 \\ 1 & 1 \end{vmatrix}\right]$$

$$= a^2b^2c^2[0 - 0 + 2(0+2)] = 4a^2b^2c^2$$

7. (b) $\begin{vmatrix} x & x^2 & yz \\ y & y^2 & zx \\ z & z^2 & xy \end{vmatrix} = \dfrac{1}{xyz}\begin{vmatrix} x^2 & x^3 & xyz \\ y^2 & y^3 & xyz \\ z^2 & z^3 & xyz \end{vmatrix}$

($R_1 \to xR_1$, $R_2 \to yR_2$ तथा $R_3 \to zR_3$ से)

$$= \frac{xyz}{xyz}\begin{vmatrix} x^2 & x^3 & 1 \\ y^2 & x^3 & 1 \\ z^2 & x^3 & 1 \end{vmatrix}$$

(C_3 से xyz उभयनिष्ठ लेने पर)

$$= \begin{vmatrix} x^2 & x^3 & 1 \\ y^2 - x^2 & y^3 - x^3 & 0 \\ z^2 - x^2 & z^3 - x^3 & 0 \end{vmatrix}$$

($R_2 \to R_2 - R_1$ तथा $R_3 \to R_3 - R_1$ से)

C_3 के संगत विस्तार करने पर,

$$= 1\begin{vmatrix} y^2 - x^2 & y^3 - x^3 \\ z^2 - x^2 & z^3 - x^3 \end{vmatrix}$$

$$= [(y^2 - x^2)(z^3 - x^3) - (z^2 - x^2)(y^3 - x^3)]$$

$$= (y+x)(y-x)(z-x)(z^2 + x^2 + xz) - (z+x)(z-x)(y-x)(y^2 + x^2 + xy)$$

$$= (y-x)(z-x)[(y+x)(z^2 + x^2 + xz) - (z+x)(y^2 + x^2 + xy)]$$

$$= (y-x)(z-x)(yz^2 + yx^2 + xyz + xz^2 + x^3 + x^2z - zy^2 - zx^2 - xyz - xy^2 - x^3 - x^2y)$$

$$= (y-x)(z-x)(yz^2 - zy^2 + xz^2 - xy^2)$$

$$= (y-x)(z-x)[yz(z-y) + x(z^2 - y^2)]$$

$$= (y-x)(z-x)[yz(z-y) + x(z-y)(z+y)]$$

$$= (y-x)(z-x)[(z-y)(xy + yz + zx)]$$

$$= (x-y)(y-z)(z-x)(xy + yz + zx)$$

8. (c) $\begin{vmatrix} y+k & y & y \\ y & y+k & y \\ y & y & y+k \end{vmatrix}$

$$= \begin{vmatrix} 3y+k & y & y \\ 3y+k & y+k & y \\ 3y+k & y & y+k \end{vmatrix}$$

($C_1 \to C_1 + C_2 + C_3$ से)

$$= (3y+k)\begin{vmatrix} 1 & y & y \\ 1 & y+k & y \\ 1 & y & y+k \end{vmatrix}$$

[C_1 से $(3y+4)$ उभयनिष्ठ लेने पर]

$$= (3y+k)\begin{vmatrix} 1 & y & y \\ 0 & k & 0 \\ 0 & 0 & k \end{vmatrix}$$

($R_2 \to R_2 - R_1$ तथा $R_3 \to R_3 - R_1$ से)

C_3 से संगत विस्तार करने पर,

$$= (3y+k)(1 \times k \cdot k) = k^2(3y+k)$$

9. (b) $\begin{vmatrix} a-b-c & 2a & 2a \\ 2b & b-c-a & 2b \\ 2c & 2c & c-a-b \end{vmatrix}$

$$= \begin{vmatrix} a+b+c & a+b+c & a+b+c \\ 2b & b-c-a & 2b \\ 2c & 2c & c-a-b \end{vmatrix}$$

($R_1 \to R_1 + R_2 + R_3$ से)

R_1 से $(a+b+c)$ उभयनिष्ठ लेने पर,

$$= (a+b+c)\begin{vmatrix} 1 & 1 & 1 \\ 2b & b-c-a & 2b \\ 2c & 2c & c-a-b \end{vmatrix}$$

$$= (a+b+c)\begin{vmatrix} 1 & 0 & 0 \\ 2b & -b-c-a & 0 \\ 2c & 0 & -c-a-b \end{vmatrix}$$

($C_2 \to C_2 - C_1$ तथा $C_3 \to C_3 - C_1$ से)

R_1 के संगत विस्तार करने पर,

$$= (a+b+c)\{1(-b-c-a)(-c-a-b)\}$$

$$= (a+b+c)[-(b+c+a) \times (-)(c+a+b)]$$

$$= (a+b+c)(a+b+c)(a+b+c)$$

$$= (a+b+c)^3$$

10. (b) $\begin{vmatrix} x+y+2z & x & y \\ z & y+z+2x & y \\ z & x & z+x+2y \end{vmatrix}$

$$= \begin{vmatrix} 2(x+y+z) & x & y \\ 2(x+y+z) & y+z+2x & y \\ 2(x+y+z) & x & z+x+2y \end{vmatrix}$$

($C_1 \to C_1 + C_2 + C_3$ से)

C_1 से $2(x+y+z)$ उभयनिष्ठ लेने पर,

$$= 2(x+y+z)\begin{vmatrix} 1 & x & y \\ 1 & y+z+2x & y \\ 1 & x & z+x+2y \end{vmatrix}$$

$$= 2(x+y+z)\begin{vmatrix} 1 & x & y \\ 0 & y+z+x & 0 \\ 0 & 0 & z+x+y \end{vmatrix}$$

($R_2 \to R_2 - R_1$ तथा $R_3 \to R_3 - R_1$ से)

$$= 2(x+y+z)(x+y+z)(x+y+z)\begin{vmatrix} 1 & x & y \\ 0 & 1 & 0 \\ 0 & 0 & 1 \end{vmatrix}$$

[R_1 तथा R_2 से $(x+y+z)$ उभयनिष्ठ लेने पर]

R_3 के संगत विस्तार करने पर,

$$= 2(x+y+z)^3\,[(1)(1-0)]$$

$$= 2(x+y+z)^3 \quad \therefore$$

$k = 2$

11. (d) यहाँ, $C_3 \to C_3 + C_1$ का प्रयोग करके C_3 से $(\alpha + \beta + \gamma)$ उभयनिष्ठ लेकर सारणिक का विस्तार करेंगे।

माना $A = \begin{vmatrix} \alpha & \alpha^1 & \beta+\gamma \\ \beta & \beta^2 & \gamma+\alpha \\ \gamma & \gamma^2 & \alpha+\beta \end{vmatrix}$

$$= \begin{vmatrix} \alpha & \alpha^2 & \alpha+\beta+\gamma \\ \beta & \beta^2 & \alpha+\gamma+\beta \\ \gamma & \gamma^2 & \alpha+\beta+\gamma \end{vmatrix}$$

($C_3 \to C_3 + C_1$ से)

$$= (\alpha+\beta+\gamma)\begin{vmatrix} \alpha & \alpha^2 & 1 \\ \beta & \beta^2 & 1 \\ \gamma & \gamma^2 & 1 \end{vmatrix}$$

[C_1 से $(\alpha+\beta+\gamma)$ उभयनिष्ठ लेने पर]

$$= (\alpha+\beta+\gamma)\begin{vmatrix} \alpha & \alpha^2 & 1 \\ \beta-\alpha & \beta^2-\alpha^2 & 0 \\ \gamma-\alpha & \gamma^2-\alpha^2 & 0 \end{vmatrix}$$

($R_2 \to R_2 - R_1$ तथा $R_3 \to R_3 - R_1$ से)

C_3 के अवयवों के संगत विस्तार करने पर,

$$A = (\alpha + \beta + \gamma)$$
$$[(\beta - \alpha)(\gamma^2 - \alpha^2) - (\gamma - \alpha)(\beta^2 - \alpha^2)]$$
$$= (\alpha + \beta + \gamma)$$
$$[(\beta - \alpha)(\gamma - \alpha)(\gamma + \alpha) - (\gamma - \alpha)(\beta - \alpha)(\beta + \alpha)]$$
$$= (\alpha + \beta + \gamma)(\beta - \alpha)(\gamma - \alpha)(\gamma + \alpha - \beta - \alpha)$$
$$= (\alpha + \beta + \gamma)(\beta - \alpha)(\gamma - \alpha)(\gamma - \beta)$$
$$= (\alpha + \beta + \gamma)(\alpha - \beta)(\beta - \gamma)(\gamma - \alpha)$$

अतः उपरोक्त में से कोई सही उत्तर नहीं है।

12. (a) $\begin{vmatrix} x & x^2 & 1+px^3 \\ y & y^2 & 1+py^3 \\ z & z^2 & 1+pz^3 \end{vmatrix} = \begin{vmatrix} x & x^2 & 1 \\ y & y^2 & 1 \\ z & z^2 & 1 \end{vmatrix} + \begin{vmatrix} x & x^2 & px^3 \\ y & y^2 & py^3 \\ z & z^2 & pz^3 \end{vmatrix}$

प्रथम सारणिक में C_1 तथा C_3, C_2 तथा C_3 को आपस में परस्पर बदलने पर तथा दूसरे सारणिक में C_3 से p उभयनिष्ठ लेने पर,

$$= (-1)^2 \begin{vmatrix} 1 & x & x^2 \\ 1 & y & y^2 \\ 1 & z & z^2 \end{vmatrix} + p \begin{vmatrix} x & x^2 & x^3 \\ y & y^2 & y^3 \\ z & z^2 & z^3 \end{vmatrix}$$

$$= \begin{vmatrix} 1 & x & x^2 \\ 1 & y & y^2 \\ 1 & z & z^2 \end{vmatrix} + pxyz \begin{vmatrix} 1 & x & x^2 \\ 1 & y & y^2 \\ 1 & z & z^2 \end{vmatrix}$$

(R_1 से x, R_2 से y तथा R_3 से z उभयनिष्ठ लेने पर)

$$= (1 + pxyz) \begin{vmatrix} 1 & x & x^2 \\ 1 & y & y^2 \\ 1 & z & z^2 \end{vmatrix}$$

$$= (1 + pxyz) \begin{vmatrix} 1 & x & x^2 \\ 0 & y - x & y^2 - x^2 \\ 0 & z - x & z^2 - x^2 \end{vmatrix}$$

($R_2 \to R_2 - R_1$ तथा $R_3 \to R_3 - R_1$ से)

C_1 के अवयवों के संगत विस्तार करने पर,

$$= (1 + pxyz)[(y - x)(z^2 - x^2) - (z - x)(y^2 - x^2)]$$
$$= (1 + pxyz)[(y - x)(z - x)(z + x) - (z - x)(y - x)(y + x)]$$
$$= (1 + pxyz)(x - y)(y - z)(z - x)$$

13. (c) माना

$$A = \begin{vmatrix} 3a & -a+b & -a+c \\ -b+a & 3b & -b+c \\ -c+a & -c+b & 3c \end{vmatrix}$$

$$= \begin{vmatrix} a+b+c & -a+b & -a+c \\ a+b+c & 3b & -b+c \\ a+b+c & -c+b & 3c \end{vmatrix}$$

($C_1 \to C_1 + C_2 + C_3$ से)

$$= (a+b+c) \begin{vmatrix} 1 & -a+b & -a+c \\ 1 & 3b & -b+c \\ 1 & -c+b & 3c \end{vmatrix}$$

[C_1 से $(a+b+c)$ उभयनिष्ठ लेने पर]

$$= (a+b+c) \begin{vmatrix} 1 & -a+b & -a+c \\ 0 & 2b+a & a-b \\ 0 & a-c & 2c+a \end{vmatrix}$$

($R_2 \to R_2 - R_1$ तथा $R_3 \to R_3 - R_1$ से)

C_1 के अवयवों के संगत विस्तार करने पर,

$$A = (a+b+c)$$
$$[(2b+a)(2c+a) - (a-b)(a-c)]$$
$$= (a+b+c)[4bc + 2ab + 2ac + a^2 - a^2 + ac + ba - bc]$$
$$= (a+b+c)(3ab + 3bc + 3ac)$$
$$= 3(a+b+c)(ab + bc + ca)$$

$\therefore k = 3$

14. (d) माना

$$\Delta = \begin{vmatrix} b^2 - ab & b - c & bc - ac \\ ab - a^2 & a - b & b^2 - ab \\ bc - ac & c - a & ab - a^2 \end{vmatrix}$$

$$= \begin{vmatrix} b(b-a) & b-c & c(b-a) \\ a(b-a) & a-b & b(b-a) \\ c(b-a) & c-a & a(b-a) \end{vmatrix}$$

$$= (b-a)(b-a) \begin{vmatrix} b & b-c & c \\ a & a-b & b \\ c & c-a & a \end{vmatrix}$$

[C_1 तथा C_3 से क्रमशः $(b-a)$ उभयनिष्ठ लेने पर]

$$= (b-a)^2 \begin{vmatrix} b & 0 & c \\ a & 0 & b \\ c & 0 & a \end{vmatrix}$$

[$C_2 \to C_2 - (C_1 - C_3)$ से]

$= 0$

अतः उपरोक्त में से कोई सही उत्तर नहीं है।

15. (c) दिया है, $\Delta_1 = \begin{vmatrix} 1 & 1 & 1 \\ yz & zx & xy \\ x & y & z \end{vmatrix}$

स्तम्भ तथा पंक्ति को परस्पर बदलने पर,

$$\Delta_1 = \begin{vmatrix} 1 & yz & x \\ 1 & zx & y \\ 1 & xy & z \end{vmatrix} = \frac{1}{xyz} \begin{vmatrix} x & xyz & x^2 \\ y & xyz & y^2 \\ z & xyz & z^2 \end{vmatrix}$$

$$= \frac{xyz}{xyz} \begin{vmatrix} x & 1 & x^2 \\ y & 1 & y^2 \\ z & 1 & z^2 \end{vmatrix}$$

C_1 तथा C_2 परस्पर बदलने पर,

$$= (-1) \begin{vmatrix} 1 & x & x^2 \\ 1 & y & y^2 \\ 1 & z & z^2 \end{vmatrix} = -\Delta$$

$\Rightarrow \quad \Delta_1 + \Delta = 0$

16. (d) संक्रिया $C_1 \to C_1 - C_2 - C_3$ लगाने पर,

$$\Delta = \begin{vmatrix} \text{cosec}^2\theta - \cot^2\theta - 1 & \cot^2\theta & 1 \\ \cot^2\theta - \text{cosec}^2\theta + 1 & \text{cosec}^2\theta & -1 \\ 0 & 40 & 2 \end{vmatrix}$$

$$= \begin{vmatrix} 0 & \cot^2\theta & 1 \\ 0 & \text{cosec}^2\theta & -1 \\ 0 & 40 & 2 \end{vmatrix} = 0$$

17. (c) चूँकि

$$\Delta_1 = \begin{vmatrix} A & B & C \\ x & y & z \\ zy & zx & xy \end{vmatrix} = \begin{vmatrix} A & x & yz \\ B & y & zx \\ C & z & xy \end{vmatrix}$$

$$= \frac{1}{xyz} \begin{vmatrix} Ax & x^2 & xyz \\ By & y^2 & xyz \\ Cz & z^2 & xyz \end{vmatrix}$$

$$= \frac{xyz}{xyz} \begin{vmatrix} Ax & x^2 & 1 \\ By & y^2 & 1 \\ Cz & z^2 & 1 \end{vmatrix} = \Delta$$

$\Rightarrow \quad \Delta - \Delta_1 = 0$

18. (c) माना $\Delta = \begin{vmatrix} y^2z^2 & yz & y+z \\ z^2x^2 & zx & z+x \\ x^2y^2 & xy & x+y \end{vmatrix}$

$$\Delta = \frac{1}{xyz} \begin{vmatrix} xy^2z^2 & xyz & xy + xz \\ yz^2x^2 & xyz & yz + yx \\ zx^2y^2 & xyz & xz + yz \end{vmatrix}$$

(R_1, R_2 तथा R_3 को क्रमशः x, y तथा z से गुणा करके सारणिक को xyz से भाग करने पर)

$$\Rightarrow \Delta = \frac{1}{xyz}(xyz)^2 \begin{vmatrix} yz & 1 & xy + xz \\ zx & 1 & yz + yx \\ xy & 1 & xz + yz \end{vmatrix}$$

(C_1 तथा C_2 से xyz उभयनिष्ठ लेने पर)

$$\Rightarrow \Delta = xyz \begin{vmatrix} yz & 1 & xy + yz + zx \\ zx & 1 & xy + yz + zx \\ xy & 1 & xy + yz + zx \end{vmatrix}$$

($C_3 \to C_3 + C_1$ से)

$$\Rightarrow \Delta = xyz(xy + yz + zx) \begin{vmatrix} yz & 1 & 1 \\ zx & 1 & 1 \\ xy & 1 & 1 \end{vmatrix}$$

[C_3 से $(xy + yz + zx)$ उभयनिष्ठ लेने पर]

$$\Rightarrow \Delta = xyz(xy + yz + zx) \cdot 0 = 0$$

($\because C_2$ तथा C_3 समान हैं)

19. (c) $\begin{vmatrix} a^2+2a & 2a+1 & 1 \\ 2a+1 & a+2 & 1 \\ 3 & 3 & 1 \end{vmatrix}$

$= \begin{vmatrix} a^2+2a & 2a+1 & 1 \\ 1-a^2 & 1-a & 0 \\ 3-a^2-2a & 2-2a & 0 \end{vmatrix}$

($R_2 \to R_2 - R_1$ तथा $R_3 \to R_3 - R_1$ से)

$= (1-a) \begin{vmatrix} a^2+2a & 2a+1 & 1 \\ 1+a & 1 & 0 \\ -(a^2+2a-3) & -2(a-1) & 0 \end{vmatrix}$

[R_2 से $(1-a)$ उभयनिष्ठ लेने पर]

$= (1-a) \begin{vmatrix} a^2+2a & 2a+1 & 1 \\ 1+a & 1 & 0 \\ -(a+3)(a-1) & -2(a-1) & 0 \end{vmatrix}$

$= -(1-a)(a-1) \begin{vmatrix} a^2+2a & 2a+1 & 1 \\ 1+a & 1 & 0 \\ a+3 & 2 & 0 \end{vmatrix}$

[R_3 से $-(a-1)$ उभयनिष्ठ लेने पर]

C_3 के अवयवों के संगत विस्तार करने पर,

$= (a-1)(a-1)$

$[1\{2(1+a)-(a+3)\}+0+0]$

$= (a-1)(a-1)(a-1) = (a-1)^3$

20. (d) $\begin{vmatrix} a & b-y & c-z \\ a-x & b & c-z \\ a-x & b-y & c \end{vmatrix} = 0$

संक्रिया $R_2 \to R_2 - R_1$ तथा $R_3 \to R_3 - R_2$ लगाने पर,

$\begin{vmatrix} a & b-y & c-z \\ -x & y & 0 \\ 0 & -y & z \end{vmatrix} = 0$

$\Rightarrow a(yz) + x(bz - yz + cy - yz) = 0$

$\Rightarrow ayz + bzx + cyx = 2xyz$

$\Rightarrow \quad \dfrac{a}{x} + \dfrac{b}{y} + \dfrac{c}{z} = 2$

21. (b) क्षेत्रफल = 9 वर्ग इकाई

$\Rightarrow \quad \dfrac{1}{2}\begin{vmatrix} -3 & 0 & 1 \\ 3 & 0 & 1 \\ 0 & k & 1 \end{vmatrix} = 9$

$-k(-3-3) = 18$

$\Rightarrow \quad -k(-6) = 18 \Rightarrow 6k = 18$

$\therefore \quad k = 3$

22. (d) यदि त्रिभुज के शीर्ष क्रमशः (x_1, y_1), (x_2, y_2) तथा (x_3, y_3) हैं, तब

क्षेत्रफल $= \dfrac{1}{2}\begin{vmatrix} x_1 & y_1 & 1 \\ x_2 & y_2 & 1 \\ x_3 & y_3 & 1 \end{vmatrix}$ ...(i)

साथ ही, हम जानते हैं कि यदि समबाहु त्रिभुज की भुजा की लम्बाई a है,

तब क्षेत्रफल $= \dfrac{\sqrt{3}}{4}a^2$ ...(ii)

$\therefore$ समी (i) व (ii) से,

$\dfrac{\sqrt{3}}{4}a^2 = \dfrac{1}{2}\begin{vmatrix} x_1 & y_1 & 1 \\ x_2 & y_2 & 1 \\ x_3 & y_3 & 1 \end{vmatrix}$

$\Rightarrow \dfrac{\sqrt{3}}{2}a^2 = \begin{vmatrix} x_1 & y_1 & 1 \\ x_2 & y_2 & 1 \\ x_3 & y_3 & 1 \end{vmatrix}$

दोनों पक्षों का वर्ग करने पर,

$\dfrac{3}{4}a^4 = \begin{vmatrix} x_1 & y_1 & 1 \\ x_2 & y_2 & 1 \\ x_3 & y_3 & 1 \end{vmatrix}^2$

23. (a) दिया है,

$\Delta = \begin{vmatrix} 1 & 1 & 1 \\ 1 & 1+\sin\theta & 1 \\ 1+\cos\theta & 1 & 1 \end{vmatrix}$

$C_2 \to C_2 - C_1$ तथा $C_3 \to C_3 - C_1$ से,

$\Delta = \begin{vmatrix} 1 & 0 & 0 \\ 1 & \sin\theta & 0 \\ 1+\cos\theta & -\cos\theta & -\cos\theta \end{vmatrix}$

$= 1(-\sin\theta\cos\theta) = -\dfrac{1}{2}\sin 2\theta$

Δ के महत्तम मान के लिए, $\sin 2\theta$ निम्नतम होगा

$\therefore \quad \Delta = -\dfrac{1}{2}(-1) = \dfrac{1}{2}$

($\because \sin x$ का निम्नतम मान -1 है।)

24. (b) $A = \begin{vmatrix} 1 & \sin\theta & 1 \\ -\sin\theta & 1 & \sin\theta \\ -1 & -\sin\theta & 1 \end{vmatrix}$

$= 1(1+\sin^2\theta) - \sin\theta(-\sin\theta + \sin\theta)$
$+ 1(\sin^2\theta + 1)$

$= 2(1+\sin^2\theta)$

चूँकि $\sin^2\theta$ का अधिकतम और न्यूनतम मान 1 तथा शून्य है।

$\therefore \ |A| \in [2, 4]$

25. (a) दिया है, $f(t) = \begin{vmatrix} \cos t & t & 1 \\ 2\sin t & t & 2t \\ \sin t & t & t \end{vmatrix}$

$f(t) = \begin{vmatrix} \cos t & t & 1 \\ 2\sin t - \cos t & 0 & 2t-1 \\ \sin t - \cos t & 0 & t-1 \end{vmatrix}$

C_2 के सापेक्ष प्रसार करने पर,

$f(t) = -t\{(2\sin t - \cos t)(t-1)$
$- (2t-1)(\sin t - \cos t)\}$

$= -t\{2t\sin t - t\cos t - 2\sin t + \cos t$
$-2t\sin t + 2t\cos t + \sin t - \cos t\}$

$= -t(t\cos t - \sin t)$

$\Rightarrow \quad f(t) = t\sin t - t^2\cos t$

$\Rightarrow \quad \dfrac{f(t)}{t^2} = \dfrac{\sin t}{t} - \cos t$

$\Rightarrow \lim\limits_{t\to 0}\dfrac{f(t)}{t^2} = \lim\limits_{t\to 0}\dfrac{f(t)}{t^2}$

$= \lim\limits_{t\to 0}\left\{\dfrac{\sin t}{t} - \cos t\right\}$

$= \lim\limits_{t\to 0}\dfrac{\sin t}{t} - \lim\limits_{t\to 0}\cos t$

$= 1 - \cos 0$

$= 1 - 1 = 0$

अध्याय 05

सतत्ता एवं अवकलनीयता
Continuity and Differentiability

किसी बिन्दु पर फलन की सतत्ता

''फलन $f(x)$, $x=a$ पर सतत् कहलाता है, यदि $x=a$ पर $f(x)$ का अस्तित्व हो तथा $x=a$ पर $f(x)$ परिभाषित हो।''

अर्थात् $\lim_{x\to a} f(x)=f(a)$ अथवा $\lim_{x\to a^-} f(x)=\lim_{x\to a^+} f(x)=f(a)$

अर्थात् वाम पक्ष सीमा = दक्षिण पक्ष सीमा = बिन्दु $x=a$ पर फलन का मान

अतः $f(x)$, $x=a$ पर सतत् कहा जाता है, यदि

(i) $\lim_{x\to a} f(x)$ का अस्तित्व हो।

(ii) फलन $f(x)$, बिन्दु $x=a$ पर परिभाषित हो अर्थात् $f(a)$ का एक निश्चित मान हो।

(iii) $\lim_{x\to a} f(x)=f(a)$

किसी बिन्दु पर फलन की असतत्ता

यदि कोई फलन $f(x)$, $x=a$ पर सतत् नहीं है, तो फलन $x=a$ पर असतत् (Discontinuous) कहलाता है, यहाँ a को फलन का **असतत् बिन्दु** (Point of discontinuity) कहते हैं।

यह निम्नलिखित तीन स्थितियों में होता है

(i) फलन $f(x)$, $x=a$ पर परिभाषित न हो।

(ii) $\lim_{x\to a} f(x)$ का अस्तित्व न हो।

(iii) $\lim_{x\to a} f(x)\neq f(a)$

एक अन्तराल में फलन की सतत्ता

(i) फलन $f(x)$ किसी खुले अन्तराल (a, b) में सतत् कहलाता है, यदि x के प्रत्येक मान के लिए अन्तराल (a, b) में सतत् हो।

(ii) फलन $f(x)$ किसी बन्द अन्तराल $[a, b]$ में सतत् कहलाता है, यदि

(a) यह अन्तराल (a, b) में x के प्रत्येक मान के लिए सतत् है।

(b) $f(x)$, $x=a$ पर दक्षिण पक्ष से सतत् हो $\lim_{x\to a^+} f(x)=f(a)$

(c) $f(x)$, $x=b$ पर वाम पक्ष से सतत् हो $\lim_{x\to b^-} f(x)=f(b)$

सतत् फलनों का बीजगणित

प्रमेय 1 यदि फलन $f(x)$ तथा $g(x)$ दोनों किसी बिन्दु $x=a$ पर सतत् हो, तब

(i) फलन $f(x)+g(x)$, $x=a$ पर सतत् होगा

(ii) $f(x)-g(x)$ भी $x=a$ पर सतत् होगा।

(iii) फलन $f(x)\cdot g(x)$, $x=a$ पर सतत् होगा।

(iv) फलन $\frac{f(x)}{g(x)}$, $x=a$ पर सतत् होगा।

बिन्दु $x=a$ पर फलन $f(x)$ की अवकलनीयता

यदि $f(x)$ एक वास्तविक फलन है तथा a इसके प्रान्त की वास्तविक संख्या है, तब फलन $f(x)$, बिन्दु $x=a$ पर अवकलनीय कहलाता है, यदि $Lf'(a)=Rf'(a)$, जहाँ

(i) $Lf'(a)=\lim_{h\to 0}\frac{f(a-h)-f(a)}{-h}$, इसे $x=a$ पर फलन $f(x)$ का वाम पक्ष से अवकलज कहते हैं।

(ii) $Rf'(a)=\lim_{h\to 0}\frac{f(a+h)-f(a)}{h}$, इसे $x=a$ पर फलन $f(x)$ का दक्षिण पक्ष से अवकलज कहते हैं।

$Lf'(a)$ व $Rf'(a)$ के उभयनिष्ठ मान को $f'(a)$ से निरूपित करते हैं।

नोट *यदि फलन किसी बिन्दु a पर अवकलनीय है, तब वह उस बिन्दु पर सतत् होगा।*

अवकलज या अवकल गुणांक

माना f एक वास्तविक मानीय फलन है तथा a इसके प्रान्त का कोई बिन्दु है, तब बिन्दु a पर f का अवकलज $f'(a)=\lim_{h\to 0}\frac{f(a+h)-f(a)}{h}$ द्वारा परिभाषित होता है, जबकि सीमा का अस्तित्व हो।

सामान्यतः बिन्दु x पर f का अवकलज निम्नवत् होगा

$f'(x)=\lim_{h\to 0}\frac{f(x+h)-f(x)}{h}$, जबकि सीमा का अस्तित्व हो।

(i) $f(x)$ के अवकलज को $f'(x)$ या $\frac{d}{dx}f(x)$ द्वारा निरूपित करते हैं।

(ii) यदि $y=f(x)$ हो, तब अवकलज या x के सापेक्ष अवकल गुणांक को $\frac{dy}{dx}$ या y' या $f'(x)$ या $Df(x)$ द्वारा निरूपित किया जाता है।

कुछ मानक फलनों के अवकलज

(i) $\frac{d}{dx}(c)=0$

(ii) $\frac{d}{dx}(x^n)=nx^{n-1}$

(iii) $\frac{d}{dx}(e^x)=e^x$

(iv) $\frac{d}{dx}(a^x)=a^x\log_e a,\ a>0$

(v) $\frac{d}{dx}(\log_e x)=\frac{1}{x},\ x>0$

(vi) $\frac{d}{dx}\log_a x=\frac{1}{x}\cdot\log_a e,\ x>0,\ a>0,\ a\neq 1$

(vii) $\frac{d}{dx}\sin x=\cos x$

(viii) $\frac{d}{dx}\cos x=-\sin x$

(ix) $\frac{d}{dx}\tan x=\sec^2 x$

(x) $\frac{d}{dx}\cot x=-\operatorname{cosec}^2 x$

(xi) $\frac{d}{dx}\sec x=\sec x\tan x$

(xii) $\frac{d}{dx}\operatorname{cosec} x=-\operatorname{cosec} x\cdot\cot x$

अवकलजों का बीजगणित

योग तथा अन्तर नियम $\frac{d}{dx}\{f(x) \pm g(x)\} = \frac{d}{dx}\{f(x)\} \pm \frac{d}{dx}\{g(x)\}$

गुणन नियम $\frac{d}{dx}\{f(x) \cdot g(x)\} = f(x) \cdot \frac{d}{dx}\{g(x)\} + g(x) \cdot \frac{d}{dx}\{f(x)\}$

भागफल नियम $\frac{d}{dx}\left[\frac{f(x)}{g(x)}\right] = \frac{g(x)\frac{d}{dx}f(x) - f(x)\frac{d}{dx}g(x)}{\{g(x)\}^2}$

संयुक्त फलनों के अवकलज

माना y एक वास्तविक मान फलन है जो दो फलनों अर्थात् $y = f(u)$ और $u = g(x)$ के संयोजन से बना है, तब

$$\frac{dy}{dx} = \frac{dy}{du} \cdot \frac{du}{dx} = f'(u) \cdot g'(x) \text{ अर्थात् } \frac{d}{dx}[g\{f(x)\}] = g'\{f(x)\}] \cdot f'(x)$$

अस्पष्ट फलनों के अवकलज

अस्पष्ट फलनों के अन्तर्गत वे फलन आते हैं जिनमें y को x के फलन के रूप में व्यक्त नहीं किया जा सकता या व्यक्त करना कठिन होता है एवं इसके अन्तर्गत फलन $f(x, y) = 0$ के रूप में होता है।

इस दशा में $\frac{dy}{dx}$ ज्ञात करने के लिए दिए हुए सम्बन्ध को x के सापेक्ष अवकलित करते हैं, परन्तु यह ध्यान रखते हैं कि, $\frac{d}{dx} f(y) = \frac{d}{dy} f(y) \cdot \frac{dy}{dx}$

प्रतिलोम त्रिकोणमितीय फलनों के अवकलज

(i) $\frac{d}{dx}(\sin^{-1} x) = \frac{1}{\sqrt{1 - x^2}}$

(ii) $\frac{d}{dx}(\cos^{-1} x) = \frac{-1}{\sqrt{1 - x^2}}$

(iii) $\frac{d}{dx}(\tan^{-1} x) = \frac{1}{1 + x^2}$

(iv) $\frac{d}{dx}(\cot^{-1} x) = \frac{-1}{1 + x^2}$

(v) $\frac{d}{dx}(\sec^{-1} x) = \frac{1}{x\sqrt{x^2 - 1}}$

(vi) $\frac{d}{dx}(\text{cosec}^{-1} x) = \frac{-1}{x\sqrt{x^2 - 1}}$

कुछ महत्त्वपूर्ण प्रतिस्थापन

व्यंजक	प्रतिस्थापन
$\sqrt{a^2 - x^2}$	$x = a \sin\theta$ या $x = a\cos\theta$
$\sqrt{a^2 + x^2}$ या $a^2 + x^2$	$x = a\tan\theta$ या $x = a\cot\theta$
$\sqrt{x^2 - a^2}$	$x = a\sec\theta$ या $x = a\,\text{cosec}\,\theta$
$\sqrt{\frac{a - x}{a + x}}$ या $\sqrt{\frac{a + x}{a - x}}$	$x = a\cos 2\theta$
$\sqrt{\frac{x}{a - x}}$ या $\sqrt{\frac{a - x}{x}}$	$x = a\sin^2\theta$
$\sqrt{\frac{x}{a + x}}$ या $\sqrt{\frac{a + x}{x}}$	$x = a\tan^2\theta$
$\sqrt{\frac{x}{x - a}}$ या $\sqrt{\frac{x - a}{x}}$	$x = a\sec^2\theta$
$\sqrt{\frac{a^2 - x^2}{a^2 + x^2}}$ या $\sqrt{\frac{a^2 + x^2}{a^2 - x^2}}$	$x^2 = a^2\cos^2\theta$

लघुगणकीय अवकलन

चरण I माना दिया गया फलन $u(x)^{v(x)}$ या $u(x)^m$ या $u(x) \cdot v(x)$ रूप में दिया गया हो, तब इस स्थिति में सर्वप्रथम दिए गए फलन को y मानते हैं अर्थात् $y = u(x)^{v(x)}$

चरण II अब, दोनों पक्षों का log लेकर तथा लघुगणक के उपर्युक्त गुणधर्म का उपयोग कर इसे सरल रूप में परिवर्तित करते हैं जिससे कि फलन का अवकलन किया जा सके अर्थात् $\log y = v(x)\log u(x)$ ...(i)

चरण III चरण II में प्राप्त समी (i) को उपर्युक्त सूत्र की सहायता से x के सापेक्ष अवकलित कीजिए अर्थात् $\frac{1}{y}\frac{dy}{dx} = v(x)\frac{1}{u(x)} \cdot u'(x) + v'(x)\log u(x)$ ...(ii)

चरण IV अब, बाईं ओर से $\frac{dy}{dx}$ के अतिरिक्त अन्य पदों को दाईं ओर भेजते हैं तथा y का मान रखते हैं, तत्पश्चात् हमें अभीष्ट हल प्राप्त होता है।

प्राचलिक फलनों के अवकलन

यदि $x = f(t)$ तथा $y = g(t)$ दो प्राचलिक फलन हैं, तो हम प्राचल को बिना विलोपित किए, $\frac{dy}{dx}$ का मान निम्न सूत्र द्वारा ज्ञात कर सकते हैं

$$\frac{dy}{dx} = \frac{dy/dt}{dx/dt} = \frac{g'(t)}{f'(t)} = \frac{\text{प्राचल } t \text{ के सापेक्ष } y \text{ का अवकल गुणांक}}{\text{प्राचल } t \text{ के सापेक्ष } x \text{ का अवकल गुणांक}}$$

एक फलन का दूसरे फलन के सापेक्ष अवकलन

यदि हमें एक फलन $f(x)$ को दूसरे फलन $g(x)$ के सापेक्ष अवकलित करना हो, तब माना $y = f(x)$ तथा $z = g(x)$ है, यहाँ दोनों फलन भिन्न हैं परन्तु दोनों का चर x समान है, तब इस स्थिति में, $f(x)$ का $g(x)$ के सापेक्ष अवकलज ज्ञात करने के लिए हम निम्न सूत्र का उपयोग कर सकते हैं

$$\frac{d\{f(x)\}}{d\{g(x)\}} = \frac{\frac{d}{dx}\{f(x)\}}{\frac{d}{dx}\{g(x)\}} = \frac{f(x) \text{ का } x \text{ के सापेक्ष अवकलन}}{g(x) \text{ का } x \text{ के सापेक्ष अवकलन}}$$

या $$\frac{dy}{dz} = \frac{dy/dx}{dz/dx} \text{ या } \frac{dz}{dy} = \frac{dz/dx}{dy/dx}$$

अनन्त श्रेणी का अवकलन

जब y का मान अनन्त श्रेणी के रूप में दिया हो, तब ऐसे फलनों के अवकलन की क्रियाविधि को अनन्त श्रेणियों का अवकलन कहते हैं। इस प्रकार के फलनों में हम मानते हैं कि एक पद को हटा देने पर अनन्त श्रेणी अपरिवर्तित रहती है और पहले पद को छोड़कर अन्य पदों को y से विस्थापित कर देते हैं। इस प्रकार y सीमित पदों की श्रेणी या फलन में परिवर्तित हो जाता है जिसे सरलतापूर्वक अवकलित कर लिया जाता है।

द्वितीय कोटि का अवकलज

किसी फलन का द्वितीय कोटि का अवकलज, उस फलन के प्रथम कोटि के अवकलज का पुन: अवकलज होता है। अर्थात् द्वितीय अवकलज $= \frac{d^2y}{dx^2} = \frac{d}{dx}\left(\frac{dy}{dx}\right)$

रोले की प्रमेय

यदि फलन f, बन्द अन्तराल $[a, b]$ में इस प्रकार परिभाषित है कि

(i) यह बन्द अन्तराल $[a, b]$ में सतत् है।

(ii) यह खुले अन्तराल (a, b) में अवकलनीय है।

(iii) $f(a) = f(b)$, तब एक बिन्दु $c \in (a, b)$ ऐसा अवश्य विद्यमान होगा, जिसके लिए $f'(c) = 0$

लैग्रांज की माध्यमान प्रमेय

यदि फलन f, बन्द अन्तराल $[a, b]$ में इस प्रकार परिभाषित है कि,

(i) यह बन्द अन्तराल $[a, b]$ में सतत् है।

(ii) यह खुले अन्तराल (a, b) में अवकलनीय है।

तब, कम-से-कम एक वास्तविक संख्या $c \in (a, b)$ ऐसी अवश्य होगी कि,

$$f'(c) = \frac{f(b) - f(a)}{b - a}$$

अभ्यास प्रश्न

1. $2\sqrt{\cot(x^2)}$ का x के सापेक्ष अवकलन है

(a) $\dfrac{x\operatorname{cosec}^2(x^2)}{2\sqrt{\cot(x^2)}}$ (b) $\dfrac{-2x\operatorname{cosec}^2(x^2)}{\sqrt{\cot(x^2)}}$

(c) $\dfrac{-x\operatorname{cosec}^2(x^2)}{\sqrt{\cot(x^2)}}$ (d) इनमें से कोई नहीं

2. $\sqrt{e^{\sqrt{x}}}$ का x के सापेक्ष अवकलन है

(a) $\dfrac{e^{\sqrt{x}}}{2\sqrt{xe^{\sqrt{x}}}}$ (b) $\dfrac{4e^{\sqrt{x}}}{\sqrt{xe^{\sqrt{x}}}}$ (c) $\dfrac{e^{\sqrt{x}}}{4\sqrt{xe^{\sqrt{x}}}}$ (d) $\dfrac{e^{\sqrt{x}}}{\sqrt{e^{\sqrt{x}}}}$

3. यदि $x = a(\cos\theta + \theta\sin\theta)$ तथा $y = a(\sin\theta - \cos\theta)$, तब $\dfrac{dy}{dx}$ का मान है

(a) $\tan\theta$ (b) $\sec\theta$ (c) $-\tan\theta$ (d) $\cot\theta$

4. यदि $x = a\sec^3\theta$ तथा $y = a\tan^3\theta$, तब $\left(\dfrac{dy}{dx}\right)$ का $\theta = \dfrac{\pi}{3}$ पर मान है

(a) $\dfrac{2}{\sqrt{3}}$ (b) $\dfrac{1}{2}$ (c) $\dfrac{\sqrt{3}}{2}$ (d) $\dfrac{1}{\sqrt{3}}$

5. $\log[\log(\log x^5)]$ का x के सापेक्ष अवकलन है

(a) $\dfrac{1}{x\log x\log(\log x^5)}$ (b) $\dfrac{1}{x\log(\log x^5)}$

(c) $\dfrac{5}{x\log(\log x^5)}$ (d) इनमें से कोई नहीं

6. यदि $x = \dfrac{1+\log t}{t^2}$ तथा $y = \dfrac{3+2\log t}{t}$, तब $\dfrac{dy}{dx}$ बराबर है

(a) $\dfrac{1}{t}$ (b) -1 (c) 1 (d) $-t$

7. यदि $f(x) = (\log_{\cot x}\tan x)(\log_{\tan x}\cot x)^{-1} + \tan^{-1}\dfrac{4x}{4-x^2}$, तब $f'(2)$ का मान है

(a) $\dfrac{1}{2}$ (b) $-\dfrac{1}{2}$ (c) 1 (d) -1

8. यदि $x\sqrt{1+y} + y\sqrt{1+x} = 0$, $-1 < x < 1$ के लिए, तब dy/dx है

(a) $\dfrac{1}{(1+x)}$ (b) $\dfrac{1}{(1+x)^2}$ (c) $\dfrac{1}{1+x^2}$ (d) $\dfrac{-1}{(1+x)^2}$

9. यदि $y = \sqrt{\sin x + y}$, तब $\dfrac{dy}{dx}$ का मान है

(a) $\dfrac{\cos x}{2y-1}$ (b) $\dfrac{\cos x}{1-2y}$ (c) $\dfrac{\sin x}{1-2y}$ (d) $\dfrac{\sin x}{2y-1}$

10. $\tan^{-1}\left(\dfrac{\sqrt{1+x^2}-1}{x}\right)$ का $\tan^{-1}x$ के सापेक्ष अवकल गुणांक, जब $x \neq 0$, है

(a) 1 (b) 2 (c) $-\dfrac{1}{2}$ (d) $\dfrac{1}{2}$

11. $\cos x\cdot\cos 2x\cdot\cos 3x$ का x के सापेक्ष अवकलन है

(a) $-\tan x - 2x\tan 2x - 3x\tan 3x$

(b) $-\cos x\cdot\cos 2x\cdot\cos 3x(\tan x + 2x\tan 2x + 3x\tan 3x)$

(c) $\cos x\cdot\cos 2x\cdot\cos 3x(\tan x + 2\tan 2x + 3\tan 3x)$

(d) उपरोक्त में से कोई नहीं

12. यदि $y^x = x^y$, तब $\dfrac{dy}{dx}$ का मान है

(a) $\dfrac{y - x\log y}{x - y\log x}$ (b) $-\left(\dfrac{y - x\log y}{x - y\log x}\right)$

(c) $-\dfrac{y}{x}\left(\dfrac{y - x\log y}{x - y\log x}\right)$ (d) $\dfrac{y}{x}\left(\dfrac{y - x\log y}{x - y\log x}\right)$

13. $(\log x)^{\log x}$ का x के सापेक्ष अवकलन है

(a) $(\log x)^{\log x}\left\{\dfrac{1}{x} + x\log(\log x)\right\}$

(b) $(\log x)^{\log x}\{x + x\log(\log x)\}$

(c) $(\log x)^{\log x}\left\{x + \dfrac{\log(\log x)}{x}\right\}$

(d) $(\log x)^{\log x}\left\{\dfrac{1}{x} + \dfrac{\log(\log x)}{x}\right\}$

14. यदि $y^x = e^{y-x}$, तब $\dfrac{dy}{dx}$ का मान है

(a) $\dfrac{(1+\log y)}{y\log y}$ (b) $\dfrac{(1+\log y)^2}{y\log y}$ (c) $\dfrac{1+\log y}{(\log y)^2}$ (d) $\dfrac{(1+\log y)^2}{\log y}$

15. यदि $y = (\cos x)^{(\cos x)^{(\cos x)\dots\infty}}$, तब $\dfrac{dy}{dx}$ बराबर है

(a) $\dfrac{y\tan x}{y\log\cos x - 1}$ (b) $\dfrac{y^2\tan x}{y\log\cos x - 1}$

(c) $\dfrac{y\tan x}{1 + y\log\cos x}$ (d) इनमें से कोई नहीं

16. यदि $x^m y^n = (x+y)^{m+n}$, तब इनमें से निम्न विकल्प सही है

(a) $\dfrac{dy}{dx} = \dfrac{-x}{y}$ तथा $\dfrac{d^2y}{dx^2} = -x$ (b) $\dfrac{dy}{dx} = \dfrac{x}{y}$ तथा $\dfrac{d^2y}{dx} = -y$

(c) $\dfrac{dy}{dx} = \dfrac{y}{x}$ तथा $\dfrac{d^2y}{dx^2} = 0$ (d) इनमें से कोई नहीं

17. यदि $x = \left\{\tan^{-1}\left(\dfrac{y-x^2}{x^2}\right)\right\}$, तब $\dfrac{dy}{dx}$ का मान है

(a) $2x[1 + \tan(\log x)] + x\sec^2(\log x)$

(b) $x[1 + \tan(\log x)] + \sec^2(\log x)$

(c) $2x[1 + \tan(\log x)] + x^2\sec^2(\log x)$

(d) $2x[1 + \tan(\log x)] + \sec^2(\log x)$

18. $\cos^{-1}\left(\dfrac{\sin x + \cos x}{\sqrt{2}}\right)$ का x के सापेक्ष अवकलन है

(a) 0 (b) -1

(c) 1 (d) इनमें से कोई नहीं

19. $\sin^{-1}\left(\dfrac{1}{\sqrt{x+1}}\right)$ का x के सापेक्ष अवकलन है

(a) $\dfrac{1}{\sqrt{x}(1+x)}$ (b) $\dfrac{-2}{\sqrt{x}(1+x)}$

(c) $\dfrac{-1}{2\sqrt{x}(1+x)}$ (d) इनमें से कोई नहीं

20. यदि $y = 500e^{7x} + 600e^{-7x}$, तब $\frac{d^2y}{dx^2}$ का मान है

(a) y (b) $7y$ (c) $40y$ (d) $49y$

21. यदि $y = (\tan^{-1} x)^2$, तब $(x^2+1)^2 y_2 + 2x(x^2+1)y_1$ का मान है

(a) 0 (b) 1 (c) 2 (d) 4

22. $(\sin x)^x + \sin^{-1}\sqrt{x}$ का x के सापेक्ष अवकलन है

(a) $(x\cot x + \log\sin x) + \frac{1}{2\sqrt{x-x^2}}$

(b) $(x\cot x + \log\sin x) + \frac{1}{\sqrt{x-x^2}}$

(c) $(\sin x)^x(x\cot x + \log x) + \frac{1}{\sqrt{x-x^2}}$

(d) $(\sin x)^x(x\cot x + \log\sin x) + \frac{1}{2\sqrt{x-x^2}}$

23. यदि $f(x) = |x|^3$, तब $f''(x)$ का मान है

(a) $f''(x) = \begin{cases} 6x, x \ge 0 \\ -6x, x < 0 \end{cases}$ (b) $f''(x) = \begin{cases} -6x, x \ge 0 \\ 6x, x < 0 \end{cases}$

(c) $f''(x)$ विद्यमान नहीं है (d) इनमें से कोई नहीं

24. यदि $f(x) = |\cos x - \sin x|$, तब $f'\left(\frac{\pi}{6}\right)$ बराबर है

(a) $\frac{1}{\sqrt{2}}$ (b) $-\frac{1}{2}(1+\sqrt{3})$ (c) $\frac{1}{2}(\sqrt{3}-1)$ (d) $\sqrt{3}$

25. यदि $f'(x) = \sin(\log x)$ तथा $y = f\left(\frac{2x+3}{3-2x}\right)$, तब $x = 1$ पर $\frac{dy}{dx}$ का मान है

(a) 6 sin log(5) (b) 5 sin log(6)
(c) 12 sin log(5) (d) 5 sin log(12)

उत्तर सहित व्याख्या

1. (b) माना $y = 2\sqrt{\cot(x^2)}$

$$\frac{dy}{dx} = \frac{d}{dx}2(\cot x^2)^{1/2}$$
$$= 2\frac{1}{2}[\cot(x^2)]^{\frac{1}{2}-1}\frac{d}{dx}\cot(x^2)$$
$$= \frac{1}{\sqrt{\cot(x^2)}}[-(\text{cosec}^2 x^2)\frac{d}{dx}(x^2)$$
$$= -\frac{\text{cosec}^2(x^2)\,2x}{\sqrt{\cot(x^2)}} = \frac{-2x\,\text{cosec}^2(x^2)}{\sqrt{\cot(x^2)}}$$

2. (c) माना $y = (e^{\sqrt{x}})^{1/2}$

$$\frac{dy}{dx} = \frac{1}{2}(e^{\sqrt{x}})^{\frac{1}{2}-1}\frac{d}{dx}e^{\sqrt{x}}$$
$$\Rightarrow \frac{dy}{dx} = \frac{1}{2}(e^{\sqrt{x}})^{-\frac{1}{2}}.e^{\sqrt{x}}.\frac{d}{dx}(\sqrt{x})$$
$$\Rightarrow \frac{dy}{dx} = \frac{1}{2}\frac{e^{\sqrt{x}}}{\sqrt{e^{\sqrt{x}}}} \times \frac{1}{2\sqrt{x}}$$
$$= \frac{e^{\sqrt{x}}}{4\sqrt{x}\sqrt{e^{\sqrt{x}}}} = \frac{e^{\sqrt{x}}}{4\sqrt{xe^{\sqrt{x}}}}$$

3. (a) दिया है, $x = a(\cos\theta + \theta\sin\theta)$,

$y = a(\sin\theta - \theta\cos\theta)$

$$\frac{dx}{d\theta} = a\frac{d}{d\theta}(\cos\theta + \theta\sin\theta)$$
$$= a\{-\sin\theta + (\theta\cos\theta + \sin\theta\cdot 1)\}$$
$$= a\theta\cos\theta$$

तथा
$$\frac{dy}{d\theta} = a\frac{d}{d\theta}(\sin\theta - \theta\cos\theta)$$
$$= a[\cos\theta - \{\theta(-\sin\theta) - \cos\theta\cdot 1\}]$$
$$= a\theta\sin\theta$$
$$\Rightarrow \frac{dy}{dx} = \frac{\frac{dy}{d\theta}}{\frac{dx}{d\theta}} = \frac{a\theta\sin\theta}{a\theta\cos\theta} = \tan\theta$$

4. (c) दिया है, $x = a\sec^3\theta$ तथा $y = a\tan^3\theta$

$$\frac{dx}{d\theta} = 3a\sec^2\theta\frac{d}{d\theta}(\sec\theta)$$
$$= 3a\sec^3\theta\tan\theta$$

तथा
$$\frac{dy}{d\theta} = 3a\tan^2\theta\frac{d}{d\theta}(\tan\theta)$$
$$= 3a\tan^2\theta\sec^2\theta$$

इस प्रकार,
$$\frac{dy}{dx} = \frac{\frac{dy}{d\theta}}{\frac{dx}{d\theta}} = \frac{3a\tan^2\theta\sec^2\theta}{3a\sec^3\theta\tan\theta}$$
$$= \frac{\tan\theta}{\sec\theta} = \sin\theta$$

अत:
$$\left(\frac{dy}{dx}\right)_{\theta=\frac{\pi}{3}\text{ पर}} = \sin\frac{\pi}{3} = \frac{\sqrt{3}}{2}$$

5. (a) माना $y = \log[\log(\log x^5)]$

$$\frac{dy}{dx} = \frac{1}{\log(\log x^5)}\cdot\frac{d}{dx}[\log(\log x^5)]$$
$$= \frac{1}{\log(\log x^5)}\cdot\frac{1}{(\log x^5)}\cdot\frac{d}{dx}(\log x^5)$$
$$= \frac{1}{\log(\log x^5)}\cdot\frac{1}{(\log x^5)}\cdot\frac{1}{x^5}\cdot\frac{d}{dx}(x^5)$$
$$= \frac{1}{x\cdot\log x\cdot\log(\log x^5)}$$

6. (d) दिया है,

$$x = \frac{1+\log t}{t^2}$$

तथा
$$y = \frac{3+2\log t}{t}$$
$$\frac{dx}{dt} = \frac{t^2\cdot\frac{1}{t} - 2t\cdot(1+\log t)}{t^4}$$

तथा
$$\frac{dy}{dt} = \frac{t\cdot\frac{2}{t} - (3+2\log t)}{t^2}$$
$$\Rightarrow \frac{dx}{dt} = \frac{-(1+2\log t)}{t^3}$$

तथा
$$\frac{dy}{dt} = -\frac{(1+2\log t)}{t^2}$$
$$\therefore \frac{dy}{dx} = \frac{dy}{dt}\cdot\frac{dt}{dx}$$
$$= -\frac{(1+2\log t)}{t^2}\times\frac{-t^3}{(1+2\log t)}$$
$$\Rightarrow \frac{dy}{dx} = -t$$

7. (a) $f(x) = (\log_{\cot x}\tan x)$

$$(\log_{\tan x}\cot x)^{-1} + \tan^{-1}\frac{4x}{4-x^2}$$
$$= \frac{\log\tan x}{\log\cot x}\cdot\frac{\log\tan x}{\log\cot x} + \tan^{-1}\left(\frac{4x}{4-x^2}\right)$$
$$= \frac{(\log\tan x)^2}{(-\log\tan x)^2} + \tan^{-1}\left(\frac{4x}{4-x^2}\right)$$
$$= 1 + \tan^{-1}\left(\frac{4x}{4-x^2}\right)$$
$$\therefore f'(x) = \frac{1}{1+\left(\frac{4x}{4-x^2}\right)^2}\cdot\frac{(4-x^2)4 - 4x(-2x)}{(4-x^2)^2}$$
$$= \frac{16-4x^2+8x^2}{(4-x)^2+16x^2} = \frac{4(4+x^2)}{(4-x^2)^2+(4x)^2}$$

अत:
$$f'(2) = \frac{4(4+4)}{0+(8)^2} = \frac{32}{64} = \frac{1}{2}$$

8. (*d*) दिया गया है, $x\sqrt{1+y}+y\sqrt{1+x}=0$

$\Rightarrow x\sqrt{1+y}=-y\sqrt{1+x}$ ...(i)

समी (i) के दोनों पक्षों का वर्ग करने पर,

$x^2(1+y)=y^2(1+x)$

$\Rightarrow x^2-y^2+x^2y-y^2x=0$

$\Rightarrow (x-y)(x+y)+xy(x-y)=0$

$\Rightarrow (x-y)\{x+y+xy\}=0$

$\Rightarrow x-y=0$

या $x+y+xy=0$

$\Rightarrow y=x$

या $y\cdot(1+x)=-x$

$\Rightarrow y=x$

या $y=\frac{-x}{1+x}$

परन्तु $y=x$ दी गई समीकरण को सन्तुष्ट नहीं करता अत: $y=-\frac{x}{1+x}$

$$\frac{dy}{dx}=\frac{d}{dx}\left(\frac{-x}{1+x}\right)$$

$$=-\frac{(1+x)\frac{d}{dx}(x)-x\frac{d}{dx}(1+x)}{(1+x)^2}$$

$$=-\frac{1}{(1+x)^2}$$

9. (*a*) दिया है, $y=\sqrt{\sin x+y}$

दोनों पक्षों का वर्ग करने पर,

$y^2=\sin x+y$

$\Rightarrow 2y\cdot\frac{dy}{dx}=\cos x+\frac{dy}{dx}$

$\Rightarrow (2y-1)\frac{dy}{dx}=\cos x\Rightarrow\frac{dy}{dx}=\frac{\cos x}{2y-1}$

10. (*d*) माना $u=\tan^{-1}\left(\frac{\sqrt{1+x^2}-1}{x}\right)$

तथा $v=\tan^{-1}x$

$x=\tan\theta$ रखने पर,

$$u=\tan^{-1}\left(\frac{\sqrt{1+x^2}-1}{x}\right)$$

$$=\tan^{-1}\left(\frac{\sqrt{1+\tan^2\theta}-1}{x}\right)$$

$$=\tan^{-1}\left(\frac{\sec\theta-1}{\tan\theta}\right)=\tan^{-1}\left(\frac{1-\cos\theta}{\sin\theta}\right)$$

$$\Rightarrow u=\tan^{-1}\left\{\frac{2\sin^2(\theta/2)}{2\sin(\theta/2)\cos(\theta/2)}\right\}$$

$$=\tan^{-1}\left(\tan\frac{\theta}{2}\right)=\frac{1}{2}\theta=\frac{1}{2}\tan^{-1}x$$

इस प्रकार, $u=\frac{1}{2}\tan^{-1}x$ तथा $v=\tan^{-1}x$

$$\Rightarrow \frac{du}{dx}=\frac{1}{2}\times\frac{1}{1+x^2}$$

तथा $\frac{dv}{dx}=\frac{1}{1+x^2}$

$$\therefore \frac{du}{dv}=\frac{du/dx}{dv/dx}$$

$$=\frac{1}{2(1+x^2)}\times(1+x^2)=\frac{1}{2}$$

11. (*b*) माना $y=\cos x\cos 2x\cos 3x$

$\log y=\log(\cos x\cos 2x\cos 3x)$

या $\log y=\log(\cos x)+\log(\cos 2x)+\log(\cos 3x)$

$$\frac{d}{dx}\log y=\frac{d}{dx}\log(\cos x)+\frac{d}{dx}\log(\cos 2x)+\frac{d}{dx}\log(\cos 3x)$$

$$\Rightarrow \frac{dy}{dx}=y\{-\tan x-2\tan 2x-3\tan 3x\}$$

$=-y\{\tan x+2\tan 2x+3\tan 3x\}$

$=-\cos x\cos 2x\cos 3x\{\tan x+2\tan 2x+3\tan 3x\}$

12. (*d*) दिया है, $y^x=x^y$

दोनों पक्षों का लघुगणक लेने पर,

$\log y^x=\log x^y\Rightarrow x\log y=y\log x$

$$\frac{d}{dx}(x\log y)=\frac{d}{dx}(y\log x)$$

$$\Rightarrow x\left(\frac{1}{y}\right)\frac{dy}{dx}+(\log y)=y\frac{1}{x}+(\log x)\frac{dy}{dx}$$

$$\Rightarrow \frac{x}{y}\frac{dy}{dx}-(\log x)\frac{dy}{dx}=\frac{y}{x}-\log y$$

$$\Rightarrow \left(\frac{x-y\log x}{y}\right)\frac{dy}{dx}=\frac{y-x\log y}{x}$$

$$\Rightarrow \frac{dy}{dx}=\frac{y}{x}\left(\frac{y-x\log y}{x-y\log x}\right)$$

13. (*d*) माना $y=(\log x)^{\log x}$

दोनों पक्षों का लघुगणक लेने पर,

$\log y=\log[(\log x)^{\log x}]$

$\Rightarrow \log y=\log x\log(\log x)$

$$\frac{1}{y}\frac{dy}{dx}=(\log x)\frac{d}{dx}\log(\log x)+\log\log(x)\frac{d}{dx}\log(x)$$

$$=\frac{1}{x}\{1+\log(\log x)\}$$

$$\Rightarrow \frac{dy}{dx}=\frac{y}{x}\{1+\log(\log x)\}$$

$$=\frac{(\log x)^{\log x}}{x}\{1+\log(\log x)\}$$

$$=(\log x)^{\log x}\left[\frac{1}{x}+\frac{\log(\log x)}{x}\right]$$

14. (*d*) यहाँ, $y^x=e^{(y-x)}$

दोनों पक्षों का लघुगणक लेने पर,

$\log y^x=\log e^{y-x}$

$x\log y=(y-x)\log e,$

$x\log y=y-x$ ...(i)

$$\frac{dy}{dx}(x\log y)=\frac{d}{dx}(y-x)$$

$$\Rightarrow \left[x\frac{d}{dx}(\log y)+\log y\frac{d}{dx}(x)\right]=\frac{dy}{dx}-1$$

$$\Rightarrow \frac{dy}{dx}\left(\frac{x}{y}-1\right)=-1-\log y$$

$$\Rightarrow \frac{dy}{dx}\left[\frac{1-1-\log y}{(1+\log y)}\right]=-(1+\log y)$$

$$\Rightarrow \frac{dy}{dx}=-\frac{(1+\log y)^2}{-\log y}$$

$$\Rightarrow \frac{dy}{dx}=\frac{(1+\log y)^2}{\log y}$$

15. (*b*) दिया है, $y=(\cos x)^{(\cos x)^{(\cos x)\dots\infty}}$

$\Rightarrow y=(\cos x)^y$

दोनों पक्षों का लघुगणक लेने पर,

$\Rightarrow \log y=y\cdot\log\cos x$

$$\frac{1}{y}\cdot\frac{dy}{dx}=y\cdot\frac{1}{\cos x}\cdot(-\sin x)+\log\cos x\cdot\frac{dy}{dx}$$

$$\frac{dy}{dx}=y\left\{-y\tan x+\log\cos x\cdot\frac{dy}{dx}\right\}$$

$$\Rightarrow \frac{dy}{dx}=\frac{y^2\tan x}{(y\log\cos x-1)}$$

16. (*c*) दिया है, $x^m\cdot y^n=(x+y)^{m+n}$

$\log(x^m\cdot y^n)=\log(x+y)^{(m+n)}$

$\Rightarrow \log x^m+\log y^n=(m+n)\log(x+y)$

$\Rightarrow m\log x+n\log y=(m+n)\log(x+y)$

$$m\cdot\frac{1}{x}+n\cdot\frac{1}{y}\cdot\frac{dy}{dx}-(m+n)\cdot\frac{1}{(x+y)}\cdot\left(1+\frac{dy}{dx}\right)$$

$$\Rightarrow \left(\frac{dy}{dx}\cdot\frac{1}{y}-\frac{1}{x}\right)\cdot\left(\frac{my-nx}{x+y}\right)=0$$

$$\Rightarrow \frac{dy}{dx}=\frac{y}{x} \quad\text{...(i)}$$

$$\Rightarrow x\frac{dy}{dx}-y=0$$

$$x\cdot\frac{d^2y}{dx^2}+\frac{dy}{dx}\cdot 1-\frac{dy}{dx}=0$$

$$\Rightarrow x\cdot\frac{d^2y}{dx^2}=0\Rightarrow\frac{d^2y}{dx^2}=0$$

17. (a) दिया है, $x = \exp\left\{\tan^{-1}\left(\frac{y-x^2}{x^2}\right)\right\}$

दोनों पक्षों का लघुगणक लेने पर,

$$\log x = \tan^{-1}\left(\frac{y-x^2}{x^2}\right)$$

$$\Rightarrow \frac{y-x^2}{x^2} = \tan(\log x)$$

$$\Rightarrow y = x^2\tan(\log x) + x^2$$

$$\frac{dy}{dx} = 2x\tan(\log x) + x^2\frac{\sec^2(\log x)}{x} + 2x$$

$$\Rightarrow \frac{dy}{dx} = 2x[1+\tan(\log x)] + x\sec^2(\log x)$$

18. (b) माना $y = \cos^{-1}\left\{\frac{\cos x + \sin x}{\sqrt{2}}\right\}$

$$y = \cos^{-1}\left\{\cos x\left(\frac{1}{\sqrt{2}}\right) + \sin x\left(\frac{1}{\sqrt{2}}\right)\right\}$$

$$= \cos^{-1}\left\{\cos x\cos\left(\frac{\pi}{4}\right) + \sin x\sin\left(\frac{\pi}{4}\right)\right\}$$

$$y = \cos^{-1}\left[\cos\left(x - \frac{\pi}{4}\right)\right] \quad \ldots(i)$$

यहाँ, $-\frac{\pi}{4} < x < \frac{\pi}{4}$

$$\Rightarrow \left(-\frac{\pi}{4}-\frac{\pi}{4}\right) < \left(x-\frac{\pi}{4}\right) < \left(\frac{\pi}{4}-\frac{\pi}{4}\right)$$

$$\Rightarrow -\frac{\pi}{2} < \left(x-\frac{\pi}{4}\right) < 0$$

इसलिए समी (i) से,

$$y = -\left(x - \frac{\pi}{4}\right)$$

$\{\because \cos^{-1}(\cos\theta) = -\theta$, यदि $\theta \in [-\pi, 0]\}$

$$y = -x + \frac{\pi}{4}$$

$$\frac{dy}{dx} = -1$$

19. (c) माना $y = \sin^{-1}\left(\frac{1}{\sqrt{x+1}}\right)$

माना $x = \tan^2\theta$

$\Rightarrow \theta = \tan^{-1}\sqrt{x}$

$$y = \sin^{-1}\left(\frac{1}{\sqrt{1+\tan^2\theta}}\right)$$

$$= \sin^{-1}\left(\frac{1}{\sec\theta}\right)$$

$$y = \sin^{-1}(\cos\theta)$$

$$= \sin^{-1}\left[\sin\left(\frac{\pi}{2}-\theta\right)\right]$$

$$y = \frac{\pi}{2} - \theta = \frac{\pi}{2} - \tan^{-1}\sqrt{x}$$

अब, x के सापेक्ष अवकलन करने पर,

$$\frac{dy}{dx} = 0 - \frac{1}{1+x}\cdot\frac{d}{dx}(\sqrt{x})$$

$$\Rightarrow \frac{dy}{dx} = -\frac{1}{2\sqrt{x}(1+x)}$$

20. (d) दिया है, $y = 500e^{7x} + 600e^{-7x}$ ...(i)

$$\frac{dy}{dx} = 500e^{7x}\frac{d}{dx}(7x) + 600e^{-7x}\frac{d}{dx}(-7x)$$

$$= 500\,e^{7x}\cdot 7 + 600e^{-7x}\cdot(-7)$$

तथा $\frac{d^2y}{dx^2} = (7\times 500)e^{7x}\cdot 7 - (7\times 600)e^{-7x}(-7)$

$$= 49\{500e^{7x} + 600e^{-7x}\}$$

$$\Rightarrow \frac{d^2y}{dx^2} = 49\,y$$

21. (c) दिया है, $y = (\tan^{-1}x)^2$

$$\frac{dy}{dx} = 2\tan^{-1}x\frac{d}{dx}(\tan^{-1}x)$$

$$= 2(\tan^{-1}x)\frac{1}{1+x^2}$$

या $(1+x^2)\,y_1 = 2\tan^{-1}x$

$$(1+x^2)\frac{dy_1}{dx} + y_1\frac{d}{dx}(1+x^2) = \frac{2}{1+x^2}$$

$$\Rightarrow (1+x^2)y_2 + y_1(0+2x) = \frac{2}{1+x^2}$$

$$\Rightarrow (1+x^2)^2y_2 + 2x(1+x^2)y_1 = 2$$

22. (d) $y = (\sin x)^x + \sin^{-1}\sqrt{x}$

माना $u = (\sin x)^x$, $v = \sin^{-1}\sqrt{x}$

$\therefore \quad y = u + v$

$$\frac{dy}{dx} = \frac{du}{dx} + \frac{dv}{dx} \quad \ldots(i)$$

अब, $u = (\sin x)^x$

दोनों पक्षों का लघुगणक लेने पर,

$\log u = \log(\sin x)^x$

$\Rightarrow \log u = x\log(\sin x)$

x के सापेक्ष अवकलन करने पर,

$$\frac{1}{u}\frac{du}{dx} = x\frac{d}{dx}\log(\sin x) + \log(\sin x)\frac{d}{dx}(x)$$

$$= \frac{x}{\sin x}\cos x + \log(\sin x)$$

$$\frac{du}{dx} = u[x\cot x + \log\sin x]$$

$$= (\sin x)^x[x\cot x + \log\sin x]$$

पुनः: $v = \sin^{-1}\sqrt{x}$

अब, $v = \sin^{-1}\sqrt{x}$

$$\frac{dv}{dx} = \frac{1}{\sqrt{1-(\sqrt{x})^2}}\frac{d}{dx}x^{1/2}$$

$$= \frac{1}{\sqrt{1-x}}\frac{1}{2}x^{-1/2}$$

$$\Rightarrow \frac{dv}{dx} = \frac{1}{\sqrt{1-x}}\times\frac{1}{2\sqrt{x}} = \frac{1}{2\sqrt{x}\sqrt{1-x}}$$

$$\Rightarrow \frac{dv}{dx} = \frac{1}{2\sqrt{x-x^2}}$$

$\frac{du}{dx}$ तथा $\frac{dv}{dx}$ का मान समी (i) में रखने पर,

$$\frac{dy}{dx} = (\sin x)^x[x\cot x + \log\sin x] + \frac{1}{2\sqrt{x-x^2}}$$

23. (a) यहाँ, $f(x) = |x|^3$

जब $x \ge 0$, $f(x) = |x|^3 = x^3$

x के सापेक्ष अवकलन करने पर,

$$\frac{d}{dx}[f(x)] = \frac{d}{dx}(x^3) \Rightarrow f'(x) = 3x^2$$

x के सापेक्ष पुनः अवकलन करने पर,

$$\frac{d}{dx}[f'(x)] = \frac{d}{dx}(3x^2) \Rightarrow f''(x) = 6x$$

जब $x < 0$, $f(x) = |x|^3 = -x^3$

दोनों पक्षों का x के सापेक्ष अवकलन करने पर,

$$\frac{d}{dx}[f(x)] = \frac{d}{dx}(-x^3) \Rightarrow f'(x) = -3x^2$$

दोनों पक्षों का x के सापेक्ष पुनः अवकलन करने पर,

$$\frac{d}{dx}[f'(x)] = \frac{d}{dx}(-3x^2) = 6x$$

$$\frac{d}{dx}f''(x) = -6x$$

अतः $f''(x) = \begin{cases} 6x, & x \ge 0 \\ -6x, & x < 0 \end{cases}$

24. (b) जब $0 < x < \frac{\pi}{4}$, $\cos x > \sin x$

इस प्रकार है कि $\cos x - \sin x > 0$

अतः $f(x) = \cos x - \sin x$

$f'(x) = -\sin x - \cos x$

अतः $f'\left(\frac{\pi}{6}\right) = -\sin\frac{\pi}{6} - \cos\frac{\pi}{6}$

$$= -\frac{1}{2}(1+\sqrt{3})$$

25. (c) $\frac{dy}{dx} = f'\left(\frac{2x+3}{3-2x}\right)\frac{d}{dx}\left(\frac{2x+3}{3-2x}\right)$

$$= \sin\left[\log\left(\frac{2x+3}{3-2x}\right)\right]\left\{\frac{(3-2x)(2)-(2x+3)(-2)}{(3-2x)^2}\right\}$$

$$= \frac{12}{(3-2x)^2}\sin\left[\log\left(\frac{2x+3}{3-2x}\right)\right]$$

$$\Rightarrow \left(\frac{dy}{dx}\right)_{x=1} = \frac{12}{(3-2)^2}\sin\log(5)$$

$$= 12\sin\log 5$$

अध्याय 06

अवकलज के अनुप्रयोग

Applications of Derivatives

राशियों के परिवर्तन की दर

माना एक राशि y, किसी अन्य राशि x के सापेक्ष किसी नियम $y = f(x)$ को सन्तुष्ट करते हुए परिवर्तित होती है, तब $\frac{dy}{dx}$ (या $f'(x)$), x के सापेक्ष y में परिवर्तन की दर को दर्शाता है।

किसी बिन्दु पर राशि के परिवर्तन की दर

माना राशि y, अन्य राशि x के सापेक्ष परिवर्तित होती है, तब बिन्दु $x = x_0$ पर x के सापेक्ष y के परिवर्तन की दर को $\left(\frac{dy}{dx}\right)_{x=x_0}$ या $f'(x_0)$ द्वारा प्रदर्शित करते हैं।

इसलिए सर्वप्रथम x के सापेक्ष y का अवकलज ज्ञात कीजिए, तत्पश्चात् $\frac{dy}{dx}$ में x के स्थान पर x_0 का मान रखिए।

दो चरों के परिवर्तन की दर

माना दो चर अन्य चर राशि t के सापेक्ष परिवर्तित हो रहे हैं अर्थात् $y = f(t)$ तथा $x = g(t)$, तब x के सापेक्ष y के परिवर्तन की दर होगी

$$\frac{dy}{dx} = \frac{dy/dt}{dx/dt}, \quad \text{जहाँ} \quad \frac{dx}{dt} \neq 0 \quad \text{या} \quad \frac{dy}{dx} = \frac{dy}{dt} \cdot \frac{dt}{dx}$$

अतः x के सापेक्ष y के परिवर्तन की दर का परिकलन y और x दोनों के t के सापेक्ष परिवर्तन की दर का उपयोग करके किया जा सकता है।

सीमान्त लागत

सम्पूर्ण लागत की किसी क्षण उत्पादित वस्तुओं की संख्या के सापेक्ष तत्कालिक परिवर्तन की दर सीमान्त लागत कहलाती है। यदि किसी वस्तु की x इकाई उत्पादित होने पर, सम्पूर्ण लागत $C(x)$ है, तब सीमान्त लागत

$$= \frac{d\,\{C(x)\}}{dx} = \frac{dC}{dx}$$

सीमान्त आय

सम्पूर्ण आय की किसी क्षण बेची गई वस्तुओं की संख्या के सापेक्ष तत्कालिक परिवर्तन की दर सीमान्त आय कहलाती है।

यदि किसी वस्तु की x इकाई बेचने पर, सम्पूर्ण आय $R(x)$ हो, तब

$$\text{सीमान्त आय} = \frac{d}{dx}\{R(x)\} = \frac{dR}{dx}$$

वर्धमान और ह्रासमान फलन

वर्धमान फलन माना वास्तविक फलन f के प्रान्त में एक खुला (विवृत्त) अन्तराल I है, तब f अन्तराल I में वर्धमान फलन कहलाता है, यदि $x_1 < x_2$

$$\Rightarrow \quad f(x_1) \le f(x_2), \forall\, x_1, x_2 \in I$$

निरन्तर वर्धमान फलन माना वास्तविक फलन f के प्रान्त में एक खुला (विवृत्त) अन्तराल I है, तब f, अन्तराल I में निरन्तर वर्धमान है, यदि $x_1 < x_2$

$$\Rightarrow \quad f(x_1) < f(x_2), \forall\, x_1, x_2 \in I$$

ह्रासमान फलन माना वास्तविक फलन f के प्रान्त में I एक खुला अन्तराल है, तब फलन f, अन्तराल I में ह्रासमान फलन कहलाता है, यदि $x_1 < x_2$

$$\Rightarrow \quad f(x_1) \ge f(x_2), \forall\, x_1, x_2 \in I$$

निरन्तर ह्रासमान फलन माना वास्तविक फलन f के प्रान्त में I एक खुला अन्तराल है, तब फलन f, अन्तराल I में निरन्तर ह्रासमान फलन कहलाता है, यदि $x_1 < x_2$

$$\Rightarrow \quad f(x_1) > f(x_2), \forall\, x_1, x_2 \in I$$

एक बिन्दु पर वर्धमान तथा ह्रासमान फलन

परिभाषा I x_0 पर फलन f, वर्धमान फलन कहलाता है, यदि एक अन्तराल $I = (x_0 - h, x_0 + h), h > 0$ इस प्रकार हो कि,

$$x_1 < x_2 \Rightarrow f(x_1) \le f(x_2), \forall x_1, x_2 \in I$$

परिभाषा II x_0 पर फलन f, निरन्तर वर्धमान फलन कहलाता है, यदि एक अन्तराल $I = (x_0 - h, x_0 + h), h > 0$ इस प्रकार हो, कि

$$x_1 < x_2 \Rightarrow f(x_1) < f(x_2), \forall x_1, x_2 \in I$$

परिभाषा III x_0 पर फलन f ह्रासमान फलन कहलाता है, यदि एक अन्तराल $I = (x_0 - h, x_0 + h)$ इस प्रकार हो कि,

$$x_1 < x_2 \Rightarrow f(x_1) \ge f(x_2), \forall x_1, x_2 \in I$$

परिभाषा IV x_0 पर फलन f, निरन्तर ह्रासमान फलन कहलाता है, यदि एक अन्तराल $I = (x_0 - h, x_0 + h)$ इस प्रकार हो कि,

$$x_1 < x_2 \Rightarrow f(x_1) > f(x_2), \forall x_1, x_2 \in I$$

स्पर्श रेखा एक सरल रेखा होती है जोकि दिए गए वक्र $y = f(x)$ को एक बिन्दु पर स्पर्श करती है।

अभिलम्ब एक सरल रेखा होती है जो कि वक्र $y = f(x)$ के किसी बिन्दु पर खींची गई स्पर्श रेखा के लम्बवत् होती है तथा स्पर्श बिन्दु पर प्रतिच्छेदित करती है।

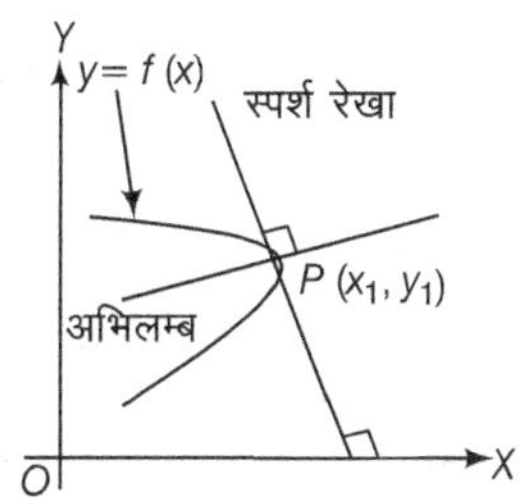

स्पर्श रेखा तथा अभिलम्ब की प्रवणता

माना दिया गया वक्र, $y = f(x)$ ...(i)
है, तब इस वक्र पर बिन्दु (x_0, y_0) पर खींची गई स्पर्श रेखा की प्रवणता (या ढाल) को $\left(\frac{dy}{dx}\right)_{(x_0, y_0)}$ या $f'(x_0)$ द्वारा प्रदर्शित करते हैं तथा यदि वक्र (i) से खींची गई स्पर्श रेखा X-अक्ष की धनात्मक दिशा में θ कोण बनाती है, तब

स्पर्श रेखा की प्रवणता $= \frac{dy}{dx} = \tan\theta$

साथ ही, बिन्दु (x_0, y_0) पर वक्र (i) के अभिलम्ब की प्रवणता

$$= \frac{-1}{\text{स्पर्श रेखा की प्रवणता}} \text{ अर्थात् } \frac{-1}{\left(\frac{dy}{dx}\right)_{(x_0, y_0)}}$$

स्पर्श रेखा तथा अभिलम्ब के समीकरण

माना $y = f(x)$ एक वक्र है तथा वक्र पर कोई बिन्दु $P(x_1, y_1)$ है, तब प्रवणता के अनुसार स्पर्श रेखा तथा अभिलम्ब के समीकरण इस प्रकार हैं

(i) **जब प्रवणता m है**

यदि बिन्दु (x_0, y_0) पर स्पर्श रेखा की प्रवणता $m = \frac{dy}{dx}$ है, तब

(a) स्पर्श रेखा का समीकरण $(y - y_0) = m(x - x_0)$ होगा।

(b) अभिलम्ब का समीकरण $(y - y_0) = m_1(x - x_0)$ होगा, जहाँ $m_1 = -\frac{1}{m}$ है।

(ii) **जब प्रवणता शून्य है**

यदि स्पर्श रेखा की प्रवणता $\frac{dy}{dx} = 0$ अर्थात् $\theta = 0$ है, तब

(a) स्पर्श रेखा का समीकरण $y = y_0$ होगा।

(b) अभिलम्ब का समीकरण $x = x_0$ होगा।

(iii) **जब प्रवणता अनन्त है**

यदि स्पर्श रेखा की प्रवणता $\frac{dy}{dx} = \infty$ अर्थात् $\theta = \frac{\pi}{2}$ है, तब

(a) स्पर्श रेखा का समीकरण $x = x_0$ होगा।

(b) अभिलम्ब का समीकरण $y = 0$ होगा।

दो वक्रों का प्रतिच्छेदन कोण

दो वक्रों के प्रतिच्छेदन बिन्दु पर खींची गई स्पर्श रेखाओं के बीच का कोण वक्रों का प्रतिच्छेदन कोण कहलाता है।

यदि दो वक्रों की स्पर्श रेखाओं की प्रवणताएँ क्रमशः m_1 तथा m_2 हों, तब

प्रतिच्छेदन कोण $(\theta) = \tan^{-1}\left(\frac{m_1 \sim m_2}{1 + m_1 m_2}\right)$

(i) यदि $m_1 = m_2$ हो, तो दोनों वक्र परस्पर स्पर्श करते हैं।

(ii) यदि $m_1 m_2 = -1$ हो, तो दोनों वक्र परस्पर समकोण पर काटते हैं।

सन्निकटन

माना $f : D \to R, D \subset R$ एक प्रदत्त फलन है।

अर्थात् $y = f(x)$ ...(i)

माना स्वतन्त्र चर x में अल्प परिवर्तन Δx के संगत परतन्त्र चर y में Δy का अल्प परिवर्तन होता है।

$\therefore \Delta y = f(x + \Delta x) - f(x)$, तब

(i) x के अवकल को dx से प्रदर्शित करते हैं और $dx = \Delta x$ से परिभाषित करते हैं।

(ii) y के अवकल को dy से प्रदर्शित करते हैं और $dy = f'(x)dx$ या $dy = \left(\frac{dy}{dx}\right)\Delta x$ से परिभाषित करते हैं।

(iii) यदि $dx = \Delta x$, x की तुलना में अपेक्षाकृत छोटा हो तथा Δy का एक उपयुक्त सन्निकट dy हो, तब हम इसे $dy \approx \Delta y$ से प्रदर्शित करते हैं।

सन्निकटन से सम्बन्धित महत्त्वपूर्ण पद

(i) **निरपेक्ष त्रुटि** किसी वस्तु की x माप में त्रुटि Δx, निरपेक्ष त्रुटि कहलाती है।

(ii) **सापेक्ष त्रुटि** यदि किसी वस्तु की x माप में त्रुटि Δx है, तो $\frac{\Delta x}{x}$, x में सापेक्ष त्रुटि कहलाती है।

(iii) **प्रतिशत त्रुटि** किसी वस्तु की x माप में त्रुटि Δx है, तो $\frac{\Delta x}{x} \times 100$, x में प्रतिशत त्रुटि कहलाती है।

फलन का महत्तम तथा न्यूनतम मान

(i) **फलन का महत्तम मान** माना अन्तराल I में एक फलन f परिभाषित है, जहाँ $I \subset R$ है। यदि I में एक बिन्दु c का अस्तित्व इस प्रकार हो कि $f(c) \geq f(x), \forall x \in I$, तब I में f का उच्चतम या महत्तम मान होगा। यहाँ, संख्या $f(c)$ को I में फलन f का उच्चतम या महत्तम मान कहते हैं और बिन्दु c को I में फलन f का उच्चतम मान वाला बिन्दु कहते हैं।

(ii) **फलन का न्यूनतम मान** माना अन्तराल I में एक फलन f परिभाषित है, जहाँ $I \subset R$ है। यदि I में एक बिन्दु c का अस्तित्व इस प्रकार हो कि $f(c) \leq f(x), \forall x \in I$, तब I में f का न्यूनतम या निम्नतम मान होगा। यहाँ, संख्या $f(c)$ को I में f का निम्नतम मान कहते हैं और बिन्दु c को I में f के निम्नतम मान वाला बिन्दु कहते हैं।

(iii) **फलन का चरम मान** अन्तराल I में फलन f चरम मान रखने वाला फलन कहलाता है, यदि I में एक बिन्दु c का अस्तित्व इस प्रकार हो कि $f(c)$, f का उच्चतम मान अथवा निम्नतम मान है। यहाँ $f(c)$, I में फलन f का चरम मान कहलाता है और बिन्दु c एक चरम बिन्दु कहलाता है।

स्थानीय उच्चतम तथा स्थानीय निम्नतम

माना f एक वास्तविक फलन है और c, फलन f के प्रान्त में एक आन्तरिक बिन्दु है, तब

(i) c को **स्थानीय उच्चतम** का बिन्दु कहा जाता है, यदि एक ऐसा $h > 0$ हो कि $(c - h, c + h)$ में सभी x के लिए $f(c) \geq f(x)$ हो। दूसरे शब्दों में, "$x = c$ पर फलन $f(x)$ उच्चिष्ठ कहलाता है, यदि $f(c - h) < f(c) > f(c + h)$, यहाँ $f(c)$ फलन f का **स्थानीय उच्चतम मान** कहलाता है।"

(ii) c को **स्थानीय निम्नतम** का बिन्दु कहा जाता है, यदि एक ऐसा $h > 0$ हो कि $(c - h, c + h)$ में सभी x के लिए $f(c) \leq f(x)$ हो। दूसरे शब्दों में, "$x = c$ पर फलन $f(x)$ निम्निष्ठ कहलाता है यदि $f(c - h) > f(c) < f(c + h)$, यहाँ $f(c)$ फलन f का स्थानीय निम्नतम मान कहलाता है।"

क्रान्तिक बिन्दु

फलन f के प्रान्त में एक बिन्दु c, जिस पर या तो $f'(c) = 0$ है या f अवकलनीय नहीं है, f का क्रान्तिक बिन्दु कहलाता है। यदि f, बिन्दु c पर सतत् तथा $f'(c) = 0$ है, तब $h > 0$ इस प्रकार विद्यमान होगा कि f अन्तराल $(c - h, c + h)$ में अवकलनीय होगा।

अभ्यास प्रश्न

1. एक पाइप से रेत 12 सेमी³/से की दर से गिर रही है। गिरती रेत जमीन पर एक ऐसा शंकु बनाती है जिसकी ऊँचाई सदैव आधार की त्रिज्या का छठा भाग है। रेत से बने शंकु की ऊँचाई किस दर से बढ़ रही है जबकि ऊँचाई 4 सेमी है?
(a) $\frac{\pi}{48}$ सेमी/से (b) $\frac{1}{48\pi}$ सेमी/से (c) $\frac{48}{\pi}$ सेमी/से (d) 48π सेमी/से

2. किसी उत्पाद की x इकाइयों के विक्रय से प्राप्त कुल आय $R(x)$ रुपयों में $R(x) = 13x^2 + 26x + 15$ से प्रदत्त है। सीमान्त आय ज्ञात कीजिए जब $x = 7$ है।
(a) ₹ 197 (b) ₹ 199 (c) ₹ 205 (d) ₹ 208

3. एक पतंग 151.5 मी की ऊँचाई पर क्षैतिज दिशा में उड़ रही है। यदि पतंग की चाल 10 मी/से हो, तो पतंग अपनी जगह से कितना तेज हटेगी जबकि पतंग, लड़के से 250 मी की दूरी पर, जोकि पतंग को उड़ा रहा है तथा लड़के की ऊँचाई 1.5 मी है?
(a) 8 मी/से (b) 12 मी/से (c) 16 मी/से (d) 19 मी/से

4. कोण $\theta, 0 < \theta < \frac{\pi}{2}$ ज्ञात कीजिए जोकि sin के दोगुने दर से बढ़ता है।
(a) $\frac{\pi}{2}$ (b) $\frac{3\pi}{2}$ (c) $\frac{\pi}{4}$ (d) $\frac{\pi}{3}$

5. गोलीय गुब्बारे में 30 मी³/मिनट की दर से गैस भरी जाती है। जब इसका मान 15 फीट है, तब वह दर जिस पर त्रिज्या बढ़ती है, है
(a) $\frac{1}{30\pi}$ फीट/मिनट (b) $\frac{1}{15\pi}$ फीट/मिनट
(c) $\frac{1}{20}$ फीट/मिनट (d) $\frac{1}{15}$ फीट/मिनट

6. $f(5.001)$ का सन्निकट मान ज्ञात कीजिए, जहाँ $f(x) = x^3 - 7x^2 + 5$ है।
(a) –34.995 (b) –33.995 (c) –33.335 (d) –35.993

7. वक्र $y = 4x^3 - 2x^5$ पर उन बिन्दुओं को ज्ञात कीजिए जिन पर स्पर्श रेखाएँ मूलबिन्दु से होकर जाती हैं।
(a) (0, 0), (1, 2) तथा (–1, – 2) (b) (0, 0), (2, 4) तथा (–1, –3)
(c) (0, 0), (2, 3) तथा (–3, –1) (d) उपरोक्त में से कोई नहीं

8. यदि वक्र $x = at^2$, $y = 2at$ पर खींची गई स्पर्श रेखा x–अक्ष के लम्बवत् है, तब स्पर्श बिन्दु के निर्देशांक हैं
(a) (a, a) (b) $(0, a)$ (c) (0, 0) (d) $(a, 0)$

9. वक्र $\sqrt{x} + \sqrt{y} = \sqrt{a}$ के किस बिन्दु पर जिस पर खींचा गया अभिलम्ब X-अक्ष के समान्तर है
(a) (0, 0) (b) $(0, a)$ (c) $(a, 0)$ (d) (a, a)

10. वक्र $y = be^{-x/a}$ के बिन्दु, जहाँ वक्र Y-अक्ष को काटता है, पर स्पर्श रेखा का समीकरण है
(a) $ax + by = 1$ (b) $ax - by = 1$ (c) $\frac{x}{a} - \frac{y}{b} = 1$ (d) $\frac{x}{a} + \frac{y}{b} = 1$

11. वक्रों $\frac{x^2}{a^2} - \frac{y^2}{b^2} = 1$ तथा $xy = c^2$ के लम्बकोणीय प्रतिच्छेदन के लिए प्रतिबन्ध ज्ञात कीजिए।
(a) $a^2 + b^2 = 0$ (b) $a^2 - b^2 = 0$
(c) $a = b$ (d) इनमें से कोई नहीं

12. माना $[a, b]$ पर परिभाषित एक फलन f इस प्रकार है कि सभी $x \in (a, b)$ के लिए $f'(x) > 0$ है, तो फलन f एक वर्द्धमान फलन है
(a) (a, b) (b) $(a, b]$ (c) $[a, b]$ (d) $[a, b)$

13. फलन $f(x) = \frac{\lambda \sin x + 6\cos x}{2\sin x + 3\cos x}$ एकदिष्ट वर्द्धमान है, यदि
(a) $\lambda > 1$ (b) $\lambda < 1$ (c) $\lambda < 4$ (d) $\lambda > 4$

14. माध्यमान प्रमेय में $\frac{f(b) - f(a)}{b - a} = f'(c)$ तथा यदि $a = 0, b = \frac{1}{2}$ तथा $f(x) = x(x-1)(x-2)$ हो, तो c का मान है
(a) $1 - \frac{\sqrt{15}}{6}$ (b) $1 + \sqrt{15}$ (c) $1 - \frac{\sqrt{21}}{6}$ (d) $1 + \sqrt{21}$

15. $[0, 2\pi]$ पर $x + \sin 2x$ का उच्चतम और निम्नतम मान ज्ञात कीजिए।
(a) 2π तथा 0 (b) π तथा $\frac{1}{2}$
(c) $\frac{\pi}{2}$ तथा –1 (d) इनमें से कोई नहीं

16. दी हुई तिर्यक ऊँचाई और महत्तम आयतन वाले शंकु का अर्द्धशीर्ष कोण होता है
(a) $\tan^{-1}\sqrt{3}$ (b) $\tan^{-1}\sqrt{2}$
(c) $\tan^{-1}\left(\frac{1}{\sqrt{2}}\right)$ (d) इनमें से कोई नहीं

17. वक्र $x^2 = 2y$ पर (0, 5) से न्यूनतम दूरी पर स्थित बिन्दु है
(a) $(2\sqrt{2}, 4)$ (b) $(2\sqrt{2}, 0)$
(c) (0, 0) (d) (2, 2)

18. $[x(x-1)+1]^{1/3}, 0 \le x \le 1$ का उच्चतम मान है
(a) $\left(\frac{1}{3}\right)^{1/3}$ (b) $\frac{1}{2}$ (c) 1 (d) 0

19. दीर्घवृत्त $\frac{x^2}{a^2} + \frac{y^2}{b^2} = 1$ के अन्तर्गत उस समद्विबाहु त्रिभुज का महत्तम क्षेत्रफल ज्ञात कीजिए जिसका शीर्ष दीर्घ अक्ष का एक सिरा है
(a) $\frac{3}{4}ab$ वर्ग इकाई (b) $\frac{3}{4}\sqrt{3}\,ab$ वर्ग इकाई
(c) $\frac{\sqrt{3}}{4}ab$ वर्ग इकाई (d) इनमें से कोई नहीं

20. किसी आयत के ऊपर बने अर्द्धवृत्त के आकार वाली खिड़की है। खिड़की का सम्पूर्ण परिमाप 10 मी है। पूर्णतया खुली खिड़की से अधिकतम प्रकाश आने के लिए खिड़की की विमाएँ हैं
(a) लम्बाई = चौड़ाई = $\frac{1}{\pi + 4}$
(b) लम्बाई = $\frac{20}{\pi + 4}$ तथा चौड़ाई = $\frac{10}{\pi + 4}$
(c) लम्बाई = $\frac{2}{\pi + 4}$ तथा चौड़ाई = $\frac{1}{\pi + 4}$
(d) उपरोक्त में से कोई नहीं

21. $f(x) = \cos^2 x + \sin x, x \in [0, \pi]$ द्वारा प्रदत्त फलन f का निरपेक्ष उच्चतम और निम्नतम मान है

(a) 2.25 तथा 2
(b) 1.25 तथा 1
(c) 1.75 तथा 1.5
(d) उपरोक्त में से कोई नहीं

22. एक R त्रिज्या के गोले के अन्तर्गत अधिकतम आयतन के बेलन की ऊँचाई तथा अधिकतम आयतन है

(a) $\frac{2R}{\sqrt{3}}$ तथा $\frac{4\pi R^3}{3\sqrt{3}}$
(b) $\frac{R}{\sqrt{3}}$ तथा $\frac{\pi R^3}{3\sqrt{3}}$
(c) $\frac{4R}{\sqrt{3}}$ तथा $\frac{2\pi R^3}{3\sqrt{3}}$
(d) इनमें से कोई नहीं

उत्तर सहित व्याख्या

1. (*b*) माना त्रिज्या r, ऊँचाई h और आयतन V है।

यह दिया है, $\frac{dV}{dt} = 12$ सेमी^{3}/से

और $h = \frac{1}{6}r \Rightarrow r = 6h$

अब,

$V = \frac{1}{3}\pi r^2 h = \frac{1}{3}\pi(6h)^2 h = 12\pi h^3$

t के सापेक्ष अवकलन करने पर,

$$\frac{dV}{dt} = (12\pi)\left(3h^2 \frac{dh}{dt}\right)$$

$$= 36\pi h^2 \frac{dh}{dt}$$

$\therefore \quad 12 = 36\pi (4)^2 \frac{dh}{dt}$

$\Rightarrow \frac{dh}{dt} = \frac{12}{36\pi \times 16} = \frac{1}{48\pi}$ सेमी/से

अत: जब ऊँचाई 4 सेमी है, तो रेत से बने शंकु की ऊँचाई $\frac{1}{48\pi}$ सेमी/से की दर से बढ़ रही है।

2. (*d*) सीमान्त आय इकाइयों की संख्या के विक्रय के सापेक्ष कुल आय के परिवर्तन की दर है।

सीमान्त आय $= \frac{dR}{dx}$

$= \frac{d}{dx}(13x^2 + 26x + 15)$

$= 13 \times 2x + 26 = 26x + 26$

जब $x = 7$,

तो सीमान्त आय $= 26(7) + 26$

$= 182 + 26 = 208$

अत: सीमान्त आय ₹ 208 है।

3. (*a*) माना किसी समय t पर लड़के की स्थिति AB तथा पतंग की स्थिति C है।

पुन: माना $BD = x$ तथा $AC = y \Rightarrow AE = x$

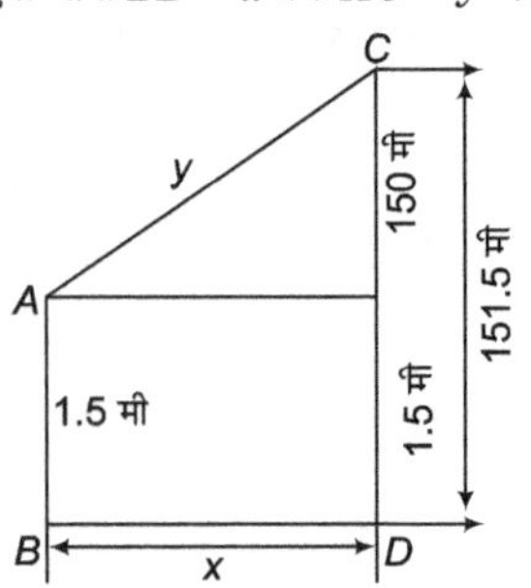

दिया है, $AB = 1.5$ मी, $CD = 151.5$ मी

$\therefore CE = 150$ मी, $\frac{dx}{dt} = 10$ मी/से

अब, हम जबकि $y = 250$ मी हो, तो $\frac{dy}{dt}$ ज्ञात करेंगे।

ΔCAE में, $y^2 = x^2 + 150^2$

t के सापेक्ष अवकलन करने पर,

$$2y\frac{dy}{dt} = 2x\frac{dx}{dt}$$

$\Rightarrow \quad \frac{dy}{dt} = \frac{x}{y}\cdot\frac{dx}{dt} = \frac{x}{y}\cdot 10 \quad \ldots(i)$

$\therefore \Delta ACE$ में,

$x = \sqrt{250^2 - 150^2} \quad [\because y = 250]$

$= 200$ मी

$\therefore$ समी (i) से,

$\frac{dy}{dt} = \frac{200}{250} \times 10 = 8$ मी/से

4. (*d*) दिया है, $2\frac{d}{dt}(\sin\theta) = \frac{d\theta}{dt}$

$\Rightarrow \quad 2 \times \cos\theta \frac{d\theta}{dt} = \frac{d\theta}{dt}$

$\Rightarrow \quad 2\cos\theta = 1$

$\Rightarrow \quad \cos\theta = \frac{1}{2} \Rightarrow \theta = \frac{\pi}{3}$

5. (*a*) $\because \frac{dV}{dt} = 30$ फुट/मिनट व $r = 15$ फुट

तथा $V = \frac{4}{3}\pi r^3$

$\Rightarrow \quad \frac{dV}{dt} = 4\pi r^2 \frac{dr}{dt}$

$\Rightarrow \quad 30 = 4\pi r^2 \frac{dr}{dt}$

$\Rightarrow \quad \frac{dr}{dt} = \frac{30}{4 \times \pi \times 15 \times 15}$

$= \frac{1}{30\pi}$ फुट/मिनट

6. (*a*) सबसे पहले संख्या 5.001 को इस प्रकार तोड़े कि $x = 5$ और $\Delta x = 0.001$ और '$f(x + \Delta x) \simeq f(x) + \Delta x f'(x)$' का अनुप्रयोग करें।

माना $f(x) = x^3 - 7x^2 + 15$

$\Rightarrow f'(x) = 3x^2 - 14x$

माना $x = 5$ और $\Delta x = 0.001$

और $f(x + \Delta x) \simeq f(x) + \Delta x f'(x)$

इसलिए, $f(x + \Delta x) \simeq (x^3 - 7x^2 + 15) + \Delta x (3x^2 - 14x)$

$\Rightarrow f(5.001) \simeq (5^3 - 7 \times 5^2 + 15) + (3 \times 5^2 - 14 \times 5)(0.001)$

$(\because x = 5, \Delta x = 0.001)$

$= 125 - 175 + 15 + (75 - 70)(0.001)$

$= -35 + (5)(0.001)$

$= -35 + 0.005 = -34.995$

7. (*a*) वक्र की स्पर्श रेखा की प्रवणता ज्ञात करें और स्पर्श रेखा की सामान्य समीकरण लिखें। स्पर्श रेखा मूलबिन्दु से होकर जाती है, इसलिए (0, 0) समीकरण को सन्तुष्ट करेगा।

दिए गए वक्र का समीकरण है,

$y = 4x^3 - 2x^5 \quad \ldots(i)$

x के सापेक्ष अवकलन करने पर,

$\frac{dy}{dx} = 12x^2 - 10x^4$

इसलिए, बिन्दु (x, y) पर स्पर्श रेखा की प्रवणता $12x^2 - 10x^4$ है।

बिन्दु (x, y) पर स्पर्श रेखा का समीकरण

$Y - y = (12x^2 - 10x^4)(X - x) \ldots(ii)$

जब स्पर्श रेखा मूलबिन्दु से होकर जाती है, तब $x = y = 0$

इसलिए समी (i) से,

$-y = (12x^2 - 10x^4)(-x)$

$\Rightarrow \quad y = 12x^3 - 10x^5$

और $y = 4x^3 - 2x^5$

$\therefore \quad 12x^3 - 10x^5 = 4x^3 - 2x^5$

$\Rightarrow \quad 8x^5 - 8x^3 = 0 \Rightarrow x^5 - x^3 = 0$

$x^3(x^2 - 1) = 0$

$\Rightarrow \quad x = 0, \pm 1$

जब $x = 0, y = 4(0)^3 - 2(0)^5 = 0$

जब $x = 1, y = 4(1)^3 - 2(1)^5 = 2$

जब $x = -1, y = 4(-1)^3 - 2(-1)^5 = -2$

अत: आवश्यक बिन्दु (0, 0), (1, 2) और (−1, −2) हैं।

8. (c) $\because x = at^2$

$\Rightarrow \frac{dx}{dt} = 2$ पर व $y = 2$ पर

$\Rightarrow \frac{dy}{dt} = 2a = \frac{dy}{dx} = \frac{2a}{2at} = \frac{1}{t}$

$\Rightarrow \frac{1}{t} = \infty \Rightarrow t = 0$

$\therefore$ स्पर्श बिन्दु (0, 0) है।

9. (b) $\because \sqrt{x} + \sqrt{y} = \sqrt{a}$

$\frac{1}{2\sqrt{x}} + \frac{1}{2\sqrt{y}}\frac{dy}{dx} = 0$

$\Rightarrow \frac{dy}{dx} = -\frac{\sqrt{y}}{\sqrt{x}}$

अभिलम्ब X-अक्ष के समान्तर होगा, यदि

$\left(\frac{dx}{dy}\right)_{(x_1, y_1)} = 0 \Rightarrow x_1 = 0$

समी (i) से, $y_1 = a$

अत: अभीष्ट बिन्दु $(0, a)$ है।

10. (d) $\because y = be^{-x/a}$ ...(i)

तथा यह वक्र Y-अक्ष को काटता है।

$\Rightarrow y = b$

समी (i) का अवकलन करने पर,

$\frac{dy}{dx} = \frac{-b}{a}e^{-x/a}$

$(0, b)$ पर,

$\left(\frac{dy}{dx}\right)_{(0,b)} = \frac{-b}{a}e^{-0/a} = \frac{-b}{a}$

स्पर्श रेखा का समीकरण निम्न है

$y - b = \frac{-b}{a}(x - 0)$

$\Rightarrow \frac{y}{b} - 1 = -\frac{x}{a} \Rightarrow \frac{x}{a} + \frac{y}{b} = 1$

11. (b) माना वक्र (x_1, y_1) पर प्रतिच्छेद करते हैं।

$\therefore \frac{x^2}{a^2} - \frac{y^2}{b^2} = 1$

$\Rightarrow \frac{2x}{a^2} - \frac{2y}{b^2}\frac{dy}{dx} = 0 \Rightarrow \frac{dy}{dx} = \frac{b^2x}{a^2y}$

$\Rightarrow$ प्रतिच्छेदन बिन्दु पर स्पर्श रेखा की प्रवणता $(m_1) = \frac{b^2x_1}{a^2y_1}$

पुन: $xy = c^2 \Rightarrow x\frac{dy}{dx} + y = 0$

$\Rightarrow \frac{dy}{dx} = \frac{-y}{x} \Rightarrow m_2 = \frac{-y_1}{x_1}$

लम्बकोणीय प्रतिच्छेन के लिए,

$m_1 \times m_2 = -1$

$\Rightarrow \frac{b^2}{a^2} = 1$ या $a^2 - b^2 = 0$

12. (a) दिया है, $[a, b]$ पर, $f'(x) > 0$

$\therefore [a, b]$ पर, f एक अवकलनीय फलन है और प्रत्येक अवकलनीय फलन सतत् होता है। इसलिए f, $[a, b]$ पर सतत् है।

माना $x_1, x_2 \in [a, b]$ और $x_2 > x_1$, तब लैगरान्ज के औसत मान प्रमेय द्वारा एक $c \in [a, b]$ इस प्रकार है कि

$$f'(c) = \frac{f(x_2) - f(x_1)}{x_2 - x_1}$$

$\Rightarrow f(x_2) - f(x_1) = (x_2 - x_1) f'(c)$

$\Rightarrow f(x_2) - f(x_1) > 0$ जैसा कि $x_2 > x_1$

और $f'(x) > 0 \Rightarrow f(x_2) > f(x_1)$

$\therefore x_1 < x_2$ के लिए, $f(x_1) < f(x_2)$

इसलिए (a, b) पर f वर्द्धमान फलन है।

13. (d) $\because f(x) = \frac{\lambda \sin x + 6\cos x}{2\sin x + 3\cos x}$ ...(i)

अवकलन करने पर,

$$f'(x) = \frac{\left[\begin{matrix}(2\sin x + 3\cos x)\\(\lambda\cos x - 6\sin x)\\-(\lambda\sin x + 6\cos x)\\(2\cos x - 3\sin x)\end{matrix}\right]}{(2\sin x + 3\cos x)^2}$$

फलन एकदिष्ट वर्द्धमान है, यदि $f'(x) > 0$

$\Rightarrow 3\lambda(\sin^2 x + \cos^2 x)$

$-12(\sin^2 x + \cos^2 x) > 0$

$\Rightarrow 3\lambda - 12 > 0 \; (\because \sin^2 x + \cos^2 x = 1)$

$\Rightarrow \lambda > 4$

14. (c) माध्यमान प्रमेय से,

$f'(c) = \frac{f(b) - f(a)}{b - a}$

दिया है, $a = 0 \Rightarrow f(a) = 0$

तथा $b = \frac{1}{2} \Rightarrow f(b) = \frac{3}{8}$

अब, $f'(x) = (x-1)(x-2)$

$+ x(x-2) + x(x-1)$

$\therefore f'(c) = (c-1)(c-2)$

$+ c(c-2) + c(c-1)$

$= c^2 - 3c + 2 + c^2 - 2c + c^2 - c$

$\Rightarrow f'(c) = 3c^2 - 6c + 2$

माध्यमान प्रमेय से,

$f'(c) = \frac{f(b) - f(a)}{b - a}$

$\Rightarrow 3c^2 - 6c + 2 = \frac{\left(\frac{3}{8}\right) - 0}{\left(\frac{1}{2}\right) - 0} = \frac{3}{4}$

$\Rightarrow 3c^2 - 6c + \frac{5}{4} = 0$

यह c में द्विघात समीकरण है

$\therefore c = \frac{6 \pm \sqrt{36 - 15}}{2 \times 3}$

$= \frac{6 \pm \sqrt{21}}{6} = 1 \pm \frac{\sqrt{21}}{6}$

चूँकि $c \in \left[0, \frac{1}{2}\right]$

$\therefore c = 1 - \frac{\sqrt{21}}{6}$

15. (a) माना $f(x) = x + \sin 2x$

$\Rightarrow f'(x) = 1 + 2\cos 2x$

उच्चतम और न्यूनतम मान के लिए $f'(x) = 0$ रखने पर,

$\Rightarrow 1 + 2\cos 2x = 0 \Rightarrow \cos 2x = -\frac{1}{2}$

$\Rightarrow \cos 2x = -\cos\frac{\pi}{3} = \cos\frac{2\pi}{3}$

$\Rightarrow \cos 2x = \cos\left(\pi - \frac{\pi}{3}\right), \cos\left(\pi + \frac{\pi}{3}\right),$

$\cos\left(3\pi - \frac{\pi}{3}\right), \cos\left(3\pi + \frac{\pi}{3}\right)$

($\because$ हम जानते हैं कि $\cos x$ द्वितीय और तृतीय चतुर्थांश में ऋणात्मक होता है।)

तब, $2x = 2n \pm \frac{2\pi}{3}, n \in Z$

$\Rightarrow 2x = \frac{2\pi}{3}, \frac{4\pi}{3}, \frac{8\pi}{3}, \frac{10\pi}{3}$

$\Rightarrow x = \frac{\pi}{3}, \frac{2\pi}{3}, \frac{4\pi}{3}, \frac{5\pi}{3} \in [0, 2\pi]$

तब, हम क्रान्तिक बिन्दुओं $x = \frac{\pi}{3}, \frac{2\pi}{3}, \frac{4\pi}{3}, \frac{5\pi}{3}$ और अन्तराल $[0, 2\pi]$ के अन्त बिन्दुओं पर f का मान ज्ञात करते हैं।

$x = 0$ पर, $f(0) = 0 + \sin 0 = 0$

$x = \frac{\pi}{3}$ पर, $f\left(\frac{\pi}{3}\right) = \frac{\pi}{3} + \sin\frac{2\pi}{3}$

$= \frac{\pi}{3} + \sin\frac{\pi}{3} = \frac{\pi}{3} + \frac{\sqrt{3}}{2}$

$x = \frac{2\pi}{3}$ पर, $f\left(\frac{2\pi}{3}\right) = \frac{2\pi}{3} + \sin\frac{4\pi}{3}$

$= \frac{2\pi}{3} - \sin\frac{\pi}{3} = \frac{2\pi}{3} - \frac{\sqrt{3}}{2}$

$x = \frac{4\pi}{3}$ पर, $f\left(\frac{4\pi}{3}\right) = \frac{4\pi}{3} + \sin\frac{8\pi}{3}$

$= \frac{4\pi}{3} + \sin\frac{2\pi}{3} = \frac{4\pi}{3} + \frac{\sqrt{3}}{2}$

$x = \frac{5\pi}{3}$ पर, $f\left(\frac{5\pi}{3}\right) = \frac{5\pi}{3} + \sin\frac{10\pi}{3}$

$= \frac{5\pi}{3} - \sin\frac{2\pi}{3} = \frac{5\pi}{3} - \frac{\sqrt{3}}{2}$

$x = 2\pi$ पर,

$f(2\pi) = 2\pi + \sin 4\pi = 2\pi + 0 = 2\pi$

इसलिए, $x = 2\pi$ पर f का उच्चतम मान 2π है और $x = 0$ पर f का न्यूनतम मान 0 है।

16. (*b*) माना शंकु का अर्द्धशीर्ष कोण θ है।

इसलिए, $\theta \in \left(0, \frac{\pi}{2}\right)$

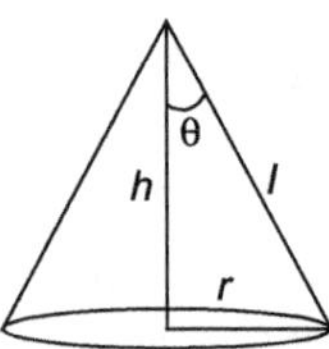

पुन: माना शंकु की त्रिज्या r, ऊँचाई h और तिर्यक ऊँचाई l है।

अब, $r = l\sin\theta$ तथा $h = l\cos\theta$

हम जानते हैं शंकु, $V = \frac{\pi}{3} r^2 h$

$\Rightarrow \quad V = \frac{1}{3}\pi (l^2 \sin^2\theta)(l\cos\theta)$

$= \frac{1}{3}\pi l^3 \sin^2\theta\cos\theta$

θ के सापेक्ष अवकलन करने पर,

$$\frac{dV}{d\theta} = \frac{l^3\pi}{3}[\sin^2\theta(-\sin\theta) + \cos\theta(2\sin\theta\cos\theta)]$$

$$= \frac{l^3\pi}{3}(-\sin^3\theta + 2\sin\theta\cos^2\theta)$$

$$\frac{d^2V}{d\theta^2} = \frac{l^3\pi}{3}(-3\sin^2\theta\cos\theta + 2\cos^3\theta - 4\sin^2\theta\cos\theta)$$

$$= \frac{l^3\pi}{3}(2\cos^3\theta - 7\sin^2\theta\cos\theta)$$

अधिकतम मान के लिए $\frac{dV}{d\theta} = 0$ रखने पर,

$\sin^3\theta = 2\sin\theta\cos^2\theta \Rightarrow \tan^2\theta = 2$

$\Rightarrow \quad \tan\theta = \sqrt{2} \quad \Rightarrow \quad \theta = \tan^{-1}\sqrt{2}$

जब $\quad \theta = \tan^{-1}\sqrt{2}$, तब $\tan^2\theta = 2$

या $\quad \sin^2\theta = 2\cos^2\theta$

तब, $\frac{d^2V}{d\theta^2} = \frac{l^3\pi}{3}(2\cos^3\theta - 14\cos^3\theta)$

$= -4\pi l^3\cos^3\theta < 0$

जब $\quad \theta \in \left(0, \frac{\pi}{2}\right)$

∴ द्वितीय अवकलन परीक्षण द्वारा जब $\theta = \tan^{-1}\sqrt{2}$ हो, तो आयतन V उच्चतम होगा। अत: दिए गए तिर्यक ऊँचाई और महत्तम आयतन वाले शंकु का अर्द्धशीर्ष कोण $\tan^{-1}\sqrt{2}$

17. (*a*) सबसे पहले वक्र पर कोई बिन्दु (x, y) मानते हैं और तब दो बिन्दुओं के बीच की दूरी के सूत्र का अनुप्रयोग करते हैं।

माना $x^2 = 2y$ पर बिन्दु (x, y) से बिन्दु $(0, 5)$ के बीच की दूरी d

$$d = \sqrt{(x-0)^2 + (y-5)^2}$$

$$= \sqrt{x^2 + (y-5)^2} \quad \ldots\text{(i)}$$

$$= \sqrt{2y + (y-5)^2}$$

($x^2 = 2y$ रखने पर)

$$d = \sqrt{2y + y^2 - 10y + 25}$$

$$= \sqrt{(y-4)^2 + 9}$$

न्यूनतम होगा जब $(y-4)^2 = 0 \Rightarrow y = 4$

जब $\quad y = 4$, तब $x^2 = 2 \times 4$

$\Rightarrow \quad x = \pm\sqrt{8} = \pm 2\sqrt{2}$

∴ बिन्दुओं $(2\sqrt{2}, 4)$ और $(-2\sqrt{2}, 4)$ दिए गए वक्र पर बिन्दु $(0, 5)$ से न्यूनतम दूरी पर हैं।

18. (*c*) माना $f(x) = [x(x-1) + 1]^{1/3}$

$= (x^2 - x + 1)^{1/3}, 0 \le x \le 1$

x के सापेक्ष अवकलन करने पर,

$$f'(x) = \frac{1}{3}(x^2 - x + 1)^{\frac{1}{3}-1}(2x-1)$$

$$= \frac{1(2x-1)}{3(x^2 - x + 1)^{2/3}}$$

अब, $f'(x) = 0$ रखने पर,

$2x - 1 = 0 \Rightarrow x = \frac{1}{2} \in [0, 1]$

इसलिए, $x = \frac{1}{2}$ क्रान्तिक बिन्दु है।

अब, बिन्दु $x = \frac{1}{2}$ और अन्तराल $[0, 1]$ के अन्त बिन्दुओं पर f का मान ज्ञात करते हैं।

$x = 0$ पर, $f(0) = (0 - 0 + 1)^{1/3} = 1$

$x = 1$ पर, $f(1) = (1 - 1 + 1)^{1/3} = 1$

$x = \frac{1}{2}$ पर,

$$f\left(\frac{1}{2}\right) = \left(\frac{1}{4} - \frac{1}{2} + 1\right)^{1/3} = \left(\frac{3}{4}\right)^{1/3}$$

∴ $f(x)$ का उच्चतम मान 1, $x = 0, 1$ पर है।

19. (*b*) माना दीर्घवृत्त का समीकरण $\frac{x^2}{a^2} + \frac{y^2}{b^2} = 1$ है, तब कोई बिन्दु P दीर्घवृत्त पर $(a\cos\theta, b\sin\theta)$ है।

P से $PM \perp OX$ खींचिए और इसे आगे बढ़ाकर दीर्घवृत्त से Q पर मिलाए, तब ΔAPQ एक समद्विबाहु त्रिभुज है, माना ΔAPQ का क्षेत्रफल S है, तब

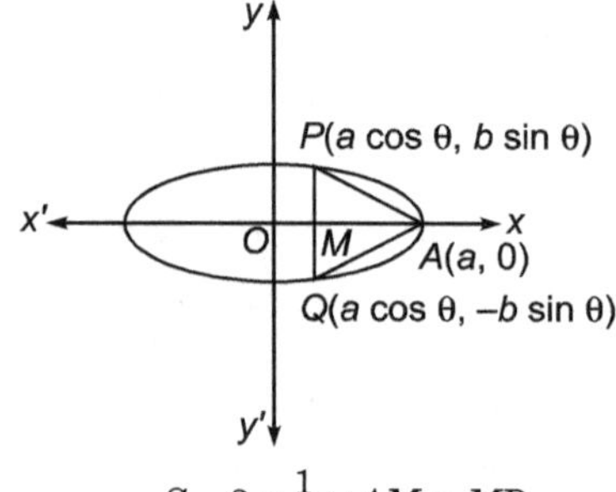

$$S = 2 \times \frac{1}{2} \times AM \times MP$$

$$= (OA - OM) \times MP$$

$$= (a - a\cos\theta) \cdot b\sin\theta$$

$\Rightarrow \quad S = ab(\sin\theta - \sin\theta\cos\theta)$

$$= ab\left(\sin\theta - \frac{1}{2}\sin 2\theta\right)$$

θ के सापेक्ष अवकलन करने पर,

$$\frac{dS}{d\theta} = ab(\cos\theta - \cos 2\theta)$$

पुन: θ के सापेक्ष अवकलन करने पर,

$$\frac{d^2S}{d\theta^2} = ab(-\sin\theta + 2\sin 2\theta)$$

उच्चतम और निम्नतम मान के लिए $\frac{dS}{d\theta} = 0$ रखने पर, $\cos\theta = \cos 2\theta$

$\Rightarrow \quad 2\theta = 2\pi - \theta$

$\Rightarrow \quad \theta = \frac{2\pi}{3}$

$\theta = \frac{2\pi}{3}$ पर, $\left(\frac{d^2S}{d\theta^2}\right)_{\theta = \frac{2\pi}{3}}$

$$= ab\left[-\sin\frac{2\pi}{3} + 2\sin\left(2 \times \frac{2\pi}{3}\right)\right]$$

$$= ab\left(-\frac{\sqrt{3}}{2} - \frac{2\sqrt{3}}{2}\right) = ab\left(\frac{-3\sqrt{3}}{2}\right)$$

$$= \frac{-3\sqrt{3}ab}{2} < 0$$

∴ जब $\theta = \frac{2\pi}{3}$ हो, तो S उच्चतम है

और S के उच्चतम मान,

$$S = a\left(\sin\frac{2\pi}{3} - \frac{1}{2} \cdot 2\sin\frac{2\pi}{3}\cos\frac{2\pi}{3}\right)$$

$$= ab\left[\sin\left(\pi - \frac{\pi}{3}\right) - \sin\left(\pi - \frac{\pi}{3}\right)\cos\left(\pi - \frac{\pi}{3}\right)\right]$$

$$= ab\left(\frac{\sqrt{3}}{2} + \frac{\sqrt{3}}{2} \times \frac{1}{2}\right)$$

$$= ab\left(\frac{2\sqrt{3} + \sqrt{3}}{4}\right) = \frac{3\sqrt{3}}{4}ab \text{ वर्ग इकाई}$$

अत: समद्विबाहु त्रिभुज का उच्चतम क्षेत्रफल $\frac{3\sqrt{3}}{4}ab$ वर्ग इकाई है।

20. (*b*) माना अर्द्धवृत्त की त्रिज्या = r

∴ आयत की एक भुजा = $2r$ और दूसरी भुजा = x

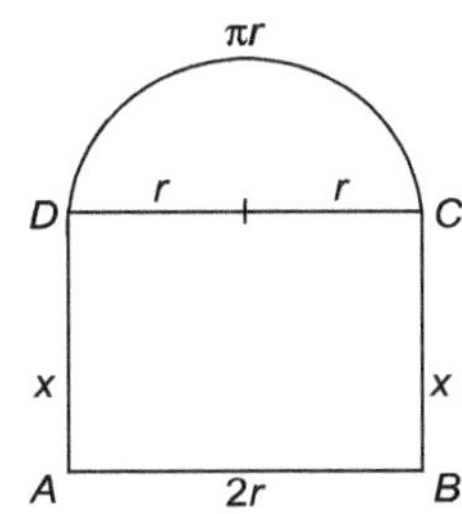

∴ P = परिमाप = 10 (दिया है)

$$\Rightarrow \quad 2x + 2r + \frac{1}{2}(2\pi r) = 10$$

$$\Rightarrow \quad 2x = 10 - r(\pi + 2) \quad \text{...(i)}$$

पुन: माना A दर्शाया गया चित्र का क्षेत्रफल है।

∴ A = अर्द्धवृत्त का क्षेत्रफल + आयत का क्षेत्रफल

$$= \frac{1}{2}\pi r^2 + 2rx$$

$$\Rightarrow \quad A = \frac{1}{2}(\pi r^2) + r[10 - r(\pi + 2)]$$

[समी (i) से]

$$= \frac{1}{2}(\pi r^2) + 10r - r^2\pi - 2r^2$$

$$= 10r - \frac{\pi r^2}{2} - 2r^2$$

r के सापेक्ष दो बार अवकलन करने पर,

$$\frac{dA}{dr} = 10 - \pi r - 4r \quad \text{...(ii)}$$

और $$\frac{d^2A}{dr^2} = -\pi - 4 \quad \text{...(iii)}$$

उच्चतम और निम्नतम मान के लिए $\frac{dA}{dr} = 0$ रखने पर,

$$10 - \pi r - 4r = 0$$

$$\Rightarrow 10 = (4 + \pi)\, r \Rightarrow r = \frac{10}{4 + \pi}$$

समी (iii) में $r = \frac{10}{4 + \pi}$ रखने पर,

$\frac{d^2A}{dr^2}$ = ऋणात्मक

इसलिए, जब $r = \frac{10}{4 + \pi}$ हो, तो A का स्थानीय मान उच्चतम होगा।

∴ अर्द्धवृत्त की त्रिज्या = $\frac{10}{4 + \pi}$ हो, तो...(iv)

और आयत की एक भुजा

$$2r = \frac{2 \times 10}{4 + \pi} = \frac{20}{4 + \pi}$$

समी (i) द्वारा आयत की दूसरी भुजा

$$x = \frac{1}{2}[10 - r(\pi + 2)]$$

$$x = \frac{20}{2(\pi + 4)} = \frac{10}{\pi + 4}$$

प्रकाश उच्चतम होगा जब क्षेत्रफल उच्चतम है। इसलिए, खिड़की की विमाएँ निम्न हैं

लम्बाई = $2r = \frac{20}{\pi + 4}$,

चौड़ाई = $x = \frac{10}{\pi + 4}$

21. (*b*) दिया है, $f(x) = \cos^2 x + \sin x$, $x \in [0, \pi]$

अब,

$$f'(x) = 2\cos x\,(-\sin x) + \cos x$$

$$= -2\sin x \cos x + \cos x$$

उच्चतम और निम्नतम मान के लिए $f'(x) = 0$ रखने पर,

$$-2\sin x \cos x + \cos x = 0$$

$$\Rightarrow \quad \cos x\,(-2\sin x + 1) = 0$$

$$\Rightarrow \quad \cos x = 0 \text{ या } \sin x = \frac{1}{2}$$

$$\Rightarrow \quad x = \frac{\pi}{6}, \frac{\pi}{2}$$

निरपेक्ष उच्चतम और निरपेक्ष निम्नतम मान के लिए, हम

$f(0), f\left(\frac{\pi}{6}\right), f\left(\frac{\pi}{2}\right), f(\pi)$ ज्ञात करते हैं

$x = 0$ पर,

$$f(0) = \cos^2 0 + \sin 0 = 1^2 + 0 = 1$$

$x = \frac{\pi}{6}$ पर,

$$f\left(\frac{\pi}{6}\right) = \cos^2\left(\frac{\pi}{6}\right) + \sin\frac{\pi}{6}$$

$$= \left(\frac{\sqrt{3}}{2}\right)^2 + \frac{1}{2} = \frac{5}{4} = 1.25$$

$x = \frac{\pi}{2}$ पर,

$$f\left(\frac{\pi}{2}\right) = \cos^2\left(\frac{\pi}{2}\right) + \sin\frac{\pi}{2}$$

$$= 0^2 + 1 = 1$$

$x = \pi$ पर,

$$f(\pi) = \cos^2\pi + \sin\pi = (-1)^2 + 0 = 1$$

अत: f का निरपेक्ष उच्चतम मान 1.25 है जो $x = \frac{\pi}{6}$ पर घटित हो रहा है और निरपेक्ष निम्नतम मान 1 है जो $x = 0, \frac{\pi}{2}$ और π पर घटित हो रहा है।

22. (a) h ऊँचाई और r त्रिज्या वाले बेलन का चित्र बनाएँ जोकि R त्रिज्या के गोले के अन्तर्गत है। अब, आयतन V को R और h के पदों में लिखकर द्वितीय अवकलन परीक्षण करके आवश्यक परिणाम सिद्ध कीजिए।

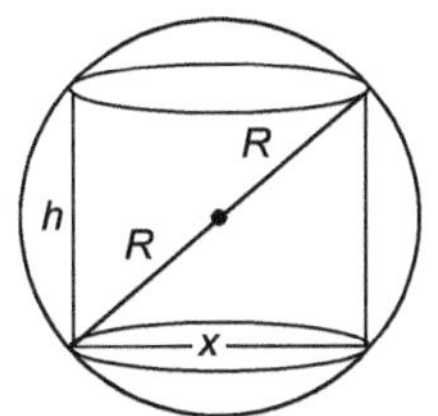

माना गोले के अन्तर्गत बेलन की लम्बाई h है और x व्यास है। तब, $h^2 + x^2 = (2R)^2$

$$\Rightarrow \quad h^2 + x^2 = 4R^2 \quad \text{...(i)}$$

बेलन का आयतन = π (त्रिज्या)$^2 \times$ ऊँचाई

$$\Rightarrow \quad V = \pi\left(\frac{x}{2}\right)^2 \cdot h = \frac{1}{4}\pi x^2 h$$

$$\Rightarrow \quad V = \frac{1}{4}\pi h\,(4R^2 - h^2) \quad \text{...(ii)}$$

[समी (i) से, $x^2 = 4R^2 - h^2$]

$$\Rightarrow \quad V = \pi R^2 h - \frac{1}{4}\pi h^3$$

h के सापेक्ष अवकलन करने पर,

$$\frac{dV}{dh} = \pi R^2 - \frac{3}{4}\pi h^2 = \pi\left(R^2 - \frac{3}{4}h^2\right)$$

$\frac{dV}{dh} = 0$ रखने पर, $R^2 = \frac{3}{4}h^2$

$$\Rightarrow h = \frac{2R}{\sqrt{3}}$$

तथा $$\frac{d^2V}{dh^2} = -\frac{3}{4} \times 2\pi h$$

$h = \frac{2R}{\sqrt{3}}$ पर,

$$\frac{d^2V}{dh^2} = -\frac{3}{4} \times 2\pi\left(\frac{2R}{\sqrt{3}}\right) = -\sqrt{3}\pi$$

R = ऋणात्मक

जब $h = \frac{2R}{\sqrt{3}}$ हो, तो V उच्चतम है

तथा $h = \frac{2R}{\sqrt{3}}$ पर उच्चतम आयतन,

$$V = \frac{1}{4}\pi\left(\frac{2R}{\sqrt{3}}\right)\left(4R^2 - \frac{4R^2}{3}\right)$$

[समी (ii) से]

$$= \frac{\pi R}{2\sqrt{3}}\left(\frac{8R^2}{3}\right) = \frac{4\pi R^3}{3\sqrt{3}} \text{ वर्ग इकाई}$$

इसलिए, जब $h = \frac{2R}{\sqrt{3}}$ है, तब बेलन का आयतन उच्चतम होगा।

अध्याय 07

समाकलन

Integrals

अवकलन की प्रतिलोम संक्रिया को समाकलन (Integration) कहते हैं। समाकलन को प्रतीक '$\int$' द्वारा दर्शाते हैं, जिसे समाकलन चिन्ह कहते हैं। यदि किसी फलन $f(x)$ का x के सापेक्ष अवकलज $F(x)$ है, तब फलन $F(x)$ का x के सापेक्ष समाकलन (Integration) $f(x)$ होगा।

अतः $\frac{d}{dx}\{f(x)\} = F(x) \Leftrightarrow \int F(x)\,dx = f(x)+C$

यहाँ, $f(x)+C$ को फलन $F(x)$ का अनिश्चित समाकलन तथा स्वेच्छ अचर C को समाकलन अचर (Constant of integration) कहते हैं। C के अनेक मान हो सकते हैं।

समाकलन के कुछ मानक सूत्र

(i) $\int x^n\,dx = \frac{x^{n+1}}{n+1} + C, n \neq -1$ (ii) $\int dx = x + C$

(iii) $\int \cos x\,dx = \sin x + C$ (iv) $\int \sin x\,dx = -\cos x + C$

(v) $\int \sec^2 x\,dx = \tan x + C$

(vi) $\int \text{cosec}^2 x\,dx = -\cot x + C$

(vii) $\int \sec x \tan x\,dx = \sec x + C$

(viii) $\int \text{cosec}\, x \cot x\,dx = -\text{cosec}\, x + C$

(ix) $\int \frac{dx}{\sqrt{1-x^2}} = \sin^{-1} x + C = -\cos^{-1} x + C$

(x) $\int \frac{dx}{1+x^2} = \tan^{-1} x + C = -\cot^{-1} x + C$

(xi) $\int \frac{dx}{x\sqrt{x^2-1}} = \sec^{-1} x + C = -\text{cosec}^{-1} x + C$

(xii) $\int e^x\,dx = e^x + C$ (xiii) $\int \frac{1}{x}\,dx = \log|x| + C$

(xiv) $\int a^x\,dx = \frac{a^x}{\log a} + C, a > 0, a \neq 1$

अनिश्चित समाकलन के गुणधर्म

(i) अवकलन एवं समाकलन के प्रक्रम परस्पर व्युत्क्रम होते हैं।

अर्थात् $\frac{d}{dx}\int f(x)\,dx = f(x)$ और $\int f'(x)dx = f(x) + C$

जहाँ, C एक स्वेच्छ अचर है।

(ii) $\int [f(x) \pm g(x)]\,dx = \int f(x)\,dx \pm \int g(x)\,dx$

(iii) किसी वास्तविक संख्या k के लिए, $\int kf(x)\,dx = k\int f(x)\,dx$

जहाँ, k एक अशून्य वास्तविक संख्या है।

(iv) प्रगुण (iii) और (iv) का $f_1, f_2, f_3, \ldots$ फलनों की निश्चित संख्या और वास्तविक संख्याओं $k_1, k_2, \ldots, k_n$ के लिए व्यापीकरण कर सकते हैं।

अर्थात् $\int [k_1 f_1(x) + k_2 f_2(x) + \ldots + k_n f_n(x)]\,dx$

$$= k_1\int f_1(x)\,dx + k_2\int f_2(x)\,dx + \ldots + k_n\int f_n(x)\,dx$$

जब फलन मानक रूप में नहीं होते हैं, तो उन्हें उचित प्रतिस्थापन द्वारा मानक रूप में परिवर्तित करते हैं, तत्पश्चात् समाकलन करते हैं।

- **$\int [f\{g(x)\}\, g'(x)]\,dx$ के रूप का समाकलन फलन**

  इस प्रकार के समाकलन को ज्ञात करने के लिए $g(x) = t$ तथा $g'(x)\,dx = dt$ प्रतिस्थापित करते हैं।

  इन प्रतिस्थापनों द्वारा उक्त समाकलन $\int f(t)\,dt$ में परिवर्तित हो जाता है।

  अब फलन का समाकलन करके t का मान रखते हैं।

कुछ मानक सूत्र

(i) $\int \tan x dx = -\log|\cos x| + C = \log|\sec x| + C$

(ii) $\int \cot x\,dx = \log|\sin x| + C$

(iii) $\int \sec x\,dx = \log|\sec x + \tan x| + C$

(iv) $\int \text{cosec}\, x\,dx = \log|\text{cosec}\, x - \cot x| + C$

कुछ महत्त्वपूर्ण सूत्रों का व्यापक रूप

(i) $\int (ax+b)^n dx = \frac{(ax+b)^{n+1}}{a(n+1)} + C, n \neq -1$

(ii) $\int \sin(ax+b)\,dx = \frac{-\cos(ax+b)}{a} + C$

(iii) $\int \cos(ax+b)\,dx = \frac{\sin(ax+b)}{a} + C$

(iv) $\int \tan(ax+b)\,dx = -\frac{1}{a}\log|\cos(ax+b)| + C$

$$= \frac{1}{a}\log|\sec(ax+b)| + C$$

(v) $\int \cot(ax+b)\,dx = \frac{1}{a}\log|\sin(ax+b)| + C$

(vi) $\int \sec(ax+b)\,dx = \frac{1}{a}\log|\sec(ax+b) + \tan(ax+b)| + C$

(vii) $\int \text{cosec}(ax+b)\,dx = \frac{1}{a}\log|\text{cosec}(ax+b) - \cot(ax+b)| + C$

(viii) $\int \sec(ax+b)\tan(ax+b)\,dx = \frac{1}{a}\sec(ax+b) + C$

(ix) $\int \text{cosec}(ax+b)\cot(ax+b)dx = -\frac{1}{a}\text{cosec}(ax+b) + C$

(x) $\int \sec^2(ax+b)\,dx = \frac{1}{a}\tan(ax+b) + C$

(xi) $\int \text{cosec}^2(ax+b)\,dx = -\frac{1}{a}\cot(ax+b) + C$

(xii) $\int e^{(ax+b)}dx = \frac{e^{(ax+b)}}{a} + C$ (xiii) $\int a^{mx+b}\,dx = \frac{a^{mx+b}}{m\log_e a} + C$

त्रिकोणमितीय सर्वसमिकाओं के उपयोग द्वारा समाकलन

(i) $\sin 2\theta = 2\sin\theta\cos\theta = \dfrac{2\tan\theta}{1+\tan^2\theta}$

(ii) $\cos 2\theta = \cos^2\theta - \sin^2\theta = \dfrac{1-\tan^2\theta}{1+\tan^2\theta} = 2\cos^2\theta - 1 = 1 - 2\sin^2\theta$

(iii) $\tan 2\theta = \dfrac{2\tan\theta}{1-\tan^2\theta}$ (iv) $\cot 2\theta = \dfrac{\cot^2\theta - 1}{2\cot\theta}$

(v) $\sin 3\theta = -\sin^3\theta + 3\cos^2\theta\sin\theta = -4\sin^3\theta + 3\sin\theta$

(vi) $\cos 3\theta = \cos^3\theta - 3\sin^2\theta\cos\theta = 4\cos^3\theta - 3\cos\theta$

(vii) $\tan 3\theta = \dfrac{3\tan\theta - \tan^3\theta}{1-3\tan^2\theta}$ (viii) $\cot 3\theta = \dfrac{\cot^3\theta - 3\cot\theta}{3\cot^2\theta - 1}$

प्रतिलोम त्रिकोणमितीय फलन

(i) $\sin^{-1}(\sin\theta) = \theta,\ \forall\ \theta \in \left[-\dfrac{\pi}{2}, \dfrac{\pi}{2}\right]$

(ii) $\cos^{-1}(\cos\theta) = \theta,\ \forall\ \theta \in [0, \pi]$

(iii) $\tan^{-1}(\tan\theta) = \theta,\ \forall\ \theta \in \left(-\dfrac{\pi}{2}, \dfrac{\pi}{2}\right)$

(iv) $\cot^{-1}(\cot\theta) = \theta,\ \forall\ \theta \in (0, \pi)$

(v) $\sec^{-1}(\sec\theta) = \theta,\ \forall\ \theta \in [0, \pi] - \left\{\dfrac{\pi}{2}\right\}$

(vi) $\operatorname{cosec}^{-1}(\operatorname{cosec}\theta) = \theta,\ \forall\ \theta \in \left[-\dfrac{\pi}{2}, \dfrac{\pi}{2}\right] - \{0\}$

कुछ विशिष्ट फलनों के समाकलन

(i) $\displaystyle\int \frac{dx}{x^2 - a^2} = \frac{1}{2a}\log\left|\frac{x-a}{x+a}\right| + C$

(ii) $\displaystyle\int \frac{dx}{a^2 - x^2} = \frac{1}{2a}\log\left|\frac{a+x}{a-x}\right| + C$

(iii) $\displaystyle\int \frac{dx}{x^2 + a^2} = \frac{1}{a}\tan^{-1}\frac{x}{a} + C$

(iv) $\displaystyle\int \frac{dx}{\sqrt{x^2 - a^2}} = \log\left|x + \sqrt{x^2 - a^2}\right| + C$

(v) $\displaystyle\int \frac{dx}{\sqrt{a^2 - x^2}} = \sin^{-1}\frac{x}{a} + C$

(vi) $\displaystyle\int \frac{dx}{\sqrt{x^2 + a^2}} = \log\left|x + \sqrt{x^2 + a^2} + C\right|$

कुछ विशिष्ट फलनों के लिए प्रतिस्थापन

	व्यंजक	प्रतिस्थापन
(i)	$a^2 - x^2$ या $\sqrt{a^2 - x^2}$	$x = a\sin\theta$ या $x = a\cos\theta$
(ii)	$a^2 + x^2$ या $\sqrt{a^2 + x^2}$	$x = a\tan\theta$ या $x = a\cot\theta$
(iii)	$x^2 - a^2$ या $\sqrt{x^2 - a^2}$	$x = a\sec\theta$ या $x = a\operatorname{cosec}\theta$
(iv)	$\sqrt{\dfrac{a-x}{a+x}}$ या $\sqrt{\dfrac{a+x}{a-x}}$	$x = a\cos 2\theta$
(v)	$\sqrt{\dfrac{x}{a-x}}$ या $\sqrt{\dfrac{a-x}{x}}$	$x = a\sin^2\theta$ या $x = a\cos^2\theta$
(vi)	$\sqrt{\dfrac{x}{a+x}}$ या $\sqrt{\dfrac{a+x}{x}}$	$x = a\tan^2\theta$ या $x = a\cot^2\theta$
(vii)	$\sqrt{\dfrac{a-x}{x-b}}$ या $\sqrt{\dfrac{x-b}{a-x}}$ या $\sqrt{(a-x)(x-b)}$	$x = a\cos^2\theta + b\sin^2\theta$

आंशिक भिन्नों में वियोजन

वह विधि, माना दिया गया समाकल्य $\dfrac{P(x)}{Q(x)}$ रूप में है, जहाँ $P(x)$ तथा $Q(x)$ चर x में बहुपद तथा $Q(x) \neq 0$ है इस विधि में हम निम्न चरणों का प्रयोग करते हैं

चरण I सर्वप्रथम जाँच करते हैं कि दिया गया फलन उचित परिमेय फलन है अथवा अनुचित परिमेय फलन।

चरण II $\dfrac{P(x)}{Q(x)}$ एक उचित परिमेय फलन है, तब हम सीधे अगले चरण की ओर अग्रसर होते हैं। यदि $\dfrac{P(x)}{Q(x)}$ एक अनुचित परिमेय फलन है, तब हम $P(x)$ को $Q(x)$ से विभाजित करते हैं जिससे कि $\dfrac{P(x)}{Q(x)}$ को $T(x) + \dfrac{P_1(x)}{Q(x)}$ रूप में व्यक्त किया जा सकता है, जहाँ $T(x)$, x चर में एक बहुपद तथा $\dfrac{P_1(x)}{Q(x)}$ एक उचित परिमेय फलन है।

चरण III अब, उचित परिमेय फलन $\dfrac{P(x)}{Q(x)}$ अथवा $\dfrac{P_1(x)}{Q(x)}$ को आंशिक भिन्नों में वियोजित करना मुख्यतः $Q(x)$ के गुणनखण्डों की प्रकृति पर निर्भर करता है।

क्र. सं.	परिमेय फलन का रूप	आंशिक भिन्नों का रूप
1.	$\dfrac{px \pm q}{(x \pm a)(x \pm b)}$, $a \neq b$	$\dfrac{A}{x \pm a} + \dfrac{B}{x \pm b}$
2.	$\dfrac{px \pm q}{(x \pm a)^2}$	$\dfrac{A}{(x \pm a)} + \dfrac{B}{(x \pm a)^2}$
3.	$\dfrac{px^2 \pm qx \pm r}{(x \pm a)(x \pm b)(x \pm c)}$	$\dfrac{A}{(x \pm a)} + \dfrac{B}{(x \pm b)} + \dfrac{C}{(x \pm c)}$
4.	$\dfrac{px^2 \pm qx \pm r}{(x \pm a)(x \pm b)^2}$	$\dfrac{A}{(x \pm a)} + \dfrac{B}{(x \pm b)} + \dfrac{C}{(x \pm b)^2}$
5.	$\dfrac{px^2 \pm qx \pm r}{(x \pm a)^2(x \pm b)}$	$\dfrac{A}{(x \pm a)} + \dfrac{B}{(x \pm a)^2} + \dfrac{C}{(x \pm b)}$
6.	$\dfrac{px^2 \pm qx \pm r}{(x \pm a)^3}$	$\dfrac{A}{(x \pm a)} + \dfrac{B}{(x \pm a)^2} + \dfrac{C}{(x \pm a)^3}$
7.	$\dfrac{px^2 \pm qx \pm r}{(x \pm a)(x^2 \pm bx \pm c)}$	$\dfrac{A}{(x \pm a)} + \dfrac{Bx + C}{x^2 \pm bx \pm c}$, जहाँ $x^2 \pm bx \pm c$ को गुणनखण्डित नहीं किया जा सकता है।

उपरोक्त परिमेय फलनों के उपयोग से $\dfrac{P(x)}{Q(x)}$ अथवा $\dfrac{P_1(x)}{Q(x)}$ को आंशिक भिन्नों के उपर्युक्त रूप में लिखते हैं तथा इसे समी (i) मानते हैं।

चरण IV इसके पश्चात् समी (i) के दोनों पक्षों को $Q(x)$ से गुणा करते हैं तथा इसे समी (ii) मानते हैं, तब अचर A, B, C आदि के मानों को ज्ञात करने के लिए हम निम्न दो विधियों का उपयोग करते हैं

इस विधि में $(x \pm a), (x \pm b), (x \pm c)$ रूप का गुणनखण्ड लेते हैं, तत्पश्चात् x के मान ज्ञात करने के लिए $(x \pm a), (x \pm b), (x \pm c)$ को शून्य के बराबर रखते हैं इसके बाद समी (ii) में x के मानों को रखकर A, B, C इत्यादि के अभीष्ट मानों को प्राप्त करते हैं।

चरण V अब, समी (i) में A, B, C ... इत्यादि के मानों को रखते हैं तथा अभीष्ट आंशिक भिन्न फलन रूप प्राप्त करते हैं।

दो फलनों के गुणनफल का समाकलन

यदि u तथा v चर x के दो फलन हैं, तब $\int u\cdot v\,dx = u\int v\,dx - \int\left[\frac{du}{dx}\cdot\int v\,dx\right]dx$

= प्रथम फलन × द्वितीय फलन का समाकलन – [प्रथम फलन का अवकलज × द्वितीय फलन का समाकलन] का समाकलन

- यदि समाकल्य में केवल एक ऐसा फलन दिया है, जिसका समाकलन हम नहीं जानते हैं, तब 1 को द्वितीय फलन मान लेना चाहिए।
- यदि समाकल्य में दो फलन ऐसे हैं, जिनका समाकलन हम जानते हैं, तब उस फलन को प्रथम फलन चुन सकते हैं, जोकि शब्द ILATE में पहले आता है, जहाँ

  I का अर्थ है : Inverse Trigonometric Function (प्रतिलोम त्रिकोणमितीय फलन)

  L का अर्थ है : Logarithmic Function (लघुगणकीय फलन)

  A का अर्थ है : Algebraic Function (बीजीय फलन)

  T का अर्थ है : Trigonometric Function (त्रिकोणमितीय फलन)

  E का अर्थ है : Exponential Function (चरघातांकी फलन)

समाकलनों का निरसन

(i) $\int e^x\{f(x)+f'(x)\}dx = e^x f(x) + C$ (ii) $\int x\{f'(x)+f(x)\}dx = xf(x)+C$

कुछ अन्य प्रकार के समाकलन

(i) $\int\sqrt{x^2-a^2}\,dx = \frac{x}{2}\sqrt{x^2-a^2} - \frac{a^2}{2}\log\left|x+\sqrt{x^2-a^2}\right| + C$

(ii) $\int\sqrt{x^2+a^2}\,dx = \frac{x}{2}\sqrt{x^2+a^2} + \frac{a^2}{2}\log\left|x+\sqrt{x^2+a^2}\right| + C$

(iii) $\int\sqrt{a^2-x^2}\,dx = \frac{x}{2}\sqrt{a^2-x^2} + \frac{a^2}{2}\sin^{-1}\frac{x}{a} + C$

निश्चित समाकलन

समाकलन के $\int_a^b f(x)$ रूप को निश्चित समाकलन (Definte integral) कहा जाता है, जहाँ a तथा b क्रमशः निश्चित समाकलन की निम्न व उच्च सीमा हैं। निश्चित समाकलन का मान या तो योग की सीमा के द्वारा ज्ञात किया जाता है अथवा यदि इसका कोई प्रति-अवकलज f है, तो इसका मान F के मानों के अन्तर अर्थात् $f(b)-f(a)$ के बराबर होता है, यहाँ $\int_a^b f(x)dx$ को a से b में $f(x)$ का समाकलन पढ़ते हैं।

योगफल की सीमा के रूप में निश्चित समाकलन

यदि फलन $f(x)$ संवृत्त अन्तराल $[a,b]$ में एक एकल वास्तविक मान (Real valued) वाला सतत् फलन (Continuous function) हो तथा अन्तराल $[a,b]$ को h चौड़ाई वाले n बराबर भागों में निम्न $(n-1)$ बिन्दुओं $a+h, a+2h, a+3h, \ldots, a+(n-1)h$ द्वारा विभाजित किया जाए, जहाँ $h=\frac{b-a}{n}$ है।

तब, निश्चित समाकलन $= \int_a^b f(x)dx = \lim_{h\to 0} h[f(a)+f(a+h)+\ldots+f\{a+(n-1)h\}]$

$$= \lim_{h\to 0} h\sum_{r=0}^{n-1} f(a+rh) = \lim_{h\to 0}\frac{(b-a)}{n}h\sum_{r=0}^{n-1} f\left\{a+r\left(\frac{b-a}{n}\right)\right\}$$

जहाँ, $nh=b-a$ या $h=\frac{b-a}{n}$ और जब $n\to\infty$, तब $h\to 0$

समाकलन गणित की आधारभूत प्रमेय

समाकलन गणित की आधारभूत प्रमेय निश्चित समाकलन तथा अनिश्चित समाकलन के मध्य एक संयोजन है तथा यह निश्चित समाकलन को विज्ञान तथा अभियान्त्रिकी के लिए एक प्रायोगिक उपकरण बनाती है।

समाकलन गणित की प्रथम आधारभूत प्रमेय

माना f एक सतत् फलन है, जोकि संवृत्त अन्तराल $[a, b]$ पर परिभाषित है तथा $A(x)$ फलन का क्षेत्रफल है। अर्थात् $A(x) = \int_a^b f(x)\,dx$, तब $A'(x) = f(x), \forall\, x\in[a, b]$

समाकलन गणित की द्वितीय आधारभूत प्रमेय

माना F एक सतत् फलन है, जोकि संवृत्त अन्तराल $[a,b]$ पर परिभाषित है तथा F, फलन f का प्रति-अवकलज है।

तब, $\int_a^b f(x)\,dx = [F(x)]_a^b = F(b) - F(a)$

अन्य शब्दों में, $\int_a^b f(x)dx$ = उच्च सीमा b पर f के प्रति-अवकलज F का मान – निम्न सीमा a पर समान प्रति-अवकलज का मान

प्रतिस्थापन द्वारा निश्चित समाकलन

निश्चित समाकलन को ज्ञात करने की विभिन्न विधियाँ हैं, जिनमें से एक प्रतिस्थापन द्वारा निश्चित समाकलन ज्ञात करने की विधि है। समाकलन $\int_a^b f(x)dx$ का मान प्रतिस्थापन विधि द्वारा ज्ञात करने के लिए निम्न चरणों का प्रयोग करते हैं

चरण I सर्वप्रथम, दिए गए समाकलन के बारे में सीमाओं के बिना विचार कीजिए अर्थात् $\int f(x)\,dx$, तत्पश्चात् समाकलन के कुछ भाग को अन्य चर (माना t) से इस प्रकार प्रतिस्थापित कीजिए कि समाकलन में इसका अवकलन विद्यमान हो, ताकि दिया गया समाकलन एक ज्ञात रूप में परिवर्तित हो जाए।

चरण II अब, समाकलन अचर की व्याख्या किए बिना ही नए समाकल्य को नए चर के सापेक्ष समाकलित कीजिए।

चरण III इसके पश्चात, चरण II से प्राप्त उत्तर में नए चर को वास्तविक चर से प्रतिस्थापित कीजिए।

चरण IV चरण III से प्राप्त उत्तर का समाकलन दी गई सीमाओं उच्च सीमा तथा निम्न सीमा पर मानों के अन्तर ज्ञात कीजिए।

निश्चित समाकलनों के गुणधर्म

निश्चित समाकलन के गुणधर्म निश्चित समाकलन का मान ज्ञात करने में सहायक होते हैं, जोकि निम्न प्रकार हैं

(i) $\int_a^b f(x)dx = \int_a^b f(t)\,dt$

यह गुणधर्म दर्शाता है कि चर बदलने पर भी निश्चित समाकलन का मान परिवर्तित नहीं होता है।

(ii) $\int_a^b f(x)\,dx = -\int_b^a f(x)\,dx$

यह गुणधर्म दर्शाता है कि जब हम सीमाओं को परस्पर परिवर्तित करते हैं, तब यह 'ऋणात्मक' चिह्न से परिवर्तित होता है।

(iii) $\int_a^b f(x)\,dx = \int_a^c f(x)\,dx + \int_c^b f(x)dx$, जहाँ $a<c<b$.

विशेष स्थिति यदि $a<c_1<c_2<\ldots<c_n<b$, है, तब

$$\int_a^b f(x)\,dx = \int_a^{c_1} f(x)\,dx + \int_{c_1}^{c_2} f(x)\,dx + \int_{c_2}^{c_3} f(x)\,dx + \ldots + \int_{c_n}^{b} f(x)\,dx.$$

(iv) $\int_a^b f(x)\,dx = \int_a^b f(a+b-x)\,dx$

(v) $\int_0^a f(x)\,dx = \int_0^a f(a-x)\,dx$

[यह गुणधर्म (iv) की एक विशिष्ट स्थिति है]

(vi) $\int_0^{2a} f(x)\,dx = \int_0^a f(x)\,dx + \int_0^a f(2a-x)\,dx$

(vii) $\int_0^{2a} f(x)\,dx = \begin{cases} 2\int_0^a f(x)\,dx, & \text{यदि } f(2a-x)=f(x) \\ 0, & \text{यदि } f(2a-x)=-f(x)\end{cases}$

विशेष स्थिति $\int_0^a f(x)dx = \begin{cases} 2\int_0^{a/2} f(x)dx, & \text{यदि } f(a-x)=f(x) \\ 0, & \text{यदि } f(a-x)=-f(x)\end{cases}$

(viii) $\int_{-a}^a f(x)\,dx$

$= \begin{cases} 2\int_0^a f(x)\,dx, & \text{यदि } f \text{ एक सम फलन है अर्थात् } f(\;\;x)=f(x) \\ 0 & \text{यदि } f \text{ एक विषम फलन है अर्थात् } f(-x)=-f(x)\end{cases}$

अभ्यास प्रश्न

1. यदि $\frac{d}{dx}f(x) = 4x^3 - \frac{3}{x^4}$ इस प्रकार है कि $f(2) = 0$, तब $f(x)$ का मान है

(a) $x^4 + \frac{1}{x^3} - \frac{129}{8}$ (b) $x^3 + \frac{1}{x^4} + \frac{129}{8}$

(c) $x^4 + \frac{1}{x^3} + \frac{129}{8}$ (d) $x^3 + \frac{1}{x^4} - \frac{129}{8}$

2. $\int \frac{e^{6\log x} - e^{5\log x}}{e^{4\log x} - e^{3\log x}} dx$ बराबर है

(a) $\frac{x}{2} + C$ (b) $\frac{x^2}{3} + C$

(c) $\frac{x^3}{3} + C$ (d) $\frac{x^4}{2} + C$

3. $\int \frac{e^{2x}-1}{e^{2x}+1} dx$ बराबर है

(a) $\log|e^x + e^{-x}| + C$ (b) $\log|e^x - e^{-x}| + C$

(c) $\log|e^{2x} + 1| + C$ (d) $\log|1 - e^{2x}| + C$

4. $\int \frac{\sin^{-1} x}{\sqrt{1-x^2}} dx$ बराबर है

(a) $\frac{1}{2}(\sin^{-1} x) + C$ (b) $(\sin^{-1} x)^2 + C$

(c) $\frac{1}{2}(\sin^{-1} x)^2 + C$ (d) $\frac{-1}{2}\sin^{-1} x + C$

5. $\int \cot x \cdot \log \sin x \cdot dx$ बराबर है

(a) $2\cot x + C$ (b) $2\log\sin x + C$

(c) $2(\cot x)^2 + C$ (d) $\frac{1}{2}(\log\sin x)^2 + C$

6. $\int \frac{\cos x - \sin x}{1 + \sin 2x} dx$ बराबर है

(a) $\sin x + \cos x + C$ (b) $-(\sin x + \cos x) + C$

(c) $-\frac{1}{(\sin x + \cos x)} + C$ (d) इनमें से कोई नहीं

7. $\int \frac{e^x(1+x)}{\cos^2(e^x x)} dx$ बराबर है

(a) $-\cot(e^x x) + C$ (b) $\tan(xe^x) + C$

(c) $\tan(e^x) + C$ (d) $\cot(e^x) + C$

8. $\int \frac{dx}{x^2(x^4+1)^{3/4}}$ बराबर है

(a) $(1 + x^{-4})^{1/4} + C$ (b) $(1 + x^4)^{1/4} + C$

(c) $-(1 + x^4)^{1/4} + C$ (d) $-(1 + x^{-4})^{1/4} + C$

9. $\int \frac{\sqrt{x^2+1}}{x^4} dx$ बराबर है

(a) $\frac{1}{3}\left(1 + \frac{1}{x^2}\right)^{3/2} + C$ (b) $\frac{2}{3}\left(1 + \frac{1}{x^2}\right)^{3/2} + C$

(c) $-\frac{1}{3}\left(1 + \frac{1}{x^2}\right)^{3/2} + C$ (d) $\frac{3}{2}\left(1 + \frac{1}{x^2}\right)^{3/2} + C$

10. $\int \sqrt{\frac{x}{1-x^3}} dx$ बराबर है

(a) $\frac{2}{3}\sin^{-1}(x^{2/3}) + C$ (b) $\frac{3}{2}\sin^{-1}(x^{3/2}) + C$

(c) $\frac{3}{2}\sin^{-1}(x^{2/3}) + C$ (d) $\frac{2}{3}\sin^{-1}(x^{3/2}) + C$

11. $\int \frac{x^2}{(x\sin x + \cos x)^2}$ बराबर है

(a) $\frac{x\cos x}{x\sin x + \cos x} + \tan x + C$

(b) $-\frac{x\sec x}{x\sin x + \cos x} + \tan x + C$

(c) $-\frac{x\cos x}{x\sin x + \cos x} + \cot x + C$

(d) उपरोक्त में से कोई नहीं

12. $\int \frac{dx}{\sqrt{8 + 3x - x^2}}$ बराबर है

(a) $\frac{2}{3}\sin^{-1}\left(\frac{2x-1}{\sqrt{41}}\right) + C$ (b) $\frac{3}{2}\sin^{-1}\left(\frac{2x-3}{\sqrt{41}}\right) + C$

(c) $\frac{1}{\sqrt{41}}\sin^{-1}\left(\frac{2x-3}{\sqrt{41}}\right) + C$ (d) $\sin^{-1}\left(\frac{2x-3}{\sqrt{41}}\right) + C$

13. $\int \sqrt{x^2 + 4x + 6}\, dx$ बराबर है

(a) $\frac{x+2}{2}\sqrt{x^2 + 4x + 6} + \log\left|(x+2) + \sqrt{x^2 + 4x + 6}\right| + C$

(b) $(x+2)\sqrt{x^2 + 4x + 6} + \frac{1}{2}\log\left|(x+2) + \sqrt{x^2 + 4x + 6}\right| + C$

(c) $(x+2)\sqrt{x^2 + 4x + 6} - \frac{1}{2}\log\left|(x+2) + \sqrt{x^2 + 4x + 6}\right| + C$

(d) उपरोक्त में से कोई नहीं

14. $\int \frac{3\sin x + 2\cos x}{3\cos x + 2\sin x} dx$ बराबर है

(a) $\frac{5}{13}x + \frac{12}{13}\ln|3\cos x + 2\sin x| + C$

(b) $-\frac{5}{13}x - \frac{12}{13}\ln|3\cos x + 2\sin x| + C$

(c) $-\frac{5}{13}x + \frac{12}{13}\ln|3\cos x + 2\sin x| + C$

(d) $-\frac{5}{13}x + \frac{12}{13}\ln|2\cos x + 3\sin x| + C$

15. यदि $\int \frac{4e^x + 6e^{-x}}{9e^x - 4e^{-x}} = Ax + B\log_e(9e^{2x} - 4) + C$, तब A, B तथा C के मान हैं

(a) $\frac{-3}{2}, \frac{35}{6}$ तथा C अचर है (b) $-\frac{1}{2}, \frac{3}{2}$ तथा $C = 0$

(c) $\frac{-3}{2}, \frac{33}{2}$ तथा $C = 1$ (d) इनमें से कोई नहीं

16. $\int_0^{\pi/2} \cos 2x\, dx$ बराबर है

(a) 0 (b) $\frac{\pi}{6}$ (c) $\frac{\pi}{4}$ (d) $\frac{\pi}{3}$

17. $\int_{-1}^{1}\frac{dx}{x^2+2x+5}$ बराबर है

(a) $\frac{\pi}{2}$ (b) $\frac{\pi}{4}$ (c) $\frac{\pi}{8}$ (d) $\frac{\pi}{3}$

18. $\int_0^1 x(\tan^{-1}x)^2dx$ बराबर है

(a) $\frac{\pi^2+4}{16}+\log\sqrt{2}$ (b) $\frac{\pi^2-4\pi}{16}+\log\sqrt{2}$

(c) $\frac{\pi^2+4}{16}-\log\sqrt{2}$ (d) इनमें से कोई नहीं

19. यदि $\int_0^1\frac{e^t}{1+t}dt=a$, तब $\int_0^1\frac{e^t}{(1+t)^2}dt$ बराबर है

(a) $a-1+\frac{e}{2}$ (b) $a+1-\frac{e}{2}$ (c) $a-1-\frac{e}{2}$ (d) $a+1+\frac{e}{2}$

20. $\int_0^{\pi/2}\frac{\sin^{3/2}x}{\sin^{3/2}x+\cos^{3/2}x}dx$ बराबर है

(a) 0 (b) $\frac{\pi}{2}$ (c) $\frac{\pi}{4}$ (d) इनमें से कोई नहीं

21. $\int_0^{\pi}\frac{x}{1+\sin x}dx$ बराबर है

(a) π (b) $\frac{\pi}{2}$ (c) 2π (d) $\frac{\pi}{8}$

22. $\int_0^{2\pi}\cos^5x\,dx$ बराबर है

(a) $\frac{7}{25}$ (b) $\frac{3}{7}$ (c) $\frac{1}{6}$ (d) 0

23. $\int_0^4|x-1|\,dx$ बराबर है

(a) $\frac{5}{2}$ (b) $\frac{3}{2}$ (c) $\frac{1}{2}$ (d) 5

24. $\int_0^{\pi/2}\log\left(\frac{4+3\sin x}{4+3\cos x}\right)dx$ का मान है

(a) 2 (b) $\frac{3}{4}$ (c) शून्य (d) -2

25. यदि $f(a+b-x)=f(x)$, तब $\int_a^b x\,f(x)\,dx$ बराबर है

(a) $\frac{a+b}{2}\int_a^b f(b-x)\,dx$ (b) $\frac{a+b}{2}\int_a^b f(b+x)\,dx$

(c) $\frac{b-a}{2}\int_a^b f(x)dx$ (d) $\frac{a+b}{2}\int_a^b f(x)\,dx$

26. $\int_0^{\pi/2}\frac{\sin^2x}{\sin x+\cos x}dx$ बराबर है

(a) $\frac{1}{\sqrt{2}}\log(\sqrt{2}+1)$ (b) $\frac{1}{2}\log(\sqrt{2}+1)$

(c) $-\log(\sqrt{2}+1)$ (d) इनमें से कोई नहीं

27. $\int_{-1}^{2}f(x)dx$, जहाँ $f(x)=|x+1|+|x|+|x-1|$ बराबर है

(a) $\frac{7}{2}$ (b) $\frac{9}{2}$ (c) $\frac{13}{2}$ (d) $\frac{19}{2}$

28. यदि $x=\int_0^y\frac{dt}{\sqrt{1+9t^2}}$ और $\frac{d^2y}{dx^2}=ay$, तब a बराबर है

(a) 3 (b) 6 (c) 9 (d) 1

29. $\int_{-1}^{1}\frac{x^3+|x|+1}{x^2+2|x|+1}dx$ बराबर है

(a) log2 (b) $\frac{1}{2}$ log2 (c) 2 log2 (d) 4 log2

30. $\int_{-2}^{2}|x\cos\pi x|\,dx$ बराबर है

(a) $\frac{8}{\pi}$ (b) $\frac{4}{\pi}$ (c) $\frac{2}{\pi}$ (d) $\frac{1}{\pi}$

31. $\int_0^{\pi}e^{\sin^2x}\cos^3x\,dx$ बराबर है

(a) -1 (b) 0 (c) 1 (d) π

32. $\int_0^1 xe^{x^2}\,dx$ बराबर है

(a) $\frac{1}{2}(e+1)$ (b) $e-1$

(c) $\frac{1}{2}(e-1)$ (d) $\frac{e^2}{2}$

उत्तर सहित व्याख्या

1. (a) दिया है, $\frac{d}{dx}f(x)=4x^3-\frac{3}{x^4}$

$\Rightarrow\left(4x^3-\frac{3}{x^4}\right)=f(x)$ का प्रति अवकलन

$\therefore\quad f(x)=\int\left(4x^3-\frac{3}{x^4}\right)dx$

$=4\int x^3dx-3\int x^{-4}dx$

$\Rightarrow\quad f(x)=4\left(\frac{x^4}{4}\right)-3\left(\frac{x^{-3}}{-3}\right)+C$

$=x^4+\frac{1}{x^3}+C$

साथ ही, $f(2)=0$

$\therefore\quad f(2)=(2)^4+\frac{1}{(2)^3}+C$

$\Rightarrow 16+\frac{1}{8}+C=0$

$\Rightarrow\quad C=-\left(16+\frac{1}{8}\right)$

$\Rightarrow\quad C=-\frac{129}{8}$

$\therefore\quad f(x)=x^4+\frac{1}{x^3}-\frac{129}{8}$

2. (c) $\int\frac{e^{6\log x}-e^{5\log x}}{e^{4\log x}-e^{3\log x}}dx$

$=\int\frac{e^{\log x^6}-e^{\log x^5}}{e^{\log x^4}-e^{\log x^3}}dx$

$=\int\frac{x^6-x^5}{x^4-x^3}dx$

$=\int\frac{x^5(x-1)}{x^3(x-1)}dx$

$=\int x^2\,dt=\frac{x^3}{3}+C$

3. (a) $\int\frac{e^{2x}-1}{e^{2x}+1}dx=\int\frac{(e^x.e^x-1)}{(e^x.e^x+1)}dx$

$=\int\frac{e^x\left(e^x-\frac{1}{e^x}\right)}{e^x\left(e^x+\frac{1}{e^x}\right)}dx$

$=\int\frac{(e^x-e^{-x})}{(e^x+e^{-x})}dx$

माना $e^x+e^{-x}=t\Rightarrow e^x-e^{-x}=\frac{dt}{dx}$

$\Rightarrow\quad dx=\frac{dt}{e^x-e^{-x}}$

$\int\frac{e^{2x}-1}{e^{2x}+1}dx=\int\frac{(e^x-e^{-x})}{t}\frac{dt}{e^x-e^{-x}}$

$=\int\frac{1}{t}dt=\log|t|+C$

$=\log|e^x+e^{-x}|+C$

4. (c) माना $I=\int \frac{\sin^{-1} x}{\sqrt{1-x^2}} dx$

माना $\sin^{-1} x = t$

$\Rightarrow \frac{1}{\sqrt{1-x^2}} = \frac{dt}{dx} \Rightarrow dx = \sqrt{1-x^2}\,dt$

$\therefore \quad I = \int \frac{t}{\sqrt{1-x^2}} \sqrt{1-x^2}\,dt$

$= \int t\,dt = \frac{t^2}{2} + C$

$= \frac{(\sin^{-1} x)^2}{2} + C$

5. (d) $\int \cot x \log \sin x\, dx$

माना $\log \sin x = t$

$\Rightarrow \frac{1}{\sin x} \times \cos x = \frac{dt}{dx}$

$\Rightarrow \quad \cot x = \frac{dt}{dx} \Rightarrow dx = \frac{dt}{\cot x}$

$\therefore \int \cot x \log \sin x\, dx = \int \cot x \cdot t \frac{dt}{\cot x}$

$= \int t\, dt = \frac{t^2}{2} + C = \frac{(\log \sin x)^2}{2} + C$

6. (c) माना $I=\int \frac{\cos x - \sin x}{1+\sin 2x} dx$

$= \int \frac{\cos x - \sin x}{\sin^2 x + \cos^2 x + 2\sin x \cos x} dx$

$= \int \frac{\cos x - \sin x}{(\sin x + \cos x)^2} dx$

माना $\cos x + \sin x = t$

$\Rightarrow -\sin x + \cos x = \frac{dt}{dx}$

$\Rightarrow dx = \frac{dt}{(\cos x - \sin x)}$

$\therefore \quad I = \int \frac{\cos x - \sin x}{t^2} \cdot \frac{dt}{(\cos x - \sin x)}$

$= \int \frac{1}{t^2} dt = \int t^{-2}\, dt$

$= \frac{t^{-2+1}}{-2+1} + C = \frac{-1}{\cos x + \sin x} + C$

7. (b) $\int \frac{e^x (1+x)}{\cos^2 (e^x x)} dx$

माना $xe^x = t \Rightarrow (xe^x + e^x) = \frac{dt}{dx}$

$\Rightarrow \quad dx = \frac{dt}{e^x(x+1)}$

$\therefore \int \frac{e^x(1+x)}{\cos^2(e^x x)} dx$

$= \int \frac{e^x(1+x)}{\cos^2 t} \times \frac{dt}{e^x(1+x)}$

$= \int \frac{1}{\cos^2 t} dt = \int \sec^2 t\, dt$

$= \tan t + C = \tan (xe^x) + C$

8. (d) माना $I = \int \frac{1}{x^2(x^4+1)^{3/4}} dx$

$= \int \frac{1}{x^2\left\{x^3\left(1+\frac{1}{x^4}\right)\right\}^{3/4}} dx$

$= \int \frac{1}{x^2 \cdot x^3\left(1+\frac{1}{x^4}\right)^{3/4}} dx$

$= \int \frac{1}{x^5\left(1+\frac{1}{x^4}\right)^{3/4}} dx$

$1+\frac{1}{x^4} = t$ रखने पर,

$-\frac{4}{x^5} dx = dt$

$\Rightarrow \frac{1}{x^5} dx = -\frac{dt}{4}$

$\therefore \; I = \frac{1}{-4}\int \frac{1}{t^{3/4}}\, dt = -\frac{1}{4}\left[\frac{t^{1/4}}{1/4}\right] + C$

$= -(1+x^{-4})^{1/4} + C$

9. (c) माना $I = \int \frac{\sqrt{x^2+1}}{x^4} dx$

$x = \tan\theta$ रखने पर,

$dx = \sec^2\theta\, d\theta$

$\therefore \quad I = \int \frac{\sqrt{\tan^2\theta + 1}}{\tan^4\theta} \sec^2\theta\, d\theta$

$= \int \frac{\sqrt{\sec^2\theta}}{\tan^4\theta} \sec^2\theta\, d\theta$

$= \int \frac{\sec^3\theta}{\tan^4\theta} d\theta$

$= \int \frac{1}{\cos^3\theta} \frac{\cos^4\theta}{\sin^4\theta} d\theta = \int \frac{\cos\theta\, d\theta}{\sin^4\theta}$

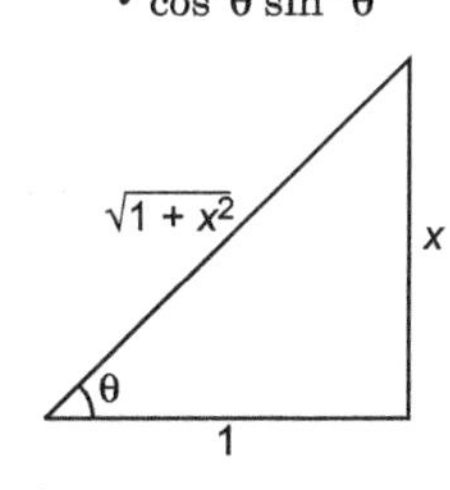

$\sqrt{1+x^2}$ x θ 1

$= \int \frac{dt}{t^4}$

$= \int t^{-4} dt = \frac{t^{-3}}{-3} + C = -\frac{1}{3t^3} + C$

$= -\frac{1}{3\sin^3\theta} + C$

$= -\frac{1}{3}\left(\frac{\sqrt{1+x^2}}{x}\right)^3 + C$

$= -\frac{1}{3}\left(1+\frac{1}{x^2}\right)^{3/2} + C$

10. (d) $I = \int \sqrt{\frac{x}{1-x^3}} dx = \int \frac{\sqrt{x}}{\sqrt{1-x^3}} dx$

$= \int \frac{\sqrt{x}}{\sqrt{1-(x^{3/2})^2}} dx$

$x^{3/2} = t$ रखने पर, $\sqrt{x}\, dx = \frac{2}{3} dt$

$\therefore \quad I = \frac{2}{3}\int \frac{dt}{\sqrt{1-t^2}} = \frac{2}{3}\sin^{-1}(x^{3/2}) + C$

11. (b) $I = \int \frac{x^2}{(x\sin x + \cos x)^2}$

$= \int x \cdot \sec x \left[\frac{x\cos x}{(x\sin x + \cos x)^2}\right] dx$

$= \frac{-x\sec x}{x\sin x + \cos x} + \tan x + C$

12. (d) माना

$I = \int \frac{1}{\sqrt{8+3x-x^2}} dx$

$= \int \frac{1}{\sqrt{8-\left[x^2-3x+\left(\frac{3}{2}\right)^2-\left(\frac{3}{2}\right)^2\right]}} dx$

$= \int \frac{1}{\sqrt{8-\left[\left(x-\frac{3}{2}\right)^2-\frac{9}{4}\right]}} dx$

$= \int \frac{1}{\sqrt{8+\frac{9}{4}-\left(x-\frac{3}{2}\right)^2}} dx$

$= \int \frac{1}{\sqrt{\left(\frac{\sqrt{41}}{2}\right)^2-\left(x-\frac{3}{2}\right)^2}} dx$

माना $x-\frac{3}{2} = t \Rightarrow dx = dt$

$\therefore \quad I = \int \frac{1}{\sqrt{\left(\frac{\sqrt{41}}{2}\right)^2 - t^2}} dt$

$= \sin^{-1}\left(\frac{t}{\frac{\sqrt{41}}{2}}\right) + C$

$= \sin^{-1}\left(\frac{x-\frac{3}{2}}{\frac{\sqrt{41}}{2}}\right) + C$

$= \sin^{-1}\left(\frac{2x-3}{\sqrt{41}}\right) + C$

$\left(\because t = x - \frac{3}{2}\right)$

13. (a) यहाँ, हम समाकलन को मानक समाकलन $\sqrt{x^2 \pm a^2}$ के रूप में बदल सकते हैं, तब समाकलन करेंगे।

माना $I = \int \sqrt{x^2 + 4x + 6}\, dx$

$= \int \sqrt{x^2 + 4x + 2^2 + 6 - 4}\, dx$

$= \int \sqrt{(x+2)^2 + (\sqrt{2})^2}\, dx$

$= \frac{x+2}{2}\sqrt{x^2 + 4x + 6} + \frac{2}{2}\log|(x+2) + \sqrt{x^2+4x+6}| + C$

$\Rightarrow \quad I = \frac{x+2}{2}\sqrt{x^2+4x+6} + \log|(x+2) + \sqrt{x^2+4x+6}| + C$

14. (c) माना $I = \int \frac{3\sin x + 2\cos x}{3\cos x + 2\sin x}\, dx$

पुन: माना $3\sin x + 2\cos x$

$= A\frac{d}{dx}(3\cos x + 2\sin x) + B(3\cos x + 2\sin x)$

$\Rightarrow 3\sin x + 2\cos x$

$= A(-3\sin x + 2\cos x) + B(3\cos x + 2\sin x)$

$\sin x$ तथा $\cos x$ के गुणांकों की तुलना करने पर, $-3A + 2B = 3$

तथा $\quad 2A + 3B = 2 \Rightarrow B = \frac{12}{13}$

तथा $A = -\frac{5}{13}$,

$B(-3\sin x + 2\cos x)$

$\therefore \quad I = \int \frac{+A(3\cos x + 2\sin x)}{3\cos x + 2\sin x}\, dx$

$\Rightarrow \quad I = A\int 1\, dx + B\int \frac{-3\sin x + 2\cos x}{3\cos x + 2\sin x}\, dx$

$= Ax + B\int \frac{dt}{t}$,

जहाँ, $t = 3\cos x + 2\sin x$

$= Ax + B\ln|t| + C$

$= \frac{-5}{13}x + \frac{12}{13}\ln|3\cos x + 2\sin x| + C$

15. (a) माना $I = \int \frac{4e^x + 6e^{-x}}{9e^x - 4e^{-x}}\, dx$

अंश = λ (हर) +μ (हर का अवकलन) के प्रयोग से,

$4e^x + 6e^{-x} = \lambda(9e^x - 4e^{-x}) + \mu(9e^x + 4e^{-x})$

$\Rightarrow 4e^x + 6e^{-x} = 9(\lambda+\mu)e^x + 4(\mu - \lambda)e^{-x}$

$\therefore \quad \lambda + \mu = \frac{4}{9}$

तथा $\quad \lambda - \mu = -\frac{6}{4}$

हल करने पर, $\lambda = -\frac{19}{36}, \mu = \frac{35}{36}$

$\therefore I = \int \frac{\lambda(\text{हर}) + \mu\ (\text{हर का अवकलन})}{\text{हर}}\, dx$

$\Rightarrow I = \lambda\int dx + \mu\int \frac{(\text{हर का अवकलन})}{\text{हर}}\, dx$

$\Rightarrow I = \lambda x + \mu\log|\text{हर}| + C$

$\Rightarrow I = -\frac{19}{36}x + \frac{35}{36}\log(9e^x - 4e^{-x}) + C$

$\Rightarrow I = -\frac{19}{36}x + \frac{35}{36}\log(9e^{2x} - 4) - \frac{35}{36}\log e^x + C$

$\Rightarrow I = \left(-\frac{19}{36} - \frac{35}{36}\right)x + \frac{35}{36}\log(9e^{2x} - 4) + C$

$= -\frac{54}{36}x + \frac{35}{36}\log(9e^{2x} - 4) + C$

$= -\frac{3}{2}x + \frac{35}{36}\log(9e^{2x} - 4) + C$

$\therefore A = -\frac{3}{2}, B = \frac{35}{36}$ तथा C नियतांक है

16. (a) $\int_0^{\pi/2} \cos 2x\, dx = \left[\frac{\sin 2x}{2}\right]_0^{\pi/2}$

$= \frac{1}{2}[\sin 2x]_0^{\pi/2} = \frac{1}{2}\left[\left(\sin 2\times\frac{\pi}{2}\right) - \sin(0)\right]$

$= \frac{1}{2}(0 - 0) = 0$

17. (c) $\int_{-1}^{1} \frac{1}{x^2 + 2x + 5}\, dx$

$= \int_{-1}^{1} \frac{1}{(x^2 + 2x + 1) + 4}\, dx$

$= \int_{-1}^{1} \frac{1}{(x+1)^2 + 2^2}\, dx$

$= \frac{1}{2}\left[\tan^{-1}\frac{x+1}{2}\right]_{-1}^{1}$

$= \frac{1}{2}\left[\tan^{-1}\left(\frac{2}{2}\right) - \tan^{-1}\left(\frac{0}{2}\right)\right]$

$= \frac{1}{2}(\tan^{-1} 1) = \frac{1}{2}\times\frac{\pi}{4} = \frac{\pi}{8}$

18. (b) $I = \int_0^1 x(\tan^{-1} x)^2\, dx$

खण्डश: समाकलन करने पर,

$I = \frac{x^2}{2}[(\tan^{-1} x)^2]_0^1 - \frac{1}{2}\int_0^1 x^2 \cdot 2\frac{\tan^{-1} x}{1+x^2}\, dx$

$= \frac{\pi^2}{32} - \int_0^1 \frac{x^2}{1+x^2}\cdot\tan^{-1} x\, dx$

$= \frac{\pi^2}{32} - I_1$, जहाँ $I_1 = \int_0^1 \frac{x^2}{1+x^2}\tan^{-1} x\, dx$

अब, $\quad I_1 = \int_0^1 \frac{x^2 + 1 - 1}{1+x^2}\tan^{-1} x\, dx$

$= \int_0^1 \tan^{-1} x\, dx - \int_0^1 \frac{1}{1+x^2}\tan^{-1} x\, dx$

$= I_2 - \frac{1}{2}[(\tan^{-1} x)^2]_0^1 = I_2 - \frac{\pi^2}{32}$

यहाँ, $\quad I_2 = \int_0^1 \tan^{-1} x\, dx = [x\tan^{-1} x]_0^1 - \int_0^1 \frac{x}{1+x^2}\, dx$

$= \frac{\pi}{4} - \frac{1}{2}[\log|1 + x^2|]_0^1 = \frac{\pi}{4} - \frac{1}{2}\log 2$

अत: $\quad I_1 = \frac{\pi}{4} - \frac{1}{2}\log 2 - \frac{\pi^2}{32}$

अत: $\quad I = \frac{\pi^2}{32} - \frac{\pi}{4} + \frac{1}{2}\log 2 + \frac{\pi^2}{32}$

$= \frac{\pi^2}{16} - \frac{\pi}{4} + \frac{1}{2}\log 2$

$= \frac{\pi^2 - 4\pi}{16} + \log\sqrt{2}$

19. (b) $I = \int_0^1 \frac{e^t}{1+t}\, dt$

$= \left[\frac{1}{1+t}e^t\right]_0^1 + \int_0^1 \frac{e^t}{(1+t)^2}\, dt = a$

अत: $\int_0^1 \frac{e^t}{(1+t)^2}\, dt = a - \frac{e}{2} + 1$

20. (c) माना

$I = \int_0^{\pi/2} \frac{\sin^{3/2} x}{\sin^{3/2} x + \cos^{3/2} x}\, dx$ ...(i)

$\Rightarrow \quad I = \int_0^{\pi/2} \frac{\sin^{3/2}\left(\frac{\pi}{2} - x\right)}{\sin^{3/2}\left(\frac{\pi}{2} - x\right) + \cos^{3/2}\left(\frac{\pi}{2} - x\right)}\, dx$

$= \int_0^{\pi/2} \frac{\cos^{3/2} x}{\cos^{3/2} x + \sin^{3/2} x}\, dx$ ...(ii)

समी (i) और (ii) को जोड़ने पर,

$2I = \int_0^{\pi/2} \frac{\sin^{3/2} x + \cos^{3/2} x}{\sin^{3/2} x + \cos^{3/2} x}\, dx$

$= \int_0^{\pi/2} 1\, dx = [x]_0^{\pi/2}$

$= \frac{\pi}{2} - 0 \Rightarrow I = \frac{\pi}{4}$

21. (a) माना $I = \int_0^{\pi} \frac{x}{1 + \sin x}\, dx$ ...(i)

तब, $\quad I = \int_0^{\pi} \frac{\pi - x}{1 + \sin(\pi - x)}\, dx$

$\Rightarrow \quad I = \int_0^{\pi} \frac{\pi - x}{1 + \sin x}\, dx$ ...(ii)

$[\because \sin(\pi - x) = \sin x]$

समी (i) और (ii) को जोड़ने पर,

$2I = \int_0^{\pi} \frac{\pi}{(1 + \sin x)}\, dx$

$$= \pi\int_0^{\pi} \frac{1}{(1+\sin x)} dx$$

$$= \pi\int_0^{\pi} \frac{1-\sin x}{(1+\sin x)(1-\sin x)} dx$$

$$\Rightarrow 2I = \pi\int_0^{\pi} \frac{1-\sin x}{1-\sin^2 x} dx$$

$$= \pi\int_0^{\pi} \frac{1}{\cos^2 x} dx - \pi\int_0^{\pi} \frac{\sin x}{\cos^2 x} dx$$

$$\Rightarrow 2I = \pi\int_0^{\pi} \sec^2 x\, dx - \pi\int_0^{\pi} \sec x \cdot \tan x\, dx$$

$$\Rightarrow 2I = \pi [\tan x - \sec x]_0^{\pi}$$

$$\Rightarrow 2I = \pi[\tan \pi - \sec \pi - (\tan 0 - \sec 0)]$$

$$\Rightarrow 2I = \pi(0+1-0+1)$$

$$\Rightarrow 2I = 2\pi \Rightarrow I = \pi$$

22. (*d*) $\int_0^{2\pi} \cos^5 x\, dx = 2\int_0^{\pi} \cos^5 x\, dx$

$\left[\because \int_0^{2a} f(x) = 2\int_0^{a} f(x)dx,\right.$ जहाँ $f(2a-x) = f(x)$, अत: $2a = 2x$, $\left.\cos^5(2x - x) = \cos^5 x\right]$

$= 2 \times 0 = 0$ $\left[\because \int_0^{2a} f(x) = 0,\right.$ यदि $f(2a-x) = -f(x)$, यहाँ $2a = \pi$ $\left.\therefore \cos^5(\pi - x) = -\cos^5 x\right]$

23. (*d*) माना $I = \int_0^4 |x-1| dx$

यह देख सकते हैं कि $(x-1) \le 0$, जब $0 \le x \le 1$ और $(x-1) \ge 0$, जब $1 \le x \le 4$

$$\therefore I = \int_0^1 |x-1| dx + \int_0^4 |x-1| dx$$

$$= \int_0^1 (1-x)\, dx + \int_1^4 (x-1) dx$$

$$= \left[x - \frac{x^2}{2}\right]_0^1 + \left[\frac{x^2}{2} - x\right]_1^4$$

$$= \left(1 - \frac{1}{2}\right) - 0 + \left(\frac{4^2}{2} - 4\right) - \left(\frac{1}{2} - 1\right)$$

$$= \frac{1}{2} + 4 + \frac{1}{2} = 5$$

24. (*c*) माना

$$I = \int_0^{\pi/2} \log\left(\frac{4+3\sin x}{4+3\cos x}\right) dx \quad \text{...(i)}$$

$$\Rightarrow I = \int_0^{\pi/2} \log\left\{\frac{4+3\sin(\pi/2-x)}{4+3\cos(\pi/2-x)}\right\} dx$$

$$\Rightarrow I = \int_0^{\pi/2} \log\left(\frac{4+3\cos x}{4+3\sin x}\right) dx \quad \text{...(ii)}$$

समी (i) तथा (ii) को जोड़ने पर,

$$2I = \int_0^{\pi/2} \left[\log\left(\frac{4+3\sin x}{4+3\cos x}\right) + \log\left(\frac{4+3\cos x}{4+3\sin x}\right)\right] dx$$

$$\Rightarrow 2I = \int_0^{\pi/2} \log\left(\frac{4+3\sin x}{4+3\cos x} \times \frac{4+3\cos x}{4+3\sin x}\right) dx$$

$$\Rightarrow 2I = \int_0^{\pi/2} \log 1\, dx \Rightarrow 2I = \int_0^{\pi/2} 0\, dx$$

$$\Rightarrow I = 0$$

25. (*d*) माना $I = \int_a^b x f(x) dx$ ...(i)

निश्चित समाकलन के गुणों से,

$$I = \int_a^b (a+b-x) f(a+b-x) dx$$

$$= \int_a^b (a+b-x) f(x) dx \quad \text{...(ii)}$$

$[\because f(a+b-x) = f(x)$ (दिया है)$]$

समी (i) और (ii) को जोड़ने पर,

$$2I = \int_a^b (a+b) f(x)\, dx$$

$$\Rightarrow I = \frac{a+b}{2}\int_a^b f(x)\, dx$$

26. (*a*) $I = \int_0^{\pi/2} \frac{\sin^2 x}{\sin x + \cos x} dx$

$$= \int_0^{\pi/2} \frac{\sin^2\left(\frac{\pi}{2} - x\right)}{\sin\left(\frac{\pi}{2} - x\right) + \cos\left(\frac{\pi}{2} - x\right)} dx$$

$$\Rightarrow I = \int_0^{\pi/2} \frac{\cos^2 x}{\sin x + \cos x} dx$$

अत: हम प्राप्त करते हैं,

$$2I = \int_0^{\pi/2} \frac{1}{\sqrt{2}} \frac{dx}{\cos\left(x - \frac{\pi}{4}\right)}$$

$$= \frac{1}{\sqrt{2}} \int_0^{\pi/2} \sec\left(x - \frac{\pi}{4}\right) dx$$

$$= \frac{1}{\sqrt{2}} \left[\log\left\{\sec\left(x - \frac{\pi}{4}\right) + \tan\left(x - \frac{\pi}{4}\right)\right\}\right]_0^{\pi/2}$$

$$= \frac{1}{\sqrt{2}} [\log(\sqrt{2}+1) - \log(\sqrt{2}-1)]$$

$$= \frac{1}{\sqrt{2}} \log\left|\frac{\sqrt{2}+1}{\sqrt{2}-1}\right|$$

$$= \frac{1}{\sqrt{2}} \log\left\{\frac{(\sqrt{2}+1)^2}{1}\right\} = \frac{2}{\sqrt{2}} \log(\sqrt{2}+1)$$

अत: $I = \frac{1}{\sqrt{2}} \log(\sqrt{2}+1)$

27. (*d*) f को निम्नत: परिभाषित कर सकते हैं

$$f(x) = \begin{cases} 2-x, & \text{यदि } -1 < x \le 0 \\ x+2, & \text{यदि } 0 < x \le 1 \\ 3x, & \text{यदि } 1 < x \le 2 \end{cases}$$

अत: $\int_{-1}^{2} f(x) dx = \int_{-1}^{0} (2-x)\, dx + \int_0^1 (x+2) dx + \int_1^2 3x\, dx$ (गुण से)

$$= \left(2x - \frac{x^2}{2}\right)_{-1}^{0} + \left(\frac{x^2}{2} + 2x\right)_0^1 + \left(\frac{3x^2}{2}\right)_1^2$$

$$= 0 - \left(-2 - \frac{1}{2}\right) + \left(\frac{1}{2} + 2\right) + 3\left(\frac{4}{2} - \frac{1}{2}\right)$$

$$= \frac{5}{2} + \frac{5}{2} + \frac{9}{2} = \frac{19}{2}$$

28. (*c*) $x = \int_0^y \frac{dt}{\sqrt{1+9t^2}} \Rightarrow \frac{dx}{dy} = \frac{1}{\sqrt{1+9y^2}}$

$$\Rightarrow \frac{d^2 y}{dx^2} = \frac{18y}{2\sqrt{1+9y^2}} \frac{dy}{dx} = 9y$$

29. (*c*) $I = \int_{-1}^{1} \frac{x^3 + |x| + 1}{x^2 + 2|x| + 1} dx$

$$= \int_{-1}^{1} \frac{x^3}{x^2 + 2|x| + 1} + \int_{-1}^{1} \frac{x+1}{x^2 + 2|x| + 1} dx$$

$$= 0 + 2\int_0^1 \frac{|x|+1}{(|x|+1)^2} dx$$

$$= 2\int_0^1 \frac{x+1}{(x+1)^2} dx = 2\int \frac{1}{x+1} dx$$

$$= 2[\log|x+1|]_0^1 = 2\log 2$$

30. (*a*) $I = \int_{-2}^{2} |x\cos \pi x| dx$

$$= 2\int_0^2 |x\cos \pi x| dx$$

$$= 2\left\{\int_0^{1/2} |x\cos \pi x| dx + \int_{1/2}^{3/2} |x\cos \pi x| dx + \int_{3/2}^{2} |x\cos \pi x| dx\right\} = \frac{8}{\pi}$$

31. (*b*) माना $I = \int_0^{\pi} e^{\sin^2 x} \cos^3 x\, dx$ ...(i)

$$\Rightarrow I = \int_0^{\pi} e^{\sin^2(\pi - x)} \cos^3(\pi - x) dx$$

$$\Rightarrow I = -\int_0^{\pi} e^{\sin^2 x} \cos^3 x\, dx \quad \text{...(ii)}$$

समी (i) व (ii) को जोड़ने पर,

$$2I = 0 \Rightarrow I = 0$$

32. (*c*) माना $I = \int_0^1 x e^{x^2} dx$

$x^2 = t$ रखने पर,

$$2x = \frac{dt}{dx} \Rightarrow dx = \frac{dt}{2x}$$

सीमाएँ जब $x = 0$ $\Rightarrow t = 0$ और जब $x = 1 \Rightarrow t = 1$

$$\therefore I = \int_0^1 x e^t \frac{dt}{2x} = \frac{1}{2}\int_0^1 e^t\, dt = \frac{1}{2}[e^t]_0^1$$

$$= \frac{1}{2}(e^1 - e^0) = \frac{1}{2}(e - 1)$$

अध्याय 08

समाकलन के अनुप्रयोग

Applications of Integrals

परिबद्ध क्षेत्र का क्षेत्रफल

हम वक्र के अन्तर्गत क्षेत्रफल को बहुत-सी पतली और ऊर्ध्वाधर पट्टियों से निर्मित मान सकते हैं। अब, y ऊँचाई और dx चौड़ाई वाली एक स्वेच्छ पट्टी पर विचार करते हैं, तब dA (प्रारम्भिक पट्टी का क्षेत्रफल) $= y\,dx$, जहाँ $y = f(x)$ है। यह क्षेत्रफल प्रारम्भिक क्षेत्रफल कहलाता है, जोकि क्षेत्र के अन्दर किसी स्वेच्छ स्थिति पर स्थित होता है तथा हमें सभी पतली पट्टियों के योग द्वारा अभीष्ट क्षेत्रफल प्राप्त होगा।

1. वक्र $y = f(x)$, X-अक्ष तथा रेखाओं $x = a, x = b$ द्वारा परिबद्ध क्षेत्र का क्षेत्रफल

माना वक्र $y = f(x)$, अन्तराल $[a, b]$ में सतत् तथा परिमित फलन है, तब वक्र $y = f(x)$ का X-अक्ष के ऊपर तथा रेखाओं या कोटियों $x = a$ व $x = b$ द्वारा परिबद्ध क्षेत्र $PQRSP$ का क्षेत्रफल,

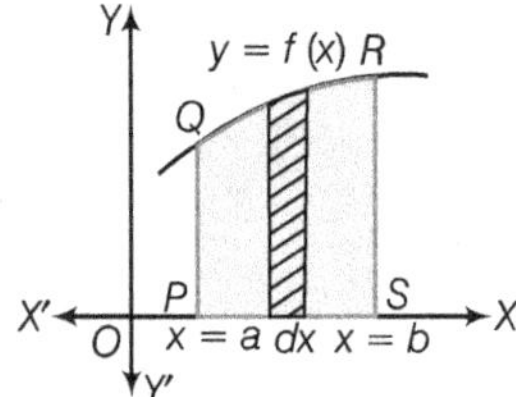

$$A = \int_a^b dA = \int_a^b f(x)\,dx = \int_a^b y\,dx, b > a$$

2. वक्र $x = f(y)$, Y-अक्ष तथा रेखाओं $y = a, y = b$ द्वारा परिबद्ध क्षेत्र का क्षेत्रफल

माना वक्र $x = f(y)$, अन्तराल $[a,b]$ में सतत् तथा परिमित फलन है, तब वक्र $x = f(y)$ का Y-अक्ष तथा रेखाओं $y = a$ एवं $y = b$ द्वारा परिबद्ध क्षेत्र का क्षेत्रफल,

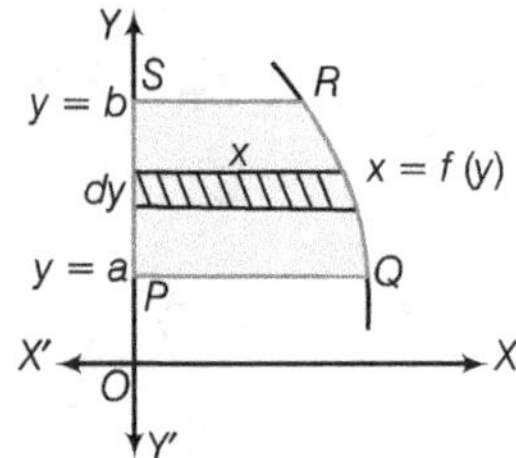

$$A = \int_a^b dA = \int_a^b x\,dy = \int_a^b f(y)\,dy$$

3. परिबद्ध क्षेत्र का क्षेत्रफल, जब वक्र X-अक्ष के नीचे हो

यदि वक्र $y = f(x)$, X-अक्ष के नीचे स्थित हो, तब वक्र $y = f(x)$, X-अक्ष तथा रेखाओं $x = a$ और $x = b$ के द्वारा परिबद्ध क्षेत्र का क्षेत्रफल ऋणात्मक हो जाता है परन्तु, हम क्षेत्रफल के केवल मान की ही परिचर्चा करते हैं इसलिए, यदि क्षेत्रफल ऋणात्मक है, तब हम इसके निरपेक्ष मान अर्थात् $|\int_a^b f(x)\,dx|$ को लेते हैं।

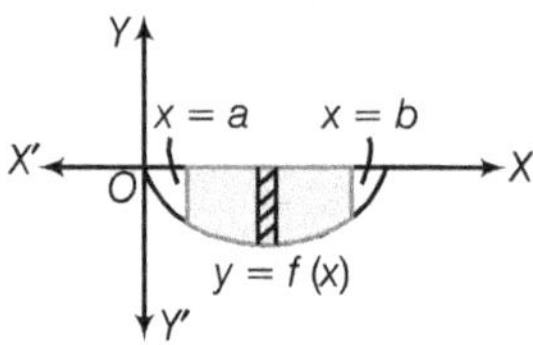

$\therefore$ क्षेत्रफल, $A = |\int_a^b y\,dx| = |\int_a^b f(x)\,dx|$

4. परिबद्ध क्षेत्र का क्षेत्रफल, जब वक्र X-अक्ष के ऊपर तथा नीचे हो

कभी-कभी दिए गए वक्र का कुछ भाग X-अक्ष के ऊपर तथा कुछ भाग X-अक्ष के नीचे होता है जैसा कि चित्र में दिखाया गया है।

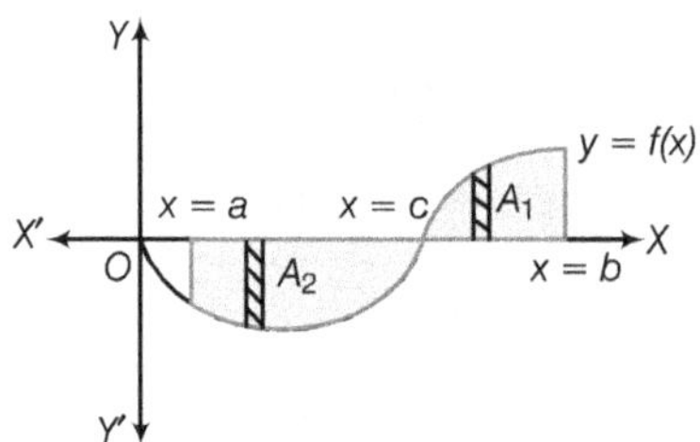

यहाँ, $A_1 > 0$ तथा $A_2 < 0$, तब वक्र $y = f(x)$, X-अक्ष तथा $x = a, x = b$ द्वारा परिबद्ध क्षेत्र का क्षेत्रफल, $A = |A_2| + A_1 = \left|\int_a^c f(x)\,dx\right| + \int_c^b f(x)\,dx$

5. एक वक्र तथा एक रेखा से घिरे क्षेत्र का क्षेत्रफल

एक वक्र तथा एक रेखा (ऊर्ध्वाधर या तिर्यक) से परिबद्ध क्षेत्र का क्षेत्रफल इन चरणों की सहायता से ज्ञात कर सकते हैं

चरण I सर्वप्रथम, दिए गए वक्र का अनुरेखण कीजिए।

चरण II जिस क्षेत्र का क्षेत्रफल ज्ञात करना है, उसे निर्धारित कीजिए।

चरण III (i) यदि अभीष्ट क्षेत्रफल दो कोटियों द्वारा परिबद्ध हो, तब सूत्र $\int_a^b (y_1 - y_2)dx$, जहाँ $y_1 > y_2$

या $\int_a^b (y_2 - y_1)\,dx$, जहाँ $y_2 > y_1$ का प्रयोग कीजिए।

(ii) यदि अभीष्ट क्षेत्रफल दो भुजों द्वारा परिबद्ध हो, तब सूत्र $\int_c^d (x_1 - x_2)\,dy$, जहाँ $x_1 > x_2$

या $\int_c^d (x_2 - x_1)\,dy$, जहाँ $x_2 > x_1$ का प्रयोग कीजिए।

अतः चरण III से प्राप्त क्षेत्रफल अभीष्ट क्षेत्रफल होगा।

दो वक्रों के मध्यवर्ती क्षेत्र का क्षेत्रफल

माना दो वक्र $y = f(x)$ तथा $y = g(x)$ एवं उनके प्रतिच्छेदन बिन्दु $x = a$ तथा $x = b$ (दिए गए वक्रों के समीकरण से y का उभयनिष्ठ लेने पर) दिए गए हैं, तब उनके मध्य का क्षेत्रफल ज्ञात करने के लिए निम्न दो प्रतिबन्ध होंगे

(i) जब $[a, b]$ में $f(x) \geq g(x)$ हो

माना अन्तराल $[a,b]$ में $f(x) \geq g(x)$ दिया गया है, तब एक ऊर्ध्वाधर पट्टी लेंगे जिसकी चौड़ाई dx तथा लम्बाई $f(x) - g(x)$ है, तब

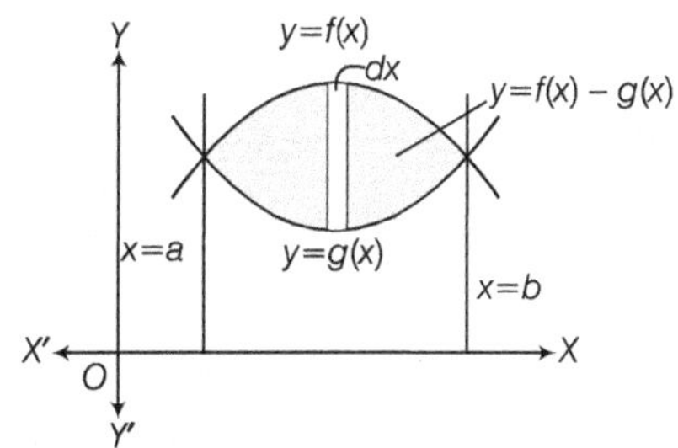

प्रारम्भिक क्षेत्रफल, $dA = [f(x) - g(x)]dx$

तथा कुल क्षेत्रफल $= \int_a^b [f(x) - g(x)]\,dx$ या $A = \int_a^b f(x)\,dx - \int_a^b g(x)\,dx$

(ii) जब [a, c] में $f(x) \geq g(x)$ तथा [c, b] में $0 \leq f(x) \leq g(x)$ हो, जहाँ $a < c < b$

माना अन्तराल $[a,c]$ में $f(x) \geq g(x)$ तथा $[c,b]$ में $f(x) \leq g(x)$ है, तब हम दो ऊर्ध्वाधर पट्टियाँ लेते हैं, पहली पट्टी अन्तराल $[a,c]$ तथा दूसरी पट्टी अन्तराल $[c,b]$ में लेते हैं। जोकि समान चौड़ाई dx तथा भिन्न-भिन्न ऊँचाइयों $f(x) - g(x)$ तथा $g(x) - f(x)$ की है।

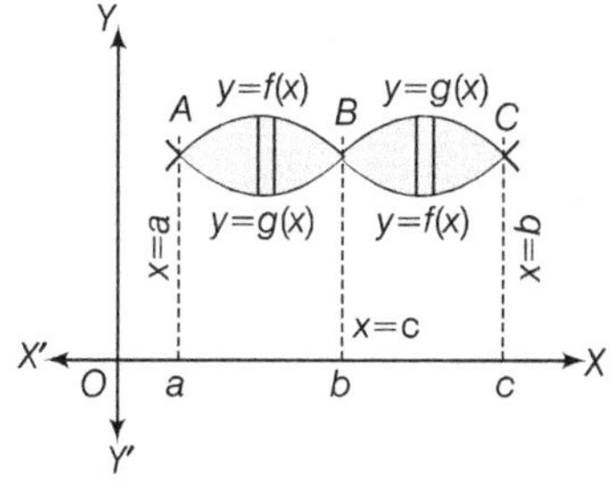

तब, प्रारम्भिक क्षेत्रफल, जब $f(x) \geq g(x) = [f(x) - g(x)]\,dx$

तथा प्रारम्भिक क्षेत्रफल, जब $f(x) \leq g(x) = [g(x) - f(x)]\,dx$

$\therefore$ कुल क्षेत्रफल, $A = \int_a^c [f(x) - g(x)]\,dx + \int_c^b [g(x) - f(x)]\,dx$

दो वक्रों तथा एक अक्ष द्वारा परिबद्ध क्षेत्रफल

दो वक्रों $y = f(x)$ तथा $y = g(x)$ और X-अक्ष द्वारा दो रेखाओं $x = a$ एवं $x = b$ के मध्य घिरे क्षेत्र का क्षेत्रफल, $A = \int_a^c f(x)dx + \int_c^b g(x)dx$

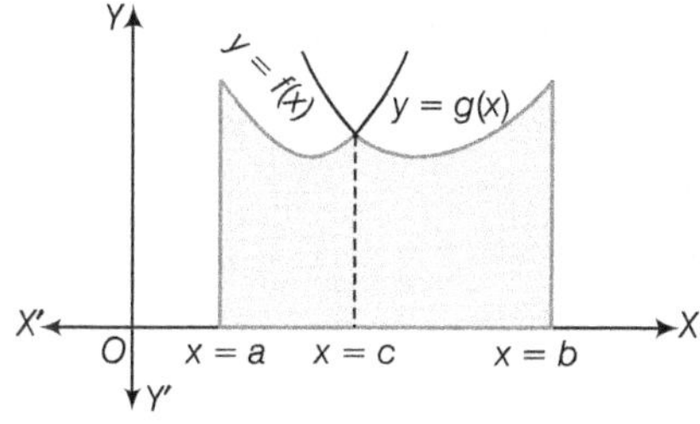

अभ्यास प्रश्न

1. प्रथम चतुर्थांश में वक्र $y^2 = 9x, x = 2, x = 4$ एवं X-अक्ष से परिबद्ध क्षेत्र का क्षेत्रफल है

(a) 16 वर्ग इकाई (b) $4\sqrt{2}$ वर्ग इकाई
(c) $4(4 - \sqrt{2})$ वर्ग इकाई (d) $4(4 + \sqrt{2})$ वर्ग इकाई

2. यदि वक्र $x = y^2$ एवं रेखा $x = 4$ से घिरा हुआ क्षेत्रफल, रेखा $x = a$ द्वारा दो बराबर भागों में विभाजित होता है, तो a का मान है

(a) $(2)^{2/3}$ (b) $\sqrt{2}$ (c) $(4)^{4/3}$ (d) $(4)^{2/3}$

3. वक्र $y^2 = 4x$ तथा रेखा $x = 3$ द्वारा घिरे क्षेत्र का क्षेत्रफल है

(a) $2\sqrt{3}$ वर्ग इकाई (b) $8\sqrt{3}$ वर्ग इकाई
(c) $4\sqrt{3}$ वर्ग इकाई (d) $3\sqrt{3}$ वर्ग इकाई

4. प्रथम चतुर्थांश में वृत्त $x^2 + y^2 = 4$ एवं रेखाओं $x = 0, x = 2$ से घिरे क्षेत्र का क्षेत्रफल है

(a) π वर्ग इकाई (b) $\frac{\pi}{2}$ वर्ग इकाई (c) $\frac{\pi}{3}$ वर्ग इकाई (d) $\frac{\pi}{4}$ वर्ग इकाई

5. $y = |x + 3|$ का ग्राफ खींजिए तथा $\int_{-6}^{0} |x + 3|\,dx$ का मान है

(a) 9 वर्ग इकाई (b) $\frac{9}{2}$ वर्ग इकाई
(c) 3 वर्ग इकाई (d) 11 वर्ग इकाई

6. वक्र $y = x|x|$, X-अक्ष तथा भुज $x = -1$ तथा $x = 1$ से घिरे क्षेत्र का क्षेत्रफल है

(a) 0 (b) $\frac{1}{3}$ (c) $\frac{2}{3}$ (d) $\frac{4}{3}$

7. समाकलन विधि से रेखा $2y = 5x + 7$, X-अक्ष तथा रेखाओं $x = 2$ तथा $x = 8$ से घिरे क्षेत्र का क्षेत्रफल है

(a) 96 वर्ग इकाई (b) 72 वर्ग इकाई
(c) 84 वर्ग इकाई (d) इनमें से कोई नहीं

8. अन्तराल [1, 5] में वक्र $y = \sqrt{x - 1}$ का ग्राफ खींचिए। वक्र तथा रेखाओं $x = 1$ तथा $x - 5$ से घिरे क्षेत्र का क्षेत्रफल है

(a) $\frac{4}{3}$ वर्ग इकाई (b) $\frac{8}{3}$ वर्ग इकाई
(c) $\frac{16}{3}$ वर्ग इकाई (d) इनमें से कोई नहीं

9. वक्र $ay^2 = x^3$, Y-अक्ष तथा रेखाओं $y = a$ तथा $y = 2a$ से घिरे क्षेत्र का क्षेत्रफल

(a) $\frac{3}{5}a^2(2 \cdot 2^{2/3} - 1)$ वर्ग इकाई (b) $\frac{2}{5}a(2^{2/3} - 1)$ वर्ग इकाई
(c) $\frac{3}{5}a^2(2^{2/3} + 1)$ वर्ग इकाई (d) इनमें से कोई नहीं

10. वक्र $x = 2 - y - y^2$ तथा Y-अक्ष से घिरे क्षेत्र का क्षेत्रफल है
(a) $\frac{3}{2}$ वर्ग इकाई (b) $\frac{5}{2}$ वर्ग इकाई
(c) $\frac{9}{2}$ वर्ग इकाई (d) इनमें से कोई नहीं

11. वक्र $xy - 3x - 2y - 10 = 0$, X-अक्ष तथा रेखाओं $x=3, x=4$ से घिरे क्षेत्र का क्षेत्रफल है
(a) 3 वर्ग इकाई (b) 3 + 16 log 2 वर्ग इकाई
(c) 16 log 2 वर्ग इकाई (d) इनमें से कोई नहीं

12. वक्र $y = \frac{1}{x^2+1}$ तथा X-अक्ष से घिरे क्षेत्र का क्षेत्रफल है
(a) $\frac{\pi}{2}$ वर्ग इकाई (b) π वर्ग इकाई
(c) 2π वर्ग इकाई (d) इनमें से कोई नहीं

13. यदि X-अक्ष से ऊपर, वक्र $y = 2^{kx}$ तथा कोटियों $x = 0$ तथा $x = 2$ से घिरे क्षेत्र का क्षेत्रफल $\frac{3}{\log 2}$ है, तब k का मान है
(a) 1/2 (b) 1 (c) −1 (d) 2

14. वक्र $y = \sin^{-1} x$, $x = \frac{1}{\sqrt{2}}$ तथा X-अक्ष से घिरे क्षेत्र का क्षेत्रफल है
(a) $\left(\frac{1}{\sqrt{2}} + 1\right)$ वर्ग इकाई (b) $\left(1 - \frac{1}{\sqrt{2}}\right)$ वर्ग इकाई
(c) $\frac{\pi}{4\sqrt{2}}$ वर्ग इकाई (d) $\left(\frac{\pi}{4\sqrt{2}} + \frac{1}{\sqrt{2}} - 1\right)$ वर्ग इकाई

15. वक्र $y = \tan^{-1} x$, $x = 1$ तथा X-अक्ष से घिरे क्षेत्र का क्षेत्रफल है
(a) $\left(\frac{\pi}{4} + \log\sqrt{2}\right)$ वर्ग इकाई (b) $\left(\frac{\pi}{4} - \log\sqrt{2}\right)$ वर्ग इकाई
(c) $\left(\frac{\pi}{4} - \log\sqrt{2} + 1\right)$ वर्ग इकाई (d) इनमें से कोई नहीं

16. वक्र $y = \sin^2 x$ तथा रेखाओं $x = \frac{\pi}{2}$, $x = \pi$ तथा X-अक्ष से घिरे क्षेत्र का क्षेत्रफल है
(a) $\frac{\pi}{2}$ वर्ग इकाई (b) $\frac{\pi}{4}$ वर्ग इकाई
(c) $\frac{\pi}{8}$ वर्ग इकाई (d) इनमें से कोई नहीं

17. वक्र $y = \sec^2 x$, $y = 0$ तथा $|x| = \frac{\pi}{3}$ से घिरे क्षेत्र का क्षेत्रफल है
(a) $\sqrt{3}$ वर्ग इकाई (b) $\sqrt{2}$ वर्ग इकाई
(c) $2\sqrt{3}$ वर्ग इकाई (d) इनमें से कोई नहीं

18. वक्र $y = e^{-x}$, X-अक्ष तथा $x \ge 0$ से घिरे क्षेत्र का क्षेत्रफल है
(a) 1 (b) 2 (c) $\frac{1}{e}$ (d) e

19. वक्र $y = x^2 + 2$, रेखाओं $y = x$, $x = 0$ तथा $x = 3$ से घिरे क्षेत्र का क्षेत्रफल है
(a) $\frac{1}{2}$ वर्ग इकाई (b) $\frac{5}{2}$ वर्ग इकाई
(c) $\frac{7}{2}$ वर्ग इकाई (d) $\frac{21}{2}$ वर्ग इकाई

उत्तर सहित व्याख्या

1. (c) चूँकि दिया हुआ वक्र $y^2 = 9x$ एक परवलय है, जोकि X–अक्ष के परित: सममित है। ($\because$ y की घात सम है) और मूलबिन्दु से गुजरता है।

वक्र $y^2 = 9x$, $x = 2$ तथा $x = 4$ तथा X-अक्ष के द्वारा घिरे क्षेत्र का क्षेत्रफल आकृति में दर्शाया गया है।

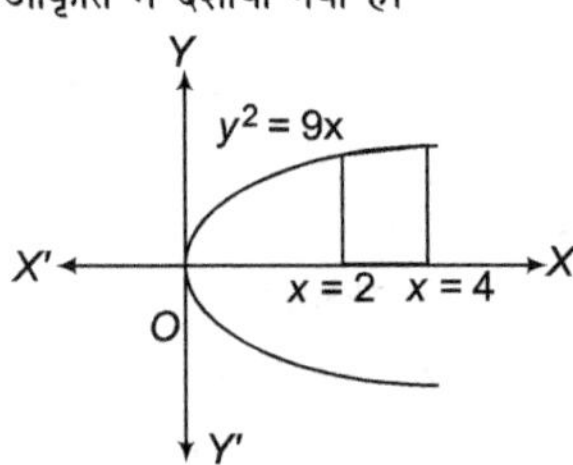

अभीष्ट क्षेत्रफल (छायांकित भाग)

$= \int_2^4 |y|\, dx = \int_2^4 3\sqrt{x}\, dx$

$= 3\left[\frac{x^{3/2}}{3/2}\right]_2^4 = \frac{3 \times 2}{3}[4^{3/2} - 2^{3/2}]$

$= 2[4\sqrt{4} - 2\sqrt{2}] = 2[8 - 2\sqrt{2}]$

$= 4[4 - \sqrt{2}]$ वर्ग इकाई

2. (d) दिया गया वक्र $x = y^2$ एक परवलय है, जो X-अक्ष के परित: सममित है तथा मूलबिन्दु से गुजरता है। परवलय तथा रेखा $x = 4$ से घिरे क्षेत्रफल को रेखा $x = a$ दो बराबर भागों में विभाजित करती है।

OAD का क्षेत्रफल $= ABCD$ का क्षेत्रफल

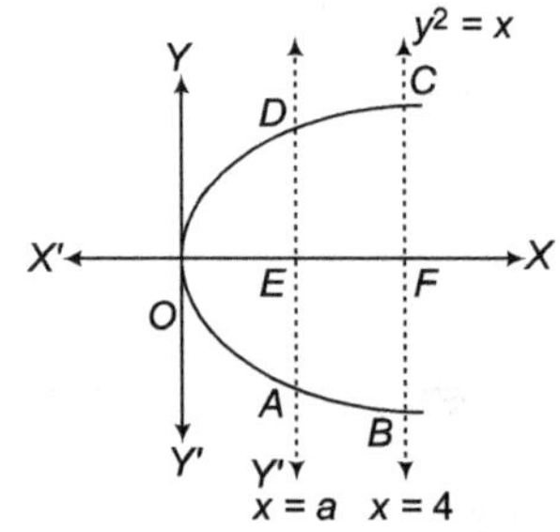

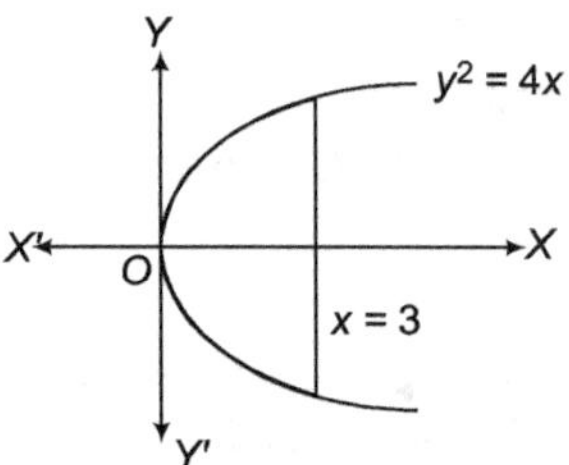

$\therefore$ OED का क्षेत्रफल $= EFCD$ का क्षेत्रफल

$\Rightarrow$ OED का क्षेत्रफल $= \int_0^a y\, dx$ तथा

$EFCD$ का क्षेत्रफल $= \int_0^4 \sqrt{x}\, dx$

$[\because y^2 = x \Rightarrow |y| = \sqrt{x}]$

$\Rightarrow \int_0^a \sqrt{x}\, dx = \int_a^4 \sqrt{x}\, dx$

$\Rightarrow \left[\frac{x^{3/2}}{3/2}\right]_0^a = \left[\frac{x^{3/2}}{3/2}\right]_a^4$

$\Rightarrow \frac{2}{3}[a^{3/2} - 0] = \frac{2}{3}[4^{3/2} - a^{3/2}]$

$\Rightarrow a^{3/2} = 4^{3/2} - a^{3/2}$

$\Rightarrow 2a^{3/2} = 8$

$\Rightarrow a^{3/2} = 4 \Rightarrow a = (4)^{2/3}$

अत: a का मान $(4)^{2/3}$ है।

3. (b) दिया है, वक्र $y^2 = 4x$ जोकि एक परवलय है तथा जिसका शीर्ष (0, 0) है तथा X-अक्ष पर रेखा के समीकरण $x = 3$ को दर्शाता है।

अभीष्ट क्षेत्रफल $= 2 \times$ (प्रथम चतुर्थांश में स्थित छायांकित भाग का क्षेत्रफल)

$= 2\int_0^3 |y|\, dx = 2\int_0^3 2\sqrt{x}\, dx$

$[\because y^2 = 4x \Rightarrow y = 2\sqrt{x}]$

$= 4\left[\frac{x^{3/2}}{3/2}\right]_0^3 = \frac{8}{3}[3^{3/2} - 0]$

$= \frac{8}{3}(3\sqrt{3}) = 8\sqrt{3}$ वर्ग इकाई

अत: अभीष्ट क्षेत्रफल $8\sqrt{3}$ वर्ग इकाई है।

4. (*a*) प्रथम चतुर्थांश में वृत्त तथा रेखाओं $x = 0$ तथा $x = 2$ से घिरा क्षेत्र चित्र में छायांकित भाग द्वारा दर्शाया गया है।

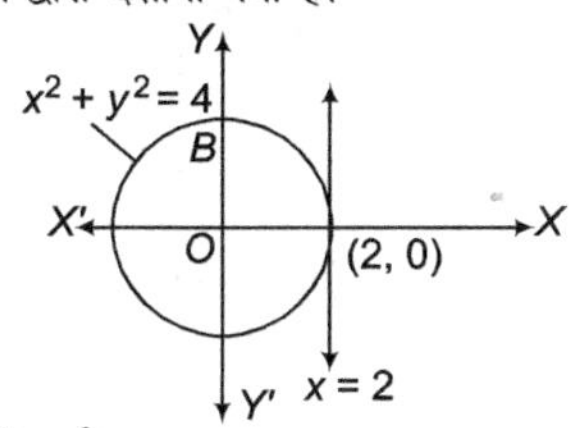

अभीष्ट क्षेत्रफल

$= \int_0^2 |y|\, dx = \int_0^2 \sqrt{4 - x^2}\, dx$

$= \left[\dfrac{x}{2}\sqrt{4 - x^2} + \dfrac{4}{2}\sin^{-1}\left(\dfrac{x}{2}\right)\right]_0^2$

$= 0 + 2\sin^{-1}(1) - 0$

$= 2 \times \dfrac{\pi}{2} = \pi$ वर्ग इकाई

5. (*a*) $y = |x + 3|$

$= \begin{cases} -(x + 3), & x < -3 \text{ के लिए} \\ x + 3, & x \geq -3 \text{ के लिए} \end{cases}$

जब $x < -3$, $y = -x - 3$

x	-4	-5	-6
y	1	2	3

जब $x \geq -3$

x	-1	-2	-3
y	2	1	0

इन बिन्दुओं को ग्राफ पेपर पर निरूपित करते हैं।

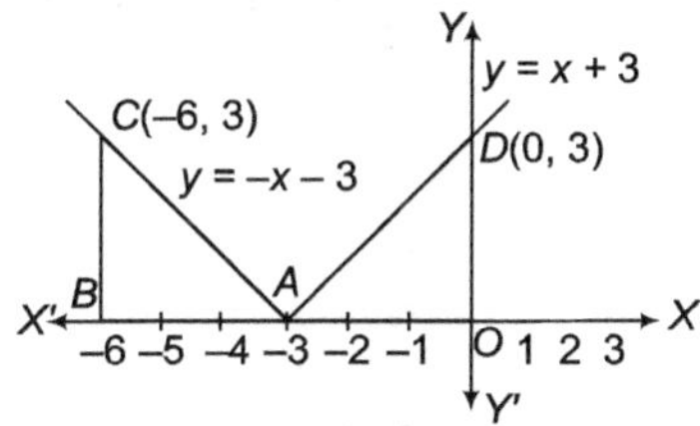

$\therefore$ अभीष्ट क्षेत्रफल $= ABC$ का क्षेत्रफल $+ OAD$ का क्षेत्रफल

$= \int_{-6}^{-3} |x + 3|\, dx + \int_{-3}^{0} |x + 3|\, dx$

$= \int_{-6}^{-3} (-x - 3)\, dx + \int_{-3}^{0} (x + 3)\, dx$

$= \left[\dfrac{-x^2}{2} - 3x\right]_{-6}^{-3} + \left[\dfrac{x^2}{2} + 3x\right]_{-3}^{0}$

$= \left[\left\{\dfrac{-(-3)^2}{2} - 3 \times (-3)\right\} - \left\{\dfrac{-(-6)^2}{2} - 3 \times (-6)\right\}\right] + \left[0 - \left\{\dfrac{(-3)^2}{2} + 3 \times (-3)\right\}\right]$

$= \left[\left(\dfrac{-9}{2} + 9\right) - (-18 + 18)\right] + \left[\dfrac{9}{2}\right]$

$= \dfrac{9}{2} + \dfrac{9}{2} = 9$ वर्ग इकाई

6. (*c*) दिया है, $y = x|x| = \begin{cases} x^2, & x \geq 0 \\ -x^2, & x < 0 \end{cases}$

अभीष्ट क्षेत्रफल $= 2$ [वक्र $y = x^2$ तथा $x = 0, x = 1$ का क्षेत्रफल]

[$\because$ विपरीत चतुर्थांशों में वक्र सममित है।]

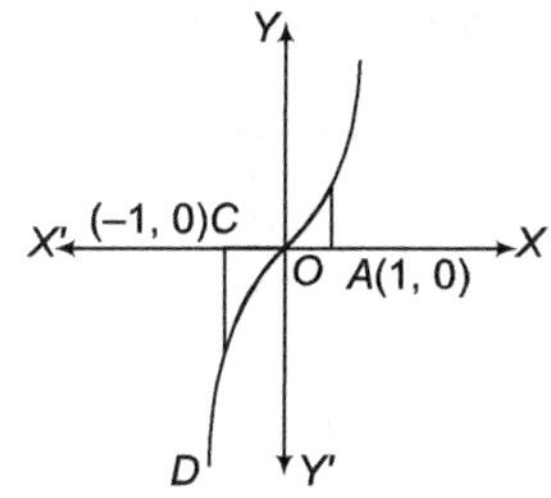

$= 2\int_0^1 x|x| = 2\int_0^1 x^2\, dx$

$= 2\left[\dfrac{x^3}{3}\right]_0^1 = \dfrac{2}{3}(1^3 - 0^3) = \dfrac{2}{3}$ वर्ग इकाई

7. (*a*) दिया है, वक्रों की समीकरणें

$2y = 5x + 7$ ...(i)

$x = 2$ ...(ii)

तथा $x = 8$ ...(iii)

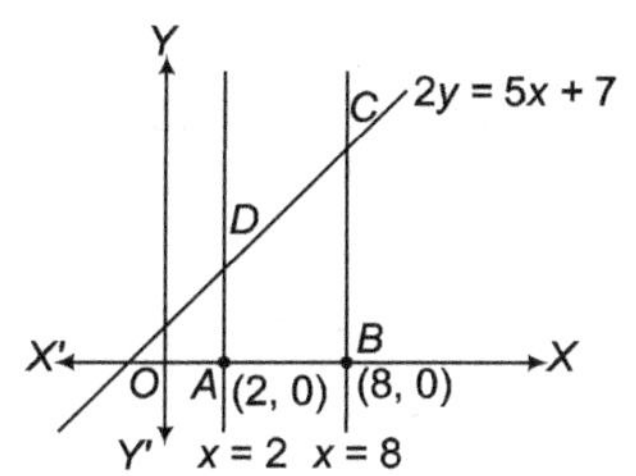

समी (i) एक रेखा को निरूपित करती है जो बिन्दु $\left(0, \dfrac{7}{2}\right)$ तथा $\left(-\dfrac{7}{5}, 0\right)$ से गुजरती है।

समी (ii) में दर्शाई गई रेखा Y-अक्ष के समान्तर तथा बिन्दु (2, 0) से गुजरती है।

समी (iii) में दर्शाई गई रेखा Y-अक्ष के समान्तर बिन्दु (8, 0) से गुजरती है।

समी (i) से, $y = \dfrac{5x + 7}{2}$

$\therefore$ छायांकित भाग का अभीष्ट क्षेत्रफल

$= \int_2^8 y\, dx = \int_2^8 \dfrac{5x + 7}{2}\, dx$

$= \dfrac{1}{2}\left[\dfrac{5x^2}{2} + 7x\right]_2^8$

$= \dfrac{1}{2}\left[\left\{\dfrac{5(64)}{2} + 56\right\} - \left\{\dfrac{5(4)}{2} + 14\right\}\right]$

$= \dfrac{1}{2}[(160 + 56) - (10 + 14)]$

$= \dfrac{1}{2}(216 - 24) = \dfrac{192}{2}$

$= 96$ वर्ग इकाई

8. (*c*) दिए गए वक्र की समीकरण

$y = \sqrt{x - 1}$ ...(i)

$x = 1$ ...(ii)

तथा $x = 5$ ...(iii)

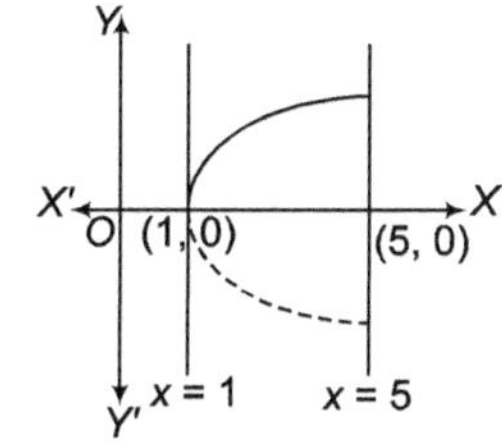

समी (i) परवलय के ऊपर के भाग को दर्शाती है जिसका शीर्षं (1, 0) तथा अक्ष X-अक्ष हैं।

समी (ii) रेखा Y-अक्ष के समान्तर तथा बिन्दु (1, 0) से गुजरती है।

समी (iii) में दर्शाई गई रेखा Y-अक्ष के समान्तर तथा बिन्दु (5, 0) से गुजरती है।

$\therefore$ छायांकित भाग का अभीष्ट क्षेत्रफल

$= \int_1^5 y\, dx = \int_1^5 \sqrt{x - 1}\, dx$

$= \left[\dfrac{2(x - 1)^{3/2}}{3}\right]_1^5$

$= \dfrac{2}{3}[(5 - 1)^{3/2} - (1 - 1)^{3/2}]$

$= \dfrac{2}{3}[(4)^{3/2}] = \dfrac{16}{3}$ वर्ग इकाई

9. (*a*) दिया है,

$BMNC$ का क्षेत्रफल $= \int_a^{2a} x\, dy\, a$

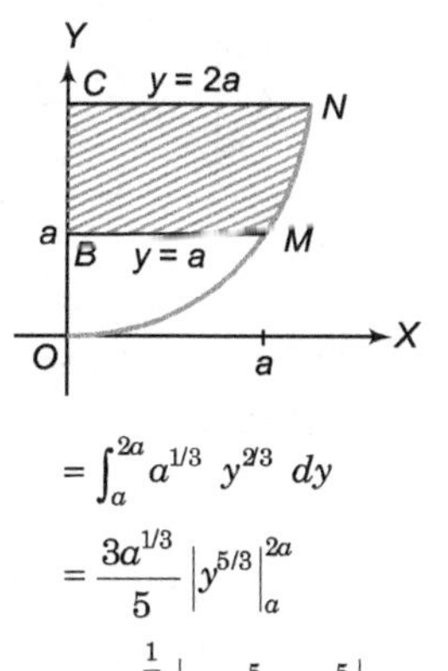

$= \int_a^{2a} a^{1/3}\, y^{2/3}\, dy$

$= \dfrac{3a^{1/3}}{5}\left|y^{5/3}\right|_a^{2a}$

$= \dfrac{3a^{\frac{1}{3}}}{5}\left|(2a)^{\frac{5}{3}} - a^{\frac{5}{3}}\right|$

$$= \frac{3}{5} a^{\frac{1}{3}} a^{\frac{5}{3}} \left| (2)^{\frac{5}{3}} - 1 \right|$$

$$= \frac{3}{5} a^2 \left| 2 \cdot 2^{\frac{2}{3}} - 1 \right| \text{ वर्ग इकाई}$$

10. (c) अभीष्ट क्षेत्रफल $= \int_{-2}^{1} x\, dy$

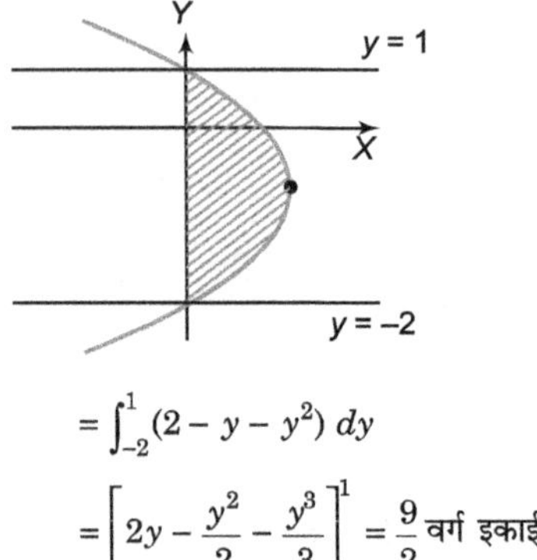

$$= \int_{-2}^{1} (2 - y - y^2)\, dy$$

$$= \left[2y - \frac{y^2}{2} - \frac{y^3}{3} \right]_{-2}^{1} = \frac{9}{2} \text{ वर्ग इकाई}$$

11. (b) वक्र की समीकरण

$xy - 3x - 2y - 10 = 0$

$\Rightarrow \quad y = \frac{3x + 10}{x - 2}$ है।

$\therefore$ अभीष्ट क्षेत्रफल

$$= \int_{3}^{4} \frac{3x + 10}{x - 2}\, dx$$

$$= \int_{3}^{4} \left\{ 3 + \frac{16}{(x-2)} \right\} dx$$

$$= [3x + 16 \log(x - 2)]_3^4$$

$$= 12 + 16 \log 2 - 9 - \log 1$$

$$= 3 + 16 \log 2 \text{ वर्ग इकाई}$$

12. (b) अभीष्ट क्षेत्रफल $= \int_{-\infty}^{\infty} \frac{1}{x^2 + 1}\, dx$

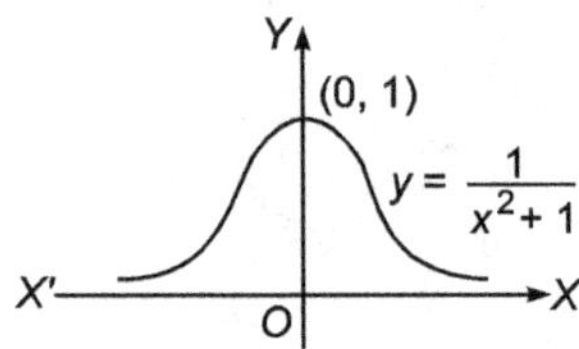

$$= 2 [\tan^{-1} x]_0^{\infty} = \pi \text{ वर्ग इकाई}$$

13. (b) दिए गए वक्र $y = 2^{kx}$ तथा $x=0$ तथा $x = 2$ से घिरे क्षेत्र का क्षेत्रफल

$$A = \int_0^2 2^{kx}\, dx$$

$$= \left[\frac{2^{kx}}{k \log 2} \right]_0^2 = \left[\frac{2^{2k} - 1}{k \log 2} \right]$$

परन्तु $\quad A = \frac{3}{\log 2}$

$$\therefore \quad \frac{2^{2k} - 1}{k \log 2} = \frac{3}{\log 2} \Rightarrow 2^{2k} - 1 = 3k$$

यह सम्बन्ध विकल्प (b) के द्वारा सन्तुष्ट होता है।

14. (d) अभीष्ट क्षेत्रफल = आयत $OABC$ का क्षेत्रफल – वक्र $OABO$ का क्षेत्रफल

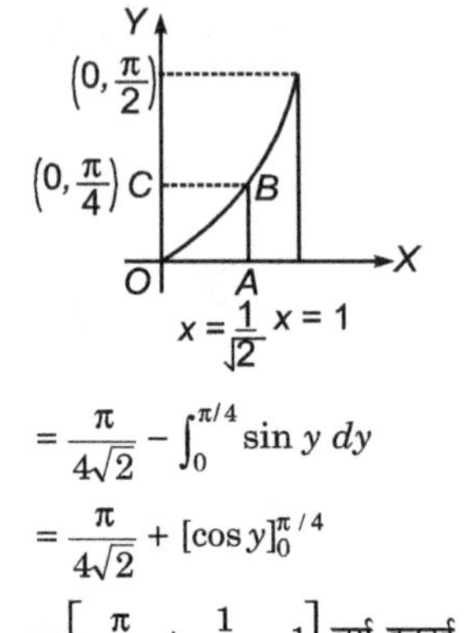

$$= \frac{\pi}{4\sqrt{2}} - \int_0^{\pi/4} \sin y\, dy$$

$$= \frac{\pi}{4\sqrt{2}} + [\cos y]_0^{\pi/4}$$

$$= \left[\frac{\pi}{4\sqrt{2}} + \frac{1}{\sqrt{2}} - 1 \right] \text{ वर्ग इकाई}$$

15. (b) अभीष्ट क्षेत्रफल = आयत $OABC$ का क्षेत्रफल – वक्र $OABO$ का क्षेत्रफल

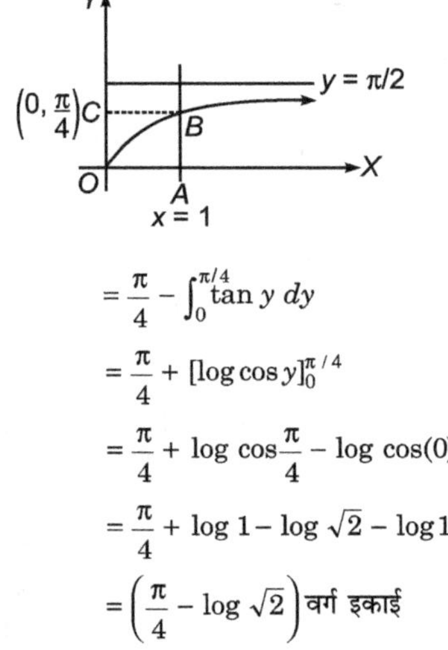

$$= \frac{\pi}{4} - \int_0^{\pi/4} \tan y\, dy$$

$$= \frac{\pi}{4} + [\log \cos y]_0^{\pi/4}$$

$$= \frac{\pi}{4} + \log \cos \frac{\pi}{4} - \log \cos(0)$$

$$= \frac{\pi}{4} + \log 1 - \log \sqrt{2} - \log 1$$

$$= \left(\frac{\pi}{4} - \log \sqrt{2} \right) \text{ वर्ग इकाई}$$

16. (b) अभीष्ट क्षेत्रफल $A = \int_{\pi/2}^{\pi} \sin^2 x\, dx$

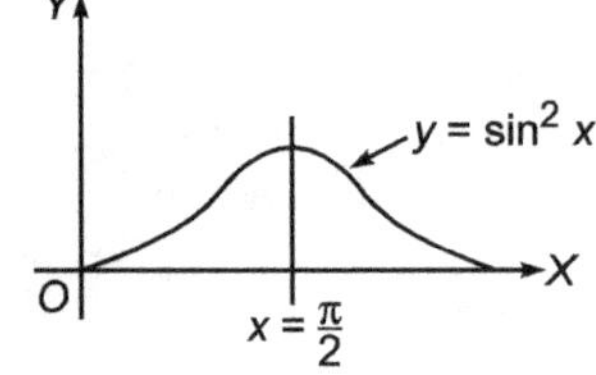

$$= \frac{1}{2} \int_{\pi/2}^{\pi} (1 - \cos 2x)\, dx$$

$$= \frac{1}{2} \left[x - \frac{\sin 2x}{2} \right]_{\pi/2}^{\pi}$$

$$= \frac{\pi}{4} \text{ वर्ग इकाई}$$

17. (c) अभीष्ट क्षेत्रफल $= \int_{-\pi/3}^{\pi/3} \sec^2 x\, dx$

$$= [\tan x]_{-\pi/3}^{\pi/3}$$

$$= 2\sqrt{3} \text{ वर्ग इकाई}$$

18. (a) $A = \int_0^{\infty} e^{-x}\, dx = 1$

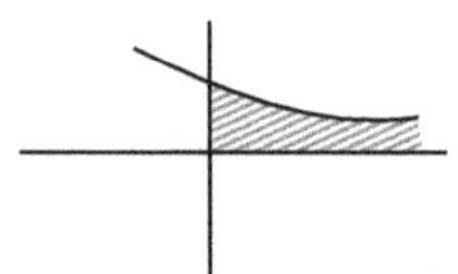

19. (d) दिया गया वक्र $y = x^2 + 2$ एक परवलय को निरूपित करता है। जिसका शीर्ष (0, 2) है तथा जो Y-अक्ष के परित: सममित है।

वक्र $y = x^2 + 2$, $y = x$, $x = 0$ तथा $x = 3$ द्वारा घिरे क्षेत्र को छायांकित क्षेत्र द्वारा निरूपित किया गया है। वक्र $y = x^2 + 2$ तथा रेखा $x = 3$ का प्रतिच्छेद बिन्दु (3, 11) है।

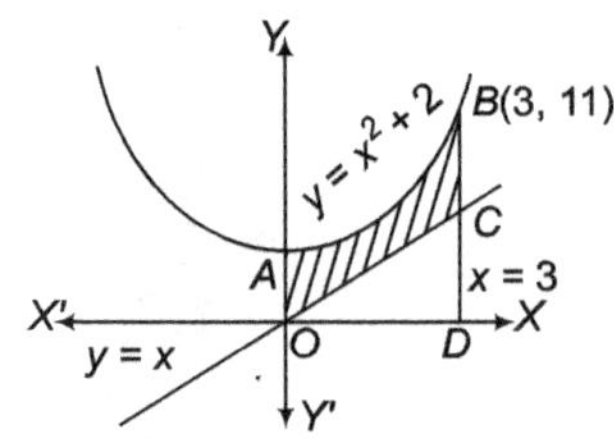

अभीष्ट क्षेत्रफल (छायांकित क्षेत्र)

= क्षेत्रफल $OABDO$ – क्षेत्रफल $OCDO$

= [वक्र $y = x^2 + 2$ के नीचे $x = 0$, $x = 3$ के बीच का क्षेत्रफल]

– [$y = x$ के नीचे $x = 0$, $x = 3$ के बीच का क्षेत्रफल]

$$= \int_0^3 (x^2 + 2)\, dx - \int_0^3 x\, dx$$

$$= \left[\frac{x^3}{3} + 2x \right]_0^3 - \left[\frac{x^2}{2} \right]_0^3$$

$$= \left[\frac{3^3}{3} + 6 - 0 \right] - \left[\frac{3^2}{2} - 0 \right]$$

$$= 9 + 6 - \frac{9}{2}$$

$$= \frac{21}{2} \text{ वर्ग इकाई}$$

अध्याय 09

अवकल समीकरण

Differential Equations

अवकल समीकरण

वह समीकरण, जिसमें स्वतन्त्र चर, परतन्त्र चर तथा स्वतन्त्र चर के सापेक्ष परतन्त्र चर के अवकलज का समावेश हो, अवकल समीकरण कहलाता है।

जैसे– $\frac{d^2y}{dx^2} + 2\frac{dy}{dx} + \frac{dy}{dx}\log x = 0$

साधारण अवकल समीकरण

वे अवकल समीकरण, जिनमें केवल एक ही स्वतन्त्र चर के सापेक्ष एक या अधिक कोटि अवकलज विद्यमान हों, साधारण अवकल समीकरण कहलाती है।

अवकल समीकरण की कोटि

दी गई अवकल समीकरण में प्रयुक्त अवकलजों की उच्चतम कोटि ही उस अवकल समीकरण की कोटि (Order) कहलाती है।

जैसे– $\frac{d^2y}{dx^2} + x\frac{dy}{dx} + 2y = e^x$ में $\frac{d^2y}{dx^2}$ विद्यमान है परन्तु $\frac{d^ry}{dx^r}, r > 2$ विद्यमान नहीं है। अतः इस अवकल समीकरण की कोटि 2 है।

अवकल समीकरण की घात

किसी अवकल समीकरण में उच्चतम कोटि के अवकलज की घात (Power) को उस अवकल समीकरण की घात (Degree) कहते हैं।

जैसे– $\left(\frac{d^3y}{dx^3}\right)^2 + 3\left(\frac{d^2y}{dx^2}\right)^3 + 4y = 0$ में उच्चतम कोटि का अवकलन $\frac{d^3y}{dx^3}$ है, जिसकी घात 2 है। अतः इस अवकल समीकरण की घात 2 है।

अवकल समीकरण का निर्माण

यदि किसी हल में n स्वेच्छ अचर हों, तब इस प्रकार के हल को n बार स्वतन्त्र चर के सापेक्ष अवकलित करके n समीकरण प्राप्त करते हैं। इस प्रकार, हल को मिलाकर कुल $(n + 1)$ समीकरण प्राप्त होती हैं। प्राप्त $(n + 1)$ समीकरणों द्वारा n स्वेच्छ अचरों को विलोपित करके n कोटि का अवकल समीकरण प्राप्त करते हैं।

चर पृथक्करणीय विधि

किसी भी दी हुई अवकल समीकरण का हल समीकरण के रूप के अनुसार उचित क्रियाविधि का उपयोग करके ज्ञात किया जाता है। उनमें से कुछ मुख्य रूप या प्रकार निम्न हैं

I. **$\frac{dy}{dx} = f(x)$ के रूप की अवकल समीकरण** $\frac{dy}{dx} = f(x)$ रूप में दिए हुए अवकल समीकरणों का हल दोनों पक्षों का समाकलन करके ज्ञात करते हैं।

II. **पृथक्करणीय चर वाले अवकल समीकरण** प्रथम कोटि एवं प्रथम घात का अवकल समीकरण $\frac{dy}{dx} = F(x, y)$ के रूप में पृथक्करणीय चर वाला समीकरण कहलाता है, यदि फलन F को x और y के फलनों के गुणनफल के रूप में अभिव्यक्त किया जा सकता है।

माना प्रथम कोटि एवं प्रथम घात का अवकल समीकरण निम्न है

$$\frac{dy}{dx} = F(x, y) \quad \ldots \text{(i)}$$

इसे निम्न प्रकार अभिव्यक्त करने पर,

$$\frac{dy}{dx} = h(y) \cdot g(x) \quad \ldots \text{(ii)}$$

यदि $h(y) \neq 0$, तो चरों को पृथक् करते हुए समी (ii) को

$$\frac{1}{h(y)} dy = g(x) dx \quad \ldots \text{(iii)}$$

के रूप में लिखा जा सकता है।

समी (iii) के दोनों पक्षों का समाकलन करने पर,

$$\int \frac{1}{h(y)} dy = \int g(x) dx \quad \ldots \text{(iv)}$$

इस प्रकार, समी (iv) द्वारा दिए गए अवकल समीकरण का हल निम्न रूप में प्राप्त होता है

$$H(y) = G(x) + C \quad \ldots \text{(v)}$$

जहाँ, $H(y)$ एवं $G(x)$ क्रमशः $\frac{1}{h(y)}$ एवं $g(x)$ के प्रति-अवकलज हैं और C एक स्वेच्छ अचर है।

समघातीय फलन

दो चरों x, y (माना) का फलन $F(x, y)$, n घात का समघातीय फलन कहलाता है, यदि $F(x, y) = x^n g\left(\frac{y}{x}\right)$ या $y^n h\left(\frac{x}{y}\right)$ हो।

जैसे – $F(x, y) = \frac{x + 2y}{x - y}$, घात एक का समघातीय फलन है, यदि

$F(x, y) = x\left[\frac{1 + 2(y/x)}{1 - (y/x)}\right]$ हो।

$\frac{dy}{dx} = F(x, y)$ के रूप वाला अवकल समीकरण समघातीय (Homogeneous) कहलाता है, यदि $F(x, y)$ शून्य घात वाला समघातीय फलन है अर्थात् यदि $F(x, y) = g\left(\frac{y}{x}\right)$ या $h\left(\frac{x}{y}\right)$ है, तब अवकल समीकरण समघातीय है।

जैसे – $\frac{dy}{dx} = \frac{x + 2y}{x - y}$ एक समघातीय अवकल समीकरण है।

रैखिक अवकल समीकरण

$\frac{dy}{dx} + Py = Q$ रूप में दी गई अवकल समीकरण को प्रथम कोटि की रैखिक अवकल समीकरण कहते हैं, जहाँ P तथा Q अचर अथवा केवल x के फलन हैं।

जैसे – $\frac{dy}{dx} - y = \sin x$

इसी प्रकार, $\frac{dx}{dy} + Px = Q$ रूप में दी गई अवकल समीकरण को प्रथम कोटि की रैखिक अवकल समीकरण कहते हैं, जहाँ P तथा Q अचर अथवा केवल y के फलन हैं।

जैसे – $\frac{dx}{dy} + \frac{x}{y} = 2y$

रैखिक अवकल समीकरण को हल करने की विधि

चरण 1. सर्वप्रथम, दी गई अवकल समीकरण को $\frac{dy}{dx} + Py = Q$ के रूप में लिखकर P तथा Q के मान ज्ञात करते हैं।

चरण 2. अब, समाकलन गुणांक (Integrating Factor) $e^{\int P dx}$ ज्ञात करते हैं।
अतः $IF = e^{\int P dx}$

चरण 3. अब, अवकल समीकरण का हल निम्न प्रकार से ज्ञात करते हैं

$$y \cdot IF = \int Q \cdot IF\, dx + C$$

अभ्यास प्रश्न

1. अवकल समीकरण $\frac{d^4y}{dx^4} + \sin\left(\frac{d^3y}{dx^3}\right) = 0$ की कोटि तथा घात है
(a) कोटि = 4, घात = 1
(b) कोटि = 3, घात = 1
(c) कोटि = 4, घात = 0
(d) कोटि = 4, घात = अपरिभाषित

2. अवकल समीकरण $\left(\frac{ds}{dt}\right)^4 + 3s\frac{d^2s}{dt^2} = 0$ की कोटि तथा घात है
(a) कोटि = 2, घात = 1
(b) कोटि = 2, घात = 4
(c) कोटि = 1, घात = 4
(d) कोटि = 1, घात = 1

3. अवकल समीकरण $\frac{d^2y}{dx^2} + 2\frac{dy}{dx} + \sin y = 0$ की कोटि तथा घात है।
(a) कोटि = 1, घात = 1
(b) कोटि = 1, घात = अपरिभाषित
(c) कोटि = 2, घात = 1
(d) कोटि = 2, घात = अपरिभाषित

4. अवकल समीकरण जिसकी कोटि 4 है के व्यापक हल में स्वैच्छिक अचरों की संख्या है
(a) शून्य (b) 2 (c) 3 (d) 4

5. अवकल समीकरण जिसकी कोटि 3 है, के विशिष्ट हल में स्वैच्छिक अचर (नियतांक) हैं
(a) 3 (b) 2 (c) 1 (d) शून्य

6. $y = Ax + A^3$ द्वारा निरूपित वक्रों के कुल के अवकल समीकरण की घात हैं।
(a) 1 (b) 2 (c) 3 (d) 4

7. दी गई वक्र की कुल $y^2 = a(b^2 - x^2)$ की अवकल समीकरण जहाँ, a तथा b नियतांक है, हैं
(a) $x[(y'')^2 + yy']$ (b) $x[(y')^2 + yy'']$
(c) $[(y'')^2 + yy']$ (d) इनमें से कोई नहीं

8. $y = e^x(a\cos x + b\sin x)$ द्वारा निरूपित वक्रों के कुल का अवकल समीकरण, जहाँ a तथा b नियतांक है, है
(a) $y'' - 2y' + 2y = 0$
(b) $y'' + 2y' - 2y = 0$
(c) $y'' + 2y' + 2y = 0$
(d) उपरोक्त में से कोई नहीं

9. परवलय के कुल का अवकल समीकरण जिसका शीर्ष मूलबिन्दु पर तथा अक्ष धनात्मक Y-अक्ष पर हैं, है
(a) $xy' - y = 0$ (b) $xy' + 2y = 0$
(c) $xy' - 2y = 0$ (d) $xy' + y = 0$

10. अतिपरवलय के कुल का अवकल समीकरण जिसकी नाभि X-अक्ष तथा केन्द्र से मूलबिन्दु पर है, है।
(a) $xyy'' + x(y')^2 - yy' = 0$
(b) $xy'' + x(y')^2 - 2yy' = 0$
(c) $xy'' + 2x(y')^2 - yy' = 0$
(d) उपरोक्त में से कोई नहीं

11. निम्नलिखित अवकल समीकरणों में से किस समीकरण का व्यापक हल $y = c_1e^x + c_2e^{-x}$ है?
(a) $\frac{d^2y}{dx^2} + y = 0$ (b) $\frac{d^2y}{dx^2} - y = 0$
(c) $\frac{d^2y}{dx^2} + 1 = 0$ (d) $\frac{d^2y}{dx^2} - 1 = 0$

12. प्रथम चतुर्थांश में वृत्त के कुल की अवकल समीकरण जो निर्देशांक अक्षों को स्पर्श करता है, हैं
(a) $(x - y)^2[1 + (y')] = [x + yy']^2$
(b) $(x - y)^2[1 + (y')^2] = (x + yy')^2$
(c) $(x + y)^2[1 + y')^2] = (x + yy')^2$
(d) उपरोक्त में से कोई नहीं

13. सभी वृत्तों की अवकलन समीकरण जो मूलबिन्दु से होकर गुजरती है तथा जिसका केन्द्र Y-अक्ष पर स्थित है, हैं
(a) $\frac{dy}{dx} = \frac{xy}{x^2 + y^2}$ (b) $\frac{dy}{dx} = \frac{2xy}{x^2 + y^2}$
(c) $\frac{dy}{dx} = \frac{2xy}{x^2 - y^2}$ (d) इनमें से कोई नहीं

14. समीकरण $Ax^2 + By^2 = 1$ में A तथा B के विलोपन द्वारा प्राप्त अवकल समीकरण है।

(a) $x\frac{d^2y}{dx^2} + x\left(\frac{dy}{dx}\right)^2 - y = 0$

(b) $x\frac{d^2y}{dx^2} + x\frac{dy}{dx} - y = 0$

(c) $xy\frac{d^2y}{dx^2} + x\left(\frac{dy}{dx}\right)^2 - y\frac{dy}{dx} = 0$

(d) उपरोक्त में से कोई नहीं

15. केन्द्र (1,2) वाले संकेन्द्रीय वृत्तों के निकाय की अवकल समीकरण है

(a) $\frac{dy}{dx} = \frac{x-1}{x-2}$ (b) $\frac{dy}{dx} = \frac{x-1}{2-x}$

(c) $\frac{dy}{dx} = \frac{1-x}{2-y}$ (d) $\frac{dy}{dx} = \frac{1-x}{y-2}$

16. समकोणीय अतिपरवलय, जिसके अक्ष अतिपरवलय की अनन्त स्पर्शियाँ हैं, की अवकल समीकरण है

(a) $y\frac{dy}{dx} = x$ (b) $x\frac{dy}{dx} = -y$

(c) $x\frac{dy}{dx} = y$ (d) $x\,dy + y\,dx = c$

17. वक्रों के कुल $x^2 + y^2 - 2ay = 0$, की अवकल समीकरण जहाँ a एक स्वेच्छ नियतांक है

(a) $(x^2 - y^2)\frac{dy}{dx} = 2xy$ (b) $2(x^2 + y^2)\frac{dy}{dx} = xy$

(c) $2(x^2 - y^2)\frac{dy}{dx} = xy$ (d) $(x^2 + y^2)\frac{dy}{dx} = 2xy$

18. वक्रों के कुल $y^2 = 4a(x + a)$ की अवकल समीकरण है

(a) $y^2 = 4\frac{dy}{dx}\left(x + \frac{dy}{dx}\right)$

(b) $2y\frac{dy}{dx} = 4a$

(c) $y\frac{d^2y}{dx^2} + \left(\frac{dy}{dx}\right)^2 = 0$

(d) $2x\frac{dy}{dx} + y\left(\frac{dy}{dx}\right)^2 - y = 0$

19. अवकल समीकरण $\left[x\sin^2\left(\frac{y}{x}\right) - y\right]dx + xdy = 0$, का विशिष्ट हल जो $y = \frac{\pi}{4}$, पर सन्तुष्ट है। जब $x = 1$ है

(a) $\tan\left(\frac{y}{x}\right) = \log(ex)$ (b) $\tan\left(\frac{x}{y}\right) = \log(ex)$

(c) $\cot\left(\frac{y}{x}\right) = \log\left(\frac{e}{x}\right)$ (d) $\cot\left(\frac{y}{x}\right) = \log(ex)$

20. अवकल समीकरण $(1 + e^{2x})dy + (1 + y^2)e^x dx = 0$ का एक विशिष्ट हल ज्ञात कीजिए दिया है कि, $y = 1$ यदि $x = 0$

(a) $\tan^{-1} y + \tan^{-1} e^x = \frac{\pi}{2}$

(b) $\tan^{-1} x + \tan^{-1} e^y = \frac{\pi}{2}$

(c) $\tan^{-1} x + \tan^{-1} e^y = \frac{\pi}{4}$

(d) $\tan^{-1} y + \tan^{-1} e^x = \frac{\pi}{3}$

21. अवकल समीकरण $\frac{d^2y}{dx^2} = 2$ निरूपित करती है

(a) एक परवलय जिसका अक्ष, X-अक्ष के समान्तर है।

(b) एक परवलय जिसका अक्ष, Y-अक्ष के समान्तर है।

(c) एक वृत्त

(d) उपरोक्त में से कोई नहीं

22. अवकल समीकरण $(e^x + e^{-x})dy - (e^x - e^{-x})dx = 0$ का व्यापक हल है

(a) $y = \log|e^x - e^{-x}| + C$ (b) $y = \log\left|\frac{e^x - e^{-x}}{e^x + e^{-x}}\right| + C$

(c) $y = \log|e^x + e^{-x}| + C$ (d) इनमें से कोई नहीं

उत्तर सहित व्याख्या

1. (d) $\frac{d^4y}{dx^4} + \sin(y''') = 0$

$\Rightarrow y'''' + \sin(y''') = 0$

चूँकि दिए गए अवकल समीकरण में उपस्थित उच्चतम कोटि का अवकलज y'''', है जिसकी कोटि 4 है। अत: अवकल समीकरण की कोटि 4 है तथा दी गई अवकल समीकरण $\frac{dy}{dx}$ में बहुपद नहीं हैं। अत: इसकी घात परिभाषित नहीं हो सकती है।

2. (a) चूँकि दिए गए अवकल समीकरण में उच्चतम कोटि का अवकलज $\frac{d^2s}{dt^2}$ है जिसकी कोटि 2 तथा घात 1 है। अत: अवकल समीकरण की कोटि 2 तथा घात 1 है।

3. (c) अवकल समीकरण में उच्चतम कोटि का अवकलन y'' है। इसलिए इसकी कोटि 2 है।

यह एक y'' तथा y' में द्विघात बहुपद है और y'' की उच्चतम घात 1 है। अत: इसकी घात 1 है।

4. (d) हम जानते हैं कि n कोटि की अवकल समीकरण के हल में अचर पदों की संख्या उसकी कोटि के बराबर होती है। इसलिए 4 कोटि की अवकल समीकरण में अचरों की संख्या 4 है।

5. (d) तृतीय कोटि की अवकल समीकरण के विशिष्ट हल में, कोई स्वेच्छ अचर नहीं है क्योंकि किसी अवकल समीकरण के विशिष्ट हल में, हम स्वेच्छ अचरों का उपर्युक्त मान रखकर विलुप्त कर देते है।

6. (c) दिया गया वक्र, $y = Ax + A^3$ ...(i)

x के सापेक्ष अवकलन करने पर,

$\Rightarrow \frac{dy}{dx} = A$ ...(ii)

समी (i) व (ii) से,

$$y = x\frac{dy}{dx} + \left(\frac{dy}{dx}\right)^3$$

$\therefore$ घात = 3

7. (b) दिया है, वक्रों का कुल $y^2 = a(b^2 - x^2)$

x के सापेक्ष अवकलन करने पर,

$2yy' = a(0 - 2x)$

$\Rightarrow 2yy' = a(-2x) \Rightarrow yy' = -ax$ ...(i)

पुन: x के सापेक्ष अवकलन करने पर,

$yy'' + (y')^2 = -a$

(अवकलन के गुणन नियम से)

समी (ii) से a का मान समी (i) के रखने पर,

$$yy' = [yy'' + (y')^2]\,x$$

$$\Rightarrow \quad yy' = x\,[(y')^2 + yy'']$$

जोकि अभीष्ट अवकल समीकरण है।

8. (a) दिया है, $y = e^x\,(a \cos x + b \sin x)$

दोनों पक्षों में e^x से भाग करने पर,

$$e^x, e^{-x}\, y = (a \cos x + b \sin x) \;\ldots\text{(ii)}$$

x के सापेक्ष अवकलन करने पर,

$$e^{-x} y' + y' e^{-x} (-1) = a \sin x + b \cos x$$

पुनः x के सापेक्ष अवकलन करने पर,

$$e^{-x} y' + y' e^{-x} (-1) = -a \sin x + b \cos x$$

$$e^{-x} \frac{d}{dx}(y') + y' \frac{d}{dx}(e^{-x}) - \left[y \frac{d}{dx} e^{-x} + e^{-x} \frac{d}{dx} y\right] = -a \cos x - b \sin x$$

$$\Rightarrow e^{-x}\, y'' + y' e^{-x}(-1) - [ye^{-x}(-1) + e^{-x}\, y'] = -a \cos x - b \sin x$$

$$\Rightarrow e^{-x} y'' - 2y' e^{-x} + ye^{-x} = -(ye^{-x})$$

[समी (ii) से]

$$\Rightarrow \quad e^{-x}\,[y'' - 2y' + 2y] = 0$$

$$\Rightarrow \quad y'' - 2y' + 2y = 0$$

(e^{-x} से भाग करने पर)

जोकि अभीष्ट अवकल समीकरण है।

9. (c) ऐसे परवलयों के कुल का समीकरण जिसका शीर्ष मूलबिन्दु पर तथा अक्ष धनात्मक Y-अक्ष की दिशा में है,

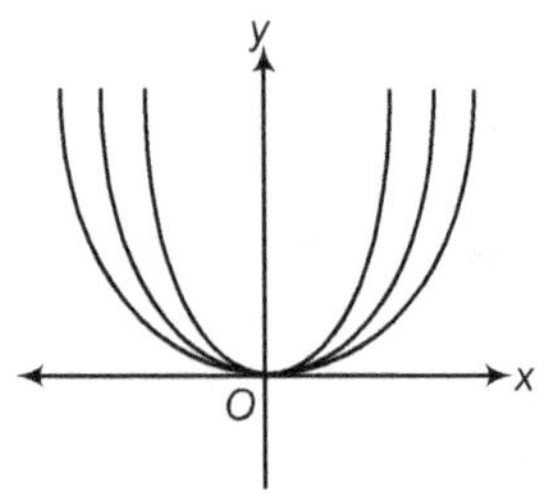

$$x^2 = 4ay \qquad \ldots\text{(i)}$$

समी (i) का x के सापेक्ष अवकलन करने पर,

$$2x = 4ay' \qquad \ldots\text{(ii)}$$

समी(ii) को समी (i) से भाग करने पर,

$$\frac{2x}{x^2} = \frac{4ay'}{4ay} \Rightarrow \frac{2}{x} = \frac{y'}{y}$$

$$\Rightarrow \quad xy' = 2y \Rightarrow xy' - 2y = 0$$

जोकि अभीष्ट अवकल समीकरण है।

10. (a) ऐसे अतिपरवलयों के कुल का समीकरण जिसकी नाभियाँ X-अक्ष पर तथा जिसका केन्द्र मूलबिन्दु पर है, निम्न है

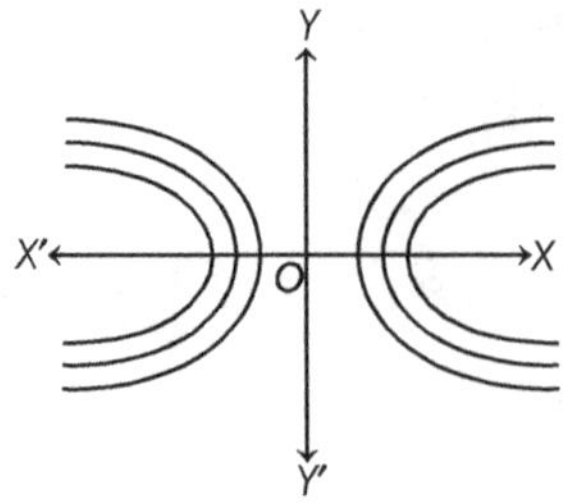

$$\frac{x^2}{a^2} - \frac{y^2}{b^2} = 1 \qquad \ldots\text{(i)}$$

x के सापेक्ष अवकलन करने पर,

$$\frac{2x}{a^2} - \frac{2yy'}{b^2} = 0$$

$$\Rightarrow \quad \frac{yy'}{x} = \frac{a^2}{b^2}$$

पुनः अवकलन करने पर,

$$\frac{x \dfrac{d}{dx}(yy') - yy' \cdot \dfrac{d}{dx}(x)}{x^2} = 0$$

(अवकलन के भागफल नियम से)

$$\Rightarrow \frac{x\,[yy'' + (y')^2] - yy' \cdot 1}{x^2} = 0$$

(अवकलन के गुणन नियम से)

$$\Rightarrow \quad x(y')^2 + xyy'' - yy' = 0$$

$$\Rightarrow \quad xyy'' + x\,(y')^2 - yy' = 0$$

जोकि अभीष्ट अवकल समीकरण है।

11. (b) दिया है,

$$y = C_1 e^x + C_2 e^{-x} \qquad \ldots\text{(i)}$$

x के सापेक्ष अवकलन करने पर,

$$y' = C_1 e^x + C_2 e^{-x}(-1)$$

पुनः अवकलन करने पर,

$$y'' = C_1 e^x - C_2 e^{-x}(-1)$$

$$\Rightarrow \quad y'' = C_1 e^x + C_2 e^{-x}$$

$$\Rightarrow \quad y'' = y \qquad \text{[समी (i) से]}$$

$$\Rightarrow \quad y'' - y = 0$$

जोकि दी गई समीकरण का अभीष्ट अवकल समीकरण है

y' को $\dfrac{dy}{dx}$ के द्वारा y'' को $\dfrac{d^2y}{dx^2}$ के द्वारा प्रतिस्थापित करने पर

12. (b) माना वृत्त की त्रिज्या a, तब वृत्त का केन्द्र (a, a) है।

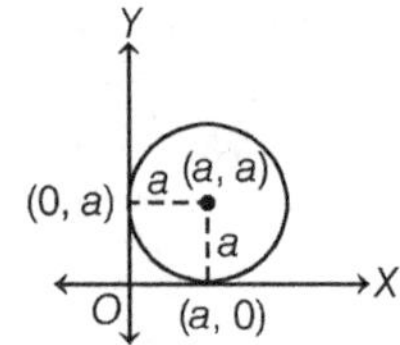

अतः वृत्त का समीकरण,

$$(x - a)^2 + (y - a)^2 = a^2 \qquad \ldots\text{(i)}$$

$$x^2 + y^2 - 2ax - 2ay + a^2 = 0$$

समी (i) का x के सापेक्ष अवकलन करने पर,

$$2x + 2yy' - 2a - 2ay' = 0$$

$$\Rightarrow \quad a = \frac{x + yy'}{1 + y'}$$

a का मान समी (i) में प्रतिस्थापित करने पर,

$$\left(x - \frac{x + yy'}{1 + y'}\right)^2 + \left(y - \frac{x + yy'}{1 + y'}\right)^2 = \left(\frac{x + yy'}{1 + y'}\right)^2$$

$$\Rightarrow (xy' - yy')^2 + (y - x)^2 = (x + yy')^2$$

$$\Rightarrow \quad (x - y)^2[1 + (y')^2] = (x + yy')^2$$

जोकि अभीष्ट अवकल समीकरण है।

13. (c) वृत्त के कुल की समीकरण जो मूलबिन्दु से गुजरती है तथा जिसका केन्द्र Y-अक्ष पर स्थित है।

$$(x - 0)^2 + (y - k)^2 = k^2$$

$$\Rightarrow \quad x^2 + y^2 + k^2 - 2yk = k^2$$

$$\Rightarrow \quad x^2 + y^2 - 2yk = 0 \qquad \ldots\text{(i)}$$

जहाँ, k प्राचल है।

x के सापेक्ष अवकलन करने पर,

$$2x + 2y\frac{dy}{dx} - 2\frac{dy}{dx}k = 0$$

$$\Rightarrow \quad x + (y - k)\frac{dy}{dx} = 0$$

$$\Rightarrow \quad x + \left\{y - \frac{x^2 + y^2}{2y}\right\}\frac{dy}{dx} = 0$$

$$\Rightarrow \quad x + \frac{1}{2y}(y^2 - x^2)\frac{dy}{dx} = 0$$

$$\Rightarrow \quad 2xy = (x^2 - y^2)\frac{dy}{dx}$$

$$\Rightarrow \quad \frac{dy}{dx} = \frac{2xy}{x^2 - y^2}$$

जोकि अभीष्ट अवकल समीकरण है।

14. (c) दिया है, $Ax^2 + By^2 = 1 \qquad \ldots\text{(i)}$

x के सापेक्ष अवकलन करने पर,

$$2Ax + 2By\frac{dy}{dx} = 0$$

$$\Rightarrow \quad Ax + By\frac{dy}{dx} = 0 \qquad \ldots\text{(ii)}$$

पुनः अवकल करने पर,

$$\Rightarrow A + B\left\{y\frac{d^2y}{dx^2} + \frac{dy}{dx}\cdot\frac{dy}{dx}\right\} = 0 \ldots\text{(iii)}$$

समी (iii) को x से गुणा करके समी (ii) को घटाने पर,

$$B\left\{xy\frac{d^2y}{dx^2}+x\left(\frac{dy}{dx}\right)^2\right\}-By\frac{dy}{dx}=0$$

$$B\left\{xy\frac{d^2y}{dx^2}+x\left(\frac{dy}{dx}\right)^2-y\frac{dy}{dx}\right\}=0$$

$$\therefore\quad xy\frac{d^2y}{dx^2}+x\left(\frac{dy}{dx}\right)^2-y\frac{dy}{dx}=0$$

जोकि अभीष्ट हल है।

15. (*d*) संकेन्द्री वृत्तों के कुल की अवकल समीकरण जिसका केन्द्र (1, 2) है

$$(x-1)^2+(y-2)=r^2 \quad \ldots(i)$$

(जहाँ, r प्राचल है)

x के सापेक्ष अकलन करने पर,

$$2(x-1)+2(y-2)\frac{dy}{dx}=0$$

$$\Rightarrow \quad \frac{dy}{dx}=\frac{1-x}{y-2}$$

जोकि अभीष्ट हल है।

16. (*b*) आयताकार अतिपरवलय की अवकल समीकरण $xy=c^2$ है।

x के सापेक्ष अवकलन करने पर,

$$y+x\frac{dy}{dx}=0\Rightarrow x\frac{dy}{dx}=-y$$

17. (*a*) दिया है, $x^2+y^2-2ay=0$

$$\Rightarrow \quad 2x+2y\frac{dy}{dx}-2a\frac{dy}{dx}=0$$

$$\Rightarrow \quad x+(y-a)\frac{dy}{dx}=0$$

$$\Rightarrow x+\left\{y-\frac{x^2+y^2}{2y}\right\}\frac{dy}{dx}=0$$

$$\Rightarrow \quad x+\frac{(y^2-x^2)}{2y}\frac{dy}{dx}=0$$

$$\Rightarrow \quad (x^2-y^2)\frac{dy}{dx}=2xy$$

18. (*d*) दिया है, $y^2=4a(x+a)$

(जहाँ, a प्राचल है)

x के सापेक्ष अवकलन करने पर,

$$2y\frac{dy}{dx}=4a$$

$$\Rightarrow \quad a=\frac{y}{2}\frac{dy}{dx} \quad [\text{समी (i) से}]$$

$$y^2=2y\frac{dy}{dx}\left(x+\frac{y}{2}\frac{dy}{dx}\right)$$

$$\Rightarrow \quad y^2=2xy\frac{dy}{dx}+y^2\left(\frac{dy}{dx}\right)^2$$

$$\Rightarrow \quad 2x\frac{dy}{dx}+y\left(\frac{dy}{dx}\right)^2-y=0$$

19. (*d*) दिया है, $\sin^2\left(\frac{y}{x}\right)-\frac{y}{x}+\frac{dy}{dx}=0$

$$\Rightarrow \quad \frac{dy}{dx}=\frac{y}{x}-\sin^{-2}\left(\frac{y}{x}\right) \quad \ldots(i)$$

$\therefore$ दिया गया अवकल समीकरण समघातीय है

$\frac{y}{x}=v$ रखने पर,

अर्थात् $\quad y=vx$

$$\Rightarrow \quad \frac{dy}{dx}=v+x\frac{dv}{dx}$$

तब, समी (i) से,

$$v+x\frac{dv}{dx}=v-\sin^2 v$$

$$\Rightarrow \quad x\frac{dv}{dx}=-\sin^2 v$$

$$\Rightarrow \operatorname{cosec}^2 v\,dv=-\frac{1}{x}dx$$

दोनों पक्षों का समाकलन करने पर,

$$\int \operatorname{cosec}^2 v\,dv=-\int\frac{dx}{x}$$

$$\Rightarrow \quad -\cot v=-\log|x|+C$$

$$\Rightarrow \log|x|-\cot v=C$$

$$\Rightarrow \log|x|-\cot\left(\frac{y}{x}\right)=C$$

$$\left(v=\frac{y}{x}\text{ रखने पर}\right)\ldots(ii)$$

जब $x=1$, तब $y=\frac{\pi}{4}$

$$\therefore \quad \log|1|-\cot\frac{\pi}{4}=C$$

$$\Rightarrow C=0-1=-1$$

C का मान समी (ii) में रखने पर,

$$\log|x|-\cot\left(\frac{y}{x}\right)=-1$$

$$\Rightarrow \log|x|-\cot\left(\frac{y}{x}\right)=-\log e$$

$$(\because 1-\log e)$$

$$\Rightarrow \quad \cot\left(\frac{y}{x}\right)=\log(ex)$$

$$(\because \log m+\log n=\log mn)$$

यह दी गई अवकल समीकरण का अभीष्ट हल है।

20. (*a*) दी गई अवकल समीकरण

$$(1+e^{2x})dy+(1+y^2)e^x dx=0$$

चरों को अलग करने पर,

$$\frac{dy}{1+y^2}+\frac{e^x dx}{1+e^{2x}}=C$$

दोनों पक्षों का समाकलन करने पर,

$$\int\frac{dy}{1+y^2}+\int\frac{e^x\,dx}{1+e^{2x}}=C$$

$t=e^x$ रखने पर,

$$e^x dx=dt\Rightarrow \tan^{-1}y+\int\frac{dt}{1+t^2}=C$$

$$\Rightarrow \tan^{-1}y+\tan^{-1}t=C$$

$$\Rightarrow \tan^{-1}y+\tan^{-1}e^x=C \quad \ldots(i)$$

अब, $x=0$ तथा $y=1$ रखने पर,

$$\therefore \tan^{-1}1+\tan^{-1}e^0=C$$

$$\Rightarrow \quad \frac{\pi}{4}+\frac{\pi}{4}=C\Rightarrow C=\frac{\pi}{2}$$

C का मान समी (i) में रखने पर,

$$\tan^{-1}y+\tan^{-1}e^x=\frac{\pi}{2}$$

जोकि दी गई समीकरण का अभीष्ट विशिष्ट हल है।

21. (*b*) दी गई अवकल समीकरण है

$$\frac{d^2y}{dx^2}=2\Rightarrow\frac{dy}{dx}=2x+a$$

$$\Rightarrow \quad y=x^2+ax+b$$

यह परवलय को दर्शाती है जिसका अक्ष Y-अक्ष के समान्तर है

22. (*c*) दिया है,

$$(e^x+e^{-x})\,dy-(e^x-e^{-x})\,dx=0$$

$$\Rightarrow (e^x+e^{-x})\,dy=(e^x-e^{-x})\,dx$$

चरों को अलग करने पर,

$$dy=\left(\frac{e^x-e^{-x}}{e^x+e^{-x}}\right)dx$$

समाकलन करने पर,

$$\int dy=\int\left(\frac{e^x-e^{-x}}{e^x+e^{-x}}\right)dx$$

माना $e^x+e^{-x}=t\Rightarrow e^x-e^{-x}=\frac{dt}{dx}$

$$\Rightarrow \quad dx=\frac{dt}{e^x-e^{-x}}$$

$$\therefore \int dy=\int\frac{e^x-e^{-x}}{t}\,\frac{dt}{e^x-e^{-x}}=\int\frac{1}{t}\,dt$$

$$\Rightarrow \quad y=\log|t|+C$$

$$\Rightarrow \quad y=\log|e^x+e^{-x}|+C$$

जोकि अभीष्ट व्यापक हल है।

अध्याय 10

सदिश बीजगणित

Vector Algebra

अदिश राशियाँ

वे राशियाँ, जिन्हें पूर्ण रूप से व्यक्त करने के लिए केवल इनके परिमाण (Magnitude) की आवश्यकता होती है, परन्तु दिशा की नहीं, अदिश राशियाँ कहलाती हैं। *जैसे*–लम्बाई, समय, चाल, आयतन, द्रव्यमान, तापमान, आदि।

सदिश राशियाँ

वे राशियाँ, जिन्हें पूर्ण रूप से व्यक्त करने के लिए परिमाण के साथ-साथ दिशा की भी आवश्यकता होती है, सदिश राशियाँ कहलाती हैं।

जैसे–विस्थापन, वेग, बल, त्वरण, संवेग, आघूर्ण, आदि।

सदिश का निरूपण

चित्रानुसार सदिश $\overrightarrow{AB}$ (या साधारणतः $\vec{a}$) द्वारा निरूपित करते हैं। तथा इसे सदिश '$\overrightarrow{AB}$' (या सदिश 'a') पढ़ते हैं। यहाँ, बिन्दु A को, जहाँ से सदिश $\overrightarrow{AB}$ प्रारम्भ होता है, **प्रारम्भिक बिन्दु** (Initial point) तथा बिन्दु B को, जहाँ पर सदिश समाप्त होता है, **अन्तिम बिन्दु** (Terminal point) कहते हैं। सामान्यतः सदिशों को $\vec{a}, \vec{b}, \vec{c}$ द्वारा निरूपित किया जाता है।

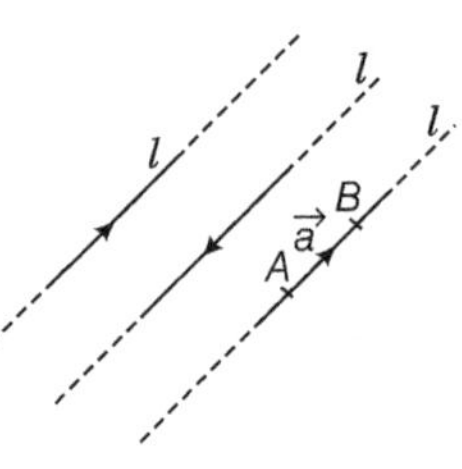

एक सदिश के अभिलक्षण

प्रत्येक सदिश $\overrightarrow{AB}$ के निम्नलिखित तीन अभिलक्षण होते हैं

(i) **परिमाण** सदिश $\overrightarrow{AB}$ या $\vec{a}$ की लम्बाई को $\overrightarrow{AB}$ या $\vec{a}$ का परिमाण कहते हैं तथा इसे $|\overrightarrow{AB}|$ या $|\vec{a}|$ या a द्वारा निरूपित किया जाता है।

चूँकि लम्बाई कभी भी ऋणात्मक नहीं हो सकती है, इसलिए संकेतन $|\overrightarrow{AB}| < 0$ का कोई अर्थ नहीं है।

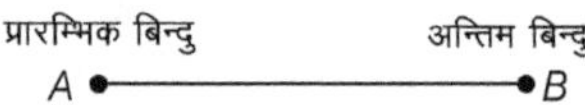

(ii) **अभिदिशा** किसी दिष्ट रेखाखण्ड की अभिदिशा प्रारम्भिक बिन्दु से अन्तिम बिन्दु की ओर होती है। अतः दिष्ट रेखाखण्ड $\overrightarrow{AB}$ की अभिदिशा बिन्दु A से B की ओर है।

(iii) **अवलम्ब** असीमित लम्बाई की रेखा जिसका दिष्ट रेखा खण्ड $\overrightarrow{AB}$ एक भाग है, अवलम्ब कहलाती है।

स्थिति सदिश

माना O (0, 0, 0) मूलबिन्दु तथा P अन्तरिक्ष में कोई बिन्दु है जिसके मूलबिन्दु O के सापेक्ष निर्देशांक (x, y, z) हैं, तब सदिश $\overrightarrow{OP}$ को O के सापेक्ष बिन्दु P का स्थिति सदिश कहते हैं, यहाँ, O प्रारम्भिक बिन्दु तथा P अन्तिम बिन्दु है।

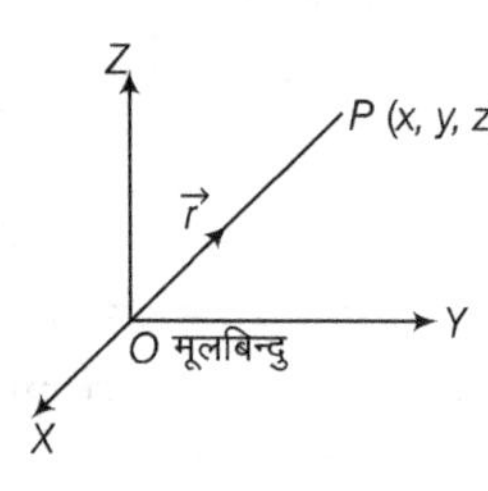

दूरी सूत्र के उपयोग से, $\overrightarrow{OP}$ या $\vec{r}$ का परिमाण निम्न है

$$|\overrightarrow{OP}| = |\vec{r}| = \sqrt{x^2 + y^2 + z^2}$$

सदिशों का योग

दो सदिश राशियों $\vec{a}$ तथा $\vec{b}$ के योग को $\vec{a} + \vec{b}$ से निरूपित करते हैं तथा इसे सदिश $\vec{a}$ तथा सदिश $\vec{b}$ का परिणामी कहते हैं।

सदिश राशियों के योग के निम्न दो नियम हैं

1. सदिशों के योग का त्रिभुज नियम

यदि दो सदिश राशियाँ किसी ΔABC की दो भुजाओं AB तथा BC से क्रमवार निरूपित हों, तो उनका योग उस त्रिभुज की विपरीत क्रम में ली गई तीसरी भुजा AC से निरूपित होता है।

यदि $\vec{a} = \overrightarrow{AB}$, $\vec{b} = \overrightarrow{BC}$ तथा $\vec{c} = \overrightarrow{AC}$ हो,

तब, $\overrightarrow{AB} + \overrightarrow{BC} = \overrightarrow{AC}$

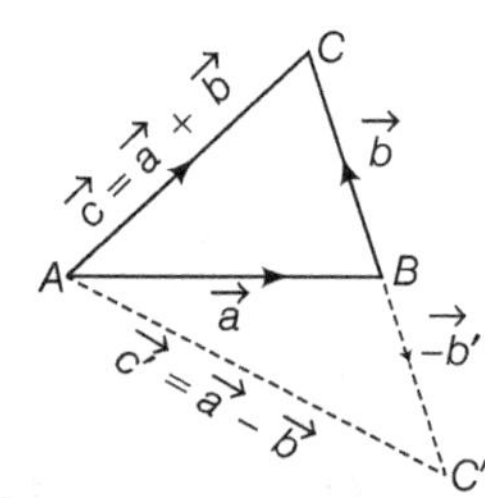

यह **सदिशों के योग का त्रिभुज नियम** कहलाता है।

2. सदिशों के योग का समान्तर चतुर्भुज नियम

माना किसी समान्तर चतुर्भुज $OABC$ की क्रमागत भुजाओं से निरूपित किए जाने वाले (परिमाण एवं दिशा सहित) दो सदिश $\vec{a}$ तथा $\vec{b}$ हैं, तब इनका योग $\vec{c}$ समान्तर चतुर्भुज के विकर्ण को दर्शाता है।

गणितीय रूप से, $\vec{c} = \vec{a} + \vec{b}$

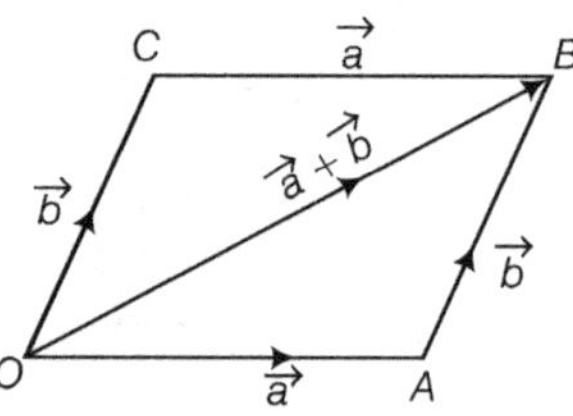

यह **सदिशों के योग का समान्तर चतुर्भुज नियम** कहलाता है।

एक सदिश का अदिश से गुणन

माना $\vec{a}$ एक सदिश है और λ एक अदिश है, तो $\lambda\vec{a}$ एक ऐसा सदिश प्राप्त होगा, जिसका परिमाण $\vec{a}$ के परिमाण का $|\lambda|$ गुना होगा और इसकी दिशा $\vec{a}$ की दिशा होगी, यदि λ धनात्मक हो तथा इसकी दिशा सदिश $\vec{a}$ की दिशा के विपरीत होगी, यदि λ ऋणात्मक हो।

जैसे– यदि $\lambda = -1$ है, तब $\lambda\vec{a} = -\vec{a}$, जोकि एक ऐसा सदिश है जिसका परिमाण $\vec{a}$ के समान है और दिशा $\vec{a}$ की दिशा के विपरीत है।

एक सदिश के घटक

1. द्विविमीय

माना मूलबिन्दु O के सापेक्ष समतल में स्थित कोई बिन्दु P है, जबकि $\hat{i}$ तथा $\hat{j}$ क्रमशः OX तथा OY दिशाओं में एकांक सदिश हैं।

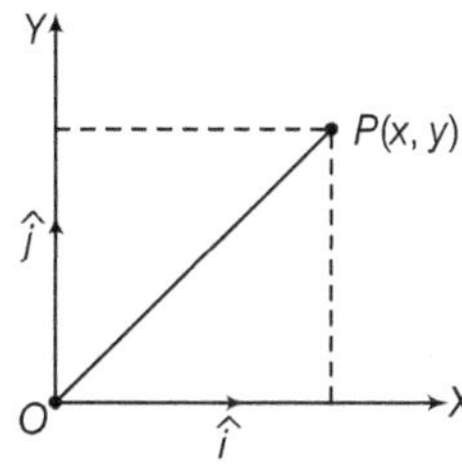

तब, $\overrightarrow{OP} = x\hat{i} + y\hat{j} \Rightarrow \vec{r} = x\hat{i} + y\hat{j}$

तथा $|\vec{r}| = \sqrt{x^2 + y^2}$

यहाँ, सदिशों $x\hat{i}$ और $y\hat{j}$ को सदिश $\vec{r}$ या $\overrightarrow{OP}$ के $\hat{i}$ और $\hat{j}$ की दिशा में **लम्बकोणीय घटक** (Orthogonal components) कहते हैं।

2. त्रिविमीय

माना अन्तरिक्ष में कोई बिन्दु P है, जिसके निर्देशांक (x, y, z) तथा अक्षों OX, OY तथा OZ के सापेक्ष एकांक सदिश क्रमशः $\hat{i}, \hat{j}$ तथा $\hat{k}$ हैं, तब मूलबिन्दु O के सापेक्ष P का स्थिति सदिश निम्न होगा

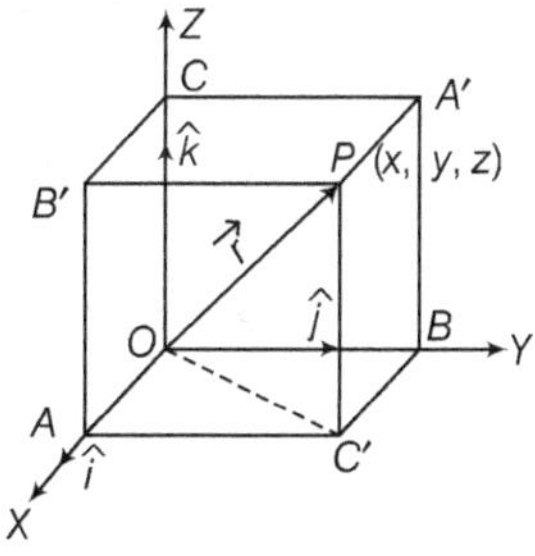

$$\overrightarrow{OP} \text{ या } \vec{r} = x\hat{i} + y\hat{j} + z\hat{k}$$

सदिश $\overrightarrow{OP}$ के इस रूप को **घटक रूप** (Component form) कहते हैं, जहाँ x, y तथा $z; r$ के **अदिश घटक** (Scalar component) कहलाते हैं और $x\hat{i}, y\hat{j}$, तथा $z\hat{k}, \overrightarrow{OP}$ (या $\vec{r}$) के संगत अक्षों के सापेक्ष **सदिश घटक** (Vector components) हैं।

कभी-कभी x, y तथा z को **समकोणिक घटक** (Rectangular components) भी कहा जाता है। किसी सदिश $\vec{r} = x\hat{i} + y\hat{j} + z\hat{k}$ की लम्बाई, $|\vec{r}| = |x\hat{i} + y\hat{j} + z\hat{k}| = \sqrt{x^2 + y^2 + z^2}$ होगी।

घटक रूप में महत्त्वपूर्ण परिणाम

यदि दो सदिश $\vec{a}$ तथा $\vec{b}$ के घटक रूप निम्न प्रकार हैं

$$\vec{a} = a_1\hat{i} + a_2\hat{j} + a_3\hat{k} \text{ तथा } \vec{b} = b_1\hat{i} + b_2\hat{j} + b_3\hat{k}$$

(i) सदिश $\vec{a}$ तथा $\vec{b}$ का योग (परिणामी),

$$\vec{a} + \vec{b} = (a_1\hat{i} + a_2\hat{j} + a_3\hat{k}) + (b_1\hat{i} + b_2\hat{j} + b_3\hat{k})$$
$$= (a_1 + b_1)\hat{i} + (a_2 + b_2)\hat{j} + (a_3 + b_3)\hat{k}$$

(ii) सदिश $\vec{a}$ तथा $\vec{b}$ का व्यवकलन,

$$\vec{a} - \vec{b} = (a_1\hat{i} + a_2\hat{j} + a_3\hat{k}) - (b_1\hat{i} + b_2\hat{j} + b_3\hat{k})$$
$$= (a_1 - b_1)\hat{i} + (a_2 - b_2)\hat{j} + (a_3 - b_3)\hat{k}$$

(iii) यदि सदिश $\vec{a}$ तथा $\vec{b}$ बराबर हैं, तो

$$a_1 = b_1, a_2 = b_2 \text{ तथा } a_3 = b_3$$

(iv) यदि λ एक अदिश राशि है, तो

$$\lambda\vec{a} = \lambda(a_1\hat{i} + a_2\hat{j} + a_3\hat{k}) = (\lambda a_1)\hat{i} + (\lambda a_2)\hat{j} + (\lambda a_3)\hat{k}$$

(v) दो सदिश $\vec{a}$ तथा $\vec{b}$ संरेखीय होते हैं, यदि और केवल यदि एक ऐसे शून्येत्तर अदिश λ का अस्तित्व है ताकि $\vec{b} = \lambda\vec{a}$ हो।

$$\Rightarrow \quad b_1\hat{i} + b_2\hat{j} + b_3\hat{k} = \lambda(a_1\hat{i} + a_2\hat{j} + a_3\hat{k})$$
$$\Rightarrow \quad b_1\hat{i} + b_2\hat{j} + b_3\hat{k} = (\lambda a_1)\hat{i} + (\lambda a_2)\hat{j} + (\lambda a_3)\hat{k}$$
$$\Rightarrow \quad b_1 = \lambda a_1, b_2 = \lambda a_2, b_3 = \lambda a_3$$
$$\Rightarrow \quad \frac{b_1}{a_1} = \frac{b_2}{a_2} = \frac{b_3}{a_3} = \lambda$$

खण्ड सूत्र

माना मूलबिन्दु के सापेक्ष A तथा B दो बिन्दुओं के स्थिति सदिश क्रमशः $\overrightarrow{OA}$ और $\overrightarrow{OB}$ हैं, तब बिन्दुओं A तथा B को जोड़ने वाले रेखाखण्ड को तीसरे बिन्दु C (माना) द्वारा दो भागों में विभाजित किया जा सकता है। जोकि निम्नवत् है

1. अन्तः विभाजन

माना बिन्दु C रेखाखण्ड AB को $m : n$ के अनुपात में अन्तः विभाजित करता है, तब बिन्दु C का स्थिति सदिश होगा

$$\overrightarrow{OC} = \frac{m\overrightarrow{OB} + n\overrightarrow{OA}}{m + n}$$

जहाँ, m तथा n धनात्मक अदिश हैं।

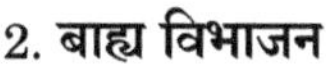

2. बाह्य विभाजन

माना बिन्दु C रेखाखण्ड AB को $m : n$ के अनुपात में बाह्य विभाजित करता है, तब बिन्दु C का स्थिति सदिश होगा

$$\overrightarrow{OC} = \frac{m\overrightarrow{OB} - n\overrightarrow{OA}}{m - n}$$

जहाँ, m तथा n धनात्मक अदिश हैं।

नोट *यदि C एक मध्य-बिन्दु है, तब बिन्दु C का स्थिति सदिश* $\overrightarrow{OC} = \dfrac{\overrightarrow{OB} + \overrightarrow{OA}}{2}$ *होगा।*

दो सदिशों का अदिश (या बिन्दु) गुणन

माना दो शून्येत्तर सदिश $\vec{a}$ व $\vec{b}$ कोण θ पर झुके हुए हैं

तब, $\vec{a}$ या $\vec{b}$ के अदिश या बिन्दु गुणन को $\vec{a} \cdot \vec{b}$ द्वारा दर्शाया जाता है एवं इसे निम्नवत् परिभाषित किया जाता है

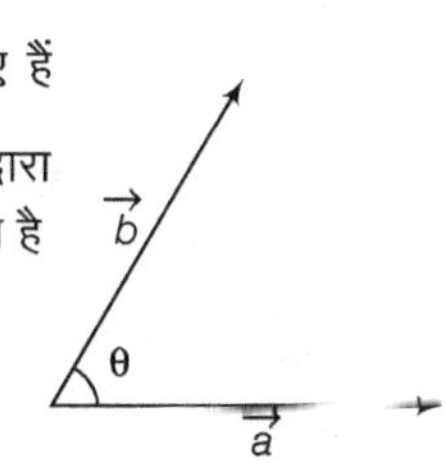

$$\vec{a} \cdot \vec{b} = |\vec{a}||\vec{b}|\cos\theta, 0 \le \theta \le \pi$$

या $\quad \vec{a} \cdot \vec{b} = ab\cos\theta, 0 \le \theta \le \pi$

जहाँ, $\quad a = |\vec{a}|$ व $b = |\vec{b}|$

दो सदिशों के अदिश पर महत्त्वपूर्ण परिणाम

(i) माना $\vec{a}$ तथा $\vec{b}$ कोई दो शून्येत्तर सदिश हैं, तब $\vec{a} \cdot \vec{b} = 0$ होगा यदि और केवल यदि $\vec{a}$ और $\vec{b}$ परस्पर लम्बवत् हैं।

अर्थात् $\vec{a} \cdot \vec{b} = 0 \Rightarrow \vec{a} \perp \vec{b}$

(ii) यदि $\theta = 0$ है, तब $\vec{a} \cdot \vec{b} = |\vec{a}||\vec{b}|$ साथ ही, $\vec{a} \cdot \vec{a} = |\vec{a}|^2$

(iii) यदि $\theta = \pi$ है, तब $\vec{a} \cdot \vec{b} = -|\vec{a}||\vec{b}|$

साथ ही, $\vec{a} \cdot (-\vec{a}) = -|\vec{a}|^2$

(iv) परस्पर लम्बवत् एकांक सदिशों $\hat{i}, \hat{j}$ तथा $\hat{k}$ के लिए,

$\hat{i}\cdot\hat{i} = \hat{j}\cdot\hat{j} = \hat{k}\cdot\hat{k} = 1$ व $\hat{i}\cdot\hat{j} = \hat{j}\cdot\hat{k} = \hat{k}\cdot\hat{i} = 0$

(v) दो शून्येत्तर सदिशों $\vec{a}$ व $\vec{b}$ के बीच का कोण θ हो तब

$\cos\theta = \dfrac{\vec{a}\cdot\vec{b}}{|\vec{a}||\vec{b}|}$ या $\theta = \cos^{-1}\left(\dfrac{\vec{a}\cdot\vec{b}}{|\vec{a}||\vec{b}|}\right)$

एक सदिश का किसी रेखा पर प्रक्षेप

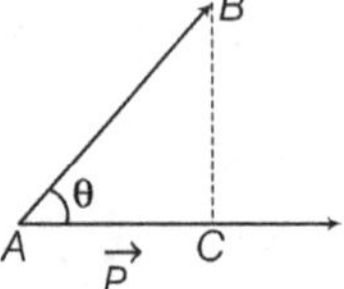

सदिश $\overrightarrow{AB}$ का रेखा l (माना) पर प्रक्षेप सदिश $\vec{p}$ है, जिसका परिमाण $|\vec{p}| = |\overrightarrow{AB}\cos\theta|$ है, जहाँ $\theta\ (0° < \theta < 90°)$ कोण, $\overrightarrow{AB}$ रेखाखण्ड का दिष्ट रेखा l के साथ वामावर्त दिशा में बनाया गया कोण θ है। $\vec{p}$ की दिशा, रेखा l के समान (या विपरीत) हो सकती है जोकि निर्भर करता है कि $\cos\theta$ धनात्मक या ऋणात्मक है।

यहाँ, सदिश $\vec{p}$ को प्रक्षेप सदिश (Projection vector) कहते हैं तथा इसका परिमाण $|\vec{p}|$, सामान्यतः दिष्ट रेखा l पर सदिश $\overrightarrow{AB}$ का प्रक्षेप कहलाता है।

एक सदिश के प्रक्षेप पर आधारित कुछ परिणाम

(i) यदि $\hat{p}$, रेखा l के अनुदिश एकांक सदिश है, तब रेखा l पर सदिश $\vec{a}$ का प्रक्षेप $\vec{a}\cdot\hat{p}$ द्वारा प्राप्त होता है।

(ii) सदिश $\vec{a}$ का $\vec{b}$ पर प्रक्षेप $= \vec{a}\cdot\vec{b}$ या $\dfrac{\vec{a}\cdot\vec{b}}{|\vec{b}|}$ तथा सदिश $\vec{b}$ का $\vec{a}$ पर प्रक्षेप

$= \vec{b}\cdot\hat{a}$ या $\dfrac{\vec{a}\cdot\vec{b}}{|\vec{a}|}$ द्वारा प्राप्त होता है।

दो सदिशों का सदिश गुणन

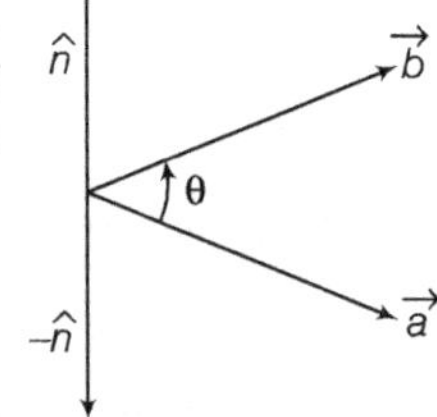

यदि सदिश $\vec{a}$ और $\vec{b}$ के लम्बवत् इकाई सदिश $\hat{n}$ हो, तो $\vec{a}$ और $\vec{b}$ का सदिश गुणन $\vec{a}\times\vec{b}$ से निरूपित किया जाता है तथा $\vec{a}$ क्रॉस $\vec{b}\,(\vec{a}\times\vec{b})$ पढ़ा जाता है। अतः सदिश गुणन को क्रॉस गुणन भी कहते हैं।

इस प्रकार, $\vec{a}\times\vec{b} = |\vec{a}||\vec{b}|\sin\theta\hat{n} = ab\sin\theta\,\hat{n}$

$\Rightarrow \quad |\vec{a}\times\vec{b}| = ab\sin\theta$

जहाँ, $\hat{n}$ सदिश $\vec{a}\times\vec{b}$ की दिशा में एकांक सदिश है तथा $|\vec{a}| = a, |\vec{b}| = b$

दो सदिशों के सदिश गुणन पर महत्त्वपूर्ण परिणाम

(i) दो सदिशों का सदिश गुणन $(\vec{a}\times\vec{b})$ भी सदिश होता है।

(ii) माना $\vec{a}$ और $\vec{b}$ दो शून्येत्तर सदिश हैं, तब $\vec{a}\times\vec{b} = \vec{0}$ होगा यदि और केवल यदि $\vec{a}$ तथा $\vec{b}$ परस्पर समान्तर (या संरेखीय) हैं अर्थात् $\vec{a}\times\vec{b} = \vec{0} \Leftrightarrow \vec{a}\,||\,\vec{b}$

(iii) यदि $\theta = 0°$ है, तब $\vec{a}\times\vec{a} = \vec{0}$ होगा तथा यदि $\theta = \pi$, तब $\vec{a}\times(-\vec{a}) = 0$ होगा।

(iv) यदि $\theta = \dfrac{\pi}{2}$ है, तब $\vec{a}\times\vec{b} = |\vec{a}||\vec{b}|$ होगा।

(v) परस्पर लम्बवत् इकाई सदिशों $\hat{i}, \hat{j}$ तथा $\hat{k}$ के लिए,

$\hat{i}\times\hat{i} = \hat{j}\times\hat{j} = \hat{k}\times\hat{k} = \vec{0}$

$\hat{i}\times\hat{j} = \hat{k}, \hat{j}\times\hat{k} = \hat{i}, \hat{k}\times\hat{i} = \hat{j}; \hat{j}\times\hat{i} = -\hat{k}, \hat{k}\times\hat{j} = -\hat{i}, \hat{i}\times\hat{k} = -\hat{j}$

(vi) दो शून्येत्तर सदिशों $\vec{a}$ और $\vec{b}$ के बीच का कोण θ की ज्या (Sine) का मान सदिश गुणन के पदों में निम्नवत् होगा $\sin\theta = \dfrac{|\vec{a}\times\vec{b}|}{|\vec{a}||\vec{b}|}$

(vii) $\vec{a}$ तथा $\vec{b}$ के समतल पर परिमाण λ के अभिलम्ब का सदिश निम्नवत् होगा $\dfrac{\pm\lambda(\vec{a}\times\vec{b})}{|\vec{a}\times\vec{b}|}$।

घटक रूप में दो सदिशों का सदिश गुणन

माना दो सदिश $\vec{a}$ और $\vec{b}$ घटक रूप में इस प्रकार हैं कि

$\vec{a} = a_1\hat{i} + a_2\hat{j} + a_3\hat{k}$ तथा $\vec{b} = b_1\hat{i} + b_2\hat{j} + b_3\hat{k}$

तब, उनका सदिश गुणनफल $\vec{a}\times\vec{b} = \begin{vmatrix} \hat{i} & \hat{j} & \hat{k} \\ a_1 & a_2 & a_3 \\ b_1 & b_2 & b_3 \end{vmatrix}$

अदिश त्रिगुणन

माना $\vec{a}, \vec{b}, \vec{c}$ कोई तीन सदिश राशियाँ हैं। $\vec{b}$ और $\vec{c}$ का सदिश गुणन $(\vec{b}\times\vec{c})$ एक सदिश राशि है, जिसका $\vec{a}$ से अदिश गुणन करने पर $\vec{a}\cdot(\vec{b}\times\vec{c})$ प्राप्त होगा, जोकि अदिश राशि है। इसे तीनों सदिशों $\vec{a}, \vec{b}, \vec{c}$ का अदिश त्रिगुणन कहते हैं। अदिश त्रिगुणन $\vec{a}\cdot(\vec{b}\times\vec{c})$ को $[\vec{a}\ \ \vec{b}\ \ \vec{c}]$ अथवा $[\vec{a}, \vec{b}, \vec{c}]$ से निरूपित किया जाता है।

अतः $[\vec{a}\ \ \vec{b}\ \ \vec{c}] = \vec{a}\cdot(\vec{b}\times\vec{c})$

घटक रूप में अदिश त्रिगुणन

माना $\vec{a} = a_1\hat{i} + a_2\hat{j} + a_3\hat{k}$, $\vec{b} = b_1\hat{i} + b_2\hat{j} + b_3\hat{k}$ तथा $\vec{c} = c_1\hat{i} + c_2\hat{j} + c_3\hat{k}$ हैं,

तब $\vec{b}\times\vec{c} = (b_1\hat{i} + b_2\hat{j} + b_3\hat{k})\times(c_1\hat{i} + c_2\hat{j} + c_3\hat{k})$

$$= \begin{vmatrix} \hat{i} & \hat{j} & \hat{k} \\ b_1 & b_2 & b_3 \\ c_1 & c_2 & c_3 \end{vmatrix} = (b_2c_3 - b_3c_2)\hat{i} + (b_3c_1 - b_1c_3)\hat{j} + (b_1c_2 - b_2c_1)\hat{k}$$

$$\therefore \quad \vec{a}\cdot(\vec{b}\times\vec{c}) = (a_1\hat{i} + a_2\hat{j} + a_3\hat{k})\cdot[(b_2c_3 - b_3c_2)\hat{i} + (b_3c_1 - b_1c_3)\hat{j} + (b_1c_2 - b_2c_1)\hat{k}]$$

$$= a_1(b_2c_3 - b_3c_2) + a_2(b_3c_1 - b_1c_3) + a_3(b_1c_2 - b_2c_1)$$

$$= a_1(b_2c_3 - b_3c_2) - a_2(b_1c_3 - b_3c_1) + a_3(b_1c_2 - b_2c_1)$$

अतः $\vec{a}\cdot(\vec{b}\times\vec{c}) = \begin{vmatrix} a_1 & a_2 & a_3 \\ b_1 & b_2 & b_3 \\ c_1 & c_2 & c_3 \end{vmatrix}$ $\vec{a}\cdot(\vec{b}\times\vec{c}) = [\vec{a}\ \ \vec{b}\ \ \vec{c}] = \begin{vmatrix} a_1 & a_2 & a_3 \\ b_1 & b_2 & b_3 \\ c_1 & c_2 & c_3 \end{vmatrix}$

अदिश त्रिगुणन के गुणधर्म

(i) यदि सदिशों $\vec{a}, \vec{b}, \vec{c}$ को चक्रीय क्रम में लिया जाए, तो उनका अदिश त्रिगुणन समान रहता है। अर्थात् $(\vec{a}\times\vec{b})\cdot\vec{c} = (\vec{b}\times\vec{c})\cdot\vec{a} = (\vec{c}\times\vec{a})\cdot\vec{b}$

(ii) यदि सदिशों $\vec{a}, \vec{b}, \vec{c}$ को अचक्रीय क्रम में लिया जाए, तो इनके अदिश त्रिगुणन के मान के चिन्ह में परिवर्तन हो जाता है परन्तु परिमाण में परिवर्तन नहीं होता है। अर्थात् $[\vec{a}\,\vec{b}\,\vec{c}] = -[\vec{b}\,\vec{a}\,\vec{c}] = -[\vec{a}\,\vec{c}\,\vec{b}] = -[\vec{c}\,\vec{b}\,\vec{a}]$

(iii) यदि अदिश त्रिगुणन में कोई भी दो सदिश समान हों, तो उसका मान शून्य होता है। अर्थात् $[\vec{a}\ \vec{a}\ \vec{c}] = [\vec{a}\ \vec{b}\ \vec{c}] = [\vec{a}\ \vec{b}\ \vec{b}] = 0$

(iv) यदि $\vec{a}, \vec{b}$ तथा $\vec{c}$ तीन सदिश तथा k कोई अदिश राशि है, तब $[k\vec{a}\ \vec{a}\ \vec{c}] = k[\vec{a}\ \vec{a}\ \vec{c}]$ होगा।

तीन सदिशों की समतलीयता

तीन अशून्य, असंरेखीय सदिश $\vec{a}, \vec{b}$ और $\vec{c}$ समतलीय होंगे, यदि और केवल यदि $[\vec{a}\,\vec{b}\,\vec{c}] = 0$ हो अर्थात् $\vec{a}\cdot(\vec{b}\times\vec{c}) = 0$

अभ्यास प्रश्न

1. दो सदिशों $\vec{a}$ तथा $\vec{b}$ के परिमाण क्रमशः $\sqrt{3}$ एवं 2 हैं और $\vec{a}\cdot\vec{b}=\sqrt{6}$ है, तो $\vec{a}$ तथा $\vec{b}$ के बीच का कोण ज्ञात कीजिए।

(a) $\frac{\pi}{4}$ (b) $\frac{\pi}{2}$ (c) $\frac{\pi}{6}$ (d) $\frac{\pi}{3}$

2. सदिश $\hat{i}+3\hat{j}+7\hat{k}$ का $7\hat{i}-\hat{j}+8\hat{k}$ पर प्रक्षेप ज्ञात कीजिए।

(a) $\frac{60}{\sqrt{122}}$ (b) $\frac{30}{\sqrt{144}}$ (c) $\frac{60}{\sqrt{114}}$ (d) $\frac{60}{\sqrt{111}}$

3. दो सदिशों **a** और **b** के परिमाण ज्ञात कीजिए, यदि उनके परिमाण समान हैं और इनके बीच का कोण 60° है तथा इनका अदिश गुणनफल $\frac{1}{2}$ है।

(a) $|\vec{a}|=\frac{1}{2}, |\vec{b}|=1$ (b) $|\vec{a}|=|\vec{b}|=1$

(c) $|\vec{a}|=1, |\vec{b}|=\frac{1}{2}$ (d) इनमें से कोई नहीं

4. यदि $(\vec{a}+\vec{b})\cdot(\vec{a}-\vec{b})=8$ और $|\vec{a}|=8|\vec{b}|$ हो, तो $|\vec{a}|$ एवं $|\vec{b}|$ ज्ञात कीजिए।

(a) $\frac{16}{3}\sqrt{\frac{2}{7}}, \frac{2}{3}\sqrt{\frac{2}{7}}$ (b) $\frac{4}{3}\sqrt{\frac{2}{7}}, \frac{2}{3}\sqrt{\frac{3}{7}}$

(c) $\frac{12}{5}\sqrt{\frac{2}{7}}, \frac{4}{3}\sqrt{\frac{2}{7}}$ (d) इनमें से कोई नहीं

5. यदि एक मात्रक सदिश $\vec{a}$ के लिए $(\vec{x}-\vec{a})\cdot(\vec{x}+\vec{a})=12$ हो, तो $|\vec{x}|$ का मान ज्ञात कीजिए।

(a) 4 (b) 2 (c) $\sqrt{13}$ (d) $\sqrt{11}$

6. यदि $\vec{a}=2\hat{i}+2\hat{j}+3\hat{k}, \vec{b}=-\hat{i}+2\hat{j}+\hat{k}$ और $\vec{c}=3\hat{i}+\hat{j}$ इस प्रकार हैं कि $\vec{a}+\lambda\vec{b}, \vec{c}$ पर लम्ब है, तो λ का मान ज्ञात कीजिए।

(a) 2 (b) 4 (c) 6 (d) 8

7. दो शून्येत्तर सदिशों $\vec{a}$ और $\vec{b}$ के लिए $|\vec{a}|\vec{b}+|\vec{b}|\vec{a}, |\vec{a}|\vec{b}-|\vec{b}|\vec{a}$ पर है

(a) समान्तर (b) लम्बवत्

(c) असमान्तर (d) इनमें से कोई नहीं

8. यदि $\vec{a}, \vec{b}$ व $\vec{c}$ मात्रक सदिश इस प्रकार हैं कि $\vec{a}+\vec{b}+\vec{c}=0$ हो, तो $\vec{a}\cdot\vec{b}+\vec{b}\cdot\vec{c}+\vec{c}\cdot\vec{a}$ का मान ज्ञात कीजिए।

(a) 0 (b) $\frac{-1}{2}$ (c) $-3/2$ (d) 2

9. दिया हुआ है कि, $\vec{a}\cdot\vec{b}=0$ और $\vec{a}\times\vec{b}=0$ सदिश $\vec{a}$ और $\vec{b}$ के बारे में आप क्या निष्कर्ष निकाल सकते हैं?

(a) $\vec{a}$ तथा $\vec{b}$ लम्बवत् तथा समान्तर हैं

(b) $|\vec{a}|=0$ या $|\vec{b}|=0$

(c) $|\vec{a}|=0$ तथा $|\vec{b}|=0$

(d) उपरोक्त में से कोई नहीं

10. XY-तल में X-अक्ष की धनात्मक दिशा के साथ वामावर्त दिशा में 30° का कोण बनाने वाला मात्रक सदिश लिखिए।

(a) $\frac{1}{2}\hat{i}+\frac{3}{2}\hat{j}$ (b) $4\hat{i}+3\hat{j}$ (c) $\frac{\sqrt{3}}{2}\hat{i}+\hat{j}$ (d) $\frac{\sqrt{3}}{2}\hat{i}+\frac{1}{2}\hat{j}$

11. सदिशों $\vec{a}=(2\hat{i}+3\hat{j}-\hat{k})$ और $\vec{b}=\hat{i}-2\hat{j}+\hat{k}$ के परिणामी के समान्तर एक ऐसा सदिश ज्ञात कीजिए जिसका परिमाण 5 इकाई है

(a) $\pm\frac{3}{2}\hat{i}\pm\frac{\sqrt{10}}{2}\hat{j}$ (b) $\pm\frac{3\sqrt{10}}{2}\pm\frac{1}{2}\hat{j}$

(c) $\pm\frac{3\sqrt{10}}{2}\hat{i}\pm\frac{\sqrt{10}}{2}\hat{j}$ (d) इनमें से कोई नहीं

12. दो बिन्दुओं $P(2\vec{a}+\vec{b})$ और $Q(\vec{a}-3\vec{b})$ को मिलाने वाली रेखा को $1:2$ के अनुपात में बाह्य विभाजित करने वाले बिन्दु R का स्थिति सदिश ज्ञात कीजिए। यह भी दर्शाइए कि बिन्दु P रेखाखण्ड RQ का मध्य-बिन्दु है

(a) $2\vec{a}+\vec{b}$ (b) $5\vec{a}+3\vec{b}$

(c) $3\vec{a}+5\vec{b}$ (d) इनमें से कोई नहीं

13. माना $\vec{a}=\hat{i}+4\hat{j}+2\hat{k}, \vec{b}=3\hat{i}-2\hat{j}+7\hat{k}$ और $\vec{c}=2\hat{i}-\hat{j}+4\hat{k}$, तब एक ऐसा सदिश $\vec{d}$ ज्ञात कीजिए जो $\vec{a}$ और $\vec{b}$ दोनों पर लम्ब है और $\vec{c}\cdot\vec{d}=15$

(a) $\frac{5}{3}(\hat{i}-32\hat{j}-14\hat{k})$ (b) $\frac{1}{3}(\hat{i}-32\hat{j}-14\hat{k})$

(c) $\frac{5}{3}(32\hat{i}-\hat{j}-14\hat{k})$ (d) इनमें से कोई नहीं

14. सदिश $\hat{i}+\hat{j}+\hat{k}$ का सदिशों $2\hat{i}+4\hat{j}-5\hat{k}$ और $\lambda\hat{i}+2\hat{j}+3\hat{k}$ के योगफल की दिशा में मात्रक सदिश के साथ अदिश गुणनफल 1 के बराबर है, तो λ का मान ज्ञात कीजिए।

(a) 1 (b) 2 (c) 3 (d) 4

15. यदि $(\vec{a}+\vec{b})\cdot(\vec{a}+\vec{b})=|\vec{a}|^2+|\vec{b}|^2, \vec{a}\neq 0, \vec{b}\neq 0$ हो, तो निम्न में सत्य है

(a) (=) $\vec{a}\,||\,\vec{b}$

(b) (=) $\vec{a}\perp\vec{b}$

(c) (=) $\vec{a}$ तथा $\vec{b}$ समरेखीय है

(d) उपरोक्त में से कोई नहीं

16. यदि बिन्दुओं $(-1,-1,2), (2,m,5)$ तथा $(3,11,6)$ संरेखीय हों, तो m का मान है

(a) 2 (b) 4 (c) 6 (d) 8

17. यदि $\vec{a}=2\hat{i}-\hat{j}+\hat{k}, \vec{b}=\hat{i}+\hat{j}-2\hat{k}$ तथा $\vec{c}=\hat{i}+3\hat{j}-\hat{k}$ हो, तो $\vec{c}$ के किस मान के लिए $\vec{a}, \lambda\vec{b}$ । $\vec{c}$ के लम्बवत् है?

(a) -1 (b) -2 (c) 1 (d) 2

18. दो सदिश $\hat{j}+\hat{k}$ और $3\hat{i}-\hat{j}+4\hat{k}$ किसी ΔABC की क्रमशः दो भुजाओं AB और AC को निरूपित करते हैं। बिन्दु A से होकर जाने वाली माध्यिका (मीडियन) की लम्बाई है

(a) $\sqrt{34}/2$ (b) $\sqrt{48}/2$

(c) $\sqrt{18}$ (d) इनमें से कोई नहीं

19. सदिश $\vec{a}=2\hat{i}-\hat{j}+\hat{k}$ का सदिश $\vec{b}=\hat{i}+2\hat{j}+2\hat{k}$ के अनुदिश प्रक्षेप बराबर है

(a) $\frac{2}{3}$ (b) $\frac{1}{3}$ (c) 2 (d) $\sqrt{6}$

20. यदि $\vec{a}$ और $\vec{b}$ बिन्दु A और B के क्रमश: स्थिति सदिश हैं तथा बढ़ाई गई BA में एक बिन्दु C इस प्रकार है कि $BC = 1.5\,BA$, तो C का स्थिति सदिश ज्ञात कीजिए।

(a) $3\vec{a} - \vec{b}$ (b) $\vec{a} - 3\vec{b}$

(c) $0.5(\vec{a} - 3\vec{b})$ (d) $0.5(3\vec{a} - \vec{b})$

21. सदिश $\vec{a} = 3\hat{i} + \hat{j} + 2\hat{k}$ तथा सदिश $\vec{b} = 2\hat{i} - 2\hat{j} + 4\hat{k}$ के बीच ज्या ज्ञात कीजिए।

(a) $\sqrt{\frac{2}{7}}$ (b) $\frac{2}{\sqrt{7}}$

(c) $\frac{\sqrt{2}}{7}$ (d) इनमें से कोई नहीं

22. सदिशों के प्रयोग से ΔABC का क्षेत्रफल ज्ञात कीजिए यदि जिसके शीर्ष $A(1, 2, 3), B(2, -1, 4)$ और $C(4, 5, -1)$ है

(a) $\sqrt{\frac{137}{2}}$ (b) $\sqrt{137}$ (c) $\frac{1}{2}\sqrt{137}$ (d) $\frac{1}{2}\sqrt{278}$

23. किसी भी सदिश $\vec{a}$ के लिए $(\vec{a} \times \hat{i})^2 + (\vec{a} \times \hat{j})^2 + (\vec{a} \times \hat{k})^2$ का मान है

(a) a^2 (b) $3a^2$ (c) $4a^2$ (d) $2a^2$

24. यदि $|\vec{a}| = 10, |\vec{b}| = 2$ और $\vec{a} \cdot \vec{b} = 12$ हो, तो $|\vec{a} \times \vec{b}|$ का मान है

(a) 5 (b) 10 (c) 14 (d) 16

25. सदिशों $\vec{a} = 2\hat{i} + \hat{j} + 2\hat{k}$ और $\vec{b} = \hat{j} + \hat{k}$ दोनों ही पर मात्रक लम्ब सदिशों की संख्या है

(a) एक (b) दो (c) तीन (d) असंख्य

26. $\vec{a}$ व $\vec{b}$ के बीच का कोण $\frac{5\pi}{6}$ तथा $\vec{b}$ की दिशा में $\vec{a}$ का प्रक्षेप $\frac{-6}{\sqrt{3}}$ है। तब, $|\vec{a}|$ का मान है

(a) 6 (b) $\frac{\sqrt{3}}{2}$ (c) 12 (d) 4

27. यदि $|\vec{a} \times \vec{b}| = 4$ तथा $|\vec{a} \cdot \vec{b}| = 2$, तब $|\vec{a}|^2 |\vec{b}|^2$ का मान है

(a) 2 (b) 6 (c) 8 (d) 20

उत्तर सहित व्याख्या

1. (a) दिया गया है कि, $|\vec{a}| = \sqrt{3}, |\vec{b}| = 2$ तथा $\vec{a} \cdot \vec{b} = \sqrt{6}$

माना θ, $\vec{a}$ तथा $\vec{b}$ के बीच का कोण है।

तब, $\cos\theta = \frac{\vec{a} \cdot \vec{b}}{|\vec{a}||\vec{b}|} = \frac{\sqrt{6}}{\sqrt{3} \times 2} = \frac{1}{2}$

$\Rightarrow \theta = \cos^{-1}\left(\frac{1}{\sqrt{2}}\right)$

$= \cos^{-1}\left(\cos\frac{\pi}{4}\right) = \frac{\pi}{4}$

अत: दिए गए सदिश $\vec{a}$ तथा $\vec{b}$ के बीच के कोण का मान $\pi/4$ है।

2. (c) माना $\vec{a} = \hat{i} + 3\hat{j} + 7\hat{k}$ तथा $\vec{b} = 7\hat{i} - \hat{j} + 8\hat{k}$, तब $\vec{b}$ पर $\vec{a}$ का प्रक्षेप

$$\frac{\vec{a} \cdot \vec{b}}{|\vec{b}|} = \left\{\frac{(\hat{i} + 3\hat{j} + 7\hat{k}) \cdot (7\hat{i} - \hat{j} + 8\hat{k})}{\sqrt{7^2 + (-1)^2 + 8^2}}\right\}$$

$$= \left\{\frac{1 \times 7 + 3 \times (-1) + 7 \times 8}{(\sqrt{49 + 1 + 64}}\right\}$$

$$= \frac{7 - 3 + 56}{\sqrt{114}} = \frac{60}{\sqrt{114}}$$

अत: सदिश $(\hat{i} + 3\hat{j} + 7\hat{k})$ का सदिश $(7\hat{i} - \hat{j} + 8\hat{k})$ पर प्रक्षेप $\frac{60}{\sqrt{114}}$ है।

3. (b) दिया है, दो सदिशों के परिमाण समान हैं अर्थात् $|\vec{a}| = |\vec{b}|$ तथा इनका अदिश गुणनफल $\vec{a} \cdot \vec{b} = \frac{1}{2}$

माना सदिशों $\vec{a}$ तथा $\vec{b}$ के बीच का कोण θ है, तब

$$\cos\theta = \frac{\vec{a} \cdot \vec{b}}{|\vec{a}||\vec{b}|} \Rightarrow \cos 60° = \frac{\frac{1}{2}}{|\vec{a}||\vec{a}|}$$

$[\because |\vec{a}| = |\vec{b}|]$

$\Rightarrow \frac{1}{2} = \frac{1}{2|\vec{a}|^2} \Rightarrow |\vec{a}|^2 = 1 \Rightarrow |\vec{a}| = 1$

अत: $|\vec{a}| = |\vec{b}| = 1$

4. (a) दिया है, $(\vec{a} + \vec{b}) \cdot (\vec{a} - \vec{b}) = 8$

तथा $|\vec{a}| = 8|\vec{b}|$

$\Rightarrow \vec{a} \cdot \vec{a} - \vec{a} \cdot \vec{b} + \vec{b} \cdot \vec{a} - \vec{b} \cdot \vec{b} = 8$

$\Rightarrow |\vec{a}|^2 - |\vec{b}|^2 = 8$

$\Rightarrow (8|\vec{b}|)^2 - |\vec{b}|^2 = 8$

$\Rightarrow 63|\vec{b}|^2 = 8$

(दिया है, $|\vec{a}| = 8|\vec{b}|$)

$\Rightarrow |\vec{b}| = \sqrt{\frac{8}{63}} = \frac{2}{3}\sqrt{\frac{2}{7}}$

तथा $|\vec{a}| = 8|\vec{b}| = 8\left(\frac{2}{3}\sqrt{\frac{2}{7}}\right) = \frac{16}{3}\sqrt{\frac{2}{7}}$

5. (c) दिया है, $|\vec{a}| = 1$

यह एक मात्रक सदिश है तथा

$(\vec{x} - \vec{a}) \cdot (\vec{x} + \vec{a}) = 12$

$\Rightarrow \vec{x} \cdot \vec{x} + \vec{x} \cdot \vec{a} - \vec{a} \cdot \vec{x} - \vec{a} \cdot \vec{a} = 12$

$\Rightarrow |\vec{x}|^2 - |\vec{a}|^2 = 12 \Rightarrow |\vec{x}|^2 - 1^2 = 12$

($\because |\vec{a}| = 1$ चूँकि $\vec{a}$ एक मात्रक सदिश है।)

$\Rightarrow |\vec{x}|^2 = 13 \Rightarrow |\vec{x}| = \sqrt{13}$

6. (d) दिए गए सदिश $\vec{a} = 2\hat{i} + 2\hat{j} + 3\hat{k}$, $\vec{b} = -\hat{i} + 2\hat{j} + \hat{k}$ तथा $\vec{c} = 3\hat{i} + \hat{j}$ हैं।

अब $(\vec{a} + \lambda\vec{b}) \perp \vec{c}$

$\Rightarrow (\vec{a} + \lambda\vec{b}) \cdot \vec{c} = 0$

(चूँकि दो लम्बवत् सदिशों का अदिश गुणनफल शून्य होता है।)

$\Rightarrow [(2\hat{i} + 2\hat{j} + 3\hat{k}) + \lambda(-\hat{i} + 2\hat{j} + \hat{k})] \cdot (3\hat{i} + \hat{j}) = 0$

$\Rightarrow [(2 - \lambda)\hat{i} + (2 + 2\lambda)\hat{j} + (3 + \lambda)\hat{k}] \cdot (3\hat{i} + \hat{j}) = 0$

$\Rightarrow (2 - \lambda)3 + (2 + 2\lambda)1 + (3 + \lambda)0 = 0$

$\Rightarrow 6 - 3\lambda + 2 + 2\lambda = 0$

$\Rightarrow 8 - \lambda = 0 \Rightarrow \lambda = 8$

अत: λ का अभीष्ट मान 8 है।

7. (b) माना $\vec{p} = |\vec{a}|\vec{b} + |\vec{b}|\vec{a}$ तथा $\vec{q} = |\vec{a}|\vec{b} - |\vec{b}|\vec{a}$

तब,

$\vec{p} \cdot \vec{q} = (|\vec{a}|\vec{b} + |\vec{b}|\vec{a}) \cdot (|\vec{a}|\vec{b} - |\vec{b}|\vec{a})$

$= |\vec{a}|^2 (\vec{b} \cdot \vec{b}) - |\vec{a}||\vec{b}| (\vec{b} \cdot \vec{a}) + |\vec{b}||\vec{a}| (\vec{a} \cdot \vec{b}) - |\vec{b}|^2 (\vec{a} \cdot \vec{a})$

$= |\vec{a}|^2|\vec{b}|^2 - |\vec{a}||\vec{b}|(\vec{a} \cdot \vec{b}) + |\vec{a}||\vec{b}|(\vec{a} \cdot \vec{b}) - |\vec{b}|^2|\vec{a}|^2 = 0$

$\Rightarrow \vec{p} \perp \vec{q}$

($\because$ यदि $\vec{c} \cdot \vec{d} = 0 \Rightarrow \vec{c}, \vec{d}$ पर लम्बवत् है)

अत: दो शून्येत्तर सदिश $\vec{a}$ और $\vec{b}$ के लिए $|\vec{a}|\vec{b} + |\vec{b}|\vec{a}$ तथा $|\vec{a}|\vec{b} - |\vec{b}|\vec{a}$ एक-दूसरे के लम्बवत् हैं।

8. (c) दिया है, $|\vec{a}| = |\vec{b}| = |\vec{c}| = 1$

तथा $\vec{a} + \vec{b} + \vec{c} = 0$

$\because (\vec{a} + \vec{b} + \vec{c}) \cdot (\vec{a} + \vec{b} + \vec{c}) = 0$

$\Rightarrow \vec{a} \cdot (\vec{a} + \vec{b} + \vec{c}) + \vec{b} \cdot (\vec{a} + \vec{b} + \vec{c}) + \vec{c} \cdot (\vec{a} + \vec{b} + \vec{c}) = 0$

$\Rightarrow \vec{a} \cdot \vec{a} + \vec{a} \cdot \vec{b} + \vec{a} \cdot \vec{c} + \vec{b} \cdot \vec{a} + \vec{b} \cdot \vec{b} + \vec{b} \cdot \vec{c} + \vec{c} \cdot \vec{a} + \vec{c} \cdot \vec{b} + \vec{c} \cdot \vec{c} = 0$

$\Rightarrow |\vec{a}|^2 + |\vec{b}|^2 + |\vec{c}|^2 + 2(\vec{a} \cdot \vec{b} + \vec{b} \cdot \vec{c} + \vec{c} \cdot \vec{a}) = 0$

$(\because \vec{a} \cdot \vec{a} = |\vec{a}|^2$ और $\vec{a} \cdot \vec{b} = \vec{b} \cdot \vec{a})$

$\Rightarrow 1 + 1 + 1 + 2(\vec{a} \cdot \vec{b} + \vec{b} \cdot \vec{c} + \vec{c} \cdot \vec{a}) = 0$

$(\because |\vec{a}| = |\vec{b}| = |\vec{c}| = 1)$

$\Rightarrow 3 + 2(\vec{a} \cdot \vec{b} + \vec{b} \cdot \vec{c} + \vec{c} \cdot \vec{a}) = 0$

$\Rightarrow \vec{a} \cdot \vec{b} + \vec{b} \cdot \vec{c} + \vec{c} \cdot \vec{a} = -\frac{3}{2}$

9. (b) दिया है, $\vec{a} \cdot \vec{b} = 0$

तब, या तो $|\vec{a}| = 0$ या फिर $|\vec{b}| = 0$ या $\vec{a} \perp \vec{b}$ (इस स्थिति में $\vec{a}$ तथा $\vec{b}$ शून्येत्तर सदिश होंगे) तथा यदि $\vec{a} \times \vec{b} = 0$, तब या तो $|\vec{a}| = 0$ या $|\vec{b}| = 0$ या $\vec{a} \parallel \vec{b}$ (इस स्थिति में $\vec{a}$ व $\vec{b}$ शून्येत्तर सदिश होंगे) परन्तु $\vec{a}$ तथा $\vec{b}$ एकसाथ परस्पर लम्बवत् या समान्तर नहीं हो सकते हैं।

अतः $|\vec{a}| = 0$ या $|\vec{b}| = 0$

10. (d) माना XY- तल में OP, X- अक्ष से 30°, Y-अक्ष से 60° तथा Z- अक्ष से 90° का कोण बनाता है।

अतः OP सदिश की दिक् कोज्याएँ $\cos 30°, \cos 60°$ तथा $\cos 90°$ हैं।

अर्थात् $\frac{\sqrt{3}}{2}, \frac{1}{2}, 0$ अतः $\overrightarrow{OP} = \frac{\sqrt{3}}{2}\hat{i} + \frac{1}{2}\hat{j}$

$|\overrightarrow{OP}| = \sqrt{\left(\frac{\sqrt{3}}{2}\right)^2 + \left(\frac{1}{2}\right)^2}$

$= \sqrt{\frac{3}{4} + \frac{1}{4}} = \sqrt{1} = 1$

जोकि XY-तल में अभीष्ट मात्रक सदिश हैं।

11. (c) दिए गए सदिश $\vec{a} = 2\hat{i} + 3\hat{j} - \hat{k}$ तथा $\vec{b} = \hat{i} - 2\hat{j} + \hat{k}$ हैं।

माना $\vec{c}$, सदिश $\vec{a}$ तथा $\vec{b}$ का परिणामी सदिश है।

$\therefore \quad \vec{c} = \vec{a} + \vec{b} = (2\hat{i} + 3\hat{j} - \hat{k}) + (\hat{i} - 2\hat{j} + \hat{k})$

$\Rightarrow \vec{c} = 3\hat{i} + \hat{j} + 0\hat{k}$

उपरोक्त की तुलना $\vec{X} = x\hat{i} + y\hat{j} + z\hat{k}$ से करने पर,

$\therefore |\vec{c}| = \sqrt{x^2 + y^2 + z^2} = \sqrt{3^2 + 1^2}$

$= \sqrt{9 + 1} = \sqrt{10}$

इकाई सदिश $\vec{c}$ को दिशा में

$= \hat{c} = \frac{\vec{c}}{|\vec{c}|} = \frac{3\hat{i} + \hat{j}}{\sqrt{10}}$ इस प्रकार, सदिश का परिमाण 5 इकाई है। और यह समान्तर है।

सदिश $\vec{a}$ और $\vec{b}$ के परिणामी

$\pm 5\hat{i} = \pm 5\frac{1}{\sqrt{10}}(3\hat{i} + \hat{j})$

$= \pm \frac{3\sqrt{10}}{2}\hat{i} \pm \frac{\sqrt{10}}{2}\hat{j}$

12. (a) दिया है कि,

$\overrightarrow{OP} = 2\vec{a} + \vec{b}, \overrightarrow{OQ} = \vec{a} - 3\vec{b}$

यदि एक बिन्दु P तथा Q से मिलाने वाली रेखा को $m : n$ के अनुपात में बाह्य विभाजित करता है, तब बिन्दु का स्थिति सदिश

$$= \frac{m(\text{बिन्दु } Q \text{ का स्थिति सदिश}) - n(\text{बिन्दु } n \text{ का स्थिति सदिश})}{m - n}$$

होता है। यहाँ दिया हुआ है कि दो बिन्दु P तथा Q को मिलाने वाली रेखाखण्ड एक बिन्दु R को $1 : 2$ के अनुपात में बाह्य विभाजन करता है। तब, सूत्र का प्रयोग करने पर,

बिन्दु R का स्थिति सदिश

$= \frac{(\vec{a} - 3\vec{b}) \times 1 - (2\vec{a} + \vec{b}) \times 2}{1 - 2}$

$= 3\vec{a} + 5\vec{b}$

अब, RQ के मध्य-बिन्दु का स्थिति सदिश

$= \frac{\overrightarrow{OQ} + \overrightarrow{OR}}{2} = 2\vec{a} + \vec{b}$

जोकि बिन्दु P का भी स्थिति सदिश है।

$P = 2\vec{a} + \vec{b}$

यह दर्शाता है कि रेखाखण्ड RQ का मध्य-बिन्दु P है।

13. (c) एक सदिश, जो $\vec{a}$ तथा $\vec{b}$ सदिश के लम्बवत् हैं, निश्चित रूप से $\vec{a} \times \vec{b}$ के समान्तर होगा।

अब, $\vec{a} \times \vec{b} = \begin{vmatrix} \hat{i} & \hat{j} & \hat{k} \\ 1 & 4 & 2 \\ 3 & -2 & 7 \end{vmatrix}$

$= \hat{i}(28 + 4) - \hat{j}(7 - 6) + \hat{k}(-2 - 12)$

$= 32\hat{i} - \hat{j} - 14\hat{k}$

माना $\vec{d} = \lambda(\vec{a} \times \vec{b}) = \lambda(32\hat{i} - \hat{j} - 14\hat{k})$

तथा $\quad \vec{c} \cdot \vec{d} = 15$

$\Rightarrow (2\hat{i} - \hat{j} + 4\hat{k}) \cdot \lambda(32\hat{i} - \hat{j} - 14\hat{k}) = 15$

$\Rightarrow 2 \times (32\lambda) + (-1) \times (-\lambda) + 4 \times (-14\lambda) = 15$

$\Rightarrow 64\lambda + \lambda - 56\lambda = 15$

$\Rightarrow \quad 9\lambda = 15$

$\Rightarrow \quad \lambda = \frac{15}{9} = \frac{5}{3}$

$\therefore$ अभीष्ट सदिश, $\vec{d} = \frac{5}{3}(32\hat{i} - \hat{j} - 14\hat{k})$

14. (a) माना

$\vec{a} = \hat{i} + \hat{j} + \hat{k}, \vec{b} = 2\hat{i} + 4\hat{j} - 5\hat{k}$

तथा $\vec{c} = \lambda\hat{i} + 2\hat{j} + 3\hat{k}$

अब, $\vec{b} + \vec{c} = 2\hat{i} + 4\hat{i} - 5\hat{k} + \lambda\hat{i} + 2\hat{j} + 3\hat{k}$

$= (2 + \lambda)\hat{i} \;\; 6\hat{j} - 2\hat{k}$

$\therefore |\vec{b} + \vec{c}| = \sqrt{(2 + \lambda)^2 + (6)^2 + (-2)^2}$

$= \sqrt{\lambda^2 + 4\lambda + 44}$

$(\vec{b} + \vec{c})$ के अनुदिश मात्रक सदिश

अर्थात् $\frac{\vec{b} + \vec{c}}{|\vec{b} + \vec{c}|} = \frac{(2 + \lambda)\hat{i} + 6\hat{j} - 2\hat{k}}{\sqrt{\lambda^2 + 4\lambda + 44}}$

उपरोक्त मात्रक सदिश का सदिश $(\hat{i} + \hat{j} + \hat{k})$ से अदिश गुणनफल 1 है।

$\therefore \quad (\hat{i} + \hat{j} + \hat{k}) \cdot \frac{\vec{b} + \vec{c}}{|\vec{b} + \vec{c}|} = 1$

$\Rightarrow (\hat{i} + \hat{j} + \hat{k}) \cdot \frac{(2 + \lambda)\hat{i} + 6\hat{j} - 2\hat{k}}{\sqrt{\lambda^2 + 4\lambda + 44}} = 1$

$\Rightarrow \quad \frac{1(2 + \lambda) + 1(6) + 1(-2)}{\sqrt{\lambda^2 + 4\lambda + 44}} = 1$

$\Rightarrow \quad \lambda = 1$

अतः λ का मान 1 है।

15. (b) $(\vec{a} + \vec{b}) \cdot (\vec{a} + \vec{b})$ का विस्तार करने के लिए $\vec{a} \cdot \vec{a} = |\vec{a}|^2, \vec{b} \cdot \vec{b} = |\vec{a}|^2$ तथा $\vec{a} \cdot \vec{b} = \vec{b} \cdot \vec{a}$ का प्रयोग करते हैं।

दिया है, $\quad (\vec{a} + \vec{b}) \cdot (\vec{a} + \vec{b}) = |\vec{a}|^2 + |\vec{b}|^2$

$\Rightarrow \vec{a} \cdot (\vec{a} + \vec{b}) + \vec{b} \cdot (\vec{a} + \vec{b}) = |\vec{a}|^2 + |\vec{b}|^2$

$\Rightarrow \vec{a} \cdot \vec{a} + \vec{a} \cdot \vec{b} + \vec{b} \cdot \vec{a} + \vec{b} \cdot \vec{b} = |\vec{a}|^2 + |\vec{b}|^2$

$\Rightarrow |\vec{a}|^2 + 2\vec{a} \cdot \vec{b} + |\vec{b}|^2 = |\vec{a}|^2 + |\vec{b}|^2$

$2\vec{a} \cdot \vec{b} = 0$

$[\because \vec{a} \cdot \vec{b} = \vec{b} \cdot \vec{a}]$

($\because$ अदिश गुणन क्रमविनिमय है।)

$\Rightarrow \quad \vec{a} \cdot \vec{b} = 0$

$\therefore \vec{a}$ तथा $\vec{b}$ लम्बवत् हैं।

(दिया गया है, $\vec{a} \neq 0, \vec{b} \neq 0$)

16. (*d*) माना दिया गया बिन्दु $A(-1, -1, 2)$, $B(2, m, 5)$ तथा $C(3, 11, 6)$,

तब $\vec{AB} = (2+1)\hat{i} + (m+1)\hat{j} + (5-2)\hat{k}$

$= 3\hat{i} + (m+1)\hat{j} + 3\hat{k}$

तथा $\vec{AC} = (3+1)\hat{i} + (11+1)\hat{j} + (6-2)\hat{k}$

$= 4\hat{i} + 12\hat{j} + 4\hat{k}$

चूँकि A, B, C संरेखीय है, दिया है,

$\vec{AB} = \lambda \vec{AC}$, अर्थात्

$\{3\hat{i} + (m+1)\hat{j} + 3\hat{k}\} = \lambda(4\hat{i} + 12\hat{j} + 4\hat{k})$

$\Rightarrow 3 = 4\lambda$ तथा $m + 1 = 12\lambda$

$\therefore m = 8$

17. (*b*) दिया है,

$\lambda\vec{b} + \vec{c} = \lambda(\hat{i} + \hat{j} - 2\hat{k}) + (\hat{i} + 3\hat{j} - \hat{k})$

$= (\lambda+1)\hat{i} + (\lambda+3)\hat{j} - (2\lambda+1)\hat{k}$

$\because \vec{a} \perp (\lambda\vec{b} + \vec{c}), \vec{a} \cdot (\lambda\vec{b} + \vec{c}) = 0$

$\Rightarrow (2\hat{i} - \hat{j} + \hat{k}) \cdot [(\lambda+1)\hat{i} + (\lambda+3)\hat{j} - (2\lambda+1)\hat{k}] = 0$

$\Rightarrow \quad 2(\lambda+1) - (\lambda+3) - (2\lambda+1) = 0$

$\Rightarrow \quad \lambda = -2$

18. (*a*) माध्यिका $\vec{AD}$ दी गई है

$$|\vec{AD}| = \frac{1}{2}|3\hat{i} + \hat{j} + 5\hat{k}| = \frac{\sqrt{34}}{2}$$

19. (*a*) सदिश $\vec{a}$ पर $\vec{b}$ का प्रक्षेप

$$\frac{\vec{a} \cdot \vec{b}}{|\vec{a}|} = \frac{(2\hat{i} - \hat{j} + \hat{k}) \cdot (\hat{i} + 2\hat{j} + 2\hat{k})}{\sqrt{1+4+4}} = \frac{2}{3}$$

20. (*d*) दिया है, $\vec{OA} = \vec{a}$ तथा $\vec{OB} = \vec{b}$

माना $\vec{c}$ पर स्थिति सदिश है

पुनः दिया है, $\vec{BC} = 1.5\,\vec{BA}$

$\Rightarrow \quad \vec{OC} - \vec{OB} = 1.5\,(\vec{OA} - \vec{OB})$

$\Rightarrow \quad \vec{c} - \vec{b} = 1.5(\vec{a} - \vec{b})$

$\Rightarrow \quad \vec{c} = 1.5\,\vec{a} - 1.5\vec{b} + \vec{b}$

$\Rightarrow \quad \vec{c} = 1.5\vec{a} - 0.5\,\vec{b}$

$\therefore \quad \vec{c} = 0.5\,(3\vec{a} - \vec{b})$

21. (*b*) दिया है कि, $\vec{a} = 3\hat{i} + \hat{j} + 2\hat{k}$

तथा $\quad \vec{b} = 2\hat{i} - 2\hat{j} + 4\hat{k}$

माना θ इनके बीच का कोण है

$$\therefore \cos\theta = \frac{\vec{a} \cdot \vec{b}}{|\vec{a}||\vec{b}|}$$

$$= \frac{(3\hat{i} + \hat{j} + 2\hat{k} \cdot (2\hat{i} - 2\hat{j} + 4\hat{k})}{\sqrt{9+1+4} \cdot \sqrt{4+4+16}}$$

$$= \frac{12}{4\sqrt{21}}$$

$$\therefore \sin\theta = \sqrt{1 - \cos^2\theta}$$

$$= \sqrt{1 - \frac{144}{336}} = \sqrt{\frac{192}{336}}$$

$$\Rightarrow \sin\theta = \frac{2}{\sqrt{7}}$$

22. (*a*) माना स्थिति सदिश A, B तथा C हैं

$\vec{OA} = \hat{i} + 2\hat{j} + 3\hat{k}, \vec{OB} = 2\hat{i} - \hat{j} + 4\hat{k}$

तथा $\quad \vec{OC} = 4\hat{i} + 5\hat{j} - \hat{k}$

अब, $\vec{AB} = \vec{OB} - \vec{OA} = (2\hat{i} - \hat{j} + 4\hat{k}) - (\hat{i} + 2\hat{j} + 3\hat{k})$

$= \hat{i} - 3\hat{j} + \hat{k}$

तथा $\vec{AC} = \vec{OC} - \vec{OA} = (4\hat{i} + 5\hat{j} - \hat{k}) - (\hat{i} + 2\hat{j} + 3\hat{k})$

$= 3\hat{i} + 3\hat{j} - 4\hat{k}$

ΔABC का क्षेत्रफल $= \frac{1}{2}|\vec{AB} \times \vec{AC}|$

$= \frac{1}{2}|(\hat{i} - 3\hat{j} + \hat{k}) \times (3\hat{i} + 3\hat{j} - 4\hat{k})|$

$$= \frac{1}{2}\begin{vmatrix} \hat{i} & \hat{j} & \hat{k} \\ 1 & -3 & 1 \\ 3 & 3 & -4 \end{vmatrix}$$

$= \frac{1}{2}|\hat{i}(12-3) - \hat{j}(-4-3) + \hat{k}(3+9)|$

$= \frac{1}{2}|9\hat{i} + 7\hat{j} + 12\hat{k}|$

$$= \frac{1}{2}\sqrt{81 + 49 + 144} = \frac{1}{2}\sqrt{274} = \sqrt{\frac{137}{2}}$$

23. (*d*) माना $\vec{a} = a_1\hat{i} + a_2\hat{j} + a_3\hat{k}$

अब, $(\vec{a} \times \hat{i}) = (a_1\hat{i} + a_2\hat{j} + a_3\hat{k}) \times \hat{i}$

$$= \begin{vmatrix} \hat{i} & \hat{j} & \hat{k} \\ a_1 & a_2 & a_3 \\ 1 & 0 & 0 \end{vmatrix} = a_3\hat{j} - a_2\hat{k}$$

इसी प्रकार,

$(\vec{a} \times \hat{j}) = (a_1\hat{i} + a_2\hat{j} + a_3\hat{k}) \times \hat{j}$

$= a_1\hat{k} - a_3\hat{i}$

तथा $(\vec{a} \times \hat{k}) = (a_1\hat{i} + a_2\hat{j} + a_3\hat{k}) \times \hat{k}$

$= -a_1\hat{j} + a_2\hat{i}$

अब, $(\vec{a} \times \hat{i})^2 = (\vec{a} \times \hat{i}) \cdot (\vec{a} \times \hat{i})$

$= (a_3\hat{j} - a_2\hat{k}) \cdot (a_3\hat{j} - a_2\hat{k})$

$= a_3^2 + a_2^2$

$(\vec{a} \times \hat{j})^2 = a_1^2 + a_3^2$

तथा $\quad (\vec{a} \times \hat{k})^2 = a_1^2 + a_2^2$

$\therefore (\vec{a} \times \hat{i})^2 + (\vec{a} \times \hat{j})^2 + (\vec{a} \times \hat{k})^2$

$= a_3^2 + a_2^2 + a_1^2 + a_3^2 + a_1^2 + a_2^2$

$= 2(a_1^2 + a_2^2 + a_3^2)$

$= 2(a_1\hat{i} + a_2\hat{j} + a_3\hat{k}) \cdot (a_1\hat{i} + a_2\hat{j} + a_3\hat{k})$

$= 2\vec{a} \cdot \vec{a} = 2\vec{a}^2$

24. (*d*) दिया है, $|\vec{a}| = 10, |\vec{b}| = 2$

तथा $\vec{a} \cdot \vec{b} = 12$

$\because \quad \vec{a} \cdot \vec{b} = |\vec{a}||\vec{b}|\cos\theta$

$\Rightarrow \quad 12 = 10 \times 2 \cdot \cos\theta$

$\Rightarrow \quad \cos\theta = \frac{3}{5} \quad \ldots(i)$

$\vec{a} \times \vec{b} = |\vec{a}||\vec{b}|\sin\theta \cdot \hat{n}$

$\Rightarrow \quad |\vec{a} \times \vec{b}| = |\vec{a}||\vec{b}||\sin\theta| \cdot |\hat{n}|$

$(\because |\hat{n}| = 1)$

$\Rightarrow \quad |\vec{a} \times \vec{b}| = 10 \cdot 2 \cdot |\sqrt{1 - \cos^2\theta}| \cdot 1$

$= 20 \cdot |\sqrt{1 - 9/25}|$

$$= 20 \times \left|\sqrt{\frac{16}{25}}\right| = 20 \times \frac{4}{5}$$

$\Rightarrow \quad |\vec{a} \times \vec{b}| = 16$

25. (*b*) इकाई लम्बाई के सदिश $\vec{a}$ तथा $\vec{b}$ के लम्बवत् है

$$= \pm \frac{\vec{a} \times \vec{b}}{|\vec{a} \times \vec{b}|}$$

$$= \pm \frac{(2\hat{i} + \hat{j} + 2\hat{k}) \times (\hat{j} + \hat{k})}{|(2\hat{i} + \hat{j} + 2\hat{k}) \times (\hat{j} + \hat{k})|}$$

$$= \pm \frac{1}{3}(-\hat{i} - 2\hat{j} + 2\hat{k})$$

$\therefore$ अभिष्ट सदिशों की संख्या 2 है।

26. (*d*) $\because \vec{a} \cdot \vec{b} = |\vec{a}||\vec{b}|\cos\frac{5\pi}{6}$

$$= -\frac{|\vec{a}||\vec{b}|\sqrt{3}}{2}$$

$$\therefore \quad -\frac{6}{\sqrt{3}} = -\frac{|\vec{a}||\vec{b}|\sqrt{3}}{2|\vec{b}|} \text{ (प्रश्नानुसार)}$$

$$\Rightarrow \quad |\vec{a}| = \frac{6 \times 2}{3} = 4$$

27. (*d*) $\because |\vec{a} \times \vec{b}| = 4$

$\Rightarrow ||\vec{a}||\vec{b}|\sin\theta\hat{n}| = 4$

$\Rightarrow \quad ||\vec{a}||\vec{b}|\sin\theta| = 4 \quad [\because |n| = 1] \ldots(i)$

तथा $\quad |\vec{a} \cdot \vec{b}| = 2$

$\Rightarrow \quad ||\vec{a}||\vec{b}|\cos\theta| = 2$

वर्ग करने के पश्चात् समी (i) व (ii) से,

$|\vec{a}|^2|\vec{b}|^2\sin^2\theta + |\vec{a}|^2|\vec{b}|^2\cos^2\theta = 4^2 + 2^2$

$\Rightarrow \quad |\vec{a}|^2|\vec{b}|^2(\sin^2\theta + \cos^2\theta) = 16 + 4$

$\Rightarrow \quad |\vec{a}|^2|\vec{b}|^2 = 20$

अध्याय 11

त्रिविमीय ज्यामिति

Three Dimensional Geometry

रेखा की दिक् कोज्याएँ

हम जानते हैं कि एक सदिश रेखा (माना L), जोकि मूलबिन्दु से होकर गुजरती है तथा X, Y व Z-अक्षों के साथ क्रमशः α, β तथा γ कोण बनाती है, जिन्हें दिक् कोण कहते हैं, तब इन कोणों के कोज्या मानों अर्थात् $\cos\alpha, \cos\beta$ तथा $\cos\gamma$ को सदिश रेखा L (या $\overrightarrow{OA}$) की दिक् कोज्याएँ (Directions cosines or DC's) कहते हैं। दिक् कोज्याओं को सामन्यतया l, m तथा n द्वारा प्रदर्शित करते हैं।

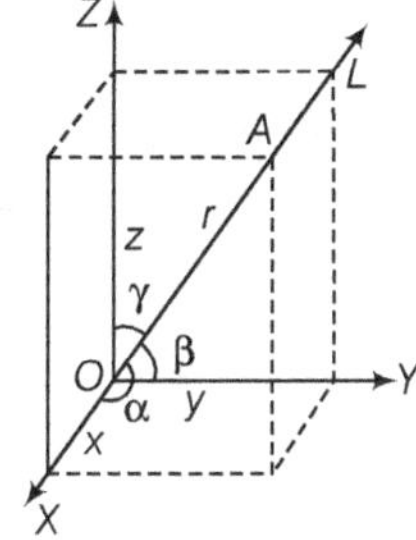

अतः $l = \cos\alpha, m = \cos\beta, n = \cos\gamma$

साथ ही दिक् कोज्याओं में निम्न सम्बन्ध होता है

$$l^2 + m^2 + n^2 = \cos^2\alpha + \cos^2\beta + \cos^2\gamma = 1$$

दो बिन्दुओं से होकर जाने वाली रेखा की दिक् कोज्याएँ

जैसा कि हम जानते हैं कि दो बिन्दुओं से केवल एक रेखा गुजर सकती है। इस प्रकार, बिन्दुओं $A(x_1, y_1, z_1)$ तथा $B(x_2, y_2, z_2)$ से गुजरने वाली रेखा की दिक् कोज्याएँ निम्न होंगी

$$\frac{x_2 - x_1}{AB}, \frac{y_2 - y_1}{AB}, \frac{z_2 - z_1}{AB}$$

जहाँ, $AB = \sqrt{(x_2 - x_1)^2 + (y_2 - y_1)^2 + (z_2 - z_1)^2}$

रेखा के दिक् अनुपात

किसी रेखा की दिक् कोज्याओं के समानुपाती तीन संख्याएँ उस रेखा के दिक् अनुपात कहलाते हैं अर्थात् ऐसी तीन वास्तविक संख्याएँ a, b तथा c, जो किसी रेखा की दिक् कोज्याओं l, m तथा n के समानुपाती हैं, उस रेखा के दिक् अनुपात कहलाती हैं।

अर्थात् $\frac{l}{a} = \frac{m}{b} = \frac{n}{c} = k$ (माना), जहाँ k एक अचर राशि है।

$\therefore$ रेखा की दिक् कोज्याएँ निम्नवत् हैं

$$l = ak = \pm \frac{a}{\sqrt{a^2 + b^2 + c^2}}, m = bk = \pm \frac{b}{\sqrt{a^2 + b^2 + c^2}}$$

तथा $$n = ck = \pm \frac{c}{\sqrt{a^2 + b^2 + c^2}}$$

जहाँ, सभी धनात्मक या सभी ऋणात्मक चिह्नों को लिया जा सकता है।

दो बिन्दुओं से होकर जाने वाली रेखा के दिक् अनुपात

दो बिन्दुओं $P(x_1, y_1, z_1)$ तथा $Q(x_2, y_2, z_2)$ से गुजरने वाली रेखा के दिक् अनुपात $x_2 - x_1, y_2 - y_1$ तथा $z_2 - z_1$ होते हैं।

तीन बिन्दुओं के संरेखीय होने का प्रतिबन्ध

माना अन्तरिक्ष में तीन बिन्दु $A(x_1, y_1, z_1)$, $B(x_2, y_2, z_2)$ तथा $C(x_3, y_3, z_3)$ हैं, तब बिन्दुओं A तथा B, B तथा C को मिलाने वाली रेखा के दिक् अनुपात क्रमशः $x_2 - x_1, y_2 - y_1, z_2 - z_1$ तथा $x_3 - x_2, y_3 - y_2, z_3 - z_2$ होंगे। यदि AB तथा BC के दिक् अनुपात, समानुपात में हैं, तब ये बिन्दु संरेखीय (Collinear) होंगे, अन्यथा नहीं।

एक दिए गए बिन्दु से होकर जाने वाली तथा एक सदिश के समान्तर रेखा का समीकरण

सदिश रूप

बिन्दु A से होकर जाने वाली और सदिश $\vec{b}$ के समान्तर रेखा का समीकरण

$$\vec{r} = \vec{a} + \lambda\vec{b}$$

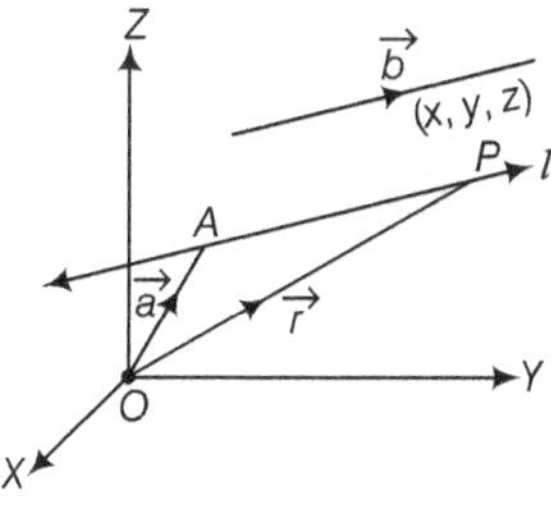

है। यदि दिया गया बिन्दु मूलबिन्दु है अर्थात् रेखा मूलबिन्दु से होकर जाती है तथा सदिश $\vec{b}$ के समान्तर है, तब रेखा का समीकरण $\vec{r} = \lambda\vec{b}$ है।

तथा सदिश गुणन के रूप में रेखा का समीकरण $\vec{r}\times\vec{b} = \vec{a}\times\vec{b}$ है।

कार्तीय रूप

यदि रेखा के दिक् अनुपात a, b, c हैं तथा रेखा बिन्दु $A(x_1, y_1, z_1)$ से होकर जाती है, तब रेखा का कार्तीय समीकरण $\frac{x - x_1}{a} = \frac{y - y_1}{b} = \frac{z - z_1}{c}$

जहाँ, $P(x, y, z)$ रेखा पर स्थित कोई बिन्दु है।

चूँकि किसी रेखा की दिक् कोज्याएँ दिक् अनुपात के समानुपातिक होती हैं, तब बिन्दु (x_1, y_1, z_1) से होकर जाने वाली रेखा का समीकरण, जिसकी दिक् कोज्याएँ l, m, n हैं, $\frac{x - x_1}{l} = \frac{x - x_2}{m} = \frac{x - x_0}{n}$

यदि रेखा मूलबिन्दु से होकर जाती है और इसके दिक् अनुपात (a, b, c) हैं, तब रेखा का समीकरण $\frac{x}{a} = \frac{y}{b} = \frac{z}{c}$ होगा।

दो दिए गए बिन्दुओं से होकर जाने वाली रेखा का समीकरण

सदिश रूप

बिन्दु A और B जिनके स्थिति सदिश क्रमशः $\vec{a}$ और $\vec{b}$ हैं, से होकर जाने वाली रेखा का सदिश रूप में समीकरण निम्न है

$$\vec{r} = \vec{a} + \lambda(\vec{b} - \vec{a}) \text{ या } \vec{r} = (1 - \lambda)\vec{a} + \lambda\vec{b}$$

जहाँ, λ एक अदिश राशि है।

सदिश गुणन के रूप में रेखा का समीकरण $\vec{r}\times(\vec{b}-\vec{a})=\vec{a}\times\vec{b}$

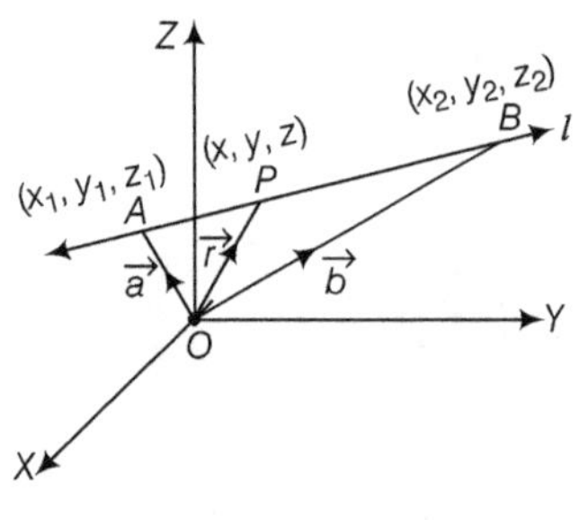

कार्तीय रूप

दो बिन्दुओं $A(x_1, y_1, z_1)$ तथा $B(x_2, y_2, z_2)$ से होकर जाने वाली रेखा का समीकरण निम्न है

$$\frac{x-x_1}{x_2-x_1}=\frac{y-y_1}{y_2-y_1}=\frac{z-z_1}{z_2-z_1}$$

जहाँ, $P(x, y, z)$ रेखा पर स्थित कोई बिन्दु है।

दो रेखाओं के बीच का कोण

सदिश रूप

माना अन्तरिक्ष में दो रेखाएँ L_1 तथा L_2 हैं जिनके सदिश समीकरण निम्न हैं

$$\vec{r}=\vec{a}_1+\lambda\vec{b}_1 \quad \text{...(i)}$$

तथा $$\vec{r}=\vec{a}_2+\lambda\vec{b}_2 \quad \text{...(ii)}$$

ये दोनों रेखाएँ क्रमशः सदिश $\vec{b}_1$ तथा $\vec{b}_2$ के समान्तर हैं। अतः इनके मध्य कोण, सदिश $\vec{b}_1$ तथा $\vec{b}_2$ के मध्य कोण के बराबर होगा।

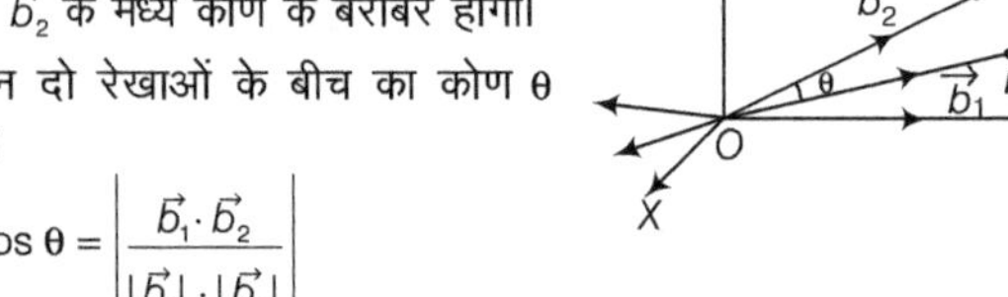

यदि इन दो रेखाओं के बीच का कोण θ हो, तब

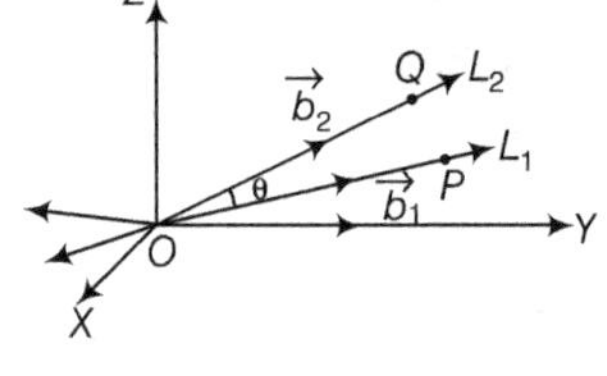

$$\cos\theta=\left|\frac{\vec{b}_1\cdot\vec{b}_2}{|\vec{b}_1|\cdot|\vec{b}_2|}\right|$$

कार्तीय रूप

माना दो रेखाएँ L_1 तथा L_2 हैं जिनके समीकरण निम्न हैं

$$\frac{x-x_1}{a_1}=\frac{y-y_1}{b_1}=\frac{z-z_1}{c_1} \quad \text{...(i)}$$

तथा $$\frac{x-x_2}{a_2}=\frac{y-y_2}{b_2}=\frac{z-z_2}{c_2} \quad \text{...(ii)}$$

जहाँ, a_1, b_1, c_1 तथा a_2, b_2, c_2 क्रमशः रेखाओं L_1 तथा L_2 के दिक् अनुपात हैं यदि दोनों रेखाओं के बीच का कोण θ हो, तब

$$\cos\theta=\frac{|a_1a_2+b_1b_2+c_1c_2|}{\sqrt{a_1^2+b_1^2+c_1^2}\sqrt{a_2^2+b_2^2+c_2^2}}$$

यदि रेखाओं L_1 और L_2 की दिक् कोज्याएँ क्रमशः l_1, m_1, n_1 तथा l_2, m_2, n_2 हैं, तब

$$\cos\theta=|l_1l_2+m_1m_2+n_1n_2|$$

तथा $$\sin\theta=\sqrt{(l_1m_2-l_2m_1)^2-(m_1n_2-m_2n_1)^2+(n_1l_2-n_2l_1)^2}$$

दो विषमतलीय रेखाओं के बीच न्यूनतम दूरी

यदि दो रेखाएँ न तो प्रतिच्छेदी और न ही समान्तर होती हों, इस प्रकार की रेखाएँ असमतलीय होती हैं तथा इन्हें विषमतलीय रेखाएँ कहते हैं।

सदिश रूप

माना दो विषमतलीय रेखाएँ क्रमशः L_1 तथा L_2 क्रमशः $\vec{r}=\vec{a}_1+\lambda\vec{b}_1$ तथा $\vec{r}=\vec{a}_2+\mu\vec{b}_2$ है जिनके बीच की न्यूनतम दूरी

$$\Rightarrow \quad PQ=\left|\frac{(\vec{a}_2-\vec{a}_1)\cdot(\vec{b}_1\times\vec{b}_2)}{|\vec{b}_1\times\vec{b}_2|}\right|$$

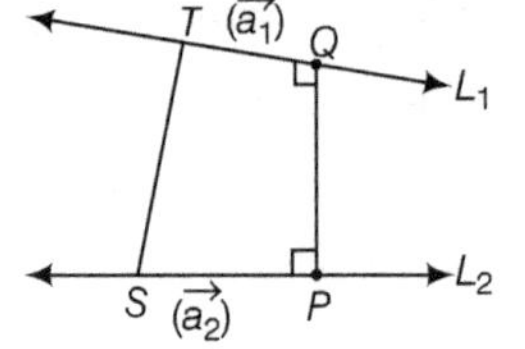

कार्तीय रूप

माना दो विषमतलीय रेखाओं के समीकरण निम्न हैं

$$\frac{x-x_1}{a_1}=\frac{y-y_1}{b_1}=\frac{z-z_1}{c_1} \text{ तथा } \frac{x-x_2}{a_2}=\frac{y-y_2}{b_2}=\frac{z-z_2}{c_2}$$

इन रेखाओं के सदिश समीकरण $\vec{r}=a_1+\lambda b_1$ तथा $\vec{r}=\vec{a}_2+\mu\vec{b}_2$ हैं जिनके बीच की न्यूनतम दूरी

$$\therefore \text{ न्यूनतम दूरी} =\left|\frac{(\vec{a}_2-\vec{a}_1)\cdot(\vec{b}_1\times\vec{b}_2)}{|\vec{b}_1\times\vec{b}_2|}\right|$$

$$\Rightarrow \text{ न्यूनतम दूरी} =\frac{\begin{vmatrix} x_2-x_1 & y_2-y_1 & z_2-z_1 \\ a_1 & b_1 & c_1 \\ a_2 & b_2 & c_2 \end{vmatrix}}{\sqrt{(b_1c_2-b_2c_1)^2+(c_1a_2-c_2a_1)^2+(a_1b_2-a_2b_1)^2}}$$

समान्तर रेखाओं के बीच की दूरी

यदि दो समान्तर रेखाएँ क्रमशः L_1 तथा L_2 हैं, तब स्पष्टतः ये रेखाएँ एकसमतलीय होंगी।

माना $L_1:\vec{r}=\vec{a}_1+\lambda\vec{b}$ तथा $L_2:\vec{r}=\vec{a}_2+\mu\vec{b}$

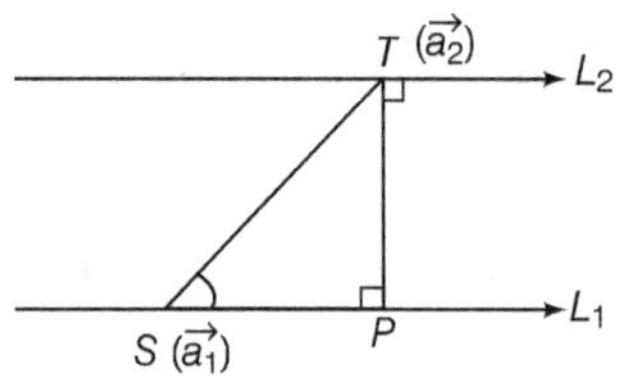

उपरोक्त चित्र से, समान्तर रेखाओं L_1 तथा L_2 के बीच न्यूनतम दूरी TP होगी।

अतः दो समान्तर रेखाओं के बीच की न्यूनतम दूरी,

$$\text{SD या } d=|\vec{PT}|=\left|\frac{|\vec{b}\times(\vec{a}_2-\vec{a}_1)|}{|\vec{b}|}\right|$$

अभिलम्ब रूप में समतल का समीकरण

माना ABC एक समतल तथा ON दिए गए समतल पर अभिलम्ब रेखा है।

सदिश रूप

समतल का समीकरण, जोकि मूलबिन्दु से $d\ (\neq 0)$ लम्बवत् दूरी पर है तथा जिसका समतल से एकांक सदिश $\hat{n}$ है, निम्नवत् होगा

$$\vec{r}\cdot\hat{n}=d \quad \text{...(i)}$$

जहाँ, $\vec{r}$ समतल पर स्थित किसी बिन्दु P का स्थिति सदिश तथा $\hat{n}$ एकांक अभिलम्ब सदिश $\left[\text{अर्थात् } \hat{n}=\frac{\vec{n}}{|\vec{n}|}\right]$ है।

कार्तीय रूप

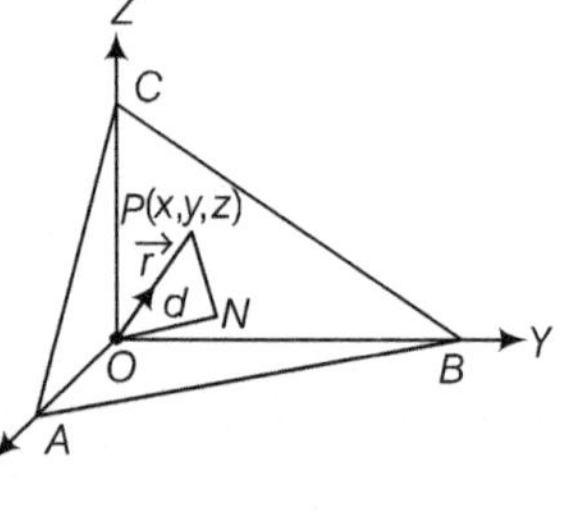

माना समतल पर कोई बिन्दु $P(x, y, z)$ है।

तब, $\vec{OP}=\vec{r}=x\hat{i}+y\hat{j}+z\hat{k}$

माना अभिलम्ब $\hat{n}$ की दिक् कोज्याएँ क्रमशः l, m तथा n हैं।

तब, $\hat{n}=l\hat{i}+m\hat{j}+n\hat{k}$

समी (ii) में $\vec{r}$ तथा $\hat{n}$ के मान रखने पर,

$(x\hat{i}+y\hat{j}+z\hat{k})(l\hat{i}+m\hat{j}+n\hat{k})=d \Rightarrow lx+my+nz=d$

जोकि अभिलम्ब रूप में समतल का कार्तीय समीकरण है।

यदि अभिलम्ब $\hat{n}$ के दिक् अनुपात क्रमशः a, b, c हैं, तब $\hat{n} = a\hat{i} + b\hat{j} + c\hat{k}$

समी (ii) से, $(x\hat{i} + y\hat{j} + z\hat{k})\cdot(a\hat{i} + b\hat{j} + c\hat{k}) = d$

$\Rightarrow \quad ax + by + cz = d$

परन्तु, यहाँ d मूलबिन्दु से समतल की लम्बवत् दूरी को प्रदर्शित नहीं करता है।

एक दिए गए सदिश के अनुलम्ब तथा दिए गए बिन्दु से होकर जाने वाले समतल का समीकरण

सदिश रूप

माना कोई समतल बिन्दु A से होकर जाता है, जिसका स्थिति सदिश $\vec{a}$ है तथा सदिश $\vec{n}$ पर लम्ब है।

माना समतल पर कोई बिन्दु P है, जिसका स्थिति सदिश $\vec{r}$ है।

चूँकि $\overrightarrow{AP}$ समतल पर स्थित है तथा $\vec{n}$ समतल पर लम्ब है।

$\therefore \quad \overrightarrow{AP}\cdot\vec{n} = 0$

$\Rightarrow \quad (\vec{r} - \vec{a})\cdot\vec{n} = 0 \quad$ ...(i)

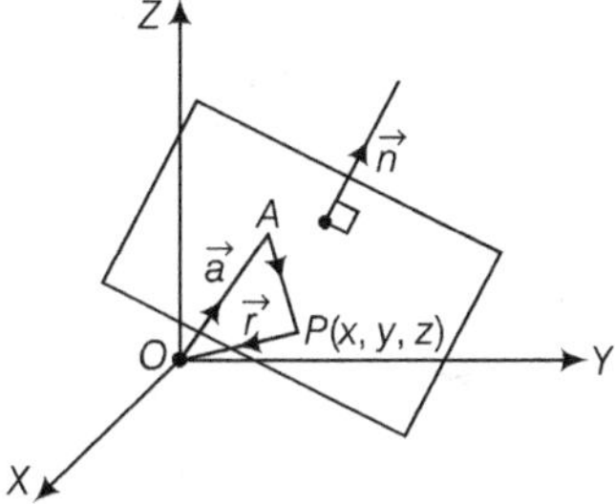

कार्तीय रूप

बिन्दु $A(x, y, z)$ से होकर जाने वाले तथा रेखा (सदिश), जिसके दिक् अनुपात a, b, c हैं, के लम्बवत् समतल का कार्तीय समीकरण निम्न है

$$a(x - x_1) + b(y - y_1) + c(z - z_1) = 0$$

इसे हम समतल के समीकरण का एकक बिन्दु रूप (One point form) भी कह सकते हैं।

तीन अंसरेखीय बिन्दुओं से होकर जाने वाले समतल का समीकरण

सदिश रूप

माना समतल पर तीन असंरेखीय बिन्दु R, S, T हैं, जिनके मूलबिन्दु के सापेक्ष स्थिति सदिश $\vec{a}, \vec{b}$ तथा $\vec{c}$ हैं एवं समतल पर कोई बिन्दु P है, जिसका स्थिति $\vec{r}$ है

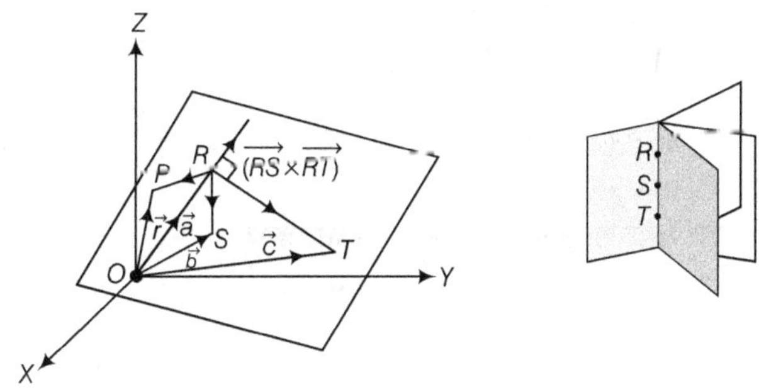

तब, समतल का समीकरण $(\vec{r}-\vec{a})\cdot[(\vec{b}-\vec{a})\times(\vec{c}-\vec{a})] = 0$

या $\vec{r}\cdot(\vec{b}\times\vec{c}+\vec{c}\times\vec{a}+\vec{a}\times\vec{b}) = [\vec{a}\ \vec{b}\ \vec{c}]$

कार्तीय रूप

तीन असंरेखीय बिन्दुओं $R(x_1, y_1, z_1), S(x_2, y_2, z_2)$ तथा $T(x_3, y_3, z_3)$ से होकर जाने वाले समतल का कार्तीय समीकरण निम्न है

$$\begin{vmatrix} x - x_1 & y - y_1 & z - z_1 \\ x_2 - x_1 & y_2 - y_1 & z_2 - z_1 \\ x_3 - x_1 & y_3 - y_1 & z_3 - z_1 \end{vmatrix} = 0$$

जहाँ, $P(x, y, z)$ समतल पर कोई बिन्दु है।

अन्त:खण्ड रूप में समतल का समीकरण

समतल का समीकरण, जिसके निर्देशांक अक्षों X, Y और Z पर कटे अन्त:खण्डों की लम्बाइयाँ क्रमशः a, b और c हैं, निम्न होगा

$$\frac{x}{a} + \frac{y}{b} + \frac{z}{c} = 1$$

Z

R(0, 0, c)

O

Y

Q(0, b, 0)

X P(a, 0, 0)

एक बिन्दु से जाने वाले तथा दो असमान्तर सदिशों के समान्तर समतल का समीकरण

माना समतल बिन्दु $\vec{a}$ से होकर जाता है तथा दो असमान्तर सदिश $\vec{b}$ व $\vec{c}$ के समान्तर है।

तब समतल का समीकरण $\vec{r} = \vec{a} + t\vec{b} + s\vec{c}$ (प्राचलिक रूप में)

तथा सदिश रूप में $\vec{r}\cdot(\vec{b}\times\vec{c}) = [\vec{a}\ \vec{b}\ \vec{c}]$

दो दिए गए समतलों के प्रतिच्छेदन से होकर जाने वाले समतल का समीकरण

सदिश रूप

माना दो प्रतिच्छेदी समतलों π_1, π_2 के समीकरण क्रमशः $\vec{r}\cdot\vec{n_1} = d_1$ तथा $\vec{r}\cdot\vec{n_2} = d_2$ हैं।

तब, इनके प्रतिच्छेदन से होकर जाने वाले समतल (π_3) का समीकरण निम्न है

$$(\vec{r}\cdot\vec{n_1} - d_1) + \lambda(\vec{r}\cdot\vec{n_2} - d_2) = 0 \quad \text{या} \quad \vec{r}\cdot(\vec{n_1} + \lambda\vec{n_2}) = d_1 + \lambda d_2$$

जहाँ, λ एक स्वेच्छ अचर है।

कार्तीय रूप

अतः समतलों $a_1x + b_1y + c_1z - d_1 = 0$ तथा $a_2x + b_2y + c_2z - d_2 = 0$ की प्रतिच्छेदन रेखा से जाने वाले समतल का समीकरण निम्न है

$$(a_1x + b_1y + c_1z - d_1) + \lambda(a_2x + b_2y + c_2z - d_2) = 0$$

या $(a_1 + \lambda a_2)x + (b_1 + \lambda b_2)y + (c_1 + \lambda c_2)z - d_1 + \lambda d_2 = 0$

जहाँ, λ एक स्वेच्छ अचर है।

एक दिए गए समतल के समान्तर समतल का समीकरण

सदिश रूप

समतल $\vec{r}\cdot\vec{n} = d_1$ के समान्तर समतल का समीकरण $\vec{r}\cdot\vec{n} = d_2$ होता है, जहाँ d_2 एक स्वेच्छ अचर है, जिसे दिए गए प्रतिबन्धों की सहायता से ज्ञात कर सकते हैं।

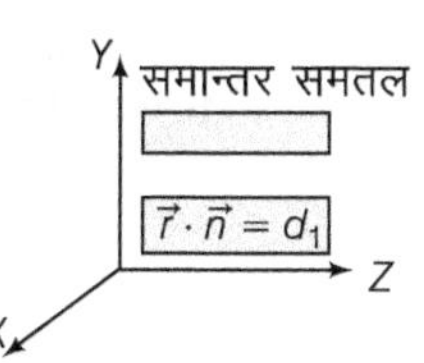

कार्तीय रूप

समतल $ax + by + cz + d_1 = 0$ के समान्तर समतल का समीकरण $ax + by + cz + d_2 = 0$ होता है, जहाँ d_2 एक स्वेच्छ अचर है, जिसे दिए गए प्रतिबन्धों की सहायता से ज्ञात कर सकते हैं।

दो समतलों के बीच का कोण

सदिश रूप

माना दो समतलों $\vec{r} \cdot \vec{n}_1 = d_1$ तथा $\vec{r} \cdot \vec{n}_2 = d_2$ के अभिलम्बों के बीच कोण θ है,

तब $\cos\theta = \left|\dfrac{\vec{n}_1 \cdot \vec{n}_2}{|\vec{n}_1||\vec{n}_2|}\right|$

कार्तीय रूप

माना दो समतल $a_1x + b_1y + c_1z + d_1 = 0$ ...(i)

तथा $a_2x + b_2y + c_2z + d_2 = 0$ ...(ii)

हैं तथा समतलों (i) तथा (ii) के अभिलम्ब क्रमशः $\vec{n}_1$ तथा $\vec{n}_2$ हैं।

तब, $\vec{n}_1 = a_1\hat{i} + b_1\hat{j} + c_1\hat{k}$ तथा $\vec{n}_2 = a_2\hat{i} + b_2\hat{j} + c_2\hat{k}$

पुनः माना समतलों के अभिलम्बों के बीच का कोण θ है तब,

$$\cos\theta = \frac{\vec{n}_1 \cdot \vec{n}_2}{|\vec{n}_1||\vec{n}_2|} \Rightarrow \cos\theta = \left|\frac{a_1a_2 + b_1b_2 + c_1c_2}{\sqrt{a_1^2 + b_1^2 + c_1^2}\sqrt{a_2^2 + b_2^2 + c_2^2}}\right|$$

समतल से दिए गए बिन्दु की दूरी

सदिश रूप

माना एक बिन्दु P, जिसका स्थिति सदिश $\vec{a}$ और एक समतल π_1, जिसका समीकरण $\vec{r} \cdot \vec{n}$ है, तब लम्बवत् दूरी $= \dfrac{|\vec{d} - \vec{a} \cdot \vec{n}|}{|\vec{n}|}$ या $\dfrac{|\vec{a} \cdot \vec{n} - d|}{|\vec{n}|}$

कार्तीय रूप

माना दिया गया बिन्दु $P(x_1, y_1, z_1)$ तथा दिए गए समतल का कार्तीय समीकरण $ax + by + cz = d$ है, तब लम्बवत् दूरी $= \left|\dfrac{ax_1 + by_1 + cz_1 - d}{\sqrt{a^2 + b^2 + c^2}}\right|$

समतल पर मूल बिन्दु से खीचें गए लम्ब के पाद के निर्देशांक

माना दिया गया समतल $ax + by + cz + d = 0$

समतल के दिक् अनुपात a, b, c हैं

समतल की मूलबिन्दु से दूरी $p = \dfrac{d}{\sqrt{a^2 + b^2 + c^2}}$

समतल की दिक् कोज्याएँ

$$l = \frac{a}{\sqrt{a^2 + b^2 + c^2}}, m = \frac{b}{\sqrt{a^2 + b^2 + c^2}}, n = \frac{c}{\sqrt{a^2 + b^2 + c^2}}$$

तब मूलबिन्दु से, समतल पर खीचे गये लम्ब के पाद के निर्देशांक (lp, mp, np) होगें।

दो समान्तर समतलों के बीच की दूरी

माना दो दिए गए समान्तर समतल $ax + by + cz + d_1 = 0$ तथा $ax + by + cz + d_2 = 0$ हैं, तब एक समतल पर स्थित बिन्दु $P(x_1, y_1, z_1)$ से दूसरे समतल पर डाले गए लम्ब की माप दोनों समान्तर समतलों के बीच की दूरी होगी। अतः दोनों समान्तर समतलों के बीच की दूरी,

$$d = \left|\frac{d_1 - d_2}{\sqrt{a^2 + b^2 + c^2}}\right|$$

एक रेखा एवं एक समतल के बीच का कोण

एक रेखा और समतल के बीच का कोण रेखा और समतल के अभिलम्ब के बीच के कोण का पूरक (Complement) होता है।

सदिश रूप

माना दी गई रेखा का समीकरण $\vec{r} = \vec{a} + \lambda\vec{b}$ तथा समतल का समीकरण $\vec{r} \cdot \vec{n} = d$ है।

यहाँ रेखा, सदिश $\vec{b}$ के समान्तर है तथा समतल पर अभिलम्ब $\vec{n}$ है।

यदि रेखा और समतल के अभिलम्ब के बीच कोण θ हो, तब रेखा और समतल के बीच कोण,

$$\cos\theta = \left|\frac{\vec{b} \cdot \vec{n}}{|\vec{b}||\vec{n}|}\right|$$

माना रेखा तथा समतल के बीच का कोण ϕ है, तब यह $(90° - \theta)$ के बराबर होगा। अब,

$$\sin\phi = \sin(90° - \theta) = \cos\theta \Rightarrow \sin\phi = \cos\theta$$

$$\Rightarrow \quad \sin\phi = \left|\frac{\vec{b} \cdot \vec{n}}{|\vec{b}||\vec{n}|}\right| \text{ या } \phi = \sin^{-1}\left|\frac{\vec{b} \cdot \vec{n}}{|\vec{b}||\vec{n}|}\right|$$

जोकि रेखा तथा समतल के बीच का अभीष्ट कोण है।

रेखा तथा समतल के लम्बवत् होने का प्रतिबन्ध

रेखा तथा समतल परस्पर लम्ब होंगे अर्थात् रेखा अभिलम्ब के समान्तर होगी। अतः $\vec{b} = \lambda\vec{n}$

जहाँ, λ एक अदिश है।

रेखा तथा समतल के समान्तर होने का प्रतिबन्ध

रेखा तथा समतल समान्तर होंगे अर्थात् समतल का अभिलम्ब रेखा के लम्बवत् होगा।

अतः $\vec{n} \cdot \vec{b} = 0$

कार्तीय रूप

माना दी गई रेखा $\dfrac{x - x_1}{a_1} = \dfrac{y - y_1}{b_1} = \dfrac{z - z_1}{c_1}$ तथा दिया गया समतल $a_2x + b_2y + c_2z = d_2$ है, जहाँ रेखा की दिक् कोज्याएँ a_1, b_1, c_1 हैं तथा समतल के अभिलम्ब $\vec{n}$ के दिक् अनुपात a_2, b_2, c_2 हैं, तब रेखा और समतल के बीच का कोण,

$$\sin\phi = \left|\frac{a_1a_2 + b_1b_2 + c_1c_2}{\sqrt{a_1^2 + b_1^2 + c_1^2}\sqrt{a_2^2 + b_2^2 + c_2^2}}\right|$$

या $$\frac{al + bm + cn}{\sqrt{a^2 + b^2 + c^2}\sqrt{l^2 + m^2 + n^2}}$$

जहाँ, रेखा की दिक् कोज्याएँ l, m, n तथा समतल के अभिलम्ब के दिक् अनुपात a, b, c हैं।

रेखा तथा समतल के लम्बवत् होने का प्रतिबन्ध

रेखा समतल के लम्बवत् होगी अर्थात् अभिलम्ब के समान्तर होगी, यदि

$$\frac{a_1}{a_2} = \frac{b_1}{b_2} = \frac{c_1}{c_2}$$

रेखा तथा समतल के समान्तर होने का प्रतिबन्ध

रेखा समतल के समान्तर होगी अर्थात् अभिलम्ब के लम्बवत् होगी, यदि

$$a_1a_2 + b_1b_2 + c_1c_2 = 0$$

अभ्यास प्रश्न

1. यदि एक रेखा x, y और z-अक्ष के साथ क्रमशः $90°, 135°, 45°$ के कोण बनाती हैं, तो इसकी दिक् कोज्याएँ हैं

(a) $0, \frac{-1}{\sqrt{2}}$ तथा $\frac{1}{\sqrt{2}}$ (b) $0, \frac{1}{\sqrt{2}}$ तथा $\frac{-1}{2}$

(c) $0, \frac{-1}{2}$ तथा $\frac{1}{\sqrt{2}}$ (d) $1, \frac{-1}{2}$ तथा $\frac{1}{\sqrt{2}}$

2. बिन्दु $(2, 3, 4), (-1, -2, 1)$ तथा $(5, 8, 7)$ हैं

(a) समद्विबाहु त्रिभुज के शीर्ष (b) समबाहु त्रिभुज के शीर्ष

(c) संरेख (d) इनमें से कोई नहीं

3. एक त्रिभुज की AB भुजा की दिक् कोज्या ज्ञात कीजिए, यदि त्रिभुज के शीर्ष बिन्दु $A(3, 5, -4)$, $B(-1, 1, 2)$ और $C(-5, -5, -2)$ हैं

(a) $\frac{-4}{\sqrt{17}}, \frac{-4}{\sqrt{17}}, \frac{6}{\sqrt{17}}$ (b) $\frac{-2}{\sqrt{17}}, \frac{-2}{\sqrt{17}}, \frac{3}{\sqrt{17}}$

(c) $\frac{-2}{\sqrt{17}}, \frac{2}{\sqrt{17}}, \frac{-3}{\sqrt{17}}$ (d) इनमें से कोई नहीं

4. यदि एक रेखा निर्देशांक अक्षों से α, β तथा γ कोण बनाए, तो $\sin^2\alpha + \sin^2\beta + \sin^2\gamma$ का मान है

(a) 0 (b) 1 (c) 2 (d) -1

5. यदि एक रेखा प्रत्येक y तथा z-अक्ष से $\frac{\pi}{4}$ कोण आन्तरित करे, तो रेखा द्वारा x-अक्ष पर बना कोण होगा

(a) $\frac{\pi}{2}$ (b) $\frac{\pi}{3}$ (c) $\frac{\pi}{4}$ (d) $\frac{\pi}{6}$

6. यदि एक रेखा घन के चारों विकर्णों से α, β, γ तथा δ कोण बनाए, तो $\cos^2\alpha + \cos^2\beta + \cos^2\gamma + \cos^2\delta$ का मान है

(a) 1 (b) 4/3 (c) 3/4 (d) 4/5

7. उस समतल का सदिश समीकरण ज्ञात कीजिए जो मूलबिन्दु से 7 मात्रक दूरी पर है और सदिश $3\hat{i} + 5\hat{j} - 6\hat{k}$ पर अभिलम्ब है

(a) $\frac{3}{\sqrt{70}}x + \frac{5}{\sqrt{70}}y - \frac{6}{\sqrt{70}}z = 7$ (b) $3x + 5y - 6z = 7$

(c) $3\sqrt{70}x + 5\sqrt{70}y - 6\sqrt{70}z = 7$ (d) इनमें से कोई नहीं

8. बिन्दुओं $(1, 1, 0), (1, 2, 1)$ तथा $(-2, 2, -1)$ से जाने वाले समतल का समीकरण है

(a) $2x + 3y - 3z = 5$ (b) $2x + 3y + 3z = 5$

(c) $2x - 3y + 3z = 5$ (d) इनमें से कोई नहीं

9. दो समतलों के बीच कोण ज्ञात कीजिए, जिनके सदिश समीकरण निम्न हैं $\vec{r} \cdot (2\hat{i} + 2\hat{j} - 3\hat{k}) = 5$ तथा $\vec{r} \cdot (3\hat{i} - 3\hat{j} + 5\hat{k}) = 3$

(a) $\cos^{-1}\left(\frac{15}{\sqrt{731}}\right)$ (b) $\cos^{-1}\left(\frac{15}{17}\right)$ (c) $\frac{\pi}{4}$ (d) $\frac{\pi}{2}$

10. दो समतलों $2x + 3y + 4z = 4$ और $4x + 6y + 8z = 12$ के बीच की दूरी है

(a) 2 इकाई (b) 4 इकाई (c) 8 इकाई (d) $\frac{2}{\sqrt{29}}$ इकाई

11. स्थिति सदिश $\hat{i} + 3\hat{j} + 4\hat{k}$ वाले बिन्दु की रेखा $\vec{r} \cdot (2\hat{i} - \hat{j} + \hat{k}) + 3 = 0$ पर प्रतिबिम्ब है

(a) $3\hat{i} - 5\hat{j} + 2\hat{k}$ (b) $-3\hat{i} - 5\hat{j} + 2\hat{k}$

(c) $-3\hat{i} + 5\hat{j} + 2\hat{k}$ (d) इनमें से कोई नहीं

12. मूलबिन्दु से जाने वाले तथा रेखा $\frac{x-1}{2} = \frac{y-3}{-1} = \frac{z-4}{2}$ पर लम्ब समतल का समीकरण है

(a) $2x - y + 2z - 7 = 0$ (b) $2x + y + 2z = 0$

(c) $2x - y + 2z = 0$ (d) $2x - y - z = 0$

13. यदि a, b तथा c समान कोण θ पर झुके इकाई सदिश हों, तो सदिश a तथा b, c द्वारा बने समतल के बीच कोण है

(a) $\cos^{-1}\left\{\frac{\cos\theta}{\cos(\theta/2)}\right\}$ (b) $\sin^{-1}\left\{\frac{\sin\theta}{\sin(\theta/2)}\right\}$

(c) $\sin^{-1}\left\{\frac{\cos\theta}{\cos(\theta/2)}\right\}$ (d) $\cos^{-1}\left\{\frac{\sin\theta}{\sin(\theta/2)}\right\}$

14. माना सदिश a, b, c तथा d इस प्रकार हैं कि $(a \times b) \times (c \times d) = 0$ तथा समतल P_1 तथा P_2 क्रमशः सदिश युग्म a, b तथा c, d द्वारा निर्धारित किए जाते हैं, तब P_1 तथा P_2 के बीच कोण है

(a) 0 (b) $\frac{\pi}{4}$ (c) $\frac{\pi}{3}$ (d) $\frac{\pi}{2}$

15. दो आयताकार अक्षों के निकाय का मूलबिन्दु समान है। यदि एक समतल प्रथम आयताकार निकाय पर a, b, c अन्तःखण्ड तथा द्वितीय आयताकार निकाय पर a', b', c' अन्तःखण्ड काटता है, तो सत्य विकल्प है

(a) $\frac{1}{a^2} + \frac{1}{b^2} + \frac{1}{c^2} - \frac{1}{a'^2} - \frac{1}{b'^2} - \frac{1}{c'^2} = 0$

(b) $\frac{1}{a^2} + \frac{1}{b^2} + \frac{1}{c^2} + \frac{1}{a'^2} + \frac{1}{b'^2} + \frac{1}{c'^2} = 0$

(c) $\frac{1}{a^2} + \frac{1}{b^2} - \frac{1}{c^2} + \frac{1}{a'^2} + \frac{1}{b'^2} - \frac{1}{c'^2} = 0$

(d) $\frac{1}{a^2} - \frac{1}{b^2} - \frac{1}{c^2} + \frac{1}{a'^2} - \frac{1}{b'^2} - \frac{1}{c'^2} = 0$

16. p का मान ज्ञात कीजिए ताकि रेखाएँ $\frac{1-x}{3} = \frac{7y-14}{2p} = \frac{z-3}{2}$ तथा $\frac{7-7x}{3p} = \frac{y-5}{1} = \frac{6-z}{5}$ परस्पर लम्ब हों

(a) $\frac{11}{70}$ (b) $\frac{11}{7}$ (c) $\frac{70}{11}$ (d) $\frac{7}{11}$

17. रेखाओं $\frac{x+1}{7} = \frac{y+1}{-6} = \frac{z+1}{1}$ तथा $\frac{x-3}{1} = \frac{y-5}{-2} = \frac{z-7}{1}$ के बीच की न्यूनतम दूरी है

(a) $\sqrt{29}$ इकाई (b) 20 इकाई (c) $\frac{20}{2}$ इकाई (d) $2\sqrt{29}$ इकाई

18. बिन्दु $(1, 2, -4)$ से जाने वाली और रेखाओं $\frac{x-8}{3} = \frac{y+19}{-16} = \frac{z-10}{7}$ तथा $\frac{x-15}{3} = \frac{y-29}{8} = \frac{z-5}{-5}$ पर लम्ब रेखा का सदिश समीकरण है

(a) $\vec{r} = (\hat{i} + 2\hat{j} - 4\hat{k}) + \lambda(2\hat{i} + 3\hat{j} + 6\hat{k})$

(b) $\vec{r} = (2\hat{i} + 3\hat{j} + 6\hat{k}) + \lambda(\hat{i} + 2\hat{j} - 4\hat{k})$

(c) $\vec{r} = (\hat{i} + 2\hat{j} - 4\hat{k}) + \lambda(3\hat{i} + 8\hat{j} - 5\hat{k})$

(d) $\vec{r} = (\hat{i} + 2\hat{j} - 4\hat{k}) + \lambda(3\hat{i} - 16\hat{j} + 7\hat{k})$

19. यदि बिन्दुओं A, B, C और D के निर्देशांक क्रमशः (1, 2, 3), (4, 5, 7), (–4, 3, –6) और (2, 9, 2) हैं, तो AB और CD रेखाओं के बीच का कोण है

(a) $\frac{\pi}{2}$ (b) $\frac{\pi}{4}$ (c) $\pi/3$ (d) इनमें से कोई नहीं

20. रेखाओं $\frac{x-1}{2}=\frac{y-2}{3}=\frac{z-3}{4}$ तथा $\frac{x-4}{5}=\frac{y-1}{2}=z$ का प्रतिच्छेद बिन्दु है

(a) (1, 1, 1) (b) (–1, –1, –1) (c) (1, 2, 3) (d) (2, 2, 2)

21. बिन्दु (–2, 4, – 5) की रेखा $\frac{x+3}{3}=\frac{y-4}{5}=\frac{z+8}{6}$ से दूरी है

(a) $\sqrt{\frac{37}{10}}$ (b) $\frac{37}{\sqrt{10}}$ (c) $\frac{\sqrt{37}}{10}$ (d) इनमें से कोई नहीं

22. बिन्दु (–1, – 5, – 10) की रेखा $\vec{r}=2\hat{i}-\hat{j}+2\hat{k}+\lambda(3\hat{i}+4\hat{j}+2\hat{k})$ तथा समतल $\vec{r}\cdot(\hat{i}-\hat{j}+\hat{k})=5$ के प्रतिच्छेद बिन्दु से दूरी है

(a) 11 (b) 12 (c) $\sqrt{11}$ (d) 13

23. बिन्दु $A(1,8,4)$ से बिन्दुओं $B(0,-1,3)$ तथा $C(2,-3,-1)$ को जोड़ने वाली रेखा पर खींचे गए लम्ब के पाद के निर्देशांक हैं

(a) $\left(\frac{-5}{3},\frac{2}{3},\frac{19}{3}\right)$ (b) $\left(\frac{5}{3},\frac{-2}{3},\frac{-19}{3}\right)$

(c) $\left(\frac{-5}{3},\frac{2}{3},\frac{-19}{3}\right)$ (d) इनमें से कोई नहीं

24. उस बिन्दु के निर्देशांक, जहाँ बिन्दुओं (3, – 4, – 5) तथा (2, – 3, 1) को जोड़ने वाली रेखा, बिन्दुओं (2, 2, 1), (3, 0, 1) तथा (4, –1, 0) से जाने वाले समतल को प्रतिच्छेद करती है, है

(a) (1, 2, 7) (b) (–1, 2, – 7) (c) (1, – 2, 7) (d) इनमें से कोई नहीं

25. यदि दो परस्पर लम्ब रेखाओं की दिक् कोज्याएँ l_1, m_1, n_1 और l_2, m_2, n_2 हों, तो इन दोनों पर लम्ब रेखा की दिक् कोज्याएँ

(a) $m_1n_2+m_2n_1, n_1l_2+n_2l_1, l_1m_2+l_2m_1$

(b) $m_1n_2-m_2n_1, n_1l_2-n_2l_1, l_1m_2-l_2m_1$

(c) $m_1m_2-n_1n_2, n_1n_2-l_1l_2, l_1l_2-m_1m_2$

(d) $m_1m_2+n_1n_2, n_1n_2+l_1l_2, l_1l_2+m_1m_2$

26. बिन्दुओं $Q(2, 2, 1)$ तथा $R(5, 1, -2)$ को जोड़ने वाली रेखा पर स्थित किसी बिन्दु का x-निर्देशांक 4 है, तो z-निर्देशांक होगा

(a) 1 (b) –1 (c) $\frac{1}{2}$ (d) 0

27. समीकरण $2l-m+2n=0, lm+mn+nl=0$ द्वारा दी गई दिक् कोज्याओं वाली रेखाओं के बीच कोण है

(a) $\frac{\pi}{6}$ (b) $\frac{\pi}{4}$ (c) $\frac{\pi}{3}$ (d) $\frac{\pi}{2}$

28. समीकरण $l+m+n=0$ तथा $l^2+m^2+n^2=0$ द्वारा दी गई दिक् कोज्याओं वाली रेखाओं के बीच कोण है

(a) $\frac{\pi}{6}$ (b) $\frac{\pi}{4}$ (c) $\frac{\pi}{3}$ (d) $\frac{\pi}{2}$

उत्तर सहित व्याख्या

1. (a) माना अक्षों X, Y तथा Z के साथ रेखा की दिक् कोज्याएँ क्रमशः l, m तथा n हैं।

दिया है, $\alpha = 90°, \beta = 135°$ तथा $\gamma = 45°$

अतः $l=\cos\alpha=\cos 90°=0,$

$m=\cos\beta=\cos 135°=-1/\sqrt{2}$

तथा $n=\cos\gamma=\cos 45°=1/\sqrt{2}$

अतः रेखा की दिक् कोज्याएँ $0, -\frac{1}{\sqrt{2}}$ तथा $\frac{1}{\sqrt{2}}$ हैं।

2. (c) माना दिए गए बिन्दु क्रमशः A, B तथा C हैं अर्थात् $A(2, 3, 4), B(-1, -2, 1)$ तथा $C(5, 8, 7)$ होंगे। हम जानते हैं कि दो बिन्दुओं (x_1, y_1, z_1) तथा (x_2, y_2, z_2) से होकर जाने वाली रेखा के दिक् अनुपात $(x_2-x_1, y_2-y_1, z_2-z_1)$ होते हैं।

तब, AB रेखा के दिक् अनुपात निम्न हैं

$(-1-2, -2-3, 1-4)$

$\Rightarrow (-3, -5, -3)$

तथा AC रेखा के दिक् अनुपात निम्न हैं

$(5-2, 8-3, 7-4) \Rightarrow (3, 5, 3)$

$\therefore \frac{-3}{3}=\frac{-5}{5}=\frac{-3}{3}$ अतः रेखाएँ AB तथा AC के दिक् अनुपात समानुपाती हैं।

अतः AB तथा AC समान्तर रेखाएँ हैं परन्तु इनका एक बिन्दु उभयनिष्ठ है।

इसलिए AB तथा AC एकसमान रेखा के अनुदिश हैं अर्थात् A, B तथा C संरेख हैं।

3. (b) माना त्रिभुज के शीर्ष बिन्दु क्रमशः $A(3, 5, -4), B(-1, 1, 2)$ तथा $C(-5, -5, -2)$ हैं।

भुजा AB के दिक् अनुपात निम्न हैं,

$\{-1-3, 1-5, 2-(-4)\}$ या

$(-4, -4, 2+4)$ अर्थात् $(-4, -4, 6)$

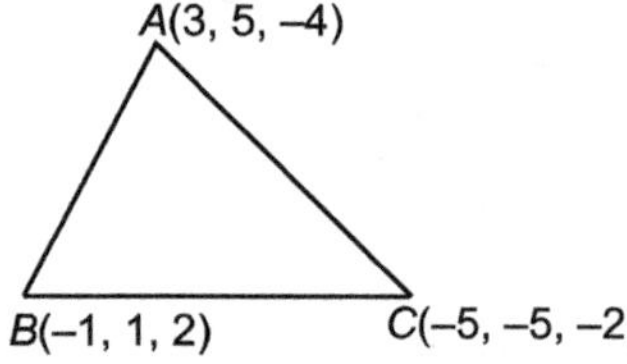

AB का परिमाण,

$|AB|=\sqrt{(-4)^2+(-4)^2+(6)^2}$

$=\sqrt{16+16+36}=\sqrt{68}=2\sqrt{17}$

अतः AB की दिक् कोज्याएँ निम्न हैं,

$\frac{-4}{2\sqrt{17}}, \frac{-4}{2\sqrt{17}}, \frac{6}{2\sqrt{17}}$

$\Rightarrow \frac{-2}{\sqrt{17}}, \frac{-2}{\sqrt{17}}, \frac{3}{\sqrt{17}}$

4. (c) $\sin^2\alpha+\sin^2\beta+\sin^2\gamma=(1-\cos^2\alpha)+(1-\cos^2\beta)+(1-\cos^2\gamma)$

$=3-(\cos^2\alpha+\cos^2\beta+\cos^2\gamma)=3-1=2$

5. (a) माना X-अक्ष के साथ बना कोण α है, तब

$\cos^2\alpha+\cos^2\frac{\pi}{4}+\cos^2\frac{\pi}{4}=1 \Rightarrow \alpha=\frac{\pi}{2}$

6. (b) माना दी गई रेखा के दिक् अनुपात (l, m, n) हैं। घन के विकर्ण OP, AL, BM, CN हैं।

विकर्णों के दिक् अनुपात

$\left(\frac{1}{\sqrt{3}},\frac{1}{\sqrt{3}},\frac{1}{\sqrt{3}}\right),\left(\frac{-1}{\sqrt{3}},\frac{1}{\sqrt{3}},\frac{1}{\sqrt{3}}\right),$

$\left(\frac{1}{\sqrt{3}},\frac{-1}{\sqrt{3}},\frac{1}{\sqrt{3}}\right),\left(\frac{1}{\sqrt{3}},\frac{1}{\sqrt{3}},\frac{-1}{\sqrt{3}}\right)$

$\therefore \cos\alpha=\frac{l+m+n}{\sqrt{3}},$

$\cos\beta=\frac{-l+m+n}{\sqrt{3}},$

$\cos\gamma=\frac{l-m+n}{\sqrt{3}}, \cos\delta=\frac{l+m-n}{\sqrt{3}}$

$\therefore \cos^2\alpha+\cos^2\beta+\cos^2\gamma+\cos^2\delta$

$=\frac{4}{3}(l^2+m^2+n^2)=\frac{4}{3}$

7. (a) अभिलम्ब सदिश निम्न है

$$\hat{n} = 3\hat{i} + 5\hat{j} - 6\hat{k}$$

समतल पर अभिलम्ब का इकाई सदिश निम्न हैं $\hat{n} = \frac{n}{|n|}$

$$\therefore \hat{n} = \frac{n}{|n|} = \frac{3\hat{i} + 5\hat{j} - 6\hat{k}}{\sqrt{3^2 + 5^2 + (-6)^2}}$$

$$= \frac{3\hat{i} + 5\hat{j} - 6\hat{k}}{\sqrt{70}}$$

$$= \frac{3}{\sqrt{70}}\hat{i} + \frac{5}{\sqrt{70}}\hat{j} - \frac{6}{\sqrt{70}}\hat{k}$$

हमें यह ज्ञात है कि समतल का सदिश समीकरण जो बिन्दु, जिसका स्थिति सदिश $\vec{r}$ है, से होकर जाता है $\vec{r} \cdot \hat{n} = d$ है।

$$\therefore (x\hat{i} + y\hat{j} + z\hat{k}) \cdot \left(\frac{3}{\sqrt{70}}\hat{i} + \frac{5}{\sqrt{70}}\hat{j} - \frac{6}{\sqrt{70}}\hat{k}\right) = 7$$

$$\Rightarrow \quad \frac{3}{\sqrt{70}}x + \frac{5}{\sqrt{70}}y - \frac{6}{\sqrt{70}}z = 7$$

अतः यह अभीष्ट समतल का सदिश समीकरण है।

8. (a) दिए गए बिन्दु $A(1, 1, 0), B(1, 2, 1)$ तथा $C(-2, 2, -1)$ हैं।

सबसे पहले बिन्दुओं के संरेखीय होने का परीक्षण करते हैं।

$$\text{अर्थात्} \quad \begin{vmatrix} x_1 & y_1 & z_1 \\ x_2 & y_2 & z_2 \\ x_3 & y_3 & z_3 \end{vmatrix} = \begin{vmatrix} 1 & 1 & 0 \\ 1 & 2 & 1 \\ -2 & 2 & -1 \end{vmatrix}$$

$$= 1(-2-2) - 1(-1+2) + 0(2+4)$$

$$= -5 \neq 0$$

अतः तीनों बिन्दु A, B तथा C संरेखीय नहीं हैं।

तीन बिन्दु $(x_1, y_1, z_1), (x_2, y_2, z_2)$ तथा (x_3, y_3, z_3) से होकर जाने वाले समतल का समीकरण निम्न है,

$$\begin{vmatrix} x - x_1 & y - y_1 & z - z_1 \\ x_2 - x_1 & y_2 - y_1 & z_2 - z_1 \\ x_3 - x_2 & y_3 - y_2 & z_3 - z_2 \end{vmatrix} = 0$$

$$\Rightarrow \begin{vmatrix} x-1 & y-1 & z \\ 0 & 1 & 1 \\ -3 & 0 & -2 \end{vmatrix} = 0$$

$$\Rightarrow -2(x-1) - 3(y-1) + 3z = 0$$

$$\Rightarrow \quad -2x + 2 - 3y + 3 + 3z = 0$$

$$\Rightarrow \quad 2x + 3y - 3z - 5 = 0$$

$$\Rightarrow \quad 2x + 3y - 3z = 5$$

जोकि समतल का अभीष्ट समीकरण है।

9. (a) दिए गए समतल के समीकरण निम्न हैं,

$$\vec{r} \cdot (2\hat{i} + 2\hat{j} - 3\hat{k}) = 5$$

तथा $\quad \vec{r} \cdot (3\hat{i} - 3\hat{j} + 5\hat{k}) = 3$

यदि समतल $\vec{r_1} \cdot \hat{n}_1 = d_1$ तथा $\vec{r_2} \cdot \hat{n}_2 = d_2$ पर अभिलम्ब क्रमशः $\hat{n}_1$ तथा $\hat{n}_2$ हैं, तब कोण

$$\cos\theta = \left|\frac{\hat{n}_1 \cdot \hat{n}_2}{|\hat{n}_1||\hat{n}_2|}\right| \quad \ldots(i)$$

यहाँ, $\quad \hat{n}_1 = 2\hat{i} + 2\hat{j} - 3\hat{k}$

तथा $\quad \hat{n}_2 = 3\hat{i} - 3\hat{j} + 5\hat{k}$

$$\therefore \quad \hat{n}_1 \cdot \hat{n}_2 = (2\hat{i} + 2\hat{j} - 3\hat{k}) \cdot (3\hat{i} - 3\hat{j} + 5\hat{k})$$

$$= 2 \cdot 3 + 2 \cdot (-3) + (-3) \cdot 5$$

$$= 6 - 6 - 15 = -15$$

$$|\hat{n}_1| = \sqrt{(2)^2 + (2)^2 + (-3)^2}$$

$$= \sqrt{4 + 4 + 9} = \sqrt{17}$$

$$|\hat{n}_2| = \sqrt{(3)^2 + (-3)^2 + (5)^2}$$

$$= \sqrt{9 + 9 + 25} = \sqrt{43}$$

समी (i) में $\hat{n}_1 \cdot \hat{n}_2$ तथा $\hat{n}_1 \cdot \hat{n}_2$ का मान रखने पर,

$$\cos\theta = \left|\frac{-15}{\sqrt{17}\sqrt{43}}\right|$$

$$\Rightarrow \quad \theta = \cos^{-1}\left(\frac{15}{\sqrt{731}}\right)$$

10. (d) दिए गए समतल निम्न हैं

$$2x + 3y + 4z = 4 \quad \ldots(i)$$

तथा $\quad 4x + 6y + 8z = 12$

$$\Rightarrow \quad 2x + 3y + 4z = 6 \quad \ldots(ii)$$

स्पष्ट है कि दोनों समतल समान्तर हैं।

हम जानते हैं कि समतल $ax + by + cz = d_1$ तथा $ax + by + cz = d_2$ के बीच की दूरी,

$$d = \left|\frac{d_2 - d_1}{\sqrt{a^2 + b^2 + c^2}}\right|$$

$$\Rightarrow d = \left|\frac{6-4}{\sqrt{2^2 + 3^2 + 4^2}}\right|$$

$$\Rightarrow d = \frac{2}{\sqrt{4 + 9 + 16}} = \frac{2}{\sqrt{29}} \text{ इकाई}$$

11. (c) माना दिया गया बिन्दु $P(\hat{i} + 3\hat{j} + 4\hat{k})$ है तथा P का प्रतिबिम्ब Q है, जहाँ समतल $\vec{r} \cdot (2\hat{i} - \hat{j} + \hat{k}) + 3 = 0$

तब, PQ समतल पर अभिलम्ब है। चूँकि PQ, बिन्दु P से होकर जाता है तथा दिए गए समतल पर अभिलम्ब है।

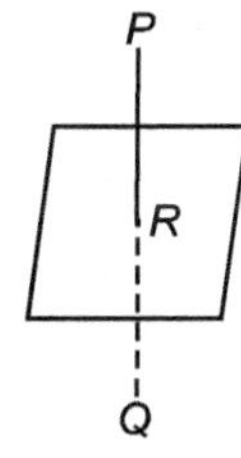

अतः PQ का समीकरण,

$$\vec{r} = (\hat{i} + 3\hat{j} + 4\hat{k}) + \lambda(2\hat{i} - \hat{j} + \hat{k})$$

चूँकि Q, रेखा PQ पर स्थित है। अतः Q का स्थिति सदिश

$(\hat{i} + 3\hat{j} + 4\hat{k}) + \lambda(2\hat{i} - \hat{j} + \hat{k})$ अर्थात्

$(1 + 2\lambda)\hat{i} + (3 - \lambda)\hat{j} + (4 + \lambda)\hat{k}$ है

चूँकि R, PQ का मध्य-बिन्दु है। अतः R का स्थिति सदिश

$$\frac{[(1 + 2\lambda)\hat{i} + (3 - \lambda)\hat{j} + (4 + \lambda)\hat{k}] + [\hat{i} + 3\hat{j} + 4\hat{k}]}{2}$$

अर्थात् $(\lambda + 1)\hat{i} + \left(3 - \frac{\lambda}{2}\right)\hat{j} + \left(4 + \frac{\lambda}{2}\right)\hat{k}$

है। पुनः चूँकि R समतल

$\vec{r} \cdot (2\hat{i} - \hat{j} + \hat{k}) + 3 = 0$ पर स्थित है।

अतः

$$\left\{(\lambda + 1)\hat{i} + \left(3 - \frac{\lambda}{2}\right)\hat{j} + \left(4 + \frac{\lambda}{2}\right)\hat{k}\right\}$$

$$(2\hat{i} - \hat{j} + \hat{k}) + 3 = 0$$

$$\Rightarrow \quad \lambda = -2$$

अतः बिन्दु Q का स्थिति सदिश

$(\hat{i} + 3\hat{j} + 4\hat{k}) - 2(2\hat{i} - \hat{j} + \hat{k})$ अर्थात्

$-3\hat{i} + 5\hat{j} + 2\hat{k}$ है।

12. (c) चूँकि समतल, रेखा पर लम्बवत् है।

$\therefore$ समतल का समीकरण

$2x - y + 2z + k = 0$

चूँकि यह मूलबिन्दु से होकर जाता है।

अतः $\quad k = 0$

$\therefore 2x - y + 2z = 0$ अभीष्ट समतल का समीकरण है।

13. (a) माना $\vec{a}$ तथा $\vec{b}, \vec{c}$ द्वारा बने समतल के बीच कोण α है, तब

$$\cos\alpha = \frac{\vec{a} \cdot (\vec{b} + \vec{c})}{|\vec{a}||\vec{b} + \vec{c}|}$$

$$= \frac{\vec{a} \cdot \vec{b} + \vec{a} \cdot \vec{c}}{1 \cdot \sqrt{1^2 \times 1^2 + 2 \times 1 \times 1 \times \cos\theta}}$$

$$= \frac{2\cos\theta}{\sqrt{2 + 2\cos\theta}} = \frac{\cos\theta}{\cos\theta/2}$$

14. (*a*) दिया है कि a, b, c, d सदिश इस प्रकार हैं

$$(a \times b) \times (c \times d) = 0 \quad \ldots(i)$$

समतल P_1, सदिश $\vec{a}$ तथा $\vec{b}$ से बनता है

$\therefore$ अभिलम्ब सदिश $\hat{n}_1 = \vec{a} \times \vec{b}$

समतल P_2, सदिश $\vec{c}$ तथा $\vec{d}$ से निर्मित हैं।

$\therefore$ अभिलम्ब सदिश $\hat{n}_2 = \vec{c} \times \vec{d}$

$$\hat{n}_1 \times \hat{n}_2 = 0$$

$$\Rightarrow \quad \hat{n}_1 \parallel \hat{n}_2$$

अत: समतल समान्तर है।

अत: दोनों के बीच कोण 0 है।

15. (*a*) दोनों निकाय में समतल $\frac{x}{a} + \frac{y}{b} + \frac{z}{c} = 1$ या $\frac{x}{a'} + \frac{y}{b'} + \frac{z}{c'} = 1$ की मूलबिन्दु से दूरी बराबर है।

$$\Rightarrow \left|\frac{-1}{\sqrt{\frac{1}{a^2} + \frac{1}{b^2} + \frac{1}{c^2}}}\right| = \left|\frac{-1}{\sqrt{\frac{1}{a'^2} + \frac{1}{b'^2} + \frac{1}{c'^2}}}\right|$$

$$\Rightarrow \frac{1}{a^2} + \frac{1}{b^2} + \frac{1}{c^2} = \frac{1}{a'^2} + \frac{1}{b'^2} + \frac{c}{1'^2}$$

$$\Rightarrow \frac{1}{a^2} + \frac{1}{b^2} + \frac{1}{c^2} - \frac{1}{a'^2} - \frac{1}{b'^2} - \frac{1}{c'^2} = 0$$

16. (*c*) दी गई रेखाओं को उनके मानक रूप में निम्न प्रकार लिखा जा सकता है,

$$\frac{x-1}{-3} = \frac{y-2}{\frac{2p}{7}} = \frac{z-3}{2} \text{ तथा}$$

$$\frac{x-1}{-\frac{3p}{7}} = \frac{y-5}{1} = \frac{z-6}{-5}$$

इन रेखाओं के दिक् अनुपात क्रमश:

$-3, \frac{2p}{7}, 2$ तथा $\frac{-3p}{7}, 1, -5$ हैं।

दो रेखाएँ, जिनके दिक् अनुपात a_1, b_1, c_1 तथा a_2, b_2, c_2 हैं, परस्पर लम्ब होंगी, यदि $a_1a_2 + b_1b_2 + c_1c_2 = 0$

$$\therefore (-3)\left(\frac{-3p}{7}\right) + \left(\frac{2p}{7}\right)(1) + (2)(-5) = 0$$

$$\Rightarrow \quad \frac{9p}{7} + \frac{2p}{7} - 10 = 0$$

$$\Rightarrow \quad \frac{11p}{7} = 10 \Rightarrow p = \frac{70}{11}$$

अत: p का मान $\frac{70}{11}$ है।

17. (*d*) दी गई रेखाएँ निम्न हैं,

$$\frac{x+1}{7} = \frac{y+1}{-6} = \frac{z+1}{1} \text{ तथा}$$

$$\frac{x-3}{1} = \frac{y-5}{-2} = \frac{z-7}{1}$$

पहली रेखा के दिक् अनुपात $(7, -6, 1)$ तथा यह बिन्दु $(-1, -1, -1)$ से होकर जाती है। अत: दी गई रेखा का सदिश समीकरण निम्न है,

$$\vec{r_1} = -\hat{i} - \hat{j} - \hat{k} + \lambda(7\hat{i} - 6\hat{j} + \hat{k})$$

इसी प्रकार, दूसरी रेखा का सदिश समीकरण निम्न है,

$$\vec{r_2} = 3\hat{i} + 5\hat{j} + 7\hat{k} + \mu(\hat{i} - 2\hat{j} + \hat{k})$$

जोकि समीकरण $\vec{r_1} = a_1 + \lambda b_1$ तथा $\vec{r_2} = a_2 + \mu b_2$ के रूप में है।

जहाँ, $\vec{a_1} = -\hat{i} - \hat{j} - \hat{k}$,

$\vec{b_1} = 7\hat{i} - 6\hat{j} + \hat{k}$

तथा $\vec{a_2} = 3\hat{i} + 5\hat{j} + 7\hat{k}$,

$\vec{b_2} = \hat{i} - 2\hat{j} + \hat{k}$

अब, $\vec{a_2} - \vec{a_1} = (3\hat{i} + 5\hat{j} + 7\hat{k}) - (-\hat{i} - \hat{j} - \hat{k})$

$$= 4\hat{i} + 6\hat{j} + 8\hat{k}$$

तथा $\vec{b_1} \times \vec{b_2} = \begin{vmatrix} \hat{i} & \hat{j} & \hat{k} \\ 7 & -6 & 1 \\ 1 & -2 & 1 \end{vmatrix}$

$$= \hat{i}(-6+2) - \hat{j}(7-1) + \hat{k}(-14+6)$$

$$= -4\hat{i} - 6\hat{j} - 8\hat{k}$$

$$|\vec{b_1} \times \vec{b_2}| = \sqrt{(-4)^2 + (-6)^2 + (-8)^2}$$

$$= \sqrt{16 + 36 + 64} = \sqrt{116} = 2\sqrt{29}$$

$\therefore$ दी गई रेखाओं के बीच की न्यूनतम दूरी d निम्न है,

$$d = \left|\frac{(\vec{b_1} \times \vec{b_2}) \cdot (\vec{a_2} - \vec{a_1})}{|b_1 \times b_2|}\right|$$

$$= \frac{|(-4\hat{i} - 6\hat{j} - 8\hat{k}) \cdot (4\hat{i} + 6\hat{j} + 8\hat{k})|}{2\sqrt{29}}$$

$$= \frac{|(-4) \times 4 + (-6) \times 6 + (-8) \times 8|}{2\sqrt{29}}$$

$$= \frac{|-16 - 36 - 64|}{2\sqrt{29}}$$

$$= \frac{116}{2\sqrt{29}} = \frac{58}{\sqrt{29}} = 2\sqrt{29} \text{ इकाई}$$

18. (*a*) बिन्दु $(1, 2, -4)$ से होकर जाने वाले रेखा का समीकरण निम्न है,

$$\frac{x-1}{a} = \frac{y-2}{b} = \frac{z+4}{c} \quad \ldots(i)$$

जहाँ, a, b, व c रेखा (i) के दिक् अनुपात हैं।

दी गई रेखाएँ निम्न हैं,

$$\frac{x-8}{3} = \frac{y+19}{-16} = \frac{z-10}{7}$$

तथा $\frac{x-15}{3} = \frac{y-29}{8} = \frac{z-5}{-5}$

उपरोक्त रेखाओं के दिक् अनुपात क्रमश: $(3, -16, 7)$ तथा $(3, 8, -5)$ हैं तथा ये रेखा (i) के लम्बवत् है।

$$\therefore \quad 3a - 16b + 7c = 0 \quad \ldots(ii)$$

$$\text{तथा } 3a + 8b - 5c = 0 \quad \ldots(iii)$$

वज्र-गुणन विधि से,

$$\frac{a}{80-56} = \frac{b}{21+15} = \frac{c}{24+48}$$

$$\Rightarrow \quad \frac{a}{24} = \frac{b}{36} = \frac{c}{72}$$

$$\Rightarrow \quad \frac{a}{2} = \frac{b}{3} = \frac{c}{6} = \lambda \text{ (माना)}$$

$$\therefore \quad a = 2\lambda, b = 3\lambda \text{ तथा } c = 6\lambda$$

अत: बिन्दु $(1, 2, -4)$ से होकर जाने वाली तथा सदिश $(2\hat{i} + 3\hat{j} + 6\hat{k})$ के समान्तर रेखा का समीकरण निम्न है,

$$r = (\hat{i} + 2\hat{j} - 4\hat{k}) + \lambda(2\hat{i} + 3\hat{j} + 6\hat{k})$$

19. (*d*) दिया है, बिन्दुओं A, B, C तथा D के निर्देशांक क्रमश: $(1, 2, 3), (4, 5, 7), (-4, 3, -6)$ तथा $(2, 9, 2)$, हैं।

$\therefore AB$ के दिक् अनुपात निम्न हैं, $(4-1), (5-2), (7-3) = (3, 3, 4)$

CD के दिक् अनुपात निम्न हैं

$$(2+4), (9-3), (2+6)$$

$$\Rightarrow (6, 6, 8)$$

माना AB तथा CD के दिक् अनुपात (a_1, b_1, c_1) तथा (a_2, b_2, c_2) हैं।

तब,

$$\frac{a_1}{a_2} = \frac{3}{6} = \frac{1}{2}, \frac{b_1}{b_2} = \frac{3}{6} = \frac{1}{2}, \frac{c_1}{c_2} = \frac{4}{8} = \frac{1}{2}$$

यहाँ, स्पष्ट है कि

$$\frac{a_1}{a_2} = \frac{b_1}{b_2} = \frac{c_1}{c_2}$$

अत: रेखा AB, रेखा CD के समान्तर है।

अत: रेखा AB तथा CD के बीच का कोण $0°$ है।

20. (*b*) प्रथम रेखा का समीकरण निम्न है,

$$\frac{x-1}{2} = \frac{y-2}{3} = \frac{z-3}{4} = \lambda \text{ (माना)}$$

$$\Rightarrow \quad x = 2\lambda + 1, y = 3\lambda + 2$$

तथा $z = 4\lambda + 3$

अत: रेखा पर स्थित व्यापक बिन्दु के निर्देशांक $(2\lambda + 1, 3\lambda + 2, 4\lambda + 3)$ हैं।

द्वितीय रेखा का समीकरण निम्न है,

$$\frac{x-4}{5} = \frac{y-1}{2} = \frac{z-0}{1} = \mu \text{(माना)}$$

$$\Rightarrow \quad x = 5\mu + 4, y = 2\mu + 1, z = \mu$$

अत: रेखा पर स्थित व्यापक बिन्दु के निर्देशांक $(5\mu + 4, 2\mu + 1, \mu)$ हैं।

यदि रेखाएँ प्रतिच्छेद करती हैं, तो उनका एक उभयनिष्ठ बिन्दु होता हैं। अतः λ तथा μ के कुछ मानों के लिए,

$2\lambda + 1 = 5\mu + 4, 3\lambda + 2 = 2\mu + 1$

तथा $4\lambda + 3 = \mu$

$\Rightarrow 2\lambda - 5\mu = 3, 3\lambda - 2\mu = -1,$

$4\lambda - \mu = -3$

प्रथम दो समीकरणों को हल करने पर,

$\lambda = -1$ तथा $\mu = -1$

चूँकि $\lambda = -1$ तथा $\mu = -1$ तृतीय समीकरण को सन्तुष्ट करते हैं। अतः दी गई रेखाएँ प्रतिच्छेद करती हैं।

$(2\lambda + 1, 3\lambda + 2, 4\lambda + 3)$ में $\lambda = -1$ रखने पर प्रतिच्छेद बिन्दु के निर्देशांक $(-1, -1, -1)$ हैं।

21. (*a*) यह $P(-2, 4, -5)$ दिया गया बिन्दु है तथा Q रेखा पर स्थित बिन्दु है।

अतः Q के निर्देशांक

$(3\lambda - 3, 5\lambda + 4, 6\lambda - 8)$ हैं।

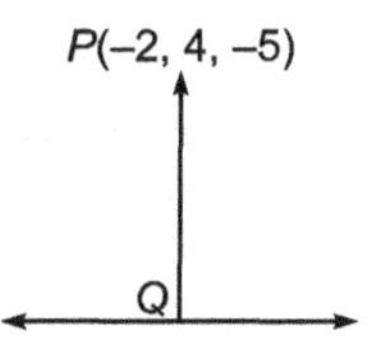

$\overrightarrow{PQ} = (3\lambda - 1)\hat{i} + 5\lambda\hat{j} + (6\lambda - 3)\hat{k}$

चूँकि $\overrightarrow{PQ} \perp (3\hat{i} + 5\hat{j} + 6\hat{k})$,

$3(3\lambda - 1) + 5(5\lambda) + 6(6\lambda - 3) = 0$

$9\lambda + 25\lambda + 36\lambda = 21$

अर्थात् $\lambda = \frac{3}{10}$

अतः $\overrightarrow{PQ} = -\frac{1}{10}\hat{i} + \frac{15}{10}\hat{j} - \frac{12}{10}\hat{k}$

अतः $|\overrightarrow{PQ}| = \frac{1}{10}\sqrt{1 + 225 + 144} = \sqrt{\frac{37}{10}}$

22. (*d*) दिया है,

$\vec{r} = 2\hat{i} - \hat{j} + 2\hat{k} + \lambda(3\hat{i} + 4\hat{j} + 2\hat{k})$ तथा

$\vec{r}(\hat{i} - \hat{j} + \hat{k}) = 5$

दोनों समीकरण को हल करने पर,

$[2\hat{i} - \hat{j} + 2\hat{k}) + \lambda(3\hat{i} + 4\hat{j} + 2\hat{k})] \cdot (\hat{i} + \hat{j} + \hat{k}) = 5$

जिससे $\lambda = 0$ प्राप्त होता है।

अतः रेखा तथा समतल का प्रतिच्छेद बिन्दु $(2, -1, 2)$ है। तथा दूसरा दिया गया बिन्दु $(-1, -5, -10)$ है। अतः दोनों बिन्दुओं के बीच दूरी,

$d = \sqrt{[2 - (-1)]^2 + [-1 + 5]^2 + [2 - (-10)]^2}$

अर्थात् 13

23. (*a*) माना बिन्दु $A(1, 8, 4)$ से बिन्दुओं B तथा C से जाने वाली रेखा पर डाले गए लम्ब का पाद L है

सूत्र $r = a + \lambda(b - a)$ के प्रयोग से, रेखा BC का समीकरण है,

$\vec{r} = (-\hat{j} + 3\hat{k}) + \lambda(2\hat{i} - 2\hat{j} - 4\hat{k})$

$x\hat{i} + y\hat{j} + z\hat{k} = 2\lambda\hat{i} - (2\lambda + 1)\hat{j} + \lambda(3 - 4\lambda)\hat{k},$

दोनों पक्षों की तुलना करने पर,

$x = 2\lambda, y = -(2\lambda + 1), z = 3 - 4\lambda$ ...(i)

L के निर्देशांक $[(2\lambda, -(2\lambda + 1), (3 - 4\lambda)]$ हैं। अतः रेखा AL के दिक् अनुपात

$(1 - 2\lambda), 8 + (2\lambda + 1), 4 - (3 - 4\lambda)$

अर्थात् $(1 - 2\lambda, 2\lambda + 9, 1 + 4\lambda)$ हैं।

चूँकि रेखा AL, रेखा BC पर लम्ब है।

अतः $(1 - 2\lambda)(2 - 0) + (2\lambda + 9)(-3 + 1) + (4\lambda + 1)(-1 - 3) = 0$

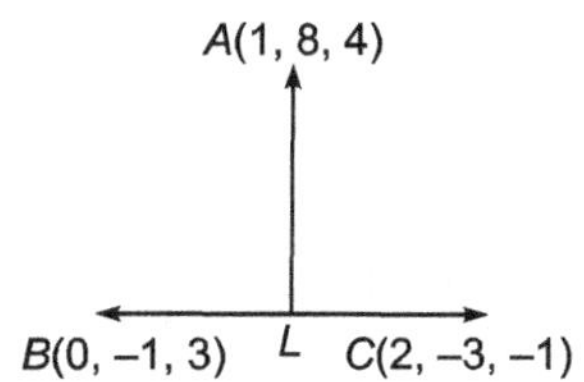

$\Rightarrow \lambda = \frac{-5}{6}$

λ का मान समी (i) में रखने पर अभीष्ट बिन्दु $\left(\frac{-5}{3}, \frac{2}{3}, \frac{19}{3}\right)$ प्राप्त होता है।

24. (*c*) बिन्दुओं $(2, 2, 1), (3, 0, 1)$ तथा $(4, -1, 0)$ से जाने वाले समतल का समीकरण

$[r - (2\hat{i} + 2\hat{j} + \hat{k})] \cdot [(\hat{i} - 2\hat{j}) \times (\hat{i} - \hat{j} - \hat{k})] = 0$

अर्थात् $\vec{r} \cdot (2\hat{i} + \hat{j} + \hat{k}) = 7$

या $2x + y + z - 7 = 0$ ...(i)

बिन्दुओं $(3, -4, -5)$ तथा $(2, -3, 1)$ से जाने वाली रेखा का समीकरण

$\frac{x - 3}{-1} = \frac{y + 4}{1} = \frac{z + 5}{6}$ ...(ii)

रेखा (ii) पर किसी बिन्दु के निर्देशांक $(-\lambda + 3, \lambda - 4, 6\lambda - 5)$ हैं। यह बिन्दु समतल (i) पर स्थित है। अतः

$2(-\lambda + 3) + (\lambda - 4) + (6\lambda - 5) - 7 = 0$

अर्थात् $\lambda = z$

अतः अभीष्ट बिन्दु $(1, -2, 7)$ है।

25. (*b*) इकाई सदिश के समान्तर दी गई रेखाएँ निम्न हैं

$\vec{b_1} = l_1\hat{i} + m_1\hat{j} + n_1\hat{k}$ ...(i)

तथा $\vec{b_2} = l_2\hat{i} + m_2\hat{j} + n_2\hat{k}$ ...(ii)

चूँकि $\vec{b_1} \times \vec{b_2}$, सदिश $\vec{b_1}$ तथा $\vec{b_2}$ दोनों के लम्बवत् होगा तथा $\vec{b_1} \times \vec{b_2}$ का मापांक इकाई है। अतः $\vec{b_1} \times \vec{b_2}$ के घटक $\vec{b_1}$ तथा $\vec{b_2}$ के लम्बवत् रेखा की दिक् कोज्याएँ होंगी। अतः

$$\vec{b_1} \times \vec{b_2} = \begin{vmatrix} \hat{i} & \hat{j} & \hat{k} \\ l_1 & m_1 & n_1 \\ l_2 & m_2 & n_2 \end{vmatrix}$$

$= (m_1 n_2 - m_2 n_1)\hat{i} - (n_2 l_1 - n_1 l_2)\hat{j} + (l_1 m_2 - l_2 m_1)\hat{k}$

$= (m_1 n_2 - m_2 n_1)\hat{i} + (n_1 l_2 - n_2 l_1)\hat{j} + (l_1 m_2 - l_2 m_1)\hat{k}$

अतः अभीष्ट रेखा की दिक् कोज्याएँ निम्न हैं,

$m_1 n_2 - m_2 n_1, n_1 l_2 - n_2 l_1, l_1 m_2 - l_2 m_1$

26. (*b*) माना P, QR को $\lambda : 1$ के अनुपात में विभाजित करता है, तब P के निर्देशांक हैं।

$\left(\frac{5\lambda + 2}{\lambda + 1}, \frac{\lambda + 2}{\lambda + 1}, \frac{-2\lambda + 1}{\lambda + 1}\right)$

लेकिन P का x-निर्देशांक 4 है।

अतः $\frac{5\lambda + 2}{\lambda + 1} = 4 \Rightarrow \lambda = 2$

$\therefore P$ के z-निर्देशांक $\frac{-2\lambda + 1}{\lambda + 1} = -1$ है।

27. (*d*) m का विलोपन करने पर,

$2(l + n)^2 + nl = 0$

[$\because m = 2l + 2n$ रखने पर]

$\Rightarrow (2l + n)(l + 2n) = 0$

$\Rightarrow n = -2l \Rightarrow m = -2l$

या $l = -2n \Rightarrow m = -2n$

दिक् अनुपात $1, -2, -2$ तथा $-2, -2, 1$ है।

अब, $1(-2) - 2(-2) - 2(1) = 0$

अतः रेखाएँ लम्बवत् हैं।

28. (*c*) $l^2 + m^2 - n^2 = 0 \Rightarrow 1 - 2n^2 = 0$

$\Rightarrow n = \pm\frac{1}{\sqrt{2}}$

दिए गए सम्बन्धों से n का विलोपन करने पर, $lm = 0$

अतः दो रेखाओं के दिक् अनुपात

$0, -\frac{1}{\sqrt{2}}, \frac{1}{\sqrt{2}}$ तथा $-\frac{1}{\sqrt{2}}, 0, \frac{1}{\sqrt{2}}$ हैं।

अतः दोनों रेखाओं के बीच का कोण

$\cos^{-1}\frac{1}{2} = \frac{\pi}{3}$ है।

अध्याय 12

रैखिक प्रोग्रामन

Linear Programming

रैखिक असमिकाएँ

एक रैखिक असमिका या असमीकरण को रैखिक कहा जाता है यदि प्रत्येक चर की घात एक हो तथा चरों के गुणनफल का कोई पद उपस्थित न हो।

(i) **एक चर राशि वाली रैखिक असमिका** रैखिक असमिका (असमीकरण), जिसमें केवल चर राशि हों, एक चर राशि वाली रैखिक असमिका कहते हैं।

(ii) **दो चर राशि वाली रैखिक असमिका** रैखिक असमिका, जिसमें केवल दो चर राशियाँ हों, दो चर राशि वाली रैखिक असमिका कहते हैं।

रैखिक प्रोग्रामन समस्या

एक रैखिक प्रोग्रामन समस्या वह समस्या है जो अनेक चरों के एक रैखिक फलन (उद्देश्य फलन) का इष्टतम सुसंगत मान (Optimal value) अथवा अनुकूलतम सुसंगत मान (अधिकतम या न्यूनतम मान) ज्ञात करने से सम्बन्धित है, जबकि चर ऋणेत्तर पूर्णांक हैं तथा सभी रैखिक असमिकाओं के समुच्चय रैखिक व्यवरोधों को सन्तुष्ट करते हैं।

रैखिक प्रोग्रामन का गणितीय रूप रैखिक प्रोग्रामन समस्या का सामान्य गणितीय रूप इस प्रकार होता है

उद्देश्य फलन $Z = c_1x + c_2y$, व्यवरोधों का निकाय

$a_1x + b_1y \le d_1, a_2x + b_2y \le d_2$, इत्यादि तथा ऋणेत्तर व्यवरोध $x \ge 0, y \ge 0$ हैं।

रैखिक प्रोग्रामन समस्या से सम्बन्धित महत्त्वपूर्ण पद

(i) **उद्देश्य फलन** ऐसा रैखिक फलन, जिसका अनुकूलतम हल प्राप्त किया जाता है अर्थात् जिसका अधिकतमीकरण या न्यूनतमीकरण होता है, रैखिक उद्देश्य फलन (Objective function) कहलाता है।

(ii) **रैखिक प्रतिबन्ध या रैखिक व्यवरोध** किसी रैखिक प्रोग्रामन समस्या के प्रतिबन्धों को निरूपित करने वाली असमिकाओं को रैखिक प्रतिबन्ध या रैखिक व्यवरोध (Linear constraints or linear restrictions) कहते हैं।

(iii) **इष्टतम सुसंगत समस्या** निश्चित व्यवरोधों के अधीन असमिकाओं के समुच्चय द्वारा निर्धारित समस्था जो चरों में रैखिक फलन को अधिकतम या न्यूनतम करें, इष्टतम सुसंगत समस्या (Optimisation problem) कहलाती है।

(iv) **इष्टतम मान** उद्देश्य फलन का अधिकतम या न्यूनतम मान ही रैखिक प्रोग्रामन समस्या का इष्टतम मान (Optimal value) कहलाता है।

(v) **सुसंगत तथा असुसंगत क्षेत्र** एक रैखिक प्रोग्रामन समस्या के ऋणेत्तर व्यवरोधों सहित सभी व्यवरोधों द्वारा नियत उभयनिष्ठ क्षेत्र को समस्या का सुसंगत क्षेत्र (Feasible region) कहते हैं तथा सुसंगत क्षेत्र के अतिरिक्त क्षेत्र को असुसंगत क्षेत्र (Infeasible region) कहते हैं।

(vi) **सुसंगत तथा असुसंगत हल** किसी रैखिक प्रोग्रामन समस्या के चरों के मानों का ऐसा समुच्चय जो समस्या के सभी प्रतिबन्धों को सन्तुष्ट करता हो, समस्या का सुसंगत हल (Feasible solution) कहलाता है तथा सुसंगत क्षेत्र के बाहर का कोई भी बिन्दु असुसंगत हल (Infeasible solution) कहलाता है।

(vii) **अनुकूलतम/इष्टतम सुसंगत हल** ऐसा सुसंगत हल, जिसके लिए उद्देश्य फलन महत्तम अथवा न्यूनतम हो, अनुकूलतम/इष्टतम सुसंगत हल (Optimal feasible solution) कहलाता है।

(viii) **परिबद्ध तथा अपरिबद्ध क्षेत्र** असमिकाओं $ax + by \le m$ तथा $cx + dy \le n$ से प्रथम चतुर्थांश में घिरा क्षेत्र परिबद्ध क्षेत्र कहलाता है तथा असमिकाओं $ax + by \ge m$ तथा $cx + dy \ge n$ से प्रथम चतुर्थांश में घिरा क्षेत्र अपरिबद्ध क्षेत्र होता है।

कुछ महत्त्वपूर्ण प्रमेय

प्रमेय 1 माना दी गई रैखिक प्रोग्रामन समस्या के लिए R सुसंगत क्षेत्र है तथा $z = ax + by$ एक रैखिक उद्देश्य फलन है। यदि Z का कोई इष्टतम मान (अधिकतम या न्यूनतम) है जहाँ चर x तथा y दिए गए व्यवरोधों को सन्तुष्ट करते हैं, तब यह इष्टतम मान किसी कोने (सुसंगत क्षेत्र R को निरूपित करते हुए बहुभुज का एक शीर्ष) पर अवश्य स्थित होना चाहिए।

प्रमेय 2 माना रैखिक प्रोग्राम समस्या के लिए R सुसंगत क्षेत्र है तथा माना $z = ax + by$ एक उद्देश्य फलन है। यदि सुसंगत क्षेत्र R परिबद्ध है तब उद्देश्य फलन Z के R में अधिकतम तथा न्यूनतम दोनों मान होंगे तथा इनमें से प्रत्येक मान R के कोनीय बिन्दु (सुसंगत क्षेत्र R को निरूपित करते हुए बहुभुज का शीर्ष) पर स्थित होगा।

रैखिक प्रोग्रामन को हल करने की आलेखीय विधि

इस विधि को **कोनीय बिन्दु विधि** (Corner point method) भी कहा जाता है। *रैखिक प्रोग्रामन को हल करने के चरण निम्नलिखित हैं*

1. सर्वप्रथम, दी गई असमिकाओं को समीकरण के रूप में परिवर्तित करते हैं तथा समीकरणों का हल ज्ञात करते हैं।
2. समीकरणों के हल से ग्राफ का निरूपण करते हैं तथा सुसंगत क्षेत्र ज्ञात करते हैं।
3. इस प्रकार प्राप्त सुसंगत क्षेत्र के कोनीय बिन्दुओं के निर्देशांक प्राप्त करते हैं, जोकि आलेख के चरम (कोनीय) बिन्दु कहलाते हैं।
4. अब सुसंगत क्षेत्र के प्रत्येक बिन्दु के निर्देशांकों को उद्देश्य फलन में प्रतिस्थापित करके न्यूनतम मान m तथा अधिकतम मान M ज्ञात करते हैं।
5. यदि सुसंगत क्षेत्र **परिबद्ध** है, तब M और m, Z के अधिकतम और न्यूनतम मान हैं। यदि सुसंगत क्षेत्र **अपरिबद्ध** है, तब निम्न चरण का उपयोग करते हैं।

   (i) M, Z का अधिकतम मान होगा यदि उद्देश्य फलन $> M$ द्वारा प्राप्त अर्द्धतल का कोई बिन्दु सुसंगत क्षेत्र में ना हो अन्यथा Z का कोई अधिकतम मान नहीं होगा।

   (ii) इसी प्रकार m, Z का न्यूनतम मान होगा यदि उद्देश्य फलन $< m$ द्वारा प्राप्त अर्द्धतल का कोई बिन्दु सुसंगत क्षेत्र में ना हो अन्यथा Z का कोई न्यूनतम मान नहीं होगा।

अभ्यास प्रश्न

1. वे बिन्दु, जिन पर उद्देश्य फलन के इष्टतम मान की प्राप्ति होती है, होते हैं
(a) असमिकाओं के दोनों अक्षों से कटान बिन्दु
(b) असमिकाओं के केवल X-अक्ष से कटान बिन्दु
(c) सुसंगत क्षेत्र के विच्छेदन बिन्दु
(d) उपरोक्त में से कोई नहीं

2. एक घात प्रोग्राम समस्या में कौन-सा शब्द प्रयुक्त नहीं होता?
(a) व्यर्थ चर
(b) वस्तुनिष्ठ चर
(c) अवतल चर (क्षेत्र)
(d) तिर्यक चर

3. संलग्न आकृति में किसी LPP का सुसंगत हल प्रदर्शित है। माना $Z = 3x - 4y$ उद्देश्य फलन हैं। Z का न्यूनतम मान किस बिन्दु पर है?

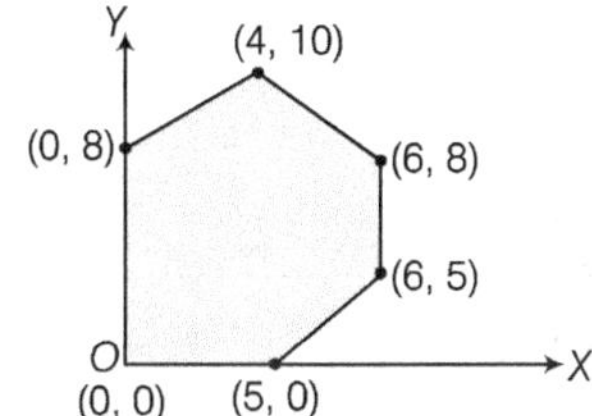

(a) (0, 0) (b) (0, 8)
(c) (5, 0) (d) (4, 10)

4. प्रश्न संख्या–3 पर ध्यान दीजिए। Z का अधिकतम मान किस बिन्दु पर है?
(a) (5, 0) (b) (6, 5)
(c) (6, 8) (d) (4, 10)

5. किसी रैखिक व्यवरोधों के निकाय द्वारा निर्धारित एक सुसंगत क्षेत्र के कोनीय बिन्दु (0, 3), (1, 1) तथा (3, 0) हैं। माना $Z = px + qy$ (जहाँ $p, q > 0$) उद्देश्य फलन हैं। p तथा q पर लगने वाला वह प्रतिबन्ध, जिससे Z का न्यूनतम मान (3, 0) तथा (1, 1) पर प्राप्त होगा?
(a) $p = 2q$ (b) $p = \frac{q}{2}$
(c) $p = 3q$ (d) $p = q$

6. निम्न अवरोधों $x + y \le 8$, $3x + 5y \ge 15$, $x \ge 0$, $y \ge 0$ के अन्तर्गत $Z = x + 3y$ का न्यूनतम मान होगा।
(a) 4 (b) 5 (c) 3 (d) 6

7. रेखीय प्रोग्रामन समस्या को निम्न अवरोधों के अन्तर्गत हल कीजिए।

$5x + 3y \le 15$, $2x + 5y \le 10$ तथा $x \ge 0$, $y \ge 0$, $Z = 10x + 3y$ का अधिकतम मान होगा।
(a) 30 (b) 12 (c) 24 (d) 35

8. $5x_1 + 4x_2 \ge 9, x_1 + x_2 \ge 3, x_1 \ge 0, x_2 \ge 0$ के हल में निम्न में से कौन-सा बिन्दु स्थित होगा?
(a) (1, 3) (b) (1, 2) (c) (1, 4) (d) (1, 1)

9. $x_1 + x_2 \ge 3, 2x_1 + 5x_2 \ge 10, x_1, x_2 \ge 0$ के व्यापक हल में निम्न में से कौन-से बिन्दु स्थित नहीं होगें?
(a) (2, 2) (b) (1, 2) (c) (2, 1) (d) (4, 2)

10. रैखिक फलन $Z = ax + by$, जबकि a व b अचर हैं जिनका अधिकतमीकरण या न्यूनतमीकरण होना है, कहलाता है
(a) उद्देश्य फलन (b) रैखिक व्यवरोध
(c) सुसंगत हल (d) इनमें से कोई नहीं

11. रैखिक प्रोग्रामन समस्या के ऋणेत्तर व्यवरोध $x, y \ge 0$ सहित सभी व्यवरोधों द्वारा नियत उभयनिष्ठ क्षेत्र कहलाता है
(a) सुसंगत क्षेत्र (b) अपरिबद्ध क्षेत्र
(c) परिबद्ध क्षेत्र (d) इनमें से कोई नहीं

12. रैखिक असमिकाओं के निकाय द्वारा प्राप्त सुसंगत क्षेत्र कहलाता है
(a) परिबद्ध क्षेत्र (b) इष्टतम क्षेत्र
(c) अनुकूल क्षेत्र (d) इनमें से कोई नहीं

13. सुसंगत क्षेत्र का कोई बिन्दु, जिस पर उद्देश्य फलन का इष्टतम मान प्राप्त होता है, कहलाता है
(a) इष्टतम हल (b) सुसंगत हल
(c) न्यूनतम हल (d) असंगत हल

14. यदि सुसंगत क्षेत्र परिबद्ध है, तो उद्देश्य फलन के मान प्राप्त होंगे
(a) अधिकतम (b) न्यूनतम
(c) अधिकतम एवं न्यूनतम (d) इनमें से कोई नहीं

उत्तर सहित व्याख्या

1. (*c*) सुसंगत क्षेत्र के विच्छेदन बिन्दु

2. (*c*) अवतल चर (क्षेत्र)

3. (*b*)

कोनीय बिन्दु	उद्देशीय फलन $Z = 3x - 4y$
(0, 0)	0
(5, 0)	15 ← अधिकतम
(6, 5)	–2
(6, 8)	–14
(4, 10)	–28
(0, 8)	–32 ← न्यूनतम

अतः बिन्दु (0, 8) पर Z का न्यूनतम मान है।

4. (*a*) प्रश्न 3 के हल की सारणी से स्पष्ट है, बिन्दु (5, 0) पर Z का अधिकतम मान है।

5. (b)

कोनीय बिन्दु	उद्देश्य फलन $Z = px + qy,\ p, q > 0$
(0, 3)	$3q$
(1, 1)	$p + q$
(3, 0)	$3p$

p तथा q पर लगने वाला वह प्रतिबन्ध, जिससे Z का न्यूनतम मान (3, 0) तथा (1, 1) पर प्राप्त होगा।

$$p + q = 3p \Rightarrow 2p = q \Rightarrow p = \frac{q}{2}$$

6. (b) दी गई असमिकाएँ हैं $x + y \le 8,\ 3x + 5y \ge 15,\ x \ge 0,\ y \ge 0$

दिए गए व्यवरोधों को समीकरण रूप में निम्न प्रकार लिखा जा सकता है।

$$x + y = 8 \quad \text{...(i)}$$
$$3x + 5y = 15 \quad \text{...(ii)}$$
$$x = 0, y = 0 \quad \text{...(iii)}$$

समीकरण, $x + y = 8$ के लिए सारणी

x	0	8
y	8	0

$\therefore$ रेखा $x + y = 8$ बिन्दु $A(8, 0), B(0, 8)$ से होकर जाती है

बिन्दु (0, 0) पर असमिका $x + y \le 8;\ 0 + 0 \le 8 \Rightarrow 0 \le 8$ (सत्य है)

अत: अर्द्धतल मूल बिन्दु की ओर होगा।

समीकरण $3x + 5y = 15$ के लिए सारणी

x	0	5
y	3	0

$\therefore$ रेखा $3x + 5y = 15$ बिन्दु $C(0, 3)$ तथा $D(5, 0)$ से होकर जाती है।

बिन्दु (0, 0) पर असमिका $3x + 5y \ge 15$

$0 + 0 \ge 15 \Rightarrow 0 \ge 15$ (असत्य है)

अत: अर्द्धतल मूल बिन्दु के विपरीत होगा।

अब उपरोक्त समीकरणों का आलेख खींचने पर सुसंगत क्षेत्र $ABCD$ प्राप्त होता है। जिसके कोनीय बिन्दु $A(8, 0), B(0, 8), C(0, 3)$ तथा $D(5, 0)$ है।

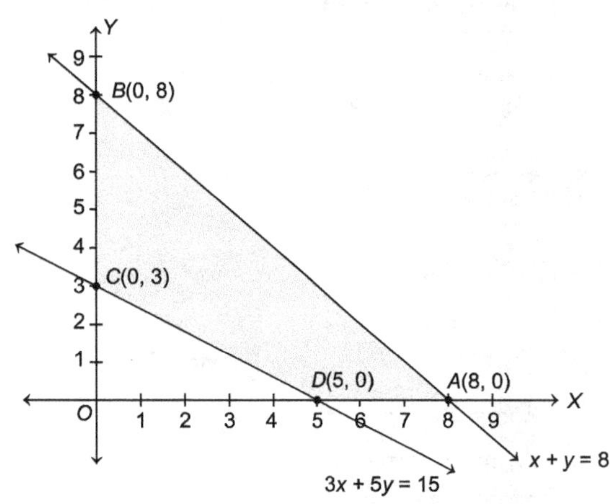

कोनीय बिन्दु पर Z के निम्न मान हैं।

कोनीय बिन्दु	$Z = x + 3y$
$A(8, 0)$	$Z = 8 + 0 = 8$
$B(0, 8)$	$Z = 0 + 3 \times 8 = 24$
$C(0, 3)$	$Z = 0 + 3 \times 3 = 9$
$D(5, 0)$	$Z = 5 + 0 = 5$

अत: बिन्दु $D(5, 0)$ पर Z का न्यूनतम मान 5 प्राप्त हैं।

7. (a) यहाँ उद्देश्य फलन $Z = 10x + 3y$

अवरोध, $x \ge 0;\ y \ge 0;\ 5x + 3y \le 15;\ 2x + 5y \le 10$

समीकरण, $5x + 3y = 15$ की सारणी;

x	0	3
y	5	0

समीकरण $2x + 5y \le 10$ की सारणी;

x	0	5
y	2	0

अब अर्द्धतल आरेख है;

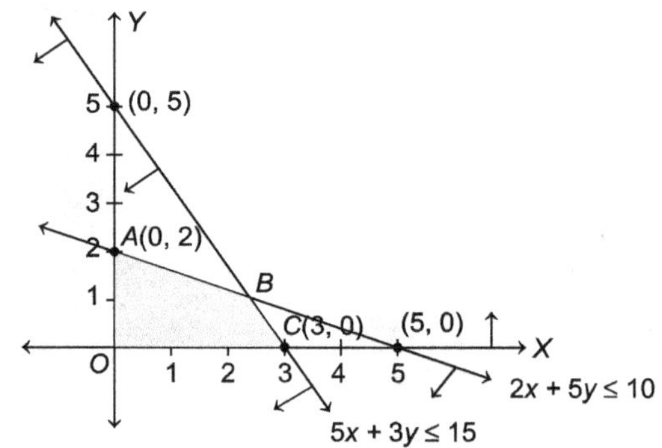

यहाँ $5x + 3y \le 15$ एवं $2x + 5y \le 10$ मूल बिन्दु $x = 0,\ y = 0$ से सन्तुष्ट होते हैं। अत: अर्द्धतल मूल बिन्दु की तरफ होगा।

समी. (iii) व (iv) को हल करने पर परिक्षेपन बिन्दु $\left(B\left(\frac{15}{19}, \frac{35}{19}\right)\right)$ प्राप्त होता है।

अब अर्द्धतल $OABC$ के कोणीय बिन्दु $O(0, 0), A(0, 2), B\left(\frac{15}{19}, \frac{35}{19}\right), C(3, 0)$ हैं

इन पर Z के मान हैं;

बिन्दु	$Z = 10x + 3y$
$O(0, 0)$	0
$A(0, 2)$	6
$B\left(\frac{15}{19}, \frac{35}{19}\right)$	$\frac{255}{19}$
$C(3, 0)$	30 (अधिकतम)

अत: बिन्दु $C(3, 0)$ पर Z का अधिकतम मान 30 प्राप्त होता है।

8. (b) **9.** (c) **10.** (a) **11.** (a) **12.** (a) **13.** (a) **14.** (c)

अध्याय 13

प्रायिकता

Probability

परिणाम तथा प्रतिदर्श समष्टि

किसी यादृच्छिक परीक्षण के सम्भावित नतीजे, **परिणाम** कहलाते हैं। किसी परीक्षण के सभी सम्भव परिणामों के समुच्चय को उस परीक्षण का प्रतिदर्श समष्टि कहते हैं। इसे सामान्यतः S द्वारा सूचित किया जाता है। प्रतिदर्श समष्टि का प्रत्येक अवयव प्रतिदर्श बिन्दु या घटना बिन्दु कहलाता है।

घटना

प्रतिदर्श समष्टि S के प्रत्येक उपसमुच्चय को घटना कहते हैं।

घटनाओं के प्रकार

1. **निश्चित एवं असम्भव** प्रतिदर्श समष्टि S तथा ϕ दोनों ही प्रतिदर्श समष्टि S के उपसमुच्चय होते हैं। यहाँ, S अर्थात् पूर्ण समष्टि को निश्चित घटना तथा ϕ को असम्भव घटना कहते हैं।
2. **सरल या प्रारम्भिक घटना** यदि किसी घटना E में केवल एक ही प्रतिदर्श बिन्दु होता है, तो घटना E को सरल या प्रारम्भिक घटना कहते हैं।
3. **मिश्र घटना** यदि किसी घटना में एक से अधिक प्रतिदर्श बिन्दु होते हैं, तो वह मिश्र घटना कहलाती है।
4. **समसम्भावी घटनाएँ** दो घटनाएँ समसम्भावी कहलाती हैं यदि उनमें से किसी एक के घटित होने की सम्भावना, किसी और घटना के घटित होने की सम्भावना के बराबर हो।
5. **परस्पर अपवर्जी या असंयुक्त घटनाएँ** दो या अधिक घटनाएँ परस्पर अपवर्जी कहलाती हैं यदि किसी एक के घटित होने पर अन्य घटनाएँ घटित न हों अर्थात् दो या अधिक घटनाएँ परस्पर अपवर्जी कहलाती हैं, यदि उनमें से कोई भी दो एकसाथ घटित न हों।
6. **निःशेष घटनाएँ** ऐसी घटनाओं का समुच्चय जिसके बाहर यादृच्छिक प्रयोग में कोई घटना घटित न हो तथा उसमें से कम-से-कम एक घटना प्रत्येक प्रयोग में घटित हो, निःशेष घटनाएँ कहलाती हैं।
7. **पूरक घटना** माना प्रतिदर्श समष्टि S से सम्बन्धित कोई घटना A है, तब A की पूरक घटना से तात्पर्य ऐसी प्रतिदर्श बिन्दु के समुच्चय से है, जो A मे न हों। इसे $\bar{A}$ या A' से प्रदर्शित करते हैं।

किसी घटना की प्रायिकता

माना S प्रतिदर्श समष्टि है तथा E प्रतिदर्श समष्टि S की कोई घटना है, तब घटना E के घटित होने की प्रायिकता $P(E)$ से दर्शायी जाती है तथा निम्न प्रकार परिभाषित की जाती है

$$P(E) = \frac{n(E)}{n(S)}$$

नोट $0 \le P(A) \le 1$

असम्भव घटना की प्रायिकता शून्य होती है।

निश्चित घटना की प्रायिकता 1 होती है।

प्रायिकता पर आधारित महत्त्वपूर्ण परिणाम

1. **प्रायिकता की योग प्रमेय**

(i) दो घटनाओं A तथा B के लिए,

$$P(A \cup B) = P(A) + P(B) - P(A \cap B)$$

यदि A तथा B परस्पर अपवर्जी घटनाएँ हैं, तब

$$P(A \cup B) = P(A) + P(B)$$

[परस्पर अपवर्जी घटनाओं के लिए, $P(A \cap B) = 0$]

(ii) तीन घटनाओं A, B तथा C के लिए,

$$P(A \cup B \cup C) = P(A) + P(B) + P(C) - P(A \cap B) - P(B \cap C) - P(A \cap C) + P(A \cap B \cap C)$$

यदि A, B तथा C परस्पर अपवर्जी घटनाएँ हैं, तब

$$P(A \cup B \cup C) = P(A) + P(B) + P(C)$$

[परस्पर अपवर्जी घटनाओं के लिए, $P(A \cap B) = P(B \cap C) = P(C \cap A) = P(A \cap B \cap C) = 0$]

2. यदि दो घटनाएँ A तथा B किसी यादृच्छिक परीक्षण से सम्बन्धित हैं, तब

(i) $P(\bar{A}) = 1 - P(A)$ (ii) $P(A \cup \bar{A}) = P(S) = 1, P(\phi) = 0$

सप्रतिबन्ध प्रायिकता

माना किसी यादृच्छिक परीक्षण के एक ही प्रतिदर्श समष्टि से सम्बन्धित घटनाएँ E_1 व E_2 हैं। यदि E_2 घटना पहले ही घटित हो चुकी हो, तब घटना E_1 के घटित होने की प्रायिकता को सप्रतिबन्ध प्रायिकता कहते हैं तथा इसे $P\left(\frac{E_1}{E_2}\right)$ से निरूपित करते हैं।

$$P\left(\frac{E_1}{E_2}\right) = \frac{P(E_1 \cap E_2)}{P(E_2)}, \text{ जबकि } P(E_2) \ne 0$$

सप्रतिबन्ध प्रायिकता के गुण

(i) यदि A तथा B किसी यादृच्छिक परीक्षण के एक ही प्रतिदर्श समष्टि S से सम्बन्धित दो घटनाएँ हैं, तब $P\left(\frac{S}{A}\right) = P\left(\frac{A}{A}\right) = 1$

(ii) माना किसी यादृच्छिक परीक्षण के एक ही प्रतिदर्श समष्टि S के लिए कोई दो घटनाएँ A एवं B हैं तथा C कोई घटना इस प्रकार है कि $P(C) \ne 0$, तब

$$P\left(\frac{A \cup B}{C}\right) = P\left(\frac{A}{C}\right) + P\left(\frac{B}{C}\right) - P\left(\frac{A \cap B}{C}\right)$$

या $$P\left(\frac{A \cup B}{C}\right) = P\left(\frac{A}{C}\right) + P\left(\frac{B}{C}\right)$$ (यदि A व B असंयुक्त घटनाएँ हैं)

(iii) $P\left(\frac{A}{B}\right) + P\left(\frac{A'}{B}\right) = 1$ या $P\left(\frac{A'}{B}\right) = 1 - P\left(\frac{A}{B}\right)$

प्रायिकता की गुणन प्रमेय

माना E तथा F एक प्रतिदर्श समष्टि S की दो घटनाएँ हैं, तब

$$P(E \cap F) = \begin{cases} P(E) \cdot P(F/E), \text{ जहाँ } P(E) \neq 0 \\ P(F) \cdot P(E/F), \text{ जहाँ } P(F) \neq 0 \end{cases}$$

यदि E, F और G एक प्रतिदर्श समष्टि की घटनाएँ हैं, तब

$$P(E \cap F \cap G) = P(E)P\left(\frac{F}{E}\right)P\left(\frac{G}{E \cap F}\right) \text{ या } P(E)P\left(\frac{F}{E}\right)P\left(\frac{G}{EF}\right)$$

स्वतन्त्र घटनाएँ

यदि E तथा F किसी यादृच्छिक परीक्षण के प्रतिदर्श समष्टि की दो स्वतन्त्र घटनाएँ हैं, तो $P(E \cap F) = P(E) \cdot P(F)$

दूसरे शब्दों में, दो घटनाओं E तथा F को स्वतन्त्र घटनाएँ कहते हैं, यदि

$P(F/E) = P(F)$, जबकि $P(E) \neq 0$ तथा $P(E/F) = P(E)$, जबकि $P(F) \neq 0$

स्वतन्त्र घटनाओं के गुण

यदि E और F स्वतन्त्र घटनाएँ हैं, तब

(i) E तथा F' भी स्वतन्त्र घटनाएँ हैं। (ii) E' तथा F भी स्वतन्त्र घटनाएँ हैं।

(iii) E' तथा F' भी स्वतन्त्र घटनाएँ हैं।

एक प्रतिदर्श समष्टि का विभाजन

घटनाओं $E_1, E_2, \ldots, E_n$ के समुच्चय, प्रतिदर्श समष्टि S के विभाजन को निरूपित करता है, यदि

(i) $E_i \cap E_j = \phi, i \neq j, i, j = 1, 2, 3, \ldots, n$ (ii) $E_1 \cup E_2 \cup \ldots \cup E_n = S$

(iii) $P(E_i) > 0$, प्रत्येक $i = 1, 2, \ldots, n$ के लिए।

सम्पूर्ण प्रायिकता की प्रमेय

माना घटनाएँ $\{E_1, E_2, \ldots, E_n\}$ प्रतिदर्श समष्टि S के विभाजन का निर्माण करती हैं अर्थात् $E_1, E_2, \ldots, E_n$ परस्पर अपवर्जी तथा निःशेष घटनाएँ हैं जिनकी प्रायिकताएँ शून्येत्तर (अशून्य) हैं तथा A कोई घटना है जो $E_1, E_2, \ldots, E_n$ में से किसी एक के साथ घटती है, तब

$$P(A) = P(E_1) \cdot P(A/E_1) + P(E_2) \cdot P(A/E_2) + \ldots + P(E_n) \cdot P(A/E_n)$$

$$= \sum_{i=1}^{n} P(E_i) \cdot P(A/E_i)$$

बेज प्रमेय

यदि $E_1, E_2, \ldots, E_n$ प्रतिदर्श समष्टि S के विभाजन का निर्माण करती हैं अर्थात् $E_1, E_2, \ldots, E_n$ युग्मतः असंयुक्त हैं और $E_1 \cup E_2 \cup \ldots \cup E_n = S$ और A एक शून्येत्तर प्रायिकता की घटना है, तब

$$P(E_i / A) = \frac{P(E_i)\, P(A/E_i)}{\sum_{j=1}^{n} P(E_j) P(A/E_j)}, \text{ जहाँ } i = 1, 2, 3 \ldots n$$

यादृच्छिक चर

एक यादृच्छिक चर वह फलन होता है जिसका प्रान्त किसी यादृच्छिक परीक्षण का प्रतिदर्श समष्टि होता है।

यादृच्छिक चर का प्रायिकता बंटन

यदि यादृच्छिक चर X के मानों $x_1, x_2, \ldots, x_n$ की संगत प्रायिकताएँ क्रमशः $P_1, P_2, \ldots, P_n$ हैं, तब

X	x_1	x_2	...	x_n
P(X)	P_1	P_2	...	P_n

को X का प्रायिकता बंटन कहते हैं, जहाँ $P_i > 0$ तथा $\Sigma P(X) = 1$

यादृच्छिक चर का माध्य

माना X एक यादृच्छिक है जिसके सम्भावित मान $x_1, x_2, x_3, \ldots, x_n$ हैं जिनकी क्रमशः प्रायिकताएँ $p_1, p_2, p_3, \ldots, p_n$ हैं। X का माध्य, μ से व्यक्त संख्या $\sum_{i=1}^{n} x_i p_i$ है। यादृच्छिक चर X के माध्य को X की प्रत्याशा भी कहते हैं जिसे $E(X)$ से व्यक्त करते हैं। अर्थात् $E(X) = \mu = \sum_{i=1}^{n} p_i x_i = p_1 x_1 + p_2 x_2 + \ldots + p_n x_n$

यादृच्छिक चर का प्रसरण और मानक विचलन

माना X एक यादृच्छिक चर है जिसके सम्भावित मानों $x_1, x_2, \ldots, x_n$ के संगत प्रायिकताएँ $p(x_1), p(x_2), \ldots, p(x_n)$ विद्यमान हैं। $\mu = E(X)$, X का माध्य है, तब X का प्रसरण Var (X) या σ_x^2 द्वारा निरूपित किया जाता है तथा यह निम्न प्रकार से परिभाषित है $\sigma_x^2 = \text{Var}(x) = \sum_{i=1}^{n} (x_i - \mu)^2 p(x_i)$ या $\sigma_x^2 = E(x - \mu)^2$

साथ ही, $\sigma_x = \sqrt{\text{Var}(X)} = \sqrt{\sum_{i=1}^{n} (x_i - \mu)^2 p(x_i)}$ को यादृच्छिक चर X का मानक विचलन कहते हैं।

अथवा $\text{Var}(X) = E(X^2) - [E(X)]^2$ जहाँ, $E(X)^2 = \sum_{i=1}^{n} X_i^2 P(X_i)$

बरनौली अभिप्रयोग

सामान्यतः कई प्रयोग द्विपरिणामी प्रकृति के होते हैं। *जैसे*–किसी सिक्के को उछालने पर एक 'चित' या एक 'पट' प्राप्त होता है; किसी प्रश्न का उत्तर 'हाँ' अथवा 'नहीं' हो सकता है, इत्यादि।

उपरोक्त स्थितियों में ऐसा प्रचलन है कि प्राप्त परिणामों में एक को 'सफलता' एवं दूसरे को 'असफलता' कहा जाता है।

जैसे–एक सिक्के को उछालने पर 'चित' प्राप्त होने को सफलता माना जाए, तो 'पट' आने को असफलता माना जाएगा।

हम जानते हैं कि किसी एक परीक्षण का परिणाम किसी दूसरे परीक्षण के परिणाम से स्वतन्त्र होता है। इस प्रकार के प्रत्येक परीक्षण में सफलता (या असफलता) की प्रायिकताएँ अचर होती हैं। इस प्रकार के स्वतन्त्र परीक्षण जिनके केवल दो परिणाम 'सफलता' या 'असफलता' होते हैं, बरनौली परीक्षण कहलाते हैं।

परिभाषा (Definition) एक यादृच्छिक प्रयोग के परीक्षणों को बरनौली परीक्षण कहते हैं यदि वह निम्नलिखित शर्तों को सन्तुष्ट करते हैं

(i) अभिप्रयोगों की संख्या निश्चित (परिमित) होनी चाहिए।

(ii) अभिप्रयोग स्वतन्त्र होने चाहिए।

(iii) प्रत्येक अभिप्रयोग के तथ्यतः दो ही परिणाम होने चाहिए, सफलता या असफलता।

(iv) किसी परिणाम की प्रायिकता प्रत्येक अभिप्रयोग में समान रहनी चाहिए।

द्विपद बंटन

n बरनौली अभिप्रयोगों वाले एक प्रयोग में सफलताओं की संख्या की प्रायिकता बंटन $(q+p)^n$ के द्विपद विस्तार द्वारा प्राप्त की जा सकती है।

अतः सफलताओं की संख्या x का बंटन निम्नवत् है

$$P(X = x) = {}^nC_x q^{n-x} p^x$$

जहाँ, p = सफलता की प्रायिकता, q = असफलता की प्रायिकता,

n = परीक्षणों की संख्या तथा $p + q = 1$

द्विपद बंटन का माध्य तथा प्रसरण

(i) माध्य $(\mu) = \sum_{i=1}^{n} x_i p_i = np$

(ii) प्रसरण $(\sigma^2) = \sum_{i=1}^{n} x_i^2 p_i - \mu^2 = npq$

(iii) मानक विचलन $(\sigma) = \sqrt{\sum_{i=1}^{n} x_i^2 p_i - \mu^2} = \sqrt{npq}$

अभ्यास प्रश्न

1. दो गेंद एक बॉक्स से बिना प्रतिस्थापित किए निकाली जाती हैं। बॉक्स में 10 काली और 8 लाल गेंदें हैं, तो प्रायिकता ज्ञात कीजिए।

(i) दोनों गेंदें लाल हो।

(ii) प्रथम काली एवं दूसरी लाल हो।

(iii) एक काली तथा दूसरी लाल हो।

(a) $\frac{16}{81}, \frac{20}{81}$ और $\frac{40}{81}$
(b) $\frac{40}{81}, \frac{20}{81}$ और $\frac{16}{81}$
(c) $\frac{20}{81}, \frac{16}{81}$ और $\frac{40}{81}$
(d) इनमें से कोई नहीं

2. एक विशेष समस्या को A और B द्वारा स्वतन्त्र रूप से हल करने की प्रायिकताएँ क्रमश: $\frac{1}{2}$ और $\frac{1}{3}$ हैं। यदि दोनों स्वतन्त्र रूप से समस्या हल करने का प्रयास करते हैं, तो प्रायिकता ज्ञात कीजिए कि

(i) समस्या हल हो जाती है।

(ii) उनमें से ठीक एक समस्या हल कर लेता है।

(a) $\frac{1}{2}$ और $\frac{2}{3}$
(b) $\frac{2}{3}$ और $\frac{1}{2}$
(c) $\frac{1}{4}$ और $\frac{3}{4}$
(d) इनमें से कोई नहीं

3. दो घटनाएँ A और B को परस्पर स्वतन्त्र कहते हैं, यदि

(a) A और B परस्पर अपवर्जी हैं।
(b) $P(A' \cap B') = [1 - P(A)]\,[1 - P(B)]$
(c) $P(A) = P(B)$
(d) $P(A) + P(B) = 1$

4. किसी महाविद्यालय में प्रवेश चाहने वाले A तथा B दो अभ्यर्थी हैं। A के चुने जाने की प्रायिकता 0.7 है तथा दोनों में से केवल एक के चुने जाने की प्रायिकता 0.6 है। B के चुने जाने की प्रायिकता ज्ञात कीजिए।

(a) 0.1 (b) 0.3 (c) 0.5 (d) 0.25

5. एक थैले में 4 लाल और 4 काली गेंदें हैं और एक अन्य थैले में 2 लाल और 6 काली गेंदें हैं। दोनों थैलों में से एक को यादृच्छया चुना जाता है और उसमें एक गेंद निकाली जाती है जोकि लाल है। इस बात की क्या प्रायिकता है कि गेंद पहले थैले से निकाली गई है?

(a) $\frac{1}{2}$ (b) $\frac{1}{3}$ (c) $\frac{3}{4}$ (d) $\frac{2}{3}$

6. यदि 2 कोटि के एक सारणिक के सभी अवयव शून्य या एक हो, तो सारणिक का धनात्मक मान होने की क्या प्रायिकता हैं? (माना सारणिक के प्रत्येक अवयव स्वतन्त्र रूप से चुने जा सकते हैं तथा प्रत्येक की चुने जाने की प्रायिकता $\frac{1}{2}$ है।)

(a) $\frac{3}{16}$
(b) $\frac{5}{16}$
(c) $\frac{15}{16}$
(d) इनमें से कोई नहीं

7. एक इलेक्ट्रॉनिक एसेम्बली के दो सहायक निकाय A और B हैं। पूर्ववर्ती निरीक्षण द्वारा निम्न प्रायिकताएँ ज्ञात हैं

$P(A$ के असफल होने की$) = 0.2$

$P(B$ के अकेले असफल होने की$) = 0.15$

$P(A$ और B के असफल होने की$) = 0.15$

तो निम्न प्रायिकताएँ ज्ञात कीजिए

(i) $P(A$ के असफल/B असफल हो चुकी हो$)$

(ii) $P(A$ के अकेले असफल होने की$)$

(a) 0.2 और 0.02
(b) 0.2 और 0.03
(c) 0.5 और 0.03
(d) 0.5 और 0.05

8. यदि $P\left(\frac{A}{B}\right) > P(A)$, तब निम्न में से कौन सही है?

(a) $P(B/A) < P(B)$
(b) $P(A \cap B) < P(A)\,P(B)$
(c) $P(B/A) > P(B)$
(d) $P(B/A) = P(B)$

9. 52 पत्तों की गड्डी में से एक के बाद एक चार पत्ते बिना प्रतिस्थापित किए निकाले गए। चारों पत्तों के बादशाह होने की क्या प्रायिकता है?

(a) $\frac{1}{725}$
(b) $\frac{1}{125}$
(c) $\frac{1}{2025}$
(d) इनमें से कोई नहीं

10. किसी प्रयोग में दस सिक्के उछाले जाते हैं, कम-से-कम 8 चित प्राप्त होने की प्रायिकता ज्ञात कीजिए।

(a) $\frac{1}{128}$ (b) $\frac{1}{256}$ (c) $\frac{7}{128}$ (d) $\frac{3}{256}$

11. यदि दो घटनाएँ A तथा B इस प्रकार हैं कि $P(A') = 0.3$, $P(B) = 0.4$ तथा $(A \cap B') = 0.5$, तब $P\left(\frac{B}{A \cup B'}\right)$ का मान है

(a) $\frac{1}{4}$ (b) $\frac{1}{5}$ (c) $\frac{3}{5}$ (d) $\frac{2}{5}$

12. माना E तथा F दो स्वतन्त्र घटनाएँ इस प्रकार हैं कि $P(E) > P(F)$, E तथा F के घटने की प्रायिकता $\frac{1}{12}$ है तथा न तो E और न ही F के घटने की प्रायिकता $\frac{1}{2}$ है, तब

(a) $P(E) = \frac{1}{3}, P(F) = \frac{1}{4}$
(b) $P(E) = \frac{1}{2}, P(F) = \frac{1}{6}$
(c) $P(E) = 1, P(F) = \frac{1}{12}$
(d) $P(E) = \frac{1}{3}, P(F) = \frac{1}{2}$

13. $P(A \cup B)$ ज्ञात कीजिए, यदि $2P(A) = P(B) = \frac{5}{13}$ और $P\left(\frac{A}{B}\right) = \frac{2}{5}$

(a) $\frac{11}{26}$
(b) $\frac{3}{26}$
(c) $\frac{5}{26}$
(d) इनमें से कोई नहीं

14. एक पासे को तीन बार उछाला गया है

E : तीसरी उछाल पर संख्या 4 प्रकट होना

F : पहली दो उछालों पर क्रमशः 6 तथा 5 प्रकट होना

तब, $P\left(\frac{E}{F}\right)$ का मान है

(a) $\frac{1}{36}$ (b) $\frac{5}{6}$ (c) $\frac{5}{36}$ (d) $\frac{1}{6}$

15. एक पासे को उछाला गया है। घटनाओं $E = \{1, 3, 5\}$, $F = \{2, 3\}$ और $G = \{2, 3, 4, 5\}$ के लिए।

$P\left(\frac{E \cup F}{G}\right)$ तथा $P\left(\frac{E \cap F}{G}\right)$ के मान हैं

(a) $\frac{3}{4}$ और $\frac{1}{4}$ (b) $\frac{1}{2}$ और $\frac{1}{3}$

(c) 0 और 1 (d) इनमें से कोई नहीं

16. माना जन्म लेने वाले बच्चे का लड़का या लड़की होना समसम्भाव्य है। यदि किसी परिवार में दो बच्चे हैं, तो दोनों बच्चों के लड़की होने की सप्रतिबन्ध प्रायिकता क्या है? यदि यह दिया गया है कि

(i) सबसे छोटा बच्चा लड़की है।

(ii) कम-से-कम एक बच्चा लड़की है।

(a) $\frac{2}{3}$ और $\frac{1}{4}$ (b) $\frac{1}{2}$ और $\frac{1}{3}$ (c) $\frac{1}{3}$ और $\frac{1}{4}$ (d) $\frac{1}{2}$ और $\frac{1}{4}$

17. एक पासे को फेंकने के परीक्षण पर विचार कीजिए। यदि पासे पर प्रकट संख्या 3 का गुणज है, तो पासे को पुनः फेंके और यदि कोई अन्य संख्या प्रकट हो, तो एक सिक्के को उछालें। घटना 'न्यूनतम एक पासे पर संख्या 3 प्रकट होना' दिया गया है, तो घटना सिक्के पर पट प्रकट होने' की सप्रतिबन्ध प्रायिकता ज्ञात कीजिए।

(a) 0 (b) $\frac{7}{20}$ (c) $\frac{3}{20}$ (d) $\frac{4}{5}$

18. किसी कारखाने में निर्मित 10% बल्ब लाल रंग के हैं जिनमें 2% खराब हैं। यदि एक बल्ब यादृच्छया निकाला जाए, तो उसके खराब होने की प्रायिकता निर्धारित कीजिए यदि वह लाल रंग का हो

(a) $\frac{1}{5}$ (b) $\frac{1}{3}$ (c) $\frac{1}{4}$ (d) $\frac{1}{2}$

19. किसी कारखाने में E_1, E_2 तथा E_3 तीन मशीन बिजली के ट्यूबों के प्रतिदिन के कुल उत्पाद का क्रमशः 50%, 25% तथा 25% बनाती हैं। यह ज्ञात है कि E_1 तथा E_2 मशीनों में से प्रत्येक द्वारा निर्मित 4% ट्यूब खराब होती हैं और मशीन E_3 द्वारा निर्मित 5% ट्यूब खराब होती हैं। यदि किसी दिन के उत्पाद से एक ट्यूब यादृच्छया निकाली जाती है, तो प्रायिकता ज्ञात कीजिए कि वह खराब होगी।

(a) 0.025 (b) 0.125 (c) 0.325 (d) 0.0425

20. एक बहु-विकल्पी प्रश्न का उत्तर देने में एक विद्यार्थी या तो प्रश्न का उत्तर जानता है या वह अनुमान लगाता है। माना उसके उत्तर जानने की प्रायिकता $\frac{3}{4}$ है और अनुमान लगाने की प्रायिकता $\frac{1}{4}$ है। माना छात्र द्वारा प्रश्न के उत्तर का अनुमान लगाने पर सही उत्तर देने की प्रायिकता $\frac{1}{4}$ है, तो इस बात की क्या प्रायिकता है कि छात्र प्रश्न का उत्तर जानता है, यदि यह ज्ञात है कि उसने सही उत्तर दिया है?

(a) $\frac{4}{13}$ (b) $\frac{5}{13}$ (c) $\frac{9}{13}$ (d) $\frac{12}{13}$

21. एक बीमा कम्पनी 2000 स्कूटर चालकों, 4000 कार चालकों और 6000 ट्रक चालकों का बीमा करती है। दुर्घटनाओं की प्रायिकताएँ क्रमशः 0.01, 0.03 और 0.15 हैं। बीमाकृत व्यक्तियों (चालकों) में से एक दुर्घटनाग्रस्त हो जाता है। उस व्यक्ति के स्कूटर चालक होने की प्रायिकता क्या है?

(a) $\frac{1}{52}$ (b) $\frac{1}{26}$ (c) $\frac{7}{52}$ (d) $\frac{3}{26}$

22. माना कोई लड़की एक पासा उछालती है। यदि उसे 5 या 6 की संख्या प्राप्त होती है, तो वह एक सिक्के को तीन बार उछालती है और 'चितों' की संख्या नोट करती है। यदि उसे 1, 2, 3 या 4 की संख्या प्राप्त होती है, तो वह एक सिक्के को एक बार उछालती है और यह नोट करती है कि उस पर 'चित' या 'पट' प्राप्त हुआ। यदि उसे ठीक एक चित प्राप्त होता है, तो उसके द्वारा उछाले गए पासे पर 1, 2, 3 या 4 प्राप्त होने की प्रायिकता क्या है?

(a) $\frac{4}{11}$ (b) $\frac{2}{11}$ (c) $\frac{6}{11}$ (d) $\frac{8}{11}$

23. एक पत्र को दो अलग-अलग स्थानों CALCUTTA या TATANAGAR से आना है, लिफाफे पर दो लगातार अक्षर TA प्रदर्शित हो रहे हैं, पत्र के TATANAGAR से आने की प्रायिकता ज्ञात कीजिए।

(a) $\frac{2}{11}$ (b) $\frac{5}{11}$ (c) $\frac{7}{11}$ (d) $\frac{10}{11}$

24. एक यादृच्छिक चर X का प्रायिकता बंटन नीचे दिया गया है

X	0	1	2	3	4	5	6	7
$P(X)$	0	k	$2k$	$2k$	$3k$	k^2	$2k^2$	$7k^2 + k$

ज्ञात कीजिए।

(i) k (ii) $P(X < 3)$

(iii) $P(X > 6)$ (iv) $P(0 < X < 3)$

(a) $\frac{1}{10}, \frac{3}{10}, \frac{17}{100}$ और $\frac{3}{10}$ (b) $\frac{1}{10}, \frac{3}{10}, \frac{3}{10}$ और $\frac{17}{100}$

(c) $\frac{17}{100}, \frac{1}{10}, \frac{3}{10}$ और $\frac{3}{10}$ (d) इनमें से कोई नहीं

25. माना दो पासों को फेंकने पर प्राप्त संख्याओं के योग को X से व्यक्त किया गया है। X का प्रसरण और मानक विचलन ज्ञात कीजिए।

(a) $\frac{31}{6}$ और $\sqrt{\frac{31}{6}}$ (b) $\frac{35}{6}$ और $\sqrt{\frac{35}{6}}$

(c) $\frac{17}{6}$ और $\sqrt{\frac{17}{6}}$ (d) इनमें से कोई नहीं

26. पासों के एक जोड़े को 4 बार उछाला जाता है। यदि 'पासों पर प्राप्त अंकों का समान होना' एक सफलता मानी जाती है, तो 2 सफलताओं की प्रायिकता ज्ञात कीजिए।

(a) $\frac{25}{128}$ (b) $\frac{13}{216}$

(c) $\frac{25}{216}$ (d) $\frac{11}{128}$

उत्तर सहित व्याख्या

1. (*a*) गेंदों की कुल संख्या = 18, लाल गेदों की संख्या = 8 तथा काली गेंदों की संख्या = 10

∴ लाल गेंद निकालने की प्रायिकता

$= \frac{\text{लाल गेंदों की संख्या}}{\text{कुल गेंदों की संख्या}} = \frac{8}{18}$

इसी प्रकार काली गेंद निकालने की प्रायिकता

$= \frac{\text{काली गेंदों की संख्या}}{\text{कुल गेंदों की संख्या}} = \frac{10}{18}$

(i) P (दोनों गेंद लाल हों) = P (पहली गेंद निकालने में एक लाल गेंद निकली हो और पुन: दूसरी गेंद निकालने में भी लाल गेंद ही निकली हो)

$= \frac{8}{18} \times \frac{8}{18} = \frac{16}{81}$

(ii) P (प्रथम काली तथा दूसरी गेंद लाल निकालने की प्रायिकता)

$= \frac{10}{18} \times \frac{8}{18} = \frac{20}{81}$

(iii) एक काली तथा दूसरी लाल गेंद के निकालने की प्रायिकता

= P (प्रथम गेंद काली तथा दूसरी गेंद लाल है) + P (प्रथम गेंद लाल तथा दूसरी गेंद काली है)

$= \frac{10}{18} \times \frac{8}{18} + \frac{8}{18} \times \frac{10}{18}$

$= \frac{20}{81} + \frac{20}{81} = \frac{40}{81}$

2. (*b*) A द्वारा समस्या हल करने की प्रायिकता,

$P(A) = \frac{1}{2}$

B द्वारा समस्या हल करने की प्रायिकता,

$P(B) = \frac{1}{3}$

A द्वारा समस्या न हल करने की प्रायिकता,

$P(A') = 1 - P(A) = 1 - \frac{1}{2} = \frac{1}{2}$

तथा B द्वारा समस्या न हल करने की प्रायिकता, $P(B')$

$= 1 - P(B) = 1 - \frac{1}{3} = \frac{2}{3}$

(i) P (समस्या हल हो जाती है) = 1 − P (उनमें से किसी के भी द्वारा समस्या हल न होना)

$= 1 - P(A' \cap B')$

$= 1 - P(A')\,P(B')$

(चूँकि A तथा B स्वतन्त्र घटनाएँ हैं इसलिए A' तथा B' घटनाएँ भी स्वतन्त्र होंगी।)

$= 1 - \left(\frac{1}{2} \times \frac{2}{3}\right) = 1 - \frac{1}{3} = \frac{2}{3}$

(ii) P (उनमें से ठीक एक के द्वारा समस्या हल किया जाना)

$= P(A)\,P(B') + P(A')P(B)$

$= \frac{1}{2} \times \frac{2}{3} + \frac{1}{2} \times \frac{1}{3} = \frac{1}{3} + \frac{1}{6}$

$= \frac{2+1}{6} = \frac{3}{6} = \frac{1}{2}$

3. (*b*) घटनाएँ A तथा B स्वतन्त्र हैं यदि

$P(A \cap B) = P(A)\,P(B)$

$\therefore P(A' \cap B') = P(A \cup B)'$

$= 1 - P(A \cup B) = 1 - [P(A) + P(B) - P(A \cap B)]$

$[\because P(A \cup B)' = 1 - P(A \cup B)]$

$= 1 - P(A) - P(B) + P(A)\,P(B)$

$= [1 - P(A)][1 - P(B)]$

4. (*d*) माना P, B के चुने जाने की प्रायिकता है।

$P(A,B$ में से ठीक एक के चुने जाने की) $= 0.6$ (दिया है)

$\Rightarrow P(A$ के चुने जाने B के न चुने जाने की, B के चुने जाने A के न चुने जाने की)$= 0.6$

$\Rightarrow \quad P(A \cap B') + P(A' \cap B) = 0.6$

$\Rightarrow P(A)\,P(B') + P(A')\,P(B) = 0.6$

$\Rightarrow \quad (0.7)(1 - p) + (0.3)p = 0.6$

$\Rightarrow \quad p = 0.25$

अत: B के चुने जाने की प्रायिकता 0.25 है।

5. (*d*) निकाली गई गेंद लाल रंग की होने पर निम्नलिखित दो स्थितियाँ हो सकती हैं

(i) गेंद पहले थैले से निकाली गई है।

(ii) गेंद दूसरे थैले से निकाली गई है।

माना घटना E_1 'पहले थैले के चुने जाने ' तथा घटना E_2 'दूसरे थैले के चुने जान को निरूपित करता है तथा घटनाएँ E_1 एवं E_2 परस्पर अपवर्जी तथा परिपूर्ण घटनाएँ हैं और

$P(E_1) = P(E_2) = \frac{1}{2}$

माना घटना E 'निकाली गई गेंद लाल है' को निरूपित करता है।

$\therefore P\left(\frac{E}{E_1}\right) = P$ (पहले थैले से एक लाल गेंद निकाली गई) $= \frac{4}{8} = \frac{1}{2}$

$P\left(\frac{E}{E_2}\right) = P$ (दूसरे थैले से एक लाल गेंद निकाली गई) $= \frac{2}{8} = \frac{1}{4}$

$\therefore$ अभीष्ट प्रायिकता $= P\left(\frac{E_1}{E}\right)$

$$= \frac{P\left(\frac{E}{E_1}\right)P(E_1)}{P\left(\frac{E}{E_1}\right)P(E_1) + P\left(\frac{E}{E_2}\right)P(E_2)}$$

$$= \frac{\frac{1}{2} \times \frac{1}{2}}{\frac{1}{2} \times \frac{1}{2} + \frac{1}{2} \times \frac{1}{4}} = \frac{\frac{1}{4}}{\frac{1}{4} + \frac{1}{8}} = \frac{\frac{1}{4}}{\frac{2+1}{8}}$$

$$= \frac{\frac{1}{4}}{\frac{3}{8}} = \frac{1}{4} \times \frac{8}{3} = \frac{2}{3}$$

6. (*a*) माना एक 2 कोटि के सारणिक जिसके अवयवों की संख्या 4 है तथा सभी अवयव शून्य या एक है।

सारणिकों की कुल संख्या $= 2^4 = 16$

जिसके धनात्मक सारणिक केवल

$\begin{vmatrix} 1 & 0 \\ 0 & 1 \end{vmatrix}, \begin{vmatrix} 1 & 0 \\ 1 & 1 \end{vmatrix}$ तथा $\begin{vmatrix} 1 & 1 \\ 0 & 1 \end{vmatrix}$ हैं।

चूँकि उपरोक्त सारणिक के प्रत्येक अवयव को चुने जा सकने की प्रायिकता $\frac{1}{2}$ है।

अत: अभीष्ट प्रायिकता

$= 3\left(\frac{1}{2} \times \frac{1}{2} \times \frac{1}{2} \times \frac{1}{2}\right) = \frac{3}{16}$

7. (*d*) माना A तथा B के असफल होने की घटना क्रमश: A 'तथा B' द्वारा निरूपित करते हैं।

$P(A') = 0.2, P(A' \cap B') = 0.15$

$\because P$ (B के अकेले असफल होने की)

$= P(B') - P(A' \cap B')$

$\Rightarrow \quad 0.15 = P(B') - 0.15$

$\Rightarrow \quad P(B') = 0.30$

(i) P (A असफल/B असफल हो चुकी हो)

$= P(A'/B')$

$= \frac{P(A' \cap B')}{P(B')}$

$= \frac{0.15}{0.30} = 0.5$

(ii) P(A के अकेले असफल होने की)

$= P$(A के असफल होने की)

− P(A और B दोनों के असफल होने की)

$= P(A') - P(A' \cap B')$

$= 0.2 - 0.15 = 0.05$

8. (c) दिया है, $P\left(\frac{A}{B}\right) > P(A)$

$\Rightarrow \quad \frac{P(A \cap B)}{P(B)} > P(A)$

$\Rightarrow \quad P(A \cap B) > P(A) \cdot P(B)$

$\Rightarrow \quad \frac{P(A \cap B)}{P(A)} > P(B)$

$\Rightarrow \quad P\left(\frac{B}{A}\right) > P(B)$

9. (d) ताश की एक गड्डी में पत्तों की संख्या $= 52$

52 पत्तों की एक गड्ड़ी में कुल 4 बादशाह होते हैं।

अब, माना घटना E "निकाले गए चारों पत्ते बादशाह होने की घटना है

तब, $P(E) = \frac{^4C_4}{^{52}C_4}$

$= \frac{4! \times 48!}{52 \times 51 \times 50 \times 49 \times 48!}$

$= \frac{4 \times 3 \times 2}{52 \times 51 \times 50 \times 49}$

$= \frac{24}{52 \times 51 \times 50 \times 49}$

$= \frac{1}{270725}$

10. (c) चित प्रकट होने के परिणामों की संख्या $= 1$

जब 9 चित प्रकट हो, तो परिणामों की संख्या $= 10$

जब 8 चित प्रकट हो, तो परिणामों की संख्या $= 45$

सम्भावित परिणामों की कुल संख्या $= 2^{10}$

अब, माना घटना E न्यूनतम 8 चित प्रकट होने की घटना को निरूपित करता है।

तब, $P(E) = \frac{1 + 10 + 45}{2^{10}}$

$= \frac{56}{32 \times 32} = \frac{7}{128}$

11. (a) $P(B/A \cup B') = \frac{P\{B \cap (A \cup B')\}}{P(A \cup B')}$

$= -\frac{P(A \cap B)}{P(A) + P(B') - P(A \cap B')}$

$= -\frac{P(A) - P(A \cap B')}{0.7 + 0.6 - 0.5} = \frac{0.7 - 0.5}{0.8} = \frac{1}{4}$

12. (b) दिया है,

$P(E \cap F) = P(E)\, P(F) = \frac{1}{12} \quad \ldots(i)$

$P(E^c \cap F^c) = P(E^c) \cdot P(F^c) = \frac{1}{2}$

$\Rightarrow \quad (1 - P(E))(1 - P(F)) = \frac{1}{2} \quad \ldots(ii)$

समी (i) तथा (ii) को हल करने पर,

$P(E) = \frac{1}{2}$ तथा $P(F) = \frac{1}{6}$

13. (a) दिया है, $2P(A) = P(B) = \frac{5}{13}$

$\Rightarrow \quad P(A) = \frac{5}{26}$ और $P(B) = 5/13$

अब, $P\left(\frac{A}{B}\right) = \frac{P(A \cap B)}{P(B)}$

$\Rightarrow \quad \frac{2}{5} = \frac{P(A \cap B)}{\frac{5}{13}}$

$\Rightarrow P(A \cap B) = \frac{2}{5} \times \frac{5}{13} = \frac{2}{13}$

पुन:

$P(A \cup B) = P(A) + P(B) - P(A \cap B)$

$= \frac{5}{26} + \frac{5}{13} - \frac{2}{13} = \frac{5 + 10 - 4}{26} = \frac{11}{26}$

14. (d) यदि किसी पासे को तीन बार उछाला जाए, तो इस परीक्षण प्रतिदर्श समष्टि में अवयवों की कुल संख्या $= 6 \times 6 \times 6 = 216$

प्रतिदर्श समष्टि,

$S = [(x, y, z) : x, y, z \in \{1, 2, 3, 4, 5, 6\}]$ है।

यहाँ E घटना 'तीसरी उछाल पर संख्या 4 प्रकट होना' तथा F घटना 'पहली दो उछालों पर क्रमश: 6 तथा 5 प्रकट होना' को निरूपित करती है।

$$\therefore E = \left\{\begin{matrix} (1, 1, 4), (1, 2, 4), (1, 3, 4), \\ (1, 4, 4), (1, 5, 4), (1, 6, 4) \\ (2, 1, 4), (2, 2, 4), (2, 3, 4), \\ (2, 4, 4), (2, 5, 4), (2, 6, 4) \\ (3, 1, 4), (3, 2, 4), (3, 3, 4), \\ (3, 4, 4), (3, 5, 4), (3, 6, 4) \\ (4, 1, 4), (4, 2, 4), (4, 3, 4), \\ (4, 4, 4), (4, 5, 4), (4, 6, 4) \\ (5, 1, 4), (5, 2, 4), (5, 3, 4), \\ (5, 4, 4), (5, 5, 4), (5, 6, 4) \\ (6, 1, 4), (6, 2, 4), (6, 3, 4), \\ (6, 4, 4), (6, 5, 4), (6, 6, 4) \end{matrix}\right\}$$

$\Rightarrow n(E) = 36$

तथा $F = \{(6, 5, 1), (6, 5, 2), (6, 5, 3), (6, 5, 4), (6, 5, 5), (6, 5, 6)\}$

$\Rightarrow n(F) = 6$

$\therefore \quad E \cap F = \{(6, 5, 4)\}$

$\Rightarrow n(E \cap F) = 1$

$\therefore P(E) = \frac{\text{अनुकूल परिणामों की संख्या}}{\text{कुल परिणामों की संख्या}}$

$= \frac{36}{216} = \frac{1}{6}$

इसी प्रकार, $P(F) = \frac{6}{216} = \frac{1}{36}$

तथा $P(E \cap F) = \frac{1}{216}$

अभीष्ट प्रायिकता, $P\left(\frac{E}{F}\right) = \frac{P(E \cap F)}{P(F)}$

$= \frac{\frac{1}{216}}{\frac{1}{36}} = \frac{1}{216} \times \frac{36}{1} = \frac{1}{6}$

15. (a) यहाँ, प्रतिदर्श समष्टि

$S = \{1, 2, 3, 4, 5, 6\}$

दिया है, $E = \{1, 3, 5\}, F = \{2, 3\}$

तथा $G = \{2, 3, 4, 5\}$

$\Rightarrow E \cap F = \{3\}, E \cap G = \{3, 5\},$

$E \cup F = \{1, 2, 3, 5\},$

$(E \cup F) \cap G = \{2, 3, 5\}$

तथा $(E \cap F) \cap G = \{3\}$

$\Rightarrow n(S) = 6, n(E) = 3,$

$n(F) = 2, n(G) = 4,$

$n(E \cap F) = 1,$

$n(E \cap G) = 2, n(E \cap F) = 4$

$n[(E \cup F) \cap G] = 3$

तथा $n[(E \cap F) \cap G] = 1$

$\therefore$ प्रायिकता $= \frac{\text{अनुकूल घटनाओं की संख्या}}{\text{कुल घटनाओं की संख्या}}$

अत: $P(E) = \frac{3}{6} = \frac{1}{2},$

$P(F) = \frac{2}{6} = \frac{1}{3}, P(G) = \frac{4}{6} = \frac{2}{3}$

$P(E \cap F) = \frac{1}{6}, P(E \cap G) = \frac{2}{6} = \frac{1}{3}$

$P[(E \cup F) \cap G] = \frac{3}{6} = \frac{1}{2}$

तथा $[P(E \cap F) \cap G] = \frac{1}{6}$

$P\left(\frac{E \cup F}{G}\right) = \frac{P[(E \cup F) \cap G]}{P(G)}$

$= \frac{1/2}{2/3} = \frac{3}{4}$

तथा $P\left(\frac{E \cap F}{G}\right) = \frac{P[(E \cap F) \cap G]}{P(G)}$

$= \frac{1/6}{2/3} = \frac{1}{4}$

16. (b) माना b लड़के तथा g लड़की को निरूपित करता है और यदि परिवार में दो बच्चे हैं, तो इस घटना का प्रतिदर्श समष्टि

$S = \{bb, bg, gb, gg\}$

जिसके चार समसम्भाव्य परिणाम हैं। अत: $n(S) = 4$

माना घटना E, 'दोनों बच्चों के लड़की होने' को निरूपित करता है, तब

$E = \{gg\} \Rightarrow n(E) = 1$

(i) माना घटना F, 'सबसे छोटा बच्चा लड़की है' को निरूपित करता है, तब

$$F = \{bg, gg\} \Rightarrow n(F) = 2$$

$$\Rightarrow \quad E \cap F = \{gg\}$$

$$\Rightarrow \quad n(E \cap F) = 1$$

अत: $\quad P(E) = \frac{1}{4}, P(F) = \frac{2}{4} = \frac{1}{2}$

तथा $\quad P(E \cap F) = \frac{1}{4}$

$\therefore$ अभीष्ट प्रायिकता

$$= P\left(\frac{E}{F}\right) = \frac{P(E \cap F)}{P(F)}$$

$$= \frac{1/4}{2/4} = \frac{1}{2}$$

(ii) माना घटना F 'न्यूनतम एक लड़की होने' को निरूपित करता है, तब

$$F = \{bg, gb, gg\}$$

$$\Rightarrow E \cap F = \{gg\} = E$$

$$\Rightarrow n(F) = 3, n(E \cap F) = 1$$

$\therefore$ अभीष्ट प्रायिकता

$$= P\left(\frac{E}{F}\right) = \frac{P(E \cap F)}{P(F)} = \frac{P(E)}{P(F)}$$

$$= \frac{1/4}{3/4} = \frac{1}{3}$$

17. (*a*) दिए गए परीक्षण के परिणामों को निम्न समुच्चय के द्वारा प्रदर्शित करते हैं

$$S = \left\{\begin{matrix} (3, 1), (3, 2), (3, 3), (3, 4), \\ (3, 5), (3, 6), (6, 1), (6, 2), \\ (6, 3), (6, 4), (6, 5), (6, 6), \\ (1, H), (1, T), (2, H), (2, T), \\ (4, H), (4, T), (5, H), (5, T) \end{matrix}\right\}$$

$\Rightarrow n(S) = 20$

माना घटना E 'सिक्के पर पट प्रकट होना' तथा घटना F 'न्यूनतम एक पासे पर संख्या 3 प्रकट होना' को निरूपित करता है।

$$E = \{(1, T), (2, T), (4, T), (5, T)\}$$

$\Rightarrow n(E) = 4$

$F = \{(3, 1), (3, 2), (3, 3), (3, 4), (3, 5), (3, 6), (6, 3)\}$

$\Rightarrow \quad n(F) = 7$

$\Rightarrow E \cap F = \phi$ क्योंकि यहाँ कोई उभयनिष्ठ बिन्दु नहीं है।

$\therefore$

$$P(E) = \frac{\text{अनुकूल प्रतिदर्श बिन्दुओं की संख्या}}{\text{कुल प्रतिदर्श बिन्दुओं की संख्या}}$$

$$= \frac{n(E)}{n(S)} = \frac{4}{20} = \frac{1}{5}$$

इसी प्रकार, $P(F) = \frac{n(F)}{n(S)} = \frac{7}{20}$

तथा $P(E \cap F) = \frac{n(E \cap F)}{n(S)} = \frac{0}{20} = 0$

अत: अभीष्ट प्रायिकता

$$= P\left(\frac{E}{F}\right) = \frac{P(E \cap F)}{P(F)} = \frac{0}{\frac{7}{20}} = 0$$

18. (*a*) माना A और B क्रमश: बल्ब के लाल और खराब होने की घटनाएँ हैं।

$$P(A) = \frac{10}{100} = \frac{1}{10},$$

$$P(A / B) = \frac{2}{100} = \frac{1}{50}$$

$$P(B / A) = \frac{P(A \cap B)}{P(A)} = \frac{1}{50} \times \frac{10}{1} = \frac{1}{5}$$

अत: चुने गए बल्ब के खराब होने की प्रायिकता यदि वह लाल है, $\frac{1}{5}$ होगी।

19. (*d*) माना D चुनी गई ट्यूब के खराब होने को दर्शाता है। माना A_1, A_2 और A_3 क्रमश: मशीनों E_1, E_2 और E_3 द्वारा ट्यूब बनाने की घटनाएँ हैं।

$$P(D) = P(A_1)P(D / A_1) + P(A_2)\,P(D / A_2) + P(A_3)\,P(D / A_3) \quad \ldots(\text{i})$$

$$P(A_1) = \frac{50}{100} = \frac{1}{2}, \quad P(A_2) = \frac{1}{4},$$

तथा $\quad P(A_3) = \frac{1}{4}$

साथ ही,

$$P(D / A_1) = P(D / A_2) = \frac{4}{100} = \frac{1}{25}$$

$$P(D / A_3) = \frac{5}{100} = \frac{1}{20}$$

उपरोक्त मान समी (i) में रखने पर,

$$P(D) = \frac{1}{2} \times \frac{1}{25} + \frac{1}{4} \times \frac{1}{25} + \frac{1}{4} \times \frac{1}{20}$$

$$= \frac{1}{50} + \frac{1}{100} + \frac{1}{80} = \frac{17}{400} = 0.0425$$

20. (*d*) माना E_1 'उत्तर जानने वाले विद्यार्थियों की घटना' तथा E_2 'उत्तर का अनुमान लगाने वाले विद्यार्थियों की घटना' को निरूपित करता है। अत: E_1 तथा E_2 परस्पर अपवर्जी घटनाएँ हैं।

$$\therefore \quad P(E_1) = \frac{3}{4} \text{ तथा } P(E_2) = \frac{1}{4}$$

माना घटना E 'उत्तर सही है' को निरूपित करता है। दिया है छात्र के प्रश्न के उत्तर को जानते हुए उत्तर देने की प्रायिकता 1 है। अत:

$$P\left(\frac{E}{E_1}\right) = 1$$

तथा छात्र के प्रश्न के उत्तर का अनुमान लगाने पर सही उत्तर देने की प्रायिकता $\frac{1}{4}$ है

अर्थात् $\quad P\left(\frac{E}{E_2}\right) = \frac{1}{4}$

बेज प्रमेय के प्रयोग से,

$$P\left(\frac{E_1}{E}\right) = \frac{P\left(\frac{E}{E_1}\right)P(E_1)}{P\left(\frac{E}{E_1}\right)P(E_1) + P\left(\frac{E}{E_2}\right)P(E_2)}$$

$$= \frac{1 \times \frac{3}{4}}{1 \times \frac{3}{4} + \frac{1}{4} \times \frac{1}{4}} = \frac{\frac{3}{4}}{\frac{3}{4} + \frac{1}{16}} = \frac{\frac{3}{4}}{\frac{12 + 1}{16}}$$

$$= \frac{3}{4} \times \frac{16}{13} = \frac{12}{13}$$

21. (*a*) दिया है, स्कूटर चालकों की संख्या $= 2000$, कार चालकों की संख्या $= 4000$ तथा ट्रक चालकों की संख्या $= 6000$

अत: कुल चालकों की संख्या

$$= 2000 + 4000 + 6000 = 12000$$

माना E_1 घटना 'बीमाकृत व्यक्ति एक स्कूटर चालक है', E_2 घटना 'बीमाकृत व्यक्ति एक कार चालक है' तथा E_3 घटना 'बीमाकृत व्यक्ति एक ट्रक चालक है' को निरूपित करती है। अत: E_1, E_2 तथा E_3 परस्पर अपवर्जी तथा परिपूर्ण घटनाएँ हैं।

$$\therefore P(E_1) = \frac{\text{स्कूटर चालकों की संख्या}}{\text{कुल चालकों की संख्या}}$$

$$= \frac{2000}{12000} = \frac{1}{6}$$

$$P(E_2) = \frac{\text{कार चालकों की संख्या}}{\text{कुल चालकों की संख्या}}$$

$$= \frac{4000}{12000} = \frac{1}{3}$$

और $P(E_3) = \frac{\text{ट्रक चालकों की संख्या}}{\text{कुल चालकों की संख्या}}$

$$= \frac{6000}{12000} = \frac{1}{2}$$

माना घटना E 'बीमाकृत व्यक्ति में से एक दुर्घटनाग्रस्त हो जाता है' को निरूपित करता है।

तब, $P\left(\frac{E}{E_1}\right)$

$= P$ (दुर्घटनाग्रस्त चालक एक स्कूटर चालक है)

$$= 0.01 = \frac{1}{100}$$

$P\left(\frac{E}{E_2}\right) = P$ (दुर्घटनाग्रस्त चालक एक कार चालक है)

$= 0.03 = \frac{3}{100}$

$P\left(\frac{E}{E_3}\right) = P$

(दुर्घटनाग्रस्त चालक एक ट्रक चालक है)

$= 0.15 = \frac{15}{100}$

माना $P\left(\frac{E_1}{E}\right)$ बीमाकृत चालकों में एक, जो दुर्घटनाग्रस्त हो जाता है, के स्कूटर चालक होने की प्रायिकता है।

बेज प्रमेय के प्रयोग से, $P\left(\frac{E_1}{E}\right)$

$$= \frac{P\left(\frac{E}{E_1}\right)P(E_1)}{P\left(\frac{E}{E_1}\right)P(E_1) + P\left(\frac{E}{E_2}\right)P(E_2) + P\left(\frac{E}{E_3}\right)P(E_3)}$$

$$= \frac{\frac{1}{6}\times\frac{1}{100}}{\frac{1}{6}\times\frac{1}{100}+\frac{1}{3}\times\frac{3}{100}+\frac{1}{2}\times\frac{15}{100}}$$

$$= \frac{\frac{1}{6}}{\frac{1}{6}+1+\frac{15}{2}} = \frac{1}{1+6+45} = \frac{1}{52}$$

22. (*d*) माना E_1 घटना '5 या 6 की संख्या प्राप्त होने' तथा E_2 घटना '1, 2, 3 या 4 की संख्या प्राप्त होने' को निरूपित करता है। तब, E_1 व E_2 परस्पर अपवर्जी तथा परिपूर्ण घटनाएँ हैं।

अतः $n(E_1)=2,\ n(E_2)=4$

तथा $n(S)=6$

$\therefore\ P(E_1) = \frac{2}{6} = \frac{1}{3}$

तथा $P(E_2) = \frac{4}{6} = \frac{2}{3}$

माना E घटना 'एक सिक्के के उछालने पर एक चित प्राप्त होने' को निरूपित करता है।

$\therefore\ P\left(\frac{E}{E_1}\right) = P$ (एक सिक्के की तीसरी उछाल पर ठीक एक चित प्राप्त होना)

$= P\{HTT, THT, TTH\} = \frac{3}{8}$

[$\because$ कुल प्रतिदर्श बिन्दुओं की संख्या $= 2^3 = 8$]

$P\left(\frac{E}{E_2}\right) = P$ (एक सिक्के की एक उछाल पर चित प्राप्त होना) $= \frac{1}{2}$

माना लड़की द्वारा पासे की उछाल पर 1, 2, 3 या 4 संख्या के प्राप्त होने के बाद प्रश्नानुसार पुनः एक उछाल पर ठीक एक चित प्राप्त होने की प्रायिकता $P\left(\frac{E_2}{E}\right)$ है।

अतः बेज प्रमेय के प्रयोग से,

$$P\left(\frac{E_2}{E}\right) = \frac{P\left(\frac{E}{E_2}\right)P(E_2)}{P\left(\frac{E}{E_1}\right)P(E_1)+P\left(\frac{E}{E_2}\right)P(E_2)}$$

$$= \frac{\frac{1}{2}\times\frac{2}{3}}{\frac{1}{2}\times\frac{2}{3}+\frac{3}{8}\times\frac{1}{3}} = \frac{\frac{1}{3}}{\frac{1}{3}+\frac{1}{8}} = \frac{8}{8+3} = \frac{8}{11}$$

23. (*c*) माना E_1, E_2 तथा E घटनाएँ हैं जो इस प्रकार परिभाषित हैं

E_1 = पत्र (अर्थात् लिफाफा) CALCUTTA से आना है

E_2 = पत्र (अर्थात् लिफाफा) TATANAGAR से आना है

तथा E = दो लगातार अक्षर (अर्थात् अक्षर) TA लिफाफे पर प्रदर्शित होना

$\therefore\ P(E_1) = \frac{1}{2}$ तथा $P(E_2) = \frac{1}{2}$

$\Rightarrow\ P\left(\frac{E}{E_1}\right) = \frac{n(E\cap E_1)}{n(E_1)} = \frac{1}{7}$

($\because$ लगातार अक्षरों के 7 जोड़े CA, AL, LC, CU, UT, TT, TA हैं)

तथा $P\left(\frac{E}{E_2}\right) = \frac{n(E\cap E_2)}{n(E_2)} = \frac{2}{8}$

($\because$ लगातार अक्षरों के 8 जोड़े हैं TA, AT, TA, AN, NA, AG, GA, AR)

$$\therefore P\left(\frac{E_2}{E}\right) = \frac{P(E_2)\,P\left(\frac{E}{E_2}\right)}{P(E_1)\,P\left(\frac{E}{E_1}\right) + P(E_2)\,P\left(\frac{E}{E_2}\right)}$$

$$= \frac{\left(\frac{1}{2}\right)\left(\frac{2}{8}\right)}{\left(\frac{1}{2}\right)\left(\frac{1}{7}\right)+\left(\frac{1}{2}\right)\left(\frac{2}{8}\right)}$$

$$= \frac{\frac{2}{16}}{\frac{8+14}{2\times7\times8}} = \frac{2\times7}{22} = \frac{7}{11}$$

अतः अभीष्ट प्रायिकता $\frac{7}{11}$ है।

24. (*a*) (i) चूँकि किसी यादृच्छिक चर के प्रायिकता बंटन का कुल योग 1 के बराबर होता है

अर्थात् $\Sigma P(X) = 1$

अतः $P(0) + P(1) + P(2) + P(3) + P(4) + P(5) + P(6) + P(7) = 1$

$\Rightarrow 0 + k + 2k + 2k + 3k + k^2 + 2k^2 + 7k^2 + k = 1$

$\Rightarrow\ 10k^2 + 9k - 1 = 0$

$\Rightarrow\ 10k^2 + 10k - k - 1 = 0$

$\Rightarrow 10k(k+1) - 1(k+1) = 0$

$\Rightarrow\ (k+1)(10k-1) = 0$

$\Rightarrow\ k + 1 = 0$ या $10k - 1 = 0$

$\Rightarrow\ k = -1$ या $k = \frac{1}{10}$

क्योंकि $k = -1$ सम्भव नहीं है जैसा कि किसी भी घटना की प्रायिकता कभी भी ऋणात्मक नहीं होती है।

$\therefore\ k = \frac{1}{10}$

(ii) $P(Z < 3) = P(0) + P(1) + P(2)$

$= 0 + k + 2k$

$= 0 + \frac{1}{10} + \frac{2}{10} = \frac{3}{10}$

(iii) $P(X > 6) = P(7) = 7k^2 + k$

$= \frac{7}{100} + \frac{1}{10} = \frac{17}{100}$

(iv) $P(0 < X < 3) = P(1) + P(2)$

$= k + 2k = \frac{1}{10} + \frac{2}{10} = \frac{3}{10}$

25. (*b*) यदि यादृच्छिक चर X का प्रायिकता बंटन दिया है, तो माध्य $= \Sigma X\,P(X)$

प्रसरण $= \Sigma X^2P(X) - (\text{माध्य})^2$ और

मानक विचलन $= \sqrt{\text{प्रसरण}}$

माना X दो अपक्षपाती पासों को फेंकने पर प्राप्त संख्याओं के योग को व्यक्त करता है। चूँकि किसी अपक्षपाती पासे को फेंकने पर प्राप्त संख्याओं का योग कभी भी 1 के बराबर नहीं हो सकता है। अतः X के मान 2, 3, 4, 5, 6, 7, 8, 9, 10, 11 या 12 हो सकते हैं।

$P(X = 2) = P[\{1, 1\}] = \frac{1}{36}$,

$P(X = 3) = P[\{(1, 2), (2, 1)\}] = \frac{2}{36}$

$P(X = 4)$

$= P[\{(1, 3), (2, 2), (3, 1)\}] = \dfrac{3}{36}$

$P(X = 5)$

$= P[\{(1, 4), (2, 3), (3, 2), (4, 1)\}] = \dfrac{4}{36}$

$P(X = 6)$

$= P[\{(1, 5), (2, 4), (3, 3), (4, 2), (5, 1)\}] = \dfrac{5}{36}$

$P(X = 7)$

$= P[\{(1, 6), (2, 5), (3, 4), (4, 3), (5, 2), (6, 1)\}] = \dfrac{6}{36}$

$P(X = 8)$

$= P[\{(2, 6), (3, 5), (4, 4), (5, 3), (6, 2)\}] = \dfrac{5}{36}$

$P(X = 9)$

$= P[\{(3, 6), (4, 5), (5, 4), (6, 3)\}] = \dfrac{4}{36}$

$P(X = 10)$

$= P[\{(4, 6), (5, 5), (6, 4)\}] = \dfrac{3}{36}$

$P(X = 11) = P\ [\{(5, 6), (6, 5)\}] = \dfrac{2}{36},$

$P(X = 12) = P\ [(6, 6)] = \dfrac{1}{36}$

X	2	3	4	5	6	7	8	9	10	11	12
$P(X)$	$\frac{1}{36}$	$\frac{2}{36}$	$\frac{3}{36}$	$\frac{4}{36}$	$\frac{5}{36}$	$\frac{6}{36}$	$\frac{5}{36}$	$\frac{4}{36}$	$\frac{3}{36}$	$\frac{2}{36}$	$\frac{1}{36}$

यादृच्छिक चर X का माध्य

$= \Sigma X\ P(X)$

$$= \frac{\begin{bmatrix} 2\times 1 + 3\times 2 + 4\times 3 + 5\times 4 + 6 \\ \times 5 + 7\times 6 + 8\times 5 + 9\times 4 + 10 \\ \times 3 + 11\times 2 + 12\times 1 \end{bmatrix}}{36}$$

$$= \frac{\begin{bmatrix} 2 + 6 + 12 + 20 + 30 + 42 \\ + 40 + 36 + 30 + 22 + 12 \end{bmatrix}}{36}$$

$$= \frac{252}{36} = 7$$

यादृच्छिक X का प्रसरण

$= \Sigma X^2 P(X) - (\text{माध्य})^2$

$$= \frac{\begin{bmatrix} 2^2\times 1 + 3^2\times 2 + 4^2\times 3 + 5^2\times 4 \\ + 6^2\times 5 + 7^2\times 6 + 8^2\times 5 + 9^2 \\ \times 4 + 10^2\times 3 + 11^2\times 2 + 12^2\times 1 \end{bmatrix}}{36} - 7^2$$

$$= \frac{\begin{bmatrix} 4 + 18 + 48 + 100 + 180 + 294 \\ + 320 + 324 + 300 + 242 + 144 \end{bmatrix}}{36} - 49$$

$$= \frac{1974}{36} - 49$$

$$= \frac{1974 - 1764}{36}$$

$$= \frac{210}{36} = \frac{35}{6}$$

अतः मानक विचलन,

$\text{SD} = \sqrt{\text{प्रसरण}}$

$= \sqrt{\dfrac{35}{6}}$

26. (*c*) यहाँ, परीक्षण $n = 4$ के लिए यह एक बरनौली परीक्षण है तथा पासों पर प्राप्त अंकों का समान होना यहाँ सफलता है।

जब पासों के एक जोड़े को एक बार उछाला जाता है, तो उसके कुल समसम्भाव्य परिणामों की संख्या $= 6 \times 6 = 36$

अतः परिणामों की कुल संख्या = 36

तथा सम्भावित द्विक्

$\{(1,1), (2, 2), (3, 3), (4, 4), (5, 5), (6, 6)\}$ हैं।

अतः अनुकूल परिणामों की संख्या = 6

$\therefore\ p = P$ (सफलताएँ) $= P$ (पासों के एक जोड़े की एक उछाल पर द्विक् प्राप्त होना)

$$= \frac{\text{अनुकूल परिणामों की संख्या}}{\text{कुल परिणामों की संख्या}} = \frac{6}{36} = \frac{1}{6}$$

$q = P$ (असफलता)

$= 1 - p = 1 - \dfrac{1}{6} = \dfrac{5}{6}$

स्पष्टतः X बंटन $n = 4$, $p = \dfrac{1}{6}$ और $q = \dfrac{5}{6}$ वाला एक द्विपद बंटन है।

$\because\quad P(X = r) = {}^nC_r\, p^r q^{n-r}$,

जहाँ $r = 0, 1, 2, \ldots, n$

$$P(X = r) = {}^4C_r \left(\frac{1}{6}\right)^r \cdot \left(\frac{5}{6}\right)^{4-r}$$

$$= {}^4C_r\, \frac{5^{4-2}}{6^4}$$

अब, P(2 सफलताओं)

$$= {}^4C_2\, p^2 q^2 = \frac{4\times 3}{2} \left(\frac{1}{6}\right)^2 \left(\frac{5}{6}\right)^2$$

$$= 6 \times \frac{1}{36} \times \frac{25}{36} = \frac{25}{216}$$

सेक्शन II : कॉमर्स डोमेन

प्रैक्टिस सैट्स

प्रैक्टिस सेट 1

निर्देश 50 में से 40 प्रश्न करने अनिवार्य हैं। **समय** : 45 मिनट

1. यदि $f = \{(5, 2), (6, 3)\}$ तथा $g = \{(2, 5), (3, 6)\}$, तब f तथा g के परास क्रमशः हैं
(a) (5, 3) तथा (2, 3)
(b) (5, 6) तथा (2, 3)
(c) (2, 3) तथा (5, 6)
(d) (2, 3) तथा (5, 7)

2. माना R वास्तविक संख्याओं का समुच्चय है तथा $f : R \to R$ एक फलन है जो $f(x) = 4x + 5$ द्वारा परिभाषित है, तब f है
(a) एकैकी
(b) आच्छादक
(c) प्रतिलोमीय
(d) उपरोक्त में से कोई नहीं

3. समुच्चय A में 3 अवयव हैं तथा समुच्चय B में 4 अवयव हैं, तो A से B में परिभाषित एकैक प्रतिचित्रणों की संख्या
(a) 144 (b) 12
(c) 24 (d) 64

4. समुच्चय $\{1, 2, 3, 4, 5, 6\}$ में, $R = \{(a, b) : b = a + 1\}$ द्वारा परिभाषित सम्बन्ध R है
(a) स्वतुल्य
(b) सममित
(c) संक्रमक
(d) उपरोक्त में से कोई नहीं

5. निम्न में से कौन सा सत्य होगा?
(a) $\tan 1 > \tan^{-1} 1$
(b) $\tan 1 < \tan^{-1} 1$
(c) $\tan 1 = \tan^{-1} 1$
(d) उपरोक्त में से कोई नहीं

6. $\sin\left[\frac{\pi}{2} - \sin^{-1}\left(-\frac{\sqrt{3}}{2}\right)\right]$ का मान है
(a) $\frac{\sqrt{3}}{2}$ (b) $-\frac{\sqrt{3}}{2}$
(c) $\frac{1}{2}$ (d) $-\frac{1}{2}$

7. $\tan\left\{\cos^{-1}\left(-\frac{2}{7}\right) - \frac{\pi}{2}\right\}$ का मान है
(a) $\frac{2}{3\sqrt{5}}$ (b) $\frac{2}{3}$
(c) $\frac{1}{\sqrt{5}}$ (d) $\frac{4}{\sqrt{5}}$

8. $\cos\left[\cos^{-1}\left(\frac{-\sqrt{3}}{2}\right) + \frac{\pi}{6}\right]$ का सरलीकृत रूप है
(a) 0 (b) −1
(c) 1 (d) 2

9. x तथा y के किस मान के लिए आव्यूह $\begin{bmatrix} 3x+7 & 5 \\ y+1 & 2-3x \end{bmatrix}$ तथा $\begin{bmatrix} 0 & y-2 \\ 8 & 4 \end{bmatrix}$ के युग्म समान हैं?
(a) $x = \frac{-1}{3}, y = 7$
(b) ज्ञात करना सम्भव नहीं है
(c) $y = 7, x = \frac{-2}{3}$
(d) $x = \frac{-1}{3}, y = \frac{-2}{3}$

10. 3×3 कोटि के सभी सम्भावित आव्यूहों की संख्या जिनमें अवयव 2 या 0 है
(a) 9 (b) 27
(c) 81 (d) 512

11. दो आव्यूह A तथा B के लिए
(a) $AB = BA$
(b) $AB \neq BA$
(c) $AB = O$
(d) उपरोक्त में से कोई नहीं

12. यदि $A = [a_{ij}]$, 4×4 कोटि का एक वर्ग आव्यूह है तथा C_{ij} सारणिक $|A|$ में अवयव a_{ij} का सहखण्ड है, तो व्यंजक $a_{11}C_{11} + a_{12}C_{12} + a_{13}C_{13} + a_{14}C_{14}$ का मान है
(a) 0
(b) −1
(c) 1
(d) $|A|$

13. यदि $\begin{vmatrix} a & b & 0 \\ 0 & a & b \\ b & 0 & a \end{vmatrix} = 0$, तब
(a) a इकाई का एक घनमूल है
(b) b इकाई का एक घनमूल है
(c) $\left(\frac{a}{b}\right)$ इकाई का एक घनमूल है
(d) $\left(\frac{a}{b}\right)$, −1 का एक घनमूल है

14. $\begin{vmatrix} x+4 & 2x & 2x \\ 2x & x+4 & 2x \\ 2x & 2x & x+4 \end{vmatrix}$ का मान है
(a) $(5x-4)(4+x)^2$
(b) $(5x+4)(4-x)^2$
(c) $(5x-4)^2(4+x)$
(d) $(5x+4)^2(4-x)$

15. $\begin{vmatrix} x & y & x+y \\ y & x+y & x \\ x+y & x & y \end{vmatrix}$ का मान है

(a) $-(x^3+y^3)$ (b) (x^3+y^3)
(c) $-3(x^3+y^3)$ (d) $-2(x^3+y^3)$

16. $\begin{vmatrix} 1 & x & y \\ 1 & x+y & y \\ 1 & x & x+y \end{vmatrix}$ का मान है

(a) 0 (b) 1
(c) $x+y$ (d) xy

17. $\frac{d}{dx}\left[\log\left\{e^x\left(\frac{x-2}{x+2}\right)^{3/4}\right\}\right]$ का मान है

(a) 1 (b) $\frac{x^2+1}{x^2-4}$
(c) $\frac{x^2-1}{x^2-4}$ (d) $e^x\cdot\frac{x^2-1}{x^2-4}$

18. यदि $x=4t, y=\frac{4}{t}$, तब $\frac{dy}{dx}$ का मान है

(a) t^2 (b) $\frac{1}{t}$
(c) $\frac{-1}{t}$ (d) $\frac{-1}{t^2}$

19. $\sqrt{\tan\sqrt{x}}$ का x के सापेक्ष अवकलन है

(a) $\frac{\sec^2\sqrt{x}}{4\sqrt{x}\sqrt{\tan\sqrt{x}}}$ (b) $\frac{\sec^2\sqrt{x}}{4\sqrt{x}\cdot\tan\sqrt{x}}$
(c) $\frac{\sec^2\sqrt{x}}{\sqrt{x}\sqrt{\tan\sqrt{x}}}$ (d) $\frac{4\sec^2\sqrt{x}}{\sqrt{x}\sqrt{\tan\sqrt{x}}}$

20. यदि $x=t+\frac{1}{t}$ तथा $y=t-\frac{1}{t}$, तब $\frac{dy}{dx}$ बराबर है

(a) $\frac{t^2+1}{t^2-1}$ (b) $\frac{1+t^2}{1-t^2}$
(c) $\frac{1-t^2}{1+t^2}$ (d) $\frac{t^2-1}{t^2+1}$

21. किसी निश्चित आधार b के एक समद्विबाहु त्रिभुज की समान भुजाएँ 3 सेमी/से की दर से घट रही हैं। उस समय जब त्रिभुज की समान भुजाएँ आधार के बराबर हैं। उसका क्षेत्रफल कितनी तेजी से घट रहा है?

(a) $3b$ सेमी^{2}/से (b) $\sqrt{2}b$ सेमी^{2}/से
(c) $b/\sqrt{2}$ सेमी^{2}/से (d) $\sqrt{3}b$ सेमी^{2}/से

22. r त्रिज्या के गोले के पृष्ठ क्षेत्रफल के परिवर्तन की दर जब त्रिज्या 2 सेमी/से की दर से बढ़ती है, किसके अनुक्रमानुपाती है?

(a) $\frac{1}{r}$ (b) $\frac{1}{r^2}$
(c) r (d) r^2

23. यदि गोले का आयतन अचर चाल से गतिमान है, तब वह दर जिस पर इसकी त्रिज्या बढ़ती है, है

(a) अचर
(b) त्रिज्या के अनुक्रमानुपाती
(c) त्रिज्या के व्युत्क्रमानुपाती
(d) पृष्ठ क्षेत्रफल के व्युत्क्रमानुपाती

24. किसी समय t पर बिन्दु की स्थिति $x=a+bt-ct^2,\ y=at+bt^2$ द्वारा निरूपित है। समय t पर इसका त्वरण है

(a) $b-c$ (b) $b+c$
(c) $2b-2c$ (d) $2\sqrt{b^2+c^2}$

25. यदि $\int f(x)\,dx=f(x)+C$, तब $\int\{f(x)\}^2\,dx$ का मान है

(a) $\{f(x)\}^2+C$ (b) $\frac{1}{3}\{f(x)\}^3+C$
(c) $f(x)+C$ (d) $\frac{1}{2}\{f(x)\}^2+C$

26. $\int x\sqrt{x+2}\,dx$ बराबर है

(a) $\frac{2}{5}(x+2)^{5/2}-\frac{4}{3}(x+2)^{3/2}+C$
(b) $\frac{1}{5}(x+2)^{5/2}-\frac{4}{3}(x+2)^{3/2}+C$
(c) $\frac{2}{5}(x+2)^{5/2}-\frac{2}{3}(x+2)^{3/2}+C$
(d) उपरोक्त में से कोई नहीं

27. $\int\frac{1}{x-\sqrt{x}}dx$ बराबर है

(a) $2\log|\sqrt{x}+1|+C$
(b) $\log|\sqrt{x}+1|+C$
(c) $2\log|\sqrt{x}-1|+C$
(d) $2\log|x+1|+C$

28. $\int\frac{dx}{e^x-1}$ बराबर है

(a) $-\log\left|\frac{e^x-1}{e^x}\right|+C$ (b) $\log\left|\frac{e^x}{e^x-1}\right|+C$
(c) $\log\left|\frac{e^x-1}{e^{-x}}\right|+C$ (d) $\log\left|\frac{e^x-1}{e^x}\right|+C$

29. वक्र $|x|+y=1$ तथा X-अक्ष से घिरे क्षेत्र का क्षेत्रफल है

(a) 1 वर्ग इकाई (b) 2 वर्ग इकाई
(c) 8 वर्ग इकाई (d) इनमें से कोई नहीं

30. रेखाओं $x=1, x=2, xy=1$ तथा X-अक्ष से घिरे क्षेत्र का क्षेत्रफल है

(a) (log 2) वर्ग इकाई (b) 2 वर्ग इकाई
(c) 1 वर्ग इकाई (d) इनमें से कोई नहीं

31. वक्र $y=4+3x-x^2$ तथा X-अक्ष से घिरे क्षेत्र का क्षेत्रफल है

(a) 125/6 वर्ग इकाई
(b) 125/3 वर्ग इकाई
(c) 125/2 वर्ग इकाई
(d) उपरोक्त में से कोई नहीं

32. वक्र $f(x)=ce^x\,(c>0)$, X-अक्ष तथा दो भुजों $x=p$ तथा $x=q$ से घिरा क्षेत्रफल समानुपाती है

(a) $f(p)f(q)$ (b) $|f(p)-f(q)|$
(c) $f(p)+f(q)$ (d) $\sqrt{f(p)f(q)}$

33. उस अवकल समीकरण की कोटि जिसका व्यापक हल $y=c_1e^{2x+c_2}+c_3e^x+c_4\sin(x+c_5)$ है

(a) 5 (b) 4 (c) 3 (d) 2

34. यदि c_1, c_2, c_3, c_4, c_5 और c_6 नियतांक हैं, तब अवकल समीकरण की कोटि जिसका व्यापक हल $y=c_1\cos(x+c_2)+c_3\sin(x+c_4)+c_5e^x+c_6$ है।

(a) 5 (b) 6 (c) 3 (d) 2

35. परवलय $y^2=4ax$ के लिए सभी स्पर्श रेखाओं हेतु अवकल समीकरण की घात है

(a) 1 (b) 2
(c) 3 (d) 4

36. वक्र का समीकरण, जो बिन्दु (1, 1) से गुजरता है, तथा जिसकी प्रवणता $\frac{2ay}{x(y-a)}$, है, है

(a) $y^a\cdot x^{2a}=e^{y-1}$
(b) $y^a\cdot x^{2a}=e^y$
(c) $y^{2a}\cdot x^a=e^{y-1}$
(d) $y^a\cdot x^a=e^y$

37. यदि $\vec{a}\cdot\vec{a}=0$ और $\vec{a}\cdot\vec{b}=0$, तो सदिश $\vec{b}$ के बारे में क्या निष्कर्ष निकाला जा सकता है?

(a) कोई सदिश
(b) शून्य सदिश
(c) इकाई सदिश
(d) उपरोक्त में से कोई नहीं

38. बिन्दु $A(1, 2, 7), B(2, 6, 3)$ और $C(3, 10, -1)$ है

(a) समरेखीय
(b) एक समतलीय
(c) असमतलीय
(d) उपरोक्त में से कोई नहीं

39. यदि $\vec{a} = \vec{b} + \vec{c}$ हो, तो निम्नलिखित में से कौन-सा कथन सत्य है?

(a) $|\vec{a}| = |\vec{b}| = |\vec{c}|$

(b) $|\vec{a}| + |\vec{b}| = |\vec{c}|$

(c) $|\vec{a}| = |\vec{b}| + |\vec{c}|$

(d) उपरोक्त में से कोई नहीं

40. x का वह मान ज्ञात कीजिए जिसके लिए $x(\hat{i} + \hat{j} + \hat{k})$ एक मात्रक सदिश है

(a) $\pm\frac{1}{\sqrt{3}}$ (b) $\pm\frac{1}{3}$

(c) $\pm\frac{1}{2}$ (d) $\pm\frac{1}{\sqrt{2}}$

41. समान्तर चतुर्भुज $PQRS$ के तीन शीर्ष $P(4, 5, 10)$, $Q(2, 3, 4)$ तथा $R(1, 2, -1)$ हों, तो शीर्ष S के निर्देशांक हैं

(a) (3, 4, 5)

(b) (4, 6, 5)

(c) (1, 1, 5)

(d) (1, 3, 5)

42. बिन्दुओं $(6, -7, -1)$ तथा $(2, -3, 1)$ से जाने वाली रेखा की दिक् कोज्याएँ जो धनात्मक x-अक्ष से न्यून कोण बनाती है, हैं

(a) $\frac{2}{3}, -\frac{2}{3}, -\frac{1}{3}$ (b) $-\frac{2}{3}, \frac{2}{3}, \frac{1}{3}$

(c) $\frac{2}{3}, -\frac{2}{3}, \frac{1}{3}$ (d) $\frac{2}{3}, \frac{2}{3}, \frac{1}{3}$

43. यदि एक रेखा निर्देशांक अक्षों से α, β तथा γ कोण बनाए, तो $\cos 2\alpha + \cos 2\beta + \cos 2\gamma$ बराबर है

(a) −2 (b) −1

(c) 1 (d) 2

44. यदि एक रेखा के x, y तथा z-अक्ष पर प्रक्षेप क्रमशः 3,1 तथा $\sqrt{15}$ हों, तो रेखाखण्ड की लम्बाई है

(a) 5 (b) $4+\sqrt{15}$

(c) $5+\sqrt{2}$ (d) 6

45. यदि एक रेखा की दिक् कोज्याएँ $\left(\frac{1}{2}, \frac{1}{3}, n\right)$ हैं, तब n का मान है

(a) $\frac{\sqrt{23}}{6}$ (b) $\frac{23}{6}$

(c) $\frac{2}{3}$ (d) $\frac{3}{2}$

46. तीन प्रयासों की एक श्रेणी में 9 बार में से दो सफलताएँ प्राप्त करने की प्रायिकता, तीन सफलताएँ प्राप्त करने की प्रायिकता के समान है, तब प्रत्येक सफलता की प्रायिकता है

(a) 1/2 (b) 1/3

(c) 1/4 (d) 3/4

47. प्रथम 100 प्राकृतिक संख्याओं से एक प्राकृतिक संख्या को यादृच्छिक रूप से चुना जाता है। $\frac{(x-20)(x-40)}{x-30} < 0$ की प्रायिकता है

(a) $\frac{1}{50}$ (b) $\frac{3}{50}$

(c) $\frac{3}{25}$ (d) $\frac{7}{25}$

48. यदि 1 से 100 तक पूर्णांकों m तथा n को यादृच्छिक रूप से चुना जाता है, तब $7^n + 7^m$ रूप की संख्या जो 5 से विभाज्य है,की प्रायिकता है

(a) $\frac{1}{4}$ (b) $\frac{1}{2}$

(c) $\frac{1}{8}$ (d) $\frac{1}{3}$

49. बिना पुनरावृत्ति के समुच्चय $A = \{x \mid 1 \le x \le 10, x \in N\}$ से तीन संख्याओं को यादृच्छिक रूप से चुना जाता है। यादृच्छिक चुनी गई संख्या में न्यूनतम 3 तथा महत्तम 7 होने की प्रायिकता है

(a) $\frac{1}{12}$

(b) $\frac{1}{15}$

(c) $\frac{1}{40}$

(d) $\frac{39}{40}$

50. एक प्रशिक्षक के पास 300 सत्य/असत्य प्रकार के आसान प्रश्न, 200 सत्य/असत्य प्रकार के कठिन प्रश्न, 500 बहु-विकल्पीय प्रकार के आसान प्रश्न और 400 बहु-विकल्पीय प्रकार के कठिन प्रश्नों का संग्रह है। यदि प्रश्नों के संग्रह से एक प्रश्न यादृच्छया चुना जाता है, तो चुना गया प्रश्न आसान व बहु-विकल्पीय होने की प्रायिकता क्या होगी?

(a) $\frac{1}{9}$

(b) $\frac{2}{9}$

(c) $\frac{4}{9}$

(d) $\frac{5}{9}$

उत्तरमाला

1.	(c)	2.	(c)	3.	(c)	4.	(d)	5.	(a)	6.	(c)	7.	(a)	8.	(b)	9.	(b)	10.	(d)
11.	(d)	12.	(d)	13.	(d)	14.	(b)	15.	(d)	16.	(d)	17.	(c)	18.	(d)	19.	(a)	20.	(a)
21.	(d)	22.	(c)	23.	(d)	24.	(d)	25.	(d)	26.	(a)	27.	(c)	28.	(d)	29.	(a)	30.	(a)
31.	(a)	32.	(b)	33.	(b)	34.	(c)	35.	(b)	36.	(a)	37.	(a)	38.	(a)	39.	(c)	40.	(a)
41.	(a)	42.	(a)	43.	(b)	44.	(a)	45.	(a)	46.	(c)	47.	(d)	48.	(a)	49.	(c)	50.	(d)

प्रैक्टिस सेट 2

निर्देश 50 में से 40 प्रश्न करने अनिवार्य हैं। **समय** : 45 मिनट

1. R में $R = \{(a, b) : a \leq b\}$, द्वारा परिभाषित सम्बन्ध R है
(a) स्वतुल्य
(b) सममित
(c) संक्रमक
(d) उपरोक्त में से कोई नहीं

2. यदि $A = \{1, 2, 3\}$ हो, तो ऐसे सम्बन्ध जिनमें अवयव $(1, 2)$ तथा $(1, 3)$ हों और जो स्वतुल्य तथा सममित हैं किन्तु संक्रमक नहीं हैं, की संख्या है
(a) 1 (b) 2
(c) 3 (d) 4

3. $2^x + 2^y = 2$ को सन्तुष्ट करने वाले फलन $y(x)$ का प्रान्त है
(a) $0 < x \leq 1$
(b) $0 \leq x \leq 1$
(c) $-\infty < x \leq 0$
(d) $-\infty < x < 1$

4. $f(x) = \sin\left(\sin \frac{x}{5}\right)$ का आवर्त है
(a) 2π (b) $2\pi/5$
(c) 10π (d) 5π

5. $\sin^{-1}(\sin 10)$ का मुख्य मान है
(a) 10
(b) $10 - 3\pi$
(c) $3\pi - 10$
(d) उपरोक्त में से कोई नहीं

6. $\cos^{-1}(\cos 4) > 3x^2 - 4x^2$ के लिए x का मान कौन-सा होगा?
(a) $\left(0, \frac{2 + \sqrt{6\pi - 8}}{3}\right)$
(b) $\left(\frac{2 - \sqrt{6\pi - 8}}{3}, 0\right)$
(c) $(-2, 2)$
(d) $\left(\frac{2 - \sqrt{6\pi - 8}}{3}, \frac{2 + \sqrt{6\pi - 8}}{3}\right)$

7. यदि $\theta = \sin^{-1} x + \cos^{-1} x - \tan^{-1} x \geq 0$, तब θ को सन्तुष्ट करने वाला सबसे छोटा अन्तराल होगा
(a) $\frac{\pi}{2} \leq \theta \leq \frac{3\pi}{4}$ (b) $-\frac{\pi}{4} \leq \theta \leq 0$
(c) $0 \leq \theta \leq \frac{\pi}{4}$ (d) $\frac{\pi}{4} \leq \theta \leq \frac{\pi}{2}$

8. यदि प्रतिलोम त्रिकोणमिति फलनों के केवल मुख्य मान लिए जाए, तब $\tan\left(\cos^{-1}\frac{1}{5\sqrt{2}} - \sin^{-1}\frac{4}{\sqrt{17}}\right)$ का मान है
(a) $\sqrt{\frac{29}{3}}$ (b) $\frac{29}{3}$
(c) $\sqrt{\frac{3}{29}}$ (d) $\frac{3}{29}$

9. यदि I कोटि 10 का एक ऐकिक आव्यूह है, तब I का सारणिक बराबर है
(a) 10 (b) 1
(c) 1/10 (d) 9

10. यदि $A = [a_{ij}]_{n \times n}$ एक विकर्ण आव्यूह जिसके सभी विकर्ण अवयव विभिन्न हैं तथा $B = [b_{ij}]_{n \times n}$ कोई दूसरा आव्यूह है। माना $AB = [c_{ij}]_{n \times n}$, तब c_{ij} का मान है
(a) $a_{jj}\, b_{ij}$ (b) $a_{ii}\, b_{ij}$
(c) $a_{ij}\, b_{ij}$ (d) $a_{ij}\, b_{ji}$

11. यह मानते हुए कि आव्यूह का योग तथा गुणनफल परिभाषित है, तो निम्न में से आव्यूह के लिए सत्य है
(a) $A + B = B + A$
(b) $AB = AC \not\Rightarrow B = C$
(c) $AB = O \Rightarrow A = O$ या $B = O$
(d) $(AB)' = B'A'$

12. यदि A तथा B, 3 कोटि का वर्ग आव्यूह है, तब
(a) $\text{adj}(AB) = \text{adj}\, A + \text{adj}\, B$
(b) $(A + B)^{-1} = A^{-1} + B^{-1}$
(c) $AB = 0 \Rightarrow |A| = 0$ या $|B| = 0$
(d) $AB = 0 \Rightarrow |A| = 0$ तथा $|B| = 0$

13. सारणिक $\begin{vmatrix} x & x+y & x+2y \\ x+2y & x & x+y \\ x+y & x+2y & x \end{vmatrix}$ का मान है
(a) $9x^2(x + y)$ (b) $9y^2(x + y)$
(c) $3y^2(x + y)$ (d) $7x^2(x + y)$

14. $\begin{vmatrix} x & p & q \\ p & x & q \\ q & q & x \end{vmatrix}$ का मान है
(a) $(x + p)(x^2 + px - 2q^2)$
(b) $(x - p)(x^2 + px - 2q^2)$
(c) $(x - p)(x^2 - px + 2q^2)$
(d) उपरोक्त में से कोई नहीं

15. यदि $\Delta = \begin{vmatrix} 0 & b-a & c-a \\ a-b & 0 & c-b \\ a-c & b-c & 0 \end{vmatrix}$, तब Δ का मान है
(a) $a + b + c$ (b) abc
(c) $\frac{1}{2}(a + b + c)$ (d) 0

16. सारणिक $\begin{vmatrix} (a^x + a^{-x})^2 & (a^x - a^{-x})^2 & 1 \\ (b^x + b^{-x})^2 & (b^x - b^{-x})^2 & 1 \\ (c^x + c^{-x})^2 & (c^x - c^{-x})^2 & 1 \end{vmatrix}$ का मान है
(a) 0 (b) $2abc$
(c) $a^2b^2c^2$ (d) इनमें से कोई नहीं

17. $\frac{d}{dx}\left[\left(\frac{\tan^2 2x - \tan^2 x}{1-\tan^2 2x \tan^2 x}\right)\cot 3x\right]$ का मान है

(a) $\tan 2x \tan x$
(b) $\tan 3x \tan x$
(c) $\sec^2 x$
(d) $\sec x \tan x$

18. यदि $f(x) = \log_x(\log_e x)$, तब $f'(x)$ का $x = e$ पर मान है

(a) 1 (b) 2
(c) 0 (d) $\frac{1}{e}$

19. यदि $\sin^2 x + \cos^2 y = 1$, तब $\frac{dy}{dx}$ का मान है

(a) $\frac{\sin 2x}{\sin 2y}$ (b) $\frac{\sin 2y}{\sin 2x}$
(c) $\frac{\sin^2 x}{\sin^2 y}$ (d) $-\frac{\sin^2 y}{\sin^2 x}$

20. यदि $xy = e^{(x-y)}$, तब $\frac{dy}{dx}$ का मान है

(a) $\frac{y(x-1)}{x(1+y)}$ (b) $\frac{x(x-1)}{y(1+y)}$
(c) $\frac{x(1+x)}{y(1-y)}$ (d) $\frac{y(1+x)}{x(1-y)}$

21. न्यूनतम पृष्ठ का तथा दिए आयतन के लम्बवृत्तीय शंकु की ऊँचाई, आधार की त्रिज्या की होती है

(a) आधार की त्रिज्या का दोगुना
(b) आधार की त्रिज्या का $\sqrt{3}$ गुना
(c) आधार की त्रिज्या का $\sqrt{2}$ गुना
(d) उपरोक्त में से कोई नहीं

22. एक वृत्त और एक वर्ग के परिमापों का योग k है, जहाँ k एक अचर है। उनके क्षेत्रफलों का योग निम्नतम है, जब वर्ग की भुजा है।

(a) वृत्त की त्रिज्या के बराबर
(b) वृत्त की त्रिज्या की दोगुना
(c) वृत्त की त्रिज्या का तीन गुना
(d) उपरोक्त में से कोई नहीं

23. a के किस मान के लिए फलन $f(x) = a\sin x + \frac{1}{3}\sin 3x$ का $x = \frac{\pi}{3}$ पर चरम बिन्दु है?

(a) 1 (b) −1
(c) 2 (d) 0

24. $f(x) = x^{-x}, (x \in R)\ x$ के किस मान पर उच्चिष्ठ है?

(a) 2 (b) 3
(c) $\frac{1}{e}$ (d) 1

25. $\int_1^2 \left(\frac{1}{x} - \frac{1}{2x^2}\right)e^{2x}\, dx$ बराबर है

(a) $\frac{e^2}{2}\left(\frac{e^2}{2} - 1\right)$ (b) $\frac{e}{2}\left(\frac{e}{2} - 1\right)$
(c) $\frac{e}{2}\left(\frac{e^2}{2} - 1\right)$ (d) $\frac{e^2}{2}\left(\frac{e}{2} + 1\right)$

26. यदि $f(\pi) = 2$ तथा $\int_0^\pi [f(x) + f''(x)]\sin x\, dx = 5$, तब $f(0)$ का मान है (जहाँ, $f(x)$ अन्तराल $[0, \pi]$ में सातत्य है)

(a) 7 (b) 3
(c) 5 (d) 1

27. यदि $f(x) = \int_0^x t\sin t\, dt$, तब $f'(x)$ का मान है

(a) $\cos x + x\sin x$
(b) $x\sin x$
(c) $x\cos x$
(d) $\sin x + x\cos x$

28. $\int_0^a \frac{\sqrt{x}}{\sqrt{x} + \sqrt{a-x}}\, dx$ बराबर है

(a) 0 (b) $\frac{\pi}{2}$
(c) $\frac{\pi}{4}$ (d) $\frac{a}{2}$

29. वक्र $y = \sec^2 x$, $y = 0$ तथा $|x| = \frac{\pi}{3}$ से घिरे क्षेत्र का क्षेत्रफल है

(a) $\sqrt{3}$ वर्ग इकाई (b) $\sqrt{2}$ वर्ग इकाई
(c) $2\sqrt{3}$ वर्ग इकाई (d) इनमें से कोई नहीं

30. वक्र $y = x^3 - 4x$ तथा X-अक्ष से घिरे क्षेत्र का क्षेत्रफल है

(a) 5 (b) 9
(c) 8 (d) 12

31. समाकलन विधि का प्रयोग करके, त्रिकोणीय क्षेत्र जिसके शीर्ष $(-1, 0), (1, 3)$ तथा $(3, 2)$ का क्षेत्रफल है

(a) 4 (b) 6
(c) $\frac{5}{2}$ (d) 8

32. अवकल समीकरण जो सभी परवलयों जिसमें प्रत्येक का नाभिलम्ब $4a$ तथा अक्ष, X-अक्ष के समान्तर है, है

(a) $a\frac{d^2y}{dx^2} + \left(\frac{dy}{dx}\right)^3 = 0$
(b) $2a\frac{d^2y}{dx^2} + \left(\frac{dy}{dx}\right)^3 = 0$
(c) $2a\frac{d^2y}{dx^2} - \left(\frac{dy}{dx}\right)^3$
(d) $a\frac{d^2y}{dx^2} - \left(\frac{dy}{dx}\right)^3 = 0$

33. यदि $y(x)$, $\left(\frac{2+\sin x}{1+y}\right)\frac{dy}{dx} = -\cos x$ का एक हल है तथा $y(0) = 1$, तब $y\left(\frac{\pi}{2}\right)$ का मान है

(a) $\frac{1}{3}$ (b) $\frac{1}{2}$
(c) 1 (d) 0

34. यदि $y(t)$, $(1+t)\frac{dy}{dt} - ty = 1$ का एक हल है तथा $y(0) = -1$, तब $y(1)$ का मान है

(a) 1 (b) −1
(c) $-\frac{1}{2}$ (d) 0

35. अवकल समीकरण $x^2\frac{d^2y}{dx^2} = \log x$ का हल, जब $x = 1$, $y = 0$ तथा $\frac{dy}{dx} = -1$ है।

(a) $y = \frac{1}{2}(\log x)^2 + \log x$
(b) $y = \frac{1}{2}(\log x)^2 - \log x$
(c) $y = -\frac{1}{2}(\log x)^2 + \log x$
(d) $y = -\frac{1}{2}(\log x)^2 - \log x$

36. अवकल समीकरण $x\,dy - y\,dx + x^2e^x dx = 0$ का व्यापक हल है

(a) $\frac{y}{x} + e^x = C$ (b) $\frac{x}{y} + e^x = C$
(c) $x + e^y = C$ (d) $y + e^x = C$

37. एक समान्तर चतुर्भुज की संलग्न भुजाएँ $2\hat{i} - 4\hat{j} + 5\hat{k}$ और $\hat{i} - 2\hat{j} - 3\hat{k}$ हैं। इसके विकर्ण के समान्तर एक मात्रक सदिश ज्ञात कीजिए, इसका क्षेत्रफल भी ज्ञात कीजिए।

(a) $\frac{3}{7}\hat{i} - \frac{6}{7}\hat{j} + \frac{2}{7}\hat{k}$ तथा $11\sqrt{5}$ वर्ग इकाई
(b) $\frac{2}{7}\hat{i} - \frac{6}{7}\hat{j} + \frac{3}{7}\hat{k}$ तथा $11\sqrt{3}$ वर्ग इकाई
(c) $\frac{6}{7}\hat{i} - \frac{2}{7}\hat{j} + \frac{3}{7}\hat{k}$ तथा $11\sqrt{7}$ वर्ग इकाई
(d) उपरोक्त में से कोई नहीं

38. यदि दो सदिशों $\vec{a}$ और $\vec{b}$ के बीच का कोण θ है, तो $\vec{a}\cdot\vec{b} \geq 0$ होगा, यदि

(a) $0 < \theta < \frac{\pi}{2}$ (b) $0 \leq \theta \leq \frac{\pi}{2}$
(c) $0 < \theta < \pi$ (d) $0 \leq \theta \leq \pi$

39. माना $\vec{a}$ और $\vec{b}$ दो मात्रक सदिश हैं और उनके बीच का कोण θ है, तो $\vec{a} + \vec{b}$ एक मात्रक सदिश है, यदि

(a) $\theta = \frac{\pi}{4}$ (b) $\theta = \frac{\pi}{3}$
(c) $\theta = \frac{\pi}{2}$ (d) $\theta = \frac{2\pi}{3}$

40. यदि दो सदिशों $\vec{a}$ और $\vec{b}$ के बीच का कोण θ है, तो $|\vec{a}\cdot\vec{b}| = |\vec{a} \times \vec{b}|$ जब θ बराबर है

(a) 0 (b) $\pi/4$
(c) $\pi/2$ (d) π

41. बिन्दु (5, 2, 4), (6, − 1, 2) तथा (8, − 7, k) संरेखीय हों, तो k का मान है

(a) −2 (b) 2
(c) 3 (d) −1

42. यदि मूलबिन्दु O है तथा $OP = 3$ के साथ दिक् अनुपात − 1, 2, − 2 हैं, तब P के निर्देशांक हैं

(a) (1, 2, 2)
(b) (− 1, 2, − 2)
(c) (− 3, 6, − 9)
(d) (− 1/3, 2/3, − 2/3)

43. दो रेखाओं की दिक् कोज्याएँ l, m, n इस प्रकार हैं कि $l + m + n = 0$, $lm = 0$, तब उनके बीच का कोण है

(a) $\pi/3$ (b) $\pi/4$
(c) $\pi/2$ (d) 0

44. बिन्दु (0, − 1, − 1), (− 4, 4, 4), (4, 5, 1) तथा (3, 9, 4) हैं

(a) संरेख
(b) एक समतलीय
(c) वर्ग के शीर्ष
(d) त्रिभुज के शीर्ष

45. बिन्दु $P(x_1, y_1, z_1)$ से जाने वाला तथा OP पर लम्ब समतल का समीकरण है, जहाँ, O मूलबिन्दु है

(a) $xx_1 + yy_1 + zz_1 = x_1 + y_1$
(b) $xx_1 + yy_1 + zz_1 = y_1 + z_1$
(c) $xx_1 + yy_1 + zz_1 = x_1^2 + y_1^2 + z_1^2$
(d) $xx_1 + yy_1 = z + z_1$

46. तीन सिक्के दिए गए हैं। एक सिक्के के दोनों ओर चित ही है। दूसरा सिक्का अभिनत है जिसमें चित 75% बार प्रकट होता है और तीसरा अनभिनत सिक्का है। तीनों में से एक सिक्के को यादृच्छया चुना गया और उसे उछाला गया है। यदि सिक्के पर चित प्रकट हो, तो क्या प्रायिकता है कि वह दोनों और चित वाला सिक्का है?

(a) $\frac{2}{9}$ (b) $\frac{4}{9}$
(c) $\frac{2}{3}$ (d) $\frac{3}{9}$

47. एक कारखाने में A और B दो मशीनें लगी हैं। पूर्व विवरण से पता चलता है कि कुल उत्पादन का 60% मशीन A और 40% मशीन B द्वारा किया जाता है। इसके अतिरिक्त मशीन A का 2% और मशीन B का 1% उत्पादन खराब है। यदि कुल उत्पादन का एक ढेर बना लिया जाता है और उस ढेर से यादृच्छया निकाली गई वस्तु खराब हो, तो इस वस्तु के मशीन A द्वारा बने होने की प्रायिकता क्या होगी?

(a) $\frac{1}{2}$ (b) $\frac{1}{4}$
(c) $\frac{3}{4}$ (d) $\frac{2}{3}$

48. दो दल एक निगम के निर्देशक मण्डल में स्थान पाने की प्रतिस्पर्धा में हैं। पहले तथा दूसरे दल के जीतने की प्रायिकताएँ क्रमश: 0.6 तथा 0.4 हैं। इसके अतिरिक्त यदि पहला दल जीतता है, तो एक नए उत्पाद के प्रारम्भ होने की प्रायिकता 0.7 है और यदि दूसरा दल जीतता है तो इस बात की संगत प्रायिकता 0.3 है। इसकी प्रायिकता ज्ञात कीजिए कि नया उत्पादन दूसरे दल द्वारा प्रारम्भ किया गया था

(a) $\frac{2}{9}$ (b) $\frac{1}{9}$
(c) $\frac{4}{9}$ (d) $\frac{1}{3}$

49. 52 ताशों की गड्डी से एक पत्ता खो जाता है। शेष पत्तों से दो पत्ते निकाले जाते हैं जो ईंट के पत्ते हैं। खो गए पत्ते के ईंट का पत्ता होने की प्रायिकता क्या है?

(a) $\frac{11}{50}$ (b) $\frac{2}{25}$
(c) $\frac{9}{50}$ (d) $\frac{43}{50}$

50. A के सत्य बोलने की प्रायिकता $4/5$ है। एक सिक्का उछाला जाता है, A सूचना देता है कि सिक्के पर शीर्ष आता है। वास्तव में, सिक्के पर शीर्ष प्राप्त होने की प्रायिकता है

(a) $\frac{4}{5}$ (b) $\frac{1}{2}$
(c) $\frac{1}{5}$ (d) $\frac{2}{5}$

उत्तरमाला

1.	(a)	2.	(a)	3.	(d)	4.	(c)	5.	(c)	6.	(d)	7.	(d)	8.	(d)	9.	(b)	10.	(b)
11.	(c)	12.	(c)	13.	(b)	14.	(b)	15.	(d)	16.	(a)	17.	(c)	18.	(d)	19.	(a)	20.	(a)
21.	(c)	22.	(b)	23.	(c)	24.	(c)	25.	(a)	26.	(b)	27.	(b)	28.	(d)	29.	(c)	30.	(c)
31.	(a)	32.	(b)	33.	(a)	34.	(c)	35.	(d)	36.	(a)	37.	(a)	38.	(b)	39.	(d)	40.	(b)
41.	(a)	42.	(b)	43.	(a)	44.	(b)	45.	(c)	46.	(b)	47.	(b)	48.	(a)	49.	(a)	50.	(a)

करेण्ट अफेयर्स

राष्ट्रीय

अफगानिस्तानी, बांग्लादेशी व पाकिस्तानी अल्पसंख्यकों को भारतीय नागरिकता

केन्द्र सरकार ने 1 नवम्बर, 2022 को अफगानिस्तान, बांग्लादेश और पाकिस्तान के अल्पसंख्यकों को भारतीय नागरिकता देने का फैसला किया। गुजरात के दो जिलों में रह रहे हिन्दुओं, सिखों, बौद्धों, जैनियों, पारसियों और ईसाइयों को नागरिकता दी जाएगी।

'मानगढ़ धाम की गौरव गाथा' कार्यक्रम आयोजित

प्रधानमन्त्री नरेन्द्र मोदी 1 नवम्बर, 2022 को एक सार्वजनिक कार्यक्रम 'मानगढ़ धाम की गौरव गाथा' में शामिल हुए। उन्होंने गुमनाम आदिवासी नायकों और स्वतन्त्रता संग्राम के शहीदों के बलिदान को श्रद्धांजलि अर्पित की।

कार्यक्रम स्थल पर पहुँचने के बाद प्रधानमन्त्री ने धूनी दर्शन किए और गोविन्द गुरु की प्रतिमा पर पुष्पांजलि अर्पित की।

डिजिटल रुपए की पायलट परियोजना लॉन्च

भारतीय रिजर्व बैंक (RBI) द्वारा 1 नवम्बर, 2022 को भारत की पहली डिजिटल रुपया पायलट परियोजना लॉन्च की गई। डिजिटल रुपए की होलसेल पायलट परियोजना में 9 बैंक हिस्सा लेंगे।

इनमें भारतीय स्टेट बैंक, बैंक ऑफ बड़ौदा, यूनियन बैंक ऑफ इण्डिया, HDFC बैंक, ICICI बैंक, कोटक महिन्द्रा बैंक, यस बैंक, IDFC फर्स्ट बैंक और HSBC शामिल हैं।

नोएडा में उत्तर भारत का पहला हाइपर-स्केल डाटा सेण्टर

उत्तर प्रदेश के मुख्यमन्त्री योगी आदित्यनाथ ने 31 अक्टूबर, 2022 को नोएडा में उत्तर भारत के पहले हाइपर-स्केल डाटा सेण्टर का उद्घाटन किया।

यह ₹ 5000 करोड़ की लागत से बनाया गया है और 3 लाख वर्ग फुट के क्षेत्र में फैला हुआ है।

C-295 विमान निर्माण संयन्त्र की आधारशिला

प्रधानमन्त्री नरेन्द्र मोदी ने 30 अक्टूबर, 2022 को गुजरात के वडोदरा में C-295 ट्रांसपोर्ट एयरक्राफ्ट मैन्युफैक्चरिंग प्लाण्ट की आधारशिला रखी।

भारतीय वायुसेना के लिए C-295 परिवहन विमान का निर्माण टाटा-एयरबस द्वारा किया जाएगा।

भारत में निर्मित विमानों की आपूर्ति वर्ष 2026-31 तक की जाएगी। पहले 16 फ्लाई-अवे एयरक्राफ्ट सितम्बर, 2023 और अगस्त, 2025 के बीच भारतीय वायु सेना को दिए जाएँगे।

गुजरात में स्थित मोरबी पुल गिरा

ब्रिटिश काल का एक केबल सस्पेंशन ब्रिज, मोरबी ब्रिज 30 अक्टूबर, 2022 को नदी में गिर गया।

यह पुल केवल 150 लोगों का भार वहन करने में सक्षम है। हालाँकि, महिलाओं और बच्चों सहित लगभग 500 लोग पुल पर थे, इसलिए यह ढह गया।

दुनिया की सबसे ऊँची शिव प्रतिमा का अनावरण

राजस्थान के राजसमन्द में 29 अक्टूबर, 2022 को दुनिया की सबसे ऊँची शिव प्रतिमा का अनावरण किया गया।

राजस्थान के नाथद्वारा शहर में भगवान शिव की 369 फुट ऊँची प्रतिमा का अनावरण किया गया।

विश्वास स्वरूपम प्रतिमा का उद्घाटन मुख्यमन्त्री अशोक गहलोत ने किया।

पहला वैश्विक डिजिटल स्वास्थ्य शिखर सम्मेलन आयोजित

भारत में पहला वैश्विक डिजिटल स्वास्थ्य शिखर सम्मेलन 28-29 अक्टूबर, 2022 के बीच नई दिल्ली में आयोजित किया गया। यह डिजिटल स्वास्थ्य में काम करने वाले वैश्विक निकायों के साथ साझेदारी में और इण्टरनेट गवर्नेन्स फोरम, संयुक्त राष्ट्र द्वारा आयोजित किया जा रहा है। ग्लोबल डिजिटल हेल्थ समिट-2022 में आन्ध्र प्रदेश को दो पुरस्कार मिले हैं।

भारत द्वारा UNSC आतंककाद निरोधक बैठक की मेजबानी

भारत ने 28-29 अक्टूबर, 2022 को क्रमशः मुम्बई और दिल्ली में UNSC की आतंकवाद निरोधक बैठक की मेजबानी की। वर्ष 2001 में UNSC-CTC की स्थापना के बाद भारत में इस तरह की यह पहली बैठक थी। बैठक की थीम 'आतंकवादी उद्देश्यों के लिए नई और उभरती प्रौद्योगिकियों के उपयोग का मुकाबला' थी।

12वें विश्व हिन्दी सम्मेलन का लोगो व वेबसाइट लॉन्च

विदेश मन्त्री एस. जयशंकर ने 27 अक्टूबर, 2022 को विश्व हिन्दी सम्मेलन का लोगो और वेबसाइट लॉन्च की। विश्व हिन्दी सम्मेलन का लोगो एक प्रतियोगिता के माध्यम से चुना गया था। मुम्बई के मुन्ना कुशवाहा की एण्ट्री को ऑफिशियल लोगो के तौर पर चुना गया।

12वाँ विश्व हिन्दी सम्मेलन 15-17 फरवरी, 2023 तक फिजी में आयोजित किया जाएगा।

दो भारतीय समुद्र तटों को मिला 'ब्लू फ्लैग' सर्टिफिकेट

लक्षद्वीप में थुण्डी बीच और कदमत बीच को 26 अक्टूबर, 2022 को ब्लू बीच टैग मिला। ब्लू फ्लैग कार्यक्रम फाउण्डेशन फॉर एनवायरनमेण्टल एजुकेशन (FEE) द्वारा चलाया जाता है।

ISRO ने लॉन्च किया सबसे बड़ा रॉकेट LVM3-M2

भारतीय अन्तरिक्ष अनुसंधान संगठन (ISRO) ने 23 अक्टूबर, 2022 को अपने सबसे भारी रॉकेट LVM 3-M 2 को सफलतापूर्वक लॉन्च किया। इसे आन्ध्र प्रदेश के श्रीहरिकोटा अन्तरिक्ष केन्द्र के सतीश धवन अन्तरिक्ष केन्द्र से प्रक्षेपित किया गया। LVM3-M2/ वनवेब इण्डिया-1 नामक यह मिशन वनवेब कम्पनी के 36 ब्रॉडबैण्ड संचार उपग्रहों को ले गया।

यह GSLV MK 3 का **पहला वाणिज्यिक प्रक्षेपण** था, जिसे अब LVM 3 (लॉन्च व्हीकल मार्क 3) कहा जाता है। M2 का आशय है कि यह रॉकेट का दूसरा मिशन है।

यह प्रक्षेपण **वनवेब** और **NSIL** के बीच ISRO के LVM 3 पर एक वेब लियो उपग्रह प्रक्षेपण के अनुबन्ध का हिस्सा था।

प्रधानमन्त्री मोदी द्वारा रोजगार मेले के पहले चरण का शुभारम्भ

प्रधानमन्त्री नरेन्द्र मोदी ने 22 अक्टूबर, 2022 को रोजगार मेले के पहले चरण का शुभारम्भ किया।

इस अभियान का उद्देश्य 18 महीने के भीतर 10 लाख कर्मियों की भर्ती करना है।

समारोह के दौरान 75,000 नवनियुक्त युवाओं को नियुक्ति पत्र सौंपे गए। नई भर्तियाँ भारत सरकार के 38 मन्त्रालयों या विभागों में शामिल होंगी।

एडेलगिव हुरुन इण्डिया फिलैंथ्रॉपी सूची 2022 जारी

एडेलगिव हुरुन इण्डिया फिलैंथ्रॉपी लिस्ट 2022 हुरुन इण्डिया और एडेलगिव द्वारा 21 अक्टूबर, 2022 को जारी की गई।

HCL के संस्थापक शिव नाडर ₹ 1,161 करोड़ के वार्षिक दान के साथ देश के सबसे उदार व्यक्ति के रूप में इस सूची में सबसे ऊपर हैं।

नाडर (77) ने प्रतिदिन ₹ 3 करोड़ के दान के साथ 'भारत का सबसे उदार व्यक्ति का' खिताब फिर से हासिल कर लिया है।

PM मोदी द्वारा मिशन LiFE लॉन्च

प्रधानमन्त्री नरेन्द्र मोदी ने 20 अक्टूबर, 2022 को संयुक्त राष्ट्र महासचिव एण्टोनियो गुटेरेस की उपस्थिति में स्टैच्यू ऑफ यूनिटी (एकता नगर, गुजरात) में मिशन LiFE का वैश्विक शुभारम्भ किया।

नीति आयोग ने मिशन LiFE (लाइफस्टाइल फॉर एनवायरनमेण्ट) के विचार की परिकल्पना की। गुजरात की अपनी यात्रा के दूसरे दिन प्रधानमन्त्री ने केवड़िया में **मिशन प्रमुखों के 10वें सम्मेलन** में भाग लिया।

केन्द्र सरकार ने भंग की MDMA

केन्द्र सरकार ने मल्टी डिसिप्लिनरी मॉनिटरिंग एजेंसी (MDMA) को 19 अक्टूबर, 2022 को भंग कर दिया।

इसका गठन करीब 24 वर्ष पहले पूर्व प्रधानमन्त्री राजीव गाँधी की हत्या के पीछे की बड़ी साजिश की जाँच के लिए किया गया था। MDMA केन्द्रीय जाँच ब्यूरो (CBI) के हिस्से के रूप में काम कर रहा था।

ISA के अध्यक्ष और सह-अध्यक्ष निर्वाचित

आरके सिंह को 19 अक्टूबर, 2022 को अन्तर्राष्ट्रीय सौर गठबन्धन (ISA) के अध्यक्ष के रूप में फिर से चुना गया। वे भारत के केन्द्रीय ऊर्जा और नवीन और नवीकरणीय ऊर्जा मन्त्री हैं।

फ्रांस की विकास राज्य मन्त्री क्रिसौला जाचारोपोलू को फिर से सह-अध्यक्ष के रूप में चुना गया है।

मध्य प्रदेश में नए टाइगर रिजर्व को मंजूरी

मध्य प्रदेश वन्यजीव बोर्ड ने 18 अक्टूबर, 2022 को दुर्गावती टाइगर रिजर्व नामक एक नए टाइगर रिजर्व की स्थापना को मंजूरी दी।

दुर्गावती टाइगर रिजर्व 2339 वर्ग किमी क्षेत्र का नया टाइगर रिजर्व है।

यह मध्य प्रदेश वन्यजीव बोर्ड द्वारा अनुमोदित नरसिंहपुर, दमोह और सागर जिलों में फैला है।

एक राष्ट्र, एक उर्वरक योजना का शुभारम्भ

प्रधानमन्त्री नरेन्द्र मोदी द्वारा 18 अक्टूबर, 2022 को 'एक राष्ट्र, एक उर्वरक' योजना (प्रधानमन्त्री भारतीय जन उर्वरक परियोजना) को लॉन्च किया गया। प्रधानमन्त्री नरेन्द्र मोदी ने नई दिल्ली में पीएम किसान सम्मान सम्मेलन 2022 के कार्यक्रम में इस योजना का शुभारम्भ किया।

PM-किसान योजना किसानों के लिए एक परिवर्तनकारी पहल है और यह आयोजन किसानों, कृषि-स्टार्टअप और हितधारकों को एक मंच पर एक साथ लाया है। प्रधानमन्त्री नरेन्द्र मोदी ने इस कार्यक्रम में पीएम-किसान समृद्धि केन्द्रों (PM-KSK) का भी उद्घाटन किया।

PM किसान सम्मान सम्मेलन आयोजित

प्रधानमन्त्री नरेन्द्र मोदी ने 17 अक्टूबर, 2022 नई दिल्ली में PM-किसान सम्मान सम्मेलन का उद्घाटन किया।

सम्मेलन में देश भर के लगभग 13000 किसानों और प्रतिभागियों ने भाग लिया। प्रधानमन्त्री नरेन्द्र मोदी ने रसायन और उर्वरक मन्त्रालय के 600 'प्रधानमन्त्री किसान समृद्धि केन्द्रों' का भी उद्घाटन किया।

75 डिजिटल बैंकिंग इकाइयाँ राष्ट्र को समर्पित

प्रधानमन्त्री मोदी ने 16 अक्टूबर, 2022 को 75 जिलों में 75 डिजिटल बैंकिंग इकाइयाँ (DBU) राष्ट्र को समर्पित कीं। DBU वित्तीय समावेशन और नागरिकों के लिए बैंकिंग अनुभव को बढ़ाएँगे।

DBU उन लोगों को सक्षम करेगा, जिनके पास ICT बुनियादी ढाँचा नहीं है, वे डिजिटल रूप से बैंकिंग सेवाओं का उपयोग करने में सक्षम होंगे।

MBBS पाठ्यक्रम की पुस्तकों का पहला हिन्दी संस्करण लॉन्च

केन्द्रीय गृह मन्त्री अमित शाह ने 16 अक्टूबर, 2022 को हिन्दी में भारत की पहली MBBS पाठ्यक्रम पुस्तकों का संस्करण लॉन्च किया।

गृह मन्त्री द्वारा **मेडिकल बायोकेमिस्ट्री, एनाटॉमी** और **मेडिकल फिजियोलॉजी** की पाठ्यपुस्तकों का हिन्दी संस्करण जारी किया गया।

मध्य प्रदेश हिन्दी में MBBS कोर्स शुरू करने वाला देश का पहला राज्य बन गया है।

भारत के पहले एल्युमीनियम फ्रेट रेक का उद्घाटन

रेल मन्त्री अश्विनी वैष्णव ने 15 अक्टूबर, 2022 को भारत के पहले एल्युमीनियम फ्रेट रेक '61 BOBRNLHSM 1' का उद्घाटन किया।

इसे RDSO, हिण्डाल्को और बेस्को वैगन के सहयोग से स्वदेशी रूप से विकसित किया गया है।

सीबकथॉर्न पर एक विशेष कवर जारी

भारतीय डाक विभाग ने 14 अक्टूबर, 2022 को लेह में सीबकथॉर्न पर एक विशेष कवर जारी किया। कवर को वन डिस्ट्रिक्ट, वन प्रोडक्ट के तहत लेह उत्पाद के रूप में जारी किया गया।

इस अवसर पर कार्यक्रम के तहत केन्द्रशासित प्रदेश लद्दाख के कारगिल उत्पाद के रूप में खुबानी की पहचान की गई है। इस विशेष कवर का उद्देश्य दुनिया भर में उत्पादों को बढ़ावा देना है।

कृष्णा नदी पर भारत का पहला केबल-कम-सस्पेन्शन ब्रिज

केन्द्र सरकार ने 13 अक्टूबर, 2022 को कृष्णा नदी पर भारत के पहले केबल कम-सस्पेन्शन ब्रिज को मंजूरी दी। स्वीकृत पुल का निर्माण 30 माह की अवधि के साथ ₹ 1082.56 करोड़ की कुल लागत से किया जाना है। केन्द्रीय सड़क परिवहन और राष्ट्रीय राजमार्ग मन्त्री नितिन गडकरी ने पुल को **प्रगति का हाईवे** बताया।

प्रधानमन्त्री ग्राम सड़क योजना-III का शुभारम्भ

प्रधानमन्त्री नरेन्द्र मोदी ने 13 अक्टूबर, 2022 को हिमाचल प्रदेश से प्रधानमन्त्री-ग्राम सड़क योजना III का शुभारम्भ किया। यह योजना राज्य की 3125 किमी ग्रामीण सड़कों के उन्नयन पर ध्यान केन्द्रित करेगी। केन्द्र सरकार ने PMGSY-III के इस चरण के लिए लगभग ₹ 420 करोड़ मंजूर किए हैं।

24 × 7 टेली-मेण्टल हेल्थ सर्विस का शुभारम्भ

केन्द्रीय स्वास्थ्य मन्त्रालय ने 12 अक्टूबर, 2022 को 24 × 7 टेली-मेण्टल हेल्थ सर्विस शुरू की।

इस सेवा का नाम 'टेली मेण्टल हेल्थ असिस्टेन्स एण्ड नेटवर्किंग एक्रॉस स्टेट्स (टेली-मानस)' है।

टेली-मानस का उद्देश्य कठिन क्षेत्रों सहित देश भर में मानसिक स्वास्थ्य देखभाल तक पहुँच बढ़ाना है।

पूर्वोत्तर के लिए पीएम-डिवाइन योजना को मंजूरी

प्रधानमन्त्री नरेन्द्र मोदी की अध्यक्षता में केन्द्रीय मन्त्रिमण्डल ने 12 अक्टूबर, 2022 को पीएम-डिवाइन योजना को मंजूरी दी।

पीएम-डिवाइन का अर्थ 'पूर्वोत्तर क्षेत्र के लिए प्रधानमन्त्री की विकास पहल' है। यह भारत के पूर्वोत्तर राज्यों में बुनियादी ढाँचे, उद्योगों और अन्य आजीविका परियोजनाओं का समर्थन करने के लिए ₹ 6600 करोड़ की योजना है।

गाम्बिया में 66 बच्चों की मौत की जाँच के लिए समिति गठित

केन्द्र सरकार ने 12 अक्टूबर, 2022 को गाम्बिया में 66 बच्चों की मौत के सम्बन्ध में WHO की रिपोर्ट की जाँच के लिए एक विशेषज्ञ समिति का गठन किया।

रिपोर्ट के अनुसार, सोनीपत की कम्पनी मेडेन फार्मास्युटिकल्स के कफ सिरप के सेवन से इन बच्चों की मौत हुई होगी। विशेषज्ञ समिति की अध्यक्षता चिकित्सा सम्बन्धी स्थायी राष्ट्रीय समिति के उपाध्यक्ष डॉ. वाई के गुप्ता करेंगे।

विदेश मन्त्री की दो देशों की यात्रा

भारत के विदेश मन्त्री एस. जयशंकर ने 5 से 11 अक्टूबर, 2022 तक **न्यूजीलैण्ड** और **ऑस्ट्रेलिया** का दौरा किया।

यह एस. जयशंकर की न्यूजीलैण्ड की पहली यात्रा थी। वह वर्ष 2001 के बाद यात्रा करने वाले पहले भारतीय विदेश मन्त्री हैं।

उन्होंने न्यूजीलैण्ड की प्रधानमन्त्री जैसिंडा आर्डेन के साथ 'मोदी@20: ड्रीम्स मीट डिलीवरी' पुस्तक का विमोचन किया। उन्होंने अपने ऑस्ट्रेलियाई समकक्ष पेनी वोंग के साथ कैनबरा में 13वें विदेश मन्त्री फ्रेमवर्क डायलॉग की मेजबानी की।

81वीं भारतीय सड़क काँग्रेस का आयोजन

भारतीय सड़क काँग्रेस का आयोजन 8 से 11 अक्टूबर, 2022 के बीच लखनऊ में किया गया।

सड़क काँग्रेस का उद्घाटन केन्द्रीय सड़क परिवहन एवं राजमार्ग मन्त्री नितिन गडकरी ने किया। गडकरी ने घोषणा की कि सड़कों के विकास के लिए ₹ 8000 करोड़ की परियोजनाएँ मंजूर की गई।

महाकाल लोक कॉरिडोर फेज-1 का उद्घाटन

प्रधानमन्त्री नरेन्द्र मोदी ने 11 अक्टूबर, 2022 को उज्जैन के महाकालेश्वर मन्दिर में महाकाल लोक कॉरिडोर का उद्घाटन किया था।

प्रधानमन्त्री नरेन्द्र मोदी ने उज्जैन में महाकालेश्वर मन्दिर गलियारा विकास परियोजना के पहले चरण को राष्ट्र को समर्पित किया।

चौथे हेली-इण्डिया शिखर सम्मेलन 2022 का आयोजन

केन्द्रीय नागरिक उड्डयन मन्त्री ज्योतिरादित्य सिन्धिया ने 9 अक्टूबर, 2022 को श्रीनगर में चौथे हेली-इण्डिया शिखर सम्मेलन 2022 का उद्घाटन किया। शिखर सम्मेलन का विषय 'हेलीकॉप्टर फॉर लास्ट मील कनेक्टिविटी' था।

जम्मू में 861 ₹ करोड़ की लागत से एक सिविल एन्क्लेव बनाया जाएगा और श्रीनगर के वर्तमान टर्मिनल को तीन गुना बढ़ाकर 60000 वर्ग मीटर किया जाएगा।

RBI द्वारा एक नई पहल 'दक्ष' की शुरुआत

भारतीय रिजर्व बैंक (RBI) के गवर्नर शक्तिकान्त दास ने 6 अक्टूबर, 2022 को एक नई सुपटेक पहल 'दक्ष' शुरू की।

दक्ष RBI की पर्यवेक्षी प्रक्रियाओं को और अधिक मजबूत बनाने के लिए एक वेब-आधारित एण्ड-टू-एण्ड वर्कफ्लो ऐप्लिकेशन है।

मीडिया के ऑनलाइन सट्टेबाजी प्लेटफार्मों के विज्ञापन पर एक पत्र जारी

सूचना एवं प्रसारण मन्त्रालय ने 3 अक्टूबर, 2022 को मीडिया को ऑनलाइन सट्टेबाजी प्लेटफार्मों के विज्ञापन से बचने के लिए एक पत्र जारी किया।

मन्त्रालय ने निजी सैटेलाइट टेलीविजन चैनलों और ऑनलाइन क्यूरेटेड कण्टेण्ट (OTT प्लेटफार्मों) को एक पत्र लिखा है। मन्त्रालय ने चैनलों को ऐसी अवैध साइटों के सरोगेट विज्ञापनों का प्रकाशन बन्द करने के लिए भी सूचित किया है।

UGC करेगा 'प्रैक्टिस के प्रोफेसर' की नियुक्ति

विश्वविद्यालय अनुदान आयोग (UGC) ने 30 सितम्बर, 2022 को विश्वविद्यालयों और कॉलेजों में प्रैक्टिस के प्रोफेसरों की नियुक्ति के लिए एक दिशा-निर्देश जारी किया है।

प्रैक्टिस के प्रोफेसर की नियुक्ति राष्ट्रीय शिक्षा नीति 2020 के अनुरूप की जाएँगी इस पद के लिए आवेदन करने वाले व्यक्तियों को अपने सम्बन्धित क्षेत्रों में 'प्रतिष्ठित विशेषज्ञ' होना चाहिए।

'मतदाता जंक्शन' कार्यक्रम का शुभारम्भ

चुनाव आयोग ने 3 अक्टूबर, 2022 को आकाशवाणी पर एक वर्ष तक चलने वाले मतदाता जागरुकता कार्यक्रम 'मतदाता जंक्शन' का शुभारम्भ किया।

इसमें विविध भारती स्टेशनों, FM रेनबो, FM गोल्ड और आकाशवाणी के प्राथमिक चैनलों पर प्रत्येक शुक्रवार को 15 मिनट की अवधि के 52 एपिसोड प्रसारित

किए जाएँगे। मतदाता जंक्शन कार्यक्रम का प्रसारण देश भर में **23 भाषाओं** में किया जाएगा।

स्वदेश-विकसित पहले हल्के लड़ाकू हेलीकॉप्टर IAF में शामिल

रक्षा मन्त्री राजनाथ सिंह ने 3 अक्टूबर, 2022 को औपचारिक रूप से स्वदेशी रूप से विकसित हल्के लड़ाकू हेलीकॉप्टरों (LCH) को भारतीय वायु सेना में शामिल किया।

जोधपुर के एयरफोर्स स्टेशन पर एक समारोह का आयोजन किया गया। LCH को **143 हेलीकॉप्टर यूनिट** में शामिल किया जाएगा। LCH को हिन्दुस्तान एयरोनॉटिक्स लिमिटेड ने विकसित किया है।

YUVA 2.0 योजना का शुभारम्भ

युवा लेखकों के मार्गदर्शन के लिए प्रधानमन्त्री योजना-YUVA 2.0 को 2 अक्टूबर, 2022 को लॉन्च किया गया। इसका उद्देश्य देश में पढ़ने, लिखने और पुस्तक संस्कृति को बढ़ावा देना है।

इसे 22 विभिन्न भारतीय भाषाओं और अंग्रेजी में YUVA और नवोदित लेखकों की बड़े पैमाने पर भागीदारी के साथ YUVA के पहले संस्करण के महत्वपूर्ण प्रभाव को देखते हुए लॉन्च किया गया है।

फिट इण्डिया फ्रीडम रन 3.0 लॉन्च

केन्द्रीय मन्त्री, किरेन रिजिजू और अनुराग सिंह ठाकुर ने 2 अक्टूबर, 2022 को फिट इण्डिया फ्रीडम रन 3.0 लॉन्च की। इसका शुभारम्भ गाँधी जयन्ती पर **मेजर ध्यानचन्द नेशनल स्टेडियम** (नई दिल्ली) में किया गया।

इसे कानून और न्याय मन्त्री किरेन रिजिजू और युवा मामलों और खेल मन्त्री अनुराग सिंह ठाकुर द्वारा संचालित फिट इण्डिया प्लॉग के साथ संयुक्त रूप से लॉन्च किया गया।

13 शहरों में 5G सेवा की शुरुआत

प्रधानमन्त्री नरेन्द्र मोदी द्वारा 1 अक्टूबर, 2022 को देश की 5G सेवाओं का आधिकारिक उद्घाटन किया गया। यहाँ 'G' का अर्थ 'पीढ़ी' से है। इसे नई दिल्ली के प्रगति मैदान में आयोजित **इण्डिया मोबाइल काँग्रेस 2022** के छठे संस्करण में लॉन्च किया गया। देश में 5G सेवाओं को चरणबद्ध तरीके से शुरू किया जाएगा।

जिन 13 शहरों में 5G नेटवर्क सबसे पहले लॉन्च किया जाएगा, उनमें बेंगलुरु, गुरुग्राम, चेन्नई, अहमदाबाद, चण्डीगढ़, दिल्ली, हैदराबाद, गाँधीनगर, कोलकाता, मुम्बई, जामनगर, पुणे और लखनऊ शामिल हैं।

देश के बाकी हिस्सों को दिसम्बर 2023 तक 5G नेटवर्क मिल जाएगा। जिन देशों में 5G को हाल ही में लॉन्च किया गया है, उनमें अर्जेण्टीना, भूटान, केन्या, कजाकिस्तान, मलेशिया, माल्टा और मॉरीशस शामिल हैं।

RBI द्विमासिक नीति 2022-23 समीक्षा

RBI गवर्नर शक्तिकान्त दास के छह सदस्यीय मौद्रिक नीति समिति (MPC) के फैसले की घोषणा 30 सितम्बर, 2022 को की। भारतीय रिजर्व बैंक (RBI) ने रेपो रेट **50 बेसिस प्वाइण्ट** बढ़ाकर 5.90% कर दी है। भारतीय रिजर्व बैंक ने खाद्य कीमतों में वृद्धि के जोखिम को देखते हुए वित्त वर्ष 2023 के लिए मुद्रास्फीति के अनुमान को 6.7% पर अपरिवर्तित रखा।

INS अजय 32 वर्ष की सेवा के बाद सेवामुक्त

INS-अजय को 30 सितम्बर, 2022 को राष्ट्र की 32 वर्ष की सेवा देने के बाद सेवा मुक्त कर दिया गया। समारोह मुम्बई के नौसेना डॉकयार्ड में पारम्परिक तरीके से आयोजित किया गया था।

'पोषण उत्सव' का आयोजन

महिला और बाल विकास मन्त्रालय ने 30 सितम्बर से 2 अक्टूबर, 2022 तक नई दिल्ली के कर्तव्य पथ पर 'पोषण उत्सव' का आयोजन किया। इसका उद्देश्य 5वें राष्ट्रीय पोषण माह 2022 की परिणति का जश्न मनाना था।

इसका उद्देश्य देश में कुपोषण की चुनौतियों से निपटने के लिए विशेष रूप से छोटे बच्चों और महिलाओं के लिए उचित पोषण के महत्व के बारे में जागरुकता पैदा करना है।

गाँधीनगर-मुम्बई वन्दे भारत एक्सप्रेस का उद्घाटन

प्रधानमन्त्री नरेन्द्र मोदी ने 30 सितम्बर, 2022 को वन्दे भारत एक्सप्रेस के एक नए और उन्नत संस्करण को हरी झण्डी दिखाई। यह नया वन्दे भारत **गाँधीनगर कैपिटल और मुम्बई सेण्ट्रल के बीच** संचालित होगा।

वन्दे भारत एक्सप्रेस अधिकतम 160 किमी प्रति घण्टे की रफ्तार हासिल कर सकती है।

सुरक्षित और कानूनी गर्भपात पर सर्वोच्च न्यायालय का फैसला

सर्वोच्च न्यायालय ने 29 सितम्बर, 2022 को फैसला सुनाया कि सभी महिलाएँ सुरक्षित और कानूनी गर्भपात की हकदार हैं।

इस मामले में विवाहित और अविवाहित महिलाओं के बीच अन्तर असंवैधानिक है। न्यायमूर्ति डीवाई चन्द्रचूड़ की अध्यक्षता वाली तीन न्यायाधीशों की पीठ ने यह भी फैसला सुनाया कि मेडिकल टर्मिनेशन ऑफ प्रेग्नेन्सी एक्ट के तहत बलात्कार की परिभाषा में वैवाहिक बलात्कार शामिल होना चाहिए।

CBI द्वारा ऑपरेशन गरुड़ की शुरुआत

केन्द्रीय जाँच ब्यूरो (CBI) ने 29 सितम्बर, 2022 को एक बहु-चरणीय 'ऑपरेशन गरुड़' शुरू किया। इसका उद्देश्य अन्तर्राष्ट्रीय लिंकेज के साथ ड्रग नेटवर्क को नष्ट करना है।

CBI इण्टरपोल और नारकोटिक्स कण्ट्रोल ब्यूरो (NCB) के माध्यम से अन्तर्राष्ट्रीय न्यायालयों में प्रवर्तन कार्रवाइयों के साथ घनिष्ठ समन्वय में ऐसा कर रही है।

अयोध्या में लता मंगेशकर चौक का उद्घाटन

उत्तर प्रदेश के मुख्यमन्त्री योगी आदित्यनाथ ने 28 सितम्बर, 2022 को अयोध्या में लता मंगेशकर चौक का उद्घाटन किया।

इसका उद्घाटन दिवंगत गायक की 93वीं जयन्ती के अवसर पर किया जा रहा है। चौक पर 40 फीट लम्बी और 12 फीट ऊँची वीणा की विशाल मूर्ति लगाई गई थी, जिस पर देवी सरस्वती का चित्रण अंकित था।

पॉपुलर फ्रण्ट ऑफ इण्डिया पर सरकार का प्रतिबन्ध

केन्द्र सरकार ने 28 सितम्बर, 2022 को पॉपुलर फ्रण्ट ऑफ इण्डिया (PFI) पर प्रतिबन्ध लगा दिया है। इसके सहयोगियों को केन्द्र द्वारा 5 वर्ष की अवधि के लिए प्रतिबन्धित कर दिया गया था।

कानून प्रवर्तन के कुछ दिनों बाद, एजेण्टों ने एक अभियान में समूह की गतिविधियों को दबाने की कोशिश की।

भारत बना कूलिंग एक्शन प्लान वाला पहला देश

पर्यावरण मन्त्री भूपेन्द्र यादव ने 28 सितम्बर, 2022 को घोषणा की कि भारत शीतलन कार्य योजना वाला पहला देश बन गया है। उन्होंने दुबई के वर्ल्ड ट्रेड सेण्टर में वर्ल्ड ग्रीन इकोनॉमी समिट में इसकी घोषणा की।

ऊर्जा दक्षता और थर्मल आराम पर आधारित भारत की एक शीतलन कार्य योजना है।

इण्डियन ऑयल देश में AVGAS 100 LL का उत्पादन करने वाली पहली कम्पनी

इण्डियन ऑयल 26 सितम्बर, 2022 को AVGAS 100 LL का उत्पादन और विपणन करने वाली पहली तेल विपणन कम्पनी बन गई।

यह पिस्टन इंजन विमानों और मानव रहित हवाई वाहनों के लिए एक विशेष विमानन ईंधन है। वर्तमान में AVGAS 100 LL पूरी तरह से आयातित उत्पाद है।

'वन वीक वन लैब' थीम आधारित अभियान

केन्द्रीय विज्ञान और प्रौद्योगिकी राज्य मन्त्री डॉ. जितेन्द्र सिंह ने 26 सितम्बर, 2022 को 'वन वीक वन लैब' थीम-आधारित अभियान की घोषणा की।

वे वैज्ञानिक और औद्योगिक अनुसंधान परिषद (CSIR) के उपाध्यक्ष भी हैं। उन्होंने CSIR लीडरशिप मीट को सम्बोधित किया।

CBI द्वारा ऑपरेशन मेघ चक्र की शुरुआत

केन्द्रीय अन्वेषण ब्यूरो (CBI) ने 25 सितम्बर, 2022 को बाल यौन शोषण सामग्री के ऑनलाइन प्रसार का मुकाबला करने के लिए ऑपरेशन मेघ चक्र शुरू किया। CBI ने 20 राज्यों और केन्द्रशासित प्रदेशों में 56 स्थानों पर बाल यौन शोषण सामग्री ऑनलाइन प्रसार मामलों की तलाश की। CBI को इण्टरपोल की सिंगापुर विशेष इकाई से खुफिया जानकारी मिलने के बाद यह अभियान शुरू किया गया।

PM CARES फण्ड के ट्रस्टी की घोषणा

केन्द्र सरकार ने 21 सितम्बर, 2022 को PM CARES फण्ड के तहत 3 *निम्नलिखित नए ट्रस्टियों की नियुक्ति की है*

I. दिग्गज उद्योगपति **रतन टाटा**

II. उच्चतम न्यायालय के पूर्व न्यायाधीश **केटी थॉमस**

III. पूर्व उप-लोकसभा अध्यक्ष **करिया मुण्डा**

अन्य ट्रस्टियों में केन्द्रीय गृह मन्त्री अमित शाह और वित्त मन्त्री निर्मला सीतारमण शामिल हैं।

'साइन लर्न' ऐप लॉन्च

केन्द्र सरकार ने 23 सितम्बर, 2022 को एक **ISL डिक्शनरी मोबाइल एप्लिकेशन** लॉन्च किया। इस मोबाइल एप्लिकेशन का नाम 'साइन लर्न' है, जिसमें 10 हज़ार शब्द हैं। इसको सामाजिक न्याय और अधिकारिता राज्य मन्त्री प्रतिमा भौमिक द्वारा लॉन्च किया गया।

RBI द्वारा भारत में रुपए के कारोबार की अनुमति

भारत का सार्वजनिक क्षेत्र का ऋणदाता **यूको बैंक** 22 सितम्बर, 2022 को रुपए के कारोबार के लिए RBI की मंजूरी प्राप्त करने वाला पहला बैंक बना।

कोलकाता स्थित बैंक भारतीय रुपए में व्यापार निपटान के लिए रूस के गजप्रोमबैंक के साथ एक विशेष **वोस्ट्रो खाता** खोलेगा। एक वोस्ट्रो खाता एक खाता है जो एक संवाददाता बैंक किसी अन्य बैंक की ओर से रखता है।

नए चिकित्सा उपकरण नियम अधिसूचित

केन्द्रीय मन्त्रिमण्डल द्वारा 21 सितम्बर, 2022 को चिकित्सा उपकरण (संशोधन) नियम, 2022 को अधिसूचित किया गया।

नए नियमों के तहत सभी श्रेणी A चिकित्सा उपकरणों के सभी निर्माताओं के ऑनलाइन पंजीकरण की आवश्यकता है। श्रेणी A चिकित्सा उपकरण वे हैं, जो रोगी या उपयोगकर्ता के लिए कम से मध्यम जोखिम वाले होते हैं जिनमें सर्जिकल ड्रेसिंग और अन्य शामिल होते हैं।

'छेलो शो' ऑस्कर 2023 के लिए भारत की आधिकारिक प्रविष्टि

गुजराती फिल्म 'छेलो शो' को 20 सितम्बर, 2022 को ऑस्कर 2023 के लिए भारत की आधिकारिक प्रविष्टि के रूप में घोषित किया गया।

फिल्म फेडरेशन ऑफ इण्डिया ने 95वें अकादमी पुरस्कारों में भारत की आधिकारिक प्रविष्टि की घोषणा की है। इसे बेस्ट इण्टरनेशनल फीचर फिल्म कैटेगरी में चुना गया है।

अपराधियों की पहचान के नए नियम अधिसूचित

गृह मन्त्रालय (MHA) ने 20 सितम्बर, 2022 को आपराधिक प्रक्रिया (पहचान) अधिनियम, 2022 को नियन्त्रित करने वाले नियमों को अधिसूचित किया।

यह गिरफ्तार व्यक्तियों के रेटिना और आइरिस स्कैन सहित भौतिक और जैविक नमूनों को इकट्ठा करने, संग्रहित करने और विश्लेषण करने की अनुमति देगा। यह जाँच करने वाले पुलिस अधिकारियों को **कैदियों के बायोमेट्रिक विवरण** एकत्र करने में सक्षम बनाएगा।

भारत के पहले स्वच्छ सुजल प्रदेश की घोषणा

अण्डमान और निकोबार द्वीप समूह को 18 सितम्बर, 2022 को भारत का पहला स्वच्छ सुजल प्रदेश घोषित किया गया।

इसकी घोषणा केन्द्रीय जल शक्ति मन्त्री गजेन्द्र सिंह शेखावत ने की। इस उपलब्धि के साथ, अण्डमान और निकोबार द्वीप समूह के सभी गाँवों को **हर घर जल प्रमाण-पत्र** मिला है।

भारत के पहले लीथियम आयन सेल कारखाने का उद्घाटन

भारत की पहली लीथियम सेल विनिर्माण सुविधा 17 सितम्बर, 2022 को **आन्ध्र प्रदेश के तिरुपति में** शुरू की गई। इलेक्ट्रॉनिक्स और सूचना प्रौद्योगिकी राज्य मन्त्री राजीव चन्द्रशेखर ने इसे लॉन्च किया है। इस अत्याधुनिक सुविधा की स्थापना चेन्नई स्थित मुनोथ इण्डस्ट्रीज लिमिटेड द्वारा की गई है।

राष्ट्रीय लॉजिस्टिक्स नीति की शुरुआत

प्रधानमन्त्री नरेन्द्र मोदी ने 17 सितम्बर, 2022 को राष्ट्रीय लॉजिस्टिक्स नीति की घोषणा की।

इसका उद्देश्य वस्तुओं की आवाजाही को आसान बनाना और भारतीय अर्थव्यवस्था में व्यापार क्षेत्र को बढ़ावा देना था।

नई लॉजिस्टिक्स नीति की चार विशेषताएँ हैं

1. डिजिटल प्रणाली का एकीकरण (IDS)
2. यूनिफाइड लॉजिस्टिक्स इण्टरफेस प्लेटफॉर्म (ULIP)
3. लॉजिस्टिक्स में आसानी (ELOG)
4. सिस्टम सुधार समूह (SIG)

विश्व की पहली चीता पुनर्वास परियोजना

प्रधानमन्त्री नरेन्द्र मोदी ने 17 सितम्बर, 2022 को **कूनो राष्ट्रीय उद्यान** में जंगली चीतों को प्रवेश कराया और विश्व की पहली चीता पुनर्वास परियोजना का शुभारम्भ किया।

नामीबिया से लाए गए चीता को भारत में प्रोजेक्ट चीता के तहत पेश किया जा रहा है, जो दुनिया की पहली अंतर-महाद्वीपीय बड़ी जंगली मांसाहारी पुनर्वास परियोजना है। इन आठ चीतों में से पाँच मादा और तीन नर हैं। कूनो राष्ट्रीय उद्यान की स्थापना वर्ष 1981 में मध्य प्रदेश में वन्यजीव अभयारण्य के रूप में की गई थी।

दूरदर्शन और यूट्यूब सीरीज 'दूर से नमस्ते' लॉन्च

दूरदर्शन और यूट्यूब श्रृंखला 'दूर से नमस्ते' 16 सितम्बर, 2022 को नई दिल्ली में आयोजित एक समारोह में लॉन्च की गई। US एजेन्सी फॉर इण्टरनेशनल डेवलपमेण्ट (USAID) और UNICEF ने इस श्रृंखला को लॉन्च किया। दूर से नमस्ते एक **नई टेलीविजन श्रृंखला** है, जो महामारी के बाद की दुनिया में स्वस्थ व्यवहार को बढ़ावा देती है।

वाराणसी पहली SCO पर्यटन और सांस्कृतिक राजधानी के रूप में नामित

उत्तर प्रदेश के वाराणसी को 16 सितम्बर, 2022 को 22वें SCO शिखर सम्मेलन के दौरान पहली SCO पर्यटन और सांस्कृतिक राजधानी के रूप में नामित किया गया। यह भारत और SCO (शंघाई सहयोग संगठन) के अन्य सदस्य देशों के बीच पर्यटन, सांस्कृतिक और मानवीय आदान-प्रदान को बढ़ावा देगा। वाराणसी को **बनारस** या **काशी** के नाम से भी जाना जाता है।

भारत में सोवा वायरस

इण्डियन कम्प्यूटर इमरजेन्सी रिस्पॉन्स टीम (CERT-In) ने 15 सितम्बर, 2022 को सोवा वायरस पर एडवाइजरी जारी की। यह एक नोवल **मोबाइल बैंकिंग 'ट्रोजन'** वायरस है, जो वर्तमान में भारतीय ग्राहकों को लक्षित कर रहा है। सोवा वायरस फिरौती के लिए एण्ड्रॉयड फोन को चुपके से एन्क्रिप्ट करने में सक्षम है।

हड़प्पा संस्कृति का दुनिया का सबसे बड़ा संग्रहालय

हड़प्पा संस्कृति का दुनिया का सबसे बड़ा संग्रहालय हरियाणा के **राखीगढ़ी** में बन रहा है, जिसकी घोषणा 15 सितम्बर, 2022 को की गई।

इसका उद्देश्य लगभग 5000 वर्ष पुरानी सिन्धु घाटी कलाकृतियों को प्रदर्शित करना है। इस विश्वस्तरीय संग्रहालय में राखीगढ़ी के इतिहास को दर्शाने वाली तस्वीरें प्रदर्शित की जाएँगी।

असम के आठ आदिवासी समूहों के साथ शान्ति समझौता

केन्द्र, असम सरकार और असम के 8 आदिवासी समूहों के बीच 15 सितम्बर, 2022 को एक त्रिपक्षीय शान्ति समझौते पर हस्ताक्षर किए गए थे।

नई दिल्ली में केन्द्रीय गृह मन्त्री अमित शाह की मौजूदगी में इस पर हस्ताक्षर किए गए।

समझौते पर हस्ताक्षर करने वाले जनजातीय समूहों में शामिल हैं

1. बिरसा कमाण्डो फोर्स
2. असम की आदिवासी कोबरा सेना
3. सन्थाल टाइगर फोर्स
4. आदिवासी पीपुल्स आर्मी
5. ऑल आदिवासी नेशनल लिबरेशन आर्मी

गुजरात में भारत की पहली चिप फैक्टरी

13 सितम्बर, 2022 को यह घोषणा की गई कि भारत का पहला अर्धचालक उत्पादन संयन्त्र गुजरात में स्थापित होने वाला है। वेदान्ता लिमिटेड और फॉक्सकॉन ग्रुप इस फैक्टरी में ₹ 1.54 लाख करोड़ से ज्यादा का निवेश करेंगे।

ये प्लाण्ट अहमदाबाद में 1000 एकड़ जमीन पर लगाए जाएँगे।

आवश्यक दवाओं की राष्ट्रीय सूची

केन्द्र सरकार ने 13 सितम्बर, 2022 को आवश्यक दवाओं की राष्ट्रीय सूची (NLEM) के तहत 384 दवाएँ जारी की। स्वास्थ्य मन्त्री डॉ. मनसुख मण्डाविया ने नई दिल्ली में एक कार्यक्रम में NLEM 2022 के अद्यतन संस्करण को जारी किया।

NLEM स्वास्थ्य सेवा के सभी स्तरों पर सस्ती गुणवत्ता वाली दवाओं की पहुँच सुनिश्चित करने में महत्वपूर्ण भूमिका निभाता है। आवश्यक दवाओं की राष्ट्रीय सूची पहली बार वर्ष 1996 में तैयार की गई थी और इसे वर्ष 2003, 2011 और 2015 में तीन बार संशोधित किया गया है।

253 पंजीकृत गैर-मान्यता प्राप्त राजनीतिक दलों को किया निष्क्रिय

चुनाव आयोग (EC) ने 13 सितम्बर, 2022 को 253 पंजीकृत गैर-मान्यता प्राप्त राजनीतिक दलों (ROPP) को निष्क्रिय घोषित किया।

चुनाव आयोग ने उन्हें **सिम्बल ऑर्डर, 1968** का लाभ उठाने से रोक दिया। 86 अन्य गैर-मौजूद ROPP को सूची से हटा दिया जाएगा और प्रतीक आदेश के तहत लाभ वापस ले लिए गए हैं। 25 मई, 2022 से डिफॉल्टर RUP की संख्या 537 तक पहुँच गई है।

प्रधानमन्त्री TB मुक्त भारत अभियान की शुरुआत

राष्ट्रपति द्रौपदी मुर्मू ने 9 सितम्बर, 2022 को प्रधानमन्त्री TB मुक्त भारत अभियान का वर्चुअल शुभारम्भ किया।

इसका उद्देश्य वर्ष 2025 तक देश से TB उन्मूलन के मिशन को पुनर्जीवित करना है। राष्ट्रपति मुर्मू ने निक्षय 2.0 पहल का भी शुभारम्भ किया।

अन्तर्राष्ट्रीय

संयुक्त राष्ट्र, तुर्की और यूक्रेन काला सागर अनाज समझौते पर सहमत

संयुक्त राष्ट्र, तुर्की और यूक्रेन 31 अक्टूबर, 2022 को काला सागर अनाज समझौते को लागू करने पर सहमत हुए। इस पहल को रूस, तुर्की, यूक्रेन और संयुक्त राष्ट्र द्वारा 22 जुलाई 2022 को लॉन्च किया गया था।

संयुक्त राष्ट्र और तुर्की के साथ रूस और यूक्रेन के बीच हस्ताक्षरित अनाज समझौते ने 22 मिलियन यूक्रेनी अनाज के निर्यात का मार्ग प्रशस्त किया था, जो 3 काला सागर बन्दरगाहों में फंस गए थे।

लूला डा सिल्वा बने ब्राजील के नए राष्ट्रपति

ब्राजील के मतदाताओं ने 30 अक्टूबर, 2022 को एक नए राष्ट्रपति लुइज इनासियो लूला डा सिल्वा को चुना। 76 वर्षीय राजनेता की जीत ब्राजील की सत्ता में वामपंथियों की वापसी का प्रतिनिधित्व करती है।

NASA ने ली 'मुस्कुराते हुए' सूरज की तस्वीर

अमेरिकी स्पेस एजेन्सी NASA ने 29 अक्टूबर, 2022 को एक तस्वीर जारी की जिसमें सूर्य को 'मुस्कुराते हुए' दिखाया गया है।

NASA की सोलर डायनेमिक्स ऑब्जर्वेटरी ने इस तस्वीर को कैप्चर किया है जो सूर्य की सतह पर मुस्कान दिखाती नजर आ रही है।

सूर्य पर इन काले धब्बों को कोरोनल छिद्र के रूप में जाना जाता है और इन्हें पराबैंगनी प्रकाश में देखा जाता है।

दक्षिण अफ्रीका में राजा मिसुजुलु का राज्याभिषेक

दक्षिण अफ्रीका के तटीय शहर डरबन में 29 अक्टूबर, 2022 को ऐतिहासिक कार्यक्रम में एक नए ज़ुलु राजा को ताज पहनाया गया।

राजा मिसुजुलु का ज्वेलिथिनी को औपचारिक रूप से राष्ट्रपति सिरिल रामफोसा द्वारा सम्राट के रूप में स्वीकार किया गया था, जिन्होंने उन्हें मान्यता का प्रमाण-पत्र दिया था।

वर्ष 1994 में दक्षिण अफ्रीका में लोकतन्त्र की शुरुआत के बाद यह पहला जुलू राज्याभिषेक था।

UNEP उत्सर्जन गैप रिपोर्ट 2022 जारी

संयुक्त राष्ट्र पर्यावरण कार्यक्रम ने 27 अक्टूबर, 2022 को उत्सर्जन गैप रिपोर्ट 2022 जारी की।

यह UNEP उत्सर्जन गैप रिपोर्ट का 13वाँ संस्करण है। सामूहिक रूप से, G20 सदस्य वैश्विक ग्रीनहाउस गैस उत्सर्जन के 75% के लिए जिम्मेदार हैं।

विश्व ऊर्जा आउटलुक 2022 रिपोर्ट प्रकाशित

अन्तर्राष्ट्रीय ऊर्जा एजेन्सी (IEA) ने 27 अक्टूबर, 2022 को विश्व ऊर्जा आउटलुक 2022 रिपोर्ट प्रकाशित की। रिपोर्ट के अनुसार, भारत का कोयला उत्पादन और तेल आयात वर्ष 2030 में चरम पर पहुँचने वाला है। जबकि, गैस का आयात लगभग एक ही समय में दोगुना हो जाएगा।

इण्डोनेशिया ने प्रस्तुत की अपनी नई 10 वर्षीय वीजा नीति

इण्डोनेशिया ने 25 अक्टूबर, 2022 को पर्यटकों के लिए एक नया 10 वर्षीय का वीजा प्रस्तुत किया।

जिनके बैंक खातों में कम से कम $ 130000 हैं, वे इस नए 'दूसरे होम वीजा' के लिए पात्र होंगे।यह नीति इस वर्ष क्रिसमस से लागू होगी।

ऋषि सुनक बने ब्रिटेन के नए प्रधानमन्त्री

ऋषि सुनक को 23 अक्टूबर, 2022 को कन्जर्वेटिव पार्टी का नेतृत्व करने की दौड़ जीतने के बाद ब्रिटेन के प्रधानमन्त्री के रूप में चुना गया।

वे **पहले अश्वेत** व्यक्ति हैं और ब्रिटेन के प्रधानमन्त्री बनने वाले **पहले हिन्दू** हैं।

वे 42 वर्ष की आयु में 200 से अधिक वर्षों के बाद **सबसे कम आयु के ब्रिटिश प्रधानमन्त्री** हैं। उन्होंने लिज ट्रस की जगह ली, जिन्होंने पिछले हफ्ते 45 दिनों में इस्तीफा दे दिया था।

ऋषि सुनक का जन्म **साउथेम्प्टन** में भारतीय मूल के माता-पिता के घर हुआ था, जो 1960 के दशक में पूर्वी अफ्रीका से ब्रिटेन आ गए थे।

म्यांमार FATF की ब्लैक लिस्ट में शामिल

फाइनेन्शियल एक्शन टास्क फोर्स (FATF) ने 22 अक्टूबर, 2022 को म्यांमार को 'ब्लैक लिस्ट' में डाल दिया।

इसने म्यांमार की पहचान कमजोर एण्टी-मनी लॉन्ड्रिंग और काउण्टर-टेररिस्ट फण्डिंग रेगुलेटरी फ्रेमवर्क वाले देश के रूप में की है।

अमेरिकी मुद्रा पर अन्ना मे वोंग की तस्वीर चित्रित

प्रख्यात अभिनेत्री अन्ना मे वोंग 21 अक्टूबर, 2022 को अमेरिकी मुद्रा पर दिखाई देने वाली पहली एशियाई अमेरिकी बन गईं।

मूक फिल्म युग के दौरान हॉलीवुड में प्रवेश करने वाली अभिनेत्री को अपनी पहली प्रमुख भूमिका निभाने के एक सदी बाद अमेरिकी मुद्रा पर चित्रित किया जाएगा। अन्ना मे वोंग का वर्ष 1961 में 56 वर्ष की आयु में निधन हो गया।

पाकिस्तान FATF की ग्रे लिस्ट से बाहर

पाकिस्तान को 21 अक्टूबर, 2022 को फाइनेंशियल एक्शन टास्क फोर्स (FATF) की ग्रे लिस्ट से हटा दिया गया। पाकिस्तान ने मनी लॉण्ड्रिंग को रोकने और आतंकवाद के वित्तपोषण का मुकाबला करने में महत्वपूर्ण प्रगति की है।

FATF मनी लाउण्डरिंग और टेरर फण्डिंग पर पेरिस स्थित ग्लोबल वॉचडॉग है।

चाड के राष्ट्रपति द्वारा आपातकाल की घोषणा

मध्य अफ्रीकी देश 'चाड' के राष्ट्रपति महामत इदरीस डेबी ने 19 अक्टूबर, 2022 को आपातकाल की घोषणा की।

इसकी घोषणा असाधारण बाढ़ से निपटने के लिए देश के संघर्ष के कारण की जाती है, जिसने लाखों लोगों को प्रभावित किया है। मध्य अफ्रीकी देश में भारी बाढ़ से 23 में से 18 क्षेत्रों के 636 इलाके प्रभावित हो रहे हैं।

स्वीडन के प्रधानमन्त्री बने उल्फ क्रिस्टरसन

कन्जर्वेटिव नेता उल्फ क्रिस्टरसन को 17 अक्टूबर, 2022 को स्वीडन का नया प्रधानमन्त्री चुना गया।

उनके पक्ष में 176 और विपक्ष में 173 वोट पड़े।

उल्फ क्रिस्टरसन ने स्वीडन के प्रधानमन्त्री के रूप में मैग्डेलेना एण्डरसन की जगह ली।

UNDP वैश्विक बहुआयामी गरीबी सूचकांक 2022 जारी

संयुक्त राष्ट्र विकास कार्यक्रम (UNDP) ने 17 अक्टूबर, 2022 को वैश्विक बहुआयामी गरीबी सूचकांक 2022 जारी किया। रिपोर्ट के अनुसार, विश्व में 1.2 अरब लोग बहुआयामी रूप से गरीब हैं। भारत में विश्व में अब तक के सबसे अधिक 22.8 करोड़ गरीब लोग हैं।

90वीं इण्टरपोल महासभा आयोजित

भारतीय प्रधानमन्त्री नरेन्द्र मोदी ने 17 अक्टूबर, 2022 को नई दिल्ली के प्रगति मैदान में 90वीं इण्टरपोल महासभा का उद्घाटन किया।

यह चार दिवसीय इण्टरपोल महासभा थी। भारत में महासभा 25 वर्ष बाद हुई, यह अन्तिम बार वर्ष 1997 में आयोजित की गई थी।

ग्लोबल हंगर इण्डेक्स 2022

ग्लोबल हंगर इण्डेक्स (GHI) 15 अक्टूबर, 2022 को जारी किया। GHI एक वार्षिक रिपोर्ट है और GHI स्कोर का प्रत्येक सेट 5 वर्ष की अवधि से डाटा का उपयोग करता है। वर्ष 2022 GHI स्कोर की गणना वर्ष 2017 से 2021 तक के आँकड़ों का उपयोग करके की गयी है।

ग्लोबल हंगर इण्डेक्स 2022 में भारत ने दक्षिण एशियाई क्षेत्र के सभी देशों की तुलना में खराब प्रदर्शन किया है। भारत 121 देशों में 107वें स्थान पर है। (भारत वर्ष 2021 में 101वें स्थान पर था)। दक्षिण एशियाई देशों में, भारत (107), श्रीलंका (64), नेपाल (81), बांग्लादेश (84) और पाकिस्तान (99) से नीचे है।

जापान हटाएगा गर्भवती महिलाओं पर पुनर्विवाह प्रतिबन्ध

जापानी कैबिनेट ने 14 अक्टूबर, 2022 को गर्भवती महिलाओं के पुनर्विवाह को प्रतिबन्धित करने वाले कानून को रद्द करने की मंजूरी दी।

मौजूदा कानून के अनुसार, तलाक के समय गर्भवती महिलाओं को पुनर्विवाह करने से पहले 100 दिन इंतजार करना पड़ता है। यह कानून एक सदी से अधिक समय से लागू है और यह पुरुषों पर लागू नहीं होता है।

अब्दुल लतीफ रशीद चुने गए इराक के राष्ट्रपति

इराकी संसद ने 13 अक्टूबर, 2022 को कुर्द राजनेता अब्दुल लतीफ राशिद को देश के राष्ट्रपति के रूप में चुना। राष्ट्रपति पद के लिए हुए मतदान में अब्दुल लतीफ को 162 वोट मिले, जबकि बरहम सालेह को 99 वोट मिले। लतीफ (78) ने वर्ष 2003 से वर्ष 2010 तक जल संसाधन मन्त्री के रूप में कार्य किया है और तब से राज्य के प्रमुख के सलाहकार हैं।

UNHRC में नए सदस्यों का चयन

संयुक्त राष्ट्र मानवाधिकार परिषद, जिसे मानवाधिकार परिषद के नाम से जाना जाता है, ने 13 अक्टूबर, 2022 को नए सदस्यों का चयन किया। यह फैसला संयुक्त राष्ट्र महासभा के 76वें सत्र में लिया गया।

संयुक्त राष्ट्र मानवाधिकार परिषद के 18 नए सदस्यों के लिए सभा आयोजित की गई। भारत ने 193 सदस्यीय विधानसभा में 184 मतों से अपना चयन हासिल किया, जो 97 के बहुमत से आगे है।

विश्व असमानता रिपोर्ट 2022 जारी

12 अक्टूबर, 2022 को जारी असमानता कम करने के लिए प्रतिबद्धता सूचकांक 2022 (CRI सूचकांक) में भारत 123वें स्थान पर है।

CRI इण्डेक्स डेवलपमेण्ट फाइनेन्स इण्टरनेशनल (DFI) और ऑक्सफैम इण्टरनेशनल के बीच एक सहयोग है। भारत की समग्र रैंकिंग वर्ष 2020 में 129 से 6 अंक बढ़कर वर्ष 2022 में 123 हो गई।

मलेशिया के प्रधानमन्त्री ने भंग की संसद

मलेशिया के प्रधानमन्त्री इस्माइल साबरी याकूब ने 10 अक्टूबर, 2022 को संसद को भंग कर दिया।

नए सिरे से चुनाव नवम्बर की शुरुआत में होने की उम्मीद है। मलेशियाई परम्परा के अनुसार, संसद भंग होने के 60 दिनों के अन्दर चुनाव कराए जाने चाहिए।

WEF द्वारा शिक्षा 4.0 रिपोर्ट 2022 जारी

विश्व आर्थिक मंच (WEF) ने 7 अक्टूबर, 2022 को 'शिक्षा 4.0 रिपोर्ट 2022' जारी की। रिपोर्ट में इस बात पर जोर दिया गया है कि कैसे डिजिटल और अन्य प्रौद्योगिकियाँ सीखने के अन्तराल को दूर कर सकती हैं और शिक्षा को सभी के लिए सुलभ बना सकती हैं।

संयुक्त अरब अमीरात में नए हिन्दू मन्दिर का उद्घाटन

दुबई के जेबेल अली गाँव में 5 अक्टूबर, 2022 को एक नए राजसी हिन्दू मन्दिर का उद्घाटन किया गया। मन्दिर एक पड़ोस में स्थित है, जिसे आमतौर पर संयुक्त अरब अमीरात के 'पूजा गाँव' के रूप में जाना जाता है।

यह संयुक्त अरब अमीरात में दूसरा हिन्दू मन्दिर है, जिसे लगभग 60 मिलियन दिरहम ($ 16 मिलियन) की लागत से बनाया गया है।

बुर्किना फासो के नए राष्ट्रपति इब्राहिम ट्राओरे की नियुक्ति

कैप्टन इब्राहिम ट्राओरे को 5 अक्टूबर, 2022 को बुर्किना फासो के राष्ट्रपति के रूप में नियुक्त किया गया। इस नियुक्ति से पहले, पॉल-हेनरी दमीबा इस पश्चिम अफ्रीकी देश के राष्ट्रपति थे। अधिकारियों के एक समूह ने बिगड़ते सशस्त्र विद्रोह से निपटने में असमर्थता के कारण दमीबा को हटाने का फैसला किया।

यूरोपीय संसद द्वारा विश्व के पहले एकल चार्जर नियम को मंजूरी

यूरोपीय संघ की संसद ने 4 अक्टूबर, 2022 को सभी नए स्मार्टफोन, टैबलेट और कैमरों के लिए एक एकल मानक चार्जर रखने के लिए एक नियम बनाया। यूरोपीय संसद ने वर्ष 2024 तक फोन और अन्य छोटे उपकरणों पर USB-C चार्जिंग को अनिवार्य बनाने के लिए एक कानून बनाया है।

कानून इलेक्ट्रॉनिक कचरे को कम करने और लोगों को अधिक स्थायी रूप से तकनीक के लिए खरीदारी करने की अनुमति देने के लिए डिजाइन किया गया है।

लातविया के प्रधानमन्त्री ने जीता चुनाव

लातविया के प्रधानमन्त्री **क्रिसजानिस करिन्स** की सत्तारूढ़ केन्द्र-दक्षिणपंथी न्यू यूनिटी पार्टी ने 2 अक्टूबर, 2022 को आम चुनाव में जीत हासिल की।

परिणामों के अनुसार, **19% वोटों के साथ** वह एक और गठबन्धन सरकार का नेतृत्व करेंगे। चुनाव के बाद करिन्स की पार्टी को सबसे ज्यादा समर्थन मिला है।

UNESCO की 50 प्रतिष्ठित वस्त्र शिल्पों की सूची

संयुक्त राष्ट्र शैक्षिक, वैज्ञानिक तथा सांस्कृतिक संगठन (UNESCO) ने 30 सितम्बर, 2022 को देश के 50 विशेष और प्रतिष्ठित विरासत वस्त्र शिल्प की एक सूची जारी की। दक्षिण एशिया में **अमूर्त सांस्कृतिक विरासत की सुरक्षा के लिए** प्रमुख चुनौतियों में से एक उचित सूची और प्रलेखन की कमी है।

तमिलनाडु से टोडा कढ़ाई और सुंगदी, हैदराबाद से हिमरू और ओडिशा के संबलपुर से बंधा टाई और डाई कुछ ऐसे वस्त्र थे जिन्होंने कटौती की।

यूक्रेन के चार क्षेत्रों पर औपचारिक रूप से कब्जा करेगा रूस

रूसी राष्ट्रपति व्लादिमीर पुतिन ने 30 सितम्बर, 2022 को क्रेमलिन में एक समारोह में भाग लिया। उन्होंने कहा कि यूक्रेन के 4 क्षेत्रों को आधिकारिक तौर पर रूस में जोड़ा जाएगा। रूस औपचारिक रूप से यूक्रेन के उन 4 क्षेत्रों पर कब्जा कर लेगा जहाँ क्रेमलिन द्वारा जनमत संग्रह कराया गया था।

ये क्षेत्र लुहांस्क, **डोनेट्स्क**, **खेरसन** और **ज़ापोरिज़्ज़िया** हैं। रूस ने दावा किया है कि इन क्षेत्रों के निवासियों ने मॉस्को के शासन के तहत रहने के लिए भारी मतदान किया।

ग्लोबल इनोवेशन इण्डेक्स 2022

विश्व बौद्धिक सम्पदा संगठन (WIPO) ने 30 सितम्बर, 2022 को ग्लोबल इनोवेशन इण्डेक्स (GII) 2022 जारी किया। यह COVID-19 महामारी, सुस्त उत्पादकता वृद्धि और अन्य स्थानान्तरण समस्याओं की पृष्ठभूमि में वैश्विक नवाचार में सबसे हालिया रुझानों की जाँच करता है।

स्विट्जरलैण्ड लगातार 12वें वर्ष ग्लोबल इनोवेशन इण्डेक्स में सबसे ऊपर रहा। दूसरे स्थान पर संयुक्त राज्य अमेरिका था, इसके बाद स्वीडन, युनाइटेड किंगडम और नीदरलैण्ड्स थे। भारत 132 देशों में विश्व की शीर्ष ४० अर्थव्यवस्थाओं में शामिल हो गया है, जो पिछले वर्ष की तुलना में छः स्थान ऊपर है।भारत ने 36 निम्न मध्यम आय वर्ग की अर्थव्यवस्थाओं में शीर्ष स्थान हासिल किया है।

NASA का DART मिशन

अमेरिकी स्पेस एजेन्सी NASA का एक अन्तरिक्ष यान 27 सितम्बर, 2022 को एक परीक्षण में पृथ्वी से लगभग 6.8 मिलियन मील (10.9 मिलियन किमी) दूर एक क्षुद्रग्रह में सफलतापूर्वक टकरा गया। अमेरिकी अन्तरिक्ष एजेन्सी NASA ने क्षुद्रग्रह को अपने रास्ते से हटाने वाला पहला अन्तरिक्ष यान लॉन्च किया है।

डार्ट (डबल एस्टेरॉयड रीडायरेक्शन टेस्ट) अन्तरिक्ष यान क्षुद्रग्रह डिमोर्फोस से टकराया, जो प्राथमिक क्षुद्रग्रह डिडिमोस के चारों ओर परिक्रमा कर रहा है।

सऊदी अरब के क्राउन प्रिंस बने प्रधानमन्त्री

सऊदी अरब के क्राउन प्रिंस मोहम्मद बिन सलमान को 27 सितम्बर, 2022 को एक शाही फरमान द्वारा प्रधानमन्त्री के रूप में नियुक्त किया गया। क्राउन प्रिंस ने पहले उप-प्रधानमन्त्री के साथ-साथ रक्षा मन्त्री के रूप में भी कार्य किया। उनके स्थान पर उनके छोटे भाई खालिद बिन सलमान रक्षा मन्त्री बने हैं, जो उप रक्षा मन्त्री थे।

ब्रिटेन में किंग चार्ल्स के नए मोनोग्राम का अनावरण

किंग चार्ल्स द्वारा 27 सितम्बर, 2022 को UK के नए सम्राट के रूप में उपयोग किए जाने वाले नए मोनोग्राम का अनावरण किया गया।

किंग चार्ल्स तृतीय का नया साइफर कॉलेज ऑफ आर्म्स द्वारा डिज़ाइन किया गया है और रेक्स के लिए R अक्षर के साथ अपने प्रारम्भिक-C को दर्शाता है। R राजा के लिए लैटिन है, और तृतीय अक्षरों के ऊपर शाही मुकुट के साथ अक्षर R के भीतर चिह्नित है।

जॉर्जिया मेलोनी बनीं इटली की पहली महिला प्रधानमन्त्री

जॉर्जिया मेलोनी ने 26 सितम्बर, 2022 को चुनाव जीता और इटली की पहली महिला प्रधानमन्त्री बनीं। वह **ब्रदर्स ऑफ इटली पार्टी** की नेता हैं। मेलोनी ने बड़े अन्तर से दक्षिणपंथी सरकार का चुनाव जीता। जॉर्जिया मेलोनी ने एक मजबूत प्रतिद्वन्द्वी मारियो ड्रैघी को हराया।

स्विट्जरलैण्ड की पेन्शन सुधार योजना

स्विट्जरलैण्ड में मतदाताओं ने 26 सितम्बर, 2022 को सरकार की पेन्शन सुधार योजना को मामूली अन्तर से स्वीकार किया।

इस योजना से महिलाओं की सेवानिवृत्ति की आयु 64 से बढ़ाकर 65 वर्ष कर दी जाएगी। यह इसे पुरुषों की लिए सेवानिवृत्ति की आयु के अनुरूप लाता है। खेती में सख्त नियमों को लागू करने पर एक समवर्ती वोट बहुमत का समर्थन हासिल करने में विफल रहा।

इण्डोनेशिया में डाटा संरक्षण विधेयक पारित

इण्डोनेशिया की संसद ने 18 सितम्बर, 2022 को लम्बे समय से प्रतीक्षित डाटा संरक्षण विधेयक पारित किया।

इस कानून के तहत डाटा हैण्डलर निजी जानकारी लीक या दुरुपयोग करने के लिए 5 वर्ष तक की जेल के लिए उत्तरदायी हो सकते हैं।

अपने फायदे के लिए व्यक्तिगत डाटा में हेराफेरी करने वाले व्यक्तियों को कानून के तहत 6 वर्ष तक की जेल भी हो सकती है। इसके अतिरिक्त, कानून में कॉर्पोरेट जुर्माना शामिल है, जो डाटा लीक के मामले में कम्पनी के वार्षिक राजस्व का 2% तक हो सकता है।

सेनेगल को 2019 के बाद मिला पहला प्रधानमन्त्री

सेनेगल के राष्ट्रपति मैकी साल ने 18 सितम्बर, 2022 को अमादौ बा को देश के नए प्रधानमन्त्री के रूप में नियुक्त किया। प्रधानमन्त्री का पद, उन्होंने वर्ष 2019 में समाप्त कर दिया और पिछले वर्ष बहाल कर दिया। यह ऐसे समय में आया है, जब पश्चिम अफ्रीकी देश आर्थिक कठिनाई से जूझ रहा है।

ग्लोबल क्रिप्टो एडॉप्शन इण्डेक्स 2022 जारी

ब्लॉकचेन विश्लेषण मंच **चेनलिसिस** ने 16 सितम्बर, 2022 को 2022 के लिए अपना वैश्विक क्रिप्टो गोद लेने का सूचकांक प्रकाशित किया।

यह उच्चतम क्रिप्टो मुद्रा अपनाने की दर वाले राष्ट्रों का सूचकांक है। भारत इस सूची में चौथे स्थान पर है, जो पिछले वर्ष की रैंकिंग से दो पायदान नीचे है।

जापान में भयावह तूफान 'नानमाडोल'

तूफान 'नानमाडोल' ने 17 सितम्बर, 2022 को जापान के कई हिस्सों में तेज हवाएँ और बारिश दर्ज की। तूफान नानमाडोल जापान में वर्षों में आने वाले सबसे बड़े तूफानों में से एक है।

टाइफून नानमाडोल **जापान का 14वाँ तूफान** है।

खेल परिदृश्य

36वें राष्ट्रीय खेल 2022

36वें राष्ट्रीय खेल गुजरात में 27 सितम्बर से 10 अक्टूबर 2022 के बीच हुए। यह पहली बार था, जब गुजरात ने राष्ट्रीय खेलों की मेजबानी की। ये गुजरात के 6 शहरों गाँधीनगर, सूरत, वडोदरा, अहमदाबाद, भावनगर और राजकोट में आयोजित किए गए।

राष्ट्रीय खेल कुल 7 वर्षों के अन्तराल के बाद आयोजित किए गए हैं। कबड्डी, खो-खो, मल्लखम्ब और योगासन जैसे स्वदेशी खेलों को भी राष्ट्रीय खेलों में शामिल किया गया।

- राष्ट्रीय खेल 2022 का विषय **खेलों के माध्यम से एकता का जश्न** था।
- **सावज** (शावक) को 36वें राष्ट्रीय खेलों के शुभंकर के रूप में चुना गया था।
- आदर्श वाक्य **जुड़ेगा इण्डिया, जीतेगा इण्डिया** था।

टेनिस

WTT कण्टेण्डर ट्यूनिस 2022

जी. साथियान और हरमीत देसाई ने 30 अक्टूबर, 2022 को WTT कण्टेण्डर ट्यूनिस में पुरुष युगल खिताब जीता। भारतीय जोड़ी ने फाइनल में फ्रांस के इमैनुएल लेबेसन और एलेक्जेण्डर कैसिन की जोड़ी को 3-1 से हराया।

वायु सेना चैम्पियनशिप 2022-23

पश्चिमी वायु कमान, IAF ने 21 अक्टूबर, 2022 को वायु सेना लॉन टेनिस चैम्पियनशिप जीती।

यह चैम्पियनशिप 17-21 अक्टूबर, 2022 तक नागपुर के वायु सेना नगर में आयोजित की गई।

टीम चैम्पियनशिप का फाइनल मैच पश्चिमी वायु कमान और प्रशिक्षण कमान के बीच खेला गया।

अस्ताना ओपन 2022

नोवाक जोकोविच ने 9 अक्टूबर, 2022 को स्टेफानोस सितसिपास को हराकर अस्ताना ओपन का खिताब जीता। जोकोविच ने यूनान के सितसिपास को 1 घण्टे 15 मिनट में हराया।

इस जीत के साथ ही नोवाक ने अपने करियर का 90वाँ सिंगल्स खिताब अपने नाम कर लिया।

ओस्ट्रावा ओपन 2022

बारबोरा क्रेजिकोवा ने 9 अक्टूबर, 2022 को ओस्ट्रावा ओपन जीता। बारबोरा क्रेजिकोवा ने फाइनल में विश्व की नम्बर एक खिलाड़ी इगा स्वियातेक को हराया।

इगा स्वियातेक एक पोलिश पेशेवर टेनिस खिलाड़ी है। वह वर्तमान में महिला टेनिस संघ द्वारा विश्व नम्बर एक स्थान पर है।

तेल अवीव ओपन 2022

भारत के **रोहन बोपन्ना** और उनके डच जोड़ीदार **मातवे मिडेलकूप** ने 2 अक्टूबर, 2022 को तेल अवीव वाटरजेन ओपन टेनिस टूर्नामेण्ट 2022 का पुरुष युगल खिताब जीता।

भारत और नीदरलैण्ड की शीर्ष वरीयता जोड़ी ने फाइनल में मैक्सिको के सैंटियागो गोंजालेज और अर्जेंटीना के आन्द्रेस मोल्टेनी की तीसरी वरीयता जोड़ी को 6-2, 6-4 से हराया। बोपन्ना का यह सत्र का तीसरा और कुल 22वाँ ATP खिताब है।

चेन्नई ओपन 2022

चेक गणराज्य की लिण्डा फ्रुहविर्टोवा ने 18 सितम्बर, 2022 को चेन्नई ओपन 2022 एकल जीता।

विजेताओं की सूची

वर्ग	विजेता	रनर अप रहे
महिला एकल	लिण्डा फ्रुहविर्टोवा (चेक गणराज्य)	मगदा लिनेट (पोलैण्ड)
महिलाओं का डबल	गैब्रिएला डाब्रोवस्की (कनाडा) और लुइसा स्टेफनी (ब्राजील)	अन्ना ब्लिंकोवा (रूस) व नटेला डजालामिद्जे (जॉर्जिया)

US ओपन 2022

न्यूयॉर्क (USA) में 29 अगस्त से 11 सितम्बर, 2022 तक वर्ष की चौथी टेनिस ग्रैण्ड स्लैम प्रतियोगिता US ओपन 2022 आयोजित की गई।

विजेताओं की सूची

श्रेणी	विजेता	उप-विजेता
पुरुष एकल	कार्लोस अलकाराज (स्पेन)	कैस्पर रूड (नॉर्वे)
महिला एकल	आई. स्वियाटेक (पोलैण्ड)	ओ. जाबेर (ट्यूनीशिया)
पुरुष युगल	आर. राम (USA) और जे सैलिसबरी (UK)	डब्ल्यू. क्रूलहोफ (नीदरलैण्ड्स)/ एन. स्कूपस्की (UK)
महिला युगल	के. सिनियाकोवा/ बी. क्रेजिकोवा (चेक गणराज्य)	सी. मैकनेली/टी. टाउनसेण्ड (USA)
मिश्रित युगल	सैण्डर्स/जे. पीयर्स (ऑस्ट्रेलिया)	के. फ्लिपकेन्स (बेल्जियम)/ ई. रोजर-वेसलीन (फ्रांस)

सिनसिनाटी मास्टर्स 2022

मेसन (ऑहियो, USA) में 15-21 अगस्त, 2022 तक सिनसिनाटी मास्टर्स टेनिस टूर्नामेण्ट 2022 आयोजित किया गया।

इसके विजेताओं की सूची निम्न है

वर्ग	विजेता
पुरुष एकल	बोर्ना कोरिच (क्रोएशिया)
महिला एकल	कैरोलिन गार्सिया (फ्रांस)

कोरिया ओपन 2022

यूजीन कोरिया ओपन टेनिस चैम्पियनशिप 19 सितम्बर से 2 अक्टूबर, 2022 तक सियोल (दक्षिण कोरिया) में आयोजित की गई।

विजेताओं की सूची

वर्ग	विजेता	उप-विजेता
पुरुष एकल	योशिहितो निशिओका (जापान)	डेनिस शापोवालोव (कनाडा)
महिला एकल	एकातेरिना अलेक्जेण्ड्रोवा (रूस)	जेएना ओस्टापेंको (लातविया)

फुटबॉल

कोपा लिबर्टाडोरेस 2022

कोपा लिबर्टाडोरेस फाइनल मैच 29 अक्टूबर, 2022 को इक्वाडोर के गुयाकिल में एस्टाडियो स्मारक में खेला गया। फ्लेमेंगो ने फाइनल मैच में टूर्नामेण्ट में अपना तीसरा खिताब एथलेटिको परानेन्स को हराकर 1-0 के स्कोर से जीता। कोपा लिबर्टाडोरेस 2022 के विजेता के रूप में उन्होंने 2022 फीफा क्लब विश्व कप के लिए क्वालीफाई किया।

FIFA अण्डर-17 महिला विश्व कप 2022

भारत ने 11-30 अक्टूबर, 2022 तक FIFA अण्डर-17 महिला विश्व कप की मेजबानी की।

स्पेन ने 30 अक्टूबर, 2022 को फाइनल में कोलम्बिया को 1-0 से हराकर अण्डर-17 महिला विश्व कप जीता।

सुब्रतो कप 2022

सेण्ट पैट्रिक्स (गुमला, झारखण्ड) ने 28 सितम्बर, 2022 को सुब्रतो कप अन्तर्राष्ट्रीय फुटबॉल टूर्नामेण्ट गर्ल्स अण्डर-17 खिताब जीता। अम्बेडकर स्टेडियम में खेले गए फाइनल में सेण्ट पैट्रिक्स, गुमला ने वांगोई हायर सेकेण्डरी स्कूल, इम्फाल, मणिपुर को 3-1 से हराया। मैच को अतिरिक्त समय तक बढ़ाया गया जहाँ झारखण्ड के स्कूल ने दो बार नेट खोजने के लिए अतिरिक्त पैर पाया।

डूरण्ड कप 2022

बेंगलुरु FC ने 18 सितम्बर, 2022 को डूरण्ड कप 2022 के फाइनल में मुम्बई सिटी FC को 2-1 से हराया। यह कोलकाता में **विवेकानन्द युवा भारती क्रीड़ांगन** में आयोजित किया गया था।

बेंगलुरु FC के कप्तान सुनील छेत्री ने अपना पहला डूरण्ड कप जीता। बेंगलुरु FC ने वर्ष 2013 में अस्तित्व में आने के बाद पहली डूरण्ड कप जीत हासिल की है।

SAFF अण्डर-17 चैम्पियनशिप 2022

भारत ने 14 सितम्बर, 2022 को फाइनल में नेपाल को 4-0 से हराकर SAFF अण्डर-17 चैम्पियनशिप खिताब जीता। टूर्नामेण्ट श्रीलंका के कोलम्बो के रेसकोर्स इण्टरनेशनल स्टेडियम में आयोजित किया गया।

बास्केटबॉल

FIBA महिला विश्व कप 2022

FIBA महिला बास्केटबॉल विश्व कप 2022 को 22 सितम्बर से 1 अक्टूबर 2022 के बीच सिडनी (ऑस्ट्रेलिया) में आयोजित किया गया।

यह महिलाओं की राष्ट्रीय बास्केटबॉल टीमों के लिए FIBA के प्रमुख अन्तर्राष्ट्रीय टूर्नामेण्ट का 19वां संस्करण है।

अमेरिका ने FIBA महिला बास्केटबॉल विश्व कप में 11वें विश्व खिताब में स्वर्ण पदक जीता। अमेरिका ने सिडनी में चीन को 83-61 से हराकर अपने खिताब का बचाव किया।

फॉर्मूला-वन

इटैलियन ग्रां प्री 2022

फॉर्मूला-वन चैम्पियनशिप लीडर **मैक्स वर्सटैपन** ने 11 सितम्बर, 2022 को इटैलियन ग्रां प्री 2022 जीती। वर्सटैपन के पास अब चार्ल्स लेकलर्क पर ११६ अंकों की बढ़त है, जो दूसरे स्थान पर रहे। जॉर्ज रसेल तीसरे स्थान पर रहे। यह मैक्स वर्सटैपन की मोन्जा में पहली जीत या पोडियम फिनिश है।

क्रिकेट

सैयद मुश्ताक अली ट्रॉफी 2022-23

भारत में घरेलू T20 क्रिकेट प्रतियोगिता के 15वें संस्करण 'सैयद मुश्ताक अली ट्रॉफी 2022-23' का आयोजन 11 अक्टूबर से 5 नवम्बर, 2022 तक किया गया। इसके फाइनल में मुम्बई ने हिमाचल प्रदेश को 3 रन से हराकर खिताब जीत लिया। मुम्बई ने पहली बार यह खिताब जीता है।

महिला एशिया कप 2022

महिला ट्वेण्टी 20 एशिया कप 2022, महिला एशिया कप टूर्नामेण्ट का 8वाँ संस्करण था, जो 1 से 15 अक्टूबर, 2022 तक सिलहट, बांग्लादेश में खेला गया।

टूर्नामेण्ट बांग्लादेश, भारत, मलेशिया, पाकिस्तान, श्रीलंका, थाईलैण्ड और संयुक्त अरब अमीरात के बीच खेला गया था। महिला एशिया कप 2022 के फाइनल में भारत ने श्रीलंका को 8 विकेट से हराकर 7वीं बार यह खिताब हासिल किया है। भारत ने 8 एशिया कप खिताबों में से सात जीते हैं।

टॉप परफॉर्मर्स

- **सबसे ज्यादा रन** जेमिमा रोड्रिग्स (भारत)-217
- **सर्वोच्च स्कोर** हर्षिता मदावी (श्रीलंका)-81
- **सबसे ज्यादा अर्धशतक** जेमिमा रोड्रिग्स (भारत)-2

ईरानी ट्रॉफी 2021-22

शेष भारत की टीम ने 4 अक्टूबर, 2022 को सौराष्ट्र को 8 विकेट से हराकर ईरानी ट्रॉफी 2021-22 जीत ली।

यह टूर्नामेण्ट सौराष्ट्र क्रिकेट एसोसिएशन स्टेडियम (राजकोट) में आयोजित किया गया। ईरानी कप 2021-22 ईरानी कप का 58वाँ संस्करण है, जो भारत में एक प्रथम श्रेणी क्रिकेट प्रतियोगिता है।

भारत-दक्षिण अफ्रीका सीरीज 2022

दक्षिण अफ्रीकी क्रिकेट टीम ने 28 सितम्बर से 11 अक्टूबर, 2022 तक 3 वनडे और 3 T20I मैच खेलने के लिए भारत का दौरा किया।

भारत ने एकदिवसीय अन्तर्राष्ट्रीय (वनडे) मैचों की श्रृंखला 2-1 से जीती।

भारत-ऑस्ट्रेलिया T20 सीरीज 2022

ऑस्ट्रेलियाई क्रिकेट टीम ने 20-25 सितम्बर, 2022 तक तीन T20 अन्तर्राष्ट्रीय मैच खेलने के लिए भारत का दौरा किया। हैदराबाद में खेले गए तीसरे व अन्तिम मैच में भारत ने ऑस्ट्रेलिया को 6 विकेट से हराकर यह सीरीज 2-1 से जीत ली। श्रृंखला के पहले मैच में ऑस्ट्रेलिया की टीम जीती थी, जबकि दूसरे मैच को भारत ने जीता था।

दलीप ट्रॉफी 2022-23

भारत में प्रथम श्रेणी क्रिकेट **टूर्नामेण्ट दलीप ट्रॉफी का 59वाँ संस्करण** 8-25 सितम्बर, 2022 तक आयोजित किया गया। यह टूर्नामेण्ट तमिलनाडु और पुदुचेरी में खेला गया। कोयम्बटूर (तमिलनाडु) में खेले गए इसके फाइनल में **पश्चिम क्षेत्र** ने दक्षिण क्षेत्र को 294 रनों से हराकर खिताब जीत लिया।

एशिया कप 2022

दुबई इण्टरनेशनल स्टेडियम (UAE) में 11 सितम्बर, 2022 को एशिया कप 2022 के फाइनल में श्रीलंका ने पाकिस्तान को 23 रनों से हरा दिया।

यह श्रीलंका का छठा एशिया कप खिताब है। पाकिस्तान ने टॉस जीतकर पहले गेंदबाजी करने का फैसला किया।

रोड सेफ्टी वर्ल्ड सीरीज 2022

रोड सेफ्टी वर्ल्ड सीरीज 2022 का आयोजन 10 सितम्बर से 1 अक्टूबर, 2022 के बीच किया गया। यह किसी अन्तर्राष्ट्रीय T20 क्रिकेट लीग का दूसरा सत्र था। सड़क सुरक्षा के बारे में जागरुकता बढ़ाने के लिए सड़क सुरक्षा विश्व श्रृंखला (RSWS) द्वारा इसका आयोजन किया गया था। **भारत** ने श्रीलंका को 33 रनों से हराकर यह सीरीज 2022 अपने नाम कर ली।

शतरंज

मेल्टवाटर चैम्पियन्स टूर 2022

मैग्नस कार्लसन ने 20 अक्टूबर, 2022 को एक टूर्नामेण्ट के साथ मेल्टवाटर चैम्पियन्स शतरंज टूर 2022 का खिताब जीता। उन्होंने मेल्टवाटर चैम्पियन्स शतरंज टूर में अर्जुन एरिगैसी को हराया।

कार्लसन ने टूर चैम्पियन का खिताब और $ 192.000 की अपनी ओवरऑल जीत (अब तक) के शीर्ष पर $ 50.000 का पुरस्कार हासिल किया।

जूलियस बेयर जनरेशन कप 2022

नॉर्वे के मैग्नस कार्लसन ने 25 सितम्बर, 2022 को भारत के अर्जुन एरिगैसी को हराकर जूलियस बेयर जनरेशन कप 2022 का खिताब जीत लिया। यह प्रतियोगिता मेल्टवाटर चैम्पियन्स चेस टुअर का सातवाँ चरण था। मैग्नस कार्लसन भारतीय किशोर अर्जुन एरिगैसी पर जीत के बाद 2900 टुअर रेटिंग बाधा को तोड़ने वाले दुनिया के पहले खिलाड़ी बन गए। यह मैग्नस कार्लसन की टुअर सीज़न की चौथी टूर्नामेण्ट जीत है।

बैडमिण्टन

फ्रेंच ओपन 2022

फ्रेंच ओपन 2022 एक बैडमिण्टन टूर्नामेण्ट था, जो 25-30 अक्टूबर, 2022 तक पेरिस, फ्रांस में स्टेड पियरे डी क्यूबर्टिन में हुआ।

विजेताओं की सूची

वर्ग	विजेता	उप-विजेता
पुरुष एकल	विक्टर एक्सेलसन (डेनमार्क)	रासमुस गेमके (डेनमार्क)
महिला एकल	हे बिंगजियाओ (चीन)	कैरोलिना मारिन (स्पेन)

डेनमार्क ओपन 2022

ओडेन्स (डेनमार्क) में 18-23 अक्टूबर, 2022 तक डेनमार्क ओपन 2022 बैडमिण्टन प्रतियोगिता आयोजित की गई। यह 2022 BWF वर्ल्ड टूर का 17वाँ टूर्नामेण्ट था।

विजेताओं की सूची

वर्ग	विजेता	उप-विजेता
पुरुष एकल	हे बिंगजियाओ (चीन)	चेन युफेई (चीन)
महिला एकल	शी युकी (चीन)	ली जी जिया (इण्डोनेशिया)

जापान ओपन 2022

जापान के ओसाका में 30 अगस्त से 4 सितम्बर, 2022 तक जापान ओपन बैडमिण्टन टूर्नामेण्ट 2022 आयोजित किया गया।

विजेताओं की सूची

वर्ग	विजेता	धावक
पुरुष एकल	निशिमोतो केन्ता (जापान)	चाउ तिएन-चेन (ताइवान)
महिला एकल	अल्केन यामागुची (जापान)	एन से-यंग (दक्षिण कोरिया)
पुरुष डबल	लियांग वेई केंग/ वांग चांग (दोनों चीन)	किम एस्ट्रुप/एण्डर्स स्कारुप रासमुसेन (दोनों डेनमार्क)

हॉकी

सुल्तान ऑफ जोहोर कप 2022

भारत की अण्डर-21 पुरुष हॉकी टीम ने 30 अक्टूबर, 2022 को मलेशिया में सुल्तान ऑफ जोहोर कप 2022 के फाइनल में ऑस्ट्रेलिया को हराकर खिताब जीत लिया। दोनों टीमें नियमित समय में 1-1 की बराबरी पर थीं, जिसके बाद विजेता का फैसला करने के लिए नौ पेनल्टी शॉट की जरूरत पड़ी।

एथलेटिक्स

लुसाने डायमण्ड लीग

नीरज चोपड़ा 27 अगस्त, 2022 को लुसाने डायमण्ड लीग जीतने वाले पहले भारतीय बन गए और उन्होंने एक नया इतिहास रच दिया।

अपने पहले प्रयास में उन्होंने 89.08 मी भाला फेंककर अपने ही अन्दाज में जीत दर्ज की। उनका 89.08 मी का थ्रो उनके करियर का तीसरा सर्वश्रेष्ठ प्रयास था, इसके बाद 85.18 मी का दूसरा थ्रो था। नीरज चोपड़ा ओलम्पिक चैम्पियन और भाला फेंक एथलीट हैं।

माराकेश पैरा एथलीट प्री 2022

नीरज यादव ने 21 सितम्बर, 2022 को मोरक्को में माराकेश पैरा एथलेटिक्स ग्रां प्री में स्वर्ण पदक जीतने के रास्ते पर एक नया राष्ट्रीय रिकॉर्ड बनाया। अन्तिम दिन नीरज ने डिस्कस थ्रो F55/56 वर्ग में स्वर्ण पदक जीता। पैरालम्पिक खेलों के रजत पदक विजेता ऊँची कूद के एथलीट निषाद कुमार ने भी नया एशियाई रिकॉर्ड बनाया।

पुरस्कार एवं सम्मान

राष्ट्रीय

राज्योत्सव पुरस्कार 2022

कन्नड़ और संस्कृति विभाग ने 1 नवम्बर, 2022 को राज्योत्सव पुरस्कार 2022 आयोजित किया। इस अवसर पर 67 व्यक्तियों के साथ-साथ 10 संगठनों को सम्मानित किया गया।

पुरस्कार विजेता

1. ISRO के पूर्व अध्यक्ष - के. सिवन
2. अविनाश येलन्दूर और एचजी दत्तात्रेय - अभिनेता
3. सलुमरदा निंगन्ना और पौराकर्मिका मल्लम्मा - पर्यावरण संरक्षण
4. एचएल मन्जूनाथ और मदन गोपाल - प्रशासन श्रेणी

'मोस्ट पॉपुलर GI' अवार्ड

तेलंगाना के हैदराबादी हलीम ने 21 अक्टूबर, 2022 को 'मोस्ट पॉपुलर GI' पुरस्कार जीता।

यह रसगुल्ला, बीकानेरी भुजिया और रतलामी सेव सहित अन्य खाद्य पदार्थों को पछाड़कर जीता है।

रक्षा मन्त्री पुरस्कार 2022

रक्षा मन्त्री राजनाथ सिंह ने 20 अक्टूबर, 2022 को 2021-22 के लिए रक्षा और एयरोस्पेस क्षेत्र में उत्कृष्टता के लिए रक्षा मन्त्री पुरस्कार प्रदान किए।

ये पुरस्कार विभिन्न आकारों के उद्यमों अर्थात् बड़े, मध्यम, लघु और स्टार्ट-अप उद्यमों को समान रूप से दिए गए, ताकि सभी को समान अवसर प्रदान किए जा सकें।

स्वच्छ सर्वेक्षण ग्रामीण 2022 पुरस्कार

राष्ट्रपति द्रौपदी मुर्मू ने 2 अक्टूबर, 2022 को स्वच्छ सर्वेक्षण ग्रामीण 2022 और जल जीवन मिशन कार्यक्षमता मूल्यांकन के लिए पुरस्कार प्रदान किए।

बड़े राज्यों की श्रेणी में स्वच्छ सर्वेक्षण ग्रामीण के लिए पहला पुरस्कार **तेलंगाना** को, दूसरा हरियाणा को और तीसरा पुरस्कार तमिलनाडु को दिया गया।

छोटे राज्यों और केन्द्रशासित प्रदेशों की श्रेणी में, **अण्डमान और निकोबार** ने पहला पुरस्कार जीता, दादरा और नगर हवेली और दमन और दीव ने दूसरा और सिक्किम ने तीसरा पुरस्कार जीता।

स्वच्छ सर्वेक्षण पुरस्कार 2022

भारत की राष्ट्रपति श्रीमती द्रौपदी मुर्मू ने 1 अक्टूबर, 2022 को नई दिल्ली में आयोजित एक समारोह में स्वच्छ सर्वेक्षण पुरस्कार 2022 प्रदान किए।

इन्दौर को लगातार छठे वर्ष भारत का सबसे स्वच्छ शहर घोषित किया गया है, जबकि मध्य प्रदेश देश का सबसे स्वच्छ राज्य है। सूरत दूसरा सबसे स्वच्छ शहर है और नवी मुम्बई एक लाख से अधिक आबादी वाले शहरों की श्रेणी में तीसरे स्थान पर है।

52वाँ दादासाहेब फाल्के पुरस्कार

नई दिल्ली में राष्ट्रपति द्रौपदी मुर्मू द्वारा 30 सितम्बर, 2022 को प्रस्तुत **68वें राष्ट्रीय फिल्म पुरस्कार वितरित** किए गए।

दिग्गज अभिनेत्री **आशा पारेख** को 68वें राष्ट्रीय फिल्म पुरस्कार समारोह में भारतीय सिनेमा में उनके अनुकरणीय आजीवन योगदान के लिए प्रतिष्ठित 52वें दादासाहेब फाल्के पुरस्कार से सम्मानित किया गया।

68वें राष्ट्रीय फिल्म पुरस्कार 2022 के प्रमुख प्राप्तकर्ता

सर्वश्रेष्ठ फीचर फिल्म	:	सूराराई पोटरू
सर्वश्रेष्ठ निर्देशक	:	सच्चिदानन्दन केआर (अयप्पनम कोशियुम)
बेस्ट एक्टर	:	सूर्या (सूराराई पोटरू) और अजय देवगन (तानाजी)
बेस्ट एक्ट्रेस	:	अपर्णा बालामुरली (सूराराई पोटरू)
बेस्ट कॉस्ट्यूम डिजाइन	:	तानाजी
बेस्ट प्रोडक्शन डिजाइन	:	कप्पेला

लता मंगेशकर पुरस्कार

प्रसिद्ध पार्श्व गायक **कुमार सानू** और **शैलेन्द्र सिंह** और संगीतकार जोड़ी **आनन्द-मिलिन्द** को 28 सितम्बर, 2022 को राष्ट्रीय लता मंगेशकर पुरस्कार से सम्मानित किया गया।

उन्हें दिवंगत महान गायिका की जयन्ती पर उनके जन्मस्थान इन्दौर में प्रतिष्ठित पुरस्कार प्रदान किया जाएगा।

राज्य की संस्कृति मन्त्री उषा ठाकुर ने शैलेन्द्र सिंह, आनन्द मिलिन्द और कुमार सानू को क्रमशः वर्ष 2019, 2020 और 2021 के लिए पुरस्कार से सम्मानित किया।

आयुष्मान उत्कृष्ट पुरस्कार 2022

उत्तर प्रदेश को 27 सितम्बर, 2022 को आयुष्मान उत्कृष्ट पुरस्कार 2022 से सम्मानित किया गया है।

उत्तर प्रदेश को स्वास्थ्य सुविधा रजिस्टर में विभिन्न स्वास्थ्य सुविधाओं को जोड़ने के लिए सम्मानित किया गया।

राष्ट्रीय स्वास्थ्य सुविधा रजिस्टर में 28728 स्वास्थ्य सुविधाओं को जोड़ने के साथ UP देश का सबसे अच्छा प्रदर्शन करने वाला राज्य है।

राष्ट्रीय पर्यटन पुरस्कार 2018-19

विज्ञान भवन (नई दिल्ली) में 27 सितम्बर, 2022 को भारत के उप-राष्ट्रपति जगदीप धनखड़ ने राष्ट्रीय पर्यटन पुरस्कार 2018-19 के विजेताओं को सम्मानित किया।

प्रमुख विजेताओं की सूची निम्नलिखित है

पुरस्कार श्रेणी	विजेता
सर्वश्रेष्ठ राज्य/UT : पर्यटन का व्यापक विकास	उत्तराखण्ड
सर्वश्रेष्ठ जिला पर्यटन संवर्धन परिषद	कोझीकोड (केरल)
सर्वश्रेष्ठ अनुरक्षत और दिव्यांग अनुकूल स्मारक	शिव मन्दिर (भोजपुर, मध्य प्रदेश)
प्रमुख शहरों में सर्वश्रेष्ठ पर्यटक अनुकूल हवाई अड्डा	कोलकाता
सर्वश्रेष्ठ पर्यटक अनुकूल रेलवे स्टेशन	सिकन्दराबाद (तेलंगाना)
सर्वश्रेष्ठ विरासत शहर	अहमदाबाद (गुजरात)
सर्वश्रेष्ठ पर्यटन स्थान पुरस्कार (पश्चिम व मध्य क्षेत्र)	उज्जैन (मध्य प्रदेश)
सर्वश्रेष्ठ पर्यटन स्थान पुरस्कार (उत्तरी क्षेत्र)	हवा महल (राजस्थान)
सर्वश्रेष्ठ विरासत वॉक	अहमदाबाद हेरिटेज वॉक
एडवेन्चर पर्यटन के लिए सर्वश्रेष्ठ राज्य	उत्तराखण्ड पर्यटन विकास बोर्ड

NSS पुरस्कार 2020-21

राष्ट्रपति द्रौपदी मुर्मू ने 24 सितम्बर, 2022 को राष्ट्रपति भवन में वर्ष 2020-21 के लिए राष्ट्रीय सेवा योजना (NSS) पुरस्कार प्रदान किए।

कुल 42 पुरस्कार दिए गए।

दो विश्वविद्यालयों, 10 NSS इकाइयों, उनके कार्यक्रम अधिकारियों और 30 NSS स्वयंसेवकों ने पुरस्कार प्राप्त किए।

NSS पुरस्कार की स्थापना युवा मामले और खेल मन्त्रालय द्वारा 1993-94 में राष्ट्रीय सेवा योजना के रजत जयन्ती वर्ष के अवसर पर की गई थी।

UN अवॉर्ड

भारत ने 21 सितम्बर, 2022 को अपनी **भारत उच्च रक्तचाप नियन्त्रण पहल (IHCI)** के लिए संयुक्त राष्ट्र (UN) पुरस्कार जीता है।

IHCI को 2022 संयुक्त राष्ट्र इण्टरएजेन्सी टास्क फोर्स और WHO स्पेशल प्रोग्राम ऑन प्राइमरी हेल्थ केयर अवार्ड' मिला।

IHCI को भारत की मौजूदा प्राथमिक स्वास्थ्य सेवा प्रणाली के भीतर अपने अनूठे और असाधारण काम के लिए मान्यता दी गई है।

गोलकीपर्स ग्लोबल गोल्स अवाइर्स 2022

गेट्स फाउण्डेशन द्वारा 21 सितम्बर, 2022 को भारतीय और 3 अन्य को गोलकीपर्स ग्लोबल गोल्स पुरस्कारों 2022 से सम्मानित किया गया।

पुरस्कार समारोह लिंकन सेण्टर, न्यूयॉर्क, संयुक्त राज्य अमेरिका (US) में आयोजित किया गया था।

पुरस्कार विजेता

पुरस्कार	विजेता	देश
प्रोग्रेस अवार्ड 2022	डॉ. राधिका बत्रा (स्वास्थ्य)	भारत
ग्लोबल गोलकीपर अवॉर्ड	उर्सुला वॉन डेर लेयेन (राजनीतिज्ञ)	जर्मनी
अभियान पुरस्कार	वैनेसा नाकाटे (जलवायु)	युगाण्डा
चेंजमेकर अवॉर्ड	जहरा जोया (पत्रकार)	अफगानिस्तान

टोरण्टो इण्टरनेशनल फिल्म फेस्टिवल 2022 पुरस्कार

47वाँ वार्षिक टोरण्टो अन्तर्राष्ट्रीय फिल्म महोत्सव 8-18 सितम्बर, 2022 तक आयोजित किया गया था। TIFF 2022 ने महोत्सव के 47वें संस्करण के लिए अपने पुरस्कार प्राप्तकर्ताओं की घोषणा की है।

भारत की 2 फिल्मों ने चुनौतीपूर्ण विषयों को बहादुरी से लेने के लिए अपने निर्देशकों के लिए शीर्ष सम्मान जीता।

'इंस्पायर' पुरस्कार

केन्द्रीय मन्त्री डॉ. जितेन्द्र सिंह ने 17 सितम्बर, 2022 को 53021 छात्रों को वित्तीय सहायता के साथ 60 स्टार्टअप को इंस्पायर पुरस्कार प्रदान किए।

यह पुरस्कार भारत सरकार के विज्ञान और प्रौद्योगिकी विभाग द्वारा स्थापित किया गया है। इन नवोन्मेषकों को उनकी उद्यमिता यात्रा के लिए पूर्ण इनक्यूबेशन समर्थन प्रदान किया जाएगा।

राजभाषा कीर्ति पुरस्कार 2021-22

GRSE (कोलकाता) को 17 सितम्बर, 2022 को 'राजभाषा कीर्ति पुरस्कार' से सम्मानित किया गया। GRSE को गृह मन्त्रालय, भारत सरकार द्वारा सम्मानित किया गया था।

यह पुरस्कार वर्ष 2021-22 के लिए क्षेत्र 'C' में PSU के तहत आधिकारिक भाषा के सर्वोत्तम कार्यान्वयन के लिए दिया गया था। यह पुरस्कार सूरत में आयोजित हिन्दी दिवस समारोह के दौरान प्रदान किया गया।

अन्तर्राष्ट्रीय

ICC प्लेयर ऑफ द मन्थ (अक्टूबर 2022)

भारत के बल्लेबाज **विराट कोहली** को 7 नवम्बर, 2022 को अक्टूबर, 2022 के लिए ICC प्लेयर ऑफ द मन्थ 2022 पुरस्कार का विजेता घोषित किया गया।

पाकिस्तान की ऑलराउण्डर निदा डार को महिला वर्ग में यह पुरस्कार दिया गया।

सखारोव प्राइज 2022

यूक्रेन के व्यक्तियों को 19 अक्टूबर, 2022 को फ्रीडम ऑफ थॉट के लिए वार्षिक सखारोव पुरस्कार से सम्मानित किया गया। यह पुरस्कार यूरोपीय संसद द्वारा रूस के आक्रमण के विरुद्ध उनकी लड़ाई का सम्मान करने के लिए दिया गया।

बुकर प्राइज 2022

श्रीलंकाई लेखक, शेहान करुणातिलका ने 17 अक्टूबर, 2022 को ब्रिटेन का बुकर प्राइज 2022 जीता। उन्हें देश के साम्प्रदायिक संघर्ष के बीच मारे गए एक पत्रकार के बारे में उनके 'द सेवन मून्स ऑफ माली अल्मीडा' फिक्शन के लिए सम्मानित किया गया।

बैलन डी'ओर 2022

एलेक्सिया पुटेलास और करीम बेंजेमा को 17 अक्टूबर, 2022 को बैलन डी'ओर 2022 से सम्मानित किया गया।

बैलन डी'ओर पुरस्कार 2021-22 सीजन में विश्व के सर्वश्रेष्ठ फुटबॉलरों को दिया गया। पहली बार ट्रॉफी जीती। FC बार्सिलोना की एलेक्सिया पुटेलास ने महिला बैलन डी'ओर 2022 जीता।

SASTRA रामानुजन पुरस्कार 2022

वर्ष 2022 के लिए SASTRA रामानुजन पुरस्कार 7 अक्टूबर, 2022 को कैलिफोर्निया विश्वविद्यालय, USA के प्रोफेसर युनकिंग तांग को दिया गया।

सुश्री तांग के कार्य परिष्कृत तकनीकों का एक उल्लेखनीय संयोजन प्रदर्शित करते हैं जिसमें मॉड्यूलर घटता और शिमुरा किस्मों के अंकगणित और ज्यामिति एक केन्द्रीय भूमिका निभाते हैं।

UNHCR नानसेन शरणार्थी पुरस्कार 2022

जर्मनी की पूर्व चांसलर एंजेला मर्केल ने 4 अक्टूबर, 2022 को शरणार्थियों के लिए संयुक्त राष्ट्र उच्चायुक्त (UNHCR) नानसेन पुरस्कार जीता। उन्हें सीरियाई संघर्ष की हिंसा से भागने वाले 1.2 मिलियन से अधिक शरणार्थियों और शरण चाहने वालों को आश्रय देने के लिए सम्मानित किया गया था।

चेंजमेकर पुरस्कार

सृष्टि बख्शी ने 28 सितम्बर, 2022 को यूनाइटेड नेशन्स सस्टेनेबल डेवलपमेण्ट गोल्स (UN SDG) एक्शन अवॉर्ड्स में 'चेंजमेकर' पुरस्कार जीता।

यह पुरस्कार लिंग आधारित हिंसा और असमानता के बारे में जागरुकता बढ़ाने के लिए सृष्टि बख्शी के प्रयासों को मान्यता देने के लिए दिया गया है।

ब्रेकथ्रू पुरस्कार 2023

ब्रेकथ्रू पुरस्कारों के 2023 विजेताओं की घोषणा 26 सितम्बर, 2022 को की गई थी। इसे विज्ञान का ऑस्कर भी कहा जाता है।

डैनियल ए. स्पीलमैन को गणित में ब्रेकथ्रू पुरस्कार 2023 से सम्मानित किया गया है। मौलिक भौतिकी में पुरस्कार चार्ल्स बेनेट, जाइल्स ब्रासार्ड, डेविड डॉयच और पीटर शोर द्वारा साझा किया गया।

क्लिफोर्ड ब्रैंगविन और **एन्थनी हाइमन** ने सेलुलर संगठन के एक नए तन्त्र की खोज के लिए जीवन विज्ञान पुरस्कार जीता।

प्रथम महारानी एलिजाबेथ द्वितीय पुरस्कार

सुएला ब्रेवरमैन को 25 सितम्बर, 2022 को लन्दन में एक समारोह में पहली बार क्वीन एलिजाबेथ द्वितीय वुमन ऑफ द ईयर पुरस्कार का विजेता नामित किया गया है। 42 वर्षीय बैरिस्टर को इस माह की शुरुआत में ब्रिटिश प्रधानमन्त्री लिज ट्रस ने मन्त्रिमण्डल में नियुक्त किया था। वह ब्रिटेन की भारतीय मूल की गृह मन्त्री हैं।

64वाँ रेमन मैग्सेसे अवार्ड 2022

रेमन मैग्सेसे अवार्ड्स 2022 की घोषणा 1 सितम्बर, 2022 को की गई। *इस वर्ष पुरस्कार विजेता हैं*

- सोथियारा चिम, मनोचिकित्सक (कम्बोडिया)
- तदाशी हटोरी, नेत्र रोग विशेषज्ञ (जापान),
- बर्नाडेट मैड्रिड, बाल रोग विशेषज्ञ (फिलिपीन्स)
- गैरी बेनचेगिब, कार्यकर्ता और फिल्म निर्माता (इण्डोनेशिया)

ICC प्लेयर ऑफ द मंथ (अगस्त 2022)

अगस्त, 2022 के लिए ICC प्लेयर ऑफ द मंथ अवार्ड की घोषणा 16 सितम्बर, 2022 को की गई। जिम्बाब्वे के हरफनमौला खिलाड़ी सिकन्दर रजा और ऑस्ट्रेलियाई आलराउण्डर ताहलिया मैकग्रा को अपने-अपने वर्गों में विजेता घोषित किया गया है। रजा यह सम्मान पाने वाले पहले जिम्बाब्वे इण्टरनेशनल बन गए हैं। इस बीच, मैकग्रा अगस्त के दौरान ऑस्ट्रेलियाई टीम की यात्रा में एक महत्वपूर्ण कोच भी रहे हैं।

UEFA अवार्ड्स 2022

इस्तान्बुल (तुर्किये) में 25 अगस्त, 2022 को UEFA अवार्ड्स 2022 के विजेताओं को सम्मानित किया गया। *प्रमुख श्रेणियों में पुरस्कार विजेताओं की सूची निम्नलिखित है*

पुरस्कार श्रेणी	विजेता (सम्बन्धित देश/क्लब)
UEFA बेस्ट मेन्स प्लेयर	करीम बेंजेमा (फ्रांस/रियल मैड्रिड)
UEFA बेस्ट वुमेन्स प्लेयर	एलेक्सिया पुटेलास (स्पेन/FC बार्सिलोना)
UEFA बेस्ट मेन्स कोच	कार्लो एन्सीलोटी (रियल मैड्रिड)
UEFA बेस्ट वुमेन्स कोच	सेरिना विगमैन (इंग्लैण्ड वुमेन)
UEFA प्रेसिडेण्ट्स अवार्ड	एरिगो साची (इटली)

शीर्ष फ्रांसीसी नागरिक सम्मान

स्वाति पीरामल को 16 सितम्बर, 2022 को शेवेलियर डे ला लेगियोन्ड' होनूर (नाइट ऑफ द लीजन ऑफ ऑनर) से सम्मानित किया गया है।

वह पीरामल ग्रुप की वाइस चेयरपर्सन हैं।

वह एक भारतीय वैज्ञानिक और उद्योगपति हैं और सार्वजनिक स्वास्थ्य और नवाचार पर ध्यान केन्द्रित करते हुए स्वास्थ्य सेवा में शामिल हैं।

74वें एमी अवार्ड्स 2022

74वाँ प्राइमटाइम एमी अवार्ड्स समारोह 12 सितम्बर, 2022 को आयोजित किया गया। इसका उद्देश्य 2022 के मध्य तक कुछ उल्लेखनीय अमेरिकी टेलीविजन प्रदर्शनों को चिह्नित करना था।

चर्चित व्यक्तित्व

बेंजामिन नेतन्याहू

इजरायल में बेंजामिन नेतन्याहू के नेतृत्व वाले दक्षिणपन्थी दलों के गठबन्धन ने संसद में बहुमत 3 नवम्बर, 2022 को हासिल कर लिया। नेतन्याहू-नीत दक्षिणपन्थी गुट ने 120-सदस्यीय संसद में 64 सीट जीतकर बहुमत हासिल कर लिया।

जमशेद जे. ईरानी

जमशेद जे. ईरानी का 31 अक्टूबर, 2022 को जमशेदपुर में 86 वर्ष की आयु में निधन हो गया। उन्हें **भारत के स्टील मैन** के रूप में जाना जाता है।

ईरानी ने जून, 2011 में टाटा स्टील के निदेशक मण्डल से सेवानिवृत्त होने से पहले चार दशक से अधिक समय तक कम्पनी की सेवा की थी।

संगीता वर्मा

संगीता वर्मा को 25 अक्टूबर, 2022 को भारतीय प्रतिस्पर्द्धा आयोग (CCI) की कार्यवाहक अध्यक्ष नियुक्त किया गया है। उन्होंने अशोक कुमार गुप्ता का स्थान लिया है, जो 25 अक्टूबर, 2022 को सेवानिवृत्त हुए।

शेफाली जुनेजा

शेफाली जुनेजा को 24 अक्टूबर, 2022 को संयुक्त राष्ट्र की वायु परिवहन समिति (ATC) की अध्यक्ष चुना गया। वह अन्तर्राष्ट्रीय नागरिक उड्डयन संगठन (ICAO) में भारत का प्रतिनिधित्व करने वाली पहली महिला हैं।

शी जिनपिंग

चीन के राष्ट्रपति शी जिनपिंग को 23 अक्टूबर, 2022 को कम्युनिस्ट पार्टी के महासचिव के रूप में फिर से चुना गया। वह माओत्से तुंग के बाद कम्युनिस्ट पार्टी के पहले नेता बने जो सत्ता में तीसरे कार्यकाल के लिए फिर से निर्वाचित हुए।उन्हें नई 7 सदस्यीय स्थायी समिति द्वारा पाँच वर्ष के तीसरे कार्यकाल के लिए चुना गया।

मल्लिकार्जुन खड़गे

कर्नाटक के वरिष्ठ नेता मल्लिकार्जुन खड़गे 19 अक्टूबर, 2022 को अपने प्रतिद्वन्द्वी शशि थरूर को हराकर 24 वर्षों में **पहले गैर-गाँधी काँग्रेस अध्यक्ष** बने। वे चार दशकों में सबसे पुराने संगठन के पहले अनुसूचित जाति प्रमुख हैं।

दिलीप महालनबिस

प्रसिद्ध चिकित्सक डॉ दिलीप महालनबिस का 17 अक्टूबर, 2022 को कोलकाता के एक निजी अस्पताल में निधन हो गया। महालनबिस (87) फेफड़ों के संक्रमण और वृद्धावस्था की अन्य बीमारियों से पीड़ित थे। उन्हें मौखिक पुनर्जलीकरण चिकित्सा का नेतृत्व करने का श्रेय दिया गया था।

भारती दास

भारत सरकार ने भारती दास को 17 अक्टूबर, 2022 को **लेखा महानियन्त्रक** (CGA) के रूप में नियुक्त किया है। वह 1988 बैच की भारतीय सिविल लेखा सेवा की अधिकारी हैं। वह वित्त मन्त्रालय में लेखा महानियन्त्रक (CGA) हैं।

ज्योति याराजी

ज्योति याराजी ने 18 अक्टूबर, 2022 को 100 मी बाधा दौड़ में दूसरी बार कानूनी रूप से 13 सेकण्ड से कम समय निकालने वाली पहली भारतीय महिला बनकर इतिहास रच दिया।

उन्होंने बेंगलुरु में राष्ट्रीय ओपन एथलेटिक्स चैम्पियनशिप में अपना ही रिकार्ड तोड़ा।

रेलवे का प्रतिनिधित्व कर रही 23 वर्ष के याराजी ने 12.82 सेकण्ड में जीत दर्ज की।

न्यायमूर्ति डीवाई चन्द्रचूड़

राष्ट्रपति द्रौपदी मुर्मू ने 17 अक्टूबर, 2022 को न्यायमूर्ति डीवाई चन्द्रचूड़ को भारत के 50वें मुख्य न्यायाधीश (CJI) के रूप में नियुक्त किया। न्यायमूर्ति धनंजय यशवन्त चन्द्रचूड़ 9 नवम्बर, 2022 को भारत के नए मुख्य न्यायाधीश (CJI) के रूप में शपथ लेंगे। उन्हें 49वें CJI उदय उमेश ललित के बाद भारत के मुख्य न्यायाधीश के रूप में नियुक्त किया गया है।

मुलायम सिंह यादव

मुलायम सिंह यादव का 10 अक्टूबर, 2022 को 82 वर्ष की आयु में निधन हो गया। वे एक अनुभवी राजनेता और समाजवादी पार्टी के संस्थापक थे।

वे उत्तर प्रदेश के मुख्यमन्त्री और भारत के रक्षा मन्त्री (1996-98) रह चुके थे।

विवेक मूर्ति

भारतीय मूल के विवेक मूर्ति को 5 अक्टूबर, 2022 को WHO कार्यकारी बोर्ड में USA के प्रतिनिधि के रूप में नामित किया गया।

विवेक मूर्ति अमेरिकी सर्जन जनरल के रूप में अपने निरन्तर कर्तव्यों के साथ नए पद पर काम करेंगे।

मार्च 2021 में अमेरिकी सीनेट ने देश के 21वें सर्जन जनरल के रूप में सेवा करने के लिए उनकी पुष्टि की थी।

राजेन्द्र कुमार

राजेन्द्र कुमार ने 4 अक्टूबर, 2022 को कर्मचारी राज्य बीमा निगम (ESIC) के महानिदेशक (DG) के रूप में पदभार ग्रहण किया।

कुमार तमिलनाडु कैडर के 1992 बैच के भारतीय प्रशासनिक सेवा (IAS) के अधिकारी हैं।

अल्बर्ट पाहिमी पडके

चाड के प्रधानमन्त्री अल्बर्ट पाहिमी पडके ने 12 अक्टूबर, 2022 को नई सरकार के लिए मार्ग प्रशस्त करने के लिए त्याग-पत्र दे दिया। असैन्य राजनेता पदके को पिछले वर्ष 2021 में संक्रमणकालीन सैन्य सरकार का प्रधानमन्त्री नामित किया गया था। वे वर्ष 2016 से वर्ष 2018 तक प्रधानमन्त्री भी रहे।

अजय भादू

अजय भादू को 2 अक्टूबर 2022 को **भारत के उप चुनाव आयुक्त** के रूप में नियुक्त किया गया। वे 1999 बैच के गुजरात कैडर के IAS अधिकारी हैं।

अनिल चौहान

लेफ्टिनेण्ट जनरल अनिल चौहान ने 30 सितम्बर, 2022 को दूसरे चीफ ऑफ डिफेन्स स्टाफ (CDS) के रूप में पदभार ग्रहण किया। उन्होंने भारत के CDS के रूप में दिवंगत जनरल बिपिन रावत का स्थान लिया।

भारतीय सेना के इतिहास में यह पहली बार है जब किसी थ्री-स्टार अधिकारी को सेवानिवृत्ति से वापस चार सितारा रैंक का प्रभार लेने के लिए लाया गया है।

आर. वेंकटरमनी

वरिष्ठ अधिवक्ता आर वेंकटरमनी को 30 सितम्बर, 2022 को **भारत के नए अटॉर्नी जनरल** के रूप में नियुक्त किया गया है। वेंकटरमनी ने केके वेणुगोपाल की जगह ली है।

जयन्ती पटनायक

जयन्ती पटनायक का 29 सितम्बर, 2022 को ओडिशा की राजधानी भुवनेश्वर में निधन हो गया।

वह राष्ट्रीय महिला आयोग की पहली अध्यक्ष और संसद की पूर्व सदस्य थीं। वह स्वर्गीय जानकी बल्लभ पटनायक की पत्नी थीं।

आकाश अम्बानी

रिलायन्स जियो के चेयरमैन आकाश अम्बानी को टाइम मैगजीन ने 28 सितम्बर, 2022 को **टाइम 100 नेक्स्ट** लिस्ट में शामिल किया है।

यह उद्योगों और दुनिया भर से उभरते सितारों को शामिल करता है। वे अरबपति मुकेश अम्बानी के पुत्र हैं। आकाश अम्बानी इस वर्ष सूची में शामिल होने वाले एकमात्र भारतीय हैं।

अनिल कुमार

अनिल कुमार को 28 सितम्बर, 2022 को इण्टरनेशनल एस्ट्रोनॉटिकल फेडरेशन (IAF) के उपाध्यक्ष के रूप में चुना गया। वे भारतीय अन्तरिक्ष अनुसंधान संगठन (ISRO) के वरिष्ठ वैज्ञानिक हैं।

सुनील छेत्री

FIFA ने 28 सितम्बर, 2022 को भारतीय फुटबॉल स्टार सुनील छेत्री को 3-एपिसोड शृंखला के साथ सम्मानित किया। 38 वर्षीय छेत्री सक्रिय फुटबॉलरों की सूची में तीसरे स्थान पर हैं, जिनके नाम 84 गोल हैं। वह **क्रिस्टियानो रोनाल्डो** (117) और **लियोनेल मेसी** (90) से ठीक पीछे हैं।

डॉ. राजीव बहल

डॉ. राजीव बहल को 26 सितम्बर, 2022 को भारतीय आयुर्विज्ञान अनुसंधान परिषद (ICMR) का नया महानिदेशक नियुक्त किया गया।

उन्हें 3 वर्ष की अवधि के लिए ICMR के महानिदेशक-सह-स्वास्थ्य अनुसंधान विभाग के सचिव के रूप में नियुक्त किया गया। बहल वर्तमान में जिनेवा में विश्व स्वास्थ्य संगठन (WHO) में कई विभागों के प्रमुख हैं।

सुएला ब्रेवरमैन

लन्दन (इंग्लैण्ड) में 25 सितम्बर, 2022 को आयोजित एशियन अचीवर्स अवॉर्ड्स (AAA) 2022 समारोह में ब्रिटेन की भारतीय मूल की गृह सचिव सुएला ब्रेवरमैन को प्रथम क्वीन एलिजाबेथ II वुमन ऑफ द ईयर पुरस्कार की विजेता के रूप में नामित किया गया।

झूलन गोस्वामी

भारत की महिला क्रिकेट खिलाड़ी झूलन गोस्वामी ने 24 सितम्बर, 2022 को **लॉर्ड्स (लन्दन)** में इंग्लैण्ड के खिलाफ अपना अन्तिम एकदिवसीय अन्तर्राष्ट्रीय मैच खेला। उसने 204 मैचों में **255 एकदिवसीय विकेट** के साथ अपने करियर का अन्त किया, जो महिला क्रिकेट में सबसे अधिक है। 39 वर्षीय झूलन गोस्वामी ने 12 टेस्ट और 68 T20। भी खेले जहाँ उसने क्रमश: 44 और 56 विकेट लिए।

अनिल खन्ना

सीनियर खेल प्रशासक अनिल खन्ना ने 22 सितम्बर, 2022 को भारतीय ओलम्पिक संघ (IOA) के कार्यवाहक अध्यक्ष पद से त्याग-पत्र दे दिया था।

IOC ने किसी भी कार्यवाहक/अन्तरिम अध्यक्ष को मान्यता देने से इनकार कर दिया।

IOC ने घोषणा की कि खेल संचालन संस्था को दिसम्बर, 2022 तक चुनाव कराने हैं।

हिलेरी मैनटेल

ब्रिटिश लेखिका हिलेरी मैनटेल का 22 सितम्बर, 2022 को एक स्ट्रोक की जटिलताओं के कारण एक्सेटर (इंग्लैण्ड) के एक अस्पताल में निधन हो गया। वह 70 वर्ष की थीं। हिलेरी मैनटेल का जन्म 6 जुलाई, 1952 को ग्लॉसॉप (इंग्लैण्ड) में हुआ था। वह **दो बार** की बुकर प्राइज विजेता थीं। लेखिका ने अपना पहला मैन बुकर प्राइज वर्ष 2009 में **वुल्फ हॉल** के लिए तथा दूसरा वर्ष 2012 में इसके सीक्वल **ब्रिंग अप द बॉडीज** के लिए जीता था।

राजू श्रीवास्तव

मशहूर कॉमेडियन और एक्टर राजू श्रीवास्तव का 21 सितम्बर, 2022 को 58 वर्ष की आयु में निधन हो गया। उनका पिछले 41 दिनों से दिल्ली AIIMS में इलाज चल रहा था। प्रधानमन्त्री नरेन्द्र मोदी ने उन्हें स्वच्छ भारत अभियान का हिस्सा बनने के लिए नामित किया।

नवीनतम कौन-क्या

राष्ट्रपति	द्रौपदी मुर्मू
उप-राष्ट्रपति	जगदीप धनखड़
प्रधानमन्त्री	नरेन्द्र मोदी

कैबिनेट मन्त्री

नाम	पोर्टफोलियो
राजनाथ सिंह	रक्षा
अमित शाह	गृह; सहकारिता
नितिन गडकरी	सड़क परिवहन एवं राजमार्ग
निर्मला सीतारमण	वित्त; कॉर्पोरेट कार्य
नरेन्द्र सिंह तोमर	कृषि एवं किसान कल्याण
एस. जयशंकर	विदेश
अर्जुन मुण्डा	जनजातीय कार्य
स्मृति जुबिन ईरानी	महिला एवं बाल विकास; अल्पसंख्यक कार्य
पीयूष गोयल	वाणिज्य एवं उद्योग; उपभोक्ता कार्य, खाद्य एवं सार्वजनिक वितरण; वस्त्र
धर्मेन्द्र प्रधान	शिक्षा; कौशल विकास और उद्यमिता
प्रल्हाद जोशी	संसदीय कार्य; कोयला; खनन
नारायण तातू राणे	सूक्ष्म, लघु और मध्यम उद्यम
सर्बानन्द सोनोवाल	पत्तन, पोत परिवहन और जलमार्ग; आयुष
वीरेन्द्र कुमार	सामाजिक न्याय और अधिकारिता
गिरिराज सिंह	ग्रामीण विकास; पंचायती राज
ज्योतिरादित्य सिन्धिया	नागरिक उड्डयन; इस्पात
अश्विनी वैष्णव	रेलवे; संचार; इलेक्ट्रॉनिक्स और सूचना प्रौद्योगिकी
पशुपति कुमार पारस	खाद्य प्रसंस्करण उद्योग
गजेन्द्र सिंह शेखावत	जल शक्ति
किरेन रिजिजू	विधि एवं न्याय
राजकुमार सिंह	विद्युत; नवीन और नवीकरणीय ऊर्जा
हरदीप सिंह पुरी	पेट्रोलियम और प्राकृतिक गैस; आवासन और शहरी कार्य
मनसुख मण्डाविया	स्वास्थ्य और परिवार कल्याण; रसायन और उर्वरक
महेन्द्र नाथ पाण्डेय	भारी उद्योग
भूपेन्दर यादव	पर्यावरण, वन और जलवायु परिवर्तन; श्रम और रोजगार
परषोत्तम रूपाला	मत्स्य पालन, पशुपालन और डेयरी
जी. किशन रेड्डी	संस्कृति; पर्यटन; पूर्वोत्तर क्षेत्र विकास
अनुराग सिंह ठाकुर	सूचना एवं प्रसारण; युवा कार्यक्रम व खेल

राज्य मन्त्री (स्वतन्त्र प्रभार)

नाम	पोर्टफोलियो
राव इन्दरजीत सिंह	सांख्यिकी और कार्यक्रम कार्यान्वयन (स्वतन्त्र प्रभार); योजना (स्वतन्त्र प्रभार); कॉर्पोरेट कार्य
जितेन्द्र सिंह	विज्ञान एवं प्रौद्योगिकी (स्वतन्त्र प्रभार); पृथ्वी विज्ञान (स्वतन्त्र प्रभार); प्रधानमन्त्री कार्यालय; कार्मिक, लोक शिकायत एवं पेन्शन; परमाणु ऊर्जा विभाग; अन्तरिक्ष विभाग

राज्य मन्त्री

नाम	पोर्टफोलियो
श्रीपद येसो नाइक	पत्तन, पोत परिवहन और जलमार्ग; पर्यटन
फग्गनसिंह कुलस्ते	इस्पात; ग्रामीण विकास
प्रहलाद सिंह पटेल	जल शक्ति; खाद्य प्रसंस्करण उद्योग
अश्विनी कुमार चौबे	उपभोक्ता कार्य, खाद्य एवं सार्वजनिक वितरण; पर्यावरण, वन और जलवायु परिवर्तन
अर्जुन राम मेघवाल	संसदीय कार्य; संस्कृति
जनरल (सेनि.) वीके सिंह	सड़क परिवहन एवं राजमार्ग; नागरिक उड्डयन
कृष्ण पाल	विद्युत; भारी उद्योग
दानवे रावसाहेब दादाराव	रेलवे; कोयला; खनन
रामदास अठावले	सामाजिक न्याय एवं अधिकारिता
साध्वी निरंजन ज्योति	उपभोक्ता कार्य, खाद्य एवं सार्वजनिक वितरण; ग्रामीण विकास
संजीव कुमार बाल्यान	मत्स्य पालन, पशुपालन और डेयरी
नित्यानन्द राय	गृह
पंकज चौधरी	वित्त
अनुप्रिया सिंह पटेल	वाणिज्य एवं उद्योग
एसपी सिंह बघेल	विधि एवं न्याय
शोभा करांदलाजे	कृषि एवं किसान कल्याण
भानु प्रताप सिंह वर्मा	सूक्ष्म, लघु और मध्यम उद्यम
राजीव चन्द्रशेखर	कौशल विकास एवं उद्यमिता; इलेक्ट्रॉनिक्स एवं सूचना प्रौद्योगिकी
दर्शना विक्रम जरदोश	वस्त्र; रेलवे
वी. मुरलीधरन	विदेश; संसदीय कार्य
मीनाक्षी लेखी	संस्कृति
सोम प्रकाश	वाणिज्य एवं उद्योग
रेनुका सिंह सरूता	जनजातीय कार्य
रामेश्वर तेली	श्रम और रोजगार; पेट्रोलियम और प्राकृतिक गैस
कैलाश चौधरी	कृषि एवं किसान कल्याण
अन्नपूर्णा देवी	शिक्षा
ए. नारायणस्वामी	सामाजिक न्याय एवं अधिकारिता
कौशल किशोर	आवासन और शहरी कार्य
अजय भट्ट	रक्षा; पर्यटन
बीएल वर्मा	पूर्वोत्तर क्षेत्र विकास; सहकारिता
अजय कुमार	गृह
देवुसिंह चौहान	संचार
भगवन्त खुबा	नवीन और नवीकरणीय ऊर्जा; रसायन और उर्वरक

नाम	पोर्टफोलियो
कपिल मोरेश्वर पाटिल	पंचायती राज
प्रतिमा भौमिक	सामाजिक न्याय एवं अधिकारिता
सुभाष सरकार	शिक्षा
भागवत किशनराव कराड	वित्त
राजकुमार रंजन सिंह	शिक्षा; विदेश
भारती प्रवीण पवार	स्वास्थ्य एवं परिवार कल्याण
शान्तनु ठाकुर	पत्तन, पोत परिवहन और जलमार्ग
बिश्वेश्वर टुडू	जनजातीय कार्य; जल शक्ति
मुंजापारा महेन्द्रभाई	महिला एवं बाल विकास; आयुष
जॉन बारला	अल्पसंख्यक कार्य
एल. मुरुगन	मत्स्य पालन, पशुपालन और डेयरी; सूचना एवं प्रसारण
निसिथ प्रमाणिक	गृह; युवा कार्यक्रम और खेल

राज्यपाल एवं मुख्यमन्त्री

राज्य	राज्यपाल	मुख्यमन्त्री
आन्ध्र प्रदेश	बिस्वभूसन हरिचन्दन	जगनमोहन रेड्डी
गोवा	पीएस श्रीधरन पिल्लई	प्रमोद सावन्त
अरुणाचल प्रदेश	बीडी मिश्रा	पेमा खाण्डू
असम	जगदीश मुखी	हेमन्त बिस्वा सरमा
गुजरात	आचार्य देव व्रत	भूपेन्द्र पटेल
कर्नाटक	थावरचन्द गहलोत	बसवराज एस. बोम्मई
केरल	आरिफ मोहम्मद खान	पी. विजयन
महाराष्ट्र	भगत सिंह कोश्यारी	एकनाथ शिन्दे
मणिपुर	ला गणेशन	एन. बिरेन सिंह
मेघालय	बीडी मिश्रा (अतिरिक्त प्रभार)	कोनराड संगमा
मिजोरम	हरि बाबू कम्भमपति	जोरमथांगा
नागालैण्ड	जगदीश मुखी	नेफियू रियो
ओडिशा	गणेशी लाल	नवीन पटनायक
सिक्किम	गंगा प्रसाद	प्रेम सिंह तमांग
तमिलनाडु	आरएन रवि	एमके स्टालिन
त्रिपुरा	सत्य नारायण आर्य	माणिक साहा
उत्तराखण्ड	गुरमीत सिंह	पुष्कर सिंह धामी
पश्चिम बंगाल	ला गणेशन (अतिरिक्त प्रभार)	ममता बनर्जी
राजस्थान	कलराज मिश्र	अशोक गहलोत
उत्तर प्रदेश	आनन्दीबेन पटेल	योगी आदित्यनाथ
बिहार	फागू चौहान	नीतीश कुमार
पंजाब	बनवारीलाल पुरोहित	भगवन्त मान
छत्तीसगढ़	अनुसूइया उइके	भूपेश बघेल
हिमाचल प्रदेश	राजेन्द्र विश्वनाथ अर्लेकर	जयराम ठाकुर
हरियाणा	बण्डारू दत्तात्रेय	मनोहर लाल खट्टर
मध्य प्रदेश	मंगूभाई छगनभाई पटेल	शिवराज सिंह चौहान
तेलंगाना	तमिलिसाई सुन्दरराजन	के. चन्द्रशेखर राव
झारखण्ड	रमेश बैस	हेमन्त सोरेन

संघीय प्रदेशों का प्रशासन

संघीय प्रदेश	मुख्यमन्त्री	उप-राज्यपाल/प्रशासक
जम्मू-कश्मीर	–	मनोज सिन्हा (उप-राज्यपाल)
लद्दाख	–	राधा कृष्ण माथुर (उप-राज्यपाल)
चण्डीगढ़	–	बनवारीलाल पुरोहित (प्रशासक)
पुदुचेरी	एन. रंगास्वामी	तमिलिसाई सौन्दरराजन (उप-राज्यपाल)
अण्डमान-निकोबार द्वीपसमूह	–	देवेन्द्र कुमार जोशी (उप-राज्यपाल)
दादरा व नगर हवेली तथा दमन व दीव	–	प्रफुल्ल पटेल (प्रशासक)
लक्षद्वीप	–	प्रफुल्ल पटेल (प्रशासक)
दिल्ली	अरविन्द केजरीवाल	विनय कुमार सक्सेना (उप-राज्यपाल)

संवैधानिक प्रमुख

पद	व्यक्तित्व
अध्यक्ष, लोकसभा	ओम बिड़ला
उप-सभापति, राज्यसभा	हरिवंश नारायण सिंह
नियन्त्रक एवं महालेखा परीक्षक	गिरीश चन्द्र मुर्मू
अध्यक्ष, 15वाँ वित्त आयोग	एनके सिंह
अध्यक्ष, राष्ट्रीय अनुसूचित जाति आयोग	विजय सांपला
अध्यक्ष, राष्ट्रीय महिला आयोग	रेखा शर्मा
अध्यक्ष, राष्ट्रीय मानवाधिकार आयोग	अरुण कुमार मिश्रा
अध्यक्ष, संघ लोक सेवा आयोग	मनोज सोनी

सशस्त्र सेनाओं के प्रमुख

पद	व्यक्तित्व
चीफ ऑफ डिफेन्स स्टाफ (CDS)	अनिल चौहान
थल सेनाध्यक्ष	मनोज पाण्डे
नौसेनाध्यक्ष	आर. हरि कुमार
वायु सेनाध्यक्ष	वीआर चौधरी

न्यायिक प्रमुख

पद	व्यक्तित्व
सर्वोच्च न्यायालय के मुख्य न्यायाधीश	डीवाई चन्द्रचूड़
लोकपाल अध्यक्ष (कार्यकारी)	प्रदीन कुमार मोहन्ती
अटॉर्नी जनरल	आर. वेंकटरमणी
सॉलिसिटर जनरल	तुषार मेहता

राष्ट्रीय संस्थाओं/संगठनों के प्रमुख

पद	व्यक्तित्व
मुख्य चुनाव आयुक्त	राजीव कुमार
मुख्य सूचना आयुक्त	यशवर्द्धन सिन्हा
निदेशक, केन्द्रीय अन्वेषण ब्यूरो	सुबोध कुमार जैसवाल
निदेशक, इण्टेलीजेन्स ब्यूरो	तपन कुमार डेका
निदेशक, रिसर्च एण्ड एनालिसिस विंग	सामन्त कुमार गोयल
निदेशक, NTRI	अनिल धस्माना
अध्यक्ष, राष्ट्रीय अन्वेषण अभिकरण (NIA)	दिनकर गुप्ता
अध्यक्ष, रेलवे बोर्ड	विनय कुमार त्रिपाठी
अध्यक्ष, ISRO	एस. सोमनाथ
अध्यक्ष, परमाणु ऊर्जा नियामक बोर्ड (AERB)	सी. नागेश्वर राव
गवर्नर, भारतीय रिजर्व बैंक	शक्तिकान्त दास
अध्यक्ष, केन्द्रीय अप्रत्यक्ष कर एवं सीमा शुल्क बोर्ड (CBIC)	विवेक जौहरी
अध्यक्ष, केन्द्रीय प्रत्यक्ष कर बोर्ड	नितिन गुप्ता
अध्यक्ष, भारतीय प्रतिभूति एवं विनियामक बोर्ड (SEBI)	माधबी पुरी बुच
अध्यक्ष, केन्द्रीय फिल्म प्रमाणन बोर्ड (CBFC)	प्रसून जोशी
अध्यक्ष, केन्द्रीय माध्यमिक शिक्षा बोर्ड (CBSE)	निधि छिब्बर
निदेशक, राष्ट्रीय शैक्षिक अनुसंधान और प्रशिक्षण परिषद (NCERT)	दिनेश प्रसाद सकलानी
अध्यक्ष, विश्वविद्यालय अनुदान आयोग (UGC)	एम. जगदीश कुमार
उपाध्यक्ष, नीति आयोग	सुमन बेरी
चेयरमैन, भारतीय जीवन बीमा निगम (LIC)	एमआर कुमार
अध्यक्ष, राष्ट्रीय कृषि और ग्रामीण विकास बैंक (NABARD)	गोविन्द राजुलु चिन्तला
MD, राष्ट्रीय आवास बैंक (NHB)	सारदा कुमार होटा
अध्यक्ष, ASSOCHAM	सुमन्त सिन्हा
अध्यक्ष, भारतीय उद्योग परिसंघ (CII)	संजीव बजाज

अन्तर्राष्ट्रीय संस्थाओं/संगठनों के प्रमुख

पद	व्यक्तित्व
महासचिव, UNO	एण्टोनियो गुटेरेस (पुर्तगाल)
महासचिव, SAARC	इसाला रुवान वीराकून (श्रीलंका)
अध्यक्ष, संयुक्त राष्ट्र महासभा (UNGA)	साबा कोरोसी (हंगरी)
महानिदेशक, WHO	ट्रेडोस एधानॉम घेब्रेयेसस (इथियोपिया)
महानिदेशक, WTO	न्गोजी ओकोन्जो-इवेला (नाइजीरिया)
महासचिव, UNCTAD	रेबेका ग्रिनस्पैन (कोस्टा रिका)
महानिदेशक, IAEA	राफेल ग्रॉसी (अर्जेण्टीना)
महानिदेशक, UNESCO	ऑड्रेय आजूले (फ्रांस)
महानिदेशक, IMF	क्रिस्टलिना जॉर्जिएवा (बल्गारिया)
अध्यक्ष, वर्ल्ड बैंक	डेविड मालपास (USA)
अध्यक्ष, NDB	मार्कोस ट्रॉयजो (ब्राजील)
अध्यक्ष, ECB	क्रिस्टीन लगार्डे (फ्रांस)
महानिदेशक, ILO	गिल्बर्ट होंग्बो (टोगो)
महानिदेशक, UNICEF	कैथरीन रसेल (USA)

सेक्शन III : सामान्य परीक्षण

सामान्य ज्ञान

अध्याय 01

सामान्य ज्ञान

भारत में प्रथम (पुरुष)	
भारत के प्रथम गवर्नर जनरल (ब्रिटिश)	लॉर्ड विलियम बैंण्टिक
भारत का प्रथम गवर्नर जनरल (भारतीय)	सी. राजगोपालाचारी
भारत का प्रथम वायसराय	लॉर्ड कैनिंग
प्रथम राष्ट्रपति	डॉ. राजेन्द्र प्रसाद
प्रथम उप-राष्ट्रपति	डा. सर्वपल्ली राधाकृष्णन
प्रथम प्रधानमन्त्री	पण्डित जवाहरलाल नेहरू
प्रथम लोकसभा अध्यक्ष	जी. .वी. मावलंकर
प्रथम गृह मन्त्री	सरदार वल्लभ भाई पटेल
प्रथम मुख्य चुनाव आयुक्त	सुकुमार सेन
प्रथम मुख्य न्यायाधीश	न्यायमूर्ति हीरा लाल जे कानिया
प्रथम राष्ट्रीय मानवाधिकार आयोग अध्यक्ष	न्यायमूर्ति रंगनाथ मिश्र
प्रथम वायु सेना अध्यक्ष	सुब्रतो मुखर्जी
प्रथम थल सेना अध्यक्ष	के. एम करियप्पा
प्रथम नौ सेना अध्यक्ष	राम दास कटारी
प्रथम कमाण्डर इन चीफ	के. एम. करियप्पा
प्रथम फील्ड मार्शल	मानिक शॉ
प्रथम भारतीय राष्ट्रीय कांग्रेस का अध्यक्ष	डब्ल्यू. सी. बनर्जी
संविधान सभा के स्थायी अध्यक्ष	डॉ. राजेन्द्र प्रसाद
संविधान सभा के अस्थायी अध्यक्ष	सच्चिदानन्द सिन्हा
प्रथम भारत रत्न पुरस्कार भारतीय	डॉ. सर्वपल्ली राधाकृष्णन
प्रथम ज्ञान पीठ पुरस्कार प्राप्त भारतीय	श्री शंकर कुरूप
प्रथम परमवीर चक्र विजेता	मेजर सोमनाथ शर्मा
प्रथम नोबेल पुरस्कार प्राप्तकर्ता	रवीन्द्रनाथ टैगोर
प्रथम मैग्सेस पुरस्कार प्राप्तकर्ता	आचार्य विनोबाभावे
अन्तरिक्ष में जाने वाला प्रथम व्यक्ति	राकेश शर्मा
इंग्लिश चैनल तैरकर पार करने वाला	मिहिर सेन
एवरेस्ट पर पहुँचने वाला	शेरपा आंग दोरजी
एक दिवसीय क्रिकेट में दोहरा शतक लगाने वाला	सचिन तेन्दुलकर
शतरंज में प्रथम विश्व चैम्पियन	विश्वनाथन आनन्द
ओलम्पिक में व्यक्तिगत स्पर्द्धा में स्वर्ण जीतने वाला	अभिनव बिन्द्रा
स्वतन्त्र भारत में पैदा होने वाले प्रथम भारतीय प्रधानमन्त्री	नरेन्द्र मोदी

भारत में प्रथम (महिला)	
प्रथम महिला राष्ट्रपति	प्रतिभा पाटिल
प्रथम महिला प्रधानमन्त्री	इन्दिरा गाँधी
प्रथम महिला लोकसभा अध्यक्ष	मीरा कुमार
प्रथम महिला मुख्यमन्त्री	सुचेता कृपलानी
प्रथम महिला राज्यपाल	सरोजनी नायडू
प्रथम महिला सांसद	राधाबाई सुब्बारायण
प्रथम महिला राजदूत	विजयालक्ष्मी पण्डित
प्रथम महिला आईएएस अधिकारी	अन्ना जॉर्ज
प्रथम महिला आईपीएस अधिकारी	किरण बेदी
प्रथम महिला न्यायाधीश	अन्ना चण्डी
प्रथम महिला मुख्य न्यायाधीश	लीला सेठ (उच्च न्यायालय)
प्रथम महिला न्यायाधीश	मीरा साहिब फातिमा बीबी (सर्वोच्च न्यायालय)
राष्ट्रीय महिला आयोग की अध्यक्ष	जयन्ति पटनायक
राष्ट्रीय कांग्रेस की प्रथम अध्यक्ष (विदेशी)	ऐनी बेसेण्ट
राष्ट्रीय कांग्रेस की प्रथम अध्यक्ष (भारतीय)	सरोजनी नायडू
इंग्लिश चैनल तैरकर पार करने वाली प्रथम महिला	आरती साहा
माउण्ट एवरेस्ट पर पहुँचने वाली प्रथम महिला	बछेन्द्री पाल
नोबेल पुरस्कार प्राप्त करने वाली प्रथम महिला	मदर टेरेसा
ऑस्कर पुरस्कार जीतने वाली प्रथम महिला	भानु अथैय्या
भारत रत्न से सम्मानित प्रथम महिला	इन्दिरा गांधी
ज्ञानपीठ पुरस्कार प्राप्तकर्ता प्रथम महिला	आशापूर्णा देवी
अन्तरिक्ष में जाने वाली प्रथम महिला	कल्पना चावला
व्यक्तिगत स्पर्द्धा में ओलम्पिक पदक विजेता	कर्णम मल्लेश्वरी
एशियाई खेलों में स्वर्ण पदक पाने वाली महिला	कमलजीत सन्धु
ओलम्पिक महिला कुश्ती में कांस्य पदक पाने वाली महिला	साक्षी मलिक
ओलम्पिक मुक्केबाजी में कांस्य पदक विजेता	मैरीकॉम
ओलम्पिक बैडमिंटन में रजत पदक विजेता	पी. वी. सिन्धु
प्रथम मिस यूनिवर्स	सुष्मिता सेन
प्रथम मिस वर्ल्ड	रीता फारिया
प्रथम मिस इण्डिया	प्रमिला
भारतीय नौसेना की प्रथम महिला पायलट	शिवांगी चतुर्वेदी
प्रथम महिला उत्खनन इंजीनियर	शिवानी मीणा

भारत में प्रथम (अन्य)

प्रथम अंग्रेजी समाचार-पत्र	बंगाल गजट
प्रथम हिन्दी समाचार-पत्र	उदण्ड मार्तण्ड
प्रथम उर्दू समाचार-पत्र	जाम-ए-जहाननामा
प्रथम यात्री रेलगाड़ी	बम्बई से थाणे
प्रथम हवाई डाक सेवा	इलाहाबाद से नैनी
प्रथम अन्तर्राष्ट्रीय दूरसंचार सेवा	बम्बई से लन्दन
प्रथम मूक फिल्म	राजा हरिश्चन्द्र (1913)
प्रथम वाक् फिल्म	आलमआरा (1931)
प्रथम विश्वविद्यालय	नालन्दा विश्वविद्यालय (बिहार)
प्रथम मुक्त विश्वविद्यालय	आन्ध्र प्रदेश मुक्त विश्वविद्यालय
प्रथम रक्षा विश्वविद्यालय	इण्डियन नेशनल डिफेंस यूनिवर्सिटी
प्रथम नेशनल पार्क	हैली नेशनल पार्क
प्रथम बायोस्फीयर रिजर्व	नीलगिरी
प्रथम प्रोजेक्ट टाइगर रिजर्व	जिम कॉर्बेट
प्रथम उपग्रह	आर्यभट्ट (1975)
प्रथम स्वदेश निर्मित उपग्रह	इन्सेट-2A (1992)
प्रथम चन्द्र अभियान	चन्द्रयान -I (2008)
प्रथम मंगल अभियान	मंगलयान (2013)
प्रथम स्वदेशी विमान वाहक युद्धपोत	आई. ए.एस. विक्रान्त
प्रथम स्वदेशी मिसाइल	पृथ्वी (1988)
प्रथम युद्धक विमान	तेजस (2001)
प्रथम युद्धक टैंक	अर्जुन
प्रथम आण्विक टैंक	तारापुर (महाराष्ट्र)
प्रथम परमाणु रिएक्टर	अप्सरा (ट्राम्बे, महाराष्ट्र)
प्रथम ई. कोर्ट	अहमदाबाद
प्रथम महिला न्यायालय	माल्दा (पश्चिम बंगाल)

भारत में सबसे बड़ा, ऊँचा व लम्बा

सबसे बड़ी नदी	माजुली (ब्रह्मपुत्र नदी)
सबसे बड़ा डेल्टा	सुन्दरवन (पं. बंगाल)
सबसे बड़ा प्राकृतिक बन्दरगाह	मुम्बई
सबसे बड़ी खारे पानी की स्थलबद्ध झील	साम्भर झील
सबसे बड़ी खारे पानी की झील	चिल्का झील
सबसे बड़ी मीठे पानी की झील	बुलर झील
सबसे बड़ा गुरुद्वारा	स्वर्ण मन्दिर
सबसे बड़ा गिरिजाघर	सेण्ट कैथेडरल
सबसे बड़ी मस्जिद	जामा मस्जिद
सबसे बड़ा गुफा मन्दिर	कैलाश मन्दिर
सबसे बड़ा पशु मेला	सोनपुर (बिहार)
सबसे बड़ा चिड़ियाघर	जूलॉजिकल गॉर्डेन (कलकत्ता)
सबसे बड़ा दरवाजा	बुलन्द दरवाजा
सबसे ऊँची चोटी	गॉडविन ऑस्टिन (K-2)
सबसे ऊँचा बाँध	टिहरी बाँध
सबसे ऊँची मीनार	कुतुबमीनार
सबसे लम्बी नदी	गंगा नदी
दक्षिण भारत की सबसे लम्बी नदी	गोदावरी 1465 किमी
सबसे लम्बा नदी पुल	ढोला सदिया पुल
सबसे लम्बा बाँध	हीराकुंड बाँध
सबसे लम्बी तटरेखा	गुजरात
सबसे लम्बा प्लेटफार्म	गोरखपुर (1.3 किमी)
सबसे लम्बा राष्ट्रीय राजमार्ग	NH-44 (श्रीनगर से कन्याकुमारी)
सर्वाधिक वर्षा वाला स्थान	मासिनराम (मेघालय)
भारत का सर्वोच्च नागरिक सम्मान	भारत रत्न
भारत का सर्वोच्च शौर्य सम्मान	परमवीर चक्र
सबसे ऊँची मूर्ति	स्टैच्यू ऑफ यूनिटी (गुजरात)

लोकप्रिय उपनाम

उपनाम	प्रसिद्ध व्यक्तित्व
भारत कोकिला (नाइटिंगेल ऑफ इण्डिया)	सरोजिनी नायडू
स्वर कोकिला	लता मंगेशकर
निर्मल हृदय	मदर टेरेसा
भारत का नेपोलियन	समुद्रगुप्त
बाबूजी	जगजीवन राम
विद्यासागर	ईश्वर चन्द्र
ग्रैण्ड ओल्ड मैन ऑफ इण्डिया	दादाभाई नौरोजी
महामना	पं. मदनमोहन मालवीय
राजा जी	चक्रवर्ती राजगोपालाचारी
हरियाणा हरिकेन	कपिलदेव
भारतीय मैकियावेली	चाणक्य
हॉकी के जादूगर	ध्यानचन्द
भारत का शेक्सपियर	महाकवि कालिदास
आन्ध्र केसरी	टी प्रकाशम्
शेर-ए-कश्मीर	शेख अब्दुल्ला
कायदे आजम	मुहम्मद अली जिन्ना
बंगाल केसरी	आशुतोष मुखर्जी
बिहार केसरी	डॉ. श्रीकृष्ण सिंह
पंजाब का टैगोर	पूरन सिंह
महात्मा	मोहन दास करमचन्द गांधी
नेता जी	सुभाष चन्द्र बोस
गुरुदेव, विश्वकवि	रवीन्द्र नाथ टैगोर
लोकनायक	जयप्रकाश नारायण
माता वसन्त	एनी बेसेन्ट
शहीद-ए-आजम	भगत सिंह
देशरत्न	डा. राजेन्द्र प्रसाद
लाल, बाल, पाल	लाला लाजपत राय, बाल गंगाधर तिलक, विपिनचन्द्र पाल
उड़न परी	पी. टी. ऊषा

भारत में जनसंचार

डाक विभाग की स्थापना	1854
पहला डाक टिकट (कलकत्ता में मुद्रित)	1854
पिन कोड प्रणाली का आरम्भ	1972
प्रथम ऑप्टिकल फाइबर प्रणाली	1976
स्पीड पोस्ट का प्रारम्भ	1986
महानगर टेलीफोन निगम लिमिटेड की स्थापना	1986
भारत संचार निगम लिमिटेड की स्थापना	2000

ई-पोस्ट का आरम्भ	2004
आधार का आरम्भ	2010
तार सेवा की औपचारिक समाप्ति	2013
ई-आईपीओ की शुरुआत	2013
भारतीय डाक को भुगतान बैंक के लाइसेंस की प्राप्ति	2015

भारत के प्रमुख शोध संस्थान

संस्थान	मुख्यालय
केन्द्रीय तम्बाकू अनुसन्धान संस्थान	राजमुन्दरी (आन्ध्र प्रदेश)
केन्द्रीय आलू अनुसन्धान संस्थान	शिमला
भारतीय गन्ना अनुसन्धान संस्थान	लखनऊ
केन्द्रीय चावल अनुसन्धान संस्थान	कटक
केन्द्रीय चमड़ा अनुसन्धान संस्थान	चेन्नई
केन्द्रीय खनन अनुसन्धान संस्थान	धनबाद
केन्द्रीय औषधि अनुसन्धान संस्थान	लखनऊ
भारतीय कृषि अनुसन्धान संस्थान	नई दिल्ली
केन्द्रीय वन अनुसन्धान संस्थान	देहरादून
भारतीय मौसम वेधशाला	पुणे
भारतीय पुरातात्विक सर्वेक्षण विभाग	कोलकाता
भारतीय खगोल संस्थान	बंगलुरु
भाभा परमाणु अनुसन्धान संस्थान	ट्राम्बे
भारतीय समुद्र विज्ञान संस्थान	पणजी
डीजल लोकोमोटिव्स वर्क्स	वाराणसी
इण्डियन सिक्योरिटी प्रेस	नासिक रोड, पुणे
केन्द्रीय वनस्पति अनुसन्धान संस्थान	लखनऊ
कोशिकीय तथा आण्विक जीव विज्ञान केन्द्र	हैदराबाद

भारतीय लेखक एवं पुस्तकें

लेखक	पुस्तक
अरविन्द अडिगा	द व्हाइट टाइगर
अमीश त्रिपाठी	इमोर्ट्ल्स ऑफ मेलुहा
सुमित्रा महाजन	मातोश्री
अरुण शौरी	इण्डियन कन्ट्रोवर्सीज : एजेस ऑन रिलीजन
लाल कृष्ण आडवाणी	माई कंट्री माई लाइफ
शेख मुहम्मद अब्दुल्ला	आतिश-ए-चिनार
कपिलदेव	स्ट्रेट फ्रोम द हार्ट
ए. पी. जे. अब्दुल कलाम	इग्नाइटेड माइंड्स विंग्स ऑफ फायर
अरुन्धति राय	द गॉड ऑफ स्मॉल थिंग्स,
नवीन चावला	मदर टेरेसा
झुम्पा लाहिड़ी	द नेमसेक
खुशवन्त सिंह	बुरियल एट सी
प्रणव मुखर्जी	द कॉलिजन ईयर्स
सत्या नडेला	हिट रिफ्रेश
शशि थरूर	पैक्स इण्डिया स्माइल
एम. जे. अकबर	नेहरू : द मेकिंग ऑफ इण्डिया
नंदन नीलकेणी	रीबूटिंग इण्डिया
मीरा कुमार	इण्डियन पार्लियामेंट्री : डिप्लोमेसी स्पीकर्स
अरविन्द केजरीवाल	स्वराज

लेखक	पुस्तक
कैलाश सत्यार्थी	आजाद बचपन की ओर
शत्रुघ्न सिन्हा	एनीथिंग बट खामोश
किरण देसाई	द इनहेरिटेंस ऑफ लॉस
शरद पवार	ऑन माई टर्म्स
अरुणिमा सिन्हा	बॉर्न अगेन ऑन द माउण्टेन।
हामिद अंसारी	सिटिजन एण्ड सोसाइटी
सचिन तेन्दुलकर	प्लेइंग इट मॉय वे

अन्य पुस्तकें

द करेक्शंस	जीनाथन फ्रांजेज
फोर्टी थीव्स	थामस पैरी
ए विजिट फ्राम द गुन स्कवाड	जेनिफर ईगन
द सेल आउट	पाल बेट्टी
टू द प्वॉइण्ट	विलियम स्टोट

भारतीय लेखकों की पुरस्कृत पुस्तकें

लेखक	पुस्तक	पुरस्कार
वी. एस. नायपॉल	इन ए. फ्री स्टेट	मान बुकर पुरस्कार, 1971
सलमान रुश्दी	मिडनाइट चिल्ड्रेन	मान बुकर पुरस्कार, 1981
अरुंधती रॉय	द गॉड ऑफ स्मॉल थिंग्स	मान बुकर पुरस्कार, 1997
किरण देसाई	द इन्हेरिटेन्स ऑफ लॉस	मान बुकर पुरस्कार, 2006
अरविन्द अडिगा	व्हाइट टाइगर	मान बुकर पुरस्कार, 2008
रवीन्द्रनाथ टैगोर	गीतांजलि	साहित्य का नोबेल पुरस्कार 1913
कृष्णा सोवती	जिन्दगीनामा (प्रमुख कृति)	ज्ञानपीठ पुरस्कार, 2017
रमेश कंतुल मेघ	विश्वमिथक सरितसागर	साहित्य अकादमी पुरस्कार (हिन्दी) 2017
पद्म सचदेव	पित चेते	सरस्वती सम्मान, 2015

विश्व में प्रथम (पुरुष)

प्रथम अन्तरिक्ष पर्यटक	डेनिस टीटो
जेट वायुयान की प्रथम प्रायोगिक उड़ान भरने वाला व्यक्ति	फ्रैंक हिबटल
वायुपोत की पहली उड़ान भरने वाला व्यक्ति	हेनरी गिफर्ड (फ्रांस)
गुब्बारे से अटलाण्टिक महासागर पार करने वाला प्रथम व्यक्ति	रिचर्ड ब्रानसन
सबसे अधिक उम्र का आन्तरिक्ष यात्री	कार्ल जी हेनिजे
सबसे कम उम्र का अन्तरिक्ष यात्री	गेरेमान स्तेपानोविच तितोब
सर्वाधिक ऊँचाई से छलांग लगाने वाला स्काई ड्राइवर	फेलिक्स बाम गार्टनर
अन्तरिक्ष में जाने वाला प्रथम व्यक्ति	यूरी गागरिन (भूतपूर्व सोवियत संघ 1965)
अन्तरिक्ष में चलने वाला प्रथम व्यक्ति	अलेक्सी लियोनोव (भूतपूर्व सोवियत संघ 1965)
चन्द्रमा पर पैर रखने वाला प्रथम व्यक्ति	नील आर्मस्ट्रांग (1969)
दो बार अन्तरिक्ष यात्रा करने वाला प्रथम अन्तरिक्ष पर्यटक	चार्ल्स सिमोन्यी (2007, 09 अमेरिका)
उत्तरी ध्रुव पर पहुँचने वाला प्रथम व्यक्ति	रॉबर्ट पियरी
दक्षिणी ध्रुव पर पहुँचने वाला प्रथम व्यक्ति	रोआल्ड अमुण्डसेन
दोनों ध्रुवों पर जाने वाला प्रथम व्यक्ति	डॉ. अल्बर्ट पी कैरी

माउण्ट एवरेस्ट पर चढ़ने वाला प्रथम विकलांग व्यक्ति	टॉम व्हिटकर
बिना ऑक्सीजन के माउण्ट एवरेस्ट पर चढ़ने वाला प्रथम व्यक्ति	फू दोरजी
सर्वाधिक उम्र में माउण्ट एवरेस्ट पर चढ़ने वाल व्यक्ति	युईचिरो मियुरा (जापान)
विश्व के चारों ओर परिक्रमा करने वाला प्रथम व्यक्ति	फर्डिनेण्ड मैगेलन
काउण्टी क्रिकेट में एक ओवर में 6 छक्के लगाने वाले प्रथम बल्लेबाज	जॉर्डन क्लार्क
विम्बलडन ट्रॉफी जीतने वाला प्रथम अश्वेत व्यक्ति	ऑर्थर ऐश
अन्तर्राष्ट्रीय क्रिकेट कॉउन्सिल के प्रथम एशियाई अध्यक्ष	जगमोहन डालमिया (1997-2000)
पृथ्वी का मानचित्र बनाने वाला प्रथम व्यक्ति	अनेग्जीमेडर
अन्तर्राष्ट्रीय क्रिकेट में 100 शतक लगाने वाला प्रथम व्यक्ति	सचिन तेन्दुलकर
हृदय प्रत्यारोपण करने वाला प्रथम चिकित्सक	डॉ. क्रिश्चियन
ऑस्कर अवार्ड जीतने वाले विश्व के प्रथम मुस्लिम अभिनेता	महेरशला अली
विश्वकोष संकलन करने वाला प्रथम व्यक्ति	एस्पेओसीप्स
वायुयान से उड़ान भरने वाला व्यक्ति	राइट बन्धु
साहित्य के प्रथम नोबेल पुरस्कार विजेता	प्रुधो सली
शान्ति के प्रथम नोबेल पुरस्कार विजेता	ज्यां हेनरी दुनान्त एवं फ्रेडरिक पासी
चिकित्सा के प्रथम नोबेल पुरस्कार विजेता	ए. ई. बॉन बेहरिंग
अर्थशास्त्र के प्रथम नोबेल पुरस्कार विजेता	रेगनर फ्रिश एवं जॉन टिनबर्गन
भौतिकी के प्रथम नोबेल पुरस्कार विजेता	डब्ल्यू के रोएंटजन
रसायन के प्रथम नोबेल पुरस्कार विजेता	जे. एच. वैंटहॉफ

विश्व में प्रथम (महिला)

विश्व में प्रथम महिला राष्ट्रपति	मारिया एस्टेला पैरो (अर्जेण्टीना)
विश्व में प्रथम महिला प्रधानमन्त्री	श्रीमाओ भण्डारनायके (श्री लंका)
जर्मनी की प्रथम महिला चांसलर	एंजेला मार्केल
इंग्लैण्ड की प्रथम महिला प्रधानमन्त्री	माग्रेट थैचर
ऑस्ट्रेलिया की प्रथम महिला प्रधानमन्त्री	जूलिया गिलार्ड (2010)
अन्तरिक्ष में विचरण करने वाली प्रथम महिला	स्वेतलाना सेवित्स्काया (सोवियत संघ)
अन्तरिक्ष में जाने वाली प्रथम महिला	वेलेण्टीना तेरेस्कोवा (भूतपूर्व सोवियत संघ 1963)
अण्टार्कटिका महाद्वीप पर पहुँचने वाली प्रथम महिला	मिस कैरोलिन मिकल्सन (डेनमार्क)
सात प्रमुख सागरों को तैरकर पार करने वाली विश्व की प्रथम महिला	बुला चौधरी (2004)
माउण्ट एवरेस्ट पर चढ़ने वाली प्रथम महिला	जुन्को तबेई (जापान 1975)
धूमकेतु की खोज करने वाली प्रथम महिला	कैरोलीन एल दर्शचेल (जर्मनी)
जिब्राल्टर जलसन्धि को पार करने वाली प्रथम महिला (भारतीय)	आरती प्रधान
एवरेस्ट आरोहण करने वाली पाकिस्तान की प्रथम महिला	समीना बेग
साहित्य के नोबेल पुरस्कार से सम्मानित प्रथम अश्वेत लेखिका	टोनी मॉरिसन (1993)
प्रथम अन्तरिक्ष महिला पर्यटक	अनुशेह अंसारी ईरानी (अमेरिकी)

विश्व में प्रथम (अन्य)

मृत्युदण्ड को समाप्त करने वाला प्रथम देश	वेनेजुएला
महिलाओं को मताधिकार देने वाला प्रथम देश	न्यूजीलैण्ड
सूचना का अधिकार लागू करने वाला प्रथम देश	स्वीडन
लोकपाल नियुक्त करने वाला प्रथम देश	स्वीडन
धूम्रपान पर पाबन्दी लगाने वाला प्रथम देश	आयरलैण्ड
कार्बन टैक्स लगाने वाला प्रथम देश	न्यूजीलैण्ड
'इच्छा मृत्यु (Euthanasia) को कानूनी मान्यता देने वाला प्रथम देश	नीदरलैण्ड
समलैंगिक विवाह को कानूनी मान्यता देने वाला प्रथम देश	नीदरलैण्ड
भारत के साथ नागरिक परमाणु समझौता करने वाला प्रथम देश	फ्रांस
राष्ट्रीय गान का प्रारम्भ करने वाला प्रथम देश	जापान
लिखित संविधान निर्माण करने वाला प्रथम देश	अमेरिका
गुटनिरपेक्ष आन्दोलन के प्रथम सम्मेलन का आयोजन स्थल	बेलग्रेड
बुक प्रिण्ट करने वाला प्रथम देश	चीन
प्लास्टिक मुद्रा जारी करने वाला प्रथम देश	ऑस्ट्रेलिया
नक्शा बनाने वाला प्रथम देश (सभ्यता)	सुमेरिया (3800 ईसा पूर्व)
कागज का आविष्कार करने वाला प्रथम देश	चीन (105 ई.)
रेशम का उत्पादन करने वाला प्रथम देश	चीन (50 ईसा पूर्व)
साँपसीढ़ी के खेल को ईजाद करने वाला देश	भारत
विश्व का प्रथम रेडियो उपग्रह प्रक्षेपित करने वाला देश	जापान
अन्तरिक्ष में भेजा जाने वाला प्रथम अन्तरिक्ष शटल	कोलम्बिया
महिलाओं को मताधिकार देने वाला देश	न्यूजीलैण्ड
विश्व का प्रथम विश्वविद्यालय	तक्षशिला विश्वविद्यालय
भूमिगत रेलवे प्रारम्भ करने वाला प्रथम देश	ब्रिटेन
सिविल सेवा प्रारम्भ करने वाला प्रथम देश	चीन
परमाणु बम से विनाश होने वाला प्रथम नगर	हिरोशिमा

विश्व में सबसे बड़ा, छोटा, लम्बा एवं ऊँचा

सबसे बड़ा महासागर	प्रशान्त महासागर
सबसे गहरा महासागर	प्रशान्त महासागर
सबसे बड़ा सागर	दक्षिणी चीन सागर
सबसे विशाल खाड़ी	मैक्सिको की खाड़ी
सबसे बड़ा महाद्वीप	एशिया
सबसे छोटा महाद्वीप	ऑस्ट्रेलिया
सबसे बड़ा द्वीप	ग्रीनलैण्ड
सबसे बड़ा प्रायद्वीप	अरब प्रायद्वीप
सबसे बड़ा द्वीप समूह	इण्डोनेशिया
सबसे ऊँचा जलप्रपात	साल्टो एंजिल (वेनेजुएला)
सबसे बड़ा जलप्रपात	ग्वायरा (एल्टो पराना नदी)
सबसे लम्बी सहायक नदी	मेडिरा (अमेजन की सहायक नदी)
सबसे व्यस्त व्यापारिक नदी	राइन नदी (जर्मनी)
सबसे बड़ी नदी (चौड़ाई एवं बहाव की दृष्टि से)	अमेजन (द. अमेरिका)

सबसे लम्बी नदी	नील नदी (मिस्र)
सबसे बड़ा डेल्टा	सुन्दरवन (भारत)
सबसे बड़ा नदी द्वीप	माजुली (ब्रह्मपुत्र नदी, असोम)
सबसे ठण्डा प्रदेश	बर्खोयांस्क (साइबेरिया)
सबसे गर्म स्थान	डेथ वैली (अमेरिका)
सबसे बड़ा रेगिस्तान	सहारा (अफ्रीका)
सबसे बड़ा रेगिस्तान	सहारा (अफ्रीका)
सर्वाधिक वर्षा का स्थान	मासिनराम (मेघालय, भारत)
सबसे बड़ी झील	कैस्पियन सागर (रूस)
सबसे बड़ी ताजे पानी की झील	सुपीरियर झील (अमेरिका)
सबसे गहरी झील	बैकाल झील (रूस)
सर्वाधिक ऊँचाई पर स्थित झील (नौकायन)	टिटिकाका (दक्षिण अमेरिका)
सबसे विशाल जलसन्धि	टार्टर जलसन्धि (रूस एवं सखालिन द्वीप के मध्य)
सबसे चौड़ी जलसन्धि	डेविस जलसन्धि (ग्रीनलैण्ड एवं बैफिन द्वीप के मध्य)
सबसे ऊँचा पर्वत शिखर	माउण्ट एवरेस्ट (हिमालय, नेपाल)
सबसे विशाल मन्दिर	अंकोरटवाट का मन्दिर (कम्बोडिया)
सबसे बड़ी मूर्ति	स्टैच्यू ऑफ यूनिटी (भारत)
सबसे बड़ा इनडोर स्टेडियम	सुपरडोम ल्यूसियाना (संयुक्त राज्य अमेरिका)
सबसे बड़ा बन्दरगाह	न्यूयॉर्क
सबसे विशाल ज्वालामुखी	मोना-लोआ (हवाई द्वीप)
सबसे ऊँची पर्वतमाला	हिमालय
सबसे लम्बी पर्वतमाला	एण्डीज
सबसे व्यस्त नहर	स्वेज नहर
सबसे लम्बी नहर	कील नहर
सबसे ऊँचा पशु	जिराफ
सबसे विशालकाय पशु	ब्लू व्हेल
सबसे बड़ा पक्षी	ऑस्ट्रिच (शुतुरमुर्ग)
सबसे छोटा पक्षी	हमिंग बर्ड
सर्वाधिक बुद्धिमान पशु	चिम्पांजी
सबसे छोटी सीमा वाला देश	जिब्राल्टर
सर्वाधिक सीमाओं वाला देश	चीन (14 देशों के साथ)
सबसे बड़ा देश *(क्षेत्रफल की दृष्टि से)*	रूस
सबसे छोटा देश *(क्षेत्रफल की दृष्टि से)*	वेटिकनाटी
सर्वाधिक जनसंख्या का देश	चीन
सर्वाधिक निर्वाचक संख्या का देश	भारत
सर्वाधिक जनसंख्या घनत्व वाला देश	सिंगापुर
सबसे लम्बी सीमा वाला देश	कनाडा
सबसे ऊँची राजधानी	लापाज (बोविया)
सर्वाधिक आबादी वाला नगर	टोकियो (जापान)
सबसे कम आबादी वाला नगर	वेटिकन सिटी
सबसे लम्बा रेलवे प्लेटफॉर्म	गोरखपुर
सबसे लम्बा रेल मार्ग	ट्रांस साइबेरियन रेलमार्ग
सबसे बड़ी रेल सुरंग	गोटहार्ड बेस (57.9 किमी स्विट्जरलैण्ड)
सबसे लम्बी सड़क सुरंग	अटल टनल 9.02 किमी रोहतांग, भारत

प्रमुख देश, राजधानी, मुद्रा एवं भाषाएँ

देश	राजधानी	मुद्रा	भाषाएँ
सं राज्य अमेरिका	वाशिंगटन डीसी	डॉलर	अंग्रेजी
रूस	मास्को	रूबल	रूसी
चीन	बीजिंग	युआन	चीनी मंगोल (मण्डारिन)
जापान	टोक्यो	येन	जैपनीज
जर्मनी	बर्लिन	यूरो	जर्मन
फ्रांस	पेरिस	यूरो	फ्रेंच
यूनाइटेड किंगडम	लंदन	पौंड	अंग्रेजी
भारत	नई दिल्ली	रुपया	हिन्दी
इटली	रोम	यूरो	इटैलियन
दक्षिण कोरिया	सियोल	वॉन	कोरियाई
कनाडा	ओटावा	डॉलर	अंग्रेजी, फ्रांसीसी
ऑस्ट्रेलिया	केनबरा	ऑस्ट्रेलिया डॉलर	अंग्रेजी
न्यूजीलैण्ड	वेलिंग्टन	न्यूजीलैण्ड डॉलर	मओरी, अंग्रेजी
नीदरलैण्ड्स	एम्सटर्डम	यूरों	डच
नॉर्वे	ओस्लो	क्रोन	नार्वेजियन
डेनमार्क	कोपेनहेगन	क्रोन	डेनिश
ब्राजील	ब्राजीलिया	रियाल	पुर्तगाली, अंग्रेजी
अर्जेण्टीना	ब्यूनस आयर्स	पीसो	स्पेनिश
वेनेजुएला	काराकस	बोलिवर	स्पेनिश
कोलम्बिया	बोगोटा	पीसो	स्पेनिश
ईरान	तेहरान	तोमान	फारसी
इराक	बगदाद	इराकी दिनार	अरबी (आधिकारिक)
सऊदी अरब	रियाद	सऊदी रियाल	अरबी
सीरिया	दमिश्क	सीरियन पौण्ड	अरबी
दक्षिणी सूडान	जुबा	पौण्ड	अरबी
मलेशिया	कुआलालाम्पुर	रिंगिट	चीनी, मलय
इण्डोनेशिया	जकार्ता	रुपिया	इण्डोनेशिया, बहासा
फिलिपीन्स	मनीला	पीसो	फिलीपिनों, अंग्रेजी
पाकिस्तान	इस्लामाबाद	रुपया	उर्दू, सिन्धी, पंजाबी
अफगानिस्तान	काबुल	अफगानी	पस्तों, पर्सियन
बांग्लादेश	ढाका	टका	बंगाली चकमामघ
भूटान	थिम्पू	गुलट्रम	डोंगरवा नेपाली
नेपाल	काठमाण्डू	नेपाली रुपया	नेपाली
मालदीव	माले	रुपिया	दिवची
श्रीलंका	कोलम्बो	रुपिया	सिंहल तमिल

विश्व के प्रमुख भौगोलिक उपनाम

उपनाम	स्थान
मोतियों का द्वीप	बहरीन
श्वेत शहर	बेलग्रेड (यूगोस्लाविया)
स्मारकों की नगरी	वियना (ऑस्ट्रिया)
विश्व की जन्नत	पेरिस (फ्रांस)
एशिया का पेरिस	थाइलैण्ड
पिलर्स ऑफ हरक्यूलिस	स्ट्रेट्स ऑफ जिब्राल्टर
पवन चक्कियों की भूमि	नीदरलैण्ड
हिन्द महासागर का मोती	श्रीलंका

उपनाम	स्थान
चीन का शोक	ह्वांगहो नदी (पीली नदी)
निरन्तर बहने वाले झरनों का शहर	क्विटो (इक्वेडोर)
लैण्ड ऑफ द गोल्डन फ्लीस	ऑस्ट्रेलिया
लैण्ड ऑफ थाउजेण्ड लेक्स	फिनलैण्ड
लैण्ड ऑफ मिडनाइट सन	नॉर्वे
भूमध्य सागर का द्वार	जिब्राल्टर
होली लैण्ड	जेरूसलम (इजरायल)
ग्रेनाइट सिटी	एवरडीन (स्कॉटलैण्ड)
नील नदी की देन	मिस्र
एम्पायर सिटी	न्यूयॉर्क
क्वीन ऑफ एड्रियाटिक	वेनिस (इटली)
प्लेग्राउण्ड ऑफ यूरोप	स्विट्जरलैण्ड
सूर्योदय का देश	जापान
लैण्ड ऑफ थण्डरबोल्ट	भूटान
लैण्ड ऑफ ह्वाइट एलीफैण्ट्स	थाइलैण्ड
हाथियों का देश	लाओस
लिली का देश	कनाडा
संसार की छत	पामीर का पठार
वेनिस ऑफ द वर्ल्ड	स्टॉकहोम (स्वीडन)
कॉकपिट ऑफ यूरोप	बेल्जियम
सिटी ऑफ गोल्डन गेट	सेन फ्रांसिस्को
स्वप्निल मीनारों वाला शहर	ऑक्सफोर्ड (इंग्लैण्ड)
दक्षिण का ब्रिटेन	न्यूजीलैण्ड
अन्ध महाद्वीप	अफ्रीका
स्वर्णिम पैगोडा का देश	म्यांमार
संसार का रोटी भण्डार	प्रेयरीज ऑफ नॉर्थ अमेरिका
सात टापुओं का नगर	मुम्बई (भारत)
झीलों का देश	फिनलैण्ड
पूर्व का मैनचेस्टर	ओसाका (जापान)
फॉरबिडन सिटी	ल्हासा (तिब्बत)
सात पहाड़ियों का नगर	रोम (इटली)
पश्चिम का बेबीलोन	रोम
एण्टीलीज का मोती	क्यूबा
शुगर बाउल ऑफ द वर्ल्ड	क्यूबा
गगनचुम्बी इमारतों का नगर	न्यूयॉर्क
पर्ल ऑफ दी ऑरियण्ट	सिंगापुर

प्रमुख देशों के राष्ट्रीय प्रतीक

देश	प्रतीक	देश	प्रतीक
बेल्जियम	शेर	स्पेन	पीलर्स ऑफ हरक्यूलिस
सीरिया	हॉक	कनाडा	मैपल लीफ
रूस	डबल हेडेड ईगल	यूनाइटेड किंगडम	शेर ट्यूडर रोस
तुर्की	चाँद-तारा	ईरान	शेर
नीदरलैण्ड्स	शेर	भारत	अशोक चक्र
न्यूजीलैण्ड्स	सदर्न क्रॉस, फर्न, किवी	फ्रांस	फ्लूयर-द-लिस (Fleur-de-lis)
नॉर्वे	शेर	ऑस्ट्रेलिया	वैटल
पाकिस्तान	स्टार एण्ड क्रीसेंट	बांग्लादेश	कमल (वाटर लिली)
सूडान	ईगल	जर्मनी	ईगल
इटली	व्हाइट फाइव-प्वॉइण्टेड स्टार	आइवरी कोस्ट	हाथी
डेनमार्क	कोट ऑफ आर्म्स में तीन शेर	अमेरिका	बॉल्ड ईगल (Bald Eagle)
जापान	क्राइसैन्थेमम	स्कॉटलैण्ड	थिसल

विश्व के प्रमुख समाचार-पत्र एवं प्रकाशन स्थल

समाचार-पत्र	प्रकाशन स्थान	भाषा
गार्जियन वीकली	लन्दन	अंग्रेजी
न्यू स्टेट्समैन	लन्दन	अंग्रेजी
डेली मिरर	लन्दन	अंग्रेजी
टाइम्स ऑफ लन्दन	लन्दन	अंग्रेजी
मैनचेस्टर गार्जियन	मैनचेस्टर	अंग्रेजी
डेली टेलीग्राफ	लन्दन	अंग्रेजी
डेली न्यूज	न्यूयॉर्क	अंग्रेजी
न्यूयॉर्क टाइम्स	न्यूयॉर्क	अंग्रेजी
इजवेस्तिया	मॉस्को	रशियन
ले मोन्डे	पेरिस	फ्रेंच
पीपुल्स डेली	बीजिंग	चीनी
मर्डेका	जकार्ता	इण्डोनेशियन
अल अहराम	काहिरा	अरबी
डॉन	कराची	अंग्रेजी
पाकिस्तान टाइम्स	रावलपिण्डी	अंग्रेजी
मैनेची सिम्बुन	टोक्यो	जापानी
इण्डिपेन्डेण्ट	लन्दन	अंग्रेजी
फ्रैंकफर्ट एल्जिमीन	जर्मनी	जर्मन
हिन्दुस्तान टाइम्स	दिल्ली	अंग्रेजी
टाइम्स ऑफ इण्डिया	दिल्ली, मुम्बई	अंग्रेजी
नवभारत टाइम्स	मुम्बई, दिल्ली	हिन्दी

प्रचलित चिह्न एवं उनके अर्थ

प्रचलित चिह्न	अर्थ
लाल त्रिकोण	परिवार नियोजन
रेड क्रॉस	डॉक्टरी सहायता, अस्पताल
लाल प्रकाश	खतरा, यातायात को रोकने का चिह्न
हरा प्रकाश	रास्ता साफ होने का सिग्नल
ओलिव ब्रान्च	शान्ति
बाँह की काली पट्टी	विरोध या दुःख का प्रतीक
डव (फाख्ता)	शान्ति
दो हड्डियाँ एक-दूसरे को काटती हुई और ऊपर के भाग में खोपड़ी	खतरा (बिजली)
काला झण्डा	विरोध
लाल झण्डा	खतरे का चिह्न, क्रान्ति
पीला झण्डा	उन जहाजों पर लगाया जाता है, जो संक्रामक रोगों से पीड़ित रोगियों को ले जाते हैं।

श्वेत झण्डा	सन्धि या समर्पण का प्रतीक
सितारे और पट्टियाँ, ओल्ड ग्लोरी	अमेरिका का राष्ट्रीय झण्डा
चक्र	प्रगति
झुका हुआ झण्डा	राष्ट्रीय शोक
आँखों पर पट्टी बाँधे एक स्त्री तथा हाथ में तराजू लिए हुए	न्याय

विश्व के प्रमुख देशों की संसद के नाम

देश	संसद का नाम
ऑस्ट्रेलिया	फेडरल पार्लियामेण्ट
आयरलैण्ड	पार्लियामेण्ट (Oireachtas)
अफगानिस्तान	शोरा
अर्जेण्टीना	नेशनल कांग्रेस
ब्रिटेन	हाउस ऑफ कॉमन्स व हाउस ऑफ लॉर्ड्स
संयुक्त राज्य अमेरिका	कांग्रेस (सीनेट व हाउस ऑफ रिप्रेजेन्टेटिक्स)
स्पेन	जनरल कोर्ट्स
स्वीडन	रिक्सदाग
द. अफ्रीका	पार्लियामेण्ट
मालदीव	मजलिस
मलेशिया	पार्लियामेण्ट (दीवान रकयात व दीवान नेगारा)
मिस्र	पीपुल्स असेम्बली
स्विट्जरलैण्ड	फेडरल असेम्बली
ईरान	मजलिस
इजरायल	नेसेट
कुवैत	नेशनल असेम्बली
ताइवान	युआन
फ्रांस	पार्लियामेण्ट
जर्मनी	बुण्डस्टेग और बुण्डस्ट्राट
जापान	डायट
रूस	ड्यूमा
चीन	नेशनल पीपुल्स कांग्रेस
नीदरलैण्ड	द स्टेट्स जनरल
नेपाल	पार्लियामेण्ट (राष्ट्रीय सभा)
ब्राजील	नेशनल कांग्रेस
बांग्लादेश	जातीय संसद
भारत	संसद

प्रमुख देशों के आधिकारिक दस्तावेज

ब्ल्यू बुक	यूनाइटेड किंगडम सरकार की आधिकारिक रिपोर्ट
ग्रीन बुक	इटली और ईरान सरकार के आधिकारिक प्रकाशन
ग्रे-बुक	जापान और बेल्जियम सरकार की आधिकारिक रिपोर्ट
ओरेंज बुक	नीदरलैण्ड सरकार का आधिकारिक प्रकाशन
रेड बुक	किसी देश द्वारा प्रतिबन्धित पुस्तक
ह्वाइट बुक	जर्मनी, चीन और पुर्तगाल सरकारों के आधिकारिक प्रकाशन
ह्वाइट पेपर	किसी विशेष मुद्दे के तथ्यों का आम लोगों के लिए खुलासा करने वाला भारत सरकार द्वारा जारी किया जाने वाला दस्तावेज
येलो बुक	फ्रांस सरकार का आधिकारिक दस्तावेज

महत्त्वपूर्ण राष्ट्रीय एवं अन्तर्राष्ट्रीय दिवस

जनवरी		फरवरी	
4	लुइस ब्रेल दिवस	4	विश्व कैंसर दिवस
9	प्रवासी भारतीय दिवस	20	विश्व सामाजिक न्याय दिवस
12	राष्ट्रीय युवा दिवस	21	अन्तर्राष्ट्रीय मातृभाषा
26	गणतन्त्र दिवस	24	केन्द्रीय उत्पाद शुल्क दिवस
30	शहीद दिवस	28	राष्ट्रीय विज्ञान दिवस
30	कुष्ठ निवारण दिवस		
मार्च		**अप्रैल**	
3	विश्व वन्यजीव दिवस	7	विश्व स्वास्थ्य दिवस
8	अन्तर्राष्ट्रीय महिला दिवस	14	अम्बेडकर दिवस
15	विश्व उपभोक्ता अधिकारण दिवस	18	विश्व विरासत दिवस
21	विश्व वानिकी दिवस	22	पृथ्वी दिवस
22	विश्व जल संरक्षण दिवस	25	विश्व मलेरिया दिवस
24	विश्व टी. वी. दिवस		
मई		**जून**	
1	विश्व श्रमिक दिवस	5	विश्व पर्यावरण दिवस
3	अन्तर्राष्ट्रीय ऊर्जा दिवस	14	विश्व रक्तदान दिवस
8	विश्व रेडक्रॉस दिवस	20	विश्व शरणार्थी दिवस
17	विश्व दूरसंचार दिवस	21	अन्तर्राष्ट्रीय योग दिवस
13	विश्व तम्बाकू रोधी दिवस	29	राष्ट्रीय सांख्यिकी दिवस
जुलाई		**अगस्त**	
11	विश्व जनसंख्या दिवस	1	विश्व स्तनपान दिवस
18	नेल्सन मंडेला अन्तर्राष्ट्रीय दिवस	9	विश्व आदिवासी दिवस
28	विश्व प्रकृति संरक्षण दिवस	12	विश्व युवा दिवस
26	कारगिल स्मृति दिवस	15	स्वतन्त्रता दिवस
25	अन्तर्राष्ट्रीय वाद्य दिवस	29	राष्ट्रीय खेल दिवस
सितम्बर		**अक्टूबर**	
5	शिक्षक दिवस	1	अन्तर्राष्ट्रीय वृद्धजन दिवस
8	अन्तर्राष्ट्रीय साक्षरता दिवस	2	विश्व अहिंसा दिवस
14	हिन्दी दिवस	5	विश्व शिक्षक दिवस
16	ओजोन परत रक्षण दिवस	8	वायु सेना दिवस
21	विश्व शान्ति दिवस	16	विश्व खाद्य दिवस
27	विश्व पर्यटन दिवस	24	संयुक्त राष्ट्र दिवस
नवम्बर		**दिसम्बर**	
9	विश्व सेना दिवस	1	विश्व एड्स दिवस
14	बाल दिवस	4	नौ सेना दिवस
17	राष्ट्रीय पत्रकारिता दिवस	6	नागरिक सुरक्षा दिवस
19	विश्व नागरिक दिवस	11	विश्व अस्थमा दिवस
21	विश्व टेलीविजन दिवस	24	राष्ट्रीय उपभोक्ता दिवस
26	विश्व पर्यावरण संरक्षण दिवस	25	क्रिसमस
26	राष्ट्रीय संविधान दिवस		

भारतीय रक्षा–प्रतिरक्षा

भारतीय रक्षा सेनाओं का सर्वोच्च कमाण्डर भारतीय राष्ट्रपति होता है। संसद में सुरक्षा सम्बन्धी विषयों का उत्तरदायित्व रक्षामन्त्री का होता है।

भारतीय सशस्त्र सेनाओं को तीन भागों–थल सेना, नौसेना तथा वायुसेना में बाँटा गया है।

सेना कमानों में संगठित होती है। प्रत्येक कमान का सर्वोच्च अधिकारी कमाण्डिंग–इन चीफ होता है।

भारतीय सेना की कमान एवं मुख्यालय

थल सेना	नौसेना	वायुसेना
कमान मुख्यालय	कमान मुख्यालय	कमान मुख्यालय
1. उत्तरी उधमपुर	1. दक्षिणी कोच्चि	1. दक्षिणी तिरुवनन्तपुरम
2. दक्षिणी पुणे	2. पूर्वी विशाखापत्तनम	2. पश्चिमी सुब्रतो पार्क
3. पूर्वी कोलकाता	3. पश्चिमी मुम्बई	3. पूर्वी शिलांग
4. पश्चिमी चण्डीमन्दिर		4. दक्षिण-पश्चिम गांधीनगर
5. मध्य लखनऊ		5. मध्य इलाहाबाद
6. दक्षिण-पश्चिमी जयपुर		6. मेंटेनेन्स नागपुर
7. ट्रेनिंग कमाण्ड शिमला		7. प्रशिक्षण बंगलुरु

सेना में कमीशण्ड पदों की श्रेणियाँ

थल सेना	नौसेना	वायु सेना
जनरल	एडमिरल	एयर चीफ मार्शल
लेफ्टिनेंट जनरल	वाइस एडमिरल	एयर मार्शल
मेजर जनरल	रियर एडमिरल	एयर वाइस मार्शल
ब्रिगेडियर	कमोडोर	एयर कॉमोडोर
कर्नल	कैप्टन	ग्रुप कैप्टन
लेफ्टिनेंट कर्नल	कमाण्डर	विंग कमाण्डर
मेजर	लेफ्टिनेंट कमाण्डर	स्क्वाड्रन लीडर
कैप्टन	लेफ्टिनेंट	फ्लाइट लेफ्टिनेंट
लेफ्टिनेंट	सब-लेफ्टिनेंट	फ्लाइंग ऑफिसर

भारत के विविध प्रक्षेपास्त्र

प्रक्षेपास्त्र	किस्म
पृथ्वी	सतह-से-सतह कम दूरी का बैलिस्टिक प्रक्षेपास्त्र।
त्रिशूल	सतह से हवा (मारक क्षमता 500 मी से 9 किमी)।
आकाश	सतह से हवा बहुक्षेपीय प्रक्षेपास्त्र (मारक क्षमता 25-30 किमी)।
नाग	टैंकरोधी निर्देशित प्रक्षेपास्त्र (मारक क्षमता 4-9 किमी)।
अग्नि	सतह-से-सतह मध्यम दूरी का बैलिस्टिक प्रक्षेपास्त्र (इसकी अब तक पाँच श्रृंखला आ चुकी है)।
धनुष	जमीन-से-जमीन पर मार करने वाला प्रक्षेपास्त्र (मारक क्षमता 500 किग्रा आयुध के साथ 350 किमी)।
ब्रह्मोस	जमीन-से-जमीन पर मार करने वाला प्रक्षेपास्त्र (मारक क्षमता 300 किग्रा आयुध के साथ 290 किमी)।
सागरिका	जमीन से जल की गहराई तक मार करने वाला प्रक्षेपास्त्र।
नाग	ठोस ईंधन पर आधारित एंटी टैंक प्रक्षेपास्त्र।
प्रहार	सतह-से-सतह पर मार करने वाला प्रक्षेपास्त्र।

प्रमुख सैन्य विमान

विमान	विशेष तथ्य
सुखोई-30	इसका निर्माण रूस की सुखोई कम्पनी द्वारा किया गया है। यह दो इंजनों वाला मल्टीरोल फाइटर प्लेन है। इससे विभिन्न किस्म की 12 मिसाइलें एक साथ दागी जा सकती हैं।
मिग-29 K	यह दो इंजन वाला फाइटर प्लेन है। इसका उपयोग भारतीय नौ सेना द्वारा किया जाता है।
मिराज -2000	यह एकल इंजन मन्टीरोल लड़ाकू विमान है। इसका निर्माण फ्रांस की कम्पनी डसॉल्ट एविएशन द्वारा किया गया है।
तेजस	यह विश्व का सबसे छोटा, हल्का, बहुउद्देशीय सुपरसैनिक लड़ाकू विमान है।
निशान्त	पायलट रहित प्रशिक्षण विमान स्वदेशी तकनीकी से बना है। यह राडार की पकड़ में नहीं आता है।
राफेल	फ्रेंच कम्पनी द साल्ट एविएशन द्वारा निर्मित चौथी पीढ़ी से आगे का विमान है।
अवाक्स	एयरबार्न वार्निंग एण्ड कण्ट्रोल सिस्टम से लैस एक लड़ाकू विमान है।
पंछी	यह निशान्त का आधुनिक संस्करण है। यह छोटी पट्टी से भी उड़ान भरने में सक्षम है।

प्रमुख पनडुब्बियाँ विमानवाहक एवं युद्धपोत

INS विराट	विराट अधिक क्षमता वाला पोत है। 28500 टन भार और 27 फुट गहराई वाले विराट को ब्रिटिश रॉयल नेवी में एच एम एस हर्मिज के नाम से वर्ष 1959 में अधिकृत किया गया। विराट के रूप में हर्मिज को मई, 1987 में भारतीय नौसेना में शामिल किया गया।
INS विभूति	पहली स्वदेशी निर्मित मिसाइल नाव जिसे वर्ष 1991 में मझगाँव बन्दरगाह, मुम्बई में उतारा गया।
INS विपुल	दूसरी मिसाइल नाव जिसे मझगाँव बन्दरगाह मुम्बई में रूस के सहयोग से निर्मित किया गया। इसमें थल-से-थल और थल से हवा तक की मिसाइल मौजूद हैं।
INS शाल्की	पहली स्वदेश निर्मित पनडुब्बी जिसे वर्ष 1994 में अधिकार में लिया गया था।
INS विक्रमादित्य	यह संवर्द्धित कीव-श्रेणी का विमानवाहक पोत है, जिसकी वहन क्षमता 45400 टन एवं गति 32 नॉट (59 किमी/घण्टा) है। 14 जून, 2014 को इसे भारत के प्रधानमन्त्री ने औपचारिक रूप से भारतीय नौसेना में शामिल किया।
INS प्रबल	स्वदेशी तकनीकी से निर्मित सतह-से-सतह पर मार करने वाले प्रक्षेपास्त्रों से लैस युद्धपोत नौसेना के पश्चिमी कमान में शामिल। इसकी गति 35 समुद्री मील-घण्टा है।
INS सतपुड़ा	यह दूसरा स्वदेश निर्मित गुप्त युद्धपोत है; P-17 युद्धपोत की श्रेणियों में दूसरा है। इसके अन्तर्गत विकसित थल-से-थल और थल से हवा तक के मिसाइल और उच्च तकनीक वाला राडार और संचार सामग्रियाँ शामिल हैं।
INS चक्र-2	4 अप्रैल, 2012 को इस परमाणु पनडुब्बी को भारतीय नौ सेना के बेड़े में (रूस से 10 वर्षों के लिए पट्टे पर) शामिल किया गया। समुद्र में इसकी गति 30 नॉट (55 किमी प्रति घण्टा) है।
सी 402	भारतीय तटरक्षक जहाज सी-402 का निर्माण लार्सन एण्ड टूब्रो (सूरत) ने किया, इसका प्रयोग पेट्रोलिंग बचाव एवं समुद्री अभियानों में किया जाएगा।
INS अरिहन्त	देश में निर्मित पहली परमाणु पनडुब्बी
INS वैभव	यह 90 मी वर्ग में समुद्र निगरानी जहाज (ओ पी वी) श्रृंखला का तीसरा संस्करण है। मई, 2013 को तूतीकोरिन में जलावतरण किया गया।

INS त्रिकन्द	रूस निर्मित तलवार श्रेणी का युद्धपोत है। ब्रह्मोस मिसाइल सिस्टम से लैस होगा।
INS विक्रान्त	जलावतरण अगस्त, 2013 को कोच्चि में किया गया। देश के प्रथम विमानवाहक पोत विक्रान्त के नाम पर ही इस स्वदेशी विमानवाहक युद्धपोत का नामकरण किया गया।
INS अस्त्रधारिणी	भारतीय नौसेना ने पहले स्वदेशी निर्मित और डिजाइन किए गए टारपीडो लॉन्च एवं रिकवरी पोत का 6 अक्टूबर, 2015 को विशाखापट्टनम (आन्ध्र प्रदेश) में जलावतरण किया।
INS कोच्चि	रक्षा मन्त्री मनोहर पर्रिकर ने 30 सितम्बर, 2015 को स्वदेश निर्मित सर्वाधिक बड़े युद्धपोत का मुम्बई में जलावतरण कर राष्ट्र को समर्पित किया।
INS कलवारी	यह स्वदेशी तकनीक से निर्मित भारत की स्कॉर्पीन श्रेणी की पहली स्टेल्थ पनडुब्बी है। इस श्रेणी की पनडुब्बियों का विकास 'प्रोजेक्ट 75' के अन्तर्गत किया जा रहा है।
INS कदमत्त	स्वदेशी तकनीक से निर्मित युद्धपोत का जलावतरण 7 जनवरी, 2016 को हुआ। यह पोत प्रोजेक्ट- 28 (पी-28) के अन्तर्गत दूसरा पनडुब्बीरोधी युद्धपोत है।
INS खन्देरी	स्कॉर्पियन श्रेणी की दूसरी पनडुब्बी है; जिसे 12 जनवरी, 2017 को समुद्र में उतारा गया। इसे सितम्बर, 2019 में नौसेना में शामिल किया गया। यह एक बार में 12 हजार किमी की दूरी तय करने के साथ 350 मी की गहराई तक जा सकती है।
INS करंज	यह कलवरी श्रेणी की पनडुब्बी है, जिसे 31 जनवरी, 2018 को लॉन्च किया गया। इसका निर्माण मझगाँव डाक शिपबिल्डर लिमिटेड, मुम्बई द्वारा किया गया है।

प्रमुख टैंक

अर्जुन	इसका विकास डी आर.डी.ओ. ने किया है। 1400 हॉर्स पावर वाला यह टैंक अपने चारों ओर 360° घूमकर अचूक निशाना लगाता है। इस टैंक में एक विशेष प्रकार के फिल्टर के उपयोग के कारण जवानों की जहरीली गैसों एवं विकिरण प्रभाव से रक्षा होती है। इस फिल्टर का निर्माण बार्क (BARC) ने किया है।
T-90 (भीष्म)	मध्यम श्रेणी का युद्धक टैंक है (50 टन से कम वजन का है)। यह टैंक जैविक तथा रासायनिक आक्रमण की स्थिति में भी सक्रिय रह सकता है तथा बारूदी सुरंगों से भी स्वयं का बचाव कर सकता है।
कर्ण	यह टैंक अर्जुन टैंक तथा रूसी टी-72 टैंक की विशेषताओं को मिलाकर बनाया गया है। यह मध्यम श्रेणी का हल्का टैंक है, जिसका वजन 48 टन है।
अर्जुन मार्क-II	भारत के स्वदेश निर्मित युद्धक टैंक का नवीन संस्करण अर्जुन मार्क II का परीक्षण 2011 में हुआ। वजन 66 टन, गति 40-60 किमी/घण्टा। यह मिसाइल दागने में सक्षम है।
भीम	डीआरडीओ द्वारा थल सेना के लिए स्वचालित तोप का विकास किया गया है। भीम की विशिष्टता यह है कि इस पर एक साथ 50 राउण्ड गोले रखे जा सकते हैं और इन्हें तोपों में भरने की स्वचालित व्यवस्था है।

प्रथम भारतीय उपग्रह

उपग्रह का नाम	प्रक्षेपण केन्द्र
आर्यभट्ट (1975)	पूर्व सोवियत संघ का बैंकानूर अन्तरिक्ष केन्द्र
भास्कर-I (1979)	बैंकानूर अन्तरिक्ष केन्द्र
भास्कर-II (1981)	बैंकानूर अन्तरिक्ष केन्द्र
रोहिणी आर एस-I (1980)	**श्री हरिकोटा** से भारतीय प्रक्षेपण यान (एसएल वी-3) द्वारा
एप्पल प्रायोगिक संचार उपग्रह (1981)	**फ्रेंच गुयाना** के कोरू अन्तरिक्ष प्रक्षेपण केन्द्र से यूरोपीय अन्तरिक्ष एजेन्सी के **एरियन-4** प्रक्षेपण यान द्वारा
GSAT-15 (11 नवम्बर, 2015)	फ्रेंच गुयाना के कौरू अन्तरिक्ष प्रक्षेपण केन्द्र से एरियान-5 रॉकेट द्वारा प्रक्षेपण
GSAT-18 (5, अक्टूबर, 2016)	फ्रेंच गुयाना के कौरू अन्तरिक्ष प्रक्षेपण केन्द्र से एरियन-5 रॉकेट द्वारा प्रक्षेपण
G-SAT-17 (29 जून, 2017)	फ्रेंच गुयाना के कौरू अन्तरिक्ष प्रक्षेपण केन्द्र से एरियन-5 द्वारा प्रक्षेपण
कलाम सेट-वी-2	श्री हरिकोटा (PSLV-C 44)
G-SAT-11 (5 सितम्बर, 2018)	कौरू, फ्रेंच गुयाना से एरियन (5 VA-246) यान द्वारा प्रक्षेपित
G-SAT-31 (5 फरवरी, 2019)	कौरू, फ्रेंच गुयाना से एरियन (5 VA-247) यान द्वारा प्रक्षेपित
G-SAT-30 (17 जनवरी, 2020)	कौरू फ्रेंच गुयाना से एरियन (5 VA-257) यान द्वारा प्रक्षेपित

खेलों की दुनिया

ओलम्पिक खेल

- आधुनिक ओलम्पिक खेलों का आयोजन एवं नियन्त्रण **अन्तर्राष्ट्रीय ओलम्पिक समिति** करती है।
- इस प्रतियोगिता के ध्वज में प्रतीक के रूप में पाँच चक्र एक-दूसरे से मिले हुए दर्शाए गए हैं, जो विश्व के पाँच महाद्वीपों का प्रतिनिधित्व करने के साथ ही विश्वव्यापी खेल भावना के भी सूचक हैं।
- ओलम्पिक ध्वज पहली बार वर्ष 1920 की 'एण्टवर्प' खेल प्रतियोगिता में फहराया गया।

ओलम्पिक खेल का परिचय

प्रारम्भ	776 ई. पू. (यूनान के ओलम्पिया में)
आधुनिक	1896 (एथेन्स)
आधुनिक शुरुआत	फ्रांस के **पियरे डि कुबर्तिन** के सहयोग से
Motto (आदर्श वाक्य)	Citius, Altius, Fortius (और तेज, और ऊँचा, और शक्तिशाली)
1920	एंटवर्प (बेल्जियम) में ओलम्पिक ध्वज फहराया गया
1928	**ओलम्पिक मशाल** प्रज्ज्वलित करने की परम्परा (एमस्टर्डम, नीदरलैण्ड ओलम्पिक)
1968	**शुभंकर** की परम्परा (मैक्सिको 1968 से शुरू)
1900	पेरिस (फ्रांस) से **महिलाओं की भागीदारी** ओलम्पिक में हुई

- इन पाँच चक्रों का रंग नीला, पीला, काला, हरा तथा लाल होता है। प्रत्येक रंग एक महाद्वीप का प्रतीक होता है। इनमें से नीला चक्र यूरोप, पीला चक्र एशिया, लाल चक्र अमेरिका, काला चक्र अफ्रीका और हरा चक्र ऑस्ट्रेलिया महाद्वीप का प्रतिनिधित्व करता है।
- वर्ष 1916, 1940 और 1944 में विश्वयुद्ध के कारण ओलम्पिक नहीं हुए।
- एक ही ओलम्पिक में सर्वाधिक 8 स्वर्ण पदक जीतने वाले पुरुष खिलाड़ी संयुक्त राज्य अमेरिका के तैराक **माइकल फेल्प्स** थे। (बीजिंग ओलम्पिक)
- वर्ष 2012 के लंदन ओलम्पिक खेलों का शुभंकर **वेनलॉक व मांडेविल्ले** था।

- वर्ष 2016 का ओलम्पिक **रियो डि जेनेरो** (ब्राजील) में तथा वर्ष 2020 का ओलम्पिक टोकियो (जापान) में आयोजित किया जाएगा।
- **शीतकालीन ओलम्पिक** (प्रारम्भ 1924), जो 16 दिनों तक चलते हैं, में उन्हीं खेलों को शामिल किया जाता है जो कम-से-कम 25 देशों में खेले जाते हों। इनमें केवल 7 खेल (वर्तमान में) शामिल हैं।
- **ग्रीष्मकालीन ओलम्पिक** में सिर्फ वही खेल शामिल किए जाते हैं, जो कम-से-कम 50 देशों में लोकप्रिय हों। इनमें 21 खेल (वर्तमान में) शामिल हैं।
- शीतकालीन ओलम्पिक खेल (2014) सोची, रूस में सम्पन्न हुए। वर्ष 2022 में ये बीजिंग (चीन) में आयोजित किए जाएँगे।

राष्ट्रमण्डल खेल

- शुरुआत वर्ष 1930, **हेमिल्टन** (कनाडा)।
- प्रत्येक चार वर्ष बाद इन खेलों का आयोजन होता है। इसमें केवल राष्ट्रमण्डल सदस्य देश ही भाग लेते हैं।
- वर्ष 2010 के राष्ट्रमण्डल खेल का शुभंकर (Mascot) शेरा था और लोगो (Logo) चक्र था, नई दिल्ली (भारत)।
- भारत ने 15 राष्ट्रमण्डल खेलों में भाग लिया है। (भारत ने वर्ष 1930, 1950, 1962, 1986 में भाग नहीं लिया था।)
- राष्ट्रमण्डल खेलों में पदक जीतने वाले प्रथम भारतीय **राशिद अनवर** (कुश्ती, काँस्य) (1934, लन्दन) थे।
- पहली बार वर्ष 1934 में भारत ने इस खेल में शिरकत की थी। क्वींस बेटन रिले की शुरुआत 1958 के कार्डिफ राष्ट्रमण्डल खेल से हुई।
- **20वाँ राष्ट्रमण्डल खेल** वर्ष 2014 में ग्लास्गो (स्कॉटलैण्ड) में सम्पन्न हुआ। इंग्लैण्ड ने पदक तालिका में प्रथम स्थान (174 पदक) प्राप्त किया, जबकि भारत पाँचवें (64 पदक) स्थान पर रहा। अगले 21वें राष्ट्रमण्डल खेल वर्ष 2018 में गोल्ड कोस्ट सिटी, ऑस्ट्रेलिया में सम्पन्न हुए, जिसमें 198 पदक के साथ ऑस्ट्रेलिया प्रथम स्थान पर तथा भारत 66 पदक के साथ तीसरे स्थान पर रहा। आगामी 22वें राष्ट्रमण्डल खेलों का आयोजन वर्ष 2022 में बर्मिंघम (इंग्लैण्ड) में किया जाना प्रस्तावित है।

एशियाई खेल

- **शुभारम्भ** 4 मार्च, 1951, नेशनल स्टेडियम, नई दिल्ली (उद्घाटन डॉ. राजेन्द्र प्रसाद, राष्ट्रपति भारत) (कुल 11 देशों के 489 खिलाड़ियों ने भाग लिया)।
- **आदर्श वाक्य** 'एवर ऑनवर्ड, सदा आगे'।
- **प्रतीक** 'छल्ले के साथ उभरता हुआ सूरज'।
- **16**वाँ एशियाई खेल (2010) में चीन के गुआंगझाओ में तथा वर्ष 2014 का एशियाई खेल इंचियोन (दक्षिण कोरिया) में आयोजित हुए। इंचियोन में आयोजित 17वें एशियाई खेलों में प्रथम, द्वितीय स्थान क्रमश: चीन और दक्षिण कोरिया को प्राप्त हुआ, जबकि भारत 57 पदकों के साथ 8वें स्थान पर रहा।
- 2018 में एशियाई खेलों का आयोजन इण्डोनेशिया में आयोजित किया गया।
- **आयोजक** ओलम्पिक काउंसिल ऑफ एशिया
- **नारा** 'Diversity Shines Here'
- 19वें एशियाई खेलों (2022) का आयोजन हांगझोऊ (चीन) में होना प्रस्तावित है।

दक्षेस खेल

दक्षिण एशिया में क्षेत्रीय खिलाड़ियों में सहयोग एवं मैत्री भाव को विकसित करने के उद्देश्य से 'दक्षेस खेल' का शुभारम्भ किया गया।

पहली बार आयोजन	1984
प्रथम आयोजन स्थल	काठमाण्डू (*नेपाल*)
वर्ष 2011 में आयोजित प्रथम दक्षिण एशियाई शीतकालीन खेल	औली (*उत्तराखण्ड*)
भाग लेने वाले देशों की संख्या	7
आयोजित खेलों की संख्या	4

पोलो

- फारस में इस खेल को **पुलु** के नाम से खेला जाता था।
- पोलो का जन्म भारत के **मणिपुर** राज्य में माना जाता है। मध्यकाल में यह 'चौगान' के नाम से खेला जाता था।
- अन्तर्राष्ट्रीय पोलो संघ की स्थापना 1983 ई. में हुई तथा इसका मुख्यालय बेवर्ली हिल्स (यूएसए) में है।

हॉकी

- हॉकी का पहला संगठित क्लब 1861 ई. में स्थापित ब्लैकहीथ रग्बी एण्ड हॉकी क्लब (इंग्लैण्ड) है।
- हॉकी का पहला विश्वकप वर्ष 1971 में बर्सिलोना (स्पेन) में हुआ।
- अन्तर्राष्ट्रीय हॉकी मैच की अवधि 70 मिनट की होती है।
- महिला हॉकी वर्ल्डकप की शुरुआत वर्ष 1974 में हुई।
- पुरुष एवं महिला विश्व कप हॉकी 2014 हेग (नीदरलैण्ड) में सम्पन्न हुए। पुरुष वर्ग का खिताब ऑस्ट्रेलिया ने नीदरलैण्ड को हराकर जीता तथा महिला वर्ग का खिताब नीदरलैण्ड ने ऑस्ट्रेलिया को हराकर जीता। भारत को नौवाँ स्थान प्राप्त हुआ।
- सिलारू (हिमाचल प्रदेश) में भारत का सबसे ऊँचा हॉकी का स्ट्रोटर्फ (रबड़ मैदान) बनाया गया है।
- भारत ने पहली बार 1975 में हॉकी का विश्व कप जीता।
- वर्ष 2014 के पुरुष हॉकी विश्वकप का आयोजन नीदरलैण्ड के द हेग में किया गया। इसके फाइनल में ऑस्ट्रेलिया ने नीदरलैण्ड को पराजित कर खिताब पर कब्जा किया।
- वर्ष 2014 में महिला विश्वकप हॉकी का आयोजन नीदरलैण्ड में किया गया। इसमें नीदरलैण्ड ने ऑस्ट्रेलिया को पराजित कर रिकॉर्ड बनाया तथा 7वीं बार यह खिताब जीता।
- वर्ष 2018 में पुरुष हॉकी विश्व कप का आयोजन भुवनेश्वर (ओडिशा) में सम्पन्न हुआ, जिसमें बेल्जियम विजेता रहा।
- वर्ष 2023 में पुरुष हॉकी विश्वकप का आयोजन भारत (ओडिशा) में होना प्रस्तावित है।

क्रिकेट

- क्रिकेट के खेल का जन्मदाता **इंग्लैण्ड** को माना जाता है।
- विश्व का प्रथम क्रिकेट क्लब हैम्बलडन में 1760 ई. में बना तथा 1787 ई. में मेरिलिबॉन क्रिकेट क्लब बना।
- अन्तर्राष्ट्रीय क्रिकेट परिषद् (ICC) क्रिकेट की सर्वोच्च संस्था है। इसका मुख्यालय **दुबई** में है।
- क्रिकेट का पहला टेस्ट मैच वर्ष 1877 में ऑस्ट्रेलिया और इंग्लैण्ड के बीच मेलबोर्न में खेला गया। पहला अन्तर्राष्ट्रीय एकदिवसीय मैच भी मेलबोर्न में ही हुआ।
- एकदिवसीय क्रिकेट विश्व कप का प्रथम आयोजन इंग्लैण्ड (लार्ड्स-1975) में हुआ, जिसमें वेस्टइण्डीज विजेता तथा ऑस्ट्रेलिया उपविजेता रहा।
- भारत ने दो बार (1983 तथा 2011 में) विश्व कप जीता।
- युवराज सिंह को विश्व कप-2011 का बेस्ट प्लेयर ऑफ द टूर्नामेण्ट का खिताब दिया गया।

- विश्व कप 2015 फाइनल में ऑस्ट्रेलिया ने न्यूजीलैण्ड को हराकर जीता। क्रिकेट विश्व कप 2019 में इंग्लैण्ड न्यूजीलैंड को हराकर जीता है।
- अगला विश्व कप 2023 में भारत में आयोजित होगा।

फुटबॉल

- फुटबॉल का जन्म भी क्रिकेट की भाँति **इंग्लैण्ड** में ही माना जाता है।
- 1857 ई. में इंग्लैण्ड में विश्व का पहला फुटबॉल क्लब 'शेफील्ड फुटबॉल क्लब' का गठन हुआ।
- फेडरेशन इण्टरनेशनल डी फुटबॉल एसोसिएशन (फीफा) की स्थापना 21 **मई,** 1904 को **पेरिस** (फ्रांस) में हुई।
- महिला विश्वकप फुटबॉल की शुरुआत वर्ष 1991 में चीन में हुई जिसे **यूएसए** ने जीता। फुटबॉल विश्वकप को **जूल्स रिमेट कप** भी कहा जाता है।
- वर्ष 1942 और वर्ष 1946 में फुटबॉल का विश्वकप नहीं हुआ।

> विश्व कप फुटबॉल वर्ष 2014 का आयोजन ब्राजील में हुआ, जिसमें जर्मनी ने अर्जेण्टीना को हराकर खिताब अपने नाम किया तथा वर्ष 2018 का खिताब फ्रांस ने जीता और वर्ष 2022 का आयोजन क़तर में होगा।

लॉन टेनिस

- यह मैदानों (कोर्ट) पर खेला जाता है।
- **ग्रैण्ड स्लैम** के अन्तर्गत ऑस्ट्रेलियाई ओपन, फ्रेंच ओपन, विम्बलडन तथा अमेरिकी ओपन टेनिस चैंपियनशिप आते हैं।
- फ्रेंच ओपन लाल क्ले कोर्ट पर खेला जाता है।
- ऑस्ट्रेलियाई और अमेरिकी ओपन कृत्रिम मैदान (हार्ड कोर्ट) पर खेले जाते हैं।
- विम्बलडन एकमात्र **ग्रैण्डस्लैम** है, जो घास के मैदान पर खेला जाता है।

बास्केटबॉल

- पहली बार बास्केटबॉल 1891 ई. में मैसाच्यूट्स, संयुक्त राज्य अमेरिका में खेला गया।
- बॉस्केटबॉल में पोल की ऊँचाई 10 फीट होती है। यह एक इण्डोर तथा आउटडोर खेल है, जो पश्चिम देशों में अत्यधिक लोकप्रिय है।

एथलेटिक्स

- इसे 'ट्रेक एण्ड फील्ड एथलेटिक्स' के नाम से भी जाना जाता है।
- प्रथम ओलम्पिक खेल में यह एकमात्र खेल था।
- अन्तर्राष्ट्रीय एथलेटिक्स एमच्योर फेडरेशन (IAAF) की स्थापना 17 देशों ने मिलकर वर्ष 1912 में की थी, जो प्रति चार वर्ष पर विश्व चैम्पियनशिप कराती है। इसका मुख्यालय मोनाको में है।

शतरंज

- 7वीं सदी में प्रारम्भ इस खेल में एक बोर्ड होता है, जिसमें कुल **64 खाने** होते हैं।
- 'द फेडरेशन इंटरनेशनल डे एजेस (FIDE)' इस खेल को नियन्त्रित करती है। विश्व चैम्पियनशिप तय करने के लिए प्रतियोगिता कराती है।
- वर्ष 2013 में चेन्नई में आयोजित प्रतिस्पर्द्धा में विश्वनाथन आनन्द को पराजित करके **नॉर्वे के मैग्नस कार्लसन्** शतरंज के विश्व चैम्पियन बन गए हैं। वर्ष 2014 में भी उन्होंने अपना खिताब बनाए रखा।

निशानेबाजी

- ओलम्पिक खेलों में निशानेबाजी 1896 ई. से ही शामिल है तथा इसकी पहली विश्व चैम्पियनशिप 1897 ई. में आयोजित की गई थी।
- अन्तर्राष्ट्रीय शूटिंग स्पोर्ट्स फेडरेशन इसकी सर्वोच्च संस्था है, जिसका मुख्यालय **म्यूनिख** (जर्मनी) में है।

बिलियर्ड्स

- इस खेल का विकास इंग्लैंड में 16वीं सदी में हुआ।
- यह दो प्रकार का होता है—8 बॉल बिलियर्ड्स व 9 बॉल बिलियर्ड्स

बैडमिंटन

- बैडमिंटन के आधुनिक रूप का जन्म **ब्लूस्टशायर** के बैडमिंटन हाउस में 1873 में हुआ।
- वर्ष 1934 में सात देशों ने मिलकर अन्तर्राष्ट्रीय बैडमिंटन संघ (आई वी एफ) की स्थापना की, जिसे अब विश्व बैडमिंटन संघ (बीडब्ल्यूएफ) के नाम से जाना जाता है। इसका मुख्यालय **क्वालालंपुर** (मलेशिया) में है।
- भारतीय बैडमिंटन एसोसिएशन की स्थापना वर्ष 1934 में हुई।

खेल परिसर

परिसर	सम्बन्धित खेल
रिंग	स्केटिंग, मुक्केबाजी
पूल	तैराकी
ऐलि	बाउलिंग
फील्ड	पोलो, फुटबॉल, हॉकी
पिच	क्रिकेट, रग्बी
रिंक	कर्लिंग, आइस हॉकी
डायमण्ड	बेसबॉल
कोर्स	गोल्फ
बोर्ड	टेबल टेनिस
मैट	जूडो-कराटे, ताइक्वाण्डो
वेलोड्रम	ट्रैक साइकिलिंग
ट्रैक	एथलेटिक्स
रेंज	निशानेबाजी, तीरन्दाजी
कोर्ट	टेनिस, बैडमिण्टन, नेटबॉल, खो-खो, स्क्वैश, कबड्डी, हैण्डबॉल, वॉलीबॉल

खेलों में एक पक्ष के खिलाड़ियों की संख्या

खेल	संख्या
बास्केटबॉल	5
बैडमिण्टन	1 या 2
कबड्डी	7
रग्बी फुटबॉल	15
क्रिकेट	11
लॉन टेनिस	1 या 2
वॉलीबॉल	6
वाटरपोलो	7
हॉकी	11
टेबल टेनिस	1 या 2
खो-खो	9
बेसबॉल	9
फुटबॉल	11
पोलो	4

देश एवं उनके राष्ट्रीय खेल

देश	राष्ट्रीय खेल
यू एस ए	बेसबॉल
स्पेन	साँड-युद्ध
कनाडा	लेकरोसे (ग्रीष्म), आइस हॉकी (शीत)
भारत	हॉकी
रूस	फुटबॉल, शतरंज
चीन	टेबल टेनिस
ब्राजील	केपोइरा (Capoeira)
फ्रांस	फुटबॉल
इंग्लैण्ड	क्रिकेट
जापान	जूडो
ऑस्ट्रेलिया	क्रिकेट
पाकिस्तान	हॉकी
मलेशिया	बैडमिण्टन
स्कॉटलैण्ड	रग्बी फुटबॉल
इण्डोनेशिया	बैडमिण्टन

खेलों से सम्बन्धित महत्त्वपूर्ण शब्दावली

क्रिकेट	एल बी डब्ल्यू, सिली प्वॉइन्ट, ऐशेज, मेडेन ओवर, आउट स्विंग, पिच, गुगली, फॉलो-ऑन, ड्राइव, चायनामैन, बाई, लेग-कट, स्टम्प, नो बॉल, हैट्रिक, रन आउट, स्ट्रोक, स्विंग, बॉलर, बैट्समैन, वाइड, थ्रो, स्ट्रोक, कवर, स्लिप, गली, कवर प्वॉइन्ट, हुक, डेड बाल, लॉग आन, थर्ड मेन, हिट विकेट, थ्रो, मिड आन आदि।
शतरंज	चेकमेट, बिशप, गैम्बिट, स्टेलमेट, कैसेलिंग, पौन, फिडे, नाइट, चेक, कैशल, पीसेज, रैक, ग्रैण्डमास्टर आदि।
हॉकी	ड्रिबल, स्टिक, बुली, हैट्रिक, शॉर्ट कॉर्नर, पेनाल्टी, कॉर्नर, स्कूप, कट, साइड लाइन, रैफरी, ट्राई ब्रेकर, कटिंग, सेन्टर फॉरवर्ड, पुश इन, हाफ वाली, फुल बैक आदि।
गोल्फ	कोर्स, होल, पुट, लिंक्स, टी, स्टाइमी, बैफी, कैडी, बोगी, फोरसम, आयरन, पुटिंग, बंकर, लाई, पोस्ट आदि।
घुड़दौड़	पण्टर, हर्डलास, जाकी, डेड हीट, फेंस, स्टैक्स आदि।
पोलो	बण्डर, चकर, मैलेट, हुक, गेलोपिंग, हैडी कैप बंकर, चुक्का, एंगलशाट, एरिस रेल आदि।
तैराकी	फ्री स्टाइल, क्राल, ब्रेस्ट स्ट्रोक, बटरफ्लाई, जेन आदि।
टेनिस	स्मैश, एडवाण्टेज, बैक हैण्ड, फाल्ट, ड्यूस, चाप, सर्विस, लव, चेज, सेट, इन, आउट आदि।
वॉलीबॉल	वॉली, डिगपास, ओवर लैपिंग, बूस्टर, हुक, सर्व लव, फ्लोटर, स्विच, एरियल, रैफ्री, रोटेशन आदि।
भारोत्तोलन	चार्किंग, बारबेल, प्रेस, स्नैच, रिफ्लैट आदि।
कुश्ती	हाफ नेल्सन, स्टिकलर्स, हीव, काशन, क्रैडल, डागफल, एक्टिव, अटैक, हेल्ड आदि।
ट्रैक एण्ड फील्ड	हीट्स, वेकमार्क, फार्टलेक, लिफ्ट फोर्स, हर्डल्स, शाटपुट, स्टार्टर, बैटन आदि।
बास्केटबॉल	ब्लाकिंग, ड्रिवलिंग, जम्प बॉल, हैण्ड बॉल, मल्टीपल थ्रो, पिवट होल्डिंग, फ्री थ्रो, रिंगगार्ड प्वॉइन्ट, पिक, डेड बॉल, पिनोट, लीडपास आदि।
ब्रिज	फिनिश, डायमण्ड, रफ, डमी, रिबोक, नो ट्रम्प, लिटिल स्लैम आदि।
बैडमिण्टन	स्मैश, ड्राप, नेट, गेम, लव, फाल्ट, डबल फाल्ट, डाइव, लेट, ड्यूस, सर्विस ब्रेक, क्रासशाट आदि।
बिलियर्ड्स	पौट, क्यू, जिगर, स्क्रेच, ब्रेक, इन ऑफ, इन बॉक, स्क्रूबेक, स्पॉट स्ट्रोक, हैजर्ड, बोल्टिंग, आदि
बॉक्सिंग	हिटिंग बिलो द बेल्ट, गार्ड हैंग आन, जैब, हुक, पंच, नाक आउट, अपर कट, किडनी पंच, राउण्ड रिंग, ब्रेक, बेल, बेल्ट, ब्लो, बाउन्स, राउण्ड आदि।
बेसबॉल	बैटिंग, पिचर, होम, पुट आउट, स्ट्राइक, कैचर, डायमण्ड, हिटर, आउट फील्ड, बेसमैन, होम रन।
फुटबॉल	डायरेक्ट किक, ऑफ साइड, ड्रिबल, पेनाल्टी किक, हैट्रिक, टच लाइन, स्टापर, थ्रो इन, फ्री किक, विंगर, स्वीपर, कार्नर किक।

पुरस्कार एवं सम्मान (राष्ट्रीय)

पुरस्कार

भारत रत्न

- कला, साहित्य, विज्ञान, खेल तथा विविध क्षेत्रों में उत्कृष्ट योगदान के साथ जनसेवा के लिए यह देश का सर्वोच्च सम्मान है। इसकी स्थापना वर्ष 1954 में की गई थी। वर्ष 1977 में जनता पार्टी सरकार द्वारा भारत रत्न तथा पद्म पुरस्कारों को बन्द कर दिया गया था, किन्तु 1980 में कांग्रेस सरकार ने पुन: शुरू किया।
- यह अलंकरण काँस्य निर्मित पीपल के पत्ते के आकार का होता है। यह $2\frac{1}{16}$ इंच लम्बा, $1\frac{7}{8}$ इंच चौड़ा तथा $\frac{1}{8}$ इंच मोटा होता है। इस अलंकरण के मुख्य भाग पर सूर्य की आकृति अंकित होती है, जिसके नीचे **भारत रत्न** शब्द खुदे होते हैं। इसके पिछले भाग पर राष्ट्रीय चिह्न और इसके नीचे **सत्यमेव जयते** लिखा होता है।
- सचिन तेन्दुलकर एवं सी एन राव को वर्ष 2014 के भारत रत्न पुरस्कार के लिए घोषित गया है।
- वर्ष 2015 के लिए भारत रत्न पूर्व प्रधानमन्त्री अटलबिहारी वाजपेयी और महामना मदनमोहन मालवीय (मरणोपरान्त) को दिया गया था।
- वर्ष 2019 में भारत रत्न पूर्व राष्ट्रपति प्रणब मुखर्जी को तथा नानाजी देशमुख (मरणोपरान्त) व भूपेन हजारिका (मरणोपरान्त) को दिया गया।

पद्म पुरस्कार

- भारत रत्न के बाद पद्म पुरस्कार देश का दूसरा सबसे बड़ा सम्मान है। इसकी स्थापना वर्ष 1954 में हुई थी।
- ये पुरस्कार सरकारी कर्मचारियों द्वारा की गई सेवा सहित किसी भी क्षेत्र में की गई उच्च कोटि की विशिष्ट सेवा के लिए प्रदान किए जाते हैं। *पद्म पुरस्कार तीन प्रकार के होते हैं—*
  पद्म विभूषण, पद्म भूषण एवं पद्मश्री।

वीरता पुरस्कार

- **परमवीर चक्र** वीरता के लिए दिया जाने वाला सर्वोच्च पुरस्कार जो थल सेना, वायु सेना, जल सेना में दुश्मन के सामने बहादुरी के सर्वोत्कृष्ट प्रदर्शन या आत्मबलिदान के लिए दिया जाता है। इसकी शुरुआत वर्ष 1914 में हुई थी।
- **महावीर चक्र** देश का यह द्वितीय सर्वोच्च शौर्य पुरस्कार उस बहादुर सैनिक को प्रदान किया जाता है, जिसने शत्रु के दमन में अद्वितीय पराक्रम प्रदर्शित किया हो।
- **वीर चक्र** शौर्य एवं वीरता का तीसरा सर्वोच्च पुरस्कार उसे प्रदान किया जाता है, जिसने शत्रुओं का सामना अदम्य साहस के साथ करके उसे पीछे धकेला हो अथवा मौत के घाट उतार दिया हो।

- **अशोक चक्र** यह पुरस्कार देश का सर्वोच्च शान्तिकालीन शौर्य पुरस्कार है। यह पुरस्कार भी शौर्य प्रदर्शन में उल्लेखनीय भूमिका निभाने वाले बहादुर कर्मी को प्रदान किया जाता है।
- **कीर्ति चक्र** शौर्य का यह पुरस्कार उस वीर को प्रदान किया जाता है, जिसने शत्रु के मुकाबले में अभूतपूर्व साहस का प्रदर्शन किया हो।
- **शौर्य चक्र** युद्ध की परिस्थितियों में अद्भुत शौर्य प्रदर्शित करने वाले शूरवीरों को यह पुरस्कार प्रदान किया जाता है।

राष्ट्रीय वीरता पुरस्कार

प्रत्येक वर्ष गणतन्त्र दिवस पर देश के बहादुर बच्चों को राष्ट्रीय वीरता पुरस्कार से सम्मानित किया जाता है। इसके अन्तर्गत भारत अवार्ड, गीता चोपड़ा अवार्ड, संजय चोपड़ा अवार्ड, बापू गैधानी अवार्ड भी प्रदान किए जाते हैं।

साहित्य पुरस्कार

- **अकादमी पुरस्कार** साहित्य अकादमी पुरस्कार, ललित कला अकादमी पुरस्कार, संगीत नाटक अकादमी पुरस्कार प्रतिवर्ष प्रदान किए जाते हैं। साहित्य अकादमी, उत्कृष्ट साहित्य के लिए तथा अन्य दो कला व संगीत के क्षेत्र में विशिष्ट कार्य के लिए पुरस्कार देती है।
- **इकबाल सम्मान** मध्य प्रदेश सरकार द्वारा प्रदत्त यह सम्मान उर्दू साहित्य के लिए दिया जाता है।
- **कबीर सम्मान** सर्वाधिक सम्मानित यह पुरस्कार मध्य प्रदेश सरकार द्वारा दिया जाता है। यह पुरस्कार भारतीय भाषा में सामाजिक उत्कृष्ट कविता लेखन के लिए दिया जाता है।
- **ज्ञानपीठ पुरस्कार** यह भारत का सबसे प्रतिष्ठित पुरस्कार है। यह पुरस्कार किसी भी भारतीय को किसी भी भारतीय भाषा में उत्कृष्ट साहित्य रचना के लिए दिया जाता है। ज्ञानपीठ पुरस्कार, भारतीय ज्ञानपीठ संस्था द्वारा प्रायोजित होता है।
- यह सांस्कृतिक संस्था वर्ष 1949 में शान्ति प्रसाद जैन द्वारा स्थापित की गई थी।
- 55वां ज्ञानपीठ पुरस्कार, 2019 प्रसिद्ध मलयालम कवि 'अक्कितम अच्युतन नम्बूदरी' को प्रदान किया गया।
- 56वां ज्ञानपीठ पुरस्कार, 2021 असमिया कवि 'नीलमणि फूकन' को व 57वां ज्ञानपीठ पुरस्कार, 2022 कोंकणी कवि 'दामोदर मौउजो' को प्रदान किया गया है।

फिल्म एवं कला-संगीत पुरस्कार

- **दादासाहेब फाल्के पुरस्कार** सूचना एवं प्रसारण मन्त्रालय द्वारा दिया जाने वाला यह पुरस्कार भारतीय सिनेमा के विकास में उल्लेखनीय योगदान के लिए वर्ष 1969 से दिया जा रहा है।
- **तुलसी सम्मान** राष्ट्रीय स्तर पर जनजातीय लोककला के विकास में योगदान के लिए यह सम्मान मध्य प्रदेश सरकार द्वारा दिया जाता है।
- **कालिदास सम्मान** रूपंकर कलाओं व रंगकर्म के क्षेत्र में सृजनात्मक श्रेष्ठता हेतु यह पुरस्कार मध्य प्रदेश सरकार द्वारा दिया जाता है।
- **लता मंगेशकर सम्मान** सुगम संगीत के क्षेत्र में उत्कृष्टता के लिए यह सम्मान मध्य प्रदेश सरकार द्वारा दिया जाता है।
- **राष्ट्रीय फिल्म पुरस्कार** यह पुरस्कार भारत सरकार के सूचना तथा प्रसारण मन्त्रालय द्वारा उत्कृष्ट फिल्मों तथा उनसे सम्बद्ध कलाकारों को प्रदान किया जाता है।

खेलों से सम्बन्धित राष्ट्रीय पुरस्कार

पुरस्कार का नाम	विशेष तथ्य
राजीव गाँधी खेल रत्न पुरस्कार	वर्ष 1991-92 में शुरूआत। उत्कृष्ट खिलाड़ी को खेलों में उसकी उपलब्धि हेतु प्रदान किया जाता है। सबसे पहले यह पुरस्कार शतरंज खिलाड़ी विश्वनाथन आनन्द को मिला (वर्ष 1991-92 मे)।
ध्यानचन्द पुरस्कार	वर्ष 2002 में शुरुआत। खेलों में जीवनभर की उपलब्धि के लिए यह पुरस्कार दिया जाता है।
अर्जुन पुरस्कार	वर्ष 1961 में शुरुआत किसी खिलाड़ी को अन्तर्राष्ट्रीय स्तर पर उसके पिछले तीन वर्ष की उपलब्धि पर यह पुरस्कार दिया जाता है।
द्रोणाचार्य पुरस्कार	वर्ष 1985 में शुरुआत। विख्यात खेल प्रशिक्षकों को सम्मानित किया जाता है।

नोट वर्ष 2021 में राजीव गांधी खेल रत्न पुरस्कारों का नाम बदलकर मेजर ध्यानचन्द खेल रत्न पुरस्कार कर दिया गया है।

अन्तर्राष्ट्रीय पुरस्कार

नोबेल पुरस्कार

- नोबेल पुरस्कार का प्रारम्भ वर्ष 1901 में डाइनामाइट के आविष्कारक तथा प्रमुख उद्योगपति अल्फ्रेड नोबेल की वसीयत के अनुरूप किया गया।
- 1886 ई. में अल्फ्रेड नोबेल की मृत्यु के बाद उन्होंने अपनी वसीयत में अपने उद्योगों की वार्षिक आय पुरस्कारों के लिए दान कर दी।
- यह पुरस्कार प्रतिवर्ष 10 दिसम्बर को दिए जाते हैं।

अन्तर्राष्ट्रीय मलाला अवार्ड

मलाला दिवस के अवसर पर 'यूनाइटेड नेशन्स स्पेशल इनवॉय फॉर ग्लोबल एजुकेशन्स यूथ करेज अवार्ड फॉर एजुकेशन' प्रदान किया गया। प्रथम मलाला अवार्ड मेरठ (उत्तर प्रदेश, भारत) की जरिया सुल्ताना को मिला।

संयुक्त राष्ट्र संघ

- संयुक्त राष्ट्र संघ की स्थापना 'सैन फ्रांसिस्को सम्मेलन' (26 जून, 1945) के प्रस्ताव के आचरण पर 24 अक्टूबर, 1945 को हुई थी।
- संयुक्त राष्ट्र का मुख्यालय न्यूयॉर्क (यू एस ए) में है। वर्तमान में इसकी सदस्य संख्या 193 है। नवीनतम सदस्य दक्षिणी सुडान है।
- अंग्रेजी, फ्रेंच, चीनी, रूसी, अरबी तथा स्पेनिश इसकी छ: आधिकारिक भाषाएँ हैं। प्रारम्भ में इसकी आधिकारिक भाषा अंग्रेजी और फ्रेंच थी।

संयुक्त राष्ट्र संघ के प्रमुख अंग

अंग	विशेष तथ्य
महासभा	यह संयुक्त राष्ट्र का एकमात्र अंग है, जिसमें संघ के सभी सदस्य देशों को सदस्यता प्राप्त है।
सुरक्षा परिषद्	सुरक्षा परिषद् विश्व शान्ति एवं सुरक्षा से सम्बन्धित है। इसमें 5 स्थायी सदस्य (अमेरिका, ब्रिटेन, चीन, फ्रांस तथा रूस) तथा 10 अस्थायी सदस्य होते हैं।
आर्थिक एवं सामाजिक परिषद्	इसमें 54 सदस्य हैं। इसके कार्यों में युद्ध एवं शस्त्र की राजनीति को छोड़कर अन्तर्राष्ट्रीय महत्त्व के विषय आते हैं।
अन्तर्राष्ट्रीय न्यायालय	इस न्यायालय में 15 सदस्य होते हैं। इसका मुख्यालय हेग (नीदरलैण्ड) में है।

न्यास परिषद्	इस परिषद् के माध्यम से संयुक्त राष्ट्र का उन राष्ट्रों के प्रशासन एवं सुरक्षा से सम्बन्धित दायित्व स्पष्ट होता है, जो द्वितीय विश्वयुद्ध के पश्चात् स्वतन्त्र नहीं हो पाए।
सचिवालय	यह संयुक्त राष्ट्र का प्रशासनिक अंग है। इसमें महासचिव होता है, जिसकी नियुक्ति 5 वर्ष के लिए होती है। एंटोनियो गुटेरेस (पुर्तगाल) इसके महासचिव हैं।

भारत की आन्तरिक सुरक्षा व्यवस्था
(अर्द्धसैनिक और नागरिक बल)

नाम	मुख्यालय	स्थापना	प्रमुख
असम राइफल्स (AR)	शिलाँग	1835	महानिदेशक
केन्द्रीय रिजर्व पुलिस (CRPF)	नई दिल्ली	1939	महानिदेशक
भारत-तिब्बत सीमा पुलिस (ITBP)	नई दिल्ली	1962	महानिदेशक
सशस्त्र सीमा बल (SSB)	नई दिल्ली	1963	महानिदेशक
सीमा-सुरक्षा बल (BSF)	नई दिल्ली	1965	महानिदेशक
केन्द्रीय औद्योगिक सुरक्षा बल (CISF)	नई दिल्ली	1969	महानिदेशक
भारतीय तटरक्षक दल	नई दिल्ली	1978	महानिदेशक
राष्ट्रीय सुरक्षा गार्ड्स (NSG)	नई दिल्ली	1984	महानिदेशक

संयुक्त राष्ट्र संघ के विभिन्न अभिकरण एवं अन्य संगठन

संगठन	स्थापना वर्ष	मुख्यालय
अन्तर्राष्ट्रीय श्रम संगठन	1919	जेनेवा (स्विट्जरलैण्ड)
अन्तर्राष्ट्रीय नागरिक उड्डयन संगठन	1944	मॉन्ट्रियल (कनाडा)
संयुक्त राष्ट्र खाद्य एवं कृषि संगठन	1945	रोम (इटली)
अन्तर्राष्ट्रीय पुनर्निर्माण एवं विकास बैंक	1946	वाशिंगटन डी. सी (अमेरिका)
यूनेस्को	1946	पेरिस (फ्रांस)
विश्व स्वास्थ्य संगठन	1948	जेनेवा (स्विट्जरलैण्ड)
विश्व मौसम विभाग संगठन	1950	जेनेवा (स्विट्जरलैण्ड)
अन्तर्राष्ट्रीय परमाणु ऊर्जा अभिकरण	1957	वियना (ऑस्ट्रिया)
संयुक्त राष्ट्र औद्योगिक विकास संगठन	1966	वियना (ऑस्ट्रिया)
व्यापक परमाणु परीक्षण प्रतिबन्ध सन्धि संगठन	1996	वियना (ऑस्ट्रिया)
रासायनिक हथियार निषेध संगठन	1997	द हेग (नीदरलैण्ड)

अन्य प्रमुख अन्तर्राष्ट्रीय संगठन

संगठन	स्थापना वर्ष	मुख्यालय
रेडक्रॉस	1863	जेनेवा (स्विट्जरलैण्ड)
इण्टरपोल	1923	लियॉन्स (फ्रांस)
राष्ट्रमण्डल	1949	लंदन (ब्रिटेन)
उत्तरी अटलाण्टिक सन्धि संगठन (NATO)	1949	ब्रुसेल्स (बेल्जियम)
यूरोपियन संघ	1958	ब्रुसेल्स (बेल्जियम)
गुटनिरपेक्ष आन्दोलन	1961	जकार्ता (इण्डोनेशिया)
आसियान	1967	जकार्ता (इण्डोनेशिया)
एशियाई विकास बैंक	1967	मनीला (फिलीपीन्स)
एशिया-प्रशान्त आर्थिक सहयोग संगठन	1989	सिंगापुर
दक्षिण एशियाई क्षेत्रीय सहयोग संगठन (सार्क)	1985	काठमाण्डू (नेपाल)
शंघाई संहयोग संगठन	2001	बीजिंग
ट्रांस पेसिफिक पार्टनरशिप	2015	ऑकलैण्ड (न्यूजीलैण्ड)

अभ्यास प्रश्न

1. भारत का प्रथम लोकसभा अध्यक्ष कौन था?
(a) जी. वी मावलंकर
(b) बी. आर अम्बेडकर
(c) जे. वी. कृपलानी
(d) श्यामा प्रसाद मुखर्जी

2. प्रथम परमवीर चक्र विजेता कौन था?
(a) श्री शंकर कुरूप (b) सोमनाथ शर्मा
(c) राकेश शर्मा (d) मानिक शॉ

3. सुमेलित कीजिए

A. प्रथम गृहमन्त्री	1. हीरा लाल जे कानिया
B. प्रथम मुख्य चुनाव आयुक्त	2. के. एम करियप्पा
C. प्रथम थल सेना अध्यक्ष	3. सुकुमार सेन
D. प्रथम मुख्य न्यायाधीश	4. वल्लभ भाई पटेल

कूट

	A	B	C	D
(a)	1	2	3	4
(b)	1	3	2	4
(c)	4	3	2	1
(d)	4	1	2	3

4. प्रथम महिला न्यायाधीश
(a) फातिमा बीबी (b) अन्ना चण्डी
(c) जयन्ती पटनायक (d) आरती साहा

5. देश का दूसरा सर्वोच्च सैन्य पुरस्कार है जो सैनिकों को प्रदान किया जाता है।
(a) परमवीर चक्र (b) महावीर चक्र
(c) वीर चक्र (d) अशोक चक्र

6. भारत की प्रथम महिला आई.ए.एस. अधिकारी कौन थी?
(a) किरण बेदी
(b) लीला सेठ
(c) अन्ना जॉर्ज
(d) विजयालक्ष्मी पण्डित

7. भारतीय राष्ट्रीय कांग्रेस की प्रथम विदेशी महिला अध्यक्ष कौन थी?
(a) सरोजनी नायडू (b) ऐनी बेसेन्ट
(c) सुचेता कृपलानी (d) मदर टेरेसा

8. ऑस्कर पुरस्कार जीतने वाली प्रथम भारतीय महिला कौन थी?
(a) जयन्ति पटनायक (b) उरसूल पुकुट्टी
(c) कमलजीत सन्धु (d) भानु अथैया

9. सुमेलित कीजिए

1.	राष्ट्रीय महिला आयोग की प्रथम अध्यक्ष	(i)	आशापूर्णा देवी
2.	भारत रत्न से सम्मानित प्रथम महिला	(ii)	जयन्ति पटनायक
3.	ज्ञानपीठ पुरस्कार प्राप्तकर्ता प्रथम महिला	(iii)	इन्दिरा गाँधी
4.	प्रथम भारतीय मिस यूनिवर्स	(iv)	सुष्मिता सेन

कूट

	A	B	C	D		A	B	C	D
(a)	1	2	3	4	(b)	2	3	1	4
(c)	3	1	2	4	(d)	4	3	2	1

10. भारत के प्रथम उपग्रह आर्यभट्ट का प्रक्षेपण कब हुआ था?
(a) वर्ष 1970 (b) वर्ष 1975
(c) वर्ष 1980 (d) वर्ष 1985

11. 2001 में भारतीय सेना में शामिल किया जाने वाला तेजस क्या है?
(a) टैंक (b) मिसाइल
(c) युद्धक विमान (d) राडार

12. भारत में प्रथम परमाणु रिएक्टर की स्थापना कहाँ हुई थी?
(a) तारापुर (b) ट्राम्बे
(c) बॉम्बे हाई (d) नागपुर

13. भारत का प्रथम बायोस्फीयर रिजर्व कौन-सा है?
(a) नीलगिरी (b) जिम कॉर्बेट
(c) चिल्का (d) बुलर

14. भारत के प्रथम महिला न्यायालय की स्थापना कहाँ हुई थी?
(a) मालदा (b) तारापुर
(c) नोआखली (d) सहारनपुर

15. 'भारत का पहला डाक-टिकट कहाँ से मुद्रित हुआ था?
(a) मुम्बई (b) कोलकाता
(c) चेन्नई (d) केरल

16. भारत की सबसे बड़ी खारे पानी की स्थलबद्ध झील कौन-सी है?
(a) चिल्का (b) साम्भर
(c) बुलर (d) टिहरी

17. भारत का सबसे बड़ा पशु मेला कहाँ लगता है?
(a) पुष्कर (राजस्थान) (b) कुम्भ (उज्जैन)
(c) सोनपुर (बिहार) (d) पंचमढ़ी (मध्य प्रदेश)

18. 'ढोला सदिया पुल' भारत का सबसे लम्बा नदी पुल है। यह किस नदी पर बना है?
(a) गंगा (b) गोदावरी
(c) ऋजरेखा (d) लोहित

19. दक्षिण भारत की गंगा कही जाने वाली 'गोदावरी' नदी की लम्बाई कितनी है?
(a) 2525 किमी (b) 1000 किमी
(c) 1465 किमी (d) 2000 किमी

20. भारत के राज्यों में किस राज्य की तटरेखा सबसे लम्बी है?
(a) गुजरात (b) मुम्बई
(c) केरल (d) आन्ध्र प्रदेश

21. भारत का सबसे लम्बा राष्ट्रीय राजमार्ग कौन-सा है?
(a) NH-8 (b) NH-44
(c) NH-7 (d) NH-108

22. वर्ष 2017 में हिन्दी का साहित्य अकादमी पुरस्कार किसे दिया गया?
(a) पदम सचदेव (b) तसलीमा नसरीन
(c) गीत झावेरी (d) रमेश कुन्तल मेघ

23. सुमेलित कीजिए

A.	यामा	1.	महादेवी वर्मा
B.	मैला आँचल	2.	फणीश्वर नाथ रेणु
C.	काली आँधी	3.	कमलेश्वर
D.	कामायनी	4.	जयशंकर प्रसाद

कूट

	A	B	C	D		A	B	C	D
(a)	4	3	1	2	(b)	1	2	3	4
(c)	1	4	2	3	(d)	4	1	2	3

24. उत्तरी ध्रुव पर पहुँचने वाले प्रथम व्यक्ति थे
(a) रॉबर्ट पियरी (b) चार्ल्स सिमोन्यी
(c) यूरीगागरिन (d) आर्थर ऐश

25. ऑस्कर पुरस्कार जीतने वाला प्रथम मुस्लिम अभिनेता कौन है?
(a) महेरशला अली (b) मोहम्मद अली
(c) एम. रहमान (d) हैदर अली

26. माउन्ट एवरेस्ट पर चढ़ने वाली प्रथम महिला जुन्को तबेई किस देश की है?
(a) चीन (b) थाइलैण्ड (c) मलेशिया (d) जापान

27. विश्व का वह पहला देश कौन-सा था, जिसने मृत्युदण्ड को समाप्त कर दिया?
(a) न्यूजीलैण्ड (b) वेनेजुएला (c) स्वीडन (d) आयरलैण्ड

28. 'नक्शा' बनाने वाला विश्व का प्रथम देश कौन था?
(a) मेसोपोटामिया (b) सुमेरिया
(c) सिन्धु (d) बेबीलोन

29. राष्ट्रीय खेल दिवस किस दिन मनाया जाता है?
(a) 29 अगस्त (b) 28 अगस्त (c) 26 जुलाई (d) 5 जुलाई

30. विश्व पर्यावरण दिवस निम्नलिखित में से किस दिन मनाया जाता है?
(a) 5 जून (b) 2 अक्टूबर
(c) 10 नवम्बर (d) 19 नवम्बर

31. विश्व परिवेश दिवस मनाया जाता है
(a) 21 मार्च को (b) 23 मार्च को
(c) 5 जून को (d) 5 अक्टूबर को

32. 'मानव अधिकार दिवस' मनाया जाता है
(a) 20 अक्टूबर को (b) 4 जुलाई को
(c) 8 अगस्त (d) 10 दिसम्बर को

33. सुमेलित कीजिए

	तिथि		घटना
A.	24 अक्टूबर	1.	मानवाधिकार दिवस
B.	10 दिसम्बर	2.	राष्ट्रकुल दिवस
C.	24 मई	3.	संयुक्त राष्ट्र दिवस
D.	21 सितम्बर	4.	अन्तर्राष्ट्रीय शान्ति दिवस

कूट

	A	B	C	D		A	B	C	D
(a)	4	1	2	3	(b)	3	1	2	4
(c)	3	2	1	4	(d)	4	2	1	3

34. भारत में प्रतिवर्ष शिक्षक दिवस कब मनाया जाता है?
(a) 5 सितम्बर (b) 2 अक्टूबर (c) 14 अक्टूबर (d) 20 दिसम्बर

35. नौ-सेना की पूर्वी कमान का मुख्यालय कहाँ स्थित है?
(a) दिल्ली (b) चण्डीमन्दिर
(c) इलाहाबाद (d) विशाखापट्टनम

36. थल सेना के ब्रिगेडियर के समकक्ष नौ सेना में कौन-सा पद होता है?
(a) रियर एडमिरल (b) कॉमोडोर
(c) कैप्टन (d) कमाण्डर

37. वायु सेना के शीर्ष पदाधिकारी को क्या कहते हैं?
(a) जनरल (b) एडमिरल
(c) एयर कॉमोडोर (d) एयर चीफ मार्शल

38. 'ब्लेक कैट' के नाम से किस सुरक्षा संगठन के सदस्यों को जाना जाता है?
(a) भारतीय तटरक्षक बल (b) राष्ट्रीय सुरक्षा गार्ड्स
(c) सशस्त्र सीमा बल (d) असम राइफल्स

39. सुमेलित कीजिए

	प्रक्षेपास्त्र		किस्म
A.	पृथ्वी	1.	सतह-से-सतह पर मार करने वाली
B.	त्रिशूल	2.	सतह-से-हवा में मार करने वाली
C.	सागरिका	3.	टैंक रोधी निर्देशित प्रक्षेपास्त्र
D.	नाग	4.	सतह से जल में मार करने वाली

कूट
A B C D
(a) 1 2 4 3 (b) 2 3 1 4
(c) 1 2 3 4 (d) 4 3 2 1

40. विश्व के सबसे छोटे, हल्के एवं बहुउद्देशीय सुपरसोनिक लड़ाकू विमान का नाम क्या है?
(a) मराज-29K (b) तेजस (c) निशान्त (d) राफेल

41. 'सुखोई' विमान का निर्माण करने वाली कम्पनी का सम्बन्ध किस देश से है?
(a) जापान (b) अमेरिका (c) फ्रांस (d) रूस

42. आई एन. एस. विक्रमादित्य को नौसेना में कब शामिल किया गया?
(a) वर्ष 2013 (b) वर्ष 2014 (c) वर्ष 2015 (d) वर्ष 2017

43. भारतीय टैंक 'कर्ण' किन दो टैंकों का मिश्रण है?
(a) अर्जुन और भीम (b) अर्जुन मार्क II और भीम
(c) अर्जुन और टी -72 (d) टी- 90 और टी-72

44. सुमेलित कीजिए

	सूची I		सूची II
A.	क्रिकेट	1.	पॉट
B.	गोल्फ	2.	रणजी
C.	फुटबॉल	3.	मोहन बागान
D.	बिलियर्ड्स	4.	पुट

कूट
A B C D
(a) 2 4 3 1 (b) 2 4 1 3
(c) 4 2 1 3 (d) 3 1 4 2

45. सुमेलित कीजिए

	सूची I		सूची II
A.	रंगास्वामी कप	1.	क्रिकेट
B.	रिलायन्स कप	2.	नौका दौड़
C.	रोवर्स कप	3.	फुटबॉल
D.	वेलिंगटन कप	4.	हॉकी गोल्फ

कूट
A B C D
(a) 5 3 2 4 (b) 4 1 3 2
(c) 5 1 3 4 (d) 2 3 1 5

46. कौन-सी प्रतियोगिता राष्ट्रीय फुटबॉल प्रतियोगिता से सम्बन्धित है?
(a) रणजी ट्रॉफी (b) दिलीप ट्रॉफी
(c) डूरण्ड ट्रॉफी (d) सन्तोष ट्रॉफी

47. 'सिली प्वॉइण्ट' किस खेल से सम्बन्धित है?
(a) क्रिकेट (b) टेनिस (c) बैडमिण्टन (d) ब्रिज

48. प्रसिद्ध खिलाड़ी पेले किस देश के हैं?
(a) बेल्जियम (b) ब्राजील (c) पुर्तगाल (d) सेनेगल

49. 'गैम्बिट' शब्द निम्नलिखित में से किस खेल से जुड़ा है?
(a) कैरम (b) ब्रिज (c) शतरंज (d) बिलियर्ड्स

50. निम्नलिखित में से कौन-सा एक युग्म सही सुमेलित है?
(a) एण्ड्रयू फ्लिण्टॉफ — क्रिकेट
(b) पीट सम्प्रास — फुटबॉल
(c) जुगराज सिंह — गोल्फ
(d) विजय कुमार — तैराकी

51. अमेरिका के कार्ल लुईस किस खेल के नामी खिलाड़ी गिने जाते हैं?
(a) एथलेटिक्स (b) बॉक्सिंग
(c) तैराकी (d) क्रिकेट

52. फुटबॉल में 'लेक पर्ल' के उपनाम से किस खिलाड़ी को जाना जाता है?
(a) रुड गुलिट (b) ए. डी. नासिमेन्टो
(c) लियोनेल मेसी (d) क्रिस्टियानो रोनाल्डो

53. निम्नलिखित में से कौन-सा पुरस्कार 'क्रिकेट का ऑस्कर' कहलाता है?
(a) आईसीसी पुरस्कार (b) विजडन पुरस्कार
(c) सिएट पुरस्कार (d) सी के नायडू पुरस्कार

54. भारत रत्न अलंकरण सर्वप्रथम किसे प्रदान किया गया?
(a) एस राधाकृष्णन को (b) सी वी रमन को
(c) सी राजगोपालाचारी को (d) जवाहरलाल नेहरू को

55. मैग्सेस पुरस्कार विजेता पहले भारतीय कौन थे?
(a) इन्दिरा गाँधी (b) टी एन शेषन
(c) किरन बेदी (d) विनोबा भावे

56. पद्म श्री पुरस्कार पाने वाली पहली भारतीय अभिनेत्री कौन थीं?
(a) स्मिता पाटिल (b) नर्गिस दत्त
(c) मीना कुमारी (d) मधुबाला

57. इन्दिरा गाँधी प्रियदर्शिनी पुरस्कार किस क्षेत्र में योगदान के लिए प्रदान किया जाता है?
(a) पर्यावरण के क्षेत्र में उल्लेखनीय योगदान
(b) राष्ट्रीय एकता, अखण्डता व भाईचारे को बढ़ावा देने के लिए
(c) अत्याचारों के खिलाफ आवाज उठाने एवं संघर्ष करने वाली साहसी महिलाओं को
(d) पत्रकारिता के क्षेत्र में महिलाओं की विशिष्ट उपलब्धि के लिए

58. 'लता मंगेशकर सम्मान' कौन प्रदान करता है?
(a) मध्य प्रदेश सरकार (b) उत्तर प्रदेश सरकार
(c) भारतीय ज्ञानपीठ (d) राजस्थान सरकार

59. 'इकबाल सम्मान' कौन प्रदान करता है?
(a) उत्तर प्रदेश सरकार (b) भारत सरकार
(c) मध्य प्रदेश सरकार (d) साहित्य अकादमी

60. अर्थशास्त्र में नोबेल पुरस्कार कब आरम्भ किए गए?
(a) 1901 (b) 1921 (c) 1959 (d) 1969

61. मैग्सेस पुरस्कार सर्वप्रथम कब दिए गए?
(a) 1957 (b) 1958 (c) 1960 (d) 1956

62. 'राजीव गाँधी सद्भावना पुरस्कार' कौन प्रदान करता है?
(a) के के बिड़ला फाउण्डेशन
(b) भारत सरकार
(c) राजीव गाँधी फाउण्डेशन (कांग्रेस पार्टी)
(d) भारतीय ज्ञानपीठ

63. संयुक्त राष्ट्र संघ की स्थापना का प्रस्ताव कब प्रस्तुत किया गया?
(a) 24 अक्टूबर, 1945 (b) 24 अक्टूबर, 1950
(c) 20 अक्टूबर, 1940 (d) 30 अक्टूबर, 1950

64. वर्तमान में संयुक्त राष्ट्रसंघ में कितने सदस्य हैं?
(a) 190 (b) 191
(c) 192 (d) 193

65. संयुक्त राष्ट्र संघ का एक मात्र अंग कौन-सा है? जिसमें संघ के सभी सदस्य देशों को सदस्यता प्राप्त है?
(a) सचिवालय (b) न्यास परिषद्
(c) अन्तर्राष्ट्रीय न्यायालय (d) महासभा

66. सुरक्षा परिषद् (संयुक्त राष्ट्र संघ का अंग) में अस्थायी सदस्यों की संख्या कितनी होती है?
(a) 5 (b) 10 (c) 15 (d) 20

67. सुमेलित कीजिए

संगठन	स्थापना वर्ष
A. अन्तर्राष्ट्रीय श्रम संगठन	1. 1945
B. यूनेस्को	2. 1919
C. विश्व स्वास्थ्य संगठन	3. 1966
D. संयुक्त राष्ट्र औद्योगिक विकास संगठन	4. 1948

कूट

	A	B	C	D		A	B	C	D
(a)	1	2	3	4	(b)	2	4	1	3
(c)	2	1	4	3	(d)	1	3	2	4

68. विश्व मौसम विभाग संगठन का मुख्यालय कहाँ स्थित है?
(a) जेनेवा (b) रोम (c) हेग (d) मान्ट्रियल

69. गुट निरपेक्ष आन्दोलन की शुरुआत कब हुई थी?
(a) 1955 (b) 1961 (c) 1971 (d) 1991

70. यूरोपीयन संघ की स्थापना कब हुई थी?
(a) 1958 (b) 1960 (c) 1965 (d) 1970

71. संयुक्त राष्ट्र के सन्दर्भ में वीटो शक्ति के बारे में निम्नलिखित में से कौन-सा कथन सही है?
(a) सुरक्षा परिषद् संकल्प को एक वीटो रोक सकता है
(b) यह एक प्रकार की सकारात्मक मत शक्ति है
(c) महासचिव इस शक्ति का प्रयोग करता है जब वह परिषद् के किसी निर्णय से सन्तुष्ट नहीं होता
(d) सुरक्षा परिषद् के सभी सदस्यों के पास वीटो शक्ति होती है

72. निम्नलिखित में से कौन-सा देश स्वतन्त्र राष्ट्रों के राष्ट्रमण्डल का सदस्य है?
(a) क्रोशिया (b) पोलैण्ड
(c) रोमानिया (d) जाम्बिया

73. निम्न में से सही कथन चुनें
1. कॉमनवेल्थ 45 देशों का संघ है।
2. कॉमनवेल्थ शासनाध्यक्षों की बैठक (CHOGM) प्रत्येक दो वर्ष में एक बार होती है।

कूट
(a) केवल 1 (b) केवल 2
(c) 1 और 2 दोनों (d) न तो 1 और न ही 2

74. निम्नलिखित में से कौन NAM का सहसंस्थापक नहीं था?
(a) गमाल अब्देल नासिर (b) जोसिप ब्रोज टीटो
(c) जवाहरलाल नेहरू (d) यासर अराफात

75. NATO का मुख्यालय कहाँ अवस्थित है?
(a) एम्सटर्डम (b) ब्रूसेल्स
(c) बर्लिन (d) पेरिस

76. निम्नलिखित में से कौन एक ASEAN का सदस्य नहीं है?
(a) ब्रूनेई दारुस्सलाम (b) ईस्ट तिमोर
(c) लाओस (d) म्यांमार

77. सुमेलित कीजिए

सूची I (संगठन)	सूची II (मुख्यालय)
A. UNESCO	1. जेनेवा
B. IMF	2. पेरिस
C. ILO	3. वियना
D. UNIDO	4. वाशिंगटन, डी सी

कूट

	A	B	C	D		A	B	C	D
(a)	2	1	4	3	(b)	2	4	1	3
(c)	3	1	4	2	(d)	3	4	1	2

उत्तरमाला

1. (a)	2. (b)	3. (c)	4. (b)	5. (b)	6. (c)	7. (b)	8. (d)	9. (c)	10. (b)
11. (c)	12. (b)	13. (a)	14. (a)	15. (b)	16. (b)	17. (c)	18. (d)	19. (c)	20. (a)
21. (b)	22. (d)	23. (b)	24. (a)	25. (a)	26. (d)	27. (b)	28. (b)	29. (a)	30. (a)
31. (d)	32. (d)	33. (b)	34. (a)	35. (d)	36. (b)	37. (d)	38. (b)	39. (a)	40. (b)
41. (d)	42. (b)	43. (c)	44. (a)	45. (b)	46. (d)	47. (a)	48. (b)	49. (c)	50. (a)
51. (a)	52. (a)	53. (a)	54. (a)	55. (d)	56. (b)	57. (b)	58. (a)	59. (c)	60. (d)
61. (b)	62. (c)	63. (a)	64. (d)	65. (d)	66. (b)	67. (c)	68. (a)	69. (b)	70. (a)
71. (a)	72. (d)	73. (b)	74. (d)	75. (b)	76. (b)	77. (b)			

सामान्य विज्ञान

भौतिकी से सम्बन्धित खोज/आविष्कार

खोज/आविष्कार	खोजकर्ता/आविष्कारक	खोज/आविष्कार	खोजकर्ता/आविष्कारक
गति विषयक नियम	न्यूटन	विद्युत प्रतिरोध का नियम	ओम
दाब का नियम	पास्कल	विद्युत आकर्षण का नियम	कूलॉम
सापेक्षता का सिद्धांत	आइन्सटीन	विद्यूत ऊष्मा प्रभाव	जूल
गुरुत्वाकर्षण का नियम	न्यूटन	धारा विद्युत	एलेसजेण्ड्रो वोल्टा
प्लवन का सिद्धांत	आर्किमिडीज	विद्युतीय तरंग	हेनरिक हर्ट्ज
डायोड वाल्व	सर जे. ए. फ्लेमिंग	विद्युत बैटरी	एलेसजेण्ड्रो वोल्टा
ट्रायोड वाल्व	ली. डी. फॉरेस्ट	स्थिर विद्युत	थेल्स
डायनामाइट	अल्फ्रेड नोबेल	विद्युत आवेश	बेंजामिन फ्रैंकलिन
लेसर किरण	टी. एच. मेमन	प्रकाश की गति	फीजो
अतिचालकता	केमरलिंघ ओन्स	प्रकाश के अपवर्तन का नियम	स्नेल
अभ्रकोष्ठ	सी. आर. टी. विल्सन	प्रकाश का कणिका सिद्धान्त	न्यूटन
न्यूट्रिनो	पाऊली	प्रकाश का तरंग सिद्धान्त	हाइजीन्स
कॉम्पटन प्रभाव	कॉम्पटन	प्रकाश का व्यतिकरण	थॉमस यंग
किरचौफ का नियम	किरचौफ	प्रकाश की द्रवों में चाल	फोकाल्ट
सेल्सियस पैमाना	सेल्सियस	परमाणु का कृत्रिम विखण्डन	फर्मी
फारेनहाइट पैमाना	फारेनहाइट	प्रेरक कुण्डली	रूमकार्फ
ऊष्मा का यान्त्रिक तुल्यांक	जूल	लॉगेरिथ्म	जॉन नेपियर
शीतलन का नियम	न्यूटन	नाभिकीय विखण्डन	ऑटोहॉन एवं स्ट्रॉसमैन
विद्युत-धारा का तापीय प्रभाव	जूल	आधुनिक एक्स किरण नली	कुलिज

यन्त्र सम्बन्धी आविष्कार

यन्त्र	आविष्कार	यन्त्र	आविष्कार
टेलीविजन	जे. एल. बेयर्ड	थर्मस फ्लास्क	डीवार
बैरोमीटर	टोरिसेली	रेल इंजन	जॉर्ज स्टीफेंसन
वायुयान	राइट बंधु	स्टीम बोट	फ्रैंक ह्वीटल
टेलीफोन	ग्राहम बेल	तड़ित चालक	फ्रैंकलिन
मोटरकार	ऑस्टिन	लैंस कैमरा	जींस
ग्रामोफोन	एडिसन	टायर	डनलप
वाष्प टरबाइन	पारसन्स	दूरबीन	गैलीलियो
डॉक्टरी थर्मामीटर	फॉरेनहाइट	रिवाल्वर	कोल्ट
सिलाई मशीन	इलियासहवो	मिलिटरी टैंक	स्विंगटन
फाउन्टेन पेन	वाटरमैन	डायलीसिस मशीन	कोल्फ
गाइरोस्कोप	फोकोल्ट	फोटोमीटर	एडवर्ड चार्ल्स पिकरिंग
ट्रांसफॉर्मर	फैराडे	कैलकुलेटर	पास्कल
टेपरिकार्डर	पाउलसन	होलोग्राफी	डेनिस गोबर
क्रेस्कोग्राफ	जे. सी. बोस	टेलीग्राफ	मोर्स
भाप इंजन	जेम्स वाट	बेतार टेलीग्राफी	मार्कोनी

यन्त्र	आविष्कार	यन्त्र	आविष्कार
डायनेमो	माइकल फैराडे	विद्युत बल्व	एडीसन
हेलीकॉप्टर	ब्रेकेट	स्पेक्ट्रमदर्शी	बुन्सेन
गैस इंजन	डायमलर	ट्रांजिस्टर	शाकले
साइक्लोट्रॉन	लॉरेन्स	रडार	वुशवेल
डीजल इंजन	रूडोल्फ डीजल	साइकिल	मैकमिलन
टाइप मशीन	शोल्ज	सेफ्टी रेजर	जिलेट
छपाई मशीन	कैक्सटन	पैराशूट	ए. जी. गार्नरिन
ग्लाइडर	सर जॉर्ज फेयली	मुद्रण कला	गुटेनबर्ग
जेट-इंजन	फ्रैंक ह्वीटल	बॉलपेन	जॉन जे. वोन्ड
माइक्रोमीटर	विलियम गैस कोजीन	बिजली का पंखा	ह्वीलर
स्कूटर	जी. ब्राडशा	माइक्रोस्कोप	जेनसन एण्ड जेनसन
रेफ्रिजरेटर	हैरीसन एवं कैटलीन	पेट्रोल चालित कार	कार्ल बेन्ज
लिफ्ट	एफ. जी. ओटिस	मशीनगन	जेम्स पकल
पावरलूम	कार्टराइट	सेफ्टीपिन	वाल्टर हंट
आर्क लैम्प	डेवी	एयरकण्डीशनर	विल्स हैवीलैंड कैरियर
क्रोनोमीटर	जॉन हैरिसन	सिस्मोमीटर	रॉबर्ट मैलेट
परमाणु भट्टी	एनरिको फर्मी	सेक्सटेंट	कॉमपेल
हार्ट लंग मशीन	डेनिश मेलरोज	गाइगर मूलर काउंटर	गाइगर
एयर ब्रेक	जॉर्ज वेस्टिंगहाउस	थर्मियोनिक डायोड	जे. ए. फ्लेमिंग
थर्मियोनिक ट्रायोड	ली. डी. फॉरेस्ट	ई-मेल	रे टॉमलिंसन

प्रसिद्ध भौतिक विज्ञानी एवं उनका महत्त्वपूर्ण योगदान

भौतिक विज्ञानी	देश	योगदान
गैलीलियो	इटली	जड़त्व का नियम, गति के समीकरण एवं दूरदर्शी का निर्माण
जी मार्कोनी	इटली	बेतार सन्देश, रेडियो तथा बेतार टेलीग्राफी
एर्निको फर्मी	इटली	कृत्रिम रेडियोसक्रिय तत्वों की पहचान, परमाणु भट्ठी का निर्माण
न्यूटन	इटली	सार्वत्रिक गुरुत्वाकर्षण का नियम, गति के नियम, परावर्तक दूरदर्शी, अवकलन गणित का आविष्कार, द्विपद प्रमेय का नियम
जे जे थॉमसन	इंग्लैण्ड	इलेक्ट्रॉन की खोज
जेम्स चैडविक	इंग्लैण्ड	न्यूट्रॉन की खोज
फैराडे	इंग्लैण्ड	विद्युत् चुम्बकीय प्रेरण के नियम, विद्युत अपघटन के नियम एवं डायनेमो का आविष्कार
जॉन डाल्टन	इंग्लैण्ड	परमाणु सिद्धान्त का प्रतिपादन
डॉ. डेनिश गोवर	इंग्लैण्ड	त्रिविमीय फोटोग्राफी की खोज
हेनरी केवेन्डिश	इंग्लैण्ड	पृथ्वी के घनत्व का परिकलन
हम्फ्री डेवी	इंग्लैण्ड	सैफ्टी लैम्प का आविष्कार
रॉबर्ट वाटसन वाट	इंग्लैण्ड	राडार का आविष्कार
डॉ. एच यूकावा	जापान	मेसॉन नामक कण की खोज
डॉ. के एम कृष्णनन	भारत	'रमण प्रभाव' की खोज में डॉ. सी वी रमण के सहयोगी
जे वी नार्लीकर	भारत	थ्योरी ऑफ रिलेटीविटी के नतीन सिद्धान्त का प्रतिपादन
डॉ. सुब्रह्मण्यम चन्द्रशेखर	भारत	खगोल विज्ञान, प्लाविक भौतिकी, गणितीय धारा भौतिकी एवं सामान्य सापेक्षता सिद्धान्त का प्रतिपादन
डॉ. राजा रमन्ना	भारत	भारत के प्रथम परमाणु परीक्षण में महत्त्वपूर्ण योगदान
डॉ. बिक्रम साराभाई	भारत	अन्तरिक्ष विज्ञान के क्षेत्र में प्रसिद्ध वैज्ञानिक, कॉस्मिक किरणों के अध्ययन पर महत्त्वपूर्ण योगदान
बी टी चौधरी	भारत	परमाणु विज्ञान पर महत्त्वपूर्ण शोध कार्य, साइक्लोट्रॉन के आविष्कार में डॉ. लोरेन्स के सहयोगी
प्रो. सतीश धवन	भारत	प्रमुख भारतीय वैज्ञानिक, अन्तरिक्ष अनुसन्धान के क्षेत्र में महत्त्वपूर्ण योगदान, भारतीय कृत्रिम उपग्रह 'आर्यभट्ट' एवं 'रोहिणी' के प्रक्षेपण में महत्त्वपूर्ण भूमिका
आर्यभट्ट	भारत	5वीं शताब्दी के सुविख्यात गणितज्ञ एवं खगोलशास्त्री, गणित सम्बन्धी कईं महत्त्वूपर्ण खोजें
भास्कर प्रथम	भारत	7वीं शताब्दी के सुविख्यात खगोलशास्त्री

भौतिक विज्ञानी	देश	योगदान
भास्कराचार्य द्वितीय	भारत	12वीं शताब्दी के सुविख्यात गणितज्ञ एवं खगोलशास्त्र
श्रीनिवास रामानुजम	भारत	'नम्बर थ्योरी' में महत्त्वपूर्ण योगदान
एस एन बोस	भारत	बोसॉन नामक कण की खोज
एच जे भाभा	भारत	अन्तरिक्ष किरणों की बौछार का सिद्धान्त एवं भारत में परमाणु ऊर्जा के जनक
एम एन साहा	भारत	तापीय आयनीकरण का सिद्धान्त
सी वी रमण	भारत	प्रकाश के प्रकीर्णन से सम्बन्धित रमण प्रभाव, क्रिस्टल की संरचना पर अध्ययन एवं खोज
जे सी बोस	भारत	बेतार सन्देश, पौधों में चेतना की खोज, क्रेस्कोग्राफ का आविष्कार
जे रॉबर्ट ऑपेन हीमर	अमेरिका	परमाणु बम का निर्माण (1954 ई.)
एच ए बैथे	अमेरिका	तारों में ऊर्जा उत्पादन की व्याख्या
आर वी फाइनमेन	अमेरिका	क्वाण्टम विद्युत गतिकी में शोध कार्य
थामस एल्वा एडीसन	अमेरिका	फानोग्राफ, विद्युत् बल्ब, चलचित्र टेलीग्राफ आदि का आविष्कार, तापायनिक उत्सर्जन की खोज
डॉ. एडवर्ड टेलर	अमेरिका	हाइड्रोजन बम का निर्माण (1952 ई.)
मिलिकॉन	अमेरिका	इलेक्ट्रॉन आवेश का निर्धारण
रॉन्टजन	जर्मनी	X-किरणों का आविष्कार
आइन्सटीन	जर्मनी	आपेक्षिकता का विशिष्ट एवं व्यापक सिद्धान्त, प्रकाश-विद्युत प्रभाव की व्याख्या, द्रव्यमान और ऊर्जा की तुल्यता ($E = mc^2$), फोटॉन की खोज, द्रव्यमान क्षति का पता
हाइजेनबर्ग	जर्मनी	अनिश्चितता का सिद्धान्त एवं क्वाण्टम यान्त्रिकी का निर्माण
जोहानास केपलर प्रो. जॉन वारडीन	जर्मनी	ग्रहों की गति से सम्बन्धित नियम, अतिचालकता का सिद्धान्त
मैक्स प्लांक	जर्मनी	क्वाण्टम सिद्धान्त का प्रतिपादन
मैक्सवेल	स्कॉटलैण्ड	प्रकाश का विद्युत-चुम्बकीय सिद्धान्त, गैस के अणुओं का वेग वितरण नियम
हेनरी बेक्वेरल	फ्रांस	रेडियोसक्रियता की खोज
डी. ब्रॉग्ली	फ्रांस	द्रव्य तरंगों की भविष्यवाणी एवं द्रव्य की द्वैती प्रकृति
नील बोर	डेनमार्क	हाइड्रोजन परमाणु की संरचना और विकिरण का क्वाण्टम सिद्धान्त
आर्किमिडीज	यूनान	द्रवों के उत्प्लावन सम्बन्धी नियमों का प्रतिपादन, लीवर का सिद्धान्त, आर्किमिडियन स्क्रू का निर्माण, विशिष्ट गुरुत्व की खोज
ए सलाम	पाकिस्तान	विद्युत चुम्बकीय तथा क्षीण बलों का एकीकरण
कॉपरनिकस	पोलैण्ड	सौरमण्डल की खोज, सूर्यकेन्द्री सिद्धान्त

रसायन विज्ञान से सम्बन्धित महत्त्वपूर्ण खोज

खोज	खोजकर्ता
इलेक्ट्रॉन	थॉमसन
न्यूट्रॉन	जेम्स चैडविक
पॉजिट्रॉन	कार्ल एण्डरसन
परमाणु क्रमांक	मोसले
आधुनिक आवर्त सारणी	मोसले
त्रिक नियम	डोबरीनियर
क्वाण्टम सिद्धान्त	मैक्स प्लान्क
अपवर्जन सिद्धान्त	पॉउली
तरंग यान्त्रिकी सिद्धान्त	डी ब्रोग्ली
क्रमिक रचना नियम	अफबाऊ
कृत्रिम रेडियो सक्रियता	जूलियट
वर्ग विस्थापन नियम	सॉडी व फेजेन्स
द्रव्यमान संरक्षण का नियम	लैवोजियर
गुणित अनुपात का नियम	डाल्टन
सापेक्षिकता का सिद्धान्त	आइन्सटीन
द्रव्यमान ऊर्जा समीकरण	आइन्सटीन

खोज	खोजकर्ता
चार्ल्स का नियम	चार्ल्स
तनुता नियम	ओस्टवाल्ड
विद्युत अपघटन का नियम	फैराडे
सह संयोजकता	लुईस
pH मापक्रम	सारेन्सन
हीलियम	लोकेयर
ऑक्सीजन	शीले एवं प्रीस्टले
सोडियम	डेवी
पोटैशियम	डेवी
रेडियम	क्यूरी दम्पत्ति
थोरियम	बर्जीलियस
यूरेनियम	क्लैप्रोथ
प्रोटॉन	गोल्डस्टीन
नाभिक	रदरफोर्ड
मेसॉन	युकावा

खोज	खोजकर्ता	खोज	खोजकर्ता
आवर्त सारणी	डिमिट्री मैण्डलीफ	एवोगार्डो की परिकल्पना	एवोगोर्डो
अष्टक नियम	न्यूलैण्ड्स	बॉयल का नियम	रॉबर्ट बॉयल
परमाणु सिद्धान्त	जॉन डॉल्टन	आंशिक दाब का नियम	डाल्टन
बोर सिद्धान्त	नील्स बोर	परासरण दाब का नियम	वर्कले
अधिकतम बहुलता सिद्धान्त	हुण्ड्स	विद्युत संयोजकता	कोसेल
अनिश्चितता नियम	हाइजेनबर्ग	उत्प्रेरण	बर्जीलियस
रेडियो सक्रियता	हेनरी बेक्वेरेल	हाइड्रोजन	कैवेण्डिश
समस्थानिक	सॉडी	नाइट्रोजन	रदरफोर्ड
भारी जल	यूरे	आर्गन	रैमजे और रैले
स्थिर अनुपात का नियम	प्राउट	मैगनीशियम	डेवी
व्युत्क्रम अनुपात का नियम	रिचर	कैल्सियम	डेवी
प्रकाश विद्युत प्रभाव	आइन्सटीन	पोलोनियम	मैडम क्यूरी

आधुनिक चिकित्सा से सम्बन्धित वैज्ञानिक तथा आविष्कार/खोज

आविष्कार	आविष्कारकर्ता	आविष्कार	आविष्कारकर्ता
रक्त परिसंचरण	विलियम हार्वे	पोलियो टीका	जोनस साल्क
बैक्टीरिया (जीवाणु)	ल्यूवेनहॉक	पोलियो ड्रॉप	एल्बर्ट सैबिन
टीका लगाना	एडवर्ड जेनर	गर्भ निरोधक गोलियाँ	पिनकस
स्टेथेस्कोप	रेने लैनक	हृदय प्रतिरोपण शल्य	क्रिश्चियन बनार्ड
क्लोराफॉर्म (निश्चेतक)	जेम्स सिम्पसन	प्रथम परखनली शिशु	स्टेप्टोव एडवर्ड्स
रेबीज टीका	लुई पॉश्चर	कैंसर केजीन	रॉबट्र वीनवर्ग
कुष्ठ के रोगाणु	हेनसन	विषाणु	इवानोवस्की
हैजा के रोगाणु	रॉबर्ट कोच	रक्त समूह	लैंडस्टीनर
तपेदिक के रोगाणु	रॉबर्ट कोच	आर एन ए (RNA)	आर्थर बर्ग व वाटसन
मलेरिया के रोगाणु	चार्ल्स लावेरान	डी एन ए (DNA)	वाटसन व क्रिक
डिप्थीरिया के रोगाणु	क्लेबस व बजरनिक	एन्टिसेप्टिक सर्जरी	लिस्टर
एस्प्रीन	ड्रेसर	क्लोरोक्वीन (कुनैन)	रेबी
विषाणु विज्ञान	इवानोवस्की व बजरनिक	कालाजार की चिकित्सा	यू एस ब्रह्मचारी
विटामिन	एफ जी हापकिंस	जेनेटिक कोड	हरगोविन्द खुराना
एन्टिजन	लैंडस्टीनर	टेरामाइसिन	फिनले
इन्सुलिन	बैन्टिंग व बेस्ट	टाइफाइड के जीवाणु	रो बर्थ
पेनीसिलीन	ए फ्लेमिंग	डायबिटीज चिकित्सा	बैंटिग
डी डी टी	पॉल मूलर	पीतबुखार की चिकित्सा	रीड़
आर एच कारक	लैंडस्टीनर	प्लेग व पेचिश चिकित्सा	कीटाजातो
स्ट्रेप्टोमाइसिन	सेलमन, वाक्समैन	बीसीजी टीका	यूरिन कालमेट
एल एस डी	हाफमैन	बेरीबेरी रोग चिकित्सा	आइजकमैन
किडनी मशीन	कोल्फ	मलेरिया परजीवी	रोनाल्ड रॉस
क्लोरोमाइसिटीन	बर्कहोल्डर	रक्त परिवर्तन	कार्ल लैंडस्टीनर
आरिओमाइसिन	डग्गर	विटामिन A	मैकुलन
रिसर्पिन	जल वकील	विटामिन B	मैकुलन
ओपेन हार्ट सर्जरी	वाल्टन लिलेहल	विटामिन C	यूजोक्ट होल्कट
हाइड्रोफोबिया चिकित्सा	लुई पाश्चर	विटामिन D	हापकिन्स
होम्योपैथी चिकित्सा	हैनीमेन	सिफलिस की चिकित्सा	पॉल एरिक

जन्तु विज्ञान की विभिन्न शाखाओं के जनक

आनुवंशिकी	जी जे मेण्डल
चिकित्साशास्त्र	हिप्पोक्रेट्स
सूक्ष्मजैविकी	लुई पाश्चर
प्रतिरक्षा विज्ञान	एडवर्ड जेनर
जीवाणु विज्ञान	रॉबर्ट कोच
तुलनात्मक रचना	जी क्यूवियर
आधुनिक आनुवंशिकी	बेटसन
आधुनिक शारीरिकी	एन्ड्रियस विसैलियस
रुधिर वर्ग	कॉर्ल लैंडस्टीनर
वर्गिकी	केरोलस लीनियस
जीवाश्म विज्ञान	लियोनार्डो डॉ विन्ची
आधुनिक भ्रूणिकी	कार्ल ई वॉन वेयर
उत्परिवर्तनवाद	ह्यूगो डि ब्रीज
सुजननिकी	फ्रान्सिस गाल्टन
माइक्रोस्कोपी	मारसेलो माल्पीजी
एन्डोक्राइनोलॉजी	थॉमस एडिसन
जन्तु विज्ञान	अरस्तू

प्रमुख चिकित्सकीय उपकरण

चिकित्सा उपकरण	उपयोग
इलेक्ट्रोकार्डियोग्राफ (ECG)	हृदय के संकुचन एवं प्रसार के समय उसमें उत्पन्न विद्युतवाहक बल को मापना, हृदय में किसी अन्य प्रकार के विकार का पता लगाना
इलेक्ट्रोएन्सिफैलोग्राफ (EEG)	मस्तिष्क में होने वाली विद्युत क्रियाओं को निरूपित करना तथा मस्तिष्क सम्बन्धी रोगों का निरूपण करना।
ऑटो एनालाइजर (Auto analyser)	विभिन्न जैव रासायानिक तत्वों; जैसे- ग्लूकोज, यूरिया, कोलेस्ट्रोल इत्यादि की जाँच करना।
सी टी स्कैन/कम्प्यूटेड टोमोग्राफिक स्कैनिंग (C.T Scan/Computed tomo-graphic scanning)	सम्पूर्ण शरीर के किसी भाग में असामान्यता या विकृति का पता लगाना/शरीर के किसी भी अंग का एक्स-रे लेकर कम्प्यूटर में विश्लेषण करना।
पेसमेकर (Pacemaker)	हृदय की गति कम हो जाने पर उसे सामान्य स्थिति में लाने हेतु प्रयुक्त उपकरण।

स्वास्थ्य एवं स्वास्थ्य विज्ञान

हम अपने स्वास्थ्य के लिए किस प्रकार का सन्तुलित आहार लें? हम किसी विशेष प्रकार की बीमारी से बचने के लिए किस प्रकार के पोषक पदार्थ से युक्त आहार का सेवन करें? हम अपने अच्छे स्वस्थ्य के लिए अपनी दिनचर्या कैसी रखें? आदि प्रश्न ऐसे प्रश्न हैं, जिनसे हमारा सामाना लगभग रोज ही होता है इसलिए इनसे सम्बन्धि जानकारी हमारे अच्छे स्वास्थ्य के लिए आवश्यक है। यही कारण है कि इन पहलुओं को न केवल सामान्य विज्ञान बल्कि सामान्य ज्ञान के अन्तर्गत भी शामिल किया जाता है, जिसके बारे में जानना लगभग सभी व्यक्तियों के लिए अनिवार्य है। इस अध्याय में मानव शरीर, आहार एवं पोषण के साथ-साथ स्वास्थ्य देखभाल के भी विभिन्न पहलुओं पर विस्तार से चर्चा की गई है।

पोषण

उन सभी क्रियाओं का कुल योग है जो भोजन के अन्तर्ग्रहण, पाचन, पचे हुए भोजन के अवशोषण और अपचित भोजन के बहिष्कार से सम्बन्धित है। पोषण *मुख्यतया दो प्रकार का होता है*

(a) **स्वपोषण** जीव अपना भोजन स्वयं बनाते हैं; जैसे— सभी हरे पौधे, कुछ एककोशिकीय जीव—*युग्लीना, क्लेमाइडोमोनाज, वोल्वॉक्स* ।

(b) **परपोषण** जीव अपने भोजन हेतु अन्य जीवों पर निर्भर रहते हैं; जैसे— परजीवी, मृतोपजीवी तथा कीटाहारी पौधे।

भोजन

भोजन वह पोषक पदार्थ है जो किसी जीव द्वारा वृद्धि, कार्य, मरम्मत और जीवन क्रियाओं के संचालन हेतु ग्रहण किया जाता है। यह विभिन्न पदार्थों का मिश्रण होता है। जिसकी मात्रा एवं उसके अवयव भिन्न-भिन्न हो सकते हैं।

भोजन के अवयव

भोजन के सात मुख्य अवयव निम्नलिखित हैं

1. कार्बोहाइड्रेट
2. वसा
3. प्रोटीन
4. विटामिन
5. खनिज लवण
6. जल
7. मोटा चारा (Roughage)

कार्बोहाइड्रेट

- कार्बोहाइड्रेट, पोलीहाइड्रोक्सी एल्डिहाइड अथवा कीटोन होते हैं जो C, H, एवं O से बने होते हैं। इनमें C, H एवं O का अनुपात सामान्यतया 1 : 2 : 1 होता है।
- सामान्य सूत्र $C_n(H_2O)_n$ or $C_n H_{2n}O_n$, n = कार्बन परमाणुओं की संख्या
- कार्बोहाइड्रेट हमारे शरीर हेतु मुख्य ऊर्जा के स्रोत हैं। ये ऑक्सीकरण के पश्चात् शरीर में ऊर्जा उत्पन्न करते हैं।
- 1 ग्राम कार्बोहाइड्रेट के ऑक्सीकरण 17 किलो जूल ऊर्जा अथवा 4.1 किलोकैलोरी ऊर्जा निकलती है।
- हमारे भोजन की कुल ऊर्जा में से लगभग 60%-80% ऊर्जा कार्बोहाइड्रेट से आती है।
- कार्बोहाइड्रेट हमारे शरीर का लगभग 1% भाग बनाते हैं।

कार्बोहाइड्रेट के प्रकार

शर्करा अणुओं के आधार पर इन्हें तीन भागों में बाँटा जा सकता है

(a) **मोनोसैकेराइड्स** ये सबसे सरल कार्बोहाइड्रेट हैं। ये केवल एक शर्करा अणु के बने होते हैं; जैसे—ग्लूकोज, फ्रक्टोज, गेलेक्टोज।

(b) **डाईसैकेराइड्स** ये मोनोसैकेराइडस की दो इकाइयों के बने होते हैं; जैसे—सुक्रोज (चीनी), माल्टोज, लैक्टोज (दुग्ध शर्करा)।

(c) **पोलीसैकेराइड्स** ये बहुत सी मोनोसैकेराइड इकाइयों के ग्लाइकोसाइडिक बन्ध द्वारा जुड़ने से बनते हैं; जैसे—सेलुलोस, स्टार्च (आलू में), ग्लाइकोजन (जन्तु यकृत में), काइटीन (आर्थ्रोपोड्स के कवच), हैलुरिक अम्ल।

भोजन में कार्बोहाइड्रेट

भोजन में पाए जाने वाले कुछ कार्बोहाइड्रेट निम्न हैं

सेलुलोस

- यह पौधे की कोशिका भित्ति में पाया जाता है।
- कपास एवं कागज शुद्ध सेलुलोस के बने होते हैं। यह ग्लूकोज का बहुलक है।
- पशुओं जैसे गाय, भैंस, बकरी आदि में सेलुलोस का पाचन होता है परन्तु मनुष्य में इसका पाचन नहीं होता।

सर्करा

- यह मीठा, क्रिस्टलीय, सफेद, जल में घुलनशील पदार्थ हैं। मुख्यतया फलों में पाया जाता है।
- ग्लूकोज शर्करा की अतिरिक्त मात्रा, यकृत में ग्लाइकोजन के रूप में तथा शरीर के अन्य भागों में वसा के रूप में संग्रहित रहती है।
- यकृत की ग्लाइकोजन, रुधिर में शर्करा का स्तर नियन्त्रित करती है।

स्टार्च

- पादप कोशिकाओं का संग्रहित पदार्थ है।
- रासायनिक रूप से यह एमाइलेज एवं एमाइलोपेक्टिन का मिश्रण है जिनमें इनका अनुपात 1 : 4 होता है।
- तनु HCl द्वारा यह ग्लूकोज में अपघटित हो जाता है।

कार्बोहाइड्रेट के स्रोत

- इसके मुख्य स्रोत आलू, फल (केला, आम), अनाज (चावल, गेहूँ, मक्का), शर्करा (शहद, गन्ना, चकुन्दर, जैम) रोटी, दूध आदि हैं।
- कार्बोहाइड्रेट की अत्यधिक मात्रा लेने से पाचन तन्त्र सम्बन्धी रोग हो जाते हैं।
- कार्बोहाइड्रेट की अत्यधिक मात्रा लेने से बच्चों एवं वयस्कों में मोटापा हो जाता है।

वसा

- वसा, वसीय अम्लों एवं ग्लिसरॉल से बना यौगिक है जो कार्बन (C), हाइड्रोजन (H) एवं ऑक्सीजन (O) का बना होता है।
- इसमें अत्यधिक कैलोरी (ऊर्जा) होती है और ये आवश्यक वसा अम्लों के मुख्य स्रोत हैं।
- 1 ग्राम वसा के ऑक्सीकरण द्वारा 37 किलोजूल ऊर्जा या 9 किलोकैलोरी ऊर्जा उत्पन्न होती है।
- ये जल में अविलेय एवं एसीटोन, बैन्जीन, क्लोरोफॉर्म आदि में विलेय होते हैं।
- जन्तु वसाएँ अर्द्ध ठोस होती हैं जबकि वनस्पति वसाएँ तरल रूप में होती हैं। तथा तेल कहलाती हैं।

वसा के स्रोत

- घी, मक्खन, बादाम, पनीर, अण्ड योक, मांस, सोयाबीन और सभी वनस्पति तेल वसा के मुख्य स्रोत हैं।
- वसा की अल्पता से त्वचा सूखी हो जाती है।
- वसा की कमी के कारण वसा में घुलनशील विटामिनों की भी कमी हो जाती है।
- वसा की अत्यधिक मात्रा के सेवन से मोटापा हो जाता है।
- कोलेस्ट्रॉल के स्तर में वृद्धि से हृदय रोग उत्पन्न हो जाते हैं।

प्रोटीन

- प्रोटीन शब्द **जे. बर्जीलियस** ने 1930 में प्रतिपादित किया था।
- प्रोटीन अमीनो अम्लों का बहुलक है।
- प्रोटीन, कार्बन (C), हाइड्रोजन (H), ऑक्सीजन (O) एवं नाइट्रोजन (N) से बनी होती हैं। कुछ प्रोटीनों में गंधक (S), फॉस्फोरस (P) और लौह (Fe) भी पाया जाता है।
- प्रोटीनों में लगभग 20 प्रकार के अमीनो अम्ल पाए जाते हैं।

प्रोटीन के स्रोत

- प्रोटीन के मुख्य स्रोत दालें, मछली, अण्डा, पत्तीदार सब्जियाँ, दूध, फल, सोयाबीन, मटर, सेम, पनीर, दही आदि हैं।
- प्रोटीन की कमी से बच्चों में सूखा रोग एवं क्वाशरकोर रोग उत्पन्न हो जाते हैं।

विटामिन

- विटामिन शब्द **फंक** ने प्रतिपादित किया था। इन्हें इनकी घुलनशीलता के आधार पर दो भागों में विभाजित किया जाता है
- **जल में घुलनशील विटामिन** विटामिन B-कॉम्पलैक्स, विटामिन C
- **वसा में घुलनशील विटामिन** विटामिन A, विटामिन D, विटामिन E, विटामिन K

विटामिनों के कार्य और महत्त्वपूर्ण स्रोत

विटामिन का नाम	कार्य	मुख्य स्रोत	कमी से प्रभाव
A (रेटीनॉल)	वृद्धि, आँखों की निरोगता, त्वचा और श्लेष्मिक झिल्ली की कोशिकाओं की क्रियाओं के लिए आवश्यक।	मछली के यकृत का तेल, यकृत, गुर्दा, फल, टमाटर, गाजर, मक्खन, अण्डे की जर्दी आदि।	वृद्धि रुकना, रतौंधी व जीरोफ्थैल्मिया, संक्रमणों के प्रति प्रभाव्यता, त्वचा और झिल्लियों में परिवर्तन का आना, दोषपूर्ण दाँत तथा बीमारियाँ आदि।
B_1 (थायमीन)	वृद्धि, कार्बोहाइड्रेट उपापचय नियन्त्रण, हृदय, तन्त्रिका और पेशियों की सक्रियता के लिए आवश्यक।	बीज वाले अन्न, मास, दूध, सोयाबीन, मुर्गा, अंकुरित अनाज, अण्डा, यीस्ट, आदि।	वृद्धि का रुकना, भूख और वजन घटना, तन्त्रिका विकास, बेरी-बेरी, थकान का होना, बदहजमी, पेट की खराबी, आदि।
B_2 (राइबोफ्लेविन)	वृद्धि, त्वचा और मुख की निरोगता, आँखों की सक्रियता।	मांस, सोयाबीन, दूध, हरी तरकारियाँ, अण्डे, मुर्गा, आदि।	वृद्धि का रुकना, धुँधली दृष्टि का होना, जीभ पर छाले पड़ जाना, असमय बुढ़ापा आना, प्रकाश न सह पाना, आदि।
B_3 (पेन्टोथेनिक ऐसिड)	कोएन्जाइम-A तथा ऐसीटाइलकोलीन के संश्लेषण के लिए आवश्यक।	यीस्ट, मांस, जिगर, गुर्दा, दूध, अण्डे, आदि।	पेशियों में लकवा, पैरों में जलन महसूस होना।
B_5 (नियासिन, निकोटिनिक अम्ल)	वृद्धि, कार्बोहाइड्रेट उपापचय, आमाश्य और आंतों की सक्रियता, तन्त्रिका तन्त्र की सक्रियता के लिए।	मांस, मूँगफली का मक्खन (पीनट बटर), आलू, साबुत अनाज, टमाटर, पत्ते वाली सब्जियाँ आदि।	जीभ का चिकनापन, त्वचा पर फोड़े-फुंसी का होना, पाचन क्रिया में गड़बड़ी होना, मानसिक विकारों (पेलाग्रा) का होना।

विटामिन का नाम	कार्य	मुख्य स्रोत	कमी से प्रभाव
B_6 (पाइरीडॉक्सिन)	अमीनो अम्ल का उपापचय।	यकृत, मांस, अनाज आदि।	त्वचा रोग, मस्तिष्क का ठीक से कार्य न करना। शरीर का भार कम होना, अनीमिया।
B_7 (बायोटिन)	कार्बोहाइड्रेट उपापचय, त्वचा व बालों की रक्षा।	मांस, अण्डा, यकृत, गिरीदार फल, दूध, आदि।	लकवा, शरीर में दर्द, बालों का गिरना तथा वृद्धि में कमी, आदि।
B_9 (फॉलिक अम्ल)	रुधिर कोशिकाओं का निर्माण तथा वृद्धि, न्यूक्लिक अम्ल के उपापचय में सहायक।	गिरीदार फल, हरी तरकारियाँ, यकृत, सेम, यीस्ट, अण्डा, आदि।	अनीमिया तथा पेचिश रोग हो जाता है।
B_{12} (साइनोकोबैलेमिन)	रुधिराणु बनाना, न्यूक्लिक अम्ल के संश्लेषण के लिए, नाइट्रोजन उपापचय आदि।	यकृत आदि।	रुधिर की कमी का होना आदि।
C (एस्कॉर्बिक अम्ल)	वृद्धि, दाँतों का विकास तथा मजबूती, मसूड़ों की निरोगता, घाव भरना आदि।	नींबू, सन्तरा, नारंगी, टमाटर, पत्ती वाली तरकारियाँ, आँवला, खट्टे पदार्थ, आदि।	मसूड़े फूलना, अस्थियों के चारों ओर स्राव, जरा-सी चोट पर रुधिर निकलने लगना (स्कर्वी), अस्थियाँ कमजोर होना।
D (केल्सीफेरॉल)	वृद्धि तथा अस्थियों और दाँतों का निर्माण।	मछली का यकृत का तेल, सम्पूर्ण दूध, अण्डे, सूर्य का प्रकाश।	(रिकेट्स) सूखा रोग, कमजोर दाँत, दाँतों के रोग, दाँतों का सड़ना आदि।
E (टोकोफेरॉल)	सामान्य जनन।	पत्ती वाली तरकारियाँ, दूध, मक्खन, अंकुरित गेहूँ, वनस्पति तेल आदि।	जनन-शक्ति का कम होना।
K (फिलोक्विनोन)	रुधिर के सामान्य थक्के जमना, यकृत की सामान्य क्रियाओं के लिए।	हरी तरकारियाँ, सोयाबीन का तेल, टमाटर, आँतों में जीवाणु भी संश्लेषण करते हैं।	रुधिर स्राव का होना, ऐंठन आदि।

खनिज लवण

- धातु, अधातु एवं उनके लवण खनिज लवण कहलाते हैं। ये हमारे शरीर का लगभग 4% भाग बनाते हैं। *खनिज लवण दो प्रकार के होते हैं*

वृहत्त पोषक इन तत्त्वों की शरीर को अधिक मात्रा में आवश्यकता होती है। **उदाहरण** Ca, P, K, S, Na, Cl और Mg

सूक्ष्म पोषक इन तत्त्वों की शरीर को बहुत कम मात्रा में आवश्यकता होती है। **उदाहरण** I, Fe, Co, F, Mo और Fe

प्रमुख खनिज लवणों के महत्त्व, स्रोत तथा अभावजनित रोग

खनिज लवण	महत्त्व	स्रोत	अभावजनित रोग
कैल्सियम	अस्थियों तथा दाँतों का निर्माण, हृदय एवं पेशियों का नियन्त्रण, रक्त का थक्का जमने में सहायक।	दूध, अण्डा, हरी पत्तीदार सब्जियाँ।	अस्थिभंगुरता, अनियंत्रित हृदय स्पन्दन तथा पेशियों में गति।
फॉस्फोरस	कोशिकाओं को ऊर्जा, अस्थियों तथा दाँतों का निर्माण।	अनाज, दाल, दूध, अण्डा, मछली।	शारीरिक कमजोरी, कमजोर दाँत एवं अस्थियाँ।
लोहा	कोशिकाओं में ऑक्सीजन तथा कार्बन डाइऑक्साइड का आदान-प्रदान। गर्भवती महिलाओं के लिए अत्यावश्यक।	अनाज, दाल, मांस, हरी पत्तीदार सब्जियाँ, केला, सेब, अमरूद।	अरुधिरता, रक्त द्वारा ऑक्सीजन अवशोषित करने की क्षमता में कमी।
मैग्नीशियम	पेशियों एवं तन्त्रिकाओं पर नियन्त्रण, कुछ एन्जाइमों के लिए आवश्यक।	हरी पत्तीदार सब्जियाँ, अनाज।	पेशियों तथा तन्त्रिकाओं के कार्य में कमी।
गंधक	प्रोटीन निर्माण में सहायक।	अनाज, दाल, मेथी, काला नमक।	पेशियों तथा तन्त्रिकाओं के कार्य में कमी।
ताँबा, जस्ता एव कोबाल्ट	प्रोटीन एवं एन्जाइम का निर्माण।	अनाज, दाल, मांस, सब्जियाँ।	भूख न लगना, वृद्धि में कमी, अरक्तता।
आयोडीन	भोजन के ऑक्सीकरण का नियंत्रण।	मछली, समुद्री नमक, आयोडाइज्ड नमक।	घेंघा रोग, असामान्य उपापचय।
क्लोरीन	एन्जाइम, तन्त्रिका तथा आमाशय के कार्यों में सहायक।	नमक, अनाज, फल।	निर्जलीकरण, अत्यधिक कमजोरी।
सोडियम एवं पोटैशियम	शरीर के सभी कोशिकाओं को उचित स्थिति में रखने में सहायक।	नमक, प्रायः सभी भोजन।	रक्त-दाब में कमी, निर्जलीकरण, शारीरिक कमजोरी।

जल

- यह एक अकार्बनिक पदार्थ है। मानव शरीर में लगभग 65-70% जल होता है। यह पसीने एवं वाष्पन द्वारा शरीर का ताप नियन्त्रित करता है।
- यह पाचन, परिवहन एवं उत्सर्जन में सहायक है। इसके मुख्य स्रोत उपापचयी जल, तरल भोजन और पीने का जल है।
- इसकी कमी से निर्जलीकरण हो जाता है।

मानव शरीर क्रिया विज्ञान

पाचन तन्त्र

मनुष्य एवं अन्य जन्तुओं में जन्तुसम पोषण पाया जाता है।

भोजन का अन्तर्ग्रहण

भोजन का पोषण आहारनाल में होता है। *यह पोषण निम्न चरणों में होता है*

- भोजन मुखगुहा द्वारा लिया जाता है।
- यह दाँतों द्वारा कुतरा जाता है तथा लार के साथ मिश्रित किया जाता है।
- अन्तर्ग्रहण मुख गुहा में होता है।
- लार ग्रन्थियाँ भोजन को गीला करके, भोज्य कणों को समूह में लाकर लुगदी बना देती हैं।
- लार ग्रन्थि में स्टार्च को तोड़ने वाला एन्जाइम टायलिन पाया जाता है।

भोजन का पाचन

संयुक्त एवं अघुलनशील भोज्य कणों को सरल, घुलनशील एवं अवशोषण योग्य भोज्य कणों में परिवर्तन की क्रिया पाचन (Digestion) कहलाती है।

मुखगुहा में पाचन

मुखगुहा में स्टार्च पर लारीय एमाइलेज कार्य करता है।

$$\underset{\text{(जटिल रूप)}}{\text{स्टार्च}} \xrightarrow{\text{टायलिन}} \underset{\text{(सामान्य रूप)}}{\text{माल्टोज}}$$

आमाशय में पाचन

- भोजन ग्रासनली से होकर आमाशय में प्रवेश करता है।
- अब भोजन आमाशयी रस एवं हाइड्रोक्लोरिक अम्ल में मिलता है जो भोजन को जीवाणु रहित एवं माध्यम को अम्लीय बना देता है।
- पेप्सिन प्रोटीन का पाचन करके उन्हें पेप्टोन्स में परिवर्तित कर देता है।
- रेनिन दूध को दही में परिवर्तित करता है।
- अब पचित भोजन काइम कहलाता है।

छोटी आँत में पाचन

- काइम, ग्रहणी में पहुँचता है।
- भोजन पित्तरस (यकृत से स्रावित) से मिलता है जो वसा को छोटी गोलियों में तोड़ देता है।
- ट्रिप्सिन, प्रोटीन पर कार्य करके उसे पेप्टाइड में तोड़ देता है।
- एमाइलेज स्टार्च को सरल शर्करा में परिवर्तित कर देता है।
- लाइपेज, वसा को वसा अम्लों एवं ग्लिसरॉल में परिवर्तित कर देता है।
- भोजन, इलियम में पहुँचकर आँत रस से मिलता है।
- माल्टेज, माल्टोज को ग्लूकोज में परिवर्तित कर देता है।
- लेक्टेज, लेक्टोज को ग्लूकोज में परिवर्तित कर देता है।
- सुक्रेज, सुक्रोज को ग्लूकोज में बदल देता है।
- ट्रिप्सिन, पेप्टाइडस का अमीनो अम्लों में पाचन करता है।
- अब भोजन काइल कहलाता है।

पचे हुए भोजन का अवशोषण एवं श्वांगीकरण

- इलियम की आन्तरिक सतह पर अँगुलीनुमा उभार पाये जाते हैं जिन्हें विलई कहते हैं।
- प्रत्येक विलई पर रुधिर वाहिनियों और लिम्फ वाहिनियों का जाल बिछा होता है जो भोजन के अवशोषण में सहायता करता है।

अनावश्यक भोजन का बहिष्करण

- पचा हुआ भोजन बड़ी आँत में प्रवेश करता है।
- बड़ी आँत भोजन का अवशोषण नहीं कर सकती लेकिन जल का अवशोषण करती है।
- शेष बचा हुआ ठोस वर्ज्य पदार्थ विष्ठा कहलाता है और मलाशय में पहुँचता है।
- यह मलद्वार के द्वारा बाहर निकाल दिया जाता है।

रुधिर परिसंचरण तन्त्र

रुधिर परिवहन तन्त्र तीन अवयवों का बना होता है

(a) **हृदय** यह मोटा, पेशीय, रुधिर को शरीर में प्रवाहित करने वाला अंग है।

(b) **रुधिर नलिकाएँ** *रुधिर नलिकाएँ तीन प्रकार की होती हैं*

(i) **धमनियाँ** मोटी भित्तियुक्त रुधिर नलिकाएँ जो रुधिर को हृदय से विभिन्न अंगों में पहुँचाती हैं। ये शरीर में गहराई में स्थित होती हैं तथा इनमें वाल्व का अभाव होता है। फुफ्फुस धमनी के अतिरिक्त सभी धमनियों में ऑक्सीकृत (शुद्ध) रुधिर प्रवाहित होता है। धमनियों में रुधिर अधिक दाब एवं अधिक गति से बहता है।

(ii) **शिराएँ** ये पतली भित्ति वाली रुधिर नलिकाएँ हैं जो विभिन्न अंगों से रुधिर को हृदय तक ले जाती हैं ये शरीर में अधिक गहराई में नहीं होती तथा इनमें रुधिर की विपरीत गति को रोकने हेतु वाल्व पाये जाते हैं। इनमें रुधिर कम दाब एवं कम गति से बहता है। फुफ्फुस शिरा के अतिरिक्त सभी शिराओं में अनॉक्सीकृत रुधिर प्रवाहित होता है।

(iii) **केशिकाएँ** ये सबसे पतली रुधिर नलिकाएँ हैं जो धमनियों को शिराओं से जोड़ती हैं। प्रत्येक केशिका चपटी कोशिकाओं की एक परत से बनी होती है। ये पोषक पदार्थों, वर्ज्य पदार्थों, गैस आदि पदार्थों का रुधिर एवं कोशिका के मध्य आदान-प्रदान करने में सहायक हैं।

(c) **रुधिर** यह लाल, संवहनी (Vascular), संयोजी ऊतक है जिसमें रुधिर कणिकाएँ, प्लाज्मा, हीमोग्लोबिन, प्लाज्मा प्रोटीन आदि उपस्थित होती हैं।

हृदय की संरचना

मनुष्य का हृदय चार कोष्ठीय होता है जिसमें दो अलिन्द एवं दो निलय पाए जाते हैं।

1. दायाँ अलिन्द
2. दायाँ निलय
3. बायाँ अलिन्द
4. बायाँ निलय

रुधिर दाब

- हृदय के बार-बार संकुचन के कारण रुधिर नलिकाओं की दीवारों पर रूधिर द्वारा पड़ने वाला दाब रुधिर दाब कहलाता है।
- रुधिर दाब को हमारे शरीर के कुछ स्थानों पर महसूस किया जा सकता है; जैसे— हाथ की कलाई।
- उत्तेजित अवस्था में हृदयस्पन्दन की दर बढ़ जाती है।
- सामान्य मनुष्य का रुधिर दाब 120/80 mm Hg होता है।
- हृदयस्पन्दन की सामान्य दर 70-72 बार प्रति मिनट होती है।

रुधिर

रुधिर प्लाज्मा एवं उसमें तैरने वाली रुधिर कोशिकाओं से मिलकर बना होता है। रुधिर में निर्जीव प्लाज्मा 65% एवं सजीव रुधिर कोशिकाएँ 35% होती हैं।

प्लाज्मा

इसमें 90% जल एवं 10% अन्य पदार्थ होते हैं।

लाल रुधिर कोशिकाएँ

इनमें उपस्थित हीमोग्लोबिन नामक लाल वर्णक के कारण ही रुधिर का रंग लाल होता है। हीमोग्लोबिन शरीर की हर कोशिका में ऑक्सीजन पहुँचाना तथा कार्बन डाइ ऑक्साइड को वापस लाने का कार्य करती हैं। लाल रुधिर कोशिकाओं का जीवनकाल 120 दिन होता है और इनका निर्माण लाल अस्थिमज्जा में होता है।

श्वेत रुधिर कोशिकाएँ (WBC)

ये अनियमित आकार की होती हैं और संख्या में लाल रुधिर कोशिकाओं की तुलना में बहुत कम होती हैं। इनका जीवनकाल 24 से 30 घण्टे होता है तथा निर्माण लाल अस्थिमज्जा में होता है। इनके मुख्य कार्य रुधिर परिवहन, मृत पदार्थों को हटाना एवं जीवाणु के विरुद्ध लड़ना आदि हैं।

प्लेटलेट्स कोशिकाएँ

ये रक्त जमने में सहायता प्रदान करती हैं।

रुधिर समूह

1902 ई. में नोबेल पुरस्कार विजेता कार्ल लैंडस्टीनर ने रुधिर समूहों की खोज की। मनुष्यों में चार रुधिर समूह होते हैं : A,B, AB, O।

O समूह का रुधिर किसी भी मनुष्य को दिया जा सकता है, इसे सर्वदाता कहते हैं। AB समूह सभी रुधिर समूहों से रुधिर ग्रहण कर सकता है, इसे सर्वग्राही कहते हैं।

रक्त आधान

रक्त समूह	रक्त प्राप्तकर्ता वर्ग	रक्तदाता वर्ग
A	A, AB	A, O
B	B, AB	B, O
AB	AB	A, B, AB, O
O	A, B, AB, O	O

Rh फेक्टर

Rh एक प्रकार का एण्टीजन होता है जो लाल रुधिर कोशिकाओं में पाया जाता है। जिस मनुष्य के शरीर में यह पाया जाता है वह Rh^+ एवं जिसके शरीर में नहीं पाया जाता है वह Rh^- कहलाता है। भारत में लगभग 97% लोग Rh^+ के हैं। यदि किसी Rh^- वाले व्यक्ति को Rh^+ वाले व्यक्ति का रुधिर दे दिया जाये तो उसकी मृत्यु हो जायेगी।

तन्त्रिका तन्त्र

- ये तन्त्र मानव के शरीर में होने वाली क्रियाओं का नियमन एवं नियन्त्रण करता है।
- मस्तिष्क, मेरुरज्जू तथा तन्त्रिकाएँ इस तन्त्र के अंग हैं।
- मस्तिष्क (Brain) तन्त्रिका तन्त्र का सर्वप्रथम अंग है।

मस्तिष्क को तीन भागों में विभाजित किया जा सकता है

वृहत मस्तिष्क

यह मस्तिष्क का सबसे बड़ा भाग है। यह इच्छा शक्ति, स्मरण शक्ति, अनुभव, सुनना, देखना, सूँघना, बोलने तथा शरीर में चेतना के कार्यों को नियन्त्रित करता है।

लघु मस्तिष्क

यह शरीर को सन्तुलित तथा मांसपेशियों के कार्यों को नियन्त्रित करता है।

मेड्यूला ऑबलोन्गेटा

- यह कशेरुक दण्ड के न्यूरल के नाल में प्रवेश करने के बाद मेरुरज्जु कहलाता है तथा हृदय की धड़कन, पाचन अंगों एवं श्वसन अंगों के कार्यों को नियन्त्रित करता है।
- आँखों की पलकों का झपकना एक अनैच्छिक क्रिया है। औसतन हर 6 सेकण्ड में एक बार पलक झपकती हैं।
- आँसू का निकलना एक प्रतिवर्ती क्रिया है।
- जिन अंगों से पर्यावरण एवं बाहरी परिवेश का ज्ञान होता है, ज्ञानेन्द्रियाँ कहलाती हैं। नेत्र, त्वचा, जिह्वा, कर्ण तथा नाक ज्ञानेन्द्रियाँ हैं।

उत्सर्जन तन्त्र

- जीवों के शरीर में उपापचयी क्रियाओं के फलस्वरूप बने विषैले अपशिष्ट पदार्थों के निष्कासन को उत्सर्जन कहा जाता है।
- नाक, फेफड़े, त्वचा, यकृत, बड़ी आँत एवं वृक्क मनुष्य के उत्सर्जी अंग हैं।
- श्वसन के दौरान कार्बन डाइ ऑक्साइड गैस का उत्सर्जन फेफड़े द्वारा होता है। जल का उत्सर्जन वृक्क को छोड़कर त्वचा द्वारा सम्पन्न होता है। ठोस अपशिष्ट भोजन का अपचित भाग बड़ी आँत से होते हुए गुदा मार्ग द्वारा उत्सर्जित होता है।
- तरल पदार्थों के उत्सर्जन के लिए जटिल क्रिया सम्पादित होती है, जिसका सम्पादन वृक्क द्वारा होता है। रुधिर में पोषक तत्व एवं अपशिष्ट पदार्थ दोनों ही होते हैं। वृक्क द्वारा उपयोगी पदार्थ छनकर शरीर में ही रह जाते हैं। शरीर में वृक्क की संख्या दो होती है। यदि इनमें से एक वृक्क काम करना बन्द कर दे तो दूसरा वृक्क अकेले ही पूरा कार्य कर सकता है।
- वृक्क की कार्यात्मक इकाई को नेफ्रॉन कहा जाता है।
- वृक्क के काम न करने के कारण मनुष्य को जीवित रखने के लिए अपोहन नामक आपात सेवा प्रदान की जाती है।
- 24 घण्टे में लगभग 2 लीटर मूत्र का उत्सर्जन होता है।

अन्त:स्रावी तन्त्र

अन्त:स्रावी ग्रन्थियाँ

- इन ग्रन्थियों में अपने स्राव को लक्ष्य अंगों तक ले जाने हेतु नलिकाएँ नहीं होती हैं।
- अन्त: स्रावी ग्रन्थियों से सम्बन्धित विज्ञान एण्डोक्राइनोलॉजी कहलाता है।
- इनके स्राव (हॉर्मोन) का परिवहन रुधिर द्वारा होता है।
  उदाहरण थायरॉइड, पिट्यूटरी, हाइपोथैलेमस, एड्रिनल आदि।

बहि:स्रावी ग्रन्थियाँ

- इन ग्रन्थियों में नलिकाएँ होती हैं। ये अपना स्राव इन नलिकाओं में स्रवित कर लक्ष्य तक पहुँचाती हैं। **उदाहरण** त्वचा की स्वेद ग्रन्थियाँ एवं तेल ग्रन्थियाँ, लार ग्रन्थियाँ, यकृत आदि।

हॉर्मोन

- ये अन्तःस्रावी ग्रन्थियों से अल्प मात्रा में स्रावित होने वाले कार्बनिक पदार्थ हैं।
- ये जैव उत्प्रेरकों के रूप में कार्य करते हैं। अतः ये शरीर की क्रियाओं को प्रेरित करते हैं। उनकी गति को बढ़ा देते हैं अथवा घटा देते हैं।
- ये सूचना के प्रथम वाहक अणु होते हैं।
- ये अन्तः वातावरण को नियन्त्रित करते हैं तथा अन्य हॉर्मोनों की क्रिया को अनुमति प्रदान करते हैं।
- हॉर्मोन की खोज बेलेस (Bayliss) और अर्नेस्ट एच. स्टर्लिंग ने सिक्रिटीन हॉर्मोन के रूप में की थी।

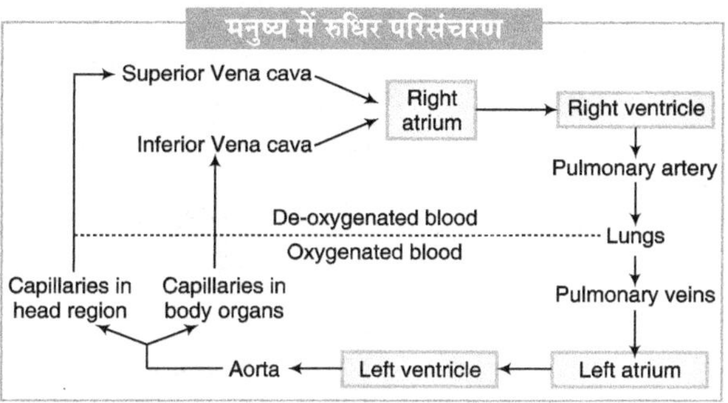

जनन-तन्त्र

नर जनन तन्त्र

- वृषण, वृषणकोष के अन्दर बन्द रहते हैं।
- एपिडिडाइमिस, सेमीनीफेरस ट्यूब्यूल्स (Seminiferous tubules) के जुड़ने से बनी कुण्डलित नलिका है।
- शिश्न पेशीय अंग है जिसमें रुधिर आपूर्ति अत्यधिक होती है।
- नर में स्पर्मेटोजोआ 13-14 वर्ष की उम्र में बनने प्रारम्भ हो जाते हैं तथा पूरी उम्र बनते हैं।
- शरीर पर बालों का उगना स्कूलाइन नर लिंग हॉर्मोन के कारण होता है।

मादा जनन तन्त्र

- वयस्कता के पश्चात् अण्डाशय में प्रत्येक 28 दिन के अन्तराल पर अण्डाणु बनता है।
- विकसित हो रहा भ्रूण माता से ऑवल द्वारा जुड़ा होता है यह भ्रूण को रुधिर आदि की आपूर्ति करता है।
- गर्भाशय में भ्रूण 9 महीने तक विकास करता है। यह काल गर्भाधान काल (280 दिन) कहलाता है।
- विकास के पश्चात् बच्चा गर्भाशय से बाहर निकलता है और माँ बच्चे को दूध द्वारा पोषित करती है।

मादा जनन अंग	संख्या	कार्य
अण्डाशय	2	हार्मोन एवं अण्ड निर्माण
अण्डवाहिनी	2	अण्डाणु (Ova) को गर्भाशय में पहुँचाना
गर्भाशय	1	गर्भस्थ शिशु हेतु स्थान प्रदान करना
योनि	1	शुक्राणु प्राप्त करना

- महिलाओं में जनन क्षमता 10-14 वर्ष की उम्र में प्रारम्भ होकर मैनोपोज तक रहती है।
- मैनोपोज का औसत समय 52 वर्ष है।
- योनि से रजोधर्म के दौरान रुधिर स्राव रजोस्राव कहलाता है।
- रजोधर्म की सामान्य अवधि 28 दिन होती है।
- यह गर्भावस्था के दौरान अनुपस्थित होता है तथा मैनोपोज के दौरान पूर्ण रूप से बन्द हो जाता है।
- महिलाओं के दोनों अण्डाशयों से एक वर्ष में लगभग 13 परिपक्व अण्डाणु बनते हैं।

परखनली शिशु

बच्चा जो उस अण्डाणु से विकसित हुआ है जिसका निषेचन कृत्रिम रूप से (शरीर से बाहर) करके महिला के गर्भाशय में आगे के विकास हेतु डाला गया है, परखनली शिशु कहलाता है।

मानव रोग

मनुष्य में विषाणुओं द्वारा होने वाले प्रमुख रोग

रोग का नाम	प्रभावित अंग	रोग के लक्षण
गलसुआ	पेरोटिड लार ग्रन्थियाँ	लार ग्रन्थियों में सूजन, अग्न्याशय, अण्डाशय और वृषण होने का भय रहता है।
फ्लू या इन्फ्लूएंजा	श्वसन तन्त्र	ज्वर, शरीर में पीड़ा, सिरदर्द, जुकाम, खाँसी।
रेबीज या हाइड्रोफोबिया पागल कुत्ते के काटने से होने वाला रोग	तन्त्रिका तन्त्र	पीड़ा, ज्वर, पानी से अत्यधिक भय, मांसपेशियों तथा श्वसन तन्त्र में लकवा, बेहोशी, बेचैनी, यह घातक रोग है।
हरपीस	त्वचा, श्लेष्मकला	त्वचा में जलन, बेचैनी, शरीर पर फोड़े।
मस्तिष्क शोथ या एन्सेफैलिटिस	तन्त्रिका तन्त्र	ज्वर, बेचैनी, दृष्टि-दोष, अनिद्रा, बेहोशी यह घातक रोग है।
रोहे या ट्रेकोमा	नेत्र	नेत्रों में सूजन, जलन तथा पानी का बहना
खसरा	सम्पूर्ण शरीर	ज्वर, पीड़ा, सम्पूर्ण शरीर में खराश, नेत्रों में जलन, आँख और नाक से द्रव का बहना।
चेचक	सम्पूर्ण शरीर विशेषकर चेहरा तथा हाथ-पैर	ज्वर, पीड़ा, जलन व बेचैनी, सम्पूर्ण शरीर पर फफोले।
पोलियो भोजन व पानी के साथ शरीर में प्रवेश करने वाला विषाणु	तन्त्रिका तन्त्र (स्पाइनल कॉर्ड के मोटर तन्त्रिका की क्षति)	मांसपेशियों के संकुचन में अवरोध तथा हाथ व पैरों में लकवा।
AIDS	सम्पूर्ण शरीर	कमजोरी, प्रतिरोध शक्ति की समाप्ति, श्वेत रक्त कणिकाओं का क्षय

मनुष्य में जीवाणुओं द्वारा होने वाले प्रमुख रोग

रोग का नाम	प्रभावित अंग	रोग के लक्षण	जीवाणु का नाम
निमोनिया	फेफड़े	फेफड़ों में संक्रमण, फेफड़ों में जल भर जाना, तीव्र ज्वर, श्वास लेने में पीड़ा होना	*डिप्लोकोकस न्यूमोनी*
टिटनेस	तन्त्रिका तन्त्र तथा मांसपेशियाँ	शरीर में झटके लगना, जबड़ा न खुलना, बेहोशी।	*क्लोस्ट्रीडियम टिटैनी*
हैजा	आँत या आहार नाल	निर्जलीकरण, वमन (Vomiting), दस्त	*विब्रियो कोलेरी*
डिप्थीरिया	श्वास नली (Trachea)	तीव्र ज्वर, श्वास लेने में पीड़ा, दम घुटना।	*कॉरीनिबैक्टीरियम डिफ्थीरी*
काली खाँसी	श्वसन तन्त्र	निरन्तर आने वाली तेज खाँसी, खाँसी के साथ वमन	*बेसीलिस परट्यूसिस*
सिफिलिस	जनन अंग, मस्तिष्क, तन्त्रिका तन्त्र	जननांगों पर चकत्ते बनना, लकवा, त्वचा पर दाने, बालों का झड़ना	*ट्रिपोनेमा पैलिडम*
प्लेग	बगलें या काँखें, फेफड़े, लाल रुधिर कणिकाएँ	तीव्र ज्वर, काँखों में गिल्टी का निकलना, बेहोशी	*पास्ट्यूरेला पेस्टिस*
मेनिनजाइटिस	मस्तिष्क के ऊपर की झिल्लियाँ, मस्तिष्क	तीव्र ज्वर, बेहोशी, मस्तिष्क की झिल्ली में शोथ या सूजन	*नीसेरिया मेनिनजाइटिस*
भोजन विषाक्तता	तन्त्रिका तन्त्र	वमन, दोहरी दृष्टि, साँस लेने में पीड़ा	*क्लोस्ट्रीडियम बॉट्यूलिनम*
मियादी बुखार	आँत का रोग	ज्वर, दुर्बलता, अधिक प्रकोप होने पर आँतों में छेद हो जाना	*सालमोनैला टाइफी*
कुष्ठ (कोढ़)	त्वचा तथा तन्त्रिकाएँ	व्रणों तथा गाँठों का बन जाना, हाथ तथा पैर की अँगुलियों के ऊतकों का धीरे-धीरे नष्ट होना।	*माइकोबैक्टीरियम लेप्री*
क्षय रोग	शरीर का कोई भी अंग, विशेषकर फेफड़े	ज्वर, खाँसी, दुर्बलता, साँस फूलना, बलगम आना तथा थूक में खून का आना	*माइकोबैक्टीरियम ट्यूबरकुलोसिस*

मनुष्य में प्रोटोजोआ द्वारा होने वाले रोग

रोग का नाम	प्रभावित अंग	रोग के लक्षण	परजीवी का नाम
पायरिया	दाँतों की जड़ें तथा मसूड़े	मसूड़ों में सूजन, रक्त-स्राव तथा मवाद का निकलना	1. *एन्टअमीबा जिन्जवेलिस* 2. *ट्राइकोमोनास टीनैक्स*
दस्त व आमातिसार	बड़ी आँत	बड़ी आँत में सूजन व दर्द, बार-बार दस्त का होना	*ट्राइकोमोनास होमीनिस*
अमीबियेसिस	बड़ी आँत (कोलन)	कोलन में सूजन, दस्त के साथ आँव (Mucous) का आना	*एन्टअमीबा हिस्टोलिटिका*
घातक अतिसार या पेचिश	आँत के अगले भाग	दस्त, सिरदर्द तथा कभी-कभी पीलिया रोग का जनक	*जिआरडिया लैम्बलिया*
सूजाक (पुरुषों में) तथा श्वेत प्रदर (स्त्रियों में)	पुरुषों में मूत्रमार्ग तथा स्त्रियों में योनि	मूत्र-त्याग में जलन व दर्द, स्त्रियों में श्वेत द्रव का निकलना तथा दर्द	*ट्राइकोमोनास वेजाइनेलिस*
दस्त	छोटी आँत	पेट में ऐंठन तथा दस्त	*आइसोस्पोरा होमीनिस*
काला-अजार	रुधिर, लसिका, प्लीहा, अस्थिमज्जा	ज्वर, एनीमिया, प्लीहा तथा यकृत में सूजन	*लीशमानिया*
निद्रा रोग	रुधिर, सेरीब्रोस्पाइनल द्रव तथा केन्द्रीय तन्त्रिका-तन्त्र	तीव्र ज्वर, बेहोशी, रोगी को लम्बी निद्रा	*ट्राइपैनोसोमा गैम्बियन्स*
मलेरिया	लाल रुधिराणु, प्लीहा, यकृत	तीव्र ज्वर, सिर-दर्द, कमर में दर्द	*प्लाज्मोडियम*

शरीर की बीमारियाँ : एक दृष्टि में

बीमारी	प्रभावित अंग	बीमारी	प्रभावित अंग
आर्थ्राइटिस	जोड़ों की सूजन	ट्रेकोमा	अग्न्याशय, गुर्दे, आँखें
डिप्थीरिया	गला, श्वास नली	डायबिटीज	अग्न्याशय, गुर्दे, आँखें
एग्जीमा	त्वचा	घेंघा	थॉयरॉइड ग्रन्थि
पीलिया (Jaundice)	यकृत	पर्किंसन	मस्तिष्क
प्लूरिसी	छाती	निमोनिया	फेफड़े
पायरिया	दाँत तथा मसूड़े	टायफॉइड	आँत
गठिया या र्‍यूमैटिज्म	जोड़ों में	रिकेट्स	हड्डियाँ
टिटनेस	तन्त्रिका तन्त्र, मांसपेशी	सिफिलिस	जनन अंग
कुष्ठ	त्वचा, तन्त्रिकाएँ	दस्त	बड़ी आँत
हैजा	आँत, आहारनाल	अतिसार	आँत का अग्रभाग
काली खाँसी	श्वसन तन्त्र	सुजाक, श्वेत प्रदर	मूत्र मार्ग
प्लेग	फेफड़े, लाल रक्त कणिकाएँ	काला अजार	रुधिर, प्लीहा व अस्थि मज्जा
केटेरेक्ट, ग्लाइकोमा	आँखें	ऐथलीट फुट	पैर
दाद	त्वचा	छाले होना	गला व मुँह
क्रिप्टोकॉकसिस	स्नायु तन्त्र	मेनिनजाइटिस	स्पाइनल कॉर्ड (रीढ़ की हड्डी तथा मस्तिष्क
हेपेटाइटिस-बी	यकृत		

सामान्य वैज्ञानिक घटनाएँ (भौतिक एवं रासायनिक)

गति (Motion)

- यदि किसी वस्तु की स्थिति, किसी स्थिर वस्तु के सापेक्ष बदल रही हो, तो वह वस्तु गति में कही जाती है।

दूरी और विस्थापन (Distance and Displacement)

- किसी वस्तु द्वारा तय किये गये पथ की लम्बाई को, वस्तु द्वारा तय की गयीं दूरी कहते हैं।
- किसी वस्तु की प्रारम्भिक तथा अन्तिम स्थिति के बीच न्यूनतम अन्तर को, उस वस्तु का विस्थापन कहते हैं।

स्मरणीय बिन्दु

- दूरी अदिश राशि तथा विस्थापन सदिश राशि है।
- दिये गये समयान्तराल में वस्तु का विस्थापन धनात्मक, ऋणात्मक अथवा शून्य हो सकता है।
- दो बिन्दुओं के बीच किसी वस्तु का विस्थापन उन बिन्दुओं के बीच न्यूनतम दूरी है।
- किसी दिये गये समयान्तराल में वस्तु द्वारा तय की गई दूरी वस्तु के विस्थापन से अधिक अथवा बराबर हो सकती है, परन्तु किसी भी स्थिति में यह विस्थापन से कम नहीं हो सकती।

चाल (Speed)

- किसी गतिशील वस्तु द्वारा एकांक समय में चली गयी दूरी को चाल कहते हैं। इसका मात्रक SI पद्धति में मी-से$^{-1}$ या किमी/घण्टा है।

$$\text{चाल} = \frac{\text{दूरी}}{\text{समय}}$$

वेग (Velocity)

- एकांक समय में कोई वस्तु एक निश्चित दिशा में जितनी विस्थापित होती है, उसे वस्तु का वेग कहते हैं। यह सदिश राशि है तथा SI पद्धति में इसका मात्रक मी/से है।

$$\text{वेग} = \frac{\text{निश्चित दिशा में वस्तु का विस्थापन}}{\text{समय}}$$

त्वरण (Acceleration)

- वेग परिवर्तन की दर को त्वरण कहते हैं। इसका मात्रक SI पद्धति में मी/से^{2} है।
- बिना दिशा परिवर्तित हुए यदि किसी वस्तु का वेग बढ़ता है, तो उसका त्वरण धनात्मक होता है।
- बिना दिशा परिवर्तित हुए यदि किसी वस्तु का वेग घटता है, तो कहा जाता है कि उस वस्तु का त्वरण ऋणात्मक है अथवा वह वस्तु मंदित हो रही है।
- यदि कोई वस्तु स्थिर है अथवा समान वेग से चल रही है, तो उस वस्तु का त्वरण शून्य होता है।
- यदि वस्तु का समान समयान्तरालों में वेग परिवर्तन समान हो, तो वस्तु एक समान त्वरण से गतिशील होती है।
- यदि वस्तु का समान समयान्तरालों में वेग परिवर्तन असमान हो तो वह वस्तु असमान त्वरण से गतिशील होती है।

नियत त्वरण वाली गति के समीकरण

(Equations of Uniformaly Accelerated Motion)

- **गति का प्रथम समीकरण :** यदि प्रारम्भिक वेग u वाली वस्तु नियत त्वरण a से गतिशील हो, तो t समय पश्चात् वस्तु का वेग

$$v = u + at$$

- **गति का द्वितीय समीकरण :** यदि प्रारम्भिक वेग u वाली वस्तु नियत त्वरण a से गतिशील हो, तो t समय में वस्तु द्वारा चली गयी दूरी

$$s = ut + \frac{1}{2}at^2$$

- **गति का तृतीय समीकरण :** s दूरी तय करने में वस्तु द्वारा प्राप्त वेग

$$v^2 = u^2 + 2as$$

अदिश तथा सदिश राशियाँ (Scalar and Vector Quantities)

- जिन भौतिक राशियों को केवल परिमाण (magnitude) के द्वारा पूर्ण रूप से व्यक्त किया जाता है, अदिश राशियाँ कहलाती हैं।
- **जैसे :** समय, दूरी, द्रव्यमान, चाल, क्षेत्रफल, आयतन, कार्य, शक्ति, दाब, आवेश आदि।
- जिन भौतिक राशियों को व्यक्त करने के लिए परिमाण के साथ-साथ दिशा भी आवश्यक होती है, सदिश राशियाँ कहलाती हैं।
- **जैसे :** विस्थापन, वेग, त्वरण, बल, भार, संवेग, बल आघूर्ण तथा वैद्युत क्षेत्र आदि।

वृत्तीय गति (Circular Motion)

- यदि कोई वस्तु वृत्तीय पथ पर एकसमान चाल से चलती है, तो उसकी गति एकसमान वृत्तीय गति कहलाती है।
- वृत्तीय गति त्वरित गति होती है, तथा त्वरण की दिशा सदैव केन्द्र की ओर होती है।
- उपग्रहों की गति त्वरित गति होती है।

कोणीय वेग (Angular Velocity)

- कोणीय विस्थापन की दर को कोणीय वेग कहते हैं। इसका SI पद्धति में मात्रक रेडियन/सेकण्ड है।

बल (Force)

- बल वह धक्का या खिंचाव (push or pull) है जो या तो किसी वस्तु की अवस्था को परिवर्तित कर देता है, या परिवर्तित करने का प्रयत्न करता है।
- यह एक सदिश राशि है तथा बल की दिशा में खींची गयी रेखा को बल की क्रिया रेखा (line of action of force) कहते हैं।
- जब किसी वस्तु पर दो या दो से अधिक बल कार्य करें, तो अकेला बल जो वे सभी प्रभाव प्रदर्शित करे, जो सभी बल एक साथ कार्य करने पर करते हैं, परिणामी बल कहलाता है।
- यदि किसी वस्तु पर दो या दो से अधिक कार्यरत बलों का परिणामी शून्य हो, तो वस्तु सन्तुलन की अवस्था में कही जाती है।

जड़त्व (Inertia)

- वस्तु का वह गुण जिसके कारण वह अपनी अवस्था परिवर्तन का विरोध करता है, जड़त्व कहलाता है।
- किसी वस्तु के द्रव्यमान द्वारा वस्तु के जड़त्व की गणना कर सकते हैं।

न्यूटन के गति के नियम (Newtons Law of Motion)

प्रथम नियम

- इस नियम के अनुसार यदि कोई वस्तु विरामावस्था में है या एक समान गति की अवस्था में है, तो वह विरामावस्था या गति की अवस्था में ही रहेगी जब तक कि उस पर कोई बाह्य बल आरोपित न हो।

अनुप्रयोग

- एथलीट ऊँचा कूदने से पहले कुछ दूरी दौड़ता है।
- एक गतिमान ट्रेन में ऊर्ध्वाधर ऊपर की ओर फेंकी गयी गेंद फेंकने वाले के हाथों में गिरती है।
- पहिये पर लगे धूल के कण स्पर्श रेखा के अनुदिश उड़ते हैं।
- जब हम आम के पेड़ को हिलाते हैं, तो आम नीचे गिर पड़ते हैं।
- गतिमान ट्रेन से कूदने वाला यात्री आगे की ओर गिर पड़ता है।
- यदि किसी गुटके के नीचे रखे हुए कपड़े को अचानक खींच देते हैं, तो यह आसानी से बाहर निकल आता है।
- जब दौड़ता घोड़ा अचानक रुक जाता है, तो घुड़सवार आगे की ओर गिर पड़ता है।
- जब घोड़ा अचानक दौड़ना प्रारम्भ कर देता है, तो घुड़सवार पीछे की ओर गिर पड़ता है।
- जब हम कारपेट को छड़ से पीटते हैं, तो धूल के कण अलग हो जाते हैं।

द्वितीय नियम

- इसके अनुसार किसी वस्तु पर कार्य करने वाले बल का मान उस वस्तु के द्रव्यमान तथा वस्तु में उत्पन्न त्वरण के गुणनफल के समानुपाती होता है।

अनुप्रयोग

- काँच के बर्तन को पैक करने से पहले भूसे अथवा पेपर में लपेटा जाता है।
- पक्के फर्श पर गिरने वाले व्यक्ति को, कच्चे फर्श पर गिरने वाले व्यक्ति की अपेक्षा अधिक चोट लगती है।
- जब एक क्रिकेटर कैच पकड़ता है, तो वह अपने हाथों को पीछे की ओर खींचता है।

तृतीय नियम

- इस नियम के अनुसार प्रत्येक क्रिया (action) के बराबर तथा विपरीत दिशा में एक प्रतिक्रिया (reaction) होती है।

अनुप्रयोग

- फर्श पर चलने के लिए हम पंजों से फर्श को पीछे की ओर धकेलते हैं।
- बिना पकड़े लकड़ी के गुटके में छिद्र करना मुश्किल है।
- घोड़े का गाड़ी खींचना।
- बंदूक से गोली चलाने पर पीछे की तरफ धक्का लगना।
- किसी व्यक्ति का किनारे लगी नाव से कूदना।

घर्षण (Friction)

- घर्षण बल वह विरोधी बल है, जो दो सतहों के बीच होने वाली आपेक्षिक गति का विरोध करता है।

घर्षण के नियम (Laws of friction)

- घर्षण के नियम निम्न हैं :
- घर्षण बल वस्तु की गति की दिशा के विपरीत दिशा में कार्य करता है।
- घर्षण बल सम्पर्क में स्थित सतहों की प्रकृति पर निर्भर करता है।
- घर्षण बल सम्पर्क में स्थित सतहों के क्षेत्रफल पर निर्भर नहीं करता।
- लोटनी घर्षण बल का मान फिसलने वाले घर्षण बल से कम होता है।
- घर्षण बल अभिलम्ब प्रतिक्रिया (normal reaction) के अनुक्रमानुपाती होता है।

लाभ (Advantages)

- घर्षण बल के कारण ही हम पृथ्वी की सतह पर चलते हैं।
- गाड़ियों के ब्रेक घर्षण बल के कारण ही कार्य करते हैं।
- बर्फ पर कम घर्षण के कारण ही उत्तरी ध्रुव पर बिना पहियों वाली गाड़ी प्रयोग करते हैं।

हानि (Disadvantages)

- घर्षण बल के कारण ऊर्जा का ह्रास होता है। तथा मशीन में टूट-फूट होती है।
- घर्षण बल के कारण ही गाड़ियों का वेग एक निश्चित मान से अधिक नहीं हो सकता।

घर्षण को कम करने की विधियाँ (Methods of Reducing Friction)

- स्नेहक का प्रयोग करके, उदाहरण-तेल अथवा ग्रीस
- बॉल-बियरिंग का प्रयोग करके
- गत्यात्मक घर्षण के स्थान पर लोटनी घर्षण का प्रयोग करके
- साबुन के घोल का प्रयोग करके
- पाउडर का प्रयोग करके

प्रकृति में कार्यरत बल (Force Operating in Nature)

गुरुत्वीय बल (Gravitational Force) F_G

- यह व्युत्क्रम वर्ग के नियम का पालन करता है।
- यह सदैव आकर्षण बल होता है।
- यह सबसे क्षीण बल है, परन्तु इसकी परास बहुत अधिक है।
- यह केन्द्रीय तथा संरक्षी बल है।
- गणितीय रूप में इसे निम्न प्रकार व्यक्त किया जा सकता है—

$$F_G = \frac{GMm}{r^2}$$

- G का मान 6.67×10^{-11} न्यूटन मी^{2}/किग्रा^{2} होता है।

क्षीण बल (Weak Force) F_W

- ये बल रेडियोऐक्टिव पदार्थों में β-कणों के साथ संयुक्त रहता है।
- ये बल गुरुत्वीय बलों की अपेक्षा 10^{25} गुना अधिक प्रबल होते हैं।

विद्युत-चुम्बकीय बल (Electromagnetic Force) F_E

- ये बल गुरुत्वीय बलों की अपेक्षा बहुत अधिक प्रबल होते हैं।
- यह व्युत्क्रम वर्ग के नियम का पालन करता है।
- ये बल आकर्षण अथवा प्रतिकर्षण बल होते हैं, तथा इनकी परास अधिक होती है।
- ये बल प्रोटॉनों के लिए गुरुत्वीय बल से 10^{36} गुना अधिक प्रबल तथा क्षीण बलों से 10^{11} गुना अधिक प्रबल होते हैं।

प्रबल बल (Strong Force) F_s

- ये नाभिकीय बल हैं।
- ये आकर्षण बल हैं।
- π -मेसॉन नाभिकीय बलों का आधार है।
- ये बहुत तीव्र तथा लघुपरास बल हैं।
- ये गुरुत्वीय बलों से 10^{38} गुना अधिक प्रबल हैं।
- ये केन्द्रीय बल नहीं हैं।

कार्य, सामर्थ्य और ऊर्जा (Work, Power and Energy)

कार्य (Work)

- किसी वस्तु पर बल लगाकर बल की दिशा में विस्थापन को कार्य कहते हैं अर्थात् कार्य = बल × विस्थापन या $W = \vec{F} \cdot \vec{s}$
- SI पद्धति में कार्य का मात्रक जूल है।

(a) धनात्मक कार्य (Positive work done) होता है–

- जब कोई वस्तु स्वतन्त्र रूप से गुरुत्व के आधीन गिरती है।
- जब घोड़ा समतल सड़क पर गाड़ी को खींचता है।

(b) ऋणात्मक कार्य (Negative work done) होता है–

- जब कोई वस्तु एक खुरदरी सतह पर फिसलती है।
- जब एक धनावेशित कण दूसरे धनावेशित कण की ओर जाता है।

(c) शून्य कार्य (Zero work done) होता है–

- जब एक कुली सिर पर बोझा लिये समतल प्लेटफार्म पर चलता है।
- जब वस्तु वृत्त पर एक पूरा चक्कर लगाती है।
- जब एक व्यक्ति अधिक बोझ लिये हुए अपने स्थान से विस्थापित नहीं होता।

सामर्थ्य (Power)

- कार्य करने की दर को सामर्थ्य कहते हैं।
- यदि t समय में किया गया कार्य W हो, तो सामर्थ्य

$$P = \frac{W}{t}$$

- S.I. पद्धति में सामर्थ्य का मात्रक जूल/सेकण्ड अथवा वॉट है।

ऊर्जा (Energy)

- किसी वस्तु के कार्य करने की क्षमता को ऊर्जा कहते हैं।
- यह अदिश राशि है तथा इसका (SI) मात्रक जूल है।
- ऊर्जा के कई रूप हैं, उदाहरण के लिए यान्त्रिक ऊर्जा, ऊष्मीय ऊर्जा, ध्वनि ऊर्जा, प्रकाश ऊर्जा आदि।
- यांत्रिक ऊर्जा दो प्रकार की होती है—(i) गतिज ऊर्जा, (ii) स्थितिज ऊर्जा।

गतिज ऊर्जा (Kinetic Energy)

- किसी वस्तु की गति के कारण उसमें जो ऊर्जा होती है, उसे गतिज ऊर्जा कहते हैं।
- यदि m द्रव्यमान की वस्तु v वेग से चल रही हो, तो उस वस्तु की गतिज ऊर्जा

$$K = \frac{1}{2} mv^2$$

उदाहरण

- वायु की गतिज ऊर्जा पवन-चक्की को चलाने के काम में आती है।
- पानी की गतिज ऊर्जा जल-चक्की को चलाने के काम में आती है।
- गतिज ऊर्जा के कारण ही बन्दूक की गोली लक्ष्य में धँस जाती है।

स्थितिज ऊर्जा (Potential Energy)

- किसी वस्तु की स्थिति के कारण उसमें जो ऊर्जा होती है, उसे स्थितिज ऊर्जा कहते हैं।
- यदि m द्रव्यमान की वस्तु पृथ्वी तल से h ऊँचाई पर स्थित हो, तो वस्तु की स्थितिज ऊर्जा $U = mgh$

उदाहरण

- लिपटे हुए स्प्रिंग की स्थितिज ऊर्जा घड़ी चलाने के लिए प्रयुक्त की जाती है।
- तने हुए धनुष की स्थितिज ऊर्जा के कारण ही बाण आगे की दिशा में जाता है।
- बाँध में स्थित पानी की स्थितिज ऊर्जा का प्रयोग वैद्युत ऊर्जा का उत्पादन करने में किया जाता है।

ऊर्जा का रूपान्तरण (Transformation of Energy)

- ऊष्मा इन्जन में, ऊष्मीय ऊर्जा, यान्त्रिक ऊर्जा में परिवर्तित होती है।
- वैद्युत हीटर में वैद्युत ऊर्जा, ऊष्मीय ऊर्जा में परिवर्तित होती है।
- वैद्युत बल्ब में वैद्युत ऊर्जा, प्रकाश ऊर्जा में परिवर्तित होती है।
- जलता हुआ कोयला, तेल आदि में रासायनिक ऊर्जा, ऊष्मीय ऊर्जा में परिवर्तित होती है।
- जब हम अपने दोनों हाथों को आपस में रगड़ते हैं, तो यान्त्रिक ऊर्जा, ऊष्मीय ऊर्जा में परिवर्तित होती है।
- दण्ड चुम्बक में वैद्युत ऊर्जा, चुम्बकीय ऊर्जा में बदलती है।

ऊर्जा संरक्षण का सिद्धान्त

(Principle of Conservation of Energy)

- ऊर्जा को न तो उत्पन्न किया जा सकता है और न ही नष्ट किया जा सकता है अपितु एक प्रकार की ऊर्जा को दूसरे प्रकार की ऊर्जा में परिवर्तित किया जा सकता है।
- इस ब्रह्माण्ड (universe) की कुल ऊर्जा नियत है।

द्रव्यमान-ऊर्जा तुल्यता (Mass-energy Equivalence)

- सन् 1905 में आइंस्टीन ने द्रव्यमान तथा ऊर्जा के मध्य एक सम्बन्ध स्थापित किया।

$$E = mc^2$$ (जहाँ c प्रकाश का वेग है)

- $E = mc^2$ में द्रव्यमान संरक्षण तथा ऊर्जा संरक्षण का एकीकरण हो जाता है।

ऊष्मा (Heat)

- ऊष्मा ऊर्जा का वह रूप है जिससे हमें वस्तु की गर्माहट का अहसास होता है।
- यह वस्तु के पदार्थ के अणुओं की गतिज ऊर्जा के कारण होती है।
- इसका मात्रक कैलोरी, किलोकैलोरी अथवा जूल है।
- **कैलोरी** (Calorie) : 1 ग्राम जल का ताप 1° C (10° C से 11°C) बढ़ाने के लिए आवश्यक ऊष्मा की मात्रा को 1 कैलोरी कहते हैं।
- **किलोकैलोरी** (Kilocalorie) यह ऊष्मा की वह मात्रा है जो एक किग्रा जल का ताप 1°C बढ़ाने के लिए आवश्यक होती है।

1 कैलोरी = 4.18 जूल

ताप (Temperature)

- किसी वस्तु की गर्माहट को उस वस्तु का ताप कहते हैं।
- जब दो वस्तुएँ सम्पर्क में स्थित होती हैं, तो ऊष्मा का प्रवाह सदैव ऊँची ताप वाली वस्तु से निम्न ताप वाली वस्तु में होता है।

थर्मामीटर (Thermometer)

- वस्तु के ताप को मापने के लिए जो यन्त्र प्रयोग किया जाता है, उसे थर्मामीटर कहते हैं।
- **सेल्सियस पैमाना** (Celcius scale) इसमें जल के हिमांक को 0°C तथा जल के क्वथनांक को 100°C माना जाता है। इस पैमाने का आविष्कार सन् 1710 में ए० सेल्सियस ने किया था।
- **फारेनहाइट पैमाना** (Fahrenheit scale) इसमें जल के हिमांक को 32°F तथा क्वथनांक को 212°F माना गया। इसका आविष्कार फारेनहाइट नामक वैज्ञानिक ने सन् 1717 में किया था।
- **रयूमर पैमाना** (Reumer scale) इसमें जल के हिमांक को 0°R तथा क्वथनांक को 80°R माना गया है। इसका आविष्कार रयूमर नामक वैज्ञानिक ने सन् 1730 में किया था।

निम्न समीकरण द्वारा एक पैमाने द्वारा मापे गए ताप को दूसरे पैमाने के ताप में परिवर्तित कर सकते हैं– $\frac{C}{5} = \frac{F-32}{9} = \frac{R}{4}$

विशिष्ट ऊष्मा (Specific Heat)

- किसी पदार्थ के एकांक द्रव्यमान का ताप 1°C बढ़ाने के लिए आवश्यक ऊष्मा की मात्रा को उस पदार्थ की विशिष्ट ऊष्मा कहते हैं। इसे प्राय: C के द्वारा व्यक्त किया जाता है। विशिष्ट ऊष्मा का मात्रक कैलोरी/ग्राम/°C या किलो कैलोरी/किग्रा/°C अथवा जूल/किग्रा/°C होता है। सोने (gold) की विशिष्ट ऊष्मा = 130 जूल/किग्रा/°C
- पानी की विशिष्ट ऊष्मा = 4180 जूल/किग्रा/°C

प्रकाश (Light)

- प्रकाश एक प्रकार की ऊर्जा है जो जब किसी वस्तु पर पड़ती है, तो वह वस्तु हमें दिखाई देती है।

प्रकाश का परावर्तन (Reflection of Light)

- जब प्रकाश किसी चिकने धरातल पर पड़ता है, तो वह उसी माध्यम में वापस लौट आता है। इस घटना को प्रकाश का परावर्तन कहते हैं।

परावर्तन के नियम (Laws of Reflection)

- आपतन कोण ($\angle i$) का मान परावर्तन कोण ($\angle r$) के बराबर होता है।
- आपतित किरण, परावर्तित किरण तथा आपतन बिन्दु पर अभिलम्ब, तीनों एक ही तल में होते हैं।

प्रकाश का अपवर्तन (Refraction of Light)

- जब प्रकाश किरण किसी पारदर्शी माध्यम के पृथक्कारी तल पर पड़ती है, तो वह अपने मार्ग से विचलित हो जाती है। प्रकाश किरण के एक माध्यम से दूसरे माध्यम में जाने पर अपने मार्ग से विचलित होने की घटना को 'प्रकाश का अपवर्तन' कहते हैं।
- जब प्रकाश किरण विरल (rarer) माध्यम से सघन (denser) माध्यम में जाती है, तो प्रकाश की किरण अभिलम्ब की ओर झुक जाती है।
- जब प्रकाश किरण सघन माध्यम से विरल माध्यम में जाती है, तो वह अभिलम्ब से दूर हट जाती है।

गोलीय दर्पण (Spherical Mirrors)

- गोलीय दर्पण काँच के खोखले गोले का भाग होता है, जिसकी एक सतह पर पॉलिश किया जाता है। गोलीय दर्पण दो प्रकार के होते हैं।

(i) अवतल दर्पण (Concave mirror)

(ii) उत्तल दर्पण (Convex mirror)

दर्पणों के उपयोग

अवतल दर्पण (Concave Mirror)

- इनका उपयोग कारों, बसों में परावर्तन के रूप में किया जाता है।
- इनका उपयोग शेविंग (दाढ़ी बनाने) के दर्पणों के बनाने में किया जाता है। डाक्टरों द्वारा आँख, कान व नाक आदि का परीक्षण करने में तीव्र प्रकाश फेंकने में किया जाता है।

उत्तल दर्पण (Convex Mirror)

- कार व बस आदि में पीछे का दृश्य देखने के लिए इनका उपयोग किया जाता है। इनका उपयोग सीधा प्रतिबिम्ब देखने में किया जाता है।

स्मरणीय तथ्य

- समतल दर्पण द्वारा बना प्रतिबिम्ब दर्पण से उतनी ही दूरी पर होता है जितनी दूरी पर वस्तु रखी जाती है।
- समतल दर्पण द्वारा बने प्रतिबिम्ब का आकार वस्तु के आकार के बराबर होता है।
- समतल दर्पण द्वारा बना प्रतिबिम्ब सदैव सीधा व आभासी होता है।
- किसी वस्तु का पूरा प्रतिबिम्ब देखने के लिये समतल दर्पण की लम्बाई, वस्तु की लम्बाई की आधी होती है।
- वस्तु तथा प्रतिबिम्ब को मिलाने वाली रेखा, समतल दर्पण पर लम्ब होती है।
- जब एक दर्पण को किसी निश्चित कोण से घुमाया जाता है, तो परावर्तित किरण दुगुने कोण से घूम जाती है।

गोलीय लेन्स (Spherical Lenses)

- लेन्स एक ऐसा समांग पारदर्शी माध्यम होता है, जो दो गोलीय अथवा एक गोलीय व एक समतल पृष्ठों से घिरा होता है।
- लेन्स दो प्रकार के होते हैं—

(i) अवतल लेन्स (अपसारी लेन्स)

(ii) उत्तल लेन्स (अभिसारी लेन्स)

प्रकाश का वर्ण विक्षेपण (Dispersion of Light)

- न्यूटन के अनुसार जब प्रकाश की किरण एक पतले प्रिज्म से गुजरती है, तो निर्गत किरण अपने मार्ग से विचलित होने के साथ-साथ सात

विभिन्न रंगों के प्रकाश में विभक्त हो जाती है। इस घटना को वर्ण विक्षेपण कहते हैं।

- प्रिज्म से श्वेत प्रकाश के कारण प्राप्त सात रंगों की पट्टिका (band) को **वर्णक्रम** या **स्पेक्ट्रम** कहते हैं। इस स्पेक्ट्रम में रंगों का क्रम इस प्रकार होता है : बैंगनी, नीला, आसमानी, हरा, पीला, नारंगी तथा लाल या अंग्रेजी में VIBGYOR। किसी वस्तु का रंग, उसके द्वारा परावर्तित होने वाला प्रकाश होता है।
- बैंगनी रंग सबसे अधिक तथा लाल रंग सबसे कम विचलित होता है।
- लाल, हरा और नीले रंग को **प्राथमिक रंग** या **मूल रंग** कहते हैं।
- मैजेंटा, मोरनी रंग व पीला द्वितीयक रंग कहलाते हैं।
- यदि किसी वस्तु से सफेद प्रकाश के सभी सात रंग परावर्तित होते हैं, तो वह वस्तु हमें सफेद दिखाई पड़ती है।
- यदि किसी वस्तु द्वारा सफेद प्रकाश के सभी सात रंग अवशोषित हो जाते हैं, तो वह वस्तु हमें काली दिखाई पड़ती है।

विद्युतिकी (Electricity)

- भौतिक विज्ञान की वह शाखा जिसमें आवेशों का अध्ययन किया जाता है, विद्युतिकी कहलाती है। इसकी दो उपशाखाएँ होती हैं :
  1. स्थिर विद्युतिकी (Electrostatics)
  2. गतिक विद्युतिकी (Electrodynamics)
- विद्युतिकी की वह शाखा जिसमें स्थिरावस्था में आवेशों का अध्ययन किया जाता है, स्थिर विद्युतिकी कहलाती है तथा गतिक अवस्था में आवेशों का अध्ययन गतिक विद्युतिकी कहलाती है।
- आवेश द्रव्य का एक मूल गुण है इसे द्रव्य से अलग करना असम्भव है। यह दो प्रकार के होते हैं :
- **धनावेश** किसी पिण्ड अथवा कण पर पदार्थ में इलेक्ट्रॉन की कमी को धनावेश कहते हैं। धनावेशन पर इसका द्रव्यमान कुछ घट जाता है।
- **ऋणावेश** किसी पिण्ड अथवा कण पर पदार्थ में इलेक्ट्रॉन की अधिकता को ऋणावेश कहते हैं। ऋणावेशन पर इसका द्रव्यमान कुछ बढ़ जाता है। किसी वस्तु को घर्षण अथवा प्रेरण के द्वारा आवेशित किया जा सकता है।

रसायन विज्ञान के कुछ आधारभूत सिद्धान्त

द्रव्य और उनकी अवस्थाएँ

द्रव्य (Matter)

द्रव्य वह है जो स्थान घेरता है तथा जिसमें भार होता है। द्रव्य तीन भौतिक अवस्थाओं में पाया जाता है : ठोस, द्रव और गैस।

ठोस (Solid)

द्रव्य की वह अवस्था, जिसमें उसका आकार तथा आयतन निश्चित होता हैं, ठोस अवस्था कहलाती है।

द्रव (Liquid)

द्रव्य की वह अवस्था, जिसमें उसका आयतन तो निश्चित होता है लेकिन आकार, उस पात्र के आकार जैसा हो जाता है, जिसमें वह रखा गया है, द्रव अवस्था कहलाती है।

गैस (Gas)

द्रव्य की वह अवस्था जिसमें उसका आयतन तथा आकार निश्चित नहीं होते लेकिन उस पात्र के आयतन जितने व आकार जैसे हो जाते हैं जिसमें उसे रखा जाता है, गैस अवस्था कहलाती है।

तत्त्व (Element)

- समान प्रकार (समान परमाणु क्रमांक) के परमाणुओं से बने हुए शुद्ध पदार्थ को **तत्त्व** कहते हैं।
- वर्तमान में, 115 तत्त्व ज्ञात हैं, जिनमें से 92 तत्त्व प्रकृति में पाये जाते हैं जबकि शेष 23 तत्त्व कृत्रिम रूप से बनाये जाते हैं।

यौगिक (Compound)

- यौगिक दो या दो से अधिक तत्त्वों के निश्चित अनुपात में रासायनिक संयोग से बनते हैं। यौगिकों को उनके अवयवों में भौतिक विधियों द्वारा पृथक् नहीं किया जा सकता है।
- यौगिक के गुण उसके अवयव तत्त्वों के गुणों से भिन्न होते हैं।
- यौगिकों के गलनांक तथा क्वथनांक निश्चित होते हैं।
- यौगिक के प्रत्येक भाग का संघटन समान होता है अत: यह एक समांगी द्रव्य है।

मिश्रण (Mixture)

- मिश्रण दो या दो से अधिक किन्हीं भी पदार्थों को किसी भी अनुपात में मिलाने से बन जाते हैं।
- मिश्रण के अवयवों को भौतिक विधियों द्वारा पृथक् किया जा सकता है।
- मिश्रण के क्वथनांक व गलनांक निश्चित नहीं होते तथा ये अपने अवयवों के गुण प्रदर्शित करते हैं।
- मिश्रण समांगी तथा विषमांगी दोनों प्रकार के हो सकते हैं।

परमाणु संरचना (Atomic Structure)

डाल्टन का परमाणु सिद्धान्त
(Dalton's Atomic Theory)

- सन् 1803 में जॉन डाल्टन ने परमाणु सिद्धान्त दिया। जिसके अनुसार प्रत्येक तत्त्व (पदार्थ या द्रव्य) अति सूक्ष्म, अविभाज्य कणों से मिलकर बना होता है, जिन्हें परमाणु कहते हैं।
- परमाणु को न बनाया जा सकता है और न ही नष्ट किया जा सकता है।
- एक तत्त्व के सभी परमाणु, भार, आकार तथा अन्य गुणों में समान होते हैं, किन्तु दूसरे तत्त्वों के परमाणुओं से भिन्न होते हैं।
- एक यौगिक के समस्त यौगिक परमाणु आपस में समान होते हैं।
- इनमें प्रत्येक तत्त्व के परमाणुओं की निश्चित स्थायी संख्या उपस्थित रहती है।

परमाणु (Atom)

- तत्त्व का वह सूक्ष्म कण, जिसमें पदार्थ के सभी गुण होते हैं तथा रासायनिक क्रिया में भाग लेता है, परमाणु कहलाता है।
- परमाणु के तीन मूल कण हैं : इलेक्ट्रॉन, प्रोटॉन तथा न्यूट्रॉन

इलेक्ट्रॉन ($_{-1}e^0$)

- प्रकृति : ऋणावेशित, सन् 1909 में मिलिकन द्वारा तेल-बूँद विधि द्वारा निर्धारित।
- खोजकर्ता : जे. जे. थॉमसन
- आवेश : 1.602×10^{-19} कूलॉम
- द्रव्यमान : 9.109535×10^{-28} ग्राम
- $\frac{e}{m}$ अनुपात : 1.76×10^{8} कूलॉम/ग्राम

प्रोटॉन ($_1H^1$)

- प्रकृति : धनावेशित
- खोजकर्ता : ई० रदरफोर्ड
- आवेश : 1.602×10^{-19} कूलॉम
- द्रव्यमान : 1.672×10^{-24} ग्राम

न्यूट्रॉन ($_0n^1$)

- प्रकृति : आवेशहीन
- खोजकर्ता : जेम्स चैडविक
- द्रव्यमान : 1.675×10^{-24} ग्राम

अणु (Molecule)

- पदार्थ का वह अति सूक्ष्म कण, जो स्वतन्त्र अवस्था में रह सकता है, अणु कहलाता है।
- यौगिकों के अणुओं में दो या दो से अधिक प्रकार के परमाणु होते हैं।

नाभिक (Nucleus)

- खोजकर्ता–रदरफोर्ड
- परमाणु के मध्य में एक अति सूक्ष्म पिण्ड होता है जिसे नाभिक कहते हैं। नाभिक में परमाणु का समस्त धनावेश तथा द्रव्यमान स्थित रहता है।

परमाणु क्रमांक (Atomic Number)

- किसी तत्त्व के परमाणु में उपस्थित प्रोटॉनों की संख्या, परमाणु क्रमांक के बराबर होती है, अर्थात्
- परमाणु क्रमांक = प्रोटॉनों की संख्या = इलेक्ट्रॉनों की संख्या

द्रव्यमान संख्या (Mass Number)

- किसी तत्त्व के परमाणु के नाभिक में उपस्थित प्रोटॉनों तथा न्यूट्रॉनों की संख्या के योग को द्रव्यमान संख्या कहते हैं अर्थात्
  द्रव्यमान संख्या (परमाणु भार)
  = प्रोटॉनों की संख्या + न्यूट्रॉनों की संख्या
  = परमाणु संख्या + न्यूट्रॉनों की संख्या
  = इलैक्ट्रॉनों की संख्या + न्यूट्रॉनों की संख्या

संयोजी इलेक्ट्रॉन (Valency Electron)

- किसी तत्त्व के परमाणुओं द्वारा रासायनिक संयोग में स्थानान्तरण या साझे में प्रयुक्त इलेक्ट्रॉनों को उस तत्त्व के संयोजी इलेक्ट्रॉन कहते हैं।
- संयोजी इलेक्ट्रॉन जिस कोश में होते हैं उसे **संयोजी कोश** कहते हैं।
- समान संयोजी इलेक्ट्रॉन वाले तत्त्वों के रासायनिक गुण भी समान होते हैं।
- ऐसे तत्त्व, जिनके परमाणुओं में संयोजी इलेक्ट्रॉनों की संख्या 1, 2 तथा 3 होती है, धातु कहलाते हैं तथा ऐसे तत्त्व, जिनके परमाणुओं में संयोजी इलेक्ट्रॉनों की संख्या 4, 5, 6 और 7 होती है अधातु कहलाते हैं।

समस्थानिक (Isotopes)

- एक ही तत्त्व के परमाणुओं को जिनकी परमाणु संख्या समान हो परन्तु परमाणु द्रव्यमान संख्या भिन्न हो, **समस्थानिक** कहते हैं। उदाहरण के लिए :
  $_1H^1$(प्रोटियम), $_1H^2$(ड्यूटेरियम), $_1H^3$ (ट्राइटियम) हाइड्रोजन के समस्थानिक हैं,
  $_6C^{12}, _6C^{13}, _6C^{14}$ कार्बन के समस्थानिक हैं,
  $_8O^{16}, _8O^{17}, _8O^{18}$ ऑक्सीजन के समस्थानिक हैं
  तथा $_{10}Ne^{20}, _{10}Ne^{21}, _{10}Ne^{22}$ निऑन के समस्थानिक हैं।

समभारिक (Isobars)

- विभिन्न तत्त्वों के ऐसे परमाणु, जिनकी द्रव्यमान संख्या समान होती है लेकिन परमाणु क्रमांक भिन्न-भिन्न होते हैं, **समभारी** कहलाते हैं।
  उदाहरण के लिए :
  $_1H^3$ और $_2He^3$; $_{18}Ar^{40}, _{19}K^{40}$ और $_{20}Ca^{40}$; $_{52}Te^{130}, _{56}Ba^{130}$ और $_{54}Xe^{130}$

रेडियोसक्रियता (Radioactivity)

- वे तत्त्व जो प्रकृति में स्वत: विघटित होते रहते हैं, रेडियोएक्टिव तत्त्व कहलाते हैं, इनसे निकलने वाली किरणें रेडियोएक्टिव किरणें कहलाती हैं तथा इनका यह गुण रेडियोसक्रियता कहलाता है।
- रेडियोसक्रियता की खोज फ्रांस के भौतिकशास्त्री हेनरी बैक्विरल ने सन् 1896 में की।
- रेडियोएक्टिव पदार्थों से निकलने वाली किरणें तीन प्रकार की होती हैं।

अल्फा किरणें (α-rays)

- अल्फा किरणें हीलियम नाभिक या [He^{2+} or He^{++}] के बने होते हैं तथा प्रत्येक में दो प्रोटॉन, दो न्यूट्रॉन तथा दो इकाई धन आवेश होता है।
- ये प्रबल चुम्बकीय या विद्युत क्षेत्र में ऋण प्लेट की ओर विक्षेपित हो जाते हैं।

बीटा किरणें (β-rays)

- ये किरणें ऋणावेशित कणों के बने होते हैं अत: ये वास्तव में इलेक्ट्रॉनों के प्रवाह होते हैं।
- ये विद्युतीय तथा चुम्बकीय क्षेत्र में धन प्लेट की ओर अधिक विक्षेपित होते हैं।

गामा किरणें (γ-rays)

- आवेश शून्य होता है तथा ये द्रव्यमान रहित होती हैं।
- ये किरणें विद्युतीय तथा चुम्बकीय क्षेत्र में विचलित नहीं होती हैं अत: ये उदासीन होती हैं।
- ये ऐसी विद्युतचुम्बकीय तरंगें हैं जिनकी तरंग-दैर्ध्य 10^{-10} सेमी० से 10^{-12} सेमी० होती है। गामा किरणों को रेडियोसक्रिय विघटन का द्वितीयक प्रभाव मान सकते हैं।
- ऐसे नाभिक जिनमें प्रोटॉनों तथा न्यूट्रॉनों की संख्या समान होती है, स्थाई नाभिक कहलाते हैं।
- सभी ज्ञात तत्त्वों के समस्थानिक जिनका परमाणु क्रमांक 83 से ज्यादा होता है, रेडियो-ऐक्टिव तत्त्व कहलाते हैं।

अर्द्ध-आयु काल (Half-life Period)

- एक रेडियोएक्टिव पदार्थ के किसी नमूने की आधी मात्रा विघटित होने में जो समय लगता है, उसे उस पदार्थ की 'अर्द्ध-आयु' कहते हैं।

नाभिकीय विखण्डन (Nuclear Fission)

- सन् 1938 में ऑटो हॉन तथा फिट्ज स्ट्रासमैन ने ज्ञात किया कि जब U-235 पर मन्द गति के न्यूट्रॉनों की बौछार की जाती है तो

यूरेनियम-235 का भारी नाभिक मध्यम द्रव्यमान के दो खण्डों में विभक्त हो जाता है और इसके साथ बहुत अधिक ऊर्जा उत्सर्जित होती है, इस नाभिकीय अभिक्रिया को नाभिकीय विखण्डन कहते हैं। अत: वह प्रक्रिया जिसमें एक भारी नाभिक दो छोटे नाभिकों में टूट जाता है तथा अपार ऊर्जा उत्पन्न करता है, नाभिकीय विखण्डन कहलाता है।

- परमाणु बम, इसी सिद्धान्त पर आधारित है।
- 'न्यूक्लियर रिएक्टर' एक विशेष प्रकार की भट्टी है जिसमें U-235 का नियन्त्रित नाभिकीय विखण्डन कराया जाता है। रियेक्टरों में कैडमियम की छड़ें, न्यूट्रॉन-अवशोषक का कार्य करती हैं, इन छड़ों को नियन्त्रक कहते हैं। भारी जल तथा ग्रेफाइट का कार्य न्यूट्रॉनों की गति को मन्द करना है, अर्थात् भारी जल तथा ग्रेफाइट मन्दक का कार्य करते हैं। यूरेनियम-235 ईंधन का कार्य करता है।

नाभिकीय संलयन (Nuclear Fusion)

- नाभिकीय संलयन वह प्रक्रिया है जिसमें दो हल्के नाभिक संयोजित होकर एक भारी नाभिक का निर्माण करते हैं तथा अत्यधिक मात्रा में ऊर्जा उत्पन्न करते हैं क्योंकि उत्पाद का कुल भार, अभिकारक के कुल भार से कम होता है।
- हाइड्रोजन बम, नाभिकीय संलयन के सिद्धान्त पर आधारित है।
- रेडियो-कार्बन काल, कार्बनिक मूल की पुरातत्त्व वस्तुओं की आयु ज्ञात करने में प्रयोग किया जाता है

$$N = N_0\left(\frac{1}{2}\right)^n$$

जहाँ, $n = \dfrac{\text{कुल समय}}{\text{अर्द्ध-आयु काल}}$

सौर ऊर्जा का स्रोत, **नाभिकीय संलयन** है।

ऑक्सीकरण और अपचयन (Oxidation and Reduction)

ऑक्सीकरण (Oxidation)

- परमाणुओं, आयनों या अणुओं द्वारा एक या एक से अधिक इलेक्ट्रॉन त्यागने की प्रक्रिया ऑक्सीकरण कहलाती हैं। उदाहरण के लिए :

$$Mg \longrightarrow Mg^{2+} + 2e^-$$

- ऑक्सीकरण के द्वारा किसी तत्त्व की धनात्मक संयोजकता बढ़ जाती है।
- इलेक्ट्रॉन त्यागना ऑक्सीकरण है।
- किसी तत्त्व की ऑक्सीकरण अवस्था धनात्मक, ऋणात्मक, शून्य या भिन्न हो सकती है।

अपचयन (Reduction)

- परमाणुओं, आयनों तथा अणुओं द्वारा एक या एक से अधिक इलेक्ट्रॉन ग्रहण करने की प्रक्रिया अपचयन कहलाती है। उदाहरण के लिए :

$$S + 2e^- \longrightarrow S^{2-}$$

- अपचयन में तत्त्व की धनात्मक संयोजकता घटती है।
- ऑक्सीकरण और अपचयन साथ-साथ समान मात्रा में हो सकते हैं।

ऑक्सीकारक (Oxidising Agent)

- वह पदार्थ जो रासायनिक प्रक्रिया में इलेक्ट्रॉन ग्रहण करता है, ऑक्सीकारक कहलाता है।
- सभी धनावेशित तत्त्व, ऑक्सीकारक की तरह व्यवहार करते हैं।
- ऑक्सीकारक पदार्थ, लुईस क्षार होते हैं।

अपचायक (Reducing Agent)

- वे पदार्थ जो रासायनिक प्रक्रिया में इलेक्ट्रॉन देते हैं, अपचायक कहलाते हैं।
- सभी ऋणावेशित पदार्थ, अपचायक की तरह व्यवहार करते हैं।
- अपचायक पदार्थ, लुईस अम्ल होते हैं।

आवर्त सारणी (Periodic Table)

तत्त्वों का वर्गीकरण (Classification of Elements)

- सन् 1869 में एशियाई वैज्ञानिक मेण्डलीफ ने तत्त्वों का प्रथम आवर्ती वर्गीकरण दिया।
- तत्त्वों के गुण, उनके परमाणु भारों के आवर्ती फलन हैं।
- मेण्डलीफ के समय में 63 ज्ञात तत्त्व थे जिन्हें उन्होंने सात आवर्तों (क्षैतिज कॉलमों) तथा आठ वर्गों (खड़े कॉलमों) में बाँटा।
- आधुनिक आवर्त नियम के अनुसार, "तत्त्वों के गुण, उनके परमाणु क्रमांकों के आवर्ती फलन हैं।"
- मेण्डलीफ की संशोधित आवर्त सारणी को 18 खड़े कॉलम (जिन्हें समूह कहते हैं) तथा सात क्षैतिज कॉलमों (जिन्हें आवर्त कहते हैं) में बाँटा गया।

आवर्तों के सामान्य लक्षण

- प्रत्येक आवर्त में बायें से दायें जाने पर तत्त्वों में संयोजी इलेक्ट्रॉनों की संख्या 1 से 8 तक बढ़ती है।
- आवर्तों में तत्त्वों को बढ़ते हुए परमाणु क्रमांक के अनुसार रखा गया है। आवर्तों में बायें से दायें जाने पर तत्त्वों की संयोजकता पहले एक से चार तक बढ़ती है, फिर 4 से 1 तक क्रमश: घटती है।
- आवर्तों में बायें से दायें जाने पर परमाणु का आकार क्रमश: घटता है।
- प्रत्येक आवर्त में बायें से दायें चलने पर तत्त्व का धनात्मक गुण घटता है।
- प्रत्येक आवर्त में बायें से दायें चलने पर परमाणु का आकार घटने के कारण, तत्त्वों की धात्विकता भी घटती जाती है।
- प्रत्येक आवर्त में बायें से दायें जाने पर तत्त्वों का अपचायक गुण घटता है। प्रत्येक आवर्त में बायें से दायें जाने पर ऑक्साइडों का क्षारीय गुण घटता है। प्रत्येक आवर्त में बायें से दायें जाने पर ऋणविद्युती प्रकृति, अधात्विक प्रकृति तथा ऑक्साइडों का अम्लीय गुण क्रमश: बढ़ता है।
- प्रत्येक आवर्त में बायें से दायें जाने पर आयनन विभव क्रमश: बढ़ता है।
- प्रत्येक आवर्त में बायें से दायें जाने पर इलेक्ट्रॉन बन्धुता भी सामान्यत: बढ़ती है।

वर्गों के सामान्य लक्षण

- आवर्त सारणी में वर्गों के सभी तत्त्वों में संयोजी इलेक्ट्रॉनों की संख्या समान होती है।
- प्रत्येक समूह में ऊपर से नीचे जाने पर परमाणु त्रिज्या में वृद्धि होती है।
- प्रत्येक समूह में ऊपर से नीचे जाने पर धन-विद्युती प्रकृति, धात्विकता, अपचायक गुण तथा ऑक्साइडों का क्षारीय गुण क्रमश: बढ़ता है।
- प्रत्येक समूह में ऊपर से नीचे जाने पर ऋणविद्युती प्रकृति, अधात्विकता, तथा ऑक्साइडों का अम्लीय गुण परमाणु क्रमांक बढ़ने के साथ-साथ घटता है।
- आवर्त सारणी में, समूह में ऊपर से नीचे जाने पर आयनन विभव, इलेक्ट्रॉन बन्धुता क्रमश: घटते हैं।

प्रमुख मिश्र धातुएँ

मिश्र धातु	संगठन	प्रमुख उपयोग
सोल्डर	टिन तथा लेड	टांका लगाने में
काँसा	कॉपर तथा टिन	बर्तन, मूर्तियाँ आदि बनाने में
टाइप मेटल	टिन, लेड, एण्टीमनी	छपाई में
ब्यूटर	टिन, लेड	बर्तन बनाने में
बेल मेटल	कॉपर, टिन	घण्टे, पुर्जे
गन मेटल	कॉपर, टिन और जिंक	बन्दूकें, हथियार, मशीनों के पुर्जे
पीतल	कॉपर और जिंक	तार, मशीनों के पुर्जे, बर्तन
एल्युमीनियम ब्रान्ज	कॉपर और एल्युमीनियम	सिक्के, सस्ते आभूषण
जर्मन सिल्वर	कॉपर, जिंक और निकिल	बर्तन, मूर्तियाँ आदि
कॉन्सटैन्टन	कॉपर और निकिल	तार, विद्युतीय यन्त्र
डैन्टल मिश्र धातु	सिल्वर, मरकरी, जिंक, टिन	दाँतों में भरने के लिये
स्टेनलैस स्टील	आयरन, क्रोमियम, निकिल	बर्तन, चिकित्सा के औजार
एल्नीको	आयरन, एल्युमीनियम, निकिल	स्थाई चुम्बक
मैग्नेलियम	मैग्नीशियम और एल्युमीनियम	वायुयान तथा जहाजों को बनाने में

मनुष्य द्वारा निर्मित पदार्थ
(Man-made Substances)

साबुन (Soap)

- उच्च वसीय अम्लों के सोडियम एवं पोटेशियम लवण साबुन कहलाते हैं, जैसे : सोडियम पालमिटेड, स्टीरेड तथा सोडियम ओलिऐट आदि।
- साबुन के निर्माण में आवश्यक प्रयुक्त सामग्री जन्तुओं की चर्बी, वनस्पति तेल, सोडियम हाइड्रॉक्साइड, सोडियम क्लोराइड आदि (अत: साबुन बनाने का प्रक्रम साबुनीकरण कहलाता है)।

डिटर्जेण्ट (Detergent)

- डिटर्जेण्ट एक विशेष प्रकार के कार्बनिक यौगिक हैं, जिनमें साबुन के समान ही सफाई का गुण विद्यमान होता है, परन्तु ये स्वयं साबुन नहीं होते।
- लॉरिल सल्फ्यूरिक एसिड को सोडियम हाइड्रॉक्साइड के साथ अभिक्रिया कराने पर सोडियम लॉरिल सल्फेट प्राप्त हो जाता है, यही डिटर्जेण्ट (कृत्रिम साबुन) है।
- डिटर्जेण्ट के निर्माण में आवश्यक प्रयुक्त सामग्री उच्च अणु भार वाले हाइड्रोकार्बन, सल्फ्यूरिक एसिड तथा सोडियम हाइड्रॉक्साइड आदि।

बहुलक (Polymer)

- अधिक अणु भार वाला वह यौगिक जो कम अणु भार वाले एक या एक से अधिक प्रकार के बहुत से अणुओं के संयोजन से बनते हैं, जिनके बीच सहसंयोजक बन्ध होते हैं, बहुलक कहलाते हैं तथा यह प्रक्रम बहुलीकरण कहलाता है।

रासायनिक पदार्थों के व्यापारिक तथा रासायनिक नाम एवं सूत्र

व्यापारिक नाम	रासायनिक नाम	सूत्र
साधारण लवण	सोडियम क्लोराइड	$NaCl$
चिली साल्टपीटर	सोडियम नाइट्रेट	$NaNO_3$
सुहागा	बोरेक्स	$Na_2B_4O_7 \cdot 10H_2O$
खाने का सोडा	सोडियम बाइकार्बोनेट	$NaHCO_3$
धोबन सोडा	सोडियम कार्बोनेट	$Na_2CO_3 \cdot 10H_2O$
कास्टिक सोडा	सोडियम हाइड्रॉक्साइड	$NaOH$
तूतिया (नीला थोथा)	कॉपर सल्फेट	$CuSO_4 \cdot 5H_2O$
उजला थोथा (सफेद कसीस)	जिंक सल्फेट	$ZnSO_4 \cdot 7H_2O$
हरा कसीस	फेरस सल्फेट	$FeSO_4 \cdot 7H_2O$
संगमरमर	कैल्सियम कार्बोनेट	$CaCO_3$
कली चूना	कैल्सियम ऑक्साइड	CaO
भखरा चूना	कैल्सियम हाइड्रॉक्साइड	$Ca(OH)_2$
सिन्दूर	मरक्यूरिक सल्फाइड	HgS
शोरा	पोटेशियम नाइट्रेट	KNO_3
शोरे का अम्ल	नाइट्रिक एसिड	HNO_3
नमक का अम्ल	हाइड्रोक्लोरिक एसिड	HCl
गंधक का अम्ल	सल्फ्यूरिक एसिड	H_2SO_4
नौसादर	अमोनियम क्लोराइड	NH_4Cl
लाफिंग गैस	नाइट्रस ऑक्साइड	N_2O
जिप्सम	कैल्सियम सल्फेट	$CaSO_4 \cdot 2H_2O$
शुष्क बर्फ (ड्राइ आइस)	ठोस कार्बन डाइऑक्साइड	CO_2
फिटकरी	पोटेशियम एल्युमिनियम सल्फेट	$K_2SO_4Al_2(SO_4)_3\ 24H_2O$
गैलेना	लेड सल्फाइड	PbS
टी. एन. टी.	ट्राई नाइट्रोटाल्वीन	$C_6H_2CH_3(NO_2)_3$
कास्टिक पोटाश	पोटेशियम हाइड्रॉक्साइड	KOH
विरंजक चूर्ण	ब्लीचिंग पाउडर	$CaOCl_2$
प्लास्टर ऑफ पेरिस	कैल्शियम सल्फेट हाफ हाइड्रेट	$(CaSO_4)_2\ H_2O$
साल्ट केक	सोडियम सल्फेट	Na_2SO_4
ग्लोबर लवण	सोडियम सल्फेट	$Na_2SO_4 . 10H_2O$
बालू	सिलिकन ऑक्साइड	SiO_2
अम्लराज	अम्लराज	$3HCl + HNO_3$
भारी जल	ड्यूटेरियम ऑक्साइड	D_2O
श्वेत पोटाश	पोटेशियम क्लोरेट	$KClO_3$

व्यापारिक नाम	रासायनिक नाम	सूत्र
हाइड्रोजन परॉक्साइड	हाइड्रोजन परॉक्साइड	H_2O_2
चाईनीज श्वेत	जिंक ऑक्साइड	ZnO
हाईपो	सोडियम थायोसल्फेट	$Na_2S_2O_3 \cdot 5H_2O$
मार्श गैस	मिथेन	CH_4
एल्कोहॉल	इथाइल एल्कोहॉल	C_2H_5OH
चीनी	सुक्रोज	$C_{12}H_{22}O_{11}$

प्रमुख तत्त्व, अयस्क तथा रासायनिक सूत्र

तत्त्वों के नाम	अयस्क	रासायनिक सूत्र
एल्युमीनियम (Al)	बॉक्साइट, कोरंडम, क्रायोलाइट	$Al_2O_3 \cdot 2H_2O$; $Al_2O_3H_2O$; Na_3AlF_6
लोहा (Fe)	हेमेटाइट, मैग्नेटाइट	Fe_2O_3; Fe_3O_4
ताँबा (Cu)	कॉपर ग्लांस, कॉपर पाइराइट्स	Cu_2S; $CuFeS_2$
जस्ता (Zn)	जिंकब्लेंड, केलामाइन या जिंक स्पार	ZnS; $ZnCO_3$
सोडियम (Na)	रॉक साल्ट, सोडियम कार्बोनेट	$NaCl$; $Na_2CO_3 \cdot 10H_2O$
पोटेशियम (K)	कार्नेलाइट, शोरा	$KCl\ MgCl_2 \cdot 6H_2O$; KNO_3
सीसा (Pb)	गैलेना	PbS
टिन (Sn)	टिन पाइराइट्स, कैसिटेराइट	Cu_2FeSnS_4; SnO_2
चाँदी (Ag)	सिल्वर ग्लांस	Ag_2S
सोना (Au)	कैल्वेराइट, पेटसाइट	$AuTe_2$; $Ag\ (Au)_2\ Te$
पारा (Hg)	सिनेबार, कैलोमल	HgS; Hg_2Cl_2
मैग्नीशियम (Mg)	डोलोमाइट, कार्नेलाइट	$MgCO_3 \cdot CaCO_3$; $KCl \cdot MgCl_2 \cdot 6H_2O$
कैल्सियम (Ca)	लाइम स्टोन, डोलोमाइट	$CaCO_3$; $CaCO_3 \cdot MgCO_3$
फॉस्फोरस (P)	फॉस्फोराइट, फ्लोरएपेटाइट	$Ca_3\ (PO_4)_2$; $3Ca_3\ (PO_4)_2\ CaF_2$

अभ्यास प्रश्न

1. स्वयं कणों के वास्तविक संचलन के बिना पदार्थ द्वारा ऊष्मा का स्थानान्तरण .... कहलाता है।
(a) चालकता (b) संवहन
(c) विकिरण (d) इनमें से कोई नहीं

2. विद्युत तन्तु में प्रयुक्त तत्व है
(a) ताम्र (b) एल्युमीनियम (c) लोहा (d) टंग्स्टन

3. वैसलीन लेपित सुई क्षैतिज स्थिति में जल पृष्ठ पर धीरे-धीरे से डुबोई जाती है, तो वह तैरती हुई प्रतीत होती है। यह घटना ..... का उदाहरण है।
(a) केशिका क्रिया (b) पृष्ठीय तनाव
(c) आर्किमिडीज सिद्धान्त (d) इनमें से कोई नहीं

4. तेल दीप में बत्ती का तेल .... के कारण ऊपर उठता है।
(a) दाब अन्तर (b) केशिका क्रिया
(c) तेल की निम्न श्यानता (d) गुरुत्वीय बल

5. पराश्रव्य तरंगें क्या हैं?
(a) श्रव्य आवृत्ति प्रसार से निम्न आवृत्ति वाली ध्वनि तरंगें
(b) निर्वात् में उत्पन्न ध्वनि तरंगें
(c) श्रव्य आवृत्ति प्रसार से उच्च आवृत्ति वाली ध्वनि तरंगें
(d) उपरोक्त में से कोई नहीं

6. 'बोफोर्ट' मापक्रम .... को मापने के लिए प्रयुक्त होता है।
(a) हवा की गति
(b) ध्वनि तीव्रता
(c) रासायनिक विलयन का सामर्थ्य
(d) उपरोक्त में से कोई नहीं

7. नीचे दिए चार माध्यमों में उस माध्यम को पहचानिए, जिससे होकर ध्वनि तीव्रतम गति से यात्रा करती है।
(a) लकड़ी (b) ईंट (c) जल (d) वायु

8. न्यूटन के किस नियम से बल की परिभाषा प्राप्त होती है?
(a) प्रथम (b) द्वितीय
(c) तृतीय (d) इनमें से कोई नहीं

9. किसी पदार्थ का वह केन्द्र जहाँ उसका सम्पूर्ण भार प्रभावी होता है, कहलाता है
(a) दोलन केन्द्र (b) निलम्बन केन्द्र
(c) द्रव्यमान केन्द्र (d) गुरुत्व केन्द्र

10. मोटर वाहन में पीछे का दृश्य दिखाने वाले दर्पण होते हैं
(a) द्वि-अवतल (b) उत्तल (c) समतल (d) अवतल

11. 'प्रकाश वर्ष' किसका एकक है?
(a) समय (b) वेग
(c) दूरी (d) इनमें से कोई नहीं

12. प्रतिध्वनि, ध्वनि तरंगों के .... के कारण उत्पन्न होती है।
(a) अपवर्तन (b) अवशोषण
(c) परावर्तन (d) विवर्तन

13. 'लॉ ऑफ फ्लोटिंग' का सिद्धान्त किसने दिया था?
(a) हॉकिन्स ने (b) बायजर ने
(c) आर्किमिडीज ने (d) न्यूटन ने

14. टेलीफोन लाइन में प्रवाहित ऊर्जा है
(a) ध्वनि ऊर्जा (b) विद्युत ऊर्जा
(c) रेडियो ऊर्जा (d) यान्त्रिक ऊर्जा

15. पराश्रव्य ध्वनि सुनी जा सकती है
(a) कुत्तों द्वारा
(b) मनुष्यों द्वारा
(c) माइक्रोफोन की सहायता से
(d) उपरोक्त में से कोई नहीं

16. ध्वनि के वेग पर प्रभाव नहीं पड़ता है
(a) ताप का (b) माध्यम का
(c) दाब का (d) आर्द्रता का

17. ध्वनि का वेग निर्भर करता है
(a) तीव्रता पर (b) स्वरूप पर
(c) तारत्व पर (d) इनमें से कोई नहीं

18. सरल आवर्त गति में स्थित नहीं रहता है
(a) आयाम (b) प्रत्यानवयन
(c) आवर्तकाल (d) गतिज ऊर्जा

19. निम्न में से किसका घनत्व न्यूनतम है?
(a) सोना (b) पारा
(c) बर्फ (d) लकड़ी

20. एक सामान्य व्यक्ति के लिए स्पष्ट दृष्टि की न्यूनतम दूरी होती है
(a) 10 सेमी (b) 25 सेमी
(c) 50 सेमी (d) 5 मी

21. नोबेल पुरस्कार अल्फ्रेड नोबेल के नाम पर शुरू हुए, जिन्होंने खोज की थी
(a) हवाई जहाज की (b) टेलीफोन की
(c) सेफ्टी लैम्प की (d) डायनामाइट की

22. जब किसी पिण्ड को किसी तरल में अंशत: या पूर्णत: डुबोया जाता है, तो पिण्ड पर लगने वाले उत्प्लावन बल की दिशा होती है
(a) ऊर्ध्वमुखी (b) अधोमुखी
(c) क्षैतिज (d) अनियमित

23. प्रेशर कुकर में भोजन जल्दी पक जाता है क्योंकि
(a) यह शीघ्रता से ऊष्मा को अवशोषित कर लेता है
(b) पानी का क्वथनांक (BP) बढ़ जाता है
(c) यह लम्बे समय तक ऊष्मा को रोके रह सकता है
(d) पानी का क्वथनांक कम हो जाता है

24. बैटरी का धन ध्रुव होता है
(a) कैथोड (b) एनोड
(c) इलेक्ट्रोड (d) इनमें से कोई नहीं

25. स्वचालित वाहनों में प्रयुक्त हाइड्रोलिक ब्रेक निम्न में से किस सिद्धान्त पर कार्य करता है?
(a) बर्नोली प्रमेय (b) टोरीसेलियन प्रमेय
(c) पास्कल नियम (d) आर्किमिडीज के सिद्धान्त

26. विखण्डन की प्रक्रिया उत्तरदायी होती है
(a) सूर्य से ऊर्जा मुक्त करने के लिए
(b) हाइड्रोजन बम में ऊर्जा मुक्त करने के लिए
(c) एटम बम में ऊर्जा मुक्त करने के लिए
(d) रासायनिक अभिक्रिया में ऊर्जा मुक्त करने के लिए

27. यदि चुम्बकीय छड़ के उत्तरी या दक्षिणी ध्रुव के पास प्रतिचुम्बकीय पदार्थ लाया जाता है, तो यह
(a) ध्रुवों द्वारा आकर्षित होगा
(b) ध्रुवों द्वारा प्रतिकर्षित होगा
(c) उत्तरी ध्रुव द्वारा प्रतिकर्षित होगा तथा दक्षिणी ध्रुव द्वारा आकर्षित होगा
(d) उत्तरी ध्रुव द्वारा आकर्षित होगा तथा दक्षिणी ध्रुव द्वारा प्रतिकर्षित होगा

28. एक व्यक्ति उन वस्तुओं के चित्र कैमरा फिल्मों के प्रयोग से ले सकता है, जो आँख से स्पष्ट दिखाई नहीं पड़ती। यह निम्नलिखित के लिए स्वीकार्य हैं
(a) पराबैंगनी किरणें (b) सोडियम प्रकाश
(c) दृश्य प्रकाश (d) अवरक्त किरणें

29. जब हमें कोई ध्वनि सुनाई पड़ती है, तो हम इसके स्रोत का अनुमान लगा सकते हैं
(a) ध्वनि के आयाम से (b) ध्वनि की तीव्रता से
(c) ध्वनि की तरंगदैर्ध्य से (d) ध्वनि में उपस्थित अधिस्वर से

30. क्रिया-प्रतिक्रिया का नियम किसका नियम है?
(a) न्यूटन (b) जूल
(c) रदरफोर्ड (d) आइन्सटीन

31. सेण्टीग्रेड और फॉरेनहाइट मापनी कहाँ पर एक ही पाठ्यांक दिखाता है?
(a) – 273° (b) – 40°
(c) – 32° (d) 100°

32. वैज्ञानिकों का उनके आविष्कारों से मिलान कीजिए।

A. जी मार्कोनी	1. ग्रामोफोन
B. जे एल बेयर्ड	2. रेडियो
C. अलेक्जेण्डर ग्राह्म बेल	3. टेलीविजन
D. थॉमस अल्वा एडिसन	4. टेलीफोन

कूट

	A	B	C	D		A	B	C	D
(a)	1	2	3	4	(b)	4	3	2	1
(c)	2	1	4	3	(d)	2	3	4	1

33. 'ऊर्जा संरक्षण का सिद्धान्त' का अर्थ है
(a) ऊर्जा का पर्यावरण संरक्षण में उपयोग करके
(b) ऊर्जा सिर्फ संरक्षित है न इसका सृजन होता है न ही विनाश
(c) हमें ऊर्जा को संरक्षित करना चाहिए
(d) उपरोक्त में से कोई नहीं

34. निम्नलिखित में कौन विद्युत का सबसे अच्छा कुचालक है
(a) एबोनाइट (b) रुई
(c) लकड़ी (d) कागज

35. पानी का वाष्पोत्सर्जन है
(a) ऊष्मान्मोची परिवर्तन
(b) ऊष्मारोषक परिवर्तन
(c) ताप का आदान-प्रदान नहीं होता है
(d) उपरोक्त में से कोई नहीं

36. वाट को प्रकट कर सकते हैं
(a) वोल्ट में (b) कैलोरी में
(c) जूल प्रति सेकण्ड में (d) किग्रा मीटर में

37. सूर्योदय या सूर्यास्त के समय सूर्य लाल दिखाई पड़ता है क्योंकि
(a) सूर्य उस समय सर्वाधिक गर्म होता है
(b) अपवर्तन के प्रभाव के कारण
(c) विवर्तन के प्रभाव के कारण
(d) प्रकाश पुंज के फैलने के कारण

38. ट्रांसफॉर्मर का प्रयोग होता है
(a) फ्यूज के रूप में (b) धारा को फिल्टर करने में
(c) वोल्टेज चार्ज करने में (d) धारा को नियन्त्रित करने में

39. निम्नलिखित में से किसके अन्दर धारा प्रवाहित होती है?
(a) पी वी सी (b) रबर
(c) काँच (d) ग्रेफाइट

40. ऊष्मा गति का प्रथम नियम अवधारणा की पुष्टि करता है
(a) ऊर्जा संरक्षण (b) ताप संरक्षण
(c) कार्य संरक्षण (d) इनमें से कोई नहीं

41. एल्कोहॉल में .... निहित हैं।
(a) नाइट्रोजन, हाइड्रोजन, ऑक्सीजन
(b) कार्बन, हाइड्रोजन, ऑक्सीजन
(c) ऑक्सीजन, कार्बन, नाइट्रोजन
(d) हाइड्रोजन, क्लोरीन, ऑक्सीजन

42. क्वार्ट्ज का रासायनिक नाम है
(a) कैल्शियम ऑक्साइड (b) कैल्शियम फॉस्फेट
(c) सोडियम फॉस्फेट (d) सोडियम सिलिकेट

43. निम्नलिखित में से कौन-सा विभाज्य नहीं है?
(a) परमाणु (b) अणु
(c) मिश्र (d) ये सभी

44. पदार्थ के आण्विक भार की गणना .... का मापन करके की जा सकती है।
(a) द्रव अवस्था की सान्द्रता (b) वाष्प घनत्व
(c) हिमांक (d) वाष्प दाब

45. सीसा तत्व .... रासायनिक प्रतीक से व्यक्त है।
(a) La (b) Pa
(c) Pb (d) Pd

46. इमली में कौन-सा अम्ल पाया जाता है?
(a) एसीटिक अम्ल (b) सिट्रिक अम्ल
(c) टार्टरिक अम्ल (d) लैक्टिक अम्ल

47. सोडियम का सबसे अधिक पाया जाने वाला लवण है
(a) सोडियम कार्बोनेट (b) सोडियम सल्फेट
(c) कैल्शियम बाइकार्बोनेट (d) सोडियम क्लोराइड

48. तम्बाकू में पाया जाने वाला रसायन निम्न है
(a) मार्फिन (b) निकोटीन
(c) हेरोइन (d) क्वीनीन

49. निम्न में से सबसे बड़ा कण कौन-सा है?
(a) इलेक्ट्रॉन (b) प्रोटॉन
(c) न्यूट्रॉन (d) पोजिट्रॉन

50. दूध उबालने की स्फूर पश्चयता कितनी होती है?
(a) 10°C (b) 72°C
(c) 37°C (d) 100°C

51. सूखी बर्फ है
(a) बर्फ धूल (b) द्रवित नाइट्रोजन
(c) द्रवित हाइड्रोजन (d) ठोस कार्बन डाइऑक्साडड

52. निम्नलिखित में किसमें रासायनिक परिवर्तन होता है?
(a) लोहे में जंग लगना (b) लकड़ी का जलना
(c) लकड़ी का अपघटन (d) ये सभी

53. ऐसबेस्टस
(a) मानव निर्मित रेशा उत्पाद है
(b) रेशायुक्त खनिज है
(c) प्रकृत्या उत्पन्न धातु अयस्क है
(d) सीमेण्ट उत्पाद है

54. पोर्टलैण्ड सीमेण्ट के प्रमुख संघटक हैं
(a) सिलिका, ऐलुमिना और मैग्नीशियम
(b) लाइम, सिलिका और मैग्नीशियम
(c) लाइम, सिलिका और आयरन ऑक्साइड
(d) लाइम, सिलिका और ऐलुमिना

55. दिन के समय पौधे
(a) कार्बन डाइऑक्साइड लेते हैं और ऑक्सीजन छोड़ते हैं
(b) ऑक्सीजन लेते हैं और कार्बन डाइऑक्साइड छोड़ते हैं
(c) कार्बन डाइऑक्साइड लेते हैं और नाइट्रोजन छोड़ते हैं
(d) नाइट्रोजन लेते हैं और ऑक्सीजन छोड़ते हैं

56. निम्नलिखित में कौन-सी निष्क्रिय गैस है?
(a) नाइट्रोजन (b) क्लोरीन (c) ऑर्गन (d) हाइड्रोजन

57. 'सोल्डर' किसकी मिश्रधातु है?
(a) जस्ता और सीसा (b) जस्ता और ताँबा
(c) टिन और जस्ता (d) टिन और सीसा

58. फेरिक ऑक्साइड में लोहे की संयोजकता है
(a) + 3 (b) + 2 (c) – 2 (d) – 3

59. वायुमण्डल क्या है?
(a) एटॉमिक नाइट्रोजन (b) यौगिक
(c) मिश्रण (d) इनमें से कोई नहीं

60. एस्कोर्बिक एसिड इन सभी में से सबसे अधिक किसमें पाया जाता है?
(a) आम (b) सेब (c) आँवला (d) सन्तरा

61. चार एक जैसी केतलियों के आधार समान मोटाई की विभिन्न धातुओं से बने हैं, जिनमें समान मात्रा में जल आता है। यदि इन केतलियों को एक जैसे तरीके से एक जैसी अग्नि (ताप) पर रखते हैं, तो जल सबसे पहले किस धातु की बनी हुई केतली में उबलेगा?
(a) ब्रास (b) कॉपर
(c) स्टेनलेस स्टील (d) एल्युमीनियम

62. हीरे में चार कार्बन एक-दूसरे से अनुबद्ध हैं
(a) टेट्राहैड्रल (b) संरूपण (c) रेखीय (d) प्लैनर

63. निम्नलिखित में से कौन-सी प्रक्रिया हाइड्रोजन गैस उत्पन्न करती है?
(a) जल का विद्युत अपघटन
(b) लाल तप्त लोहे पर से भाप गुजरना
(c) हाइड्रोक्लोरिक अम्ल से जस्ते की प्रतिक्रिया
(d) उपरोक्त सभी

64. निम्नलिखित का उनके रासायनिक सूत्र से मिलान कीजिए।

सूची I	सूची II
A. नमक	1. Na_2SiO_3
B. फिटकरी	2. NaCl
C. जिप्सम	3. $K_2SO_4 \cdot Al_2(SO_4)_3 \cdot 24H_2O$
D. क्वार्ट्ज	4. $CaSO_4 \cdot 2H_2O$

कूट

	A	B	C	D		A	B	C	D
(a)	2	3	4	1	(b)	1	3	4	2
(c)	2	4	1	3	(d)	2	1	3	4

65. उत्प्रेरक के सम्बन्ध में निम्नलिखित में से कौन-सा सही है?
1. वह प्रतिक्रिया की दर बढ़ाता है।
2. वह सक्रियण ऊर्जा बढ़ाता है।
3. वह सक्रियण ऊर्जा घटाता है।
4. वह प्रतिक्रिया में खर्च हो जाता है।
(a) 1 और 2 (b) 1 और 3
(c) 2 और 4 (d) 3 और 4

66. जस्ता चढ़ाने की प्रक्रिया में लौह चादर किससे लेपित किया जाती है?
(a) एल्युमीनियम (b) जस्ता
(c) टिन (d) क्रोमियम

67. डायनामाइट में मुख्य रूप से होता है
(a) TNT (b) नाइट्रोग्लिसरीन
(c) पिकरिक अम्ल (d) RDX

68. निम्नलिखित कथनों को ध्यानपूर्वक पढ़िए।
1. 100°C पर उबलते हुए पानी व 100°C पर भाप में ऊष्मा की मात्रा बराबर होती है।
2. बर्फ के पिघलने की गुप्त ऊष्मा, जल के वाष्पीकरण की गुप्त ऊष्मा के बराबर होती है।
3. एयर-कण्डीशनर में ऊष्मा, कमरे की वायु से इवापोरेटर कॉइल्स में ली जाती है और कण्डेन्सर कॉइल पर निकाल दी जाती है।

उपरोक्त कथनों में कौन-सा/से कथन सत्य है/हैं?
(a) 1 और 2 (b) 2 और 3
(c) केवल 2 (d) केवल 3

69. वैल्डिंग उद्योग में निम्नलिखित में से क्या प्रयोग होता है?
(a) मेथेन (b) एथेन (c) एसीटिलीन (d) बेन्जीन

70. निम्नलिखित में से ऊष्मा का सबसे कम ऊष्मारोधी है
(a) एल्युमीनियम (b) हवा
(c) काँच (d) पत्थर

71. एल्कोहॉल उद्योग में किस कवक का प्रयोग होता है?
(a) मशरूम (b) कैण्डीडा एल्बिकेन्स
(c) यीस्ट (d) राइजोपस

72. कपड़े से स्याही और जंग के धब्बे छुड़ाने के लिए निम्न में से किसका प्रयोग होता हैं?
(a) ऑक्जेलिक अम्ल (b) एल्कोहॉल
(c) ईथर (d) मिट्टी का तेल

73. रसोई गैस मिश्रण है
(a) कार्बन मोनोऑक्साइड एवं ऑक्सीजन का
(b) ब्यूटेन एवं ऑक्सीजन का
(c) ब्यूटेन एवं प्रोपेन का
(d) प्रोपेन एवं ऑक्सीजन का

74. निम्न में से रासायनिक यौगिक कौन-सा है?
(a) वायु (b) ऑक्सीजन
(c) अमोनिया (d) पारा

75. वाष्प भट्टी में किससे आयरन ऑक्साइड उपचयित होता है?
(a) सिलिका (b) कार्बन
(c) चूना (d) कार्बन मोनोक्साइड

76. पेट्रोलियम की गुणवत्ता प्रदर्शित की जाती है
(a) सिनेट नम्बर से (b) एडिटिबस से
(c) ऑक्टेन नम्बर से (d) नॉक कम्पाउण्ड से

77. आदर्श गैस की ऊर्जा आधारित होती है
(a) दाब पर (b) आयतन पर
(c) तापमान पर (d) मोल की संख्या पर

78. हीरा (Diamond) है
(a) शुद्ध कार्बन का क्रिस्टलीय
(b) समुद्री पत्थर के नीचे कठोर बोल्लित
(c) प्राकृतिक क्रिस्टलीय
(d) प्राचीन स्तनधारी के अवशेषयुक्त पदार्थ

79. वर्ष 1899 में एल्फा और बीटा पार्टिकल की खोज किसने की थी?
(a) अर्नेस्ट रदरफोर्ड (b) मैरी क्यूरी
(c) जे. जे. थॉमसन (d) एण्टोइन बेक्वेरल

80. जंग से बचाने के लिए लोहे व इस्पात पर कलई चढ़ाने के लिए किस पदार्थ का प्रयोग किया जाता है?
(a) टिन (b) जस्ता
(c) एल्युमीनियम (d) चाँदी

81. लाल रुधिर कणिका ········ में बनती है।
(a) यकृत (b) अस्थि-मज्जा
(c) वृक्क (d) हृदय

82. मानव कोशिका में ········· निहित हैं।
(a) 44 गुणसूत्र (b) 48 गुणसूत्र
(c) 46 गुणसूत्र (d) 23 गुणसूत्र

83. निम्नलिखित में कौन-सा रोग विषाणु के कारण होता है?
(a) चेचक (b) यक्ष्मा
(c) मलेरिया (d) हैजा

84. 'टिबिया' अस्थि ····· में होती है।
(a) कपाल (b) भुजा (c) पैर (d) जाँघ

85. 'बेरियम मील'·········· के लिए प्रयुक्त होता है।
(a) रक्त-समूह की जाँच करने (b) पोषण नाल की X किरण
(c) मस्तिष्क की X किरण (d) इनमें से कोई नहीं

86. कोशिका के चार अवयवों में उस कोशिका को पहचानिए जो पौधे की कोशिकाओं में पाई जाती है किन्तु जानवर की कोशिकाओं में नहीं।
(a) कोशिका द्रव्य (b) कोशिका कला
(c) नाभिक (d) लवक

87. मानव रक्त में वे छोटी चक्रिकाएँ जो रक्त को आतंच करने वाला पदार्थ उत्पन्न करती हैं ······ कहलाती हैं।
(a) श्वेत रक्त कोशिका (b) लोहित रक्त कोशिका
(c) बिम्बाणु (d) प्लाविका

88. रुधिर में ग्लूकोज की मात्रा का बढ़ना क्या कहलाता है?
(a) निमोनिया (b) मधुमेह (c) यक्ष्मा (d) प्लेग

89. निम्नलिखित में से किसे कीट कहते हैं?
(a) चींटी (b) तिलचट्टा (c) खटमल (d) ये सभी

90. विश्व में सबसे बड़ा और सबसे भारी स्तनधारी कौन-सा है?
(a) नीली ह्वेल (b) बाघ (c) शेर (d) हाथी

91. 'बी सी जी' के टीके किस रोग के विरोध में लगाए जाते हैं?
(a) मीजल्स (b) ट्यूबरक्यूलोसिस
(c) पोलियो (d) हेपेटाइटिस-A

92. पौधों में जल के ऊपर की ओर गति निम्न कहलाती है
(a) जल स्राव (b) वाष्पन
(c) वाष्पोत्सर्जन (d) रसारोहन

93. निम्न में से किसमें विटामिन 'D' पाया जाता है?
(a) मछली लीवर तेल में (b) पालक में
(c) दूध में (d) पनीर में

94. अफीम, पौधे के किस भाग से बनाया जाता है?
(a) जड़ (b) तना (c) पत्ती (d) फूल

95. DNA किससे सम्बन्धित है?
(a) RNA से (b) WBC से
(c) RBC से (d) इनमें से कोई नहीं

96. वयस्क मानव ढाँचा आधारित होता है
(a) 204 हड्डियों पर (b) 206 हड्डियों पर
(c) 208 हड्डियों पर (d) 214 हड्डियों पर

97. सूर्यमुखी में पुष्पक्रम का प्रकार क्या है?
(a) स्पाइक (बाली) (b) कैपीटुलम (मुण्डक)
(c) गुच्छिकायन (d) स्पेडिक्स (स्थूलमंजरी)

98. कीड़ों में निर्मोचन किसके द्वारा नियन्त्रित किया जाता है?
(a) पैराहॉर्मोन (b) पैराथॉर्मोन
(c) ऐकडायसोन (d) ईकोटोन

99. तत्काल ऊर्जा के लिए एक खिलाड़ी को क्या दिया जाना चाहिए?
(a) कार्बोहाइड्रेट्स (b) प्रोटीन
(c) विटामिन (d) वसा

100. निम्नलिखित में से प्रोटीन का सर्वप्रमुख स्रोत कौन-सा है?
(a) काला चना (b) बंगाल चना
(c) मटर (d) सोयाबीन

101. 'ट्रैकोमा' रोग किस अंग से सम्बन्धित रोग है?
(a) नाक (b) आँख (c) कान (d) दाँत

102. निम्नलिखित में कौन-सा हॉर्मोन नहीं है?
(a) इन्सुलिन (b) एण्ड्रनलीन
(c) थॉयरीक्सिल (d) हीमोग्लोबिन

103. आनुवंशिकता किससे सम्बन्धित है?
(a) आनुवंशिकता कोड (b) रक्तचाप
(c) पाचन तन्त्र (d) श्वसन तन्त्र

104. सामान्य मानव का रक्तचाप है
(a) 110/80 (b) 100/90 (c) 80/110 (d) 90/100

105. निम्न में से किस प्राणी का जीवनकाल महत्तम होता है?
(a) कछुआ (b) हाथी (c) ह्वेल (d) डायनासोर

106. मनुष्य का मेरुदण्ड ········ से संरक्षित है।
(a) कपाल (b) कशेरुक (c) हृदयावरण (d) पर्युदर्या

107. यदि कोई व्यक्ति दोषपूर्ण द्विकपर्दी वॉल्व से पीड़ित है, तो उसके शरीर का कौन-सा अंग रोगग्रस्त है?
(a) आमाशय (b) फुफ्फुस (c) क्षुद्रान्त (d) हृदय

108. श्वसन के दौरान सर्वाधिक मात्रा में ली गई गैस होती है
(a) ऑक्सीजन (b) कार्बन डाइऑक्साइड
(c) नाइट्रोजन (d) हाइड्रोजन

109. आयोडीन की कमी से निम्न में से कौन-सा रोग होता है?
(a) स्कर्वी (b) घेंघा (c) रक्ताल्पता (d) रिकेट्स

110. पके हुए अंगूरों में होता है
(a) फ्रक्टोस (b) सुक्रोस (c) गैलेक्टोस (d) ग्लूकोस

111. इन्सुलिन स्रावित होता है
(a) पैन्क्रियाज (अग्न्याशय) में (b) पैराथायरॉइड में
(c) यकृत (लीवर) में (d) पिट्यूटरी ग्रन्थि में

112. कौन-सा विटामिन 'स्कर्वी' रोग के निवारण में काम आता है?
(a) थायमीन (b) एस्कॉर्बिक अम्ल
(c) फॉलिक अम्ल (d) बी कॉम्पलेक्स

113. बायोप्सी है
(a) कृत्रिम पर्यावरण में जीवन का मनोवैज्ञानिक अध्ययन
(b) मृत्यु के कारणों का पता लगाने के लिए मृत्योपरान्त शरीर का परीक्षण
(c) पर्यावरण में जीवन के रूपों का मूल्यांकन
(d) कोशा और ऊतकों के प्रयोग से एक चिकित्सीय रोग निदान तकनीक

114. हीमोग्लोबिन और क्रोमेटिन के निर्माण के लिए आवश्यक खनिज लवण है
(a) क्लोरीन (b) आयोडीन (c) लौह (d) सोडियम

115. निम्नलिखित में से कौन विटामिन B कॉम्पलेक्स समूह से सम्बद्ध नहीं है?
(a) राइबोफ्लैविन (b) थायमीन
(c) एस्कॉर्बिक अम्ल (d) फॉलिक अम्ल

116. कोई व्यक्ति चावल, दाल एवं दही खाता है, तो नीचे दिए गए विकल्पों में से इन्हें किसकी कमी होगी?
(a) स्टार्च (b) वसा (c) विटामिन A (d) प्रोटीन

117. टेस्ट ट्यूब बेबी का अर्थ है
(a) ट्यूब में निषेचन होना
(b) ट्यूब में अण्डाणु और शुक्राणु का मिलना
(c) जाइगोट का बनना
(d) उपरोक्त में से कोई नहीं

118. चींटी सामाजिक कीट है
(a) वह कॉलोनियों मे रहती है (b) वह जंगलों में रहती है
(c) वह भाषा जानती है (d) वह भोजन वितरण करती है

119. ऊतक (Tissue) है, एक
(a) पेपर का प्रकार
(b) दवा
(c) समान कोशिकाओं का समूह
(d) कपड़े की किस्म

120. एड्स (AIDS) फैलता है
(a) बैक्टीरिया युक्त रक्त के लेने से
(b) वायरस युक्त रक्त के लेने से
(c) (a) तथा (b) दोनों से
(d) प्रोटोजोआ युक्त रक्त के लेने से

उत्तरमाला

1. (a)	2. (d)	3. (c)	4. (b)	5. (c)	6. (a)	7. (b)	8. (a)	9. (d)	10. (b)
11. (c)	12. (c)	13. (c)	14. (b)	15. (a)	16. (c)	17. (d)	18. (b)	19. (d)	20. (b)
21. (d)	22. (a)	23. (b)	24. (b)	25. (c)	26. (c)	27. (b)	28. (d)	29. (b)	30. (a)
31. (b)	32. (d)	33. (d)	34. (c)	35. (b)	36. (c)	37. (d)	38. (d)	39. (d)	40. (a)
41. (b)	42. (d)	43. (a)	44. (b)	45. (c)	46. (c)	47. (d)	48. (b)	49. (a)	50. (d)
51. (d)	52. (d)	53. (b)	54. (d)	55. (a)	56. (c)	57. (d)	58. (a)	59. (c)	60. (c)
61. (b)	62. (a)	63. (a)	64. (a)	65. (b)	66. (b)	67. (b)	68. (d)	69. (c)	70. (a)
71. (c)	72. (c)	73. (c)	74. (c)	75. (b)	76. (c)	77. (c)	78. (a)	79. (a)	80. (b)
81. (b)	82. (c)	83. (a)	84. (c)	85. (b)	86. (b)	87. (c)	88. (b)	89. (d)	90. (a)
91. (b)	92. (d)	93. (a)	94. (d)	95. (a)	96. (b)	97. (c)	98. (c)	99. (a)	100. (d)
101. (b)	102. (d)	103. (a)	104. (a)	105. (a)	106. (b)	107. (b)	108. (c)	109. (b)	110. (d)

अध्याय 03

कम्प्यूटर ज्ञान

कम्प्यूटर का परिचय

कम्प्यूटर एक स्वचालित इलेक्ट्रॉनिक डिवाइस है जो डाटा इनपुट करता है और सॉफ्टवेयर या प्रोग्राम के अनुसार किसी परिणाम के लिए डाटा को प्रोसेस, स्टोर तथा डिस्प्ले करता है। 'कम्प्यूटर' शब्द की उत्पत्ति लैटिन भाषा के 'Computare' शब्द से हुई है, जिसका अर्थ 'गणना करना' होता है।

- अबेकस सबसे पहला एवं सरल यन्त्र था, जिसका प्रयोग जोड़ने व घटाने के लिए किया जाता था।
- चार्ल्स बैबेज को कम्प्यूटर का जनक कहा जाता है जिसने मैकेनिकल एनालिटिकल इंजन का आविष्कार किया, जिसका प्रयोग सभी गणितीय क्रियाओं को करने में किया जाता था।

कम्प्यूटर का वर्गीकरण

कम्प्यूटरों को उनकी रूपरेखा, कामकाज, उद्देश्यों तथा प्रयोजनों आदि के आधारों पर विभिन्न वर्गों में विभाजित किया गया है, जो निम्न हैं

1. आकार के आधार पर

आकार के आधार पर कम्प्यूटर चार प्रकार के होते हैं, जिनका संक्षिप्त विवरण निम्नवत् है

(i) **माइक्रो कम्प्यूटर** ये कम्प्यूटर आकार में इतने छोटे होते थे कि इन्हें डेस्क (Desk) पर सरलतापूर्वक रखा जा सकता था। इन्हें **कम्प्यूटर ऑन ए चिप** कहा जाता है। जैसे-पर्सनल कम्प्यूटर (PC), डेस्कटॉप कम्प्यूटर, लैपटॉप, टैबलेट कम्प्यूटर, पर्सनल डिजिटल असिस्टेण्ट, आदि।

(ii) **मिनी कम्प्यूटर** मध्यम आकार के इन कम्प्यूटरों की कार्यक्षमता तथा कीमत दोनों ही माइक्रो कम्प्यूटर की तुलना में अधिक होती है। इस प्रकार के कम्प्यूटरों पर एक या एक से अधिक व्यक्ति एक समय में एक से अधिक कार्य कर सकते हैं।

(iii) **मेनफ्रेम कम्प्यूटर** ये कम्प्यूटर आकार, कार्यक्षमता और कीमत में मिनी तथा माइक्रो कम्प्यूटर से अधिक बड़े होते हैं। अत: बड़ी कम्पनियों तथा बैंकों या सरकारी विभागों में एक केन्द्रीय कम्प्यूटर के रूप में इनका प्रयोग होता है।

कम्प्यूटर की पीढ़ियाँ

आधुनिक कम्प्यूटरों के इतिहास को तकनीकी विकास के अनुसार कई भागों में बाँटा जाता है जिन्हें कम्प्यूटर की पीढ़ियाँ कहा जाता है, ये पीढ़ियाँ निम्न हैं

पीढ़ी	स्विचिंग डिवाइस	स्टोरेज डिवाइस	गति	ऑपरेटिंग सिस्टम	भाषा	विशेषताएँ	उपयोग
प्रथम (1940-56)	वैक्यूम ट्यूब	मैग्नेटिक ड्रम	मिली सेकण्ड	बैच ऑपरेटिंग सिस्टम	मशीनी भाषा (बाइनरी नम्बर 0's और 1's)	• सीमित मुख्य स्टोरेज क्षमता • मन्द गति से इनपुट-आउटपुट	मुख्यतया वैज्ञानिक और सामान्य व्यापार सिस्टम, *जैसे* ENIAC, UNIVAC, MARK-1, आदि।
द्वितीय (1956-63)	ट्रांजिस्टर (सेमीकण्डक्टर से बने)	मैग्नेटिक कोर टेक्नोलॉजी	माइक्रो सेकण्ड	मल्टीटास्किंग, टाइम शेयरिंग	असेम्बली भाषा, उच्च स्तरीय भाषा	• ट्रांजिस्टर का उपयोग आरम्भ • आकार और ताप में कमी • तीव्र और विश्वसनीय	• व्यापक व्यावसायिक प्रयोग • इंजीनियरिंग डिजाइन • इनवेन्टरी फाइल का अपडेशन।
तृतीय (1964-71)	इण्टिग्रेटेड सर्किट (IC) (सिलिकॉन से बने)	मैग्नेटिक कोर	नैनो सेकण्ड्स	रियल टाइम/ टाइम शेयरिंग	फोरट्रॉन, कोबोल आदि	चुम्बकीय कोर और सॉलिड स्टेट का मुख्य स्टोरेज के रूप में उपयोग	डाटाबेस मैनेजमेन्ट सिस्टम, आदि, *जैसे* IBM System/360, आदि।
चतुर्थ (1971- वर्तमान)	बड़े पैमाने पर इण्टिग्रेटेड सर्किट/ माइक्रोप्रोसेसर्स	सेमीकण्डक्टर मैमोरी, विंचेस्टर डिस्क	पिको सेकण्ड	टाइम शेयरिंग नेटवर्क्स	फोरट्रॉन 77, पास्कल, ADA, कोबोल-74	मिनी कम्प्यूटर के उपयोग में वृद्धि	इलेक्ट्रॉनिक फण्ड ट्रांसफर, *जैसे* IBM, PC-XT, एप्पल II
पंचम (वर्तमान-आगे तक)	सबसे बड़े पैमाने पर इण्टिग्रेटेड सर्किट	ऑप्टिकल डिस्क	–	नॉलेज इन्फॉर्मेशन प्रोसेसिंग सिस्टम	नेचुरल भाषा	इन्फॉर्मेशन मैनेजमेन्ट, प्रोसेसिंग स्पीच करैक्टर, इमेज रिकॉग्निशन	आर्टिफिशियल इण्टेलिजेंस (AI), *जैसे* रोबोटिक्स

(iv) **सुपर कम्प्यूटर** ये कम्प्यूटर सर्वाधिक गति, संग्रह क्षमता एवं उच्च विस्तार वाले होते हैं। इनका आकार एक सामान्य कमरे के बराबर होता है। सुपरकम्प्यूटिंग का जनक सीमोरे क्रे को कहा जाता है।

प्रत्युष

भारत का सबसे तेज तथा पहला मल्टी प्लेटफॉर्म सुपर कम्प्यूटर प्रत्युष का IITM पुणे में अनावरण (Unveiled) किया गया था। प्रत्युष सुपर कम्प्यूटर की high performance कम्प्यूटिंग क्षमता 6.8 PF (पेटाफ्लॉप्स) है। पहले सुपर कम्प्यूटर परम 8000 को विजय भाटकर ने भारत में वर्ष 1991 में डेवलप किया था।

2. कार्य के आधार पर

कार्य के आधार पर कम्प्यूटर तीन प्रकार के होते हैं, जिनका संक्षिप्त विवरण निम्नवत् है

(i) **एनालॉग कम्प्यूटर** इन कम्प्यूटर का प्रयोग भौतिक मात्राओं, *जैसे* दाब, तापमान, लम्बाई, पारे इत्यादि को मापकर उनके परिणाम को अंकों में प्रस्तुत करने के लिए किया जाता है

(ii) **डिजिटल कम्प्यूटर** इन कम्प्यूटर का उपयोग अंकों की गणना करने के लिए किया जाता है। आधुनिक युग में, प्रयुक्त अधिकतर कम्प्यूटर डिजिटल कम्प्यूटर की श्रेणी में ही आते हैं।

(iii) **हाइब्रिड कम्प्यूटर** हाइब्रिड कम्प्यूटर उन कम्प्यूटरों को कहा जाता है जिनमें एनालॉग तथा डिजिटल दोनों ही कम्प्यूटरों के गुण सम्मिलित हों।

3. उद्देश्य के आधार पर

उद्देश्य के आधार पर कम्प्यूटर दो प्रकार के होते हैं, जिनका संक्षिप्त विवरण निम्नवत् है

(i) **सामान्य उद्देशीय कम्प्यूटर** इनके द्वारा दस्तावेज तैयार करने, उन्हें छापने, डाटाबेस बनाने तथा शब्द प्रक्रिया द्वारा पत्र तैयार करने, इत्यादि सामान्य कार्य किए जाते हैं।

(ii) **विशिष्ट उद्देशीय कम्प्यूटर** इनका उपयोग अन्तरिक्ष विज्ञान, यातायात नियन्त्रण, कृषि-विज्ञान, इंजीनियरिंग, भौतिक तथा रासायनिक विज्ञान में शोध, उपग्रह संचालन इत्यादि क्षेत्रों में किया जाता है।

कम्प्यूटर के घटक

प्रत्येक कम्प्यूटर के चार मुख्य भाग होते हैं, जो निम्नलिखित हैं

1. इनपुट यूनिट

इनपुट यूनिट वे हार्डवेयर होते हैं जो डाटा को कम्प्यूटर में भेजते हैं। बिना इनपुट यूनिट के कम्प्यूटर TV की तरह दिखने वाली एक ऐसी डिस्प्ले यूनिट हो जाता है जिससे उपयोगकर्ता कोई कार्य नहीं कर सकता, *जैसे*– कीबोर्ड, माउस आदि।

2. आउटपुट यूनिट

डाटा तथा निर्देशों को परिणाम के रूप में प्रदर्शित करने के लिए जिन यूनिट्स का उपयोग किया जाता है, उन्हें आउटपुट यूनिट कहते हैं, जैसे– प्रिण्टर, मॉनीटर आदि।

3. सेन्ट्रल प्रोसेसिंग यूनिट (CPU)

कम्प्यूटर में किए जाने वाले सभी कार्य सी पी यू के द्वारा ही किए जाते हैं। सी पी यू को कम्प्यूटर का मस्तिष्क कहा जाता है। इसका मुख्य कार्य प्रोग्रामों को क्रियान्वित (Execute) करना है। इसके अतिरिक्त सी पी यू कम्प्यूटर के सभी भागों जैसे मैमोरी, इनपुट एवं आउटपुट डिवाइसेज के कार्यों को भी नियन्त्रित करता है।

सेन्ट्रल प्रोसेसिंग यूनिट दो महत्त्वपूर्ण भागों से मिलकर बनती है

(i) कन्ट्रोल यूनिट (CU)

(ii) अर्थमैटिक लॉजिक यूनिट (ALU)

4. मैमोरी यूनिट

यह डाटा तथा निर्देशों को संग्रहीत करती है। यह आधुनिक कम्प्यूटरों के मूल कार्यों में से एक है जो सूचना स्टोरेज की सुविधा देती है।

इसमें दो प्रकार की मैमोरी होती है

(i) **प्राइमरी मैमोरी**

इसे आन्तरिक (Internal) या मुख्य (Main) मैमोरी भी कहा जाता है, क्योंकि यह कम्प्यूटर की सी पी यू का ही भाग होती है। प्राइमरी मैमोरी के भी दो भाग होते हैं रैण्डम एक्सेस मैमोरी (रैम), रीड ओनली मैमोरी (रोम)

(ii) **सेकण्डरी मैमोरी**

इसे बाह्य या सहायक मैमोरी भी कहा जाता है। इसमें डाटा स्टोर करने की क्षमता प्राइमरी मैमोरी से अधिक होती है। फाइल सिस्टम स्थायी रूप से सेकण्डरी मैमोरी में स्टोर रहती है। जैसे-सीडी, डीवीडी, फ्लॉपी, ब्लू-रे डिस्क, पेन ड्राइव, हार्ड डिस्क ड्राइव आदि।

मैमोरी की इकाइयाँ

1 बिट	= बाइनरी डिजिट (0, 1)
8 बिट्स	= 1 बाइट =2 निबल
1024 बाइट्स	= 1 किलोबाइट (1 KB)
1024 किलोबाइट	= 1 मेगाबाइट (1 MB)
1024 मेगाबाइट	=1 गीगाबाइट (1 GB)
1024 गीगाबाइट	=1 टेराबाइट (1 TB)
1024 टेराबाइट	=1 पेटाबाइट (1 PB)
1024 पेटाबाइट	= 1 एक्साबाइट (1 EB)
1024 एक्साबाइट	=1 जेटाबाइट (1 ZB)
1024 जेटाबाइट	= 1 योटाबाइट (1 YB)
1024 योटाबाइट	= 1 ब्रोण्टोबाइट (Bronto Byte)
1024 ब्रोण्टोबाइट	= 1 जीओपबाइट (Geop Byte)

हार्डवेयर

कम्प्यूटर के वे भाग जिन्हें हम आँखों से देख सकते हैं और हाथ से स्पर्श कर सकते हैं अर्थात् यान्त्रिक, विद्युत तथा इलेक्ट्रॉनिक भाग कम्प्यूटर हार्डवेयर के नाम से जाने जाते हैं। हार्डवेयर निम्न प्रकार के होते हैं

1. इनपुट डिवाइसेज

वे डिवाइसेज, जिनका प्रयोग उपयोगकर्ता के द्वारा कम्प्यूटर को डाटा और निर्देश प्रदान करने के लिए किया जाता है, इनपुट डिवाइसेज कहलाती हैं।

कुछ प्रमुख इनपुट डिवाइसेज निम्न हैं

(i) की बोर्ड

(ii) बारकोड रीडर

(iii) प्वॉइण्टिंग डिवाइसेज

- माउस
- ट्रैकबॉल
- जॉयस्टिक
- लाइट पेन

(iv) स्कैनर

(v) माइक्रोफोन

2. आउटपुट डिवाइसेज

इन डिवाइसेज का प्रयोग कम्प्यूटर से प्राप्त परिणाम को देखने अथवा प्राप्त करने के लिए किया जाता है। आउटपुट डिवाइसेज, आउटपुट को हार्ड कॉपी अथवा सॉफ्ट कॉपी के रूप में प्रस्तुत करते हैं। कुछ प्रमुख आउटपुट डिवाइसेज निम्न हैं

(i) मॉनीटर (ii) प्रिण्टर
(iii) प्लॉटर (iv) स्पीकर
(v) प्रोजेक्टर

मदरबोर्ड
मदरबोर्ड किसी जटिल इलेक्ट्रॉनिक सिस्टम; जैसे- आधुनिक कम्प्यूटर का केन्द्रीय या मुख्य सर्किट बोर्ड होता है। इसे मुख्य बोर्ड, बेस बोर्ड, सिस्टम बोर्ड या लॉजिक बोर्ड भी कहा जाता है।

सॉफ्टवेयर

सॉफ्टवेयर, प्रोग्रामिंग भाषा में लिखे गये निर्देशों अर्थात् प्रोग्रामों की वह श्रृंखला है जो कम्प्यूटर सिस्टम के कार्यों को नियन्त्रित करता है तथा कम्प्यूटर के विभिन्न हार्डवेयरों के बीच समन्वय स्थापित करता है। सॉफ्टवेयर को दो प्रमुख भागों में विभाजित किया गया है—

1. सिस्टम सॉफ्टवेयर

जो प्रोग्राम कम्प्यूटर को चलाने, उसको नियन्त्रित करने, उसके विभिन्न भागों की देखभाल करने तथा उसकी सभी क्षमताओं का अच्छे-से-अच्छा उपयोग करने के लिए लिखे जाते हैं, उनको सम्मिलित रूप में 'सिस्टम सॉफ्टवेयर' कहा जाता है। ऑपरेटिंग सिस्टम, भाषा अनुवादक और डिवाइस ड्राइवर सिस्टम सॉफ्टवेयर के प्रकार है।

2. एप्लीकेशन सॉफ्टवेयर

एप्लीकेशन सॉफ्टवेयर उन प्रोग्रामों को कहा जाता है, जो हमारा वास्तविक कार्य कराने के लिए लिखे जाते हैं, जैसे कार्यालय के कर्मचारियों की वेतन गणना करना, सभी लेन-देन तथा खातों का हिसाब-किताब रखना, विभिन्न प्रकार की रिपोर्ट छापना, स्टॉक की स्थिति का विवरण देना, पत्र-दस्तावेज तैयार करना आदि। जैसे-MS-Word, होटल मैनेजमेण्ट, DBMS आदि।

ऑपरेटिंग सिस्टम

ऑपरेटिंग सिस्टम कुछ विशेष प्रोग्रामों का ऐसा व्यवस्थित समूह है जो किसी कम्प्यूटर के सम्पूर्ण क्रियाकलाप को नियन्त्रित करता है। यह कम्प्यूटर के साधनों के उपयोग पर नजर रखने और व्यवस्थित करने में हमारी सहायता करता है।

ऑपरेटिंग सिस्टम के प्रकार निम्नलिखित हैं

1. **बैच प्रोसेसिंग ऑपरेटिंग सिस्टम** इस प्रकार के ऑपरेटिंग सिस्टम में एक प्रकार के सभी कार्यों को एक बैच के रूप में संगठित करके साथ में क्रियान्वित किया जाता है। जैसे—यूनिक्स
2. **सिंगल यूज़र ऑपरेटिंग सिस्टम** इस प्रकार के ऑपरेटिंग सिस्टम में एक बार में केवल एक उपयोगकर्ता को ही कार्य करने की अनुमति होती है। यह सबसे अधिक प्रयोग किया जाने वाला ऑपरेटिंग सिस्टम है; जैसे—MS-DOS, Windows 9X आदि।
3. **मल्टी यूजर ऑपरेटिंग सिस्टम** यह ऑपरेटिंग सिस्टम एक समय में एक से अधिक उपयोगकर्ता को कार्य करने की अनुमति देता है। यह ऑपरेटिंग सिस्टम सभी उपयोगकर्ता के मध्य सन्तुलन बनाकर रखता है। जैसे—यूनिक्स, VMS आदि।
4. **मल्टीटास्किंग ऑपरेटिंग सिस्टम** इस ऑपरेटिंग सिस्टम में एक समय में एक से अधिक कार्यों को सम्पन्न करने की अनुमति होती है, इसमें उपयोगकर्ता आसानी से दो कार्यों के मध्य स्विच (Switch) कर सकता है; जैसे—लाइनक्स, यूनिक्स इत्यादि।
5. **टाइम शेयरिंग ऑपरेटिंग सिस्टम** इस प्रकार के ऑपरेटिंग सिस्टम में, एक साथ एक से अधिक उपयोगकर्ता या प्रोग्राम कम्प्यूटर के संसाधनों का प्रयोग करते हैं। जैसे—Mac OS

कम्प्यूटर की भाषा

कम्प्यूटर हमारी सामान्य बोलचाल की भाषाओं में लिखे गए प्रोग्रामों को नहीं समझ सकता है। इसके लिए प्रोग्राम विशेष प्रकार की भाषाओं में लिखे जाते हैं।

इन भाषाओं को कम्प्यूटर की प्रोग्रामिंग भाषाएँ कहते हैं; प्रोग्रामिंग भाषायें निम्न प्रकार की होती हैं

1. निम्न-स्तरीय भाषाएँ

ये ऐसी प्रोगामिंग भाषाएँ हैं, जो कम्प्यूटर की आन्तरिक कार्यप्रणाली के अनुसार बनाई गई हैं। इनमें प्रोग्राम लिखने वाले व्यक्ति को कम्प्यूटर की आन्तरिक कार्यप्रणाली का ज्ञान होना आवश्यक है।

निम्न-स्तरीय भाषाओं को भी दो वर्गों में बाँटा जाता है

(i) मशीनी भाषाएँ

कम्प्यूटर केवल बाइनरी अंकों 0 और 1 के माध्यम से दिए गए निर्देशों को ही समझ सकता है। इन बाइनरी अंकों से बनी प्रोग्रामिंग भाषाओं को मशीनी भाषा कहा जाता है।

(ii) असेम्बली भाषाएँ

ये ऐसी प्रोग्रामिंग भाषाएँ होती हैं, जो पूरी तरह मशीनी भाषाओं पर आधारित होती हैं, परन्तु इनमें 0 और 1 की श्रृंखलाओं के स्थान पर अंग्रेजी के अक्षरों और कुछ गिने-चुने शब्दों को कोड के रूप में प्रयोग किया जाता है। इन कोड को निमोनिक (Mnemonic) कोड कहा जाता है।

2. मध्यम-स्तरीय भाषाएँ

ये भाषाएँ निम्न स्तरीय तथा उच्च स्तरीय भाषा के मध्य पुल (Bridge) का कार्य करती हैं।

3. उच्च-स्तरीय भाषाएँ

उच्च-स्तरीय प्रोग्रामिंग भाषाओं में अंग्रेजी के कुछ चुने हुए शब्दों और साधारण गणित में प्रयोग किए जाने वाले चिह्नों का प्रयोग किया जाता है।

कुछ उच्च स्तरीय भाषाएँ तथा उनके अनुप्रयोग क्षेत्र

भाषा (Language)	**वर्ष** (Year)	**डेवलपर** (Developer)	**अनुप्रयोग क्षेत्र** (Application Area)	**प्रकृति** (Nature)
ALGOL (Algorithmic Language)	1958	यूरोपियन तथा अमेरिकी कम्प्यूटर वैज्ञानिकों ने सामूहिक रूप से विकसित की।	वैज्ञानिक अनुप्रयोग के लिए	कम्पाइल्ड
LISP(List Processing)	1958	जॉन मकार्थी ने MIT इन्स्टीट्यूट में विकसित की।	आर्टिफिशियल इण्टेलिजेन्स के क्षेत्र में	कम्पाइल्ड और इण्टरप्रेटेड
COBOL (Common Business Oriented Language)	1959	ग्रेस हूपर ने विकसित की।	बिजनेस के लिए	कम्पाइल्ड
BASIC (Beginner's All purpose Symbolic Instruction Code)	1964	जॉन जी केमेनी और थॉमस ई. कुर्टज ने डर्टमाउथ कॉलेज न्यू हैमिसपायर में विकसित की।	शिक्षण कार्य के लिए	इण्टरप्रेटेड
PASCAL	1970	निकलोस विर्थ ने विकसित की।	शिक्षण कार्य के लिए	कम्पाइल्ड
C	1972	डेनिस रिची द्वारा बेल प्रयोगशाला में विकसित की गई थी।	सिस्टम प्रोग्रामिंग के लिए	कम्पाइल्ड

माइक्रोसॉफ्ट ऑफिस

माइक्रोसॉफ्ट ऑफिस का आविष्कार वर्ष 1988 में माइक्रोसॉफ्ट कम्पनी (अमेरिका) ने किया था। मुख्य रूप से यह एक पैकेज है, जो विभिन्न प्रकार के सॉफ्टवेयर के संगठन से बना है। ये सॉफ्टवेयर्स किसी कार्यालय या किसी स्कूल आदि में विशेष रूप से प्रयोग किये जाते है। इसलिए इसका नाम MS-Office है।

1. माइक्रोसॉफ्ट वर्ड

यह एक प्रकार का वर्ड प्रोसेसिंग सॉफ्टवेयर है जिसका प्रयोग किसी डॉक्यूमेन्ट को बनाने, उसमें कुछ सुधार करने के लिए किया जाता है।

माइक्रोसॉफ्ट वर्ड की विशेषताएँ

माइक्रोसॉफ्ट वर्ड एक लोकप्रिय (Popular) वर्ड प्रोसेसिंग सॉफ्टवेयर है। *इसकी निम्नलिखित विशेषताएँ हैं*

टेक्स्ट एडिटिंग

MS-Word में किसी टेक्स्ट को लिखना, लिखे हुए टेक्स्ट को एडिट करना, डिलीट करना, टेक्स्ट के कम्पोनेण्ट को मॉडिफाई करना आदि कार्य बहुत ही आसानी से होते हैं। यदि किसी टेक्स्ट को डॉक्यूमेन्ट से कट कर दिया है, तो कट किया हुआ टेक्स्ट क्लिपबोर्ड में अस्थायी रूप से स्टोर रहता है। जब उसे डॉक्यूमेन्ट में पेस्ट कर देते हैं, तो क्लिपबोर्ड से कट किया हुआ टेक्स्ट हट जाता है।

फॉर्मेट टेक्स्ट

MS-Word में किसी टेक्स्ट या शब्द को अनेक प्रकार के शब्द डिजाइन से मॉडिफाई (Modify) कर सकते हैं। विभिन्न प्रकार की स्टाइल का प्रयोग करके टेक्स्ट के एपीयरेन्स (Appearance) को बदल सकते हैं।

इण्डेण्टेशन

इण्डेण्टेशन (Indentation) से तात्पर्य पेज की बाउण्ड्री और टेक्स्ट के बीच के अन्तर से है। इसके प्रयोग से टेक्स्ट और पेज बाउण्ड्री के बीच में चारों ओर से स्पेस को कम या ज्यादा कर सकते हैं।

पेज ओरिएण्टेशन

इसका प्रयोग किसी टाइप किए हुए टेक्स्ट को एक क्षैतिज पेज में या ऊर्ध्वाधर पेज में प्रिण्ट करने के लिए किया जाता है।

MS-Word में दो प्रकार के पेज ओरिएण्टेशन होते हैं

(i) पोर्ट्रेट (Portrait)

(ii) लैण्डस्केप (Landscape)

फाइण्ड एण्ड रिप्लेस

MS-Word में टाइप किए गए टेक्स्ट में से किसी विशेष करैक्टर या शब्द को आसानी से सर्च किया जा सकता है। इसमें सर्च किए गए करैक्टर या शब्द को किसी दूसरे करैक्टर या टेक्स्ट से बदला भी जा सकता है।

स्पेल चेक

इसमें स्पेलिंग और ग्रामर को चेक करने की सुविधा होती है। यह ऑटोमैटिकली (Automatically) स्पेलिंग और ग्रामर (Grammar) की गलतियों को ढूँढता है तथा उसे सही भी करता है।

शब्दकोश

इस सॉफ्टवेयर में एक कॉम्प्रेहेन्सिव डिक्शनरी (Comprehensive dictionary) और शब्दकोश होता है, जो एक शब्द के कई पर्यायवाची (Synonyms) प्रदान करता है।

बुलेट्स एण्ड नम्बरिंग

इस सॉफ्टवेयर में अनेक प्रकार के बुलेट्स (विशेष प्रकार के चिन्ह) और नम्बर (गिनती के अंक, रोमन अंक और अंग्रेजी के अक्षर) होते हैं, जिनका प्रयोग करके पेज में एक लिस्ट बना सकते हैं और पेज में लिखे हुए डाटा को एक क्रम में भी रख सकते हैं।

मेल मर्ज

यह MS-Word की वह सुविधा है, जिसके द्वारा एक पत्र अनेक व्यक्तियों को भेज सकते हैं अथवा कुछ सूचनाएँ बदलते हुए किसी डॉक्यूमेण्ट की अनेक कॉपियाँ निकाल सकते हैं। इससे दो फाइलों से सूचनाएँ लेकर उन्हें आपस में मिलाकर या मर्ज (Merge) करके वास्तविक डॉक्यूमेण्ट तैयार किया जाता है।

ग्राफिक्स

यह MS-Word में ड्रॉइंग बनाने की अच्छी सुविधा देता है। इसके द्वारा विभिन्न प्रकार की आकृति; *जैसे*—वृत्त, आयत, रेखाएँ, त्रिभुज आदि की ड्रॉइंग आसानी से बना सकते हैं। इसमें ड्रॉइंग बनाने का ड्रॉइंग टूलबार उपलब्ध होता है, जिसमें अनेक प्रकार की ड्रॉइंग होती हैं।

ऑब्जेक्ट लिंकिंग एण्ड एम्बेडिंग

यह माइक्रोसॉफ्ट द्वारा विकसित एक ऐसी तकनीक है, जो डॉक्यूमेण्टों और अन्य एप्लीकेशनों को जोड़ने और एम्बेडिंग करने की अनुमति प्रदान करती है। इसमें विभिन्न प्रकार के ऑब्जेक्ट; *जैसे*—चार्ट्स (Charts), समीकरण (Equations), वीडियो क्लिप, पिक्चर आदि उपलब्ध होते हैं।

क्षैतिज और ऊर्ध्वाधर स्क्रोल बार

इस सॉफ्टवेयर में दो स्क्रोल बार होते हैं, जो पेज को डॉक्यूमेण्ट विण्डो में ऊपर नीचे या दाएँ-बाएँ मूव कराते हैं। इसमें क्षैतिज (Horizontal) स्क्रोल बार होता है, जो स्टेटस बार के ऊपर स्थित होता है। यह स्क्रोल बार पेज को दाईं ओर या बाईं ओर मूव करा सकता है। दूसरा ऊर्ध्वाधर (Vertical) स्क्रोल बार होता है, जो स्क्रीन के दाईं ओर होता है। यह स्क्रोल बार पेज को डॉक्यूमेण्ट विण्डो में ऊपर-नीचे मूव कराता है।

2. माइक्रोसॉफ्ट एक्सेल

यह एक पावरफुल स्प्रेडशीट प्रोग्राम है जो आपके डाटा को व्यवस्थित करने, निर्णय तक पहुँचने, ग्राफ, डाटा प्रोफेशन दिखाने वाली रिपोर्ट तैयार करने, व्यवस्थित डाटा को वेब पर पब्लिश करने तथा रियल टाइम डाटा को एक्सेस करने की सुविधा देता है।

स्प्रेडशीट से सम्बन्धित महत्त्वपूर्ण तथ्य

MS-Excel से सम्बन्धित कुछ मुख्य तथ्य (Terms) निम्नलिखित हैं

(i) स्प्रेडशीट एक सॉफ्टवेयर टूल होता है, जिसका प्रयोग संख्याओं के समूह को एण्टर (Enter) करने, कैलकुलेट करने, मैनिपुलेट करने और विश्लेषण (Analysis) करने के लिए होता है।

(ii) इसमें रॉज और कॉलमों के प्रतिच्छेद (Intersection) से बहुत सारे सेल्स (Cell) बनते हैं। सेल एक प्रकार का कण्टेनर होता है, जो संख्याओं (Numbers), सूत्रों (Formulae) और टेक्स्ट (लेबल्स) को होल्ड (Hold) करता है।

(iii) एक्टिव सेल वह सेल होता है, जिसमें आप वर्तमान समय में काम कर रहे हैं।

(iv) सेलों के समूह (Array) को शीट या वर्कशीट (Worksheet) कहते हैं।

(v) एक्सेल में शीट, शीट टैब या वर्कशीट टैब का उपयोग वर्कशीट को प्रदर्शित करने के लिए किया जाता है, जिसे उपयोगकर्ता वर्तमान में एडिट कर रहा है।

(vi) वर्कशीट के अन्दर टेबल में सूचनाएँ रॉज और कॉलमों में प्रदर्शित होती हैं।

(vii) रॉज की पहचान संख्याएँ 1, 2, 3..... से होती है।

(viii) कॉलमों की पहचान अक्षरों के समूह A, B, C.....AA, AB,.....ZZ आदि से होती है।

(ix) वर्कबुक एक डॉक्यूमेण्ट होता है, जिसमें एक या एक से अधिक वर्कशीट होती हैं।

(x) सेल प्वॉइण्टर एक सेल की बाउण्ड्री होती है, जो यह बताती है कि करण्ट टाइम में कौन-सा सेल एक्टिव है।

(xi) फॉर्मूला (Formula) एक समीकरण (Equation) होता है, जिसका प्रयोग किसी सेल की वैल्यू को कैलकुलेट करने के लिए करते हैं। एक्सेल में कोई भी फॉर्मूला = चिन्ह के साथ शुरू होता है।

(xii) सेल एड्रेस, रॉज और कॉलमों के अक्षर और संख्याओं के प्रतिच्छेद (Intersection) को दर्शाता है; जैसे—C5 का अर्थ कॉलम C और रॉ 5 है।

(xiii) एक्सेल 2007 वर्कशीट में अधिकतम कॉलमों की संख्या 16384 तथा रॉ की संख्या 1048576 होती है।

(xiv) दो या दो से अधिक सेल को जोड़कर बनाया गया सिंगल सेल, मर्जिंग सेल कहलाता है।

3. माइक्रोसॉफ्ट पावरप्वॉइण्ट

पावरप्वॉइण्ट एम एस-ऑफिस पैकेज के अन्तर्गत एक सॉफ्टवेयर है जिसे माइक्रोसॉफ्ट कम्पनी ने विकसित किया था। पावरप्वॉइण्ट प्रोग्राम, विभिन्न प्रकार के प्रेजेण्टेशन को सरलता और शीघ्रता से तैयार करने, उन्हें सुधारने, छाँटने तथा प्रेजेण्टेशन का अभ्यास करने में सहायता करता है।

4. माइक्रोसॉफ्ट एक्सेस

माइक्रोसॉफ्ट एक्सेस या माइक्रोसॉफ्ट ऑफिस एक्सेस एक प्रकार का डेटाबेस मैनेजमेण्ट सिस्टम है।

एम एस ऑफिस शॉर्टकट कीज

कुंजियाँ		कार्य
Ctrl + C	–	सिलेक्टेड टेक्स्ट को कॉपी करना
Ctrl + V	–	सिलेक्टेड टेक्स्ट को पेस्ट करना
Ctrl + X	–	सिलेक्टेड टेक्स्ट को कट करना
Ctrl + P	–	डाक्यूमेण्ट को प्रिण्ट करना
Ctrl + M	–	प्रेजेन्टेशन में नई स्लाइड जोड़ना
Ctrl + Home	–	डार्क्यूमेण्ट के शुरुआत में जाना
Enter	–	डार्क्यूमेण्ट में अगली लाइन में जाना
Alt + F4	–	वर्ड को बन्द करना
Ctrl + F2	–	प्रिण्ट प्रिव्यू कमाण्ड को चुनना
Shift + F12	–	Save कमाण्ड को चुनना
F7	–	Spelling and grammar को लॉन्च करना
फाइल फॉर्मेट		**एक्स्टेंशन**
एम एस वर्ड		.doc या .docx
एम एस एक्सेल		.xlsx या .xls
एम एस पावरप्वॉइण्ट		.pptx या .ppt
एम एस-एक्सेस		.accdb

डाटाबेस

डाटाबेस तार्किक रूप से सम्बन्धित सूचनाओं का एक ऐसा व्यवस्थित संग्रह होता है, जिससे हम किसी भी सूचना को सरलता से एक्सेस, मैनेज तथा अपडेट कर सकते हैं।

डाटाबेस के अवयव

एक डाटाबेस विभिन्न प्रकार के अवयवों (Components) से मिलकर बना होता है। डाटाबेस का प्रत्येक अवयव ऑब्जेक्ट (Object) कहलाता है। *डाटाबेस के अवयवों का विस्तारपूर्वक वर्णन निम्नलिखित हैं*

टेबल/सारणी

सारणी (Table), रॉज तथा कॉलमों के कटाव से बने सेलों (Cells) से मिलकर बनी होती है। यही सेल टेबलों में डाटा को स्टोर करने के लिए प्रयोग किए जाते हैं। मुख्य रूप से सारणी, फील्ड तथा रिकॉर्ड से मिलकर बनी होती हैं। *इनका विवरण निम्नलिखित है*

1. **फील्ड** सारणी के प्रत्येक कॉलम को फील्ड (Field) कहते हैं। प्रत्येक फील्ड का एक निश्चित नाम होता है, जिससे उसे पहचाना जाता है। प्रत्येक फील्ड का नाम उस फील्ड में स्टोर होने वाले डाटा के प्रकार को दर्शाता है।
2. **रिकॉर्ड** सारणी की प्रत्येक रॉ को रिकॉर्ड (Record) कहा जा सकता है।

क्वैरीज

किसी टेबल या डाटाबेस से आवश्यकतानुसार डाटा को प्रदर्शित करने के लिए जो आदेश दिया जाता है, उसे क्वैरी (Query) कहा जाता है। किसी क्वैरी के परिणाम में जो सूचनाएँ या रिकॉर्ड डाटाबेस से प्राप्त जाते हैं, उन्हें उस क्वैरी का डायनासेट (Dynaset) कहते हैं।

फॉर्म्स

फॉर्म आपकी स्क्रीन पर एक ऐसी विण्डो होती है, जिसकी सहायता से आप किसी टेबल में भरे गए डाटा को देख सकते हैं, मॉडिफाई कर सकते हैं और नया डाटा जोड़ भी सकते हैं।

कम्प्यूटर नेटवर्क

कम्प्यूटर नेटवर्क से हमारा तात्पर्य आसपास या दूर बिखरे हुए कम्प्यूटरों को इस प्रकार जोड़ने से है कि उनमें से प्रत्येक कम्प्यूटर किसी दूसरे कम्प्यूटर के साथ स्वतन्त्र रूप से सम्पर्क बनाकर सूचनाओं या सन्देशों का आदान-प्रदान कर सके और एक-दूसरे के साधनों तथा सुविधाओं को भी साझा कर सके।

कम्प्यूटर नेटवर्क के प्रकार

नेटवर्कों को उनके कम्प्यूटरों की भौगोलिक स्थिति के अनुसार मुख्यत: निम्न श्रेणियों में बाँटा जाता है

1. **लोकल एरिया नेटवर्क** (लैन)

ऐसे नेटवर्कों के सभी कम्प्यूटर्स एक सीमित क्षेत्र में स्थित होते हैं। यह क्षेत्र लगभग एक किलोमीटर की सीमा में होना चाहिए, *जैसे* कोई बड़ी बिल्डिंग या उनका एक समूह।

2. **मेट्रोपोलिटन एरिया नेटवर्क** (मैन)

जब बहुत सारे लोकल एरिया नेटवर्क अर्थात् लैन किसी नगर या शहर के अन्दर एक-दूसरे से जुड़े रहते हैं तो इस प्रकार के नेटवर्क को मेट्रोपोलिटन एरिया नेटवर्क कहा जाता है।

3. **वाइड एरिया नेटवर्क** (वैन)

वैन से जुड़े हुए कम्प्यूटर्स तथा उपकरण एक-दूसरे से हजारों किलोमीटर की भौगोलिक दूरी पर भी स्थित हो सकते हैं। इनका कार्यक्षेत्र कई महाद्वीपों तक फैला हो सकता है।

4. **पर्सनल एरिया नेटवर्क**

यह बहुत छोटी दूरी के लिए उपयोग होने वाला नेटवर्क है, जिसकी क्षमता कम दूरी पर उपस्थित एक या दो व्यक्तियों तक होती है; जैसे—ब्लूटुथ, वायरलैस USB आदि।

5. **वर्चुअल प्राइवेट नेटवर्क**

यह एक प्रकार का नेटवर्क है जो किसी प्राइवेट नेटवर्क जैसे कि किसी कम्पनी के आन्तरिक नेटवर्क (Internal network) से जुड़ने के लिए इण्टरनेट का प्रयोग करके बनाया जाता है।

इन्टरनेट

इन्टरनेट नेटवर्कों का नेटवर्क है जिसमें लाखों निजी व सार्वजनिक, लोकल से ग्लोबल स्कोप वाले नेटवर्क होते हैं। सामान्यत: नेटवर्क दो या दो से अधिक कम्प्यूटर सिस्टमों को आपस में जोड़कर बनाया गया एक समूह है।

इण्टरनेट कनेक्शन्स

इण्टरनेट एक्सेस के लिए कुछ इण्टरनेट कनेक्शन्स इस प्रकार हैं

1. **डायल अप कनेक्शन** डायल अप पूर्व उपस्थित टेलीफोन लाइन की सहायता से इण्टरनेट से जुड़ने का एक माध्यम है।
2. **ब्रॉडबैण्ड कनेक्शन्स** ब्रॉडबैण्ड का प्रयोग हाई स्पीड इण्टरनेट एक्सेस के लिए किया जाता है। यह इण्टरनेट से जुड़ने के लिए टेलीफोन लाइनों का प्रयोग करता है। डिजिटल सब्सक्राइबर लाइन, केबल मॉडम, फाइबर ऑप्टिक, ब्रॉडबैण्ड ओवर पावर लाइन आदि ब्रॉडबैण्ड कनेक्शन्स हैं।
3. **वायरलैस कनेक्शन्स** इस प्रकार के कनेक्शन में केबल या मॉडम इत्यादि की आवश्यकता नहीं होती। वाई-फाई (वायरलैस फिडेलिटी), वाई मैक्स, मोबाइल वायरलेस ब्रॉडबैण्ड सर्विसेज, सेटेलाइट आदि कुछ वायरलैस कनेक्शन्स हैं।

इण्टरकनैक्टिंग प्रोटोकॉल्स

प्रोटोकॉल नियमों का वह सेट है, जो डाटा कम्युनिकेशन्स की देखरेख करता है। *कुछ प्रोटोकॉल्स निम्न प्रकार हैं*

1. **TCP/IP** (Transmission Control Protocol/Internet Protocol)
   TCP/IP, end to end कनैक्टिविटी (जिसमें डाटा की फॉर्मेटिंग, एड्रेसिंग संचरण के रूट्स और इसे प्राप्त करने की विधि इत्यादि सम्मिलित हैं) प्रदान करता है। *TCP/IP का पूर्ण विवरण निम्न प्रकार है*
   (i) **TCP** यह सन्देश को प्रेषक (Sender) के पास ही पैकेटों के एक सेट में बदल देता है, जिसे प्राप्तकर्ता (Receiver) के पास पुन: इकट्ठा कर सन्देश को वापस प्राप्त कर लिया जाता है।
   (ii) **IP** इण्टरनेट पर प्रत्येक होस्ट कम्प्यूटर का एक अन्य आईपी एड्रेस होता है। यह विभिन्न कम्प्यूटरों को नेटवर्क स्थापित करके आपस में संचार करने की अनुमति प्रदान करता है।
2. **फाइल ट्रांसफर प्रोटोकॉल** (File Transfer Protocol- FTP) इस प्रोटोकॉल के द्वारा इण्टरनेट उपयोगकर्ता अपने कम्प्यूटरों से फाइलों को विभिन्न वेबसाइटों पर अपलोड कर सकते हैं या वेबसाइट से अपने पीसी में डाउनलोड कर सकते हैं।
3. **हाइपर टेक्स्ट ट्रांसफर प्रोटोकॉल** (HyperText Transfer Protocol-HTTP) यह इस बात को सुनिश्चित करता है कि सन्देशों को किस प्रकार फॉर्मेट (Format) व संचरित किया जाता है व विभिन्न कमाण्डों के रेस्पॉन्स में वेब सर्वर तथा ब्राउजर क्या कार्य करेंगे।
4. **टेलनेट प्रोटोकॉल** (Telnet Protocol) टेलनेट सेशन वैध (Authorized) यूजरनेम तथा पासवर्ड को प्रविष्ट करने पर शुरू हो जाता है।
5. **यूजनेट प्रोटोकॉल** (Usenet Protocol) इस सेवा के अन्तर्गत इण्टरनेट उपयोगकर्ताओं का एक समूह किसी भी विशेष विषय पर अपने विचार/सलाह आदि का आपस में आदान-प्रदान कर सकता है।

इन्टरनेट सम्बन्धी घटक

इन्टरनेट सम्बन्धी प्रमुख घटक निम्न हैं

1. **वेबसाइट**

एक वेबसाइट वेब पेजो का संग्रह होती है जिसमें सभी वेब पेज हाइपरलिंक द्वारा एक दूसरे से जुड़े होते हैं। किसी वेबसाइट के एड्रेस को उसका यूनीफॉर्म रिसोर्स लोकेटर (URL : Uniform Resource Locator) कहा जाता है। उदाहरण के लिए, मुम्बई स्टॉक एक्सचेन्ज की वेबसाइट का एड्रेस http://www.bseindia.com है।

2. **वेब पेज**

किसी वेबसाइट में सूचनाओं को कई भागों में बाँटकर दिखाया जाता है। प्रत्येक भाग को वेब पेज कहा जाता है। वेबसाइट के पहले या प्रमुख वेब पेज को उसका होम पेज कहा जाता है।

3. **वर्ल्ड वाइड वेब**

यह विशेष रूप से स्वरूपित डॉक्यूमेण्टस का समर्थन करने वाले इण्टरनेट सर्वर की एक प्रणाली है। यह 13 मार्च, 1989 को टिम बर्नर्स ली द्वारा प्रस्तावित किया गया था जैसे— www.yahoo.com, www. indiatimes.com, www.khoj.com, www.rediff.com आदि।

डोमेन नेम

डोमेन नेम इण्टरनेट पर जुड़े हुए कम्प्यूटर्स को पहचानने व लोकेट करने के काम में आता है। डोमेन नेम सदैव अद्वितीय होना चाहिए इसमें हमेशा डॉट (.) द्वारा अलग किये गये दो या दो से अधिक भाग होते हैं।

इन्टरनेट सेवाएँ

इण्टरनेट सेवाएँ निम्न हैं

1. **ई-मेल**

इलेक्ट्रॉनिक मेल (ई-मेल) एक ऐसा इलेक्ट्रॉनिक सन्देश होता है, जो किसी नेटवर्क से जुड़े विभिन्न कम्प्यूटरों के बीच भेजा और प्राप्त किया जाता है।

2. **वीडियो कॉन्फ्रेंसिंग**

दूरस्थ लोगों के बीच वीडियो एवं आवाज के माध्यम से दोनों तरफ किए जाने वाले ट्रांसमिशन को वीडियो कॉन्फ्रेंसिंग कहा जाता है।

3. **सर्च इंजन**

सर्च इंजन एक ऐसा प्रोग्राम है, जो इण्टरनेट पर सूचनाएँ खोजने के लिए प्रयोग किया जाता है। दूसरे शब्दों में, सर्च इंजन ऐसे प्रोग्राम होते हैं, जो किसी विषय की सूचनाएँ रखने वाली वेबसाइटों का पता लगाते हैं।

कम्प्यूटर सिक्योरिटी

कम्प्यूटर सिक्योरिटी को **साइबर सिक्योरिटी** या **IT सिक्योरिटी** के नाम से भी जाना जाता है। यह सूचना प्रौद्योगिकी की एक शाखा है जिसे विशेष तौर पर कम्प्यूटरों की सुरक्षा के लिए बनाया गया है।

मालवेयर

मालवेयर का अर्थ है द्वेषपूर्ण सॉफ्टवेयर। ये वे सॉफ्टवेयर होते हैं जो कम्प्यूटर को हानि पहुँचाते हैं। ये निम्न प्रकार के हैं

1. **वायरस**

वायरस वो प्रोग्राम है जो कम्प्यूटर पर नकारात्मक प्रभाव डालते हैं। ये पीसी पर कण्ट्रोल हासिल करके उनसे असामान्य व विनाशकारी कार्यों को करवाते हैं। वायरस (Virus) स्वत: ही अपने आप को सिस्टम में कॉपी कर लेते हैं। कुछ सामान्य वायरसों के प्रकार निम्नलिखित हैं

1. बूट सेक्टर वायरस
2. मैक्रो वायरस
3. फाइल सिस्टम वायरस
4. पॉलीमॉर्फिक वायरस

2. **वॉर्म्स**

कम्प्यूटर वॉर्म एक अकेला ऐसा मालवेयर प्रोग्राम है, जो दूसरे कम्प्यूटरों में अपने आप को फैलाने के लिए कॉपी करता हैं। वॉर्म्स को ढूँढ पाना अत्यन्त कठिन है, क्योंकि ये अदृश्य फाइलों के रूप में होते हैं।

3. **ट्रॉजन**

ट्रॉजन या ट्रॉजन हॉर्स (Trojan horse) एक प्रकार का नॉन-शेल्फ रेपलिकेटिंग मालवेयर है। जो किसी भी इच्छित कार्य को पूरा करते हुए प्रतीत होता है।

कम्प्यूटर सिक्योरिटी से सम्बन्धित खतरों का समाधान

कम्प्यूटर सिस्टम को अवैध-उपयोगकर्ताओं से बचाने के लिए अभी तक कुछ रक्षा बचाव बनाए गए हैं, जो इस प्रकार हैं

एण्टीवायरस सॉफ्टवेयर

ये उस प्रकार के सॉफ्टवेयर होते हैं, जिनका प्रयोग कम्प्यूटर को वायरस स्पाईवेयर वॉर्म्स, ट्रॉजन इत्यादि से बचाना होता है।

डिजिटल सिग्नेचर

यह सिग्नेचर (हस्ताक्षर) का डिजिटल रूप है जिसे प्रेषित किए गए सन्देश को प्रमाणित करने के लिए प्रयोग किया जाता है तथा यह डॉक्यूमेन्ट के ऑरिजिनल होने को भी सुनिश्चित करता है।

फायरवॉल

फायरवॉल या तो सॉफ्टवेयर या फिर हार्डवेयर आधारित हो सकता है, जो नेटवर्क को सुरक्षित रखने में सहायताप्रद होता है। इसका प्राथमिक उद्देश्य इनकमिंग तथा आउटगोइंग नेटवर्क ट्रैफिक को, डाटा पैकेट्स विश्लेषण द्वारा नियन्त्रित करना है।

पासवर्ड

यह एक प्रकार का गोपनीय शब्द या करैक्टर्स की एक स्ट्रिंग है। जिसे उपयोगकर्ता को प्रमाणित करने के लिए प्रयोग किया जाता है, ताकि उपयोगकर्ता की पहचान या एक्सेस स्वीकृति को सत्यापित किया जा सके व संसाधनों के एक्सेस को प्राप्त किया जा सके।

शब्द-संक्षेप

- **ALU** अर्थमैटिक लॉजिक यूनिट
- **ARPANET** एडवांस्ड रिसर्च प्रोजेक्ट्स एजेन्सी नेटवर्क
- **ASCII** अमेरिकन स्टैण्डर्ड कोड फॉर इन्फॉर्मेशन इण्टरचेंज
- **BCC** ब्लाइण्ड कार्बन कॉपी
- **BD** ब्लू रे डिस्क
- **BIOS** बेसिक इनपुट आउटपुट सिस्टम
- **Bit** बाइनरी डिजिट
- **CPU** सेण्ट्रल प्रोसेसिंग यूनिट
- **CU** कण्ट्रोल यूनिट
- **CD** कॉम्पेक्ट डिस्क
- **DNS** डोमेन नेम सिस्टम
- **DBMS** डाटाबेस मैनेजमेण्ट सिस्टम
- **DRAM** डायनमिक रैण्डम एक्सेस मैमोरी
- **DVD** डिजिटल विडियो डिस्क
- **DOS** डिस्क ऑपरेटिंग सिस्टम
- **EBCDIC** एक्सटेण्डेड बाइनरी कोडेड डेसीमल इण्टरचेन्ज
- **EPROM** इरेजेबल प्रोग्रामेबल रीड ओनली मैमोरी
- **EEPROM** इलेक्ट्रिकली इरेजेबल प्रोग्रामेबल रीड ओनली मैमोरी
- **FDD** फ्लॉपी डिस्क ड्राइव
- **FTP** फाइल ट्रांसफर प्रोटोकॉल
- **GIGO** गारबेज इन गारबेज आउट
- **HDD** हार्ड डिस्क ड्राइव
- **HTML** हाइपर टैक्स्ट मार्कअप लैंग्वेज
- **HTTP** हाइपरटैक्स्ट ट्रांसफर प्रोटोकॉल
- **IP** इण्टरनेट प्रोटोकॉल
- **ISP** इण्टरनेट सर्विस प्रोवाइडर
- **JPEG** ज्वॉइण्ट फोटोग्राफिक एक्सपर्ट्स ग्रुप
- **LAN** लोकल एरिया नेटवर्क
- **MAN** मेट्रोपॉलिटन एरिया नेटवर्क
- **MICR** मैग्नेटिक इंक करैक्टर रिकॉग्निशन

- **MIDI** म्यूजिकल इन्स्ट्रूमेण्ट डिजिटल इण्टरफेस
- **NFS** नेटवर्क फाइल सिस्टम
- **NIC** नेटवर्क इण्टरफेस कार्ड
- **OCR** ऑप्टिकल करैक्टर रिकॉग्निशन
- **OMR** ऑप्टिकल मार्क रीडर
- **OSS** ओपर सोर्स सॉफ्टवेयर
- **PDF** पोर्टेबल डॉक्यूमेण्ट फॉर्मेट
- **PaaS** प्लेटफॉर्म एज ए सर्विस
- **PCB** प्रिण्टिड सर्किट बोर्ड
- **PDA** पर्सनल डिजिटल असिस्टेण्ट
- **PROM** प्रोग्रामेबल रीड ओनली मैमोरी
- **POST** पावर ऑन सेल्फ टेस्ट
- **RAM** रैण्डम एक्सेस मैमोरी
- **ROM** रीड ओनली मैमोरी
- **SMTP** सिम्पल मेल ट्रांसफर प्रोटोकॉल
- **SRAM** स्टैटिक रैण्डम एक्सेस मैमोरी
- **SQL** स्ट्रक्चर्ड क्वैरी लैंग्वेज
- **TCP** ट्रांसमिशन कण्ट्रोल प्रोटोकॉल
- **URL** यूनिफॉर्म रिसोर्स लोकेटर
- **USB** यूनिवर्सल सीरियल बस
- **ULSI** अल्ट्रा लार्ज स्केल इण्टिग्रेशन
- **VGA** वीडियो ग्राफिक्स ऐरे
- **VPN** वर्चुअल प्राइवेट नेटवर्क
- **VDU** विजुअल डिस्पले यूनिट
- **WAN** वाइड एरिया नेटवर्क
- **WWW** वर्ल्ड वाइड वेब
- **Wi-Fi** वायरलेस फिडेलिटी
- **WiMAX** वर्ल्ड वाइड इण्टरऑपरेबिलिटी फॉर माइक्रोवेव एक्सेस

अभ्यास प्रश्न

1. प्रथम गणना करने वाला यन्त्र है।
(a) डिफरेन्स इन्जन (b) पास्कलाइन
(c) मार्क (d) अबेकस

2. चार्ल्स बैबेज द्वारा निर्मित एनालिटिकल इंजन है।
(a) इलेक्ट्रॉनिक (b) इलेक्ट्रिकल
(c) मैकेनिकल (d) टेक्निकल

3. प्रथम पीढ़ी का कम्प्यूटर है
(a) ENIAC (b) MARK-1
(c) PARAM (d) 'a' और 'b' दोनों

4. प्रथम पीढ़ी के कम्प्यूटर्स में ………… का उपयोग करके प्रोग्रामिंग की जाती थी।
(a) असेम्बली भाषा (b) मशीनी भाषा
(c) सोर्स कोड (d) ऑब्जेक्ट कोड

5. तृतीय पीढ़ी के कम्प्यूटरों में प्रयोग होने वाली भाषा है।
(a) सी (b) कोबोल
(c) जावा (d) पास्कल

6. चौथी पीढ़ी के कम्प्यूटरों का मुख्य उपकरण (Equipment) क्या है?
(a) माइक्रोप्रोसेसर (b) ट्रांजिस्टर
(c) इण्टिग्रेटेड सर्किट (d) वॉल्व

7. PC (पर्सनल कम्प्यूटर) किस श्रेणी के कम्प्यूटर्स से सम्बन्धित है?
(a) मिनी (b) मेनफ्रेम
(c) सुपर (d) माइक्रो

8. माइक्रो कम्प्यूटर को ……… भी कहते हैं।
(a) कम्प्यूटर ऑन-हील (b) कम्प्यूटर ऑन ए चिप
(c) कम्प्यूटर ऑन ए शिप (d) उपरोक्त सभी

9. एनालॉग और डिजिटल कम्प्यूटर्स की विशेषताओं के संयुक्त रूप को ……… कहते हैं।
(a) हाइब्रिड कम्प्यूटर (b) डिजिटल कम्प्यूटर
(c) एनालॉग कम्प्यूटर (d) सुपर कम्प्यूटर

10. उद्देश्य के आधार पर कम्प्यूटर कितने प्रकार के होते हैं?
(a) पाँच (b) चार (c) तीन (d) दो

11. वे कम्प्यूटर जो आकार में बहुत बड़े होते हैं तथा जिनकी संग्रह क्षमता भी अधिक होती है, कहलाते हैं
(a) माइक्रो कम्प्यूटर (b) मिनी कम्प्यूटर
(c) सुपर कम्प्यूटर (d) मेनफ्रेम कम्प्यूटर

12. एक कम्प्यूटर जिसे पोर्टेबल कम्प्यूटर नहीं माना जाता है, वह है
(a) मिनी कम्प्यूटर (b) लैपटॉप
(c) टैबलेट कम्प्यूटर (d) ये सभी

13. आजकल इस्तेमाल हो रहे कम्प्यूटर किस श्रेणी के हैं
(a) डिजिटल (b) मैकेनिकल
(c) एनालॉग (d) मैनुअल

14. निम्न में से यह CPU का भाग है।
(a) प्रिण्टर (b) कीबोर्ड
(c) माउस (d) अर्थमैटिक लॉजिक यूनिट

15. कम्प्यूटर के मस्तिष्क को क्या कहा जाता है?
(a) CPU (b) CU (c) ALU (d) UPS

16. प्राइमरी मैमोरी यूनिट किसका एक हिस्सा है?
(a) इनपुट डिवाइस (b) कण्ट्रोल यूनिट
(c) आउटपुट डिवाइस (d) सीपीयू

17. फाइल सिस्टम स्थायी रूप से ……… मैमोरी में संग्रहीत रहता है।
(a) प्राइमरी (b) सेकण्डरी
(c) डिवाइस (d) डायरेक्ट मैमोरी

18. ROM (Read Only Memory) में डाटा
(a) सिर्फ पढ़ा जाता है। (b) Non-Volatile होता है।
(c) सिर्फ लिखा जाता है। (d) a और c दोनों

19. आपके कम्प्यूटर में बनी परमानेन्ट मैमोरी को क्या कहते है?
(a) RAM (b) ROM
(c) CPU (d) CD-ROM

20. निम्न में से कौन आउटपुट डिवाइस है?
(a) माउस (b) स्कैनर
(c) कीबोर्ड (d) प्रिण्टर

21. निम्न में से कौन-सी इनपुट डिवाइस है?
(a) की-बोर्ड (b) माउस
(c) प्रिण्टर (d) 'a' और 'b' दोनों

22. निम्नलिखित में से किस समूह में केवल इनपुट डिवाइस है?
(a) माउस, की-बोर्ड, मॉनीटर (b) माउस, की-बोर्ड, प्रिण्टर
(c) माउस, की-बोर्ड, प्लॉटर (d) माउस, की-बोर्ड, स्कैनर

23. निम्नलिखित में से कौन-सा हार्डवेयर नहीं है?
(a) प्रोसेसर चिप (b) प्रिण्टर
(c) माउस (d) जावा

24. हार्डवेयर के अन्तर्गत आती है
(a) सभी डिवाइस जिनका प्रयोग कम्प्यूटर में डाटा इनपुट कराने के लिए किया जाता है।
(b) निर्देशों का समूह, जो कम्प्यूटर को रन (Run) करते हैं।
(c) कम्प्यूटर और इससे जुड़ी सभी डिवाइसेज जिनका प्रयोग डाटा इनपुट और आउटपुट के लिए किया जाता है।
(d) CPU, मैमोरी तथा स्टोरेज से जुड़ी सभी डिवाइसेज, जो प्रोसेसिंग इन्फॉर्मेशन में शामिल होती है।

25. कम्प्यूटर मॉनिटर किस प्रकार की डिवाइस है?
(a) इनपुट (b) आउटपुट
(c) सॉफ्टवेयर (d) प्रोसेसर

26. कम्प्यूटर में कोई विशेष काम करने के लिए किस सॉफ्टवेयर का प्रयोग किया जाता है?
(a) सिस्टम (b) एप्लीकेशन
(c) प्रोग्राम (d) पैकेज

27. एम एस-वर्ड (MS-Word) ……… का उदाहरण है।
(a) ऑपरेटिंग सिस्टम(b) एप्लीकेशन सॉफ्टवेयर
(c) प्रोसेसिंग डिवाइस (d) इनपुट डिवाइस

28. कौन-सा सॉफ्टवेयर कम्प्यूटर के हार्डवेयर को नियन्त्रित करता है?
(a) एप्लीकेशन (b) सिस्टम
(c) प्रोग्राम (d) मैमोरी

29. कम्प्यूटर सॉफ्टवेयर की परिभाषा कैसी हो सकती है?
(a) कम्प्यूटर और उसके सहयोगी साधन/उपकरण
(b) ऐसे अनुदेश जो कम्प्यूटर को बताते हैं कि क्या करना है
(c) कम्प्यूटर के घटक जो लक्ष्यपूर्ति का कार्य करते हैं
(d) कम्प्यूटर और नेटवर्क के बीच की इण्टरफेस/चर्चा

30. कम्प्यूटरो के सन्दर्भ में सॉफ्टवेयर का क्या अर्थ है?
(a) कम्प्यूटर प्रोग्राम्स (b) कम्प्यूटर सुरक्षा
(c) ह्यूमन ब्रेन (d) फ्लॉपी डिस्क

31. मानव और कम्प्यूटर के मध्य परस्पर सम्पर्क कौन स्थापित करता है?
(a) सॉफ्टवेयर (b) हार्डवेयर
(c) सिस्टम सॉफ्टवेयर (d) एप्लीकेशन सॉफ्टवेयर

32. ……… एक सॉफ्टवेयर है, जो कम्प्यूटर की दक्षता को ऑपरेट करने और डाटा का ट्रैक रिकॉर्ड रखने के लिए सहायता करता है।
(a) एप्लीकेशन सिस्टम (b) हार्डवेयर सिस्टम
(c) सॉफ्टवेयर सिस्टम (d) ऑपरेटिंग सिस्टम

33. ऑपरेटिंग सिस्टम का क्या कार्य है?
(a) उपयोगकर्ता के प्रोग्राम को स्वीकार करना
(b) प्रोग्राम का परिणाम उपयोगकर्ता तक पहुँचाना
(c) प्रोग्राम का पालन कम्प्यूटर से कराना
(d) उपरोक्त सभी

34. निम्न में से कौन-सा ऑपरेटिंग सिस्टम नहीं है?
(a) एम एस-डॉस (b) एम एस-वर्ड
(c) लाइनक्स (d) विण्डोज

35. कम्प्यूटर को कण्ट्रोल करने वाले प्रोग्राम का क्या नाम है?
(a) ऑपरेटिंग सिस्टम (b) एप्लीकेशन प्रोग्राम
(c) ब्राउजर (d) फाइल मैनेजर

36. निम्नलिखित में से कौन-सा मल्टीटास्किंग ऑपरेटिंग सिस्टम है?
(a) लाइनक्स (b) विण्डोज विस्टा
(c) विण्डोज NT (d) डॉस

37. निम्न में से कौन-सा ऑपरेटिंग सिस्टम सिंगल यूजर ऑपरेटिंग सिस्टम भी कहलाता है?
(a) विण्डोज (b) लाइनक्स
(c) यूनिक्स (d) डॉस

38. निम्न में से कौन-सी एक कम्प्यूटर की प्रोग्रामिंग भाषा नहीं है?
(a) बेसिक (b) फॉरट्रॉन
(c) लेजर (d) पास्कल

39. निम्न में से उच्च स्तरीय भाषा कौन-सी है?
(a) कोबोल (b) फॉरट्रॉन
(c) बेसिक (d) ये सभी

40. 1 और 0 के संयोजन के उपयोग की सुविधा किस प्रकार की कम्प्यूटर भाषा में है?
(a) High Level Language (b) PASCAL
(c) Machine Language (d) C

41. माइक्रोसॉफ्ट ऑफिस
(a) शेयरवेयर हैं
(b) पब्लिक डोमेन सॉफ्टवेयर है
(c) ओपन सोर्स सॉफ्टवेयर है
(d) एक एप्लीकेशन सूट है

42. वर्ड प्रोसेसर का श्रेष्ठ उपयोग किसके लिए होगा?
(a) तस्वीर पेन्ट करने के लिए
(b) आकृति ड्रॉ करने के लिए
(c) कहानी टाइप करने के लिए
(d) आय एवं व्यय का हिसाब लगाने के लिए

43. टेक्स्ट डॉक्यूमेन्ट को बनाने, एडिट करने, फॉर्मेट करने, स्टोर करने, रिट्रीव और प्रिण्ट करने के लिए कुल मिलाकर एक शब्द कौन-सा है?
(a) वर्ड प्रोसेसिंग (b) स्प्रेडशीट डिजाइन
(c) वेब डिजाइन (d) डाटाबेस प्रबन्धन

44. किसी डॉक्यूमेन्ट को प्रिण्ट करने के लिए ……… प्रेस कीजिए।
(a) Shift + P (b) Ctrl + P
(c) Alt + P (d) Esc + P

45. एक्सेल विण्डो का कौन-सा क्षेत्र मान एवं सूत्र को प्रदर्शित करता है?
(a) टाइटल बार (b) मेन्यू बार
(c) फॉर्मूला बार (d) स्टैण्डर्ड टूलबार

46. **संख्याओं और सांख्यिकी की गणनाएँ करने के लिए सबसे उपयुक्त सॉफ्टवेयर निम्नलिखित में से कौन-सा है?**

(a) डाटा बेस (b) डॉक्यूमेन्ट प्रोसेसर
(c) ग्राफिक्स पैकेट (d) स्प्रेडशीट

47. **एक्सेल में वर्कबुक निम्न में से किसका संग्रह है?**

(a) डायग्राम्स (b) पेज
(c) स्टार्ट-अप (d) वर्कशीट्स

48. **यदि आप ········· चाहते हो तो प्रिण्ट प्रिव्यू उपयोगी होता है।**

(a) डॉक्यूमेन्ट को कलर करना
(b) डॉक्यूमेन्ट को सेवन करना
(c) डॉक्यूमेन्ट को डिलीट करना
(d) प्रिण्ट होने पर डॉक्यूमेन्ट कैसा दिखेगा, देखना

49. **········· सॉफ्टवेयर प्रयोक्ताओं को डाटा की पंक्तियों और कॉलमों पर गणना करने देता है।**

(a) वर्ड प्रोसेसिंग (b) प्रेजेण्टेशन ग्राफिक्स
(c) डाटाबेस मैनेजमेन्ट (d) इलेक्ट्रॉनिक स्प्रेडशीट

50. **प्रजेण्टेशन में एक नई स्लाइड को इन्सर्ट करने के लिए निम्न की का प्रयोग किया जाता है?**

(a) Ctrl + N (b) Ctrl + M
(c) Ctrl + O (d) Ctrl + S

51. **कार्यालय/ऑफिस LANs जो भौगोलिक तौर पर बड़े पैमाने पर बिखरे हुए हैं, उनको ········· के प्रयोग से जोड़ा जा सकता है।**

(a) CAN (b) LAN (c) DAN (d) WAN

52. **········· एक बहुत ही सीमित भौगोलिक क्षेत्र, सामान्यत: एक ही बिल्डिंग में पर्सनल कम्प्यूटरों को टिपिकली कनेक्ट करता है।**

(a) LAN (b) BAN
(c) TAN (d) NAN

53. **कम्प्यूटर ········· में दो या अधिक कम्प्यूटर और अन्य डिवाइसेज होते हैं, जो डाटा और प्रोग्राम शेयर करने के लिए कनेक्टेड होते हैं।**

(a) नेटवर्क (b) सिस्टम
(c) वर्क स्टेशन (d) डिवाइस

54. **नेटवर्कों के नेटवर्क को क्या कहा जाता है?**

(a) कम्प्यूटर नेटवर्क (b) यूजनेट
(c) इण्ट्रानेट (d) इण्टरनेट

55. **किसी वेबसाइट के पहले प्रदर्शित होने वाले पेज को क्या कहते हैं?**

(a) फर्स्ट पेज (b) इनीशियल पेज
(c) होम पेज (d) मेन पेज

56. **Wi-Fi का पूरा नाम क्या है?**

(a) वायरलैस फ्लैक्सिबिलिटी (b) वायरलैस फिडेलिटी
(c) वायर्ड फीचर्स (d) उपरोक्त सभी

57. **वेबसाइट एड्रेस एक यूनिक नाम है, जो वेब पर विशिष्ट ········· को पहचानने के काम में आता है।**

(a) लिंक (b) वेबपेज
(c) वेबसाइट (d) वेब ब्राउजर

58. **यू आर एल (URL) क्या है?**

(a) एक कम्प्यूटर सॉफ्टवेयर प्रोग्राम
(b) एक प्रकार का प्रोग्रामिंग ऑब्जेक्ट
(c) हार्डवेयर का भाग
(d) किसी भी डॉक्यूमेन्ट या पेज का WWW पर एड्रेस

59. **विशिष्ट प्रोग्राम जो वेब पर सूचनाओं को सर्च करने में यूजर की मदद करते हैं, क्या कहलाते हैं?**

(a) इन्फॉर्मेशन इंजन (b) लोकेटर इंजन
(c) वेब ब्राउजर (d) सर्च इंजन

60. **कम्प्यूटर नेटवर्क को बाह्य आक्रमण से बचाने की कार्यविधि क्या है?**

(a) फायरवॉल (b) एण्टीवायरस
(c) डिजिटल सिग्नेचर (d) फॉर्मेटिंग

61. **वे सॉफ्टवेयर, जिसका प्रयोग कम्प्यूटर को वायरस, वॉर्मस, ट्रोजन इत्यादि से बचाना होता है।**

(a) कम्प्यूटर (b) प्रोग्राम कोड
(c) एण्टीवायरस सॉफ्टवेयर (d) सिस्टम सॉफ्टवेयर

62. **निम्नलिखित में से यह फायरवॉल का प्रमुख कार्य है।**

(a) निगरानी करना (b) डिलीट करना
(c) कॉपी करना (d) मूव करना

63. **डिजिटल हस्ताक्षर एक प्रकार से है**

(a) स्कैण्ड सिग्नेचर (b) सिग्नेचर का बाइनरी रूप
(c) सूचना को एन्क्रिप्ट करना (d) हस्तलिखित सिग्नेचर

64. **वायरस, ट्रॉजन हॉर्सेस तथा वॉर्मस**

(a) कम्प्यूटर सिस्टम को नुकसान पहुँचाने में सक्षम होते हैं।
(b) को कम्प्यूटर सिस्टम पर ढूंढना मुश्किल होता है यदि ये सिस्टम पर उपस्थित है।
(c) उपयोगकर्ता फ्रेण्डली एप्लीकेशन्स
(d) कम्प्यूटर पर उपस्थित अहानिकारक एप्लीकेशन

65. **कम्प्यूटर में Password ········· के उद्देश्य से किया जाता है।**

(a) Networking (b) Saving
(c) Privacy (d) Security

66. **कम्प्यूटर्स के सन्दर्भ में, PDF का पूर्ण रूप क्या है?**

(a) पोर्टेबल डॉक्यूमेण्ट फॉर्मेट (b) पोर्टेबल डिटेल फॉर्मेट
(c) पर्सनल डॉक्यूमेण्ट फॉर्मेट (d) पावरप्वॉइण्ट डॉक्यूमेण्ट फॉर्मेट

67. **क्लाउड कम्प्यूटिंग के सन्दर्भ में, Paas का पूर्ण रूप क्या है?**

(a) प्रोटोकॉल एज ए सर्विस (b) परफॉर्मेंस एज ए सर्विस
(c) पेयमेण्ट एज ए सर्विस (d) प्लेटफॉर्म एज ए सर्विस

68. **डेस्कटॉप कम्प्यूटर्स, लैपटॉप कम्प्यूटर्स, टैबलेट और स्मार्टफॉन्स विभिन्न प्रकार के ········· हैं।**

(a) सुपर कम्प्यूटर्स (b) मेनफ्रेम कम्प्यूटर्स
(c) माइक्रो कम्प्यूटर्स (d) मिनी कम्प्यूटर्स

69. **डोमेन नेम में, एक्सप्रेशन au किसके लिए प्रयोग होता है?**

(a) आस्ट्रिया (b) अफ्रीकन यूनियन
(c) ऑस्ट्रेलिया (d) अर्जेण्टीना

70. **निम्न में से कौन ऑडियो टूल है?**

(a) Avidemus (b) Ardour
(c) Dscaler (d) Blender

71. **········· नेटवर्क था जो इण्टरनेट का आधार बना।**

(a) कलस्टर (b) HTTP
(c) अर्पानेट (d) WWW

72. **1989 में किसने वर्ल्ड वाइड वेब (WWW) का विकास किया ?**

(a) बिल गेट्स (b) स्टीव जॉब
(c) टिम बर्नर्स ली (d) चार्ल्स बैबेज

73. कम्प्यूटिंग में, ... एक नेटवर्क सुरक्षा हैं जो पूर्व निर्धारित सुरक्षा नियम के आधार पर इनकमिंग और आउटगोइंग नेटवर्क ट्रैफिक को मॉनिटर और कण्ट्रोल करती है।

(a) कूकी (b) स्पाइवेयर
(c) स्पैम (d) फायरवॉल

74. कम्प्यूटर में, निम्नलिखित में से कौन-सी इकाई डेटा संसाधन (प्रोसेसिंग) के लिए जिम्मेदार होती है तथा कम्प्यूटर के इलेक्ट्रॉनिक मस्तिष्क के नाम से भी जानी जाती है?

(a) सेण्ट्रल प्रोसेसिंग यूनिट (सी. पी. यू.)
(b) की-बोर्ड
(c) हार्ड डिस्क
(d) रैम (RAM)

75. निम्नलिखित में से कौन एक एण्टीवायरस सॉफ्टवेयर नहीं है?

(a) Avast (b) Linux
(c) नॉर्टन (d) Kaspersky

76. निम्नलिखित में से कौन-सा भारत द्वारा विकसित सुपरकम्प्यूटर है?

(a) परम युवा 2 (b) ऑनशेप
(c) Vennagage (d) Pixir

77. कम्प्यूटर और संचार प्रौद्योगिकी के सन्दर्भ में, 1 मेगाबाइट .... के बराबर है।

(a) 512 किलोबाइट (b) 512 बाइट
(c) 1024 बाइट (d) 1024 किलोबाइट

78. इण्टरनेट के सन्दर्भ में, निम्नलिखित में से कौन-सा एक प्रोटोकॉल नहीं है?

(a) TCP (b) UDP
(c) टेलनेट d) PPT

79. इण्टरनेट के सन्दर्भ में, IP का अर्थ क्या है?

(a) इण्टरनेट प्रोटोकॉल (b) इण्ट्रा प्रोटोकॉल
(c) इण्टरनेट प्रोटोकॉल (d) इण्टर प्रोटोकॉल

80. इण्टरनेट के सन्दर्भ में, MAN का पूर्ण रूप क्या है?

(a) मास्टर एरिया नेटवर्क (b) मैकस्फिट एरिया नेटवर्क
(c) मैक्सिव एरिया नेटवर्क (d) मैट्रोपॉलिटन एरिया नेटवर्क

81. इनपुट डिवाइस का एक उदाहरण है

(a) साउण्डकार्ड (b) हैड फॉन्स
(c) प्रोजेक्टर (d) वेब कैम

82. सूचना प्रौद्योगिकी के क्षेत्र में, ASCII का पूर्ण रूप क्या है?

(a) अमेरिकन स्टैण्डर्ड कम्यूनिकेशन फॉर इनफॉर्मेशन इण्टरचेन्ज
(b) अमेरिकन स्टैण्डर्ड कोड फॉर इन्फॉर्मेशन इण्टरचेन्ज
(c) अमेरिकन स्टैण्डर्ड कोड फॉर इण्टरनेशनल इण्टरचेन्ज
(d) अमेरिकन स्टैण्डर्ड कोड फॉर इन्फ्रास्ट्रेक्चर इण्टरचेन्ज

83. कम्प्यूटर में, ... डाटा की सबसे छोटी इकाई है।

(a) गीगाबाइट (b) बिट
(c) बाइट (d) टेराबाइट

84. द्वितीय पीढ़ी कम्प्यूटर .... के प्रयोग से विभाजित हो सकते हैं।

(a) इण्टीग्रेटेड सर्किट (b) वैक्यूम ट्यूब
(c) माइक्रोप्रोसेसर (d) ट्रांजिस्टर

85. सूचना और संचार प्रौद्योगिकी के क्षेत्र में, FDD का पूर्ण रूप क्या है?

(a) फोल्डर डिस्क ड्राइव (b) फ्लॉपी डिस्क ड्राइव
(c) फोल्डर डाटा ड्राइव (d) फ्लॉपी डाटा ड्राइव

86. डिजिटल कम्प्यूटर के सन्दर्भ में निम्नलिखित में से कौन-सी डिजिट बाइनरी कोड को निरूपित करती है?

(a) 3 और 4 (b) 0 और 1
(c) 2 और 3 (d) 1 और 2

87. निम्न में से कौन यूजर को उपस्थित डाटा को सारणीबद्ध प्रारूप (Tabular format) में स्टोर, व्यवस्थित, और मैनिपुलेट करने की अनुमति देता है?

(a) माइक्रोसॉफ्ट पावरप्वॉइण्ट (b) नोटपैड
(c) माइक्रोसॉफ्ट एक्सेल (d) माइक्रोसॉफ्ट वर्ड

88. निम्न में से किसे कम्प्यूटर के संचालन और विशिष्ट कार्यों को निष्पादित (Execute) करने के लिए उपयोग किये जाने वाले निर्देशों डेटा या प्रोग्राम्स का एक समूह के रूप में परिभाषित किया गया?

(a) प्रोसेसर (b) हार्डवेयर
(c) मालवेयर (d) सॉफ्टवेयर

89. निम्नलिखित में से किसे सुपरकम्प्यूटिंग का जनक कहा जाता है?

(a) केन थॉम्पसन (b) एलन परलिश
(c) सीमोरे क्रे (d) विण्ट कर्फ

90. निम्न में से कौन एक ऑपरेटिंग सिस्टम नहीं है?

(a) लाइनक्स (b) यूनिक्स
(c) इण्टेल (d) विण्डोज

उत्तरमाला

1. (d)	2. (c)	3. (d)	4. (b)	5. (b)	6. (a)	7. (d)	8. (b)	9. (a)	10. (d)
11. (c)	12. (a)	13. (a)	14. (d)	15. (a)	16. (d)	17. (b)	18. (a)	19. (b)	20. (d)
21. (d)	22. (d)	23. (d)	24. (c)	25. (b)	26. (b)	27. (b)	28. (b)	29. (b)	30. (a)
31. (a)	32. (d)	33. (d)	34. (b)	35. (a)	36. (a)	37. (d)	38. (c)	39. (d)	40. (c)
41. (d)	42. (c)	43. (a)	44. (b)	45. (c)	46. (d)	47. (d)	48. (d)	49. (d)	50. (b)
51. (d)	52. (a)	53. (a)	54. (d)	55. (c)	56. (b)	57. (c)	58. (d)	59. (d)	60. (a)
61. (c)	62. (a)	63. (c)	64. (a)	65. (d)	66. (a)	67. (d)	68. (c)	69. (c)	70. (b)
71. (c)	72. (c)	73. (d)	74. (a)	75. (b)	76. (a)	77. (d)	78. (d)	79. (a)	80. (d)
81. (d)	82. (b)	83. (b)	84. (d)	85. (b)	86. (b)	87. (c)	88. (d)	89. (c)	90. (c)

सेक्शन III : सामान्य परीक्षण

सामान्य मानसिक अभियोग्यता

अध्याय 01

सादृश्यता

सादृश्यता का अर्थ होता है 'समानता' अर्थात् किन्हीं दो तत्वों का उनमें अन्तर्निहित गुणों के आधार पर परस्पर समान होना। इसके अन्तर्गत किन्हीं दो शब्दों, अक्षरों या अंकों के बीच सम्बन्धों पर विचार करते हुए एक शब्द, अक्षर या अंक ज्ञात करना होता है, जिसका सम्बन्ध तीसरे शब्द, अक्षर या अंकों के साथ स्थापित हो। इन प्रश्नों के अन्तर्गत समानुपात चिह्न (: :) के पहले दो तत्व होते हैं जो आपस में किसी विशेष प्रकार से सम्बन्धित होते हैं। समानुपात चिह्न के पश्चात् एक तत्व और प्रश्नवाचक चिह्न (?) होता है। परीक्षार्थी को यह ज्ञात करना होता है कि दिए गए प्रश्नवाचक चिह्न (?) के स्थान पर कौन-सा तत्व उसी सम्बन्ध का अनुसरण करते हुए आ सकता है जैसा कि पहले दो तत्वों के बीच सम्बन्ध है।

साधित उदाहरण

1. 'देश' का जो सम्बन्ध 'राष्ट्रपति' से है, 'राज्य' का वही सम्बन्ध किससे है?

(a) राज्यपाल (b) प्रधानमन्त्री (c) मन्त्री (d) पुलिस

हल (a) जिस प्रकार, 'देश' का प्रधान 'राष्ट्रपति' होता है, उसी प्रकार, 'राज्य' का प्रधान 'राज्यपाल' होता है।

निर्देश (प्र. सं. 2-6) *नीचे दिए गए प्रश्नों में सम्बन्धित शब्द/संख्या/अक्षर ज्ञात कीजिए।*

2. भोपाल : मध्य प्रदेश : : भुवनेश्वर : ?

(a) लखनऊ (b) ओडिशा (c) गोवा (d) पटना

हल (b) जिस प्रकार, 'भोपाल', 'मध्य प्रदेश' की राजधानी है, उसी प्रकार, 'भुवनेश्वर', 'ओडिशा' की राजधानी है।

3. 6 : 13 : : 11 : ?

(a) 16 (b) 15 (c) 24 (d) 23

हल (d) जिस प्रकार, $6 \times 2 + 1 = 13$

उसी प्रकार, $11 \times 2 + 1 = \boxed{23}$

अतः प्रश्नवाचक चिह्न (?) के स्थान पर 23 होगा।

4. $12 : 36 : : \frac{1}{3} : ?$

(a) 2 (b) 1

(c) 3 (d) 5

हल (b) जिस प्रकार, $12 \times 3 = 36$

उसी प्रकार, $\frac{1}{3} \times 3 = \boxed{1}$

अतः प्रश्नवाचक चिन्ह (?) के स्थान पर 1 होगा।

5. RAGS : QYDO : : DREG : ?

(a) CPBC (b) DBPQ (c) ETHJ (d) BQCD

हल (a) जिस प्रकार,

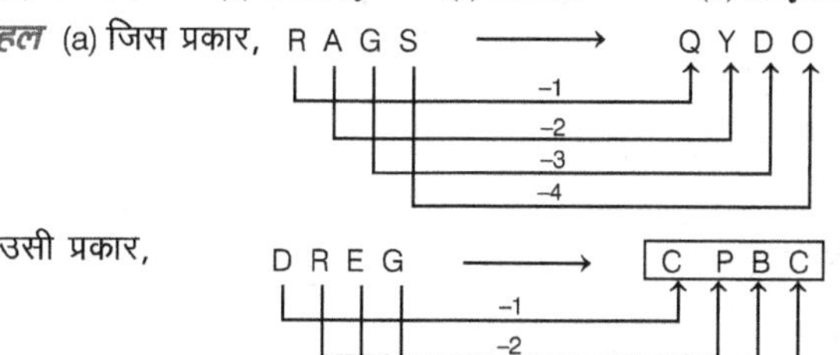

उसी प्रकार,

अतः प्रश्नवाचक चिह्न के स्थान पर CPBC होगा।

6. BD : CI :: DP : ?

(a) CT (b) EU

(c) FT (d) FU

हल (b) जिस प्रकार, B D → C I (+1, +5)

उसी प्रकार,

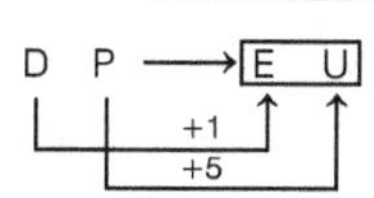

अभ्यास प्रश्न

1. जिस प्रकार 'चेहरे' का सम्बन्ध 'अभिव्यक्ति' से है, उसी प्रकार 'हाथ' का सम्बन्ध किससे है?

(a) कार्य (b) सिलाई (c) बुनाई (d) भाव

2. जिस प्रकार 'फैक्ट्री' का सम्बन्ध 'उत्पादन' से है, उसी प्रकार 'स्कूल' का सम्बन्ध किससे है?

(a) अध्यापक (b) उत्पाद (c) विद्यार्थी (d) शिक्षा

3. 'जहाज' जैसे 'कप्तान' से सम्बन्धित है, वैसे ही 'अखबार' किससे सम्बन्धित है?

(a) लेखक (b) सम्पादक (c) निर्देशक (d) प्रकाशक

4. 'मछली' जैसे 'जल' से सम्बन्धित है, वैसे ही 'चिड़िया' किससे सम्बन्धित है?

(a) सड़क (b) आकाश (c) नदी (d) छत

5. 'सचिन तेन्दुलकर' जिस प्रकार 'क्रिकेट' से, सम्बन्धित है, उसी प्रकार 'सानिया मिर्जा' किससे सम्बन्धित है?

(a) फुटबॉल (b) बास्केट बाल (c) चैस (d) टेनिस

निर्देश (प्र.सं. 6-20) *नीचे दिए गए प्रत्येक प्रश्न में चिह्न (: :) के बाईं ओर दो शब्द/अक्षर/संख्या दिए गए हैं जिनमें आपस में कोई-न-कोई सम्बन्ध है, ठीक उसी प्रकार का सम्बन्ध चिह्न (: :) के दाईं ओर दिए गए शब्द/अक्षर/संख्या का किसी एक शब्द/अक्षर/संख्या से भी है, वह पद ज्ञात कीजिए।*

6. ऊष्मा : कैलोरी : : ध्वनि : ?

(a) डेसीबल (b) कूलाम (c) जूल (d) न्यूटन

7. धनुष : बाण : : पिस्तौल : ?

(a) जहाज (b) गोली (c) गाड़ी (d) बम

8. पोशाक : दर्जी : : ? : बढ़ई

(a) फर्नीचर (b) दीवार (c) घर (d) औजार

9. 64 : 513 : : 144 : ?

(a) 1729 (b) 1830 (c) 1727 (d) 1929

10. 11 : 132 : : 9 : ?

(a) 100 (b) 99 (c) 121 (d) 90

11. $\frac{1}{9}:\frac{1}{81}::\frac{1}{13}:?$

(a) $\frac{1}{144}$ (b) $\frac{1}{100}$

(c) $\frac{1}{169}$ (d) $\frac{1}{189}$

12. 100 : 121 : : 144 : ?

(a) 196 (b) 121 (c) 169 (d) 144

13. 125 : 5 : : 64 : ?

(a) 4 (b) 9 (c) 16 (d) 25

14. 12 : 140 : : 156 : ?

(a) 1734 (b) 1820 (c) 1751 (d) 1880

15. ABCDE : FGHIJ : : PQRST : ?

(a) UVWXYZ (b) TUVWXZ (c) RSTUVW (d) ZYXWVU

16. FGEHJ : BCADF : : VWUXZ : ?

(a) RSTVU (b) PSTQV

(c) RSQTV (d) TVSQR

17. AB : ZY : : CD : ?

(a) TV (b) VU (c) WX (d) XW

18. FLOWER : REWOLF : : FRUITS : ?

(a) STFRU (b) TIUSRF (c) STIURF (d) STIRRF

19. NEUROTIC : TICRONEU : : PSYCHOTIC : ?

(a) TICCHOPSY (b) CCHOPSYTI

(c) IICCHPOSY (d) TCCIHOPSY

20. DEF : EFD : : FGH : ?

(a) EEJ (b) GHF (c) FHH (d) IJK

उत्तरमाला

1.	(a)	2.	(d)	3.	(b)	4.	(b)	5.	(d)
6.	(a)	7.	(b)	8.	(a)	9.	(a)	10.	(d)
11.	(c)	12.	(c)	13.	(a)	14.	(b)	15.	(a)
16.	(c)	17.	(d)	18.	(c)	19.	(a)	20.	(b)

संकेत एवं हल

1. जिस प्रकार 'चेहरे' के द्वारा 'अभिव्यक्ति' प्रकट की जाती है, उसी प्रकार 'हाथ' से 'कार्य' किया जाता है।

2. जिस प्रकार किसी 'फैक्ट्री' का मुख्य उद्देश्य 'उत्पादन' करना होता है, उसी प्रकार 'स्कूल' का मुख्य उद्देश्य 'शिक्षा' देना होता है।

3. जिस प्रकार, 'जहाज', 'कप्तान' की देख-रेख में चलता है। उसी प्रकार, 'अखबार', 'सम्पादक' की देख-रेख में प्रकाशित होता है।

4. जिस प्रकार, 'मछली', 'जल' में तैरती है। उसी प्रकार, 'चिड़िया' 'आकाश' में उड़ती है।

5. जिस प्रकार, 'सचिन तेन्दुलकर, 'क्रिकेट' खिलाड़ी है, उसी प्रकार, 'सानिया मिर्जा' 'टेनिस खिलाड़ी' है।

6. जिस प्रकार, 'ऊष्मा' का मात्रक 'कैलोरी' है। उसी प्रकार, ध्वनि का मात्रक डेसीबल है।

7. जिस प्रकार, 'धनुष' से 'बाण' चलाया जाता है। उसी प्रकार, 'पिस्तौल' से 'गोली (बुलेट)' चलाई जाती है।

8. जिस प्रकार, 'दर्जी', 'पोशाक' बनाता है। उसी प्रकार, 'बढ़ई', 'फर्नीचर' बनाता है।

9. जिस प्रकार, $(8)^2 = 64; (8)^3 + 1 = 512 + 1 = 513$

उसी प्रकार, $(12)^2 = 144; (12)^3 + 1 = 1728 + 1 = \boxed{1729}$

10. जिस प्रकार, $11 \times (11+1) = 11 \times 12 = 132$

उसी प्रकार, $9 \times (9+1) = 9 \times 10 = 90$

11. जिस प्रकार, $\left(\frac{1}{9}\right)^2 = \frac{1}{81}$

उसी प्रकार, $\left(\frac{1}{13}\right)^2 = \boxed{\frac{1}{169}}$

12. जिस प्रकार, $(10)^2 = 100, (10+1)^2 = 121$

उसी प्रकार, $(12)^2 = 144; (12+1)^2 = \boxed{169}$

13. जिस प्रकार, $(5)^3 = 125$ उसी प्रकार, $(4)^3 = 64 \Rightarrow ? = \boxed{4}$

14. जिस प्रकार, $12 \times 13 = 156$

उसी प्रकार, $140 \times 13 = 1820$

15. दूसरे भाग के अक्षर पहले भाग के अक्षरों के बाद क्रमानुसार आगे बढ़ते हैं।

अत: ? = UVWXYZ

16. जिस प्रकार,

F G E H J : B C A D F (+1 −2 +3 +2 ; −8 ; +1 −2 +3 +2)

उसी प्रकार

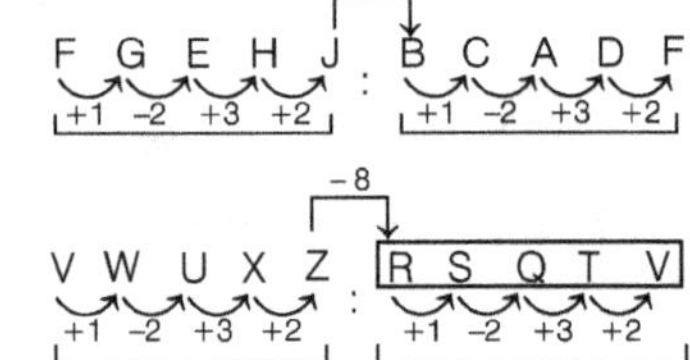

17. जिस प्रकार,

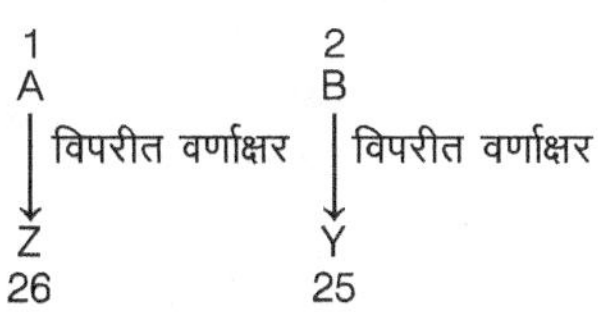

उसी प्रकार,

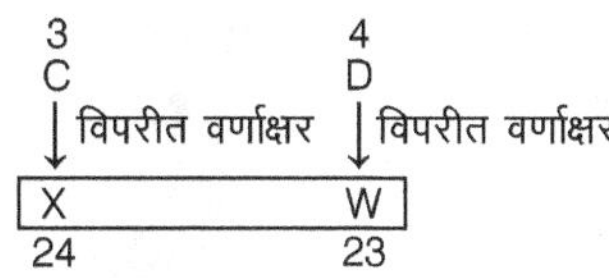

18. जिस प्रकार, FLOWER → REWOLF
यहाँ, FLOWER के अक्षरों को विपरीत क्रम में लिखा गया।
उसी प्रकार, FRUITS → STIURF

19. जिस प्रकार, उसी प्रकार,

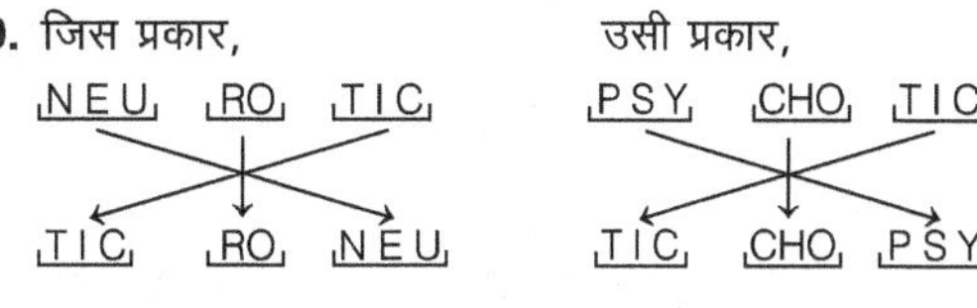

20. जिस प्रकार,

D E F
+1 +1 −2
E F D

उसी प्रकार,

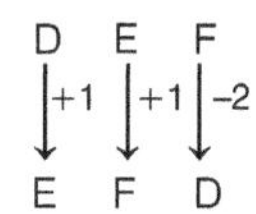

अध्याय 02

वर्गीकरण

किसी समूह में दिए गए तत्वों को उनके सामान्य गुणधर्म के आधार पर समूहबद्ध करते हुए विषम तत्व को छाँटने की प्रक्रिया 'वर्गीकरण' कहलाती है। इसके अन्तर्गत पूछे जाने वाले प्रश्नों में चार तत्वों का एक समूह दिया होता है, जिनमें से तीन तत्व किसी-न-किसी रूप से समान गुण दर्शाते हैं जबकि एक तत्व भिन्न गुण दर्शाता है।

परीक्षार्थियों से यह आशा की जाती है कि वह इस भिन्न तत्व को दिए गए समूह से वर्गीकृत करें। ये प्रश्न प्रायः शब्दों, अक्षरों या संख्याओं पर आधारित होते हैं।

- प्रश्न में दिए गए तत्वों को समूहबद्ध करते समय याद रखें कि जिस समूह का चुनाव आप उन तत्वों के लिए कर रहे हैं, वह सर्वमान्य धारणाओं तथ्यों पर उपयुक्त हो।

  जैसे भिन्न शब्द चुनिए।
  मेरठ, इलाहाबाद, नोएडा, देहरादून

  तथ्य I *'इलाहाबाद' को छोड़कर अन्य किसी भी शहर में उच्च न्यायालय नहीं है।*

  तथ्य II *'देहरादून' को छोड़कर अन्य सभी शहरों में से कोई भी शहर किसी प्रदेश की राजधानी नहीं है जबकि 'देहरादून', उत्तराखण्ड राज्य की राजधानी है।*

  तथ्य III *'नोएडा' को छोड़कर अन्य किसी शहर में फॉर्मुला 1 का स्टेडियम नहीं है।*

उपरोक्त तीन तथ्यों में से धारणा II अधिक सर्वमान्य है। अतः यही आपका उत्तर होगा।

- *शब्दों को समूहबद्ध करने हेतु निम्नलिखित कुछ प्रमुख समानताओं को याद रखें*
  (i) अर्थ समानता; **जैसे** घूमना, दौड़ना, चलना, [प्रस्थान]
  (ii) कार्यात्मक समानता; **जैसे** चाकू, कुल्हाड़ी, हँसुआ, [सुई]
  (iii) संरचनात्मक समानता; **जैसे** कार, बस, [स्कूटर], जीप
  (iv) संख्यात्मक समानता; **जैसे** मुँह, [कान], नाक, जीभ
  (v) स्थान समानता; **जैसे** मेरठ, बरेली, [लखनऊ], हरदोई
  (vi) पद समानता; **जैसे** मेजर, कर्नल, [अधीक्षक], बिग्रेडियर
  (vii) विशेष क्षेत्र सम्बन्ध समानता; **जैसे** गीता, [बाईबिल], रामायण, महाभारत
  (viii) तकनीकी समानता; **जैसे** कम्प्यूटर, कैलकुलेटर, [कूलर], सुपर कम्प्यूटर

नोट *उपरोक्त शब्दों में जो बॉक्स के अन्दर है अन्य से भिन्न (असमान) है।*

- अंग्रेजी अक्षर/अक्षर समूह का वर्गीकरण करते समय अंग्रेजी वर्णमाला के अक्षरों की रेखीय क्रम में दोनों ओर (दाएँ से बाएँ तथा बाएँ से दाएँ) की स्थिति को भली-भाँति ध्यान रखें, *जो निम्नलिखित हैं*

बाएँ से दाएँ

1	2	3	4	5	6	7	8	9	10	11	12	13
A	B	C	D	E	F	G	H	I	J	K	L	M
26	25	24	23	22	21	20	19	18	17	16	15	14

14	15	16	17	18	19	20	21	22	23	24	25	26
N	O	P	Q	R	S	T	U	V	W	X	Y	Z
13	12	11	10	9	8	7	6	5	4	3	2	1

दाएँ से बाएँ

- संख्याओं पर आधारित वर्गीकरण करते समय विभिन्न प्रकार की संख्याओं की जानकारी का होना आवश्यक है, *जिनमें से संख्याओं के कुछ प्रमुख प्रकार निम्नलिखित हैं*
  (i) **सम संख्याएँ** वे संख्याएँ जो 2 से पूर्णतः विभक्त हों;
  जैसे 8, 16, 18, 20, ...
  (ii) **विषम संख्याएँ** वे संख्याएँ जो 2 से पूर्णतः विभक्त न हों;
  जैसे 3, 5, 9, 15, ...
  (iii) **अभाज्य संख्याएँ** वे संख्याएँ जो स्वयं से या केवल 1 से पूर्णतः विभक्त हों; **जैसे** 2, 3, 5, 7, 11, ...

(iv) **पूर्ण वर्ग संख्याएँ** वे संख्याएँ जो किसी संख्या का वर्ग हों;
जैसे 4, 9, 16, 25, ...

(v) **पूर्ण घन संख्याएँ** वे संख्याएँ जो किसी संख्या का घन हों;
जैसे 8, 27, 64, 125,...

साधित उदाहरण

1. निम्नलिखित चार में से तीन किसी-न-किसी प्रकार से एकसमान हैं और इस प्रकार से ये अपना एक समूह का निर्माण करते हैं। वह एक कौन-सा है, जो इस समूह में नहीं आता है?

(a) क्रीम (b) मक्खन
(c) रस (d) घी

हल (c) 'रस' को छोड़कर, अन्य सभी दूध से बनाए जाने वाले पदार्थ हैं।

2. निम्नलिखित चार में से तीन किसी प्रकार समान हैं। अतः इनका एक समूह बनता है। वह एक कौन-सा है, जो इस समूह में नहीं आता है?

(a) MU (b) DE (c) PQ (d) TU

हल (a) MU को छोड़कर, अन्य सभी समूह के अक्षर क्रमागत हैं।

3. निम्नलिखित चार में से तीन किसी प्रकार समान हैं। अतः इनका एक समूह बनता है। वह एक कौन-सा है, जो इस समूह में नहीं आता है?

(a) 12-35-23 (b) 17-40-24 (c) 25-40-15 (d) 8-40-32

हल (b) '17-40-24' को छोड़कर, अन्य सभी में बीच वाली संख्या, दोनों किनारों की संख्या के योग के बराबर है।

अभ्यास प्रश्न

निर्देश (प्र.सं. 1-25) *निम्नलिखित प्रत्येक प्रश्न में दिए गए शब्दों/संख्याओं/अक्षर-समूहों में तीन किसी-न-किसी प्रकार से एकसमान हैं और इस प्रकार से ये अपना एक समूह का निर्माण करते हैं। वह एक पद ज्ञात कीजिए जो इस समूह में नहीं आता है।*

1. (a) आँख (b) कान (c) नाक (d) हाथ

2. (a) गेंदा (b) ट्यूलिप (c) कमल (d) गुलाब

3. (a) पीतल (b) इस्पात (c) कांस्य (d) टिन

4. (a) लक्षद्वीप (b) पुदुचेरी (c) निकोबार (d) अण्डमान

5. (a) गिरगिट (b) मगरमच्छ (c) छिपकली (d) टिड्डी

6. (a) हल्का-भारी (b) अपराध-आरोप
(c) छोटा-लम्बा (d) पुरुष-स्त्री

7. (a) पेन-स्याही
(b) टाइपराइटर-रिबन (फीता)
(c) कूँची (ब्रश)-रंगना (पेंट करना)
(d) पेन्सिल-रिफिल

8. (a) Chop (b) Slit (c) Chrip (d) Slice

9. (a) Leave (b) Steamer (c) Courage (d) Measles

10. (a) WSOK (b) RNJF (c) ZVRN (d) KHEB

11. (a) KMO (b) UXA (c) CEG (d) LNP

12. (a) DCB (b) NML (c) PQS (d) TSR

13. (a) srQP (b) nmLK (c) gfED (d) TSuv

14. (a) ZOIV (b) QIEM (c) HIUL (d) TEAP

15. (a) bbb fff jjj (b) mmm qqq ttt
(c) kkk ooo sss (d) ccc ggg kkk

16. (a) 5-2 (b) 19-16 (c) 27-23 (d) 31-28

17. (a) 382 (b) 671 (c) 253 (d) 385

18. (a) 36-17 (b) 48-21 (c) 56-25 (d) 68-31

19. (a) 123-148 (b) 139-164 (c) 156-181 (d) 177-201

20. (a) 9687 (b) 7869 (c) 9486 (d) 9876

21. (a) 82 (b) 45 (c) 28 (d) 44

22. (a) 27 (b) 35 (c) 18 (d) 9

23. (a) 1625 (b) 3649 (c) 6481 (d) 5025

24. (a) (42, 14) (b) (69, 23) (c) (108, 36) (d) (56, 19)

25. (a) DG2 (b) EK5 (c) JR6 (d) PY8

उत्तरमाला

1. (d)	2. (b)	3. (d)	4. (b)	5. (d)
6. (b)	7. (c)	8. (c)	9. (c)	10. (d)
11. (b)	12. (c)	13. (d)	14. (c)	15. (b)
16. (c)	17. (a)	18. (a)	19. (d)	20. (c)
21. (b)	22. (b)	23. (d)	24. (d)	25. (c)

संकेत एवं हल

1. हाथ के अतिरिक्त अन्य सभी चेहरे के भाग हैं जबकि हाथ भिन्न है।

2. ट्यूलिप के अतिरिक्त अन्य सभी फूल हैं, जबकि ट्यूलिप एक प्रकार का पौधा है।

3. टिन के अतिरिक्त अन्य सभी ठोस वस्तुएँ हैं।

4. अण्डमान, निकोबार और लक्षद्वीप सभी द्वीप हैं, जबकि पुदुचेरी द्वीप नहीं है।

5. टिड्डी के अतिरिक्त अन्य सभी एक ही प्रजाति (सरीसृप) के जीव हैं।

6. अपराध-आरोप के अतिरिक्त अन्य सभी युग्मों में शब्द परस्पर विपरीतार्थक है।

7. पेन में स्याही, टाइपराइटर में रिबन तथा पेन्सिल में रिफिल इन्हें चलाते हैं, जबकि कूँची (ब्रश) को चलाने के लिए पेंट की आवश्यकता पड़ती है।

8. शब्द 'Chrip' के अतिरिक्त अन्य सभी शब्द 'काटने' से सम्बन्धित हैं, जबकि शब्द 'Chrip' का अर्थ 'चिड़ियों की चहचहाहट' से है।

9. शब्द 'Courage' के अतिरिक्त अन्य सभी शब्दों में स्वर a तथा e का प्रयोग हुआ है, जबकि शब्द 'Courage' में स्वर a तथा e के साथ o व u का भी प्रयोग हुआ है।

10. 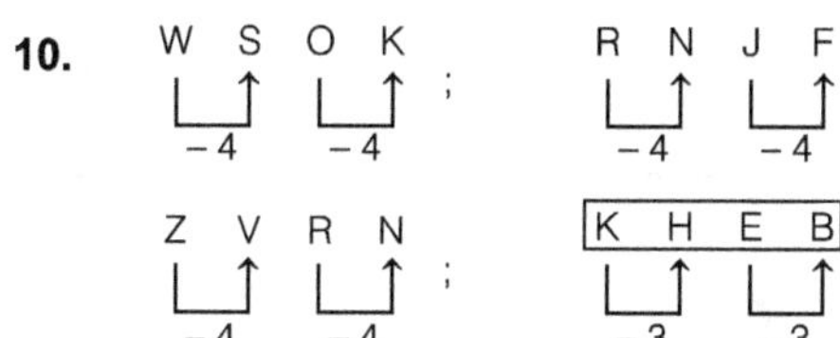

अतः उपरोक्त से स्पष्ट है कि KHEB अन्य तीनों से भिन्न है।

11. 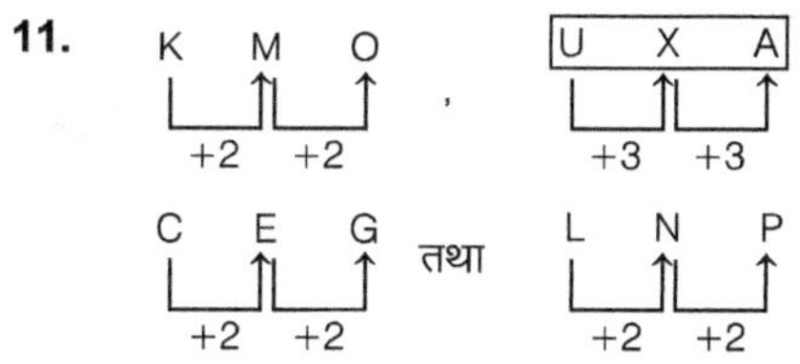

अतः उपरोक्त से स्पष्ट है कि UXA अन्य तीनों से भिन्न है।

12. विकल्प PQS के अतिरिक्त अन्य सभी क्रमागत विपरीत वर्णाक्षर हैं।

13. 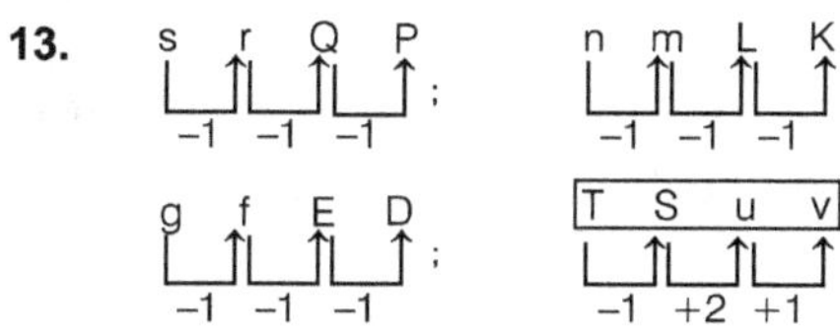

अतः उपरोक्त से स्पष्ट है कि TSuv अन्य तीनों से भिन्न है।

14. Z O I V ; Q I E M ; H I U L ; T E A P

स्वर के अनुसार– A, E, I, O, U

अतः उपरोक्त से स्पष्ट है कि H I U L के अतिरिक्त अन्य सभी में स्वर आगे या पीछे से क्रमानुसार हैं,

जबकि H I U L में I तथा U में एक स्वर का अन्तर है।

15. 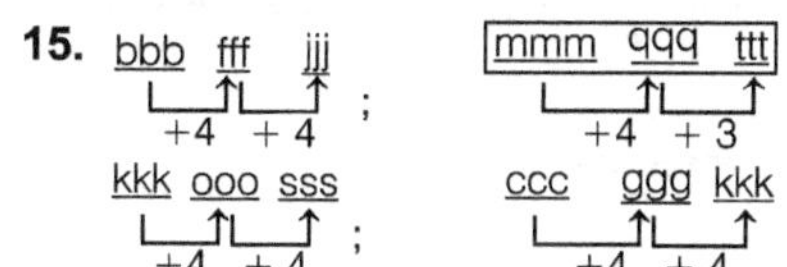

अतः उपरोक्त से स्पष्ट है कि mmm qqq ttt अन्य तीनों से भिन्न है।

16. यहाँ, $5 - 2 = 3, 19 - 16 = 3, 27 - 23 = 4, 31 - 28 = 3$

अतः उपरोक्त से स्पष्ट है कि 27-23 अन्य तीनों से भिन्न है।

17. '382' के अतिरिक्त अन्य सभी संख्याएँ 11 से विभाज्य हैं, लेकिन '382', 11 से विभाज्य नहीं है। अतः 382 अन्य तीनों से भिन्न है।

18. 36 → 17 ($\div 2 - 1$) ; 48 → 21 ($\div 2 - 3$)

56 → 25 ($\div 2 - 3$) ; 68 → 31 ($\div 2 - 3$)

अतः 36-17 अन्य तीनों से भिन्न है।

19. 177-201 के अतिरिक्त अन्य सभी विकल्पों की संख्याओं में 25-25 का अन्तर है, जबकि $201 - 177 = 24$ है।

20. 9486 के अतिरिक्त अन्य सभी संख्याओं के अंकों का योगफल 30 है, जबकि 9486 के अंकों का योगफल 27 है।

21. '45' के अतिरिक्त अन्य सभी सम संख्याएँ हैं, जबकि '45' एक विषम संख्या है।

22. 35 के अतिरिक्त अन्य सभी 9 के गुणक हैं।

23. 16, 25 : $(4)^2$ $(5)^2$; 36, 49 : $(6)^2$ $(7)^2$

64, 81 : $(8)^2$ $(9)^2$; 50, 25 : 25×2 $(5)^2$

अतः उपरोक्त से स्पष्ट है कि 5025 अन्य तीनों से भिन्न है।

24. $(42, 14) \rightarrow 42 \div 3 = 14$

$(69, 23) \rightarrow 69 \div 3 = 23$

$(108, 36) \rightarrow 108 \div 3 = 36$

$(56, 19) \rightarrow 56 \div 3 \neq 19$

अतः (59, 19) विषम है।

25. $A = 1, B = 2, \ldots, Z = 26$ लेने पर,

$DG2 = G - (D + 2) = 7 - (4 + 2) = 1$

$EK5 = K - (E + 5) = 11 - (5 + 5) = 1$

$JR6 = R - (J + 6) = 18 - (10 + 6) = \boxed{2}$

$PY8 = Y - (P + 8) = 25 - (16 + 8) = 1$

अतः JR6 अन्य सभी से भिन्न है।

अध्याय 03

अक्षर एवं संख्या शृंखला

संख्याओं या अक्षरों का एक ऐसा अनुक्रम, जो किसी निश्चित क्रम से आगे बढ़ता है, 'शृंखला' कहलाता है। इसके अन्तर्गत पूछे जाने वाले प्रश्नों में कुछ अंकों या अक्षरों की एक शृंखला दी गई होती है जिसमें एक स्थान खाली या प्रश्नवाचक चिह्न (?) दिया जाता है या कोई संख्या या अक्षर ऐसा दिया होता है, जो उस नियम का अनुपालन नहीं करता है, जिसके अनुसार शृंखला की अन्य संख्या/अक्षर व्यवस्थित होते हैं। आपको उसी खाली स्थान या प्रश्नवाचक चिह्न (?) के स्थान पर आने वाली संख्या/अक्षर या उस संख्या/अक्षर को ज्ञात करना होता है जो उस नियम का अनुपालन नहीं करते हैं।

साधित उदाहरण

1. निम्नलिखित शृंखला में प्रश्नवाचक चिह्न (?) के स्थान पर कौन सी संख्या आएगी?

512, 256, 128, 64, 32, ?

(a) 16 (b) 17 (c) 18 (d) 20

हल (a) 512 → 256 → 128 → 64 → 32 → [16]

÷2 ÷2 ÷2 ÷2 ÷2

अतः प्रश्नवाचक चिह्न (?) के स्थान पर 16 होगा।

2. निम्नलिखित शृंखला में एक पद गलत है। उस गलत पद को ज्ञात कीजिए।

7, 9, 17, 42, 91, 172

(a) 17 (b) 7 (c) 91 (d) 9

हल (d)

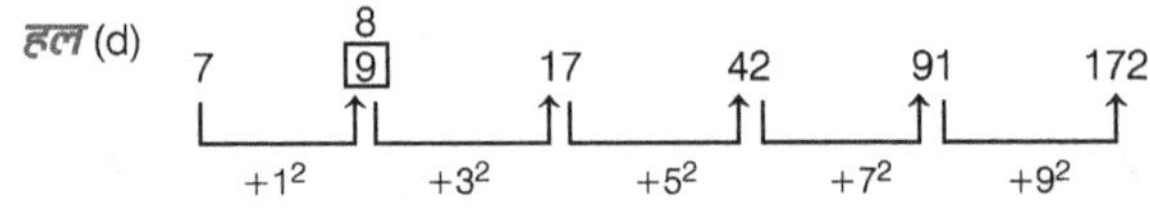

अतः 9 के स्थान पर 8 होगा।

3. निम्नलिखित अक्षरों की शृंखला में प्रश्नवाचक चिह्न (?) के स्थान पर कौन-सा अक्षर-समूह आएगा?

ABC, FGH, LMN, ?

(a) TUV (b) STU

(c) OPQ (d) STV

हल (b)

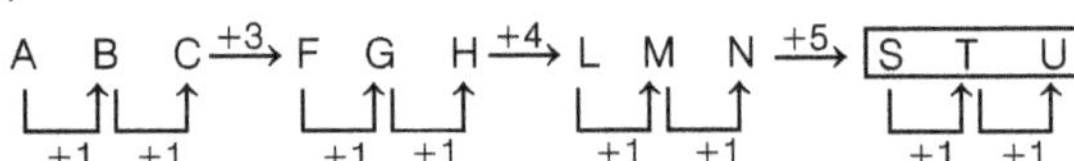

अतः प्रश्नवाचक चिह्न (?) के स्थान पर STU होगा।

4. निम्नलिखित अक्षर-शृंखला के लुप्त अक्षरों के सही अक्षर क्रम को ज्ञात कीजिए।

w__uww x __w__xuw

(a) WXU (b) XUX

(c) XUW (d) UXW

हल (c) w x u w / w x u w / w x u w ⇒ xuw

अतः शृंखला में xuw लिखा जाएगा।

अभ्यास प्रश्न

निर्देश (प्र.सं. 1-11) *निम्नलिखित शृंखला में प्रश्नवाचक चिह्न (?) के स्थान पर कौन-सी संख्या आएगी?*

1. 6, 12, 21, ?, 48

(a) 32 (b) 33 (c) 31 (d) 30

2. 1, 3, 3, 6, 7, 9, ?, 12, 21

(a) 11 (b) 13

(c) 15 (d) 12

3. 4, 8, 28, 80, 244, ?

(a) 728 (b) 729

(c) 628 (d) 982

4. 589654237, 89654237, 8965423, 965423, ?

(a) 95624 (b) 87642 (c) 24872 (d) 96542

5. 36, 34, 30, 28, 24, ?

(a) 22 (b) 20 (c) 25 (d) 19

6. 7, 10, 8, 11, 9, 12, ?

(a) 9 (b) 10

(c) 11 (d) 15

7. 1, 2, 4, 7, 11, 16, ?

(a) 22 (b) 20

(c) 19 (d) 28

8. 3, 3, 6, 18, 72, ?

(a) 380 (b) 960 (c) 360 (d) 525

9. 4, 8, 9, 27, 16, 64, ?, 125

(a) 101 (b) 36 (c) 25 (d) 50

10. 4, 9, 16, 25, ?

(a) 49 (b) 25 (c) 36 (d) 64

11. 14, 28, 42, 56, ?, 84, 98

(a) 56 (b) 70 (c) 78 (d) 86

12. उस संख्या का चयन कीजिए जो निम्नलिखित संख्या श्रेणी में फिट नहीं बैठती है।

291, 170, 121, 40, 15, 6, 5

(a) 291 (b) 170 (c) 15 (d) 121

13. उस संख्या को ज्ञात कीजिए, जो निम्नलिखित संख्या श्रेणी में फिट नहीं बैठती है।

1, 3, 8, 31, 129, 651, 3913

(a) 31 (b) 129 (c) 651 (d) 8

14. इस शृंखला में भिन्न संख्या बताइए।

1, 3, 7, 11, 15, 18, 21

(a) 3 (b) 18 (c) 7 (d) 11

15. दी गई शृंखला में गलत संख्या का पता लगाएँ।

7, 28, 63, 124, 215, 342, 511

(a) 28 (b) 63 (c) 124 (d) 215

निर्देश (प्र. सं. 16-20) *निम्नलिखित शृंखला में प्रश्नवाचक चिह्न (?) के स्थान पर कौन-सा अक्षर/अक्षर-समूह आएगा?*

16. A, G, L, P, S, ?

(a) U (b) T (c) V (d) B

17. A, D, H, M, ?, Z

(a) O (b) S (c) P (d) R

18. BMX, DNW, FOU, ?

(a) GPV (b) HPR (c) IQR (d) JPS

19. MOQ, NPR, OQS, ?

(a) QSP (b) PRT (c) OUS (d) STU

20. ELFA, GLHA, ILJA, ?, MLNA

(a) JLNA (b) LLPA (c) KLLA (d) NLRA

21. शृंखला की पूर्ति कीजिए।

QPO, NML, KJI, ? , EDC

(a) MIG (b) BHH (c) ECD (d) HGF

22. शृंखला की पूर्ति करें।

B_2CD, ? , BCD_4, B_4CD, BC_6D

(a) BC_9D (b) BC_3D

(c) CD_3E (d) BA_3D

23. शृंखला की पूर्ति कीजिए।

ZA5, Y4B, XC6, W3D, ?

(a) VE7 (b) WD6

(c) UC5 (d) TF8

निर्देश (प्र. सं. 24 और 25) *अक्षरों का कौन-सा समूह खाली स्थानों में क्रमवार रखने से दी गई शृंखला को पूरा करेगा?*

24. l _ n _ mllm _ n _ l

(a) lmnl (b) mnnm

(c) nnmm (d) nmnm

25. _ bbm _ amb _ m _ a _ bb

(a) babmm (b) mbamb

(c) mabam (d) mbbma

उत्तरमाला

1.	(b)	**2.**	(b)	**3.**	(a)	**4.**	(d)	**5.**	(a)
6.	(b)	**7.**	(a)	**8.**	(c)	**9.**	(c)	**10.**	(c)
11.	(b)	**12.**	(d)	**13.**	(d)	**14.**	(b)	**15.**	(a)
16.	(a)	**17.**	(b)	**18.**	(b)	**19.**	(b)	**20.**	(c)
21.	(d)	**22.**	(b)	**23.**	(a)	**24.**	(b)	**25.**	(c)

संकेत एवं हल

1. शृंखला का क्रम निम्नवत् है

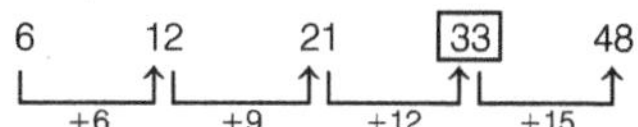

2. शृंखला का क्रम निम्नवत् है

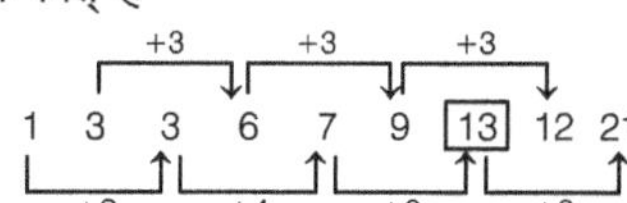

3. शृंखला का क्रम निम्नवत् है

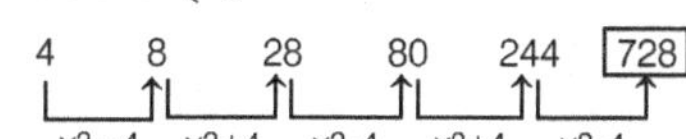

4. शृंखला का क्रम निम्नवत् है

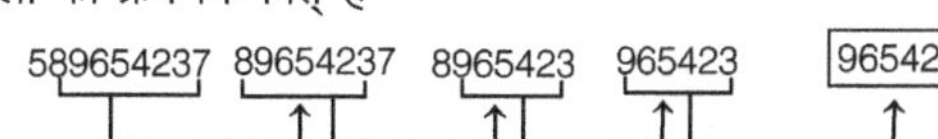

5. शृंखला का क्रम निम्नवत् है

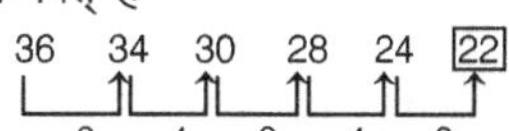

6. शृंखला का क्रम निम्नवत् है

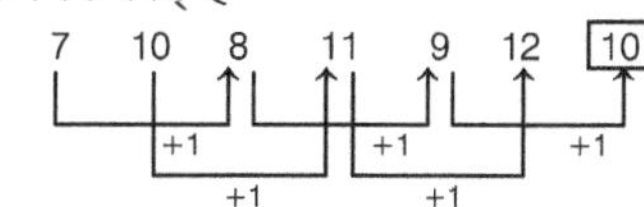

7. 1 2 4 7 11 16 [22]

+1 +2 +3 +4 +5 +6

8. 3 3 6 18 72 [360]

×1 ×2 ×3 ×4 ×5

9. दी गई शृंखला का क्रम इस प्रकार है

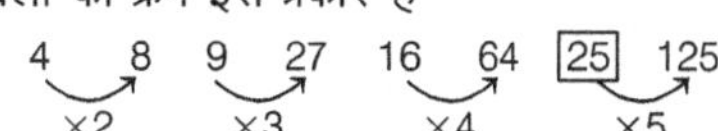

10. दी गई शृंखला निम्न प्रकार है

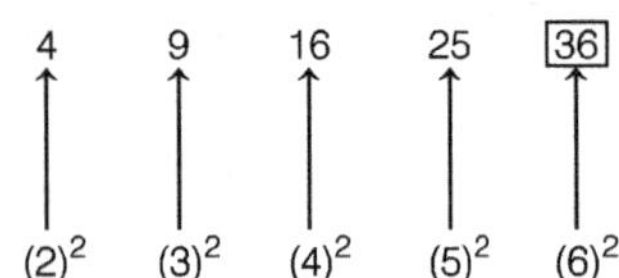

11.

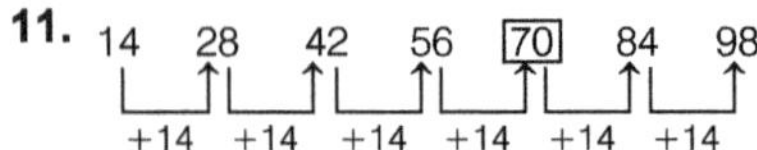

12. शृंखला का क्रम निम्नवत् है

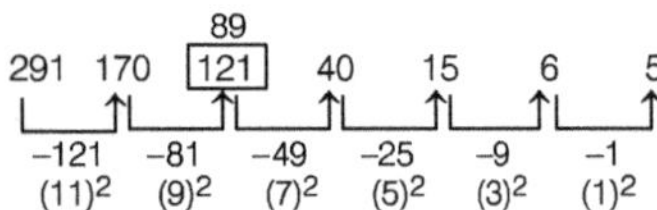

अतः संख्या 121 गलत है। इसके स्थान पर संख्या 89 आनी चाहिए।

13. शृंखला का क्रम निम्नवत् है

9
1 3 [8] 31 129 651 3913
×1+2 ×2+3 ×3+4 ×4+5 ×5+6 ×6+7

अतः संख्या 8 गलत है इसके स्थान पर संख्या 9 आनी चाहिए।

14. 18 को छोड़कर, अन्य सभी विषम संख्याएँ हैं।

15.

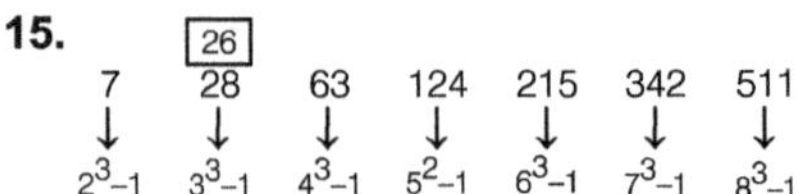

अतः संख्या 28 के स्थान पर 26 आएगा।

16. शृंखला का क्रम निम्नवत् है

17. शृंखला का क्रम निम्नवत् है

A D H M [S] Z
+3 +4 +5 +6 +7

18. शृंखला का क्रम निम्नवत् है

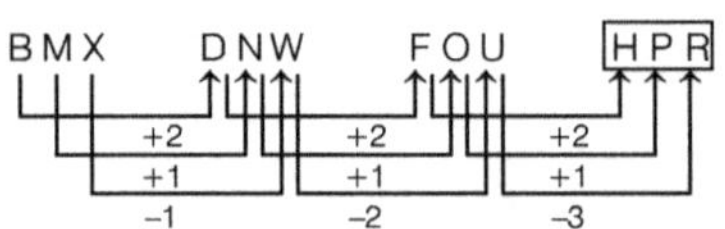

19. शृंखला का क्रम निम्नवत् है

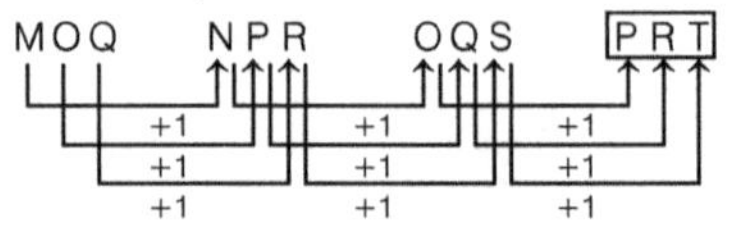

20. शृंखला का क्रम निम्नवत् है

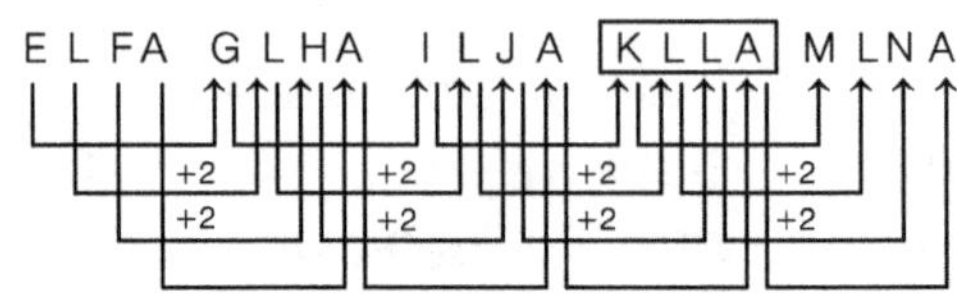

21. शृंखला का क्रम निम्नवत् है

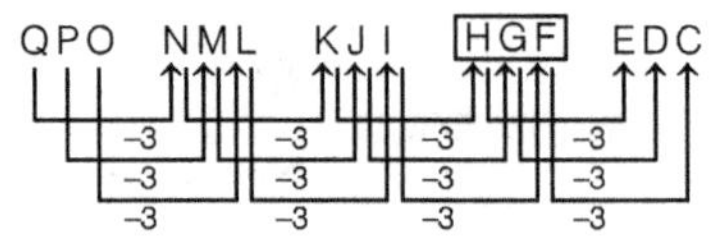

22. $\overset{2}{B}CD \rightarrow B_2CD$

$B\overset{3}{C}D \rightarrow \boxed{BC_3D}$

$BC\overset{4}{D} \rightarrow BCD_4$

$\overset{(2\times2)}{B}CD \rightarrow B_4CD$

$B\overset{(3\times2)}{C}D \rightarrow BC_6D$

23. शृंखला का क्रम निम्नवत् है

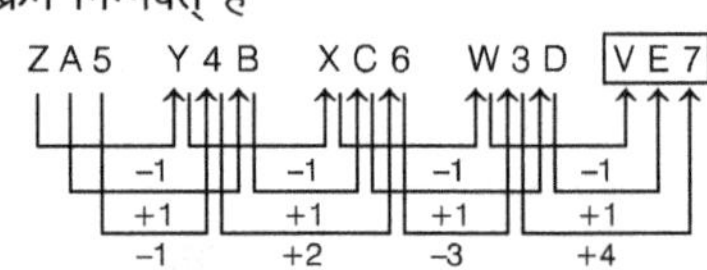

24. l m n/n ml/l m n /n m l ⇒ m n n m

25. m bb/ m a a/mb b /m a a / m bb ⇒ m a b a m

अध्याय 04

कोडिंग-डिकोडिंग

'सांकेतिक भाषा' से हमारा तात्पर्य शब्दों/अक्षरों/संख्याओं को पहले कोडिंग तत्पश्चात् कोडिंग-डिकोडिंग करने से है। कोडिंग का अर्थ किसी अर्थपूर्ण शब्द/अक्षर/संख्या को एक विशेष नियमानुसार अर्थविहीन शब्द/अक्षर/संख्या में परिवर्तित कर लिखने से है जिसे सामान्यतया कोडिंग कहा जाता है।

इसके ठीक विपरीत इन्हीं अर्थविहीन शब्द/अक्षर/संख्या को उसी नियमानुसार, जिस नियम में उन्हें परिवर्तित किया गया था वापस अर्थगत रूप में परिवर्तित करना डिकोडिंग कहलाता है।

इन्हें स्मरण रखें!

- *सांकेतिक भाषा परीक्षण पर आधारित प्रश्नों को हल करने हेतु अंग्रेजी वर्णमाला के अक्षरों की वर्णमाला क्रम में स्थिति निम्नलिखित होती है*

अंग्रेजी अक्षर	A	B	C	D	E	F	G	H	I	J	K	L	M
संगत संख्या	1	2	3	4	5	6	7	8	9	10	11	12	13

अंग्रेजी अक्षर	N	O	P	Q	R	S	T	U	V	W	X	Y	Z
संगत संख्या	14	15	16	17	18	19	20	21	22	23	24	25	26

- EJOTY अक्षर समूह के प्रत्येक अक्षर की बीच में चार अक्षरों का अन्तराल होता है इसके माध्यम से अंग्रेजी वर्णमाला के सीधे क्रम में स्थित अक्षरों की संगत संख्याओं की पहचान आसानी से याद की जा सकती है।

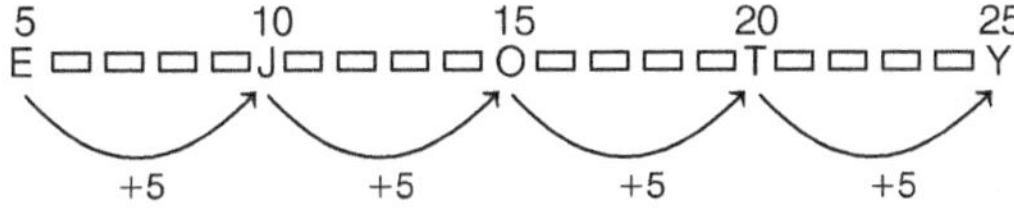

- अंग्रेजी वर्णमाला में पाँच स्वर (vowel) अक्षर होते हैं, *जो निम्न हैं*

A, E, I, O, U

- *स्वर अक्षरों की संगत संख्या निम्नवत् होती है*

स्वर अक्षर	A	E	I	O	U
संगत संख्या	1	5	9	15	21

साधित उदाहरण

1. यदि किसी सांकेतिक भाषा में FORGE को FPTJI लिखा जाता है, तो CULPRIT को उसी भाषा में कैसे लिखा जाएगा?

(a) BTMTVZN (b) CVNSVNZ
(c) CUMSUMY (d) ATUNVZS

हल (b) जिस प्रकार,

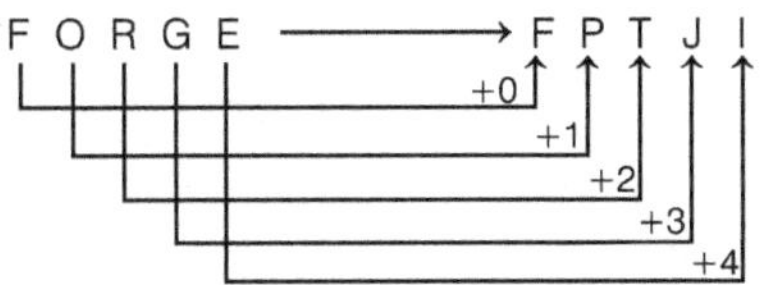

उसी प्रकार,

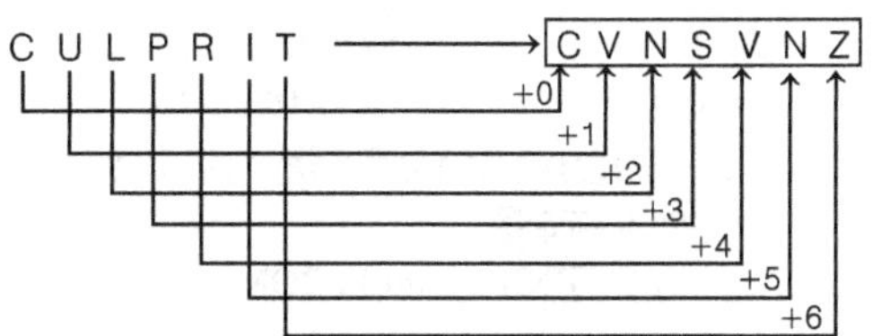

2. यदि DREAM को कूट भाषा में 78026 लिखा जाए और CHILD को 53417, तो LEADER को कूट भाषा में किस प्रकार लिखा जाएगा?

(a) 102708 (b) 530268 (c) 726530 (d) 108027

हल (a)

D	R	E	A	M	तथा	C	H	I	L	D
7	8	0	2	6		5	3	4	1	7

∴ LEADER ⇒ 102708

3. यदि पुस्तक को घड़ी कहें, घड़ी को बैग, बैग को शब्दकोश और शब्दकोश को खिड़की कहें, तो पुस्तकें ले जाने के लिए किसे प्रयुक्त करेंगे?

(a) घडी (b) बैग (c) शब्दकोश (d) खिड़की

हल (c) चूँकि पुस्तकों को ले जाने के लिए 'बैग' का प्रयोग किया जाता है तथा यहाँ पर 'बैग' को 'शब्दकोश' कहा गया है। अतः पुस्तकों को ले जाने के लिए 'शब्दकोश' का प्रयोग किया जाएगा।

4. यदि Z = 52 तथा ACT = 48, तो BAT निम्न में से किसके बराबर है?

(a) 52 (b) 46 (c) 47 (d) 50

हल (b) Z → (26) × 2 = 52

ACT → (1 + 3 + 20) × 2 = 48

अतः BAT → (2 + 1 + 20) × 2 = [46]

5. यदि किसी सांकेतिक भाषा में '358' का अर्थ, 'Please come soon', '275' का अर्थ, 'You go soon' और '867' का अर्थ, 'Please go there' हो, तो इस भाषा में 'come' के लिए कौन-सी संख्या प्रयुक्त की गई है?

(a) 2 (b) 7
(c) 5 (d) 3

हल (d)

3 [5] (8) ⟶ (Please) come [soon]

2 7 [5] ⟶ You go [soon]

(8) 6 7 ⟶ (Please) go there

उसी प्रकार, उपरोक्त से स्पष्ट है कि 'come' के लिए संख्या 3 प्रयुक्त की गई है।

अभ्यास प्रश्न

1. यदि सांकेतिक भाषा में GLARE को '67810' और MONSOON को '2395339' के रूप में लिखा जाए, तो उसी सांकेतिक भाषा में RANSOM को कैसे लिखा जाएगा?

(a) 189532 (b) 810539 (c) 253967 (d) 810533

2. एक खास कोड में BORN को 53$★ लिखा जाता है और NEWS को ★24# लिखा जाता है। उसी कोड में SORE को कैसे लिखा जाएगा?

(a) 53★2 (b) #3$2 (c) ★$24 (d) 3★24

3. यदि एक कूट भाषा में, GERMANY को 7, 5, 18, 13, 1, 14, 25 लिखा जाता है, तो FRANCE को कैसे लिखा जाएगा?

(a) 7, 19, 2, 15, 3, 5 (b) 8, 20, 1, 16, 3, 4
(c) 6, 18, 1, 14, 3, 5 (d) 9, 18, 1, 15, 2, 4

4. यदि HEALTH को GSKZDG के रूप में लिखा जाता है, तो उसी कूट में NORTH को कैसे लिखा जाएगा?

(a) HTOMT (b) EUPNR (c) IVROM (d) GSQNM

5. यदि GOLD को HOME के रूप में कूटबद्ध किया जाता है तथा CORD को DOSE के रूप में कूटबद्ध किया जाता है, तो SONS को किस प्रकार कूटबद्ध किया जाएगा?

(a) DOME (b) STTO (c) TOOT (d) UPPT

6. एक निश्चित सांकेतिक भाषा में ROAD को URDG के रूप में लिखा जाता है। बताएँ कि उस सांकेतिक भाषा में SWAN को कैसे लिखा जाएगा?

(a) TYCP (b) VZDQ (c) VODR (d) WQDT

7. यदि MATTER का कूट TAMRET है, तो BEYOND का कूट क्या होगा?

(a) YEBDNO (b) YBEDNO (c) ONEYBD (d) YEDNB

8. यदि किसी विशेष भाषा में KINDLE को ELDNIK के रूप में कूटित किया जाता है, तो उस भाषा में EXOTIC को कैसे कूटित किया जाएगा?

(a) TICOXE (b) CITOXE (c) OTCXEI (d) CXIETO

9. किसी संकेत में FISH को EHRG लिखा जाता है, तो उसी संकेत में JUNGLE कैसे लिखा जाएगा?

(a) JTM (b) HUNEKF (c) ITMFKD (d) KUOEFK

10. यदि किसी सांकेतिक भाषा में LIRG को GIRL लिखा जाता है, तो उसी भाषा में BAML को कैसे लिखा जाएगा?

(a) LMAB (b) LABM (c) AMLB (d) LAMB

11. यदि किसी कोड में CUT को STB और BITE को DSHA लिखा जाता है, तो DROPS को कैसे लिखा जाएगा?

(a) RONQC (b) QCONR (c) TPMOD (d) SPNPE

12. यदि E = 5, PEN = 35, तो EGG का मान बताओ।

(a) 20 (b) 18 (c) 19 (d) 24

13. यदि 'सन्तरे', 'सेब' हों, 'केले' 'खूमानी' हों, 'सेब', 'मिर्च' हों, 'खूमानी' 'सन्तरे' हों और 'मिर्चें', 'केले' हों, तो निम्न में कौन तीखा होगा?

(a) सन्तरे (b) सेब (c) खूमानी (d) केला

14. यदि 'घड़ी' को 'टेलीविजन' कहा जाए, 'टेलीविजन' को 'रेडियो', 'रेडियो' को 'ओवन', 'ओवन' को 'ग्राइन्डर' और 'ग्राइन्डर' को 'आयरन' कहा जाए, तो बताएँ कि महिला किसमें सेंककर (Bake) पकाएगी?

(a) ग्राइन्डर (b) घडी (c) टेलीविजन (d) आयरन

15. एक निश्चित सांकेतिक भाषा में '234' का अभिप्राय 'स्पार्क एण्ड फायर', '456' से अभिप्राय 'स्पार्क इज काज' और '258' से अभिप्राय 'फायर इज इफैक्ट' है। बताएँ कि निम्न में से किस संख्यांक का उपयोग 'काज' के लिए किया गया है?

(a) 2 (b) 6 (c) 3 (d) 5

उत्तरमाला

1.	(a)	2.	(b)	3.	(c)	4.	(d)	5.	(c)
6.	(b)	7.	(a)	8.	(b)	9.	(c)	10.	(d)
11.	(a)	12.	(c)	13.	(d)	14.	(a)	15.	(b)

संकेत एवं हल

1. 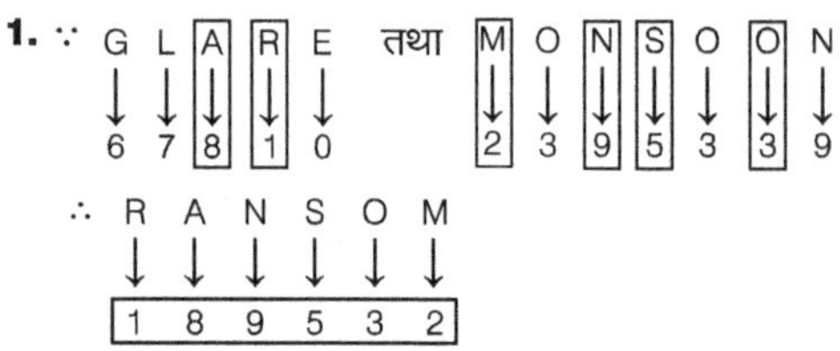

2. जिस प्रकार,

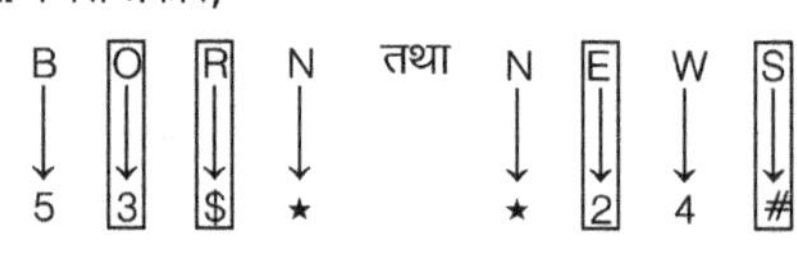

उसी प्रकार,

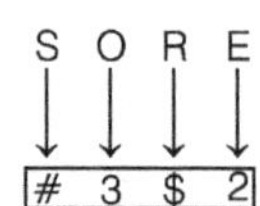

3. शब्दों के अक्षरों को अंग्रेजी वर्णमाला की स्थिति के अनुसार लिखा गया है।

∴ FRANCE ⟶ 6, 18, 1, 14, 3, 5

4. जिस प्रकार,

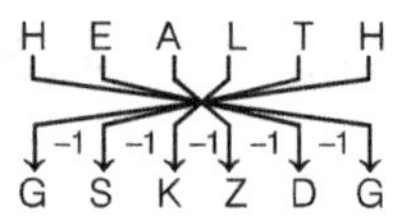

उसी प्रकार,

N O R T H
−1 −1 −1 −1 −1
G S Q N M

5. जिस प्रकार,

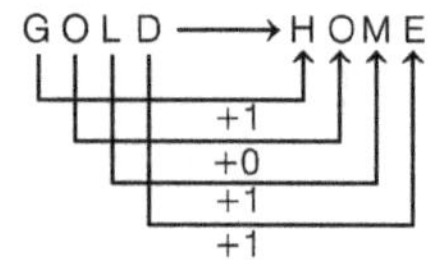

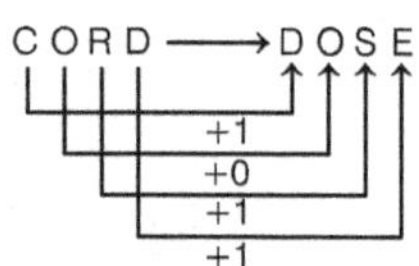

उसी प्रकार,

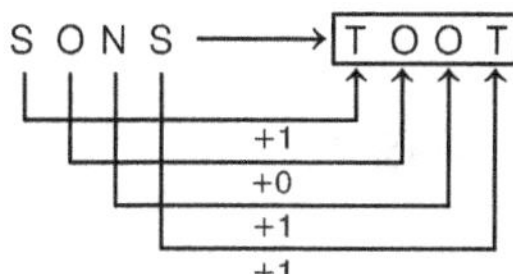

6. जिस प्रकार,

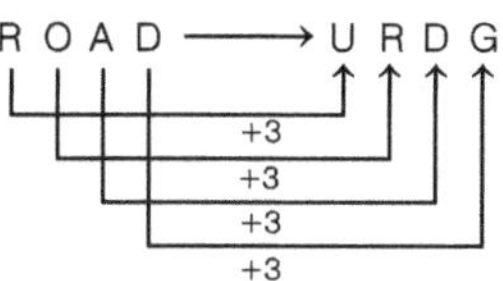

उसी प्रकार,

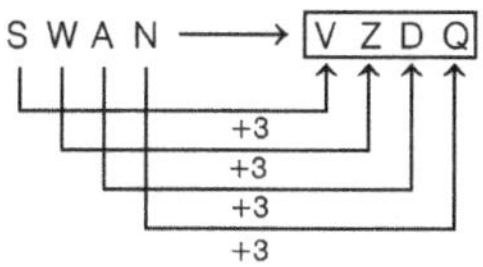

7. जिस प्रकार, 1 2 3 4 5 6 M A T T E R → 3 2 1 6 5 4 T A M R E T

उसी प्रकार, 1 2 3 4 5 6 B E Y O N D → 3 2 1 6 5 4 Y E B D N O

8. जिस प्रकार, 1 2 3 4 5 6 K I N D L E → 6 5 4 3 2 1 E L D N I K

उसी प्रकार, 1 2 3 4 5 6 E X O T I C → 6 5 4 3 2 1 C I T O X E

9. जिस प्रकार,

F I S H
–1 –1 –1 –1
E H R G

उसी प्रकार,

J U N G L E
–1 –1 –1 –1 –1 –1
I T M F K D

10. जिस प्रकार, 1 2 3 4 L I R G → 4 2 3 1 G I R L

उसी प्रकार, 1 2 3 4 B A M L → 4 2 3 1 L A M B

11. संकेत के प्रत्येक अक्षर में 1 घटाया गया है तथा विपरीत क्रम में लिखा गया है। इसी प्रकार DROPS का कोड

D R O P S
–1 –1 –1 –1 –1
C Q N O R → RONQC

12. जिस प्रकार, $\overset{5}{E} \rightarrow 5$; $\overset{16\ 5\ 14}{PEN} \rightarrow 16 + 5 + 14 = 35$

उसी प्रकार, $\overset{5\ 7\ 7}{EGG} \rightarrow 5 + 7 + 7 = 19$

13. चूँकि 'मिर्च' को केला कहा गया है। अतः 'केला' तीखा होगा।

14. चूँकि 'ओवन' को 'ग्राइन्डर' कहा गया है। अतः महिलाएँ 'ग्राइन्डर' में सेंककर पकाएगी।

15. स्पार्क एण्ड फायर → 2 3 4
स्पार्क इज काज → 4 5 6
फायर इज इफैक्ट → 2 5 8
⇒ काज → 6

अध्याय 05

रक्त सम्बन्ध

जब किन्हीं दो या दो से अधिक व्यक्तियों के बीच अपने पूर्वजों द्वारा सन्तानोत्पत्ति के आधार पर कोई-न-कोई सम्बन्ध (रिश्ता) होता है, तो इस प्रकार के सम्बन्ध को 'रक्त सम्बन्ध' कहा जाता है। इसके अन्तर्गत पूछे जाने वाले प्रश्नों में किन्हीं दो या दो से अधिक व्यक्तियों के सम्बन्ध दिए गए होते हैं। इन्हीं सम्बन्धों के आधार पर, प्रश्न में पूछे गए व्यक्ति का सम्बन्ध किसी अन्य व्यक्ति से ज्ञात करना होता है। इस पर आधारित प्रश्नों को हल करते समय रिश्तों को चरणबद्ध तरीके से हल करते हुए चलें साथ ही आवश्यक संकेतों तथा आरेखों का प्रयोग करें। यदि परीक्षा भवन में प्रश्न अच्छी तरह समझ में न आ रहा हो, तो स्वयं के आधार पर सम्बन्धों की जाँच करें।

साधित उदाहरण

1. मनीष की तरफ संकेत करते हुए मनोज ने कहा, "वह मेरी बहन के एकमात्र भाई का पुत्र है।" मनीष का मनोज से क्या सम्बन्ध है?

(a) पुत्री (b) पुत्र
(c) भाई (d) दादा

हल (b)

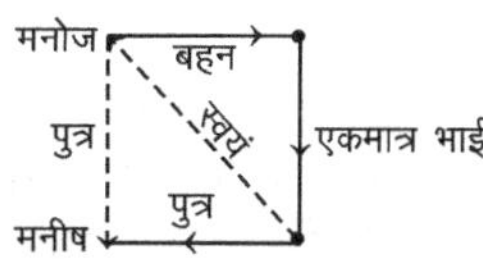

आरेख से स्पष्ट है कि मनीष, मनोज का पुत्र है।

2. D, K का भाई है; M, K की बहन है; R, D का पिता है और S, M की माता है। K का R से क्या सम्बन्ध है?

(a) पुत्र (b) पुत्री
(c) पुत्र या पुत्री (d) इनमें से कोई नहीं

हल (c)

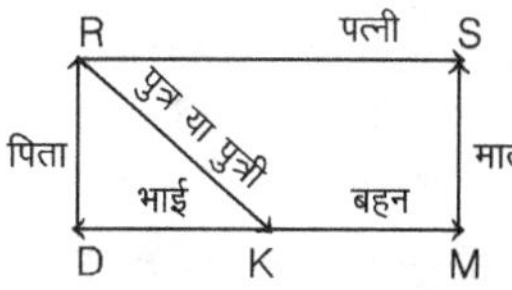

R —पत्नी— S
पिता (R → D), माता (S → M), पुत्र या पुत्री (R → K)
D —भाई— K —बहन— M

D, K का भाई है, तो K, D का भाई या बहन हो सकता/सकती है। अतः स्पष्ट है कि K, R का पुत्र या पुत्री है।

3. A, B, C, D, E, F और G एक परिवार के सदस्य हैं, जिनमें चार व्यस्क और तीन बच्चे हैं; इनमें से दो F और G लड़कियाँ हैं, A और D भाई हैं एवं A एक डॉक्टर है। E एक इन्जीनियर है, जो भाइयों में से एक से विवाहित है और जिसके दो बच्चे हैं। B, D से विवाहित है और G उनकी एकमात्र सन्तान है। C का A से क्या सम्बन्ध है?

(a) पुत्र (b) पुत्री
(c) चचेरा भाई (d) ममेरा भाई

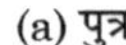
(a)

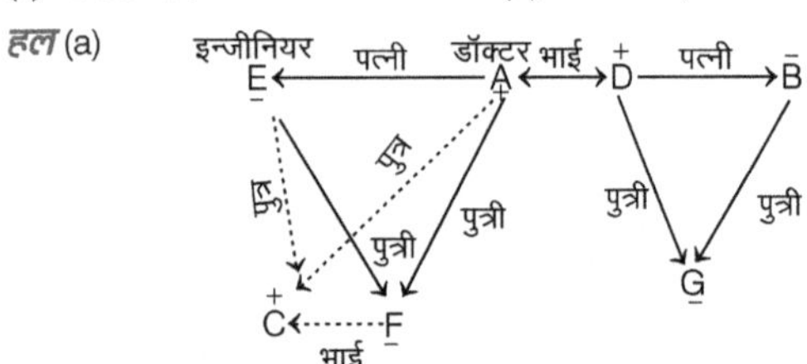

अतः आरेख से स्पष्ट है कि C, A का पुत्र है।

4. यदि A पुत्र है Q का, Q और Y बहन हैं, Y की माँ Z है, P पुत्र है Z का, तो A का मामा कौन है?

(a) Q (b) P
(c) Y (d) Z

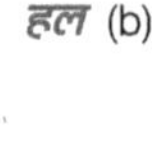
(b)

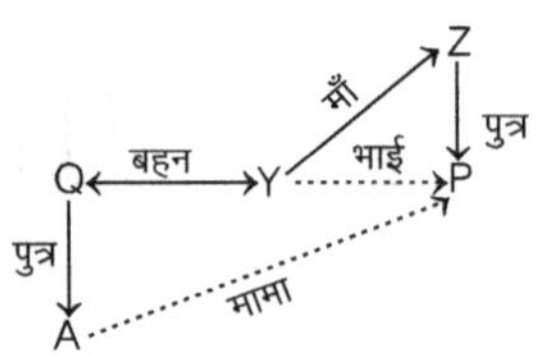

अतः आरेख से स्पष्ट है कि A का मामा P है।

5. A, B और C का भाई है। D, C की माँ है, E, A का पिता है, तो B का E से क्या सम्बन्ध है?

(a) पुत्र (b) पुत्री
(c) पुत्र या पुत्री (d) इनमें से कोई नहीं

(c)

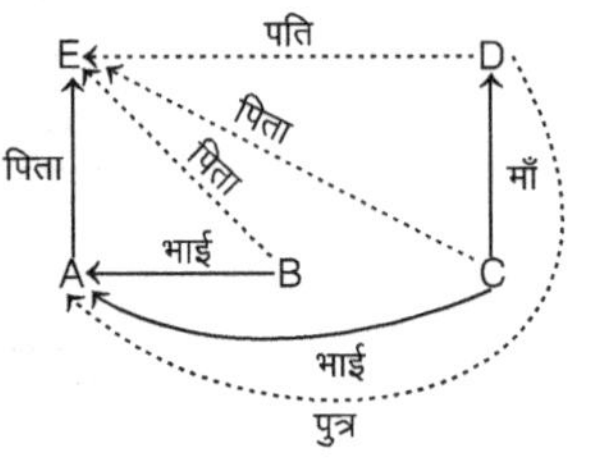

अतः आरेख से यह स्पष्ट है कि B, E का पुत्र है या पुत्री।

अभ्यास प्रश्न

1. चित्र में एक महिला की ओर संकेत करते हुए राजीव ने कहा, "उसकी माँ के एकमात्र नाती या नातिन (Grandchild) है जिसकी माँ मेरी पत्नी है"। बताएँ कि चित्र वाली महिला से राजीव का क्या रिश्ता है?

(a) पति (b) पिता
(c) पुत्र (d) इनमें से कोई नहीं

2. एक महिला का परिचय करवाते हुए शशांक ने कहा, "वह, मेरे पुत्र की इकलौती बेटी की माता है।" उस महिला का शशांक से क्या सम्बन्ध है?

(a) बहू (b) पुत्री
(c) ज्ञात नहीं कर सकते (d) इनमें से कोई नहीं

3. एक व्यक्ति की ओर संकेत करते हुए एक व्यक्ति ने एक महिला से कहा, "उसकी माँ तुम्हारे पिता की एकमात्र पुत्री है"। महिला का उस व्यक्ति से क्या सम्बन्ध है?

(a) चाची (b) माँ (c) मौसी (d) दादी

4. A और B भाई हैं। C और D बहनें हैं। A का बेटा, D का भाई है। बताएँ कि B का C से क्या रिश्ता है?

(a) चाचा (b) पिता (c) दादा (d) मामा

5. किसी लड़की की ओर इंगित करते हुए एक व्यक्ति ने कहा, "मेरे चाचा इस लड़की के चाचा के चाचा हैं।" वह व्यक्ति उस लड़की से किस प्रकार सम्बन्धित है?

(a) चाचा (b) पिता
(c) a या b (d) इनमें से कोई नहीं

6. E, A का बेटा है। D, B का बेटा है। E का विवाह C से हुआ है। C, B की बेटी है। बताएँ कि D का E से क्या रिश्ता है?

(a) पुत्र (b) दादा (c) दमाद (d) साला/बहनोई

7. एक फोटोग्राफ में किसी पुरुष की ओर इंगित करते हुए एक महिला कहती है, "उसके भाई के पिताजी मेरे दादाजी के इकलौते पुत्र हैं"। वह महिला फोटोग्राफ के पुरुष से किस प्रकार सम्बन्धित है?

(a) पुत्री (b) चाची
(c) बहन (d) पुत्र वधु

8. A, C का पिता है जिसका पुत्र D है। E, F की माता है जिसका भाई D है। A का E से क्या सम्बन्ध है?

(a) पुत्र (b) पिता
(c) पुत्री (d) इनमें से कोई नहीं

9. A, B और C बहनें हैं। E का भाई D है और E, B की बेटी है। बताएँ कि A से D का रिश्ता क्या है?

(a) मौसी (b) चाची (c) दादी (d) माता

10. दीपक, रवि का भाई है। रीना, अतुल की बहन है। रवि, रीना का बेटा है। बताएँ कि दीपक का रीना से क्या रिश्ता है?

(a) बेटी (b) बेटा (c) भाई (d) कजिन

11. सुनील का एक पुत्र करन तथा बहन संगीता है जोकि जगदीश तथा विजय की माता है। हरनिश, जगदीश के मामा हैं। हरनिश, करन से किस प्रकार सम्बन्धित है?

(a) भाई (b) चाचा (c) पिता (d) पुत्र

12. X और Y दोनों बच्चे हैं। यदि Z, X का पिता है, परन्तु Y, Z का पुत्र नहीं है, तो Y और Z में क्या सम्बन्ध है?

(a) पुत्री व पिता (b) माता व पुत्र (c) पिता व पुत्री (d) पिता व पुत्र

उत्तरमाला

1.	(a)	2.	(a)	3.	(b)	4.	(a)	5.	(c)
6.	(d)	7.	(c)	8.	(b)	9.	(a)	10.	(b)
11.	(b)	12.	(a)						

संकेत एवं हल

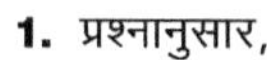

1. प्रश्नानुसार,

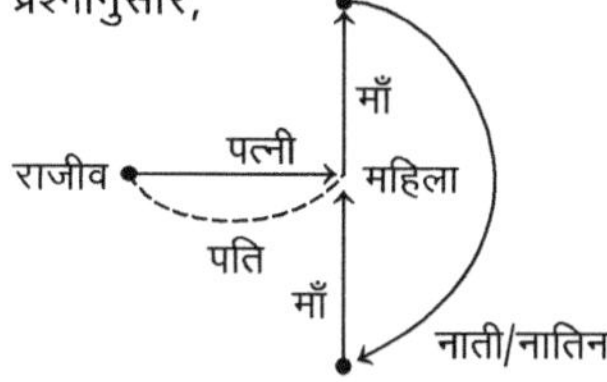

उपरोक्त से स्पष्ट है कि राजीव उस महिला का पति है।

2. प्रश्नानुसार,

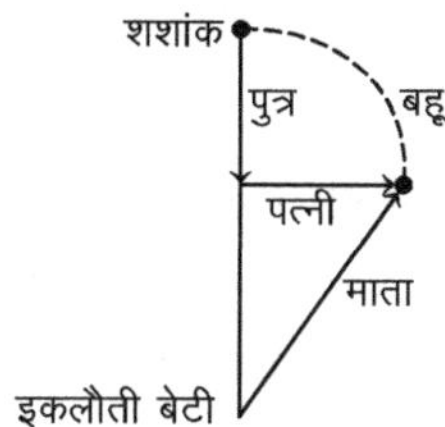

उपरोक्त से स्पष्ट है कि महिला, शशांक की बहू है।

3. प्रश्नानुसार,

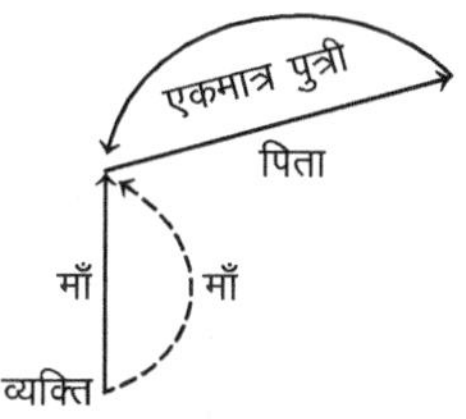

उपरोक्त से स्पष्ट है कि वह महिला उस व्यक्ति की माँ है।

4. प्रश्नानुसार,

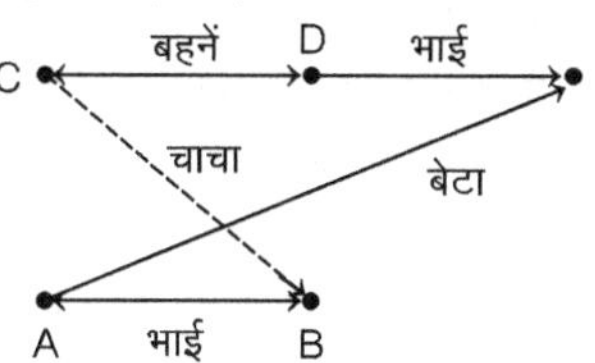

उपरोक्त से स्पष्ट है कि B चाचा है C का।

5. प्रश्नानुसार,

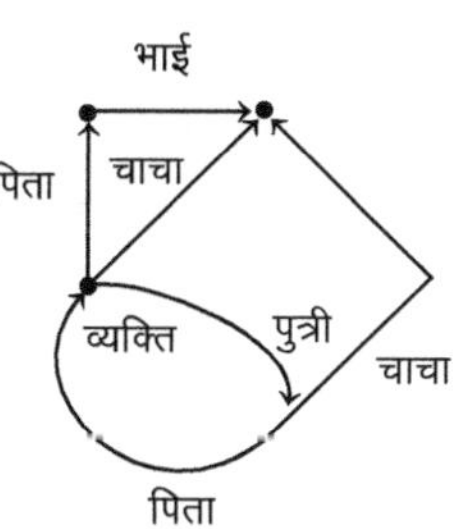

उपरोक्त से स्पष्ट है वह व्यक्ति उस लड़की का चाचा या पिता है।

6.

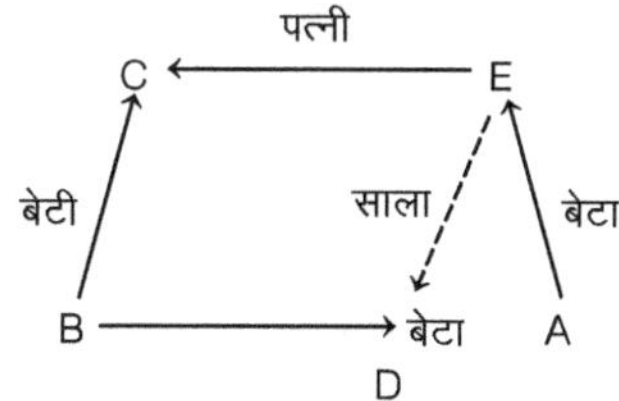

अतः उपरोक्त आरेख से स्पष्ट है कि D, E का साला/बहनोई है।

7. फोटोग्राफ वाले पुरुष के भाई के पिता जी अर्थात् उस पुरुष के पिता जी, महिला के दादाजी के इकलौते पुत्र अर्थात् महिला के पिता जी हुए।

अतः महिला उस पुरुष की बहन है।

8.

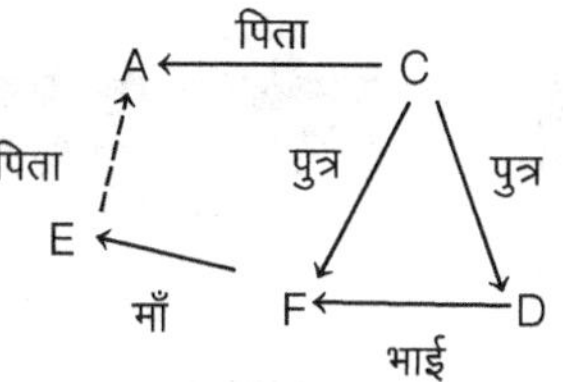

अतः उपरोक्त आरेख से स्पष्ट है कि A, E का पिता है।

9.

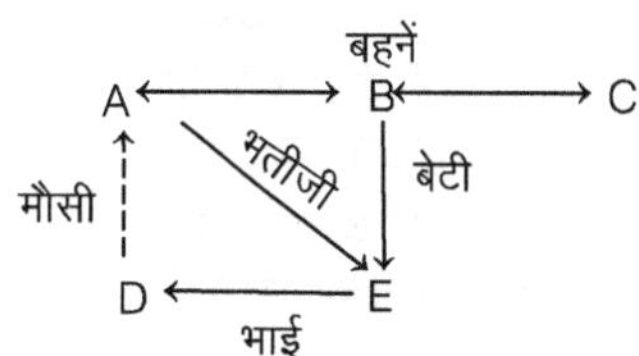

अतः उपरोक्त आरेख से स्पष्ट है कि A, D की मौसी है।

10.

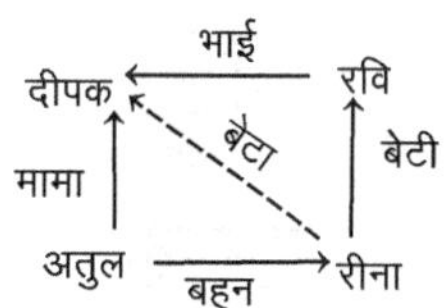

अतः ये आरेख से स्पष्ट है कि दीपक, रीना का बेटा है।

11. प्रश्नानुसार,

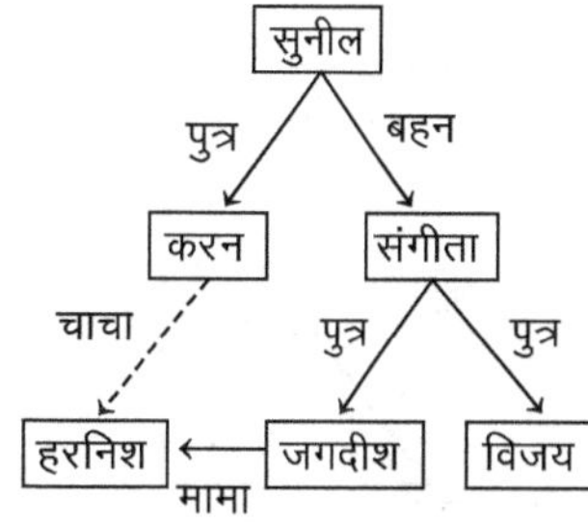

आरेख से स्पष्ट है कि हरनिश, करन के चाचा हैं।

12. प्रश्नानुसार,

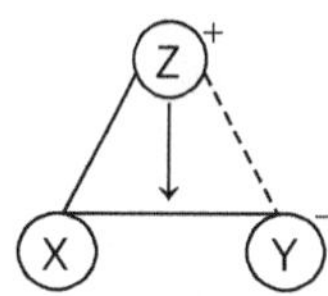

चूँकि Y, Z का पुत्र नहीं है, इसलिए Y, Z की पुत्री होगी। अतः Y और Z में पुत्री तथा पिता का सम्बन्ध है।

अध्याय 06

दिशा परीक्षण

'दिशा' एक ऐसी मानक परिकल्पना है, जिसके अनुसार सूर्य जिस ओर उदय होता है उस ओर को 'पूर्व', इसके ठीक विपरीत जिस ओर छिपता है उसको 'पश्चिम', माना जाता है।

दिशाओं की परिकल्पनाओं को ओर अधिक गहराई से समझने के लिए निम्नलिखित की जानकारी होना आवश्यक है।

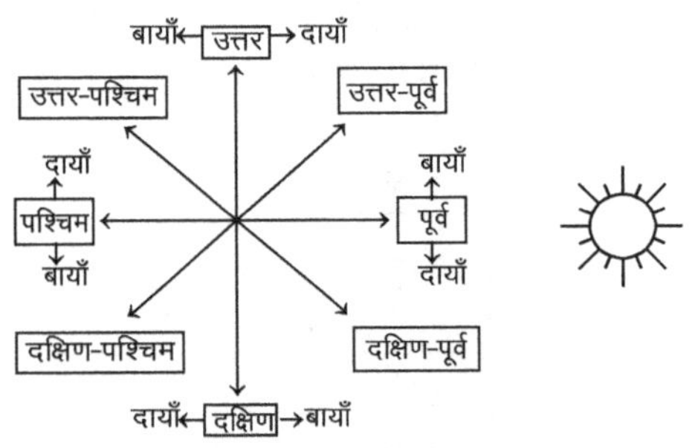

- **पाइथागोरस प्रमेय** इस प्रमेय के अनुसार किसी समकोण त्रिभुज में कर्ण का वर्ग, आधार व लम्ब के वर्ग के योगफल के बराबर होता है अर्थात्

$$AB^2 = AC^2 + BC^2$$

साधित उदाहरण

1. 5 किमी चलने के बाद मैं दाईं ओर मुड़ा और 3 किमी गया, इसके बाद बाईं ओर मुड़ा और 8 किमी चला। अन्त में मैं दक्षिण दिशा की ओर जा रहा था। मैंने किस दिशा में यात्रा प्रारम्भ की थी?

(a) पूर्व (b) दक्षिण (c) पश्चिम (d) उत्तर

हल (b)

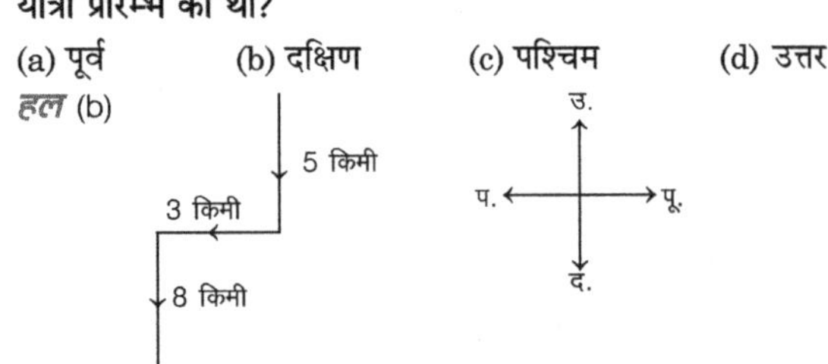

आरेख से स्पष्ट है कि मैंने यात्रा दक्षिण दिशा में प्रारम्भ की थी।

2. मयंक 25 मी दक्षिण की ओर चलता है फिर दाईं ओर घूमकर 20 मी चलता है। फिर बाईं ओर घूमकर 30 मी चलता है। पुनः अपनी बाईं ओर घूमकर 20 मी चलता है। वह अपने प्रारम्भिक बिन्दु से कितनी दूर है?

(a) 45 मी (b) 55 मी (c) 30 मी (d) 50 मी

हल (b)

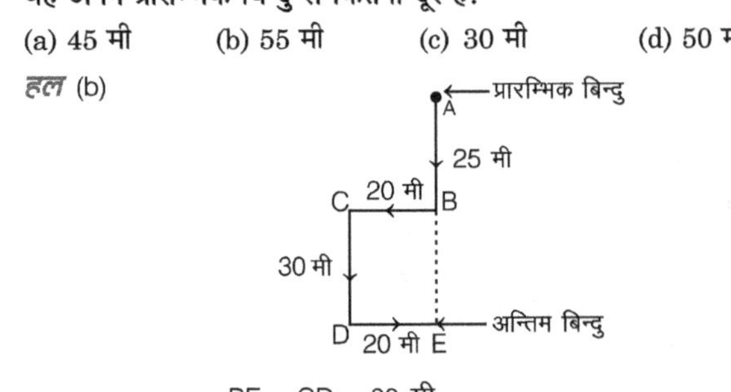

BE = CD = 30 मी

अतः प्रारम्भिक बिन्दु से दूरी (AE) = AB + BE = 25 + 30 = 55 मी

अभ्यास प्रश्न

1. कैलाश का मुँह उत्तर दिशा में है। अपनी दाईं ओर मुड़कर, वह 25 मी चलता है। फिर वह अपनी बाईं ओर मुड़कर 30 मी चलता है। आगे, वह दाईं ओर मुड़कर 25 मी चलता है। पुनः वह दाईं ओर मुड़कर 55 मी चलता है। अन्त में दाईं ओर मुड़कर 40 मी चलता है। बताइए कि चलना आरम्भ करने के बिन्दु से अब वह किस दिशा में है?

(a) दक्षिण-पूर्व (b) उत्तर-पश्चिमी (c) दक्षिण (d) पश्चिम

2. एक आदमी पश्चिम की ओर मुँह किए है। घड़ी की चाल की दिशा में वह 45° पर मुड़ता और फिर उसी दिशा में 180° पर मुड़ता है, तब वह घड़ी की चाल की विपरीत दिशा में 270° पर मुड़ता है। बताइए कि अब वह किस दिशा में मुँह किए है?

(a) पश्चिम (b) दक्षिण-पश्चिम (c) दक्षिण-पूर्व (d) उत्तर-पूर्व

3. एक आदमी बिन्दु X से चलना आरम्भ कर दक्षिण दिशा में 3 किमी जाता है फिर बाईं ओर मुड़कर 6 किमी चलता है। बताइए कि प्रारम्भिक बिन्दु से वह किस दिशा में है?

(a) दक्षिण (b) दक्षिण-पश्चिम (c) दक्षिण-पूर्व (d) उत्तर-पूर्व

4. एक व्यक्ति दक्षिण की ओर 6 किमी चलता है, बाईं ओर मुड़कर 4 किमी चलता है, फिर बाईं ओर मुड़कर 5 किमी जाता है। उसका मुख अब किस दिशा की ओर है?

(a) उत्तर (b) पूर्व (c) दक्षिण (d) पश्चिम

5. एक नदी पश्चिम से पूर्व की ओर बहती है एवं मार्ग में बाईं ओर मुड़ती है और एक छोटी पहाड़ी का आधा चक्कर लगाती है और फिर समकोण पर बाईं ओर मुड़ती है। अब नदी किस दिशा में बह रही है?

(a) पश्चिम (b) पूर्व (c) उत्तर (d) दक्षिण

6. एक सुबह मीना ने सूर्य की ओर चलना आरम्भ किया। कुछ दूर चलकर वह अपने बाईं ओर मुड़ी और दोबारा अपने बाईं ओर मुड़ी। कुछ दूर चलकर, वह बाईं ओर मुड़ी। वह अब किस दिशा में मुँह किए हुए है?

(a) पूर्व (b) दक्षिण (c) उत्तर (d) पश्चिम

7. एक दिन प्रातः 7 बजे, नरेश ने सूर्य की ओर अपनी पीठ किए हुए चलना प्रारम्भ किया। फिर वह बाईं ओर मुड़कर सीधे चलता रहा और फिर दाईं ओर मुड़कर सीधे चला। वह फिर से बाईं ओर मुड़ा। अब उसका मुँह किस दिशा की ओर है?

(a) पूर्व (b) पश्चिम (c) उत्तर (d) दक्षिण

8. एक घड़ी में 3:00 बजे हैं। यदि घण्टे की सुई उत्तर-पूर्व की ओर इंगित हो, तो बताइए कि मिनट की सुई किस दिशा की ओर संकेत करती है?

(a) उत्तर-पश्चिम (b) दक्षिण-पूर्व
(c) दक्षिण-पश्चिम (d) दक्षिण

9. राजू पूर्व दिशा में 10 मी चलता है और फिर अपने दाईं ओर मुड़कर 10 मी चला, तब प्रत्येक बार अपने बाईं ओर मुड़ते हुए वह क्रमशः 5 मी, 15 मी और 15 मी चला। बताइए कि चलना आरम्भ करने के स्थान से अब वह कितनी दूर है?

(a) 10 मी (b) 15 मी
(c) 5 मी (d) 6 मी

10. कुणाल उत्तर दिशा में 10 किमी चलता है। वहाँ से, वह दक्षिण की ओर 6 किमी चलता है। तब वह पूर्व की ओर 3 किमी चला। बताइए कि अपने प्रारम्भिक बिन्दु के सन्दर्भ में अब वह कितनी दूर और किस दिशा में है?

(a) 5 मी, उत्तर-पूर्व
(b) 6 मी, दक्षिण-पूर्व
(c) 10 मी, दक्षिण-पश्चिम
(d) उपरोक्त में से कोई नहीं

उत्तरमाला

1.	(a)	**2.**	(b)	**3.**	(c)	**4.**	(a)	**5.**	(b)
6.	(b)	**7.**	(d)	**8.**	(a)	**9.**	(c)	**10.**	(a)

संकेत एवं हल

1. कैलाश के चलने का क्रम निम्नवत् होगा

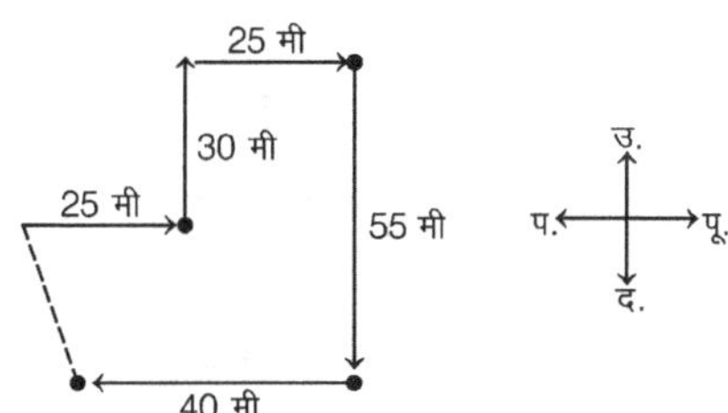

उपरोक्त से स्पष्ट है कि कैलाश अब अपने प्रारम्भिक बिन्दु से दक्षिण-पूर्व दिशा में है।

2. आदमी के घूमने का क्रम निम्नवत् होगा

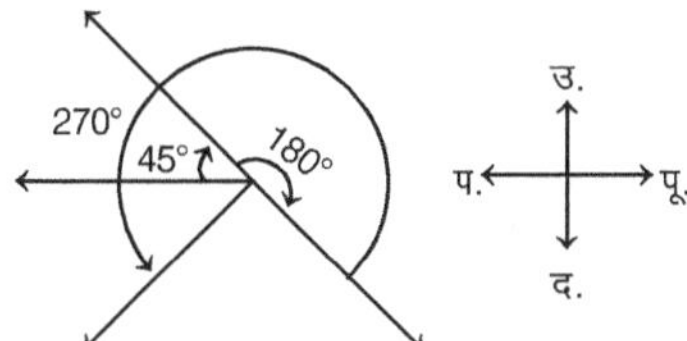

उपरोक्त से स्पष्ट है कि व्यक्ति अब दक्षिण-पश्चिम दिशा में मुँह किए खड़ा है।

3. आदमी के चलने का क्रम निम्नवत् होगा

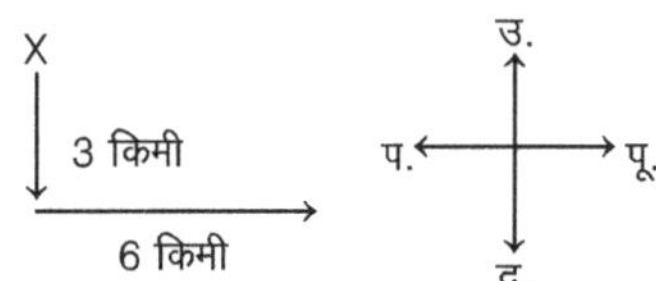

उपरोक्त से स्पष्ट है कि अब व्यक्ति अपने प्रारम्भिक स्थान (X) से दक्षिण-पूर्व दिशा में है।

4. माना व्यक्ति बिन्दु A से चलना प्रारम्भ करता है और B, C से होता हुआ बिन्दु D पर पहुँच जाता है।

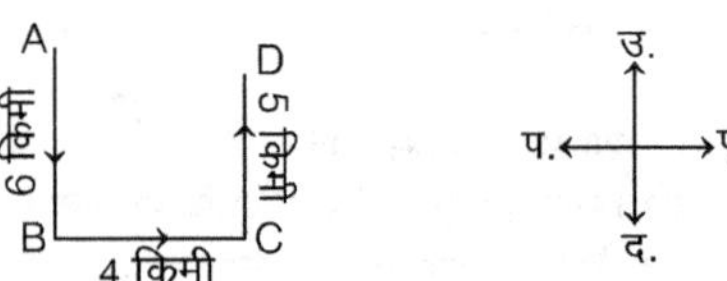

आरेख से स्पष्ट है कि व्यक्ति का मुख अब उत्तर दिशा में है।

5.

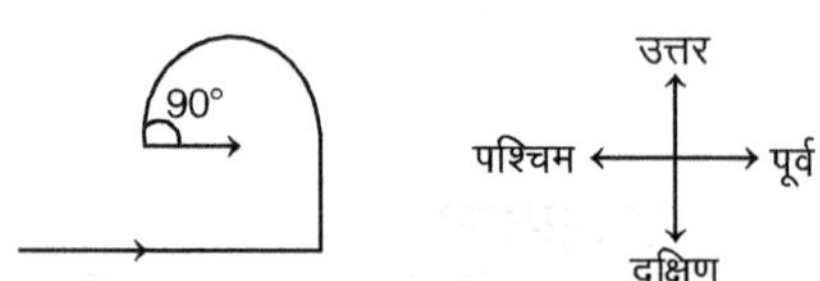

अतः अब नदी पूर्व दिशा में बह रही है।

6. प्रश्नानुसार, मीना के चलने का क्रम निम्नवत् है

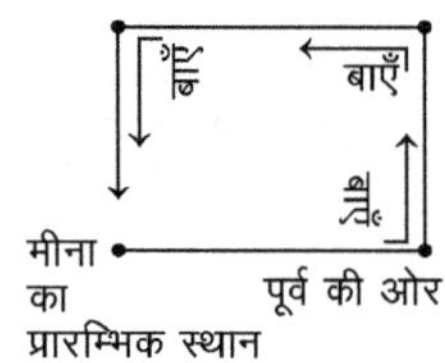

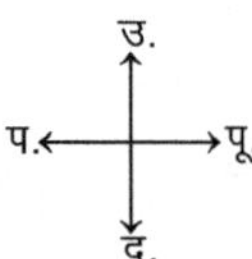

आरेख के अनुसार मीना अब दक्षिण दिशा में मुँह किए हुए है।

7. प्रश्नानुसार, नरेश के चलने का क्रम निम्नवत् है

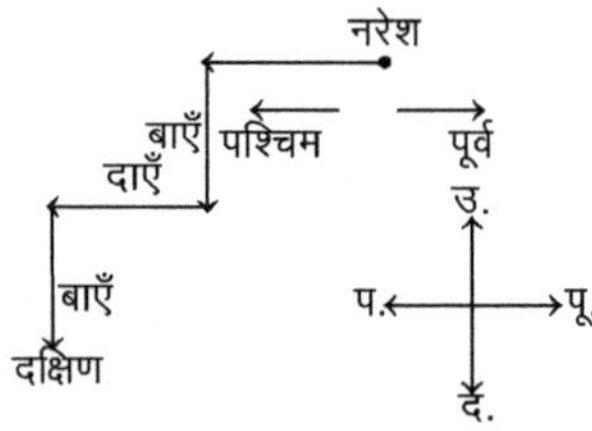

क्योंकि नरेश ने सूर्य की ओर पीठ करके चलना शुरू किया था। अतः उसने पश्चिम दिशा की ओर चलना शुरू किया था। पुनः तीन बार बाएँ, दाएँ तथा बाएँ मुड़ने पर अब वह दक्षिण दिशा में जा रहा है जैसा कि उपरोक्त आरेख में दर्शाया गया है।

8.

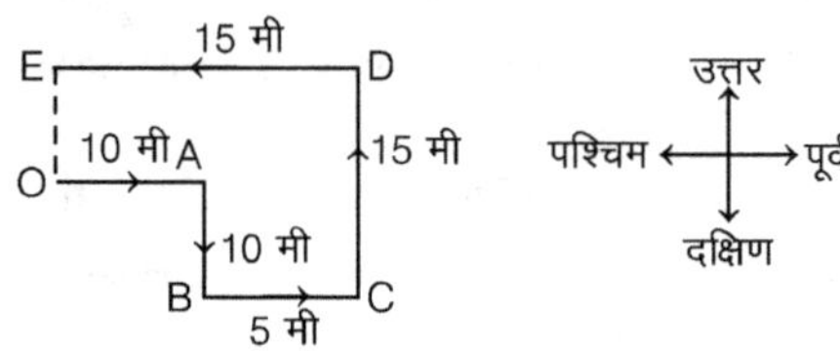

अतः घण्टे की सुई उत्तर-पश्चिम दिशा की ओर संकेत करती है।

9. राजू के चलने का क्रम निम्नवत् है

∵ OA = 10 मी, AB = 10 मी,

BC = 5 मी,

CD = 15 मी, DE = 15 मी,

∴ OE = (15 – 10) मी = 5 मी

अतः राजू अपने आरम्भिक स्थान से 5 मी दूर है।

10. कुणाल के चलने का क्रम निम्नवत् है

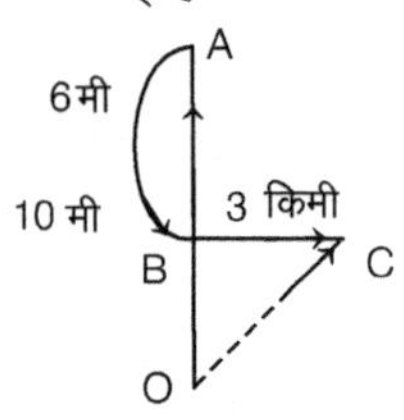

∴ OA = 10 किमी,

∴ OB = OA – AB = 10 – 6 = 4 किमी

∴ अभीष्ट दूरी (OC) $= \sqrt{OB^2 + BC^2}$

$= \sqrt{4^2 + 3^2} = \sqrt{16 + 9}$

$= \sqrt{25} = 5$ किमी

अतः अब कुणाल प्रारम्भिक बिन्दु से 5 किमी उत्तर-पूर्व दिशा में है।

अध्याय 07

कैलेण्डर तथा घड़ी

'कैलेण्डर' दिन, माह एवं वर्ष के बीच परस्पर सम्बन्ध प्रदर्शित करने का एक माध्यम है जबकि 'घड़ी' दिन के समय को दर्शाने वाला एक ऐसा यन्त्र है जो घण्टे, मिनट तथा सेकण्ड में समय के अन्तराल को व्यक्त करता है।

कैलेण्डर

कैलेण्डर दिन, सप्ताह, महीना एवं वर्ष के मध्य पारस्परिक सम्बन्धों को प्रदर्शित करने का एक माध्यम है। दूसरे शब्दों में, हम कह सकते हैं कि किसी वर्ष में सन्निहित माह, सप्ताह, तिथि और दिनों को निरूपित करने वाली तालिका को कैलेण्डर कहते हैं।

कैलेण्डर में निम्नलिखित पाँच अवयव होते हैं

1. तिथि (Date)
2. दिन (Day)
3. सप्ताह (Week)
4. महीना (Month)
5. वर्ष (Year)

घड़ी

घड़ी एक ऐसा यन्त्र है, जो घण्टे, मिनट तथा सेकण्ड में समय के अन्तराल को व्यक्त करता है।

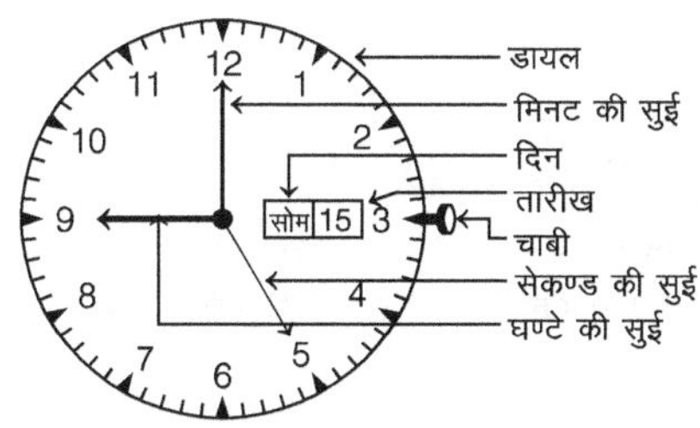

घड़ी के अवयव

घड़ी के मुख्यतः चार अवयव होते हैं, *जो निम्न हैं*

1. डायल (Dial)
2. घण्टे की सुई (Hour hand)
3. मिनट की सुई (Minute hand)
4. सेकण्ड की सुई (Second hand)

कैलेण्डर से सम्बन्धित महत्त्वपूर्ण बिन्दु

- यदि कोई वर्ष 4 से पूर्णतः विभाजित हो जाता है, तो वह वर्ष 'लीप वर्ष' कहलाता है। (1 लीप वर्ष = 366 दिन)
- यदि कोई शताब्दी वर्ष 400 से पूर्णतः विभाजित हो, तो वह वर्ष शताब्दी 'लीप वर्ष' होता है। सप्ताह में सात दिन होते हैं–रविवार, सोमवार, मंगलवार, बुधवार, बृहस्पतिवार, शुक्रवार तथा शनिवार।
- एक वर्ष में बारह महीने होते हैं–जनवरी (31 दिन), फरवरी (28 या 29 दिन), मार्च (31 दिन), अप्रैल (30 दिन), मई (31 दिन), जून (30 दिन), जुलाई (31 दिन), अगस्त (31 दिन), सितम्बर (30 दिन), अक्टूबर (31 दिन), नवम्बर (30 दिन), दिसम्बर (31 दिन)।
- साधारणतः फरवरी 28 दिन की होती है, परन्तु लीप वर्ष में फरवरी 29 दिन की होती है।
- एक वर्ष में 52 सप्ताह तथा एक दिन होते हैं तथा लीप वर्ष में 52 सप्ताह तथा दो दिन होते हैं।
- दिनों की संख्या को सात से भाग देने पर जो शेष बचता है, उसे विषम दिन कहते हैं।
- किसी शताब्दी का प्रथम दिन सोमवार, मंगलवार, बृहस्पतिवार, शुक्रवार या शनिवार हो सकता है तथा शताब्दी का अंतिम दिन मंगलवार, बृहस्पतिवार या शनिवार नहीं हो सकता, लेकिन बुधवार, शुक्रवार तथा रविवार हो सकता है।

घड़ी से सम्बन्धित महत्त्वपूर्ण बिन्दु

- घड़ी की सुइयाँ जब अपने वृत्ताकार मार्ग पर एक पूर्ण चक्कर लगाती हैं, तब उन्हें $360°$ घूमना पड़ता है। एक मिनट की दूरी $6°$ के बराबर होती है।
- प्रत्येक घण्टे में सुइयाँ एक ही दिशा में एक बार मिलती हैं, लेकिन 12 घण्टे में 11 बार तथा 24 घण्टे में 22 बार मिलती हैं।
- प्रत्येक घण्टे में दोनों सुइयाँ दो बार समकोण बनाती हैं, लेकिन 12 घण्टे में 22 बार तथा 24 घण्टे में 44 बार समकोण बनाती हैं।
- जब मिनट की सुई एक मिनट की दूरी तय करती है, तो घण्टे की सुई $\frac{1°}{2}$ के बराबर आगे बढ़ जाती है।

साधित उदाहरण

1. यदि 18 फरवरी, 2009 को मंगलवार था, तो 18 फरवरी, 2011 को कौन-सा दिन होगा?

(a) सोमवार (b) बुधवार (c) बृहस्पतिवार (d) शनिवार

हल (c) 17 फरवरी, 2010 का दिन मंगलवार होगा तथा इसके आगे 16 फरवरी, 2011 का दिन भी मंगलवार होगा।

अतः 18 फरवरी, 2011 का दिन = मंगलवार + 2 = बृहस्पतिवार

2. यदि आज रविवार है, तो आगामी कल से तीन दिन बाद कौन-सा दिन होगा?

(a) बृहस्पतिवार (b) मंगलवार (c) रविवार (d) बुधवार

हल (a) आज = रविवार

आगामी कल = रविवार + 1 = सोमवार

∴ आगामी कल के 3 दिन बाद = सोमवार + 3 दिन = बृहस्पतिवार

3. नौ दिन पहले मोहिनी सिनेमा देखने गई। वह केवल बृहस्पतिवार को ही सिनेमा देखने जाती है। आज सप्ताह का कौन-सा दिन है?

(a) शनिवार (b) रविवार (c) सोमवार (d) बुधवार

हल (a) बृहस्पतिवार के सात दिन बाद का दिन पुनः बृहस्पतिवार होगा। अब बृहस्पतिवार के दो दिन बाद का दिन शनिवार होगा। अतः आज पड़ने वाला दिन शनिवार है।

4. 2 बजकर 20 मिनट पर घड़ी की दोनों सुइयों के बीच कितना कोण बनेगा?

(a) 40° (b) 45°
(c) 55° (d) 50°

हल (d) जब मिनट की सुई 20 मिनट चलेगी उतने समय में घण्टे की सुई 2 के निशान से $\frac{5}{60} \times 20 = \frac{5}{3}$ मिनट आगे बढ़ जाएगी।

अब, 2 तथा 4 के बीच दोनों सुइयों के बीच की दूरी

$$= 10 - \frac{5}{3} = \frac{25}{3} \text{ मिनट}$$

$\therefore$ दोनों सुइयों के बीच कोण $= \frac{25}{3} \times 6° = 50°$

अभ्यास प्रश्न

1. संगीता को याद है कि उसके पिता का जन्मदिन निश्चित रूप से 8 दिसम्बर के बाद परन्तु 13 दिसम्बर से पहले है। उसकी बहन नताशा को याद है कि उनके पिता का जन्मदिन निश्चित रूप से 9 दिसम्बर के बाद और 14 दिसम्बर से पहले है। उनके पिता का जन्मदिन दिसम्बर की किस तारीख को है?

(a) 9 (b) 10
(c) 11 (d) ज्ञात नहीं कर सकते

2. बीते हुए कल के पहले दिन रविवार था। आने वाले कल के बाद का दिन क्या है?

(a) बृहस्पतिवार (b) मंगलवार (c) रविवार (d) सोमवार

3. दर्पण में देखने पर एक घड़ी 4 : 40 समय दर्शाती है। सही समय क्या है?

(a) 6 : 40 (b) 7 : 20 (c) 8 : 20 (d) 7 : 40

4. यदि 1 अक्टूबर को रविवार है, तो 1 नवम्बर को कौन-सा दिन होगा?

(a) रविवार (b) सोमवार (c) बुधवार (d) मंगलवार

5. 26 जनवरी, 2008 से 15 मई, 2008 के बीच (दोनों दिन सम्मिलित) कुल कितने दिन होंगे?

(a) 121 (b) 99 (c) 110 (d) 111

6. बस स्टैण्ड से पटना के लिए बस हर 30 मिनट पश्चात् चलती है। पूछताछ क्लर्क ने यात्री को बताया कि बस 10 मिनट पहले चली गई है और अगली बस प्रातः 9:35 पर जाएगी। बताएँ कि पूछताछ क्लर्क ने यह जानकारी यात्री को किस समय दी?

(a) 7 : 40 (b) 9 : 15 (c) 8 : 25 (d) 8 : 15

7. यदि कल के बाद का दिन रविवार हो, तो बताएँ पिछले कल से पहले कौन-सा दिन था?

(a) बृहस्पतिवार (b) सोमवार (c) बुधवार (d) शनिवार

8. एक घड़ी में घण्टे की सुई 12 घण्टे में कितना कोण घूमती (Trace) है?

(a) 360° (b) 180° (c) 90° (d) 45°

9. एक वर्ष के कितने महीनों में 30 दिन होते हैं?

(a) 2 (b) 4 (c) 3 (d) 5

10. 18:00 बजे एक घड़ी की घण्टे और मिनट वाली सुई के बीच का कोण कितना होता है?

(a) 60° (b) 40° (c) 90° (d) 180°

उत्तरमाला

1.	(d)	2.	(a)	3.	(b)	4.	(c)	5.	(d)
6.	(b)	7.	(c)	8.	(a)	9.	(b)	10.	(d)

संकेत एवं हल

1. संगीता के अनुसार, पिता के जन्मदिन की तिथि = 9 या 10 या 11 या 12

नताशा के अनुसार, पिता के जन्मदिन की तिथि = 10 या 11 या 12 या 13

उपरोक्त से स्पष्ट है कि पिता का जन्मदिन किस तिथि को है इस विषय में कुछ नहीं कहा जा सकता है।

2.

रविवार → बीता कल → आज → आने वाला कल (बुधवार) → बृहस्पतिवार

अतः आने वाले कल के बाद का दिन बृहस्पतिवार होगा।

3. सही समय = 12 : 00 − 4 : 40

= 7 : 20

4.

1	8	15	22	29
↓	↓	↓	↓	↓
रविवार	रविवार	रविवार	रविवार	रविवार

30 अक्टूबर → सोमवार, 31 अक्टूबर → मंगलवार,

अतः 1 नवम्बर को बुधवार होगा।

5. 26 जनवरी, 2008 से 15 मई, 2008 तक कुल दिनों की संख्या

= 6 + 29 + 31 + 30 + 15

= 111 दिन

6. बस के जाने का समय = 9:35 − 0:30 = 9:05

अतः पूछताछ क्लर्क द्वारा यात्री को दी गई जानकारी

= 9:05 + 0:10

= 9:15 बजे

7. प्रश्नानुसार, कल के बाद का दिन रविवार है

$\therefore$ आज का दिन = शुक्रवार

$\therefore$ बीते कल का दिन = शुक्रवार−1

= बृहस्पतिवार

अतः बीते कल से पहले वाला दिन बुधवार होगा।

8. एक घड़ी में घण्टे की सुई 12 घण्टे में 360° का कोण बनाती है।

9. वर्ष में पड़ने वाले 30 दिन के महीने निम्नवत् हैं,अप्रैल, जून, सितम्बर एवं नवम्बर

$\therefore$ अभीष्ट उत्तर = 4

10. 18 : 00 (शाम के 6) बजे दोनों सुइयों के बीच 180° का कोण होता है।

अध्याय 08

पहेली परीक्षण

ऐसे कथनों का समूह जो सत्य होने के बाद भी अस्पष्ट अर्थ दर्शाता हो पहेली कहलाता है, इन्हीं कथनों को जब तार्किक दृष्टिकोण की सहायता से क्रमबद्ध या तालिकाबद्ध किया जाता है तब ये अपना स्पष्ट अर्थ प्रकट करने लगते हैं। इस अध्याय के अन्तर्गत प्रश्नों को हल करने से पूर्व निम्नलिखित बातों को ध्यान में रखना जरूरी है

(i) सर्वप्रथम वैसे कथन की पहचान करेंगे, जिसमें ज्यादा जानकारियाँ दी गई हैं।

(ii) एक कथन से दूसरे कथन में सामंजस्य स्थापित करेंगे।

(iii) एक ही पहेली में बहुत-सी जानकारियाँ दी गई होती हैं जिनको क्रमबद्ध तरीके से स्पष्ट करने की जरूरत होती है।

साधित उदाहरण

निर्देश (प्र. सं. 1-3) *दी गई जानकारी को ध्यानपूर्वक पढ़कर पूछे गए प्रश्नों के उत्तर दीजिए।*

P और Q वॉलीबॉल तथा हॉकी अच्छा खेलते हैं। R और P बेसबॉल तथा हॉकी अच्छा खेलते हैं। S और Q वॉलीबॉल तथा क्रिकेट अच्छा खेलते हैं। R, S और T बेसबॉल तथा फुटबॉल अच्छा खेलते हैं।

1. **खिलाड़ियों में कौन चार प्रकार के खेलों को अच्छा खेलता है?**

(a) P (b) Q (c) R (d) S

2. **हॉकी, वॉलीबॉल तथा बेसबॉल कौन अच्छा खेलता है?**

(a) R (b) P (c) Q (d) T

3. **हॉकी, वॉलीबॉल तथा क्रिकेट कौन अच्छा खेलता है?**

(a) T (b) Q (c) P (d) S

हल (प्र. सं. 1-3) *दी गई जानकारी निम्न प्रकार सारणीबद्ध की जा सकती है*

	P	Q	R	S	T
वॉलीबॉल	✓	✓		✓	
हॉकी	✓	✓	✓		
बेसबॉल	✓		✓	✓	✓
क्रिकेट		✓		✓	
फुटबॉल			✓	✓	✓

1. (d) सारणी से स्पष्ट है कि S चारों खेल अच्छा खेलता है।

2. (b) P, हॉकी, वॉलीबॉल और बेसबॉल अच्छा खेलता है।

3. (b) Q, हॉकी, वॉलीबॉल और क्रिकेट अच्छा खेलता है।

निर्देश (प्र. सं. 4 और 5) *निम्नलिखित सूचना को पढ़कर दिए हुए प्रश्नों के उत्तर दें।*

P, Q, R, S, T और U, ये छ: व्याख्यान, प्रतिदिन एक व्याख्यान के हिसाब से, सोमवार से रविवार तक के बीच निम्नलिखित वर्णित अनुक्रम से आयोजित किए जाने हैं।

(i) R का आयोजन शुक्रवार को नहीं किया जाना चाहिए।

(ii) P का आयोजन S के तुरन्त बाद किया जाना चाहिए।

(iii) Q और U के मध्य दो दिनों का अन्तर होना चाहिए।

(iv) किसी एक दिन कोई व्याख्यान नहीं है (पर शनिवार ऐसा दिन नहीं है) और उस दिन के ठीक पहले U आयोजित किया जाना है।

(v) T का आयोजन बुधवार को होना चाहिए और उसके पश्चात् U नहीं होना चाहिए।

4. **S व्याख्यान का आयोजन किस दिन होगा?**

(a) बुधवार
(b) सोमवार
(c) शुक्रवार
(d) रविवार

5. **कौन-से दिन व्याख्यान नहीं है?**

(a) बुधवार
(b) रविवार
(c) सोमवार
(d) मंगलवार

हल (प्र.सं. 4 और 5)

दिन	सोमवार	मंगलवार	बुधवार	बृहस्पतिवार	शुक्रवार	शनिवार	रविवार
व्याख्यान	U	छुट्टी	T	Q	S	P	R

4. (c) S व्याख्यान का आयोजन शुक्रवार को होगा।

5. (d) मंगलवार को कोई व्याख्यान नहीं है।

अभ्यास प्रश्न

निर्देश (प्र.सं. 1-3) *निम्नलिखित जानकारी को पढ़िए तथा उस पर आधारित प्रश्नों के उत्तर दीजिए।*

एक शो के ऑडिशन भारत के विभिन्न सात शहरों–चेन्नई, बंगलुरु, कोचीन, मुम्बई, दिल्ली, भोपाल और कोलकाता वर्ष 2011 के पहले सात महीनों के दौरान (जनवरी से शुरू होकर जुलाई में समाप्त) हुए, पर जरूरी नहीं कि इसी क्रम में।

एक महीने के दौरान केवल एक शहर में ऑडिशन हुए। कोलकाता ऑडिशन और कोचीन ऑडिशन के बीच केवल चार शहरों में ऑडिशन हुए।

कोलकाता में ऑडिशन जून में नहीं हुआ था। कोलकाता ऑडिशन ओर बंगलुरु ऑडिशन के बीच केवल एक ऑडिशन हुआ।

चेन्नई ऑडिशन कोलकाता ऑडिशन से तत्काल बाद हुआ था। दिल्ली ऑडिशन भोपाल ऑडिशन से तत्काल पहले हुआ। भोपाल ऑडिशन मई में नहीं हुआ था।

1. मुम्बई ऑडिशन और चेन्नई ऑडिशन के बीच कितने ऑडिशन हुए?
(a) एक (b) दो
(c) तीन (d) इनमें से कोई नहीं

2. मार्च के दौरान किस शहर में ऑडिशन हुए थे?
(a) मुम्बई (b) चेन्नई (c) भोपाल (d) दिल्ली

3. मुम्बई में ऑडिशन किस माह में हुए थे?
(a) जून (b) अप्रैल
(c) जनवरी (d) फरवरी

निर्देश (प्र. सं. 4 और 5) *नीचे दी गई जानकारियों को ध्यानपूर्वक पढ़कर उस पर आधारित प्रश्नों के उत्तर दीजिए।*

(i) P, Q, R, S, T और U एक परिवार के छः सदस्य हैं। उनमें से प्रत्येक अलग-अलग व्यवसाय में लगे हुए हैं। वे हैं डॉक्टर, वकील, अध्यापक, इन्जीनियर, नर्स और मैनेजर।
(ii) उनमें से प्रत्येक सोमवार से शनिवार तक किसी एक दिन घर पर रहता है।
(iii) वकील बृहस्पतिवार के दिन घर पर रहता है।
(iv) R मंगलवार को घर पर रहता है।
(v) P जोकि डॉक्टर है, न तो शनिवार और न ही बुधवार को घर पर रहता है।
(vi) S न तो डॉक्टर है और न ही अध्यापक और वह शुक्रवार को घर पर रहता है।
(vii) Q इन्जीनियर है और T मैनेजर है।

4. शनिवार को कौन घर पर रहता है?
(a) Q (b) T
(c) Q या T (d) इनमें से कोई नहीं

5. नर्स कौन है?
(a) S (b) P
(c) Q (d) U

निर्देश (प्र. सं. 6-8) *नीचे दी गई जानकारी को सावधानी से पढ़िए और फिर उस पर आधारित प्रश्नों के उत्तर दीजिए।*

एक स्कूल में पाँच अध्यापक थे। A और B हिन्दी और अंग्रेजी पढ़ा रहे थे। C और B अंग्रेजी और भूगोल पढ़ा रहे थे। D और A गणित और हिन्दी पढ़ा रहे थे। E और B इतिहास और फ्रेंच के अध्यापक थे।

6. कौन-सा/से विषय दो से अधिक अध्यापक पढ़ा रहे थे?
(a) हिन्दी (b) अंग्रेजी
(c) a व b (d) इनमें से कोई नहीं

7. अध्यापकों में कौन-सा अध्यापक सबसे अधिक विषय पढ़ा रहा था?
(a) E (b) B (c) A (d) C

8. D, B और A कौन-सा विषय पढ़ा रहे थे?
(a) हिन्दी (b) अंग्रेजी
(c) भूगोल (d) गणित

निर्देश (प्र.सं. 9-12) *निम्नांकित जानकारी को पढ़िए और फिर उस पर आधारित प्रश्नों के उत्तर दीजिए।*

(i) P, Q , R , S, T और U छः मित्र हैं और एक क्लब के सदस्य हैं। ये लोग अलग-अलग खेल फुटबॉल, क्रिकेट, टेनिस, बास्केटबॉल, बैडमिन्टन और वॉलीबॉल खेलते हैं।
(ii) T जोकि P और S से लम्बा है, टेनिस खेलता है।
(iii) जो उनमें सबसे लम्बा है वह बास्केटबॉल खेलता है।
(iv) उनमें जो सबसे नाटा है वह वॉलीबॉल खेलता है।
(v) Q और S न तो वालीबॉल खेलते हैं और न ही बास्केटबॉल खेलते हैं।
(vi) R वॉलीबॉल खेलता है।
(vii) ऊँचाई के लिहाज से 'T', Q जो फुटबॉल खेलता है और P के बीच में है।

9. S क्या खेलता है?
(a) क्रिकेट (b) बेडमिन्टन
(c) a या b (d) इनमें से कोई नहीं

10. R से लम्बा परन्तु P से नाटा कौन है?
(a) S (b) U (c) Q (d) T

11. बास्केटबॉल कौन खेलता है?
(a) U (b) Q (c) T (d) P

12. यदि उन्हें ऊँचाई के अवरोही क्रम में खड़ा किया जाए, तो कौन-सा तीसरे क्रम पर आएगा?
(a) U (b) Q (c) P (d) T

उत्तरमाला

1.	(a)	2.	(b)	3.	(c)	4.	(c)	5.	(a)
6.	(c)	7.	(b)	8.	(a)	9.	(c)	10.	(a)
11.	(a)	12.	(d)						

संकेत एवं हल

हल (प्र.सं. 1-3)

मुम्बई - जनवरी
कोलकाता - फरवरी
चेन्नई - मार्च
बंगलुरु - अप्रैल
दिल्ली - मई
भोपाल - जून
कोचीन - जुलाई

1. मुम्बई ऑडिशन और चेन्नई ऑडिशन के बीच एक ऑडिशन हुआ।
2. मार्च में चेन्नई में ऑडिशन हुए।
3. मुम्बई में ऑडिशन जनवरी में हुए थे।

हल (प्र.सं. 4 और 5)

सदस्य	P	Q	R	S	T	U
दिन	सोमवार	शनि/बुध	मंगलवार	शुक्रवार	बुध/शनि	बृहस्पतिवार
व्यवसाय	डॉक्टर	इन्जीनियर	अध्यापक	नर्स	मैनेजर	वकील

4. शनिवार को या तो Q या T घर पर रहता है।
5. S नर्स है।

हल (प्र.सं. 6-8)

विषय	हिन्दी	अंग्रेजी	भूगोल	गणित	इतिहास	फ्रेंच
अध्यापक	A, B, D	A, B, C	C, B	D, A	E, B	E, B

6. हिन्दी तथा अंग्रेजी दो से अधिक अध्यापक पढ़ा रहे थे।
7. सबसे अधिक विषय अध्यापक B पढ़ा रहा था।
8. D, B तथा A हिन्दी विषय पढ़ा रहे थे।

हल (प्र.सं. 9-12)

खिलाड़ी	U	Q	T	P	S	R
खेल	बास्केटबॉल	फुटबॉल	टेनिस	क्रिकेट /बैडमिन्टन	क्रिकेट /बैडमिन्टन	वॉलीबॉल

छः मित्रों की लम्बाई का अवरोही क्रम, U > Q > T > P > S > R

9. S या तो क्रिकेट या बैडमिन्टन खेलता है।
10. S, R से लम्बा है लेकिन P से नाटा है।
11. U बास्केटबॉल खेलता है।
12. ऊँचाई के अनुसार T तीसरे क्रम पर आएगा।

अध्याय 09

प्रतीक एवं संकेतन

इस अध्याय के अन्तर्गत आने वाले प्रश्नों में '+', '−', '×', '÷' चिन्ह या 'P' या 'Q' या ऐसे ही किन्हीं अन्य संकेतों से युक्त गणितीय व्यंजक दिए जाते हैं तथा चिन्हों के अर्थ भिन्न-भिन्न दिए गए होते हैं।

अभ्यर्थियों को प्रश्न में दिए गए निर्देशानुसार चिन्हों को परिवर्तित करके बदले हुए व्यंजक को हल करना होता है।

इस प्रकार के प्रश्नों को हल करने के लिए BODMAS *नियम का प्रयोग किया जाता है, जो निम्न है*

(i) B ⟶ Bracket (कोष्ठक)
(ii) O ⟶ Of (का)
(iii) D ⟶ Division (भाग)
(iv) M ⟶ Multiplication (गुणन)
(v) A ⟶ Addition (योग)
(vi) S ⟶ Subtraction (घटाव)

इस नियमानुसार किसी गणितीय समीकरण का सरलीकरण करने के लिए सबसे पहले 'Bracket' को, फिर 'Of' को, फिर 'Division' को, फिर 'Multiplication' को, फिर 'Addition' को और अन्त में 'Subtraction' को हल करते हैं।

साधित उदाहरण

1. यदि '+' का अर्थ '×' है, '×' का अर्थ '÷' है, '−' का अर्थ '+' है और ÷ का अर्थ '−' है, तो निम्नलिखित समीकरण का मान क्या होगा?

$$20 - 8 \times 4 \div 3 + 2 = ?$$

(a) 15 (b) 16 (c) 12 (d) 18

हल (b) दिया गया व्यंजक,

$$20 - 8 \times 4 \div 3 + 2 = ?$$
$$\downarrow \quad \downarrow \quad \downarrow \quad \downarrow$$
$$20 + 8 \div 4 - 3 \times 2 = ?$$

BODMAS नियम का प्रयोग करने पर, [प्रश्नानुसार, चिन्ह बदलने पर]

$$20 + 2 - 3 \times 2 = ?$$
$$\Rightarrow \quad 20 + 2 - 6 = ? \Rightarrow 22 - 6 = ?$$
$$\Rightarrow \quad 16 = ?$$

अभ्यास प्रश्न

1. यदि '+' तथा '÷'; '×' तथा '–' को परस्पर, समीकरण $17 \div 7 - 27 + 9 \times 3$ में, बदल दिया जाए, तब इसका मान क्या होगा?

(a) 35 (b) 30 (c) 34 (d) 36

2. यदि P '÷' का सूचक है, Q '×' का सूचक है, R, '+' का सूचक है और S '–' का सूचक है, तो 16Q12P6R5S4 = ?

(a) 32 (b) 33

(c) 30 (d) 35

3. यदि P = 6, J = 4, L = 8 और M = 24 है, तो कौन-सी संख्या प्रश्नवाचक चिह्न (?) का स्थान लेगी? $M \times J \div L + J = ?$

(a) 18 (b) 14

(c) 16 (d) 10

4. मान लीजिए a # b # c # d = ab – cd

यदि x = 6#3#5#4, तो 7#x#3#11 का मान क्या होगा?

(a) –40 (b) 47

(c) 50 (d) –47

5. यदि गणितीय चिह्नों '–' को '+', '+' को '÷', '×' को '–' और '÷' को '×' में बदल दिया जाए, तो दी गई समीकरण का सही उत्तर ज्ञात कीजिए।

$$6 \div 8 + 2 \times 5 - 8 = ?$$

(a) 27 (b) 28 (c) 26 (d) 29

6. मान लें J = 1, K = 2, L = 5, M = 7, N = 11, O = 13 तथा P = 17 है।

नीचे दिए गए सम्बन्ध में खाने में लिखा जाने वाला अक्षर ज्ञात कीजिए।

$$(N \times \square + M) \div K = 31$$

(a) M (b) N (c) L (d) K

7. यदि $6 \times 7 = 2$, $3 \times 5 = 5$ और $5 \times 8 = 0$, तब 6×8 का मान क्या होगा?

(a) 7 (b) 8 (c) 6 (d) 5

उत्तरमाला

1. (a)	2. (b)	3. (c)	4. (d)	5. (a)
6. (c)	7. (b)			

संकेत एवं हल

1. दी गई समीकरण, $17 \div 7 - 27 + 9 \times 3$

अब प्रश्नानुसार, चिह्न परिवर्तित करने पर,

$$17 + 7 \times 27 \div 9 - 3 = 17 + 7 \times \frac{27}{9} - 3$$

$$= 17 + 7 \times 3 - 3 = 17 + 21 - 3$$

$$= 38 - 3 = 35$$

2. 16 Q 12 P 6 R 5 S 4 में P के स्थान पर ÷, Q के स्थान पर ×, R के स्थान पर + और S के स्थान पर – रखने पर,

$$16 \times 12 \div 6 + 5 - 4 = 16 \times 2 + 5 - 4$$

$$= 32 + 5 - 4$$

$$= 37 - 4 = 33$$

3. $M \times J \div L + J = 24 \times 4 \div 8 + 4$

$$= 12 + 4 = 16$$

4. x = 6 # 3 # 5 # 4

$$= 6 \times 3 - 5 \times 4 = 18 - 20 = -2$$

7 # x # 3 # 11 $= 7 \times (-2) - 3 \times 11 = -14 - 33 = -47$

5. $6 \div 8 + 2 \times 5 - 8 = ?$

प्रश्नानुसार चिह्नों को परिवर्तित करने पर,

$$6 \times 8 \div 2 - 5 + 8 = 6 \times 4 - 5 + 8 = 24 - 5 + 8 = 32 - 5 = 27$$

6. $(N \times \square + M) \div K = 31$

प्रश्नानुसार दिए हुए अक्षरों का मान रखने पर,

$$(11 \times \square + 7) \div 2 = 31$$

$$\Rightarrow \frac{11 \times \square + 7}{2} = 31$$

$$\Rightarrow 11 \times \square + 7 = 31 \times 2$$

$$\Rightarrow 11 \times \square = 62 - 7 \Rightarrow \square = \frac{55}{11}$$

$$\Rightarrow \square = 5 \Rightarrow L = 5$$ [∵ प्रश्न में दिया है]

7. जिस प्रकार,

$$6 \times 7 = 4\underline{2} = 2,\ 3 \times 5 = 1\underline{5} = 5,$$

$$5 \times 8 = 4\underline{0} = 0$$

उसी प्रकार, $6 \times 8 = 4\underline{8} = \boxed{8}$

अध्याय 10

सांकेतिक असमानता

इस अध्याय के अन्तर्गत सामान्यतः अक्षरों एवं गणितीय चिह्नों या अन्य संकेतों से युक्त कुछ गणितीय कथन दिए गए होते हैं तथा इनके नीचे कथनों पर आधारित दो निष्कर्ष दिए गए होते हैं। हमें इन निष्कर्षों की सत्यता की जाँच करनी होती है। इससे सम्बन्धित प्रश्न गणितीय चिह्न के बड़ा (>), छोटा (<), बराबर अथवा समान (=) तथा बराबर नहीं (≠) के नियमों पर आधारित होते हैं। गणितीय कथनों में प्रयुक्त प्रत्येक चिह्न या संकेत विशेष गणितीय अर्थों से युक्त होते हैं जिनका विवरण दिए गए निर्देश रूपी तथ्य में ही उल्लेखित किया गया होता है। अभ्यर्थियों को निर्देशानुसार चिह्नों या संकेतों के आधार पर दिए गए कथनों को वास्तविक गणितीय चिह्नों के साथ संयोजित करते हुए यह ज्ञात करना होता है कि दिए गए कथनों के आधार पर दिए गए निष्कर्षों में से कौन-सा निष्कर्ष तर्कसंगत रूप से निकलता है।

साधित उदाहरण

निर्देश (प्र.सं. 1 और 2) *निम्नलिखित प्रश्नों में प्रतीक @, #, &, % और $ को निम्नानुसार अर्थों में प्रयुक्त किया गया है।*

'A @ B' का अर्थ है 'A, B से कम नहीं है।'

'A # B' का अर्थ है 'A, B से कम है।'

'A & B' का अर्थ है 'A, B से अधिक नहीं है।'

'A % B' का अर्थ है 'A, B से अधिक है।'

'A $ B' का अर्थ है 'A न तो B से अधिक और न ही कम है।'

अब नीचे दिए गए प्रत्येक प्रश्न में दिए गए कथनों को सत्य मानते हुए यह पता लगाइए कि दिए गए निष्कर्ष I और II में से कौन-सा/से निश्चित रूप से सत्य है/हैं?

उत्तर दीजिए

(a) केवल I सत्य है
(b) केवल II सत्य है
(c) न तो I और न ही II सत्य है
(d) I व II दोनों सत्य हैं

1. कथन F % J, J $ T, T # R

निष्कर्ष I. F @ R II. F % R

हल (c) A @ B ⇒ A ≥ B @ ⇒ ≥

A # B ⇒ A < B # ⇒ <

A & B ⇒ A ≤ B & ⇒ ≤

A % B ⇒ A > B % ⇒ >

A $ B ⇒ A = B $ ⇒ =

कथनानुसार,

F % J ⇒ F > J; J $ T ⇒ J = T

T # R ⇒ T < R ∴ F > J = T < R

निष्कर्ष I. F @ R ⇒ F ≥ R (असत्य)

II. F % R ⇒ F > R (असत्य)

अतः न तो निष्कर्ष I और न ही निष्कर्ष II सत्य है।

2. कथन W & L, L # Q, Q % D

निष्कर्ष I. W # Q II. L $ D

हल (a) A @ B ⇒ A ≥ B @ ⇒ ≥

A # B ⇒ A < B # ⇒ <

A & B ⇒ A ≤ B & ⇒ ≤

A % B ⇒ A > B % ⇒ >

A $ B ⇒ A = B $ ⇒ =

कथनानुसार, W & L ⇒ W ≤ L

L # Q ⇒ L < Q

Q % D ⇒ Q > D

∴ W ≤ L < Q > D

निष्कर्ष I. W # Q ⇒ W < Q (सत्य)

II. L $ D ⇒ L = D (असत्य)

अतः केवल निष्कर्ष I सत्य है।

अभ्यास प्रश्न

निर्देश (प्र. सं. 1-5) *प्रत्येक प्रश्न में दिए गए कथनों को सत्य मानते हुए पता लगाइए कि उनके नीचे दिए गए दो निष्कर्षों I और II में से कौन-सा/से निश्चित रूप से सत्य है?*

निम्न प्रश्नों में $, @, ©, % व δ प्रतीकों का नीचे बताए अर्थों के अनुसार प्रयोग किया गया है।

(i) 'P % Q' का अर्थ है 'P, Q से न तो बड़ा है न बराबर है'।
(ii) 'P $ Q' का अर्थ है 'P, Q से छोटा नहीं है'।
(iii) 'P © Q' का अर्थ है 'P, Q से न तो छोटा है न बराबर है'।
(iv) 'P δ Q' का अर्थ है 'P, Q से बड़ा नहीं है'।
(v) 'P @ Q' का अर्थ है 'P, Q से न तो छोटा है न बड़ा है'।

उत्तर दीजिए

(a) केवल I सत्य है
(b) केवल II सत्य है
(c) I व II दोनों सत्य हैं
(d) या तो I या II सत्य है

1. कथन D δ R, R % M, M © K
निष्कर्ष I. K % R II. M © D

2. कथन F © T, T % N, N δ H
निष्कर्ष I. H © T II. F © N

3. कथन H @ B, B $ A
निष्कर्ष I. A @ H II. A % H

4. कथन M % E, E δ D, D @ W
निष्कर्ष I. W $ E II. D © M

5. कथन K $ N, N @ J, J $ Z
निष्कर्ष I. J δ K II. N $ Z

निर्देश (प्र. सं. 6-10) *निम्नलिखित प्रश्नों में प्रतीक δ, %, © तथा $ का प्रयोग निम्नानुसार अर्थ में किया गया हैं।*

(i) 'P δ Q' का अर्थ है 'P, Q' से बड़ा नहीं है।'
(ii) 'P % Q' का अर्थ है 'P, न तो Q से छोटा और न ही समान है।'
(iii) 'P © Q' का अर्थ है 'P, न तो Q से बड़ा है और न ही समान है।'
(iv) 'P " Q' का अर्थ है 'P, न तो Q से बड़ा है और न ही छोटा है।'
(v) 'P $ Q' का अर्थ है 'P, Q से छोटा नहीं है।'

अब नीचे प्रत्येक प्रश्न में दिए गए कथनों को सत्य मानते हुए, यह पता लगाइए कि उनके नीचे दिए गए निष्कर्ष I तथा II में से कौन–सा/से निश्चित रूप से सत्य है/हैं?

उत्तर दीजिए

(a) केवल I सत्य है
(b) केवल II सत्य है
(c) I व II दोनों सत्य हैं
(d) न तो I और न ही II है

6. कथन K δ D, D © W, W " Z
निष्कर्ष I. Z % K II. K " W

7. कथन F © N, N " K, K δ D
निष्कर्ष I. D " N II. D © N

8. कथन B " R, R $ J, J % M
निष्कर्ष I. M © R II. J δ B

9. कथन D $ T, T % M, M © K
निष्कर्ष I. K % T II. M © D

10. कथन V % R, R δ N, N $ J
निष्कर्ष I. J © R II. V % N

उत्तरमाला

1.	(b)	**2.**	(a)	**3.**	(d)	**4.**	(c)	**5.**	(d)
6.	(a)	**7.**	(d)	**8.**	(c)	**9.**	(b)	**10.**	(d)

संकेत एवं हल

हल (प्र. सं. 1-5) **प्रश्नानुसार,**

P % Q ⇒ P < Q P $ Q ⇒ P ≥ Q
P © Q ⇒ P > Q P δ Q ⇒ P ≤ Q
P @ Q ⇒ P = Q

1. कथन D δ R ⇒ D ≤ R
R % M ⇒ R < M
M © K ⇒ M > K
∴ D ≤ R < M > K
निष्कर्ष I. K % R ⇒ K < R (असत्य)
II. M © D ⇒ M > D (सत्य)
अतः केवल निष्कर्ष II सत्य है।

2. कथन F © T ⇒ F > T
T % N ⇒ T < N
N δ H ⇒ N ≤ H
∴ F > T < N ≤ H
निष्कर्ष I. H © T ⇒ H > T (सत्य)
II. F © N ⇒ F > N (असत्य)
अतः केवल निष्कर्ष I सत्य है।

3. कथन H @ B ⇒ H = B,
B $ A ⇒ B ≥ A
∴ H = B ≥ A
निष्कर्ष I. A @ H ⇒ A = H (सम्भवतः सत्य)
II. A % H ⇒ A < H (सम्भवतः सत्य)
अतः या तो निष्कर्ष I या II सत्य है।

4. कथन M % E ⇒ M < E
E δ D ⇒ E ≤ D
D @ W ⇒ D = W
∴ M < E ≤ D = W
निष्कर्ष I. W $ E ⇒ W ≥ E (सत्य)
II. D © M ⇒ D > M (सत्य)
अतः निष्कर्ष I और II दोनों सत्य हैं।

5. कथन K $ N ⇒ K ≥ N,
N @ J ⇒ N = J,
J $ Z ⇒ J ≥ Z
∴ K ≥ N = J ≥ Z

निष्कर्ष I. $J \delta K \Rightarrow J \le K$ (सत्य)
II. $N \$ Z \Rightarrow N \ge Z$ (सत्य)
अतः दोनों निष्कर्ष I और II सत्य हैं।

हल (प्र.सं. 6-10) प्रश्नानुसार,

$P \delta Q \Rightarrow P \le Q$; $P \% Q \Rightarrow P > Q$
$P © Q \Rightarrow P < Q$; $P " Q \Rightarrow P = Q$
$P \$ Q \Rightarrow P \ge Q$

6. $K \le D, D < W, W = Z$ $\therefore K \le D < W = Z$
निष्कर्ष I. $Z > K$ (सत्य)
II. $K = W$ (असत्य)
अतः केवल निष्कर्ष I सत्य है।

7. **कथन** $F < N, N = K, K \le D$ $\therefore F < N = K \le D$
निष्कर्ष I. $D = N$ (असत्य)
II. $D < N$ (असत्य)
अतः न तो निष्कर्ष I और न II सत्य है।

8. **कथन** $B = R, R \ge J, J > M$ $\therefore B = R \ge J > M$
निष्कर्ष I. $M < R$ (सत्य)
II. $J \le B$ (सत्य)
अतः निष्कर्ष I और II दोनों सत्य हैं।

9. **कथन** $D \ge T, T > M, M < K$
$\therefore$ $D \ge T > M < K$
निष्कर्ष I. $K > T$ (असत्य)
II. $M < D$ (सत्य)
अतः केवल निष्कर्ष II सत्य है।

10. **कथन** $V > R, R \le N, N \ge J$
$\therefore$ $V > R \le N \ge J$
निष्कर्ष I. $J < R$ (असत्य)
II. $V > N$ (असत्य)
अतः न तो निष्कर्ष I और न ही II सत्य है।

अध्याय 11

वेन आरेख

वस्तुओं के वर्गों/समूहों को ज्यामितीय आकृतियों/आरेखों के माध्यम से निरूपित करने की प्रक्रिया 'आरेखीय निरूपण' कहलाती है।

इसके अन्तर्गत प्राय: दो प्रकार के प्रश्न पूछे जाते हैं। प्रथम प्रकार के प्रश्नों में एक दूसरे से संयुक्त कुछ ज्यामितीय आकृतियाँ दी जाती हैं जिनके अन्दर विभिन्न स्थानों पर भिन्न-भिन्न संख्याओं को निरूपित किया गया होता है। प्रत्येक आकृति द्वारा अलग-अलग वर्ग प्रदर्शित किए जाते हैं। आपको इन्हीं आकृतियों के अन्दर दी गई संख्याओं के माध्यम से किसी विशेष वर्ग में आने वाली संख्या को प्रश्नानुसार ज्ञात करना होता है जबकि द्वितीय प्रकार के प्रश्नों में कुछ वस्तुओं के समूह देकर उनके नीचे चार आरेख दिए जाते हैं। आपको प्रश्न में दी गई इन वस्तुओं के आधार पर ही एक ऐसा आरेख चुनना होता है, जो उन वस्तुओं के समूह को पूर्ण रूप से वर्गीकृत करता हो या उनके मध्य के सम्बन्ध को निरूपित करता हो।

इन्हें स्मरण रखें

- A के सभी तत्व, B में पूर्ण रूप से समाहित हैं।

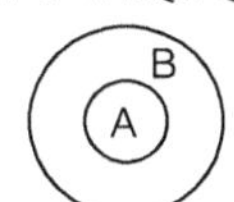

- A का कोई भी तत्व, B में सम्मिलित नहीं है।

- A के कुछ तत्व, B में सम्मिलित हैं।

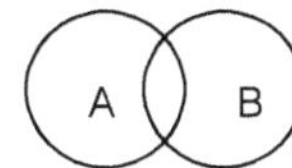

साधित उदाहरण

1. नीचे दिए गए आरेख में त्रिभुज भारतीय को, वर्ग शिक्षित को तथा वृत्त कार्यरत् को दर्शाता है। बताइए कि कौन-सी संख्या कार्यरत् भारतीय जो अशिक्षित हों, को दर्शाती है?

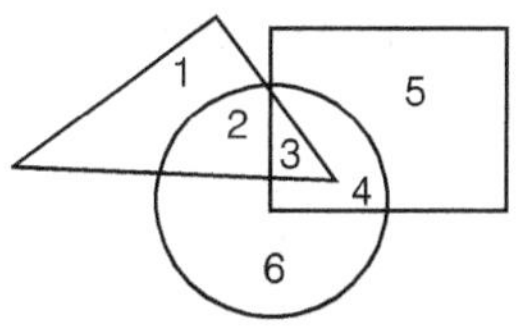

(a) 2 (b) 1 (c) 3 (d) 5

हल (a) आरेख से स्पष्ट है कि संख्या 2 ऐसे व्यक्तियों को दर्शाती है जो भारतीय तथा कार्यरत् हैं लेकिन अशिक्षित हैं।

2. नीचे दिए गए वेन आरेखों में से कौन-सा आरेख दिए गए तीन वर्ग पति, पत्नी तथा परिवार के बीच सम्बन्ध को सही तौर पर निरूपित करता है?

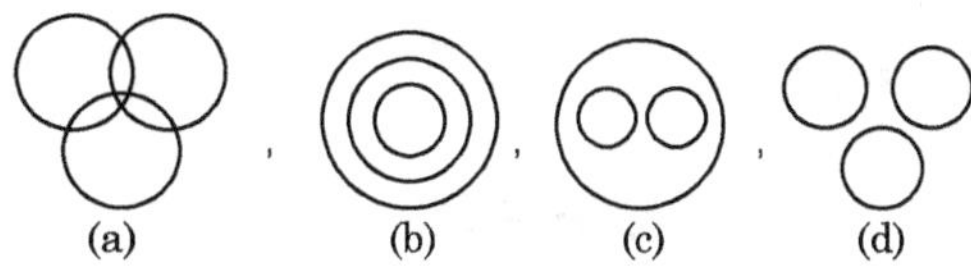

हल (c) पति एवं पत्नी दोनों ही परिवार के अन्तर्गत आते हैं।

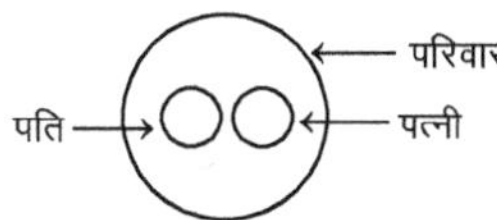

अभ्यास प्रश्न

निर्देश (प्र.सं. 1-5) *निम्नलिखित प्रत्येक प्रश्न नीचे दिए गए आरेख पर आधारित है। दिए गए आरेख में 'आयत' कलाकारों को, 'त्रिभुज' डॉक्टरों को तथा 'वृत्त' खिलाड़ियों को निरूपित करता है। निम्नलिखित आरेख का ध्यान से अध्ययन करके इन पर आधारित प्रश्नों के उत्तर दीजिए।*

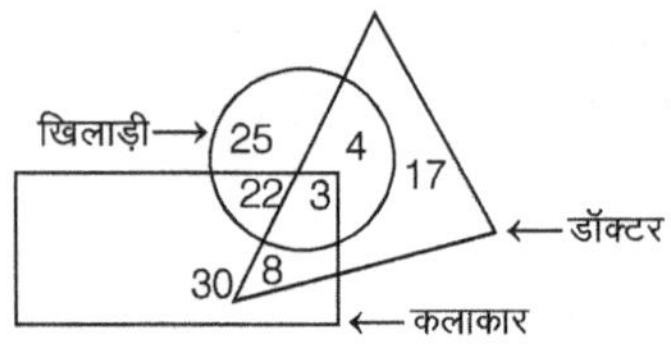

1. कितने व्यक्ति डॉक्टर, कलाकार एवं खिलाड़ी तीनों हैं?

(a) 3 (b) 4 (c) 17 (d) 8

2. कितने कलाकार खिलाड़ी हैं?

(a) 17 (b) 25 (c) 22 (d) 30

3. ऐसे कलाकारों की संख्या कितनी है जो खिलाड़ी हैं, परन्तु डॉक्टर नहीं हैं?

(a) 25 (b) 30 (c) 22 (d) 8

4. कितने डॉक्टर ऐसे हैं, जो न तो खिलाड़ी हैं और न कलाकार हैं?

(a) 25 (b) 17 (c) 30 (d) 4

5. कितने खिलाड़ी ऐसे हैं, जो न तो कलाकार हैं और न डॉक्टर हैं?

(a) 22 (b) 17 (c) 30 (d) 25

निर्देश (प्र.सं. 6-10) *निम्नलिखित प्रत्येक प्रश्न में तीन वस्तुओं के नाम दिए गए हैं। इन तीनों में, हो सकता है कि आपस में कुछ सम्बन्ध हो या न हो। वस्तुओं का प्रत्येक समूह दिए गए किसी-न-किसी एक आरेख में फिट हो जाता है, आपको यह ज्ञात करना है कि वस्तुओं का समूह जो प्रश्न में दिया गया है, किस आरेख में तथा किस प्रकार फिट बैठता है?*

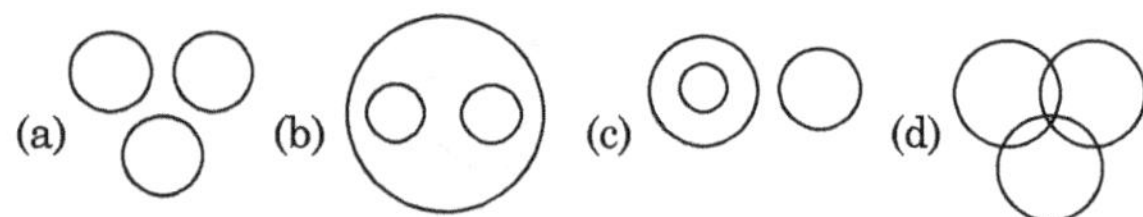

6. लड़के, विद्यार्थी, प्रतियोगी परीक्षार्थी

7. संगीत वाद्य, गिटार, सितार

8. रेल, बस, टैक्सी

9. फल, सब्जी, बैंगन

10. जल, हाइड्रोजन, नाइट्रोजन

उत्तरमाला

1.	(a)	2.	(b)	3.	(c)	4.	(b)	5.	(d)
6.	(d)	7.	(b)	8.	(a)	9.	(c)	10.	(c)

संकेत एवं हल

1. 3 व्यक्ति डॉक्टर, कलाकार एवं खिलाड़ी तीनों हैं।

2. 22 + 3 = 25 कलाकार खिलाड़ी हैं।

3. 22 कलाकार ऐसे हैं, जो खिलाड़ी हैं, परन्तु डॉक्टर नहीं हैं।

4. 17 डॉक्टर ऐसे हैं, जो न तो खिलाड़ी हैं और न ही कलाकार हैं।

5. 25 खिलाड़ी ऐसे हैं, जो न तो कलाकार हैं और न ही डॉक्टर हैं।

6.

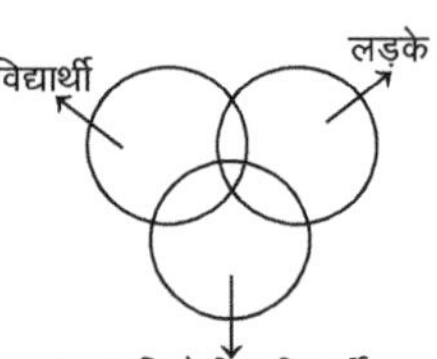

कुछ लड़के विद्यार्थी होते हैं।

कुछ विद्यार्थी प्रतियोगी परीक्षार्थी होते हैं तथा कुछ प्रतियोगी परीक्षार्थी लड़के होते हैं।

7.

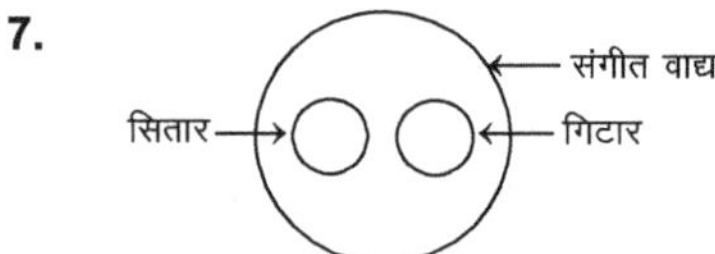

सितार तथा गिटार दोनों संगीत वाद्य यन्त्रों के अन्तर्गत आते हैं।

8.

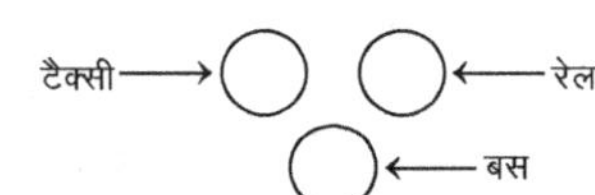

रेल, बस तथा टैक्सी तीनों ही यातायात के भिन्न-भिन्न साधन हैं।

9.

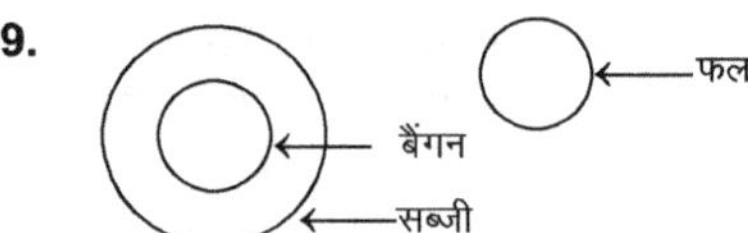

बैंगन, एक सब्जी है जबकि फल इनसे भिन्न हैं।

10.

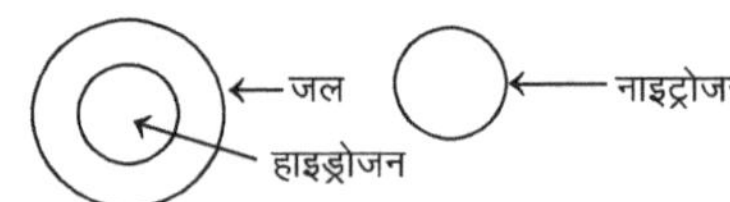

जल में हाइड्रोजन होता है जबकि नाइट्रोजन इनसे अलग है।

अध्याय 12

पासा एवं घन

पासा

पासा, घन या घनाभ के आकार की त्रिविमीय आकृति है, जिसमें कुल 6 फलक होते हैं; जिनमें तीन फलक दिखायी पड़ते हैं तथा तीन फलक छुपे हुए होते हैं। पासे से सम्बन्धित प्रश्नों में पासे के तीन फलकों को दर्शाते हुए 2, 3 या 4 चित्र प्रदर्शित किए जाते हैं; जिनके आधार पर किसी एक फलक के विपरीत फलक को ज्ञात करना होता है। इसके अलावा पासे के प्रसार से सम्बन्धित प्रश्न भी परीक्षा में पूछे जाते हैं।

नीचे एक पासे का रूप दिया गया है तथा उसके विपरीत फलकों को भी प्रदर्शित किया गया है।

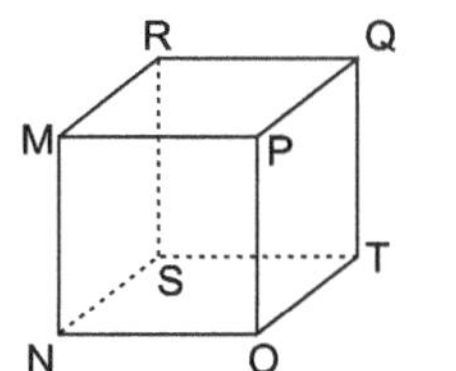

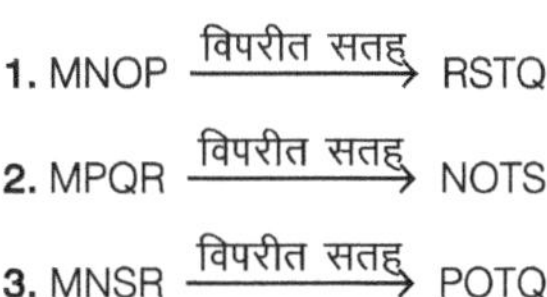

पासे का प्रसार रूप पासे को चार प्रकार से प्रसारित किया जा सकता है।

टाइप 1

इस स्थिति में, 1 के विपरीत 5 होगा।
2 के विपरीत 4 होगा।
3 के विपरीत 6 होगा।

टाइप 2

इस स्थिति में, 1 के विपरीत 6 होगा।
2 के विपरीत 4 होगा।
3 के विपरीत 5 होगा।

टाइप 3

इस स्थिति में, 1 के विपरीत 4 होगा।
2 के विपरीत 6 होगा।
3 के विपरीत 5 होगा।

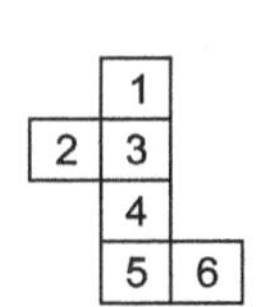

टाइप 4

इस स्थिति में, 1 के विपरीत 4 होगा।
2 के विपरीत 5 होगा।
3 के विपरीत 6 होगा।

घन

पासा की तरह घन भी एक त्रिविमीय आकृति होती है जिसमें लम्बाई, चौड़ाई तथा ऊँचाई समान होती है। घन के अन्तर्गत 12 कोरे (किनारे), 8 कोने तथा 6 फलके (सतह) होती हैं। नीचे घन का एक चित्र दिया गया है जिसमें घन के कोरों, कोनों तथा फलकों को 1, 2 तथा 3 अंक से प्रदर्शित किया गया है।

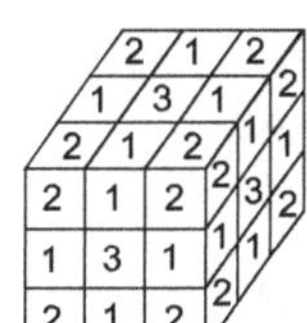

चित्र में,
1 मध्य घन है
2 शीर्ष घन है
3 केन्द्रीय घन है

1. रंगहीन फलक वाले घनों की संख्या $= (n-2)^3$
2. एक रंगीन फलक वाले घनों की संख्या $= (n-2)^2 \times$ सतहों की संख्या $= (n-2)^2 \times 6$
3. दो रंगीन फलक वाले घनों की संख्या $= (n-2) \times$ कोरों की संख्या $= (n-2) \times 12$
4. तीन रंगीन फलक वालें घनों की संख्या = 8

[$\because n$ = प्रत्येक फलक के प्रत्येक स्तम्भ में समान घनीय खण्डों की संख्या है।]

साधित उदाहरण

1. नीचे एक पासे की दो स्थितियाँ दी गयी हैं। आप बताएँ कि फलक B के विपरीत वाले फलक पर कौन-सा अक्षर अंकित है?

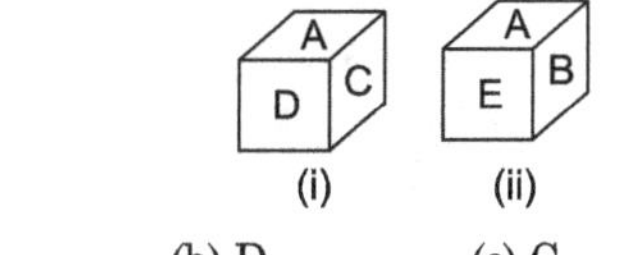

(i) (ii)

(a) A (b) D (c) C (d) E

हल (c) (माना छुपा अक्षर = F)

अतः B के विपरीत = C

तथा A के विपरीत = F

E के विपरीत = D

∴ B के विपरीत अक्षर C होगा

स्थिति (i)
स्थिति (ii)

2. **12 सेमी लम्बाई के एक घन से 3 सेमी लम्बाई वाले कितने घन बनायें जा सकते हैं?**

(a) 125 (b) 16 (c) 27 (d) 64

हल (d) $n = \frac{\text{बड़े घन की भुजा}}{\text{छोटे घन की भुजा}}$; $n = \frac{12}{3} = 4$ सेमी

अतः घनों की अभीष्ट संख्या $= 4^3 = 64$

3. **नीचे दी गयी आकृति में घनों की संख्या है**

(a) 8 (b) 15 (c) 12 (d) 20

हल (b) 1 घन वाली पंक्तियों की संख्या $= 4 \times 1 = 4$

2 घन वाली पंक्तियों की संख्या $= 4 \times 2 = 8$

3 घन वाली पंक्तियों की संख्या $= 1 \times 3 = 3$

अतः कुल घनों की संख्या $= 4 + 8 + 3 = 15$

अभ्यास प्रश्न

निर्देश (प्र. सं. 1-3) *नीचे एक पासे की दो स्थितियाँ दी गयी हैं। इसकी सतहों पर* 1 से 6 तक *की संख्याओं का प्रयोग किया गया है।*

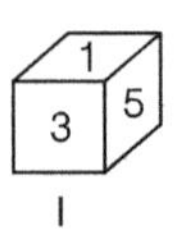

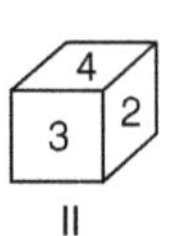

I II

दी गयी स्थितियों का अध्ययन करके ज्ञात कीजिए कि

1. **1 की विपरीत सतह पर क्या संख्या होगी?**

(a) 4 (b) 2 (c) 3 (d) 5

2. **2 की विपरीत सतह पर क्या संख्या होगी?**

(a) 3 (b) 6 (c) 5 (d) 1

3. **3 की विपरीत सतह पर क्या संख्या होगी?**

(a) 1 (b) 6 (c) 4 (d) 5

4. **नीचे पासे की दो स्थितियाँ दी गयी हैं। यदि 1 बिन्दु ऊपर की सतह पर हो, तो नीचे की सतह पर कितने बिन्दु होंगे?**

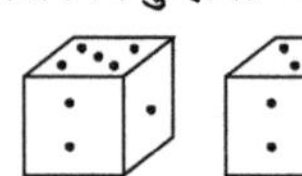

(a) 5 (b) 4 (c) 3 (d) 6

5. **नीचे पासे की तीन स्थितियाँ दी गई हैं। सतह 1 के विपरीत सतह पर कौन-सा अंक होगा?**

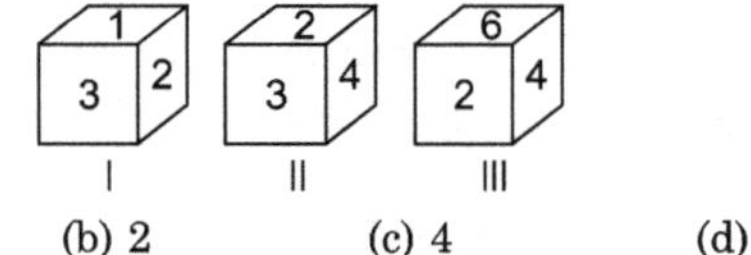

(a) 3 (b) 2 (c) 4 (d) 6

6. **नीचे दी गयी आकृति में घनों की संख्या है**

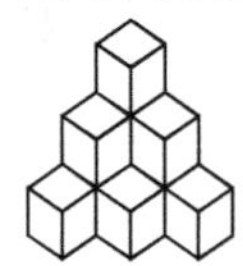

(a) 10 (b) 9 (c) 8 (d) 12

7. **एक काले रंग के घन को 125 बराबर भागों में विभाजित किया गया है। ऐसे घनों की संख्या क्या होगी, जिनकी दो सतहें रंगीन हो?**

(a) 64 (b) 36 (c) 25 (d) 129

उत्तरमाला

1. (a)	2. (c)	3. (b)	4. (d)	5. (c)
6. (a)	7. (b)			

संकेत एवं हल

हल (प्र. सं. 1-3)

	उभयनिष्ठ	विपरीत	विपरीत
स्थिति (i)	3	1	5
स्थिति (ii)	3	4	2

1. 1 की विपरीत सतह पर संख्या 4 है।

2. 2 की विपरीत सतह पर संख्या 5 है।

3. 3 की विपरीत सतह पर संख्या 6 है।

4. चूँकि दोनों पासों में 2 बिन्दु एक ही सतह पर उभयनिष्ठ हैं। अतः बिन्दु 1 के विपरीत सतह पर बिन्दु 6 होगा।

5. जहाँ पर पासे की तीन स्थितियाँ दी गयी होती है वहाँ पर सर्वप्रथम उस पासे को चुनते हैं जिसके अंक के बारे में प्रश्न में पूछा गया हैं। चूँकि पासा I और II में 2 और 3 अंक अलग-अलग सतहों पर उभयनिष्ठ हैं। अतः 1 के विपरीत सतह पर 4 होगा।

6. 1 घन वाली पंक्तियों की संख्या $= 3 \times 1 = 3$

2 घन वाली पंक्तियों की संख्या $= 2 \times 2 = 4$

3 घन वाली पंक्तियों की संख्या $= 1 \times 3 = 3$

अतः कुल घनों की संख्या $= 3 + 4 + 3 = 10$

7. $n = \sqrt[3]{125} = 5$

∴ दो सतह रंगीन घनों की संख्या

$= (n-2) \times 12 = (5-2) \times 12 = 3 \times 12 = 36$

अध्याय 13

समूह बनाना एवं चयन करना

इस अध्याय के अन्तर्गत प्रश्न साधारणत: व्यक्तियों के बैठने के क्रम, बैठने की दिशा, बैठने की व्यवस्था आदि पर आधारित होते हैं। इन प्रश्नों में दी गई सभी जानकारियाँ कुछ व्यक्तियों के बैठने की व्यवस्था पर आधारित होती हैं। आपको प्रश्न में दी गई जानकारियों के आधार पर पूछे गए प्रश्नों के उत्तर देने होते हैं।

साधित उदाहरण

1. आठ व्यक्ति A, B, C, D, E, F, G तथा H दो पंक्तियों में चार-चार होकर आमने-सामने बैठे हुए हैं। B एवं C आमने-सामने हैं और C, D एवं E के बीच में है। E के बाईं ओर H बैठा है, जो F के विकर्णवत् है। G और B आस-पास नहीं हैं। A के सामने कौन बैठा है?

(a) H (b) C (c) D (d) E

हल (d) प्रश्नानुसार, आठ व्यक्तियों के बैठने का क्रम निम्नवत् है

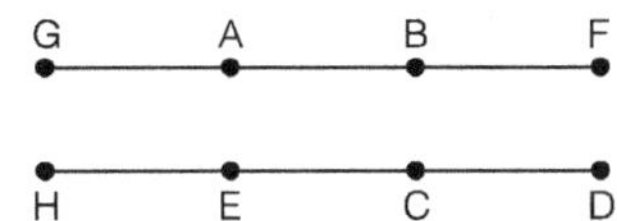

अत: A के सामने E बैठा है।

2. A, B, C, D, E, F और G एक वृत्ताकार घेरे में बैठकर ताश खेल रहे हैं। F, G के दाईं ओर दूसरा है। B, F का पड़ोसी है, लेकिन C का पड़ोसी नहीं है। E जोकि C का पड़ोसी है, G के दाईं ओर चौथे स्थान पर है। D, E और A के बीच में हैं। A के ठीक बाईं ओर कौन बैठा है?

(a) B (b) D

(c) G (d) E

हल (b) प्रश्नानुसार, सातों व्यक्तियों के बैठने का क्रम निम्नवत् है

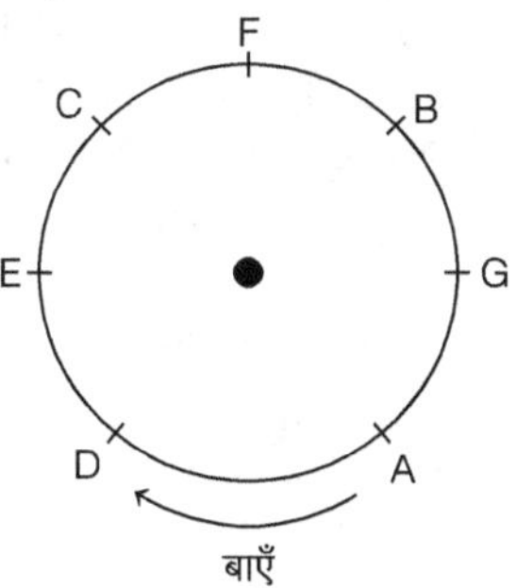

अत: A के ठीक बाईं ओर D बैठा है।

अभ्यास प्रश्न

1. कॉलेज पार्टी में पाँच लड़कियाँ एक पंक्ति में बैठी हैं। P, M के बाईं ओर और O के दाईं ओर बैठी है। R, N के दाईं ओर, परन्तु O के बाईं ओर बैठी है। मध्य में कौन बैठी है?

(a) O (b) R (c) P (d) M

2. एक पेड़ पर पाँच पक्षी बैठे हैं। कबूतर, तोते के दाईं ओर है। गौरैया, तोते से ऊपर है। कौवा, कबूतर से अगला है। सारस, कौवे से नीचे है। कौन-सा पक्षी मध्य में हैं?

(a) कौवा (b) कबूतर (c) तोता (d) सारस

3. A, B, C, D और E एक बैंच पर बैठे हैं। उनमें A, B के बराबर में बैठा है तथा C, D के बराबर में, परन्तु D, E के पास नहीं बैठा है, क्योंकि E बैंच के बाएँ किनारे पर बैठा है। C का स्थान दाईं ओर से दूसरा है तथा A, B और E के दाईं ओर है, परन्तु A और C साथ बैठे हैं, तब A किन दो व्यक्तियों के मध्य बैठा है?

(a) B व C (b) C व D

(c) E व B (d) इनमें से कोई नहीं

4. छ: मित्र एक घेरे में बैठे हैं और ताश खेल रहे हैं। कैनी, डैनी के बाईं ओर है। बॉबी और जॉनी के बीच में माइकल है। कैनी और बॉबी के बीच में रॉजर है। माइकल के दाईं ओर कौन बैठा है?

(a) डैमी (b) बॉबी (c) जॉनी (d) रॉजर

5. पाँच पुस्तकें A, B, C, D और E हैं। इनमें C, D के ऊपर है। E, A के नीचे है तथा D, A के ऊपर है एवं B, E के नीचे है। सबसे नीचे वाली पुस्तक है

(a) D (b) E (c) A (d) B

6. छ: व्यक्ति M, N, O, P, Q और R, तीन व्यक्ति प्रति पंक्ति के अनुसार दो पंक्तियों में बैठे हैं। Q किसी भी पंक्ति के अन्त में नहीं है। P, R के बाईं ओर दूसरे स्थान पर है। O, Q का पड़ोसी है और

P के विकर्णवत् सम्मुख है। N, R का पड़ोसी है। उपरोक्त सूचना के आधार पर N के सम्मुख कौन है?

(a) O (b) Q (c) M (d) P

7. A, B, C, D, E और F एक गोल मेज के इर्द-गिर्द स्थायी रूप से रखी कुर्सियों पर बैठे हैं, किन्तु आवश्यक नहीं है कि उनके बैठने का क्रम यही है। यह देखा गया है कि A, D और F के बीच है। C, D के सम्मुख है। D और E अगल-बगल कुर्सियों पर नहीं हैं तथा D, B के दाईं ओर है। B के तुरन्त बाएँ कौन बैठा है?

(a) A (b) F (c) E (d) B

8. एक सभा में सात सदस्य एक पंक्ति में बैठें हैं। C बैठा है B के बाईं ओर, किन्तु D के दाईं ओर। A बैठा है B के दाईं ओर। F बैठा है E के दाईं ओर किन्तु D के बाईं ओर। H बैठा है E के बाईं ओर। बीच में कौन बैठा है?

(a) F (b) D (c) E (d) B

9. किसी पैनल में पाँच सदस्य एक गोले के अन्दर की तरफ मुँह करके बैठे हैं। A, B और E के मध्य में बैठा है। D, E के दाएँ दूसरे स्थान पर बैठा है, जिसके निकटतम दाएँ C है। पैनल में B किसके निकटतम बाएँ बैठा है?

(a) A (b) C (c) D (d) E

10. पाँच लड़के A_1, A_2, A_3, A_4 एवं A_5 एक सीढ़ी पर इस प्रकार बैठे हैं- A_1 के ऊपर A_5, A_2 के नीचे A_4, A_5 के नीचे A_2 तथा A_2 के नीचे और A_3 के ऊपर A_4, सीढ़ी पर सबसे नीचे कौन बैठा है?

(a) A_2 (b) A_1 (c) A_5 (d) A_3

उत्तरमाला

1. (a)	2. (b)	3. (a)	4. (b)	5. (d)
6. (b)	7. (c)	8. (b)	9. (a)	10. (d)

संकेत एवं हल

1. प्रश्नानुसार, लड़कियों के बैठने का क्रम निम्नवत् है

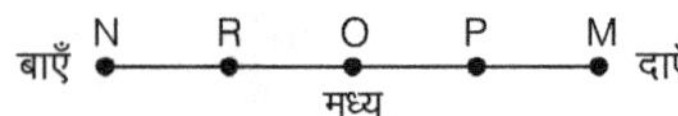

अतः मध्य में O बैठी है।

2. प्रश्नानुसार, पक्षियों के बैठने का क्रम निम्नवत् है

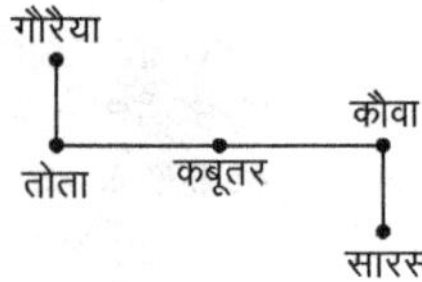

अतः कबूतर मध्य में बैठा है।

3. प्रश्नानुसार,

अतः A, B और C के बीच में बैठा है।

4. प्रश्नानुसार, छः मित्रों के बैठने का क्रम निम्नवत् है

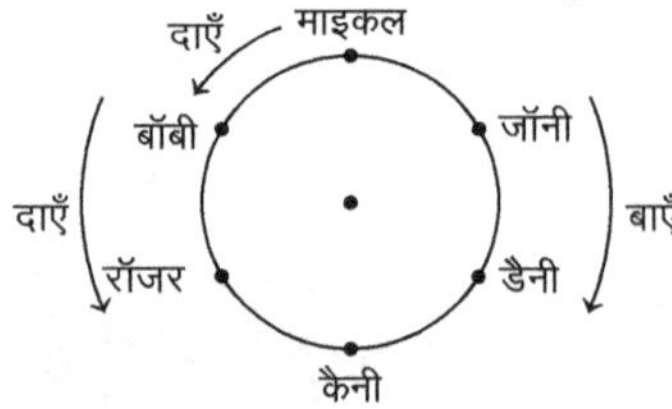

अतः माइकल के दाईं ओर बॉबी बैठा है।

5. प्रश्नानुसार, पुस्तकें निम्न क्रम में रखी हुई हैं

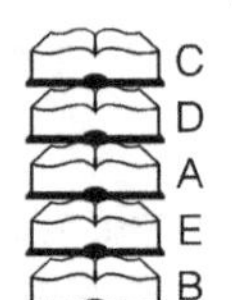

अतः सबसे नीचे वाली पुस्तक B है।

6. प्रश्नानुसार, व्यक्तियों के बैठने का क्रम निम्नवत् है

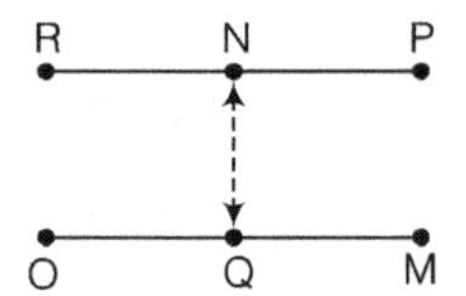

अतः N के सम्मुख Q बैठा है।

7. प्रश्नानुसार, व्यक्तियों के बैठने का क्रम निम्नवत् है

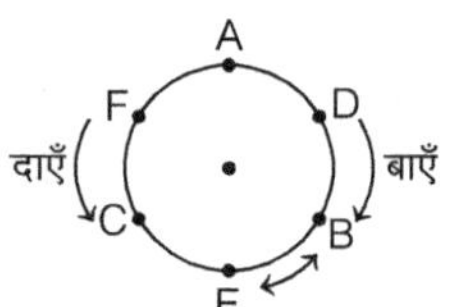

अतः B के तुरन्त बाएँ E बैठा है।

8. प्रश्नानुसार, सातों व्यक्तियों को व्यवस्थित करने पर

H E F D C B A

अतः बीच में D बैठा है।

9. प्रश्नानुसार, पाँचों सदस्यों के बैठने का क्रम निम्नवत् है

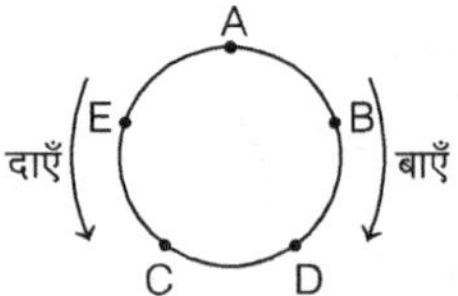

अतः B, A के निकटतम बाएँ बैठा है।

10. प्रश्नानुसार, लड़कों के बैठने का क्रम निम्नवत् है

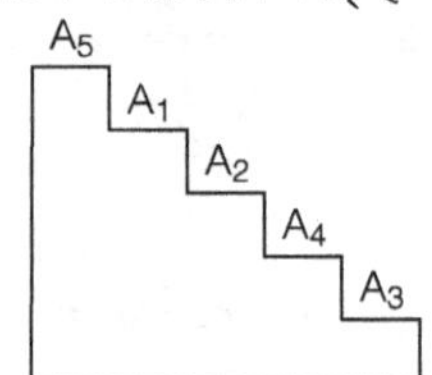

अतः सीढ़ी पर सबसे नीचे A_3 बैठा है।

अध्याय 14

विश्लेषण एवं तार्किक अभियोग्यता

विश्लेषण एवं तार्किक अभियोग्यता के अन्तर्गत निम्नलिखित पर आधारित प्रश्न पूछे जाते हैं

1. न्याय-निगमन (Syllogism)
2. कथन और निष्कर्ष या अनुमान (Statement and Conclusion or Inference)
3. कथन और पूर्वधारणा (Statement and Assumption)
4. कथन और तर्क (Statement and Argument)
5. कथन एवं कारण (Assertion and Reason)

न्याय-निगमन

'Syllogism' एक ग्रीक भाषा का शब्द है जिसका अर्थ है 'एकसाथ कहना'। इस प्रकार न्याय-निगमन वह प्रक्रिया है, जिसके द्वारा दो या दो से अधिक विचारों तर्कवाक्यों/कथनों को एकसाथ लेकर उससे एक तार्किक निष्कर्ष निकाला जाता है।

चाहे दिया गया तर्कवाक्य/कथन सत्य हो या असत्य हो, फिर भी हम उन्हें सत्य मानेंगे और निष्कर्ष ज्ञात करेंगे।

1. नीचे दिए गए प्रश्न में तीन कथन और उसके बाद दो निष्कर्ष I और II दिए गए हैं। आपको दिए गए तीनों कथनों को सत्य मानना है, भले ही वे सर्वज्ञात तथ्यों से भिन्न प्रतीत होते हों और फिर तय कीजिए कि दिए गए निष्कर्षों में से कौन-सा निष्कर्ष दिए गए कथनों का तर्कसंगत रूप से अनुसरण करता है, चाहे सर्वज्ञात तथ्य कुछ भी हों।

कथन कुछ कीले स्क्रू हैं। कुछ स्क्रू हथौड़े हैं। सभी हथौड़े टेप हैं।

निष्कर्ष I. कुछ कीले टेप हैं।

II. कुछ स्क्रू टेप हैं।

(a) केवल I (b) केवल II
(c) न तो I और न ही II (d) I व II दोनों

हल (b) कथनानुसार, वेन आरेख निम्नवत् है

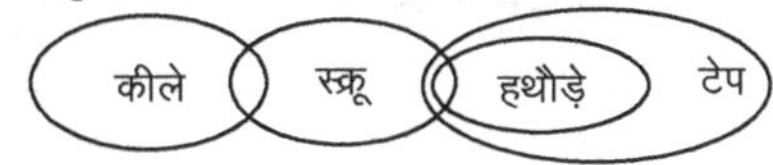

अतः वेन आरेख के अनुसार केवल निष्कर्ष II कथन का अनुसरण करता है।

कथन और निष्कर्ष या अनुमान

इस अध्याय के अन्तर्गत पूछे जाने वाले प्रश्नों में सर्वप्रथम एक कथन दिया गया होता है, फिर इसके नीचे इस पर आधारित दो या दो से अधिक निष्कर्ष दिए गए होते हैं।

अभ्यर्थियों को कथन के सभी तथ्यों को सही मानते हुए चाहे वह सर्वमान्य मान्यताओं के विपरीत ही क्यों न हो, उन्हें सत्य मानना है अर्थात् इसमें किसी भी तरह के पूर्वानुमान का सहारा लिए बिना यह ज्ञात करना होता है कि दिए गए निष्कर्षों में कौन-सा निष्कर्ष तार्किक रूप से सत्य है।

2. नीचे दिए गए प्रश्न में एक कथन का दो निष्कर्षों I एवं II द्वारा अनुसरण किया जाता है। आपको यह मानना होगा कि कथन में दी गई सभी जानकारी सत्य है। दोनों निष्कर्षों पर एकसाथ विचार करें तथा निर्धारित करें कि कथन में दी गई जानकारी के आधार पर तार्किक रूप से कौन-सा निष्कर्ष सही है?

कथन भारत सरकार ने कार्य स्थल पर यौन उत्पीड़न को कम करने के लिए संसद में यौन उत्पीड़न विधेयक, 2010 प्रस्तुत किया।

निष्कर्ष

I. कार्य स्थल पर महिलाओं का यौन उत्पीड़न अन्य विकसित देशों की तुलना में भारत में अधिक प्रचलित है।

II. भारत में अनेक संगठन इस तरह की समस्याओं से बचने के लिए महिलाओं की भर्ती बन्द करेंगे।

(a) केवल I (b) केवल II
(c) न तो I और न ही II (d) I व II दोनों

हल (c) निष्कर्ष I सही नहीं है क्योंकि कथन में इसके बारे में कुछ भी नहीं कहा गया है। यह अन्य विकसित देशों के साथ तुलना पर आधारित एक निष्कर्ष है, जो सही नहीं भी हो सकता है।

इसलिए निष्कर्ष I कथन का निष्कर्ष नहीं है। निष्कर्ष II भी कथन का निष्कर्ष नहीं है। यह एक नकारात्मक प्रतिक्रिया है।

कथन और पूर्वधारणा

इस प्रकरण के अन्तर्गत पूछे जाने वाले प्रश्नों में एक कथन दिया गया होता है तथा इसके बाद दो या तीन पूर्वधारणाएँ दी गई होती हैं, आपको दिए गए कथन पर विचार करते हुए यह ज्ञात करना होता है कि दी गई पूर्वधारणाओं में कौन-सी पूर्वधारणा दिए गए कथन में छिपी हुई है। परन्तु कभी-कभी पहले एक पूर्वधारणा दे दी जाती है तथा उसके नीचे तीन या चार कथन दिए जाते हैं, आपको दी गई पूर्वधारणा पर विचार करते हुए यह ज्ञात करना होता है कि दिए गए कथनों में से कौन-कौन से कथनों के लिए यह पूर्वधारणा उपयुक्त है।

3. नीचे दिए गए प्रश्न में एक कथन दिया गया है, जिसका I एवं II पूर्वधारणाओं के द्वारा अनुसरण किया जाता है। आपको कथन एवं दी गई पूर्वधारणाओं पर विचार करके यह निर्धारित करना है कि कथन में कौन-सी पूर्वधारणा अन्तर्निहित है?

कथन 'X' राज्य में आत्महत्या करने वाले किसानों की बड़ी संख्या को देखते हुए राज्य सरकार ने कृषि हेतु किसानों को दिए गए कर्ज को माफ करने का फैसला किया है।

पूर्वधारणाएँ

I. इससे 'X' राज्य में किसानों द्वारा की जाने वाली आत्महत्या का मामला आगे बन्द हो सकता है।

II. सरकार के इस कदम का जनता द्वारा बड़े पैमाने पर स्वागत किया जा सकता है।

(a) केवल I

(b) केवल II

(c) I व II दोनों

(d) न तो I और न ही II

हल (c) I अन्तर्निहित पूर्वधारणा है क्योंकि सरकार मान रही है कि इसके द्वारा की गई पहल समस्या के हल का एक प्रयास है। पूर्वधारणा II स्पष्ट है क्योंकि सरकार द्वारा की गई पहल का लक्ष्य किसानों को लाभ पहुँचाना है और इसलिए बड़े पैमाने पर लोगों ने इसका स्वागत किया।

कथन और तर्क

इस अध्याय के अन्तर्गत पूछे जाने वाले प्रश्नों के दो भाग होते हैं, 'कथन और तर्क'। सर्वप्रथम, प्रश्न में एक कथन दिया रहता है, इसके बाद तर्क दिए जाते हैं जोकि दो या तीन होते हैं। ये तर्क सकारात्मक या नकारात्मक दोनों प्रकार के हो सकते हैं।

आपको प्रश्न में दिए गए कथन और तर्कों पर विचार करते हुए यह निर्णय करना होता है कि दिए गए कथन के पक्ष या विपक्ष में दिए गए तर्कों में से कौन-सा तर्क प्रबल (ठोस) है। इन प्रश्नों का उद्देश्य अभ्यर्थियों की तर्क-वितर्क की क्षमता की जाँच करना है। प्रश्नों के माध्यम से यह तय किया जाता है कि कौन-सा तर्क प्रबल (ठोस) है तथा कौन-सा निर्बल है। प्रबल तर्क सीधे कथन से सम्बन्धित होते हैं, जबकि निर्बल तर्क सीधे कथन से सम्बन्धित नहीं होते हैं।

4. नीचे दिए गए प्रश्न में एक कथन तथा दो तर्क दिए गए हैं। आपको यह तय करना है कि कौन-सा तर्क कमजोर है और कौन-सा तर्क मजबूत है।

कथन क्या स्कूल परीक्षाओं का प्रमुख भाग या अधिकांश हिस्सा वस्तुनिष्ठ बनाया जाना चाहिए?

तर्क

I. नहीं, वस्तुनिष्ठ परीक्षा छात्रों की अभिव्यक्ति की क्षमता का परीक्षण नहीं करती है।

II. हाँ, यह क्षमता एवं ज्ञान का आकलन करने का एक सबसे अच्छा तरीका है।

(a) केवल I
(b) केवल II
(c) न तो I और न ही II
(d) I व II दोनों

हल (a) तर्क I मजबूत है क्योंकि वस्तुनिष्ठ परीक्षा न्यूनतम अभिव्यक्तिपूर्ण होती है। तर्क II एक अस्पष्ट तर्क है क्योंकि बिना कोई ठोस कारण दिए किसी पद्धति को श्रेष्ठ बताना एक सरल दृढ़ कथन है, इसलिए यह एक कमजोर तर्क है।

कथन एवं कारण

इस प्रकरण के अन्तर्गत पूछे जाने वाले प्रश्नों में एक कथन दिया गया होता है, जिसके बाद एक कारण भी दिया गया होता है। अभ्यार्थियों को सदैव ध्यान रखना चाहिए कि वे दिए गए कथन का ध्यानपूर्वक अध्ययन करें और फिर निश्चय करें कि दिया गया कथन सत्य है या नहीं, इसके बाद निर्णय करें कि इसका कारण सत्य है या नहीं।

5. नीचे दिए गए प्रश्नों में एक कथन और एक कारण दिया गया है। आपको तय करना है कि

कथन ध्रुवों की बर्फ पिघलने का प्रमुख कारण कार्बन डाइऑक्साइड है।

कारण वैश्विक तापमान में वृद्धि हुई है।

(a) कथन और कारण दोनों सत्य हैं और कारण, कथन की उचित व्याख्या करता है

(b) कथन और कारण दोनों सत्य हैं और कारण, कथन की उचित व्याख्या नहीं करता है

(c) कथन सत्य है, लेकिन कारण असत्य है

(d) कथन असत्य है, लेकिन कारण सत्य है

हल (a) कार्बन डाइऑक्साइड के कारण पृथ्वी के वातावरण के तापमान में पर्याप्त वृद्धि हुई है, जिसके चलते ध्रुवों की बर्फ पिघलने लगी है। अतः 'कथन और कारण दोनों सत्य हैं और कारण, कथन की उचित व्याख्या करता है।

अभ्यास प्रश्न

निर्देश (प्र.सं. 1 और 2) *नीचे प्रत्येक प्रश्न में तीन कथन और उसके बाद दो निष्कर्ष I और II दिए गए हैं। आपको दिए गए तीनों कथनों को सत्य समझना है, भले ही वे सर्वज्ञात तथ्यों से भिन्न प्रतीत होते हों और फिर तय कीजिए कि कौन-सा निष्कर्ष दिए गए कथनों का तर्कसंगत रूप से अनुसरण करता है, चाहे सर्वज्ञात तथ्य कुछ भी हों?*

1. कथन सभी ब्रश चॉकलेट हैं।
सभी चॉकलेट आइनें हैं।
सभी आइनें मेज हैं।

निष्कर्ष I. कुछ मेज ब्रश हैं।
II. कुछ आइनें चॉकलेट हैं।

(a) केवल I
(b) केवल II
(c) I व II दोनों
(d) न तो I और न ही II

2. कथन कुछ पेन्सिलें चाकू हैं।
सभी चाकू कागज हैं।
कुछ कागज पुस्तकें हैं।

निष्कर्ष

I. कुछ पुस्तकें पेन्सिलें हैं।
II. कुछ कागज पेन्सिलें हैं।

(a) केवल I
(b) केवल II
(c) I व II दोनों
(d) न तो I और न ही II

निर्देश (प्र.सं. 3 और 4) *नीचे दिए गए प्रत्येक प्रश्न में एक कथन का दो निष्कर्षों I एवं II द्वारा अनुसरण किया जाता है। आपको यह मानकर चलना होगा कि कथन में कहा गया प्रत्येक तथ्य सही है, इसके बाद दोनों निष्कर्षों पर एकसाथ विचार करें तथा निर्धारित करें कि कथन में दी गई जानकारी के आधार पर कौन-सा तार्किक निष्कर्ष निकाला जा सकता है?*

3. कथन अनियमितता परीक्षा में छात्रों की असफलता का एक कारण है। कुछ नियमित छात्र भी परीक्षा में असफल होते हैं।

निष्कर्ष

I. सभी असफल छात्र नियमित हैं।

II. सभी सफल छात्र नियमित नहीं हैं।

(a) केवल I (b) केवल II

(c) I व II दोनों (d) न तो I और न ही II

4. कथन एक मेडिकल कॉलेज ने एक इकाई या कक्ष (cell) प्रारम्भ की जो मरीजों एवं सामान्य लोगों के तनाव प्रबन्धन के क्षेत्र में परामर्श कार्यशालाओं का आयोजन करेगा।

निष्कर्ष

I. इस तरह की गतिविधियों को प्रारम्भ करने के लिए अस्पताल को संसाधनों की आवश्यकता होगी।

II. मरीज एवं सामान्य लोग अस्पताल में ऐसे कक्ष की आवश्यकता महसूस करते हैं।

(a) केवल I (b) केवल II

(c) I व II दोनों (d) न तो I और न ही II

निर्देश (प्र. सं. 5 और 6) *नीचे दिए गए प्रत्येक प्रश्न में एक कथन का दो पूर्वधारणाओं I या II द्वारा अनुकरण किया जाता है। आपको कथन एवं निम्नलिखित पूर्वधारणाओं पर विचार करके यह तय करना है कि कौन-सी पूर्वधारणा कथन में अन्तर्निहित है?*

5. कथन अनेक संगठनों ने परीक्षा की ऑनलाइन पद्धति को अपना लिया है।

पूर्वधारणाएँ

I. देश के सभी भागों के अभ्यर्थी अच्छी तरह कम्प्यूटर का उपयोग कर सकते हैं।

II. परीक्षा की ऑनलाइन पद्धति अधिक सक्षम कर्मियों की भर्ती में मदद करती है।

(a) केवल I (b) केवल II

(c) I व II दोनों (d) न तो I और न ही II

6. कथन आतंकवादी हमलों के शिकार सभी लोगों के लिए सरकार ने भारी मुआवजा पैकेज देने की घोषणा की।

पूर्वधारणाएँ

I. निकट भविष्य में आतंकवाद की ऐसी घटनाएँ नहीं हो सकतीं।

II. वर्तमान सरकार के विरुद्ध नागरिकों के बीच का क्रोध मुआवजे से कम हो सकता है।

(a) केवल I (b) केवल II

(c) I व II दोनों (d) न तो I और न ही II

निर्देश (प्र.सं. 7 और 8) *नीचे दिए गए प्रत्येक प्रश्न में कथन तथा दो तर्क I एवं II दिए गए हैं। आपको तय करना है कि कौन-सा तर्क मजबूत है और कौन-सा कमजोर।*

7. कथन क्या गर्भावस्था के दौरान लिंग निर्धारण परीक्षण पूरी तरह प्रतिबन्धित होना चाहिए?

तर्क

I. हाँ, यह अन्धाधुन्ध कन्या भ्रूण हत्या के लिए जिम्मेदार है और अन्ततः इससे सामाजिक असन्तुलन को बढ़ावा मिलेगा।

II. नहीं, लोगों को अपने अजन्मे बच्चे के बारे में जानने का अधिकार है।

(a) केवल I (b) केवल II

(c) I व II दोनों (d) न तो I और न ही II

8. कथन क्या भारत के बड़े शहरों में कुछ महीनों के लिए नई कारों के पंजीकरण पर पूर्ण प्रतिबन्ध लगना चाहिए?

तर्क

I. हाँ, इससे भारत के बड़े शहरों में पहले से ही भीड़ भरी सड़कों पर कारों की संख्या कम हो जाएगी।

II. नहीं, यह उनके विरुद्ध अत्यधिक भेदभावपूर्ण है, जो अब नई कार खरीदना तय कर चुके हैं। इसलिए इसे लागू नहीं किया जाना चाहिए।

(a) केवल I

(b) केवल II

(c) I व II दोनों

(d) न तो I और न ही II

निर्देश (प्र. सं. 9 और 10) *नीचे दिए गए सभी प्रश्नों में एक कथन और एक कारण दिया गया है। आपको कथन और कारण को पढ़ना है और उसके आधार पर उत्तर देना है।*

आपको तय करना है कि

(a) कथन और कारण दोनों सत्य हैं और कारण, कथन की उचित व्याख्या करता है

(b) कथन और कारण दोनों सत्य हैं और कारण, कथन की उचित व्याख्या नहीं करता है

(c) कथन सत्य है, लेकिन कारण असत्य है

(d) कथन असत्य है, लेकिन कारण सत्य है

9. कथन भारतीय संविधान 26 जनवरी, 1950 को लागू हुआ था।
कारण 26 जनवरी को हम गणतन्त्र दिवस के रूप में मनाते हैं।

10. कथन खून का लाल रंग हीमोग्लोबिन के कारण होता है।
कारण हीमोग्लोबिन लाल रक्त कण होता है।

उत्तरमाला

1.	(c)	**2.**	(b)	**3.**	(d)	**4.**	(c)	**5.**	(a)
6.	(b)	**7.**	(a)	**8.**	(b)	**9.**	(a)	**10.**	(a)

संकेत एवं हल

1. कथनानुसार,

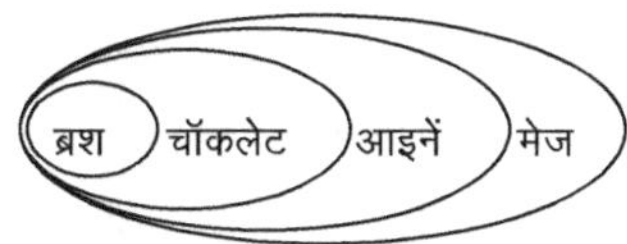

निष्कर्ष I. ✓ II. ✓

अतः दोनों निष्कर्ष I व II अनुसरण करते हैं।

2. कथनानुसार,

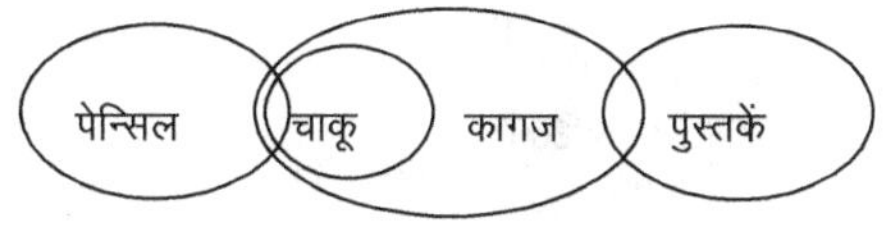

निष्कर्ष I. ✗ II. ✓

अतः केवल निष्कर्ष II अनुसरण करता है।

3. कुछ नियमित छात्र भी फेल हो जाते हैं। अतः इस आधार पर निष्कर्ष I सही नहीं है। दूसरी तरफ यह निष्कर्ष कि सभी सफल छात्र नियमित नहीं हैं, भी अवैध है।

4. निष्कर्ष I अनुसरण करता है, क्योंकि बिना संसाधन के ऐसी शुरुआत सम्भव नहीं है। निष्कर्ष II भी अनुसरण करता है, क्योंकि मरीज तथा साधारण लोगों को भी अस्पताल में ऐसे कक्ष की आवश्यकता महसूस होती है।

5. पूर्वधारणा I के अनुसार अन्तर्निहित होगी क्योंकि ज्यादातर लोग कम्प्यूटर के बारे में जागरूक हो चुके हैं। पूर्वधारणा II अन्तर्निहित नहीं होगी, क्योंकि ऑनलाइन परीक्षा जरूरी नहीं कि योग्य लोगों के चयन में सहायक हो। यह पद्धति खर्चे को कम करने में सहायक है तथा अनावश्यक परेशानियों से बचने के लिए है।

6. पूर्वधारणा I अन्तर्निहित नहीं होगी, क्योंकि मुआवजा राशि बाँटने से आतंकवादी घटनाएँ कम नहीं होंगी। पूर्वधारणा II अन्तर्निहित होगी, क्योंकि मुआवजा देने से लोगों का गुस्सा कम हो सकता है। अर्थात् इससे कुछ हद तक भरपाई हो सकती है।

7. तर्क I ठोस है, क्योंकि लिंग जाँच इसलिए कराई जाती है, ताकि यह पता किया जा सके कि बच्चा लड़का है या लड़की। फिर लड़की होने की स्थिति में गर्भ नष्ट कर दिया जाता है। अतः यह सामाजिक स्तर पर लिंग अनुपात में कमी करता है। तर्क II ठोस नहीं है, क्योंकि लिंग जाँच का गलत प्रयोग होता है।

8. तर्क I ठोस नहीं है, क्योंकि यह आवश्यक नहीं है, कि प्रत्येक बड़े शहर में सड़कों पर अत्यधिक भीड़-भाड़ वाली स्थिति हो तथा भीड़ का लेवल (स्थिति) क्या है यह भी तर्क में नहीं दिया गया है। अतः तर्क I ठोस नहीं है। तर्क II ठोस है, क्योंकि एक व्यक्ति को सामान्य सुविधाओं से वंचित किया जाना उचित नहीं है।

9. भारतीय संविधान 26 जनवरी, 1950 को लागू हुआ और उसी दिन से हम गणतन्त्र दिवस के रूप में उसे मनाते हैं। अतः कथन तथा कारण दोनों सत्य हैं और कारण, कथन की उचित व्याख्या करता है।

10. हीमोग्लोबिन लाल रक्त कण होता है और उसी के कारण खून का रंग लाल होता है। कथन तथा कारण दोनों सत्य हैं और कारण, कथन की उचित व्याख्या करता है।

अध्याय 15

आँकड़ों की व्याख्या

किसी विशेष गुणों से युक्त तथ्यों का संख्यात्मक रूप समंक (data) तथा समंकों में दिए गए तथ्यों से निष्कर्ष निकालना "समंकों की व्याख्या" कहलाता है। समंकों को कई रूपों में प्रदर्शित किया जा सकता है। जैसें-सारणी, दण्ड-आरेख, पाई-चार्ट, ग्राफ आदि।

इन्हें स्मरण रखें

- इस प्रकार के प्रश्नों को हल करने के लिए पहले दिए गए तथ्यों का ध्यानपूर्वक अध्ययन करते हैं तथा मात्रकों का विशेष ध्यान रखते हैं।
- कुछ प्रश्न केवल दिए गए तथ्यों को देखने पर ही हल हो सकते हैं। अतः इस प्रकार के प्रश्नों में लम्बी गणना करने से बचना चाहिए।
- यदि किसी प्रश्न में गणना करना आवश्यक हो, तो तथ्यों का लगभग मान लेते हुए गणना करनी चाहिए।
- इस प्रकार के प्रश्नों को हल करने के लिए औसत तथा प्रतिशतता का ज्ञान अत्यन्त आवश्यक है।
- वृत्त चित्र/ पाई-चार्ट में प्रयोग होने वाले महत्त्वपूर्ण सूत्र

$$\text{प्रतिशतता} = \frac{\text{संगत मान}}{\text{कुल आय (मान)}} \times 100;$$

$$\text{संगत कोण} = \frac{\text{प्रतिशतता} \times 360^\circ}{100}$$

साधित उदाहरण

निर्देश (प्र.सं. 1 और 2) *निम्न सारणी का ध्यान से अध्ययन कर दिए गए प्रश्नों के उत्तर दें।*

5 विद्यार्थियों द्वारा अलग-अलग विषयों में प्राप्त किए गए प्रतिशत अंक

विषय / विद्यार्थी	अंग्रेजी (100 में से)	गणित (150 में से)	संस्कृत (50 में से)	हिन्दी (75 में से)	विज्ञान (125 में से)	सा.अध्ययन I (100 में से)
A	71	105	46	60	80	73
B	73	60	48	40	60	79
C	87	75	45	60	40	81
D	83	84	44	80	50	39
E	62	128	32	60	70	57

1. **विद्यार्थी B द्वारा सभी विषयों में प्राप्त अंकों का मिलकर समग्र प्रतिशत क्या है?**

(a) 50% (b) 40%
(c) 60% (d) 45%

हल (c) पूर्णांक = 100 + 150 + 50 + 75 + 125 + 100 = 600

विद्यार्थी B के कुल अंक = 73 + 60 + 48 + 40 + 60 + 79 = 360

अतः अभीष्ट प्रतिशत = $\frac{360}{600} \times 100$ = 60%

2. सभी विद्यार्थियों द्वारा मिलकर संस्कृत में प्राप्त अंकों का औसत (प्रतिशत में) कितना है?

(a) 88% (b) 86%

(c) 97% (d) 76%

हल (b) संस्कृत के कुल अंक = 46 + 48 + 45 + 44 + 32 = 215

संस्कृत के कुल पूर्णांक = 5 × 50 = 250

अतः अभीष्ट प्रतिशत = $\frac{215}{250} \times 100$ = 86%

(**टिप्पणी** औसत पूर्णांक = $\frac{215}{5}$ = 43 जोकि 50 का 86% है, से भी निकाला जा सकता है।)

निर्देश (प्र.सं. 3) *निम्नलिखित दण्ड आरेख के आधार पर प्रश्न का उत्तर दीजिए।*

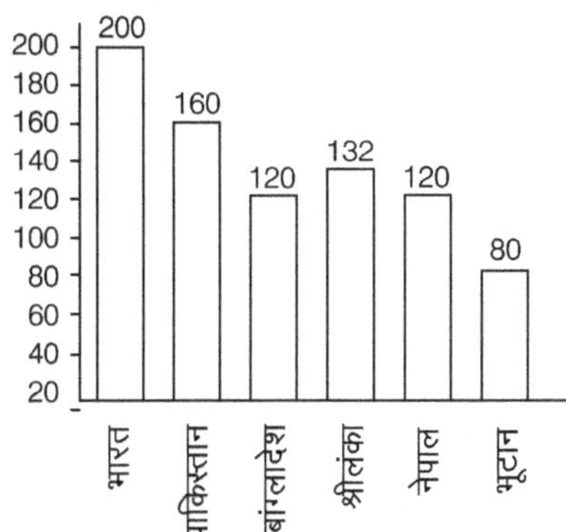

3. दिए गए देशों की औसत उपज कितनी (किग्रा) है?

(a) $135\frac{1}{3}$ (b) $136\frac{2}{3}$

(c) $134\frac{1}{3}$ (d) इनमें से कोई नहीं

हल (a) अभीष्ट औसत उपज

$= \frac{200 + 160 + 120 + 132 + 120 + 80}{6}$

$= \frac{812}{6} = 135\frac{1}{3}$ किग्रा

निर्देश (प्र.सं. 4) *दिए गए पाई-चार्ट का अध्ययन करके नीचे दिए गए प्रश्न का उत्तर दीजिए।*

एक मकान को बनाने में किए गए व्यय का ब्यौरा = ₹600000

4. सीमेण्ट की मद पर किए गए व्यय की धनराशि कितनी है?

(a) ₹ 100000 (b) ₹ 125000

(c) ₹ 130000 (d) ₹ 120000

हल (d) सीमेण्ट की मद में किया गया व्यय = $\left(\frac{72°}{360°} \times 600000\right)$

= ₹120000

अभ्यास प्रश्न

निर्देश (प्र.सं. 1 और 2) *निम्नलिखित वृत्त आरेख ₹ 40000 करोड़ की पाँचवीं पंचवर्षीय योजना की प्रस्तावित रूपरेखा को निरूपित करता है। आरेख की जाँच कर दिए गए प्रश्नों के उत्तर दीजिए।*

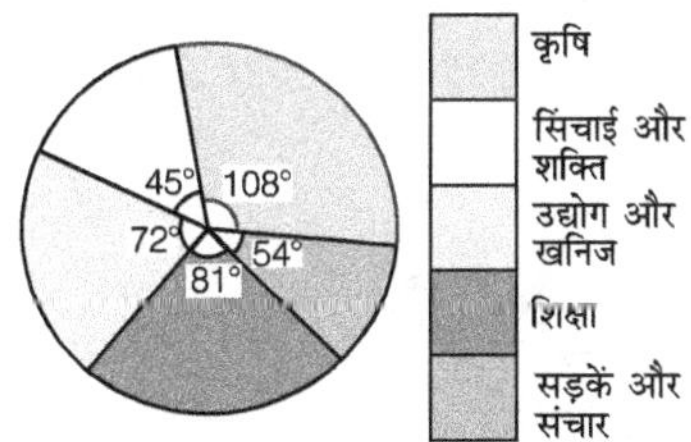

1. कृषि पर प्रस्तावित राशि, उद्योग और खनिज पर प्रस्तावित राशि से कितनी प्रतिशत अधिक है?

(a) 40% (b) 50% (c) 45% (d) 55%

2. सिंचाई और शक्ति पर प्रस्तावित राशि उद्योग और खनिज पर प्रस्तावित राशि (करोड़ रुपयों में) से कितनी कम है?

(a) ₹ 3000 (b) ₹ 2500

(c) ₹ 1500 (d) ₹ 2700

निर्देश (प्र.सं. 3-5) *निम्नलिखित लेखाचित्र का अध्ययन कीजिए और दिए गए प्रश्नों के उत्तर दीजिए।*

कुछ वर्षों में एक कम्पनी द्वारा नमक का उत्पादन (1000 टनों में)

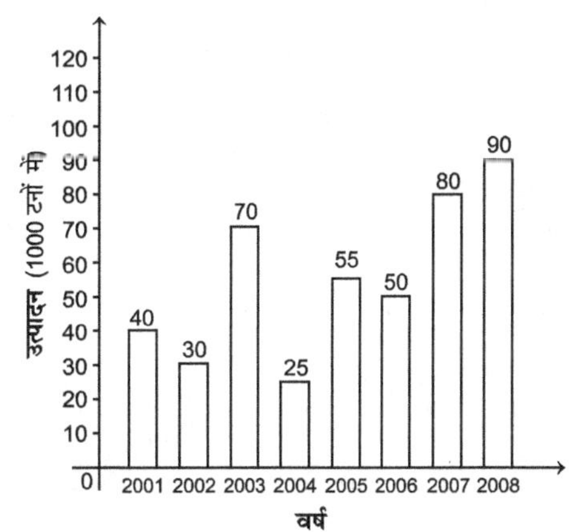

3. वर्ष 2001 की तुलना में वर्ष 2008 में नमक के उत्पाद में कितने प्रतिशत की वृद्धि हुई?
(a) 125% (b) 100% (c) 128% (d) 95%

4. दिए गए कितने वर्षों में नमक का उत्पादन उन वर्षों के औसत उत्पादन से अधिक था?
(a) 2 (b) 3
(c) 4 (d) इनमें से कोई नहीं

5. वर्ष 2003 की तुलना में वर्ष 2004 में नमक के उत्पादन में कितने प्रतिशत कमी आई?
(a) 65% (b) 64.8%
(c) 64.2% (d) इनमें से कोई नहीं

निर्देश (प्र.सं. 6-8) *नीचे दी गई तालिका वर्ष 2000 के जनवरी मास में किए गए सर्वेक्षण द्वारा एक रेलवे स्टेशन पर रेलगाड़ियों के आवागमन को दर्शाती हैं। तालिका का अध्ययन कीजिए और निम्नलिखित प्रश्नों के उत्तर दीजिए।*

देरी (मिनटों में)	पहुँचने वाली रेलगाड़ियों की संख्या	छूटने वाली रेलगाड़ियों की संख्या
0	1250	1400
0-30	114	82
30-60	31	5
60 से अधिक	5	3
कुल योग	1400	1490

6. देर से पहुँचने वाली रेलगाड़ियों की कुल संख्या कितनी है?
(a) 100 (b) 95 (c) 112 (d) 150

7. देर से छूटने वाली रेलगाड़ियों की कुल संख्या कितनी है?
(a) 90 (b) 80 (c) 75 (d) 110

8. देर से पहुँचने वाली रेलगाड़ियों का प्रतिशत कितना है?
(a) 10.7% (b) 11.8% (c) 12.9% (d) 9.7%

निर्देश (प्र.सं. 9 और 10) *दिए गए प्रश्न निम्न ग्राफ पर आधारित हैं।*

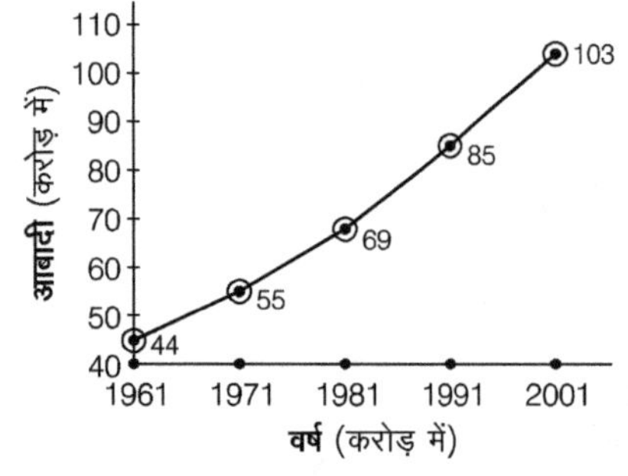

9. वर्ष 1981 में आबादी वर्ष 1961 की तुलना में कितनी अधिक थी?
(a) 15 करोड़
(b) 25 करोड़
(c) 19 करोड़
(d) 28 करोड़

10. वर्ष 1961 से वर्ष 2001 तक सभी वर्षों में आबादी का औसत क्या रहा था?
(a) 75.4 करोड़
(b) 71.8 करोड़
(c) 72.2 करोड़
(d) उपरोक्त में से कोई नहीं

उत्तरमाला

1. (b)	**2.** (a)	**3.** (a)	**4.** (b)	**5.** (c)
6. (d)	**7.** (a)	**8.** (a)	**9.** (b)	**10.** (d)

संकेत एवं हल

1. अभीष्ट प्रतिशतता $= \frac{108° - 72°}{72°} \times 100\% = \frac{36°}{72°} \times 100\% = 50\%$

2. अभीष्ट राशि $= \frac{(72° - 45°)}{360°} \times 40000 = \frac{27°}{360°} \times 40000 =$ ₹ 3000

3. अभीष्ट वृद्धि $= \frac{90 - 40}{40} \times 100 = 125\%$

4. औसत उत्पादन $= \frac{40 + 30 + 70 + 25 + 55 + 50 + 80 + 90}{8} = \frac{440}{8} = 55$

अतः केवल 3 वर्षों में उत्पादन, औसत उत्पादन से अधिक रहा।

5. अभीष्ट कमी $= \frac{70 - 25}{70} \times 100$

$= \frac{45 \times 100}{70} = 64.2\%$ (लगभग)

6. देर से पहुँचने वाली रेलगाड़ियों की कुल संख्या $= 114 + 31 + 5 = 150$

7. देर से छूटने वाली रेलगाड़ियों की संख्या $= 82 + 5 + 3 = 90$

8. देर से पहुँचने वाली रेलगाड़ियों का प्रतिशत $= \frac{150}{1400} \times 100 = 10.7\%$

9. वर्ष 1981 में आबादी = 69 करोड़; वर्ष 1961 में आबादी = 44 करोड़

$\therefore$ अभीष्ट अन्तर $= 69 - 44 = 25$ करोड़

10. अभीष्ट औसत $= \frac{44 + 55 + 69 + 85 + 103}{5} = \frac{356}{5} = 71.2$ करोड़

अध्याय 16

बाइनरी तर्कक्षमता

बाइनरी संख्या प्रणाली

इस प्रणाली में केवल दो अंकों अर्थात् 0 तथा 1 का प्रयोग किया जाता है। कम्प्यूटर की आन्तरिक कार्यप्रणाली इसी प्रणाली पर आधारित है। इस संख्या प्रणाली का आधार 2 होने के कारण इसे द्वि–आधारी अंक प्रणाली भी कहते हैं। इस संख्या प्रणाली में अंकों को बाईं से दाईं ओर लिखा जाता है और प्रत्येक अंक का मान दाहिनी ओर के अंक से दोगुना हो जाता है अर्थात् बाइनरी अंक 2 की घात - $2^0, 2^1, 2^2, 2^3, 2^4$ आदि के रूप में लिखे जाते हैं।

2^4	2^3	2^2	2^1	2^0
1	0	1	0	1

संख्या प्रणाली परिवर्तन

संख्या प्रणालियों में लिखी गई संख्याओं को एक–दूसरे में बदलने की विधियाँ निम्न हैं

(i) **दशमलव को बाइनरी में बदलना** संख्या को 2 से बार-बार भाग देकर और उसके शेषफलों को नोट करके किसी भी दशमलव संख्या को बाइनरी में बदल सकते हैं। **उदाहरण** $(53)_{10}$

2	53	
2	26	1
2	13	0
2	6	1
2	3	0
2	1	1
	0	1

(ii) **बाइनरी को दशमलव में बदलना** बाइनरी संख्या की प्रत्येक बिट को उसके स्थान मान से गुणा करके जोड़ने पर दशमलव में बदल सकते हैं।

उदाहरण $(101101)_2 = 1\times2^5 + 0\times2^4 + 1\times2^3 + 1\times2^2 + 0\times2^1 + 1\times2^0$

$= 1\times32 + 0\times16 + 1\times8 + 1\times4 + 0\times2 + 1\times1$

$= 32 + 0 + 8 + 4 + 0 + 1 = (45)_{10}$

$(101101)_2 = (45)_{10}$

अभ्यास प्रश्न

1. बाइनरी संख्या $(1101)_2$ का दशमलव मान क्या होगा?
(a) $(13)_{10}$ (b) $(12)_{10}$ (c) $(11)_{10}$ (d) $(14)_{10}$

2. बाइनरी संख्या $(1111)_2$ का दशमलव मान क्या होगा?
(a) $(14)_{10}$ (b) $(15)_{10}$
(c) $(12)_{10}$ (d) इनमें से कोई नहीं

3. संख्या $(15)_{10}$ का बाइनरी किसके समतुल्य होगा?
(a) $(1010)_2$ (b) $(1011)_2$ (c) $(1111)_2$ (d) $(1001)_2$

4. 01010 बाइनरी संख्याओं के 1's पूरक क्या होगा?
(a) 10111 (b) 11001 (c) 10001 (d) 10101

5. बाइनरी संख्या $(1010)_2$ एवं $(111)_2$ का योग ज्ञात कीजिए।
(a) $(10101)_2$ (b) $(10001)_2$ (c) $(10001)_2$ (d) $(10011)_2$

6. बाइनरी योग करते समय 1 तथा 0 का योग क्या होता है?
(a) 0 (b) 10 (c) 1 (d) 01

7. संख्या 001001101 की 1's पूरक संख्या क्या होगी?
(a) 110110010 (b) 101101101
(c) 100100101 (d) 101010101

8. बाइनरी संख्या 10110 की 2's पूरक संख्या क्या होगी?
(a) 10101 (b) 10001 (c) 10110 (d) 10101

उत्तरमाला

1. (a)	**2.** (b)	**3.** (c)	**4.** (d)	**5.** (b)
6. (c)	**7.** (a)	**8.** (c)		

संकेत एवं हल

1. $(1101)_2 = 1\times2^3 + 1\times2^2 + 0\times2^1 + 1\times2^0$
$= 1\times8 + 1\times4 + 0\times2 + 1\times1 = 8 + 4 + 0 + 1 = (13)_{10}$

2. $(1111)_2 = 1\times2^3 + 1\times2^2 + 1\times2^1 + 1\times2^0$
$= 1\times8 + 1\times4 + 1\times2 + 1\times1 = 8 + 4 + 2 + 1 = (15)_{10}$

3.

2	15	**शेष**
2	7	1
2	3	1
2	1	1
	0	1

4. 10101

5.
```
  1010
+  111
 10001  ⇒ (10001)₂
```

6. 1

7. 110110010

8. 10110 $\xrightarrow{\text{1's पूरक}}$ 01001 $\xrightarrow{\text{2's पूरक}}$ 10110

सेक्शन III : सामान्य परीक्षण

संख्यात्मक अभियोग्यता

अध्याय 01

अंकीय क्षमता एवं स्थानीय मान

किसी भी संख्या को व्यक्त करने के लिए दस संकेतों 0, 1, 2, 3, 4, 5, 6, 7, 8, 9 का प्रयोग किया जाता है, इन्हें अंक कहते हैं।

एक या एक से अधिक अंकों के समूह को संख्या कहते हैं। किसी भी संख्या को लिखने के लिए अंकों को दाएँ से बाएँ ओर क्रमश: इकाई, दहाई, सैकड़ा, हजार, दस हजार, लाख, दस लाख, करोड़, दस करोड,.... आदि स्थानों पर स्थापित करते हैं। किसी भी संख्या में अंकों के निम्न दो मान होते हैं।

1. **वास्तविक मान** (Face value) किसी संख्या में अंक का वह मान, जो कभी नहीं बदलता है, चाहे वह अंक या संख्या में किसी भी स्थान पर हो, उस अंक का वास्तविक या जातीय मान कहलाता है।
   जैसे—39564 में 9 का वास्तविक मान 9 ही है।
2. **स्थानीय मान** (Place value) किसी संख्या में अंक का वह मान, जो उसकी विशेष स्थिति के अनुसार बदलता रहता है, उस अंक का स्थानीय मान कहलाता है।

किसी भी संख्या में इकाई, दहाई, सैकड़ा, हजार, दस हजार,... आदि स्थानों पर स्थित अंकों के स्थानीय मान निकालने के लिए उस अंक में क्रमश: 1, 10, 100, 1000, 10000,.... आदि से गुणा करते हैं। जैसे–39564 में प्रत्येक अंक का स्थानीय मान निम्नवत् है

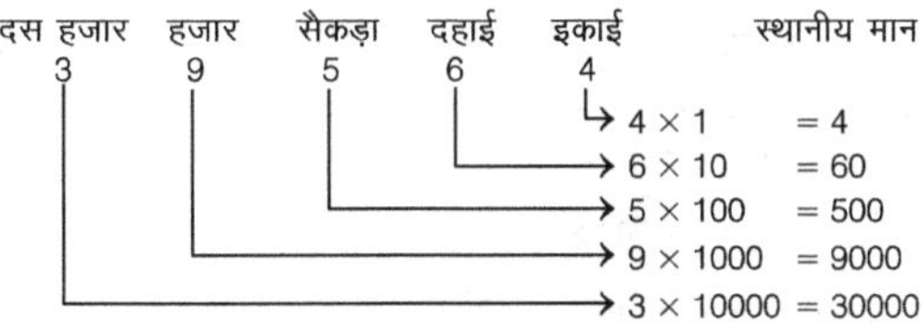

संख्या के प्रकार

संख्या पद्धति को निम्नलिखित भागों में विभाजित किया गया है।

प्राकृतिक संख्याएँ वे सभी संख्याएँ जिनके द्वारा हम वस्तुओं या अन्य किसी क्रम की गणना करते हैं, प्राकृतिक संख्याएँ कहलाती हैं। दूसरे शब्दों में, वे सभी संख्याएँ जो 1 शुरू से होकर अनन्त (∞) तक जाती है, प्राकृतिक संख्याएँ कहलाती हैं। जैसे—1, 2, 3, 4, 5, 6, ...∞

पूर्ण संख्याएँ यदि प्राकृतिक संख्याओं में शून्य (0) को भी शामिल कर दिया जाए, तब ये संख्याएँ पूर्ण संख्याएँ कहलाती हैं। जैसे—0, 1, 2, 3, 4, 5, 6, ...∞

पूर्णांक संख्याएँ वे सभी सख्याएँ जिनमें ऋणात्मक संख्याओं को धनात्मक संख्याओं के साथ शामिल किया जाता है, पूर्णांक संख्याएँ कहलाती हैं।

जैसे— –6, –5, –4, –3, –2, –1, 0, 1, 2, 3, 4, 5 ..... इन्हें I से दिखाया जाता है।

सम संख्याएँ वे सभी संख्याएँ, जो 2 से पूरी तरह विभाजित हो जाए अर्थात् जिनका शेषफल 0 आए, सम संख्याएँ कहलाती हैं। जैसे—2, 4, 6, 8, 10, 12, ...

विषम संख्याएँ वे सभी संख्याएँ, जो 2 से पूरी तरह विभाजित नहीं होती हैं अर्थात् जिसका शेषफल 0 ना हो, विषम संख्याएँ कहलाती है।

जैसे—1, 3, 5, 7, 9,....

भाज्य संख्याएँ वे सभी संख्याएँ, जो 1 व स्वयं के अतिरिक्त कम-से-कम किसी एक और संख्या से विभाजित हों, भाज्य संख्याएँ कहलाती हैं।
जैसे—4, 6, 9, 10, 25

अभाज्य संख्याएँ वे सभी संख्याएँ, जो 1 व स्वयं के अतिरिक्त किसी भी अन्य अंक से विभाजित न हों, अभाज्य संख्याएँ कहलाती हैं।
जैसे—2, 3, 5, 7, 11, 13, ...

नोट *सबसे छोटी अभाज्य संख्या 2 है।*

परिमेय संख्या वे सभी संख्या, जो $\frac{p}{q}$ (भिन्न) के रूप में लिखी जाती हैं, परिमेय संख्या कहलाती हैं। जहाँ p तथा q दोनों ही पूर्णांक होंगे तथा $q \neq 0$
जैसे– $\frac{3}{8}, \frac{11}{13}, \frac{9}{11}, \ldots$

अपरिमेय संख्या वे सभी संख्या जिन्हें $\frac{p}{q}$ (भिन्न) के रूप में नहीं लिखा जाता है, अपरिमेय संख्या कहलाती है। जहाँ p तथा q दोनों ही पूर्णांक होंगे $q \neq 0$. जैसे—$\sqrt{3}, \sqrt{5}, \sqrt{7}, \ldots$

नोट *π एक अपरिमेय संख्या है* $\because \pi = \frac{22}{7}$ या 3.14

साधित उदाहरण

1. पाँच अंकीय सबसे बड़ी संख्या एवं 6 अंकीय सबसे छोटी संख्या का अन्तर क्या होगा?

(a) 2 (b) 1 (c) 0 (d) 3

हल *(b)* पाँच अंकीय सबसे बड़ी संख्या = 99999
छ: अंकीय सबसे छोटी संख्या = 100000
$\therefore$ अभीष्ट अन्तर = 100000 – 99999 = 1

2. संख्या 30981786 के प्रत्येक 8 के स्थानीय मानों का अन्तर क्या होगा?

(a) 79920 (b) 80000 (c) 79990 (d) 87200

हल *(a)* प्रथम 8 का स्थानीय मान = 8×10000 = 80000
द्वितीय 8 का स्थानीय मान = 8×10 = 80
$\therefore$ अभीष्ट अन्तर = 80000 – 80 = 79920

3. किन्हीं पाँच क्रमागत विषम संख्याओं का योग 165 है। सबसे बड़ी एवं सबसे छोटी संख्या के योग का आधा क्या होगा?

(a) 66 (b) 33
(c) 34 (d) 30

हल (b) माना पहली संख्या x है।

तब क्रमागत अगली संख्याएँ $x+2, x+4, x+6, x+8$ होगी।

प्रश्नानुसार, $x+(x+2)+(x+4)+(x+6)+(x+8)=165$

$\Rightarrow \quad 5x+20=165 \Rightarrow 5x=145 \Rightarrow x=\frac{145}{5}=29$

तब सबसे छोटी एवं बड़ी संख्याएँ होंगी, 29 व $(29+8=)37$

$\therefore$ अभीष्ट योग का आधा $=\frac{29+37}{2}=\frac{66}{2}=33$

संख्याओं के विभाजन की जाँच

1. **2 से विभाज्यता** (Divisibility by 2) यदि दी गई संख्या के इकाई के स्थान पर शून्य या सम संख्या हो, तो वह संख्या 2 से पूर्णतः विभाज्य होगी। जैसे– 44,200, 230 आदि।
2. **3 से विभाज्यता** (Divisibility by 3) यदि दी गई संख्या के सभी अंकों का योग 3 से विभाजित हो जाता है, तो वह संख्या 3 से पूर्णतः विभाज्य होगी। जैसे—1338

   यहाँ, 1338 के अंकों का योग $=1+3+3+8=15$

   $\because 15 \div 3=5$

   अतः संख्या 1338,3 से पूर्णतः विभाज्य है।
3. **4 से विभाज्यता** (Divisibility by 4) यदि दी गई संख्या के इकाई एवं दहाई अंकों द्वारा बनी संख्या 4 से विभाज्य हो या अन्तिम दोनों अंक शून्य हो, तब वह संख्या 4 से पूर्णतः विभाज्य होगी। जैसे—15436, 600 आदि।

   यहाँ, संख्या 15436 के इकाई व दहाई अंकों द्वारा बनी संख्या 36, 4 से विभाज्य है, अतः संख्या 15436, 4 से पूर्णतः विभाज्य है।
4. **5 से विभाज्यता** (Divisibility by 5) यदि दी गई संख्या के इकाई का अंक शून्य या 5 हो, तो वह संख्या 5 से पूर्णतः विभाज्य होगी। जैसे—120, 225 आदि।
5. **6 से विभाज्यता** (Divisibility by 6) यदि दी गई संख्या 2 से 3 से पूर्णतः विभाजित हो, तो वह संख्या 6 से भी पूर्णतः विभाज्य होगी। जैसे—145926, यहाँ इकाई का अंक 6 सम संख्या है इसलिए यह संख्या 2 से विभाजित होगी तथा इसके अंकों का योग 27 है, जो 3 से विभाज्य है इसलिए यह संख्या 3 से विभाजित होगी। अतः संख्या 145926,6 से भी पूर्णतः विभाज्य है।
6. **7 से विभाज्यता** (Divisibility by 7) यदि दी गई संख्या के इकाई अंक का दोगुना करके शेष अंक से बनी संख्या में से घटा देने के बाद प्राप्त संख्या 0 हो या 7 से विभाज्य हो, तो दी गई संख्या 7 से पूर्णतः विभाज्य होगी। जैसे—2429

   यहाँ, 2429 में इकाई का अंक $=9$ तब, इसका दोगुना $=2\times 9=18$

   तथा शेष अंकों से बनी संख्या $=242$

   $\therefore$ शेषफल $=242-18=224$

   उपरोक्त प्रक्रिया पुनः दोहराने पर, 224 में इकाई का अंक $=4$

   4 का दोगुना $=4\times 2=8$ तथा शेष अंकों से बनी संख्या $=22$

   $\therefore$ शेषफल $=22-8=14$, जोकि 7 से विभाज्य है।

   अतः संख्या 2429,7 से पूर्णतः विभाज्य है।
7. **8 से विभाज्यता** (Divisibility by 8) यदि दी गई संख्या के अन्तिम तीन अंकों द्वारा बनी संख्या 8 से विभाजित हो या अन्तिम तीन अंक शून्य हो, तो वह संख्या 8 से पूर्णतः विभाज्य होगी। जैसे—321000, 6541512 आदि।

   यहाँ, संख्या 641512 के अन्तिम तीन अंकों से बनी संख्या $=512$

   अब, $512 \div 8=64$; अतः संख्या 641512, 8 से पूर्णतः विभाज्य है।
8. **9 से विभाज्यता** (Divisibility by 9) यदि दी गई संख्या के सभी अंकों का योग संख्या 9 से विभाजित हो, तो वह संख्या 9 से पूर्णतः विभाज्य होगी। जैसे—29034, 9 से पूर्णतः विभाज्य है, क्योंकि इसके अंकों का योग $2+9+0+3+4=18$, 9 से पूर्णतः विभाज्य है।
9. **10 से विभाज्यता** (Divisibility by 10) यदि दी गई संख्या का इकाई का अंक शून्य हो, तो वह संख्या 10 से पूर्णतः विभाज्य होगी। जैसे—150, 250, 4000 आदि।
10. **11 से विभाज्यता** (Divisibility by 11) यदि दी गई संख्या के इकाई अंक से बाएँ ओर चलने पर विषम स्थानों के अंकों का योग तथा सम स्थानों के अंकों के योग का अन्तर या तो शून्य हो या 11 से विभाजित हो, तो वह संख्या 11 से पूर्णतः विभाज्य होगी।

    जैसे—7127362 यहाँ, सम स्थानों के अंकों का योग $=1+7+6=14$

    तथा विषम स्थानों के अंकों का योग $=7+2+3+2=14$

    $\therefore$ अभीष्ट अन्तर $=14-14=0$

    अतः संख्या 7127362, 11 से पूर्णतः विभाज्य होगी।

गुणनखण्ड किसी संख्या का गुणनखण्ड वे सभी संख्याएँ हैं जो उस संख्या को पूर्णतया विभाजित कर देती हैं।

जैसे—42 के गुणनखण्ड $=1, 2, 3, 6, 7, 14, 21, 42$

अभाज्य गुणनखण्ड किसी संख्या के अभाज्य गुणनखण्ड वे सभी संख्याएँ हैं जो उस संख्या को पूर्णतया विभाजित कर देती है लेकिन वे स्वंय के अतिरिक्त किसी अन्य संख्या से विभाजित न हों।

जैसे—42 के अभाज्य गुणनखण्ड $=1, 2, 3, 7$

अभाज्य गुणनखण्डों की संख्या

$a^p \cdot b^q \cdot c^r \cdot d^s$ के अभाज्य गुणनखण्डों की संख्या $p+q+r+s$ होती हैं, जहाँ a, b, c व d अभाज्य संख्याएँ हैं। गुणनफल $4^9\times 9^4\times 7^7$ से अभाज्य गुणनखण्डों की कुल संख्या कितनी है?

$\because \quad 4^9\times 9^4\times 7^2=(2\times 2)^9\times(3\times 3)^4\times 7^7=2^9\times 2^9\times 3^4\times 3^4\times 7^7$

$\therefore$ अभाज्य गुणनखण्डों की कुल संख्या $=9+9+4+4+7=33$

संख्याओं का वर्ग एवं वर्गमूल

- किसी संख्या को स्वयं से ही गुणा करने पर प्राप्त संख्या दी गई संख्या का वर्ग कहलाती है। जैसे—4 का वर्ग $4^2=4\times 4=16$
- किसी संख्या का वर्गमूल वह संख्या है, जिसका वर्ग दी गई संख्या के बराबर होता है। इसे '$\sqrt{\ }$' के चिह्न से प्रदर्शित करते हैं।

  जैसे—$\sqrt{16}=\sqrt{4\times 4}=4$ तथा 4 का वर्ग $=4\times 4=16$

वर्गमूल ज्ञात करने की विधियाँ

वर्गमूल ज्ञात करने की दो विधियाँ हैं— **1.** गुणनखण्ड विधि **2.** भाग विधि

1. **गुणनखण्ड विधि** (Factorisation Method) सर्वप्रथम ज्ञात संख्या के अभाज्य गुणनखण्ड करते हैं, फिर समान गुणनखण्डों के जोड़े बना लेते हैं। अब प्रत्येक जोड़े से एक गुणनखण्ड लेकर उनका गुणनफल ज्ञात करते हैं। यही गुणनफल अभीष्ट वर्गमूल होता है।

   जैसे—$64=\underline{2\times 2}\times\underline{2\times 2}\times\underline{2\times 2}$ $\therefore \sqrt{64}=2\times 2\times 2=8$

2. **भाग विधि** यदि कोई ऐसी संख्या है, जो बहुत बड़ी हो या उसका अभाज्य गुणनखण्ड करना सम्भव न हो, तब भाग विधि का प्रयोग किया जाता है।

- सर्वप्रथम दी गई संख्या में इकाई अंक से प्रारम्भ करते हुए अंकों का युग्म बनाते हैं।
- अब बाईं ओर से प्रथम युग्म या एकल अंक को ऐसे अंक से विभाजित करते हैं जिसका वर्ग युग्म या एकल अंक के समान या निकटतम होता हो।
- शेषफल के अगले युग्म को भी लिखते हैं।
- भाजक के स्थान पर भागफल का दोगुना लिखते हैं। इस भाजक के दाईं ओर ऐसा अंक लिखते हैं जिसकी गुणा प्राप्त भाजक में करने पर प्राप्त गुणनफल भाज्य के बराबर या उससे कम हो।
- प्राप्त गुणनफल को भाज्य के नीचे लिखकर शेषफल ज्ञात करते हैं। भाजक में लिखे अंक को भागफल में पूर्व अंक के दाईं ओर लिखते हैं।
- इस क्रिया को तब तक दोहराते हैं जब तक सभी युग्म समाप्त न हो जाएँ। इस क्रिया में प्राप्त भागफल ही दी गई संख्या का अभीष्ट वर्गमूल होता है।

जैसे—

	316
3	$9\,\overline{98}\,\overline{56}$
+3	9
61	98
+1	61
626	3756
+6	3756
	×

अत: 99856 का वर्गमूल = 316

संख्याओं का घन एवं घनमूल

- किसी संख्या को स्वयं से ही तीन बार गुणा करने पर प्राप्त संख्या दी गई संख्या का **घन** कहलाती है। जैसे—4 का घन $= 4 \times 4 \times 4 = 64$
- किसी संख्या का **घनमूल** वह संख्या है, जिसका घन, दी गई संख्या के बराबर होता है। इसे '$\sqrt[3]{\ }$' चिह्न से प्रदर्शित करते हैं। जैसे—1000 का घनमूल $= \sqrt{10 \times 10 \times 10} = 10$

अभाज्य संख्या की पहचान करना

किसी दी गई अभाज्य संख्या की पहचान करने के लिए दी गई संख्या की तुलना उस संख्या के निकटतम वर्ग से करते हैं। जैसे—123 (जो 11 व 12 के वर्ग के मध्य है)

$\because \quad (11)^2 = 121; \quad (12)^2 = 144$

तब 12 व 12 से नीचे की सभी अभाज्य संख्याओं से दी गई संख्या को विभाजित करते हैं। यदि यह संख्या किसी भी संख्या से विभाजित न हो, तब यह एक अभाज्य संख्या होगी।

97 (10 के वर्ग से कम है) $\Rightarrow$ 2, 3, 5 व 7 से विभाजित नहीं होती है। अत: यह एक अभाज्य संख्या है।

इकाई का अंक ज्ञात करना

किसी दी गई संख्या में इकाई का अंक ज्ञात करने की निम्नलिखित दो विधियाँ हैं।

1. **यदि संख्याओं का गुणनफल दिया हो** जैसे—
   $424 \times 12 \times 19 \times 11 \times 13$ (प्रत्येक संख्या का अन्तिम अंक लेकर गुणा करते हैं)
   $\Rightarrow 424 \times 12 \times 19 \times 11 \times 13 \Rightarrow 216$
   $\Rightarrow 6$ (इकाई का अंक)

नोट *यदि किसी संख्या का अन्तिम अंक शून्य हो, तब दी गई सभी संख्याओं के गुणनफल का अन्तिम अंक 'शून्य' ही होता है।*

2. **यदि संख्या घात के रूप में दी गई है** जब घात 4 से पूर्णतया विभाजित न हो जैसे— $(148)^{213}$ दी गई संख्या के आधार से इकाई से अंक लेते हैं तथा घात के अन्तिम दो अंक लेते हैं।
   $\Rightarrow (8)^{13}$ (घात को 4 से विभाजित करने पर)
   $\Rightarrow 13 \div 4 \Rightarrow$ शेषफल = 1
   $\Rightarrow (8)^1$ (शेषफल को घात बनाने पर) $\Rightarrow 8$
   अत: $(148)^{213}$ का इकाई अंक 8 होगा।

नोट *0, 1, 5 तथा 6 का इकाई का अंक उनका स्वयं का मान होता है। (हर घात के लिए मान्य है)*

जब घात 4 से पूर्णतया विभाजित हो जाए

(i) यदि संख्या का आधार इकाई का अंक कोई सम अंक जैसे—2, 4, 6, 8..... आदि हो, तो संख्या का इकाई अंक सदैव 6 होगा।

(ii) यदि संख्या का आधार इकाई अंक कोई विषम अंक जैसे—1, 3, 7, 9 (5 को छोड़कर) हो, तो संख्या का इकाई अंक सदैव 1 होगा।

भाज्य, भाजक, भागफल एवं शेषफल में सम्बन्ध

माना संख्या a को संख्या b से भाग देने पर प्राप्त भागफल x और शेषफल y है जहाँ $b \neq 0$ तब $a = bx + y \ (0 < y < b)$

अर्थात् भाज्य = (भाजक × भागफल) + शेषफल

जहाँ, a = भाज्य, b = भाजक, x = भागफल एवं y = शेषफल

साधित उदाहरण

4. निम्नलिखित में से कौन-सी संख्या 7 से विभाजित हो जाएगी?
666666, 77771, 68668, 69666966

(a) 666666 (b) 77771 (c) 68668 (d) 69666966

हल *(a)* 7 के विभाजन के नियमानुसार किसी अंक की 6 बार पुनरावृत्ति होने पर वह संख्या 7 से विभाजित होगी। अतः संख्या 666666, 7 से पूर्णतः विभाजित होगी।

5. $(5383)^{584}$ का इकाई अंक क्या होगा?

(a) 0 (b) 2 (c) 1 (d) 3

हल *(c)* $(5383)^{584} = (5383)^{4\times146+0} = 3^0 = 1$

6. $(266)^{513}$ का इकाई अंक क्या होगा?

(a) 5 (b) 6 (c) 1 (d) 2

हल *(b)* 266 में इकाई अंक 6 है। अतः संख्या का इकाई अंक 6 ही होगा।

7. $(869)^{607}$ में इकाई अंक क्या होगा?

(a) 9 (b) 7 (c) 8 (d) 3

हल *(a)* चूँकि संख्या में घात 607 है तब 4 से विभाजित होने के बाद शेष 3 बचता है। अत: $(9)^3 = 9 \times 9 \times 9 = 729$ में इकाई अंक 9 होगा।

8. निम्नलिखित में से कौन-सी एक अभाज्य संख्या है?
437, 341, 1349, 811

(a) 437 (b) 341 (c) 1349 (d) 811

हल *(d)* संख्या 811 को लेने पर, 811 के आगे वाली पूर्ण वर्ग संख्या $= 841 = (29)^2$

$\because \quad 811 < (29)^2 \quad \sqrt{5625} = 75$

$\therefore$ 29 से कम अभाज्य संख्याओं 2, 3, 5, 7, 11, 13, 17, 19, 23 में से प्रत्येक से 811 में क्रमशः भाग देने पर शेषफल शून्य नहीं आता, जबकि

437, 341 व 1349 में क्रमशः 19, 11 व 19 से भाग देने पर शेषफल शून्य आता है।
अतः संख्या 811 एक अभाज्य संख्या है।

9. **संख्या 32 और 18 के सार्व गुणनखण्ड क्या हैं?**
(a) 1, 2 (b) 2,3 (c) 3, 5 (d) 1, 7

हल (a) 32 के गुणनखण्ड = 1, 2, 4, 8, 16, 32
18 के गुणनखण्ड = 1, 2, 3, 6, 9, 18 ∴ सार्व गुणनखण्ड = 1 और 2

10. **5625 का वर्गमूल ज्ञात कीजिए।**
(a) 85 (b) 75 (c) 65 (d) 45

हल (b)

	75
7	$\overline{56}\overline{25}$
+ 7	49
145	725
+ 5	725
	×

∴ $\sqrt{5625} = 75$

संख्याओं का लघुत्तम समापवर्त्य (ल.स.) **और महत्तम समापवर्तक** (म.स.)

1. **लघुत्तम समापवर्त्य** (ल.स.) दो या दो से अधिक संख्याओं का लघुत्तम समापवर्त्य वह छोटी-से-छोटी संख्या है, जो दी गई संख्याओं से पूर्णतया विभाजित हो जाती है। जैसे-3, 5 व 10 का ल.स. 30 है।
2. **महत्तम समापवर्तक** (म.स.) दो या दो से अधिक संख्याओं का महत्तम समापवर्तक वह बड़ी-से-बड़ी संख्या है, जो दी गई प्रत्येक संख्या को पूर्णतया विभाजित करती है। जैसे-12, 24 व 30 का म.स. 6 है।

साधित उदाहरण

11. **12 और 18 का ल. स. क्या होगा?**
(a) 36 (b) 46 (c) 26 (d) 16

हल (a)

2	12, 18
3	6, 9
2	2, 3
3	1, 3
	1, 1

अतः अभीष्ट ल.स. $= 2 \times 3 \times 2 \times 3 = 36$

12. **91, 112, 49 का म.स. क्या होगा?**
(a) 6 (b) 7 (c) 5 (d) 8

हल (b) 91 = 1 , 7 , 13
112 = 1 , 2, 4, 7 , 8, 14, 16, 28 ...
49 = 7 × 7 चूँकि संख्याओं में महत्तम सार्व गुणनखण्ड 7 है।
अतः दी गई संख्याओं का म.स. = 7

द्वितीय विधि

```
91) 112 (1
    91
    21) 91 (4
        84
         7) 21 (3
            21
             ×
```

म. स. = अंतिक भाजक
चूँकि यहाँ अन्तिम भाजक 7 है।
अतः अभीष्ट म.स. = 7

अभ्यास प्रश्न

स्थानीय मान, वर्गमूल तथा घनमूल

1. संख्या 329075 में 7 के स्थानीय मान और जातीय मान में क्या अन्तर है?
(a) 40 (b) 53
(c) 74 (d) 63

2. अंकों 1, 2 और 3 से बनाई जाने वाली 2 अंकों की सभी संख्याओं (अंकों की पुनरावृत्ति हो सकती है) का योग क्या है?
(a) 198 (b) 147 (c) 136 (d) 128

3. $\sqrt{64009}$ किसके बराबर है?
(a) 153 (b) 253 (c) 353 (d) 158

4. $\sqrt{\frac{0.49}{0.25}} + \sqrt{\frac{0.81}{0.36}}$ मान ज्ञात कीजिए।
(a) $2\frac{9}{10}$ (b) $3\frac{1}{10}$ (c) $4\frac{5}{10}$ (d) $1\frac{1}{10}$

5. $\sqrt{8281}$ का मान क्या होगा?
(a) 81 (b) 91 (c) 71 (d) 61

6. $\sqrt{0.04}$ का मान क्या होगा?
(a) 0.2 (b) 0.8 (c) 0.6 (d) 0.4

7. $\frac{\sqrt{0.441}}{\sqrt{0.625}}$ का मान क्या होगा?
(a) 0.74 (b) 0.84 (c) 0.64 (d) 0.24

8. $(11111)^2$ का मान क्या होगा?
(a) 123454321 (b) 132453421
(c) 12543451 (d) 124354321

9. $(47)^2 - (15)^2$ का मान क्या है?
(a) 1984 (b) 1982 (c) 1998 (d) 1992

10. $\left(\frac{17}{119} \times \frac{98}{14}\right)^2$ का मान क्या है?
(a) 1 (b) 2 (c) 3 (d) 0

11. $(16)^2 + (21)^2 - (13)^2 + ? = (25)^2$ में प्रश्न चिह्न (?) का क्या मान है?
(a) 96 (b) 87 (c) 97 (d) 27

12. $\sqrt{576} + \sqrt{841}$ मान क्या होगा?
(a) 83 (b) 23 (c) 43 (d) 53

13. $\sqrt{8 + \sqrt{57 + \sqrt{38 + \sqrt{108 + \sqrt{169}}}}}$ का मान क्या है?
(a) 3 (b) 4 (c) 6 (d) 8

14. $\sqrt{48} \times \sqrt{192} \times \sqrt{225}$ का मान क्या है?
(a) 1440 (b) 1340 (c) 1240 (d) 1140

15. यदि x एक धनात्मक वास्तविक संख्या है तथा $\frac{\sqrt{1296}}{x} = \frac{x}{2.25}$, तो x का मान क्या है?
(a) ± 6 (b) ± 12 (c) ± 8 (d) ± 9

16. वह सबसे छोटी संख्या कौन-सी है, जिसे 13218 में से घटाने पर यह एक पूर्ण वर्ग बन जाती है?
(a) 444 (b) 111 (c) 222 (d) 777

17. वह सबसे छोटी-से-छोटी कौन-सी संख्या होगी जिसमें 269 जोड़ देने पर परिणाम एक पूर्ण वर्ग बन जाए?
(a) 60 (b) 40 (c) 20 (d) 10

18. वह छोटी-से-छोटी प्राकृतिक संख्या क्या होगी, जिससे 980 को गुणा करने पर यह पूर्ण वर्ग बन जाए?
(a) 7 (b) 5 (c) 4 (d) 10

19. एक सेना का जनरल चाहता है कि उसके 36562 जवान एक ठोस वर्ग बनाएँ। उसके बाद व्यवस्थित करने पर उसने पाया कि कुछ जवान बच गए हैं। कितने जवान बच गए हैं?
(a) 61 (b) 71 (c) 81 (d) 40

20. किसी बस में जितने यात्री सवार थे, उतना ही भाड़ा गन्तव्य स्थान का था। यदि बस मालिक को कुल ₹ 3844 प्राप्त हुए हों, तो उस स्थान का प्रति व्यक्ति भाड़ा कितना था?
(a) 21 (b) 32 (c) 42 (d) 62

21. किसी पार्टी में प्रत्येक पुरुष तथा प्रत्येक महिला ने उतने ही उपहार दिए, जितनी क्रमशः उनकी संख्या थी। यदि कुल उपहार 1405 प्राप्त किए गए तथा महिलाओं की संख्या 26 थी, तो पुरुषों की संख्या क्या थी?
(a) 17 (b) 27 (c) 37 (d) 64

22. एक माली 9409 फूलों से उतनी ही माला तैयार करता है, जितनी प्रत्येक माला में फूलों की संख्या होगी। इस प्रकार से कितनी माला तैयार की जाएँगी?
(a) 97 (b) 87 (c) 47 (d) 57

23. किसी प्रतिभोज में कुल 3278 लोग थे। कितने और लोग होते, जिससे प्रत्येक पंक्ति में उतने ही लोग बैठ जाते जितनी पंक्तियों की संख्या होती?
(a) 96 (b) 76 (c) 86 (d) 46

24. छात्रों के एक समूह में प्रत्येक छात्र से उतने ही पैसे लिए गए, जितने इस समूह में छात्र थे। यदि कुल धन ₹ 5929 एकत्र हुआ हो, तो समूह में कितने छात्र थे?
(a) 66 (b) 47 (c) 67 (d) 77

25. $(11)^3$ का मान ज्ञात कीजिए।
(a) 1331 (b) 1296 (c) 144 (d) 1437

26. $2\frac{10}{27}$ का घनमूल क्या है?
(a) $2\frac{1}{3}$ (b) $1\frac{1}{3}$ (c) $3\frac{5}{3}$ (d) $2\frac{1}{4}$

27. $\sqrt[3]{\frac{7}{875}}$ का मान क्या है?
(a) $\frac{1}{5}$ (b) $\frac{1}{4}$ (c) $\frac{1}{3}$ (d) $\frac{1}{2}$

28. $(53)^3$ का मान क्या है?
(a) 19844 (b) 1324 (c) 148877 (d) 148976

29. $\sqrt[3]{\frac{72.9}{0.4096}}$ का मान क्या होगा?
(a) 5.625 (b) 4.327 (c) 4.32 (d) 2.864

30. (– 216000) का घनमूल क्या होगा?
(a) – 40 (b) 30 (c) – 60 (d) 60

31. (– 5832) का घनमूल है
(a) 18 (b) 16 (c) – 16 (d) – 18

32. $(272^2 - 128^2)$ का वर्गमूल ज्ञात कीजिए।
(a) 140 (b) 240 (c) 360 (d) 420

33. 1323 को किस छोटी-से-छोटी संख्या से गुणा किया जाए कि यह पूर्ण घन बन जाए?
(a) 3 (b) 7 (c) 5 (d) 2

34. वह न्यूनतम संख्या, जिससे 1800 को गुणा करने पर एक पूर्ण घन संख्या प्राप्त हो, के अंकों का योग होगा।
(a) 3 (b) 12 (c) 6 (d) 8

35. 710 में सबसे छोटी कौन-सी संख्या जोड़ी जाए, ताकि योगफल एक पूर्ण घन संख्या प्राप्त हो?
(a) 19 (b) 17 (c) 15 (d) 13

36. वह सबसे छोटी संख्या कौन-सी है, जिससे यदि 675 को गुणा किया जाए, तो गुणनफल एक पूर्ण घन प्राप्त हो जाए?
(a) 9 (b) 7 (c) 3 (d) 5

37. $\frac{0.342 \times 0.684}{0.000342 \times 0.000171}$ का वर्गमूल क्या है?
(a) 1000 (b) 2000 (c) 3000 (d) 6000

38. कौन-सी बड़ी संख्या है $\sqrt[3]{2}$ या $\sqrt{3}$?
(a) $\sqrt[3]{2}$ (b) $\sqrt{3}$
(c) दोनों बारबार है। (d) ज्ञात नहीं कर सकते है।

अभाज्य गुणनखण्ड, ल.स. तथा म.स.

39. $30^{11} \times 22^5 \times 34^{11}$ में अभाज्य गुणनखण्डों की संख्या कितनी होगी?
(a) 55 (b) 65 (c) 66 (d) कोई नहीं

40. व्यंजक $6^{10} \times 7^{17} \times 11^{27}$ में अभाज्य गुणनखण्डों की संख्या क्या है?
(a) 64 (b) 49 (c) 25 (d) 16

41. सबसे छोटी अभाज्य संख्या क्या है?
(a) 1 (b) 2 (c) 3 (d) 5

42. दो अंकों की बड़ी-से-बड़ी अभाज्य संख्या क्या है?
(a) 97 (b) 47 (c) 83 (d) 67

43. 70 और 100 के बीच में कुल कितनी अभाज्य संख्याएँ हैं?
(a) 4 (b) 5 (c) 6 (d) 8

44. 0 और 100 के बीच में कुल कितनी अभाज्य संख्याएँ हैं?
(a) 23 (b) 25 (c) 24 (d) 22

45. किसी धन पूर्णांक तथा उसके वर्ग का योग 2450 है। धन पूर्णांक क्या है?
(a) 64 (b) 36 (c) 49 (d) 25

46. 3011 × 3012 से कौन-सा न्यूनतम धन पूर्णांक घटाया जाए, कि शेषफल पूर्ण वर्ग हो?
(a) 4407 (b) 4412 (c) 3012 (d) 3011

47. 4750 में से किस सबसे छोटी संख्या को घटाने पर एक पूर्ण वर्ग संख्या प्राप्त होगी?
(a) 127 (b) 226 (c) 127 (d) 126

48. 1000 में किस न्यूनतम पूर्णांक को जोड़ा जाए कि वह पूर्ण वर्ग बन जाए?
(a) 34 (b) 24 (c) 14 (d) 26

49. 2^{250}, 3^{150}, 5^{100} तथा 4^{200} संख्याओं में सबसे छोटी संख्या कौन-सी है?
(a) 2^{250} (b) 3^{150} (c) 5^{100} (d) 4^{200}

50. किस संख्या के वर्गमूल का $\frac{1}{3}$ भाग 0.001 है?
(a) 0.00013 (b) 0.00008 (c) 0.000009 (d) 0.000016

51. चार अंकों की सबसे बड़ी संख्या क्या है जो संख्याओं 12, 18, 21 तथा 28 में से प्रत्येक से विभाजित होती है?
(a) 9728 (b) 9828 (c) 9438 (d) 9536

52. 120 तथा 300 के बीच कितनी पूर्ण वर्ग संख्याएँ हैं?
(a) 9 (b) 5 (c) 7 (d) 6

53. प्रथम चार अभाज्य संख्याओं का योग क्या है?
(a) 17 (b) 19 (c) 14 (d) 12

54. संख्या 3^{101} में इकाई के स्थान पर आने वाला अंक होगा?
(a) 4 (b) 1 (c) 2 (d) 3

55. गुणनफल $(2467)^{153} \times (341)^{72}$ में इकाई का अंक क्या है?
(a) 5 (b) 7 (c) 4 (d) 9

56. $(122)^{173}$ में इकाई का अंक क्या है?
(a) 2 (b) 4 (c) 6 (d) 8

57. $(2137)^{754}$ में इकाई का अंक क्या होगा?
(a) 8 (b) 3 (c) 6 (d) 9

58. यदि 962 को 307 से गुणा करें और फिर प्राप्त गुणनफल को 103 से गुणा करें, तो अन्तिम गुणनफल में इकाई का अंक क्या होगा?
(a) 2 (b) 4 (c) 1 (d) 0

59. यदि $(549 \times 46 \times 82 * \times 844)$ का इकाई का अंक 2 हो, तो * के स्थान पर कौन-सा अंक होगा?
(a) 6 (b) 0 (c) 2 (d) 1

60. वह छोटी-से-छोटी पूर्ण वर्ग संख्या जो 21, 36 और 66 से विभाजित हो जाती है क्या है?
(a) 14344 (b) 213444 (c) 16543 (d) 12344

61. किसी संख्या को 899 से भाग देने पर शेष 63 प्राप्त होता है। यदि उस संख्या को 29 से भाग दें, तो कितना शेष प्राप्त होगा?
(a) 5 (b) 6 (c) 7 (d) 3

62. भाग की एक संक्रिया में भाजक, भागफल का 12 गुना और शेषफल का 5 गुना है। यदि शेष 48 हो, तो भाज्य कितना होगा?
(a) 4148 (b) 4438 (c) 4626 (d) 4848

63. किसी संख्या को 192 से भाग करने पर शेषफल 54 मिलता है। उसी संख्या को 16 से भाग करने पर शेषफल कितना मिलेगा?
(a) 2 (b) 6 (c) 5 (d) 3

64. यदि कोई संख्या 85 से पूर्णतः विभाजित हो जाती है, तो उसी संख्या में 17 से भाग देने पर क्या शेष बचेगा?
(a) 0 (b) 1 (c) 2 (d) 3

65. एक छः अंकों वाली संख्या के सम स्थानों के अंकों का योग 9 है। तथा विषम स्थानों के अंकों का योग 20 है। ऐसी सभी संख्याएँ किससे विभाजित होंगी?
(a) 23 (b) 12 (c) 11 (d) 22

66. जब किसी संख्या को 121 से विभाजित किया जाता है, तो शेष 25 होता है। यदि उसी संख्या को 11 से विभाजित किया जाए, तो शेष क्या होगा?
(a) 1 (b) 6 (c) 2 (d) 3

67. संख्याओं 0.16, $\sqrt{0.16}$, $(0.16)^2$, 0.04 में सबसे बड़ी संख्या कौन-सी है?
(a) 0.16 (b) $\sqrt{0.16}$ (c) $(0.16)^2$ (d) 0.04

68. चार अंकों वाली सबसे बड़ी संख्या तथा तीन अंकों वाली सबसे छोटी संख्या का अन्तर क्या है?
(a) 9899 (b) 6899 (c) 9999 (d) 8939

69. किसी संख्या को 119 से भाग देने पर 19 शेष बचता है। इसी संख्या को 17 से भाग देने पर शेषफल क्या होगा?
(a) 4 (b) 3 (c) 2 (d) 1

70. किसी संख्या में दो अंक हैं। यदि अंकों के स्थान बदलने से बनी संख्या को प्रारम्भिक संख्या में जोड़ा जाए, तो इस प्रकार प्राप्त परिणामी संख्या (अर्थात् योगफल) किस संख्या से अवश्य विभाजित होगी?
(a) 12 (b) 11 (c) 13 (d) 17

71. एक संख्या को जब 899 से विभाजित किया जाता है, तो उसका शेषफल 65 प्राप्त होता है। तद्नुसार, यदि उसी संख्या को 31 से विभाजित किया जाए, तो शेषफल क्या होगा?
(a) 3 (b) 2 (c) 6 (d) 4

72. ऐसी कौन-सी न्यूनतम संख्या है जिसको 26492518 में से घटाने पर शेष 3 से विभाज्य होगा, परन्तु 9 से विभाज्य नहीं होगा?
(a) 8 (b) 6 (c) 4 (d) 3

73. 3 अंकों वाली एक संख्या $4a3$ को 3 अंकों वाली दूसरी संख्या 984 में जोड़ने पर 4 अंकों वाली संख्या $13b7$ प्राप्त होती है, जो 11 से विभाज्य है, तब $3a + 4b$ का मान क्या होगा?
(a) 39 (b) 29 (c) 49 (d) 56

74. तीन अंकों की एक संख्या 11 से भाज्य है और इकाई के स्थान पर उसका अंक 1 है। वह संख्या उन अंकों को उलटने पर बनी संख्या से 297 अधिक है। वह संख्या क्या है?
(a) 165 (b) 962 (c) 362 (d) 451

75. 36 और 84 का महत्तम समापवर्तक क्या है?
(a) 16 (b) 14 (c) 12 (d) 11

76. 36, 40 और 48 के महत्तम समापवर्तक का वर्ग क्या होगा?
(a) 16 (b) 4
(c) 25 (d) 36

77. 15, 18, 36 और 144 का लघुत्तम समापवर्त्य क्या होगा?
(a) 840 (b) 720
(c) 420 (d) 120

78. दो संख्याएँ 3 : 4 के अनुपात में हैं। यदि इनका ल. स. 108 है, तो उन संख्याओं का म. स. क्या होगा?
(a) 13 (b) 15
(c) 9 (d) 8

79. 28 और 42 के ल. स. और म.स. किस अनुपात में हैं?
(a) 5 : 1 (b) 7 : 1
(c) 6 : 1 (d) 8 : 3

80. एक घण्टी प्रत्येक 18 मिनट पर बजती है। एक दूसरी घण्टी प्रत्येक 24 मिनट पर बजती है। एक तीसरी घण्टी प्रत्येक 32 मिनट पर बजती है। यदि तीनों घण्टियाँ एक ही समय में सुबह 8 बजे बजती हैं, तो पुनः किस समय वे सभी एकसाथ बजेंगी?
(a) 12 : 48 बजे (b) 11 : 45 बजे
(c) 1 : 45 बजे (d) 7 : 45 बजे

81. 270 तथा 405 का ल.स. तथा म.स. का अनुपात कितना है?
(a) 5 : 4 (b) 6 : 1
(c) 3 : 2 (d) 7 : 3

82. वह बड़ी-से-बड़ी संख्या क्या है, जिससे 522, 1276 और 1624 में पूरा-पूरा भाग हो जाए?
(a) 48 (b) 18
(c) 58 (d) 38

83. दो संख्याएँ 3 : 4 के अनुपात में हैं तथा उनका ल. स. 48 है। उन दो संख्याओं का योग क्या होगा?
(a) 28 (b) 18 (c) 68 (d) 48

84. दो संख्याएँ 4 : 5 के अनुपात में हैं तथा उनका ल. स. 180 है। उसमें छोटी संख्या क्या है?
(a) 49 (b) 36 (c) 25 (d) 16

85. दो संख्याओं के म.स. और ल.स. क्रमशः 44 और 264 हैं। यदि पहली संख्या को 2 से भाग दिया जाए, तो भागफल 44 होता है। दूसरी संख्या निम्न में से क्या होगी?
(a) 152 (b) 143 (c) 132 (d) 123

86. दो संख्याओं का ल.स. 2310 और म.स. 30 है। यदि उनमें से एक संख्या 210 हो, तो दूसरी संख्या क्या होगी?
(a) 330 (b) 220 (c) 430 (d) 165

87. किसी व्यापारी को 35 मी, 42 मी और 63 मी लम्बे लकड़ी के 3 तख्तों में से बड़े-से-बड़े बराबर माप के कितने तख्ते मिल सकते हैं?
(a) 40 (b) 60 (c) 10 (d) 20

88. चार घण्टियाँ 6 सकेण्ड, 8 सकेण्ड, 12 सकेण्ड व 18 सेकण्ड के अन्तराल पर बजती हैं। यदि वे एकसाथ 12 बजे बजना शुरू होती हैं, तो वह न्यूनतम समय क्या है जब वे फिर साथ-साथ बजेंगी?
(a) 1 मिनट 12 सेकण्ड (b) 6 मिनट 10 सेकण्ड
(c) 4 मिनट 10 सेकण्ड (d) 1 मिनट 45 सेकण्ड

उत्तरमाला

1 (d)	2 (a)	3 (b)	4 (a)	5 (b)
6 (a)	7 (b)	8 (a)	9 (a)	10 (a)
11 (c)	12 (d)	13 (b)	14 (a)	15 (d)
16 (c)	17 (c)	18 (b)	19 (c)	20 (d)
21 (b)	22 (a)	23 (c)	24 (d)	25 (a)
26 (b)	27 (a)	28 (c)	29 (a)	30 (c)
31 (d)	32. (b)	33 (b)	34 (c)	35 (a)
36 (d)	37 (b)	38 (b)	39 (b)	40 (a)
41 (b)	42 (a)	43 (c)	44 (b)	45 (c)
46 (d)	47 (d)	48 (b)	49 (c)	50 (c)
51 (b)	52 (c)	53 (a)	54 (d)	55 (b)
56 (a)	57 (d)	58 (a)	59 (c)	60 (b)
61 (a)	62 (d)	63 (b)	64 (a)	65 (c)
66 (d)	67 (b)	68 (a)	69 (c)	70 (b)
71 (a)	72 (c)	73 (a)	74 (d)	75 (c)
76 (a)	77 (b)	78 (c)	79 (c)	80 (a)
81 (b)	82 (c)	83 (a)	84 (b)	85 (c)
86 (a)	87 (d)	88 (a)		

संकेत एवं हल

स्थानीय मान, वर्गमूल तथा घनमूल

1. संख्या 329075 में 7 का जातीय मान =7
तथा संख्या 329075 में 7 का स्थानीय मान $=7\times10=70$
$\therefore$ अभीष्ट अन्तर $=70-7=63$

2. अंकों 1, 2 और 3 से बनाई जाने वाली 2 अंकों की संख्याओं का योग
$= 12 + 21 + 31 + 23 + 32 + 13 + 22 + 33 + 11 = 198$

3. 64009 का वर्गमूल

	253
2	$\overline{6}\,\overline{40}\,\overline{09}$
+2	4
45	240
+5	225
503	1509
+3	1509
	×

$\therefore$ 64009 का वर्गमूल = 253

4. $\sqrt{\frac{0.49}{0.25}}+\sqrt{\frac{0.81}{0.36}}$
$$=\frac{0.7}{0.5}+\frac{0.9}{0.6}=\frac{7}{5}+\frac{9}{6}=\frac{42+45}{30}=\frac{87}{30}=\frac{29}{10}=2\frac{9}{10}$$

5. $\sqrt{8281}=\sqrt{7\times7\times13\times13}=7\times13=91$

6. $\sqrt{0.04}=\sqrt{\frac{4}{100}}=\frac{2}{10}=02$

7. $\frac{\sqrt{0.441}}{\sqrt{0.625}}=\sqrt{\frac{441}{625}}=\frac{21}{25}=0.84$

8. $(11111)^2=\left(\frac{99999}{9}\right)^2=\frac{(100000-1)^2}{9^2}$
$$=\frac{1}{9^2}(10000000000+1-200000)$$
$$=\frac{1}{81}(9999800001)=123454321$$

9. $(47)^2-(15)^2=2209-225=1984$

वैकल्पिक विधि

$(47)^2-(15)^2=(47-15)(47+15)$ $[\because a^2-b^2=(a-b)(a+b)]$
$$=32\times62=1984$$

10. $\left(\frac{17}{119}\times\frac{98}{14}\right)^2=\left(\frac{1}{7}\times7\right)^2=(1)^2=1$

11. $\because$ $(16)^2+(21)^2-(13)^2+?=(25)^2$
$\Rightarrow$ $256+441-169+?=625$
$\Rightarrow$ $697-169+?=625$
$\Rightarrow$ $528+?=625$
$\therefore$ $?=97$

12. $\sqrt{576}+\sqrt{841}=24+29=53$

13. $\sqrt{8+\sqrt{57+\sqrt{38+\sqrt{108+\sqrt{169}}}}}$
$$=\sqrt{8+\sqrt{57+\sqrt{38+\sqrt{108+\sqrt{13\times13}}}}}$$
$$=\sqrt{8+\sqrt{57+\sqrt{38+\sqrt{108+13}}}}$$

$= \sqrt{8+\sqrt{57+\sqrt{38+\sqrt{121}}}}$

$= \sqrt{8+\sqrt{57+\sqrt{38+\sqrt{11\times 11}}}} = \sqrt{8+\sqrt{57+\sqrt{38+11}}}$

$= \sqrt{8+\sqrt{57+\sqrt{49}}}$

$= \sqrt{8+\sqrt{57+\sqrt{7\times 7}}} = \sqrt{8+\sqrt{57+7}}$

$= \sqrt{8+\sqrt{64}} + \sqrt{8+\sqrt{8\times 8}} = \sqrt{8+8} = \sqrt{16} = \sqrt{4\times 4} = 4$

14. $\sqrt{48}\times\sqrt{192}\times\sqrt{225}$

$= \sqrt{16\times 3}\times\sqrt{64\times 3}\times\sqrt{15\times 15}$

$= \sqrt{4\times 4\times 3}\times\sqrt{8\times 8\times 3}\times\sqrt{15\times 15}$

$= 4\sqrt{3}\times 8\sqrt{3}\times 15 = 32\times 15\times\sqrt{3}\times\sqrt{3}$

$= 32\times 15\times 3 = 1440$

15. दिया है, $\dfrac{\sqrt{1296}}{x} = \dfrac{x}{2.25}$

$\Rightarrow \dfrac{\sqrt{1296}}{x} = \dfrac{x}{2.25} \Rightarrow \dfrac{36}{x} = \dfrac{x}{2.25}$

$\Rightarrow x^2 = 36\times 2.25 \Rightarrow x^2 = 81$

दोनों पक्षों का वर्गमूल लेने पर, $x = \sqrt{81} \Rightarrow x = \pm 9$

16.

	114
1	132 18
+1	1
21	32
+1	21
224	1118
+4	896
	222 शेष

अतः अभीष्ट संख्या = 222

17.

	17
1	2 69
+1	1
27	169
+7	189
	20

अतः अभीष्ट संख्या = 189 − 169 = 20

18. $\therefore 980 = 2\times 2\times 5\times 7\times 7$

अतः स्पष्ट है कि 980 में 5 से गुणा करने पर परिणाम पूर्ण वर्ग होगा।

19.

	191
1	3 65 62
+1	1
29	265
+9	261
381	462
+1	381
	81

अतः बचे हुए जवानों की संख्या 81 है।

20. माना यात्रियों का संख्या $= x$ तब, प्रति व्यक्ति भाड़ा = ₹ x

$\therefore$ कुल भाड़ा $= x\times x \Rightarrow x^2 = 3844$

$\Rightarrow x = \sqrt{3844} = \sqrt{31\times 31\times 2\times 2} = 31\times 2 = 62$

अतः अभीष्ट भाड़ा = ₹ 62 प्रति व्यक्ति

21. माना पार्टी में पुरुषों की संख्या $= x$

पुरुषों द्वारा दिए गए उपहारों की संख्या $= x^2$

महिलाओं द्वारा दिए गए उपहारों की संख्या $= (26)^2$

तथा कुल उपहार = 1405

$\therefore x^2 + (26)^2 = 1405$

$\Rightarrow x^2 = 1405 - 676 = 729$

$\Rightarrow x = \sqrt{729} = \sqrt{3\times 3\times 3\times 3\times 3\times 3} = 3\times 3\times 3 = 27$

अतः पुरुषों की संख्या = 27

22. माना प्रत्येक माला में फूलों की संख्या $= x$

तब, तैयार मालाओं की संख्या $= x$

$\therefore x^2 = 9409$

$\Rightarrow x = \sqrt{9409} = \sqrt{97\times 97} = 97$

23.

	57
5	32 78
+5	25
107	778
+7	749
	29

अतः अभीष्ट व्यक्तियों की संख्या

$= (58)^2 - 3278 = 3364 - 3278 = 86$

24. माना समूह में छात्रों की संख्या $= x$

एकत्र हुआ कुल धन $= x^2$

$\therefore x^2 = 5929$

$\Rightarrow x = \sqrt{5929} = \sqrt{11\times 11\times 7\times 7} = 11\times 7 = 77$

25. $(11)^3 = (11)^3 = (10+1)^3$

$= (10)^3 + 3\times 10\times 1(10+1) + (1)^3$

$= 1000 + 30\times 11 + 1 = 1000 + 330 + 1 = 1331$

26. $\sqrt[3]{2\frac{10}{27}} = \sqrt[3]{\frac{64}{27}} = \sqrt[3]{\frac{4\times 4\times 4}{3\times 3\times 3}} = \frac{4}{3} = 1\frac{1}{3}$

27. $\sqrt[3]{\frac{7}{875}} = \sqrt[3]{\frac{1}{125}} = \sqrt[3]{\frac{1}{5\times 5\times 5}} = \frac{1}{5}$

28. $(53)^3 = (50+3)^3$

$= (50)^3 + 3\times 50\times 3\times (50+3) + (3)^3$

$[\because (a+b)^3 = a^3 + 3ab(a+b) + b^3]$

$= 125000 + 23850 + 27 = 148877$

29. $\sqrt[3]{\frac{72.9}{0.4096}} = \sqrt[3]{\frac{729\times 1000}{4096}}$

$= \sqrt[3]{\frac{9\times 9\times 9\times 10\times 10\times 10}{16\times 16\times 16}} = \frac{9\times 10}{16} = 5.625$

30. $\sqrt[3]{-216000} = -\sqrt[3]{216000}$

$= -\sqrt[3]{6\times 6\times 6\times 5\times 5\times 5\times 2\times 2\times 2} = -6\times 5\times 2 = -60$

31. $\sqrt[3]{-5832} = -\sqrt[3]{18 \times 18 \times 18} = -18$

32. यहाँ, $a = 272, b = 128$

हम जानते हैं कि

$$a^2 - b^2 = (a-b)(a+b)$$

$$(272^2 - 128^2) = (272 - 128)(272 + 128) = 144 \times 400$$

$\therefore \quad \sqrt{144 \times 400} = 12 \times 20 = 240$

33. $\because 1323 = 7 \times 7 \times 3 \times 3 \times 3$

अतः स्पष्ट है कि 1323 में 7 से गुणा करने पर परिणाम पूर्ण घन होगा।

34. $\because 1800 = 3 \times 3 \times 5 \times 5 \times 2 \times 2 \times 2$

अतः 1800 में 3×5 अर्थात् 15 से गुणा करने पर परिणाम पूर्ण घन होगा।

$\therefore$ अभीष्ट अंकों का योग $= 1 + 5 = 6$

35. $\because$ 710 के निकट पूर्ण घन संख्या 729 है।

$\therefore$ अभीष्ट अन्तर $= 729 - 710 = 19$

अर्थात् 710 में 19 जोड़ने पर परिणाम पूर्ण घन होगा।

36. $\because 675 = 5 \times 5 \times 3 \times 3 \times 3$

अतः स्पष्ट है कि 675 में 5 से गुणा करने पर गुणनफल एक पूर्ण घन संख्या होगी।

37. $\dfrac{0.342 \times 0.684}{0.000342 \times 0.000171}$

$= \dfrac{342 \times 684 \times 1000000 \times 1000000}{1000 \times 1000 \times 342 \times 171}$

$= 1000 \times 4 \times 1000$

अतः $1000 \times 4 \times 1000$ का वर्गमूल $= 2000$

38. दिया है, $\sqrt[3]{2}$ या $\sqrt{3}$, 3 व 2 का ल. स. = 6

$\therefore \sqrt[3]{2} = 2^{1/3} = 2^{2/6} = \sqrt[6]{4}$

तथा $\sqrt{3} = 3^{1/2} = 3^{3/6} = \sqrt[6]{27}$

स्पष्ट है कि, $\sqrt[6]{4} < \sqrt[6]{27}$

अतः $\sqrt{3}$ बड़ी संख्या है।

अभाज्य गुणनखण्ड, ल.स. तथा म.स.

39. $(30)^{11} \times (22)^5 \times (34)^{11}$

अभाज्य गुणनखण्ड करने पर,

$$= (5 \times 3 \times 2)^{11} \times (11 \times 2)^5 \times (17 \times 2)^{11}$$

$$= 5^{11} \times 3^{11} \times 2^{11} \times 11^5 \times 2^5 \times 17^{11} \times 2^{11}$$

$\therefore$ अभीष्ट अभाज्य गुणनखण्डों की संख्या

$$= 11 + 11 + 11 + 5 + 5 + 11 + 11$$

$$= 55 + 10 = 65$$

40. $(6)^{10} \times (7)^{17} \times (11)^{27}$

अभाज्य गुणनखण्ड करने पर,

$$= (2 \times 3)^{10} \times (7)^{17} \times (11)^{27}$$

$$= (2)^{10} \times (3)^{10} \times (7)^{17} \times (11)^{27}$$

$\therefore$ अभीष्ट अभाज्य गुणनखण्डों की संख्या

$$= 10 + 10 + 17 + 27 = 64$$

41. सबसे छोटी अभाज्य संख्या 2 है।

42. दो अंकों की बड़ी-से-बड़ी अभाज्य संख्या 97 है।

43. 70 और 100 के बीच 71, 73, 79, 83, 89 तथा 97 अभाज्य संख्याएँ हैं।

अतः 70 और 100 के बीच कुल अभाज्य संख्याएँ 6 हैं।

44. 0 और 100 के बीच कुल 25 अभाज्य संख्याएँ होती हैं।

45. माना धन पूर्णांक x है,

प्रश्नानुसार,

$$x^2 + x = 2450$$

$\Rightarrow \quad x(x+1) = 2450 = 49 \times 50$

$\therefore \quad x = 49$

46. $\because$ व्यंजक $= 3011 \times 3012 = 3011(3011 + 1)$

$= (3011)^2 + 3011$

$\therefore$ अभीष्ट उत्तर $= 3011$

47. $\sqrt{4750} = 68.9$

$68 \times 68 = 4624$

$\therefore$ अभीष्ट संख्या $= 4750 - 4624 = 126$

48. $\because$

	31
3	$\overline{10}\,\overline{00}$
+3	9
61	100
+1	61
	39

$(31)^2 < 1000 < 32^2$

$32 \times 32 = 1024$

$\therefore$ अभीष्ट संख्या $= 1024 - 1000 = 24$

49.

$$2^{250} = (2^5)^{50} = (32)^{50}$$

$$3^{150} = (3^3)^{50} = (27)^{50}$$

$$5^{100} = (5^2)^{50} = (25)^{50}$$

$$4^{200} = (4^4)^{50} = (256)^{50}$$

$\therefore$ सबसे छोटी संख्या $= (5)^{100}$

50. माना संख्या $= x$

प्रश्नानुसार,

$$\frac{1}{3} \times \sqrt{x} = 0.001$$

$\Rightarrow \quad \sqrt{x} = 0.003$

दोनों पक्षों के वर्ग करने पर,

$$x = 0.000009$$

51. $\because$ 12, 18, 21 व 28 का ल.स. = 252

$\therefore$ चार अंकों की बड़ी-से-बड़ी संख्या = 9999

अब, 9999 को 252 से भाग देने पर 171 शेष बचता है।

अतः अभीष्ट संख्या $= 9999 - 171 = 9828$

52. 120 तथा 300 के बीच पूर्ण वर्ग संख्याएँ 121, 144, 169, 196, 225, 256, 289 हैं, जिनकी संख्या 7 है।

53. चूँकि प्रथम चार अभाज्य संख्याएँ 2, 3, 5 तथा 7 हैं।

∴ अभीष्ट योग $= 2 + 3 + 5 + 7 = 17$

54. 3^{101} में इकाई का अंक

$= 3^{4 \times 25 + 1}$ में इकाई का अंक

$= (3^4)^{25} \times 3$ में इकाई का अंक

$= 1 \times 3$ में इकाई का अंक $= 3$

55. $(2467)^{153} \times (341)^{72}$ में इकाई का अंक

$= (7)^{4 \times 38 + 1} \times (1)^{72}$ में इकाई का अंक

$= (7^4)^{38} \times 7 \times 1$ में इकाई का अंक

$= (1)^{38} \times 7 = 7$ में इकाई का अंक

56. $(122)^{173}$ में इकाई का अंक

$= 2^{4 \times 43 + 1}$ में इकाई का अंक

$= (2^4)^{43} \times 2$ में इकाई का अंक

$= 6 \times 2$ में इकाई का अंक

$= 12$ में इकाई का अंक $= 2$

57. $(2137)^{754}$ में इकाई का अंक

$= (7)^{4 \times 188 + 2}$ में इकाई का अंक

$= (7^4)^{188} \times 7^2$ में इकाई का अंक

$= 1 \times 7^2$ में इकाई का अंक

$= 49$ में इकाई का अंक $= 9$

58. $962 \times 307 \times 103$ में इकाई का अंक

$= 2 \times 7 \times 3$ में इकाई का अंक

$= 14 \times 3$ में इकाई का अंक $= 42$ में इकाई का अंक $= 2$

59. $\because 549 \times 46 \times 82^* \times 844$ में इकाई का अंक $= 2$

$\Rightarrow 9 \times 6 \times {}^* \times 4$ में इकाई का अंक $= 2$

$\Rightarrow 216 \times {}^*$ में इकाई का अंक $= 2$

$\Rightarrow {}^*$ में इकाई का अंक $= 2$

$\therefore \quad ? = 2$

60. $21 = 7 \times 3$, $36 = 3 \times 2 \times 2 \times 3$ तथा $66 = 11 \times 3 \times 2$

∴ ल. स. $= 3^2 \times 2^2 \times 11 \times 7$

अतः अभीष्ट संख्या $= 3^2 \times 2^2 \times 11^2 \times 7^2$

$= 9 \times 4 \times 121 \times 49 = 213444$

61. माना संख्या x तथा भागफल y है।

$\therefore x = 899y + 63 = 29(31y + 2) + 5$

अतः x से 29 से भाग देने पर शेषफल 5 बचेगा।

62. दिया है, शेषफल $= 48$

∴ भाजक $= 48 \times 5 = 240$ तथा भागफल $= \frac{240}{12} = 20$

हम जानते हैं कि,

भाज्य = भाजक × भागफल + शेषफल $= 240 \times 20 + 48 = 4848$

63. माना भागफल $= x$

∵ भाज्य = भाजक × भागफल + शेषफल

तब, संख्या $= 192 \times x + 54 = 192 \times x + (48 + 6)$

पुनः संख्या $= 16(12 \times x + 3) + 6$

∴ संख्या को 16 से भाग देने पर शेषफल $= 6$

64. चूँकि संख्या 85, 17 से पूर्णतः विभाजित है। अतः संख्या 85 में 17 से भाग देने पर अभीष्ट शेषफल शून्य प्राप्त होगा।

65. दिया है, सम स्थानों में अंकों का योग $= 9$

तथा विषम स्थानों में अंकों का योग $= 20$

∴ अभीष्ट अन्तर $= 20 - 9 = 11$

अतः संख्या सदैव 11 से विभाजित होगी।

66. माना भागफल $= x$

दिया है, शेषफल $= 25$

∴ संख्या $= 121x + 25 = 121x + 22 + 3 = 11(11x + 2) + 3$

अतः संख्या को 11 से भाग देने पर 3 शेष बचेगा।

67. $0.16, \sqrt{0.16}, (0.16)^2, 0.04$

$$= \frac{16}{100}, \sqrt{\frac{16}{100}}, \left(\frac{16}{100}\right)^2, \frac{4}{100} = \frac{16}{100}, \frac{4}{10}, \frac{256}{10000}, \frac{4}{100}$$

10, 100 तथा 1000 का ल. स. $= 10000$

$$\Rightarrow \quad \frac{1600}{10000}, \frac{4000}{10000}, \frac{256}{10000}, \frac{400}{10000}$$

∴ सबसे बड़ी संख्या $= \sqrt{0.16}$

68. चार अंकों वाली सबसे बड़ी संख्या $= 9999$

तथा तीन अंकों वाली सबसे छोटी संख्या $= 100$

∴ अभीष्ट अन्तर $= 9999 - 100 = 9899$

69. माना भागफल $= x$

भाज्य = भाजक × भागफल + शेषफल

संख्या $= 119x + 19 = 119x + 17 + 2 = 17(7x + 1) + 2$

अतः संख्या को 17 से भाग देने पर शेषफल 2 प्राप्त होगा।

70. माना संख्या के इकाई तथा दहाई अंक क्रमशः y तथा x हैं।

तब, संख्या $= 10 \times$ दहाई अंक + इकाई अंक $= 10x + y$

अंकों के स्थान बदलने पर प्राप्त संख्या $= 10y + x$

∴ योगफल $= 10x + y + 10y + x = 11(x + y)$

अतः स्पष्ट है कि परिणामी संख्या सदैव 11 से भाज्य होगी।

71. माना भागफल $= y$

∴ संख्या $= 899y + 65 = 899y + 62 + 3 = 31(29y + 2) + 3$

अतः संख्या को 31 से विभाजित करने पर शेषफल 3 बचेगा।

72. दी गई संख्या $= 26492518$

संख्या के अंकों का योग $= 2 + 6 + 4 + 9 + 2 + 5 + 1 + 8 = 37$

अतः 4 वह न्यूनतम संख्या है, जिसे 26492518 में से घटाने पर परिणामी संख्या 3 से विभाज्य होगी, परन्तु 9 से नहीं।

73. प्रश्नानुसार,

$$4a3 + 984 = 13b7 \qquad \ldots(i)$$

चूँकि $13b7$, 11 से विभाज्य है।

$\therefore \quad (7 + 3) - (b + 1) = 0$

समी (i) में b का मान रखने पर,

$4a3 = 1397 - 984 = 413 \quad \Rightarrow a = 1$

$\therefore \quad 3a + 4b = 3 \times 1 + 4 \times 9 = 3 + 36 = 39$

74. संख्या 451, 11 से भाज्य है, क्योंकि संख्या 451 के अंकों को उलटने पर संख्या 154 प्राप्त होगी।

अब, $154 + 297 = 451$, जोकि मूल संख्या के बराबर है।

75. $36 = 2 \times 2 \times 3 \times 3$ तथा $84 = 2 \times 2 \times 3 \times 7$

84 व 36 का म.स. $= 2 \times 2 \times 3 = 12$

76. $36 = 3 \times 3 \times 2 \times 2$

$40 = 2 \times 2 \times 2 \times 5$ तथा $48 = 2 \times 2 \times 3 \times 2 \times 2$

म.स. $= 2 \times 2 = 4$

अतः अभीष्ट संख्या $= 4^2 = 16$

77. $\because 15 = 3 \times 5, 18 = 3 \times 3 \times 2;\ 36 = 3 \times 3 \times 2 \times 2$

तथा $144 = 3 \times 2 \times 2 \times 2 \times 2 \times 3$

$\therefore$ अभीष्ट ल. स. $= 3^2 \times 5 \times 2^4$

$= 9 \times 5 \times 16 = 720$

78. माना संख्याएँ क्रमश $3x$ व $4x$ हैं।

$3x$ व $4x$ का म. स. $= x$

पहली संख्या × दूसरी संख्या = ल.स. × म.स.

$\therefore \quad 3x \times 4x = 108 \times x \Rightarrow x = 9$

79. $28 = 7 \times 2 \times 2$ व $42 = 7 \times 3 \times 2$

28 व 42 का म.स. $= 7 \times 2 = 14$

तथा 28 व 42 का ल.स. $= 7 \times 2 \times 2 \times 3 = 84$

अतः अभीष्ट अनुपात $= 84 : 14 = 6 : 1$

80. सभी घण्टियों के पुनः एकसाथ बजने में लगा समय = 18, 24 व 32 का ल.स. = 288 मिनट = 4 घण्टे 48 मिनट

अतः सुबह 8 बजे के बाद घण्टियों के एकसाथ बजने का समय
= (8 + 4) घण्टे + 48 मिनट = 12 : 48 बजे

81. $\because \quad 270 = 3 \times 3 \times 3 \times 5 \times 2$

तथा $405 = 5 \times 3 \times 3 \times 3 \times 3$

$\therefore$ म.स. $= 3 \times 3 \times 3 \times 5 = 135$

व ल.स. $= 3^4 \times 5 \times 2 = 810$

अतः अभीष्ट अनुपात $= 810 : 135 = 6 : 1$

82. $\because \quad 522 = 2 \times 3 \times 3 \times 29$

$1276 = 2 \times 2 \times 11 \times 29$

तथा $1624 = 2 \times 2 \times 2 \times 7 \times 29$

$\therefore$ 522, 1276 व 1624 का म.स. $= 2 \times 29 = 58$

अतः अभीष्ट संख्या = 522, 1276, 1624 का म. स. = 58

83. माना संख्याएँ क्रमशः $3x$ व $4x$ हैं।

तब, म.स. $= x$

$\therefore$ पहली संख्या × दूसरी संख्या = ल.स. × म. स.

$\Rightarrow \quad 3x \times 4x = 48 \times x \Rightarrow x = 4$

अतः संख्याएँ क्रमशः 12 व 16 हैं।

$\therefore$ अभीष्ट योग $= 12 + 16 = 28$

84. माना संख्याएँ क्रमशः $4x$ व $5x$ है।

$\therefore$ पहली संख्या × दूसरी संख्या = ल.स. × म.स.

$\Rightarrow \quad 4x \times 5x = 180 \times x$ [$\because$ म.स. $= x$]

$\Rightarrow \quad x = 9$

अतः छोटी संख्या $= 4x = 4 \times 9 = 36$

85. दिया है, पहली संख्या $= 2 \times 44 = 88$

म.स. = 44 तथा ल.स. = 264

हम जानते हैं कि, पहली संख्या × दूसरी संख्या = ल.स. × म.स.

$\Rightarrow \quad 88 \times$ दूसरी संख्या $= 264 \times 44$

$\therefore$ दूसरी संख्या $= \dfrac{264 \times 44}{88} = 132$

86. दिया है, ल.स. = 2310, म.स. = 30

तथा पहली संख्या = 210

$\therefore$ दूसरी संख्या $= \dfrac{\text{ल. स.} \times \text{म. स.}}{\text{पहली संख्या}} = \dfrac{2310 \times 30}{210} = 330$

87. $\because 35 = 7 \times 5, 42 = 7 \times 3 \times 2$

तथा $63 = 7 \times 3 \times 3$

$\therefore$ अभीष्ट म.स. $= 7$

अतः तख्तों की संख्या $= \dfrac{35}{7} + \dfrac{42}{7} + \dfrac{63}{7} = 5 + 6 + 9 = 20$

88. $\because$ 6, 8, 12 व 18 का ल.स. = 72

अतः वे चारों घण्टियाँ 72 सेकण्ड अर्थात् 1 मिनट 12 सेकण्ड पश्चात् पुनः एकसाथ बजेंगी।

अध्याय 02

भिन्न एवं दशमलव

ऐसी संख्या, जिसे $\frac{p}{q}$ के रूप में व्यक्त किया जा सके, जहाँ $q \neq 0$ हो, भिन्न कहलाती है। यहाँ, p को अंश तथा q को हर कहते हैं।

जैसे—$\frac{3}{5}$ एक भिन्न है, जिसमें 3 भिन्न का अंश तथा 5 भिन्न का हर है।

साधारण भिन्न

जिस भिन्न का हर 10 की घात न होकर कोई अतिरिक्त संख्या होती है, उसे साधारण भिन्न कहते हैं। जैसे—$\frac{3}{7}, \frac{5}{11}, \frac{7}{9}$ आदि।

दशमलव भिन्न

वह भिन्न, जिसका हर 10 या 10 की घातों में हो, दशमलव भिन्न कहलाती है। जैसे—$\frac{2}{10}, \frac{3}{100}, \frac{1}{1000}$ आदि।

साधारण भिन्नों के प्रकार

1. **संक्षिप्त भिन्न** ऐसे भिन्न, जिनके अंश तथा हर परस्पर अभाज्य हो अर्थात् दोनों में कोई संख्या उभयनिष्ठ (common) न हो, संक्षिप्त भिन्न (lowest term fraction) कहलाती है।

   जैसे—$\frac{3}{7}, \frac{4}{11}$ आदि।
2. **उचित भिन्न** वह भिन्न, जिसमें हर का मान अंश के मान से अधिक हो, उचित भिन्न कहलाती है।

   जैसे—$\frac{2}{5}, \frac{3}{7}$ आदि।
3. **अनुचित भिन्न** वह भिन्न, जिसमें हर का मान, अंश के मान से कम हो, अनुचित भिन्न कहलाती है।

   जैसे—$\frac{7}{4}, \frac{11}{9}$ आदि।
4. **संयुक्त भिन्न** वह भिन्न, जो एक पूर्णांक तथा एक भिन्न से मिलकर बनी होती है, संयुक्त भिन्न कहलाती है।

   जैसे—$3\frac{2}{5}, 2\frac{5}{9}$ आदि।
5. **व्युत्क्रम भिन्न** यदि किसी भिन्न के हर को अंश व अंश को हर में परिवर्तित कर दिया जाए, तो प्राप्त नई भिन्न पहली भिन्न का व्युत्क्रम कहलाती है।

   जैसे—$\frac{4}{5}$ का व्युत्क्रम $\frac{5}{4}$ है।

दशमलव संख्याओं का मानक रूप

बहुत बड़ी या बहुत छोटी दशमलव संख्याओं को मानक रूप में लिखने के लिए इस विधि का प्रयोग किया जाता है। दी गई किसी भी संख्या को मानक रूप में लिखने का नियम यह है कि सबसे पहले 1 से 9 तक के बीच में आने वाले अंक को लिखते हैं तथा उसके बाद दशमलव लगाकर बाकी के अंक लिखते हैं तथा दशमलव के बाद जितने अंक हैं, 10 की घात में उतने ही अंक लिखकर उसकी दी गई संख्या की नई बनी संख्या से गुणा कर दी जाती है। यही दशमलव संख्या का मानक रूप है। जैसे—

(i) 800049350 को मानक रूप में 8.00049350×10^8 लिखा जाएगा।

(ii) 4002.325 को मानक रूप में 4.002325×10^3 लिखा जाएगा, क्योंकि दी गई संख्या में तीन स्थान पर दशमलव पहले से ही है।

दशमलव भिन्न के प्रकार

1. **पुनरावृत्त दशमलव भिन्न** वह दशमलव भिन्न जिसमें दशमलव के एक से अधिक अंकों की पुनरावृत्ति हो अर्थात् एक ही अंक बार-बार आए, पुनरावृत्त भिन्न कहलाती है।

   जैसे—$\frac{2}{3}$ या 0.6666 और $\frac{22}{7} = 3.142857142857 = 3.\overline{142857}$

   अत: यह भिन्न पुनरावृत्त दशमलव भिन्न है।
2. **शुद्ध पुनरावृत्त दशमलव भिन्न** वे पुनरावृत्त दशमलव भिन्न जिनमें दशमलव बिन्दु के बाद के सभी अंक बार-बार आए, शुद्ध पुनरावृत्त दशमलव भिन्न कहलाती है।

   जैसे—$0.\bar{3}$ या $\frac{3}{9}$ या $\frac{1}{3}$ (ऐसी भिन्न को साधारण भिन्न में बदलने के लिए, हर में उतनी ही बार 9 लिखा जाता है, जितने अंक बार-बार आते हैं।)
3. **मिश्रित पुनरावृत्त दशमलव भिन्न** ऐसे दशमलव भिन्न जिनमें दशमलव बिन्दु के बाद सभी अंकों की पुनरावृत्ति नहीं होती है अर्थात् कुछ अंकों की होती है, कुछ की नहीं। मिश्रित पुनरावृत्त दशमलव भिन्न कहलाती है। जैसे—$0.1\bar{9}$, $3.22\bar{3}$ आदि।

भिन्नों पर संक्रियाएँ

भिन्नों का योग

1. **जब हर समान हों** यदि भिन्नों के हर समान हों, तो उनका योगफल इस प्रकार ज्ञात करते हैं।

   जैसे— $\frac{1}{6} + \frac{3}{6} + \frac{5}{6} = \frac{1+3+5}{6} = \frac{9}{6} = \frac{3}{2}$

2. **जब हर असमान हों** यदि भिन्नों के हर असमान हों, तो उनका योग करते समय हरों का ल.स. ज्ञात करके हल करते हैं।

जैसे— $\frac{5}{3}+\frac{2}{5}+\frac{3}{10}=\frac{5\times10+2\times6+3\times3}{30}$

$=\frac{50+12+9}{30}=\frac{71}{30}$

नोट *यहाँ प्रत्येक हर से ल.स. में भाग देकर, प्राप्त भागफल को संगत अंश से गुणा किया गया है।*

3. संयुक्त या मिश्रित भिन्नों का योगफल निम्न प्रकार ज्ञात करते हैं।

जैसे— $5\frac{2}{3}+4\frac{3}{5}=(5+4)+\left(\frac{2\times5+3\times3}{15}\right)=\frac{154}{15}$

भिन्नों का अन्तर

1. **जब हर समान हों** यदि भिन्नों के हर समान हों, तो उनका अन्तर निम्न प्रकार ज्ञात करते हैं।

जैसे— $\frac{5}{7}-\frac{2}{7}=\frac{5-2}{7}=\frac{3}{7}$

2. **जब हर असमान हों** यदि भिन्नों के हर असमान हों, तो उनका अन्तर हरों का ल.स. ज्ञात करके निकालते हैं।

जैसे— $\frac{5}{8}-\frac{1}{4}=\frac{5-2}{8}=\frac{3}{8}$

भिन्नों की गुणा

भिन्नों की गुणा ज्ञात करते समय दी गई भिन्नों के अंशों को आपस में गुणा करके परिणामी भिन्न का अंश तथा हरों की आपस में गुणा करके परिणामी भिन्न का हर प्राप्त करते हैं।

जैसे— $5\frac{3}{7}\times6\frac{2}{9}=\frac{38}{7}\times\frac{56}{9}=\frac{304}{9}$

भिन्नों का भाग

भिन्नों की भाग ज्ञात करते समय, भाजक भिन्न में अंश और हर के स्थान आपस में बदल दिए जाते हैं तथा अब अंशों की आपस में गुणा और हरों की आपस में गुणा करके परिणामी भिन्न प्राप्त करते हैं।

जैसे— $\frac{5}{9}\div\frac{25}{27}=\frac{5}{9}\times\frac{27}{25}=\frac{3}{5}$

भिन्नों का आरोही या अवरोही क्रम

भिन्नों का आरोही अथवा अवरोही क्रम ज्ञात करने के लिए निम्नलिखित विधियों का प्रयोग करते हैं

(i) दो या दो से अधिक भिन्नों की तुलना दशमलव रूप में परिवर्तित करके।

(ii) दो या दो से अधिक भिन्नों की तुलना हरों को समान करके। (इसमें बड़े अंश वाला भिन्न बड़ा होता है।)

जैसे—$\frac{7}{12},\frac{5}{8}$ व $\frac{11}{15}$ का अवरोही क्रम निम्न प्रकार ज्ञात करते हैं

$\frac{7}{12}=0.58, \frac{5}{8}=0.63, \frac{11}{15}=0.73$

$\because\quad 0.58<0.63<0.73\quad\therefore\ \frac{7}{12}<\frac{5}{8}<\frac{11}{15}$

भिन्नों का ल.स. तथा म.स. ज्ञात करना

भिन्नों का म.स. $=\frac{\text{अंशों का म.स.}}{\text{हरों का ल.स.}}$; भिन्नों का ल.स. $=\frac{\text{अंशों का ल.स.}}{\text{हरों का म.स.}}$

जैसे— $\frac{54}{9}, 3\frac{9}{17}$ तथा $\frac{36}{51}$ का म. स. ज्ञात करना।

$\because\quad \frac{54}{9}, 3\frac{9}{17}, \frac{36}{51}=\frac{54}{9}, \frac{60}{17}, \frac{36}{51}=\frac{6}{1}, \frac{60}{17}, \frac{12}{17}$

अब, $\frac{6}{1}, \frac{60}{17}, \frac{12}{17}$ का म. स. $=\frac{\text{अंशों का म.स.}}{\text{हरों का ल.स.}}=\frac{6, 60, 12 \text{ का म.स.}}{2,17,17 \text{ का ल.स.}}=\frac{6}{17}$

दशमलव संख्याओं का ल.स. व म.स. ज्ञात करना

दशमलव संख्याओं का ल.स. व म.स. निकालते समय संख्याओं को परिमेय संख्या p/q के रूप में परिवर्तित करते हैं तथा भिन्नों के अनुसार ही उनका ल.स. तथा म.स. ज्ञात करते हैं।

जैसे— 0.45, 2.7 व 1.5 का ल. स. ज्ञात करना।

दशमलव संख्याओं को भिन्न संख्याओं में परिवर्तित करने पर,

$$0.45, 2.7, 1.5=\frac{45}{100}, \frac{27}{10}, \frac{15}{10}$$

अब $\frac{45}{100}, \frac{27}{10}$ व $\frac{15}{10}$ का ल.स. $=\frac{\text{अंशों का ल.स.}}{\text{हरों का म.स.}}$

$=\frac{45, 27, 15 \text{ का ल.स.}}{100, 10, 10 \text{ का म.स.}}=\frac{135}{10}=13.5$

साधित उदाहरण

1. निम्न भिन्नों में से कौन-सी भिन्न सबसे बड़ी है?

$\frac{7}{12}, \frac{11}{16}, \frac{12}{17}, \frac{13}{18}, \frac{31}{36}$

(a) $\frac{7}{12}$ (b) $\frac{11}{16}$ (c) $\frac{12}{17}$ (d) $\frac{31}{36}$

हल *(d)* प्रत्येक भिन्न के अंश तथा हर का अन्तर निकालने पर,

12 − 7 = 5, 16 − 11 = 5

17 − 12 = 5, 18 − 13 = 5; 36 − 31 = 5

स्पष्ट है कि भिन्नों के अंश व हर का अन्तर समान है। अतः बड़े अंश वाली भिन्न बड़ी होगी।

$\therefore$ भिन्न $\frac{31}{36}$ सबसे बड़ी भिन्न है।

2. भिन्न $\left(2\frac{1}{5}+8\frac{4}{11}\right)$ का $\frac{1}{2}$ का मान क्या होगा?

(a) $\frac{581}{110}$ (b) $\frac{586}{110}$ (c) $\frac{453}{120}$ (d) $\frac{483}{140}$

हल *(a)* $\left(2\frac{1}{5}+8\frac{4}{11}\right)$ का $\frac{1}{2}=\left(\frac{11}{5}+\frac{92}{11}\right)\times\frac{1}{2}$

$=\left(\frac{121+460}{55}\right)\times\frac{1}{2}=\frac{581}{55}\times\frac{1}{2}=\frac{581}{110}$

3. भिन्न $\frac{5}{6}, \frac{10}{18}, \frac{25}{36}$ का म.स. क्या होगा?

(a) $\frac{4}{57}$ (b) $\frac{5}{36}$ (c) $\frac{2}{37}$ (d) $\frac{5}{46}$

हल *(b)* $\frac{5}{6}, \frac{10}{18}, \frac{25}{36}$ का म.स. $=\frac{5, 10, 25 \text{ का म.स.}}{6, 18, 36 \text{ का ल.स.}}=\frac{5}{36}$

4. भिन्न $\frac{1}{2}, \frac{2}{3}, \frac{3}{4}, \frac{4}{5}$ का ल.स. क्या होगा?

(a) 16 (b) 17 (c) 12 (d) 10

हल *(c)* $\frac{1}{2}, \frac{2}{3}, \frac{3}{4}, \frac{4}{5}$ का ल.स. $=\frac{1, 2, 3, 4 \text{ का ल.स.}}{2, 3, 4, 5 \text{ का म.स.}}=\frac{12}{1}=12$

अभ्यास प्रश्न

1. 0.47777 .... किस साधारण भिन्न के बराबर है?

(a) $\frac{43}{90}$ (b) $\frac{42}{89}$ (c) $\frac{41}{90}$ (d) $\frac{40}{47}$

2. $9\frac{1}{11}$ का दशमलव (भिन्न में) मान क्या है?

(a) 8.0908 (b) 9.0909 (c) 7.0909 (d) 6.0809

3. $\frac{95}{152}$ का लघुत्तम मान क्या होगा?

(a) $\frac{2}{7}$ (b) $\frac{4}{7}$ (c) $\frac{5}{8}$ (d) $\frac{5}{16}$

4. 45 मिनट को एक दिन के भिन्न के रूप में व्यक्त कीजिए।

(a) $\frac{1}{30}$ (b) $\frac{1}{32}$ (c) $\frac{1}{64}$ (d) $\frac{1}{16}$

5. $\frac{p}{q}$ के रूप में संख्या 0.121212...... किसके बराबर होगी?

(a) $\frac{1}{34}$ (b) $\frac{1}{33}$ (c) $\frac{2}{33}$ (d) $\frac{4}{33}$

6. निम्न में से कौन-सा सबसे छोटा है?

$\frac{15}{16}, \frac{9}{10}, \frac{7}{8}$ व $\frac{11}{12}$

(a) $\frac{2}{3}$ (b) $\frac{4}{9}$

(c) $\frac{7}{8}$ (d) इनमें से कोई नहीं

7. भिन्नों $\frac{15}{16}, \frac{19}{20}, \frac{24}{25}, \frac{34}{35}$ में सबसे छोटी भिन्न कौन-सी है?

(a) $\frac{15}{16}$ (b) $\frac{19}{20}$ (c) $\frac{24}{25}$ (d) $\frac{34}{35}$

8. निम्नलिखित में से कौन-सी भिन्न सबसे बड़ी है?

$\frac{10}{11}, \frac{14}{15}, \frac{12}{13}, \frac{13}{14}$

(a) $\frac{10}{11}$ (b) $\frac{14}{15}$ (c) $\frac{12}{13}$ (d) $\frac{13}{14}$

9. भिन्नों $\frac{2}{3}, \frac{4}{5}, \frac{3}{8}, \frac{1}{2}$ में से सबसे बड़ी भिन्न कौन-सी है?

(a) $\frac{2}{3}$ (b) $\frac{4}{5}$ (c) $\frac{3}{8}$ (d) $\frac{1}{2}$

10. $\frac{7}{11}, \frac{16}{20}, \frac{21}{22}$ भिन्न अवरोही क्रम में लगाइए।

(a) $\frac{7}{112} > \frac{16}{20} > \frac{21}{22}$ (b) $\frac{7}{11} > \frac{21}{22} > \frac{16}{20}$

(c) $\frac{21}{22} > \frac{16}{20} > \frac{7}{11}$ (d) इनमें से कोई नहीं

11. $\frac{3}{4} + \frac{2}{5} + \frac{3}{7}$ का मान क्या होगा?

(a) $\frac{221}{140}$ (b) $\frac{121}{220}$ (c) $\frac{123}{450}$ (d) $\frac{143}{193}$

12. $7\frac{1}{3} + 5\frac{4}{9} - 4\frac{4}{9}$ का मान बताइए।

(a) $4\frac{1}{3}$ (b) $8\frac{1}{3}$ (c) $2\frac{1}{3}$ (d) $4\frac{7}{9}$

13. $2\frac{2}{9} + 4\frac{1}{18} - 1\frac{1}{2}$ का मान बताइए।

(a) $8\frac{2}{3}$ (b) $1\frac{1}{9}$ (c) $2\frac{2}{3}$ (d) $4\frac{7}{9}$

14. $20\frac{1}{2} + 30\frac{1}{3} - 15\frac{1}{6}$ का मान बताइए।

(a) $4\frac{2}{33}$ (b) $33\frac{2}{3}$

(c) $35\frac{1}{3}$ (d) $35\frac{2}{3}$

15. $\frac{8}{13} \div \frac{192}{559}$ का मान बताइए।

(a) $1\frac{19}{24}$ (b) $1\frac{18}{24}$ (c) $1\frac{21}{63}$ (d) $1\frac{22}{39}$

16. $999\frac{98}{99} \times 99$ का मान बताइए।

(a) 94979 (b) 98999 (c) 38473 (d) 86454

17. $\frac{512}{?} \times \frac{39}{16} \times 328 = 128$ में प्रश्नचिह्न का मान क्या है?

(a) 2439 (b) 1543 (c) 3198 (d) 4728

18. 567 के $\frac{8}{9}$ के $\frac{2}{28}$ का $\frac{7}{4}$ का मान बताइए।

(a) 53 (b) 63 (c) 46 (d) 23

19. 3.6 + 36.6 + 3.66 + 0.36 + 3.0 का मान ज्ञात कीजिए।

(a) 47.22 (b) 48.23 (c) 58.43 (d) 53.42

20. $0.5 \times 3.9 \div 1.3 = ? + 0.5$ में प्रश्न चिह्न (?) का मान क्या है?

(a) 3.0 (b) 2.0 (c) 1.0 (d) 4.0

21. $2.5 \times 4.8 + 7.2 \times 1.5 - 1.2 \times 14$ को हल कीजिए।

(a) 6 (b) 4 (c) 3 (d) 8

22. {0.9 – [2.3 – 3.2 – (7.1 – 5.4 – 3.5)]} को सरल कीजिए।

(a) 5 (b) 8 (c) 1 (d) 0

23. 1412.26 – 1095.12 + 101.29 = ? + 212.43 में प्रश्नचिह्न (?) का मान क्या है?

(a) 108 (b) 206 (c) 106 (d) 403

24. 1262.65 – 656.48 – 412.68 = ? + 75.23 में प्रश्न चिह्न (?) का मान क्या है?

(a) 119.26 (b) 104.23 (c) 118.26 (d) 113.34

25. $27 \times 1.\bar{2} \times 5.526\bar{2} \times 0.\bar{6}$ का सरलतम मान ज्ञात कीजिए।

(a) 121.577 (b) 111.544 (c) 131.46 (d) 183.43

26. $1 + \cfrac{1}{1 + \cfrac{1}{1 + \cfrac{1}{1 + \cfrac{1}{1 + \cfrac{2}{3}}}}}$ का मान कितना होगा?

(a) 1/21 (b) 13/17 (c) 34/21 (d) 15/29

27. $\cfrac{1}{3 - \cfrac{1}{2 - \cfrac{1}{7}}}$ को हल कीजिए।

(a) 18/32 (b) 12/32 (c) 1/32 (d) 13/32

28. यदि $x + \cfrac{2}{3 + \cfrac{4}{5 + \cfrac{7}{6}}} = 10$, तब x का मान कितना होगा?

(a) $\frac{1244}{136}$ (b) $\frac{1276}{135}$ (c) $\frac{1276}{137}$ (d) $\frac{1276}{139}$

29. यदि एक संख्या का 1/7 इसके 1/11 हिस्से से 100 अधिक है, तो वह संख्या क्या है?
(a) 1829 (b) 1825
(c) 1926 (d) 1925

30. $\frac{2}{5}, \frac{5}{11}, \frac{8}{17}, \frac{11}{23}$ में सबसे बड़ी भिन्न कौन-सी है?
(a) $\frac{2}{5}$ (b) $\frac{5}{11}$
(c) $\frac{8}{7}$ (d) $\frac{11}{23}$

31. यदि किसी सामान के 2/3 भाग का मूल्य ₹ 2200 है, तो उसके 3/11 भाग का मूल्य क्या है?
(a) 900 (b) 400
(c) 500 (d) 600

32. किसी संख्या के वर्ग का $\frac{3}{5}$, 126.15 होता है। वह संख्या क्या है?
(a) 12.8 (b) 14.5
(c) 16.7 (d) 18.5

33. वह संख्या क्या होगी, जिसे $\frac{4^2}{9^2}$ के अंश और हर दोनों में जोड़ने पर भिन्न $\frac{4}{9}$ हो जाती है?
(a) 16 (b) 25
(c) 36 (d) 49

34. यदि किसी खम्भे का $\frac{2}{5}$ वाँ भाग कीचड़ में है, शेष का $\frac{1}{3}$ वाँ भाग जल में एवं 6 मी जल के ऊपर है, तो खम्भे की लम्बाई क्या है?
(a) 15 मी (b) 14 मी
(c) 12 मी (d) 18 मी

35. एक भिन्न का हर, अंश से 1 अधिक है। यदि अंश व हर दोनों में से 1 घटा दिया जाए, तो भिन्न 0.5 के बराबर हो जाती है। भिन्न क्या है?
(a) $\frac{6}{7}$ (b) $\frac{1}{3}$
(c) $\frac{4}{5}$ (d) $\frac{2}{3}$

36. किसी भिन्न के अंश तथा हर का योग 13 है। यदि अंश में एक जोड़ दिया जाए तथा हर में से 2 घटा दिया जाए, तो भिन्न $\frac{1}{2}$ बन जाती है। भिन्न का मान क्या है?
(a) $\frac{2}{17}$ (b) $\frac{3}{10}$ (c) $\frac{2}{11}$ (d) $\frac{1}{13}$

37. एक विद्यार्थी को दी हुई संख्या में $\frac{8}{17}$ का गुणा करने को कहा गया। गुणा करने की बजाय उसने दी हुई संख्या में $\frac{8}{17}$ का भाग दे दिया। उसका उत्तर, सही उत्तर से 225 अधिक आया। दी हुई संख्या क्या थी।
(a) 187 (b) 196 (c) 136 (d) 148

38. एक लड़के से किसी धनराशि का $\frac{3}{8}$ मान ज्ञात करने के लिए कहा गया। उसने उस राशि को $\frac{3}{8}$ से गुणा करने के स्थान पर उसे $\frac{3}{8}$ से भाग कर दिया और इस प्रकार जो उत्तर आया वह सही उत्तर से ₹ 55 अधिक था। सही उत्तर ज्ञात कीजिए।
(a) ₹ 24 (b) ₹ 22 (c) ₹ 26 (d) ₹ 28

39. $\frac{2}{3}, \frac{4}{9}, \frac{5}{6}, \frac{7}{12}$ का लघुत्तम समापवर्त्य क्या है?
(a) $\frac{142}{3}$ (b) $\frac{121}{3}$ (c) $\frac{120}{3}$ (d) $\frac{140}{3}$

40. $\frac{2}{3}, \frac{4}{9}, \frac{5}{6}$ का लघुत्तम समापवर्त्य क्या है?
(a) $\frac{10}{7}$ (b) $\frac{11}{3}$
(c) $\frac{20}{3}$ (d) इनमें से कोई नहीं

41. $\frac{2}{3}, \frac{4}{5}$ तथा $\frac{6}{7}$ का महत्तम समापवर्तक कितना है?
(a) $\frac{2}{105}$ (b) $\frac{3}{187}$ (c) $\frac{4}{105}$ (d) $\frac{23}{105}$

42. 2.4, 0.36 तथा 7.2 का महत्तम समापवर्तक क्या है?
(a) 0.16 (b) 0.12 (c) 0.18 (d) 0.17

उत्तरमाला

1 (a)	2 (b)	3 (c)	4 (b)	5 (d)
6 (c)	7 (a)	8 (b)	9 (b)	10 (c)
11 (a)	12 (b)	13 (d)	14 (d)	15 (a)
16 (b)	17 (c)	18 (b)	19 (a)	20 (c)
21 (a)	22 (d)	23 (b)	24 (c)	25 (a)
26 (c)	27 (d)	28 (b)	29 (d)	30 (d)
31 (a)	32 (b)	33 (c)	34 (a)	35 (d)
36 (b)	37 (c)	38 (a)	39 (d)	40 (c)
41 (a)	42 (b)			

संकेत एवं हल

1. $0.4777... = 0.4\bar{7} = \frac{47-4}{90} = \frac{43}{90}$

2. $9\frac{1}{11} = \frac{100}{11} = 9.0909$

3. $\frac{95}{152} = \frac{19 \times 5}{19 \times 8} = \frac{5}{8}$

4. अभीष्ट रूप $= \frac{45}{60 \times 24} = \frac{1}{32}$

5. $0.121212...... = 0.\overline{12} = \frac{12}{99} = \frac{4}{33}$

6. चूँकि दी गई सभी भिन्नों के अंश व हर का अन्तर समान है। इसलिए सबसे कम अंश वाली भिन्न सबसे छोटी होगी।

अतः सबसे छोटी भिन्न $= \frac{7}{8}$

7. $\frac{15}{16} = 0.9375, \frac{19}{20} = 0.95$

$\frac{24}{25} = 0.96$ तथा $\frac{34}{35} = 0.97$

अतः सबसे छोटी भिन्न $\frac{15}{16}$ है।

8. चूँकि सभी दी गई भिन्नों में अंश व हर का अन्तर समान है, इसलिए सबसे बड़ी भिन्न बड़े अंश वाली होगी।

अतः सबसे बड़ी भिन्न $\frac{14}{15}$ है।

9. $\because \frac{2}{3} = 0.666; \frac{4}{5} = 0.8; \frac{3}{8} = 0.375$ तथा $\frac{1}{2} = 0.5$

अतः सबसे बड़ी भिन्न $\frac{4}{5}$ है।

10. $\because \frac{7}{11} = 0.636, \frac{16}{20} = 0.8$ तथा $\frac{21}{22} = 0.95$

अतः अवरोही क्रम निम्न है

$$\frac{21}{22} > \frac{16}{20} > \frac{7}{11}$$

11. $\frac{3}{4} + \frac{2}{5} + \frac{3}{7} = \frac{105 + 56 + 60}{140} = \frac{221}{140}$

12. $7\frac{1}{3} + 5\frac{4}{9} - 4\frac{4}{9} = 7\frac{1}{3} + 1 = 8\frac{1}{3}$

13. $2\frac{2}{9} + 4\frac{1}{18} - 1\frac{1}{2} = \frac{20}{9} + \frac{73}{18} - \frac{3}{2} = \frac{40 + 73 - 27}{18}$

$$= \frac{113 - 27}{18} = \frac{86}{18} = \frac{43}{9} = 4\frac{7}{9}$$

14. $20\frac{1}{2} + 30\frac{1}{3} - 15\frac{1}{6} = \frac{41}{2} + \frac{91}{3} - \frac{91}{6} = \frac{123 + 182 - 91}{6}$

$$= \frac{214}{6} = \frac{107}{3} = 35\frac{2}{3}$$

15. $\frac{8}{13} \div \frac{192}{559} = \frac{8}{13} \times \frac{559}{192} = \frac{43}{24} = 1\frac{19}{24}$

16. $999\frac{98}{99} \times 99 = \frac{98999}{99} \times 99 = 98999$

17. $\frac{512}{?} \times \frac{39}{16} \times 328 = 128$

$$\Rightarrow \quad ? = \frac{512 \times 39 \times 328}{16 \times 128} = 3198$$

18. 567 के $\frac{8}{9}$ के $\frac{2}{28}$ का $\frac{7}{4} = ?$

$$\Rightarrow \quad ? = 567 \times \frac{8}{9} \times \frac{2}{28} \times \frac{7}{4} = 63$$

19. $3.6 + 36.6 + 3.66 + 0.36 + 3.0 = 47.22$

20. $0.5 \times 3.9 \div 1.3 = ? + 0.5$

$$\Rightarrow \quad \frac{0.5 \times 3.9}{1.3} - 0.5 = ?$$

$$\Rightarrow \quad ? = 1.5 - 0.5 = 1.0$$

21. $2.5 \times 4.8 + 7.2 \times 1.5 - 1.2 \times 14 = 12 + 10.8 - 16.8 = 6$

22. $\{0.9 - [2.3 - 3.2 - (7.1 - 5.4 - 3.5)]\}$

$= \{0.9 - [2.3 - 3.2 - (-1.8)]\} = \{0.9 - [2.3 - 3.2 + 1.8)\}$

$= \{0.9 - [4.1 - 3.2]\} = \{0.9 - [0.9]\} = \{0.9 - 0.9\} = 0$

23. $1412.26 - 1095.12 + 101.29 = ? + 212.43$

$\Rightarrow ? = 418.43 - 212.43 = 206$

24. $1262.65 - 656.48 - 412.68 = ? + 75.23$

$\Rightarrow ? = 606.17 - 412.68 - 75.23 \Rightarrow ? = 118.26$

25. $27 \times 1.\bar{2} \times 5.526\bar{2} \times 0.\bar{6} = 27 \times \frac{11}{9} \times \frac{49736}{9000} \times \frac{6}{9}$

$$= \frac{1094192}{9000} = 121.577$$

26. $1 + \cfrac{1}{1 + \cfrac{1}{1 + \cfrac{1}{1 + \cfrac{1}{1 + \frac{2}{3}}}}} = 1 + \cfrac{1}{1 + \cfrac{1}{1 + \cfrac{1}{1 + \frac{3}{5}}}}$

$$= 1 + \cfrac{1}{1 + \cfrac{1}{1 + \frac{5}{8}}} = 1 + \cfrac{1}{1 + \frac{8}{13}} = 1 + \frac{13}{21} = \frac{34}{21}$$

27. $\cfrac{1}{3 - \cfrac{1}{2 - \frac{1}{7}}} = \cfrac{1}{3 - \frac{7}{13}} = \frac{13}{32}$

28. दिया है, $x + \cfrac{2}{3 + \cfrac{4}{5 + \frac{7}{6}}} = 10$

$$\Rightarrow \quad x + \cfrac{2}{3 + \frac{24}{37}} = 10 \Rightarrow x + \frac{74}{135} = 10$$

$$\Rightarrow \quad x = \frac{1350 - 74}{135} = \frac{1276}{135}$$

29. माना संख्या $= x$

तब, $\frac{x}{7} - \frac{x}{11} = 100$

$\Rightarrow \frac{11x - 7x}{77} = 100 \quad \Rightarrow x = \frac{100 \times 77}{4} = 25 \times 77 = 1925$

30. $\because$ 5, 11, 17 तथा 23 का ल. स. = 21505

$\frac{2}{5} = \frac{2}{5} \times \frac{4301}{4301} = \frac{8602}{21505}$ $\frac{5}{11} = \frac{5}{11} \times \frac{1955}{1955} = \frac{9775}{21505}$

$\frac{8}{17} = \frac{8}{17} \times \frac{1265}{1265} = \frac{10120}{21505}$ तथा $\frac{11}{23} = \frac{11}{23} \times \frac{935}{935} = \frac{10285}{21505}$

अतः स्पष्ट है कि सबसे बड़ी भिन्न $\frac{10285}{21505}$ अर्थात् $\frac{11}{23}$ है।

31. माना सामान का मूल्य = ₹ x तब, $\frac{2}{3}x = 2200$

$$\Rightarrow \quad x = \frac{2200 \times 3}{2} = ₹\ 3300$$

$\therefore \quad \frac{3}{11}$ भाग का मूल्य $= \frac{3300 \times 3}{11} = ₹\ 900$

32. माना संख्या $= x$

$\therefore \quad x^2 \times \frac{3}{5} = 126.15$

$$\Rightarrow \quad x^2 = \frac{126.15 \times 5}{3} = 210.25 \Rightarrow x = 14.5$$

33. माना संख्या $= x$

$\therefore \quad \frac{16 + x}{81 + x} = \frac{4}{9}$

$$\Rightarrow \quad 144 + 9x = 324 + 4x$$

$$\Rightarrow \quad x = \frac{180}{5} = 36$$

34. माना खम्भे की लम्बाई $= x$ मी

प्रश्नानुसार, $\quad \frac{2}{5}x + \frac{3}{5}x \times \frac{1}{3} + 6 = x$

$\Rightarrow \quad \frac{2}{5}x + \frac{x}{5} + 6 = x$

$\Rightarrow \quad \frac{3x}{5} + 6 = x$

$\Rightarrow \quad 6 = x - \frac{3x}{5}$

$\Rightarrow \quad x = \frac{30}{2} = 15$ मी

35. माना भिन्न का अंश $= x$ तथा भिन्न का हर $= x + 1$

$\therefore$ भिन्न $= \frac{\text{अंश}}{\text{हर}} = \frac{x}{x+1}$

प्रश्नानुसार, $\frac{x-1}{x+1-1} = 0.5 \Rightarrow \frac{x-1}{x} = \frac{1}{2}$

$\Rightarrow \quad 2x - 2 = x \Rightarrow x = 2$

अतः भिन्न $= \frac{x}{x+1} = \frac{2}{3}$

36. माना भिन्न का अंश $= x$ तब, भिन्न का हर $= 13 - x$

$\because$ भिन्न $= \frac{x}{13-x}$

प्रश्नानुसार, $\frac{x+1}{13-x-2} = \frac{1}{2}$

$\Rightarrow 2(x+1) = (11-x) \Rightarrow 2x + 2 = 11 - x$

$\Rightarrow \quad 3x = 9 \Rightarrow x = 3$

$\therefore$ भिन्न $= \frac{x}{13-x} = \frac{3}{13-3} = \frac{3}{10}$

37. माना संख्या $= x$

$\therefore \quad \frac{x}{\frac{8}{17}} - \frac{8}{17}x = 225$

$\Rightarrow \quad \frac{(289-64)}{17 \times 8}x = 225 \quad \therefore x = 136$

38. माना धनराशि = ₹ x

$\frac{x}{3/8} - \frac{3}{8}x = 55 \Rightarrow \frac{8x}{3} - \frac{3x}{8} = 55$

$\Rightarrow \quad \left(\frac{64-9}{24}\right)x = 55$

$\Rightarrow \quad \frac{55}{24}x = 55 \Rightarrow x =$ ₹ 24

39. $\frac{2}{3}, \frac{4}{9}, \frac{5}{6}$, व $\frac{7}{12}$ का ल. स.

$= \frac{2, 4, 5, 7 \text{ का ल.स.}}{3, 9, 6, 12 \text{ का म.स.}} = \frac{140}{3}$

40. $\frac{2}{3}, \frac{4}{9}, \frac{5}{6}$ का ल. स. 2, 4, 5, का ल. स.

2	2, 4, 5
2	1, 2, 5
5	1, 1, 5
	1, 1, 1

$\therefore$ अंश का ल.स. $= 2 \times 2 \times 5 = 20$

3, 9, 6 का म. स. $3 = 3 = 3^1$; $9 = 3 \times 3 = 3^2$, $6 = 2 \times 3 = 2^1 \times 3^1$

म. स. $= 3^1 = 3$

अतः $\frac{2}{3}, \frac{4}{9}, \frac{5}{6}$ का ल. स. $= \frac{2, 4, 5 \text{ का ल.स.}}{3, 9, 6 \text{ का म.स.}} = \frac{20}{3}$

41. $\frac{2}{3}, \frac{4}{5}$ तथा $\frac{6}{7}$ का म.स. $= \frac{2, 4 \text{ एवं } 6 \text{ का म.स.}}{3, 5 \text{ एवं } 7 \text{ का ल.स.}} = \frac{2}{105}$

अतः $\frac{2}{3}, \frac{5}{5}$ तथा $\frac{6}{7}$ का म.स. $= \frac{2}{105}$

42. 2.4, 0.36 व 7.2 का म.स. $= \frac{24}{10}, \frac{36}{100}$ व $\frac{72}{10}$ का म.स.

$= \frac{24, 36 \text{ व } 72 \text{ का म.स.}}{10, 100 \text{ व } 10 \text{ का ल.स.}} = \frac{12}{100} = 0.12$

अध्याय 03

गणितीय संक्रियाएँ

गणित में हम मुख्यतया चार प्रकार की संक्रियाओं '+' (जोड़), '–' (घटाव), '×' (गुणा) तथा '÷' (भाग) का प्रयोग करते हैं। इन चारों संक्रियाओं को गणितीय संक्रियाएँ कहते हैं।

जब किसी व्यंजक में एकसाथ एक से अधिक संक्रियाएँ हो, तो उनको हल करने के लिए एक विशेष क्रम का ध्यान रखा जाता है।

VBODMAS का नियम

संक्रियाओं का विशेष क्रम VBODMAS के नियम के अनुसार होता है जो निम्न प्रकार है

- V → दण्ड कोष्ठक
- B → कोष्ठक

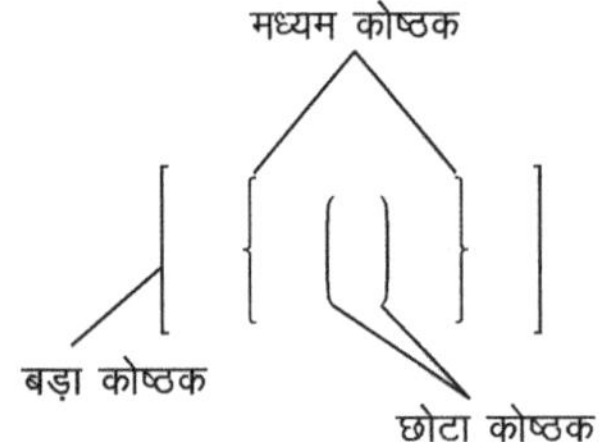

सभी कोष्ठकों (Brackets) को हटाने का क्रम सबसे पहले

दण्ड कोष्ठक (Vinculum bracket)

छोटा कोष्ठक (Small bracket)

मध्यम कोष्ठक (Middle bracket)

बड़ा कोष्ठक (Square bracket)

- O → का (Of)
- D → विभाजन/भाग (Division)
- M → गुणन (Multiplication)
- A → योग (Addition)
- S → घटाना (Subtraction)

महत्त्वपूर्ण बीजगणितीय सूत्र

- $(a+b)^2 = a^2 + b^2 + 2ab$
- $(a-b)^2 = a^2 + b^2 - 2ab$
- $(a+b)^3 = a^3 + b^3 + 3ab\,(a+b)$
- $(a-b)^3 = a^3 - b^3 - 3ab\,(a-b)$
- $a^3 + b^3 = (a+b)\,(a^2 + b^2 - ab)$
- $a^3 - b^3 = (a-b)\,(a^2 + b^2 + ab)$
- $a^2 - b^2 = (a+b)\,(a-b)$
- $(a+b)^2 + (a-b)^2 = 2(a^2 + b^2)$
- $(a+b)^2 - (a-b)^2 = 4ab$
- $\dfrac{a^3 + b^3 + c^3 - 3abc}{a^2 + b^2 + c^2 - ab - bc - ca} = (a+b+c)$

साधित उदाहरण

1. $403 \times 207 + 530 = ?$

(a) 83951 (b) 23456 (c) 7389 (d) 83961

हल *(a)* ? = $403 \times 207 + 530 = 83421 + 530 = 83951$

2. $0.064 \times 0.064 + 2 \times 0.064 \times 99.936 + 99.936 \times 99.936$ **का मान ज्ञात कीजिए।**

(a) 20000 (b) 10000
(c) 30000 (d) 27000

हल *(b)* हम जानते हैं कि $a^2 + 2ab + b^2 = (a+b)^2$ होता है। दिए गए व्यंजक में यदि 0.064 को a तथा 99.936 को b *मान लिया जाए, तो यह निम्न प्रकार का हो जाता है*

$= a \times a + 2 \times a \times b + b \times b = (a+b)^2$

$= (0.064 + 99.936)^2$ [मान रखने पर]

$= (100)^2 = 10000$

अभ्यास प्रश्न

1. $7777777777 \div 77$ का मान बताइए।
(a) 101010101 (b) 3030303 (c) 1010101 (d) 10101

2. $0.12 \times 12 \times 0.012$ का मान बताइए।
(a) 0.0172 (b) 0.01728 (c) 0.1728 (d) 1.728

3. $869.4 + 604.8 = [489.5 - 398.5] \times ?$ में प्रश्नचिह्न (?) का मान क्या है?
(a) 18.2 (b) 13.2 (c) 16.2 (d) 14.2

4. $1.07 \times 65 + 1.07 \times 26 + 1.07 \times 9$ का मान क्या है?
(a) 108 (b) 107 (c) 106 (d) 102

5. $18 - [5 - \{6 + 2(7 - \overline{8 - 5})\}]$ का मान क्या है?
(a) 8 (b) 512 (c) 64 (d) 27

6. $81 \times 81 + 68 \times 68 - 2 \times 81 \times 68$ का मान ज्ञात कीजिए।
(a) 169 (b) 144 (c) 100 (d) 64

7. $23 \times (64 - 24) \div 100$ का मान क्या होगा?
(a) 9.8 (b) 1.2 (c) 9.2 (d) 8.3

8. $4 \times ? = 4062 \div 5$ में प्रश्नचिह्न (?) का मान क्या है?
(a) 0.201 (b) 201.1 (c) 202.1 (d) 203.1

9. $142 - 1064 \div 19 = 43 \times ?$ में प्रश्नचिह्न (?) का मान क्या है?
(a) 2 (b) 3 (c) 4 (d) 1

10. $500 + 4 \times ?^2 = 48 \div (0.2)^2$ में प्रश्नचिह्न (?) का मान क्या है?
(a) $2\sqrt{7}$ (b) $5\sqrt{7}$ (c) $7\sqrt{5}$ (d) $3\sqrt{5}$

11. $56 - 742/53/2 = ?^2$ में प्रश्नचिह्न (?) का मान क्या है?
(a) 3 (b) 4 (c) 5 (d) 7

12. $[1496 - 392]/23 \times 15 = 213 + ?$ में प्रश्नचिह्न (?) का मान क्या है?
(a) 408 (b) 507 (c) 307 (d) 208

13. $(349 + 583)/23.3 + 428 = ?/9$ में प्रश्नचिह्न (?) का मान क्या है?
(a) 4212 (b) 4813 (c) 1343 (d) 1642

14. $64^2 - 36^2 = ? \times 25$ में प्रश्नचिह्न (?) का मान क्या है?
(a) 118 (b) 143 (c) 112 (d) 116

15. $452 + 312 \div 13 = 34 \times ?$ में प्रश्नचिह्न (?) का मान क्या है?
(a) 14 (b) 13 (c) 15 (d) 11

16. $\frac{48 - 12 \times 3 + 9}{12 - 9 \div 3} = ?$ में प्रश्नचिह्न (?) का मान क्या है?
(a) $\frac{2}{3}$ (b) $\frac{1}{3}$ (c) $\frac{5}{3}$ (d) $\frac{7}{3}$

17. $\frac{0.07 \times 0.07 - 2 \times 0.07 \times 0.05 + 0.05 \times 0.05}{0.07 \times 0.07 + 2 \times 0.07 \times 0.05 + 0.05 \times 0.05}$ का मान क्या है?
(a) 0.03 (b) 0.02 (c) 0.04 (d) 0.08

18. $\frac{9}{20} - \left[\frac{1}{5} + \left\{\frac{1}{4} + \left(\frac{5}{6} - \overline{\frac{1}{3} + \frac{1}{2}}\right)\right\}\right] = ?$ में प्रश्नचिह्न (?) का मान क्या है?
(a) 2 (b) 1 (c) 0 (d) 3

19. यदि $1\frac{2}{3} \div \frac{2}{7} \times \frac{x}{7} = 1\frac{1}{4} \times \frac{2}{3} \div \frac{1}{6}$, तो x का मान क्या है?
(a) 6 (b) 4 (c) 3 (d) 5

20. $8\frac{1}{2} - \left[3\frac{1}{4} \div \left\{1\frac{1}{4} - \frac{1}{2}\left(1\frac{1}{2} - \frac{1}{3} - \frac{1}{6}\right)\right\}\right]$ का मान क्या है?
(a) $3\frac{1}{6}$ (b) $4\frac{1}{6}$ (c) $2\frac{1}{6}$ (d) $2\frac{7}{6}$

21. $\sqrt{24 \div 0.5 + 1} + \sqrt{18 \div 0.6 + 6} = ?$ में प्रश्नचिह्न (?) का मान क्या है?
(a) 15 (b) 12 (c) 11 (d) 13

22. $\frac{(0.337 + 0.126)^2 - (0.337 - 0.126)^2}{0.337 \times 0.126}$ का मान क्या है?
(a) 3 (b) 4 (c) 6 (d) 8

23. $\left(\frac{1}{1 \times 2} + \frac{1}{2 \times 3} + \frac{1}{3 \times 4} + \ldots + \frac{1}{9 \times 10}\right)$ को हल कीजिए।
(a) 0.9 (b) 0.10 (c) 0.8 (d) 0.7

24. $\frac{2}{3} \times \frac{3}{\frac{5}{6} \div 1\frac{1}{4} \text{ का } \frac{2}{3}}$ का मान ज्ञात कीजिए।
(a) 6 (b) 4 (c) 2 (d) 3

25. $\frac{(998)^2 - (997)^2 - 45}{(98)^2 - (97)^2}$ का मान ज्ञात कीजिए।
(a) 10 (b) 20 (c) 30 (d) 40

26. $\sqrt{13^2 + 28 \div 4 - (3)^3 + 107} = ?^2$ में प्रश्नचिह्न (?) का मान बताइए।
(a) 6 (b) 2 (c) 3 (d) 4

27. $\frac{(0.67 \times 0.67 \times 0.67) - (0.33 \times 0.33 \times 0.33)}{(0.67 \times 0.67) + (0.67 \times 0.33) + (0.33 \times 0.33)}$ का मान ज्ञात कीजिए।
(a) 0.48 (b) 0.36 (c) 0.34 (d) 0.30

28. $\frac{0.0347 \times 0.0347 \times 0.0347 + (0.9653)^3}{(0.0347)^2 - (0.0347) \times (0.9653) + (0.9653)^2}$ का मान क्या है?
(a) 0 (b) 1
(c) 3 (d) 2

29. $\frac{2\frac{3}{4}}{1\frac{5}{6}} \div \frac{7}{8} \times \left(\frac{1}{3} + \frac{1}{4}\right) + \frac{5}{7} \div \frac{3}{7}$ का $\frac{3}{4}$ का मान क्या है?
(a) $3\frac{2}{9}$ (b) $3\frac{1}{9}$
(c) $2\frac{1}{9}$ (d) $2\frac{3}{9}$

30. $\frac{0.051 \times 0.051 \times 0.051 + 0.041 \times 0.041 \times 0.041}{0.051 \times 0.051 - 0.051 \times 0.041 + 0.041 \times 0.041}$ को हल कीजिए।
(a) 0.092 (b) 0.016 (c) 0.086 (d) 0.316

उत्तरमाला

1 (a)	2 (b)	3 (c)	4 (b)	5 (d)
6 (a)	7 (c)	8 (d)	9 (a)	10 (b)
11 (d)	12 (b)	13 (a)	14 (c)	15 (a)
16 (d)	17 (b)	18 (c)	19 (a)	20 (b)
21 (d)	22 (b)	23 (a)	24 (c)	25 (a)
26 (d)	27 (c)	28 (b)	29 (a)	30 (a)

संकेत एवं हल

1. $7777777777 \div 77 = 101010101$

2. $0.12 \times 12 \times 0.012 = \frac{12}{100} \times 12 \times \frac{12}{1000} = \frac{1728}{100000} = 0.01728$

3. $869.4 + 604.8 = [489.5 - 398.5] \times ?$

$\Rightarrow \quad 1474.2 = 91 \times ?$

$\Rightarrow \quad ? = \frac{1474.2}{91} = 16.2$

4. $1.07 \times 65 + 1.07 \times 26 + 1.07 \times 9 = 1.07(65 + 26 + 9) = 1.07 \times 100 = 107$

5. $18 - [5 - \{6 + 2(7 - \overline{8 - 5})\}] = 18 - [5 - \{6 + 2(7 - 3)\}]$

$= 18 - [5 - \{6 + 2(4)\}] = 18 - [5 - \{6 + 8\}]$

$= 18 - [5 - 14] = 18 - [-9] = 18 + 9 = 27$

6. $(81)^2 + (68)^2 - 2 \times 81 \times 68$

$= (81 - 68)^2 \qquad [\because a^2 + b^2 - 2ab = (a - b)^2]$

$= (13)^2 = 169$

7. $23 \times (64 - 24) \div 100 = \frac{23 \times 40}{100} = \frac{92}{10} = 9.2$

8. $4 \times ? = 4062 \div 5$

$\Rightarrow ? = \frac{4062}{4 \times 5} = \frac{2031}{10} = 203.1$

9. $142 - 1064 \div 19 = 43 \times ? \Rightarrow 142 - 56 = 43 \times ?$

$\therefore \quad ? = \frac{86}{43} = 2$

10. $500 + 4 \times ?^2 = 48 \div (0.2)^2$

$\Rightarrow \quad 500 + 4 \times ?^2 = 48 \div 0.04$

$\Rightarrow \quad 500 + 4 \times ?^2 = \frac{4800}{4}$

$\Rightarrow \quad 4 \times ?^2 = 1200 - 500$

$\Rightarrow \quad ?^2 = \frac{700}{4} = 175$

$\therefore \quad ? = \sqrt{175} = \sqrt{25 \times 7} = 5\sqrt{7}$

11. $56 - 742 / 53 / 2 = ?^2$

$\Rightarrow \quad ?^2 = 56 - \frac{742}{53 \times 2}$

$\Rightarrow \quad 56 - 7 = ?^2$

$\Rightarrow \quad 49 = ?^2 \Rightarrow ? = \sqrt{49} = 7$

12. $[1496 - 392] / 23 \times 15 = 213 + ?$

$\Rightarrow \frac{1104}{23} \times 15 = 213 + ? \Rightarrow 48 \times 15 = 213 + ?$

$\Rightarrow 720 - 213 = ?$

$\therefore \quad ? = 507$

13. $(349 + 583) / 23.3 + 428 = ? / 9$

$\Rightarrow \quad \frac{932}{23.3} + 428 = \frac{?}{9}$

$\Rightarrow \quad (40 + 428) = \frac{?}{9}$

$\Rightarrow \quad ? = 468 \times 9 = 4212$

14. $64^2 - 36^2 = ? \times 25$

$\Rightarrow \quad (64 + 36)(64 - 36) = ? \times 25 \qquad [\because a^2 - b^2 = (a - b)(a + b)]$

$\Rightarrow \quad 100 \times 28 = ? \times 25$

$\Rightarrow \quad ? = \frac{100 \times 28}{25} = 112$

15. $452 + 312 \div 13 = 34 \times ?$

$\Rightarrow \quad 452 + \frac{312}{13} = 34 \times ?$

$\Rightarrow \quad 452 + 24 = 34 \times ?$

$\Rightarrow \quad 476 = 34 \times ?$

$\Rightarrow \quad ? = \frac{476}{34} = 14$

16. $\frac{48 - 12 \times 3 + 9}{12 - 9 \div 3} = \frac{48 - 36 + 9}{12 - 3}$

$= \frac{57 - 36}{9} = \frac{21}{9} = \frac{7}{3}$

17. $\frac{(0.07)^2 - 2 \times 0.07 \times 0.05 + (0.05)^2}{(0.07)^2 + 2 \times 0.07 \times 0.05 + (0.05)^2}$

$\left[\begin{array}{ll} \because & a^2 - 2ab + b^2 = (a - b)^2 \\ \text{तथा} & a^2 + 2ab + b^2 = (a + b)^2 \end{array}\right]$

$= \frac{(0.07 - 0.05)^2}{(0.07 + 0.05)^2} = \frac{(0.02)^2}{(0.12)^2}$

$= \frac{2 \times 2}{12 \times 12} = \frac{1}{36} \approx 0.02$

18. $\frac{9}{20} - \left[\frac{1}{5} + \left\{\frac{1}{4} + \left(\frac{5}{6} - \overline{\frac{1}{3} + \frac{1}{2}}\right)\right\}\right]$

$= \frac{9}{20} - \left[\frac{1}{5} + \left\{\frac{1}{4} + \left(\frac{5}{6} - \frac{5}{6}\right)\right\}\right]$

$= \frac{9}{20} - \left[\frac{1}{5} + \frac{1}{4}\right] = \frac{9}{20} - \frac{9}{20} = 0$

19. $1\frac{2}{3} \div \frac{2}{7} \times \frac{x}{7} = 1\frac{1}{4} \times \frac{2}{3} \div \frac{1}{6}$

$\Rightarrow \quad \frac{5}{3} \times \frac{7}{2} \times \frac{x}{7} = \frac{5}{4} \times \frac{2}{4} \times 6$

$\Rightarrow \quad \frac{5}{6} \times x = 5$

$\therefore \quad x = 6$

20. $8\frac{1}{2} - \left[3\frac{1}{4} \div \left\{1\frac{1}{4} - \frac{1}{2}\left(1\frac{1}{2} - \frac{1}{3} - \frac{1}{6}\right)\right\}\right]$

$= \frac{17}{2} - \left[\frac{13}{4} \div \left\{\frac{5}{4} - \frac{1}{2}\left(\frac{3}{2} - \frac{1}{2}\right)\right\}\right]$

$= \frac{17}{2} - \left[\frac{13}{4} \div \left\{\frac{5}{4} - \frac{1}{2}\right\}\right]$

$= \frac{17}{2} - \left[\frac{13}{4} \div \frac{3}{4}\right] = \frac{17}{2} - \left[\frac{13}{4} \times \frac{4}{3}\right]$

$= \frac{17}{2} - \frac{13}{3} = \frac{51 - 26}{6} = \frac{25}{6} = 4\frac{1}{6}$

21. $\sqrt{24 \div 0.5 + 1} + \sqrt{18 \div 0.6 + 6} = ?$

$\Rightarrow \quad \sqrt{48 + 1} + \sqrt{30 + 6} = ?$

$\Rightarrow \quad \sqrt{49} + \sqrt{36} = ?$

$\Rightarrow \quad ? = 7 + 6 = 13$

22. $\dfrac{(0.337 + 0.126)^2 - (0.337 - 0.126)^2}{0.337 \times 0.126}$

$= \dfrac{4 \times 0.337 \times 0.126}{0.337 \times 0.126} = 4 \qquad [\because (a+b)^2 - (a-b)^2 = 4ab]$

23. $\dfrac{1}{1 \times 2} + \dfrac{1}{2 \times 3} + \dfrac{1}{3 \times 4} + \ldots + \dfrac{1}{9 \times 10}$

$= \dfrac{1}{1} - \dfrac{1}{2} + \dfrac{1}{2} - \dfrac{1}{3} + \dfrac{1}{3} + \dfrac{1}{4} + \ldots + \dfrac{1}{9} - \dfrac{1}{10}$

$= 1 - \dfrac{1}{10} = 0.9$

24. $\dfrac{2}{3} \times \dfrac{3}{\dfrac{5}{6} \div 1\dfrac{1}{4} \text{ का } \dfrac{2}{3}} = \dfrac{2}{3} \times \dfrac{3}{\dfrac{5}{6} \div \left(\dfrac{5}{4} \times \dfrac{2}{3}\right)} = \dfrac{2}{3} \times \dfrac{3}{\dfrac{5}{6} \div \dfrac{5}{6}} = \dfrac{2}{3} \times 3 = 2$

25. $\dfrac{(998)^2 - (997)^2 - 45}{(98)^2 - (97)^2}$

$= \dfrac{[(998 + 997)(998 - 997)] - 45}{(98 - 98)(98 + 97)} \qquad [\because a^2 - b^2 = (a+b)(a-b)]$

$= \dfrac{1195 - 45}{195} = \dfrac{1950}{195} = 10$

26. $?^2 = \sqrt{13^2 + 28 \div 4 - (3)^2 + 107}$

$?^2 = \sqrt{169 + \dfrac{28}{4} - 27 + 107}$

$?^2 = \sqrt{169 + 7 - 27 + 107}$

$?^2 = \sqrt{283 - 27}$

$= \sqrt{256} = 16$

$\therefore \quad ? = \sqrt{16} = 4$

27. $\dfrac{(0.67 \times 0.67 \times 0.67) - (0.33 \times 0.33 \times 0.33)}{(0.67 \times 0.67) + (0.67 \times 0.33) - (0.33 \times 0.33)}$

$= \dfrac{(0.67)^3 - (0.33)^3}{(0.67)^2 + (0.67 \times 0.33) + (0.33)^2}$

$= \dfrac{(0.67 - 0.33)[(0.67)^2 + (0.67 \times 0.33) + (0.33)^2]}{(0.67)^2 + (0.67 \times 0.33) + (0.33)^2}$

$[a^3 - b^3 = (a - b)(a^2 + b^2 + ab)]$

$= 0.67 - 0.33 = 0.34$

28. $\dfrac{(0.0347)^3 + (0.9653)^3}{(0.0347)^2 - 0.0347\,(0.9653) + (0.9653)^2}$

$= \dfrac{(0.0347 + 0.9653)\{(0.0347)^2 - 0.0347 \times 0.9653 + (0.9653)^2\}}{(0.0347)^2 - 0.0347 \times 0.9653 + (0.9653)^2}$

$[\because a^3 + b^3 = (a+b)(a^2 - ab + b^2)]$

$= 0.0347 + 0.9653 = 1$

29. $\dfrac{2\dfrac{3}{4}}{1\dfrac{5}{6}} \div \dfrac{7}{8} \times \left(\dfrac{1}{3} + \dfrac{1}{4}\right) + \dfrac{5}{7} \div \dfrac{3}{7} \text{ का } \dfrac{3}{4}$

$= \dfrac{\dfrac{11}{4}}{\dfrac{11}{6}} \div \dfrac{7}{8} \times \left(\dfrac{7}{12}\right) + \dfrac{5}{7} \div \left(\dfrac{3}{7} \times \dfrac{3}{4}\right)$

$= \left(\dfrac{3}{2} \times \dfrac{8}{7} \times \dfrac{7}{12}\right) + \dfrac{5}{7} \times \dfrac{7 \times 4}{9}$

$= 1 + \dfrac{20}{9} = \dfrac{29}{9} = 3\dfrac{2}{9}$

30. $\dfrac{(0.051)^3 + (0.041)^3}{(0.051)^2 - 0.051 \times 0.041 + (0.041)^2}$

$= \dfrac{(0.051 + 0.041)\{(0.051)^2 - 0.051 \times 0.041 + (0.041)^2\}}{(0.051)^2 - 0.051 \times 0.041 + (0.041)^2}$

$[\because a^3 + b^3 = (a+b)(a^2 - ab + b^2)]$

$= 0.051 + 0.041 = 0.092$

अध्याय 04

औसत

एक ही प्रकार के आँकड़ों/पदों के योगफल को उन पदों की संख्या से भाग करने पर जो परिणाम प्राप्त होता है, औसत या माध्य कहलाता है।

$$\text{औसत} = \frac{\text{दिए गए पदों का योग}}{\text{दिए गए पदों की संख्या}}$$

महत्त्वपूर्ण तथ्य

- यदि n_1 पदों का औसत x_1 तथा n_2 पदों का औसत x_2 हो, तब दी गई सभी संख्याओं $(n_1 + n_2)$ का औसत $= \dfrac{n_1x_1 + n_2x_2}{n_1 + n_2}$
- यदि दी गई संख्याओं में 'x' की वृद्धि या कमी की जाती है, तब उन संख्याओं के औसत में भी 'x' की वृद्धि या कमी होगी।
- क्रमागत संख्याओं का औसत $= \dfrac{\text{पहली संख्या + अन्तिम संख्या}}{2}$
- x के प्रथम n गुणजों का औसत $\dfrac{x\,(n+1)}{2}$ होता है।
- n तक की प्राकृतिक संख्याओं का औसत $\left(\dfrac{n+1}{2}\right)$ होता है।
- प्रथम n प्राकृतिक सम संख्याओं का औसत $(n + 1)$ होता है।
- n तक की प्राकृतिक सम संख्याओं का औसत $\left(\dfrac{n}{2}+1\right)$ होता है, जहाँ n सम है।
- प्रथम n विषम संख्याओं का औसत n होता है।
- n तक की विषम संख्याओं का औसत $\left(\dfrac{n+1}{2}\right)$ होता है, जहाँ n विषम है।

अभ्यास प्रश्न

1. निम्नलिखित अंकों के सेटों का औसत बताइए।

232, 149, 208, 301, 399, 415

(a) 208 (b) 284 (c) 306 (d) 218

2. यदि 39, 48, 51, 63, 75, 83, x तथा 69 का औसत 60 हो, तो x का मान कितना होगा?

(a) 52 (b) 50
(c) 51 (d) इनमें से कोई नहीं

3. 5 के प्रथम 21 गुणजों का औसत क्या है?

(a) 55 (b) 101
(c) 50 (d) इनमें से कोई नहीं

4. प्रथम 6 अभाज्य संख्याओं का औसत क्या है?

(a) 5.2 (b) 6.2 (c) 7.2 (d) 6.8

5. प्रथम 177 प्राकृतिक सम संख्याओं का औसत क्या है?

(a) 178 (b) 180
(c) 172 (d) 200

6. दो संख्याओं का औसत M है। इनमें से एक संख्या N हो, तो दूसरी संख्या क्या होगी?

(a) $N - M$ (b) $2M - N$
(c) $M - N$ (d) $M - 2N$

7. 30 विद्यार्थियों की एक कक्षा में लड़कों की औसत आयु 15.2 वर्ष है। यदि कक्षा में 15 लड़के और आ जाते हैं, तो पूरी कक्षा का औसत आधा वर्ष घट जाता है। नए आने वाले लड़कों की आयु का औसत क्या है?

(a) 13.7 (b) 13.2
(c) 14.2 (d) इनमें से कोई नहीं

8. 30 परिमाणों का औसत 15 है तथा अन्य 10 परिमाणों का औसत 40 है। सभी परिमाणों का औसत क्या है?

(a) 21.25
(b) 18.20
(c) 20.75
(d) उपरोक्त में से कोई नहीं

9. A, B, C का औसत 45 किग्रा है। यदि A तथा B का औसत भार 40 किग्रा तथा B और C का 43 किग्रा हो, तो B का भार क्या होगा?

(a) 31 किग्रा (b) 30 किग्रा
(c) 29 किग्रा (d) 35 किग्रा

10. 40 व्यक्तियों की औसत आय ₹ 4200 है तथा अन्य 35 व्यक्तियों की औसत आय ₹ 4000 है। पूरे समूह की औसत आय क्या है?

(a) $4016\frac{1}{3}$ (b) $4092\frac{2}{3}$
(c) $4106\frac{2}{3}$ (d) इनमें से कोई नहीं

11. 14 विद्यार्थियों के औसत अंक 71 परिकलित किए गए। लेकिन बाद में, पता चला कि गलती से एक विद्यार्थी के अंक 56 के स्थान 42 लिखें गए और दूसरे विद्यार्थी के 32 के स्थान पर 74 लिखे गए। सही औसत क्या होगा?
(a) 70
(b) 64
(c) 69
(d) उपरोक्त में से कोई नहीं

12. एक कक्षा में 30 छात्र हैं, इनमें से 10 छात्रों की औसत आयु 12.5 वर्ष है तथा शेष 20 छात्रों की औसत आयु 13.1 वर्ष है। पूरी कक्षा के छात्रों की औसत आयु कितनी है?
(a) 13.1 वर्ष (b) 12.1 वर्ष
(c) 12.9 वर्ष (d) 12.7 वर्ष

13. यदि 7 क्रमिक संख्याओं का औसत 20 हो, तो उन संख्याओं में सबसे बड़ी संख्या क्या होगी?
(a) 17 (b) 23
(c) 27 (d) इनमें से कोई नहीं

14. 14 छात्राओं और उनकी एक शिक्षिका की औसत आयु 15 वर्ष है। यदि शिक्षिका की आयु हटा दी जाए, तो औसत में एक वर्ष की कमी हो जाती है। शिक्षिका की आयु क्या है?
(a) 29 वर्ष
(b) 14 वर्ष
(c) 27 वर्ष
(d) उपरोक्त में से कोई नहीं

15. किसी परिवार के 6 पुत्रों की औसत आयु 8 वर्ष है। पुत्रों व उनके माता-पिता को मिलाकर उनकी औसत आयु 22 वर्ष है। यदि पिता उनकी माता से 8 वर्ष बड़े है, तो माता की आयु क्या है?
(a) 30 वर्ष (b) 45 वर्ष
(c) 55 वर्ष (d) 60 वर्ष

16. तीन संख्याओं में से, पहले और दूसरी संख्याओं का औसत दूसरी और तीसरी संख्याओं के औसत से 15 अधिक है। पहली और तीसरी संख्या का अन्तर क्या होगा?
(a) 28 (b) 30
(c) 32 वर्ष (d) इनमें से कोई नहीं

17. एक व्यापारी की पाँच क्रमागत महीनों की बिक्री क्रमशः ₹ 6435, ₹ 6927, ₹ 6855, ₹ 7230 तथा ₹ 6562 थी। वह छठे महीने में कितनी बिक्री करे, ताकि उसकी औसत बिक्री ₹ 6500 रहे?
(a) ₹ 4991 (b) ₹ 4981
(c) ₹ 4971 (d) इनमें से कोई नहीं

18. 50 प्रेक्षणों का माध्य 36 था। बाद में यह पता चला कि एक प्रेक्षण 48 को गलती से 23 ले लिया गया है। संशोधित (नया) माध्य क्या है?
(a) 36.5 (b) 37.5 (c) 35.2 (d) 37.6

19. 25 छात्रों की औसत आयु 17 वर्ष है। यदि इसमें आध्यापक की आयु भी शामिल कर ली जाए, तो औसत में 1 वर्ष की वृद्धि हो जाती है। अध्यापक की आयु क्या होगी?
(a) 43 वर्ष (b) 46 वर्ष
(c) 52 वर्ष (d) इनमें से कोई नहीं

20. 8 व्यक्तियों के औसत भार में 2 किग्रा की वृद्धि हो जाती है, जब 50 किग्रा भार वाले व्यक्ति के स्थान पर एक नया व्यक्ति आ जाता है। नए आने वाले व्यक्ति का भार कितना है?
(a) 52 किग्रा (b) 66 किग्रा (c) 68 किग्रा (d) 78 किग्रा

उत्तरमाला

1 (b)	**2** (a)	**3** (a)	**4** (d)	**5** (a)
6 (b)	**7** (a)	**8** (a)	**9** (a)	**10** (c)
11 (c)	**12** (c)	**13** (b)	**14** (a)	**15** (d)
16 (b)	**17** (a)	**18** (a)	**19** (a)	**20** (b)

संकेत एवं हल

1. अंकों के सेटों का औसत $= \dfrac{\text{दिए गए पदों का योग}}{\text{कुल पद}}$

$$= \frac{232 + 149 + 208 + 301 + 399 + 415}{6} = \frac{1704}{6} = 284$$

2. दिया है, संख्याओं का औसत = 60

$$\because \quad \frac{\text{संख्याओं का योग}}{\text{कुल संख्या}} = \text{संख्याओं का औसत}$$

$$\therefore \quad \frac{39 + 48 + 51 + 63 + 75 + 83 + x + 69}{8} = 60$$

$$\Rightarrow \quad 428 + x = 480$$

$$\Rightarrow \quad x = 480 - 428 = 52$$

3. 5 के प्रथम 21 गुणजों का औसत $= \dfrac{x(n+1)}{2} = \dfrac{5\,(21+1)}{2} = 5 \times 11 = 55$

4. प्रथम 6 अभाज्य संख्याएँ 2, 3, 5, 7, 11, 13 हैं

$$\therefore \quad \text{अभीष्ट औसत} = \frac{2 + 3 + 5 + 7 + 11 + 13}{6}$$

$$= \frac{41}{6} = 6.8 \text{ (लगभग)}$$

5. प्रथम 177 प्राकृतिक सम संख्याओं का औसत $= (n + 1) = (177 + 1) = 178$

6. प्रथम संख्या $= N$

संख्याओं का औसत $= M$

$$\because \quad \frac{N + \text{दूसरी संख्या}}{2} = M$$

$$\therefore \quad \text{दूसरी संख्या} = 2M - N$$

7. $n_1 = 30, x_1 = 15.2$ वर्ष, $n_2 = 15; n_1 + n_2 = 45, \bar{x} = 14.7$ वर्ष

$$\therefore \quad \bar{x} = \frac{n_1x_1 + n_2x_2}{n_1 + n_2}$$

$$\Rightarrow \quad 14.7 = \frac{30 \times 15.2 + 15 \times x_2}{45}$$

$$\Rightarrow \quad 14.7 \times 45 = 30 \times 15.2 + 15 \times x_2$$

$$\Rightarrow \quad x_2 = \frac{661.5 - 456.0}{15} = 13.7$$

8. दिया है, $n_1 = 30, x_1 = 15, n_2 = 10, x_2 = 40$

$$\therefore \text{अभीष्ट औसत} = \frac{n_1x_1 + n_2x_2}{n_1 + n_2} = \frac{30 \times 15 + 10 \times 40}{30 + 10} = \frac{450 + 400}{40} = 21.25$$

9. $\because$ A, B तथा C का औसत भार = 45 किग्रा

$\therefore$ $\dfrac{A+B+C}{3} = 45$

$A + B + C = 135$ ... (i)

इसी प्रकार, $A + B = 80$ ... (ii)

$B + C = 86$ ... (iii)

अतः B का भार $= (A + B + B + C) - (A + B + C)$

$= (80 + 86) - (135)$

$= 166 - 135 = 31$ किग्रा

10. पूरे समूह की औसत आय $= \dfrac{n_1 x_1 + n_2 x_2}{n_1 + n_2} = \dfrac{40 \times 4200 + 35 \times 4000}{40 + 35}$

$= \dfrac{168000 + 140000}{75} = 4106\dfrac{2}{3}$

11. सही औसत $= \dfrac{14 \times 71 - 42 + 56 - 74 + 32}{14}$

$= \dfrac{994 + 56 + 32 - 116}{14}$

$= \dfrac{1082 - 116}{14} = \dfrac{996}{14} = 69$

12. 10 छात्रों की औसत आयु = 12.5 वर्ष

10 छात्रों की कुल आयु = 125 वर्ष

20 छात्रों की औसत आयु = 13.1 वर्ष

20 छात्रों की कुल आयु = 262 वर्ष

30 छात्रों की कुल आयु = 125 + 262 = 387 वर्ष

30 छात्रों की औसत आयु $= \dfrac{387}{30} = 12.9$ वर्ष

13. प्रश्नानुसार,

$\dfrac{n + (n+1) + (n+2) + (n+3) + (n+4) + (n+5) + (n+6)}{7} = 20$

$\Rightarrow \dfrac{7n + 21}{7} = 20$

$\Rightarrow n + 3 = 20 \Rightarrow n = 17$

$\therefore$ सबसे बड़ी संख्या $= n + 6 = 17 + 6 = 23$

14. 14 छात्राओं व 1 शिक्षिका की औसत आयु = 15 वर्ष

$\therefore$ 14 छात्राओं व 1 शिक्षिका की आयु का योग = 225 वर्ष

14 छात्राओं की औसत आयु = 14 वर्ष

14 छात्राओं की आयु का योग = 196 वर्ष

$\therefore$ शिक्षिका की आयु = 225 − 196 = 29 वर्ष

15. माना माता की आयु x वर्ष है।

तब, पिता की आयु $= (x + 8)$ वर्ष

प्रश्नानुसार, $6 \times 8 + x + (x + 8) = 22 \times 8$

$\Rightarrow 48 + 2x + 8 = 176 \Rightarrow 56 + 2x = 176$

$\Rightarrow 2x = 176 - 56 = 120$

$\therefore x = 60$ वर्ष

16. माना वे संख्याएँ x, y तथा z हैं।

तब प्रश्नानुसार, $\dfrac{x + y}{2} = \dfrac{y + z}{2} + 15$

$\Rightarrow 2x + 2y = 2[y + z + 30]$

$\Rightarrow 2x + 2y = 2y + 2z + 60$

$\Rightarrow 2x - 2z = 60$

$\therefore x - z = 30$

17. छठे महीने की अभीष्ट बिक्री

$= 6500 \times 6 - (6435 + 6927 + 6855 + 7230 + 6562)$

= 39000 − 34009 = ₹ 4991

18. नया माध्य $= \dfrac{50 \times 36 - 23 + 48}{50} = 36.5$

19. 25 छात्रों की कुल आयु $= 25 \times 17 = 425$

$\therefore$ अध्यापक के आने के बाद कुल 26 व्यक्तियों की कुल आयु

$= 26 \times 18 = 468$ वर्ष

अध्यापक की आयु = 43 वर्ष

20. $\because$ 8 व्यक्तियों के औसत भार में वृद्धि = 2 किग्रा

$\therefore$ 8 व्यक्तियों के कुल भार में वृद्धि $= 2 \times 8 = 16$ किग्रा

अब चूँकि 50 किग्रा वाले व्यक्ति के स्थान पर नया व्यक्ति आया है

$\therefore$ नए व्यक्ति का भार = 50 + 16 = 66 किग्रा

अध्याय 05

अनुपात

अनुपात

दो सजातीय राशियों में वह सम्बन्ध जो यह प्रकट करता है कि एक राशि दूसरी राशि की कितनी गुनी है, अनुपात कहलाता है।

दो सजातीय राशियों का अनुपात एक ऐसी संख्या या भिन्न है, जो उन दो राशियों के सम्बन्ध को भागफल द्वारा प्रदर्शित करती है।

यदि a तथा b दो अशून्य संख्याएँ हैं, तो a तथा b के अनुपात को $a : b$ द्वारा निरूपित करते हैं तथा a अनुपात b पढ़ते हैं।

मिश्रित अनुपात

दो या दो से अधिक अनुपातों के अगले पद के गुणनफल तथा पिछले पद के गुणनफल के अनुपात को मिश्रित अनुपात कहते हैं। जैसे- $2:3$, $4:5$ तथा $7:8$ का मिश्रित अनुपात $= (2\times4\times7):(3\times5\times8) = 7:15$

समानुपात

दो अनुपातों के तुलनात्मक अध्ययन को समानुपात कहते हैं।

यदि चार अशून्य संख्याएँ a, b, c और d इस प्रकार हैं कि $a:b=c:d$, हो तो a, b, c और d समानुपात में है तथा इन्हें $a:b::c:d$ से निरूपित करते हैं।

अनुपातों की तुलना

1. $a:b>c:d$, यदि $ad>bc$ 2. $a:b<c:d$, यदि $ad<bc$

3. $a:b=c:d$ यदि $ad=bc$

महत्त्वपूर्ण तथ्य एवं सूत्र

- यदि दो संख्याओं a तथा b के बीच मध्य समानुपाती x हो, तो $a:x::x:b$ या $x^2=ab$ या $x=\sqrt{ab}$
- यदि $a \propto \frac{1}{b}$, तब $a = k\frac{1}{b}$ (k = नियतांक)
- यदि a तथा b का तृतीय समानुपाती संख्या x हो, तो $a:b::b:x$ या $x=\frac{b^2}{a}$
- यदि ₹ M को $a:b$ के अनुपात में बाँटे, तो पहला भाग $= \frac{a}{a+b}\times M$; दूसरा भाग $= \frac{b}{a+b}\times M$
- यदि ₹ M को $a:b:c$ अनुपात में बाँटना हो, तो पहला भाग $= \frac{a}{a+b+c}\times M$; दूसरा भाग $= \frac{b}{a+b+c}\times M$; तीसरा भाग $= \frac{c}{a+b+c}\times M$
- यदि $\frac{a}{b}=\frac{c}{d}$ हो, तो $\frac{a+b}{a-b}=\frac{c+d}{c-d}$ होता है। इसे योगान्तरानुपात नियम कहते हैं।

साधित उदाहरण

1. यदि $a:b=4:3$ तथा $b:c=3:5$ हो, तो $a:c$ क्या है?

(a) 4 : 5 (b) 4 : 3 (c) 3 : 5 (d) इनमें से कोई नहीं

हल (a) $\frac{a}{b}=\frac{4}{3}$ तथा $\frac{b}{c}=\frac{3}{5}$ $\because$ $\frac{a}{c}=\frac{a}{b}\times\frac{b}{c}=\frac{4}{3}\times\frac{3}{5}$

$\therefore$ $a:c=4:5$

2. यदि x का $0.5 = y$ का 0.07 हो, तो इन संख्याओं का अनुपात क्या है?

(a) 7 : 48 (b) 7 : 50
(c) 50 : 7 (d) इनमें से कोई नहीं

हल (b) $x\times0.5=y\times0.07$

$\Rightarrow$ $\frac{x}{y}=\frac{0.07}{0.5}=\frac{7}{50} \Rightarrow x:y=7:50$

3. दो संख्याएँ 5 : 6 के अनुपात में हैं। दोनों संख्याओं में से 8 घटाने पर वे 1 : 2 के अनुपात में हो जाती हैं, संख्याओं का गुणनफल कितना है?

(a) 110 (b) 130
(c) 120 (d) इनमें से कोई नहीं

हल (c) माना संख्याएँ $5x$ तथा $6x$ हैं, तब प्रश्नानुसार, $\frac{5x-8}{6x-8}=\frac{1}{2}$

$\Rightarrow 10x-16=6x-8 \Rightarrow 10x-6x=16-8$

$\Rightarrow$ $4x=8 \Rightarrow x=2$

संख्याओं का गुणनफल $=5x\times6x=30x^2=30\times4=120$

अभ्यास प्रश्न

1. यदि $3X = 5Y$ तथा $2Y = 3Z$ हो, तो $X:Z$ किसके बराबर है?
(a) 2 : 5 (b) 5 : 2
(c) 3 : 4 (d) इनमें से कोई नहीं

2. यदि $x : y = 3 : 1$ हो, तो $(x^3 - y^3) : (x^3 + y^3)$ का मान क्या है?
(a) 7 : 4 (b) 3 : 4
(c) 4 : 13 (d) इनमें से कोई नहीं

3. 0.12, 0.21, 8 का चतुर्थानुपाती क्या है?
(a) 12 (b) 13
(c) 14 (d) 16

4. 12 तथा 30 के तृतीयानुपाती तथा 9 व 25 के मध्यानुपाती का अनुपात क्या है?
(a) 1 : 4 (b) 5 : 1
(c) 5 : 7 (d) इनमें से कोई नहीं

5. यदि $p : q = 3 : 4$ तथा $q : r = 8 : 9$ हो, तो $p : r$ क्या है?
(a) 2 : 3 (b) 3 : 2
(c) 2 : 5 (d) 6 : 4

6. यदि $a : b = \frac{2}{9} : \frac{1}{3}, b : c = \frac{2}{7} : \frac{5}{14}, d : c = \frac{7}{10} : \frac{3}{5}$ हो, तो $a : b : c : d$ का मान ज्ञात कीजिए।
(a) 16 : 24 : 35 : 30 (b) 24 : 16 : 35 : 30
(c) 35 : 30 : 24 : 16 (d) इनमें से कोई नहीं

7. यदि $a : 5 = b : 7 = c : 8$ हो, तो $\frac{a+b+c}{a}$ का मान क्या हैं?
(a) 4 (b) 2
(c) 1 (d) 5

8. 15 : 19 के प्रत्येक पद में से क्या घटाया जाए कि नई संख्याएँ 3 : 4 के अनुपात में बन जाएँ?
(a) 3
(b) 2
(c) 5
(d) उपरोक्त में से कोई नहीं

9. A और B की मासिक आय का अनुपात 5 : 6 है और उनके खर्च का अनुपात 3 : 4 है। यदि वे क्रमशः ₹ 1800 और ₹ 1600 मासिक की बचत करते हों, तो B की मासिक आय कितनी है?
(a) ₹ 6800
(b) ₹ 7200
(c) ₹ 7600
(d) उपरोक्त में से कोई नहीं

10. ₹ 750 को A, B तथा C में इस प्रकार बाँटा गया है कि $A : B = 5 : 2$ तथा $B : C = 7 : 13$ हो, तो A का भाग कितना होगा?
(a) ₹ 250
(b) ₹ 350
(c) ₹ 261
(d) उपरोक्त में से कोई नहीं

11. तीन कक्षाओं में छात्रों का अनुपात 2 : 3 : 5 है। यदि प्रत्येक कक्षा में 40 छात्र बढ़ा दिए जाते हैं, तो अनुपात बदलकर 4 : 5 : 7 हो जाता है। प्रारम्भ में कितने छात्र थे?
(a) ₹ 150 (b) ₹ 350
(c) ₹ 200 (d) इनमें से कोई नहीं

12. A और B के वेतनों का अनुपात 9 : 4 है। यदि A के वेतन को 15% बढ़ा दिया जाए, तो उसका कुल वेतन ₹ 5175 हो जाता है। B का वेतन कितना होगा?
(a) ₹ 2007 (b) ₹ 3500
(c) ₹ 2000 (d) इनमें से कोई नहीं

13. A, B तथा C एक चरागाह किराए पर लेते हैं। A उस पर 10 महीने तक 7 बैल चराता है। B उस पर 12 महीने तक 5 बैल तथा C उस पर 3 महीने तक 15 बैल चराता है। यदि चरागाह का किराया ₹ 175 हो, तो C को अपने हिस्से का कितना किराया देना होगा?
(a) ₹ 40 (b) ₹ 45
(c) ₹ 50 (d) इनमें से कोई नहीं

14. किसी मिश्रित धातु में ताँबे और जस्ते का अनुपात 5 : 2 है। यदि इस मिश्रित धातु के 13 किग्रा 300 ग्राम में 950 ग्राम जस्ता मिला दिया जाए, तो ताँबे और जस्ते का अनुपात क्या होगा?
(a) 2 : 1 (b) 1 : 5
(c) 5 : 1 (d) इनमें से कोई नहीं

15. यदि 378 सिक्के ₹ 1, 50 पैसे तथा 25 पैसे के सिक्कों के रूप में हैं तथा इनके मान 13 : 11 : 7 के अनुपात में हैं, तो 50 पैसे के सिक्कों की संख्या क्या होगी?
(a) 132 (b) 136
(c) 138 (d) इनमें से कोई नहीं

16. P और Q की आय का अनुपात 3 : 4 है तथा उनके व्ययों का अनुपात 2 : 3 है। यदि इनमें से प्रत्येक ₹ 6000 की बचत करता है, तो P की आय कितनी है?
(a) ₹ 18000 (b) ₹ 19000
(c) ₹ 1950 (d) इनमें से कोई नहीं

17. एक थैली में एक रुपये एवं पचास पैसे के सिक्कों की संख्या का अनुपात 5 : 9 है। यदि थैली में कुल धनराशि का मूल्य ₹ 76 है, तो पचास पैसे के सिक्कों की संख्या कितनी होगी?
(a) 70 (b) 82 (c) 92 (d) 72

उत्तरमाला

1 (b)	2 (d)	3 (c)	4 (b)	5 (a)
6 (a)	7 (a)	8 (a)	9 (b)	10 (b)
11 (c)	12 (c)	13 (b)	14 (a)	15 (a)
16 (a)	17 (d)			

संकेत एवं हल

1. $3X = 5Y \Rightarrow \frac{X}{Y} = \frac{5}{3}$ तथा $2Y = 3Z \Rightarrow \frac{Y}{Z} = \frac{3}{2}$

$\therefore \quad \frac{X}{Z} = \frac{X}{Y} \times \frac{Y}{Z} = \frac{5}{3} \times \frac{3}{2} = \frac{5}{2}$

2. प्रश्नानुसार, $\frac{x}{y} = \frac{3}{1} \Rightarrow x = 3y$

तब, $\frac{x^3 - y^3}{x^3 + y^3} = \frac{27y^3 - y^3}{27y^3 + y^3} = \frac{26y^3}{28y^3} = \frac{13}{14}$

3. माना 0.12, 0.21, 8 का चतुर्थानुपाती x है।

$\therefore \quad \frac{0.12}{0.21} = \frac{8}{x} \Rightarrow x = \frac{8 \times 21}{12} = 14$

4. 12 और 30 का तृतीयानुपाती $= \frac{30 \times 30}{12} = 75$

9 और 25 का मध्यानुपाती $= \sqrt{9 \times 25} = 3 \times 5 = 15$

$\therefore$ अभीष्ट अनुपात $= 75:15 = 5:1$

5. $\frac{p}{q} = \frac{3}{4}, \frac{q}{r} = \frac{8}{9}$

तब, $\quad \frac{p}{q} \times \frac{q}{r} = \frac{3}{4} \times \frac{8}{9} \Rightarrow \frac{p}{r} = \frac{2}{3}$

6. $a : b = \frac{2}{9} : \frac{1}{3} = 2 : 3, \quad b : c = \frac{2}{7} : \frac{5}{14} = 4 : 5, \quad d : c = \frac{7}{10} : \frac{3}{5} = 7 : 6$

तब, $a : b : c = 8 : 12 : 15$

$\because \quad c : d = 6 : 7$

$\therefore \; a : b : c : d = 48 : 72 : 90 : 105 = 16 : 24 : 30 : 35$

7. माना $a : 5 = b : 7 = c : 8 = k$

तब, $a = 5k, b = 7k$ तथा $c = 8k$

$\therefore \; \frac{a + b + c}{a} = \frac{5k + 7k + 8k}{5k}$

$= \frac{20k}{5k} = 4$

8. प्रश्नानुसार, $\quad \frac{15 - x}{19 - x} = \frac{3}{4}$

$\Rightarrow \; 60 - 4x = 57 - 3x$

$\Rightarrow \quad x = 3$

9. माना A और B की मासिक आय क्रमशः ₹ $5x$ तथा ₹ $6x$ है। तब

प्रश्नानुसार,

$\frac{5x - 1800}{6x - 1600} = \frac{3}{4}$

$\Rightarrow \; 20x - 7200 = 18x - 4800$

$\Rightarrow \; 20x - 18x = 7200 - 4800$

$\Rightarrow \quad 2x = 2400$

$\therefore \quad x = 1200$

तब, B की आय $= 6 \times 1200 =$ ₹ 7200

10.

$$\begin{aligned} A : B &= 5 : 2 \\ B : C &= 7 : 13 \\ \hline A : B : C &= 35 : 14 : 26 \end{aligned}$$

$\therefore \; A$ का भाग $= \frac{35}{(35 + 14 + 26)} \times 750 = \frac{35}{75} \times 750 = 35 \times 10 =$ ₹ 350

11. माना कक्षाओं में छात्रों की संख्या क्रमशः $2x, 3x$ तथा $5x$ है। तब

प्रश्नानुसार, $\frac{2x + 40}{3x + 40} = \frac{4}{5}$

$\Rightarrow \quad 10x + 200 = 12x + 160$

$\Rightarrow \quad 200 - 160 = 12x - 10x$

$\Rightarrow \quad 2x = 40 \quad \therefore x = 20$

तब, कक्षा में छात्रों की कुल संख्या $= 2x + 3x + 5x = 10 \times 20 = 200$

12. माना A का वेतन ₹ $9x$ तथा B का वेतन ₹ $4x$ है। तब

प्रश्नानुसार,

$9x$ का $115\% = 5175$

$\Rightarrow \quad \frac{9x \times 115}{100} = 5175$

$\Rightarrow \quad 9x \times 115 = 5175 \times 100 \Rightarrow 1035x = 517500$

$\therefore \quad x = 500$

तब, B का वेतन $= 4 \times 500 =$ ₹ 2000

13. A, B तथा C के किराए-का अनुपात $= 10 \times 7 : 12 \times 5 : 3 \times 15$

$= 14 : 12 : 9$

तब, किराए में C का हिस्सा $= \frac{9}{(14 + 12 + 9)} \times 175 = 9 \times 5 =$ ₹ 45

14. माना मिश्रित धातु में ताँबे और जस्ते की मात्रा क्रमशः $5x$ तथा $2x$ है। तब प्रश्नानुसार,

$5x + 2x = 13.3 \Rightarrow 7x = 13.3 \Rightarrow x = 1.9$

तब, अभीष्ट अनुपात $= \frac{1.9 \times 5}{1.9 \times 2 + 0.95} = \frac{9.5}{3.8 + 0.95}$

$= \frac{9.5}{4.75} = \frac{2}{1}$

15. ₹ 1, 50 पैसे तथा 25 पैसे के सिक्कों के मान का अनुपात $= 13 : 11 : 7$

माना ₹ 1 के सिक्कों का मान $= 13x$

50 पैसे के सिक्कों का मान $= 11x$

तथा 25 पैसे के सिक्कों का मान $= 7x$

अतः ₹ 1 के सिक्कों की संख्या $= 13x$

50 पैसे के सिक्कों की संख्या $= 22x$

तथा 25 पैसे के सिक्कों की संख्या $= 28x$

प्रश्नानुसार, $13x + 22x + 28x = 378$

$\Rightarrow \quad 63x = 378 \Rightarrow x = 6$

$\therefore$ 50 पैसे के सिक्कों की संख्या $= 22 \times 6 = 132$

16. माना P और Q की आय क्रमशः ₹ $3x$ तथा ₹ $4x$ हैं तथा उनके व्यय क्रमशः ₹ $2y$ तथा ₹ $3y$ हैं।

$\therefore \; P$ की बचत $\Rightarrow 3x - 2y =$ ₹ 6000 ...(i)

Q की बचत $\Rightarrow 4x - 3y =$ ₹ 6000 (ii)

समी (i) और (ii) से,

$\therefore \quad x =$ ₹ 6000, $y =$ ₹ 6000

P की आय $= 3 \times 6000 =$ ₹ 18000

17. माना थैली में ₹ 1 तथा 50 पैसे के सिक्कों की संख्या क्रमशः $5x$ और $9x$ है। तब,

प्रश्नानुसार, $5x + \frac{9x}{2} = 76$

$\Rightarrow \quad \frac{19x}{2} = 76 \Rightarrow x = 8$

अतः पचास पैसे के सिक्कों की संख्या $= 9x = 9 \times 8 = 72$

अध्याय 06

प्रतिशत एवं लाभ-हानि

प्रतिशत का अर्थ है प्रति सौ अर्थात् 'प्रत्येक 100 पर'। दूसरे शब्दों में प्रतिशत वह भिन्न है, जिसका हर 100 तथा अंश कोई निर्धारित राशि होता है, इसे '%' के चिन्ह से प्रदर्शित करते हैं।

जैसे—35% का अर्थ है कि $\frac{35}{100}$ अर्थात् 100 भाग में से 35 भाग।

महत्त्वपूर्ण तथ्य

- x का $y\% = \frac{x \times y}{100}$
- किसी एक राशि का दूसरी राशि से प्रतिशत $= \frac{\text{पहली राशि}}{\text{दूसरी राशि}} \times 100\%$
- यदि किसी व्यक्ति की आय ₹ x है तथा उसमें $y\%$ की वृद्धि होती है, तो उसकी कुल आय $= x \times \frac{(100 + y\%)}{100}$
- यदि किसी व्यक्ति की आय ₹ x है तथा उसमें $y\%$ की कमी होती है, तो उसकी कुल आय $= x \times \frac{(100 - y\%)}{100}$
- यदि A की आय B से $x\%$ अधिक हो, तो B की आय A से प्रतिशत में $\left(\frac{x}{100 + x} \times 100\right)$ कम होगी।
- यदि A की आय B से $x\%$ अधिक हो, तो B की आय A से प्रतिशत में $\left(\frac{x}{100 - x} \times 100\right)$ अधिक होगी।
- यदि किसी संख्या में क्रमश: $x\%$ व $y\%$ का परिवर्तन (कमी या वृद्धि) किया जाता है, तो कुल अथवा नेट प्रतिशत परिवर्तन $= x \pm y \pm \frac{xy}{100}$

साधित उदाहरण

1. $3\frac{4}{7}$ का 56% कितना होगा?

(a) 1.86 (b) 2.00
(c) 2.20 (d) इनमें से कोई नहीं

हल (b) $3\frac{4}{7}$ का $56\% = \frac{25}{7}$ का $56\% = \frac{25}{7} \times \frac{56}{100} = 2.00$

2. यदि x का $7\frac{1}{2}\% = 150$ हो, तो x का मान है

(a) 2000 (b) 1550 (c) 2100 (d) 2250

हल (a) x का $7\frac{1}{2}\% = 150$

$$\Rightarrow \quad x \times \frac{15}{2 \times 100} = 150$$

$$\Rightarrow \quad x = \frac{150 \times 2 \times 100}{15} \quad \therefore \; x = 2000$$

3. यदि एक भिन्न के अंश में 20% तथा हर में 25% वृद्धि कर दी जाए, तो इससे प्राप्त भिन्न $\frac{3}{5}$ है, मूल भिन्न क्या है?

(a) 5/8 (b) 8/5 (c) 3/5 (d) 5/3

हल (a) माना भिन्न $= \frac{x}{y}$

प्रश्नानुसार, $\frac{x \text{ में } 20\% \text{ वृद्धि}}{y \text{ में } 25\% \text{ वृद्धि}} = \frac{3}{5} \Rightarrow \frac{120x}{125y} = \frac{3}{5} \therefore \frac{x}{y} = \frac{3 \times 125}{120 \times 5} = \frac{5}{8}$

लाभ-हानि

क्रय मूल्य जिस मूल्य पर कोई वस्तु खरीदी जाती है, वह मूल्य उस वस्तु का क्रय मूल्य (CP) कहलाता है।

विक्रय मूल्य जिस मूल्य पर कोई वस्तु बेची जाती है, वह मूल्य उस वस्तु का विक्रय मूल्य (SP) कहलाता है।

उपरिव्यय वस्तुओं में लाने व ले जाने में तथा अन्य व्यय उपरिव्यय (Overhead) में आते हैं। यदि प्रश्न में उपरिव्यय दिए गए हो, तो उन्हें क्रय मूल्य में सम्मिलित कर लेते हैं।

लाभ यदि किसी वस्तु का विक्रय मूल्य वस्तु के क्रय मूल्य से अधिक हो, तो वस्तु को बेचने पर लाभ होता है।

लाभ = विक्रय मूल्य − क्रय मूल्य; प्रतिशत लाभ $= \frac{\text{लाभ} \times 100}{\text{क्रय मूल्य}}\%$

हानि यदि किसी वस्तु का विक्रय मूल्य वस्तु के क्रय मूल्य से कम हो, तो वस्तु को बेचने पर हानि होती है।

हानि = क्रय मूल्य − विक्रय मूल्य

$$\text{प्रतिशत हानि} = \frac{\text{हानि} \times 100}{\text{क्रय मूल्य}}\%$$

अंकित मूल्य

वह मूल्य जो वस्तु या वस्तु की पैकिंग पर अंकित होता है, अंकित मूल्य या सूची मूल्य कहलाता है।

छूट अंकित मूल्य में की गई कमी को छूट कहते हैं। छूट की एक निश्चित दर होती है।

$$\text{छूट} = \frac{\text{अंकित मूल्य} \times \text{छूट की दर}}{100}$$

महत्त्वपूर्ण तथ्य

- यदि किसी वस्तु को बेचने पर $x\%$ लाभ हो, तो

$$\text{विक्रय मूल्य} = \frac{\text{क्रय मूल्य} \times (100 + x)}{100}$$

- यदि किसी वस्तु को बेचने पर $x\%$ की हानि हो, तो

$$\text{विक्रय मूल्य} = \frac{\text{क्रय मूल्य} \times (100 - x)}{100}$$

साधित उदाहरण

4. किसी वस्तु को ₹ 45 में बेचने में 10% हानि होती है। इस वस्तु पर 20% लाभ कमाने के लिए विक्रय मूल्य क्या होगा?

(a) ₹ 60 (b) ₹ 50 (c) ₹ 70 (d) ₹ 80

हल (a) $\therefore$ वस्तु का क्रय मूल्य $= \frac{\text{विक्रय मूल्य} \times 100}{(100 - \text{हानि}\%)} = \frac{45 \times 100}{(100-10)} =$ ₹ 50

$\therefore$ नया विक्रय मूल्य $= \frac{50 \times (100+20)}{100} =$ ₹ 60

5. किसी वस्तु का विक्रय मूल्य इसके क्रय मूल्य का 3/2 गुना है। लाभ प्रतिशत कितना है?

(a) 50% (b) 60% (c) 55% (d) 75%

हल (a) माना वस्तु का क्रय मूल्य = ₹ x

$\therefore$ वस्तु का विक्रय मूल्य = ₹ $\frac{3}{2}x$

$\Rightarrow$ लाभ = विक्रय मूल्य – क्रय मूल्य $= \frac{3}{2}x - x =$ ₹ $\frac{x}{2}$

अतः लाभ प्रतिशत $= \frac{\text{लाभ} \times 100}{\text{क्रय मूल्य}} = \left(\frac{\frac{x}{2} \times 100}{x}\right) = 50\%$

6. यदि 24 वस्तुओं का क्रय मूल्य 18 वस्तुओं के विक्रय मूल्य के बराबर है, तो लाभ प्रतिशत क्या है?

(a) $33\frac{1}{3}\%$ (b) 50%

(c) $66\frac{1}{3}\%$ (d) इनमें से कोई नहीं

हल (a) यहाँ, $x = 24$, $y = 18$

प्रतिशत लाभ $= \left(\frac{x-y}{y} \times 100\right)$

$= \left(\frac{24-18}{18} \times 100\right)$

$= \frac{100}{3} = 33\frac{1}{3}\%$

अभ्यास प्रश्न

प्रतिशत

1. 0.035 का प्रतिशत मान क्या है?

(a) 3.5% (b) 2.5%
(c) 3.1% (d) इनमें से कोई नहीं

2. यदि 24 का $x\% = 64$ हो, तो x का मान क्या है?

(a) $266\frac{2}{3}\%$ (b) $166\frac{1}{3}\%$
(c) $265\frac{1}{3}\%$ (d) इनमें से कोई नहीं

3. 2 कुन्तल, 2.5 किग्रा का कितने प्रतिशत है?

(a) 4000% (b) 8000%
(c) 2000% (d) इनमें से कोई नहीं

4. यदि y का $90\% = x$ हो, तो x का कितने प्रतिशत y होगा?

(a) 112.12% (b) 100.11%
(c) 111.11% (d) इनमें से कोई नहीं

5. यदि x का $7\frac{1}{2}\% = 150$ हो, तो x का मान क्या है?

(a) 1000 (b) 1500 (c) 2500 (d) 2000

6. किसी परीक्षा में 70% परीक्षार्थी अंग्रेजी में तथा 80% परीक्षार्थी गणित में उत्तीर्ण हुए तथा 10% दोनों विषयों में अनुत्तीर्ण हुए। यदि दोनों विषयों में कुल 144 परीक्षार्थी उत्तीर्ण हुए हो, तो परीक्षार्थियों की कुल संख्या कितनी थी?

(a) 340 (b) 280 (c) 120 (d) 240

7. किसी संख्या में से 15 घटाने पर संख्या में 80% की कमी हो जाती है। संख्या का 40% क्या है?

(a) 5.5 (b) 6.8 (c) 7.2 (d) 7.5

8. यदि A की आय का 60%, B की आय के 75% के बराबर है तथा B की आय, A की आय के $x\%$ के बराबर है, तब x का मान क्या है?

(a) 20 (b) 40
(c) 80 (d) इनमें से कोई नहीं

9. यदि A की आय B की आय से 50% कम है, तो B की आय A की आय से कितने प्रतिशत अधिक है?

(a) 150% (b) 200%
(c) 100% (d) इनमें से कोई नहीं

10. एक व्यक्ति ने अपनी आय का 20% अपने बड़े पुत्र को दिया तथा शेष का 30% अपने छोटे पुत्र को दे दिया। शेष बची हुई राशि का 10% उसने एक ट्रस्ट को दे दिया और इस प्रकार उसके पास ₹ 10080 बचे। उसकी आय कितनी थी?

(a) ₹ 15000 (b) ₹ 20000
(c) ₹ 21500 (d) ₹ 21400

11. किसी परीक्षा देने वालों में 640 लड़के तथा 360 लड़कियाँ थीं। लड़कों के 60% तथा लड़कियों के 80% परीक्षार्थी सफल रहे। फेल होने वाले परीक्षार्थियों का प्रतिशत क्या था?

(a) 32.2% (b) 32.8%
(c) 34.8% (d) इनमें से कोई नहीं

12. राम अपने वेतन के 14% की बचत करता है, जबकि श्याम 22% की बचत करता है। यदि दोनों समान वेतन पाते हैं और श्याम ₹ 1540 की बचत करता है, तो राम की बचत कितनी है?

(a) ₹ 920 (b) ₹ 980
(c) ₹ 880 (d) इनमें से कोई नहीं

13. यदि एक कर्मचारी की मासिक आय में $2\frac{2}{3}\%$ की बढ़ोत्तरी की जाए, तो उसे ₹ 72 अधिक मिलेंगे। उसकी मासिक आय (₹ में) क्या होगी?
(a) 2500 (b) 2700
(c) 2600 (d) 2400

14. यदि बिजली के बिल का भुगतान निर्धारित तिथि से पहले किया जाए, तो बिल की राशि पर 4% की छूट मिलती है। निर्धारित तिथि से पहले भुगतान करने वाले किसी व्यक्ति को ₹ 13 की छूट प्राप्त हुई। उसके बिल की राशि कितनी थी?
(a) ₹ 315 (b) ₹ 250
(c) ₹ 325 (d) इनमें से कोई नहीं

15. श्रोताओं में से $\frac{1}{6}$ भाग पुरुष, $\frac{1}{3}$ भाग महिलाएँ तथा शेष बच्चे हैं। बच्चों की संख्या श्रोताओं की संख्या का कितने प्रतिशत है?
(a) 50% (b) 100%
(c) 75% (d) इनमें से कोई नहीं

16. किसी संख्या में 10% की वृद्धि कर दी जाती है तथा पुन: उसमें 10% की कमी कर दी जाती है। अन्तिम रूप से उन संख्या में क्या परिवर्तन होगा?
(a) 1% (b) 2%
(c) 5% (d) 6%

17. एक परीक्षा में किसी अभ्यर्थी ने 30% अंक प्राप्त किए और वह 6 अंकों से फेल हो गया। अन्य अभ्यर्थी ने 40% अंक प्राप्त किए और पास होने वाले न्यूनतम अंकों से 6 अंक अधिक प्राप्त किए। परीक्षा के अधिकतम कितने अंक है?
(a) 240 (b) 120
(c) 60 (d) इनमें से कोई नहीं

लाभ–हानि

18. एक घड़ी, जिसकी कीमत ₹ 250 है, ₹ 300 की बेच दी गई है, तो कुल कितने प्रतिशत लाभ हुआ?
(a) 20% (b) 25%
(c) 35% (d) इनमें से कोई नहीं

19. एक वस्तु ₹ 9549 में बेचने पर 55% की हानि हुई। इस वस्तु की लागत कीमत क्या थी?
(a) ₹ 21220 (b) ₹ 21200
(c) ₹ 21228 (d) ₹ 21230

20. किसी वस्तु का विक्रय मूल्य इसके क्रय मूल्य का $\frac{4}{3}$ गुना है। लाभ प्रतिशत कितना है?
(a) $33\frac{2}{3}\%$ (b) $33\frac{1}{3}\%$
(c) $31\frac{1}{3}\%$ (d) इनमें से कोई नहीं

21. किसी वस्तु को ₹ 560 में बेचने से हुई हानि ₹ 720 में बेचने पर हुए लाभ से ₹ 50 अधिक है। वस्तु का क्रय मूल्य क्या है?
(a) ₹ 555 (b) ₹ 625
(c) ₹ 665 (d) ₹ 550

22. राम ने एक गाय रहीम को 20% लाभ पर बेच दी तथा रहीम ने इसे रॉबर्ट को 25% लाभ पर बेच दी। यदि रॉबर्ट ने ₹ 900 दिए हो, तो राम ने गाय कितने रुपये में खरीदी?
(a) ₹ 120 (b) ₹ 550
(c) ₹ 600 (d) इनमें से कोई नहीं

23. यदि फर्नीचर का निर्माता 10% लाभ कमाये, थोक विक्रेता 15% लाभ कमाये तथा फुटकर विक्रेता 25% लाभ कमाये तथा एक मेज का फुटकर मूल्य ₹1265 हो, तो निर्माता को यह मेज कितने रुपये में प्राप्त हुई?
(a) ₹ 1100 (b) ₹ 1150 (c) ₹ 1200 (d) ₹ 800

24. सन्तरों को ₹ 25 में 10 की दर से खरीदकर ₹ 25 में 9 की दर से बेचा गया। प्रतिशत लाभ कितना है?
(a) $11\frac{1}{9}\%$ (b) $19\frac{1}{9}\%$
(c) $20\frac{1}{9}\%$ (d) इनमें से कोई नहीं

25. एक व्यक्ति ₹ 380 में एक वस्तु खरीदता है और वह विक्रय मूल्य का 20% मरम्मत पर खर्च करता है फिर भी उसे 20% लाभ होता है, तो उस वस्तु का विक्रय मूल्य क्या होगा?
(a) ₹ 600 (b) ₹ 500
(c) ₹ 800 (d) इनमें से कोई नहीं

26. एक व्यक्ति ने दो गायों को ₹ 4200 में खरीदा। उसने एक गाय को 15% लाभ पर तथा दूसरी गाय को 10% हानि पर बेचा। परन्तु इस व्यवसाय में उसे न तो लाभ होता है और न ही हानि होती है, तो पहली गाय का क्रय मूल्य क्या है?
(a) ₹ 1689 (b) ₹ 1680 (c) ₹ 1520 (d) ₹ 1700

27. एक वस्तु का अंकित मूल्य ₹ 15000 है यदि उसे क्रमश: 15%, 10% और 5% के क्रमिक बट्टे पर बेचा जाता है, तो उसका विक्रय मूल्य क्या होगा?
(a) ₹ 10801.75 (b) ₹ 20101.25
(c) ₹ 10901.25 (d) इनमें से कोई नहीं

28. एक घड़ी को ₹ 820 में बेचने पर उतना ही लाभ होता है जितना कि ₹ 650 में बेचने पर हानि होती है। घड़ी का क्रय मूल्य क्या है?
(a) ₹ 625 (b) ₹ 725 (c) ₹ 770 (d) ₹ 735

29. किसी व्यक्ति ने एक पुरानी टाइप की मशीन ₹ 1200 में खरीदी और उसकी मरम्मत पर ₹ 200 व्यय किए। उसने उसे ₹ 1680 में बेच दिया। उसका लाभ प्रतिशत क्या है?
(a) 25% (b) 5% (c) 10% (d) 20%

30. रामू एक पुराना स्कूटर ₹ 4700 में खरीदता है और ₹ 800 उसकी मरम्मत पर खर्च करता है। यदि वह स्कूटर को ₹ 5800 में बेचता है, तो उसका प्रतिशत लाभ क्या है।
(a) $5\frac{4}{11}\%$ (b) $5\frac{1}{11}\%$ (c) $6\frac{6}{13}\%$ (d) $5\frac{5}{11}\%$

31. एक शर्ट को ₹ 600 में बेचकर एक व्यक्ति उसकी लागत का $\frac{1}{6}$ घाटा उठाता है। वह $\frac{1}{6}$ लाभ कमाने के लिए उसने कितने में बेचे?
(a) ₹ 940 (b) ₹ 640
(c) ₹ 840 (d) इनमें से कोई नहीं

32. 100 सन्तरे ₹ 350 में खरीदे गए तथा ₹ 48 प्रति दर्जन की दर से बेच दिए गए। प्रतिशत लाभ या हानि क्या है?
(a) $14\frac{2}{7}\%$ (b) $18\frac{2}{7}\%$
(c) $16\frac{1}{7}\%$ (d) इनमें से कोई नहीं

33. एक व्यापारी अपने माल का मूल्य, क्रय मूल्य से 25% अधिक पर अंकित करता है। वह अपने माल को अंकित मूल्य से 15% कम पर बेचता है। उसका लाभ प्रतिशत कितना है?
(a) 5.25% (b) 7.25% (c) 6.25% (d) 6.75%

34. साक्षी ने अंकित मूल्य पर 24% छूट सहित एक घड़ी खरीदी। उसने घड़ी की कीमत ₹ 779 अदा की, तो घड़ी का अंकित मूल्य क्या है?
(a) ₹ 1012 (b) ₹ 2012
(c) ₹ 1025 (d) इनमें से कोई नहीं

35. एक व्यापारी को थोक विक्रेता से एक किताब के अंकित मूल्य पर 10% की छूट प्राप्त हुई तथा उसने वह अंकित मूल्य पर बेच दी। उसका लाभ प्रतिशत क्या है?
(a) $12\frac{1}{9}\%$ (b) $11\frac{1}{9}\%$ (c) $10\frac{2}{9}\%$ (d) $11\frac{1}{8}\%$

उत्तरमाला

1	(a)	2	(a)	3	(b)	4	(c)	5	(d)
6	(d)	7	(d)	8	(c)	9	(c)	10	(b)
11	(b)	12	(b)	13	(b)	14	(c)	15	(a)
16	(a)	17	(b)	18	(a)	19	(a)	20	(b)
21	(c)	22	(c)	23	(d)	24	(a)	25	(a)
26	(b)	27	(c)	28	(d)	29	(d)	30	(d)
31	(c)	32	(a)	33	(c)	34	(a)	35	(b)

संकेत एवं हल

प्रतिशत

1. $0.035 \times 100 = 3.5\%$

2. 24 का $x\% = 64 \Rightarrow \frac{24 \times x}{100} = 64$

$\therefore \quad x = \frac{64 \times 100}{24} = \frac{800}{3} = 266\frac{2}{3}\%$

3. 2.5 किग्रा का $x\%$ = 2 कुन्तल

$\Rightarrow \quad 2.5 \times \frac{x}{100} = 200$

$\therefore \quad x = 8000\%$

4. y का $90\% = x$

$\Rightarrow \quad \frac{y \times 90}{100} = x$

$\Rightarrow \quad y = x \times \frac{100}{90}$

$\therefore \quad y = x$ का 111.11%

5. x का $7\frac{1}{2}\% = 150$

$\Rightarrow \quad x \times \frac{15}{2 \times 100} = 150$

$\Rightarrow \quad x = 2000$

6. अंग्रेजी में अनुत्तीर्ण परीक्षार्थी = 100 − 70 = 30%
गणित में अनुत्तीर्ण परीक्षार्थी = 100 − 80 = 20%
दोनों विषयों में अनुत्तीर्ण परीक्षार्थी = 10%
दोनों विषयों में कुल उत्तीर्ण परीक्षार्थी = [100 − (30 + 20 − 10)]% = 60%
माना कुल परीक्षार्थियों की संख्या x है।

$\therefore \quad x$ का 60% = 144

$\Rightarrow \quad \frac{x \times 60}{100} = 144$

$\therefore \quad x = 240$

7. $x - 15 = x - x \times \frac{80}{100}$

$\Rightarrow \quad x - 15 = x\left(1 - \frac{80}{100}\right) = x\left(\frac{20}{100}\right) = \frac{x}{5}$

$\Rightarrow \quad 5x - 75 = x$

$\Rightarrow \quad 5x - x = 75$

$\Rightarrow \quad 4x = 75$

$\Rightarrow \quad x = \frac{75}{4}$

$\therefore$ अभीष्ट उत्तर $= \frac{75}{4} \times \frac{40}{100} = 7.5$

8. प्रश्नानुसार, A का 60% = B का 75%

$\Rightarrow \quad \frac{A \times 60}{100} = \frac{B \times 75}{100} \Rightarrow \frac{A}{B} = \frac{5}{4}$

A का $x\% = B$

$\frac{5}{4} \times B \times \frac{x}{100} = B \Rightarrow x = 80$

9. B की आय A की आय से

$\left(\frac{50}{100 - 50} \times 100\right)\% = \left(\frac{50}{50} \times 100\right)\% = 100\%$ अधिक होगी।

10. व्यक्ति की आय

$= 10080 \times \left(\frac{100}{100 - 20}\right) \times \left(\frac{100}{100 - 30}\right) \times \left(\frac{100}{100 - 10}\right)$

$= 10080 \times \frac{100}{80} \times \frac{100}{70} \times \frac{100}{90} =$ ₹ 20000

11. फेल लड़कों की संख्या = 640 का (100 − 60)% $= \frac{640 \times 40}{100} = 256$

फेल लड़कियों की संख्या = 360 का (100 − 80)%

$= \frac{360 \times 20}{100} = 72$

फेल परीक्षार्थियों की कुल संख्या = 256 + 72 = 328

$\therefore$ फेल परीक्षार्थियों का अभीष्ट प्रतिशत

$= \frac{328 \times 100}{(640 + 360)} = \frac{328 \times 100}{1000} = 32.8\%$

12. दिया है, श्याम की बचत = ₹ 1540

$\therefore$ श्याम का वेतन = ₹ $\frac{1540 \times 100}{22}$ = ₹ 7000

$\therefore$ राम का वेतन = ₹ 7000

अतः राम की बचत $= \frac{7000 \times 14}{100}$ = ₹ 980

13. माना कर्मचारी की मासिक आय = ₹ x

तब, x का $2\frac{2}{3}\% = 72$ में

$\Rightarrow \quad x \times \frac{8}{300} = 72$

$\Rightarrow \quad x = \frac{72 \times 300}{8} = ₹\, 2700$

अतः कर्मचारी की मासिक आय ₹ 2700 है।

14. माना बिल की राशि = ₹ x

तब, x का 4% = 13 $\Rightarrow \frac{x \times 4}{100} = 13$

$\therefore \quad x = 13 \times 25 = ₹\, 325$

15. ∵ बच्चों की संख्या का भाग $= 1 - \frac{1}{6} - \frac{1}{3}$

$= \frac{6-1-2}{6} = \frac{3}{6} = \frac{1}{2}$

∴ बच्चों की संख्या का प्रतिशत $= \frac{1}{2} \times 100\% = 50\%$

16. यदि किसी संख्या में x% की वृद्धि की जाए, तदोपरान्त x% की कमी कर दी जाए, तो

उस सख्या में प्रतिशत कमी $= \left[\frac{x^2}{100}\right]\%$

∴ संख्या में प्रतिशत कमी $= \left[\frac{(10)^2}{100}\right] = \frac{100}{100} = 1\%$

17. माना परीक्षा के अधिकतम अंक = x

तब, पहले अभ्यर्थी के लिए उत्तीर्णांक = x का 30% + 6

$= \frac{x \times 30}{100} + 6 = \frac{3x}{10} + 6$

तथा दूसरे अभ्यर्थी के लिए उत्तीर्णांक = x का 40% − 6

$= \frac{x \times 40}{60} - 6 = \frac{4x}{10} - 6$

प्रश्नानुसार, $\frac{3x}{10} + 6 = \frac{4x}{10} - 6 \Rightarrow \frac{x}{10} = 12$

$\Rightarrow \quad x = 120$

लाभ-हानि

18. ∵ घड़ी का क्रय मूल्य = ₹ 250

तथा घड़ी का विक्रय मूल्य = ₹ 300

$\therefore$ लाभ = ₹(300 − 250) = ₹ 50

अतः लाभ प्रतिशत $= \frac{\text{लाभ}}{\text{क्रय मूल्य}} \times 100\% = \frac{50}{250} \times 100\% = 20\%$

19. ∵ वस्तु का विक्रय मूल्य = ₹ 9549

तथा हानि प्रतिशत = 55%

∴ वस्तु का क्रय मूल्य $= \frac{\text{विक्रय मूल्य} \times 100\%}{100 - \text{हानि}\,\%}$

$= ₹\, \frac{9549 \times 100}{(100 - 55)}$

$= ₹\, \frac{9549 \times 100}{45} = ₹\, 21220$

20. माना वस्तु का क्रय मूल्य = ₹ x

∴ वस्तु का विक्रय मूल्य $= ₹\, \frac{4}{3}x$

⇒ लाभ = विक्रय मूल्य − क्रय मूल्य $= \frac{4}{3}x - x = ₹\, \frac{x}{3}$

अतः लाभ प्रतिशत $= \frac{\text{लाभ} \times 100}{\text{क्रय मूल्य}}\%$

$= \left(\frac{\frac{x}{3} \times 100}{x}\right)\% = \frac{100}{3}\% = 33\frac{1}{3}\%$

21. माना वस्तु का क्रय मूल्य = ₹ x

प्रश्नानुसार, $(x - 560) - (720 - x) = 50$

$x - 560 - 720 + x = 50$

$\Rightarrow \quad 2x = 50 + 1280$

$\Rightarrow \quad 2x = 1330 \Rightarrow x = ₹\, 665$

22. माना राम ने गाय ₹ x में खरीदी।

गाय का प्रथम विक्रय मूल्य $= x + \frac{20x}{100} = ₹\, \frac{6x}{5}$

गाय का द्वितीय विक्रय मूल्य $= \frac{6x}{5} + \frac{25}{100} \times \frac{6x}{5}$

$= \frac{6x}{5} + \frac{3x}{10} = ₹\, \frac{3x}{2}$

$\therefore \quad \frac{3x}{2} = 900$

$\Rightarrow \quad x = \frac{900 \times 2}{3} = ₹\, 600$

23. माना निर्माता को मेज ₹ x में प्राप्त हुई थी। तब

प्रश्नानुसार,

x का 110% का 115% का 125% = 1265

$\Rightarrow \quad \frac{x \times 110 \times 115 \times 125}{100 \times 100 \times 100} = 1265$

$\Rightarrow \quad x = \frac{1265 \times 100 \times 100 \times 100}{110 \times 115 \times 125}$

$\therefore \quad x = ₹\, 800$

24. 10 सन्तरों का क्रय मूल्य = ₹ 25

1 सन्तरे का क्रय मूल्य = ₹ 2.5

9 सन्तरों का विक्रय मूल्य = ₹ 25

1 सन्तरे का विक्रय मूल्य $= ₹\, \frac{25}{9}$

लाभ = विक्रय मूल्य − क्रय मूल्य $= \frac{25}{9} - 2.5 = \frac{25 - 22.5}{9}$

$= \frac{2.5}{9} = ₹\, \frac{5}{18}$

प्रतिशत लाभ $= \frac{\text{लाभ} \times 100\%}{\text{क्रय मूल्य}} = \frac{\frac{5}{18} \times 100}{2.5}\% = 11\frac{1}{9}\%$

25. माना वस्तु का विक्रय मूल्य ₹ x है।

तब, वस्तु का क्रय मूल्य = 380 + x का 20%

प्रश्नानुसार, $x = \left(380 + \frac{x + 20}{100}\right)$ का 20%

$\Rightarrow \quad x = \left(380 + \frac{x}{5}\right) \times \frac{120}{100} \Rightarrow 500x = (1900 + x)\,120$

$\Rightarrow \quad 500x - 120x = 1900 \times 120$

$\Rightarrow \quad 380x = 1900 \times 120$

$\therefore \quad x = ₹\, 600$

26. माना पहली गाय का क्रय मूल्य ₹ x था। तब दूसरी गाय का क्रय मूल्य = ₹ $(4200 - x)$

प्रश्नानुसार, x का 115% + $(4200 - x)$ का 90% = 4200

$\Rightarrow \quad \frac{x \times 115}{100} + \frac{(4200 - x)}{100} \times 90 = 4200$

$\Rightarrow \quad 115x + 4200 \times 90 - 90x = 4200 \times 100$

$\Rightarrow \quad 25x = 420000 - 378000$

$\Rightarrow \quad 25x = 42000$

$\therefore \quad x =$ ₹ 1680

27. वस्तु का अभीष्ट विक्रय मूल्य = 15000 का (100 – 15)% का (100 – 10)% का (100 – 5)%

$= \frac{15000 \times 85 \times 90 \times 95}{100 \times 100 \times 100} =$ ₹ 10901.25

28. माना घड़ी का क्रय मूल्य = ₹ x

प्रश्नानुसार, $(820 - x) = (x - 650)$

$\Rightarrow \quad 2x = 1470 \Rightarrow x =$ ₹ 735

29. टाइप मशीन का क्रय मूल्य = 1200 + 200 = ₹ 1400

टाइप मशीन पर प्राप्त लाभ = 1680 – 1400 = ₹ 280

$\therefore$ अभीष्ट प्रतिशत $= \frac{280 \times 100}{1400} = 20\%$

30. $\because$ स्कूटर का कुल क्रय मूल्य = ₹ (4700 + 800) = ₹ 5500

तथा स्कूटर का कुल विक्रय मूल्य = ₹ 5800

$\therefore$ लाभ = ₹ (5800 – 5500) = ₹ 300

अतः लाभ प्रतिशत $= \frac{\text{लाभ}}{\text{क्रय मूल्य}} \times 100\% = \frac{300}{5500} \times 100\% = 5\frac{5}{11}\%$

31. माना एक शर्ट का लागत मूल्य = ₹ x

$\therefore \quad x - \frac{x}{6} = 600 \Rightarrow \frac{5x}{6} = 600$

$\Rightarrow \quad x = \frac{6 \times 600}{5} = 720$

अतः $\frac{1}{6}$ लाभ कमाने के लिए शर्ट का नया विक्रय मूल्य = ₹ $\left(720 + \frac{720}{6}\right)$

= ₹ (720 + 120) = ₹ 840

32. 100 सन्तरों का क्रय मूल्य = ₹350

1 सन्तरे का क्रय मूल्य = ₹ $\frac{350}{100}$ = ₹3.5

12 सन्तरों का विक्रय मूल्य = ₹48

1 सन्तरे का विक्रय मूल्य = ₹ $\frac{48}{12}$ = ₹4

$\therefore$ लाभ $= \frac{4 - 3.5}{3.5} \times 100$

$= \frac{500}{35} = \frac{100}{7}\% = 14\frac{2}{7}\%$

33. यहाँ, $x = 25\%$, $y = 15\%$

$\therefore$ प्रतिशत लाभ $= \left(x - y - \frac{xy}{100}\right)$

$= \left(25 - 15 - \frac{25 \times 15}{100}\right) = 6.25\%$

34. माना घड़ी का अंकित मूल्य = ₹ x

$\therefore$ घड़ी का विक्रय मूल्य = ₹ $\frac{x \times (100 - 24)}{100}$

परन्तु घड़ी का विक्रय मूल्य = ₹ 779

$\therefore \quad 779 \times 100 = x \times 76 \Rightarrow x =$ ₹ 1012

35. माना किताब का अंकित मूल्य = ₹ 100

तब, किताब का क्रय मूल्य $= \frac{100 \times 90}{100} =$ ₹ 90

अंकित मूल्य पर बेचने पर लाभ = ₹ (100 – 90) = ₹ 10

$\therefore$ अभीष्ट लाभ प्रतिशत $= \frac{10 \times 100}{90} = 11\frac{1}{9}\%$

अध्याय 07

ब्याज

जब कोई व्यक्ति किसी बैंक आदि से कुछ धन उधार लेता है, तो इस धन का प्रयोग करने के लिए उस व्यक्ति को बैंक आदि को धनराशि लौटाते समय कुछ अतिरिक्त धन देना पड़ता है। इस अतिरिक्त धन को ब्याज कहते हैं।

साधारण ब्याज

जब ब्याज केवल मूलधन पर ही निश्चित समय के लिए एक ही दर पर लगाया जाता है, तब उसे साधारण ब्याज कहते हैं। इसे SI से दर्शाया जाता है।

यदि मूलधन $= P$, समय $= t$, दर $= r\%$

साधारण ब्याज (SI)

$$= \frac{\text{मूलधन } (P) \times \text{दर } (r) \times \text{समय } (t)}{100}$$

- मिश्रधन $(A) =$ मूलधन (P) + साधारण ब्याज (SI) $= P\left(1 + \frac{rt}{100}\right)$

साधित उदाहरण

1. किसी धन पर 10% वार्षिक दर से 10 वर्ष का साधारण ब्याज 500 है। मूलधन क्या है?

(a) ₹ 400 (b) ₹ 240
(c) ₹ 500 (d) **इनमें से कोई नहीं**

हल (c) माना मूलधन ₹ x है।

साधारण ब्याज = ₹ 500

$$\therefore \quad \frac{x \times 10 \times 10}{100} = 500$$

$$\left[\because \text{साधारण ब्याज} = \frac{\text{मूलधन} \times \text{दर} \times \text{समय}}{100}\right]$$

$$\Rightarrow \quad x = ₹\, 500$$

2. ₹ 1600 का 2 वर्ष 3 महीनों में साधारण ब्याज ₹ 252 है। ब्याज की वार्षिक दर क्या है?

(a) 6% (b) 7% (c) 5% (d) 7.5%

हल (b) दिया है, $P = ₹\,1600, t = 2$ वर्ष 3 माह $= \frac{9}{4}$ वर्ष

$SI = ₹\,252, r = ?$

$$\therefore \quad r = \frac{SI \times 100}{P \times t} = \frac{252 \times 100 \times 4}{1600 \times 9} = 7\%$$

चक्रवृद्धि ब्याज

जब एक निश्चित समय के बाद मूलधन के साथ-साथ ब्याज पर भी ब्याज की गणना की जाती है, तो इस प्रकार प्राप्त ब्याज को चक्रवृद्धि ब्याज कहते हैं। मूलधन तथा चक्रवृद्धि ब्याज के योग को चक्रवृद्धि मिश्रधन कहते हैं।

अर्थात् चक्रवृद्धि मिश्रधन = मूलधन + चक्रवृद्धि ब्याज

यदि मूलधन ₹ P ब्याज की दर $r\%$, समय n वर्ष तथा मिश्रधन A हो, तब

- $A = P\left(1 + \frac{r}{100}\right)^n$
- $A = P + CI$
- $CI = P\left[\left(1 + \frac{r}{100}\right)^n - 1\right]$

महत्त्वपूर्ण तथ्य एवं सूत्र

- यदि ब्याज वार्षिक देय हो, तो 1 वर्ष का चक्रवृद्धि ब्याज व साधारण ब्याज आपस में बराबर होते हैं।
- जब ब्याज छमाही देय हो, तो ब्याज की दर आधी व समय दोगुना करते हैं।
- जब ब्याज तिमाही देय हो, तो ब्याज की दर चौथाई व समय चार गुना करते हैं।
- चक्रवृद्धि ब्याज की दर से कोई धन किसी निश्चित समय n में x गुना हो जाता है, तो x^y गुना होने में $y \times n$ समय लगेगा। जब ब्याज की दर पहले वर्ष में $r_1\%$, दूसरे वर्ष में $r_2\%$ तथा तीसरे वर्ष में $r_3\%$, हो, तो

$$A = P\left(1 + \frac{r_1}{100}\right)\left(1 + \frac{r_2}{100}\right)\left(1 + \frac{r_3}{100}\right)$$

- यदि किसी नगर की जनसंख्या में $r\%$ प्रतिवर्ष वृद्धि या कमी हो रही हो, तो

$$A = P\left(1 \pm \frac{r}{100}\right)^n$$

नोट वृद्धि के लिए '+' एवं कमी के लिए '–'

- यदि अवधि भिन्न में हो, जैसे $2\frac{1}{3}$ वर्ष, जब

$$\text{मिश्रधन} = P\left(1 + \frac{r}{100}\right)^2 \cdot \left(1 + \frac{\frac{1}{3}r}{100}\right)$$

- $r\%$ प्रतिवर्ष की दर से 2 वर्ष के लिए किसी धनराशि पर साधारण ब्याज और चक्रवृद्धि ब्याज का अन्तर $= P\left(\frac{r}{100}\right)^2$
- $r\%$ प्रतिवर्ष की दर से 3 वर्ष के लिए किसी धनराशि पर साधारण ब्याज और चक्रवृद्धि ब्याज अन्तर $= \frac{Pr^2(r + 300)}{(100)^3}$

साधित उदाहरण

3. कितने समय में ₹ 800 का 10% वार्षिक दर से चक्रवृद्धि मिश्रधन ₹ 926.10 हो जाएगा, जबकि ब्याज छमाही देय हो?

(a) $1\frac{1}{2}$ वर्ष (b) $1\frac{1}{4}$ वर्ष (c) $1\frac{1}{2}$ वर्ष (d) 2 वर्ष

हल (c) छमाही के लिए, $P = ₹\ 800$, $A = ₹\ 926.10$

$r = 10\% \Rightarrow 5\%, n = 2n$ छमाही

$$A = P\left(1+\frac{r}{100}\right)^n \Rightarrow 926.10 = 800\left(1+\frac{5}{100}\right)^{2n}$$

$$\Rightarrow \quad \frac{926.10}{800} = \left(\frac{21}{20}\right)^{2n} \Rightarrow \left(\frac{21}{20}\right)^3 = \left(\frac{21}{20}\right)^{2n}$$

$$\Rightarrow \quad 3 = 2n \therefore n = \frac{3}{2} = 1\frac{1}{2} \text{ वर्ष}$$

4. कोई धन चक्रवृद्धि ब्याज पर 2 वर्ष में ₹ 8820 तथा 4 वर्ष में ₹ 12005 हो जाता है, मूलधन क्या है?

(a) ₹ 5450 (b) ₹ 7280 (c) ₹ 6480 (d) ₹ 6420

हल (c) $A_1 = ₹\ 8820$, $n_1 = 2$ वर्ष तथा $A_2 = ₹\ 12005$, $n_2 = 4$ वर्ष

हमें ज्ञात है कि, $A = P\left(1+\frac{r}{100}\right)^n$

$$\therefore \quad 8820 = P\left(1+\frac{r}{100}\right)^2 \quad ...(i)$$

$$\text{तथा} \quad 12005 = P\left(1+\frac{r}{100}\right)^4 \quad ...(ii)$$

समी (ii) को समी (i) से भाग देने पर,

$$\frac{12005}{8820} = \left(1+\frac{r}{100}\right)^2 \Rightarrow \frac{49}{42} = 1 + \frac{r}{100}$$

$$\Rightarrow \quad r = \left(\frac{49-42}{42}\right) \times 100 = 16\frac{2}{3}\%$$

r का मान समी (i) में रखने पर,

$$8820 = P\left(1+\frac{50}{300}\right)^2$$

$$\therefore \quad P = \frac{8820 \times 6 \times 6}{7 \times 7} = ₹\ 6480$$

अभ्यास प्रश्न

साधारण ब्याज

1. कितने वर्षों में 12% वार्षिक दर से ₹ 3000 का साधारण ब्याज ₹ 1080 हो जाएगा?

(a) 3 वर्ष (b) 2.5 वर्ष
(c) 4 वर्ष (d) इनमें से कोई नहीं

2. कितनी धनराशि 6 वर्ष में 4% वार्षिक साधारण ब्याज की दर से ₹ 496 हो जाएगी?

(a) ₹ 300 (b) ₹ 400
(c) ₹ 250 (d) इनमें से कोई नहीं

3. ₹ 2000 का 2 वर्ष 3 महीनों का साधारण ब्याज ₹ 225 है। ब्याज की वार्षिक दर क्या है?

(a) 4% (b) 3%
(c) 5% (d) इनमें से कोई नहीं

4. किसी धन पर साधारण ब्याज मूलधन का 2/9 है। यदि वर्षों की संख्या, दर प्रतिशत की दोगुनी हो, तो धन कितने समय के लिए दिया गया?

(a) $2\frac{1}{3}$ वर्ष (b) $6\frac{1}{3}$ वर्ष
(c) $5\frac{2}{3}$ वर्ष (d) $6\frac{2}{3}$ वर्ष

5. कितने समय में कोई धनराशि साधारण ब्याज की 15% वार्षिक दर से स्वयं के दोगुने के बराबर हो जाएगी?

(a) $5\frac{1}{3}$ वर्ष (b) $6\frac{1}{3}$ वर्ष
(c) $6\frac{2}{3}$ वर्ष (d) इनमें से कोई नहीं

6. साधारण ब्याज की किस दर से ₹ 750 का 5 वर्ष में मिश्रधन ₹ 900 हो जाएगा?

(a) 2%
(b) 3%
(c) 4%
(d) उपरोक्त में से कोई नहीं

7. एक धनराशि पर साधारण ब्याज मूल का $\frac{1}{9}$ है और ब्याज की अवधि उसकी वार्षिक दर की प्रतिशत के बराबर है। तद्नुसार, वह वार्षिक दर कितनी है?

(a) $1\frac{1}{3}\%$ (b) $3\frac{1}{3}\%$
(c) $3\frac{2}{6}\%$ (d) $3\frac{4}{6}\%$

8. अरु ने 6% वार्षिक साधारण ब्याज की दर पर कुछ धन 8 वर्षों के लिए उधार दिया, जिसमें उसे मूलधन से ₹ 312 कम ब्याज प्राप्त हुआ। वह धनराशि क्या है?

(a) ₹ 600 (b) ₹ 450
(c) ₹ 500 (d) इनमें से कोई नहीं

9. साधारण ब्याज की किस दर से ₹ 4800 की राशि 7 वर्ष की अवधि में ₹ 6480 बन जाएगी?

(a) 5% (b) 6%
(c) 4% (d) 6%

10. यदि कोई धनराशि 25 वर्षों में तीन गुनी हो जाए, तो उसके लिए वार्षिक ब्याज की दर क्या होगी?

(a) 7% (b) 8%
(c) 6% (d) इनमें से कोई नहीं

11. यदि किसी धनराशि पर 6 वर्ष का साधारण ब्याज मूलधन के 30% के बराबर हो, तो यह कितने समय बाद मूलधन के बराबर होगा?

(a) 10 वर्ष (b) 20 वर्ष
(c) 15 वर्ष (d) इनमें से कोई नहीं

12. कितने समय में ₹ 2500 का 3% वार्षिक साधारण ब्याज की दर से ब्याज, ₹ 1500 का 5 वर्ष में 7% वार्षिक ब्याज की दर से प्राप्त ब्याज के बराबर हो जाएगा?

(a) 12 वर्ष
(b) 7 वर्ष
(c) 5 वर्ष
(d) उपरोक्त में से कोई नहीं

13. विक्रम ने ₹ 2 लाख, 12% वार्षिक दर से एक वर्ष के लिए साधारण ब्याज पर निवेशित किए। फिर उसने वर्ष के अन्त में प्राप्त होने वाली राशि में ₹ 500 मिलाए और 13% वार्षिक दर से साधारण ब्याज प्राप्त किया। द्वितीय वर्ष के अन्त में उसने साधारण ब्याज के रूप में कितनी राशि अर्जित की?
(a) ₹ 39125
(b) ₹ 29175
(c) ₹ 29185
(d) इनमें से कोई नहीं

14. X और Y को बराबर राशियाँ 7.5% प्रतिवर्ष की दर से क्रमश: 4 वर्ष और 5 वर्ष के लिए उधार दी गई। यदि उनके द्वारा दिए गए ब्याज में ₹ 150 का अन्तर था, तो प्रत्येक को दी गई धनराशि क्या थी?
(a) ₹ 1000
(b) ₹ 1500
(c) ₹ 2000
(d) इनमें से कोई नहीं

15. दो स्रोतों से, ₹ 1500 पर 3 वर्षों के पश्चात् मिले साधारण ब्याजों में ₹ 13.50 का अन्तर है। उनकी ब्याज दरों में अन्तर क्या होगा?
(a) 2.1%
(b) 0.9%
(c) 1.3%
(d) 0.3%

चक्रवृद्धि ब्याज

16. ₹ 1000 की धनराशि चक्रवृद्धि ब्याज पर दो वर्ष में किस दर पर ₹ 1102.50 हो जाएगी?
(a) 10%
(b) 10%
(c) 4%
(d) 5%

17. कौन-सी धनराशि 2 वर्षों में 4% वार्षिक चक्रवृद्धि ब्याज की दर से ₹ 1352 हो जाएगी?
(a) ₹ 1275
(b) ₹ 1250
(c) ₹ 1750
(d) इनमें से कोई नहीं

18. मूलधन की एक राशि पर 9% प्रतिवर्ष की दर से 5 वर्ष में उपचित साधारण ब्याज ₹ 14400 है। इसी मूलधन पर 4% प्रतिवर्ष की दर से 2 वर्ष में उपचित चक्रवृद्धि ब्याज कितना होगा?
(a) ₹ 2611.20
(b) ₹ 2612.40
(c) ₹ 2511.40
(d) इनमें से कोई नहीं

19. ₹ 8000 पर 5% प्रतिवर्ष की दर से 3 वर्ष का चक्रवृद्धि ब्याज क्या होगा?
(a) ₹ 1224
(b) ₹ 1261
(c) ₹ 1781
(d) इनमें से कोई नहीं

20. ₹ 8000 को चक्रवृद्धि ब्याज की दर से निवेशित करने पर 3 वर्ष पश्चात् ₹ 1261 ब्याज के रूप में प्राप्त होते हैं। ब्याज की वार्षिक दर क्या है?
(a) 15%
(b) 9%
(c) 5%
(d) 6%

21. कितने समय में ₹ 2000 की धनराशि 10% वार्षिक चक्रवृद्धि ब्याज की दर से ₹ 2420 हो जाएगी, जबकि ब्याज वार्षिक संयोजित होता हो?
(a) 1 वर्ष
(b) 3 वर्ष
(c) 2.5 वर्ष
(d) 2 वर्ष

22. यदि ब्याज अर्द्धवार्षिक देय हो, तो ₹ 16000, 10% प्रतिवर्ष चक्रवृद्धि ब्याज की दर से 2 वर्षों के उपरान्त कितने हो जाएँगे?
(a) ₹ 19548
(b) ₹ 17948
(c) ₹ 18442
(d) ₹ 19448

23. 5% वार्षिक चक्रवृद्धि ब्याज पर उधार ली गई कुछ राशि दो वार्षिक किस्तों में ₹ 1764 प्रति किस्त के अनुसार चुकाई गई। तद्नुसार, मूल राशि कितनी थी?
(a) ₹ 3264
(b) ₹ 2480
(c) ₹ 3280
(d) इनमें से कोई नहीं

24. किसी राशि पर अर्द्धवार्षिक रूप से देय चक्रवृद्धि ब्याज और उसी राशि पर एक वर्ष के साधारण ब्याज का अन्तर ₹ 180 था। यदि उन दोनों स्थितियों में ब्याज की दर 10% रही हो, तो मूल राशि कितनी थी?
(a) ₹ 72250
(b) ₹ 72000
(c) ₹ 70000
(d) इनमें से कोई नहीं

25. किसी धन का 2 वर्षों में 10% वार्षिक ब्याज की दर से साधारण ब्याज ₹ 90 होता है, तो उसी धन का उसी दर से कितने रुपए चक्रवृद्धि ब्याज होगा?
(a) ₹ 94.50
(b) ₹ 97.25
(c) ₹ 94.25
(d) ₹ 96.75

26. किसी धनराशि का 5% वार्षिक ब्याज की दर से 2 वर्ष का चक्रवृद्धि ब्याज ₹ 246 है। उसी धनराशि का 6% वार्षिक ब्याज की दर से 3 वर्ष का साधारण ब्याज क्या होगा?
(a) ₹ 432
(b) ₹ 536
(c) ₹ 456
(d) इनमें से कोई नहीं

27. 12% चक्रवृद्धि ब्याज पर कोई राशि उधार दी जाती है और उसकी गणना अर्द्धवार्षिक आधार पर की जाती है। इसके तुल्य ब्याज प्राप्त करने के लिए उसी राशि को वार्षिक आधार पर कितने प्रतिशत चक्रवृद्धि ब्याज पर देना होगा?
(a) 11.36%
(b) 12.56%
(c) 12.36%
(d) इनमें से कोई नहीं

28. किस वार्षिक चक्रवृद्धि ब्याज की दर से दो वर्ष में कोई मूलधन स्वयं का $\frac{25}{16}$ गुना हो जाएगा?
(a) 15%
(b) 20%
(c) 25%
(d) इनमें से कोई नहीं

29. एक निश्चित धन पर निश्चित चक्रवृद्धि ब्याज की दर से 3 वर्षों एवं 2 वर्षों में प्राप्त मिश्रधन का अनुपात 21 : 20 है, तो ब्याज की दर क्या है?
(a) 5%
(b) 10%
(c) 15%
(d) 30%

30. कौन-सी धनराशि चक्रवृद्धि ब्याज पर 3 वर्ष बाद ₹ 6690 तथा 6 वर्ष बाद ₹ 10035 हो जाएगी?
(a) ₹ 4260
(b) ₹ 4460
(c) ₹ 5640
(d) इनमें से कोई नहीं

उत्तरमाला

1	(a)	2	(b)	3	(c)	4	(d)	5	(c)
6	(c)	7	(b)	8	(a)	9	(a)	10	(b)
11	(b)	12	(b)	13	(c)	14	(c)	15	(d)
16	(d)	17	(b)	18	(a)	19	(b)	20	(c)
21	(d)	22	(d)	23	(c)	24	(b)	25	(a)
26	(a)	27	(c)	28	(c)	29	(a)	30	(b)

संकेत एवं हल

साधारण ब्याज

1. दिया है, SI = ₹ 1080, P = ₹ 3000

$r = 12\%$ तथा $t = ?$

$\therefore \quad SI = \dfrac{P \times r \times t}{100}$ से,

$$1080 = \frac{3000 \times 12 \times t}{100}$$

$\Rightarrow \quad t = \dfrac{1080 \times 100}{3000 \times 12} = 3$ वर्ष

2. दिया है, A = ₹ 496, $t = 6$ वर्ष तथा $r = 4\%$

माना P = ₹ x

$\therefore \quad A = P\left(1 + \dfrac{rt}{100}\right)$ से,

$$496 = x\left(1 + \frac{6 \times 4}{100}\right) \Rightarrow \frac{496 \times 100}{124} = x$$

$\therefore \quad x$ = ₹ 400

3. यहाँ, P = ₹ 2000, SI = ₹ 225

तथा $t = 2$ वर्ष 3 माह $= 2\dfrac{1}{4}$ वर्ष $= \dfrac{9}{4}$ वर्ष

$\therefore \quad SI = \dfrac{P \times r \times t}{100}$ से,

$$225 = \frac{2000 \times r \times 9}{100 \times 4} \Rightarrow r = \frac{225 \times 100 \times 4}{2000 \times 9} = 5\%$$

4. माना P = ₹ x, SI = ₹ $\dfrac{2}{9}x$, $r = r\%$ (माना)

तथा $t = 2r$ वर्ष

$\therefore \quad SI = \dfrac{P \times r \times t}{100}$ से,

$$\frac{2}{9}x = \frac{x \times r \times 2r}{100} \Rightarrow \frac{100}{9} = r^2 \Rightarrow r = \frac{10}{3}\%$$

अतः समय $= 2r = \dfrac{2 \times 10}{3} = \dfrac{20}{3} = 6\dfrac{2}{3}$ वर्ष

5. माना P = ₹ P, A = ₹ $2P$ तथा $r = 15\%$

$\therefore \quad A = P\left(1 + \dfrac{rt}{100}\right)$ से,

$$2P = P\left(1 + \frac{15t}{100}\right) \Rightarrow 1 = \frac{15t}{100}$$

$\Rightarrow \quad t = \dfrac{100}{15} = \dfrac{20}{3} = 6\dfrac{2}{3}$ वर्ष

6. दिया है, P = ₹ 750, A = ₹ 900 तथा $t = 5$ वर्ष

$\therefore \quad A = P\left(1 + \dfrac{rt}{100}\right)$ से,

$$900 = 750\left(1 + \frac{5r}{100}\right)$$

$\Rightarrow \quad \dfrac{900}{750} - 1 = \dfrac{5r}{100}$

$\Rightarrow \quad \dfrac{150}{750} = \dfrac{5r}{100}$

$\Rightarrow \quad r = \dfrac{150 \times 100}{750 \times 5} = 4\%$

7. माना मूलधन = ₹ P, SI = ₹ $\dfrac{P}{9}$ तथा $t = r$

$\therefore \quad SI = \dfrac{P \times r \times t}{100}$ से,

$$\frac{1}{9} = \frac{r^2}{100} \Rightarrow r = \frac{10}{3} = 3\frac{1}{3}\%$$

8. माना मूलधन = ₹ P

$\therefore$ SI = ₹ $(P - 312)$, $r = 6\%$ तथा $t = 8$ वर्ष

$\therefore \quad SI = \dfrac{P \times r \times t}{100}$ से,

$$P - 312 = \frac{P \times 6 \times 8}{100}$$

$\Rightarrow \quad 100P - 31200 = 48P \quad \Rightarrow \quad 52P = 31200$

$\Rightarrow \quad P = \dfrac{31200}{52}$ = ₹ 600

9. यहाँ, P = ₹ 4800, A = ₹ 6480 तथा $t = 7$ वर्ष

$\therefore \quad A = P\left(1 + \dfrac{rt}{100}\right)$ से,

$$6480 = 4800\left(1 + \frac{7r}{100}\right)$$

$\Rightarrow \quad \dfrac{6480}{4800} - 1 = \dfrac{7r}{100} \Rightarrow r = \dfrac{1680 \times 100}{7 \times 4800} = 5\%$

10. माना मूलधन = ₹ P, A = ₹ $3P$

तथा $t = 25$ वर्ष

$\therefore \quad A = P\left(1 + \dfrac{rt}{100}\right)$ से,

$\Rightarrow \quad 3P = P\left(1 + \dfrac{r \times 25}{100}\right)$

$\Rightarrow \quad 2 = \dfrac{r}{4} \Rightarrow r = 8\%$

11. माना P = ₹ x

तब, SI = ₹ x का 30% = ₹ $\dfrac{3x}{10}$ तथा $t = 6$ वर्ष

$\therefore \quad SI = \dfrac{P \times r \times t}{100}$ से,

$$\frac{3x}{10} = \frac{x \times 6 \times r}{100} \Rightarrow r = \frac{3 \times 100}{10 \times 6} = 5\%$$

अब, P = ₹ x, SI = ₹ x तथा $r = 5\%$

$\therefore \quad SI = \dfrac{P \times r \times t}{100}$ से,

$$x = \frac{x \times 5 \times t}{100} \Rightarrow t = \frac{100}{5} = 20 \text{ वर्ष}$$

12. माना अभीष्ट समय $= t$ वर्ष

प्रश्नानुसार, $\frac{2500 \times 3 \times t}{100} = \frac{1500 \times 5 \times 7}{100}$

$\Rightarrow \quad t = \frac{1500 \times 5 \times 7}{2500 \times 3} = 7$ वर्ष

13. ₹ 2 लाख पर 12% वार्षिक दर से एक वर्ष के लिए

साधारण ब्याज $= \frac{\text{मूलधन} \times \text{दर} \times \text{समय}}{100} = \frac{200000 \times 12 \times 1}{100} =$ ₹ 24000

मिश्रधन = 200000 + 24000 = ₹ 224000

₹ 500 मिला देने पर नया मूलधन = 224000 + 500 = ₹ 224500

इस राशि पर 13% वार्षिक दर से एक वर्ष बाद प्राप्त

साधारण ब्याज $= \frac{224500 \times 13 \times 1}{100} =$ ₹ 29185

14. माना प्रत्येक को दी गई धनराशि = ₹ x

प्रश्नानुसार,

$$\frac{x \times 7.5 \times 5}{100} - \frac{x \times 7.5 \times 4}{100} = 150$$

$$\Rightarrow \quad \frac{x \times 7.5}{100} = 150$$

$$\Rightarrow \quad x = \frac{150 \times 100}{7.5} = ₹\ 2000$$

15. माना दोनों स्रोतों में ब्याज दर क्रमशः r_1% व r_2% हैं।

$$\therefore \quad \frac{1500 \times 3 \times r_1}{100} - \frac{1500 \times 3 \times r_2}{100} = 13.50$$

$$\Rightarrow \quad (r_1 - r_2) = \frac{13.50 \times 100}{1500 \times 3} = 0.3\%$$

चक्रवृद्धि ब्याज

16. यहाँ, धनराशि (P) = ₹ 1000,

समय (n) = 2 वर्ष तथा $A =$₹ 1102.50, तब

$\therefore \quad A = P\left(1 + \frac{r}{100}\right)^n$ से,

$$1102.50 = 1000\left(1 + \frac{r}{100}\right)^2$$

$$\Rightarrow \quad (100 + r)^2 = \frac{1102.50}{1000} \times (100)^2 = 11025$$

$$\Rightarrow \quad 100 + r = 105 \quad \Rightarrow r = 5\%$$

अतः अभीष्ट ब्याज दर = 5%

17. $\because A =$ ₹ 1352, $n = 2$ वर्ष तथा $r = 4\%$

$\therefore \quad A = P\left(1 + \frac{r}{100}\right)^n$ से,

$$1352 = P\left(1 + \frac{4}{100}\right)^2$$

$$\Rightarrow \quad P = \frac{1352 \times 25 \times 25}{26 \times 26} = ₹\ 1250$$

18. माना मूलधन ₹ x है, तब प्रश्नानुसार,

साधारण ब्याज $= \frac{\text{मूलधन} \times \text{दर} \times \text{समय}}{100}$

$$14400 = \frac{x \times 9 \times 5}{100} \Rightarrow x = 32000$$

$\therefore$ ₹ 32000 पर 4% की दर से 2 वर्ष का चक्रवृद्धि ब्याज

$$= 32000\left[\left(1 + \frac{4}{100}\right)^2 - 1\right]$$

$$= 32000\left[\frac{26 \times 26}{25 \times 25} - 1\right]$$

$$= \frac{32000 \times 51}{625} = ₹\ 2611.20$$

19. $\because P =$ ₹ 8000, $r = 5\%$ तथा $n = 3$ वर्ष

$\therefore$ CI $= P\left(1 + \frac{r}{100}\right)^n - P$ से,

$$\text{CI} = 8000\left[\left(1 + \frac{5}{100}\right)^3 - 1\right]$$

$$= 8000\left[\frac{9261 - 8000}{8000}\right] = ₹\ 1261$$

20. $\because P =$ ₹ 8000, $n = 3$ वर्ष तथा CI = ₹ 1261

$\therefore \quad \text{CI} = P\left\{\left(1 + \frac{r}{100}\right)^n - 1\right\}$ से,

$$1261 = 8000\left\{\left(1 + \frac{r}{100}\right)^3 - 1\right\}$$

$$\Rightarrow \quad \frac{9261}{8000} = \left(1 + \frac{r}{100}\right)^3 \Rightarrow \left(1 + \frac{r}{100}\right)^3 = \left(\frac{21}{20}\right)^3$$

चूँकि दोनों पक्षों की घातें समान हैं, इसलिए आधार की तुलना करने पर,

$$1 + \frac{r}{100} = \frac{21}{20} \quad \Rightarrow \frac{r}{100} = \frac{21}{20} - 1$$

$$\Rightarrow \quad \frac{r}{100} = \frac{1}{20} \quad \Rightarrow r = \frac{100}{20} = 5\%$$

21. $\because P =$ ₹ 2000, $r = 10\%$ तथा $A =$ ₹ 2420

$\therefore \quad A = P\left(1 + \frac{r}{100}\right)^n$ से,

$$2420 = 2000\left(1 + \frac{10}{100}\right)^n \Rightarrow \quad \left(\frac{11}{10}\right)^2 = \left(\frac{11}{10}\right)^n$$

चूँकि दोनों पक्षों के आधार समान हैं, इसलिए घातांकों की तुलना करने पर,

$n = 2$ वर्ष

22. $\because P =$ ₹ 16000, $r = 10\%$ वार्षिक

= 5% प्रति छमाही तथा $n = 2$ वर्ष = 4 छमाही

$\therefore \quad A = P\left(1 + \frac{r}{100}\right)^n$ से,

$$A = 16000\left(1 + \frac{5}{100}\right)^4 = 16000 \times \frac{21}{20} \times \frac{21}{20} \times \frac{21}{20} \times \frac{21}{20}$$

= ₹ 19448.10

= ₹ 19448 (लगभग)

23. माना मूलधन = ₹ P

तब, $r\% = 5\%$ तथा $n = 2$

$\because$ प्रत्येक किस्त की राशि $= \dfrac{P}{\left(\dfrac{100}{10+R}\right) + \left(\dfrac{100}{100+R}\right)^n}$

$\Rightarrow \quad 1764 = \dfrac{P}{\left(\dfrac{100}{100+R}\right) + \left(\dfrac{100}{100+R}\right)^2}$

$\Rightarrow \quad 1764 = \dfrac{P}{\dfrac{20}{21} + \dfrac{400}{441}}$

$\Rightarrow \quad P = 1764\left(\dfrac{420+400}{441}\right) = 1764 \times \dfrac{820}{441} =$ ₹ 3280

24. माना मूलधन = ₹ P

$\therefore \quad CI = P\left\{\left(1+\dfrac{5}{100}\right)^2 - 1\right\}$ से,

$CI = \left\{\dfrac{441-400}{400}\right\} =$ ₹ $\dfrac{41P}{400}$

तथा $SI = \dfrac{P \times 10 \times 1}{100} =$ ₹ $\dfrac{P}{10}$

प्रश्नानुसार, $\dfrac{41P}{400} - \dfrac{P}{10} = 180$

$\Rightarrow \quad 41P - 40P = 400 \times 180$

$\Rightarrow \quad P = 400 \times 180 =$ ₹ 72000

25. $\because t = 2$ वर्ष, $r = 10\%$ तथा SI = ₹ 90

$\therefore \quad SI = \dfrac{P \times r \times t}{100}$ से,

$90 = \dfrac{P \times 2 \times 10}{100} \Rightarrow P = 90 \times 5 =$ ₹ 450

अब, $P =$ ₹ 450, $r = 10\%$ तथा $n = 2$ वर्ष

$\therefore \quad CI = P\left\{\left(1+\dfrac{r}{100}\right)^n - 1\right\}$ से,

$CI = 450\left\{\left(1+\dfrac{10}{100}\right)^2 - 1\right\} = \dfrac{450 \times 21}{100}$

= ₹ 94.50

26. $\because r = 5\%, n = 2$ वर्ष तथा CI = ₹ 246

$\therefore \quad CI = P\left\{\left(1+\dfrac{r}{100}\right)^n - 1\right\}$ से,

$246 = P\left\{\left(1+\dfrac{5}{100}\right)^2 - 1\right\}$

$\therefore \quad 246 = P \times 0.1025$

$\therefore \quad P =$ ₹ 2400

$\Rightarrow \quad 246 = P\left(\dfrac{41}{400}\right)$

$\therefore \quad P = \dfrac{246 \times 400}{41} =$ ₹ 2400

अब, $P =$ ₹ 2400, $R = 6\%$ तथा $t = 3$ वर्ष

$\therefore$ साधारण ब्याज $= \dfrac{P \times r \times t}{100}$ से,

$= \dfrac{2400 \times 6 \times 3}{100} =$ ₹ 432

27. माना मूलधन = ₹ P, $r = 12\%$ वार्षिक

= 6% प्रति छमाही

तथा समय = 1 वर्ष = 2 छमाही

$\therefore \quad A = P\left(1+\dfrac{6}{100}\right)^2 = \dfrac{2809}{2500}P$

पुनः माना मूलधन = ₹ P व $n = 1$ वर्ष

अतः $\dfrac{2809}{2500}P = P\left(1+\dfrac{r}{100}\right)$

$\Rightarrow \quad r = 12.36\%$

28. $\because P =$ ₹ P, $A =$ ₹ $\dfrac{25}{16}P$ तथा $n = 2$ वर्ष

$\therefore \quad A = P\left(1+\dfrac{r}{100}\right)^n$ से,

$\dfrac{25}{16}P = P\left(1+\dfrac{r}{100}\right)^2$

$\Rightarrow \quad \left(\dfrac{5}{4}\right)^2 = \left(1+\dfrac{r}{100}\right)^2$

$\Rightarrow \quad \dfrac{1}{4} = \dfrac{r}{100} \Rightarrow r = 25\%$

29. माना $A_1 =$ ₹ $21x$ तथा $A_2 =$ ₹ $20x$

$\therefore \quad 21x = P\left(1+\dfrac{r}{100}\right)^3$ ...(i)

तथा $\quad 20x = P\left(1+\dfrac{r}{100}\right)^2$ ...(ii)

समी (i) व (ii) से,

$\dfrac{21}{20} = 1 + \dfrac{r}{100} \Rightarrow \dfrac{r}{100} = \dfrac{1}{20} \Rightarrow r = 5\%$

30. माना मूलधन = ₹ P

$\therefore \quad 6690 = P\left(1+\dfrac{r}{100}\right)^3$ ...(i)

तथा $\quad 10035 = P\left(1+\dfrac{r}{100}\right)^6$ ...(ii)

समी (i) व (ii) से,

$\dfrac{10035}{6690} = \left(1+\dfrac{r}{100}\right)^3 \Rightarrow \left(1+\dfrac{r}{100}\right)^3 = \dfrac{3}{2}$

यह मान समी (i) में रखने पर,

$6690 = P \times \dfrac{3}{2} \Rightarrow P = \dfrac{6690 \times 2}{3} =$ ₹ 4460

अध्याय 08

ऐकिक नियम

एक वस्तुओं के मान से वांछित वस्तुओं के मान निकालने की विधि 'ऐकिक नियम' कहलाती है।

- यदि एक से ज्यादा वस्तुओं का मान दिया हो, तो वस्तुओं की संख्या से वस्तुओं के मान में भाग देकर वस्तु का मान निकाला जाता है।
- यदि एक वस्तु का मान दिया हो, वस्तु के मान में जितना वस्तु का मान निकालना हो, तो उसकी संख्या से गुणा करके वांछित वस्तु का मान निकाला जाता है।
- यदि किसी एक राशि में वृद्धि या कमी करने पर दूसरी राशि में समान प्रभाव (वृद्धि या कमी) होती है, तब दोनों राशियाँ परस्पर अनुक्रमानुपाती कही जाती है। जैसे—किसी सामान की मात्रा बढ़ने पर उसका मूल्य भी बढ़ेगा, काम करने वाले व्यक्तियों की संख्या बढ़ने पर काम भी अधिक होगा आदि।
- यदि किसी एक राशि में वृद्धि या कमी होने पर दूसरी राशि में विपरीत प्रभाव (कमी या वृद्धि) होता है, तब दोनों राशियाँ परस्पर विलोमानुपाती कही जाती है। जैसे—किसी वाहन की चाल बढ़ने पर उसके द्वारा निश्चित दूरी तय करने में लगा समय घट जाता है, काम करने वाले व्यक्तियों की संख्या बढ़ने से काम समाप्त होने में लगने वाला समय घट जाता है।

साधित उदाहरण

1. यदि 12 सेबों का मूल्य ₹ 216 है, तो 3 दर्जन सेबों का मूल्य ज्ञात कीजिए।

(a) ₹ 648 (b) ₹ 664
(c) ₹ 556 (d) इनमें से कोई नहीं

हल *(a)* 12 सेबों का मूल्य = ₹ 216

1 सेब का मूल्य = ₹ $\frac{216}{12}$

∴ 3 दर्जन अर्थात् 36 सेबों का मूल्य = $\frac{216}{12} \times 36 =$ ₹ 648

2. 10 आदमी या 18 औरतें किसी कार्य को 38 दिन में कर सकते हैं। 6 आदमी और 12 औरतें उसी कार्य को कितने दिन में कर लेंगे?

(a) 30 दिन (b) 28 दिन
(c) 32 दिन (d) इनमें से कोई नहीं

हल *(a)* ∵ 18 औरतें = 10 आदमी

⇒ 1 औरत = $\frac{10}{18}$ आदमी = $\frac{5}{9}$ आदमी

⇒ 12 औरतें = $\frac{5}{9} \times 12 = 20$ आदमी

∴ 6 आदमी + 12 औरतें = $6 + \frac{20}{3} = \frac{38}{3}$ आदमी

अब, माना दिनों की संख्या = x दिन

आदमी	दिन
10 ↑	38 ↓
$\frac{38}{3}$	x

∴ $\frac{x}{38} = 10 \times \frac{3}{38} \Rightarrow x = 30$ दिन

अभ्यास प्रश्न

1. 12 कलमों का मूल्य ₹ 60 है। इसी प्रकार की 10 कलमों का मूल्य बताइए।

(a) ₹ 75 (b) ₹ 50
(c) ₹ 55 (d) इनमें से कोई नहीं

2. यदि 15 किताबों का मूल्य ₹ 35 हो, तो ऐसी 27 किताबों का मूल्य क्या होगा?

(a) ₹ 63 (b) ₹ 62
(c) ₹ 96 (d) इनमें से कोई नहीं

3. एक रस्सी 15 सेमी आधार त्रिज्या वाले एक बेलन के 125 चक्कर काट सकती है। यदि आधार त्रिज्या बदलकर 25 सेमी हो जाए, तो वह रस्सी कितने चक्कर काट सकेगी?

(a) 64 (b) 24
(c) 18 (d) इनमें से कोई नहीं

4. 6 आदमी एक-चौथाई काम को 2 दिन में कर सकते हैं। इस काम को 2 दिनों में पूरा करने के लिए कितने और आदमियों की आवश्यकता होगी?

(a) 16 (b) 24
(c) 18 (d) इनमें से कोई नहीं

5. एक छावनी में 250 सिपाहियों के लिए 60 दिन का भोजन था। 25 दिन के पश्चात् छावनी से 100 सिपाही चले गए, तो शेष भोजन कितने दिन चलेगा?

(a) $58\frac{2}{3}$ (b) $65\frac{2}{3}$ (c) $64\frac{1}{3}$ (d) $58\frac{1}{3}$

6. यदि एक बोरी में 114 किग्रा चावल आता है, तो 1026 किग्रा चावल भरने के लिए कितनी बोरियों की आवश्यकता होगी?
(a) 8 (b) 7
(c) 9 (d) इनमें से कोई नहीं

7. 9 मी लम्बे खम्भे की परछाई 3 मी लम्बी है। कितना लम्बा खम्भा 2 मी लम्बी परछाई बनाएगा?
(a) 5 मी (b) 6 मी
(c) 4 मी (d) इनमें से कोई नहीं

8. एक लड़का 4 किमी दूरी 20 मिनट में तय करता है, 45 मिनट में वह कितनी दूरी तय करेगा?
(a) 9 किमी (b) 10 किमी
(c) 12 किमी (d) इनमें से कोई नहीं

9. दो लड़के $2\frac{1}{2}$ घण्टे में एक लॉन की घास काट सकते हैं। यदि वे तीन और लड़कों के साथ मिलकर काम करें, तो वे घास काटने में कितना समय लेंगे?
(a) 1.5 घण्टे (b) 2 घण्टे
(c) 3 घण्टे (d) 1 घण्टे

10. एक अनाज भण्डार में 400 लोगों के लिए 30 दिनों का अनाज है लेकिन किसी कारणवश वहाँ पर 100 लोग और पहुँच गए। अब, अनाज कितने दिन चलेगा?
(a) 24 दिन (b) 12 दिन
(c) 36 दिन (d) इनमें से कोई नहीं

11. यदि 36 व्यक्ति 9 दिनों में ₹ 9000 कमा सकते हैं, तो 6 दिन में ₹ 6000 कितने व्यक्ति कमा सकेंगे?
(a) 22 (b) 18
(c) 30 (d) इनमें से कोई नहीं

12. 18 चिड़ियाँ, 18 घोंसले, 18 दिन में बनाती हैं, तब 1 चिड़िया, 1 घोंसला कितने दिनों में बनाएगी?
(a) 12 दिन (b) 18 दिन
(c) 15 दिन (d) इनमें से कोई नहीं

13. हीरा एक वर्ष में तीन बार और हर बार में 300 मिली रक्तदान करता है। 4 वर्ष में वह कितने लीटर रक्तदान करेगा?
(a) 2.6 लीटर (b) 3.6 लीटर
(c) 3.1 लीटर (d) इनमें से कोई नहीं

14. सुनील ने 7 किग्रा सेब ₹ 80 प्रति किग्रा की दर से 6 किग्रा अंगूर ₹ 120 प्रति किग्रा की दर से खरीदे। उसने दुकानदार को कितनी राशि अदा की?
(a) ₹ 1280 (b) ₹ 1780
(c) ₹ 1250 (d) इनमें से कोई नहीं

15. राजू रोज 550 मिली दूध खरीदता है। 1 लीटर दूध की कीमत ₹ 44 है, तो 45 दिन में वह कितनी राशि अदा करेगा?
(a) ₹ 1289 (b) ₹ 1764
(c) ₹ 1089 (d) इनमें से कोई नहीं

उत्तरमाला

1	(b)	2	(a)	3	(c)	4	(c)	5	(d)
6	(c)	7	(b)	8	(a)	9	(d)	10	(a)
11	(d)	12	(b)	13	(b)	14	(a)	15	(c)

संकेत एवं हल

1. माना अभीष्ट मूल्य ₹ x है।

कलम	मूल्य (₹ में)
12 ↓	60 ↓
10	x

$\Rightarrow \quad x = \frac{10}{12} \times 60 =$ ₹ 50

2. माना अभीष्ट मूल्य ₹ x है।

किताब	मूल्य
15 ↓	35 ↓
27	x

$\Rightarrow \quad x = \frac{27}{15} \times 35 =$ ₹ 63

3. माना काटे गए चक्करों की संख्या $= x$

त्रिज्या (सेमी में)	चक्कर
15 ↑	125 ↓
25	x

$\Rightarrow \quad x = \frac{15}{25} \times 125 = 75$ चक्कर

4. दिया है, $\frac{1}{4}$ कार्य को पूरा करने में लगा समय = 2 दिन

∴ 1 कार्य को पूरा करने में लगा समय = 8 दिन

माना काम को 2 दिनों में समाप्त करने के लिए आवश्यक आदमियों की संख्या $= x$

दिन	आदमी
8 ↑	6 ↓
2	x

$\Rightarrow \quad x = \frac{8 \times 6}{2} = 24$ आदमी

अतः अभीष्ट आदमियों की संख्या = 24 − 6 = 18

5. शेष दिन = 60 − 25 = 35

शेष सिपाही = 250 − 100 = 150

सिपाही	दिन
250 ↑	35 ↓
150	x

$\Rightarrow \quad x = \frac{250}{150} \times 35 = 58\frac{1}{3}$ दिन

6. 114 किग्रा चावल के लिए बोरी = 1

1 किग्रा चावल के लिए बोरी $= \frac{1}{114}$

$\therefore$ 1026 किग्रा चावल के लिए बोरी $= \frac{1}{114} \times 1026 = 9$

7. माना खम्भे की लम्बाई = x मी

परछाई की लम्बाई (मी)	**खम्भे की लम्बाई** (मी)
3 ↓	9 ↓
2	x

$\Rightarrow \quad x = \frac{2}{3} \times 9 = 6$ मी

8. माना अभीष्ट दूरी = x किमी

समय (मिनट में)	**दूरी** (किमी में)
20 ↓	4 ↓
45	x

$\Rightarrow \quad x = \frac{45}{20} \times 4 = 9$ किमी

9. माना अभीष्ट समय = x घण्टा

लड़के	**घण्टे**
2 ↑	5/2 ↓
5	x

$\Rightarrow \quad x = \frac{2 \times 5}{5 \times 2} = 1$ घण्टा

10. माना अभीष्ट दिनों की संख्या = x

आदमी	**दिन**
400 ↑	30 ↓
500	x

$\Rightarrow \quad x = \frac{400}{500} \times 30 = 24$दिन

11. माना अभीष्ट व्यक्तियों की संख्या = x

दिन	**कमाई** (₹ में)	**आदमी**
9 ↑	9000 ↓	36 ↓
6	6000	x

$\Rightarrow \quad x = \frac{9}{6} \times \frac{6000}{9000} \times 36 = 36$ आदमी

12. माना अभीष्ट दिनों की संख्या = x

चिड़ियाँ	**घोंसले**	**दिन**
18 ↑	18 ↓	18 ↓
1	1	x

$\Rightarrow \quad x = \frac{18}{1} \times \frac{1}{18} \times 18 = 18$ दिन

13. 1 बार में रक्तदान = 300 मिली

1 वर्ष या 3 बार में रक्तदान

$= 3 \times 300 = 900$मिली

$\therefore$ 4 वर्ष में रक्तदान $= 900 \times 4$

$= 3600$ मिली $= 3.6$ लीटर

14. 7 किग्रा सेब का मूल्य = ₹ 560

6 किग्रा अंगूर का मूल्य = (120×6) = ₹ 720

$\therefore$ दुकानदार को देय राशि = $(560 + 720)$ = ₹1280

15. $\because$ 1000 मिली दूध = ₹ 44

$\therefore$ 550 मिली दूध $= \frac{44}{1000} \times 550 =$ ₹ 24.2

$\therefore$ 45 दिन में कुल व्यय $= 45 \times 24.2 =$ ₹ 1089

अध्याय 09

क्षेत्रफल एवं आयतन

विभिन्न आकृतियों के क्षेत्रफल एवं परिमाप

त्रिभुज

त्रिभुज का क्षेत्रफल = $\frac{1}{2}$ × आधार × ऊँचाई = $\frac{1}{2} \times a \times h$

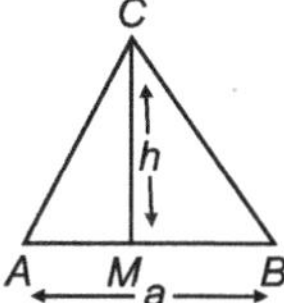

विषमबाहु त्रिभुज

त्रिभुज का परिमाप $= a + b + c$

त्रिभुज का क्षेत्रफल $= \sqrt{s(s-a)(s-b)(s-c)}$

जहाँ, $s = \frac{a+b+c}{2}$

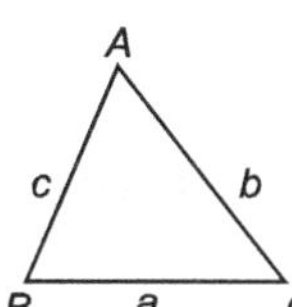

समकोण त्रिभुज

- समकोण त्रिभुज का परिमाप $= p + b + h$
- समकोण त्रिभुज का क्षेत्रफल = $\frac{1}{2}$ × आधार × लम्ब = $\frac{1}{2} \times b \times p$

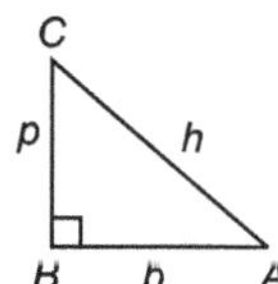

समद्विबाहु त्रिभुज

- समद्विबाहु त्रिभुज का परिमाप $= 2b + a$
- समद्विबाहु त्रिभुज का क्षेत्रफल $= (s - b)\sqrt{s(s-a)}$

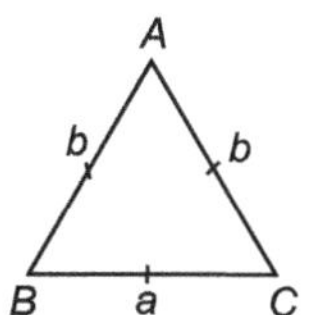

समबाहु त्रिभुज

- समबाहु त्रिभुज का परिमाप $= 3a$
- समबाहु त्रिभुज का क्षेत्रफल $= \frac{\sqrt{3}}{4}a^2$
- समबाहु त्रिभुज की ऊँचाई $= \frac{\sqrt{3}}{2}a$

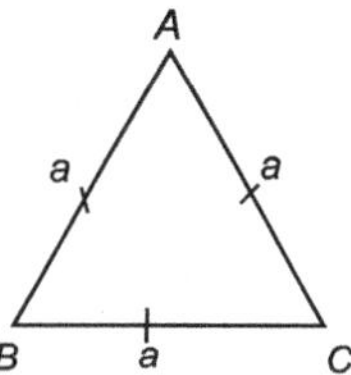

चतुर्भुज

चतुर्भुज का क्षेत्रफल $= \frac{1}{2} \times AC \times (DM + BN)$

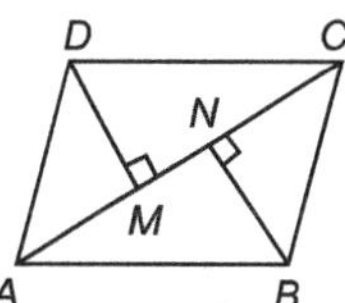

आयत

- आयत का क्षेत्रफल = लम्बाई × चौड़ाई $= a \times b$
- आयत का परिमाप = 2 (लम्बाई + चौड़ाई) $= 2(a + b)$
- आयत का विकर्ण $= \sqrt{a^2 + b^2}$

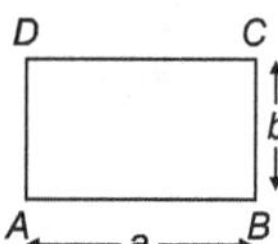

वर्ग

- वर्ग का क्षेत्रफल = (भुजा)$^2 = a^2$
- वर्ग का परिमाप = 4 × भुजा $= 4a$
- वर्ग का विकर्ण $= a\sqrt{2}$
- वर्ग का क्षेत्रफल = $\frac{1}{2}$ (विकर्ण)^2

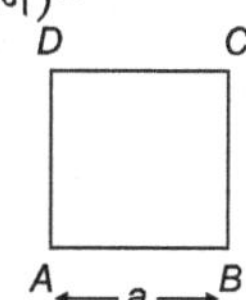

समान्तर चतुर्भुज

- समान्तर चतुर्भुज का क्षेत्रफल = आधार × ऊँचाई = $a \times h$

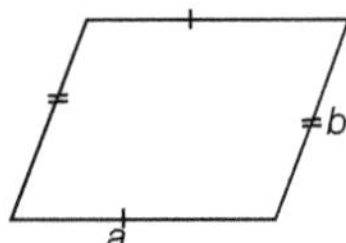

- समान्तर चतुर्भुज का परिमाप = $2(a + b)$

समचतुर्भुज

- समचतुर्भुज का क्षेत्रफल = $\frac{1}{2} \times d_1 \times d_2$

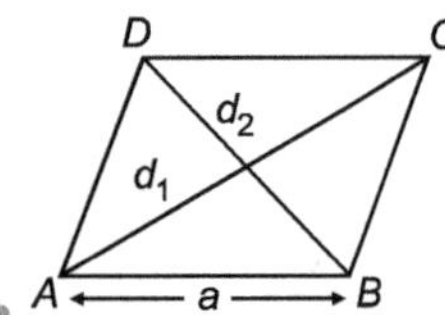

- समचतुर्भुज की एक भुजा = $\frac{1}{2}\sqrt{d_1^2 + d_2^2}$
- समचतुर्भुज का परिमाप = 4 × भुजा
- $4a^2 = d_1^2 + d_2^2$

समलम्ब

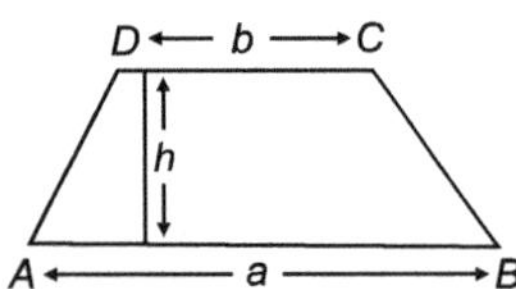

- समलम्ब का क्षेत्रफल = $\frac{1}{2}(a + b) \times h$

समबहुभुज

- समपंचभुज का क्षेत्रफल = $5a^2 \frac{\sqrt{3}}{4}$
- समषट्भुज का क्षेत्रफल = $6a^2 \frac{\sqrt{3}}{4}$

वृत्त

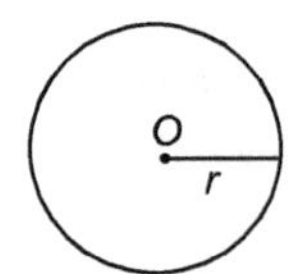

- वृत्त का क्षेत्रफल = πr^2
- वृत्त की परिधि = $2\pi r$
- वृत्त का व्यास = $2r$
- वृत्त के चाप की लम्बाई, $l = \frac{\pi r \theta}{180°}$
- वृत्त के त्रिज्यखण्ड का क्षेत्रफल = $\frac{\pi r^2 \theta}{360°}$

महत्त्वपूर्ण तथ्य

- कमरे की चारों दीवारों का क्षेत्रफल = 2 × (लम्बाई + चौड़ाई) × ऊँचाई
- यदि आयत व वर्ग का परिमाप समान हो, तो सदैव वर्ग का क्षेत्रफल आयत के क्षेत्रफल से अधिक होता है।
- यदि दो वर्गों के क्षेत्रफलों में $A_1 : A_2$ का अनुपात हो, तो उनके परिमापों में $\sqrt{A_1} : \sqrt{A_2}$ का अनुपात होता है।
- समान्तर चतुर्भुज का प्रत्येक विकर्ण चतुर्भुज को दो समान क्षेत्रफल के त्रिभुजों में विभाजित करता है।
- समचतुर्भुज के विकर्ण एक-दूसरे को समकोण पर समद्विभाजित करते हैं।
- यदि किसी आयत की लम्बाई व चौड़ाई में क्रमशः x% व y% वृद्धि या किमी की जाए तो उसके क्षेत्रफल में वृद्धि या कमी

$$= \pm x \pm y + \left(\frac{\pm x \pm y}{100}\right)$$

नोट वर्ग एवं वृत्त के लिए x व y समान होंगे।

साधित उदाहरण

1. यदि किसी त्रिभुज का क्षेत्रफल 2250 सेमी^{2} है। आधार और सम्बन्धित ऊँचाई का अनुपात 4 : 5 है। त्रिभुज की ऊँचाई क्या होगी?

(a) 72 सेमी (b) 85 सेमी
(c) 75 सेमी (d) इनमें से कोई नहीं

हल (c) माना त्रिभुज का आधार = $4x$ सेमी

तथा त्रिभुज की ऊँचाई = $5x$ सेमी

त्रिभुज का क्षेत्रफल = $\frac{1}{2}$ × आधार × ऊँचाई

$2250 = \frac{1}{2} \times 4x \times 5x \Rightarrow x^2 = \frac{2250 \times 2}{20} \Rightarrow x = 15$ सेमी

अतः त्रिभुज की ऊँचाई = 5 × 15 = 75 सेमी

2. एक आयताकार बाग की एक भुजा 15 मी तथा इसके विकर्ण की लम्बाई 20 मी है, तो आयताकार बाग का क्षेत्रफल है

(a) $75\sqrt{7}$ वर्ग मी (b) $75\sqrt{2}$ वर्ग मी
(c) 72 वर्ग मी (d) इनमें से कोई नहीं

हल (a) माना आयताकार बाग की लम्बाई = a = 15 मी तथा चौड़ाई = b मी

विकर्ण = $\sqrt{a^2 + b^2}$

$\Rightarrow 20 = \sqrt{(15)^2 + (b)^2}$

$\Rightarrow 400 = 225 + b^2$

$\Rightarrow b = \sqrt{175} = 5\sqrt{7}$ मी

$\therefore$ बाग का क्षेत्रफल = $a \times b = 15 \times 5\sqrt{7}$

$= 75\sqrt{7}$ वर्ग मी

अभ्यास प्रश्न

1. एक त्रिभुज की तीनों भुजाओं की लम्बाई क्रमशः 12 सेमी, 8 सेमी तथा 6 सेमी हैं। सबसे बड़ी भुजा के सामने के शीर्ष से खींची गई माध्यिका की लम्बाई क्या होगी?
(a) $\sqrt{14}$ सेमी (b) $7\sqrt{2}$ सेमी
(c) $\sqrt{18}$ सेमी (d) इनमें से कोई नहीं

2. यदि किसी त्रिभुज का क्षेत्रफल 1176 सेमी^{2} है। आधार और सम्बन्धित ऊँचाई का अनुपात 3 : 4 है। त्रिभुज की ऊँचाई क्या होगी?
(a) 57 सेमी (b) 56 सेमी
(c) 46 सेमी (d) इनमें से कोई नहीं

3. एक त्रिभुज का परिमाप 180 सेमी तथा भुजाएँ 5 : 6 : 7 के अनुपात में हैं। त्रिभुज का क्षेत्रफल क्या है?
(a) $300\sqrt{6}$ सेमी^{2} (b) $600\sqrt{2}$ सेमी^{2} (c) $500\sqrt{2}$ सेमी^{2} (d) $600\sqrt{6}$ सेमी^{2}

4. एक समकोण त्रिभुज का कर्ण 15 सेमी तथा परिमाप 36 सेमी हैं, तो त्रिभुज का क्षेत्रफल क्या होगा?
(a) 64 वर्ग सेमी (b) 58 वर्ग सेमी (c) 52 वर्ग सेमी (d) 54 वर्ग सेमी

5. एक समबाहु त्रिभुज की प्रत्येक भुजा $2\sqrt{3}$ सेमी है। इसकी ऊँचाई कितनी है?
(a) 3 सेमी (b) 2 सेमी
(c) 4 सेमी (d) इनमें से कोई नहीं

6. एक आयत की लम्बाई में 10% की वृद्धि तथा उसकी चौड़ाई में 10% की कमी की जाती है। आयत के क्षेत्रफल में कितने प्रतिशत की वृद्धि या कमी होगी?
(a) + 1% (b) – 1%
(c) + 2% (d) इनमें से कोई नहीं

7. एक वर्ग व आयत का परिमाप बराबर है। यदि आयत का परिमाप 128 सेमी हो तथा आयत की चौड़ाई उसकी लम्बाई की एक-तिहाई हो, तो वर्ग का क्षेत्रफल क्या है?
(a) 1050 सेमी (b) 1024 सेमी
(c) 1100 सेमी (d) इनमें से कोई नहीं

8. एक आयताकार मैदान 161 मी लम्बा तथा 136 मी चौड़ा है। इस मैदान के चारों ओर एक मार्ग बना है। मार्ग का कुल क्षेत्रफल 1204 वर्ग मी है। मार्ग की चौड़ाई क्या है?
(a) 1 मी (b) 2.5 मी
(c) 2 मी (d) इनमें से कोई नहीं

9. एक 5.44 मी लम्बे तथा 3.74 मी चौड़े कमरे के फर्श पर वर्गाकार टाइलें लगनी हैं। इसके लिए कम-से-कम आवश्यक टाइलों की संख्या क्या है?
(a) 178 (b) 256 (c) 177 (d) 176

10. एक समचतुर्भुज के विकर्ण 24 सेमी तथा 7 सेमी हैं। समचतुर्भुज का क्षेत्रफल क्या होगा?
(a) 64 सेमी^{2} (b) 87 सेमी^{2}
(c) 84 सेमी^{2} (d) इनमें से कोई नहीं

11. एक पहिये का व्यास 1.26 मी है। 500 चक्करों में पहिए द्वारा तय की गई दूरी क्या है?
(a) 1980 मी (b) 2080 मी
(c) 1784 मी (d) इनमें से कोई नहीं

12. किसी वृत्त की त्रिज्या में 30% कमी करने पर इसके क्षेत्रफल में कितने प्रतिशत कमी होगी?
(a) – 49% (b) – 51%
(c) – 50% (d) इनमें से कोई नहीं

13. एक ही माप (1 सेमी त्रिज्या वाले) के तीन सिक्के एक मेज पर इस प्रकार रखे गए हैं कि वे एक-दूसरे को स्पर्श करते हैं। सिक्कों द्वारा उनके बीच घेरे गए क्षेत्र का क्षेत्रफल ज्ञात कीजिए
(a) $(\sqrt{6}-\frac{\pi}{2})$ वर्ग सेमी (b) $2(\sqrt{2}-\frac{\pi}{2})$ वर्ग सेमी
(c) $(\sqrt{3}-\pi)$ वर्ग सेमी (d) $(\sqrt{3}-\frac{\pi}{2})$ वर्ग सेमी

14. दो त्रिभुजों के आधारों का अनुपात $x : y$ है तथा उनके क्षेत्रफलों का अनुपात $a : b$ है, तब उनके संगत शीर्ष लम्बों का अनुपात क्या होगा?
(a) $\frac{a}{x}:\frac{b}{y}$ (b) $\frac{a}{y}:\frac{b}{x}$
(c) $\frac{b}{x}:\frac{a}{x}$ (d) इनमें से कोई नहीं

15. $2\sqrt{3}$ सेमी भुजा वाले समषट्भुज का क्षेत्रफल क्या होगा?
(a) $18\sqrt{3}$ वर्ग सेमी (b) $18\sqrt{2}$ वर्ग सेमी
(c) $17\sqrt{5}$ वर्ग सेमी (d) $17\sqrt{4}$ वर्ग सेमी

16. समलम्ब आकार के एक क्षेत्र का क्षेत्रफल 1440 वर्ग मी है। समान्तर भुजाओं के बीच की लम्बवत् दूरी 24 मी है। यदि समान्तर भुजाओं का अनुपात 5 : 3 हो, तो बड़ी समान्तर भुजा की लम्बाई क्या होगी?
(a) 25 मी (b) 75 मी
(c) 55 मी (d) इनमें से कोई नहीं

17. 120 सेमी परिमाप वाले वर्ग के अन्तर्गत खींचे गए सबसे बड़े वृत्त का क्षेत्रफल क्या होगा?
(a) 707.14 वर्ग सेमी (b) 784.14 वर्ग सेमी
(c) 707.84 वर्ग सेमी (d) इनमें से कोई नहीं

18. एक समचतुर्भुज के विकर्ण क्रमशः 32 सेमी और 24 सेमी हैं। इस समचतुर्भुज का परिमाप क्या होगा?
(a) 80 सेमी (b) 40 सेमी
(c) 60 सेमी (d) इनमें से कोई नहीं

19. किसी वृत्ताकार मार्ग की बाह्य तथा आन्तरिक परिधियों का अनुपात 23 : 22 है। यदि मार्ग की चौड़ाई 5 मी है, तो आन्तरिक वृत्त का व्यास क्या होगा?
(a) 120 मी (b) 250 मी
(c) 220 मी (d) इनमें से कोई नहीं

20. रामलाल ने नीचे दिए गए चित्र में (यथा दर्शित) 1 सेमी का वर्गाकार टुकड़ा काट लिया। परिमिति में क्या परिवर्तन होगा?

1 सेमी^{2}

(a) – 2 सेमी (b) + 1 सेमी
(c) + 2 सेमी (d) इनमें से कोई नहीं

उत्तरमाला

1 (a)	2 (b)	3 (d)	4 (d)	5 (a)
6 (b)	7 (b)	8 (c)	9 (d)	10 (c)
11 (a)	12 (b)	13 (d)	14 (a)	15 (a)
16 (b)	17 (a)	18 (a)	19 (c)	20 (c)

संकेत एवं हल

1. चित्र में, $PQ = 6$ सेमी, $PR = 8$ सेमी तथा $QR = 12$ सेमी तथा PS माध्यिका है।

$$QS = \frac{QR}{2} = 6 \text{ सेमी}$$

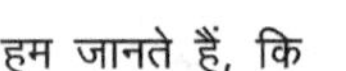

हम जानते हैं, कि

$$PQ^2 + PR^2 = 2(QS^2 + PS^2)$$

$\Rightarrow \quad 36 + 64 = 2(36 + PS^2)$

$\Rightarrow \quad PS^2 = 50 - 36 = 14$

$\therefore \quad PS = \sqrt{14}$ सेमी

2. माना त्रिभुज का आधार $= 3x$

तथा त्रिभुज की ऊँचाई $= 4x$

त्रिभुज का क्षेत्रफल $= \frac{1}{2} \times$ आधार $\times$ ऊँचाई

$\therefore \quad 1176 = \frac{1}{2} \times 3x \times 4x \Rightarrow x^2 = \frac{1176 \times 2}{12} \Rightarrow \quad x = 14$

$\therefore$ त्रिभुज की ऊँचाई $= 4 \times 14 = 56$ सेमी

3. माना त्रिभुज की भुजाएँ $5x$ सेमी, $6x$ सेमी तथा $7x$ सेमी हैं। तब,

प्रश्नानुसार, $5x + 6x + 7x = 180 \Rightarrow 18x = 180$

$\therefore \quad x = 10$

तब त्रिभुज की भुजाएँ 50 सेमी, 60 सेमी तथा 70 सेमी हैं।

यहाँ त्रिभुज का अर्द्धपरिमाप

$$(s) = \frac{50 + 60 + 70}{2} = \frac{180}{2} = 90 \text{ सेमी}$$

$\therefore$ त्रिभुज का अभीष्ट क्षेत्रफल $= \sqrt{s(s-a)(s-b)(s-c)}$

$= \sqrt{90(90-50)(90-60)(90-70)}$

$= \sqrt{90 \times 40 \times 30 \times 20}$

$= 10 \times 10 \times 3 \times 2 \times \sqrt{6} = 600\sqrt{6}$ सेमी

2

4. माना समकोण त्रिभुज का आधार x तथा लम्ब y हैं।

$\therefore \quad x^2 + y^2 = 225 \quad$ ...(i)

तथा $\quad x + y + 15 = 36$

$x + y = 21 \quad$ ...(ii)

समी (ii) के दोनों पक्षों का वर्ग करने पर,

$(x + y)^2 = 441$

$\Rightarrow \quad x^2 + y^2 + 2xy = 441$

$\Rightarrow \quad 225 + 2xy = 441 \quad$ [समी (i) से]

$\Rightarrow \quad 2xy = 441 - 225$

$\Rightarrow \quad xy = \frac{216}{2} = 108$

समकोण त्रिभुज का क्षेत्रफल $= \frac{1}{2}xy = \frac{1}{2} \times 108 = 54$ वर्ग सेमी

5. समबाहु त्रिभुज की ऊँचाई $(h) = \frac{\sqrt{3}}{2} \times$ भुजा

$= \frac{\sqrt{3}}{2} \times 2\sqrt{3} = 3$ सेमी

6. अभीष्ट प्रतिशत कमी $= x + y + \frac{xy}{100} = 10 - 10 - \frac{10 \times 10}{100} = -1\%$

नोट *यहाँ ऋणात्मक चिह्न कमी को दर्शाता है।*

7. $\because \quad$ आयत का परिमाप = वर्ग का परिमाप

$\Rightarrow \quad$ वर्ग की भुजा $\times 4 = 128$

$\therefore \quad$ वर्ग की भुजा $= \frac{128}{4} = 32$ सेमी

वर्ग का क्षेत्रफल $=$ (भुजा)$^2 = 32 \times 32 = 1024$ सेमी

8. मैदान का क्षेत्रफल $= 161 \times 136 = 21896$ वर्ग सेमी^{2}

मार्ग सहित मैदान का क्षेत्रफल $= (161 + 2x)(136 + 2x)$

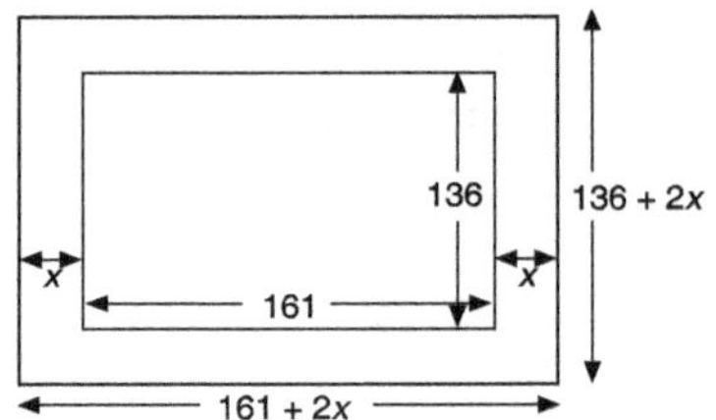

$\therefore$ मार्ग का क्षेत्रफल $= (161 + 2x)(136 + 2x) - 161 \times 136$

$\Rightarrow \quad 1204 = (161 + 2x)(136 + 2x) - 21896$

$4x^2 + 594x - 1204 = 0$

$\therefore \quad x = 2$ मी

9. कमरे की लम्बाई $= 5.44$ मी या 544 सेमी

कमरे की चौड़ाई $= 3.74$ मी या 374 सेमी

$\because$ 374 और 544 का म. स. $= 34$

$\therefore$ आवश्यक टाइलों की अभीष्ट संख्या $= \frac{544 \times 374}{34 \times 34} = 176$

10. समचतुर्भुज का अभीष्ट क्षेत्रफल $= \frac{1}{2} \times$ विकर्ण$_1$ $\times$ विकर्ण$_2$

$= \frac{1}{2} \times 24 \times 7 = 12 \times 7 = 84$ सेमी^{2}

11. पहिये का व्यास $= 126$ मी

पहिये की परिधि $= \pi \times$ व्यास $= \frac{22}{7} \times 126 = 3.96$ मी

500 चक्करों में पहिये द्वारा तय की गई दूरी

$= 3.96 \times 500 = 1980$ मी

12. अभीष्ट कमी प्रतिशत $= -2 \times 30 + \frac{30 \times 30}{100} = -60 + 9 = -51\%$

(**नोट** *यहाँ ऋणात्मक चिह्न कमी को दर्शाता है।*)

13. ΔABC का क्षेत्रफल $= \frac{\sqrt{3}}{4} \times 4 = \sqrt{3}$ वर्ग सेमी

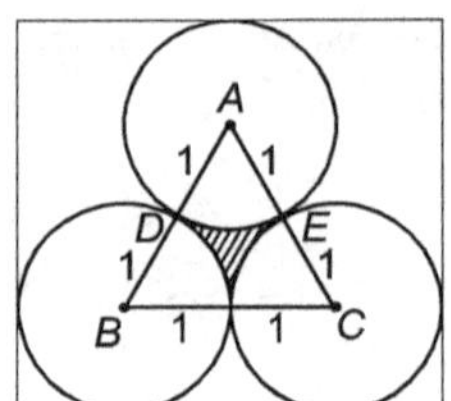

रेखांकित भाग का क्षेत्रफल

$= \Delta ABC$ का क्षेत्रफल $- 3 \times$ (त्रिज्यखण्ड ADE का क्षेत्रफल)

$= \sqrt{3} - \frac{3 \times \pi (1)^2 \times 60°}{360°} = (\sqrt{3} - \frac{\pi}{2})$ वर्ग सेमी

14. माना त्रिभुजों के शीर्षलम्ब क्रमशः h_1 व h_2 हैं।

$\therefore \quad \frac{a}{b} = \left(\frac{x}{y}\right)\left(\frac{h_1}{h_2}\right) \Rightarrow \frac{h_1}{h_2} = \frac{ay}{bx} \Rightarrow \quad h_1 : h_2 = ay : bx = \frac{a}{x} : \frac{b}{y}$

15. समषट्भुज का क्षेत्रफल $= 6 \times \frac{\sqrt{3}}{4} \times$ (भुजा)^2

$= 6 \times \frac{\sqrt{3}}{4} \times (2\sqrt{3})^2 = 6 \times \frac{\sqrt{3}}{4} \times 4 \times 3 = 18\sqrt{3}$ वर्ग सेमी

16. माना भुजाएँ $5x$ मी तथा $3x$ मी हैं।

$\because$ समलम्ब चतुर्भुज का क्षेत्रफल

$= \frac{1}{2}$ (समान्तर भुजाओं का योग) $\times$ ऊँचाई

$\therefore \quad 1440 = \frac{1}{2}(5x + 3x) \times 24 \quad \Rightarrow 8x = \frac{1440 \times 2}{24} \Rightarrow x = 15$

$\therefore$ समलम्ब की बड़ी भुजा की लम्बाई $= 5 \times 15 = 75$ मी

17. वर्ग की भुजा $= \frac{\text{परिमाप}}{4} = \frac{120}{4} = 30$ सेमी

तब वृत्त की त्रिज्या $= \frac{30}{2} = 15$ सेमी

$\therefore$ अभीष्ट क्षेत्रफल $= \pi r^2$

$= \frac{22}{7} \times (15)^2 = \frac{22}{7} \times 225$

$= 707.14$ वर्ग सेमी

18. समचतुर्भुज के विकर्ण = 32 सेमी, 24 सेमी

समचतुर्भुज की भुजा $= \frac{1}{2} \times \sqrt{(32)^2 + (24)^2}$

$= \frac{1}{2} \times \sqrt{1024 + 576} = \frac{1}{2} \times \sqrt{1600}$

$= \frac{1}{2} \times 40 = 20$ सेमी

$\therefore$ परिमाप $= 4 \times 20 = 80$ सेमी

19. माना वृत्त की आन्तरिक त्रिज्या r मी है। तब,

वृत्त की बाह्य त्रिज्या $= (r + 5)$ मी

प्रश्नानुसार, $\frac{2\pi r}{2\pi(r+5)} = \frac{22}{23}$

$\Rightarrow 23r = 22r + 22 \times 5 \Rightarrow 23r - 22r = 110 \therefore r = 110$ मी

तब आन्तरिक वृत्त का व्यास $= 110 \times 2 = 220$ मी

20. परिमिति $(3 - 1) = 2$ सेमी बढ़ जाएगी।

विभिन्न ठोस आकृतियों के आयतन एवं पृष्ठीय क्षेत्रफल

- कोई वस्तु जितना स्थान घेरती है वह उसका आयतन होता है यह घन इकाई में मापा जाता है।
- समतल अथवा ठोस वस्तुओं के फैलाव को सतह या पृष्ठ कहते हैं। इसके तल का क्षेत्रफल पृष्ठीय क्षेत्रफल कहलाता है।

ठोस आकृति का नाम	आकृति	आयतन	पार्श्व/वक्रपृष्ठ	सम्पूर्ण पृष्ठ	नामांकन
घनाभ	h, b, l	lbh	$2h(l + b)$	$2(lb + bh + hl)$	l = लम्बाई b = चौड़ाई h = ऊँचाई विकर्ण $= \sqrt{l^2 + b^2 + h^2}$
घन	a, a, a	a^3	$4a^2$	$6a^2$	a = घन की भुजा या कोर विकर्ण $= a\sqrt{3}$
लम्ब प्रिज्म		आधार का क्षेत्रफल × ऊँचाई	आधार का परिमाप × ऊँचाई	पार्श्व पृष्ठ +2 (एक सिरे का क्षेत्रफल)	–
लम्बवृत्तीय बेलन	h, r	$\pi r^2 h$	$2\pi rh$	$2\pi r(r + h)$	r = आधार की त्रिज्या h = ऊँचाई

ठोस आकृति का नाम	आकृति	आयतन	पार्श्व/वक्रपृष्ठ	सम्पूर्ण पृष्ठ	नामांकन
लम्ब पिरामिड		$\frac{1}{3}$ (आधार का क्षेत्रफल) × ऊँचाई	$\frac{1}{2}$ (आधार का परिमाप) × तिर्यक ऊँचाई	पार्श्व पृष्ठ + आधार का क्षेत्रफल	—
लम्बवृत्तीय शंकु		$\frac{1}{3}\pi r^2 h$	πrl	$\pi r(r+l)$	r = आधार की त्रिज्या h = ऊँचाई l = तिर्यक ऊँचाई, $l=\sqrt{h^2+r^2}$
गोला		$\frac{4}{3}\pi r^3$	$4\pi r^2$	$4\pi r^2$	r = त्रिज्या
अर्द्धगोला		$\frac{2}{3}\pi r^3$	$2\pi r^2$	$3\pi r^2$	r = त्रिज्या

साधित उदाहरण

1. 8 सेमी त्रिज्या वाले बेलनाकार बर्तन में पानी भरा है। 2 सेमी त्रिज्या वाले ठोस गोले को पानी में पूरी तरह डूबने तक उतारा जाता है। बर्तन में जल स्तर कितना बढ़ जाएगा?

(a) $\frac{1}{6}$ सेमी (b) $\frac{1}{3}$ सेमी
(c) $\frac{1}{9}$ सेमी (d) इनमें से कोई नहीं

हल *(a)* माना जलस्तर h सेमी बढ़ गया।

बेलन का आयतन = गोले का आयतन

$\therefore \quad \pi r^2 h = \frac{4}{3}\pi R^3 \Rightarrow r^2 h = \frac{4}{3}R^3$

$\Rightarrow \quad 8^2 h = \frac{4}{3}\times 2\times 2\times 2$

$\Rightarrow \quad h = \frac{32}{64\times 3} = \frac{1}{6}$ सेमी

2. एक ताँबे के तार, जिसकी लम्बाई 36 मी तथा व्यास 2 मिमी है, को पिघलाकर एक गोला बनाया गया है। गोले का अर्द्धव्यास (सेमी में) क्या है?

(a) 27 सेमी
(b) 3 सेमी
(c) 9 सेमी
(d) इनमें से कोई नहीं

हल *(b)* तार का आयतन $= \pi r^2 h$

$= \pi \times 0.1\times 0.1\times 3600$

$= 36\pi$ घन सेमी

$\therefore$ गोले का आयतन $= \frac{4}{3}\pi R^3 = 36\pi$

$\Rightarrow \quad R^3 = \frac{36\times 3}{4} = 27$

$\Rightarrow \quad R = \sqrt[3]{27} = 3$ सेमी

अभ्यास प्रश्न

1. एक घनाभ का आयतन 48000 घन सेमी तथा उसकी भुजाओं का अनुपात 1 : 2 : 3 है। सबसे बड़ी भुजा की लम्बाई ज्ञात कीजिए

(a) 60 सेमी (b) 62 सेमी
(c) 50 सेमी (d) इनमें से कोई नहीं

2. एक घन का आयतन 8000 घन सेमी है। उसके विकर्ण की लम्बाई क्या है?

(a) $20\sqrt{3}$ सेमी (b) $10\sqrt{6}$ सेमी
(c) $20\sqrt{6}$ सेमी (d) इनमें से कोई नहीं

3. एक तार को पिघलाकर एक-तिहाई त्रिज्या का तार बनाने पर तारों की लम्बाइयों में अनुपात क्या होगा?

(a) 1 : 9 (b) 9 : 1 (c) 8 : 7 (d) 9 : 6

4. तीन घनों की भुजाएँ क्रमशः 3 सेमी, 4 सेमी तथा 5 सेमी हैं। इन्हें पिघलाकर एक नया घन बनाया गया, तो नये घन के विकर्ण की लम्बाई क्या होगी?

(a) $2\sqrt{3}$ सेमी (b) $6\sqrt{2}$ सेमी
(c) $6\sqrt{3}$ सेमी (d) इनमें से कोई नहीं

5. दो शंकुओं की ऊँचाइयों का अनुपात 25 : 64 तथा उनके व्यासों का अनुपात 4 : 5 हो, तो उनके आयतनों का अनुपात ज्ञात कीजिए

(a) 4 : 1
(b) 3 : 1
(c) 1 : 4
(d) उपरोक्त में से कोई नहीं

6. किसी घनाभ के विकर्ण की लम्बाई 13 सेमी है तथा यदि उसकी चौड़ाई और ऊँचाई क्रमशः 4 सेमी व 12 सेमी हैं, तो उसकी लम्बाई क्या होगी?
(a) 2 सेमी (b) 3 सेमी
(c) 1 सेमी (d) 5 सेमी

7. एक लम्ब प्रिज्म के आधार का क्षेत्रफल 8 वर्ग सेमी है तथा उसका आयतन 64 घन सेमी है, तो उसकी ऊँचाई कितनी होगी?
(a) 7 सेमी (b) 8 सेमी
(c) 7 सेमी (d) इनमें से कोई नहीं

8. एक लम्ब प्रिज्म का आधार समचतुर्भुज है। यदि लम्ब प्रिज्म की ऊँचाई 5 सेमी हो तथा पार्श्व पृष्ठ 80 वर्ग सेमी हो, तो आधार की एक भुजा क्या होगी?
(a) 3 सेमी (b) 8 सेमी
(c) 4 सेमी (d) इनमें से कोई नहीं

9. 6 सेमी त्रिज्या के अर्द्धगोले को पिघलाकर 75 सेमी ऊँचाई के शंकु में बदला जाता है। इस शंकु के आधार की त्रिज्या क्या होगी?
(a) 2.4 सेमी (b) 3.6 सेमी
(c) 1.2 सेमी (d) 2.5 सेमी

10. किसी लम्ब पिरामिड का आधार एक समबाहु त्रिभुज है जिसकी एक भुजा 12 सेमी की है और उसकी ऊँचाई 8 सेमी हो, तो पिरामिड का आयतन क्या होगा?
(a) $87\sqrt{2}$ सेमी^{3} (b) $96\sqrt{3}$ सेमी^{3}
(c) $98\sqrt{3}$ सेमी^{3} (d) इनमें से कोई नहीं

11. एक लम्बवृत्तीय बेलन का सम्पूर्ण पृष्ठ 1540 वर्ग सेमी है। यदि उसकी ऊँचाई आधार की त्रिज्या की चार गुनी हो, तो बेलन की ऊँचाई क्या होगी?
(a) 28 सेमी (b) 25 सेमी
(c) 26 सेमी (d) 30 सेमी

12. किसी बेलन का आयतन 120 घन सेमी है, तो उसी आधार और उसी ऊँचाई के शंकु का आयतन क्या होगा?
(a) 80 सेमी^{3} (b) 20 सेमी^{3}
(c) 40 सेमी^{3} (d) इनमें से कोई नहीं

13. 9 सेमी त्रिज्या के ठोस गोले से प्राप्त धातु से 0.15 सेमी व्यास के तार की लम्बाई क्या होगी?
(a) 1728 मी (b) 1764 मी
(c) 2728 मी (d) इनमें से कोई नहीं

14. एक शंकु की ऊँचाई 6 सेमी तथा आधार की त्रिज्या 12 सेमी है। यदि इस शंकु का आयतन एक गोले के आयतन के बराबर हो, तो गोले की त्रिज्या क्या होगी?
(a) 6 सेमी (b) 36 सेमी
(c) 8 सेमी (d) इनमें से कोई नहीं

15. 4 मी लम्बी, 3 मी ऊँची तथा 13 सेमी चौड़ी दीवार बनाने के लिए 20 सेमी लम्बी, 12 सेमी चौड़ी तथा 6.5 सेमी ऊँची कितनी ईंटों की आवश्यकता होगी?
(a) 1000 (b) 10000
(c) 5000 (d) इनमें से कोई नहीं

उत्तरमाला

1 (a)	2 (a)	3 (a)	4 (c)	5 (c)
6 (b)	7 (b)	8 (c)	9 (a)	10 (b)
11 (a)	12 (c)	13 (a)	14 (a)	15 (a)

संकेत एवं हल

1. माना घनाभ की भुजाएँ x, सेमी, $2x$ सेमी तथा $3x$ सेमी हैं।

$\therefore$ घनाभ का आयतन $= lbh$

$$\Rightarrow \quad 48000 = x \times 2x \times 3x$$

$$\Rightarrow \quad x^3 = \frac{48000}{6}$$

$$\Rightarrow \quad x = \sqrt[3]{8000} = 20 \text{ सेमी}$$

$\therefore$ घनाभ की सबसे बड़ी भुजा

$$= 3 \times 20 = 60 \text{ सेमी}$$

2. $\because$ घन का आयतन $= 8000$ घन सेमी

$\therefore$ घन की भुजा $= \sqrt[3]{8000} = 20$ सेमी

अतः घन का विकर्ण $= \sqrt{3} \times$ भुजा $= 20\sqrt{3}$ सेमी

3. माना तार की त्रिज्या $= R$

नये तार की त्रिज्या $= \frac{R}{3}$

पहले तार का आयतन $(V_1) = \pi R^2 h_1$

दूसरे तार का आयतन $(V_2) = \pi \left(\frac{R}{3}\right)^2 h_2$

$$= \frac{\pi R^2 h_2}{9}$$

परन्तु, $V_1 = V_2$

$$\Rightarrow \quad \pi R^2 h_1 = \frac{\pi R^2 h_2}{9}$$

$$\Rightarrow \quad \frac{h_1}{h_2} = \frac{1}{9}$$

$$\Rightarrow \quad h_1 : h_2 = 1 : 9$$

4. नये घन की भुजा $= \sqrt[3]{3^3 + 4^3 + 5^3} = 6$ सेमी

घन का विकर्ण $=$ भुजा $\times \sqrt{3} = 6\sqrt{3}$ सेमी

5. $h_1 : h_2 = 25 : 64, d_1 : d_2 = 4 : 5$

$\Rightarrow r_1 : r_2 = 4 : 5$

$$\therefore \quad \frac{V_1}{V_2} = \frac{\frac{1}{3}\pi r_1^2 h_1}{\frac{1}{3}\pi r_2^2 h_2} = \left(\frac{r_1}{r_2}\right)^2 \left(\frac{h_1}{h_2}\right) = \frac{16}{25} \times \frac{25}{64}$$

$$\Rightarrow \quad \frac{V_1}{V_2} = \frac{1}{4}$$

$$\Rightarrow \quad V_1 : V_2 = 1 : 4$$

6. घनाभ के विकर्ण की लम्बाई $= 13$ सेमी

घनाभ की चौड़ाई $= 4$ सेमी

घनाभ की ऊँचाई $= 12$ सेमी

माना घनाभ की लम्बाई h सेमी है।

$$13 = \sqrt{16 + 144 + h^2}$$

$\Rightarrow \quad 169 - 160 = h^2$

$\Rightarrow \quad h = 3$ सेमी

7. प्रिज्म के आधार का क्षेत्रफल = 8 वर्ग सेमी

प्रिज्म का आयतन = 64 सेमी^{3}

$\because$ आधार का क्षेत्रफल × ऊँचाई = 64

$\Rightarrow$ ऊँचाई $= \frac{64}{8} = 8$ सेमी

8. लम्ब प्रिज्म की ऊँचाई = 5 सेमी

पार्श्व पृष्ठ = 80 सेमी^{2}

आधार का परिमाप × ऊँचाई = 80

आधार का परिमाप $= \frac{80}{5} = 16$ सेमी

समचतुर्भुज की भुजा की लम्बाई

$= \frac{16}{4} = 4$ सेमी

9. माना शंकु के आधार की त्रिज्या r सेमी है। तब

प्रश्नानुसार,

शंकु का आयतन = अर्द्धगोले का आयतन

$\Rightarrow \quad \frac{1}{3}\pi r^2 \times 75 = \frac{2}{3}\pi (6)^3$

$\Rightarrow \quad r^2 \times 75 = 2 \times 6 \times 6 \times 6$

$\Rightarrow \quad r^2 = \frac{2 \times 2 \times 6 \times 6}{25}$

$\therefore \quad r = \frac{2 \times 6}{5}$

$= \frac{12}{5} = 2.4$ सेमी

10. समबाहु त्रिभुज की भुजा की लम्बाई = 12 सेमी

समबाहु त्रिभुज की भुजा की ऊँचाई = 8 सेमी

पिरामिड का आयतन $= \frac{1}{3} \times \frac{\sqrt{3}}{4} \times 144 \times 8$

$= 96\sqrt{3}$ सेमी^{3}

11. माना बेलन के आधार की त्रिज्या = r सेमी

बेलन की ऊँचाई = $4r$ सेमी

प्रश्नानुसार, $2\pi r(h + r) = 1540$

$\Rightarrow \quad 2 \times \frac{22}{7} \times r \times 5r = 1540$

$\Rightarrow \quad r^2 = \frac{1540 \times 7}{2 \times 22 \times 5}$

$\Rightarrow \quad r = 7$ सेमी

$\therefore$ बेलन की ऊँचाई $= 4 \times 7 = 28$ सेमी

12. माना बेलन व शंकु की त्रिज्या = r सेमी

बेलन व शंकु की ऊँचाई = h सेमी

बेलन का आयतन = 120 सेमी^{3}

$\pi \times r^2 \times h = 120$ ...(i)

शंकु का आयतन $= \frac{1}{3} \times \pi \times r^2 \times h$

$= \frac{1}{3} \times 120 = 40$ सेमी^{3} [समी (i) से]

13. माना तार की लम्बाई h मी होगी। तब

प्रश्नानुसार,

तार का आयतन = ठोस गोले का आयतन

$\Rightarrow \quad \pi\left(\frac{0.15}{2}\right)^2 \times h = \frac{4}{3}\pi (9)^3$

$\Rightarrow \quad (0.075)^2 \times h = \frac{4}{3} \times 9 \times 9 \times 9$

$\therefore \quad h = 172800$ सेमी या 1728 मी

14. शंकु की ऊँचाई = 6 सेमी

शंकु की त्रिज्या = 12 सेमी

शंकु का आयतन $= \frac{1}{3} \times \pi \times 144 \times 6$ सेमी^{3}

माना गोले की त्रिज्या r सेमी है।

प्रश्नानुसार, $\frac{4}{3} \times \pi \times r^3 = \frac{1}{3} \times \pi \times 144 \times 6$

$\Rightarrow \quad r^3 = 216 \Rightarrow r = 6$ सेमी

15. दीवार का आयतन $= 400 \times 300 \times 13$

$= 1560000$ घन सेमी

1 ईंट का आयतन $= 20 \times 12 \times 6.5$

$= 1560$ घन सेमी

$\therefore$ अभीष्ट ईंटों की संख्या $= \frac{1560000}{1560} = 1000$

अध्याय 10

सामान्य बीजगणित एवं सर्वसमिकाएँ

बहुपद

एक चर वाले व्यंजक को बहुपद कहते हैं तथा इनकी घातें पूर्णांक में होती हैं। घातों के आधार पर ये तीन प्रकार के होते हैं— रैखिक (1 घात वाले), द्विघात बहुपद (2 घात वाले) तथा त्रिघात बहुपद (3 घात वाले)।

जैसे— $x+2, x^2+2x+3, x^3+3x^2+5x+9$

बहुपद का बीजीय रूप निम्न प्रकार होता है

$$a_0x^n + a_1x^{n-1} + a_2x^{n-2} + \dots + a_{n-1}x + a_n$$

जबकि $a_0, a_1, a_2, \dots, a_{n-1}, a_n$ वास्तविक संख्याएँ हैं, घात n ऋणेत्तर पूर्णांक (Non-negative integer) तथा $a_0 \neq 0$ है।

उदाहरण–व्यंजक x^2+5x+3 तथा $x^3+\sqrt{5}x-\sqrt{6}$ बहुपद हैं क्योंकि इनके प्रत्येक पद में x का घातांक एक ऋणेत्तर पूर्णांक है परन्तु व्यंजक $(x^2 - x\sqrt{x}+1)$ बहुपद नहीं है, क्योंकि इसके दूसरे पद में x का घातांक एक भिन्नात्मक संख्या है।

गुणनखण्ड

दिए हुए व्यंजक को दो या अधिक सरलतम व्यंजकों अथवा खण्डों के गुणनफल के रूप में व्यक्त कर दिया जाए, तो प्रत्येक व्यंजक अथवा खण्ड को मूल व्यंजक का गुणनखण्ड कहते हैं तथा इस क्रिया को गुणनखण्डन (Factorisation) कहते हैं।

जैसे—

$$x^3 = x \times x \times x$$

$$9x^3 = 3 \times 3 \times x \times x \times x$$

द्विघातीय बहुपदों के गुणनखण्ड

- माना एक द्विघाती बहुपद x^2+lx+m है, जहाँ l तथा m अचर पद हैं। अब, मध्य पद lx को $ax+bx$ में इस प्रकार विभक्त करते हैं कि $ab=m$ हो। तब,
  $x^2+lx+m = x^2+ax+bx+ab = x(x+a)+b(x+a)$
  $= (x+a)(x+b)$

शेषफल प्रमेय

यदि $p(x)$ एक बहुपद है जिसका घातांक ≥ 1 हो तथा a एक वास्तविक संख्या (Real number) हो एवं $p(x)$ में $(x-a)$ से भाग दिया जाता है, तो शेषफल $p(a)$ प्राप्त होता है।

दूसरे शब्दों में, यदि x में एक परिमेय धन पूर्णांक फलन में $(x-a)$ से भाग दिया जाए, तो शेषफल, मूल व्यंजक में $x=a$ रखने पर जो प्राप्त होता है, उसके समान होता है।

गुणनखण्ड प्रमेय

यदि फलन $p(x)$ की घात $n>0$ तथा $p(a)=0$ जहाँ $a \in R$ हो, तो $(x-a)$ को फलन $p(x)$ का एक गुणनखण्ड कहा जाता है। यदि $(x-a)$, $p(x)$ का एक गुणनखण्ड है, तो $p(a)=0$ होगा।

महत्त्वपूर्ण परिणाम

यदि $x=p$ रखने पर ax^2+bx+c का शेषफल शून्य के बराबर हो, तो $(x-p)$ इसका एक गुणनखण्ड होगा।

यदि व्यंजक को $(x+p)$ से भाग किया जाए, तो व्यंजक में $x=-p$ रखने पर शेषफल प्राप्त होगा।

यदि $f(a)=0$ हो, तो $(x-a)$, $f(x)$ का एक गुणनखण्ड होगा।

यदि $f(-a)=0$ हो, तो $(x+a), f(x)$ का एक गुणनखण्ड होगा।

यदि $f(-a/b)=0$ हो, तो $(bx+a), f(x)$ का एक गुणनखण्ड होगा।

यदि फलन $f(x)$ में $x=a$ तथा $x=b$ रखा जाता है और $f(a)=0$ तथा $f(b)=0$ हो जाए, तो $(x-a)$ तथा $(x-b)$ फलन $f(x)$ के गुणनखण्ड होंगे अर्थात् $(x-a)(x-b)$ से फलन $f(x)$ पूर्णत: विभाजित होगा।

समीकरण

ऐसा गणितीय व्यंजक, जिसके अन्तर्गत एक या एक से अधिक अज्ञात राशियाँ दी गई होती हैं, समीकरण कहलाती है।

रैखिक समीकरण

- वह समीकरण जिसमें केवल एक रैखिक बहुपद होता है अर्थात् अज्ञात चर राशि की अधिकतम घात 1 होती है, **रैखिक समीकरण** कहलाती है। जैसे— $4x+5=0$, $4x+5y=7$ इत्यादि।
- वह रैखिक समीकरण जिसमें अज्ञात चरों की संख्या 1 होती है, एक चर **वाली रैखिक समीकरण** कहलाती है। जैसे— $3x+5=10$ तथा $y+3=5$ इत्यादि।
- वह रैखिक समीकरण जिसमें अज्ञात चरों की संख्या 2 होती है, दो चर वाली रैखिक समीकरण कहलाती है। जैसे—$2x+5y=10$, $x+4y=8$ इत्यादि।

द्विघात समीकरण

ऐसा बहुपद, जिसमें चर राशि की अधिकतम घात 2 हो, द्विघात समीकरण कहलाती है। द्विघात समीकरण का व्यापक रूप निम्न प्रकार है $ax^2+bx+c=0$, यहाँ a, b, c वास्तविक संख्याएँ व x कोई चर राशि है तथा $a \neq 0$ जैसे—$x^2+5x+2=0$ एक द्विघात समीकरण है। द्विघात समीकरण के अधिकतम दो मूल अर्थात् दो हल होते हैं।

सर्वसमिकाएँ

एक या अधिक चर वाले समीकरणों को सर्वसमिका कहा जाता है जो सम्बन्धित चरों के सभी मानों के लिए सन्तुष्ट हो जाता है। अर्थात् चर (चरों) के सभी मानों के लिए समीकरण का बायाँ पक्ष दाये पक्ष के बराबर होता है, उसे सर्वसमिकरण कहा जाता है।

बायाँ पक्ष = दायाँ पक्ष

कुछ महत्त्वपूर्ण सर्वसमिकाएँ

- $a^2 - b^2 = (a+b)(a-b)$
- $(a+b)^2 = a^2 + b^2 + 2ab$
- $(a-b)^2 = a^2 + b^2 - 2ab$
- $(a+b)^3 = a^3 + b^3 + 3ab(a+b)$
- $(a-b)^3 = a^3 - b^3 - 3ab(a-b)$
- $a^3 + b^3 = (a+b)(a^2 - ab + b^2)$
- $a^3 - b^3 = (a-b)(a^2 + ab + b^2)$
- $(a+b+c)^2 = a^2 + b^2 + c^2 + 2ab + 2bc + 2ca$
- $a^3 + b^3 + c^3 - 3abc = (a+b+c)(a^2 + b^2 + c^2 - ab - bc - ca)$
- यदि $a+b+c=0$, तब $a^3 + b^3 + c^3 = 3abc$

साधित उदाहरण

1. k के किस मान के लिए $(m-2)$ व्यंजक $m^2 - 5m + k$ का एक गुणनखण्ड है?

(a) 1 (b) 6 (c) 4 (d) 5

हल (b) क्योंकि $m-2$, व्यंजक $m^2 - 5m + k$ का एक गुणनखण्ड है, अतः व्यंजक में $m = 2$ रखने पर व्यंजक सन्तुष्ट होगा।

अर्थात् $(2)^2 - 5(2) + k = 0$

$\Rightarrow \quad 4 - 10 + k = 0$

$\Rightarrow \quad k = 10 - 4 \Rightarrow k = 6$

अतः $k = 6$ के लिए $(m-2)$, दिए गए व्यंजक का एक गुणनखण्ड है।

2. यदि $(y+3)$ से व्यंजक $5y^3 + 5y^2 - 6y - 9$ पूर्णतः विभाजित है, तो शेषफल क्या होगा?

(a) 81 (b) –51 (c) 51 (d) –81

हल (d) **शेषफल प्रमेय से,** यदि दिया गया व्यंजक $y+3$ से विभाजित है, तो शेषफल ज्ञात करने के लिए $y = -3$ व्यंजक में रखने पर,

$= 5 \times (-3)^3 + 5 \times (-3)^2 - 6(-3) - 9$

$= -5 \times 27 + 45 + 18 - 9 = -135 + 54 = -81$

3. जब $x^3 + 3x^2 - kx + 4$ में $(x-2)$ से भाग दिया जाता है, तो शेषफल k प्राप्त होता है, तो k का मान क्या होगा?

(a) 4 (b) 6

(c) 7 (d) 8

हल (d) $x - 2 = 0 \Rightarrow x = 2 \Rightarrow p(x) = x^3 + 3x^2 - kx + 4$

$\Rightarrow \quad p(2) = (2)^3 + 3(2)^2 - k \times 2 + 4$

$\Rightarrow \quad k = 8 + 12 - 2k + 4 \Rightarrow 3k = 24 \Rightarrow k = 8$

4. यदि $(x+6)$ फलन $f(x) = x^3 + 3x^2 + 4x + p$ का एक-एक गुणनखण्ड हो, तो p का मान क्या होगा?

(a) 130 (b) 128

(c) 156 (d) 132

हल (d) $x + 6 = 0$ तब, $x = -6$

$f(x) = x^3 + 3x^2 + 4x + p$

$\Rightarrow \quad f(-6) = (-6)^3 + 3(-6)^2 + 4(-6) + p$

$\Rightarrow \quad 0 = -216 + 108 - 24 + p \Rightarrow p = 132$

अभ्यास प्रश्न

1. $(x^3 + x - 3x^2 - 3)$ के गुणनखण्ड क्या होंगे?

(a) $(x-2)(x^3+1)$ (b) $(x-3)(x^2+1)$

(c) $(x-3)(x^2+3)$ (d) इनमें से कोई नहीं

2. $(x-y)^3 + (y-z)^3 + (z-x)^3$ का सरलतम मान ज्ञात कीजिए।

(a) $2(x-z)(y-x)(x-z)$ (b) $3(x-y)(y-x)(z-y)$

(c) $2(x-y)(y-z)$ (d) $3(x-y)(y-z)(z-x)$

3. $x^4 + xy^3 + xz^3 + x^3y + y^4 + yz^3$ के गुणनखण्ड क्या होगा?

(a) $(x+y)(x^3+y^3+z^3)$ (b) $(x-y)(x^3+y^3+z^3)$

(c) $(x+y)(x^2+y^2+z^2)$ (d) इनमें से कोई नहीं

4. यदि $x^4 - px^2 + q$ का गुणनखण्ड $x^2 - 3x + 2$ हो, तो p तथा q के मान क्या होंगे?

(a) 5 व 4 (b) 4 व 7 (c) 5 व 6 (d) 5 व 8

5. यदि $a+b+c=0$ हो, तब $\frac{1}{a^2+b^2-c^2} + \frac{1}{b^2+c^2-a^2} + \frac{1}{a^2+c^2-b^2}$ का मान बताइए।

(a) 1 (b) 2

(c) 0 (d) इनमें से कोई नहीं

6. यदि $f(x) = x^2 - 5x + 6$ को $(x-5)$ द्वारा विभाजित किया जाता है, तब शेषफल क्या होगा?

(a) 5 (b) 4

(c) 6 (d) 8

7. $x^4 - 13x^2 + 36$ के गुणनखण्ड क्या होंगे?

(a) $(x+3)(x-3)(x+2)(x-2)$

(b) $(x+1)(x-2)(x+2)(x-3)$

(c) $(x-3)(x+3)(x+1)(x-1)$

(d) उपरोक्त में से कोई नहीं

8. व्यंजक $3y^3 + y^2 - 19y + 6$ को $y-3$ से विभाजित करने पर शेषफल क्या प्राप्त होगा?

(a) 39 (b) 38

(c) 37 (d) इनमें से कोई नहीं

9. यदि $6x^2 - xy : 2xy - y^2 = 6 : 1$ हो, तो $x : y$ का मान क्या होगा?

(a) 3 : 2 (b) 2 : 3

(c) 1 : 3 (d) 2 : 4

10. $x^2 - y^2 - z^2 + 2yz + x + y - z$ के गुणनखण्ड क्या हैं?

(a) $(x+y+z)(x-y-z)$

(b) $(x+y-z)(x-y+z+1)$

(c) $(x+y-z)(x+y+z-1)$

(d) उपरोक्त में से कोई नहीं

11. $(2x^2 - 3x - 2)(2x^2 - 3x) - 63$ के गुणनखण्ड क्या हैं?

(a) $(2x+1)(2x^2+1+3x)$

(b) $(x+1)(x-3)(2x^1+1)$

(c) $(2x+3)(x-3)(2x^2-3x+7)$

(d) उपरोक्त में से कोई नहीं

12. यदि $x + y = p$ तथा $xy = q$ हो, तब $\frac{1}{x^3} + \frac{1}{y^3}$ का मान क्या होगा?

(a) $\frac{p}{q^3}(p^2 - 3q)$ (b) $\frac{p}{q^3}(p^2 - 2q)$

(c) $\frac{p}{q^2}(p^3 - 3q)$ (d) इनमें से कोई नहीं

13. दो अंकों की एक सख्या में इकाई का अंक दहाई के अंक से 2 अधिक है। अंकों के योगफल का चार गुना संख्या से 3 कम है, वह संख्या ज्ञात कीजिए।

(a) 35 (b) 36 (c) 45 (d) 40

14. तीन सतत् संख्याओं का गुणनफल 3360 है। सबसे छोटी संख्या क्या है?

(a) 15 (b) 14
(c) 7 (d) इनमें से कोई नहीं

15. एक द्वि-अंकीय संख्या के अंकों का योग 12 है तथा संख्या के दहाई का अंक, इकाई के अंक से अधिक है। दोनों अंकों के बीच अन्तर 6 है। द्वि-अंकीय संख्या क्या है?

(a) 94 (b) 93
(c) 100 (d) इनमें से कोई नहीं

16. तीन संख्याओं का योग 140 है। पहली संख्या, दूसरी संख्या की दोगुनी तथा तीसरी संख्या की चार गुनी है। सबसे बड़ी संख्या होगी।

(a) 85 (b) 80 (c) 90 (d) 100

17. दो संख्याओं का योग 42 है तथा उनका गुणनफल 437 है, तब संख्याओं का अन्तर क्या है?

(a) 4 (b) 2
(c) 1 (d) इनमें से कोई नहीं

18. किसी धनात्मक संख्या व उसके व्युत्क्रम का योग उस संख्या व उसके व्युत्क्रम के अन्तर का तीन गुना है। वह संख्या बताइए।

(a) $\sqrt{2}$ (b) $\sqrt{8}$
(c) $\sqrt{3}$ (d) इनमें से कोई नहीं

19. यदि किसी संख्या और उसके वर्ग का योग 182 है, तो वह संख्या क्या है?

(a) 12 (b) 11 (c) 13 (d) 20

20. यदि $3^{x+y} = 81$ तथा $81^{x-y} = 3$ हो, तो x का मान क्या होगा?

(a) 13/7 (b) 17/8
(c) 17/5 (d) इनमें से कोई नहीं

21. यदि $x - y = 2$ तथा $x^2 + y^2 = 20$ हो, तो $(x + y)^2$ का मान होगा।

(a) 40 (b) 36
(c) 38 (d) इनमें से कोई नहीं

22. यदि $\sqrt{4x - 9} + \sqrt{4x + 9} = 5 + \sqrt{7}$, तो x का मान क्या है?

(a) 4 (b) 2
(c) 3 (d) इनमें से कोई नहीं

23. यदि $x + \frac{1}{2x} = 2$, तो $8x^3 + \frac{1}{x^3}$ का मान ज्ञात कीजिए।

(a) 40 (b) 45
(c) 10 (d) इनमें से कोई नहीं

24. यदि $x + \frac{1}{x} = 5$ हो, तो $\dfrac{x^4 + \frac{1}{x^2}}{x^2 - 3x + 1}$ का मान कितना होगा?

(a) 59 (b) 25
(c) 50 (d) 55

25. यदि $a + b = 6, a - b = 2$ हो, तो $2(a^2 + b^2)$ का मान क्या होगा?

(a) 40 (b) 45
(c) 50 (d) इनमें से कोई नहीं

26. यदि $a^2 + b^2 + c^2 = 2(a - b - c) - 3$, तो $2a - 3b + 4c$ का मान क्या होगा?

(a) 2 (b) 1
(c) 3 (d) इनमें से कोई नहीं

उत्तरमाला

1. (b)	**2.** (d)	**3.** (a)	**4.** (a)	**5.** (c)
6. (c)	**7.** (a)	**8.** (a)	**9.** (b)	**10.** (b)
11. (c)	**12.** (a)	**13.** (a)	**14.** (b)	**15.** (b)
16. (b)	**17.** (a)	**18.** (a)	**19.** (c)	**20.** (b)
21. (b)	**22.** (a)	**23.** (a)	**24.** (d)	**25.** (a)
26. (b)				

संकेत एवं हल

1. $x^3 + x - 3x^2 - 3$

$= x(x^2 + 1) - 3(x^2 + 1) = (x - 3)(x^2 + 1)$

2. $\because x - y + y - z + z - x = 0$

$\therefore \quad (x - y)^3 + (y - z)^3 + (z - x)^3 = 3(x - y)(y - z)(z - x)$

3. $x^4 + x^3y + xy^3 + y^4 + xz^3 + yz^3$

$= x^3(x + y) + y^3(x + y) + z^3(x + y)$

$= (x + y)(x^3 + y^3 + z^3)$

4. चूँकि $x^2 - 3x + 2$, $x^4 - px^2 + q$ का गुणनखण्ड है, अत: $(x - 2)(x - 1)$, $x^4 - px^2 + q$ के गुणनखण्ड होंगे।

अब, $(2)^4 - p(2)^2 + q = 0$

$\Rightarrow \quad 4p - q = 16 \quad$ ...(i)

और $(1)^4 - p(1)^2 + q = 0$

$\Rightarrow \quad p - q = 1 \quad$ ...(ii)

समी (i) और (ii) को हल करने पर, $p = 5$ और $q = 4$

5. $\because a + b + c = 0 \Rightarrow a + b = -c$

दोनों ओर का वर्ग करने पर,

$a^2 + b^2 + 2ab = c^2$

$\Rightarrow \quad a^2 + b^2 - c^2 = -2ab$

इसी प्रकार, $b^2 + c^2 - a^2 = -2bc$

तथा $c^2 + a^2 - b^2 = -2ca$

$\therefore \frac{1}{a^2 + b^2 - c^2} + \frac{1}{b^2 + c^2 - a^2} + \frac{1}{a^2 + c^2 - b^2}$

$= -\frac{1}{2ab} - \frac{1}{2bc} - \frac{1}{2ca} = -\frac{1}{2}\left[\frac{a + b + c}{abc}\right]$

$= 0 \quad [\because a + b + c = 0]$

6. $x - 5 = 0 \Rightarrow x = 5$

अत: शेषफल $f(5) = (5)^2 - 5(5) + 6 = 25 - 25 + 6 = 6$

7. $x^4 - 13x^2 + 36 = x^4 - 9x^2 - 4x^2 + 36$

$= x^2(x^2 - 9) - 4(x^2 - 9) = (x^2 - 9)(x^2 - 4)$

$= (x + 3)(x - 3)(x + 2)(x - 2)$

8. $y = 3$ रखने पर,

शेषफल $= 3(3)^3 + (3)^2 - 19(3) + 6$

$= 3 \times 27 + 9 - 57 + 6 = 96 - 57 = 39$

9. $\because \quad \dfrac{6x^2 - xy}{2xy - y^2} = \dfrac{6}{1}$

बाएँ पक्ष के अंश तथा हर में y^2 से भाग करने पर,

$$\frac{\frac{6x^2}{y^2} - \frac{xy}{y^2}}{\frac{2xy}{y^2} - \frac{y^2}{y^2}} = \frac{6}{1} \Rightarrow \frac{6\left(\frac{x}{y}\right)^2 - \left(\frac{x}{y}\right)}{2\left(\frac{x}{y}\right) - 1} = \frac{6}{1}$$

माना $\frac{x}{y} = a$, तब $\dfrac{6a^2 - a}{2a - 1} = \dfrac{6}{1}$

$\Rightarrow \quad 6a^2 - a = 6(2a - 1)$

$\Rightarrow \quad 6a^2 - 13a + 6 = 0$

$\Rightarrow \quad 6a^2 - 9a - 4a + 6 = 0$

$\Rightarrow \quad 3a(2a - 3) - 2(2a - 3) = 0$

$\Rightarrow \quad (3a - 2)(2a - 3) = 0$

$\Rightarrow \quad a = \frac{2}{3}$ या $\frac{3}{2}$

$\therefore \quad x : y = 3 : 2$ या $x : y = 2 : 3$

10. $x^2 - y^2 - z^2 + 2yz + x + y - z$

$= x^2 - (y^2 + z^2 - 2yz) + x + y - z$

$= x^2 - (y - z)^2 + x + y - z$

$= (x + y - z)(x - y + z) + (x + y - z)$

$= (x + y - z)(x - y + z + 1)$

11. माना $2x^2 - 3x = y$

$\therefore \quad (2x^2 - 3x - 2)(2x^2 - 3x) - 63$

$= (y - 2)y - 63 = y^2 - 2y - 63 = (y - 9)(y + 7)$

$= (2x^2 - 3x - 9)(2x^2 - 3x + 7)$

$= (2x + 3)(x - 3)(2x^2 - 3x + 7)$

12. $(a^3 + b^3) = (a + b)(a^2 + b^2 - ab)$ के प्रयोग से,

अत: $\left(\dfrac{1}{x^3} + \dfrac{1}{y^3}\right) = \left(\dfrac{1}{x} + \dfrac{1}{y}\right)\left(\dfrac{1}{x^2} + \dfrac{1}{y^2} - \dfrac{1}{xy}\right)$

$= \left(\dfrac{x + y}{xy}\right)\left(\dfrac{x^2 + y^2}{(xy)^2} - \dfrac{1}{xy}\right) = \dfrac{x + y}{(xy)^3}[(x + y)^2 - 3xy]$

$= \dfrac{p}{q^3}(p^2 - 3q)$

13. माना संख्या के इकाई अंक $= x$

तथा दहाई का अंक $= y$

$\therefore \quad$ संख्या $= 10y + x$

प्रश्नानुसार, $\quad x - y = 2 \quad$ ...(i)

तथा $\quad 4(x + y) = 10y + x - 3$

$\Rightarrow \quad 4x + 4y - 10y - x = -3$

$\Rightarrow \quad 3x - 6y = -3$

$\Rightarrow \quad x - 2y = -1 \quad$ ...(ii)

समी. (i) में से समी. (ii) को घटाने पर,

$x - y - x + 2y = 2 + 1 \Rightarrow y = 3$

समी. (i) में y का मान रखने पर, $x - 3 = 2 \Rightarrow x = 5$

अत: संख्या $= 10y + x = 10 \times 3 + 5 = 30 + 5 = 35$

14. माना तीन सतत् संख्याएँ $x, x + 1$ व $x + 2$ हैं।

प्रश्नानुसार, $x(x + 1)(x + 2) = 3360$

$\Rightarrow \quad x(x + 1)(x + 2) = 14 \times 15 \times 16$

$\Rightarrow \quad x(x + 1)(x + 2) = 14(14 + 1)(14 + 2)$

$\therefore \quad x = 14$

15. माना दो अंकों की संख्या के इकाई व दहाई के अंक क्रमश: x और y हैं।

तब प्रश्नानुसार,

$y + x = 12 \quad$ ...(i)

$y - x = 6 \quad$ ...(ii)

समी. (i) व (ii) को हल करने पर, $x = 3$ तथा $y = 9$

अत: अभीष्ट संख्या $= 10y + x = 10 \times 9 + 3 = 93$

16. माना तीसरी संख्या x है।

तब, पहली संख्या $= 4x$ तथा दूसरी संख्या $= 2x$

प्रश्नानुसार, $4x + 2x + x = 140 \Rightarrow 7x = 140 \Rightarrow x = 20$

तब, बड़ी संख्या $= 4x = 4 \times 20 = 80$

17. माना पहली संख्या x तथा दूसरी संख्या $(42 - x)$ है।

तब प्रश्नानुसार, $x \times (42 - x) = 437$

$\Rightarrow \quad 42x - x^2 = 437$

$\Rightarrow \quad x^2 - 42x + 437 = 0$

$\Rightarrow \quad x^2 - 23x - 19x + 437 = 0$

$\Rightarrow \quad x(x - 23) - 19(x - 23) = 0$

$\Rightarrow \quad (x - 23)(x - 19) = 0$

$\therefore \quad x = 19, x = 23$

अत: संख्याओं का अभीष्ट अन्तर $= 23 - 19 = 4$

18. माना अभीष्ट संख्या $= x$

$x + \frac{1}{x} = (x - \frac{1}{x}) \cdot 3$

$\Rightarrow \quad \dfrac{x^2 + 1}{x} = \left(\dfrac{x^2 - 1}{x}\right) \cdot 3$

$\Rightarrow \quad \dfrac{x^2 + 1}{x} = \dfrac{3x^2 - 3}{x}$

$\Rightarrow \quad x^2 + 1 = 3x^2 - 3$

$\Rightarrow \quad 2x^2 = 4$

$\Rightarrow \quad x^2 = 2$

$\therefore \quad x = \sqrt{2}$

19. माना वह संख्या a है।

तब प्रश्नानुसार, $a + a^2 = 182$

$\Rightarrow a^2 + a - 182 = 0$

$\Rightarrow a^2 + 14a - 13a - 182 = 0$

$\Rightarrow (a + 14)(a - 13) = 0 \Rightarrow a + 14 \neq 0$

$\Rightarrow a - 13 = 0 \Rightarrow a = 13$

20. दिया है, $3^{x+y} = 81 \Rightarrow 3^{x+y} = 3^4$

$\Rightarrow x + y = 4$ ...(i)

तब $81^{x-y} = 3 \Rightarrow 3^{4(x-y)} = 3$

$\Rightarrow 4(x - y) = 1 \Rightarrow x - y = \frac{1}{4}$ ...(ii)

समी (i) और (ii) को जोड़ने पर,

$2x = \frac{17}{4} \Rightarrow x = \frac{17}{8}$

21. दिया है, $x - y = 2$ तथा $x^2 + y^2 = 20$

$(x - y)^2 = x^2 + y^2 - 2xy \Rightarrow 2^2 = 20 - 2xy \Rightarrow xy = 8$

तथा $(x + y)^2 = (x - y)^2 + 4xy = 2^2 + 4 \times 8 = 4 + 32 = 36$

22. दिया है, $\sqrt{4x - 9} + \sqrt{4x + 9} = 5 + \sqrt{7}$

$\Rightarrow \sqrt{4x + 9} = (5 + \sqrt{7}) - \sqrt{4x - 9}$

दोनों ओर का वर्ग करने पर,

$4x + 9 = (5 + \sqrt{7})^2 + 4x - 9 - 2(5 + \sqrt{7})(\sqrt{4x - 9})$

$\Rightarrow 18 - 25 - 7 - 10\sqrt{7} = -2(5 + \sqrt{7})(\sqrt{4x - 9})$

$\Rightarrow -2\sqrt{7}(5 + \sqrt{7}) = -2(5 + \sqrt{7})(\sqrt{4x - 9})$

$\Rightarrow -\sqrt{7} = -\sqrt{4x - 9}$

$\Rightarrow 7 = 4x - 9$

$\Rightarrow 4x = 16 \Rightarrow x = 4$

23. $\because x + \frac{1}{2x} = 2$

दोनों पक्षों में 2 से गुणा करने पर,

$2x + \frac{1}{x} = 4$

अब, दोनों पक्षों का घन करने पर, $(2x + \frac{1}{x})^3 = 4^3$

$\Rightarrow 8x^3 + \frac{1}{x^3} + 3 \times 2x \times \frac{1}{x}(2x + \frac{1}{x}) = 64$

$\Rightarrow 8x^3 + \frac{1}{x^3} + 6 \times 4 = 64$

$\Rightarrow 8x^3 + \frac{1}{x^3} = 64 - 24 = 40$

24. दिया है, $x + \frac{1}{x} = 5$

$\therefore \frac{x^4 + \frac{1}{x^2}}{x^2 - 3x + 1} = \frac{x\left[x^3 + \frac{1}{x^3}\right]}{x[(x + \frac{1}{x}) - 3]} = \frac{(x + \frac{1}{x})^3 - 3(x + \frac{1}{x})}{(x + \frac{1}{x}) - 3}$

$= \frac{5^3 - 3 \times 5}{5 - 3} = \frac{125 - 15}{2} = \frac{110}{2} = 55$

25. $\because a + b = 6$ ...(i)

तथा $a - b = 2$ ...(ii)

समी (i) व (ii) से,

$a = 4$ तथा $b = 2$

$\therefore 2(a^2 + b^2) = 2(4^2 + 2^2)$

$= 2(16 + 4) = 40$

वैकल्पिक विधि

दिया है, $a + b = 6$

तथा $a - b = 2$

$\therefore (a + b)^2 + (a - b)^2 = 38 + 4$

$\Rightarrow a^2 + b^2 + 2ab + a^2 + b^2 - 2ab = 40$

$\Rightarrow 2(a^2 + b^2) = 40$

26. $a^2 + b^2 + c^2 = 2(a - b - c) - 3$

$\Rightarrow a^2 - 2a + 1 + b^2 + 2b + 1 + c^2 + 2c + 1 = 0$

$\Rightarrow (a - 1)^2 + (b + 1)^2 + (c - 1)^2 + 0$

$\therefore a - 1 = 0, b + 1 = 0$ तथा $c + 1 = 0$

$a = 1, b = -1$

तथा $c = -1$

अतः $2a - 3b + 4c = 2(1) - 3(-1) = 2 + 3 - 4 = 1$

अध्याय 11

सामान्य ज्यामिति

ज्यामितीय से सम्बन्धित महत्त्वपूर्ण परिभाषाएँ

बिन्दु एक बिन्दु की कोई लम्बाई या चौड़ाई नहीं होती। यह केवल सही स्थिति को दिखाने के काम आता है।

$\overset{\bullet}{O}$

रेखा एक रेखा का कोई सिरा बिन्दु नहीं होता। इसकी कोई निश्चित लम्बाई नहीं होती।

AB रेखा को $\overleftrightarrow{AB}$ के रूप में व्यक्त किया जाता है।

रेखाखण्ड दो बिन्दुओं को मिलाने पर रेखाखण्ड बनता है। रेखाखण्ड की लम्बाई निश्चित होती है।

कोण दो सरल रेखाओं के एक बिन्दु पर मिलने से कोण बनता है।

न्यूनकोण 90° से कम कोण न्यूनकोण कहलाते हैं; जैसे—25°, 35°, 40°, 60° कोण न्यूनकोण हैं।

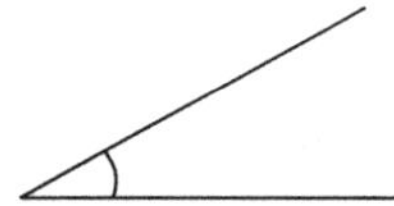

समकोण 90° का कोण समकोण कहलाता है।

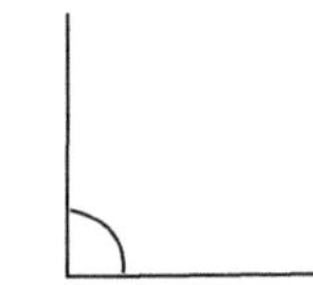

अधिककोण 90° से अधिक और 180° से कम के कोण अधिककोण कहलाते हैं; जैसे— 98°, 130°, 145°, 178° कोण अधिककोण हैं।

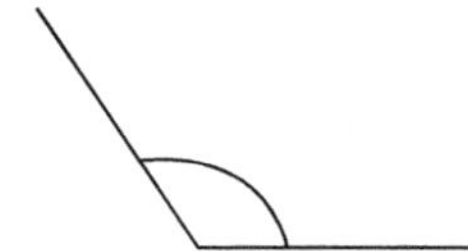

सरल कोण 180° का कोण सरल कोण कहलाता है।

1 सरल कोण = 2 समकोण

वृहद कोण 180° से अधिक और 360° से कम कोण वृहद कोण कहलाते हैं; जैसे—185°, 190°, 280°, 355° के कोण वृहद कोण हैं।

दो कोणों के सम्बन्ध

कोटिपूरक कोण जिन दो कोणों का योग 90° होता हैं, उनको एक-दूसरे के कोटिपूरक कोण कहते हैं। जैसे— 60° का कोटिपूरक कोण 30° और 45° का कोटिपूरक कोण 45° है।

पूरक कोण या सम्पूरक कोण जिन दो कोणों का योग 180° होता है उनको एक-दूसरे के सम्पूरक कोण कहते हैं; जैसे—100° का कोण और 80° का कोण एक-दूसरे के सम्पूरक कोण हैं।

सम्मुख कोण जब दो सरल रेखाएँ एक-दूसरे को काटती हैं, तो इस प्रकार से बने कोण सम्मुख कोण कहलाते हैं। आमने-सामने के सम्मुख कोण बराबर होते हैं; जैसे—

$$\angle 1 = \angle 3$$
$$\angle 2 = \angle 4$$

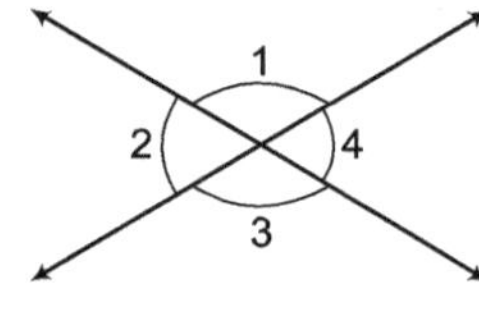

समान्तर रेखाएँ वे सरल रेखाएँ जो एक-दूसरे को नहीं काटती हैं समान्तर रेखाएँ कहलाती हैं, दो समान्तर रेखाओं के बीच की दूरी सदैव समान रहती है।

तिर्यक रेखाएँ ऐसी तिरछी रेखाएँ जो दो या दो से अधिक समान्तर रेखाओं को काटती हैं। तिर्यक रेखाएँ कहलाती हैं।

यदि दो समान्तर रेखाओं को एक तिर्यक रेखा काटती है, तो

(i) एकान्तर कोण बराबर होते हैं;

जैसे— $\angle 4 = \angle 5$, $\angle 6 = \angle 3$

(ii) संगत कोण बराबर होते हैं;

जैसे— $\angle 1 = \angle 6$, $\angle 2 = \angle 5$

$\angle 4 = \angle 7$, $\angle 3 = \angle 8$

(iii) एक ही ओर बने हुए अन्त:कोणों का योग दो समकोण (180°) होता है;

जैसे— $\angle 4 + \angle 6 = 180°$, $\angle 3 + \angle 5 = 180°$

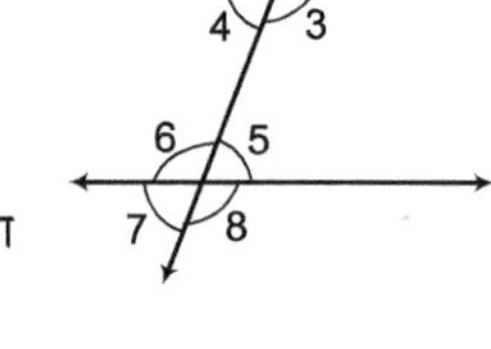

त्रिभुज

तीन भुजाओं से घिरे हुए क्षेत्र को त्रिभुज कहते हैं। त्रिभुज में तीन भुजाएँ और तीन कोण होते हैं।

(i) त्रिभुज के तीनों कोणों का योग 180° होता है।

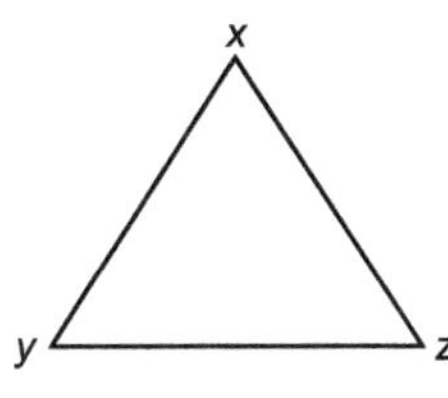

$\angle x° + \angle y° + \angle z° = 180°$

(ii) त्रिभुज की किन्हीं दो भुजाओं का योग तीसरी भुजा से अधिक होता है।

त्रिभुजों का वर्गीकरण

हम त्रिभुजों का वर्गीकरण दो प्रकार से कर सकते हैं

1. भुजाओं के आधार पर **2.** कोणों के आधार पर

भुजाओं के आधार पर

(i) यदि किसी त्रिभुज की सभी भुजाएँ समान हों, तो उस त्रिभुज को समबाहु त्रिभुज कहते हैं। समबाहु त्रिभुज का प्रत्येक कोण 60° का होता है। यहाँ, $AB = BC = CA$

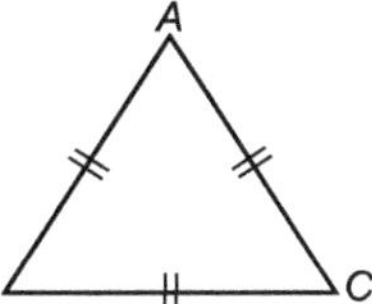

(ii) एक त्रिभुज जिसकी दो भुजाएँ समान हों समद्विबाहु त्रिभुज कहलाता है। संलग्न चित्र में, $AB = AC$

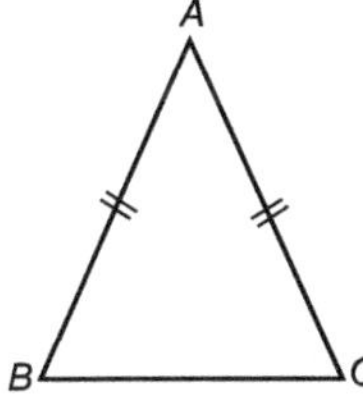

(iii) एक त्रिभुज जिसकी सभी भुजाएँ असमान हों विषमबाहु त्रिभुज कहलाता है। संलग्न चित्र में, $PQ \neq QR \neq RP$

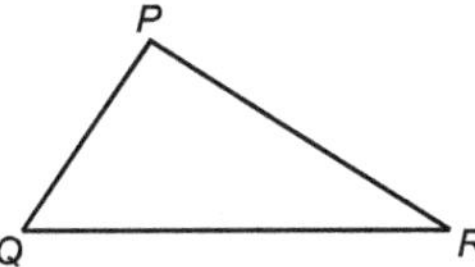

कोणों के आधार पर

(i) एक त्रिभुज जिसमें सभी कोण 90° से कम हों उसे न्यूनकोण त्रिभुज कहते हैं।

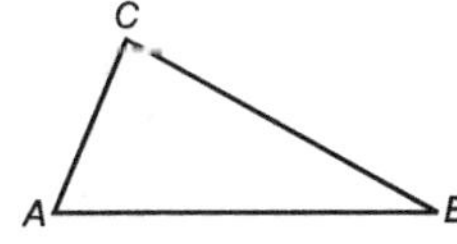

(ii) एक त्रिभुज जिसमें एक कोण 90° का हो, वह समकोण त्रिभुज कहलाता है।

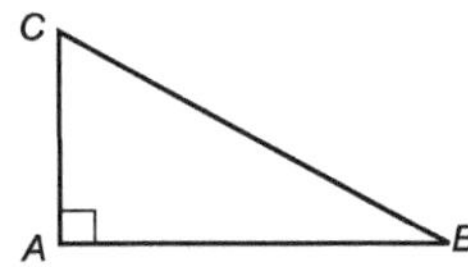

पाइथागोरस प्रमेय से, $AB^2 + AC^2 = BC^2$

(iii) एक त्रिभुज जिसमें एक कोण 90° से अधिक हो, वह अधिक कोण त्रिभुज कहलाता है।

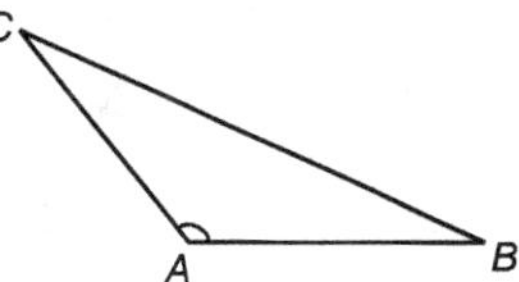

चतुर्भुज

वह बन्द आकृति जो चार रेखाखण्डों से बनी हो, चतुर्भुज कहलाती है। एक चतुर्भुज की चार भुजाएँ, चार शीर्ष व चार कोण होते हैं।

चतुर्भुज के चारों कोणों का योग 360° होता है।

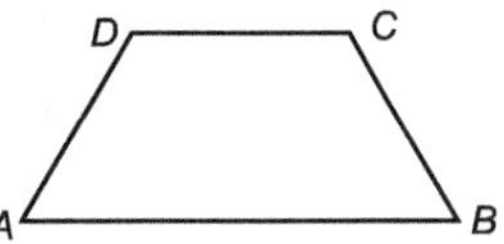

चतुर्भुजों के प्रकार

आयत एक चतुर्भुज जिसकी सम्मुख भुजाएँ समान्तर हों, बराबर हों व प्रत्येक कोण 90° का हो, आयत कहलाता है।

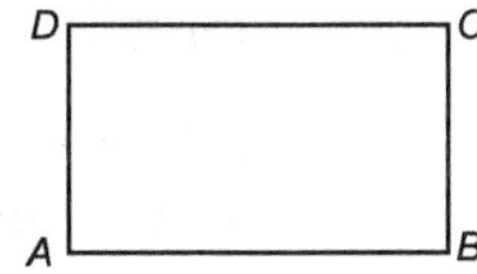

वर्ग एक ऐसा चतुर्भुज जिसकी सभी भुजाएँ समान होती हैं व प्रत्येक कोण 90° का होता है, वर्ग कहलाता है।

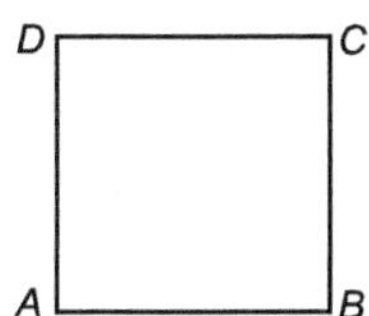

समान्तर चतुर्भुज एक चतुर्भुज जिसकी सम्मुख भुजाएँ समान व समान्तर हों। सम्मुख कोण समान हों किन्तु कोई भी कोण 90° का न हो, समान्तर चतुर्भुज कहलाता है।

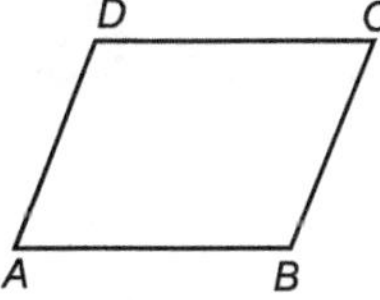

समचतुर्भुज एक चतुर्भुज जिसकी चारों भुजाएँ समान हों, किन्तु कोई भी कोण 90° का न हो, समचतुर्भुज कहलाता है।

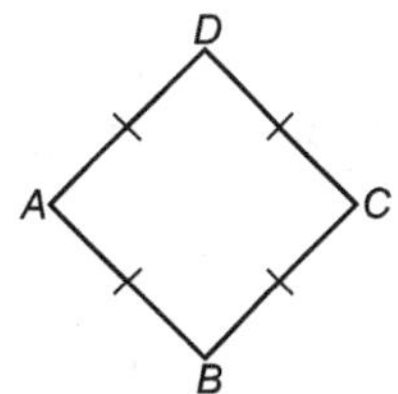

समलम्ब एक चतुर्भुज जिसकी भुजाओं का एक युग्म समान्तर हो, समलम्ब कहलाता है।

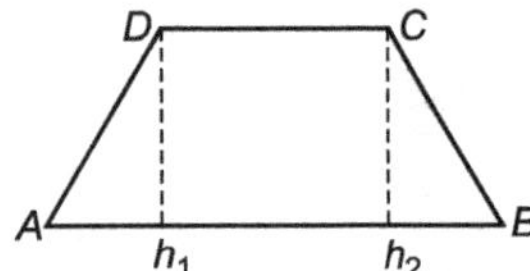

वृत्त

एक वृत्त एक साधारण बन्द आकृति होती है जिस पर स्थित प्रत्येक बिन्दु एक निश्चित बिन्दु से समान दूरी पर होता है। यह निश्चित बिन्दु वृत्त का केन्द्र कहलाता है। दिए गए वृत्त का केन्द्र O है।

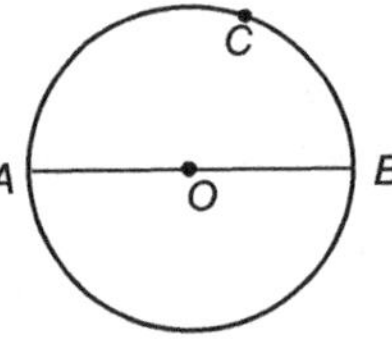

वृत्त का वर्गीकरण

वृत्त की त्रिज्या वृत्त के केन्द्र तथा परिधि पर स्थित किसी बिन्दु के मध्य दूरी को त्रिज्या कहा जाता है। वृत्त ABC की त्रिज्या OA है।

वृत्त का व्यास एक रेखाखण्ड जो वृत्त के केन्द्र से होकर जाए और वृत्त की परिधि को दोनों ओर से छुए, रेखाखण्ड के सिरा बिन्दु परिधि पर स्थित होता है। वृत्त ABC का व्यास AB है।

वृत्त की परिधि वृत्त की बन्द वक्रीय आकृति की माप को परिधि कहते हैं।

साधित उदाहरण

1. दो पूरक कोण में 10° का अन्तर है। दोनों कोणों की माप ज्ञात कीजिए।

(a) 20° व 30° (b) 40° व 30°
(c) 50° व 40° (d) इनमें से कोई नहीं

हल (c) माना एक कोण $x°$ है, तो दूसरा कोण $(90° - x°)$ होगा।

प्रश्नानुसार, $x° - (90° - x°) = 10°$

$\Rightarrow \quad x° - 90° + x° = 10°$

$2x° = 10° + 90°$

$\Rightarrow \quad x° = \frac{100°}{2} \Rightarrow x° = 50°$

अतः कोण 50° एवं 40° होंगे।

2. दिए हुए चित्र से x का मान ज्ञात कीजिए।

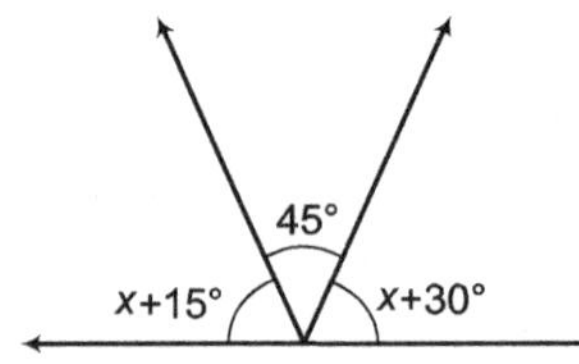

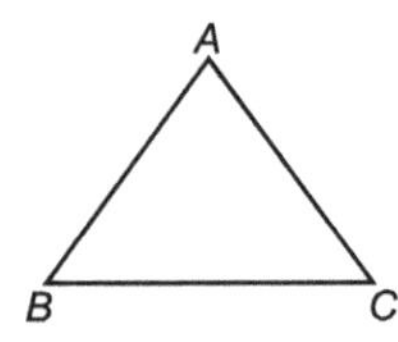

(a) 45° (b) 50°
(c) 55° (d) इनमें से कोई नहीं

हल (a) $x° + 15° + 45° + x° + 30° = 180°$

(रेखा पर सभी कोणों का योग 180° होता है)

$2x° + 90° = 180° \Rightarrow 2x° = 180° - 90° = 90°$

$\therefore \quad x° = \frac{90°}{2} = 45°$

3. किसी त्रिभुज के दो कोण क्रमशः 60° व 75° हैं, तो तीसरे कोण का मान क्या होगा?

(a) 45° (b) 55°
(c) 40° (d) इनमें से कोई नहीं

हल (a) माना दो कोण A व B हैं।

प्रश्नानुसार,

$\angle A + \angle B = 60° + 75°$

$\Rightarrow \quad \angle A + \angle B = 135°$

$\Rightarrow \quad \angle A + \angle B + \angle C = 180°$

$\Rightarrow \quad 135° + \angle C = 180°$

$\Rightarrow \quad \angle C = 180° - 135°$

$\therefore \quad \angle C = 45°$

4. एक समकोण का 2/3 कितना होगा?

(a) 50° (b) 40°
(c) 60° (d) इनमें से कोई नहीं

हल (c) 1 समकोण = 90°

1 समकोण का $\frac{2}{3} = 90° \times \frac{2}{3} = 60°$

अभ्यास प्रश्न

1. दो पूरक कोणों का अन्तर 15° है, तो दोनों कोणों का मान क्या होगा?

(a) $37\frac{1}{2}°$ (b) $32\frac{1}{2}°$
(c) $37\frac{1}{3}°$ (d) इनमें से कोई नहीं

2. एक समकोण त्रिभुज का एक कोण 45° है, तो त्रिभुज का तीसरा कोण क्या होगा?

(a) 45° (b) 55° (c) 42° (d) 80°

3. दो कोटिपूरक कोणों में 20° का अन्तर है, तो प्रत्येक कोण की माप ज्ञात कीजिए।

(a) 80° व 90° (b) 100° व 80°
(c) 100° व 120° (d) इनमें से कोई नहीं

4. यदि $\Delta\, xyz$ में, $\angle x + \angle y = 75°$ और $\angle y + \angle z = 150°$ हो, तो $\angle y$ का मान बताइए।

(a) 55° (b) 45°
(c) 44° (d) 75°

5. एक कोण का सम्पूरक कोण उसका 5 गुना है। कोण ज्ञात कीजिए।

(a) 10° (b) 17°
(c) 15° (d) इनमें से कोई नहीं

6. एक त्रिभुज के कोण 1 : 1 : 4 के अनुपात में हैं, त्रिभुज के कोण ज्ञात कीजिए।

(a) 30°, 30°, 120°
(b) 20°, 30°, 120°
(c) 30°, 15°, 120°
(d) उपरोक्त में से कोई नहीं

7. समकोण $\Delta\, xyz$ में $\angle\, yxz$ का मान ज्ञात कीजिए।

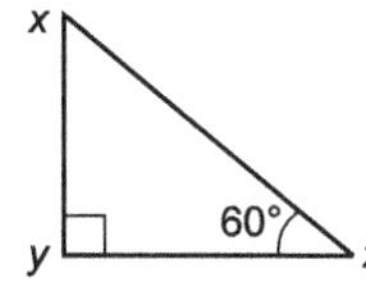

(a) 30° (b) 45°
(c) 35° (d) इनमें से कोई नहीं

8. यदि $\angle 1 = 135°$, $\angle 4 = 45°$ हो, तो $\angle 2$ और $\angle 3$ ज्ञात कीजिए।

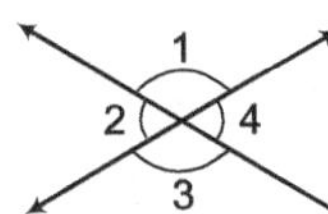

(a) 45°, 135° (b) 35°, 60°
(c) 30°, 90° (d) इनमें से कोई नहीं

9. एक त्रिभुज के कोण 2 : 3 : 5 के अनुपात में हैं। कोण ज्ञात कीजिए।
(a) 35°, 55°, 95°
(b) 30°, 55°, 90°
(c) 36°, 54°, 90°
(d) उपरोक्त में से कोई नहीं

10. वह कोण बताइए जोकि अपने सम्पूरक कोण के बराबर हो।
(a) 55° (b) 40°
(c) 42° (d) 45°

11. वह कोण बताइए जोकि अपने सम्पूरक कोण के बराबर हो।
(a) 180°
(b) 60°
(c) 90°
(d) उपरोक्त में से कोई नहीं

12. $\angle byz$ का मान ज्ञात कीजिए।

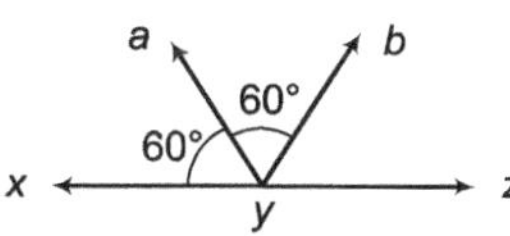

(a) 180° (b) 60°
(c) 90° (d) इनमें से कोई नहीं

13. $\angle 2$ का मान ज्ञात कीजिए।

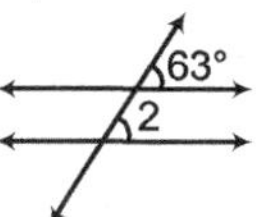

(a) 63° (b) 73°
(c) 84° (d) इनमें से कोई नहीं

14. 270° का कोण किस प्रकार का कोण है?
(a) वृहद कोण (b) सरल कोण (c) अधिक कोण (d) समकोण

15. वर्ग के चारों अन्तःकोणों का योग कितना होता है?
(a) 360° (b) 180°
(c) 90° (d) इनमें से कोई नहीं

16. वृत्त की सबसे बड़ी जीवा वृत्त का क्या कहलाती है?
(a) व्यास (b) त्रिज्या
(c) परिमाप (d) इनमें से कोई नहीं

17. किसी त्रिभुज के दो कोणों का मान 95° है, तो तीसरे कोण का मान कितना होगा?
(a) 95° (b) 85° (c) 80° (d) 75°

18. किसी वृत्त की त्रिज्या r तथा व्यास d हो, तो उनके बीच सम्बन्ध बताइए।
(a) r (b) r^2
(c) $2r$ (d) इनमें से कोई नहीं

19. किसी समान्तर चतुर्भुज का एक कोण 55° है, तब समान्तर चतुर्भुज के शेष कोण ज्ञात कीजिए।
(a) 45° (b) 55° (c) 50° (d) 60°

20. किसी चतुर्भुज के तीन कोण 9:7:3 के अनुपात में हैं। यदि चौथा कोण 132° है, तो तीसरा सबसे बड़ा कोण क्या होगा?
(a) 84° (b) 64°
(c) 54° (d) इनमें से कोई नहीं

उत्तरमाला

1 (a)	**2** (a)	**3** (b)	**4** (b)	**5** (c)
6 (a)	**7** (a)	**8** (a)	**9** (c)	**10** (d)
11 (c)	**12** (b)	**13** (a)	**14** (a)	**15** (a)
16 (a)	**17** (b)	**18** (c)	**19** (b)	**20** (a)

संकेत एवं हल

1. माना पूरक कोण क्रमशः x° व 90° – x हैं

तब, $x° - (90° - x°) = 15°$

$\Rightarrow 2x° = 15° + 90° = 105°$

$\Rightarrow x° = \frac{105°}{2} = 52\frac{1}{2}°$

$\therefore 90° - x° = 90° - \frac{105°}{2} = \frac{75°}{2} = 37\frac{1}{2}°$

2. माना तीसरा कोण $x°$ है।

$45° + 90° + x° = 180°$

(त्रिभुज के तीनों कोणों का योग 180° होता है)

$135° + x° = 180° \Rightarrow x° = 180° - 135° \Rightarrow x° = 45°$

3. माना एक कोण $x°$ है, तो दूसरा कोण $(180° - x°)$ होगा।

प्रश्नानुसार, $x° - (180° - x°) = 20° \Rightarrow x° - 180° + x° = 20°$

$\Rightarrow 2x° = 180° + 20° \Rightarrow 2x° = 200°$

$\Rightarrow x° = \frac{200°}{2} \Rightarrow x° = 100°$

अतः कोण 100° एवं 80° होंगे।

4. $\angle x° + \angle y° + \angle z° = 180°$

(त्रिभुज के तीनों कोणों का योग 180° होता है)

$\angle x° + 150° = 180°$ $(\therefore \angle y° + \angle z° = 150°)$

$\angle x° = 180° - 150°$

$\Rightarrow \quad \angle x° = 30°$

$\Rightarrow \quad 30° + \angle y° = 75°$

$\therefore \quad \angle x° + \angle y° = 75°$

$\angle y° = 75° - 30° \Rightarrow \angle y° = 45°$

5. माना कोण $x°$ है, तो उसका सम्पूरक कोण $(90° - x°)$ होगा।

प्रश्नानुसार, $5x° = 90° - x° \Rightarrow 6x° = 90° \Rightarrow x° = 15°$

अतः कोण 15° होगा।

6. $x° + x° + 4x° = 180° \Rightarrow 6x° = 180°$

$\Rightarrow \quad x° = \frac{180°}{6} \Rightarrow x° = 30°$

अतः कोण 30°, 30° और 120° होंगे।

7. $\angle x° + \angle y° + \angle z° = 180°$

$\Rightarrow \quad \angle x° + 90° + 60° = 180° \Rightarrow \angle x° + 150° = 180°$

$\Rightarrow \quad \angle x°$ या $\angle yxz = 180° - 150° = 30°$

8. $\angle 1 = \angle 3$ (सम्मुख कोण)

अतः $\angle 3 = 135°$

$\angle 2 = \angle 4$ (सम्मुख कोण)

अतः $\angle 2 = 45°$

9. $2x° + 3x° + 5x° = 180° \Rightarrow 10x° = 180° \Rightarrow x° = \frac{180°}{10} = 18°$

अतः कोण 36°, 54° और 90° होंगे।

10. माना कोण $x°$ है, तो उसका सम्पूरक $= 90° - x°$

प्रश्नानुसार, $x° = 90° - x° \Rightarrow 2x° = 90°$

$x° = \frac{90°}{2} = 45°$

11. माना कोण $x°$ है, तो उसका सम्पूरक $= 180° - x°$

प्रश्नानुसार, $x° = 180° - x°$

$\Rightarrow \quad 2x° = 180° \Rightarrow x° = \frac{180°}{2} = 90°$

12. $60° + 60° + \angle byz = 180°$

$\Rightarrow \angle byz = 180° - 120° \Rightarrow \angle byz = 60°$

13. $\angle 2 = 63°$ (संगत कोण)

14. 270° का कोण प्रतिवर्ती कोण या वृहद कोण होगा।

15. वर्ग के चारों अन्तःकोणों का योग 360° होता है।

16. वृत्त की सबसे बड़ी जीवा वृत्त का व्यास कहलाती है।

17. माना दो कोण A व B हैं

प्रश्नानुसार, $\angle A + \angle B = 95°$

हम जानते है, $\angle A + \angle B + \angle C = 180°$

$\Rightarrow \quad 95° + \angle C = 180°$

$\angle C = 180° - 95° \Rightarrow \angle C = 85°$

18. वृत्त की त्रिज्या r तथा व्यास (d) में निम्न सम्बन्ध होता है

व्यास $(d) = 2r$

19. $\because \angle A + \angle B = 180°$

$\because \quad AD || BC$

$\therefore \quad \angle B = 180° - 55° = 125°$

यहाँ, $\angle B = \angle D = 125°$ तथा $\angle A = \angle C = 55°$

20. माना चतुर्भुज के कोण क्रमशः $9x°, 7x°, 3x°$ तथा 132° हैं।

तब, $9x° + 7x° + 3x° + 132° = 360° \Rightarrow 19x° + 132° = 360°$

$\Rightarrow \quad 19x° = 360° - 132° = 228°$

$\therefore \quad x = \frac{228°}{19} = 12°$

अतः कोण $9 \times 12°, 7 \times 12°, 3 \times 12°$ तथा 132° अर्थात् 108°, 84°, 36° तथा 132° हैं।

अब, कोणों का अवरोही क्रम 132°, 108°, 84° तथा 36° है।

$\therefore$ तीसरा बड़ा कोण = 84°

अध्याय 12

सांख्यिकी

सांख्यिकी की परिभाषा

सांख्यिकी विज्ञान की वह शाखा है जो संख्यात्मक आँकड़ों के संग्रह, विश्लेषण तथा व्याख्या से सम्बन्धित है।

आँकड़ों का प्रदर्शन

अवर्गीकृत आँकड़े जो आँकड़े बिना किसी क्रम से प्रदर्शित किए जा सकते हैं उन्हें अवर्गीकृत आँकड़े कहते हैं जिनसे हम समूह का वास्तविक चित्र या आकार नहीं देख सकते।

वर्गीकृत आँकड़े जो आँकड़े एक व्यवस्थित रूप में प्रदर्शित किए जा सकते हैं उन्हें वर्गीकृत आँकड़े कहते हैं। जैसे—बढ़ते क्रम में या घटते क्रम में। इन आँकड़ों को सारणी के रूप में प्रदर्शित किया जा सकता है जिसे हम बारम्बारता बंटन सारणी कहते हैं।

बारम्बारता

एक निश्चित वर्ग में स्थित प्रेक्षणों की संख्या उस वर्ग की बारम्बारता कहलाती है।

असतत् बारम्बारता बंटन

वह बारम्बारता बंटन जिसमें आँकड़ों को इस तरह से व्यवस्थित किया जाए कि इकाइयों की माप ठीक-ठीक रूप से स्पष्ट हो उसे असतत् बारम्बारता कहते हैं। जैसे— निम्न सारणी द्वारा असतत् बारम्बारता बंटन प्रदर्शित है।

प्राप्तांक	**विद्यार्थियों की संख्या** (बारम्बारता)
40	7
60	3
80	3
100	2
योग	15

सतत् बारम्बारता बंटन

जिसमें आँकड़े वर्गों या समूह में व्यवस्थित किए जाते हैं, सतत् बारम्बारता बंटन कहलाता है, सतत् बारम्बारता बंटन द्वारा आँकड़े ठीक-ठीक मापित नहीं हो सकते। जैसे—निम्न सारणी द्वारा सतत् बारम्बारता बंटन प्रदर्शित है।

प्राप्तांक	**विद्यार्थियों की संख्या** (बारम्बारता)
10-20	1
20-30	2
30-40	3
40-50	4
50-60	5
योग	15

परास

परास अधिकतम और न्यूनतम प्रेक्षणों का अन्तर होती है।

परास = अधिकतम अंक – न्यूनतम अंक

उपरोक्त सारणी की परास = 5 – 1 = 4

संचयी बारम्बारता

किसी वर्ग-अन्तराल की संचयी बारम्बारता उस वर्ग तक के सभी वर्गों की बारम्बारताओं का योगफल होता है।

केन्द्रीय प्रवृत्ति की माप

प्रत्येक सांख्यिकी बंटन को ऐसी संख्या के रूप में प्रदर्शित किया जा सकता है जो सम्पूर्ण बंटन का प्रतिनिधित्व कर सके अर्थात् ऐसी संख्या जिसके निकट बंटन के अधिकतर मान केन्द्रित होते हैं। बंटन की केन्द्रीय प्रवृत्ति की माप कहलाती है।

नोट *विभिन्न केन्द्रीय प्रवृत्ति की मापें नीचे दी गई हैं*

समान्तर माध्य

किसी संख्यात्मक सामग्री में समस्त पदों के मानों के योगफल को पदों की संख्या से भाग करने पर प्राप्त भागफल को समान्तर माध्य कहते हैं।

$$\text{समान्तर माध्य} = \frac{\text{सभी पदों के मानों का योग}}{\text{पदों की संख्या}} = \frac{\Sigma x}{n}$$

अवर्गीकृत आँकड़ों का माध्य माना $x_1, x_2, \ldots, x_n$, n आँकड़े हैं, तब

$$\text{समान्तर माध्य} = \frac{x_1 + x_2 + x_3 + \ldots + x_n}{n} = \frac{1}{n}\left[\sum_{i=1}^{n} x_i\right]$$

लघु विधि $\quad \bar{x} = A + \frac{1}{n}\sum_{i=1}^{n} d_i$

जहाँ, A = कल्पित माध्य व $d_1 = x_i - A$

वर्गीकृत आँकड़ों का माध्य माना $x_1, x_2, \ldots, x_n$, n आँकड़े हैं जिनकी संगत बारम्बारताएँ $f_1, f_2, \ldots, f_n$ हैं, तब

$$\text{समान्तर माध्य} = \frac{f_1x_1 + f_2x_2 + f_3x_3 + \ldots + f_nx_n}{f_1 + f_2 + \ldots + f_n} = \frac{\sum_{i=1}^{n} f_i x_i}{\sum_{i=1}^{n} f_i}$$

लघु विधि $\quad \bar{x} = A + \frac{\sum_{i=1}^{n} f_i d_i}{\sum_{i=1}^{n} f_i}$

जहाँ, A = कल्पित माध्य तथा $d_i = x_i - A$

भारित समान्तर माध्य

यदि $x_1, x_2, x_3, \ldots, x_n$ के संगत भार $w_1, w_2, w_3, \ldots, w_n$ हो, तब

भारित समान्तर माध्य $= \dfrac{w_1x_1 + w_2x_2 + \ldots + w_nx_n}{w_1 + w_2 + \ldots + w_n}$

संयुक्त माध्य

यदि दो आँकड़ों के समुच्चय दिए गए हैं, तब दोनों आँकड़ों के समुच्चय को निम्न सूत्र द्वारा ज्ञात किया जा सकता है

$$x = \frac{n_1\bar{x}_1 + n_2\bar{x}_2}{n_1 + n_2}$$

जहाँ, $\bar{x}$ = दोनों आँकड़ों के समुच्चय का माध्य
$\bar{x}_1$ = पहले आँकड़ों के समुच्चय का माध्य
n_1 = पहले आँकड़ों की संख्या
$\bar{x}_2$ = दूसरे आँकड़ों के समुच्चय का माध्य
n_2 = दूसरे आँकड़ों की संख्या

गुणोत्तर माध्य

यदि तीन संख्याएँ a, x तथा b गुणोत्तर श्रेणी में हों, तो बीच वाला पद अन्य दो पदों का गुणोत्तर माध्य कहलाता है। जैसे— $x = \sqrt{a \times b}$

इसी प्रकार, यदि पदों की संख्या n हो, तो

गुणोत्तर माध्य $= (a_1 \times a_2 \times a_3 \times \ldots \times a_n)^{1/n}$

माध्यिका

अवर्गीकृत श्रेणी की माध्यिका माना प्रेक्षणों की संख्या n है। आँकड़ों को आरोही क्रम या अवरोही क्रम में व्यवस्थित करते हैं।

- यदि n विषम संख्या है, तब माध्यिका $= \left(\frac{n+1}{2}\right)$ वें पद का मान
- यदि n एक सम संख्या है, तब

$$\text{माध्यिका} = \frac{\frac{n}{2}\text{ वें पद का मान} + \left(\frac{n}{2}+1\right)\text{ वें पद का मान}}{2}$$

वितत् श्रेणी की माध्यिका दिए गए चरों के मानों को आरोही या अवरोही क्रम में व्यवस्थित करके संचयी बारम्बारता ज्ञात करते हैं।

- यदि n एक विषम संख्या है, तब माध्यिका $= \left(\frac{n+1}{2}\right)$ वें पद का मान
- यदि n एक सम संख्या है, तब

$$\text{माध्यिका} = \frac{\frac{n}{2}\text{ वें पद का मान} + \left(\frac{n}{2}+1\right)\text{ वें पद का मान}}{2}$$

सतत श्रेणी की माध्यिका

सर्वप्रथम, दिए गए आँकड़ों की संचयी बारम्बारता सारणी ज्ञात करके $\frac{N}{2}$ ज्ञात करते हैं, जहाँ $N = \Sigma f_i$, तब $\frac{N}{2}$ से ठीक बड़ी संचयी बारम्बारता वाला वर्ग माध्यिका वर्ग कहलाता है तथा माध्यिका का मान निम्न सूत्र द्वारा ज्ञात करते हैं

$$\text{माध्यिका} = L_1 + \frac{L_2 - L_1}{f}\left(\frac{N}{2} - c\right)$$

जहाँ, L_1 = माध्यिका वर्ग की निम्न सीमा,
L_2 = माध्यिका वर्ग की उच्च सीमा
f = माध्यिका वर्ग की बारम्बारता,
N = बारम्बारताओं का योग
c = माध्यिका वर्ग से पहले वर्ग की संचयी बारम्बारता

बहुलक

किसी बंटन का बहुलक चर का वह मान है जिसकी बारम्बारता सर्वाधिक होती है।

वैयक्तिक श्रेणी का बहुलक श्रेणी में अधिकतम बार पुनरावृत्ति वाले मान को श्रेणी का बहुलक कहते हैं।

वितत् श्रेणी का बहुलक वितत् श्रेणी में अधिकतम बारम्बारता वाले चर का मान वितत् श्रेणी का बहुलक होता है।

सतत् श्रेणी का बहुलक अधिकतम बारम्बारता वाले वर्ग (बहुलक वर्ग) को ज्ञात करते हैं, तब

$$\text{बहुलक} = l + \frac{f_1 - f_0}{2f_1 - f_0 - f_2} \times h$$

जहाँ, l = बहुलक वर्ग की निम्न सीमा
h = बहुलक वर्ग का आकार
f_1 = बहुलक वर्ग की बारम्बारता
f_0 = बहुलक वर्ग से पहले वर्ग की बारम्बारता
f_2 = बहुलक वर्ग से अगले वर्ग की बारम्बारता

माध्य, माध्यिका व बहुलक में सम्बन्ध

- बहुलक = 3 (माध्यिका) − 2 (माध्य)
- यदि बंटन में माध्य, माध्यिका तथा बहुलक सम्पाती हों, तो अभीष्ट बंटन सममित बंटन (Symmetric distribution) कहलाता है।
- माध्यिका सदैव माध्य तथा बहुलक के मध्य में होती है।

साधित उदाहरण

1. एक बल्लेबाज ने 6 पारियों में निम्नलिखित संख्याओं में रन बनाए
36, 35, 50, 46, 60, 55
सभी पारी में उसके द्वारा बनाए गए रनों का माध्य ज्ञात कीजिए।

(a) 57 (b) 74
(c) 47 (d) इनमें से कोई नहीं

हल (b) कुल रन = 36 + 35 + 50 + 46 + 60 + 55 = 282
माध्य ज्ञात करने के लिए, हम सभी प्रेक्षणों का योग ज्ञात करके उसे प्रेक्षणों की कुल संख्या से भाग देते हैं।
अतः इस स्थिति में माध्य $= \frac{282}{6} = 47$
इस प्रकार, एक पारी में उसके द्वारा बनाए गए रनों का माध्य 47 है।

2. निम्नलिखित संख्याओं का बहुलक ज्ञात कीजिए।
1, 1, 2, 4, 3, 2, 1, 2, 2, 4

(a) 1 (b) 2
(c) 3 (d) इनमें से कोई नहीं

हल (b) समान मान वाली संख्याओं को एकसाथ व्यवस्थित करने पर, हमें प्राप्त होता है
1, 1, 1, 2, 2, 2, 2, 3, 4, 4
इन आँकड़ों का बहुलक 2 है, क्योंकि यह अन्य प्रेक्षणों की तुलना में अधिक बार आता है।

3. प्रेक्षण 29, 32, 48, 50, x, $x + 2$, 72, 78, 84, 95, इनको आरोही क्रम में व्यवस्थित किए गए हैं, तब x का मान क्या होगा? यदि आँकड़ों की माध्यिका 63 है।

(a) 51 (b) 63
(c) 62 (d) इनमें से कोई नहीं

हल (c) दिए गए प्रेक्षण 29, 32, 48, 50, x, $x+2$, 72, 78, 84, 95 है।

प्रेक्षणों की संख्या = 10

$$\therefore \text{ माध्यिका } = \frac{\left(\frac{10}{2}\right) \text{ वें पद का मान } + \left(\frac{10}{2}+1\right) \text{ वें पद का मान}}{2}$$

$$= \frac{5 \text{ वें पद का मान } + 6 \text{ वें पद का मान}}{2}$$

$$= \frac{x + x + 2}{2} = \frac{2(x+1)}{2} = x + 1$$

दिया है, माध्यिका = 63

$\therefore$ $63 = x + 1$

$\Rightarrow$ $x = 62$

4. **एक कम्पनी में 30 कर्मचारी नियुक्त हैं और उनका औसत वेतन ₹ 500 है। एक अन्य कम्पनी में 20 कर्मचारी नियुक्त हैं और उनका औसत वेतन ₹ 600 है। दोनों कम्पनियों को मिलाने से कर्मचारियों का औसत वेतन क्या है?**

(a) ₹ 500 (b) ₹ 520

(c) ₹ 450 (d) इनमें से कोई नहीं

हल (d) यहाँ, $n_1 = 30, n_2 = 20, x_1 =$ ₹ 500 तथा $x_2 =$ ₹ 600

$$\therefore \text{ संयुक्त औसत } = \frac{n_1x_1 + n_2x_2}{n_1 + n_2}$$

$$= \frac{30 \times 500 + 20 \times 600}{30 + 20}$$

$$= \frac{15000 + 12000}{50} = \frac{27000}{50} = ₹\ 540$$

अभ्यास प्रश्न

निर्देश (प्र.सं. 1) *निम्नलिखित सारणी किसी सतत् चर X की सतत् बारम्बारता बंटन देती है।*

वर्ग-अन्तराल	0-10	10-20	20-30	30-40	40-50
बारम्बारता	5	10	20	5	10

1. **ऊपर दिए गए बारम्बारता बंटन की माध्यिका क्या है?**

(a) 35 (b) 25

(c) 15 (d) इनमें से कोई नहीं

2. **आँकड़ों 2, 4, 8, 16, 32 का गुणोत्तर माध्य क्या है?**

(a) 8 (b) 7

(c) 6 (d) इनमें से कोई नहीं

3. **तीन संख्याओं का गुणोत्तर माध्य 6 संगणित था। बाद में पता लगा कि इस संगणन में एक संख्या 8 को गलती से 12 पढ़ लिया गया था। सही गुणोत्तर माध्य क्या है?**

(a) $2\sqrt[3]{18}$ (b) 6

(c) $2\sqrt[3]{16}$ (d) $2\sqrt[3]{20}$

4. **दो संख्याओं का समान्तर माध्य 25 तथा गुणोत्तर माध्य 20 है, वे संख्याएँ क्या है?**

(a) 10 व 30 (b) 30 व 40

(c) 40 व 10 (d) इनमें से कोई नहीं

5. **नीचे दिए गए पदों को बढ़ते हुए क्रम में व्यवस्थित करने पर पदों की माध्यिका 24 है। x का मान होगा**

11, 12, 14, 18, $x+2$, $x+4$, 30, 32, 35, 41

(a) 22 (b) 21

(c) 20 (d) 25

6. **4, 1, 1, 4, 11, 7, 11, 5, 11, 30, 28 का बहुलक है**

(a) 11

(b) 4

(c) 1

(d) उपरोक्त में से कोई नहीं

निर्देश (प्र.सं. 7-9) *नीचे दी गई सारणी का ध्यानपूर्वक अध्ययन करके प्रश्नों के उत्तर दीजिए।*

90 टीवी टयूबों, जिनकी माध्य आयु 17 महीने है।

टीवी टयूबों की आयु (महीने में)	टीवी टयूबों की संख्या
0-5	3
5-10	12
10-15	x
15-20	35
20-25	y
25-30	4

7. **माध्यिका वर्ग की निम्न सीमा क्या है?**

(a) 15 (b) 17

(c) 18 (d) 20

8. **अप्राप्त बारम्बारता y क्या है?**

(a) 21 (b) 20

(c) 19 (d) इनमें से कोई नहीं

9. **बहुलक वर्ग की संचयी बारम्बारता क्या है?**

(a) 67 (b) 66

(c) 68 (d) इनमें से कोई नहीं

10. **वितरण X और Y, जिनके कुल प्रेक्षणों की संख्या क्रमशः 36 और 64 तथा माध्य 4 और 3 हैं, मिला दिए जाते हैं। परिणामी वितरण $X+Y$ का माध्य क्या है?**

(a) 4.96 (b) 3.72

(c) 3.36 (d) 4.48

11. **11 अभ्यर्थियों की आयु (वर्षों में) 8, 7, 9, 8, 10, 8, 11, 8, 8, 7 और 8 है, तब बहुलक क्या है?**

(a) 7 (b) 9

(c) 8 (d) इनमें से कोई नहीं

12. एक फैक्ट्री में 30 पुरुष और 20 महिला कर्मचारी हैं। यदि पुरुषों का औसत वेतन ₹ 4050 और सभी कर्मचारियों का औसत वेतन ₹ 3550 है, तो महिलाओं का औसत वेतन क्या है?

(a) ₹ 2900 (b) ₹ 3500
(c) ₹ 2700 (d) ₹ 2800

13. एक परीक्षार्थी के प्राप्तांकों का प्रतिशत निम्न है
अंग्रेजी 75, सांख्यिकी 60, गणित 59, भौतिकी 55, रसायन 63। यदि उपरोक्त विषयों के दिए गए भार क्रमश: 2, 1, 3, 3 और 1 हैं, तब भारित माध्य क्या होगा?

(a) 67.5% (b) 62.75%
(c) 61.5% (d) इनमें से कोई नहीं

14. निम्नलिखित आँकड़ों का समान्तर माध्य ज्ञात कीजिए।

आयु (वर्ष में)	6	5	7	2
बारम्बारता	1	2	4	3

(a) 5 (b) 7
(c) 6 (d) इनमें से कोई नहीं

15. एक कक्षा के A, B और C तीन अनुभाग हैं जिसमें क्रमशः 35, 35 और 30 विद्यार्थी हैं। अनुभाग A और B के विद्यार्थियों द्वारा एक 100 अंकों वाली परीक्षा में अर्जित अंकों का समान्तर माध्य क्रमशः 74 और 70 है। उसी विषय में 75 अंकों वाली एक परीक्षा में अनुभाग C के विद्यार्थियों द्वारा अर्जित अंकों का समान्तर माध्य 51 है। तीनों अनुभागों के सभी 100 विद्यार्थियों द्वारा अर्जित अंकों का औसत प्रतिशत क्या है?

(a) 71.90% (b) 70.80%
(c) 72.80% (d) 74.45%

16. नीचे दी गई तालिका में 30 विभिन्न राज्यों में सड़कों पर कारों की संख्या को दर्शाया गया है

कार (लाख में)	1-3	3-5	5-7	7-9	9-11
राज्यों की संख्या	10	8	5	6	1

उपरोक्त सारणी का बहुलक क्या होगा?

(a) 1.97% (b) 3.57%
(c) 2.67 (d) इनमें से कोई नहीं

17. माना $\bar{x}$, n प्रेक्षणों $x_1, x_2, \ldots, x_n$ का माध्य है। यदि प्रत्येक प्रेक्षण में $(a-b)$ जोड़ें, तो नये प्रेक्षण समुच्चय का माध्य क्या है?

(a) $\bar{x}+(a+b)$ (b) $\bar{x}+(a-b)$
(c) $\bar{x}-(a-b)$ (d) इनमें से कोई नहीं

उत्तरमाला

1. (b)	**2.** (a)	**3.** (a)	**4.** (c)	**5.** (b)
6. (a)	**7.** (a)	**8.** (b)	**9.** (b)	**10.** (c)
11. (c)	**12.** (d)	**13.** (c)	**14.** (a)	**15.** (b)
16. (c)	**17.** (b)			

संकेत एवं हल

1.

वर्ग-अन्तराल	बारम्बारता (f)	संचयी बारम्बारता (cf)
0-10	5	5
10-20	10	15
20-30	20	35
30-40	5	40
40-50	10	50

$N = 50$

यहाँ, $\frac{N}{2} = \frac{50}{2} = 25$

तथा $f = 20, l = 20, h = 10, c = 15$

तब, माध्यिका $= l + \frac{h}{f}\left(\frac{N}{2} - c\right)$

$= 20 + \frac{10}{20}(25 - 15)$

$= 20 + \frac{10}{20} \times 10 = 25$

2. दिए गए आँकड़े 2, 4, 8, 16, 32 हैं।

तब इनका गुणोत्तर माध्य,

$G = (2 \cdot 4 \cdot 8 \cdot 16 \cdot 32)^{1/5}$

$G = (2^1 \cdot 2^2 \cdot 2^3 \cdot 2^4 \cdot 2^5)^{1/5}$

$G = (2^{15})^{1/5} = 2^3 = 8$

3. अभीष्ट सही गुणोत्तर माध्य $= 2\sqrt[3]{18}$

4. यदि संख्याएँ a तथा b हों, तो $25 = \frac{a+b}{2}$

$\Rightarrow \quad a + b = 50 \Rightarrow b = 50 - a$

तथा $20 = \sqrt{ab} \Rightarrow ab = 400$

स्पष्टत: $a(50 - a) = 400$

$\Rightarrow \quad 50a - a^2 = 400$

$\Rightarrow \quad a^2 - 50a + 400 = 0$

$\Rightarrow \quad (a - 40)(a - 10) = 0$

$\Rightarrow \quad a = 40, 10$

अत: $a = 40$ तथा $b = 10$

5. पद 11, 12, 14, 18, $x + 2$, $x + 4$, 30, 32, 35 व 41 हैं।

यहाँ, $n = 10$ (सम संख्या)

$\therefore$ माध्यिका $= \dfrac{\frac{n}{2}\text{वाँ पद} + \left(\frac{n}{2}+1\right)\text{वाँ पद}}{2}$

$= \dfrac{5\text{वाँ पद} + 6\text{वाँ पद}}{2}$

$= \dfrac{(x+2)+(x+4)}{2} = 24$

$\Rightarrow \quad \frac{2x+6}{2} = 24 \Rightarrow 2x = 48 - 6$

$\Rightarrow \quad 2x = 42$

$\therefore \quad x = \frac{42}{2} = 21$

6. दिए गए आँकड़ों का बहुलक 11 है, क्योंकि 11 की बारम्बारता सबसे अधिक है।

हल (प्र. सं. 7-9)

वर्ग- अन्तराल	बारम्बारता	संचयी बारम्बारता
0-5	3	3
5-10	12	15
10-15	x	$15 + x$
15-20	35	$50 + x$
20-25	y	$50 + x + y$
25-30	4	$54 + x + y$

$\because \quad N = 90 \Rightarrow \frac{N}{2} = 45$

7. माध्यिका वर्ग की निम्न सीमा 15 है।

8. $\because \quad m = l + \left(\frac{N}{2} - c\right) \times \frac{h}{f}$

$\Rightarrow \quad 17 = 15 + \frac{[45 - (15 + x)] \times 5}{35} \quad \Rightarrow 17 = 15 + \frac{30 - x}{7}$

$\Rightarrow \quad 14 = 30 - x \Rightarrow x = 16 \quad \Rightarrow y = 36 - 16 = 20$

अतः अज्ञात बारम्बारता 20 है।

9. बहुलक वर्ग की संचयी बारम्बारता $= 50 + x = 50 + 16 = 66$

10. अभीष्ट माध्य $= \frac{36 \times 4 + 64 \times 3}{36 + 64} = \frac{144 + 192}{100} = \frac{336}{100} = 3.36$

11. चूँकि 11 अभ्यर्थियों की आयु (वर्षों में) 8, 7, 9, 8, 10, 8, 11, 8, 8, 7 और 8 है, जहाँ 8 की बारम्बारता सबसे अधिक अर्थात् 6 है। अतः अभीष्ट बहुलक 8 है।

12. $\because n = 50, \bar{x} = 3550, n_1 = 30, x_1 = 4050$ तथा $n_2 = 20$

हम जानते हैं कि, $n\bar{x} = n_1x_1 + n_2x_2$

$\Rightarrow \quad 50 \times 3550 = 30 \times 4050 + 20x_2$

$\Rightarrow \quad 177500 - 121500 = 20x_2$

$\therefore \quad x_2 = 2800$

अतः महिलाओं की औसत आय = ₹ 2800

13.

विषय	प्राप्तांक (x_i)	भार (w_i)	w_ix_i
अंग्रेजी	75	2	150
सांख्यिकी	60	1	60
गणित	59	3	177
भौतिकी	55	3	165
रसायन	63	1	63
		10	615

भारित माध्य $\bar{x}w = \frac{\Sigma w_i x_i}{\Sigma w_i} = \frac{615}{10} = 61.5\%$

14. अभीष्ट समान्तर माध्य

$$= \frac{6 \times 1 + 5 \times 2 + 7 \times 4 + 2 \times 3}{1 + 2 + 3 + 4}$$

$$= \frac{6 + 10 + 28 + 6}{10} = \frac{50}{10} = 5$$

15. अनुभाग C, 75 अंकों में से 51 समान्तर माध्य अर्जित करता है।

$\therefore C$ द्वारा अर्जित $= \frac{51}{75} \times 100 = 68$ समान्तर 100 में से

$\therefore$ औसत प्रतिशत अंक

$$= \frac{35 \times 74 + 35 \times 70 + 30 \times 68}{100}$$

$$= \frac{2590 + 2450 + 2040}{100} = 70.80\%$$

16. यहाँ, बहुलक वर्ग $= (1 - 3)$

[$\because$ इसकी आवृत्ति सबसे अधिक है अर्थात् 10]

अब, $\quad L_1 = 1, L_2 = 3, f = 10, f_1 = 0, f_2 = 8$

$\therefore \quad$ बहुलक $= L_1 + \frac{f - f_1}{(2f - f_1 - f_2)} \times (L_2 - L_1)$

$$= 1 + \frac{(10 - 0)}{(2 \times 10 - 0 - 8)} \times (3 - 1)$$

$$= 1 + \frac{10}{20 - 8} \times 2 = 1 + \frac{10 \times 2}{12}$$

$$= 2.66666 = 2.67$$

17. $\because \quad x_1, x_2, \ldots, x_n$ प्रेक्षणों का माध्य $\bar{x}$ है।

$\therefore \quad \bar{x} = \frac{x_1 + x_2 + x_3 + \ldots + x_n}{n}$

$(a - b)$ प्रत्येक पद में जोड़ने पर, नया माध्य

$$= \frac{x_1 + (a - b) + x_2 + (a - b) + \ldots + x_n + (a - b)}{n}$$

$$= \frac{x_1 + x_2 + \ldots + x_n}{n} + \frac{n(a - b)}{n} = \bar{x} + (a - b)$$

गणितीय तर्कशक्ति

(Mathematical Reasoning)

गणितीय तर्कशक्ति से हमारा तात्पर्य उस योग्यता से है जिसमें गणितीय योग्यता के साथ तार्किक तथा बौद्धिक क्षमता एवं व्यवहारिक ज्ञान का भी समावेश होता है।

वर्तमान समय में अनेक प्रतियोगी परीक्षाओं में गणितीय तर्कशक्ति (Mathematical Reasoning) पर आधारित प्रश्न पूछे जा रहे हैं। इसके अन्तर्गत पूछे जाने वाले प्रश्न गणित के लिए प्रतिपादित नियमों और आधारभूत गणनाओं पर आधारित होते हैं। जिनका मुख्य उद्देश्य अभ्यर्थियों में गणित सम्बन्धी सामान्य बौद्धिक तथा तार्किक क्षमता का आकलन करना होता है।

इस प्रकार के प्रश्नों को हल करने में अभ्यर्थियों की गणितीय संकल्पनाओं व नियमों की जानकारी मुख्य भूमिका निभाती है।

इस प्रकार के प्रश्नों को निम्नलिखित उदाहरणों द्वारा समझाया गया है। अत: छात्र इन उदाहरणों का ध्यानपूर्वक अध्ययन करें।

साधित उदाहरण

1. कितनी बत्तखें कम-से-कम संख्या में फॉर्मेशन बनाकर तैर सकती हैं, यदि एक बत्तख के आगे दो बत्तखें हैं और एक बत्तख के पीछे दो बत्तखें हैं और दो बत्तखों के बीच में एक बत्तख हो?

(a) तीन (b) चार (c) पाँच (d) छ:

***हल** (a)* प्रश्नानुसार,

→
बत्तख बत्तख बत्तख
1 2 3
←

यहाँ बत्तख 1 के पीछे दो बत्तखे हैं तथा बत्तख 3 के आगे दो बत्तख हैं और बत्तख 1 व 3 के बीच में एक बत्तख (बत्तख 2) है।

2. कितने समय में एक बन्दर 60 फीट लम्बे पेड़ के शीर्ष पर पहुँच जाएगा, यदि वह एक सेकण्ड में 3 फीट उछलता है और तुरन्त 2 फीट फिसल जाता है?

(a) 60 सेकण्ड (b) 50 सेकण्ड (c) 58 सेकण्ड (d) 57 सेकण्ड

***हल** (c)* पेड़ की कुल लम्बाई = 60 फीट

बन्दर पहले सेकण्ड में 3 फीट ऊपर जाता है एवं 2 फीट नीचे फिसल जाता है

अर्थात् 1 सेकण्ड में वह केवल $3 - 2 = 1$ फीट ही ऊपर चढ़ पाता है।

∵ बन्दर 1 फीट ऊपर चढ़ता है = 1 सेकण्ड में

∴ 57 फीट चढ़ेगा = 57 सेकण्ड में

तथा शेष 3 फीट वह अगले सेकण्ड में चढ़ेगा।

अत: बन्दर द्वारा पेड़ पर चढ़ने में लिया गया कुल समय $= 57 + 1 = 58$ सेकण्ड

3. एक टूर्नामेण्ट में 14 टीमें खेलीं। लीग चरण में, प्रत्येक टीम हर दूसरी टीम से केवल एक ही बार खेली। लीग चरण के बाद, शीर्ष की चार टीमों में दो सेमीफाइनल हुए और अन्तत: सेमीफाइनल के विजेताओं में एक फाइनल मैच हुआ, तो कुल कितने मैच खेले गए?

(a) 108 (b) 94 (c) 81 (d) 78

***हल** (b)* प्रश्नानुसार, 14वीं टीम अन्य 13 टीमों के साथ खेलेगी। मैचों की संख्या 14, 13 ....।

अब चूँकि 14वीं व 13वीं टीम एकसाथ खेल चुकी हैं, तो ये दोबारा साथ नहीं खेलेंगी, अब 13वीं टीम के लिए मैचों की संख्या 13, 12... इसी प्रकार क्रम जारी रहेगा।

तब, सभी 14 टीमों द्वारा खेले गए मैचों की संख्या

$$= \frac{n(n+1)}{2} = \frac{13(13+1)}{2} = \frac{13 \times 14}{2} = 91$$

∴ कुल मैच = 91 + 2 (मैच सेमीफाइनल) + 1 मैच (फाइनल) = 94

4. एक रेस्तरां में तीन प्रकार का फलों का रस मिलता है। रेस्तरां मालिक इस बारे में एक सर्वेक्षण करता है और इस सर्वेक्षण में निम्नलिखित आँकड़ें प्राप्त होते हैं: 45 लोगों को पहले वाला पसन्द है, 60 लोगों को दूसरा वाला पसन्द है और 40 लोगों को तीसरा वाला पसन्द है। 20 लोगों को तीनों ही पसन्द हैं। 30 लोगों को इनमें से कम-से-कम दो पसन्द हैं। कितने लोगों को कम-से-कम एक प्रकार के फल का रस पसन्द है?

(a) 58 (b) 60 (c) 56 (d) 75

***हल** (d)* प्रश्नानुसार,

प्रकार 2
प्रकार 1
5 10 20
20
10 10
0
प्रकार 3

∵ कम-से-कम दो प्रकार के फलों के रस पसन्द करने वाले लोगों की संख्या = 30

∴ कम-से-कम एक प्रकार के फल के रस को पसन्द करने वाले लोगों की संख्या $= 10 + 10 + 10 + 20 + 20 + 5 = 75$

अभ्यास प्रश्न

1. एक परीक्षा में 5 छात्र A, B, C, D और E उपस्थित हुए। यदि C को B से 5 अंक कम मिले, D को B से 10 अंक अधिक मिले और A से 20 अंक कम मिले एवं E को B से 22 अंक अधिक मिले हों और B को कुल 40 अंक मिले हों, तो A को कितने अंक मिले?

(a) 52 (b) 60 (c) 64 (d) 70

2. 50 छात्रों की एक कक्षा में 18 ने संगीत लिया है, 26 ने कला तथा 2 ने कला और संगीत दोनों लिए हैं। कक्षा में कितने छात्रों ने न संगीत और न कला लिया है?

(a) 6 (b) 8 (c) 16 (d) 24

3. एक पिता ने अपने पुत्र के जन्म दिवस पर कुछ लड़के व लड़कियों को बुलाया। लड़कों की संख्या लड़कियों से 2 कम थी। पिता ने सभी लड़कों को ₹ 10 और सभी लड़कियों को ₹ 20 उपहारस्वरूप दिए। यदि कुल ₹ 280 खर्च हुए, तो लड़कों की संख्या बताओ।

(a) 8 (b) 10 (c) 12 (d) 14

4. एक परीक्षा में, किसी परीक्षार्थी ने केवल 8 प्रश्नों को हल करने का प्रयत्न किया और प्रत्येक प्रश्न में 50% अंक प्राप्त किए। यदि उसने उस परीक्षा में कुल 40% अंक प्राप्त किए और परीक्षा के सभी प्रश्नों के अंक बराबर थे, तब उस परीक्षा में कितने प्रश्न थे?

(a) 8 (b) 10
(c) 15 (d) 16

5. गाय और मुर्गियों के एक झुण्ड में पैरों की संख्या, सिरों की संख्या के दोगुने से 14 अधिक है। बताइए इस झुण्ड में कुल कितनी गाय हैं?

(a) 7 (b) 9 (c) 11 (d) 12

6. एक बन्दर किसी फिसलनदार 16 मी ऊँचे खम्भे पर चढ़ता है। यदि वह 1 मिनट में 1 मी चढ़ता है तथा अगले मिनट में 1/4 मी फिसल जाता है, तो वह खम्भे की चोटी पर पहुँचेगा

(a) 30 मिनट में (b) 32 मिनट में
(c) 40 मिनट में (d) इनमें से कोई नहीं

7. एक खुदरा दुकान में, 54 अलमारियाँ थीं। प्रत्येक अलमारी में 28 रैक बने थे। प्रत्येक रैक में 10 बॉक्स रखे थे। प्रत्येक बॉक्स में 4 कमीजें रखी थीं। एक दिन 500 बॉक्स बेचे गए और 250 खरीदे गए। उस दिन कितनी कमीजें थी?

(a) 60380 (b) 59360
(c) 59580 (d) 59480

8. रमेश को कुछ आम मिले, जिनमें पके हुए आमों की संख्या, कच्चे आमों से तीन गुनी थी। यदि उसे कुल 68 आम मिले, तो उनमें से कितने कच्चे थे?

(a) 17 (b) 16 (c) 34 (d) 18

9. एक मशीन जो एक फीते को 10 मी के टुकड़ों में काटती है, उसे एक बार काटने में 6 सेकण्ड लगते हैं। उसे 3 किमी लम्बा फीता पूरी तरह से टुकड़ों में काटने में कितना समय लगेगा?

(a) 174 सेकण्ड (b) 180 सेकण्ड
(c) 1794 सेकण्ड (d) 1800 सेकण्ड

10. एक क्लब में 19 हॉकी खिलाड़ी हैं। एक विशेष दिन 14 खिलाड़ी निर्धारित हॉकी शर्ट पहने हुए थे। उनमें कोई भी बिना हॉकी पैण्ट अथवा शर्ट के नहीं था। 11 खिलाड़ी निर्धारित हॉकी पैण्ट पहने हुए थे। कितने खिलाड़ी पूरी वर्दी में थे?

(a) 7 (b) 8
(c) 6 (d) 9

11. एक सन्तरे की कीमत ₹ 7 है और एक तरबूज की कीमत ₹ 5 है। श्याम ने दोनों फल ₹ 38 में खरीदे। उसके द्वारा खरीदे गए सन्तरों की संख्या क्या हैं?

(a) 2 (b) 3
(c) 4 (d) 5

12. एक पुस्तक में 300 पृष्ठ हैं और प्रत्येक पृष्ठ पर 10-10 शब्दों की 20 पंक्तियाँ हैं। पुस्तक में कुल कितने शब्द हैं?

(a) 6000 (b) 60000
(c) 66000 (d) 600000

13. दो सन्तरे, तीन केले व चार सेब की कीमत ₹ 15 है। तीन सन्तरे, दो केले व एक सेब ₹ 10 में मिलते हैं। अमित 3 सन्तरे, 3 केले व 3 सेब की कितनी कीमत चुकाएगा?

(a) ₹ 10
(b) ₹ 15
(c) ₹ 8
(d) कीमत पता नहीं की जा सकती

14. कुछ घोड़े और उतनी ही संख्या में आदमी कहीं जा रहे हैं। आधे आदमी अपने घोड़े पर बैठे हैं, जबकि शेष आदमी अपने घोड़े का नेतृत्व करते हुए पैदल चल रहे हैं। यदि जमीन पर चल रहे पैरों की संख्या 70 हो, तो बताइए कि घोड़ों की संख्या कितनी है?

(a) 10 (b) 12 (c) 14 (d) 16

15. एक मैदान में कुछ बत्तख और बकरे हैं। कुल मिलाकर 77 सिर और 224 पैर हैं। बत्तखों की संख्या कितनी है?

(a) 42 (b) 30
(c) 32 (d) 47

16. एक ईंट के भट्टे में 100 ईंटें थी। तापन प्रक्रिया में उनमें से 1/4 दो टुकड़ों में टूट गई थी और 1/5 के तीन टुकड़े हो गए थे। कितनी पूरी (अखण्डित) ईंटें शेष बचीं?

(a) 40 (b) 45 (c) 55 (d) 56

17. एक कार्यालय में 1/3 कर्मचारी महिलाएँ हैं, महिलाओं में 1/2 विवाहित हैं और विवाहित महिलाओं में से 1/3 के बच्चे हैं। यदि पुरुषों में से 3/4 विवाहित हैं और विवाहित पुरुषों में से 2/3 के बच्चे भी हैं, तो कर्मचारियों का कितना भाग बिना बच्चों के है?

(a) $\frac{5}{18}$ (b) $\frac{4}{7}$ (c) $\frac{11}{18}$ (d) $\frac{17}{36}$

18. X, 98 प्रश्नों को हल करता है और 202 अंक प्राप्त करता है। यदि प्रत्येक सही उत्तर के लिए 4 अंक हैं और प्रत्येक गलत उत्तर के लिए नकारात्मक एक अंक है, तो Mr. X द्वारा सही उत्तर दिए गए प्रश्नों की संख्या .... है।

(a) 58 (b) 38 (c) 60 (d) 40

19. एक बन्दर 12 मी ऊँचे चिकने खम्भे पर चढ़ता है। वह पहले मिनट में 2 मी चढ़ता है और अगले मिनट में 1 मी नीचे फिसल जाता है। आगे भी इसी प्रकार का क्रम जारी रहे, तो वह कितने मिनट में खम्भे के शीर्ष पर पहुँच जाएगा?

(a) 21 (b) 15
(c) 10 (d) 20

20. एक झुण्ड में कुछ गाय, बैल एवं 45 मुर्गियाँ हैं। प्रति 15 जानवरों पर एक ग्वाला रखवाली करता है। बैलों की संख्या गायों से दोगुनी है। यदि कुल सिरों की संख्या पैरों की संख्या से (ग्वालों सहित) 186 कम है, तो वहाँ कितने ग्वाले हैं?

(a) 6 (b) 8
(c) 10 (d) 12

21. एक पार्क में, मोर की संख्या का वर्ग खरगोशों की संख्या के वर्ग से 56 अधिक है। यदि 4 खरगोश अधिक होते, तो मोरों की संख्या खरगोशों जितनी ही होती। पार्क में मोर और खरगोशों की कुल संख्या कितनी है?

(a) 9 (b) 13
(c) 14 (d) 18

22. नीचे प्याज की प्रत्येक 15 दिन की कीमतें दिखाई गई हैं। फरवरी के तीसरे सप्ताह में प्याज की कीमत मालूम करें।

माह	अवधि	कीमतें
दिसम्बर	प्रथम सप्ताह	20
दिसम्बर	तीसरा सप्ताह	60
जनवरी	प्रथम सप्ताह	40
जनवरी	तीसरा सप्ताह	120
फरवरी	प्रथम सप्ताह	100
फरवरी	तीसरा सप्ताह	?

(a) 140 (b) 300
(c) 180 (d) 320

23. राजन और मनु बाजार जाते हैं। राजन ₹ 105 में 3 रबड़ और 5 कलम खरीदता है, जबकि मनु ₹ 130 में 4 रबड़ और 6 कलम खरीदता है। एक रबड़ का मूल्य क्या है?
(a) ₹ 25 (b) ₹ 20 (c) ₹ 10 (d) ₹ 21

24. एक चरवाहे के पास 17 भेड़ें थीं। उनमें से 9 को छोड़कर बाकी सब मर गईं। कितनी भेड़ें शेष हैं?
(a) 9 (b) 8 (c) 7 (d) 10

25. एक परीक्षा में, (+ 5) अंक हर सही उत्तर के लिए दिए जाते हैं और (– 2) प्रत्येक गलत उत्तर के लिए अंक दिए जाते हैं। राकेश ने सभी सवालों के जवाब दिए और 30 अंक प्राप्त किए, हालांकि उसे 10 सही उत्तर मिले। उसने कितने गलत उत्तरों का चयन किया था?
(a) – 10 (b) 12 (c) 10 (d) – 12

निर्देश (प्र. सं. 26-28) *निम्नलिखित जानकारी पर ध्यान दें और उस पर आधारित प्रश्नों के उत्तर दें।*

100 छात्रों के समूह में, 20 को केवल मराठी पसन्द है 30 को केवल हिन्दी, 25 को केवल तमिल, 10 को मराठी और हिन्दी दोनों पसन्द हैं। 5 को बंगाली और तमिल दोनों पसन्द हैं तथा शेष को केवल बंगाली पसन्द है।

26. बंगाली पसन्द करने वाले छात्रों की तुलना में मराठी पसन्द करने वाले छात्रों का अनुपात है
(a) 1 : 2 (b) 8 : 3 (c) 3 : 8 (d) 2 : 1

27. कितने छात्रों को तमिल पसन्द है?
(a) 30 (b) 25 (c) 20 (d) 15

28. उन छात्रों की संख्या बताएँ, जिन्हें केवल एक भाषा पसन्द है।
(a) 60 (b) 15 (c) 85 (d) 75

29. एक तबेले में 98 गाय थी, उनमें से 52 बीमार हो गईं। उन सभी बीमार गायों में से 11 को छोड़ सभी बच पाईं। 9 नई गाय तबेले में लाई गईं।
अब, दूधवाले को तबेले में कितनी गाय मिलेंगी?
(a) उसे तबेले में 57 गाय मिलेंगी
(b) उसे तबेले में 96 गाय मिलेंगी
(c) उसे तबेले में 87 गाय मिलेंगी
(d) उसे तबेले में 66 गाय मिलेंगी

30. एक बैठक की समाप्ति पर, उपस्थित सभी दस लोग एक-दूसरे के साथ हाथ मिलाते हैं। कुल मिलाकर कितनी बार एक-दूसरे से हाथ मिलाएँगें?
(a) 20 (b) 30 (c) 40 (d) 45

31. एक दर्जी को कपड़े के रोल से 10 कमीज के बराबर टुकड़े काटने हैं। वह एक मिनट में 45 कमीज के टुकड़े काट सकता है। 24 मिनट में वह कुल कितने कपड़े के रोल काट सकता है?
(a) 120 (b) 108 (c) 84 (d) 72

32. एक प्रतियोगिता में सात खिलाड़ियों ने भाग लिया। विजेता बनने के लिए प्रत्येक खिलाड़ी को अन्य सभी खिलाड़ियों से प्रतिस्पर्धा करनी होगी। बताइए प्रतियोगिता में कुल कितनी बार मुकाबला किया जाएगा?
(a) 14 (b) 21
(c) 42 (d) 49

33. एक अस्पताल में, कुछ मरीज डॉक्टर से अपनी बीमारी के बारे में परामर्श करने के लिए प्रतीक्षा कर रहे हैं। 40 रोगियों को मधुमेह और 30 रोगियों को उच्च रक्तचाप है। 22 रोगियों को मधुमेह और उच्च रक्तचाप दोनों हैं जबकि 17 रोगियों को न तो मधुमेह है और न ही उच्च रक्तचाप की समस्या है। अस्पताल में प्रतीक्षारत रोगियों की कुल संख्या कितनी है?
(a) 56 (b) 65
(c) 87 (d) 109

34. एक संगीत कक्षा में, 12 छात्र बांसुरी बजा सकते हैं, 11 गिटार बजा सकते हैं और 10 वायलिन बजा सकते हैं। 6 छात्र बांसुरी के साथ ही गिटार भी बजा सकते हैं और उनमें से 3 छात्र वायलिन भी बजा सकते हैं। 3 छात्र केवल गिटार और 4 छात्र केवल वायलिन बजा सकते हैं। कितने छात्र केवल बांसुरी बजा सकते हैं?
(a) 4 (b) 5
(c) 6 (d) 7

35. एक सभा में आठ व्यक्ति उपस्थित थे। सभा के अन्त में सभी ने एक-दूसरे से हाथ मिलाया। सभा के अन्त में कुल कितनी बार हाथ मिलाए गए?
(a) 56 (b) 28
(c) 48 (d) 64

36. 9 शाखाओं में 9 घोसले हैं, हर घोसले में नौ चिड़ियों को खाने के लिए नौ दाने चाहिए। कुल कितने दानों की आवश्यकता होगी?
(a) 36 (b) 4781
(c) 6561 (d) 7248

37. एक चिड़ियाघर में शेर और शुतुरमुर्ग हैं। सिरों की गणना करके वे 80 हैं तथा उनके पैरों की संख्या 200 है, तो वहाँ कितने शुतुरमुर्ग हैं?
(a) 10 (b) 20
(c) 40 (d) 60

38. एक विद्यार्थी ने जितने प्रश्न सही किए उससे तीन गुने गलत किए। यदि उसने कुल 76 प्रश्न हल (attempt) किए, तो उसने कितने प्रश्न सही-सही हल किए?
(a) 18 (b) 17 (c) 19 (d) 15

39. अमित 20 चॉकलेट, 40 मिनट में पैक करता है। गुनीत 30 चॉकलेट 45 मिनट में पैक करता है। दोनों एकसाथ 1 घण्टे में कितने चॉकलेट पैक कर सकते हैं?
(a) 90 (b) 70 (c) 60 (d) 80

निर्देश (प्र.सं. 40-42) *नीचे दी गई जानकारी को पढ़ें और इस पर आधारित प्रश्नों के उत्तर दें।*

एक प्रकाशन फर्म डेक्कन हेराल्ड, टाइम्स ऑफ इण्डिया और डेक्कन क्रॉनिकल नामक अखबारों का प्रकाशन करती है। इन अखबारों में विज्ञापन डालने हेतु विज्ञापनदाताओं को समझाने के लिए, फर्म सम्भावित विज्ञापनदाताओं को निम्नलिखित ब्यौरा प्रदान करती है

पूरी आबादी का प्रतिनिधित्व करने वाले नमूने के एक सर्वेक्षण से पता चला है कि

- डेक्कन हेराल्ड अखबार 26% लोगों द्वारा पढ़ा जाता है
- टाइम्स ऑफ इण्डिया अखबार 25% लोगों द्वारा पढ़ा जाता है
- डेक्कन क्रॉनिकल अखबार 14% लोगों द्वारा पढ़ा जाता है
- डेक्कन हेराल्ड और टाइम्स ऑफ इण्डिया अखबार 11% लोगों द्वारा पढ़ा जाता है
- टाइम्स ऑफ इण्डिया अखबार और डेक्कन क्रॉनिकल अखबार 10% लोगों द्वारा पढ़ा जाता है
- डेक्कन क्रॉनिकल अखबार और डेक्कन हेराल्ड अखबार 9% लोगों द्वारा पढ़ा जाता है
- केवल डेक्कन क्रॉनिकल अखबार 0% लोगों द्वारा पढ़ा जाता है

40. कितने प्रतिशत पाठक तीनों अखबार पढ़ते हैं?
(a) 2 (b) 10
(c) 6 (d) 5

41. कितने प्रतिशत पाठक डेक्कन हेराल्ड और टाइम्स ऑफ इण्डिया तो पढ़ते हैं, लेकिन डेक्कन क्रॉनिकल नहीं पढ़ते?
(a) 10 (b) 5
(c) 0 (d) 6

42. कितने प्रतिशत पाठक तीनों अखबारों में से कम-से-कम एक अखबार पढ़ते हैं?
(a) 10 (b) 25
(c) 50 (d) 40

निर्देश (प्र. सं. 43-46) *दी गई जानकारी को ध्यान से पढ़ें और नीचे दिए गए प्रश्नों का उत्तर दें।*

एक हाउसिंग सोसायटी में, 200 परिवार हैं। इन परिवारों में से 70 के पास एक कार है लेकिन कोई बाइक नहीं है; 50 परिवारों के पास एक बाइक और एक कार है और 65 परिवारों के पास केवल एक बाइक है। शेष परिवारों के पास न तो एक कार है और न ही बाइक है।

43. हाउसिंग सोसायटी में कुल कितनी बाइक हैं?
(a) 50 (b) 115
(c) 65 (d) 125

44. उन परिवारों के बीच का अनुपात क्या है, जिनके पास केवल एक वाहन है और जिनके पास कोई वाहन नहीं है?
(a) 9 : 2
(b) 11 : 2
(c) 9 : 1
(d) 12 : 1

45. बाइक की तुलना में हाउसिंग सोसायटी में कितनी कारें हैं?
(a) दोनों बराबर संख्या में हैं
(b) 20
(c) 15 (d) 5

46. कितने परिवारों के पास कम-से-कम एक वाहन है?
(a) 185 (b) 135
(c) 165
(d) निर्धारित नहीं किया जा सकता है

47. एक बस जब चली, तो उसमें निश्चित संख्या में कुछ यात्री बैठे हुए थे। पहले स्टॉप पर बस से आधे यात्री उतर गए और 35 यात्री बस में चढ़े। दूसरे स्टॉप पर 1/5 यात्री उतर गए और 40 यात्री चढ़े। उसके बाद बस में 80 यात्री थे और वह बिना रुके गन्तव्य स्थल की ओर गई। आरम्भ में बस में कितने यात्री थे?
(a) 25
(b) 30
(c) 40
(d) 50

उत्तरमाला

1. (d)	2. (b)	3. (a)	4. (b)	5. (a)	6. (d)	7. (d)	8. (a)	9. (c)	10. (c)
11. (c)	12. (b)	13. (b)	14. (c)	15. (a)	16. (c)	17. (c)	18. (c)	19. (a)	20. (a)
21. (c)	22. (b)	23. (c)	24. (a)	25. (c)	26. (d)	27. (a)	28. (c)	29. (b)	30. (d)
31. (b)	32. (b)	33. (b)	34. (b)	35. (b)	36. (c)	37. (d)	38. (c)	39. (b)	40. (d)
41. (d)	42. (d)	43. (b)	44. (c)	45. (d)	46. (a)	47. (b)			

संकेत एवं हल

1. प्रश्नानुसार, $B = 40$

$\therefore$ $E = 40 + 22 = 62$

$D = 40 + 10 = 50$

$A = 50 + 20 = 70$

$C = 40 - 5 = 35$

अतः A को मिले अंक = 70

2. कुल छात्रों की संख्या = 50

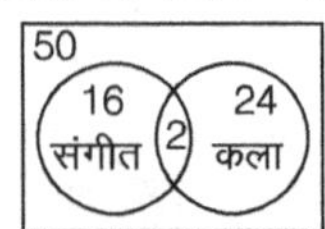

कक्षा में न तो संगीत और न ही कला लेने वाले छात्रों की संख्या

$= 50 - (16 + 2 + 24) = 50 - 42 = 8$

3. माना लड़कों की संख्या $= x$

तब, लड़कियों की संख्या $= x + 2$

$\therefore \quad x \times 10 + (x+2) \times 20 = 280$

$\Rightarrow \quad 10x + 20x + 40 = 280$

$\Rightarrow \quad 30x = 240 \Rightarrow x = 8$

4. माना प्रत्येक प्रश्न के लिए अंक $= x$

दिया है, परीक्षा में परीक्षार्थी ने केवल 8 प्रश्न हल किए और $\frac{x}{2}$ अंक प्राप्त किए।

तब, परीक्षार्थी द्वारा प्राप्त किए गए कुल अंक $= 8\left(\frac{x}{2}\right) = 4x$

चूँकि परीक्षा में परीक्षार्थी 40% अंक प्राप्त करता है।

$\therefore$ परीक्षा में कुल अंक

$= \frac{4x}{40} \times 100 = 10x$

अतः परीक्षा में कुल प्रश्नों की संख्या

$= \frac{10x}{x} = 10$

5. माना झुण्ड में गाय की संख्या x तथा मुर्गियों की संख्या y है।

पैरों की संख्या $= 4x + 2y$ [$\because$ गाय के चार व मुर्गी के दो पैर होते हैं]

सिरों की संख्या $= x + y$

प्रश्नानुसार,

$4x + 2y = (x + y) \times 2 + 14$

$\Rightarrow \quad 4x + 2y = 2x + 2y + 14$

$\Rightarrow \quad 4x - 2x = 2y - 2y + 14$

$\Rightarrow \quad 2x = 14 \Rightarrow x = 7$

अतः झुण्ड में गायों की संख्या = 7

6. बन्दर खम्भे पर 1 मिनट में 1 मी चढ़ता है और अगले मिनट में $\frac{1}{4}$ मी फिसल जाता है।

इसलिए, बन्दर 2 मिनट में $\frac{3}{4}$ मी चढ़ेगा।

$\therefore$ 40 मिनट में बन्दर चढ़ेगा

$= \frac{3}{4} \times 20 = 15$ मी

अब, बन्दर आखिरी 1 मी अगले मिनट में चढ़ेगा।

$\therefore$ बन्दर खम्भे के आखिरी छोर पर 41 मिनट में चढ़ेगा।

7. कुल कमीजों की संख्या

$= 54 \times 28 \times 10 \times 4 = 60480$

बेचे गए बॉक्स = 500

खरीदे गए बॉक्स = 250

अतः 250 बॉक्स कम हुए।

$\therefore$ 250 बॉक्स में कमीजों की संख्या

$= 250 \times 4 = 1000$

अतः उस दिन कुल कमीजों की संख्या

$= 60480 - 1000 = 59480$

8. माना कच्चे आमों की संख्या $= x$

तथा पके हुए आमों की संख्या $= 3x$

प्रश्नानुसार, $x + 3x = 68$

$\Rightarrow \quad 4x = 68$

$\Rightarrow \quad x = 17$

9. हम जानते हैं कि, 1 किमी = 1000 मी

$\therefore$ मशीन को 10 मी फीता काटने में लगा समय = 6 सेकण्ड

$\therefore$ 3000 मी या 3 किमी फीता काटने में लगा समय $= \frac{3000}{10} \times 6$

= 1800 सेकण्ड

चूँकि जब अन्त में 20 मी फीता बचेगा, तो मशीन का इस्तेमाल एक बार ही करना होगा।

अतः अभीष्ट समय = 1800 − 6

= 1794 सेकण्ड

10. कुल खिलाड़ी = 19
हॉकी शर्ट और हॉकी पैण्ट दोनों के खिलाड़ी = 14 + 11 = 25
हॉकी शर्ट और हॉकी पैण्ट दोनों के उभयनिष्ठ खिलाड़ी = 25 − 19 = 6
अब, वेन आरेख बनाने पर,

हॉकी शर्ट पहने हुए ← 8 (6) 5 → हॉकी पैण्ट पहने हुए

आरेख से ज्ञात होता है कि 6 खिलाड़ी पूरी वर्दी पहने हुए थे।

11. 1 सन्तरे की कीमत = ₹ 7
तथा 1 तरबूज की कीमत = ₹ 5
∴ ₹ 7 × 4 + ₹ 5 × 2 = ₹ 38
⇒ ₹ 28 + ₹10 = ₹ 38
अतः खरीदे गए सन्तरों की संख्या 4 है।

12. पुस्तक में कुल शब्द
= 10 × 20 × 300 = 60000

13. प्रश्नानुसार,
2 सन्तरे + 3 केले + 4 सेब = 15 ...(i)
3 सन्तरे + 2 केले + 1 सेब = 10 ...(ii)
समी (i) व (ii) को जोड़ने पर,
5 सन्तरे + 5 केले + 5 सेब = 25
1 सन्तरा + 1 केला + 1 सेब = 5 ...(iii)
समी (iii) में 3 से गुणा करने पर,
3 सन्तरे + 3 केले + 3 सेब = 15
अतः 3 सन्तरे, 3 केले तथा 3 सेब की कीमत ₹ 15 होगी।

14. माना घोड़ों की संख्या = x
तथा पैदल चलने वाले आदमियों की संख्या = $x/2$
चूँकि घोड़े के 4 पैर तथा आदमी के 2 पैर होते हैं।
प्रश्नानुसार, $\frac{x}{2} \times 2 + x \times 4 = 70$
⇒ $x + 4x = 70$
⇒ $5x = 70$
∴ $x = 14$
अतः घोड़ों की संख्या 14 है।

15. माना बत्तखों की संख्या = x
तथा बकरों की संख्या = y
चूँकि बत्तखों के 2 पैर तथा बकरे के चार पैर होते हैं।
प्रश्नानुसार, $x + y = 77$ ...(i)
तथा $2x + 4y = 224$ ...(ii)
समी (i) को 2 से गुणा करने पर,
$2x + 2y = 154$ ...(iii)
समी (ii) तथा (iii) को हल करने पर,
$x = 42$ तथा $y = 35$
अतः बत्तखों की संख्या = 42

16. प्रश्नानुसार, अखण्डित ईंटों की संख्या
$= 100 - \left(100 \times \frac{1}{4} + 100 \times \frac{1}{5}\right)$
$= 100 - 45 = 55$

17. प्रश्नानुसार, बच्चों वाली महिलाओं का भाग $= \frac{1}{3} \times \frac{1}{2} \times \frac{1}{3} = \frac{1}{18}$
बच्चों वाले पुरूषों का भाग
$= \frac{2}{3} \times \frac{3}{4} \times \frac{2}{3} = \frac{1}{3}$
∴ अभीष्ट भाग $= 1 - \left(\frac{1}{18} + \frac{1}{3}\right) = \frac{11}{18}$

18. माना सही प्रश्नों की संख्या x है।
तब गलत प्रश्नों की संख्या $(98 - x)$ होगी।
अतः प्रश्नानुसार, $4x - (98 - x) = 202$
⇒ $4x - 98 + x = 202$
⇒ $5x - 98 = 202$
⇒ $5x = 300$
⇒ $x = 60$
∴ अतः सही प्रश्नों की संख्या 60 है।

19. खम्भे की ऊँचाई = 12 मी, बन्दर पहले मिनट में 2 मी ऊपर जाता है एवं दूसरे मिनट में 1 मी नीचे फिसल जाता है अर्थात् 2 मिनट में वह केवल 2 − 1 = 1 मी ही ऊपर चढ़ पाता है। चूँकि बन्दर 2 मिनट में 1 मी ऊपर चढ़ता है।
∴ बन्दर, 12 − 2 = 10 मी ऊपर 10 × 2 = 20 मिनट में चढ़ेगा तथा शेष 2 मी वह अगले मिनट में चढ़ जाएगा।
अतः अभीष्ट समय = 20 + 1 = 21 मिनट

20. माना गायों की संख्या = x
∴ बैल = $2x$ तथा मुर्गियाँ = 45
अतः ग्वाले $= \frac{x + 2x + 45}{15}$
प्रश्नानुसार, $45 \times 2 + 4x + 8x$
$+ 2 \times \frac{2x + x + 45}{15} - 45 - x - 2x - \frac{3x + 45}{15} = 186$
$\Rightarrow 90 + 12x + \frac{6x + 90}{15} - 45 - 3x - \frac{3x + 45}{15} = 186$
$\Rightarrow 1350 + 180x + 6x + 90 - 675 - 45x - 3x - 45 = 2790$
⇒ $720 + 138x = 2790$
$\Rightarrow 138x = 2070 \Rightarrow x = 15$
∴ ग्वालों की संख्या $= \frac{30 + 15 + 45}{15}$
$= \frac{90}{15} = 6$

21. माना पार्क में मोरों की संख्या x है तथा खरगोशों की संख्या y है।
प्रश्नानुसार, $x^2 = y^2 + 56$
$x^2 - y^2 = 56$ ...(i)
तथा $x = y + 4$ ...(ii)
अब, $(y + 4)^2 - y^2 = 56$
[समी (i) व (ii) से]
⇒ $y^2 + 16 + 8y - y^2 = 56$
⇒ $8y = 40 \Rightarrow y = 5$
∴ $x = 5 + 4 = 9$
अतः मोर व खरगोशों की कुल संख्या = 5 + 9 = 14

22. सारणी का ध्यानपूर्वक अवलोकन करने पर ज्ञात होता है कि प्रत्येक माह में, तीसरे सप्ताह में प्याज की कीमत पहले सप्ताह की कीमत की तीन गुनी हो जाती है।
अतः फरवरी में, तीसरे सप्ताह में प्याज की कीमत
= 100 × 3 = 300

23. माना एक रबड़ का मूल्य ₹ x तथा एक कलम का मूल्य ₹ y है।
प्रश्नानुसार,
$3x + 5y = 105$ ...(i)
तथा $4x + 6y = 130$
या $2x + 3y = 65$ ...(ii)
समी (i) में 3 से तथा समी (ii) में 5 से गुणा करने पर,
$9x + 15y = 315$ ...(iii)
$10x + 15y = 325$ ...(iv)
अब समी (iii) एवं समी (iv) से,
$-x = -10 \Rightarrow x = 10$
अतः 1 रबड़ का मूल्य ₹ 10 है।

24. प्रश्न में स्पष्ट रूप से कहा गया है कि 9 को छोड़कर बाकी सब मर गई। अतः स्पष्ट है कि 9 भेड़ें शेष रह गई।

25. 10 सही सवालों के लिए प्राप्तांक = 10 × 5 = 50
परन्तु वास्तविक प्राप्तांक = 30
∴ गलत उत्तरों के लिए कटे अंक
= 50 − 30 = 20

∴ गलत प्रश्नों की संख्या $= 20 \div 2 = 10$

[∵ प्रत्येक गलत उत्तर के लिए 2 अंक काटा गया है]

उत्तर (प्र.सं. 26-28) दी गई जानकारी के अनुसार व्यवस्थित करने पर,

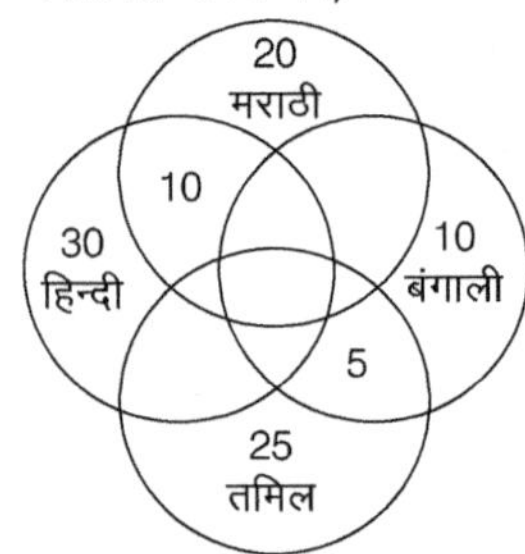

26. अभीष्ट अनुपात

$$= \frac{20+10}{10+5} = \frac{30}{15} = \frac{2}{1} = 2:1$$

27. 30 छात्रों को तमिल पसन्द है।

28. एक भाषा पसन्द करने वाले छात्र

$= 20 + 30 + 25 + 10 = 85$

29. बीमार गायों में से बची गायों की संख्या $= 52 - 11 = 41$

अतः तबेले में कुल गायों की संख्या

$= (98 - 52) + 41 + 9$

$= 46 + 50 = 96$

30. कुल मिलाकर एक-दूसरे से मिलाए गए हाथ

$$= \frac{n \times (n-1)}{2} = \frac{10 \times 9}{2}$$

$$= \frac{90}{2} = 45 \text{ बार}$$

33. प्रश्न में दी गई जानकारी के आधार पर आरेख बनाने पर,

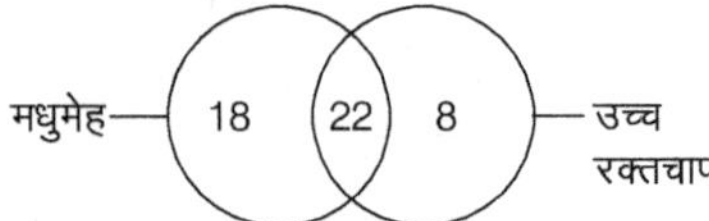

17 रोगी न तो मधुमेह और न ही उच्च रक्तचाप वाले हैं, तब

रोगियों की अभीष्ट संख्या

$= 18 + 22 + 8 + 17 = 65$

34. प्रश्न में दी गई जानकारी के आधार पर आरेख बनाने पर,

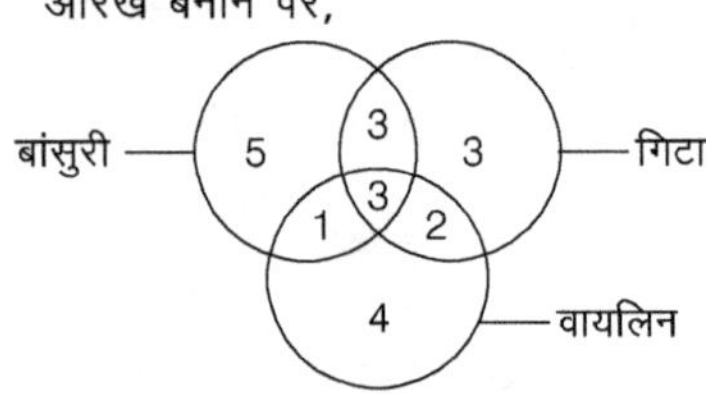

अतः उपरोक्त से स्पष्ट है कि 5 छात्र ऐसे हैं, जो केवल बांसुरी बजा सकते हैं।

35. जब किसी सभा में n व्यक्ति होते हैं, तो उनके एक-दूसरे से हाथ मिलाने की संख्या $= \frac{n(n-1)}{2}$

जब $n = 8$, तो संख्या $= \frac{8(8-1)}{2}$

$= \frac{8 \times 7}{2} = 28$

36. चूँकि हर घोसले में 9 चिड़ियाँ हैं। तब 9 घोसलों में चिड़ियों की संख्या $= 9 \times 9 = 81$

अब प्रश्नानुसार एक शाखा पर घोसलों की संख्या = 9

अतः 9 शाखाओं पर चिड़ियों की कुल संख्या $= 81 \times 9 = 729$

अब, प्रत्येक चिड़िया को नौ दानों की आवश्यकता है।

अतः कुल आवश्यक दानों की संख्या $= 729 \times 9 = 6561$

37. माना चिड़ियाघर में x शेर और y शुतुरमुर्ग हैं, तब प्रश्नानुसार,

$x + y = 80$ ... (i)

तथा $4x + 2y = 200$

$2x + y = 100$ ... (ii)

समी (i) व (ii) से,

$x + y = 80$

$2x + y = 100$

$-\quad - \quad -$

$-x = -20$

∴ $x = 20$

तथा $y = 80 - 20 = 60$

अतः वहाँ 60 शुतुरमुर्ग हैं।

38. माना सही हल किए गए प्रश्नों की सख्या x है, तब

गलत हल किए गए प्रश्न $= 3x$

प्रश्नानुसार, $x + 3x = 76$

$\Rightarrow \quad 4x = 76$

$\therefore \quad x = 19$

39. अमित 40 मिनट में पैक करता है = 20 चॉकलेट

∴ अमित 60 मिनट में पैक करता है

$= \frac{20}{40} \times 60 = 30$ चॉकलेट

गुनीत 45 मिनट में पैक करता है

= 30 चॉकेलेट

∴ गुनीत 60 मिनट में पैक करता है

$= \frac{30}{45} \times 60 = 40$ चॉकलेट

∴ अमित व गुनीत दोनों 1 घण्टे अर्थात् 60 मिनट में पैक करते हैं $= 30 + 40$

= 70 चॉकलेट

उत्तर (प्र.सं. 40-42) दी गई जानकारी के अनुसार व्यवस्थित करने पर,

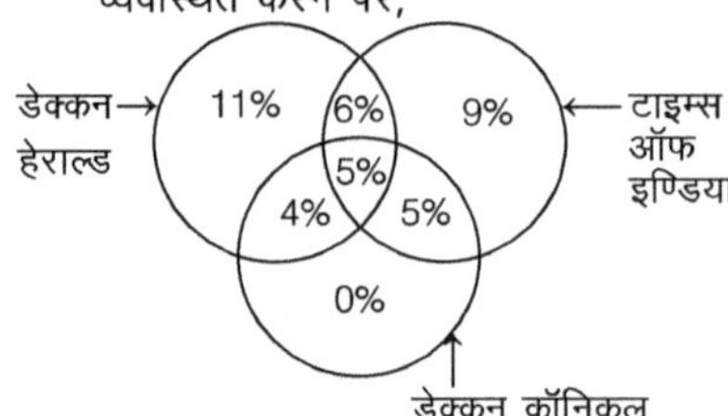

40. 5% पाठक तीनों अखबार पढ़ते हैं।

41. $11 - 5 = 6\%$ पाठक डेक्कन हेराल्ड और टाइम्स ऑफ इण्डिया तो पढ़ते हैं, लेकिन डेक्कन क्रॉनिकल नहीं पढ़ते।

42. $11 + 6 + 9 + 4 + 5 + 5 = 40\%$ पाठक तीनों अखबार में से कम से कम एक अखबार पढ़ते हैं।

उत्तर (प्र. सं. 43-46) दी गई जानकारी के आधार व्यवस्थित करने पर,

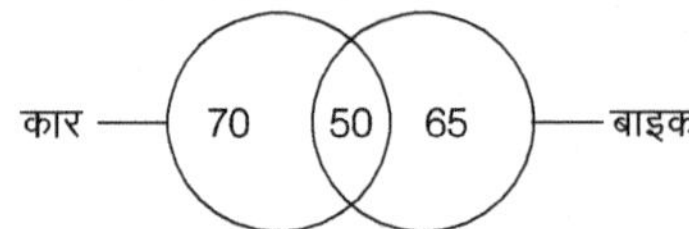

43. हाउसिंग सोसायटी में बाइकों की कुल संख्या $= 50 + 65 = 115$

44. ऐसे परिवार की संख्या जिनके पास कोई वाहन नहीं है

$= 200 - (70 + 50 + 65)$

$= 200 - 185 = 15$

ऐसे परिवार जिनके पास केवल एक वाहन है $= 70 + 65 = 135$

∴ अभीष्ट अनुपात $= 135 : 15 = 9 : 1$

46. ऐसे परिवारों की अभीष्ट संख्या जिनके पास कम-से-कम एक वाहन है

$= 70 + 50 + 65 = 185$

47. माना आरम्भ में बस में x यात्री थे।

पहले बस स्टॉप पर बस में यात्रियों की संख्या

$$= x - \frac{x}{2} + 35 = \frac{x}{2} + 35$$

दूसरे स्टॉप पर बस में यात्रियों की संख्या

$$= \left(\frac{x}{2} + 35\right) \times \frac{4}{5} + 40$$

$$= \left(\frac{x+70}{2}\right) \times \frac{4}{5} + 40$$

प्रश्नानुसार, $\left(\frac{x+70}{2}\right) \times \frac{4}{5} + 40 = 80$

$\Rightarrow \frac{4x + 280 + 400}{10} = 80$

$\Rightarrow \quad 4x + 680 = 800$

$\Rightarrow 4x = 800 - 680 = 120$

$\Rightarrow 4x = 120 \Rightarrow x = \frac{120}{4} = 30$

विश्लेषणात्मक तर्कशक्ति
(Analytical Reasoning)

तार्किक तर्कशक्ति, सामान्य बुद्धिमत्ता का एक महत्वपूर्ण भाग है। इसका मुख्य उद्देश्य परीक्षार्थियों की मानसिक तथा निर्णयन क्षमता की जाँच करना है।

प्रश्नों के प्रकार

1. न्याय निगमन पर आधारित प्रश्न
2. कथन एवं निष्कर्ष पर आधारित प्रश्न
3. कथन एवं तर्क पर आधारित प्रश्न
4. कथन एवं पूर्वानुमान पर आधारित प्रश्न
5. कथन एवं कारण पर आधारित प्रश्न
6. कारण एवं प्रभाव पर आधारित प्रश्न

1. न्याय निगमन पर आधारित प्रश्न

"न्याय निगमन" का शाब्दिक अर्थ है— अनुमान के आधार पर तर्क करना। इसके अन्तर्गत पूछे जाने वाले प्रश्नों में दों या दो से अधिक कथन देकर उसके नीचे कुछ निष्कर्ष दिए जाते हैं। दिए गए कथन चाहे सर्वज्ञात तथ्यों से भिन्न ही क्यों ना प्रतीत होते हों किन्तु उन्हें सत्य मानते हुए, उनके आधार पर वैध निष्कर्ष निकाला जाता है। वेन आरेख विधि— इस विधि में सभी दिए गए कथनों का अलग-अलग आरेख बनाते हैं और आरेख को जितना सम्भव हो, एकसाथ जोड़ते हैं और जोड़े गए आरेख के आधार पर निष्कर्ष निकालते हैं।

कथन के प्रकार	वेन आरेख	निष्कर्ष
A : सभी S, P हैं।	हमेशा (S, P)	कुछ P, S हैं।
E : कोई S, P नहीं है।	हमेशा (S) (P)	कुछ P, S नहीं हैं।
I : कुछ S, P हैं।	या तो (S)(P)	कुछ P, S हैं। कुछ S, P नहीं हैं। कुछ P, S नहीं हैं।
	अथवा (S, P)	सभी S, P हैं। कुछ P, S हैं। सभी P, S नहीं हैं।
	अथवा (P, S)	कुछ S, P नहीं हैं। सभी P, S है। सभी S, P नहीं हैं।
O : कुछ S, P नहीं हैं।	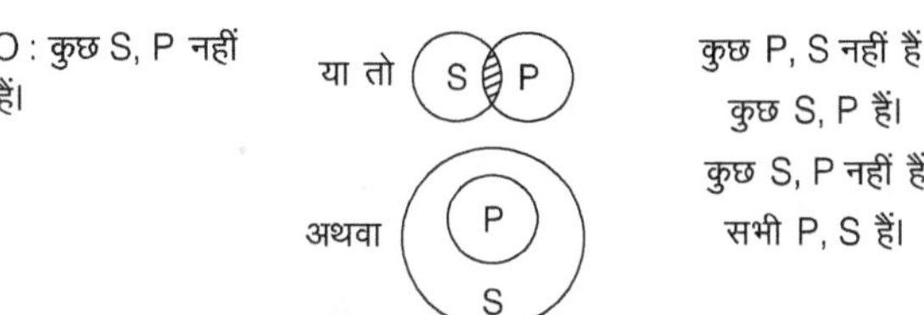	

✔ उदाहरण 1 नीचे दिए गए कथनों को ध्यान से पढ़ें और प्रश्न का उत्तर दें।

कथन

1. सभी कुत्तें जानवर हैं।
2. सभी जानवर स्तनधारी हैं।
3. कोई भी स्तनधारी चिड़ियाघर में नहीं है।

ऊपर दिए गए कथनों से क्या निष्कर्ष निकलता है?

निष्कर्ष

(a) कुछ कुत्ते चिड़ियाघर में हैं
(b) कुछ जानवर चिड़ियाघर में हैं
(c) कुछ स्तनधारी चिड़ियाघर में हैं
(d) कोई भी कुत्ता चिड़ियाघर में नहीं है

हल *(d)* कथनानुसार,

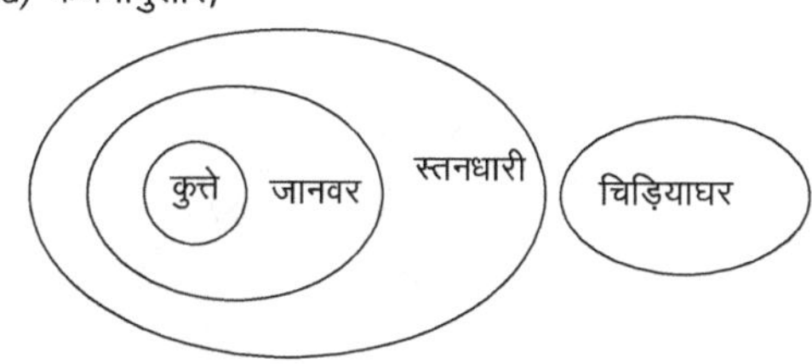

अतः कोई भी कुता चिड़ियाघर में नहीं है।

✔ उदाहरण 2 नीचे दो कथन दिए गए हैं तथा उसके पश्चात् दो निष्कर्ष दिए गए है। आपको दिए गए कथनों को सत्य मानना है भले ही वे तर्कपूर्ण तथ्यों से भिन्न प्रतीत होते हैं। सभी निष्कर्षों को पढ़िए और फिर तय कीजिए कि कौन-सा निष्कर्ष दिए गए कथनों का तर्कसंगत रूप से अनुसरण करता है?

कथन : कुछ बसें, चौपहिया वाहन हैं।
सभी चौपहिया वाहन वैन हैं।

निष्कर्ष I. कुछ वैन बसें हैं।
II. कुछ बसें वैन हैं।
(a) केवल निष्कर्ष I निकलता है
(b) केवल निष्कर्ष II निकलता है
(c) या तो निष्कर्ष I या II निकलता है
(d) निष्कर्ष I और II दोनों निकलते हैं

हल *(d)* प्रश्नानुसार,

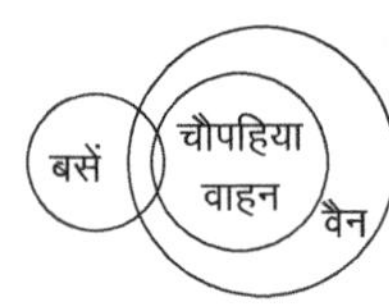

निष्कर्ष I. ✓ II. ✓

अतः निष्कर्ष I और II दोनों निकलते हैं।

✪ उदाहरण 3 दो कथनों के आगे चार निष्कर्ष I, II, III और IV दिए गए हैं। आपकों कथनों को सत्य मानकर विचार करना है चाहे वे सामान्यतया ज्ञात तथ्यों से भिन्न प्रतीत होते हों। आपको निर्णय करना है कि दिए गए निष्कर्षों में से कौन-सा, यदि कोई हो, निश्चित रूप से कथनों के आधार पर निकाला जा सकता है?

कथन सभी राजा मन्त्री होते हैं।
कुछ मन्त्री किसान होते हैं।

निष्कर्ष

I. कुछ किसान मन्त्री होते हैं।
II. सभी मन्त्री राजा होते हैं।
III. कुछ राजा किसान होते हैं।
IV. कोई राजा मन्त्री नहीं है।
(a) केवल निष्कर्ष I निकलता है
(b) निष्कर्ष I और II दोनों निकलते हैं
(c) या तो निष्कर्ष III या फिर निष्कर्ष IV निकलता है
(d) सभी निष्कर्ष निकलते हैं

हल *(a)* कथनानुसार,

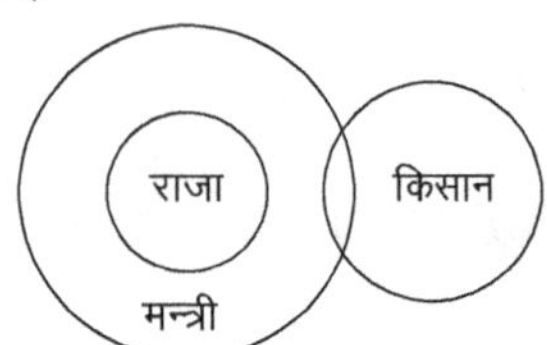

निष्कर्ष

I. ✓ II. ✗ III. ✗ IV. ✗

उपरोक्त से स्पष्ट है कि केवल निष्कर्ष I निकलता है।

✪ उदाहरण 4 नीचे तीन कथन तथा उसके आगे दो निष्कर्ष दिए गए हैं। आपकों दिए गए कथनों को सत्य मानकर तर्कसंगत निष्कर्ष ज्ञात करना है चाहे सर्वज्ञात तथ्य कुछ भी हो।

कथन सभी कारें पहिये हैं।
कोई पहिया कुर्सी नहीं है।
कुछ कुर्सियाँ स्पोक हैं।

निष्कर्ष I. कुछ स्पोक कारें हैं।
II. कुछ स्पोक पहिये हैं।

उत्तर दीजिए
(a) निष्कर्ष I अनुसरण करता है
(b) निष्कर्ष II अनुसरण करता है
(c) निष्कर्ष I और II दोनों अनुसरण करते हैं
(d) न तो निष्कर्ष I और न ही II अनुसरण करता है

हल *(d)* कथनानुसार,

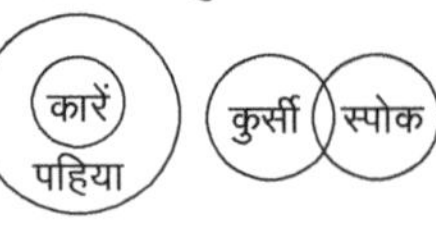

अतः न तो निष्कर्ष I और न ही II अनुसरण करता है।

2. कथन एवं निष्कर्ष पर आधारित प्रश्न

किसी विषय के बारे में दी गई जानकारी को 'कथन' कहते है तथा इस कथन के सम्पूर्ण अवयवों को ध्यान में रखते हुए, जो विवेचना की जाती है, वह निष्कर्ष कहलाती है। इसके अन्तर्गत पूछे जाने वाले प्रश्नों में सामान्यतया एक कथन दिया गया होता है। इस कथन के नीचे दो निष्कर्ष दिए होते हैं। कथन के आधार पर ही आपकों यह ज्ञात करना होता है कि कौन-सा/से निष्कर्ष निश्चित रूप से निकाले जा सकता/सकते हैं?

निर्देश (उदा. सं. 5) *नीचे एक कथन के आगे दो निष्कर्ष I और II दिए गए हैं। कथन को सत्य मानते हुए, निर्णय कीजिए की कौन-सा निष्कर्ष कथन के आधार पर निश्चित रूप से निकाला जा सकता है।*

✪ उदाहरण 5 कथन अच्छे लोग कम उम्र में मरते हैं।

निष्कर्ष

I. कोई अच्छा व्यक्ति वृद्धावस्था तक जीवित नहीं रहता है।
II. वृद्धावस्था तक जीने वाला हर व्यक्ति बुरा होता है।
(a) केवल निष्कर्ष I निकलता है
(b) केवल निष्कर्ष II निकलता है
(c) निष्कर्ष I और II दोनों निकलते हैं
(d) न तो निष्कर्ष I न ही निष्कर्ष II निकलता है

हल *(d)* कथनानुसार न तो निष्कर्ष I और न ही निष्कर्ष II निकलता है क्योंकि ऐसा नहीं है की कोई भी अच्छा व्यक्ति वृद्धावस्था तक नहीं जीता है तथा ऐसा भी नहीं है कि वृद्धावस्था तक जीने वाला हर व्यक्ति बुरा ही हो।

✪ उदाहरण 6 कथन नीचे कथन और उनके बाद कुछ निष्कर्ष दिए गए हैं। आपको दिए गए कथनों को सही मान कर चलना है चाहे वे सामान्य ज्ञात तथ्यों से भिन्न प्रतीत होते हों।

कथन

1. दुनिया के किसी भी देश ने आत्मनिर्भरता हासिल नहीं की है।
2. मशीनीकरण बिल्कुल नाकाम रहा है।

निष्कर्ष

I. आत्मनिर्भर बनना असम्भव है।
II. मानवीय श्रम मशीनों की तुलना में अधिक उत्पादक है।

तय कीजिए कि दिया गया कौन-सा/से निष्कर्ष दिए गए कथनों का तार्किक रूप से अनुसरण करता/करते है/हैं।
(a) केवल निष्कर्ष II अनुसरण करता है
(b) I और II दोनों अनुसरण करते हैं
(c) कोई भी निष्कर्ष अनुसरण नहीं करता है
(d) केवल निष्कर्ष I अनुसरण करता है

हल *(c)* कथन I तथा II से स्पष्ट होता है कि कोई भी निष्कर्ष अनुसरण नहीं करता है।

3. कथन एवं तर्क

महत्वपूर्ण प्रश्नों के सम्बन्ध में निर्णय करते समय यह वांछनीय है कि हमें 'सशक्त' और 'निर्बल' तर्कों, जहाँ तक वे प्रश्न से सम्बन्धित है, के बीच अन्तर कर पाने में सक्षम होना चाहिए। सशक्त तर्क महत्वपूर्ण होने के साथ ही प्रश्न से सीधे सम्बन्धित भी होने चाहिए। निर्बल तर्क प्रश्न से सीधे सम्बन्धित नहीं होते और वे कम महत्वपूर्ण हो सकते हैं अथवा प्रश्न के महत्वहीन अर्थात् उपेक्षणीय पहलुओं से सम्बन्धित हो सकते हैं। इस प्रकार के प्रश्नों के अन्तर्गत एक कथन व दो तर्क दिए गए होते है। अभ्यार्थियों को यह निर्णय करना होता है कि कौन-सा तर्क 'सशक्त' है और कौन सा 'निर्बल' ।

निर्देश (उदा. सं. 7 और 8) *यहाँ प्रत्येक प्रश्न में दो तर्क दिए गए है, जिन्हें I और II क्रमांक दिया गया है। अभ्यार्थियों को यह निर्णय करना है कि कौन-सा तर्क 'संशक्त' है और कौन-सा 'निर्बल'।*

उत्तर दीजिए

(a) यदि केवल तर्क I सशक्त हो
(b) यदि केवल तर्क II सशक्त हो
(c) यदि न तो तर्क I और न ही तर्क II सशक्त हो
(d) यदि तर्क I और II दोनों ही सशक्त हों

उदाहरण 7 कथन क्या धर्म पर रोक लगाई जानी चाहिए?

तर्क

I. हाँ, इससे लोगों में धर्मांधता फैलती है।
II. नहीं, धर्म लोगों को एक सूत्र में बाँधता है।

हल *(b)* धर्म से धर्मांधता को बढ़ावा नहीं मिलता बल्कि लोग ही धर्म का दुरुपयोग करते हैं। अत: तर्क I सशक्त नहीं है। तर्क II सशक्त है क्योंकि धर्म लोगों को एक सूत्र में बाँधता है।

उदाहरण 8 कथन क्या शिक्षित व्यक्तियों को गांवों में कार्य करना चाहिए?

तर्क

I. हाँ, क्योंकि वे कृषि क्षेत्र में क्रान्ति ला सकते हैं और ग्रामीण वातावरण को संपुष्ट कर सकते हैं।
II. नहीं, शिक्षित व्यक्तियों को शहरों में रोजगार दिया जाना चाहिए।

हल *(a)* तर्क I सशक्त है क्योंकि गांवों में काम करने से शिक्षा व्यर्थ नहीं जाती बल्कि उसका उपयोग गांवों की सर्वोमुखी प्रगति के लिए किया जा सकता है।

4. कथन एवं पूर्वानुमान पर आधारित प्रश्न

अप्रत्यक्ष रूप से परिकल्पित वह अनुमान जो किसी कथन में सन्निहित तथ्य को दर्शाता है, पूर्वानुमान कहलाता है। इसके अन्तर्गत पूछे जाने वाले प्रश्नों में एक कथन देकर उसके नीचे कुछ (सामान्यतया दो) पूर्वानुमान दिए गए होते हैं। इसी कथन के आधार पर आपको निर्णय करना होता है कि कौन-सा पूर्वानुमान कथन में अन्तर्निहित है।

निर्देश (उदा. सं. 9 और 10) *नीचे दिए गए प्रत्येक प्रश्न में एक कथन दिया गया है जिसके आगे दो पूर्वानुमान I और II दिए गए हैं। आपको बताना है कि कौन-सा पूर्वानुमान कथन में अन्तर्निहित है।*

उदाहरण 9 कथन 27 वर्ष के कारावास ने नेल्सन मंडेला को राष्ट्रपति बना दिया।

पूर्वानुमान

I. राष्ट्रपति बनने के लिए कारावास एक योग्यता है।
II. जिस व्यक्ति को 27 वर्ष का कारावास दिया जाएगा वह राष्ट्रपति बन जाएगा।

(a) केवल पूर्वानुमान I अन्तर्निहित है
(b) केवल पूर्वानुमान II अन्तर्निहित है
(c) पूर्वानुमान I और II दोनों अन्तर्निहित हैं
(d) न तो पूर्वानुमान I और न ही पूर्वानुमान II अन्तर्निहित हैं

हल *(d)* दोनों में से कोई-सा भी पूर्वानुमान कथन में अन्तर्निहित नहीं है।

उदाहरण 10 कथन यदि लोग बुद्धिमान हों, तो उन्हें सृजनशील होना चाहिए।

पूर्वानुमान

I. सृजनशीलता और बुद्धिमता परस्पर सम्बन्धित हैं।
II. कोई भी अमीर लोग बुद्धिमान नहीं है।

(a) केवल पूर्वानुमान I अन्तर्निहित है
(b) केवल पूर्वानुमान II अन्तर्निहित है
(c) पूर्वानुमान I और II दोनों अन्तर्निहित हैं
(d) न तो पूर्वानुमान I और न ही II अन्तर्निहित है

हल *(a)* दिए गए कथन के आधार पर केवल पूर्वानुमान I निकलता है।

5. कथन एवं कारण पर आधारित प्रश्न

किसी भी विषय से सम्बन्धित दी गई जानकारी को कथन कहा जाता है। कथन में कही गई बात का कुछ-न-कुछ कारण अवश्य होता है। इस अध्याय के अन्तर्गत आने वाले प्रश्न बौद्धिक ज्ञान पर आधारित होते हैं। इस प्रकार के प्रश्नों का मुख्य उद्देश्य अभ्यर्थियों के ज्ञान की परीक्षा और कारण ज्ञात करने की दक्षता की जाँच करना होता है।

इस अध्याय के अन्तर्गत पूछे जाने वाले प्रश्नों में एक कथन दिया गया होता है जिसके बाद एक कारण भी दिया गया होता है। अभ्यर्थियों को सदैव ध्यान रखना चाहिए कि वे दिए गए कथन का ध्यानपूर्वक अध्ययन करें और फिर निश्चय करें कि दिया गया कथन सत्य है या नहीं, इसके बाद निर्णय करें कि इसका कारण सत्य है या नहीं।

निर्देश (उदा. सं. 11 और 12) *नीचे दिए गए प्रश्नों में एक कथन और एक कारण दिया गया है। उनके लिए सही विकल्प का चयन करें।*

उत्तर दीजिए

(a) कथन और कारण दोनों सत्य हैं और कारण, कथन की उचित व्याख्या करता है
(b) कथन और कारण दोनों सत्य हैं और कारण, कथन की उचित व्याख्या नहीं करता है
(c) कथन सत्य है, लेकिन कारण असत्य है
(d) कथन असत्य है, लेकिन कारण सत्य हैं

उदाहरण 11 कथन ध्रुवों की बर्फ पिघलने का प्रमुख कारण कार्बन डाइ-ऑक्साइड है।

कारण वैश्विक तापमान में वृद्धि हुई हैं।

हल *(a)* कार्बन डाइ-ऑक्साइड के कारण पृथ्वी के वातावरण के तापमान में पर्याप्त वृद्धि हुई है, जिसके चलते ध्रुवों की बर्फ पिघलने लगी है। अत: कारण, कथन की उचित व्याख्या करता है।

उदाहरण 12 कथन गाँधीजी ने असहयोग आन्दोलन को वापस ले लिया।

कारण चौरा-चौरी के पास कुछ हिंसक घटना घट गई थी।

हल *(a)* चौरा-चौरी नामक स्थान के पास कुछ हिंसक घटना घट जाने के कारण गाँधीजी ने असहयोग आन्दोलन को वापस ले लिया था। अत: कारण, कथन की उचित व्याख्या करता है।

6. कारण एवं प्रभाव पर आधारित प्रश्न

किसी कथन के रूप में, दी जाने वाली घटना का कोई-न-कोई कारण अवश्य होता है और साथ ही उसका कोई-न-कोई प्रभाव भी अवश्य होता है। अभ्यर्थियों को दिए गए कथन के कारण एवं प्रभाव में भेद करना होता है।

इसके अन्तर्गत आने वाले प्रश्नों में दो गए कथन दिए होते हैं, जो या तो कारण या प्रभाव में से कोई एक होता है। अभ्यर्थी को अपने कौशल एवं तार्किक शक्ति के आधार पर दोनों कथनों में से कारण एवं प्रभाव को ज्ञात करना होता है।

निर्देश (उदा. सं. 13और 14) *नीचे प्रत्येक प्रश्न में दो कथन I और II दिए गए हैं। ये कथन या तो स्वतन्त्र कारण हो सकते हैं या स्वतन्त्र कारणों या सामान्य कारणों के प्रभाव हो सकते हैं। इनमें से एक कथन दूसरे कथन का परिणाम हो सकता है। दोनों कथनों को पढ़िए और तय कीजिए कि निम्नलिखित में से किस उत्तर विकल्प का चुनाव इन दोनों कथनों के बीच सही सम्बन्ध बताता है।*

उत्तर दीजिए

(a) कथन I कारण है और कथन II प्रभाव है
(b) कथन II कारण है और कथन I प्रभाव है
(c) कथन I और II दोनों स्वतन्त्र कारण हैं
(d) कथन I और II दोनों स्वतन्त्र कारणों के प्रभाव हैं

उदाहरण 13 कथन

I. इस वर्ष राज्य के प्राइवेट इंजीनियरिंग कॉलेजों में बहुत-सी सीटें खाली रही हैं।

II. सरकारी इंजीनियरिंग कॉलेज इस वर्ष प्रवेश चाहने वाले सभी विद्यार्थियों का समावेश नहीं कर पाए।

हल *(d)* दिए गए दोनों कथनों के बीच कोई सम्बन्ध नहीं है अर्थात् कथन I और II दोनों ही स्वतन्त्र कारणों के प्रभाव हैं।

उदाहरण 14 कथन

I. शहर के उपनगरीय क्षेत्रों में ट्रेन सेवाएँ चार घण्टे के लिए अस्त-व्यस्त थीं।

II. शहर के उपनगरीय क्षेत्र में दो स्टेशनों के बीच का ओवरहेड इलेक्ट्रिकल वायर टूट गया था।

हल *(b)* दोनों कथनों का ध्यानपूर्वक अध्ययन करने के बाद ज्ञात होता है कि कथन II कारण है और कथन I उसका प्रभाव है, क्योंकि वायर टूटने के कारण शहर के उपनगरीय क्षेत्रों में ट्रेन सेवाएँ चार घण्टे के लिए अस्त-व्यस्त रहीं।

अभ्यास प्रश्न

1. सभी कुत्ते गधे हैं। सभी गधे बैल हैं। तब, निम्न में से कौन-सा निष्कर्ष सहीं है?
(a) कुछ कुत्ते गधे हैं (b) कुछ गधे बैल हैं
(c) सभी कुत्ते और गधे बैल हैं
(d) ये सभी

2. सभी कलम पुस्तक हैं। कुछ कलम पेन्सिल हैं।
निम्न में से कौन-सा निष्कर्ष सही है?
(a) कुछ पुस्तक पेन्सिल हैं
(b) कुछ पेन्सिल पुस्तक नहीं हैं
(c) सभी पुस्तक पेन्सिल हैं
(d) सभी कलम पेन्सिल हैं

निर्देश (प्र. सं. 3-14) *नीचे दिए गए प्रत्येक प्रश्न में दो या तीन कथन और उसके बाद दो या तीन निष्कर्ष I और II या I,II और III दिए गए हैं। आपको दिए गए कथनों को सत्य मानते हुए चाहे वे सर्वज्ञात तथ्यों से भिन्न ही क्यों ना हो, यह तय करना है कि कौन-सा निष्कर्ष दिए कथनों का तर्कसंगत रूप से अनुसरण करता है।*

3. कथन सभी बच्चे विद्यार्थी हैं।
सभी विद्यार्थी खिलाड़ी हैं।

निष्कर्ष
I. सभी खिलाड़ी विद्यार्थी हैं।
II. सभी बच्चे खिलाड़ी हैं।
(a) केवल निष्कर्ष I निकलता है
(b) केवल निष्कर्ष II निकलता है
(c) निष्कर्ष I और II दोनों निकलते हैं
(d) न तो निष्कर्ष I न ही निष्कर्ष II निकलता है

4. कथन
1. कोई शिक्षिका गायन नहीं कर सकती है।
2. कुछ शिक्षिकाएँ नृत्य कर सकती हैं।

निष्कर्ष
I. सभी शिक्षिकाएँ नृत्य कर सकती हैं।
II. कोई भी शिक्षिका तत्व नहीं कर सकती है।
(a) केवल निष्कर्ष I तर्कसंगत है
(b) केवल निष्कर्ष II तर्कसंगत है
(c) I और II दोनों तर्कसंगत हैं
(d) कोई भी निष्कर्ष तर्कसंगत नहीं है

5. कथन कुछ स्केल (पैमाने) पेन्सिलें हैं।
कुछ रबर पेन्सिलें हैं।

निष्कर्ष
I. कुछ पेन्सिलें रबर हैं।
II. कुछ पेन्सिलें स्केल (पैमाने) हैं।
(a) केवल निष्कर्ष I निकलता है
(b) केवल निष्कर्ष II निकलता है
(c) निष्कर्ष I और II दोनों निकलते हैं
(d) न तो निष्कर्ष I और न ही II निकलता है

6. कथन कुछ जूते सफेद हैं। सारे सफेद नीले हैं।

निष्कर्ष
I. सभी जूते नीले हैं।
II. कोई जूता नीला नहीं है।
(a) दोनों निष्कर्ष निकलते हैं
(b) केवल निष्कर्ष I निकलता है
(c) केवल निष्कर्ष II निकलता है
(d) न तो निष्कर्ष I और न ही II निकलता है

7. कथन
1. कुछ इलेक्ट्रिशियन प्लम्बर्स हैं।
2. सभी प्लम्बर्स मैकेनिक्स हैं।

निष्कर्ष
I. कुछ मैकेनिक्स इलेक्ट्रिशियन या प्लम्बर्स हैं।
II. सभी इलेक्ट्रिशियन मैकेनिक्स नहीं हैं।
(a) केवल निष्कर्ष I का सही है
(b) केवल निष्कर्ष II सही है
(c) दोनों निष्कर्ष I व II सही हैं
(d) I और II दोनों सही नहीं हैं

8. कथन 1. कुछ डॉक्टर कारीगर हैं।
2. सभी कारीगर लम्बे हैं।

निष्कर्ष
I. सभी डॉक्टर छोटे हैं।
II. कुछ कारीगर पुरुष हैं।
(a) केवल निष्कर्ष I तर्कसंगत है
(b) केवल निष्कर्ष II तर्कसंगत हैं
(c) I और II दोनों तर्कसंगत है
(d) कोई भी निष्कर्ष तर्कसंगत नहीं हैं

9. कथन सभी बसें घर हैं।
सभी घर झीलें हैं।

निष्कर्ष
I. सभी बसें झीलें हैं।
II. कुछ घर बसें हैं।
III. कुछ झीलें घर हैं।
(a) केवल निष्कर्ष I सही है
(b) केवल निष्कर्ष II सही है
(c) केवल निष्कर्ष III सही है
(d) सभी निष्कर्ष सही हैं

10. कथन सभी दार्शनिक मूर्ख हैं।
सभी मूर्ख अनपढ़ हैं।

निष्कर्ष

I सभी दार्शनिक अनपढ़ हैं।
II. सभी अनपढ़ दार्शनिक हैं।
III. सभी अनपढ़ मूर्ख हैं।
IV. कुछ अनपढ़ दार्शनिक हैं।

(a) केवल निष्कर्ष IV निकलता है
(b) निष्कर्ष I और IV दोनों निकलते हैं
(c) केवल निष्कर्ष II निकलता है
(d) निष्कर्ष III और IV निकलते हैं

11. कथन सभी फाइलें कागज हैं।
कुछ कागज पुस्तकें हैं।
कुछ पुस्तकें पत्रिकाएँ हैं।

निष्कर्ष

I. सभी फाइलें पत्रिकाएँ हैं।
II. सभी पुस्तकें पत्रिकाएँ नहीं हैं।

(a) निष्कर्ष I और II दोनों लागू होते हैं
(b) न तो निष्कर्ष I और न ही निष्कर्ष II लागू होता है
(c) केवल निष्कर्ष I लागू होता है
(d) केवल निष्कर्ष II लागू होता है

12. कथन सभी कमरे होटल हैं।
सभी होटल भवन हैं।
सभी भवन पर्वत हैं।

निष्कर्ष

I कुछ पर्वत होटल हैं।
II. कुछ भवन कमरे हैं।
III. कुछ पर्वत कमरें हैं।

(a) निष्कर्ष I और II दोनों अनुसरण करते हैं
(b) निष्कर्ष I और III दोनों अनुसरण करते हैं
(c) निष्कर्ष I और III दोनों अनुसरण करते हैं
(d) निष्कर्ष I, II और III तीनों अनुसरण करते हैं

13. कथन कुछ पहाड़ियाँ नदियाँ हैं।
कुछ नदियाँ रेगिस्तान हैं।
सभी रेगिस्तान सड़के हैं।

निष्कर्ष

I. कुछ सड़के नदियाँ हैं।
II. कुछ सड़के पहाड़ियाँ हैं।
III. कुछ रेगिस्तान पहाड़ियाँ हैं।

(a) केवल निष्कर्ष I निकलता है
(b) केवल निष्कर्ष II निकलता है
(c) केवल निष्कर्ष III निकलता है
(d) कोई भी निष्कर्ष नहीं निकलता है

14. दिए गए प्रश्न में तीन कथन तथा उसके आगे चार निष्कर्ष दिए गए हैं। आपको दिए कथनों को सत्य मानकर निष्कर्ष ज्ञात करना है, चाहे सर्वज्ञात तथ्य कुछ भी हो।

कथन सभी लिपिक अधीक्षक हैं।
सभी अधीक्षक प्रबन्धक हैं।
सभी प्रबन्धक पर्यवेक्षक हैं।

निष्कर्ष

I. सभी पर्यवेक्षक लिपिक हैं।
II. कोई लिपिक पर्यवेक्षक नहीं है।
III. कुछ प्रबन्धक लिपिक हैं।
IV. सभी अधीक्षक लिपिक है।

(a) केवल निष्कर्ष I निकलता है
(b) केवल निष्कर्ष II निकलता है
(c) केवल निष्कर्ष III निकलता है
(d) केवल निष्कर्ष IV निकलता है

निर्देश (प्र. सं. 15-23) *नीचे दिए गए प्रत्येक प्रश्न में एक/दो कथन के आगे दो निष्कर्ष दिए गए हैं। कथन/कथनों को सत्य मानते हुए, आपको निर्णय करना कि कौन-सा निष्कर्ष कथन के आधार पर लागू होता है।*

15. कथन गानों को गाने के लिए सदैव गायक होते हैं।

निष्कर्ष

I. गायक गाना गाते हैं।
II. कोई भी न गाया गया गाना नहीं होता।

(a) केवल निष्कर्ष I लागू होता है
(b) केवल निष्कर्ष II लागू होता है
(c) दोनों निष्कर्ष लागू होते हैं
(d) कोई भी निष्कर्ष लागू नहीं होता है

16. कथन बीमार लोगों को दवा की आवश्यकता होती है

निष्कर्ष

I. स्वस्थ लोगों को दवा की आवश्कता नहीं होती।
II. कोई भी व्यक्ति अपने घरों में दवा नहीं रखता है।

(a) न तो निष्कर्ष I और न ही II लागू होता है
(b) केवल निष्कर्ष I लागू होता है
(c) केवल निष्कर्ष II लागू होता है
(d) दोनों निष्कर्ष लागू होते हैं

17. कथन आवश्यकता के समय काम आने वाले मित्र ही सच्चे मित्र होते हैं।

निष्कर्ष

I. अच्छे समय में सभी मित्र होते हैं।
II. बुरे समय में दुश्मन मित्र नहीं होते।

(a) केवल निष्कर्ष I लागू होता है
(b) केवल निष्कर्ष II लागू होता है
(c) न तो निष्कर्ष I न ही II लागू होता है
(d) दोनों निष्कर्ष लागू होते हैं

18. कथन हास्य पुस्तकों में चित्र होते हैं।

निष्कर्ष

I. सभी पुस्तकों में चित्र होते हैं।
II. पुस्तकों में चित्र हो भी सकते हैं या नहीं भी हो सकते हैं।

(a) केवल निष्कर्ष I लागू होता है
(b) केवल निष्कर्ष II लागू होता है
(c) न तो निष्कर्ष I न ही निष्कर्ष II लागू होता है
(d) दोनों निष्कर्ष लागू होते हैं

19. कथन कोचिंग क्लासेस के लिए इच्छुक छात्रों की संख्या हर साल बढ़ रही है।

निष्कर्ष

I. कोचिंग क्लासेस अच्छे अंक प्राप्त करने का एकमात्र तरीका है।
II. माता-पिता चाहते हैं कि उनके बच्चे अच्छे अंक प्राप्त करें।

(a) केवल निष्कर्ष I अनुसरण करता है
(b) केवल निष्कर्ष II अनुसरण करता है
(c) I और II दोनों अनुसरण करते हैं
(d) I और II दोनों अनुसरण नहीं करते हैं

20. कथन

1. सेब लाल है।
2. कोई भी लाल रंग का फल सस्ता नहीं है।

निष्कर्ष

I. सभी सेब सस्ते हैं।
II. लाल सेब सस्ते नहीं है।

(a) केवल निष्कर्ष I तर्कसंगत है
(b) केवल निष्कर्ष II तर्कसंगत है
(c) I और II दोनों तर्कसंगत हैं
(d) कोई भी निष्कर्ष तर्कसंगत नहीं है

21. कथन

1. अधिकांश लोगों के पास नारंगी स्कूटर्स हैं, जबकि कुछ के पास लाल हैं।
2. लोग उजले रंग के स्कूटर्स पसन्द करते हैं।

निष्कर्ष

I. लोग उजले रंग की कारें वहन नहीं कर सकते हैं।
II. अधिकांश लोग अन्य उजले रंगों की तुलना में नारंगी रंग को प्राथमिकता देते हैं।

(a) केवल निष्कर्ष I अनुसरण करता है
(b) केवल निष्कर्ष II अनुसरण करता है
(c) I और II दोनों अनुसरण करते हैं
(d) कोई अनुसरण नहीं करता है

22. कथन

1. कुछ मेंढ़क भौंकते हैं। वे सब मेंढ़क जो भौंकते हैं, वे निश्चित ही काट लेते हैं।
2. कुछ मेंढ़क साँप को पसन्द नहीं करते हैं।

निष्कर्ष

I. कोई भौंकनेवाला मेंढ़क हो सकता है, जिसे साँप पसन्द नहीं होगा।
II. कोई भी मेंढ़क जो काट लेता है, जरूरी नहीं की वह भौंके।

(a) केवल निष्कर्ष I तर्कसंगत है
(b) केवल निष्कर्ष II तर्कसंगत है
(c) निष्कर्ष I और II दोनों तर्कसंगत हैं
(d) निष्कर्ष I या II कोई भी तर्कसंगत नहीं है

23. कथन

1. युवा बहुत महत्वाकांक्षी हैं।
2. बहुत सारे बुरे लोग युवा पीढ़ी को बिगाड़ रहे हैं।

निष्कर्ष

I. युवाओं को नहीं पता कि किस पर विश्वास किया जाए।

II. कुछ युवा बुरे प्रभाव की वजह से अपने लक्ष्य से भटक जाते हैं।

(a) केवल निष्कर्ष I अनुसरण करता है

(b) केवल निष्कर्ष II अनुसरण करता है

(c) I और II दोनों अनुसरण करते हैं

(d) कोई अनुसरण नहीं करता है

निर्देश (प्र.सं. 24-29) *यहाँ प्रत्येक प्रश्न में दो तर्क दिए गए हैं जिन्हें I और II क्रमांक दिया गया है। आपको यह निर्णय करना है कि कौन-सा तर्क 'सशक्त' है और कौन-सा 'निर्बल'।*

उत्तर दीजिए

(a) यदि केवल तर्क I सशक्त हो

(b) यदि केवल तर्क II सशक्त हो

(c) यदि न तो तर्क I और न ही तर्क II सशक्त हो

(d) यदि तर्क I और II दोनों ही सशक्त हों

24. कथन क्या युवा उद्यमियों को रोजगार दिया जाना चाहिए ?

तर्क

I. हाँ, यह देश के औद्योगिक विकास में सहायक होगा।

II. हाँ, इससे रोजगार पर बोझ में कमी होगी।

25. कथन क्या निजी एजेन्सियों द्वारा प्रकाशित गाइडों पर रोक लगा दी जानी चाहिए।

तर्क

I. हां, क्योंकि तभी छात्र पाठ्यपुस्तकों को पढ़ना आरम्भ करेंगें

II. नहीं, क्योंकि गाइड़ें कमजोर छात्रों के लिए परीक्षा के दिनों में अत्यधिक लाभकारी सिद्ध होती हैं।

26. कथन क्या भारत को परमाणु बम बनाने चाहिए?

तर्क

I. हां, देश की सम्प्रभुता और अखण्डता की रक्षा करना अनिवार्य है

II. नहीं, इससे एशियाई क्षेत्र में राष्ट्रों के बीच शक्ति सन्तुलन बिगड़ जाएगा।

27. कथन क्या भारत में सरकारी कर्मचारियों के हड़ताल पर जाने पर पूर्ण प्रतिबन्ध लगाया जाना चाहिए?

तर्क

I. हां, यही कर्मचारियों को अनुशासित रखने का एकमात्र तरीका है।

II. नहीं, इससे नागरिक अपने लोकतान्त्रिक अधिकारों से वंचित हो जाएँगे।

28. कथन क्या भारत को अपनी सेना बिल्कुल नहीं रखनी चाहिए ?

तर्क

I. नहीं, विश्व के अन्य देश अहिंसा में विश्वास नहीं करते।

II. हां, अनेक भारतीय अहिंसा में विश्वास करते हैं।

29. कथन क्या भारत द्वारा निर्यात को बढ़ावा दिया जाना चाहिए जबकि अधिकांश चीजें देश के आन्तरिक उपयोग के लिए ही पर्याप्त नहीं हैं?

तर्क

I. हां, हमें देश द्वारा किए जा रहे आयात के लिए विदेशी मुद्रा की आवश्यकता है।

II. नहीं, यदि कुछ चुनी हुई चीजों के निर्यात को ही बढ़ावा दिया जाए तो उससे भी उन चीजों की देश में कमी की स्थिति उत्पन्न हो सकती है।

30. एक कथन A व एक तर्क R नीचे दिए गए हैं।

कथन A देश में जो जंगल का फैलाव है, वह क्रमश: कम हुआ है।

तर्क R वन विभाग के लिए इन्सान के द्वारा किया गया अतिक्रमण एक चिन्ता का विषय है।

सही विकल्प का चुनाव करें।

(a) दोनों A और R सही हैं और A का सही स्पष्टीकरण R है

(b) दोनों A और R सही हैं लेकिन A का सही स्पष्टीकरण R नहीं है

(c) A सही है और R गलत है

(d) A गलत है और R सही है

निर्देश (प्र. सं. 31-37) *नीचे दिए गए प्रत्येक प्रश्न में एक कथन दिया गया है, जिसके आगे दो पूर्वानुमान I और II दिए गए हैं। आपको बताना है कि कौन-सा पूर्वानुमान कथन में अन्तर्निहित है।*

31. कथन बालक को 5 या उसके लगभग अवस्था पर विद्यालय में प्रवेश करना वांछनीय।

पूर्वानुमान

I. उस आयु अवस्था पर बालक विकास के उचित स्तर पर पहुँच जाता है और सीखने हेतु तत्पर रहता है।

II. विद्यालय 6 वर्ष की आयु के पश्चात् बच्चों का दाखिला नहीं करते।

(a) केवल पूर्वानुमान I अन्तर्निहित है

(b) केवल पूर्वानुमान II अन्तर्निहित है

(c) दोनों पूर्वानुमान अन्तर्निहित हैं

(d) कोई भी पूर्वानुमान अन्तर्निहित नहीं है

32. कथन स्टेडियम में प्रवेश से पूर्व यह सूचना पढ़े।

पूर्वानुमान

I. लोग शिक्षित हैं।

II. कोई भी सूचना पर ध्यान नहीं देगा।

(a) केवल पूर्वानुमान I अन्तर्निहित है

(b) केवल पूर्वानुमान II अन्तर्निहित है

(c) दोनों पूर्वानुमान अन्तर्निहित हैं

(d) कोई भी पूर्वानुमान अन्तर्निहित नहीं है

33. कथन सहकारी उद्यम से उत्पादन में वृद्धि होती है।

पूर्वानुमान

I. सहकारिता एक वांछनीय लक्षण है।

II. सहकारिता से उत्पादन में वृद्धि होती है।

(a) केवल पूर्वानुमान I अन्तर्निहित है

(b) केवल पूर्वानुमान II अन्तर्निहित है

(c) पूर्वानुमान I और II दोनों अन्तर्निहित हैं

(d) न तो पूर्वानुमान I और न ही II अन्तर्निहित है

34. कथन भारत में निर्वाह व्यय में वृद्धि हुई है।

पूर्वानुमान

I. पिछले कुछ समय में आवश्यक वस्तुओं के मूल्यों में वृद्धि हुई हैं।

II. बहुत-सी आराम की वस्तुएँ अब देश में अधिक मात्रा में उपलब्ध हैं।

(a) केवल पूर्वानुमान I अन्तर्निहित है

(b) केवल पूर्वानुमान II अन्तर्निहित है

(c) न तो पूर्वानुमान I और न ही II अन्तर्निहित है

(d) पूर्वानुमान I और II दोनों अन्तर्निहित हैं

35. कथन मुम्बई के उपनगरों में रहने वालों के लिए अपने कार्यस्थलों पर समय से पहुँचने के लिए रेलगाड़ियाँ अनिवार्य हैं।

पुर्वानुमान

I. मुम्बई के उपनगरों में रेलगाड़ियाँ परिवहन का एकमात्र उपलब्ध साधन हैं।

II. केवल रेलगाड़ियाँ ही ठीक समय से चलती हैं।

(a) केवल निष्कर्ष I लागू होता है

(b) केवल निष्कर्ष II लागू होता है

(c) न तो निष्कर्ष I न ही II लागू होता है

(d) दोनों निष्कर्ष I व II लागू होता है

36. कथन आम इतने सस्ते हैं कि वे अच्छे नहीं हो सकते।

पुर्वानुमान

I. जब आम की प्रचुर फसल होती है, तो उसका मूल्य गिरता है।

II. बिक्री मूल्य जितना कम होगा, वस्तु की किस्म उतनी ही घटिया होगी।

(a) केवल निष्कर्ष I लागू होता है

(b) केवल निष्कर्ष II लागू होता है

(c) न तो निष्कर्ष I न ही II लागू होता है

(d) दोनों निष्कर्ष I व II लागू होता है

निर्देश (प्र. सं. 37-45) *नीचे दिए गए सभी प्रश्नों में एक कथन और एक कारण दिया गया है। आपको कथन और कारण को पढ़ना है और उसके आधार पर उत्तर देना है।*

उत्तर दीजिए

(a) कथन और कारण दोनों सत्य हैं और कारण, कथन की उचित व्याख्या करता है

(b) कथन और कारण दोनों सत्य हैं और कारण, कथन की उचित व्याख्या नहीं करता है

(c) कथन सत्य है, लेकिन कारण असत्य है

(d) कथन असत्य है, लेकिन कारण सत्य है

37. कथन भारतीय संविधान 26 जनवरी, 1950 को लागू हुआ था।
कारण 26 जनवरी को हम गणतन्त्र दिवस के रूप में मनाते हैं।

38. कथन खून का लाल रंग हीमोग्लोबिन के कारण होता है।
कारण हीमोग्लोबिन लाल रक्त कण होता है।

39. कथन ताँबा का उपयोग बिजली का तार बनाने में किया जाता है।
कारण ताँबा में विद्युतीय प्रतिरोध बहुत कम होता है।

40. कथन प्रकाश संश्लेषण की क्रिया सारे पेड़-पौधें में होती है।
कारण प्रकाश संश्लेषण की क्रिया के लिए क्लेरोफिल आवश्यक तत्त्व है।

41. कथन उत्तर प्रदेश को 'चीनी का कटोरा' कहा जाता है।
कारण सबसे अधिक गन्ने का उत्पादन उत्तर प्रदेश में होता है।

42. कथन रजिया सुल्तान, इल्तुतमिश की पुत्री थी।
कारण इल्तुतमिश विद्रोही था।

43. कथन पृथ्वी के गर्भ में धातुएँ पिघली अवस्था में पाई जाती है।
कारण पृथ्वी सूर्य के प्रकाश को अवशोषित करती है।

44. कथन भारत में विद्युत वितरण कम्पनियाँ विद्युत खपत की गणना KWH (किलोवाट घण्टे) में करती है।
कारण भारत में विद्युत प्रणाली 60 Hz आवृत्ति पर काम करती है।

45. कथन एक पौधा जिसमें नाइट्रोजन की कमी है छोटे कद का विकास एवं हल्के हरे एवं पीले रंग की पत्तियों जैसे लक्षण दर्शाएगा।
कारण नाइट्रोजन हरी पत्ती के विकास के लिए जिम्मेदार होता है।

46. एक अभिकथन (A) व एक कारण (R) नीचे दिए गए हैं।
अभिकथन (A) पहाड़ी क्षेत्रों में कृषि गतिविधियाँ कम हैं।
कारण (R) पहाड़ों पर उपजाऊ भूभाग कम होता है तथा जलवायु की स्थिति जटिल होती है।
सही विकल्प का चयन करें।
(a) (A) और (R) दोनों सही हैं, और (A) का सही स्पष्टीकरण (R) है
(b) (A) और (R) दोनों सही हैं, लेकिन (A) का सही स्पष्टीकरण (R) नहीं है
(c) (A) सही है और (R) गलत है
(d) (A) गलत है और (R) सही है

निर्देश (प्र. सं. 47-55) *नीचे प्रत्येक प्रश्न में दो कथन I और II दिए गए हैं। ये कथन या तो स्वतन्त्र कारण हो सकते हैं या स्वतन्त्र कारणों के प्रभाव हो सकते हैं। इनमें से एक कथन दूसरे कथन का प्रभाव हो सकता है। दोनों कथनों को पढ़िए और तय कीजिए कि निम्नलिखित में से कौन-सा उत्तर विकल्प इन दो कथनों के बीच का सही सम्बन्ध दर्शाता है।*

उत्तर दीजिए
(a) कथन I कारण और कथन II प्रभाव है
(b) कथन II कारण और कथन I प्रभाव है
(c) कथन I और II दोनों स्वतन्त्र कारण हैं
(d) कथन I और II दोनों स्वतन्त्र कारणों के प्रभाव हैं

47. I. पिछले कुछ दिनों में सब्जियों की कीमतों में पर्याप्त गिरावट हुई है।
II. सब्जी उत्पादों की क्वालिटी में अच्छा सुधार हुआ है।

48. I. सरकार ने राज्य में सरकार द्वारा संचालित सभी स्कूलों में बड़ी संख्या में शिक्षकों की नियुक्ति की है।
II. सरकार द्वारा संचालित स्कूलों में स्कूल छोड़ देने वालों की संख्या में पर्याप्त कमी हुई है।

49. I. सरकार ने तत्काल रूप से प्रभावी पेट्रोल और डीजल की कीमतों में 10% वृद्धि की है।
II. तेल उत्पादक देशों ने अगली तिमाही में कच्चे तेल का उत्पादन 20% बढ़ाने का निर्णय लिया है।

50. I. बहुत-से वृद्ध लोग इलाके के युवाओं द्वारा निरन्तर सताए जा रहे हैं।
II. इलाके के बहुत-से बच्चे देर शाम तक खेलते हैं।

51. I. राज्य सरकार ने अगले शैक्षिक वर्ष से कक्षा IX के गणित के पाठ्यक्रम में परिवर्तन करने का निर्णय लिया है।
II. राज्य के बहुत-से विद्यार्थी अपनी पसन्द के कॉलेज में दाखिला नहीं ले पाए।

52. I. वर्तमान वित्तीय वर्ष के अन्त में विनिर्माण कम्पनी के अधिकांशतः कर्मचारियों को भारी-भरकम बोनस मिला।
II. वर्तमान वित्तीय वर्ष में विनिर्माण कम्पनी ने बहुत लाभ कमाया है।

53. I. नगरपालिका प्राधिकरण ने शहर के मुख्य मार्ग के नीचे पाइपलाइन की मरम्मत का कार्य करने का निर्णय लिया है।
II. पन्द्रह दिन की अवधि के लिए वाहनों के आवागमन का वैकल्पिक सड़कों से विपथन किया गया है।

54. I. चालू वर्ष में शहर में दिन का औसत तापमान पिछले दस वर्ष के औसत तापमान की तुलना में लगभग 2° बढ़ गया है।
II. पिछले वर्ष की तुलना में राज्य के ग्रामीण इलाकों में रह रहे अधिकतर लोगों ने शहरी इलाकों में विस्थापित होना आरम्भ कर दिया है।

55. I. इलाके के अधिकांश दुकानदारों ने लगातार दूसरे दिन अपनी दुकानें बन्द रखीं।
II. इलाके में रह रहे लोगों के दो समूह एक-दूसरे से ईंट-पत्थर से लड़ते रहते हैं, जिससे लोग घरों के अन्दर रहने को बाध्य हैं।

उत्तरमाला

1.	(d)	2.	(a)	3.	(b)	4.	(d)	5.	(c)	6.	(b)	7.	(c)	8.	(d)	9.	(d)	10.	(b)
11.	(d)	12.	(d)	13.	(a)	14.	(c)	15.	(a)	16.	(b)	17.	(c)	18.	(b)	19.	(b)	20.	(b)
21.	(b)	22.	(c)	23.	(b)	24.	(d)	25.	(b)	26.	(a)	27.	(b)	28.	(c)	29.	(a)	30.	(a)
31.	(a)	32.	(a)	33.	(b)	34.	(d)	35.	(c)	36.	(b)	37.	(a)	38.	(a)	39.	(a)	40.	(a)
41.	(a)	42.	(c)	43.	(c)	44.	(c)	45.	(a)	46.	(a)	47.	(d)	48.	(a)	49.	(d)	50.	(c)
51.	(d)	52.	(b)	53.	(a)	54.	(d)	55.	(b)										

संकेत एवं हल

1. (d) प्रश्नानुसार,

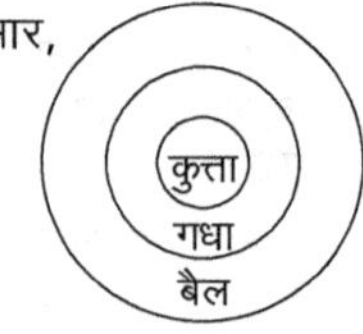

निष्कर्ष a ✓ b ✓ c ✓
अतः विकल्प (d) सही है।

2. (a) प्रश्नानुसार,

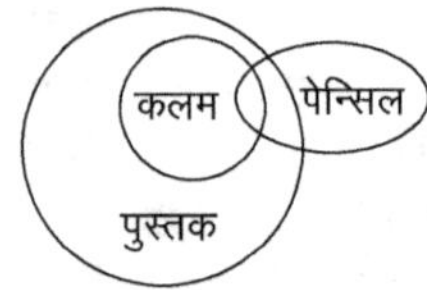

अतः स्पष्ट है कि कुछ पुस्तक पेन्सिल हैं।

3. (b) कथनानुसार,

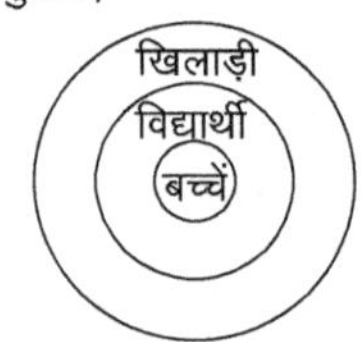

निष्कर्ष I. (✗) II. (✓)
उपरोक्त से स्पष्ट है कि केवल निष्कर्ष II निकलता है।

4. (d)

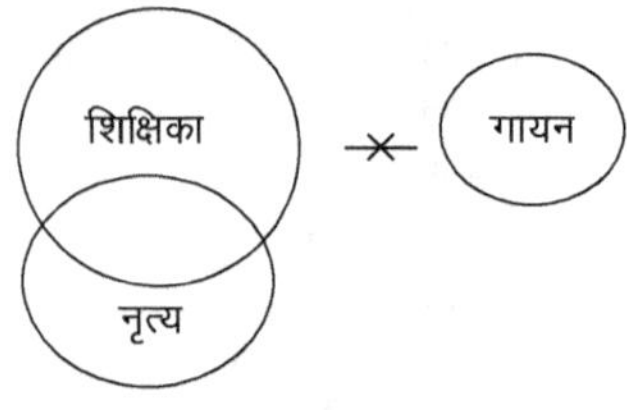

आरेख से स्पष्ट है कि दोनों निष्कर्ष तर्कसंगत नहीं है।

5. (c) प्रश्नानुसार,

अतः निष्कर्ष I व II दोनों निकलते हैं।

6. (b) कथनानुसार,

निष्कर्ष I. (✓) II. (✗)
उपरोक्त से स्पष्ट है कि केवल निष्कर्ष I निकलता है।

7. (c) कथनानुसार,

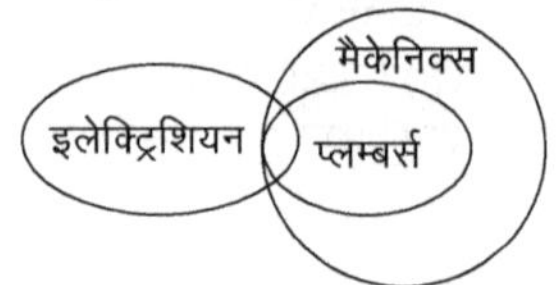

वेन आरेख से स्पष्ट है कि दोनों निष्कर्ष सत्य हैं।

8. (d) कथनानुसार,

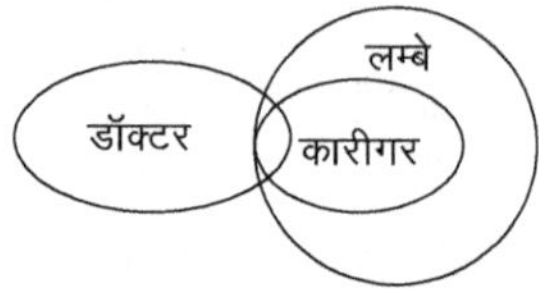

वेन आरेख से स्पष्ट है कि कोई भी निष्कर्ष तर्कसंगत नहीं है।

9. (d) कथनानुसार,

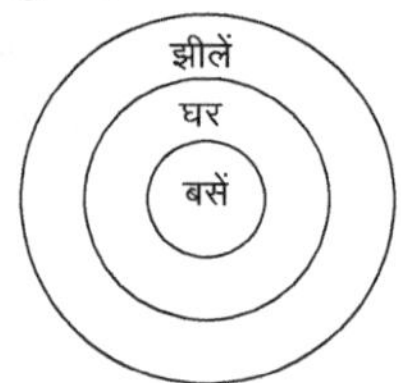

निष्कर्ष I. (✓) II. (✓) III. (✓)
उपरोक्त से स्पष्ट है कि तीनों निष्कर्ष निकलते हैं।

10. (b) प्रश्नानुसार,

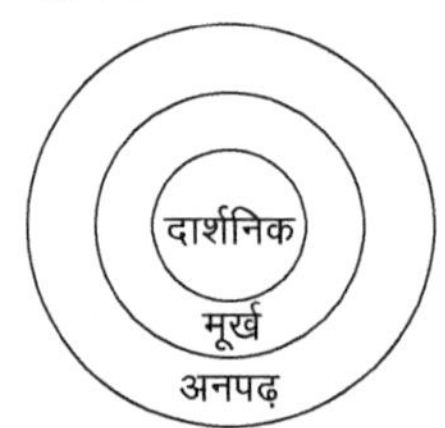

अतः निष्कर्ष I और IV दोनों निकलते हैं।

11. (d) प्रश्नानुसार,

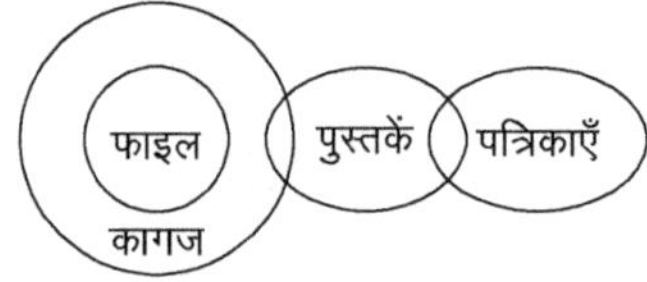

अतः निष्कर्ष II लागू होता है।

12. (d) कथनानुसार

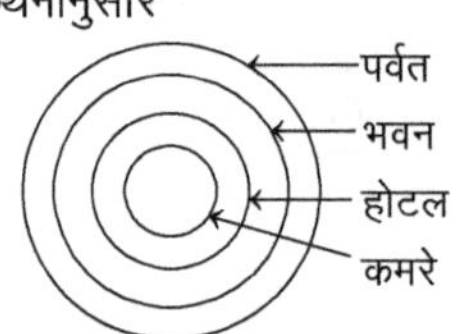

अतः निष्कर्ष I, II तथा III सभी अनुसरण करते हैं।

13. (a) कथनानुसार,

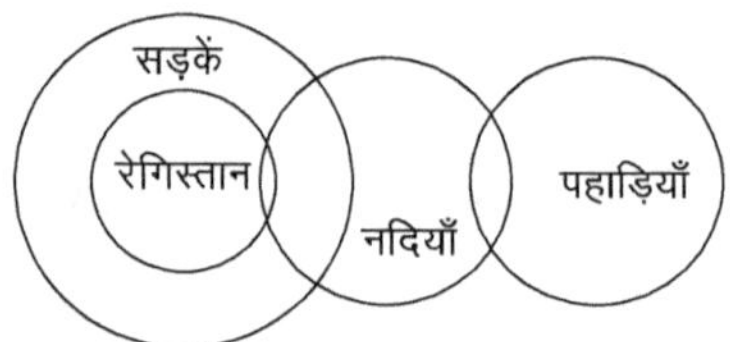

निष्कर्ष I. (✓) II. (✗) III. (✗)
उपरोक्त से स्पष्ट है कि केवल निष्कर्ष I निकलता है।

14. (c) कथनानुसार,

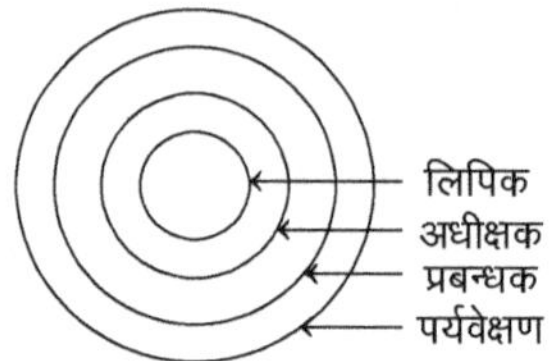

अतः केवल निष्कर्ष III निकलता है।

15. (a) कथनानुसार, केवल निष्कर्ष I निकलता है। जबकि निष्कर्ष II स्पष्ट नहीं है।

16. (b) कथनानुसार, बीमार लोगों को दवा की आवश्यकता होती है, इसका तात्पर्य है कि स्वस्थ लोगों को दवा की आवश्यकता नहीं होती है। निष्कर्ष II कथन से स्पष्ट नहीं है।

17. (c) ऐसा नहीं है कि अच्छे समय में सभी मित्र होते हैं जबकि कथन से निष्कर्ष II के भाव स्पष्ट नहीं हैं। अतः कोई भी निष्कर्ष नहीं निकलता है।

18. (b) कुछ पुस्तकों में चित्र होते हैं कुछ में नहीं होते हैं। कथनानुसार निष्कर्ष II लागू होता है।

19. (b) कथनानुसार केवल निष्कर्ष II निकलता है। क्योंकि कोचिंग क्लासेस अच्छे अंक प्राप्त करने का एकमात्र तरीका नही है, इसके अलावा भी कई तरीके हैं। सामान्यतया माता -पिता चाहते हैं कि उनके बच्चे अच्छे अंक प्राप्त करें।

20. (b) कथन I व II से स्पष्ट है कि केवल निष्कर्ष II लाल सेब सस्ते नही है' तर्कसंगत रूप से सत्य हैं।

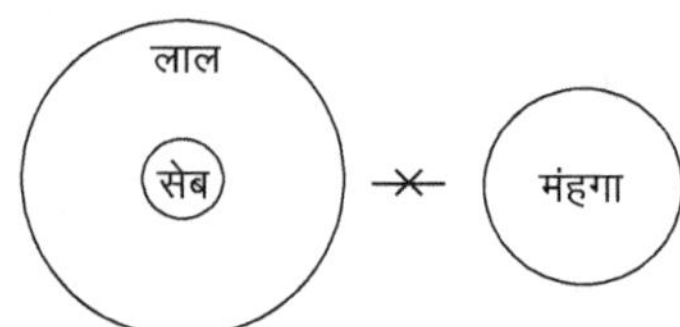

21. (b) केवल निष्कर्ष II ही तर्क संगत रूप से सही हैं।

22. (c) कथन (a) व (b) से स्पष्ट है कि दोनों निष्कर्ष तर्कसंगत हैं।

23. (b) कथन (a) तथा (b) से स्पष्ट है कि निष्कर्ष (II) कुछ युवा बुरे प्रभाव की वजह से अपने लक्ष्य से भटक जाते है सत्य है।

24. (d) तर्क I और II दोनों सशक्त हैं और कथन से सीधे सम्बन्धित है।

25. (b) तर्क I पूर्वधारणा पर आधारित है किन्तु तर्क II दिए गए कथन का अनुसरण करता है क्योंकि गाइडें तभी उपयोगी हैं जब परीक्षा की तैयारी के लिए बहुत कम समय रह गया हो।

26. (a) तर्क I सशक्त है, क्योंकि यह कथन से सीधे सम्बन्धित है और तर्क II निर्बल तर्क है क्योंकि यह पूर्वधारणा या अनुमान पर आधारित है।

27. (b) तर्क I कमजोर है क्योंकि इसमें शब्द 'एकमात्र' का प्रयोग किया गया है तथा तर्क II महत्त्वपूर्ण है और कथन से सीधे जुड़ा है।

28. (c) तर्क I और II में से कोई भी सशक्त तर्क नहीं है क्योंकि दोनों पूर्वधाराणाओं पर आधारित है।

29. (a) तर्क II पूर्वधारणा या अनुमान पर आधारित है किन्तु तर्क I सशक्त तर्क है।

30. (a) कथन (A) तथा तर्क (R) दोनों सही हैं तथा तर्क (R) कथन (A) का सही स्पष्टीकरण हैं।

31. (a) केवल पूर्वानुमान I अन्तर्निहित है क्योंकि बालक इस अवस्था पर सीखने हेतु तत्पर होता है, इसलिए इस अवस्था पर बालक को विद्यालय जाना चाहिए।

32. (a) लोग शिक्षित हैं इसीलिए सूचना लिखी गई है और जब सूचना लिखी गई है तो लोग इस पर ध्यान देगें। अतः केवल निष्कर्ष I कथन में अन्तर्निहित है।

33. (b) कथन में केवल पूर्वानुमान II अन्तर्निहित है।

34. (d) निर्वाह व्यय की वृद्धि, मूल्यवृद्धि और वस्तुओं की सहज उपलब्धता दोनों में महत्वपूर्ण भूमिका निभाती है। अतः पूर्वानुमान I और II दोनों कथन में अन्तर्निहित हैं।

35. (c) न तो पूर्वधारणा I और न ही पूर्वधारणा II दिए गए कथन में अन्तर्निहित है।

36. (b) पूर्वधारणा I दिए गए कथन में अन्तर्निहित नहीं है क्योंकि इसमें आपूर्ति और मूल्य के सिद्धान्त की बात कही गई है। केवल पूर्वधारणा II अन्तर्निहित है क्योंकि इसमें चुकाए गए मूल्य और प्राप्त हुई वस्तु के बीच सहसम्बन्ध दर्शाया गया है।

37. (a) भारतीय संविधान 26 जनवरी, 1950 को लागू हुआ और उसी दिन से हम गणतन्त्र दिवस के रूप में उसे मनाते हैं। अतः कथन तथा कारण दोनों सत्य हैं और कारण, कथन की उचित व्याख्या करता है।

38. (a) हीमोग्लोबिन में लाल रक्त कणिकाएँ होती हैं और उसी के कारण खून का रंग लाल होता है। कथन तथा कारण दोनों सत्य हैं और कारण, कथन की उचित व्याख्या करता है।

39. (a) कम विद्युतीय प्रतिरोध होने के कारण ताँबा का उपयोग बिजली के तार बनाने में किया जाता है। कथन तथा कारण दोनों सत्य हैं और कारण, कथन की उचित व्याख्या करता है।

40. (a) क्लोरोफिल, प्रकाश संश्लेषण की क्रिया के लिए एक आवश्यक तत्त्व होता है, इसके बिना प्रकाश संश्लेषण की क्रिया सम्भव नहीं है। सभी पेड़-पौधों में क्लोरोफिल पाया जाता है।

41. (a) उत्तर प्रदेश में गन्ने का उत्पादन सर्वाधिक होता है, इसलिए उत्तर प्रदेश को 'चीनी का कटोरा' कहा जाता है। कथन तथा कारण दोनों सत्य हैं और कारण, कथन की उचित व्याख्या करता है।

42. (c) इल्तुतमिश गुलाम वंश का शासक था और उसकी पुत्री रजिया सुल्तान थी। अतः कथन सत्य है तथा कारण असत्य है।

43. (c) पृथ्वी के गर्भ में अत्यधिक ताप एवं दाब के चलते धातुएँ पिघली अवस्था में पाई जाती हैं और पृथ्वी सूर्य के प्रकाश का परावर्तित कर देती है। अतः कथन सत्य है तथा कारण असत्य है।

44. (c) भारत में विद्युत वितरण कम्पनियाँ विद्युत खपत की गणना KWH (किलो वाट घण्टे) में करती हैं तथा भारत में विद्युत् प्रणाली 60 Hz आवृत्ति पर कार्य नहीं करती है। अतः कथन सत्य तथा कारण असत्य है।

45. (a) नाइट्रोजन हरी पत्ती के विकास के लिए आवश्यक तत्त्व होता है इसकी कमी के कारण पौधे का कद छोटा और पत्तियों का रंग हल्के हरे एवं पीले रंग का हो जाता है।

46. (a) कथन (A) तथा कारण (R) दोनों सही हैं और कथन (A) का सही स्पष्टीकरण कारण (R) है।

47. (d) सब्जी उत्पादों की क्वालिटी में अच्छा सुधार होना तथा सब्जियों की कीमतों में पर्याप्त गिरावट होना दोनों ही अलग-अलग बाते हैं। अतः कथन I और II दोनों ही स्वतन्त्र कारणों के प्रभाव हैं।

48. (a) सरकार द्वारा संचालित स्कूलों में स्कूल छोड़ देने वालों की संख्या में पर्याप्त कमी होने का कारण राज्य में सरकार द्वारा संचालित सभी स्कूलों में बड़ी संख्या में शिक्षकों की नियुक्ति करना है। अतः कथन I कारण तथा कथन II उसका प्रभाव है।

49. (d) तेल उत्पादक देशों ने अगली तिमाही में कच्चे तेल का उत्पादन 20% बढ़ाने का निर्णय लिया है, जिसका असर पेट्रोल और डीजल की कीमतों पर अगली तिमाही तक होना चाहिए, लेकिन सरकार द्वारा तत्काल रूप से पेट्रोल और डीजल की कीमतों में वृद्धि करना सरकार का स्वयं का निर्णय है। अतः कथन I और II दोनों ही स्वतन्त्र कारणों के प्रभाव हैं।

50. (c) वृद्ध लोगों को इलाके के युवाओं द्वारा सताया जाना एक अलग बात है तथा इलाके के बहुत-से बच्चों का देर शाम तक खेलना एक अलग बात है। अतः कथन I तथा II दोनों ही स्वतन्त्र कारण हैं।

51. (d) राज्य सरकार द्वारा अगले शैक्षिक वर्ष से कक्षा IX के गणित के पाठ्यक्रम में परिवर्तन करना सरकार का निर्णय है, लेकिन राज्य के बहुत-से विद्यार्थियों द्वारा अपनी पसन्द के कॉलिज में दाखिला नहीं ले पाना एक अलग बात है। अतः दोनों ही कथन स्वतन्त्र कारणों के प्रभाव हैं।

52. (b) कथनानुसार, वर्तमान वित्तीय वर्ष में विनिर्माण कम्पनी ने बहुत लाभ कमाया है जिसके कारण वित्तीय वर्ष के अन्त में विनिर्माण कम्पनी के अधिकांशतः कर्मचारियों को भारी-भरकम बोनस की प्राप्ति हुई। अतः कथन II कारण तथा कथन I उसका प्रभाव है।

53. (a) नगरपालिका प्राधिकरण द्वारा शहर के मुख्यमार्ग के नीचे पाइपलाइन की मरम्मत का कार्य करने का निर्णय लिया है, जिसके कारण पन्द्रह दिन के लिए वाहनों के आवागमन को वैकल्पिक सड़कों से विपथन कर दिया गया है। अतः कथन I कारण तथा कथन II उसका प्रभाव है।

54. (d) पिछले वर्ष की तुलना में राज्य के ग्रामीण इलाकों में रह रहे अधिकतर लोगों ने शहरी इलाकों में विस्थापित होना आरम्भ कर दिया है। इसके अतिरिक्त चालू वर्ष में शहर में दिन का औसत तापमान पिछले दस वर्ष के औसत तापमान की तुलना में लगभग 2° बढ़ गया है। अतः दोनों कथन स्वतन्त्र कारणों के प्रभाव हैं।

55. (b) इलाके में रह रहे लोगों के दो समूहों के लड़ने के कारण लोग अपने घरों के अन्दर रहने को बाध्य हैं जिसके कारण इलाके के अधिकांश दुकानदारों ने लगातार दूसरे दिन भी अपनी दुकानें बन्द रखी। अतः कथन II कारण तथा कथन I उसका प्रभाव है।

सेक्शन III : सामान्य परीक्षण

प्रैक्टिस सैट्स

प्रैक्टिस सेट 01

निर्देश: दिए गए 75 प्रश्न में से किन्हीं भी 60 प्रश्न के उत्तर दें। समय 60 मिनट

1. भगवान बुद्ध से सम्बन्धित निम्न में से कौन-सा कथन सही नहीं है?
(a) बोधगया में भगवान बुद्ध की शयन मुद्रा में विश्व की सबसे लम्बी प्रतिमा बन रही है।
(b) बुद्ध इण्टरनेशनल वेलफेयर मिशन द्वारा निर्मित यह प्रतिमा 100 फीट लम्बी और 30 फीट ऊँची होगी।
(c) देश की विशाल प्रतिमा का निर्माण वर्ष 2011 में शुरू हुआ था।
(d) इसे फाइबरग्लास से कोलकाता के मूर्तिकारों द्वारा बनाया जा रहा है।

2. नीदरलैण्ड्स और किस देश ने सात वर्ष से अधिक समय पहले पूर्वी यूक्रेन में मलेशियाई एयरलाइन्स के विमान MH 17 को मार गिराने में रूस की कथित भूमिका को लेकर रूस के खिलाफ कानूनी कार्रवाई करने का फैसला किया है?
(a) पोलैण्ड (b) सर्बिया (c) ऑस्ट्रेलिया (d) लातविया

3. ICC की ओर से फरवरी, 2022 के लिए एमिला कौर को फीमेल प्लेयर ऑफ द मन्थ सम्मान प्रदान किया गया है। यह किस देश की खिलाड़ी है?
(a) न्यूजीलैण्ड (b) इंग्लैण्ड
(c) दक्षिण अफ्रीका (d) भारत

4. स्टेट बैंक ऑफ इण्डिया (SBI) निम्न में से किस शहर में इनोवेशन, इनक्यूबेशन और एक्सेलेरेशन सेण्टर स्थापित करेगा?
(a) बेंगलुरु (b) चेन्नई (c) मुम्बई (d) हैदराबाद

5. महिला विश्व कप 2022 में निम्न में से कौन-सी भारतीय खिलाड़ी वनडे में 250 विकेट लेने वाली पहली महिला क्रिकेटर बनी और विश्व रिकॉर्ड बना डाला है?
(a) हरमनप्रीत कौर (b) झूलन गोस्वामी
(c) शेफाली वर्मा (d) मेघना सिंह

6. 'मैकमोहन रेखा' किन दो देशों के बीच एक अन्तर्राष्ट्रीय सीमा रेखा है?
(a) भारत-पाकिस्तान (b) भारत-चीन
(c) यू.एस.ए.-कनाडा (d) जर्मनी-पौलेण्ड

7. भारत का प्रथम प्रोजैक्ट टाइगर रिजर्व कौन-सा है?
(a) जिम कार्बेट (b) कान्हा किसली
(c) पन्ना (d) मानस

8. ISRO ने ASTROSAT नामक भारत के पहले समर्पित खगोल विज्ञान उपग्रह मिशन का शुभारम्भ कब किया?
(a) 2012 (b) 2013 (c) 2014 (d) 2015

9. निम्न में से किसे सीमान्त गाँधी के नाम से जाना जाता है?
(a) शेख मुजीबुर्रहमान (b) खान अब्दुल गफ्फार खाँ
(c) महात्मा गाँधी (d) बालगंगाधर तिलक

10. सतह से सतह पर मार करने वाली कम दूरी की मिसाइल 'पृथ्वी' के वायु संस्करण (पृथ्वी-2) की मारक क्षमता कितनी है?
(a) 150 किमी (b) 200 किमी
(c) 250 किमी (d) 300 किमी

11. निम्नलिखित में से किस टैंक के तोपों में स्वचालित गोलें भरने की व्यवस्था की गई है?
(a) कर्ण (b) अर्जुन (c) भीम (d) दुर्योधन

12. राजीव गाँधी खेल रत्न पुरस्कार कब प्रारम्भ किया गया?
(a) 1985-86 में (b) 1991-92 में
(c) 1995-96 में (d) 2000-01 में

13. ऐवरेस्ट पर चढ़ने वाली विश्व की प्रथम महिला हैं
(a) जुंको तेबई (b) सुनीता विलियम्स
(c) बछेन्द्री पाल (d) आरती साहा

14. इनमें से किस देश में सबसे छोटे सिक्के को पैसा नहीं कहा जाता है?
(a) भारत (b) पाकिस्तान
(c) नेपाल (d) श्रीलंका

15. मोसाद किस देश की गुप्तचर संस्था है?
(a) जापान (b) इजरायल
(c) इराक (d) जर्मनी

16. 'प्लेइंग टू विन' की रचना किसने की है?
(a) पी.टी. उषा (b) सायना नेहवाल
(c) सानिया मिर्जा (d) पी.वी. सिन्धु

17. कुष्ठ रोधी दिवस कब मनाया गया था?
(a) 25 दिसम्बर, 2015 (b) 17 जनवरी, 2016
(c) 25 जनवरी, 2016 (d) 30 जनवरी, 2016

18. आई. सी. सी. (ICC) के भ्रष्टाचार रोधी निगरानी दल के लिए नामित क्रिकेटर का नाम क्या है ?
(a) अनिल कुम्बले (b) सुनील गावस्कर
(c) रवि शास्त्री (d) राहुल द्रविड़

19. निम्नलिखित में से कौन 'हरियाणा हरिकेन' के नाम से प्रसिद्ध है?
(a) मंसूर अली खान पटौदी (b) कपिल देव
(c) साइना नेहवाल (d) विजेन्दर सिंह

20. अन्तर्राष्ट्रीय स्वतन्त्र एजेन्सी का नाम बताएँ जिसकी गतिविधियों में सभी देशों में और सभी खेलों में वैज्ञानिक अनुसन्धान, शिक्षा, विकास और डोपिंग रोधी क्षमता पर निगरानी रचना और कोड शामिल है?

(a) डोपिंग के खिलाफ अन्तर्राष्ट्रीय बॉडी
(b) विश्व डोपिंग रोधी एजेन्सी
(c) स्वाभाविक खेलें, सुरक्षित खेलें
(d) खेल आचार के लिए अन्तर्राष्ट्रीय बॉडी

21. पहला कृत्रिम उपग्रह, जिससे मनुष्य चाँद पर उतरा था, किस वर्ष प्रक्षेपित किया गया था?

(a) 1975 (b) 1968 (c) 1969 (d) 1958

22. किस सांरगी वादक को 2015-2016 के लिए पण्डित भीमसैन जोशी शास्त्रीय संगीत पुरस्कार से सम्मानित किया गया?

(a) साबरी खान (b) अब्दुल लतीफ खान
(c) सुहैल यूसुफ खान (d) पण्डित राम नारायण

23. वर्ष 1971 में बांग्लादेश को किस देश से स्वतन्त्रता मिली?

(a) भारत (b) ब्रिटेन (c) पाकिस्तान (d) बर्मा

24. भारतीय पुरातात्विक सर्वेक्षण विभाग का मुख्यालय कहाँ है?

(a) पुणे (b) कोलकाता (c) बंगलुरु (d) पणजी

25. 'मेक इन इण्डिया' प्रोग्राम के तहत भारत की प्रथम परमाणु पनडुब्बी है

(a) आई.एन.एस. तिहायु (b) आई.एन.एस. कलवरी
(c) आई.एन.एस. अरिहन्त (d) आई.एन.एस. गोदावरी

26. दिए गए समीकरण को सही बनाने के लिए किन दो संख्याओं को आपस में बदला जाना चाहिए?

$9+7\times5-18\div2=3\times4-10+45\div5$

(a) 7 और 4 (b) 9 और 3
(c) 18 और 45 (d) 2 और 5

27. निम्नलिखित शब्दों को उस क्रम में व्यवस्थित करें, जैसे वे अंग्रेजी शब्दकोश में आते हैं।

1. Rightly 2. Rigidly 3. Righteous
4. Rigour 5. Rights

(a) 3, 5, 1, 4, 2 (b) 3, 1, 5, 2, 4
(c) 1, 3, 5, 2, 4 (d) 3, 1, 5, 4, 2

28. दर्पण को दाएँ ओर रखे जाने पर दी गई आकृति की सही दर्पण छवि कौन-सी होगी?

RST2PK9LOX

(a) XOJ9ꓘꟼƧTƧЯ (b) ЯƧTƧꟼꓘ9JOX
(c) XOJ9KꟼƧTƧЯ (d) RSTƧPK9LOX

29. उस विकल्प का चयन करें, जिसमें संख्याओं का आपस में वही सम्बन्ध है, जो नीचे दिए गए समुच्चय की संख्याओं के बीच है।

(269, 278, 296)

(a) (419, 430, 448) (b) (109, 118, 128)
(c) (577 586, 598) (d) (313 322, 340)

30. चार अक्षर-समूह दिए गए हैं, जिनमें से तीन किसी न किसी तरह से समान हैं और एक असंगत है। असंगत अक्षर-समूह का चयन करें।

(a) NMSH (b) BYGT (c) FVKO (d) DWIR

31. अमित, सोनिया का भाई है। ज्योति, निकिता की बहन है। सोनिया, सतीश के पिता की बेटी है। निकिता, कविंदर की बेटी है। ज्योति, अमित की माँ है। मुकेश, निकिता की इकलौती बहन का पति है। सतीश का कविंदर से क्या सम्बन्ध है?

(a) पोता (b) बेटा (c) भाई (d) दामाद

32. चार शब्द दिए गए हैं, जिनमें से तीन किसी न किसी तरह से समान हैं और एक असंगत है। असंगत शब्द का चयन करें।

(a) जहाज (b) पनडुब्बी
(c) नौका (d) फेरी (बड़ी नाव)

33. किसी निश्चित कूट भाषा में, WARDROBE को YXVYXHJV के रूप में लिखा जाता है। उस भाषा में ACCURATE को कैसे लिखा जाएगा?

(a) BZHPXTBV (b) CZGPXTBV
(c) CZHPYTBV (d) DZGPXTBV

34. निम्नलिखित श्रृंखला में प्रश्नचिह्न (?) की जगह आने वाली संख्या का चयन करें।

17, 21, 30, 46, 71, ?

(a) 96 (b) 105 (c) 107 (d) 101

35. दिया गया वेन आरेख एक संगठन के कर्मचारियों को दर्शाता है त्रिभुज, अधिकारियों को दर्शाता है। वृत्त, महिलाओं को दर्शाता है। आयत, एम.बी.ए. किए हुए लोगों को दर्शाता है। और वर्ग, तकनीकी कर्मचारियों को दर्शाता है।

आरेख में दी गई संख्याएँ उस विशेष श्रेणी के व्यक्तियों की संख्या दर्शाती हैं।

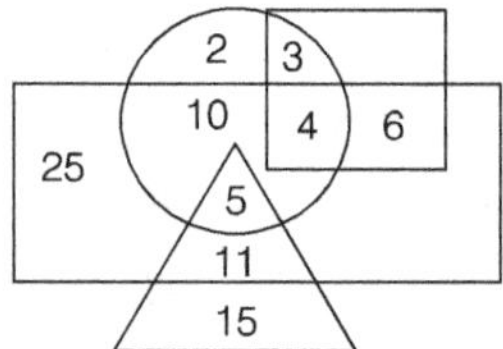

संगठन में कितनी महिला अधिकारी हैं?

(a) 11 (b) 5 (c) 10 (d) 15

36. उस आकृति का चयन करें, जिसमें दी गई आकृति अन्तर्निहित है। (घुमाने की अनुमति नहीं है)

प्रश्न आकृति

उत्तर आकृतियाँ

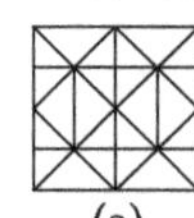
(a)

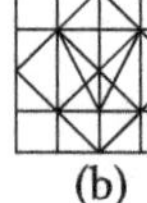
(b)

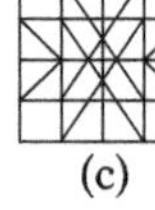
(c)

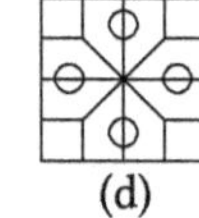
(d)

37. निम्नलिखित शब्दों को एक तार्किक रूप में छोटे से बड़े के क्रम में व्यवस्थित करें।

1. मगरमच्छ 2. छिपकली
3. व्हेल 4. घरेलू मक्खी
5. बन्दर

(a) 3, 5, 4, 1, 2 (b) 4, 3, 2, 1, 5
(c) 4, 5, 2, 1, 3 (d) 4, 2, 5, 1, 3

38. एक ही पासे की चार अलग-अलग स्थितियाँ दिखाई गई हैं। उस संख्या का चयन करें, जो '3' वाले फलक के विपरीत फलक पर होगी?

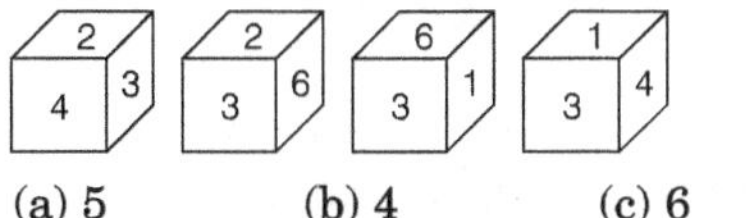

(a) 5 (b) 4 (c) 6 (d) 2

39. नीचे दी गई आकृतियों में कागज के एक टुकड़े को मोड़कर काटने का क्रम दिया गया है। यह कागज खोलने पर कैसा दिखाई देगा?

प्रश्न आकृतियाँ

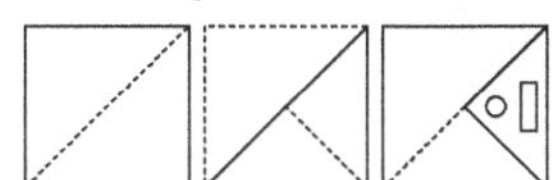

उत्तर आकृतियाँ

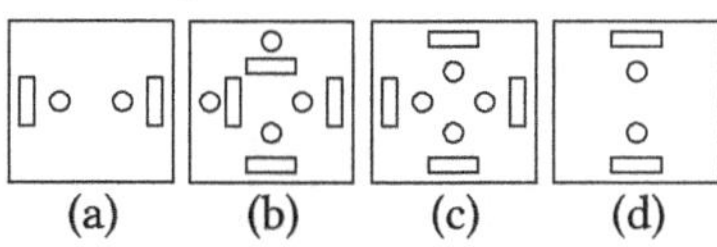

(a) (b) (c) (d)

40. दिए गए पैटर्न का ध्यानपूर्वक अध्ययन करें और उस संख्या का चयन करें, जो प्रश्नचिन्ह (?) की जगह आ सकती है।

10	4	14	35
15	3	5	25
14	7	6	12
18	?	8	16

(a) 9 (b) 8
(c) 7 (d) 6

41. दी गई आकृति में कितने त्रिभुज हैं?

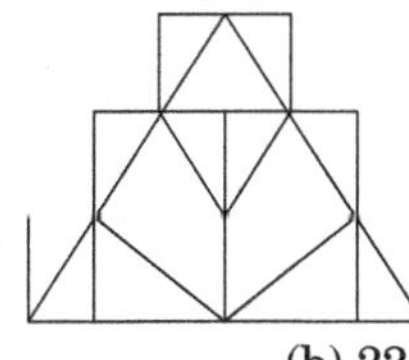

(a) 21 (b) 22
(c) 20 (d) 23

42. 'कशेरुकी' का 'बंदर' से जो सम्बन्ध है वही सम्बन्ध 'अकशेरुकी' का '.........' से है।

(a) मेंढक (b) स्टारफिश
(c) साँप (d) हिरण

43. उस विकल्प का चयन करें, जिसमें शब्दों का आपस में वही सम्बन्ध है, जो सम्बन्ध नीचे दिए गए शब्द-युग्म के शब्दों के बीच है।

परीक्षा : निरीक्षक

(a) फिल्म : कॉमेडियन (b) बैंक : ऋण
(c) चुनाव : प्रेक्षक (d) निरीक्षण : स्वीकृति

44. चार अक्षर-समूह दिए गए हैं, जिनमें से तीन किसी न किसी तरह समान हैं और एक असमान है। उस असमान अक्षर-समूह का चयन करें।

(a) ADL (b) PTY
(c) LPU (d) NRW

45. निम्नलिखित शृंखला में प्रश्नचिन्ह (?) की जगह आने वाली आकृति का चयन करें।

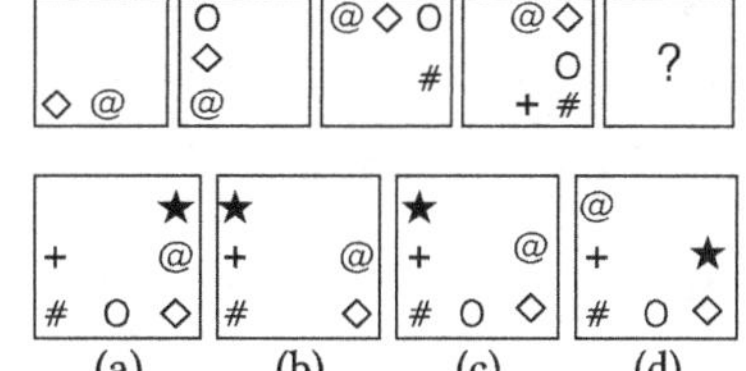

(a) (b) (c) (d)

46. 283 को 22 से भाग करने पर शेषफल क्या होगा?

(a) 3 (b) 19 (c) 17 (d) 16

47. निम्नलिखित में से कौन-सी एक अभाज्य संख्या नहीं है?

(a) 31 (b) 37 (c) 43 (d) 87

48. 45 के कितने गुणनखण्ड अभाज्य संख्याएँ हैं?

(a) 3 (b) 4 (c) 5 (d) 2

49. $\sqrt{8-2\sqrt{15}}$ का मान क्या है?

(a) $\sqrt{3}+\sqrt{2}$ (b) $\sqrt{5}-\sqrt{3}$
(c) $\sqrt{5}+\sqrt{3}$ (d) $\sqrt{7}-\sqrt{2}$

50. 18, 20, 32, 8, x, 9 तथा 13 का औसत 17 है। x का मान क्या है?

(a) 21 (b) 19 (c) 18 (d) 20

51. एक विक्रेता किसी वस्तु को बेचते समय दो क्रमिक छूट 10% तथा 30% देता है। यदि कोई इसे ₹630 में प्राप्त करता है, तो वस्तु का अंकित मूल्य (₹ में) क्या है?

(a) 1000 (b) 1100 (c) 980 (d) 1150

52. एक वस्तु का अंकित मूल्य इसकी लागत मूल्य से दोगुना है। 10% लाभ प्राप्त करने के लिए, छूट प्रतिशत क्या है?

(a) 45 (b) 55 (c) 50 (d) 60

53. यदि $A:B = 3:4$ और $B:C = 4:5$ हो, तो $A:B:C$ क्या होगा?

(a) 3 : 4 : 5 (b) 3 : 4 : 7
(c) 2 : 3 : 5 (d) 3 : 5 : 4

54. यदि $(4/5)P = (3/2)Q = (2/3)R$ हो, तो $P:Q:R$ क्या होगा?

(a) 15 : 8 : 18 (b) 15 : 8 : 9
(c) 8 : 15 : 9 (d) 4 : 3 : 2

55. किसी वस्तु के मूल्य में 33.33% की वृद्धि की जाती है, तो पहले के मूल्य को बनाए रखने के लिए नए मूल्य को कितने प्रतिशत कम करना होगा?

(a) 20 (b) 25 (c) 10 (d) 33.33

56. यदि A की आय, B की आय से 10% अधिक है तथा B की आय, C की आय से 20% अधिक है, तो A की आय, C की आय से कितने प्रतिशत अधिक होगी?

(a) 10 (b) 30 (c) 32 (d) 22

57. एक व्यक्ति 80 किमी/घण्टा की रफ्तार से बिन्दु J से K तक जाता है तथा 120 किमी/घण्टा की गति से वापस लौटता है। J से K तक जाने तथा वापस आने में व्यक्ति की औसत गति (किमी/घण्टा में) क्या है?

(a) 90 (b) 96 (c) 100 (d) 104

58. एक धनराशि साधारण ब्याज वाली योजना में निवेश करने पर 2 वर्ष में 4 गुना हो जाती है। वह 22 गुना कितने वर्षों में हो जाएगी?

(a) 10 (b) 14 (c) 12 (d) 16

59. एक नाव की गति धारा के अनुकूल तथा धारा के प्रतिकूल दिशा में क्रमश: 16 किमी/घण्टा तथा 14 किमी/घण्टा है। धारा की गति (किमी/घण्टा में) क्या है?

(a) 1 (b) 2 (c) 3 (d) 15

60. 8, 12 तथा 20 का लघुत्तम समापवर्त्य क्या है?

(a) 120 (b) 240 (c) 60 (d) 360

61. A किसी कार्य को 30 दिन में कर सकता है तथा B, 40 दिन में C की सहायता से वे कार्य को 10 दिन में समाप्त कर लेते हैं। C अकेला उस कार्य को कितने दिन में करेगा?

(a) 12 (b) 15 (c) 18 (d) 24

62. A की कार्य कुशलता B से दोगुनी है तथा वे दोनों मिलकर किसी कार्य को 48 दिन में पूरा कर सकते हैं। A अकेला उस कार्य को कितने दिन में पूरा कर सकता है?

(a) 72 (b) 58 (c) 56 (d) 96

63. यदि दो घनों की भुजाओं का अनुपात 3 : 4 हो, तो घनों के आयतन का क्या अनुपात होगा?

(a) 27 : 64 (b) 3 : 4
(c) 9 : 16 (d) 64 : 27

64. $\dfrac{(0.3)^3-(0.1)^3}{[(0.3)^2+(0.1)^2+(0.3)\times(0.1)]}$ का मान क्या है?

(a) 0.4 (b) 0.1 (c) 0.5 (d) 0.2

65. यदि चावल को ₹ 93 प्रति किग्रा की दर से बेचा जाता है, तो 25% की हानि होगी। 25% का लाभ प्राप्त करने के लिए चावल की कीमत (प्रति किग्रा) कितनी होनी चाहिए?

(a) 155 (b) 160
(c) 165 (d) 175

66. एक बन्दर कितने समय में 30 मी लम्बे पेड़ के शीर्ष को छू लेगा यदि वह एक सेकण्ड में 3 मी चढ़ता है और 2 मी नीचे गिर जाता है?

(a) 27 सेकण्ड (b) 28 सेकण्ड
(c) 29 सेकण्ड (d) 30 सेकण्ड

67. एक पार्टी में 15 सदस्य हैं। हर सदस्य प्रत्येक सदस्य से हाथ मिलाता है। कुल कितनी बार हाथ मिलाए गए?

(a) 200 (b) 105
(c) 220 (d) 240

निर्देश (प्र. सं. 68-70) *निम्नलिखित जानकारियों का अध्ययन करें और नीचे दिए गए प्रश्नों के उत्तर दीजिए।*

40 विद्यार्थियों की कक्षा में 24 विद्यार्थी खो-खो, 20 विद्यार्थी कबड्डी तथा 38 विद्यार्थी कोई भी एक खेल खेल सकते हैं।

68. कितने विद्यार्थी कोई भी खेल नहीं खेलते?

(a) 4 (b) 6
(c) 3 (d) 2

69. कितने विद्यार्थी दोनों खेल खेलते हैं?

(a) 2 (b) 6
(c) 8 (d) 4

70. कितने विद्यार्थी कबड्डी नहीं खेलते हैं?

(a) 18 (b) 22
(c) 20 (d) 24

71. आपको निर्णय करना है कि दिए गए वक्तव्य में से कौन-सा निष्कर्ष निश्चित रूप से सही निकाला जा सकता है?

कथन

पौष्टिक भोजन स्वादिष्ट और स्वास्थ्य के लिए अच्छा होता है। शहद पौष्टिक है।

निष्कर्ष

I. शहद स्वास्थ्य के लिए अच्छा है।
II. स्वादिष्ट भोजन पौष्टिक होता है।

(a) केवल निष्कर्ष I सही है
(b) केवल निष्कर्ष II सही है
(c) न तो निष्कर्ष I सही है और न ही निष्कर्ष II सही है
(d) दोनों निष्कर्ष I और II सही हैं

72. इस प्रश्न में एक कथन तथा उसके पश्चात् दो पूर्वधारणाएँ I तथा II दी गई हैं। आपको दिए गए कथन को सत्य मानना है, भले ही वह सर्वज्ञात तथ्यों से भिन्न प्रतीत हों। आपको निर्णय करना है कि दिए कथन के आधार पर कौन-सी पूर्वधारणा तार्किक रूप से कथन का अनुसरण करती है।

कथन सम्मेलन में केवल अच्छे गायकों को ही निमन्त्रित किया गया है। मधुर आवाज के बिना कोई भी अच्छा गायक नहीं है।

पूर्वधारणा I सम्मेलन में आमन्त्रित सभी गायकों की आवाज मधुर है।

पूर्वधारणा II वह गायक, जिनकी आवाज मधुर नहीं है, को सम्मेलन में आमन्त्रित नहीं किया गया है।

(a) केवल पूर्वधारणा I अनुसरण करती है
(b) न तो पूर्वधारणा I और न ही II अनुसरण करती है
(c) दोनों पूर्वधारणाएँ I तथा II अनुसरण करती हैं
(d) केवल पूर्वधारणा II अनुसरण करती है

निर्देश (प्र.सं. 73-75) *नीचे दिए गए प्रत्येक प्रश्न में दो कथन और उसके बाद दो निष्कर्ष I और II दिए गए हैं।*

उत्तर दीजिए

(a) केवल निष्कर्ष I अनुसरण करता है
(b) केवल निष्कर्ष II अनुसरण करता है
(c) या तो I या II अनुसरण करता है
(d) न तो I न ही II अनुसरण करता है

73. कथन सभी मछलियाँ पक्षी हैं।
कुछ मुर्गियाँ मछलियाँ हैं।

निष्कर्ष I कुछ मुर्गियाँ पक्षी हैं।
II कोई पक्षी मुर्गी नहीं है।

74. कथन कुछ जूते कोट हैं।
कुछ कोट बटन हैं।

निष्कर्ष I कोई बटन जूता नहीं है।
II कुछ बटन कोट हैं।

75. कथन सभी चमगादड़ लड़के हैं।
सभी लड़के दस्ताने हैं।

निष्कर्ष I कुछ दस्ताने चमगादड़ हैं।
II सभी दस्ताने लड़के हैं।

उत्तरमाला

1. (c)	2. (c)	3. (a)	4. (d)	5. (b)	6. (b)	7. (a)	8. (d)	9. (b)	10. (c)
11. (c)	12. (b)	13. (a)	14. (d)	15. (b)	16. (b)	17. (d)	18. (d)	19. (b)	20. (b)
21. (c)	22. (d)	23. (c)	24. (b)	25. (b)	26. (a)	27. (b)	28. (a)	29. (d)	30. (c)
31. (a)	32. (b)	33. (b)	34. (c)	35. (b)	36. (b)	37. (d)	38. (a)	39. (c)	40. (a)
41. (d)	42. (b)	43. (c)	44. (a)	45. (c)	46. (b)	47. (d)	48. (d)	49. (b)	50. (b)
51. (a)	52. (a)	53. (a)	54. (a)	55. (b)	56. (c)	57. (b)	58. (b)	59. (a)	60. (a)
61. (d)	62. (a)	63. (a)	64. (d)	65. (a)	66. (d)	67. (b)	68. (d)	69. (b)	70. (c)
71. (a)	72. (c)	73. (a)	74. (b)	75. (a)					

CUET (UG) सेक्शन III : **सामान्य परीक्षण**

प्रैक्टिस सेट 02

निर्देश: दिए गए 75 प्रश्न में से किन्हीं भी 60 प्रश्न के उत्तर दें। समय 60 मिनट

1. भारत ने यूक्रेन स्थित अपने दूतावास को निम्न में से किस अन्य देश में अस्थायी रूप से स्थानान्तरित कर दिया है?
(a) पोलैण्ड (b) हंगरी
(c) जर्मनी (d) स्टोनिया

2. कौन-सी राज्य सरकार इस माह के अन्त में अपने वार्षिक बजट में 'बाहिनी योजना' की घोषणा करने जा रही है?
(a) सिक्किम (b) दिल्ली
(c) हरियाणा (d) हिमाचल प्रदेश

3. जुलाई-अगस्त, 2022 में प्रस्तावित 44वें 'FIDE शतरंज ओलम्पियाड 2022' की मेजबानी भारत का कौन-सा शहर करेगा?
(a) मुम्बई (b) दिल्ली
(c) चेन्नई (d) कोलकाता

4. निम्न में से किस राज्य सरकार ने पहली बार अपनी वार्षिक वित्तीय योजना के हिस्से के रूप में 'बाल बजट' पेश किया?
(a) हरियाणा (b) हिमाचल प्रदेश
(c) सिक्किम (d) मध्य प्रदेश

5. किस राज्य में विश्व बैंक ने गरीब और कमजोर समूहों को सामाजिक सुरक्षा सेवाओं तक पहुँचने में मदद करने के प्रयासों का समर्थन करने हेतु $ 125 मिलियन के लोन की पेशकश की है?
(a) सिक्किम (b) त्रिपुरा
(c) मणिपुर (d) पश्चिम बंगाल

6. भारत का राष्ट्रीय पंचांग (शक् संवत् पर आधारित) को कब अपनाया गया?
(a) 1978 (b) 1957
(c) 1956 (d) 1967

7. भारत का सबसे पहला आण्विक केन्द्र कौन-सा था?
(a) रावतभाटा (b) तारापुर
(c) ओरैया (d) ट्राम्बे

8. भारत के प्रथम अर्थशास्त्री, जिन्हें नोबेल पुरस्कार प्रदान किया गया है
(a) अमर्त्य सेन (b) मनमोहन सिंह
(c) पी.सी. महालनोबिस (d) एस. विश्वेश्वरैया

9. बंगबन्धु के नाम से कौन जाने जाते हैं?
(a) शेख मुजीबुर्रहमान (b) खान अब्दुल गफ्फार
(c) सी.एफ. एण्ड्रूज (d) चित्तरंजन दास

10. त्रिशूल है एक
(a) मिसाइल (b) लड़ाकू विमान
(c) पनडुब्बी (d) इनमें से कोई नहीं

11. निम्न में से कौन-सा टैंक नाभिकीय, जैविक तथा रासायनिक हमले सहने में भी सक्षम है?
(a) अर्जुन (b) कर्ण
(c) भीष्म (T-90) (d) (b) और (c)

12. अर्जुन पुरस्कार में विजेता को कितनी राशि दी जाती है?
(a) 2 लाख (b) 4 लाख (c) 10 लाख (d) 15 लाख

13. युगाण्डा (Uganda) की राजधानी का नाम क्या है?
(a) मोगादिशु (Mogadishu) (b) कम्पाला (Kampala)
(c) लुसाका (Lusaka) (d) बुलेगा (Bulenga)

14. श्रीलंका की राजधानी कौन सी है?
(a) कोलम्बो (b) कैंडी
(c) जयवर्धेनापूरा कोट (d) अनुराधापुरा

15. पुलित्जर पुरस्कार किस क्षेत्र में दिया जाता है?
(a) खेल (b) पत्रकारिता
(c) फिल्म (d) इनमें से कोई नहीं

16. पंचतन्त्र (Panchatantra) दन्तकथाएँ किसके द्वारा रचित मानी जाती हैं?
(a) मुल्ला नसरुद्दीन (b) विष्णु शर्मा
(c) राजा सुदर्शन (d) तेनाली रामन

17. विश्व कैंसर दिवस कब मनाया जाता है?
(a) 4 फरवरी (b) 5 मार्च (c) 12 मई (d) 23 अगस्त

18. स्नूकर का खेल कितनी गेदों के साथ खेला जाता है?
(a) 16 (b) 18 (c) 22 (d) 24

19. निम्नलिखित में से कौन क्रिकेट से जुड़ा नहीं था/है?
(a) फरहान बेहराडियन (b) आरून फन्गिसो
(c) वर्नोन फिलैंडर (d) स्टेन वावरिंका

20. भारत ने ......नामक मानवरहित लक्ष्य भेदक विमान विकसित और डिजाइन किया है और उसके मानव रहित हवाई वाहन (UAV) की उड़ान का सफल परीक्षण भी कर लिया है?
1. निशान्त 2. लक्ष्य 3. अस्त्र
(a) केवल 2 (b) केवल 1 (c) 2 और 3 (d) 1 और 2

21. अन्तरिक्ष अनुसन्धान केन्द्र पर आधारित रूस द्वारा विकसित पारिस्थितिकी (Ecologically) तौर पर क्लीन रॉकेट का नाम क्या है ?

(a) अंगारा (b) वोस्टोक
(c) कोरोलेव (d) लूना

22. ......पहला उपग्रह था, जिसे अमेरिका द्वारा 1958 में प्रक्षेपित किया गया था?

(a) Sputinik 1 (b) Apollo 11
(c) GSAT (d) Explorer 1

23. 1971 से पहले, भारत–पाकिस्तान युद्ध किस वर्ष हुआ था?

(a) 1962 (b) 1963
(c) 1964 (d) 1965

24. असम रायफल्स की स्थापना कब हुई थी?

(a) 1935 (b) 1835
(c) 1948 (d) 1953

25. 'दागो और भूल जाओ' निम्न में से किस प्रक्षेपास्त्र का मूल मन्त्र है?

(a) पृथ्वी (b) धनुष
(c) नाग (d) अग्नि

26. 72 : 108 :: 84 : ? :: 102 : 153

(a) 144 (b) 126
(c) 117 (d) 135

27. वह आरेख चुनिए जो नीचे दिए गए वर्गों के बीच के सम्बन्ध का सही निरूपण करता है।

पृथ्वी, शुक्र, गृह

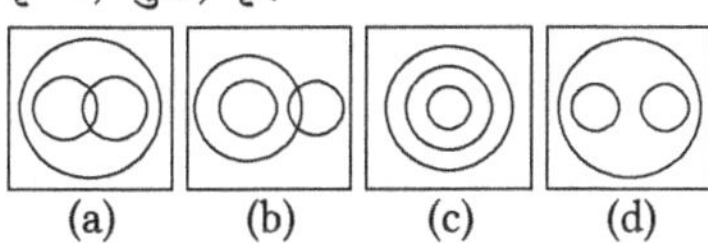

(a) (b) (c) (d)

28. दिए गए वेन आरेख में, 'त्रिभुज', टेबल टेनिस खेलने वाले विद्यार्थियों को दर्शाता है, 'आयत' बैडमिण्टन खेलने वाले विद्यार्थियों को दर्शाता है। 'वृत्त' महिला विद्यार्थियों को दर्शाता है, और 'पंचभुज' फुटबॉल खेलने वाले विद्यार्थियों को दर्शाता है। आरेख में दी गई संख्याएँ उस विशेष श्रेणी के व्यक्तियों की संख्या को दर्शाती हैं।

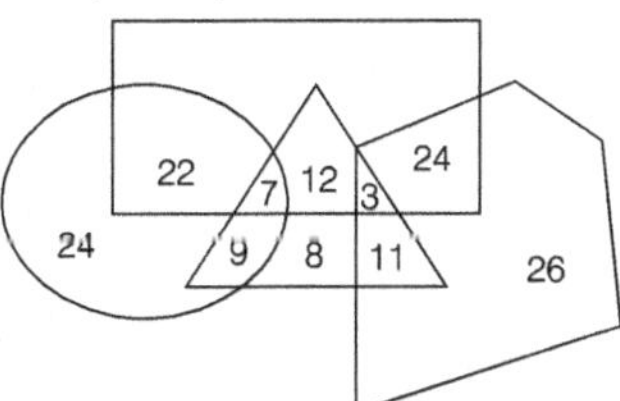

कितनी 'महिला विद्यार्थी' टेबल टेनिस और बैडमिण्टन दोनों खेलती हैं?

(a) 9 (b) 7
(c) 18 (d) 22

29. पाँच सदस्यों, K, L, M, N और O का एक परिवार है। उनमें से, एक शादीशुदा जोड़ा है। O अविवाहित है और K का भाई है। N, O की बहन है। M एकमात्र विवाहित महिला है और N की माँ है। L और O समूह में मात्र दो पुरुष हैं। K के पिता कौन हैं?

(a) K (b) O (c) L (d) M

30. निम्नलिखित श्रृंखला में प्रश्नचिह्न की जगह आने वाले अक्षर-समूह का चयन करें।

aYd, fTi, kOn, pJs, ?

(a) uFw (b) uEx (c) VeX (d) uEw

31. चार अक्षर-समूह दिए गए हैं, जिनमें से तीन किसी न किसी तरह समान हैं और एक असमान है। उस असमान अक्षर-समूह का चयन करें।

(a) FHJ (b) LNP (c) DFH (d) TVW

32. उस विकल्प का चयन करें, जिसमें शब्दों का आपस में वही सम्बन्ध है, जो सम्बन्ध नीचे दिए गए शब्द-युग्म के शब्दों के बीच है।

भारी भूल : गलती

(a) क्रोध : आग बबूलापन (b) बोलना : सुनना
(c) उल्लासोन्माद : आनन्द (d) युद्ध : शान्ति

33. यदि अंग्रेजी वर्णमाला के हर अक्षर को एक विषम संख्या के बढ़ते हुए क्रम में लिखा जाता है, जैसे A = 1, B = 3 इत्यादि, तो HONEY को किस कोड में लिखा जाएगा?

(a) 132725745 (b) 132725747
(c) 152927947 (d) 152927949

34. निम्नलिखित श्रृंखला में प्रश्नचिह्न की जगह आने वाली संख्या का चयन करें।

40, 37, 43, 34, 46, ?

(a) 51 (b) 61 (c) 41 (d) 31

35. दर्पण को दाईं ओर रखे जाने पर दी गई आकृति की सही दर्पण छवि कौन-सी है?

qv56jk89lm

(a) ml∂8ʞįϱƨvp (b) mlϱ8ʞį∂ƨvp
(c) dʌϩϱ!ʞ8∂lɯ (d) ɯlϱ8kj∂ƨvp

36. ऐसा शब्द चुने जोकि तीसरे शब्द से उस तरह मिलता हो जिस तरह पहला शब्द, दूसरे शब्द से मिलता है।

मन्त्री : परिषद :: जहाजी : ?

(a) समुद्र (b) जहाज (c) कप्तान (d) कर्मी दल

37. '=' चिह्न के दोनों ओर दिए गए दोनों व्यंजकों का मान तब बराबर होगा जब उनमें किसी एक ओर या दोनों ओर की दो संख्याओं को आपस में बदला जाएगा। दिए गए विकल्पों में से आपस में बदली जाने वाली सही संख्याओं का चयन करें।

$3 + 5 \times 4 - 24 \div 3 = 7 \times 4 - 3 + 36 \div 6$

(a) 4, 7 (b) 6, 3
(c) 24, 36 (d) 5, 7

38. अक्षरों के उस सेट का चयन करें, जिसे अक्षर शृंखला में रिक्त स्थानों पर क्रमिक रूप से भरे जाने पर शृंखला पूरी हो जाएगी।

f_hg_fh_gf_hg_fh_g

(a) g, f, g, f, h, f (b) f, g, h, f, g, h
(c) h, f, g, h, f, g (d) g, h, f, g, h, f

39. किसी निश्चित कूट भाषा में, U को C लिखा जाता है, K को H लिखा जाता है, L को U लिखा जाता है, N को E लिखा जाता है, S को L लिखा जाता है, E को K लिखा जाता है, C को N लिखा जाता है। उस भाषा में 'KNUCKLES' को कैसे लिखा जाएगा?

(a) KECNKUHL (b) HECNHUKL
(c) CHUECKN (d) HECNHULK

40. एक ही पासे की दो स्थितियाँ दिखाई गई हैं। उस संख्या का चयन करें, जो 6 दिखाने वाले फलक के विपरीत फलक पर होगी।

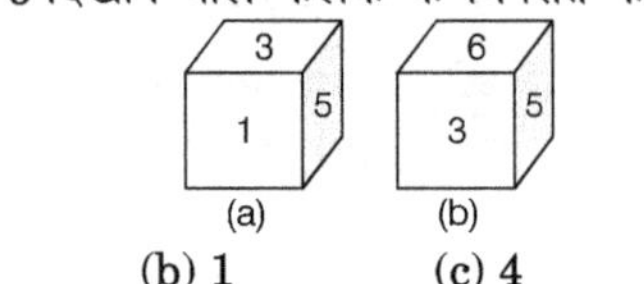

(a) 3 (b) 1 (c) 4 (d) 5

41. नीचे दी गई आकृतियों में कागज के एक टुकड़े को मोड़कर काटने का क्रम दिखाया गया है। यह कागज खोलने पर कैसा दिखाई देगा?

प्रश्न आकृतियाँ

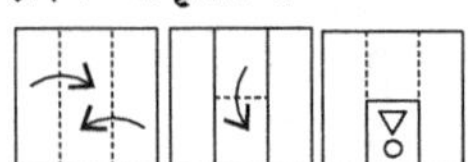

उत्तर आकृतियाँ

(a) (b) (c) (d)

42. उस विकल्प का चयन करें जिसका तीसरे शब्द से वही सम्बन्ध है, जो दूसरे शब्द का पहले शब्द से है।

दवा : रोग :: भोजन : ?

(a) भूख (b) पोषण (c) प्यास (d) ऊर्जा

43. दिए गए पैटर्न का ध्यानपूर्वक अध्ययन करें और उस संख्या का चयन करें जो प्रश्नचिह्न की जगह आ सकती है।

6	21	14
40	500	?
8	25	7

(a) 91 (b) 84 (c) 78 (d) 98

44. दी गई आकृति में कितने आयत हैं?

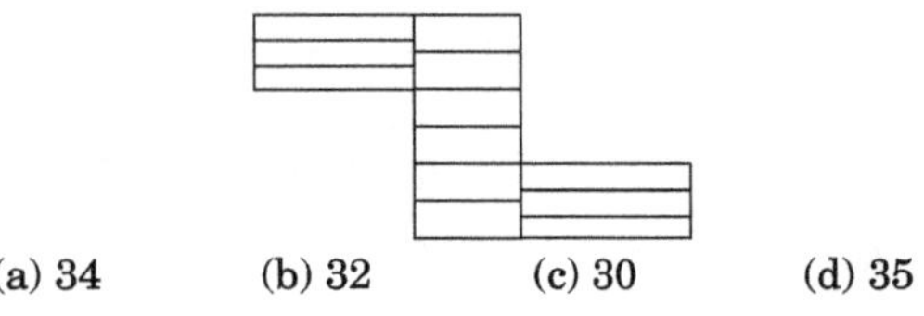

(a) 34 (b) 32 (c) 30 (d) 35

45. निम्नलिखित शब्दों को शब्दकोश में आने वाले क्रम के अनुसार लिखे।

1. category 2. caption
3. captian 4. capsule
5. capacity

(a) 5, 4, 3, 1, 2 (b) 4, 5, 3, 2, 1
(c) 5, 4, 3, 2, 1 (d) 5, 4, 1, 3, 2

46. 2^{2^3} का मान क्या है?

(a) 128 (b) 64 (c) 256 (d) 512

47. 1 से 150 तक के मध्य आने वाली सभी प्राकृत संख्याओं, जो 3 का गुणज हो का योग क्या है?

(a) 3675 (b) 4235 (c) 3735 (d) 4415

48. प्रथम 25 विषम प्राकृत संख्याओं का योग क्या है?

(a) 475 (b) 575 (c) 600 (d) 625

49. 12, 15 तथा 48 का महत्तम समापवर्तक क्या है?

(a) 5 (b) 1 (c) 3 (d) 6

50. 100 से कम ऐसी कितनी संख्याएँ हैं जो 3 तथा 4 दोनों के गुणज हैं?

(a) 7 (b) 8 (c) 6 (d) 12

51. निम्नलिखित में से कौन-सी संख्या 4 से विभाज्य नहीं है?

(a) 113424 (b) 213552
(c) 314250 (d) 52644

52. यदि किसी वर्ग का विकर्ण 12 सेमी है, तो वर्ग का क्षेत्रफल (सेमी^{2} में) क्या है?

(a) 72 (b) $72\sqrt{2}$ (c) 36 (d) $36\sqrt{2}$

53. A किसी कार्य को 12 दिनों में कर सकता है, तथा B, 15 दिनों में कर सकता है। C की सहायता से वे 4 दिनों में कार्य समाप्त कर लेते हैं। C अकेला उस कार्य को कितने दिनों में करेगा?

(a) 10 दिन (b) 12 दिन
(c) 8 दिन (d) 15 दिन

54. A की कार्य कुशलता B से दोगुनी है तथा वे दोनों मिलकर किसी कार्य को 18 दिन में पूरा कर सकते हैं। A अकेला उस कार्य को कितने दिन में पूरा कर सकता है?

(a) 27 दिन (b) 24 दिन (c) 36 दिन (d) 42 दिन

55. यदि कुर्सियों को ₹ 500 प्रति कुर्सी की दर से खरीदकर ₹ 700 प्रति कुर्सी की दर से बेच दिया जाए, तो लाभ प्रतिशत क्या होगा?

(a) 10% (b) 20% (c) 30% (d) 40%

56. एक वस्तु को 10% हानि के बदले 10% लाभ पर बेचने पर एक व्यक्ति को ₹ 20 अधिक प्राप्त होते हैं। वस्तु का क्रय मूल्य (₹ में) क्या है?

(a) 50 (b) 100 (c) 200 (d) 400

57. यदि P को Q से 20% कम अंक प्राप्त हुए, तो Q के अंक P के अंकों से कितने प्रतिशत अधिक हैं?

(a) 20 % (b) 10 %
(c) 25 % (d) 15 %

58. एक वस्तु की कीमत 20% कम हो जाती है तथा इसकी खपत 40% बढ़ जाती है, तो वस्तु पर खर्च में कितने प्रतिशत की कमी या वृद्धि होगी?

(a) 12% की कमी (b) 12% की वृद्धि
(c) 20% की वृद्धि (d) 20% की कमी

59. एक नाव की गति धारा के अनुकूल तथा धारा के प्रतिकूल दिशा में क्रमश: 16 किमी/घण्टा तथा 10 किमी/घण्टा है। शान्त जल में नाव की गति (किमी/घण्टा में) क्या है?

(a) 4 (b) 12 (c) 13 (d) 14

60. एक बस 12 किमी/घण्टा की गति से कुछ दूरी तय करती है तथा 8 किमी/घण्टा की गति से वापस आती है। यदि बस इसे तय करने में कुल 20 घण्टे का समय लेती है, तो दूरी (किमी में) क्या है?

(a) 80 (b) 84 (c) 96 (d) 92

61. एक धनराशि ब्याज की किसी वार्षिक दर से 3 वर्ष के लिए साधारण ब्याज में निवेश की जाती है। यदि ब्याज दर 5% से बढ़ा दी जाए तो ब्याज ₹ 225 से बढ़ जाता है। निवेश की गई धनराशि (₹ में) क्या है?

(a) 1000 (b) 1500 (c) 1750 (d) 2000

62. यदि $P:Q=2:3$ तथा $P:R=4:5$ है, तो $(P+Q):(Q+R)$ क्या होगा?

(a) 20 : 27 (b) 20 : 17 (c) 10 : 11 (d) 20 : 29

63. यदि $\frac{x}{y}=\frac{5}{4}$ है, तो $(5x+6y)$ तथा $(5x-2y)$ का अनुपात क्या होगा?

(a) 49 : 17 (b) 49 : 19 (c) 37 : 17 (d) 37 : 19

64. 17 संख्याओं का औसत 12 है। यदि दो संख्याएँ 9 तथा 15 को हटा दिया जाए, तो शेष संख्याओं का औसत क्या होगा?

(a) 11 (b) 12 (c) 13 (d) 14

65. 8, 12 तथा 15 का महत्तम समापवर्तक क्या है?

(a) 1 (b) 2 (c) 3 (d) 120

66. रजनी के पास 52 गोलियाँ है। यदि जननी के पास 9 गोलियाँ और होती, तो उसके पास रजनी की आधी गोलियाँ होती। बताइए जननी के पास कितनी गोलियाँ थी?

(a) 17 (b) 15
(c) 26 (d) 35

67. एक आदमी को वृक्षारोपन हेतु 10 घण्टे के लिए रखा गया। वह एक घण्टे में 10 वृक्ष रोपित करता है। प्रत्येक घण्टे के बाद वह 30 मिनट विश्राम करता है। 10 घण्टे में वह कितने वृक्ष रोपन करेगा?

(a) 50 (b) 60
(c) 70 (d) 80

68. एक क्लब में 30 सदस्य उपस्थित हैं। हर सदस्य प्रत्येक सदस्य से हाथ मिलाता है। कुल मिलाकर कितनी बार हाथ मिलाए गए?

(a) 410 (b) 425
(c) 435 (d) 444

69. एक परीक्षा में 25 सवाल हैं, प्रत्येक सही जवाब के लिए 4 अंक दिए जाते हैं और प्रत्येक गलत जवाब के लिए 2 अंक काट लिए जाते हैं। यदि सीमा ने 70 अंक प्राप्त किए हैं, तो उसके कितने सवाल सही हैं?

(a) 10 (b) 15
(c) 20 (d) 22

70. एक बस मेरठ से दिल्ली की ओर चलती है, जिसमें सवारियों में पुरुषों की संख्या महिलाओं की संख्या से दो गुनी थी। मोदीनगर 10 पुरुष उतरते हैं और 5 महिलाएँ चढ़ती हैं। इस समय पुरुषों और महिलाओं की संख्या समान है। शुरू में कितनी सवारियाँ बस में थी?

(a) 15 (b) 45
(c) 36 (d) 30

निर्देश (प्र.सं. 71 और 72) *नीचे दिए गए प्रत्येक प्रश्न में दो कथन और उसके बाद दो निष्कर्ष I और II दिए गए हैं।*

उत्तर दीजिए

(a) केवल निष्कर्ष I अनुसरण करता है
(b) केवल निष्कर्ष II अनुसरण करता है
(c) या तो I या II अनुसरण करता है
(d) न तो I न ही II अनुसरण करता है

71. कथन सभी पिल्ले बाघ हैं।
सभी बिलौटे बाघ हैं।

निष्कर्ष I सभी पिल्ले बिलौटे हैं।
II कुछ बाघ पिल्ले हैं।

72. कथन कुछ डॉक्टर नर्स हैं।
सभी नर्स रोगी हैं।

निष्कर्ष I सभी डॉक्टर रोगी हैं।
II कुछ रोगी डॉक्टर हैं।

निर्देश (प्र.सं. 73 और 74) *नीचे दिए गए प्रत्येक प्रश्न में पहले एक कथन दिया गया है और उसके बाद दो निष्कर्ष I और II। आपको कथन में दी गई सभी बातों को सत्य समझना है और फिर उस पर आधारित दोनों निष्कर्षों पर विचार करना है और तय करना है कि कौन-सा निष्कर्ष उस कथन के आधार पर निश्चित रूप से निकाला जा सकता है।*

उत्तर दीजिए

(a) केवल निष्कर्ष I निकलता है
(b) केवल निष्कर्ष II निकलता है
(c) न तो निष्कर्ष I और न ही II निकलता है
(d) I और II दोनों निकलते हैं

73. कथन एम. ए. (सोशल वर्क) में प्रवेश हेतु समिति उत्कृष्ट छात्रों के मामले में सामाजिक कार्य का पूर्व अनुभव होने की शर्त माफ कर सकती है।

निष्कर्ष

I. एम. ए. (सोशल वर्क) के कुछ छात्रों को सामाजिक कार्य का पूर्व अनुभव होगा।

II. एम. ए.(सोशल वर्क) के कुछ छात्रों को सामाजिक कार्य का पूर्व अनुभव नहीं होगा।

74. कथन नैतिकता और शील की अवधारणाओं का बलिदान किए बिना इस दुनिया में रह पाना और समृद्ध होना लगभग असम्भव है।

निष्कर्ष

I. विश्व कुछ धारणाओं की केवल सराहना करता है, लेकिन उन्हें आत्मसात नहीं कर पाता है।

II नैतिकता और शील की अवधारणाएँ जीवन में व्यवहार्य नहीं है।

निर्देश (प्र.सं. 75) *निम्नलिखित प्रश्नों में एक कथन दिया गया है, जिसके आगे दो पूर्वानुमान I और II निकाले गए हैं। आपको विचार करना है कि कथन सत्य है चाहे वह सामान्यतया ज्ञात तथ्यों से भिन्न प्रतीत होता हो। आपको निर्णय करना है कि दिए गए पूर्वानुमानों में से कौन-सा निश्चित रूप से कथन में अन्तर्निहित है। अपने उत्तर को निर्दिष्ट कीजिए।*

उत्तर दीजिए

(a) केवल I अन्तर्निहित है
(b) केवल II अन्तर्निहित है
(c) I व II दोनों ही अन्तर्निहित हैं
(d) न तो I और न ही II अन्तर्निहित है

75. कथन अयोध्या का विवाद 350 वर्षीय पृष्ठभूमि वाला है जो अल्पकाल में हल नहीं हो सकता।

पूर्वानुमान

I. अयोध्या के विषय में कुछ समस्याएँ हैं।

II. समस्या के हल में लम्बा समय लगेगा।

उत्तरमाला

1. (a)	2. (a)	3. (c)	4. (d)	5. (d)	6. (b)	7. (b)	8. (a)	9. (a)	10. (a)
11. (c)	12. (d)	13. (b)	14. (a)	15. (b)	16. (b)	17. (a)	18. (c)	19. (d)	20. (d)
21. (a)	22. (d)	23. (d)	24. (b)	25. (c)	26. (b)	27. (d)	28. (b)	29. (c)	30. (b)
31. (d)	32. (c)	33. (d)	34. (d)	35. (b)	36. (d)	37. (d)	38. (d)	39. (b)	40. (b)
41. (c)	42. (a)	43. (a)	44. (d)	45. (c)	46. (c)	47. (a)	48. (d)	49. (c)	50. (b)
51. (c)	52. (a)	53. (a)	54. (a)	55. (d)	56. (b)	57. (c)	58. (b)	59. (c)	60. (c)
61. (b)	62. (c)	63. (a)	64. (b)	65. (a)	66. (a)	67. (c)	68. (c)	69. (c)	70. (b)
71. (b)	72. (b)	73. (d)	74. (b)	75. (c)					

CPSIA information can be obtained
at www.ICGtesting.com
Printed in the USA
BVHW020832050623
665397BV00012B/264